麦积山石窟论文选编

（上）

麦积山石窟艺术研究所 编

李天铭 主 编

白秀玲 副主编

文物出版社

图书在版编目（CIP）数据

麦积山石窟论文选编 / 麦积山石窟艺术研究所编；李天铭主编；白秀玲副主编. -- 北京：文物出版社，2023.7

ISBN 978-7-5010-8122-6

Ⅰ.①麦… Ⅱ.①麦… ②李… ③白… Ⅲ.①麦积山石窟-文集 Ⅳ.①K879.24-53

中国国家版本馆 CIP 数据核字（2023）第 117770 号

麦积山石窟论文选编

编　　者：麦积山石窟艺术研究所
主　　编：李天铭
副 主 编：白秀玲

责任编辑：张晓曦
封面设计：王文娴
责任印制：张道奇

出版发行：文物出版社
社　　址：北京市东城区东直门内北小街 2 号楼
邮　　编：100007
网　　址：http://www.wenwu.com
经　　销：新华书店
印　　刷：宝蕾元仁浩（天津）印刷有限公司
开　　本：889mm×1194mm　1/16
印　　张：73
版　　次：2023 年 7 月第 1 版
印　　次：2023 年 7 月第 1 次印刷
书　　号：ISBN 978-7-5010-8122-6
定　　价：520.00 元（全二册）

编 委 会

序

麦积山石窟是中国四大石窟之一，始建于十六国后秦时期，历经北魏、西魏、北周、隋、唐、五代、宋、元、明、清等十余个朝代的开凿和修缮，现存窟龛221个，泥塑及石雕造像3938件10632身，壁画979.54平方米，并附有瑞应寺、舍利塔和馆藏可移动文物1668件。

麦积山石窟是1961年3月国务院公布的第一批全国重点文物保护单位，2014年6月作为“丝绸之路：长安—天山廊道的路网”中的一处重要石窟寺遗产被列入《世界遗产名录》，成为世界文化遗产地。

麦积山石窟艺术研究所是麦积山石窟的保护管理机构，主要承担石窟管理、文物保护、学术研究、文化弘扬等工作。其前身是1953年9月成立的“天水麦积山文物保管所”，1986年6月改名为“麦积山石窟艺术研究所”，2017年，根据甘肃省委省政府决定，麦积山石窟艺术研究所整体划归敦煌研究院管理，标志着麦积山石窟各项工作进入到新的发展阶段，开启了新的征程。

近些年来，随着国家对石窟寺工作的进一步重视，麦积山石窟的保护、研究和弘扬工作也得到了长足的发展，研究成果和内容都得到了明显的提升和拓展，可以说麦积山石窟的研究工作进入到了最好的时代。洞窟的年代研究、相关历史时期研究以及针对壁画图像和造像服饰等的专题研究均有推进，应用新型数字化手段的文物保护研究也开始涌现。

2023年是麦积山石窟艺术研究所建所70周年，为了进一步推动麦积山石窟的研究，我们决定编辑此论文集。为确保文集出版的连续性，避免重复，在之前已出版的5本论文集（依次是1980年由天水麦积山文物保管所资料室编辑整理的内部学术文集《麦积山石窟资料汇编》；2004年由兰州大学出版社出版的《麦积山石窟艺术文化论文集》；2006年由甘肃人民出版社出版的《麦积山石窟研究论文集》；2008年由甘肃文化出版社出版的《天水麦积山石窟研究文集》；2010年由文物出版社出版的《麦积山石窟研究》）的基础上，我们以2007~2022年间公开发表的麦积山研究论文为主体，经麦积山石窟艺术研究所学术委员会数次讨论，以论文发表的刊物级别为主要收录标准，对于部分或许稍显稚嫩，但能够体现新思路、新见解的论文我们也酌情进行收录，所内编辑的《石窟艺术研究》辑刊，可视为麦积山研究的专题论文集，故其所刊论文亦不在此论文集选择之列。受篇幅所限，我们最终甄选出论文135篇，并根据研究内容，将其简要地分为“石窟考古与历史研究”“佛教图像与艺术研究”“文物保护”三类，具体工作则由信息资料室负责。同时，为了统一体例、精简规模，将原文的多数图版删去，只选择性地保留了一小部分线图和表格，特此向原作者表示歉意。论文选定过程中若有不妥，还请学界和各位作者海涵。

在本书即将付梓之际，不仅要感谢麦积山石窟艺术研究所全体同仁，更要向诸位作者致以诚挚的谢意，正是由于他们的精思不倦，笔耕不辍，最终聚沙成塔，才有了麦积山石窟研究工作的不断推进。

感谢文物出版社相关工作人员的辛勤付出，不辞劳苦，非常高效地完成了本书的出版工作。

感谢上级领导的亲切关怀与大力支持，尤其是甘肃省文物局、敦煌研究院提供的学术指导。

“道阻且长，行则将至，行而不辍，则未来可期”，我们相信，麦积山石窟的明天会更美好！

麦积山石窟艺术研究所所长　李天铭

2023 年 6 月

总 目 录

上 册

下 册

上册目录

石窟考古与历史研究

石窟考古与历史研究

麦积山早期三佛窟与姚兴的《通三世论》

杜斗城

麦积山石窟，地处西秦岭小陇山林海之中，自古就被誉为“秦地林泉”之冠，兼有南秀北雄之景。石窟凿于状如麦垛的山崖之上，仰视高壮险峻，俯首深幽目眩，被视为继敦煌、云冈、龙门之后的中国第四大石窟。又因其保存有十六国至明清十二个朝代的精美佛教雕塑，而被称为“东方雕塑博物馆”。

据长期在麦积山工作的李西民先生的调查，麦积山东晋十六国称为“太石崖”“石岩寺”“无忧寺”，南北朝时为“麦积崖”①。笔者认为，在佛教未传入中国之前，麦积山可能很早就成为宗教圣地了。而其最早应与“且”的崇拜有关。“且”甲骨文作“[illegible]”，实为男性生殖器，而麦积山之形状，实为此形。故此时的麦积山被视为“且山”，或被称作“太石”。这种情况实是“原始自然崇拜”与“男性祖先崇拜”思想的共同反映②。联系到西晋时即有高僧帛法祖及弟子法祚在天水一带活动，后被天水刺史张辅鞭挞致死，陇上羌胡闻之悲忿，欲为其复仇，张辅遣军陇上迎战的历史记载③，可知当时的天水周围，活动着许多“羌胡”民族，而在“羌胡”诸民族中，流行此类崇拜是很自然的事情。

如此，我们对“太石崖”以后成为宗教圣地的渊源就很好理解了。佛教传入中国之后，随着其势力的扩张和帝王的扶植，在许多地方赶走了以前的“山神”，占据了许多名山（这在中国几乎是一个通例），麦积山应是其中之一。至十六国时，麦积山已全属佛教的领地了，以前的名称“太石崖”也就变为“麦积崖”了。

正因为如此，我认为佛教进入麦积山的时间是很早的。

多年以来，学界公认的麦积山最早的一批石窟，是现编号为第 51、74、78、90、165 等窟。现以保存较为完整的第 74、78 窟造像为例说明之。

---

① 李西民：《麦积山石窟艺术史上的六个高潮》，麦积山石窟艺术研究所编：《石窟艺术》，西安：陕西人民出版社，1990 年。

② 在中国新石器时代晚期，许多地方都发现了陶祖（陶作的男性生殖器），甚至近代中国的少数民族中，仍然有此种崇拜的遗风。如四川木里县俄亚卡瓦村的摩梭人，把该地一岩洞中的钟乳石作为石祖而祭祀；云南西双版纳曼贺山上的一个石柱，被当地傣族人视为石祖；西藏门巴人供奉木祖（参见宋兆麟：《原始社会的“石祖崇拜”》，《世界宗教研究》1983 年第 1 期）。还有河北承德的“棒槌山”也可能是如此。这种例子，不仅在中国很多，在国外也很多，如印度的“林伽崇拜”等等。

③ ［梁］释慧皎撰、汤用彤校注：《高僧传》卷一《帛远传》，北京：中华书局，1992 年，第 38 页。

第74窟平面近方形，平顶敞口，窟内沿正、左、右三壁建“冂”字形高坛基，坛上正、左、右三面各塑一佛，共三佛，三佛同大，高2.95米，水波纹高肉髻，面相方圆，深鼻高目，两唇紧闭，内着僧祇支，外着半披肩袈裟，均结跏趺坐，身体高大雄健。佛两侧各有胁侍菩萨，面部长圆，头戴花冠，颈部戴项圈，发辫垂至两肩，上身袒露，披络腋，赤足站立。第78窟形制及造像题材与第74窟基本相同，也在正、左、右三壁坛基上作三佛和二胁侍菩萨。两窟造像风格与炳灵寺169窟西秦造像接近。所不同的是炳灵寺西秦的三佛造像一般为三佛并列，甚至有中间一佛较为高大的现象。而麦积山的三佛造像呈现一窟三壁凿三佛，佛像同样高大的新布局。

第74、78窟正壁主尊两侧上部还各开一小龛，右侧龛内塑交脚菩萨，左侧龛内塑思惟菩萨。据有关专家的研究，这里的交脚菩萨不是弥勒，而是释迦成佛之前以菩萨的身份在兜率天宫为天人说法；思惟菩萨则是表现释迦成佛之前在菩提树下冥思解脱之道①。

如果这几个论点成立，麦积山这类早期洞窟的三佛中肯定有释迦牟尼佛了，其左右两边应为过去佛和未来佛②。

佛教从时间观念的角度出发有所谓三劫之说，即过去庄严劫、现在贤劫、未来星宿劫。每劫时间很长，但不等同。有的佛经中，“劫”与“世”同义，故有“三世”与“三劫”并提，或称“三世三劫”的情况③。与此同时，佛教又从空间方面，讲东、西、南、北、东南、西南、东北、西北、上、下十方，亦称“十界”。前者为“世”，后者为“界”，即我们常说的“世界”。大乘佛教认为“三世十方（界）”均有无数佛存在，简称“三世诸佛”。

《魏书·释老志》又云：

> 所谓佛者，本号释迦文者，译言能仁，谓德充道备，堪济万物也。释迦前有六佛，释迦继六佛而成道，处今贤劫。文言将来有弥勒佛，方继释迦而降世④。

释迦以前的六佛，是指毗婆尸佛、尸弃佛、毗舍浮佛、拘留孙佛、拘那含牟尼佛、迦叶佛。此六佛在许多佛经中都有记载。北京石塔上即以过去六佛加上现在佛释迦牟尼，共“七佛”。现存敦煌市博物馆的北凉石塔——《□吉德塔》上即雕有七佛名称（有残缺）。此七佛又常与未来佛——弥勒佛组合，是十六国北朝造像中常见的题材。但“七佛”同“三佛”一样，也是反映“三世有佛”思想的。

佛教中的“三世有佛”思想，实际上是在宣传“佛不灭论”，是对“灭法思想”的一种反击形式。而且这种反击源远流长。在犍陀罗艺术中即有过去六佛、现在释迦牟尼佛、未来弥勒佛的“三世佛”造像⑤。此种题材随后也传到我国。因此，在十六国北朝的佛教造像中，此类题材大量出现。但在麦

① 张学荣、何静珍：《论莫高窟和麦积山早期洞窟中的交脚菩萨》，《1987年敦煌石窟研究国际讨论会文集·石窟考古篇》，沈阳：辽宁美术出版社，1990年。

② 贺世哲：《关于十六国北朝时期的三世佛与三佛造像诸问题（一）》，《敦煌研究》1992年4期。

③ 《过去庄严劫千佛名经》，《大正藏》第14册。

④ ［北齐］魏收撰：《魏书》卷一一四《释老志》，北京：中华书局，1974年。

⑤ 犍陀罗艺术中的有关资料参看（日）宫治昭：《关于犍陀罗三尊形式中之二胁侍菩萨》，奈良国立博物馆特别展《菩萨》第4图，1987年。

积山早期洞窟中，“三世佛”的思想主要表现为“三佛”造像而不是“七佛（加一弥勒）”造像。其表现方式简练、直接。

现在的问题是，这一批早期三佛窟具体早到什么时代？是西秦，还是北魏？学界各有不同的看法。以作者愚见，这批“三佛窟”为后秦无疑。

“十六国时期”的后秦，是“淝水之战”以后由羌族首领姚苌以长安为政治中心建立的一个政权。其统治区域包括了今陕西省的大部分和甘肃、宁夏、山西等省的一部分。而关中及陇山一带，为其腹地。姚兴时，在天水大族尚书仆射尹纬的辅佐下，留心政治，提倡儒学而又弘扬佛教，因而使得其境内一时政治安定，人物荟萃。

早在鸠摩罗什来长安之前，天水姜龛、东平淳于岐、冯翊郭高等“耆儒硕德”，已在长安教授儒学，各有门徒数百，诸生自远而至者一万数千。姚兴“每于听政之暇，引（姜）龛等于东堂，讲论道艺，错综名理”。凉州儒者胡辩，在前秦末东徙洛阳，教授弟子千余，关中慕名往奔者众多，姚兴特敕关尉，不得禁止。因此可见其有关政策的开明和对儒学的重视程度①。与此同时，姚兴“少崇三宝，锐志讲集”，又大力提倡和扶植佛教，迎鸠摩罗什入长安之后，“待以国师之礼，甚见优宠，晤言相对，则淹留终日，研微造尽，则穷年忘倦”②。又入“逍遥园，引诸沙门于澄玄堂，听鸠摩罗什演说佛经。罗什通辩夏言，寻览旧经，多有乖谬，不与胡本相应。兴与罗什及沙门僧略（或作僧）、僧迁、道标，僧叡、道恒、僧肇、昙顺等八百余人更出《大品》。罗什持胡本，兴执旧经，以相考校。其新文异旧者，皆会于理义。续出诸经并诸论三百余卷。今之新经，皆罗什所译。兴既托意于佛道，公卿已下，莫不钦附，沙门自远而至者五千余人。起浮图于永贵里，立波若台于中宫，沙门坐禅者恒有千数，州郡化之，事佛者十室而九矣”③。西秦佛教之盛，由此可见一斑。

僧睿又《大品经序》谓：“渭滨祇洹之化，西明启如来之心，逍遥集德义之僧，京城溢道咏之音。”又谓：“于京城之北逍遥园中出此经（即《大品般若经》）。”④ 其《大智释论序》又有“集于渭滨逍遥园堂”⑤；《大智论记》有“于逍遥园中西门阁上”⑥ 的记载，可见逍遥园是长安极为重要的寺院和译场。

宋敏求《长安志》卷五述及逍遥园时说，姚兴常于逍遥园引诸沙门听番僧鸠摩罗什演讲佛经。“起逍遥宫，殿庭左右有楼阁高百尺，相去四十丈，以麻绳大一围，两头各拴经上，会日令二人各楼内出，从绳上行过，以佛神相遇。”⑦

同书又在“永贵里有波若台”条下介绍说：“姚兴集沙门五千人，有大道者五十人，起造浮图于永贵里，立波若台。居中作须弥山，四面有崇岩峻壁，珍禽异兽，林草精奇，仙人佛像，俱人所未闻，

① ［唐］房玄龄等撰：《晋书》卷一一七《姚兴载记上》，北京：中华书局，1974 年，第 2979 页。

② ［梁］释慧皎撰、汤用彤校注：《高僧传》卷二《鸠摩罗什传》，北京：中华书局，1992 年。

③ ［唐］房玄龄等撰：《晋书》卷一一七《姚兴载记上》，北京：中华书局，1974 年。

④ ［梁］僧祐撰：《出三藏记集》卷八，北京：中华书局，1995 年。

⑤ ［梁］僧祐撰：《出三藏记集》卷十，北京：中华书局，1995 年。

⑥ ［梁］僧祐撰：《出三藏记集》卷十，北京：中华书局，1995 年。

⑦ ［宋］宋敏求撰：《长安志》卷五，《四库全书》（文渊阁本）第 587 册，上海：上海古籍出版社，1987 年。

皆以为希奇。”①

姚兴所建的另一重要寺院是长安大寺。据《历代三宝记》卷八（《大唐内典录》卷三亦载，内容基本相同）介绍，大寺原非本名，因于其中建堂，盖以草苫，名草堂寺。北周初年，此处改建街衢，大寺一分为四：一为原来的草堂寺；二为堂住寺（在草堂寺东）；三为京北王寺，后改为安定国寺（在堂住寺东）；四为大乘寺（在安定国寺西）②。由此可见，此寺规模之大。

总之，姚兴不但热衷于佛经的翻译，在创建寺院方面也不遗余力。

更为值得注意的是，姚兴对佛教“义理”的探讨，也超乎寻常，在同时代的帝王中是独一无二的。

姚兴认为：“佛道冲邃，其行为善，信为出苦之良津，御世之洪则。”③ 一开始就把佛教思想作为其统治思想的基础。他不但在鸠摩罗什的指导下读经修禅，而且著《通三世论》论证过去世（前生）、现在世（今生）和未来世（来生）三世的真实存在，教人明确佛教因果报应、三世轮回理论的正确，并以此送鸠摩罗什请教。其在《通三世论》中说：

> 曾问法师（指鸠摩罗什），明三世或有或无，莫适所定。此亦是大法中一所处所，而有无不判，情每慨之。是以疏忽。野怀聊试孟浪言之，诚知孟浪之言不足以会理。然胸襟之中，欲有少许意了，不能默已，辄疏条相呈。匠者可为折衷。余以为三世一统，循环为用，过去虽灭，其理常在，所以在所，非如《阿毗昙》注言，五阴块然，本喻若之履地，真足虽往，厥迹犹存。当来如火在木，木中欲言有火耶，视之不可见，欲言无耶？缘合火出。经又云：圣人见三世。若其无也，圣无所见；若言有耶，则为常嫌，明过去、未来。虽无眼对，理恒相因。苟因理不绝圣，三世无所疑矣④。

其又另著《通三世》强调说：

> 众生历涉三世，其犹循环，过去、未来，虽无眼对，其理常在⑤。

姚兴为什么这样极力强调三世恒有、反复论证“三世”的存在呢？因为这里涉及佛教的一个基本理论问题。如果此问题不解决，佛教存在的理论依据就从根本上动摇了。原来，小乘一切有部主张“三世实有、法体恒有”，认为三世（时）一切事物和现象（法）皆有实体，真实存在。但大乘佛教经典《般若经》却主张“诸法性空”，认为一切事物和现象皆虚幻不实，“三世”也是如此。鸠摩罗什翻译的《摩诃般若经·空品》即说：“过去世过去世空；未来世未来世空；现在世现在世空。”⑥ 有人据

---

① ［宋］宋敏求撰：《长安志》卷五，《四库全书》（文渊阁本）第587册，上海：上海古籍出版社，1987年。

② 今陕西户县东南圭主峰山下草堂寺，内藏石雕鸠摩罗什舍利塔，应为唐代之物。其他恐与后秦草堂寺、逍遥园无涉。

③ ［梁］释慧皎撰、汤用彤校注：《高僧传》卷二《鸠摩罗什传》，北京：中华书局，1992年。

④ ［唐］道宣撰：《广弘明集》卷十八，《大正藏》第52册。

⑤ ［唐］道宣撰：《广弘明集》卷十八，《大正藏》第52册。

⑥ ［后秦］鸠摩罗什译：《摩诃般若波罗蜜多经》卷六，《大正藏》第8册，第256页。

此认为三世是不存在的。这种“一切皆空”的“空观”，甚至成为当时极为流行的思想。但如果否认三世，就等于否认了三世轮回和因果报应，直接威胁到佛教存在的理论基础。正因为这样，姚兴才试图解决这个问题。其论证的结果是：三世是真实存在的，虽然其中的过去、未来两世，今世人的眼睛不能看到，但一旦因缘合会，就可看到。其犹如木头之中看不到火，而一旦条件具备，就会出火一样。这种比喻虽然存在着明显的缺陷，但在当时的历史背景之下，会使很多人信服。

《通三世论》是姚兴“问诸法师”之后，“诸法师”不能解疑，给鸠摩罗什写的一封信。罗什接到之后，立即作了回答。他说：

雅论大通甚佳。（未）来世、（过）去世定无，此作不通。佛说色阴，三世和合，总明为色，五阴皆尔。又云：从心生心，如从谷生谷，以是故知，必有过去，无无因之咎。又云：六识之意识，依已灭之意为本，而生意识。又正见名过去业未来中果法也。又十力中第二力知三世诸业。又云：若无过去世，则无三涂报。又云：学人若在有漏心中，则不应名为圣人。以此诸比，因知不应无过去。若无过去、未来，则非通经理，法所不许。又十二因缘是佛法之深者，若定有过去、未来，则与此法相违，所以者何？如有谷子，池水时节，芽根得生；若先已定有，则无所待有，若先有，则不名从缘而生。又若先有，则是常倒，是因不得定有，不得定无，有无之说，唯时所宜耳①。

鸠摩罗什是站在大乘中观学派的立场上来答复姚兴的。他认为观察此问题可用两种不同的尺度，即第一义谛（或真谛、胜义谛）和世俗谛，若用前者，一切皆空无所有；若按后者，一切皆有。但正确的观点是不应把二者绝对地对立起来，而应当把二者结合起来（中道观或中观）。总之，鸠摩罗什的意思非常明确。这就是信中开头的那句话：“（未）来世（过）去世定无，此作不通。”国师鸠摩罗什的回信从理论上支持了姚兴的观点，其权威性更高②。

与此同时，姚兴还把《通三世论》等大作送给他的弟弟安成侯姚嵩等。姚嵩读后，上表言：“上《通三世》甚有深致，既已远契圣心，兼复抑正众说，宗涂亹亹，超绝常境，欣悟之至。”③ 这里还须注意的是，姚嵩回信给姚兴说：“奉珠（“珠”应为“殊”）像，承是皇后遗嘱所建，礼观之日，永慕罔极。伏惟感往。增怀臣言，先承陛下亲营像事，每注心延望，迟冀暂一，礼敬不悟（“悟”应作“语”）。圣恩垂及，乃复与供养此像，既功宝并重，且于制作之理，若神造中来。所见珠（应为“殊”），诚当奇妙。然方之于此，信复有问，瞻奉踊跃。”④

姚嵩为秦州刺史，史有明记。《晋书》卷一一八《姚兴载记》中说：“仇池公杨盛叛，侵扰祁山，……秦州刺史姚嵩入羊头峡，右卫胡翼度从阴密出自汧城，讨盛。”⑤（《通鉴》卷一一六《晋纪》同）他给姚兴的信中提到的“皇后遗嘱所建”“陛下亲营像事”的“殊像”是否为秦州的麦积

① ［唐］道宣撰：《广弘明集》卷十八，《大正藏》第52册，第228页。

② 以上有关论述，参见任继愈主编：《中国佛教史》第二卷《后秦王姚兴与鸠摩罗什》一节，第267~273页。

③ ［唐］道宣撰：《广弘明集》卷十八，《大正藏》第52册，第229页。

④ ［唐］道宣撰：《广弘明集》卷十八，《大正藏》第52册，第228~229页。

⑤ ［唐］房玄龄等撰：《晋书》卷一一八《姚兴载记下》，北京：中华书局，1974年。

山，很值得研究。

姚兴如此关心“三世”问题，并非一时心血来潮，也非卖弄自己的学问之深。首先，因为“三世实有”思想，从根本上符合统治阶级的政治利益。前世作恶，今世果报，来世未定。换言之，现世的社会秩序，统治者和被统治者、皇帝和老百姓之间的差别，在前生就决定了，反抗是没有任何用处的。一般老百姓只能做“逆来顺受”的顺民。魏晋南北朝以来，这种思想实际上一直是维护中国封建社会的稳定器。在十六国战乱的历史背景下，更能如此。

另外，“三世实有”“三世有佛”还具有宣传佛教历史悠久的重要作用。佛教开始传入中国之后，由于受到儒家思想和中国道教的排斥，其生存空间一直受到挤压。“胡本无佛”，佛是“西方无赖子弟”等反佛言论甚嚣尘上。西晋道士王浮的《老子化胡经》实为此时反佛言论的记集和理论上的系统化。加之佛教本身固有的“末世”“末法”思想使许多人对佛教产生了怀疑，甚至采取了排斥态度。而论证（现有佛）释迦之前还有（过去）佛，其后更有（弥勒）佛的真实存在，可以回答这些当时迫在眉睫的问题。

基于以上两点，作为“护法之君”的姚兴，当然要不遗余力地对其进行论证、宣传。

正是在这种思想强烈的影响下，麦积山早期石窟的题材都选择了“三佛”。与此相映成趣的是，麦积山早期的三佛窟，一般都规模宏大，造型雄伟，颇有帝王气象。像这样的巨制，根本不可能是一般官府和民众可以开凿的，其应是当时后秦王朝的“国家工程”。后秦姚氏，根源于羌，而陇南天水一带，正是他们的发源地之一，建都长安之后，天水作为故地，地位非常突出，故姚兴派其弟姚嵩出镇天水。因此在天水麦积山出现后秦时期大规模的“三佛”题材的造像是不难理解的。

（原载于《敦煌学辑刊》2007年第1期）

麦积山瑞应寺壁画初识

闫 瑜 林 梅

2002年9月，麦积山石窟艺术研究所修复瑞应寺整体建筑时，发现大雄宝殿内左、右壁均有大型色彩绚丽的壁画。关于此壁画介绍、研究的文章很少。《麦积山石窟志》说："绘十佛八菩萨诸罗汉图……其旁又各绘单身天王二幅。"① 此后柳太吉等在修复壁画的报告中介绍："山墙上的壁画，为明代作品……左右两壁各绘一身天王像。"② 最近，笔者在察看殿内壁画时，留意到壁画中佛像手印和洞窟内佛像手印有所不同，上举二文中提到"天王"形象三面八臂，赤眼暴齿，有三目，红色竖发如火焰。赤上身，未穿铠甲，其形象也和石窟中的天王形象有所不同。这些不同于洞窟造像绘画的壁画，显然与洞窟做功德有一定的区别，应视为另外一种体系。为了解决这些问题，我们综合分析壁画布局，释读壁画内容，重新考证了壁画的年代，现将浅显认识写出来，以求教于有关专家学者。

一、瑞应寺大雄宝殿壁画布局

瑞应寺大雄宝殿左、右壁各绘五佛四菩萨诸罗汉图，其大小规模相同，各面纵3.35米，横5.35米。其旁又各绘单身多臂人物形象（一说为天王）一幅，纵3.35米，横1.5米。殿内塑像于"文化大革命"初期全被拆除，而山墙壁画用白纸封糊，近年因维修寺院而进行测绘时始得剥出。画面鲜艳壮阔，人物众多，线条精细。

两面山墙壁画均以彩色祥云为界，分上下两部分。上部第一排各平列绘五佛。佛像均低平肉髻，有红色天眼，椭圆面形，留有胡须。均内着僧祇支，外披袒右肩鲜红色袈裟，结跏趺坐于红白间色的仰莲座上。左壁身着棕、墨绿、灰、淡黄色裙。右壁分别着灰、棕、黄、蓝色裙。手印呈密教仪轨印契标记。佛身后有"凸"字形头光和背光，四周绘彩色祥云围绕。

左、右壁第二排各绘坐姿且神态各异的四大菩萨。均椭圆面形，戴华丽高宝冠，眉间有白毫相，发披双肩，分别内着僧祇支，披白、绿、土黄色袈裟，下穿绿、红、灰、白裙。其中有手持羽毛扇、白拂和身倚经匣的菩萨形象。一骑象菩萨，手持经卷，艳丽细腻。另一身乘狮菩萨，端丽秀美，整幅画面华丽工整。

---

① 张锦秀编撰：《麦积山石窟志》，兰州：甘肃人民出版社，2002年，第123页。

② 柳太吉、花平宁、马千：《麦积山瑞应寺大雄宝殿的壁画修复》，《敦煌研究》2003年第6期。

壁画下部在彩色祥云之下绘制生动的罗汉及侍童群像，呈长卷式。两壁共绘各色人物46身。人物形貌姿态不同，衣冠服饰各异。

左壁后侧绘八臂人物形象一身，右壁后侧绘乘象人物形象一身。

二、壁画内容及考释

从目前麦积山所藏瑞应寺遗留晚期经卷可知，寺院壁画受到来自长安文化中心及四川南传丝绸之路诸石窟寺院汉密文化的影响。瑞应寺当时定期祭祀，为死者追善供养，为生者祈祷求福。瑞应寺大雄宝殿壁画融合密教道场器界观绘云、山、海。密教于行法时，先作结界，其次为建立本尊之道场而修观法，即真言行者修瑜伽妙行时，先观想风、水、地三轮（胎藏界法），或空、风、火、水、地五轮（金刚界法），其次观想宝楼阁与曼荼罗，以建立本尊之道场①。壁画中有云、山、海，而未见金刚界法五轮中的“火”。

瑞应寺大雄宝殿原有造像布局“……并列泥塑坐佛五尊……‘文化大革命’初期拆除。主尊像内木骨架有‘万历’款题”②。可见殿内造像分布与密教“四曼为相”布局近似，从西、东两壁各绘五佛四菩萨可推知，此壁画表现的是“五佛五智”曼陀罗。“复次五色綖者。即是如来五智。”其壁画表现为汉密佛教修持道场。它是按一定的要求制作土坛，并依制定方位，置以瓶、灯、花、香、饭等饰物，以此象征诸佛、菩萨、金刚等无不聚集于此，即我与佛融为一体，即身成佛的境界。

2004年底，张宝玺先生来我所做临摹壁画鉴定工作，认为壁画内容受到密教的影响，壁画时代应为明晚期或清代。这更进一步说明了明、清时期瑞应寺壁画是显、密相融合的佛教内容。其中两壁五佛手印呈密教仪轨印契标记，类似金刚界、胎藏界两部诸尊之总印，莲华五股印③。目前因瑞应寺正壁面已无存任何壁画和文字痕迹。故无法推知古时有无“三密”（身、口、意）宗要“真言”（咒语）等文字记录。其中五佛佛座为白色莲花座，未见密宗金刚界狮子、大象、马、孔雀、迦楼罗（金翅鸟）五佛标识性坐骑。而壁画内容及布局融入或类似密教胎藏界五佛表现形式。

通常，金刚界五佛为毗卢遮那（身白色，智拳印，中央）、阿閦（身黄金色，左手握拳，右手下垂触地，东方）、宝生（身金色，左手握拳安于脐部，右手向外结施愿印，南方）、阿弥陀（身亦金色，结三摩地印，西方）、不空成就（身亦呈金色，左手作拳当脐，右手舒五指当胸，北方）。而胎藏界五佛为大日（中央，身呈黄金色，结法界定印）、宝幢（东方，身呈赤白色，左手握拳安于胁部，右手结触地印）、开敷华王（南方，身呈黄金色，结离垢三昧）、无量寿（西方，身亦呈黄金色，结弥陀定印）、天鼓雷音（北方，身呈赤金色，为入定之相），亦即胎藏界曼荼罗中台八叶院中的五佛④。此五佛又名五智如来。

---

① 《大日经疏》卷十四，《大正藏》第39册，第725~728页。

② 张锦秀编撰：《麦积山石窟志》，兰州：甘肃人民出版社，2002年，第164页。

③ 《大日如来剑印》，《大正藏》第18册，第195~196页。

④ 《大日经》卷五，《大正藏》第18册，第36页。

第一，从瑞应寺大雄宝殿壁画所绘五佛手印看，除有显教的基本手印、法界定印外，还有与显教不同的手印。如大日剑印、法界生（火印）等，但未见密教金刚界大日如来的智拳印，手印和密教胎藏界有较多的相似之处。

第二，壁画中的五佛座为白色莲花座，并未见金刚界五佛标识性坐骑狮子、大象、骏马、孔雀、迦楼罗（金翅鸟）佛座，只有莲花座。而密教胎藏界五佛坐骑为莲花。

第三，壁画依密教胎藏界佛教义理，绘制五佛四菩萨和罗汉侍童群像，画面分上下两部分，以彩色祥云为界。其中，中台八叶院为密教胎藏界曼荼罗十三大院之一，位于中央为第一院。又中台八叶院，布列五佛、四菩萨（九尊）造像。以上绘制与胎藏界曼荼罗相合。大日、宝幢、开敷华王、无量寿、天鼓雷音及文殊、观音、弥勒、普贤等，合有九尊。“如上毗卢遮那在花台上，以次八叶东方观宝幢佛，亦名宝星佛。南方开敷华王佛，因陀罗亦是王义，若重言王不便，故存梵音也。北方鼓音佛（前置阿閦今改为此名也），西方阿弥陀佛。其四隅之叶。东南普贤。东北观自在西北弥勒。西南文殊其花诸蕊中。”① 此院为胎藏曼荼罗之总体。青海乐都瞿昙寺五佛位置布局：大日如来（中）、阿閦佛（东）、阿弥陀佛（西）、宝生如来（南）、不空成就如来（北）。东壁：大日如来（中）、阿閦佛（左一）、阿弥陀佛（右一）、宝生如来（左二）、不空成就如来（右二）；西壁：大日如来（中）、阿閦佛（右一）、阿弥陀佛（左一）、宝生如来（右二）不空成就如来（左二）。与胎藏界五佛对应如下：大日如来（中）、宝幢如来（左一或右一）、无量寿佛（右一或左一）、开敷华王如来（左二或右二）、天鼓雷音如来（右二或左二）②。

当然，山西大同华严寺五佛、福建泉州开元寺等处五佛也有类似布局。据此对应可推知瑞应寺壁画五佛位置。壁画中五佛佛像均为吉祥坐，手印呈密教仪轨印契标记。佛均披鲜红色袈裟，“密教亦重赤色”③。其中个别佛、菩萨手印和持物又略有异，当是密教经典和图像在流传过程出现的差异。晚期寺院壁画绘制并不十分严格引经据典。画工也可根据作画需要和生活中常见熟悉的内容有所变更。麦积山瑞应寺所处地区为偏远地方寺院，明清时汉地显教已处于衰落，麦积山石窟也不例外，现存明清改绘的洞窟画风也繁乱庸俗。但是，甘肃藏传佛教较为兴盛，离麦积山石窟较近的炳灵寺“明清时期佛事兴盛”④。此时期还有夏河拉卜楞寺、青海乐都瞿昙寺、永登连城大通寺、青海湟中塔儿寺等佛事兴盛。瑞应寺壁画在同时期壁画中内容融入密教经典内容，画风精工细腻，气势宏伟，独领风骚。其中，右壁壁画中尊佛示显大日剑印（本尊根本印），左壁中尊佛为吉祥印、弥陀力端定印、五佛之五股印⑤。

下部在彩色祥云之下绘制造型各异、形象生动的罗汉侍童组群像。

---

① 《大日经疏》卷十六，《大正藏》第 39 册，第 748 页。

② 张宝玺：《明初瞿昙寺藏传佛教壁画及其历史地位》，甘肃省博物馆：《甘肃省博物馆学术论文集》，西安：三秦出版社，2006 年。

③ “身作无忧花色（如此间深紫蜀葵花色也）所著衣亦赤”，《大日经疏》卷十三，《大正藏》第 39 册，第 711 页。

④ 张宝玺：《炳灵寺第 1、90、133 窟的清理与研究》，《敦煌研究》2003 年第 4 期。

⑤ 张宝玺：《明初瞿昙寺藏传佛教壁画及其历史地位》，甘肃省博物馆：《甘肃省博物馆学术论文集》，西安：三秦出版社，2006 年。

（一）佛

1. 右壁五佛

右壁中尊佛：红色肉髻，有红色天眼，橘黄色的头光，红色袈裟，淡黄色裙，背光是绿色后有祥云，半结跏趺坐于大仰莲花座，结大日剑印（本尊根本印）。大日印当是大日如来佛，为密教供奉之本尊与最上根本佛，为胎藏界中台八叶院之中尊，“八叶九尊中台大日如来，黄色金，入定印”①。此处于经典记载“入定印”又有所不同，壁画右壁无法界定印，但又有与显教不同的密教印契。有大日如来之最极秘印特征。密教传法灌顶秘印之一，莲华五股印。《入曼荼罗具缘品之余》曰：“为此五如来智大自在力之所涤除摧灭者，皆悉至于果地庄严，非惟无所障碍偏证但空而已。是故持五股印。”与此印有近似之处，表五智五佛。这些印契在《胎藏界念诵次第》《胎金护十八印图》《四度法要集》中均有图录②，由于密印的繁杂还需要作进一步深入的探讨方可准确释清它。

右壁第一身佛：红色肉髻，面形方圆，留有胡须，有红色天眼，橘黄色的头光，着赤色袒右肩袈裟，蓝色裙，背光绿色，后有祥云，半结跏趺坐于大仰莲花座。右手说法，左手托钵。按前述对应顺序排列此尊应为开敷华王如来。开敷华王佛，中台八叶院南方之如来。全身呈金色，通肩披袈裟，右手仰掌向外，指端垂下，左手执袈裟之角，置于脐侧。“南方观娑罗树王花开敷佛，身相金色普放光明。”③

右壁第二身佛：面形方圆，有胡须，着赤色袒右肩袈裟，结跏趺坐于仰莲台上，说法印。此尊应为无量寿佛（阿弥陀佛）。阿弥陀佛象征大日如来法身之妙观察智，称为甘露王。于胎藏界曼荼罗中，称为无量寿如来，居中台八叶院之西方。其身为白黄色或真金色，闭目，身着轻衣，跏趺坐于宝莲上，结入定印。“次于北方观不动佛……此是如来涅槃智。是故义云不动，非其本名也。本名当云鼓音如来……次于西方观无量寿佛……此二佛亦作真金色。”④

右壁第四身佛：其形象，佛面形方圆，有红色天眼，绿色头光，着赤色袒右肩袈裟，绿色大裙，结跏趺坐于仰莲台上。结说法印。此为宝幢如来，此尊居中台八叶院东方。“如东方印则宝幢佛印。亦是大日如来印。”⑤“次于四方八叶之上，观四方佛。东方观宝幢如来，如朝日初现赤白相辉之色。”⑥又有宝幢如来与金刚界东方阿閦如来、阿弥陀经之西方宝相佛同尊。“今以如来平等慧观，从因至果，但是如来一身一智行耳，是故八叶皆是大日如来一体也。”⑦其中手印与密教经典记载并不十分吻合，是显教中常见的佛手印。当是密教经典和图像在汉地流传过程出现的差异。

右壁第五身佛：此佛之形象，佛低平肉髻，有红色天眼，椭圆面形，留有胡须，帔鲜红色袈裟，偏袒右肩，蓝色大裙。结跏趺坐于红白间色的仰莲花座上。此应为北方天鼓雷音如来。“复次第一东方

---

① 《大日经疏》卷十六，《大正藏》第39册，第748页。
② 京都高山寺藏本：《秘藏记》图像部，《大正藏》第86册，第299~344页。
③ 《大日经疏》卷四，《大正藏》第39册，第622页。
④ 《大日经疏》卷四，《大正藏》第39册，第622页。
⑤ 《大日经疏》卷十七，《大正藏》第39册，第751页。
⑥ 《大日经疏》卷四，《大正藏》第39册，第622页。
⑦ 《大日经疏》卷二十，《大正藏》第39册，第787页。

宝幢佛……第四北方鼓音佛……第八东北观自在菩萨当知此八印。皆毗卢遮那印也。如东方印则宝幢佛印。亦是大日如来印。”① 其手印与莲华五股印、法界生印（火印）类似。

2. 左壁五佛

五佛形象基本与右面壁画佛形相似，仅仅只是佛装裙的颜色和手势有所不同，其余相似。

左壁中尊佛：红色肉髻，有天眼，橘黄色头光，红色袈裟，淡黄色裙，背光绿色，后有祥云，半结跏趺坐于大仰莲花座上。由于佛为说法印，即释尊供养法之根本印吉祥印。在《大毗卢遮那成就瑜伽》卷下描述吉祥印为：“以右手之空（拇指）、水（无名指）二指相捻，舒散其余各指。”② 在《释迦文尼佛金刚一乘修行仪轨法品》一卷记：“其中央画释迦牟曩像，金色之身具四八相，被服袈裟应身说法相，智手吉祥印。”③ 密宗修释迦法时，以释迦如来为中心而建立的曼荼罗，谓之“释迦曼荼罗”。此类图像，诸经所载各有不同。表示大日如来说法利生、方便摄化之德，此释迦如来非生身佛，乃变化之法身佛。据《大日经疏》卷十六所载，“次作释师子漫荼罗……其坛黄色极令鲜好。于中画金刚杵（三股）杵上安莲花，莲花黄色，花上置钵。钵四边通有炎光，若作佛形者，当画释迦佛持钵，又以金刚围之。右边置袈裟（即僧袈梨）左边置锡杖也”④。吉祥印为释迦佛供养法之根本印。此尊应为释迦。

左壁第一身佛：红色肉髻，有红色天眼，橘黄色头光，红色袈裟，淡黄色裙，背光绿色，后有祥云，半结跏趺坐于大仰莲花座。结说法印。对应开敷华王如来。

左壁第二身佛：面形方圆、留有胡须，着赤色袒右肩袈裟，结跏趺坐于仰莲台上。佛作弥陀定印。对应无量寿佛。

左壁第四身佛：红色肉髻，有红色天眼，橘黄色的头光，红色袈裟，淡黄色裙，背光绿色，后有祥云，半结跏趺坐于大仰莲花座。对应宝幢如来佛。

左壁第五身佛：红色肉髻，有红色天眼，橘黄色头光，红色袈裟，淡黄色裙，背光绿色，后有祥云，半结跏趺坐于大仰莲花座。右手说法，左手托钵。排序对应天鼓雷音佛，但此像印契与佛经中载药师佛类似，据《药师如来念诵仪轨》一卷载，“安中心一药师如来像如来左手令执药器。亦名无价珠。右手令作结三界印。一着袈裟结跏趺坐。令安莲华台”⑤。此如来与阿閦、大日或释迦同体。“其一切如来位。但观一佛在金坛中。即同一切佛身。余各依经中像位。”⑥ 此当是密教经典和图像在汉地流传融合过程出现的现象。

（二）菩萨

1. 右壁第一身（除盖障菩萨）

菩萨头戴宝冠，披白帔巾，穿黄绿裙，左手持羽扇，右手触地，坐于青石之上。按壁画顺序比较

---

① 《大日经疏》卷二十，《大正藏》第 39 册，第 787 页。

② 《大毗卢遮那成就瑜伽》卷下，《大正藏》第 18 册，第 159 页。

③ 《释迦文尼佛金刚一乘修行仪轨法品》，《大正藏》第 19 册，第 86 页。

④ 《大日经疏》卷十六，《大正藏》第 39 册，第 743 页。

⑤ 《药师如来念诵仪轨》卷一，《大正藏》第 19 册，第 29 页。

⑥ 《大日经疏》卷四，《大正藏》第 39 册，第 622 页。

类推可知此身应为除盖障菩萨。但其与记载有一定出入。《大日经疏》卷十三《转字轮漫荼罗行品第八之余》谓："谓染字也（但置此印得也）南方画除一切盖障菩萨。金色发冠，左手执真陀摩尼珠在莲华上也，若但作印者，置莲华上有摩尼珠。"① 又《大日经疏》卷五《入曼荼罗具缘品之余》曰："图中除盖障菩萨，左手持莲华，华上置摩尼宝珠，右作施无畏手。此菩萨及诸眷属，皆是大慈悲拔苦除障门，正以此菩提心中如意宝珠，施一切众生无畏。"② 除盖障，为密教胎藏界曼荼罗除盖障院之主尊。除盖障乃消除一切烦恼之谓。

2. 右壁第二身（金刚手菩萨）

菩萨头戴宝冠，披绿巾，穿红裙，坐姿，微笑妩媚，娴静自如，极富女性魅力。颈饰金项链，金臂钏，腰和臀均为花形金饰，双手抱膝游戏坐。居胎藏界金刚手院中第一行金刚萨埵之右方。不空所译《八大菩萨曼荼罗经》则在八大菩萨中并列普贤及金刚手，并述"于如来左边，想金刚手菩萨，右手执金刚杵左手安于胯，戴五佛冠。身青色半跏而坐"③。此菩萨与金刚手菩萨接近，冠有宝珠，身青色，半跏坐，有相合之处。差异是右手无金刚杵。

3. 右壁第三身（普贤菩萨）

菩萨头戴宝冠，身穿棕色袈裟，双手持经卷坐于白象上。在胎藏界曼荼罗中，此菩萨在中台八叶院是坐于东南方的莲华上，《八大菩萨曼荼罗经》："想普贤菩萨。戴五佛冠金色身。右手持剑左手施愿。半跏而坐。"④《观普贤菩萨行法经》："我当乘六牙白象，与无量菩萨而自围绕。"⑤ 骑白象是普贤菩萨的标志。

4. 右壁第四身（观音）

菩萨高髻，披头巾，面容温柔秀美，左手平放膝上，右手持佛珠倚于经匣上，袭纯素衣，此尊为白衣观音本尊之修法。用以祈请延命、息灾等。大白衣即为白处观音，位于观音院之第一列第六位。据《大日经疏》卷五曰："大日右方置大精进观世自在者，即是莲华部主……得成此普眼莲华，故名观自在……顶现无量寿者……皆作住现法乐熙悦微笑之容。观自在身色，如净月或如商佉……被服白衣，首有发髻作天髻形，不同大日发冠也。观音左边置圣者毗俱胝，其身四手，右边一手垂数殊鬘，一手作施愿印，左边一手持莲花，一手执军持。"⑥ 此尊着白衣坐于石上，但无莲花，倚经匣，高髻帔头巾、白衣应是白衣观音特征。

5. 左壁第一身（地藏菩萨）

菩萨头戴宝冠，披白上衣，穿灰色裙裤，双手扶佛经箧，结跏趺坐于蒲团上。披白上衣是观音和地藏菩萨的在家形象，戴宝冠与地藏形象相近。而观音为顶戴天发髻冠。地藏菩萨之形象有多种，在

---

① 《大毗卢遮那成就瑜伽》卷下，《大正藏》第18册，第712页。
② 《大日经疏》卷五，《大正藏》第39册，第633页。
③ 《八大菩萨曼荼罗经》，《大正藏》第20册，第675页。
④ 《八大菩萨曼荼罗经》，《大正藏》第20册，第675页。
⑤ 《观普贤菩萨行法经》，《大正藏》第9册，第194页。
⑥ 《大日经疏》卷五，《大正藏》第39册，第632页。

六地道藏中，修罗道清净无垢地藏为倚经相。《大方广十轮经》卷一："是地藏菩萨作沙门像。"① 广为流传之形象为内秘菩萨行，外现沙门形，左手持宝珠，右手执锡杖，或坐或立于莲花上。"次说画像法，作声闻形象，着袈裟端覆左肩，左手持盈华形，右手施无畏令坐莲华。复居座大士像顶着天冠着袈裟，左手持莲华茶，右手如先令安坐九品莲台。"②

6. 左壁第二身（弥勒菩萨）

类推应为弥勒菩萨。菩萨头戴宝冠，单腿跪坐石块上，右手执竹笺扇，左手扶石，绿、白间色衣裙。弥勒菩萨为胎藏界曼荼罗中台九尊之一，位居大日如来东北方；其形象有种种异说，如《八大菩萨曼荼罗经》载："想慈氏菩萨，金色身，左手执军持，右手施无畏。冠中有窣堵波半跏坐。"③ 菩萨头戴宝冠，但是否有塔壁画已模糊不清了，存疑。

7. 左壁第三身（虚空藏菩萨）

菩萨头戴宝珠冠，身披巾，下着红裙，结跏趺坐于蒲团上，双手持白拂。据《秘藏记》末曰："左手持莲华，上有如意宝，右手持白拂。"④ 又《虚空藏菩萨能满诸愿最胜心陀罗尼求闻持法》载："于中画虚空藏菩萨像……身作金色，宝莲华上半跏而坐，以右压左。容颜殊妙作熙怡喜悦之相。于宝冠上有五佛像，结跏趺坐。菩萨左手执白莲华，微作红色。于华台上有如意宝珠，吠琉璃色黄光发焰。右手复作与诸愿印，五指垂下现掌向外，是与愿印相。"⑤ 此菩萨戴宝珠冠，手持白拂。符合经典仪轨胎藏界释迦院之虚空藏形象。

8. 左壁第四身（文殊菩萨）

菩萨手拿如意骑狮菩萨，面带微笑，神态安详，手持如意宝珠。着绿上衣，黑边白裙，黑边有白色装饰图案。胎藏界曼荼罗文殊院，以文殊菩萨为中尊，三昧耶形为青莲上三股或梵箧。据《金刚顶经瑜伽文殊师利菩萨供养仪轨》一卷载："想其智剑渐渐变成文殊师利童真菩萨，具大威德身着种种璎珞。顶想五髻，右手持智剑左手执青莲华，花上有般若波罗蜜经夹，身色如金。"⑥

（三）罗汉侍童

左、右墙壁下部为罗汉侍童群像，右墙面罗汉及侍童为22个人物。左墙面罗汉及侍童为24个人物。

左壁下部罗汉及侍童群像可辨识的有：

1. 半托迦尊者（探手罗汉）

壁画中一罗汉双手半举扶状，双腿抬步行走样，身着绿色袈裟。传其母为富家之长女，与家奴相爱后，逃往他乡在路边生下他。后出家修成正果。因他在打坐完，常举起双手，长吐一口气，故称其为"探手罗汉"。

---

① 《大方广十轮经》，《大正藏》第13册，第681页。
② 《地藏菩萨仪轨》，《大正藏》第20册，第625页。
③ 《八大菩萨曼荼罗经》，《大正藏》第20册，第675页。
④ 京都高山寺藏本《秘藏记》图像部，《大正藏》第86册，第299~344页。
⑤ 《虚空藏菩萨能满诸愿最胜心陀罗尼求闻持法》，《大正藏》第20册，第601页。
⑥ 《金刚顶经瑜伽文殊师利菩萨供养仪轨》卷一，《大正藏》第20册，第719页。

2. 注茶半托迦尊者（看门罗汉）

壁画中一罗汉头戴斗笠，双手扶肩部锡杖，身着红色袈裟骑在马背之上。据传，他和探手罗汉是两兄弟。他化缘时常用拳头拍打布施者的屋门，佛祖感到他这样做不够礼貌，便赐给他一根锡杖，叫其摇动锡杖后发出的声音来促使施主开门布施。这锡杖后来便成了和尚的禅杖，他便被称为“看门罗汉”。

3. 伐那婆斯尊者（芭蕉罗汉）

壁画中一罗汉手持芭蕉扇藏于穿绿色袈裟的罗汉身后。据说，他出生时，雨点打得芭蕉叶沙沙作响。出家后常在芭蕉树下修行用功，故称其为“芭蕉罗汉”。

4. 迦诺边跋厘堕阇尊者（举钵罗汉）

壁画中罗汉手举一钵，身穿绿衣，侧身观看手中一钵，钵内飘出一股长长的青烟，烟团内显一腾空飞动的龙（故另有一说此尊为降龙罗汉）。传他是个性情急躁、易于冲动的人，在化缘时往往举起铁钵向人求乞，修成罗汉后，仍有此习惯，故世人称其为“举钵罗汉”。

5. 伐阇罗弗多罗尊者（笑狮罗汉）

壁画中一笑口和尚席地而坐，其身边左右各有长毛小狮子。传他原为古印度一狩猎者，出家后放下屠刀，专心修行而得罗汉正果。

右壁下部罗汉及侍童群像可辨识的有：

1. 跋陀罗尊者（过江罗汉）

黑脸罗汉，戴红帽右手下部持佛珠，左手扶上挑杆，上悬一只草鞋，杆头装饰如意手头、身穿红色袈裟，身后挑一只草鞋，脚踏波涛中一芦苇，是一幅潇洒的飘然驾行图。一种说法是：中国禅宗的初祖，菩提达摩①。另说：是释迦的一名侍者，主管浴事，后皈依佛门，修成正果。从图中脚踏波涛中一芦苇和杖后吊着草鞋看，与达摩“一苇渡江”和“只履西归”典故吻合。

2. 宾头卢跋罗堕阇（长眉罗汉，伏虎罗汉）

在壁画中他的形象是光头顶、着白衣、一手抚长眉，眉毛细长白而拖地，一手持顶镶红宝珠的木杖。据《宾头卢突罗阇为优陀延王说法经》载，宾头卢又称住世阿罗汉。宾头卢永住于世，现白头长眉相。“婆蹉王优陀延那问尊者宾头卢：何因何缘，新学年少比丘于此法律，出家未久，极安乐住。诸根欣悦，颜貌清净。肤色鲜白，乐静少动……堪能尽寿，修持梵行，纯一清净。”② 因宾头卢五代时在十八罗汉中重复出现，故在民间他有时被画成伏虎罗汉，在壁画中其形象为光头顶，穿红色大黑格袈裟，左手持锡杖，右手摸虎头，他修行出家时驯服猛虎，故世人称其为“伏虎罗汉”。

3. 难提蜜多罗尊者（庆友尊者，降龙罗汉）

壁画中其形象似传世《西游记》中的唐僧形象。戴冠、汉人面孔。苏轼在《自海南归过清远峡宝林寺敬赞禅月所画十八大阿罗汉》一文称他为第 17 位罗汉庆友尊者，即《法住记》的作者。他记载了 16 位罗汉的姓名和出处，使罗汉影响逐渐流传。宋咸淳五年释志槃《佛祖统纪》称庆友是《法住记》作者唐玄奘，不应在住世之列，即是《弥勒下生经》所说四大声闻中不在十六罗汉之内的二尊

① 《开元释教录》卷三，《大正藏》第 54 册，第 505 页。

② 《杂阿含经》卷四十三，《大正藏》第 2 册，第 311 页。

者。第 17 位和第 18 位应是迦叶尊者和军徒钵汉尊者①。

4. 苏频陀尊者（托塔罗汉）

壁画中身穿红袈裟，一手高托宝塔，塔中藏有舍利，为佛的象征，故手中时时托着一尊宝塔，世人称其为“托塔罗汉”，在《法住记》、罗汉图赞集，为右手握拳，置于胸前，左手安于膝上。敦煌莫高窟第 76 窟之壁画形象，为趺坐岩上，右手屈食、中二指，左手持水瓶，置于胸前。

5. 因揭陀尊者（布袋罗汉）

身携布袋，右手臂缠蛇握拳，左手握拳高举，身背一包袱，面目粗犷。两眼怒视长蛇，形象逼真生动。他原是古印度的捕蛇者。因他常携带一布袋，放生拔掉毒牙的毒蛇，修善德。故世人称其为“布袋罗汉”。

6. 罗睺罗尊者（沉思罗汉）或诺距罗尊者（静坐罗汉）

罗汉结跏坐于地下，右手拇指、中指结环，内坠佛珠，左手法印同于右手。这两者没有太大的区别。罗睺罗尊者是佛祖释迦牟尼在作太子时唯一的儿子，后随父出家。勤于修行，最后获罗汉正果，佛祖十大弟子之一。因他是在沉思中觉悟，从顽道上修成正果，故世人称其为“沉思罗汉”。诺距罗尊者原为古印度一名勇猛的战士，体格魁伟。出家后，佛祖为收敛他当时的那种拼杀性格，一直让他静坐，故世人称其为“静坐罗汉”。

（四）明王

大雄宝殿山墙左壁侧绘明王，其形象三面八臂，赤眼暴齿，有三目，红色竖发如火焰。身穿黑色虎皮裙，八臂分别持宝剑、化佛、宝印等。身玄青色天衣，系黑丝带，两胯着棕黑色虎皮裙。右边四臂分别持宝剑、化佛、宝镜、金刚杵。左边四臂分别持宝印、红缨长枪，其第三臂绕胸前交叉于右臂第三臂上。袒露的胸及臂肌肌肉突出，呈团云状。整体形象个性鲜明呈忿怒相，从整体面相、衣饰、持物特征看应为大日如来为教化众生以智能光明、无比自在神力摧毁三毒，降伏众生烦恼魔障而现化的不动尊明王。“次降三世明王真言，皆是毗卢遮那如来……住于法幢高峰观加持三昧。如来说此二明，皆是彼法佛三昧，为令行人从初发菩提心，守护增长令生成佛果圆，终不退失不堕在非道者。即不动明王是也。”②

山墙右壁侧绘明王，其形象遍身红、青二色衣裙。残留红色竖发。两眼怒睁。右侧臂可见持部分法器、索、戟等，右侧画已残失。下身双脚踏一回首长牙大白象。以上残迹画有许多与释迦牟尼佛之教令轮身无能胜明王相近之处。相近点，火发，身呈青色，有戟。《大日经疏》卷十曰：“次无能胜真言，是释迦之眷属，亦入宝处三昧如上而说真言，此是释迦化身。隐其无量自在神力，而现此忿怒明王之形。谓降伏众生而尽诸障也。”③ 此明王是释迦牟尼佛于菩提树下成道时，以明咒力降服魔军，退治障碍之尊。

（原载于《敦煌研究》2007 年第 4 期）

① 《佛祖统纪》卷三十三，《大正藏》第 49 册，第 394 页。

② 《大日经疏》卷十，《大正藏》第 39 册，第 685 页。

③ 《大日经疏》卷十，《大正藏》第 39 册，第 683 页。

杜甫《山寺》诗与唐代的麦积山石窟

刘雁翔

现存杜甫诗集中以《山寺》为题的诗作有两首，一作于秦州（今甘肃天水），一作于梓州（今四川三台县），我们要讨论的对象是唐肃宗乾元二年（759 年）杜甫流寓秦州时游历麦积山石窟所作的《山寺》。内容如下：

野寺残僧少，山园细路高。
麝香眠石竹，鹦鹉啄金桃。
乱水通人过①，悬崖置屋牢。
上方重阁晚，百里见纤毫②。

唐代国力强盛，佛教也比较兴盛，按理，麦积山之唐代遗迹自当不少，而事实上因受地震等因素的影响，麦积山现存 209 个洞窟没有一个是纯粹的唐代洞窟。唐代遗迹只是在前代洞窟中保留少量雕塑和壁画。唐代的题记也只有 6 则，且都是标明时间的游人刻划，类“到此一游”。而就图书文献言之，《山寺》一诗而外再无片言只语。所以，意想研究唐代麦积山石窟景况，深入揭示《山寺》所蕴含的相关信息无疑是必要的，也是必须的。欣赏本诗，乍一看，分明如画；细一抠，雾中看花。诸如“野寺残僧少”的宗教背景是什么？“麝香”是鸟是兽？“金桃”为何种水果？“悬崖置屋”和“上方重阁”所指者何物？等等。此类问题困扰了历代的读杜、注杜之人。北宋以降，注杜诗者从来都有“千家注”“百家注”之类的说法，而这些“千家”“百家”之注，具体反映在《山寺》一诗上，相因者多，求实者少，其结果是注释越多越混乱。因此，意想全面揭示《山寺》所蕴含的相关信息，梳理历代与之相关的“杜注”也是必要的。

一、《山寺》定位

按通行的新旧杜诗注本，一致认定“山寺”即是今甘肃天水市的第一名胜——麦积山石窟。而 20

① “乱水”一作“乱石”。按注者各自的理解，各种版本的杜诗往往任选其一。麦积山前山后均有溪水横流，“乱水”正是其真实写照。

② “纤毫”一作“秋毫”。按注者各自的理解，各种版本的杜诗往往任选其一。“山寺”是写佛寺之诗，而“纤毫”正是佛家用语，因此应以“纤毫”为准。

世纪80年代始，随着杜诗研究的不断深入，一些学者对“山寺”即“麦积山”的传统观点提出质疑①。其核心证据是——认为清代注家不断称引的“旧注”辗转征引，来历不明，本非确论，终无信征。《山寺》所咏即麦积山石窟，这是我们“揭示”的前提，如《山寺》定位不稳，则论证根基全无，一切都成无本之木。故而，对“旧注”以《山寺》为麦积山的来由追根溯源，辨明真相，貌似累赘，无疑还是必要的。

杜甫一生时运不济，颠沛流离，历尽人间苦难。而其身后，诗文依旧时运不济，亡逸散失，不成全编。现存杜集最早者为北宋王洙搜罗初编、王琪重编刊刻的《杜工部集》20卷。是为以后各种杜集的祖本。宋代，杜诗学大兴，杜甫诗圣地位确立，注杜、解杜之作蜂拥而出。明确提出《山寺》所指者何的是《王状元集百家注编年杜陵诗史》②，诗集在注“悬崖置屋牢”时引苏注曰：“苏曰，姚崇梵僧居麦积山下，以岩造成屋，今日自为石岩寺。”点出“山寺”所述就是赫赫有名的麦积山。此书成于南宋孝宗时。其中“苏曰”是言引北宋大文学家苏轼之说。诚然，所谓“苏曰”前人已辨明纯系假托，诗集标名的“王状元”即“王十朋”也系假托，均是当时书商迎合大众心理、借助名人以逐利之行为所致。不过，本诗集是现存最早的集注本，“其中保留了许多宋人古注，虽杂伪注，大部分典故注释还是可靠的”③。当然，将“山寺”和“麦积山”画等号的“苏曰”就是“宋人古注”之一。抛开苏轼的因素，我们可以这样理解，因有现在已不得见的某种依据，北宋文人在注《山寺》伊始，即将其定位在麦积山，《王状元集百家注编年杜陵诗史》所遵循的就是北宋文人的注释。“苏曰”是假冒苏轼大名，而以“山寺”为“麦积山”的“苏曰”所反映却是宋代注家一种普遍认识。之后，有佚名编《分门集注杜工部集》、黄希黄鹤父子的《黄氏补千家集注杜工部诗史》完全继承“苏曰，姚崇梵僧居麦积山下，以岩造成屋，今自为石岩寺”一语④，进一步证明宋代的注家——包括识见高远的黄希、黄鹤父子对“山寺”即是“麦积山”的看法是认可的。

到了南宋另一个注杜大家蔡梦弼的《杜工部草堂诗笺》则开宗明义，在《山寺》诗题下注云：“《天水图经》，陇城邑南唐杜工部故居、工部之侄佐草堂，在东柯谷南，麦积山瑞应寺上。山形如积麦，佛龛刳石，阁道回旋，上下千余尺。盖麦积山之野色也。鹦鹉，陇外所产。山下水可涉。”⑤又在“野寺残僧少”句下注“寺谓瑞应寺也”⑥。蔡梦弼的这条注释，在进一步认定“山寺”即“麦积山”的同时，引出一则“图经”即地方志资料，以史料证诗，使诗题所指完全凸显了出来。此前，成书于南宋绍兴四至十七年间（1134~1147年）的《杜诗赵次公先后解》在注《秦州杂诗》之十三时引《天水图经》曰：“《天水图经》载秦州陇城县有杜工部故居，及工部侄佐草堂，在东柯谷之南，麦积山瑞

---

① 王廷贤：《读“陇右诗”志疑》，天水师范高等专科学校中文系编：《杜甫陇右诗研究论文集》，兰州：甘肃人民出版社，1995年，第156~159页；张志仁：《杜甫陇右诗〈山寺〉新探》，《兰州学刊》1999年第6期。

② 有江苏广陵古籍刻印社1981年影印本，封面标名《影宋编年杜陵诗史》。

③ 廖仲安：《杜诗学》，中国杜诗研究会编：《杜甫研究论集》，郑州：中州古籍出版社，1993年，第306~307页。

④ 《续修四库全书》第1306册，上海：上海古籍出版社，2003年，第221页；《四库全书》第1068册，1987年，上海：上海古籍出版社，第393页。

⑤ 黎庶昌编：《古逸丛书》，南京：江苏古籍出版社，2002年，第275页。

⑥ 黎庶昌编：《古逸丛书》，南京：江苏古籍出版社，2002年，第275页。

应寺上。”① 个别文字和蔡注所引不同，一个“及”更加显明地指明——瑞应寺有杜甫及侄佐草堂在焉。《天水图经》早佚。成书于赵注之后、蔡注之前尤袤（1127~1194 年）《遂初堂书目》录《秦州图经》《秦州志》，无《天水图经》之目。而“秦州”“天水”经常混同使用，颇疑《天水图经》和《秦州图经》是同一书之异名。既然，成于南宋初年的赵注已引到《天水图经》，则“图经”定然出于北宋。还可进一步判断，定然是“图经”记载麦积山时将山和杜甫《山寺》诗直接勾连在了一起，于是才有赵次公、蔡梦弼的引证。注中提到的陇城县系五代后唐长兴三年（932 年）复置的陇城县②，其治地在今天水市麦积区马跑泉镇西，北宋时辖麦积山，今麦积山尚存北宋靖康元年（1126 年）所立《秦州雄武军陇城县第六保瑞应寺再葬佛舍利记》碑可证，南宋时归金。蔡梦弼所谓“陇城邑南唐杜工部故居、工部之侄佐草堂，在东柯谷南，麦积山瑞应寺上”一语则表明杜甫叔侄和麦积山瑞应寺的关系。杜佐在东柯谷有居所，有杜诗可证；杜甫在东柯谷有草堂，有方志可证③。但杜甫在麦积山有草堂，本条资料之外，不见其他史载。不过，也间接表明，流寓秦州之时，一段时间依侄佐而居的杜甫和麦积山是有关系的。退一步讲，从北宋开始，宋人认定杜甫和麦积山是有关系的。为明乎于此，这里引明分巡陇右道佥事冯惟讷嘉靖三十九年（1560 年）游历麦积山诗以作旁证，其诗题曰：“晓发麦积，寻崇果寺旧址，旁有杜公废祠，四山迴合，风气致佳，命僧添田复之。赋此记事。”崇果寺旧址现已难觅，不过，由诗题可判定，山寺旁的杜公废祠绝对和东柯的杜甫草堂是两码事。“晓发”而“越岭”可判定此寺就在麦积山附近。诗有云：“故苑余云气，风寒蔓草深。龙盘标四险，虎啸护双林。映日开微霰，披荆越细岑。今朝草堂地，还与赞公寻。”④ 其“映日开微霰”所言正是太阳初照之景观，结合“晓发麦积”也可判定由麦积山到崇果寺是不会太远的。繁盛之时的麦积山瑞应寺是由附近多个寺院组成的大型禅院，石窟附近的香积山、豆积山等都是寺院的组成部分，崇果寺自当也在其中。身为明代名诗人，冯惟讷看到自己寻访的杜公祠成废祠，出于对杜甫的崇敬，行使行政权威，“命僧添田复之”。这些故实都可判定赵次公、蔡梦弼引“图经”所言“杜工部故居及工部之侄佐草堂，在东柯谷南，麦积山瑞应寺上”的说法是有充分凭证的。因为，如前所言，麦积山附近的寺院也属于瑞应寺单元。

赵注和蔡注为“山寺”定位确立了主基调，后来的注杜者纷纷然承接，或全文照搬，或不标赵、蔡名而摘要转引，可能是出于自身理解不同，抑或版本不同，所引内容有个别字句不甚相同，为比照研究方便，兹录数则。元刘辰翁（会孟）评点、高崇兰（楚芳）编辑的《集千家注批点杜

---

① 林继中：《杜诗赵次公先后解辑校》，上海：上海古籍出版社，1994 年，第 315 页。郭曾炘：《读杜劄记》（上海：上海古籍出版社，1984 年，第 117 页）、闻一多：《少陵先生年谱会笺》（《闻一多全集》3，北京：三联书店，1982 年，第 77 页），引证本条资料时有“旧注：赵傁《天水图经》……”，“赵傁曰：《天水图经》……”等语。据林继中考证，所谓“赵傁”，和“赵次公”是同一人。“则赵傁云者，无非次公壮年后之称耳。”见上引林著之《前言》，第 25~26 页。

② 陇城县始置于北魏，属略阳郡，地在今甘肃秦安县之陇城镇。唐末废。

③ ［南宋］祝穆：《方舆胜览》天水军条“山川”之“东柯谷”说：“绍圣间，栗亭令王知彰作祠堂记云：‘工部弃官，寓东柯侄佐之居。’”顺治《秦州志·地理志》说：“东柯南五里曰仙嘉岭，下有杜工部草堂，前为子美村，或即北枝村，后为子美泉。其水泛出，探之莫测其底。有东柯河，故有桥其水北流入渭。”

④ 冯国瑞：《麦积山石窟志》，天水：陇南丛书编印社，1941 年，第 34 页。

工部诗集》有云：

> 梦弼曰：按《天水图经》，陇城县东柯谷之南麦积山有瑞应寺，山形如积麦，佛龛刳石，阁道萦旋，上下千余尺，山下水纵横可涉①。

又，钱谦益《钱注杜诗》引云：

> 《天水图经》。陇城邑南。唐杜工部故居侄佐草堂。在东柯谷南。积麦山瑞应寺上。山形如积麦。佛龛刳石。阁道萦旋。上下千余丈②。

又，仇兆鳌《杜诗详注》引云：

> 《图经》，阁道萦旋，上下千余丈者，即“山园细路高”也。其山下水，纵横可涉者，即“乱水通人过”也③。

又，清杨伦《杜诗镜铨》引云：

> 《天水图经》：麦积山有瑞应寺，山形如积麦。佛龛刳石，阁道萦旋，上下千余丈，山下水纵横可涉④。

于以上引文，兹不辨其是非。但显而易见，时有依义转引偏离初注的现象。如要求其原始，还应以赵次公、蔡梦弼所引《天水图经》为准。

读完了诗注和诗注引用的方志，让我们将目光转向一统志性质的地理总志《方舆胜览》。本志成于南宋理宗嘉熙三年（1239 年），时间较蔡梦弼《杜工部草堂诗笺》略后，作者是理学家朱熹的受业弟子祝穆。志书卷六九“天水军”下两条目直接和《山寺》相关。“山川”之“麦积山”言：

> 在天水县东百里，状如麦积，为秦地林泉之冠。上有姚秦所建寺。杜甫秦州《山寺》诗“麝香眠石竹，鹦鹉啄金桃”即此。山之北曰雕巢谷，又有隗嚣避暑宫，对面瀑布泻出于苍崖之间，亦胜景也。又有魏乙弗后墓。李师中诗曰：“路入青松翠霭间，斜阳倒影下溪湾。此中猿鹤休相顾，谢傅东归自有山。”⑤

“寺院”之“瑞应院”言：

> 在麦积山。后秦姚兴凿山而修，千崖万象，转崖为阁，乃秦川胜境。又有隋时塔。杜甫诗：“乱石通人过，悬崖置屋牢。”五代王仁裕诗：“蹑尽悬崖万仞梯，等闲身与白云齐。檐前下顾群

① 《四库全书》第 1069 册，760 页。

② ［清］钱谦益：《钱注杜诗》，上海：上海古籍出版社，1979 年，第 349 页。引文标点依本书。

③ ［清］仇兆鳌：《杜诗详注》第 2 册，北京：中华书局，1979 年，第 603 页。引文标点依本书。

④ ［清］杨伦：《杜诗镜铨》上册，上海：上海古籍出版社，1980 年，第 254 页。引文标点依本书。

⑤ ［南宋］祝穆：《方舆胜览》（下），北京：中华书局，2003 年，第 1210~1211 页。

峰小，掌上平分落日低。”①

“麦积山”“瑞应院”在记述时分而别之，其实是一码子事。麦积山说的就是麦积山石窟，而石窟寺是开凿在岩壁上的寺院，石窟寺和瑞应院（寺）合起来就是山寺。作为一方自然人文状况实录的地方志为“山寺”两设条目，两引杜诗，研究者总不能视而不见将其强行撕开吧！

《四库提要》对《方舆胜览》有一个评价：

书中体例，大抵于建置沿革、疆域道里、田赋户口、关塞险要他志乘所详者皆在所略，惟于名胜古迹多所胪列，而诗赋序记所载独备，盖为登临题咏而设，不为考证而设，名为地记，实则类书也②。

或以此作为依据，证《方舆胜览》失志乘古法，“麦积山”“瑞应院”所云乃缘诗异说。其实，对四库馆臣的偏颇之议，著名历史地理学家谭其骧先生有一段精彩的驳议：

一部书只要内容记载的是地理，就是地记，没有理由说哪几项阙略了就不能算地记。各种地志各有所详所略，并不一样。《提要》所谓他志乘所详的那几项，其实他志乘并不一样都详。《元丰九域志》的建置沿革很简。《舆地广记》根本不载疆域、道里、户口。至于关塞险要，则唐、宋地志都不详。怎么能说阙略了这几项就不算地记？更没有理由说多载了名胜古迹、诗赋序记，就不是地记，是类书。名胜古迹本是地志应有的内容，诗赋序记只要与一地风土有关，当然可以收入地记，怎么能说多了就算类书不算地记③？

很清楚，《方舆胜览》并未因《四库提要》的失实评价而价值降低，更不能以《提要》评价为据而否定《胜览》所列“麦积山”“瑞应院”的史料价值。正是由于本志“惟于名胜多所胪列，而诗赋序记所载独备”，使我们时至今日还有幸能看到宋人关于麦积山石窟的梗概记述。由《胜览》作者祝穆自序知，其“酷好编辑郡志”，至于不能自已，“所至辄借图经”。《胜览》就是在这样大量积存以图经为主的各种资料的基础上完成的。我们有理由相信，《胜览》有关“麦积山”“瑞应院”的记述是由来有自的。举一例，本志“麦积山”所引李师中的诗就刊刻在麦积山石窟第168号崖阁，至今清晰可见，系熙宁三年（1070年）李师中与吕大忠等人同游麦积山时所作。是为麦积山最早有记年的名人诗作题刻④。

千百年来，麦积山和诗圣名诗相映成趣，相得益彰，不知勾起过多少人的美好向往。麦积山现存明嘉靖四十三年（1564年）所立“甘茹诗碑”有云：“地因庾碣重，寺以杜诗雄。”高瞻远瞩，将杜甫《山寺》和庾信的《秦州天水郡麦积崖佛龛铭并序》等量齐观，并道出“庾碣”“杜诗”对麦积山石窟的重要意义。

---

① ［南宋］祝穆：《方舆胜览》（下），第1211页。

② 《方舆胜览》附录《四库全书方舆胜览提要》，第1239页。

③ 谭其骧：《影宋本方舆胜览前言》，第1249页。

④ 张锦秀编撰：《麦积山石窟志》，兰州：甘肃人民出版社，2002年，第158页。

行文至此，我们再换个思路探讨这一问题。

首先，乾元二年（759 年），杜甫流寓秦州作过一首名为《山寺》的诗作该是没问题的。

其次，唐代秦州有史可考的佛寺有崇宁寺（在天水市秦州区北山皇城）、永宁寺（在天水市秦州区东五里铺）、南郭寺（在天水市秦州区南慧音山）、大云寺（在天水市秦州区关子镇）、太平寺（在天水市麦积区甘泉镇）、应乾寺（宋称瑞应寺，即今麦积山石窟）、灵应寺（在天水市麦积区仙人崖）等①。这几座寺院中，永宁寺、大云寺、太平寺建于平地闹市区，“山寺”可能完全可以排除。南郭寺、崇宁寺在南北两山浅山头，勉强可以称作山寺，但此两寺从来就不是石窟寺，显然没有“山园细路高”“悬崖置屋牢”的任何迹象，完全可以排除。所以，能称作“山寺”的寺院只有麦积山的应乾寺和仙人崖的灵应寺了。灵应寺当在今仙人崖玉皇峰南麓，绝壁崖面有高大的悬塑和摩崖小龛遗迹，据考始建于北魏②。乾隆《直隶秦州新志》卷二《建置》所载“千佛洞，东南百里万仞悬崖之上，洞内有泉，不溢不竭，水最清冽，盛暑生寒”，正是此寺，“灵应”二字概因“不溢不竭”的神泉而得。由“千佛洞”之名也可知这是一处以悬塑千佛为基本特征的石窟寺，就现在残存景象观察，连栈道都没有，更无论“悬崖置屋牢”了。因此，灵应寺也可排除。能满足“山寺”条件的就只有麦积山的应乾寺了③。

或以为《山寺》不言庾信铭，王仁裕《王堂闲话·麦积山》不提“山寺”，故而怀疑《山寺》和麦积山的关系。实则诗人就是诗人，我们没必要规定他写什么或不写什么。《全唐诗》有关寺院的诗多的是，全都是诗人托物寄情之作，如以国画作喻，属“写意画”之流，寺院基本上是诗人抒发情怀的凭借物，谁也不能指望通过某一首诗得到方志记物的效果。程千帆先生《杜诗镜铨批抄》对《山寺》的评价公允公正，值得记取。

> 今麦积石窟已大显于世，惜其时公不以椽笔写之。大约为诗亦看机缘，看兴会，不能如《儒林外史》丁言志所言“我不信，那里有这些大名士聚会竟不做诗的也”④。

最后，再提供一条古人带有考古性质的证据。今麦积山第 5 号崖阁中龛、龛口左侧下部留有北宋陕西转运副使蒋之奇元丰四年（1081 年）行书题记一条，云：“蒋之奇登麦积山，观悬崖置屋之处，知杜诗为不诬矣。元丰四年三月二十六日。”⑤

一句话，各种迹象表明，北宋人始注杜诗之时即根据他们掌握的资料，将“山寺”定格在了麦积山。注释传承有序，有根有据，以“莫须有”的心态棒打“山寺”和“麦积山”这一对联姻千百年的“鸳鸯”，实在是大可不必！

---

① 李芳民：《唐五代佛寺辑考》著录秦州佛寺六所：崇宁寺、法镜寺、灵应寺、瑞应寺、太平寺、永宁寺。而其中“瑞应寺”应名“应乾寺”，法镜寺当属成州。北京：商务印书馆，2006 年，第 255~256 页。

② 董玉祥：《仙人崖石窟》（上），《敦煌研究》2003 年第 6 期；《北道区志》，兰州：甘肃文化出版社，2002 年，第 255~256 页。

③ 麦积山佛寺，北魏名石岩寺，隋名净念寺，唐名应乾寺，北宋名瑞应寺。

④ 《程千帆全集》第九卷，石家庄：河北人民出版社，2001 年，第 217 页。

⑤ 麦积山勘察团：《麦积山石窟内容总录》，《文物参考资料》1954 年第 2 期。

二、"野寺残僧少"的社会背景

麦积山石窟始凿于东晋十六国时期的后秦，中经西魏、北魏、北周、隋等朝，佛教持续兴盛，虽有周武灭佛之举，就石窟考古情况来看影响不大。至于寺僧人数因资料所限，无法准确判断。兹举一传一碑两条资料，或可见其端倪。南朝梁慧皎《高僧传》卷十一《玄高传》有云：

……高策杖西秦，隐居麦积山，山学百余人，崇其义训，禀其禅道。时有长安沙门释昙弘，秦地高僧，隐在此山与高相会，以同业友善。

仅此一例可见麦积山的寺僧数量是惊人的。又，南宋嘉定十五年（1222年）所立《四川制置使给田公据》碑有云：

昨缘开禧兵火之后，于嘉定元年，有忠义首领□□□□李实、强德、张钧等前□□寺搔扰钱物，不满私意，便行扰劫，本寺钟锅两件，计铁壹万柒百斤及将本寺布种。二年，地利部领凶徒各持刃器，强收了当，使本寺僧行数无食，游散四方①。

宋代本佛教的衰退期，而锅钟两件即有10700斤，足见寺僧人数也是可观的，由此可想见佛教兴盛之时，僧寺人数当是颇不少。而《山寺》之首句何而开门见山点明"野寺残僧少"呢？

对此疑问，学界多将原因归结到唐玄宗开元二十二年（734年）的大地震。的确，这是一次罕见的大地震，秦州城城垣官署俱毁，压死吏民4000余人，官署也因此而迁至成纪之敬亲川（今甘肃秦安县叶堡川）②。据估算震级达7级，烈度9度③。这次地震对麦积山石窟造成的结果也是灾难性的，窟群中间部分及东崖上部大面积塌毁，从此窟遂成为东西二部④。不过，杜甫游历麦积山是在地震过后26年的唐肃宗乾元二年（759年），单纯的地震影响不至于还是严重异常吧？将杜甫《山寺》从整体上理解为"可证麦积山在开元地震大崩塌之后和尚外流、寺院荒芜，山前乱石嶙峋，周围野兽出没，一片荒凉冷落而又恬静优美的自然风光"⑤，是不尽合理的。实际情形是玄宗朝的宗教政策导致了麦积山的佛教由盛转衰，大地震只是雪上加霜。

初唐，佛教承接隋朝以来的发展势头，非常繁荣，至武则天执政时进入狂热发展期，多达数十万的滥僧充斥于世，造寺开窟运动热火朝天，也由此构成严重的社会问题。唐玄宗登基之后，接受宰相

---

① 张锦秀编撰：《麦积山石窟志》，第171页。

② 《旧唐书》卷八《玄宗上》："（开元二十二年）二月壬寅，秦州地震，庙宇及居人庐舍崩坏殆尽，压死官吏以下四千余人，殷殷有声，仍连震不止。"《新唐书》卷三五《五行志》："开元二十二年二月壬寅，秦州地震，西北隐隐有声，坼而复合，经时不止，坏庐舍殆尽，压死四千余人。"《新唐书》卷四〇《地理志》："秦州天水郡，中督都府，本治上邽，缘地震徙治成纪之敬亲川。"

③ 天水地区地震办公室：《天水地震史料汇编》，内部资料，1982年，第42页。

④ 何静珍：《麦积山石窟大事记》，阎文儒主编：《麦积山石窟》，兰州：甘肃人民出版社，1984年，第208页。

⑤ 何静珍：《麦积山石窟大事记》，第208页。

姚崇建议，着手整顿佛教。从开元二年（714 年）起，先后颁布《禁创建寺观诏》《禁百官与僧道往还制》《禁坊市铸佛写经诏》《令道士女冠僧尼拜父母敕》等诏令。勒令伪滥僧还俗，严格限制僧尼人数；禁止创建寺院，控制维修旧寺；禁止坊巷之内，开铺写经，公然铸佛；整顿佛寺，约束僧尼……如此等等，使佛教的发展受到前所未有的扼制①。麦积山“野寺残僧少”的状况很大程度上就是玄宗朝抑佛政策的直接反映。地震等自然因素是起作用的，但相对于朝廷的禁佛令即政治原因所起作用而言当是次要的。准确地说，是玄宗朝抑佛政策的主因和地震双重因素导致了“野寺残僧少”的局面。杜甫秦州诗涉及麦积山应乾寺及太平寺、崇宁寺等几座寺院。咏太平寺时，有云：“招提凭高冈，疏散连草莽。”咏崇宁寺所在的隗嚣宫时有云：“苔藓山门古，丹青野殿空。”足见在玄宗朝秦州佛寺有整体败落的趋势。玄宗之后，遭“安史之乱”重创的唐朝已是繁盛不再，造大佛、开大窟之风也只能是渐行渐远了，葺废寺之财力越来越少了，麦积山石窟便“无可奈何花落去”了。

强调一下，麦积山佛教之衰败主要是从“残僧少”三字体现出来的，“野寺”只是“在野之寺”的意思，并无衰败的含义。上古时代就将城中居人称国人，将郊外居人称野人。“野寺”说的是寺院所在远离闹市，僻静安闲，跟大多数人理解的“衰败”是沾不上边的。唐诗中咏及寺院，“野寺”是常用之词。如岑参《题三会寺仓颉造字台》之“野寺荒占晚，寒天古木悲。”白居易《题报恩寺》之“野寺出入境，秋景属闲人。”杜甫本人咏寺尤其喜用“野寺”一词，如：《谒郑文公上寺》有云：“野寺隐乔木，山僧高居下。”《奉陪郑附马韦曲二首》有云：“野寺垂杨里，春畦乱水间。”《游修觉寺》有云：“野寺江天豁，山扉花竹幽。”梓州所作《山寺》有云：“野寺根石壁，诸龛遍崔巍。”“野寺”之“野”所表达的是寺的处所环境，也是一种诗所需要的境界。

三、“麝香眠石竹，鹦鹉啄金桃”

本来是描写山寺的诗，中间插了这么鲜艳的惬意的一联，于平凡中见神奇，这正是老杜的过人之处，联想到他的“暗水流花径，春星带草堂”“细雨鱼儿出，微风燕子斜”等联句，就知道，在杜甫那里，神来之笔原本很是寻常。针对此二语，蒲起龙《读杜心解》评论：“山野荒墟中，废寺如画。”②是得其真味者。而历代注家纠缠不清的是“麝香”“鹦鹉”两种动物，和“石竹”“金桃”两种植物。重三沓四转引，始终道不清，说不明。现在，我们以杜甫好友岑参的诗做参照试解之。

岑参《题金城临河驿》云：“古戍依重险，高楼见五凉。山根盘驿道，河水浸城墙。庭树巢鹦鹉，园花隐麝香。忽如江浦上，忆作捕鱼郎。”③ 本诗作于唐玄宗天宝十三载（754 年），是岑参第一次赴安西途中经金城临河驿时所作。时间在杜甫作《山寺》之前 6 年。杜甫和小他 5 岁的岑参为因文订交的挚友，其《奉答岑参补阙见赠》有云：“故人得佳句，独赠白头翁。”“白头翁”是杜甫自谓，二人在长安之日，切磋诗文心得，时有往还。联系到这些实情，加之金城、秦州风物相近，即可推断，杜

① （日）砺波护著，韩升译：《隋唐佛教文化》，上海：上海古籍出版社，2004 年，第 70~83 页；薛平拴：《论玄宗朝的宗教政策》，《兰州大学学报》2001 年第 4 期。

② 蒲起龙：《读杜心解》下册，北京：中华书局，2000 年，第 394 页。

③ 廖立注：《岑嘉州诗笺注》下册，北京：中华书局，2004 年，第 475 页。

之“麝香眠石竹，鹦鹉啄金桃”其实就是从岑参“庭树巢鹦鹉，园花隐麝香”化出的[①]。岑参描绘的是金城临河驿庭院的景象。临河驿即唐代设在金城关的官道驿站，濒临黄河，既是邮驿站点，也是客栈，和唐朝其他地方的驿站一样，花木扶疏，好鸟相鸣。于是岑参有“庭树巢鹦鹉，园花隐麝香”句。这是针对驿站庭院花园而言的。明乎此，则麝香是鸟是兽就很好判断了。试想，如不是专业养殖场，庭院之中能有鹿属的麝吗？再者，“园花”即园中之花木能隐身材高大的麝吗？很显然，岑参诗中的“麝香”是鸟而不是兽。推而及之，由岑参诗化出的杜甫诗中“麝香眠石竹”的“麝香”也是鸟而不是兽。“麝香眠石竹”即麝香眠于石竹。石竹属多年生草本，高约30厘米，茎簇生，直立，上部分枝。叶似小竹叶而细窄，亦有节。花呈鲜红色、白色或粉色。麦积山所在的小陇山林区多有，生于向阳山坡草地及岩石缝间。因花色较多，亦被栽于庭院作观赏植物[②]。唐诗不时有咏石竹者，多和寺僧有关。如顾况《道该上人院石竹花歌》：“道该房前石竹丛，深浅紫，深浅红。婵娟灼烁委清露，小枝小叶飘香风。上人心中如镜中，永日垂帘欢色空。”杜甫见到的也可能是僧院之物，作为寺院标志物之一便引入诗中。弄清石竹为何物之后，试想一下，身材高大的麝能眠于低矮丛生的石竹中吗？也可证麝香是鸟而不是兽。再者，生性机警，喜深山老林生活的麝也是不会眠于道旁或庭院的。《黄氏补千家诗集注杜工部诗史》引苏注云：“麝香，鸟名；石竹，野花。麝香之鸟骨极小，石竹之花微弱丛生而纤短，麝香所以能眠。释者以为麝鹿也，岂能眠于石竹。或以释者为是。”[③] 蔡梦弼《杜工部草堂诗笺》云：“麝香，小鸟，陇蜀人谓之麝香鶺，或云鹿也。石竹，绣竹花也。僧舍多种之也。”[④] 以上两注可为“麝香”正解。

“鹦鹉”在杜甫秦州诗中凡两见，《山寺》之外，《秦州见敕目……》有“陇俗轻鹦鹉”句。秦陇多产鹦鹉，自古而然，《旧唐书》卷二九《音乐志》有云：“鹦鹉，秦陇尤多，亦不知重。”而麦积山所在的小陇山林区古代亦多产鹦鹉，据顺治《秦州志》：“又二十里曰仙岭，其岭有仙坪，其平如掌，多猿猴、鹦鹉。”这里所谓仙岭在今甘肃天水市麦积区利桥乡，距麦积山数十里，鹦鹉本飞翔之物，利桥之仙岭有，说明麦积山亦有，明清时有，唐代当大有。旧注多引祢衡《鹦鹉赋》“命虞人于陇坻”或引《异物志》“鹦鹉三种，交州、巴南尽有之。”作注，均不得要领。

关于金桃，据《旧唐书·西戎传》，中亚昭武九姓之一的康国于唐贞观十一年（637年），“又献金桃、银桃，诏令植之于苑囿”。旧注多引这条史料当“鹦鹉啄金桃”之注。其实，康国贡献的金桃，在唐，是金贵之物，只在皇家御苑栽植，唐诗人齐己《寄朱拾遗》有云：“一闻归阙下，几番熟金桃。”其他地方那有资格栽种。正如谢弗《唐代的外来文明》所言：“目前还没有记载表明，这种金桃曾传播到长安御园之外的地方，甚至就是在御苑中，七世纪之后也没有金桃的存在。”[⑤] 换言之，杜甫每每以“塞上”称之的秦州山野是不会有康国所贡金桃的。《山寺》所谓“金桃”当是麦积山一带多

---

① 另如岑参：《与独孤渐道别长句兼呈严八侍御》有云：“鱼龙川北盘溪雨，鸟鼠山西洮水云。”杜甫《秦州杂诗》之一有云：“水落鱼龙夜，山空鸟鼠秋。”借鉴成分也是很明显。

② 安定国：《甘肃小陇山高等植物志》，兰州：甘肃民族出版社，2002年，第453页。

③ 《四库全书》第1069册，第392页。

④ 黎庶昌编：《古逸丛书》，第275页。

⑤ （美）谢弗著，王贵玉译：《唐代的外来文明》，西安：陕西师范大学出版社，2005年，第162页。

产的山核桃、山毛桃之类野果。光绪七年（1881年）秋，一个和杜甫游历麦积山相同的季节，秦州进士任其昌等游历麦积山，有《游麦积山记》，文中有言："饭已，导上牛耳堂，取道寺南转西，路稍平，旁有山桃，食之甘酸。"① 依此，我们可肯定，《山寺》之"金桃"就是当地土产的山桃。

林继中《杜诗赵次公先后解辑校》集赵注《山寺》有云："此篇实言山寺之景物耳。石竹，山中绣花竹也。麝香、鹦鹉，言僧家所养者。"②《杜诗详注》引赵汸云："鹦鹉二句，本状寺之荒芜，以秦陇所产禽兽花木言之，语反精丽。"③ 我的看法，正如杜诗言"陇俗轻鹦鹉"，麝香、鹦鹉之类大抵不会是僧家所畜，倒是石竹、金桃可能就是佛寺庭院之物。《山寺》引入动植物既不是单纯写景，也不是突出"寺之荒芜"，而是要突出一种佛国的境界。正如常建《题破山寺后禅院》："曲径通幽处，禅房花木深。山光悦鸟性，潭影空人思。"主旨在禅、在佛。

四、《山寺》所咏和麦积山石窟外观

《山寺》所咏述及麦积山石窟外观的有"山园细路高""乱水通人过，悬崖置屋牢""上方重阁晚"数语，试对照言之：一来纠旧注谬误；二来进一步揭示《山寺》所蕴涵之麦积山石窟信息。

第一，"山园细路高"。"园"当是"圆"音同形近而讹。"山园（圆）"不是山上"所以树果也"之果园，而是指寺所依托的麦积山形是"圆"的。事实上，麦积山巅尖而小，只一隋塔而已，根本不可能有"园"。而"山圆"正合《太平广记》引王仁裕《玉堂闲话》所谓："望之团团，如民间积麦之状，故有此名。"④《说文解字》："团，圜也""圆，圜全也"。"团团"即圆圆貌。"山园（圆）"所言正是麦积山外观轮廓形状。"细路高"言麦积山石窟石道和栈道。庾信《秦州天水郡麦积崖佛龛铭并序》有云："鸟道乍穷，羊肠或断。"⑤"鸟道""羊肠（小道）"和"细路"完全合拍。明甄敬《登麦积岩三首》有云："鸟道悬青障，龙宫宿紫烟。"亦可证。说明麦积山石窟下之"细路"由来已久。

第二，"乱水通人过，悬崖置屋牢。""乱水"，旧注均引《尔雅·释水》曰"正绝曰乱"，或引《诗经》"涉渭为乱"。似是注解，实则不知所云。实际情况是，麦积山后有发源于香积山的永川河，北流入渭；麦积山前亦有一永川河的支流。"南北两涧，分流其下，水声阵阵，如鸣珩珮。"⑥ 因此，到麦积参佛，度"乱水"是必然的。兹引诗文片段数则即可明了。清王际有《登麦积山》有云："游罢石云携满袖，一湾流水送余归。"⑦ 清任其昌《至麦积山》有云："孤峰立当路，流水绕其足……风泉鸣虚籁，锵锵动寒玉。"⑧ 民国罗家伦《游麦积山》有云："午余乘兴策倦马，白雪寒云据远峰。暮

① 冯国瑞：《麦积山石窟志》，第43页。
② 林继中：《杜诗赵次公先后解辑校》，第293页。
③ 仇兆鳌：《杜诗详注》，第603页。
④ ［北宋］李昉等编：《太平广记》卷三百九十七《麦积山》，北京：中华书局，1995年，第3181页。
⑤ ［清］倪璠著，许逸民校点：《庾子山集》，北京：中华书局，1980年，第672页。
⑥ 任其昌：《麦积山游记》，冯国瑞：《麦积山石窟志》，第44页。
⑦ 冯国瑞：《麦积山石窟志》，第35页。
⑧ 冯国瑞：《麦积山石窟志》，第37页。

色转深溪水黯，石磨号铁火星红。”① 又在寺院留联云：“行经千折水，来看六朝山”；又霍松林《……午后登麦积山……》有云：“绕足千溪水，入眼万壑云。”② 可见《山寺》所谓“乱水”是麦积附近及山下乱流之溪水，朝山之人必经此千折之水。“乱水通人过”指此。“悬崖置屋”是总言麦积山崖面的窟、龛和崖阁，正是王仁裕《玉堂闲话·麦积山》所言“其青云之半，峭壁之间，镌石成佛，万龛千室”之情状③。“牢”和“乱水通人过”的“过”相对，是动词，是“牢固”之意。《杜诗详注》说成是“牢屋”，不确。现麦积山距地 20~80 米崖面有历代洞窟 209 个，即留存至今的悬崖之“屋”。

第三，“上方重阁晚”。“上方”，郭知达《九家集注杜诗》引赵次公注：“上方，言在山上之方境也。”④ 仇兆鳌《杜诗详注》引邵注曰：“上方谓僧之方丈，在山顶也。”⑤《辞源》释“上方”为“地势最高之处”并引“上方重阁晚”为证，或将“上”和“方”拆开，单释“方”曰“并列，并排”，并将“重阁”释成“一层一层的栈道”⑥，俱误。我们始终不要忘记《山寺》是写佛寺的。“上方”实指佛寺本身，与此相对，佛寺住持称“上人”，杜诗中将他在秦州相逢的故旧赞公和尚称“赞上人”即是。对此，我们引丁福保《佛学大辞典》“上方”条作解：“上方者，原为称山寺之佛寺，今呼住持之人名上方，因其所居在寺之最深处也。”⑦ 原来“上方”之本意就是“山寺之佛寺”的专称。如不放心，兹举唐诗几例作证，刘商《题山寺》有云：“更有思归意，晴明陟上方。”刘长卿《登思静寺上方题修竹茂松》：“上方幽且暮，台殿隐蒙笼。”孟郊《苏州昆山惠聚寺僧房》：“昨日到上方，片云挂石床。”姚合《谢韬光上人》：“上方清净无因住，唯愿他生得住持。”很清楚，“上方”的确就是“山寺”。“重阁”即错落分布在麦积山崖面的层层崖阁建筑。“重阁”作为石窟的代表物进入诗中，一说明崖阁形制独特，蔚为壮观；同时说明唐代的麦积山崖阁数量颇不少，很是惹眼。崖阁建筑形式是将屋宇建筑（民族的）和佛龛建筑（外来的）完美结合，檐柱在外，龛室其里，可理解为建在悬崖上的特殊礼佛室屋。有些洞窟外面还有木建栈阁。五代之时王仁裕题壁留诗天堂洞（今已不存）就是一处崖阁建筑，其诗有云：“檐前下视众山小，堂上平分落日低。”为清楚起见，再引新编《麦积山石窟志》一段文字加以说明：“洞窟中的崖阁，形式多样，独具特色。所谓崖阁，是指建造于崖壁间的殿堂或屋宇式建筑，主体部分依壁开凿，有的外部还辅以木构部件等。北魏至隋均有开凿。现存庑殿顶崖阁 5 座，平顶型崖阁 2 座，廊道式崖阁 2 座，栈桥式崖阁 1 座。所有崖阁中，以庑殿顶崖阁最为著名。此种崖阁均为前廊后室，上雕正脊、鸱尾、瓦垅、檐、椽、额枋、斗拱等，下雕檐柱、长廊、窟龛等。其中第 4 号崖阁（又称“上七佛阁”或“散花楼”），全长 30 余米，雕刻精美，宏伟壮观，是现存崖阁中的佼佼者。”⑧ “晚”是说登阁时间是夕阳西下时分。《山寺》的最后一句“百里见纤毫”

① 刘大有：《诗人罗家伦抗战时期在天水的诗作》，天水市政协文史资料委员会：《天水文史资料》第五辑，第 140 页。

② 张锦秀编撰：《麦积山石窟志》，第 282 页。

③ ［北宋］李昉等编：《太平广记》卷三百九十七《麦积山》，北京：中华书局，1995 年，第 3181 页。

④ 《四库全书》第 1068 册，第 364 页。

⑤ 仇兆鳌：《杜诗详注》，第 604 页。

⑥ 李济阻等：《杜甫陇右诗注析》，兰州：甘肃人民出版社，1985 年，第 162 页。

⑦ 丁福保编纂：《佛学大辞典》，上海：上海书店，1991 年，第 434 页。

⑧ 张锦秀编撰：《麦积山石窟志》，第 15 页。

之“纤毫”也是佛家常用语，指极其细微之物。杜甫《夏夜叹》有云：“虚明见纤毫，羽虫亦飞扬。”百里见纤毫，是用夸张的手法衬托“重阁”之高危。麦积山石窟现存唐人题记六则：分布在第7窟、第108窟、第114窟、第127窟（二则）、第135窟。这些石窟距离地面较高，想必和唐人喜登高有关。按诗意，杜甫定然是登上了麦积山极高处的某一阁，极目远望，于是有“百里见纤毫”之感。

五、结语

麦积山石窟名列中国四大石窟之一，而文献资料向来稀少，但在为数不多的文献资料中，以北周庾信的《秦州天水郡麦积崖佛龛铭并序》、唐杜甫的《山寺》、五代王仁裕《玉堂闲话·麦积山》最为重要。大唐盛世，直接描绘麦积景象的资料只杜甫《山寺》一诗，然近年来怀疑之声不断，为正本清源，特著此文指明真相——“山寺”只能是麦积山石窟，同时一并对此诗古今注重新审视，力图还《山寺》佛寺之诗的本来面目。在此基础上，诗史互证，力图全面揭示《山寺》所蕴涵唐代麦积山石窟信息，从而勾画出其轮廓，为麦积山石窟史添一诗证。雪潇同志在《当年杜甫在秦州之十三——麦积山》中说：“好多人怀疑杜甫《山寺》不一定写的就是麦积山，但作为一个天水人，从感情上讲，我真希望学者们能通过更为深入与有力的研究和证明：杜甫的《山寺》写的就是麦积山。”① 这里，我不敢打保票说我的研究和证明就是深入与有力的，但我对《山寺》研究和证明是力图拿证据说话的，到底做到了什么程度，没有把握，一股脑儿端出来，请方家指谬。

（原载于《敦煌学辑刊》2007年第3期）

① 雪潇：《当年杜甫在秦州之十：麦积山》，《天水日报》2005年11月27日。

也谈仰月、日月菩萨冠饰

——以麦积山石窟为例展开

魏文斌

本人对麦积山石窟初期洞窟的考察中，发现几个洞窟内的胁侍菩萨或交脚、半跏思惟菩萨的宝冠上装饰有仰月，这是来自波斯萨珊王朝的冠饰，在5世纪时影响到了中国的佛教造像。麦积山的这种冠饰可能受到云冈石窟反传的影响，不是直接来自于西域或中亚。本文即以麦积山石窟为例展开，对这一冠饰的演变进行研究。

一

麦积山初期石窟菩萨的冠饰主要为三珠冠，这种冠在第一、二期洞窟里都存在，到了第三期才有所变化，不再以三珠冠为主，而是出现了单珠（第69龛菩萨）和三瓣莲式冠①。这其实也是从西域外来风格向中国汉式风格演变的一个趋势。

三珠冠是在高高束起的发髻正、左、右三面各装饰一个圆轮形的宝珠，珠子中间穿孔，类似玉璧。珠子表面刻或绘出旋转的纹线。三个珠子的圆孔中，中间头发的一部分整齐地从孔中穿出，并向两侧整齐地分开，被发带束绑住，发纹清晰可辨。而两侧圆孔中的头发则似蝌蚪形弯曲穿出。其实仔细观察，这三个珠子起到了向上收拢头发并梳成高髻的作用。在三珠冠上有些还附加一些装饰，如第74、76、169、156等窟的胁侍菩萨冠的正面是一个兽面，代替了正中的珠子。第70、74、100、148、114等窟的胁侍菩萨或交脚、半跏思惟菩萨的冠上可见饰仰月，是装饰在三珠冠上，多数是装饰在正面宝珠的上面。第74窟右胁侍菩萨正面饰兽面，左右两侧为轮形宝珠，其中右侧的宝珠上装饰有仰月，估计左侧的宝珠上也是装饰有同样的仰月的，现已残。该窟左胁侍菩萨的冠已经残损，装饰不清，可能也是装饰有仰月的。第71、100、114、128窟的二胁侍菩萨都是在正面的宝珠上装饰仰月，为单仰月的形式。第148窟正壁左右上龛的半跏思惟菩萨和交脚菩萨正面的宝珠上也是装饰单仰月。北魏晚期以后再不见这种冠饰，可见在麦积山流行的时间并不是很长。而且是随着初期洞窟从第一期向第三期

---

① 第155窟菩萨。而第三期的影塑菩萨则不戴冠，只是在束起的高发髻前面装饰有宝珠（关于麦积山初期洞窟的分期，我将之分为三个时期，第一期为文成帝复法以后至孝文帝太和初年，即452~477年，包括第74、78、90、165等窟；第二期为太和初年至迁都之前，即477~494年，包括第100、128、148、144、80等窟；第三期为迁都之后至宣武帝永平元年之前，即495~508年，包括第76、86、89、93、114、115、116等窟）。

逐渐汉化而消失的，到了麦积山北魏晚期洞窟中，菩萨的冠饰则很少见这种三珠宝冠，只是在个别还有早期遗风的洞窟里能够看到，如第 23 窟①。

二

根据学者的研究，三珠冠和加饰仰月或日月的冠饰来源于西域。现存克孜尔等地石窟壁画中，菩萨头冠大多流行三珠冠饰。其最初的形式，可以追溯到印度早期的佛像雕刻，如 1~2 世纪的马土拉（Mathura）菩萨及药叉形象，是把头发束于头的前部，用带子扎起形成一种圆盘形装饰，在犍陀罗雕刻中仍然十分流行。西域龟兹接受这种装饰后加以发展，把在印度本为束发的形式改变为饰有圆珠形的头冠。现存龟兹、吐木休克一带的彩塑菩萨像以及壁画菩萨像中，有单珠的头冠，也有三珠的，还有极少数为二珠的。三珠冠也是云冈石窟菩萨像的主要冠饰之一。而在北魏时期直到唐代，敦煌的菩萨像在三珠冠上增加了日月形装饰，形成了流行时间较长的三珠日月冠，是在西域式的三珠冠的基础上，接受了波斯萨珊王朝流行的日月形冠饰而形成的。

关于日月形装饰宝冠的来源以及对中国菩萨像头冠的影响问题，日本学者林良一②和桑三正进③都曾作过研究，认为这种冠饰是从西方传入的。

林良一在《サーサーン朝王冠宝饰の意义と东传》一文中主要就萨珊王朝冠饰的系谱及其意义作了论述，并就其向东传播到中国、日本提出了自己的见解，举出了相当多的实例。认为日月装饰反映了太阳崇拜或来自密特拉的光明崇拜，这种影响大约是通过丝绸贸易以及银盘或货币的输入而传播进来。萨珊王朝的王冠特别是发行的货币表面的王的肖像上有三日月型。由于北魏与西域的交流，这种冠饰随着货币的流入也传入。但炳灵寺石窟第 169 窟西秦的壁画里不见这种冠饰。因此这两种冠饰传入中国的年代是 438~460 年。同样的王冠到了中国变成菩萨的冠。

但敦煌菩萨的三珠日月冠并非直接来自波斯，而是在以云冈石窟为代表的中原地区佛教造像中大量接受了波斯式日月冠饰之后，随着中原风格的传入敦煌而影响过来的。理由有：

第一，龟兹地区的壁画和塑像中，几乎没有出现带有日月冠饰的菩萨像；敦煌最早的北凉三窟的菩萨造像虽然具有浓厚的西域风格，但没有日月冠饰。

第二，北魏以后的北朝时期，日月冠饰在敦煌十分流行，且与云冈一致④。

姜伯勤先生在考察莫高窟的日月装饰时也认为这是来自波斯或与粟特人有关的图像。“隋莫高窟壁画中，除 244 窟之諓尼沙有日月型头饰，隋 420 窟西壁南侧菩萨像，中间一尊有日月型头冠，隋 401

① 该窟正壁的佛像已经完全是褒衣博带、秀骨清像的风格，而残存的右壁胁侍菩萨则仍为早期菩萨的特点，高鼻大目，短宝缯，斜披络腋，络腋边缘刻折带纹，飘带与第 115 等窟的菩萨一样，从背后绕至前面后穿肘下垂。该窟主尊佛与胁侍菩萨完全是两种不同的风格，又由于主尊后背与正壁壁面有 20 多厘米的空隙，似乎主尊是后来重修的。但鉴于菩萨也许是对早期风格的延续，所以该窟未归入初期洞窟中进行考察。

② （日）林良一：《サーサーン朝王冠宝饰の意义と东传》，《美术史》28，1981 年。

③ （日）桑三正进：《サーサーン冠饰の北魏流入》，《オリエント》1997，VOL・XX NO（20-1，1977 年）。

④ （日）林良一：《サーサーン朝王冠宝饰の意义と东传》，《美术史》28，1981 年。

窟西壁龛内北侧右第一尊亦有日月型头冠。这种装饰都反映了太阳崇拜或来自密特拉（Mithra）的光明崇拜。在莫高窟隋窟中广泛出现的联珠纹，也是与萨珊波斯或粟特人有关的太阳崇拜和光明崇拜有关的图像符号。”①

刘永增的研究认为，这种冠饰是直接从西域传入敦煌的，也是受萨珊王朝冠饰的影响的结果，并举出莫高窟第275主尊交脚弥勒现已残的头冠上原来是有仰月装饰的②。

赵声良对莫高窟北朝菩萨的头冠考察时认为虽然这种冠饰来自于西域，但不是直接由西域影响的，而是云冈石窟影响的回传③。这点与日本学者的见解是一致的。

正如诸家所言，仰月或日月形装饰在波斯萨珊王朝的王冠上非常普遍，可见这是萨珊王冠上的特有装饰，而且具有一定的象征意义。法国巴黎国立图书馆，藏有一件金、水晶制作的“库思老一世杯”，国王像头上戴弯月上一圆形太阳图案的王冠④。乔治娅·赫尔曼（GeroginaHerrmann）对萨珊银币图案有一解释，每一个王都有不同的王冠，有各种神的标志，如标志密特拉（Mithra）神的光芒，标志韦尔德拉格拉（Vere-thragna）的飞翼和标志阿火拉·马兹达（Ahunamazda）的雉堞形⑤。库思老一世王冠上的日月合抱图形，应即是密特拉亦即光明之神的象征。波斯古教经《阿维斯塔》（Avesta）中《献给太阳的雅什特》（雅斯特Yast是奉祀神祇的赞歌）其中有“我奉祀广阔牧地之主密塔拉，他有千眼，他有万耳”，“我们奉祀不朽的、光耀的、飞马般的太阳”⑥。可见这种装饰意味着光明。

中国各地也出土了大量的波斯萨珊王朝的银币。如1956年河南陕县隋墓出土二枚波斯萨珊朝库思老银币⑦，库思老一世头顶上有新月合抱之太阳，即合抱日月为光明的象征。1970年在西安何家村窖藏内出土有6~7世纪的萨珊朝银币，也明显地看出有日月合抱的装饰⑧。宁夏固原地区的粟特墓葬中也出有萨珊王朝银币，其图像上也见日月合抱的头冠装饰⑨。甘肃张掖大佛寺也出土有5世纪中期的波斯萨珊朝卑路斯王银币，在其图像上也能看到日月合抱的形式⑩。河南洛阳、河北定县、陕西耀县、

---

① 姜伯勤：《敦煌艺术宗教与礼乐文明》之《莫高窟隋说法图中龙王与象王的图像学研究》，北京：中国社会科学出版社，1996年，第142~143页。

② 刘永增：《莫高窟北朝期的石窟造像与外来影响——以第275窟为中心》（上、下），《敦煌研究》2004年第3、4期，第84、1页，图一。

③ 赵声良：《敦煌石窟北朝菩萨的头冠》，《敦煌研究》2005年第3期。

④ 柳宗玄：《岩波美术馆》，《中世纪东方，天与地的赞歌》，东京：岩波书店，1982年。

⑤ Gerogina Herrmann, The Making of the Past, *The Iranian Revival*, Elsevier Phaidon, 1977, p. 20.

⑥ The Zend-Avesta, PastⅡ, pp. 86-87, p. 122, Delhi, 1981。

⑦ 夏鼐：《中国最近发现的波斯萨珊银币》，《考古学报》1957年第2期。

⑧ 陕西历史博物馆、北京大学考古文博学院、北京大学震旦古代文明研究中心编：《花舞大唐春——何家村遗宝精粹》，北京：文物出版社，2004年；《新丝绸之路展》，图版100，日本产经新闻社，2005年。

⑨ 固原博物馆：《固原北魏墓漆棺画》，银川：宁夏人民出版社，1988年，第1~19页；罗丰著：《固原隋唐墓中出土的外国金银币》，《胡汉之间——“丝绸之路”与西北历史考古》，北京：文物出版社，2004年，第162~168页。

⑩ 王康：《张掖大佛寺出土的波斯萨珊王朝银币》，《陇右文博》2004年第2期；甘肃省文物局编：《甘肃文物精华》，北京：文物出版社，2006年，图版325。

新疆吐鲁番阿斯塔那、青海西宁等地都有发现①。

日月形头冠或头饰纹样，又见于俄国彼得堡爱尔米塔什博物馆所藏一件6世纪银盘，上有《列王纪》所记之瓦拉赫拉纳（421~439年）狩猎像，头冠上日形下有月形②。

日本MIHOMUSEUM藏一件6世纪萨珊朝的王侯头像的银盘，国王头冠上也装饰有与前件银盘相同的日月③。

8世纪的粟特艺术中仍然可见日月冠的冠饰，如在品治肯特XXⅡ号遗址壁画中，有8世纪粟特维施帕卡神Veshparkar（相当于大自在天/湿婆，Mahadeva/Siva）像④，造像为三头，其中最右面的头戴宝珠形宝冠，上又戴日月冠，其造型与贵霜时代月氏人风格相近⑤。

在中国发现的一些具有粟特风格的墓葬中，也发现有戴日月装饰头冠的形象。西安发掘的安伽墓的石棺围屏雕刻上，在一建筑的正脊上装饰有日月合抱的图案⑥。

山西太原发掘的隋代虞弘墓的石棺床上的线刻人物中发现了具有中亚因素的这种装饰，分别刻在骑马人物的冠上和两身吹角武士的头上，其中骑马人物头上正面为日月合抱装饰，而两个吹角力士则是在头上正面装饰有一仰月⑦。

宁夏固原发掘的唐牧监官粟特人史道德（678年卒）墓葬，出有一件金覆面，其上原来应该有冠，现残，在冠的正面装饰有日月合抱⑧。1986年发掘的固原唐史诃耽墓出土的连珠纹图案中各有四个日月合抱图案⑨。

1994年发现的陕西靖边县统万城唐墓墓门左右扇各绘一西域武士像，头戴日月冠，冠由二组新月——日形标志组成，一组在前，一组朝脑后，日月冠当与祆教的日月崇拜有关⑩。

中国发现的粟特风墓葬如太原虞弘墓中带日月头冠的骑马人物、安伽墓中的建筑脊饰、史道德墓葬中的金覆面等以及品治肯特XXⅡ号遗址壁画等都足以说明这种装饰可能在粟特人的日常装饰中运用

---

① 详见罗丰著：《固原隋唐墓中出土的外国金银币》，表八，第166页。

② 《国立艾尔米塔什博物馆》图录，莫斯科，1987，第114图，伊朗银盘（NO. S252）；罗丰著：《胡汉之间——“丝绸之路”与西北历史考古》，第57页，图四5。

③ 《MIHOMUSEUM南馆图录》，日本写真印刷株式会社，1997年，第107页，图版49。

④ A. M. Belenitskii，B. I. Marshak，and Mark J. Dresden，Sogdian painting：The Pictorial Epic in Oriental Art，University of California Press，p. 29（A. M. 别连尼茨基，B. I. 马尔夏克，M. J. 德列斯顿：《粟特绘画·东方艺术中的绘画史诗》，加利福尼亚大学出版社）。

⑤ 参见姜伯勤著：《敦煌艺术宗教与礼乐文明》，北京：中国社会科学出版社，1996年，第171页，图9。

⑥ 陕西省考古研究所编：《西安北周安伽墓》，北京：文物出版社，2003年，图24。

⑦ 山西省考古研究所、太原市文物考古研究所、太原市晋源区文物旅游局编：《太原隋虞弘墓》，北京：文物出版社，2005年，图154、184、189；隋太原虞弘墓石棺床围屏骑马人《中国☆美の十字路展》，东京：东京印书馆，2005年，图版137-9）。

⑧ 《宁夏固原唐史道德墓清理简报》，《文物》1985年第11期；罗丰著：《固原南郊隋唐墓地》，北京：文物出版社，1996年，第90页，图65；《原州古墓集成》，北京：文物出版社，1999年，第133图。

⑨ 罗丰著：《固原南郊隋唐墓地》，北京：文物出版社，1996年，第75页，图56-5。

⑩ 《三秦瑰宝——陕西新发现的文物精华》，西安：陕西人民出版社，2001年，第133页；姜伯勤著：《中国祆教艺术史研究》，北京：生活·读书·新知三联书店，2004年，第181页，图10-3。

比较普及，也可能正是由粟特人传播的。粟特人在中国与西方的文化交流中起到了积极而巨大的作用。《魏书·西域传》载北魏时期粟特与北魏的来往比较频繁，“太延中（435~440年），魏德益以远闻，西域龟兹、疏勒、乌孙、悦般、渴般陀、鄯善、焉耆、车师、粟特诸国王始遣使来献”①。“粟特国，……其国商人先多诣凉土贩货，及克姑臧，悉见虏。高宗初，粟特王遣使请赎之，诏听焉。自后无使朝献。”② 但据其他文献记载，粟特于5世纪末仍有来北魏者，且次数最多③。考古资料亦证明5世纪后期，有粟特人在内地活动，如大同市南郊发现的西亚鎏金器皿和河北定县太和五年（481年）冯氏、孝文诏以官财兴造五级佛徒基址出石函中发现的波斯萨珊朝银币，可能就是粟特商人带来的④。陕西西安⑤、山西太原⑥、宁夏固原⑦、甘肃天水⑧、甘肃武威⑨等地发现的6世纪以来为数不少的粟特墓葬说明粟特人在中国内地居住，进行经济文化方面的传播事业。《周书》卷五〇《列传四二·异域下》：“粟特国……保定四年，其王遣使献方物。”《隋书》卷八〇三《列传四八·西域》：“（炀）帝复令闻喜公裴矩于武威、张掖间往来以引致之。其有君长者四十四国。矩因其使者入朝，啖以厚利，令其转相讽谕。大业年中，相率而来朝者三十余国，帝因置西域校尉以应接之。寻属中国大乱，朝贡遂绝。然事多亡失，今所存录者，二十国焉。”其中就有属于粟特的康国、石国、史国、安国等。北朝、隋唐时期粟特人在内地的活动，研究颇丰，此不一一例举。

刘永增、赵声良等在考察敦煌石窟菩萨宝冠装饰，尤其是三珠冠和日月（或仰月冠）时，也对其来源提出了来自中亚的论断，并认为这种冠饰很可能是由粟特人传播进来的，粟特人在中亚艺术向中国的传播过程中起到了不可忽视的积极作用。根据《魏书·西域传》的记载，“波斯国，……神龟中，其国遣使上书贡物，云：‘大国天子，天之所生，愿日出处常为汉中天子。波斯国王居和多千万敬拜。’朝廷嘉纳之。自此每使朝献”⑩。由其贡物上书可知波斯人崇拜太阳和光明，并将天子比作太阳。由于波斯可能直到北魏孝明帝神龟（6世纪初的518年以后）时开始与北魏的频繁交往，所以在这之

① ［北齐］魏收撰：《魏书》卷一二〇《西域传》，北京：中华书局，1974年，第2259~2260页。

② ［北齐］魏收撰：《魏书》卷一二〇《西域传》，第2270页。

③ 据《册府元龟》卷九六九《外臣部·朝贡》三统计：孝文帝时粟特来使共两次，即延兴四年（474年）正月和太和三年（479年）十二月。

④ 见宿白：《平城实力的集聚和“云冈模式”的形成与发展》，云冈石窟文物保管所编：《中国石窟·云冈石窟》（一），北京：文物出版社、东京：平凡社，1991年，第190页。

⑤ 陕西省考古研究所：《西安北郊北周安伽墓发掘简报》，《考古与文物》2000年第6期；《西安发现的北周安伽墓》，《文物》2001年第1期；西安市文物考古研究所：《西安北周凉州萨保史君墓发掘简报》，《文物》2005年第3期。

⑥ 山西省考古研究所：《太原隋代虞弘墓清理简报》，《文物》2001年第1期。

⑦ 罗丰著：《固原南郊隋唐墓地》，北京：文物出版社，1996年。

⑧ 天水市博物馆：《天水市发现隋唐屏风石棺床墓》，《考古》1992年第1期。除该墓外，天水近年又发现了石棺屏风墓葬，被盗，现材料尚未在国内发表。

⑨ 1997年武威高坝镇出土唐代翟舍集墓志铭，翟公夫人为安氏；1999年出土唐安叔彦墓志，见黎大祥：《北周至隋唐武威安氏渊源及家世历官考述》，载甘肃省博物馆编：《甘肃省博物馆学术论文集》，西安：三秦出版社，2006年，第38~44页。

⑩ ［北齐］魏收撰：《魏书》卷一二〇《西域传》，第2272页。

前在云冈、麦积山、敦煌等地5世纪中期到后期即已出现的仰月或日月装饰可能不是直接由波斯人带进来的。结合粟特墓葬中出现的仰月或日月装饰，那么这种装饰是通过粟特人把其传播到中国的立论是成立的。根据刘永增的判断，敦煌第275窟的主尊交脚弥勒原来头冠的正面有仰月装饰，并作出了复原，显示为三面宝珠上各一个呈“山”字形的装饰①，但由于该造像的宝冠上面已经残了，即使作出了想象性的复原，还是无法确定的，该窟南北壁上层的两身交脚菩萨在三珠冠正面宝珠上面有“山”字形的装饰②，刘永增认为这也是仰月装饰。可以看出，这种“山”字形的装饰与莫高窟北魏以后以及云冈等地的弯月或弯月上托圆日的情形是不一样的，所以不能肯定地认为就是仰月，也就不能作为仰月或日月在中国石窟中出现最早的例证。况且5世纪初的河西北凉石窟和炳灵寺西秦石窟中不见这种装饰，因此在5世纪初这种装饰还没有传播并影响到中国内地石窟造像中。因此云冈石窟中的例子（即5世纪中叶的昙曜五窟中，详见后）就成为在中国内地石窟中出现最早的仰月冠饰。由云冈反过来向西传播到受云冈模式影响的5世纪中后期的麦积山、敦煌等地的石窟菩萨造像中，也符合当时的文化传播轨迹。

北魏时期与西域及中亚的贸易、文化交流活动得以加强，而且非常繁荣，外来的文化因素出现在本身就是外来的佛教艺术中自然是十分正常的。从文献记载可看出，波斯不但出产宝珠，而且波斯人尚珠宝装饰。“波斯国，……土地平正，出金、银、鍮石、珊瑚、琥珀、车渠、玛瑙，多大真珠、颇梨、瑠璃、水精、瑟瑟、金刚、火齐、镔铁、铜、锡、朱砂……等物。……其王姓波氏，名斯。坐金羊床，戴金花冠，衣锦袍、织成帔，饰以真珠宝物。其俗：丈夫剪发，戴白皮帽，贯头衫，两厢近下开之，亦有巾帔，缘以织成；妇女服大衫，披大帔，其发前为髻，后披之，饰以金银花，仍贯五色珠，落之于膊。”③ 实际上，波斯萨珊风格因素在中国早期艺术装饰图案中即已出现，如连珠纹，而且延续到很晚的时代。如宁夏1986年发掘的来自粟特的唐史诃耽墓出土的连珠纹装饰图案，在一个大的由连珠组成的圆形图案上，又有四个小的圆形连珠图案，这四个小连珠图案内，各有一个日月合抱形装饰图案，具有浓郁的波斯风格④。

三

宝冠在佛教中的作用，有具智慧、显示光明、庄严其身等方面，而且是禅观观像的重要项目。造像中的日、月装饰与佛教教义相符合。

菩萨宝冠在佛典中被称为宝冠、天冠，象征智慧庄严。宝冠一般是附加有明珠的，明珠是在发髻

---

① 刘永增：《莫高窟北朝期的石窟造像与外来影响——以第275窟为中心》（上），《敦煌研究》2004年第3期，第84页，图一；《莫高窟北朝期的石窟造像与外来影响—以第275窟为中心》（下），《敦煌研究》2004年第4期。

② 见敦煌文物研究所编著：《中国石窟・敦煌莫高窟》（一），北京：文物出版社、东京：平凡社，1982年，图版12、18。

③ ［北齐］魏收撰：《魏书》卷一二〇《西域传》，第2272页。

④ 罗丰：《固原南郊隋唐墓地》，北京：文物出版社，1996年，第75页，图五六-5。

之中的，称作“髻中珠”。

于阗国三藏实叉难陀译《大方广佛华严经》卷第二十六《十回向品》第二十五之四：

愿一切众生，以智慧冠，庄严其首，为一切法自在之王。愿一切众生，智慧明珠，系其顶上。一切世间，无能见者。愿一切众生，皆悉堪受世间顶礼，成就慧顶，照明佛法。愿一切众生，首冠十力，庄严之冠，智慧宝海，清净具足。愿一切众生，至大地顶，得一切智，究竟十力，破欲界顶，诸魔眷属。愿诸众生，得成第一。无上顶王，获一切智，光明之顶，无能映夺。是为菩萨摩诃萨施宝冠时善根回向。为令众生，得第一智，最清净处，智慧摩尼，妙宝冠故①。

此段经文对于宝冠所具有的智慧以及作用描述得十分细致清楚。菩萨戴宝冠象征智慧，众生如果戴上宝冠，庄严其头，也就具有了智慧，能够成就一切智。

宝冠另具有庄严其身的作用。义净译《根本说一切有部毗奈耶杂事》卷七：

王有五种胜妙严饰之具，一者宝冠，二者宝伞，三者宝剑，四者宝拂，五者宝履②。

说明宝冠的另一作用主要是装饰。

唐窥基撰《大般若波罗蜜多经般若理趣分述赞》卷一：

此第二句证得果相殊胜功德，谓得穷极清净法界。此净法界修道之果，观照心中常现前，故喻于头上所戴宝冠。宝冠即是身之上饰，法界亦是功德根本，故喻宝冠③。

新罗璟兴撰《无量寿经连义述文赞》卷一：

经曰服乘白马至剃除须发者，述云此次入道类也。宝冠璎珞遣之令还舍珍妙衣即所舍也，有说服乘即乘之别目非也。不应乘宝冠及璎珞故。今即服者着也乘者骑也，白马者即干涉也，宝冠璎珞者即诸庄严具也④。

《经律异相》卷四《摩耶五衰相六》：

佛般涅槃，摩耶夫人在于天上，五衰相现。一头上华萎，二腋下汗出，三项中光灭，四两目数瞬，五不乐本座。又得五梦，一须弥山崩，四海水竭，二罗刹奔走挑人眼目，三天失宝冠身无光明，四宝珠幢倒失如意珠，五师子啮身痛如刀割⑤。

---

① 《大正藏》第10册，第139页。
② 《大正藏》第24册，第237页。
③ 《大正藏》第33册，第33页。
④ 《大正藏》第37册，第137页。
⑤ 《大正藏》第53册，第19页。

如果失去宝冠，则身上光明亦无，宝冠还具有照耀光明的作用。

刘宋畺良耶舍译《佛说观无量寿佛经》卷一记观观世音菩萨和大势至菩萨时亦要观其宝冠：

若有欲观观世音菩萨者，当先观顶上肉髻，次观天冠，其余众相亦次第观之，悉令明了如观掌中。作是观者名为正观，若他观者名为邪观①。

隋慧远撰《观无量寿经义疏》卷二更对其作了解释：

一观身相，二观顶相，三观圆光，四观宝冠，五观面相，六观毫相，七观璎珞，八观手相，九观足相，十其余下并举余相指同前佛。……势至观中文别有五，一总生起，二辨观相，三总结之，四除无数下明观利益，五此观成下总结观音及大势至二观成义。第二段中文别有七，一观身相，二观宝冠，三观肉髻，四观宝瓶，五诸余下并举，余相同观音，六行时下观其行相，七坐时下观其坐相②。

《佛说观弥勒菩萨上生兜率天经》卷一：

尔时优波离亦从座起，头面作礼而白佛言："世尊，世尊往昔于毗尼中及诸经藏说阿逸多次当作佛，此阿逸多具凡夫身未断诸漏，此人命终当生何处？其人今者虽复出家，不修禅定不断烦恼，佛记此人成佛无疑，此人命终生何国土？"佛告优波离："谛听谛听善思念之。如来应正遍知，今于此众说弥勒菩萨摩诃萨阿耨多罗三藐三菩提记。此人从今十二年后命终，必得往生兜率陀天上。尔时兜率陀天上，有五百万亿天子，一一天子皆修甚深檀波罗蜜。为供养一生补处菩萨故，以天福力造作宫殿。各各脱身栴檀摩尼宝冠，长跪合掌发是愿言，我今持此无价宝珠及以天冠，为供养大心众生故。此人来世不久当成阿耨多罗三藐三菩提，我于彼佛庄严国界得受记者，令我宝冠化成供具。如是诸天子等各各长跪，发弘誓愿亦复如是。时诸天子作是愿已，是诸宝冠化作五百万亿宝宫，一一宝宫有七重垣，一一垣七宝所成，一一宝出五百亿光明，一一光明中有五百亿莲华，一一莲华化作五百亿七宝行树，一一树叶有五百亿宝色，一一宝色有五百亿阎浮檀金光，一一阎浮檀金光中，出五百亿诸天宝女，一一宝女住立树下。"③

以上表明禅观修行时要观弥勒菩萨、观世音菩萨的天冠即宝冠。

中国早期佛教造像中，非常流行三珠冠和装饰有仰月或日月合抱形式的宝冠。前已述及，三珠冠是宝冠由正面和两侧面的三个圆形宝珠（多表现为圆轮状）构成，三珠之间装饰有忍冬或其他纹样，有的三珠每个珠子上面另附加有仰月形或日月合抱形装饰，有些学者称这种冠为仰月冠或日月冠（日本学者称为"三日月"形）。但我们观察造像中有仰月或日月合抱形的冠，其仰月或日月合抱只是宝冠上的附加装饰。因此，称之为仰月冠或日月冠似乎不大合理。

① 《大正藏》第12册，第344页。
② 《大正藏》第37册，第181页。
③ 《大正藏》第14册，第418页。

《敦煌学大辞典》关于宝冠和日月冠的解释是：宝冠“菩萨之主要首服，敦煌历代诸窟中的菩萨及诸天圣众，均束髻头顶，余发披肩，头戴宝冠。所谓宝冠，即以七宝镶成之冠”。日月冠“菩萨冠之一种。敦煌早期壁画中之菩萨多戴此冠。菩萨顶束大髻，曲发披肩，戴三珠宝冠，在宝珠上饰新月，月中托日。这是波斯萨珊王朝的王冠装饰，乃从人间帝王冠饰蜕变而来”①。

《释迦谱》卷一记载太子在出家前是戴着宝冠的，宝冠上并装饰有明珠：

> 于时太子即就车匿取七宝剑而师子吼，过去诸佛为成就阿耨多罗三藐三菩提故，舍弃饰好剃除须发，我今亦当依诸佛法。作此言已便脱宝冠髻中明珠，……太子又复脱身璎珞，以授车匿而语之言……尔时车匿闻此语已，倍增悲绝不忍违于太子敕令，即便长跪，受取宝冠明珠璎珞及严饰具②。

由于在出家前释迦牟尼是菩萨身，所以都是以菩萨的姿态和装饰出现的，佛教造像中凡是释迦做太子期间都是菩萨的形象，所以也就以宝冠璎珞等装饰其身。

《法华经》谓宝冠由金、银、琉璃、车磲、玛瑙、珍珠、玫瑰等七宝制成，冠前中央镶宝珠，即摩尼珠。

《妙法莲华经》卷七《普贤菩萨劝发品》曰：

> 若有受持读诵正忆念解其义趣如说修行，当知是人行普贤行，于无量无边诸佛所深种善根，为诸如来手摩其头。若但书写，是人命终当生忉利天上。是时八万四千天女，作众伎乐而来迎之。其人即着七宝冠，于婇女中娱乐快乐。何况受持读诵正忆念解其义趣如说修行。若有人受持读诵解其义趣，是人命终为千佛授手，令不恐怖不堕恶趣，即往兜率天上弥勒菩萨所。弥勒菩萨有三十二相，大菩萨众所共围绕。有百千万亿天女眷属，而于中生。有如是等功德利益，是故智者应当一心自书若使人书，受持读诵正忆念如说修行③。

在佛教造像中似乎很难见到由以上七宝制作的宝冠，那只是佛经中的美好描述。实际造像中的菩萨宝冠有些确实是比较复杂的，但并未严格依照佛经的记述而雕刻或绘制。菩萨宝冠似乎更多地融入了现实社会中的因素，受到世俗情调的影响。三珠冠或仰月、日月装饰即是受到中亚或西域王宫贵族冠饰影响的产物，具有尊贵华丽的特点。但作为佛教造像，不论是菩萨还是其他圣众，总要结合佛教的仪轨，因此基本的东西还是要与佛经所载相同的。菩萨冠饰上的仰月或日月在用于佛教造像时，必须代表着一定的佛教意识。而且，大量的佛经中都有关于日、月的描述，以及日、月在佛教中的作用，因此，仰月或日月装饰虽然受到当时波斯萨珊王朝国王冠饰的影响，但还是脱离不开佛教的基本思想的。

在佛经中有关于日、月轮的解释。月轮，月之别名。以月圆如轮，故称月轮。后秦时佛陀耶舍共竺佛念译《长阿含经》卷二十二④、隋天竺三藏阇那崛多等译《起世经》卷十⑤等均描绘了佛教中的

---

① 季羡林主编：《敦煌学大辞典》，上海辞书出版社，1998 年，第 217 页。

② 《大正藏》第 50 册，第 25 页。

③ 《大正藏》第 9 册，第 61 页。

④ 《大正藏》第 1 册。

⑤ 《大正藏》第 1 册，第 358~360 页。

日、月以及日宫、月宫的情形。唐玄奘译《俱舍论》卷十一载，月轮之直径长五十由旬，其下由颇胝迦宝水珠所成，能冷亦能照。又谓月轮中有月宫殿，由天银与天青色琉璃所成，月天子及妃、天众等住之。又以月轮即指满月，表示智德圆满。亦表佛心、菩提心等①。以月轮装饰菩萨等的宝冠，正反映了菩萨具有智慧、光明，代表有佛心、菩提心。

如《大方广佛华严经》卷第二十七《入不思议解脱境界普贤行愿品》：

云何如月？譬如月轮，从初一日至十五日，渐次增长，乃至圆满。菩萨摩诃萨亦复如是。从初发心一切净法渐渐增长，乃至成佛坐菩提场，一切功德具足圆满。云何如日？譬如日轮，出现之时，一切黑暗，悉皆除灭。菩萨智日亦复如是。显现之时，一切众生，无明黑暗，悉皆除灭②。

又如唐三藏菩提流志译《大宝积经》卷第二十一《被甲庄严会第七之一》论曰：

乘于大乘最上之乘，……此乘如灯如日月轮，为诸众生作大光明。此之大乘亦复如是，光照三千大千世界，无能映蔽无能障碍③。

元魏天竺三藏菩提流支译《佛说佛名经》中有许多以“月轮”或“日月轮”为名的佛或菩萨④。

因此，日、月在佛教中是很常见的词语，那么在佛教造像中出现日、月的装饰自然也与佛教教义是相符合的，代表了光明智慧，并起着庄严其身的作用。只不过在佛教传播的过程中，在5世纪时由于波斯萨珊王朝王冠的头饰由于也象征着光明，正好被佛教所借用，从而成为菩萨等头冠上的装饰物。

四

日月宝冠一般是在其他冠饰上饰以日、月装饰。这是波斯萨珊王朝的王冠装饰。这一装饰在中国的石窟中非常流行，主要流行在北朝至隋唐这一阶段。以前研究者所谓的日月冠其实是比较复杂的，不能一概而论。我们可以把其分为两种形式，一是日月合抱的形式，另一种是只有一个月牙的仰月形式。有的是正面宝珠上饰一个仰月或日月合抱的形式，有的是三面宝珠上各一个仰月或日月合抱，因之被称为“三日月”。它们都是冠的一部分装饰。敦煌多见三日月型，而云冈和麦积山基本都为单仰月或三仰月的形式。四川的造像则多为日月合抱的形式。

首先来看敦煌。敦煌莫高窟中的宝冠上的仰月或日月装饰早有学者注意，而且研究者比较多，主

① 《大正藏》第29册，第59页。
② 《大正藏》第10册，第784页。
③ 《大正藏》第11册，第118页。
④ 《大正藏》第14册。

要有石田幹之助①、桑三正进②、林良一③、姜伯勤④、刘永增⑤、李敏⑥、赵声良⑦等人的研究。

日本学者石田幹之助最早注意到这一形式的研究。指出敦煌石窟比较集中，举出了晚唐有第148窟北龛西顶、咸通五年（864年）文殊普贤四观音图。中唐有第148窟南龛西壁和第31窟。盛唐有第45、172窟、66窟的例子。初唐有第57窟四臂观音、334窟东壁左胁侍菩萨、322窟东壁等例。隋窟的例子有第420东壁说法图中的左胁侍菩萨、第62窟的天女。西魏有第285窟等。在他的研究中不但指出了敦煌莫高窟从北朝到隋唐时期的许多例子，而且对其来源作了正确的判断，认为这是受伊朗系文化影响的产物⑧。

桑三正进《サ—サ—ン冠饰の北魏流入》一文认为敦煌北魏窟里三日月型和球形+三日月复合型并存。举出第288窟的壁画（两型），第254窟萨埵本生壁画（前者）、交脚菩萨塑像（后者），第275窟北壁交脚菩萨塑像（前者）、西壁本尊交脚菩萨壁画的胁侍菩萨（后者），第251窟交脚菩萨塑像（后者），第432窟胁侍菩萨塑像。第249、431窟壁画有较多的三日月型。还认为很多石窟寺院采用这种冠饰，除敦煌外云冈石窟也是三日月型和复合型并存。并举出了很多云冈的例子⑨。认为两种类型仅限于北魏，以后完全采用复合型。

从《中国石窟·敦煌莫高窟》的图版中，我们可以看到大量日月或仰月装饰的像例，由北魏开始直至隋唐时期成为莫高窟菩萨像、天王像、供养菩萨、飞天等的主要冠饰之一，虽然有一些专门的研究成果，但却没有人做过精确的统计工作。

莫高窟北魏第254窟南壁前部上层交脚菩萨龛内的交脚菩萨正中间圆形珠上托日月合抱装饰，该菩萨的冠应为三珠冠，三个圆珠之间插花叶。北魏第251窟北壁前部说法图佛两侧的胁侍菩萨似乎也是在三个圆珠上托仰月装饰。第435窟南、北壁前部的胁侍菩萨均戴十分清晰的仰月冠，各有三个仰月，南壁、西壁上部的天宫伎乐冠上有的也有三个仰月装饰。北魏第431窟南壁前部供养菩萨中有三珠冠上饰三个仰月的。第428窟中心柱西向龛外右侧泥塑胁侍菩萨圆珠上有一仰月装饰、中心柱南向龛西侧胁侍菩萨中间圆珠上饰仰月。该窟北壁前部说法图中的众菩萨中多在三珠冠上饰仰月。西魏第249窟西壁龛内外壁画供养菩萨、南北壁中央说法图两侧菩萨等冠上多有仰月、西魏第285窟供养菩

---

① （日）石田幹之助：《我が上代文化に於けゐイラン要素の一例》，《国学院大学日本文化研究所紀要》第1辑，1957年。

② （日）桑三正进：《サ—サ—ン冠饰の北魏流入》，《オリエント》1997，VOL·XX NO（20-1，1977年）。

③ （日）林良一：《サ—サ—ン朝王冠宝饰の意义と东传》，《美术史》28，1981年。

④ 姜伯勤著：《敦煌艺术宗教与礼乐文明》，北京：中国社会科学出版社，1999年。

⑤ 刘永增：《莫高窟北朝期的石窟造像与外来影响——以第275窟为中心》（上），《敦煌研究》2004年第3期，第84页，图一；《莫高窟北朝期的石窟造像与外来影响——以第275窟为中心》（下），《敦煌研究》2004年第4期。

⑥ 李敏：《莫高窟唐代前期艺术中的菩萨头冠》，《敦煌研究》2004年第6期。

⑦ 赵声良：《敦煌石窟北朝菩萨的头冠》，《敦煌研究》2005年第3期。

⑧ （日）石田幹之助：《我が上代文化に於けゐイラン要素の一例》，《国学院大学日本文化研究所紀要》第1辑，1957年。

⑨ （日）桑三正进：《サ—サ—ン冠饰の北魏流入》，《オリエント》1997，VOL·XX NO（20-1，1977年）。

萨群像，菩萨冠上即有日月装饰，而且西壁正龛两侧的诸天中也有数身冠上多饰仰月①。

隋第420窟西壁南侧菩萨像，中间一尊戴日月冠。隋第401窟西壁龛内北侧右第一尊菩萨亦有日月形头冠（似乎是圆日上为仰月，而非日月合抱之形，在两侧的枝上各一），而北壁龛内东侧里面一身菩萨所戴为日月合抱之形的冠，且只有最中间一枝。隋第394窟西壁北侧菩萨是在最中间上戴日月合抱之形。隋末唐初的第390窟北壁中央说法图中的倚坐弥勒菩萨（该窟东壁门上画并坐七佛应该与之有关）戴化佛冠（与宝珠冠、仰月冠相结合），两侧弯曲的冠饰上托仰月。隋末唐初的第389窟西壁南侧和西壁北侧的四身菩萨中有三身冠的主体为三珠冠，在中间上面有日月合抱之形②。

莫高窟初唐第217窟西壁龛内北侧左边菩萨、第372窟南壁阿弥陀经变中站立的大势至菩萨和坐着的文殊菩萨、第322窟日光月光菩萨戴日月莲花珠宝冠，盛唐第23窟西壁龛内侧菩萨所戴与第322窟相同。初唐第334窟西壁龛顶说法图中，佛两侧各七身听法菩萨，其中左侧有五身戴日月冠，一身戴仰月冠，右侧有三身戴仰月冠。第334窟西壁龛内北侧维摩诘经变中的化菩萨也戴日月冠。初唐第57窟西壁北侧二身站立菩萨中的东侧一身戴日月冠。盛唐第45窟北壁观无量寿经变中的伎乐也有戴日月冠的。第23窟西壁龛内南侧菩萨也戴日月冠③。

以上可以看出，莫高窟从北朝至隋唐时期，菩萨、供养菩萨、飞天、天宫伎乐以及金刚力士等有很多的宝冠上装饰有日月或仰月。菩萨中，有一般的胁侍菩萨，也有观音、大势至、文殊、弥勒等。可见这种装饰非常流行。

但比较奇怪的是，莫高窟北周时期的作品中很难见到这种装饰，显然与北周时期加强与中亚和西域的关系与交流不符，颇值注意。

云冈石窟的菩萨或天众宝冠主要有三珠冠、山形冠、花蔓冠等，也有许多是不戴冠的，为束高髻，束发髻带，这种形式应该是受到凉州系统的影响。有日月或仰月装饰的宝冠也非常多。但多数为仰月的形式，日月合抱型非常少，如第8窟后室南壁明窗西壁供养菩萨即是在正面宝珠的上面装饰日月合抱。云冈的仰月装饰开始于昙曜五窟即第一期洞窟，第18窟北壁东侧胁侍菩萨戴三珠宝冠，三珠成圆轮形，与麦积山初期洞窟的十分相似，三珠之间刻忍冬纹，当受西域的影响，正面珠子上饰一弯新月，为单仰月的形式④，麦积山初期洞窟亦多采用这一形式。到了第二期，这种装饰非常流行，几乎所有洞窟里都能看到在菩萨的宝冠上装饰有仰月。佛两侧的胁侍菩萨或交脚弥勒菩萨如第9窟前室北壁下层西龛、第18窟南壁下层西侧龛等都有，甚至天神像宝冠上也有这种装饰。云冈这种装饰的流行当与北魏加强与中亚西域的往来关系，这种装饰可能即由当时的入华粟特人带入内地。龙门石窟这种装饰的例子极为少见，大概是因为龙门石窟为中国式石窟的代表，不再注重接受过多的外来因素，并开始

① 上举诸例分别见敦煌文物研究所编著：《中国石窟·敦煌莫高窟》（一），北京：文物出版社、东京：平凡社，1984年，图版34、48、69、70、73、77、80、81、84、89、90、91、95、96、115、116、117、118、119等。

② 以上像例见敦煌文物研究所编著：《中国石窟·敦煌莫高窟》（二），北京：文物出版社、东京：平凡社，1984年，图版141、142、155、164、185、186等。

③ 以上像例见敦煌文物研究所编著：《中国石窟·敦煌莫高窟》（三），北京：文物出版社、东京：平凡社，1987年，图版76、79、9、137、158等。

④ 孔有生绘：《云冈石窟白描资料》，太原：山西人民出版社，1993年。

采用汉民族风格装饰的缘故。大阪市立美术馆藏一件龙门石窟的菩萨石雕头像，戴化佛冠，化佛正上方中间装饰有一弯新月，这是目前所能见到的龙门石窟图像中唯一的一件有仰月装饰的例子，其时代当为北魏晚期①。

这一装饰不但在北方流行，而且也影响到了南方的造像。在南朝成都及其周围如茂县等出土的一些 6 世纪前半期或更晚的一些造像也发现了例证。南朝梁（六世纪前半期）砂岩雕二菩萨立像，正面上段二立菩萨两侧各有两身供养菩萨，其中两侧下面的两身头戴山形及圆珠组成的宝冠，正面二圆珠的上面各雕两个日月合抱装饰②。该造像尤其是二菩萨的躯体、装饰具有印度美术的特点，供养菩萨宝冠装饰的联珠纹以及日月合抱装饰则具有波斯萨珊王朝的风格。这是在南朝造像上比较少见的戴有日月装饰的宝冠菩萨造像，因此十分珍贵。说明这一装饰与造像本身一样受到了来自中亚的影响。另外其他几件造像上也可观察到有这种装饰的情况，如商业街出土的 7 号造像、8 号造像、梁普通四年（523 年）释迦造像正面佛左右的胁侍菩萨③。茂县师范专科学校出土的初唐双观音立像，其中左面的一身在化佛冠的正面装饰有一日月合抱的图案④。以上所见四川地区的南朝、唐代的造像上，菩萨的冠饰全部为单日月或三日月的装饰。南朝造像这种装饰的出现，应该有其自身的来源。

仰月或日月装饰还在石窟以外的北朝至唐代的单体佛教造像上屡见不鲜，而且延续的时间可能比石窟更晚一些。唐代以后虽然发现很少，但并未完全消失。根据林良一的调查有北周天和元年（566 年）像和保定二年（562 年）像，北齐白玉半跏像、武平七年（576 年）立像，唐大智禅师怀海碑侧和大雁塔入口门楣线刻菩萨等。但这些都是复合型，没有三日月型⑤。其中大智禅师碑和大雁塔的菩萨头冠基本一样。

美国圣弗朗西斯科亚洲美术馆藏 5 世纪末至 6 世纪初北魏金铜菩萨立像三珠冠的正面圆珠上置一仰月，与麦积山或云冈的相类似⑥。

美国旧金山亚洲艺术馆收藏的一件北周菩萨头像，在宝冠的正面上部装饰有一日月合抱的形式⑦。陕西碑林博物馆和西安市藏隋代菩萨像上三面宝珠上各装饰有一仰月，而且该菩萨宝冠非常华丽，由许多联珠组成，加上上面的仰月装饰，受外来影响的波斯风格浓厚。

1986 年西安礼泉寺遗址出土现藏陕西西安文物保护考古研究所石造半身菩萨像，残高 92 厘米，

---

① 《中国美術展シリーズ2 六朝の美術》图 3-28，平城七年 3 月 1 日补订复刻版。

② 刘志远、刘廷璧：《成都万佛寺石刻艺术》，北京：中国古典艺术出版社，1958 年；袁曙光：《四川省博物馆藏万佛寺石刻造像清理简报》，《文物》2001 年第 10 期；该造像的图片与简单的研究又见于《中国☆美の十字路展》，东京：东京印书馆，2005 年，图版 153。

③ 张肖马、雷玉华：《成都市商业街南朝石刻造像》，《文物》2001 年第 10 期，图九和十五、图十七和二十、图一〇。

④ 雷玉华、李裕群、罗进勇：《四川汶川出土的南朝佛教石造像》，《文物》2007 年第 6 期，图一一。承蒙李裕群先生提供照片，特此谢意。

⑤ （日）林良一：《サーサーン朝王冠宝饰の意义と东传》，《美术史》28，1981 年。

⑥ （日）松原三郎：《中国仏教彫刻史論》，东京：吉川弘文馆，1995 年，图版 108b。

⑦ 台北故宫博物院编辑委员会编：《海外遗珍》二，1995 年，图版 73。

在华丽的头冠上有三个日月合抱装饰①。

6 世纪后半期隋金铜菩萨立像花冠的两侧上面各装饰有一个仰月②、8 世纪前半期的唐金铜观音菩萨立像正面坐佛冠上又装饰日月合抱③。

陕西西安大雁塔门楣上线刻的供养菩萨、天王头上也装饰有日月④。

松原三郎收集的作品中，有一件五代金铜菩萨倚像，戴着华丽的冠饰，顶上装饰着日月⑤。

这种装饰随着佛教的东传，还传播到了日本，如法隆寺金铜释迦三尊胁侍像、正仓院麻布墨绘菩萨像、法隆寺橘夫人厨子扇绘观音像、东大寺大佛莲瓣菩萨像等⑥，可见这种装饰的影响之远。

五

宝冠主要是菩萨的装饰，佛教造像中还普遍见于力士、飞天、供养菩萨等圣众的冠上等。除了菩萨，其他圣众如飞天、力士等也有在宝冠上装饰仰月的。

在中国的佛教石窟或其他佛教造像中，这两种形式不只是菩萨的冠饰，虽然大量地见于菩萨的头冠上，但也见于天王、供养菩萨、天宫伎乐以及一些护法神的头冠上。

新疆森木塞姆石窟第 22 窟力士头上装饰有一仰月⑦、莫高窟北朝时期的供养菩萨、天宫伎乐、飞天等、莫高窟西魏第 285 窟天王、莫高窟隋代第 244 窟象王（“从图像上看，莫高窟 244 窟象头人身的象头像，其头饰还带有萨珊波斯—粟特的特点。此头饰为日月头冠”⑧ ）、盛唐第 45 窟北壁观无量寿经变中的伎乐也有戴日月冠的。云冈第 8 窟门拱东侧的摩醯首罗天、西安大雁塔门楣上的线刻天王像等等。

在石窟里往往还可以看到不是作为菩萨等的冠饰的日、月图案，同样象征光明。克孜尔第 38 窟主室券顶中脊前部绘有天象图日和月⑨。云冈第 8 窟窟门拱东侧摩醯首罗天正面头的三珠冠的正面装饰一仰月，这是云冈比较常见的形式。第 10 窟门拱上方的两身天神像虽然冠上没有装饰仰月，但各自四臂的其中两只手里，都是左手持日，右手持月。阿修罗天的形象为三头六臂，其中有两臂手里分别执

① 《中国☆美の十字路展》，东京：东京印书馆，2005 年，图版 163。李静杰：《石佛选萃》图版 144 为该造像，文中的说明为富县文管会藏，经核实，误，北京：中国世界语出版社，1995 年。

② （日）松原三郎：《中国仏教彫刻史論》，东京：吉川弘文馆，1995 年，图版 577。

③ （日）松原三郎：《中国仏教彫刻史論》，东京：吉川弘文馆，1995 年，图版 699。

④ 王磊义编绘：《中国历代佛教画像集》，北京：北京工艺美术出版社，1991 年，第 43 页右图、第 164 页中图。

⑤ （日）松原三郎：《中国仏教彫刻史論》，东京：吉川弘文馆，1995 年，图版 800b。

⑥ （日）林良一：《サーサーン朝王冠宝饰の意义と东传》，《美术史》28，1981 年。

⑦ 王磊义编绘：《中国历代佛教画像集》，北京：北京工艺美术出版社，1991 年，第 160 页右图。

⑧ 姜伯勤：《莫高窟隋说法图中龙王与象王的图像学研究》，载《敦煌宗教与礼乐文明》，北京：中国社会科学出版社，1996 年，第 142~143 页。

⑨ 新疆维吾尔自治区文物管理委员会等编：《中国石窟 · 克孜尔石窟》，北京：文物出版社、东京：平凡社，1990 年。

日、月，如庆阳北石窟寺北魏永平三年（510 年）第 165 窟前壁门右侧的阿修罗天①，这种日、月都是显示光明，同样应该是受到波斯的影响。

以上均表明，日月或仰月形装饰，被广泛地用于佛教题材的雕刻或绘画中。

六

麦积山仰月冠饰的来源，明显地受到了云冈的影响，是云冈石窟的传播形。

麦积山早期的菩萨冠以三珠冠为主，有些学者已经注意到了这一点，举出了麦积山第 72、92、100、115、128、169 等窟的北魏菩萨，并与云冈第 18 窟的菩萨宝冠进行比较认为相近似，而且认为不管在麦积山还是云冈，5 世纪末汉民族化，因此这种形式的宝冠消失了②。

第 74 窟是麦积山现存最早的洞窟之一，在前面的论述中，我们已经肯定了麦积山初期石窟受到云冈石窟的影响。有些论者认为麦积山石窟受到了炳灵寺甚至凉州石窟的影响，这在某些方面可以表现出来。但单就宝冠上的仰月装饰这一现象来看，凉州系统的石窟造像中，像天梯山石窟、炳灵寺西秦石窟中均未发现这种装饰。显然，这一装饰不是来自炳灵寺或者凉州石窟。但凉州以及炳灵寺所在的河州是向秦州传播的必经道路，那么为什么这种装饰没有在凉州系统包括炳灵寺出现呢？这无疑也是证明麦积山的这种装饰不是来自凉州或炳灵寺，而是另有途径。从上面我们可以看到，云冈石窟的三期洞窟中，这种装饰非常流行，而且从第一期就开始出现了，云冈的这种装饰以仰月为主，日月合抱的形式比较少。赵声良在论及莫高窟的“日月冠”时认识到了莫高窟的这种装饰来自于云冈，是云冈石窟回传影响的结果，这一论证非常正确。麦积山石窟初期窟菩萨像宝冠上的仰月装饰无疑也是云冈石窟的西传影响而出现的，这可以从另一个角度证明麦积山初期洞窟的年代不会是后秦时期，而是受到云冈石窟影响的。

七

通过上面的考察，可以得出以下结论：

第一，麦积山石窟初期洞窟的菩萨仰月冠饰是云冈石窟影响的产物，流行于 5 世纪中后期至 6 世纪初。

第二，仰月冠饰或日月冠饰受到了波斯萨珊王朝冠饰的影响，在佛教东传的过程中，佛教图像接收了这种装饰。

第三，佛教图像中的仰月或日月冠饰代表光明与智慧，并具有庄严其身的作用，与佛教教义相合。

第四，仰月或日月冠饰在中国流行的时间非常长，从北朝到隋唐直至五代、元代还有遗物，但主

---

① 甘肃省文物工作队、北石窟寺文物保管所编：《庆阳北石窟寺》，北京：文物出版社，1985 年。

② （韩）郑礼京：《韓国半跏思惟の編年に関する一考察（一）——宝冠形式を通してみた》，第 94 页，1991・4No・194。

要流行于北朝至隋唐时期。

第五，仰月或日月冠饰不但在石窟中的造像中出现，而且在一些单体佛教造像上也多有表现。

第六，仰月或日月冠饰不止是菩萨的冠饰，而且一些天众如供养菩萨、飞天、天宫伎乐、天王等也有这种装饰。可见这种装饰对中国佛教的影响之深、之远。

以上对中国石窟造像中仰月、日月冠饰的简单考察，我们发现在石窟中主要在莫高窟、云冈、麦积山石窟中较多出现。云冈和麦积山中，全部在北魏时期的洞窟中，云冈的例子最多，贯穿于云冈的三个时期，而麦积山主要在初期洞窟中，而且例子不是很多。而莫高窟则从北朝到隋唐时期非常流行，其中北周时期比较少见。而其他石窟中则几乎不见。单体铜、石造像中，从北魏到隋唐时期比较常见，之后五代、元代有极个别的例子。而所分布的地域，则以北方的中部、西北地区如河南、陕西、甘肃等地多见，东部的山东等地区则几乎不见，另外四川地区的造像中南朝造像见有多例。这似乎说明，这种波斯风的装饰，对于西北、四川地区的影响要比东部地区大，也反映了这些地区接受外来影响的程度要深一些，而且是通过陆路丝绸之路接受的。也可反映出这些地区与中亚、西域的交流更为密切一些。

（原载于《敦煌学辑刊》2007 年第 4 期）

麦积山石窟初期洞窟三佛造像考释

魏文斌

麦积山初期洞窟指5世纪中期至6世纪初年（约466~508年）开凿的一批洞窟，约可分成三个时期：第一期为北魏献文帝天安元年（466年）至孝文帝太和元年（477年），受到云冈第一期洞窟的影响。第二期为孝文帝太和元年（477年）至太和十八年（494年）。第三期洞窟属于太和十九年（495年）迁都后至景明、正始年间（495~508年）①。

一、麦积山初期洞窟的三佛造像

麦积山石窟初期洞窟的三佛造像，是从最早的第51、74、78等窟就开始了，而且三佛造像贯穿于麦积山石窟的整个历史阶段，直到隋唐时期的洞窟如第5、49等窟仍然是三佛的主尊。下表是麦积山初期石窟三佛洞窟的统计。从表中可以看出，现存有11个洞窟为三佛造像，在早期洞窟中占1/3以上。这11个洞窟是第51、74、78、90、80、100、128、144、148、114、155窟。如果除去像第70、71、75、77、68、69、73、169、195、196等十个小型龛外，单就洞窟的比例来讲，其比例是相当高的，达到了50%以上。而且第57窟造像全毁，很可能原来也是三佛的主尊（表一）。

表一　麦积山初期洞窟的三佛造像

窟号	三佛形式	现存状况	三佛特点	胁侍	其他附属造像
51	三壁三佛等高	现存造像为明代重修	原造像不明	正壁佛两侧原各胁侍一菩萨，明代改塑为胁侍二弟子二菩萨五尊的形式	正壁左右上方各一小龛，原为半跏思惟菩萨与交脚菩萨对称组合，现不存
74	同上	正壁佛头清代重修。右壁佛头及身体左半部残，其他造像保存较好	三佛均穿偏袒右肩袈裟。正壁佛双手作说法印，两侧壁佛均双手前后相叠作禅定印。均结跏趺坐	正壁佛两侧胁侍二菩萨	正壁上方左右各一小龛，内塑半跏思惟菩萨与交脚菩萨对称

① 魏文斌：《麦积山石窟初期洞窟调查与研究》，兰州：甘肃教育出版社，2017年。

续表

窟号	三佛形式	现存状况	三佛特点	胁侍	其他附属造像
78	同上	左壁佛已毁，仅存右腿部。正壁左侧菩萨腿以下部分残，右侧菩萨为隋代重塑	同上	同上	同上
90	同上	三佛全被宋代重修，局部露出原作，如佛衣裾以及正壁佛腿部	原作不明	原正壁佛两侧胁侍二菩萨，宋代改塑为二弟子，原作菩萨披巾端部尚可见	
80	三壁两龛，正壁坛基上一佛。两侧壁开龛，龛内各一佛	仅存正壁佛，佛北周、清代两次重修。两侧壁龛已塌毁，造像不存	正壁佛身躯北周重修，头部清代重修。已失原作风貌	正壁佛两侧坛基上塑二胁侍菩萨，保存较好	正壁佛两侧壁面各开上下二圆拱龛，上龛内影塑一坐佛，下龛内影塑二佛并坐。右壁大龛的左壁尚保存上下二泥塑小台，上面台上贴一影塑坐佛，下面台上贴影塑二佛并坐
100	三壁两龛，正壁一佛，两侧壁龛内各一佛	三佛均被宋代重修	原作不明。观其大小，正壁佛较两侧龛内坐佛形体高大，突出正壁佛的地位。正壁佛应该是释迦牟尼	正壁佛两侧塑二胁侍菩萨，立于正壁坛基两侧壁的后部。前壁门两侧各二胁侍菩萨	正壁佛两侧对称上下各三龛，上两龛内泥塑半跏思惟菩萨和交脚菩萨，下四龛各二佛并坐。左右壁大龛内龛壁上开龛，龛内塑一佛或二佛并坐。两侧壁上部开列龛，内泥塑一佛二菩萨。前壁门上方开两列龛，龛内泥塑一佛或二佛并坐
128	同上	三佛保存完整	正壁佛较两侧龛内坐佛形体高大，突出正壁佛的地位。正壁佛应为释迦牟尼。三佛均结跏趺坐，禅定印	同上	正壁布局同第 100 窟。两侧壁上部各一列龛，内塑一佛。前壁门上方两列龛，内塑一佛或一佛二菩萨
144	同上	仅存正壁佛局部。左右两壁塌毁	推测应与第 128 窟同	仅存一身胁侍菩萨	现正壁布局与第 100 窟相同

续表

窟号	三佛形式	现存状况	三佛特点	胁侍	其他附属造像
148	同上	仅存正壁佛，较完整。左右壁龛仅存局部	推测应与第128、144窟同。正壁佛结跏趺坐，禅定印	应与第100、128、144窟同	正壁布局与第100、128窟相同。左右壁上部各开一列小龛，龛内泥塑二佛并坐。左右壁龛内原也开小龛，龛内造像不存
114	同上	三佛保存完整	正壁佛形体略高。正壁佛作说法印，两侧壁龛内佛均结跏趺坐，禅定印	正壁佛两侧胁侍二菩萨，位于两侧壁的后部	正壁左右对称影塑半跏思惟菩萨和交脚菩萨，下面对称各二佛并坐。两侧壁上部影塑千佛。影塑均贴附于泥塑小台上
155	三壁三龛，每龛内各一佛	三佛保存完整	三佛形体基本相同。正壁龛内佛说法印，两侧壁龛内佛禅定印	正壁佛两侧胁侍二菩萨，左右壁后部对称一老一少弟子。均为北魏晚期重修	正壁龛内泥塑两层小台，上层贴影塑佛，下层贴影塑供养天，龛楣塑一佛二菩萨，龛楣外侧对称塑飞天及供养天人，正壁龛对称两侧对称各开三龛，上两龛内影塑半跏思惟菩萨和交脚菩萨对称，下两龛内影塑被重修时封堵，原作不明。左右壁上部各开列龛，龛内各影塑一佛，前壁上部列龛，龛内影塑一佛，前壁下部三层影塑泥台，贴影塑小佛

表一是现存的麦积山初期洞窟的三佛造像。三佛造像从第一期到第二、三期是有主次区分的。第一期洞窟的第74、78窟中，第74窟正壁佛高2.86米，右壁坐佛高2.84米，左壁坐佛残，坐高应与右壁佛等高，即三佛基本等高。第78窟正壁与右壁佛坐高均3.00米，左壁佛残，坐高也应与正、右壁坐佛等高。第51窟的三佛虽然是重修的，但坐高也基本差不多，估计原来的三佛像身高也是基本相同的。即第一期洞窟的三佛是基本等高的，且三佛都塑于三壁的高坛基上。但第一期洞窟较晚的第90窟开始出现了变化，三佛虽然都是位于高坛基上，三佛也是宋代重修的，正壁坐佛高1.56米，左壁坐佛高1.45米，右壁坐佛高1.34米，其身高是正壁的佛像略大于左右壁的佛约10厘米，虽然是重修的，其身高应该与重修前并无大的变化。而第二期洞窟的第128、100等窟三佛中的正壁一佛是位于坛基上，而两侧的佛置于新增加的龛内，其身高则有了明显的区别，正壁佛高于左右壁龛内的佛，如第128窟正壁佛高1.42米，左壁主佛高1.05米，右壁主佛高1.03米，身高差距近40厘米。第三期的第114窟的三佛延续了第二期的做法，正壁依壁塑一佛，两侧壁开龛，龛内置另外二佛，正壁佛高0.88米，左壁佛高0.65米，右壁佛高0.65米，三佛身高也是有差别的。第155窟的三佛均置于龛内，形

成了三壁三龛三佛的形式，这时三佛的身高有差别但不是很大，正壁坐佛高 0. 79 米，左壁坐佛高 0. 71 米，右壁坐佛高 0. 67 米。

从上述的数据可以看出，第一期的三佛基本是等高的，大小区别不是很明显，唯有正壁与左右壁的区别。第二期把正壁的佛塑于坛基上，两侧壁的佛置于龛内，正壁佛明显大于两侧佛。第三期的第 155 窟出现了三壁三龛的形式，三佛的区别又基本趋于一致。这说明，第二期更强调正壁佛的作用。

二、关于麦积山早期洞窟三佛研究的不同观点

关于麦积山石窟的三佛，也有许多学者注意到了，并作出了不同的结论。如刘慧达①、邓健吾②、久野美树③、杜斗城④等多数学者认为麦积山石窟的三佛即是表现过去、现在、未来的三世佛。而阎文儒⑤、董玉祥⑥等则认为不一定是三世佛，可能是三身佛或三方佛。

刘慧达对北魏石窟中的三佛造像引用造像铭文并征引 5 世纪初鸠摩罗什翻译的对中国北方地区佛教思想产生了重大影响的大乘佛典《妙法莲华经》进行了精辟的论述，认为三佛即是《妙法莲华经》所讲的过去、现在、未来三世佛。并指出北魏石窟流行三佛造像当与主持开凿云冈石窟的昙曜重视三佛有关。这一结论为多数研究者所赞同。刘先生在其研究中对麦积山的三佛窟仅举出了时代略晚的第 5 窟、第 30 窟以及第 133 窟内的两块造像碑即 10、16 号造像碑为例⑦。

邓健吾在对麦积山早期石窟造像做图像学的考察研究时，专门对早期洞窟的三佛构成进行了研究，也认为麦积山早期洞窟的三佛就是三世佛。并就其来源问题提出了可能最早受犍陀罗某些造像的影响的论述，更提出了麦积山早期佛教美术在思想内容以及形式上，同犍陀罗有很深的关系的论断⑧。

久野美树在总结了阎文儒、董玉祥、邓健吾等人的论点的基础上，进一步支持了刘慧达的观点，认为麦积山初期洞窟里的三佛确实为三世佛⑨。

台湾学者赖鹏举认为："麦积山三壁三佛的三尊像，其侧壁的一尊间或为交脚的菩萨像，'菩萨'是即将成就的佛，与其它二尊佛之间的关系，亦是时间上的'现在'与'未来'，故麦积山的三壁三

---

① 刘慧达：《北魏石窟中的"三佛"》，《考古学报》1958 年第 4 期。

② 邓健吾：《麦积山石窟的研究及早期石窟的两三个问题》，天水麦积山石窟艺术研究所编：《中国石窟 · 天水麦积山》，北京：文物出版社、东京：平凡社，1998 年。

③ （日）久野美树：《中国初期石窟と観佛三昧——麥積山石窟を中心として》，《佛教芸術》第 176 号，1988 年。官秀芳汉译文载《敦煌学辑刊》2006 年第 1 期。

④ 杜斗城：《麦积山早期三佛窟与姚兴的〈通三世论〉》，《敦煌学辑刊》2007 年第 1 期。

⑤ 阎文儒：《麦积山石窟的历史、分期及其题材》，阎文儒主编：《麦积山石窟》，兰州：甘肃人民出版社，1984 年。

⑥ 董玉祥《麦积山石窟的北魏窟龛及其造像》，阎文儒主编：《麦积山石窟》兰州：甘肃人民出版社，1984 年。

⑦ 刘慧达：《北魏石窟中的"三佛"》，《考古学报》1958 年第 4 期。

⑧ 邓健吾：《麦积山石窟的研究及早期石窟的两三个问题》，天水麦积山石窟艺术研究所编：《中国石窟 · 天水麦积山》，北京：文物出版社、东京：平凡社，1998 年。

⑨ （日）久野美树：《中国初期石窟と观観三昧——麥積山石窟を中心として》，《佛教芸術》第 176 号，1988 年，第 69~91 页。

佛应读为‘三世佛’。另外在麦积山石窟主尊的两侧常开有小龛，内有交脚菩萨、半跏坐思惟菩萨及二佛并坐像。并坐的二佛一为‘过去佛’，一为‘现在佛’，其间的关系是时间上的‘三世’，而交脚或半跏坐菩萨，不论其是释迦或弥勒，皆是等待成佛的‘未来佛’，与并坐二佛或主尊佛像的关系亦是‘三世’的关系，故麦积山石窟三壁的三佛在佛法的含义上是‘三世佛’。"①

杜斗城也认为麦积山的早期三佛窟中的三佛也是三世佛，且是基于姚兴重视"三世实有"的理论实践②。

张学荣③、张宝玺④、贺世哲⑤、八木春生⑥、李西民⑦、魏文斌⑧等人的研究也关系到麦积山的三佛问题，都赞成三世佛说。

然而，对于麦积山石窟的三佛造像也有不同的看法。

阎文儒认为《金光明经》与《法华经》所提出的"三世诸佛"有一个"诸"字，即每一世都有"诸佛"即"千佛"。因而认为云冈、莫高窟、麦积山的千佛造像确实存在，但"并不是把过去、现在、未来三世佛，每一世雕出一个佛，造像时用这三身佛代替了三千佛"。并认为三壁三佛的形式与石窟的形制有关，"由于石窟是四面的，除掉了凿门那面，只余了三个面，从而就开三面龛，造三面佛像，如果是更多面的，就可以造更多面的像了"。阎先生又认为，唐代以前的中国石窟几乎见不到一例"三世佛"的铭记，只有到了五代的大足龙岗山石窟第281龛东龛龛楣上有刻出的"三世佛"的题名，因此早期石窟中的三佛造像不是三世佛⑨。但北朝之前在5世纪初期即已翻译的禅观系经典中，就已经出现了"三世佛"的名称，这在下面将要叙述。

董玉祥认为麦积山石窟"三佛的内容除了如第163、142等窟内正壁塑一佛，左右两壁分别塑一佛及一交脚菩萨的具有明显的表示过去、现在和未来三世的三世佛而外，其余绝大部分洞窟内的三佛，也很可能并不代表三世佛，而是表示法身、报身和现身的‘三身佛’或表示三方的药师佛、阿弥陀佛和释迦牟尼佛等题材"⑩。但正如久野美树所讲，"三身佛"在5世纪的中国佛教美术中是不可能出现的，因为关于"三身佛"的概念是6世纪的经典中才出现的，所以在5世纪中叶的麦积山初期洞窟中

---

① 赖鹏举《麦积山石窟造像由"涅槃"到"卢舍那"的转变》，郑炳林、花平宁主编：《麦积山石窟艺术文化论文集》（上），兰州：兰州大学出版社，2004年，第208页。

② 杜斗城：《麦积山早期三佛窟与姚兴的〈通三世论〉》，《敦煌学辑刊》2007年第1期。

③ 张学荣：《麦积山石窟的创建年代》，《文物》1983年第6期。

④ 张宝玺：《麦积山石窟开凿年代及现存最早洞窟造像壁画》，《中国考古学会第一次年会论文集1979》，北京：文物出版社，1980年。

⑤ 贺世哲：《关于十六国北朝的三世佛及三佛造像诸问题》，《敦煌研究》1992年第4期、1993年第1期。

⑥ （日）八木春生：《麥積山石窟第74及び78号窟の営造年代について》，《雲岡石窟文様論》，东京：法藏馆，2000年。何洪岩、魏文斌汉译文载《敦煌研究》2003年第6期。

⑦ 李西民：《试论麦积山石窟艺术史上的六个高潮》，《石窟艺术》第1期，西安：陕西人民出版社，1990年。

⑧ 魏文斌：《麦积山石窟几个问题的思考和认识》，《敦煌研究》2003年第6期。

⑨ 阎文儒：《麦积山石窟的历史、分期及其题材》，阎文儒主编：《麦积山石窟》，兰州：甘肃人民出版社，1984年，第36~39页。

⑩ 董玉祥：《麦积山石窟的北魏窟龛及其造像》，阎文儒主编：《麦积山石窟》，兰州：甘肃人民出版社，1984年，第68页。

是不应该被解释为“三身佛”的①。

以上几种意见，以第一种即三佛为三世佛合乎麦积山石窟造像的实际情况。笔者赞同刘慧达、邓健吾等先生的观点。这种三世佛是竖三世佛的一种，只是在各期表现略有不同而已，是从早到晚一脉相承的，甚至影响到了麦积山北魏晚期、西魏、北周直到隋唐时期的三佛造像。

三、关于“三世佛”的经典

关于三世佛之说，早在2世纪中叶翻译的经典中就已传入中国，后汉安世高翻译的《阴持入经》就有关于三世佛的说法，该经卷上云：

> 四意止，四意断，四神足，五根，五力，七觉意，贤者八种道，是为三十七品经法，过去佛亦有是，现在佛亦有是，未来佛亦有是②。

失译人名今附秦录《别译杂阿含经》卷第五：

> 尔时梵主天王，遥知世尊在优楼频螺聚落泥连河岸菩提树下，而作是念：观察世间，若天若人若魔若梵，沙门婆罗门，一切生类，若有胜我戒定慧解脱解脱知见者，我当依止，然都不见有能胜我者。又复观察过去未来现在诸佛，悉皆亲近依止于法，供养恭敬，生尊重心。我今亦当随三世佛之所，应作亲近依止供养恭敬尊重于法③。

失译人名附三秦录《佛说师子月佛本生经》：

> 时空泽中有一猕猴，至罗汉所，见于罗汉坐禅入定，即取罗汉坐具披作袈裟，如沙门法偏袒右肩，手擎香炉绕比丘行。时彼比丘从禅定觉，见此猕猴有好善心，即为弹指告猕猴言：法子，汝今应发无上道心。猕猴闻说欢喜踊跃，五体投地敬礼比丘，起复采花散比丘上。尔时比丘，即为猕猴说三归依告言：法子，汝今随学三世佛法，应当求请受三归依及以五戒④。

宋凉州沙门智严译《佛说广博严净不退转轮经》卷第一：

> 时二菩萨，即三赞叹……为得佛智故，为一切众生故，以无着善根相应心，持七宝花。……于虚空中遥散释迦文佛上。所散之花，于虚空中变成花鬘华云华盖宝鬘宝云宝盖缯鬘缯云缯盖，供养释迦牟尼佛。复以百千种色花鬘末香涂香细末栴檀，遥散释迦牟尼佛上而以供养。即于彼处五体投地，顶礼释迦牟尼佛足。作如是言：南无释迦牟尼佛，及娑婆世界诸菩萨摩诃萨，发大庄

① （日）久野美树：《中国初期石窟と观観三昧——麥積山石窟を中心として》，《佛教芸術》第176号，1988年。

② 《大正藏》第15册，第0173b页。

③ 《大正藏》第2册，第0410a页。

④ 《大正藏》第3册，第0443c页。

严成就大精进力诸先旧者，能持正法有大威力，能利益一切众生而作照明。正求一乘，能守护三世佛法城堑。不断佛种住娑婆世界者，作如是言。我今应往彼土见释迦牟尼佛，并诸菩萨摩诃萨及余众生①。

上经卷三曰：

复次阿难，云何如来说菩萨摩诃萨名阿罗汉？阿难当知，菩萨摩诃萨，离诸分行应行佛行，拔济一切众生行破诸烦恼，应为烦恼所苦众生解烦恼缚。而不得众生亦不得烦恼缚，应作是事名阿罗汉。舍有所得住无所得知一切空，此空亦空通达无相。以离诸相离一切想，知众生想是过患法，能舍无智达无心法。晓了空法应逮菩提，应生不可思议佛菩提，以是事故名阿罗汉。应宣说法如三世佛已说今说当说②。

曹魏三藏法师康僧铠译《大宝积经》卷第八十二《郁伽长者会》第十九：

若为过去一切诸佛起七宝塔，以一切供而供养之。阿难！若现在佛及声闻僧，以诸乐具尽寿供养。阿难！未来诸佛及诸菩萨，悉为奴仆及为弟子而供养之。不闻是经，不受不持，不读不诵，不转不住。离是等法，名供养诸佛如来。阿难！若有菩萨闻于是经，受持读诵为他广说如说修行，而是菩萨已为供养三世佛已③。

东晋天竺三藏佛驮跋陀罗于411～421年在建康所译《大方广佛华严经》中多次出现“三世佛”的名称，如卷九《初发心菩萨功德品》曰：

欲悉具足庄严三世诸佛不共法故，欲悉得法界等无量无边三世诸佛平等智慧故，发阿耨多罗三藐三菩提心。何以故？此初发心菩萨即是佛故，悉与三世诸如来等，亦与三世佛境界等，悉与三世佛正法等。得如来一身无量身三世诸佛平等智慧，所化众生皆悉同等。悉能震动一切世界，悉能普照一切世界，悉能休息一切世界诸恶道苦，悉能严净一切世界，悉于一切世界示现成佛，悉令一切众生皆得欢喜，悉令一切众生解深法界，悉能护持诸佛种性，悉得诸佛智慧光明。彼初发心菩萨摩诃萨，常不远离三世诸佛及诸佛法，一切菩萨缘觉声闻及所行法。世间出世间法，众生及众生法，专求菩提智慧无碍④。

佛驮跋陀罗所译《大方广佛华严经》被称为“六十华严”，是5世纪初译出的十分重要的大乘经典，该经中出现“三世佛”多达数十处，从上引《初发心菩萨功德品》中的一段可以看出，三世佛与三世诸佛其实是互相可以借用的，他们是同一个概念。

最为重要的是，鸠摩罗什所译《妙法莲华经》中也出现了“三世佛”这一名词，在该经卷一《方

---

① 《大正藏》第9册，第0255b页。

② 《大正藏》第9册，第0265c页。

③ 《大正藏》第11册，第0472b页。

④ 《大正藏》第9册，第0449c页。

便品》中说：

诸佛灭度已，供养舍利者，起万亿种塔，……或有起石庙，……若于旷野中，积土成佛庙，乃至童子戏，聚沙为佛塔，如是诸人等，皆已成佛道。若人为佛故，建立诸形像，刻雕成众相，……严饰作佛像……彩画作佛像，……乃至童子戏，若草木及笔，或以指爪甲，而画作佛像，如是诸人等，渐渐积功德，具足大悲心，皆已成佛道……以华香幡盖……如是众妙音，尽持以供养。……皆已成佛道。……寻念过去佛，所行方便力，……如三世诸佛，……则为已供养，一切三世佛，是人甚希有，过于优昙花。……当知是妙法，诸佛之秘要①。

从《法华经》的这段描述中，我们可以看出，三世佛与三世诸佛其实是一回事，三世佛就是三世诸佛，三世佛是三世诸佛的简称。那么三世佛造像的每一身佛即代表三世中的诸佛，以一佛而代表诸佛，分别代表过去、现在和未来，强调了大乘佛教时时处处有佛的概念。然而三世诸佛在具体作为洞窟中的主尊时，不可能造出那么多的佛，只有以三身基本相同的佛像来代表了，并辅之千佛造像来进行补充，进而形成了十方三世诸佛。

后秦弘始年鸠摩罗什等译《禅秘要法经》卷下：

尔时释迦牟尼世尊，为于行者，更说四大清净观法。告言法子，过去三世诸贤圣等，观此行时，自然皆观。……佛告阿难，我灭度后，若有比丘比丘尼，式叉摩尼，沙弥沙弥尼，优婆塞优婆夷，若有欲学三世佛法，断生死种，度烦恼河，竭生死海，免爱种子，断诸使流，厌五欲乐，乐涅槃者学是观。此观功德，如须弥山，流出众光，照四天下。行此观者，具沙门果，亦复如是②。

东晋天竺三藏佛驮跋陀罗译《佛说观佛三昧海经》卷第九《本行品》第八：

时会大众见十方佛，及诸菩萨国土大小，如于明镜见众色像。财首菩萨所散之华，当文殊上即变化成四柱宝台，于其台内有四世尊，放身光明俨然而坐。东方阿閦、南方宝相、西方无量寿、北方微妙声。时四世尊以金莲华散释迦佛，未至佛上化为华帐，有万亿叶，一一叶间百千化佛，化佛放光，光中复有无数化佛。宝帐成已四佛世尊从空而下，坐释迦佛床赞言：善哉善哉！释迦牟尼，乃能为于未来之世浊恶众生，说三世佛白毫光相，令诸众生得灭罪咎③。

负责开凿云冈第一期洞窟“昙曜五窟”的昙曜曾选择翻译或与人合译有关三佛的经典，如《付法藏因缘传》和《大吉义神咒经》。

《付法藏因缘传》卷一：

敬礼无边际，去来三世佛。等空不动智，极世大慈悲。④

① 《大正藏》第 9 册，第 0007c 页。

② 《大正藏》第 15 册，第 0265c、0267c 页。

③ 《大正藏》第 15 册，第 0688c 页。

④ 《大正藏》第 50 册，第 0297a 页。

又昙曜译《大吉义神咒经》卷一：

> 南无诸佛众生真济于一切法得自在者，七佛真济，毗婆尸……迦叶、释师子两足之尊有大名称，弥勒在兜率天上与大众围绕。我至心念，过去一切诸佛，未来一切诸佛，现在一切诸佛无上法王。如是一切三世诸佛，我皆归命，我悉归依①。

三世佛的名词频繁地出现于5世纪及其以前被翻译的佛教经典里，而且有些经典如曹魏三藏法师康僧铠译《大宝积经》、东晋天竺三藏佛驮跋陀罗译《大方广佛华严经》等是当时所译出的重要的大乘经典，非常受重视。而东晋佛驮跋陀罗译《佛说观佛三昧海经》、后秦弘始年鸠摩罗什等译《禅秘要法经》是5世纪中国僧人坐禅非常受欢迎的重要的禅观经典。僧人坐禅需要观像，三世佛是观像的重要对象。《妙法莲华经》更是“诸佛之秘要”，对中国5、6世纪的中国佛教影响颇巨，对当时的佛教美术也产生了深厚的影响。三世佛的名称既然很早就出现在佛经中，而且是像《妙法莲华经》《佛说观佛三昧海经》《禅秘要法经》等这样一些重要的大乘经典中，因此，三世佛的造像出现在5世纪的佛教美术中，自然也是很顺理成章的事，并不是阎文儒先生所讲的那样三世佛在早期的中国石窟中没有出现。

四、麦积山初期洞窟中的三佛为三世佛

犍陀罗造像中就已经出现了三世佛的造像，如喀布尔博物馆藏绍托拉克出土的三尊佛立像，虽然较残破，但却是很著名的表现三世佛的例子，许多研究中国佛教三世佛造像问题的专家都注意到了它对中国的影响②。甚至还有些学者认为也是麦积山石窟三佛的来源③。这件造像中间是一身较高大的立佛像，左侧因有披发敷地的儒童，可以断定是过去佛燃灯佛，而右侧损毁的应该是未来佛弥勒菩萨立像。这种中间佛较大，两侧略小的三世佛组成，对云冈石窟最初的昙曜五窟的影响颇大。炳灵寺石窟三身基本等高的三佛立像的形式应该是对之的发展④。而炳灵寺西秦造像中也有三身基本等高相同的三佛像。

前面已经提到，创建云冈石窟的昙曜翻译了有关三世佛的经典如《付法藏因缘传》和《大吉义神咒经》，昙曜十分注意三世佛，是因为昙曜主持北魏佛教期间，正是太武帝灭法不久，文成帝即位复兴佛法之时，经过太武帝灭法的打击，佛教需要有振兴并宣扬传承不息的理论，传灯之来由的根据，使得人人都有佛法永续不绝的认识，所以他在再兴佛法之后大力致力于佛教谱系之宣传，而“庶使法藏

---

①　《大正藏》第21册，第0568a页。

②　（日）宫治昭著、李萍译：《犍陀罗美术寻踪》，北京：人民美术出版社，2006年，第191页。

③　邓健吾：《麦积山石窟的研究及早期石窟的两三个问题》，天水麦积山石窟艺术研究所编：《中国石窟・天水麦积山》，北京：文物出版社、东京：平凡社，1998年。（日）久野美树：《中国初期石窟と观観三昧——麥積山石窟を中心として》，《佛教芸術》第176号，1988年。

④　炳灵寺石窟第169窟西秦至北魏的造像中，第9号为三佛立像，第14号为三佛坐像，第23号最初为三佛坐像，后改加二佛成为五佛，第1号原可能为三坐佛，现仅存二佛。这些都是三世佛的表现。参见董玉祥主编：《炳灵寺一六九窟》，深圳：海天出版社，1994年；常青：《炳灵寺169窟塑像与壁画题材考释》，《汉唐与边疆考古研究》，北京：科学出版社，1994年，第124页。

主持无绝"①。因此，北魏境内三世佛造像非常流行，其与昙曜的思想意义是相同的。即过去有佛，现在有佛，将来还有新佛出世即未来佛，佛佛相继不绝。十六国后秦主姚兴十分注重"三世"观，曾著《通三世论》②《通三世》③，其所论得到了正在长安组织译经弘扬佛法的一代名师鸠摩罗什的赞同，而鸠摩罗什所译《妙法莲华经》《禅秘要法经》等也强调了"三世佛"的供养和禅法。长安佛教不止对陇右佛教有较大的影响，而且对后来的北魏佛教产生了深远的影响。尤其是鸠摩罗什在长安翻译的《妙法莲华经》以及禅法经典都对北魏佛教影响颇深。

昙曜所主持开凿的昙曜五窟都是三世佛的题材，尊崇和强调可以昭示传灯之由来的三世佛。昙曜五窟的三世佛主尊，对云冈第二、三期洞窟影响颇深，第二、三期洞窟的三世佛造像更多，而且形式多样。云冈石窟对北魏境内石窟的影响遍及整个北方地区，甚至整个北朝时期三世佛造像的流行，无不受云冈石窟的影响。正如刘慧达指出的："北魏之世，石窟多'三佛'与昙曜之倡导有关，昙曜以后北魏佛教徒对三佛之重视并未少歇，所以魏收总结拓跋一代佛教经旨，开始即云过去、当今、未来三世，并列举三世诸佛。因此三佛石窟由云冈而龙门而炳灵寺而麦积山，几乎普遍当时的中国北方。"④《魏书·释老志》的一段话即是对北魏佛教信仰的最好总结：

> 凡其经旨，大抵言生生之类，皆因行业而起。有过去、当今、未来，历三世，识神常不灭。……释迦前有六佛，释迦继六佛而成道，处今贤劫。文言将来有弥勒佛。方继释迦而降世⑤。

释迦前的六佛表示过去佛，一般以六佛的最后一佛迦叶佛为过去佛的代表，释迦即是现在佛，弥勒佛为未来佛。十六国北朝造像中也有很多七佛（过去六佛加现在佛释迦牟尼佛）加一弥勒的三世佛组合形式⑥。

前面已经论述，麦积山初期洞窟深受云冈石窟的影响，不止是石窟形制，其中更为重要的是造像题材及其所反映的思想内容，这也正符合北魏境内大范围的总体佛教思想的国家统一性。

以上是从三世佛的传播方面论证麦积山初期洞窟的三佛即是三世佛。下面再从经典方面进一步论证。

众所周知，《法华经》对北方中国的佛教思想产生了巨大的影响，是4、5世纪翻译的最为重要的大乘经典。《法华经》对三世佛的描述是麦积山石窟造像三世佛直接的理论依据。

《妙法莲华经》卷一《序品》一开始即说明了《妙法莲华经》的传承次第，即三世佛的继承关系：

> 尔时世尊，四众围绕，供养恭敬尊重赞叹。为诸菩萨说大乘经，名无量义教菩萨法佛所护念。

---

① 汤用彤：《汉魏两晋南北朝佛教史》第十四章《佛教之北统》，北京：北京大学出版社，1997年，第357页；宿白：《云冈石窟分期试论》，载《中国石窟寺研究》，北京：文物出版社，1996年，第78页。

② 《大正藏》第52册，第228页。

③ ［唐］释道宣：《广弘明集》卷十八《法义篇》，《大正藏》第52册，第228页。

④ 刘慧达《北魏石窟中的"三佛"》，《考古学报》1958年第4期。

⑤ ［北齐］魏收撰：《魏书》卷一一四《释老志》，北京：中华书局，1974年，第3027页。

⑥ 贺世哲：《关于十六国北朝的三世佛及三佛造像诸问题》，《敦煌研究》1992年第4期、1993年第1期。

佛说此经已，结跏趺坐，入于无量义处三昧，身心不动。……尔时佛放眉间白毫相光，照东方万八千世界，靡不周遍。下至阿鼻地狱，上至阿迦尼咤天。于此世界，尽见彼土六趣众生。又见彼土现在诸佛，及闻诸佛所说经法。……尔时弥勒菩萨作是念：今者世尊现神变相，以何因缘而有此瑞？今佛世尊入于三昧，是不可思议现希有事，当以问谁？谁能答者？复作此念：是文殊师利法王之子，已曾亲近供养过去无量诸佛，必应见此希有之相，我今当问。……时有菩萨，名曰妙光，有八百弟子。是时日月灯明佛从三昧起，因妙光菩萨说大乘经，名妙法莲华教菩萨法佛所护念……日月灯明佛，即授其记……佛灭度后，妙光菩萨，持妙法莲华经，满八十小劫为人演说。……八百弟子中有一人，号曰求名，……弥勒当知，尔时妙光菩萨，岂异人乎，我身是也。求名菩萨汝身是也①。

《序品》讲弥勒菩萨向文殊师利菩萨决疑，最后文殊菩萨非常清楚地道出了过去、现在、未来三世佛的传承谱系，即过去佛燃灯佛、现在佛释迦牟尼、未来佛弥勒。

《妙法莲华经》卷一《方便品》告诉舍利弗关于过去、现在、未来的“三世诸佛”为众生讲演说法，而且所有演说之法为“一佛乘”，众生得闻之后得一切种智：

诸佛如来但教化菩萨，诸有所作，常为一事，唯以佛之知见示悟众生。舍利弗！如来但以一佛乘故，为众生说法，无有余乘，若二、若三。舍利弗！一切十方诸佛，法亦如是。舍利弗！过去诸佛，以无量无数方便，种种因缘、譬喻言辞，而为众生演说诸法，是法皆为一佛乘故。是诸众生，从诸佛闻法，究竟皆得一切种智。舍利弗！未来诸佛当出于世，亦以无量无数方便，种种因缘、譬喻言辞，而为众生演说诸法，是法皆为一佛乘故。是诸众生，从佛闻法，究竟皆得一切种智。舍利弗！现在十方无量百千万亿佛土中，诸佛世尊多所饶益安乐众生，是诸佛亦以无量无数方便，种种因缘、譬喻言辞，而为众生演说诸法，是法皆为一佛乘故。是诸众生，从佛闻法，究竟皆得一切种智。舍利弗！是诸佛但教化菩萨，欲以佛之知见示众生故，欲以佛之知见悟众生故，欲令众生入佛之知见故②。

接下来讲诸佛灭度后以各种简单易行的方式供养做功德而得到的好处即能够成佛，并总结该佛法为“诸佛之秘要”：

诸佛灭度已，供养舍利者，起万亿种塔，……或有起石庙，……若于旷野中，积土成佛庙，乃至童子戏，聚沙为佛塔，如是诸人等，皆已成佛道（供养舍利、建立佛塔、建立佛寺，笔者加）。若人为佛故，建立诸形像，刻雕成众相，……严饰作佛像……彩画作佛像，……乃至童子戏，若草木及笔，或以指爪甲，而画作佛像，如是诸人等，渐渐积功德，具足大悲心，皆已成佛道（造佛、装饰彩画佛像、手画佛像等，笔者加）……以华香幡盖……如是众妙音，尽持以供养。……皆已成佛道（各种方式供养佛，笔者加）。……寻念过去佛，所行方便力，……如三世

① 《大正藏》第9册，第2~4页。

② 《大正藏》第9册，第0007a、b页。

诸佛，……则为已供养，一切三世佛，是人甚希有，过于优昙花。……当知是妙法，诸佛之秘要①。

麦积山初期洞窟的三世佛造像中，大部分都有交脚和半跏思惟菩萨对称于洞窟正壁上方两侧，交脚菩萨是弥勒菩萨无疑，半跏思惟菩萨正是弥勒菩萨决疑思惟的形象，他们是对三世佛主尊的进一步补充，也是对《妙法莲华经》序品中所讲的三世佛传承次第的最好注解。关于交脚与半跏思惟菩萨对称构图，有另文讨论②，此处不详述。依《妙法莲华经》序品的描述，我们基本可以认定，麦积山石窟的三世佛即为过去佛燃灯佛、现在佛释迦牟尼佛和未来佛弥勒佛。

除了三壁三佛的三世佛最主要的表现形式外，麦积山初期洞窟的第二期开始，还出现了另外一种表现三世佛的组合。即正壁佛两侧的小龛内的造像，这些造像是影塑的形式。在左右对称的交脚菩萨和半跏思惟菩萨的下方又开两层小龛，小龛内影塑二佛并坐像。到了第三期洞窟中，这种影塑或在小龛，或在泥塑小台上。有这种组合的洞窟有第 100、128、144、148、114 窟等。以第 148 窟为例图示如右。二佛并坐是释迦多宝二佛。二佛并坐依据鸠摩罗什所译《妙法莲华经·见宝塔品》而作，这又是麦积山三佛洞窟的经典依据为《妙法莲华经》的有力证据。而这种位于上部居于象征兜率天宫的小龛内的弥勒菩萨，则应典自《妙法莲华经》卷七《普贤菩萨劝发品》的描绘："若有人受持读诵解其义趣，是人命终为千佛授手，令不恐怖不堕恶趣，即往兜率天上弥勒菩萨所。弥勒菩萨有三十二相，大菩萨众所共围绕，有百千万亿天女眷属，而于中生。有如是等功德利益，是故智者应当一心自书。若使人书，受持读诵正忆念如说修行。"③ 这种弥勒和释迦多宝并坐上下组合的形式也是三世佛的一种。释迦多宝二佛分别代表现在和过去世佛，弥勒菩萨代表未来佛。关于这种三世佛的组合可参考贺世哲先生的考证④。

以上可以看出，依据 5 世纪以来有重要影响最为深远的大乘经典《妙法莲华经》而制作的三世佛造像是麦积山初期洞窟的主要题材。这一主要题材延续影响到了麦积山整个北朝甚至隋唐时期的造像，成为麦积山石窟从开始到终结贯穿一致的主线。

五、对于三佛的甄别

三佛造像在麦积山初期洞窟中，第一期三佛的身高基本等高，并无大的区别。第二、三期虽然强调了正壁佛的地位，但也很难区别究竟哪身是什么佛。那么如何判断三佛的身份呢？

现存原作的洞窟中，第 74、78、114、155 窟四个洞窟中，正壁的佛双手做说法印，而两侧壁的二佛均作禅定印相，这是能够观察到的三佛在手印上的不同。其余如第 128 窟三佛都作禅定印，第 144、148 窟仅存正壁佛，是作禅定印相的，推测原来两侧壁的佛也是禅定印，则从手印上亦很难区别了。

---

① 《大正藏》第 9 册，第 0007c 页。

② 魏文斌：《麦积山石窟交脚与半跏思惟菩萨对称构图的研究》，待刊。

③ 《大正藏》第 9 册，第 0062a 页。

④ 贺世哲：《关于十六国北朝的三世佛及三佛造像诸问题》，《敦煌研究》1992 年第 4 期、1993 年第 1 期。

但手印与身高的不同（虽然不是一个洞窟内所有三佛都有不同），却应该是我们识别三身佛像身份的信息。

首先从手印上看，第74、78、144、155四个洞窟内，都是正壁的佛双手作说法印的，表示正壁的佛正在讲演说法的过程中。那么这身佛应该是主要的在该洞窟内说法者，是唱主角的。前面已经论证了三佛为三世佛，其中一身为释迦牟尼佛无疑，那么正壁做说法印的佛像即可确定为释迦牟尼佛，是正在宣讲佛法的现在佛。则两侧的一为过去佛，一为未来佛。又该如何确定他们呢？这里只能提出一个大体的原则。我们知道佛教信徒礼拜的“右绕”一词常见于佛教经典中。

如昙果共康孟详译于建安十二年（207年）的《中本起经》卷上《度瓶沙王品第四》中说道：

于时世尊，欲诣罗阅衹，度于君民。……（中略）王遥见如来相好光光，即便下车，却从解剑。佛知瓶沙性素憍豪刚强贡高，欲令速解化王从者仪式。若王瓶沙，顾视从者，似己无异。惧佛不识，头面礼足，右绕三匝，礼毕自陈①。

西晋竺法护在永嘉二年（308年）译出的《普曜经》卷三《试艺品第十》：

时诸释族种姓悉共集会。欲试手搏。调达在世常自贡高。自谓为可不肯折伏。常与菩萨共诤威力。一切来者睹之超异。右绕稽首归礼大圣。调达及难陀故欲手搏。于时菩萨安隐详序。愍念之故举调达身②。

又该经卷第七《商人奉麨品》第二十二曰：

佛叹偈已，即以其钵受贾麨蜜咒愿贾人言……（中略）佛食毕竟掷钵虚空。有天子名善梵，即接取之无罣碍。钵赍上梵天，亿千梵天皆共供养右绕奉事③。

后秦鸠摩罗什译《妙法莲华经》卷第五《安乐行品》第十四：

是诸菩萨从地出已，各诣虚空七宝妙塔多宝如来、释迦牟尼佛所。到已，向二世尊头面礼足，及至诸宝树下师子座上佛所，亦皆作礼，右绕三匝，合掌恭敬，以诸菩萨种种赞法而以赞叹，住在一面，欣乐瞻仰于二世尊。是诸菩萨摩诃萨，从初踊出，以诸菩萨种种赞法而赞于佛，如是时间，经五十小劫。是时释迦牟尼佛默然而坐，及诸四众亦皆默然五十小劫；佛神力故，令诸大众谓如半日④。

隋天竺三藏阇那崛多等译《起世经》卷九《最胜品》第十二之一：

尔时日天胜大宫殿。从东方出。绕须弥山半腹而行。于西方没。西方没已。还从东方出。尔

---

①《大正藏》第4册，第152a、b页。

②《大正藏》第3册，第501c页。

③《大正藏》第3册，第526c页。

④《大正藏》第9册，第40a页。

时众生复见日天胜大宫殿。从东方出。各相告言。诸仁者。还是日天。光明宫殿。再从东出。右绕须弥。当于西没①。

唐龙朔元年（661 年）释道宣于京师西明寺述《释门归敬仪》卷下《威容有仪篇》第八云：

十明在绕恭敬者。经律之中制令右绕。故左行绕塔为神所诃。左绕麦积为俗所责其徒众矣。且述知之。今行事者顺于天时。面西而北转。右肩袒侍而为敬也。比见有僧非于此法。便面东而北转为右绕也。天竺梵僧填聚京邑经行旋绕。目阅其踪并从西回而名右转。以顺天道如日月焉②。

宋余杭沙门释元照撰《四分律行事钞资持记下》一《释导俗篇》：

顺佛行即右绕。西入东出。佛在我右。偏袒右肩示有执作之务。逆行即左绕。反上可知。缘碍左绕者示权开也。谓西向有妨反从东入。佛在我左颇乖执侍。故今存想如右③。

从上引各种经典可知，“右绕”是佛教中的一种礼仪，表示对佛的尊崇和礼敬，而且还被写入经律之中令僧徒执行。根据隋阇那崛多等译《起世经》和唐道宣《释门归敬仪》卷下《威容有仪篇》的描述，右绕是顺时针而转的，即从东方（左）出，经正面向西方（右）转，对于洞窟而言，即应该是从左壁开始前转经右壁再正壁的。宋释元照撰《四分律行事钞资持记下一・释导俗篇》的描述应该是从西面进入，东面出来，照此，从右壁转正壁再转到左壁，佛正好在行者的右面。那么，要观三世佛的话，应该是先从过去佛开始，至现在再将来，最后还是归结到正壁。如此理解，则右壁佛为过去佛，左壁佛则为未来佛。

但这种理论真正在石窟中不是严格地被实施的。麦积山石窟北魏晚期的第 142 窟和第 101 窟也是三世佛的组合，第 142 窟的交脚弥勒菩萨是位于右壁的，那么左壁的就是过去佛。而第 101 窟正好与第 142 窟相反，交脚弥勒位于左壁，右壁是坐着的过去佛。麦积山如此，其他石窟中也存在这样不统一的情况。云冈第一期的昙曜五窟中，第 18、19、20 窟左右壁的两佛都是完全相同的，难以区分出哪身是未来佛哪身是过去佛。第 17 窟左右壁的两佛中，左壁为立佛，右壁为禅定坐佛，很可能立佛表示过去佛燃灯佛。第二期洞窟中，主要造像是三世佛的有第 5、6 等窟，第二期与第一期不同的是，出现了交脚弥勒与释迦多宝二佛并坐的组合，这种三世佛是很好区别的。第三期洞窟出现了较多的三壁三龛窟，三龛内的造像比较复杂，根据吕采芷对第三期三壁三龛窟的分析和总结④，将主要的几种情况绘制成示意图，可以比较清晰地看出其三世佛的组合情况是比较复杂，要比第一期洞窟形式更丰富多变一些。我们发现，两壁的佛像的变化，有时代表未来佛的弥勒菩萨位于左壁，有时却被置于右壁，

① 《大正藏》第 1 册，第 0358a 页。

② 《大正藏》第 45 册，第 0862c 页。

③ 《大正藏》第 40 册，第 0403c 页。

④ 吕采芷：《北魏后期的三壁三龛窟》，云冈石窟文物保管所编：《中国石窟・云冈石窟》（二），北京：文物出版社、东京：平凡社，1994 年。

没有统一的格式。因此，在洞窟中并没有严格地按照佛教右绕的观念固定地安置过去和未来两佛的位置。

龙门石窟和巩县石窟寺的北魏洞窟也有很多三壁三龛窟，是云冈三壁三龛窟的继续和发展。龙门和巩县的北魏三壁三龛窟中，龙门魏字洞和巩县第5窟正壁都是坐佛，左壁都是未来佛弥勒菩萨，那么右壁的坐佛即是过去佛（燃灯还是迦叶仍不清楚）。龙门皇甫公窟和药方洞正壁和右壁都是坐佛，左壁都是释迦多宝并坐，这种三世佛的身份也很好判断，即正壁现在佛释迦牟尼，左壁以多宝佛代表过去佛，右壁则为未来弥勒佛。龙门普泰洞三壁三龛内都是坐佛，正壁为释迦牟尼佛无疑，左右壁也是难以区别过去和未来佛的身份①。与云冈第三期的洞窟一样，也是没有固定过去和未来佛的位置，二者是可以互换的。

基于此，麦积山初期洞窟里的三世佛造像，除了正壁的现在佛释迦牟尼佛完全可以确定外，两侧壁的二佛是不能够做出准确的定位的。前面提出的“右绕”的理论，也仅是参考的一个方面，不能一概而论。

以上就麦积山初期洞窟的三佛造像在做了统计分析后，依据各种经典以及与其他石窟图像资料的对比分析，得出是基于法华思想而创作的三世佛并就三佛身份的判断提出了自己的判断方法。

（原载于《敦煌学辑刊》2008年第3期）

---

① 吕采芷：《北魏后期的三壁三龛窟》，云冈石窟文物保管所编：《中国石窟·云冈石窟》（二），北京：文物出版社、东京：平凡社，1994年。

麦积山石窟第 4 窟庑殿顶上方悬崖建筑遗迹新发现

——附麦积山中区悬崖坍塌 3 窟龛建筑遗迹初步清理

麦积山石窟艺术研究所考古研究室

麦积山石窟第 4 窟，俗称“散花楼”“上七佛阁”，位于麦积山东崖最高、最显赫的位置上，窟口外凿出巨大的仿木庑殿结构，是麦积山石窟最为高大壮丽的崖阁式洞窟，开口方向正南，开凿时代较普遍认为是北周。

此窟庑殿顶上方的附属建筑遗迹，主要为众多桩孔和其上的 1 个横槽，位于整个麦积山石窟悬崖侧面上建筑遗迹的最高处，以前未曾有近距离记录的公布①。

我们在 2007 年初的研究工作中，因抽样采集第 4 窟上方桩孔的数据，故得以接近其庑殿顶上方的建筑遗迹，进而有所发现。

一、勘察概况

2007 年 4 月初，从第 4 窟底平面处的栈道上搭一个竖井式脚手架，于此窟中间偏右侧处，沿窟口外部层层攀升。4 月中旬，第 1 个 13 层脚手架达到上部建筑遗迹的大桩孔处，然后再向上架一木梯，接近上部的横槽。

通过第 1 个脚手架，除采集了建筑遗迹数据外，还在庑殿顶正脊处采集了 2 片被 20 世纪 80 年代加固维修工程所扰乱的琉璃瓦，并在石横槽处发现右侧（西方）几米远的石横槽底平面上，端坐 1 尊小坐佛造像。

由于发现小坐佛，于是决定搭第 2 架以探查小坐佛。所以在拆除第 1 架之后，在其右侧另起架。

5 月中旬，第 2 脚手架共起 15 层，直达小坐佛。在对小坐佛进行了现场考察之后，为便于保护和研究，我们与保护室人员将小坐佛搬迁下来，入藏文物库房。

在此期间，由小坐佛所在的横槽位置向东望去，在一直向东延伸的横槽的正壁上，隐约可见长方状白色泥皮，估计上面可能有相关题记。于是，在拆除第 2 架之后，继续于第 4 窟东侧搭第 3 架上去

---

① 冯国瑞《天水麦积山石窟介绍》（载于《文物参考资料》1951 年第 10 期）中曾以远观角度介绍第 4 窟上方横槽和桩孔，推测桩孔似为《太平广记》所说“天堂”遗迹。

探查长方状泥皮。

6月初，第3架共起16层，直达长方块泥皮。我们登临后发现了泥皮上的南宋墨书题记，并且还发现此处横槽中曾存在的小造像痕迹，即留在横槽正壁上用于粘附造像的泥皮。

通过上述调查，已知第4窟上方最高处横槽内，在其东、西处，都曾各供奉着小造像。而我们从题记处向横槽中间看去，槽内正壁上，隐约有泥皮残片的迹象，虽然已不见古代小像，但可能有造像痕迹存在，于是我们在中间相应位置搭第4架上去考察。

7月中旬，第4座脚手架在第4窟中部搭成，共16层。此次探查果然在横槽中部发现粘附3尊造像的泥皮，同时考察了此泥皮正下方庑殿顶正脊上方的泥塑字迹。

二、建筑遗迹

（一）横槽

在第4窟的最高处，横长方形，敞口向南，也是麦积山石窟单个洞窟附属的最高遗迹。横槽沿起伏的石壁有所蜿蜒，但基本平直。横槽上方的崖面，古人没有进行修平处理，使得横槽内顶部的进深参差不齐。而横槽下方的崖面，被稍微裁直平整，于是，横槽底部的进深尺寸变化小一些。

由4座脚手架所采集横槽数据可知，横槽平均高1.07米、顶部平均进深0.7米、底面平均进深0.3米、距第4窟底平面平均20.5米。

横槽的各壁均开凿得较为平整，尤其是正壁显得更平整。

横槽整体精确面阔尺寸在此次局部探查中无法获得，但肯定大于其下部崖阁外立面建筑31.4米的面阔，应在35米以上。

（二）桩孔

1. 概况

在横槽下面，自上而下共分为大致水平的4层，最上层和最下层的孔较小，中间2层的孔较大。桩孔所在的崖面，岩石凸脊部分曾被人工简单平整。

在20世纪70~80年代，麦积山石窟加固维修工程期间所绘崖面相关图纸上，所示此处桩孔只有3层，未有最上层小桩孔的标示，皆因远距离仰视不明显所造成，故此次近距离勘察，新发现了上层桩孔。

2. 清理

较小的第1、4层桩孔中除偶有飞鼠粪便外，基本现存无物。较大一些的2、3层桩孔中均有遗留物，主要是古代木头，其次是飞鼠、鹞鹰、小蜥蜴的粪便和它们的窝草等。大桩孔有的被古代木头塞得较满，有的塞得较少，有的无，但都存在悬崖动物的粪便，其中有的大桩孔中的粪便厚达0.5米。大桩孔中的木头均显得较为凌乱。

我们对某些大桩孔中的遗留物进行了清理，主要是将木头取下，将粪便打扫出去，揭露出大桩孔的内部具体结构。

3. 结构

第 1 层桩孔发现有 2 种形式。

Ⅰ式　基本就凿在横槽底平面的外沿处，形状为有底无顶的簸箕形，即只有底平面和正、左、右壁面，平均尺寸为高 0. 2 米、宽 0. 27 米、深 0. 13 米。

Ⅱ式　凿在横槽底平面之下的外崖面上，距离横槽底平面约 0. 2 米。是纵向深入崖内较浅的长方形孔，目前只发现 1 个，位于小石坐佛位置的左下附近，高 0. 2 米、宽 0. 23 米、深 0. 1 米。

第 2、3 层桩孔因其均为大桩孔，为桩孔遗迹的主体部分，基本为纵向深入崖内的长方形孔，纵深处稍内收，平均尺寸为高 0. 72 米、面宽 0. 6 米、深 0. 83 米。

其具体形制，主要有 4 个形式，均是以纵向深入崖内的长方形孔为基础而变化，在底平面上均有深入到正壁的纵槽，纵槽平均高 0. 07 米、宽 0. 17 米、深 0. 83 米。

Ⅰ式　在纵向深入崖内的长方形孔的底部正中处凿有 1 个纵长方形槽，深入到正壁处。

Ⅱ式　在Ⅰ式桩孔底部与左壁面交汇的转角处，在孔内留出 1 个纵向长方形石条。

Ⅲ式　在Ⅰ式桩孔顶部和左壁面交汇的转角处，在孔内留出 1 个纵向长方形石条。

Ⅳ式　在Ⅰ式桩孔顶部和正壁的转角处，在孔内留出 1 个横长方形石条。

大桩孔中的槽和石条，应该为楔子的位置所设，便于更好地固定纵向伸出崖面的大木桩。

最下的第 4 层桩孔基本为纵向深入崖内，内部稍收的长方孔形，其平均尺寸为高 0. 41 米、宽 0. 3 米、进深 0. 38 米。

第 1 层桩孔的分布不规律，有的位置，如石槽最东等处甚至无桩孔，有孔处的孔距总体较为稀疏，平均间距约 2. 2 米。

第 2 层桩孔与上面横槽底平面的平均距离为 1. 01 米。

第 2 层与第 1 层桩孔的平均层距为 0. 81 米。

第 2 层和第 3 层桩孔的平均层距为 0. 3 米。

第 2 层和第 3 层桩孔的平均东西横向间距为 1. 42 米。

第 4 层与第 3 层桩孔的平均层距为 0. 8 米。

第 4 层桩孔的东西横向平均间距为 0. 8 米。

三、发现遗物

（一）琉璃瓦

位于庑殿顶正脊平面上，第 1 脚手架经过此处时，工人们发现 2 瓦曾被扰乱，交错叠放，容易在施工过程中被碰掉，请求整理。鉴于此，我们决定采集下来。在采集的过程中发现 1 片瓦的凹面有刻画字迹，此瓦覆盖着 1 小段盘曲的现代铁丝，字迹应是用此铁丝所刻。

其余未被扰乱的琉璃瓦尚存 3 片，凹面朝下扣于庑殿顶正脊上，上部均被白石灰泥覆盖固定，在白石灰泥之下也掺杂了少量黄泥。

瓦 A　基本完整，局部微残，主体灰陶质，长 0.355 米，宽 0.15 米，厚 0.02 米。凸面上绿釉，有微黄小泛点。凹面有粗麻布印痕。

瓦 B　两端残损，主体灰陶质，残长 0.32 米，宽 0.145 米，厚 0.02 米，凸面上绿釉，少量釉面开裂。凹面粗麻布痕迹，上刻“公元一九八三年四月”9 字，说明此字迹是 20 世纪 80 年代的施工人员，在行将完成麦积山石窟散花楼崖面加固维修之际的留题①。

（二）坐佛

位于第 4 窟最上横槽的西部，端坐于横槽的底平面上，背倚横槽的正壁面，面向正南，是麦积山石窟中位置最高的一尊佛，海拔 1617 米左右。古人用白石灰泥将小坐佛底座和背面粘附于岩石面上加以固定。此佛被粘附得较牢，因此得以在历次地震及风雨中稳坐最高层。

坐佛为青白石灰岩质，通屏残高 0.303 米，通宽 0.201 米，通厚 0.08 米。坐佛高 0.162 米，宽 0.115 米，厚 0.043 米。佛座高 0.1 米，宽 0.151 米，厚 0.08 米。莲瓣形背屏残高 0.203 米，宽 0.201 米，厚 0.045 米。

坐佛磨光发髻，肉髻较高，广额大眼，鼻部残损，唯余鼻翼痕迹，嘴部亦残，嘴角尚清晰，面容长方丰健，下巴内收，脖颈挺拔，肩宽厚，挺胸收腹，头与肩紧贴莲瓣形背屏，结跏趺坐于长方形佛座上。身披袈裟，袒右式，但袈裟于右肩斜搭一角，并沿右臂外侧绕至右手腕处。袈裟上未凿出衣纹，右肩至右臂处的袈裟边缘也未凿出边缘带，只于腹、胸、左肩处凿出袈裟边缘带。袈裟之下的右胸处也未见凿出的内衣（多称作僧祇支）痕迹。佛双手掌心向内，双手指尖相对，围于腹前，似作禅定印。双足在袈裟下不露，袈裟下摆在腿、足、手前分为弧状 3 瓣于佛座平面之上，未超出佛座边缘，双膝平放于佛座上，由于佛座内高外低，坐佛的双膝也稍向左右方斜下。

坐佛身上和背屏上原来应有彩绘，现已风化殆尽，仅留微小的痕迹，可依稀辨认背光上花纹的范围。但在佛座的前面和侧面以及背屏的背后，在白石灰泥被揭露之后显露出淋漓在佛像上的鲜艳土红色。

此坐佛的形象有以下几处比例明显的特点：

1. 头颈部高度几乎等同于下部身体的高度，显得头部较大。

2. 肉髻的高度为额上发髻高度的 2/3，显得肉髻较大。

3. 阴刻线的眉，作弧状弯曲直抵耳朵前缘，阴刻的眼下眶线作弧状弯曲亦直抵耳朵前缘，并与眉线汇合于耳朵前缘，形成一个大致封闭的眼眶图形，在这个眼眶中，再阴刻出上下眼睑线，如此，显得眼泡部分较大。

4. 双耳较厚，直垂到脖颈两侧的双肩上。侧面看，耳上部较宽。

5. 整个佛像雕造得稍写意，棱角较明显。

---

① 冯国瑞《天水麦积山石窟介绍》中曾以远观角度介绍此瓦为石雕瓴瓦，此时瓦尚未被后来的加固维修崖面的工人扰乱。

（三）字迹

1. 墨书题记

东部石槽的正壁上，有东、西2块大致长方形的白石灰质泥皮，其上均有墨书题记。东泥皮较大，高0.85米，面宽1.8米，表面较平整。西泥皮较小，高0.58米，面宽1.04米，表面稍粗糙。两题记所在泥皮间距0.45米。

东泥皮之上的墨书题记较多，几乎写满残存的泥皮，字体大小不一，共18行，东部开头部分的7行文字较大，中间的5行渐小，再后的4行更小，但最后2行又变得稍大了一些。

东泥皮残存题记试释读（“/”表示泥皮残边缘，两“/”之间无文字部分表示原文行文的空白）：

/□三年□□/
/□（周?）直至□/
/□元年八月□/
/□五日□（修?）造□/
/□（完?）工匠□□（又?）□（于?）/
/本寺法眷僧众□/
/住持僧重遇□□（行?）赞□/
/□（普?）□□（普?）□（兹?）□（普?）□□□（普?）□□□/
/□（集?）□普世□□神重神□神光神□□□/
/神□（然?）神□（净?）神一神□/
/义忠□□□神□□道普□普□/
/普众□□/
/天水军天水县东柯社第六保税户□□在□李□同妻□/
/□（元?）男□（弟? 丁? 下?）曲祈应李文高妻□□□□□李□（三）□妻□/
/宗仇次□李世歌偈（谒）世间之亡过者超生佛界□□□/
/者福乐百年　　　　木匠　　　赵□（海?）□□匠刘□/
/　　　绍定元年八月□□记/
/　　　　　今田丘□□□□□□□□□/

西泥皮题记似有8~10行，泥皮表面稍粗糙，因而字迹风化严重，模糊不清，只在倒数第2行开头依稀似为“大”字，其余均难以确定。

2. 泥质榜书

横槽中的小石坐佛西边，于横槽的正壁上，现存粘附于岩石面上的白石灰泥片所形成的线条，似为字的残存笔画①。

① 冯国瑞《天水麦积山石窟介绍》中曾以远观角度介绍此字迹似梵文。

庑殿顶中部偏西，正脊的上方，位于人工平整的石壁上，残存白石灰泥片贴塑的“太平”2字。“太”字撇脚处稍残失，“平”字上横缺失。2字总面宽2米，高0.85米，泥片截面宽达0.2米，下部残存白石灰泥边框。此2字远远望去，如同第4窟庑殿顶上（也是整个麦积山石窟）最高最醒目的榜书题额，因此早就被考察者所注意①，而此次探察，首次公布其近距离具体情形。

（四）造像痕迹

横槽东部的西墨书题记所在的白石灰泥皮右下角处，附加了1小块白石灰泥皮，其下方亦有1更小块白石灰泥皮，此2块泥皮上均留有曾粘贴某平板状物的痕迹。上部痕迹在附加泥皮的下部，高出横槽底平面0.46米，残宽0.26米。下部痕迹遍布更小泥皮上，高出横槽底平面0.4米，自高0.12米，宽0.1米。根据横槽小石坐佛的粘贴情形，此2块泥皮上的痕迹当是另1尊已脱落造像的背部或背屏痕迹，此造像也很可能是小石佛，端坐于横槽的东部，面向正南。

横槽中部存在3处白石灰泥皮。中间一处泥皮贴于正壁上，高出横槽底平面0.06米，自身高0.25米，宽0.4米，有粘贴了某平板状物的痕迹。左侧一处泥皮贴于正壁上，高出横槽底平面0.65米，自身高0.1米，宽0.17米，有粘贴了某平板状物的痕迹。右侧一处泥皮分3部分：大部分保留在横槽底平面上，面宽0.43米，进深0.3米，其左侧靠近横槽正壁部分，有面宽约0.2米，进深约0.1米的无泥皮空白区域；在平面泥皮正上方的横槽正壁上，另有上、下2块直径约0.4米的白石灰圆形泥皮（较模糊），上者高出横槽底平面0.6米，下者高出横槽底平面0.36米，均有粘贴了某平板物的痕迹。中间泥皮与左侧泥皮间距约1.2米，与右侧泥皮间距约0.5米。结合横槽东、西部类似的粘贴造像情形，横槽中部3处泥皮，可能是3个脱落的小造像背部或背屏与横槽正壁的黏合物。

在横槽底平面以上，东部的造像粘贴痕迹比横槽西部小坐佛像要高，横槽中部3处造像粘贴痕迹比其东部造像粘贴痕迹和其西部小坐佛像都较高一些。

四、结语

此次探查有如下几点初步认识：

（一）关于墨书题记

东题记显示，南宋绍定元年（1228年）八月，于麦积山第4窟完成了一项重修工程。

东题记白石灰泥皮、西题记白石灰泥皮、小坐佛所粘附白石灰泥皮、横槽中其他处脱落小造像遗留的白石灰泥皮、琉璃瓦所附白石灰泥、白石灰泥质字迹等，在质地和抹贴手法上完全一致，当为同时期所造。因此，与上述白石灰泥相关的遗存，应是南宋绍定元年八月，于第4窟完成的同一工程中

① 冯国瑞《麦积山石窟志》（1941年，石印本）中曾以远观角度认为2字为粉质，六朝人书。《天水麦积山石窟介绍》中曾以远观角度提到2字大概是本阁榜字。

的部分遗存①。

因此，横槽西部所发现的1身小石坐佛像，应该是南宋重修时所供奉，同时还曾在横槽中、东部位置上供奉另外4身石造像，现已无存。绿琉璃瓦也应是南宋重修时所粘砌。

从西题记泥皮与已脱落的小造像曾粘连一体的情况看，西题记很可能涉及在横槽中供奉小造像的内容，惜模糊不辨。

东墨书题记起首处，在“三年”之前的残字，当为“庆”字，其上面已残掉的字当为“宝”字，因“绍定元年”之前，正是“宝庆三年”。这说明南宋对散花楼的重修，在宝庆三年（1227年）就已进行，到绍定元年八月，时间跨2个年头才完工。

东题记在“本寺法眷僧众”后有“住持僧重遇”字样，其中，“重遇”2字系草书，有别于周边大多数字体。正因为其写得非常率意，说明很可能是重遇和尚的亲笔，乃其日常多草书签名之习惯使然。

而从东题记的笔迹特征看，整幅墨迹可能为同一人所书，那么，此东题记为重遇所书或绝大部分为他所书的可能性就很大了。如此，西题记的起草和书写也不排除住持和尚重遇参与的可能。

从麦积山石窟现存南宋《四川制置使司给田公据》碑文看，重遇在宋金交战之际曾住持麦积山瑞应寺，具宋皇封号，称赐紫明觉大师，曾因寺院田产之争赴南宋都城临安打官司，于嘉定十五年（1222年）胜讼立碑。到宝庆三年（1227年）和绍定元年（1228年）这5、6年时间中，内外环境均相对较为太平，才有对麦积山最大窟进行重修之举。这个工程跨越2个年头，搭架到最高层，为郑重起见，重遇登临亲笔题记是可能的。但从字的大小不一看，可能由于年高等因素，重遇和尚开始书写时比较拘谨，字体较大而迟重，后来逐渐洒脱些了，字体渐小而规律。

“重遇”名下题记中有个字形稍大的“赞”字，后面的有关俗家供养人的题记内容中有“歌偈”字样，故，此题记有可能涉及赞呗或唱偈之类的佛事活动。

那么，整个题记可粗略地分为4个部分，开头大字部分，表示重修过程的内容；其次记载瑞应寺法眷僧众和住持的供养内容；再次是记载麦积山附近俗家信众的供养内容；最后主要是工匠姓名及年月等收尾款题。

在俗家供养人方面的内容中，开始为“天水军天水县东柯社第六保税户某某”字样。“天水军”为嘉定元年（1208年），南宋于抗金前沿的天水地区设置，是与州、府同级的军政合一建制，下统天水县，麦积山属之。“社”为南宋乡下的基层管理组织，其下还有更基层的“保”。此题记为南宋“军”“县”施政建制，以及乡村“社”“保”基层管理制度提供了第一手资料。“东柯社”应在麦积山以北几十华里的东柯河谷中，即大约在今天水市麦积区麦积镇街子乡及其附近一带。南宋“税户”亦称“主户”“物力户”，是拥有田地资产之人户，说明题记中的南宋俗家供养人，主要是东柯社的地主或富裕人家。

题记中多出现了“某某同妻”“某某妻”字样，说明当时，麦积山石窟俗家女供养人成分亦不少，有家庭或家族供养的情况。

---

① 此项南宋重修工程还有其他部分，其他部分有些见之于本文，有些本文未涉及，容另文讨论。

题记中对“世间亡过者超生”的追荐，当有不久前宋金战争的背景。

（二）横槽和4层桩孔的时代

横槽规模巨大，是麦积山单个洞窟所附属的最大面宽的遗迹，因此不可能是宋代人只为在其上供奉5件相对很小的造像而开凿，应是巨大的散花楼开凿时的遗迹，即北周遗迹。

同理，附属的大规模的4层桩孔的时代也应该是北周遗迹。

（三）桩孔和横槽的功能

最上面的第1层桩孔均比较浅，各桩孔间距较长，应不是主要的承重桩孔。第1层Ⅰ式桩孔的开口朝外朝上，这种桩孔对木桩只能起到搭附作用。所发现的第1层Ⅱ式桩孔深度只有0.1米，面宽和高度大于深度较多，也不适合对木桩牢牢地固定，故Ⅱ式桩孔也应起搭附作用。

第2、3层桩孔的特点是其高、宽、深的尺寸明显较大，且较密集，上下两两对应排列。尤其深度是最突出的，这种深度明显是为了让深入石崖的大桩起到主要的承重作用，并且用上下同一位置的这样的大桩来双重承重，表明了在此处崖面上，当时可能建设了较大型的木构建筑。

最下面的第4层桩孔亦较小，较浅，但总体密集，表明所起到的作用是辅助性和装饰性的。

由于麦积山地区自古以来降水丰沛，雨季时，雨水顺着山崖流下的情况常见。同时，石凿庑殿顶周壁呈大敞口形，与上部天然石壁具浑然一体之势，容易导流崖壁上的雨水。为了防止雨水浸蚀洞窟内外设施，开凿时，古人在散花楼窟口外上方建造大型遮雨檐是完全可能的。雨檐屋顶内侧的一头，借助第1层木桩或斜梁，搭上横槽底沿处第1层桩孔。雨檐外侧的一头，被第2、3、4层木桩为主所形成的梁柱斗拱结构承接。

在横槽底沿的第1层桩孔较稀少，甚至有相当长的横槽底沿（如横槽的西端处）上没有第1层桩孔。但也没发现此处第1层桩孔残损掉的迹象。这有两种可能：一、雨檐没有完工；二、许多第1层木桩或木斜梁，原就直接搭附于无第1层桩孔的横槽下沿处，才能完整地形成东西35米多长的雨檐。

古人在雨檐的上部开凿较深的横槽，一为搭木桩或木斜梁，二为纳屋顶的上端，三也可起到便于在雨檐屋顶上施工的作用。雨檐上部悬崖的竖状凸脊较多，雨檐因要稍裁直，内侧就必须深入凸脊内，如不扩大横槽垂直高度，相对于深入崖内的横槽正壁，突出达1米有余的某些凸脊将不便于施工。因此，横槽的高度被开凿达1米有余。并且，古代工匠有意识地将横槽壁面开凿得较为平整，以与规整的散花楼一致。

北周大桩孔决定了其中北周木桩应设计为较粗大，但探察所遇大桩孔内的残木较零碎，不太符合大桩孔的设计要求。故推测北周木构雨檐建筑，或者没有建成，而没放入粗木，或者因故用了稍细的木材，或者原本的粗大木被后人再利用或扰乱而使孔内的木头变小。结合南宋重修，现存大桩孔内残木之迹象分析，可能是南宋人扰乱了北周残迹，临时利用大桩孔，塞满短木固定不太粗的主桩。有的大桩孔中现无残木或仅留少量木头，也应考虑为南宋人重修时所为。

（四）小石坐佛的时代因素

坐佛的肉髻、眼泡、双耳较硕大，头颈的长度等于坐身的长度，双手指尖相对围于腹前，带有北朝早期甚至十六国时期佛像的因素。但其袈裟总体样式，限于缺乏更多的十六国时期造像参照，只能与基本可晚至太和年间的佛像袈裟样式相参照。故其雕造年代也可能稍晚至北魏太和年间。

此像应系民间粗成，古朴并且不太规范，未曾凿出袈裟下偏袒内衣。

小坐佛的粗坯结构风格，在麦积山石窟和天水其他地区的甘谷大像山石窟也曾出现，具有此地区大约同时期民间石雕佛像的某些共同地域特点。

小石坐佛上所施的颜料为浅红色或土红色，大部分在正面。佛座下部，在用于固定佛像于岩石上的泥皮揭露之后，可见颜料的淋漓之态，在造像的两侧和背后，亦可见到颜料稍微的淋漓之点。此土红颜料在背屏上方残损处也有所淋漓，说明是在完整造像出现了多处残损后才淋漓上去，很可能是后人，或者是南宋重修时所淋漓。

（五）瓦的放置

绿琉璃瓦被放置的一段庑殿顶正脊，正处在悬崖上雨水痕迹较多的地方，即处在雨季时大量雨水流经的地方，而雨水流不到处的庑殿顶正脊上，并没有全面放置筒瓦，说明琉璃瓦的放置是为遮挡雨水而设，并非只为装饰。

同时也说明琉璃瓦为北周以后的南宋人所安置，因为北周始开窟时有雨檐的设计，无需为防雨水而放置脊瓦。

（六）小造像的供奉

根据横槽上遗存遗迹及其数量和尺寸看，南宋重修时，当在横槽底平面上供奉了 5 尊大小不等的小造像。因此，从统一规划的角度看，相对于西部 1 尊小石坐佛，对称的东部供奉了 1 尊稍大的小坐佛。中部 3 小造像的尺寸比东、西部的都大，其中应有上述 5 造像中的主尊佛。中部 3 小石造像可能是 3 坐佛，也可能是 3 立佛，更可能是 1 坐佛 2 胁侍（菩萨或弟子）或 1 立佛 2 胁侍（菩萨或弟子），胁侍或坐或立，站立的可能性大。于是，整个横槽上 5 身造像构成 1 铺，或 5 佛 1 铺，或 3 佛（主尊有菩萨或弟子 2 胁侍）1 铺。

横槽中，5 尊造像横向跨 20 米左右，左、中、右大致中轴对称分布，是麦积山石窟最上一层造像。

3 处石造像分别被摆放在第 4 窟横槽上方左、中、右 3 处竖状凸脊的下方。3 处竖状凸脊大致中轴对称，并可使小石造像免于雨水，因此可能客观上诱导了南宋人，实行左、中、右 3 部分小造像大致中轴对称为 1 铺的规划。横槽中部 3 身造像，其左、右胁侍距离主尊的距离稍有差别，之所以不对称，很可能受到横槽中部上方崖面，其竖状大凸脊上的竖状小凸脊分布不对称因素的影响。

附：麦积山中区悬崖坍塌 3 窟龛建筑遗迹初步清理

麦积山石窟的中部崖面（即中区），在古代地震中曾大面积坍塌，有许多洞窟建筑遗迹被埋藏在崖下的堆积中，在堆积外沿所形成的路基侧面，逐渐露头了 3 个窟龛和 1 个桩孔的建筑残迹，我们在

2007 年 7 月初进行了清理，从西北至东南续编号①为麦积山石窟第 219 窟、220 窟、221 窟。

（一）现存状况

坍塌建筑距麦积山中区根部崖面水平距离约 15 米，坍塌时，建筑沿崖下缓坡向前扑倒，形成现在的状态。因此上述坍塌的窟龛和桩孔均呈口朝下，顶部朝麦积崖外侧，趴于缓坡的状态。现存 3 个窟龛在一完整的岩石上横向并列，顶部朝向为南偏西 42 度。第 220、221 窟距离较近，桩孔在第 220 窟右侧附近，3 个窟左右连续总长约 5 米。

1. 第 219 窟

窟口、甬道、前壁、窟底基本完整。左、右壁残存下部，可见左、右壁中间稍高出底平面的敞口残龛。窟正壁残存下部边缘，窟顶部无存。左、右龛的正壁上和窟内四角残存桩眼。

2. 第 220 窟

窟口、窟底基本完整，左、右壁残损，正壁和窟顶残失，窟底中后部残存一石质台基，左右壁中间残存桩眼。

3. 第 221 窟

窟口、窟底基本完整，左、右壁残损，正壁和窟顶残失，左右壁中间残存桩眼。

4. 桩孔

孔口、孔底基本完整，左、右壁及顶稍残损，正壁残失。

（二）复原窟型

由于麦积崖头大根缩，此距离悬崖根部较远的堆积，应原系中区中上部崖面。3 个窟及桩孔原在中区中上部崖面同层并列相邻，开口方向基本一致，也基本为南偏西方向。

1. 第 219 窟

此窟原系平面基本方形，三壁三龛，四壁前设低坛，正、左、右壁中间开底部高出底平面的敞口龛，前壁中间开长方形窟口和甬道。正、左、右龛的正壁和窟内四角设桩眼。

窟口宽 0.62 米，进深 0.60 米，高 0.85 米。前壁宽 1.06 米，高 1.24 米。正壁宽 1.15 米。左壁宽 1.12 米，右壁宽 1.15 米。左、右壁龛口宽 0.60 米，龛内进深 0.27 米。正壁龛口宽 0.74 米，龛内进深 0.30 米。窟内低坛宽 0.25 米，高 0.05 米。此窟面阔约 1.15 米，进深约 2.05 米，高约 1.24 米。

2. 第 220 窟

此窟原系平面圆角梯形的敞口平拱龛，口微收，正壁前塑坐像，左右壁前塑立像。

窟底外宽 0.84 米，窟底内宽 0.86 米，窟底进深 0.84 米，窟高 1.11 米。

3. 第 221 窟

此窟原系平面圆角梯形的敞口平拱龛，口稍张，左右壁前塑像，正壁前塑像。

窟底外宽 0.84 米，窟底内宽 0.7 米，窟底进深 0.84 米，窟高 1.11 米。

---

① 麦积山石窟在原来的 194 号之后，此前已新增编号至 218 号。

4. 桩孔

长方形桩孔，内部稍收缩，宽0.30米，高0.27米，深0.41米。

（三）初步认识

1. 坍塌3个窟岩石堆积层的厚度，也是最下部的窟口沿处，到上部现路面下的岩石上面的距离，约2.8米。因坍塌崖面及其窟龛趴于崖下缓坡地面而形成堆积的厚度，说明原崖面上坍塌岩石的进深厚度即约2.8米。

2. 第220窟与第221窟的间距0.15米，在窟的规格方面，除底平面形态稍有区别（此区别可以用泥作弥补为一致）外，其他方面诸如高度、方向、大小等形态基本一致，因此，此2个窟为1组敞口龛双窟的可能性很大。2个窟内均为1主尊2立胁侍的塑像组合。此2个窟的窟形大致相似于麦积山石窟第70、71窟或第169、69窟这2组敞口龛双窟，应在北魏中期的太和年间左右开凿。

3. 第219窟窟内主要造像组合应为3坐像4立像，3龛中为3坐像，4角为4立像，主尊坐像应为佛，其余坐像为佛或菩萨或维摩，立像中有菩萨，其余或弟子或力士。此3壁3龛、4角4立像、四壁前低坛基的窟形，有自身的特点。就3壁3龛、4角4立像因素，可与麦积山石窟第81、84、112窟相似；就四壁前低坛基因素，可与麦积山石窟第102、123、141窟相似，上述举例6个窟的开凿时间，分属北魏晚期至西魏乃至北周。因此，第219窟的开凿，约在北魏晚期到北周这一时间段中。

4. 此3个窟的坍塌位置，对应于中区的中部，说明中区的中部，曾分布北魏太和年间的洞窟和北魏晚期以后的北朝洞窟。目前，在中区中部坍塌堆积中，还没有发现更早的窟龛遗存，这也从一个侧面反映，中区中部有可能主要为北朝稍晚期洞窟分布的区域。

附记：此项工作的开展，由北京大学考古文博学院马世长教授指导，麦积山石窟艺术研究所所长花平宁分工领导，由夏朗云主持工作，参加工作的人员有屈涛、张采繁、刘莉、白凡、林梅、张铭、阮全全、郑新前等。

（原载于《文物》2008年第9期）

6 世纪中国僧装像之研究

——兼说麦积山石窟造像

项一峰

中国佛教造像中，僧装像是佛、菩萨像之外数量最多，无疑也是最受欢迎的题材之一。佛教石窟寺、造像碑塔造像中，它们与佛、菩萨等共同组成题材形式多样化的弘法场景，有着丰富的法教内涵。僧装像在造像中主要以光头、螺髻、肉髻三种形态出现，过去研究者涉及此类造像时，有称弟子、比丘、比丘尼或沙弥等，亦称阿难、迦叶，甚是混乱。虽然曾有专家学者对其中的造像进行过研究，称梵天王、辟支佛，至今亦存在异议①，仍未得到统一的认识。僧装像应该包括辟支佛、梵天王、弟子、比丘、比丘尼等不同身份的造像，若不能立名称谓，笼统混合交叉称谓，难说为之过错，至少存在不太合理，亦难以从造像中得到多一些的示教内涵。本文试图对以上问题进行一些初步的探讨。

一、僧装像名义及造像仪轨

弟子：佛教大小乘诸经中常见佛特说十大弟子之第一，如：说舍利弗智慧第一，阿难陀多闻第一等。《维摩诘经》十四品中第三品为《弟子品》，说释迦佛闻维摩诘居士病于毗耶离城，遣五百弟子顺次问疾，诸弟子各陈说昔日为居士受屈，不堪问疾而辞之事。《法华经》卷四亦有《五百弟子授记品》其中说憍陈如等五百人接授成佛之记。关于“弟子”，经典中不仅常见，或设为专品，还有相关的经典，如西晋竺法护译《五百弟子自说本起经》、刘宋沮渠京声译《弟子死后生经》等经典应是中国佛教造像中弟子造像的依据。

弟子，梵云室洒，译所教，即弟子就师所受教者，就佛言则声闻菩萨通是弟子，但以声闻之形仪，最亲顺于佛，故特称为弟子②。《维摩诘经》净影疏云：“声闻学在佛后故名为弟，从佛化生故复称子。”嘉祥疏云：“问声闻菩萨皆弟子，何意，声闻云弟子，菩萨不称弟子耶，解云，通例而不尔者，声闻亲侍佛，形仪如法，故云弟子，菩萨形无定方，反常合道，如文殊按剑欲刺佛，非弟子之法，故

---

① 关于螺髻像：（日）水野清一、长广敏雄《河北磁县河南武安响堂山石窟》（东方文化学院京都研究所，1939年，第35~46、59~63页）一书中，认为缘觉像与《法华经》会三归一思想有关。水野清一《中国の彫刻》一书中，亦存在螺髻缘觉说。（日）喜龙仁、（美）亚历山大·索珀等皆持此说。金理那《六世纪中国七尊像中的螺髻像之研究》（载《敦煌研究》1998年第2期）一文认为梵王像，与《维摩诘经》中梵王说有关。

② 丁福保编纂：《佛学大辞典》弟子条，北京：文物出版社，1984年，第564页。

不得云弟子也。”依此而言弟子又指声闻者。声闻为佛教小乘法中弟子，闻佛之声教，悟四谛之理，断见思之惑，而入于涅槃者。若从弟子位来说，五种三昧耶中，第三三昧耶受阴灌顶已下为弟子位，称第四以上为阿阇梨位，即是说修得五种三昧中，一、世间三昧，有漏之四禅八定；二、声闻三昧四谛之法；三、缘觉三昧十二因缘之法的人方称为弟子。义释十二云：“若弟子之位未得许可，固不在言限，何可妄说。”如此说来弟子不仅包括声闻，亦包括缘觉。弟子既然菩萨不可称谓，一般僧人亦不合称谓，这就给我们对弟子含义有了正确的理解，故而使我们对佛教中的弟子造像之称谓有了明确的界限。至于阿罗汉，小乘极悟之位名，悟位谓之果，以是为对修行之因之果，阿罗汉为修得小乘之极果的人。弟子，佛教典籍中又通常称为那些修证小乘法的人，他们修证到最高境界时，即是阿罗汉果位，故弟子中的上乘者即阿罗汉。又依佛籍记述，在佛灭后弟子们相聚，商量举行会诵，诵出佛陀所说之法。阿难号称多闻第一弟子，当时主持其事的大弟子迦叶以阿难未得阿罗汉果为理由，拒绝他参加这一次聚会，这使阿难非常伤心，受到极大的刺激。他决心奋发修行，终于在聚会前一天晚上忽然大悟，证得阿罗汉果，从而获得了参加集会的资格。即是佛教史中著名的第一次聚集会诵。从此意义上来说佛典中惯称常随佛陀身边的十大弟子，而不称十大阿罗汉。若从弟子证得阿罗汉果来说，弟子与阿罗汉是无区别的，称佛陀时代修悟高深的比丘为弟子或阿罗汉应该是同样的含义。

辟支佛，辟支迦佛陀之略，又作辟支、辟支迦佛、钵罗翳迦佛陀。旧译缘觉，新译独觉。《大智度论》卷一八云：“辟支佛有二种，一名独觉，二名缘觉。”同上卷七五云：“辟支佛地者，先世种辟支佛道因缘，今世得少因缘出家，亦常观得因缘法成道，名辟支佛。辟支迦，秦言因缘，云独觉，初发心时亦值佛，……修行满无师教，自然独悟。”① 《法华经譬喻品》云：“若有众生，从佛世尊闻法信受，殷勤精进，求自然慧，乐独善寂，得知诸法因缘，是名辟支佛乘。”是说辟支佛从佛世尊闻法信受，最初之发心，必然依佛之教因缘，并得知诸法因缘，示缘觉之义，这与声闻依佛悟道没有区别，即与声闻乘相同。若身出无佛世，性好寂静，加行满而无师友之教自然独悟，示独觉之义，但辟支佛二义皆具备。

大梵天，为初禅天之王，故名大梵天王，略曰大梵天，亦曰梵王、梵天王，名尸弃。依佛经中说色界十八天之名，然以就初禅梵天而言通常。《法华经方便品》云：“诸梵天及诸天帝释。”同序品云：“尔时释提恒因与其眷属二万天子俱……梵天王为诸天众之一者”，“娑婆世界主梵天王尸弃大梵”。

比丘，又名苾刍、蝠刍，男子出家受具足戒者之通称，其义甚多，以乞士之翻为本义。嘉祥《法华经义疏》卷一云：“比丘名乞士。上从如来乞法以练神，下就俗人乞食以资身，故名乞士，余怖魔、破恶、净命。如智度论中广说也。”比丘“当出家剃头，著染衣受戒”者，故佛典中亦出现将舍利弗等称为比丘。

比丘尼，女子出家受具足戒者之通称，又称苾刍尼，显女性之声也，因之比丘为男僧，比丘尼为女僧。沙弥、沙弥尼为出家受五戒之男女僧。

从上述弟子、辟支佛、梵天王、比丘、比丘尼等各自学佛、如法修证的境界、在不同境界之位中的含义来看，有似同，亦有所不同，若以弟子称谓，是从就师而教者，或就佛而言“学在我后名之为

---

① ［唐］遁伦：《瑜伽论记》，《大正藏》第42册，第311页。

弟，解从义生名之为子”①。从严格意义上讲，声闻特称为弟子，同时是说不论声闻、缘觉、比丘，只要证得五种三昧耶中，第三之三昧耶受阴灌顶已下弟子位者皆可谓弟子，其余不得称为弟子。故中国佛教造像中僧装像通称为弟子有不确切之嫌，或比丘等其他称谓同也。又何况佛教典籍中对辟支佛、弟子、梵天王等造像仪轨亦存在不同的记述。工部查布《造像量度经附续补》云：“独觉（如十二辟支佛等）头顶上微现肉髻，面目作于佛同，体肢阔量周度皆推摸取准于前（后皆放此）”，“罗汉像，十八大圣徒，十六阿罗汉等无肉髻，或老或少……此与前独觉像并着僧装也”。梵天王像，《大般若经》卷五七三云：“堪忍世界主，持髻梵王。”《法华文句》云“尸弃者，此翻为顶髻”，或火，彼顶上结髻如火，以表入于火光定故名。《维摩诘经》云：“螺髻梵王。”罗汉（弟子）、辟支佛在造像体量上，《造像量度经》规定为九搩度。“此九搩度者，自初地菩萨以下总摄二种圣像（世间圣及出世间圣）之带制也”，并将梵天王等造像纳入其中，云：“其应九搩格局者，大梵天、大自在天、那罗延天、欲自在天、帝释天主……”

以上所说，辟支佛与弟子形象除在顶上微现肉髻与光头区别外，完全相同，皆着僧装。而梵天王形象顶上持髻或螺髻是一特征，着装没有相关僧装的记述。若依《大日经》卷一云：“大梵在其右，四面持髻冠，唵字相为印，执莲在鹅上。”头戴髻冠，四面的大梵天在藏传佛教造像中有出现，在汉传佛教造像碑塔、石窟寺中极难得一见。目前有学者从大梵天王结髻、同入九搩度仪轨与弟子同等方面，认为结螺髻、着僧装像，与弟子同为佛左右胁侍是梵天王，或许可成立。但同时存在认为结螺髻、着僧装的造像是辟支佛，尤其是一尊僧装造像存在多种称谓，究竟哪种称谓较为合理？我想应有所界定。

二、僧装造像的称谓及其内涵

中国佛教造像中的僧装造像，从现存实物考察大体分为三种类型：一、光头僧装像；二、螺髻僧装像；三、肉髻僧装像。虽然他们皆着僧装，但是光头、螺髻、肉髻的不同，定然存在名称的不同，造像的内涵亦存在差异。下面着重来分别讨论。

1. 光头僧装像

光头僧装像，在造像碑塔、石窟寺造像中极为常见，目前的研究者一般通常有弟子、阿罗汉、阿难、迦叶、比丘、比丘尼、沙弥等称谓。阿罗汉，小乘极悟之名位，悟位谓之果，以示为对于修行之因之果。《智度论》卷三云：“阿罗名贼，汉名破，一切烦恼破，是名阿罗汉。复次，阿罗汉一切漏尽，故应得一切世间诸天人供养。复次，阿名不，罗汉名生，后世中更不生是名阿罗汉。”依此义，弟子、比丘修小乘法求证得极果者方是阿罗汉。佛教造像中通常以十六罗汉、十八罗汉、五百罗汉称谓。作为佛、菩萨胁侍出现的二尊，四尊光头像不以罗汉称谓，而称弟子、比丘等。因弟子、比丘中还存在没有修证得小乘极果位，故亦称不上是阿罗汉，不能不说是一种广义的称谓，详加别之？佛教造像组合题材中主要出现二种形式，一种是作为某一主尊左右胁侍的光头像，另一种是不作为某一主尊左

① ［宋］慧显：《行事钞》，《大正藏》第70册，第1页。

右胁侍的光头像。作为某一主尊左右胁侍，有与二菩萨、二螺髻像共同作为胁侍；有与二菩萨、二肉髻像作为胁侍；有与一肉髻像作为胁侍。不论他们以某种形式出现在造像中的形象，又不外乎二种，老少或中青年形象。

一老一少形象的主尊左右胁侍造像，如：北魏普泰元年（531 年）石佛碑像①，东魏天平三年（536 年）七尊佛造像②、元象元年（538 年）薛安颢造交脚菩萨像③、武定元年（543 年）骆子宽石佛造像④、武定二年（544 年）石造半跏思惟菩萨像⑤、武定三年（545 年）报佛寺七佛碑像⑥、武定五年（547 年）石造四面像⑦，北齐天保二年（551 年）坐佛九尊碑像⑧，以及麦积山石窟北魏第 161、85 窟，西魏第 123 窟，北周第 4 窟等。特别要注意的是西魏大统十七年（551 年）佛碑像⑨。此碑为双面造像，内容丰富，出现几组二胁侍僧装像，因多面部残损，难以辨认，其中一面上段为一组一佛二胁侍僧装像，形象为光头一老一少，此碑正背面供养人浮雕有菩萨主、阿难主、迦叶主、梵王主等铭文。此可认为一老一少二尊像称谓迦叶、阿难，若称谓弟子不为确切。

在佛弟子中，迦叶年岁最长，被称为“头陀第一”。“头陀”是古代印度一种宗教修行方式，修行者必须行脚乞食、露宿，不能穿好衣、吃好食等。即是必须严格限制物质欲望，头陀行者被称为苦行僧。据说有一次释迦曾劝他年纪大了，不必再坚持苦行，但他婉言谢绝了相劝，因此释迦对他十分敬重。迦叶以严格遵守头陀而著名，他是早期佛教僧中不求物质享受、追求精神悟证而得解脱的学习典范。又据《增一阿含经》卷四四云：“世尊告大迦叶，不应般涅槃，要须弥勒出世……弥勒当取迦叶僧伽梨著之。”《大智度论》卷三云：“迦叶即从佛所得僧伽梨，持衣钵捉杖……与衣钵俱，作是愿言，令我身不坏，弥勒成佛，我骨身还出，以此因缘度众生。”这是说迦叶传衣弥勒之事。

阿难，在佛十大弟子中年岁最小，称为“多闻第一”。释迦佛 55 岁至涅槃二十多年中，他作为常随侍者，一直与释迦形影相随，基本上参与释迦佛后半生的所有传教活动。他在佛灭度后参加迦叶主持佛教史上第一次聚集会诵，诵出经文，从而使佛教经文得到保存流传。从佛教“三宝”来说，佛为佛宝，阿难诵出经文为法宝，迦叶僧行之代表，又为承佛衣钵传于弥勒为僧宝，“佛法僧”三宝之代表，故佛教造像中常常将他们俩作为佛左右胁侍，或许有此之含义示教。

中青年造像，作为主尊左右胁侍二尊像，如：梁普通四年（523 年）石造佛立像⑩，东魏天平三

---

① 日本大阪市立美术馆藏，图参金申：《中国历代纪年佛像图典》，北京：文物出版社，1994 年，第 190 页。

② リートベルヒ美术馆藏，图参（日）松原三郎《中国仏教彫刻史論》，东京：吉川弘文馆，1995 年，第 258 页。

③ 日本京都藤井有邻馆藏，图参金申：《中国历代纪年佛像图典》，北京：文物出版社，1994 年，第 212~213 页。

④ 伊萨贝拉・斯切瓦特・嘎特那美术馆藏，图参金申：《中国历代纪年佛像图典》，北京：文物出版社，1994 年，第 232~233 页。

⑤ メトロポリタン美术馆藏，图参（日）松原三郎：《中国仏教彫刻史論》，东京：吉川弘文馆，1995 年，第 270 页。

⑥ 原在洛阳，现藏日本。图参金申：《中国历代纪年佛像图典》，北京：文物出版社，1994 年，第 244 页。

⑦ 故宫博物院藏，图参（日）松原三郎：《中国仏教彫刻史論》，东京：吉川弘文馆，1995 年，第 283 页。

⑧ 美国宾西法尼亚大学博物馆藏，图参金申：《中国历代纪年佛像图典》，北京：文物出版社，1994 年，第 258~259 页。

⑨ 美国芝加哥美术馆藏，图参（日）松原三郎：《中国仏教彫刻史論》，东京：吉川弘文馆，1995 年，第 317 页。

⑩ 四川省博物馆藏，图参（日）松原三郎：《中国仏教彫刻史論》，东京：吉川弘文馆，1995 年，第 225 页。

年（536年）石造佛坐像①、兴和四年（542年）佛碑像②，西魏大统四年（538年）石造三尊佛立像③、大统六年（540年）五尊佛像碑④、大统十七年（551年）石造四面佛像⑤，北齐天保三年（552年）赵氏造弥勒坐像⑥，北周一佛二弟子佛五尊像造像碑⑦，以及麦积山石窟北周第94窟等。如此二尊佛“菩萨”左右胁侍光头僧装像，应为佛弟子中何人？释迦佛55岁时选阿难为常随侍者前，没有固定的侍者，舍利弗、目犍连曾侍奉过他。《大智度论》卷四〇云：“舍利弗是佛右面弟子，目犍连是佛左面弟子”；又卷四一云：“舍利弗于智慧中第一，目犍连神足第一。”《增一阿含经》卷三云：“神足轻举飞到十方，所为大目犍连比丘是”，“智慧无穷，决了诸疑，所为舍利弗比丘是”。智慧、神通是佛教徒中学佛需要求得的，中国早期佛教传弘众多高僧以智慧神通示教。故可认为佛左右二尊中青年僧装像应以舍利弗、目犍连示教。不作为主尊左右胁侍二尊像，他们位于石窟内前壁左右侧，这是中国佛教石窟寺造像中独具特色的布局，如麦积山石窟北魏第81、120窟，西魏第88窟，北周第62、12窟。窟内前壁左右侧通常为护法造像，即可以说此位置的二尊光头像代替了护法。佛教僧侣不仅是学佛弘法者，同时为护法者。麦积山北魏第83窟内前壁有一对特殊的组合，左侧一尊护法像，右侧一尊僧装像，显然二者具有平等的身份。若从造像拃度来说，护法列入八拃度以下，这尊光头像应该是一般的比丘像，不能列入上乘比丘。那么可认为石窟中一窟内前壁光头像为听法护法比丘。石窟寺出现造比丘像，与《法华经》弘传存在一定的关系。《法华经》中所宣教的重要内容之一，从佛菩萨崇拜到法师供养，《法华经·妙庄严王本事品》云：“善知识者是大因缘，所谓化导，令得见佛，发阿耨多罗三藐三菩提心。”又《法华经·陀罗尼品》云：“若有侵毁此法师者，则为侵毁是诸佛。”将法师推崇到佛灭后佛在现实世界中的代言人，行使着佛的权威，对法师的崇拜供养，即是对佛的崇拜供养。经中所讲的法师，从某种意义上讲，他又代表现实社会佛教中僧侣。正因《法华经》中所讲对佛菩萨的各种崇拜供养，乃至善知识、法师的供养，提高了僧侣的地位，而造就一些僧人造比丘像示己，与佛菩萨、弟子等同登石窟一室的场景，同受供养。这为大多数僧侣结束游方生活找到依据，从而以自我为中心的寺院建设和经济的稳定发展创造了条件。

中青年造像，作为主尊左右胁侍四尊像，如：北魏建明二年（531年）造像碑上部⑧，梁普通四年（523年）石造佛立像⑨、中大通三年（531年）石造菩萨立像⑩，北周保定五年（565年）王永建

---

① 美国宾西法尼亚大学博物馆藏，图参（日）松原三郎：《中国仏教彫刻史論》，东京：吉川弘文馆，1995年，第240页。

② 日本京都国立博物馆藏，图参（日）松原三郎：《中国仏教彫刻史論》，东京：吉川弘文馆，1995年，第263页。

③ 图参（日）松原三郎：《中国仏教彫刻史論》，东京：吉川弘文馆，1995年，第298页。

④ 上海博物馆藏，图参（日）松原三郎：《中国仏教彫刻史論》，东京：吉川弘文馆，1995年，第299页。

⑤ 日本京都大学文学部藏，图参（日）松原三郎：《中国仏教彫刻史論》，东京：吉川弘文馆，1995年，第312页b。

⑥ 日本仓敷市大原美术馆藏，图参金申：《中国历代纪年佛像图典》，北京：文物出版社，1994年，第263页。

⑦ 私人收藏，图参徐政夫：《观想佛像》，台北：台湾艺术家出版社，1998年，第91~92页。

⑧ 西安碑林博物馆藏，图参（日）松原三郎：《中国仏教彫刻史論》，东京：吉川弘文馆，1995年，第215页。

⑨ 四川省博物馆藏，图参（日）松原三郎：《中国仏教彫刻史論》，东京：吉川弘文馆，1995年，第224页。

⑩ 四川省博物馆藏，图参（日）松原三郎：《中国仏教彫刻史論》，东京：吉川弘文馆，1995年，第226页。

造佛立像①。如此四尊僧装像以何称谓？有关四大弟子（声闻）依佛籍记载有三种：一、《智度论》说舍利弗、目键连为佛左右弟子，须菩提修无净定行空第一，摩诃迦叶行十二头陀为头陀第一，佛在世时有人欲求今世之果者，供养此四人，取得如愿②。二、《法华经》说须菩提、摩诃迦旃延、摩诃迦叶、摩诃目犍连于法华会座，此四人为中根之机，此四人于信解品得领解，于授记品受当来作佛之记。三、《弥勒下生经》云："尔时世尊为迦叶曰，吾今年岁已衰耗，向八十岁，然今如来有四大声闻堪任游化，智慧无尽，众德具足，云何为四，所谓大迦叶比丘，屠钵叹比丘，宾头罗比丘，罗云比丘，汝等四大声闻，要不般涅槃，须吾法灭尽，然后乃当般涅槃。"《法华文句记》一亦云此四大弟子。上列"石造佛立佛像"发愿文有造"释迦文佛"。这或许与《智度论》中所说有关，而示供养，求今世之果，欲取得如愿之行径。"王永建造佛立像"发愿文有"敬造观世音像一区"，此碑像是观音并非佛，立名之误。"石造菩萨立像"发愿文亦有造"观音"。为造观音主尊及四胁侍弟子，"发菩提心，俱成证觉"即成佛。这与观音菩萨在《法华经》中特出《观世音菩萨普门品》，并多别译传弘，造就6世纪观音信仰极为流行，这与《法华经》系统说不无关系。"石佛碑像"上部为释迦多宝二佛并坐，二佛之间坐床后列四弟子，下部主尊立菩萨，左右胁侍四弟子。立菩萨，金申《中国历代纪年佛像图典》图版说明"似为观音菩萨"，此碑出现释迦多宝二佛并坐，立菩萨像是否可以认为是弥勒像，所教示《法华经》系统三世佛思想，特显弥勒菩萨为主尊与当时弥勒信仰盛行亦有关联。从而反映供养者若今世不能成佛，未来弥勒降世能闻法悟道成佛之愿。

2. 螺髻僧装像

中国佛教碑塔、石窟寺造像中可寻数十例。作为主尊左右胁侍有独立，与菩萨，与弟子，或菩萨、弟子共同组合等多种形式，如：东魏兴和三年（541年）佛七尊像③，西魏大统十七年（551年）佛碑像④，西魏末至北周初佛碑像⑤，北齐天保二年（551年）坐佛九尊碑像⑥、天保八年（557年）比丘法阴造坐佛碑像⑦、天保十年（559年）佛碑像⑧、武平三年（572年）石造三尊佛坐像⑨、石造四面像⑩、石造五尊佛立像⑪，以及麦积山石窟第121、122等窟。螺髻像的称谓，目前学术界持有二种不同的看法。一、早在20世纪30年代，水野清一、长广敏雄根据《法华经》系统的"会三归一"思想

① 日本大阪市立美术馆藏，图参金申：《中国历代纪年佛像图典》，北京：文物出版社，1994年，第211页。
② 丁福保编纂：《佛学大辞典》四大弟子条，北京：文物出版社，1984年，第376页。
③ 私人收藏，图参徐政夫：《观想佛像》，第33页。
④ 美国芝加哥艺术学院美术馆藏，图参（日）松原三郎：《中国仏教彫刻史論》，东京：吉川弘文馆，1995年，第317页。
⑤ 山西省博物馆藏，图参（日）松原三郎：《中国仏教彫刻史論》，东京：吉川弘文馆，1995年，第322页。
⑥ 美国宾西法尼亚大学博物馆藏，图参金申：《中国历代纪年佛像图典》，北京：文物出版社，1994年，第258、259页。
⑦ 瑞士瑞特保格博物馆藏，图参金申：《中国历代纪年佛像图典》，北京：文物出版社，1994年，第273页。
⑧ 河南省博物馆藏，图参（日）松原三郎：《中国仏教彫刻史論》，东京：吉川弘文馆，1995年，第379页。
⑨ 日本京都大学文学部藏，图参（日）松原三郎：《中国仏教彫刻史論》，东京：吉川弘文馆，1995年，第470页。
⑩ アリア美术馆藏，图参（日）松原三郎：《中国仏教彫刻史論》，东京：吉川弘文馆，1995年，第465页。
⑪ 图参（日）松原三郎：《中国仏教彫刻史論》，东京：吉川弘文馆，1995年，第418页。

认为是缘觉像。喜龙仁、亚历山大·索珀等人皆持此说。二、金理那根据《维摩诘经》系统说认为是梵王像。

螺髻像，依经籍记述梵王“持髻”“顶髻”“螺髻”等认定是梵王应该不错。作为主尊胁侍，造像碑塔、石窟寺中出现二种组合形式，单尊和双尊。单尊胁侍认为是梵王像应该较为合理，如北魏三尊佛立像①，佛侧后部有一尊螺髻（似戴螺旋形帽子）僧装像，提双手，立于一尊光头像对面，二者似在说话。其旁铭文“□□结？□梵王语？舍利弗我见”，此尊应该称为梵王像。另一件北魏正光三年（522 年）李迴伯造佛坐像②，佛左侧为一尊菩萨像，右侧为一尊束高发髻僧装像，双手合十，侧跪于佛旁，作恭请状。这尊造像头顶虽无明显螺髻，但束高发髻与经典梵王持髻、顶髻的记述相符，亦应该称为梵王像。麦积山石窟第 121、122、140、54 窟螺髻像，亦应该皆称为梵王。若二尊皆称为梵王像，是否还有必要进一步讨论？下面以几件实物作点分析。大统十七年佛碑像，其中一龛造七尊像，下刻供养人，从右侧开始刻“迦叶主”“菩萨主”“梵王主”“思维主”，左侧刻除“阿难主”之外皆与右侧对称刻“菩萨主”“梵王主”“思维主”。这些名称与上龛七尊像基本相对应，次位第三尊像是梵王像，这就确定了这二尊螺髻像是梵王像。其次，山西省安邑县兴国寺旧藏“邑主兆州刺史袁显俊造像”、房公祠旧藏“王黑郎二妻张李等造像”发愿文中，皆可见“梵王主”。不过前者梵王像头部损坏，后二者碑下落不明，且早期的照片模糊不清，皆难明辨梵王像头顶为螺髻状。张林堂先生以松原三郎《中国佛教彫刻史论》中北齐武平三年石造三尊佛坐像，碑阴发愿文中可见“梵王主令狐惠兴”“梵王主令平周”字样。铭文上方一铺三尊造像龛外恰好存在一对与之相对应的大螺髻造像，说“如果这通碑屏像的真伪并无争议，似乎可为梵王说划上一个较为圆满的句号”③。笔者核对照片，铭文多模糊不清，图版说明中亦未见相关文字，不知何出？不过从造像仪轨及经文记述，梵王持髻、螺髻梵王是可以作为一说。那么凡是二尊螺髻像是否皆为梵王像？再作分析，上文已说目前有二种看法，以《法华经》中的缘觉说，以《维摩诘经》中的梵王说。据众多造像碑上同时出现维摩诘与文殊对坐说法的场面，而认为与《维摩诘经》有密切的关系。梵王，在《维摩诘经》卷一《佛国品》云“复有万梵天王尸弃等从余四天下来诸佛所而为听法，复有万二千天帝”等八部众神和比丘、比丘尼等。特出梵王语舍利弗讲佛国土清静在于心清静，乃为《佛国品》的中心教义，经云：“尔时螺髻梵王语舍利弗，勿作是意谓此佛土以为不净，所以者何，我见释迦牟尼佛土清净如自在天宫。”舍利弗言：“我见此土丘林坑坎荆棘沙砾，土石诸山积恶充满。”螺髻梵王言：“仁者心有高下不依佛慧，故见此土为不净耳。舍利弗，菩萨与一切众生，悉皆平等，深心清净，依佛智慧则能见此佛土清净。”这不能不说是造梵王像的一大因缘。但是，《维摩诘经》卷八《法供养品》全品，又特出天帝白佛言之赞叹此经，是佛所说百千经中，所不及之大乘经中不可思议自在神通决定法相的经典。而佛说法供养是诸供养中第一无比，具有殊胜功德。经云：“尔时释提恒因于大众中白佛言，世尊，我虽从佛及文殊师利闻百千经，未曾闻此，不可思议自在神通决定实相经典”，“天帝如汝所说吾助尔喜，此经广说过去未来现在

① 美国旧金山东方美术馆藏，参金理那：《六世纪中国七尊像中的螺髻像之研究》，《敦煌研究》1998 年第 2 期。

② 日本仓敷市大原美术馆藏，图参金申：《中国历代纪年佛像图典》，北京：文物出版社，1994 年，第 160 页。

③ 张林堂：《响堂山石窟大螺髻造像考略》，《响堂山石窟——流失海外石刻造像研究》，北京：外文出版社，2004 年，第 50 页。

诸佛不可思议阿耨多罗三藐三菩提，天帝若善男子善女人受持读诵供养是经者，则为供养去未今佛”，“天帝当知此要以法供养于诸供养之上，为最第一无比，是故天帝当以法供养，供养于佛”。

如此若说《维摩诘经》的弘传而造就梵王像的出现，梵王像的示现像教《维摩诘经》的思想，那么帝释天亦应如是。帝释天造像在新疆、敦煌等石窟壁画中出现，不过形象如帝王。但是，说明帝释天在佛教诸天中受到推崇。他与梵王常在佛经中并列，《法华经・方便品》云“诸梵天及诸天帝释”，同为辅佐佛陀的天部之代表神，常伴随佛之左右，请佛说法。佛教诸多修行方法中，有“梵王供”“帝释供”①，专以供养梵天王、供养帝释天作为一种修法。

在佛教美术史中，梵王与帝释天一起出现于印度贵霜王朝时期的犍陀罗和秣菟罗造像中，佛教东传中国梵王、帝释天二像一起出现是否无迹。中国早期佛教造像中至今仍找不到明显的实例，帝释天造像，《造像量度经》同入九搩度，其他佛典中虽然找不到帝释天造像的更多相关信息，试想二尊并列的螺髻像是否亦有可能存在其中一尊是帝释天。当然佛教造像中，自释迦多宝二佛的出现，受其影响，在南北朝出现双尊立佛、双尊观音、双尊交脚等造像组合，造双尊梵王亦有实物存在。但是按佛教仪轨及经典并推崇梵王、帝释天，所示义教，又不难联想到造梵王像同时造帝释天像。这只是根据《维摩诘经》等相关经典中的信息所作的一种猜想，还有待进一步证实。若此观点能成立，螺髻造像不仅与《维摩诘经》中梵王天帝说有关，亦与《法华经》中梵王天帝说不无关系。

再者，东魏武定元年（543年）骆子宽造石佛立像，A面一佛，迦叶、阿难及二菩萨胁侍。B面上部为释迦多宝并坐像，碑座背面两侧浮雕十尊神王像，皆有神王名号榜题，其特殊是碑身两侧浮雕一尊光头像，一尊螺髻像。发愿文有“愿使法界众生，息心归无，功德物我，舍著两躯，有无名一，乘实驾权，十方思运矣”。从这通造像碑出现“释迦多宝二佛”，无疑与《法华经》有关，发愿文正是反映《法华经》中“一切众生能成佛”的思想。众生若能“乘实驾权”必悟入“佛之知见”即“佛慧”。亦就是“一切种智”，悟入“佛之知见”自然就成佛了。佛的知见不是二乘能猜测到，即便已入“不退地”的菩萨亦把握不住，所以称之为“无漏不思议”。

《法华经》中的内容大体分为二种：一种是“智慧方便”，一种是能究意“诸法实相”的洞察认识能力，能究竟诸法实相的智慧唯佛与佛。“智慧方便”乃是“一切诸如来以无量方便度脱诸众生”。方便智慧包揽世间出世间的一切知识。可说是引导诸众生最后入“一佛乘”的各种手段，世间万物皆是假象，不可执着，有无只是一种方便权说，实无相可得。“一切法毕竟空寂，同泥洹相，非有非无，无生无灭，断言语道，灭诸心行。”“了知三乘权化之法为方便智，知了一乘真实之法为实智，入诸法实相。”《法华经》把成佛的根本条件，确定为二类，一是积累“福德”，一是悟入“佛之知见”。《方便品》中说佛除以教理等方便获取佛慧之外，更以异方便，助显第一义就是以虔诚的心为佛建庙造塔、印经作像，礼拜赞颂，作各种供养“功德物我”亦能成佛。《化城喻品》特以诸梵天供养佛并说法事。《五百弟子授记品》亦“以憍陈如比丘供养六万二千亿佛，然后得成佛，五百阿罗汉皆成佛”。此碑身两侧一光头像，一尊螺髻像，所刻位置，较明显为供养身份，如此二尊造像是否可以认为他们是佛教供养群中诸天王、诸弟子的代表。

① 丁福保编纂：《佛学大辞典》，北京：文物出版社，1984年，第735、789页。

3. 肉髻僧装像

辟支佛，据《造像量度经》列入九搩度同阿罗汉、梵天王等。头顶上微显肉髻，面目作于佛同，着僧衣。这种形象的造像在中国佛教造像中不多见，笔者找到几例，如：北齐石造五尊佛立像①，此碑主尊佛与左右侧二尊胁侍菩萨之间各有一尊头顶低平肉髻，前有肉髻珠的僧装像，与主尊佛头顶肉髻相同。北魏永安元年（528年）石造三尊像②，主尊左右二尊着僧装胁侍，头顶高肉髻亦同佛。北齐天统二年（566年）王永业造佛立像③，佛左侧为一尊低肉髻像，右侧为一尊光头像。肉髻高低，据《造像量度经》记述，佛“肉髻崇四指”乃为高肉髻，低于四指应称为低平肉髻或微现肉髻。佛造像中，尤其是北周出现大量佛低平肉髻，可言与经中记述不符。辟支佛“面目作于佛同”可能会导致辟支佛头作佛样式，故辟支佛头顶肉髻非严格据经中所规定亦是情理之中。那么这三组造像中肉髻像应以辟支佛称谓较妥。

另一件释迦主张生等造像，据水野清一《山西古迹志》中说发愿文中可见“辟支佛主□□□”字样，并认为“辟支主是指七尊中既不是声闻，也不是菩萨的一对缘觉像”④。因拓片模糊不清，似高肉髻，难以确定是螺髻，如果真实不虚，此可谓是造辟支佛像的力证。既然不能确定此碑上二尊像是结螺髻，故亦不能确定结螺髻像中有辟支佛。如此一来，七尊造像中出现二尊螺髻像无一能确认与辟支佛有关，那么一碑造七尊像中，双尊螺髻像无一是辟支佛，这与《法华经》中“会三归一”所言“四圣”就并没有明显的关联。

中国佛教造像中螺髻像不应该是辟支佛，肉髻像是辟支佛。以何因缘造辟支佛像？这与《法华经》系统之说不无关系。倘若“释迦主张生等造像”碑上七尊造像中二尊僧装像头顶为肉髻，就应该是辟支佛像，这就正与《法华经》中所宣“会三归一”的思想内容相符合，暂且认为是造“四圣”像。麦积山石窟北周第4窟造七佛龛，第一龛为十一尊组合题材，正壁主佛左右为阿难、迦叶；左壁各立三尊菩萨；佛前即龛中地面左右对立二尊同佛样式头顶低平肉髻，前有肉髻珠，身着僧袍袈裟立像（后代重修，疑补修）。此二尊像小于阿难、迦叶及菩萨立像近半，若视为佛，显然有违造像仪轨，难以解释。若视为辟支佛，他们不为佛左右胁侍，又小于声闻的违规造像，显然不与声闻同等身份出现。是否可认为是“四圣”造像组合的另一种形式，而示教《法华经》“会三归一”之义理，似乎不太合适。或许以佛说辟支佛法，示辟支佛亦能成佛，真实不虚，而造辟支佛像，像教佛祖说法之场景。从辟支佛与声闻同等身份造像作为胁侍来看，一组七尊造像可说是造“四圣”而示“会三归一”之义理。因此而误导出一组七尊造像中的螺髻像为辟支佛，其他组合的螺髻像亦有辟支佛，可能有误。

再说，辟支佛造像亦并不完全可能是因“四圣”的理论而造。一组三尊中主尊左右二尊肉髻像；一组三尊中主尊左右一尊光头像，一尊肉髻像，并非是“四圣”的组合。最早的汉译经《四十二章经》中就有关于辟支佛的记述，经云：“佛言，饭凡人百，不如饭一善人，……饭阿罗汉十亿，不如

---

① 图参（日）松原三郎：《中国仏教彫刻史論》，东京：吉川弘文馆，1995年，第418页。

② 法国吉美美术馆藏，图参（日）松原三郎：《中国仏教彫刻史論》，东京：吉川弘文馆，1995年，第218页。

③ 首都博物馆藏，图参金申：《中国历代纪年佛像图典》，北京：文物出版社，1994年，第291页。

④ 转引自张林堂：《响堂山石窟大螺髻造像考略》，《响堂山石窟——流失海外石刻造像研究》，北京：外文出版社，2004年，第50页。

饭辟支佛一人。"《北史·魏本纪四》记载，北魏世宗宣武帝景明四年（503年）四月"庚寅，南天竺国献辟支佛牙"。《旧五代史·梁太祖纪三》记载："泉州僧智宣自西域回，进辟支佛骨及梵夹经律。"又据南宋潜说友《咸淳临安志》记载，南朝陈天嘉元年（560年）有天竺僧人持辟支佛舍利来到杭州孤山建塔供养。相关辟支佛的记述，不外乎以供养。单尊肉髻像与光头像共同作胁侍，可认为是辟支佛。因辟支佛具缘觉、独觉二义。双尊作胁侍者，是否可认为是造缘觉、独觉像各一。若说造辟支佛多缘于《法华经》中的"四圣"之说，倒不如说多缘于经中特出重说"供养"之论。佛教造像，将菩萨、弟子、梵王作为胁侍，主要是反映经变佛祖说法之场景。菩萨、弟子、梵王常随佛祖听法，请佛说法，伴随佛祖左右，造像题材中出现作为胁侍应是顺理成章。辟支佛在佛典中，找不到佛说法时伴随左右之言语。从辟支佛义，从佛世尊闻法信受者，最初发菩提心，必依佛与声闻乘同。又辟支佛据《法华经》中"会三归一"别列三乘之一中乘，在菩萨乘之下，声闻乘之上。辟支佛另一特点是身出无佛世，性好寂静，加行满而无师友之教，自然独悟。这或许为身在无佛世的僧人独修找到榜样而崇拜。并有辟支佛涅槃之处的传说①；有高僧自称辟支佛转世觉悟得道，留下肉身供人起信，供养之事②。

在佛教诸经典中一直显大小乘之别，为菩萨说大乘法，为声闻说小乘法。《法华经》译出后，独出中乘，即辟支佛乘，列入四圣之一。《序品第一》云："为求声闻者说应四谛法，度生老病死究竟涅槃。为求辟支佛者说应十二因缘法，为诸菩萨说应六波罗密，令得阿耨多罗三藐三菩提，成就一切种智。""四谛""十二因缘""六度六波罗密"是佛教基本教义，通贯佛教一切义。若说一组七尊造像是《法华经》中所云"四圣像"，同时所示佛说一切法，皆权宜方便之教，终归一佛乘，而真实不虚。虽然众生根基不同，所修证方法途径有别，终将成佛，宣弘《法华经》中"一切众生皆能成佛"的平等思想。

三、结语

中国佛教僧装像中光头像单尊者，在没有明确铭文题记的情况下，就难以确定以何名相称，罗汉、弟子、比丘等，皆难以言错，详加辨析为切要。若双尊、四尊者据经籍考辨可找到者对应者，若笼统地称为弟子、比丘等或许不太确切，应以具有一定代表性的相应名称称谓合理，亦能较清晰他们反映出示教的内涵。胁侍二尊老少者应为迦叶、阿难，中青年者为舍利弗、目犍连，以反映释迦佛不同时期的说法示教。非胁侍者应为比丘。胁侍四尊者分别应为《法华经》系统的须菩提、迦旃延、迦叶、目犍连；《般若经》系统的舍利弗、目犍连、须菩提、迦叶；及弥勒信仰系统的迦叶、屠钵叹、宾头卢、罗云等经典区别称谓为妥。

螺髻僧装像，按造像仪轨及所示教含义分析，为辟支佛造像的可能性不大。单尊胁侍者应为梵王；

① 陈诚：《西域番国志》记今新疆阜康市十万罗汉涅槃山，相传为辟支佛涅槃处。

② 四川太湖寺史传建于南朝时期，高僧蒲广大师在瓦屋山中觉悟得道，称辟支佛转世，留下肉身，供人起信。经历年建修，逐渐形成10多个寺院，成为当时著名的辟支佛道场。在南宋时被加封至灵感法威慈济妙应普照大师的扣冰和尚，其母生时曾夜梦辟支佛，世传亦为辟支佛化身。

单尊与弟子相对供养者应为诸天或梵王代表的造像；双尊胁侍者一般应为梵王、帝释天，他们与《维摩诘经》《法华经》等经中梵王、天帝说不无关系。但一窟一碑中往往并非单彰一经，或存在主示某经而混合别经示教，主次虽存，领悟有限，又何执是执非。皆主要示现他们常请佛说法，供养佛的功德回报，化导信众以学之。正因他们非一般的供养，而得殊胜果报。若众生不仅供养佛，供养梵王、帝释天皆能得到善果。

至于偶见造像碑上出现双尊螺髻胁侍像，并有相应的梵王造像主铭文，而认为是造双尊梵王像亦应该存在的。可说是受北朝时期出现释迦多宝双尊佛像的影响，乃至造双尊佛、双尊观音、双尊交脚等，发展到造双尊像的高峰。不过其中部分双尊造像没有经典依据，应是派生而出。双尊造像出现的另一因缘，或许与中国封建帝制中出现帝王执政、太后掌权，所谓的双王朝政；南北朝时期中国疆土南北分裂，并列为王等意识形态不无关系。又偶见一窟出现多尊螺髻像，或许可理解为诸天之代表形式的天王造像。

肉髻僧装像，单尊或双尊胁侍者应为辟支佛，因辟支佛具缘觉、独觉二义。双尊者或许正是别显二义的示像。至于一铺七尊造像，可以《法华经》中关于“三乘方便”“一乘真实”“会三归一”的理论来理解，造佛、菩萨、缘觉、声闻的四乘，即“四圣”像。不过这种抽象的佛教观念，较难被一般信众所理解，但是普通信众从此会知道，在已熟知供养佛、菩萨、弟子（阿罗汉）之外，还有辟支佛的圣人，他的位次在菩萨之后，在阿罗汉之上。佛经中说供养他，超过供养阿罗汉诸倍的功德，并有供养辟支佛之善事，当然要与其他三圣一起受到供养，这亦不能不说与《法华经》系统说有关系。

辟支佛有缘觉、独觉二义，又为造辟支佛像提供了一大因缘。缘觉是生佛世闻法而修悟得道，独觉是身生无佛世，自然独悟得道。中国6世纪佛教弘传中，“正法百年，像法千年，末法万年”的末法思想较为流行。佛即将涅槃时，弟子中就有不知所措，问佛，佛告知他我涅槃后，“依法为师”。佛教中又一说教“众生轮回”，众生若现世不能修道得果，来世可修道得果。信徒中会有当今已生末法时代，难修得正果，若未来世生在无法时代，不能闻法。即使依佛教的另一说教，未来弥勒降生再度说法，闻法修悟得果。时间太久远漫长，多生历经苦难。辟支佛的身生无佛世，性好寂静，加行满而无师友之教，自然独悟，正好给他们一个理想的榜样，造辟支佛供养，或许亦不无此义。

中国佛教造像，所谓像教弘法，必有相关经籍依托。石窟寺一窟（龛），造像碑塔，不仅有单经变像，亦有依多经造像。某一造像题材，往往又非单经典所出，变像单经所出，相对来说所示教内涵易于领教，变像多经所出就比较难会授义，故像教示教一像往往在研究中出现不同的见解，偏误差错，不存孰是孰非，唯存详加分辨，更为合理。

（原载于《敦煌学辑刊》2008年第3期）

麦积山石窟历次编号及新编窟龛的说明

魏文斌　白　凡

麦积山石窟是1961年由国务院公布的第一批全国重点文物保护单位。十六国后秦时期创建，历经南北朝、隋唐、五代、宋、元、明、清，约1600年的历史。虽经历了无数历史浩劫及自然灾害，但是仍保存了大量的洞窟。这些窟龛的准确数目，历次调查者受客观条件的限制未能全面系统地反映出麦积山石窟的真实面貌，仍有一部分洞窟尚未编入序列。近年来，随着石窟考古工作的开展与深入，对以前漏编和新发现的窟龛进行了连续编号。现将新的编号情况予以公布，并将新增补的窟龛加以简单介绍。

一、以往的洞窟编号情况

麦积山石窟的现存洞窟，由麦积崖本体和东面的王子洞窟区等三部分组成。本体崖面由于地震的破坏，从中部自然分为两个部分，即东崖和西崖。三部分现存洞窟的编号历次调查都有所变化。

自1941年冯国瑞先生首次调查麦积山石窟并对洞窟进行编号以来，较为重要的编号工作有以下几次：

1. 1941年夏，冯国瑞著《麦积山石窟志》，石印本发行。该书首次将洞窟按区域统一编号。书中确切提到的洞窟有121个，但受当时客观条件所限，部分崖面栈道被毁，许多洞窟由于无法登临未被编号①。冯氏编号序列与目前所使用的编号次序不统一，需要对照所记内容互相比对（表一）。

表一　冯国瑞部分洞窟编号与现编号对照表

冯国瑞编号	现编号
2~8	4
9~11	5
12~18	9
19、20	14、15
30~38	中区上部

① 冯国瑞：《天水麦积石窟介绍》，《文物参考资料》1951年第10期。

续表

冯国瑞编号	现编号
53~58	30
59~63	123~120
64~68	119~114
69~79	118~104
80~84	99~103
85	133
86~96	81~165
98~101	57 窟周边
102~120	74 窟周边
121	191

2. 1947 年，敦煌艺术研究所李浴调查麦积山石窟，有调查报告，惜未发表，该报告有 169 个洞窟的内容记录①。

3. 1952 年，由中央政府文化部组织中央美术学院、西北军政委员会文化部、敦煌文物研究所组成的考察团，历时 30 天对麦积山石窟进行考察记录。此次勘察将麦积山石窟的窟龛编为 157 个②。

4. 1953 年 7 月，中央文化部社会文化事业管理局组织麦积山石窟勘察团，历时 1 个多月，在 1952 年的 157 个编号的基础上，又清理、发现了 37 个洞窟。并统一编号、记录、整理出版了《麦积山内容总录》，该书基本涵盖了麦积山石窟的主要区域。至此，麦积山石窟计有编号窟龛 194 个。这一编号在之后较长的一段时间内被广泛采用。这次编号也仅限于东崖和西崖洞窟，未包括王子洞窟区的洞窟③。之后，李月伯、何静珍、陈玉英编《麦积山石窟的主要窟龛内容总录》④ 以及李西民、蒋毅明整理的《麦积山石窟内容总录》⑤ 等，都按照 194 个洞窟作了内容说明。

5. 2002 年，麦积山石窟志编纂委员会张锦秀先生编撰的《麦积山石窟志》中，在长期沿用的 1953 年 194 个编号的基础上，增补了麦积山王子洞及其周边洞窟 15 个，洞窟编号相应增补为 195~209 号，使麦积山的窟龛数达 209 个⑥。

---

① 张锦秀编撰：《麦积山石窟志》第九章《管理与研究》第五节《勘察与研究》，兰州：甘肃人民出版社，2002 年，第 246 页；魏文斌、郑国穆：《麦积山石窟研究史综述及今后注意的几个问题》，《敦煌研究》2003 年第 6 期。

② 西北文化部完成麦积山石窟勘察工作，《文物参考资料》1953 年第 11 期。

③ 麦积山勘察团：《麦积山勘察团工作报告》和麦积山勘察团：《麦积山石窟内容总录》，《文物参考资料》1954 年第 2 期。

④ 阎文儒主编：《麦积山石窟》，兰州：甘肃人民出版社，1984 年，第 156~200 页。

⑤ 天水麦积山石窟艺术研究所编：《中国石窟 · 天水麦积山》，北京：文物出版社、东京：平凡社，1998 年，第 274~292 页。

⑥ 张锦秀编撰：《麦积山石窟志》第一章《洞窟建筑》第一节《洞窟》，兰州：甘肃人民出版社，2002 年，第 41 页表。

6. 2003 年麦积山石窟艺术研究所发表了《麦积山王子洞窟区调查简报》，此次调查，更改了王子洞窟区张锦秀的编号次序。原麦积山西区第 93 窟右下方两个小龛被独立编号为第 195、196 号。故张氏《麦积山石窟志》中王子洞窟区的编号也相应依次更改为第 197~211 号，具体位置及内容不变。这又使窟龛数量增加至 211 个①。

7. 2006 年以来，麦积山石窟艺术研究所考古研究室重新对麦积山现有窟龛编号核对时发现，中区段第 47 窟右侧一窟与第 47 窟标识错位。第 16 窟右侧残存的两龛应为另外一窟正壁的遗迹，原来没有单独编号，且在现有洞窟示意图中，也未标明其位置。同时，在清理中区下方历次大地震所形成的堆积面时，清理出 3 个窟龛遗迹。再者，2003 年《麦积山王子洞窟区调查简报》所调查的区域，仍有个别小龛未被编号。根据以上三处洞窟的情况，经过严格的调查、核实后，决定增补三处洞窟的编号。

具体编号为：东崖王子洞窟区未编号的 5 个洞窟，增补编号为第 212~216 号。中区下部第 47 窟右侧 1 窟增补编号为第 217 号。中区上部第 16 窟右侧 1 窟增补编号为第 218 号。中区下方，堆积面区已清理出的 3 个窟龛，增补编号为第 219、220、221 号。至此，麦积山石窟的洞窟编号增至 221 个。

这样，麦积山现存的崖面窟龛，西崖 142 个（原来为 140 个），东崖 56 个（原来为 54 个），王子洞窟区 20 个（原来为 15 个），另外在中区崖根外部塌落的堆积中清理出 3 个残空窟，总计 211 个。

二、新编窟龛介绍

1. 王子洞区：新增了 5 个龛，即第 212~216 号。

第 212 窟：位于王子洞第 206 窟与第 207 窟之间的第 213 窟左上方。平面方形，敞口浅龛，无造像、壁画。龛高 0. 50 米，宽 0. 56 米，进深 0. 29 米。

第 213 窟：位于第 206 与第 207 窟之间的第 212 窟右下方。平面方形，敞口浅龛。无造像、壁画。龛高 0. 53 米，宽 0. 50 米，进深 0. 32 米。

第 214 窟：位于第 205 窟上方。平面方形，敞口浅龛，无造像、壁画。龛高 0. 48 米，宽 0. 45 米，进深 0. 30 米。

第 215 窟：位于第 199 窟与第 200 窟之间。平面方形敞口浅龛。无造像、壁画。龛高 0. 66 米，宽 0. 60 米，进深 0. 30 米。

第 216 窟：位于第 198 窟左侧。平面梯形，敞口浅龛，无造像、壁画。龛宽 0. 48 米，高 0. 64 米，进深 0. 25 米。

王子洞窟区的窟龛年代较难判断，原来仅有第 197 窟有造像，为北周时期的。该区域的窟龛可能都开凿于北周时期。

2. 东崖区：新增编了两个洞窟，即第 217、第 218 窟。

第 217 窟：位于东崖最下层第 47 窟右侧。平面方形，敞口龛。其内造像已毁无存，仅可见原来正壁造像的石胎痕迹。龛宽 1. 07 米，高 1. 22 米，进深 0. 62 米。该窟已无任何可用以判断其时代的信

① 麦积山石窟艺术研究所：《麦积山王子洞窟区调查简报》，《敦煌研究》2003 年第 6 期。

息。麦积山东崖的洞窟基本都为北魏晚期以后开凿的，而且该窟所在的栈道层面上多是北周以后的洞窟，因此，大致可以推测该窟的年代可能为北朝晚期或以后。

第 218 窟：位于第 16 窟西侧，现存上下两个平面横长方形的圆拱小龛。长期以来被视作第 16 窟的附属，没有单独编号。经认真调查，发现此二龛应为另外一个洞窟的正壁左半侧，正壁与左壁的拐角边缘尚存一些痕迹。

此窟残高 0. 88 米，残宽 0. 56 米，残进深 0. 20 米；上龛高 0. 33 米，宽 0. 23 米，进深 0. 10 米；下龛高 0. 37 米，宽 0. 38 米，进深 0. 10 米。

两龛内的泥塑造像均为影塑。

上龛内原塑一半跏思惟菩萨和二供养菩萨、二胁侍立菩萨，现存中间的半跏思惟菩萨和左侧的一供养菩萨、一胁侍立菩萨。龛壁泥皮大多脱落。

半跏思惟菩萨高 0. 27 米，浮塑圆形头光，表面有残斑。高发髻，发束带，短宝缯贴塑于头光表面。面形较瘦长，表面泥皮局部剥落。上身袒露，戴宽边桃形项圈，右臂支于右腿上，右手指支颐，头向右偏，作思惟状。下系长薄裙，舒相坐于束帛座上，右腿屈膝搭于左腿上，左手抱右腿腕。裙裾基本覆于脚跟处。衣纹简单，阴刻成阶梯状。披帛自肩绕臂于两侧飘下，线刻简练，衣质单薄。束帛向左折叠，折边清晰，表面呈放射状纹线。头光及衣裾边缘尚残留石绿色，原来应为彩塑造像。半跏思惟菩萨身躯瘦长，显示出北魏晚期造像的瘦削特点。左下侧胡跪一小供养菩萨，高 0. 17 米，保存基本完整，圆形头光，扇形高发髻，束带，阴刻发纹清晰，穿圆领袈裟，衣纹阴刻。左腿着地，右腿支起，呈胡跪式，双手合掌举至胸前，抬头眯目静思，头微微偏向中间的主尊菩萨。衣服表面原施的石绿色保存较多。龛左壁站立胁侍菩萨，高 0. 21 米，披巾左侧残损，其他部位基本存留，剥蚀风化严重。头部、面部已残损剥蚀，上身袒露，戴尖形项圈，右手曲置于腹部，左手垂于左腿外侧，下系羊肠小裙，赤足立于莲台上，披帛自双肩绕弯贴壁飘下。

下龛仅残存左壁的一身站立胁侍小菩萨，头已失，残高 0. 17 米。造型、装饰与上龛的胁侍菩萨相同。根据该菩萨站立的位置，推断该龛原来造像也是一主尊、四胁侍，现已难判断主尊的具体情况。龛壁泥皮全部脱落。

该窟正壁的布局依据左壁可知，中间为整个洞窟的主尊，主尊两侧分别开上下两个小龛。左侧上龛内为影塑半跏思惟菩萨及其胁侍菩萨，根据麦积山其他早期洞窟的情况，主尊右侧一定为对称的交脚菩萨龛。这种组合形式在麦积山早期洞窟中非常流行，根据研究，交脚菩萨和半跏思惟菩萨对称居于洞窟正壁两侧靠上部，均是弥勒菩萨，表示弥勒菩萨居于兜率天宫等待成佛并决疑思惟①。

与该窟完全相同的影塑造像，又见于麦积山石窟第 155 窟等。本窟造像整体呈现出清秀修长的特点，菩萨衣饰还保留早期造像的某些特点，如上身袒露、披巾从脑后向前绕臂下垂两侧、裙裾不及脚面等。因此，对比麦积山其他特点类似的洞窟，该窟的时代应为 6 世纪初期北魏宣武帝永平至孝明帝神龟年间（508~520 年）。

3. 东崖下方塌落区：处于麦积山石窟中区路基下方，距中区崖面水平距离 15. 10 米，是一段由地

---

① 魏文斌：《麦积山石窟交脚与半跏思惟菩萨对称构图的研究》，待刊。

震塌方而造成的堆积面，清理出 3 个从主崖面塌落的洞窟，从东向西分别编号为第 219、220、221 窟。

第 219 窟：位于中区下面塌方遗址处，依据清理出的状态分析，该窟原形制应为平面方形、三壁三龛窟，正壁与左、右壁转角处原有立像。窟宽 1. 36 米，高 0. 23 米，进深 1. 3 米。今已无造像、壁画遗存。

第 220 窟：位于第 219 窟左侧。窟宽 0. 89 米，高 0. 78 米，进深 1. 15 米。已无造像、壁画遗存。

第 221 窟：位于第 220 窟左侧。窟宽 0. 81 米，高 0. 58 米，进深 1. 15 米。

第 220 窟与 221 窟形制相似，大小相近。两窟壁面均有明显的雕凿痕迹。侧壁残留桩孔，水平位置一致。

此三窟相邻，其中第 219 窟为明显的三壁三龛窟。三壁三龛窟为麦积山 6 世纪以后出现的窟形，多流行于北魏晚期和西魏、北周时期，但北周时期麦积山的洞窟一般为帐形洞窟和平面马蹄形的圆拱形窟龛，因此，大致可以判断此三窟的时代当为北魏晚期至西魏时期。

以上就麦积山历次编号及新增编号做了简单的介绍，希望引起学术界的关注。这些编号的增补，目的是为了更多地反映麦积山石窟的历史面貌，以利于了解和认识麦积山石窟的总体布局，进而深入研究麦积山石窟。

（原载于《敦煌研究》2008 年第 5 期）

天水麦积山第120窟开凿时代考

郑怡楠

麦积山石窟第120窟是一个不太起眼的小型石窟，开凿位置在麦积山石窟西区最上层著名的第127窟东侧下方，由于该窟的后壁和第127窟西侧下方的第121窟的顶部在开凿时与第127窟打通，所以研究第127窟者都十分注意其与第120窟的开凿时间关系研究，有的专家将第120窟确定为北魏石窟，也有的专家定为北魏晚期石窟，还有的专家认为是北魏西魏之间所开凿。在麦积山石窟中具有供养人题记的石窟不多，第120窟即为其中之一，其对判定麦积山北朝石窟开凿的相对年代具有重要的价值。所以有必要对第120窟相关问题进行梳理，对其开凿年代及其所依据的证据进行研究。

一、麦积山第120窟的研究及其存在的问题

学术界关于天水麦积山石窟第120窟的研究主要集中在两个方面，一是年代的判定，二是内容的释读和佛教艺术的研究。在开凿年代判定上，一方面从与第127窟互相打通的关系上着手，来确定该窟的开凿年代；另外一方面利用第120窟的供养人题记，结合历史典籍判定这些供养人的活动时间，判定石窟开凿的年代。内容释读上，将石窟的雕塑内容确定出来，结合其他石窟作了一些综合对比分析研究。为了方便学术研究，我们将各家研究成果简要介绍并就存在的问题加以评述。

李西民、蒋毅明《麦积山石窟内容总录》记述，第120窟开凿年代是北魏，方形平顶窟，正壁塑坐佛一身；左壁塑坐佛一身，右侧胁侍菩萨一身；右壁塑坐佛一身，左侧胁侍菩萨一身；前壁门两侧塑弟子各一身；正壁画佛背光，左右画供养人。正壁左侧供养人墨书题名："比丘颜集供养佛时"，"比丘才嶷供养佛时"，"比丘进度供养佛时"，"亡弟天水郡□□真供养佛时"，"亡□□龙骧将军天水太守王宗供养佛时"，"……武□（兴）镇将王胜□（供）□□□（时）"，"□叔假伏波将军□石县令王□供养佛时"。右侧供养人墨书题名："比丘尼法静供养佛时"，"亡祖母□供养佛时"。左侧上部红地题榜内墨书"孙三郎同□□□□妆塑生佛"①。

另外，蒋毅明、李西民、张宝玺、黄文昆《中国石窟·天水麦积山》的第126图版说明称："第

---

① 李西民、蒋毅明：《麦积山石窟内容总录》，天水麦积山石窟艺术研究所编：《中国石窟·天水麦积山》，北京：文物出版社、东京：平凡社，1998年，第258页。

120 窟，正壁，坐佛（部分），北魏。"① 第 127 图版说明："第 120 窟，右壁后部，菩萨（部分），北魏。""方形平顶窟，窟内三壁各塑坐佛一身，两侧壁后部各塑菩萨一身，为正壁坐佛的胁侍，前壁门左、右各塑弟子一身。这是与北魏洞窟第 127、123 等窟邻近的小窟，因其主尊造型与西魏第 102、44 等窟坐佛造型甚为相似，一般看作是西魏窟。但是，此窟正壁曾被第 127 窟打破，故可肯定时间较第 127 窟为早期。第 127 窟当建于西魏早期，则此窟似可以看作北魏末期窟。"② 第 128 图版说明："第 120 窟，正壁右侧，供养人，北魏。"第 129 图版说明："第 120 窟，正壁左侧，供养人，北魏。""正壁两侧北魏壁画供养人，画面均已漫漶不清，仅数则题名尚可辨认。右侧可见比丘尼和女供养人题名：'比丘法静供养佛时''亡祖母□供养佛时'等，左侧比丘和男供养人题名，可见：'比丘颜集供养佛时''比丘才嶷供养佛时''亡□比丘进度供养佛时''亡弟天水郡□□真供养佛时''亡□□督龙骧将军天水太守王宗供养佛时''……武□（兴）镇将王胜□（供）□□□（时）''□叔假伏波将军□石县令王□供养佛时'等。其中'武兴镇'题名值得注意。据记载，武兴镇为北魏正始三年（506 年）所置，同年改为东益州。此题名起首数字一漫漶，据并列题名起首都有'亡……'字样，可知系追记亡人的功德，此窟当为其后人所建。"③

值得注意的是，李西民等提出了麦积山第 120 窟与第 127 窟开凿年代关系，即第 120 窟正壁被 127 窟打破，所以开凿年代较第 127 窟早。进一步判定第 127 窟开凿年代为西魏早期，第 120 窟为北魏晚期，此外其他方面没有提出值得借鉴的证据和建议。

金维诺先生《麦积山石窟的兴建及其艺术成就》一文首先将开凿的时间确定为北魏晚期，并将"亡弟天水郡□□真供养佛时"题名之真字前所缺字释读为"王"字，将"□叔假伏波将军□石县令王□供养佛时"之"石县"前缺字考补为"白"字。根据《资治通鉴》卷一四六、《元和郡县图志》卷二二记载武兴镇设置时间正始三年（506 年）和《元和郡县图志》卷三九记载白石县设置时间大统十二年（546 年），认为第 120 窟建于北魏晚期是麦积山石窟北魏与西魏间断代的标准④。金维诺先生的研究对麦积山第 120 窟与第 127 窟的断代贡献是巨大的，将第 120 窟造像艺术风格特点与相近时代比较进行断代，确定了第 120 窟的开凿时间较第 127 窟早，是完全正确的。但是在一些细节问题上还有进一步探讨的必要，释读供养人题名也有不少问题：第一，供养人题名位置没有记载清楚；第二，还有一些供养人题名没有释读出来。

第 120 窟研究存在的问题在于所见资料提供的供养人图像只有局部图版或者图版较小，无法辨识。第 129 图只有王宗和王胜的题名，根据我们在该窟的考察中发现，似乎以前的释读都有一定的错误，

① 蒋毅明、李西民、张宝玺、黄文昆：《图版解说》，天水麦积山石窟艺术研究所编：《中国石窟·天水麦积山》，北京：文物出版社、东京：平凡社，1998 年，第 237 页。

② 蒋毅明、李西民、张宝玺、黄文昆：《图版解说》，天水麦积山石窟艺术研究所编：《中国石窟·天水麦积山》，北京：文物出版社、东京：平凡社，1998 年，第 237 页。

③ 蒋毅明、李西民、张宝玺、黄文昆：《图版解说》，天水麦积山石窟艺术研究所编：《中国石窟·天水麦积山》，北京：文物出版社、东京：平凡社，1998 年，第 237 页。

④ 金维诺：《麦积山石窟的兴建及其艺术成就》，天水麦积山石窟艺术研究所编：《中国石窟·天水麦积山》，北京：文物出版社、东京：平凡社，1998 年，第 165~180 页。

如王宗题名“龙骧将军”之前图版说明释读有“亡□□督”数字，据考察这个位置实际上只有一个“叔”字，就是说窟主的这个叔叔还在世。其次，还有一部分供养人题名没有释读出来，主尊左侧有供养人层，最下层西起第一身供养人题名：“叔假伏波将军□石县令王□供养佛时。”而根据图版及石窟图像看，“叔”前有“亡”字；西起第二身题名“比丘进度供养佛时”之前有“亡叔”二字。

这些释读错误看起来仅仅是一半个字，但是对研究第120窟来说意义非同一般，经过我们重新释读对照，可以得到这样一些看法，就是说这个石窟是王氏家族的功德窟，修成时龙骧将军天水太守王宗、假伏波将军白石县令王某还在任；该窟是比丘法静、颜集和才嶷修建，开凿该窟的目的，第一为王氏家族已经去世者祈冥福；第二为王氏家族现存者修功德，因此在这个石窟中绘制了王氏家族已经去世和还在世者的供养像。武兴镇将王胜是否还在任，由于题记前半部残缺，不得而知。从这些记载看，第120窟的功德主是王氏家族及其成员，供养人题记中记载的有窟主已经死亡的亡祖母、亡弟天水郡王真和比丘进度，“现存”的有比丘法静、颜集、才嶷和叔天水郡太守王宗、叔白石县令王某、孙三郎等，还有不明辈分和存亡的武兴镇将王胜等。从这些记载看，王氏家族是这里非常有势力的地方家族集团，北朝取得陇南仇池故地之后，还得大量任用地方家族势力进行行政管理。这种管理方式在正史中记载很少，就是仇池地区官员也记载不多。而麦积山石窟第120窟绘制供养人及其题记正好弥补了正史记载的不足，对我们了解这一时期的历史与石窟艺术具有重要的价值。

下面，我们再就武兴镇的设置时间、武兴镇设置及王胜出任武兴镇将的时间、梁州和白石县的设置时间和地望问题等等进行一番考证，力图就第120窟开凿时间问题得出比较正确的结论，为麦积山石窟断代提供可靠的学术根据。

二、武兴镇的设置时间与第120窟的开凿时间

第120窟正壁左侧的供养人题记中有“……武□（兴）镇将王胜□（供）□□□（时）”。关于“武兴镇将王胜”，史料没有明确记载。史载有当时在这一带活动有南齐秦梁二州刺史府典签王胜，这个王胜是否就是第120窟供养人题记中记载到的武兴镇将王胜，还看不到二者之间有必然联系。《魏书·夏侯道迁传》记载，仇池镇将杨灵珍反叛投南齐萧衍，萧衍以为武都王，为南齐秦梁二州刺史庄丘黑长史、汉中郡太守夏侯道迁所杀，道迁投北魏，上表中称“会有萧衍使人吴公之至，知臣怀诚，将归大化，遂与府司马严思、臧恭，典签吴宗肃、王胜等共杨灵珍父子密相勾结，期当取臣。臣幸先觉。悉得戮思、恭等”①。此王胜当时地位不高，但是很重要。夏侯道迁投北魏，王胜不是被杀就是胁迫入北魏，另外没有见到被夏侯道迁所杀记载，是否就是后来出任武兴镇将的王胜，还有待进一步研究。

如果说这个典签王胜就是武兴镇将王胜，这件事情发生的时间就很关键。《南史·夷貊传下》载：“齐永明中，魏南梁州刺史、仇池公杨灵珍据泥功山归齐，齐武帝以灵珍为北梁州刺史、仇池公。”②

① ［北齐］魏收撰：《魏书》卷七，北京：中华书局，1974年。

② ［唐］李延寿撰：《南史》卷七九，北京：中华书局，1976年。

又《南齐书·氐传》载，建武二年“虏亦遣伪南梁州刺史仇池公杨灵珍据泥功山以相拒格”①。而《南齐书·明帝纪》记载建武四年：“十一月丙辰，以氐杨灵珍为北秦州刺史、仇池公、武都王。”② 可以肯定，杨灵珍投降南朝的时间应当是建武四年。因此，王胜的活动时间应当是建武四年左右。如果上述两个“王胜”是一个人的话，王胜从典签到武兴镇将只能在建武四年之后，即497年之后。

当然，单凭史书所载王胜的生平事迹还不足以确定麦积山第120窟的开凿时间，但是可根据武兴镇的设置沿革确定出石窟题记者王胜出任武兴镇将的大致时间，由此来确定第120窟开凿的时间。

武兴镇，即今陕西略阳。武兴镇的设置时间，《资治通鉴》胡三省注认为是北魏正始三年③。但是经过我们研究，大约有两个时期，一个是仇池国时期，一个是北魏时期。仇池国杨盛时期设二十部护军镇，不置郡县，关于这一记载仅见于《魏书·氐传》：“佛狗子杨盛，先为监国，守仇池，乃统事，自号征西将军、秦州刺史仇池公，谥定为武王。分诸氐羌为二十部护军，各为镇戍，不置郡县。遂有汉中之地，仍称藩于晋。”④ 这二十部护军镇其中就有武兴镇⑤。武兴是仇池到汉中必经之地，如果说汉中属于仇池管辖的范围，那么武兴应当属于仇池国管辖范围。武兴镇东通汉中，南连巴蜀，西接仇池，地理位置非常重要，因此仇池国杨盛在这里建立护军镇是必然之举。关于仇池国设置二十部护军镇的时间，根据《资治通鉴》卷一〇八记载是晋孝武帝太元十九年（394年）十月，至于护军镇建制实行到什么时间，史书没有记载，但是起码杨盛在位时肯定使用护军镇制度。杨盛死于宋文帝元嘉二年（425年），护军镇制度至少也实行到425年。仇池大约自登国四年遂有秦州之地，如果第120窟建于仇池国时期，应当在登国四年（389年）之后，至迟在太延（435~440年）初，杨难当仍然于上邽设置镇，表明护军镇制度一直延续下来。因此如果第120窟的开凿时间放在北魏，上限不会早于394年，下限不会晚于北魏太延年间。

再进一步考证，《魏书·氐传》记载“（杨）盛以兄子抚为平南将军、梁州刺史，守汉中”⑥。时间根据《宋书·氐胡传》记载为义熙三年（407年）。义熙九年（413年）仇池国从梁州地区退出。元嘉十年（433年）杨难当再次取得梁州地区，十二年（435年）秦州被北魏占领，因此如果这里指的是仇池国时期设置的武兴镇，时间仅在394~435年。实际上这种可能性很小，这个时间段史籍明确记载仇池国不置郡县，而题记中记载有天水郡和白石县，就否定这个时间段。所以，武兴镇与郡县并置的时间，只有北朝统治时期。

北魏于武兴设镇，根据《资治通鉴》卷一三三记载元徽元年（473年）冬十月：“武都氐反，攻仇池，诏长孙观回师讨之。武都王杨僧嗣卒于葭芦，从弟文度自立为武兴王，遣使降魏；魏以文度为武兴镇将。”⑦《魏书·氐传》记载杨文度接受北魏武兴镇将：“僧嗣死，从弟文度自立为武兴王，遣使

① ［梁］萧子显撰：《南齐书》卷五九，北京：中华书局，1982年。
② ［梁］萧子显撰：《南齐书》卷六，北京：中华书局，1982年。
③ ［北宋］司马光编著：《资治通鉴》卷一三三《梁纪二》，北京：中华书局，1956年。
④ ［北齐］魏收撰：《魏书》卷一〇一，北京：中华书局，1974年。
⑤ 郑炳林：《仇池国二十部护军镇考》，《西北民族研究》1991年第2期。
⑥ ［北齐］魏收撰：《魏书》卷一〇一，北京：中华书局，1974年。
⑦ ［北宋］司马光编著：《资治通鉴》卷一三三《宋纪十五》，北京：中华书局，1956年。

归顺，显祖以文度为武兴镇将。”① 这条记载表明武兴镇的设置应当在北魏孝文帝延兴三年（473 年），虽然这个时期北魏只是名义上设置了武兴镇，实际上武兴杨氏对于北魏来说还是羁縻关系，北魏的实际力量还没有达到这一地区。

关于北魏控制武兴镇的时间，《魏书·氐传》记载：“集义见益州既定，恐武兴不得久为外藩，遂扇动诸氐，推绍先僭称大号，集起、集义并称王，外引萧衍为援。安西将军邢峦遣建武将军傅竖眼攻武兴，克之，执绍先送于京师，遂灭其国，以为武兴镇，复改为东益州。”②《北史·氐传》记载基本相同。根据《资治通鉴》记载：“杨集义围魏关城，邢峦遣建武将军傅竖眼讨之，集义逆战，竖眼击破之；乘胜逐北，壬申，克武兴，执杨绍先，送洛阳。杨集起、杨集义亡走，遂灭其国，以为武兴镇，又改东益州。”胡三省注：关城“此即阳平关城也”。“晋惠帝元康六年，氐王杨茂搜始据仇池百顷，其后浸盛，尽有汉武都郡之地，北侵陇西、天水，南侵汉中，拓跋既盛，取武都、仇池之地，杨氏仅据武兴，今魏既取汉中，遂灭杨氏”③。从这条记载看，北魏真正取得武兴地区，建立镇的时间应当是正始三年（506 年），同时很快就改镇建州。

至于何时武兴镇改为东益州，根据《北史·氐传》记载为“十一年，于武兴置东益州，以辟邪为刺史”④。根据《周书·异域上》记载大统“十一年，于武兴置东益州，以辟邪为刺史”⑤。既然武兴镇于大统十一年（545 年）改为东益州，那么王胜就不可能 545 年之后出任镇将。根据《资治通鉴》梁武帝中大通元年（529 年）记载：“魏以唐永为东益州刺史代子建，以梁州刺史傅竖眼为行台。子建去，益州氐反，唐永弃城走，东益州遂没。”⑥《资治通鉴》卷一五六记载 534 年杨绍先乘魏乱逃归武兴，复称王，南梁以杨绍先为秦、南秦二州刺史。卷一五七记载 535 年七月魏东益州刺史傅敬和来降。因此北魏建立东益州远远在大统十一年之前。《资治通鉴》记载 524 年七月“丁丑，莫折念生遣其都督杨伯年攻仇鸠、河池二戍，东益州刺史魏子建遣将军伊祥等击破之，斩首千余级”⑦。表明最迟 524 年武兴镇已经改为东益州了。在魏子建之前还有杜纂、邢豹为刺史，因此可以推定，北魏在武兴设镇的时间很短，可能只有几年时间。

另外，还有一种推测，就是北魏设置东益州之后，是否在东益州之下还设置有武兴镇，我们没有看到相应的记载和例证，所以不能确证。

这样，武兴镇就有三个设置时间，即仇池国时期、后仇池国（武兴王）时期和北魏时期。在这三个阶段中，后仇池国时期一般武兴镇将为北魏对仇池的羁縻军事建制，因此武兴镇的镇将由武兴王兼任，由此可以肯定，王胜出任武兴镇将的时间不会在这个时期，即延兴三年（473 年）到正始二年（505 年）之间。那么，王胜出任武兴镇将的时间只有仇池国时期和北魏时期，显然金维诺先生将王胜

---

① ［北齐］魏收撰：《魏书》卷一〇一，北京：中华书局，1974 年。
② ［北齐］魏收撰：《魏书》卷一〇一，北京：中华书局，1974 年。
③ ［北宋］司马光编著：《资治通鉴》卷一四六《梁纪二》，北京：中华书局，1956 年。
④ ［唐］李延寿撰：《北史》卷九六，北京：中华书局，1987 年。
⑤ ［唐］令狐德棻等撰：《周书》卷四九，北京：中华书局，2003 年。
⑥ ［北宋］司马光编著：《资治通鉴》卷一五三《梁纪九》，北京：中华书局，1956 年。
⑦ ［北宋］司马光编著：《资治通鉴》卷一五〇《梁纪六》，北京：中华书局，1956 年。

的任职时间确定为北魏。根据《魏书·氐传》的记载，北魏武兴镇将和东益州刺史的任职人中没有王胜其人："前后镇将唐法乐，刺史杜纂、邢豹，以威惠失衷，氐豪仇石柱等相率反叛。朝廷以西南为忧。正光中，诏魏子建为刺史，以恩信招抚，风化大行，远近款附，如内地焉。后唐永代子建为州，未几，氐人弃城东走，自此复为氐地。其后绍先奔还武兴，复自立为王。"①《北史·氐传》记载基本相同。由此得知，北魏取得武兴之后，仅任唐法乐做过一任镇将，其余时间都设置的是东益州，已经改镇为州了，因此王胜这个时期出任武兴镇将的可能性不大。如果王胜这个时期出任镇将，也只有在唐法乐之后、杜纂出任刺史之前。唐法乐出任武兴镇将的时间在正光年间（520~525年）之前。北魏于524年已经改武兴镇为东益州，因此王胜出任武兴镇将只能在497年之后至524年之前。

既然后仇池国（武兴王）时期王胜任镇将没有可能，北魏占领武兴之后设镇时间又很短，供养人题记所记载的武兴镇是否就是仇池国时期的二十部护军镇之一，我们认为可能性也很小。第一，仇池国时期设置二十部护军镇的同时，已经取消了郡县等行政机构，天水郡肯定已经被变成护军镇了；第二，就麦积山石窟第120窟的造像风格来说，与仇池国时期有一定的差别，就窟的形制来说都是小型平顶石窟，但是从造像的艺术风格来说，与第76窟、115窟相去甚远，因此肯定不是一个时期的造像，而与邻近的第121窟接近。所以我们认为麦积山石窟第120窟是北魏时期建的石窟，时间很可能在北魏后期的524年之前。

三、天水郡白石县的隶属、地望及其与第120窟设置时间

第120窟供养人题记中有"□叔假伏波将军□石县令王□供养佛时"，□石县，金维诺先生释读作"白石县"。关于白石县的地理地望、设置废弃年代，金维诺先生根据《元和郡县图志》卷三十九陇右道凤林县条的记载，认为白石县地于大统十二年（546年）置凤林县。《元和郡县图志》陇右道河州凤林县："本汉白石县地，后魏大统十二年，刺史杨宽于河南凤林川置凤林县，因以为名。"② 按照金先生的研究，第120窟供养人题记中的"□石县"必河州白石县无疑，由此将麦积山石窟第120窟的建造年代确定为大统十二年以前。问题是如果供养人题记记载的是河州白石县，那么北魏何时取得河州白石县？其次北朝时期天水一带或者秦州管辖的范围有没有设置白石县。

北魏取得河州的时间，根据《北史》的记载神䴥四年（428年）平定西秦后取得河州地区，所以河州白石县归属于北魏时间比较早。而《资治通鉴》胡三省注认为是"魏太武帝真君六年，置枹罕镇，后改为河州，领金城、武始、洪和、临洮郡"③。《元和郡县图志》陇右道河州条记载："后魏平定秦陇西，改置枹罕镇。孝文帝太和十六年，改镇为河州。"④ 北魏神䴥四年（428年）击败西秦取得河州，太平真君六年（445年）置枹罕镇，太和十六年（492年）改河州。但是查阅《魏书》《北史》没有关于北魏河州白石县的任何记载，这就有两种可能，一是文献记载缺漏，二是北魏没有设置白石

① ［北齐］魏收撰：《魏书》卷一〇一，北京：中华书局，1974年。

② ［唐］李吉甫撰：《元和郡县图志》卷三九，北京：中华书局，1983年。

③ ［北宋］司马光编著：《资治通鉴》卷一五四《梁纪十》，北京：中华书局，1956年。

④ ［唐］李吉甫撰：《元和郡县图志》，北京：中华书局，1983年，第39页。

县。如果北魏在天水郡设置白石县，就没有道理在河州设置白石县。白石县西晋以后不见记载，因此可能十六国时期白石县时置时废，北魏时期河州白石县就废除了。同时河州与梁州之间相距很远，根本不可能有管辖关系。因此供养人题记中的白石县不可能设置在河州。关于北魏白石县不在河州设置，我们在《魏书》《北史》中找到了直接的根据。

北魏梁州天水郡管辖有白石县，见载于《魏书·节义传》石文德传："又梁州上言天水白石县人赵令安、孟兰强等，四世同居，行著州里。诏并标榜门闾。"这条资料又见载于《北史·节义传》："又梁州上言，天水白石县人赵令安、孟兰强等四世同居，行著州里。诏并标榜门闾。"① 北魏于南秦州仇池郡置梁州，管辖有天水郡，即南天水郡。《魏书·地形志》记载："南秦州，真君七年置仇池镇，太和十二年为渠州，正始初置。治洛谷城。领郡六，县十八。天水郡，真君七年置。领县三：水南，郡治，真君二年置；平泉，真君三年置；平原。"② 渠州，校勘记称："太和十二年为渠州：杨校：'渠州无考，《一统志》卷二七七阶州二仇池故城条。引作梁州，亦无考。……'"显然渠州就是梁州，因为当时原梁州南郑为南朝所有，南朝政权在南郑还设立了秦州，成为双头州郡，北朝在原来仇池镇辖地设置了南秦州，后来又在此设置了梁州。这里梁州上言之天水郡，必然是梁州所属之南天水郡，因此记载之白石县应当属于南天水郡管辖之县。这就表明白石县不可能是河州，河州管辖的白石县，距天水甚远，因此，麦积山石窟第120窟记载的"□叔假伏波将军□石县令王□"之白石县，不可能指西汉金城郡、东汉和三国陇西郡之白石县，应是指南天水郡之白石县。有了天水郡白石县，北魏就不可能另外设置白石县了。

南天水郡管辖之白石县的具体位置有两指：一是《隋书·地理志》记载同谷县原名白石县，河池郡管辖有"同谷，旧曰白石，置广业郡。西魏改曰同谷。后周置康州。开皇初郡废，大业初州废"③。《旧唐书·地理志》记载成州白石县"成州，下。隋汉阳郡。武德元年，置成州，领上禄、长道、潭水三县。……隋改天水为汉阳郡，又改汉阳县为长道。同谷，汉下辨道，属武都郡。后魏于此置广业郡，领白石县。又改白水为同谷"④。两书记载有差异，前者记载北魏白石县为广业郡治所，西魏改为同谷县；后者记载北魏广业郡治所在下辨，管辖有白石县，就是说广业郡不一定设置在白石县。又改白水为同谷的记载就更为离奇，白水是白石之误还是另有所指？问题是北魏之南天水郡治所在西汉水南，在今和西和县之长道一带，似乎将同谷之白石县划归南天水郡距离上有些远。这就是说，北魏时期设置的白石县不在成县，北魏在成县设置下辨县，白石县很可能不在今成县，而是另有所置。《南齐书·州郡志》的记载有利于解决这个问题："仇池郡。上辨，仓泉，白石，夷安"⑤ 可证白石县不在成县，因为仓泉、上辨等都在西和县境，白石县可能也在西和县境。北周时期也设置有白石县，《北周书》记载赵文深"大统十年，追论立义功，封白石县男，邑二百户"⑥。《北史》记载："赵文深，字

① ［唐］李延寿撰：《北史》卷八二五，北京：中华书局，1987年。
② ［北齐］魏收撰：《魏书》卷一〇六，北京：中华书局，1974年。
③ ［唐］魏徵等撰：《隋书》卷二九，北京：中华书局，1973年。
④ ［后晋］刘昫等撰：《旧唐书》卷四四，北京：中华书局，1975年。
⑤ ［梁］萧子显撰：《南齐书》卷一五，北京：中华书局，1982年。
⑥ ［唐］令狐德棻等撰：《周书》卷四七，北京：中华书局，2003年。

德本，南阳宛人也……大统十二年，追论立义功，封白石县男。”① 既然封爵有白石县，那么北周政区设置就应当有白石县。

白石县属南天水郡管辖，应当距南天水郡不会很远。北魏有白石戍，见载于《水经注》漾水注：“汉水又西南，迳祁山军南，鸡水出南鸡谷，北迳水南县西，北流注于汉，汉水又西，建安川水入焉。其水导源建威西北山，白石戍东南，二源合注。东迳建威城南。又东与兰坑水会，水出西南近溪，东北迳兰坑城西，东北流注建安水。建安水又东迳兰坑城北，建安城南，其地故西县之历城也。杨定自陇右徙治历城，即此处也，去仇池一百二十里，后改为建安城。”② 从这段记载看，白石戍在今西和县西南，与宋代白石镇位置相同。郦道元《水经注》记载的白石戍很可能就是白石县设置的地方。西魏废帝二年（553年），南天水郡改为长道郡，改水南县为长道县③。距白石戍很近，从地域上看，应当是天水麦积山第120窟所载之白石县。光绪《秦州直隶州新志》认为“后魏白石县属仇池郡，其地当今礼县、成县之间，后汉上禄县有白石镇，中元二年，烧当羌寇陇西天水，兵败于白石，谓此镇也。今西和县之白石镇即其地”④。明确指出白石县的地理位置。

唐代以后，白石戍改为白石镇。根据《旧五代史》记载，秦州长道县领有白石镇，后唐长兴三年二月，秦州奏：“见管长道、成纪、清水三县外，有十镇，征科并系镇将。今请以归化、恕水、五龙、黄土四镇就归化镇复置旧陇城县，赤砂、染坊、夕阳、南冶、铁务五镇就赤砂镇复置旧天水县。其白石、大泽、良恭三镇割属长道县。”⑤《元丰九域志》陕西路岷州长道县管辖八镇中就有白石镇⑥。另，《宋公神道碑》记载“公世为岷州长道白石人。……（元祐）九年三月十三日甲申葬于白石之西原”⑦。又，宋《张从墓志》记载其“因从宁远，居于岷州之白石。……又监岷州白石镇。……元符三年十一月二十二日，疾终于白石镇之私第，……以当年十二月初四日，葬于白石之南原”⑧。嘉定十七年《改修白石镇城碑记》记载“关表西州，襟带秦陇，实全蜀之保障，而西和最为要冲。郡初号岷，治陇西，自□□□□密□敌境，移治白石镇，改曰西和”⑨。西和县县城之水南镇，即白石镇。从这些资料看，白石镇设置于唐代，在今西和县之上城，从唐代一直到宋代都存在。

北魏南天水郡白石县的设置时间我们无从考证，但是白石县的废弃时间我们可以从历史文献中得知一二。《魏书·地形志》没有记载南天水郡管辖有白石县，而《魏书·地形志》采用的政区划分时间是武定年间（543~550年），表明白石县在此之前已经废弃。郦道元《水经注》记载没有白石县而有白石戍，表明郦道元撰写《水经注》时白石县已经废弃。郦道元《水经注》的撰写年代，根据段熙

① ［唐］李延寿撰：《北史》卷八二，北京：中华书局，1987年。

② 郦道元注，杨守敬疏：《水经注疏》，南京：江苏古籍出版社，1989年，第1690~1691页。

③ 王仲荦：《北周地理志》，北京：中华书局，1980年，第1158页。

④ 王权、任其昌合纂：《秦州直隶州新志》，光绪十五年刻本。

⑤ ［北宋］薛居正等撰：《旧五代史》卷一五〇，北京：中华书局，1983年。

⑥ ［北宋］王存等：《元丰九域志》卷一三〇，北京：中华书局，1984年。

⑦ ［清］邱大英：《西和县志》，西安：陕西人民出版社，1997年，第840~842页。

⑧ ［清］邱大英：《西和县志》，西安：陕西人民出版社，1997年，第847~848页。

⑨ ［清］邱大英：《西和县志》，西安：陕西人民出版社，1997年，第847~848页。

仲《水经注六论》考证，郦道元死于527年，而《水经注》记事到521年，是郦道元于卒前六年犹未成书①。白石县在527年或者更早已经废弃。根据《南齐书》记载仇池郡有白石县，《南齐书·州郡志》记载时间大约是以永明年间（483~494年）为准，因此白石县的设置时间在此之前，废弃时间应当在此之后。

关于北魏设置梁州的时间，根据《魏书·世祖纪上》记载，始光三年（427年）仇池杨玄随沮渠蒙逊内附，四年“冬十有一月，以氐王杨玄为都督荆梁益宁四州诸军事、假征南大将军、梁州刺史、南秦王”。这样北魏名义上就设置了梁州，这只是羁縻性质，北魏并没有直接管理梁州，梁州之下是否设置有南天水郡，我们没有发现任何蛛丝马迹。太延二年（436年）“杨难当窃居上邽……杨难当奉诏摄上邽守”。五年“庚寅，以故南亲王世子杨保宗为征南大将军、秦州牧、武都王、镇上邽”。同年十二月“杨难当寇上邽，镇将元勿头击走之”②。直至这个时期北魏才控制秦州地区，而仇池王杨难当仍然控制着天水以南地区。《魏书·世祖纪下》记载太平真君三年（442年），刘宋遣裴方明攻克仇池，杨难当奔上邽投北魏，同年七月北魏遣建兴公古弼、武都王杨保宗等攻仇池，四年二月“是月，克仇池”。北魏开始直接管理仇池地区。因此仇池设梁州应当在太平真君四年之后。但是到太平真君九年（448年）“氐杨文德受义隆官号，守葭芦城，招诱武都、阴平五部氐民。诏仇池镇将皮豹子讨之，文德弃城南走，擒其妻子僚属”③。表明北魏占领仇池之后，在这里建立了仇池镇。《魏书·高祖纪第七上》记载太和元年（477年）十月刘宋葭芦戍将杨文度遣弟鼠攻陷仇池，北魏遣杨灵珍等讨鼠，杨鼠奔走，北魏攻陷葭芦，杀杨文度。二年（478年）秋七月“刘准遣将寇仇池，阴平太守杨广香击走之”④。这里虽然没有记载北魏在仇池的建制是镇还是州，但是在这一地区已经建立郡一级行政单位。根据《魏书·氐传》记载，“后仇池镇将杨灵珍袭破武兴，集始遂人肃赜”。表明这个时期还没有设置梁州。杨灵珍出任仇池镇将的时间是什么时候，我们根据《魏书·高祖纪第七上》记载太和六年（482年）九月辛酉以氐杨后起为武都王。《资治通鉴》记载齐武帝永明三年（485年）“秋，七月，癸未，魏遣使拜宕昌王梁弥机兄子为宕昌王。初，弥机死，子弥博立，为吐谷浑所逼，奔仇池。仇池镇将穆亮以弥机事魏素厚，……弥承为众所附，表请纳之。诏许之”⑤。486年杨后起死，北魏以杨集始为南秦州刺史、武都王。《资治通鉴》卷一四一齐纪七明帝建武四年（497年）“魏以氐帅杨灵珍为南梁州刺史。灵珍举州来降……”胡三省注“魏置梁州于仇池，置南梁州于武兴”⑥。可以肯定梁州设置497年之前，杨灵珍出任仇池镇将当在485年之后。梁州见载是太和十九年（495年）七月“乙卯，曲赦梁州，复民田租三岁”⑦。曲赦梁州的原因，可能就是仇池镇将杨灵珍带领镇兵对盘踞武兴的武都王杨集始的战争。由于这次战争解除仇池镇南部的威胁，因此北魏在这里废除仇池镇而建立梁州，以

① ［北齐］魏收撰：《魏书》，北京：中华书局，1974年，第3414页。
② ［北齐］魏收撰：《魏书》卷四上，北京：中华书局，1974年。
③ ［北齐］魏收撰：《魏书》卷四下，北京：中华书局，1974年。
④ ［北齐］魏收撰：《魏书》卷五，北京：中华书局，1974年。
⑤ ［北宋］司马光编著：《资治通鉴》卷一三八《齐纪二》，北京：中华书局，1956年。
⑥ ［北宋］司光马编著：《资治通鉴》卷一四一《齐纪七》，北京：中华书局，1956年。
⑦ ［北齐］魏收撰：《魏书》卷七《高祖纪》，北京：中华书局，1974年。

杨灵珍为刺史，因为杨灵珍是氐族王姓杨氏后裔，为了削弱他的势力，因此在两年之后又武兴设置南梁州而以其为刺史。可以肯定梁州的设置应当是太和十九年（495 年）。石文德生活的时间根据我们考证应当是北魏孝文帝太和年间，所附梁州天水郡白石县也应当是北魏孝文帝太和后期的事情，也就是说属于太和十九年之后的事情。

结合以前考证，南天水郡的设置时间，根据《魏书・地形志》记载，“南秦州，真君七年置仇池镇，太和十二年为渠州，正始初置。治洛谷城。领郡六，县十八。天水郡，真君七年置。领县三。水南，郡治。真君二年置。平泉，真君三年置。平原”①。这样我们可以确定南天水郡的设置时间是太平真君七年（446 年），与仇池镇为同一时期。

综合以上研究，可以认为，北魏梁州天水郡设置有白石县，在今西和县境，《隋书》记载将北魏广业郡管辖之白石县错误记载为以白石县置广业郡、白石县改名同谷县。《旧唐书》记载接近事实，即广业郡管辖白石县，改白水县为白石县。白石县的设置应当是太平真君七年前后，废弃大约是西魏武定年间之前，即 446~543 年。这样天水麦积山石窟第 120 窟的开凿时间也应当在这个时间段。另外我们根据《魏书・氐传》记载，北魏“正光中，尚书右丞张普惠为行台，送租于南秦、东益，普惠启公熙俱行”②。表明直到正光年间（520~525 年）北魏还没有梁州的设置，仇池仍然为南秦州治所。因此白石县的设置应当晚于正光年间，那么第 120 窟的开凿也应当在 525~543 年。

四、第 120 窟与同期石窟的艺术风格及其开凿时间

第 120 窟开凿时间，也可以通过第 120 窟造像风格、特点与同期石窟的比较得到证实。通过我们比对及学术界的研究，麦积山同一时期的这些石窟大约有第 44 窟、20 窟、123 窟、105 窟等。

第 20 窟根据李西民等《麦积山石窟内容总录》，建窟时代为北魏，洞窟形制为方形平顶窟，右壁、前壁坍塌；窟内雕塑内容：正壁坐佛一身，左右胁侍菩萨各一身，左壁塑坐佛一身③。第 20 窟与第 120 窟共性为：洞窟形制一致，都是方形平顶窟；窟内雕塑内容一致，都是三世佛及其胁侍菩萨及其弟子；塑像风格接近，佛像面部圆润，菩萨无论面部特征还是身上佩饰都相同，由此得知，二者开凿时间也比较接近。

第 44 窟以其主尊雕塑精美成为学术界非常关注的石窟，根据《麦积山石窟内容总录》该窟修建时代为西魏，洞窟形制为方形四角攒尖顶窟，前部坍塌，正壁开一龛；雕塑内容为正壁龛内塑坐佛一身，龛外两侧胁侍菩萨各一身，左壁塑弟子一身④。与第 120 窟比较，塑像内容和风格接近，应当是同一时代的东西，修建不会很远。

---

① ［北齐］魏收撰：《魏书》卷一〇六，北京：中华书局，1974 年。

② ［北齐］魏收撰：《魏书》卷一〇一，北京：中华书局，1974 年。

③ 李西民、蒋毅明：《麦积山石窟内容总录》，天水麦积山石窟艺术研究所编：《中国石窟・天水麦积山》，北京：文物出版社、东京：平凡社，1998 年，第 227 页。

④ 李西民、蒋毅明：《麦积山石窟内容总录》，天水麦积山石窟艺术研究所编：《中国石窟・天水麦积山》，北京：文物出版社、东京：平凡社，1998 年，第 278 页。

第123窟根据《麦积山石窟内容总录》修建时代为西魏，洞窟形制为方形平顶，正、左、右壁各开一龛；正壁龛内塑坐佛一身，龛外两侧胁侍菩萨各一身；左壁龛内塑居士（维摩诘）一身，龛外右侧弟子（阿难）一身，左侧侍者（童男）一身；右壁龛内塑菩萨（文殊）一身，龛外左侧弟子（迦叶）一身，右侧侍者（童女）一身。窟内刻划题记有乾德四年、熙宁八年、崇宁八年、开宝九年、太平兴国四年，但是与洞窟修建毫无关系①。从塑像布局、洞窟形制、塑像特点看，应当与第120窟为同一时代的作品②。由此证实，麦积山石窟第120窟应当是北魏与西魏之间所开凿的石窟。

由第120窟与127窟的关系，也可以间接判定第120窟的开凿时间。关于第120窟与127窟关系，麦积山石窟研究专家就这个问题有一定看法：第127窟开凿在前，第120窟开凿在后，因此第120窟开凿期间，无意间将第120窟的后壁与第127窟前壁打通，所以，第120窟开凿在后而127窟开凿在前，这样一来，由第127窟的开凿时间可以确定第120窟的开凿时间。第127窟经过学术界的研究，与西魏乙弗皇后关系密切。第127窟的开凿时间经学术界的研究有北魏说，如阎文儒《麦积山石窟》、董玉祥《麦积山石窟的分期》、李西民《论麦积山石窟艺术史上的六个高潮》和《麦积山石窟内容总录》、项一峰《麦积山西崖西上区石窟内容总录》都将其定为北魏石窟，区别在于是否为北魏晚期石窟。也有学者持西魏说，如著名佛教美术史专家金维诺先生《麦积山石窟的兴建及其艺术成就》中将第127窟确定西魏初年石窟，将第120窟定为北魏晚期石窟，这是根据第120窟和西魏石窟121窟分别被第127窟打穿这一情况而得出的结论。同时金维诺先生还认为127窟前壁七佛画像中的比丘尼与乙弗后有关。傅熹年《麦积山石窟所见古建筑》也认为127窟是西魏时期石窟。另外，张宝玺《麦积山石窟壁画叙要》将第127窟定为北魏晚期到西魏之间。这样关于第127窟的开凿年代就有了三个时间，即北魏、西魏和北魏西魏之间。经过我们研究，认为第127窟是西魏乙弗后和武都王戊建造。从第127窟石雕造像的艺术水平与青州龙兴寺石刻造像比较得知，应当是当时中原地区风格和艺术水平，同时第127窟中的壁画也代表了当时的最高水平，特别是石窟中的经变画是当时的代表，这些壁画的粉本和开凿石窟的工匠有可能也是从当时的长安地区来的，能够做到这一点的只有乙弗后和其子武都王戊，他们有这样的财力和能力。其次麦积山第127窟的洞窟建筑形制经傅熹年先生研究，这种横长矩形盝顶式与第43窟西魏乙弗后墓后室相同，证明二者之间有很密切的关系，很可能是乙弗后的功德窟或者具有家庙性质的真堂。无论如何，麦积山石窟第127窟的开凿时间应当在西魏时期。

乙弗后的研究已经有很多人做过工作。535年西魏文帝元炬即位，当即立乙弗为皇后，大统四年（938年）迫于柔然的压力，以乙弗后为尼，纳柔然头兵之女为后，头兵之女心存嫉妒，不让乙弗氏留在长安，迫使文帝将乙弗氏徙居秦州，跟随儿子武都王元戊生活。大统六年（540年），迫于柔然的压力，文帝派中常侍曹宠拿手敕让乙弗后自尽，于麦积山崖为龛而葬，号为寂陵③。第43窟是学术界研究后公认的是乙弗后的寂陵，如果说第127窟与祭祀有关而开凿的石窟，那么它的开凿年代应当在西

① 李西民、蒋毅明：《麦积山石窟内容总录》，天水麦积山石窟艺术研究所编：《中国石窟·天水麦积山》，北京：文物出版社、东京：平凡社，1998年，第285~286页。

② 郑炳林、沙武田：《麦积山第127窟造像为乙弗皇后功德窟试论》，《考古与文物》2006年第4期。

③ 齐陈骏：《从麦积山寂陵谈西魏时期关陇地区的文化融合》，郑炳林、花平宁主编：《麦积山石窟艺术文化论文集》，兰州：兰州大学出版社，2003年，第16~26页。

魏大统六年（540年）之后不久。表明第120窟的开凿年代应当在540年之前，只有这样，第127窟开凿时才有可能将第120窟打穿。关于第120、121窟与127窟之间关系，金维诺先生有精辟见解："第120窟后壁曾被第127窟凿通。经修补才又被隔开。第121窟顶部亦与127窟地面相通。第120窟、121窟均为小窟，如为后建，当避开大窟，不会在第127窟近旁开凿，特别不会凿破大窟。因此从打破关系考察，第127窟系后开。由于崖面已满，不得不打一通道，深入崖内凿窟，但计划不周，仍在前壁凿通第120窟的后壁；铲平地面时，又打透了第121窟窟顶，所以其时代是较晚的。第121窟为北魏窟，第120窟北魏晚期窟，第127窟当为西魏初年窟。"① 这也印证了我们的看法。

另外从常理上讲，麦积山石窟第127窟也应当开凿在第120窟之后，从第120窟内保存的供养人题记得知，第120窟的功德主在当时的秦州地区实力非常大，有龙骧将军天水太守王宗、武兴镇将王胜、叔假伏波将军白石县令王□，虽然这几位都已经亡故，我们还没有发现具体开凿者的身份。但是我们可以肯定，王氏家族在秦州的势力不是一般人可以比拟的，他们家族开凿的第120窟也是具有家庙性质的真堂。王氏家族的地位，可以从其任职来看。《通典·职官》秩品记载魏官置九品，龙骧将军第三品，伏波将军第五品②。《魏书·官氏志》记载龙骧将军，从第三品，地位同中州刺史，而上郡太守与下州刺史，第四品③。根据《魏书·地形志》记载天水郡有秦州之天水郡和南秦州之天水郡，都没有表明郡的级别④。如果都是上郡，官职的地位也不过四品，但是由于兼任龙骧将军，一下子上升到从三品。白石县令王□，根据《魏书·官氏志》上县令六品、中县令七品、下县令八品，但是伏波将军的品级是从五品。武兴镇将王胜，他的品级将在天水太守王宗之上或者相同，官品将是从三品或者从二品。所以只有地位和实力都比其大很多，才敢于将石窟开凿第120窟之上，并在开凿中将第120窟后壁打穿。第127窟与第120窟相比较，规模恢宏，艺术水平之高，都是第120窟无法比拟的，第127窟中壁画特别是经变画，就是敦煌地区也只有到了中唐的第220等窟才能与之相媲美；石窟中石雕佛像，只有长安和青州地区可以类比。因此可以肯定，麦积山石窟第127窟的开凿者身份也是第120窟的开凿者无法比拟的。在秦州地区，当时地位在天水太守、武兴镇将之上的只有武都王元戊和西魏文帝乙弗后了。

从第120窟佛教造像的艺术特点和水平，王氏家族开凿第120窟，应当说所使用的粉本和工匠必然是秦州地区最好的，但是同第127窟比较，相差了很大一截子，而且二者风格相去甚远。这说明第120窟的开凿在前，第127窟开凿在后，只有这样，第120窟与第127窟存在的艺术差异才能说得过去。我们是否这样来看这种现象，第120窟的开凿主要继承了北朝秦州地方艺术风格，而第127窟主要继承和发展了北朝中原地区的艺术风格和水平。麦积山第120窟的造像艺术风格与第76窟有很多近似性，而第76窟是仇池杨氏家族开凿的石窟，第120窟的开凿者与仇池地区也有非常密切的关系，先亡家族成员中就有两位是在仇池地区任职的，因此我们是否可以得出这样的结论，就是麦积山石窟中

① 金维诺：《麦积山石窟的兴建及其艺术成就》，天水麦积山石窟艺术研究所编：《中国石窟·天水麦积山》，北京：文物出版社、东京：平凡社，1998年，第165~180页。

② ［唐］杜佑撰：《通典》卷三五，北京：中华书局，1988年。

③ ［北齐］魏收撰：《魏书》卷一一三，北京：中华书局，1974年。

④ ［北齐］魏收撰：《魏书》卷一〇六，北京：中华书局，1974年。

第76、120等一批石窟的造像风格受四川南朝的影响很大。

通过以上研究，我们可以得出这样几点认识：第一，麦积山第120窟与121窟为对窟，时间相同，开凿年代最晚不能晚于第127窟即540年；第二，第120窟供养人题记中的白石县不是指河州凤林县，而是指北魏在成州设置广业郡之白石县，设置时间根据梁州刺史管辖到这里看，白石县设置的时间应在永明年间（483~494年）以前，废除是在527年之前；第三，王胜出任武兴镇的时间是497年之后到524年之前；第四，供养人题记中记载到的天水郡是指南天水郡，属于南秦州管辖。由以上几点推断，麦积山石窟第120窟的修建时间显然要比第127窟早，大约是在497~524年。

（原载于《天水师范学院学报》2009年第1期）

对麦积山石窟第 133 窟碑刻入藏年代的再认识

董广强

麦积山石窟第 133 窟是一个内部空间比较大的洞窟，开凿于北魏晚期，窟内保存了较多的精品造像，成为学术界关注的洞窟之一。特别是窟内保存的 18 块造像碑，对它和洞窟的关系等一系列的问题都曾引起过研究者的重视。

最初对这个问题提出看法的是何静珍、张学荣先生。他们在 1990 年举行的敦煌学国际研讨会上提交《麦积山第 133 窟 10 号造像碑内容辨析》一文，认为这些碑刻是本窟之物，依据为第 133 窟内有安置这些碑刻的位置，即在“一堂二内”的侧壁下层没有贴影塑的痕迹，应该是为放置碑刻而预留的位置①。但是，这些凿刻的“预留的位置”仅仅是个别的，而且存在没有最后完工的痕迹，另一点这些造像碑的艺术风格、雕刻手法、内容等都存在一定的差异，明显不属于一个时期，时代应该是在北魏晚期至北周的作品。所以，完全可以排除这些碑刻是第 133 窟的原本之物，而应该是后来由于某种原因搬运到这个洞窟中的。

1990 年，蒋毅明先生在《麦积山石窟 133 窟 10 号造像碑的艺术特色》一文中也涉及这个问题，认为这些碑刻在 911 年以前王仁裕参观麦积山时就已经放置在这个洞窟中了，但由于这并非是文章讨论的要点，所以蒋先生并没有进一步讨论②。

1998 年，笔者撰写一篇小文《麦积山石窟“碑洞”释疑》，从洞窟内佛像的布置等各种情况推论认为，这些碑刻并不是洞窟最初的原物，而是由于某种意外的原因放置在洞窟中的。通过对历史背景的分析，认为这是在北周灭佛时出于避难的原因放置在这个洞窟中的③。

在 2002 年举办的麦积山石窟艺术与文化国际学术讨论会上，谢生保、陈玉英《麦积山第 133 窟石刻造像碑研究概述》对这个问题也进行了综合分析，认为“第 133 窟造像碑的入藏年代可能在宋代至

---

① 何静珍、张学荣：《麦积山第 133 窟 10 号造像碑内容辨析》，敦煌研究院编：《1990 敦煌学国际研讨会文集 · 石窟艺术编》，沈阳：辽宁美术出版社，1995 年，第 394~396 页。

② 蒋毅明：《麦积山石窟 133 窟 10 号造像碑的艺术特色》，麦积山石窟艺术研究所编：《石窟艺术》，西安：陕西人民出版社，1990 年，第 50~56 页。

③ 董广强：《麦积山石窟“碑洞”释疑》，《丝绸之路》1998 年第 1 期；后收入郑炳林、魏文斌主编：《天水麦积山石窟研究文集》（上），兰州：甘肃文化出版社，2018 年，第 422~424 页。

明代，更有可能是在南宋末期"，是出于躲避某次战乱的目的①。

第133窟在麦积山石窟是一个很重要的洞窟，而保存的石刻造像碑是这个洞窟的重要组成部分，甚至在整个麦积山的雕塑艺术中都占有不可低估的作用，而目前对这个问题的分歧也在一定程度上影响着第133窟综合研究的深入发展，所以很有必要对造像碑放置的时间进行认真讨论。

根据历史资料，这些造像碑最晚在明代中期就已经在这个洞窟中了，清代学者任其昌在他的《游麦积山记》中有这样的记述："（从最高层栈道）再西则又渐下，为洞尚十余。前明中，木栈为野火所焚，椽间存，人迹绝不能至，闻僧徒有痴者曾入之，云内多石碑，惜不能名其字。"② 说明从明代中期开始，由于栈道被火灾焚毁，一般人都很难到达这个位置，所以考证这些造像碑的入藏年代，其下限应该是明代中期。

对于笔者前面所作的小文，由于当时的认识程度有限，对有些问题并没有详尽地论述。但经过对相关文献资料进行仔细阅读和揣摩后，笔者认为当初提出的观点仍然是可以成立的。

在这个洞窟中有许多题记，我们可以借助这些资料了解到更多的历史信息。现将这些题记录之于后：

133窟第3龛有墨书：……巩昌府宝……陈文秀室人……特……养育舍财□释迦佛一尊，菩萨一尊保延一□人等……/皇大元岁在丙戌（1286年或1346年）四月初……

窟门右壁墨书：贴金僧□（智）□（虎）□会众信士智亮、会首惠进、惠□（玉）、仁□、惠□、惠□。红崖地会首王门……/万历二十八年（1600年）九月初九惠灯书。

游人题记

9号造像碑背面，朱书：大宋熙宁八年（1075年）三月二十六日，赵瞻书石。

9号造像碑背面，刻石：本寺童行戴留哥同赵小□因困到此，嘉泰三年（1203年）六月初七日。

3号龛后右角，墨书：巩昌府至元二年（1265年）……

10号造像碑正面，刻画：至元一十一年（1274年）四月初八日。

右侧内室正壁佛座前，墨书：致和元年（1328年）六月十三日，巩昌甘渭游题，僧人万寿寺侯吉祥，宝庆寺行镒、行剑、□□、□福寺……兴国寺……一行□人……

左侧内室7号龛正壁佛座前，墨书：至正二年（1342年）四月初□（八）日，奉元住人是在秦州东……

2号造像碑下部，墨书：至正十三年四月初□日徐□长□。

10号造像碑正面，刻划：天顺四□（年）（1460年）五月二十日，有本局作头王文智到，同日，本局作头高敬、贯牛儿□□。

---

① 会议之后，谢生保、陈玉英对此文作了增删修订，以《麦积山石窟第133窟造像碑研究综述》为名，发表在《敦煌研究》2003年第6期上。又参同氏：《麦积山第133窟石刻造像碑研究概述》，郑炳林、花平宁主编：《麦积山石窟艺术文化论文集》（上），兰州：兰州大学出版社，2004年，第184~198页。

② 张锦秀编撰：《麦积山石窟志》附录，兰州：甘肃人民出版社，2002年，第285页。

7号龛正壁佛座前，刻划：嘉靖拾年秋□□僧人道安□□。

16号造像碑正面，刻划：嘉靖三十九年（1560年）十一月初九日，舍人张四维，室人高氏。

7号龛正壁佛座前右侧，万历十年（1582年）三月十三日朝此……

前堂正中大佛背面，墨书：万历二十八年（1600年）四月七日，魏□□、赵□□、王廷江、赵应全、刘□□（山）。

前堂正中大佛背面，墨书：□□仲王氏，万历三十五（1607年）年奉水陆会到此。

4号造像碑正面，墨书：天启四年（1624年）四月八日，师门□氏，僧如晓，徐门尹氏。

前堂正中大佛背面，墨书：崇祯元年（1628年）四月，秦州卫礼店前所人樊悦妻马氏□□、□□蛟壹家发心朝爷名山。

前堂正中大佛背面，墨书：崇祯元年（1628年），松树王进成、王邦进、罗□①。

在第133窟题记的年代中，以赵瞻的题记最早："大宋熙宁八年（1075年）三月二十六日，赵瞻书石。"而在第5窟中龛龛口右下位置也有赵瞻的题记，内容为："熙宁八年三月二十四日，试书郎赵瞻，自秦州陇城寨薄权陇城县尉来观麦积山石佛阁，因书。"② 我们先对这两条进行分析。

赵瞻是在二十四日先参观麦积山东崖洞窟（石佛阁，现在编号第4、5窟），并在这里刻石留念；之后又游览其他处的洞窟，于二十六日在造像碑上题字，那么，这块造像碑（9号）在赵瞻题字时究竟是在什么位置呢？是在寺院中，还是已经在第133窟中呢？

我们看到，赵瞻在第5窟的题记在前，造像碑上的题记时间在后，这能说明一个什么问题呢？

按照一般的游览顺序，来到麦积山，当然是先来到寺院。北宋时，麦积山处于兴盛的发展时期。作为一个政府官员来到麦积山，寺院的僧人等肯定会在寺院中要进行一番接待和初步的游览，而不会不进山门而径登七佛阁。从三月二十六日在碑刻上的题记看，是属于一般性的题字留名。如果造像碑在赵瞻参观时存放在寺院的某一个殿堂中，赵瞻肯定在参观时就看见了，他想要题字留名的话，那就先在这里题名了。但从题记时间看，他是先游览东崖，然后在造像碑上题名的，这说明造像碑当时并不在寺院里，而是已经在第133窟中了，是赵瞻游览完东崖第4、5窟以后，又从容地游览西崖，在第133窟中看见了这些造像碑。由于他于二十四日在第5窟已经题名，并详细书写了日期、官衔、参观地等基本情况，所以二十六日在第133窟只是简略地题石留名。

另外，古人在风景名胜之地题字留名，无非是想向他人或后人证明自己曾经到过风景绝佳之地或他人难以到达之地，从而留名千古。比如五代在天堂洞（第135窟）题诗的王仁裕便是这种心理状态，体现于他的诗中："蹑尽悬崖万仞梯，等闲身共白云齐。檐前下视群山小，堂上平分落日低。绝顶路危人少到，古岩松健鹤频栖。天边为要留姓名，拂石殷勤手自题。"所以，在赵瞻题字时，这些碑刻若是放置在寺院的某一间殿堂内，这样的地方人来人往，信众如云，完全没有必要在这里留名；而第133窟由于洞窟位置比较高险，来到这个位置的人自然不会太多，同时内部的空间比较大，塑像、雕刻等都比较吸引人，所以可以肯定，在赵瞻题字的时候，这些碑刻是在第133窟的。

① 张锦秀编撰：《麦积山石窟志》上编第四章《题记》第二节《历代游人题记》，第155~156页。

② 张锦秀编撰：《麦积山石窟志》上编第四章《题记》第二节《历代游人题记》，第145页。

我们再来看9号碑上的另一条题记："本寺童行戴留哥同赵小□因困到此，嘉泰三年（1203年）六月初七日。"这是一条刻石题记，是本寺的两个童行在这里刻写的，内容很简单，但这里的"因困到此"的"此"是什么位置呢？是现在的第133窟，还是寺院呢？

两个童行不论是什么原因来到这个地方，可以肯定的是，这个地方并不是他们经常可以来的地方。如果是在寺院的某个位置或殿堂，如大殿、配殿、禅房、僧室等，他们经常进进出出，应该没有必要在这里题刻，因为这些地方对所有的人、包括进香的信众都十分熟悉，两个童行又没有什么特别的事情，而在寺院的某个位置题刻在情理上是讲不通的。

另外，"因困到此"中的"因困"，从字面上看有两种解释：一是因为"困乏"到这里；二是被"困"在此地而进退不得，行动受到了限制。无论是哪一种原因，"因困到此"中的"此"都不会是寺院的某个位置。我们先看第一种原因，假设童行因为困乏而在寺院的某个位置休息，而现在第133窟中有18通造像碑，尚有一组石雕一佛二菩萨，如果这时期这些碑刻和造像在寺院中，僧人应该将其放置在某个房间内，而能容纳这些物品的房间应该是一个比较大的房间。换而言之，这个房间应该是当时寺院的比较重要的建筑，而不应该是在偏僻角落的小建筑甚至于檐前廊下，因为小建筑根本容纳不下这些雕刻品。这样的话，两名年轻的僧人因为"困乏"在寺院的某一个殿堂内休息，就应该是很平常的事，可能每天都要发生，所以就根本没有在这里题刻的必要和缘由。而在寺院的殿堂内也根本不会产生被"困"在此地而进退不得的情况，所以可以肯定，"因困到此"中的"此"绝对不可能是寺院中的殿堂。

在南宋的嘉泰、开禧年间，正是金兵入侵秦州的时期，金兵时时袭扰秦州，对佛教活动肯定会带来很大的影响，麦积山的佛教活动和北宋时期相比暗淡了许多，山体上的栈道也可能多有破损和断绝之处。我们看戴留哥在9号碑上的刻画题记是在六月七日，这应该是天气晴好的时间，两名童行可能对第133窟这个洞窟充满了好奇之心，但通向洞窟的栈道似乎是不牢固或者是间有断绝，这两名童行冒险进入这个洞窟之后，看见脚下的悬崖，产生了后怕、畏难的心态，或者是栈道在踩踏过程中断裂，也就产生了上山容易下山难的尴尬境况。在这种情况下，他们就这洞窟里面的碑刻上题刻以记此事。从这一点看，南宋嘉泰三年（1203年）这些造像碑就已经在这个洞窟中了。

现在我们再看最重要的一条文字，即王仁裕《玉堂闲话·麦积山》：

> 麦积山者北跨清渭南渐两当五百里岗峦麦积处其半崛起一石块高百万寻望之团团如农家积麦之状故有其名其青云之半峭壁之间镌石成佛千龛万室虽自人力疑是神功隋文帝分葬神尼舍利函于东阁之下石室之中有庾信铭记刊于岩中古记云六国共修自平地积薪至于岩颠从山镌凿其龛室神像功毕旋折薪而下然后梯空架险而上其间千房万室缘空蹑虚登之者不敢回顾将及绝顶有万菩萨堂凿石而成广古今之大殿其雕梁画拱绣栋云楣并就石而成万躯菩萨列于一堂自此之上更有一龛谓之天堂空中倚一独梯攀缘而上至此则万人中无一人敢登者于此下顾其群山皆如蛄蝼王仁裕时独能登之乃题诗于天堂西壁①。

① 转引自阎文儒主编：《麦积山石窟》，兰州：甘肃人民出版社，1984年，第150页。

由于有些争议是对断句的不同，所以这里先没有断句。对这篇记文的大部分断句，大家都没有争议，而在对第133窟的一段具体描述中，笔者的意见和其他学者有所不同，在《麦积山石窟》一书中，断句情况是这样的："将及绝顶，有万菩萨堂，凿石而成，广古今之大殿，其雕梁画拱，绣栋云楣，并就石而成，万躯菩萨，列于一堂"，大部分人都认可这种断句。而笔者根据前后文的文意推断，"并就石而成"与"万躯菩萨"之间不应点断，当为："其雕梁画拱，绣栋云楣，并就石而成万躯菩萨，列于一堂。"关键在于"并就石而成"是指什么。

谢生保、陈玉英对笔者《麦积山石窟"碑洞"释疑》一文提出了不同的观点，认为"并就石而成"是指这个"广古今之大殿，其雕梁画拱，绣栋云楣"的洞窟①。但笔者认为，这个观点是难以成立的。

在前面对麦积山的整体描述中，提到了"其青云之半、峭壁之间，镌石成佛，千龛万室"，这一句已经说明了山崖上有"千龛万室"，而这个"千龛万室"当然是在山崖中凿刻的洞窟。而在对第133窟的具体描述中，也提到了"有万菩萨堂，凿石而成，广古今之大殿"，在提到"万菩萨堂"（第133窟）的名字以后，就更进一步明确了这个洞窟是"凿石而成"的。在前面已经说明在峭壁之间有千龛万室的前提下，在这里再一次提出万菩萨堂是"凿石而成"的，是由于这个洞窟的内部空间比其他洞窟都要大得多，在一定程度上超出了王仁裕的想象，所以他才对这个"广古今之大殿"的洞窟再次强调了是"凿石而成"。然后是描述洞窟里面的装饰情况，因为王仁裕并不是佛教徒，对佛教壁画知之甚少，所以在描述时参照了普通建筑的结构形式描述，如"广古今之大殿，其雕梁画拱，绣栋云楣"中的"梁、拱、栋、楣"等都是普通木结构建筑的部件。而"并就石而成"这句话是在这些描述的后面，从语序上看，"并就石而成"绝对不是对这个洞窟本身的描述，而是对洞窟中某个具体内容的描述，因为在前面已经把第133窟的整体情况进行了比较详细的说明。再者，前面已经明确万菩萨堂是"凿石而成"，这个"凿"就是开凿的意思，如果后面再说一次这个洞窟是"就石而成"，不但显得重复和啰唆，而且也不符合行文顺序，在惜墨如金的古文中，这是不可能出现的现象。所以，"就石而成"应该是另有所指。

在"就石而成"之后，是"万躯菩萨，列于一堂"，这里的"万躯菩萨"又是何指呢？谢、陈二氏认为，"万躯菩萨"是指洞窟四壁的影塑小千佛，因为第133窟全部造像碑上的雕刻佛像仅仅在3000左右，不足以称"万躯"。但需要说明的是，"千、万"等词在文学中是属于描述性的夸张用词，在王仁裕记文的前面已经多次用到"千、万"等词，如"高百万寻……千龛万室……其间千房万室……有万菩萨堂……万躯菩萨列于一堂……至此则万人中无一人敢登者"，这些都是文学夸张描述，并非实指，而谢、陈二氏所说的影塑千佛也不足万数，所以不能以此来作为论述的证据。

另外，在"万躯菩萨，列于一堂"中，有一个字需要引起我们的注意，是"堂"字。"堂"指厅堂、殿堂，如果在一般性的建筑中是指建筑物的使用空间，而不是指建筑物的墙壁或其他部位，古人不会把建筑物的墙壁用"堂"字来描述，而在这里应该是指"万菩萨堂"这个洞窟内的使用空间，而对于开凿出来的洞窟壁面绝不会使用"堂"字，用"壁"字更为准确和贴切一些。如果"万躯菩萨"

① 谢生保、陈玉英：《麦积山石窟第133窟造像碑研究综述》，《敦煌研究》2003年第6期。

是指这个洞窟壁面上的影塑千佛的话，用“列于四壁”就符合第133窟的具体情况。因此，“万躯菩萨”绝不是指壁面上的影塑千佛。

下来，我们再仔细分析“并就石而成”究竟是何指，问题的关键点也就在这里，“并”在古汉语中作为虚词，对上下文意起着转折、递进的意思，如果像谢、陈文说的那样，“并就石而成”是指这个洞窟，那么，在文意上就根本不存在转折和递进的前提条件，如果不嫌语句重复和颠倒（前面已经有“凿石而成”），在这里直接用“就石而成”就可以了，不会使用“并”字。

综合前面的分析，“并就石而成”根本不可能是指这个洞窟，“万躯菩萨”也不应该是指洞窟四壁的影塑小千佛。“并就石而成”应该是指“万躯菩萨”，所以，这一部分的断句是这样：“将及绝顶，有万菩萨堂，凿石而成，广古今之大殿，其雕梁画拱，绣栋云楣，并就石而成万躯菩萨，列于一堂。”而就石而成的万躯菩萨在这个洞窟中当然是我们现在看到的这些造像碑，也就是讲，最晚在王仁裕参观万佛洞的911年，这些造像碑就已经在这个洞窟中了。

那么，这些造像碑入藏第133窟的时间也就应该是在北周至五代初的911年这一个时间段内了。对于这个问题，笔者在《麦积山石窟“碑洞”释疑》一文中已有详解，认为是在北周灭佛时僧人们为了避难而放置到麦积山高层洞窟中的，在这里不再多论。

（原载于《敦煌学辑刊》2009年第2期）

麦积山瑞应寺藏清代纸牌水陆画的初步整理

夏朗云

麦积山石窟艺术研究所现藏一些小型彩绘纸画，竖长方形，系麦积山瑞应寺旧藏，1989 年，本所在为瑞应寺藏古代遗书编目时重现，其内容均为佛教尊像，有 1 纸 1 尊者，1 纸 2 尊者，1 纸 5 尊者，从麦藏 0928 到麦藏 0961 依次编号，共 34 纸，有少量题记，高度在 44~49 厘米之间，宽度在 26.5~29 厘米之间，被多层裱托，形成硬纸板状，厚度约 2 毫米，现初步公布如次。

一、名称

麦藏 0960 纸画，其背面有墨书发愿文题记，根据"麦积山瑞应寺发心承造诸佛菩萨诸天护法像牌两堂共十八尊"的说明，这种画应称作"牌画"，单位为"尊"，应具有牌位性质。因此，这种小巧的纸画，从器质上应称作"纸牌画"，从题材类别上可称"佛教像牌画"。

纸像牌画分组为"堂"，而以"堂"为组合的画作，一般是宗教水陆画，因此这些佛教画作，基本可总称为"佛教水陆纸像牌画"。

二、分堂

麦藏 0960 发愿文题记"像牌两堂共十八尊"表明，有 18 尊像牌组成 2 堂水陆画。

在 34 张纸像牌水陆画中，与麦藏 0960 绘画风格较为近似的正好共 18 张，根据细微绘画风格和尺寸的区别，又可细分为 2 组，每组 9 张，于是，这 2 组可暂编为第 1 堂和第 2 堂。

其余画作，根据绘画风格一致和尺寸应基本一致的原则，亦可分 4 组（堂），于是依次形成以下 6 堂。

第 1 堂 9 张：

1. 麦藏 0931，高 44.5、宽 28 厘米；
2. 麦藏 0954，高 44、宽 28 厘米；
3. 麦藏 0928，高 43.8、宽 27.5 厘米；
4. 麦藏 0957，高 44、宽 28 厘米；
5. 麦藏 0958，高 44、宽 28 厘米；

6. 麦藏 0932，高 44、宽 28 厘米；

7. 麦藏 0939，高 44、宽 27.5 厘米；

8. 麦藏 0955，高 44、宽 28 厘米；

9. 麦藏 0938，高 44、宽 28 厘米。

第 2 堂 9 张：

1. 麦藏 0960，高 48.5、宽 29 厘米；

2. 麦藏 0937，高 48.8、宽 29 厘米；

3. 麦藏 0929，高 48.5、宽 29 厘米；

4. 麦藏 0935，高 48.5、宽 26.7 厘米；

5. 麦藏 0930，高 49、宽 26.5 厘米；

6. 麦藏 0933，高 48.5、宽 29 厘米；

7. 麦藏 0934，高 48.5、宽 28.5 厘米；

8. 麦藏 0947，高 49、宽 26.5 厘米；

9. 麦藏 0948，高 49、宽 26.7 厘米。

第 3 堂 7 张：

1. 麦藏 0950，高 49、宽 26.8 厘米；

2. 麦藏 0941，高 48.5、宽 29.5 厘米；

3. 麦藏 0944，高 49、宽 26.5 厘米；

4. 麦藏 0945，高 49、宽 26.7 厘米；

5. 麦藏 0943，高 49、宽 26.5 厘米；

6. 麦藏 0953，高 49、宽 26.6 厘米；

7. 麦藏 0946，高 49、宽 26.7 厘米。

第 4 堂 3 张：

1. 麦藏 0940，高 49、宽 27 厘米；

2. 麦藏 0961，高 48.7、宽 26.5 厘米；

3. 麦藏 0959，高 49、宽 26.6 厘米。

第 5 堂 5 张：

1. 麦藏 0942，高 49、宽 26.8 厘米；

2. 麦藏 0936，高 48、宽 28.5 厘米；

3. 麦藏 0952，高 48、宽 28.5 厘米；

4. 麦藏 0949，高 48、宽 28.4 厘米；

5. 麦藏 0956，高 48、宽 28.5 厘米。

第 6 堂 1 张：

1. 麦藏 0951，高 48、宽 27 厘米。

三、排列

每堂各尊像的排列次序，与各尊像的身份有关，确定身份才能确定位置。

某些像牌画背面正中上方，有简单墨书榜题，注明正面尊像的身份和位置，简称“背注”。所有像牌画中，只有16尊像牌有背注，其余无背注，需探讨其尊像的身份和在堂中的地位，并参考其身体和面部所朝的方向，以排定其位置。

第1堂共9尊像牌，皆有背注：

1. 麦藏0931，背注：“释迦佛中”。
2. 麦藏0954，背注：“药师佛左一”。
3. 麦藏0928，背注：“弥陀佛右一”。
4. 麦藏0957，背注：“文殊左二”。
5. 麦藏0958，背注：“普贤右二”。
6. 麦藏0932，背注：“观音左三”。
7. 麦藏0939，背注：“地藏右三”。
8. 麦藏0955，背注：“韦驼左四”。
9. 麦藏0938，背注：“护法右四”。

于是，第1堂明确身份的各尊像，以释迦佛为中心，可左右对称排列。

第2堂共9尊像牌，7尊有背注，相应尊像的身份和位置明确，其余尊像的身份和位置可判断出来。

1. 麦藏0960，背注：“释迦文佛中”。
2. 麦藏0937，背注：“迦叶尊者梵王左一”。
3. 麦藏0929，背注：“阿难尊者帝释右一”。
4. 麦藏0935，背注：“文殊菩萨左二”。
5. 麦藏0930，背注：“普贤菩萨右二”。
6. 麦藏0933，背注：“密迹金刚左三”。
7. 麦藏0934，背注：“秽迹金刚右三”。
8. 麦藏0947，无背注。根据其尊像为武将抱金刚杵，相似于第1堂左四位置的韦驼形象，则其身份应为韦陀。且右侧向，在此堂中依次位置当为左四。
9. 麦藏0948，无背注。根据其尊像与第1堂右四位置的护法形象较为相似的情况，其身份当为护法。且左侧向，位置当为右四。

因此，第2堂各尊像以释迦为中心，可左右对称排列。

第3堂共7尊像牌，皆无背注，其尊像的身份和位置需分析和判断。

1. 麦藏0950，无背注。其尊像为坐佛，正面向，头戴五佛冠，结跏趺坐于莲花座上。其宝冠与袈裟等穿戴均呈金黄色，闪闪发亮，可能有光明遍照之意，于是此佛可能为毗卢遮那（意为光明遍照）

佛的形象。毗卢遮那佛可认作是释迦（应身佛）的法身佛，对照第1、2堂画中释迦作主尊的现象，其法身佛的毗卢遮那佛可位于此第3堂画中最中间主尊处。

2. 麦藏0941，无背注。其尊像为坐佛，正面向，左手于腹前托一钵。托钵佛，符合东方药师佛的形象，一般按面南而坐，东方药师佛应在正中主尊的左边，参照第1堂药师佛也正好在正中主尊左一的位置，此佛合当为药师佛，也当在左一的位置。

3. 麦藏0944，无背注。其尊像为坐佛，正面向。相对于中间主尊左边的东方佛，此佛可能为西方佛，参照第1堂右一正是西方佛阿弥陀佛，故第3堂的上述这尊佛可能为西方阿弥陀佛，当处在右一的位置。

4. 麦藏0945，无背注。尊像为乘青狮的文殊菩萨，右侧向。此堂画中间主尊为释迦的法身佛，而乘青狮的文殊菩萨一般胁侍在释迦左侧，因有药师佛居左一，故文殊菩萨的位置当依次在左二处。

5. 麦藏0943，无背注。其画像为乘白象的普贤菩萨，左侧向，当与文殊菩萨相对，其位置应在右二。

6. 麦藏0953，无背注。其画像为白冠、白袈裟的右侧向菩萨形象，这种形象通常为白衣观音。观音通常为阿弥陀佛的胁侍菩萨，因此也更加证明了右一位置上的佛可为阿弥陀佛。此堂画中，阿弥陀佛不处于中间主尊的位置，观音的位置当逊于胁侍中间主尊的文殊和普贤，处在稍外侧的位置。且向右侧胁侍，故其位置当在左三。

7. 麦藏0946，无背注。其画像为坐于水边，左侧向单足踏在水中莲花上的菩萨形象，应为观看潭光月影的水月观音，且向左侧胁侍，故位置当在右三。

因此，第3堂中明确身份的各尊像，以毗卢遮那佛为主尊，可左右对称排列。

第4堂共3尊像牌，均无背注，其尊像的身份和位置需分析推断。

1. 麦藏0940，其画像为头戴五瓣大冠（未画佛的五佛冠）的僧人形象，正面向，右手持锡杖，左手于腹前托钵，座前有1兽。此形象一般为僧装的地藏菩萨形象，兽亦为其典型性、标志性随身相伴的“善听”犬①。此堂画中无佛和其他菩萨，且地藏菩萨为正面端坐式，当为主尊居中。

2. 麦藏0961，其画像为5位头戴冕、冠，朝服持笏，高大威猛的须眉男子形象，右侧向。因主尊为誓愿度尽地狱众生的地藏菩萨，故5尊像当为地狱十王中的五王。他们右向胁侍，当为左五王，其位置在左一。

3. 麦藏0959，其画像亦为5位头戴冕、冠，朝服持笏，高大威猛的须眉男子形象，左侧向，亦为地狱十王中的另五王。他们左向胁侍，为右五王，其位置当为右一。

于是，第4堂可廓定身份的尊像，以地藏菩萨为中心，可左右对称排列。

第5堂中5尊像牌均无背注，尊像身份和位置需分析判断。

1. 麦藏0942，尊像同第4堂主尊相似，亦为正面向的地藏菩萨，座前有1兽②。此堂画中亦无佛

① 丁福保编纂：《佛学大辞典》，地藏条云，地藏携白犬善听。此堂绘作青色犬，或为变通，或另有所本。北京：文物出版社，1984年。

② 此堂地藏前的善听为白犬状。

和其他的菩萨形象，故地藏菩萨应作为主尊居中。

2. 麦藏 0936，其画像为头戴冕，朝服持笏的须眉男子（帝王）形象和其左侧的手托山石盆景的供养天女，共 2 尊，均右侧向。山石盆景，如以纳须弥于芥子的观点看，可象征须弥山。又第 2 堂之帝释天形象为头戴冕冠，朝服持笏的须眉男子（帝王）形象，故本像牌 2 尊像的身份，应为居住在须弥山顶的帝释天和身边近侍的供养天。另外，北京法海寺明代壁画中亦有相似题材的图像可作参考佐证①。帝释天的身份应仅次于地藏菩萨，且与天女右侧向胁侍地藏菩萨，其位置当在左一。

3. 麦藏 0952，其画像为 2 尊，主要为 1 着凤冠霞帔的后妃形象，怀抱仪扇，双掌当胸作礼，同其右侧手托盘中莲花的供养天女。此像当与帝释天和近侍天女相对称，为帝释天妃和其近侍天女。北京法海寺明代壁画亦有相似的题材②。她们左侧向胁侍，其位置当在右一。

4. 麦藏 0949，画像为着乌纱帽和朝服的须眉官员和戴笼巾的白胡老者形象。结合第 4 堂地藏菩萨与地狱十王的景象，此 2 像亦可能为地狱十王中的两尊。古代地狱十王图像中曾将“平等王”造成白胡老者形象③，亦可证此 2 尊乃十王中的两尊。因右侧向胁侍，其位置当在左二。

5. 麦藏 0956，画像为着高冠、朝服，双手持笏的须眉官员和顶盔贯甲并双手抱拳的须眉武将形象，亦可能为地狱十王中的两尊。古代地狱十王图像曾将“变成王”造成盔甲拱手武将的形象④，可证此 2 尊乃十王中的两尊。左侧向胁侍，其位置当在右二。

因此，第 5 堂可廓定身份的尊像，以地藏菩萨为中心，可左右对称排列。

第 6 堂只有 1 尊像牌，无背注。

1. 麦藏 0951，尊像与第 4、5 堂主尊相似，亦为僧装地藏菩萨，座前有一兽⑤。

一堂中，多尊像牌的排列方式，可用图示的一字排开式，亦可用其他多种形式。如胁侍方面，还可用两纵行胁侍形式，亦还可用雁翅张开胁侍等形式。主尊排列，可以是单主尊形式，也可以是 3 主尊一字排开等形式。主尊排列形式与胁侍排列形式变化的配合，可显示出多种排列的面貌。

四、画风

第 1、2 堂绘画风格虽然稍有区别，但均直接与乾隆四十四年发愿文题记有关，应同是此年完成的作品，因此具有较强的一致性。其佛像之低平肉髻前有髻珠，佛、菩萨像之眉稍扬，眼皮稍垂，面相稍丰，衣纹稍挺韧灵动近兰叶描，项光与背光不区分，以一圆形大光环连头带背笼罩着，额前发际中

① 法海寺壁画中，帝释天作女后相貌，但其随侍供养天女中有一位手捧山石盆景，与此像牌上供养天女所事绝同，可佐证此帝释天的身份。

② 法海寺壁画中，帝释天的随侍天女中，有一位手托一盘，内盛莲花，与此像牌上供养天女所事绝似，亦证明此像牌天女作为帝释天眷属的身份。那么，在已定此像牌上帝释天为男身帝王像貌以后，此像牌上托莲花供养天女所侍的贵妇或后妃形象则当为帝释天妃。法海寺明代壁画中，帝释之后还有一位天女持仪仗，本文看来，应有一种演化，成为此清代绘画中怀抱仪扇的帝释天妃。

③ 潘桂明著：《佛教大百科·艺术·历史》，郑州：大象出版社，2005 年。

④ 潘桂明著：《佛教大百科·艺术·历史》，郑州：大象出版社，2005 年。

⑤ 此堂地藏前的“善听”亦为白犬状，但较瘦，写实一些，4、5 堂中的“善听”形象均较为神异。

有向上的缺口，手脚较饱满。

而第 3 堂佛像的肉髻基本呈半球状凸起，除其前有大肉髻珠外，肉髻顶部亦有一髻珠。佛、菩萨眉毛较弯一些，故眉尾呈下垂状，使得稍细小的眼尾显得较上扬，额前发际中间向下垂尖，额角宽大而下颌稍窄小，双耳稍细长，鼻如悬胆，嘴稍小，背、项光为横椭圆形，衣纹线条稍细，其圆弧清润，折角硬朗，较为细谨凝练，手足造型较细长规整。

第 4 堂画像衣纹线条接近于第 3 堂，面相上稍近于第 1、2 堂。菩萨只有头光，近横椭圆形，故其风格介乎第 3 堂与第 1、2 堂之间。

第 5 堂画风格基本接近于第 3 堂，尤其在背光方面。

第 6 堂画风格基本近于第 4 堂。

第 1、2、4、6 堂画风稍接近，背景色偏黄灰，属于Ⅰ型，其中，第 1、2 堂为 A 式，4、6 堂为 B 式；第 3、5 堂画风稍接近，背景色偏青（5 堂主尊背景稍黄），属于Ⅱ型。

但在总体时代风格方面，各堂绘画略同，尤其是佛、菩萨、天女画像的表情神态，均具有较多世俗性因素，相似于清代某些文人仕女画和民间年画。

因第 2 堂绘画较繁缛精美，故在其主尊像背面题写了发愿文。

五、供养

麦藏 0960 画背面墨书发愿文题记表明，第 1、2 堂画的供养僧人为瑞应寺住持：湛然①、彻然；徒：达焕、达照（后被墨涂但可辨）、达成、达贤；孙：悟本、悟真、悟修、悟信。还有行慧，徒：修璘。最后是画师正觉和尚，徒：□□（后被墨涂不辨）共 14 人。其中，在行文排列上，行慧与瑞应寺达字辈僧人等高，应表示相互为平辈，但因非以“达”字名辈，又其徒不被写作（瑞应寺住持之）孙，故行慧师徒可能非瑞应寺僧人。又在行文排列上，“正觉”高于且大于湛然、彻然，正觉称“和尚”而湛然、彻然称“释子”，似应表示正觉辈分或身份更高，但如考虑到落款处文字一般可能被提得过高过大，并且“正觉”字与“住持”字等高，那么发愿题记中正觉和尚起码应表示身份与湛然、彻然基本平等。正觉之徒弟的名号，亦稍高于瑞应寺“悟”字辈徒孙的名号，表示与瑞应寺“达”字辈徒弟基本平等。同样，因辈分用字与瑞应寺不同，正觉师徒亦可能非瑞应寺僧人。正觉和尚师徒主要以绘画供养，其他供养僧人应主要以出资供养。

第 3 堂画主尊像上有墨书榜题“信女孟门季氏”，其余画上再无榜题，表明整个第 3 堂画的出资供养人为俗家妇女“孟门季氏”。

第 5 堂胁侍像牌上均有墨书榜题，表明左 1 画出资供养人为“丁门杨氏、高翔”；右 1 画出资供养人为“傅开基、张继统”；左 2 画内侧 1 身的出资供养人为“侯世康、吴绪伯”，外侧 1 身的出资供养

① 麦积山瑞应寺藏有古代和尚的宗谱，其中有“临济正宗第三十七世湛然意老和尚徒达焕位”，可证像牌上乾隆四十四年发愿文题记所示的“住持释子湛然，徒达焕”正是麦积山瑞应寺临济正宗第三十七世湛然和他的弟子达焕。冯国瑞《麦积山石窟志》：“瑞应寺，清，据寺僧供养牌位，系乾隆五年，由西安雁塔寺移锡住此，其宗派为临济正宗。理奉禅师，二十六世；……湛然禅师，三十七世；……”

人为“张主义、曹氏”；右2画内侧1身的出资供养人为“侯世公、王门傅氏、丁绍起、丁绍吕”，外侧1身尊像的出资供养人为“潘门张氏”。主尊地藏菩萨无榜书，应该是此堂所有供养人共同出资所造。

第4、6堂画均无供养人题名。

麦藏0960发愿文题记，如果是画师之外的其他人书写，可能在行文排列上，不会出现画师名号的书写位置和大小高于大于甚至平等于寺院住持名号的情况，而事实上出现了这种情况说明，发愿文的书写者可能正是画师正觉和尚本人。因为如无特殊情况，在绘制过程中，题写的主动权通常在画师手中。又在寺院做功德中，往往存在匠师享受特殊礼遇这一普遍现象，因此画作的题记一般可由画师书写。

另外，包括发愿文在内的所有墨书题记系为一人笔迹，因此可能全部为正觉和尚所书。于是，有题记的第3、5堂画作，可能也是正觉和尚师徒所绘。

没有题记的第4、6堂画，因上文已论，其绘制风格与正觉师徒所绘的第1、2堂画同属一大类，比起第3、5堂画，它们与第1、2堂画的关系要更接近，第3、5堂尚且是正觉师徒所绘，那么推测第4、6堂画则更可能是正觉和尚师徒所绘，甚至是正觉师徒出资供养的。

六、断代

据上述整理，第1、2堂的18张水陆画当在清朝乾隆四十四年（1779年）五月由正觉和尚师徒造讫。其余的画作与前者比较，在尺寸、质地上基本一致，在绘画风格上也同样属于清代风貌，故它们的时代不会跨出清代的范围。

又各纸题记即使不是画师所书，也因均系一人所书，各题记书写间隔应不会超过几十年，故有题记的3、5堂12张水陆画，应大约造于清乾隆四十四年不久的时间范围内。无题记的第4、6堂4张水陆画，因与第1、2堂绘画风格更相似，也更应造于乾隆四十四年左右不久的时间范围内。

七、题材

第1堂主要供奉的是“中、东、西三方佛”兼“华严三圣”兼观音和地藏。第2堂画主要供奉的是“华严三圣”。第3堂主要供奉的是“中、东、西三方佛”兼“华严三圣”兼白衣、水月观音，并突出了对“毗卢佛”的供奉。第4、5、6堂主要是对“地藏菩萨”的供奉。

次要供奉的对称组合题材，计有迦叶、阿难的组合，梵王、帝释的组合，帝释、帝释天妃的组合，双供养天女的组合，密迹金刚、秽迹金刚的组合，韦陀、护法的组合，十王的组合。

现在通常记作的韦陀、韦驮题材，此清代纸牌画背注作“韦驼”，用字上有所不同。

背注中的“护法”名称应是泛指的题材，是除密迹金刚、秽迹金刚、韦陀天尊之外其他不具名的“某护法”，此种“某护法”题材在第1、2堂中各1身，共2身。他们均倒提利斧，皮肤于一般肉色中透出较大面积的蓝色，手臂和小腿及双足暴露，肌肉发达，须发红色，尤其头发如怒火般上扬，发前结骷髅，其中第 2 堂的护法还有第 3 只眼。画师不给出护法的具体名称，也许此护法形象是艺术创造出的护法形象，以便同韦陀相配，左右对称。因为韦陀一般在寺院中是单身护法的形象，但在水陆画一铺中一般要左右对称，左侧绘了 1 身韦陀，右侧需另配 1 身护法，但不便定下具体的名称，于是笼统题作“护法”。此护法造型可透出降魔诸天尊的影子，如夜叉大将①、大黑天神②、火头明王③等的因素，是一种综合的护法形象。

密迹金刚与秽迹金刚在此作“哼哈二将”状，密迹金刚在左为哈将，秽迹金刚在右为哼将，表明清代时有这种安排作为哼哈二将的题材内容。相应的，韦陀与护法也组成了哼哈二将状，韦陀在左为哼将状，护法在右为哈将状（第 2 堂护法以左手指放在张开的嘴中作吞噉的哈呵状）。在第 2 堂尊像排列中，密迹金刚、秽迹金刚与韦陀、护法的“哼哈状”左右互相错开，形成题材的变化。

清代张翀翮《麦积山记》④ 一文云：“维钟铭，碑记，诸王真容图，与子山之铭词，于今可考也。”首次提出了“可考”的“诸王真容”题材。冯国瑞先生在其民国时期出版的《麦积山石窟志》⑤ 中，又记载了麦积山瑞应寺中藏有“佛菩萨诸王真容图帧”，并提出“诸王”应为西魏皇后乙弗氏⑥的太子和武都王的推断。以前，我们只能将张翀翮所谓的“诸王真容图”同麦积山石窟第 2 窟明清时所绘的地狱十王壁画联系起来，尚不知是否还有其他的“诸王真容图”，也不明冯国瑞所谓“佛菩萨诸王真容图帧”之所在，而通过对水陆画的整理释读，初步认为，它们还隐藏于“纸像牌水陆画图帧”中，其中，“佛（或）菩萨”在各堂画中均有，其余的梵王、帝释等和地狱十王似可为“诸王”类，尤其是地狱十王要更符合“诸王”一词。由于冯国瑞先生“诸王”为西魏太子、武都王的推断，尚无已知的图帧可印证，故上述纸像牌中的“地狱十王图帧”，较更接近于“诸王真容图帧”。

纸像牌画中，第 4 堂有整体的地狱十王真容题材，第 5 堂只有十王中的 4 尊。两堂中的十王“真容”，有朝服戴冕者，有朝服一般冠戴者，也有铠甲装双手抱拳的武将形象和世俗常服的老者形象。后

① 莫振良主编，天津社会科学院王建伟、孙丽著：《佛家大百科·造像·法器》，“金面怒相散脂大将”章节，夜叉大将中的散脂大将有手持利斧者。大象出版社，2005 年。

② 丁福保编纂：《佛学大辞典》，大黑天条云，大黑天曾被称为药叉主或药叉王，有药叉或夜叉之形，系人之骷髅以为璎珞，曾以灰涂身，做吞噉恶魔动作，也曾被认为身青黑云色。这些特征在纸牌画的护法身上均有体现。此护法舍弃了大黑天多头多臂的某些特征，但其头系骷髅，皮肤呈青黑色，尤其第 2 堂护法有吞噉入嘴的动作，均同大黑天有关。

③ 夜叉、大黑天、明王均有第 3 只眼的形象，如南诏《张胜温画卷》及剑川石窟沙登区第 16 窟中的有关形象等。故第 2 堂护法的第 3 只眼应有这些方面的来历。

④ 冯国瑞：《麦积山石窟志·艺文附录》（1941 年石印）载《麦积山记》全文，又附注：“张翀翮，甘肃秦安人，嘉庆时作《麦积山记》，光绪时秦州李翊书碑张之于寺壁。”李翊书作现藏麦积山石窟艺术研究所文物库房。

⑤ 冯国瑞（1901~1963 年），天水人，梁启超弟子，毕业于清华国学研究院，麦积山石窟研究事业的先驱，在民国三十年（1941 年）首次考察麦积山石窟，著《麦积山石窟志》（1941 年石印出版，1989 年陇南丛书编印社再版，1992 年台湾天水冯同庆堂三版），首次将麦积山石窟及其初步研究成果公之于世。此书中“瑞应寺”一节中有“佛菩萨诸王真容图帧：寺中存佛菩萨及诸王真容多帧。诸王当为魏文皇后乙弗氏之太子及武都王也。张翀翮《山记》云：‘维钟铭碑记，诸王真容图，与子山之铭词，于今可考也。’今此图均存寺中，至可珍重”。

⑥ 西魏文帝皇后，生太子及武都王，被迫出家为尼后，徙居麦积山所在地秦州，依子秦州刺使武都王，死后暂葬于麦积崖，号寂陵，谥曰文皇后，后与文帝合葬于永陵。事见《北史·后妃传上》。

两者似有意突出更深层“真容”成分。因为朝服冕、冠者较符合“王”的身份，武将、世俗老者的题材，则更体现了王者身份背后的“真容”。

八、使用

水陆画一般多使用悬挂的图画或石窟中的壁画和塑像，组建道场，举行法会，而上述纸像牌水陆画显然是以摆放或插放的形式供奉的。

纸像牌画因其小，方便携带，每堂可便宜组成道场。因此，这种水陆画，当多运用于小型的法会，多数情况下，应服务于下层老百姓，在一个相对狭小的空间中作道场。因为如作大道场，这些小纸牌画显然不够排场。然而因其小，也更方便各堂配合使用，组成新的堂或坛。

总之，麦积山瑞应寺佛教水陆纸像牌画，有的可作为清乾隆风格的标型器，有的也与乾隆时期有很紧密的关系，它们提供了当时以住持湛然为首的法眷僧众，所作小型佛教道场的某些宗教艺术信息，其画师正觉和尚师徒，作为清早中期画僧，亦应名载画史。

（原载于《文物》2009年第7期）

麦积山石窟艺术研究所藏古藏文经卷考录

张延清　李晓红

麦积山石窟艺术研究所文献资料室藏有一批珍贵的汉、藏文献资料，共编号1500个（不包括残片），时代最早者为唐，继有五代、宋、明、清的刻、写本，其中明代刻本最多。这批文书中不乏古善、珍本，以佛经、论疏为主，也有一部分道书、经史子集和杂类文书（社会文书、医药、占卜、音乐、教育、美术作品等）。这批文献，主要来自麦积山瑞应寺历代僧众所遗留的文书，也有一部分是冯国瑞先生捐赠瑞应寺寺僧之佛经。

冯国瑞，天水人，陇上著名学者，对麦积山石窟研究有开拓之功。1955年，先生向瑞应寺捐献了一批文献。本文所释读的麦研.T.16号文书就是他捐献的。这件文献与他捐献给甘肃省图书馆的一些敦煌古藏文文献一样，是《大乘无量寿宗要经》，出自敦煌莫高窟藏经洞。

以下对麦积山文献资料室所藏文献中的藏文文献列出目录，予以刊布，并就有些内容做了一些考释，不妥之处，敬请指正。

麦研.T.02　klu yi khram—龙王求雨令牌

现状：1张；麻纸；长5.6厘米，高21厘米；单面印刷；背面空白；叶面有水渍，边沿有破损；正面叶面印有菱形和十字形花纹，花纹外框像支箭头；外框下方有藏文：klu yi khram（龙王求雨令牌）。

说明：此为经文封面。

麦研.T.03　chos gzhung—佛经

现状：1张；麻纸；长33.5厘米，高9.6厘米；双面写；草书；首尾缺；叶面有水渍、油污，边沿有破损；墨书经文间杂有朱书题引；经叶正面左侧边沿空白处写有“dmar dri/nyar 1”，不明何意。

说明：从内容判断，好像是度亡经。

麦研.T.04　rta mgrin gyi bzlog pa rnamrgyal stobs kyi mtshon cha bzhugs so—马头金刚禳灾无敌法宝

现状：1张；麻纸；长27厘米，高7.5厘米；楷书，单面写；边沿破损严重，但经文尚可辨认。

说明：是佛经《马头金刚禳灾无敌法宝》封面。

麦研.T.05　pan chen blo bzang chos kyi rgyalmtshan gyis mdzad pavi snyung gnas shis brjod bzhugs so—班禅洛桑却吉坚赞著斋戒赞词

现状：1张；麻纸；长26.7厘米，高9厘米；楷书，双面写；经文封面上方破损严重，背面经文尚可辨认。

说明：是四世班禅洛桑确吉坚赞所著《斋戒赞》。藏传佛教中的斋戒，是佛教徒断绝饮食以修苦行的宗教活动。

编者按：四世班禅洛桑确吉坚赞（1567～1662 年），为四世达赖和五世达赖喇嘛近圆戒师，札什伦布、色拉、哲蚌三寺寺主。曾与五世达赖商同在固始汗未入西藏、清军未入北京之前，分别遣使沟通关系，为后来格鲁派干预西藏政治创造条件。1645 年受固始汗封“班禅博克多”称号；1647 年，又受清顺治帝封“金刚上师”名号。

麦研 . T. 06　smon tshig—祈愿经

现状：1 张；麻纸；长 29. 5 厘米，高 7 厘米；草书，单面写；原页码（正面左侧边沿空白处）：brgyad byon—第 8 函；叶面有水渍、泥渍；边沿有破损。

题记：slob dpon chen po dgav rab rdo rjes bris—大师噶然多杰抄。

说明：“噶然多杰”（dgav rab rdo rje），译为汉文是“喜金刚”。

麦研 . T. 07　sngag skad—咒文

现状：1 张；黄麻纸；长 13 厘米，高 13. 7 厘米；单面印刷；是四个同心圆，从外层数第一个圆和第二个圆之间是藏文拼写的梵文，第二圆、第三圆中间是夹杂在花纹中间的梵文；第四个圆内也写一梵文。

说明：梵文经咒，刻版印刷品，带在身上用于避邪。

麦研 . T. 08　sngag skad—咒文

现状：1 张；黄麻纸；长 18. 7 厘米，高 10 厘米；单面印刷；跟麦研 . T. 07 类似，只是用红色印出，残缺一半。

说明：梵文经咒。刻版印刷品，带在身上用于避邪。

麦研 . T. 09　sdig gshegs—禳灾文

现状：1 张；粗麻纸；长 29. 7 厘米，高 7. 2 厘米；双面写；原页码（正面左侧边沿空白处）：nga—第 5 叶；边沿有破损；正面下方边沿缺失一小块。

麦研 . T. 10　sdig gshegs—禳灾文

现状：1 张；粗麻纸；长 29. 7 厘米，高 7. 2 厘米；双面写；原页码（正面左侧边沿空白处）：bdun—第 7 叶；边沿有破损。

麦研 . T. 11　gnas brtan bcu drug—十六罗汉颂

现状：1 张；麻纸；长 54 厘米，高 9. 5 厘米；双面写；原页码（正面左侧边沿空白处）：gnas brtan gsum—罗汉经之第 3 叶；叶面有水渍，边沿多处破损。

麦研 . T. 12　gnas brtan bcu drug—十六罗汉颂

现状：1 张；麻纸；长 54. 7 厘米，高 9. 5 厘米；双面写；原页码（正面左侧边沿空白处）：gnas brtan bzhi—罗汉经之第 4 叶；叶面有水渍，边沿多处破损。

说明：跟麦研 . T. 11 号同属十六罗汉颂经叶。

麦研 . T. 13 经皮

现状：1 张；麻纸；长 20. 5 厘米，高 30 厘米；叶面有水渍，边沿有破损；正面左上角贴一小块白纸，上写："敦煌千佛寺经"。

说明：很明显，这是包裹经卷的经皮。

麦研.T.14　sngag skad—咒文

现状：1张；黄麻纸；长13厘米，高13.7厘米；单面印刷；是四个同心圆，从外层数第一个圆和第二个圆之间是藏文拼写的梵文，第二圆、第三圆中间是夹杂在花纹中间的梵文；第四个圆内也写一梵文。

说明：梵文经咒。刻版印刷品，带在身上避邪。跟麦研.T.07号是同一刻板印出，完全一样。

麦研.T.15　rdo rje gcod pa—金刚经

现状：1张；麻纸；长25.8厘米，高8.7厘米；双面印；原页码（正面左侧边沿空白处）：rdo gcod so dgu—金刚经第39叶；叶面有黑色油污，边沿多处破损。

说明：是木刻版《金刚经》印刷品。

麦研.T.16　tshe dpag du myed pa zhes bya ba theg pa chen povi mdo—大乘无量寿宗要经

现状：1张；黄麻纸；残长11.2厘米，高30.5厘米；单面写；残片；叶面有水渍。

说明：这张经叶是从藏经洞流失出的《大乘无量寿宗要经》残片，时代为唐代，是冯国瑞先生于1955年捐献的。

（原载于《敦煌研究》2009年第5期）

后秦长安佛教界亦存在“当今弘道人主即当今佛”思想

——麦积云冈初期所实践的共同理论

夏朗云

引　论

在文献记载①中，将世俗人主比作佛，即“当今弘道人主即佛”的思想，比较鲜明的提出者是北魏僧人法果。于是，学术界曾将法果的“当今佛”思想，与北魏云冈石窟中的等身佛窟“昙曜五窟”相联系，认为是法果的思想，影响了“昙曜五窟”的产生②。

诚然，法果与“昙曜五窟”很有关系，但是，新发现的考古实物资料，结合其他文献，从双重证据法的角度，却让我们联想到，在当时，法果思想并不只局限在北魏太祖时期的北魏地区开始出现，同时期的后秦，在姚兴时期的长安佛教界也同样已经流行这类思想了。

新发现的遗迹证据，证明麦积山第90、165、74、78、51窟为后秦皇家洞窟③，此后，此5窟乃为后秦立国前后5个统治者所造窟的命题也有所论证，并为此5个窟命名为“姚秦五龛”④。

“姚秦五龛”乃为后秦5个帝王所造的结论，是本文论点所主要涉及的考古学实物论据，需要着重再重申其成立的主要理由：

1. 开龛时代在后秦。

2. 开龛时，龛中的三世佛、十方佛主题符合后秦主姚兴《通三世论》《通三世》《通圣人放大光明普照十方》⑤ 等论文所关注的佛学意境。

---

① ［北齐］魏收撰：《魏书·释老志》载：“初法果每言：‘太祖明睿好道，即是当今如来，沙门宜应尽礼’，遂常致拜。谓人曰：‘能鸿（弘）道者，人主也，我非拜天子，乃是礼佛耳’。”

② 宿白：《平城实力的集聚和云冈模式的形成与发展》中论新创云冈模式的条件，云冈石窟文物保管所编：《中国石窟·云冈石窟》，北京：文物出版社、东京：平凡社，1991年。国家文物局教育处编：《佛教石窟考古概要》皇室石窟和造像题材，北京：文物出版社，1993年，第124页。

③ 夏朗云：《麦积山石窟早期洞窟最早焚烧痕迹的考察——后秦开窟新证》，《敦煌研究》2004年第6期。

④ 夏朗云：《麦积姚秦五龛对云冈昙曜五窟的启示》，《2005年云冈石窟国际学术研讨会论文集·研究卷》，北京：文物出版社，2006年。

⑤ ［唐］释道宣：《广弘明集》卷一八。

3. 龛的排列顺序，能同后秦历代统治者特殊身份的排列顺序取得一致。

龛中主像的依次排列顺序，即龛中主尊佛或主尊菩萨的依次排列顺序，同后秦5帝王特殊身份的依次排列顺序相符合，即：自西向东、自上而下的第90、165；74、78；51窟的依次排列顺序，以及其中依次的“主尊佛、主尊菩萨；主尊佛、主尊佛；主尊佛”共5身主尊塑像的排列顺序，可分别对应“皇帝姚弋仲、摄政王姚襄（魏武王）①；皇帝姚苌、皇帝（或天王②）姚兴；皇帝姚泓”③ 共5位后秦统治者的依次排列顺序，在窟内具体细节上，也与他们的特殊身份相符合④。

从这种符合看，应该不是偶然的巧合，应该是必然的规划，只能说明，“姚秦五龛”应该是专为后秦5个帝王所造窟龛。

由此，我们应该认识到，麦积山石窟之所以出现“姚秦五龛”与5个帝王对应的情况，也应该有后秦长安佛教界的“人主与佛”某种关系的理论作为指导，才能通顺地解释“姚秦五龛”其5个龛顺序正好与后秦其5位统治者，在与主尊佛、主尊菩萨对应上的符合。

事实上，后秦佛教界，在开凿“姚秦五龛”前4个龛的姚兴当政期间，已存在“当今弘道人主即佛”的舆论，即已经有人将姚兴比作“当今佛”了。这种舆论具有浓厚的历史背景和当时特殊的内因，因此在后秦佛教界可产生这种舆论。这种浓厚的历史背景和后秦长安佛教的结合，涉及古代中国佛教理论界，佛与世俗人主之间关系的一种逐渐趋于调和的历史趋向。

一、佛与帝王关系的佛学理论背景

作为中国政治思想界主流的儒家，祖叙尧舜，归宗周孔，故其理想的帝王，历来是教主，是大道的体现，是圣人。儒家在佛教传入内地后，在佛教与儒教互相矛盾、互相利用中，逐渐产生了佛与儒家帝王关系的讨论，并逐渐产生将两者逐渐认同的舆论。

（一）《牟子》中的帝王与佛的关系

大约魏晋之际的牟子，作为佛教徒，答复世俗文化学者对佛教有所抵触或排斥的提问，作《牟子》⑤ 一书，其中有：“佛者，谥号也，犹名三皇神、五帝圣也。”同时，还说佛能分身散体，有很多应化身，释迦牟尼也是其中的一个。佛的相好，如同中国古圣贤生而有异相一样，均是不同一般的标志，故“佛之相好，奚足疑哉!”“尧舜周孔修世事也，佛与老子无为志也。”“（对于佛或佛教）吾复尊而学之，何为当舍尧舜周孔之道？金玉不相伤，精魄不相妨。”

---

① 姚襄谥号为魏武王，宿世德行法力教小，故只能对应菩萨。

② 姚兴曾自降皇帝号为天王，石窟开在姚兴天王时期，天王虽不号称皇帝，乃是天子为王，仍是天子人主身份，亦是封建等级中的最高统治者，故配功德与佛对应。

③ ［北魏］崔鸿：《十六国春秋·后秦录》。

④ 夏朗云：《麦积姚秦五龛对云冈昙曜五窟的启示》，《2005年云冈石窟国际学术研讨会论文集·研究卷》，北京：文物出版社，2006年。

⑤ ［梁］僧祐：《弘明集》卷一。

这里，佛与三皇五帝，在德行内涵意义上等同了起来，也均为出家与入世两界中的第一等级，于是在名号的级别上也基本等同。

同时，文中认为佛可化身很多，在世间，可根据需要随意化现。因此，根据此道理，也可化现为世俗圣主等。于是，使得佛与世俗圣主的更直接联系可从理论上打开通道。

另外，文中还认为，佛与世俗圣主一样，向世间应现的相貌，均不同凡夫，因此，他们的一致性更多。

文中进一步论证得出结论：世俗圣主入世，佛（与道教的代表老子）出世，所依据的道是一样的，他们均来普度众生，均不可弃，故此，所谓入与出，内与外是对等的，世俗圣主与佛（和老子）也是对等的。学佛道和学世俗圣主之道，是一致的，世俗圣主同佛是不矛盾的，是相辅相成、相容、相通的。

（二）“周孔即佛，佛即周孔”的更明确提出

东晋的孙绰（320~377 年），作为佛教徒，答复代表世俗文化的一些人对佛教的怀疑，进行调和，作《喻道论》①，第一次明确提出“周孔即佛，佛即周孔”的口号。其文与《牟子》一脉相承，论述佛与周孔“盖内外名之耳”，说明大道，内为佛，外为周孔，实际是一回事。

这种说法与儒家中流行的所谓“内圣外王”也类似。

文中还以佛家的妥协口吻进一步叙述：佛家认为，世俗周孔亦为圣人，故其先觉的含义同佛一致，佛与尧舜汤武周孔，在导引众生的出发点是一致的，因为佛为内，周孔等弘道帝王为外，“故（佛）在皇为皇，在王为王”。

这里，暗指皇或王为佛的化身。文中，尧、舜、周是天下统治者的概念，与皇帝的统治范围一致。所谓皇、王只是名称，总之是世俗人主之意。孔子为世俗圣人，在世俗思想界亦是人主，亦可与皇、王比肩。于是佛便与尧舜周孔，与世俗中弘道的人主有了“等身”的意义了。于是，孙绰便顺理成章地提出“周孔即佛，佛即周孔”了。

孙绰的这种提法，旗帜鲜明，在世俗人主与佛关系的历史上，起到了关键作用。这以后，庐山慧远的“佛化身世俗人主”，使得某些世俗人主具有等身佛意义的论点，可以看作是对牟子和孙绰论点的进一步继承和发挥。

（三）庐山慧远调和帝王与佛教矛盾时更具体的阐述

1. 东晋王朝提出“尊王”的要求促使世俗人主与佛对应思想的更具体提出

东晋元兴元年（402 年），桓玄《与八座书论道人敬事》② 中，复提出沙门礼敬王者的问题，认为要沙门礼敬王者的本意是“尊王”，并认同《老子》把王侯与“道大、天大、地大”并列（《老子·二十五章》），即认为弘道的王侯是天地大道的体现或承载者。这种思想使得把世俗弘道人主同大道

① ［梁］僧祐：《弘明集》卷三。

② ［唐］房玄龄等撰：《晋书》卷一〇《安帝本纪》、卷九九《桓玄传》，［梁］僧祐：《弘明集》卷一二。

本体等同起来，它创造了一个现实的舆论条件，也会从一个方面诱导慧远把弘道的世俗人主同佛法等同起来，进而同佛等同起来，于是慧远的“弘道圣帝王有可能乃佛化身”的观点便应运而出了。

2. 慧远“弘道世俗人主有可能乃佛化身”观点的理论框架

元兴元年（402 年），慧远回应桓玄沙门礼敬王者问题之来书，作《答桓太尉书》①，在此文前面的论述中，强调世俗弘教者，或在家佛徒们应“尊王”，其观点，基本上等于是肯定了“同王侯于三大（天、地、道）”的中国传统世俗理论，通过呼吁世俗信徒“尊王”，把世俗人主的地位在佛教界中抬升。

其次，元兴二年冬十二月（403 年）至元兴三年（404 年）春，慧远为进一步系统地回应沙门礼敬王者的问题，作《沙门不敬王者论》②，又将世俗王者的地位作了进一步的抬升。他依据佛经中的有关内容提出：佛会化现为世俗人主的转轮圣帝弘道，世俗人主中，就有佛的化身或化身佛。

于是，因为有些弘道世俗帝王是佛的化身，就使得不但世俗，而且出家的沙门都必须崇敬世俗弘道帝王。因为某个世俗帝王弘道，虽然形式上沙门可以不致敬、礼拜帝王，但内心可致敬，或可以出于认识而把帝王当作佛去致拜。

因这个“化身观点”的提出，佛化身的弘道王者与佛，从化身的角度上看，便可等同看待。反过来看，只要王者弘道，就载道通运，就有可能是佛的化身。

如果王真正是佛的化身，那么，佛就是王，王就是佛，礼拜王就等于礼拜佛，就不存在沙门礼敬王者的问题。

慧远虽从表面上论述沙门不应礼敬王者，但从更深层的论述中，从一个侧面为沙门礼敬王者开了绿灯。

这样，沙门可以礼拜世俗中“佛化身”的王者了，沙门可以认定某弘道皇帝即佛的化身而致拜，弘道皇帝也可因弘道而自我标榜是当今佛。

慧远的观点，皆以弘道为前提，于是，虽然慧远没有明确这么说，但“当今弘道人主有可能即当今佛”的概念，呼之欲出了。

二、后秦主姚兴“尊王”与“崇佛”并举

众所周知，姚兴是中国历史上最崇佛的世俗统治者之一，在他的倡导下，后秦国几乎成为一个佛国，后秦长安佛教界成为当时中国北方佛教的中心。

但姚兴作为后秦一国之君，必然以治国安邦为己任。早在迎请西域高僧鸠摩罗什来长安之前，他已开始大力提倡指导国家现实政治的儒教，在国家政体上，必然以“尊王”为基础，在这一点上，与东晋桓玄的思想并没有二致，任何一个统治者都会认同这种主张。因此，姚兴对帝王在佛教中的地位，应该是非常关注。作为一个对佛教表现得比较虔诚的统治者，在他的崇佛思考中，会自觉地在佛教中寻找自我的位置，并在宗教活动中实践。他必须同时考虑到，既要崇佛，又要尊王，任何一个表面上

① ［唐］房玄龄等撰：《晋书》卷一〇《安帝本纪》、卷九九《桓玄传》，［梁］僧祐：《弘明集》卷一二。

② ［唐］房玄龄等撰：《晋书》卷一〇《安帝本纪》、卷九九《桓玄传》，［梁］慧皎：《高僧传》卷六《慧远传》，［梁］僧祐：《弘明集》卷五。

以儒教思想为封建国家政治体制的指导思想，同时又崇信佛教的统治者，都会这样。因此，姚兴必然要考虑调和“崇佛”“尊王”两者的矛盾，必然会注意到或研究到有关论点，即调和两者矛盾的，历史上的有关佛教论点，尤其是当时著名高僧，特别是当时汉地著名高僧慧远的此类论点。

三、姚兴应认同慧远“佛化身转轮圣帝”的调和主张

姚兴与东晋庐山慧远的关系比较密切，除了书信往来，赠送礼物这样的礼遇、问候外，重要的是，在佛教思想和佛教事务的运作实践上，均有效法慧远的东晋庐山佛教界现象。如他作《通三世论》《通三世》论文，是对慧远的“神不灭”“三世实有”这种符合中国东土国情理论的认同；他还认同慧远所创的，符合中国东土国情的僧众管理制度即“远规”，提倡用来管理后秦僧众①；并且他也效法慧远的崇拜无量寿佛的做法，在后秦佛教界，在鸠摩罗什刚到长安两月，就也复请鸠摩罗什重新翻译《无量寿经》②，尤其此后还在麦积山石窟供奉了中国东土当时最大的无量寿佛摩崖造像③。慧远的庐山道场筑有“般若台”④，姚兴亦在长安永贵里筑“般（波）若台”⑤。这些均基于姚兴对慧远佛教思想和做法的高度尊重和效仿，必欲实践之而后快，有过之而无不及。

因此，姚兴对慧远的其他佛教思想一定也非常关注和尊重而欲实践之。于是，他对慧远的《沙门不敬王者论》《沙门袒服论》⑥ 这两篇与中国东土国情有较直接关系的论著，尤其是其中有关僧俗关系的重要论点，应给予重点关注和尊重。

这两篇文论，慧远在僧俗关系的论证中，均在表面上、大方面上，维护着佛教的传统，而实质上，具体小节方面，在“专本”的名义下，给了僧、俗两界以不致对立而是相互协调的“达变”机会，使得佛教对中国东土国情和世俗帝王以有条件的融合。

以姚兴为世俗信徒首领的后秦佛教界，应非常注意并尊重慧远此种“达变”的立场，并且在后秦，有姚兴这样的帝王支持，也有条件和能力实践、推广这种“达变”。

一方面，半偏袒袈裟，作为既符合传统袒服形式（袒右），又符合中国国情（覆盖右肩一角）的袈裟形式，在后秦长安佛教界得到了较为普遍的推行，作为对慧远《沙门袒服论》“达变”立场的响应和遵从⑦。

另一方面，为了对慧远《沙门不敬王者论》的响应和遵从，使得沙门和王者不致对立而是协调，慧远

---

① ［梁］慧皎：《高僧传》卷六《僧略传》载姚兴诏：“大法东迁于今为盛，僧尼已多，应须纲领，宣授远规。”

② ［梁］僧祐：《佑录》，［唐］释智升：《开元录》。

③ 夏朗云、王纪月：《炳灵寺第1窟对麦积山西崖第98窟大立像断代的启示》，载《炳灵寺学术研讨会论文集》，兰州：甘肃人民出版社，2003年。

④ ［梁］慧皎：《高僧传·慧远传》。

⑤ ［唐］房玄龄等撰：《晋书·姚兴载记》，［宋］宋敏求：《长安志》。

⑥ ［梁］慧皎：《高僧传·慧远传》，［梁］僧祐：《弘明集》卷五，此文比《沙门不敬王者论》略晚，文后另附有慧远：《答何镇南难袒服论书》，其中亦重申“达变”立场。此种达变有跨越僧俗进行变通之意，各自亦可专本，在一定范围内承认对方，在更大的范围内通融。

⑦ 夏朗云：《麦积炳灵半偏袒袈裟西渐高昌》，《第二届吐鲁番研究国际研讨会论文集》，上海：上海辞书出版社，2006年。

文中的“佛化身世俗圣帝”的此类“达变”观点，也一定会在后秦帝王亲自主持的长安佛教界得到共鸣。

因为这种观点会大大提高世俗弘道帝王在佛教中的地位。作为后秦天王，且在长安非常弘道，举世瞩目，姚兴一定会很感兴趣于此类观点。并且出于自身统治利益的考虑，他可能会想到自我标榜为佛的化身，将佛教“法统”，与后秦“皇统”相结合，更加依靠佛教为自己的统治服务。

即便姚兴没有这方面的明确表示，但他的暗示，最根本的是慧远《沙门不敬王者论》中“佛化身弘道转轮圣帝观点”的暗示，有可能会使得姚兴身边的佛学理论家，将姚兴谀奉为佛的化身。

那么后秦的其他历代三世统治者，均可被标榜为佛或菩萨的化身了，并且正符合姚兴《通三世论》《通三世》文中的“三世真实存在”的理论，此论文中的理论，结合他另所著《答安成侯姚嵩书》和《通圣人放大光明普照十方》[①] 中论述圣人（佛）的真实存在和圣人（佛）化身的真实存在，他的真实目的是承认三世佛的真实存在，也是证明三世佛化身，即三世转轮圣帝的真实存在。这种处心积虑论证三世佛化身、三世转轮圣帝真实存在的论点，从希望“三世代代相传”的大秦天王论文中暗示出，不排除是对“天王即佛，佛即天王”的暗示。

四、姚兴曾被后秦僧人比作当今佛

北魏有僧人法果，将太祖皇帝“直指”比作佛。无独有偶，当时后秦也有将秦天王[②]姚兴“曲指”比作佛的僧人僧肇，他是鸠摩罗什门徒中理论水平最高者之一，也是最年轻最有文采的一个，他的佛教论文为政治服务的倾向较多。

姚兴在《答安成侯姚嵩书》中，曾写道：“然诸家通第　义，廓然空寂，无有圣人。吾常以为殊太径庭，不近人情，若无圣人，知无者谁也。”[③]

僧肇在鸠摩罗什去世（弘始十五年，413年）[④] 后，有《表上秦主姚兴》一文，其中对姚兴上述论述引用并谀曰：“实如明诏！实如明诏！……幸遭高判……扣关之俦，蔚登玄室，真可谓法轮再转于阎浮，道光重映于千载者矣。”[⑤]

僧肇在这里，将姚兴的高判，称谓为“法轮再转”。按，佛又称法轮王、转法轮王。在当时的历史条件中，转法轮者指佛，这里将姚兴称为转法轮者，则通过法轮这一媒介，明确地将姚兴比作佛了。

僧肇能突然地在文中这么大胆地宣称，将只有佛才具有的法力归于了姚兴，似乎不是突兀的、偶

① ［唐］释道宣：《广弘明集》卷一八载：“圣人之教，玄通无涯，致感多方，不可作一途求，不可以一理推。故应粗以粗，应细以细应，理固然矣。所以放大光明现诸神变者，此应十方诸大菩萨将绍尊位者耳。若处俗接麁，复容此事耶？阿含经云，释氏之处天竺四十余载，衣服饮食受诸患痛，与人不别。经又云，圣人亦入鹿马而度脱之，当在鹿马，岂异于鹿马哉？若不异鹿马，应世常流，不待此神变明矣。每事要须自同于前物，然后得行其化耳。”亦是述佛诸多化身的真实存在。

② ［北魏］崔鸿：《十六国春秋》卷五六《后秦录》，皇初六年（399年）九月，姚兴降皇帝号为天王，改元弘始。弘始三年（401年），鸠摩罗什入长安。后秦长安佛教的兴盛主要在姚天王时期。

③ ［唐］释道宣：《广弘明集》卷一八。

④ ［唐］释道宣：《广弘明集》卷二三，僧肇：《鸠摩罗什法师诔并序》。

⑤ ［东晋］僧肇：《肇论》。

然的现象，当有一定的社会群体思潮效应为基础的，结合庐山慧远的有关“佛化身弘道转轮圣帝”理论，这个思潮应该是“当今弘道人主秦天王姚兴即转轮圣帝，即佛化身，即法轮王化身，即当今佛”。

僧肇上文中“真可谓”之“真”，表明这种说法，在他于此文中表达之前可能已存在，是对已存在“说法”的一种肯定。

僧肇出于文学僧人的角度，故采取修辞的方式将姚兴比作“当今佛”，不排除当时（僧肇此文之前和同时）的后秦长安佛教界中，可能有很多僧俗人士，会同北魏质朴僧人法果一样，直白地表达：秦主最弘道，最应是当今佛。

五、北魏存在“当今佛”思想佐证后秦存在“当今佛”思想

《魏书·释老志》中，北魏僧人法果经常致拜北魏太祖皇帝，并“每言：‘太祖明睿好道，即是当今如来，沙门宜应尽礼’，遂常致拜。谓人曰：‘能鸿（弘）道者，人主也，我非拜天子，乃是礼佛耳’”。但在记载中，此种情况的出现，在文中却显得突兀，没有其他的佛教思想作为铺垫。

但根据东晋庐山慧远的“佛化身弘道转轮圣帝”观点，可推导出“礼拜佛化身的弘道转轮圣帝就等于礼拜佛”的命题，这命题，正是北魏法果礼拜弘道皇帝，并给出“弘道的北魏太祖皇帝即当今如来”命题的思想基础。记载中，法果只提出命题，没有提出理论阐述，故其思想不排除直接或间接受到慧远“佛化身为弘道圣帝”的观点，以及之前孙绰、牟子类似观点的影响。

而正是由于北魏法果明确提出了“当今弘道皇帝即佛”的命题，佐证了同时期的后秦长安佛教界亦存在类似看法，因为思潮可以流布，在同一时期在不同地点可以是普遍的。

法果的命题，或者是依据历史思潮自行产生，或者也是从庐山慧远处传来，或者是从北方最大的佛教中心长安佛教界传来。甚至也可能先于后秦长安佛教界，然后传到长安并曾影响了后秦长安佛教界。但上述情况，均佐证了后秦长安佛教界亦存在“当今弘道人主即佛化身”的思想。

六、姚兴开始用官职管理僧众也有实践当今佛身份的因素

后秦主姚兴于罗什入关的弘始三年（401年）十二月以后，至弘始七年（405年）以前，任命一些僧人为僧官，有官阶待遇的不同，以“国内僧主”为首①，为秦地僧官之始，是秦地僧人在一定程度上正式受管理于人主之始。

僧人为方外之宾，以前不正式受管理于人主，而后秦姚兴时正式受管理，说明，姚兴开始有管理僧人的资格了，是受僧人承认的资格，这种资格，就有可能是“佛化身的转轮圣主”或“当今佛”身份的这一思潮。正因为当时后秦长安佛教界，存在“当今秦天王姚兴为佛化身的转轮圣主”，为“当

① ［梁］慧皎：《高僧传》卷六《僧略传》：“自童寿入关。远僧复集，僧尼既多。或有愆漏。兴曰：‘……宜立僧主以清大望。’因下书曰：‘大法东迁于今为盛，僧尼已多，应须纲领，宣授远规，以济颓绪。……法师学优早年德芳暮齿。可为国内僧主……’……资侍中秩，传诏羊车各二人……共事纯俭，允惬时望，五众肃清，六时无怠。至弘始七年（405年）敕加亲信伏身白从各三十人。”

今佛”的思想，所以从佛教的道理上更能说服僧人们服从世俗人主的管理，接受世俗人主的官职和俸禄等待遇。

慧远404年著《沙门不敬王者论》，提出“佛或可化身转轮圣帝”的思想，故，至迟404年所发表的“佛可化身世俗转轮圣帝”之理论，因姚兴及其长安佛教界，对慧远理论的特别尊重，在建立后秦僧官制度中，可能起到了较为关键的推动作用。故至迟弘始六年（404年），可能是后秦“当今佛”思想出现和建立僧官制度之始。

这种僧官制度，也在同时期的北魏太祖后期（409年之前）所建立①，故在当时，不是孤立的。结合北魏也有法果表达出“当今弘道人主是当今如来”的理论，且也正是法果被任命为北魏最高的僧官“道人统”，也正说明，这种制度的建立，不是单纯的管理问题，也不是世俗人主的单方面的强制行为，应该有一定的思想基础，是世俗人主与僧人的互动行为，是佛教历史上“周孔即佛、佛即周孔”，到“当今弘道人主即佛化身”，这种一贯思想，从量变到质变的成熟结果。你既然称我为佛，我就可以管理你。制度是成熟理论的结果，成熟理论是制度的基础。

七、初期当今佛现象在后秦和北魏的异同

后秦天王姚兴和北魏太祖均为支持佛教的世俗人主，的确均具有作为佛化身的转轮圣帝资格，均可被当时僧人认为是“当今佛”。但以弘扬佛法的规模和力度看，后秦天王姚兴更主动，更具有这种资格，是他对佛教巨大贡献的正常结果。北魏太祖表现为“好道”的初级阶段，法果却将他谀奉比作“当今佛”，且法果还有“能鸿（弘）道者，人主也”这种明显带有目的性的语言，设定了前提条件，故法果兴起的初期北魏“当今佛”现象，有借世俗人主推动北魏佛教的因素。

北魏出现沙门礼拜太祖皇帝的举动，这在当时的僧俗界会引起不小的轰动，但未见当时北魏其他方面的“当今佛”现象。

后秦是否出现沙门礼拜“当今佛”姚兴的举动，可能有，也应该有，但未见明确记载。而姚兴在麦积山造窟龛，明确将佛、菩萨的形象对应后秦统治者，比起当时北魏的最初的“当今佛”现象，多了较为丰富的内容，也使得沙门与王者的关系，在宗教造像的媒介上显得更调和一些，因为礼拜了麦积山佛像、菩萨像，也就等同于礼拜了后秦历代统治者。

在文献记载方面，北魏僧人法果礼拜“当今佛”世俗人主，启动了后代沙门礼拜“当今佛”世俗人主现象的发生。而在实物资料中，后秦“当今佛”姚兴所开创的皇家等身佛窟、等身菩萨窟，为以后的北魏（及其以后）皇家石窟，以及北魏（及其以后）其他为皇家祈福的石窟寺中屡屡继承②，在“当今弘道世俗人主即佛（化身）”思想的理解和实践方面，保持着旺盛的历史生命力。

---

① ［北齐］魏收撰：《魏书·释老志》：“初，皇始中，赵郡有沙门法果，戒行精至，开演法籍，太祖每闻其名，诏以礼，征赴京师。后以为道人统，绾摄僧徒。每与帝，多所惬允，供施甚厚。至太宗（409年继位）……”

② 北魏云冈石窟、龙门石窟、庆阳南北石窟均有皇家或贵族为皇家所开的等身佛教石窟，之后的西魏、北周、隋、唐等朝代的石窟寺中，也均存在着或笼统或具体地诠释着等身的佛教石窟。石窟寺之外的佛寺中，也存在着类似现象。

崇佛的世俗人主多认为自己是有道明君而弘道，于是崇佛的世俗人主，据上述弘道人主与佛关系的理论，有的应会更加自我标榜为佛的化身。在北魏太祖时，太祖对法果谀奉自己为佛的说法，采取的是默认态度，并由此任命僧官。后秦长安佛教界不仅如此，这种世俗人主与佛对等的关系，由谀奉到人主自我标榜的现象，通过佛教艺术中的偶像崇拜已初露端倪。

后秦最高僧官为“国内僧主（又称僧正）”等，北魏最高僧官为“道人统”等，名称亦有区别。

北魏虽然产生“当今佛”现象的土壤不够成熟，但所提出的“思想命题”却表现得明确而成熟，故存在从外部输入的因素。

但我们更应该看到，后秦和北魏各自的初期“当今佛”现象的共同点。首先，僧人都是在弘道的前提下将世俗人主比作佛，而不是真正将世俗人主认作佛而无条件服从。其次，两国都在同一时期出现“当今佛”现象，表明，两国的“当今佛”现象是有联系的，不孤立的，两者加起来，在历史上是形成规模和趋势的，以至于此种“当今佛”的理论，在以后历代统治者身上还多有所表现，呈现出类似的形式，如唐武则天曾被称为弥勒佛化身，宋太祖曾被称为现在佛，清慈禧曾被称老佛爷等等。以后历代僧官制度的延续也可看成是这种“当今佛”理论延续的一种结果。

总之，后秦和北魏的最初的“当今佛”现象，有区别又有联系，共同作用于中国佛教史，产生着深远的影响。

八、结语

上文所述，姚兴的佛学观点，以及后秦长安佛教界的某些宗教实践，基本上均能找到东晋庐山慧远思想的影子，是一脉相承的，所以，后秦佛教界是慧远佛教思想的一个重要的实践场所。因此，慧远的“佛化身弘道的转轮圣帝”理论，也必将在后秦佛教界，在姚兴处得到高度重视，并进一步在佛教活动中实践。其实践的规模越大，越能表明姚兴是弘道的人主，越能证明其世俗人主（佛教标准）的合法性和正统性。

慧远的这种“佛化身帝王”的思想，会诱导信佛、崇佛或依靠佛教的世俗人主去争着去作“弘道”的人主。也诱导“当今佛”概念的产生。姚兴以他“好名”① 的一贯作风，在这方面不甘落后，他成就了后秦长安佛教的辉煌，使得后秦长安佛教界成为当时北中国最大的佛教中心，从这个意义上来说，姚兴更有可能率先被目为弘道的当今佛。

结合本文引言中所述麦积山石窟状况，也说明，姚兴还在麦积山将这一“人主与佛等身”的思想通过石窟寺，形象化，明确化，在实践力度和规模上更领先于中国东土的其他地区，其目的也是为了更加依靠佛教来巩固后秦的皇统。在石窟中，他可以通过弘扬佛教，来弘扬其人主地位的统治，（由自谦的天王名号）逐渐成就其天下拥戴的转轮圣帝的理想，成就后秦人主三世循环不绝的皇家帝业的理想。同时，石窟中的佛像，更使他本人罩上了“佛化身”的神圣光圈，更使后秦皇统具有“三世佛”

① ［北宋］司马光编著：《资治通鉴》卷一一八《晋纪四〇》安帝义熙十三年，北魏崔浩曾评姚兴曰：“好事虚名而少实用。”

的象征。

以往，学术界一般可能会认为北魏法果是第一个提出“当今弘道人主即佛”说法的人，而认为只有北魏才能产生皇帝与佛对等的石窟，只有北魏才能产生云冈“昙曜五窟”这种“等身佛窟”“等身菩萨窟”理念，从而怀疑麦积“姚秦五龛”为等身佛窟和等身菩萨窟，并怀疑麦积“姚秦五龛”曾影响北魏云冈“昙曜五窟”，甚至怀疑麦积山存在后秦洞窟。这种只看到北魏佛教界，未看到后秦长安佛教界的局限，成为我们正确认识的障碍。

通过以上的初步梳理，我们可以看到，北魏出现“当今佛”的现象，非但不能成为障碍，反而成为佐证，佐证了同时期的后秦长安佛教界也存在“当今弘道人主即佛”的思潮，佐证了麦积山存在为后秦帝王所造的“等身佛窟”“等身菩萨窟”所形成的一组大龛，即“姚秦五龛”。

总之，后秦长安佛教界，一贯接受来自庐山慧远的主张，并同时与北魏互动，在一个大的理论场中，在那个特定的历史时代，出现了普遍存在的舆论，即“佛有可能化身为当今人主”“当今人主或有为佛化身者”，于是各自认定自己的当今弘道人主为佛化身。在后秦长安佛教界，后秦主姚兴自然被认定为佛化身，为“当今佛”。

这种“当今佛”思想，使得后秦和北魏均产生了“僧官制度”，应是“当今佛”思想的一个创造性结果。

由于姚兴认为佛统三世循环不止，所以据弘道人主与佛对等关系，推及或希望弘道的皇统亦如是，认为其弘道的代代三世统治者，均可为佛化身和候补佛化身（菩萨），于是率先在麦积山石窟姚秦五龛的前 4 龛中实践（第 5 龛由继任者姚泓所造），首创后秦皇家等身石窟。这应该是后秦长安佛教界运用“当今佛”思想理论的又一个发挥创造。

这种三世佛与弘道的三世世俗人主对等结合的“姚秦五龛”，比北魏云冈石窟早期的此种洞窟“昙曜五窟”要早。前者影响了后者①。

北魏政权在太祖和法果时期，早已熟悉了“当今佛”思想，所以，更容易在以后的文成帝复法时期，效仿后秦长安佛教在麦积山对“当今佛”思想的实践结果，即麦积山石窟“姚秦五龛”，在其首都平城附近的云冈，创造出更加辉煌的，三世佛与自身三世人主对等结合的，一组北魏皇家等身窟“昙曜五窟”。

因此，从大趋势上看，是后秦长安佛教影响了北魏平城佛教，那么如果设想“当今佛”思想和僧官制度，基本上也存在于这个趋势中，从长安为更大的佛教中心等因素看，也是可以理解的。

从法果与“昙曜五窟”的关系，引出了僧肇与“姚秦五龛”的关系，使得麦积山石窟开凿于后秦，并影响云冈“昙曜五窟”，更有了佛学理论的基础。

（原载于《首届长安佛教国际学术研讨会论文集》，西安：陕西师范大学出版社，2010 年）

① 夏朗云：《麦积姚秦五龛对云冈昙曜五窟的启示》，《2005 年云冈石窟国际学术研讨会论文集 · 研究卷》，北京：文物出版社，2006 年。

麦积山第100窟调查与年代研究

魏文斌　张　铭

麦积山第100窟为早期很重要的一个洞窟，该窟由于有过数次的重修，对之做系统的调查进而分析其始建年代与重修年代，有利于麦积山石窟成组洞窟及年代学的研究。本文以考古学的方法对该窟进行调查与研究，提出自己的认识。

麦积山第100窟位于西崖西上区第99窟西侧，第101窟东侧。与第128窟位于同一水平高度上，分别位于第98号摩崖大像的东西两侧。

一、洞窟形制

平面方形平顶窟，三壁两龛。窟高2.80米，宽3.07米，进深2.92米，长方形窟门，外低内高，外高1.46米，内高1.80米，宽1.20米，进深0.52米。三壁凿高坛基，正壁通坛基，高0.33米，宽1.05米，两侧壁坛基仅宽0.13米。左、右壁开圆拱龛，龛柱和龛梁为半圆形浮塑，龛柱中间部分用两道阴线刻出柱束，柱础浮塑。左壁大龛龛底距地坪0.33米，龛高1.82米，底宽1.06米，上宽0.92米，进深0.56米。龛柱直径0.09米。右壁大龛高1.76米，底宽1.10米，上宽0.92米，进深0.56米。四壁上部及左、右壁大龛内两侧壁凿圆拱尖楣小龛，以阴线浅刻龛梁、龛柱和尖楣的形状，柱束和柱础亦用阴线勾出。原共有37个，现存35个，分别编号1~35。其中正壁主佛两侧上下各3个，左右壁上部各6个，左右壁大龛内两侧壁各4个（其中右壁龛内右侧壁的两个已毁）前壁上部两层，上层6个，下层5个（表一）。正壁泥塑小台距坛基高0.51米。

表一　第100窟小龛统计表　　单位：厘米

编号	位置	形制	尺寸 宽×高×深	内容及现状
1	正壁主尊左侧上层	圆拱尖楣小龛，楣拱浮塑，阴线浅刻	50×56×18	龛左半部分浮塑及龛楣残。龛内原泥塑一半跏思惟菩萨二胁侍菩萨，左胁侍菩萨不存。思惟菩萨通高47厘米，胁侍菩萨高47厘米

续表

编号	位置	形制	尺寸 宽×高×深	内容及现状
2	正壁主尊左侧中层	同上	40×39×12	浮塑龛楣残。龛内塑并坐二佛。左侧右肩半披袈裟（B），衣边刻折带纹。右侧圆领通肩袈裟（A）。结跏趺坐，禅定印。高 34 厘米。头均残失
3	正壁主尊左侧下层	同上	41×40×12	龛内塑并坐二佛，磨光圆形高肉髻。左侧右肩半披袈裟（B）衣边刻折带纹。右侧圆领通肩袈裟（A）。结跏趺坐，禅定印，高 34 厘米
4	正壁主尊右侧上层	同上	47×50×18	浮塑龛楣及龛内塑泥全脱落。龛内原泥塑一交脚菩萨二胁侍菩萨，左胁侍菩萨不存。交脚菩萨通高 47 厘米，胁侍菩萨高 47 厘米
5	正壁主尊右侧中层	同上	40×41×13	龛内泥塑二佛并坐，磨光圆形高肉髻。左侧圆领通肩袈裟（A），右侧右肩半披袈裟（B），衣边刻折带纹。结跏趺坐，禅定印，高 34 厘米
6	正壁主尊右侧下层	同上	41×40×13	龛内及龛楣浮塑泥全部脱落。龛内泥塑二佛并坐，头均宋代重修。左侧圆领通肩袈裟（A）上半身宋代重修。右侧右肩半披袈裟（B），衣边刻折带纹。结跏趺坐，禅定印，高 34 厘米
7	左壁上部北起第一	同上	32×35×10	龛右半部分及龛楣残。龛内原塑一佛二胁侍菩萨，仅存佛。圆形磨光高肉髻，圆领通肩袈裟（A），结跏趺坐，禅定印，高 34 厘米
8	左壁上部北起第二	同上	31×34×10	龛楣浮塑残。龛内原塑一佛二胁侍菩萨，仅存佛。圆形磨光高肉髻，圆领通肩袈裟（A），结跏趺坐，禅定印，高 34 厘米
9	左壁上部北起第三	同上	30×35×10	浮塑龛楣残。龛内原塑一佛二胁侍菩萨，右侧菩萨不存。佛圆形磨光高肉髻，右肩半披袈裟（B），衣边刻折带纹，结跏趺坐，禅定印，高 34 厘米。左侧胁侍菩萨高 21 厘米，有圆形项光，穿交领宽袖衣，披巾 X 状交叉于腹部，形象清秀
10	左壁上部北起第四	同上	31×32×10	浮塑龛楣残。龛内原塑一佛二胁侍菩萨，左侧菩萨不存，佛圆形磨光高肉髻，圆领通肩袈裟（A），结跏趺坐，禅定印，高 34 厘米。右侧菩萨面向壁粘贴，背部衣纹阴线浅刻，流畅自如

续表

编号	位置	形制	尺寸 宽×高×深	内容及现状
11	左壁上部北起第五	同上	31×34×10	浮塑龛楣残。龛内原塑一佛二胁侍菩萨，仅存佛。圆形磨光高肉髻，圆领通肩袈裟（A），结跏趺坐，禅定印，高34厘米。龛楣石青绘火焰纹
12	左壁上部北起第六	同上	31×34×10	龛内泥塑局部脱落。龛内原塑一佛二胁侍菩萨。仅存佛。磨光高肉髻，右肩半披袈裟（B），衣边刻折带纹，结跏趺坐，禅定印，高34厘米。龛楣石青绘火焰纹
13	左壁大龛内左壁上	同上	28×33×10	龛内泥塑一佛，圆形磨光高肉髻，圆领通肩袈裟（A），结跏趺坐，禅定印，高32厘米
14	左壁大龛内左壁下	同上	29×39×10	龛内泥塑一佛，圆形磨光高肉髻，圆领通肩袈裟（A），结跏趺坐，禅定印，高32厘米
15	左壁大龛内右壁上	同上	26×34×10	龛内泥塑一佛，圆形磨光高肉髻，圆领通肩袈裟（A），结跏趺坐，禅定印，高32厘米。龛楣石青彩绘火焰纹
16	左壁大龛内右壁下	同上	29×39×11	泥塑造像不存，龛内泥皮大部脱落
17	右壁上部北起第一	同上	31×40×11	龛内原泥塑一佛二胁侍菩萨，右侧菩萨不存。佛头被宋代重修，圆领通肩袈裟（A），结跏趺坐，禅定印，高34厘米。左胁侍菩萨残高18厘米，头残，服饰与第9龛同。龛楣残
18	右壁上部北起第二	同上	31×41×11	龛内原泥塑一佛二胁侍菩萨，仅存佛。圆形磨光高肉髻，圆领通肩袈裟（A），结跏趺坐，禅定印，高34厘米。龛楣残。龛下左下方贴影塑花饰
19	右壁上部北起第三	同上	31×42×12	龛内原泥塑一佛二胁侍菩萨，仅存佛。圆形磨光高肉髻，右肩半披袈裟（B），衣边刻折带纹，结跏趺坐，禅定印，高34厘米。龛内泥皮大多脱落，龛楣残
20	右壁上部北起第四	同上	34×42×12	龛内原泥塑一佛二胁侍菩萨，仅存佛。圆形磨光高肉髻，圆领通肩袈裟（A），结跏趺坐，禅定印，高34厘米。龛楣残。与第19龛之间贴影塑造像，基本脱落，残存影塑头光一半

续表

编号	位置	形制	尺寸 宽×高×深	内容及现状
21	右壁上部北起第五	同上	34×40×12	龛内原泥塑一佛二胁侍菩萨，仅存佛。圆形磨光高肉髻，右肩半披袈裟（B），衣边刻折带纹，结跏趺坐，禅定印，高34厘米。龛楣略残
22	右壁上部北起第六	同上	31×41×11	龛内原泥塑一佛二胁侍菩萨，仅存佛。圆形磨光高肉髻，圆领通肩袈裟（A），结跏趺坐，禅定印，高34厘米。龛楣残
23	右壁大龛内左壁上	同上	30×37×10	龛内泥塑一佛二胁侍菩萨，仅存佛。圆形磨光高肉髻，右肩半披袈裟（B），衣边刻折带纹，结跏趺坐，禅定印，高34厘米。龛楣彩绘火焰纹。龛内泥皮部分脱落
24	右壁大龛内左壁下	同上	30×39×11	泥塑造像全毁，龛内泥皮全部脱落。
25	前壁上部上层东起第一	同上	30×32×10	龛内泥塑一佛二胁侍菩萨，仅存佛。圆形磨光高肉髻，圆领通肩袈裟（A），结跏趺坐，禅定印，高34厘米。龛楣残
26	前壁上部上层东起第二	同上	30×32×10	龛内泥塑一佛，圆形磨光高肉髻，圆领通肩袈裟（A），结跏趺坐，禅定印，高34厘米
27	前壁上部上层东起第三	同上	32×34×10	龛内泥塑一佛二胁侍菩萨，仅存佛。圆形磨光高肉髻，右肩半披袈裟（B），衣边刻折带纹，结跏趺坐，禅定印，高34厘米。龛内上部及龛楣泥皮全部脱落
28	前壁上部上层东起第四	同上	36×37×12	龛内泥塑一佛二胁侍菩萨，仅存佛。圆形磨光高肉髻，圆领通肩袈裟（A），结跏趺坐，禅定印，高34厘米。彩绘背项光，烟熏严重。龛楣残
29	前壁上部上层东起第五	同上	36×37×12	龛内泥塑一佛二胁侍菩萨，仅存佛。圆形磨光高肉髻，右肩半披袈裟（B），衣边刻折带纹，结跏趺坐，禅定印，高34厘米。龛楣略残
30	前壁上部上层东起第六	同上	30×32×10	龛内造像全毁，泥皮脱落
31	前壁上部下层东起第一	同上	37×37×15	龛内泥塑一佛二胁侍菩萨，仅存佛。圆形磨光高肉髻，圆领通肩袈裟（A）结跏趺坐，禅定印，高34厘米。龛内佛两侧泥皮局部脱落

续表

编号	位置	形制	尺寸 宽×高×深	内容及现状
32	前壁上部下层东起第二	同上	35×38×14	龛内泥塑一佛二胁侍菩萨，仅存佛。圆形磨光高肉髻，右肩半披袈裟（B），衣边刻折带纹，结跏趺坐，禅定印，高 34 厘米。龛内泥皮局部脱落
33	前壁上部下层东起第三	同上	50×46×20	龛内泥塑并坐二佛，均圆形磨光高肉髻，结跏趺坐，禅定印，高 34 厘米。左侧半披肩袈裟，衣边刻折带纹（B）。右侧圆领通肩袈裟（A）。龛内泥皮局部脱落
34	前壁上部下层东起第四	同上	33×41×15	龛残右半部分，造像不存，泥皮全部脱落
35	前壁上部下层东起第五	同上	不详	龛仅残存上部一小部分，造像不存，泥皮全部脱落

注：由于有些龛内泥皮掉落，各龛尺寸为现存状况。表中 A 为圆领通肩袈裟，B 为半披右肩袈裟。

二、原遗迹

（一）造像

窟内原造像布局为，正壁坛基上及左右二壁龛内各塑一佛像，组成三佛。左右壁后部坛基上各塑一胁侍菩萨。前壁窟门两侧由痕迹可知原塑二身立像，已毁。根据第 128 窟的情况判断，可能是两身立菩萨（前壁右侧壁面上保留有上下不规则方形桩眼两个，边长 6～10 厘米不等，进深 9 厘米左右，当为固定原来造像之用）。正壁佛左、右第 1、4 小圆拱龛内分别塑半跏思惟菩萨、交脚菩萨及二胁侍菩萨。另外，佛左右两侧中下层第 2、3、5、6 四个圆拱龛内均塑二佛并坐像。左、右壁大龛内两侧壁的第 13、14、15、16、23、24 六个圆拱小龛内各塑一坐佛。左、右壁上部 12 个小龛内各塑一坐佛及二胁侍菩萨（胁侍为后补，现第 9、10、17 龛内各残存一身）。前壁两排小龛除下层中间的第 33 龛为泥塑二佛并坐像外。其余各龛原均塑一坐佛（后补塑二胁侍菩萨像均不存）。坐佛均有低台座，且均彩绘背项光，烟熏严重。

以上造像根据风格以及壁面层位判断，有三个时期：正壁佛座两侧小台上的供养人、左壁菩萨外侧的小影塑佛以及现存第 9 龛的左胁侍菩萨、第 10 龛的右胁侍菩萨、第 17 龛的左胁侍菩萨以及左壁龛内顶部的影塑飞天和花饰，明显属于另外一种风格，应该是第一次重修的遗存；三壁主佛均经后代重修，原作造像痕迹一点都没有保留；第 6 龛左侧影塑佛的上半身和右侧影塑佛的佛头、第 17 龛影塑佛的佛头都经过补修。其他造像都是原作造像。

三壁主佛虽均经后代重修，但佛座仍为原造像的佛座。正壁佛座为长方形束腰座，高 0.48 米，上宽 1.46 米，下宽 1.71 米，束腰部分高 0.27 米，宽 1.33 米，进深 0.76 米。左壁龛束腰佛座高 0.48

米，宽 0.88 米，束腰宽 0.73 米。右壁束腰须弥佛座，高 0.33 米，宽 0.88 米，束腰宽 0.73 米。佛座均泥塑，上面边缘铺木板，正面的两端凿眼，两侧的一端做成榫头，插入正面的卯眼内，一端插入壁面凿成的桩孔内加以固定。正壁佛在重修的两腿间衣裾下露出原作佛的衣裾，衣边刻折带纹，而脚踝下的部分则做成阶梯状折叠，与第 74、78 窟正壁主尊的相同。

左、右壁立菩萨：分别高 1.50 米、1.40 米，均身材修长直挺，高发髻，头戴三珠冠，正面珠上饰仰月①。发髻从额部中分，发纹阴刻细密。结短宝缯。垂耳珰，耳珰残破处可看到内用麻绳一端在耳下钻孔固定，一端连到肩头，外敷泥。鼻直唇薄，面形较圆，长颈，戴尖形宽项圈。上身袒露，戴臂钏和手镯，其上各装饰有一个宝珠。络腋从左肩斜披向下裹右腿。下系羊肠大裙，裙腰外翻均匀折叠，裙子紧裹腿。腿部轮廓明显，膝盖外凸。裙裾略外移，不及脚踝。披巾从脑后自双肩穿肘弯曲飘下，端部分叉。身躯略倾斜，赤足立于半圆形素面覆莲台上。飘带及络腋边缘刻折带纹，衣纹为细密的阶梯式阴刻线。左壁菩萨右臂曲于胸部，右手握花，左臂贴壁下垂，左手提净瓶。右壁菩萨姿势相反。值得注意的是左壁菩萨提净瓶的左手是掌心向外，这一手势区别于其他大多数的菩萨手心向内而提净瓶，匠心独具。

影塑造像：本窟的影塑造像贴塑于小龛内，或贴塑于小台上，或直接粘贴于壁面上。分影塑坐佛、菩萨、飞天和供养人四类。其中左壁菩萨背光外侧的影塑佛、两侧壁上部小龛内的菩萨、飞天和供养人等为重修时补塑，后叙。

影塑坐佛：小龛内小坐佛均后部扁平，粘贴于龛内壁面上，高度为 32 厘米与 34 厘米两种规格，为模制。磨光高肉髻，形体健壮，均结跏趺坐，禅定印，右手在外，左手在内相叠。阴刻衣纹密集。按衣饰可分 A、B 两型。

A 型：圆领通肩式，如第 2、3、33 龛内的右侧坐佛，第 7、8 龛及库藏第 100 窟影塑坐佛等。

B 型：外穿右肩半披袈裟，衣缘刻折带纹，内着僧祇支。如第 2、3、9 及 33 龛左侧坐佛等。

影塑菩萨：分半跏思惟菩萨、交脚菩萨、胁侍菩萨。均贴于小龛内。

半跏思惟菩萨：塑于第 1 龛内。发髻、宝冠残，发从额际左右分开，分数绺，与第 74、78 窟的相同。双目微闭作沉思状，上身袒露。飘带从脑后向前绕肘部从外侧下垂，端部分叉成燕尾状。坐于束帛座上，左腿下垂，右腿平搭于左腿上，左手抚于右足踝上，右臂残。下穿裙，裙裾仅及脚踝。右腿垂下成弧形的衣裾，衣纹阴刻平行线。半跏思惟菩萨两侧胁侍二菩萨，仅存右侧菩萨。造型特点与第 74 和 78 窟半跏思惟菩萨的胁侍菩萨相同，只是身躯略微修长，上身略向右倾斜，双腿叉开站立，右腿略弯曲，重心在左腿上。

交脚菩萨：塑于第 4 龛内。整体造型与第 74、78 窟的交脚菩萨相同，也是左手在内右手在外于胸前作转法轮印，右脚在外左脚在内交叉于束帛座前。其二胁侍菩萨仅存右侧，与半跏思惟菩萨的右胁侍菩萨相同。这两身胁侍菩萨形态与装饰与该窟左右壁的胁侍菩萨基本一致。

（二）壁画

此窟壁画大都已脱落，唯左、右壁大龛内顶部隐约可辨绘有飞天及比丘。左龛 6 身飞天，右

① 魏文斌：《也谈仰月、日月菩萨冠饰——以麦积山石窟为例展开》，《敦煌学辑刊》2007 年第 2 期。

龛 4 身飞天，3 身比丘。两龛佛背项光及小龛龛楣处残留有忍冬及火焰纹痕迹，色彩为石青、石绿、赭石、白色等。原绘飞天，其躯体飞翔姿态及巾带飘动在北魏晚期较为缓动。其余均被烟熏难辨。

三、重修遗迹

从窟内现存的造像风格判断，本窟有两次重修的遗迹。

（一）第一次重修遗迹

主要是影塑造像，正壁佛座两侧小台上的供养人、左壁菩萨外侧的小影塑佛以及现存第 9 龛的左胁侍菩萨、第 10 龛的右胁侍菩萨、第 17 龛的左胁侍菩萨、左壁龛内顶部的影塑飞天和花饰，小龛之间（如第 18、19、20 等龛之间）有影塑造像残存的痕迹。

左壁菩萨左侧影塑坐佛：一身，粘贴于壁面上，残高 0. 13 米，头失，半披肩袈裟，右手掌心向外上举，左手曲于腹部握衣角，结跏趺坐。

左右壁及前壁小龛内坐佛均有胁侍菩萨，现仅存第 9 龛左胁侍、第 10 龛右胁侍、第 17 龛左胁侍菩萨，余皆已毁，仅存贴于壁上的痕迹。影塑菩萨，脸较窄长，身躯清秀，身着宽袖衣，披巾覆肩外起翘，与腹部呈 X 状交叉，下穿长裙，衣纹阴刻，流畅自如。第 10 龛的右胁侍菩萨是面朝内贴于壁上的，可见背面流畅的衣纹。

影塑飞天：仅存一身，粘贴于左壁大龛龛顶，头残失，残长 0. 13 米。内穿僧祇支，外穿双领下垂袈裟，衣裙飘动，斜飞向佛。左手于腹部捧供盘，右手掌心向外举于胸部。

影塑供养人：现存四身，其中正壁佛右侧的小台上贴塑两身，正壁坛基左右各一身。小台的制作是用细泥在原来的壁面上抹成，可见明显的接茬。正壁右侧的小台转角至右壁压住右胁侍菩萨的背光。小台断面呈三角形，与第 80、93、114 等窟小台断面呈梯形的做法不一样，这种小台的制作出现于麦积山时代较晚的洞窟中，如第 100、121 等窟，是北魏晚期才出现的小台形式。小台上的影塑供养人残高 0. 19 米，头均残失，内着交领衫，外穿宽袖对襟短上衣，下系裙，裙腰很高，位于胸部以上，腹部凸出，腰带长垂，裙子覆盖脚面，两脚不露出。一手裹于宽袖中不露出，屈肘略向前下垂，一手于腹部端供物。坛基上的供养人残高 0. 17 米，头均残失，与小台上的供养人形象不太一致，腹部更为突出。

重修的影塑胁侍菩萨和供养人是先在原来的壁面上凿成不规则的小坑，即破坏原来的光滑壁面使之凹凸不平，然后在壁面上贴一块泥，再粘贴影塑。这种做法与第 78 窟坛基表面重修时破坏原来有供养人的壁面凿成多个小坑，然后再抹泥使之容易粘贴的情况是相同的。与正壁小龛内的坐佛和胁侍菩萨相比较，影塑坐佛、胁侍菩萨与供养人形象与服饰均为汉民族特点。

左壁大龛顶部贴以莲花，中间有圆形花蕊八瓣。壁面其他部位也可见粘贴这种莲花的痕迹，均已脱落。

（二）第二次重修遗迹

主要是三壁主佛，第 6 龛左侧影塑佛的上半身和右侧影塑佛的佛头、第 17 龛影塑佛的佛头都经过补修。

1. 造像

正壁佛高 1.75 米，低平肉髻，髻前有圆形凸起发髻，阴刻花纹，面形长方，微目半睁，眉间有白毫相，上下眼睑突出，镶眼珠。唇分四瓣形，下颔丰满，脖短较粗，宽肩厚胸，身穿双领下垂袈裟，衣饰厚重，衣纹稀疏，较为写实。双手交智拳印，半结跏趺坐于束腰形佛座上。左右二龛内佛高分别为 1.23 米、1.09 米，与主尊佛略同，结跏趺坐，禅定印。

2. 题记

右壁佛项光内刻划：

“同谷银作张十二，六月廿日同藏念二郎到此记耳，乾道六年。”北宋乾道六年即 1170 年。

“乾道九年四月初八日，藏念三同王十五□吉□□□。”乾道九年即 1173 年。

经笔者仔细观察，新发现一方位于左壁龛楣下部的竖刻题记：“天圣……月廿八日。”天圣为北宋仁宗年号，起止时间为 1023~1031 年。

根据重修佛像的特点结合题记，第二次重修的年代为北宋时期，且至少应该在天圣年间或之前即已重修完成。

四、开凿年代

第 100 与第 128、144、148、80 五个窟属于一组比较相近的洞窟，这一组洞窟的基本相似特点如下：

（一）洞窟形制

三壁两龛窟。正壁通列高坛基，两侧壁的坛基变得非常窄，只是象征性地留出一道（第 100、128 窟），而其他窟则看不出两侧壁保留的窄坛基。两侧壁各开一大龛。由于两侧壁的佛像置于壁面开出的龛内，窟内可供礼拜的空间比较大。

（二）壁面布局

正壁主尊左右上下各开两个（第 80 窟）或三个龛（第 100、128、144、148 窟）。左右壁上方开列龛，其中第 100、128 窟前壁上方开两列小龛，其余前壁塌毁不详。第 100、128、148 左右壁大龛内又开小龛。第 80 窟左右壁上方未见小龛，左右壁大龛内塑小平台。

（三）造像题材

主尊造像为三佛，正壁佛两侧有胁侍菩萨，第 100、128 窟前壁门两侧各一立菩萨。附属造像，第

100、128、144、148 窟正壁左右上方小龛内对称塑交脚菩萨和半跏思惟菩萨，各有二胁侍菩萨，第80、100、128、144、148 窟正壁两侧下方二小龛内各塑二佛并坐。第 100、128 左右壁及两侧壁上部小龛内塑一坐佛，代表千佛，其中第 100 窟前壁下列龛中间一龛为二佛并坐。这两窟两侧壁大龛内各有上下二小龛，内塑一佛或二佛（第 128 窟）或都为二佛并坐（第 100 窟）。第 148 窟两侧壁列龛和左右壁大龛内的二小龛均塑二佛并坐。第 144 窟左右壁列龛内造像不明。

造像组合：主尊组合为三佛，单铺组合为一佛二菩萨。附属造像组合为半跏思惟菩萨和交脚菩萨+二佛并坐+千佛。半跏思惟菩萨和交脚菩萨对称造于洞窟正壁两侧上方是延续第 74、78 窟的做法①，只是该窟开始在壁面下部又凿出两个小龛，内塑释迦多宝并坐，壁面上部凿出列龛，内塑一佛二菩萨。

（四）造像特点

佛：第 128 窟三佛、148 窟正壁主尊佛保存较好，为原作造像，与第一组洞窟的佛像基本相同，但造像体量明显变小。三壁的佛像都坐于束腰形须弥座上。佛像圆形磨光高肉髻，面形方圆，大目，高鼻，厚唇，短颈。偏袒右肩袈裟，袈裟衣边刻折带纹。衣纹为凸起泥条加阴刻线，腹部、左臂及腿部衣纹刻燕尾状交叉的勾连式，与第一组和第五组的佛像相同。主尊佛像现存原作都为右手在外左手在内相叠作禅定印。影塑佛像穿偏袒右肩袈裟或圆领通肩袈裟，衣边（袖边）刻折带纹，衣纹为平行的阴刻线，没有表现勾连状的衣纹。作禅定印或一手说法印（或抚胸）一手握衣角。

菩萨：第 100、128、80 窟的胁侍菩萨保存较好。菩萨与麦积山最早的第 74、78 窟及 70、71 龛非常接近，没有大的区别。

供养人：第 144、148 和 80 窟保存有原作的影塑供养人，皆贴于壁脚的窄平台上。现存者均为男供养人，戴笼冠或合欢帽，右衽衣，袖口外翻较窄，双手前后相叠或持花置于腹部，下穿大口裤，属裤褶之服。

根据以上特点分析判断，这组洞窟开凿于北魏孝文帝太和时期。其年代为孝文帝太和元年至太和二十三年，即 477~499 年。其开凿的年代先后顺序应该为第 100、128、148、144、80 窟。

五、重修年代

第 100 窟在初建的时候，正壁靠下的部位并没有做泥塑小台，泥塑小台的做法首先出现于第 80 窟。该窟残存的右壁龛内，有两层泥塑的小台，上贴塑小坐佛。这点日本学者八木春生早就注意到了，并指出该窟的年代为迁都之前②。前面已经论述，第 80 窟要略晚于第 100、128 窟。第 100、128 窟两

① 魏文斌：《麦积山石窟交脚与半跏思惟菩萨对称构图的研究》，《西部美术考古》，上海：上海大学出版社，2008 年。

② （日）八木春生：《麦积山石窟北魏后期诸窟考》，《筑波大学艺术研究报告》第三三辑《艺术学研究报》十九，筑波大学艺术系，1999 年。彭盈真翻译稿见麦积山石窟艺术研究所编：《麦积山石窟研究论文集》，兰州：甘肃人民出版社，2006 年，第 573 页。

侧壁的大龛内也有影塑坐佛，不过是放置于小龛内的，而第80窟出现的新变化是坐佛放置在影塑台上。

回过头来看第100窟的情况。该窟正壁坐佛佛座的两侧，用细泥做成一道通向两侧壁胁侍菩萨背光的小平台，平台的宽度约3厘米，断面呈三角形，是直接粘贴在原来壁面上的，其中右侧保存较好，左侧的局部脱落。从小平台的两端观察，是压在原来壁面泥层和两侧胁侍菩萨的背光上的，可知该平台是在重修时附加上去的。从麦积山石窟北朝洞窟中影塑平台的制作法的演变中，我们可以得出其由最初的断面呈梯形向北魏晚期、西魏时期的断面呈三角形变化过程。而且由繁到简，最初是在壁面凿数个一排或数排小桩孔，再竖向插木条，木条上又横向搭窄木板，然后再塑泥做成，如第86、89、93、114、115、156窟等。而到了北魏晚期和西魏时期这种工序则很简单，只是在壁面上抹泥凸出成三角形即可（如第121、133、131、132等窟）。该附加小平台的时代，我们还可以从其上的影塑判断。

在20世纪80年代之前，正壁佛座右侧的小台上有三身供养人影塑的痕迹，现存两身。在正壁左右侧近坛基的部位各保存有一身。则正壁小平台上和近坛基处现共保存四身影塑供养人。第一身贴于正壁佛座左侧小平台上，残高17厘米，头失，上身穿交领宽袖衣，下穿覆脚宽裙。左手抚于腹部，右臂于体侧下垂，右手藏于衣袖内。第二身贴于正壁佛座右侧小平台上，残高17厘米，头失，上身双肩披披帛，披帛于肩部向外起翘成三角形，内穿交领宽袖上衣，胸部打结下垂，下穿宽裙，裙裾覆盖脚面，双脚不外露，左手于胸部似握莲花，右手于体侧下垂，藏于衣袖内。第三、四身贴于正壁佛座左右侧近坛基处，残高19厘米，头失，外披宽博大衣，内上身穿交领衣，下穿覆脚宽裙，裙腰束带，右手于腹部托一物，左手下垂于体侧，藏于衣袖内。这四身供养人体现了女性的装束，均穿交领宽袖衣，覆脚宽裙，表现了褒衣博带的特点，但是第一、二两身与二、四两身供养人无论在形体还是衣着上都有着差别，这四身供养人之间有没有先后关系或者属不属于同一时期的作品还值得商榷。与之特点相近的供养人又见于北魏晚期开凿的第133、142等窟内的影塑供养人。

第100窟左壁胁侍菩萨与左壁大龛之间的空隙中，贴有一身影塑坐佛，头残失，残高13厘米，内穿僧祇支，外穿半披右肩宽博袈裟，右手举于胸前作与愿印，左手曲于腹部，袈裟下摆分两片成半圆形。该影塑与第51窟正壁重修的影塑佛相同，又见于第17、121、122、142、133等北魏晚期开凿的洞窟内。

左壁大龛内顶部贴影塑天人，现残存一身，头残失，穿双领下垂衣，衣服宽博，右手举于胸前，左手于腹部托供养物。麦积山文物库房也存有比较完整的出于第133窟的光头天人影塑，与第100、126窟的完全相同①。该式样的天人影塑又见于第126窟，且可能是同一模子所制。第126、133窟的天人影塑是光头的僧人形象，那么第100窟的这身天人原来也应是光头的。类似的光头形的天人影塑还见于第16窟的壁面上，但第16窟的时代可能要更晚一些。

左壁大龛内顶部以及左右壁和前壁各龛间贴影塑圆形莲花。在壁面上贴影塑花饰的做法见于第17、122、126等窟。其中第122窟的花饰与第100窟的完全相同。

壁面小龛内的坐佛旁都添加贴塑上了胁侍菩萨，现存第9龛的左胁侍菩萨、第10龛的右胁侍菩

① 麦积山石窟艺术研究所：《中国麦积山石窟展》图录，日本经济新闻社，1992年，图版14。

萨、第 17 龛的左胁侍菩萨。这些胁侍菩萨均穿交领衣，披帛于胸前交叉，具有褒衣博带的特点，人物面形清秀，躯体修长，与洛阳永宁寺所出北魏晚期影塑侍从人物的服饰及造型特点非常相似①。

以上的重修遗迹，属于该窟的第一次重修所留。根据这些影塑多见于麦积山北魏晚期的第 133、142、17、122、126 等窟的情况，我们推断该窟的第一次重修为北魏晚期②。重修之后，改变了窟内壁面的布局格式以及小龛内的造像组合。从图中我们就可以比较直观地看到这种变化。

第 100 窟有过两次明显的重修，第一次是北魏晚期，已如前述。第二次对三壁主尊以及第 6 龛左侧影塑佛的上半身和右侧影塑佛的佛头、第 17 龛影塑佛的佛头补修。正壁佛像馒头形低肉髻，刻窝卷纹，前部圆形肉髻珠突出。面形圆润，双眉弯曲，眼角上挑，四瓣形嘴。脖颈粗短，身体厚重，袈裟凸起较写实的凸棱。双手于胸前相握作智拳印。这是一种密宗大日如来的手印，因此该像具有密宗的特点③。左右壁大龛内的主尊均螺髻，袒胸，躯体丰满臃肿，双乳线及腹线明显。外披双领下垂袈裟，内穿僧祇支，腹部结带，衣饰宽博写实。三尊佛像的风格与第 90、93 窟的宋代重修佛像基本接近，所以该窟第二次重修的年代为宋代。由该窟左壁龛楣下部的天圣年间的竖刻题记，可以确定塑像重修的年代下限为 1031 年。至乾道六年（1170 年）和乾道九年（1173 年）又有游人题刻。

（原载于《中原文物》2011 年第 1 期）

① 钱国祥：《北魏洛阳的佛教石窟与永宁寺造像》，李振刚主编：《2004 年龙门石窟国际学术研讨会文集》，郑州：河南人民出版社，2006 年，第 14 页，图 18。

② 上引第 133 等窟的年代可参见《中国石窟・天水麦积山》中的内容总录、张锦秀编撰：《麦积山石窟志》关于各窟的叙述。详细的分期考证将拟于以后做《麦积山石窟北魏晚期洞窟调查与研究》。

③ 屈涛：《麦积山石窟 10~13 世纪的营造》，《2000 年敦煌学国际学术讨论会论文集・石窟考古卷》，兰州：甘肃民族出版社，2003 年。

北朝时期佛教石窟艺术样式的西传及其流变的区域性特征

——以麦积山第127窟与莫高窟第249、285窟的比较研究为中心

沙武田

前　言

就佛教石窟艺术研究而言，必当涉及一类或一时代造像“样式”源与流的关系，因此也就存在着不同地区的相互影响；另一方面来讲，佛教石窟艺术所表现出的“区域性”即地方性特征颇为明显，不容忽视，此一特性正是佛教石窟艺术的另一要素。就佛教石窟艺术区域性特征的比较研究，专题性的研究并不多见，当是日后石窟研究的一个方向。此方面的研究，首推李裕群先生《北朝晚期石窟寺研究》大作①，书中作者对诸如邺城附近石窟、太原附近石窟、固原须弥山石窟、天水麦积山石窟、敦煌莫高窟等五处北朝石窟群进行区域类型研究，并在区域类型研究的基础上，进行了石窟群之间的横向比较及区域成因诸要素的分析。此种研究，不仅使我们看到了北朝各石窟的区域特征，而且通过比较研究使得各石窟之间的联系与区别清晰可见，在此基础上，作者又深入分析了区域差异的原因。受此启发，笔者拟从相关角度，就相类似的问题谈谈自己的看法。

佛教石窟“样式”，常青先生有概括性说明，即“每一所洞窟，每一幅壁画，每一件雕塑，都有它们自身的内容、形制与风格。如果一个X群体对当时乃至后代产生了重大影响，我们总结出了它的综合样式，就可称之为‘X样式’。而且因为它是一些地区竞相模仿的样板，故又可称之为‘X模式’”②。其实在这里“样式”与“模式”区别不大，均表示特定时代的特定石窟艺术，代表着一个时代一类石窟造像群体，具体包括宏观的洞窟形制、造像题材（雕塑、壁画），也有微观的造像风格特点等诸多方面。

就目前而言，学者们对石窟艺术“样式（模式）”的总结研究，以1986年宿白先生对“凉州模式”的提出为发端，对我国新疆以东现存最早的佛教石窟“模式”即“凉州模式”进行了讨论③。紧

① 李裕群：《北朝晚期石窟寺研究》，北京：文物出版社，2003年。

② 常青：《浅谈石窟考古断代方法与样式研究》，《考古与文物》2003年第5期。

③ 宿白：《凉州石窟遗迹与“凉州模式”》，《中国石窟寺研究》，北京：文物出版社，1996年，第39~51页；原载《考古学报》1986年第4期。

接其后，1987年宿白先生撰文对“云冈模式”的形式与发展作了极其详细的论述①。由此使我们看到了北朝时期佛教石窟艺术的两大体系及其影响。北朝龙门石窟造像风格独具，表现出较强的地方性特征，因此就有了所谓的“龙门样式”②。隋唐时期随着全国政治、经济、文化中心向长安的集中，继凉州、平城、洛阳之后，佛教艺术也向长安地区集中，于是又形成了以长安地区佛教造像为代表特征的“长安模式”，对此常青、李松、罗世平、王建新等先生先后均有讨论③。由此可见，佛教造像样式的产生是以历史上的都城作为区域性关系，也因此而必然形成佛教造像的“区域性”特征。其实无论是“凉州模式”“云冈模式”，还是后来的“龙门样式”“长安模式”，均代表着一个特定地理区域内的佛教造像的样式关系。由此，佛教造像的“样式”也就必然地与区域地方产生了密切的相互关联。

一个时代、区域的“样式”研究，学者们注意较多；而对“样式（模式）”的传播所表现出的区域性选择和变化，似乎没有引起人们太多的注意。有鉴于此，本文以北朝佛教石窟艺术为基础，通过麦积山第127窟和敦煌莫高窟第285、249窟等具有代表性洞窟的比较，以期说明佛教石窟艺术样式的西传及其所表现出来的流变区域性特征。挂一漏万，敬希方家教正。

一、讨论对象的历史性选择

因为是要考察石窟艺术在传播路线上变化的区域性特征，因此必然地要选择在空间上相差较远的地方，方能更加说明问题。麦积山和敦煌相隔千里之外，在自然环境等方面区别很大，完全具备这一前提条件。

又因为是对不同地区造像传播的观察，就只能选择具有大量新题材新因素的“原创性”（original）洞窟进行比较研究。“所谓‘原创性’，是指这些石窟的设计和装饰引进了以往不见的新样式。这些样式有的是昙花一现，未能推广；有的则成为广泛模拟的对象。”④ 之所以要选择“原创性”洞窟，是因为传统样式的洞窟并不代表外来样式的特征，更谈不上考察一种样式在本地区变异的区域性因素。麦积山第127窟和莫高窟第249、285窟，大量新因素出现，分别代表了两地北朝石窟造像变化的最强音，毫无疑问可作为“原创性”洞窟的代表。

“样式”的比较，选择对象在时代上同样要有共性，两个不同时代的造像一般不具“样式”特性；如果存在，则只能说明一类样式在较长时间的影响关系，但并不具称为“样式”“模式”的前提和条

① 宿白：《平城实力的云集和“云冈模式”的形成与发展》，《中国石窟寺研究》，第114～144页；原载云冈石窟文物保管所编：《中国石窟·云冈石窟》（一），北京：文物出版社、东京：平凡社，1991年。

② 宿白：《洛阳地区北朝石窟的初步考察》，《中国石窟寺研究》，北京：文物出版社，1996年，第153页。

③ 常青：《大佛寺石窟与唐代长安的造像样式》，《彬县大佛寺造像艺术》，北京：现代出版社，1998年，第242～258页；李凇：《陕西古代佛教美术》，西安：陕西人民教育出版社，2000年；罗世平：《四川唐代佛教造像与长安样式》，《文物》2000年第4期；王建新：《试论佛教造像的长安模式与盛唐风格》，载西北大学考古专业等：《慈善寺与麟溪桥》，北京：科学出版社，2002年，第142～152页。

④ 巫鸿：《敦煌323窟与道宣》，《佛教物质文化：寺院财富与世俗供养国际学术研讨会论文集》，上海：上海书画出版社，2003年，第333～348页。

件。敦煌莫高窟第 285 窟因为有明确的供养人发愿文题记，建于西魏大统四至五年间（538～539 年），因此时代关系确定。莫高窟第 249 窟同属西魏洞窟，经樊锦诗等先生断代分期研究表明是与第 285 窟为同一期洞窟①，这两所洞窟也是莫高窟同期以至北朝代表洞窟，而且由于洞窟内的特殊性题材与样式的出现而使其在北朝石窟研究中具有极其特殊性的意义。

麦积山第 127 窟，1953 年中央人民政府文化部天水麦积山石窟勘察团初步定为“魏晚期”，即北魏晚期至西魏时期洞窟②，其后在阎文儒先生主编《麦积山石窟》中定为北魏晚期洞窟③。董玉祥先生在进行麦积山石窟分期研究时，定第 127 窟为北魏最后一期洞窟④。李西民先生定为北魏洞窟⑤。在大型图录《中国石窟·天水麦积山》中无论是在由蒋毅明、李西民、张宝玺、黄文昆编写的图版说明，还是后附李西民、蒋毅明整理《麦积山石窟内容总录》中均定为西魏时期洞窟⑥，著名的美术史家金维诺先生明确指出第 127 窟为西魏初年窟，并通过实地的考察，以考古学层位与打破关系进行比对，指出由于有题记的北魏晚期洞窟第 120 窟与北魏洞窟第 121 窟二小窟分别被第 127 窟打破的情况，得出可信的结论⑦。张宝玺先生在进行麦积山石窟壁画研究时，把第 127 窟界定在北魏晚期至西魏之间⑧。傅熹年先生在进行麦积山石窟建筑研究时认为第 127 窟是西魏时期洞窟⑨。项一峰先生在《麦积山西崖西上区石窟内容总录》中定第 127 窟为北魏时期洞窟⑩，相同的观点也反映在他的相关研究当中⑪。近年张宝玺先生在有关论著中再次确认了麦积山第 127 窟为北魏至西魏时期洞窟，且明确标明是“六世纪中”⑫。

综观学者们的研究和观点，基本一致认为麦积山第 127 窟为西魏时期洞窟，部分以北魏晚期至西魏时期的界定，应是受当初中央文化部勘察团的影响，其实当初的断代只是个初步与大概，由于受时

---

① 樊锦诗、马世长、关友惠：《敦煌莫高窟北朝洞窟分期》，敦煌文物研究所编著：《中国石窟·敦煌莫高窟》（一），北京：文物出版社、东京：平凡社，1982 年。

② 麦积山石窟勘察团：《麦积山石窟内容总录》，《文物参考资料》1954 年第 2 期。另见天水麦积山文物保管所、麦积山艺术研究会：《麦积山石窟资料汇编》初集，1980 年，第 43、44 页。

③ 阎文儒主编：《麦积山石窟》，兰州：甘肃人民出版社，1984 年，第 189 页。

④ 董玉祥：《麦积山石窟的分期》，《文物》1983 年第 6 期。

⑤ 李西民：《论麦积山石窟艺术史上的六个高潮》，天水麦积山石窟艺术研究所编：《石窟艺术》，西安：陕西人民出版社，1990 年。

⑥ 天水麦积山石窟艺术研究所编：《中国石窟·天水麦积山》，北京：文物出版社、东京：平凡社，1998 年，第 238～240、286 页。

⑦ 金维诺：《麦积山石窟的兴建及其艺术成就》，天水麦积山石窟艺术研究所编：《中国石窟·天水麦积山》，第 165～180 页。

⑧ 张宝玺：《麦积山石窟壁画叙要》，天水麦积山石窟艺术研究所编：《中国石窟·天水麦积山》，第 190～200 页。

⑨ 傅熹年：《麦积山石窟所见古建筑》，天水麦积山石窟艺术研究所编：《中国石窟·天水麦积山》，第 201～218 页。

⑩ 项一峰：《麦积山西崖西上区石窟内容总录》，《敦煌研究》1998 年第 2 期。

⑪ 项一峰：《〈维摩诘经〉与维摩诘经变——麦积山第 127 窟维摩诘经变壁画试探》，《敦煌学辑刊》1998 年第 2 期。

⑫ 张宝玺：《甘肃石窟艺术壁画编》，兰州：甘肃人民美术出版社，1997 年。

间与认识的限制，是可以理解的。而结合金维诺先生翔实的研究，以及董玉祥先生的科学分期，还有以上其他学者们的近于一致的意见，我们认为把麦积山石窟第127窟定为西魏时期所建洞窟，是可以成立的。为此我们也曾撰文对此作过专题研究，表明第127窟不仅是西魏时期的洞窟，而且具体即为乙弗后在麦积山的功德窟①。

因此在时代上麦积山第127窟与敦煌莫高窟第285、249窟相一致，可资比较。

宿白先生指出："探讨敦煌石窟的东方因素时，就不能不注意麦积。"而麦积山石窟的发展应有长安与凉州的双重影响②。这是个极其富有启发性的命题，明确告诉我们北朝时期佛教石窟艺术由长安而麦积，再到敦煌的传播路线。那么其实际情形又是如何呢？

太和十八年（494年）北魏迁都洛阳，洛阳及其周边地区约自景明（500~503年）以来，就发展成当时北中国佛教艺术的中心。北魏洛阳佛教艺术的发展及其盛况，《洛阳伽蓝记》有详细的原始记录③。就石窟艺术而言，龙门石窟北魏洞窟代表了武周山石窟（即云冈石窟）之后的又一个高峰，即所谓的"龙门样式"正式形成。影响所及除洛阳周边地区的石窟艺术之外，长安地区佛教造像、麦积山石窟、炳灵寺石窟均有鲜明的表现。同时也可在西魏、东魏和北周、北齐造像和石窟艺术中得到反映，但也存在地区的变化与时代的差异。正如宿白先生所言："（东西魏、北齐周时期）洛阳地区已是一片寥廓，佛教工程随北魏的分裂而分散东西，主要迁向东魏、北齐领域，所以洛阳地区北朝洞窟的某些特点，继续出现在河北邯郸响堂山石窟和山西太原天龙山石窟，并有所发展。甘肃天水麦积山和宁夏固原须弥山一部分洞窟出现接近洛阳地区洞窟的一些情况，可能比响堂、天龙更为复杂。"④ 宿白先生又认为，包括窟龛造像在内的洛阳佛教艺术变化的重要因素来源于南朝，毋庸置疑受到南朝的深刻影响⑤。冈田健先生则认为长安地区西魏政权下的佛教造像样式，"几乎是完全模仿了曾经在以洛阳为中心地区流行的北魏造像样式"，要比东魏的造像更加保守⑥。不管怎样，不仅仅是造像样式的互动，也表明了北魏样式的西传及其变化的区域性因素存在的事实。正如"距长安较近的炳灵寺窟龛较多的大乘图像，除了西方于阗及其以东的影响外，很可能比凉州系统的其他石窟更多的受到来自东方长安的影响。关于迄五世纪前期的长安佛教及其造像，既有向西影响凉州的迹象，又有南下影响南方的文献记录"⑦。

以上情形多表现在以单个造像为主体的图像比较当中，而要讨论一类"样式"及其流传情况，则不能局限于单个或一类尊像的比较，也不能人为地缩小观察的视野。特别就石窟艺术"样式"的研究，是要涉及诸如大到洞窟建筑形制、洞窟造像如雕塑、壁画，小到图案的联系与比较。

---

① 郑炳林、沙武田：《麦积山与乙弗后有关之洞窟》，郑炳林、花平宁主编：《麦积山石窟艺术文化论文集》（上），兰州：兰州大学出版社，2004年，第27~48页。

② 宿白：《敦煌莫高窟早期洞窟杂考》，《中国石窟寺研究》，第217页。

③ ［魏］杨衒之著，周祖谟校释：《洛阳伽蓝记校释》，上海：上海书店出版社，2000年。

④ 宿白：《洛阳地区北朝石窟的初步考察》，《中国石窟寺研究》，第171页。

⑤ 宿白：《洛阳地区北朝石窟的初步考察》，《中国石窟寺研究》，第174页。

⑥ （日）冈田健：《关于慈善寺1号窟造像样式的问题》，西北大学考古专业等：《慈善寺与麟溪桥》，北京：科学出版社，2002年，第122页。

⑦ 宿白：《凉州石窟遗迹与"凉州模式"》，《中国石窟寺研究》，第50页。

二、比较研究的前提

下面就同时代背景下的麦积山第127窟与敦煌莫高窟第285、249二窟，着眼于洞窟内容题材、造像艺术风格等宏观的比较，谈一下佛教石窟艺术样式在北魏西魏时期的西传及其流变的区域性特征。

（一）麦积山第127窟的基本概况

北魏分裂为东魏和西魏，佛教艺术也以洛阳为中心向东西扩散。东魏和西魏的佛教均延续北魏的格局，统治阶级仍然对佛教信仰有加，大力支持佛教的发展。其中向西随着政治经济文化中心向长安的移动，则使得离长安地区较近的麦积山石窟成了西魏统治下的又一处佛教圣地，保留下了大量北魏到西魏其间的洞窟和造像遗存，成了我们研究西魏佛教艺术的重要资料。总体上来讲，麦积山石窟的西魏石窟艺术并没有超出北魏的基础，“西魏统治仅二十多年，佛教造像仍然继承了魏晋以来的‘秀骨清像’风格，表现出人物清俊、通脱、潇洒的风度。佛、菩萨身穿褒衣博带式袈裟或交领襦袍，比例修长，脚穿云头履，面带温婉亲切的微笑”①。需要注意的是，无论是西魏佛教艺术，还是东魏佛教艺术，其源头均来自北魏，政治的分裂并没有割裂文化与艺术的紧密联系。但我们也并不能因此而否定西魏时期麦积山石窟艺术的新成就与独特的贡献。

麦积山第127窟位于西崖上部窟龛群的最高处东上角，旁邻西魏第123窟，是麦积山石窟中并不多见的一所大型洞窟，有一较长的甬道，主室为盝顶长方形窟，三壁凿龛，高4.00米，宽8.00米，深4.00米。为西魏时代所建洞窟。洞窟内三面有造像：正壁龛内为一石雕结跏趺坐佛一尊，左右两侧为石雕胁侍菩萨各一尊，佛项光中央为一大朵莲花，左右两侧为相向而飞的浮雕伎乐天各六身，构成项光的外周装饰；又在佛的背光两侧浮雕弟子二身、供养天四身、供养人四身。左壁龛内泥塑结跏趺坐佛一尊，左右两侧塑供养菩萨各一尊。右壁龛内同为泥塑结跏趺坐佛一尊，左右各塑胁侍菩萨一尊。另外在窟中正后有晚期宋时加塑的结跏趺坐佛一尊和左右的胁侍菩萨各一尊。第127窟是麦积山石窟保存有最为丰富和最为精美壁画的洞窟之一。窟顶藻井正中画帝释天与帝释天妃，左右坡分别画萨埵太子舍身饲虎，正坡画未知名本生故事图，前坡画睒子本生。正壁上画有涅槃经变一铺，左壁上画维摩诘经变一铺，右壁上画西方净土变一铺，前壁上画七佛，下部门两侧画十恶十善图。门右侧下角画战骑图。

对于麦积山第127窟营建的历史背景和功德主，我们认为：“麦积山第127窟当是乙弗后功德窟，而洞窟主要的主持营建者是乙弗后之子、秦州刺史武都王戊，洞窟内的所有内容有一个明显的主题，就是对乙弗后之死的深切怀念，是与当时的社会历史背景密切相关，由此我们也看到了佛教洞窟营建强烈反映社会历史现实的一面。”② 如此，作为功德主的两位人物都是来自长安的西魏皇室成员，乙弗

① 孙纪元：《麦积山雕塑艺术的成就》，天水麦积山石窟艺术研究所编：《中国石窟·天水麦积山》，北京：文物出版社、东京：平凡社，1998年，第183页。

② 郑炳林、沙武田：《麦积山与乙弗后有关之洞窟》，郑炳林、花平宁主编：《麦积山石窟艺术文化论文集》（上），第45页。

后本人削发为尼后又被发来秦州，因此，第127窟的各个方面均都表现出受到来自长安因素的影响，诸如有画工画匠、壁画粉本等。而长安因素本身则又是反映佛教艺术由洛阳至长安再到麦积的一个西传的过程。

（二）与麦积山第127窟功德主相同历史背景的佛教石窟功德主在敦煌

同为来自京城的功德主，更远的敦煌也有来自北魏都城洛阳的人物。《圣历碑》和《莫高窟记》记有在莫高窟“建大窟一所”的北魏宗室元荣。孝昌元年（525年）九月之前，北魏明元帝四世孙元荣出任瓜州刺史，从洛阳来到敦煌，“永安二年（529年）八月封瓜州刺史元太荣（即元荣）为东阳王”（《魏书·孝庄纪》）。东阳王元荣任瓜州刺史迄西魏大统八年（542年）十一月以前。继元荣刺瓜州者，为其子康和邓彦，大约至大统十年或十一年（544或545年）。元荣本人十分佞佛，是位虔诚的佛教徒，在敦煌期间由他发愿抄写了大量的佛经，计有10余种2200余部（卷），其中写经题记给我们研究元荣及其在敦煌的佛教活动提供了珍贵资料，代表如：

日本中村不折氏藏元荣于普泰二年（532年）敬造《律藏初分》第一四卷尾题：“……敬造无量寿经一百部。四十部为毗沙门天王，三十部为帝释天王，三十部为梵释天王。内律五十五卷，一分为毗沙门天王，一分为帝释天王，一分为梵释天王。造贤愚一部为毗沙门天王。观佛三昧一部为帝释天王。大云一部为梵释天王。原天王等早成佛道……”

S. 4528《佛说仁王般若波罗蜜经》尾题：“大代建明二年（531年）四月十五日，佛弟子元荣既居末劫，生死是累，离乡已久，归慕常心。是以身及妻子奴婢六畜，悉用为毗沙门天王布施三宝，以银钱千文赎……入法之钱即用造经。愿天王成佛。”

S. 4415《大般涅槃经》卷三一尾题：“大代大魏永熙二年（533年）七月十五日，清信士使持节散骑常侍开府仪同三司都督领西诸军事车骑大将军瓜州刺史东阳王元太荣，敬造涅槃、法华、大云、贤愚、观佛三昧、祖持、金光明、维摩、药师各一部，合一百卷，仰为毗沙门天王，愿弟子所患永除，四体休宁。所愿如是。”

P. 2143《大智第廿六卷释论》第一四卷尾题，同样记有元荣发愿写《无量寿经》一百部。

元荣写经题记贺世哲先生有专门的研究①，主要有《仁王般若经》《无量寿经》《内律》《摩诃衍经》《贤愚经》《观佛三昧经》《大云经》《涅槃经》《法华经》《祖持经》《金光明经》《维摩诘经》《药师经》等。元荣所抄佛经，当与他本人的信仰密切相关，更是与他及北魏宗室在洛阳的佛教推动不可分，表现出佛教西传的特征与影响。而且事实上他所抄经在麦积山石窟有十分成熟的相应经变画的存在（对此后有论及）。

贺世哲先生认为莫高窟第285窟极有可能即为元荣的功德窟②，马德先生则进一步肯定此说③。如

---

① 贺世哲：《敦煌莫高窟第285窟西壁内容考释》，《敦煌石窟论稿》，兰州：甘肃民族出版社，2004年，第89~121页。

② 贺世哲：《从供养人题记看莫高窟部分洞窟的营建年代》，《敦煌莫高窟供养人题记》，北京：文物出版社，1986年。

③ 马德：《敦煌莫高窟史研究》，兰州：甘肃教育出版社，1996年，第67~69页。

此就为我们的比较研究提供了洞窟功德主的共性。另外，宿白先生认为莫高窟第 249 窟极有可能即是元荣的功德窟①，同样考虑到了洞窟内全新的中原画风与内容的出现。本文不论元荣功德窟，仅考虑到莫高窟此二窟在一些新因素上的一致性关系，因此本文选此二窟与麦积山第 127 窟进行比较研究。在莫高窟此二窟内所反映出完全不同风格与题材画样的存在，使得学者们极易把它们与从中原来的元荣联系到一起，因为在当时的敦煌，如此的变化只有元荣是最为适合的人选。也就是说莫高窟第 249、285 二窟出现新样式绘画，当是元荣从中原带来的粉本或画匠所为，即如同麦积山第 127 窟与乙弗后的关系。

（三）敦煌莫高窟第 249、285 窟基本概况

作为比较的基本资料，就莫高窟第 249、285 二窟洞窟内容作一简单介绍如下：

莫高窟第 249 窟，西魏（535~556 年）初建造，清代重修。位于九层楼以北的石窟群中段。窟平面方形，覆斗形顶，西壁开一大龛，为殿堂窟。西壁圆券龛内塑一佛二菩萨，善跏坐佛居中，龛壁绘飞天、供养菩萨、婆薮仙和鹿头梵志。龛外塑二菩萨。窟四壁上部画天宫伎乐绕窟一周。中部西部画飞天和供养菩萨，南北壁中央画说法图，飞天化生、供养菩萨，四周围绕千佛。南北壁下部上画供养人，下画药叉。东壁残存天宫伎乐。窟顶莲花藻井，西坡画阿修罗、赤身，四目四臂，手托日月，足立大海，水不过膝，身后须弥山忉利天宫，侧有雷公、电母、风神、雨师、乌获、朱雀、羽人；与之相对的东坡是二力士捧摩尼宝珠，两侧是飞天、朱雀、孔雀，下有胡人与乌获百戏，及龟蛇相交的玄武和九首人面兽身的开明；南坡画乘风车的西王母（大梵天），在浩浩荡荡地巡天队伍下方，有狂奔的野牛、黄羊和虎；北坡画东工公（帝释天）乘四龙车，下方绘山林、黄羊等。四坡壁画内容丰富，既有神话传说、佛道两教人物、天宫，又有古代建筑、人间生活、游牧狩猎的场景。四壁画千佛及说法图等。绘画技法上运用中原传统晕染法，人物清秀、面颊红润，线描更加熟练、潇洒、遒劲有力。

莫高窟第 285 窟，位于九层楼以北，西魏开凿，中唐、宋、西夏、元重修。窟内北壁有西魏大统四至五年（538~539 年）的发愿文题记。它是莫高窟最早有纪年的洞窟，也是早期内容最丰富的洞窟。窟形平面方形，覆斗形顶，西壁开三个圆券龛，南北壁各开四禅窟。前室西壁门上为第 286 窟，门北为第 287 窟、甬道和前室壁画为五代重绘。西壁主龛内塑坐佛一身，胁侍菩萨两身，两侧龛塑结跏坐禅僧像。北壁四禅窟内画有禅僧像；窟顶四披绘飞天、雷神、飞廉、朱雀、乌获、开明、伏羲、女娲等，边沿画山居禅僧像三十五身；西壁龛外画供养菩萨、诸天、神将、力士；南北壁壁画上下分段，各段分组，各自内容独立，但又有总体布局：上部画伎乐飞天十二身，奏乐或散花，飘逸多姿，气韵生动；下方一横幅故事画《五百强盗成佛》，画有战争，受审施刑、剃度等场面，为我们提供了兵器、刑法、建筑、服饰等形象资料；中部画佛本生故事和因缘故事；下部画药叉。北壁上部画最早的七佛说法图七铺，每铺下方有愿文和供养人，中部画佛和菩萨。东壁门两侧画观无量寿佛，下画供养人，并有愿文榜题。所绘人物身体修长，俊秀，眉目疏朗传神。绘画技法上是西域艺术风格的北魏

---

① 宿白：《东阳王与建平公（二稿）》，《中国石窟寺研究》，第 250~251 页。

手法与中原的艺术风格的结合。

（四）可资比较的前提条件

初步观察发现麦积山第127窟的壁画风格与敦煌莫高窟西魏同时代洞窟如第285窟在诸多方面可资比较，二地二所同时代洞窟均强烈地表现着原南朝画风，人物姿态舒展，画面动感极强，二窟的飞天伎乐造型一致。另外，那种褒衣博带式的服饰特点也是相同的，窟顶的神怪画在二窟内有同样的表现。莫高窟第285窟内五百强盗成佛因缘中的官兵与所骑马的装饰，与麦积山第127窟内好几处画面中的士兵装饰一致，均为鲜卑甲骑具装铠的典型形式①。麦积山第127窟内人物部分所戴之冠，也与莫高窟西魏第288窟（位于第285窟北侧，时代相当）供养人之所戴冠相同，即笼冠②。再者麦积山第127窟顶中心画帝释天，同样的题材在莫高窟西魏第429窟内有更为丰富和完美的表现。在洞窟建筑形制方面，麦积山第127窟与莫高窟第285、249窟也是大同小异，均为方形主室，帐形顶，窟顶帐形均是在窟形的基础上，以或画或塑的形式表现。莫高窟第285窟有明确的题记表明是建成于西魏大统四至五年，这一时间也正好与麦积山乙弗后功德窟127窟的修建时间相当，乙弗后是在大统六年被赐死，因此第127窟的修建正在进行当中，作为艺术的变化更应是相一致的，不会有特别大的变化。我们必须注意到，在上述有关莫高窟西魏洞窟中与麦积山第127窟可资比较的内容，在莫高窟是新出现的现象，而不是固有的东西，这样无疑增加了我们比较的可信度。

三、比较研究

既然如此，相同时代，在麦积山和莫高窟这样两处完全不同地区，同为来自中原长安洛阳皇室成员作为功德主，或者说至少受他们深刻影响下营建的洞窟，如何通过它们看到佛教造像样式的传播及其区域性特征呢？

（一）洞窟建筑形制的比较

洞窟建筑形制是一所洞窟内容与思想性格的载体，因此首先就此方面作一比较观察。麦积山第127窟主室为长方形盝顶，作三壁三龛式，而且以雕刻绘画帐形表现窟顶，使洞窟显得庄严华贵。莫高窟第249窟为方形主室覆斗顶窟。第285窟的形制比较复杂，同为方形主室覆斗顶，南北二壁各开四小龛，表现其作为禅窟的性质，同时主室中间设一方形小坛，又体现该洞窟作为当时莫高窟最早出现的一处戒坛的可能性③。经过比较可以发现，这三所洞窟形制有一个共同点，即洞窟形制总体上均可认为是覆斗顶殿堂窟的早期形式，但在具体的洞窟有不同的表现形式。麦积山第127窟突出表现其

① 杨泓：《敦煌莫高窟壁画中军事装备的研究之一——北朝壁画中的具装铠》，《1983年全国敦煌学术讨论会文集·石窟艺术编》（上），兰州：甘肃人民出版社，1985年。

② 段文杰：《敦煌壁画中的衣冠服饰》，《段文杰敦煌艺术论集》，兰州：甘肃人民出版社，1994年，第252页。

③ 释慧谨：《敦煌莫高窟第285窟的部分石窟功能探讨》（未刊稿），2005年8月甘肃石窟考察活动口头发表，本次活动由台湾圆光佛学研究所主办，兰州大学敦煌学研究所协办。

作为帐形顶的形式，更加能够体现一种富丽堂皇的感觉。而莫高窟第249窟是比较标准的殿堂窟形制，虽然窟顶也尽可能表现其作为近似于帐的形式，但要比麦积山第127窟差多了，到了第285窟这种差距则更大。事实上莫高窟第285窟的洞窟形制从大的方面考察更贴近敦煌当地的传统形制，这种形制早在莫高窟“北凉三窟”之一的莫高窟第272窟就已出现。更深远的影响来自敦煌当地自魏晋十六国以来墓葬常见的方形室穹隆顶建筑结构，如敦煌祁家湾、佛爷庙、飞机场及酒泉嘉峪关一带同一时期的墓葬。而第285窟所体现的禅窟和戒坛的性格，则是敦煌地方的创造性结果，强烈地体现着洞窟建筑形制西传过程中的区域性特征。

（二）雕塑艺术比较

雕塑艺术方面，受魏晋玄学士风的影响而产生的一种以清瘦为美即“秀骨清像”的“褒衣博带”式造像艺术，成为北魏西魏时期麦积山石窟雕塑艺术的代表性风格，其中表现最为明显的是位于麦积山西崖顶部的第127窟。该窟窟内三壁所存造像。正壁的一佛二菩萨为石雕，是一铺精致的石刻说法图，中间坐佛高达1.69米，两侧的胁侍菩萨也高达1.22米，如此高大而精美的大型石雕，在当时的条件下运到最高的洞窟谈何容易，足以表明建窟者的雄厚力量。另外这几身造像的风格与近年山东青州龙兴寺出土的大致同时期石雕佛教造像①极为相似，表现在人物的神情面貌、衣着装饰、雕刻技法等方面。特别需要引起我们注意的是，第127窟主佛背光和身光中的飞天伎乐、化佛、供养人等题材与表现形式，与青州龙兴寺西魏东魏同类造像几无二样。这一比较结果也告诉我们一个重要的历史问题：就是西魏时期麦积山佛教艺术与东面中原固有的佛教艺术紧密相关，无论是西魏或是东魏的佛教及其佛教艺术均与北魏有不可分割的关系。北魏佛教之兴盛我们早已十分了解，治佛教史者之论证清晰明了②，而北魏佛教艺术有著名的大同云冈石窟和洛阳龙门石窟及其他多处石窟寺艺术，也有《洛阳伽蓝记》留给我们关于当时北魏都城洛阳佛寺造像盛极一时之记载。无论是西魏佛教艺术，还是东魏佛教艺术，其源头均来自北魏，政治的分裂并没有割裂文化与艺术的紧密联系。由此看来麦积山第127窟的这几身石雕造像，应是来自中原一带的工匠所为，而作为与乙弗后有关的洞窟，极有可能就是从长安前来专门为乙弗后建功德窟的工匠们的作品。这些工匠又可能是原北魏时佛教艺术的制作者，本身对这一时期最为流行和具有明显时代风格特征的造像烂熟于心，由此便有了第127窟这几身石雕像的产生。事实上第127窟内左右壁的泥塑造像，只是材料的不同而已，其他与正壁造像是一致的，反映着同样的问题。根据金维诺先生的研究：“第127窟当为西魏初年窟。”“第127窟正壁主尊石造像一龛，光背浮雕飞天，姿态生动，似随音乐翱翔于天宇；佛作说法像，仪容庄严，广袖悬裳纹饰富于韵律；菩萨端严秀丽，恬静感人。此龛无疑是麦积山造像中的精品。”“门上方七佛图中之侍者中有落发之女尼，举止文静，形容秀丽……独有闺阁之姿。其他壁画中，除供养人，少有比丘尼形象入画，绘制也无此精丽。如上述，此窟出现比丘尼形象当与乙弗后在此出家为尼有一定关系，从全窟壁画内

---

① 中国历史博物馆、北京华观艺术品有限公司、山东青州市博物馆：《山东青州龙兴寺出土佛教石刻造像精品》，1999年。

② 汤用彤：《汉魏两晋南北朝佛教史》，北京：北京大学出版社，1998年。

容之新颖、构图之完善、绘制之精美来看，也应与来自京师的匠师有关。所以此窟似是武都王元戊为母乙弗后建造之功德窟。"① 与我们对该洞窟的研究相一致②。如此麦积山石窟第127窟是由西魏京师的工匠建造的，其艺术风格深受北魏造像艺术的影响。这一看法为研究麦积山的学者普遍接受，"窟内艺术风格亦属西魏大统年间的典型样式，绘塑精湛，修饰富丽。大统初年乙弗后、武都王在秦州的活动，或与此窟有关。正壁一龛内置石雕坐佛及二胁侍菩萨，是一铺精致的石刻说法图"。正、左、右龛内菩萨属于秀骨清像类型，代表着西魏塑匠师的高超技艺③。表明天水麦积山石窟佛教艺术，在中原佛教艺术风格的影响下，成为中原佛教艺术风格的辐射圈，形成麦积山石窟雕塑艺术又一特点。

同为受中原佛教艺术深刻影响的莫高窟二窟，第249、285窟却有比较不同的表现。虽然我们在莫高窟第249窟的彩塑一佛二菩萨像上，看到了那种秀骨清像式的风格，但相比麦积山第127窟者，则显得更加的敦厚朴素了一些，衣纹的处理没有那么复杂，在表现美的方式和力度上明显要比麦积山落后许多，更加接近北魏敦煌本有的特色，或许是由敦煌本地匠师一脉相承的结果。

（三）壁画艺术比较

佛教艺术特别是壁画或绘画艺术，发展到西魏时期，仍处在初期阶段，并没有完全成熟。在表现大型经变画方面，基本上仍停留在探索尝试阶段。如在较早的武威天梯山石窟、敦煌莫高窟、永靖炳灵寺、大同云冈石窟、洛阳龙门石窟以及麦积山，西魏及其之前的题材以本生、佛传、因缘故事，千佛、说法图、尊像画为主，且均表现得较为原始而简单，同时又有一部分仍与西域中亚一带的佛教造像风格有相承之关系。即使在以壁画著称的敦煌莫高窟，大型成熟的经变画也是晚到初唐时期才大量表现于洞窟，隋代的经变画均为小幅，并不成熟，如莫高窟第420窟的窟顶壁画，虽是法华经变的情节，但在表现形式上明显没有摆脱之前故事画风格技法的影响。因此麦积山第127窟多幅大型成熟经变画的绘制，是一个极为特殊的现象。毫无疑问第127窟的绘画在佛教艺术史上有着特殊的地位和深远的意义。这些特征，表明麦积山处在东西南北交通要道的十字路口的文化优势，充分显示特殊地理位置影响。但是有一点应当不被遗忘，那就是在第127窟的这些重要特点当中，强烈地表明了这些绘画粉本与画匠成分来源的特殊性因素，如此伟大而杰出的作品，在当时只有作为都城文化中心才会拥有，一般地方不大可能产生。再一次表明第127窟的功德主是乙弗后，在西魏时期的麦积山石窟，只有她才是唯一具有如此条件的人物。可以想见得到，当时为了修建乙弗后的功德窟，从关中长安的皇室工匠中派出一个阵容可观的队伍，他们大多又是前朝北魏时期的佛教艺术专家，正因为这样，我们才在第127窟内看到了极其成熟的壁画内容。显然佛教艺术样式的西传起了很大的作用。

---

① 金维诺：《麦积山石窟的兴建及其艺术成就》，天水麦积山石窟艺术研究所编：《中国石窟·天水麦积山》，第165~180页。

② 郑炳林、沙武田：《麦积山与乙弗后有关之洞窟》，郑炳林、花平宁主编：《麦积山石窟艺术文化论文集》（上），第27~48页。

③ 蒋毅明、李西民、张宝玺、黄文昆：《图版说明》，天水麦积山石窟艺术研究所编：《中国石窟·天水麦积山》，第238、239页。

下面就本文所论主题，在洞窟壁画方面的比较着重作一交代。

麦积山第 127 窟每一幅壁画均为所见最早或最为成熟的相应题材与绘画品，而且这些造像题材与内容也多在同时期或前后的敦煌石窟中有相应的表现，具体两地在表现这些壁画方面的联系与区别分别叙述如下①。

1. 涅槃经变

麦积山第 127 窟正壁画涅槃经变，上部中间为佛说法图，一佛二菩萨；整个故事情节是从左向右展开的，左侧依次画释迦临终遗教；释迦仰卧在七宝床上，并为迦叶示现双足；天、人、飞禽走兽俱来劝请释迦莫般涅槃；前来分舍利的各国王子。右侧主要画争分舍利的战斗，包括有火化、战争、运舍利、起塔供养等情节。下部龛两侧对称构图，画的均为车骑仪仗行进的场面，残破严重，内容当与押运舍利有关。石窟艺术中出现涅槃经变，早期 2 世纪的犍陀罗浮雕中就已出现，并在这一地区延续了三个多世纪，表现的内容情节主要为释迦牟尼涅槃像和其他相关人物②。在新疆地区从 4 世纪开始出现，流行至约 7 世纪，在内容与情节上除了继承印度艺术之外，又加入了其他的一些较为复杂的情节③。另外在云冈石窟、敦煌莫高窟等处北朝石窟涅槃经变极少，且情节简单④。同时，以上各处较早的或与麦积山第 127 窟大约同时代的涅槃经变，多数严格而言不是经变，只是突出涅槃造像而已，情节复杂的至多也不过是简单的情节与少数的相关人物的描绘。敦煌石窟中涅槃经变同样是发展到初唐时期如莫高窟第 323 等窟，才可以与麦积山第 127 窟涅槃经变相媲美。总括以上的比较，发现麦积山第 127 窟涅槃经变在艺术成就上如此之高，而敦煌竟然是石窟艺术发展到初唐时才有同等水平之作品。可以想见得到当年绘画第 127 窟壁画画工的高超技艺，如果不是出自皇室，也必当与中原洛阳等曾为佛教艺术繁盛之地或南朝文化艺术极为发达地区的影响不无关系。而敦煌最早的北朝涅槃造像均为北周作品，分别为莫高窟第 428 窟和西千佛洞第 8 窟，按照贺世哲先生的研究，莫高窟第 428 窟涅槃造像的样式是从中原传来⑤，与李玉珉先生对第 428 窟部分图像的源流考相一致⑥。很明显所传样式与麦积山第 127 窟同类题材区别较大，或可认为是两种样式的西传，也或许是为了适应第 428 窟整体造像布局关系的区域性变化。

2. 维摩诘经变

麦积山第 127 窟左壁画维摩诘经变，主要包括有《问疾品》对坐的文殊与维摩诘及其众眷属；中间为《观众生品》施法力散花取笑佛弟子的天女；文殊与维摩诘下分别画前来听法的中国帝王与群臣和外国王子，为《弟子品》；另有《香积品》等，下部佛龛两侧残破不清。维摩诘经变在中国

---

① 关于麦积山第 127 窟壁画研究请参见张宝玺：《麦积山石窟壁画叙要》，天水麦积山石窟艺术研究所编：《中国石窟・天水麦积山》，第 190~200 页。张宝玺：《甘肃石窟艺术壁画编》，兰州：甘肃人民美术出版社，1997 年。

② （日）宫治昭著，金申译：《犍陀罗涅槃图的解读》，《敦煌研究》1996 年第 4 期。

③ 贾应逸：《克孜尔与莫高窟的涅槃经变比较研究》，新疆龟兹石窟研究所编：《龟兹佛教文化论集》，乌鲁木齐：新疆美术摄影出版社，1993 年。

④ 贺世哲：《敦煌壁画中的涅槃经变》，《敦煌研究》1986 年第 1 期；另见敦煌研究院编：《敦煌研究文集・石窟经变篇》，兰州：甘肃民族出版社，2000 年，第 68~126 页。

⑤ 贺世哲：《敦煌莫高窟的涅槃经变》，《敦煌研究》1986 年第 1 期。

⑥ 李玉珉：《敦煌四二八窟新图像源流考》，《故宫学术季刊》第 10 卷第 4 期，1993 年。

石窟艺术中出现，最早见于现存有石窟寺最早纪年题记的炳灵寺西秦建弘元年（420 年）前后开凿的第 169 窟北壁维摩诘与文殊菩萨像，中间为释迦牟尼佛，具体表现的是《维摩诘经变》中的《问疾品》，画面简单原始，是石窟艺术中维摩诘经变的雏形，但却形成了以后大型维摩诘经变的基本构图形式与结构布局。其后北魏时代的维摩诘经变，据贺世哲先生的研究，无论是在石窟艺术或造像碑等形式中，均较为简单①。而敦煌壁画中的维摩诘经变最早则出现于隋代，规模较小，情节简单，远不如麦积山第 127 窟维摩诘经变精美与恢宏。敦煌石窟中的维摩诘经变只有发展到初唐时期如莫高窟第 220、103 等窟时才可以说是与麦积山第 127 窟维摩诘经变可相媲美。因此可以看出麦积山第 127 窟维摩诘经变在当时乃至以后较长的时间内，代表了佛教造像艺术维摩诘经变的最高水平。但据画史记载，复杂的维摩诘经变出现较早，《历代名画记》卷六记，南朝刘宋时的袁倩始画“维摩诘变一百卷，百有余事，运思高妙，位置无差”②。可知该维摩诘经变一定为情节复杂、内容丰富的经变画，这样就为麦积山第 127 窟的维摩诘经变找到了风格样式来源。这种奇特的现象也表明了第 127 窟绘画粉本来源的中原南朝特色，当与乙弗后的个人因素不无关系，否则从时间和空间上来讲，当时麦积山出现如此风格与成就的维摩诘经变较难理解。更何况在麦积山北朝石窟中存在有传统形式的维摩诘经变如西魏第 133 窟造像碑上的维摩诘经变，也有属于麦积山石窟富有特色的维摩诘经变，即西魏第 123 窟与北周第 4 窟的塑像维摩诘与文殊，构成独特的维摩诘经变，而第 123 窟又与第 127 窟位置相近。因此第 127 窟新风格维摩诘经变的出现，必当是外来因素所致。而且这种本地区的同一题材完全不同样式的存在，应属一类独特的佛教石窟艺术样式在传播过程中区域性变化的表现。

3. 西方净土变

麦积山第 127 窟右壁画西方净土变，上部绘有楼阁、殿堂、树木、莲池等，人物众多，有一百余身；中间佛殿内为阿弥陀佛与两侧的菩萨等；中间殿前为乐舞；下面横带画净水，中有莲花水鸟。同时代莫高窟第 285 窟东壁有题记为“无量寿佛”的说法图一铺，当属敦煌最早的西方净土变，但看不到任何表现净土的迹象，完全是一般意义上的说法图。但在莫高窟第 249 窟的南北两壁千佛中说法图一铺，说法图中有象征净土变的宝池与莲花，据此，学者们认为是莫高窟净土变的雏形③，而贺世哲先生则从佛教思想和义理的层面，通过详细的分析表明实为表示三世佛思想④。含义明确的西方净土变在莫高窟出现于隋代洞窟，而内容完整和表现成熟的净土变在莫高窟则是出现于唐代初年洞窟如第 431 窟。由此可知麦积山第 127 窟西方净土变也是现存最早，又最完整、表现最成熟的净土变。宁强先生在研究中国佛教天国形象时也认为麦积山第 127 窟此铺经变画是极富代表性的作品。这种特殊的现象似乎表明其绘画粉本和工匠来源的不同。麦积山第 127 窟的净土变无疑是从长安中原传来的粉本

---

① 贺世哲：《敦煌莫高窟壁画中的维摩诘经变》，《敦煌研究》1982 年第 2 期；另见敦煌研究院编：《敦煌研究文集·敦煌石窟经变篇》，兰州：甘肃民族出版社，2000 年，第 8~67 页。

② ［唐］张彦远著，范祥雍点校：《历代名画记》卷六，北京：人民美术出版社，1964 年。

③ 见《中国石窟·敦煌莫高窟》（一）图版说明第 96 条；另见《段文杰敦煌艺术论文集》，兰州：甘肃人民出版社，1994 年，第 7 页。

④ 贺世哲：《敦煌图像研究——十六国北朝卷》，兰州：甘肃教育出版社，2006 年，第 154 页。

画稿，代表了当时最为成熟的样式。而莫高窟第 285 窟无量寿佛说法图虽也似与中原的样式关系密切，却更多地和敦煌当地所流行的说法图样式一致，第 249 窟说法图则更能体现本应在第 285 窟表现绘画的风格样式，却是以净土变式表现代表当时敦煌非常重要的三世佛造像思想。这大概也表明了佛教造像样式在西传的过程中的地方性变化。

4. 七佛与地狱变

麦积山第 127 窟前壁画七佛与地狱变，上部画七佛，两侧均有菩萨与供养菩萨、比丘、比丘尼。下部门两侧分别画十恶十善图。对于七佛中的比丘尼形象，金维诺先生认为可能与乙弗后有关，我们持相同的观点。对于地狱变，由画史可知多出现于唐代，另外我们在敦煌壁画中见到的地狱变也是最早出现于唐代的洞窟。而麦积山第 127 窟西魏地狱变、十恶十善图的出现及其成熟的构图、布局以及内容，也当与窟主的特殊身份有关，绘画粉本当来自佛教绘画发达的洛阳及南朝等地。

5. 萨埵太子本生

第 127 窟窟顶正披、左右披画萨埵太子本生。这是目前为止所见规模最大的一幅萨埵太子本生故事画，当属同类题材之代表作。故事是从左披开始，转向正披，再转向右披，采取顺时针构图方式。详细故事情节和敦煌莫高窟北周第 428 窟大致相同，但是在表现形式上比前者规模更加宏大，更富有气势，特别是对国王及宫殿、车行、仪仗等的集中描绘。整个壁画虽然是本生故事画，超出了传统连环画的表现形式，而走向了大幅经变画的构图与布局，画风明显地反映出南朝的影响。萨埵太子本生，在莫高窟最早见到的是北魏第 254 窟南壁，表现手法十分独特，异景同图，在同一画面上反映不同地点不同时间发生的事情，以极其巧妙的技法把本来十分复杂的情节组合到 1 米见方的空间，这种样式是其前后或同时期所仅见，当为敦煌本地艺术家的创造。但到了北周莫高窟第 428、299、301 窟的三铺萨埵太子本生图，三幅画面大同小异，所据绘画样式相同。从较早一些的第 428 窟绘画（也是最有代表性的）可知，是以长卷连环画式构图，故事情节顺序发展，以自然景物作为绘画的分界。整个画风与表现样式更多地体现出来自诸如龙门石窟等地北魏相同造像的影响，是与同窟的对称位置即第 428 窟东壁门北所画受中原画样画风深刻影响的须达拏太子本生的表现形式与画样画风完全一致，再次表明其样式的源渊关系。当与敦煌本地流行之故事画的表现形式相适应。因此，此类本生故事画样式的西传在麦积山和莫高窟二地表现出明显的地域特色。

6. 睒子本生

麦积山第 127 窟窟顶前披画睒子本生，同样是佛教石窟现存睒子本生绘画品中内容最为丰富、规模最大、最有代表性的作品。整个画面分为右、中、左三段，分别顺序画王子出行、狩猎、误射睒子、睒子诉说、国王至盲父母处、盲父母大恸等情节。贺世哲先生认为这是印度、中亚西域和中原内地各地最为精美的一幅①。整个画面气势壮观，场面宏大，人物丰杂，似为帝王出游图；运笔自如，生动流畅，人物服饰洒脱，具有明显的南朝风度，毫无疑问是来自长安内地的艺术家所为，代表了当时同类题材绘画的最高水平。敦煌石窟中的睒子本生故事晚于麦积山第 127 窟，始见于北周，绘于莫高窟

---

① 贺世哲：《敦煌图像研究》，兰州：甘肃教育出版社，2006 年，第 193 页。

第461窟西壁、第438窟窟顶北披、第299窟窟顶三披、第301窟顶北披、西千佛洞第12窟南壁，画面要比麦积山第127窟简单得多，基本上仍是以连环画式表现各情节。李崇峰先生认为莫高窟北周的睒子本生是受到麦积山第127窟的影响，只是要比麦积山更为简单一些①。其实这种简单化是敦煌本地的一种选择，是要地方化，更是要适应敦煌的特色。

四、比较的结论

上面的分析告诉我们一个十分重要的历史事实：麦积山第127窟内的任一铺经变画，均在中国佛教艺术史上占有十分重要的地位，有相当一部分是此前此后的代表作，多数又可认为是石窟艺术中某一方面的源头。这些都与当时麦积山石窟艺术的一般现象不同，表现出一种新样式的流行。而这种特殊的现象在当时的麦积山出现，也只有正在此生活的乙弗后才是最佳人选，只有她才可以为麦积山的佛教艺术带来如此彻底的变化和新鲜的气息。

结果表明麦积山第127窟是以大型经变画与故事画为主要的表现形式与题材的选择，但在莫高窟西魏二大窟第285、249窟，虽有受元荣从洛阳带来的粉本的影响，相比之下则有明显的不同。首先，成熟的大型经变画在此时的敦煌不见踪影，而是要等到好多年后的不同时代才要表现出来；唯有故事画可资比较，即莫高窟第285窟南壁“五百强盗成佛因缘”“沙弥守戒自杀缘品”“弊狗因缘”等，却在表现手法、结构规模方面均要大大逊色于麦积山第127窟的萨埵太子本生与睒子本生。麦积山第127窟的这二铺故事画更似大型经变画的表现形式，而在莫高窟第285窟则以纯粹的连环画形式表现（如“五百强盗成佛因缘”），或以补白穿插式夹杂其中（如“沙弥守戒自杀缘品”“弊狗因缘”等）。

麦积山第127窟窟顶藻井帝释天，画中帝释天乘坐龙车，张伞盖，有旌旗飘扬，四周有众多的乘龙飞天围绕；前方有一天人在众伎乐天围绕下飞行；整个画面以无数的飘带和流云造成强烈的动感，满天飞腾。专家们认为这幅画在诸多方面是与东晋顾恺之画《洛神赋图》颇为相似，表明此类画的流行。同样的内容在莫高窟同时代第249窟顶也有表现，但内容更为复杂和全面。莫高窟第249窟顶的其他壁画内容明显是与莫高窟当时传统的和占主流地位的绘画风格完全不同，明显具有中原南朝的影响。虽然我们无法苟同段文杰先生关于莫高窟第249窟顶壁画内容为道教的观点②，但是先生对于该洞窟艺术成就的论述，仍对我们具有很重要的启发意义，表明第249窟顶内容为当时敦煌绘画艺术中传自中原南朝色彩的开始。麦积山第127窟相同内容亦存在同样的问题，同是由当时专门从长安来麦积山为乙弗后建功德窟的工匠们的杰作。

就莫高窟第249窟顶壁画内容的讨论，形成了敦煌石窟艺术研究的一大热点，是敦煌研究中争议

---

① 李崇峰：《敦煌莫高窟北朝晚期洞窟的分期与研究》，敦煌研究院编：《敦煌研究文集·敦煌石窟考古篇》，兰州：甘肃民族出版社，2000年，第69页。

② 段文杰：《道教题材是如何进入佛教石窟的》，《段文杰敦煌石窟艺术论集》，第318~334页。

最多的问题之一，或认为是中国传统神话题材中的“东王公”“西王母”①，也有学者认为是借用汉民族神话的表现形式来表现佛教中的“帝释天”与“帝释天妃”②，或佛教护法神③，还有以“上士登仙图”命名④或以为是一种特殊的升仙图⑤，又有学者以《维摩诘经》内容进行考察，定名为《维摩诘经变》⑥。对第249窟窟顶壁画研究仁者见仁、智者见智的发表，本身就说明了一类全新绘画在洞窟壁画中的出现，当非敦煌本地画样画稿所作用并可以规范的，一定受到外来因素的影响所致，笔者则更同意贺世哲先生最新研究成果，即为佛教二天神帝释天与梵天⑦。莫高窟第249窟的时代又比麦积山第127窟略晚，但是在第249窟，与帝释天相关的人物均已出现，而且画面的空间占去窟顶的三坡，明显看到在莫高窟此类题材比麦积山更受到重视和热爱，一直到隋代仍在大量地表现于洞窟壁画中。马世长先生认为第249窟顶南北两坡的内容，与东晋著名画家顾恺之《洛神赋图》在图像构图与内容风格等各方面均极其相似，当应为第249窟的人物出行画面模仿或抄袭了《洛神赋图卷》⑧。贺世哲先生则通过详细的比较研究，进一步肯定了二者之间的借鉴或移植关系。而且贺先生又把麦积山第127窟顶帝释天造像一同比较，表明了几者之间的同源关系，只是麦积山第127窟的帝释天是单独出现，发展到莫高窟第249窟则对称出现梵天（或为帝释天妃）⑨。就是说借鉴或移植东晋顾恺之《洛神赋图》等中原大画家同类图像（另如萧梁张僧繇画帝释天像⑩），而分别出现在麦积山第127窟和莫高窟第249窟顶的帝释天、梵天（或帝释天妃）图像，在麦积山与莫高窟有极其明显的传承关系，反映出二地完全不同的选择和表现方式，在莫高窟加入了诸多新的图像内容，同时这种形式被地方化，成了后来莫高窟的艺术家们在洞窟中表现的重要题材之一。

另外，莫高窟第249、285二窟窟顶画，从画面内容与表现形式上完全具有民族传统色彩的神话、神仙类题材，是敦煌壁画中第一次出现画样与画风完全不同于同时代的图像，显示出完全不同画样画稿的进入及其影响。此类题材以如此大规模出现于佛教洞窟中，莫高窟第285、249窟为集大成者，毫

① 孙作云：《敦煌画中的神怪画》，《考古》1960年第6期。段文杰：《早期莫高窟艺术》，敦煌文物研究所编著：《中国石窟·敦煌莫高窟》（一），北京：文物出版社，1982年、东京：平凡社，第179、180页。段文杰：《略论莫高窟第249窟壁画内容和艺术》，《敦煌研究》创刊号。段文杰：《道教题材是如何进入佛教石窟的——莫高窟249窟窟顶壁画内容探讨》，《1983年全国敦煌学术讨论会文集·石窟艺术编》（上），兰州：甘肃人民出版社，1985年，第1页。

② 贺世哲：《关于莫高窟第249窟北、南坡主神的商榷》，《2000年敦煌学国际学术讨论会论文提要集》，敦煌研究院编印，2000年，第40~41页。

③ （日）斋藤理惠子著，贺小平译：《敦煌第249窟天井中国图像内涵的变化》，《敦煌石窟》2001年第2期。

④ 宁强：《上士登仙图与维摩诘经变——莫高窟第249窟窟顶壁画再探》，《敦煌研究》1990年第1期。

⑤ 刘永增：《莫高窟第249窟天井画内容新识》，《2000年敦煌学国际学术讨论会文集·石窟考古编》，兰州：甘肃民族出版社，2003年，第1~24页。

⑥ Chungwa Ho. Dunhuang Cave 249：A Representation of the Vimalakirtinirdesa，Yale Unversity，1985. 张元林：《净土思想与仙界思想的合流——关于莫高窟第249窟窟顶西披壁画定名的再思考》，《敦煌研究》2003年第4期。

⑦ 贺世哲：《敦煌图像研究》，第269~294页。

⑧ 马世长：《交汇、融合与变化——以敦煌第249窟、第285窟为中心》，巫鸿主编：《汉唐之间文化艺术的互动与交融》，北京：文物出版社，2001年，第304~305页。

⑨ 贺世哲：《敦煌图像研究》。

⑩ ［唐］张彦远著，范祥雍点校：《历代名画记》卷三，第60页。

无疑问此类题材当与在中原一带墓葬中的相类似绘画关系密切，似与元荣的到来和作为洞窟功德主不无关系。

五、余论

作为北朝时期佛教石窟艺术样式的西传和流变的区域性特征的另一方面，最后欲就佛教洞窟壁画题材与画风的选择等略谈一二。

莫高窟第249窟顶与其他四壁的壁画内容区别很大，窟顶是全新的民族特色或东来的画样画稿，而四壁则完全延续敦煌北魏以来洞窟的传统内容即千佛与说法图，画法也不是窟顶的南朝风格，仍为敦煌已有画风的继续。而到了莫高窟第285窟，虽然受元荣与中原的影响，绘画风格上人物的“秀骨清像”和“褒衣博带”的中原南朝风格比比皆是，但是洞窟西壁全新的密教题材的出现、东壁近似于敦煌传统壁画无量寿佛说法图等的存在，仍然强烈地体现了敦煌地方性因素积极参与的结果。

麦积山第127窟作为当时在特殊情形下为乙弗后所建的洞窟，独特的题材及其来源，还有特殊的画工成分等因素，必将对麦积山同时代及其后的石窟艺术产生深刻之影响，也就是说与乙弗后有关的社会历史，无疑会对麦积山石窟艺术活动带来一些新的现象和因素，这一点是学者们共同的认识。而这些新内容的源头又与中原洛阳长安等地密不可分。因此，作为佛教石窟艺术的传播，麦积山第127窟内的造像及其风格特征，基本上形成了麦积山一个时代的要素，考察麦积山大量的西魏洞窟造像艺术，可以得到一个全新的认识与感受。

但与麦积山第127窟的影响不同的是，在莫高窟第249、285二窟内见到的来自中原的粉本画稿作用下的艺术创造，绝大多数仅见于此二洞窟中，并没有形成莫高窟同时代的艺术样式。莫高窟西魏及其以后的造像样式，仍然顽强地延续着敦煌的本地特色，当然并不能因此而全面否定敦煌北朝佛教艺术中不断受到外来画样画稿影响的事实①。

（原载于《敦煌学辑刊》2011年第2期）

① 郑炳林、沙武田：《敦煌石窟艺术概论》，第338~353页。另见沙武田：《敦煌画稿研究》，北京：民族出版社，2006年；中央编译出版社，2007年。

乾隆时期麦积山僧人圆慧和尚考

高　翾

圆慧和尚“是真佛子，从佛口生，从法化生，得佛法分，故现于世，道业成就，万行俱足”，是一位造诣高深、极有作为的高僧。为麦积山石窟的发展做出了很大的贡献，也为衰微中的麦积山佛教带来了一次辉煌。

麦积山石窟艺术研究所资料室藏、编号为麦 1640 的清代手写本诗集《山居诗偈》，作者为圆慧和尚师弟，但未署名，也未落年款。从诗集的第二页开始有这样一段文字：

> 瑞应方丈上圆下慧和尚见么见，非真见；闻么闻，非真闻。……涅槃即是真快乐，临终使尽大辨才。……瑞应堂上圆下慧和尚先兄灵前拈香举哀云：松柏风和雪后苍，先兄辞世好时光，辛苦多年空去也，于今受我一烛香。
>
> 先兄和尚春秋五十八，戒衲三十五，住山三十余年。修理以毕，撒手归去。……
>
> 慧公和尚，剃梁宝觉圆祖，蔫福海波堂中，煅凡炼圣麦积岩前，打雨敲风三十年，番砖弄瓦，庄严毗卢法界，一旦踢到观音净瓶，竖起杨岐牔梁，化缘已竟，擤起便行，……

这位圆慧和尚就是冯国瑞先生在《麦积山石窟志》中提到的乾隆时期麦积山的住持高僧临济正宗第三十六世圆慧禅师①。

其师弟说，圆慧和尚“是真佛子，从佛口生，从法化生，得佛法分，故现于世，道业成就，万行俱足”，是一位造诣高深、极有作为的高僧。他为麦积山石窟的发展做出了很大的贡献，也为衰微中的麦积山佛教带来了一次辉煌，这也是千年佛教在麦积山石窟的最后一次回光返照。

麦积山石窟所出文书及碑刻题记中多次记载到圆慧和尚，除了上文提到的麦 1640 外，还有以下几处：

1. 麦 0242《未来星宿劫千佛名经》墨书题记：“雍正十二年（1734 年）六月望旦，麦积山住持释子际博虔书。”

2. 麦积山石窟第 9 窟第一龛右壁墨书：“……住持僧际博、广宽；徒：了如、了智、了义、了机、了觉、了宗、了想；孙：达□。乾隆五年（1740 年）吉日□□。”

3. 麦 0682《三劫三千诸佛名经全部》（现在贤劫千佛名经）、麦 0683《三劫三千缘起》墨书题记：

---

① 冯国瑞：《麦积山石窟志》，天水：陇南丛书编印社，1989 年，第 48 页。

“乾隆九年（1744 年）六月中，释子际博沐手虔书。”

4. 麦 1449《药师琉璃光如来本愿功德经》墨书题记：“乾隆十年九月中释子际博虔诚沐手书。”

5. 麦积山文物库房藏小铁钟铭文：“……幸迨圆慧等乞募众信，焕然亦新……传临济正宗第三十六世住持圆慧博。徒：了意、了机；孙：达□、达禅。金火匠人强希圣，乾隆十三年（1748 年）十月朔立。”①

6. 麦积山瑞应寺院铁香炉铭文：“……传临济正宗第三十六世住持圆慧博。弟：性海、性□；戒子：普仁；徒：了参、了意、了机、了牵、了脱；孙：达福、达□、达焕、达照”。在香炉四壁的诗偈中有“圆慧”“麦峰衲”“麦峰主人”等名款（铁香炉现藏麦积山瑞应寺院内，铭文仍可识读。下文将有详细论述）。

7. 麦积山瑞应寺大雄宝殿前廊右壁《瑞应寺常住香火田地四至碑》：“……圆慧和尚住锡以来，竭力苦行，殿宇辉煌，……本山住持僧：了智、了机、了意；徒：达辉、达云、达焕、达照。乾隆岁次甲申年（1764 年）四月吉日立石。”②

8. 麦积山文物库房藏乾隆时期《护戒牒》：“……弘律传戒和尚上圆下慧，大清□□年□月□日……”③（□内文字用手填写后，发放给信徒受持）

9. 麦积山文物库房藏《普同塔》铭文中有：“后僧　师上圆下慧和尚驻锡于此，数年之间，百废具兴。重修舍利塔于万仞峰头之上，……”④

10. 麦积山文物库房藏《圆慧和尚墓志铭》：“居麦积岩大佛寺，作主（住）持焚修，复禁步六载，良□已满。异日出关，同本邑缁素人重葺理山崖洞□佛堂、云梯以及大雄殿阁精舍，靡不鼎新革故。乾隆元年（1736 年）冬，师初建法幢在清水县北村，地名大柳树海波寺，结制安禅，弘演毗尼。复明年，重创法席于本山瑞应禅院。开炉数次，丕振宗风，阐扬法化，承先启后，福德难量，始末七载余矣。次年，合白衣同募诸上善人绪，重修麦积峻岭佛舍利塔一座，递代相传，创自阿育王所造，共禳厥事，晃如初复。明年冬月望七日，师值辰刻示寂于本刹丈室。”⑤

从以上资料可以看出，圆慧和尚的法名应为际博，法号为圆慧，所用称谓包括际博、圆慧、圆慧博、麦峰衲、麦峰主人等。在年轻或表示谦称时常用释子际博之称谓；在表示尊称或正式行文中则往往用圆慧禅师、圆慧和尚、圆慧博等称谓；在表示其文学修养时则用麦峰衲、麦峰主人等具有文学色彩的称谓；在其师弟祭文中先后称圆慧和尚、慧翁和尚、慧公和尚等。

际博即圆慧博，可从上列 1、5、6 三条记载看出。际博和圆慧博住持麦积山的年代及他们的师徒谱系基本相同，说明际博即是圆慧博，只是用了不同的称谓而已，实际应为同一人。又从麦积山石窟艺术研究所现藏瑞应寺文书《瑞应寺住持传灯录》之称谓可知，当时的称呼习惯即如此。比如其中

① 张锦秀编撰：《麦积山石窟志》，兰州：甘肃人民出版社，2002 年，第 188 页。有全文，但部分文字识读有别。

② 张锦秀编撰：《麦积山石窟志》，兰州：甘肃人民出版社，2002 年，第 174 页。

③ 麦积山石窟艺术研究所：《瑞应寺遗珍》，兰州：甘肃人民出版社，2008 年，第 152 页。

④ 张锦秀编撰：《麦积山石窟志》，兰州：甘肃人民出版社，2002 年，第 187 页。

⑤ 张锦秀编撰：《麦积山石窟志》，兰州：甘肃人民出版社，2002 年，第 187 页。

“临济正宗第三十七世湛然意老和尚，徒：达唤（焕），位”，即是“临济正宗第三十六世圆慧博”的徒弟了意在作住持后的尊称；“临济正宗第三十八世景峰焕老和尚”，即是对湛然意老和尚的徒弟达焕在继任后的尊称；“临济正宗第三十九世归圆本”，即是对景峰焕老和尚的徒弟悟本在继任后的尊称。

圆慧和尚后期在麦积山的作为较清楚，其前期活动在时间上却有些混乱，难以澄清。按其师弟在祭文中的记述，圆慧和尚享年58岁，戒衲35年，住麦积山三十余年。

“剃梁宝觉圆祖”，也就是说，圆慧和尚剃梁于宝觉圆祖门下，这“宝觉圆祖”该如何理解，没有任何直接资料可考证。依据一些间接资料，则可有两种解释（仅供参考）。第一种，很有可能这位给圆慧剃梁的高僧即是麦积岩大佛寺的前任住持，法号“宝觉”，法名“圆祖”。圆慧在受其剃度后即在麦积岩大佛寺焚修，直到去清水海波寺。第二种解释则是依据冯国瑞先生《麦积山石窟志》记载作出的，在该书第48页记述瑞应寺名僧时有“据寺僧供奉牌位，系乾隆五年（1740年），由西安雁塔寺移锡住此，其宗派为临济正宗。理泰禅师二十六世，宝印禅师三十三世，圆慧禅师三十六世，湛然禅师三十七世，景峰禅师三十八世……”，这一记载说明，麦积山乾隆五年前后的住持，应该是从西安雁塔寺移锡而来的。按照圆慧和尚在麦积山的活动时间来看，恰好在雍正十二年至乾隆二十九年之间①。所以这位从雁塔寺移锡来麦积山的临济高僧，即应该是临济正宗第三十六世圆慧和尚。结合前文关于其“薦福海波堂”之前的记载，则圆慧和尚很有可能是剃度于西安雁塔寺宝觉圆祖门下，然后移锡麦积山。但很明显，在具体时间上与其墓志铭中所载有所矛盾。本人认为，由于冯著《麦积山石窟志》成书于民国时期，又是据当时寺僧供奉牌位而得的时间，距乾隆初期已过二百多年，难免有所误差。唯一合理的解释应该是，圆慧和尚23岁时剃度于西安雁塔寺宝觉圆祖门下；雍正年间移锡麦积岩大佛寺作住持焚修，曾闭关六年，乾隆元年初建法幢于清水海波寺；乾隆二年回麦积山端应寺重创法席；直至示寂于本刹丈室，前后三十余年。

“薦福海波堂中”，这一点在其墓志铭中也有记载：“初建法幢在清水县北村，地名大柳树海波寺。”清代清水县属直隶秦州府，即今甘肃省清水县，距麦积山石窟约70公里。说明他出师以后，曾在清水县海波寺修行，时间为乾隆元年（1736年），为期大约一年。“煅凡炼圣麦积岩前，打雨鼓风三十年”，其墓志铭明确指出，圆慧和尚于乾隆二年（1737年）“重创法席于本山瑞应禅院”，最后“示寂于本刹丈室”，起“普同塔”瘗之。圆慧和尚在麦积山度过了后半生，终葬于瑞应寺塔院。

据其墓志铭所言，乾隆元年以前，也就是说他在去清水以前，应该是“居麦积岩大佛寺，作主持焚修”，然后“复禁步六载，良□（期）已满，异日出关，同本邑缁素人重葺理山崖洞□（窟）佛堂、云梯以及大雄殿阁精舍，靡不鼎新革故”。说明他在去清水之前，是在麦积岩大佛寺②作主持僧。而且曾经“闭关”六年，出关以后参与了重葺山崖洞窟佛堂、云梯以及大雄殿阁、精舍等活动。乾隆元年去清水海波寺，乾隆二年重回麦积山瑞应寺，一直到圆寂为止。

据圆慧和尚墓志铭推算，圆慧和尚圆寂于乾隆十年（1745年）。但从麦积山瑞应寺现存部分文物

① 高翾：《普同塔塔名考》，待发。

② 大佛寺可能和瑞应寺并非一寺，而特指石窟崖面哪一组大佛而言，极有可能指麦积山东崖大佛，属瑞应寺下属寺院，现已无从考证。

的铭文（麦积山文物库房藏小铁钟铭文及瑞应寺铁香炉铭文）可知，乾隆十三年（1748 年），圆慧依然健在，而且主持铸造了瑞应寺院之铁香炉及小铁锤，这一矛盾极有可能是，嘉庆元年（1796 年）张翀翮在为其撰写墓志时，距离圆慧和尚去世已有几十年，出现了时间上的误差。从麦积山瑞应寺清乾隆二十九年（1764 年）所立《麦积山瑞应寺常住香火田地四至碑记》所署名款看，乾隆二十九年（1764 年），瑞应寺之住持僧人为了智、了机、了意，说明此时圆慧已经圆寂，而住持之位由其徒了意（湛然意禅师）等来接任。这些资料证明，圆慧和尚应该死于乾隆十三至二十九年（1748～1764 年）。

（原载于《美与时代》2011 年第 12 期）

麦积山石窟北朝洞窟分期研究

达微佳

引　言

麦积山位于甘肃省天水市麦积区东南29公里处，是北秦岭山脉中的一座紫红色水成岩孤峰。北宋人李昉等编的《太平广记》卷三百九十七引五代《玉堂闲话》："麦积山者，北跨清渭，南渐两当，五百里冈峦，麦积处其半，崛起一石块，高百万寻，望之团团，如民间积麦之状，故有此名。"① 麦积山石窟分布于麦积山南面的崖面上，由于山体中部曾因地震造成纵向崩塌，所以石窟又被分成东、西两个崖面。麦积山石窟共有编号洞窟194个，其中东崖54个，西崖140个，石窟间由栈道相连。原先的栈道因年久失修早已朽毁，现在的栈道是1977年山体加固维修时修建的②。

最早对麦积山石窟开展调查的是天水冯国瑞先生。他于1941年，和赵尧丞、胡楚白等人前往麦积山石窟寻找调查，第一次发现了上七佛阁古散花楼藻井画，并把洞窟进行了简单编号，抄录了一些碑文，勘察了地理环境。回天水后，冯国瑞写成《麦积山石窟志》③，探讨了有关麦积山石窟历史、造像、建筑等众多方面的问题。《麦积山石窟志》的出版，引起了国内外对于麦积山石窟的注意。

1944年2月，冯国瑞同刘文炳、宋守德再去麦积山，将石窟共编122号，每号详注说明，并合作一平面草图，写成《调查麦积山石窟报告书》，文中对麦积山文物保管提出设计纲要④。

1945年，北京大学阎文儒先生赴麦积山调查，登临上、中、下七佛阁及西崖诸窟⑤，对所有洞窟进行了又一次编号。但终因条件所限，所写调查报告等，均未能发表⑥。

1947年2月，冯国瑞、方定中、周秉中等在木工文得权的帮助下，进入西崖第133窟，即"万佛

---

① ［北宋］李昉等编：《太平广记》卷第三百九十七，北京：中华书局，1961年，第3181页。

② 张锦秀：《石窟维修史上的新篇章——麦积山石窟维修加固工程的回顾》，《丝绸之路》1995年第4期。

③ 冯国瑞：《麦积山石窟志》，天水：陇南丛书编印社，1941年。1989年重印。

④ 此次工作记录摘自重印版的《麦积山石窟志》之麦积山石窟大事年表，第108页。该报告已提交当时甘肃省政府，但从冯国瑞先生发表于《文物参考资料》1951年第10期的《天水麦积石窟介绍》一文中，可略见端倪。

⑤ 阎文儒主编：《麦积山石窟》序言，兰州：甘肃人民出版社，1983年。

⑥ 何静珍：《麦积山石窟大事记》，阎文儒主编：《麦积山石窟》，兰州：甘肃人民出版社，1983年，第214页。

洞”，也称“碑洞”①。

1947 年，敦煌艺术研究所工作人员李浴，到麦积山石窟作了调查报告，全部约万余字，未见出版②。

1952 年 11 月，西北文化部在勘察炳灵寺石窟后，又组织了麦积山石窟勘察小组，由敦煌文物研究所所长常书鸿率领，对麦积山石窟进行了为期 30 天的勘察、考证、摄影、测绘和重点临摹等工作，参加人员有段文杰、史苇湘、范文藻、孙儒僩、窦占彪等③。

1953 年 7 月，中央文化部组织了麦积山石窟勘察团，由吴作人任团长，在西北文化部勘察组考察研究的基础上，进行全面详细的勘察工作。工作人员具体分研究、临摹摄影、翻模测绘三组，参加者有吴作人、王朝闻、冯国瑞、常任侠、李瑞年等 15 人。这次工作总计 53 天，其中正式勘察时间 32 天，完成临摹、特写和外景共 150 幅，摄影 1000 多张，塑造的石膏翻模 19 件，测量了全部能通到的 92 个窟龛和麦积山的立面，并调查了全部能通达的和不能通达而能以瞭望器材窥视的窟龛内容，共编号 194 号，即我们如今使用的洞窟编号④。之后，部分洞窟的测绘图、临摹的壁画和拍摄的照片也结集成册出版⑤。

1962 年，阎文儒先生由新疆调查石窟归来再去麦积山调查，敦煌文物研究所刘玉权、祁铎，甘肃省博物馆董玉祥、张宝玺等先生一同前往，分别承担了临摹、摄影及窟龛记录等诸项工作，并将此次工作的部分成果和一些相关研究文章一起出版⑥。

1972 年，麦积山文管所公布了以前由于栈道原因而未能登上的洞窟内容，使我们得以了解麦积山石窟的全貌⑦。

随着国内调查工作的开展，麦积山石窟也逐渐被介绍到国外⑧，并引起国外学者的强烈兴趣。1956 年，日本学者名取洋之助来到麦积山石窟，进行了为期 3 天的壁画、塑像的拍摄，并出版了图录⑨。美国

---

① 冯国瑞：《天水麦积石窟介绍》，《文物参考资料》1951 年第 10 期。

② 从重印版的《麦积山石窟志》之麦积山石窟大事年表转摘，第 173 页。

③ 通讯《西北文化部完成麦积山石窟勘察工作——发现具有民族风格和高度艺术价值的雕像和壁画》，《文物参考资料》1953 年第 1 期。

④ 麦积山勘察团：《麦积山勘察团工作报告》，《文物参考资料》1954 年第 2 期。麦积山勘察团：《麦积山勘察团工作日记（摘要）》，《文物参考资料》1954 年第 2 期。麦积山勘察团：《麦积山石窟内容总录（一）》，《文物参考资料》1954 年第 2 期。麦积山勘察团：《麦积山石窟内容总录（二）》，《文物参考资料》1954 年第 3 期。麦积山勘察团：《麦积山石窟内容总录（三）》，《文物参考资料》1954 年第 4 期。麦积山勘察团：《麦积山石窟内容总录（四）》，《文物参考资料》1954 年第 5 期。麦积山勘察团：《麦积山石窟内容总录（五）》，《文物参考资料》1954 年第 6 期。

⑤ 《麦积山石窟》，文化部社会文化事业管理局编印，1954 年。

⑥ 阎文儒主编：《麦积山石窟》，兰州：甘肃人民出版社，1983 年。

⑦ 麦积山文管所：《麦积山石窟的新通洞窟》，《文物》1972 年第 12 期。

⑧ William Y. Willetts，Murals and sculptures：newly revealed Chinese Buddhist treasures from Mai-Chi Shan，The paradise of woods and springs，*The illustrated London news*，No. 224（February 13，1954），pp. 236-237.
Wu Tso Jen（吴作人），Grottoes of Maichishan，*East and West*，5：3（October，1954），pp. 210-212.

⑨ （日）名取洋之助：《麦积山石窟》，东京：岩波书店，1957 年。转引自邓健吾：《麦积山石窟的研究及早期石窟的两三个问题》，天水麦积山石窟艺术研究所编：《中国石窟 · 天水麦积山》，北京：文物出版社、东京：平凡社，1998 年，第 220 页。

学者 Sullivan 也写了一本介绍麦积山石窟的小册子①。国内外的调查工作，使越来越多的学者能够对麦积山石窟进行全面的研究。

前人对麦积山石窟的研究工作涉及考古、历史、艺术、宗教、建筑等各个方面，现将研究成果归纳如下：

（一）考古方面

主要集中在以下几个问题的研究上：

1. 麦积山石窟开凿年代问题

麦积山石窟的开凿年代，主要有后秦、西秦、北魏等多种说法，以“后秦说”居多。由于并无史料明确记载麦积山石窟的开凿年代，所以学者们或根据间接史料推测，或根据窟形来进行年代的比定。根据梁《高僧传》中“玄高传”、《方舆胜览》《太平广记》、现存麦积山南宋嘉定十五年（1222 年）《四川制置使司给田公据碑》和明崇祯十五年（1642 年）《麦积山开除常住地粮碑》等文献资料及碑刻题记的记载，张宝玺认为麦积山开凿年代晚于敦煌莫高窟，与天梯山、炳灵寺大体上同时，早于云冈及龙门石窟。他通过和炳灵寺、北凉石塔、云冈石窟等的比较，得出麦积山早期石窟第 78 窟开凿于十六国晚期至北魏灭法前这一时期②。阎文儒③、董玉祥④、黄文昆⑤、邓健吾⑥、金维诺⑦、张学荣等学者认为麦积山石窟的开凿，当始于东晋十六国的后秦，张学荣则具体将时间卡在 400~410 年⑧。而温玉成根据 563 年庾信为秦州大都督李充信写的名作《秦州天水郡麦积崖佛龛铭并序》所言僧人杯度的事迹，推测麦积山石窟始于杯度造像，402~405 年，也就是后秦姚兴弘始四至七年之际，并提出了所谓“秦州模式”⑨。国家文物局教育处编的《佛教石窟考古概要》推测玄高杖策西秦至麦积山，已有开窟之举⑩。步连生分析了现存最早洞窟第 74、78 窟造像的衣纹处理方式、禅定印手势，并结合碑文

① Michael Sullivan, The Cave Temples of Maichishan, Berkeley: U. Cal. Press 1969, also Anil Desilva.

② 张宝玺：《麦积山石窟开凿年代及现存最早洞窟造像壁画》，中国考古学会编：《中国考古学会第一次年会论文集 1979》，北京：文物出版社，1980 年，第 339、343 页。

③ 阎文儒主编：《麦积山石窟》，兰州：甘肃人民出版社，1983 年，第 3 页。

④ 董玉祥：《麦积山石窟的分期》，《文物》1983 年第 6 期。

⑤ 黄文昆：《麦积山的历史与石窟》，《文物》1989 年第 3 期。

⑥ 邓健吾：《麦积山石窟的研究及早期石窟的两三个问题》，天水麦积山石窟艺术研究所编：《中国石窟 · 天水麦积山》，北京：文物出版社、东京：平凡社，1998 年，第 221~223 页。

⑦ 金维诺：《麦积山石窟的兴建及其艺术成就》，天水麦积山石窟艺术研究所编：《中国石窟 · 天水麦积山》，北京：文物出版社、东京：平凡社，1998 年，第 165~169 页。金先生除引用如上文献材料外，还引用了第 76 窟主尊方形佛座前的题记，据解读上面有“南燕主安都侯……”的字样，以此认为第 76 窟开凿于弘始九年（407 年），证实麦积山开凿于姚秦时期。但是“南燕”这个称呼比较不符常理，所以使用起来仍需斟酌。

⑧ 张学荣：《麦积山石窟的创建年代》，《文物》1983 年第 6 期。后来，他又同张宝玺再次商榷了麦积山石窟的创建年代问题，见张学荣、何静珍：《再论麦积山石窟的创建时代及最初开凿的洞窟——兼与张宝玺先生商榷》，《敦煌研究》，1997 年第 4 期。

⑨ 温玉成：《中国早期石窟寺研究的几点思考》，《敦煌研究》2000 年第 2 期。

⑩ 国家文物局教育处编：《佛教石窟考古概要》，北京：文物出版社，1993 年，第 80 页。

等文献材料认为麦积山早期窟龛和塑像年代不会晚过十六国西秦时期①。日本学者町田甲一推测麦积山石窟之年代与龙门石窟及云冈石窟龙门期诸窟大体同时出现，并于北魏后期隆盛②。除此之外，另有学者根据《释迦方志》游履篇第五“三谓后汉献帝建安十年，秦州刺史遣成光子从鸟鼠山度铁桥而入，穷于达嚫。旋归之日，还践前途，自出别传。”③ 中“嚫”有“施钱于僧道”之义，而认为麦积山石窟创凿于东汉末年④。其实，“达嚫”为一地名，作 Dakshina，亦作 Deccan，为今印度南部之德干高原地区⑤。所以，这个结论纯属理解之误。

麦积山石窟开凿年代的众说纷纭，势必影响到石窟的分期研究。因为麦积山石窟曾因地震导致崩塌，而现存公认的最早洞窟恰好贴近崩塌部分，很难说现存的最早洞窟是否就是始凿洞窟。所以，推测终究是推测，不能把推测的东西加入到现实洞窟的分期中。已经有学者注意到这点，黄文昆⑥、邓健吾⑦等认为麦积山石窟目前保持完整的早期遗存，均造于北魏文成帝复法之后。张宝玺亦考证出第 78 窟正壁台基所绘仇池镇供养人题记年限在北魏复法之后至太和改制以前（486 年）⑧，但他认为此乃重绘，不与该窟开凿同年。本文将在下文重点讨论麦积山现存洞窟的年代问题，此处不赘述。

2. 分期问题

阎文儒将西秦至隋代的洞窟分成四期，概括了窟形和造像特征⑨。董玉祥将麦积山石窟的所有洞窟分为十六国（包括后秦、西秦）、北魏、西魏、北周、隋、唐、宋八期，其中北魏又分成三期。他还总结了各期的窟龛形制、造像特征、造像题材，分析了相关的历史事件造成各期变化的原因⑩。《佛教石窟考古概要》将麦积山的北朝洞窟分成北魏前期、北魏后期、西魏和北周四期，认为现存最早洞窟年代不能早于 5 世纪下半叶。初师宾对于石窟崖面布局的研究，为麦积山石窟的分期断代提供了十分有益的参考⑪。李裕群对麦积山石窟北朝晚期洞窟（西魏—隋）做了分期研究⑫。除总的分期之外，

---

① 步连生：《麦积山石窟塑像的源流辨析》，阎文儒主编：《麦积山石窟》，兰州：甘肃人民出版社，1983 年，第 81~87 页。

② （日）町田甲一：《麦积山石窟の北魏佛について》，《佛教艺术》35 期，1958 年，第 80~81 页。

③ ［唐］道宣撰、范祥雍点校：《释迦方志》，《中外交通史籍丛刊》2，北京：中华书局，2000 年，第 96 页。

④ 徐日辉：《麦积山石窟历史散论》，《西北史地》，1985 年第 3 期。

⑤ 冯承钧原编，陆峻岭增订：《西域地名》（增订本），北京：中华书局，1982 年，第 22 页。

⑥ 黄文昆：《麦积山的历史与石窟》，《文物》1989 年第 3 期。

⑦ 邓健吾：《麦积山石窟的研究及早期石窟的两三个问题》，天水麦积山石窟艺术研究所编：《中国石窟・天水麦积山》，北京：文物出版社、东京：平凡社，1998 年，第 224 页。

⑧ 张宝玺：《麦积山石窟开凿年代及现存最早洞窟造像壁画》，中国考古学会编：《中国考古学会第一次年会论文集 1979》，北京：文物出版社，1980 年，第 342 页。

⑨ 阎文儒：《麦积山石窟的历史、分期及其题材》，阎文儒主编：《麦积山石窟》，兰州：甘肃人民出版社，1983 年，第 23~36 页。

⑩ 董玉祥：《麦积山石窟的分期》，《文物》1983 年第 6 期。

⑪ 初师宾：《石窟外貌与石窟研究之关系——以麦积山石窟为例略谈石窟寺艺术断代的一种辅助方法》，《西北师院学报》1983 年第 4 期。

⑫ 李裕群：《中原北方地区北朝晚期的石窟寺》，北京大学博士研究生学位论文，1993 年。

还有学者对个别洞窟的独立年代作了探讨[①]。由于创凿洞窟和现存最早洞窟概念的混淆，导致第一期洞窟年代的不确定，为以后的分期制造了障碍。而且，分期所遵循的窟龛形制、造像题材、造像特征的变化，不是简单因为朝代的更替而发生改变，而是因为某些大事的发生影响到政策改变、观念改变而发生的变化，所以单纯以朝代的更替来分期是不全面的。

（二）历史方面

1. 石窟历史

黄文昆描述了北魏、西魏、北周及隋代发生的历史事件和佛教史事件对麦积山石窟开凿可能产生的影响[②]。徐日辉探讨了麦积山的地理位置以及与之相通的几条古道的关系，指出麦积山的地理位置和悠久的历史文化是它成为佛教圣地的重要条件[③]。冯国瑞[④]、何静珍[⑤]、黄文昆[⑥]等人编的《麦积山大事记》或《麦积山大事年表》，为我们了解历史时期麦积山地区发生的历史事件提供了比较全面的信息。

2. 题铭、碑刻、文献材料

冯国瑞在《麦积山石窟志》里介绍了“六朝唐宋明人之摩崖、宋明清人之石刻”[⑦]。阎文儒对麦积山一些石刻题铭进行了注释，并对《四川制置使司给田公据》碑作了详细的考证[⑧]。可能是由于出版原因，该书中的刻石抄录根据现场核实，有颇多错漏，所以在研究引用时要十分注意。杨爱珍收录了一些与麦积山有关的历史文献和碑铭，如庾信的《秦州天水郡麦积崖佛龛铭并序》《玄高传》《乙弗氏传》《麦积山开除常住地粮碑》等，并作注释[⑨]。总之，地方志、历史文献、碑刻题铭的研究是研究麦积山石窟的重要手段，也是早期学者十分擅长与致力的方面[⑩]。

---

① 何汉南：《看“麦积山石窟”的意见》，《文物参考资料》1956年第11期。金维诺：《麦积山石窟的兴建及其艺术成就》，天水麦积山石窟艺术研究所编：《中国石窟・天水麦积山》，北京：文物出版社、东京：平凡社，1998年，第172、176、177页。

② 黄文昆：《麦积山的历史与石窟》，《文物》1989年第3期。

③ 徐日辉：《麦积山石窟历史散论》，《西北史地》1985年第3期。

④ 冯国瑞：《麦积山石窟志》，天水：陇南丛书编印社，1989年，第99~108页。

⑤ 何静珍：《麦积山石窟大事记》，阎文儒主编：《麦积山石窟》，兰州：甘肃人民出版社，1983年，第201~215页。

⑥ 黄文昆、何静珍编：《天水麦积山大事年表》，天水麦积山石窟艺术研究所编：《中国石窟・天水麦积山》，北京：文物出版社、东京：平凡社，1998年，第251~273页。

⑦ 冯国瑞：《麦积山石窟志》，天水：陇南丛书编印社，1989年，第32~46页。

⑧ 阎文儒：《麦积山石刻跋识》，阎文儒主编：《麦积山石窟》，兰州：甘肃人民出版社，1983年，第110~133页。

⑨ 杨爱珍：《关于麦积山石窟文献和刻石的注释》，阎文儒主编：《麦积山石窟》，兰州：甘肃人民出版社，1983年，第134~155页。

⑩ 除此之外，还有蒋毅明：《麦积山10号造像碑的艺术特色》，麦积山石窟艺术研究所编：《石窟艺术》，西安：陕西人民出版社，1990年，第50~56页，介绍的是著名的佛传碑。胡承祖：《麦积山石窟馆藏文物精品掇英》，《丝绸之路》2000年第6期，介绍的是原藏麦积山的北魏法生造像碑拓片，该碑原发现于第127窟。

（三）宗教方面

阎文儒发现了麦积山石窟“三世佛”的题材，但对“三世佛”的具体称谓和出处仍存在疑问①。日本学者久野美树以麦积山石窟的早期洞窟为例，探讨了中国早期石窟的营建思想是与禅观的经典相互符合，是中国初期净土美术“三世十方诸佛的净土”具体化的表现②。张学荣与何静珍则考察了在敦煌和麦积山等早期石窟中普遍存在的交脚菩萨的形象，认为所有交脚菩萨，实际是佛经中所说的一生补处菩萨，做成交脚的目的是在于表现他们即将从兜率天降生人间成佛，而麦积山第74、78、100、163等窟中的三世佛，正壁主尊和两侧上部小龛内的交脚菩萨和思惟菩萨构成释迦在兜率天发愿，在菩提树下思惟悟道，降生人间为众生广转法轮成佛的三梯段③。其实，麦积山石窟的佛教题材可以考证的还有很多，比如北周时期盛行的七佛、上七佛阁之间的浮雕是否真是“天龙八部”④，第142窟影塑表现的含义、维摩诘和文殊的题材、供养人的性质等，所以麦积山石窟的宗教题材方面还有许多可做之处。

（四）艺术方面

麦积山石窟共有造像7200尊，其中塑像3513尊、石像25尊、千佛3662尊，并有少量壁画，造像形态各异，壁画早期特征明显，成为研究艺术史、雕塑史、绘画史的绝好材料。

常任侠较早地介绍了麦积山石窟的艺术，对塑像的评价尤其高，着重介绍了第133窟的雕刻和第127窟的壁画⑤。1957年，史岩从美术史角度，划分了麦积山石窟北朝雕塑的两大风格体系，即第一类型“写实型”和第二类型“理想型”。这篇文章现在看来，尽管在某些观点上存在一定的问题，但在当时，无疑为麦积山石窟艺术研究起了抛砖引玉的作用⑥。以后，艺术史学者更从雕塑、绘画、图像学等方面探讨了麦积山石窟所表现的艺术特色⑦。尽管麦积山石窟所保存的早期壁画，为中国绘

---

① 阎文儒：《麦积山石窟的历史、分期及其题材》，阎文儒主编：《麦积山石窟》，兰州：甘肃人民出版社，1983年，第36~39页。

② （日）久野美树：《中国初期石窟と観仏三昧——麦積山石窟を中心として》，《佛教艺术》176号，1988年，第69~91页。

③ 张学荣、何静珍：《论莫高窟和麦积山等处早期洞窟中的交脚菩萨》，《1987敦煌石窟研究国际讨论会文集·石窟考古编》，第273~287页。这篇文章的摘要刊登在《敦煌研究》1988年第2期。

④ 尽管许多学者都持“天龙八部”说，但是，现场具体观察下来，该浮雕表现的“天龙八部”的特征不是十分明显，相比之下，四川广元皇泽寺石窟和千佛崖石窟所表现的“天龙八部”像要明显得多。见陈悦新：《川北石窟中的天龙八部群像》，《华夏考古》2007年第4期。

⑤ 常任侠：《麦积山石窟艺术》，《新观察》1953年第23期。他为参加印度纪念佛灭二千五百周年活动而作的另一篇论文《麦积山的佛教艺术》也具体介绍了麦积山石窟部分洞窟的概况，论文发表在《现代佛学》1957年第2期。

⑥ 史岩：《麦积山石窟北朝雕塑的两大风格体系及其流布情况》，《美术研究》1957年第1期。

⑦ 雕塑方面有孙纪元：《麦积山雕塑艺术》，麦积山石窟艺术研究所编：《石窟艺术》，西安：陕西人民出版社，1990年，第7~22页。这篇文章略加增删，以《麦积山雕塑艺术的成就》发表于天水麦积山石窟艺术研究所编：《中国石窟·天水麦积山》，北京：文物出版社、东京：平凡社，1998年，第181~189页。李西民：《论麦积山石窟艺术史上的六个高潮》，麦积山石窟艺术研究所编：《石窟艺术》，西安：（转下页注）

画史填补了精彩的篇章，但是仍处于初步介绍阶段，并没有完全和当时的历史背景与佛教史背景结合起来，至于供养人和佛像背光、身光，窟顶壁画的描述更是一笔带过。雕塑艺术方面，随着河北、青州、四川等地佛教造像的出土，中国东部与长江以南的佛教造像研究也逐步拉开序幕，但是被称为“雕塑博物馆”的麦积山石窟，却还未开展东西艺术、南北艺术之间的比较研究，令人稍觉欠缺。

（五）建筑方面

辜其一在参考了冯国瑞的《麦积山石窟志》后，考察了麦积山的部分有窟檐的石窟，如第 28 窟、30 窟等，认为古代开凿石窟，对于窟檐构造方式，不论木造石造均可应用①。傅熹年详细分析了麦积山石窟带窟廊构造的 7 座石窟和带内部雕饰的 8 座石窟，介绍了 5 幅带建筑内容的壁画，并对第 4、49 窟作了复原，从麦积山石窟石刻建筑的一些构件探讨了这些构件的历史渊源，从建筑学的角度阐明了麦积山石窟所反映的北朝建筑的特色，堪称一篇力作②。可以发现，对麦积山崖阁窟的研究是建筑研究方面的重点③，但是，麦积山石窟中带有覆斗顶、攒尖顶的洞窟，以及栈道的走向等，也是可以探讨的问题，却涉足甚少。

综合相关对麦积山石窟所做的研究，尽管涉及的方面比较广泛，但相对敦煌、云冈、龙门等石窟来说，其研究工作仍属不够。许多研究，比如雕塑、壁画、建筑类型（除崖阁窟外）、石窟题材等方面，缺乏深入。主要原因在于由于现场观察十分重要，研究者不一定有如此多的时间对麦积山众多洞窟逐一考察，以至许多学者想深入却心有余而力不足。另外一个原因就是，麦积山石窟的分期工作，也就是时代段的界定，一直都未有个系统的结论。本文将在本人于 2000 年 8～10 月在麦积山所做内容总录的基础上，对麦积山北朝石窟做一系统的分期研究。只有清楚了石窟的具体年代，才能再做更深入准确的研究。

（接上页注）陕西人民出版社，1990 年，第 72～82 页。步连生：《麦积山石窟塑像的源流辨析》，阎文儒主编：《麦积山石窟》，兰州：甘肃人民出版社，1983 年，第 81～91 页。董玉祥：《麦积山石窟的北魏窟龛及其造像》，阎文儒主编：《麦积山石窟》，兰州：甘肃人民出版社，1983 年，第 74～77 页。孙琦：《从麦积山看魏塑“秀骨清像”的文化底蕴》，《东南文化》2000 年第 3 期。图像学方面的文章有邓健吾：《麦积山石窟的研究及早期石窟的两三个问题》，天水麦积山石窟艺术研究所编：《中国石窟・天水麦积山》，北京：文物出版社、东京：平凡社，1998 年，第 227～229 页。壁画方面有张学荣：《关于麦积山石窟中的北周洞窟、造像和壁画》，阎文儒主编：《麦积山石窟》，兰州：甘肃人民出版社，1983 年，第 99～109 页。张宝玺：《麦积山石窟壁画叙要》，天水麦积山石窟艺术研究所编：《中国石窟・天水麦积山》，北京：文物出版社、东京：平凡社，1998 年，第 190～200 页。刘俊琪：《麦积山西魏“睒子本生”壁画的艺术成就》，麦积山石窟艺术研究所编：《石窟艺术》，西安：陕西人民出版社，1990 年，第 83～86 页。

① 辜其一：《麦积山石窟及窟檐记略》，《文物参考资料》1951 年第 10 期。

② 傅熹年：《麦积山石窟中所反映出的北朝建筑》，文物编辑委员会编：《文物资料丛刊》第 4 辑，北京：文物出版社，1981 年，第 156～183 页。这篇文章经过改动，除去了“石窟中建筑形象所反映出的几个问题”这一部分，题名《麦积山石窟所见古建筑》，发表于天水麦积山石窟艺术研究所编：《中国石窟・天水麦积山》，北京：文物出版社、东京：平凡社，1998 年，第 201～218 页。

③ 另有董广强：《麦积山石窟崖阁建筑初探》，《敦煌研究》1998 年第 3 期。

一、窟龛形制与造像

麦积山石窟共有大小洞窟194个，如下洞窟因为种种原因不进入石窟形制排列：

（1）因栈道修建未能登上：1、2；

（2）隋代窟龛：5、8、10、13、14、24、25、37、98；

（3）窟龛存在但窟龛内无像者：6、18、38、47、57、61、63、66、95、104、116、125、150、151、153、160、171、175、180、182、183、185、186、187、189、190；

（4）窟龛存在但窟龛内像已被后代重妆者：15、33、34、51、50、53、58、91、93、96、106、111、117、118、119、136、181、191、9、11、29、48；

（5）窟龛存在但窟龛内像非原像或不清者：52、152、145、84、166、64；

（6）窟龛存在但造像残甚者：137、170；

（7）摩崖题记：59；

（8）龛严重残破或不存者：79、167、173、174、176、177、178、179、184、188、192、193、194；

（9）石阶廊道：168。

（一）窟龛形制

1. 窟形

A类　方形窟。根据窟顶情况，可分为三型。

一型：方形平顶窟。根据窟内开龛情况，分为二式。

Ⅰ式：窟内开龛：

a　正壁左右各开上、中、下三小龛，有的左、右壁前部各开一龛，上部各开六小龛：100、128、148、144、155、19、149、163；

b　正壁左、右各开上下二小龛：80、86、89、16；

c　左、右壁各开一圆拱龛：114、156；

d　正壁上部左右各开一小龛，左、右壁上部各开六小龛：76；

e　正、左、右壁各一圆拱龛：17、105、112、123、172。

Ⅱ式：窟内不开龛：115、23、159、161、85、122、140、142、154、101、162、20、120、92、110、126、131、139。

二型：方形覆斗顶窟。根据窟内开龛情况，分为二式。

Ⅰ式：窟内开龛：

a　三壁三龛：121、81、103、83、87；

b　正壁开一龛，窟顶帐形：109、141。

Ⅱ式：窟内不开龛：113。

三型：方形四角攒尖顶窟。根据窟内开龛情况，分为二式。

Ⅰ式：窟内开龛：

a　三壁三龛：72、62；

b　仿帐柱，正壁开一圆拱龛：44、12、26、32、36、39、65、7、35、27。

Ⅱ式：窟内不开龛：102。

B类　长方形窟。主室平面长方形，可分为长方形单室和前后室二型。

一型：长方形单室。根据窟顶形制，分为二式。

Ⅰ式：平顶：按窟内开龛情况，分二种。

a　不开龛：165；

b　三壁三龛：135。

Ⅱ式：盝顶：三壁三龛：127。

二型：前部横长方形，后部成两进后室，平顶，前部右侧覆斗顶：133。

C类　崖阁窟。按崖面开间，分二型。

一型：三间四柱单檐庑殿顶崖阁，前部为廊，按窟内部开龛情况不同，分为三式。

Ⅰ式：正壁开三马蹄形穹隆顶龛：28、30；

Ⅱ式：当心间在廊后壁凿圆拱形门，左右两间后壁素平，有梯形后室：43；

Ⅲ式：窟内正、左、右壁各开一龛：49。

二型：七间八柱单檐庑殿顶崖阁，前部为廊，正壁开方形四角攒尖顶帐形龛七个：4。

2. 摩崖龛型

D类　马蹄形龛。根据龛顶，可分为二型。

一型：马蹄形穹隆顶龛。根据正壁开龛情况，分为二式。

Ⅰ式：大龛，正壁左、右上部各开一龛：74、78、51、90；

Ⅱ式：中小型龛，正壁不开龛：68、70、71、73、75、77、138、124、132、40、42、45、94、97。

二型：马蹄形斜坡顶龛。69、169、54、82、67、129。

E类　方形龛。56、130、55、134、157、53、91、137、60、164；

F类　屋形龛：单檐庑殿顶屋形浅龛：31。

（二）造像组合

G类　以佛为中心，按全窟总体布局来计算。

一型：三壁三佛。按佛坐式分为

Ⅰ式：三结跏坐佛：

a　三佛二立菩萨：74、78、51、114；

b　三佛四立菩萨：100残、128、148残；

c　三佛六菩萨：127、135；

d　三佛四身像：112、72、81、103、120、20；

e　三佛六身像：122、85、105、162、87；

f　三佛八身像：140、154、121、83、62。

Ⅱ式：二结跏坐佛，一倚坐佛：163。

Ⅲ式：主尊释迦（结），左尊交脚弥勒，右尊阿弥陀佛（结）：142、101（左尊结跏坐佛，右尊交脚弥勒）。

Ⅳ式：主尊释迦，左尊维摩诘，右尊文殊菩萨：123、102。

二型：一佛。

Ⅰ式：一佛二身。

a　一佛二立菩萨：23、68、69、169、70、71、73、75、76、77、89、115、159、56、124、130、132；

b　一佛二弟子：161。

Ⅱ式：一佛四身：40、42、94、113、92、126。

Ⅲ式：一佛八身：139。

三型：七佛。4、7、12、26、27、32、35、36、39、65、109、141。

四型：十佛。31。

五型：千佛。3。

（三）造像特点

H类　佛像。

H1类，结跏趺坐。着袒右、通肩或双领下垂式袈裟。按服饰分三型。

一型：袒右袈裟，按面相、服饰、身姿、衣纹等变化，分四式。

Ⅰ式：半圆高肉髻，竖水波状发纹，方圆脸，着僧祇支，偏衫，袈裟边饰纹，露双足，下摆为一窄边。身材魁梧，胸部略鼓。宽棱衣纹且繁密，腹部及左腹处有倒“V”衣纹，左上臂及两膝部皆有“Y”形衣纹。手势或右手施无畏，左手前臂平举，或右手竖置于左手前施禅定印。74正、左、右佛，78正、右佛，143正壁佛，148正壁佛。

Ⅱ式：素面高半圆肉髻，方圆脸，着僧祇支，上绘八瓣莲花，外圈连珠纹，偏衫，袈裟边饰纹，左肩垂下少许衣边。不露足或露一右足，下摆为一窄边。右手置于左手前施禅定印。身材较扁。宽棱衣纹且繁密，左腹处有倒“V”形衣纹，左上臂及右膝皆有“Y”形衣纹。70坐佛，71坐佛，73坐佛，77主佛，86坐佛，89坐佛（阴线刻衣纹较密），114右壁坐佛，128正、左、右壁佛，68主佛。

Ⅲ式：小半圆肉髻，上刻水涡发纹。袒右偏衫，右摆搭于左肩垂下少许，袈裟衣边饰纹，着僧祇支，露右足，足扁平，双膝上不饰衣纹，下摆薄平分三部分平铺于座面上，皆为半圆形，不下垂。施与愿印。宽棱衣纹中阴刻一道衣纹，繁密。整个佛身瘦，但健壮。115坐佛，155正龛佛，156正壁佛。

Ⅳ式：低平肉髻，素面，脸方圆，着僧祇支，右肩覆偏衫。大衣下摆分三层，呈半圆形披于方形束腰座上。阴线刻衣纹。腹部略鼓。40 正壁佛，42 坐佛（凸棱与阴线相结合衣纹），141 左壁左佛（双阴线刻衣纹）。

二型：通肩袈裟，按面相、服饰、身姿、衣纹等变化，分二式（表一）。

表一 H1 类二型造像特点

	肉髻	脸形	身材	袈裟	腿部	袈裟下摆	衣纹技法	手势
Ⅰ式	素面小圆肉髻	略长方形脸		搭于左肩少许	不露足，双膝突出	三个半圆形平铺座面上	宽棱中阴线刻一道衣纹	平板，右手竖置于左手前，五指皆露
Ⅱ式	素面低平肉髻	脸方短，下巴与颈相连	腹部略鼓	袈裟一端于左肩下垂	露右足	大衣下摆三层，为半圆形	阴线刻衣纹	双手于腹前前后放置

Ⅰ式：76 坐佛，114 左壁坐佛（露两指），155 左壁龛佛，69 坐佛；

Ⅱ式：36 左壁坐佛，39 右壁坐佛（露左足），41 坐佛，45 正壁坐佛（粗细与斜刀阴线刻衣纹），45 左壁佛，62 左龛佛（梯状衣纹），62 右龛佛，65 左右壁坐佛（凸棱衣纹），109 右壁右坐佛，141 右壁佛（颈细长，腹部略鼓，双阴线刻中再刻一线衣纹），157 正壁佛，3 坐佛，84 右壁佛（露右足）。

三型：双领下垂袈裟，依袈裟样式不同，分为二式。

Ⅰ式：袈裟右摆搭于左肩，按面相、服饰、身姿、衣纹等变化，分为四亚式。

a 磨光肉髻，脸长圆，着交领内衣，袈裟右摆搭于左臂，露出衣边，右手施无畏印，左手于膝上持一衣角。宽棱中阴刻一线衣纹，衣纹密集。114 正壁佛。

b 小高圆肉髻，长方脸，着圆领内衣，袖手于腹前，下摆分三个椭圆形，不露足，阴线刻衣纹。99 坐佛，126 正壁佛（着僧祇支，对襟衫，露足）。

c 肥半圆素面肉髻，着僧祇支，外穿对襟衫扎结，腹部翻出宽衣边，足边袈裟翻出，下摆五层，第二、三层为左右摆。左侧写实衣纹，右侧阴刻衣纹。120 右壁坐佛，142 左壁佛（下摆右摆较大，中裾与左摆呈椭圆形）。

d 扁平肉髻，方圆脸。袈裟搭自左肩垂下，着僧祇支，露右足，下摆分四层呈半圆形披于座上。粗阴线刻衣纹。22 正龛佛，36 左壁中间坐佛（内衣结带），39 正龛佛（露左足），46 坐佛（下摆三层），53 坐佛，82 坐佛（禅定印，下摆三层），84 左壁佛（无袈裟下摆），88 左壁坐佛（瘦长脸，右手竖置于左手外合贴于腹部，袈裟下摆为一层极短垂于龛沿），88 右壁坐佛（右手从领口处伸出贴于胸，左手腹侧捏衣摆，其余同 88 左坐佛），94 坐佛（阴线刻衣纹繁密，下摆二层），97 坐佛，109 正壁坐佛，109 左壁坐佛，109 右壁左坐佛，141 正壁龛佛（足边袈裟翻边，下摆五层，上三层半圆形），141 左壁右坐佛（细凸棱衣纹，袈裟无下摆）。

Ⅱ式：袈裟右摆搭于左臂，即褒衣博带袈裟，按面相、服饰、身姿、衣纹等变化，分为六亚式（表二）：

表二 H1类三型Ⅱ式造像特点

	头型	袈裟衣边	袈裟下摆	衣纹技法
a	方半圆肉髻，长方脸扁	不翻出	三个椭圆形	
b	素面圆形高肉髻，脸瘦长	不翻出	三层，中裾椭圆形，两边左右摆	阴线刻
c	高圆肉髻，刻划发纹，略长方形脸	翻出	三层，三个椭圆形	阴线刻
d	高圆肉髻，长方脸扁，下巴稍前伸	翻出	三层，中裾椭圆形，两边左右摆	阴线刻
e	高圆发髻素面，脸瘦长	翻出	厚重，四层	阴线刻
f	极低平肉髻，脸圆短		下摆分三层，褶皱扭曲，基本呈半圆形	深梯状衣纹

a 81右佛，133龛三佛，163正壁佛，133龛六佛，85正壁佛；

b 16正壁佛，159正壁佛（下摆二层，上层左右摆呈尖椭圆形），133龛一佛；

c 17正龛佛，133龛四佛，164佛，81左佛，85左、右壁佛，133龛十五佛，154左、右壁佛，133龛二佛，133龛十三佛，122右壁佛（左手抚膝，右手前臂上举侧施无畏印），133龛九佛，142正壁佛，101正壁佛，127正龛坐佛；

d 72主佛，161正壁佛，110左壁坐佛（饰水波衣褶），131正壁坐佛，138坐佛，133龛十佛，133龛十一佛，140正壁佛，140右壁佛；

e 102正壁佛，123正壁佛（下摆三层，上两层左右撇），132正壁佛，81正壁佛，92正壁佛（袖口呈S状弯曲），103正龛佛，112左右龛坐佛（高圆肉髻），162正壁佛（低圆领内衣，袖口“S”状弯曲,），101右壁坐佛（下摆三层，分左右两瓣），172正壁佛，44正壁佛，120正壁坐佛，120左壁坐佛，87正、左、右龛坐佛，139正壁佛（圆交领内衣），146正壁佛，147正壁佛，83正、左、右龛佛，135正壁中龛佛，135左壁龛佛，20正壁佛（穿对襟衫），20左壁坐佛（对襟衫，外袈裟于右肩敷少许偏衫）；

f 62正龛佛。

H2类，倚坐。按服饰，分二型：

一型：褒衣博带袈裟。着僧祇支，右摆搭于左臂呈长方形垂下，翻出水波状衣边，细阴线刻衣纹。163右壁佛。

二型：袒右袈裟。低平肉髻，眉间有白毫，宽肩。袈裟贴体，偏衫，着僧祇支，左肩垂下少许袈裟衣摆，方座，双足踏于覆莲圆台上，阴线刻衣纹，右手与愿印。67主佛。

Ⅰ类 菩萨像，按披帛走向，分六型。

一型：披帛斜披右腿大部（斜披络腋），按头饰、服饰、姿势可分为三式（表三）：

表三 Ⅰ类一型造像特点

种类	冠	宝缯	发辫	裙样	手势	腿部
Ⅰ式	三珠冠	下垂不至肩	披发成团和散辫披肩，刻出发丝	羊肠裙，裙纹贴体	一手贴于上腹执莲苞，一手贴壁外下垂或执净瓶	身瘦腿细，突出膝盖骨，赤足站于扁圆台上

续表

种类	冠	宝缯	发辫	裙样	手势	腿部
Ⅱ式	兽面冠	于头两侧扎结，下垂不至肩	长发辫披肩	羊肠裙，裙纹贴体，右侧裙腰翻边，左侧裙腰系于髋下垂带	一手上腹执莲苞，一手外直贴壁下垂或腹侧上弯	重心在内侧腿，外侧腿外支，赤足站于高半圆台上
Ⅲ式	戴冠		低方形髻，发辫垂肩	桃形项圈两端有圆形饰，肩前垂两条宽带，披帛在肩部呈尖角外翘，裙腰翻边	一手抚胸，一手腿边执桃形物	赤足站于半圆台上

Ⅰ式　披帛绕手臂弯曲下垂。70 胁侍，71 胁侍，74 左右胁侍（身材健壮，腿长），78 胁侍，80 左右胁侍，100 左右壁胁侍，114 左右壁胁侍，115 左右壁胁侍，128 左右壁和前壁胁侍，144 右胁侍，155 正壁左胁侍（稍晚，但不会相差太远），68 左壁胁侍；

Ⅱ式　披帛绕手臂飘垂。76 左右胁侍，169 左胁侍；

Ⅲ式　163 左胁侍，23 右壁胁侍。

二型：披帛于腹部处交叉后分别向体侧上绕自手臂外侧飘垂下，按头饰、服饰、姿势，分为四式（表四）：

表四　Ⅰ类二型造像特点

种类	发型	肩部	披帛	外衣	璎珞	手势
Ⅰ式	双杈髻前坠，前部发中分	饰圆形饰，肩侧垂长短细带，末端上翘，肩前垂宽带	上臂处呈尖角外翘	袒上身，裙腰露边，系带下垂	无	一手体侧平托一供物盘，一手胸前
Ⅱ式	方形高髻，前部发中分刻出发丝	肩侧垂一条细带，肩前垂二条宽带	披帛在前臂处呈大尖角	着僧祇支，下着百褶裙，裙摆两侧为尖角外撇，内裙也为百褶裙，露出下摆外撇	无	一手贴于胸侧，一手腹侧执莲苞或提净瓶
Ⅲ式	方形发髻束带，前部头发刘海状	肩侧垂长短细带，末端上翘，肩前垂一条宽带	上臂处呈尖角上翘，向身体左侧飘摆	着僧祇支，裙腰露边，腰部系带下垂，腰带左侧悬壁，裙下摆呈三个尖角外展，裙内穿羊肠裤	贴于披帛上，为大、小圆珠，纺锤形珠和花结相串，交叉处为一大莲花状饰	一手贴于上腹，一手腹前执莲苞
Ⅳ式	银杏叶状发髻前坠，前部头发刘海状	肩上带打结，肩侧垂两条细带，肩前垂一条宽带	在上臂处呈尖角上翘	交领宽袖长裙，腰部扎带下垂，结隐于上衣褶下	无	右手竖举于胸侧，左手于腹侧执莲苞

Ⅰ式 163右壁胁侍（披帛在上腹处相靠近，不交叉，裙内穿羊肠裤），16左右壁菩萨（脸瘦长，颈长），163左壁弥勒菩萨（桃形项圈两端饰圆形饰），127左壁胁侍，127右壁左胁侍，133龛八交脚（肩上为结）；

Ⅱ式 69左右胁侍，159左右胁侍（无内裙，交领内衣，裙腰两侧挂圆璧），133龛一胁侍，133龛六胁侍；

Ⅲ式 85正壁左、右菩萨，122右壁左胁侍，127正壁胁侍，139左壁胁侍，142正壁左右胁侍，142右壁交脚菩萨；

Ⅳ式 72正壁右胁侍，127右壁右胁侍（飘带垂于两腿间），133龛三胁侍（腹部略鼓），135左壁龛胁侍，146正壁右胁侍（内衣呈尖角突出），88左壁右菩萨，101左壁交脚菩萨，101右壁左胁侍，121右壁左胁侍，121左壁右胁侍，132右胁侍，162正壁左胁侍（内衣领呈尖角外突）。

三型：披帛自肩部下垂直接绕于手臂外侧垂下，按头饰、服饰、姿势，分四式（表五）：

表五　Ⅰ类三型造像特点

种类	发型	肩部	披帛	外衣	璎珞	手势	腿部
Ⅰ式	三珠冠，宝缯下垂不至肩，发辫成团和散辫披肩			袒上身，下着裙，裙腰束于髋部，裙贴体	无		交脚
Ⅱ式	银杏叶状高髻，中饰三角形饰，前部发中分	饰圆形饰，肩侧垂长短细带，末端上翘，肩前垂一条宽带	在上臂呈尖角上翘	交领宽袖长裙，腰部系带打结，裙腰束于上腹处，系带下垂，裙下摆着地呈尖角外撇	无	一手藏于袖内贴于腹侧，一手竖举于上腹侧	穿云头履
Ⅲ式	刘海中分	饰圆形饰，长短细带从肩侧垂下，末端上翘，肩前各垂两条长细带和一折带		袒上身或着僧祇支，下着长裙，裙腰束高至上腹，腰部结带下垂，腰带两侧挂系带圆璧，璧下扎结带	无	一手抚腹，一手弯下垂执圆璧	足穿鞋
Ⅳ式	银杏叶状发髻束带，前部发中分	脑后两条细带垂于肩上，肩前垂下两条细带	在上臂呈尖角上翘	着僧祇支，腹中部束紧，结隐于内衣褶下，裙腰束带，长带下垂，裙摆外呈尖角外撇，左腿侧挂圆璧，璧下悬带扎结	纺锤形珠、圆珠与花结相串，腹部为圆饼饰	一手体侧前臂上举，一手腿侧执桃形物	赤足

Ⅰ式 169交脚菩萨；

Ⅱ式 54左右胁侍，72正壁左胁侍，87左壁右胁侍（左手腰侧执莲苞，右手腿侧执圆璧悬结带），88右壁左胁侍（右手上腹侧执莲苞，左手腿侧执圆璧悬结带），92左壁胁侍（肩上扎结），105

第一种菩萨（飘带不外翘），123 正壁胁侍，132 左胁侍，135 正壁中龛胁侍，20 正壁左胁侍（腹部略鼓），20 正壁右胁侍，120 正壁左右胁侍，81 正壁左胁侍；

Ⅲ式　81 正壁右胁侍，44 正龛外右菩萨，83 正壁右胁侍（腰带右侧悬璧结带），83 左壁右胁侍（腰带右侧悬璧结带），55 正壁左菩萨（腹部略鼓），83 正壁左胁侍（披帛下垂呈尖角着地外展，赤足）。

Ⅳ式　87 正壁左、右胁侍，154 左壁左胁侍。

四型：披帛于腹部交叉穿璧后分别上绕，按头饰、服饰、姿势，分四式（表六）：

表六　Ⅰ类四型造像特点

种类	冠	发型	肩部	外衣	手势	璎珞
Ⅰ式	高髻带冠		肩部饰圆形饰，飘带垂肩，肩侧各二道带卷起		右手当胸执莲花，左手下垂执披帛	无
Ⅱ式	三莲花冠	双杈髻	肩部饰圆形饰，垂下短宽带	着僧衹支，裙腰束带垂下，裙腰露边	一手捻指于胸侧，一手体侧贴腿执物	无
Ⅲ式		银杏叶状发髻	肩侧垂长短两条细带，肩前垂长短两条宽带	交领宽袖长裙，内衣领呈尖角突出，裙腰结带下垂	一手举于胸侧，一手腹侧执桃形物	无
Ⅳ式	宝缯披肩			腰部系结，下着裙	一手抚胸，一手下垂或执桃形物	纺锤形与圆珠相隔串联璎珞，与披帛一起经腹部圆璧串孔交叉后自膝部向体侧上绕

Ⅰ式　22 左壁菩萨（圆脸，带项圈和手镯，凸棱衣纹贴体，从手势看，比较早）；

Ⅱ式　44 正龛外左菩萨（腰部右侧悬璧），102 右壁倚坐菩萨（腰部右侧悬璧），65 正壁龛外胁侍，105 第二种菩萨，88 正壁左菩萨，141 正壁右胁侍（裙腰露边，两侧各悬一圆璧）；

Ⅲ式　87 右壁左胁侍。

Ⅳ式　27 正龛外胁侍。

五型：披帛横于腹部与腿部各一道，按头饰、服饰、姿势，分二式（表七）：

表七　Ⅰ类五型造像特点

种类	脸	发型	肩部	外衣	手势	腿部	璎珞
Ⅰ式	圆短	双杈髻，中饰莲苞，发辫披肩	饰圆形饰，肩前垂两条宽带	裙腰翻边	一手抚上腹或执莲苞，左手体侧下垂	穿圆头鞋	无
Ⅱ式	方短	发辫垂肩		着僧衹支，裙腰边翻出	一手胸前执莲苞，一手下垂执宝珠	内侧膝微屈，髋部向外侧挺出，腹部略鼓，赤足站于扁平覆莲台上	璎珞从肩部挂下垂至膝部

Ⅰ式 82 左右胁侍（体形粗短），113 左壁胁侍（腹部略鼓，赤足），141 正壁左胁侍（腹部略鼓，赤足），62 左壁龛外菩萨（右菩萨为袒上身，赤足），62 右壁龛外菩萨（左菩萨赤足，右菩萨袒上身），67 左菩萨（赤足）；

Ⅱ式 12 正壁龛外左菩萨，36 正龛外左菩萨（半圆发髻，站于仰覆莲台上），62 正龛外左右菩萨，94 胁侍。

六型：披帛只横于腹部或大腿处一道，按头饰、服饰、姿势，分二式（表八）：

表八　I 类六型造像特点

种类	冠	发型	外衣	手势	腿部	璎珞
Ⅰ式	三莲花冠	半圆髻，发辫披肩	着僧衹支，裙腰束低在髋部以下，不系腰带，裙腰翻边	一手腿侧执桃形物，一手抚腹	赤足	无
Ⅱ式		发辫垂肩	着僧衹支，裙腰边翻出	一手胸前执莲苞，一手下垂执宝珠	内侧膝微屈，髋部向外侧挺出，腹部略鼓，赤足站于扁平覆莲台上	璎珞为纺锤形与圆珠相隔串联，从肩部挂下垂至膝部

Ⅰ式 65 前壁菩萨；

Ⅱ式 12 正龛外右菩萨，其余同 12 正龛外左菩萨；26 正龛外右菩萨（脸长方圆形，腹部略鼓）；36 正龛外右菩萨；45 左右菩萨。

J 类 螺髻神王。

发髻束带后坠，前部头发刘海状，长方脸，着僧衹支，外穿连带对襟衫，带垂出袈裟外，外穿袈裟，翻出衣边。双手合十。85 左壁左胁侍，101 正壁左胁侍，121 正龛外左胁侍，122 正壁左胁侍，126 正壁左胁侍，140 左壁左胁侍，140 右壁右胁侍，142 右壁胁侍，154 右壁右胁侍。

K 类 弟子像。着袒右、双领下垂式袈裟。按服饰分二型。

一型：袒右袈裟，分三式。

Ⅰ式：偏衫，左肩垂下袈裟边，赤足。155 左壁右弟子（左臂垂下长方形衣摆，宽棱中阴刻一线衣纹，身瘦，腿细长），88 前壁左弟子，22 正龛外左侧弟子（穿方头鞋）；

Ⅱ式：着僧衹支，袈裟右摆搭于左臂呈叶状垂下，穿鞋。109 右壁右弟子，157 右弟子；

Ⅲ式：僧衹支由吊带挂住身后袈裟，右摆呈叶状垂下。157 左弟子。

二型：双领下垂袈裟，分五式。

Ⅰ式：左手垂下一叶状袈裟衣摆，穿方头鞋，双手合十。阴线刻衣纹。44 左壁弟子，81 前壁左右弟子，85 弟子（翻出宽衣边，下摆中裾尖角椭圆形，内裙外撇，穿圆头布鞋或靴），92 右壁弟子（右手藏于袖内贴于体侧，左手胸前捧钵），101 正壁右弟子，109 左壁左弟子，120 右壁右弟子，120 正壁龛内弟子（衣边翻出，中裾椭圆形），120 正龛外右弟子，122 正壁右弟子（袈裟下摆均分三瓣，呈蕉叶状），123 左壁右弟子阿难，126 正壁右弟子（袈裟下摆三分蕉叶状），133 龛九弟子（下摆中裾尖角椭圆形，内裙曳地），139 正壁右弟子（下摆中裾椭圆形，圆头鞋），142 左壁右弟子（袖口边和下摆中裾饰水波衣褶，内裙摆呈尖角），161 左右弟子；

Ⅱ式：僧祇支由吊带系于前腰，外披中间扎带对襟衫，外层袈裟左臂外垂长方形衣摆。内裙曳地，穿方翘头鞋。105 左壁左弟子阿难，105 右壁右弟子迦叶，120 左壁左弟子迦叶。

Ⅲ式：右摆搭于左臂呈长方形披下，着僧祇支，浅阶梯状衣纹，右手上腹前执莲叶，左手腿前执净瓶。87 左壁左弟子（阿难）。

Ⅳ式：右摆搭于左肩垂下少许，着僧祇支，方翘头履。深阴线刻衣纹。62 前壁弟子。

Ⅴ式：着僧祇支，腰部系结，带下垂，腹部略鼓。右手从袈裟中伸出。阴线刻衣纹，左手贴于腿侧，右手手背向外贴于胸侧。94 弟子，113 夹角弟子。

L 类　力士像。按披帛情况，分二式。

Ⅰ式：披帛交叉，袒上身或着僧祇支，裙腰露出并系带下垂，裙摆下分三尖瓣外撇，赤足。126 右壁力士，142 前壁力士，67 力士，121 前壁左力士，139 右壁力士。

Ⅱ式：披帛自手臂绕下垂于体侧，束小髻，袒上身，裙腰露边，腰部系带下垂，赤足。83 前壁左力士（腰带左侧悬壁），112 力士（腰带左侧悬壁），139 左壁力士（腰带左侧悬壁），62 窟门外力士，154 前壁力士，109 前壁力士。

M 类　天王像。穿两当甲，腰部系带，内穿宽袖长袍，下百褶裙。双手藏于袖内贴于腹侧。121 前壁右天王，126 左壁天王。

N 类　维摩诘像。

一型：半圆发髻，宽领宽袖大袍。下摆不垂座面。123 左壁。

二型：高冠，圆领内衣，外披对襟衫于上腹系带下垂，外披宽领博袖袍。下摆分两层。102 左壁。

二、分期与年代

（一）洞窟分组

表九　麦积山石窟类型表

类别 窟号	窟龛形制						造像组合	造像特点						
	A	B	C	D	E	F	G	H	I	J	K	L	M	N
74				一Ⅰ			一Ⅰa	1一Ⅰ	一Ⅰ					
78				一Ⅰ			一Ⅰa	1一Ⅰ	一Ⅰ					
148	一Ⅰa						一Ⅰb	1一Ⅰ						
144	一Ⅰa								一Ⅰ					
100	一Ⅰa						一Ⅰb		一Ⅰ					
128	一Ⅰa						一Ⅰb	1一Ⅱ	一Ⅰ					
155	一Ⅰa							1一Ⅲ 1二Ⅰ			一Ⅰ			

续表

类别 窟号	窟龛形制						造像组合	造像特点						
	A	B	C	D	E	F	G	H	I	J	K	L	M	N
163	一Ⅰa						一Ⅱ	1三Ⅱa 2一	一Ⅲ 二Ⅰ					
80	一Ⅰb								一Ⅰ					
86	一Ⅰb							1一Ⅱ						
89	一Ⅰb						二Ⅰa	1一Ⅱ						
16	一Ⅰb							1三Ⅱb	二Ⅰ					
114	一Ⅰc						一Ⅰa	1一Ⅱ 1二Ⅰ 1三Ⅰa	一Ⅰ					
156	一Ⅰc							1一Ⅲ						
76	一Ⅰd						二Ⅰa	1二Ⅰ	一Ⅱ					
115	一Ⅱ						二Ⅰa	1一Ⅲ	一Ⅰ					
77				一Ⅱ			二Ⅰa	1一Ⅱ						
75				一Ⅱ			二Ⅰa							
71				一Ⅱ			二Ⅰa	1一Ⅱ	一Ⅰ					
70				一Ⅱ			二Ⅰa	1一Ⅱ	一Ⅰ					
73				一Ⅱ			二Ⅰa	1一Ⅱ						
68				一Ⅱ			二Ⅰa	1一Ⅱ	一Ⅰ					
69				二			二Ⅰa	1二Ⅰ	二Ⅱ					
169				二			二Ⅰa		一Ⅱ 三Ⅰ					
23	一Ⅱ						二Ⅰa		一Ⅲ					
159	一Ⅱ						二Ⅰa	1三Ⅱb	二Ⅱ					
161	一Ⅱ						二Ⅰb	1三Ⅱd			二Ⅰ			
138				一Ⅱ				1三Ⅱd						
142	一Ⅱ						一Ⅲ	1三Ⅰc 1三Ⅱc	二Ⅲ	√	二Ⅰ	Ⅰ		
122	一Ⅱ						一Ⅰe	1三Ⅱc	二Ⅲ	√	二Ⅰ			
85	一Ⅱ						一Ⅰe	1三Ⅱa 1三Ⅱc	二Ⅲ	√	二Ⅰ			
140	一Ⅱ						一Ⅰf	1三Ⅱd		√				
154	一Ⅱ						一Ⅰf	1三Ⅱc	三Ⅳ	√		Ⅱ		

续表

类别 窟号	窟龛形制						造像组合	造像特点						
	A	B	C	D	E	F	G	H	I	J	K	L	M	N
132				一Ⅱ			二Ⅰa	1三Ⅱe	二Ⅳ 三Ⅱ					
124				一Ⅱ			二Ⅰa							
56					√		二Ⅰa							
130					√		二Ⅰa							
172	一Ⅰe							1三Ⅱe						
123	一Ⅰe						一Ⅳ	1三Ⅱe	三Ⅱ		二Ⅰ			一
112	一Ⅰe						一Ⅰd	1三Ⅱe				Ⅱ		
105	一Ⅰe						一Ⅰe		三Ⅱ 四Ⅱ		二Ⅱ			
121	二Ⅰa						一Ⅰf		二Ⅳ	√		Ⅰ	√	
72	三Ⅰa						一Ⅰd	1三Ⅱc	二Ⅳ 三Ⅱ					
81	二Ⅰa						一Ⅰd	1三Ⅱa 1三Ⅱc 1三Ⅱe	三Ⅱ 三Ⅲ		二Ⅰ			
103	二Ⅰa						一Ⅰd	1三Ⅱe						
127		一Ⅱ					一Ⅰc	1三Ⅱc	二Ⅰ 二Ⅲ 二Ⅳ					
135		一Ⅰb					一Ⅰc	1三Ⅱe	二Ⅳ 三Ⅱ					
101	一Ⅱ						一Ⅲ	1三Ⅱc 1三Ⅱe	二Ⅳ	√	二Ⅰ			
162	一Ⅱ						一Ⅰe	1三Ⅱe	二Ⅳ					
20	一Ⅱ						一Ⅰd	1三Ⅱe	三Ⅱ					
120	一Ⅱ						一Ⅰd	1三Ⅰc 1三Ⅱe	三Ⅱ		二Ⅰ 二Ⅱ			
126	一Ⅱ						二Ⅱ	1三Ⅰb		√	二Ⅰ	Ⅰ	√	
139	一Ⅱ						二Ⅲ	1三Ⅱe	二Ⅲ		二Ⅰ	Ⅰ Ⅱ		
92	一Ⅱ						二Ⅱ	1三Ⅱe	三Ⅱ		二Ⅰ			

续表

类别 窟号	窟龛形制						造像组合	造像特点						
	A	B	C	D	E	F	G	H	I	J	K	L	M	N
87	二Ⅰa						一Ⅰe	1三Ⅱe	三Ⅱ 三Ⅳ 四Ⅲ		二Ⅲ			
83	二Ⅰa							1三Ⅱe	三Ⅲ			Ⅱ		
44	三Ⅰb							1三Ⅱe	三Ⅲ 四Ⅱ		二Ⅰ			
102	三Ⅱ						一Ⅳ	1三Ⅱe	四Ⅱ					二
62	三Ⅰa							1二Ⅱ 1三Ⅱf	五Ⅰ 五Ⅱ		二Ⅳ	Ⅱ		
109	二Ⅰb						三	1二Ⅱ 1三Ⅰd			一Ⅱ 二Ⅰ	Ⅱ		
141	二Ⅰb						三	1一Ⅳ 1二Ⅱ 1三Ⅰd	四Ⅱ 五Ⅰ					
27	三Ⅰb						三		四Ⅳ					
65	三Ⅰb						三	1二Ⅱ	四Ⅱ 六Ⅰ					
39	三Ⅰb						三	1二Ⅱ 1三Ⅰd						
36	三Ⅰb						三	1二Ⅱ 1三Ⅰd	五Ⅱ 六Ⅱ					
26	三Ⅰb						三		六Ⅱ					
12	三Ⅰb						三		五Ⅱ 六Ⅱ					
32	三Ⅰb						三							
113	二Ⅱ						二Ⅱ		五Ⅰ		二Ⅴ			
45				一Ⅱ				1二Ⅱ	六Ⅱ					
94				一Ⅱ			二Ⅱ	1三Ⅰd	五Ⅱ		二Ⅴ			
42				一Ⅱ			二Ⅱ	1一Ⅳ						
40				一Ⅱ			二Ⅱ	1一Ⅳ						
97				一Ⅱ				1三Ⅰd						

根据表九统计的窟龛形制、造像组合和造像风格特征等几个因素，可以将石窟分成如下几组：

1 组：第 74、78 窟；

2 组：第 148、144、100、128、155、163 窟；

3 组：第 80、86、89、16 窟；

4 组：第 114、156 窟；

5 组：第 76 窟；

6 组：第 115、23 窟；

7 组：第 77、75、71、70、73、68 龛；

8 组：第 69、169 龛。

归结为如下发展趋势：

1 组——2 组——3 组——5 组——8 组
　　　　└——4 组——6 组
　　　　　　　└——7 组

分析：1 组三佛并坐，正壁上部各开一小龛，内置交脚和思惟菩萨。到 2 组，开始正壁左右各开三小龛，上小龛开凿于正壁与左右壁的交角处，并保持了三佛，可以看作是 1 组特征的继承和发展。3 组开始保持了 2 组的窟形，并向简化发展，如正壁左右各开二小龛，三佛逐渐变为一佛二菩萨。同时，2 组开小龛的形式逐渐简化，小龛由长方形突棱台代替，于是出现了 4 组的形式。5 组的形式更加简单，正壁左右只各开一小龛，窟的内容为一佛二菩萨，可以看作是 3 组的延续。8 组的风格和 5 组差不多，但窟内正壁已经不开小龛，可以认为比 5 组晚。6 组为方形平顶窟，但正壁已无开小龛，应该比 4 组晚。7 组为马蹄形穹隆顶小龛，龛内不再开小龛，可以认为和 6 组同时，为 4 组的延续。

这里，我们注意到三个起承前启后的作用的洞窟，第 163 窟、23 窟和 16 窟。

第 163 窟，方形平顶窟，正壁两侧各开上下三个小龛，左右壁上部各开七小龛，保持了 2 组原始的窟形，左右壁前部由原来的各开一大圆拱龛变成不开龛的形式，为以后不开龛三佛的方形平顶窟提供了参照。在此基础上，正壁佛首次出现褒衣博带式样，下摆的处理方式也比较生硬，为四个椭圆形衬于第二、三层上。左壁的胁侍菩萨肩部开始出现小的圆形饰，但披帛仍为从左肩斜披下遮盖右腿大部。右壁的胁侍菩萨披帛形式已经发生改变，披帛在上腹处相互靠近，却不是交叉，但已经逐渐向交叉形式靠拢。而左壁的弥勒菩萨的披帛，已经呈交叉状，这是在这九组的菩萨造像中很少见的，但在以后的菩萨造像中经常见到，可以说是一种新式样的开始。

第 23 窟，主佛也为褒衣博带式，尽管袈裟下摆略残，但仍能看出残留的两个椭圆形下摆，应当与 163 正壁佛为同一时期。两边的胁侍菩萨，仍然保持原来的斜披帛式样。

第 16 窟，方形平顶窟，正壁两侧各开上下二小龛，左壁残，但能看出大龛痕迹，是 3 组的较早窟形。正壁佛褒衣博带袈裟，身材直板，袈裟线条略显僵硬，下摆为三个椭圆形，两边胁侍菩萨披帛交叉，都表现出 9 组以后的迹象。

9 组：第 159、161 窟、第 138 龛；

10 组：第 142、122、85、140、154 窟；

11 组：第 132 龛、124 龛、56 窟、130 龛；

12 组：第 172 龛、123 窟、112 窟、105 窟；

13 组：第 121 窟；

14 组：第 81、103、72 窟；

15 组：第 127、135 窟；

16 组：第 101、162 窟；

17 组：第 20、120 窟；

18 组：第 126、139、92 窟；

19 组：第 87、83、44 窟；

20 组：第 102 窟；

归结为如下发展趋势：

3 组……9 组——11 组——18 组

2 组之 163……10 组——16 组——17 组

└——20 组

└——12 组——13 组——19 组

└——14 组

└——15 组

分析：9 组方形平顶窟，窟内不开小龛，但是正壁佛两侧壁面被长方形突棱台分为三层，第二层分别为交脚菩萨和思惟菩萨的影塑像。窟内一佛二菩萨，正壁佛褒衣博带式，袈裟下摆二层，菩萨的披帛交叉，可以看作是第 3 组第 89 窟形制和造像的发展，其中第 161 窟两侧壁的胁侍由菩萨变为弟子阿难和迦叶。第 138 龛为马蹄形穹隆顶小龛，主佛也是如此，只可惜残甚，从龛的构造看，也应为一佛二身像。11 组逐渐从马蹄形穹隆顶小龛变成方形平顶小龛，仍保持一佛二菩萨的形式不变，但主佛的褒衣博带袈裟塑造已经非常自如，袈裟下摆也显得异常厚重，分为四、五层。胁侍菩萨的披帛尽管仍有交叉，但已从原来的袒上身或着僧祇支，出现了穿交领宽袍大袖的式样，另一种直垂式披帛也在此时出现。18 组皆为方形平顶窟，出现了一佛多身像，除胁侍菩萨弟子以外，还加入了力士和螺髻神王的题材，因为在晚的石窟中可能出现早的因素，所以尽管有的石窟主佛表现出较早的特征，如第 126 窟，但是从题材来看，一佛多身像明显晚于一佛二身像，且 18 组的其余佛、菩萨像皆表现出了晚的特征。10 组皆为不开龛的方形平顶窟，窟内三佛题材，早些的窟内布满影塑，应该是第一期第 163 窟的延续，佛像和第 163 窟的风格一致，袈裟下摆为四个或三个椭圆形，菩萨像披帛交叉佩带璎珞，风格晚于第 163 窟的菩萨，另外还出现弟子、螺髻神王、力士的新题材。16 组布局基本同 10 组，但菩萨穿宽交领衫，应该晚于 10 组，其中第 162 窟以影塑来代替塑像。17 组窟内布局发生变化，正壁的胁侍菩萨置立于两壁夹角处，佛像袈裟下摆厚重，菩萨穿交领宽袖长袍，披帛直垂，布局的变化显示 17 组应该比 16 组晚。20 组为四角攒尖顶窟，虽然窟内胁侍残甚，但布局显示与 16 组相同，胁侍菩萨和右壁文殊菩萨的披帛经圆壁交叉，是新出现的式样，可见 20 组是 16 组的发展。12 组方形平顶窟，但三壁各开一龛，胁侍布局不变，为单铺一佛二身像，佛像袈裟下摆厚重，菩萨交领大袍，直垂披帛，该组发展到后来胁侍皆置于四壁夹角处，如第112窟；菩萨也出现披帛圆璧交叉的式样，如第105窟。13组方形覆斗顶窟，布局基本承袭上组，内容丰富，是12组的发展。之后的19组，窟内布局皆未发生重大改变，但窟顶由平顶变成了覆斗顶和四角攒尖顶，造像的风格基本相像，应当是同一时期同时塑造的。14组从12组第112窟发展而来，窟顶发生变化，虽然佛像偶尔保留有较早特征，但菩萨多宽袍大袖，直垂披帛，是较晚的样子。15组为三壁三龛窟，因为是长方形大窟，便将原本站于龛外的胁侍移入龛内，佛像袈裟下摆出现厚重五层式，菩萨出现披帛交叉交领宽袖式，都显示15组晚于10组。

21组：第109、141、27、65、39、36、26、12、32窟；

22组：第113窟；

23组：第45、94、42、40、97龛；

24组：第62窟；

归结为如下发展趋势：

21组

18组……22组——23组

19组……24组

分析：21组为方形覆斗顶和四角攒尖顶窟两种，正壁开一龛，左右两壁前分置三身坐佛或左右壁各开三龛分置坐佛，胁侍有菩萨、弟子、力士多身，其造像头部刻划，下巴与颈部相连等特征是以前各组所没有的。因此可以认为基本属同时开凿。22组方形覆斗顶窟，应该为一佛二弟子二菩萨，弟子置于正壁和左右壁夹角处，应该是18组一佛多身窟的演变。23组马蹄形穹隆顶中小龛，窟内一般为一佛四身像，由于残缺较甚，不能具体说出四身像是哪四身，可能是弟子和菩萨，如94龛，也可能是二佛二菩萨，如第45龛。24组方形四角攒尖顶窟，三壁各开一龛，单铺保持一佛二菩萨，前壁两侧立弟子，窟门外还置力士，这种布局方式明显承袭19组的传统，但造像特征与之明显不同。

（二）分期与年代

1~8组，窟形主要为马蹄形穹隆顶龛、方形平顶窟和马蹄形斜坡顶龛三种，还包括有长方形平顶窟等其他窟形，窟内正壁多开小龛，以后逐渐以长方形突棱台代替，直至棱台消失。造像题材主要为三佛和一佛二菩萨，后一题材出现得要晚些。造像都显示出比较原始的特征，如佛像以袒右偏衫为多，后来出现通肩袈裟和双领下垂袈裟，但袈裟衣纹一律以宽棱中阴刻一线且衣纹繁密来表现，晚些出现褒衣博带式袈裟，阴线刻衣纹，但在一些衣袖褶皱处仍用宽棱中阴刻一线来表示。左右胁侍菩萨多披帛自左肩斜披而下覆盖右腿大部（斜披络腋），头戴三珠冠，耳穿长形耳珰，戴双宽线加半圆臂钏和手镯，双手姿势塑造得略显僵硬，晚些时候出现披帛交叉式样的胁侍菩萨。佛像身材宽肩，厚胸，短颈。在辅助造像中，交脚菩萨和思惟菩萨，释迦多宝二佛并坐的题材较多。1~8组，因其造像形态基本相像，可见其年代相差不会很远，所以将之分为第一期。

9~10组，方形平顶窟或马蹄形穹隆顶小龛，三壁不开龛。造像题材继承第一期的三佛和一佛二菩萨，并出现二弟子形象。三佛窟中，单铺佛身边胁侍增加，出现螺髻神王和力士。佛像皆穿褒衣博带袈裟，但袈裟下摆的处理皆比较简单和生硬，用三或四个椭圆形表示，稍晚一些出现袈裟中裾椭圆形，两边左右摆的处理方式，袈裟衣纹已经变成阴线刻。胁侍菩萨披帛交叉并佩带璎珞，弟子袈裟自左臂呈叶状垂下，力士袒上身披帛交叉。可分为第二期。

11~17组，多为方形平顶窟，少量马蹄形穹隆顶小龛，并出现方形覆斗顶和四角攒尖顶的新窟形。造像题材仍为三佛和一佛二菩萨。三佛题材的洞窟出现三壁三龛的情况，并出现维摩文殊的题材，原单铺的一佛二胁侍逐渐简化成将胁侍置于四壁夹角处的三佛四胁侍。佛像的袈裟下摆处理得十分自然，表现出袈裟厚重的质感，粗阴线刻衣纹疏朗。胁侍菩萨除保持以前特征外，出现穿交领宽袍，披帛交叉或直垂，晚些出现披帛经圆壁交叉的式样。天王身穿两当甲。定为第三期。

18~20组，方形平顶、覆斗顶、四角攒尖顶窟。三佛题材不变，保持三壁不开龛和三壁三龛两种形式。一佛窟中胁侍增加，变为一佛五身像或一佛九身像。佛像仍保持厚重的袈裟下摆，四层或五层呈左右摆开状。菩萨的披帛多为经圆壁交叉状。定为第四期。

21~24组，为马蹄形穹隆顶中小龛和方形覆斗顶或四角攒尖顶窟。除保留原有的三佛题材和一佛多身胁侍像外，新出现七佛题材。佛像的褒衣博带袈裟基本被通肩袈裟和双领下垂袈裟取代，袈裟衣纹阴线刻划极细贴体，袈裟下摆一般为二层，左右摆为半圆形。胁侍菩萨除个别保留上期披帛经圆壁交叉的特征外，基本为披帛经腹部和膝部横绕二道或横绕一道，有的挂有璎珞。造像身材浑圆，腹部略鼓，下巴和颈部连在一起，这些特征，都是上期造像所不具备的。鉴于这些共同特点，将21~24组定为第五期。

各期各类特点发展变化如下（表十）：

表十　分期特点表

<table>
<tr><td rowspan="2">类别
各期</td><td colspan="6">窟龛形制</td><td>造像组合</td><td colspan="7">造像特点</td></tr>
<tr><td>A</td><td>B</td><td>C</td><td>D</td><td>E</td><td>F</td><td>G</td><td>H</td><td>I</td><td>J</td><td>K</td><td>L</td><td>M</td><td>N</td></tr>
<tr><td>第一期</td><td>一Ⅰa
一Ⅰb
一Ⅰc
一Ⅰd
一Ⅱ</td><td>一Ⅰa</td><td></td><td>一Ⅰ
一Ⅱ
二</td><td></td><td></td><td>一Ⅰa
一Ⅰb
一Ⅱ
二Ⅰa</td><td>1一Ⅰ
1一Ⅱ
1一Ⅲ
1二Ⅰ
1三Ⅰa
1三Ⅱa
1三Ⅱb
2一</td><td>一Ⅰ
一Ⅱ
一Ⅲ
二Ⅰ
二Ⅱ
三Ⅰ</td><td></td><td>一Ⅰ</td><td></td><td></td><td></td></tr>
<tr><td>第二期</td><td>一Ⅱ</td><td>二</td><td></td><td>一Ⅱ</td><td>√</td><td></td><td>二Ⅰa
一Ⅰe
一Ⅰf
一Ⅲ
二Ⅰb</td><td>1三Ⅱa
1三Ⅱb
1三Ⅰc
1三Ⅱc
1三Ⅱd</td><td>二Ⅱ
二Ⅲ
三Ⅳ</td><td>√</td><td>二Ⅰ</td><td>Ⅰ
Ⅱ</td><td></td><td></td></tr>
</table>

续表

类别 各期	窟龛形制						造像组合	造像特点						
	A	B	C	D	E	F	G	H	I	J	K	L	M	N
第三期	一Ⅱ 一Ⅰe 二Ⅰa 三Ⅰa	一Ⅱ 一Ⅰb	√	一Ⅱ	√		二Ⅰa 一Ⅰe 一Ⅰf 一Ⅲ 一Ⅰc 一Ⅰd 一Ⅳ	1三Ⅱa 1三Ⅰc 1三Ⅱc 1三Ⅱe	二Ⅰ 二Ⅲ 二Ⅳ 三Ⅱ 三Ⅲ 四Ⅱ	√	二Ⅰ 二Ⅱ	Ⅰ Ⅱ	√	一
第四期	一Ⅱ 二Ⅰa 三Ⅰb 三Ⅱ		√		√		一Ⅰe 一Ⅳ 二Ⅱ 二Ⅲ	1三Ⅱe 1三Ⅰb	二Ⅲ 三Ⅱ 三Ⅲ 四Ⅱ 三Ⅳ 四Ⅲ	√	二Ⅰ 二Ⅲ	Ⅰ Ⅱ	√	二
第五期	三Ⅰb 三Ⅰa 二Ⅰb 二Ⅱ			一Ⅱ	√	√	二Ⅱ 三 四 五	1一Ⅳ 1二Ⅱ 1三Ⅰd 1三Ⅱf 2二	四Ⅱ 四Ⅳ 五Ⅰ 五Ⅱ 六Ⅰ 六Ⅱ		二Ⅰ 一Ⅱ 二Ⅳ 二Ⅴ	Ⅱ		

除第一期115窟有北魏景明三年（502年）的开窟题记外，其余石窟皆无纪年。因此，对于各期的年代推定，将采用考古学方法，与其他有年代可考的石窟造像做类比。下面试作推断。

1. 第一期

前人曾以梁《高僧传》卷第十一《习禅·宋伪魏平城释玄高》记载“（玄）高乃杖策西秦，隐居麦积山。山学百余人，崇其义训，禀其禅道。时有长安沙门释昙弘，秦地高僧，隐在此山，与高相会，以同业友善”为依据，结合现存于麦积山的两块石碑，一块为南宋理宗嘉定十五年（1222年）《四川制置使司给田公据》碑，另一块为明崇祯十五年（1642年）《麦积山开除常住地粮碑》，断定麦积山的开凿年代可早到后秦姚兴时期（394~416年）。然而，两块石碑的年代，一为13世纪，一为17世纪，距离开凿年代过于久远，不可尽信。《玄高传》的记载亦未明确指出有麦积山石窟的开凿活动。至于庾信所描写的“是以飞锡遥来，度杯远至，疏山凿洞，郁为净土”，并不代表杯度曾在麦积山开凿洞窟。杯度以神异著称，主要活动范围在南方①，《高僧传》记载他“犹去来山邑，多行神咒”，因

① ［梁］释慧皎撰，汤用彤校注：《高僧传》卷第十，神异下《宋京师杯度》，北京：中华书局，1992年，第378页。

为庾信原为南朝梁之文臣，写佛龛铭这样的文学作品，自然会运用到南朝僧人的材料，运用一些夸张手法，也是不奇怪的。尽管对麦积山石窟的开凿年代做出了种种的推测，但是涉及具体石窟的分期，还是应该以现存洞窟的最早年代来考虑。不难发现，麦积山现存的最早洞窟与其与早期的凉州石窟相比较，不如与中原北方石窟相比具有更多的相似性。和麦积山石窟距离很近的炳灵寺石窟，却能明显地看出受凉州石窟影响的痕迹，但其早期石窟和麦积山早期石窟的共性却甚少。麦积山一期洞窟和云冈石窟的第一、二期相比倒是有许多共同之处（表十一）。

表十一　麦积山第一期洞窟与云冈石窟第一、二期的比较①

	麦积山第一期	云冈一期	云冈二期
窟龛形制	马蹄形穹隆顶窟龛，方形平顶窟，长方形平顶窟	椭圆形平面，穹隆顶，模拟草庐形式的大型窟	方形或长方形平面，带中心柱，多为前后室，中小型窟室有椭圆形平面穹隆顶窟，横长方形平面平顶窟
造像组合	三佛，一佛二菩萨，165窟和169龛以交脚弥勒为主尊，另有思惟菩萨和二佛并坐题材	三佛，第17窟以弥勒为主像，一佛二菩萨	三佛，释迦多宝二佛对坐，维摩文殊论辩
造像特点	袒右偏衫为多，后来出现通肩袈裟和双领下垂袈裟并出现褒衣博带式样。菩萨斜披络腋，长耳珰，戴三珠冠，戴双线半圆臂钏和手镯，晚些出现披帛交叉式样	形象为广颐、短颈、宽肩、厚胸，造型雄健。佛像流行通肩或袒右袈裟。菩萨斜披络腋，胸前饰短瓔珞	7、8窟佛像面相丰满，躯体健壮，着袒右袈裟，菩萨斜披络腋，长耳珰，双线半圆臂钏。9、10窟佛像着袒右或通肩袈裟，菩萨袒上身或斜披络腋。1窟弥勒披帛交叉，佛像着通肩袈裟，有的着褒衣博带。2窟主像坐佛褒衣博带，塔柱佛像袒右，弥勒斜披络腋
衣纹特点	宽棱中阴刻一线且衣纹繁密	宽棱中阴刻一线且衣纹繁密	宽棱衣纹、阶梯式衣纹

表十一的对比结果显示，麦积山一期洞窟与云冈一、二期的相似性较多，云冈二期与一期的关系不言而喻，那么麦积山一期洞窟与云冈一、二期的早晚关系如何？

众所周知，佛教开凿石窟自新疆传入河西，始于北凉，今武威天梯山石窟即为北凉石窟的代表。北凉亡国后，北魏太延五年（439年）太武帝将河西人口大量迁往平城，造成河西石窟开凿的停止。460年，云冈石窟的开凿不能说与凉州迁来的工匠无关。云冈一期的开凿完全是出于对政治的考虑，佛像是以帝像为蓝本，三世佛的题材与废佛有关②。到了云冈二期，从石窟开凿中体现设计者与工匠的因素就比较清楚了，表现在（1）中心柱窟（2）双窟。属云冈二期的7和8窟、9和10窟、1和2窟、5和6窟，四组都是双窟，且1和2、6窟同时又是中心柱窟。中心柱的传统无疑是从北凉石窟承

① 云冈石窟的分期见宿白：《平城实力的集聚和“云冈模式”的形成与发展》，《中国石窟寺研究》，北京：文物出版社，1996年，第114页。

② 宿白：《云冈石窟分期试论》，《中国石窟寺研究》，北京：文物出版社，1996年，第76页。

袭而来，但双窟却是北魏孝文帝和文明太后共同执政的反映①。麦积山一期洞窟中的第 74 和 78 窟，第 70 和 71 窟，第 68 和 73 窟，第 69 和 169 窟的大小、形制及造像布局均相同，实际也是四组双窟。其中第 74、78、165 窟是公认的麦积山现存最早洞窟，第 74 和 78 窟为马蹄形穹隆顶窟，上小下大，上角弧形，龛内有凹形高坛基，正壁两侧上角各开一平栱小龛。原作主像为三佛，分别坐在正壁及左、右两壁高台基上，正壁主佛两侧各作一胁侍菩萨，正壁上角两小龛内，左龛内作思惟菩萨，右龛内作交脚菩萨。正、左、右三佛同大。第 165 窟为横长方形平顶窟，窟内正中原塑主尊为交脚弥勒，坐于束帛式佛座上，左、右两壁各塑一胁侍菩萨。虽然，这些洞窟中间没有中心柱窟的存在，而且全部一期洞窟中也没有中心柱窟。但是，双窟的特征却是麦积山石窟一期和云冈二期共有的。从历史和佛教史的背景来说，龟兹高僧鸠摩罗什以姚秦弘始三年（401 年）冬来到长安，十余年中，敷扬至教，广出妙典，从者云集，加之后秦统治者姚兴亦通佛法，能讲论经籍，遂可见当时长安佛教的盛况②。鸠摩罗什在长安，主要注重佛经的翻译，《高僧传》记载他在长安译经三百余卷③，却从未记载有在长安开窟造像之事。而且，在姚秦的统治境内，至今也未发现早期石窟开凿的遗迹。因此，开窟造像不单是需要一个良好的佛教环境，也需要一种意识，这种意识如果不在上层开展的话，下层民众便不会效仿。罗什于后秦弘始十五年（413 年）殁。之后，关中迭经变乱，加以赫连氏之破佛④，长安佛教当渐衰颓。北魏虽进至黄河流域，但其于佛法，亦自未特加提倡⑤，入侵加迁徙民众，接踵而来的灭佛，在这种情况下，距离长安非常近的秦州势必也受到影响，而不能给麦积山石窟的开凿提供一个良好的环境。而平城作为北魏首都，集中了大量的财富和人口，大批兴建的云冈二期石窟已完成“云冈模式”，孝文帝迁洛后，云冈开窟仍未停歇，因此从 460 年后至 6 世纪初，云冈作为东方石窟模式的地点，是当之无愧的⑥。以上种种因素分析，麦积山一期洞窟当受到云冈二期洞窟开凿的影响，根据第 78 窟凹字形坛基右侧正面所绘上下两排男性供养人衣着与形象判断和供养人旁边“仇池镇”题记，可将年代卡在 486 年以前⑦。由以上推测，麦积山一期洞窟的上限应当在云冈二期洞窟开凿以后，也就是 471 年以后至 486 年以前。《魏书》卷四四记载，乙乾归“显祖初（献文帝天安元年 466 年），除征西将军，秦州刺史，有惠政”⑧，表明 466~471 年，秦州还是有一个相对稳定的环境。一期洞窟中有明

① 宿白：《平城实力的集聚和“云冈模式”的形成与发展》，《中国石窟寺研究》，北京：文物出版社，1996 年，第 136 页。

② 汤用彤：《汉魏两晋南北朝佛教史》第十章《鸠摩罗什及其门下》，北京：北京大学出版社，1997 年，第 195 页。

③ ［梁］释慧皎撰，汤用彤校注：《高僧传》卷第二，译经中《晋长安鸠摩罗什》，北京：中华书局，1992 年，第 54 页。

④ ［梁］释慧皎撰，汤用彤校注：《高僧传》卷第七，义解四《宋寿春石磵寺释僧导》，北京：中华书局，1992 年，第 281 页。

⑤ 汤用彤：《汉魏两晋南北朝佛教史》第十四章《佛教之北统》，北京：北京大学出版社，1997 年，第 348 页。

⑥ 宿白：《莫高窟现存早期洞窟的年代问题》，《中国石窟寺研究》，北京：文物出版社，1996 年，第 275 页。

⑦ 张宝玺：《麦积山石窟开凿年代及现存最早洞窟造像壁画》，中国考古学会编：《中国考古学会第一次年会论文集 1979》，北京：文物出版社，1980 年，第 342 页。

⑧ ［北齐］魏收撰：《魏书》卷四四《乙瓌传附子乾归传》。

确纪年的景明三年（502 年）第 115 窟为方形平顶窟，窟内正中一佛，左右两壁各立一菩萨。佛内着僧祇支，袒右偏衫袈裟，与第 74 窟佛衣饰大致相同，菩萨的服饰和一手抚胸拈花，一手提衣巾飘带下垂的姿势与第 74 窟的菩萨亦相同，但两窟的区别在于，第 74 窟佛像显得粗壮，浑厚，姿势僵硬，而第 115 窟的则显得柔和而优雅，尤其是菩萨的手部刻划得更逼真和自然。这种在大方面，如服饰、姿势、题材无大变化，而在细节方面有显著进步的，只能说明这两窟的开凿年代其实相隔不远，只是工匠的水平有了较大的提高。尽管在云冈二期的佛像中就出现了褒衣博带的形象，但麦积山景明三年（502 年）第 115 窟中的佛像仍旧穿着袒右偏衫的袈裟。孝文帝迁洛后，继承云冈石窟的传统，在洛南伊阙山开凿龙门石窟。龙门石窟北魏窟室的样式，从整体观察，其主要来源应是云冈①。褒衣博带的主尊佛像也出现在龙门石窟最早开凿的古阳洞中，但是在同时期开凿的各种小龛中，佛像的褒衣博带式样却不是那么盛行，直到正始三年（506 年）古阳洞孙大光造释迦像龛之后，小龛中的佛像才开始普遍穿起褒衣博带的袈裟来，而之前的小龛中，穿的基本都是袒右偏衫、通肩或 I 式双领下垂袈裟②。但是菩萨服装式样的改变，却是紧跟了云冈的步伐，能够很快接受新的样式。龙门古阳洞太和十九年（495 年）长乐王夫人尉迟氏造弥勒像龛中的交脚弥勒及两边的胁侍菩萨皆为斜披络腋，和麦积山一期的菩萨形象相同。而仅仅到了太和廿二年（498 年）古阳洞北海王元详为母子平安造弥勒像龛中的交脚弥勒和两边的胁侍菩萨就换上了交叉的披帛，和云冈二期菩萨披帛变化几乎同步。景明三年（502 年）古阳洞比丘惠感造像龛中的胁侍菩萨像也是披帛交叉形，但同时间的麦积山一期 115 窟中的胁侍菩萨仍是斜披络腋。不难理解，孝文帝在颁布了服制改革的法令后，为了便于推广，首先以身作则地将褒衣博带袈裟运用到云冈二期石窟的佛像上，但是长久的传统不是一朝一夕内就能改变的，何况反对改制的势力也不小，所以一直到服饰改革的若干年后，褒衣博带的佛像才被普通民众接受而越来越多地出现。1974 年西安市西关王家苍出土永平二年（509 年）石造释迦坐像仍旧保持着宽棱衣纹袒右偏衫的形象③，这正是民间保守观念的体现。从麦积山一期第 163、16、23 等窟出现褒衣博带的佛像来看，一期洞窟的下限大致也应该在这个时候，也就是 506 年左右。因此，麦积山石窟第一期年代大致为从北魏孝文帝初年以后到北魏宣武帝正始三年以前，即 471~506 年。

2. 第二期

在云冈三期（494~524 年）的中小型窟室中，宣武时期的 A 型窟龛就为马蹄形穹隆顶或平顶窟龛，B 型为方形委角式平面平顶窟，窟内设佛坛，这两种形式都在麦积山石窟二期洞窟中存在。但是云冈三期 C 型窟出现的上下重龛，左右壁列龛，三壁各三龛的形制和 D 型塔柱窟，在麦积山二期洞窟中却没有存在④。三壁三龛的形式在麦积山三期洞窟中才出现，体现了一定的滞后性。云冈三期的造

① 宿白：《平城实力的集聚和“云冈模式”的形成与发展》，《中国石窟寺研究》，北京：文物出版社，1996 年，第 144 页。

② 温玉成：《龙门北朝小龛的类型、分期与洞窟排年》，龙门石窟研究所编：《龙门石窟研究论文选》，上海：上海人民美术出版社，1993 年，第 316 页。

③ 金申：《中国历代纪年佛像图典》，北京：文物出版社，1994 年，插图 80。

④ 云冈石窟三期的 A、B、C、D 型见宿白：《平城实力的集聚和“云冈模式”的形成与发展》，《中国石窟寺研究》，北京：文物出版社，1996 年，第 138~139 页，插图 6。

像题材和组合方面，中间坐佛，左侧弥勒菩萨，右侧坐佛；窟口外两侧流行雕凿力士；三佛的题材，都在麦积山二期洞窟中出现。但是云冈三期还流行的中间坐佛，两侧各立一佛；释迦多宝并坐等题材，在麦积山二期以后的题材里却未曾见到。云冈三期佛像的褒衣博带，袈裟下摆日益复杂，菩萨披帛交叉，较晚阶段流行穿壁的做法，显示了云冈石窟在石窟开凿技术上的领先。洛阳地区的北朝石窟中，孝文、宣武时期的洞窟，都不流行三壁开龛的形式①。从麦积山洞窟的发展序列看，二期属于一个过渡阶段。结合这时的历史背景，正值张彝担任秦州刺史的时候。张彝于“世宗初，除正尚书、兼侍中，寻正侍中。世宗亲政（案：景明二年（501 年）春正月《魏书·世宗宣武帝纪》）……寻除安西将军、秦州刺史”。史书记载张彝：

> 彝务尚典式，考访故事。及临陇右，弥加讨习，于是出入直卫，方伯威仪，赫然可观。羌夏畏伏，惮其威整，一方肃静，号为良牧。其年冬，太极初就，彝与郭祚等俱以勤旧被征。及还州，进号抚军将军，彝表解州任，诏不许。彝敷政陇右，多所制立，宣布新风，革其旧俗，民庶爱仰之。为国造佛寺名曰“兴皇”，诸有罪咎者，随其轻重，谪为土木之功，无复鞭杖之罚②。

张彝的管辖，为秦州社会的安稳打定了基础，尤其是他“宣布新风，革其旧俗”，可能为麦积山石窟的开凿吹来了一股清新的空气。至于他“为国造佛寺名曰‘兴皇’，诸有罪咎者，随其轻重，谪为土木之功，无复鞭杖之罚”，更为当地的佛教活动，提供了榜样。只是，张彝在秦州的时间实在太短，不久，他就因为陈留公主的事与外戚高肇结怨，被谮，虽然“彝清身奉法，求其愆过，遂无所得”，但仍旧“见代还洛，犹停废数年”。高肇时任仆射，他在延昌初年（512 年）迁司徒③，那么张彝停废当在延昌初年以前。因此，张彝在任时间短，也就能解释为什么麦积山二期洞窟数量不多的原因。此外，炳灵寺石窟第 126 窟，平面方形，窟内正、左、右三壁低坛基，正壁为释迦多宝并坐，左右两壁，各雕一佛二菩萨或一弥勒二菩萨④。炳灵寺第 126 窟的形制与麦积山二期的第 12 组洞窟十分相似，第 126 窟外有北魏延昌二年（513 年）曹子元造像铭文，说明了两者时间的近似。炳灵寺石窟第 132 窟与 126 窟同时期，且形制也基本相似，同时期的第 125 龛内还出现了二力士的形象，也与麦积山二期的情况相同。所以，将麦积山二期洞窟的年代下限定于北魏延昌元年（512 年）左右的问题应该不大。至于一期的下限正始三年（506 年）左右也应该可以认为是二期年代的上限。正始三年，“秦州人王智等聚众，自号王公，寻推秦州主簿吕苟儿为主，年号建明。……秋七月庚辰，元丽大破秦贼，降吕苟儿及其王公三十余人，秦、泾二州平”⑤。行秦州事李韶与元丽共同讨伐，事平之后，“时陇

---

① 宿白：《洛阳地区北朝石窟的初步考察》，《中国石窟寺研究》，北京：文物出版社，1996 年，第 154 页，插图 1。

② ［北齐］魏收撰：《魏书》卷六四《张彝列传》。

③ ［唐］李延寿撰：《北史》卷八〇《外戚传·高肇传》。

④ 董玉祥：《炳灵寺石窟的分期》，中国考古学会编：《中国考古学会第一次年会论文集 1979》，北京：文物出版社，1980 年，第 352 页。

⑤ ［唐］李延寿撰：《北史》卷四《世宗宣武帝纪》。

右新经师旅之后，百姓多不安业，韶善抚纳，甚得夷夏之心”①。经过这次不到一年变乱后，秦州又重新步入正轨。因此，麦积山石窟二期年代大致为北魏正始三年（506年）至北魏延昌元年（512年）左右。

3. 第三期

是麦积山石窟开凿最兴盛、数量最多、造像技艺最精湛的时期。云冈三期宣武末年及其以后时期（512~524年）的洞窟，有纵长方形或马蹄形穹隆顶、平顶窟，方形平顶窟，三壁三龛窟和三壁多龛窟，尤其是三壁三龛窟是新出现的式样，而且数量迅速增多，这和麦积山三期洞窟的情况相似。但是云冈三期演变是向平顶、方形平面或近方形平面发展，与麦积山三期洞窟窟顶变化的多样性不同，可见影响麦积山三期洞窟的来源应不止一处。洛阳地区的北朝石窟中，北魏孝明帝时期开凿的洞窟多为方形平顶窟，三壁三龛式或三壁设坛。胡太后被幽后至河阴之变期间开凿的石窟中，鸿庆寺第4窟、第2窟，巩县第5窟皆为三壁三龛窟，且窟顶均为盝顶，应是仿造殿堂中的佛龛②。敦煌莫高窟第三期洞窟中的第285和249窟皆为方形覆斗顶窟，根据该期第285窟存有西魏大统年号的题记（大统五年或稍后），将莫高窟第三期年代定为525年之前至545年前后，也就是东阳王元荣一家统治敦煌时期③。元荣从洛阳迁职至敦煌，因此在他统治时期开凿的敦煌石窟多少会受到洛阳地区石窟的影响。麦积山三期洞窟窟形和窟顶样式可能也受到了洛阳地区石窟的影响。龙门石窟北朝小龛中，佛像袈裟有下垂衣纹最早出现于北魏正始四年（507年）古阳洞安定王元燮造释迦像龛中，从510年以后，有厚重袈裟下摆的佛像就逐渐增多，这种状态可以一直持续到东魏天平年间（534~537年）。巩县石窟中的佛像造型与麦积山三期佛像十分相似，第1、3、4、5窟主要佛像的袈裟下摆皆表现为四层左右摆的厚重形象④。第1、4窟完工于胡太后被幽之前（520年前），第5、3窟时间可能在北魏孝昌以后至北魏分裂时期（525~534年）⑤。一直到巩县石窟具有西魏大统四年（538年）题记的第98龛，其中的坐佛仍为褒衣博带，衣边翻出，下摆厚重，施与愿印的形象⑥，由此可见这一类型佛像持续的时间。披帛交叉的菩萨形象在龙门太和年间（495~499年）小龛中就已经出现，但龙门没有穿交领宽袍的菩萨形象，披帛也没有直垂式样。北魏延昌二年（513年）泉州（今河北武清县境）人阳颖原造弥勒立像，就表现为穿着交领宽袍，披帛交叉的形象。神龟元年（518年）卢氏造观音立像也是如此⑦。敦煌莫高窟第三期洞窟中，第288窟的胁侍菩萨也穿着交领宽袍，披帛于腹前交叉穿璧⑧。甘肃陇东禅

① ［北齐］魏收撰：《魏书》卷三九《李宝传附承子韶传》。

② 宿白：《洛阳地区北朝石窟的初步考察》，《中国石窟寺研究》，北京：文物出版社，1996年，第170页。

③ 樊锦诗、马世长、关友惠：《敦煌莫高窟北朝洞窟的分期》，敦煌研究院编：《敦煌研究文集·敦煌石窟考古篇》，兰州：甘肃民族出版社，2000年，第10~12页。

④ 河南省文化局文物工作队编：《巩县石窟寺》，北京：文物出版社，1963年，实测图第9~10页、17~18页、23~24页、27页。

⑤ 宿白：《洛阳地区北朝石窟的初步考察》，《中国石窟寺研究》，北京：文物出版社，1996年，第163页。

⑥ 河南省文化局文物工作队编：《巩县石窟寺》，北京：文物出版社，1963年，图版11。

⑦ 金申：《中国历代纪年佛像图典》，北京：文物出版社，1994年，图版90阳颖原造弥勒立像，图版105卢氏造观音立像。

⑧ 樊锦诗、马世长、关友惠：《敦煌莫高窟北朝洞窟的分期》，敦煌研究院编：《敦煌研究文集·敦煌石窟考古篇》，兰州：甘肃民族出版社，2000年，图21。

佛寺石塔上北魏延昌三年（514年）和神龟元年（518年）雕一坐佛二菩萨龛，菩萨着交领宽袍①。至于直垂式披帛，似乎是秦州地区特有的菩萨式样，在其他地区石窟中未曾见到②。鉴于在麦积山石窟中，着交领宽袍，披帛交叉和披帛直垂的菩萨几乎是同时出现的，因此可以将这两类菩萨形象看作同一时期。披帛交叉的力士像在正始二年（505年）开工的宾阳中洞窟门外两侧就已出现。与宾阳中洞起工年代约同时的莲花洞内的力士形象同麦积山三期第112窟前壁窟门右侧力士，都为一腿弓步，一手屈前臂举于胸侧，莲花洞辍工可能不晚于正光二年（521年）。龙门北朝小龛中的力士形象出现较晚，有纪年最早的是古阳洞邑师惠感等造像龛（神龟二年519年）力士像，裸上身，下着裙，一腿弓步，一腿侧身，一臂抱拳上举，与麦积山三期力士形象相似。两当甲是南北朝时期普遍使用的一种铠甲。北魏建义元年（528年）元邵墓出土身披两当甲的陶俑，就与麦积山三期的天王形象极其相似③。延昌四年（515年）正月宣武帝薨，孝明帝即位，八月，胡太后临朝称制，九月，胡太后亲览万机④。胡太后家世代奉佛，掌权后，更是大建佛寺，带动洛阳朝野建寺之风。正光元年（520年）七月，侍中元叉、中侍中刘腾奉（孝明）帝幸前殿，幽胡太后于北宫。胡太后被幽后，北魏当政者元叉、刘腾均崇佛教。龙门石窟正光元年（520年）至胡太后复政的孝昌元年（525年）四月之间开凿小龛风气依旧很盛。在这种风气的影响下，带动全国佛教石窟大量开凿是十分明显的事，这就不难理解麦积山石窟三期数量众多，技艺精湛的原因。李彦于延昌二年（513年）之后出任秦州刺史，之前他曾担任冀州赵郡王干长史、青州广陵王羽长史等职，因为他刑政过猛，所以在正光五年（524年）六月，被城人薛珍等杀害，薛等并以羌人莫折大提为帅，据城造反⑤。大提死后，子念生代立，称天子，改元天建。这次规模宏大的起义一直持续了7年，之间攻占不断，直到普泰元年（531年）才平息下来。普泰中（531年），侯莫陈悦担任秦州刺史，永熙三年（534年）杀贺拔岳欲归顺高欢，但不久被害⑥。可以说，自524年到北魏分裂前（534年），秦州一直处于一种动荡不安的社会环境中。其实，这段时期的整个北魏统治，也是摇摇欲坠。《魏书·刑罚志》记载“孝昌已后，天下淆乱”。武泰元年（528年）四月，尔朱荣的河阴之乱使北魏皇室遭受重创，“（尔朱荣）因纵兵乱害，王公卿士皆敛手就戮，死者千三百余人，皇弟、皇兄并亦见害，灵太后、少主其日暴崩”⑦。迄永熙元年（532年）七月，由于洛阳一直处于变乱之中⑧，致使洛阳地区窟龛开凿的大量减少和停工。那么，处于战乱之中的秦州地区，是否会影响到麦积山石窟的开凿，不得而知。因此，麦积山三期洞窟起始时间大约为北魏延昌二年（513年）以后，在正光五年（524年）期间达到了高峰，由于莫折大提在秦州地区的起义，可能会对麦积山石窟的开凿造成影响，但不至于完全停工，因此我们将麦积山石窟三期洞窟的下限定在

① 甘肃省文物工作队、庆阳北石窟文物保管所编：《陇东石窟》，北京：文物出版社，1987年，图版119~122。

② 麦积山石窟以西100千米的甘谷大像山石窟文昌阁南侧出土一佛二菩萨像，菩萨交领宽袍，披帛直垂，可以看作该地区的另一例子。参见李亚太：《甘肃甘谷大像山石窟》，《文物》1991年第1期，图版五，3。

③ 洛阳博物馆：《洛阳北魏元邵墓》，《考古》1973年第4期，图四，1。

④ ［北齐］魏收撰：《魏书》卷九《肃宗孝明帝纪》。

⑤ ［唐］李延寿撰：《北史》卷一〇〇《序传·凉武昭王李暠传附韶弟彦传》。

⑥ ［唐］李延寿撰：《北史》卷四九《侯莫陈悦传》。

⑦ ［北齐］魏收撰：《魏书》卷七四《尔朱荣传》。

⑧ 宿白：《洛阳地区北朝石窟的初步考察》，《中国石窟寺研究》，北京：文物出版社，1996年，第158页。

永熙三年（534年），也就是北魏分裂之前。

4. **第四期**

基本延续三期的各种特征。一佛二弟子二菩萨五尊像在云冈三期就已出现，而且有先弟子列在菩萨之次，然后出现菩萨列在弟子之次这样一个演变过程①。龙门皇甫公窟正壁为一佛二弟子二菩萨二思惟菩萨的七尊像，路洞正壁为一佛四弟子二菩萨，新安西沃第2窟正壁为一佛二弟子四菩萨七尊像，龙门北朝小龛内多为一佛二弟子二菩萨的五尊像，或一佛二弟子二菩萨二力士的七尊像，与麦积山四期的一佛九尊像题材不完全一样。成都出土的南朝齐梁时的佛教单体造像，除圆雕立佛像和一佛二菩萨、一佛五尊像外，萧梁中期出现较多一佛四菩萨四弟子二力士的十一尊像，如万佛寺梁普通四年（523年）康胜造像②，西安路梁中大通二年（530年）比丘晃藏造像③，也和麦积山四期的一佛多尊像不完全一样。而且，无论是北方还是南方的一佛多尊像，一般都是布置于同一个面上，比如窟中的正壁或石造像的正面，而不是像麦积山四期在一个窟中，正壁一身佛像，胁侍分别位于正、前、左、右四壁，这种布局方式值得探讨。在经过十年的动荡局势后，秦州处在西魏的管辖之下。据麦积山现存宋代《秦州雄武军陇城县第六保瑞应寺再葬佛舍利记》残碑记载，“昔西魏大统元年，再修崖阁，重兴寺宇，至我宋乾德二年，计四百年”。东西魏分裂后，西魏改元之初，立即动手修崖阁、兴寺宇，其所能依据的造像模本，应该就是前期遗留下来的样子，或许可以解释四期基本延续三期式样的原因。西魏大统初年，秦州刺史更换比较频繁。念贤于“大统初（535年），拜太尉，出为秦州刺史，加太傅，给后部鼓吹。……三年（537年），转太师、都督河凉瓜鄯渭洮沙七州诸军事、大将军、河州刺史。……五年（539年），除都督秦渭原泾四州诸军事、秦州刺史。薨于州”④。常善在破沙苑后出任秦州刺史，时在大统三年十月（537年），大统四年（538年）八月改任泾州刺史⑤。期间，西魏文帝皇后乙弗氏因文帝悼后郁久闾氏的猜忌，徙居秦州，依子秦州刺史武都王，大统六年（540年）自尽，凿麦积崖为龛而葬，后号寂陵⑥。现在，一般公认麦积山第43窟即为乙弗后的寂陵。第43窟为崖阁窟，凿出低矮后室，以便存放棺木⑦。麦积山的崖阁窟现存除第43窟外，还有第4、5、28、30、49窟，第4窟属于北周时期，第5窟属于隋窟，第49窟据李裕群按崖面分布情况看，与第43窟同时期。则第28、30这组双窟可能开凿于三期之时，西魏初“重修崖阁”，重修的应该就是这两个窟。或许第43窟也是大统六年前就已建好，临时在正壁凿出后室，当时悼后仍在，武都王年幼，应该不会太明显地为乙弗后开凿新窟安葬，借用重修的崖阁窟亦在情理之中。大统六年后（540年），独孤信出任陇右

---

① 宿白：《平城实力的集聚和“云冈模式”的形成与发展》，《中国石窟寺研究》，北京：文物出版社，1996年，第143页。

② 袁曙光：《四川省博物馆藏万佛寺石刻造像整理简报》，《文物》2001年第10期，第25页例13。

③ 成都市文物考古工作队、成都市文物考古研究所：《成都市西安路南朝石刻造像清理简报》，《文物》1998年第1期，第6页标本H1∶3。

④ ［唐］令狐德棻等撰：《周书》卷一四《念贤传》。

⑤ ［唐］令狐德棻等撰：《周书》卷二七《常善传》。

⑥ ［唐］李延寿撰：《北史》卷一三《后妃传上》。

⑦ 洪毅然：《西魏文皇后乙弗氏“寂陵”遗址蠡测》，天水麦积山文物保管所、麦积山艺术研究会：《麦积山石窟资料汇编》初集，1980年，第135页。

十州大都督、秦州刺史。“先是，守宰闇弱，政令乖方，民有冤讼，历年不能断决。及信在州，事无壅滞。示以礼教，劝以耕桑，数年之中，公私富实。流民愿附者数万家。”① 大统十三年（547 年），“侯景来附，诏征陇右大都督独孤信东下，令（宇文）导代信为秦州刺史、大都督、十五州诸军事。”宇文导，字菩萨，“性宽明，善抚御，文帝每出征，导恒居守，深为吏人所附，朝廷重之。（魏恭帝元年十二月 554 年）薨于上邽，……乃葬上邽城西无疆原，华戎会葬者万余人，奠祭于路，悲号振野，皆曰‘我君舍我乎’。大小相与负土成坟，高五十余尺，周回八十余步。为官司所止，然后泣辞而去”②。独孤信与宇文导皆深得民心，独孤信在大统三年前曾在南朝梁待过三年，不知麦积山四期洞窟造像容貌秀丽，身体清瘦是否与此有关，麦积山四期出现的一佛多尊像是否亦是受到南朝的影响？因此，将麦积山石窟四期的年代上限定为西魏大统元年（535 年）。宇文导之后担任秦州刺史的是其子宇文广。“孝闵帝践祚（557 年），改封天水郡公。世宗即位（557 年），授骠骑大将军、开府仪同三司，出为秦州刺史。……武成初（559 年），……迁梁州总管，……（保定）二年（562 年），除秦州总管、十三州诸军事、秦州刺史。”“广性明察，善绥抚，民庶畏而悦之。时晋公护诸子及广弟杞国公亮等，服玩侈靡，窬越制度，广独率由礼则，又折节待士，朝野以是称焉。”③ 宇文泰为对抗高齐与萧梁，实行关陇本位政策，建立府兵制，文化上则模仿西周，采用西周的六官制度来改组政府，有浓厚的复古色彩。“（恭帝）三年（556 年）春正月丁丑，初行周礼，建六官。”④ 麦积山五期洞窟佛像、菩萨风格与四期的极大不同，可能就与此有关，宇文广“独率由礼则”，应该是制度的严格遵循者。因此，麦积山石窟四期的下限可能在条令颁布之前，正好是在宇文广担任秦州刺史以前，也就是 556 年左右。

5. 第五期

造像风格与四期发生极大改变，造像身材浑圆，腹部略鼓，下巴和颈部连在一起。佛像肉髻扁平，面相方圆，菩萨身材粗壮，远没有了上期的秀丽。从部分石窟正壁主佛仍着褒衣博带袈裟，菩萨披帛仍有圆璧交叉看，说明五期和四期仍有一定的承接关系。但是很快，褒衣博带袈裟就被通肩袈裟和双领下垂 I 式袈裟取代，披帛经圆璧交叉也被横于胸腹一道或两道的披帛所代替。这种样式，在北周石窟和造像中经常见到。北周保定三年（563 年）诸邑子造佛像碑中佛和菩萨就是这种样式⑤。甘肃张家川出土北周建德二年（573 年）王令愧造佛像碑，菩萨披帛横于腿前一道⑥。北周武成元年（559 年），尉迟迥任秦州总管，秦渭十四州诸军事，陇右大都督⑦，他在离麦积山不远的武山拉梢寺开凿浮雕式一佛二菩萨像（559 年），带动了该地佛教石窟的开凿，形成了武山水帘洞石窟群。其中千佛洞第 10 龛塑像和麦积山五期第 45 龛十分相似⑧。这期突然出现的七佛题材，在以前诸期中从未见过。其实，七佛题材自印度传来，早在北凉石塔上就有体现，石塔上的小龛内雕刻有七佛和弥勒菩萨。云冈

① ［唐］令狐德棻等撰：《周书》卷一六《独孤信列传》。

② ［唐］李延寿撰：《北史》卷五七《邵惠公颢传附什肥弟导传》。

③ ［唐］令狐德棻等撰：《周书》卷一〇《邵惠公颢列传附导子广传》。

④ ［唐］令狐德棻等撰：《周书》卷二《文帝纪下》。

⑤ 金申：《中国历代纪年佛像图典》，北京：文物出版社，1994 年，图版 207，该造像现藏日本大阪市立美术馆。

⑥ 金申：《中国历代纪年佛像图典》，北京：文物出版社，1994 年，图版 222。

⑦ ［唐］李延寿撰：《北史》卷六二《尉迟迥传》。

⑧ 董玉祥、臧志军：《甘肃武山水帘洞石窟群》，《文物》1985 年第 5 期，图版五。

石窟第13窟南壁门拱上雕有七佛立像；庆阳北石窟第165窟和泾川南石窟寺第1窟是北魏泾州刺史奚康生于永平二年（509年）和永平三年（510年）创建的一组双窟，皆为七佛题材，正壁坛基上三身立佛，左、右壁坛基上各二身立佛，前壁窟门两侧各雕弥勒菩萨一身①。须弥山相国寺区第51窟根据现存布局推测也为一座七佛窟，可能正壁三身坐佛，左右壁各两身，和庆阳的布局较相似②。甘肃武山千佛洞石窟北周第16龛，据遗迹可知原塑七身立佛③。以上众多例子来看，北凉以来的七佛布局，或七佛并立、并坐，或正壁三佛、左右壁各二佛，基本未见到如麦积山五期洞窟中七佛以正壁一佛、左右壁各三佛这样的布置形式，为什么麦积山的七佛不按习惯法来安排，是个需要探讨的问题④。麦积山第4窟一般认为就是庾信所撰《秦州天水郡麦积崖佛龛铭并序》⑤ 里提到的大都督李充信为亡父造的七佛龛。李充信为宇文广之故吏，继任宇文广的官职⑥，为开府仪同三司都督秦州刺史。宇文广天和三年（568年）除陕州总管，以病免。不久，就因为母丧而引发旧疾病逝，史书称："世称母为广病，广为母亡，慈孝之道，极于一门。"⑦ 其故吏仪同李充信为亡父在麦积山开凿七佛龛，应是效仿宇文广的慈孝之道，所以推测第4窟开凿在天和三年（568年）以后，建德三年（574年）周武帝灭法前应该不错⑧。建德三年（574年）五月，"丙子，初断佛、道二教，经像悉毁，罢沙门、道士，并令还民"。然北周武帝之灭佛，实欲使丁壮之僧人重为编户齐民，收寺院之土田以给均田之授受，融刮金铜诸像以为国家之赀财，未尝坑杀一僧，所译经论也未尝焚毁不传，其佛像除金铜以外，似亦未多破坏⑨。所以，麦积山五期洞窟在武帝灭法之时，仍能得以保存。北周宣帝即位后，于大成元年（579年）正月十五日，下诏"弘建玄风，三宝尊重，特宜修敬。……"⑩ 大象二年（580年）六月"庚申，复行佛、道二教，旧沙门、道士精诚自守者，简令入道"⑪。日本大阪市立美术馆藏的隋开皇六年（586年）的一佛二菩萨像，仍保持有北周粗壮风格，菩萨像披帛于膝前横绕一道，所以麦积山五期洞窟的下限可能会延续到隋初。那么，麦积山石窟五期洞窟的时代大约为宇文广担任秦州刺史以后的北周明帝元年（557年）至隋初。

---

① 甘肃省文物工作队、庆阳北石窟文物保管所：《陇东石窟》，北京：文物出版社，1987年，第3页。

② 宁夏回族自治区文物管理委员会、北京大学考古系编著：《须弥山石窟内容总录》，北京：文物出版社，1997年，第92~95页。

③ 董玉祥、臧志军：《甘肃武山水帘洞石窟群》，《文物》1985年第5期。

④ 这种正壁一佛、两壁各三佛的排列方法，突出了正壁主佛的位置。怀疑是否与北周政府实行西周六官制和周武帝亲政有关？六官之中，"五府总于天官"，北周初年，宇文护任太师、大冢宰，军政大权集于一身，建德元年（572年）武帝诛宇文护，不下"五府总于天官"的后命，一切军政大权直接由皇帝操纵，突出了皇帝的重要位置（参见王仲荦：《北周六典》，北京：中华书局，1979年，第3页）。

⑤ 《庾子山集注》卷十二，北京：中华书局，1980年，第672~679页。

⑥ 阎文儒先生有过考证，见阎文儒编：《麦积山石窟》，兰州：甘肃人民出版社，1983年，第21页。

⑦ ［唐］李延寿撰：《周书》卷一〇《邵惠公颢列传附导子广传》。

⑧ 阎文儒：《麦积山石窟的历史、分期及其题材》，阎文儒主编：《麦积山石窟》，兰州：甘肃人民出版社，1983年，第21~22页。

⑨ 王仲荦：《北周六典》，北京：中华书局，1979年，第231~232页。

⑩ 《广弘明集》卷一〇《周高祖巡邺除殄佛法有前僧任道林上表请开法事》，《大正藏》第52卷，第156页。

⑪ ［唐］李延寿撰：《周书》卷八《静帝纪》。

三、结语

（一）综上所述，麦积山北朝时期洞窟可以分为五期

第一期　大约从北魏孝文帝初年以后至北魏宣武帝正始三年以前，即 471~506 年。

第二期　大约从北魏正始三年至北魏延昌元年，大致就是张彝担任秦州刺史时期，即 506~512 年。

第三期　大约从北魏延昌二年以后至北魏分裂之前，即 513~534 年。

第四期　大约从西魏初年至西魏恭帝“行周礼，建六官”之制前，即 535~556 年。

第五期　大约从北周闵帝元年至隋初，即 557~581 年以后不久。

（二）根据以上分期的结果特征，将余下未进入分组的洞窟插入到各期中

第一期　143、149（现坐佛可能是后来放入的）、19、21；

第二期　133、164、99、17；

第三期　158、146、147、129、131、110、108、107、60、54、28、30；

第四期　43、49、88、55；

第五期　157、134、82、67、7、3、46、41、35、31、22、4。

（三）各期洞窟在崖面的分布情况

第一期洞窟，主要分布在西崖的中部，还包括贴近中部坍塌部分的边缘和西崖西部上方几个洞窟。可以发现一期洞窟占据了崖面比较中心的位置，而且布局比较分开，显然因刚开始开凿，随意性较大。第 74、78 窟一线，第 90、165 窟一线，第 100、128 窟一线，第 148、144 窟一线，第 114、115 窟一线等诸线栈道已经开通。较早开凿的第 74、78 窟附近双窟数量很多。第二期洞窟，基本是利用了一期开通的栈道，并向西侧发展，比如第 148 窟西侧一线的第 159、161、154、133 诸窟，第 90 窟西侧一线的第 138、85 窟，第 163 窟西侧的第 164 窟，第 114 窟西侧的第 122 窟等。第三期洞窟数量一下增多，除继续在第一、二期已开通栈道基础上向西发展外，并另辟崖面，向上、下部分扩展，扩大开凿部位。比如在第 114、115 窟栈道上层加开一条栈道，开凿第 158、127、120、124、123 等窟；或在第 114、115 和 100 窟的两条栈道之间夹插一条栈道，开凿第 105、107、108、110、112 等窟；或在第 74、78 窟栈道下层开凿一条栈道，修建第 54、56 等窟；第 135 窟也是选择了二期第 140、142 窟的上部崖面，居高临下；第 28、30 窟更是利用了东崖东部比较平整的崖面另辟蹊径。第四期洞窟，除在东崖开凿了几个崖阁窟外，在西崖基本属于见缝插针型，开凿在前三期石窟的剩余壁面之中。第五期洞窟，大量利用了东崖的壁面，这时，东崖已被利用的壁面是中下部，所以东崖的中上部是极大的发展空间，造成诸多五期石窟的位置占用，包括占据最上层明显位置的第 4 窟。

（原载于《石窟寺研究》第二辑，北京：文物出版社，2011 年）

天水麦积山石窟编年论

八木春生 著 李 梅 译

前 言

甘肃省天水麦积山位于秦岭山脉西端，由于山体形状酷似堆积起来的麦垛，从古即被称作“麦积山”。五胡十六国时期（5 世纪），麦积山已为知名的坐禅修行地。麦积山山崖上开凿的石窟多如蜂巢，东崖与西崖总计达 194 窟，其中多数石窟保存有南北朝时期的塑像与壁画①。1941 年，当地学者冯国瑞进行了实地考察，但由于许多石窟栈道毁落，无法攀缘，以致麦积山石窟的研究停滞不前。1952 年以后，国内专家学者对麦积山石窟开始了深入细致的调查，并将部分成果发表在《文物参考资料》《文物》等杂志上②。然而关于麦积山石窟的研究至今尚不完全，许多重要问题尚待解决。麦积山石窟 194 窟中，塑像与壁画均无留存的石窟有 36 个，为第 38、59、61、63、66、79、95、104、125、150、151、153、160、167、168、171、173、174、175、176、177、178、179、180、182、183、184、185、186、187、188、189、190、192、193、194 号窟。其余的 158 个石窟，大致可分为北魏窟、西魏窟、北周窟或隋窟。中国佛教美术的最盛期唐朝，在麦积山几乎没有开凿，只留有第 4 窟与第 5 窟的外壁壁画以及第 137 窟的菩萨立像等几处作品。究其原因，与唐代发生的两次大地震有关，另外由于长时期的开凿，山体壁面已处于饱和状态③，已无法继续开凿。唐代以后，宋、元、明、清各个时代均有开凿，但数量不多，宋窟仅有 5 窟，明清时代只限于对前代洞窟及造像的重修。由此，麦积山石窟的

---

① 张锦秀编撰：《麦积山石窟志》，兰州：甘肃人民出版社，2002 年，第 15 页。内著西崖现存洞窟 140 个，东崖 54 个。2003 年麦积山石窟艺术研究所现将东部王子洞窟区 15 个洞窟并入（197~211），参照麦积山石窟艺术研究所《麦积山石窟王子洞窟区调查简报》，《敦煌研究》2003 年第 6 期。原与第 93 窟没有分开的 2 个小龛单独编号（195、196），窟龛总数变为 211 个。后又经调查，王子洞又增补 5 个龛（212~216），增编原位于第 47 窟西侧的 1 个残窟（217）、第 16 窟西侧的 1 个残窟（218）及由于地震坍塌掩埋的西崖 3 个小龛（219、220、221），共计窟龛 221 个，参照魏文斌、白凡：《麦积山石窟历次编号及新编窟龛说明》，《敦煌研究》2008 年第 6 期。

② 麦积山石窟研究史详见张锦秀编撰：《麦积山石窟志》第九章第五节《勘察与研究》，兰州：甘肃人民出版社，2002 年，第 245~251 页。

③ 金维诺：《麦积山石窟的兴建及其艺术成就》，刊天水麦积山石窟艺术研究所编：《中国石窟 · 天水麦积山》，东京：平凡社，1987 年，第 197 页。

主要开凿时期，可以说截止到隋代。2005 年，日本筑波大学大学院人间综合科学研究科世界文化遗产学专业与麦积山石窟艺术研究所协作，展开“以保护麦积山石窟为前提的前期调查以及共同研究”项目。笔者由此多次前往麦积山石窟进行塑像及壁画的调查研究，在此将取得的成果付诸以下，探讨麦积山石窟的编年问题。

麦积山石窟北魏至隋窟之中，多数为北魏窟，多达近 100 个①。大致以 494 年北魏迁都洛阳为界线，分为迁都前与迁都后两个时期，而后者又以 510 年为界线分为两个时期。由此，本论文将北魏时期分为前期、中期、后期三个部分进行讨论。西魏时期的 15 个窟，以 540 年废后乙弗氏之墓（第 43 号窟）的开凿分前后两个时期，即皇室参与麦积山石窟开凿的前后两个时期。北周窟仅次于北魏窟，有 46 个。由于 574~579 年武帝废佛，这一期间造像活动停止，即将废佛前后分为两个时期。隋窟仅有 12 个窟，但其特点也由仁寿元年（601 年）隋文帝赐塔而前后不同。

一、北魏前期诸窟

（一）第 74、78 号窟

麦积山现存石窟中，第 74、78 号窟年代最早，已为定论。但关于两窟开窟时期有两种说法，一为后秦时期开窟，北魏前期造像；一为开窟造像均在北魏前期。玄高 422 年于麦积山讲经，麦积山于当时已为知名的坐禅修行地②，可见在北魏之前麦积山很可能已开始开窟造像，但是否是第 74、78 号窟，尚有待考察。第 78 号窟右壁坛基的供养人像旁，附有“仇池镇经生王□□供养十方诸佛时”的题记。仇池镇于 446 年设置，正值太武帝开始灭佛的时期，不可能进行大规模的石窟开凿，所以第 74、78 号窟的年代应当为文成帝颁布佛教复兴诏书，即 452 年以后③。将此窟定为后秦时期的学者，认为供养人像的下面还存在一层壁画。李西民证实下层描绘有飞天一事，不能忽略，但现在已经无法辨别。

第 78 号窟与第 74 号窟均处于西崖东下部的同一位置，非常接近。两窟不仅洞窟规模相同，而且具备多处共同点。马蹄形窟，高坛基，正壁及左右两壁各设一如来坐像，正壁上部左右各开一小龛，内有交脚菩萨及半跏思惟菩萨等。此外，两窟的塑像形式、样式如出一辙。由此可见两窟为同一时期开凿的双窟。中国石窟最早出现双窟的是云冈石窟第二期窟，第 7、8 窟等。假设第 74、78 号窟受云冈石窟的影响的话，开窟时期应当在 470~480 年。

第 74 号窟左菩萨立像的周围，壁面剥落岩体露出，在尚未损坏的部分可以辨识出一体飞天，手持荷叶。在这体飞天之下，还可模糊辨认出一层壁画。荷叶下面能辨别出另一荷叶的痕迹。不过这很有

① 各个时代的洞窟数，基本参照张锦秀编撰：《麦积山石窟志》，兰州：甘肃人民出版社，2002 年，第 15 页。此书将现存石窟时期最早的第 74、78 号窟以及第 51、57、90、165 号窟定为后秦窟，故所记北魏洞窟为 92 个。而笔者于文中详述理由，所记北魏洞窟为近 100 个。

② 邓健吾：《麦积山石窟的研究及早期石窟的两三个问题》，刊天水麦积山石窟艺术研究所编：《中国石窟・天水麦积山》，东京：平凡社，1987 年，第 262 页；释玄高：《高僧传》卷十一《大正大藏经》，第 2059、397 页。

③ 邓健吾：《麦积山石窟的研究及早期石窟的两三个问题》，刊天水麦积山石窟艺术研究所编：《中国石窟・天水麦积山》，东京：平凡社，1987 年，第 263 页。

可能为画工改变了荷叶的位置而已。如此可见，这幅飞天图应当为第 74 号窟最下层的壁画。另外，同样形式的荷叶，可见于陕西省兴平县出土的皇兴五年铭（471 年）交脚佛像与云冈石窟第 9 窟等处，470~480 年代十分流行。并且第 78 号窟右壁坛基的供养人也手持同样形式的荷叶。由此看来，第 74、78 号窟的开窟年代不会早于 452 年，应当为 470~480 年①。然而这两个窟的重要性不仅限于开窟年代最早，最可值得评价是北魏其他窟或多或少均受其影响，这一点将在后面提到。北魏前期（迁都以前）石窟几乎全部模仿了第 74、78 号窟的形式，北魏中期、后期的多数石窟也延续了第 74、78 号窟的形式。

（二）第 68、70・71、73、77、80、98、100、128、144、148 号窟

1. 第 68、70・71、73 号窟

第 70 号窟与第 71 号窟位于西崖中部，为双窟。从造像形式判断，开凿时期与第 74、78 号窟非常接近。第 74、78 号窟的主尊袈裟为凉州样式偏袒右肩，双足现出，而左右壁如来坐像双足隐藏于袈裟之下。第 70・71 号窟不为三世佛，如来坐像与胁侍菩萨组成三尊像，主尊与第 74、78 号窟的左右壁如来坐像相同，双足隐藏于袈裟之下。两尊像的相似处还在于手的形式，手指修长，作禅定印。菩萨立像一手置胸前，拇指与食指持一植物，另一只手下垂，弯曲的中指与无名指之间夹水瓶或持天衣的一角。这些形式与第 74、78 号窟造像完全一致。西崖中部第 68、73 号窟②也与第 70・71 号窟同一形式，如来坐像及菩萨立像组成三尊像，圆拱形龛，与第 70・71 号窟为同一时期开凿。

2. 第 80、98、100、128、148 号窟

西崖中部第 128 号窟与西崖东上部第 148 号窟为上述几窟的延续。如来坐像及菩萨立像与第 70、71 号窟不仅在形式上十分相仿，而且以三世佛形式为主题。正壁上部左右开小龛置交脚菩萨三尊像（右侧），以及半跏思惟菩萨三尊像（左侧），整体受第 74、78 号窟的影响较大。不同的是，两窟为方形窟，左右两壁开大龛，窟三面由高坛基转变为低坛基。另外，除正壁上部左右以外，左右两壁大龛及前壁都有多数小龛，置如来坐像或二佛并坐像的影塑。出现这些新形式说明第 128、148 号窟要晚于第 70・71 号窟。

第 80 号窟位于西崖东下部，洞窟形式与上述几窟具有多处共同点。窟内有二佛并坐像，并非影塑，位于右壁大龛突出于壁面的“段”上。第 80 号窟左右大龛内不设小龛，说明开窟时期晚于第 128、148 号窟。这种不设小龛，节省劳力的做法，在北魏中后期十分流行，而在迁都以前就出现这一现象值得注意。

第 100 号窟位于西崖西上部，主尊袈裟仅存原状的一部分，洞窟形式与北魏前期诸窟（第 80、128、148 号窟）相同，方形，左右壁开大龛。菩萨立像形式亦接近。然而正壁下方开一个“段”，壁面小龛内的影塑菩萨立像天衣呈 X 状交叉，已经完全汉化了。麦积山石窟艺术研究所副所长魏文斌指

① （日）八木春生：《关于麦积山石窟第 74、78 窟的建造年代》，刊《云冈石窟文样论》，东京：法藏馆，2000 年，第 263 页。

② 第 68、73 号窟与第 70、71 号窟于西崖中部形成一个窟群。

出，壁面上的“段”以及影塑菩萨立像均为北魏后期重修时所加①。对于这一点存在几个疑问，为何仅第100号窟在北魏后期得以重修，为何有必要于小龛内贴付影塑菩萨立像等等。小龛内的一部分如来影塑坐像与第128号窟模型相同，可以认定第100号窟与第128、148号窟基本为同一时期开凿。

与此同时，不能忽略西崖中部的摩崖大佛、第98号窟如来三尊立像。窟中造像为北魏时期建造，后经北周、宋、元、明时代重修②。造像当时置于楼阁之中，其中如来立像高12.20米③。值得一提的是，三尊立像周围的洞窟没有遭到任何破坏，可见开凿时间早于周围的洞窟。魏文斌指出佛像脚下第100号窟与第128号窟遥遥相对，两窟的开凿时间前后连接紧密。由此，第98号窟如来三尊立像开凿在先，第100号窟与第128号窟于后。如果是这个顺序，第98号窟摩崖大佛建造的年代可能与第74、78号窟的年代重合。只是现存造像中菩萨立像天衣左右相异，并非X状交叉方式，应当为北周或隋代重修的状态。

3. 第77、144号窟

第144号窟位于西崖东上部，第77号窟位于西崖东下部，主尊等已残缺不全。从主尊残留的部分以及壁面上天衣的前端（第77号窟）判断，两窟造像与第74、78号窟形式大致相同④。第144号窟为方形窟，正壁开多个小龛，置二佛并坐像的影塑，正壁最高位置的小龛内为交脚菩萨的影塑。第77号窟为马蹄形窟，不设高坛基而为台座，这一点不同于第70、71号窟而类似于第128号窟。由此可见，第77、144号窟开窟时期与第128，148号窟大致相同或受第128，148号窟的影响而稍晚于第128、148号窟。

4. 其他（第51、75、90、165号窟）

上述窟以外，迁都以前开凿的还有第51、75、90、165号窟。西崖西下部第51号窟与西崖中部第90号窟均为重修，造像为宋至明代之间所塑。两窟设有高坛基，开窟时期应该接近第74、78号窟。另外，第165号窟与第90号窟不仅位于同一高度，而且处于第78号窟的正上方，有学者认为第165号窟与第78号窟为双窟⑤。现在第165号窟已不存留任何造像，窟中央有藤座，右壁残留一部分天衣。藤座一般上坐交脚菩萨，而右壁残留的部分天衣与第74号窟菩萨立像的形式相同，所以第165号窟应为迁都以前开凿的。第165号窟不设高坛基，与第78号窟的开窟时期可能不同。第165号窟与第78号窟相似这一点，很有可能为造窟时极力模仿，意图使得两窟形式相近，而第74号窟、第78号窟双窟仍为事实。

以第74、78号窟为中心的早期窟集中开凿于西崖一点尚未有明确的解释。第51号窟上方有第74号窟，附近有第70·71号窟，接着为第68、73号窟，为研究早期栈道的位置提供了一个依据。不能否定还有时代更早的石窟，但第74、78号窟处于各窟的显要位置，其重要性也体现在其他多个窟均模仿第74、78号窟的形式这一点上。

---

① 魏文斌、张铭：《麦积山石窟第100窟调查与年代研究》，《中原文物》2011年第1期。

② 张锦秀编撰：《麦积山石窟志》，兰州：甘肃人民出版社，2002年，第85页。

③ 张锦秀编撰：《麦积山石窟志》，兰州：甘肃人民出版社，2002年，第85页。

④ 第144号窟的菩萨像手握一植物置胸前，现在平放于地上。

⑤ （日）东山健吾：《麦积山石窟的创建与佛像的源流》，刊《中国麦积山石窟展》图录，日本经济新闻社，1992年，第15页。

二、北魏中期诸窟

（一）第115、155号窟

1. 第115号窟

第115号窟为这一组石窟的代表，窟内景明三年（502年）的墨书证明此窟为迁都（494年）以后开凿。第115号窟为小型方形窟，位于西崖西上部，仅容一人入内。四壁不设大龛及小龛，左右壁上方有一个“段”，上有影塑如来坐像，如来坐像有两种形式，并且交替排列。东山健吾指出，此窟的主尊与龙门石窟古阳洞南北壁第三层的数身体着西方式袈裟的佛坐像（498~503年），无论是样式还是形式上都有相近之处①。很明显，包括南壁第三层第三龛（比丘法生造像龛，503年），数龛之间除主尊样式以外，还存在多处形式上的共同点。另外，古阳洞北壁第三层第三龛魏灵藏造像龛的主尊背光内侧有西方式高浮雕飞天，而外侧为汉式浅浮雕飞天，双足隐藏在裙中乘云飞翔。与此相同的汉式浅浮雕飞天，也描绘在第115号窟主尊背光以及天井上。第115号窟壁面上还有未施彩只用墨线描绘的仙人，与南齐陵墓（萧道生修安陵，495年）出土的砖画上所绘的仙人像十分相似，说明第115号窟造窟的部分工匠，对当时南朝的最新流行形式了如指掌。

由此可见，对汉化概念尚未理解的工匠与掌握南朝最新流行形式的工匠同时参与了一个洞窟的修造。并且，古阳洞南北壁第三层造像龛与第115号窟能从两者的主尊如来坐像发现样式上的共同点，说明参与修造后者的工匠受洛阳龙门石窟的影响相当大。即使为迁都以后开凿，但造窟工匠对造像的汉化的概念尚未完全消化吸收，这也是北魏中期诸窟所存在的一个重要特征。

2. 第155号窟

第155号窟位于西崖东上部，其中如来坐像与第115号窟主尊在着衣形式上有多处共同点，两者均单足现于袈裟之外。正壁佛龛内两个“段”与前壁上部三个“段”内，有佛坐像及游戏坐的弟子像影塑。由此可见第155号窟的开凿晚于第115号窟。窟内三壁三龛形式的出现也证明了这一点。引人注目的是正壁大龛左右的壁面部分毁坏而显露出下面被隐藏着的小龛的一部分。正壁大龛左上方与北魏前期诸窟同样，开小龛内塑半跏思惟像。然而下面的两个小龛被菩萨立像及其背光所遮掩，说明造窟工程告终之后，对内部进行了一些改造。改造（即二次工程）时，增加了体型瘦长的菩萨立像，由此遮掩了几个小龛。左右壁身体瘦长的年轻弟子像与老年弟子像也为后加的。第155号窟年轻弟子像在主尊左侧，老年弟子像在主尊右侧，这种设置形式的普及，在龙门石窟为古阳洞南北壁第二层（即509~517年）以后。由此而来，第155号窟的开凿晚于第115号窟，并且进入510年代以后实施了二次工程。

---

① （日）东山健吾：《麦积山石窟的创建与佛像的源流》，刊《中国麦积山石窟展》图录，日本经济新闻社，1992年，第18页。

（二）第 69、76、86、89、114、156、169 号窟

1. 第 114 号窟

第 114 号窟紧靠第 115 号窟，方形窟，左右壁开大龛，壁面不设小龛。正壁上有两个“段”，左右壁各有一个“段”，上载影塑，其中有裳悬座身着汉式袈裟的如来坐像，身着 X 交叉式天衣的菩萨立像以及汉式飞天。这些影塑与第 115 号窟不同，不是交替排列，而是采取了左右壁对称的形式排列。影塑的如来坐像已经明显汉化，与主尊着衣形式相同而增加了裳悬座。主尊佛像也明显汉化，可见开窟要晚于第 115 号窟。第 114 号窟受第 115 号窟的影响，如来坐像单足现于袈裟之外，而菩萨立像在形式样式上还保留浓厚的北魏前期诸窟的色彩。

主尊头部左右的影塑飞天，与第 155 号窟的飞天相同，已明显汉化。然而第 155 号窟内除此以外不存在与第 114 号窟相似的塑像，汉化方面也不同于第 114 号窟。可见第 155 号窟实施二次工程时，受到第 114 号窟的影响，其工匠对汉化的知识有所了解，但没有运用于造像上。即可说明，第 114 号窟的开凿晚于第 155 号窟，但早于第 155 号窟实施二次工程的时期。

2. 第 69、76、169 号窟

引人注目的是，第 114 号窟主尊与西崖东下部第 76 号窟的主尊如来坐像，眼、鼻、唇等有相似之处。第 76 号窟的主尊着通肩袈裟①，菩萨立像一手拈花，手心朝外。另一手下垂，食指伸展而其他手指轻握，这种形式在此之前尚未出现过。菩萨着衣形式与第 74、78 号窟相似，背面裙摆从后拉至前于腰处垂下，这种特殊的着衣形式说明第 76 号窟及第 114 号窟与第 74，78 号窟均为同一传派的工匠所开凿。壁面有多个小龛，塑有如来坐像，身着 U 字领袈裟，袈裟下面着一件胸前交叉的汉式上衣，不设裳悬座。

第 69 号窟位于西崖西下部，胁侍菩萨立像与第 76 号窟的造像表情极其相似，天衣呈 X 状交叉。主尊与第 76 号窟同样着通肩袈裟。第 169 号窟与第 69 号窟为双窟，主尊为交脚菩萨，窟内仅留存一体胁侍菩萨，与第 76 号窟相同，一手拈花，手心朝外。由此可见第 76、69、169 号窟的工匠延续第 74、78 号窟的传派，与第 114 号窟的工匠关系更为接近，甚至超过第 155 号窟实施二次工程的工匠，这批洞窟几乎为同一时期开凿。然而并没有第 114 号窟的工匠具有主动性，在主尊的修造上体现汉化。第 169 号窟中根本看不到汉化的现象，说明这个时期的工匠在汉化知识的接受和理解方面各有不同。

3. 第 86、89、156 号窟

第 86 号窟位于西崖西上部，影塑飞天与第 114 号窟形状及大小均相同，而且与第 155 号窟使用的是一个模型。窟内交脚菩萨像影塑也与第 114 号窟是一个模型。主尊造型看不到汉化的形迹，但与第 114 号窟右壁着偏袒右肩袈裟的如来坐像十分相似，可以看出两窟的紧密联系。不同的是，位于第 114 号窟正壁最高位置的交脚菩萨影塑（半跏思惟像的可能性极大），在第 86 号窟却处于第二层龛内。这一点显示出两窟年代上的前后关系。自第 74、78 号窟以来，一直处于重要地位的交脚菩萨像与半跏思

① 第 114 号窟也存有与此相似的通肩如来坐像。

惟像影塑，在北魏后期诸窟中渐次消失，其重要性的减弱过程在此可见一斑。

与第 114 号窟同一模型影塑的还有第 156 号窟，位于东崖西部。主尊与第 86 号窟相同，袈裟的披着形式十分特殊。袈裟搭于左肩从后绕颈又搭回右肩①。同时，搭向右肩的袈裟遮过腹部搭到左臂，显示出若干汉化的影响（显然对其理解尚不透彻，第 114 号窟的影塑也有同样现象），这一点与第 86 号窟不同。另外，窟内交脚菩萨像影塑置于最高的一个“段”上，而第 86 号窟却置于比较低的一个位置，因此两窟的开凿时间前后很难判断。至于两窟均受到第 114 号窟的影响这一点是无可置疑的②。值得一提的是，第 156 号窟内的供养人像与第 76 号窟是同一模型。

第 89 号窟位于西崖中部，与第 156 号窟同属上述一类窟。第 89 号窟与第 156 号窟的主尊样式、形式相同，如来坐像影塑也是同一模型，已明显汉化了。然而主尊双足隐藏于袈裟之内，继承了第 128、148 号窟的形式，区别于第 115 号窟单足现于袈裟之外的形式，即不同于继承该形式的第 114、86、156 号窟。说明这个时期，工匠们已经开始接受和理解塑像的汉化，这不仅反映在直接接受第 115、114 号窟影响的窟之上，还包括第 74、78 号窟传派，与开凿第 128、148、80 号窟紧密相关的工匠。

（三）第 16、21、23 号窟

第 23 号窟位于东崖西部，如来坐像已经完全汉化，而菩萨立像依然与第 74、78 号窟一脉相承。紧邻的第 21 号窟仅存主尊，头部及左膝部缺损。从其袈裟前面的开合、左右手的位置，及结纽的下垂方式来看，第 21 号窟与第 23 号窟有着密切的关联。

第 16 号窟位于东崖西部，主尊与胁侍菩萨均完全汉化了。严格说来，第 16 号窟不能归属于北魏中期诸窟。但是第 16 号窟壁面开有多数小龛，与第 80 号窟相同，左右大龛内开有两个“段”，上置游戏坐弟子像，弟子像与第 155 号窟正壁大龛内“段”上的造像为同一模型制作。与第 155 号窟同一模型的影塑在第 16 号窟正壁大龛上部等处还能发现几处。另外第 16 号窟外壁右侧小龛内③还存有半跏思惟像影塑，与第 155 号窟为同一模型。

第 16 号窟胁侍菩萨立像除天衣呈 X 交叉式以外，与第 155 号窟相同均身材修长。由此可见开凿第 16 号窟的工匠与从事第 155 号窟二次工程的工匠关系密切④。后者在胁侍菩萨立像与弟子像上采取了佛教西方式的着衣方式。对于弟子像虽然有了老幼的区分，但关于佛像汉化还不具备足够的知识。相对而言，第 16 号窟已经开始全部采用汉化的着衣方式，为佛像汉化开始普及的时期。但开凿第 16 号

---

① 这种特殊的着衣形式见于第 115 号窟主尊，可见受到第 114 号窟及第 115 号窟两方的影响。

② 这一组窟以外受到第 114 号窟影响的还有第 170 号窟，正文中没有提及。第 170 号窟主尊已难以辨认，壁面岩石外露，破损严重，无法进行考察。窟内存有同一模型的飞天，可见与第 114 号窟有直接的联系。半跏思惟菩萨像影塑位置较高，“段”的长度仅够置放一体半跏思惟像。第 156 号窟也有同样形式的“段”，进一步说明第 170 窟的开凿晚于第 114 号窟。

③ 此窟位于第 16 号窟右侧，已经完全坍塌。这个部分应当为窟正壁的一部分。

④ 第 155 号窟正壁大龛内“段”上的游戏坐弟子像，与第 16 号窟同一模型的影塑，很有可能为创建时所造，而并非造于第二次施工时。由此第 16 号窟的工匠也使用了第 155 号窟开窟时用过的影塑。说明第 155 号窟开窟的工匠与从事第二次施工的工匠之间一直保持着联系。

窟的工匠与从事第155号窟二次工程的工匠关系密切，说明第16号窟仍然属于北魏中期诸窟的末期窟①。

三、北魏后期诸窟

（一）第121号窟

第121号窟位于西崖西上部，为北魏后期具有代表性的一个窟。正壁开有一龛，为三壁三龛形式，与第155号窟相同。窟内不设小龛。第121号窟为方形覆斗顶窟，这在以前是没有过的。造像完全汉化了。同时，出现了从未有过的造像，如扇形髻菩萨立像，将束发展开为扇形，额发上加几条细线；还有螺形髻像，将束发结为螺形，身着袈裟。引人注目的是扇形髻菩萨立像身着汉民族传统式服装，上加X交叉式天衣。

三壁三龛，螺形髻造像，汉族传统式服装上着X交叉式天衣这些特点，在龙门石窟等北朝区域可以见到。由此，开凿第121号窟的工匠也许来自其他中原地区，或者受到其他地区的影响。然而比丘（弟子）像及螺形髻造像配置于佛龛左右外侧，这种新的形式在洛阳等地尚未见到。正壁大龛内开有一个“段”，上有十大弟子影塑像。主尊右侧五身为年轻弟子像，左侧五身为老年弟子像，证明第121号窟开凿于509年以后（可确定为510年代）。另外，左右壁佛龛内从上方到下方共有五个“段”，明显区分于只有一两个“段”的北魏中期诸窟。另有一点值得一提，壁面上的“段”至此开始由灰泥塑造，而以往是由断面为三角或者四角的木段进行贴制的。

第121号窟的出现，说明造像形式已经完全接受了汉化，并在塑像的形式与种类上发生了巨大的转变。但同时也继承了传统，继续在窟内设“段”。窟内的“段”不是为了减轻劳力，而是重视装饰性，在佛龛内增加多数影塑。从以往的一两个“段”增加到五个“段”，进一步加强了石窟的装饰作用。由此，麦积山石窟从迁都前后直到北魏后期保持了持续性的发展。第121号窟本身也融入了麦积山石窟富具个性、独立的发展潮流，并在其中发挥着重要的作用②。

（二）第101、122号窟

第101号窟位于西崖西上部，平顶方形窟，正壁及左右壁不设龛，与多数北魏后期窟一致。扇形髻菩萨立像着汉民族传统式服装上加X交叉式天衣，螺形髻造像身披袈裟。螺形髻造像与弟子像相组

---

① 现在主尊以外着汉式袈裟的造像已不存在，而从正壁壁面穿凿的小龛的痕迹来看，第149号窟与第16号窟也有可能属于同一派属。

② “段”开凿至壁面下方并非第121号窟工匠的创新，而是他们借鉴了麦积山石窟原有的一种形式。第93号窟正壁与左右两壁的“段”均开凿至壁面下方，其中交脚菩萨像及半跏思惟菩萨像影塑与第114号窟的使用了同一模型，而且安置于壁面上数第二段，与第86号窟相同。第93号窟造像均为宋代重修，失去原有的状态，非常遗憾。从留存的一部分天衣的形式判断，第93号窟与第86号窟的工匠关系紧密。但是第86号窟开凿的这个时期，就已经出现仅“段”上安置影塑并且“段”均开凿至壁面下方的小型窟的可能性不大。另外，第93号窟影塑中出现立佛，为北魏后期常见的形式。

合（不同的是左壁塑有交脚菩萨立像），造像形式与第 121 号窟有着密切联系。“段”的位置在佛龛内侧或壁面上区别于第 121 号窟。第 101 号窟正壁有一“段”，左右壁的“段”一直到达壁面下部，与第 121 号窟相同。值得一提的是，两窟造像表情相像，眼线细长，眼角上挑。

除第 101 号窟以外，与第 121 号窟造像具有多数相似点的还有第 122 号窟。第 122 号窟正壁的“段”也一直到达壁面下部。另外，第 122 号窟造像单足轻举，膝部露出，与西崖西上部第 85 号窟及西崖东上部第 140 号窟的造像形式基本一致，这一点值得注意。究其原因，第 140 号窟明显为麦积山原有工匠延续迁都以前传统所造，这将在后面提到。而且，第 122 号窟的如来坐像上身单薄，凹胸前倾的坐姿也与第 85、140 号窟的造像相仿，说明这三个窟的工匠之间有着紧密的联系。

第 121 号窟的开凿，使麦积山原有工匠分为两派，一派深受其影响，而另一派并没有受到影响。然而这些工匠之间并不是没有交流，他们始终保持着相互影响的关系。附加一笔，近几年西安出土的金铜菩萨立像，造像形式与图 26 基本相同。

（三）第 85、103、139、140、142、154、159、163 号窟

第 142 号窟位于西崖东上部，与第 121 号窟相同，均为北魏后期的代表性洞窟。平顶方形窟（左壁、右壁略有不同），塑有交脚菩萨像，这一点与第 163 号窟相似。与第 122 号窟相同的是，第 142 号窟各壁面的“段”一直到达壁面下部，上塑多个影塑。由此可见开凿时期晚于第 121 号窟。正壁左侧弟子像束发髻（非螺形髻），弟子像与袈裟像组合，这一点与第 121 号窟相同。第 142 号窟的造像面呈方形，月牙形双眼，面带神秘的微笑。这种特殊的表情明显区别于第 121 号窟以及受第 121 号窟影响的第 101、122 号窟。同样的月牙形双眼可以追溯到第 23 号窟。第 23 号窟的菩萨立像属于第 74，78 号窟的传派。

第 163 号窟位于西崖东上部，主尊袈裟胸前的开合形式与第 23 号窟相似，正壁只设有一“段”，壁面上部左右开有小龛①。第 163 号窟也为延续迁都以前传统的麦积山原有工匠所造，窟内的如来及菩萨造像的眼形与第 142 号窟有所差异，但同样显露出神秘的微笑。具有同样特征造像的还有第 140、154、159 号等窟，为麦积山原有工匠所造，受第 121 号窟的影响较小。

西崖东上部的第 140 号窟不设“段”，也没有在壁面贴付影塑的痕迹。窟内一体菩萨立像上身前倾弯曲呈弓形，天衣缠绕在足下，上佩瓔珞，坠有珊瑚，与第 142 号窟正壁左右造像有相似之处。在第 85 号窟及第 139 号窟（西崖东上部）也有类似的造像。究其细节，第 85，140 号窟造像束高发髻，呈五角形，中央有棱线，这些特征为第 142 号窟所没有。另外，第 139 号窟造像额发从中央左右对开，束高发髻，呈五角形，有两条棱线，造像手持荷叶，不仅与第 142 号窟不同，细节上也区别于第 85、140 号窟造像。然而重要的是，第 140 号窟的两体菩萨立像，头部残缺，身体直立，下腹突出，侧面仿佛“h”字形，不仅与第 139 号窟而且与第 85 号窟也是一致的。

---

① 第 163 号窟正壁左右最上部小龛内，从存留痕迹判断影塑应为交脚菩萨像及半跏思惟菩萨像。左壁交脚菩萨天衣呈 X 状交叉，而菩萨立像身着络掖，窟内多处留有迁都以前的要素。左右两壁的“段”均开凿至壁面下方。“段”的形式不同于中期，而与第 121 号窟相同。可见第 163 号窟晚于第 121 号窟，但在第 85、103、139、140、142、154、159、163 号窟中为最早。

第 103（西崖西上部），139、154（西崖东上部）号窟主尊与后述第 127 号窟等西魏窟前期诸窟造像，在袈裟的穿着上有类似之处。由此，与第 139 号窟关系接近的工匠所造的第 85、140、142 号窟（第 122 号窟与第 140 号窟有多处相似之处，也属其中）应当为北魏后期窟年代最晚的一批窟。仅看菩萨造像，第 142 号窟区别于第 85、140 号窟，而第 140 号窟头部残缺的菩萨立像的立姿与第 85、139 号窟造像大致相同。可见第 142 号窟的开凿时期早于第 85、140、122 号窟，而第 139 号窟的开凿时期接近但略晚于第 85、140、122 号窟。

（四）第 133 号窟

第 133 号窟位于西崖东上部，相对高度 48 米，为麦积山规模最大的一个窟。一般被学者认定为北魏后期窟，有“万佛堂”或“万菩萨堂”的别称。

1. 概要

第 133 号窟宽 14.94 米，窟深 13 米，高 5.97 米，为麦积山石窟现存造像最丰富的一个石窟①。第 133 号窟前室宽阔，连接两个向后延伸的后室，造型独特，不禁令人联想到四川地区的崖墓。窟内由于仅右侧天井为叠涩顶式，也可考虑为两个不同时期开凿的石窟，打通中间的墙壁而连为一体。然而石窟入口仅有一处并开在前壁正中，两后室之间的空间也是对应开凿，所以两个石窟连为一体的可能性很小。一般石窟整体所开的龛基本采用对称形式，假设当初开窟计划有所变更而形成这样特殊的形式，由此窥测出工匠们为达到内部的整体协调性而付出的努力。正对洞窟门口的位置，有一组北宋时期的塑像，释迦牟尼与儿子罗睺罗相对而立。东山健吾指出，窟内的造像很有可能为重塑②。如果是这样，这组造像于当时是否都视为主尊有待考证。石窟内除了大量现存塑像外，还有十八块造像碑，何时搬入已无可考证。

2. 塑像

第 133 号窟共有佛龛 16 座，第 1 龛至第 11 龛沿壁面底线开凿，第 12 龛至第 16 龛开在壁面上部。前室佛龛内的如来坐像均为裳悬座，第 1、2、3 龛的如来坐像双足隐藏于袈裟内，而第 9、10、11 龛的如来坐像右足搭于下垂的袈裟上面。两者造像大小不同，前室按照如来坐像双足的形式可分为两组，右侧佛龛及左侧佛龛各为一组。后室状况不同于前室，右侧第 4 龛的塑像右足从袈裟内露出，而左侧第 6 龛的塑像双足隐藏于袈裟内。两者面型四方，像高接近第 9、10、11 龛，可见后室造像形式接近于前室左侧佛龛的一组。而第 1 龛与第 11 龛内，正壁以及左右壁面均开有数“段”，说明前室左侧与后室为同一时期所造。

3. 工匠的派属

第 4、6、9、10、11 龛等前室左侧传派的如来坐像面型方圆，双目细长弯曲，与第 142 号窟造像非常相似。第 8 龛交脚菩萨与第 142 号窟十分接近。而右侧第 3 龛的胁侍菩萨立像的发型及面部表情与第 142 号窟相似。从这几点证明第 133 号窟造像的时期是一致的。引人注目的是，第 9 龛弟子像与

① 蒋毅明、李西民、张宝玺、黄文昆：《图版解说》，刊天水麦积山石窟艺术研究所编：《中国石窟·天水麦积山》，东京：平凡社，1987 年，第 278 页。

② （日）东山健吾：《麦积山石窟的创建与佛像的源流》，刊《中国麦积山石窟展》图录，日本经济新闻社，1992 年，第 19 页。

第 121、101 号窟螺形发髻像以及弟子像的表情非常相像。细长的双眼明显区别于第 8 龛与第 142 号窟交脚菩萨特有的神秘微笑的双眼。重复上述观点，这个时期的石窟大致分为两组，其代表石窟分别为第 121 号窟与第 142 号窟，各自由不同系统的工匠开凿。当然，也有与两组工匠均保持关联的石窟，如第 122 号窟。然而，在第 133 号窟内同时存在两组工匠所塑造的富有代表性的造像，以此可以判断，第 133 号窟是由两组工匠共同开凿的。可以认识到，在营造第 133 号窟时，麦积山石窟所有的工匠都产生了一个强烈的归属意识，即自己是属于麦积山石窟的集团意识。

（五）第 133 号窟及第 17、131 号窟的营造年代

讨论第 133 号窟的具体营造年代，最可望的是窟内存在具有启示意义的因素。问题在于现在很难找到一个明显的启示性特征，无论是样式上的，还是形式上的。唯一可采取的一个方法就是参照与第 133 号窟壁面上“段”的层数以及造像形式上有紧密联系的第 142 号窟。首先值得参考的是造像的配置。如先所述，图 55 的造像与第 133 号窟第 8 龛的交脚菩萨像非常相似，在第 142 号窟置于右壁。石窟内塑造三体如来坐像的营造迁都以前就已开始，为三世佛。然而，龙门石窟 520 年营造的慈香洞及留有 527 年铭文的皇甫公窟，窟内明显将弥勒造像置于右壁，而在此之前菩萨像的配置，一般习惯将弥勒造像置于左壁。另外，在第 133 号窟内没有而存在于第 142 号窟的一个要素，即力士像。遗憾的是，第 142 号窟的两体力士像现在仅存一体，且右半身残缺。而这体力士像与迁都以前云冈石窟第二期石窟所造佛教西方式造像明显不同。上身着 X 交叉式天衣，单臂握拳上举，为 520 年前后至 530 年以洛阳与西安附近为中心流行于北朝地区的汉化力士像①。由此，第 142 号窟的年代应当为 520 至 530 年初期。第 121 号窟早于第 142 号窟为 510 年开凿，第 139 号窟晚于第 142 号窟为北魏末期开凿，更进一步证明了这一点。同时也说明第 133 号窟为同一时期开凿。而影塑的种类说明，第 142 号窟与第 121 号窟关系紧密，而且没有采用第 133 号窟千佛像同样形式的配置方式，因此第 133 号窟年代较晚。

东崖西部的第 17 号窟与西崖东上部的第 131 号等小型窟，也为同一组工匠开凿，年代与第 133 号窟重合或晚于第 133 号窟。第 131 号窟壁面最上层的影塑受到第 133 号窟千佛像配置方式的影响，并且第 17 号窟设有小龛，显示出向北魏中期回归的迹象。

四、西魏前期诸窟

关于这个时期石窟的分期断代专家之间意见分歧，有北魏后期或西魏初始两种主张。如果断定为西魏窟，开凿时期应早于第 43 号窟，即 540 年西魏皇后乙弗氏的墓葬窟。

（一）第 127、135 号窟

第 127 号窟位于西崖西上部，为这一时期的代表窟。窟室平面横长方形，盝形顶。正壁、左右壁各开一大龛，为三壁三龛的形式。第 127 号窟与第 133 号窟为麦积山石窟中规模最大的两个窟，窟内

---

①（日）八木春生：《中国南北朝时代的金刚力士像》，刊《中国佛教美术与汉化》，东京：法藏馆，2004 年。

满绘壁画，有说法认为两窟是举行受戒仪式的地方①。正壁主尊与左右胁侍菩萨立像均为石雕，而麦积山石窟北魏造像除少数几身造像以外，一般为泥塑。第 127 号窟壁画恢宏精美，很有可能为当时由长安而来的画工所绘②。左右大龛内的塑像及左壁左菩萨立像，与西壁西方净土变中所绘的菩萨立像，上身斜欹的动态两相一致，说明塑像工匠有别于既有的工匠，为完全不同传派的工匠所为。窟内壁面不设“段”及影塑更加证明了这一点。

左右壁的如来坐像及胁侍菩萨立像为宋代重妆，现在只有悬裳座的一部分保持原状。从残留部分（一部分袈裟掖入膝下，袈裟内露出下摆的褶皱）判断，袈裟搭过右腕后掖入右足下，采用了龙门石窟宾阳中洞主尊的着衣方式。第 135 号窟与第 127 号窟在窟制形式、壁画、石像各方面均有密切的联系，主尊也采用了同样的着衣形式③。而采用这种着衣形式的如来坐像，如前所述，在第 103、139、154 号等北魏后期窟中已经出现。

（二）第 83、87、92、132 号窟

这一组石窟与第 127 号窟、第 135 号窟同样，开凿时期为北魏后期或西魏尚有争论。第 83（西崖西上部）、87（西崖中部）、92（西崖东上部）、132（西崖东上部）号窟在考证第 127 号窟、第 135 号窟的开凿时期上具有启发意义。第 83 号窟一般认定为北魏后期窟，而其他三窟尚未定论。西崖西上部及中部的第 83、87 号窟均为三壁三龛，叠涩顶窟，与第 121 号窟形式相同。三龛俱为浅龛。第 92 号窟方形平顶，第 132 号窟为马蹄形圆拱龛。

这四窟壁面设“段”，区别于第 127、135 号窟，为两者之间最大的差异。第 92、132 号窟共设三“段”（第 92 号窟仅正壁），影塑几无留存，只能看到壁面上贴付的痕迹④。第 83、87 号窟正壁、左右壁各设一“段”，影塑无存，从剥落的痕迹能判别出多数为莲华。同样形式的莲华也规则不一地贴付在龛的内侧而不是“段”的部分上。由此可见第 83、87、132 号窟中，“段”已经失去了原有的意义，正如北魏后期所见，显示出最终消亡的迹象。

另一方面，与第 127（135）号窟的相同之处在于，如来坐像（造像）的着衣形式，以及菩萨立像束发的形式，发髻从发根束起，作扇形或左右分开并略向前倾，耳与发际不相连接等。值得注意的是，第 92、132 号窟菩萨立像置于腹前的供养物与第 127 号窟东壁左像的形式相近。重要的是包括第 127、135 号窟在内的这一组石窟出现着汉式上衣的菩萨立像，除第 83 号窟外，造像内衣从前襟露出，有隆起的折皱⑤。这些形式大多起源于北魏后期流行于洛阳的佛教及墓葬美术。麦积山石窟北魏后期窟中

---

① 张宝玺：《麦积山石窟壁画要说》，刊天水麦积山石窟艺术研究所编：《中国石窟・天水麦积山》，东京：平凡社，1987 年，第 225 页。

② （日）东山健吾：《麦积山石窟的创建与佛像的源流》，刊《中国麦积山石窟展》图录，日本经济新闻社，1992 年，第 20 页。

③ 按严格意义说，身着数层袈裟，最外层的袈裟为凉州式偏袒右肩这一点，宾阳中洞的如来坐像不同于第 127（135）号窟的造像。

④ 第 92、132 号窟内影塑剥落的旁边还留有长条状的题记痕迹，证明壁面上影塑与供养人绘画同时存在。

⑤ 第 83、87 号窟菩萨立像形式特殊，天衣由两肩沿身体垂下，又上绕至手臂，仿佛下垂的宽袖。这种形式不见于第 127（135）号窟，以及北魏后期诸窟。

影塑已经采用了这些形式。但在同一窟内尚未发现两种形式同时存在的例子，即如来坐像为上述着衣形式，菩萨立像发型特殊并着汉式上衣，前襟露出内衣有折皱。由此可见，第 83、87、92、132 号等窟是由麦积山原有工匠在接受第 127（135）号窟的影响后所为。

（三）第 72、83、87、92、127、132、135、146、147、162、172 号窟的营造时期

第 127（135）号窟内没有明确的铭文，现阶段尚无法断定其营造为北魏末期还是西魏初期。除第 83、87、92、132 号窟以外，尚有多数窟受到第 127（135）号窟的影响，不可能集中开凿于北魏末期政局混乱的情况下。如果考虑北魏后期流行于洛阳的造像形式所造成的影响，第 127（135）号窟应当与北魏后期窟区别开来考虑。关于两窟的营造，《秦州雄武军陇城县第六保瑞应寺再葬佛舍利记》中记载“西魏大统元年（535 年）再修崖阁，重建寺宇”，可以推定第 83、87、92、132 号窟为麦积山原有工匠接受西安而来的工匠的影响，于西魏初期所营造。第 162 号窟（西崖东上部）内置小型菩萨立像，第 146 号窟（西崖东上部）没有“段”及影塑，第 72 号窟（西崖中部）几乎形迹无存。从如来坐像与菩萨立像的组合，可以推断这几个窟为同一时期所造。此外西魏初期的这一组造像还包括第 172 号等窟（东崖西部），现存一身菩萨立像，类似于第 83 号窟着同样内衣而无隆起的折皱；第 64 号窟（西崖西下部），菩萨立像已不存在；第 147 号窟（西崖东上部），与第 64 号窟主尊相同造像为螺发形式。

五、西魏后期诸窟

（一）第 44 号窟

第 44 号窟位于东崖西部，与西魏废后乙弗氏墓葬第 43 号窟（“寂陵”）相距约 3 米。窟前部塌毁，仅存天井的一部分，原为四方锥形天井窟①。正壁龛内一身如来坐像，左右胁侍菩萨立像，左壁后部弟子像一身。如来坐像“优美典雅，面容端正，眼梢至面颊，直至下颌，曲线柔美无比”②。造像技术高超，在西魏窟中举足轻重。

如来坐像面部曲线优美，下颌丰满，水涡纹高肉髻，头发厚密。主尊表情充满女性美，身体丰满。袈裟质感厚重，通右腕后垂于右足首，为汉式穿着。这与第 127（135）号窟的着衣形式相像，唯一不同的是右腕下垂的袈裟不是掖于足下，而是自然垂下盖于足上。与第 127（135）号窟相比，第 44 号窟袈裟下垂更富真实感，相比第 127（135）号窟在表现上略显敷衍。这种着衣形式延续第 127（135）号窟的传统，但在其他地区也有例证，所以并不是麦积山石窟特有的形式③。

---

① 张锦秀编撰：《麦积山石窟志》，兰州：甘肃人民出版社，2002 年，第 36 页。

② （日）东山健吾：《麦积山石窟的创建与佛像的源流》，刊《中国麦积山石窟展》图录，日本经济新闻社，1992 年，第 20~21 页。

③ 袈裟的披着形式同于第 127（135）号窟的，还见于山西省高平羊头山石窟的北魏窟（张庆捷、李裕群、郭一峰：《山西高平羊头山石窟调查报告》，《考古学报》2000 年第 1 期）。另外，着衣形式同于第 44 号窟的，可见于甘肃省博物馆藏西魏大统二年（536 年）铭秦安造像塔中。

胁侍菩萨立像高肉髻戴三面宝冠，宝冠正面镶有水晶形摩尼宝珠。胁侍菩萨与主尊表情相近。值得注意的是，胁侍菩萨耳与鬓角不相连接，留有一条肌肤；右菩萨立像手提膝部的长裙。前者为头发上束时露出的肌肤。麦积山石窟如前所述，第121号窟以及第127号窟已经出现同样形式的菩萨立像。洛阳永宁寺（516年）塔址出土的塑像头部，后颈肌肤全部露出，为北魏后期流行于洛阳的形式。手提膝部长裙的形式与洛阳出土的NEL-SON美术馆藏孝子石棺上的人物形象及陕西省安康天监五年（506年）铭墓出土的陶俑相同①。

（二）第20、102、105、120、123号窟

东崖西部第20号窟，西崖西上部第102号、120号窟与第44号窟属同一系统。这三窟的如来坐像与第44号窟造像着衣形式相同，但细节上有区别，显然为不同工匠所造。从造像形式分析，第44号窟与第102号窟为一组，第20号窟与第120号窟为一组。第20、120号窟出现了第44号窟所没有的主题与形式。相比第20号窟第120号窟开始出现形式上的简略。然而第102号窟与第120号窟之间存在直接或间接的联系。由此，营造时期第44号窟最早，第120号窟很可能晚于第102、20号窟。但这几窟之间没有较大的时间差。菩萨立像着长袖天衣，露双肩，弟子像袈裟滑落于右肩，这三个窟造像均真实地反映了当时的流行状况，甚于第44号窟。另外，西崖西上部第123号窟菩萨立像露双肩，并存在其他窟所没有的身着少数民族服装的造像，基本也为同一时期或稍晚建造。

（三）第20、43、44、102、105、120号窟的特征

第44号窟造像水平技艺超群，第102、20、120号窟与第105、123号窟均受其影响，继承了第44号窟的造像形式。第44号窟系统的造像，与永宁寺塔出土的塑像及洛阳北魏墓的人物像有诸多相同点。这几窟的造像尤其是永宁寺塔出土的塑像更加强烈地反映了当时的流行趋势。第44号窟系统的造像受北魏后期洛阳佛教美术及墓葬美术的影响较大。第127（135）号窟也同样反映了洛阳北魏后期的流行形式。不同的是，第44号窟如来坐像、菩萨立像、弟子像的样式及形式是在融合了洛阳北魏后期的流行形式与西安的传统之上形成的。也说明这即为当时西安的流行形式，即西安西魏样式、形式。第44号窟与“寂陵”位于同一高度，相距仅3米，说明为乙弗氏而从西安派遣来一批工匠。继寂陵之后，造像明显清俊典雅，这个时期开始麦积山石窟已不仅仅是一座单纯的地方上的佛教石窟寺院，而转变为与国家（西魏）、统治阶级相关的皇室石窟。与此同时，北魏以来的传统消失，成为区别西魏初期窟最大的差异。可以说第43、44号窟为麦积山石窟最大的转折点。

六、北周窟

北周窟在麦积山约占石窟总数的四分之一，基本分布于东崖。北周窟与皇室无关，以大都督李充

① （日）八木春生：《麦积山石窟西魏窟的考察》，筑波大学艺术学研究志《艺叢》20号，筑波大学艺术学系艺术学研究室，2004年。

信570年左右造“七佛阁”，亦称“散花楼”而闻名①。秦州刺使宇文广家族为当时最大功德主，574年武帝废佛，北周领地寺院佛像遭受毁坏之际，在宇文广家族的庇护下，麦积山石窟幸免于难②。关于宇文广家族所付努力没有记载，但麦积山石窟没有留下任何破坏和毁弃的迹象，足见其家族的功绩。至宣帝即位下诏三宝尊重之前，麦积山的石窟营造也处于停滞状态。

（一）第22、109、157号窟

第22号窟位于东崖西部，平顶方形窟。如来坐像着汉式袈裟，U字领口。袈裟垂于台座右足现出，低肉髻。面部呈卵形，棱角清晰富立体感。造像体态丰满，虽不近写实，但能看出薄质袈裟下微凸的小腹。这些特征，区别于北魏后期及西魏的如来坐像。悬裳座下端呈波状（下端不呈尖角近筒形），与第154、127号窟等北魏后期至西魏初期的如来坐像如出一辙。可见第22号窟为最早的北周窟。弟子像面呈卵形，凉州式偏袒右肩袈裟，裙摆露出，着衣形式近似西崖东上部第157号窟。第157号窟主尊双目略下垂，头部呈卵形，嘴角部分与西崖西上部第109号窟右壁如来坐像十分相似。

（二）第141号窟

第141号窟位于西崖东上部，平面方形覆斗顶窟。正壁开一大龛，左右两壁各开三龛，每龛内均塑一如来坐像。窟的形式及七佛题材，与第109号窟相同。主尊与第22号窟类似，着汉式袈裟，U字领口，悬裳座右足现出，面部呈卵形，微凸的小腹等特征说明与第22号窟主尊关系密切，双目的形状十分相像。但主尊肉髻区别于第22号窟，发式整体上结，肉髻不十分突出。左右壁如来坐像通肩与偏袒右肩共存，前者通肩袈裟领口开合较大，薄质袈裟上刻衣纹线显示出身体的起伏。每体造像均有微妙差别，有的仅露出右足跟，主尊以外造像不设悬裳座以区别于主尊。第141号窟相比于北周最为早期的第22号窟开窟时间稍晚，但与第157、109号窟时间相间不会太多。

正壁左右两体菩萨立像形式各异，左侧造像面呈卵形，戴三面宝冠，上嵌水晶形摩尼宝珠。额发中央稍现尖角，长发分几束披于肩上。腰略扭取三曲法，内衣覆肚。引人注目的是，天衣覆胸由胸前向后搭，于背后交叉。右侧造像趋于直立，戴三面宝冠，上嵌饰物残损。额发左右分开，长发沿肩下垂，天衣呈X状交叉，呈现出浓厚的北魏后期风格。

（三）第7、12、26、27、32、35、36、39、45、65、67号窟的特征

这组石窟除第45（东崖西下部）、67（西崖中部）号窟为圆券顶以外，均为平面方形，四角攒尖

---

① 李西民、张宝玺、黄文昆：《图版解说》，刊天水麦积山石窟艺术研究所编：《中国石窟·天水麦积山》，东京：平凡社，1987年，第29页。阎文儒认为第4号窟建于568~574年，《麦积山石窟的历史分期及其题材》，阎文儒主编：《麦积山石窟》，兰州：甘肃人民出版社，1984年。

② 张锦秀编撰：《麦积山石窟志》，兰州：甘肃人民出版社，2002年，第6页。

窟顶，塑出柱、梁、枋、脊檩，仿木构帐形，与第 141 号窟相同。天井中央有藻井，浮塑莲花，有别于第 141 号窟。除第 45、67 号窟以外，各窟正壁开一大龛，左右两壁各开三龛。与第 141 号窟相同，为七佛的形式与题材。

第 45、67 号窟的菩萨立像与第 141 号窟正壁左侧菩萨立像一致，天衣覆胸，左端搭左肩绕左臂下垂，于腹前作 U 字形搭向右臂；天衣右端穿背经左臂贴身体下垂。库藏第 1 号造像①取三曲法，发冠似带摩尼宝珠的宝座，内衣覆肚，与第 141 号窟左侧菩萨立像相近。由此，库藏第 1 号造像与第 45、67 号窟相同，造像工匠与第 141 号窟有密切关联。值得一提的是，库藏第 1 号造像头部呈卵形，额发左右分开，右臂上举置于胸前，其手形与第 22 号窟菩萨立像十分相似。

第 26 号窟及第 36 号窟位于东崖西部，正壁右侧菩萨立像也采取上述造像同样的着衣方式，天衣位置略低，内衣覆肚。造像单臂弯曲，反手向上托一物，与上述造像一致。东崖东部第 12 号窟被视为隋代窟，正壁左侧造像天衣位置更低，内衣覆肚。正壁右侧造像与第 36 号窟正壁右侧菩萨立像天衣覆肩呈 U 字形垂下，手臂举至肩反手向上，腹部略凸。多数造像与第 141 号窟正壁左侧造像一致，额发中央尖角明显。第 12、26、36、45、67 号窟以及第 7（东崖东部）、27（东崖西部）、32、35、39（东崖中部）、65（西崖西下部）号窟，虽然菩萨立像损毁细节上有差异，但均为四角攒尖窟顶，表现七佛题材，与第 141 号窟有众多共同之处。然而以库藏第 1 号造像为链接点，第 22 号窟与第 45、67 号窟相关以外，与第 109、157 号窟的关联甚小。可见，受第 141 号窟影响的窟可分两组，第 45、67 号为一组，第 7、12、26、27、32、35、36、39、67 号窟为一组。其中，第 67 号窟主尊面部与第 141 号窟近似，说明第 45、67 号窟要早于其他窟。

（四）第 7、12、26、27、32、35、36、39、65 号窟的营造年代

1. 来自其他地区的影响（北周及北齐佛教美术）

第 12、26、36 号窟菩萨立像额发中央突出尖角的形式，也出现在西安市北郊汉城乡西查村出土的隋代初期白玉菩萨立像，以及在西安西郊出土的隋代菩萨头像之上②。说明这几窟与西安隋代初期的佛教美术有关联。但西安市北郊汉城乡西查村出土的隋代初期白玉菩萨立像，右手拈柳枝，左手持净瓶，身体直立，缀满璎珞，与第 12、26、36 号窟菩萨立像没有十分密切的联系。

迄今为止研究领域中没有提及与北齐佛教美术之间的密切关联，就如来坐像而言，低肉髻及悬裳座的消失，与印度、东南亚、西域以及南朝的影响不无关系。右足盘坐于下的形式，来源于北齐佛教美术③。第 7、26、32、39 号窟左右壁造像，与后述第 82、94 号窟主尊，均属于这种形式。河北邺附

① 《出品目录》解说第 119 页记载该塑像为第 161 号窟出土（《中国麦积山石窟展》图录，日本经济新闻社，1992 年）。而第 161 号窟为西魏前期窟，塑像不可能出现北周的样式与形式。

② 菩萨立像额发中央出现尖角的这种形式，可见于西安西郊原机场北侧礼泉寺遗址出土的数身隋代塑像（王长启：《礼泉寺遗址出土佛教造像》，《考古与文物》2000 年第 2 期）。宁夏回族自治区固原须弥山石窟第 51 号窟（北周窟）也有这种形式的造像，但尖角略小。

③ 北齐统治地区右足盘于身下的如来坐像参照冈田健：《南北朝后期佛教美术诸相》，第 304 页（曾布川宽・冈田健：《世界美术大全集・东洋编》第三卷《三国・南北朝》，小学馆，2000 年）。

近的石窟，除南洞确定为568年以前营造以外，北齐初期营造的北响堂山石窟北洞（550年左右），570年代初期至中期营造的南响堂山石窟第1、2窟及第5窟等已经采用了这个形式。一般来说北周造像较北齐造像更加保守，所以这种右足盘坐打破常规的形式不可能早于北齐造像。这种形式传播到麦积山石窟最早也要到570年以后。宁夏回族自治区固原须弥山石窟第51窟（北周窟）的如来坐像为同样的形式，这个窟始终未能完成，源于武帝废佛的影响，也更加说明了上述观点①。

第12、26号窟主尊袈裟也显示出北齐佛教美术的影响。主尊衣覆两肩，上着（通臂下）凉州偏袒右肩式袈裟。邺附近的北响堂山石窟北洞如来坐像着衣形式相同。1975年西安北郊北草滩李家村出土的17件北周白玉造像中，有数身同样着衣的如来坐像，很有可能麦积山石窟的工匠吸收了西安传播来的信息，说明北齐佛教美术的形式不一定直接来源于北齐领地。

2. 第4号窟

第4号窟位于东崖最高处，距崖底约80米，为仿木构建筑的“崖阁”。前部为单檐庑殿顶窟廊，八根高近8米的巨大八角柱组成七间帐形龛。开窟时的造像现在一无所存，但其高度、规模之大，显然出自当时地位显赫的上层人物②。壁画与薄肉塑相结合的飞天表现形式，两龛之间各浮塑石芯天龙八部的形象，主题新颖，技法高超，建筑规模空前宏伟。窟内出现了迄今从未有过的一佛二弟子六菩萨（一佛八菩萨）的造像组合。第4号窟亦称为“七佛阁”或“散花楼”，一般认为是当时大都督李充信570年左右建造的。而李充信不过为宇文广的故吏，如此豪华规模宏大的建筑应当为麦积山最大的功德主秦州刺使宇文广家族所建。有学说认为李充信开凿的可能是第9号窟。从1950年拍摄的照片上可以发现③，第4号窟下方原有七体如来坐像并列一排，现在由于壁面经混凝土加固而不可辨认，但是否可以想见这七个龛即为李充信所造的“七佛阁”。第4号窟保存了原有状态的如来坐像，右足隐于身下，当为570年之后所造。第4号窟虽然不能简单地判定为“七佛阁”，但此窟反映了570年左右的西安北周样式，不可否认给麦积山石窟带来了巨大的影响。

3. 第7、12、26、27、32、35、36、39、65号窟

第141号窟及同一系统的其他各窟均为一窟七佛的形式，与第4号窟同样为七佛造像题材。而正壁一体左右壁各三体如来坐像的形式十分特殊，是其他窟所没有的④。值得注意的是，一窟七佛窟中，

---

① 须弥山石窟各窟的开凿年代参照宁夏回族自治区文物管理委员会、中央美术学院美术史系编：《须弥山石窟》，北京：文物出版社，1988年；以及宁夏回族自治区文物管理委员会、北京大学考古系编：《须弥山石窟内容总录》，北京：文物出版社，1997年。

② 李西民、张宝玺、黄文昆：《图版解说》，刊天水麦积山石窟艺术研究所编：《中国石窟·天水麦积山》，东京：平凡社，1987年，第278页。

③ 第9号窟为李充信开凿可参照金维诺：《麦积山石窟的兴建及其艺术成就》，刊天水麦积山石窟艺术研究所编：《中国石窟·天水麦积山》，东京：平凡社，1987年，第195页。另外末森熏指出第4号窟下方存在七佛的可能性（《天水麦积山东崖面复原考察》，日本中国考古学会，2008年）。

④ 这种造像的配置方式，现在已不存在，而在西安附近的寺院中尚能见到说明存在这种配置方式。第4号窟造像配置现在为一佛二弟子六菩萨或一佛八菩萨，配置形式非常少见。第4号窟开凿时不可否认与现在相同，左右壁各三身立像。而且可以肯定并非菩萨像而为如来像。如此第4号窟初始也为一窟七佛形式。这样一窟七佛形式并非麦积山所创尚需要进一步探讨。

左右壁的如来坐像均作禅定印，坐姿相同。第 7、12、26、27、32、35、36、39、65 号窟中，有的与第 7 号窟相同，如来坐像的着衣形式与双足的形式有统一的整体造型。但不具有第 141 号窟着衣形式细节上的区别，这种倾向更加明显。这组石窟营造的时期处于麦积山石窟的一个繁荣时期，石窟数量增多，一窟七佛的形式成为提高效率的一个有效方式。从石窟的规模及装饰判断，这组石窟的施主不比第 4 号窟具有雄厚的资金实力。多数窟左右壁不开龛，如来坐像塑于台座上，可见没有出现有实力的施主。其中，特别是第 7、26、32、39 号窟如来坐像右足隐于身下，开凿时期应晚于 570 年。第 7、12、26、27、32、35、36、39、65 号窟等开凿数量之多，应当为废佛令结束（579 年）以后开凿，而不是武帝建德元年（572 年）辩儒、佛、道三教先后，下令废佛对佛教进行镇压之前。

概观北周造像，大致可分为两类，一类为受北齐及西安北周佛教美术影响较大的窟，一类相反。麦积山石窟接受其他地区的影响，始于第 141 号窟，开凿时期晚于北周初期窟第 22 号窟。第 141 号窟以后，与第 141 号窟同一系统的第 7、12、26、32、36、39、65 号窟接受 570 年北齐佛教美术及西安北周佛教美术的影响更加明显。而且，第 141 号窟还确立了一窟七佛，由胸前着天衣的麦积山石窟特有的形式，这种形式流行于第 7、12、26、27、32、35、36、39、65 号窟。无可非议，第 141 号窟为麦积山石窟北周窟的代表窟。同一系统的其他各窟，开窟时期实际进入隋代的可能性很高，但可以确定为一组北周后期窟。麦积山石窟艺术研究所保管的《秦州雄武军陇城县第六保瑞应寺再葬佛舍利记》上书“又至隋文皇仁寿元年再（开）龛窟敕葬舍利建此宝塔赐净念寺”①。隋文帝于 601 年开始营造石窟，很有可能发生形式及样式上的巨大转变，所以可以肯定地说北周后期窟与第 141 号窟同一系统的石窟营造，一直持续到 601 年左右。

七、隋代诸窟

（一）隋代前期

第 40、62、82、94 号窟属于北周窟，至此尚未提及。第 40 号窟（东崖西部）穹隆顶窟，主尊如来倚坐像（交脚?）。第 82、94 号窟为圆拱龛，一佛二菩萨或一佛二弟子二菩萨。这三窟主尊为高台座，菩萨等塑于较低的台座上。第 82 号窟位于西崖西上部，第 94 号窟位于西崖西下部，有学说将这两窟认定为隋代窟。第 8 号窟主尊额发中央突出，与第 40、94 号窟同样，一般认定为隋代窟。另外第 40 号窟打破第 39 号窟，很可能为隋以后营造。

第 82、94 号窟菩萨立像天衣由肩垂下，互不交叉，左右相异，头部相对于身体比例略大，近似幼童体形。天衣的形式以及脖颈略长、下腹没有向前突出等特点，多见于西安出土的隋代前期作品，有别于北周。具备如此天衣的形式及脖颈、下腹等处特点，即便体形近似幼童也应归属于隋代的形式。

第 82、94 号窟主尊右足隐于身下，第 94 号窟菩萨立像璎珞斜挂于肩，为北齐旧领流行的形式，第 141 号窟同一系统的石窟并没有采用这种形式②。由此第 141 号窟系统的石窟唯一不见菩萨立像璎珞

① 张锦秀编撰：《麦积山石窟志》，兰州：甘肃人民出版社，2002，第 168 页。

② （日）冈田健：《北齊様式の成立とその特質》，《佛教艺术》第 159 号，每日新闻社，1985 年，第 44 页。

斜挂于肩的这一形式。这组石窟接受了由西安传播来的新样式，不同于第141号窟同一系统的石窟，可以判断为隋代前期窟。其营造时期与第141号窟同一系统的部分石窟相重叠。

这里触及一个问题，即第62号窟，如来坐像额发中央突出尖角，与第40、82、94号窟相同。第62号窟位于西崖西下部，平面方形，四角攒尖顶，三壁三龛，并非一窟七佛的形式。菩萨立像身体比例均匀，头部长度为身长的七分之一，这一点与第40、82、94号窟有很大差别，所以将第62号窟判定为隋代前期是否妥当尚有待考证。然而将其归类到北周窟内也十分孤立，因此与北周代表窟第141号窟不存在关联为证，第62号窟应当为隋代最早的早期窟①。另加两点考证，如来坐像额发中央突出尖角，原本为菩萨立像的一种形式；西安附近出土的隋代前期石造菩萨立像，身材比例由幼童蜕变为成人等特征也对上述结论作出了进一步的证明。正壁左菩萨立像腹部刻有一条细线，造像"着两层裙，外层于下腹部向外翻出；内层在胸部被肩部斜披下来的内衣所遮掩"。这种着衣方式与600年左右西安一带的流行有关，毫无疑问第62号窟为隋代所开凿。

（二）隋代后期

仁寿元年601年隋文帝赐塔，麦积山山顶舍利塔建成，同时开凿了几处新窟。这也是麦积山石窟最后一批集中开凿的石窟，包括第13号窟摩崖大佛，以及第5、14、24、34、37号窟，均位于东崖。第5、24、34、37号窟为马蹄形穹降顶窟；第14号窟为典型的北周窟，平面方形，四角攒尖顶，造像均为隋代重修②。

西魏以后，为确保开凿空间，石窟开凿的中心由西崖转向东崖。而这个时期石窟的数量不多，说明唐代以前东崖的空白崖面就已经所剩无几。这个时期麦积山石窟的专职工匠逐渐减少，工匠系统团体形态发生变化等原因，石窟开凿渐次萧条，石窟之间的关联逐渐减弱，很难从中发现相互的影响关系。造像接续北周后期至隋代前期，如来坐像披着两层袈裟，上层为偏袒右肩的形式，菩萨立像左右着衣方式相异。菩萨立像继承了北周三曲法及游足等特点，姿态较前更加优美。另外，还有头部比例较大的菩萨像及弟子像，这些造像身体均为成人比例。第14号窟（东崖西部）如来坐像左肩袈裟由一根肩带相连，第24号窟（东崖西部）及第5号窟（东崖上部）菩萨立像内衣也由肩带相连，反映了当时僧侣们着衣的流行方式，为一种新形式。这批造像与隋代前期以前的造像最大的区别在于体格与肌肉塑造方式的不同。从北周开始，造像趋向于表现肉体，但写实性尚未达到这一时期的水准。第14号窟的力士像即为典型范例，造型结实厚重，与实际的人体毫无区别，写实手法超出迄今所见的塑像。

也许与塑像的材料有关，就造像而言，麦积山石窟的造像自北魏前期直至隋代，均倾向于表达现实写实性。北魏第74、78号窟主尊双足现出于袈裟之外，反映了当时僧侣们的穿着方式。西魏如第102、20号窟的菩萨立像及弟子像，着衣上显示出当时一般的流行形式，下垂的飘带与袈裟（第20号

---

① 前面提到第65号窟属于第141号窟系统，四角攒尖顶，一窟七佛，菩萨立像天衣从前面披着，同时造像保留了头部较大的特征，如幼儿体型。至此第141号窟的影响力逐渐减弱，隋代的特征增强，由此也可以将此窟判断为隋代前期窟。

② 李西民、张宝玺、黄文昆：《图版解说》，刊天水麦积山石窟艺术研究所编：《中国石窟·天水麦积山》，东京：平凡社，1987年，第296页。但也不能否定尚留存第141号窟系统的洞窟形式。

窟）浑然一体。到了北周，菩萨仅露足跟，而在隋代，也有类似的写实性表现。同时造像注重身体的起伏，致力表现肌体的饱满。这些均为写实性的刻画。但是，通过仔细观察现实生活之后，对衣着细微部分的刻画，与着重表现人体肌体的饱满，两者之间存在根本的区别。到隋代表现肌体的饱满成为主流，可以说佛教造像进入了一个崭新的发展阶段。

第 5 号窟一窟两龛，左右大龛内为唐代造像，前廊正壁右上部为唐代所绘西方净土变，说明第 5 号窟的营造一直持续到唐代①。除此而外，几乎没有唐代营造的迹象，可以说麦积山石窟的营造活动截止到第 5 号窟而告一段落。第 5 号窟菩萨立像圆润饱满，与敦煌莫高窟第 427 窟等隋代造像颇为相似。这些造像的样式、形式为以西安为中心确立起来的隋代统一的样式与形式。由此可见，在首都西安形成的这些崭新的样式与形式，最终传播到全国各地，在中国整个区域形成了统一的造像形式。

八、结语

至此，本论文对麦积山石窟北魏前期至隋代后期的造窟过程进行了一个概观。造窟活动最为繁盛的北魏时期，第 74、78 号窟引人注目，长时期内保持了较强的影响力，直至北魏末期。而后第 74、78 号窟逐渐失去直接的影响力，石窟开凿依然延续其传统，这一点值得一提。至西魏尤其乙弗氏墓窟的营造改变了麦积山石窟的风格。以 540 年为界，麦积山石窟由一座延续传统的地方佛教石窟寺院转变为代表国家水平的皇室石窟，反映了当时首都西安的最新流行形式。西安西魏佛教美术遗物甚少，以第 44 窟为代表的西魏后期窟为研究西安西魏佛教美术样式及形式提供了实例。北周以后麦积山石窟的主导不再是延续第 44 号窟派属的工匠。西魏后期至北周前期这一段时期，造像样式与形式发生了很大的变化，不能否认两派工匠之间存在联系，但两派工匠绝不属于一个系统。值得一提的是，第 22 号窟等袈裟的披着方式在第 44 窟以前，就已经与第 127、135 号窟有相似之处。无论如何至北周以后与西安密切关联的麦积山石窟的重要性并没有消失。同时第 141 号窟等七佛形式，迄今为止尚未在其他地区发现相同的造像配置形式，说明麦积山石窟并没有一味模仿西安的流行形式。

南北朝时期的终结没有给中国佛教美术带来一个统一的样式与形式。各个地区风格不一，具有强烈区域特征的佛教美术的样式与形式根深蒂固。直至仁寿年间隋文帝在全国各地建造舍利塔以后，佛教美术的样式与形式才逐渐向一个统一的方向过渡。麦积山石窟于仁寿年间在山顶建塔，也融入全国的这一潮流之中。但麦积山此时崖面已经处于饱和状态，没有营造新窟的余地。加之唐代两次地震的打击，麦积山石窟又重新回到原来地方石窟寺院的地位，逐渐埋没于人们的记忆之中。

基于考察，本论文麦积山石窟的分期断代如下：

北魏前期（470~494 年左右）

第 51、68、70、71、73、74、75、77、80、90、98、100、128、144、148、165 号窟

北魏中期（502~510 年）

第 16、21、23、69、76、86、89、114、115、149、155、156、169、170 号窟

---

① 张锦秀编撰：《麦积山石窟志》，兰州：甘肃人民出版社，2002 年，第 74~75 页。

北魏后期（510~534 年左右）

第 17、85、93、101、103、121、122、131、133、139、140、142、154、159、163 号窟

西魏前期（535~540 年左右）

第 64、72、83、87、92、112、127、132、135、146、147、162、172 号窟

西魏后期（540 年左右~556 年左右）

第 20、43、44、102、105、120、123 号窟

北周前期（557 年左右~574 年左右）

第 4、9、22、45、67、109、141、157 号窟

北周后期（579 年左右~581 年左右）

第 7、12、26、27、32、35、36、39、65 号窟

隋代前期（581 年左右~601 年左右）

第 8、40、62、82、94 号窟

隋代后期（601 年左右~618 年左右）

第 5、13、14、24、34、37 号窟

本论文未提及的洞窟还有第 28、29、30 号窟，窟内造像已完全毁坏仅留有窟前的建筑装饰。另外第 84、88 号窟①等经过多次修缮，窟内造像为北周时期而开窟为北魏前期或中期。笔者将对麦积山石窟继续进行考察，最终完成麦积山石窟的全部分期断代工作。

（原载于《石窟寺研究》2011 年第 1 期）

① 这两个窟的造像，从主尊低肉髻及悬裳座的形式可判断为北周前期窟。然而左右壁开有小龛，应为北魏时期开凿。但小龛内影塑已不存在，所以无法判断具体为北魏的哪个时期。

麦积山石窟新发现的一条宋代题记及考证

董广强　魏文斌

最近，笔者在进行洞窟考察时，在第5窟的外侧壁面上发现一条刻画题记，其内容在前期的著录中尚没有收入，所以进行释读后考证如下。

第5窟是开凿于隋末唐初的一个洞窟，位于东崖的最高位置，其东侧是第4窟，即麦积山石窟著名的散花楼，两窟之间有隧道相连。第5窟西侧为大面积的地震坍塌区。第5窟外观形制为三间四柱，后开三个大龛。中龛较大，内塑一佛二弟子四菩萨；两侧的龛较小，内各塑一佛二菩萨。由于历史时期的地震，窟前部的檐柱等都塌毁无存，后面的大龛保存完好。洞窟总宽度为15米，高9米，进深6.5米。在中龛与左右龛两侧边缘均有半圆形的龛柱，龛柱之间的净距离为1米。壁面上有绘制壁画的泥皮并涂有白粉，泥皮的厚度约为5毫米，表面的白粉严重脱落仅存痕迹，在泥皮上没有发现壁画痕迹，是大面积的空白泥皮。仅在西侧龛上方有唐代的西方净土变壁画，两龛之间的泥皮和龛上方的唐代壁画泥皮属同一层位，未发现叠压关系，由此可以判定两龛之间的泥皮也是属于唐代的。新发现的题记位于中龛和西龛之间的壁面上。其位置距离第5窟地面为2.5米，靠近中龛的西侧龛柱。从右至左竖刻四行，字体方正，每字3厘米左右，笔画宽度约1毫米。总高度为0.45米，宽0.3米。因其位置略高，且属于刻画题记，和周围的随意刻画以及破坏痕迹很容易混为一体，一般性的考察是很难观察到的，而近期美术工作人员对高层的壁画进行临摹，搭设了脚手架，笔者在对壁画的考察中发现了这条题记，经辨识内容为：

> 踏白马军第一将出戍太平监一行七人/
> 故游此景□□□道（?）□三□□□□人/
> 陈佑方书此□高□息/
> 淳□十三年二月十九日题

另外在此题记的靠西距离约0.4米的位置的相同高度，另一个刻画题记，字体大小、刻画方式等和此题记相同，竖刻一行，内容为：

> 淳一（?）十三年二月二十日/

一、相关问题考证

1. 关于年号问题

在前面的一条题记中，“淳”后的字很模糊，但这里的题记明显是宋代的题记，而宋代带“淳”字的年号仅淳化、淳熙、淳祐等三个，而淳化和淳祐均不存在十三年，所以这里的年号只可能是淳熙，十三年当是1186年。

而后面的一条题记在“淳”字的后面仅仅有一个简单的横线刻画，似是一个“一”字，但是又没有这样的年号。从后面的“十三年二月二十日”的内容来看，和前面题记的“十三年二月十九日”仅差一天时间，并且两条题记邻近，字的大小、刻画方式也相同，所以后面的年号也应该是“淳熙”，可能是同一批人在先后一天的时间内来到这里题记，在看到前面的题记后，就仅仅在“淳”的后面简单地画了一横来代表“熙”字。

2. 题记中的军制、军职

踏白军是南宋时期的军制，是军事将领吴挺根据前线的形势设置的。“始，武兴所部就饷诸郡，漫不相属。（吴）挺奏以十军为名，自北边至武兴列五军，曰踏白、摧锋、选锋、策选锋、游奕；武兴以西至绵为左、右、后三军；而驻武兴者前军、中军。营部于是始井井然。”① 设置“十军”的具体时间尚不清楚，仅可以肯定是在绍兴三十一年（1161年）至隆兴和乾道初年的数年时间中。而踏白军的驻防区域应该是在秦州区域，因为“自北边至武兴（今陕西略阳）列五军，曰踏白、摧锋、选锋、策选锋、游奕”，而秦州地区当时是宋金的前线，处于最北位置，所以踏白军应是设置在秦州。

至于“踏白军”命名的来源，应该是对前线拼杀将士一种形象性的比喻，“白”即白刃，“踏白（刃）”即是足踏白刃、不惜性命、勇猛冲锋的含义，是一种褒奖性的称呼。在《新唐书》中便有：“（都统韩）弘素蹇纵，阴挟贼自重，且恶光颜忠力，思有以挠巇之。饬名姝，教歌舞、六博，襦衣属珠琲，举止光丽，费百巨万，遣使以遗（李）光颜，曰：‘公以君暴露于外，恭进侍者，慰君征行之勤’，光颜约旦日纳焉。乃大合将校置酒，引使者以侍姝至，秀曼都雅，一军惊视。光颜徐曰：‘我去室家久，以为公忧，诚无以报德。然战士皆弃妻子，蹈白刃，奈何独以女色为乐？为我谢公：天子于光颜恩厚，誓不与贼同生！’”② 这里的“蹈白刃”便是足踏白刃之意，另同卷中还有：“（王沛）子逢，从父征伐，累功署忠武都知兵马使。太和中，入为诸卫将军。从刘沔、石雄破回鹘于天德，有士二千人未尝战，欲冒赏赐，逢不与。或为请之，答曰：‘士奋死取赏，若无功而赏，何哉？’武宗以逢用法严，使宰相李德裕让之，逢曰：‘战者，前踏白刃，不以法，人孰用命？’讨刘稹也，为太原道行营将，领陈许兵七千屯翼城。稹平，加检校右散骑常。后亦至忠武节度使云。”③ 这里明确地提出了

① ［元］脱脱等撰：《宋史》卷三六六《列传一二五·吴挺传》，北京：中华书局，1975年，第11423页。

② ［北宋］欧阳修等撰：《新唐书》卷一七一《列传九六·李乌王杨曹高刘石》，北京：中华书局，1975年，第5185页。

③ ［北宋］欧阳修等撰：《新唐书》卷一七一《列传九六·李乌王杨曹高刘石》，北京：中华书局，1975年，第5190页。

“踏白”一词，秦州是接敌前线，直接面对金兵，“踏白（刃）”一词应是最合适的。

踏白军设置的时间比较早，从目前检索到的资料看，最迟在晚唐时期便有了，《旧五代史》记载：“王檀，字众美，京兆人也……檀在战中，摧锋陷阵，遂为太祖所知，稍蒙擢用。预破蔡贼于斤沟、淝河、八角，迁踏白都副将……（唐僖宗李儇光启四年，888年）佐硃珍大破时溥之众，檀获贼将何肱，改左踏白马军副将。预征兖、郓，累立战功。”① 宋代应该是沿用了这种军制名称。

关于“军”的编制，应该是依照刘琦在绍兴六年（1136年）设置的千人为标准，“（绍兴六年，刘）锜因请以前护副军及马军，通为前、后、左、右、中军与游奕，凡六军，每军千人，为十二将”②。

最初吴挺设置的十军均归属都统司管辖，但四川宣抚使安丙认为十军归于都统司军权太重，有尾大不掉之忧，便设置副都统司以分制踏白、摧锋、选锋、策锋、游奕五军。“（李）好义守西和，谓四州兵后，民不聊生，请蠲租以惠创痍。丙请于朝。又以沔州（现陕西略阳）都统司所统十军权太重，故自吴璘至挺、曦皆有尾大不掉之忧，乃请分置副都统制，各不相隶，以前右中左后五军隶都统司，踏白、摧锋、选锋、策锋、游奕五军隶副司。诏皆从之。”③ 这是吸收了宋将兴元都统制、四川宣抚副使吴曦于开禧二年（1206年）十二月叛宋降金的教训，文中的“四州兵后”是指开禧二年十一月“金人攻湫池堡，破天水，繇西和入成州，师溃，（吴）曦置不问。金人肆掠关外四州，如践虚邑，军民莫知死所”④。所以设置副都统司的时间应该是开禧三年（1207年）初。

在当时的军中，都分设马军和步军，以配合行动或单独出击。“（吴璘）尝著《兵法》二篇，大略谓：金人有四长，我有四短，当反我之短，制彼之长。四长曰骑兵，曰坚忍，曰重甲，曰弓矢。吾集蕃汉所长，兼收而并用之，以分队制其骑兵；以番休迭战制其坚忍；制其重甲，则劲弓强弩；制其弓矢，则以远克近，以强制弱。布阵之法，则以步军为阵心、左右翼，以马军为左右肋，拒马布两肋之间；至帖拨增损之不同，则系乎临机。知兵者取焉。”⑤ 而题记中的“踏白马军”应该就是驻守秦州踏白军中的骑兵部队。

“踏白”除了是军制的称号以外，还有踏白骑士、踏白将、踏白先锋等称呼，如“梁山之役，始与李唐宾不协。珍在军尝私迎其室于汴，而不先请，太祖疑之，密令唐宾察之，二将不相下，因而交诤。唐宾夜斩关还汴以诉，珍亦弃军单骑而至，太祖两惜之，故不罪，俾还于师。复以踏白骑士入陈、亳间”⑥。“李思安，陈留张亭里人也……思安善飞槊，所向披靡，每从太祖征伐，常驰马出敌阵之后，测其厚薄而还。或敌人有恃猛自炫者，多命取之，必鹰扬飚卷，擒馘于万众之中，出入自若，如蹈无人之地。太祖甚惜之，命副王虔裕为踏白将。”⑦ “大军讨西夏，命（李继周）为延州路踏白先锋。”⑧

---

① ［北宋］薛居正等撰：《旧五代史》卷二二《列传一二·王檀传》，北京：中华书局，1975年，第303页。

② ［元］脱脱等撰：《宋史》卷三六六《列传一二五·刘琦传》，北京：中华书局，1975年，第11400页。

③ ［元］脱脱等撰：《宋史》卷四〇二《列传一六一·安丙传》，北京：中华书局，1975年，第12191页。

④ ［元］脱脱等撰：《宋史》卷四〇二《列传一六一·安丙传》，北京：中华书局，1975年，第12188~12189页。

⑤ ［元］脱脱等撰：《宋史》卷三六六《列传一二五·吴璘传》，北京：中华书局，1975年，第11420页。

⑥ ［北宋］薛居正等撰：《旧五代史》卷一九《列传九·硃珍》，北京：中华书局，1975年，第260页。

⑦ ［北宋］薛居正等撰：《旧五代史》卷一九《列传九·李思安》，北京：中华书局，1975年，第261页。

⑧ ［元］脱脱等撰：《宋史》卷二五三《列传一二·李继周》，北京：中华书局，1975年，第8870页。

可以看出这个词用的相当广泛。

除了在军制和军职中使用“踏白”一词，在其他情况下也有使用，如“我师如入夏州之境，宜先招致接界熟户，使为乡导，其强壮有马者，令去官军三五十里踏白先行……灵武路自通达军入青冈峡五百里，皆蕃部熟户。向来使人、商旅经由，并在部族安泊，所求赂遗无几，谓之‘打当’，亦如汉界逆旅之家宿食之直也。此时大军或须入其境，则乡导踏白，当如夏州之法”①。但是在这里“踏白”一词冲锋陷阵的含义已经淡了很多，成为“先行”或“探路”之类的含义。

“踏白”还作为城池的名称使用了很长时间，“踏白城”位于河州，北宋时期属熙河路，曾在这里发生了多起战事。

在军中置将是北宋时期基本的军事编制，北宋初期，为了避免藩镇割据、将领专权的局面，设置了更戍法。“先是，太祖惩藩镇之弊，分遣禁旅戍守边城，立更戍法，使往来道路，以习勤苦、均劳逸。故将不得专其兵，兵不至于骄惰。”但是却造成了“使兵不知将，将不知兵，缓急恐不可恃”的局面。所以从宋神宗开始，便对更戍法进行调整，到熙宁年间，置将之法开始成为定制。“熙宁七年（1074年），始诏总开封府畿、京东西、河北路兵分置将、副。由河北始，自第一将以下共十七将，在河北四路；自第十八将以下共七将，在府畿；自第二十五将以下共九将，在京东；自第三十四将以下共四将，在京西，凡三十有七。而鄜延、环庆、泾原、秦凤、熙河又自列将焉。在鄜延者九，在泾原者十一，在环庆者八，在秦凤者五，在熙河者九，凡四十有二。八年，又诏增置马军十三指挥，分为京东、西两路。又募教阅忠果十指挥，在京西，额各五百人，其六在唐、邓，其四在蔡、汝。”最初的置将是在“开封府畿、京东西、河北路”统一编序，从第一将到三十七将，而在“鄜延、环庆、泾原、秦凤、熙河”② 是各自列将，如秦凤路便应该是秦凤路第一将到秦凤路第五将。

对于将的基本编制也有详细的规定：“凡诸路将各置副一人，东南兵三千人以下唯置单将。凡将、副皆选内殿崇班以上、尝历战陈、亲民者充，且诏监司奏举。又各以所将兵多寡，置部将、队将、押队使臣各有差。又置训练官次诸将佐。春秋都试，择武力士，凡千人选十人，皆以名闻，而待旨解发，其愿留乡里者勿强遣。此将兵之法也。”③ 可以看出，在西北边防地区，将的编制比较大，要在三千人以上或更多，而在东南的内部地区，一般都在三千人以下。

根据边境的具体情况，对置将之法也作了调整：“（元丰）六年（1083年），熙河路经略制置李宪言：‘本路虽有九将之名，其实数目多阙，缓急不给驱使。又蕃、汉杂为一军，嗜好言语不同，部分居止悉皆不便，今未出战，其害已多，非李靖所谓蕃、汉自为一法之意。若将本路九将并为五军，各定立五军将、副及都、同总领蕃兵将，使正兵合汉弓箭手自为一军，其蕃兵亦各自为一军。临敌之际，首用蕃兵，继以汉兵，必有成效，兼可减并将、副及部队将员，于事为便。’诏从之。”④ 而这种蕃、汉杂为一军的情况在秦凤路也应该存在，可能在以后的某个时间也由将改军，这就给南宋时期吴挺、吴嶙等在这个地区设置五军或十军有了军制方面的依据。

① ［元］脱脱等撰：《宋史》卷二七四《列传三三·宋琪》，北京：中华书局，1975年，第9129页。
② ［元］脱脱等撰：《宋史》卷一八八《志一四一·兵志二》，北京：中华书局，1975年，第4628页。
③ ［元］脱脱等撰：《宋史》卷一八八《志一四一·兵志二》，北京：中华书局，1975年，第4628页。
④ ［元］脱脱等撰：《宋史》卷一八八《志一四一·兵志二》，北京：中华书局，1975年，第4627页。

但是题记中所称的“踏白马军第一将”显然不是上述的秦凤路第一将，而应该是南宋时期刘琦设置的兵制：“（绍兴六年，刘）锜因请以前护副军及马军，通为前、后、左、右、中军与游奕，凡六军，每军千人，为十二将。”① 而吴挺在隆兴年间设置的“十军”则是在六军基础上的扩编，是沿袭了“每军千人，为十二将”的军制，所以题记中的“第一将”只是一个管辖近百人的军队下级武官。虽然“第一将”的名称相同，但在北宋、南宋时期却有着很大的区别。

3. 关于“太平监”

“太平”是地名，位于天水市清水县牛头河流域的太坪乡（目前撤乡并镇，原太坪乡被撤销，地域被划分到附近的其他乡镇），“监”是政府设置的管理机构。

在宋代曾设太平社，“社”是最低级的政府管理机构，类似于今天的乡镇。“天水军，同下州。绍兴初，秦州入于金，分置南、北天水县。十三年，隶成州。后以成纪之太平社、陇城之东阿（柯）社来属。”② 这是指在战争交错时期，金朝占领了太平社、东柯社（现麦积区东柯河谷，紧邻麦积山石窟）等，后经议和，又划归南宋管辖。

在宋代，各类“监”的设置较为繁杂，有直属中央政府的秘书监、钦天监，有军队系统的兵马监，有归属州、军的铸钱监等，在《宋史·地理志》天水条记载：“监一，太平。”虽然此处并没有明确记载这里的太平监是担负什么职能的机构，但在《地理志》所记载的其他各监均除了明确命名之外，均为铸钱监，如“阌乡，中下，太平兴国三年，自虢州与湖城二县来隶。监二。熙宁三年置，铸铜钱；八年置，铸铁钱”，“两当，上，至道元年，移治广乡镇。监一：开宝。建隆三年，于两当县置银冶。开宝五年，升为监。治平元年罢置官，以监隶两当县，元丰六年废”。“铁城。熙宁十年置。监一：滔山。熙宁九年置，铸铁钱。”③ 可以看出，这些铸钱监都是以地名命名的，而担负其他职能的“监”大多以职能命名，如：“普润。次畿。监一：司竹。”“甲寅，茶马司言宕昌马场岁额所管，皆是远蕃入中，其间多蹄黄怯瘦之类，若行排拨，必致损毙。令于西和州置丰草监，并宕昌良马监，务应歇养。”④ 所以，由此可以肯定，太平监是负责铸钱的机构。在北宋时期，秦州地区的榷场贸易很兴盛，所以在这个地区置铸钱监来便利货币流通。而在宋、金时期，为了互通有无，在边境地区仍存在一定程度的边境贸易，所以就也一直保存着太平监。

铸钱监设监当官：“监当官，掌茶、盐、酒税场务征输及冶铸之事，诸州军随事置官。”

二、简要的结论

题记中的“踏白马军第一将出戍太平监一行七人”，从我们前面的讨论分析看应该是属于一般性的军事人员调动，而太平监在这个时期较少有大规模的战事发生，相对而言是属于后方，而在秦州城、皂郊堡等经常性地发生大规模的战事，属于前沿，军队的编将序列也应该是从前沿向后排列，而“踏

① ［元］脱脱等撰：《宋史》卷三六六《列传一二五·刘琦传》，北京：中华书局，1975年，第11400页。

② ［元］脱脱等撰：《宋史》卷八五《志四二·地理五》，北京：中华书局，1975年，第2225页。

③ ［元］脱脱等撰：《宋史》卷八七《志四〇·地理三》，北京：中华书局，1975年，第2165页。

④ ［元］脱脱等撰：《宋史》卷一六七《志一二〇·职官七》，北京：中华书局，1975年，第3969页。

白马军”的第一将应该是驻守在前沿的某个位置，从路线上看，从秦州城方向去太平监，首先要达到现今的麦积区位置，然后沿着牛头河到达太平监，而陈佑方一行七人正是在这个间隙来到麦积山石窟游览。从“故游此景”看，他们已经不是第一次来麦积山游览了。

这条题记的发现，对了解南宋时期秦州边境的军制、军职等都提供了重要的资料，结合其他方面的资料，尚有进一步深入研究的必要性。

（原载于《石窟寺研究》第三辑，北京：文物出版社，2012 年）

从佛像服饰和题材布局及仿帐、仿木构再论麦积山北朝窟龛分期

陈悦新

引　言

麦积山地处秦岭西端北麓，位于天水市东南，距市区45公里，山高142米。窟龛群就开凿在陡峭壁立的南向崖面上①，最低的洞窟距地面20米，最高者距地面达80米②。因潮湿多雨，又几经地震，崖壁中部崩塌较甚，一般将遗存窟龛分布划作西崖和东崖两个区域。1941年初度调查编号121个窟龛，1953年编号增至194个，21世纪初又三度补编，现麦积山窟龛号共221个③。

对现存遗迹的调查研究表明，麦积山石窟以北朝窟龛数量多、规模大、延续时间长最为著称④。20世纪80年代以来，不断有学者关注麦积山石窟的分期问题，其中刊布的讨论麦积山北朝洞窟分期者，主要有以下三文。董玉祥《麦积山石窟的分期》依据窟龛形制、造像内容、造像特点及有关的历史文献和造像铭文，将北朝洞窟分为十六国（包括后秦、西秦）、北魏（又分为三期）、西魏、北周、隋等七个时期⑤。该文是关于此问题较早的一篇，包括的北朝窟龛数量较多，未能逐一细析，加之用以对比的其他石窟、造像等资料也有限，现在看来分期的根据显得不够充分。阎文儒《麦积山石窟的历史、分期及其题材》结合文献记载、窟龛形制及造像的特征与艺术风格等，分北朝洞窟为四个时期，即一、二期（西秦与北朝早期），三期和四期（北周、隋）⑥。该文主旨并不全在关注北朝洞窟的分期，因此仅涉及部分北朝窟龛，不是基于对北朝窟

---

① ［北宋］李昉等编：《太平广记》卷三九七，麦积山条引五代阙名撰《玉堂闲话》："麦积山者，北跨清渭，南渐两当，五百里冈峦，麦积处其半，崛起一石块，高百万寻，望之团团，如民间积麦之状，故有此名。其青云之半，峭壁之间，镌石成佛，石龛千室，虽自人力，疑其神功。"

② 张锦秀编撰：《麦积山石窟志》，兰州：甘肃人民出版社，2002年，第2页。

③ 魏文斌、白凡：《麦积山石窟历次编号及新编窟龛的说明》，《敦煌研究》2008年第5期。

④ 麦积山的佛教活动在西秦时已具一定规模。［梁］慧皎：《高僧传》卷一一《宋伪平城释玄高传》记高僧释玄高"杖策西秦，隐居麦积山。山学百余人，崇其义训，禀其禅道。时有长安沙门释昙弘，秦地高僧，隐在此山，与高相会，以同业友善"（汤用彤校注本，北京：中华书局，1992年，第409~410页）。

⑤ 董玉祥：《麦积山石窟的分期》，《文物》1983年第3期。

⑥ 阎文儒：《麦积山石窟的历史、分期及其题材》，阎文儒主编：《麦积山石窟》，兰州：甘肃人民出版社，1984年。

龛的全面观察。李裕群《北朝晚期石窟寺研究》运用考古类型学方法，首次对中原北方地区北朝晚期石窟进行综合研究，麦积山石窟是其中的一个部分。文中对所涉及的麦积山每一个洞窟，进行窟龛形制、题材内容和造像特点三个方面的类型排比，在此基础上根据有关文献记载和其他有纪年可考的石窟、造像等资料，将麦积山北朝晚期洞窟分为西魏、北周、隋三个时期①，其分期结论较为合理。但因文章研究遗存的年代重点在北朝晚期，所以没有对麦积山北朝窟龛进行全面的分期研究。

本文试在以上诸研究的基础上，拟以考古类型学方法再讨论麦积山北朝窟龛的分期。与前人不同之处，在于将类型排比的窟龛形制、题材内容和造像特点三项遗存进一步细化、明确，如造像特点关注主尊佛衣和胁侍菩萨衣饰，题材内容考虑造像组合及壁面配置之间的关系，窟龛形制侧重洞窟内外仿帐、仿木构的雕饰等。故选择遗存状况较好的 99 个窟龛加以分析研究，增补或明确某些新的论证。

一、佛像服饰和题材布局及仿帐、仿木构的类型排比

（一）主尊佛衣

佛衣由内而外披覆长方形三衣。分三层：里层第一衣为下衣（安陀会）；中层第二衣为中衣（郁多罗僧）；外层第三衣为上衣（僧伽梨）。根据三衣内在的逻辑，首先可从层次上将印度和汉地佛教造像中的佛衣，区分为上衣外覆类和中衣外露类。上衣外覆类仅表现上衣的披覆形式，中衣外露类则既表现上衣也表现中衣的披覆形式。其次，据上衣披覆形式变化，上衣外覆类可分出：通肩式、袒右式、覆肩袒右式、搭肘式、露胸通肩式等；据上衣及中衣披覆形式变化，中衣外露类可分出：上衣搭肘式、上衣重层式、中衣搭肘式等。共有八种类型②。除通肩式外，一般可见上身内着僧祇支，这是一件遮覆上身、袒右穿着的助身衣，穿三衣前须先衬僧祇支；也有少量的内着交领衣，其可能是由僧祇支改造的偏衫③。

麦积山北朝佛衣具上述八种类型中的五种，分别为覆肩袒右式（A 型）、通肩式（B 型）、上衣搭肘式（C 型）、露胸通肩式（D 型）和中衣搭肘式（E 型）。

A 型：覆肩袒右式。外层的上衣通覆两肩，右衣角由右腋下方绕过搭左肩。据衣纹变化可分二式。

---

① 李裕群：《北朝晚期石窟寺研究》，北京：文物出版社，2003 年，第 112~140 页。

② 这八种佛衣类型，是在分析文献并对照印度与汉地实物的基础上得出的，具体内容参见陈悦新：《佛衣与僧衣概念考辨》（《故宫博物院院刊》2009 年第 2 期）。本文中“上衣重层式”佛衣，在《佛衣与僧衣概念考辨》中名为“增加外披式”，据《十诵律》卷二七云：“若比丘得冢间新衣，应两重作僧伽梨，一重郁多罗僧，一重安陀会，二重尼师檀。复次欲作三重僧伽梨三重尼师檀。若比丘得冢间故衣，应四重作僧伽梨，二重郁多罗僧，二重安陀会”（《大正藏》第 23 册，195b 页）。三衣有重复披覆的情况，故将上衣外面所披覆的一层名重层上衣似较为合适。

③ 陈悦新：《佛衣与僧衣概念考辨》，《故宫博物院院刊》2009 年第 2 期。

Ⅰ式：衣褶细密。如第74、78、90①、70、71、128、148、115、156、89、86、143、77、68、73、114、155②窟龛。其中第74、78、90、70、71、128、148、115、89、143、77、155窟龛的上衣装饰勾联纹。

Ⅱ式：衣褶疏朗。如第141、109、31窟龛。

B型：通肩式。外层的上衣通覆两肩，右衣角绕颈搭左肩。据衣纹和底端变化可分二式。

Ⅰ式：衣褶细密。如第76、75、69、114、155窟龛。

Ⅱ式：衣褶疏朗，底端多覆座前，呈二分。如第141、36、41、45、157、39、32、109、31、65、62、12、7、27窟。

C型：上衣搭肘式。外层的上衣通覆两肩，右衣角在胸腹前横过搭左肘；中层的中衣与外层的上衣披覆形式一致。据衣纹和底端形式变化可分四式。

Ⅰ式：衣褶细密，胸腹部保留少量勾联纹；底端未覆座前。如第114窟。

Ⅱ式：底端覆座前，呈三分或四分。如第163、16、17、131、23、122、126③、142、133、112、154、85、101、121④、161、158、129、164、138、140、81窟。

Ⅲ式：底端覆座前，呈二分。如第159、132、92、154、162、87、83、101、121、139、81、135、172、127⑤、147、146、120、102、20、44、123、145、36窟龛。一般上衣在右腿处呈瓣状装饰，中衣饰竖道衣缘。其中第162、101、20窟仅上衣右腿处饰瓣状；第146、120、102、44窟仅中衣饰竖道衣缘；第159、121、123、145、36窟的上衣右腿处无瓣状装饰，中衣无竖道衣缘。

Ⅳ式：底端平覆倚坐佛小腿前。如第5窟。

D型：露胸通肩式。外层的上衣通覆两肩，右衣角绕过前身搭左肩，衣缘呈“U”形垂至胸腹部。据底端变化可分二式。

Ⅰ式：底端覆座前，呈三分。如第17、142、99窟。

Ⅱ式：底端覆座前，呈二分。如第120、141、36、22、82、94、97、166、39、32、26窟。

E型：中衣搭肘式。中层的中衣通覆两肩，右衣角垂搭右肘；外层的上衣通覆两肩或不覆右肩，右衣角由右腋下绕过搭左肩。据底端变化可分二式。

---

① 第90窟佛衣后代重妆，式样不明，但可见正壁佛衣腿右侧面饰勾联纹，与第74、78窟相同。因勾联纹较特殊，故将第90窟佛衣列入其中。

② 第155窟的覆肩袒右式佛衣，其右衣角既表现出搭左肩的形式，又表现出搭左肘的形式。

③ 第126窟上衣搭肘式佛衣与其他略不同，中衣与上衣的披覆形式不一致。中衣通覆两肩，右衣角绕过前身搭左肩，衣缘呈“U”形垂至胸腹部，为露胸通肩；上衣披覆两肩，右衣角自右腋下绕过搭左肘。

④ 第121窟三尊佛衣上身均为后代改妆，底端露出原迹，从衣底端的处理情况看，推测仍为上衣搭肘式佛衣，正、左壁的上衣底端呈三分，右壁的上衣底端呈二分。

⑤ 第127窟正壁龛内造像为嵌入的一佛和二菩萨三尊单体石造像，其中上衣搭肘式佛衣底端呈三分，与两侧壁龛内佛衣底端呈二分不同，据造像材质和佛衣式样分析，正壁龛内的三身石造像，可能不是第127窟原物。因此，未将正壁石造像纳入佛衣和菩萨衣饰类型排比。另外，第127窟两侧壁龛内的佛衣后代重妆，仅下半身露出原作，可见底端二分，上衣在右腿处呈瓣状装饰，中衣饰竖道衣缘，这是底端呈二分的上衣搭肘式佛衣的典型特点，故推测仍为上衣搭肘式佛衣。

Ⅰ式：底端覆座前，呈二分。如第 109、31、65、62、12、7、26 窟。

Ⅱ式：底端平覆座前，并延伸至座两侧，略呈立体状。如第 14①、15、5、24② 窟。其中第 14、5 窟的上衣右衣角在左胸腹处做成挂钩纽状，但钩纽尚未出现。

（二）胁侍菩萨衣饰

菩萨衣饰的分类和称谓，专门研究较少③。为叙述方便，现据披着形式的主要特点拟名如下。上身裸体，或着似僧祇支式内衣，下身着裙，拟名为下裙式（A 型）；着裁剪的交领大袖连体衣，拟名为交领大袖式（B 型）；与佛衣的上衣搭肘式相似，拟名为上衣搭肘式（C 型）。

A 型：下裙式。据下裙及披巾变化可分四式。

Ⅰ式：上身裸，下着裙。左肩向右腿处覆斜披衣，斜披衣及下裙饰波谷纹。披巾搭肩顺于体侧。如第 74、78、70、71、128、80、76、115、156、68、169、100、114、155、163、23 窟龛。其中第 74 窟菩萨的斜披衣和下裙波谷纹端部饰有勾联纹。

Ⅱ式：上身着似僧祇支式内衣或裸，下着裙。裙底端两层，内层裙饰波谷纹。披巾搭肩一般在腹前交叉。如第 69、163、16、17、122、142、133、85、139、140 窟。其中第 163 窟的披巾顺于体侧；另外，第 122、142、85、139、140 窟的瓔珞叠在披巾上。

Ⅲ式：上身着似僧祇支式内衣或裸，下着裙。裙底端单层，披巾搭肩在腹前交叉或顺于体侧。如第 159、133、87、83、140、81、127、44、145、105、141、22、65、27 窟。其中第 159、140、44 窟的披巾在腹前交叉，第 105、141、22、65、27 窟的披巾在腹前交叉穿环，第 87、83、81、127、44、145 窟的披巾顺于体侧；第 87 窟的瓔珞在腹前交叉，第 140、27 窟的瓔珞叠在披巾上。

Ⅳ式：上身着似僧祇支式内衣或裸，下着裙。裙底端单层，披巾搭肩在腹腿前横过一道或两道。如第 36、141、45、82、94、166、62、12、26、14、5、24 窟。其中第 166 窟的无披巾；第 45、94、166 窟龛的瓔珞自单肩垂下在腿前横过；第 62、12、26 窟的瓔珞自两肩垂下呈大圆环状。

B 型：交领大袖式。裁剪的交领大袖连体衣，披巾搭肩在腹前交叉或顺于体侧。如第 132、92、87、101、121、81、135、172、146、120、102、20、123、105 窟龛。其中第 132、101、121、135、146 窟龛的披巾在腹前交叉，第 87、102 窟的披巾在腹前交叉穿环，第 92、81、135、120、20、123、105 窟的披巾顺于体侧。

C 型：上衣搭肘式。外层的上衣通覆两肩，右衣角在胸腹前横过搭左肘。如第 126、142 窟。

（三）题材布局

根据洞窟内主尊与胁侍造像组合，以及壁面配置的内容，将造像组合与壁面小龛、影塑并存的布局拟名为造像组合及壁面配置（A 型），将只有主尊与胁侍造像组合，而壁面无小龛、影塑的布局拟名

---

① 第 14 窟中衣搭肘式佛衣底端毁，但从座上残存遗迹看，底端原覆座两侧。

② 第 24 窟中衣搭肘式佛衣与其他略不同，上衣右衣角搭左肘，未搭左肩。

③ （日）吉村怜：《古代佛、菩萨像的衣服及其名称》，《2005 年云冈国际学术研讨会论文集·研究卷》，北京：文物出版社，2006 年，第 157~172 页。文中分析了菩萨衣饰的基本组合，但未给出术语称谓。

为造像组合（B 型）。

A 型：造像组合及壁面配置。主尊三佛或一佛，个别三尊中一身为菩萨。据胁侍造像及壁面配置的变化可分二式。

Ⅰ式：胁侍以菩萨为主①。壁面配置小龛，内奉思惟菩萨、交脚菩萨、坐佛；或壁面配置影塑，或壁面小龛、影塑均列，雕坐佛、思惟菩萨、交脚菩萨、立像、飞天、供养像等。如第 51②、74、78、128、148、144、80、76、115、156、89、86、100、114、163、16、17、159、132 窟。其中第 51、74、78 窟仅正壁上方两侧各一小龛；第 163 窟左壁主尊为菩萨③。

Ⅱ式：胁侍除菩萨外，出现弟子、螺髻胁侍和力士等形象。壁面配置影塑为主，有坐佛、立像、飞天、供养像、莲花等。如第 155、92、122、126、142、133④、112、154、162⑤、85、87、83、101、121 窟。其中第 142 窟右壁主尊、第 101 窟左壁主尊为交脚菩萨；第 155 窟壁面小龛和影塑均列⑥。

B 型：造像组合。胁侍主要有菩萨和弟子，壁面无配置。据主尊变化可分二式。

Ⅰ式：主尊三佛或一佛，个别三尊中出现维摩、文殊。如第 161、158⑦、139、140、81、135、172、127、147、146、120、102、20、44、123、145、105、62、14、5、24 窟。其中第 102 窟左壁、123 窟右壁主尊分别为维摩、文殊；第 139、14 窟胁侍为力士，第 140 窟有螺髻胁侍，第 123 窟胁侍除菩萨、弟子外，增加男童和女童供养像。

Ⅱ式：主尊流行七佛，出现五佛。如第 141、36、39⑧、32、109、35⑨、4⑩、9、65、12、7⑪、27、26、15⑫ 窟。其中第 15 窟主尊为五佛。

（四）仿帐、仿木构

根据洞窟内外仿帐、仿木构雕饰内容，将窟内模仿帐构的拟名为仿帐构陈设（A 型），将窟外模仿

---

① 这里指多数洞窟的情况。有的洞窟胁侍经后代改动，如第 51 窟可能增加二弟子像；有的洞窟坍塌或毁损严重，胁侍已失，如第 148、144、89、86 窟。因这些窟的壁面配置小龛，仍可将它们置入 A 型Ⅰ式中。

② 第 51 窟正壁两侧上方小龛内雕像不存。

③ 第 163 窟左壁主尊菩萨下半身残毁，不知其坐式为交脚或倚坐。

④ 第 133 窟形制特殊，为前后室，周壁上下两层开 16 个龛，每龛一主尊二菩萨较多，有的胁侍为弟子，有的无胁侍。

⑤ 第 162 窟无胁侍。

⑥ 从窟室形制和题材布局情况分析，第 155 窟始凿时，正壁左右各列三个小圆拱龛，侧壁各开一大龛，大龛里侧各一弟子，为二龛窟形制。后在开凿过程中加以改变，于正壁中间开大龛，形成三龛窟，又将正壁大龛两侧下方的两小龛封堵，于其前各立一胁侍菩萨，现左侧菩萨存，右侧菩萨已失。

⑦ 第 158 窟无胁侍。

⑧ 第 39 窟胁侍已失。

⑨ 第 35 窟胁侍已失。

⑩ 第 4 窟窟内壁面上方各影塑三排千佛，较为特殊。

⑪ 第 7 窟无胁侍。

⑫ 第 15 窟无胁侍。

木构建筑的拟名为仿木构窟廊（B 型），将洞窟内模仿木构建筑的拟名为仿木构梁架（C 型）。

A 型：仿帐构陈设。窟内四角多雕帐柱，四壁顶端雕出帐楣，四角向心斜出帐杆，交于窟顶。据窟顶形制变化可分二式。

Ⅰ式：长方形覆斗顶。如第 127、43① 窟。

Ⅱ式：方形覆斗顶，或攒尖顶。如第 141、36、39、32、109、35、4、65、62、12、7、27、26、14 窟。

B 型：仿木构窟廊。面阔三间或七间。据阑额与柱的位置变化可分二式。

Ⅰ式：阑额置于柱头栌斗之上，或栌斗上直接雕檐榑。如第 43、49②、28、30、1、4③ 窟。其中第 43、49、28、30、4 窟雕出单檐庑殿顶。

Ⅱ式：阑额位于柱头之间，与柱连成一体。阑额上置呈弯脚状的叉手。如第 5 窟。

C 型：仿木构梁架。窟内雕出梁、叉手、替木及脊榑等细部的仿木结构梁架。如第 3、15 窟。

二、北朝窟龛的分期与年代

（一）北朝窟龛分期

根据以上对 99 处窟龛四项内容的型式排比，可归纳分组如表一。

表一　北朝窟龛佛像服饰和题材布局及仿帐、仿木构的类型表

组别	窟龛	佛衣					菩萨衣饰			题材布局		仿帐、仿木构	
	51									AⅠ			
	74	AⅠ					AⅠ			AⅠ			
	78	AⅠ					AⅠ			AⅠ			
	90	AⅠ											
	70	AⅠ					AⅠ						
一	71	AⅠ					AⅠ						
	128	AⅠ					AⅠ			AⅠ			
	148	AⅠ								AⅠ			
	144									AⅠ			
	80						AⅠ			AⅠ			
	76		BⅠ				AⅠ			AⅠ			

① 第 43 窟后室雕仿帐构陈设。

② 第 49 窟窟廊外部崩塌，仅两侧靠崖壁有两根柱子尚存，推测原为四柱三间。见傅熹年：《麦积山石窟中所反映出的北朝建筑》，《文物资料丛刊》第 4 辑，北京：文物出版社，1981 年。

③ 第 4 窟窟廊中部已崩塌，仅东西梢间二根角柱因为和崖壁相连，尚附在断崖上。柱廊面阔七间，共有八根檐柱，中间六根已崩落，曾于崖下发掘出崩落的柱及栌斗残段。见傅熹年：《麦积山石窟中所反映出的北朝建筑》，《文物资料丛刊》第 4 辑，北京：文物出版社，1981 年。

续表

组别	窟龛	佛衣					菩萨衣饰			题材布局		仿帐、仿木构	
一	115	AⅠ					AⅠ			AⅠ			
	156	AⅠ					AⅠ			AⅠ			
	89	AⅠ								AⅠ			
	86	AⅠ								AⅠ			
	143	AⅠ											
	77	AⅠ											
	75		BⅠ										
	68	AⅠ					AⅠ						
	73	AⅠ											
	169						AⅠ						
	69		BⅠ				AⅡ						
	100						AⅠ			AⅠ			
	114	AⅠ	BⅠ	CⅠ			AⅠ			AⅠ			
	155	AⅠ	BⅠ				AⅠ			AⅡ			
二	163			CⅡ			AⅠAⅡ			AⅠ			
	16			CⅡ			AⅡ			AⅠ			
	17			CⅡ	DⅠ		AⅡ			AⅠ			
	159			CⅢ			AⅢ			AⅠ			
	132			CⅢ				B		AⅠ			
	131			CⅡ									
	92			CⅢ				B		AⅡ			
	23			CⅡ			AⅠ						
	122			CⅡ			AⅡ			AⅡ			
	126			CⅡ					C	AⅡ			
	142			CⅡ	DⅠ		AⅡ		C	AⅡ			
	133			CⅡ			AⅡAⅢ			AⅡ			
	112			CⅡ						AⅡ			
	154			CⅡCⅢ						AⅡ			
	162			CⅢ						AⅡ			
	85			CⅡ			AⅡ			AⅡ			
	87			CⅢ			AⅢ	B		AⅡ			
	83			CⅢ			AⅢ			AⅡ			
	101			CⅡCⅢ				B		AⅡ			
	121			CⅡCⅢ				B		AⅡ			

续表

组别	窟龛	佛衣					菩萨衣饰			题材布局		仿帐、仿木构	
二	161			CⅡ							BⅠ		
	158			CⅡ							BⅠ		
	129			CⅡ									
	164			CⅡ									
	138			CⅡ									
	99				DⅠ								
	139			CⅢ			AⅡ				BⅠ		
	140			CⅡ			AⅡAⅢ				BⅠ		
	81			CⅡCⅢ			AⅢ	B			BⅠ		
三	135			CⅢ				B			BⅠ		
	172			CⅢ				B			BⅠ		
	127			CⅢ			AⅢ				BⅠ	AⅠ	
	43											AⅠ	BⅠ
	49												BⅠ
	28												BⅠ
	30												BⅠ
	1												BⅠ
	147			CⅢ							BⅠ		
	146			CⅢ				B			BⅠ		
	120			CⅢ	DⅡ			B			BⅠ		
	102			CⅢ				B			BⅠ		
	20			CⅢ				B			BⅠ		
	44			CⅢ			AⅢ				BⅠ		
	123			CⅢ				B			BⅠ		
	145			CⅢ			AⅢ				BⅠ		
	105						AⅢ	B			BⅠ		
四	141	AⅡ	BⅡ		DⅡ		AⅢAⅣ				BⅡ	AⅡ	
	36		BⅡ	CⅢ	DⅡ		AⅣ				BⅡ	AⅡ	
	41		BⅡ										
	45		BⅡ				AⅣ						
	157		BⅡ										
	22				DⅡ		AⅢ						
	82				DⅡ		AⅣ						
	94				DⅡ		AⅣ						

续表

组别	窟龛	佛衣					菩萨衣饰			题材布局		仿帐、仿木构	
四	97				DⅡ								
	166				DⅡ		AⅣ						
	39		BⅡ		DⅡ						BⅡ	AⅡ	
	32		BⅡ		DⅡ						BⅡ	AⅡ	
	109	AⅡ	BⅡ			EⅠ					BⅡ	AⅡ	
	35										BⅡ	AⅡ	
	4										BⅡ	AⅡ	BⅠ
	3												C
	9										BⅡ		
	31	AⅡ	BⅡ			EⅠ							
	65		BⅡ			EⅠ	AⅢ				BⅡ	AⅡ	
	62		BⅡ			EⅠ	AⅣ				BⅠ	AⅡ	
	12		BⅡ			EⅠ	AⅣ				BⅡ	AⅡ	
	7		BⅡ			EⅠ					BⅡ	AⅡ	
	27		BⅡ				AⅢ				BⅡ	AⅡ	
	26				DⅡ	EⅠ	AⅣ				BⅡ	AⅡ	
五	14					EⅡ	AⅣ				BⅠ	AⅡ	
	15					EⅡ					BⅡ		C
	5			CⅣ		EⅡ	AⅣ				BⅠ		BⅡ
	24					EⅡ	AⅣ				BⅠ		

表中第51、74、78、70、71、128、148、144、80、76、115、156、89、86、143、77、75、68、73、169、69、100、114、155等25个窟龛，佛衣为覆肩袒右式（AⅠ）和通肩式（BⅠ）。菩萨衣饰为下裙式（AⅠ）。题材布局为主尊三佛或一佛与胁侍菩萨组合；壁面配置小龛和影塑，内容有思惟菩萨、交脚菩萨、坐佛、立像、飞天、供养人等（AⅠ）。这25个窟龛的佛像服饰和题材布局的型式较为一致，归纳为第一组。

第163、16、17、159、132、131①、92、23、122、126、142、133、112、154、162、85、87、83、101、121、161、158、129、164、138、99、139、140、81等29个窟龛，佛衣为上衣搭肘式，一种底端三分或四分（CⅡ），一种底端二分（CⅢ）。菩萨衣饰为下裙式（AⅡ、AⅢ）和交领大袖式（B）。题材布局以主尊三佛或一佛为主，个别三尊中出现一身菩萨，胁侍除菩萨外，增加弟子、力士、螺髻胁侍等；壁面配置小龛和影塑，内容有坐佛、立像、思惟菩萨、交脚菩萨、飞天、供养人、莲花等（AⅠ、AⅡ），有的壁面无配置（BⅠ）。这29个窟龛的佛像服饰和题材布局的型式共同处较多，归纳为第二组。

① 第131窟胁侍已失，壁面影塑坐佛和立像等。因无法得知胁侍身份，其题材布局类型归入AⅠ或AⅡ均可。为避免混乱，在题材布局中未列出其型式。

第135、172、127、43、49、28、30、1、147、146、120、102、20、44、123、145、105等17个窟，佛衣为上衣搭肘式，底端二分（CⅢ）。菩萨衣饰为交领大袖式（B）和下裙式（AⅢ）。题材布局以主尊三佛或一佛为主，个别三尊中出现维摩、文殊，胁侍以菩萨和弟子为主；壁面无配置（BⅠ）。开始流行仿帐、仿木构（AⅠ、BⅠ）。这17个窟的佛像服饰、题材布局和仿帐、仿木构的型式较为接近，归纳为第三组。

第141、36、41、45、157、22、82、94、97、166、39、32、109、35、4、3、9、31、65、62、12、7、27、26等24个窟龛，佛衣为覆肩袒右式（AⅡ）、通肩式（BⅡ）、露胸通肩式（DⅡ）和中衣搭肘式（EⅠ）。菩萨衣饰为下裙式（AⅣ）。题材布局以主尊七佛为主，胁侍多菩萨和弟子，壁面无配置（BⅡ）。盛行仿帐、仿木构（AⅡ、BⅠ、C）。这24个窟龛的佛像服饰、题材布局和仿帐、仿木构的型式多有相同处，归纳为第四组。

第14、15、5、24等4个窟，佛衣为中衣搭肘式（EⅡ）。菩萨衣饰为下裙式（AⅣ）。题材布局为主尊三佛或一佛，出现五佛，胁侍以菩萨和弟子为主，壁面无配置（BⅠ、BⅡ）。沿袭仿帐、仿木构（AⅡ、BⅡ、C）。这4个窟的佛像服饰、题材布局和仿帐、仿木构型式较为近似，归纳为第五组。

其中，第一组第115窟佛座正面墨书“景明三年（502年）”纪年①。第二组佛像服饰出现新式样，胁侍形象增加。第三组壁面无配置，出现仿帐、仿木构。第四组流行主尊七佛和仿帐、仿木构。第五组佛衣作钩纽状。佛衣饰钩纽在隋唐东部地区甚为流行，如龙门石窟约完工于贞观十五年（641年）的宾阳南洞正壁②，济南神通寺千佛崖显庆二年（657年）驸马刘玄意造像、显庆三年（657年）赵王福造像等的佛衣。

据此，五组间存在着由最早的第一组向最晚的第五组演化的相对年代序列，其反映了麦积山五个时期窟龛的发展与变化。

（二）各期窟龛主要特点

为便于了解麦积山北朝五期窟龛特点③，现据表一将之概括列如表二。

表二 麦积山北朝五期窟龛特点

特点 / 期别	主尊佛衣	胁侍菩萨衣饰	题材布局	仿帐、仿木构
一期	覆肩袒右式、通肩式，衣褶细密，较多有勾联纹	下裙式，覆斜披衣，披巾顺于体侧	主尊三佛或一佛，胁侍菩萨。壁面配置小龛和影塑	

① 麦积山勘察团：《麦积山石窟内容总录》，《文物参考资料》1954年第5期。

② 张若愚：《伊阙佛龛之碑和潜溪寺、宾阳洞》，《文物》1980年第1期。

③ 据99个窟龛的佛像服饰和题材布局以及仿帐、仿木构型式划分，一些保存不甚完好的窟龛还可纳入大体的期属中。如可纳入一、二期的有第57、165、218、170、19、93、195、196、91、149、84、88、110、107窟龛等；可纳入二、三期的有第21、72、64、103、130、56、124、117、160窟龛等；可纳入三、四期的有第54、60、113、96窟龛等；可纳入四、五期的有第55、18、42、53、46、197、11、52、136、202、34、134、67、37、8、10、40窟龛等。

续表

特点 期别	主尊佛衣	胁侍菩萨衣饰	题材布局	仿帐、仿木构
二期	上衣搭肘式，一种底端三分或四分，另一种底端二分	下裙式和交领大袖式，披巾交叉或顺于体侧	主尊三佛或一佛为主，个别三尊中有一身菩萨；胁侍除菩萨外，增加弟子、螺髻胁侍和力士。壁面配置小龛和影塑，有的壁面无配置	
三期	上衣搭肘式，底端二分	交领大袖式，少量下裙式，披巾交叉或顺于体侧	主尊三佛或一佛为主，个别三尊中有维摩、文殊；胁侍以菩萨和弟子为主。壁面无配置	出现仿帐构陈设，流行仿木构窟廊
四期	覆肩袒右式、通肩式、露胸通肩式、中衣搭肘式，衣褶疏朗，底端二分	下裙式，披巾横过腹腿前	主尊盛行七佛，胁侍以菩萨和弟子为主。壁面无配置	流行仿帐构陈设、仿木构窟廊与仿木构梁架
五期	中衣搭肘式，底端平覆座前，略呈立体状	下裙式，披巾横过腹腿前	主尊三佛或一佛为主，出现五佛；胁侍以菩萨和弟子为主。壁面无配置	沿袭仿帐构陈设、仿木构窟廊及仿木构梁架

（三）各期年代推断

麦积山北朝各期窟龛特点已如上表。但关于麦积山北朝窟龛的开凿时间，文献少有明确记载，可资参考的纪年铭记也极为鲜见。因此其各期凿造年代，主要依据有纪年可考、演化脉络较为清楚，由皇室贵胄开凿的北朝云冈①、龙门②、响堂山③石窟和南朝栖霞山石窟④，以及成都地区出土的南朝石刻造像⑤等的遗存内容，主要是其中的佛衣和仿木构窟廊，与麦积山进行比较，同时结合文献及铭记，予以推断。

1. 第一期

麦积山第74、78窟佛衣、菩萨衣饰及题材布局与云冈一期第20窟相近。云冈第20窟正壁佛衣为勾联纹覆肩袒右式，左壁通肩式佛衣；主尊三佛，正壁坐佛，左壁立佛，右壁立佛已残无，但尚存莲座和腿部遗迹；二胁侍菩萨位于正壁佛两侧，据二者左肩向右下斜披的残迹，以及右侧菩萨残存的裙

① 宿白：《平城实力的集聚和“云冈模式”的形成与发展》，云冈石窟文物保管所编：《中国石窟·云冈石窟》（一），北京：文物出版社、东京：平凡社，1991年，第176~197页。

② 宿白：《洛阳地区北朝石窟的初步考察》，龙门文物保管所、北京大学考古系编：《中国石窟·龙门石窟》（一），北京：文物出版社，1996年，第225~239页。

③ 李裕群：《北朝晚期石窟寺研究》，北京：文物出版社，2003年，第8~56页。

④ 林蔚：《栖霞山千佛岩区南朝石窟的分期研究》，《燕京学报》新十九期，2005年，第275~308页。

⑤ 刘志远、刘廷壁：《成都万佛寺石刻艺术》，北京：中国古典艺术出版社，1958年。袁曙光：《四川省万佛寺石刻造像整理简报》，《文物》2001年第10期。张肖马、雷玉华：《成都市商业街南朝石刻造像》，《文物》2001年第10期。成都市文物工作队等：《成都市西安路南朝石刻造像清理简报》，《文物》1998年第11期。

底端判断，菩萨衣为下裙式，覆有斜披衣。

麦积山第一期洞窟中有的在正壁上方两侧配置小龛，左侧小龛内为一思惟菩萨二胁侍菩萨组合，右侧小龛内为一交脚菩萨二胁侍菩萨组合①。云冈二期第7、8窟中也有思惟、交脚菩萨题材，第7窟主室正壁上方大龛内布局一交脚菩萨二倚坐佛二思惟菩萨，第8窟主室正壁上方大龛内布局一倚坐佛二交脚菩萨二思惟菩萨；第7、8窟主室壁面列龛中有一佛或一交脚菩萨与二胁侍菩萨组合，麦积山正壁上方两侧小龛内一主尊菩萨二胁侍菩萨的组合与其相似。云冈第7、8窟菩萨衣下裙式，覆有斜披衣；或下裙式，披巾在腹部交叉。另外云冈第7、8窟主室正壁倚坐佛腿部残存勾联纹，第7、8窟以后勾联纹不见。以上说明麦积山一期窟龛与云冈一期（460~470年）和二期（471~494年）第7、8窟的时间较接近，第7、8窟的时间推测在孝文帝（471~499年）初年②。

第78窟佛坛右壁供养人身着胡服，旁有题名，其中两处提到"仇池镇"。北魏设置仇池镇在太平真君七年（446年）③，同年推行灭法政策④，到文成帝（452~465年）时复兴佛教，孝文帝太和十二年（488年）改仇池镇为梁州，第一期窟龛开凿或不能早于文成帝复法及晚于仇池镇改州。据其与云冈第7、8窟相似的情况，麦积山一期窟龛开凿的上限约与孝文帝初年（471年）接近。

第115窟有"景明三年（502年）"纪年，左壁配置的一身影塑佛像，上身内着交领衣，与东晋末年至南朝初年拼镶砖画墓⑤人物荣启期内衣交领系带的形式相似，这种交领形式是传统的汉族服装。第114窟正壁主尊佛衣上衣搭肘式受到南朝影响（详见下文），上身亦内着交领衣。宣武帝景明时期（500~503年）似为麦积山新旧风尚交替的开始。

此外，第一期壁面的影塑配置可能受到凉州石窟的影响，武威天梯山石窟第1、4等窟属凉州石窟早期⑥，年代约在北凉都姑臧时期（412~439年）⑦。其中，第1窟"中心柱中层四面都作有浮塑或影塑小佛像"⑧。

---

① 犍陀罗浮雕作品中也有在主尊上方两侧各开一个小龛的构图，如白沙瓦博物馆藏出自 Sahri Bahlol 的一件浮雕（Harald Inghlot. Gandharan Art in Pakistan. New York：Pantheon Books，Inc.，1957，PL. 254）；加尔各答博物馆、拉合尔博物馆和卡拉奇博物馆所藏三件浮雕（栗田功《ガンダーラ美术》Ⅰ，东京：二玄社，1988年，图398、399、401）。目前一种意见认为麦积山正壁两侧上方布列小龛的形式可能受到犍陀罗的影响（邓健吾：《麦积山石窟的研究及早期石窟的两三个问题》，天水麦积山石窟艺术研究所编：《中国石窟·天水麦积山》，北京：文物出版社、东京：平凡社，1998年，第229页）；久野美树：《中国初期石窟と观佛三昧——麦积山石窟を中心として》，《佛教艺术》176号，1988年，第69~91页；魏文斌：《麦积山石窟交脚与半跏思惟菩萨对称构图的研究》，《麦积山石窟研究》，北京：文物出版社，2010年，第68~85页。犍陀罗与麦积山之间是否直接相关，此一问题尚待进一步讨论。

② 宿白：《〈大金西京武州山重修大石窟寺碑〉的发现与研究》，《北京大学学报（哲学社会科学版）》1982年第2期。

③ ［北齐］魏收撰：《魏书》卷一〇六中《南秦州志》："（太平）真君七年（446年）置仇池镇，太和十二年（488年）为渠州，正始初置。治洛谷城。"据点校，渠州应为梁州。

④ ［北齐］魏收撰：《魏书》卷四下《世祖纪》太平真君七年（446年）："三月，诏诸州坑沙门，毁诸佛像。"

⑤ 南京博物院：《南京西善桥南朝墓及其砖刻壁画》，《文物》1960年第8、9期合刊。

⑥ 宿白：《凉州石窟遗迹与"凉州模式"》，《考古学报》1986年第4期。

⑦ 暨远志：《武威天梯山早期石窟分期试论》，《敦煌研究》1997年第1期。

⑧ 敦煌研究院、甘肃省博物馆：《武威天梯山石窟》，北京：文物出版社，2000年，第65~66页。

推测第一期约在北魏孝文帝初期（471 年）至宣武帝景明时期（500~503 年）。

2. 第二期

麦积山第二期一种上衣搭肘式佛衣，其底端三分或四分、衣缘褶纹做锐角的形式，最早见于四川成都地区出土的南朝石刻造像①，如永明元年（483 年）造像碑正面、永明八年（490 年）背屏式造像、建武二年（495 年）背屏式造像等的佛衣。第二期菩萨下裙式衣饰，披巾在腹部交叉，璎珞叠在披巾上，与成都万佛寺出土普通四年（523 年）、中大通五年（533 年）背屏式造像等的菩萨衣饰相同。

第二期另一种上衣搭肘式佛衣，其底端二分，刻意表现出三衣的前后身，前三层为三衣的前身部分，一般上衣在右腿处呈瓣状，中衣饰竖道衣缘，这种形式与龙门北魏宾阳中洞正壁上衣重层式佛衣底端最为接近②。

大概在景明时期（500~503 年），麦积山所在地秦州的风气为之一变，这可能与张彝在景明三年③任秦州刺史有关。"彝务尚典式，考访故事。及临陇右，弥加讨习，于是出入直卫，方伯威仪，赫然可观。羌夏畏伏，惮其威整，一方肃静，号为良牧……彝敷政陇右，多所制立，宣布新风，革其旧俗，民庶爱仰之。为国造佛寺名曰兴皇。"④ 张彝来自洛阳，其在秦州"宣布新风""为国造佛寺"，大概可以理解是北魏迁都洛阳后，进一步加强汉化的反映。麦积山佛衣中表现出北魏龙门石窟的一些特点，可能受到来自洛阳的影响。

正始三年（506 年），邢峦任梁秦二州刺史⑤，因"益州殷实，户余十万，比寿春、义阳三倍非匹，可乘可利，实在于兹。若朝廷志存保民，未欲经略，臣之在此，便为无事"⑥，屡上表图蜀，似在正始时期（504~508 年），梁秦二州与蜀地往来密切。麦积山大量出现成都地区南朝佛衣的影响因素，可能即是南北交通情形的反映。

第二期窟龛数量较多，应该不是短时期能够告竣，推测其下限大概到北魏灭亡（534 年）。姑以第二期为宣武帝景明时期（500~503 年）至北魏亡（534 年）。

3. 第三期

麦积山第三期的上衣搭肘式佛衣，底端二分，有的上衣在右腿处呈瓣状、中衣饰竖道衣缘，沿袭

---

① 麦积山石窟目前仅见第 126 窟一例，上衣搭肘式佛衣的中衣和上衣披覆形式不一致，中衣露胸通肩，上衣右衣角自右腋下绕过搭左肘，其与萧齐时期栖霞山石窟第 24 窟正壁佛衣的披覆形式一样，二者间的关系，值得进一步探讨。

② 龙门北魏宾阳中洞、普泰洞、魏字洞、皇甫公窟、地花洞、弥勒北一洞等正壁佛像为上衣重层式佛衣。这种样式的佛衣是在上衣搭肘式佛衣的外面，又增加一层衣，其覆右肩和左右腿，在右腿部呈瓣状装饰，其中宾阳中洞佛衣的中衣底端又装饰竖道衣缘。麦积山的上衣搭肘式佛衣右腿部呈瓣状装饰，中衣底端装饰竖道衣缘，似吸收了龙门石窟北魏上衣重层式佛衣的一些因素。

③ ［北宋］司马光编著：《资治通鉴》卷一四四齐和帝中兴元年（501 年）："尚书清河张彝、邢峦闻处分非常，亡走，出洛阳城，为御史中尉中山甄琛所弹。"卷一四五梁武帝天监元年（502 年）："魏陈留公主寡居，仆射高肇、秦州刺史张彝皆欲尚之，公主许彝而不许肇。肇怒，谮彝于魏主，坐沈废累年。"推测张彝在任时间为 502 年。

④ ［北齐］魏收撰：《魏书》卷六四《张彝传》。

⑤ ［北齐］魏收撰：《魏书》卷八《世宗纪》。

⑥ ［北齐］魏收撰：《魏书》卷六五《邢峦传》。

了二期佛衣中来自北魏龙门石窟的特点。窟外仿木构窟廊的单檐庑殿顶大概亦仍为洛阳遗风，如龙门石窟北魏末皇甫公窟、唐字洞、汴州洞等，其窟廊单开间，单檐庑殿顶。东魏北齐时期如北响堂北洞、中洞在窟外贴崖面雕出立柱，构成面阔三间的仿木构建筑，有仿木窟檐及浮雕覆钵式窟顶①，只是尚未形成柱廊空间。就面阔三间仿木构建筑形制而言，麦积与响堂较多共性。

第43窟为面阔三间的柱廊，檐柱四根，单檐庑殿顶。窟内分前后室，后室出现仿帐结构。此窟形制特殊，窟廊建筑比例适中，装饰华丽，可能是西魏文帝乙弗后的陵藏②。文帝文皇后乙弗氏徙“居秦州，依子秦州刺史武都王。（大统）六年（540年）春，（帝）令后自尽。后奉敕……召僧设供，令侍婢数十人出家，手中落发。事毕，乃入室，引被自覆而崩，年三十一。凿麦积崖为龛而葬……后号寂陵”③。另据麦积山现存北宋《秦州雄武军陇城县第六保瑞应寺再葬佛舍利记》残碑记载，“昔西魏大统元年（535年），再修崖阁，重兴寺宇”④。可能西魏时期（535~556年）麦积山有过较大规模的开窟建寺活动。

第三期约当西魏时期（535~556年）。

4. 第四期

麦积山第四期的通肩式和露胸通肩式两种佛衣，最早见于5世纪末期开凿的栖霞山石窟，如第19、22、24、18、26窟；此后在成都地区较为流行，如中大通元年（529年）造像的露胸通肩式佛衣，麦积山可能与成都地区的关系较为密切。

麦积山第四期的中衣搭肘式佛衣，与东魏北齐如北响堂北洞、南洞及南响堂1、5、7窟的佛衣样式相似。北齐流行窟外面阔三间的仿木构窟廊，如北响堂南洞及南响堂第3、5、7窟有仿木窟檐及浮雕覆钵式窟顶，天龙山第16窟⑤窟外亦为面阔三间的仿木构窟廊，但未表现仿木构屋顶。麦积与东魏北齐石窟在佛衣样式与仿木构建筑方面表现出较多一致性。

第四期盛行七佛题材。北周庾信《秦州天水郡麦积崖佛龛铭并序》云：“麦积崖者，乃陇坻之名山，河西之灵岳……大都督李允信者，籍于宿植，深悟法门。乃于壁之南崖，梯云凿道，奉为亡父造七佛龛……载辇疏山，穿龛架岭……壁累经文，龛重佛影，雕轮月殿，刻镜花堂，横镌石壁，暗凿山梁。”⑥ 这个七佛龛可能即指面阔七间、有八根檐柱、单檐庑殿顶窟廊的第4窟⑦。大都督李允信为秦

① 北洞外立面崩毁严重，残留突出于崖面的窟檐（瓦垅）和覆钵式窟顶，推测立柱情况同中洞。

② 洪毅然：《西魏文皇后乙弗氏“寂陵”遗址蠡测》，《麦积山石窟资料汇编》（初集），1980年，第135~137页；傅熹年《麦积山石窟中所反映出的北朝建筑》，《文物资料丛刊》第4辑，北京：文物出版社，1981年。

③ ［唐］李延寿撰：《北史》卷一三《后妃列传上·西魏文帝文皇后乙弗氏传》。［北宋］司马光编著：《资治通鉴》卷一五八梁武帝大同六年（540年）：“魏文后既为尼，居别宫，悼后犹忌之，乃以其子武都王戊为泰（为秦之误）州刺史，使文后随之官。魏主虽限以大计，而恩好不忘，密令养发，有追还之意。会柔然举国度河南侵，时颇有言柔然以悼后故兴师者，帝曰：‘岂有兴百万之众为一女子邪！虽然，致人此言，朕亦何颜以见将帅！’乃遣中常侍曹宠赍手敕赐文后自尽。文后泣谓宠曰：‘愿至尊千万岁，天下康宁，死无恨也！’遂自杀；凿麦积崖而葬之，号曰寂陵。”

④ 张锦秀编撰：《麦积山石窟志》，兰州：甘肃人民出版社，2002年，第168页。

⑤ 李裕群：《北朝晚期石窟寺研究》，北京：文物出版社，2003年，第57~86页。

⑥ ［北周］庾信：《秦州天水郡麦积崖佛龛铭》，《文苑英华》卷七八五。

⑦ 傅熹年：《麦积山石窟中所反映出的北朝建筑》，《文物资料丛刊》第4辑，北京：文物出版社，1981年。

州总管宇文广的“故吏仪同”①，宇文广主要约在557~559年和562~568年两次治秦州事②。文中所记“七佛”，反映了第四期洞窟中七佛题材流行的实际情况。

西魏末年（553~554年）克蜀平江陵③，“逮太祖平梁荆后，益州大德五十余人，各怀经部送像至京”④。自北周天和三年（568年）后，东西对峙局面打破，北齐周双方开始使节交聘⑤。这可能是南朝佛衣样式与东魏北齐佛衣样式在麦积山并行的时代背景。

北周建德三年（574年），武帝“断佛、道二教，经像悉毁，罢沙门、道士，并令还民”⑥。推测第四期约在北周时期止于废佛前（557~574年）。

5. 第五期

麦积山第五期中衣搭肘式佛衣左胸腹部作出系钩纽状，但钩纽尚未出现。佛衣左胸腹处系钩纽的形式，目前最早见于济南五峰山北齐时期的莲花洞⑦正壁佛像，稍晚的如山西平定县开河寺隋开皇元年（581年）摩崖大佛⑧，山东青州驼山石窟约凿于隋开皇初至开皇中（581~590年）的第2龛⑨等，以上主要在北齐境内和隋代东部地区。

第5窟面阔三间的仿木构窟廊，阑额位于柱头之间，不似三、四期诸窟那样置于柱头栌斗之上，其与天龙山隋开皇四年（584年）第8窟⑩阑额在柱头之下少许处插入柱身的结构较为相近，二者在柱头之上用斗拱或栌斗构成柱头铺作，承托梁及屋面。另外，第5窟阑额上的叉手已变为弯脚，第三、四期各窟阑额上鲜见叉手，在第四期第4、27窟壁画中所表现的叉手仅略现曲线⑪。

仁寿元年（601年），隋文帝颁《隋国立舍利塔诏》⑫，“朕归依三宝，重兴圣教，思与四海之内一切人民，俱发菩提共修福业”，遣沙门分道送舍利往诸州起塔，“所司造样，送往当州”。似表明在全国统一的新形势下，各地所修舍利塔遵循标准划一的风格。这种趋同性可能同时影响到其他艺术表现形式，东西地区的佛衣样式、仿木构建筑呈现出的相似性，大概即属例证之一。秦州所起塔在静念寺，

---

① ［唐］令狐德棻等撰：《周书》卷一〇《邵惠公颢传附导子广传》。庾信《佛龛铭》中做“李允信”，《周书》宇文广传中做“李充信”。

② ［唐］令狐德棻等撰：《周书》卷一〇《邵惠公颢传附导子广传》：“世宗即位（557年），出为秦州刺史……武成初（559年），进位大将军，迁梁州总管……保定二年（562年），除秦州总管十二州诸军事秦州刺史……四年，进位柱国……天和三年（568年），除陕州总管，以病免。”

③ ［唐］令狐德棻等撰：《周书》卷二《文帝纪下》。

④ 唐道安《续高僧传》卷一六《周京师大追远寺释僧实传》（《大正藏》第50册）。

⑤ ［唐］令狐德棻等撰：《周书》卷五《武帝纪上》、卷六《武帝纪下》。

⑥ ［唐］令狐德棻等撰：《周书》卷五《武帝纪上》。

⑦ 莲花洞窟内有乾明元年（560年）、窟外左侧岩壁有河清元年（562年）题记（常盘大定、关野贞：《中国佛教史迹评解》一，东京：佛教史迹研究会，1925年，第168~169页）。

⑧ 李裕群：《山西平定开河寺石窟》，《文物》1997年第1期。

⑨ 李裕群：《驼山石窟开凿年代与造像题材考》，《文物》1998年第6期。

⑩ 8窟前廊东壁前端雕隋开皇四年（584年）开窟功德碑（李裕群、李刚编著《天龙山石窟》，科学出版社，2003年，第44~45页）。

⑪ 傅熹年：《麦积山石窟中所反映出的北朝建筑》，《文物资料丛刊》第4辑，北京：文物出版社，1981年。

⑫ ［唐］释道宣：《广弘明集》卷一七《隋国立舍利塔诏》（《大正藏》第52册）。

据北宋《秦州雄武军陇城县第六保瑞应寺再葬佛舍利记》残碑记载："又至隋文皇仁寿元年（601年），再□（开）窟龛，敕葬舍利，建此宝塔，赐净念寺。"① 知秦州静念寺位于麦积山。

第五期约相当于隋代（581~618年）。

四、结语

前述相关麦积山北朝窟龛分期文章中，以《麦积山石窟的分期》包括的北朝窟龛数量最多，现将该文与本文分期情况列如表三。

表三 麦积山北朝窟龛分期对照表

《麦积山石窟的分期》	本文
后秦至西秦（384~431年） 74、78、70、71、165	
北魏一期（431~499年） 128、148、100、90、80	孝文帝初（471年）至景明时期（500~503年） 51、74、78、90、70、71、128、148、144、80、76、115、156、89、86、143、77、75、68、73、169、69、100、114、155
北魏二期（500~515年） 115、114、76、69、169、155、86、89、91、93、103、156、22、19、21	景明时期（500~503年）至北魏灭亡（534年） 163、16、17、159、132、131、92、23、122、126、142、133、112、154、162、85、87、83、101、121、161、158、129、164、138、99、139、140、81
北魏三期（516~534年） 85、101、120、163、140、154、139、142、110、117、122、159、126、64、16、17、102、83、121、81、108、112、158、84、164、149、132、133、135、127、28、30	
西魏（535~556年） 43、44、20、120、123、119、60	西魏时期（535~556年） 135、172、127、43、49、28、30、1、147、146、120、102、20、44、123、145、105
北周（557~581年） 3、4、9、18、45、88、94、64、141、62、36、22、31、48、82、26、27、39	北周至灭佛前（557~574年） 141、36、41、45、157、22、82、94、97、166、39、32、109、35、4、3、9、31、65、62、12、7、27、26

① 北宋《秦州雄武军陇城县第六保瑞应寺再葬佛舍利记》："阿育王始初□（兴）建，号无忧□（古）寺。……又至隋文皇仁寿元年，……赐净念寺。……又崇宁□□，……蒙恩改瑞应寺。"南宋嘉定十五年（1222年）《四川制置使司给田公据》："麦积山瑞应寺……始自东晋起迹，敕赐无尤寺。……次七国重修，敕赐石岩寺。大隋敕赐净念寺。大唐敕应干寺。圣朝大观元年……敕改赐瑞□（应）□（寺）。"（张锦秀编撰：《麦积山石窟志》，兰州：甘肃人民出版社，2002年，第168、171页）。

续表

《麦积山石窟的分期》	本文
隋代（581~618年） 5、13、98、25、37、8、14	隋代（581~618年） 14、15、5、24
总计90	总计99

从分期结果看，两文差别不大。分期所见北朝窟龛在崖面的分布情况，以本文为例，北魏孝文初（471年）至景明时期（500~503年）窟龛多集中于西崖中部，并延伸至东崖西沿，表明中部崩塌部分的崖面，当时可能分布此期窟龛；景明（500~503年）至北魏灭亡（534年）时窟龛分布在西崖，东崖西沿有少量，与前期情况相似，中部崖面可能有该期窟龛①。西魏、北周窟龛集中在东崖，至东崖西沿仍有少量窟龛，大概中崖仍在利用，同时在西崖周边续有开凿。隋代窟龛多集中在东崖中上部。

据对麦积山石窟外貌的考察研究，西崖前倾度较大，现山体中部粘结层以下的崖面，开阔光洁，而粘结层以上的岩石远远地突出来，像伞盖一样遮挡着下部的岩面，东崖不甚具备西崖的这些条件。东崖与中部崖面交接处是一条上下连续的突起，上起第4窟和5窟之间，向下延伸经过第15窟至43窟，这个突起带以西的中部崖面和西崖实际是连成一片比较缓和的弧状立面，最初是被当成一个整体崖面进行凿造活动的。洞窟的时代顺序，是由西崖与中崖的中间地带逐渐扩散，基本遍满西崖之后，再向东崖发展②。从崖面窟龛布局角度推论的结果与根据其造型内容和历史背景分析、判断所得出的开凿次第是一致的。

需要指出的是，本文与《麦积山石窟的分期》仍有几点差异。第一，推断麦积山现存最早遗迹开凿时间在北魏孝文帝初期（471年）至景明时期（500~503年）。第二，将北魏造像活动以景明时期（500~503年）为界，划分为前后两期。第三，一些窟龛的期别归属不同，比如，第74、78、90、70、71、128、148、80、76、115、156、89、86、169、69、100、114、155窟等，本文属孝文帝初（471年）至景明时期（500~503年），《麦积山石窟的分期》分属后秦至西秦（384~431年）、北魏一期（431~499年）和北魏二期（500~515年）；第135、127、28、30、120、102窟等，本文属西魏时期（535~556年），《麦积山石窟的分期》属北魏三期（516~534年）。

之所以有上述差异，缘于本文用以进行类型分析的遗存内容进一步明确了，特别是将麦积山窟龛遗存中最为丰富的佛衣列为型式排比的要项。因为，从对中国现存佛教遗迹遗物，特别是石窟寺的观察和研究发现，在佛教艺术表现形式中，佛衣遗存相对最完整、内容最丰富，且最具时间延续性和空间广泛性，其发展演变有清楚的脉络，是不同地域的不同类别的佛教遗存，特别是石窟寺以及单体造

① 现今山体中部崩塌部分的崖面，当时很可能分布窟龛。近年从麦积山石窟中区路基地震塌方造成的堆积面中，清理出三个由主崖面塌落的洞窟，时代大致为北魏晚期至西魏时期。该堆积面尚未全面清理，但这一调查结果提供了中部崩塌部分的崖面曾有窟龛开凿的证据（魏文斌、白凡：《麦积山石窟历次编号及新编窟龛的说明》，《敦煌研究》2008年第5期）。

② 初师宾：《石窟外貌与石窟研究之关系》，《西北师范学院学报》1983年第4期。

像遗存间可资参照比较的甚至是唯一的遗存类型①。也就是说，把佛衣列入类型学研究，得出的麦积山北朝窟龛分期的新结论，是从中国石窟寺及单体造像遗存变化的全景中得出的结论。

佛教石窟寺遗迹极为复杂。20 世纪 50 年代以来把考古类型学方法应用于佛教石窟寺研究领域②，目的是为了把繁复的遗迹现象，用科学的办法缕析清楚，从而把对佛教石窟寺遗存深层的社会历史意义探讨和研究建立在更加接近史实的可靠基础上。考古类型学方法，是将遗物或遗迹按型式排比，把用途、制法相同的遗物（或遗迹）归成一类，并确定它们的标准型式，然后按照型式的差异程度的递增或递减，排出一个“系列”③。本文运用考古类型学方法再论麦积山石窟北朝窟龛分期，以为释例，期望对运用考古类型学方法研究佛教石窟寺遗迹获得进一步认识与提高。

（原载于《考古学报》2013 年第 1 期）

① 陈悦新：《佛装概念与汉地佛装类型演变》，《文物》2007 年第 4 期。依经文翻译，使用“佛衣”更为妥当。如《十诵律》卷二七云：“（长老难陀）作衣，与佛衣等量。”（《大正藏》第 23 册）陈悦新：《云冈、龙门、巩县、响堂山石窟的佛衣类型》，《考古》2009 年第 4 期。以上两文将“上衣重层式”佛衣，名为“增加外披式”佛衣，据《十诵律》卷二七云：“若比丘得冢间新衣，应两重作僧伽梨，一重郁多罗僧，一重安陀会，二重尼师檀。复次欲作三重僧伽梨三重尼师檀。若比丘得冢间故衣，应四重作僧伽梨，二重郁多罗僧，二重安陀会”（《大正藏》第 23 册）。三衣有重复穿着的情况，故将上衣外面所披覆的一层名重层上衣似较为合适。

② 徐苹芳：《中国石窟寺考古学的创建历程——读宿白先生〈中国石窟寺研究〉》，《文物》1998 年第 2 期；李裕群：《中国石窟寺考古五十年》，《考古》1999 年第 9 期。

③ 《中国大百科全书·考古学》，北京：中国大百科全书出版社，1986 年，第 14 页。

麦积山石窟东崖的崩塌与隋代洞窟判定

李裕群

麦积山位于甘肃天水市北道区东南约30公里处，高达142米，为突兀而起，形似麦垛的山崖。崖体属白垩系厚层紫红色沙砾岩，质地略显疏松，易于雕刻。在南向朝阳的弧形崖面峭壁上，凌空开凿了许多窟龛和摩崖造像。洞窟间以栈道相连，层层叠叠，气势宏伟。麦积山地处秦岭山脉西段北麓，属于天水地震带，历史上有多次大地震，如唐开元二十二年（734年）的秦州地震为7级；1654年的天水南地震为8级①。这些地震曾对洞窟造成极大的破坏。麦积山石窟艺术研究所的同仁认为："唐开元二十二年大地震，曾使中部崖壁大面积崩塌，窟群遂分为东崖与西崖两部分。"② 中部崩塌的范围从西崖的第78窟向东延伸至东崖的第43窟，这是麦积山石窟崩塌面积最大的区域。另外第43窟以东的东崖面也有大面积的崖体崩塌，但并非是唐代大地震，应是隋开皇二十年（600年）地震破坏所致③。

本文并不是考察地震对洞窟的破坏程度和影响，而是通过对东崖大面积崖体崩塌所涉及的范围、崩塌年代以及崖体崩塌前后洞窟开凿情况的分析，重新对部分洞窟进行年代学的探讨。应当指出的是，1977~1984年，文物部门采用锚杆与外壁整体喷涂相结合的方法，对麦积山崖面进行了整体加固。同时新修了钢混结构的栈道，洞窟前增加了窟门或遮雨窟檐，现崖面已非原貌，许多遗迹现象也已消失。因此，对石窟受损情况及崖面遗迹的考察，主要参考20世纪50年代的照片。

一、东崖崩塌的范围

麦积山是一座弧形崖面的山峰，南向崖面中部崩塌区以东（从上部第5窟下至第44窟和47窟）习惯上称为东崖④。东崖壁面陡直，上部微微外鼓，下部略内收。从东崖上部未被利用的原始崖面观

① 陈永明、石玉成、王旭东：《天水麦积山石窟地震构造环境评价》，见郑炳林、魏文斌主编：《天水麦积山石窟研究文集》（下），兰州：甘肃文化出版社，2008年，第537~542页。

② 张锦秀编撰：《麦积山石窟志》，兰州：甘肃人民出版社，2002年，第15页。

③ 东崖的崩塌以第4窟为中心，有学者怀疑是隋开皇二十年地震的影响。何静珍：《麦积山石窟大事记》，见阎文儒主编：《麦积山石窟》，兰州：甘肃人民出版社，1983年，第208页。

④ 该图为1976年测绘，对了解山体加固维修工程前崖面的遗迹十分重要。但图上所标比例尺与公布的洞窟数据不合，如第4窟实测图中所示洞窟前廊面宽31.5米（参见文化部社会文化事业管理局：《麦积山石窟》实测图二，1954年），根据比例尺量得前廊面宽只有10米，相差三倍，故比例尺标示0~5米，大概是0~15米之误。该图作为附页，附于天水麦积山石窟艺术研究所编：《中国石窟·天水麦积山》，北京：文物出版社、东京：平凡社，1998年。

测，崖面有自然的转折，其分界线有二：其一，从最高的洞窟第4窟（上七佛阁）与第5窟之间开始，垂直向下至第43窟。这条垂直线的崖面呈弧突状。其二，从第4窟与第3窟（千佛廊）之间开始，垂直向下至第30窟。崖面也呈上下垂直的弧突状。这样东崖实际上可以分为西、中、东三区：第4窟以西为西区，第4窟涵盖的范围为中区，第4窟以东为东区。西区属于中部崩塌区所影响的区域，与中区和东区崩塌区不是同一时期形成的，故不在本文讨论范围内。因此，本文所谓的东崖崩塌区仅限定在中区和东区。

中区崩塌面的宽度与第4窟前廊的宽度基本相等，高度则从第4窟一直向下到现在的地面。据实测图所示数据，第4窟面宽31.5米①，从第4窟窟檐下至第43窟，垂直高度接近40米。整个崩塌区面积在1200平方米以上。崩塌面微内弧，即第4窟中心部分崩塌最深近4米，两边稍浅，平均深度约2米。本区域包含的窟龛约有19个。崩塌的洞窟自上而下分别为第4、14、15窟，27、26窟、25龛，33龛、32窟；43窟、37龛、36窟、35窟、34龛、30窟，42龛、41龛、40龛、39窟。

东区崩塌面的宽度约与第9窟（中七佛阁）相当，高度从第3窟（千佛廊）垂直向下至第28窟顶部。据实测，第9窟面宽24.1米；高度略高于第13窟摩崖大佛（高17米），深度接近于2米。可见崩塌面积也不小，估计在400平方米以上。本区域有第3窟（千佛廊）、第9窟、第10龛、第12、11窟。

上述二个区域崩塌面连在一起，应是同一时期崩塌所致。现东崖下仍有大量崩塌下来的土石堆积。

根据以上笔者所绘各层洞窟的连络平面图，并参考维修前的图片，可以发现以下现象。因崖面崩塌所毁坏的洞窟有：第3、4窟，第14、15窟，第26、27窟，第36、39、43窟。各个洞窟毁坏的程度不尽相同。第4窟前廊大部分塌毁，仅存两侧角柱部分。第3窟千佛廊绝大部分毁坏，仅存东部小部分和前廊的后壁。第14窟毁去大半，第15窟毁掉一部分。第26、27窟一半毁掉。第36、39窟前壁和窟室一小部分残毁，第43窟因在崩塌区的边缘，仅东侧屋檐和立柱残毁②。这些损毁严重的洞窟，可以判断为崖体大规模崩塌之前开凿的。

在坍塌区域内，保存完好或基本完好的窟龛有：第13号摩崖大佛，第32、35、30窟，第33、34、37、40、41、42龛。第10龛和第12、11窟位于摩崖大佛三尊东侧，也均保存完整③。

第9窟（中七佛阁）情况比较复杂，需略作说明。该窟为七个圆拱形大龛，现存龛口均保存完好。龛口外立面与第3窟千佛廊下利用崩塌后崖面雕凿的千佛大体在一个垂直面上。原来怀疑窟前有仿木式前廊，因崖体崩塌而毁坏。但20世纪70年代维修工程开始后，拆除了清代所建龛前木构前廊，可以清晰地看到七佛龛东头一龛的外崖面并不平整，七佛龛上部崖面也凹凸起伏，没有残留任何的前廊遗迹④，这与麦积山其他有前廊的洞窟结构（如平棋或平顶）明显不同。值得注意的是：并列的七龛并非在一条直线上，而是中间深、两端浅，形成内弧形崖面，与第4窟前廊崩塌后的崖面十分相似，但与第4窟七龛并列在一条直线上的情况不同。这一现象似乎说明，当时开凿时，只是利用了崩塌后

① 参见文化部社会文化事业管理局编印：《麦积山石窟》第4窟实测图数据，1954年。

② 参见文化部社会文化事业管理局编印：《麦积山石窟》图版五三，1954年。东侧廊柱现已修复。

③ 所谓基本完好者，是考虑到麦积山崖体时有风化剥落的情况，不一定为大面积崩塌所致。

④ 张宝玺：《麦积山石窟的七佛窟》图4、5，见《麦积山石窟研究》，北京：文物出版社，2010年，第262～275页。

的崖面。由此可知，七佛龛最初设计是没有仿木前廊结构的。如果七佛龛是崖体崩塌前开凿的话，就没有必要将壁面凿进如此的深度，再开凿洞窟了。换言之，由于崖体崩塌而导致第 9 窟前廊毁坏的情况并不存在。那么，只有一种合理的解释，即第 9 窟也是利用崖体崩塌后的崖面进行开凿的，相对年代晚于因崖体崩塌而损毁严重的洞窟。

二、东崖崩塌年代的推定

根据上述，我们确定了麦积山东崖崖面崩塌前后所开凿的洞窟。崖面崩塌年代的确定，则成为解决这一区域内洞窟开凿相对年代的关键所在。这批洞窟虽然没有确切的开凿纪年铭文，但仍然可以参考文献，依据崩塌洞窟的时代特征予以判定。1992 年笔者对麦积山石窟进行考察时，曾注意到崖面崩塌的问题，并推定第 4 窟前廊及第 3 窟千佛廊的崩塌年代为隋代开皇二十年①。但也有学者认为是唐代大地震所致②，故再略作讨论。

崩塌区内最大的洞窟上七佛阁（第 4 窟）是由梯道（第 168 窟）、千佛廊（第 3 窟）和面宽七间的庑殿建筑（第 4 窟）构成，规模巨大。前人一般认定第 4 窟就是庾信所撰《秦州天水郡麦积崖佛龛铭并序》中提到的七佛龛③。《佛龛铭》记载："麦积崖者，乃陇坻之名山，河西之灵岳。高峰寻云，深谷无量。……是以飞锡遥来，度杯远至，疏山凿洞，郁为净土。拜灯王于石室，乃假驭风；礼花首于山龛，方资控鹤。大都督李允信者，籍于宿植，深悟法门。乃于壁之南崖，梯云凿道，奉为亡父造七佛龛。似刻浮檀，如攻水玉，从容满月，照曜青莲。影现须弥，香闻忉利。如斯尘野，还开说法之堂。"④ 知北周大都督李允信在麦积山开凿七佛龛。"梯云凿道"也与该窟和梯道、千佛廊的组合相符，从而将其定为李允信所凿之窟，此说有一定道理。李允信在史籍中记载颇略，仅见于《周书》卷十《宇文广传》中，记其为宇文广之故吏。按阎文儒先生考证，李允信的官衔是"仪同"和"大都督"，应是继任宇文广的官职，为开府仪同三司都督秦州刺史。宇文广死于北周天和五年（570 年）十一月，则第 4 窟的开凿应在天和五年以后，至建德三年（574 年）周武帝灭法之前⑤。据此，东崖的崩塌必在

---

① 李裕群：《北朝晚期石窟寺研究》，北京：文物出版社，2003 年，第 135、136 页。

② 如张锦秀认为：第 4 窟是在唐代大地震中崩塌，即唐开元二十二年（734 年）（《麦积山石窟志》，甘肃人民出版社，2002 年，第 27 页）。如果是唐代大地震所致，就无法解释第 13 窟摩崖大佛利用坍塌后崖面进行开凿的现象了，因此，其结论明显有误。

③ 傅熹年：《麦积山石窟中所反映出的北朝建筑》，见《文物资料丛刊》第 4 辑，北京：文物出版社，1981 年。金维诺在《麦积山石窟的兴建及其艺术成就》（天水麦积山石窟艺术研究所编：《中国石窟・天水麦积山》，北京：文物出版社、东京：平凡社，1998 年，第 165～189 页）中认为李允信所开应是中七佛龛（第 9 窟）。黄文昆：《麦积山的历史与石窟》（《文物》1989 年第 3 期）一文同意金维诺的观点，并认为只有秦州刺史宇文广及其家属才有资格开凿上七佛阁（第 4 窟）。

④ ［北宋］李昉等编：《文苑英华》卷七百八十五。

⑤ 阎文儒：《麦积山石窟的历史、分期及其题材》，见阎文儒主编：《麦积山石窟》，兰州：甘肃人民出版社，1984 年。张宝玺认为："李允信造七佛龛定在宇文广病逝前和病逝后均可成立，不能因为称李允信为大都督而定在宇文广病逝后。在武帝灭佛前这一点是可以肯定的"（《麦积山石窟的七佛窟》，见《麦积山石窟研究》，北京：文物出版社，2010 年）。

建德三年以后。

第 4 窟之下的第 13 窟摩崖三尊像开凿于坍塌后的崖面上。根据第 3 窟千佛廊东端保留的部分千佛和石壁残迹①，可知千佛廊原系石造之廊。千佛廊外壁全部崩塌，故廊下高约 60 厘米的崖面凿有一排桩眼，显系廊道崩塌后修筑的栈道遗迹。桩眼之下开凿了上下四排摩崖千佛，千佛向西一直延伸到第 4 窟东龛下崩塌后的崖面上。其中西侧千佛像已经雕造在胁侍菩萨像头上方，这四排千佛也可以确定是在坍塌后的崖面上雕造的。第 13 窟摩崖三尊像的佛和菩萨像虽经后代重妆，但佛像肉髻低平，脸庞方形，颈部较粗；菩萨像头戴莲花宝珠冠，颈部戴圆环形项圈，披巾横于腹膝二道，上身袒露，下身着裙，裙腰外翻等具有显著的隋代造像特征。补凿的千佛像也同样如此，并没有唐代造像的特点。而上面所列保存完好或基本完好的洞窟，其形制和塑像基本上也是北周、隋代的特征。据此，东崖中、西区应是同时崩塌的，崩塌的年代不可能晚于隋代。

北周建德三年至隋代，秦陇地区的确发生过大地震。《隋书·高祖本纪下》记载：“（开皇二十年）十一月戊子，天下大震，京师大风雪。”同书《五行志下》记载：“开皇二十年十一月，京都大风雪，发屋拔树。秦陇压死者千余人。地大震，鼓皆应。”可知隋开皇二十年确实有一次大地震。东崖大面积的崩塌疑即与这次地震有关。仁寿二年（602 年）岐、雍二州和陇西也有过地震，但中心不在秦州。

据麦积山现存北宋《秦州雄武军陇城县第六保瑞应寺再葬佛舍利记》残碑记载：“又至隋文皇仁寿元年（601 年），再修（?）龛窟，敕葬舍利，建此宝塔，赐净念寺。”② 碑中所记“敕葬舍利，建此宝塔”一事，即是该年隋文帝颁《隋国立舍利塔诏》③，置塔诸州，在秦州于静念寺起塔事④。由此可知，秦州静念寺就在麦积山，在起宝塔、葬舍利的同时，又有“再修龛窟”，这既可以理解为修复毁坏的洞窟塑像，也可理解为开凿新的洞窟。不管哪种解释，从隋代仁寿元年开始，麦积山又迎来了开凿活动的新高潮。虽然在时间上或许是巧合，但开皇二十年地震和仁寿置塔事，无疑为麦积山“再修龛窟”提供了契机。

三、部分隋代洞窟的确定

由于隋代享祚短暂，石窟造像又延续了北周特点，因而，如果没有明确的纪年题刻，在洞窟形制与造像样式上区分北周和隋代石窟造像是公认的学术难点。而麦积山北朝晚期至隋代又缺少有明确纪年的洞窟，因此，对隋代洞窟的认定存在困难⑤，一些可能属于隋代的洞窟往往被定为北周。笔者曾

---

① 傅熹年：《麦积山石窟中所反映出的北朝建筑》图 35，见《文物资料丛刊》第 4 辑，北京：文物出版社，1981 年。

② 碑铭录文参见杨爱玲：《关于麦积山石窟文献和刻石的注释》，见阎文儒主编：《麦积山石窟》，兰州：甘肃人民出版社，1984 年，第 152、153 页。该碑拓片见金维诺：《麦积山石窟的兴建及其艺术成就》图 33，但误为隋文帝仁寿四年，见天水麦积山石窟艺术研究所编：《中国石窟·天水麦积山》，北京：文物出版社、东京：平凡社，1998 年。

③ ［唐］道宣：《广弘明集》卷十七《隋国立舍利塔诏》，《大正藏》卷五十二，第 213 页。

④ ［唐］道宣：《广弘明集》卷十七《隋著作王邵舍利感应记》，《大正藏》卷五十二，第 214 页。

⑤ 金维诺在《麦积山石窟的兴建及其艺术成就》中将第 94、67、13、37、24、160、14、5、12、24、25 窟定为隋代，见天水麦积山石窟艺术研究所编：《中国石窟·天水麦积山》，北京：文物出版社、东京：平凡社，1998 年。

对麦积山北朝晚期洞窟进行过分期研究，所判定隋代的洞窟，除了第 13 窟摩崖大佛，只有第 14、15、5 窟①，数量微乎其微。这与敦煌莫高窟隋代大规模的开凿活动形成了鲜明对比②。但通过对上述东崖崩塌区洞窟的考察和崩塌年代的确定，部分被定为北周的洞窟应属于隋代。

首先，我们探讨利用崩塌后的崖面所开凿的窟龛，即第 32、35、30、12、11、9 窟，另外有第 33、34、37、40、41、42、10 龛及第 13 号摩崖大佛。这些窟龛始凿年代的上限可以确定为隋仁寿元年。

上述窟龛可分为三种类型。

第一种：方形、四角攒尖顶窟。窟内雕有仿木佛帐结构，正壁开一龛，左右壁设坛。窟内塑七佛题材，如第 12、32、35 窟。第 32、12 窟保存了原有的七佛塑像。第 32 窟正壁龛内为圆雕石佛像，从袈裟呈圆弧状宽大下摆样式看，与侧壁佛像差别明显，疑是北周雕造，后移入窟内。第 35 窟内为元代重塑，但从洞窟构造看，也属于七佛窟。第 11 窟为方形四角攒尖顶，窟内有仿木结构，不开龛，左、右、后壁前设坛，塑像为宋代补塑，原有塑像题材不明。

第二种：殿堂式窟（俗称崖阁），即模拟木构殿堂建筑样式。如第 30 窟为面宽三间的庑殿顶建筑，洞窟前廊立四柱，柱头上置额枋，上承窟檐。廊后开三个平面呈椭圆形的圆顶龛。龛内后壁设佛座，环壁设低坛，塑像均为宋代重塑。但从主尊佛像部分泥皮脱落处看，里面为隋代原塑，如佛头上螺发剥落处，清晰地看到原有佛头为素面低平肉髻，佛像的袈裟下摆较短，样式与第 12、32 窟佛像一致。可知宋代仅是在原有佛像身上抹泥重妆。据此，第 30 窟的主尊题材应该是三尊坐佛。

第三种：摩崖龛，平面均呈椭圆形，圆顶式，包括第 33、34、37、40、41、42、10 龛。正壁塑主尊，为坐佛或倚坐弥勒佛，有的为宋代重新塑造。第 9 窟（中七佛阁）比较特殊，曾被认为是北周时期开凿的崖阁式洞窟③。七佛龛均为平面椭圆形，圆顶式。正壁设坛，坛上塑主尊佛像，两侧壁各塑一胁侍。塑像均为宋代重塑，但仔细观察，个别佛像暴露出原塑的袈裟下摆，下摆的样式与第 30 窟相似，属于同时期塑造。而且下摆部分有火烧过的痕迹，可知第 9 窟在宋代重塑前曾经历一次火灾。

上述洞窟的形制和塑像题材与北周洞窟一致。如方形、四角攒尖顶窟，窟内雕有仿木式佛帐结构的形制流行于北周时期，最典型的是第 4 窟。在麦积山，仿木式佛帐结构最早出现于西魏时期开凿的第 127 窟，流行于北周、隋代。固原须弥山石窟北周（第 45、46、51 窟）和隋代洞窟（第 67、70 窟）也是如此④。七佛题材也是北周隋代流行的，如北周第 141 窟、第 4 窟。塑像的造型也表现出北周、隋代特征，而与隋末开凿的第 5 窟差别较为显著，后者造型明显变得粗壮，与彬县大佛寺唐贞观二年（628 年）开凿完成的大佛接近⑤。第 5 窟是麦积山最晚开凿的洞窟，因此，上述洞窟的年代应是仁寿

① 李裕群：《北朝晚期石窟寺研究》，北京：文物出版社，2003 年。

② 据统计，敦煌隋代洞窟多达 101 座，是北朝洞窟数量（36 座）的近三倍。参见樊锦诗、关友惠、刘玉权：《莫高窟隋代洞窟分期》，见《中国石窟・敦煌莫高窟二》，北京：文物出版社，1984 年。

③ 如麦积山石窟艺术研究所编：《麦积山石窟内容总录》将其定为北周，为“七间崖阁，原建窟檐已毁，现存木构为后代所修。”见天水麦积山石窟艺术研究所编：《中国石窟・天水麦积山》，北京：文物出版社、东京：平凡社，1998 年。前引金维诺、黄文昆则将第 9 窟比定为北周大都督李允信所开之窟。

④ 宁夏回族自治区文物管理委员会、北京大学考古系：《须弥山石窟内容总录》，北京：文物出版社，1997 年。

⑤ 常青：《彬县大佛寺造像艺术》，北京：现代出版社，1998 年，彩版六、插图十。

元年（601年）“再修窟龛”以后，下限不应晚于隋代灭亡（618年）。

其次，我们分析因崖面崩塌所毁坏的洞窟：第3、4窟，第14、15窟，第26、27窟，第36、39、43窟。这些洞窟的开凿年代可以确定为隋开皇二十年之前。

上述洞窟可分为三种类型。

第一种：方形、四角攒尖顶窟。窟内雕有仿木式佛帐结构。如第14、26、27、36、39窟。其中第27窟正壁开一龛，左右壁各开三龛，龛内塑佛像，现存为宋代重塑。其他洞窟均正壁开一龛，左右壁设坛，龛内和坛上均塑佛像。由此可知，上述洞窟均塑七佛题材。

第二种：横长方形，“人”字坡顶，窟内雕仿木建筑结构。如第15窟，窟内三壁设坛，正壁坛上为三尊佛像，左右壁各有一尊，佛座为原物，可见火烧过的痕迹，塑像均为宋代重塑，主尊塑像为五佛。从左右壁佛座位置靠前的情况看，不排除还有二尊佛像的可能，也可能属于七佛题材。

第三种：殿堂式窟，如第4窟。为面宽七间的大型殿堂建筑，有前廊，前廊后壁开并列七龛，龛内均有仿木佛帐结构。塑像为宋代重塑。原各龛都塑一主尊佛像，题材为七佛。第43窟为面宽三间的殿堂建筑，主室平面呈椭圆形、圆顶。窟内后部有一个隐秘的墓室。

除了第3、4窟（千佛廊）可以明确为北周大都督李允信所开凿，第43窟可确定为西魏大统六年（540年）安葬乙弗后的“寂陵”①。其他洞窟一般定为北周（第26、27、36、39窟）和隋（第14、15窟）。

上述洞窟均位于第43窟以东至第13窟摩崖大佛之间。可以分为三组：第36、39窟，第26、27窟，第14、15窟。

第36、39窟位居第43窟之东，为上下组合关系。第36、39窟佛像较为相似，如两窟侧壁佛像均头部比例稍小，上身修长，腹部微微鼓起，可以确定为同时期的作品。两窟正壁佛像的袈裟均有偏衫，宽大的下摆呈圆弧状垂覆于座前。这种袈裟样式与西崖北周时期开凿的第141、62窟一致，开凿年代也约在北周时期。

第26、27窟形制相似，题材一致，窟顶均绘有经变画，表现手法相同，应是同一时期开凿的双窟。佛像样式与第36、39窟较为相似。其中第26窟壁面上部也绘有成排千佛像，这与第4窟壁面上部贴影塑千佛像极为相似。因此，这两座洞窟也应是北周时期开凿的。

第14、15窟塑像显示出较晚的时代特征，如第14窟菩萨像，身体健壮，与第5窟相似。其他塑像则经宋代重妆或重塑，已失原貌。因此，在没有更多证据的情况下，仍维持第14、15窟为隋代说（开皇二十年前开凿）。至于窟内塑像有较晚的因素，或因原塑像毁于地震，仁寿元年（601年）时补塑。

① ［唐］李延寿撰：《北史》卷一三《后妃传上》记载：“文宣文皇后乙弗氏，河南洛阳人也。……年十六，文帝纳为妃。及帝即位，以大统元年册为皇后。……时新都关中，务欲东讨，蠕蠕寇边，未遑北伐，故帝结婚以抚之。于是更纳悼后，命后逊居别宫，出家为尼。悼后犹怀猜忌，复徙后居秦州，依子秦州刺史武都王。……六年春，蠕蠕举国度河，前驱已过夏，颇有言虏为悼后之故兴此役。……（帝）乃遣中常侍曹宠赍手敕令后自尽。后奉敕，……召僧设供，令侍婢数十人出家，手为落发。事毕，乃入室，引被自覆而崩，年三十一。凿麦积崖为龛而葬，……后号寂陵。”

根据上述分析，可以发现东崖中区与东区利用崖面开凿洞窟的情况，这对洞窟的断代非常重要。

其一，遭受开皇二十年损毁的洞窟集中在第43窟以东至第14、27、36、39窟之间。第36、39窟往东的区域则没有开窟造像，即开皇二十年前崖面尚未被利用。

其二，第14、27窟以东的第13窟摩崖三尊大像保存完整，所在崖面没有破坏任何洞窟的迹象，这表明在开皇二十年此崖面崩塌之前也没有开窟造像。

可见，东崖面的利用是由西逐次向东。据此，在东崖的东部非崩塌区内的洞窟，如第7、28窟，其开凿年代或应重新考虑。

第28窟为殿堂式窟，开凿在第9窟下，与第30窟在一条水平线上。外观为面宽三间仿木殿堂建筑，前廊后壁每间各开一个平面呈椭圆形的圆顶龛。龛内正壁设坛，坛塑主尊佛像，两侧环壁设低坛，坛上塑胁侍像，现存塑像均为宋代重塑。第28窟的形制大小与第30窟一致，为一组双窟。既然第30窟已确定为隋仁寿元年“再修窟龛”以后开凿，那么第28窟也应是同时开凿的。此外，第28窟龛口有圆形龛柱，柱头上为覆莲和火焰宝珠。这种装饰不见于西魏及以前洞窟，而见于北周第27窟、隋第15窟。因此，龛的形制也符合隋代特征。而以前将第28、30窟定为北魏、西魏或北周洞窟证据明显不足。

第7窟位于第9窟东侧崖面上，属小型洞窟，平面呈方形，四角攒尖顶。窟内雕有仿木佛帐结构。正壁开一龛，侧壁设坛，塑七佛像。洞窟形制、塑像题材与北周、隋代洞窟一致。因此，第7窟也可能是隋仁寿元年以后开凿。

四、结语

本文通过分析东崖大面积崖体崩塌所涉及的范围、崩塌年代以及崖体崩塌前后洞窟开凿情况，主要确定了隋开皇二十年地震以后开凿的部分隋代洞窟，即第32、35、28、30、12、11、9、7窟。这一结论改变了以往对麦积山隋代开凿洞窟较少的错觉，也与宋代碑刻特别强调的隋仁寿元年“再修窟龛”一事相吻合。开皇二十年前开凿的洞窟，包括第14、15、26、27、36、39窟。它们中哪些开凿于隋代，哪些开凿于北周，从洞窟形制和塑像题材来区分仍然比较困难。如第36窟塑像与第12窟十分相似①，年代应接近，所以前述只是初步推断。

从确定的隋代洞窟可以看出，隋代继承了北周洞窟的形制与题材，缺少变革，尤其是七佛题材仍为流行的主题。这不能不与南朝著名文人庾信所撰《七佛龛铭》联系起来，庾信文才出众，七佛龛铭洋洋洒洒，很自然地影响了隋代麦积山的佛教信仰。

利用石窟外貌的变化，对麦积山石窟进行断代，初师宾先生曾作过很好的研究②。这涉及如何从考古学角度去研究石窟寺这一方法论问题。我们认为，石窟寺遗迹，除了洞窟本身，应包括崖面和窟

① 天水麦积山石窟艺术研究所编：《中国石窟·天水麦积山》，北京：文物出版社、东京：平凡社，1998年，图版267~270。书中定菩萨和弟子像为隋代。

② 初师宾：《石窟外貌与石窟研究之关系——以麦积山石窟为例略谈石窟艺术断代的一种辅助方法》，《西北师院学报（社会科学版）》1983年第4期。

前地面的各种遗迹现象，它们是石窟寺的重要组成部分，是经过漫长岁月存留下来的珍贵资料。这些对于研究石窟寺的创建、重修和改建，崖面的利用，各个洞窟的关联，包括打破关系等都具有重要价值。但这些重要的遗迹现象极易在文物保护工程实施过程中消失，造成不可弥补的损失。麦积山石窟就是一个典型例证，水泥喷浆已经几乎覆盖了整个崖面，崖面上保留的各种信息也随之消失。近年来，各级政府加大了文物保护的工作力度和资金支持，各项石窟寺的加固和保护工程正在有序启动。根据几十年文物保护的经验教训，国家文物局明确提出了文物保护工作考古先行的意见，这具有指导性意义。在制定石窟寺文物保护规划和实施方案时，必须遵循这一原则，保护工程实施前必须对窟前遗址进行考古发掘，对崖面遗迹进行详细测绘、记录、拍摄图片等，特别是需对崖面进行三维扫描，以使资料更完整、齐备。

（原载于《考古》2013 年第 2 期）

汉至北魏秦州佛教史料与麦积山石窟（一）

魏文斌

佛教自两汉之际传入内地，经像并至，有经无像则难于从真正意义上信仰和理解佛教。汉明帝夜梦金人，是否就是佛像很难确定，实际上已对佛尊像有了模糊认识。我国汉地在佛教传入不久就有了佛像的造型，如四川汉墓发现的佛像摇钱树座、湖北等地发现的有佛像的铜镜等①。佛教在中国的发展经历了一个比较漫长的过程，来华僧人的译经和传教活动起到了很大作用，东土西行求法的僧人推进了这一过程的进展。在此过程中，这些传法求法者足迹所经之处及目的地应该是首先被及佛教的，因此两汉之际佛教首先在丝路沿线及中心地区传播。

甘肃为丝绸之路的要冲，从印度西域到当时的国都洛阳必要经甘肃狭长的路段，因而，这一沿线的一些重镇就有机会最初接触到佛教，并会对佛教开始产生初步的认识。但由于佛教传入直接目的地是中原地区，更或是国都地区，因此沿线虽肯定对佛教有些接触，但尚不能普及，因此目前在甘肃很少发现两汉之际的佛教遗迹。敦煌悬泉置遗址发掘出土的汉代简牍中有关于佛教的记载，是目前甘肃发现的最早关于佛教的实物文献资料②。青海平安县出土有汉代的画像砖，共6块③。关于其内容的考释，据研究应为佛教的内容，其中有一块被认为是菩萨的造型④。青海与甘肃毗邻，也是丝绸之路的要道，佛教图像在该地发现，应该可以理解。从这件砖上的图像看，十分古拙，头上有发髻，两耳很大，上身穿右衽衣，下穿裙，裙裾在双足腕以上向外斜撇，分足站立，左手外举手掌托举半月，右手斜向下提净瓶，披帛从背后呈环形向前，绕两臂斜向外飘垂，这正是早期菩萨像的特征，右肩外侧尚刻一圆日，与左手中的半月代表日月崇拜。需要注意的是，这件菩萨像的披帛端部分叉，正与河西十六国造像及麦积山早期洞窟的菩萨披帛类似，这种做法应该是来自西域方面的影响。

---

① 参考俞伟超：《东汉佛教图像考》，《文物》1980年第5期；唐长寿：《四川早期佛教遗物辨识》，《东南文化》1991年第5期；阮荣春、木田知生：《早期佛教造像南传系统调查资料》，《东南文化》1990年第1～3期、1991年第5期；贺云翱：《佛教初传南方之路文物图录》，北京：文物出版社，1993年；阮荣春：《佛教南传之路》，长沙：湖南美术出版社，2000年；李正晓：《中国早期佛教造像研究》，北京：文物出版社，2005年。

② 该遗址1990年甘肃省文物考古研究所开始发掘，至1993年结束，发现了数万枚的汉晋简牍。该遗址为汉晋时期见于明确文献记载的邮驿遗址，因此出土的简牍中有大量反映东西交流的内容。见张德芳《悬泉汉简中的“浮屠简”略考——兼论佛教传入敦煌的时间》，《中国敦煌吐鲁番学会2008年度理事会议暨“敦煌汉藏佛教艺术与文化学术研讨会”论文集》，西安：三秦出版社，2011年，第276~287页。

③ 青海省文物处：《青海文物》，北京：文物出版社，1994年，图91~96。

④ 温玉成：《公元1至3世纪中国的仙佛模式》，《敦煌研究》1991年第1期，图版陆，图1。

因此，甘肃河西走廊和青海境内在汉代就已有佛教的流布，并有佛寺和佛教图像的产生，但尚不普及。

石窟寺的产生与发展离不开当地佛教的发展与繁荣，秦州地区也是如此。关于秦州地区佛教活动的历史记载比较早，以下两条文献记周穆王造麦积山灵安寺：

根据唐道世《法苑珠林》卷三八《敬塔篇》：

> 秦州麦积崖佛殿下舍利，山神藏之。此寺周穆王所造，名曰灵安寺①。

又唐释道宣撰《律相感通传》：

> 渭州终南山有佛面山、七佛涧者，事同于前。南山库谷大藏，是迦叶佛自手所造之藏也。今见有十三缘觉，在谷内住。又曰："今诸处塔寺多是古佛遗基，育王表之，故福地常在，不可轻也。"今有名塔如常所闻，无名藏者，随处亦有。河西甘州郭中寺塔中有古佛舍利。及河州灵岩寺佛殿下亦有舍利。秦州麦积崖殿下亦有舍利，山神藏之。此寺周穆王所造，名曰灵安。经四十年，常有人出②。

以上两条文献为唐代，记载甘肃古代的甘州（今张掖）、河州（今临夏）、秦州（今天水）等地皆有寺院舍利，其中麦积山的名灵安寺，为周穆王所造。但当时佛教尚未传入中国，所以其记载是不可信的。

一、东汉时期

成光子《释迦方志·游履篇第五》在记述汉唐之间去西域求取佛经的16件大事中，三谓：

> 后汉献帝建元十年，秦州刺史遣成光子，从鸟鼠山度铁桥而入，穷于达嚫。旋归之日，还践前途。自出别传③。

据考所言秦州刺史为汉末人李康（又作李秉），三国魏江夏平春人，字玄胄，李通孙，官至秦州刺史④。

东汉末时佛教已经传入中国近两个世纪，内地佛教已有一定基础，关于佛教活动的记载已经屡见不鲜。汉代佛法已经开始流布，如楚王刘英为浮屠斋戒祭祀⑤、桓帝并祀老子浮图⑥、笮融造像立寺奉佛等⑦。当时已经有西域来华翻译佛经者，如安世高、支娄迦谶⑧等在洛阳译经。佛教不但在上层社会

---

① ［唐］释道世著，周叔迦、苏晋仁校注：《法苑珠林校注》，北京：中华书局，2003年，第1226页。

② ［唐］释道宣：《律相感通传》，《大正藏》第45册，第878页。

③ ［唐］道宣：《释迦方志》卷下，北京：中华书局，2000年，第96~97页。

④ 据张撝之、沈起炜、刘德重主编：《中国历代人名大辞典》，上海：上海古籍出版社，1999年，第903页；徐日晖：《秦州史地》，西安：陕西人民美术出版社，1994年，第71~91页。

⑤ ［南朝宋］范晔撰，［唐］李贤等注：《后汉书》，北京：中华书局，1965年，第1428页。

⑥ ［南朝宋］范晔撰，［唐］李贤等注：《后汉书》，第320页。

⑦ ［南朝宋］范晔撰，［唐］李贤等注：《后汉书》，第2368页。

⑧ ［梁］释慧皎撰，汤用彤校注：《高僧传》，北京：中华书局，1992年，第10页。

有了信仰者，而且开始在民间流布，这为佛教的继续发展打下了基础。目前所见汉代佛教在内地的情况，多在洛阳、齐楚及江淮之间①。但汉代随着丝绸之路的开辟和畅通，中原内地与西域间的交流依赖陆路交通，来内地译经者多为西域地区之人，如安息国之安世高、月支之支娄迦谶、康居之康孟详②等，说明西域诸国是佛教从印度向内地传播的中转站。虽然译经者和佛教传播者多以洛阳为目的地，但秦州处于丝绸之路重要交通线上，佛教向内地传播，自是得被。三国时，佛教继续传入并渐流行。如果此条材料真实，则秦州地区的佛教见于文献记载者当始于汉代。但徐日辉在论述麦积山的开创年代时，依据这条资料推测麦积山有可能开凿于此时③。须知，有点滴佛教的传播记载，并不意味着石窟的开凿。显然这个推测并不符合佛教石窟发展的历史事实。据此材料，只能说明此时秦州地区可能开始接触佛教，与石窟的开凿是两回事。由于佛教的传播，秦州在后汉之时有佛教的传播应该大致不误，但可能不是很广泛。

需要注意的是，秦州的设立是在三国曹魏时期，《晋书·地理志》上“雍州条”：“魏文帝即位，分河西为凉州，分陇右为秦州，改京兆尹为太守，冯翊、扶风各除左右，仍以三辅属司隶。”④ 即秦州的设立是在曹丕即位的220年。《释迦方志》所记汉献帝建元十年，但献帝无建元年号，只有建安，建安十年为205年，此其一不可信。秦州设立在220年，此其二不可信。

此条材料虽不足为信，但汉代至三国时佛教发展应已流传于秦州地区。

二、西晋十六国时期

秦州地区的佛教真正得到发展应该是在西晋十六国时期，这与全国佛教大发展的形势是分不开的。

西晋十六国时代，是我国佛教逐渐发展并开始兴盛的时期，不但来华西域僧人大增，像法自印度西域在内地广为传播，往西域、印度取经者亦成风气。凉、雍州诸郡县的羌民，一因居中西交通要道，二因十六国中的后赵、前秦、后秦、后凉、南凉、西秦等国都信仰佛教，所以信仰佛教更早。其最盛时期，始于后秦（384~418年）。

这一时期佛教石窟开始在中国玉门关以东地区兴建，如莫高窟创建于4世纪中叶的前秦时期，炳灵寺第169窟有明确的西秦建弘元年（420年）造像记，而且此窟的最初开凿可能要早于420年或西秦以前的更早时期⑤。河西地区的武威天梯山石窟创建于北凉时期。

以长安为都的前秦和后秦，都非常重视佛教，当时秦州一直在其统治区域内，而且前秦苻氏和后秦姚羌都发迹于陇右秦州，并以秦州为活动根基。前秦苻坚对佛教大为崇奉，他闻知释道安（312~

① 汤用彤：《汉魏两晋南北朝佛教史》，北京：北京大学出版社，1997年，第59页。

② ［梁］释僧祐：《出三藏记集》卷二，北京：中华书局，1995年，第22页；［隋］费长房：《历代三宝纪》卷四，《大正藏》第49册，第49页；［唐］释智昇：《开元释教录》卷一，《大正藏》第55册，第478页。

③ 徐日晖：《秦州史地》，第85页。

④ ［唐］房玄龄等撰：《晋书》，北京：中华书局，1974年，第430页。

⑤ 可参阅阎文儒：《炳灵寺石窟名称、历史及造像题材》，《炳灵寺石窟》，兰州：甘肃人民出版社，1993年；张宝玺：《炳灵寺的西秦石窟》，《中国石窟·永靖炳灵寺》，北京：文物出版社，1989年；魏文斌：《炳灵寺169窟年代再认识》，敦煌研究院编：《2000年敦煌学国际学术讨论会文集》，兰州：甘肃民族出版社，2003年。

385年）名声，于建元十五年（379年）攻取襄阳将道安接到长安。道安这时不仅著有《般若经》的注释，还为许多禅观的经典作了注释。所以如此，是因道安认为，要体验般若智，必须有禅定的实践，而且禅定的实践也是达到涅槃的必由之路。据《高僧传》载，道安听说西方有鸠摩罗什，便想与他共同讲析，于是多次劝苻坚取鸠摩罗什①。以此为契机，苻坚派将军吕光讨伐龟兹时，嘱其带回鸠摩罗什。不久苻坚败于淝水之战，被姚苌所杀，吕光即停留姑臧（今甘肃武威）并建立后凉。罗什从此在凉州滞留十六年。弘始三年（401年），后秦姚兴讨伐并灭后凉，才将罗什迎请至长安，待以国师之礼。

这一时期，见于文献记载的与秦州有关的佛教活动逐渐多了起来。

（一）帛远（法祖）与帛法祚

《北山录》卷四：

帛远，字法祖，本姓万，河内人。才思俊彻，敏朗绝伦，日诵万言。值晋乱，将遁陇右。秦州刺史张辅重之，欲令反服。不从，遂杀之。蕃汉追悼②。

《高僧传》卷一“译经”上《帛远传》：

帛远字法祖，本姓万氏，河内人。父威达，以儒雅知名，州府辟命皆不赴。祖少发道心，启父出家，辞理切至，父不能夺，遂改服从道。祖才思俊彻，敏朗绝伦。诵经日八九千言，研味方等，妙入幽微。世俗坟素，多所该贯。乃于长安造筑精舍，以讲习为业。白黑宗禀，几且千人。晋惠之末，太宰河间王颙镇关中，虚心敬重，待以师友之敬。……（中略）祖见群雄交争，干戈方始，志欲潜遁陇右，以保雅操。会张辅为秦州刺史镇陇上，祖与之俱行。辅以祖名德显着，众望所归，欲令反服，为己僚佐。祖固志不移，由是结憾。先有州人管蕃，与祖论议，屡屈于祖。蕃深衔耻恨，每加谗构。祖行至汧县，忽语道人及弟子云：“我数日对当至。”便辞别。作素书分布经像及资财都讫。明晨诣辅共语，忽忤辅意，辅使收之行罚，众咸怪惋。祖曰：“我来此毕对，此宿命久结非今事也。”乃呼十方佛。祖前身罪缘，欢喜毕对，愿从此以后与辅为善知识，无令受杀人之罪。遂便鞭之五十，奄然命终。辅后具闻其事，方大惋恨。初祖道化之声，被于关陇，崤函之右，奉之若神，戎晋嗟恸，行路流涕。陇上羌胡率精骑五千，将欲迎祖西归。中路闻其遇害，悲恨不及。众咸愤激，欲复祖之雠。辅遣军上陇，羌胡率轻骑逆战。时天水故帐下督富整，遂因忿斩辅。群胡既雪怨耻，称善而还。共分祖尸，各起塔庙。辅字世伟，南阳人，张衡之后。虽有才解，而酷不以理。横杀天水太守封尚，百姓疑骇，因乱而斩焉。管蕃亦卒以倾险致败。……（中略）孙绰《道贤论》以法祖匹嵇康。……（中略）祖弟法祚，亦少有令誉，被博士征不就。年二十五出家，深洞佛理，关陇知名。时梁州刺史张光，以祚兄不肯反服辅之所杀，光又逼祚令罢道。祚执志坚贞，以死为誓，遂为光所害，春秋

① ［梁］释慧皎撰，汤用彤校注：《高僧传》，第177页。

② ［唐］释神清著：《北山录》，《大正藏》第52册，第594页。

五十有七。注《放光般若经》，及著《显宗论》等。光字景武，江夏人，后为武都氐杨难敌所围，发愤而死，时晋惠之世①。

帛远及其弟法祚，同以佛法知名关陇，兄弟二人的事迹，可以说明以下几个比较重要的问题：

第一，他们在关陇地区的活动时间为3世纪后期至4世纪初的西晋惠帝时期，表明西晋之世，关陇地区佛教已开始普遍传播。他们所研习的为“方等”“般若”等大乘经典。尤其是包括天水在内的陇上羌胡少数民族已开始信奉佛法，他们奉法祖为神，因为法祖被害，聚兵为之复仇。由于张辅手下富整因忿斩了张辅，仇得以报。并且“共分祖尸，各起塔庙”，说明当时秦州地区已经有了佛教塔、寺的建筑。陇右自汉以来，氐、羌等少数民族杂居，部族甚多，至十六国时发展起来的苻氏、姚羌先后在关中建立了前秦、后秦政权，苻氏、姚氏都是在秦州发展起来的，所以后来均重视对秦州的经营，可能在西晋之时，他们已经较早地接触并信仰了佛教，这为后来他们在关中地区大力弘扬佛法奠定了坚实的基础。

第二，帛法祖、法祚都被当时的秦州刺史和梁州刺史所害，被害的原因都是因为二州刺史要求法祖兄弟二人还俗，而且弟法祚的遇害是梁州刺史张光效仿了秦州刺史张辅的做法。从法祖二人的遇害这件事上可以看出，这很可能表明当时的秦、梁州地区的地方统治者并不是完全赞同佛教的，有种抑制佛教的做法。同时说明秦州与南面的梁州之间关系密切，而梁州又是通往川蜀地区的要道。西晋太康三年（282年）梁州治所由今陕西勉县东移治南郑县（今陕西汉中市东），与后来北魏所置的梁州不同②。这一地区正好南与川蜀相接，北连秦州，地理位置也是十分重要。顾祖禹《读史方舆纪要》卷五九曰：“宋人南渡以后，以梁、益为东南上游，拮据蜀口，尝在秦、陇间，……而秦州在关、陇之喉舌与?”③ 虽然说的是南宋之后的情形，但从两晋以来秦、梁二州的关系及主要交通地理位置始终未变。但《高僧传》关于张辅被杀与《晋书》的记载略有出入。《晋书·惠帝纪》：“（永兴）二年（305年）……六月……陇西太守韩稚攻秦州刺史张辅，杀之。”④ 而《张辅列传》所记与《高僧传》张辅为富整所杀一致⑤。根据其传的记载，张辅是接任皇甫重任秦州刺史的，时在晋惠帝永安元年（304年）。张光任梁州刺史当在晋怀帝时期，《晋书》亦有传⑥。

第三，也是很重要的事实是，关陇佛法自开始就是相通的，可以说自成一体，也说明了秦州地区与关中地区的交通以及文化是密不可分的。这为后来十六国北朝时期秦州佛教及其艺术深受关中佛法的影响打下了坚实的基础。

第四，帛远博学多闻，通梵晋语，于《方等经》深有研究。时在长安建造佛寺，从事讲习。后来在陇西译有《菩萨逝经》1卷、《菩萨修行经》1卷、《佛般泥洹经》2卷、《大爱道般泥洹经》1卷、

① ［梁］释慧皎撰，汤用彤校注：《高僧传》，第26页。

② 据《魏书》卷一六〇《地形志》记载，太和十二年（488年）改仇池镇置梁州，治所在今甘肃西和县西南，正始初改为南秦州，治洛谷城。距秦州治所即天水仅100多公里。

③ ［清］顾祖禹：《读史方舆纪要》，北京：中华书局，2005年，第2833页。

④ ［唐］房玄龄等撰：《晋书》，第105页。

⑤ ［唐］房玄龄等撰：《晋书》，第1639~1640页。

⑥ ［唐］房玄龄等撰：《晋书》，第1563~1565页。

《贤者五福德经》1卷等16部（上述五部现存）①。

（二）单道开

唐代道世撰《法苑珠林》卷四六：

晋罗浮山有单道开，姓孟，敦煌人。少怀栖隐，诵经四十余万言。绝谷饵柏实，柏实难得，复服松脂。后服细石子，一吞数枚，数日一服。或时多少啖姜椒，如此七年。后不畏寒暑，冬袒夏温，昼夜不卧。开学十人，共契服食。十年之外，或死或退，唯开全志。进陵太守遣马迎开，开辞能步行三百里路。一日早至，山树诸神或现异形试之，初无惧色。以石虎建武十二年，从西平来，一日行七百里。至南安度一童子为沙弥，年十四，禀受教法，行能及开。时太史奏虎云："有仙人星现，当有高士入境。"虎普敕州郡，有异人令启开。其年冬十一月，秦州刺史上表送开。初止邺城西法綝祠中，后徙临漳昭德寺。于房内造重阁坐禅，虎资给甚厚，开皆以慧施。时乐仙者多来谘问，开都不答②。

单道开的事迹可以看出，后赵石虎时，敦煌的佛教僧人于后赵建武十二年（346年）从西入内地进行传法，途经西平（今青海西宁）、南安③、秦州。秦州刺史根据石虎的旨意，对单道开不敢怠慢，上书并送单道开到邺城。后赵石虎信奉佛教，境内佛教当已较为盛行。南安本属秦州管辖，单道开在该地度一十四岁童子为沙弥，并传之以法，秦州佛教已有较好的基础。且单道开以习禅诵经为主，说明秦州此时也已开始了习禅诵经之风。

（三）释僧庆

《高僧传·释僧庆》：

姓陈，巴西安汉人。家世事五斗米道，庆生而独悟。十三出家止义兴寺，净修梵行愿求见佛。先舍三指末誓烧身，渐绝粮粒唯服香油。到大明三年（459年）二月八日，于蜀城武担寺西，对其所造净名像前焚身供养。刺史张悦躬出临视，道俗侨旧观者倾邑。行云为结，苦雨悲零。俄而晴景开明，天色澄净。见一物如龙从积升天，时年二十三。天水太守裴方明，为收灰起塔④。

这里的天水太守指的是刘宋时期的天水太守，实际上刘宋并未掌控天水。但至少说明天水与蜀地的关系。

---

① ［唐］释智昇：《开元释教录》卷二，《大正藏》第55册，第498页；［隋］费长房：《历代三宝纪》，《大正藏》第49册，第66页。

② ［唐］释道世著，周叔迦、苏晋仁校注：《法苑珠林校注》，第420页。

③ 南安郡，东汉中平五年（188年）分汉阳郡置，治豲道县（今陇西县东南三台乡），辖境相当今陇西东部及定西、武山二县地。隋开皇三年（583年）废。

④ ［梁］释慧皎撰，汤用彤校注：《高僧传》，第454页。

（四）竺法护

隋代费长房撰《历代三宝纪》卷六“译经”西晋：

普曜经八卷，永嘉二年，于天水寺出，是第三译，沙门康殊白法巨等笔受，与蜀普曜及智猛实云所出六卷者小异①。

唐代智升撰《开元释教录》卷二：

普曜经八卷，一名方等本起，安公云出方等部。永嘉二年五月于天水寺出第二译，沙门康殊白法巨等笔受②。

梁释僧祐撰《出三藏记集序》卷七“普曜经记”：

未详作者。普曜经，永嘉二年太岁在戊辰五月，本斋菩萨沙门法护，在天水寺，手执胡本口宣晋言。时笔受者，沙门康殊帛法巨③。

据以上的记载，竺法护曾于晋永嘉二年（308 年）在天水寺译《普曜经》8 卷。竺法护为西晋时期最为知名的佛经翻译家，一生翻译了 161 部经典④。因为他为世居于敦煌的月支人，又由于其在佛经翻译上的重大贡献，所以《高僧传》中谓时人称其为“敦煌菩萨”。其传中称随师至西域游历诸国，“遂大赍梵经，还归中夏。自敦煌至长安，沿路传译写为晋文”⑤。那么就很有可能路过天水并在天水寺翻译佛经，现在学者多已认定 308 年竺法护就是在天水翻译的《普曜经》⑥。

（五）道养

北凉时，有秦州沙门道养写《优婆塞戒经》。其一为 426 年的《优婆塞戒经记》：

太岁在丙寅夏四月二十三日，河西王世子抚军将军录尚书事大沮渠兴国，与诸优婆塞等五百余人，共于都城之内，请天竺法师昙摩谶译此在家菩萨戒，至秋七月二十三日都讫。秦州沙门道养笔受。愿此功德，令国祚无穷。将来之世，值遇弥勒。初闻悟解，逮无生忍。十方有识，咸同斯誓⑦。

---

① ［隋］费长房：《历代三宝纪》，《大正藏》第 49 册，第 62 页。

② ［唐］释智昇：《开元释教录》，《大正藏》第 55 册，第 493 页

③ ［梁］释僧祐撰，苏晋仁、萧鍊子点校：《出三藏记集》，北京：中华书局，1995 年，第 267 页。

④ 根据现存最早的经录《出三藏记集》（［梁］释僧祐撰，苏晋仁、萧鍊子点校：《出三藏记集》，第 518 页），他翻译了 161 部经。

⑤ ［梁］释慧皎撰，汤用彤校注：《高僧传》，第 23 页。

⑥ 温玉成：《中国早期石窟寺研究的几点思考》，《敦煌研究》2000 年第 2 期；梅乃文：《竺法护的翻译初探》，《中华佛学学报》第 9 期，1996 年，第 52 页，注 16。

⑦ ［梁］释僧祐撰，苏晋仁、萧鍊子点校：《出三藏记集》，第 340 页。

其二为427年的《优婆塞戒》，该经卷七后记云：

岁在丁卯夏四月二十三日，河西王世子抚军将军录尚书事大沮渠兴国，与诸优婆塞等五百余人，共于都城之内，请天竺法师昙摩谶译此在家菩萨戒，至秋七月二十三日都讫。秦州沙门道养笔受。愿此功德，令国祚无穷。将来之世，值遇弥勒。初……（下缺）①。

这里的道养是秦州的沙门，说明秦州僧人在当时还是比较活跃的，并与弥勒的信仰密切相关。而且道养参与了北凉境内的译经活动，说明秦州与凉州的密切关系。道养在北凉参与译经的时间即426~427年，正是秦州比较混乱的时期，赫连夏、乞伏西秦、仇池等政权不断争夺秦州，难以安定。而北凉适沮渠蒙逊统治时期，正值北凉盛期。蒙逊大力提倡佛法，组织翻译佛经，凉州时为北方地区一大佛教中心。在麦积山修禅的高僧玄高往西秦，弘扬佛法，被西秦国主乞伏敬奉，并可能在炳灵寺坐禅。之后往北凉首都姑臧（今甘肃武威），其时蒙逊正在位，蒙逊好佛法②。北凉当时为北方禅法盛行之地，玄高在彼处自也得以继续禅修并会与凉州禅法互相影响学习。道养是不是随玄高从秦州而去的秦州僧人，已不可考，但其在凉州译经的时间正好也是玄高刚到凉州不久。

（六）姚兴、姚嵩与鸠摩罗什

时任秦州刺史的姚嵩是一个对佛理颇有研究并十分信奉佛教的秦州地方长官，又是姚秦的皇室成员，为姚兴之弟。他在秦州任上，屡与姚兴有关于佛理的表诏往还。《十六国春秋》卷六〇《后秦录·姚嵩》：

姚嵩，兴之弟也，仕为镇西将军、秦州刺史，历至司空，封安成侯。留心经典，专精释道。兴因赐以皇后所遗珠佛像。嵩上表（《谢后秦主姚兴珠像表》）谢曰："臣言奉珠像，承是皇后遗嘱所建。礼谨之日，永慕罔极。伏惟感往增怀。臣言先承陛下亲营像事，每注心延望，迟冀暂一礼敬，不悟圣恩垂及乃复。与臣供养此像。既工宝并重，且于制作之理，拟若神造。中来所见珠像，诚当奇妙。然方之于此，信复有间，瞻奉踊跃，实在无量。夫受干施者无报，蒙恩隆者无谢。虽欲仰陈愚诚，亦复莫知所尽兴。"又与嵩书曰（《与安成侯姚嵩义述佛书》）："吾曾以己所怀疏条、摩诃衍诸义，图与什公，评详厥衷。遂有哀，故不复能断理义。未久什公寻复致变，自尔丧戎相继，无复意事，遂忘弃之。近以当遣使送像，欲与卿作疏箱箧中。忽得前所条本末，今送示卿。徐徐寻抚。若欲卿有所不足者，便可致难也。见卿来日，并可以当言笑吾前。试通圣人三达观以咨什公，寻有答。今并送往。诸此事皆是昔日之意，如今都无情怀，不知如何矣？"嵩上述佛义，表（《上后秦主姚兴佛义表》）曰："臣言奉陛下所通诸义，理味渊玄，词致清胜，间诣踰于二篇，妙尽侔乎中观。咏之玩之，纸已致劳而心犹无厌，真可谓当时之高唱，累劫之宗范也。但臣顽闇，思不参玄。然披寻之日，真复咏歌，弗暇不悟弘慈善诱。乃欲令参致问难，敢忘愚钝，

① 原卷藏日本京都博物馆，录文见池田温编：《中国古代写本识语集录》，东京：大藏出版株式会社，1990年，第83页。

② ［北齐］魏收撰：《魏书》，北京：中华书局，1974年，第3032页。

辄位叙所怀，岂曰存难。直欲咨听未悟尔。臣言上通三世，甚有深致。既已远契，圣心兼复。抑正众说，宗途亹亹，超绝常境，欣悟之至，益令赏味增深。加为什公研覆该备，实非愚臣所能称尽。正当铭之怀抱，以为心要耳。上通不住法住，般若义云众生之所以不阶道者，有着故也。是以圣人之教，恒以去着为事。故言以不住般若，虽复大圣玄鉴，应照无际，亦不可着，着亦成患。欲使行人忘彼我，遗所寄泛，若不系之舟，无所倚薄，则当于理矣。故圣人玄诣，诚无不尽。然至乎标位六度，而以无着为宗，取之于心，诚如明诲，即之于事，脱有未极。夫无着虽妙，似若有不即真两冥，恐是心忘之谓耳。窃寻玄教。”①

《广弘明集》也记载了姚兴与姚嵩研讨佛理的表诏往还②。姚兴在镇长安期间，即与一些人讲论佛经。“及镇长安，甚有威惠。与中书舍人梁喜、洗马范勗等讲论经籍，不以兵难废业，时人化之。”③

弘始三年（401 年），后秦姚兴讨伐后凉，将滞留于凉州的鸠摩罗什迎到了长安，待以国师之礼。此后十余年间，鸠摩罗什专心译经、讲经。拥有鸠摩罗什的后秦姚兴时代，迎来了大乘佛教的兴盛期。自鸠摩罗什到长安后，姚兴更是不遗余力地支持其译经事业。弘始七年（405 年）：

兴如道遥园，引诸沙门于澄玄堂听鸠摩罗什演说佛经。罗什通辩夏言，寻览旧经，多有乖谬，不与胡本相应。兴与罗什及沙门僧略、僧迁、道树、僧睿、道坦、僧肇、昙顺等八百余人。更出大品，罗什持胡本，兴执旧经，以相考校，其新文异旧者皆会于理义。续出诸经并诸论三百余卷。今之新经皆罗什所译。兴既托意于佛道，公卿已下莫不钦附，沙门自远而至者五千余人。起浮图于永贵里，立波若台于中宫，沙门坐禅者恒有千数。州郡化之，事佛者十室而九矣④。

据《出三藏记集》载，罗什在弘始四年至十五年期间，译出经论 35 部，294 卷。其中重要的有《大品般若经》《小品般若经》《妙法莲华经》《金刚经》《维摩经》《阿弥陀经》《首楞严三昧经》《十住毗婆沙论》《中实论》及《十诵律》等⑤。所译经典极为广泛，重点在般若系的大乘经典和龙树、提婆一系的中观派论书，内容信实，文字流畅，有些经典后虽有新译，仍难以取代，在中国译经史上有划时代的意义。鸠摩罗什还译出了《禅秘要法经》《坐禅三昧经》《禅法要解》《思惟略要法》《菩萨诃色欲经》等多部重要的禅观经典。这些经的内容比以前的禅经完备，从而成为菩萨禅修行的指南。不难想象，这些不仅使禅观比道安时期有质的提高，而且更加促进了菩萨禅的实践。中国早期石窟，是作为禅观场所而开凿的，从其营造内容上，可以看到《妙法莲华经》的思想被表现得非常浓厚，如云冈石窟、龙门石窟、麦积山石窟、炳灵寺石窟、敦煌石窟等，即多带有所谓法华三昧的大乘禅观的

① ［北魏］崔鸿：《十六国春秋》卷六十《后秦录·姚嵩》，影印《文渊阁四库全书》，上海：上海古籍出版社，2003 年，第 463 册，第 812~813 页。

② ［唐］道宣：《广弘明集》卷十八，《大正藏》第 52 册，第 228~229 页。

③ ［北魏］崔鸿：《十六国春秋》卷五十六《后秦录·姚兴上》，影印《文渊阁四库全书》第 463 册，第 776 页。

④ ［唐］房玄龄等撰：《晋书》，第 2984~2985 页。［北宋］司马光编著：《资治通鉴》卷一一四《晋纪》，北京：中华书局，1978 年，第 3579 页，义熙元年条曰：“公卿以下皆奉佛，由是州郡化之，事佛者十室而九。”鸠摩罗什在长安的活动及译经又见［梁］释慧皎撰，汤用彤校注：《高僧传》，第 45 页。

⑤ ［梁］释僧祐撰，苏晋仁、萧錬子点校：《出三藏记集》，第 530 页。

色彩，这一点十分引人注目。姚兴与姚嵩赞助鸠摩罗什翻译佛经。“姚秦时鸠摩罗什译经，秦主及安成侯姚嵩笔受。”① 姚嵩并帮助翻译《百论》②《法华经》等③。

罗什对中国佛教的影响至大至深，并与道安互为呼应，对中国佛教的发展做出了极大的贡献。《魏书·释老志》曰：

> 道安后入符坚，坚素钦德问，既见，宗以师礼。时西域有胡沙门鸠摩罗什，思通法门，道安思与讲释，每劝坚致罗什。什亦承安令问，谓之东方圣人，或时遥拜致敬。道安卒后二十余载而罗什至长安，恨不及安，以为深慨。道安所正经义，与罗什译出，符会如一，初无乖舛。于是法旨大著中原④。

由于后秦时秦州佛教当已有根基，姚秦对秦州的重视经营，秦州自被恩泽。罗什在长安译经之时，麦积山当已有了佛教活动，又由于秦州与长安的关系，此地在此时已成为坐禅修行的名山。“州郡化之，事佛者十室而九”，自然包括秦州。

从姚兴与任秦州刺史的弟弟姚嵩间关于佛理的表诏中可以看出，二人在佛理方面俱有一定造诣。姚嵩更是常读佛经，深研佛理，在其为姚兴所上表中可以看出他研读《中论》《阿含》《净名》《华手》《思益》《法华》《般若》等经典。姚兴也对这些佛经有自己的心得。

姚兴与姚嵩表诏往还中提到：“先承陛下亲营像事，每注心延望，迟冀暂一礼敬，不悟圣恩垂及。及复与臣供养，此像既工室并重，且于制作之理，拟若神造。然方之与此，信复有间，瞻奉踊跃，实在无量。”有些人就以此认为麦积山就是在姚兴的“亲营”下而开凿的，甚至直接说麦积山第74、78窟的三世佛就是姚嵩所造⑤。这完全是理解错了上文的关键意思。该文中的“亲营像事”实际指的是姚兴送给姚嵩的珠佛像，上引文中还提到姚兴“遣使送像”，就是送珠佛像，根本不是在麦积山开窟造像。近年又有人提出更为离奇的观点，说麦积山存在“姚秦五窟”（指第74、78、165、51、90窟），而且还与姚秦的五位皇帝一一对应，还对云冈“昙曜五窟”造成了直接的影响⑥。

姚兴曾著《通三世论》，重视“三世实有”⑦，这可能与麦积山石窟的开凿有一定的关系。麦积山初期洞窟确实有很多洞窟为三世佛，并且终北朝之世一直流行，是麦积山石窟贯彻始终的信仰内容，这与法华思想对麦积山的影响直接相关。然而，文献的记载毕竟与实物存在是两回事，就像莫高窟据记载由乐僔、法良相继开窟，但已经无法找到其开凿的洞窟是哪个一样，我们不否认麦积山可能创建

① ［唐］释智昇：《开元释教录》卷八，《大正藏》第55册，第557页；［唐］圆照：《贞元新定释教目录》卷一二，《大正藏》第55册，第860页。

② ［后秦］僧肇：《百论序》，《大正藏》第30册，第167页。

③ ［后秦］僧叡述：《妙法莲华经后序》，《大正藏》第9册，第62页。

④ ［北齐］魏收撰：《魏书》，第3029~3030页。

⑤ 项一峰：《试论天水与四川佛教石窟之关系》，《大足石刻研究文集》第3辑，北京：中国文联出版社，2002年。

⑥ 夏朗云：《麦积“姚秦五龛”对云冈“昙曜五窟”的启示》，云冈石窟研究院编：《2005年云冈国际学术研讨会论文集·考古卷》，北京：文物出版社，2006年，第421~431页。

⑦ ［唐］释道宣：《广弘明集》，《大正藏》第52册，第228页。

于姚秦时期。但真正说到麦积山石窟的创建与开凿是宋代以后的文献记载。既然姚兴奉佛笃深，早期文献也提到了许多姚兴奉佛的事迹，但却未见关于在麦积山开凿洞窟的片言只语，那么麦积山是否真为姚秦的皇家工程颇值得商榷①。而麦积山早期洞窟的三世佛是否直接在姚兴的“三世实有”的思想指导下进行开凿的，也是今后需要进一步探讨的问题。

（七）玄高

在凉州出家的玄畅师事玄高，研习禅法②，秦州僧隐闻西凉州玄高禅慧兼修，乃负笈从之③。大禅师昙摩蜜多在敦煌和凉州积极弘扬佛法，学徒济济④。元嘉（424~453 年）以前，在凉州活动的禅僧法成“隐居岩穴，习禅为务”⑤。刘宋期间，在南方弘传禅法的法师中更不乏凉州僧侣⑥。以上诸僧是汤用彤先生所引僧传中比较有影响的凉州僧人，是为了说明凉州禅法的兴盛以及对其他地方禅法的影响。这其中最为有名的禅僧当属玄高。

释玄高，姓魏，本名灵育，冯翊万年人也。母寇氏本信外道。始适魏氏首孕一女，即高之长姊，生便信佛。乃为母祈愿，愿门无异见得奉大法。母以伪秦弘始三年，梦见梵僧散华满室，觉便怀胎。至四年二月八日生男。家内忽有异香，及光明照壁，迄且乃息。母以儿生瑞兆，因名灵育。时人重之，复称世高。年十二辞亲入山，久之未许。异日有一书生寓高家宿，云欲入中常山隐，父母即以高凭之。是夕咸见村人共相祖送。明旦村人尽来候高。父母云。昨已相送，今复觅耶。村人云。都不知行。岂容已送。父母方悟昨之迎送，乃神人也。高初到山，便欲出家，山僧未许。云父母不听法不得度。高于是暂还家，启求入道，经涉两旬，方卒先志。既背俗乖世，改名玄高。聪敏生知，学不加思，至年十五，已为山僧说法，受戒已后，专精禅律。闻关中有浮驮跋陀禅师在石羊寺弘法，高往师之，旬日之中，妙通禅法。跋陀叹曰：“善哉佛子，乃能深悟如此。”于是卑颜推逊不受师礼。高乃杖策西秦，隐居麦积山，山学百余人，崇其义训，禀其禅道。时有长安沙门释昙弘，秦地高僧，隐在此山，与高相会，以同业友善。时乞伏炽盘，跨有陇西，西接凉土。有外国禅师昙无毗来入其国，领徒立众，训以禅道。然三昧正受，既深且妙，陇右之僧，禀承盖寡。高乃欲以己率众，即从毗受法。旬日之中，毗乃反启其志。时河南有二僧，虽形为沙门，而权侔伪相，恣情乖律，颇忌学僧。昙无毗既西返舍夷，二僧乃向河南王世子曼谗构玄高，云蓄聚徒众，将为国灾。曼信谗便欲加害，其父不许。乃摈高往河北林阳堂山。山古老相传，云是群仙所宅。高徒众三百，往居山舍，神情自若，禅慧弥新，忠诚冥感，多有灵异。磬既不击而鸣，香亦自然有气，应真仙士，往往来游，猛兽驯伏，蝗毒除害。高学徒之中，游刃六门者百

① 关于姚兴奉佛事迹的研究以及对“三世”的见解，请参考杜斗城：《麦积山早期三佛窟与姚兴的〈通三世论〉》，《敦煌学辑刊》2007 年第 1 期。

② ［梁］释慧皎撰，汤用彤校注：《高僧传》，第 314 页。

③ ［梁］释慧皎撰，汤用彤校注：《高僧传》，第 432 页。

④ ［梁］释慧皎撰，汤用彤校注：《高僧传》，第 120 页。

⑤ ［梁］释慧皎撰，汤用彤校注：《高僧传》，第 417 页。

⑥ 汤用彤：《汉魏两晋南北朝佛教史》，第 251~252 页。

有余人。有玄绍者，秦州陇西人，学究诸禅，神力自在。手指出水，供高洗漱，其水香净，倍异于常。每得非世华香，以献三宝。灵异如绍者又十一人。绍后入堂术山，蝉蜕而逝。昔长安昙弘法师，迁流岷蜀，道洽成都。河南王藉其高名，遣使迎接。弘既闻高被摈，誓欲申其清白。乃不顾栈道之难，冒险从命。既达河南，宾主仪毕，便谓王曰："既深鉴远识，何以信谗弃贤？贫道所以不远数千里，正欲献此一白。"王及太子赧然愧悔，即遣使诣高，卑辞逊谢，请高还邑。高既广济为怀，忘忿赴命，始欲出山。山中草木摧折，崩石塞路。高咒愿曰："吾誓志弘道，岂得滞方？"乃风息路开。渐还到国，王及臣民近道候迎，内外敬奉崇为国师。河南化毕进游凉土，沮渠蒙逊深相敬事，集会英宾发高胜解。时西海有樊僧印，亦从高受学，志狭量褊得少为足，便谓已得罗汉顿尽禅门。高乃密以神力，令印于定中备见十方无极世界诸佛所说法门不同，印于一夏寻其所见，永不能尽，方知定水无底，大生愧惧①。

玄高到麦积山的时间，冯国瑞认为是在424~426年，离开麦积山是在427~440年②。张学荣则认为玄高之来麦积，应在417年10月以后，离开麦积，当在419年12月以前，即玄高在麦积山只待了约两年时间③。根据邓健吾的考证，是在417年后秦灭亡以后，这年西秦乘机占领了秦州，离开麦积山到西秦枹罕时为422年左右。所以玄高传中有"杖策西秦，隐居麦积山"之说，即玄高在麦积山居住了至少5年④。

关于玄高与麦积山的关系，论者都有较多的研究。需要注意的是，玄高从关中而来，学的是佛驮跋陀罗的禅法，可能与鸠摩罗什一派有不同，造成了罗什弟子排挤佛驮跋陀罗，迫使其离开了长安。玄高可能也受到牵连而离开长安，前往麦积山。从玄高传记大致可以看出，玄高精通禅法，且颇多神异，从出生至出家，从麦积山到西秦、凉州再到平城都有一些神异故事。但通览玄高之传，只字未提与石窟的开凿或与造像有关的事。截至目前多有论者认为玄高在来麦积山之前，麦积山石窟已经开凿，但他在麦积修禅，为何只字不提石窟的开凿，颇费理解。从《玄高传》我们无疑可以总结出其从长安（后秦时期）—秦州（麦积山，后秦时期）—河州（炳灵寺，西秦时期）—凉州（北凉时期）—平城（北魏前期）的路线，从而隐含着这些地区佛教的互相交流与影响。

（八）昙弘

"时有长安沙门释昙弘，秦地高僧，隐在此山，与高相会，以同业友善。""迁流岷蜀，道洽成都。"⑤ 释昙弘与玄高一样，也是来自于长安，亦隐居于麦积山，从事禅修活动，并与玄高的关系很好。后来听说玄高在西秦的遭遇，为了申辩玄高的清白，从成都赶往西秦，使得玄高又被西秦王及太子重新尊为国师。昙弘离开麦积山的原因可能与玄高一样，但他当时并没有随玄高一起去河南国（西

---

① ［梁］释慧皎撰，汤用彤校注：《高僧传》，第409页。

② 冯国瑞：《麦积山石窟大事年表》，《文物参考资料》1954年第2期。

③ 张学荣、何静珍：《麦积山石窟创凿年代考》，《天水师专学报》（混合版）1988年第1期。

④ 邓健吾：《麦积山石窟的研究及早期石窟的两三个问题》，天水麦积山石窟艺术研究所编：《中国石窟·天水麦积山》，北京：文物出版社、东京：平凡社，1998年。

⑤ ［梁］释慧皎撰，汤用彤校注：《高僧传》，第409页。

秦），而是南下蜀地，到达成都。后被西秦国主邀请，因听说玄高被冤，而欣然答应前往西秦。说明当时陇右与蜀地之间相通。

（九）玄绍

前引《玄高传》中提到几个与玄高关系密切的禅僧。“高学徒之中游刃六门者百有余人。有玄绍者，秦州陇西人，学究诸禅，神力自在。手指出水供高洗漱，其水香净倍异于常。每得非世华香以献三宝。灵异如绍者又十一人。绍后入堂术山蝉蜕而逝。”① 玄绍为秦州本地人，是玄高在秦州的弟子，禅法深厚，很可能也在麦积山修禅，且具灵异，似颇得玄高真传。后与玄高一样，也去了炳灵寺，更说明炳灵寺与麦积山的关系。

玄高、昙弘、玄绍诸人，均习学禅法，以务禅为业。但各人传中均未提及在麦积山开窟造像之事，与始创莫高窟的乐僔、法良禅师颇有不同。似乎与麦积山创自后秦之时的记载不合。麦积山即有玄高诸名僧，又玄高学徒“游刃六门者”即多达百余人，如此规模的聚众修行，居然只字未言麦积山开窟之事，颇为费解。

（十）僧隐

> 释僧隐，姓李，秦州陇西人。家世正信，隐年八岁出家便能长斋。至十二蔬食，及受具戒，执操弥坚。常游心律苑，妙通十诵，诵法华、维摩。闻西凉州有玄高法师禅慧兼举，乃负笈从之，于是学尽禅门，深解律要。高公化后，复西游巴蜀，专任弘通。顷之东下，止江陵琵琶寺，谘业于慧彻。彻名重当时，道扇方外。隐研访少时，备穷经律，禅慧之风，被于荆楚。州将山阳王刘休佑及长史张岱，并谘禀戒法。后刺史巴陵王休若及建平王景素，皆税驾禅房屈膝恭礼。后卧疾少时，问侍者：“日中未?”答云：“已中。”乃索水漱口，颜貌怡然，忽尔从化，春秋八十矣②。

僧隐的事迹中最引人注目的有三点：一、李姓为陇西大姓，该家族世代信佛，从帛远、单道开以来，陇西佛教活动记载频繁。僧隐八岁出家、十二疏食，后又至凉州从师玄高学禅法，可能其青年时代的佛事活动当在家乡一带，时在北魏灭北凉之前；二、僧隐善于诵《法华经》《维摩诘经》，这是罗什之后流行于北方的重要大乘经典，说明此二大乘经典当时已十分流行于秦州陇西地区；三、僧隐之家乡距麦积山不远，却西去凉州从玄高学禅法，可能当时麦积山在姚秦之后至北魏复兴佛法之前出现一段萧条时期。

（十一）时亮

《水经注》的作者郦道元引用了《秦州记》关于炳灵寺的描述，文曰：

> 河水又东北会两川，左合二水，参差夹岸，连壤负险相望。河北有层山，山甚灵秀，山峰之

① ［梁］释慧皎撰，汤用彤校注：《高僧传》，第409页。

② ［梁］释慧皎撰，汤用彤校注：《高僧传》，第432页。

上，立石数百丈，亭亭桀竖，竞势争高，远望参参，岩攒图之托霄上。其下层岩峭壁，举岸无阶，悬岩之中，多石室焉。室中若有积卷矣，而世士罕有津逮者，因谓之积书岩。岩堂之内，每时见神人往还矣，盖鸿衣羽裳之士、炼精饵食之夫耳，俗人悟其仙者，乃谓之神鬼。彼羌谓鬼曰唐述，复因名之为唐述山，指其堂密之居谓之唐述窟。其怀道宗玄之士，皮冠净发之徒，亦往栖托焉。故《秦州记》曰："河峡崖旁有二窟，一曰唐述窟，高四十丈，西二里有时亮窟，高百丈，广二十丈，深三十丈，藏古书五笥。亮，南安人也。"①

据考，《秦州记》的作者可能是南朝宋南郡王从事郭仲产，《秦州记》成书于5世纪上半叶，距西秦时间很近，其记载应当比较可靠。该书最早记述了唐述和时亮二窟。这可肯定地认为炳灵寺唐述、时亮二窟要早于《秦州记》，即形成于5世纪以前。现对炳灵寺唐述、时亮二窟的认定尚无法定论，但基本都限定在第169、172以及野鸡沟洞窟等几个大型的自然洞窟内。这几个洞窟最早作为禅窟的功用十分明确，而且又有早期的壁画或塑像遗存，尤其是第169窟内有西秦乞伏炽磐建弘元年造像题记，而且该窟最早的遗存很有可能早至西秦立国之初②。开凿炳灵寺石窟最早洞窟之一的时亮即为秦州南安人，说明秦州和河州之间的文化交流非常密切，互相影响，而且可以说明炳灵寺石窟在当时确为很重要的佛教中心，周围地域信仰佛教者很多都来此开窟造像。

第6龛位于第169窟东壁后部崖面凹进处，为泥塑背屏式龛，龛内泥塑无量寿佛及二胁侍大势至、观世音菩萨，为国内石窟现存最早的西方三圣群像。该龛外崖壁有墨书造像题记，尾题"建弘元年岁在玄枵三月廿四日造"。目前学者基本都认定建弘元年（420年）即此龛的制作年代，但也有学者从造像题记中的某些文意揣测420年为此龛的重修年代，这是比较符合实际的推测。造像题记中有"遂请妙匠，容兹尊像，神姿琦茂""乃妙斑匠，神仪重晖"之句，其文意是十分清楚的，即请来妙匠对塑像进行重新妆修，重修后的塑像再现出了往日的辉煌神仪。这说明建弘元年之前此龛已有，龛像遭受某种破坏，420年时重修，重修的功德主画像列于龛外及左下方，其中有外国大禅师昙摩毗、比丘道融、比丘慧普、博士南安姚庆子、侍生广宁邢斐、侍生天水梁伯熙、侍生金城万□、侍生天水杨□及凤兴弟盛兴、清信女妾王等③。如此多的功德主使该龛具有一种特殊的较高的规格，所造出的像尤其是无量寿佛较其他龛造像具有一种特别的神韵。

此龛的功德主不但有南安人，而且有天水人，更能说明一些问题。其中南安人姚庆子应该是活跃于秦州地区的羌族大姓，十六国后秦的姚弋仲即起家于这一带，羌人早在西晋时就已经接受信仰佛教④。十六国后秦姚氏政权极力推崇佛教，后秦境内佛教十分兴盛，已见前述。梁姓也是天水的大姓。《晋书·姚苌载记》："西州豪族尹详、赵曜、王钦卢、牛双、狄广、张干等率五万余家，咸推苌为盟

① ［北魏］郦道元著，［清］王先谦校：《合校水经注》卷二，北京：中华书局，2009年，第25页。

② 魏文斌：《炳灵寺第169窟的年代再认识》，敦煌研究院编：《2000年敦煌学国际学术讨论会文集——纪念敦煌藏经洞发现暨敦煌学百年》，兰州：甘肃民族出版社，2003年。

③ 详见张宝玺：《建弘题记及其有关问题的考证》，阎文儒、王万青编著：《炳灵寺石窟》，兰州：甘肃人民出版社，1993年，第169~171页；魏文斌：《炳灵寺169窟内容总录》，甘肃省文物考古研究所、炳灵寺文物保管所合编，董玉祥主编：《炳灵寺一六九窟》，深圳：海天出版社，1994年。

④ ［梁］释慧皎撰，汤用彤校注：《高僧传》，第26页。

主。……苌乃从纬谋，以太元九年自称大将军、大单于、万年秦王，大赦境内，年号白雀，称制行事。以天水尹详、南安庞演为左右长史，南安姚晃、尹纬为左右司马，天水狄伯支、焦虔、梁希、庞魏、任谦为从事中郎，姜训、阎遵为掾属，王据、焦世、蒋秀、尹延年、牛双、张干为参军，王钦卢、姚方成、王破虏、杨难、尹嵩、裴骑、赵曜、狄广、党删等为帅。"① 梁氏应该是陇西羌的大姓，前秦时苻生的皇后为梁氏。另外见记载的还有尚书令梁楞、左仆射梁安（苻生岳父）、梁平老等。苻生其妻梁氏，并杀梁安、梁楞，废梁氏后，惹起众羌的叛乱②。可见梁氏势力之大。姚氏、梁氏信仰佛教并开凿石窟的例证还见于甘肃武山水帘洞石窟的壁画及其供养画像③。炳灵寺第169窟第6龛修于西秦建弘元年（420年），其时也正是后秦被灭并被西秦占领天水、南安一带之时，早就信仰佛教的姚氏、梁氏等来到炳灵寺开龛造像，或许与玄高离开麦积山到西秦有极大的关系，说明两地佛教的关系非常密切。需要说明的是，这时，即420年前后，陇右地区的佛教，可能已经变为以炳灵寺为中心，而麦积山随着后秦的灭亡和玄高等的离去，出现了暂时的冷落。

（原载于《敦煌学辑刊》2013年第1期）

① ［唐］房玄龄等撰：《晋书》，第2965~2966页。

② ［唐］房玄龄等撰：《晋书》，第2873页。

③ 魏文斌、吴荭：《甘肃武山水帘洞石窟几则北周供养题记反映的历史与民族问题》，云冈研究院编：《2005年云冈国际学术讨论会论文集》，北京：文物出版社，2006年。

汉至北魏秦州佛教史料与麦积山石窟（二）

魏文斌

三、北魏时代

（一）北魏佛教的大力发展和兴盛

汤用彤总结鸠摩罗什之后北方佛教的情势时认为：“罗什逝世后，关中迭经变乱，加以赫连氏之破佛①，长安佛教当渐衰颓。魏虽进至黄河流域，但其于佛法，亦自未特加提倡。当时北方佛法稍盛之地，想为西北之凉与东北之燕。”② 可以这样理解，在西秦灭亡至北魏占领凉州之前，北方佛教的中心应该在西北的凉州和东北的南燕。“先是，沮渠蒙逊在凉州，亦好佛法。有罽宾沙门昙摩谶，习诸经论。于姑臧，与沙门智嵩等，译《涅槃》诸经十余部。……凉州自张轨后，世信佛教。敦煌地接西域，道俗交得其旧式，村坞相属，多有塔寺。太延中，凉州平，徙其国人于京邑，沙门佛事皆俱东，象教弥增矣。”③ 表明凉州佛教的兴盛及对北魏佛教的影响。

439 年，北魏平定凉州，原在北凉的众多僧人被迁往北魏首都平城，平城佛教开始大受凉州佛教影响。一批从凉州去的僧人逐渐崭露头角，师贤、昙曜、玄高等北凉高僧均被北魏皇室重视，玄高被太子晃事为师，另一凉州沙门惠崇到平城后做了尚书韩万德的门师，与玄高以太平真君五年（444 年）被太武帝抑佛一起受害。昙曜受太傅张谭师礼④。足见这些凉州所去的僧人在平城的地位，他们先后都在平城的佛教活动和佛教造像、石窟开凿中起到了举足轻重的作用。

秦州于 439 年被北魏正式占领，但当时局势不稳，佛教发展没有安定良好的环境。446 年，北魏太武帝毁灭佛法，北方佛教受到重大打击，之后的几年时间佛教不会有大的发展，这种情况直到文成帝即位才得以改变。

太武帝灭佛事件见于《魏书・武帝纪》及《魏书・释老志》等。这次灭佛是佛教传入中国后第一次受到的最大的打击。由于灭佛的导火线是在长安的一个寺院发生的，因此长安佛教首被其害。“诏诛

---

① ［梁］释慧皎撰，汤用彤校注：《高僧传》卷七《僧导等传》，北京：中华书局，1992 年，第 281 页。

② 汤用彤：《汉魏两晋南北朝佛教史》第十四章《佛教之北统》，北京：北京大学出版社，1997 年，第 348 页。

③ ［北齐］魏收撰：《魏书》卷一一四《释老志》，北京：中华书局，1974 年，第 3032 页。

④ ［梁］释慧皎撰，汤用彤校注：《高僧传》卷一一《玄高传》，第 411~413 页。

长安沙门，焚破佛像，敕留台下四方，令一依长安行事。”之后。于太平真君七年（446 年）三月也下令正式毁佛，“有司宣告征镇诸军、刺史，诸有佛图形像及胡经，尽皆击破焚烧，沙门无少长悉坑之”。当时的秦州地近关中，肯定也被很快波及，佛教自然在秦州也不会有大的作为，麦积山在这个时期是不可能顶风进行营建的。但是过了六年，太武帝死，文成帝即位后，实施“以静为治”的方针，于兴安元年（452 年）十二月下诏书恢复佛教合法地位。“诸州郡县，于众居之所，各听建佛图一所，任其财用，不制会限。其好道乐法，欲为沙门，不问长幼，出于良家，性行素笃，无诸嫌秽，乡里所明者，听其出家，率大州五十，小州四十人，其郡遥远台者十人。”“天下承风，朝不及夕，往时所毁图寺，仍还修矣。佛像经论，皆复得显。”①

太武帝于太平真君七年灭佛法，至文成帝登位的 452 年间，佛教受到严重打击。452 年，文成帝即位后立即下令复法：“今制诸州郡县，于众居之所，各听建佛图一区，任其财用，不制会限。其好乐道法，欲为沙门，不问长幼，出于良家，性行素笃，无诸嫌秽，乡里所明者，听其出家。率大州五十，小州四十人，其郡遥远台者十人。各当局分，皆足以化恶就善，播扬道教也。”诏书下达后，全国各地迅速将毁坏的寺庙修复一新，外逃僧人重新入寺。这既是完全放开了太武帝禁毁的佛法，并且建佛图时不惜财力，于是“天下承风，朝不及夕，往时所毁图寺，仍还修矣。佛像经论，皆复得显”。之后任师贤为道人统，师贤“本罽宾国王种人，少入道，东游凉城，凉平赴京”。兴光元年（454 年）秋，“敕有司于五级大寺内，为太祖已下五帝，铸释迦立像五，各长一丈六尺，都用赤金二十五万斤”。这可能是后来开凿昙曜五窟造像的模型。太安初，师子国沙门邪奢遗多、浮陀难提等五人“奉佛像三”到京都，其所带来的佛像样式可能对当时的佛像制作具有一定的影响。和平初，师贤死，昙曜继任为沙门统，奏明文成帝得到批准后“于京城西武州塞，凿山石壁，开窟五所，镌建佛像各一。高者七十尺，次六十尺，雕饰奇伟，冠于一世”②。这就是著名的昙曜五窟。从此佛教在北魏皇权维护下日益发展。

平城作为北魏首都和全国的政治、经济、文化中心，对发展佛教有着极优越的条件，特别是“皇上就是当今如来”③ 的提出，使佛教显示出浓厚的皇权政治色彩。5 世纪中期开始，不但营造出了具有皇家性质规模宏大的平城云冈石窟，且在平城地区还开凿了鲁班窑、焦山、吴官屯和鹿野苑等石窟④。形成了中国佛教石窟发展史上重要的“云冈模式”⑤。

北方各地也开始大规模地进行石窟的营造，可以说，除了新疆石窟和甘肃河西十六国石窟外，石窟在中国内地的大发展是从北魏文成帝复法以后即 5 世纪中期开始的，这应该是由于受当时处于中心

① ［北齐］魏收撰：《魏书》卷一一四《释老志》，第 3034~3036 页。

② ［北齐］魏收撰：《魏书》卷一一四《释老志》，第 3037 页。

③ ［北齐］魏收撰：《魏书》卷一一四《释老志》，第 3031 页。

④ 李治国、刘建军：《北魏平城鹿野苑石窟调查记》和丁明夷、李治国：《焦山、吴官屯调查记》，云冈石窟文物保管所编：《中国石窟·云冈石窟》（一），北京：文物出版社、东京：平凡社，1991 年，第 212~221 页。

⑤ 宿白：《平城实力的集聚和“云冈模式”的形成与发展》，云冈石窟文物保管所编：《中国石窟·云冈石窟》（一），第 176~191 页。

地位的首都平城的风气所影响的。

献文帝拓跋弘和平六年（465 年）即位，皇兴五年（471 年）禅位，承明元年（476 年）死，年仅 23 岁。《魏书・显祖纪》曰献文帝“雅薄时务，常有遗世之心”，在位时曾行幸鹿野苑、石窟寺（即现在的鹿野苑石窟和云冈石窟）①。因此对佛教更为信奉。“敦信尤深，览诸经论，好老庄。每引诸沙门及能谈玄之士，与论理要。初，高宗太安末，刘骏于丹阳中兴寺设斋。有一沙门，容止独秀，举众往目，皆莫识焉。沙门惠璩起问之，答名惠明。又问所住，答云，从天安寺来。语讫，忽然不见。骏君臣以为灵感，改中兴为天安寺。是后七年而帝践祚，号天安元年。是年，刘彧徐州刺史薛安都始以城地来降。明年，尽有淮北之地。其岁，高祖诞载。于时起永宁寺，构七级佛图，高三百余尺，基架博敞，为天下第一。又于天宫寺，造释迦立像。高四十三尺，用赤金十万斤，黄金六百斤。皇兴中，又构三级石佛图。榱栋楣楹，上下重结，大小皆石，高十丈。镇固巧密，为京华壮观。”他让位于高祖孝文帝后（471 年），住在御北苑崇光宫，览习玄籍。并“建鹿野佛图于苑中之西山，去崇光右十里，岩房禅堂，禅僧居其中焉”②。

孝文帝元宏是一位雄才大略的北魏皇帝，在位近 30 年，经略南北，迁都中原，使北魏鲜卑族学习汉风，完成了与汉民族的融合。尤其对佛教亦甚为支持。亲自为男女百余人剃发度为僧尼，先后建建明寺、思远寺、少林寺等，又为鸠摩罗什建三级浮图。在其统治期间，“京城内寺新旧且百所，僧尼二千余人，四方诸寺六千四百七十八，僧尼七万七千二百五十八人”。在京城设立法会。太和十六年（492 年）下诏：“四月八日、七月十五日，听大州度一百人为僧尼，中州五十人，下州二十人，以为常准，着于令。”太和十七年，又诏立《僧制》四十七条，并设立监福曹（后改昭玄），备有官属，以断僧务。敬奉名僧道登、跋陀等，当时名僧辈出，齐聚平城③。孝文帝不但信奉扶持佛教，而且实施对佛教的有效管理。孝文帝在位时期，云冈石窟第二期洞窟大规模开凿，龙门石窟在迁都后也开始兴盛。在云冈石窟的影响下，其他地区天下承风，开凿了大量的石窟寺，如辽宁义县万佛堂、山西良侯店等一批太和时期的小型石窟寺、陕西北部地区和甘肃陇东地区、甘肃河西地区都有一大批规模不等的太和时期洞窟被开凿。麦积山石窟初期洞窟的第 74、78 等窟开凿可晚至孝文帝初期，第 100、128、144、148 等一批洞窟正是开凿于孝文帝太和时期。

宣武帝也好佛，其时佛教得到进一步扩张发展。“世宗笃好佛理，每年常于禁中，亲讲经论，广集名僧，标明义旨。沙门条录，为《内起居》焉。上既崇之，下弥企尚。至延昌中，天下州郡僧尼寺，积有一万三千七百二十七所，徒侣逾众。”④ 北方各地太和以后的石窟开凿更加不遗余力，云冈、龙门、巩县、麦积山、北石窟寺、炳灵寺以及敦煌石窟都保存了大量的北魏晚期洞窟。麦积山初期洞窟的第 115、114、76、93、156 等中小型洞窟都是开凿于宣武帝时期。而北魏晚期更开凿了如第 133、142 等一大批洞窟。这些都是在北魏诸帝对佛教的扶持政策下而形成的。

---

① ［北齐］魏收撰：《魏书》卷六《显祖纪》，第 130、131 页。

② ［北齐］魏收撰：《魏书》卷一一四《释老志》，第 3037~3038 页。

③ ［北齐］魏收撰：《魏书》卷一一四《释老志》，第 3038~3039 页。

④ ［北齐］魏收撰：《魏书》卷一一四《释老志》，第 3042 页。

（二）与秦州有关的僧人活动

1. 释法光

《高僧传》载：

> 释法光，秦州陇西人，少而有信，至二十九方出家，苦行头陀。不服绵纩，绝五谷，唯饵松叶。后誓志烧身，乃服松膏及饮油，经于半年。至齐永明五年（487年）十月二十日，于陇西记城寺内，集薪焚身，以满先志。火来至目，诵声犹记。至鼻乃昧，奄然而绝，春秋四十有一①。

《法华传记·齐陇西释法光三》，并记其临死前“诵法华经声犹记”②。

法光的事迹有三点值得注意：一是苦修；二是修持读诵《法华经》；三是为供养法而烧身。说明秦州一带法华信仰流行。

2. 僧镜

《高僧传》载：

> 释僧镜，姓焦，本陇西人，迁居吴地。至孝过人，轻财好施。家贫母亡，太守赐钱五千。苦辞不受。乃身自负土，种植松栢，庐于墓所，泣血三年。服毕出家，住吴县华山。后入关陇，寻师受法，累载方还。停止京师，大阐经论。司空东海徐湛之，重其风素，请为一门之师。
>
> 后东反姑苏，复专当法匠。台寺沙门道流，请停岁许。又东适上虞徐山，学徒随往百有余人。化洽三吴，声驰上国。陈郡谢灵运，以德音致款。宋世祖籍其风素，敕出京师，止定林下寺。频建法聚，德众云集。著法华、维摩、泥洹义疏，并毗昙玄论。区别义类，有条贯焉。宋元徽中卒，春秋六十有七。
>
> 上虞徐山，先有昙隆道人。少善席上，晚忽苦节过人，亦为谢灵运所重，常共游嶀嵊。亡后，运乃诔焉③。

焦氏为秦州陇西大姓，《晋书·姚苌载记》：“西州豪族尹详、赵曜、王钦卢、牛双、狄广、张干等率五万余家，咸推苌为盟主。……苌乃从纬谋，以太元九年自称大将军、大单于、万年秦王，大赦境内，年号白雀，称制行事。以天水尹详、南安庞演为左右长史，南安姚晃、尹纬为左右司马，天水狄伯支、焦虔、梁希、庞魏、任谦为从事中郎，姜训、阎遵为掾属，王据、焦世、蒋秀、尹延年、牛双、张干为参军，王钦卢、姚方成、王破虏、杨难、尹嵩、裴骑、赵曜、狄广、党删等为帅。”④ 武山

---

① ［梁］释慧皎撰，汤用彤校注：《高僧传》，第455页。

② 《大正藏》第51册，第93页。

③ ［梁］释慧皎撰，汤用彤校注：《高僧传》，第293页。陈垣：《释氏疑年录》有考，北京：中华书局，1964年，第20页。

④ ［唐］房玄龄等撰：《晋书》卷一一六《姚苌载记》，北京：中华书局，1974年，第2965页。

水帘洞石窟壁画中有焦氏家族供养人群像①。前面从帛远、单道开、僧隐、时亮等人的活动看，秦州陇西地区在西晋十六国时期即较早地接受佛教，法光、僧镜等人又继承了以前的基础，佛教继续在这一带流行。而且他们都从事禅修、弘扬大乘佛典。

3. 释玄畅

《高僧传》载：

释法献，姓徐，西海延水人。先随舅至梁州，乃出家。至元嘉十六年（439年），方下京师，止定林上寺。博通经律，志业强捍。善能匡拯众许，修葺寺宇。先闻猛公西游，备瞩灵异，乃誓欲忘身，往观圣迹。以宋元徽三年（475年）发踵金陵，西游巴蜀，路出河南，道经芮芮。既到于阗，欲度葱岭，值栈道断绝，遂于于阗而反。获佛牙一枚，舍利十五身，并观世音灭罪咒及调达品，又得龟兹国金锤鍱像，于是而还。其经途危阻，见其别记。

佛牙本在乌缠国，自乌缠来芮芮，自芮芮来梁土。献赍牙还京，十有五载。密自礼事，余无知者，至文宣感梦，方传道俗。献律行精纯，德为物范。琅琊王肃、王融、吴国、张融、张绻、沙门慧令、智藏等，并投身接足，崇其诫训。献以永明之中，被敕与长干玄畅同为僧主，分任南北两岸。

畅本秦州人，亦律禁清白。文惠太子奉为戒师。献后被敕三吴，使妙简二众，畅亦东行，重申受戒之法……畅以建武初（494左右）亡，春秋七十有五。献以建武末年卒，与畅同窆于钟山之阳②。

玄畅为秦州人，5世纪中后期活跃于南朝宋、齐之际，擅长戒律，曾任长干寺僧主，与法献齐名。

4. 释慧初

《续高僧传》载：

时净名寺有慧初禅师者，魏天水人，在孕七月而生。才有所识，好习禅念。尝闲居空宇，不觉霆击大震。斯固住心深寂，未可量也。而志高清远，淡然物外。晚游梁国，住兴皇寺。闲房摄静，珪璋外映。白黑谘访，有声皇邑。武帝为立禅房于净名寺以处之，四时资给。禅学道俗，云趣请法。素怀恢廓，守志淳重。贵胜王公，曾不迎候。普通五年卒，春秋六十八，葬钟山之阴。弟子智颙树碑墓侧，御史中丞吴郡陆倕制文③。

梁普通五年即524年，慧初卒时68岁，则其生于456年，因其晚年才南游梁，所以其一生大部分时间在北魏，或许可能就在天水。从传中可看出，慧初颇习禅法，禅心很高，雷霆大作时，亦能“住心深寂”。梁后仍坚持修禅。

---

① 魏文斌、吴荭：《甘肃武山水帘洞石窟北周供养题记反映的历史与民族问题》，云冈研究院编：《2005年云冈国际学术研讨会论文集·研究卷》，北京：文物出版社，2006年，第417~419页。

② ［梁］释慧皎撰，汤用彤校注：《高僧传》，第488~489页。

③ 《大正藏》第50册，第550页。

5. 竺僧朗

《高僧传》载：

竺僧朗，京兆人也。少而游方问道，长还关中，专当讲说。……朗常蔬食布衣，志耽人外。以伪秦符健皇始元年（351 年）移卜泰山，与隐士张忠为林下之契，每共游处。忠后为符坚所征，行至华阴山而卒。朗乃于金舆谷昆仑山中别立精舍，犹是泰山西北之一岩也。峰岫高险，水石宏壮。朗创筑房室，制穷山美。内外屋宇数十余区，闻风而造者百有余人，朗孜孜训诱，劳不告倦。

秦主符坚钦其德素，遣使征请。……坚后沙汰众僧，乃别诏曰："朗法师戒德冰霜，学徒清秀，昆仑一山，不在搜例。"及后秦姚兴亦佳叹重。燕主慕容德钦朗名行，假号东齐王，给以二县租税，朗让王而取租税，为兴福业。晋孝武致书遗，魏主拓跋珪亦送书致物，其为时人所敬如此。此谷中旧多虎灾，常执仗结群而行，及朗居之，猛兽归伏，晨行夜往，道俗无滞。百姓咨嗟，称善无极，故奉高人至今犹呼金舆谷为朗公谷也。凡有来诣朗者，人数多少，未至一日，辄以逆知。使弟子为具饮食，必如言果至，莫不叹其有预见之明矣。后卒于山中，春秋八十有五。

时泰山复有支僧敦者，本冀州人，少游汧陇，长历荆雍。妙通大乘，兼善数论。着人物始义论，亦行于世矣①。

僧朗乃得道高僧，本关中人，后住于泰山，受前秦主苻坚、后秦主姚兴倾慕，北魏拓跋珪也对其敬致。

6. 沙门智整

《高僧传》载：

时凉州复有沙门智整，亦贞苦有异行，为么主杨难当所事，后入寒峡山石穴中不返②。

杨难当为仇池氏主，北魏拜其为征南大将军、仪同三司、领护西羌校尉、秦二州牧、南秦王，435 年曾立镇上邽（今天水），后为宋刘义隆将裴方明所败，弃仇池，与千余骑奔上邽被北魏世祖拓跋焘迎至行宫③。从前面帛祖事迹看，仇池氏早已接触并信奉佛教，智整为杨难当所敬事。智整为凉州沙门，东行秦州，说明凉、秦间佛教在 5 世纪初颇多交流。

7. 释法瑗

《高僧传》载：

释法瑗，姓辛，陇西人，辛毗之后。长兄源明，仕伪魏为大尚书。第二兄法爱，亦为沙门，解经论兼数术，为芮芮国师，俸以三千户。瑗幼而阔达，倜傥殊群，路见贫寒辄脱衣为惠。初出家，事梁州沙门竺慧开。开懿德通神，时人谓得初果。开谓瑗曰："汝情悟若此，必能纲总末化，宜竞力博闻，无得独善。"于是辞开游学，经涉燕赵，去来邺洛。……元嘉十五年（438 年）还

① ［梁］释慧皎撰，汤用彤校注：《高僧传》，第 190~191 页。

② ［梁］释慧皎撰，汤用彤校注：《高僧传》，第 388 页。

③ ［北齐］魏收撰：《魏书》卷一〇一《氐传》，第 2230 页。

梁州，因进成都，后东适建邺，依道场慧观为师。……后入庐山守静味禅，澄思五门，游心三观。……及明帝造湘宫新成，大开讲肆，妙选英僧，敕请瑗充当法主。帝乃降跸法筵，公卿会座，一时之盛，观者荣之。后齐文惠又请居灵根，因移彼寺。……以齐永明七年（489 年）卒，春秋八十一矣①。

法瑗为秦州陇西望族辛氏，法瑗刚出家时拜梁州沙门慧开为师，梁州与秦州关系密切。法瑗曾游学于河北、河南一带，后至南朝成都、庐山等地，历宋、齐，备受敬重。卒于齐永明七年（489 年）。其兄法爱亦为沙门，并任芮芮（柔然）国师。说明辛氏一门对佛教颇为信奉，秦州陇西当为佛教较为发达之地。

8. 支酉乱关中与沙门刘光秀起义

太和十七年（493 年），关中秦陇地区的佛教教团势力膨胀，变乱一触即发。当时，孝文帝东西两线共伐南朝萧齐，卢渊以关中情势危急加以劝阻，《魏书·卢玄传附卢渊传》记载卢渊上言：

臣又闻流言，关右之民，自比年以来，竞设斋会，假称豪贵，以相扇惑。显然于众座之中，以谤朝廷。无上之心，莫此为甚。愚谓宜速惩绝，戮其魁帅。不尔，惧成黄巾、赤眉之祸②。

北魏西线指挥赵郡王拓跋干兵出子午谷时，支酉在关中称乱，秦雍间七州震动。“泾州羌叛，残破城邑”，副将卢渊只好撤兵，“以步骑六千，众号三万，徐行而进。未经三旬，贼众逃散，降者数万口，唯枭首恶，余悉不问”。关于支酉乱关中，《南齐书·魏虏传》亦有详尽记载，并为《资治通鉴》所本。

支酉之乱有两点值得注意，一是利用佛教斋会收买人心，聚众起事；二是规模庞大，起事范围波及北魏雍、岐、秦、南秦、泾、邠、华七州，也就是关中秦陇地区，教乱与民族问题纠缠在一起，使平叛工作更加复杂，稍有不慎，就会酿成更大的灾患。因此，平叛后，赈灾与引导工作，关系整个关中秦陇地区的稳定与发展。这时，佛教又成了统治者加以利用的工具。开凿石窟便成了情理中事。

宣武帝永平年间，泾、秦二州又爆发了沙门领导的反对北魏统治的叛乱。永平二年（509 年）正月，“泾州沙门刘慧汪聚众反，诏华州刺史奚康生讨之”。永平三年（510 年）二月，“秦州沙门刘光秀谋反，州郡捕斩之”③。

宣武帝时期，麦积山石窟为开凿石窟较重要的时期，第 76、86、89、114、115、169、156 等为宣武帝前期开凿的洞窟，宣武帝后期即永平、延昌时期还开凿了一批洞窟④。秦陇地区的民众利用佛教组织反对北魏统治的暴动，足以说明这一地域佛教的深入民心。秦州沙门刘光秀更是领导了秦州的暴

---

① ［梁］释慧皎撰，汤用彤校注：《高僧传》，第 312~313 页。

② ［北齐］魏收撰：《魏书》卷四七《卢玄传》，第 1048 页。

③ ［北齐］魏收撰：《魏书》卷八《世宗纪》，第 207、209 页。［唐］李延寿撰：《北史》卷四《魏本纪第四》，北京：中华书局，1974 年，第 139 页。

④ 宣武帝前期开凿的洞窟尚处于早晚风格变化的过渡阶段，本文归为麦积山的初期洞窟，而宣武帝后期基本演变为中原风格，这一时期开凿的洞窟归为北魏晚期洞窟的一部分，关于北魏晚期洞窟的调查与研究，拟另文进行。

动，说明佛教在秦州有较大的势力。

（三）地方官吏与秦州佛教

以上介绍了秦州佛教僧人或与秦州有关的僧人的佛教活动。下面是曾在秦州任职的地方官吏对于秦州佛教的影响。

1. 冯朗

冯朗为北魏孝文帝文明太后冯氏之父，事见《魏书·太祖纪上》《魏书·海夷冯跋传》《北史·后妃传上》等。

《魏书·冯熙传》载：

> 字晋昌，长乐信都人，文明太后之兄也。祖文通，语在《海夷传》。世祖平辽海，熙父朗内徙，官至秦、雍二州刺史、辽西郡公，坐事诛。文明太后临朝（476年），追赠假黄钺、太宰、燕宣王，立庙长安……熙为政不能仁厚，而信佛法，自出家财，在诸州镇建佛图精舍，合七十二处，写一十六部一切经。延致名德沙门，日与讲论，精勤不倦，所费亦不赀。而在诸州营塔寺多在高山秀阜，伤杀人牛。有沙门劝止之，熙曰："成就后，人唯见佛图，焉知杀人牛也。"其北邙寺碑文，中书侍郎贾元寿之词……太和十九年卒①。

冯朗曾任秦、雍二州刺史，文明太后及兄冯熙即生于长安。

《魏书·文成文明皇后冯氏传》载：

> 承明元年（476年），尊为太皇太后，复临朝听政。太后性聪达，自入宫掖，粗学书计，及登尊极，省决万机。……自太后临朝专政，高祖雅性孝谨，不欲参决，事无巨细，一禀于太后。太后多智略，猜忍，能行大事，生杀赏罚，决之俄顷，多有不关高祖者。是以威福兼作，震动内外。故杞道德、王遇、张佑、苻承祖等拔自微阉，岁中而至王公；王睿出入卧内，数年便为宰辅。赏赉财帛以千万亿计，金书铁券，许以不死之诏。……（太和）十四年（490年），崩于太和殿，时年四十九②。

可知，冯太后49岁卒，即孝文帝太和十四年，则其当生于441年，即太武帝太平真君二年，时其父冯朗在雍州刺史任上，由冯熙传知，冯朗任秦、雍二州刺史，则任秦州刺史必在任雍州刺史之前。由此大体可以推知，冯朗任秦州刺史的时间当在太平真君二年之前。

孝文帝初即位时，祖母文明太后冯氏临朝听政，国家大事总于文明太后一身。直到十四年，太皇太后冯氏卒。文明太后听政期间，剪除异己，扶持亲信，培植后党势力，一方面信任身边的太监抱嶷、王遇、张佑、苻承祖，以及外戚冯氏家族，如冯熙、冯诞父子，委以重任；另一方面重任元勋贵族，

---

① ［北齐］魏收撰：《魏书》卷八三上《冯熙传》，第1818~1819页。

② ［北齐］魏收撰：《魏书》卷一三《皇后列传》，第328~329页。

如拓跋丕、尉元、高允，并不断提拔政治新秀，如李冲、游明根、陈建、苟颓、王睿等人①。可以说，形成了权倾朝野的文明太后统治集团。

在文明太后统治集团中，太监、外戚势力是最重要的力量，有趣的是，这一力量组成了太和时期北魏中央佞佛集团，大肆开凿云冈石窟，兴修佛教寺庙，普度佛教僧尼，传写佛教典籍，其影响之深，波及范围之广，都是前所未有的事情。

文明太后冯氏一家世代崇佛，屡见记载。太后本人曾“立思燕浮图于龙城”②。“太和三年（479年），道人法秀与苟儿王阿辱瑰王等谋反，事觉，囚法秀，加以笼头铁锁，无故自解脱，虏穿其颈骨，使咒之曰：‘若复有神，当令穿肉不入。’遂穿而殉之，三日乃死。伪咸阳王复欲尽杀道人，太后冯氏不许。”③ 孝文帝初期，昙曜、西域僧人吉迦夜、天竺沙门常那耶舍等于平城译《杂宝藏经》《付法藏因缘传》《方便心论》等经④。其译经事业可能得到了冯太后的支持⑤。其兄冯熙虽然率性杀戮，草菅人命，但却特别信奉佛法，常自己出资在各州兴建佛塔寺院，共72处，并且写经16部，与沙门竟日讲论佛法⑥。冯熙二女皆为孝文帝后，都出家为尼，废皇后“贞谨有德操，遂为练行尼，后终于瑶光佛寺”，幽皇后因幼时病，“（文明）太后乃遣还家为尼”⑦。

冯氏一门的奉佛，对北魏佛教影响当较大。冯太后与冯熙生于长安，其父冯朗又曾任秦、雍二州刺史，长安自苻、姚二秦时期即为佛教中心，秦州与长安即近，亦早被佛教，因此，冯氏奉佛来源与长安佛教当有很大关系。冯熙“在诸州镇建佛图精舍，合七十二处”，或有秦州。

2. 穆亮

《魏书》载穆亮曾任秦州刺史：

> 高祖初除使持节、秦州刺史。在州未期，大着声称。征为殿中尚书，又迁使持节、征西大将军、西戎校尉、敦煌镇都大将。政尚宽简，赈恤贫乏。被征还朝，百姓追思之。除都督秦梁益三州诸军事、征南大将军、领护西戎校尉、仇池镇将⑧。

穆亮位列代北“勋臣八姓”之首，颇被倚重。穆亮在陇右任职的时间是在北魏孝文帝延兴时期（471~476年），任职的地方先后为秦州→敦煌→仇池，可以说穆亮对陇右的影响很大，故其传称“在州未期，大着声称”。穆亮善营造，是营造洛京的主要官吏。魏抚军府司马杨衒之撰《洛阳伽蓝记》

---

① 张金龙：《北魏政治史研究》，兰州：甘肃教育出版社，1996年，第126~139页。

② ［北齐］魏收撰：《魏书》卷一三《皇后列传》，第329页。

③ ［梁］萧子显撰：《南齐书》卷五七《魏虏传》，北京：中华书局，1972年，第990~991页。

④ 见［唐］道宣：《续高僧传》卷一《昙曜传》，《大正藏》第50册，第427页；［隋］费长房《历代三宝记》卷九，《大正藏》第49册，第85页；［北齐］魏收撰：《魏书》卷一一四《释老志》，第3037页。

⑤ 宿白：《平城实力的集聚和“云冈模式”的形成与发展》，云冈石窟文物保管所编：《中国石窟·云冈石窟》（一），北京：文物出版社、东京：平凡社，1991年，第187页。

⑥ ［北齐］魏收撰：《魏书》卷八三上《冯熙传》，第1818~1819页。

⑦ ［唐］李延寿撰：《北史》卷一三《后妃传上》，第499页。

⑧ ［北齐］魏收撰：《魏书》卷二七《穆亮传》，第667页。

“序”：“太和十七年，后魏高祖，迁都洛阳。诏司空公穆亮，营造宫室。洛阳城门依魏晋旧名。”① 这个时期正是云冈模式的发展时期，即第二期石窟开始大规模营造的时期，而且是云冈模式向外扩散的时期，因此，秦州、敦煌的石窟开凿由于穆亮的任职，很可能带来了首都的样式。麦积山石窟的营造，这个时期也正是其关键时期，现存的第 74、78 窟等早期洞窟即应该开凿于此时，那么业已完工的云冈石窟第一期洞窟和正在营建的第二期洞窟的样式很可能由于穆亮的任秦州刺史，被带到秦州来。张宝玺先生认为“这种关系值得考虑。某种形式的必然联系可能是存在的，如提倡、引进京邑龛像形式等等”②。张先生的这个敏锐见解非常到位。更为关键的是，麦积山第 78 窟有仇池镇供养人王氏、杨氏的题记，而仇池镇的建立是在太平真君六年（446 年），太和十三年（488 年）改置梁州，仇池镇供养人的时代当在北魏文成帝复兴佛法之后至仇池镇改为梁州这段时间内，即 452~488 年，这段时间内穆亮先后任职秦州刺史、仇池镇将，并都督秦、梁、益三州诸军事，那么仇池镇供养人以及穆亮的任职秦州、仇池之间可能会有某些非常重要的联系。穆亮妻尉迟敬佛，太和十九年（495 年）曾在龙门古阳洞南壁为亡媳牛橛造龛，是龙门石窟最早列龛之一。观其特点，与麦积山初期第二期洞窟造像特点相似，云冈模式的影响浓厚。

3. 张彝

《魏书·张彝传》关于张彝任秦州刺史时的记载，有其管辖秦州期间（应在景明二年至延昌初年间，即 501~512 年）兴建佛寺的信息，这可能对麦积山石窟的营建造成影响：

> 张彝，字庆宾，清河东武城人。曾祖幸，慕容超东牟太守，后率户归国。世祖嘉之，赐爵平陆侯，拜平远将军、青州刺史。祖准之袭，又为东青州刺史。父灵真，早卒。彝性公强，有风气，历览经史。高祖初，袭祖侯爵，与卢渊、李安民等结为亲友，往来朝会，常相追随……以参定迁都之勋，进爵为侯，转太常少卿，迁散骑常侍，兼侍中，持节巡察陕东、河南十二州，甚有声称……世宗初，除正尚书、兼侍中，寻正侍中。世宗亲政，罢六辅，彝与兼尚书邢峦闻处分非常，出京奔走……寻除安西将军、秦州刺史。彝务尚典式，考访故事。及临陇右，弥加讨习，于是出入直卫，方伯威仪，赫然可观。羌夏畏伏，惮其威整，一方肃静，号为良牧。其年冬，太极初就，彝与郭祚等俱以勤旧被征。及还州，进号抚军将军，彝表解州任，诏不许。彝敷政陇右，多所制立，宣布新风，革其旧俗，民庶爱仰之。为国造佛寺名曰兴皇，诸有罪咎者，随其轻重，谪为土木之功，无复鞭杖之罚……彝清身奉法，求其愆过，遂无所得。见代还洛，犹停废数年，因得偏风，手脚不便。然志性不移，善自将摄，稍能朝拜。久之，除光禄大夫，加金章紫绶③。

世宗即宣武帝，在其即位后不久，张彝出任秦州刺史。其传中言“敷政陇右，多所制立，宣布新风，革其旧俗”，从麦积山石窟初期洞窟的情况来看，宣武帝景明时期正是麦积山石窟造像风格从早期的外来风格向受南朝影响的中原新风格转变的时期，这一时期的洞窟开始出现了褒衣博带式的造像，

---

① 《大正藏》第 51 册，第 999 页。

② 张宝玺：《从“六国共修”看麦积山石窟的历史》，《敦煌研究》1995 年第 4 期。

③ ［北齐］魏收撰：《魏书》卷六四《张彝传》，第 1428 页。

而又保留着旧的偏袒右肩和穿圆领袈裟的作风，第 86、114、115、155、91 等窟出现了飘逸的南朝式的飞天。这除了与全国的艺术形式的变化基本同步外，可能与张彝实行的新风并革除旧的风俗有关。张彝非常喜好佛法，不但在秦州为国家建“兴皇”寺，而且尽土木之功。

北魏任秦州刺史者，多为皇亲国戚或国家重臣。这些官员带来的是首都的政策与文化，或有信仰佛教者，如穆亮、张彝等，对秦州地方佛教及佛教艺术当会产生影响。

（四）秦陇地区少数部族的奉佛

佛教初传中国时，信仰者主要是胡人①。确实，佛教在两汉之际传入中国后，主要是由一些来华的胡僧传播佛教，汉人中虽然有桓帝共祀老子浮图、笮融事佛，但佛教在汉族中尚信仰不深，而且与老子共同祭祀。5 世纪时，有人写《三破论》，攻击佛教“破国、破家、破身”，其中特别指出“今中国有奉佛者，必是羌胡之种”②。5 世纪佛教已经在汉人知识分子圈内广泛流行，但它仍给人留下印象是胡人信仰的宗教③。

汉魏之际，西北诸郡皆有戎居，氐羌杂居关中④。之后，各少数民族大量移居中原，至西晋时期，匈奴、鲜卑、氐、羌、羯等部族逐渐内徙。西晋江统《徙戎论》分析了各少数部族入居中原的情势，并告诫将会“夷狄乱华”，对晋的统治造成危害，因此应该采取必要的措施。可惜未被采纳⑤。果然不到十年时间，西晋灭亡，晋室被迫南迁，上述各少数民族入主中原北方地区，历史进入东晋十六国时期。匈奴刘（汉）、羯石（赵）、氐苻（前秦）、羌姚（后秦）、氐吕（后凉）、鲜卑乞伏（西秦）、卢水胡沮渠（北凉）、鲜卑慕容（燕）、赫连（夏）等不断登上分裂割据北方的舞台。

十六国之时，正是佛教在北方地区大发展的时期。作为外来的宗教，很容易被这些少数民族所接受。而且表现出了比汉族更为狂热的势头。汤用彤论魏晋佛法兴盛之原因时分析，“而方中原异族错居时，佛教本来自外域，信仰皈依，应早已被中国内地之戎狄”⑥。王谧答桓玄难曰：“曩着晋人略无奉佛，沙门徒众，皆是诸胡，且王者不与之接。”⑦ 正是由于各少数部族对于佛教的热忱并加以推广，促进了佛教在中国的兴盛。

如前秦苻坚为拥有道安，发动对襄阳的战役（379 年），为道安成立长安译场。道安在长安时，每年都讲《放光般若》两遍，他所主持的佛经翻译吸引了中国和西域的义学僧。关中的佛法盛极一时⑧。为取得鸠摩罗什，令吕光远征龟兹（382 年）⑨。

---

① 周伯戡：《佛教初传流布中国考》，《文史哲学报》第 47 期，1997 年，第 289~319 页。
② ［梁］释僧祐撰：《弘明集》卷八，见《大正藏》第 49 册，第 51 页。
③ 周伯戡：《姚兴与佛教天王》，《台大历史学报》第 30 期，2002 年，第 207~242 页。
④ ［唐］房玄龄等撰：《晋书》卷九七《匈奴传》，北京：中华书局，1974 年，第 2549 页。
⑤ ［唐］房玄龄等撰：《晋书》卷五六《江统传》，第 1529~1534 页。
⑥ 汤用彤：《汉魏两晋南北朝佛教史》第八章《释道安》，北京：北京大学出版社，1997 年，第 134 页。
⑦ ［唐］彦悰纂录：《集沙门不应拜俗等事》卷一《桓玄难王谧不应致敬事三首》，《大正藏》第 52 册，第 445 页。
⑧ ［梁］释慧皎撰，汤用彤校注：《高僧传》卷五《释道安传》，第 177~185 页。
⑨ ［梁］释慧皎撰，汤用彤校注：《高僧传》卷二《鸠摩罗什传》，第 49 页。

羌人在4世纪初已经转信佛教。4世纪初羌人承袭佛教八王分佛陀舍利建塔的传统，为帛远立塔。佛教必然已成为羌人的信仰①。后秦即是从陇右起迹后占领关中并以长安为都的羌人政权。姚襄的军中有僧侣智通提供谋略②。姚兴年少在长安时，浸淫在苻坚所塑造的佛教环境。姚苌、姚兴初期据有关中时，就顶礼三宝。礼敬名僧，如僧智“姚苌、姚兴早挹风名，素所知重，及僭有关中，深相顶敬。兴既崇信三宝，盛弘大化，建会设斋，烟盖重迭，使夫慕道舍俗者，十室其半”③。

后赵石虎下书征求对于佛教的态度，中书著作郎王度奏曰：“夫王者郊祀天地，祭奉百神，载在祀典，礼有尝飨。佛出西域，外国之神，功不施民，非天子诸华所应祠奉。往汉明感梦，初传其道，唯听西域人得立寺都邑，以奉其神，其汉人皆不得出家，魏承汉制，亦修前轨。今大赵受命，率由旧章。华戎制异，人神流别。外不同内，飨祭殊礼。华夏服祀，不宜杂错。国家可断赵人悉不听诣寺烧香礼拜，以遵典礼。”而石虎排斥王度不祀佛教的文化与种族的优越论，说：“佛是外国之神，非天子诸华所可宜奉。朕生自边壤，忝当期运，君临诸夏。至于飨祀，应兼从本俗。佛是戎神，正所应奉。”于是听任境内华夷愿意信佛者均可出家入道④。

赫连勃勃号为大夏天王，占据夏州（统万城），420年当他蹂躏关中、秦州之时，他自称“是人中之佛，堪受僧礼”。“乃画佛像，披于背上，令沙门礼像即为拜我。”⑤ 认为他的地位和佛相同。换言之，他仍重视佛教，只是相当自大，侮辱僧侣而已。

《宋书·氐胡传》：“略阳清水氐杨氏，秦、汉以来，世居陇右，为豪族。汉献帝建安中，有杨腾者，为部落大帅。腾子驹，勇健多计略，始徙仇池。”⑥ 据此，杨氏原居略阳郡清水县（今甘肃清水县），东汉末年大乱，杨驹率族人南迁入仇池山，汉以后仇池即为氐族杨氏的盘踞之地，仇池先后建立前后仇池国、武兴国、阴平国。

前秦《邓太尉祠碑》（前秦建元三年，367年）、《广武将军□产碑》（前秦建元四年，368年）有军参事北地富平杨洸、建节将军杨□、广威将军杨参及杨山多、录事杨头、寺门杨丑，部大杨小方、杨赤平、杨秀、杨光香、杨落平，据考“当皆为氐人”⑦。

麦积山第78窟仇池镇供养人：绘于坛基表面，其中右侧壁现存16身、右侧正面存2身、坛基正面右侧存2身，共可辨识有20身。数身可以识别出墨书的榜题，即“仇池镇……经生王……供养十方诸佛时”“□（清）信士……”“仇池镇杨……见养方……”“清信士……”“清信士……杨……诸……”等，均不全。其中两身供养人来自“仇池镇”，姓氏有“杨”姓和“王”姓⑧。可知该窟主

---

① ［梁］释慧皎撰，汤用彤校注：《高僧传》卷一《帛远传》，第27页。

② ［唐］房玄龄等撰：《晋书》卷一一六《姚襄载记》，第2964页。

③ ［梁］释慧皎撰，汤用彤校注：《高僧传》卷六《僧智传》，第239~240页。

④ ［梁］释慧皎撰，汤用彤校注：《高僧传》卷九，第352页。

⑤ ［隋］彦悰纂录：《集沙门不应拜俗等事》卷二《夏赫连勃勃令沙门致拜事一首》，《大正藏》第52册，第452页。

⑥ ［梁］沈约撰：《宋书》卷九八《氐胡传》，第2403页。

⑦ 杨铭：《氐族史》，长春：吉林教育出版社，1991年，第170页；马长寿：《碑铭所见前秦至隋初的关中部族》，北京：中华书局，1985年，第31页。

⑧ 张宝玺：《麦积山石窟开凿年代及现存最早洞窟造像壁画》，《中国考古学会第一次年会论文集1979》，北京：文物出版社，1980年。

要是由来自仇池镇的杨、王两姓供养人出资建造的。而且这些供养人穿左衽窄袖短袍，小口裤。左衽为少数民族的穿法，与汉族右衽不同。可证这些供养人为少数民族，就是仇池氐族。其中的王姓供养人具体官职不详，但他是一位经生，经生即经手，抄写经书的人。表明仇池镇已经有了专门抄写经书的人。这个信息非常重要。抄写佛经也是一种功德，有自己抄写做功德者，也有专门为他人抄写经书者。从此处来看，可能秦州、仇池地方当时有了专门从事抄经这一职业。那么佛教在仇池地方非常发达。供养人中还有杨姓，当为仇池氏之姓。这位经生与其他的供养人一起在麦积山开窟造像，而且在早期洞窟中规模较大，该窟很可能是一批来自于仇池镇的供养人所凿，那么这个洞窟具有部族造像的性质。前面提到穆亮曾先后任秦州刺史、仇池镇将，秦州之南即为仇池，麦积山地处山区邻近仇池，该山区很有可能有仇池氐之部落活动。穆亮又善于营造，麦积山北魏早期洞窟受云冈昙曜五窟影响，穆亮正值昙曜五窟及云冈第二期大规模开凿之时来秦州、仇池任职，很可能会联合仇池氐一起兴建麦积山石窟。

《高僧传·神异·释放法朗附智整传》：

> 时凉州复有沙门智整，亦贞苦有异行，为么主杨难当所事，后入寒峡山石穴中不返①。

杨难当为仇池氐主，北魏拜其为征南大将军、仪同三司、领护西羌校尉、秦二州牧、南秦王，435年曾立镇上邽（今天水），后为宋刘义隆将裴方明所败，弃仇池，与千余骑奔上邽被北魏世祖拓跋焘迎至行宫②。从前面帛祖事迹看，仇池氐早已接触并信奉佛教，智整为杨难当所敬事。

《北史·氐传》曰：杨难当“废保宗自立，称蕃于宋。……以次子顺为镇东将军、秦州刺史，守上邽。……太延初，难当立镇上邽。……文成时，拜难当营州刺史，还为外都大官。卒，谥曰忠。子和，随父归魏，别赐爵仇池公。子德子袭难当爵，早卒。子小眼袭，例降为公，拜天水太守，卒。子大眼，别有传”③。杨难当曾立镇上邽，难当之后杨小眼曾任天水太守，说明仇池与秦州地方关系密切。小眼子大眼后为北魏名将，《北史》卷三七列传第二五《杨大眼》：“杨大眼，武都氐难当之孙也。少骁捷，跳走如飞。然庶孽，不为宗亲顾待，不免饥寒。太和中，起家奉朝请。”④ 杨大眼于龙门古阳洞开龛造像，为宣武帝初年奉命南征，凯旋路过伊阙为孝文帝而开凿。该龛主尊为一结跏趺坐佛，佛穿半披右肩袈裟，袈裟边缘刻折带纹，明显受到云冈石窟的影响。但龛内两侧的胁侍菩萨却披帛覆肩并于腹部交叉，具有汉民族化的倾向，处于两种风格交替变化的时期，这也正是龙门景明时期造像的特点⑤。与麦积山北魏中期洞窟同时，且都处于早晚风格交替的时代。该龛龛楣正中的交龙图像也见于麦积山初期第三期的第69和169龛之间⑥。而龛柱下托柱力士的形象也与麦积山第155窟的相似⑦。仇池氏

---

① ［梁］释慧皎撰，汤用彤校注：《高僧传》卷八，第388页。

② ［北齐］魏收撰：《魏书》卷一〇一《氐传》，第2230页。

③ ［唐］李延寿撰：《北史》卷九六《氐传》，第3173~3175页。

④ ［唐］李延寿撰：《北史》卷三七《杨大眼传》，第1362~1364页。

⑤ 刘景龙主编：《龙门二十品——北魏碑刻造像聚珍》，北京：中国大百科全书出版社，1997年，图97。

⑥ 李怀顺、魏文斌、郑国穆：《麦积山石窟“伏羲女娲”塑像辨析》，《华夏考古》2006年第3期。

⑦ 龙门文物保管所、北京大学考古系编：《中国石窟·龙门石窟》（一），北京：文物出版社、东京：平凡社，1991年，图版159。

之杨大眼所造龛像与麦积山同期的洞窟造像具有较多的相似之处，不但说明了龙门与麦积山的关系，更似乎喻示着麦积山初期洞窟与仇池有较大的关系。郑炳林教授在考察麦积山初期第三期的第76窟时，认定第一期的第78窟与第76窟都可能是仇池杨氏所开凿，当大致不误①。这两窟中，第78窟的供养人题名很明确地告诉我们他们都是仇池的杨、王两姓。而第76窟供养人的服饰也具有少数民族的特色，很可能就是氐人的服饰。氐人的服饰，据《魏略》引《西戎传》："其衣服尚青绛，俗能织布，善田种，畜养豕牛马驴骡。其妇人嫁时着衽露，其缘饰之制有似羌，衽露有似中国袍，皆编发。"② 唐代的《武兴国传》对氐人的服饰有着类似的描述："其大姓有苻氏、姜氏，言语与中国同，着乌皂突骑帽，长身小袖袍，小口袴，皮靴。"③ 根据这些记载，魏、晋时期氐人的服饰具有"编发""衽露有似中国袍"等特点。北魏时期则变化为"着乌皂突骑帽""长身小袖袍""皮靴"等特点。后者与第78窟绘画的头包巾帻，小袖袍，尖头皮靴的供养人颇近似。而第76窟的女供养人头挽高髻，发髻偏向一侧，上身穿交领长身小袖袍，下身穿裙褶。

以上可以看出，麦积山初期洞窟的开凿与当时的仇池氏有较大的关系，这也是氐族信奉佛教的结果。

（原载于《敦煌学辑刊》2013年第2期）

① 郑炳林、花平宁：《麦积山石窟第76窟建窟时代考》（上），郑炳林、花平宁主编：《麦积山石窟艺术文化论文集》，兰州：兰州大学出版社，2004年，第60~64页。

② ［西晋］陈寿撰：《三国志》卷三〇《魏书·乌桓鲜卑东夷传》裴注引，北京：中华书局，1959年，第858页。

③ ［唐］姚思廉：《梁书》卷五四《武兴国传》，北京：中华书局，1973年，第817页。

长安与麦积山石窟北周佛教造像比较研究

——以西安北草滩出土的北周白石龛像为中心

孙晓峰　曹小玲

前　言

西安市博物院收藏有一批1975年4月出土于西安北草滩李家村的北周白石造像龛，其雕刻精美、内容丰富、装饰华丽、技法娴熟，堪称北周时期长安佛龛造像的经典之作。2001年以来，这批材料的部分图版①和基本调查资料②相继公开发表，无论从造像题材、风格还是技法，它与天水麦积山石窟西魏、北周时期造像都有很强相似性，可见两地之间存在着密切关系。北周是麦积山石窟开凿的巅峰时期之一。据统计，现存北周窟龛53个，约占麦积山全部窟龛总数的1/4③。这一时期两地之间的佛教造像既表现出诸多相似性，又有一定差异性。本文仅就这一现象进行探讨和分析，谬误之处，敬请批正。

一、两地北周佛教造像的比较分析

西安北草滩出土的北周白石龛像具体数目不详，笔者根据对公开发表的图版统计，所见共有11块，规格多在40厘米×30厘米×10厘米之间，它在造像风格、题材组合、装饰技法等方面与麦积山西魏、北周时期龛像有很多相似之处，现略加介绍。

1. 造像题材组合

北草滩的白石龛像包括帐形龛9件，尖拱龛2件。组合题材有一佛二弟子、一佛二菩萨、一佛二菩萨二力士和二佛并坐等四种样式，佛座前多浮雕香炉或忍冬，有的两侧各浮雕一蹲狮，胁侍造像多立于由莲茎托举的莲台之上。其中的一铺五身式龛像中，帐形龛上方还浮雕有5身伎乐天，佛座下有

---

① 韩伟、陈悦新：《中国石窟雕塑全集·陕西宁夏卷》，重庆：重庆出版社，2001年，图132~140。西安博物院：《西安博物院》，西安：世界图书出版西安公司，2007年，图121~126。冀东山、韩建武：《神韵与辉煌——陕西历史博物馆国宝鉴赏·玉杂器卷》，西安：三秦出版社，2006年，第196~197页。

② 西安市文物保护考古所：《西安北郊出土北朝佛教造像》，《文博》1982年第2期。

③ 孙晓峰：《谈麦积山石窟的北周窟龛》，郑炳林、花平宁主编：《麦积山石窟艺术文化论文集》，兰州：兰州大学出版社，2004年。

香炉和狮子，构成一幅比较完整的说法图。

麦积山北周窟龛中，由一佛二弟子和一佛二菩萨构成的一铺三身式造像是最重要的题材之一，不仅见于第18、41、53、54等小型龛窟中，在第12、35、36、42、62、65等窟的单铺组合中也很常见。一佛二菩萨二力士的一铺五身式组合出现较晚，如第67窟。二佛并坐造像是麦积山北魏时期最流行的题材之一，北周阶段此类造像已经消失，但在壁画中仍有表现，如绘于第27窟顶部的《法华经变》。其中值得注意的是北草滩龛像中，有一组造像主尊为倚坐佛，可能表现的是以阿弥陀佛、观世音、大势至为主尊的西方净土造像，类似题材在两地同时期造像中均不多见，但却是隋唐时期最为流行的内容之一。

2. 造像风格与特点

北周造像上承北魏迁都洛阳以来形成的“秀骨清像”之余韵，下启隋唐造像“丰腴圆润”之先河。总的看来，其造像神态端庄恬静、形体敦厚挺拔、服饰简洁流畅，具有一种珠圆玉润的美感，带有鲜明的时代特征。人物造型上，两地造像之间存在着许多共性，如体态敦厚矮壮、面部圆润饱满、服饰简洁明快等。同时，也表现出一定差异性，主要体现在佛装样式方面，反映出不同地区之间在同时期造型艺术中的区域性特点。

北草滩龛像中的佛像有两种样式：

一种肉髻略高，面形长圆，内着偏衫，外穿双领下垂式袈裟，腰部系带，打结后分两缕下垂。右侧衣襟自腹前绕搭左小臂后下垂，佛装下摆呈八字形下垂，衣裾做3～4层堆叠于座前。这种佛装形式上更接近麦积山西魏时期佛像服饰，如第44、132窟正壁坐佛、135窟左壁坐佛等①。而麦积山北周时期采用悬裳式八字形衣裾的佛装在质感上轻柔贴体，衣纹细密流畅，且多采用双阴刻线。与北草滩此类佛装的质感厚重、衣纹稀疏刚劲有很大不同。它在着装样式上与北草滩佛像也不同，以圆领通肩居多，部分采用交领或低领通肩式，内衣外露，且胸前衣带打结下垂，如第62、141窟正壁的坐佛②。

另一种肉髻低平，面形圆润，五官紧凑，身穿圆领通肩式袈裟，下摆呈三片式下垂，衣裾做2～3层堆叠于座前，服饰质感厚重。这与麦积山北周佛装也有一定差异，北草滩佛装中的这种三片式衣裾不见于同时期的麦积山石窟，后者主要采用堆叠于座前或龛沿的短八字形衣裾，且衣纹多为细密双阴刻线，如第36、41、62等窟内的坐佛。

北草滩菩萨像均束发髻，戴三瓣式花冠，前端饰一圆莲。面形方圆，体态敦厚。内穿偏衫，下着长裙，裙带打结后分两缕下垂。颈饰宽边桃形项圈，帔帛搭肩下垂于膝前交叉后再上绕搭小臂下垂至莲台。手持莲蕾或桃形玉环，有的双手合十于胸前，手掌内似持一莲蕾。有的双手平置于胸前，托一莲花，脚穿圆头履，立于莲台之上。在造型上更接近麦积山西魏时期的菩萨像，如第102窟正壁与右壁菩萨、第127窟内石雕与泥塑菩萨像等③。而与麦积山北周菩萨像差异较大，特别在头部及帔帛装

---

① 天水麦积山石窟艺术研究所：《中国石窟·天水麦积山》，北京：文物出版社、东京：平凡社，1998年，图182、189、172。

② 天水麦积山石窟艺术研究所编：《中国石窟·天水麦积山》，北京：文物出版社、东京：平凡社，1998年，图218、205。

③ 天水麦积山石窟艺术研究所编：《中国石窟·天水麦积山》，北京：文物出版社、东京：平凡社，1998年，图131、133、154、155。

饰上，麦积山北周菩萨冠饰比较复杂，有的束发高髻，有的发髻低平，有的戴装饰华丽的高花冠或头箍，其上等距饰莲花（第 12、36、141 窟）。多装饰有火焰宝珠或莲花，发辫分数缕搭于双肩。面形长圆，帔帛很少有在膝前做十字交叉的现象，多采用在胸、腹之际横两道或腹前十字穿环，再上绕搭双肘后下垂至地面，且多饰有玉米状或联珠状璎珞（第 22、62 窟），体态修长，婀娜多姿。

弟子造像方面，两地之间差别不大，均身穿袈裟，双手合十或置于腹前。相比之下，麦积山北周弟子身材略显修长一些；力士造像上，两地有着明显区别，北草滩力士像头戴三瓣式花冠，前端饰一圆莲，怒目圆睁，上身袒露，下着战裙，腰系带，帔帛搭肩绕臂飞扬，双腿呈弓步式立于台基之上，动感十足，具有很强的装饰效果。而麦积山北周力士多束发高髻，无冠饰（第 62、67 窟）。体态敦厚、魁梧，不像北草滩龛像中的力士那样富于变化，已经摆脱了北魏和西魏力士造像中那种夸张的表现手法。

北草滩龛像中的飞天束发高髻，前端饰一莲花宝珠，颈饰项圈，戴手镯。上穿交领衫，下着贴体长裙，帔帛搭肩绕臂向后上方飞扬，其间点缀有宝相花，手持琵琶、箜篌、笙等乐器，以正中一身起舞的飞天为中心，呈对称式排列。神态上略显清秀，与麦积山北周早期的飞天有些类似（第 76 窟），而与北周晚期的飞天在形态、构图上有较大差异，如麦积山第 4 窟龛外上方的伎乐天面形饱满圆润，饰项圈、臂钏及手镯，四肢及身躯健硕修长，上着偏衫，下着长裙，帔帛飘动灵逸。手持莲花、香熏、供品及阮、胡角、横笛等乐器，四人一组，两两相对、前后排列，翩翩起舞①。

北草滩龛像中浮雕狮子的样式在麦积山则比较少见，仅第 4 窟后室近顶部和第 31 龛内的影塑造像中有为数不多的几例狮子形象，且位于佛座两侧，均为卧狮。与北草滩龛像中的狮子以香炉为中心，呈对称式蹲立的样式有很大差别。在莲花、忍冬、香炉等佛国世界中常见的装饰图案方面，两地之间则呈现出共性，并无差异，只是表现方式有所不同，麦积山由于以泥塑为主，故此类图案全部为彩绘（第 22、53 窟）；在佛背项光处理上，头光正中为圆莲花，其外刻三圈同心圆光，背光呈弧形，做宽边单层或内至外共三层，头光空隙处多浮雕有宝相花，这种做法与麦积山第 36 窟正壁龛内的石雕坐佛的背项光非常相近。

3. 装饰技法

佛龛样式上，北草滩白石龛像所见者多为仿帐形龛，也有几块仿尖拱顶龛。前者龛楣装饰方法有两种：一种龛楣上方正中及两角各饰一组山花蕉叶，其间等距饰莲蕾和半圆形莲花，龛楣下方有两层垂饰，一层呈方形，一层为交错式垂珠三角形。其下是一层中心对称的折叠式垂幔，帷帐两端垂饰珍珠、玉磬、玉环，两端悬垂璎珞及鸾铃，个别帐形龛垂幔呈四片扎束式，两端分别沿龛边缘下垂；另一种龛楣两端浮雕为兽首形，上方等距饰三组火焰宝珠，其间饰旐梳，龛楣垂幔装饰与前者相同。

麦积山北周时期的帷幕式帐形龛数量不多，但却非常重要，其中以第 4 窟为代表，该窟系宇文广部将、秦州大都督李充信为其亡父开凿的大型殿堂窟，位于东崖显著位置。整座建筑距地约 40 米，面阔 32 米，通高 16 米，进深 8 米。前廊后室，七间八柱式结构，是麦积山保存最为宏伟、精美的一座

① 天水麦积山石窟艺术研究所编：《中国石窟 · 天水麦积山》，北京：文物出版社、东京：平凡社，1998 年，图 238~244。

崖阁，它的后室由七间并列的仿帐形龛组成，单龛高5米，面阔4米，进深3.9米。龛楣上方等距饰三组摩尼宝珠，边缘饰山花蕉叶，两侧柱头被塑呈龙、凤、象等瑞兽头，龛楣下方两层垂饰，一层呈方形，一层交错式垂珠三角形。其下一层中心对称的折叠式垂幔，内侧为八字形扎束式帐幔。帐两侧兽首衔垂各种样式的珠玉、流苏及鸾铃等。在七个大龛上方绘塑有色彩绚丽的“薄肉塑”伎乐天，整个龛形式及布局与北草滩出土的伎乐天帐形龛完全一致。在麦积山东崖第31龛内也保存有一组影塑帐形龛，共三种样式，其中两地均采用的横向折叠式垂幔帐形龛之间也有一定相似性。北草滩白石龛像中出现的尖拱顶龛在麦积山北周窟龛中也非常流行，不仅小型龛窟中普遍采用（第53、82窟），而且许多大窟内开凿的小龛也采用这种样式（第26、27、141窟）。

北草滩龛像在龛座装饰处理方法上技巧十分丰富，整体意识突出，很好地衬托出主尊形象。简单者佛座下方浮雕覆莲瓣，两侧各伸出一枝忍冬花，其上顶托一莲台，莲台上立胁侍菩萨或弟子。或佛座下方雕覆莲瓣，两侧各浮雕一束莲台，其上侍立弟子。复杂者佛座正中浮雕一博山炉，底座饰覆莲瓣，两侧各浮雕一组由莲茎、莲叶和莲蕾组成的莲台图案，其两侧各一卧狮。或佛座正中浮雕一博山炉，两侧各一束莲台，其外侧各一手持莲蕾的供养比丘，其身后又各雕一束莲台，其上顶托胁侍菩萨，具有鲜明的关中及东部地区背屏式造像基座装饰特征。上述龛座装饰样式罕见于麦积山北周龛像，仅第133窟内部分西魏造像碑中有少量体现，可见这种技法与碑刻造像装饰有密切关系，主要流行于长安、关中及东部地区，如耀县北周保定二年（562年）李昙信弟等造像碑底座图案①、美国宾夕法尼亚州立大学收藏的北齐九尊像碑底座图案等②，从某种意义上讲，与同时期青州北齐背屏式造像底部所采用的翔龙口吐莲花、其上托举胁侍菩萨立像的做法有异曲同工之妙。

总之，北草滩白石龛像中，无论是佛、菩萨、弟子、飞天、力士、供养比丘等人物，还是狮子、博山炉和莲台等各种图案，均以佛为中心，构成一个完美、和谐的整体，共同组成一个美妙、神圣的佛国世界，给人以无限遐想和沉思。这种以帐或龛为背景的佛说法图，不仅广泛见于北魏以来的各种佛教造像碑中，而且在石窟寺小龛中也大量采用，体现出北朝时期艺术家创作佛说法图的基本样式和构图风格。

二、相关问题探讨

1. 北周时期长安佛教对麦积山石窟的影响

承祚西魏的北周是一个短暂而强大的王朝，佛教社会基础雄厚。根据记载，北周历代皇帝、后妃多信奉佛教。立国之初掌控朝政的宇文护对佛教更是敬奉有加，史称他“兴隆佛教，创制仁祠。凡造法王、弥勒、陟屺、会同等五寺，……持戒五部，安居二时。恒转法轮，常凝禅室。又供养崇华寺”③。宇文邕的灭佛之策也不得不在诛杀宇文护后才得以推行。明帝继位后，继续宣扬佛教，先后建

① 赵平：《中国西北地区历代石刻汇编》第1册，天津：天津古籍出版社，2000年，第76页。

② 刘兴珍、郑经文：《中国古代雕塑图典》，北京：文物出版社，2006年，第214页。

③ ［唐］法琳：《辩正论》，《大正藏》第52册，台北：新文丰出版公司，第508页。

起大陟岵、陟屺二寺，每年大度僧尼。继位初期的武帝宇文邕对佛教也很崇信。武成二年（560 年），他为文皇帝（宇文泰）造锦释迦像，高一丈六尺，并菩萨圣僧，金刚师子周回宝塔二百二十躯。并下令在京师长安造宁国、会昌、永宁等三座寺院，凡度僧尼一千八百人，所写经论一千七百余部。宣帝宇文赟在嗣位之初，就同意还俗僧人任道林的请求恢复了佛教，于东西二京立陟岵寺，选有名望的沙门 120 人在寺行道，任命智藏为寺主，至于民间禅诵，一概不加干涉。他还造素像四龛一万余躯，写《般若经》三千多部。常年斋戒，昼夜诵念经文，立四大愿志三菩提①。

北周王公、大臣、贵族崇佛活动也频见于各种文献记载，他们或建寺起塔，或写经造像，或供养僧侣，或捐宅为寺②，以各种形式对佛教的发展起到重要作用。北周民间的佛事活动也非常兴盛。根据统计，当时北周境内所辖人口大约 900 多万，而僧尼就有 100 多万，占全国人口的十分之一，再加上众多的在家信众，佛教信仰的社会基础由此可见一斑。

各个社会阶层共同构成了北周佛教兴盛的社会基础，国都长安成为这种佛教信仰潮流的集中体现之地，涌现出大量许多精美的佛教艺术品。近年来大量出土于西安地区的北周造像也说明了这点③。

麦积山所在的秦州是北周时期屏卫长安的重镇，也是其经营陇右和巴蜀地战略后方，一直很受重视，其历任秦州总管多为皇亲贵戚，如西魏文帝的女婿尉迟迥、宇文泰的儿子宇文纯、侄孙宇文广、女婿刘昶等。宇文泰本人也十分崇信佛教，史称他“兴隆释教，崇重大乘。虽摄总万机，而恒扬三宝。第内常供百法师，寻讨经论，讲摩诃衍（大乘法）。又令沙门昙显等依大乘经撰《菩萨藏众经要》及《百二十法门》”④。宇文泰对大乘教义也很感兴趣，史载“太祖雅好谈论，并简名僧深识玄宗者一百人，于第内讲说。又命（薛）慎等十二人兼学佛义，使内外俱通。由是四方竞为大乘之学”⑤。此外，他还在长安城内先后建起追远、陟屺、大乘、魏国、安定、中兴等六座佛教寺院，度僧人一千人。并专门造天保寺，以供养伟禅师及其弟子 70 余人⑥；尉迟迥也是一位虔诚的佛教徒，他曾在天水武山水帘洞主持营建了规模宏大的拉梢寺摩崖一佛二菩萨三尊像⑦。另外，值得注意的是宇文导家族对秦州地区的经营，宇文导系北周权臣宇文护之兄，西魏时期出任秦州刺史，颇有政绩，并卒于任上。北周立国后，他的儿子宇文广两次出任秦州总管，另一个儿子宇文亮也曾在天和年间出任秦州总管一职。根据庾信的《秦州天水郡麦积崖佛龛铭并序》可知，北周时期主持开凿散花楼的正是宇文广部将、秦州大都督

---

① 关于北周皇室崇佛事迹见法琳：《辩正论》卷三《十代奉佛·上篇》，《大正藏》第 52 册，第 508~509 页。

② 关于北周群臣崇信佛教的事迹详见法琳：《辩正论》卷三《十代奉佛·上篇》，《大正藏》第 52 册，第 517~518 页。

③ 见韩保全：《西安文管处藏北朝白石造像和隋溜金铜像》，《文物》1979 第 3 期；西安市文物保护考古所：《西安北郊出土北朝佛教造像》，《文博》1982 年第 2 期；马咏钟：《西安北郊出土北周佛造像》，《文博》1999 第 1 期；王长启：《礼泉寺遗址出土的佛教造像》，《考古与文物》2000 年第 4 期；岳连建：《西安北郊出土的佛教造像及其反映的历史问题》，《考古与文物》2005 年第 3 期；赵力光、裴建平：《西安东郊出土北周佛立像》，《文物》2005 年第 9 期；此外，在陕西碑林博物馆和西安博物院还藏有部分出土于西安境内的北周佛像及造像碑。

④ ［唐］道宣：《续高僧传》，《大正藏》第 50 册，台北：新文丰出版公司，第 429 页。

⑤ ［唐］令狐德棻等撰：《周书》，北京：中华书局，1997 年，第 625 页。

⑥ ［唐］法琳：《辩正论》，《大正藏》第 52 册，台北：新文丰出版公司，第 508 页。

⑦ 甘肃省文物考古研究所等：《水帘洞石窟群》，北京：科学出版社，2009 年，第 44 页。

李充信。由此可知，以宇文氏家族为代表的北周贵族在麦积山窟龛营建中应该发挥了重要作用。

如麦积山第4窟后室大龛无论从整体样式，还是装饰技法，与北草滩帐形龛基本一致。而麦积山北周佛像头部大量采用素纹低平肉髻，面容饱满圆润，眉目清秀俊朗，与北草滩北周佛像并无分别，两者在形态、形象上非常接近。这两处大的特征方面充分体现出北周长安造像新因素对麦积山石窟的影响，而这种风尚可能就是当时就职于秦州的北周贵族带来的。至于两地造像在佛装、菩萨装、装饰技法等方面的差异，表明麦积山北周造像风格的形成还有其他来源，并非仅来自长安和关中地区，彰显出麦积山作为陇右佛教中心的区域性特点。

2. 北草滩白石龛像的来源探讨

西安出土的这批北周白石龛像样式特殊，在同时期佛教造像中也较为罕见，从近年西安出土的诸多北周单体佛像来看，都表现出敦厚、粗壮的形体特征，其中佛头多为低平螺纹髻，个别为低平涡纹髻，佛装轻薄贴体，以通肩袈裟居多。根据研究，这种风格的出现和形成，与当时益州地区造像以及犍陀罗和笈多造像风格有密切关系①。这种螺髻通肩式立佛不仅见于西安市境内，也见于毗邻的山西、河南、甘肃等省，说明在当时影响很大，颇为流行。同时期前后长安及周边地区出土的菩萨像也是身躯矮壮，束发高髻，头戴高花冠，冠前端饰火焰宝珠或化佛，两侧各饰一莲花，宝缯自耳后垂至双肩，双耳饰环状耳饰。饰臂钏、手镯，胸前多饰有繁缛华丽的璎珞，手持柳枝或净瓶，具有明确的观音造像特征②。

上述西安地区北周时期主流特征的造像，与北草滩发现的这批白石龛像在风格与特点上迥然不同，表明后者是一种全新的外来样式，主要表现在以下几个方面：

（1）从规格和材质上分析，这批白石龛像相对较小，便于携带和运输。雕刻所使用的白石也非陕西关中出产，可能是来自今天的河北省一带。从南北朝时期起，以邺城为中心的河北一带就是佛教传播的重要地区，而当地所出产的白石因材质细腻，易于雕刻，深受佛教徒喜爱，可以说使用白石制作各种佛像具有悠久传统，存世和发现的各种白石造像绵延不绝，影响很大③。不仅河北、山东多有发现，在中国北方其他地区也时有出土发现，长安作为当时佛教文化的传播中心，出现这种白石造像也并不偶然。

（2）从龛像样式和内容上看，则直接来源于5世纪20年代以后盛行于陕西、甘肃东部、河南、山

---

① 吴荭：《北周圆雕佛造像及相关问题》，《考古与文物》2008年第1期。

② 西安市文物保护考古所：《西安北郊出土北朝佛教造像》，《文博》1982年第2期。李域铮、冈翎君：《陕西省博物馆藏的一批造像》，《文博》1988年第4期。西安市文物局：《西安北郊出土北周白石观音造像》，《文物》1997年第11期。甘肃宁县博物馆：《甘肃宁县出土北朝石造像》，《文物》2005年第1期。王长启：《礼泉寺遗址出土的佛教造像》，《考古与文物》2000年第4期。岳连建：《西安北郊出土的佛教造像及其反映的历史问题》，《考古与文物》2005年第3期。

③ 相关论著主要有杨伯达：《曲阳修德寺出土纪年造像的艺术风格与特征》，《故宫博物院院刊》1960年第2期；李静杰、田军：《定州系白石造像研究》，《故宫博物院院刊》1999年第3期；冯贺军：《曲阳白石造像研究》，北京：紫禁城出版社，2005年。2012年1月，中国社科院考古所邺城考古队又在河北临漳县发现了2895件窖藏佛像，其中95%为汉白玉制作，根据目前公布的材料，大部分为北朝时期作品，这种定州系白石造像的兴盛程度可见一斑。

西一带造像碑中的龛像题材。与河南、山西一样，陕西也是佛教造像碑的发源地之一。5 世纪末，随着佛教社团和邑社的大量涌现，中国北方地区出现了大量造像碑，北朝晚期时达到高潮。这一时期造像碑的主要特征就是在碑的醒目位置开凿龛像，小龛以各种帐形龛居多，造像题材、装饰图案等也十分丰富，北草滩白石龛像的创作很大程度上汲取了这种形式。而现存于海内外的同时期龛像也说明了这点。如现藏于日本大阪市立美术馆的北周保定五年（565 年）王永建造观音像龛，整体呈帐幕样式，龛楣上雕三朵莲花宝珠，其间饰旆梳。龛楣下饰方形及三角形带珠垂饰，龛内观音头戴三瓣式花冠，手持莲蕾、玉环，跣足立于覆莲台上，两侧各浮雕两身弟子，上下排列，结构紧凑。龛外下沿正中浮雕一香炉，两侧各浮雕两身跪拜比丘；美国宾夕法尼亚州立大学藏北齐九尊像碑，龛楣上正中浮雕两身对舞的伎乐，其外两侧各浮雕 3 身手持乐器的伎乐飞天。龛内坐佛涡纹高髻，褒衣博带，八字形多重衣裾，坐于覆莲座上。两侧胁侍弟子、菩萨等立于覆莲台上。佛座前一博山炉，两侧饰莲花、莲叶及莲茎，其外侧各一卧狮。海外收藏的北周宇文毓二年（558 年）四面石造像，其中交脚弥勒龛为典型的仿帐形龛，装饰同王永建造观音像龛大致相同，其左侧菩萨立像龛则为一尖拱形龛①。另外，在西安及附近地区发现的造像碑也呈现出类似图像特征，如耀县药王山博物馆收藏的北周武成元年（559 年）绛阿鲁佛道造像碑，碑阳火焰纹尖拱形龛楣，上雕刻 4 身飞天。龛内坐佛涡纹高髻，身穿垂领式佛装，衣纹细密。碑阴尖拱龛上方亦浮雕 4 身飞天，龛内坐佛磨光高肉髻，身穿交领佛装，三片式下摆②。北周保定四年（564 年）王瓮生四面造像记碑，正壁凿一帐形龛，龛楣上缘线雕两身伎乐飞天，龛楣下垂饰一层莲瓣形饰物，其下为四瓣式垂幔，龛内一坐佛二胁侍菩萨，佛低平肉髻，褒衣博带，衣裾下摆为八字形，龛外下方浮雕二狮对视蹲立，其外侧各一线雕戴冠供养人。侧壁菩萨像头戴莲花瓣宝冠，手持净瓶，帔帛胸前十字穿环；背面为两座扎束式佛帐，龛楣上等距饰莲花宝珠，其下饰方形、三角形垂饰，最下层垂帐幔，分别呈两片式和四片式束，并沿两侧下垂③。山西运城出土的北周保定二年（562 年）陈海龙等施造四面造像石，其龛楣装饰风格、手法等与宇文毓二年四面造像石基本一致，体现出时代共性④。

上述造像碑中的龛像，多数采用帷帐形龛，龛楣多装饰莲花宝珠、山花蕉叶、方形和三角形垂饰，以及对称的扎束式帐幔。龛内造像以一铺三身和一铺五身居多，在胁侍较多的龛像中，一般采用前后错位式排列，龛顶部多浮雕有伎乐飞天形象，佛座前多装饰有香炉、卧狮及忍冬等图案。相对于东魏、北齐境内造像碑而言，关中、长安一带的同类作品更为简洁、质朴一些，而北草滩白石龛像的功德主正是在汲取上述造像碑特点的基础上创作而成。

（3）从用途和功能上分析，这批白石龛像有其特殊的用途。北草滩出土的这批白石龛像外形均呈长方形，规格在高 40 厘米，宽 30 厘米，厚 10 厘米之间，这种相对统一的样式不由得使人联想到北魏中后期时出现的陶质佛砖。西魏时期，关中地区这种佛砖已广泛使用，它呈长方形，模压而成，正面

① 金申：《中国历代纪年佛像图典》，北京：文物出版社，1995 年，图 211、188、199，166，116、154，160，201、152，168、187、192。

② 李凇：《陕西佛教艺术》，台北：艺术家出版社，1999 年，第 57~58 页。

③ 赵平：《中国西北地区历代石刻汇编》第 1 册，天津：天津古籍出版社，2000 年，第 84~85 页。

④ 刘兴珍、郑经文：《中国古代雕塑图典》，北京：文物出版社，2006 年，第 218 页。

为一尖拱龛，龛内为释迦坐佛，磨光高髻，面容清秀，褒衣博带，结跏趺坐，被整齐砌在墙面以表示千佛之意①。但北草滩这批白石龛像材质珍贵、雕刻精美、内容丰富，显然不会像陶佛砖那样广泛使用。由于这些龛像体量过小，不适合以单体形式祭祀或供奉。从视觉效果考虑，把它们安置在佛殿壁面上很不协调，故推测其镶嵌于壁面之上，其中最佳之处当为佛塔表面。从现实例证看，佛塔表面完全有合适的位置和空间来放置这些白石龛像，供信徒礼拜和供养。唐代以前塔在佛教寺院中占有重要位置，绕塔观像和礼拜也是佛教徒们日常最重要的功课之一。因此，笔者推测这批白石龛像应当时长安城内某座佛塔表面的镶嵌之物。类似实例也见于此后的唐代寺院，如武周时期的长安光宅寺七宝台表面就镶嵌有数十块长方形浮雕造像，现存世 32 件，其中佛龛像 9 件、阿弥陀三尊像 4 件、弥勒三尊像 7 件、十一面观音 7 件、身份不明佛三尊像 5 件②，这些浮雕造像高度在 75~120 厘米、宽度在60~90 厘米之间。由此可以想象北周时期这批白石龛像所属建筑的情形，只是由于功德主社会地位和政治身份的不同，后者规模相对较小而已。但它们在供奉形式、造像题材及表现手法等方面有很多相似性。至于七宝台建筑的这种浮雕造像表现形式是否受到了北草滩龛像所属建筑形式的影响已无从所考，有待进一步研究和探讨。

3. 北草滩白石龛像的年代推定

在公开发表的各种材料中，这批白石龛像均被定为北周时期，笔者十分赞同。但就其具体年代而言，从风格及服饰特点上看，这组造像圆润、敦厚之中不失清秀，多少带有一些西魏造像特点。佛头部整体略前倾，肉髻较高，比较突出，不似典型北周佛像那样肉髻低平，但肉髻表面已不再使用北魏晚期至西魏阶段常见的涡旋纹。佛装依然以双领下垂的褒衣博带式为主，衣裾多重垂叠，服饰质感重似毛呢织物，但也表现出轻柔下垂的特征，类似佛装如大阪市立美术馆收藏的西魏大统八年（542 年）杨□爱造三尊石佛坐像③，不仅该像所采用的黄花砂岩为陕西所特有，而且佛头光样式与处理方法与北草滩龛像完全一致，表明两者之间有着很深的承袭关系。而通肩式佛装下摆呈三片式的做法则见于现藏于四川省博物馆的成都万佛寺出土南朝佛像，如梁普通四年（523 年）的康胜造石佛碑像和梁中大同三年（537 年）的侯朗造立佛像④，益州与长安地区的佛教交流在西魏占据四川后明显加强，这种衣裾应该是吸收了南朝佛装样式，并加以改进的结果。北草滩龛像中的菩萨像发髻低平，戴三瓣式莲花冠，前端多饰一摩尼宝珠，相同冠饰可参见大阪市立美术馆收藏的西魏大统六年（540 年）石三尊佛坐像⑤和杨□爱造三尊石佛坐像中的胁侍菩萨像。北草滩龛像中菩萨帔帛多采用膝前交叉再上绕的方式，特别帔帛交叉部分几乎重叠，这种处理方法与关中、长安地区西魏菩萨像中常见胸前十字穿环或十字交叉的做法明显不同，反而与同时期洛阳以东地区菩萨像中帔帛处理方式一致，如日本京都藤井有邻馆藏东魏天平二年（535 年）张白奴造弥勒像龛和美国克利夫兰博物馆藏东魏天平三年（536

① 金申：《佛教美术丛考》，北京：科学出版社，2004 年，第 155~156 页。

② 颜娟英：《武则天与唐长安七宝台石雕佛相》，《艺术学》1987 年第 1 期。

③ 金申：《中国历代纪年佛像图典》，北京：文物出版社，1995 年，图 211、188、199。

④ 金申：《中国历代纪年佛像图典》，北京：文物出版社，1995 年，图 166。

⑤ 金申：《中国历代纪年佛像图典》，北京：文物出版社，1995 年，图 116、154。

年）元宁造石佛三尊像中的胁侍菩萨均采用这种帔帛①，并且这两组菩萨像也位于主尊佛座两侧伸出的莲茎托举起的莲台之上，在座前及造像空隙处多装饰莲花、莲叶等图案。这些雷同现象表明北草滩龛像某种程度上也受到了东部地区北魏晚期造像的影响。

北草滩白石龛像中大量采用的帐形龛是北魏末年以来中原北方地区造像碑中常见的装饰手法之一，如西安碑林博物馆藏的北魏普泰元年（531 年）邑子一百人四面石像②、美国大都会博物馆藏的东魏武定元年（543 年）石佛碑像、日本京都大学文学部藏西魏大统十七年（551 年）艾殷造四面佛碑像、美国波士顿美术馆藏西魏恭帝元年（554 年）薛氏造佛碑像等③，正是在上述仿帷帐龛的基础上，才形成了北草滩龛像中装饰精美的帐形龛，并在北周和北齐造像碑中广泛使用。

综上所述，北草滩白石龛像体现出诸多西魏造像特征，并吸取了某些中原和南朝地区造像因素，但已经出现和形成了自身特点，故基本可以认定其制作时代在西魏末年至北周初年。

（原载于《敦煌研究》2014 年第 1 期）

① 金申：《中国历代纪年佛像图典》，北京：文物出版社，1995 年，图 160。

② 李淞：《陕西佛教艺术》，台北：艺术家出版社，1999 年，第 55 页。

③ 金申：《中国历代纪年佛像图典》，北京：文物出版社，1995 年，图 201、152，168、187、192。

麦积山石窟第127号窟经变壁画中6世纪中国北方城市图像解读

孙永刚　屈　涛

在古代文学作品中，有许多以大量笔墨记录了6世纪南北朝时期中国北方城市情况，如《水经注》《洛阳伽蓝记》《邺中记》等作品中，均对城市有实录式的描绘，使得后人在1500余年后的今天，能够感知古代城市之面貌。另外，历代文人墨客亦在文学作品篇章中对城市多有吟咏。此期翻译的佛教典籍中，亦由于传法环境之需，对城市场景有一些触及。可是，由于中国文学的“简淡”传统使然，对于城市的描述，既无全景式的记叙，亦乏百科全书式的实录，往往在美丽的辞藻之下，只是给人一个依然抽象的城市概念，根本无法使后人对彼时城市有些许感性认识。

考古发掘的城市遗迹，无论是长安、洛阳、邺城、龟兹故城、元大都等，均只是揭露出了古代城市的地表基本轮廓，少数保存完整的建筑遗迹，仅可了解地基的基础布局情况，这就使今人只能识别城市之规制，至于城市根基之上的相貌，亦是不甚了了。城市图像的记录倒是较多出现于历朝佛教石窟寺的壁画或石刻中，尤其是那些早期绘制的大型经变画中，正是由于古代艺术家们超现实主义写真般的真实描摹，才使今人得以略知古代城市概貌。在保存至今的这些珍贵城市图像中，尤以天水麦积山石窟第127号窟窟顶东披《萨埵那太子本生》经变壁画“回宫报信”中所描绘的6世纪中国城市图像最为重要，亦最为具体生动。

一、麦积山石窟中遗存的北朝时期古代建筑资料

麦积山又称麦积崖，位于甘肃省东南部天水市（古称秦州）的秦岭支脉间。麦积山石窟即坐落其间，此地地处黄河、长江两流域的分水岭，是北朝时期长安文化圈的重要所在地。麦积山石窟的开窟造像活动至迟在北魏初期已开始，现存洞窟194个，保存有自北朝至宋元间的石胎泥塑、泥塑、石雕、木雕等造像（碑）8000余躯。由于地处潮湿多雨地区，因此，洞窟壁画仅存1000余平方米，数量很少。但是，由于中国现存最早的大型经变画均保存于此，以其场面宏大、绘制精美、表现成熟等诸多要素，成为早期敦煌壁画也无法替代的中国古代重要文化遗产，也成为我们今天了解古代秦陇地区乃至中国北方先民佛教信仰、宗教艺术、文化交流等诸多领域的重要宝库。故此，麦积山石窟向来受世人垂爱、学界重视。

麦积山石窟中保存有大量的古代建筑实物资料，石窟中现存有九座北朝所凿仿建筑形制的窟廊①，有八个洞窟内部保存有雕造的古代建筑室内装饰②，四个洞窟的现存壁画中绘制有古代建筑图像③。另外，保存有我国年代最早、级别最高的瘞窟——第43号窟西魏文皇后乙弗氏④的“寂陵”⑤。麦积山石窟现存的这些珍贵的古代建筑实物或图像遗存，不但保存完整、形制齐全、种类多样，而且建筑级别高级、等级明确，是研究北朝建筑的重要实物资料，这其中尤以麦积山石窟第127号窟窟顶东披《萨埵那太子本生》经变画中的6世纪中国城市建筑图像最为珍贵。

二、麦积山石窟第127号窟东披壁画中的6世纪中国北方城市肖像

第127号窟位于麦积山石窟西崖西端最高处，是麦积山石窟现存北朝早期三大窟之一⑥。同时，由于窟内四壁及顶披保存有目前中国最多、最早、最完整、最精美的北朝早期《七佛经变相》《维摩诘经变相》《西方净土经变相》《涅槃经变相》《萨埵那太子本生经变相》《睒子本生经变相》《十善十恶》《帝释天出行》八幅巨型北朝壁画，故而号称麦积山石窟之“壁画洞”。

关于第127号窟的创建年代，目前学术界有“北魏末建”与“西魏开凿”两说。“西魏开凿”说认为此窟为西魏武都王元戊开凿，兴建目的与纪念其母文皇后乙弗氏有关，但仅为推测，实证不足。从其位置、形制、规模、同类洞窟考古学排比以及艺术水平等情况来综合判断，此窟功德主绝非普通信众或一般豪贵，因此，亦不能完全排除本窟为两魏皇室所开凿的可能性。在综合考古学分析研究之下，关于第127号窟的创建年代，比较倾向于北魏末期，即在6世纪初期营建。

第127号窟坐北朝南，窟口偏西约25°，窟内部平面呈横长方形，窟顶部为横长方形式覆斗顶。窟顶正中高4.5米，横宽8.6米，纵深5米，四壁面均高3.95~4.1米。窟口有浅甬道，窟内前壁（即南壁）开门，正壁及左、右两壁开有三个浅佛龛，龛型外宽内收，呈倒放的簸箕状。龛均高约2.2米，龛内最宽1.84米，龛底深0.5米。龛内尊像均为一佛二菩萨，其中正壁龛内为北魏石雕一坐佛二立菩萨组合像，雕造精美，水品上乘；左、右二龛内均为一佛二菩萨泥塑像，且主尊佛像头部在宋代均有

---

① 即麦积山石窟今编第1、3、4、5、28、30、43、49、168九个洞窟。

② 今编第3、4、15、26、27、43、127、141八个洞窟。

③ 即今编第4、27、128、140四个洞窟。

④ 西魏文帝的文皇后乙弗氏，在西魏大统五年（539年），由于宫廷内部不断升级的政治斗争所致，被迫于麦积山先行出家，并在随后依文帝之诏，覆被自杀。当时，即凿麦积崖龛而葬之，时称“寂陵”，后又迁葬于陕西镇平，与文帝合葬。事见［唐］李延寿撰：《北史·后妃列传》第506~507页、［北宋］司马光编著：《资治通鉴》卷一五八等史籍记载。文皇后乙弗氏“寂陵”是我国目前确知级别最高、形制最大的礼制型“瘞窟”，其葬俗中所反映出的文化内涵是多方面的。相关研究成果，参见刘淑芬：《石室瘞窟——中古佛教露尸葬研究之二》，初载《大陆杂志》第4、5期；2006年修订后收入刘淑芬著：《中古的佛教与社会》，上海：上海古籍出版社，2008年。

⑤ 关于第43号窟西魏文帝乙弗氏文皇后“寂陵”内容的详尽情况，参见麦积山石窟艺术研究所屈涛：《麦积山石窟第43号窟——西魏文皇后乙弗氏瘞窟“寂陵”考古报告》，待刊。

⑥ 现存的麦积山石窟北朝著名的三大窟分别是第127、133、135窟，此三窟均以其规模宏大、内容丰富、保存较为完整、学术价值高而著称于世。

改塑。在北魏开窟时窟内正中原无造像，宋代添塑了大型一佛二菩萨泥塑造像，从而使窟内空间发生了根本性变化，彻底改变了北魏营窟之初的空间概念。

在麦积山石窟现存洞窟中，洞窟平面呈横长方形、顶为帐形覆斗顶的洞窟内部造型是北魏后期至北周的典型洞窟形制，如今第 4、26、27、141 号等窟内均有极为华丽的仿帐式结构。至北周时期，这一装饰手法成为此期麦积山开凿洞窟的主流窟龛形制。这也从另一个方面证明了第 127 号窟开凿的时代应在北魏偏晚时期。

第 127 号窟内部完全仿照北魏时期贵族居所室内的仿帐形式，在每个窟面墙顶上部均雕有帐楣，窟顶四角雕向心斜出帐杆，与四壁四根水平帐杆相交，构成了窟顶的覆斗形帐顶。在帐杆和帐楣上均雕画有束莲，斜杆与水平杆的相交处画有莲形（一说为镜）装饰。窟内所有壁面包括建筑构件上均施彩描绘，绘制有精美图案，其全窟艺术水平代表了麦积山石窟北魏一朝的最高艺术成就。同时，放眼于全国的同期遗迹，亦属最上乘之作。

目前，第 127 号窟内四壁上部及顶披部仍保留有较完整的八幅我国现存最早的北魏时期大型经变壁画①。其中东披部壁画中绘制有一座形制完整、结构明确的北魏末期城池的俯视图，这幅 1500 余年前的城市肖像，是本文研究的重点内容。

窟顶东披此帧城市肖像壁画和第 127 号窟窟顶披的西、北二面披的壁画共同构成了一个佛传故事画《萨埵那太子本生经变画》。全图用中国传统的长卷式连环画形式作为表现手段，展开《萨埵那太子本生》的连续故事情节，从北披开始向西、东两披接续，依次表现了“三太子出游”“游猎山中”“值遇饿虎”“太子登崖”“解衣挂树”“舍身饲虎”“虎食太子”“回宫报信”“收太子骨”“起塔供养”等多个故事关联情节，城市肖像即画在有“回宫报信”情节部分所在的东披中心位置。

早在 20 世纪 70 年代初，我国古代建筑史学家傅熹年先生在麦积山石窟短期工作时，即首次对这幅珍贵的 5 世纪时中国北方古代城市肖像壁画，做了精准之介绍，并做了一些相关研究②。傅熹年先生写道：

> 这幅壁画故事内容尚待查③，主体画一座城，城内一所宫殿。
>
> 城墙上画深浅石绿色砖块，表示是用砖包砌的。城的正面和左右侧面都有门，规模形制基本

---

① 第 127 号窟窟内原壁画数量超过八幅，除窟内顶披，门壁（即南壁）上、下部，左、右、后壁上部壁画今可辨识外，原左、右、后壁下部亦绘有大型壁画，惜因漫漶，今已无从准确辨识。但从右壁十分模糊的现状仔细分析，左、右壁下部原可能是绘有用方格型分隔的佛本生故事画面；而正壁下部也可能是接续上部《涅槃经变相》内容，画的也是《涅槃经变相》中的除“八王争舍利”“舍利八分”“起塔供养”等内容之外的一些情节。由于本窟四壁的下部壁画漫漶十分严重，关于第 127 号窟的窟内壁画的释读工作，目前仍在艰难进行中。另外，本窟原始的开窟动机和供养功能，亦是两个学术难点，目前尚无说服力的破解。

② 1972 年夏季，傅熹年先生在“文化大革命”中下放天水，应当时麦积山石窟文物保管所张学荣所长之邀请，到麦积山石窟做短期考察性工作。在短短数月的调查工作时间内，他便将麦积山石窟现存文物中的几乎所有古代建筑内容系统而又完备地整理了出来，工作成果的精湛和彻底，至今仍然是个典范。这一成果的后续发表，使得麦积山石窟内容中的古代建筑遗存受到学术界的广泛重视。傅熹年先生的麦积山石窟古代建筑内容方面的研究论著，虽然距正式刊布已过去了近 40 年，但毫无疑问的是，直到今天，仍然是这一领域最为重要的基础性经典研究成果。

③ 在傅熹年先生 1972 年夏季到麦积山短期工作的时候，这幅壁画的内容尚未完全释读出来，故有此说。

相同，以左侧为例介绍如下：

城门有门墩，突出在城墙之外，墩上开一个门洞，门洞上部画由平梁叉手组成的三角形门道木构架。门墩顶上设有平座，直接在上面建有三层高的门楼。顶层为单檐庑殿顶，上有鸱尾。门楼的面阔和进深间数不明，各层正面都画两个门，侧面画一个门。门墩左右各附有一小墩台，略低于门墩（此小墩台仅左侧城门有，正面暨右侧城门无）。从门楼侧面有踏步可降到小墩台上（正面、右面城门则降到城墙顶上）。

城门的两侧又从城墙上向外突出两个方形墩台，台上各建方形的三层方亭，下两层有腰檐，无平座，顶上为庑殿顶，用鸱尾，但正脊极短，近于攒尖顶。两亭夹门而建，与城墩间间隔一小段城墙，我们暂且按唐宋以后的名称称之为“朵楼”。

城墙画石青色砖，门楼、朵楼屋顶也作石青色，表示是灰砖瓦，但城楼和朵楼下的墩台则画成绿色的，和城墙颜色明显区别，构成一个建筑群组。

朵楼的左右外侧，在城墙之外画有一对二重子母阙。母阙作黑色，阙身高而瘦，下大上小，收分明显，而且和门墩的直收不同，呈明显的内凹曲线。母阙身上建三层阙楼，每层都有平座，楼身各面上部微向外倾，和汉阙檐下形式相近。下两层有腰檐，上层也是正脊极短的庑殿顶，用鸱尾，瓦作石青色。子阙附在母阙的后侧，连在母阙和城墙之间，与一般附在母阙外侧者不同。子阙阙身作石绿色，高度仅及母阙阙身之半，上有平座栏杆，建单层阙楼，楼也是黑色，上为单檐歇山绿瓦屋顶，有鸱尾。在城墙的四角各画一座角楼，下有突出城墙的方墩，画有绿色砖，上层建三层方亭，形式色彩和门楼两侧的朵楼全同。

城右侧的城门、朵楼、阙和左侧的全同。城正面的也基本相同，仅屋顶画作绿色，阙身附城墙上，无子阙等，稍有差异。城正面门外画有城濠，有大量人马越濠而过，濠上桥为人骑所掩，未表示出。

城内画一所宫殿，也是在正面和左右侧有宫门，和三面城门相对。宫门间连以回廊，构成方形殿庭，殿庭后部正中为殿。宫的正门高三层，下有门墩，和城门完全相同，但城墩画作黑褐色，与门墩作绿砖者不同。左右侧宫门为单檐庑殿蓝瓦顶，用鸱尾，面阔三间，开三门。门和回廊的地面画有石青色方块，表示方砖墁地。正殿由前后两殿相接而成，共建在一座砖砌殿基上，殿基前设东西两阶，都画青色砖块。殿的面阔间数不详，进深各画为两间，都是单檐庑殿顶，筒瓦画深石青色，瓦当、脊及鸱尾作石绿色。鸱尾背上的鳍突出作棘刺状。两殿前后相接处具体构造未表示，从前殿后坡角脊画作下达担端看，它不是勾连搭天沟，而应是两屋顶相并共享一水槽子，这在古代叫“对溜”。宫门、宫殿、回廊的构造只看得出有柱和阑额，檐下模糊，有无斗拱不明。

这幅壁画完整地表现了一座城池宫殿，其中所画的阙、城楼和宫殿的形象是了解北朝建筑的重要资料……①

---

① 参见傅熹年：《麦积山石窟中所反映出的北朝建筑》，初刊《文物资料丛刊》第4辑；后收入麦积山石窟艺术研究所编：《麦积山石窟研究论文集》，兰州：甘肃人民出版社，2006年，第97~125页，本文所引主要见第108~109页。

三、麦积山石窟第127号窟东披壁画中6世纪中国北方城市肖像的重要学术价值

众所周知，由于中国古代木构建筑的独特营造材料，加之各种人为及自然原因的彻底破坏，虽然我们是一个名副其实的建筑大国，但真正保留下来的实体建筑数量并不是很多。从目前的考古资料来看，我国现存最古老的木构建筑实体是由梁思成、林徽因先生等于1937年之夏发现的，位于山西省五台山佛光寺（即南禅寺）内的大殿建筑，建于唐代建中三年（782年）。唐代之前的木构建筑，至今尚未有任何发现。我们今天研究中国古代木构建筑的资料，汉代建筑的数据多源于画像石与画像砖，其他的主要是历代文献记载，图像则以历代各类壁画、碑刻以及历朝佛教石窟寺的壁画或石刻中所保存下来的海量的各类建筑的直观图像。石窟寺的这些建筑图像，为我们直观了解古代各类型建筑样式、建筑细节和古代建筑的风格流变，提供了极为重要和不可替代的重要参考价值。

麦积山石窟第127号窟东披《萨埵那太子本生经变画》壁画中6世纪中国北方城市肖像，是我们今天认识6世纪时中国北方城市样貌最为直接、最为重要，亦最为具体生动且级别最高的重要资料。

第一，麦积山石窟第127号窟东披《萨埵那太子本生经变相》壁画中的6世纪中国北方城市肖像是一幅运用鸟瞰视点、全景式地表现古代城市的巨幅画卷，其在表现古代城市细节上的精确、全面、翔实及宫廷建筑的级别之高，世所罕见。

我们知道，麦积山第127号窟东披《萨埵那太子本生经变相画》中的城市肖像是表现在“回宫报信”这个故事情节中的，佛经中所记载的故事原发生地点即在皇宫中。从《萨埵那太子本生经变相画》壁画中所描摹的城市结构、城墙细节、城墙装饰等部分的精确程度来看，古代艺术家对于城市的观察之细微、刻画之生动，几同于现代工程中的施工图纸，这在同期任何形式的绘画作品中都是罕见的。从这个意义上来说，第127号窟东披《萨埵那太子本生经变相画》中的城市肖像完全是可以被当作当时中国北方如平城、长安、洛阳等城市的“标准像”来看待的。如果我们再结合平城、长安、洛阳等地的古代城市考古工作的成果，两相映照，是完全可以复原出6世纪时期这些城市的华丽容颜的。

但材料带给我们的惊喜还尚未结束，这帧壁画在《萨埵那太子本生经变相画》的故事情节中用来是表现萨埵那太子悲壮舍身，被饿虎食后，其二兄长策马“回宫报信”，告知国王与王后这一不幸消息的情节部分。依据佛经中所记载的故事内容，其原发生场地即在皇宫中。

在中国古代城市中，对于城市的功能，是有明确规划和严格区分的，皇宫所在的皇城（或称宫城）是城市中的城市，而皇城又是中国古代城市建设中的最精华部分所在，并且完全是普通人民的禁地。如果没有对皇宫这一地点建筑景观深入、细微、毫发毕现式的观察，是无论如何也无法在日后的绘画作品中将皇宫如此忠实地描绘出来的。如果再从《萨埵那太子本生经变相画》壁画中所描摹出的皇室成员华丽的服饰、仪仗的细节等因素综合考虑，假使没有亲身的皇室经历，怎么可能如此细致入微地描绘出北魏皇家生活中的点滴细节？即使我们今天将这些作品置于同时期中国美术史的长河中，做最严苛的审视，其第一流的光芒亦丝毫不受任何影响。这也至少说明了绘制麦积山石窟第127号窟壁画的这一批艺术家是有在皇宫之内及皇室身旁近距离地仔细观察的亲身经历的，他们在当时亦绝非

一般意义上的、泛泛而论中的普通丹青画师。

正如前文所述，对于麦积山石窟第 127 号窟的开窟年代，有部分学者认为此窟与西魏文皇后乙弗氏有关，对于这一推论，若单从本堵《萨埵那太子本生经变相画》壁画中的城市肖像而视之，亦有一定的正确性可言。从另一个角度亦可证明，此窟功德主亦在彼时代绝对具有非同寻常的社会地位。关于这一问题，尚有待在今后研究中进行深入讨论。

综上所述，麦积山石窟第 127 号窟的《萨埵那太子本生经变相画》壁画中的城市肖像，以其高度的写实性，全景式地真实描绘了 6 世纪时期北方古城如平城、洛阳等处的城郭面貌、皇城一角。在详尽、可靠的观察基础上进行了十分仔细的描述，其学术意义重大，可开拓的学术研究空间亦十分广阔。

第二，麦积山石窟第 127 号窟的《萨埵那太子本生经变相画》壁画中的城市肖像中对城墙外观的描绘，如墙上贴砖之制度，是北朝时期北方诸城市，如北魏的洛阳、东魏、北齐的邺城城墙，均是如此处理。这一规制亦反复出现在麦积山石窟第 127 号窟的《西方净土变相画》和第 27 号窟的《法华经变相画》壁画中。城墙外墙上贴砖后，在客观上对墙面起到了保护作用，兼具美化墙面的功能；同时，城墙外墙上贴砖之后，亦可提升城墙的防御能力，这一点在冷兵器时代亦十分重要。由于这种实用性，遂在历代建筑中被广泛使用，如今天我们所见的西安古城墙、嘉峪关关城、明长城等古代建筑中，均沿袭了这一做法。

第三，麦积山石窟第 127 号窟的《萨埵那太子本生经变相画》壁画中的城市肖像中关于“对溜”的描绘，为我们今天了解古代这一建筑的形式和用途，提供了翔实而又可靠的第一手资料。文献上训诂“对溜”，作如是解释：“对溜，溜者，承溜也。”《释名・释宫屋》：“溜，流也，水从屋上流下也。”《礼记・檀弓上》：“池视重溜。”郑玄曰：“承溜以木为之，用行水，亦宫之饰也。”《文选・左思・（吴都赋）》云：“玉堂对溜，石室相距。”《洛阳伽蓝记・城南》“景明寺”条曰：“山悬堂光观盛，一千余间。复殿重房，交疏对溜。”① 由上列文献可知，“对溜”是古代人为增加建筑的进深时，两殿（复殿重房）相接，共享的一种木制或铜制的用于房檐下导流（雨、雪水）的装置，可使相邻的两座建筑间不受雨水侵扰。这一装置巧妙地解决了两座建筑之间过渡空间地带的防避雨、雪降水问题，客观上起到了改善居室环境、人为成倍增加建筑内部的可用活动空间的作用，也起到了提升生活质量的实用效果。

第四，麦积山石窟第 127 号窟的《萨埵那太子本生经变相画》壁画中的城市肖像中关于城门上城楼和城阙的描绘，是迄今为止所见最为详尽、准确的重要古代城市建筑资料。这是我们今天了解北魏②、隋代洛阳城，东魏、北齐邺城③和南朝萧梁都城④形制的重要第一手资料。此外，北魏洛阳城中

---

① 见《洛阳伽蓝记・城南》景明寺条，第 112 页。

② 北魏洛阳城门楼均两重，高有百尺。参见《洛阳伽蓝记》。

③ 邺城在后赵石虎时，城市“东西七里，南北五里，饰表以砖，百步一楼。凡诸宫殿门台、隅雉皆加观榭，层甍反宇，飞檐拂云，图以丹青，色以轻素。当其全盛时，去邺六、七十里，远望苕亭，巍若仙居”。参见《水经注》。

④ 南朝萧梁都城在当时，亦作宫城门楼三重，并开二道。事见《梁书》。

的一些重要皇家建筑的门楼，亦应尽如是图所绘①。

另外，壁画中的城市城楼的两侧各绘一方台，台上有方亭，方亭两侧各有一座城阙，充分反映出北朝城门是由五座建筑组合而成。此制成为后世皇城宫门的定制，一直到明清紫禁城的午门都在沿用这种形式。这种倒“凹”字形结构，除了礼制上等级制度威严的政治需求外，更多的则是增强了整座城门的防御能力，使居者更有心理上的安全。麦积山石窟第 127 号窟的《萨埵那太子本生经变相画》壁画中的城门上城楼和城阙的描绘，正是对上述情况忠实而客观的反映。

第五，城市发展到今天，绝非昔日可比，无论其规模、功能、面貌等均发生了翻天覆地的变化。但在今天的城市，亦产生了诸如城市规模庞大、功能过分复杂、居住环境恶化、承载量透支等所谓“现代城市病”，而这些问题几乎是当今各国大型城市所共同面对的难题。

中国古代城市功能的集中展示：防御、安全、美观、合理规划功能区，对于今天的城市规划亦具有现实意义，甚至变成了一种今人思古的追求，如近年被热议的山西大同市的古城复建、西安古城墙改造等工程。古代城市功能的规划首先是符合“礼”的原则，城市规划中的“秩序”感，又反过来彰显了“礼”的外在形式。

在新中国成立之初，梁思成先生和林徽因先生对新北京城的远景式规划和旧北京城的保护设想，均充分显示了卓越的前瞻性和预言性。但之后，北京城的命运，梁思成先生和林徽因先生的境遇，则是尽人皆知的心酸故事。今天，我们重温梁、林先生的先见之明和麦积山石窟第 127 号窟的《萨埵那太子本生经变相画》壁画中的北朝城市肖像的诸多细节，实际上所冀以救赎的根本，正是目前各地城市所面临的种种困境。

今天，世界各国的城市都以惊人的速度扩展，进而产生了一系列所谓难以根治的“城市病”，甚至有人夸张地惊呼要“逃离城市”。现代城市的出路究竟在哪里？研究中国古代城市的构筑思想及内涵，或许不失为一种拓展思路的有效之法，此亦正是我们今天研究麦积山石窟第 127 号窟《萨埵那太子本生经变相画》壁画中的北朝城市肖像的现实意义之所在。

（原载于《丝绸之路》2014 年第 6 期）

① 北魏洛阳城中的一些重要皇家建筑的门楼，如永宁寺的“南门楼三重，形制似今端门”。见《洛阳伽蓝记》永宁寺条。

再议麦积山133窟石刻造像入藏年代问题

董广强

麦积山石窟第133窟是位于西崖的一个大型洞窟，开凿于北魏晚期，洞窟中保存了大量北朝时期石刻造像碑。关于这些石刻造像的入藏年代问题，笔者曾经撰写《麦积山石窟碑洞释疑》① 和《麦积山133窟碑刻入藏年代的再认识》② 两篇论文进行探讨，认为这些石刻造像都不是洞窟中原本配置的造像，不符合洞窟塑像的组合规律，是由于某种意外原因搬运到这些洞窟中的。通过研究分析，应该是北周武帝灭法时期，当时的信众出于保护目的将这些石刻造像碑搬运到高层洞窟中。同样情况在北朝时期的第43、47、117、135等窟中都存在，由于受到洞窟空间的限制，在第43、47、117窟中各存有一件，第135窟中存有四件。随着有关石窟栈道技术研究的深入，这个观点又增添了新证据。

一、研究起因

自2011年11月起，笔者承担了麦积山石窟艺术研究所内部课题“天水地区大型佛教造像营造方法研究”，2012年又承担了甘肃省文物局课题“甘肃东部石窟栈道技术综合研究”。通过对石窟栈道的研究，首先对第133、135等高层洞窟中石刻造像入藏方法有了新的研究成果，认为当时是采用了高空滑轮悬吊技术将这些沉重的石刻造像吊运到洞窟中，这是古代唯一所能采用的高空运输方法，通过现场调查分析，已经在第135窟上方位置找到了吊运这些石刻的遗迹——用于安插大型木梁的桩孔以及附属设施，在解释入藏方法的问题上有了直接的证据。在这个基础上，本文拟对第133窟和135窟中碑刻入藏年代问题做更进一步分析。

二、麦积山石窟栈道基本形式

通过对麦积山石窟栈道基本形式的梳理，对各个时期栈道的形式有了比较明晰的了解。北魏时期栈道的形式是单层栈道梁形式，北周时期栈道形式产生了比较大的变化。由原来单层栈道梁演变为双层栈道梁形式。这种栈道是在上下对应位置各开凿一个栈道孔，两个栈道孔之间的垂直距离为0.5~

---

① 董广强：《麦积山石窟“碑洞”释疑》，《丝绸之路》1999年第1期。

② 董广强：《麦积山133窟碑刻入藏年代的再认识》，《敦煌学辑刊》2009年第2期。

0.8 米。各自安插栈道梁之后，两个栈道梁之间再支撑一个短柱，上层承受的荷载就会通过短柱传递到下层栈道梁上。这样就达到了上下层栈道梁共同受力的效果，使栈道的承载量和安全性大为增强。这样的技术使栈道的宽度和通行量得到增强，可以满足相对多的信徒同时在栈道上参拜或者延长栈道使用年限。

在课题前期的栈道形式调查中，发现北周时期比较普遍地采用了这种栈道形式，如第 4 窟上方的栈道孔和第 3 窟的栈道孔①，都是这种双层栈道的形式。在北周之前的洞窟附近没有发现这种桩孔的样式，可以肯定这种桩孔出现在北周时期。而在第 135 窟上方，用于悬吊这些石刻造像的栈道层是双层形式的。因此，这些栈道设施的年代上限就可以确定在北周时期。

宋代也有双层栈道，因此继承了北周时期的栈道形式，自第 5 窟至第 135 窟上方的栈道（俗称天桥）就采用了这种栈道形式。从结构上分析，和北周时期的栈道形式是相同的。仅从这一点还难以确定第 135 窟上方栈道是北周时期还是宋代开凿的。但在麦积山石窟的发展中，宋代是大规模的重修时期，目前没有在石窟区域内发现宋代开凿洞窟的痕迹，而这些栈道区域都超出洞窟区域，开凿起来工程量很大，不符合宋代特点。

三、第 133 窟门口空间限制了大型石刻造像搬运

有学者提出这些造像碑是在南宋或明代被搬运到高层洞窟中的②，但是从第 133 窟具体情况来分析的话，这样的观点就难以成立，这些石刻造像至少是北宋之前就被搬运到第 133 窟中了。

第 133 窟开凿于北魏晚期，由于洞窟内部宽大，北宋时期在第 133 窟入口位置塑有一组泥塑造像，内容是释迦牟尼会子的场景，高大的释迦牟尼身体微微前倾，右手前伸欲抚摸站立在右前侧的罗睺罗。而在门口两侧，也各有一身宋代的塑像③。如果这几身造像在塑造完成之后，这些石刻造像由于自身体量和北宋泥塑位置的关系就不可能进入到第 133 窟中。因为北宋时期的大型泥塑阻挡在第 133 窟门口，一些体积略小的造像碑不会受到影响，但是大体量的石刻造像是没有办法进入洞窟内部的。

释迦牟尼的塑像正对第 133 窟门口，主尊高度为 3.5 米，足下莲台直径 1.1 米，莲台距离窟门内口 1.9 米；罗睺罗高度为 1.44 米，距离窟门内口 1.6 米，两身塑像均为独立的圆雕塑像。窟内门口西侧为一尊结跏趺坐于高莲花台上的菩萨塑像，通高 1.76 米，宽 0.8 米，厚 0.76 米，此尊菩萨和罗睺罗之间的距离为 1.4 米，门口右侧为一尊跣足站立的菩萨，高 1.9 米。由于体量比较大的造像都在西侧的后室，所以，对大型石刻造像的搬运造成阻挡的是门口左侧的菩萨、罗睺罗以及释迦牟尼造像。

在第 133 窟中，重量比较大的石刻造像为 1 号千佛碑、8 号碑和西侧后室内大型的石雕佛像（目前此石雕佛像表面已经完全风化），1 号千佛碑的体积为 1.8 米×0.56 米×0.15 米，8 号碑的体积为 2

① 麦积山石窟艺术研究所考古室：《麦积山石窟第 4 窟庑殿顶上方悬崖建筑遗迹新发现》，《文物》2008 年第 9 期。

② 谢生保、陈玉英：《麦积山第 133 窟石刻造像碑研究概述》，《敦煌研究》，2003 年第 6 期。

③ 天水麦积山石窟艺术研究所编：《中国石窟·天水麦积山》，北京：文物出版社、东京：平凡社，1998 年，图版 86。

米×0.86 米×0.2 米。西侧后室内石刻造像为一佛二菩萨，此组造像由于洞窟内部潮湿和自身石质原因而风化严重。佛的基本体积为 2.2 米×1.1 米×0.3 米，菩萨的体积为 2.1 米×0.7 米×0.3 米。根据石材的密度计算（每立方米约 4500 千克），西侧后室佛像的重量接近于 2 吨。这样的重量在呈悬吊的状态进入第 133 窟时，按照每名工匠每人承担 150 千克计算，至少需要 13 人在窟外利用滑轮悬吊的方法向高空拉拽，而需要水平进入第 133 的窟口时，需要 6 人来向内拉拽，还要有人在窟口两侧用力控制其左右摇摆，这样至少需要 10 个人在第 133 窟内利用绳索、木棍进行控制，同时应该还有数名辅助人员。如果这些石刻造像入藏时间是在第 133 窟门口宋代塑像完成之后，留给工匠们操作空间就极为有限，在进入洞窟的那一刻，10 名人员需要一起协力拉动绳索向后用力，在宋代立佛存在的情况下根本就无法操作，至少会在佛像上留下一些人工用力操作时的一些擦痕等破坏痕迹，但仔细调查没有发现这种痕迹。

即使石雕塑像被成功吊运到第 133 窟门口，如何被运到西侧后室内也是需要深究的细节问题。根据现场情况，造像只可能是在侧立的状态下进行搬运，如果 14 个人进行搬运，将塑像用抬杠固定，所需要基本宽度简单计算如下：塑像宽度 30 厘米，两侧各有一根直径 15 厘米的抬杠，两侧人员的活动空间各为 50 厘米，这样需要的基本宽度为 160 厘米，而在实际的操作中，这样的重物不可能像在轨道上一样平稳前进，左右摆动不可避免。所以搬运这样重量的重物，需要的宽度远大于这个数值。而将石雕佛像平置后长度有 2.2 米，加上两端抬杠长度就有 3.2 米，这样的长度在现场的转弯半径也是不能满足的。

从罗睺罗到门口菩萨之间的距离是 1.42 米，这样的距离，沉重的造像根本无法通过的，即使采取一些简便的措施强行将塑像搬运过去，难免会在塑像上留下一些施工的擦痕，但是调查中同样没有发现这些痕迹，泥塑外缘保存完好。如果古代工匠在有塑像的情况下要把大型的造像搬运到第 133 窟后室，首先选择的是东侧的后室，因为罗睺罗造像位于西侧，从窟口通向东侧后室有更大的通行空间，操作起来更为顺利便捷。而大型石刻造像却位于通行非常困难的西侧后室，其存放位置本身就能说明问题。

由此，就可以得出这样的结论，在塑像完成之后，这些尺寸和重量比较大的石刻造像是无法搬运到第 133 洞窟中去的，进入到第 133 窟中的时间当在塑像完成之前，而塑像完成的时间是在北宋时期，所以这些石刻造像进入第 133 窟中的时间应该是在北宋以前。

在前期的研究中①，笔者根据洞窟内造像配置、碑刻上游人题记及历史背景资料，已经将这些石刻造像的入藏年代确定在北周灭佛时期。现在通过石刻造像的运输方法、通行空间尺度等分析研究，又对北周时期入藏的观点提出了新的证据。

四、宋代对前代石刻造像的处理方式

两宋时期，由于北朝及隋唐时期佛教兴盛发展，一些寺院、石窟中积累了大量造像，这些造像由

---

① 董广强：《麦积山石窟“碑洞”释疑》，《丝绸之路》1999 年第 1 期；董广强：《麦积山 133 窟碑刻入藏年代的再认识》，《敦煌学辑刊》2009 年第 2 期。

于历史上的灭佛运动、战乱、自然灾害和一些意外因素，不可避免地会有残破现象。北宋时期普遍的处理方法是在寺院范围内开挖瘗埋坑来处理这些佛像，或者是在佛塔塔基部分进行埋藏。采用瘗埋的方法如山东青州青龙寺的佛教窖藏①，近期在甘肃泾川大云寺也发现有宋代的石刻造像窖藏（此报告尚未对外发表）；这种例证较多，是宋代处理前代佛像的一种普遍方法②。麦积山石窟山顶宋代重修的佛塔内也发现埋藏的北朝石刻佛像，都说明北宋时期处理早期佛像的方法与前代不同。

在两宋时期和以后的历史阶段，佛教信徒的审美习俗、信仰方式和对象等方面也和前代有比较大的差别。就麦积山石窟而言，北朝时期所普遍信仰的千佛、七佛等在宋明时期完全没有信仰的迹象，其他地区佛教发展过程中这个现象也大致相同。在对尊像的内涵、外在形式美等方面自北朝到宋明都发生了很大的变化，这个时期将前代遗留造像收集起来进行供奉崇拜不符合佛教艺术发展的基本规律。两宋时期麦积山石窟是一个大规模重修时期，没有新开凿的洞窟，都是将前代洞窟内部的塑像和壁画进行重塑和重绘。而明代的佛教发展则更为衰落，只是在一部分洞窟中采用沥粉堆金的方法在佛像身上描绘了一些龙凤、花卉等图案。在这种信仰背景之下，宋、明时期的信众不可能将数量众多、沉重的石刻造像搬运到高层洞窟中进行膜拜，采取瘗埋的方法更符合时代特点。

通过以上几点，可以确定麦积山高层洞窟如第133、135窟中的这些石刻造像是北周时期为了保护经像而入藏的，在之前的研究中已经通过历史背景、洞窟题记、栈道形式、吊运方法、搬运条件等方面进行了深入综合研究，这样的结论应该是接近历史真实的。

五、搬运石刻造像工程量计算

当时入藏的工程量也是一个可以参考的要素，根据工程量大略计算搬运工程所需要的时间。工程可以分为两项，一是栈道的开凿和架设工程；二是吊运安放工程。

用于吊运的栈道连同一些辅助性的桩孔，共计有八十余个桩孔，除去最上面的三层平台外，多数栈道都是三个或四个栈道孔组成的水平栈道层。通过对有经验的工匠的了解、讨论，这样一层栈道从开凿施工，到最后的栈道木梁安装完成，需要3~4天的时间。因为是高空作业，工作面只允许1~2名工匠现场操作，不是简单地仅靠增加人员就可以提高工作效率。以此推算，八十多个栈道孔从开凿到安装完成至少需要60~80天，如再计算上吊运和安放石雕造像的时间，这个工程需要100天左右的时间。

六、北周灭佛的背景

再来回顾一下北周灭佛的背景和条件，南北朝时期，帝王和百姓都极为崇佛，全国有寺庙四万所，僧尼三百万人，占全部人口的七分之一还多，不但占用了大量的土地资源，影响了国家的经济收入，

① 山东青州市博物馆：《青州龙兴寺佛教造像窖藏清理报告》，《文物》1998年第2期。

② 崔峰：《佛像出土与北宋“窖藏”佛像行为》，《宗教学研究》2010年第3期。

同时大量的青壮劳力出家为僧，国家可以控制的劳动力和兵源等都受到了严重的影响，给国家经济带来了严重的威胁。在这种情况下，北周武帝为了“求兵僧众之间，取地于塔庙之下”①。开始了灭佛行动，“现成寺庙，出四十千，并赐王公，充为第宅，五从释门，减三百万，皆复军兵，还归编户。融扩佛像，焚烧佛经，三宝福财，簿录入官，登即赏赐，分散落尽”②。僧尼还俗给社会增加了劳动力和军队士兵来源。废除寺院，大量土地回到国家手中，为扩展疆域战争做好准备。

北周武帝虽然不信仰佛教，但是却深受儒家思想的熏陶，在其治国思想中深深地体现出来其以儒法治国的思想。在这次的灭佛行动中，武帝先是召开了数次高级别的辩论会，让儒、道、佛各论优劣。“（建德二年）十二月癸巳，集群臣及沙门、道士等，帝升高座，辨释三教先后，以儒教为先，道教为次，佛教为后。”就已经发出了限制佛教发展的明确信息，次年五月，正式发出在全国范围内停止一切佛教活动的诏令：“初断佛、道二教，经像悉毁，罢沙门、道士，并令还民。并禁诸淫犯，礼典所不载者，尽除之。”③从全国各地的出土相关文物等情况说明，当时的诏令执行非常严格，但总体上是一种比较温和的政策，没有采取杀伐的手段，而是用政府制度来执行的，这样，崇信佛教的地方官吏就会有充足的时间来处理一些后留的事务。在麦积山开凿大型崖阁洞窟的大都督李允信和在武山拉梢寺开凿大型浮雕的尉迟迥等人必然是极力地保护秦州地区的佛教造像。有了这些官员的支持，当时的信众是有充裕的时间和人力物力来完成石刻造像入藏高层洞窟的繁重工程。

（原载于《天水师范学院学报》2014年第3期）

① 释昙积：《谏周祖沙汰僧表》，《大正藏》第52册，第279页。

② ［唐］释道宣：《广弘明集》卷第十，释惠远：《周祖平齐召僧叙废立抗诏事》，《大正藏》第52册，第153页。

③ ［唐］令狐德棻等：《周书·武帝纪》，北京：中华书局，1971年，第84页。

明代麦积山石窟相关史迹考述

张　萍　孙晓峰

麦积山石窟是享誉海内外的佛教文化圣地，不仅自然风光优美，而且历史文化积淀深厚。长期以来，海内外学仁多将研究目光关注在麦积山石窟唐宋以前部分。对此后的历史很少涉及，这虽然是麦积山石窟本身特点所致，但并不是说两宋以后麦积山石窟就没有深入研究和探讨的意义。麦积山现存的明代碑刻材料、窟龛内保存的各种明代题记，以及馆藏明代佛教文物等都证明，当时麦积山石窟依然是秦州及周边地区极具影响的佛教活动中心，在当时社会人们精神生活中占有重要地位。

一、明代麦积山石窟是秦州地区重要的佛事活动中心

麦积山开窟造像基本完成于北朝末期，晚唐至宋代又有过较大规模修缮。我们通过对麦积山石窟明代窟龛修缮情况、现存窟龛内明代榜书题记分析结果、馆藏明代佛教文物以及瑞应寺宗派传承等材料来看，当时麦积山在秦州地区佛事活动中仍然占有重要地位。根据对麦积山石窟现存明代相关题记资料①的统计分析结果，明洪武至正德年间（1368～1521年），麦积山石窟前来烧香礼佛的信众数量不是很多。从嘉靖年间开始，一直到明朝末年，麦积山石窟佛事活动非常兴盛，特别是在嘉靖、万历和崇祯统治期间表现得更为突出。除一般意义上的参观游玩外，许多都是以家族形式参与麦积山石窟的佛像妆彩贴金、窟龛壁画绘制、塑像制作、窟龛修缮、栈道修补等，甚至做水陆法会；从香客籍贯来看，主要以秦州本地人士居多，其次为秦安、宁远（今武山县）、伏羌（今甘谷县）、清水、礼县等周围县区信众，此外，也有来自巩昌（陇西）、陇州（陇县）、凤翔、太原、凉州（武威）等地的香客；从登山朝拜时间来看，主要集中在正月、四月、七月和八月这四个时间段内，特别是四月初八前后最为集中突出，说明佛诞日作为佛教最重要的节日在明代社会已深入民心，并已融入中华民族传统节庆活动之中。

上述分析结果表明，明代中叶以来，秦州地区社会经济有了显著恢复和发展，佛教信众也因此明显增加。而麦积山自汉代以来就有“河西灵岳、陇右名山”的美誉，素有“秦地林泉之冠”之称，在明清时期文人墨客称颂的秦州十景中，“麦积烟雨”历来居首，丰厚的历史文化沉淀使麦积山在天水

① 张锦秀编撰：《麦积山石窟志》，兰州：甘肃人民出版社，2002年，第132～160页。

及周边地区有很大影响，从而也吸引了诸多佛教信徒，香火也变得十分兴盛。

此外，麦积山崖面窟龛内明代榜书题记的分布规律也透露出当时石窟的大致风貌，根据统计，目前发现有明代榜题的窟龛共计 17 个，其中东崖大佛一带 9 个，涉及各种榜题 48 处。西崖 8 个，涉及榜题 24 处。其中以第 4、5、11、133、135、140 等窟龛的榜题最为集中，由此也可以看出，当时信徒的活动主要以东崖一带为主，所做的修缮功德也最多。而第 174 窟内万历四十五年（1617 年）修建天桥的记录则表明，当时连接东、西崖的天桥进行过修补，在距地约 80 米的崖面上，东、西崖之间是相通的，发现于第 135、140 窟内的多处明代游人题记也说明了这点。而发现于第 127、133、135 等窟内的题记则表明当时麦积山整个东、西崖面的栈道基本保持畅通，而以第 78、80、44 窟龛为中心的西崖东侧和中区部分则没有发现明代题记，很可能表明当时这一带窟龛栈道已经残毁而无法登临。

麦积山文物库房收藏有原明代瑞应寺使用的几块木质雕板，其中洪武年款护戒牒雕板最具有代表性，这块雕板梨木质地，由两块木板镶嵌而成，高 118、宽 57、厚 3 厘米，减地阳刻，四周边框减地阳刻云龙图案，上方正中为二龙戏珠，板面上方横刻“护戒牒”，左侧竖向刻“圆受菩萨大戒牒文”，右侧竖向刻“右牒给付菩萨戒弟子收执”。正文内容如下：

> 谨遵/历朝帝王会典一，钦奉/圣旨，天下寺院行童愿要游方出外参学或在山林寺院传诵戒律，所遇官司毋得禁它。按唐麟德年，诏终南山道宣律/师于净业寺建坛，宝历大中年敕上都、东都、荆、扬、汴、益等州为僧尼传戒，宋祥符年，诏天下诸路皆立戒坛，凡七十二所。/明洪武年，谕行脚僧人受戒，依善知识住。若遇关津把隘，官员人等不许阻挡，为此遵奉。/释迦遗教，据梵纲经佛坐菩提树下成无上觉，初结菩萨婆罗提木叉，孝顺父母，师僧三宝，乃至若受/佛戒者，国王、王子、百官、比丘、比丘尼、优婆塞、优婆夷一切人非人等，但解法师语，尽受得戒，千佛流传，惟此一法。今于陕西/禅庵建坛说戒，内有　县僧法名　礼，师出家于　日就本戒坛受沙弥/十戒，日进比丘戒，日圆比丘大戒以此流通戒法功德，伏愿，今上/皇帝圣躬万岁，天下太平，民丰物阜及俾佛道同，皇风浩荡，金轮与戒藏昌隆，诚恐冒滥无稽。为此具牒各给一道，随身收执/游方参学据此为验，须至牒者/本坛传戒和尚羯磨阿阇梨、教谕阿阇梨、尊证阿阇梨引请师。

从内容可知，这是当时瑞应寺作为陕西境内的一处禅宗戒坛，为受戒弟子发放出家凭证而专门制作的一板雕板，具有重要的历史价值。

明代初年，僧籍管理制度非常严格。曾出家为僧的明太祖朱元璋在立国之初，就在洪武六年（1373 年）下令全国“府州县止存大寺观一所，并其徒择而处之，有戒行者领其事。”① 为适应中央集权专制主义政治发展的需要，更好地管理佛教事务，对原有僧官制度进行了改革，洪武十五年（1382 年）四月，礼部在变通唐、宋、金、元僧官制度的基础上，正式颁布明代僧官制度，中央设僧录司。在地方上，府设僧纲司，掌本府僧教事务，下设都纲一员，副都纲一员。州设僧正司，掌本州僧教事

① ［明］解缙：《明太祖实录》卷八十六，上海：上海古籍书店，1983 年，第 492 页。

务，下设僧正一员。县设僧会司，掌本县僧教事务，下设僧会一员。其主要职能是负责属地所辖寺院的日常事务、僧籍管理、寺院主持筛选推荐、僧尼度牒申领与发放等工作。洪武二十四年（1391年）六月，在命令礼部清理释道二教时，再次重申规定："自今天下僧道，凡各府、州、县寺观虽多，但存其宽大可容众者一所，并而居之。"① 洪武二十七年（1394年）七月，又令"凡僧之处于世者，其数照归并条例，务要三十人以上聚成一寺，二十人以下者听令归并，其寺宇听僧拆改，并入大寺。"② 同时，为保证国家人口的正常增长，防止僧道数量激增，明政府还规定："凡僧道，府不得过四十人，州三十人，县二十人，民年非四十以上，女非五十以上者，不得出家。"③ 在这一系列政策措施之下，明代前期的佛教寺院发展必然受到很大限制，秦州地区当然也不例外，麦积山石窟所在的瑞应寺作为一座历史久远的名刹古寺，理所当然地保留下来，并成为明代秦州合法的官方管理佛寺，现悬挂于麦积山石窟瑞应寺钟楼内的明成化二十年（1484年）大铁钟铭文中也提到当时的秦州僧正司僧正普觉、僧吏普曜、秦州知州傅鼐、秦州卫都指挥使吴钟、瑞应寺主持静淙等僧俗信众发心铸造铁钟的事迹，表明该寺是官方认可的寺院，而这块洪武年间的护戒牒亦是官方指定瑞应寺为出家信众发放度牒的历史见证，馆内所藏的其他几块明代雕版内容分别为三世诸佛图、西方公据和金刚经启请，也是瑞应寺僧侣向信众宣扬三世佛观、往生西方净土世界和修行成佛之路等佛教思想的实物见证，从另一个方面说明当时麦积山石窟在秦州佛教发展史上的历史地位。由于明代前期严格的僧籍管理制度，佛教的社会基础也变得比较薄弱，麦积山石窟也必然受到影响，可以说，也从另一个角度解释了为何正德年间以前麦积山石窟香客和信众榜书题记相对较少的原因。在这以后，由于明朝政府僧籍管理制度松弛，秦州境内的佛教寺院数量则明显增加，前文所述的麦积山周边的诸多佛寺，绝大多数修建于此后一段时间之内。有意思的是，在这些重修或新修寺院中，有的还以攀附麦积山瑞应寺而建，如麦积区街子镇（现已裁撤，划归麦积镇）观龙山崇福寺，在寺内收藏的明万历二十三年（1595年）铸大铁钟中即称崇福寺为麦积山下院，而距崇福寺不远的朝阳寺则称其为麦积山上院，这些现象不仅说明当时麦积山影响很大，而且可能也是佛教徒为兴建寺院而有意规避明政府相关寺院管理政策所采取的一种变通手段。

另一个说明麦积山石窟在明代中叶至末年兴盛的史料则见于麦积山艺术研究所资料室收藏的20余卷原属于瑞应寺旧藏的明代写本经卷文书，主要包括嘉靖四十三年（1564年）的《慈悲道场忏法》、隆庆二年（1568年）的《大乘妙法莲华经要解科文》、万历十年（1582年）的《慈悲道场忏法》、万历四十二年（1614年）的《大乘妙法莲华经》、天启五年（1625年）的《妙法莲华经》、崇祯二年（1629年）和崇祯三年（1630年）的《慈悲道场忏法》等，这些经卷从书写时间上看，基本在嘉靖年间以后，与麦积山窟龛中存留榜题时间分布规律上具有高度重合性，表明当时瑞应寺佛教法事活动非常繁荣。

---

① ［明］解缙：《明太祖实录》卷二百九十，上海：上海古籍书店，1983年，第1078页。

② 葛寅亮：《金陵梵刹志·钦录集》，洪武二十七年条，天津：天津人民出版社，2007年，第66页。

③ ［清］张廷玉等：《明史》卷七四《职官制三》，北京：中华书局，1974年，第1818页。

二、麦积山瑞应寺是明代临济禅宗的道场

麦积山瑞应寺历史上是陇右地区最重要的佛教寺院之一，宋代以前多次得到中央政府赐名，影响很大。元代以后地位迅速下降。但明清时期一直是秦州地区最重要的佛教寺院，特别是明代中叶以后正式成为临济禅宗寺院，其传承和发展脉络非常清晰，在中国禅宗史上极具研究价值。

临济宗是中国佛教禅宗五家中最具特色的一个，创始人义玄（？～867年），俗姓邢，山东曹州人，他全面继承晚唐禅宗大师希运的“无心是道”和“逍遥”意境论思想，在河北镇州（正定县）滹沱河岸建临济禅院，广收门徒，独树一帜，形成临济禅宗。义玄的临济禅以风格峻烈著称，常以不拘形式的棒喝来表现。宋代时，临济宗主要在南方地区传播，宗派大盛，形成了黄龙和杨岐两派，即中国禅宗史上著名的五家（临济、曹洞、云门、沩仰、法眼）七宗（黄龙、杨岐）。此时禅法也发生转变，黄龙派主要表现为“弘扬禅机”。杨岐派则表现为“立处既真”，并融入云门宗“函盖乾坤”的特点。由于杨岐派灵活多变的教学方式，使该宗在北宋末年大盛。元代由于统治者重视，汉传佛教禅宗和净土宗依然风行，其中临济宗主要在南方发展，产生了不少禅学大师，如云峰妙高、雪原祖钦、中峰明本等，在北方只有海云印简一系。

明代禅宗依然很盛，据《五灯会元续略·凡例》云：“临济宗自宋季稍盛于江南，阅元而明，人宗大匠，所在都有。”这时临济宗和曹洞宗一样，主要以“看话禅”为主。临济宗何时入主麦积山瑞应寺，目前无从所知。但从历史上看，它与南方，尤其是四川地区关系密切。而北宋时期出身于瑞应寺的圆通禅师又是云门宗开山祖师，临济与云门之间在禅法上也有较多共同点，因此，当时南方盛行的临济宗可能很早已入主瑞应寺。根据麦积山现存的明代砖塔铭“……临济下二十三代佛照本禅师圆喜、圆才、圆聪正德九年（1514）……”，可知当时临济宗已正式入主瑞应寺。馆藏的嘉靖三十八年（1559年）宝鑑大禅师石塔铭和寂空大禅师石塔铭碑文中都提及临济禅宗的第四代主持泰能和第五代主持能信，看来，临济禅宗的传承这一时期已经固定下来。并负责管理麦积山周边的灵应寺、崇福寺、朝阳寺等佛教寺院，但具体传承情况尚不清楚。清代以后，根据有关学者对资料室收藏的《麦积山瑞应寺清代住持传灯录》残卷整理的研究成果，自清乾隆五年（1740年），临济正宗从西安雁塔寺移锡至此，其后宗派传承情况则非常清晰①。

三、麦积山石窟是明代秦州士绅游赏山水的重要场所

明代以八股为核心的科举制度以及“书中自有颜如玉、书中自有黄金屋、书中自有车如簇”观念的影响，使当时知识分子不得不将前半生精力用于登科入仕，而成名后则将八股束之高阁，对政务、民生、社会问题等一概不理，整日醉心于物质与精神的享受，物质方面表现为适世乐生、穷奢极欲，精神方面表现为玩古董、讲版刻、组文会、究音律，这种精神上追求艺术化的趋势则体现出一种闲情

---

① 唐冲：《麦积山临济宗传承情况》，待刊稿。

雅致的风尚①。与当时社会上的富商不同，明代士大夫所崇尚的清闲生活更多地表现为对闲逸生活的享受和大自然山水的热爱，即玩赏幽静幽趣，尽享四时风光，做到四季清闲，如明代戏曲家高濂眼中的幽人标准："春时幽赏，孤月山下看梅花、虎跑泉试新茶、西溪楼啖煨笋、天然阁上听雨；夏时幽赏，湖晴观水面流虹、乘露剖莲雪藕、步山径野花幽鸟；秋时幽赏，西泠桥畔醉红树、北高峰顶观海云、策杖林园赏菊；冬时幽赏，湖冻初晴远泛、扫雪烹茶玩画，雪夜煨芋谈禅。"② 可谓达到了极致。明中期以后，礼佛饭僧，谈禅说佛也是士绅精神生活的重要内容，正如陈垣先生所言："万历以后，禅风寖盛，士夫无不谈禅，僧亦无不欲与士夫结纳。"③ 可谓一语中的。

明代士绅阶层流行的这种社会风尚在秦州也不例外，麦积山作为当地最著名的山水名胜，自然也吸引到众多在秦州做官或巡访此地官员的青睐。明中叶以来，前往麦积山参观游历，访幽寻古的官员明显增多。据统计，麦积山现存的6块明代诗碑全部刊立于嘉靖至万历年间（1522~1620年）内容多是对麦积山石窟的险、峻、雄、奇进行了生动描绘，成为麦积山历史文化的组成部分之一。此外，还有许多明代知识分子也曾赋诗歌颂麦积山，现择要略述。

胡缵宗（1480~1560年），字世甫，原字孝思，号可泉，别号鸟鼠山人，巩昌府秦州（秦安兴国镇）人。明代著名学者、诗人与书法家。早年曾受教于著名学者杨一清、李东阳，以其现实主义诗歌崛起于陇右，为文坛所瞩目。胡缵宗于正德三年（1508年）考取进士，历任南京户部郎中、河南布政使司、山东巡抚等，在兴修水利、疏浚河道、造福百姓方面做出许多贡献。胡缵宗一生著述丰富，他的作品多被收入《明史·艺文志》和清代《四库全书》。主要有《鸟鼠山人集》《秦州志》《秦安县志》《巩昌府志》等十余种，他晚年寓居家乡时，曾留下五言一首《与麦积山上人》："南有香积寺，北有麦积山。仙人拾瑶草，白云相与还。"语言质朴清新，意境悠远深长。

嘉靖年间进士与麦积山诗碑。在麦积山瑞应寺院内和东崖窟区入口迄今保留有数块明代嘉靖年间刊刻的诗碑，这些诗文多为五言诗，诗文内容以讴歌麦积山雄、奇、险、峻的自然风光，赞颂石窟寺灿烂、悠久的历史文化，惊叹窟龛栈道的鬼斧神工，体会作者参禅悟道中的百味人生等为主。多数碑刻石材选料精细、质量上乘，碑面布局严谨、整齐协调，书法行草兼备、流畅洒脱，刀功沉稳峻利、线条流畅，充分体现出明代碑刻艺术的造诣和水平，是研究和了解明代秦州石刻艺术的珍贵实物资料。这些诗文出自冯惟讷、甘茹、胡安、甄敬、马应梦、王君赏等多位作者之手，他们均为明嘉靖年间进士，曾先后在秦州为官，或游历过秦州麦积山，有的出身文学世家，有的擅长书法，多数著述颇丰，在明代文学史上占有一定地位。如山东冯氏文学的代表人物冯惟讷（1513~1572年），字汝言，号少洲，山东临朐人，嘉靖戊戌年（1538年）进士。冯氏一门明清两代共出过8名进士，3名举人，先后有6人被录入明清史册。其父亲冯裕擅长诗词，著有《方伯集》《北海集》等诗作。哥哥冯惟敏著有《海浮山堂词稿》《石门集》等留传后世。冯惟讷本人也非常擅长于文学研究和古籍整理，著有《楚辞旁注》《杜诗删注》《文献通考纂要》等多种著作。入仕后出任陕西按察司分巡陇右道佥事，大概正是

① 陈宝良：《明代社会生活史》，北京：中国社会科学出版社，2004年，第82页。

② ［明］高濂：《四时赏幽录》，上海：上海古籍出版社，1999年，第57~59页。

③ 陈垣：《明季滇黔佛教考》，北京：中华书局，1989年，第129页。

在这段时间，冯惟讷游历麦积山石窟后写下《游麦积山四首》，其中一首诗中写道："山川雄且都，法界盛规模。陇蜀屯灵气，乾坤辟壮图。天垂云幄近，月照相轮孤。想像昙花现，西来启觉途。"可以看出，当时麦积山瑞应寺建筑还是具有一定规模，佛事活动比较昌盛。

甘茹，字征甫，号泰谿，四川富顺人，嘉靖丁未年（1547 年）进士，也是以御史身份迁任山东按察副史，为人性情恬淡，能文善诗，尤精书法。他对佛教遗迹有特殊感情和浓厚兴趣，当年出川任山东监察史，路过广元千佛崖，即写有《千佛崖》诗一首："铁壁临风奠古藤，云龛遗像冷无声。风传过橹喧空界，月抱游鱼骇佛灯。花雨深秋香不散，松阴绝顶险难登。摩崖遍识前朝字，苔藓模糊识未能。"字里行间，慷慨豪迈，荡气回肠，也显示出作者对中国传统佛教文化的深厚感情。甘茹继冯惟讷出任陕西等处提刑司分巡陇右道佥事后，可能多次来过麦积山，并登临栈道观像礼佛。因此，在他题赋麦积山的六首诗中对麦积山石窟栈道的险峻有着独特感受，如其中一首诗中写道："宝塔千松绕，云龛万幕悬。丹梯斜有径，青壁峭通天。混沌神能凿，飞翔鸟尚缘。振衣惊南度，下界待浮烟。"另一首诗中写道："重阁浮高栋，危栏隐曲扉。步生云片片，身共鹤飞飞。莲宇开丹嶂，经堂俯翠微。百年经履险，万事解忘机。"甘茹不仅赋诗，还亲自主持扩挖了连接麦积山东崖"散花楼"（第 4 号窟）和"牛儿堂"（第 5 号窟）之间崖壁中的通道，使游人和香客得以顺利通行，功毕之后，又欣然题词记叙此事："上界右为牛堂，堂纳雾占，阴雨盖出。巩记云，故有栈道绕外而达，代无朽堕，不可缮补，僧始洞之，然低隘，非匍匐莫由也。仍命工稍加高广，众称便。因牛堂遂假五丁甲以例之，再赋五言一律：小有何年辟？斑斑斧凿新。群生悲觉路，万劫启迷津。秦蜀金牛隘，阴晴玉洞春。谁知三昧外，彼岸复无限。"擅长书法的甘茹还在通道散花楼一侧上方壁面题有"小有洞天"四个字，为后世增添了一道新的人文景观。

胡安，字仁夫，浙江余姚人，嘉靖甲辰年（1544 年）进士，也是一位杰出学者，其著作在《新安文献志》《御选明诗》等古籍中均有收录。胡安是比甘茹早一科的进士，从他写的《游麦积次泰谿甘公韵》六首来看，两人之间关系密切，这组诗应是胡安前往秦州看望甘茹时，二人在游览麦积山石窟时合赋而成，其中一首诗中写道："度陇观形胜，今为第一山，勒摹前代姓，谈笑故人颜。坐卧浑忘暑，登临始觉闲。丹梯分手处，谁与再登攀。"那种故人重逢之喜和朋友惜别之情跃然纸上。另一首诗中写道："蜂房成户牖，斗绝复孤悬。颇胜楼观日，还期剑倚天。含恨非夙约，坐石亦前缘。无异匡庐上，晴峰散紫烟。"对麦积山鬼匠神工的窟龛栈道大加赞叹。

另一位进士甄敬，山西平定人，号晋龙庄山人，进士出身，曾任四川佥事道，都御史等职。他的生平详细情况尚不清楚，甄敬先后写有《登麦积岩》五言诗三首和《登麦积山遇雪》七律一首，并由他的门生吴应卬、杜廷栋、李宋等立碑以示纪念。从上述几人自称甄敬的门人来看，甄敬本人可能很早就已辞官退隐，还秉承了明代官员谈禅参佛的时代特点，这种思想在他的《登麦积山遇雪》中有所流露："万象高悬北斗齐，三千世界望中迷。浮云□住青莲宇，净水常流白虎溪。风动回檐驯鸽舞，雪凌远嶂□□啼。招提应为幽人至，遍雨天花待马蹄。"该碑背面为甘茹、冯惟讷在嘉靖四十三年（1564 年）重新刊刻的重刻麦积崖佛龛铭序碑。经查证有关文献，可知甄敬与冯惟讷同朝为官，门生、故吏众多，资历应更老一些，故推测他中进士比冯惟讷早。甄敬任御史时曾在陕西主持刊印冯惟讷集录的《古诗纪》和《风雅广逸》，由于把关不严，刊行的版本错误较多，颇受非议，后不得不由他人出资在江南重新刊印，这件事可能影响到了他与冯惟讷之间的关系。

明朝末年，时局动荡，麦积山石窟由于地僻人稀，几乎成为一片世外桃源和佛国净土，也引来外地文人雅士来此避难。如山西举人朱新靖因“闯贼逆变，避迹秦州麦积山，诗酒自适，日逍遥于松泉间，以终其身”①。可见，在明代士人眼中，麦积山是一块难得的风水宝地，既适宜参禅悟佛，又是休憩和欣赏自然风景的绝佳去处，成为古代秦州一处重要的自然和人文景观。

（原载于《天水师范学院学报》2014 年第 3 期）

① ［明］纪昀总纂：《钦定四库全书》卷四十，流寓·直隶秦州条。许容、李迪等撰：《甘肃通志》，上海：上海古籍出版社，2003 年。

陵墓与佛窟

——麦积山第43窟洞窟形制若干问题研究

董广强　魏文斌

麦积山石窟第43窟位于麦积山东崖偏下层。为麦积山现存最早的崖阁式洞窟，是研究北朝石窟建筑重要的实物图像资料。外观三间四柱、庑殿顶建筑形象。该窟为西魏文皇后乙弗氏的墓窟，即史书中提到的“寂陵”，已无争议。

关于该洞窟的建筑，傅熹年先生曾作过细致的研究①，但仅限于对外檐建筑结构方面的讨论，而对于建筑各方面的性质、组合关系等问题等却没有涉及。作为具有陵墓与佛教瘗窟双重性质的洞窟，其功能和意义尚需作进一步的探讨和研究。

该洞窟整体由三部分组成，即建筑形制的前廊、穹隆形的享堂和帐形柩室，共同组成一个佛教石窟中的特殊形式——瘗窟，但这个瘗窟应该是对地面墓葬建筑的直接模仿。出于乙弗氏的特殊身份，这个建筑在建筑规格等方面显得既高于一般形制的瘗窟，而比同时期的后妃陵墓又显得简单了很多，但当时地面墓葬建筑的基本组合和布局在这里得到了比较真实的反映，所以在对待该窟的问题时，要以整体建筑布局的观点来思考和观察问题，而不能仅从瘗窟的视角考虑。

一、外檐建筑的功能和性质

外檐建筑通高6.10米，通面阔6.65米。当心间宽度大于两次间，檐柱为八角形，柱头有大斗、额枋、垫板、檐枋等构件，并有火焰宝珠作为装饰。屋顶部分有屋脊、瓦垄等雕刻。

（一）关于建筑脊部的树枝形雕刻

建筑屋脊部分的两鸱吻之间，有树枝形雕刻，表面泥皮已脱落，仅存泥胎。已有的研究对这个图像未作过多的解释，傅熹年先生认为和本窟的特殊性质有关，但未提出更详细的论据。其他研究者都认为树的形象不可能出现在屋面上，但也提不出其他更合理的解释。在古代建筑中，屋脊的部分一般没有装饰，在一些个别的建筑中会有一些凤鸟之类的装饰。云冈石窟的雕刻中，也有在建筑屋脊正中

---

① 傅熹年：《麦积山石窟中反映出的北朝建筑》，天水麦积山石窟艺术研究所编：《中国石窟·天水麦积山》，北京：文物出版社、东京：平凡社，1998年，第203~204页。

雕凿妙音鸟的形象。而第 43 窟的整个树枝状雕刻，应该是整个建筑后面一棵大树的树冠。

在之前的观点中，仅仅将三间四柱的建筑部分作为这个瘗窟的外观部分，而没有考虑这样的建筑形式在地面墓葬建筑布局中的对应位置和反映的信息，造成了研究的不够深入。现在，我们将外檐建筑视作是地面墓葬建筑群中的一部分，这样对屋脊部分树冠状雕刻的解释就顺理成章了。

在古代的丧葬习俗中，在墓园中种植松柏之类的常青树种是最基本的葬俗，在历史典籍和一些相关图像以及考古资料中屡见不鲜，如《史记·晋世家》中记载："重耳谓其妻曰：'待我二十五年不来，乃嫁。'其妻笑曰：'犁二十五年，吾冢上柏大矣。'"① 1934 年在山东东阿县发现的东汉桓帝永兴二年（154 年）芗他君祠堂画像石题记中有："无患、奉宗，克念父母之恩，思念忉□，悲楚之情，兄弟暴露在冢，不辟晨昏，负土成墓，列种松柏，起立石祠堂，冀二亲魂灵有所依止。"② 庾信《周太子太保步陆逞神道碑》曰："夫人郁久闾……今节妇开坟、松柏已拱，季孙成寝，丘陵始同……坟前之树，染泪者先枯。"③ 庾信《周大将军司马裔碑》曰："大夫墓树以柏，诸侯坟高于雉。"④ 这种风俗从古到今一直延续不衰，无论皇族或贫民皆如此，西魏时期的陵墓当然不会例外。从第 43 窟的外檐建筑屋脊部分的树枝形图像看，这应该表现的是在墓地周围所种植的松柏之类的常青树种。其之所以会出现在屋脊部分，是因为洞窟的两侧边界紧贴着边柱，没有多余的空间来刻画树木图像，只有刻画在屋脊部分，借以表现该建筑周围有许多的树木，营造出松柏列植、葱郁成行的建筑意境。

第 43 窟虽然是瘗窟的形式，但从建筑图像所表现出的意向来看，却不是普通的瘗窟，而是意在营造一种地面墓葬建筑的氛围，这和在其他石窟中开凿的单纯性质的瘗窟有着很大的不同。所以，将第 43 窟确定为开凿在山崖中的一个墓葬建筑群的缩影更贴切一点。之所以如此，是和乙弗氏既是皇后又是比丘尼的特殊身份有直接的关系，并且更主要的是表现乙弗氏皇后的身份。

（二）建筑内部的配置

该窟外檐建筑限于山崖的情况，所开凿的深度很小，深度仅仅为 1.16 米（檐柱中线至内墙），似为一个廊的形式，在两次间中间靠后墙（山崖）位置的地面，存留着一个石胎的方台，高 35 厘米，宽 120 厘米，深 60 厘米，在上部中间有一个深孔，边长 15 厘米，深 25 厘米，方台上方靠前宋代泥塑不规则的长条形山石，石上塑金刚力士，但金刚力士的木骨架结构并没有利用方台中间的深孔。

从方台的位置及体量来看，明显是一尊大型塑像的基座，并且是最初的配置，而不是后来改造的。上面的深桩孔是为安插固定塑像的木骨架之用，但目前的问题是在这个位置最初塑造的是什么样的塑像呢？

金刚力士是护卫佛法的尊像，无论乙弗氏在埋葬时是作为皇后还是比丘尼的身份，都不可能在这

---

① ［汉］司马迁撰：《史记》卷三九《晋世家》，北京：中华书局，1959 年，第 1657 页。

② 陈直：《汉芗他君石祠堂题字通考》，《西北大学学报》1979 年第 4 期。

③ ［北周］庾信：《周太子太保步陆逞神道碑》，见庾信撰，［清］倪潘注，许逸民校点：《庾子山集注》卷十三，北京：中华书局，1980 年，第 766 页。

④ ［北周］庾信：《周大将军司马裔碑》，见庾信撰，［清］倪潘注，许逸民校点：《庾子山集注》，北京：中华书局，1980 年，第 803 页。

个位置塑造金刚力士，因为这与建筑的性质很不相合。

在古代的墓葬中，采用绘画、雕刻等手法在墓门两侧绘制门吏是一种很普遍的做法，无论是皇室贵族还是官吏或是有一定身份的平民都采用这种做法，在考古发现中实例颇多，此不赘举。从这一点再结合第43窟属于墓葬的情况判断，外檐建筑两侧配置的应该是持剑门吏。另外，从塑像的造型看，麦积山北魏晚期至西魏初期的金刚力士已经出现了明显的动感，用一根直立的骨架无法满足造型的需要，如第139窟的力士双腿跨开，身体呈弓形向窟门方向倾斜，双腿部分各用了一个木骨架。根据这样的情况，如果第43窟外檐建筑两侧所配置的是力士的话，其基本造型也应该遵循同时期的造型，应该采用两根木骨架作为支撑，而从目前的桩孔看显然不是这样；而我们从古代墓葬中的门吏看，却都是身体直立，双手持剑或倚杖，如果在这个位置采用门吏塑像，用一根比较粗大的木骨架就足够了，从桩孔的尺寸等各方面的数据看是满足直立型造像的需要。

这里还有两个问题需要作进一步的解释：在一般的墓葬中，门吏的位置都是在墓门的两侧，为何在这个位置放置在外檐建筑（前廊）中，这是由于这个墓葬的特殊形制所造成的。首先，后室的墓葬虽然有墓口之设，但却并没有墓门；其次，在墓室之前是穹隆顶的中室，没有足够的高度和空间来放置门吏；第三，在墓口的前侧（穹隆顶中室的后壁）塑作有其他内容（后文讨论）。在这个情况下，为了保证墓葬内容的完整（门吏在这样规格的墓葬中是一个必不可少的内容），就只有将门吏放置在外檐建筑的两侧。

（三）关于外檐建筑的性质

第43窟的外檐一直被称为“拜廊”，对它的性质定位比较含糊，我们通过前面的讨论，结合同时期的考古资料，就可以对其外檐建筑的功能和性质作出比较准确的定位。

通过前面的讨论，我们知道第43窟的整体应该是和地面墓葬建筑群的各个部分相对应的，那么，这个外檐建筑所对应的应该是什么样的建筑呢？

北魏太和十四年（490年）冯太后驾崩，“夏，四月，己亥，魏主如方山，冯太后乐其山川，曰：‘他日必葬我于是，不必祔山陵。’乃为太后作寿陵，又建永固石室于山上，欲于为庙”①。该项工程由宦官王遇负责，“遇性巧，强于部分。北都方山灵泉道俗居宇及文明太后陵庙，洛京东郊马射坛殿，修广文昭太后墓园，太极殿及东西两堂、内外诸门制度，皆遇监作”②。该墓在20世纪70年代进行了考古发掘，但史籍中提到的“永固石室”却不复存在，幸得在《水经注》中有比较详细的记载：“堂之四隅雉列榭、阶、栏、槛，及扉、户、梁、壁、椽、瓦，悉文石也。檐前四柱，采洛阳之八风谷黑石为之，雕镂隐起，以金银间云矩，有若锦焉。堂之内外四侧，结两石趺，张青石屏风，以文石为缘，并隐起忠孝之容，题刻贞顺之名。庙前镌石为碑、兽，碑石至佳，左右列柏，四周，迷禽暗日。……南门表二石阙，阙下斩山累结御路，下望灵泉宫池，皎若圆镜矣。”③ 从记载看，永固石室的位置是在

① ［北宋］司马光编著：《资治通鉴》卷一三五《齐纪一》，北京：中华书局，1956年，第4244页。

② ［北齐］魏收撰：《魏书》卷九四《列传阉官》，北京：中华书局，1974年，第2024页。

③ ［北魏］郦道元注，杨守敬、熊会贞疏：《水经注疏》卷十三，南京：江苏古籍出版社，1989年，第1139页。

墓葬的前方位置，而“檐前四柱”也清楚地表明了该建筑是三间四柱的规模，这样，在建筑的布局位置、基本规模甚至于材质等都与第43窟外檐建筑相吻合，而永固石室被称为“庙”，所以，我们就可以将第43窟外檐建筑也称为“庙”。这个庙的建筑模仿了地面建筑的形制，但由于是附属于洞窟的前部，故只能雕刻出具有立体效果的外檐、简单的廊柱以及从属于庙的松柏之类的树的雕刻，而不可能表现具有一定纵深的地面建筑的平面效果。

二、关于中室

中室位于外檐建筑之后，紧接外檐建筑的当心间，平面马蹄形、穹隆顶，口部宽2.45米，高2.55米，厚0.38米；内部宽3.5米，深1.75米，高2.98米；后壁为通向后室的洞口，高1.07米，宽1.2米，深1米。

沿中室两侧壁面有低坛基，高0.3米，低坛基平面自窟口向内呈月牙形，各处宽度不一致，最大宽为0.38米，在坛基上有等距的小桩孔，距离为0.2米，桩口边长为0.12米，深0.25米。在两侧壁距地面高1.38米处各有一个小龛，高0.9米，宽0.9米，深0.35米。小龛内有两个桩孔，间距0.5米，桩孔边长0.1米，深0.2米。

窟内中央有宋代塑作的一佛二菩萨，佛台基之后便是后室（柩室）的入口，因造像与本题无关，暂不详述。中室后壁（后室洞口上方）高浮雕塑作一龙椅作为佛像的依靠背景，从龙嘴中下垂串珠状流苏，在龙椅背后两侧各有一合掌菩萨，从风格看，和一佛二菩萨是同期的作品。

（一）中室的基本形制及功能

中室部分在其他文字或者是文章的描述中，一般都将其称为“享堂”。

整个中室的形制整体上和麦积山隋代的窟龛很类似，如第34、37、24等窟，都是平面马蹄形、穹隆顶的基本形制，所以很容易将中室的形制和洞窟形制连接在一起，从而产生中室部分是作为供佛的窟龛使用的目的。但这样的推断首先不符合这个墓葬的规制，其次，西魏时期在麦积山石窟尚未出现这样形制的洞窟。我们的思路必须从古代墓葬规制和葬俗方面切入。

在古代，父母去世以后，子女必须居住在墓地守孝，而在墓地居住的处所便是“庐”，如：

> 魏兰根，……遭父丧，庐于墓侧，负土成坟①。
>
> 萧放，字希逸，随父祇至邺。祇卒，放居丧以孝闻。所居庐室前有二慈乌来集，各据一树为巢②。
>
> 陆印，字云驹……印兄弟相率庐于墓侧，负土成坟，朝廷深所嗟尚，发诏褒扬，改其所居里为孝终里。服竟当袭，不忍嗣侯③。

---

①［唐］李百药撰：《北齐书》卷二三《魏兰根列传》，北京：中华书局，1972年，第329页。

②［唐］李百药撰：《北齐书》卷三三《萧放列传》，第443页。

③［唐］李百药撰：《北齐书》卷三五《陆印列传》，第470页。

元文遥，字德远，河南洛阳人，魏昭成皇帝六世孙也。五世祖常山王遵。父晞，有孝行，父卒，庐于墓侧而终①。

（韦）子粲兄弟十三人，并有孝行，居父丧，毁瘠过礼。既葬，庐于墓侧，负土成坟②。

（李）德饶，字世文。……性至孝，父母寝疾，辄终日不食，十旬不解衣。及丁忧，水浆不入口五日；哀恸，呕血数升。及送葬，会仲冬积雪，行四十余里，单缞徒跣，号踊几绝。会葬者千余人，莫不为之流涕。后甘露降于庭树，有鸠巢其庐，纳言杨达巡省河北，诣庐吊慰之，因改所居村名为孝敬村，里为和顺里③。

（孙景）肇尚平阳公主，未几主薨，肇欲使公主家令居庐制服，已付学官议正施行④。

（田仁恭）次子德懋，少以孝友知名。开皇初，以父军功赐爵平原郡公，授太子千牛备身。丁父艰，哀毁骨立，庐于墓侧，负土成坟。帝闻而嘉之，遣员外散骑侍郎元志就吊焉⑤。

李显达，颍川阳翟人也。父丧，水浆不入口七日，鬓发堕落，形体枯悴。六年庐于墓侧，哭不绝声，殆于灭性。州牧高阳王雍以状奏，灵太后诏表其门闾⑥。

劢字文约，弱不好弄，喜愠不形于色。位太子洗马，母忧去职，殆不胜丧。每一思至，必徒步之墓。或遇风雨，仆卧中路，坐地号恸，起而复前，家人不能禁。景特所钟爱，曰："吾百年后，其无此子乎。"使左右节哭。服阕，除太子中舍人。景薨于郢镇，或以路远，秘其凶问，以疾渐为辞。劢乃奔波，届于江夏，不进水浆者七日。庐于墓所⑦。

不但是一般的百姓或贵族，皇室在丧礼中也是遵循这样的规制，如：

高祖孝文皇帝，讳宏，显祖献文皇帝之长子……（太和）十四年……（十月）癸酉，葬文明太皇太后于永固陵。甲戌，车驾谒永固陵。群臣固请公除，帝不许。己卯，车驾谒永固陵。庚辰，帝居庐⑧。

（建德）三年……三月癸酉，皇太后叱奴氏崩。帝居倚庐，朝夕共一溢米，群臣表请，累旬乃止⑨。

可以看出，"庐于墓侧"是丧礼的最基本形式，"庐"不是墓葬建筑群中固定的建筑，是仅作为孝子服丧期间临时居住、生活的临时性建筑，一般情况下应该指草庐，而下面一条资料则直接证明了这一点：

---

① ［唐］李百药撰：《北齐书》卷三八《元文遥列传》，第 503 页。

② ［唐］李延寿撰：《北史》卷二六《韦子粲列传》，北京：中华书局，1974 年，第 956 页。

③ ［唐］李延寿撰：《北史》卷三三《李德饶列传》，第 1210 页。

④ ［唐］李延寿撰：《北史》卷四二《孙景列传》，第 1555 页。

⑤ ［唐］李延寿撰：《北史》卷六五《田德懋列传》，第 2314~2315 页。

⑥ ［唐］李延寿撰：《北史》卷八四《李显达列传》，第 2830 页。

⑦ ［唐］李延寿撰：《南史》卷五一《吴平侯景列传》，北京：中华书局，1975 年，第 1262 页。

⑧ ［北齐］魏收撰：《魏书》卷七下《高祖纪》，第 166 页。

⑨ ［唐］令狐德棻等撰：《周书》卷五《武帝上》，北京：中华书局，1971 年，第 84 页。

王玄威，恒农北陕人也。献文崩，玄威立草庐于州城门外，衰裳蔬粥，哭踊无时。刺史苟颓以事表闻。诏令问状，云："先帝泽被苍生，玄威不胜悲慕，恋心如此，不知礼式。"诏问玄威，欲有所诉，听为表列。玄威云："闻讳悲号，窃谓臣子同例，无所求谒。"及至百日，乃自竭家财，设四百人斋会。忌日，又设百僧供。至大除日，诏送白紬裤褶一具与玄威释服，下州令表异焉①。

可以看出，"庐于墓侧"的庐是指草庐，帝王所居的"庐"应该要精致一点，或许是毡帐之类的临时设置。草庐或毡帐的内部空间形式一般都是平面圆形、穹隆顶，如果将门道也纳入平面，那么就是马蹄形的一个平面。云冈石窟的早期洞窟的形制便是仿照草庐或毡帐的形式雕凿的②。

乙弗氏去世时，武都王元戊在场，秦州远距长安，武都王元戊作为唯一在身旁的子女，自然要在墓地中"居庐"守孝，而我们现在看第43窟的中室形制，恰是一个"庐"的形制，应该就是武都王元戊的服丧之处。只是洞口部分为了和前檐建筑的当心间相对接，显得略大了一点，形成了平面近马蹄形的形制。

另外，中室壁面上的壁画有多层叠压，仔细观察发现存在着四层叠压关系：最下一层为白色地仗，但没有壁画痕迹；第二层为普通的细泥层地仗，绘有荷花、菩萨等壁画内容，此层壁画的时代为北朝时期，其下限不晚于北周；第三层，和龙女等同一层，当属于北宋时期；第四层是更晚时期的遗存。

麦积山石窟壁画地仗的做法全部是采用黄土和制的细泥，一般分为两层，即粗泥层和细泥层，而采用纯粹的白灰作为地仗在洞窟调查中尚未发现，在43窟中室底层壁画中发现白灰层的地仗，就需要特别引起重视。在古代的丧礼中，将居丧者居住的房子，四壁用白泥粉刷，这样的房屋称为"垩室"，"垩"即白土。《礼记，丧大记》："既练，居垩室，不与人居。"史籍中居丧于垩室的例子非常多，如：

先公谓将军为兄子，将军谓先公为叔父，海内远近，谁不备闻？且先公即世之日，我将军斩衰居庐，而将军斋于垩室，出入之分，于斯益明③。

凡人有丧，既陈延几，繐帷灵屏，变其常仪，芦箔草庐，即其凶礼。堂室之内，亲宾具来，齐斩麻缌，差池哭次，玄冠不吊，莫非素服。岂见门生故吏，绡縠间趋，左姬右姜，红紫相糅？况四海遏密，率土之情是同，三军缟素，为服之制斯一。逐使千门旦启，非涂垩于彤闱，百僚戾止④。

陆法和，不知何许人也……梁元帝以法和为都督、郢州刺史，封江乘县公。法和不称臣，……及魏举兵，法和自郢入汉口，将赴江陵。梁元帝使人逆之曰："此自能破贼，但镇郢州，不须动也。"法和乃还州，垩其城门，粗白布衫、布、邪巾，大绳束腰，坐苇席，终日乃脱之。及闻梁元

① ［唐］李延寿撰：《北史》卷八五《王玄威列传》，第2844页。

② 董广强：《麦积山与云冈早期洞窟的简单比较》，《2005年云冈国际学术讨论会论文集·研究卷》，北京：文物出版社，2006年，第502~508页。

③ ［西晋］陈寿撰，［宋］裴松之注：《三国志》卷六《袁绍传》，北京：中华书局，1959年，第204页。

④ ［唐］姚思廉撰：《陈书》卷一六《刘师知列传》，北京：中华书局，1972年，第230页。

帝败灭，复取前凶服之，哭泣受吊①。

熙平二年（517 年）十一月乙丑，……广陵王恭、北海王颢同为庶母服，恭则治重居庐，颢则齐期垩室②。

（太和）十五年（491 年）四月癸亥朔，设荐于太和庙。……（九月）丁亥，高祖宿于庙。至夜一刻，引诸王、三都大官、驸马、三公、令仆已下，奏事中散已上，及刺史、镇将，立哭于庙庭，三公、令仆升庙。既出，监御令陈服笥于庙陛南，近侍者奉而升列于垩室前席③。

这样的习俗在唐代乃至清代依然延续，如《旧唐书·张茂宗列传》：

若使茂宗释衰服而衣冕裳，去垩室而为亲迎，虽云辍哀借吉，是亦以凶渎嘉④。

黄宗羲《子刘子行状》：

丁章太夫人忧，先生于中门之外，创为垩室，高广容膝，日哭泣其中⑤。

根据以上的资料，我们可以肯定，这一层白灰地仗，应该就是第 43 窟作为墓葬时最初的涂层，而不是后期所为。基于此，中室的性质和名称可确定为孝子守孝的“垩室”或者是“庐室”，而中室的形制为敞口穹庐形的，称之为“庐室”更为贴切一点。

（二）关于中室的造像问题

在中室的靠后壁位置保存有后期的一佛二菩萨，背后壁面有龙椅（暂名）、菩萨等，我们先讨论壁面上的这些造像，而中间部分的造像问题我们下面讨论。

壁面上的龙椅、菩萨等是采用高浮雕的手法，以较高的靠背椅来作为主佛的依靠，作为北宋时期的造像来讲，是可以说得通的，因为在这个时期出现了高脚家具，但是在西魏时期，是断然没有这种家具的。当时人们的居家习俗仍然是以盘腿而坐为主，绝不会产生这种类型的造像，但是我们通过对龙椅以及菩萨的仔细观察，发现塑像内部有石胎存在，从崖面关系看，此处的石胎不是后期改凿的，而是原本就存在的。这就说明，第 43 窟在开凿之初，这个位置就有基本形象和现今雕塑（龙椅和菩萨）在造型、体量类似的造像，只不过宋代重塑时利用了这个石胎塑作出了现今的高浮雕造像。那么，在这个位置原本是什么雕像呢?

另外，在中室后壁正中，是通向后室的洞窟，此处的地面齐平，是为了便于棺木向内推进。但是，此部分的地面并非是全部齐平的，在左侧地面存留一部分与地面相连接的石胎，这部分石胎和左侧的低坛基相连接，这说明，在最初规划这个洞窟的形制时，在中室的正中位置是有一些设置的（目前这

① ［唐］李百药撰：《北齐书》卷三二《陆法和列传》，第 429~430 页。

② ［北齐］魏收撰：《魏书》卷一〇八《礼志四》六四，第 2807 页。

③ ［北齐］魏收撰：《魏书》卷一〇八《礼志四》六三，第 2788 页。

④ ［后晋］刘昫等撰：《旧唐书》卷一四一《张茂宗列传》，北京：中华书局，1975 年，第 3861 页。

⑤ ［清］黄宗羲：《子刘子行状》，《黄宗羲全集》第一册，杭州：浙江古籍出版社，1993 年。

个位置为北宋时期的佛像），那么，这个位置的设置应该是和上方壁面上的石胎雕像在内容上是有紧密联系的。

我们可以通过其他的一些资料来推测这个位置最初的设置：

> 杨愔，字遵彦，小名秦王，弘农华阴人。……顷之，表请解职还葬。一门之内，赠太师、太傅、丞相、大将军者二人，太尉、录尚书及中书令者三人，仆射、尚书者五人，刺史、太守者二十余人。追荣之盛，古今未之有也。……至碻磝戍，州内有愔家旧佛寺，入精庐礼拜，见太傅容像，悲感恸哭，呕血数升，遂发病不成行，舆疾还邺①。

从此段描述可以判断出：第一，此处的“愔家旧佛寺”是杨愔供养的寺院，属于家寺的性质；第二，“精庐”中的“庐”应该是守孝的庐，而这个庐是原本就存在的，并不是杨愔来到时而临时设置的，同时“精庐”一词也进一步说明，这个庐不是草庐之类的临时性建筑，而是长期设置的、固定的、内外设置都比较精致的庐，是寺院建筑群中的一部分。结合前面的史料我们知道守孝的庐一般都是“庐于墓侧”，那么这个和墓葬结合在一起的寺院是为了为杨家先祖祈福而专设的；第三，此处的“太傅容像”虽未明指是绘画还是塑像，但后面这条资料可以说明，容像应该是指塑像而言。

> （神龟）二年八月，灵太后幸永宁寺，躬登九层佛图。光表谏曰：“……今虽容像未建，已为神明之宅。”②

结合现在的考古资料，这里的容像明显是指永宁寺佛塔内部的塑像。

这两条资料给我们的提示有以下几点：第一，守孝的“庐”也可以是固定形制的建筑，以作长期守孝之用，不一定都是草庐，但基本形制和含义都是按照草庐来设置和定义的；第二，在庐内有时需设先祖的“容像”以作为后人追思之凭。

第 43 窟的整体设计，应该是当时的秦州司马苏亮主持的，“苏亮字景顺，武功人也。……魏文帝子武都王戊为秦州刺史，以亮为司马。帝谓亮曰：‘黄门侍郎岂可为秦州司马，直以朕爱子出蕃，故以心腹相委，勿以为恨’，临辞，赐以御马。七年，复为黄门郎”③，因为当时武都王元戊年幼，根据文帝和乙弗氏结婚的时间推测，元戊的年龄应该在 10 岁左右，最大不会超过 13 岁，不具备行使军政权力的基本能力，所以无论是当时秦州的政务还是乙弗氏的后事，都应该是苏亮直接安排的。

在考虑乙弗氏墓葬形式时，苏亮显然是考虑到也必须考虑到长期对墓葬进行守护，因为此地远距长安，武都王元戊作为皇子不可能长期在这里，而以官方的名义安排人员守孝，在当时的政治环境下（柔然以此为口实犯边）又是不允许的，所以需要进行变通性考虑。

---

① ［唐］李百药撰：《北齐书》卷三四《杨愔列传》，第 455~456 页。

② ［北齐］魏收撰：《魏书》卷六七《崔光列传》，第 1495 页。

③ ［唐］令狐德棻等撰：《周书》卷三八《苏亮传列》，第 678 页。

从前面提到的王玄威传中知道，居庐守孝的并不限于后辈子女，大臣、下级等也同样可以对帝王、贵族等居庐守孝，乙弗氏在自尽时曾“召僧设供，令侍婢数十人出家，手中落发”①，那么，无论这些出家的侍婢是出于自身感情还是皇后的身份需要固定的人员长期守孝的情况，这些侍婢都要在这里居庐守孝，所以，苏亮在设计墓葬形制时便把一般守孝的庐改变为“精庐”性质，以便于长期居守。

在杨愔家的旧佛寺的精庐中，设置有先辈的“容像”以供参拜，那么在第43窟的“庐”中也应该设置乙弗氏的容像以供武都王和出家侍婢们参拜。另外，在北朝时期的壁画墓中，绘制墓主人的画像也是一个通常的做法，如东北地区的辽阳北圆1号墓、辽阳棒台子1号墓、辽阳棒台子2号墓、辽阳三道壕张君墓、辽阳上王家村墓，南方地区的云南昭通后海子霍承嗣墓，中原地区的洛阳王温墓②，在这样一种时代背景之下，在庐室中设置乙弗氏的容像便是很自然和很正常的事情。那么在中室目前的佛像位置应该就是设置乙弗氏“容像”的位置。

在北朝壁画墓中，墓主人的形象有多种形式，如宴饮、出行等，也有一部分是以正坐的形式来表现的，如磁县文昭王高润墓、大同智家堡北魏墓等，一般形象是坐在床榻或斗帐之上，后有背屏。我们就在这种背景之下进一步考虑庐室内的设置。

前文提到中室地面上存在一部分石胎，现在来看，这些石胎应该是乙弗氏容像的床榻或斗帐的台座的石胎（石胎有可能在后期被修整过），这说明，当时在设计墓室时，对这些细节部分都是充分考虑到的，那么按照前面我们所提到的壁画墓资料，在墓主人的形象背后，一般都是有背屏或是斗帐作为背景装饰，而在大同智家堡北魏墓我们看到的是墓主人夫妇端坐于斗帐内，斗帐两侧有龙头作为装饰，并从龙嘴中下垂流苏（这种形式的帐在麦积山北周时期的第4窟有更细致的表现），并且在墓主人背后，还有侍女若干名，我们将这个图像和第43窟中室后壁上的龙椅、菩萨等相对照，其内容上的相似性就一目了然了，这里的龙椅、菩萨等最初应该是乙弗氏容像的背景——斗帐的一部分，龙的形象是斗帐的基本装饰，而菩萨则是侍女，北宋时期重修这个洞窟时对这一部分并没有进行大的改动，仅是将外形稍作调整，变成了我们现在看到的龙椅和菩萨。

另外，在我们前面提到的北魏冯太后的永固石室中“堂之内外，四侧结两石趺，张青石屏风，以文石为缘，并隐起忠孝之容，题刻贞顺之名”。第43窟乙弗氏容像的背后的壁面上，是否有“以文石为缘，并隐起忠孝之容，题刻贞顺之名”已无法知晓。

另外，中室边缘的小坛台以及壁面上的两个小龛，在小坛台上有对称的小桩孔，两侧各五个，由于后面的壁面是倾斜的，所以这些桩孔中所立的木桩高度不会高，大致测算应该在60~80厘米之间，这样的高度以及排列，我们在确定中间位置是乙弗氏容像的基础上，结合北朝时期的墓葬图像资料，可以认定这些位置是侍女或仆人站立的位置；而壁面小龛中也有两个并列的小桩孔，其高度不足以做侍女的塑像，可能是放置供品的位置。

---

① ［唐］李延寿撰：《北史》卷一三《后妃列传上》，第507页。

② 以上资料均见郑岩：《魏晋南北朝壁画墓研究》，北京：文物出版社，2002年，分别见第26、27、28、29、30、90、101等页插图。

三、关于后室的问题讨论

在庐室之后，是纵长方形的墓室。

墓室空间较小，整体为纵长方形的帐形结构，深2.71米，宽1.99米，高1.88米，在四角及窟顶部分雕凿有帐柱、帐杆等，对于这种形制，应该是北朝时期墓葬习俗中以帐覆棺做法的一种延续，对于这一点，笔者已作过讨论①，此不赘述。

这样的墓室形制明显是放置棺木，而乙弗氏当时是比丘尼的身份，为什么不采用僧人的丧葬形式呢?

在北朝僧人葬俗中，一般是以林葬和火葬为主，其中火葬最为普遍，林葬的例子有：

> 慧琼者，本姓锺。广州人也。……至破纲卒，敕弟子云："吾死后不须埋藏，可借人剥裂身体以饫众生。"至于终尽不忍屠割，乃造句容县举着山中，欲使鸟兽自就啖之。经十余日，俨然如故，颜色不异。令使村人以米散尸边，鸟食远处米尽，近尸之粒皆存。弟子慧朗在都闻之，奔驰奉迎。还葬高座寺前埛，坟上起塔云②。

而火葬的例子则更多一点：

> 善妙，本姓欧阳，繁县人也。……自绩作布买数斛油，瓦埛盛之着庭中。语妹云："拟作功德慎勿取也。"至四月八日夜半以布自缠而烧其身……③
>
> 慧耀，本姓周，西平人也。少出家常誓烧身供养三宝。泰始末言于刺史刘亮，亮初许之。……于是还寺断谷服香油，至升明元年（477年）于寺烧身。火来至面诵经不辍。语诸尼云："收我遗骨正得二升。"及至火灭，果如其言④。
>
> 净珪，本姓周，晋陵人也。……以建武元年（317年）二月八日，与昙简同夜烧身。道俗哀赴莫不哽咽，收其舍利树封坟刹焉⑤。
>
> 昙勇者，昙简尼之姊也。……永元三年（91年）二月十五日夜积薪自烧以身供养。当时闻见咸发道心，共聚遗烬以立坟刹云⑥。
>
> 鸠摩罗什，天竺人也……死于长安。姚兴于逍遥园依外国法以火焚尸，薪灭形碎，惟舌不烂⑦。

---

① 董广强：《麦积山石窟帐形洞窟浅议》，《敦煌研究》2003年第6期。

② 《大正藏》卷二《史传部》，No. 2063，第938b页。

③ 《大正藏》卷二《史传部》，No. 2063，第939b页。

④ 《大正藏》卷二《史传部》，No. 2063，第941b页。

⑤ 《大正藏》卷三《史传部》，No. 2063，第943c页。

⑥ 《大正藏》卷三《史传部》，No. 2063，第944b页。

⑦ ［唐］房玄龄等撰：《晋书》卷九五《鸠摩罗什列传》，北京：中华书局，1974年，第2502页。

即便是皇室的出家女性，在去世时依然是遵循僧人的丧葬习俗，都是以尼礼葬之：

神龟元年（518年），太后出觐母武邑君。时天文有变，灵太后欲以后当祸，是夜暴崩，天下冤之。丧还瑶光佛寺，嫔葬皆以尼礼①。

乃武泰元年（528年），尔朱荣称兵渡河，太后尽召肃宗六宫皆令入道，太后亦自落发。荣遣骑拘送太后及幼主于河阴。太后对荣多所陈说，荣拂衣而起。太后及幼主并沉于河。太后妹冯翊君收瘗于双灵佛寺。出帝时，始葬以后礼而追加谥②。

宣帝朱皇后名满月，吴人也……隋开皇元年（581年），出俗为尼，名法净。六年殂，年四十，以尼礼葬京城③。

武皇后李氏……隋开皇元年（581年）三月，出俗为尼，改名常悲。八年，殂，以尼礼葬于京城南④。

以上资料中所提到的“尼礼”，应该就是火葬，但是出家为尼的乙弗氏在去世时并没有遵循“尼礼”，而是以皇后的身份入葬，应该是出于以下几方面的原因：一是乙弗氏的出家不得已而为之，其本人原本不是信仰佛教的信徒，和那些主动出家的皇室女性不同；二是魏文帝“密令养发”，当时她的实际身份其实是一个修行的信众；三是当时柔然的悼后已经亡故，而整个事件的处理者苏亮自然要考虑到乙弗氏以后可能要和魏文帝合葬的事。综合以上原因，就采取了以皇后的身份入葬。

墓室和前廊和中室的中轴线并不一致，而是偏向西侧，这就是常见的“刀把墓”，这在北朝时期的墓葬中比较常见，前面提到的冯太后的永固陵的墓室也是偏居于西侧的⑤，同期和后期也多有这种墓葬形制，资料较多，兹不举。

墓室地面并不完全水平，经详细勘查，发现西侧高于东侧15厘米左右，形成了一个平台，只不过由于长期的风化脱落，这个平台的边缘部分已经相对模糊，但仔细观察仍很明显，其长度和墓室深度相同，宽度为1米。这应该是棺床的痕迹。棺床在古代墓葬中极为普遍地采用。

在洞窟内还散乱地放置着一些青砖，规格不一，但有两种规格的青砖需引起注意：一种是长32厘米、宽16厘米、厚5.5厘米，在砖面中间，有一个长椭圆形的下凹，宽12厘米、长21厘米、深1.5厘米；另外一种规格是长30厘米、宽15厘米、厚5.5厘米，边缘部分有雕凿的莲花图案，这种形式的莲花图案和西魏时期第191窟的莲花形式完全相同，所以可以肯定这种规格的砖是西魏时期的，或许是在棺床上用来支垫棺木的。

在墓道的洞口和墓室相接的位置地面，开凿有宽0.34米、深0.2米、长1.4米（洞口宽）的一个槽，其垂直向上位置（洞口上方），均有对应的痕迹，这应该是封墓槽，当时可能采用这样规格的木

① ［北齐］魏收撰：《魏书》卷一三《皇后列传》，第336~337页。
② ［北齐］魏收撰：《魏书》卷一三《皇后列传》，第340页。
③ ［唐］令狐德棻等撰：《周书》卷九《皇后列传》，第146页。
④ ［唐］李延寿撰：《北史》卷一四《后妃列传下》，第529页。
⑤ 大同市博物馆、山西省文物工作委员会：《大同方山北魏永固陵》，《文物》1978年第7期。

材对这个位置进行封堵，然后在外侧用砖坯之类的材料将壁面砌平，然后敷设泥层和塑像的背景成为一体。

四、第43窟对麦积山石窟的综合影响

乙弗氏在麦积山凿龛而葬是一个很偶然的历史事件，而第43窟也就成为中国石窟中最早的瘗窟，但是通过前面的讨论我们知道，无论是乙弗氏的葬法还是整个洞窟的形制，都与以后僧人或信众在石窟群中瘗葬的情况有很大的不同，这只是将地面上的墓葬形制照搬到山崖间而已，只是借助于石窟群作为墓葬的环境，从具体形制、葬法等方面看和佛教没有太直接的关系，只是借助了麦积山石窟这样一个佛教环境，如同永固陵和思远佛寺之间的关系。

虽然如此，由于这个洞窟在各方面的特殊性，对麦积山石窟产生了一些具体的影响，表现在以下两个方面：

第一，第44窟位于第43窟的西侧，并处于同一栈道上，距离不足10米，这个洞窟的主尊佛像表现出明显的女性化特征，一些学者从艺术风格方面作过很多的讨论，多认为是依据乙弗氏的形象而塑造的，并没有结合历史背景进行严谨细致的分析。

西魏初期的一些造像和北魏晚期的造像相比，在各个方面都有着紧密的联系，如第123、158、139、146等窟和北魏晚期洞窟之间只是存在着微小的差异，在艺术风格方面表现出很强的连续性，但是第44窟的造像却在艺术风格等方面产生了突变，和稍早的洞窟在艺术风格方面很难衔接，佛像形象突然变得丰腴、并且女性特点明显，而第20、120、102等窟在艺术风格上和第44窟相同，但在具体表现手法上要稍逊一点，可以肯定是仿第44窟造像的作品，说明第44窟的造像风格在当时曾被作为其他洞窟的基本参照。结合第44窟和第43窟的相对位置以及塑像风格的突然变化，我们自然可以将这种变化和乙弗氏事件联系在一起。另外，通过前面的资料我们知道，第43窟的“庐室”中曾设置有乙弗氏的“容像”，这样当时的工匠在塑作佛像时便有了直接的参照，而这个洞窟的佛像便应该是仿照乙弗氏的形象塑造的，所以才表现出和前期佛像不同的样式，而表现出一个中年女性的特点。

综合考虑，第44窟的功德主很有可能是武都王元戊或者是被乙弗氏“手为落发”的出家婢女，再或者就是主持该项工程的秦州司马苏亮。另外，第44窟和第43窟之间有一定的距离，之间没有发现其他窟龛的痕迹，这个现象在其他位置的栈道层中是不存在的，洞窟之间的相互距离都很小，在第43~44窟一线的上层和下层，北周和隋代的洞窟都是呈拥挤的分布，这也充分说明了两个洞窟之间的紧密联系性。在后期的北周、隋代的洞窟开凿中，当时的信众或工匠都知道这两个洞窟之间的关系，所以都避免在两者之间的位置开凿洞窟，而将洞窟布置在其他位置。

第20、102、120窟以及第117窟正壁的石刻造像和库藏的一尊西魏菩萨头部，明显仿照第44窟的样式而塑造，这种样式从调查的情况看并没有向后延续。北周时期的雕塑风格并没有受到第44窟风格的影响，所以，第44窟的影响仅限于以上这几个洞窟，故而可以将这种塑像样式称为“乙弗氏样式”，其明显的特点是面相丰腴，并有显著的中年女性特点。

第二，第43窟的空间根据内部性质被划分开，这种做法对麦积山的洞窟形制也产生了一定的影

响。在此之前，洞窟形制都是单室窟，各种类型的造像都布置在一个空间，没有前后双室的洞窟形制。而第 43 窟将各种造像布置在不同的空间（外室置门吏、中室置容像），这种做法可以很好地表现等级尊严，既符合世俗世界的秩序，又符合佛国的秩序，所以在后期的一些洞窟中便出现了双室窟，如北周时期的第 48、62 窟等，都是将力士放置在外侧的空间，李允信开凿的第 4 窟也是将力士放置在了前廊的位置，这些洞窟形制的因素应该都是受得了第 43 窟基本形制的影响。

将不同等级的造像内容分开放置，对造像组合也产生了影响，如第 120 窟，是一个造像组合完整的西魏洞窟，但没有力士像，而我们在西魏中期以后的单室洞窟中，很少发现有力士像，通过调查，只有西上区的第 109 窟配置有力士像。这种现象都是受到了第 43 窟的影响。

总之，通过上面的讨论，我们对麦积山第 43 窟的理解更进了一步，从古代建筑、墓葬、丧礼等方面对该窟的建筑形制进行了深入分析，为我们研究西魏时期的麦积山石窟提供了重要的依据。

（原载于《敦煌学辑刊》2014 年第 2 期）

黄河流域以东早期石窟形制自然因素研究

毛惠民　夏朗云

前　言

在丝绸之路上，河西走廊向东，即进入黄河流域，在黄河流域以东的东土地区，古代佛教石窟在传播过程中开始有了新的变化，主要体现在洞窟形制方面。进入黄河流域的第一大佛教石窟——永靖炳灵寺石窟，其早期洞窟形制，相对同时期西域石窟的较大变化，首先引起了我们对同时期不同类型（洞窟形制）突变方面的注意。

炳灵寺石窟最早的佛教洞窟第169窟，其原型为一较大的自然洞窟，其作为大型佛殿窟的开始时间，学术界公认大约在5世纪初（420年之前不久①）。这时佛教主要从西域传来中原。

笔者注意到：在此之前的西域，国内外佛教石窟的窟形已经较为成熟，如在国外的印度、中亚地区的石窟中，国内的新疆、敦煌地区的石窟中，在5世纪以前及5世纪初，已出现了人工建造的较为规整的中心柱窟、佛殿窟、僧房窟等其他类型的洞窟，且以中心柱窟为主②。其绝大部分洞窟在做工方面的特点是较规整。

炳灵寺石窟第169窟，这种完全利用自然洞窟作为其佛殿洞窟的大轮廓，在总体窟形方面较少人为加工的、好像“自然大龛”的、多自然因素类型的洞窟，显然以其自然因素有别于人工因素，有别于其西方地区大量出现的早期石窟的形制。这种洞窟出现，与上述已成风气的西方人工因素洞窟相比较，显得较为突兀，显然并没有接受西域传来佛教石窟形制的规整传统。

炳灵寺石窟第169窟最具自然因素。在黄河流域以东，还有一批在时间和地域上紧密联系的具有

---

① 此窟中残存最早纪年题记为“建弘元年”（420年），据此可认为此窟作为佛窟在此前不久，且无证据表明此窟作为佛窟能早过5世纪，故可认为它作为佛窟的历史开端，当在5世纪初。

② 在5世纪之前，印度的阿旃陀石窟已是人工雕凿的精美石窟，主要设佛塔在石窟中间，是中心柱窟原型。在5世纪之前和5世纪初，西域石窟，均出现了较为人工规整的佛殿窟和中心柱窟。我国甘肃河西地区的莫高窟在5世纪之前，高僧乐僔和法良也开凿了人工因素较多的佛殿窟或佛殿式禅窟（分别是第268窟和第272窟，详细考证见夏朗云：《麦积对莫高早期洞窟断代问题的启示——麦积莫高均存在北魏全面重修十六国洞窟的情况》，敦煌研究院编：《2004年石窟国际学术会议论文集》（上编），上海：上海古籍出版社，2006年）。且从当时莫高窟以西总的情况看，中心柱窟的数量和规模较大，占主要方面。

自然因素的佛教石窟洞窟。笔者认为，石窟洞窟形制自然因素的凸现，并不是孤立的现象，很有代表性，值得探讨。

一、中原北方地区四大石窟早期阶段普遍存在着较多自然因素的洞窟

中原北方地区（这里不包括河西走廊地区），乃传统的中原主流文化的主导区域，存在着无论是时代上和规模上都较早和较大的佛教石窟群，即麦积山石窟、炳灵寺石窟、云冈石窟、龙门石窟。这四个较大石窟的早期洞窟形制，普遍着重采用了自然因素。它们主要是炳灵寺石窟第 169 窟，麦积山石窟的“姚秦五龛”（第 90 窟、第 165 窟、第 74 窟、第 78 窟、第 51 窟）和第 98 窟、第 57 窟，云冈石窟的“昙曜五窟”（第 16 窟、第 17 窟、第 18 窟、第 19 窟、第 20 窟），龙门石窟的古阳洞（第 1443 窟）。

1. 炳灵寺石窟

炳灵寺第 169 窟基本为自然洞窟的轮廓，人工修造较少，其平面为较为横扁的马蹄形，顶为穹隆形，口稍微收，但因为整个窟龛较大，故整体感觉是自然敞口大龛。

2. 麦积山石窟

“姚秦五龛”即麦积山石窟第 90 窟、第 165 窟、第 74 窟、第 78 窟、第 51 窟，均为人工开凿的敞口大龛，且如同较为敞口的自然洞窟状。其转角处均较为浑圆，不是较规整状，大致横长方形的底平面近似横扁平马蹄状，大致横长方形的顶部近似低平的穹隆顶，洞窟整体乃人工开凿，主要追求一种自然的淳朴效果。第 165 窟顶部的仿天宫盝顶也仅仅用没有任何装饰感的阴刻线表示了一下。

第 98 窟为摩崖窟，在自然崖壁横凸岩之下，人工依崖势浅浅开凿为龛。

第 57 窟为自然洞窟，正壁上方渗水，口微收，整体为敞口大龛状。

3. 云冈石窟

“昙曜五窟”均作平面马蹄形，穹隆顶，虽大多有前壁，非敞口（第 20 窟推测原无前壁，为敞口状①），但窟内各壁大多浑朴状，为明显仿自然洞的做派，有“天似穹庐”之态。

4. 龙门石窟

古阳洞是天然溶洞经人工改造的洞窟，只是比起上述炳灵寺石窟、麦积山石窟、云冈石窟诸早期洞窟，在纵深方面较显著，乃纵向狭长式敞口洞窟②，初为山体内泉水长期溶蚀所形成的管状纵向敞口石洞，后被工匠在顶部和三壁上因势修整开凿龛像。

---

① 夏朗云：《麦积姚秦五龛对云冈昙曜五窟的启示——麦积山、炳灵寺早期大龛是昙曜五窟开创理念和形制的主要借鉴》，《云冈石窟国际学术研讨会论文集·研究卷》，北京：文物出版社，2006 年。具体见有关云冈石窟第 20 窟的注释。

② 此种纵向狭长式洞窟，出现在龙门石窟的初期，敦煌莫高窟第 275 窟形制与此略同，后者受前者影响，莫高窟第 275 窟据考是北魏洞窟，具体考证参见夏朗云：《麦积对莫高早期洞窟断代问题的启示——麦积莫高均存在北魏全面重修十六国洞窟的情况》，敦煌研究院编：《2004 年石窟国际学术会议论文集》（上编），上海：上海古籍出版社，2006 年。

上述各大石窟的早期洞窟，反映了一种共性或共同的取向，即在开始开窟时，对洞窟形制的自然因素有所偏好，在洞窟设计理念上，自然因素是一种着意的选择。

二、四处石窟早期洞窟闻名于世的先后次第

1. 炳灵寺石窟

炳灵寺第169窟的原型是较大型自然洞窟，因此，仅从自然大洞窟的角度，当闻名得最早，有可能作为最早的名胜而为世人所知，尤其为方士和宗教界人士所知，而被他们最早利用。有些零星的文字也廓定了些许情况：

《水经注》引《秦州记》，记载积石山（今炳灵寺石窟所在地）这段黄河岸边高崖上有“唐述窟”“时亮窟”，并且时亮窟曾藏古书五笥①。《秦州记》这里并未记载佛教的内容，说明这种大型天然洞窟成为大型佛窟②之前，已被人们广为传说了。

炳灵寺石窟正位于传说中上古大禹导河的积石山上，山下即是黄河，黄河之上层岩中神秘的石穴，应当被古人所注意到，所以围绕神秘的天然石洞，比《秦州记》所处时代更早，就可能有“禹穴”的传说。唐杜甫诗中所谓“藏书闻禹穴，读书忆仇池”③ 的诗句，当是上述这种古代传说的追记。

总之，炳灵寺第169窟开始闻名于世的时间，当在人们将它利用为佛窟（5世纪初）之前。因为作为一个传说，其产生和发展的时间段不会太短。作为著名洞窟，炳灵寺第169窟为世人所熟知，或传说为宗教界所利用的时间，早于5世纪是没有问题的。

2. 麦积山石窟

“姚秦五龛”及第98窟，开凿在5世纪初的412年至417年④，其闻名也在412年之后。

还有一个自然洞窟第57窟，被人们利用为宗教服务的时间要稍早于“姚秦五龛”及第98窟，是

① 《水经注》卷二《河水》：“故《秦州记》曰：‘河峡崖傍，有二窟，一曰唐述窟，高四十丈。西二里有时亮窟，高百丈，广二十丈，深三十丈，藏古书五笥。亮，南安人也。’”

② 5世纪初之前。参见本文前言部分的有关注释。

③ 杜甫《秦州杂诗》第十九首、第二十首连续记载了有关炳灵寺石窟的内容。第十九首：“凤林戈未息，鱼海路常难。候火云烽峻，悬军幕井干。风连西极动，月过北庭寒。故老思飞将，何时议筑坛。”第二十首：“唐尧真自圣，野老复何知。晒药能无妇，应门幸有儿。藏书闻禹穴，读记忆仇池。为报鸳行旧，鹪鹩在一枝。”按：《水经注》卷二《河水》载：“凤林，山名也，五峦俱峙。耆彦云：昔有凤乌，飞游五峰，故山有斯目矣。《秦州记》曰：枹罕原北名凤林川，川中则黄河东流也。”凤林关设置于唐太宗贞观十一年（637年），与今炳灵寺石窟夹黄河向望，为古丝绸之路和唐蕃古道上重要的边地关口。杜甫在描写秦地的两首诗中，连续提到今炳灵寺石窟的有关形胜。

④ 夏朗云、王纪月：《炳灵寺第1窟对麦积山西崖大佛断代的启示》，《炳灵寺石窟学术研讨会论文集》，兰州：甘肃人民出版社，2003年。夏朗云：《麦积山早期大龛下层焚烧痕迹的考察——后秦开窟新证》，《敦煌研究》2004年第6期。夏朗云：《麦积姚秦五龛对云冈昙曜五窟的启示——麦积山、炳灵寺早期大龛是昙曜五窟开创理念和形制的主要借鉴》，云冈石窟研究院编：《2005年云冈石窟国际学术研讨会论文集·研究卷》，北京：文物出版社，2006年。

三泉圣水中最大的一股圣水洞①，当在412年之前的后秦十六国时期就闻名，但未见更早内容的记载或传说，所以其闻名于世的程度比不上炳灵寺石窟第169窟。

3. 云冈石窟

“昙曜五窟”的开凿，晚至北魏时的5世纪中期②，亦闻名在这时之后。

4. 龙门石窟

古阳洞，未见其早于5世纪晚期就有所闻名的记载。

所以，四处石窟早期具有自然因素的洞窟，其闻名于世的先后次序是炳灵寺石窟、麦积山石窟、云冈石窟、龙门石窟。

三、四处石窟早期洞窟自然因素程度比较

上述四处石窟早期洞窟中，炳灵寺石窟早期洞窟自然因素最多，窟中人工修造成分相对很小。

麦积山石窟早期洞窟虽大多系人工开凿，但均无前壁，顶稍穹隆，较多地保持着自然山龛的意象。

云冈石窟早期洞窟均系人工开凿，虽内部大多追求浑朴的自然结构，但多数洞窟存在着规整的前壁和明窗。

龙门石窟早期洞窟虽也是利用天然原始洞窟，但对原始洞窟进行了规整化的开凿，雕凿上显得更为精细，洞窟形制也较为精致，除了敞开的窟口及少许顶部保留着自然因素外，其余部分自然成分相对较少。

因此，从自然因素程度由高到低的依次排列看，炳灵寺石窟早期洞窟第一，麦积山石窟早期洞窟第二，云冈石窟早期洞窟第三，龙门石窟早期洞窟第四。

四、四处石窟早期洞窟自然因素的关系

上述四处石窟早期洞窟闻名于世的先后次第，以及洞窟形制自然因素的递减变化，提示我们这四处石窟早期洞窟形制在自然因素方面的关系。

1. 麦积山石窟早期洞窟形制的缘起

由于炳灵寺第169窟、麦积山石窟第57窟这种自然洞窟较早出现并闻名，麦积山石窟早期一批人工开凿的自然因素较浓的洞窟，不能排除受炳灵寺第169窟、麦积山石窟第57窟等自然洞窟的影响。

麦积山石窟“姚秦五龛”，除敞口、底平面圆角横长方形和低穹隆顶外，有的窟（第90窟、第74窟、第78窟、第51窟）还存在正、左、右三壁前的“凹”字形坛基，并且有的窟（第74窟、第78窟、第51窟）在正壁左、右上方，在三壁面交角处，有两小龛。这种窟形较为特别，在此之前并未见有如此洞窟的样板。

① 夏朗云：《麦积山早期大龛的下层焚烧痕迹考察——麦积山后秦开窟新证》，《敦煌研究》2004年第6期。

② 《魏书·释老志》文成帝复法后，昙曜建议为太祖以下五帝造五窟，事在北魏和平初年（460年）。

由于“凹”字形坛基上在正、左、右三壁前塑造三世佛形象，且在正壁左、右上方三壁面交角处的两小龛内，分别造思惟菩萨和交脚菩萨，故此坛基和两小龛的布局设计不排除受内容题材要求的影响。但题材的要求，并不能决定这种洞窟设计的全部，其他洞窟形制也可以表现这种内容题材，如中心柱窟也可。所以上述这种特殊的窟形似乎还应有其他的特殊诱因。

笔者注意到，炳灵寺第169窟底平面中间下部为缺外部的漏斗状，但在窟内正、左、右壁前，有较为突出的3处较宽的底圈部分，围成了一个类似“凹”字形的坛基。这是缺外部漏斗的口沿部分，这种漏斗口沿3/4部分的凸沿，可作为一种借鉴。即麦积山石窟“姚秦五龛”中，第90窟、第74窟、第78窟、第51窟所存在的“凹”字形坛基的设计，似受到炳灵寺第169窟那样的自然敞口山龛“漏斗状底平面”漏斗口沿形制的影响。

无独有偶，麦积山石窟第57窟也是漏斗状敞口山龛，也同样存在着似凹字形坛基的漏斗3/4口沿，于是麦积山石窟“姚秦五龛”中，第90窟、第74窟、第78窟、第51窟所存在的凹字形坛基的设计，亦可能就近直接受到了麦积山石窟第57窟的影响。

至于麦积山石窟姚秦五龛中第74窟、第78窟、第51窟，在其正壁左、右上方，在三壁面交角处有两小龛的设计，除了别的原因①外，在设计位置上，很可能也受到自然洞窟的影响。

因为笔者注意到，炳灵寺石窟第172窟亦为自然洞窟，其位置在炳灵寺石窟第169窟左侧同一水平面上，相距不远。结合这两个窟统一观察，会有所启发。在巨大的崖面上，在包括这两个窟和这两个窟之间朝下处的很大一个面积上，有一处自然的凹陷，虽其进深相对稍浅，但整体也不失如同一个巨大的山龛。这样形成一种格局，即在此巨大的山龛正壁左、右上方的两个三壁面交角处，正好是炳灵寺石窟第172窟和炳灵寺石窟第169窟。在总体观感上，亦形成一个在正壁左、右上方，在三壁面交角处有两个小龛的敞口大龛形象。这种宏观的自然洞窟形象，也可诱导这种形式的人工模拟。

麦积山石窟第57窟，同样在其正壁左、右上方的两个三壁面转角处，也各有一天然的小龛（右小龛已自然风化模糊）。因为此两处渗水，形成了两个小龛。两小龛的形成，与炳灵寺石窟第172窟和炳灵寺石窟第169窟的形成是同样的原理，且是一个长期过程的结果，应当在麦积山石窟开创时期的十六国后秦时就已经开始形成了。于是，这样的自然面貌，就更有可能就近直接启发麦积山石窟早期，人工开凿的注重自然因素的大龛，在其正壁左、右上方三壁面交角处，做出两小龛的设计了。

麦积山石窟第98窟的形制，只是对自然崖面的稍加改造，弱化了窟室的人工开掘效果，强化了露天自然效果。这明显也是受到自然浅山龛的影响。

2. 云冈石窟“昙曜五窟”洞窟形制的缘起

从四处石窟早期洞窟自然因素渐变的时间次序看，“昙曜五窟”的自然因素是通过炳灵寺石窟第169窟和麦积山石窟“姚秦五龛”综合传达的。

昙曜五窟的洞窟形制基本有两种，由窟内主尊造像的姿势而形成区别。第16窟、第18窟、第19窟为立佛窟，第17窟为高座修长的菩萨窟，第20窟为坐佛窟。因此，第20窟为较敦实型的窟，第16窟、第17窟、第18窟、第19窟为较瘦高型的窟。

---

① 题材内容要求可如此。另外还可能受到某些造像布局，如西域某些大神变造像图式的影响。

第20窟为敞口的低拱龛，其自然平缓隆起之顶的样式，更接近于麦积山“姚秦五龛”。这种样式可体现出大佛于敞口大龛中直接面对众生的宽宏气魄，似受到麦积山石窟“姚秦五龛”（多为坐佛主尊）形制的影响。

瘦高型窟的第16窟、第17窟、第18窟、第19窟，虽然在人工建造自然效果的方法上，与麦积山石窟“姚秦五龛”一致，但其高穹隆顶更接近于炳灵寺第169窟，有可能受到炳灵寺169窟自然高穹隆顶的影响。在建造中取高穹隆顶，有加固窟室的作用。因先造的敞口第20窟推测当时就有所坍塌①，影响了其余几个洞窟的设计，于是起瘦高形窟，并留出前壁进一步加固。

另外，“昙曜五窟”洞窟形制的一个重要方面即“规模”，也是受到麦积山石窟早期大型自然效果龛群和炳灵寺石窟第169窟这种大型自然龛室的影响的。

麦积山石窟早期大龛群中，虽某些单个龛并不太巨大，但龛群在山崖上的整体规模较大。第98窟高约14米，其立佛高约13米。这种规模都是“昙曜五窟”所要具体参照的。

“昙曜五窟”在开凿之始，因当时北魏政权已统一北方，必然要考虑到在整体规模和同类单窟规模上要超过麦积山石窟。在上下规模无条件层层加高的情况下，于是在水平排列上下功夫，基本上在超过了麦积山石窟当时的整体规模。同时，在同类单窟规模上均超过了麦积山石窟，而且，其窟中的立佛、坐佛、菩萨主尊高度也均超过了麦积山石窟当时的同种造像。

炳灵寺第169窟的窟内自然高度大约为15米，窟内是立佛主尊。于是“昙曜五窟”的立佛、立菩萨窟高度要超过之，其高度在15米至17米之间。昙曜五窟窟内的宽、深度，也基本上与炳灵寺石窟第169窟的自然宽深度大体相仿或超越之。“昙曜五窟”更具有整体规模的超越优势。这些均应是在借鉴了麦积山石窟、炳灵寺石窟早期洞窟所建造的优势。

炳灵寺石窟第169窟正壁中间部分明显凸出，这在云冈“昙曜五窟”中的第16窟、17窟、第18窟、第19窟中相同位置处，同样表现明显。云冈“昙曜五窟”形制的这种作式，虽然有附着正壁前造像的目的，但这样的设计，明显借鉴了炳灵寺第169窟自然构造的特点和顺势附着造像的创意。从形制整体看，如此作为，洞窟结构也更趋稳固。

云冈“昙曜五窟”均有敞口情结。上文已述，第20窟推测原即敞口。其余窟虽有前壁，但其前壁与左、右壁交汇的转折却较为明显，大大区别于其正、左、右壁转折处较浑朴，较具自然因素的状态，实际上表现了其正、左、右壁组合成的原始敞口状态。这明显地受到自然敞口大龛形象的影响，那么炳灵寺石窟第169窟和麦积山石窟早期敞口大龛的影响就不能排除。如果说自然敞口洞窟的口部，有的还存在些许自然收口的情况，麦积山“姚秦五龛”却是追求较敞口的典型。那么，“昙曜五窟”这种敞口情结，似与麦积山石窟“姚秦五龛”有较大的关联。

总之，今山西省云冈石窟“昙曜五窟”的洞窟形制，有可能主要“就近”② 受到更早出现的

① 夏朗云：《麦积姚秦五龛对云冈昙曜五窟的启示——麦积山、炳灵寺早期大龛是昙曜五窟开创理念和形制的主要借鉴》，云冈石窟研究院编：《2005年云冈石窟国际学术研讨会论文集·研究卷》，北京：文物出版社，2006年。有关云冈石窟第20窟的注释。

② “就近”是指不是舍近求远，直接受更西方的石窟形制因素影响。在自然因素方面，与近处的更早期石窟更有联系。因自然因素在这些洞窟形制中占主要方面，因此联系或影响也是主要的。

麦积山石窟早期大龛和炳灵寺石窟第169窟的影响，这种影响的主要表现是自然因素。

3. 龙门石窟古阳洞洞窟形制的缘起

古阳洞佛窟的初期建造，大约在5世纪末到6世纪初，此时的佛教洞窟形制已经较多样，但龙门石窟的最初洞窟却选择了自然因素的窟形，不能不让我们认为，它还是延续了某种传统，即继承了从炳灵寺石窟，到麦积山石窟，到云冈石窟，其早期洞窟形制均多自然因素的传统。

五、炳灵寺第169窟与东方人时亮的关系

《水经注》卷二《河水》载："故《秦州记》曰：'河峡崖傍，有二窟，一曰唐述窟，高四十丈。西二里有时亮窟，高百丈，广二十丈，深三十丈，藏古书五笥。亮，南安人也。'"

从《秦州记》的记载上看，时亮为南安人。南安即今陇西地区，在炳灵寺石窟的东部，属于中原北方文化区，而炳灵寺石窟以西，则属于与西域文化交汇的区域了。时亮窟藏书，则说明时亮乃文化人。

又时亮窟的突出特点是，区域中最高、最深、最大的洞窟。在炳灵寺石窟及其周边区域内的洞窟中，唯一能关联到这些特点的洞窟是炳灵寺石窟第169窟①。

自然溶洞，因水从山的内部渗透溶蚀而出，所以洞子能一直向山体内部延伸，其渗水的分支小穴在大洞穴的幽暗处有莫测之感。加之有漏斗自内向外、自高向低延伸而来，从下观之，进深似比洞口的面阔尺寸要长，因此才有洞深很是大于洞宽的记载。从这个角度看，溶洞让人们感到幽深和玄妙，更有神仙洞府之感。

炳灵寺石窟第169窟作为溶蚀风化洞窟，其顶部还遍布溶蚀风化后的石纹所形成的自然美丽的花纹，因此，时亮窟的特点，除了高、深、大外，还应该加上一个"玄"字。

来自"东方"的"读书人"时亮对此窟的青睐，也说明此窟符合"东方"中原文化的审美标准，所以有条件作为具有中原文化因素的洞府，而利用为佛窟，并进一步影响"东方"中原文化区域内佛窟形制的设计。

六、佛教洞窟形制东方化（中国化、中原化、东土化）问题

1. 自然因素乃贵族供养人的有意选择

炳灵寺石窟第169窟、麦积山石窟"姚秦五龛"、云冈石窟"昙曜五窟"、龙门石窟古阳洞，乃最高统治者和亲贵所供养兴造的石窟②。显赫的帝王亲贵们本来有能力造作精美的大工程，但所造佛窟

---

① 已有学者曾提出，如张宝玺：《建弘题记及其有关问题的考释》，《炳灵寺石窟》，兰州：甘肃人民出版社，1993年。

② 学术界公认，云冈石窟"昙曜五窟"、龙门石窟古阳洞，为当时当地最高统治者和皇亲国戚贵族所造。麦积山石窟"姚秦五龛"亦主要为后秦最高统治者和皇亲国戚贵族所造，学术界已有相当的认同，另见夏朗云：《麦积山早期大龛的下层焚烧痕迹考察——麦积山石窟后秦开窟新证》，《敦煌研究》2004年第6期。炳灵寺石窟第169窟也与西秦王室有关，因题记中有国师题名，有国姓女贵族题名，此残存题名提示此窟与王室有关。

形制如此简陋，说明，其简陋并非主要为了节省，决定因素是设计取向。

因此，上述洞窟应当是在洞窟开凿之初被有意识地开凿为较多自然因素的洞窟，使之与西域地区大多数较为规整的石窟区别开来，使之带有东方地域特点。

2. 洞窟形制的主流从中心柱窟到佛殿窟发生了改变

在佛教洞窟形制中，西域中心柱窟主流，到了中原北方地区，突然改变。主要表现为，强调自然因素的佛殿窟的异军突起。这种在洞窟形制中强调自然因素的创新影响深远，以至于在炳灵寺石窟、麦积山石窟中就不再出现中心柱窟了。在云冈石窟和龙门石窟中，中心柱窟亦不再成为主流。以中原北方地区四大石窟为主要标志，佛教洞窟形制的主流发生了变化，中心柱窟虽然还未出现，但在中原文化中心区域中，佛殿窟已形成了最重要的势头，在某些石窟中成为主流或唯一洞窟形制。

3. 石窟受东方或内地文化因素的影响而进一步东方化

麦积山石窟、云冈石窟、龙门石窟中上述这些早期洞窟都是前所未有的，作为中原北方地区有自己特色的初期洞窟，比之西域风格的洞窟，应该说明显地进一步中国化了。具体表现为由自然因素发展来的佛殿窟的出现。

虽然上述洞窟均处在中原北方地区石窟的开创时期，难免会因技术不成熟而有简便为之的因素，但逐渐形成流派的做法提示我们，这可能隐隐受支配于中国中原的主流文化，是一种传统理念使然。

中国中原主流传统宗教修行窟室概念，是黄老道学的修行窟，均崇尚自然，大多如自然之洞穴，洞中应玄虚，具自然圆融之气。于是，在这种传统因素的自然修行洞窟影响下的佛窟，一种情况是因地制宜地利用自然洞窟，一种情况是人工造出具有自然因素的洞府。如此，中国中原北方地区佛教石窟，从佛教石窟开始兴造时，其形制就以从自然洞府发展来的佛殿式洞窟作为开端。

自然有古朴的意境，也有超凡的意韵，故有着“初始”和“祖庭”的意义在内。这也似乎是中原北方地区初期佛教洞窟为什么总要追求一些自然因素的原因之一。如此，体现了其作为石窟群初期的地位。因为在宗教中，凡出家祖师，并非居住在华屋中，而是岩栖穴处，随遇而安，自有一种世外高人的气象。朴素的居处，更像其祖庭，也更衬托了其法力的强大，能胜天，能物我两忘。

于是，将佛安处在多自然因素的洞穴中，尤其是较自然的敞口龛中，也会更突出佛祖面对自然的从容，突出佛处在自然十方三世中的法力无边。相对而言，华丽的庙堂，则应是佛出山之后，或成道之后向世俗传道的发展居处。

所以，谈到佛窟的进一步东方化问题，从中原北方地区初期窟形中的自然因素看，明显地受到中国传统的天人合一主流思想的影响。天人合一是一种最高境界，中国传统艺术，如书法①、绘画实践均向这方面追求，佛或佛法也符合这种境界，于是也可将这种境界用在佛窟形制上。上述这些中原北方地区的初期佛教石窟的初期洞窟形制，不但可以说带有自然因素，也可以说带有中国主流传统文化的因素。

同时，对比早期洞窟以后的洞窟，我们可以看到，中原北方地区佛教窟形发展的大体轨迹是，从

① 毛惠明（毛惠民）《从天水秦简看秦统一前的文字及其书法艺术》（《书法》1990 年第 4 期）中认为，秦简书法艺术铺排自然，体现了书法逐渐草化的追求自然生动的方向。

开始时自然主义较浓，逐渐走向自然主义较减弱，然后走向此基础上的规整，并逐渐加上前壁，并进一步规整（如龙门石窟宾阳三洞等），走向另一种形式的天人合一，即世俗华丽的庙堂。这应是佛出山之后或成道之后，向世俗传道的合理发展。

因此，如果细分窟形，以敞口因素和自然因素为龛，以四壁紧密结合的华堂为窟的话，中原北方地区的佛教石窟形制的发展轨迹是龛在前，窟在后。

另外，在中原北方地区佛教石窟的初期，天人合一思想不仅主要体现在洞窟形制上，在其洞窟中的其他方面也多有天人合一的因素，如雕、塑像均呈现不同程度的较为贴壁如浮雕（塑）的“佛影”效果，雕、塑像和壁画中的形象均显得不是那么细谨工整，有朴茂之感，且穿插分布。这些自然朴拙的因素，也是随着时间的推移而逐渐走向规整化的。

追根溯源，印度原也有佛陀在山区出家悟道居止的天然修行窟，这应该是将佛像修造在自然洞窟，或人工开凿的自然因素洞窟的理论基础。于是，当佛教及佛窟开凿活动传到中国中原北方地区时，与中国中原流行的天人合一的传统思想互动，使佛像处在自然环境中的多自然因素的洞窟中，即是自然而然的。较早的（约建造在东汉）今江苏连云港孔望山石窟①就是如此，其凿出的简朴浅显的石佛像和佛龛，错落在高低起伏的自然山岩上，在中国佛教石窟或石刻形制中，在多自然因素方面，是更早的滥觞处之一。东晋时，慧远在庐山所造的佛影龛，依其龛铭的文意，背山临流，亦多具自然因素②。

这些其他的早期佛教石窟，而且是处在中国文化中心地区的佛教石窟，更早或基本上同时也出现了天人合一式佛教石窟。有此铺垫和相互影响，中原北方地区早期佛教石窟，较为普遍地流行自然因素的洞窟，也是顺理成章的。

另外，参考基本同时或之后的南朝中心地区佛教，也基本上可得出同样顺理成章的结论。南朝中心地区在长江中下游，其地域中的佛教石窟较少，且其洞窟形制，正巧也多是自然因素较多的山龛型③。我们知道，南朝是当时最代表中国汉文化的主要地域，一般来说是当时中国正统文化所在地，其山龛型的佛窟形制正说明，多具自然因素的佛教洞窟形制，正合中国主流思想传统。

因此，中原北方地区四大石窟早期洞窟，其多具自然因素的洞窟形制，是中西文化交流的结果，是西来佛窟经中国文化选择的结果，是佛教石窟进一步中国化或中原化或汉化的一个显著标志。因为从洞窟多种现象变化的比较看，在佛教石窟中原化或汉化的进程中，洞窟形制应是首先变化的部分，其他的方面，诸如造像面型、造像服饰等方面的变化，则不及洞窟形制方面的变化早或幅度大。

虽然在中原北方地区四大石窟早期洞窟之后的历史阶段中，佛教洞窟形制总体有所规整化，但个别洞窟形制的多具自然因素的例子仍然存在，较为自然一些的山龛形式在某些地点仍然出现。如甘肃武山水帘洞石窟中北周大坐佛所在的自然悬崖浅龛，及其千佛洞等处的北周至隋时期造像的自然悬崖龛、甘肃西和县八峰崖石窟中宋代造像的自然山龛、四川乐山大佛龛、四川安岳石窟卧佛龛等。这些

① 学术界公认为中国内地最早的佛教遗迹之一。形式主要为依自然山崖兴造的浅龛、浮雕。

② 《广弘明集》卷十五，慧远和谢灵运分别所著《佛影铭》。

③ 如江苏南京摄山栖霞寺南朝千佛岩佛龛、浙江新昌剡溪石城山宝相寺南朝佛龛。

佛窟形制，以其自然的形态，点缀着自然山川，形成宗教与山水的一种和谐艺术，不断诠释着中国传统文化天人合一的审美意趣。

七、结语

综上所述，窟形作为佛教石窟的重要载体，其面貌的变化是石窟大体方面的变化，是最大最重要的变化。5世纪，佛教主要从西域传入内地，西域佛教洞窟形制主要是较规整的中心柱窟，但5世纪上半叶传到中原北方地区黄河流域以东地区的第一批佛教洞窟，或黄河流域以东四大石窟群（炳灵、麦积、云冈、龙门）中的早期佛教洞窟，却普遍地未曾采用这种中心柱窟形制，而采用了多具自然因素的佛殿窟形制。结合黄河流域以东其他东土地区中较早、基本同期、较晚石窟中均有存在这种情况看，说明中国固有的传统文化应有所介入和选择。

佛教石窟艺术的中国化（或东方化、中原化、东土化、本土化）进程，在5世纪迈出了明显的步伐。在洞窟形制上，对自然因素的借重，应该说是此步伐的开端，其滥觞时期，最早似可上溯到东汉。

（原载于《丝绸之路》2014年第18期）

麦积山石窟第5窟西方净土变

李　梅

麦积山石窟第5窟位于窟区最上部，东邻第4窟散花楼，原为三间四柱崖阁，前崖坍塌，现存正壁三龛。第5窟前廊正壁壁画大部分已毁，或由后代重绘，仅有正壁右龛上部所绘一铺西方净土变可辨认其大略。这一铺净土变出现时间较早，具备宝池、水渠以及宝地、宝楼等，净土变的基本特征可见其中，对其进行深入研究实为净土变研究不可或缺的。在文化中心西安资料缺乏的情况下，可通过对麦积山壁画的研究直接或间接地了解西安的一些状况。

关于第5窟西方净土变的研究主要见于：《中国石窟·天水麦积山》，认定年代为隋、唐（宋、明重修）；《甘肃石窟艺术·壁画编》，其中提及顶部平棋壁画为隋代（6世纪末），供养人为初唐（7世纪末）；《麦积山石窟所见古建筑》与《麦积山第5窟壁画遗迹的初步观察》中主要提及其建筑特征，尤其后者从壁画的整体构成以及建筑等考察壁画的年代，基本倾向于隋代制作。除以上研究以外，最新研究有：江苏美术出版社的《麦积山》，指出顶部壁画为隋代或唐代，西方净土变及供养人为唐代；《甘肃石窟志》认为西方净土变及供养人为唐代；《中国仏教造像の変容南北朝後期及び隋時代》认为西方净土变为隋代，窟内造像为隋代稍晚时期，而天王像为唐代塑造①。据此可见，针对这铺壁画的绘制年代大致有隋代和唐代两种意见。

第5窟的这铺净土变绘于右龛上，由于位置较高，实地观察时仅能站在狭窄的栈道上由下向上仰视，其画面不仅呈压缩状态，而且右龛龛楣恰好与部分画面重叠，所以很难掌握画面的整体布局。另外，由于长期暴露在外，画面损毁严重，基本漫漶不清，主尊左右大面积剥落。本文基于现有资料，力图辨清细节，深入着手，整理并恢复这铺净土变的大致原状，然后分析净土变下方供养人的服饰状况，在两者结合的基础上试论其制作时代。

本文西方净土变包括净土变与下方供养人，其主体在正壁，一部分延伸至右侧壁。净土变周围，

---

① 天水麦积山石窟艺术研究所编：《中国石窟·天水麦积山》，北京：文物出版社、东京：平凡社，1998年；张宝玺：《甘肃石窟艺术·壁画编》引言，兰州：甘肃人民美术出版社，1997年；傅熹年：《麦积山石窟所见古建筑》，《中国石窟·天水麦积山》，北京：文物出版社，1998年，第201～218页；李志荣：《麦积山第5窟壁画遗迹的初步观察》，《麦积山石窟研究》，北京：文物出版社，2010年，第289～301页；花平宁、魏文斌：《麦积山》，南京：江苏美术出版社，2013年，第185～187页；敦煌研究院、甘肃省文物局：《甘肃石窟志》，兰州：甘肃教育出版社，2011年，第319页；（日）八木春生：《中国仏教造像の変容南北朝後期及び隋時代》，东京：法藏馆，2013年，第363页。

尚有平棋部仅存的一幅飞马图，平棋左侧侧梁的坐佛图，正壁下方的上下两幅说法图，右侧壁净土变下方的比丘像、头光以及小幅说法图。本文将后述净土变与这几处现存壁画的关系。经实地观察，本文讨论范围的壁画仅为一层，未发现重绘迹象。

一、前廊正壁右龛上方西方净土变

本文首先整理正壁净土变的内容。这铺净土变大致分为上下两个部分，由界线清晰划分。其上半部为净土变，以主尊为中轴左右对称，水渠及宝池呈梯形，具有透视效果。主尊上方接近平棋处绘有飞天，但现状仅能辨认出部分天衣。主尊左右宝地延伸，可辨认出菩萨、水渠、宝楼、化生童子、狮子等。右侧壁净土变延伸部分可见菩萨、水渠和建筑。净土变下半部为供养人，左侧三列，右侧一列。

本文将这铺净土变划分为 A~F 六个部分，以便说明。A 为宝池，包括主尊及主尊前方部分；B 与 C 为宝地，处于主尊左右，由于被宝池所延伸出的水渠隔开，左右对称，分为三组，即 B-1 和 C-1，B-2 和 C-2，B-3 和 C-3；D 为净土变右侧壁延伸部分；E、F 为供养人。

1. 宝池

主尊于此居中，须弥座束腰，上部及底座为多瓣莲花，甚显豪华。主尊左手置腹前，右臂曲肘上举。此处主要有两个特色。其一为主尊无头光、身光，其后置一长方形板状物，犹如靠背。再向后由三面屏风围成一个空间，屏风表面竖向排列环状连珠纹样，为双环之间夹绘连珠的形式，双环内则是连珠纹样。类似的双环纹样还出现在下部供养人大袖袖缘上。屏风边缘侧柱上有序排列着数列横向连珠，清晰可辨。关于连珠纹样，在莫高窟隋代洞窟中十分突出，“敦煌隋代连珠纹样有直条与环形两种，主要绘于塑像衣裙和龛口边饰上”①，隋代第 295、401、419、403 等窟的龛沿、壁面、藻井边界等处，比比可见。

首先说直条连珠纹。平棋方形边沿均绘有连珠。主尊身后方形板状物的左右边缘各绘两条纵向直条连珠纹，其间夹绘唐草（卷草）纹样，这一形式又见于本窟中央龛的入口内侧壁面边缘，也并列绘有两道直条连珠纹样，中间夹绘同一形式的唐草（卷草）。不仅如此，这一唐草形式又与净土变右侧侧壁所绘头光的唐草完全一致，头光处也绘有条状连珠纹。这一唐草为半忍冬式 4~5 叶状形式，两片相对为一组，其中央绘有椭圆或十字等花形。在麦积山石窟，这一唐草纹样由北周开始流行，持续到隋代。同一形式的直条连珠夹绘唐草的纹样出现在同一洞窟，其绘制可以想见基本在同一时期。

其次说环状连珠纹。下部供养人大袖袖缘上同样为双环，虽然双环之间没有夹绘连珠，形式上应归类为主尊处的环状纹。同样的环状连珠纹还见于其他多处：如炳灵寺石窟隋代第 8 窟赴会弟子袈裟边饰，环内绘盛开的花样；西安北周安伽墓，石塌边缘刻有环状连珠纹，环内为兽面②；西安碑林隋开皇二年（582 年）李和石棺下缘以及棺盖上均刻有浅浮雕环状连珠兽面纹。可见，这一纹样流行范围不仅仅限于佛教美术作品，墓葬中也在采用，并且它的流行地区比较广泛，如北齐徐显秀墓壁画中，

---

① 关友惠：《敦煌装饰图案》，上海：华东师范大学出版社，2010 年，第 109~110 页。

② 陕西省考古研究所：《西安北周安伽墓》，北京：文物出版社，2003 年。

侍女衣裙边缘以及马鞍织物边缘均绘有相同的环状连珠纹，环内绘戴头冠的菩萨①，尤其马鞍织物边缘两道直条连珠纹内夹绘环状连珠纹，装饰性极强。该墓出土金戒指的戒盘边缘也为环状连珠纹，环内阴刻一持杖人物②，这与当时北齐崇尚胡风的社会风气相关。

主尊身后所绘三面屏风，意在主尊身后形成一个空间或背景。类似的表现见于莫高窟第419窟南壁下部主尊以及第302窟东壁门上主尊身后屏风，均呈曲尺状。净土变中主尊身后出现建筑的表现与这一形式应有某种联系。第302窟有开皇四年（584年）铭文，为莫高窟隋代第一期窟基准窟③。

其二为主尊内衣绘有竖向条纹，胸部结带，具有同样条纹的内衣见于右龛右侧上方说法图的交脚主尊。

主尊前方置香炉，现仅可见其底座和顶部。香炉斜前方左右各一化生童子，左侧一身较清晰，单膝跪于莲座上，合掌面向主尊。左右菩萨莲台后亦为化生童子，右侧两身，前方一身坐于莲台上并合掌面向主尊，后方一身于水中手臂伸展；左侧一身俯身游动，面向主尊。主尊左右莲座上的菩萨仅见其足部以及部分天衣，天衣翻卷飘动，垂于水面。莲座前后错落有致，剥落严重，左右各有四五身菩萨，现仅能辨出其腿部或后背；接近主尊处有菩萨头部痕迹，主尊左侧莲座上菩萨仅存上身及腿部，天衣从莲座垂下，轻拂水面。香炉斜向接近宝地处坐两头狮子，尾巴浮于水中，水漪涟涟，仿佛见其左右摆动。左侧狮子轻举右足，右侧狮子则左足高举。宝池在此呈倒“凸”字形，其凸出处有一方形陆面，仔细辨认之后发现，其左边上方紧靠化生童子莲座处有两个圆状突起，其下更有人物面部轮廓。这两个圆状突起的形式可将视线上移至平棋，平棋上所绘飞天宝冠的侧面即为同样的两个圆形突起。由敦煌莫高窟的净土变推测，这一方形陆面很有可能为舞乐平台，上坐伎乐天不止一身，两个圆形突起为伎乐天的头冠。

上述可知，A画面为宝池，呈倒“凸”字形，主尊、香炉、左右菩萨、化生童子、狮子和伎乐天所在平台均处于宝池当中。由宝池延伸出水渠横向左右延伸至宝地，直至侧壁。水渠上各个部分均有桥梁将宝地相互连接起来。

2. 宝地

宝地为B、C部分，分布于宝池左右。宝地由水渠分隔成三处，B-1与C-1、B-2与C-2、B-3与C-3，它们相互对应。其中B-3、C-3由赫红连珠缘的透明砖铺成，砖有绿、黑两色，与B-1、C-1以及B-2、C-2仅一色的宝地不同。“四边阶道，金银琉璃颇梨合成。”④ 宝地的形式恰好反映了这一经文。

这一部分临近主尊的B-1、C-1基本剥落，难以推断其原状。仅于主尊右侧C-1上存数身菩萨痕迹，接近主尊一身保存相对较完整，坐姿，宝冠呈“山”字形，左右宝缯下垂。“有二菩萨最尊第一……一名观世音，一名大势至。”⑤ 对面B-1上的一身已完全剥落，可以想见主尊左右两菩萨相对而

---

① 荣新江：《略谈徐显秀墓壁画的菩萨连珠纹》，《文物》2003年第10期。

② 张庆捷、常一民：《北齐徐显秀墓出土的嵌蓝宝石金戒指》，《文物》2003年第10期。

③ （日）八木春生：《中国仏教造像の変容南北朝後期及び隋時代》，东京：法藏馆，2013年，第326页。

④ （日）高楠顺次郎等：《大藏经》第12卷，东京：大正新修大藏经刊行会，1967年，第347页。

⑤ （日）高楠顺次郎等：《大藏经》第12卷，东京：大正新修大藏经刊行会，1967年，第273页。

坐，很有可能为观世音和大势至。这一身坐姿菩萨周围还能辨认出三身菩萨，但仅能看到头部，其面部椭圆，与宝冠相映，项饰及蓝绿色天衣等服饰与坐姿菩萨相同。对面 B-1 处隐约可分辨出两三身菩萨的头部或头冠。

B-2、C-2 在纵向水渠外侧，其上建筑宝楼鳞次栉比。主尊左侧 B-2 保存较好，由上至下可见三座宝楼，最上一座为双层，上层建筑基本剥落，约见四柱，“W”形屋檐装饰；下层十二柱三间，屋内似有长案，三身菩萨见于其中，头冠清晰。屋外三身，隐约可见，戴三面宝冠，天衣下垂。中间一座宝楼有勾栏，一菩萨从中探身，尚有三身现于窗边，均戴三面宝冠；最下一座宝楼前一棵芒果系大树，树叶繁茂，主干直立于地，树后数身菩萨从宝楼中陆续走出，朝向水渠上的桥。菩萨有的手捧供物，天衣于身后长垂曳地。

C-2 之上宝楼漫漶不清，最上方一座与 B-2 呼应，十二柱三间，三身菩萨隐约其间。此宝楼前立一菩萨，正面姿，身体略微扭动呈“S”形，与净土变下方说法图中的菩萨姿态极为相似。邻近菩萨的水渠中立一水门，“靓柱间为双扇栅栏门，水门屋顶为四柱顶，正脊与四戗脊，绘以绿色，与其余建筑同，屋顶面为蓝色平涂。这种反映应是隋代壁画中表现琉璃剪边的情况。檐下柱头斗拱侧面看为一斗三升，补间为有舒脚的人字拱（叉手）”①。临近还有两座宝楼，但基本模糊难辨，中间一座上下两层，上层一菩萨由勾栏探身伸臂，下层中陆续走出六身菩萨朝向桥梁，与对面 B2 意趣相同。两宝楼之间有一芒果系大树，叶片与 B 上相同，而花蕊各有异趣，B 上呈星状，C 上呈椭圆状。C-2 宝楼也由上至下分布三座，具备勾栏、双层等特征，与 B-2 宝楼在细节上意趣相符，相互呼应，呈对称布局。

关于宝楼的描述，《阿弥陀经》：“上有楼阁。亦以金银琉璃颇梨车渠赤珠马瑙而严饰之”；《无量寿经》：“讲堂精舍宫殿楼观皆七宝庄严自然化成，复以真珠明月摩尼众宝，以为交露覆盖其上。”②

水门所在水渠流经宝地后，右转平流，《无量寿经》说：“微澜回流转相灌注，安详徐逝不迟不疾。”③ 这一道横向水渠与侧壁相接处由于侧壁部分剥落严重而难以判断是否在侧壁延伸，而向下接近供养人的横向水渠通向侧壁并延伸开去。

“建筑楼阁多用北朝以来流行的一斗三升斗拱和有舒脚的人字补间，未见初唐已出现的成熟的出挑拱，更未见刻画出转角铺作。这与天水博物馆的周隋石棺床上刻画的殿阁形象及其斗拱细节的情况十分相似。”④ 据此可见建筑显示隋代特征而尚未进入初唐。

下方宝地即 B-3、C-3。此处宝地由两色方形透明砖铺成，“以是七宝相间为地”。宝地侧面的方形图案清晰，宝地的厚度及其浮于水面的状况明显可见。菩萨身姿窈窕袅娜，天衣于身后长垂。这一部分保存较好，菩萨上身半裸，项饰当胸，腕饰双环。菩萨下裙分两种形式，一为单色，二为红绿蓝黑四色相间的横条宽纹，颜色多用复合色，延续北周以来的特色。菩萨略弓背凸腹，侧面观呈“S”状。现状可辨认出 B-3 约九身，C-3 约十一身，侧壁 D 约四身，均徐徐朝向主尊。众菩萨或互相侧耳交谈，或立于桥上，姿态各异。宝地的各个部分均有桥梁连接，C 与下方供养人之间略偏右处亦有桥

① 李志荣：《麦积山第 5 窟壁画遗迹的初步观察》，《麦积山石窟研究》，北京：文物出版社，2010 年，第 299 页。

② （日）高楠顺次郎等：《大藏经》第十二卷，东京：大正新修大藏经刊行会，1967 年，第 271 页。

③ （日）高楠顺次郎等：《大藏经》第十二卷，东京：大正新修大藏经刊行会，1967 年，第 271 页。

④ 李志荣：《麦积山第 5 窟壁画遗迹的初步观察》，《麦积山石窟研究》，北京：文物出版社，2010 年，第 300 页。

连接。按照图形对称设计，B 的部分对应处也有桥，但由于右龛龛沿恰好处于相应处，C3 没有绘出。由此，B 上有桥三座，C 上有五座，纵横连接 A、B、C 三处。

3. 右侧壁

C 下方横向水渠转向侧壁后斜向延伸，与右侧壁方形琉璃砖铺成的宝地结成一片，即本文中 D。这一部分方形琉璃砖铺成的宝地上立四身菩萨，朝向侧壁中心。而接近顶部的壁画基本剥落，可隐约辨认出整齐的横线，为一道道界线，应是建筑痕迹。最上方可见横向水渠，其上可分辨出宝地的侧面，可见宝地一直延伸到上方，接近平棋。由正壁延伸而来的水渠和 D 下方横向水渠组成一个三角画面，莲座上坐菩萨，身形较大，天衣由肩斜下，其左侧有四身菩萨坐于莲座上，姿态随意。此四身菩萨保存完整，侧壁画面最外侧一身菩萨，左足轻搭于莲座边缘，膝部弯曲，天衣绕足腕；紧邻一身曲臂合掌。菩萨戴三面宝冠，中央突起，上饰宝珠，宝缯细长，于两鬓飘逸下垂，显得面部略长。此处菩萨形象可弥补宝池中已不可再现的菩萨。立于宝地上的各个菩萨宝冠的形式稍显简略，其描绘尺寸小于莲座上的菩萨，但两者的宝冠、披帛等装束相似。近旁水渠上一桥梁连接两处宝地。

画面下方横向水渠没有与正壁相连，对应位置为正壁供养人。

4. 净土变部分的小结

通观正壁及右侧壁这一铺净土变，以主尊为中心左右对称分布，正壁与侧壁相接，侧壁部分如果没有坍塌，画面将更广更丰富，“恢廓旷荡不可极限”①。侧壁部分也延续两种宝地，整体画面大略复原如下。正壁各部分的描绘以及正壁和侧壁的关系可以看出这铺净土变有着严密的整体设计。正壁宝池与宝地均大面积绘出，宝楼与虚空等要素具备，为比较完整的西方净土变。宝池居中体现其重要性，主尊及其周围菩萨、供养童子、狮子、香炉和伎乐平台均处于宝池当中②。“极乐国土有七宝池，八功德水充满其中。”③ 莫高窟第 57 窟北壁说法图、第 220 窟西方净土变在突出宝池这一点上具有同样特色，但缺乏本文净土变透视效果所体现出的画面进深。除此之外，本文净土变宝池和延伸至宝地上的水渠同处一个画面是其独到之处。此后的净土变大约分为两个趋势，一为取宝池而无水渠，莫高窟第 220 窟为其代表；一为取水渠而无宝池，莫高窟第 220 窟以后如第 321 窟北壁东侧阿弥陀净土变等较为典型。宝池和水渠的取舍问题关系到净土变构图的发展与变迁，这一点以本文净土变作为基本参考，有其重要意义。

二、下方供养人

1. 供养人

净土变下方相隔界线所绘供养人位于宝池下方的右龛龛楣两侧，相对而列，左侧三列，右侧一列，各由僧人前导。供养人每组三人，左侧最上一列八组，第二列八组，第三列六组；右侧仅有一列共十

① （日）高楠顺次郎等：《大藏经》第十二卷，东京：大正新修大藏经刊行会，1967 年，第 270 页。

② 李志荣：《麦积山第 5 窟壁画遗迹的初步观察》，《麦积山石窟研究》，北京：文物出版社，2010 年，第 296 页。（日）八木春生：《敦煌莫高窟第 220 窟南壁西方净土变相图》，《敦煌研究》2012 年第 5 期。

③ （日）高楠顺次郎等：《大藏经》第十二卷，东京：大正新修大藏经刊行会，1967 年，第 346 页。

一组。左右供养人人数及数列不同，左侧三列依佛龛弧形排列。而右侧仅一排，将十一组安排成一列，略显拥挤，其下方绘有上下两幅说法图以及几身供养人。

观察第 5 窟外观现状，与踏牛天王对应处即左侧三列供养人下方有三个桩孔，其高度与供养人的位置没有冲突，即原有造像与踏牛天王对应；而净土变右下二说法图处有两个桩孔，其对应位置即正壁左龛处也有两个。但左龛桩孔凿于龛沿和龛柱上，在此安置造像似乎有些勉强。现在还可观察到壁画的痕迹，尤其左龛左侧上方留有华盖的顶部弧状及宝珠。另有飞天天衣的部分痕迹，其色彩为北周乃至隋代常用的蓝、绿两色，明显区别于周围后绘痕迹。可见这个部分和右龛二说法图相对应，原为说法图的可能性极大。由此回到二说法图处，这里安置造像的桩眼没于壁画中，极有可能是放弃原计划而改为描绘壁画，即为现存的两幅说法图。上方供养人并为一列能窥见其扩大空间的意图。另外，左右侧壁存有两个头光，左壁上的为后代重修，与右壁头光位置相对应，说明重修是在原有位置上进行的，可见第 5 窟整体强调左右对称的意图是相当明显的。

供养人先导的僧人头部突出于净土变界栏线之上，供养人绘制应在净土变完成或基本完成之后。左侧僧人身后紧跟一沙弥，形象略小，手持一物；右侧僧人持长柄香炉。

供养人均为女子，三人一组，为主从关系①。每组前方均有长条榜题，但已不可辨识。供养人三人一组中：先头一人略高大，为主人；后跟两人略小，为侍女。主人肩后倾，突腹，交领大袖，右衽。其交领左右开口较大，至肩，领缘几乎平直，非常夸张；其大袖前笼，由胸至膝下，呈椭圆状，中间交缝处见袖缘双环纹样，无连珠，环内绘向心射线。此双环纹样应属隋代流行的环状连珠纹的一种，于宝池内主尊背后屏风纹样中已述。女主人长裙高提至胸，后裙由身后侍女双手上提。供养人右侧最前组主人手持长柄香炉，左侧第一排不清，第二排最先头主人手持莲花，第三排持莲蕾，后跟的每组主人手持莲蕾。此铺净土变的供养人足不外露，不见鞋靴，足部仅以横线一撇进行表现，与炳灵寺第 8 窟的供养人类同。

两侍女中前方侍女略高，臂下夹一垫状物，后方仕女较小。两侍女肩披帔巾，或由肩下垂绕臂，或覆肩后披，或覆肩斜披，形式各异，长垂过膝；发髻上束，个别能辨出头巾。发髻于头顶呈扁平状。长柄扇绘于侍女之间或侍女头后，其上部为圆形。

2. 供养人服饰特征

上述供养人，尤其女主人的服饰与发髻形式比较特殊，形成这一交领大袖的服装形式首先在麦积山石窟有一个发展过程。随着汉化政策的深入，女子“多数身穿交领大袖衫，下着长裙”②，这一特征在菩萨着装上也有反映。西魏时这一交领形式明显可见，服饰上有此传统。具有代表性的有第 127 窟净土变中所见圣众形象，交领，双手笼袖，长袖下垂，形式上与本文供养人极为接近。另有第 4 窟平棋处坐于车舆中的女子形象，与第 26 窟窟顶左斜披上的供养人相近，交领大袖，且交领较开敞。由此至北周时，麦积山石窟这一交领大袖的服装形式基本形成。

---

① （日）石松日奈子：《古代中国・中央アジアの仏教供養者像に関する調查研究》，《2008~2010 年度科学研究費補助金基盤研究・研究成果報告書》，2011 年，第 35 页。

② 孙晓峰：《麦积山石窟北朝供养人调查》，《麦积山石窟研究》，北京：文物出版社，2010 年，第 187 页。

在麦积山石窟，同形式的交领大袖式供养人除上述以外尚见于其他洞窟，如第160、140、23、26窟等。第140窟紧邻第141窟并与之打通，壁画有重绘迹象。第160、23窟为隋代重修①，供养人与本文完全相同，女主人在前，后跟侍女双手提裙。隋代所绘女供养人形象具备的相同之处可归纳为这一特点鲜明的交领以及大袖的形式上。

其次，同类服饰特征的供养人不仅出现于麦积山石窟，位于麦积山石窟以西、与麦积山同属陇南石窟群的水帘洞石窟绘有形式相同的供养人。水帘洞壁画No.9的供养人形象为交领、大袖，袖缘分明。No.11下排供养人不仅在服饰上与本文相同，且发髻上拢，顶部呈起伏状，饰物简略②，其中一身外加小袖式披风，“有的贵族妇女另加小袖式披风，竟成一时风气”，为隋代风尚③。

主从关系形式的供养人始于龙门石窟古阳洞503年，而交领这一形式则始于南北朝，一直流行到隋代④。另外，这一形式不仅仅存在于北周地区，如巩县石窟第2、4窟，河北邯郸水浴寺西窟众多供养人当中，居中的女供养人与本文所述麦积山供养人形式基本一致，同样为主从关系，侍女随后并手托主人后裙。主人交领，大袖前笼，中缝、袖缘清晰可见。

西部地区在莫高窟隋代洞窟如第295窟、第407窟，壁面下部可见到形式相近的供养人形象，亦具备上述几个特征，如第295窟中，由僧人前导，身材高大的主人与侍女随之，主人与侍女前后排列形成主从关系。主人交领大袖，双手前笼，手持莲花（第407窟无莲花，榜题已模糊），大袖笼为椭圆状；第407窟的一列女供养人尚外披小袖披风，与前述水帘洞石窟的情况相同。

3. 供养人发髻特征

供养人所体现的隋代特征不止于服饰，尚见于其发髻形式。本文供养人女主人发髻上拢，顶平。平顶侧面略有洼陷，隐约可见结带装饰。这一装饰于左侧第二列存留较为明显，如第一组女主人发髻上结带，随后的第二、五、六组亦能辨认出带状装饰。侍女二人发髻较小，与主人形式基本相同，“大量陶俑反映，可知同式发髻，在隋代实具一般性，贵贱差别不甚多”⑤。后方提裙侍女结头巾，平顶。供养人头部略前撑，收下颌，安静行进。

隋代发式“比较简单，上平而较阔，如戴帽子，或作三饼平云重叠”⑥。从莫高窟第390、295、389窟等的女供养人形象来看，发髻基本相似，且少饰物。炳灵寺石窟隋代第8窟赴会菩萨下方所绘供养人中，下列女供养人发髻上结，平顶，反映出同样特征。隋代李静训墓出土的女陶俑“发式和敦

---

① 天水麦积山石窟艺术研究所编：《中国石窟·天水麦积山》，北京：文物出版社、东京：平凡社，1998年，第290页。甘肃省文物考古研究所、麦积山石窟艺术研究所、水帘洞石窟保护研究所：《水帘洞石窟群》，北京：科学出版社，2009年，第140页。

② 甘肃省文物考古研究所、麦积山石窟艺术研究所、水帘洞石窟保护研究所：《水帘洞石窟群》，北京：科学出版社，2009年，第109页。

③ 沈从文：《中国古代服饰研究》，北京：商务印书馆，1981年，第204页。

④（日）石松日奈子：《古代中国・中央アジアの仏教供養者像に関する調査研究》，《2008~2010年度科学研究費補助金基盤研究・研究成果報告書》，2011年，第71页。

⑤ 沈从文：《中国古代服饰研究》，北京：商务印书馆，1981年，第201页。

⑥ 沈从文：《中国古代服饰研究》，北京：商务印书馆，1981年，第202页。

煌壁画所见相同。大袖衣，长裙，垂带，发作三叠平云，上部略宽，仍近隋式一般样子”①。本文供养人的发髻形式，主人与侍女无大差别，恰符合上述观点，体现出典型的隋代特征。无论壁画还是墓葬出土陶俑，隋代供养人装饰较少，与其社会风俗简约息息相关②。

三、西方净土变周围壁画

本文西方净土变的周围壁画尚存，上方平棋绘一方飞马图，上绘飞天、飞象；平棋左侧梁绘坐佛，现仅见三佛。净土变下方、右龛右侧壁面上下各绘一幅说法图，上图主尊为交脚，下图主尊结跏趺坐。两图同为一佛二弟子二菩萨，主尊华盖形式近似，下图华盖处脱落较严重，但由华盖下垂数条条帛以及铃状物一点，两者一致。供养人形象出现于说法图下方，上图供养人形象较高大，一前一后，为主从形式。前方一人长裙，后方一人略小，肩披长帛。右侧仅存一人，披长帛。此处现存供养人为窄袖。下图说法图供养人与净土变供养人完全相同，主从形式，女主人交领大袖，发髻顶平。侧壁净土变下方分两处，各由明显的界栏线分开，上为三身僧人形象，已模糊难辨；下为一头光，仅存半边，其上下角绘一飞天与一说法图。

这些壁画与西方净土变的绘制时期相差不远，以下就其具体细节，如主尊、菩萨、飞天、供养人和纹样等进行略述。

各图主尊共五处：净土变，平棋侧，下方右龛右侧上下说法图，右侧壁头光左下。五处主尊主要有几点相近之处，其一主尊的身体表现及衣着方式，其二台座，其三华盖。五处主尊上身敦厚，除平棋侧三坐佛模糊难辨之外，其余右臂贴身上举至胸，由肩至肘轮廓浑圆；除两处交脚之外，其他三处结跏趺坐，尤其净土变主尊两膝微上抬的形式显示出隋代的典型特征。袈裟右肩斜搭，下摆仅覆于台座上。袈裟宽幅沿边，非常醒目。内衣袒右，斜过胸部，尤其净土变与其下方说法图主尊的内衣一致，上有竖条纹样，腹上结带。袈裟由右臂下搭向左臂或左肩时，袈裟边缘横于腹部，搭上左臂后下垂，在左腕处形成一个如三角的凸起形状。几处主尊均为此同样形式，可见其绘制时间间隔不大。

五处主尊当中有两处为交脚形式，一为平棋侧梁三尊的中间一尊，二为净土变右下方二说法图的上方一尊，两者台座同为方形，双足踏莲花。其他主尊均为须弥座，包括侧壁净土延伸处菩萨形的莲座。除平棋侧梁三坐佛外，其他几处主尊均有华盖，净土变主尊的华盖保留相对完整，虽有脱落但非常清晰，可见其大致原状。华盖双层伞式，腰部交界有一圈连珠纹，并排另有宝珠立体装饰其上。一朵朵花座宝珠环顶一周，最中心一朵恰嵌于平棋边缘连珠纹的大珠内。华盖边缘下垂一圈铃状装饰，左右残存飞天天衣，华盖右侧可辨出两身，可见至少左右各绘两身。与此华盖最为近似的是侧壁头光左下说法图。华盖双层伞式，盖顶饰宝珠，边缘呈波状，下垂一圈铃状装饰。

菩萨以净土变为主，有宝地上坐姿与立姿的菩萨，侧壁净土变延伸处坐于莲台上的菩萨，另有净土变下方二说法图中的胁侍菩萨。通观其服饰，均头戴三面宝冠。宝冠山形，中央及左右耳部各有圆

---

① 沈从文：《中国古代服饰研究》，北京：商务印书馆，1981年，第206页。

② 沈从文：《中国古代服饰研究》，北京：商务印书馆，1981年，第203页。

形饰物，头后部中央也饰一圆形饰物。宝地上的立姿菩萨有的回头向身后同伴交谈，可见宝冠呈箍状至头后部。其周围颜料脱落后，圆状饰物突显，侧面观恰如头顶和侧面两圆形饰物连接起来的形式。如前所述，这一点与平棋飞天相同，也为判断宝池中伎乐平台上的伎乐天提供了参考。另有菩萨，头部左右下垂细长宝缯，面部椭圆，尚可以联系炳灵寺石窟隋代第 8 窟南北两壁上部的菩萨，宝冠在饰物细节上较为简略，但形式与本文菩萨形象一脉相承。

保存状态最佳的菩萨为侧壁净土变延伸处最外的三身，身体部分已变黑，三面头冠及搭肩天衣映衬，显得轮廓清晰。菩萨佩项饰及腕饰，闲适地坐于莲台上，由此可以推断宝池中已完全脱落的胁侍菩萨形象。立姿菩萨当属右侧上方水渠近旁的一身比较典型，正面姿，左臂屈肘外举，身体呈 S 形。这一立姿同于净土变下部上下二说法图中的胁侍菩萨，腰部略有扭动。

飞天首推平棋，画面中心一飞马与一飞象，上下可辨认五身飞天，尤其下方三身完整，均为侧面观，天衣于身后环绕呈椭圆形，戴三面宝冠，与上述菩萨宝冠形式相同，顶部与耳侧圆形装饰由横箍连接。右侧壁飞天与净土变下方二说法图基本接近，尤其与上方说法图类似，几为正面观，飞天身体由胸部向后扬起，天衣于头上方飘扬呈椭圆形，动感极强。四瓣形花散在平棋、右侧壁和下方说法图中各处可见，花瓣作十字形，围绕中央圆饰。二说法图下方说法图的飞天呈侧面观，上身曲线鲜明，手臂上举。

供养人有两处，除净土变下方左右数列以外，尚有净土变下方二说法图的供养人，均为女子形象。其中与净土变的三人一组形式的供养人完全一致的是二说法图下图的供养人，仅于主尊右下绘有一组，前方主人保存较好，大袖，拢手持花，后方侍女几近模糊。而上图供养人左右而立，现左侧二人，主人在前着红衣；右边一人，绿衣，肩披长帛。此处供养人均为窄袖。

右侧壁坍塌部分尚存半面头光，头光外围火焰纹，火焰由红绿两色交替描绘，并由一类似“3”字的纹样显示火焰的升腾。火焰纹内侧两条暗色圆形之间，夹绘唐草（卷草）纹样。关于唐草纹样见本文第一节“宝池”部分，主尊背后方形板状物及龛口边缘纹样处已述。

四、绘制年代

本文分析重点在于净土变，虽然龛内造像不在讨论范围之内，但有必要稍事涉及一下造像的特点，尤其中央龛内主尊与胁侍弟子像、菩萨像与同石窟隋代造像具有密切的联系，最为典型的是第 24 窟。两者主尊在身体造型上相似，上身敦厚，宽肩，袈裟披着方式及手印基本一致，悬裳下垂。此外，右胁侍弟子与菩萨均极其近似，双腿与上身厚度相比较，略显细且短。弟子右手持袈裟一角以及菩萨前发的特征等细节两者均相同，可见中央龛内造像的隋代特征明显。第 5 窟中央龛内右壁外侧菩萨身体微微朝向龛口，与莫高窟第 427 窟菩萨相似①。

在分析净土变及下方供养人的特征时，本文联系了这铺净土变周围现存的壁画。净土变画面重点在于宝池和宝地，将主尊及胁侍菩萨、化生、狮子和伎乐平台等均安排于倒凸字形宝池当中，由宝池

① （日）八木春生：《中国仏教造像の変容南北朝後期及び隋時代》，东京：法藏馆，2013 年，第 363~364 页。

延伸出带状水渠纵横环绕宝地。宝池与带状水渠共存于同一画面的构图形式，是这铺净土变的独到之处。宝池中主尊身后屏风上的双环连珠为隋代常见纹样；宝地上建筑的表现和手法，细节如水门顶的平涂等显示出隋代特征，菩萨形象的侧面观略突腹，正面观稍有扭动，呈现出动感。下方供养人交领大袖及发髻形式均体现出典型的隋代特征，为年代判定提供了确实依据。

净土变周围现存壁画在主尊衣着、菩萨形象等细节以外，纹样等方面均相互联系，可见现存壁画的绘制基本处于同一时期。唐草（卷草）纹样、连珠纹等与龛内存留的原作壁画基本一致，同时尚有关于龛外踏牛天王的研究，“着平巾帻袍服，髭须上作菱角翘，下作尖锥式，为隋代特有式样……如麦积山牛儿堂彩塑天王”①。由此，无论构图还是细部，这一铺西方净土变的绘制年代基本可定于隋代。

五、构图

西方净土变于麦积山尚有第127窟右壁上方一铺，带状宝池置于画面下方，水中绘莲花、莲叶。画面以主尊为视觉集中点，两旁以左右对称形式安排弟子圣众及树木直线排列，与其后的阙门一起体现透视效果。这些特点均与成都万佛寺二菩萨立像光背背面上部净土变，在构图形式和表现方式上意图接近，尤其突出的是以俯瞰的方式表现画面的进深。本文净土变在构图上基本汲取了这两铺净土变的特点，进而在强调宝池方面，本文净土变又与莫高窟初期净土变紧密联系，宝池居中，比较忠实于经文。本文净土变在结合麦积山传统并参照成都万佛寺净土变的基础之上，发展了带状水渠，有序安排宝地、宝楼等，使净土变构图进一步完善。如此来看，本文净土变可谓承前启后，串联东西，这也和麦积山所处的地理位置息息相关。万佛寺净土变于画面下部中央刻出桥梁，以示通往净土之道，而本文净土变于画面下部略偏右处绘出桥梁，显示出随意性，但联系观者进入净土的意图明显，随意性显示更易于进入净土。

本文净土变画面中心广大宝池的描绘与莫高窟第57、220窟的表现有相近之处，但两者在构图意图上又有明显的不同。莫高窟第220窟以平面画面展现各个细节，而本文净土变宝池居中，宝地广阔，同时注重表现画面进深，呈现出一个非平面的而为立体的画面。其后的净土变逐渐减少宝池在画面所占的面积，扩大华座，画面左右延伸的水渠进一步发展完善，强调的重点有所转移。本文净土变的宝池和水渠共存，除此以外，对于宝地、宝楼、桥梁和虚空等净土变图像的各个构成要素都有细致描绘，并无遗漏。虽然这些描绘尚不完善，但它出现于隋代，对于后期净土变的发展起到开启先河的作用，同时在西安地区现存净土变较少的情况下，为了解西安同一时期净土变的状况提供了参考。

（原载于《敦煌研究》2014年第6期）

① 沈从文：《中国古代服饰研究》，北京：商务印书馆，1981年，第213页。

麦积山舍利塔发掘造像探析

项一峰

麦积山巅舍利塔，据史料记载为隋文帝即位时下诏在全国诸州所建的舍利塔之一，经后代重修，因2008年四川汶川大地震受到破坏严重，又需拆建重修。2009年拆除时在塔体天宫、塔基层及地宫发现一批石雕造像等文物。其造像题材组合及艺术特点与麦积山石窟洞窟中同时代的泥塑造像存在差异，如供养菩萨弟子同双膝跪于一坛台之上，是中国佛教造像中未曾见的艺术佳作。为我们研究麦积山石窟佛教造像艺术和佛教思想以及皇家信仰、长安佛教中心佛法教化等，提供了不可多得的实物资料和信息。

一、麦积山舍利塔与隋文帝

隋文帝杨坚（581~604年在位）出生于佛寺，由尼姑抚养长大，故对佛教有特殊的情感。他自称“佛弟子”，即位之初，他就改变“周武火佛”方针，大兴塔庙，利用佛教作为统治的得力工具之一。他曾对律师灵藏说：“律师度人为善，弟子（隋文帝自称）禁人为恶，言虽有异，意则不殊。”① 为了复兴佛教，他首先下令修复已毁废的寺院塔像，允许人们出家。他在位23年中，先后三次下诏，在全国诸州大规模建造佛塔，虽然赶不上印度佛教中阿育王造八万四千塔，但总共建舍利塔也达到113座，遍及全国各地，这在中国佛教历史中是绝无仅有的。

麦积山位于甘肃天水，天水隋代称秦州，在隋文帝先后三次下诏建舍利塔时，秦州建舍利塔三座，其中二座建于麦积山。

第一次是仁寿元年（601年）为庆祝隋文帝60岁寿辰，他下令在全国三十州建立舍利塔，请名僧“谙解法相，兼堪宣导者”，三十人各带侍从，前往诸州送舍利安置。在建塔的同时，还请大量的和尚念经行道，在这次《立舍利塔诏》里是这样说的：

门下仰惟正觉，大慈大悲，救护群生，津梁庶品。朕归依三宝，重兴圣教，思与四海之内，一切人民，俱发菩提，共修福业，使当今见在，爰及来世，永作善因，同登妙果。宜请沙门三十人，谙解法相，兼堪宣导者，各将侍从二人，并散官各一人，熏陆香一百二十斤，马五匹，分道送舍利往前件诸州起塔；其未注寺者，就有山水寺所起塔；依前山，旧无山者，于当州内清净寺

① 《续高僧传》卷二一《灵藏传》；《大正藏》卷五十，第601页。

处，建立起塔。所司造样，送往当州，僧多者三百六十人，其次二百四十人，其次一百二十人。若僧少者，尽见僧为朕、皇后、太子广、诸王子孙等，及内外官人，一切民庶，幽显生灵，各七日行道，并忏悔。起行道日，打刹莫问同州异州，任人布施，钱限止十文以下，不得过十文。所施之钱，以供营塔，若少不克役，正丁用库物，率土诸州僧尼，普为舍利设斋。限十月十五日午时，同下入石函。总管刺史以下县尉以上，自非军机，停常务七日，专检校行道及打杀等事务，尽诚敬副朕意焉。主者施行。仁寿元年六月十三日，内史令豫章王臣暕宣①。

秦州（天水）麦积山建舍利塔，据《秦州雄武军陇城县第六保瑞应寺再葬舍利记》载："阿育王始初（兴）建号无忧（古）寺……至隋文帝仁寿元年再（开）龛窟，敕葬舍利建此宝塔，赐净念寺。"这在王劭《舍利感应记》中说："秦州于静念寺起塔，先是寺僧梦群仙降集，以赤绳量地，铁撅钉记之，及定塔基，正当其所；再有瑞云来覆舍利，是时十月雪下，而近寺草木悉皆开花，舍利入函，神光远照，空内又有赞叹之声。"② 从"十月"及《瑞应寺再葬舍利记》中为"仁寿元年（601 年）"的时间上与隋文帝第一次诏令州建舍利塔时间是相吻合的。

又据《太平广记·玉堂闲话·麦积山》记："隋文帝分葬神尼舍利函于东阁之下。"这显然不是指麦积山山顶的舍利塔，是另外一座舍利塔。清代《砖塔铭》之二记："居麦积岩大佛寺作主持……合白衣同募诸上善人绪，重修麦积峻岭佛舍利塔一座，递代相传，创自阿育王所造，共襄厥事，晃如初复，明年冬月望七日，师值辰刻，示寂于本刹丈室。"此重修的舍利塔是"麦积峻岭佛舍利塔"，这似乎也不是指麦积山顶的舍利塔。《太平广记》记舍利函于"东阁之下"，即位于"麦积峻岭"之中，据此二者可能是指一处。此舍利塔应该是隋文帝再次下诏建舍利塔时在麦积山所建的又一座舍利塔。在清代乾隆十年（1745 年）前后经广宽和尚重修，现已无存。

如此，麦积山隋代先后建两座舍利塔，现存一座麦积山顶舍利塔，应该是隋文帝仁寿元年（601 年）第一次下诏所建的舍利塔。此塔后因"讼火毁坏"，宋代徽宗建中靖国元年（1101 年）麦积山应乾寺寺主智琍等重建③。至清代"岁月磨灭，遗迹无存"④，乾隆年间由圆慧和尚重修。

隋文帝仁寿二年正月二十三日又诏告在扬州、兰州、陕州、秦州等五十三州，于四月初八（佛诞日）午时，通前次礼仪下舍利，封入石函，统一置于塔内，所建舍利塔。在天水秦州区南郭寺，其感瑞为"秦州，重得舍利，函变玛瑙"。那么麦积山"东阁之下"舍利塔，应该是隋文帝第三次下诏所建，遗憾的是今日已毁不可见⑤。

二、舍利塔文物发掘

麦积山顶舍利塔，1920 年海原大地震波及天水，塔身震裂。至 1983 年，天水麦积山文物保管所对

① ［唐］释道宣：《广弘明集》卷十七，《大正藏》第 52 册，第 2103 页。

② ［唐］释道宣：《广弘明集》卷十七，《大正藏》第 52 册，第 2103 页。

③ 《瑞应寺再葬舍利记》碑现藏麦积山石窟艺术研究所。

④ 《砖塔铭》之一现藏麦积山石窟艺术研究所。

⑤ 参见宋进喜主编：《天水通史》第二卷，隋代章节《隋文帝与秦州舍利塔》，北京：中华书局，2004 年。

塔基进行加固。2008 年四川汶川大地震又影响到天水，舍利塔造成严重破坏，塔身倾斜，塔体出现多处裂缝，塔基下沉，必须抢救性保护维修。经甘肃省文物局批准，麦积山石窟艺术研究所于 2009 年 4 月开始对塔进行抢救性整体落架拆除修复，施工单位为兰州永登古建筑队。舍利塔拆除由所内保护研究室负责派专业人员参与。在塔拆除过程中发现文物，又组织由考古研究室及其他相关的专业人员参加舍利塔文物发掘，历时近一月文物发掘完成。此次文物发掘，进行登记造册、记录、拍照、测绘等。对弥勒菩萨台座裂隙进行加固，并将舍利塔中所藏文物全部移至山下，其中几身放入西崖下部原空窟中，余放入所内文物库房。又历时一月余舍利塔重新修复，今日威严挺立于麦积山巅。

舍利塔为八角五层密檐式实心塔。顶为八棱覆钵形，上无塔刹，高 9 米。塔身整体呈棱锥形，上部略有收分。第一层高 2.28 米，各面宽 1.8 米左右，正面有浮雕扇假门两扇，其余七面有横长方形假窗，窗内平光。二层及以上各层，正南面有小假门，其余七面封闭。各层出浅檐，檐前雕短椽。檐下雕斗栱，其中一、四、五层各有斗栱 16 攒，二、三层各有斗栱 24 攒，斗栱中间出柱头花饰。舍利塔整体风格浑厚质朴。

舍利塔全面落架拆除时，在塔的天宫发掘出清代重修时放入的瓷罐，内装白釉瓷瓶盛“五密”，金、银、玛瑙、玉、绿母石“五宝”，不同谷物的“五谷”及五种药物的“五药”，这是佛教装藏之物，还有 49 枚清代铜钱。在塔基周围也清理出宋代瓷器及皇宋通宝、崇宁重宝、政和通宝、祥符通宝多枚钱币。塔基内发现“三佛”中尊背北朝南（舍利塔南面下部有一个影门）及左右二尊摆放整齐、组合明显有序的过去迦叶佛、现在释迦牟尼佛、未来弥勒菩萨的“三世佛”石雕以及供养菩萨和弟子、供养弟子、天王、力士等造像 11 件①。另有 40 多块宋代铭文塔砖，铭文为“走马供奉侍其并妻钱氏二娘施砖”。遗憾的是从塔的小地宫内没有发现隋文帝诏建舍利塔时所送的舍利。

塔基主要造像情况分别是：较有序地摆放在圆形的塔基之中，三世佛像基本完好，其中正（中）尊佛双手残损；左尊佛头部残损，双手残失；右尊菩萨双手残失，位于塔基中心偏南面。前方左右侧各放置一件面朝地的菩萨弟子（头残失）并跪于坛台上，三佛背面（北面）八字形放置两身面朝上的天王像（小腿下部残失）；东面放置一身跪在坛台上的弟子（无头），一身天王左肩侧存一件护法头像。余为残件。

舍利塔所存造像，据北京大学中国考古专家宿白先生初步鉴定可能为北周时代作品。隋文帝仁寿元年（601 年）建舍利塔，距隋代建国开皇元年（581 年）已有 20 年的时间。文帝建舍利塔前已下诏恢复北周“灭佛”时的寺院和造像，现存佛教造像中有大量的隋仁寿元年以前的作品。笔者认为舍利塔中造像应该为隋代作品较为合适，即应该是隋代仁寿元年十月始建舍利塔时的造像，当时陈设在塔内，因塔在历史中的塌毁而造成造像的残损和缺失，现在摆设为清代重建时所为。

三、造像及其艺术特点

麦积山舍利塔三世佛造像，主尊（中）佛，磨光高肉髻，脸形方圆，眉清目秀，鼻挺，双瓣嘴，

① 舍利塔发掘时为实心塔，造像在砖土填实的塔基中，重修前的舍利塔下层可能是空室，可供人观像。

大耳下垂。表情庄重慈祥，略带微笑。上身内着僧祇支，束腰带，外着袒右袈裟，搭右肩臂外侧。双手残，似禅定印，结跏趺坐于坛台上。衣裾下垂坛台前近半圆形，残存内圆形项光。

左侧佛，头部造型与主尊佛似同。上身内着僧祇支，腰束带，外着双领下垂袈裟，左右手残失，结跏趺坐于坛台上。衣裾在坛台前近方形。

右侧弥勒菩萨，头戴花瓣冠，前饰莲花，束发及宝缯两侧下垂。脸形方圆，面部部分残损，不失俊秀。带宽桃形项圈，系花坠。肩佩圆形饰物，披巾，帛带下垂上绕肘两侧下垂，帛带一端垂于坛台前外侧。璎珞下垂至腹部穿玉环下垂绕结跏趺坐两腿下。双手残失，下着裙，裙裾于坛台前近斗形。项光圆形，内刻圆莲花瓣。

左侧并跪菩萨弟子，菩萨与弥勒菩萨造像基本似同，有别的是花瓣冠以宝珠光焰饰，莲瓣形项光。披巾腹下交叉，璎珞垂于腹前穿于内圆外方玉璧。左手抬至胸前托供品，右手略至腹侧握带系双环之一环下垂。双膝跪于坛台一侧。弟子头失，上身内着僧祇支，外着袒右袈裟，双手残失，双膝跪于坛台一侧。

左侧并跪菩萨弟子，与右侧并跪菩萨弟子造像相同，不同只是菩萨双手合十。弟子左手似提熏香炉，右手残。

跪弟子，头失，上身内着右肩挂带胸侧打结的僧祇支，外着袈裟，双膝跪于坛台上，双手（似）合十。

天王像，其一，方圆脸，束发于脑后扎一个小辫，浓弯眉，杏仁眼，鼻大挺直，双瓣嘴，表情庄重。上身袒，带圆形项圈，披巾下垂至腹前穿玉环，搭肘外侧下垂，双小臂残失。下着裙，束腰带打结。腿下部残失，项光残损。其二，带莲花冠，宝缯两侧上飘刻圆形项光中。平眉大眼，挺鼻，大嘴大耳，似刻胡须，表情严肃。带圆形宽项圈系花坠。上身着中长护心铠甲，腰束带，披巾下垂至腹前穿玉环搭肘外侧下垂。右手残，左手握金刚杵，下着裤，腿下部残失。左腿外侧残存一身竖发夜叉头，五官模糊，不失忿怒相。

舍利塔佛造像，脸形方圆，表情庄重慈祥，体态适中，上身着袒右或双领下垂袈裟等，在麦积山石窟北周的泥塑造像中皆可找到似同的特征。不过，北周佛像基本上皆是磨光低平肉髻，高肉髻不多见。三世佛在造像的裙裾方面，坛前的下垂形状分别作为近半圆形、斗形、方形，增强了装饰效果，这在洞窟造像中少见。以及二尊佛像的袈裟样式区别等，说明雕刻造像时对艺术方面的追求较高。

菩萨造像，不论从造型还是花冠，宝缯自两侧折下垂，璎珞样式、肩饰圆形物等，皆在麦积山石窟北朝洞窟造像中找到依据。如：弥勒菩萨的璎珞以玉米棒为主佩插圆珠及珊瑚等的样式与第 142 窟弥勒菩萨的璎珞似同，这与洞窟中北周泥塑菩萨造像所佩戴的璎珞一般无珊瑚是有区别。跪菩萨与第 47 窟石造立菩萨造像，在造型、服饰、项光等样式几乎完全相同①。

弟子造像中一身右肩垂带系僧祇支，较为特别，在现存石窟弟子造像中不可多见。麦积山石窟弟

① 第 47 窟石刻菩萨造像过去一般认为是北周时代，因麦积山石窟在舍利塔造像面世之前，没有同时代类别的石刻造像作为参照对比，以北周的泥塑造像艺术特征参照，具有一些似同特征，被定为北周。此造像与隋代的作品同样具有一些似同特征，结合舍利塔造像比较，应该为隋代所造较为合适。

子造像中另有第120窟一身弟子是带系袈裟，或许存在借鉴和影响的关系。此二身别具艺术特点的弟子造像，是佛教弟子造像艺术中难得一见的一种新的造像艺术形式。

天王造像，其一，头脑后束小辫，颈戴项圈，在洞窟造像中不见。只是有如第70窟等护法像，头顶束小发髻，不戴项圈。此舍利塔天王像是一新的造像特征。其二，头戴花冠，宝缯上飘，刻花瓣形项光，戴项圈，穿椭圆形护心镜铠甲，披巾，腿侧雕刻夜叉，这是麦积山石窟北朝可见的唯一一身与众不同的艺术特征造像。隋末唐初的第5窟，现存一身踏牛天王像，虽然也穿铠甲，与此天王像还是有较多的区别。尤其是两件跪菩萨弟子，北朝洞窟中如第176窟等也有跪菩萨弟子，皆是胡跪（单腿跪地）。此菩萨和弟子是并排双腿跪于一个坛台上，这是麦积山石窟造像中唯一的独特题材组合及艺术特征造像，也是中国佛教造像中难得一见的佳作。总之，隋舍利塔造像在继承北朝时期造像艺术特点的基础上，已具备新的艺术特征。对于研究麦积山石窟乃至中国佛教造像艺术，增添了弥足珍贵的新资料，具有非常重要的价值。

四、造像示教佛教思想

麦积山舍利塔造像思想，从《诏书》中已清楚得知隋文帝建塔造像所教示的佛教思想。因佛陀大慈大悲，救护众生，人间随缘说法教化产生的佛教，相续弘传至隋时已衰落。这种利益众生、利益社会的圣教，应该在社会中得到提倡，使其当今存在，相续未来。他作为佛弟子，承担起重兴佛教、续佛慧命、教化度众生的使命，让人们见知佛教，皈依三宝，修福善之业，现世增福，来时应作善因，并最终同登妙果。

隋文帝重兴佛教，弘传佛法，看似学印度阿育王之举。阿育王在全国范围内颁布信奉佛教的敕令和教谕，将佛教列为国教，并摩崖刻石，建立纪念石柱。从印度王舍城（今印度比哈尔邦境内）等地取回阿阇世等八国国王建塔所瘗葬佛陀舍利，在世界各地分造佛塔。隋文帝在全国范围内下诏“思与四海之内，一切人民，俱发菩提，共修福业”，也不失将佛教列为国教，并恢复过去毁坏的佛寺塔像。从天竺沙门得佛舍利一包，在全国诸州分造舍利塔。阿育王振兴佛教，大作佛事，因阿育王早年狂暴嗜杀、杀人夺位，深深陷入自己发动的战争所造成的流血、恐怖和痛苦之中，最终受佛教感化，幡然悔悟，皈依佛门。隋文帝在佛寺长大，早受佛教影响，皈依三宝。夺位建国、战争杀人是不可避免的，作为佛教弟子，战争所造成的流血、恐怖和痛苦应该更深。《诏书》云：“为朕、皇后、太子广、诸王子孙等，及内外宫人，一切民庶，幽显生灵，各七日行道，并忏悔。”从此来说隋文帝建塔造像有忏悔罪过的示教思想，并“修福业，使当今见在，爰及来世，永作善因，同登妙果”的因果报应思想。

隋文帝诸州建塔时，“请沙门三十人，谙解法相，兼堪宣导者”。那么派遣到各地建塔教化的高僧，自然会在不失诏义的情况下，带有自己对佛教思想的理解。麦积山舍利塔中造像，或许就是在这种情况下产生的。

过去迦叶、现在释迦、未来弥勒的三世佛造像，所教示的思想，其实际上是在宣传“佛不灭论”，是对“灭法思想”的一种反击形式。佛教传至隋，经历了北周的“废佛”事件，佛教中有存在把佛教的迫害视为法灭的现象。又佛经论中有“正法五百年，像法一千年，末法一万年”之说①。关于佛教末法时期，早在北凉时期已较流行，已进入末法时代②。时至隋，多位高僧论及“正法、像法、末法”三时思想，如慧远（523~592年）、智顗（538~597年）、吉藏（549~623年）等，乃至三阶教传播。末法思想的流行，对已进入末法无佛之世的信仰者来说，祈盼生弥勒净土，随弥勒下世，受闻佛法得度之弥勒信仰思想受到亲昵。如缘禾三年（434年）白双造像塔发愿文“自惟薄福，生值末法——舍舍受身，值遇弥勒”③。三世佛造像含有弥勒信仰之上生、下生思想的教示。

三世佛又含摄“三世轮回”和“因果报应”的思想教示。前世之因，今世之果，今世之因，来世之果。三世轮回，因果相报。从统治者的角度，也就是说现世的社会秩序，统治者和被统治者、皇帝和百姓之间的差别，在前生已决定，反抗是没有任何用处的，只能种下今世的恶业因，不但及今世，还及来世，教育百姓做“逆来顺受”的顺民。这不失为借佛教三世佛造像中的三世因果轮回思想，从事政治统治教示思想。

供养菩萨弟子造像，其特出佛教“供养”“布施”的示教思想。佛经中说，一切供养法，法供养为最。舍利乃佛法身，造像示教佛法，皆为法供养。《大庄严论经》云：“若名称普闻知，一切咸供养，必得人天乐，亦获解脱果。”“供养佛塔功德甚，是故应当勤心供养。”④ 如何供养法，获得善果，建舍利塔造像是一途。建塔造像需要财力，布施方成。《长阿含经》说，一王思以布施、持戒、禅思三因缘，令获为王之果报。念今已受人间之福报，当复进修天福之业⑤。又经中说，一乞人前世为国王，不施，今生轮为乞人，受贫贱苦⑥。菩萨修六度，方疾得至佛。“六度”布施为首。如此强调布施修福德善因之重要性。人们如何布施，“若有贫穷人，无财可布施，见他修福时，而生随喜心，随喜之福报，与施等无异”⑦。《诏书》中说：“思与四海之内，一切人民，俱发菩提，共修福业，使当今见在，爰及来世，永作善因，同登妙果。……任人布施，钱限止十文以下，不得过十文。所施之钱，以供营塔，若少不克役，正丁用库物。”含摄示教佛教心敬信佛法，修福善之业，布施不在多少，随缘布施的功德思想。同时窃知隋文帝是位对佛教教义理解较深的中国佛弟子皇帝，作为佛弟子，能以佛菩萨慈悲普度众生的精神化导人民。作为皇帝能体察人民生活，为人民着想。这正是佛教大乘教化的宗旨，同时标榜自己是位“仁君”。

天王造像，天王是佛教天龙八部护法神之一，隋文帝重兴佛教，建塔造像，认人布施，反映出人天护法的示教思想。

总之麦积山舍利塔造像，除示教上述佛教思想外，同时具有拜塔像忏悔、禅观观像等功用思想。

至此，隋文帝先后三次下诏在全国诸州大规模建舍利塔，天水也先后建舍利塔三座，其中在麦积

---

① 参见赖永海：《中国佛教百科全书》，上海：上海古籍出版社，2000年。

② 殷光明：《北凉石塔十二因缘经及有关问题》，《敦煌学辑刊》1996年第2期。

③ 金申：《中国历代纪年佛像图典》，北京：文物出版社，1994年，第43页。

④ 罗什：《大庄严论经》，《大正藏》第4册，第201页。

⑤ 参见佛陀耶舍共竺佛念：《佛说长阿含经》，《大正藏》第1册，第1页。

⑥ 罗什：《大庄严论经》，《大正藏》第4册，第201页。

⑦ 求那跋陀罗：《过去现在因果经》，《大正藏》第3册，第189页。

山瑞应寺建造两座，南郭寺建造一座。皇帝重兴佛教，诏建塔事，请名僧“谙解法相，兼堪宣导者”在天水佛教弘法。加上“仁恕慈爱，崇敬佛道，请为沙门，上不许”① 的深信佛教徒杨俊在秦州任总管护法，天水隋代佛教与全国佛教一样，无疑掀起传教弘法高潮，如麦积山石窟第 13 窟 15.7 米的摩崖弥勒大佛及胁侍菩萨造像就是隋代开造，武山石窟显圣池有多幅隋代壁画和造像，说明隋代天水佛教的盛行。

（原载于《石窟寺研究》第五辑，北京：文物出版社，2014 年）

① ［唐］魏徵等撰：《隋书》卷四五《列传第十》，北京：中华书局，1973 年。

麦积山《秦州雄武军陇城县第六保瑞应寺再葬佛舍利》碑相关问题略考

张　萍　马　千

麦积山石窟现存《秦州雄武军陇城县第六保瑞应寺再葬佛舍利》碑原为长方形，现已残缺成不规则形状，长75厘米，高42厘米，厚0.8厘米。正面刻文，背面中部竖刻“嘉靖”二字，右半部分被磨成圆涡状。表明该碑在明代嘉靖年间被作为其他用途。

由于该碑碣在研究麦积山石窟历史方面有很重要的价值，备受研究者重视。阎文儒主编《麦积山石窟》①、张学荣、何静珍《再论麦积山石窟的创建时代及最初开凿的洞窟》②、李之勤《麦积山石窟的题记、碑刻与宋金利州路、凤翔路间的分界线》③、杨爱珍《关于麦积山石窟文献和刻石的注释》④等文中均有略述。该碑由于残损，碑文已不全，但幸存的部分文字却记述了麦积山石窟寺院的历史沿革，在前人研究的基础上，对该碑所反映的一些问题再谈些自己的认识，祈方家指正。

碑文阴刻楷书，共19行，行最多21字。第一、二行刻碑名“秦州雄武军陇城县第六保瑞应寺再葬佛舍利记”，正文应为17行，最后1行残：

秦州雄武军陇城县第六保
瑞应寺再葬佛舍利记四
阿育王始初兴建号无忧□（古）寺至我宋
乾德四年计二千年矣又至靖康二
年计一百□（七）十年昔西魏大统元年再
修崖阁重兴寺宇至我宋乾德二年计
四百年又至隋文皇仁寿元年再□（开）龛
窟敕葬舍利建此宝塔赐净念寺至大中
二年有先师迥觉大师寻旧基圣迹构
精蓝至乾德四年一百二十年及赐灵芝一十

① 阎文儒主编：《麦积山石窟》，兰州：甘肃人民出版社，1984年，第56页。
② 麦积山石窟艺术研究所编：《麦积山石窟研究论文集》，兰州：甘肃人民出版社，2006年，第440页。
③ 麦积山石窟艺术研究所编：《麦积山石窟研究论文集》，兰州：甘肃人民出版社，2006年，第431页。
④ 阎文儒主编：《麦积山石窟》，兰州：甘肃人民出版社，1984年，第152页。

一本其年一月内遍山花卉盛开继至皇祐三
年一百二十八年又元符元年□（讼）火隳坏寺宇于建
中□（靖）国元年寺主僧智詷等再建宝塔又崇宁
□□□顶产灵芝三十八本丞□张同申州帅坐
……□山图进产芝蒙恩改瑞应寺免
……奖谕又至靖康元年管勾僧
……彻净台四周地面
……□（日）请僧众及
…………

一、碑刻时间及立碑者

碑文末尾有“靖康元年管勾僧……/□彻净台四周地面……”。“靖康元年”（1126年）为北宋最后一位皇帝钦宗赵桓时代，而碑文第二行出现“靖康二年（1127年）”，也是碑文中出现多个年代中时代最晚的一处，且根据文意，此年代为全文所述的截止年代，则该碑最早应刻于1127年。撰著者为麦积山寺管勾僧某某。

管勾，亦作“管句”，意为办理、管理之类，宋代始以管勾为官职。当时的官名有管勾卖盐官、勾当御药院①，管勾文字、勾当公事、管勾帐司等②。宋代在多个政府机构都设置管勾，以作管理。还在家事、香火等事务方面也设置管勾，如：“诏遣使臣一人，管句故太师赵普家事。”“皇祐五年十月，因通判州事王靖建言，始创端命殿宇于天庆观之西，奉安太祖御容。初以兵马都监一员兼管。至元丰六年，专差内侍一名管勾香火。”③ 麦积山“再葬佛舍利记”碑有“管勾僧”，说明宋代在寺院里的管理者也叫“管勾”。可见宋代“管勾”职务的设置覆盖到社会的各个方面。该管勾僧人的名字已无法知晓。

二、关于秦州雄武军陇城县第六保

1. 秦州雄武军

据《中国古今地名大辞典》天水条曰：“……晋为天水郡，秦州亦治此，宋移成纪……”④ 据《元史》卷六〇《地理三》曰：“秦州，中。唐初为秦州，宋为天水郡。金为秦州，旧领六县。元至元七年，并鸡川、陇城入秦安，治坊入清水。领三县。”⑤ 所以麦积山所在之天水，古属秦州。

---

① ［宋］司马光：《司马文正公传家集》卷三九《言王中正札子》，《宋会要·职官四〇》。
② ［南宋］李焘撰：《续资治通鉴长编》卷五十二，元年二月戊子条，北京：中华书局，2004年。
③ ［宋］王明清撰：《挥麈后录》卷一，北京：中华书局，1961年。
④ 戴均良等主编：《中国古今地名大辞典》，上海：上海辞书出版社，2005年。
⑤ ［明］宋濂等撰：《元史》卷六〇《地理三》，北京：中华书局，1976年。

“军”开始于唐代，但不是行政区划单位，是军镇，属军事系统，只管军队，将领称使，并多设置于在军事活动频繁的边疆地区。到宋代才演变为行政区划单位，多设在今山西、河北、陕西沿边地区。用来统辖县及城、镇、堡、寨。在内地交通运输要地，也置军并派兵戎守以保护漕运①。后置秦凤路，统五州、一军、十五县。据《宋史》记：“秦州，下府，天水郡，雄武军节度。旧置秦凤路经略、安抚使、统秦州、陇州……凡统五州。”② 据《读史方舆纪要》卷五十九《陕西八记》：“咸通四年，置天雄节度使治此。景福初为李茂贞所据。五代初没于蜀，亦置天雄军。后唐平蜀，改为雄武节度。汉初又为后蜀所取。周显德二年收复，宋仍曰秦州，亦曰天水郡，雄武军节度。”③ 故宋时秦州属天水郡雄武军节度管辖。据《新五代史·职方考·表》：“秦：岐——雄武；蜀——天雄。”④ 故五代时秦州亦称“雄武军”。

2. 陇城县属秦州

据《宋史》卷八七《地理三·秦州》曰：“秦州下府天水郡雄武军节度……县四：成纪、陇城、清水、天水。……”⑤ 可见秦州管辖成纪（今天水市秦州区）、陇城（今秦安县东陇城镇）、清水（今清水县）、天水（今秦州区西南天水镇）四县。又据《元和郡县图志》卷三十九《陇右道·秦州条》曰：“陇城县，中，西南至州一百二十里，本汉略阳道，属天水郡，……开皇三年罢军河阳县徙理焉，六年改为陇城县。”⑥

3. 故陇城县属天水郡

又麦积山七佛阁东柱所刻赵希安题刻石曰：“权陇城县事赵希安，陈起□檄宾于此山，崇宁伍年贰月拾有捌日闲志。”⑦ 崇宁五年（1106年），也就是宋徽宗时，麦积山属陇城县管辖。至靖康二年（1127年）麦积山属陇城县管辖。

由上述资料可考，陇城县当属秦州雄武军，此碑中“秦州雄武军陇城县第六保……”可考，按麦积山下瑞应寺宋时应属秦州陇城县，并为第六保所管辖，赵希安掌管陇城县事，麦积山为其管辖之地。

三、关于麦积山寺院敕赐寺名的问题

根据碑刻所述，麦积山从东晋十六国至宋代，先后出现无忧寺、石岩寺、净念寺、应乾寺、瑞应寺名。

1. 无忧寺

麦积山寺，在历史上记载很多，据碑记“阿育王始初兴建号无忧□（古）寺……”据《法苑珠林》卷三十八《敬塔篇》曰：“秦州麦积崖佛殿下舍利，山神藏之。此寺周穆王所造，名曰灵安

---

① 邹逸麟编著：《中国历史地理概述》，福州：福建人民出版社，1989年，第136页。

② ［元］脱脱等撰：《宋史》卷八七《地理三·秦凤路》，北京：中华书局，1977年。

③ ［清］顾祖禹：《读史方舆纪要》卷五十九《陕西八·秦州》，北京：中华书局，1943年。

④ ［宋］欧阳修撰：《新五代史·职方考·表》，北京：中华书局，1974年，第744页。

⑤ ［元］脱脱等撰：《宋史》卷八七《地理三·秦州》，第2154页。

⑥ ［唐］李吉甫撰：《元和郡县图志》卷三十九《陇右道·秦州条》，北京：中华书局，1983年。

⑦ 麦积山石窟第四窟散花楼东部柱上所刻崇宁伍年题记。

寺。”① 据南宋嘉定十五年（1222年）《四川制置使司给田公据》碑曰：“始自东晋□□□起迹敕赐无忧寺□□□给田供养……”② 又宋碑《秦州雄武军陇城县第六保瑞应寺再葬佛舍利》记：“阿育王始初兴建号无忧□（古）寺至我宋/乾德四年计二千年矣。”张宝玺先生认为麦积山最早的无忧寺是谁建，又何时建是有很大的传说成分的③。碑文中记载文意是东晋敕名，但东晋地处江南，秦州在东晋不隶属于江南，早在统治这里的前秦、后秦、西秦在麦积山开始佛事活动了。据史料记载，西秦时就有著名禅师玄高、昙弘在此讲学。但没有提及无忧寺。不管怎样，无忧寺这是麦积山有史以来最早的有关寺院的记载。

2. 石岩寺

据《四川制置使司给田公据》碑曰：“次七国重修敕赐石岩寺。”④ 七国重修，指“前赵、后赵、前秦、后秦、西秦、前凉、北凉”。又据麦积山宋绍兴二十七年题记：“麦积山胜迹，始建于□（姚）秦，成于元魏。”⑤ 张学荣先生和何静珍女士认为，石岩寺为后秦寺名，认为东晋（或云后秦）敕无忧寺，后敕石岩寺。但张宝玺先生则认为北魏寺名，或北朝寺名，而非东晋寺名⑥。在西魏大统元年（535年），麦积山仍兴修寺宇、佛事不衰。

3. 净念寺

隋代敕净念寺。据宋碑《秦州雄武军陇城县第六保瑞应寺再葬佛舍利》记：“隋文皇仁寿元年再□（开）龛/窟敕藏舍利建此宝塔赐净念寺。”又王劭《舍利感应记》：“秦州于静念寺起塔。”⑦ 隋文帝仁寿元年（601年），隋文帝再次开龛敕舍利，建舍利塔安置舍利，并且赐寺院为净念寺。

4. 应乾寺

唐代赐应乾寺。唐代佛教非常兴盛，麦积山保留下的洞窟却很少，恰巧在开元二十二年发生过一次强烈的地震，致使中部塌毁，只有少量初唐的窟龛，有关寺院的记载更谈及不到。宋碑“至大中二年有先师迥觉大师寻旧基圣迹构精蓝”。可见在唐大中二年（848年）先师迥觉大师在原来旧址上构建“精蓝”。在麦积山第59窟宋景祐二年（1035年）墨书题记《麦积山应乾寺重妆塑东西阁佛像施主舍钱记》中麦积山在宋代时重修东西阁佛像，可见至宋景祐二年时仍为应乾寺。到北宋哲宗元符元年（1098年），麦积山发生火灾，寺宇隳坏。

---

① ［唐］释道世著，周叔迦、苏晋仁校注：《法苑珠林校注》，北京：中华书局，2003年，第1226页。

② 《四川制置使司给田公据》碑现藏麦积山瑞应寺。录文见张锦秀编撰：《麦积山石窟志》第六章《碑碣・铭文・匾额》，兰州：甘肃人民出版社，2002年，第169~173页。

③ 张宝玺：《从“六国共修”看麦积山石窟的历史》，《敦煌研究》1995年第4期。

④ 张锦秀编撰：《麦积山石窟志》第六章《碑碣・铭文・匾额》，兰州：甘肃人民出版社，2002年，第171页。

⑤ 刻石在麦积山石窟第3窟与第4窟通道一侧。录文见张学荣：《麦积山石窟的新通洞窟》，《文物》1972年第12期。

⑥ 《四川制置使司给田公据》碑现藏麦积山瑞应寺。录文见张锦秀编撰：《麦积山石窟志》第六章《碑碣・铭文・匾额》，兰州：甘肃人民出版社，2002年，第169~173页。

⑦ ［隋］王邵撰：《舍利感应记》，［唐］释道宣撰：《广弘明集》卷十七，《大正藏》第53册，第214页。

5. 瑞应寺

宋代敕赐瑞应寺。据宋碑《四川制置使司给田公据》碑记："圣朝大观元年于绝顶阿育王塔傍地产灵芝草三十八本蒙秦州经略陶龙图具表进上奉敕赐改瑞□（应）□（寺）"① 宋徽宗大观元年（1170 年）在麦积山顶舍利塔旁产灵芝三十八本，经秦州经略陶龙图（陶节夫）进上，宋朝政府为之祥瑞，便敕赐寺名为瑞应寺。宋代在麦积山佛教非常兴盛，除了皇家的支持外，民间也大量地对东西崖进行过维修，有宋人墨书题记和第 13 号摩崖大佛出土的南宋绍兴二年（1132 年）瓷碗②可证。

这里有一个问题需要再强调，即关于产灵芝的时间，《再葬佛舍利记》碑与《四川制置使司给田公据》碑不一致。前者曰"崇宁□□□顶产灵芝三十八本"，而后者曰"大观元年于绝顶阿育王塔傍地产灵芝草三十八本"。按崇宁五年（1106 年）秋七月"壬寅，诏改明年元"③，说明大观年号在崇宁五年的七月份已经定下来了，但直到次年才正式使用。因此，《再葬佛舍利记》碑中"崇宁"后面所缺的三字可以补为"五年山"，即全句应为"崇宁五年山顶产灵芝三十八本"。《四川制置使司给田公据》碑比《再葬佛舍利记》碑晚 116 年，而《再葬佛舍利记》碑刻碑年代若为靖康二年（1127 年），距麦积山顶产灵芝事仅 21 年，故其所记自应比《四川制置使司给田公据》碑要准确些。但《四川制置使司给田公据》碑有篆书"四川安抚制置使之印"，为官方所刻，且碑文规整，应有一定的权威性，而《再葬佛舍利记》碑字迹潦草，似应为本寺僧人所刻。因此，《四川制置使司给田公据》碑说产灵芝事为"大观元年"也可说得通，因为在前一年的七月改元已定。

北宋崇宁年间知秦州者有两人，一为吴宪（1102～1103 年），兼领直龙图阁，之后为胡宗回（1103～1104、1105 年两次任），兼领集贤殿修撰，继任者为郑仅（1106～1107 年）。大观初年陶节夫知秦州，陶节夫为龙图阁学士，故《四川制置使司给田公据》碑称其为"陶龙图"④。《再葬佛舍利记》碑在说到产灵芝后，由秦州丞□张同申报给州帅某某，然后再由其进献于朝廷，朝廷为此赐寺名曰瑞应寺。这里的州帅很可能就是《四川制置使司给田公据》碑中所言的陶龙图，即陶杰夫。

上述碑、题记和刻石可见，基本反映了麦积山寺院的历史，同时与麦积山石窟现存遗存基本相符，即麦积山石窟始建于十六国后秦时期，北朝（北魏、西魏、北周大兴），隋代继续开凿洞窟，唐代保留有个别窟龛遗迹，宋代以后至明清时期为重修和延续阶段。大体与宋碑《四川制置使司给田公据》碑所记"上下万仞，中有三泉，文殊、普贤、观音圣水，万民祈祷，无不感应。始自东晋起迹，敕赐无忧寺□□□给田供赡。次七国重修，敕赐石岩寺。大隋敕赐净念寺。大唐敕赐应乾寺，……大观元年……敕改赐瑞应寺"相符。《再葬佛舍利记》碑记唐大中二年（848 年）迥觉大师再建精蓝，唐廷所赐应乾寺名应从为该年。尤其是宋代，在《再葬佛舍利记》碑中记载得非常详细，脉络大致明晰。乾德四年（966 年）由朝廷赐给灵芝一十一本种植，皇祐三年（1051 年）有何事发生，未详。元符元年（1098 年）寺宇因火焚遭到破坏（现麦积山多个洞窟内）。建中靖国元年（1101 年）寺主僧智詷等

---

① 《四川制置使司给田公据》碑现藏麦积山瑞应寺。录文见张锦秀编撰：《麦积山石窟志》第六章《碑碣·铭文·匾额》，兰州：甘肃人民出版社，2002 年，第 169～173 页。

② 张锦秀编撰：《麦积山石窟志》第七章《藏品》，兰州：甘肃人民出版社，2002 年，第 196 页。

③ ［元］脱脱等撰：《宋史》本纪二〇《徽宗本纪二》。

④ ［元］脱脱等撰：《宋史》卷三四八《列传一七〇·陶节夫传》。

再建宝塔（现麦积山顶舍利塔为清代重修，2009年再度重修时，发现宋代瘗埋佛像，与碑文所记相合）。崇宁五年（或大观元年，1107年）因产灵芝三十八本被赐寺名瑞应寺，唐代应乾寺名不再使用。瑞应寺自北宋徽宗大观元年后一直沿用至今。靖康元年管勾僧某某及僧众又在麦积山举行某种活动，惜铭文不全，已不可考。

四、有关西魏大统元年再修崖阁重兴寺宇的问题

西魏大统元年（535年），麦积山仍兴修寺宇、佛事不衰。据《文帝文皇后乙弗氏传》曰：

> 文帝文皇后乙弗氏，河南洛阳人也。……以大统元年册为皇后……生男女十二人，多早夭，唯太子及武都王戊存焉……更纳悼后，命后逊居别宫，出家为尼……依子秦州刺史武都王……六年春蠕蠕举国度河……颇有言虏为悼后之故兴此役……乃遣中常侍曹宠赍手敕令后自尽，后奉敕挥泪……令侍婢数十人出家，手为落发，事毕乃入室，引被自覆而崩，年三十一。凿麦积崖为龛而葬……后号寂陵……追谥曰文皇后①。

这个记载对于麦积山石窟的历史研究非常珍贵，价值极高，因此引起了学者的普遍重视。此记载正可与《再葬佛舍利记》相印证，碑文曰“昔西魏大统元年再修崖阁重兴寺宇”，该碑述麦积山的历史时，宋代以前的十六国至北朝隋唐时期，主要有三件大事，此其一（另两件为隋文帝敕赐舍利建宝塔再开窟龛和唐大中二年迥觉大师在旧基上重建寺院），可见西魏大统元年即开始了麦积山石窟及寺院建设的另一轮高潮。大统元年念贤出任秦州刺史，后又于大统五年（539年）再度出任秦州刺史②。我们目前无法确知念贤出任秦州刺史是否与麦积山再修崖阁有关。但很多学者据此进行讨论，认为大统元年再修崖阁与乙弗氏有关，其实不然。乙弗氏出家为尼是在大统四年，依附其子武都王戊徙居秦州应该是在大统五年念贤死在秦州任上之后，所以乙弗氏与麦积山于大统元年“再修崖阁，重兴寺宇”是没有关系的。关于乙弗氏的寂陵窟的位置，早在1957年4月29日，洪毅然先生在瑞应寺写下手稿《西魏文皇后乙弗氏“寂陵”遗址蠡测》，初步认为第43窟可能即“寂陵”遗址③。金维诺、张宝玺等先生认为在据地面八十多米以上西崖最高处的两所规模最大的殿堂式洞窟——第127窟和第135窟。金先生认为麦积山第127窟规模宏丽，非一般家族财力所能及。此窟建于西魏初年，且壁画七佛之侍女中有落发女尼形象，当为寺尼，与乙弗氏有关，从历史、建筑、洞窟内容及佛教等方面做了详细的论述④。

麦积山现编第43窟外观为三间四柱仿木构宫殿式建筑，窟分为前、中、后三部分，现存所有造像均为宋代重塑。前部左右两侧各塑一力士，顶天立地，威武雄壮；中间为平面马蹄形穹隆顶，中间一主佛，两侧各塑胁侍菩萨一身，佛背后上方左右一龙女模样，两侧壁对称各开一圆拱形龛，内已无造

---

① ［唐］李延寿撰：《北史》卷一三《后妃列传·文帝文皇后乙弗氏传》，北京：中华书局，1974年，第506页。

② ［唐］令狐德棻等撰：《周书》卷一四《念贤传》，北京：中华书局，1971年，第227页。

③ 天水麦积山文物保管所、麦积山艺术研究会：《麦积山石窟资料汇编》初集，1980年。

④ 天水麦积山石窟艺术研究所编：《中国石窟·天水麦积山》，北京：文物出版社、东京：平凡社，1998年。

像。佛后下方一洞穴，人工开凿成内有画像砖之类。洞窟不是很大，但结构较为复杂，根据董广强等先生的研究，认为该窟三个部分从前到后分别代表地面陵墓建筑的“庙”“庐室”和“柩室”①。因此，该窟为寂陵窟已不存在疑问。

由此碑可知，西魏大统元年又在麦积山再修窟龛、重兴寺宇，可见当时佛事的兴盛状况，但却与乙弗氏无关，西魏初期一些洞窟如第127、135、132等的形制及造像特点，延续了北魏晚期的形式又有所变化，而至大统六年左右新出现的一些洞窟如第44、20、102、105等一批洞窟，出现了全新的造像风格，应该是与乙弗氏来麦积山有关，且这种造像风格应该受到来自首都长安的影响②。

五、隋文帝再葬舍利

据碑记：“隋文皇仁寿元年再□（开）龛/窟敕葬舍利建此宝塔赐净念寺。”这是该碑在记载麦积山历史上又一重大事件。

隋文帝杨坚笃信佛教，全力弘扬佛教，其最大的行动就是在全国兴建舍利塔。其中仁寿元年敕赐舍利并建塔供养就有麦积山，麦积山的寺院并改名为净念寺。

关于隋文帝与佛教的关系及提倡佛教的作为，文献记载颇多，如《广弘明集》曰：

门下仰惟正觉，大慈大悲，救护群生，津梁庶品。朕归依三宝，重兴圣教，思与四海之内，一切人民，俱发菩提，共修福业，使当今见在，爰及来时，永作善因，同登妙果……③

又如：

宜请沙门三十人，谙解法相，兼堪宣导者，各将侍者二人，并散官各一人，熏陆香一百二十斤，马五匹，分道送舍利往前件诸州起塔；其未注者，就有山水寺所起塔；依前山，旧无山者，于当州内清净寺处，建立起塔。所司造样，送往当州，僧多者三百六十人，其次二百四十人，其次一百二十人。若僧少者，尽见僧为朕、皇后、太子广、诸王孙等，及内外官人，一切民庶，幽显生灵，各七日行道，并忏悔。起行道日，打刹莫问同州异州，任人布施，钱限止十文以下，不得过十文。所施之钱，以供营塔，若少不克役，正丁用库物，率土诸州僧尼，普为舍利设斋。限十月十五日午时，同下入石函。总管刺史已下，县尉以上，自非军机，停常务七日，专检校行道及打杀等事务，尽诚敬副联意焉。主者施行。仁寿元年六月十三日，内史令豫章王臣谏宣④。

可见对于佛教是特别的重视。隋文帝诏告天下专门为迎接舍利，到舍利入函及进塔七日内停止一切事务，这是历史上从来没有的。

① 董广强、魏文斌：《陵墓与佛窟——麦积山第43窟洞窟形制若干问题研究》，《敦煌学辑刊》待刊。

② 参考（日）八木春生：《麦积山石窟西魏窟に关する一考察》，收录于《2004年佛学研究论文集——麦积山石窟艺术与人间佛教》，财团法人佛光山文教基金会，2005年。

③ ［唐］释道宣撰：《广弘明集》卷十七《隋高祖文帝立舍利塔诏》，《大正藏》第53册，第214页。

④ ［唐］释道宣撰：《广弘明集》卷十七《隋高祖文帝立舍利塔诏》，《大正藏》第53册，第214页。

关于麦积山建塔事，《广弘明集》曰："六月，诏请沙门三十人分道送舍利往诸州，按所司造样起塔，限于十月十五日午时同时下入石函。麦积山再开龛窟，葬舍利函，建宝塔，敕赐寺名净念寺。"①《舍利感应记》载："秦州于净念寺起塔。"②《太平广记》引《玉堂闲话》："隋文帝分葬神尼舍利于（麦积山）东阁之下，石室之中。"③ 隋文帝于麦积山所建的舍利塔，即今麦积山顶的砖塔，该塔2009年重修时发现宋代瘗埋的佛像等遗物。证明《再葬佛舍利记》中北宋建中靖国元年（1101年）寺主僧智俐等再建宝塔是符合实际的。该碑中又言"再开龛窟"，说明麦积山石窟隋代时又开凿了一批洞窟。目前所能判断麦积山石窟隋代洞窟有第8、10、13、24、37、5等窟龛，其中第13号为摩崖一佛二菩萨三尊像，是目前麦积山现存最大的造像。这些窟龛的存在也证明该碑所记不缪。

六、有关寺院之事

据碑文记："先师迴觉大师寻旧基圣迹构/精□（舍）及赐灵芝一十/一本皇祐三/年一百二十八年又元符元年讼火隳坏寺宇。""迴觉大师"为麦积山有名的主持之一。于唐大中二年（848年）在麦积山修造寺院，并赐于寺院灵芝一十一本，种植后当年就满山鲜花盛开。由此可见，麦积山非常适宜于种植灵芝，以至于与宋碑又记："圣朝大观元年于绝顶阿育王塔傍地产灵芝草三十八本蒙秦州经略陶龙图具表进上奉敕赐改瑞□（应）□（寺）"之事相符合。到了宋仁宗皇祐三年（1051年）至宋元符元年（1098年）期间，发生了一场大火毁掉了寺院。

关于这一点，我们也能从麦积山现存洞窟中找到佐证。麦积山历史上曾遭到过多次的破坏，有自然的，也有人为的。其中最大的破坏是唐代的地震，致使麦积山的崖面中部崩裂，多数洞窟坍塌。火患也是麦积山最大的危害之一，多数洞窟内可见被烟火熏黑，窟内遗存的木头也可见被烧焦的现象，如第90窟等。这里的"精舍"指寺院的别名。

《秦州雄武军陇城县第六保瑞应寺再葬佛舍利记》碑主要记载了麦积山瑞应寺、再葬佛舍利及一些历史掌故，从中反映出麦积山的兴衰及其历史的变迁状况，为我们研究秦州及麦积山的历史具有非常重要的参考价值。

（原载于《陇右文博》2014年总第40期）

---

① 《广弘明集》卷十七《佛德篇·隋国立舍利塔诏》，《大正藏》第52册，第213页。

② 《广弘明集》卷十七，记载隋著作王邵：《佛德篇·舍利感应记》，上海：上海古籍出版社，1991年，第221页。

③ 冯国瑞：《麦积山石窟志》，第19页。[北宋] 李昉等编：《太平广记》，北京：中华书局，1995年。

麦积山石窟第123窟造像服饰研究

曹小玲　孙晓峰

西魏开凿的第123窟位于麦积山石窟西崖最上层，该窟为平面方形，套斗顶，三壁三龛窟。窟高2.50米，宽2.34米，进深2.36米，窟内正壁龛内塑释迦坐像，龛外两侧各塑一胁侍菩萨立像。左壁龛内塑维摩诘坐像，龛外左侧塑一童男，右侧塑阿难。右壁龛内塑文殊坐像，龛外左侧塑迦叶，右侧塑一童女。

该窟是麦积山西魏造像保存最完整的窟龛之一，且未受后世人为修缮扰动。它不仅真实再现了当时流行的佛教造像题材和盛行的佛教思想，而且上述窟龛内造像的着装也真实反映了当时秦州，甚至北方地区人们日常生活的服饰文化特点，对于认识和了解西魏时期秦州、长安和关中地区世俗人物服饰的发展变化过程、流行特点等具有重要意义。有鉴于此，本文拟从服饰文化方面对第123窟造像所反映和体现的内涵略加分析和研究，不足之处，敬请斧正。

一、第123窟造像服饰概述

第123窟共9身造像，其中正壁龛内释迦坐佛内穿偏衫，胸前束带，衣带打结下垂。外罩垂领式宽博袈裟，右侧衣襟垂至腹前左上绕，搭左肘下垂，覆于左膝之上。袈裟下摆呈八字形垂至龛前，衣裾做两层波纹状折叠，服饰质感厚重，衣纹简洁流畅；龛外左侧菩萨束前翻式高发髻，饰发圈，其上正、左、右等距装束三朵宝相花。身穿交领式广袖长衫，裙带高齐至胸前，打结后分两缕下垂至裙裾。双肩各饰一圆镜状物，其下各缀饰三缕帛带，帔帛搭肩绕臂，贴身体两侧下垂至地面，形态清秀飘逸。龛外右侧菩萨束分叉式高发髻，前端饰一摩尼宝珠，服饰、装束、形态等大致同左侧菩萨。

左壁龛内维摩诘头戴覆钵形小冠，内穿轻薄贴体的对襟长衫，衣带腹前打结下垂。外穿大袖垂领长袍，下摆做波折状堆叠于方形座上，服饰表面阴刻稀疏、流畅的衣纹线；龛外左侧为童男立像，头戴齐额半覆耳的圆形毡帽，身穿圆领窄袖裘皮袍，开领位于近左肩处，系带清晰可见，左腋下隐约可辨两缕束袍衣带贴膝下垂。下着裤褶，脚穿尖头靴；龛外右侧佛弟子阿难，内着偏衫，下着长裙，外穿垂领式袈裟，其中袈裟一角胸前上绕，再搭右肘下垂，衣摆垂至膝下，脚蹬云头履。

右壁龛内文殊菩萨头戴方形束发冠，服饰装束大致同正壁两侧菩萨，裙裾堆叠于方形座上；龛外左侧为佛弟子迦叶，装束大致同阿难，脚蹬圆头履；龛外右侧为童女立像，头顶梳双鬟式发髻，分别贴两侧下垂。上身内穿圆领裘皮袍，领口亦位于近左肩处。外穿垂领式中袖短袍。下穿齐胸长裙，裙带胸前打结，分两缕下垂，脚穿圆头靴。

二、第123窟相关服饰问题的讨论与分析

1. 西魏时期佛装与世俗服饰之间的关系

上述第123窟造像服饰从类型可分为佛装和世俗装两大类。其中佛、菩萨、弟子装束通常意义上属于佛装体系，而居士维摩诘和童男、童女的装束则属于世俗装体系。但纵观麦积山石窟西魏窟龛造像服饰，我们发现事实情况并非如此，这一时期两类服装样式之间并没有十分明显的界线，反而共同表现出北魏孝文帝南迁洛阳，全力推行汉化政策，在服饰方面所体现出的“褒衣博带”服饰特征。其中佛、弟子服饰在着装仪轨上尚保存有传统僧装特点，但表现形式上已接近世俗样式，而菩萨服饰则与世俗人物装束之间没有太明显的差别。这种现象表明，当时佛装在特定历史条件和审美文化倾向的双重作用下，已经基本摆脱外来佛装体系束缚，在中国传统服饰影响之下，已更多地体现出中国化、民族化和世俗化特征。

2~3世纪，佛教自中亚、新疆传入内地以来，僧侣们依然保持着当地原有的佛装样式，即传统的“三衣”，实际上为三块大小不同的长方形布料，由各种杂色碎布拼缀而成。一般由内而外分三重穿着，分别称安陀会（下衣）、郁多罗僧（中衣）和僧伽梨（上衣），又称“袈裟”。两者为同一概念，前者主要以衣的数量而言，后者从衣色而名。对此，佛经中早有说明，如南朝刘宋时期，佛陀什、竺道生译《五分律》载“时有弟子问释迦：‘世尊几种衣应受持’，佛言：‘三衣应受持’”①；唐代道宣《四分律删繁补阙行事钞》中引《增一阿含经》云：“如来（佛）所着衣名曰袈裟。”② 关于三衣的材质、样式、规格、颜色、披着方式在东晋时期翻译的《四分律》《十诵律》《五分律》《摩诃僧祇律》等戒律中已有明确规定和阐述。但在现实生活中，由于作为法衣的“三衣”不能起到完全遮盖肩部和胸部的作用，无论比丘还是比丘尼都因此受到耻笑。如《五分律》卷二十载：

> 有诸比丘不着僧祇支入聚落，露现胸臆，诸女人见笑弄。诸比丘以是白佛，佛言：“不应尔，入聚落应著僧只支，犯者突吉罗。”③

《四分律》卷三十中亦有类似记载：

> 时六群比丘尼，不著僧祇支入村。露胸、腋、乳、腰带。诸居士见皆共讥嫌言：“此比丘尼，不知惭愧犯梵行，外自称言：‘我知正法’。如是有何正法？不着僧祇支入村，如贼女、淫女无异。”……诸比丘往白世尊。世尊以此因缘集比丘僧，呵责六群比丘尼言：“汝所为非！非威仪、

① （日）高楠顺次郎、小野玄妙等：《大正藏》第22册，东京：大正一切经刊行会，1934年，第138页。
② （日）高楠顺次郎、小野玄妙等：《大正藏》第40册，东京：大正一切经刊行会，1934年，第107页。
③ （日）高楠顺次郎、小野玄妙等：《大正藏》第22册，东京：大正一切经刊行会，1934年，第138页。

非沙门法、非净行、非随顺行，所不应为。”……“彼比丘尼，不著僧衹支入村者，波逸提。”①

有鉴于此，僧侣服饰在三衣基础上又增加了“僧衹支”和“厥修罗”，合称“五衣”。僧衹支仍是一种长方形衣片，贴身穿戴。其制式左开右合，穿时先覆左肩，从左肩颈围绕至右腋下，再绕回到左腋下。外观上仍为袒右肩、覆左肩，一般作为贴身内衣穿在三衣里面，也译为“掖腋衣”；厥修罗又译为“涅槃僧”或“泥洹僧”，是以长方形布片缝起两边，再于腰间系一纽带而成的筒形裙，通无带袢，类似今天围在腰间的浴巾。

南北朝早期佛装主要表现为通肩式和袒右式，其穿着方式均为将袈裟从左肩后部绕至右肩前部，所不同之处在于，通肩式是将衣角从右肩部上方贴颈再前绕，搭于左肩后侧。而袒右式侧是将衣角从右腋下前绕贴胸搭于左肩后侧。前一种披法通常是佛在坐禅、诵经或说法授戒等庄严的大众集会，以及外出游化等情况下披着，以表示福田之相。后一种披法则用于比丘见佛、礼佛、问许三师、问众等场合，以示恭敬。

随着佛教在中原内地的传播，信众群体的不断扩大，佛装样式也开始发生显著变化，主要是受到两方面因素影响：一是地理环境不同。汉地气候变化远较印度地区明显，特别是冬季中国北方地区异常寒冷，承袭印度佛装的“三衣”无论是数量、厚度，还是穿着方式，根本无法抵御严寒。这种情况下，汉地僧人便根据佛典中“许蓄百一长物”② 的规定，在身上增添一些日常保温的衣物，多是根据当时世俗常服略加改变而成，但在颜色上形成一定规制，以便与世俗服装区别开来，如“海青”“罗汉褂”“长衫”“僧鞋”“僧袜”“僧帽”等等。这样，许多中国传统服装因素开始融入佛装体系之中。

二是中国传统文化的影响。两汉之际佛教传入中国后，主要流行于上层社会中，中国人不过是将其当做黄老、神仙之术类加以看待，既通常所谓佛教发展历史上的仙佛时代③。魏晋以来，由于佛经的翻译和广泛传播，以及寺院的激增和信众基础的扩大，使佛教成功摆脱对黄老之术和玄学的依赖，成为中国民众社会生活中的一部分。在这个过程中，为适应以儒家思想为核心的中国传统文化要求，佛装也开始发生变化，特别是袒右式袈裟的披着方法使右肩及右臂等肢体部分暴露，显然不合汉族人传统着装习惯，很难被儒家礼制和观念所接受。著名学者方广锠先生曾指出：“佛儒两教经过激烈的辩论最后否定了这种衣着方式。这是历史上佛儒多次交锋，佛教在‘礼制’方面败北的典型事例了。”④ 5 世纪中叶，随着北魏统一北方，特别是孝文帝迁都洛阳后，全力推行汉化政策：改汉姓、禁胡服，倡导中原礼乐制度。到北魏晚期，以洛阳为中心的北方地区俨然已成中华礼仪文化的翘楚，如南朝名将陈庆之回到建康后，非常尊重北人，朱异觉得奇怪，便问他，陈庆之回答说：“吾始以为大江以北皆戎狄之乡，比至洛阳，乃知衣冠人物尽在中原，非江东所及也，奈何轻之。”⑤ 除文献记载外，实例图

---

① （日）高楠顺次郎、小野玄妙等：《大正藏》第 22 册，东京：大正一切经刊行会，1934 年，第 772 页。

② “百一物”是指僧侣们除“三衣一钵”外，可以保留的生活日用品和三衣以外的常服，但每种只能保留一件。百一长物则是指超过三衣一钵和百一物，多余出来的衣物。在保留之前必须先“说净”，否则犯舍堕罪。

③ 温玉成：《公元 1 至 3 世纪中国的仙佛模式》，《敦煌研究》1999 年第 1 期。

④ 方广锠：《中国佛教文化大观》，北京：北京大学出版社，2001 年，第 364 页。

⑤ ［北宋］司马光编著：《资治通鉴》卷一五三，北京：中华书局，1976 年，第 4766 页。

像也不少，如龙门石窟宾阳中洞前壁浮雕的帝后礼佛图，巩县石窟第 1、4 窟南壁浮雕的帝后及王公贵族礼佛图中的人物无一不是宽袍大袖、褒衣博带形象。这种装束体现的是德高望重、为人师表的尊者形象，《汉书·隽不疑传》载："不疑冠进贤冠，新櫑具剑，佩刁玦，褒衣博带，盛服至门上谒。"附颜师古注："褒，大裾也，言著褒大之衣，广博之带也。"① 王充在《论衡》中也说："汉氏廓土牧万里之外，要荒之地，褒衣博带。夫德不优者，不能怀远，才不大者，不能博见。"总而言之，褒衣博带世俗人物装束的理想式样可以概括为"褒大之衣，广博之带，峨冠高履"。它对同时期佛装样式影响巨大，在北魏晚期以来的石窟寺造像、单体造像碑中大量出现。

"褒衣博带"式佛装具体表现为前胸系带，外披对襟大衣，褒衣宽袖，右侧衣襟自然下垂，覆搭于施无畏印的右小臂之上，内侧再经腹前呈弧形上绕，搭于施与愿印的左小臂后自然下垂，然后覆盖于左膝之上。袈裟下摆与裙裾在佛座前呈八字形展开，做多重波折褶。使得整尊造像线条流畅、舒展挺拔，从而成为这一时期佛造像艺术的显著特征，也是外来佛教艺术在中国儒家传统伦理道德及审美观影响下而产生的典范之作。需要注意区别的是，"褒衣博带"式佛装虽然与同时期士大夫装束相近，但两者在形制上是有本质区别的，前者依然保持着袈裟制式，仅是披或缠绕在身上，并无衣袖。后者的褒衣则经过剪裁，带有衣袖。

相比之下，第 123 窟正壁龛外左、右胁侍菩萨及右壁龛内文殊菩萨装束则带有比较浓郁的世俗服饰特征，这种现象与菩萨本身的概念和内涵有密切关系。在佛教中，菩萨是梵语音译"菩提萨埵"的略称，一般意译为"觉有情"或"道心众生"。在早期佛教中，把成佛以前的悉达多太子或累劫转世修菩萨道的释尊称为菩萨。因此，菩萨造像大多以出家前的悉达多太子形象为参照，顶束发髻，戴各式宝冠，上身袒露，披着轻柔贴体的大衣，下着长裙，饰耳珰、项链、臂钏、手镯、璎珞等各种珠宝饰物，完全是印度贵族青年形象。这种菩萨装束世俗化的观念也深深影响到南北朝时期的菩萨服饰，它与"褒衣博带"佛装同时发生着演变，呈现出中国传统服装在儒、道思想影响下而形成的宽襦大裳、灵动飘逸的动态美，具有南北朝时期服饰整体和谐、含蓄自然的特点。

第 123 窟正壁两侧胁侍菩萨发髻一为前翻式高发髻，一为分叉式高发髻，发型均十分醒目。自古以来，女性对发型样式就倾注了大量心思。根据相关学者对古代文献和图像的整理统计，仅两汉到魏晋时期，就有堕马髻、瑶台髻、垂云髻、百合髻、芙蓉髻、同心髻、飞天髻、月牙髻等 20 余种。总之，随着朝代更替，发髻的样式也不断发展，每过一段时期，总会有一些新奇的造型出现，展现历代妇女们求变的创造力②。麦积山西魏时期的这两身菩萨发式正是当时社会贵族女性发髻样式的真实写照，而菩萨发髻上装饰的宝相花发圈以及摩尼宝珠则带有明显佛教符号特征，它与中国古代妇女发髻常见的笄、簪、钗、步摇等发饰是完全不同的两个概念。

右壁龛内文殊菩萨所戴的方形冠也很有特色，在样式上与首服中的皮弁非常接近。皮弁，又称"弁"。《释名·释首饰》称："弁如两手相合抃时也，……以鹿皮为之，谓之皮弁。"③ 在远古时期其

---

① ［东汉］班固撰：《汉书》卷七一，北京：中华书局，1964 年，第 3035 页。

② 高春明：《中国服饰名物考》，上海：上海文化出版社，2001 年，第 14~17 页。

③ ［东汉］刘熙：《释名·释首饰》，合肥：安徽教育出版社，2002 年，第 469 页。

制作材料主要为鹿皮。汉以前首服中，弁的作用仅次于冕，上至天子，下至百官均可戴之。如《周礼·春官·司服》载："司服掌王之吉凶衣服，辨其名物，与其用事。……祭群小祀则玄冕，凡兵事韦弁服；视朝则皮弁服。"① 魏晋时期，由于物质匮乏，改用缣帛代替鹿皮。这种帽子的特点是均为竖向窄条缀合，顶部较平缓，整体呈方圆形，能完全罩住发髻，为使帽子稳固，有的两侧还留有孔，以便用簪来固定发髻。这种方形冠也是深受北朝贵族喜爱的冠帽之一，将其创造性地用在代表智慧的文殊菩萨冠饰之中，甚称当时艺术家们的一种探索和尝试，也是将世俗服饰文化与佛教精神世界相互融合的表现。

上述菩萨身穿交领宽袖襦服，下着齐胸长裙，襦衫上搭配帔帛，脚蹬云头高履的样式也是北魏迁洛，实行汉化政策后北方女性装束之一。从麦积山现存北魏晚期以来女性供养人图像，以及同时期北方其他地区石窟寺、墓葬中类似女性服饰图像来看，这种上襦下裙的组合形式比较普遍。不同点仅在于有的是襦衫在外，裙在内。有的是襦衫在内，裙在外。前者穿着相对宽松、随意，便于行动和劳作。后者多裙摆及地，视觉更具有一种轻盈飘动之感。显然，前者主要是普通劳动妇女的日常着装，而后者则是具有很高社会地位的士族或贵族女性。至于身服中出现的帔帛，根据孙机先生研究，它不是中国本土服饰文化的产物，应该是南北朝时期女性服饰中出现的新生事物②。至于其来源，可能与古代波斯有一定关系：《魏书·波斯传》载当地居民"坐金羊床，戴金花冠，衣锦袍、织成被，饰以真珠宝物。……丈夫剪发，戴白皮帽，贯头衫，两厢近下开之，亦有巾被，缘以织成。妇女服大衫，披大帔"③。帔帛在样式上包括长、短两种，上自贵族妇女，下及劳作仆从均有佩戴。其中长帔帛常见于当时贵妇及神女形象，行走之时更显飘逸潇洒之气，如顾恺之创作的《洛神赋图》《列女仁智图》中的女性都是如此装扮。在菩萨肩部装饰的圆镜状物及垂饰的帛带是具有佛教特色的饰品，类似技法在龙门石窟宾阳中洞胁侍菩萨装饰中已经出现，只不过到西魏时期，这种饰物在秀骨清像气韵影响下，吸收了更多中国传统文化中的艺术观念和表现手法，完全摆脱了西方传统菩萨形象中常用的"蛇饰"及"璎珞"等内容，它与帔帛搭配起来，使这一时期的菩萨造像变得愈加秀丽，从外来的华丽逐渐过渡到本土的朴素，真正表现出"秀骨清相"的视觉之美，从而形成了具有中国特色的造像艺术风格。

第 123 窟内弟子所穿垂领式佛装也是汉化的具体反映，正是在南北朝时期，为适应汉地风俗环境，佛装"五衣"中原本袒露右肩的"僧祇支"被改造为裁剪缝合、有领有袖的"偏衫"。这样，外露的右肩及右臂就被遮掩在佛装之下，既解决了防寒问题，也消除了肢体外露、视觉不雅的尴尬。关于这种变化，宋·赞宁《大宋僧史略》卷上《服章法式》载："后魏宫人见僧自态，偏袒右肩，乃一施肩衣，号日偏衫。全其两扇补袖，失祇支之体，自魏始也。"④ 可见，正是在西魏时期，偏衫正式成为僧侣们日常生活中的重要服装。实际上，笔者认为，这也是汉地佛教信众保持本民族着装习惯的一种具体体现。

① 杨天宇：《周礼译注》，上海：上海古籍出版社，2004 年，第 313 页。

② 孙机：《唐代妇女的服装与化妆》，《文物》1984 年第 4 期。

③ ［北齐］魏收撰：《魏书》卷一〇二，北京：中华书局，1974 年，第 2271 页。

④ （日）高楠顺次郎、小野玄妙等：《大正藏》卷五四，东京：大正一切经刊行会，1934 年，第 238 页。

2. 维摩诘造像所体现的秦州士族文化风尚

麦积山第123窟左壁的维摩诘眉宇之间透着一种恬静、安详，体态清盈、修长。服饰装束则充分体现出当时士族社会阶层的时尚与风貌。维摩诘本是中国佛教信众依据《维摩诘经》所创造的人物形象，其主要特征是具有“清羸示病之容，隐几忘言之状”，这与魏晋时期崇尚清谈玄学的社会风气有很大关系。据《历代名画记》记载，早在东晋时期，顾恺之和陆探微已经开始维摩诘画像的创作①。南北朝时期的秦州也是维摩诘思想盛行的主要地区之一，中国现存最早的维摩诘画像就见于永靖炳灵寺西秦第169窟10号龛北壁：方形帷帐内，维摩诘束发髻，面形圆润，颈饰项圈，身穿袒右式袈裟，扭身侧视，左手举至胸前，跪坐于长榻之上，似在谈论，身后竖条榜题内墨书“维摩诘之像”。到北魏晚期，维摩、文殊对坐图像已成为北方地区石窟寺造像中的重要题材，在陕西、甘肃、河南、山西等地造像碑中也是主要内容之一。

西魏时期，由于宇文泰非常崇尚南朝及中原地区的礼仪文化，对佛教徒优礼有加，甚至鼓励儒士修习释家经典，这些举措使带有强烈士族文化特征的《维摩诘经》更为盛行，也导致表现士族文化精神的维摩诘造像也大量出现。而秦州做为西魏政权重要的战略后方，东摒长安、西控诸戎、南通巴蜀，历任刺史李弼、赵贵、独孤信、宇文导等均为西魏重臣，他们对北魏晚期以来遭受重创的秦州地区社会经济恢复与发展起到了关键作用，如独孤信执政期间，“数年之中，公私富实。流民愿附者数万家”②。宇文导死于秦州任上时：“华戎会葬有万余人，奠祭于路，悲号满野，皆曰‘我君舍我乎’。大小相率，负土成坟，高五十余尺，周回八十余步。为官司所止，然后泣辞而去。”③ 在这种社会稳定、经济繁荣的大环境下，盛行于关中、长安地区的维摩诘造像也很快影响到秦州地区，第123窟左壁龛内的维摩诘正是这一历史背景的真实再现。与早期维摩诘相比，除精神气质上有所继承外，人物形象已发生了很大变化：他头上所戴的覆钵形小冠正是当时士族日常首服之一。冠顾名思义，“冠，贯也，所以贯韬发也”④。主要作用是固定头发。古人对其功用也有明确解释，《淮南子·人间训》称：“冠履之于人也，寒不能暖，风不能障，暴不能蔽也。”⑤ 可见冠本身没有太大实际意义，仅仅起到一个装饰作用。但从仪礼方面讲，在我国古代，凡士以上的阶层，男子到二十岁时，需行戴冠之礼，以示成人。因此，它也是中国古代士族阶层社会生活中的一种重要礼仪标志，如《晏子春秋·景公欲以圣王之居服而致诸侯》篇就有“冠足以修敬”之说⑥。南北朝时，小冠在南方地区已经很盛行，《宋书·五行志》载：“晋末皆冠小冠，而衣裳博大，风流相仿，舆台成俗。”⑦ 根据沈从文先生研究，北魏迁洛以后，小冠亦开始在北方地区流行，关于这一点从北魏晚期和东魏、西魏墓葬中大量出现头戴小冠的文官俑、武吏俑，以及仪仗俑中得到印证。

---

① ［唐］张彦远：《历代名画记》卷五，北京：人民美术出版社，2004年，第113~114、128页。

② ［唐］令狐德棻等撰：《周书》卷一六，北京：中华书局，1974，第265~266页。

③ ［唐］令狐德棻等撰：《周书》卷一〇，北京：中华书局，1974，第155~156页。

④ ［东汉］刘熙：《释名·释首饰》，合肥：安徽教育出版社，2002年，第470页。

⑤ 赵宗乙释注：《淮南子》，哈尔滨：黑龙江人民出版社，2002年，第948页。

⑥ 石磊译注：《晏子春秋》，哈尔滨：黑龙江人民出版社，2003年，第68~69页。

⑦ ［梁］沈约撰：《宋书》卷三〇，北京：中华书局，1974年，第890页。

维摩诘身上所穿的对襟宽袖袍与北朝时期北方地区流行的“上衣下裤”着装样式也有显著区别，更多地继承和体现出汉族传统“深衣”的某些特征。所谓深衣是一种由西周时期“上衣下裳”服制连缀而成的服装，能够很好地遮蔽身体，同时也有代表儒家行事礼仪的含义，如《礼记·深衣第三十九》载：“古者深衣，盖有制度，以应规、矩、绳、权、衡。短毋见肤，长毋被土。续衽，钩边。……袂圜以应规。曲袷如矩以应方。负绳及踝以应直。下齐如权衡以应平。”① 两汉时期，深衣已成为朝会礼服，其主要特征表现为交袖右衽。北魏孝文帝服制改革后，深衣也继承了这一特点，但曲裾已改为直裾。到北朝晚期，在这种深衣样式基础上又出现了类似第123窟维摩诘身穿的对襟长袖袍服。由于其穿戴较传统深衣更为便捷、舒适，同时又不失儒家礼法，故非常流行，成为当时士族人士常见的身服之一。在北朝晚期考古图像资料中也多有发现，如河北磁县湾漳大墓墓道壁画所绘有仪仗队列人物中，就有多人身穿这种样式的袍服②。说明它不仅士人穿着，也见于当时社会的其他阶层人士。

总之，麦积山第123窟维摩诘造像服饰形象地展示出北朝晚期秦州一带士族文人日常生活装束，也说明北魏晚期以来，盛行于洛阳、长安地区的中原传统文化对这一地区影响深远。

3. 童男、童女服饰的时代特征

在第123窟中，真正意义上的世俗人物只有窟内左、右壁外侧的童男和童女，其着装与传统意义上的汉族服饰又存在很大差异，在当时很具有代表性，故本文略加以分析。

根据仔细观察，童男头戴一顶质地厚重的圆形毡帽，后脑垂一细长小辫。这种发型显然不是汉族，而是当时鲜卑等北方游牧民族男性常见发式之一，也被称为“索虏”或“索头”，泛指北方少数民族。胡三省在《资治通鉴》曹魏黄初二年条中注曰：“索虏者，以北人辫发，谓之索头也。”是当时以正统自居的南朝对北朝的蔑称，如萧梁时期沈约编撰的《宋书》中即有《索虏传》。根据鲜卑旧俗，男子一般散发结辫，由于北方冬季寒冷，风沙又大，故多戴圆毡帽以御寒。这与汉族男子的束发戴冠，以示等级和起装饰作用的含义有明显不同，更接近帽子的实用功能。帽的形象早在新石器时期已经出现，但多见于北方少数民族地区。中原地区由于气候相对温和，帽子的使用率并不高，多见于儿童防寒保暖，故许慎《说文解字》中称其为“小儿、蛮夷蒙头衣”③。自汉末以来，随着北方游牧民族大量进入中原地区，帽也开始为汉民族所接受。到南北朝时期，其使用范围上至天子，下至平民，样式也是丰富多彩，尤其在北方地区更加普遍。《晋书·舆服志》载：“帽名犹冠也，义取于蒙覆其首，其本纚也。古者冠无帻，冠下有纚，以缯为之。后世施帻于冠，因或裁纚为帽。自乘舆宴居，下至庶人无爵者皆服之……而江左时野人已著帽，人士亦往往而然，但其顶圆耳，后乃高其屋云。”④ 可知当时在南朝人眼中，帽虽然已大量出现，但主要还是将其看作是一种可以随意改动的装饰物，这与麦积山西魏第123窟童男所戴毡帽在功能上是有明显区别的。再结合辫发这一特征，可以肯定他属于北方游牧民族。

① 杨天宇撰：《礼记译注》，上海：上海古籍出版社，2004年，第781~782页。

② 中国社会科学院考古研究所、河北省文物研究所：《磁县湾漳北朝壁画墓》，北京：科学出版社，2003年，彩版1~27。

③ ［东汉］许慎：《说文解字》卷七，北京：中华书局，2006年，第156页。

④ ［唐］房玄龄等撰：《晋书》卷二五，北京：中华书局，1974年，第771页。

童男身穿的圆领窄袖裘皮袍更是具有北方少数民族特色的服饰。在北朝时期，圆领窄袖袍主要是来华经商的西域胡人标准装束，如大同雁北师院宋绍祖墓出土的胡人俑，头戴黑色圆形小帽，身穿圆领紧身窄袖对襟长袍，袍服两侧开衩。领、袖、前襟和下摆镶边，腰系带，足蹬靴①。类似装束的胡人形象也见于太原娄睿墓和徐显秀墓壁画，以及河北磁县高润墓壁画等。这与鲜卑、氐、羌等关中、陇右地区北方少数民族汉化前，头戴鲜卑帽，穿左衽或交领窄袖齐膝袍的形象有显著区别。从材质上分析，童男所穿圆领袍为裘皮，质感厚重，更具有保暖性。这与当时中原地区西域胡人大量穿着的丝、帛质地圆领窄袖胡服也明显不一样。另外，两者在裁制方法上也有区分，前述圆领胡服多为对襟或右侧直裾开襟。而第123窟童男的袍服却是左侧直裾开襟，在肩部和左腋下各扎束衣带，加以固定裘皮袍。

童男袍服内侧所穿的裤褶和尖头靴也是北方游牧民族日常生活常见服饰，以其骑射、狩猎、涉水方便，且有利于腿部保暖而深受欢迎和喜爱。这种装束由于实用性很强，到魏晋时期已被中原地区汉族民众普遍接受，从而形成了一种全新的“上衣下裤”着装模式，在中国服装发展史上产生了重要而深远的影响。从形式上看，童男所穿应是大口裤褶，平时散开，外观犹如衣裙，遇到紧急情况时，可用带子束住裤口，以利急行。而他脚上穿的尖头靴，则完全保留了游牧民族特色。

上述这些服饰特点，再次证明第123窟内的童男系北方少数民族无疑，而且很大程度上带有西域或中亚地区胡人血统。由于他的家族长期生活在秦州地区，着装方面一定程度也受到当地影响，如裘皮袍直裾左衽和裤褶装束就是这种现象的具体表现。至于袍服质感厚重，可能表明这一时期他的家族仍然以从事商贸为主，需要长年在外奔波，而经商线路则是沿途气候条件相对恶劣的河西走廊至新疆帕米尔高原一带。此外，还有一点值得注意：童男眉清目秀，身材俊朗。在形象上与北朝时期浓眉深目、高鼻高挺、络腮胡须的西域胡商大相径庭。实际上，这种现象也不矛盾，魏晋南北朝以来，随着中国境内民族大迁徙、大融合进程的不断加快，各民族之间通婚现象非常普遍。他们在融入汉民族文化圈的过程中，在语言、习俗、饮食、服饰等方面自觉或不自觉地彼此相互影响和学习。当然，包括人种特征在内难免也会发生许多变化，第123窟童男所体现的不同民族特点正是这一时代特征的具体表现。

窟内右壁童女装束内涵也比较复杂。她所梳的双鬟髻是北魏晚期以来北方少女常见的一种发式，如麦积山第127窟发现的北魏泥塑女童像和洛阳永宁寺遗址出土的影塑女童像都表现出类似特征。从服饰上分析，她和童男均属于带有西域特征的北方少数民族。如内穿圆领裘皮袍，左衽直裾开襟。但上身外穿垂领式中袖短袍，下着齐胸长裙，明显受到了汉族服饰影响。她脚穿的圆头高履更具有汉文化服饰礼仪特色，履多指用麻、葛、皮、丝等材料做成的鞋子，有的在鞋底加木底，一般前部上翘，对穿履者性别没有限制。据《释名·释衣服》：“履，礼也。饰足，所以为礼也。亦曰屦，屦，拘也，所以拘足也。”② 穿履一般都在正式场合，如官员上朝、谒见长辈等都应该穿履，否则会被视为违背礼法或者不敬。在一些特殊场合，如祭祀和上殿则必须脱下履以示敬意，只有皇帝下诏特许才享有剑履

---

① 山西省考古研究所、大同市考古研究所：《大同市北魏宋绍祖墓发掘简报》，《文物》2001第7期。

② 王先谦撰集：《释名疏证补》卷五，上海：上海古籍出版社，1984年，第260页。

上殿的特权。鞋履的款式主要体现在鞋头上，尤以鞋头最为显著。南北朝时期，鞋履以圆头、方头和笏头居多，从图像资料及墓葬出土陶俑情况看，穿圆头履多为女性，以示顺从。据《宋书·五行志》载："昔初作履者，妇人圆头，男子方头。圆者，顺从之义，所以别男女也。"① 但到后来，这种规定也仅流于形式，并没有真正得到执行。

通过对童女所穿服饰分析，我们可以看出，她在着装方面融合了汉族和少数民族服饰的许多特点，但汉化倾向非常突出。一方面表明她的家族具有较高汉文化修养和认可程度，另一方面也是当时西魏政权摹拟和吸收以萧梁为代表的南朝士族风尚的结果。

三、结语

麦积山第123窟造像产生的时代正处于北魏分裂为东、西魏之际，它在服饰特点方面，无论是佛装，还是世俗装，都承袭了以洛阳和长安为中心的"褒衣博带"和"秀骨清像"样式，这里既蕴含着西魏政权以正统自居的文化心态，也反映出当时中西方之间服饰文化的交流与融合。特别是窟内以维摩诘、童男、童女等装束为代表的世俗系服装充分体现出当时中原传统服饰在人们日常生活中的巨大影响力。

（原载于《天水师范学院学报》2015年第3期）

① ［梁］沈约撰：《宋书》卷三〇，北京：中华书局，1974年，第888页。

麦积山石窟115窟功德主蠡测

何洪岩　董广强　李　铭

麦积山石窟第115窟是一个小型洞窟，本窟造像均为泥塑，内塑一佛二菩萨。主佛阿弥陀佛的须弥座正面有墨书行楷发愿文，竖排13行，字迹较小，有漫漶不清的地方，其中可以辨认者约162字。内容如下：

唯大代景明三年九月十五日台遣上封镇司□（马）/
张元伯稽首白常住三宝今在麦积□□□□/
□□□为菩萨造石室一躯。愿三宝兴/
□法轮常转众僧□□天所□□右（佑）愿国/
祚□（乃）昌万代不绝八方偻负天人庆儴右（佑）愿第（弟）/
子所有诸师父母命之者神生□兜率□□□/
尊□□教悟无生恶□现在之右（佑）愿使四大/
（康）像六□□烦□□二宜命不□□□□/
弟子夫妻媳□现世之中众灾消灭百□□□/
常为国之良辅学者联□□箧内列……/
诸典记□□□历代不□及一……/
切众生普同成佛……/
愿子孙养大愿是见佛……/①

这篇铭文是麦积山石窟诸多洞窟中唯一一个有明确开窟纪年的，无论是对这个洞窟的年代确定还是对麦积山石窟北朝石窟年代坐标的确立，都有着重要的意义。对于窟内的造像和壁画，相关学者已经进行了研究②。

以上发愿文表达了六层意思，一是表明发愿缘起；二是称颂佛教、为众僧禳灾；三是为国祈福；

① 张锦秀编撰：《麦积山石窟志》，兰州：甘肃人民出版社，2002年，第139页。

② 项一峰：《麦积山北魏115窟造像壁画内容考释》，《敦煌学辑刊》2004年第1期。其中的铭文录文和张锦秀《麦积山石窟志》中的录文略有出入。赖鹏举：《麦积山石窟造像由“涅槃”到“卢舍那”的转变》，郑炳林、花平宁主编：《麦积山石窟艺术文化论文集》，兰州：兰州大学出版社，2004年，第211页。魏文斌、郑国穆：《麦积山初期洞窟一佛二菩萨三尊形式的考察》，《陇右文博》2007年第1期。

四是为诸师父母祈求冥福；五是为自己夫妇祈福；六是为子孙祈福。对于该窟的功德主，虽然铭文中有张元伯的题名，但是在各个版本的麦积山大事记中，都是抱着谨慎的态度，将铭文中连带名字的一句录入，如“遣上封（邽）镇司□（马）张元伯在麦积山开窟造像一区”①，而未确定是张元伯本人开窟。可见，各位前贤都怀疑功德主另有其人，惜长期以来没有人对此深究。笔者在对该窟铭文进行细读的情况下，结合史料，对该窟的功德主作一大胆的推测，以就教于方家。

北魏期间在秦州的建制，秦州下辖三郡，分别是天水郡、略阳郡和汉阳郡。其中天水郡“领县五，上封、显新、平泉、当亭”②，而上封则就是上邽，因“邽”犯太祖（道武帝拓跋珪）名讳而改为“封”。当时上邽位于今天水市的秦城市区，秦州治上邽。

在铭文的开头，首先在表明开凿的日期，写到“台遣上封（邽）镇司马张元伯”之句。此句中“台遣”是派遣之意，是上级指派下级完成某项工作。我们在《魏书》中可以找到这样的史料。如：“赵邕，字令和，自云南阳人……世宗崩，邕兼给事黄门，俄转太府卿。出除平北将军、幽州刺史。在州贪纵。与范阳卢氏为婚，女父早亡，其叔许之，而母不从。母北平阳氏携女至家藏避规免，邕乃拷掠阳叔，遂至于死。阳氏诉冤，台遣中散大夫孙景安研检事状，邕坐处死，会赦得免，犹当除名。”③“兴安二年正月，（皮）豹子表曰：‘义隆增兵运粮，克必送死。臣所领之众，本自不多，唯仰民兵，专恃防固。其统万、安定二镇之众，从戎以来，经三四岁，长安之兵，役过期月，未有代期。衣粮俱尽，形颜枯悴，窘切恋家，逃亡不已，既临寇难，不任攻战。士民奸通，知臣兵弱，南引文德，共为唇齿。计文德去年八月与义隆梁州刺史刘秀之同征长安，闻台遣大军，势援云集。长安地平，用马为便，畏国骑军，不敢北出。’”④ 这两则史料中，“台遣”都是高级官员或帝王派遣下级官员或军队去执行某项事务的意思。

现在我们再看第115窟铭文开头的一句：“唯大代景明三年九月十五日台遣上邽镇司□（马）张元伯”，这里明显是指上级的某位官员派遣张元伯在麦积山开窟造像，而不是张元伯本人在这里开窟造像，这里书写的日期是书写铭文的日期，也是洞窟内塑像壁画最后完工的日期，而书写者应该就是张元伯，但铭文的作者却是另有其人。

现在就摆在我们面前一个问题，那就是开窟造像的真正功德主是谁？应该是张元伯的上级官员，这样才可以“台遣”张元伯在麦积山开窟造像，而这个上级官员的范围不会超出秦州范围内的高级官员及上邽镇的官员，如上邽镇将、天水郡守、秦州刺史等人。不会是更远甚至朝廷的官员，因为跨越诸多的行政级别而直接派遣一个下级官员是不符合常规的。

铭文的起始部分首先是表明的开窟塑像的日期，之后便祝愿佛法昌盛和国运万代不绝等，这在当时基本是属于格式化的内容。而后面的内容才是功德主真正想要表述的内容，即和自己直接相关的人

① 阎文儒主编：《麦积山石窟志》，兰州：甘肃人民出版社，1983年，第205页；天水麦积山石窟艺术研究所编：《中国石窟·天水麦积山》，北京：文物出版社、东京：平凡社，1998年，第256页；张锦秀编撰：《麦积山石窟志》，兰州：甘肃人民出版社，2002年，第264页。

② ［北齐］魏收撰：《魏书》，北京：中华书局，1974年，第2610~2611页。

③ ［北齐］魏收撰：《魏书》，北京：中华书局，1974年，第2004页。

④ ［北齐］魏收撰：《魏书》，北京：中华书局，1974年，第1131页。

员的福报，如诸师、父母、弟子夫妻、媳□等人。从行文看，该功德主的诸师、父母已经去世（神生□兜率）。但是在这些祈愿之后，便是一句“常为国之良辅学者联□□箧内列……”，这显然是功德主除了“众灾消灭”的祈愿外对自己更具体的祈愿。“国之良辅”或“良辅”在北朝时期以及之前的语境中经常出现，如“窦瑾，字道瑜……瑾少以文学知名，自中书博士为中书侍郎，赐爵繁阳子。参军国谋，屡有功，进爵卫国侯，转四部尚书。初定三秦，人犹去就，拜长安镇将、毗陵公。在镇八年，甚著威惠。征为殿中都官尚书。太武亲待之，赏赐甚厚。从征盖吴，吴平，留瑾镇长安。还京复为殿中、都官，典左右执法。太武叹曰：‘国之良辅，毗陵公之谓矣’，出为冀州刺史，清约冲素，著称当时”①。“商自以戚属居大位，每存谦柔，虚己进贤，辟汉阳巨览、上党陈龟为掾属，李固、周举为从事中郎，于是京师翕然，称为良辅，帝委重焉。”②“魏初，三公无事，又希与朝政。柔上疏曰：‘天地以四时成功，元首以辅弼兴治；成汤杖阿衡之佐，文、武凭旦、望之力，逮至汉初，萧、曹之俦并以元勋代作心膂，此皆明王圣主任臣于上，贤相良辅股肱于下也。今公辅之臣，皆国之栋梁，民所具瞻。’”③“建衡元年，疾病。晧遣中书令董朝，问所欲言。凯陈：‘何定不可任用，宜授外任，不宜委以国事。奚熙小吏，建起浦里田，欲复严密故迹，亦不可听。姚信、楼玄、贺邵、张悌、郭逴、薛莹、滕修及族弟喜、抗，或清白忠勤，或姿才卓茂，皆社稷之桢干，国家之良辅。愿陛下重留神思，访以时务，各尽其忠，拾遗万一’，遂卒，时年七十二。”④ 从这些语句实例来看，“国之良辅”其用意都是指向朝廷的高级官员，和我们现在语境中希望自己成为国家栋梁的情况是不一样的。该窟的供养人是希望自己一直是国家的重要辅政之臣，显然，此人应该是接近于朝廷政权核心的辅政大臣，而不是一般的低级官员。所以，上邽镇将、天水郡守等人是可以排除了，因为这些级别的官员根本不可能称自己或希望自己是“国之良辅”，而作为低级官吏，上邽司马的张元伯就更不可能。另外，紧接之后的“学者联□□箧内列……诸典记□□□历代不□及一……”之句，由于不完整不可整体释读，“箧”为竹木所制的小箱子，结合“学者”和“诸典”等词句，“箧”在这里可解释为“书箱”之意。而这一句可解读为功德主希望自己学养有所成就、名列典籍之意。这样该功德主应为朝廷重臣并且是学者型的高级官员，就秦州地区来讲，只能是秦州刺史才有可能具有这样的身份。

该窟开凿在景明三年（502年），这个时期在秦州任职的刺史是张彝，其人《魏书》有传。我们从任职时间、职位、亲族、学识成就、佛教信仰等几个方面对照一下张彝是否符合铭文中的各种条件。

首先，关于张彝的具体任职时间，史载：“张彝，字庆宾，清河东武城人也。……宣武初，除正尚书，兼侍中，寻正侍中。宣武亲政，罢六辅。彝与兼尚书邢峦闻处分非常，惧，出京奔走，为御史中尉甄琛所弹，云‘非武非兕，率彼旷野’诏书切责之。寻除安西将军、秦州刺史。”⑤ 通过这段文字我们可以知道，张彝是在宣武亲政之后不久的一段时间到秦州任职的。而关于宣武帝亲政的时间也有明确的记载：“（景明）二年春正月丙申朔，车驾谒长陵。庚戌，帝始亲政。遵遗诏听司徒、彭城王勰以

① ［唐］李延寿撰：《北史》，北京：中华书局，1974年，第982页。

② ［南朝宋］范晔撰：《后汉书》，北京：中华书局，1965年，第1175页。

③ ［西晋］陈寿撰：《三国志》，北京：中华书局，1959年，第685页。

④ ［西晋］陈寿撰：《三国志》，北京：中华书局，1959年，第685页。

⑤ ［北齐］魏收撰：《魏书》，北京：中华书局，1974年，第1428页。

王归第。太尉、咸阳王禧进位太保，司空、北海王详为大将军、录尚书事。丁巳，引见群臣于太极前殿，告以览政之意。"① 由此可以确定张彝是在景明二年（501 年）正月之后不久到秦州任职的。而其离职的时间没有明确的记载，但是我们可以从任职期间的活动推测大概。"其年冬，太极初就，彝与郭祚等俱以勤旧被征。及还州，进号抚军将军。彝表解州任，诏不许。"在此处文中，"其年"并没有表明具体是哪一年，是任职的第一年还是之后的某一年。但是"太极初就"为我们提供了信息，"太极"即太极殿，是北魏都城洛阳宫城中最重要的建筑，这里的"太极初就"应该是和太极殿的修建或者是修缮有关。"（景明三年）十有二月戊子，诏曰：'民本农桑，国重蚕籍，粢盛所凭，冕织攸寄。比京邑初基，耕桑暂缺，遗规往旨，宜必祗修。今寝殿显成，移御维始，春郊无远，拂羽有辰。便可表营千亩，开设宫坛，秉耒援筐，躬劝亿兆。'壬寅，飨群臣于太极前殿，赐布帛有差，以初成也。"② 说明在景明三年对太极等宫殿进行了维修，该工程在十二月完工，并召集群臣在太极殿前进行朝会，张彝等人也因为"勤旧"被召集回京师。回任秦州后，张彝请求解任，未得到允许，仍旧任秦州刺史。可见其离职时间至少是在景明四年以后，在秦州有两年以上的任职时间，和第 115 窟的开凿时间是相符的。

其二，关于张彝的亲族。铭文中显示，功德主的诸师、父母去世，而张彝族则是"父灵真，早卒"。而在跟随孝文帝南征期间，母亲去世，"迁主客令，例降侯为伯，转太中大夫，仍行主客曹事，寻为黄门。后从驾南征，母忧解任。彝居丧过礼，送葬自平城达家，千里步从，不乘车马，颜貌瘦瘠，当世称之。孝文幸冀州，遣使吊慰诏以骁骑将军起之，还复本位"③。这说明亲族的情况和张彝族也是符合的。

其三，张彝的职位。铭文中有"常为国之良辅"之语，说明功德主职位比较高，接近于朝廷的权力中心。在宣武帝初期，张彝已经是"除正尚书，兼侍中，寻正侍中"，属于朝廷的权力核心人物，在宣武帝之初，由于孝文帝之时确立辅政的六位大臣（北海王详、镇南将军王肃、广阳王嘉、尚书宋弁、太尉公禧、任城王澄等六人）专政，宣武帝便宣布亲政，罢免六辅。由于张彝此时已经是正尚书、兼侍中、寻正侍中，是朝廷重臣，虽不是六辅之列，但是和六辅之间密切的关系是可以肯定的，所以在宣武帝罢六辅之时，"彝与兼尚书邢峦闻处分非常，惧，出京奔走，为御史中尉甄琛所弹，云'非武非兕，率彼旷野，'诏书切责之"④。在这次政治事件中，张彝并没有受到大的影响，只是被下诏斥责。之后被授予安西将军、秦州刺史，离开京师到秦州任职，在一定程度上也是被降职使用。在这种情况下，张彝才发出了"常为国之良辅"祈愿，希望能回到朝廷的权力中心。此窟完成于景明三年九月，当年十二月朝拜京师之后，张彝便上表希望解任回到京师，但是没有如愿。

其四，张彝的学识修养。在铭文中有"学者联□□篋内列……诸典记□□□历代不□及一……"之句，表明功德主是一位学养深厚的学者。而张彝"性公强有风气，历览经史"。在秦州任职之初，便"彝务尚典式，考访故事"，后来在给宣武帝的上表中，说自己"辄私访旧书，窃观图史……未几，

---

① ［北齐］魏收撰：《魏书》，北京：中华书局，1974 年，第 193 页。

② ［北齐］魏收撰：《魏书》，北京：中华书局，1974 年，第 195 页。

③ ［北齐］魏收撰：《魏书》，北京：中华书局，1974 年，第 1428 页。

④ ［北齐］魏收撰：《魏书》，北京：中华书局，1974 年，第 1428 页。

改牧秦蕃，违离阙下，继以谴疾相缠，宁丁八岁。常恐所采之诗永沦丘壑，是臣夙夜所怀，以为深忧者也”。在晚年，张彝“上《历帝图》五卷，起元庖牺，终于晋末，凡十六代，一百二十八帝，历三千二百七十年，杂事五百八十九。宣武善之”①。虽然《历帝图》是在任秦州刺史之后的事情，但是张彝长期第收集各种相关历史以及各地的诗书资料是肯定的，这些都说明张彝是一位学养修为高深的学者。

其五，张彝的佛教信仰。遣人在麦积山开窟造像必然是有深厚的佛教信仰，在铭文中也可以看出该功德主拜请有高僧作为师父。而张彝则是在秦州期间，“为国造佛寺，名曰兴皇，诸有罪咎者，随其轻重，谪为土木之功，无复鞭杖之罚”②。造佛寺一方面说明张彝有深厚的佛教信仰，而在另一方面，为国造佛寺，并且命名为“兴皇寺”，明显有向宣武帝邀功之嫌。而他这样做的背景，是和龙门石窟的开凿有直接的关系，“景明初，世宗诏大长秋卿白整准代京灵岩寺石窟，于洛南伊阙山，为高祖、文昭皇太后营石窟二所”③。而张彝在秦州造兴皇寺也正是应和北魏皇室在龙门的开凿活动。在龙门石窟是为“高祖、文昭皇太后营石窟二所”，而秦州的兴皇寺则明显是为宣武帝所造。其目的还是希望宣武帝重视自己，从而回到朝廷的权力中心。

综合上面的论述，我们可以确定，第 115 窟的功德主应该就是当时的秦州刺史张彝。铭文的最后部分漫漶而无法释读，张彝的题名应该是在这一部分。

第 115 窟的位置在麦积山第 98 窟摩崖大佛的西侧，是利用修建第 98 窟的栈道孔略微向西侧延伸开凿而成的洞窟。第 98 窟是北魏早期开凿的大型摩崖造像，在第 115 窟开凿之时，第 98 窟两侧的崖面基本处于空白状态，在第 115 窟之前开凿的第 100 和 128 窟开凿在略低位置，分布在摩崖两侧，约在菩萨的小腿高度。而第 115 窟的开凿没有在第 100 或 128 窟栈道的基础上向左右延伸，而是在更高的位置，大略在菩萨的肩部高度选择了开凿位置，说明开凿者希望在更高的位置占有一席之地，使自己开凿的洞窟更彰显、更瞩目，这些都是符合张彝当时在秦州的地位。

（原载于《丝绸之路》2015 年第 18 期）

---

① ［北齐］魏收撰：《魏书》，北京：中华书局，1974 年，第 1427~1433 页。

② ［北齐］魏收撰：《魏书》，北京：中华书局，1974 年，第 1428 页。

③ ［北齐］魏收撰：《魏书》，北京：中华书局，1974 年，第 3043 页。

麦积山石窟的分期、造像题材与佛教思想

魏文斌

1915年，日本大村西崖著《中国美术史雕塑篇》引庾信《秦州天水郡麦积崖佛龛铭》，为近代学者首次著录关于大都督李允信于麦积崖建七佛龛事。1941年，天水籍学者冯国瑞首次到麦积山考察，对洞窟做了编号，随后写成《麦积山石窟志》行于世。1952年和1953年中央政府文化部组织的两次麦积山石窟勘察奠定了麦积山石窟在中国石窟寺中的重要地位。

2012年6月，麦积山石窟作为丝绸之路沿线最为重要的宗教类文化遗产之一，以其突出的价值，成为“丝绸之路：长安—天山廊道的路网”遗产项目成功进入世界文化遗产的行列。使得这处优秀文化遗产的价值得以体现，并更广泛地为世人所知。

作为一处世界文化遗产，其普遍价值得到认可的同时，我们不得不思考，关于它的内涵是否得到了很好的阐释？其年代有无再探讨的必要？其所蕴含的宗教意义以及长达十多个世纪内的人们的宗教行为和文化交流如何更好地去理解？这些问题，对于麦积山石窟来说，仍然存在深入研究的潜力。本文仅就分期、造像题材及反映的佛教思想做简单的介绍。

一、分期与年代

这是麦积山石窟研究的瓶颈问题。从冯国瑞先生开始调查麦积山始，到20世纪50年代的大规模考察，再到七八十年代配合麦积山崖体加固工程开展而进行的一系列新发现洞窟的调查和研究，直到21世纪的今天，关于麦积山开创年代以及洞窟分期的研究一直在持续①。

关于麦积山的开创，多数学者都根据梁惠皎《高僧传·玄高传》、南宋祝穆《方舆揽胜》卷六九

① 主要有邓健吾：《麦积山石窟的研究及早期石窟的两三个问题》，天水麦积山石窟艺术研究所编：《中国石窟·天水麦积山》，北京：文物出版社、东京：平凡社，1998年；董玉祥：《麦积山石窟的分期》，《文物》1983年第3期；张宝玺：《从“六国共修”看麦积山石窟的历史》，《敦煌研究》1995年4期；李西民：《试论麦积山石窟艺术史上的六个高潮》，《石窟艺术》第1期，西安：陕西人民出版社，1990年；李裕群：《北朝晚期石窟寺研究》，北京：文物出版社，2003年；（日）八木春生：《麥積山石窟第74及び78号窟の造年代について》，原刊《雲岡石窟文樣論》，东京：法藏馆，2000年，译文发表于《敦煌研究》2003年第6期；陈悦新：《甘宁地区北朝石窟寺研究》，北京大学博士学位论文，2004年；达微佳：《麦积山石窟北朝洞窟分期研究》，《石窟寺研究》第二辑，北京：文物出版社，2011年；魏文斌：《麦积山初期洞窟调查与研究》，兰州大学博士学位论文，2009年等。

《天水军》条、麦积山石窟第3和第4窟之间崖面上有南宋绍兴二年（1132年）题记、明崇祯十五年（1642年）《麦积山开除常住地粮》碑等的记载，认可麦积山始创于5世纪初的后秦时期。如《方舆揽胜》曰："后秦姚兴凿山而修，千崖万象，转崖为阁，乃秦州胜境。又有隋时塔。"① 著名的禅僧玄高聚集百余人在麦积山禅修，表明5世纪初那里已经是北方地区除长安、邺城等地外人数众多的僧侣集团（虽然在玄高离去后很快解散，至5世纪中后期又成为僧侣聚集和宗教供养的地方中心），并成为重要的佛教活动场所，伴随着禅修，很可能已经有了开凿洞窟的宗教实践活动。

北宋初年李昉等所编的《太平广记》，引用了五代著名的文学家王仁裕《玉堂闲话》中一篇优美的麦积山的游记，这篇游记写于王仁裕登临麦积山题诗（911年）后的950年。其中一句"古记云：六国共修，自平地积薪，至于岩巅，从上镌凿其龛室佛像，功毕，旋旋拆薪而下，然后梯空架险而上"为我们描述了麦积山洞窟开凿的方法，而所说的"古记"已不可考，但显然在王仁裕之前已经有了"六国共修"的说法，这一说法被南宋时期的碑刻进一步衍伸为"东晋起迹，……次七国重修"②。

关于麦积山最早洞窟及学术界的分歧，主要表现为对最早洞窟（有第51、74、78、165、90、70、71等窟龛）的年代划分问题有两种观点：一为后秦时期，代表学者有阎文儒、金维诺、董玉祥、张学荣、李西民等，依据的主要是文献记载；一为北魏时期，代表学者有宿白、马世长、张宝玺、东山健吾、八木春生、久野美树、李裕群等，依据的主要是现存遗迹的考古学分析。多数学者赞同第二种观点。

根据麦积山现存洞窟的形制、造像特点等，试做以下的分期。

1. 北魏时期

又可分为北魏初期和后期。

北魏初期：洞窟现存20多个，可以分为3个阶段。

第一阶段：文成帝至孝文帝前期（452~477年）。洞窟有第51、74、78、165、90等窟龛，主要分布于麦积山西崖中下部。均为敞口型大龛，顶略成穹隆形。可分三种类型：

A 平面成方形或长方形，后部转角成弧形，三壁高坛基。造像为三壁三佛，表现三世佛，正壁佛两侧胁侍二菩萨，正壁左右上部各开一圆拱小龛，内泥塑半跏思惟菩萨（左）和交脚菩萨（右），各有二胁侍菩萨（第51、74、78窟）。

B 正壁不凿小龛（第90窟）。造像为三佛，胁侍二菩萨。

C 正壁造交脚弥勒菩萨，两侧壁胁侍二菩萨（第165窟）。

主要造像组合为：三佛+二胁侍菩萨，单铺组合为一佛二菩萨。附属造像组合为：半跏思惟菩萨+交脚菩萨。

佛作圆形高肉髻，肉髻刻水波纹，发纹为水波纹或旋涡纹。面型方圆，额部较高且较宽。双肩齐挺，胸部饱满。整个躯体略呈倒三角形，显得厚实健壮、伟岸气魄。内穿僧祇支，紧裹躯体，胸前僧

① ［南宋］祝穆：《方舆胜览》（下），北京：中华书局，2003年，第1210~1211页。

② 南宋嘉定十五年（1222年）《四川制置使司给田公据》碑，现存麦积山瑞应寺。录文可参看张锦秀编撰：《麦积山石窟志》，兰州：甘肃人民出版社，2002年，第169~173页。

祇支边缘折叠成两道。外披偏袒右肩袈裟。右肩袈裟边缘刻连续的三角形折带纹，每个折带间刻两道阴刻细线。腹部和左臂处衣纹作燕尾状分叉。衣纹为突起的宽泥条，泥条中间刻一道很细的阴刻线。佛像衣服边缘刻折带纹的样式，表现在单尊佛像上较早的例子是日本藤井有邻馆藏太安元年（455 年）张永造佛像上以及太安三年（457 年）宋德兴造石佛坐像，但还不是十分成熟。至云冈第 20 窟的佛像，则表现得非常完美。佛像整体的风格与云冈昙曜五窟尤其是第 20 窟的造像非常接近。水波纹是犍陀罗佛像的特点，犍陀罗 1~4 世纪的佛像，常可看到发纹和肉髻为水波状，这种水波纹为卷曲的样子，更像西方人的头发。如拉合尔博物馆藏佛立像①、斯瓦特出土的佛头像②等。麦积山第 78 窟正壁佛像的头发和肉髻是旋涡状的水波纹，头发的正面和两侧面各刻一个旋涡，鬓角和耳朵上方则刻成数组不连续的水波纹。这种旋涡状的发纹在云冈最早见于第 16 窟立佛③。云冈第二期第 11 窟西壁第二层中部的七立佛也是这种发纹④。

菩萨高发髻，戴三珠宝冠，发髻束帛带，宝缯向内折叠成三道垂于两耳外侧。发髻成垂弧状从额际中分从两侧向上收拢，发纹密集。面型略呈鹅蛋形，下颌略尖。眼睛细长，鼻梁高挺，鼻头较大。颈戴双尖桃形宽项圈，耳戴大耳珰。臂带钏，腕带镯，臂钏和手镯上装饰一宝珠。上身裸露，络腋由左肩斜向右腿搭下，两侧边缘向内折叠，刻折带纹。这种形式见于云冈第一、二期洞窟，但不是很流行。如云冈第 17 窟交脚菩萨、第 9 窟前室北壁东龛交脚菩萨像等。飘带自颈后向前绕肘部垂下，端部分叉成燕尾状。下穿裙，裙腰折叠外翻，左胯部露出外翻的呈尖状的带子，裙子紧裹腿部，双膝突出。整个菩萨的身姿较直，与云冈第 18 窟的胁侍菩萨像较为接近。

第 78 窟坛基上保存有仇池镇供养人及其榜题，男供养人戴鲜卑帽。这种帽子广泛见于 5 世纪中后期的石窟以及出土的墓葬文物上，如云冈石窟的供养人、山西大同司马金龙墓、大同智家堡北魏墓、敦煌莫高窟出土北魏刺绣供养人、宁夏固原北魏墓等。不见于 5 世纪中期以前的石窟中。“仇池镇”，太平真君七年（446 年）置，太和十二年（488 年）改置梁州⑤。由此可见第 78 窟的仇池镇供养人行列绘于 446~488 年。这也是第 78 窟等开凿于北魏时期的直接证据。

第二阶段：北魏孝文帝太和时期（477~499 年），洞窟有第 100、128、144、148、80、70、71、75、77 窟等。主要分布于麦积山西崖中部。这一阶段的主尊组合为三佛，单铺组合为一佛二菩萨，附属造像组合为半跏思惟菩萨和交脚菩萨+二佛并坐+千佛。最大的特点就是洞窟形制为三壁两龛窟，壁面凿出列龛，造像题材为三世佛，附属造像有半跏思惟菩萨和交脚菩萨对称，并且与释迦多宝并坐或千佛组合，表现了强烈的法华思想。

这些洞窟与第一阶段的洞窟比较，出现了以下变化：

---

① 东京国立博物馆、NHK、NHKプローション编《日本・パキスタン国交立 50 周年念—パキスタン・ガンダーラ刻展》，2002 年，图版 3、4。

② Z walf，W. A. Catalog of Gandara Sculptures in British Museum 1996.

③ 云冈石窟文物保管所编：《中国石窟・云冈石窟》（二），北京：文物出版社、东京：平凡社，1994 年，图版 141。

④ 云冈石窟文物保管所编：《中国石窟・云冈石窟》（二），北京：文物出版社、东京：平凡社，1994 年，图版 88。

⑤ ［北齐］魏收撰：《魏书》卷一〇六《地形志下》，北京：中华书局，1974 年，第 2611 页。

第一，洞窟规模明显变小。四壁壁面较直，与顶部交接处基本成直角；第二，较大的洞窟内由三壁高坛基塑三身等大的三佛变为正面低坛基，两壁开龛，成为三壁两龛窟（第100、128、144、148、80窟）；第三，四壁上部出现列龛，龛内影塑造像（第100、128、144、148、80窟），有二佛并坐、一佛二菩萨。壁面出现泥塑小台、上贴影塑的形式（第100、80窟）；第四，主要造像组合以三佛二菩萨为主，有些窟在前壁多了两身胁侍菩萨（第128、100窟）；第五，正壁两侧由原来的只有交脚和半跏思惟菩萨对称两龛变为下部又凿出两列小龛，内塑释迦多宝并坐像。

这一阶段的洞窟受到了云冈石窟二期洞窟的一些影响，如壁面列龛的形式、交脚菩萨或半跏思惟菩萨与释迦多宝上下的组合以及与千佛的组合等都受到了云冈造像形式的影响。并且第80窟内二佛并坐像与河北出土的太和十三年（489年）贾法生兄弟造释迦多宝金铜像十分相近①。

第三阶段：北魏太和末期至宣武帝景明、正始年间（499~508年），洞窟主要有第76、86、89、91、93、114、115、69、143、169、155、156、170窟等。主要分布在西崖，开始向东崖发展。这一阶段的洞窟较第二阶段的洞窟更小，洞窟平面一般为方形、平顶，除延续第二阶段的三壁两龛窟（第114窟）外，新出现了三壁三龛窟（第155窟）。主要造像多数为一佛二菩萨的组合（第69、76、86、89、91、93、115、143窟等）、三佛（三壁两龛窟和三壁三龛窟）。以交脚菩萨为主尊的仅有169龛。第一、二阶段流行的交脚与半跏思惟菩萨对称的组合仍然流行，有的置于龛内，有的置于影塑台上，有的不在洞窟内最上层，而是在第二层（第86、93窟等）。

壁面流行做小泥塑台，其上贴影塑造像（第89、91、93、114、115、156窟等），部分洞窟延续前一阶段的做法把影塑置于小龛内（第76、86、89、155窟）。影塑造像有一佛、二佛并坐，千佛、菩萨、飞天、供养菩萨和弟子、供养人等。多数洞窟内的影塑相同，为模制，同时用于几个同时期的洞窟内（第76、156、86、89、93等窟的供养人；第76和89、115窟的千佛；第114和86窟的飞天等）。

这一阶段较多地出现了新的汉化因素，主要表现在菩萨和影塑造像上，出现了褒衣博带、秀骨清像的造像风格，但主尊佛的造像还保留着早期造像的风格特点。主尊造像穿圆领通肩袈裟和偏袒右肩袈裟，衣纹上作勾连状的形式消失，以阴刻线为主。而圆领通肩袈裟的衣领开始下垂，不再紧绕脖颈（第76、114窟）。胁侍菩萨开始出现交叉于腹部的披帛形式（第69龛）。第114窟的影塑飞天已演变为体态轻盈的南朝式飞天。影塑佛像出现双领下垂的袈裟和悬裳的做法（第114窟）。个别窟内残留的壁画也表现出了这种新气象，如飞天的造型已是轻盈的南朝式飞天（第114、115窟）等。造像出现新旧风格变化的局面，同一个洞窟内，既有新的汉化因素出现，又保留了旧有的外来风格。表现出与龙门石窟、西安地区的佛教造像（景明二年造像塔）、陇东地区如庆阳北石窟寺北1号窟的造像等在这一时期一致的特点。

北魏后期洞窟（508~535年）："孝文改制"推行汉化改革，北魏晚期麦积山洞窟及造像艺术趋于成熟，深受以洛阳为中心的中原佛教造像的影响，并逐步形成了麦积山特有的一些造像风格，即世俗化极浓厚的造像特点。

---

①（日）松原三郎：《中国仏教彫刻史論》图版编一，东京：吉川弘文馆，1995年，图版80。

洞窟以方形平顶窟及圆拱顶小龛为主，有的为套斗式藻井，流行三壁三龛窟，出现了大型的像第133窟横长方形有二后室的洞窟，类似于汉代的某些崖墓建筑形式。

塑像除三佛外，还有一佛二弟子二菩萨、一佛一弟子一菩萨二力士或一佛二弟子二菩萨二力士组合；影塑造像发达，大量应用于洞窟内，多直接贴于壁面上或置于泥塑小台上。

造像已基本脱离了早期受外来影响的束缚，基本演变为汉民族化的“褒衣博带”和“秀骨清像”的造型特点。出现了许多脍炙人口的造像，如第121窟菩萨与弟子“窃窃私语”组像、第133窟第9龛“小沙弥”像等。

佛装全部为双领下垂式，腰间系带，衣服宽博，衣纹以阴刻线为主，面相清癯，身形瘦弱，悬裳衣裾繁复，刻画细致入微，塑造精美。菩萨身穿X状天衣，弟子多穿双领下垂僧衣，一老一少的二弟子组合成为定式。

第64、85、101、121、122、140、154等窟出现的菩萨与螺髻像或弟子与螺髻像组合作为佛的胁侍的形式，显然受到了洛阳及其周围地区佛教造像的影响。

这一时期可分为两个阶段：

第一阶段：宣武帝后期（永平、延昌，508~515年），洞窟有第23、16、91、19、84、88、149、163、218窟等。平面方形、平顶，三壁两龛窟（第16窟）或无龛窟（第23、91、163窟）。第16、19、84、88、149、163、218窟还保存壁面凿小龛的做法，是北魏前期第三个阶段的残留。

造像题材为三佛（第16、163窟）或一佛二菩萨三尊像（第23、91窟）。三佛中出现交脚坐的未来佛弥勒菩萨。影塑造像中交脚与半跏思惟菩萨对称构图仍有保留（第19、163、218窟），并与千佛或二佛并坐组合。造像特点方面，个别菩萨像还残留早期的特点，主尊佛像已基本为双领下垂袈裟，造像清秀。

第二阶段：孝明帝至北魏末（516~534年），有第17、21、64、72、81、83、85、87、101、103、108、110、112、121、122、126、129、130、131、133、139、140、142、145、159、161、164窟等。窟龛形制有三壁三龛平顶窟（第17、72、112窟等）和覆斗顶窟（第64、81、83、87、103、121窟等）、三壁无龛平顶窟（第85、101、108、110、122、131、140、142、126、139、159、161窟等）、多龛窟（第133窟）及小龛（第129、130、164窟）。造像题材变化较大，主尊造像仍以三佛为主，有第17、72、112、64、81、83、87、103、121、85、101、108、110、122、131、140、142窟（一身为交脚菩萨，可确定为三世佛）等，并有一佛（第126、139、159、161窟；第129、130、164窟及133窟诸龛）。单铺组合有一佛二菩萨、一佛二弟子、一佛一弟子一菩萨二力士、一交脚菩萨胁侍二菩萨。二力士像普遍出现于此阶段。影塑造像出现于第17、112、121、131、142、126、159、133等窟，仅第17窟个别塑于小龛内，大多数贴于小台上或直接贴于壁面上。交脚与半跏思惟菩萨对称仅出现于第159窟一例。造像体现出秀骨清像、褒衣博带的汉民族化风格。佛像面相长方，清瘦，双领下垂，袈裟宽大，阴刻衣纹，衣裾全部为悬裳式，衣裾分三瓣或四瓣垂于座前。菩萨体态修长，自由舒展，神情含蓄内敛，高领内衣，外衣宽博，长裙垂地，X状交叉披帛，璎珞玉饰严身。

2. 西魏洞窟

据麦积山现藏宋代《秦州雄武军陇城县第六保瑞应寺再葬佛舍利》碑记载：“西魏大统元年，再修崖阁，重兴寺宇”，可知西魏初开窟造像活动兴盛。《北史》卷一三《后妃列传》记载善良贤惠、深明大义的文帝文皇后乙弗氏，被迫在麦积山出家为尼，被赐死后“凿麦积崖为龛而葬”，号寂陵（即第43窟）。

这一时期的窟形为北魏晚期的方形平顶，三壁三龛（第105、123、127、135、172窟等，第44、146、147窟前部塌毁，原可能也是此类窟形）或三壁无龛（第20、102、120窟）窟为主要形式，出现仿地面陵墓建筑的木构建筑形式的崖阁（第43窟）以及四角攒尖顶的形式（第44窟）。

造像题材以三佛为主。单铺组合为一佛二菩萨或二弟子，有些窟内出现以维摩诘经为内容的造像，如第102、123窟正壁塑说法的释迦牟尼佛，两侧壁塑表现《维摩诘经·文殊问疾品》内容的文殊和维摩对坐。第123窟的维摩和文殊分别有童男和童女世俗形象的胁侍。影塑造像逐渐消失，第132窟虽然还有影塑小台的做法，但未见影塑保存。

造像有两种明显不同的风格，显示了麦积山西魏时期存在两个不同的工匠系统。

第一种为以第44窟为代表的系统。第20、44、102、105、120、123等窟的造像，佛磨光柱状或旋涡纹高肉髻，面容姣好，五官秀美，两颊丰润。佛装双领厚重下垂，身躯逐渐趋于圆润，脱离了清俊消瘦的样子，衣裾分两瓣下垂，底端略平，衣纹线条更加简练流畅，具有自然的韵律感。这种新出现的以面形丰润饱满为倾向的风格，有别于第二种即继承北魏晚期那种以清瘦飘逸为典型特征的风格，应该是接受了新的时代信息和艺术潮流，很可能与第44窟造像者或功德主的到来有密切关系，第44窟系统的造像可能与来自西魏都城长安的乙弗氏有关。

第二种风格即麦积山旧有的来自洛阳地区的造像系统，代表洞窟有54、60、127、132、135、146、147、172窟等。变化较明显的是菩萨像，第127、135窟的菩萨像不再如之前那样较为呆板地侍立，而是比较接近现实中的人物姿态，欠身而立，微笑的双眼传递出更多信息，向前伸出托供盘的手表现出明显的动态和现实意趣。这与第127、135窟中绘制的大型本生或经变画中的狩猎、出行、战争等现实场景相映成趣。

以上两种风格并非泾渭分明，而是有着深度的融合，这在第127窟的造像和壁画中得以体现，如该窟前壁上部的七佛图中，佛的造型与华盖的形式，显然也受到长安地区的影响，而两侧龛内的菩萨像，与第44窟系统的菩萨像不同，表现出秀丽、修长的身姿，衣饰严身，依然为秀骨清像的作风。这种融合，显示了两个工匠集团的互相借鉴与学习。

这一时期出现的第127、135窟为大型窟，平面横长方形，其中第127窟为盝形顶，显示出洞窟建筑的高规格，窟内现存的大型经变画如西方净土变、维摩诘经变、涅槃经变等是中国石窟寺中现存最早的大型经变画，具有十分重要的价值，其来源应该是长安地区的佛教寺院绘画。

3. 北周洞窟

北周时期，崇佛之风大盛，麦积山石窟又一次出现造像的高潮。佛教信徒宇文广先后出任秦州刺史及总管，其故吏开府仪同三司、秦州大都督李允信营造上七佛阁（“散花楼”）及其附属建筑千佛廊（第3窟）和石斛梯（现编第168号）宏伟壮丽，其规模为全国之最。周武帝灭佛似乎对麦积山的影响不大，保存了大量的北周造像。北周统治虽然短暂，但在艺术上却独有造诣，其恢复鲜卑旧制的举措，在艺术创作中留有“复古”的迹象。

代表洞窟有第 3、4、12、26、27、36、62、94、141 窟等。

北周时期麦积山的洞窟形制变得较为复杂，仿木构建筑的崖阁式洞窟引人注目，其中第 4 窟（又称上七佛阁、散花楼）最为宏伟。洞窟内部以四角攒尖顶窟为主，多平面方形的中小型窟，窟内有仿木构柱及梁枋结构，这种窟形在西魏时期的第 44 窟初露端倪，至这一时期成为主流。这种窟内建筑结构的变化，更多地反映了中国传统建筑形式在石窟寺中的运用。这一现象，在东部地区的河北响堂山石窟、太原天龙山石窟以及同处于西北地区的固原须弥山石窟等北齐、北周洞窟中也有较多的表现，反映了各地之间的相互交流和影响。可分为以下几类：

A 三壁无龛窟，四角攒尖顶（第 11、52、113、136 窟）

B 三壁三龛窟，四角攒尖顶（三佛，第 62 窟）

C 三壁一龛窟，四角攒尖顶（七佛，第 7、12、26、32、35、36、39、65、109 窟）

D 三壁七龛窟，四角攒尖顶或覆斗顶（七佛，第 27、141 窟）

E 崖阁式七龛窟，圆拱形龛或四角攒尖顶龛（七佛，第 4、9 窟）

F 摩崖（千佛，第 3 窟）

G 其他（一佛二弟子二菩萨或三佛、交脚菩萨，第 22、45、46、67、134、157 窟等）

造像题材以七佛为主，还有三佛、千佛、交脚弥勒菩萨等，单铺组合多为一佛二菩萨或弟子。第 4 窟出现一佛二弟子六菩萨或一佛八菩萨的组合。值得一提的是七佛窟占有相当大的比重，现存可以确定为七佛窟的最少有 14 个，与十六国北魏时期七佛组成情况不同的是，麦积山的七佛没有一例与未来佛弥勒的组合，这是一种十分明显的特征，反映了麦积山石窟在北周时期佛教信仰上的一种新气象。佛低平肉髻，短颈宽肩，腹部凸出，身体粗壮，着通肩或双领下垂式袈裟。菩萨披巾横于胸腹两道或垂挂长璎珞。造像敦厚壮实，“珠圆玉润”。上承两魏风格，下启隋唐新风，表现出过渡时代的特征。

影塑造像仅出现在第 4、31 窟两个洞窟中。其中第 4 窟每龛内的上部贴三层影塑千佛，这与莫高窟北周第 428 窟壁面彩绘五排千佛的形式相似，类似的情况还见于第 26 窟壁面上部也绘有两排千佛，反映了两地间佛教艺术的交流。

北周洞窟现存壁画不多，但构图多变，造型生动。第 26 和 27 窟顶部绘涅槃经变、法华经变，也是北朝时期不多见的大型经变画。第 4 窟各龛外部上方绘有七组伎乐天组画，每组四身，两两相对飞行。其中有五组为“薄肉塑”，构思独特，显示了其高超的艺术水平。

总之，北周时期的麦积山石窟，无论从洞窟建筑、造像题材与风格、壁画的内容与技法方面，都有许多创新，给人耳目一新的感觉。

4. 隋唐洞窟

隋文帝于仁寿元年（601 年）在麦积山顶敕建舍利塔，并赐寺院名“净念寺”。信佛的文帝第三子秦孝王杨俊任秦州总管，《隋书・秦孝王俊传》记载了其信佛事迹①。麦积山在隋代开窟造像得以延续。

现存洞窟主要有第 5、8、13、24、37、49、82 窟等。平面以马蹄形为主，环壁一周低坛基，顶以

① ［唐］魏徵等撰：《隋书》卷四五，北京：中华书局，1973 年，第 1239 页。

圆拱顶和穹隆形居多。造像题材以一佛二菩萨三尊的形式为主，第5窟中龛造像为一佛二弟子四菩萨七尊的形式。而该窟唐代续凿的两侧龛内，一为倚坐的弥勒佛像，一为跏趺坐的佛像，与中龛内隋代的主尊佛像构成三世佛。造像作风写实，采用大体积、大块面的塑作手法，衣纹为简单写实的凸棱状，给人以简洁概括、厚重饱满的形象，为唐代雕塑艺术的辉煌发展拉开了序幕。根据《法苑珠林》《辩正论》等文献中的记载，隋代二主不但信佛，并且在恢复佛教、发展佛教造像方面有着非凡的举措，尤其是修复了大量被前代破坏的佛像①，麦积山石窟也出现了许多隋代重修的洞窟②。

麦积山现存唐代石窟数量很少，与开元地震、吐蕃入侵有关。杜甫《山寺》诗形象地描绘了唐代麦积山的衰败景象。第5窟为唐代续修的洞窟，属于初唐作品。窟外壁面上的壁画净土变和供养人行列具有重要的价值。

5. 宋代

麦积山石窟的开凿，到了宋代接近尾声，目前没有可以确定为宋代的洞窟，编号为第59号的为宋代重修麦积山东西两阁佛像的墨书题记。麦积山主要可供开凿的崖面已经十分有限。秦州在宋金对抗时期，成为互相争夺的前沿阵地。宋代却是麦积山特别重要的时期，表现为寺院再次受到朝廷的重视，并重新敕赐寺额为“瑞应寺”，并一直沿用至今。还有麦积山的高僧秀铁壁被召入内讲座③。麦积山大部分北朝至隋唐时期的洞窟及其造像，在此时得到了大规模的重修。一些大型的洞窟及造像如第4、9、11、13、90、98、100、133、136窟等都被重修，典型的造像有第4窟各龛内的主尊及胁侍像、第11窟的卢舍那像及八大菩萨、第90窟的三佛及二弟子像、第100窟正壁的大日如来像、第133窟的罗睺罗授记、第165窟的三观音及供养人像等。比较珍贵的是，这一时期的造像出现了密宗特点的题材如第100窟正壁主尊被重修后变为作智拳印的大日如来，第11窟原来为北周窟，造像可能为七佛，重修后成为卢舍那佛像及八大菩萨，反映了麦积山佛教宗派及信仰上的变化。

6. 元代

麦积山现存元代的遗存不多，没有新的洞窟开凿，但对个别洞窟的造像进行了重修。有第35窟（北周始建）正壁的主尊佛像，第48窟（可能为隋代始建）两个龛内的造像，都具有藏传佛教的特点。尤其是第48窟左龛内所塑为北方地区不多见的元代四臂观音像，它与第35窟及第48窟右龛内的佛坐像是元代“西天梵相”的代表，是印度佛像经西藏向中国内地传播的重要证据，也是陇右地区保存较为完整、价值较高的元代藏传佛教造像，与河西地区的马蹄寺石窟的元代造像有很多相似的特点。

7. 明清时期

这一时期，麦积山的佛教持续发展。根据麦积山现存的明清时期的文书及水陆画看，这一时期麦积山的寺院成为秦州地区重要的水陆道场。禅宗临济宗成为麦积山唯一的佛教宗派。但洞窟的开凿没

---

① ［唐］道世：《法苑珠林》卷一百《兴福部》，《大正藏》第53册，第1026b页。［唐］释法琳：《辩正论》卷三，《大正藏》第52册，第0508b页。

② 魏文斌：《麦积山石窟的重修——以早期洞窟为例》，《石窟艺术研究》，文物出版社待刊。

③ 屈涛：《麦积山宋僧秀铁壁考》，郑炳林、花平宁主编：《麦积山石窟艺术文化论文集》，兰州：兰州大学出版社，2004年。

有继续，与宋元时期一样，对前代洞窟及造像进行了大量的妆彩修缮，同时也重塑了一部分洞窟的造像，如明代对第1、2、25、51等窟内的造像做了重塑。第12窟顶部的壁画为明代重绘。第1窟原来的造像不详，重塑为释迦涅槃像及众弟子举哀像。第2窟重塑为地藏菩萨及地狱十王像，两侧壁则绘十王地狱图。第25窟为重塑的观音菩萨坐像。第51窟在北魏造像的基础上重塑三佛及二弟子像。第12窟顶部则改绘为释迦涅槃图及地狱图像等。第4窟内则可见大量的明代重新妆彩的题记。明代对麦积山造像的重塑，多改变了原窟内的造像布局。清代除了大量进行妆修外，也重修了少量的造像，如第74窟和第80窟正壁主尊的头部，但艺术水平极差，破坏了原造像的神韵。

清代中期以后，麦积山逐渐淡出人们的视线，直到20世纪冯国瑞先生考察并介绍后，麦积山才重新为世人所知，并焕发出了新的光彩！

二、造像题材与佛教思想

造像的水平高低取决于工匠的艺术修养，工匠对于造像题材没有过多的选择，石窟寺中的造像是洞窟修建者在僧侣们的指导下完成的，也是供养礼拜或禅观的最重要的对象，代表了功德主所表现的愿望和思想。佛教信仰思想在石窟寺中是以艺术的形式表达，是人们思想信仰的一个方面，主要代表了崇佛年代崇佛人们的心理愿望，包括世俗的和佛教界的，在石窟寺这类宗教场所，他们以艺术的形式表达他们的宗教意识。所以，石窟寺的建筑以及造像和壁画内容，成为了解他们思想内容的重要依据。从现存的麦积山石窟造像来看，题材主要有释迦牟尼、三世佛、弥勒、千佛、七佛、释迦多宝对坐、文殊和维摩诘等。这些题材也反映了麦积山尤其是北朝时期佛教信仰的内容，这些题材往往不是独立的，而多是互相组合，组合的形式正反映了麦积山石窟大乘佛教思想的流行。

1. 麦积山北朝时期的洞窟、造像与壁画表现了浓厚的禅观思想

麦积山从创建初即为禅观胜地。5世纪初，精于禅法的鸠摩罗什在后秦主姚兴的支持下，在长安从事佛经的翻译，重视翻译禅经，教授门徒。他所翻译的《禅秘要法经》（3卷）、《坐禅三昧经》（2卷）、《菩萨诃色欲法经》（1卷）、《禅法要解》（2卷）、《思惟略要法》（1卷）、《佛说首楞严三昧经》（2卷）等无疑对中国的佛教禅观思想及禅观实践具有很重要的指导作用。从鸠摩罗什修禅者千余人，后秦境内“事佛者十室而九”①。北魏佛教继承姚秦和北凉，姚秦和北凉的佛教都重修禅②。可见鸠摩罗什佛学及禅法对后秦佛教的影响之大。

著名的北朝文豪庾信所作《秦州天水郡麦积崖佛龛铭并序》曰：“麦积崖者，乃陇坻之名山，河西之灵岳，高峰寻云，深谷无量。方之鹫岛，迹遁三禅；譬彼鹤鸣，虚飞六甲。”③

庾信的文章华美，其中对麦积山适宜禅观修行的环境描述绝非虚指。禅法作为北朝禅学的主流，主张静坐修行。修禅多选择清静僻远之地，于是水边崖际幽静之处成为禅僧首选之地，开凿石窟进行

---

① ［唐］房玄龄等撰：《晋书》卷一一七《载记·姚兴上》，北京：中华书局，1974年，第2985页。

② 刘慧达：《北魏石窟与禅》，《考古学报》1978年第3期；［唐］房玄龄等撰：《晋书》卷一一七《载记·姚兴上》，北京：中华书局，1974年，第2984~2985页。

③ 张锦秀编撰：《麦积山石窟志》第六章《碑碣·铭文·匾额》，兰州：甘肃人民出版社，2002年，第177页。

修禅则成为流行趋势。安静之环境是思惟修禅必要的条件，《坐禅三昧经》卷上曰：“闲静修寂志，结跏坐林间。”①《禅密要法经》卷中云：“出定之时，应于静处，若在树下，若阿练若处。”② 因此北朝石窟多选择在远离闹市的幽静之处开凿。而且经文明确说明要在石窟中修禅，表明北朝石窟与禅观的密切关系。麦积山为“秦地林泉之冠”，所处的环境正是适宜修禅的理想之地。

于是从5世纪以来，麦积山逐渐吸引了众多的著名禅僧来此禅修。与麦积山关系密切之译经僧人或禅僧应该有鸠摩罗什、浮驮跋陀（佛驮跋陀罗）、玄高、昙弘、玄绍等。著名禅僧玄高等聚集大量禅僧修行。“高乃杖策西秦，隐居麦积山。山学百余人，崇其义训，禀其禅道。时有长安沙门释昙弘，秦地高僧，隐在此山，与高相会，以同业友善。”③

麦积山早期洞窟中的第76、89、115、156窟等都是面积不大仅能容一人安坐的方形洞窟，正适于坐禅、观想、修行。王子洞窟区多为小型单室洞窟，据研究属于禅窟性质。初期洞窟中的佛像有50%~80%都作禅定印，相当可观，充分说明了这个时期对于禅定的重视，表现了非常明显的禅观意味。有些洞窟内还保存有壁画树下禅修图（如第148窟正壁佛背光两侧），配合窟内的三世佛及弥勒、释迦多宝二佛并坐题材而存在，显示了该窟的禅修功能。麦积山石窟的造像与壁画题材不是很复杂，与同时期的其他石窟有很多共性，而且许多内容与禅观关系密切，表现了北方石窟尤其是西北地区早期石窟重视禅观的特点，比如三佛、弥勒、千佛、释迦多宝造像等。

建造石窟、居窟观禅，配合适宜禅观的一系列造像，共同构成了麦积山石窟的禅观体系。

2. 以三世佛为主题的法华思想及信仰主导麦积山石窟北朝洞窟的实践

北朝至隋唐时期，三佛为麦积山石窟造像的永恒主题。三佛在洞窟里的位置布局，主要有以下形式：第一，三壁三佛，从最早的北魏前期第51、74、78、90窟，北魏后期的第85、101、108、110、122、131、139、140、142、154、163窟，西魏时期的第20、120、162窟等，可延续到北周时期的第45窟，特点是三佛等高。其中第101、142、163窟的一壁为交脚菩萨像，据此可判断三佛为三世佛；第二，三壁两龛三佛，主要流行于北魏前期第二阶段，有第80、100、128、148窟等，第三阶段的第114窟、北魏后期的第16窟及北周改造完成的第88窟。突出正壁主尊，两龛内的佛像略小；第三，三壁三龛三佛，始于北魏前期第三阶段的第155窟，北魏晚期和西魏时期特别流行，有第17、49、64、72、81、83、84、87、103、105、121、127、135、145、158窟等，西魏时期的第44、146、147窟及北周第22窟等虽然前部塌毁，推测可能也属于此类；第四，并排三龛，隋唐时期的第5窟，中间主龛为隋代完成的释迦牟尼佛，前廊右侧为跏趺坐的过去佛，前廊左侧龛内为倚坐的未来佛弥勒佛。

除了主尊为三世佛的造像外，一些附属造像也是法华图像的一部分，即配合主尊造像而配置在窟内。如北魏前期第二阶段出现的上龛交脚或半跏思惟菩萨，下龛为二佛并坐的形式，是弥勒与释迦多宝构成的三世佛，这种组合流行于云冈第二、三期的洞窟。在云冈石窟中甚至成为洞窟的主要造像，如第7、8窟。麦积山第133窟10号造像碑的主要图像，就是交脚弥勒+二佛并坐+释迦的组合，这也

① 《大正藏》第15册，第0270c页。

② 《大正藏》第15册，第0252a页。

③ ［梁］释慧皎：《高僧传》卷一一《释玄高》，《大正藏》第50册，第0397页。

是法华图像的展示。

十六国后秦主姚兴十分注重“三世”观，曾著《通三世论》《通三世》①，其所论得到了正在长安组织译经弘扬佛法的一代名师鸠摩罗什的赞同，而鸠摩罗什所译《妙法莲华经》《禅秘要法经》等也强调了“三世佛”的供养和禅法。长安佛教不止对陇右佛教有较大的影响，而且对后来的北魏佛教产生了深远影响。尤其是鸠摩罗什在长安翻译的《妙法莲华经》以及禅法经典都对北魏佛教影响颇深。

依据5世纪以来影响最为深远的大乘经典《妙法莲华经》而制作的三世佛造像不但是麦积山初期洞窟的主要题材，还延续影响到了麦积山整个北朝甚至隋唐时期的造像，成为麦积山石窟从始至终贯穿一致的主线。

《妙法莲华经》卷一《序品》一开始即说明了《妙法莲华经》的传承次第，即三世佛的继承关系：

> 尔时世尊，四众围绕，供养恭敬尊重赞叹。为诸菩萨说大乘经，名无量义教菩萨法佛所护念。佛说此经已，结跏趺坐，入于无量义处三昧，身心不动。……尔时佛放眉间白毫相光，照东方万八千世界，靡不周遍。下至阿鼻地狱，上至阿迦尼咤天。于此世界，尽见彼土六趣众生。又见彼土现在诸佛，及闻诸佛所说经法。……尔时弥勒菩萨作是念：今者世尊现神变相，以何因缘而有此瑞？今佛世尊入于三昧，是不可思议现稀有事，当以问谁？谁能答者？复作此念：是文殊师利法王之子，已曾亲近供养过去无量诸佛，必应见此稀有之相，我今当问。……时有菩萨，名曰妙光，有八百弟子。是时日月灯明佛从三昧起，因妙光菩萨说大乘经，名妙法莲华教菩萨法佛所护念……日月灯明佛，即授其记……佛灭度后，妙光菩萨，持妙法莲华经，满八十小劫为人演说。……八百弟子中有一人，号曰求名，……弥勒当知，尔时妙光菩萨，岂异人乎，我身是也。求名菩萨汝身是也②。

三世佛造像与禅观关系密切，是禅观时观像的重要图像。5世纪翻译的许多重要禅观经典都强调十方三世佛的禅观思想。鸠摩罗什所译《思惟略要法·法华三昧观法》《坐禅三昧海经》卷下、《禅秘要法经》卷中都对观想三世佛有所描述，如《坐禅三昧海经》卷下说修禅需要专心系念十方三世佛：

> 若行者求佛道，入禅先当系心专念十方三世诸佛生身，……佛身如是，有三十二相，八十好，……常念佛身相，如是行者便得十方三世诸佛悉在心目前一切悉见三昧，……是时便见东方三百千万千万亿种无量诸佛，如是南方、西方、北方四维上下，随所念方，见一切佛，……是为菩萨念佛三昧③。

麦积山第78窟保存有“仇池镇……经生王……供养十方诸佛时”的供养画像及榜题④，明确地告诉我们该窟的造像与十方三世佛有关。较之略晚阶段的第100、128、148窟等，不但主尊为三佛，而且窟内

① 《大正藏》第52册，第228页；《广弘明集》卷一八《法义篇》，《大正藏》第52册，第228页。

② 《大正藏》第9册，第2~4页。

③ 《大正藏》第15册，第0281a页。

④ 张宝玺：《麦积山石窟开凿年代及现存最早洞窟造像壁画》，《中国考古学会第一次年会论文集1979》，北京：文物出版社，1980年。

小龛内影塑出千佛，象征着十方诸佛，与三世佛的主尊构成十方三世诸佛，成为这些洞窟的主题信仰。

3. 弥勒造像体现了对未来弥勒佛的信仰

麦积山早期洞窟内就已经可以明显地看到弥勒信仰的存在和对之的重视。从第 74、78 窟开始即有了弥勒的造像，而第 165 窟和第 169 龛是以交脚弥勒为主尊的造像窟龛。麦积山早期洞窟中有近 20 个洞窟有交脚菩萨与半跏思惟菩萨的组合，这种组合的两身不同姿态的菩萨均是弥勒菩萨，是弥勒菩萨在不同场合的表现形式①。另外，北朝时期洞窟中的三佛造像为三世佛，其中一身为弥勒佛②。麦积山石窟的弥勒表现有以下几种形式：

A. 以三佛之一的形象出现，表示弥勒已经下生成佛。主要出现在三佛窟内，也是麦积山三世佛的主要形式。

B. 以交脚菩萨的形式出现，作为窟龛内的主尊，或者作为三世佛之一，以交脚菩萨的形象出现。前者有第 165 窟、第 169 龛、第 134 龛、第 191 龛及第 133 窟第 10 号造像碑、第 8 龛，后者有第 101、142 窟等。第 165 窟的窟顶还凿出象征天宫的长方形顶，配合塑像还在壁面上部画出象征兜率天宫世界的众多伎乐。表现弥勒的上生信仰。

C. 倚坐的形象：作为三世佛之一或者正壁主尊，前者有第 5 窟左龛，后者有第 8、67 窟等，表现弥勒的下生信仰。

D. 以半跏思惟和交脚菩萨的形式对称出现于洞窟正壁两侧龛内和影塑平台上或直接贴于壁面上。现存近 20 个窟龛，有北魏前期的第 51、74、78、128、100、144、148、86、114、155、156、170、93、93-3 窟等及北魏后期的第 159、163、218 等窟龛。其中第 93-3 龛为半跏思惟和交脚菩萨并排塑于龛内正壁。交脚菩萨为弥勒无疑，半跏思惟菩萨与交脚菩萨对等，地位相同，各有二胁侍菩萨。半跏思惟菩萨为弥勒半跏思惟像。北魏前期的第二阶段洞窟中，出现了与二佛并坐的组合，是三世佛组合的一种形式③。

犍陀罗造像即十分重视弥勒信仰，即犍陀罗弥勒造像的交脚和半跏思惟、站立持瓶的形式都传入中国，并在中国十六国至北朝时期的造像中常见。在印度、中亚广泛流行的禅定、禅观的僧人之间，就已经流行对天上的未来佛弥勒的崇拜，也创造了兜率天宫的弥勒菩萨图像，而且交脚的弥勒形象正是中国交脚弥勒菩萨的原形。他们表现了弥勒上生和下生的信仰。这几种形象都传到了中国，并影响了中国的弥勒造像，尤其是交脚坐的弥勒菩萨，始终影响着中国的造像，一直到唐代以后才消退。而半跏思惟形的弥勒造型，在中国内地十六国至北朝晚期也有很多像例。传入中国后，中国的交脚菩萨在十六国北朝时期非常流行，基本形成了一种定形的图像，就是弥勒菩萨。说明了中国的弥勒信仰实际上是继承了犍陀罗的传统。上生是依据上生经典刘宋沮渠京声译《佛说观弥勒菩萨上生兜率天经》而创作，下生是依据上生经典即西晋竺法护译《佛说弥勒下生经》、姚秦鸠摩罗什译《佛说弥勒大成佛经》和《佛说弥勒下生成佛经》等创作。俱为弥勒造像所依据的重要经典，对中国的弥勒造像和信

① 魏文斌：《麦积山石窟交脚与半跏思惟菩萨对称构图研究》，罗宏才主编：《西部美术考古》，上海：上海大学出版社，2008 年，第 89~134 页。

② 魏文斌：《麦积山石窟初期洞窟三佛造像考释》，《敦煌学辑刊》2008 年第 3 期。

③ 魏文斌：《麦积山石窟初期洞窟三佛造像考释》，《敦煌学辑刊》2008 年第 3 期。

仰至为重要。

弥勒菩萨的主要功能——禅观并往生、思惟而决疑。诸多禅观经典一再强调作各种观想时，都可以在命终之后上生兜率天，见到弥勒，并随弥勒下生，最先闻法，得到解脱成道。如此，对于弥勒的观想和对未来世界的希冀，成为众多现实佛教实践者践行的方法，于是就有道安（314～385 年）、道法（？～474 年）等僧人信仰弥勒净土的传奇故事①。僧人修禅入定常想弥勒，这些现实修行者的实践，必然是一种时尚。作为一个禅僧，在禅观时遇到难疑不得解时，罗汉为之往兜率天宫咨询弥勒。可见弥勒与禅观的关系非常紧密，得到了现实修禅者的实践。僧人平生可往兜率天宫决疑，也希望死后往生于兜率天宫，后者类似于西方净土信仰，表现了对弥勒净土的向往。如惠览、僧印等人②。

弥勒菩萨在下生时，由于见到众生之苦，并知佛法将灭，于是“修无常想”，表现其思惟，于是就有了思惟弥勒菩萨的造像。敦煌早期洞窟中的第 275 等窟壁面上部的双树形龛内的半跏思惟菩萨就是弥勒菩萨于龙华树下修无常想的姿态。麦积山早期洞窟高处的半跏思惟菩萨虽然没有塑造出树，但也表现的是思惟形弥勒菩萨。

早期弥勒信仰与十六国北朝禅观流行关系密切。僧人通过坐禅修行，“往兜率天咨弥勒”求弥勒菩萨决疑。因沮渠京声所译的《佛说弥勒菩萨上生兜率天经》为一部禅观经典，敦煌弥勒信仰和禅修必有十分密切的关系，北凉石塔弥勒菩萨和七佛并出，弥勒信仰和三世佛信仰息息相关。同样，麦积山众多弥勒菩萨造像也与禅修密切关联。

4. 七佛造像的流行不但是对七世佛的信仰，更可能与中国传统对七世父母的孝道思想有关

麦积山另外一种十分流行的题材就是七佛。麦积山现存较早的七佛题材出自西魏时期的第 127 窟，绘于该窟前壁上方十分显眼的位置。第 133 窟现存的西魏第 11、16 号造像碑上，其中有几排雕刻了七身并排而坐的佛像，他们可能是千佛的一种形式，也有可能就是七佛。至北周时期，麦积山流行各种形式的七佛窟，目前能确定的七佛窟最少有 14 个，占了北周现存洞窟总数的 1/3。由此可见，北周时期最主要的造像题材为七佛，也代表着北周时期麦积山石窟的信仰内容。

麦积山北周洞窟之所以流行七佛造像，当与大都督李允信开凿七佛龛（即现编第 4 窟）有关。李允信所凿七佛龛为麦积山现存最大、最为壮观的洞窟。文学家庾信为此窟的开凿撰写了非常有名的铭文并作序。序中曰“大都督李允信者，籍以宿植，深悟法门。乃于壁之南崖，梯云凿道，奉为王父造七佛龛”。可知李允信是为自己的祖父开凿的七佛龛，又曰“昔者如来追福，有报恩之经；菩萨去家，有思亲之供”。借如来报恩、菩萨思亲之意褒扬李允信为祖父开龛追福、思念之孝道，寓意明确。

七佛造像源于印度，如桑奇大塔门楣上就雕刻有象征七佛的 7 个圣树，犍陀罗的雕刻中，常见七佛与弥勒菩萨的组合。这一题材随之传入中国，在十六国北凉的石塔上，贯彻始终的就是七佛与弥勒的组合。北魏时期的石窟寺中，泾州刺史奚康生所建庆阳北石窟寺、泾川南石窟寺两个主窟的造像即为七佛加弥勒，这是北魏时期最大的七佛加弥勒洞窟。云冈、龙门北魏时期的造像中，多见弥勒为主尊、七佛作为龛楣装饰的形式，这都是受犍陀罗造像的影响，只是主尊有所转换。但云冈也有像第

① 分别见《大正藏》第 50 册，第 0353c 页、第 0399b 页。

② 二人事迹分别见《大正藏》第 50 册，第 0399a 页、《新纂大日本续藏经》第 77 册，第 0355～0356 页。

11、13 窟那样在壁面上并列雕七身立佛的形式，但仍然与窟内其他龛内的弥勒相照应。这种弥勒与七佛的组合，正如《魏书・释老志》所讲的过去六佛加现在释迦牟尼佛再加未来弥勒佛的三世佛组合。在印度，七佛有小乘佛教的色彩，但传入中国内地以后，迅速大乘化和中国化。

七佛造像在中国的出现与流行，虽然受到印度及犍陀罗的影响，表现的虽然是过去七佛的概念，但我们从众多的造像铭文中，可以感受到这一题材与中国传统的父母孝道思想十分吻合。中国孝道观念中，不但要孝敬现实或已亡故的父母，还要孝敬、追念过去世的七世父母先人，以七为祖的观念深入人心。如现存的北凉石塔中，吉德塔的铭文中就提到为七世父母造塔，这与塔上雕刻的七佛正好契合。信佛的李允信为祖父造规模宏大的七佛龛的举动，则应包含有为包括其祖父在内的七世父母思亲、追福的孝心。中国佛教发展到宋代，世俗化的倾向非常浓厚，与中国传统的儒家思想达到了深度的融合，其中援儒入佛、援佛入儒的理念渗透到佛教思想中。以报父母恩德为主的佛经（伪经）及报父母恩重经变壁画或雕刻出现在敦煌、大足等地唐代至宋代的石窟寺中。现藏甘肃省博物馆出自敦煌藏经洞的北宋绢画，在说法图的周围绘十多个父母恩德的画面，其上部一列绘过去七佛，这种图像组合显然强调的不但是报自己亲生父母的恩德，而且应报过去七世父母之恩。大足宝顶南宋第 15 龛父母恩重经变雕刻的上部，也雕刻出七佛，显然与甘博藏敦煌绢画的思想一致。

麦积山西魏第 127 窟前壁门上画七佛图，而其上部的窟顶前披绘制大型的以孝养父母的睒子本生故事画，这绝不是一般的图像空间布局，应该有深刻的含义。

李允信在麦积山开凿七佛窟，带动了麦积山石窟七佛窟的流行，七佛信仰成为这一时期的主流思想。

5. 维摩诘图像的流行，进一步充实了麦积山大乘佛教的思想

5 世纪初，鸠摩罗什在长安翻译的佛经中，《佛说维摩诘所说经》是与《妙法莲华经》齐名并影响北朝及以后佛教及佛教美术的重要经典。在 5 世纪至 6 世纪的佛教美术中，表现《维摩诘经》内容的多为维摩诘和文殊菩萨对坐即“问疾品”的内容，现存作品以炳灵寺石窟第 169 窟西秦的壁画为最早，大量流行于云冈、龙门等北朝的石窟寺及单体雕刻中。麦积山北魏晚期的雕刻中出现了这种对坐的维摩文殊图像，雕刻于第 133 窟 10 号造像碑上。而且与三世佛、释迦多宝并坐等图像组织在一起表现大乘佛教的思想。至西魏时期出现了两种维摩诘经的图像，一是大型的经变画，绘于西魏第 127 窟左壁；二是以释迦为中心的隔释迦对坐式，第 102、123 窟即在正壁塑说法的释迦牟尼佛，两侧壁分别塑出文殊菩萨和维摩诘，这两窟可以称作维摩窟，显示了麦积山西魏时期维摩信仰的重要。维摩与文殊对坐论法所说的主要是大乘佛教“空”的理论。维摩诘以其雄辩和高深的佛法征服了所有释迦的弟子，同时以其种种方便说法的行为，符合魏晋士大夫的风度，成为人们所喜爱的佛教人物，自魏晋以来即非常流行，北朝时期大量出现于各种佛教载体中，或绘画，或雕刻，唐代以后更是以经变画的形式流行于佛教寺院或石窟寺中。

麦积山石窟作为优秀的文化遗产，其内涵丰富，包含了多个方面的内容，本文所述分期及题材和表现的佛教信仰，仅是其中的两个方面。即使这两个方面，也不是本文所能全部表述清楚的，还需要更深入的探讨和研究。

（原载于《中国文化遗产》2016 年第 1 期）

麦积山石窟的历史与艺术

孙晓峰

麦积山石窟开凿于甘肃省天水市东南约30公里西秦岭小陇山支脉一座突兀而起的孤峰峭壁之上，因“望之团团，如农家积麦之状”而得名。从远处望去，刀削斧切的崖壁上十几层栈道凌空飞架，大大小小的窟龛密如蜂房，在烟云缥缈之中若隐若现，令人叹为观止。这座始建于5世纪的佛教艺术宝库，先后历经北魏、西魏、北周、隋、唐、五代、宋、元、明、清等十余个王朝1600多年的营建，现存大小窟龛221个，各类造像3938件10632身，壁画约1000平方米，以及大量的经卷文书、碑碣等文物，是与敦煌、龙门、云冈齐名的中国四大石窟之一，也是全国重点风景名胜区。

1961年，麦积山石窟被国务院公布为第一批全国重点文物保护单位。2015年，在卡塔尔多哈举行的第39届世界委员会会议上，麦积山石窟作为“丝绸之路：长安—天山廊道的路网”项目组成部分，被联合国教科文组织世界遗产委员会正式认定为世界文化遗产。

一、麦积山石窟的历史

（一）石窟开凿的背景

麦积山石窟历史源远流长，它与外来佛教在中国的传播与发展密切相关。3~4世纪，活跃于中亚、西域和新疆的印度佛教沿着古老的丝绸之路经过甘肃河西走廊来到中原内地，长安、洛阳、成都、建康（江苏南京）等地成为当时重要的佛教文化传播中心。其中毗邻长安的秦州（甘肃天水）也成为佛教最早传入内地的地区之一，根据史料记载，西晋永嘉二年（308年），高僧竺法护就曾在天水境内重译《普曜经》八卷①。长安高僧帛法祖则常年在关陇一带弘扬佛法，他在信徒中影响很大，史称“崤函之右，奉之若神”。后来，法祖被秦州刺史张辅杀害，引起天水、陇西一带羌人的愤怒，他们起兵进攻秦州城，张辅也因此被杀，众羌胡感到大仇已报，便将法祖分尸，带回去后起塔供养，以示纪念②。这一件事表明当时佛教已深入秦州社会各个阶层，佛事活动已经成为人们日常精神生活的重要组成部分。

① ［隋］费长房：《历代三宝纪》，《大正藏》第49册，第62页；［唐］释智昇：《开元释教录》，《大正藏》第55册，第493页。

② ［梁］释慧皎撰，汤用彤校注：《高僧传》卷一《帛远传》，北京：中华书局，1992年，第26~28页。

而麦积山作为秦州境内奇特的丹霞景观地貌，早在东汉时就已经引起人们注意，如割据陇右的军阀隗嚣在麦积山背后的雕巢峪修建有避暑行宫。北周大文学家庾信在《散花楼赋》中称麦积崖为“陇坻之名山，河西之灵岳”。明版《秦州志》亦称麦积山为“秦地林泉之冠”。可见古人很早就已将麦积山作为消暑纳凉、寻幽问道的场所。南北朝时期，禅修与观像是北方地区僧人最重要的宗教实践活动之一，环境清幽、景色秀丽的麦积山也自然引起僧侣们的关注。据《高僧传》记载，最迟在西秦统治秦州时期（417~420 年），麦积山已有禅僧在此修行，其规模已达百人之多，可见当时麦积山佛事活动之盛①。

除上述客观社会环境和麦积山的巨大影响外，僧侣们选择在这里进行宗教实践活动，还有一个重要原因就是麦积山地处丝绸之路南线要冲，交通便利，极易获得各种供养。汉代张骞开拓的丝绸之路经过数百年发展和变迁，到魏晋南北朝时已形成多条连接中原、南朝与西域的交通线路，构成一张复杂的路网。其中，从长安、汉中或陇南前往河西走廊，秦州都是必经之地，而麦积山恰恰处于咽喉要道：从西安沿渭水西行到宝鸡后，又分为两条支线，北支线经千阳、陇县翻陇坂，经张家川、清水、麦积、秦州、甘谷、武山西行；南支线沿渭水至东岔，折向南，经党川、利桥、贾家河、甘泉、麦积到秦州与主线汇合。而从汉中或川北前往陇右也多选择陈仓道北上，再经两当、利桥、贾家河前往秦州。麦积山虽地处秦岭山中，但距贾家河仅 5 公里，从地形、地貌上看，又处于山区与丘陵的过渡地带，历史上就具有较好的农耕经济基础，能够源源不断地为窟龛开凿和僧侣供养提供基本条件。

（二）最初窟龛的开凿

关于麦积山石窟的始创年代，目前学术界主要有两种观点：一种观点认为开凿于十六国后秦时期，主要依据是麦积山第 3~4 窟梯道崖壁上宋绍兴二年（1132 年）摩崖石刻题记，旧藏的南宋嘉定十五年（1222 年）《四川置制史司给田公据》碑、明崇祯十五年（1642 年）《麦积山开除常住地粮》碑等文献材料的相关记述，以及后秦皇帝姚兴与其弟秦州刺史姚嵩均为狂热的佛教徒这一史实。同时，在造像艺术风格上又和有明确西秦建弘元年（420 年）题记的永靖炳灵寺第 169 窟造像有颇多类似之处。从窟龛实例上认为麦积山西崖第 78 窟壁画存在重层现象，其底层作品当为后秦原作，故得出该窟及毗邻的第 74 等窟当为后秦开凿。

另一种观点认为麦积山现存最早的窟龛，如第 51、74、78、165、90 等窟系开凿于北魏文成帝复法前后，即 460 年前后，主要受到了云冈昙曜五窟影响。其方法主要是通过对窟龛形制、造像题材、壁画内容等进行考古类型学意义上的分期排年，再结合相关历史背景、榜书题记、文献材料的综合考证分析结果而得出这一结论。

实际上，由于缺乏相应的、令人信服的实物资料支撑，对于麦积山石窟龛的开凿时间是否为后秦，还难以确定。石窟作为一个特定的宗教场所，其最初的历史信息在自然及人为因素双重作用下很难保

① 《高僧传·玄高传》载：“……（玄）高乃杖策西秦，隐居麦积山，山学百余人。时有长安沙门释昙弘，秦地高僧，隐在此山，与高相会，以同业友善。……”［梁］释慧皎撰，汤用彤校注：《高僧传》，北京：中华书局，1992 年，第 409~411 页。

存下来。如在敦煌莫高窟早期窟龛研究中，究竟哪几个窟是乐僔、法良最早所为，目前仍没有结论。故笔者认为，在麦积山最初窟龛营建这一问题上，应该从大的历史环境和背景下去思考，从相关史料分析，两晋以来的秦州，由于地缘上毗邻关中地区的政治、经济、文化中心——长安，很早就受到佛教文化熏陶。无论是后秦，还是西秦，其统治者对佛教的尊崇都达到了前所未有的高度。特别是后秦统治时期："秦王（姚）兴以鸠摩罗什为国师，奉之如神，亲率群臣及沙门听罗什讲佛经，又命罗什翻译西域经、论三百余卷，大营寺塔，沙门坐禅者常以千数。公卿以下皆奉佛，由是州郡化之，事佛者十室而九。"① 姚兴与他的弟弟，安成侯、秦州刺史姚嵩均十分精通佛理，两人在往来表诏中多有研讨佛理之事，姚兴不仅著有《通三世论》，还专门赐姚嵩珠佛像②。这些无疑会对麦积山开窟造像产生一定影响，故可以想见，当时在此修行的僧侣们可能已开凿了最初的禅窟。与传统意义上的礼拜窟或供养窟不同，禅窟体量、规模一般较小，多数仅容一人坐禅，典型代表如敦煌西魏第 285 窟南、北两壁并列开凿的圆拱顶小龛。有的禅窟内也有塑像或壁画，以便于僧人观像。推测麦积山最初的禅窟应开凿于西崖中下部，但由于历史上秦州地震频发，对麦积山崖体损毁很大，现存的第 74、78、80 等西崖中下部早期大型洞窟均仅存正壁，表明历史上曾发生过大面积崖体岩石剥落现象，导致许多窟龛彻底损毁，其中可能也包括后秦最初开凿的禅窟。而麦积山现存最早的一批窟龛，从窟龛形制、题材组合、艺术风格、时代特征等综合分析，其开凿时间大致应在 5 世纪中叶前后。

（三）石窟的营建与修缮

纵观中国现存的大小石窟寺，绝大多数都表现出阶段性时代特征，而像麦积山这样非常完整地保存有不同历史时期遗迹的石窟寺尚不多见。因此，它也被著名雕塑家刘开渠先生誉为"东方雕塑陈列馆"。在 1600 多年的历史长河中，这座耸立在崇山峻岭之中的佛教艺术殿堂始终焕发出顽强生命力，无数善男信女、能工巧匠在这里留下了寄托他们理想、信念、祈盼和希望的艺术作品，为我们认识和了解古代社会文明和中西文化交流提供了珍贵的实物例证，也为历史、宗教、考古、建筑、雕塑、绘画、服饰、音乐等诸多学科领域的研究工作提供了丰富的史料。

麦积山石窟的开凿与营建史可谓波澜起伏。十六国时期，秦州以控扼陇右的特殊地理位置，一百多年时间内，先后有前赵、前凉、后赵、前秦、后秦、西秦、仇池、大夏等割据政权在这块土地上反复争夺，造成当地人口迁徙频繁，社会生产力严重破坏，人们基本处于一种朝不保夕的生存状态。这种现状一方面促进了佛教在当地的传播与发展，另一方面在客观上也限制了石窟寺大规模的开凿与营建。

1. 北魏时期的窟龛

太延二年（436 年），通过连续不断地对盘踞关中、陇东南一带的大夏、仇池等政权的进攻，北魏最终迫降仇池，正式占据秦州。在其"恩威并重"治陇策略作用下，秦州社会经济逐步得到恢复，麦

① ［北宋］司马光编著：《资治通鉴》卷一一四《晋纪三十六》，义熙元年条。北京：中华书局，1956 年，第 3579 页。

② ［北魏］崔鸿：《十六国春秋》卷六〇《后秦录·姚嵩》，影印《文渊阁四库全书》，上海：上海古籍出版社，2003 年，第 463 册，第 812~813 页。

积山石窟也迎来了历史上第一次开窟造像的高峰。在整个北魏阶段，麦积山石窟的开凿大致可以分为早、中、晚三个时期，合计开凿有大小窟龛70个左右。从分布位置看，主要集中在西崖中下部。这一带崖面平整，距地面较近，易于搭建栈道，开凿窟龛。同时，崖面呈负角状态，使造像不易被雨水侵蚀，因此而成为最初窟龛开凿的崖壁。其中属于北魏早期窟龛主要有第51、70、71、74、78、90、100、128、165等窟，其中偏早阶段的窟龛多为平面略呈方形的穹隆顶大龛，龛内正、左、右三壁设高坛基，造像主要有三世佛、弥勒菩萨等。偏晚阶段的窟龛形制略为复杂：正壁坛基上设一佛座，两侧竖向开上、中、下三个小龛，左、右壁前侧各开一方拱形大龛，龛内设方形佛座，左、右壁上方各并列开一排小龛，前壁上方亦横向开1~2排小龛。窟龛内主尊造像以三世佛为主，其他题材则包括交脚、思惟菩萨，释迦、多宝，七佛、千佛等内容。从造像特点上看，整体上呈现出较浓郁的中亚和西域文化特征。这一时期的窟龛从开凿时间上分析，与北魏文成帝复法有很大关系：北魏天安元年（446年），太武帝拓跋焘在长安下诏灭法，北方各地寺院及佛教造像遭到毁灭性破坏，近在咫尺的秦州麦积山自然受到很大影响，窟龛开凿与营建也难有作为。这种局面直到文成帝继位后才开始改变，他于兴安元年（452年）下诏恢复佛教合法地位，"诸州郡县，于众居之所，各听建佛图一区，任其财用，不制会限。其道好乐法，欲为沙门，不问长幼，出于良家，性行素笃，无诸嫌秽，乡里所明者，听其出家，率大州五十，小州四十人，其郡遥远台者十人"①。在北魏政权支持下，佛教得以迅速恢复和发展，国都平城（山西大同）成为开窟造像的中心，不仅城内为太祖以下五帝铸释迦立像，还在高僧昙曜主持下"于京城西武州塞，凿山石壁，开窟五所，镌建佛像各一。高者七十尺，次者六十尺，雕饰奇伟，冠于一世"②。正是在这种风气影响下，麦积山石窟也开始了大规模开凿与营建，在窟龛形制、造像特点、题材组合、佛教思想等方面较多地受到了长安、云冈等地佛教艺术样式的影响。

麦积山北魏中期开凿的窟龛有第17、23、76、86、89、92、93、114、115、155、159、163等窟近40个，这一时期窟龛体量相对较小，但形制已呈现出汉化特征，多为平面方形，平顶。窟内正、左、右三壁设佛座或开圆拱形浅龛，浮塑尖拱形龛楣、立柱等装饰。窟内各个壁面多开凿有横向或竖向排列的小耳龛或坛台；窟内造像题材仍以三世佛为主，兼有一佛二菩萨的一铺三身式组合。同时，开始出现胁侍弟子像。另外，姿态各异、塑作精美的影塑佛、菩萨、弟子、天人、飞天、供养人等也成为麦积山泥塑艺术的重要组成部分；造像风格方面，无论是佛、菩萨、弟子，还是飞天和供养人，人物形体由早期的高大魁梧转向舒展挺拔，面部神态由端庄刚毅转向清秀恬静，服饰装束也由轻柔贴体、袒右露胸转为垂领对襟、衣裙掩映。有趣的是，许多窟龛内常常是胡汉两种风格交相辉映：身穿圆领或袒右袈裟的坐佛与两侧壁面上褒衣帛带、身姿轻盈的汉装飞天扑面而来，体现出一种浓厚的时代变革气息。

麦积山北魏中期造像艺术的变化也有其深刻的历史原因。太和十八年（494年），北魏孝文帝拓跋宏正式迁都洛阳，他在太皇太后冯氏实施的汉化政策基础上，进一步加快汉化步伐，以法令形式禁穿胡服、改穿汉族服饰。禁止胡语，改鲜卑姓为汉姓，大力提倡两族之间通婚，并重新确立起北朝门阀

① ［北齐］魏收撰：《魏书》卷一一四《释老志》，北京：中华书局，1974年，第3036页。

② ［北齐］魏收撰：《魏书》卷一一四《释老志》，北京：中华书局，1974年，第3037页。

制度。正是在这一系列汉化措施影响下，使鲜卑贵族的旧俗得以根本性改变，并最终全盘接受和吸纳了以儒家思想为核心的中原文化礼仪制度。这种变化在麦积山石窟佛教造像风格与样式上也开始有所体现。由于南北朝时期的秦州属于胡汉杂交居住区域，氐、羌、汉、鲜卑、休官、屠各等民族共同构成这一带的民族主体，因此，汉化进程相对较为缓慢，但这没有影响到麦积山开窟造像的热情，根据统计，这一时期窟龛约占北魏窟龛数量的一半。现存最早的景明三年（502 年）墨书题记发现于西崖 115 窟，内容记述了上邽镇（天水市秦州区）信徒张元伯在麦积山开龛造像，祈求佛法长兴、国家昌盛、亲人安康、来生转世佛国的美好愿望。而另一块原藏于西崖的北魏法生造像碑的残存文字中，也记述了一位俗姓刘的洛阳比丘法生屈请良匠，在麦积崖造龛一所的史实，表明当时麦积山与国都洛阳之间也有着比较紧密的联系。这一时期麦积山石窟开窟造像的盛行与北魏统治者的大力倡导密不可分，孝文帝拓跋宏不仅是一位雄才大略的皇帝，他本人对佛教也十分支持，先后建有思远、建明、少林等寺院，又亲自为男女百余人剃度。在他统治期间，“京城内寺新旧且百所，僧尼二千余人，四方诸寺六千四百七十八，僧尼七万七千二百五十八人”。太和十六年（492 年）又下诏：“四月八日、七月十五日，听大州度一百人为僧尼，中州五十人，下州二十人，以为常准，著于令。”① 石窟寺开凿方面，这一阶段，除云冈二期窟龛仍在营建外，新都洛阳也开始了以龙门古阳洞为代表的大规模窟龛开凿，这对当时北魏境内包括麦积山在内的石窟寺开凿无疑起到了推波助澜的作用。而宣武帝元恪继位后出任秦州刺史的张彝则可能为麦积山造像风格的变化产生了一定影响，史载：“高祖初，袭祖侯爵，……以参定迁都之勋，进爵为侯，转太常少卿，迁散骑常侍，兼侍中，持节巡察陕东、河南十二州，甚有声称……世宗初，除正尚书、兼侍中，……寻除安西将军、秦州刺史。彝务尚典式，考访故事。及临陇右，弥加讨习，于是出入直卫，方伯威仪，赫然可观。羌夏畏伏，惮其威整，一方肃静，号为良牧。……彝敷政陇右，多所制立，宣布新风，革其旧俗，民庶爱仰之。为国造佛寺名曰兴皇，诸有罪咎者，随其轻重，谪为土木之功，无复鞭杖之罚……”② 张彝作为孝文帝迁都主张的支持者，本人又出身于深受儒家文化熏陶的山东清河世家大族，在北魏统治者全面吸纳和接受以南朝风尚为代表的中原礼仪文化的过程中，显然是要做出表率的，他在陇右“宣布新风、革其旧俗”的举措也得到当地社会各阶层拥护，这势必对麦积山北魏中期雕塑向褒衣博带、秀骨清像样式转变起到潜移默化的作用。

麦积山北魏晚期开凿的窟龛主要有第 81、83、87、110、121、122、133、139、140、142、154、172 等约 20 个窟。窟龛形制在平面方形窟的基础上，内部样式更加复杂多样，窟内地面多沿四壁凿一圈浅倒“凹”形台基，正、左、右三壁或筑方形佛座，或开凿三个圆拱形敞口浅龛，有的四壁还横向堆砌 4~5 层高坛台，个别窟内开始出现 2~3 重的方形套斗窟顶，甬门方形，甬道较深，且距窟内地面有一定高度。值得注意的是，除传统意义上的中小型窟龛外，开始建造超大型窟，如第 133 窟：高 5.80 米，宽 12.20 米，进深 10.83 米，内部前侧为横向长方形结构，后侧并列开两个略呈 V 字形排列的纵长方形后室，窟内四壁开龛，其中位于前壁的 6 个龛呈上下排列，其余散见于各个壁面，共计有

① ［北齐］魏收撰：《魏书》卷一一四《释老志》，北京：中华书局，1974 年，第 3039 页。

② ［北齐］魏收撰：《魏书》卷六四《释老志》，北京：中华书局，1974 年，第 1427~1428 页。

大小佛龛16个，在前室顶部正中凿一半圆形“涡阙”，右侧顶部凿有覆斗形藻井；这一时期造像题材除传统的三世佛题材外，一佛二菩萨或一佛二弟子的一铺三身式造像、一佛二弟子二菩萨的一铺五身式造像也显著增多，各种施彩绘的影塑佛、菩萨、飞天、供养人、瑞兽、宝相花等成为窟龛造像的重要组成部分；造像风格上在以洛阳为中心的龙门石窟等中原地区同期造像影响下，已全部转变为褒衣博带式汉装人物形象：佛像身材挺拔，磨光高髻，清瘦神情、安详，直鼻小口，端肩挺胸，内着僧祇支，外穿垂领式宽博袈裟，衣裾下摆呈八字形或3~4片垂覆于佛座前，服饰表面刻划有稀疏刚劲的衣纹线。菩萨束发高髻，面容清秀，多饰有项圈、耳珰、手环、臂钏、璎珞等饰物，上穿宽袖交领大衫，下着齐腰长裙，脚蹬高履，帔帛搭肩绕臂，腹前十字交叉或十字穿环后贴膝而下，垂及脚面，一手持莲蕾，一手持帔帛，表情恬静、体姿婀娜。弟子均身穿宽博袈裟，面部表情或稚嫩清纯，或憨态可掬，或凝思苦想，或饱经沧桑。装束各异的供养人更是千姿百态：有的头戴冠帽、宽袍大袖，有的发髻高耸、长裙曳地，有的手持法器、携子同行，有的双手齐胸，虔恭而立，不一而论。总之，各类塑像无一不展现出人物鲜明的性格特征、丰富的内心世界以及对佛国净土的向往。

这一时期佛教滥觞也有其深刻的社会和历史背景。经过北魏孝文帝改革，北方社会经济有了长足进步，佛教也获得了前所未有的发展机遇，秦陇一带作为佛教信众基础雄厚的地区更是如此，早在太和末年，佛教势力就已经非常强大，大臣卢渊在给孝文帝上疏中称：“臣又闻流言，关右之民，自比年以来，竞设斋会，假称豪贵，以相扇惑。显然于众座之中，以谤朝廷。无上之心，莫此为甚。愚谓宜速惩绝，戮其魁帅。不尔，惧成黄巾、赤眉之祸。”① 宣武帝永平年间，更是发生了由秦州沙门刘光秀领导的反抗北魏统治的叛乱事件②，这表明佛教在当时具有很大影响。到胡太后专政时期，朝政更加腐败，社会矛盾也日益激化。但整个统治阶层由上至下，崇佛之风更加炽盛，胡太后为给其父母追福，先后在洛阳城内建有秦太上公寺、秦太上君寺，以及规模空前的永宁寺。特别是后者，仅寺内僧房楼院既达一千余间，亭台楼榭，穿插其间，“庄严焕炳，世所未闻”。各种规格的金佛像“作工奇巧，冠于当世”。寺内佛塔高达九层千余尺（合今136.71米），“去京师百里，已遥见之”③。而洛阳城内大小佛寺也达到了前所未有的1367所，石窟寺开窟也是高潮迭起，除龙门石窟外，还开凿有巩县大力山、渑池鸿庆寺等石窟。秦陇一带除麦积山继续营建外，附近及周边县区也开凿有仙人崖、庄浪陈家洞、华亭石拱寺、庆阳北石窟、泾川南石窟等石窟寺，表明北魏晚期秦陇一带石窟寺开凿与营建达到了鼎盛阶段。

2. 西魏时期的窟龛

西魏统治下的长安再度成为关陇军事集团的政治、经济和文化中心，而秦州由于特殊的地理位置也成为其南通巴蜀、西控诸戎、东屏长安的军事重镇，在经历过北魏末年关陇大起义动荡而沉寂的麦积山又一次迎来开窟造像高峰，开凿于西魏阶段的窟龛包括第20、28、30、43、44、102、105、123、127、135、146、147等近20个。窟龛形制开始发生变化，北魏晚期以来盛行的平面方形窟顶部多为

---

① ［北齐］魏收撰：《魏书》卷四七《卢玄传》，北京：中华书局，1974年，第1048页。

② ［北齐］魏收撰：《魏书》卷八《世宗纪》载：壬子，“秦州沙门刘光秀谋反，州郡捕斩之”。北京：中华书局，1974年，第209页。

③ ［北魏］杨衒之撰，周振甫释译：《洛阳伽蓝记校释今译》，北京：学苑出版社，2003年，第13~15页。

2~3重套斗顶，正、左、右三壁各开一圆拱形浅龛或各设一佛座，耳龛基本消失，窟内地表多沿四壁凿倒“凹”形浅台基。仿殿宇式崖阁是这一时期新出现的窟龛形制，如第 28、30、43 窟均为三间四柱、前廊后室式殿堂结构，前廊呈横长方形，后室为平面马蹄形、穹隆顶，值得注意的是，在第 43 窟后室后侧还开凿一盝顶长方形墓室，也是现存北朝时期一例珍贵的寝陵遗存，颇具研究价值。同时，北魏晚期开始出现的大型窟又有了进一步发展，先后开凿有第 135、127 两个大型窟龛，均为三壁三龛结构。前者前壁上方开三个明窗，平顶，顶部前侧凿一半圆形涡阙。后者为仿帷帐四面坡式盝顶，窟内四壁及顶部转角连接处均为浮雕仿木帐架结构，华丽异常，极具世俗生活气息；造像题材方面，除三世佛依然流行外，开始出现反映世族文化精神的维摩诘造像，窟内壁面影塑造像消失，代之以彩绘佛、菩萨及供养人形象；造像风格方面，在北魏晚期秀骨清像的基础上，面部神态及身材又趋于饱满挺拔，给人一种宁静慈祥的感觉。人物服饰依然保留着褒衣博带风貌，但服装质感厚重，层次繁缛清晰，线条流畅分明，质朴而不失奢华，一股清新之风扑面而来。特别是佛像发髻和衣裾方面的变化尤为突出：样式丰富的涡旋纹、水波纹和螺纹发髻交相辉映，八字形重叠衣裾和三片式衣裾并存，生动再现了当时南朝与中原地区不同佛教造像艺术的交流与融合。

麦积山西魏时期的兴盛也有其特殊历史背景，大统四年（538 年），迫于北方游牧政权柔然的压力，西魏文帝元宝炬迎取柔然首领阿那瓌长女郁久闾氏为皇后，原皇后乙弗氏被废出家为尼，不久又被迁往秦州麦积山修行，依托其子秦州刺史、武都王元戊。两年后，乙弗氏又被赐死于麦积山，并凿龛为陵而葬，直到西魏废帝元钦继位，才被迁至长安永陵，与文帝合葬一处①。正是乙弗氏的到来，使饱受战乱之苦的麦积山石窟又得以复兴，据馆藏宋《秦州雄武军陇城县第六保瑞应寺再葬佛舍利记》碑载：“昔西魏大统元年，再修崖阁，重兴寺宇。”在这轮窟龛开凿与营建过程中，由于许多功德主是西魏皇室贵族和元老重臣，因此带来了长安及南朝造像风尚，如外观仿殿堂式崖阁应是摹拟自当时的寺院建筑，而曾作为乙弗氏寝陵的第 43 窟亦是当时皇室陵墓样式的真实再现。窟内无论是穹隆顶式结构，还是帷帐式结构，都充分体现出北方草原文化与中原文化高度融合的时代特征。第 127、135 窟四壁气势恢宏、内容丰富的经变和本生故事画中大量汉装人物形象又反映出西魏政权倾慕南朝文化、崇尚武功、锐意进取的政治态度。

3. 北周时期的窟龛

承祚西魏的北周政权成为前者一系列政治、经济、军事、文化改革措施的实际受益者，其历代统治者除武帝宇文邕采取过强硬灭佛举措外，其余当权者均十分崇信佛教，这也是北周时期麦积山开窟造像依然盛行的关键因素。这一时期代表性窟龛主要有第 3、4、7、9、11、12、15、22、26、27、32、36、46、48、62、109、136、141 等近 30 个，且主要集中在麦积山东崖区域，其窟龛形制、造像题材、艺术风格等都发生了很大变化。在西魏窟龛样式影响下，殿堂式窟龛依然流行，如东崖上部开凿的第 4 窟，俗称“上七佛阁”或“散花楼”，系大型庑殿顶，前廊后室、七间八柱式结构，面阔 30.48 米，进深 8 米，通高 16 米，前廊原有八根立柱，顶部浮雕有平棊、斗拱、额枋、瓦垄、正脊、鸱吻等建筑构件。后室由七个装饰华丽、并列开凿的帐形大龛组成，装饰富丽堂皇。对于这座宏伟壮观的崖阁建

---

① ［唐］李延寿撰：《北史》卷一三《后妃列传》，北京：中华书局，1974 年，第 506~507 页。

筑，北周大文学家庾信在《秦州天水郡麦积崖佛龛铭并序》中写道："……似刻浮檀，如攻水玉，从容满月，照曜青莲……载辇疏山，穿龛袈岭。……壁累经文，龛重佛影。雕轮月殿，刻镜花堂。横镌石壁，暗凿山梁。……方域芥胜，不变天宫。"可谓生动、形象地描绘了这座凝聚无数能工巧匠智慧和心血的艺术殿堂；此外，在北魏和西魏平面方形窟基础上，窟内顶部除少数仍为四面坡式覆斗顶外，大多数已演变为四角攒尖顶，四壁及顶部均浮塑或浮雕仿木帐架结构，正壁开一圆拱形龛，左、右各并列开三个圆拱形龛，尖拱形龛楣，龛两侧立柱均为浅浮雕，饰莲花宝珠及覆莲瓣形柱础。有的窟内正壁开龛，左、右壁各堆砌一长方形须弥座。同时，还出现有少量平面马蹄形穹隆顶窟。总之，在窟龛形制上较多地继承和吸收了西魏窟龛特点；造像题材方面，七佛成为最重要的内容，其布局形式较为灵活，平面方形窟内正壁置一身，左、右壁各并列置三身。殿堂窟内则并列置七身，每尊又单独构成一佛二弟子六菩萨或一佛八菩萨的组合形式。此外，也保留有部分一佛、三佛等题材。窟内通壁彩绘整齐划一的千佛，主尊及龛楣亦绘有飞天、流云、宝相花、忍冬等图案。在装饰技法上较前代又有创新，如散花楼后室帐形龛上方，并列彩绘七组伎乐飞天，令人称奇的是，中间五组飞天的面部、手、足、乐器等均采取浅浮塑方式，而发髻、服饰、璎珞、花卉、流云等则彩绘而成，两者之间的结合天衣无缝，构成了一幅幅栩栩如生、热烈欢快的佛国圣境，充分展现了中国传统绘画技法与中亚浮雕艺术的完美结合；造像风格方面，敦厚质朴、珠圆玉润成为重要特征。它一改西魏造像繁缛华丽、服饰厚重的特点，无论是佛、菩萨、弟子，还是飞天和力士，服饰轻柔而贴体，均展现出一种雄健挺拔、恬静自然的气韵，面相方圆，五官清秀而紧凑。佛低平肉髻，身穿圆领通肩或垂领式袈裟，衣裾下摆紧贴佛座，阴刻圆润流畅的褶皱纹。菩萨也由束发高髻改为头戴花冠，周身饰璎珞，体姿婀娜而不失端庄。

麦积山北周造像风格的形成与权臣宇文泰在西魏时期推行的一系列新政有密切关系。其中在文化方面，他提倡儒学，尊崇释教，史载："太祖于行台省置学，取丞郎及府佐德行明敏者充生，悉令旦理公务，晚就讲习，先《六经》，后子史，又于众生中简德行淳懿者，侍太祖读书。慎与李璨陇西李伯良、辛韶，武功苏衡，谯郡夏侯裕，安定梁旷、梁礼，河南长孙璋，河东裴举、薛同，荥阳郑朝等十二人，竝应其选。又以慎为学师，以知诸生课业。太祖雅好谈论，并简名僧深识玄宗者一百人，于第内讲说。又命慎等十二人兼学佛义，使内外俱通，由是四方竞为大乘之学。"① 他的重要谋士苏绰也十分精通佛理，先后"著《佛性论》《七经论》，并行于世"②。西魏、北周统治者积极吸纳以萧梁为代表的中原文化精髓，以示关陇政权的正统地位。这一时期南朝地区佛教造像艺术深受印度笈多风格影响，具体表现为体形敦厚，面相方圆，螺纹发髻，身穿通肩袈裟，即当时文献中所谓的阿育王像或旃檀佛像，它也很快影响到南朝另外两个政治、经济和文化中心荆州和益州（四川成都）。西魏末至北周初年，随着巴蜀、荆楚一带先后被纳入北周版图，这种佛像样式也很快从益州传入长安，《续高僧传》卷一六《释僧实》条载："……逮太祖平梁荆后，益州大德五十余人，各怀经部送像至京。以真

① ［唐］令狐德棻等撰：《周书》卷三五《薛善传附薛慎传》，北京：中华书局，1997 年，第 624~625 页。
② ［唐］令狐德棻等撰：《周书》卷二三《苏绰传》，北京：中华书局，1997 年，第 395 页。

谛妙宗，条以问实。既而慧心潜运，南北疏通。即为披抉，洞出情外，并神而服之。”① 可见两地之间的联系非常紧密，益州盛行的笈多式佛像很快影响到长安及周边地区的北周造像。近年来出土于西安东郊的5件北周立佛像及西安博物院收藏的北周佛像都明显呈现出类似时代特征②。毗邻长安的麦积山石窟自然也受到这种风格影响，但同时又保持有自身的一些特点，如磨光肉髻的做法并不常见于长安地区的佛教造像，而是另有渊源。

4. 隋唐时期的窟龛

这一时期是麦积山石窟历史上的一个重要转折阶段。根据对麦积山崖面现存窟龛时代信息及分布情况的综合考察，可知最迟在北周年间，整个东、西崖面已是窟龛密布，几乎已经没有多少可供利用的开窟位置。现存窟龛主要有第5、8、10、13、24、37等窟，基本上为隋代开凿，其中第5窟完成于初唐年间，特别是绘制于右侧大龛外壁上方的西方净土变，场景壮观、人物众多，是唐代壁画的杰出之作。此外，第4窟后室大龛之间的墙壁上方保存有多幅唐代绘制的佛说法图、供养菩萨、跪拜供养人形象。这一时期窟龛形制主要有两种，一种是规模宏大的仿殿堂式窟，如俗称“牛儿堂”的第5窟，面阔15米，进深6.5米，通高9米，三间四柱、前廊后室结构，前室多已残毁，仅存顶部的斗拱、额枋、人字拱等构件。后室由并列开凿的三个大龛组成，中间为平面马蹄形穹隆顶大龛，两侧均为圆拱顶敞口浅龛。另一种为体量较小的平面马蹄形穹隆顶，是北周此类龛形的延续；造像题材以一佛二弟子二菩萨的一铺五身式组合为主，兼有传统的三世佛造像。麦积山隋代造像杰出代表是东崖大佛（第13窟）的开凿与营建，其为石胎泥塑，正中主尊系阿弥陀佛，左、右分别为观世音和大势至菩萨，整组造像面阔18米，高17米，进深1米，气势宏伟，是麦积山第一大佛；这一时期造像体态丰腴，神情雍容大度，服饰繁缛华贵，充分展现出隋唐王朝的盛世风貌。

隋代麦积山造像的兴盛与开国皇帝杨坚崇佛有密切关系。他自幼生活于佛寺，由尼姑抚养成人，自称为“佛弟子”。杨坚继位后，立刻改变周武灭佛的方针，全面复兴佛教，多次下诏在全国范围内大兴寺塔、鼓励剃度僧尼。麦积山山顶的舍利塔即为隋仁寿元年（601年）所建，所属寺院也被赐名净念寺。

初唐时期，在统治者抑佛扬道政策影响下，佛教发展受到一定程度扼制，如唐高祖李渊曾下《沙汰僧道诏》：“京城留寺三所，道观二所，其余天下诸州各皆一所，余悉罢之。”贞观年间，唐太宗李世民也下诏对私度僧尼者处以极刑。除这些因素外，当时频繁的地震、战乱等自然和人为灾害也使麦积山深受影响，隋开皇二十年（600年）秦陇“地大震，鼓皆应。净刹寺钟三鸣，佛殿门锁自开，铜像自出户外”③。唐开元二十二年（734年）二月“秦州地震，廨宇及居人庐舍崩坏殆尽，压死官吏以下四十余人，殷殷有声，仍连震不止”④。正是这段时期的持续性地震，导致麦积山中区部分窟龛坍塌，散花楼及摩崖大佛也严重损毁，僧侣纷纷逃亡，开窟造像陷于停滞。安史之乱爆发后，吐蕃乘唐

① 《大正藏》第50册，第558页。

② 赵力光、裴建平：《西安市东郊出土北周佛立像》，《文物》2005年第9期。

③ ［唐］魏徵等撰：《隋书》卷二三《五行志》，北京：中华书局，1982年，第655页。

④ ［后晋］刘昫等撰：《旧唐书》卷八《玄宗本纪上》，北京：中华书局，1975年，第200页。

军东调平叛之际攻占陇右，秦州社会经济严重衰退，麦积山也更加荒凉，乾元二年（759 年），因躲避战乱而流寓秦州的大诗人杜甫来到麦积山时，看到的是“野寺残僧少，山圆细路高。麝香眠石竹，鹦鹉啄金桃”的凄凉景象。“会昌法难”后，唐朝统治者佛教政策开始变化，宣宗大中元年下诏：“会昌季年，并省寺宇，虽云异方之教，无损为政之源。中国之人，久行其道，厘革过当，事体示宏，……会昌三年所废寺院，有宿旧名僧，复能修创，一任主持。所司不得禁止。”① 同时，唐朝乘吐蕃内乱，收复陇右包括秦州在内的“三州七关”。在这种背景下，麦积山又逐步恢复起佛事活动，据宋《秦州雄武军陇城县第六保瑞应寺再葬佛舍利记》碑载：“……至大中二年，有先师迴觉大师寻旧基圣迹，构精伽蓝。……”其中也包括对崖面窟龛造像的修缮。

5. 五代至两宋时期的窟龛

麦积山石窟的大规模修缮主要集中在这一时期，从现存状况看，几乎没有新开凿窟龛，主要是对此前的窟龛内造像进行修缮和补塑，总计 300 余身，代表性窟龛有第 4、9、13、36、43、90、127、165、191 等窟。五代时期造像较少，目前能见到的造像主要有第 43 窟内重塑的胁侍菩萨像，头略偏，挺胸、扭胯，服饰装束烦琐，面相丰腴，身姿婉约，神态上依然保留有唐代造像特征。在第 62、85、117、123 等窟内尚存有五代时期游人题记，更重要的曾历唐五代时期为官的五代诗人王仁裕著有杂文《玉堂闲话》，其中《麦积山》条比较详细地记述了作者攀登散花楼、牛儿堂和第 133、135 等窟那种惊心动魄的感受。同时也表明当时麦积山崖面栈道及窟龛保存情况尚好。

宋代造像时间跨度较长，其中西崖窟龛内造像以北宋时期修缮居多，东崖则以南宋时期修缮为主。从题材上看，主要以单尊佛、菩萨、力士等为主，风格上更具有写实性：各种造像面相椭圆饱满，斜眉吊目，悬鼻小口，表情森严、凝重，服饰简洁、质朴，宽博厚重，极富质感。其中佛低平螺髻，前置肉髻珠，身穿垂领袈裟。菩萨束发高髻或戴风帽，眉目慈祥，身材比例协调、准确。力士表情生动传神，体形孔武雄健，充满阳刚之气，给人以强烈的力量和威武感。

这段时间造像前衰后盛也与当时秦州所处环境有密切关系。五代时秦州成为秦岐李茂贞、前蜀王建，以及梁、唐、晋、汉、周等政权争夺焦点，麦积山石窟受到很大影响，佛事活动萧条；北宋时秦州改属秦风路，是内附吐蕃部众的重要聚居区，同时又是北宋与西夏政权对峙的边防重地，颇受历代朝臣重视，故总体上形势稳定，经济也有所恢复和发展。两宋期间，麦积山东、西崖大像重新修缮，其工程浩大。此外，第 133 窟前室塑释迦立像及弟子罗睺罗，第 4、43 窟各增塑一组对称配置的力士，第 90 窟内重塑三佛二弟子，第 127 窟增塑一坐佛二胁侍菩萨，第 165 窟内重塑三菩萨二供养人等都是具有很高艺术水平的作品。北宋大观元年（1107 年），麦积山山顶所产三十八本灵芝由秦州官员敬献朝廷，原所属应乾寺被敕赐更名为“瑞应寺”。宋神宗时期，麦积山高僧法秀成为一代禅宗大师，《补续高僧传》中称法秀“天骨峻拔，轩昂万僧中，凛如画。讲大经，章分句析，旁穿直贯，机锋不可触，声著京洛”②。哲宗继位后，诏法秀御前讲演宗乘，并赐号“圆通禅师”，可知麦积山在当时仍具有一定影响力。南宋时秦州一带又成为宋金对峙的主战场，但从现存碑刻史料及窟龛造像题记分析，

---

① ［宋］王溥：《唐会要》卷四八《议释教下》，北京：中华书局，1955 年，第 173 页。

② 《大正藏》第 77 册，第 425 页。

麦积山石窟的修缮并未停止，如1984年发现于东崖大佛面部的宋瓷碗上的墨书题记明确记载了绍兴二十七年（1157年）秦州甘谷城高氏兄弟捐资修缮这尊大佛的事迹。

6. 元明清时期

由于政治中心东移，秦州地位下降，麦积山也步入开窟造像的衰落期，无论是窟龛造像的规模，还是造像、壁画的艺术水平都没有太大建树，彻底转变为一处纯民间性宗教信仰活动场所。元代麦积山存留的作品不多，这一时期由于佛教密宗盛行，因而塑像中也强烈体现出这一特点，如第35窟正壁坐佛、48窟四臂观音，以及第133窟残存的影塑坐佛等。明朝推行高度中央集权专制，佛教僧团及寺院发展受到严格控制，但麦积山瑞应寺旧藏的明代护戒牒、西方公据、金刚经启请、三世诸佛图等雕板文物表明当时这一带民间佛事活动依然比较频繁。除东崖中下部及散花楼保存有较多明代重新妆彩的塑造像或绘制的壁画外，第1窟内涅槃佛、举哀弟子及供养人像，第25窟弥勒菩萨坐像，第4、9窟泥塑佛、菩萨、弟子像及彩绘飞天、护法神等都是较有代表性的作品。此外，由于明政府实行特务专制，使诸多以知识分子为代表的士族官吏更加纵情于游历山水、立碑赋诗，景色优美的麦积山自然成为首选之地，也因此留下许多碑碣题刻，是认识和了解明代麦积山石窟的珍贵史料；清代在思想、文化方面更加专制。具体反映在麦积山石窟中，无论是塑像，还是壁画都表现出一种程式化特征，繁缛细琐，没有个性和特点。其中代表性作品如第2窟彩塑骑狮文殊菩萨、驭者、弟子和供养人，瑞应寺大雄宝殿左右山墙彩绘表现密宗题材的五方佛、八大菩萨、罗汉、侍童、明王等①。另外，瑞应寺旧藏清乾隆四十四年（1779年）纸牌水陆画，高44~49、宽26.5~29厘米，共6堂34张，人物色彩艳丽，笔法细腻。内容包括三佛、华严三圣和地藏菩萨，以及辅助性的迦叶、阿难，梵天、帝释，韦驼、护法，供养天女，密迹金刚、秽迹金刚，十殿阎王等题材②，比较全面地反映出清代麦积山佛教活动的形势与特点。但总的看来，随着明清时期市场经济和城镇化发展，相对于交通便利、人口稠密的平原地区而言，麦积山石窟更显偏僻，渐渐变得不为人知。

7. 民国时期

辛亥革命后，西北长期处于军阀割据、混战之中。地僻人稀、交通不便的麦积山早已沦为荒山野寺，除传统庙会节日外，罕有人至。窟龛栈道残破不堪，仅有的几名僧人主要靠几亩田产和周围村民供养。这种状况一直持续到1941年，天水著名学者冯国瑞先生利用在家休假机会，与几位挚友数次前来麦积山参观考察。冯先生以其深厚的史学、美学、金石学和文献学功底，充分认识到麦积山石窟的历史、艺术和科学价值。此后，他怀着对祖国文化遗产的挚爱，利用各种机会和渠道，积极奔走呼吁，向当时的国民政府及社会各界宣传、介绍麦积山石窟，使越来越多的人开始认识和知道陇右这座佛教艺术宝库，使其最终在新中国成立后，完成了由宗教活动场所向民族文化遗产转变的过程。

二、麦积山石窟的艺术价值

沿着古丝绸之路逶迤东传的佛教艺术最重要的载体之一就是数量庞大、规模不一、各具特色

① 闫瑜、林梅：《麦积山瑞应寺壁画初识》，《敦煌研究》2007年第4期。

② 夏朗云：《麦积山藏清代纸牌水陆画的初步整理》，《文物》2009年第7期。

的石窟寺，它们远离尘嚣，或依山傍水，或人迹罕至，在努力实践宗教信仰者对人生的思考以及对未来美好世界期盼的同时，也为后世留下了探寻古代社会的一条路径和窗口。但由于环境变迁、朝代更迭、自然损毁、社会动荡、人为破坏等种种因素，能够完整保存至今的石窟寺屈指可数，而且绝大多数仅局限于某一段历史时期。相比之下，地处秦岭余脉的麦积山石窟可谓得天独厚，堪称一座保存相对完整、内容十分丰富的佛教遗存，就其艺术价值而言，主要体现在以下 4 个方面：

（一）完美的自然与人文景观

第一次来麦积山的人，首先会被它独特的山形所吸引。当人们进入峡门，沿永川河逆行十余公里后，顺着绵延起伏的山峦远远望去，茫茫林海之中，一座孤峰突起，傲视群山，犹如众星拱月，蔚为壮观，不由得让人赞叹大自然的鬼匠神工。实际上，古人也注意到这种现象，《玉堂闲话》中说："麦积山者，北跨清渭，南渐两当，五百里岗峦，麦积处其半，崛起一石块，高百丈寻，望之团团，如民间积麦之状，故有此名。"正是这种特殊的景观价值，吸引着历朝历代高僧大德、善男信女、达官显贵、文人墨客、贩夫走卒等等来此修行问道、访古探幽、顶礼膜拜和游玩观赏，从而形成了秦州八景之首的"麦积烟雨"。

由于地处黄河、长江两大水系的分水岭区域，麦积山气候适宜，夏无酷暑，冬无严寒，一年四季景色各异：春天山花烂漫，桃李争芳。夏日松竹掩映，凉风袭人。秋天漫山红叶，五彩斑斓。冬季白雪皑皑，苍松挺拔。可以说四时景观美不胜收，令人流连忘返。如果站在瑞应寺广场或对面山梁上，麦积山崖面上俯视众生的大佛、雄伟壮观的崖阁、纵横穿插的栈道，以及密如蜂房的窟龛，在虚无缥缈的云雾中若隐若现，不由得让人遐想联翩，从而形成了一幅绝妙的人与自然高度和谐的画面。这种独特的景观艺术价值无论是从视觉角度，还是从游客参观体验而言，在国内石窟寺中都是首屈一指的。

（二）丰富多彩的泥塑艺术

天水是华夏人文始祖伏羲的故乡，早在远古时代就有女娲抟土成人的传说，距今约 6000 年的秦安大地湾史前文化遗址亦出土有彩陶人头器口瓶，西安秦始皇兵马俑博物馆中气势如虹的陶俑军阵见证了发迹于天水的秦人精湛的泥塑技艺。当素以像教著称的佛教艺术传入秦州后，为世代生活于此的古代无名雕塑家们提供了一个全新的创作舞台，从而造就了许多丰富多彩、栩栩如生的泥塑作品，成为麦积山石窟有别于敦煌、龙门和云冈的一个重要特征。

麦积山石窟雕塑主要以泥塑为主，古代艺术家们在汲取传统雕塑技法的同时，能够因地制宜，针对麦积山石质为粗砂砾岩这一特性，根据崖面和窟龛内塑造像大小的实际情况，灵活采用石胎泥塑、木胎泥塑、泥塑、影塑、高浮雕等多种技法，并充分利用岩体、木桩、苇草、麻绒等材料，以最大程度地减轻塑像的本身质量，增加塑像泥质强度，创作出一组组造型风格迥异、时代特征鲜明、历经千年不朽的泥塑艺术品。他们根据佛经教义和功德主的要求，利用泥质材料可塑性强、艺术表现力细腻的特点，充分发挥自身的想象力和创造力，塑造出佛、菩萨、弟子、飞天、力士、金刚、供养人等各种形象，或肃穆安详，或恬静含笑，或凝眉沉思，或威猛孔武，或虔恭谦卑，或清纯可爱，或窃窃私语，或眉目传情，仿佛是大千世界里芸芸众生的一员，在给人以心灵启迪的同时，更会让人从中体会到美的含义。

（三）绚丽多姿的北朝壁画

南北朝时期上承秦汉，下启隋唐，是中国绘画艺术发生嬗变的一个重要阶段。由于南北分治，战乱不断，整个社会处于一种动荡不安的情绪之中。在以儒家为代表的传统礼乐制度崩溃、以佛教为代表的外来宗教思想广泛传播，以道家为代表的脱俗出世思想盛行其道的背景下，中国传统绘画观念也受到很大冲击。早期绘画所形成的宣教功能被主张个性觉醒、强调表现人的感情、气质、风度的新画风所代替，长卷式、大场景绘画逐渐兴起。对此，南朝绘画理论家谢赫在评价晋代画家卫协时说："古画皆略，至协始精。六法颇为兼善，虽不备该形似，而妙有气韵，凌跨群雄，旷代绝笔。"① 就是对当时绘画思想和理论一个很好的总结和归纳，但实际见之于世的画作并不多见，传世的南北朝时期作品如《女史箴图》《洛神赋图》等也多为唐宋画家所摹绘，而在麦积山石窟却相对完整地保存有这一时期的大幅壁画作品，为中国绘画史留下了极其珍贵的实物资料。

由于常年阴湿多雨，麦积山石窟壁画的损毁、剥落、风化、烟熏非常严重，所剩无几。但其中第74、78、154、110、115、133、127、135、76、26、27、4、160、161等窟内保存的北朝时期的经变、本生、佛传故事画，以及藻井、飞天、供养人等绘画题材都具有很高的艺术价值。特别是绘制于第127、135、26、27等窟内的《涅槃变》《维摩诘变》《西方净土变》《七佛变》《地狱变》《萨埵那太子本生》《睒子本生》《法华变》等面积多在10平方米以上，画面构图严谨、主题突出、技法娴熟、场面宏大、人物众多、色彩艳丽，其艺术成就不仅远高于同时期国内佛教绘画作品，而且较传世南北朝绘画作品更真实地展现当时画家在壁画创作方面所取得的成就。虽然这些壁画反映的是佛教题材和内容，但在画面布局、色彩运用、创作技法等方面很好地诠释了南北朝时期绘画思想与理论，是一组弥足珍贵的壁画图像资料。

（四）琳琅满目的建筑艺术

传统中国古代建筑以木构为主，由于战乱、兵火、自然损毁等因素，保存至今最早的也不过是晚唐时期山西五台山境内的南禅寺和佛光寺。但在麦积山东崖壁面上，却保留有大大小小十余座仿殿堂、长廊、帷帐、民居、穹庐等各种样式的崖阁式建筑，其中殿宇式建筑又包括单间（第49窟）、三间（第1、5、28、30、43窟）、七间（第4、9窟）等三种类型，多为前廊后室结构。前廊立柱有方形、圆形、瓜棱形、六棱形等样式，柱础装饰简繁不一，柱头托举栌斗、阑额，有的上方又浮雕有散斗、齐心斗、替木、檩、椽等构件，殿顶浮雕有瓦当、瓦垄、正脊、戗脊、鸱吻等构件，比较全面地反映和体现了北朝时期殿堂建筑的主要样式；东崖中部第15窟内部则形象地展现了北朝时期普通木构房屋样式：平面横长方形，室内仿二椽木构架，东西壁各凿长两架的梁，其上雕叉手，托在脊檩的替木之

① ［唐］张彦远：《历代名画记》卷五，北京：人民美术出版社，2004年，第109页。

下，脊檩和檐檩之间雕出15根出前后坡的圆椽，所表现的是汉代以来在夯土或土坯承重墙上架梁的土木混合结构房屋形象①；位于东崖石阶踏步（第168窟）上方连接散花楼的水平通廊（第3窟）尽管底部及外侧已塌毁，但依然可辨识出其开凿时系摹仿当时的长廊：原分为14间，顶部凿十三道月梁，梁中央雕出驼峰，其上雕替木和脊檩，内、外壁顶部雕檐檩，檐檩之间雕出前后两坡的椽子，所有构件表面均敷泥皮，并加以彩绘，生动再现了北周时期廊道建筑形制。

除上述崖阁式建筑外，麦积山西魏至北周、隋唐时期窟龛内部出现了大量摹仿帷帐及穹庐的现象。实际上也是当时居室建筑形制的具体反映，体现出较多的中原与北方游牧民族居室艺术的特征。如第4窟后室的仿帷帐式大龛，通高达5.1米，室内顶部及四角各有石胎泥塑的八角帐杆、帐楣、帐柱，半隐入龛壁，顶部正中雕莲花宝顶，四角出莲花柱头，覆莲瓣形宝装柱础，帐外龛楣浮雕火焰宝珠、山花蕉叶及各种鳞片状网络花饰、帐幔，帐楣两侧饰龙、凤、象头，口衔垂地流苏，异常精致华丽。不仅与陆翙《邺中记》所载的后赵石虎使用的流苏斗帐有类似之处，而且与北魏宫廷“正殿施流苏帐，金博山，龙凤朱漆画屏风，织成幌”② 的描述也很相近；而麦积山石窟第74、78、28、30、43、45、37、5、10等北魏至隋代一直盛行的平面马蹄形、仿穹隆顶龛虽然没有表现出太多的细部特征，但形制上明显受到这一时期北方游牧民族日常所居的穹庐式帐篷的影响，也可以说是北方草原建筑艺术在石窟寺中的某种体现方式。

此外，在第140、127等窟内壁面中还保留有一些北魏至西魏阶段的宫殿、城池等建筑形象。如第140窟右壁采用界尺画法绘制的两组佛殿，掩映在山石树木之中，其为单檐歇山式顶，板瓦、筒瓦、悬鱼叉手、正脊、垂脊、角脊、曲脊、鸱吻等建筑构件依然清晰可辨，殿堂中央耸立一方形屋檐式佛塔，形象再现了北魏佛寺以塔为中心的建筑格局；第127窟顶左披壁画内表现的城池也颇具特色：城为方形，直缝砌砖。城门设门墩，其上建三层门楼，门洞上方用平梁、叉手组成三角形门道梁架。城的四角也出方墩，其上建三层角楼。城外建一对二重子母阙，其上建三层阙楼，每层腰檐上设有平坐和栏杆，以便于瞭望。这与魏晋南北朝时期墓葬中大量出现的坞堡式建筑明器有许多共同之处，也是当时社会时局动荡不安的真实写照。

三、结语

麦积山石窟的历史与艺术价值远不止于此，如其所附属的瑞应寺亦历史悠久，东晋赐“无忧寺”，北魏赐“石岩寺”，隋赐“净念寺”，唐赐“应乾寺”，北宋时因麦积山进献灵芝而赐名“瑞应寺”，并沿用至今。根据文献记载及近现代照片，可知明清以来除寺院主体建筑外，尚存有戏楼、塔林等附属建筑。遗憾的是，寺院内塑像基本毁于“文革”，但部分经卷文书、佛教法器、碑碣、香炉、铁钟、木刻雕板以及少量造像等仍然保存完整，对于研究和了解麦积山和瑞应寺的发展变迁史具有重要意义。

① 傅熹年：《麦积山石窟所见古建筑》，天水麦积山石窟艺术研究所编：《中国石窟·天水麦积山》，北京：文物出版社、东京：平凡社，1998年，第212页。

② ［梁］萧子显撰：《南齐书》卷五七《魏虏传》，北京：中华书局，1972年，第986页。

山顶舍利塔据史载修建于隋，但2009年的考古发掘成果表明，现存舍利塔系宋代重建，清代重修。塔内发现的北朝石雕造像内容丰富、形象独特，是研究北朝造像艺术的重要材料。砖塔天宫内出土的金、银、玛瑙等象征佛教五宝的宝物，以及五谷、五药、铜钱等文物，对于认识和了解塔的功能与意义很有价值。

除泥塑造像外，麦积山石窟还保存有许多精美的北朝至隋代的石雕佛教艺术品，主要以佛、菩萨、造像碑、造像塔为主，其中多为精品。如第127窟西魏石雕一佛二菩萨，第135窟西魏石雕立佛，第133窟北魏佛传故事碑、北魏千佛碑、西魏佛说法碑，第117窟西魏石雕坐佛，第47窟北周石雕菩萨立像，库藏西魏佛头、北魏造像塔、隋代菩萨像等。这些作品与泥塑造像一起构成了麦积山石窟雕塑的精彩篇章，对于探讨和研究南北朝以来洛阳、长安、成都等地与西域、中亚地区之间佛教艺术的交流与传播提供了珍贵的实物资料。

总而言之，麦积山石窟蕴含着丰富的历史、艺术、宗教、建筑、景观等价值，这为促进这座佛教艺术宝库的管理、保护、研究、展示、接待等工作提供了有力支撑，也将为新视野下麦积山石窟的发展和提升创造更加广阔的空间与舞台。

（原载于《中国文化遗产》2016年第1期）

麦积山舍利塔及其发掘

张　铭

一、麦积山舍利塔的历史

塔是印度“塔婆”之省称，梵语称为窣堵波，早期又称为浮图，乃是“佛陀”之转音。相传，佛教广建佛塔是因印度孔雀王朝阿育王为广宣佛法，于各地建造八万四千座舍利塔。自从佛教流布，寺与塔便是两个不可分割的佛教建筑组成。

“山顶旧有浮屠，名曰‘舍利塔’。”① 麦积山山顶舍利塔，位于一峰突起的麦积山绝顶之上，周围树木林立，风景绝佳，站在山顶，山风阵阵，天籁之音不绝于耳。明代胡安诗句“俯临渭水曲，遥数陇山尖”正是其绝妙写照。据现存清代砖塔铭记载，该塔“（创）自阿育王所造”②。此说不免离奇，不过是僧人们追流溯源的美好愿景而已。麦积山现存《秦州雄武军陇城县第六保瑞应寺再葬佛舍利记》碑称该塔为“隋文皇仁寿元年”③ 所建。那么该舍利塔到底建于何时？

说到该塔的营建年代及历史，不能不提隋文帝杨坚。隋文帝杨坚在位期间，大力弘扬佛教，兴寺建塔，有隋一代，佛教在中国得到了蓬勃发展。隋文帝出生于尼寺，父母把他托给比丘尼智仙抚养，直到13岁才回到父母身边。因为自幼受佛教的熏陶以及其取得政权过程的不甚光彩，隋文帝一反中国历史上秦皇汉武统一全国后所进行的政治意义极大的传统宣示方法——“封禅”，而是以印度的阿育王为其榜样，在全国大规模地分舍利建塔寺。隋文帝奉佛的这一特点，不仅反映出当时佛教在中国传播及发展的程度，诸如阿育王的历史被当时的人们所熟知。把自己塑造成为中国佛教的转轮王，这样更利于巩固自己的统治以及宣示自己统治的合法性。

隋文帝一生致力于佛教的传播，曾先后于仁寿元年（601年）十月、仁寿二年（602年）四月及仁寿四年（604年）四月三次下令全国各州建立塔寺，并派高僧分送佛舍利于各州，供奉于佛塔内。

---

① 张锦秀编撰：《麦积山石窟志》，兰州：甘肃人民出版社，2002年，第187页。

② 张锦秀编撰：《麦积山石窟志》，兰州：甘肃人民出版社，2002年，第187页。

③ 张锦秀编撰：《麦积山石窟志》，兰州：甘肃人民出版社，2002年，第168页。

仁寿元年的建塔立寺，当时涉及全国的30个州，而秦州（即今天水）则是静念寺。据隋人王邵所著《舍利感应记》记载："秦州于静念寺起塔，先是寺僧梦群仙降集，以赤绳量地，铁橛钉记之，及定塔基，正当其所。再有瑞云来覆舍利。是时十月雪下，而近寺草木，悉皆开华。舍利将入函，神光远照，空内又有赞叹之声。"① 种种对各种祥瑞的刻意描述让我们可以想象当时建塔立寺的盛大场景和规模，也让人们对佛法的妙善心生向往和赞叹。仁寿二年（602年）正月，隋文帝再下诏书，令在全国再选51州，建立灵塔，并定于四月初八正午，舍利在同一时刻封入石函，令各级官员上报葬舍利时出现的祥瑞。据唐释道宣记载："仁寿二年正月二十三日。复分布五十一州建立灵塔。令总管刺史已下县尉已上。废常务七日请僧行道。教化打刹施钱十文。一如前式。期用四月八日午时。合国化内同下舍利封入石函。"② 秦州的永宁寺在这次获得了舍利，秦州前后两次获得敕赐舍利，这在全国实属罕见。此次奉命敕送舍利的是一个名叫释智教的和尚，据记载："释智教，雍州人。习诵众经，意存禅观。昼则寻读，夜便坐默。萧散无为，不存世累，住弘善寺，闲居综业。仁寿中年，起塔秦州永宁寺，下敕令送至此寺。"③ 而《续高僧传》中对智教及此次敕送舍利的事情记载更为详细。"释智教。雍州人。习诵众经意存禅观。昼则寻读夜便坐默。萧散无为不存世累。住弘善寺闲居综业。仁寿中年。起塔秦州之永宁寺。下敕令送。既至塔所。夜逢布萨。异香如雾。屯结入门。合众同怪欣所闻见。又于塔上刹柱之前。见大人迹长尺二寸蹈深二分十指螺文圆相周备。推无踪绪。盖神瑞也。又降异云屯聚塔上。又雨天花状如金宝。又闻空中赞叹佛声。官民道俗相庆腾踊。教还本寺综业终年。"④ 高僧大德配备各种祥瑞，大大加强了敕送舍利的意义及影响。

仁寿四年（604年），隋文帝第三次派沙门、官员向全国30余州送去舍利，也是命各州在规定的期限内建塔安葬舍利。这样，隋文帝先后三次，共在全国110余州建立灵塔，安葬舍利。形式均是在同一时间安葬舍利，按统一样式建塔；塔建成后，在同一个时间，由州县官员组织官民举行供养佛舍利的盛大法会，并为皇帝及百官、国民祈福。

那么，麦积山山顶舍利塔是在哪次敕葬舍利的奉佛行动中所建的呢？

仁寿四年所分舍利是针对之前两次还没有得到舍利的诸州进行的，因此已经两次获得舍利的秦州不在分送之列，麦积山山顶的舍利塔可确定不是在这次分送舍利的过程中建造的⑤。据文献记载，秦州在头两次分送舍利时，各自安奉的寺院名称分别是静念寺和永宁寺。据麦积山现存北宋《秦州雄武军陇城县第六保瑞应寺再葬佛舍利记》碑称麦积山"隋文皇仁寿元年，再开龛窟敕葬舍利，建此宝塔，赐净念寺"⑥，现存南宋嘉定十五年（1222年）《四川制置使司给田公据》碑记载，也称"大隋敕赐净念寺"⑦，可见麦积山寺院在隋代被称为"净念寺"。《大正藏》中记录了此次秦州敕葬舍利的寺

① 《大正藏》第52册，第213页。

② 《大正藏》第52册，第110页。

③ 《大正藏》第50册，第671页。

④ 《大正藏》第50册，第455页。

⑤ 杜斗城、孔令梅：《隋文帝分舍利建塔有关问题的再探讨》，《兰州大学学报（社会科学版）》2011年第3期；游自勇：《隋文帝颁天下舍利考》，《五台山研究》2002年第4期。

⑥ 张锦秀编撰：《麦积山石窟志》，兰州：甘肃人民出版社，2002年，第168页。

⑦ 张锦秀编撰：《麦积山石窟志》，兰州：甘肃人民出版社，2002年，第169页。

院名称为“静念寺”①。“静念寺”和“净念寺”应为同一寺院，也就是现在麦积山的瑞应寺。静和净发音相同，宋代在书写过程中将隋代的“静念寺”误写为“净念寺”也属正常。还有一个细节也可作为旁证，王邵在其《舍利感应记》中隋文帝第一次分送舍利至秦州时发生的瑞应异兆时称“是时十月雪下，而近寺草木，悉皆开华”，这也很符合麦积山处在小陇山林区的自然特点，就算是现在，麦积山所处林区十月下雪也常有，但十月飞雪对于中原地区来说却属奇异之事，因此便被人们当做分送舍利建立塔寺的祥瑞来记录了。况且，麦积山长期作为秦州地区的佛教中心，第一次敕葬舍利之时选择麦积山建塔供奉也是理所当然。

因此，麦积山山顶舍利塔应始建于隋文帝第一次分送舍利的仁寿元年，即601年，麦积山当时的寺院也因此改名为“静念寺”，但当时所送舍利没有和该塔置于一处，而是在麦积山山崖专门开了一个窟龛来安置，至于窟龛的具体所在，目前尚无定论。

自从山顶舍利塔建成之后，多有损毁，代有重修，据现存南宋《四川制置使司给田公据》碑记载，“圣朝大观元年，于绝顶阿育王塔傍地产芝草三十八本”，麦积山的寺院也因此“奉敕改赐瑞应寺”，从另一个侧面反映出山顶舍利塔与寺院的特殊照应关系。北宋《秦州雄武军陇城县第六保瑞应寺再葬佛舍利记》碑的留存记载，以及最近一次考古发掘中在第一层塔身内发现的宋代铜钱，都证明宋代对该舍利塔也进行了重修。现存砖塔则为清代乾隆时期重修，据现存清代砖塔铭记载，约在乾隆十年（1745年）间，由瑞应禅院的和尚“和白衣同募诸上善人绪，重修麦积峻岭佛舍利塔一座”。1920年海原大地震波及天水，塔身震裂，1983进行了加固修复。塔为八角五层密檐式实心塔，顶为水泥制八棱覆钵形，无塔刹，通高9米，八角形基座是1983年修复时所作，使用的钢筋水泥对塔基外围原有的层位的扰乱比较严重。

二、麦积山舍利塔的维修与考古发掘

2008年汶川大地震，天水地区颇受影响，麦积山石窟也遭到了不同程度的损坏，位于麦积山山顶的舍利塔也因为这次地震，塔身出现了明显的裂缝，塔身倾斜，急需施工抢救保护。在征得上级文物主管部门的同意后，对该塔进行抢救性整体落架拆除修复，期间于2009年4~6月对舍利塔及地宫进行了考古发掘工作，在塔刹中心部位发现了清代对该塔重修时所遗留的净瓶、砂金、五谷等供养物，在塔基地宫内发现了北朝晚期石刻造像10余件，及宋代的铜钱数十枚，从出土文物及麦积山现存碑刻资料判断，石刻造像是在宋代埋藏的，然后在清代对该塔又进行了重修。所出土文物可分为以下几类：

砖瓦类，可分为凹槽铭文砖、手印砖、筒瓦等三类。其中出土的凹槽铭文砖总计大小百余件，其阳刻铭文全文为“走马供奉侍其并妻钱氏二娘施砖”，为同一批定做砖。这些砖均系之前重修时二次使用，形状大小不一。手印砖分为长条砖和方砖两种。完整筒瓦一件。

① 道宣在其《广弘明集》中有第一次分舍利的相关记载，但在其文中引用的诏书中没有注明秦州当时安置舍利的寺院名称，按照诏文所说，未注出寺名者，选该州“就有山水寺所”起塔。之后《大正藏》用元本校刊时，对《广弘明集》中没有注出寺名的各州注出寺名，秦州为静念寺。

钱币，前后共出土铜钱54枚，其中宋代5枚，清代49枚，其中发现于塔基及地宫的宋代铜钱，证明了宋代对该舍利塔进行了重修，石刻造像也是在同时封藏在了塔内。

陶瓷类，舍利塔天宫出土陶罐1件，塔基周边土层中出土黑灰色六瓣莲花形瓷碗1件。另有各类陶片标本200余件。

石刻造像碑是此次考古发掘最重大的发现，在塔身第一层内部共发现石刻造像计9件，共10身，其中两铺造像为双身造像形式。

关于出土造像的组合问题。虽然这些造像或立或倒，或正或反，看似是随意地置于圆形的塔身之内，但是仔细观察就会发现，这些造像的摆放有一定的规律。按照出土的先后顺序，发掘者对这些造像及残件进行了编号。其中，编号1、2、3的三尊造像，正好组成了品字形的组合模式，且1号造像作为主尊，其面对的方向正好和麦积山东崖的洞窟开口方向基本一致。这三身造像的组合极有可能就是三世佛的组合，而三世佛在麦积山北朝早期和中期洞窟造像组合中非常普遍和流行。在这三身造像的两侧，对称分布着编号4、5的造像各一铺，均为跪姿的一菩萨一弟子，这样便形成了共有7身石刻的造像组合，也就是说当时在对这些造像进行瘗埋时，实施者虽然是要将其封藏，但是造像的摆放是有一定规矩的，并形成了一个洞窟造像组合。至于为什么只有编号1、2、3的造像是立起来的，从现场造像的保存程度来分析，只有这三身造像是基本完整的，造像的躯体没有遭到损坏，剩余造像的身体都不同程度的有缺失和损坏，更有几身造像的头部缺失或者只剩头部或底座，这或许可以从侧面反映出当时对不同佛教造像瘗埋时宗教方面的考虑以及相应采取的措施，这一案例可以为其他地方的佛像瘗埋提供实例参考。至于瘗埋的具体时间和具体原因尚需进一步考察和研究。

关于出土造像的时代问题。从出土造像的造像特征及材质判断，这批造像的制作年代不尽相同。

1号造像，面型饱满圆润，衣摆的刻划与表现与麦积山北周第12窟正壁主佛的衣摆、甘肃天水秦安新化出土的北周保定四年（564年）王文超造像碑龛内主尊衣摆、甘肃天水张家川北周建德二年（573年）王令猥造像碑主尊衣摆造型及长短比例接近。这身造像面部特征与麦积山西魏造像较为接近，但衣摆又接近北周和隋的特征。因此，该造像应该属于西魏末或者北周作品。

2号造像①，其面部特征、造型、衣摆，都与麦积山西魏第44窟主尊、原立于第117窟石雕佛坐像非常相近，衣摆与麦积山北周第141窟主尊相近，处于向北周过渡的阶段，应属于西魏作品。

3号造像，此身菩萨与原置于麦积山第47窟的石雕立菩萨像风格及年代相同，衣摆与麦积山第120窟西魏主佛衣摆相近。所佩戴的璎珞，与麦积山第98龛右侧菩萨、第142窟右壁北魏晚期的交脚弥勒菩萨、第135窟西魏石雕菩萨、第13龛左侧隋代菩萨等所戴璎珞有承袭和发展关系，特别是与麦积山第127西魏正壁右侧石雕菩萨的璎珞相似，综合判断，该造像应该属于北朝晚期的作品。

4、5号造像，这种组合题材的造像目前在麦积山石窟所存造像中尚无他例，根据造像珠圆玉润的造像风格及其身材比例，与麦积山北周时期的造像较为接近，属于北周时期的作品，且其中的菩萨像与3号菩萨的造型比较接近。

6号造像，为一头部残失的跪姿比丘，其时代与4、5号造像相同，属北周雕凿。

---

① 2号造像头部因为风化严重，在出土过程中即便掉落，目前还未粘接还原。

7、8号造像，皆为天王，形象在麦积山尚无相近造像可供比较，但其披帛呈X形在腹际穿环交叉的特征和麦积山西魏造像一致，如麦积山第44窟正壁左侧西魏菩萨、第102窟西魏菩萨、第135窟石雕菩萨像等。

综合来看，此次发现石刻造像的制作年代大致为北朝晚期，以北周、西魏为主，也有可能晚至隋代，因为造像没有明确的纪年题记，只能结合麦积山石窟现存造像及秦州地区出土的有纪年的造像碑进行比对，对其制作年代做出大概的年代判定。关于出土造像具体的数据及研究将会在随后的考古报告里详细深入展开。

这次考古发掘工作，是麦积山石窟自20世纪40年代被重新发现后所进行的一次重要考古发掘，对于麦积山山顶舍利塔的重修及瑞应寺的历史传承和沿革都提供了珍贵信息，发现的十数件石刻造像也为以泥塑著称的麦积山造像增添了别样的风采，对宋代佛塔地宫瘗埋的研究具有重要的参考意义。

2009年10月，对舍利塔的还原修复工作顺利竣工，并通过验收。出土的石造像在现场进行了初步的病害处理后被搬运下山，由麦积山石窟艺术研究所联合其他科研单位组织修复。其他出土的文物也得到了很好的保护与安置，针对麦积山山顶舍利塔的相关研究及保护工作正在展开。麦积山舍利塔继续矗立在麦积山绝顶之上，和郁郁葱葱的山林一道，俯视苍生，见证人世间的沧桑变化。

（原载于《中国文化遗产》2016年第1期）

丝绸之路与麦积山石窟的营建

项一峰

丝绸之路是中国古代通往亚洲、欧洲，乃至非洲各国的主要通道。从历史上看是联系世界最古老的文明古国——中国、印度、埃及、巴比伦等国家的纽带。最初为商道，继而发展成各国间政治、经济、文化、艺术交流的“桥梁”。发源于印度的佛教，就是通过这条丝绸之路北道（以及南道）传入中国，形成了具有中国特色的中国佛教，然后再传到其他国家。印度佛教传入中国，在华夏大地上遍开奇葩，麦积山石窟是其中亮丽的一朵，它以佛教石窟文化艺术闻名于世。

一、丝绸之路的开通

中国很早就与中亚、南亚、西亚和欧洲、非洲的许多国家，通过陆路交通，有着密切的交往。对这些交往及其具体的交通线路，我国古代历史文献中虽有不少记载，但并没有概括出一个专用的名称。直到 19 世纪 70 年代，著名的德国地理学界李希霍芬在他的《中国》一书中把“从公元前 114 年到公元 127 年间，中国与河间地区以及中国与印度之间，以丝绸贸易为媒介的这条西域交通路线”叫作“丝绸之路”。以后德国的东洋史学家阿尔巴特·赫尔曼在他的名著《中国与叙利亚之间的古代丝绸之路》一书中主张，应该“把这一名称的涵义进而一直延长到通向遥远的西方叙利亚的道路上去”。这个主张得到西欧一些汉学家们的支持和阐述。尔后西方来中国的“探险家”“游历者”，在他们探险、游历后所著撰的著作中，广泛地使用了“丝绸之路”这个名称，把古代丝绸贸易所达到的地区，都包括在丝绸之路的范围之内。于是“丝绸之路”就成为从中国出发、横贯亚洲，进而连接欧洲、非洲这条陆路通道的总称。这条穿越亚欧大陆的线路，不仅是沿线各地区间的商贸往来通道，同时也在政治邦交、宗教传播和文化交流等诸多方面起到了极大的推动作用。

远在秦汉以前，中国西北就成为与域外与欧亚地区经济往来的唯一通道①。考古发现公元前 5 世纪德国斯图加特霍克杜夫村、苏联阿尔泰地区巴泽雷克古墓中出土的中国丝绸，吐鲁番阿拉沟、鱼尔沟春秋时代古墓葬出土的凤鸟刺绣品都证实了这一点。古代中国文献中对此也有不少记述。《庄子·天地篇》中说“黄帝游乎于赤水之北，登乎昆仑（今和田南山一带）之丘……”贾谊《新书》中也记

---

① 西域这个地理概念，在汉代主要有广、狭二义，广义指玉门关、阳关以西直至欧洲的广大地区；狭义指西域三十六国，即现在南疆地区。

载传说中的尧曾“身涉流沙地”，过塔克拉玛干沙漠，跨越昆仑山到葱岭以西的龟山，会见西王母。荀子《大略》中还记述接任虞舜帝位的大禹，为了“学于西王国”，也曾亲自到过西域地区。尤其是成书于战国时的《穆天子传》更详细地记载了周穆王游历西域地区的情景。外国人的著作中也有记述，据古罗马地理学家斯特拉波的著作，大约在公元前3世纪时，西方已经把中国称作“赛里斯”国，“赛里斯”是蚕丝产地或贩卖丝绢人的意思。这说明丝绸很早就已输入西方，也就必然出现了通往西方的丝绸之路。公元前4世纪印度桥骈厘耶所著《治国安邦术》一书中有Cinapatta的字句，Cina，指中国；Patta是“帕达”，意思是“带”“条”，Cinapatta的意思是“中国的成捆的丝”。按此书的内容推测，至迟在汉代以前，中国的丝绸就已输入印度①。

汉武帝建元二年（前139年），张骞应汉武帝招募，第一次出使西域，从长安启程，经陇西（今甘肃境内）向西进发，在西域辗转停留13年，据《史记·大宛列传》载“身所至为大宛、大月氏、大夏、康居，而传闻其旁大国五六”。张骞于汉武帝元朔三年（前126年）回到长安。他第二次出使西域，又到了乌孙，并派出副使与更多地区和国家建立了友好关系，一时之间，丝绸之路空前繁荣。文献记载自张骞通西域后，汉武帝每年都派使节去访问西域各国，汉朝和西域各国建立了友好交往。西域派来的使节和商人也络绎不绝。

在这条往来频繁的丝绸之路上，也有不少佛教徒。如佛经汉译的创始人安息国的太子安世高，学佛修禅游化西域各地，于东汉桓帝建和元年（147年）辗转来中国洛阳；支娄迦忏于桓帝末年（167年）从月氏来洛阳；随后有竺法护、鸠摩罗什等西域高僧东来，朱士行、法显等中土高僧西行，佛教传道使者较频繁地穿梭于丝绸之路上。

二、印度佛教经像的传入与中国佛教造像艺术

佛教起源于古代印度，公元前6世纪末迦毗罗卫国（今尼泊尔南部提罗拉科特赴京）王子乔达摩·悉达多（释迦牟尼）创立。公元前3世纪中叶，孔雀王朝阿育王大力推广佛教，佛教开始向印度境外传播，逐渐发展成世界性的宗教。

印度佛教通过丝绸之路传入中国的时间已不可考，梁启超以为秦始皇与阿育王同时，阿育王派遣宣教师二百五十六人于各地，或有人至中国②。

汉以后关于佛教传入的记载更多。《魏书·释老志》记载：汉“哀帝元寿元年（公元前2年），博士弟子秦景宪受大月氏王使伊存口授浮屠经，曰复立者，其人也，中土闻之，未知信了也”③，已明确记载了佛教的传入。又经过半个多世纪，汉明帝永平七年（64年），帝夜梦金人，身有日光，飞在殿前。后问群臣，此为何神？傅毅答，臣闻天竺有得道者，号“佛”，于是明帝遣使往西行求法，于大月氏写佛经《四十二章经》回国。《水经注》《冥详记》中也有此记载，昔“（汉明）帝梦见大人，金

① 季羡林：《中国蚕丝输入印度的初步研究》，《历史研究》1956年第4期。

② 汤用彤：《汉魏两晋南北朝佛教史》，北京：中华书局，1983年，第1~10页。

③ ［北齐］魏收撰：《魏书·释老志》引《三国志·魏书》卷三一。

色，顶佩白光”，“以问群臣或对曰：西方有神名曰佛，形如陛下所梦，得无是乎?”于是“发使天竺，写致经像，时以榆欃盛经，白马负图，表之中华，故以白马为寺名”。又“初使者蔡愔将西域沙门迦叶摩腾等，赍优填王画释迦倚像，……乃遣画工图之数本，于南宫清凉台乃高阳门显节寿陵上供养，又于白马寺壁画千乘万骑绕塔三匝之”①。因此有人认为洛阳白马寺是中国佛教第一所寺院。这说明佛教在中国社会的传播具有一定的基础，在上层社会已产生一定程度的影响，才有此求法之举。“楚王诵黄老之微言，尚浮屠之仁词，洁斋三月，与神为誓。”② 也证明了这一点。实物资料如：四川东汉墓中发现的佛像、摇钱树；湖北等地雕刻有佛像的铜镜；青海平安县出土的菩萨像画像砖；甘肃敦煌悬泉寺遗址出土汉简中有关佛教的记载③，更证明佛教在汉代传入中国并在社会中具有一定影响的事实。

佛教造像（艺术）起源于何时，据《增一阿含经》记载释迦佛时有波斯匿王、优填王造如来佛。从印度现存的佛教遗迹考证来说，佛陀涅槃后200年内无造像活动。直至公元前200多年的孔雀王朝阿育王时期才在佛教圣地建立石柱刻制敕文，雕刻狮、象、牛、马等动物柱头，佛教艺术才开始出现。约于2世纪在巴尔胡特·山奇及稍晚的菩提伽耶等地修建的大塔石柱楯和石门上布满了雕刻，但却没有出现一尊佛像。只有在一些故事画中，以法轮、菩提树、脚印等代替佛的形象。佛像的真正出现直至贵霜王朝的迦腻色伽时代（129~152年，一说120~153年），此时离释迦涅槃已相去近6个世纪。佛的形象可能首先出现于故事画中，后来才有独立的单身像，如塔克西拉出土，以白灰膏塑造刻有菩萨题记的造像；迦腻色伽塔出土刻有铭文的舍利盒上的坐佛像；货币上的佛陀像，并有“佛陀”的题名。这说明至迟在1世纪印度佛的形象的模式已经形成④。这与1世纪大乘佛教兴起有着直接的关系，众多大乘佛典中宣讲建塔、造像等供养诸功德妙用。如《法华经》大约产生于1世纪⑤，经中不乏宣教造像之功德。随着大乘佛教的进一步迅速发展，石窟造像兴起，佛教造像艺术逐渐进入辉煌。

印度佛教造像艺术，据考古发掘，造像中心有两个地区，分别是位于印度西北部的犍陀罗和中印度的秣菟罗（又作马土腊）。

这两大阵营不同的佛教造像艺术，直到大月氏统治者灭亡，由中印度北上的笈多王朝（320~600年）统治了全印度，两者间的交流才明显表露出来。此时原犍陀罗地区艺术与秣菟罗艺术混流，并相互影响，形成了其后的笈多艺术，为印度佛教造像艺术的黄金时代。随着佛教的广泛传播，造像艺术开始逐渐流溢四方，通过丝绸之路传入中国，对中国北部的石窟艺术有很大影响。

中国佛教造像艺术在继承和吸收印度佛教造像艺术同时，加入了中国传统文化艺术的因素，乃至

① 《后汉书》《后汉纪》《洛阳伽蓝记》《魏书·释老志》《牟子理惑论》《四十二章经序》《法苑珠林》等。

② 《后汉书·楚王英传》。

③ 俞伟超：《东汉佛教图像考》，《文物》1980年第5期；唐长寿：《四川早期佛教遗物辨识》，《东南文化》1991年第5期；阮荣春、（日）木田知生：《“早期佛教造像南传系统”调查资料》，《东南文化》1991年第5期；李正晓：《中国早期佛教造像研究》，北京：文物出版社，2005年；青海省文物处：《青海文物》，北京：文物出版社，1994年，图91~96；温玉成：《公元1至3世纪中国的仙佛模式》，《敦煌研究》1991年第1期，图版6、图1；张德芳：《悬泉汉简中的浮屠简考——兼论佛教传入都会的时间》，《中国吐鲁番学会2008年度理事会议暨“都会汉唐佛教艺术与文化学术研讨会”论文集》，兰州：兰州大学出版社，2008年。

④ 贾应逸、祁小山：《印度到中国新疆的佛教艺术》，兰州：甘肃教育出版社，2002年，第8页。

⑤ （日）平川彰：《大乘经典的成立》，《东洋学术研究》第23卷，1984年，第120页。

地域民族文化艺术的审美情趣，产生了中国佛教造像艺术的多元化。体现在石窟寺，即今日所说的凉州式、云冈式、南传系、秦州式及中山系等众多式系说。

佛教艺术传入中国，从考古发掘实物来说，1~3世纪已流传于南方地区。早在东汉时期四川地区有乐山麻岩墓、柿子湾崖墓、彭山县夹江崖墓等发现多尊佛造像，高肉髻或高螺髻，通肩袈裟，右手施法印。其中彭山佛右侧侍者手举莲苞。三国时期，笮融曾“以铜为人，黄金涂身，衣以锦彩”，且设像“希席于路，经数十里，氏人来观及就食者且万人”①。康僧会亦于吴地，营立茅茨，设像行道，当时“江左大法遂兴”。

汉魏之际的造像基本属于外来艺术。稍晚，这种造像仪范产生变化，如西晋曹不兴“仪范写之”佛像，应该有其本人的审美因素②。卫协作佛教画更明确了这一点：“顾恺之《论画》云：七佛与大列女皆协之迹，伟而有情势。……谢赫云‘古画皆略，至协始精，六法颇有兼善，虽不该备形似，颇得壮气，凌跨群雄，旷代绝笔。’”③ 从曹不兴、卫协等人画风的形成与发展来看，中国佛像已逐渐超越了印度佛像的模式，亦可说印度佛像逐步汉化，这对以后的中国佛教造像艺术的创作产生了很大的影响。

时至东晋，佛教在宫廷、民间已普遍流传。大量汉译经典的译出，使中国人对佛教的理解逐渐深入。《历代名画记》中说戴逵“善铸佛像及雕刻，曾造无量寿木像，高丈六，并菩萨，遵以古制扑拙，至于开敬，不足动心，乃皆坐帷中，密听众议，所听褒贬，辄加详研，积思三年，刻像乃成”。这说明中国佛教造像，此时不再以外来造像为本，而是大胆地创造出具有中国本土风格的大众喜爱的佛像新形式。此时印度佛教艺术中国化已达到较高的水准，乃至极大影响到南北朝时期的佛教造像艺术。

麦积山石窟位于中国西北的甘肃天水。天水地理位置特殊，古代为羌、胡、氐等少数民族居住地，是佛教经丝绸之路传播的重要路径。又近邻四川，同时受南传佛教的影响。麦积山石窟佛教造像，初创时就能将外来的佛教艺术与地方民族文化艺术相融，并具有地方性。

麦积山石窟现保存自后秦，经北魏、西魏、北周、隋、唐、五代、宋、元、明、清十多个朝代开凿的石窟221个，造像3938件，10632身，壁画约1000平方米，北朝大型崖阁8座，它是研究我国古代政治、经济、文化、宗教艺术等难得的宝贵资料。麦积山石窟佛教造像艺术是印度佛教经像经丝绸之路传入中国的产物。

后秦（有北魏之说）营造的第74、78等窟佛像波浪式肉髻，袒露右臂，斜披袈裟，流畅稠密的阴刻线衣纹等塑造手法及艺术特点，保留了犍陀罗、秣菟罗的艺术特色。五官、体态的塑造手法及艺术特点已趋于中国北方拓跋氏民族的特征。其中斜披袒右袈裟又搭于右肩头，在印度佛像中未见，或许可认为是受秣菟罗造像佛斜披袒右袈裟的影响，中国自创的佛像袈裟样式。北魏早期营造的第128、148、80等窟塑造手法及艺术特点更趋于中国民族化。北魏“汉化”以后的第121、127、

① ［西晋］陈寿撰：《三国志·吴志·刘繇传》。

② ［南齐］谢赫：《古画品录》载：“江左画人吴曹不兴，运五千尺绢画一像，心敏手疾，须臾立成。头面手足，胸臆肩背，无遗失尺度，此其难也，唯不兴能之。”见［北宋］李昉等编：《太平广记》卷三十四。

③ ［唐］张彦远：《历代名画记》卷五，北京：人民美术出版社，2004年，第109页。

133、135、147 窟等的佛菩萨造像，“秀骨清像”“褒衣博带”“宽袍大袖”“薄衣贴体”，具有“吴带当风”“曹衣出水”的画风，已是中国南朝时期士大夫的形象，壁画中所绘的“吉祥天女”形象，可与《洛神赋》中的洛神相比照，他们已是外来佛教艺术完全中国化的代表。西魏北周时期第 44、123、62、141 等窟佛菩萨造像，其表情神态犹如中国本土的大丈夫、俊男美女，衣着服饰也是当时汉族和西北少数民族的真实写照。隋唐时期第 13、5 等窟佛菩萨造像“珠圆玉润”的脸型、健壮的体格，符合隋唐丰满圆润、以胖为美的时尚，衣着富丽堂皇，已显露隋唐盛世中国佛教达于顶峰的盛景。五代宋元时期第 43、165、127 窟中的菩萨是中国地方化、民族化、世俗化的典型，其中宋代的女供养人塑像，打破常规的佛教造像规范，几与佛像等高，立于其左右，完全是丹凤眼、柳叶眉、樱桃小嘴的世俗美人形象。明清时期众多洞窟中重修的佛菩萨弟子等造像，形容亲切，观之如慈母、弟兄、姐妹。

麦积山石窟佛教造像艺术，从一开始就强调中国化，且自始至终彰显民族性、地方性，塑造了具有本土艺术特征的佛教艺术佳作。它是印度佛教中国化、外来佛教艺术中国性的具体表现。

从考古实物年代来说，麦积山石窟的开窟造像年代略晚于中国著名“四大石窟”的敦煌莫高窟，而早于云冈石窟、龙门石窟。麦积山石窟造像以泥塑冠世，其泥塑造像手法有别于石刻造像，所用材质更为灵活多样，更易塑造，因而其造像形神兼备，融人格化与神格化为一体，充分反映了佛经所说“一切众生皆有佛性，有佛性者皆可成佛”，“发菩提心即为菩萨”的大乘佛教思想。其泥塑作品，开创了中国佛教同类艺术造像的先河，“三世佛”题材造像和第 127 窟北魏所绘的《西方净土变》《维摩诘经变》《涅槃经变》《睒子本生》《萨埵那太子舍身饲虎》《帝释天》《十善十恶》等题材内容丰富的大型壁画，也是中国佛教石窟同类艺术风格及大乘佛教题材内容的先驱，并通过丝绸之路对其他石窟有所影响。

三、麦积山石窟的营建

1. 佛教传入与历代营建

“石窟”，起源于古代印度，在印度主要有两大类石窟，即“毗诃罗”“支提”。“毗诃罗”是沙门禅定、止息、睡眠的场所，又为僧房；“支提”是沙门集会、诵戒、布萨处，往往设置塔、像，以供礼拜，又为塔庙。集合讲堂、禅堂等设备于一处的僧房，则称作“僧伽蓝”。中国各地的石窟可以说基本上为印度石窟类型的继承，但也有了极大发展，出现了新的窟形类别，且石窟寺内的洞窟题材要比印度更为丰富。加之融会了中国传统的文化思想，窟主群体也较为复杂。

佛教经像自汉代传入、初现造像，至三国、两晋时期，笮融曾以铜为人（佛像），并涌现出曹不兴、卫协等一批佛教画家。随着佛教经像在中国进一步传播发展，佛教徒为续佛慧命、学佛弘法、禅修、礼拜、求功德、祈福、消灾、护佑等等，开始不断营建石窟。

中国石窟的营建始于新疆地区（古称西域），如克孜尔石窟等，兴起于东晋十六国时期，至南北朝达到历史顶峰。如著名的凉州石窟、敦煌石窟、麦积山石窟、炳灵寺石窟、云冈石窟、龙门石窟等石窟寺先后开凿造像。

据文献记载："秦州麦积崖佛殿下舍利，山神藏之。此寺周穆王所造，名曰灵安寺。"① 又有云："秦州麦积崖佛殿下亦有舍利，山神藏之。此寺周穆王所造，名曰灵安。经四十年，常有人出。"② 这两条文献为唐代人记述，带有传奇色彩，应该与佛教传入的传说有关。

甘肃是丝绸之路的重要路段，而天水是丝路沿线的重镇之一。《释迦方志·游履篇》第五在记述汉唐之间去西域求取佛经的16件大事中，其中第3件事记："后汉献帝建元十年（205年），秦州刺史遣成光子，从鸟鼠山度铁桥而入，穷于达嚫旋归之日，还践前途。自出别传。"地方官员曾遣人去西域取经，这是天水地区有关佛教的最早信息③，也说明在205年之前，佛教已在天水地区传播弘扬。以此推测麦积山石窟始凿于后汉④，还不具有说服力。20世纪80年代，麦积山石窟艺术研究所修建西崖下护坡时发掘出汉代的绳纹砖⑤，究竟是麦积山早期的寺院遗物，还是后代从别处移来，现难以断定。

两晋十六国时期是中国佛教逐渐发展并兴起的历史阶段，来华印度西域僧人大增，如高僧安世高、支娄迦谶、昙摩密多、竺法护、鸠摩罗什等。中土往西域、印度者亦成风气，如高僧朱士行、于法兰、法显、慧常、康法朗等。佛法自印度经西域在内地广为传播。十六国中后赵、前秦、后秦、后凉、南凉、西秦等国都信仰佛教，其兴为前秦，最盛为后秦（384~417年）。前秦、后秦的国都在长安，当时的秦州一直在其统治区域，而且前秦苻氏和后秦羌氏都发迹于陇右秦州，并以秦州为活动根基。天水佛教应该会得到较大的传播。

西晋时期天水佛教，据《北山录》卷四载：帛远（法祖）"值晋乱，将遁陇右，秦州刺史张辅重之，欲令反服，不从，遂杀之，蕃汉追悼"⑥。又《高僧传·帛远传》记述帛远长期在长安译经传教，"道化之声被于关陇。崤函之右奉之若神"。"晋惠之末，祖见群雄交争，干戈方始，志欲潜遁陇右，以保雅操。会张辅为秦州刺史镇陇上，祖与之俱行。"在陇右信奉佛教的汉族和少数民族民众中引起极大反响，以至于"戎晋嗟恸，行路流涕。陇上羌胡率精骑五千，将欲迎祖西归"。因"辅以祖名德显著，众望所归，欲令反服，为己僚佐。祖固志不移，由是结憾"，而被张辅所害。"中路闻其遇害，悲恨不及，众咸愤激。欲复祖之雠。辅遣军上陇，羌胡率轻骑逆战。时天水故帐下督富整，遂因忿斩辅。群胡既雪怨耻，称善而还。共分祖尸，各起塔庙。"⑦ 可知西晋末天水佛教较为兴盛。又《出三藏记集》引《普曜经记》云："晋怀帝永嘉二年（308年）太岁在戊辰，五月本斋（谓布萨之日），（竺法）护在天水寺手执《普曜经》胡本，口译为晋言，沙门康殊、帛法巨笔受。"⑧ 说明当时天水境内的佛教寺院已具一定规模并进行传教活动。

东晋十六国时期，据《法苑珠林》卷四六载："晋罗浮山有单道开，姓孟，敦煌人。……以石虎

---

① ［唐］释道世著，周叔迦、苏晋仁校注：《法苑珠林校注》，北京：中华书局，2003年，第122页。

② ［唐］释道宣：《律相感通传》，《大正藏》第45册，第878页。

③ ［唐］释道宣：《释迦方志》卷下，北京：中华书局，2000年，第96~97页。按汉献帝无建元年号，只有建安，建安十年为205年；秦州的设立是在魏曹丕即位的220年，可能是作者之误。

④ 徐日晖：《秦州史记》，西安：陕西人民美术出版社，1994年，第71~97页。

⑤ 李西民先生当时捡回汉纹砖存放置美术研究室并告知情况。

⑥ ［唐］释神清：《北山录》，《大正藏》第52册，第2113页。

⑦ ［梁］释慧皎撰，汤用彤校注：《高僧传》，北京：中华书局，1992年，第26页。

⑧ 《大正藏》第55册，第497页。

建武十二年，从西平来，一日行七百里。至南安度一童子为沙弥，年十四，禀受教法，行能及开。时太史奏虎云：有仙人星现，当有高士入境。虎普敕州郡，有异人令启开。其年冬十一月，秦州刺史上表送开。"① 由此可知敦煌的僧人单道开，在后赵石虎建武十二年（346 年）从西来内地进行传法，从西平（今青海西宁）至南安度一名 14 岁的童子为沙弥，并传之以法。南安本属秦州管辖，秦州刺史根据石虎的旨意，不敢怠慢单道开，上书并送他到邺城。说明后赵时佛教在秦州已有较好的社会环境。

前秦时苻坚对佛教特别崇信，东晋孝武帝太元四年（379 年），苻坚遣苻丕占襄阳，并邀请著名高僧道安和习凿齿。苻坚认为襄阳之役只得一人半，一人指道安，半人为习凿齿。苻坚得道安后，请他住长安弘法，曾开几千人的大道场。又派骁骑将军吕光发兵 7 万西伐龟兹，迎西域名僧鸠摩罗什来长安，行至凉州滞留。384 年姚苌建后秦，继请鸠摩罗什，仍未至。姚兴为皇帝，于 401 年方将鸠摩罗什请到长安，姚兴"待以国师之礼，甚见优宠，晤言相对，则淹留终日，研微造尽，则穷年忘倦"②。长安当时有中外游学僧人 5000 多名。"州郡化之，事佛者十室而九矣。"③ 由此推测秦州佛教无疑也较为兴盛。

据《四川制置使给田公据碑》记载："因群山围绕，中间突起一峰，镌凿千龛，现乘万像，上下万仞，有三泉文殊普贤观音圣水，万民祈祷，无不感应。始自东晋起迹，敕赐无忧寺□□□给田供赡，次七国重修，赐石岩寺，大隋敕赐静念寺，大唐敕赐应乾寺，圣朝大观元年……奉敕改赐名为瑞应寺。"④《太平广记》记："麦积山……望之团团，如民间积麦之状，故有此名。其青云之半，峭壁之间，镌石成佛，万龛千室……。古记云：六国共修。"⑤ 麦积山石窟第 3 窟附近宋人题记："麦积山胜迹，始自于□（姚）秦，成于元魏。"⑥《麦积山开除常住地粮碑》记："麦积山为秦地林泉之冠，其古寺系历代敕建者，有碑碣可考，自姚秦至今一千三百余年矣，香火不绝。"⑦《方舆胜览》云："麦积山……姚秦时建瑞应寺，在山之后，姚兴凿山而修。"

关于麦积山石窟造像最早的文献为北周庾信《秦州天水郡麦积崖佛龛铭并序》，其记述："麦积崖者，乃陇坻之名山，河西之灵岳。高峰寻云，深谷无量。……是以飞锡遥来，度杯远至，疏山凿洞，郁为净土。拜灯王于石室，乃假驭风，礼花首于山龛，方资控鹤。"度杯又作杯度（？~426 年），据僧传考证，他曾至长安见鸠摩罗什，到麦积山造像大约在 402~405 年⑧。又第 76 窟正壁佛座前墨书题记"南燕主安都侯……姬……白前……后造"⑨。据考"南燕主"是慕容超（385~410 年），"安都侯"是他接受后秦的封号。"姬"是流落在后秦的慕容超之妻呼延氏。呼延氏在 406~407 年后秦与南燕谈判成功后回到南燕，第 76 窟造像应该在 407 年之前。姚兴在其执政之时（394~416 年）大崇佛教，尤

---

① ［唐］释道世著，周叔迦、苏晋仁校注：《法苑珠林校注》，北京：中华书局，2003 年，第 420 页。

② ［梁］释慧皎：《高僧传》卷二《鸠摩罗什传》。

③ ［唐］房玄龄等撰：《晋书》卷一一七《姚兴载记》。

④ 《四川制置使司给田公据》碑现藏麦积山瑞应寺。

⑤ ［北宋］李昉等编：《太平广记》卷三百九十七《山类》，麦积山条。

⑥ 张学荣：《麦积山石窟的新通洞窟》，《文物》1972 年第 12 期。

⑦ 明崇祯十五年《麦积山开除常住地粮》碑现藏麦积山石窟艺术研究所。

⑧ ［梁］释慧皎：《高僧传》卷十，［唐］房玄龄等撰：《晋书·鸠摩罗什传》。

⑨ 此题记上，原有一层白粉，现造像可能是后代重修。

其在402年鸠摩罗什来长安以后达到顶峰。姚兴在麦积山造像，现一般认为是第74、78窟，虽难确定为何年，最晚亦在416年之前。由于麦积山佛教兴起于东晋，在前秦、后秦国主崇信倡导弘扬下，到著名高僧玄高于417年后① “乃杖策西秦，隐居麦积山，山学百余人，崇其义训，禀其禅道。时有长安沙门释昙弘，秦地高僧，隐在此山，与高相会，以同业友善”。玄高弟子“有玄绍者，秦州陇西人，学究诸禅，神力自在，手指出水，供高洗漱，其水香净，倍异于常。每得非世华香，以献三宝。灵异如绍者又十一人。绍后入堂述山蝉蜕而逝。昔长安昙弘法师，迁流岷蜀，道洽成都”②。可见麦积山佛教弘扬传播到十六国末已是一派盛况，营造石窟应该初具规模。

南北朝时期，北魏道武帝、明元帝虽皆尊信佛教，太武帝初曾遣使求昙无谶、玄高、昙曜同迁平城弘法，但438年下敕罢黜50岁以下沙门③，开始逐步进行灭法至446年毁灭佛法。天水于431年归北魏统治，从麦积山石窟遗存造像来看，第74、78等窟原造像在太武灭法时被破坏。北魏兴安元年（452年）文帝即位，同年12月下诏复兴佛教，“天下承丰，朝不及夕，往时所毁图寺，仍还修矣。佛像经论，皆复得显”④。

第78窟墨书题记“仇池镇经生王□□供养十方佛时”“仇池镇杨□□……”。从“仇池镇”始置于446年为南秦州的统治中心至501年得知，此窟应该是文帝复法时重修。此后北魏统治时期内，麦积山佛教大兴，石窟造像达到鼎盛。据现存的洞窟统计，这一时期重修和新开建的占北魏石窟总数的60%以上，大型洞窟也多为此时期开凿，主要有第70、71、128、100、148、80、114、115、93、121、126、127、142、133、135等窟。从现存石窟造像题记：第115窟“唯大代景明三年九月十五日遣上邽镇司□张元伯……为菩萨造石室一区……”，第127窟存残碑记“大魏……沙弥法生……麦积崖造龛一所，屈请良匠，……”，第126窟“督龙骧将军天水太守王宗供养佛时”“武口镇将王胜供养佛时”，以及“李道生全家”“陈益生、贾伏生、侔玄宝及夏、侯、宁、白、齐、谈诸姓之妻合造一窟”等等功德主开窟造像来看，北魏天水佛教信仰者上至朝廷三品⑤，下至普通百姓，皆热衷于开窟造像，这一时期成为麦积山开窟造像的高峰时期。

西魏文帝和宇文泰都笃信佛法，国内崇佛风气一如既往，“尊高僧道臻为西魏国大统”，并改修宫制，主官掌管沙门道士之法，佛教被视为国教，全国上下立寺造像，修福修善之功德佛事，连绵不断。文帝在位时，其子武都王戊为秦州刺史，也是一位崇佛者，天水佛教兴盛如故。麦积山石窟“昔西魏大统元年再修崖阁，重兴寺宇”⑥。

又据《文帝文皇后乙弗氏传》记：文帝文皇后乙弗氏被废以后，出家为尼，依其子秦州刺史武都王，到大统六年（540年），奉敕自尽，凿麦积崖为龛而葬⑦，即现存第43窟。麦积山石窟西魏主要洞

---

① ［北宋］司马光编著：《资治通鉴》卷一一八《晋记》，记秦州一带在永康六年（417年）归西秦。

② ［梁］释慧皎：《高僧传》卷十一《玄高传》，《大正藏》卷五十，第354页。

③ ［北齐］魏收撰：《魏书》卷四《世祖记》。

④ ［北齐］魏收撰：《魏书》卷一一四《释老志》。

⑤ ［北齐］魏收撰：《魏书》卷一一三《官氏志》“龙骧将军，右第三品上”。

⑥ 《秦州雄武军陇城县第六保瑞应寺再葬佛舍利记》碑。

⑦ 参见［唐］李延寿撰：《北史》卷一三《文帝文皇后乙弗氏传》，即第43窟；项一峰：《麦积山第43窟研究》，《敦煌研究》2003年第6期。

窟有第43、44、54、104、105、120、123等窟，现存东崖西侧20个洞窟，俗称王子洞，可能是武都王守灵之处。如此，麦积山石窟直接受到皇室的重视，其开凿仍然兴盛。

北周统治者除武帝宇文邕于北周后期灭佛外，同样皆崇信佛教。秦州历任刺史尉迟迥、赵贵、宇文广等都是虔诚的佛教信仰者，在他们的倡导和保护下，天水佛教继西魏以后继续弘扬。据《秦州天水郡麦积崖佛龛铭并序》记："麦积崖者……大都督李允信者，籍于宿植，深悟法门，乃于壁之南崖，梯云凿道，奉为亡父造七佛龛。"① 宇文广故吏仪同李允信（充信）在麦积山为亡父造七佛阁（即第4窟），是目前国内石窟中现存最大的仿木结构宫殿式七间八柱的洞窟，造像有七佛八菩萨、"薄肉塑"飞天、千佛、护法等。从麦积山石窟现存北周时期30多个洞窟，如第3、4、9、12、14、26、27、62、82、109、134、141窟等，以及天水境内拉梢寺北周造像龛来看，是玉门关以东中国石窟群中北周时开窟最多且最为集中的一处。从麦积山、拉梢寺现存北周造像壁画来看，周武帝灭法前的洞窟佛像没有遭到破坏，应该得益于秦州地方官员及广大信徒灭法时的尽力保护，避免了法难②。宣帝、静帝两代君主继位，下诏"修教法化""复佛像"，又大力重振佛教。麦积山石窟北周时期一直处于繁荣阶段，尤其是佛教造像艺术，不仅数量多，其多样化的艺术形式、独特的艺术风格，代表了北周时期的最高水平，是麦积山石窟营造的又一高峰。

至隋代，开国皇帝杨坚自称"佛弟子"，其即位之初，就改变"周武灭佛"方针，利用佛教作为统治的有力工具之一。他曾对灵藏法师说："律师度人为善，弟子禁人为恶，言虽有异，意则不殊。"③为了复兴佛教，首先下令修复已毁废的寺院塔像，允许人们出家。其在位23年中，先后三次下诏，在全国30州建舍利塔，总计达113座，在中国佛教历史上空前绝后。隋炀帝未即皇位时就受"菩萨戒"，即位后也大力扶植宣扬佛教，造就隋唐两朝成为中国佛教史上的鼎盛时期。据文献和遗迹可知，在隋文帝三次下诏建舍利塔之际，天水分别建造了3座舍利塔。《秦州雄武军陇城县第六保瑞应寺再葬佛舍利记》碑载："隋文帝仁寿元年再（开）龛窟，敕葬舍利建此宝塔，赐净念寺。"④《太平广记》记："隋文帝分葬神尼舍利函于东阁之下。"⑤ 麦积山分别在山顶和峻岭建两座舍利塔。麦积山石窟崖面中部大面积被地震所塌毁的洞窟，据专家学者考证推测，应该是隋唐时期开凿较集中的区域。现存隋代新开洞窟20多个，主要有第5、13、14、24、37、60、67窟等。其中东崖第13窟，高达16米的摩崖弥勒佛及二菩萨就是此时期的佳作。

唐朝统治近三百年，统治者多采取释道并重的政策，佛教兴衰起伏不定。但综观中国佛教发展史，唐朝佛教的兴盛为历史最高峰。贞观末年玄奘大师西行求法"有秦州僧孝达在京学《涅槃经》，功毕还乡遂与同去，至秦州，停一宿"⑥。麦积山石窟唐初赐净念寺，续开凿洞窟，如第5、161窟，第5

① ［北周］庾信：《庾子山集》卷十二《秦州天水郡麦积崖佛龛铭并序》。

② 项一峰：《麦积山石窟第四窟七佛龛壁画初探》，《石窟寺研究》第一辑，北京：文物出版社，2010年。

③ ［唐］释道宣：《续高僧传》卷二十一《灵藏传》，《大正藏》卷五十，第601页。

④ 王劭：《舍利感应记》：秦州净念寺起塔……是时十月雪下，……舍利入函。

⑤ 清代《砖塔铭》之二记：居麦积岩大佛寺作主持，……合白衣同募诸上善人绪，重修麦积峻岭佛舍利塔一座。

⑥ ［唐］释道宣：《续高僧传·玄奘传》。

窟下有题记记载："坊州石匠赵法知、赵敬玖开三龛，赵松朵。"[①] 由于唐开元二年（714 年）天水大地震，麦积山石窟破坏严重，乾元二年（759 年）秋，杜甫流寓秦州时，麦积山已是"野寺残僧少，山圆细路高"及"乱石（又作水）通人过，悬崖置物牢"[②] 的荒凉冷落景象。"安史之乱"吐蕃曾一度占领长安，"天宝年中，秦州入吐蕃"[③]，"宝应元年（762 年）秋七月，吐蕃大寇河、陇，陷秦、成、渭三州"[④]。此后，吐蕃长期占据陇东南一带，直到大中三年（849 年），唐军才收复失地。在近百年的时间里，麦积山石窟再无开凿。唐"会昌法难"之后至大中元年（847 年）复法，麦积山石窟沉寂多年，"至大中二年（848 年），有先师迴大师，寻旧基圣迹，精构伽蓝"[⑤]。麦积山石窟方又有复苏。现存的石窟造像壁画，有一些重修的痕迹，以及留有第 7 窟"大中十年（856 年）"、第 127 窟"咸通三年（862 年）""龙纪元年（889 年）""天复元年（901 年）"、第 135 窟"乾宁元年（894 年）"等多条题刻。

五代天水地区先后被前蜀、后唐、后蜀、后周等小国分别统治，由于政权频繁更迭，动荡不安；同时又处于各政权的边境地区，在历史资料中有关麦积山石窟佛教情况极少见。从石窟遗迹考察，造像目前唯有第 43 窟两尊菩萨，以及仅存第 117 窟前蜀光天元年（918 年）、第 62 窟后蜀广政十五年（952 年）、第 123 窟后唐长兴元年（930 年）、第 109 窟后唐长兴二年（931 年）、第 85 窟后晋天福四年（939 年）的游人刻题，说明石窟在五代时期仅处于维持状况。

宋代皇帝虽然提倡儒释道三教并存，但适当保护并鼓励佛教的发展。麦积山石窟北宋景祐二年（1035 年），以麦积山寺赐紫沙门惠珍及太原王秀为首的多位施主募钱捐物大量重新妆修东、西崖佛像[⑥]。北宋元丰八年（1085 年），尝宣诏麦积山寺得道高僧秀铁壁入宫讲演宗乘，敕赐"圆通禅师"，给赐田土 200 余顷，供瞻僧众[⑦]。北宋徽宗赵佶大观元年（1107 年），麦积山山顶阿育王塔旁地产灵芝 38 株，龙图阁学士秦州经略陶节夫具表进上朝廷，以为瑞兆，敕赐改寺名为瑞应寺[⑧]。1984 年麦积山石窟工作人员，在对东崖大佛（第 13 窟）进行维修时，于主佛头部白毫内发现一只定窑产芒口白瓷碗，外壁有"绍兴二十七年八月二十五日"墨书题记[⑨]，说明 1157 年也有一次较大规模的重塑妆修。又据石窟调查，宋代题记 50 余处，历太祖、太宗、仁宗、神宗、英宗、哲宗、徽宗、孝宗、光宗、宁宗、理宗等 250 多年，为历史上现存题记最多的朝代。麦积山石窟在宋代虽未大规模开窟造像，但对历史上众多被毁坏的造像都进行了重塑或维修，主要有第 165 窟的佛、菩萨、供养人，第 4、43 窟的金刚力士、文殊菩萨、维摩诘，第 133 窟释迦会见罗睺罗，第 191 窟迦楼罗。然而到南宋（1127～

① 坊州为唐开国初所设立的一个州，在陕西省中部。题记中所称三龛因地震塌毁，现无存。
② ［唐］杜甫：《山寺》。
③ ［清］宋琬、姜光胤：《秦州志》。
④ ［后晋］刘昫等撰：《旧唐书》卷一一《代宗传》。
⑤ 《秦州雄武军陇城县第六保瑞应寺再葬佛舍利记》碑。
⑥ 西崖第 191 窟《麦积山应乾寺重妆东西两阁佛像施主舍钱记》。
⑦ 《四川制置使司给田公据》碑现藏麦积山瑞应寺。
⑧ 《四川制置使司给田公据》碑现藏麦积山瑞应寺。
⑨ 现藏麦积山石窟艺术研究所文物库房。

1279 年）时期，秦州一带大小兵祸数十次①，在失地与收复的拉锯战中，当地的经济遭到极大破坏，乃至“郡邑遂空”②，社会不安，人民生活困难，麦积山石窟仅在绍兴年间有过艰难地重修③。如此，石窟营造之兴是在北宋时期。

元朝各帝对佛教都很崇拜，敬重蕃僧，尊为国师。每年举行各种佛事，复使军民营建佛寺，分大量的田产为寺院经费。天水相邻的徽县北禅寺高僧张氏被元文宗（1328～1332 年）封为“真慧国师”，掌国师印。天水佛教在宋趋于衰落后又重新得到发展的机遇，境内大量修建寺院，原有的石窟寺也均得以重修塑绘造像。从麦积山石窟现存的洞窟造像考察，第 35、48、103、11、127 等窟内有相关的密教内容，以及第 4 窟外壁有藏文六字真言题记。但是，麦积山石窟一直以来以弘扬汉传佛教为主，所以统治者大力提倡藏传密教，对石窟寺的发展并无助益。

明朝诸帝虽有世宗崇道排佛，但总体“好佛”，甚至佞佛。从天水境内现存石窟寺院来看，不少寺院的建筑、造像、壁画为明代修造。如麦积山相邻的仙人崖石窟，明永乐十四年（1416 年）成祖朱棣赐灵应寺④，现存大量精美的塑像和壁画。麦积山瑞应寺重修造像绘画，石窟中也重修塑像 200 余尊，壁画 300 多平方米。至明末崇祯年间，又是“寥寥山僧，多食野菜资生”，“僧输不前，逃窜过半”，“致法堂前，草深一丈”⑤ 的荒凉惨景。

清朝顺治、康熙、雍正、乾隆四代皇帝对佛教都有浓厚的兴趣，但基本沿袭明代的佛教管理方式，佛教实已处于衰落的维持状态。天水佛教也艰难支撑，从目前考查的境内所有石窟寺的情况看，石窟寺院现存建筑基本上为清代重修，对过去残损的造像绘画也只是进行简单的修绘，新增的造像壁画很少。据记载，麦积山石窟寺继明末后虽有僧人圆慧重修舍利塔、圆觉重修瑞应寺等，但直到民国仍日益衰败。

2. 丝绸之路与麦积山石窟营造相关的几个重要人物

佛教经像通过丝绸之路路网在中国广为传播，一方面是通过长安、洛阳、凉州、平城、南京、襄阳等佛教中心的辐射，但更重要的是信仰和支持佛教的统治者以及佛教中的高僧们在丝绸之路各地的弘扬和传播。麦积山石窟的营造也与此有着密切的关系。

度杯，据文献记载可能是冀州（今河北冀县一带）人，自冀州南下，曾到黄河北崖，从孟津渡河。又到过彭城（徐州）、洛阳、西安、麦积山。这几处是丝绸之路路网上的重要节点。度杯是最早来麦积山开窟造像的僧人，造像内容有“灯王”及“花首”，出自《维摩诘经》和《法华经》。其造像风格“冀州余俗，河西旧风”，就是度杯从家乡带来的，应该是东晋、后赵佛教美术风格，以及长安、秦州的本地风格⑥。

---

① 天水麦积山石窟艺术研究所编：《中国石窟·天水麦积山》，北京：文物出版社、东京：平凡社，1998 年，第 265～267 页。

② ［元］脱脱等撰：《宋史》卷三〇《高宗纪》、卷六七《五行志》。

③ 第 3 窟题记：绍兴二年岁在壬子，兵火毁，至十三年，尽境安宁，重修再造，二十七丁丑方就绪。

④ 《大明敕赐灵应寺记》碑，现嵌存于仙人崖西崖大雄宝殿前廊东侧墙壁中。

⑤ 《麦积山开除常住地粮》碑。

⑥ 项一峰：《麦积山石窟“六国共修”与历代赐名小考》，《丝绸之路》1999 年学术专辑；《论道安大师弥勒净土信仰及像教弘法》，黄夏年主编：《2012 襄阳道安论坛论文集》上，第 380～382 页；温玉成：《中国早期石窟寺研究的几点思考》，《敦煌研究》2000 年第 2 期。

玄高，在长安拜浮（又作佛）跋陀罗为师，西秦时，隐居麦积山，后去炳灵寺，游历凉州，“沮渠蒙逊深相敬事”，又到平城，太子晃“事高为师”。玄高来麦积山“时有长安沙门释昙弘，秦地高僧，隐在此山”，有弟子玄绍，后入堂述山，“昙弘法师，迁流岷蜀，道洽成都”。佛跋陀罗为北印度人，在罽宾受禅法，在智严的邀请下来中国，东征抵青州（山东），后到长安①。

法生，洛阳人，在平城出家，曾遇北海王元祥之母崇奉佛法，参与法会，后到麦积山石窟造像，再被专招进京，在龙门为孝文帝及北海王母子造像②。

鸠摩罗什，龟兹人，少年出家，去罽宾学法回龟兹弘法，后到凉州，又被后秦姚兴请至长安，尊为国师，他与其佛教集团译经弘法，为中国佛教的兴盛起到重大的作用，做出巨大的贡献。姚兴在麦积山石窟造“三世佛”“弥勒、文殊”等题材造像，皆深受其思想的影响。

另有：西魏皇后洛阳人乙弗氏在麦积山出家为尼；宋代麦积山高僧秀铁壁应皇帝诏入宫讲演宗乘。

由以上介绍可知，麦积山石窟营造，通过丝绸之路来往的高僧等，直接或间接地和印度、罽宾、西域、凉州、长安、洛阳、河北、平城、南京等地域存在一定的关系，并相互影响。石窟寺造像是以佛教经典为依托，长安是经丝绸之路传入中国的大乘佛教经典译著传播的最盛之地。天水临近长安，属于长安佛教集团的文化圈，麦积山石窟就是具体的反映。如：道安在长安开道场，宣扬佛法，提倡弥勒、弥陀信仰，鸠摩罗什在长安译《法华经》《维摩诘经》及弥勒、弥陀和相关禅法等经典思想，在众多造像壁画中都得到验证，并影响到其他石窟。

四、结语

麦积山石窟所在地天水（古秦州），历来是连接中原地区和河西走廊丝绸之路上的重镇，丝绸之路沿秦岭西行的南侧路线就从麦积山下通过。天水又是陕甘南通巴蜀大道的交汇点。从佛教造像来说，中国佛教造像先兴于南方，四川是最早兴起地之一。麦积山石窟营建，其造像艺术特征，早期西域（及印度）的特征较少，多为中原和南朝特点。河西走廊中的敦煌莫高窟造像艺术早期则以西域风格为主，后渐多中原风格。佛教造像西域之风东渐，中原汉风西上，麦积山石窟的营建是丝绸之路东西方文化艺术传递交融的产物，在外来艺术中国化及中国佛教艺术在境内丝绸之路上的石窟寺交叉弘传方面起着重要作用。麦积山石窟现已被列入世界文化遗产，麦积山石窟佛教文化艺术会在丝绸之路各国文化、艺术、宗教等方面交流中彰显自身的价值，起到积极的作用。

（原载于《中国文化遗产》2016年第1期）

---

① ［梁］释慧皎：《高僧传》卷二《佛驮跋陀罗传》，《大正藏》卷五十，第334页。

② 项一峰：《麦积山第127窟研究》，郑炳林、花平宁主编：《麦积山石窟艺术文化论文集》（上），兰州：兰州大学出版社，2004年，第114~116页。

麦积山文书及瑞应寺藏水陆画

翟玉兰

为“秦地林泉之冠”的麦积山，早在南北朝时期就以优美的自然景观和特殊的地理位置，成为陇右地区最重要的佛教中心。大约在5世纪初，长安来的著名高僧玄高与秦地高僧昙弘在麦积山一起坐禅修行，讲经说法。当时麦积山已有僧众百余人，可见寺院在当时具有一定的规模。

麦积山最早的寺院，据《法苑珠林》记载为“周穆王（前101年）所建，名曰灵安寺”。说法虽然不太可信，但是说明麦积山很早就建造了寺院。据碑碣记载，寺院的名称历来由朝廷敕赐，“自东晋起迹，赐无忧寺，北魏改石岩寺，隋赐净念寺，唐赐应乾寺，宋代因麦积山进献灵芝，所以宋赐瑞应寺”取祥瑞之意。寺院的遗址，随着佛教的盛衰，几经兴废，历史上曾几易其址。现存瑞应寺在麦积山以南200米处的平台上，为明代重建，清代重修。

一、麦积山文书

麦积山文书，原系瑞应寺山僧所藏。于1955年由原麦积山文物保管所接收，现存于麦积山石窟艺术研究所资料室。以“麦”字编号1500个。麦积山文书主要来源是瑞应寺历代山僧们所留文书，也有一部分是麦积山周围寺院历代僧众们所遗留文书，如仙人崖灵应寺。还有一些是全国其他省市寺院的文书，如四川、山西、陕西、浙江杭州等。以陕西省长安县、凤县、凤翔县的居多。另有一部分是陇上学者、研究麦积山石窟的第一人——冯国瑞先生于1955年捐赠的自己所藏部分文书。

麦积山文书绝大部分在1911年以前。按现在的版本学鉴定的要求都属于古籍版本①。可分为善本类文书、孤本类文书和普本类文书。装帧形式主要有卷轴装、经折装、线装和毛装四种形式。现存最早的是唐代末年《金光明经》，最多的为明清两代的刻本、写本类文书。明代的文书数量较大，其中刻本类文书18部，计347册；写本类8部，计28册。其中最为珍贵的是明成化十四年（1478年）血书《妙法莲华经》、明弘治四年（1491年）的《报恩科仪》《坛经》等②。清代的文书以写本类文书较多，包含大量的社会类文书，如顺治十五年（1658年）的《更名田据》。

---

① 中国国家古籍保护中心编：《古籍普查培训讲义（试用本）》，2009年，第11页。

② 《大正藏》第16册，第352~358页。

二、部分重要文书的介绍

（一）麦积山文书的分类

仅从内容功用来分，可分为佛教类、道教类、社会类。佛教类文书占绝大多数，计500余件。

佛教类文书：就内容来分，佛经主要有经类、律类、论类三大类和部分杂写，如《禅门小参》《广公上人游戏三昧》《公和尚语录》《大慧普觉禅师颂古》等。

道教类文书：麦积山石窟历史上属于佛教圣地，从开窟以来，石窟造像一直以佛教造像为主，所以麦积山文书佛经占大多数。随着佛教的发展，佛、儒、道三教相互吸收，最后三教合一。到明清时代，麦积山石窟也有了佛教、道教并存的造像内容。如第2窟明代造像，窟内正面塑地藏王菩萨，两边塑十殿阎君，壁画为“地狱变”。所以麦积山文书中也有一定数量的道教文书，如《道教集经》《太上感应篇》。也有既非佛经亦非道经的《佛说混源道德经》等。

社会类文书：主要有《更名田据》《秦州买草开票》《医书》《红楼复梦》《东周列国志》《九章算术》《礼记体考》《四书体注》等。

（二）部分重要文书的介绍

1.《大乘妙法莲华经》和《报恩仪文》

麦积山文书中《大乘妙法莲华经》（后称《妙法莲华经》）较多，现已编号的1000余卷中就有103卷，基本上都是明代的刻本和写本，经折装。血书《妙法莲华经》七卷和写本《报恩仪文》系同一卷本两面书。正面是血书《妙法莲华经》一至七卷，成书于明成化十四年（1478年），背面是写本《报恩仪文》，成书于明弘治四年（1491年）。

（1）血书《妙法莲华经》

藏于瑞应寺的血书《妙法莲华经》为后秦鸠摩罗什译本，纸本，经折装。正背面为纸夹板，共七卷。此经的一部分为后人用墨笔描润，但墨迹遮不住暗红色的血迹，血字仍很明显。

每纸上下单边栏，朱线。半叶90厘米×270厘米，书眉40厘米、地脚20厘米、版面90厘米×210厘米。版心白口。半叶5行，行15字。7卷各叶数69~81叶不等。《妙法莲华经》第一卷，背封后题“兴圣寺僧祖印”。第三卷，背封上题记“苗经事盲书”，中间书“一切为心造敦”，当系墨笔描润者所写。第七卷，全卷均为血书，字迹清楚、整齐。卷后面有发愿文：

> 比丘恭能发心刺血书写/《大乘妙法莲华经》一部，专祈保佑/信管宋/四恩念报，三有均资/法界有情，同缘种智。

后面是捐钱人的姓氏：（略）

尾题“成化十四年四月八日书写”。

发愿文是血书，颜色暗红且稍黄。《妙法莲华经》卷一至卷七，字迹一致，是同一人所写。字为楷书，刚劲有力，出自成年人之手。

此血书《妙法莲华经》的功德主是比丘恭能，生卒何年，师从何人，均无处查证，血书抄写了多长时间，也无从知道。从实物看，原来书写时为了便于书写和加深字迹的颜色，血中加了少许朱砂和墨。此血书原系瑞应寺山僧所藏，一直不为人所知。1955年被麦积山文管所收藏，1989年整理麦积山所藏文书时编号。

自古以来有许多血经的传说。佛经中有“折骨为笔刺血为墨”之说①。历代高僧有“刺血为墨”书写血经的，多已遗失了。据载“唐朔方灵武龙兴寺”增忍曾经刺血写经②，已失传。清末民初庐山海会寺普超法师刺破手指用血抄写《华严经》③，历时15年，由于出血太多，于1913年圆寂。这部血经有不少名人题词。

麦积山这部血经发现之后，观阅者莫不为之感动。它的发现为研究秦州宗教史提供了可贵的实物资料。

（2）写本《报恩仪文》

写本《报恩仪文》七卷，墨笔写在血书《妙法莲华经》背面。正面血书的字迹从背面看非常清晰。经折装，尺寸同血书《妙法莲华经》，字数稍少于血书，成书于明弘治四年（1491年）。《报恩仪文》共有四部分：第一部分《报恩教诫义》，第二部分《报恩提纲赞》，第三部分《报恩仪文》上、中、下，第四部分《报恩密报》上、中、下。

《报恩教诫义》中首题：“新集竖宗立教儒兼济俗真混融孝顺设供拔苦报恩道场教诫义，汉州绵竹大中祥符寺住持长讲《华严》，海印大师，思觉集。西山邵学士化众设初会疏语，右儒林即新知合州汉初县事马伯康书，劝文疏。”尾题：“弘治四年伏羌县儒学廪膳生员谢子宁述，荆峰，永珍记耳。”

《报恩仪文》上题记：“瑞应僧寺人吴恭玲收执。”

《报恩仪文》是在明弘治四年（1491年）由伏羌县（今甘肃甘谷县）儒生谢子宁口述、僧人记录的汉州绵竹大中祥符寺住持长讲《华严》，海印大师撰《思觉集》，由“瑞应寺僧人吴恭玲收执”的一种寺庙道场法会文、劝善劝孝文。全文旨在宣传孝道，称赞释迦牟尼大孝，着重表现儒家父母恩重的思想，通俗易懂，朗朗上口。

2.《六祖大师法宝坛经》

明刻本，线装，白棉纸，首尾略残。每纸：四周文武栏，半叶156厘米×270厘米，书眉47厘米，地脚14厘米，版面123厘米×209厘米，版心10厘米×209厘米，花口，上鱼尾，鱼尾上题“坛经”二字，半叶8行，行19字，共89叶半。

前首封叶刻题：“陕西巩昌府陇西县北关文昌宫藏板。”首题“六祖大师法宝坛经略序”，中有《悟法传衣第一》《释功德净土第二》《定慧一体第三》《教授坐禅第四》《传香忏悔第五》《恭请机缘第六》《南顿北渐第七》《唐朝征诏第八》《法门对示第九》《付嘱流通第十》。尾题：“六祖大师

---

① 丁福保编纂：《佛学大辞典》，北京：文物出版社，1984年。

② 《高僧传》，《新修大藏经》第50册，台北：新文丰出版公司，2002年。

③ 《佛教文化》2001年第1期。

法宝坛经终。”《坛经》后附有《大藏诚字函出家功德尸利苾提缘品》，后封页《文昌帝君洞经颂》。刻题：“印经布施/漳县正常刘应瑞施银四两印经八十部/两当县正堂江中揖施银壹两 印经二十部/断印信士……”

此经全称《六祖大师法宝坛经》，为禅宗六祖慧能在广东韶州大梵寺口述，弟子法海加以记录成集，后人陆续有所增订。以元至正二十八年（1291 年）僧人宗宝改编本最流行。分成十品，根据“自性本自清净”立说，宣扬“明心见性”“顿悟成佛”。中国佛教著作被称为“经”的，只此一部，为禅宗的重要典籍。此经为流行本，陇西藏版印制。从刊刻题记中得知，有两次刊印，其印数近百部，流传范围较广，涉及近 40 人，从地方官员至普通民众，各阶层人士都有，又有诸多会名如朝山会、火帝会、文昌会等民间组织，这对研究明代漳县、两当县的民间组织提供了资料。

3. 藏文经《敦煌千佛寺经》

贝叶经书（计 16 件）尺寸大小不等，外封笔书“敦煌千佛寺经”。此本疑为敦煌千佛洞部分遗书，于运往北京途中截留，后为冯国瑞先生收藏，并于 1955 年赠予麦积山。

4.《禅门小参》

时代不明。线装（毛装），写本，全。首题“禅门小参”，每纸无栏，半叶 144 厘米×222 厘米，半叶 8 行，行 19 字，共 22 叶。内容：十二月（拟）（全为 3、3、3、7、7、7、8 排句）、十二时（拟）（存一五更鼓）。

此本用纸捻当线装订。内容涉及禅宗历代祖师事迹及禅修心法，五言、七言不等，是研究佛教俗文学的极好资料。

5.《佛说混源道德经》

时代不明。经折装，写本。首全尾残，每纸上下墨色单边栏，半叶 119 厘米×310 厘米，书眉 34 厘米，地脚 11 厘米，版面 119 厘米×258 厘米，版心白口，半叶 6 行，行 22 字，共 47 叶。

内容有“法会缘起”（拟）：“养气固精分第一”“发愿救苦分第二”“戒律身心分第三”“道本无形分第四”“求师气诀分第五”“按候炼丹分第六”“八卦动静分第七”“授持戒惠分第八”“运火煅炼分第十”“筑基炼己分第十一”“迷失真性分第十二”“五行分第十三”“蓬莱渴分第十四”“龙虎交感分第十五（残缺）”，中起“无上甚深微妙法，百千万劫难遭遇”，止“醉饮蟠桃，万圣去朝元子”。

此经非佛非道，亦不见诸家佛道目录，较少见。

6.《脉书》

时代不明。线装，全。每纸 20.4 厘米×16.6 厘米，书眉 1.5 厘米，地脚 0.8 厘米，版面 17.7 厘米×15.3 厘米，半叶 12 行，行 29~30 字不等。

此书为脉书，由两部分组成，描述了中医“脉学”中的正脉、常变脉等脉象体征，及胃气脉、妊娠脉、诊脉谱，十二经脉歌并加以观舌、色各特定的定位诊断，叙述了各种脉象所主的病症和“脉诊”的复杂性。

第一部分：①脉神，②部位解，③正脉十六部：浮脉、沉脉、数脉、微脉、涩脉、缓脉、结脉、虚脉、实脉、常变脉，④四诊，⑤独论，⑥胃气论，⑦脉要歌，⑧妊娠脉，⑨诊脉谱，⑩脉候十二臟部位，十二经歌。第二部分：首“辨论三十七舌色列右”、尾“敷氏镜辨舌色卷终”。

7. 秦州买草开票

尺寸12厘米×21厘米，清代。此票据为官方刻版统一收草的纸本凭证。“秦州买草开票”下有票第“×千×百×十×号”的编号性质的字。从纸边上看，可能应有作为存根的另一半，两者相互对照，是留库单。

此票上有满文、汉文印章，是清代之物，但具体年代不明。此票据为木刻文字，较模糊，细辨之后，为秦州政府须买草若干，仍应买草若干，以及买草者人名及草的数目填写，支出粮食及银子数量，以及兑换的规定。观其内容，此票应为官方规定，每户或每人应上缴的草的数目，可用粮或银子折算。草论束，而不论斤。草束的大小尺寸没有明确规定。

8. 更名田据

文书《妙法莲华经·观世音普门品》背面是由后人用2~3层纸裱托而成。在这些裱纸上发现许多大小不等的清代公文残片。

观其内容，应是清代民间开垦荒地的记录文书。由社树坪里（现麦积区社棠镇）老人李风见、三阳里（现麦积区三阳川）老人陶玉、汉四里（不详）老人刘光针对其村人开垦荒地的具体地方和亩数加以官方确认，并按照当时一定的比例，将所需缴纳的粮款均摊入田亩中，约定期间不得更改，更有官府朱文所批“准垦”。时间为顺治十五年（1658年）八月。

此文反映出清军入关统一中原后，战乱逐渐平息，“满清贵族的圈地运动”并没有波及此地。更能反映出清政府鼓励农民开垦荒地，承认所垦荒地为农民所有，“与民日一例输粮”。清政府这一措施，使一些空闲已久的荒田复垦辟出来，促进了农业生产的发展。3号残片有“本里八甲××5号”，“本里八甲××36本里九甲××”的记录，可知顺治十五年继续沿用明代的里甲制。此内容中有“承粮×××”的记载，说明清朝早期将应缴纳的赋税计入田地亩数中，只有地税而没有丁银。至康熙五十一年（1712年），清廷宣布“地丁银”制度后，才正式将丁银并入田亩中。

三、水陆画

现藏于资料室的水陆画，内容为佛教尊像，从麦0928至0961依次编号，共34幅。各幅之间尺寸大小稍有差别。高度约在44~49厘米之间，宽度在26.5~29厘米之间。当时可能为了便于收藏和摆放的需要，每幅画的背后经多层裱褙，厚度约为2厘米，呈硬纸板状的纸牌画。

其中麦0960背面有墨书发愿文题记。此画从其内容、背注和发愿文看，应为举行最为隆重的佛教活动经忏法事“水陆法会”时用的重要圣物之一“水陆画”①。

34幅水陆画中，因其不同画风和画面颜色稍微的差异，应分为两组。其中部分画的背面有背注和发愿文。麦0961发愿文题记中“麦积山瑞应寺发心承造佛菩萨诸天护法像牌两堂共十八尊”，说明两堂十八幅组成一组，其余为一组。寺院当时主持为湛然、澈然，画师正觉和尚。

水陆法会，全称为“法界圣凡水陆普度大斋胜会”，略称“水陆会”或“悲济会”，又称“水陆

① 圣凯：《中国汉传佛教理仪》，北京：宗教文化出版社，2001年，第64页。

道场”。水陆道场起源于梁武帝的《六道慈忏》①，兴于宋②后经历代延续，明清时期水陆道场的仪式、规定逐渐固定③成为一项寺院以及民间主要的佛事活动。水陆画则是水陆道场中不可缺少的重要圣物之一，放置于水陆道场的内坛。代表法会所邀请的“廿四诸天圣众和六道众生”。随着水陆道场的发展，水陆画已成为我国宗教画的一种。

第一组 18 幅水陆画的画风有较强的一致性。画面颜色较为明快。佛像肉髻低平且上有一顶珠。佛与菩萨像之眉梢上扬，上眼皮稍宽，面相较为丰润，手脚较为饱满。头光和背光没有区分，是一个圆形的大光环。衣饰颜色艳丽，花纹繁缛，较为精美。第二组整体画风与第一组相较稍显不同，画面颜色稍显灰暗。佛和菩萨有背光、头光。面相与第一组相比稍显瘦，眉梢下垂，眼角稍微上扬。衣饰较之简单，细节上没有过多的描绘。

第一组根据相近的画风和背注笔迹推断，应是画师“正觉和尚笔画”，时代为“乾隆四十四年（1779 年）五月”。据宋代苏轼《水陆法像赞序》④ 十六篇中记载“水陆法会”的各种画像及设施，分上、下堂各 8 位。以及明末云栖袾宏《水陆仪轨》⑤ 六卷本中分上、下两堂。又有“发心承造佛菩萨诸天护法像牌两堂共十八尊”题记可知，第一组应分为上、下两堂。但是瑞应寺的水陆画与之稍有不同，每一堂 9 幅。每幅画像背面的背注详记了诸位“佛菩萨诸天护法”的名称。第二组计 16 幅，无背注题记纪年。根据画风以及人物面部的刻画来看，两组尺寸、大小、厚度相近，第二组也应是清代的作品。其中因为麦 0944 佛像、麦 0950 佛像两幅佛像的身份未定（以及三尊地藏菩萨），所以暂无法分堂。

水陆道场是寺院佛事活动中最为隆重的法事活动，一般寺院只有在特别重大的节日时才会举行。而画像是做法事时的重要圣物，供奉于坛内，表示已奉请到了诸位圣凡，并依轨念经，做忏法满足人们的各种祈愿。

麦积山现存文书中也有部分的明清时期的《报恩仪文》⑥《观音道场密教》《观音道场仪文》等等

---

① ［南宋］宗鉴：《释门正统》卷四记载，水陆法会是因为“梦”中之“缘”由，于润州（镇江）修设坛场，做水陆。修《梁皇忏》。

② ［南宋］宗晓：《施食通览》中记载，“水陆法会”出自杨锷的水陆仪（已佚）。［北宋］苏轼：《水陆法像赞序》十六篇中记载“水陆法会”的各种画像及设施，分上、下堂各八位。后人又称之为“眉山水陆”。［北宋］宗赜：《水陆仪文》四卷已佚，只有《水陆缘起》一文，对“水陆法会”的说明叙述得非常详细。

③ ［明］云栖袾宏：《水陆仪轨》六卷本，分上、下两堂。仪轨次第十分完整，时间为七昼夜，主要为结界洒净、遣使发符、请上堂、供上堂、请下堂、供下堂、奉浴、施食、授戒、送圣等。其中，遣使发符、奉请是主要的，就是向天上、空中、陆地、地狱诸圣凡发出符牒，然后“奉请诸位圣凡上堂”。［清］仪润：《法界圣凡水陆普度大斋会仪轨会本》六卷。［清］咫观法师：《法界圣凡水陆普度大斋会仪轨会本》六卷，略称《鸡园水陆通论》。又撰《水陆道场法轮宝忏》十卷。都是现行水陆法会所遵循的一些规则。

④ ［北宋］苏轼：《水陆法像赞序》十六篇中记载“水陆法会”的各种画像及设施，分上、下堂各八位。后人又称之为“眉山水陆”。

⑤ ［明］云栖袾宏：《水陆仪轨》六卷本，分上、下两堂。仪轨次第十分完整，时间为七昼夜，主要为结界洒净、遣使发符、请上堂、供上堂、请下堂、供下堂、奉浴、施食、授戒、送圣等。其中，遣使发符、奉请是主要的，就是向天上、空中、陆地、地狱诸圣 凡发出符牒，然后“奉请诸位圣凡上堂”。

⑥ 《报恩仪文》，李晓红另著文研究为《报恩科仪》。

《道场仪》类文书，以及其他一些佛事活动题记的佐证，如：现藏麦积山文物库房的明代雕刻印版《金刚经启请》① 和《西方公据》②（是发给信士弟子死后往生西方净土的通行证）；《大乘妙法莲华经卷第七》明刻本，中墨书题记“……崇祯三年十月表忏圆满已毕祈僧俗吉祥如意”；《元始天尊说真武修行苦行宝卷下》，卷后有多层裱纸上发现有题记为“生员季文学追荐文疏”康熙二十二年（1683年）“……奉/道脩斋资宜报□(写）关拔苦忏罪报恩□□……”；麦积山第5窟清光绪二十年（1894年）题记“……故祈此山和尚讼（诵）经一十二卷……”这些更加说明瑞应寺在当时很可能经常举办重要的佛事活动水陆道场。

（原载于《中国文化遗产》2016年第1期）

① ［明］云栖袾宏：《水陆仪轨》六卷本，分上、下两堂。仪轨次第十分完整，时间为七昼夜，主要为结界洒净、遣使发符、请上堂、供上堂、请下堂、供下堂、奉浴、施食、授戒、送圣等。其中，遣使发符、奉请是主要的，就是向天上、空中、陆地、地狱诸圣凡发出符牒，然后“奉请诸位圣凡上堂”。“金刚经启请”明代雕刻印版，参见张锦秀编撰：《麦积山石窟志》，兰州：甘肃人民出版社，第207页。

② “西方公据”雕刻印版，参见张锦秀编撰：《麦积山石窟志》，兰州：甘肃人民出版社，第207页。

麦积山石窟双窟研究

孙晓峰

国内学术界关于石窟寺双窟问题研究亦非新话题，最早相关研究始于云冈石窟。从最初关于窟龛形制的讨论，逐渐延伸到窟龛内造像题材、布局，社会背景，佛教思想，美学理念等方方面面，其中温玉成①、王建舜②、王恒③、王振国④等学者成果颇丰。而到目前为止，同属中原佛教文化圈的麦积山石窟尽管也保存有一些形式和传统概念上的双窟，如第 74、78，70、71，69、169，68、73，28、30，以及 48 等窟，虽然或多或少都开展过一些相关研究工作，其中犹以第 78 窟的问题讨论最为集中，相关研究成果斐然。但迄今为止，从未开展过双窟视角下的研究工作。有鉴于此，笔者拟从双窟视角对麦积山石窟北朝窟龛中出现的这种现象略做探讨和研究，以期抛砖引玉，谬误之处，敬请指正。

一、麦积山石窟的双窟概况

麦积山石窟的开凿与营建基本完成于北朝时期，从开凿时间和顺序上看，首先始于西崖中下部的第 74、78、90、165、51 窟一带，而后向四周扩散，北魏晚期至西魏初年，西崖可利用崖面已基本殆尽，西魏后期至北周阶段，窟龛开凿主要转向东崖，隋末唐初，麦积山整个崖面的窟龛开凿活动基本结束。这期间出现了若干组规模、形制、造像题材等基本一致的窟龛，笔者将其归纳为双窟，主要如下：

1. 第 74、78 窟

北魏开凿。位于西崖中下部，均为平面方形平拱顶窟，通高 4.45~4.50 米，宽 4.60 米，进深（残）2.45~2.80 米。窟内均正、左、右三壁设倒“凹”字形高坛基，正壁上方两侧各开一圆拱形小龛；窟内造像均为三壁三佛，正壁主尊两侧各塑一胁侍菩萨立像，正壁上方小龛内分别塑交脚、思惟像，小龛内左、右壁各塑一胁侍菩萨像；壁画顶部原绘为圆莲及飞天图案，后重绘千佛图案，正、左、

① 温玉成：《龙门石窟双窟》，《考古学报》1988 年第 1 期。

② 王建舜：《云冈石窟双窟论》，北京：中央文献出版社，2003 年；《云冈石窟双窟造像的审美文化研究》，云冈石窟研究院编：《2005 年云冈国际学术研讨会论文集 · 研究卷》，北京：文物出版社，2006 年。

③ 王恒：《云冈双窟研究》，《敦煌研究》2003 年第 4 期。

④ 王振国：《龙门石窟双窟研究》，原载于王振国著：《龙门石窟与洛阳佛教文化》，郑州：中州古籍出版社，2008 年。

右三壁主尊两侧绘背项光图案，坛基表面彩绘供养人形象及墨书题记。

2. 第 70、71 窟

北魏开凿。位于第 74 窟右侧中部，均为平面长方形，圆拱顶，敞口。窟高 1.70～1.78 米，宽 1.80～1.82 米，进深 0.81～0.88 米。窟内正壁塑一坐佛，左、右壁各塑一胁侍菩萨；窟内壁画多已剥落残损，并有明显重绘现象，其中佛身后绘背项光，两侧各绘一弟子立像。左、右壁菩萨身后绘圆形头光。

3. 第 69、169 窟

北魏开凿。位于第 74 窟右侧下部，均为平面方形圆拱龛。均高 1.06 米，宽 1.02 米，进深 0.46 米，系一组真正意义上的双窟。龛外侧原浮塑尖拱形龛楣，沿龛缘浮塑圆形龛柱，柱头作反顾龙首状，两龛共用龛柱部分作双龙交尾状，形象十分生动，龛形现残损严重；龛内造像略有不同：左侧龛内塑佛坐于方形须弥座上，左、右壁各塑一胁侍菩萨立像。右侧龛内塑一交脚弥勒菩萨坐于束帛座上，座两侧各一卧狮。左、右壁各塑一胁侍菩萨立像。现右侧胁侍菩萨及卧狮已毁；第 169 窟龛内壁画无存，第 69 窟龛内壁画为隋代重绘，内容为彩绘背项光或头光。

4. 第 68、73 窟

北魏开凿。位于第 74 窟右侧上方，均为平面方形圆拱龛。高 0.75～0.85 米，宽 0.53～0.60 米，进深 0.47 米。原龛内均正壁塑一坐佛，左、右壁各塑一胁侍菩萨立像。现第 68 窟内仅存正壁坐佛及左壁菩萨立像，第 73 窟仅存正壁坐佛及左壁胁侍菩萨躯干，右壁胁侍菩萨已坍塌风化成残块，现置于龛内地面；龛内壁画无存。

5. 第 28、30 窟

西魏开凿。位于东崖东部底层，均为平面横长方形庑殿顶式崖阁，三间四柱、前廊后室结构①。通高 6.65 米，面阔 9.10～11.20 米，进深 3.90～4.10 米。前廊并列等距凿 4 根八角柱立柱，方形柱础，柱头雕大斗，上承额枋及檐枋，顶部屋面雕正脊、垂脊、鸱尾、瓦垅、檐椽等构件。后室并列开凿三个平面马蹄形穹隆顶龛，龛外浮塑半圆形龛柱及龛楣，柱头饰火焰宝珠。建筑总体样式庄重大气，颇具汉风；窟内造像均为明清重塑，每龛内均为一坐佛二胁侍菩萨，原作情况不明；壁画烟熏严重，均为明清重绘，原绘不详。

6. 第 48 窟

北周开凿。位于崖面中区下部，第 43 窟右下方。前廊后室式崖阁，窟高 2.25 米，面阔 3.20 米，进深 1.90 米。窟内前廊横长方形，后室并列开双龛，均为平面马蹄形穹隆顶龛，高 1.36～1.45 米，宽 1.30～1.33 米，进深 1.20 米。双龛均浮塑莲瓣形龛楣，两侧浮塑半圆形龛柱，柱头饰莲花宝珠，覆莲式柱础；龛内造像原作无存，从残存桩眼情况可知，双龛内原作均为一佛二菩萨二弟子，龛外两侧各塑一身护法力士像。现左侧龛内为元代重塑四臂观音像，右侧龛内为重塑坐佛像。两龛间及右侧力士像尚存。

---

① 天水麦积山石窟艺术研究所编：《中国石窟・天水麦积山》，北京：文物出版社、东京：平凡社，1998 年，第 702 页。

二、麦积山石窟双窟图像内容的分析与研究

通过上述材料及表一可知，麦积山石窟的双窟主要集中开凿于第 74、78 窟及附近崖面。西魏、北周时期的双窟数量明显减少，且在窟龛样式有显著变化。其中属于西魏时期的第 28、30 窟除建筑形制外，造像、壁画内容原作无存，已被后世彻底改造或修缮，故对其图像内容不再加以分析。

表一　麦积山石窟现存双窟一览表

窟号	时代	高×宽×进深（米）	窟龛形制	造像题材	备注
74	北魏早期	4. 45×4. 60×2. 45	平面近长方形，平拱顶，敞口	三壁三佛	窟内凿倒“凹”形高坛基
78	北魏早期	4. 50×4. 60×2. 80	平面近长方形，平拱顶，敞口	三壁三佛	窟内凿倒“凹”形高坛基
70	北魏早期	1. 74×1. 80×0. 88	平面长方形，圆拱顶，敞口	一佛二胁侍菩萨	佛座内置木质构架
71	北魏早期	1. 78×1. 82×0. 81	平面长方形，圆拱顶，敞口	一佛二胁侍菩萨	佛座内置木质构架
69	北魏早期	1. 06×0. 97×0. 49	平面圆角方形，圆拱斜平顶，敞口	一佛二胁侍菩萨	龛楣浮塑龛柱及交龙图案
169	北魏早期	1. 06×1. 03×0. 48	平面近长方形，圆拱顶，敞口	一交脚菩萨二胁侍菩萨	束帛座，两侧各一卧狮
68	北魏早期	0. 75×0. 60×0. 47	平面圆角长方形，圆拱顶，敞口	一佛二胁侍菩萨（左侧菩萨已毁）	泥塑佛座
73	北魏早期	0. 85×0. 89×0. 53	平面圆角长方形，平拱顶，敞口	一佛二胁侍菩萨（现存正壁坐佛）	
28	西魏	6. 65×9. 10×4. 10	三间四柱、前廊后室，并列开三龛	三佛？	明清重修
30	西魏	6. 65×11. 2×3. 90	三间四柱、前廊后室，并列开三龛	三佛？	明清重修
48	北周	2. 25×3. 20×1. 90	前廊后室，并列开双龛	原作推测为一佛二弟子二菩萨	元代重修

1. 麦积山石窟北魏双窟图像考释

北魏开凿的双窟中，一组大窟内造像题材为三壁三佛组合，三组小窟内造像题材均为一佛二菩萨组合。

关于第 74、78 窟的三佛身份，学界已多有探讨，主要分为两种观点：一种是认为表现过去、现

在、未来时间观念上的三世佛造像，如刘慧达①、张宝玺②、张学荣③、久野美树④、李西民⑤、贺世哲⑥、邓健吾⑦、八木春生⑧、魏文斌⑨、赖鹏举⑩、杜斗城⑪等多数学者均持这一观点。另一种认为表现的空间概念上的三身佛或横三世佛，如阎文儒⑫、董玉祥⑬、项一峰⑭等学者。

结合当时麦积山所属秦州境内的历史、地理背景，及佛教思想传播来源等综合因素，笔者赞同第一种观点，即第74、78窟内的三佛表现的是代表过去、现在和未来的燃灯、释迦和弥勒佛。首先，秦州境内的佛教思想很大程度上受到关中长安地区影响，历史上也多有高僧都是从长安来到秦州弘传佛法，如帛远、玄高、昙弘等，而长安地区自后秦以来，鸠摩罗什所译的《妙法莲华经》《禅秘要法经》《思惟略要法》《坐禅三昧经》和佛驮跋陀罗所译的《观佛三昧海经》《大广佛华严经》等大行其道，上述经中所广泛宣扬的三世佛、三世诸佛思想对包括麦积山石窟在内的禅观造像都产生了深远影响；其次，第74、78窟正壁上方两侧小龛内的交脚、思惟菩萨像无疑表现的弥勒菩萨思惟决疑的形象，这既是对窟内三世佛主尊的进一步补充，也是对《法华经》序品中三世佛传承次第的最好注解⑮。第三，5世纪初，秦州作为北魏辖内州郡，其石窟造像或多或少在一定程度上受到北魏石窟造像艺术和题材的影响，而云冈最初开凿的昙曜五窟中绝大部分表现的均为三世佛题材。因此，麦积山第74、78窟出现三世佛造像并非偶然因素，至于其三佛基本等高的做法则可能与秦州当地造像的个性化特征有一定关系。

分布于第74、78窟附近的第68、73，70、71，69、169等三组双窟中，前两组窟内图像基本一致，均为一佛二菩萨的佛三尊组合样式。佛三尊样式最早出现于2~3世纪的犍陀罗石雕造像中，也是常见的佛教造像组合形式。国内目前所见最早的此类像当属四川彭山县东汉墓出土摇钱树陶制台座上的一佛二菩萨雕刻，而石窟寺中目前所见最早者当属炳灵寺西秦第169窟第6、17、22号龛内佛三尊泥塑造像。此外，在敦煌、云冈、龙门、张掖马蹄寺、武威天梯山、泾川王母宫、合水保全寺及张家

① 刘慧达：《北魏石窟中的“三佛”》，《考古学报》1958年第4期。

② 张宝玺：《麦积山石窟开凿年代及现存最早洞窟造像壁画》，《中国考古学会第一次年会论文集1979》，北京：文物出版社，1980年。

③ 张学荣：《麦积山石窟的创建年代》，《文物》1983年第6期。

④ （日）久野美树：《中国初期石窟の观佛三昧——麦积山石窟を中心として》，《佛教艺术》176号，1988年。

⑤ 李西民：《试论麦积山石窟艺术史上的六个高潮》，《石窟艺术》第1期，西安：陕西人民出版社，1990年。

⑥ 贺世哲：《关于十六国北朝的三世佛及三佛造像诸问题》，《敦煌研究》1992年第4期、1993年第1期。

⑦ 邓健吾：《麦积山石窟的研究和有关初期石窟的二三个问题》，天水麦积山石窟艺术研究所编：《中国石窟·天水麦积山》，北京：文物出版社、东京：平凡社，1998年。

⑧ （日）八木春生著，何洪岩、魏文斌译：《关于麦积山第74、78窟的建造年代》，《敦煌研究》2003年第6期。

⑨ 魏文斌：《麦积山石窟几个问题的思考和认识》，《敦煌研究》2003年第6期。

⑩ 赖鹏举：《麦积山石窟造像由“涅槃”到“卢舍那”的转变》，郑炳林、花平宁主编：《麦积山石窟艺术文化论文集》（上），兰州：兰州大学出版社，2004年，第208页。

⑪ 杜斗城：《麦积山早期三佛窟与姚兴的〈通三世论〉》，《敦煌学辑刊》2007年第1期。

⑫ 阎文儒主编：《麦积山石窟》，兰州：甘肃人民出版社，1984年，第36~39页。

⑬ 董玉祥：《麦积山石窟的北魏窟龛及其造像》，阎文儒主编：《麦积山石窟》，第68页。

⑭ 项一峰：《十六国北朝时期麦积山石窟三佛考析》，《佛学研究》1997年第6期。

⑮ 魏文斌：《麦积山石窟初期洞窟调查与研究》，兰州大学博士学位论文，2009年，第150页。

沟门等石窟北魏早期窟龛中均发现有此类题材；麦积山北魏早期造像中，一佛二菩萨也是常见的组合形式。到北魏中期以后，主尊佛两侧胁侍除菩萨像外，开始出现弟子像。但问题在于这些菩萨像的图像特征并不明显，除手姿外，几乎所有菩萨并没有其他可以确认身份的标志。目前，陇右地区有明确身份题记的只有炳灵寺西秦第169窟6号龛内主尊无量寿佛两侧的菩萨像，一为观世音菩萨，一为大势至菩萨①，但与后来常见的这两身菩萨图像特征也有明显差异。

根据考察结果，麦积山石窟双窟中胁侍菩萨像手姿大致相同：均为一手上扬，掌心向内，贴胸拈一莲蕾，一手贴壁下垂，略外撇，手执帔帛或净瓶，与麦积山同时期第80、100、128、148等窟内主尊两侧菩萨像手姿并无差异②。但他们所对应主尊造像却不尽相同，有说法印坐佛像（第74、78、115窟），有禅定印坐佛像（第68、69、70、71、73、128、148窟）。那么，这两组双窟中佛三尊为代表的图像究竟表现的是什么内容呢？笔者认为应该是释迦牟尼佛及反映大乘佛教思想的菩萨尊像。

关于麦积山石窟早期佛教造像所反映和体现的佛教思想，学界比较一致的看法是由于秦州毗邻当时北方佛教文化中心长安，深受以鸠摩罗什为代表的长安僧团影响。长期以来，罗什僧团翻译的《妙法莲华经》等大乘经典对秦陇地区佛法传播产生了重要影响。麦积山、炳灵寺等地北朝时期盛行的三世佛造像正是法华禅观思想的具体体现，正如刘慧达先生所言："北魏之世，石窟多'三佛'，与昙曜之倡导有关，昙曜以后北魏佛教徒对三佛之重视并未少歇，所以魏收总结拓跋一代佛教经旨，开始即云过去、当今、未来三世，并列举三世诸佛。因此三佛石窟由云冈而龙门而炳灵寺而麦积山，几乎普遍当时的中国北方。"③ 对此，《魏书·释老志》也有一段很好的总结："凡其经旨，大抵言生生之类，皆因行业而起。有过去、当今、未来，历三世，识神常不灭。释迦前有六佛，释迦继六佛而成道，处今贤劫。文言将来有弥勒佛，方继释迦而降世。"④ 在法华三佛造像中，释迦处于非常特殊的地位，不仅在三佛造像居于正中，也常常被佛教徒以单尊像形式加以表达，这一点无论是石窟寺，还是单体造像中均比较常见。前者如云冈第6窟南壁中层西侧龛内坐佛、第7窟后室西壁第四层龛内坐佛⑤、第16窟南壁明窗上层龛内坐佛、第17窟东壁第三层龛内坐佛⑥。合水张家沟门太和十五年（491年）3号造像龛，合水保全寺1号龛内坐佛等。根据温玉成先生的研究成果，龙门石窟北魏小龛中明确标识造释迦像龛题记的窟龛数量即达30余处，其中多数镌刻于开凿时间最早的古阳洞南、北两壁之上⑦。后者如日本私人收藏太安三年（457年）宋德兴造石雕释迦坐像、日本大和文华馆藏延兴二年（472

① 杜斗城、王亨通主编：《炳灵寺石窟内容总录》，兰州：兰州大学出版社，2006年，第184页。

② 天水麦积山石窟艺术研究所编：《中国石窟·天水麦积山》，北京：文物出版社、东京：平凡社，1998年，图版19、26、30、31、35。

③ 刘慧达：《北魏石窟中的"三佛"》，《考古学报》1958年第4期。

④ ［北齐］魏收撰：《魏书》卷一一四《释老志》，北京：中华书局，1974年，第3027页。

⑤ 云冈石窟文物保管所编：《中国石窟·云冈石窟》（一），北京：文物出版社、东京：平凡社，1991年，图版114、148。

⑥ 云冈石窟文物保管所编：《中国石窟·云冈石窟》（二），北京：文物出版社、东京：平凡社，1994年，图版144、149。

⑦ 温玉成：《龙门北朝小龛类型、分期与洞窟排年》，龙门文物保管所、北京大学考古系编：《中国石窟·龙门石窟》（一），北京：文物出版社、东京：平凡社，1991年，第170~224页。

年）张伯和石雕佛坐像等。这些佛三尊像中，有的明确题造释迦像，有的虽未明确身份，但通过相关信息及横向比较分析，大致可以得出主尊为释迦的结论，不再展开阐述。故由此可知，第68、73，70、71这两组双窟中主尊为释迦牟尼佛。

需要指出的是，同样是双窟，第74、78窟内主尊释迦佛为说法印，而这两组双窟中释迦佛却采用了禅定印。之所以出现这种现象，笔者认为可能与当时关陇一带禅观思想盛行有很大关系，相对于空间宽阔的第74、78窟而言，这两组双窟空间体量很小，窟内仅能容纳下一人，显然非常适合禅观需要。信徒们只有通过对禅定状态的释迦像、表现大乘菩萨道的胁侍造像，以及十方佛国世界中诸佛形象的观想，才能看到佛陀在修行之路上的坚韧，体会到大乘菩萨道的修行方法，以及联想到佛国世界的种种美妙；实际上，当时除禅观需要外，释迦崇拜也是信徒祈求国泰民安、众生成佛的重要途径之一。如开凿于景明年间的麦积山第115窟，窟内造像为一禅定坐佛二胁侍菩萨的一铺三身式组合，其主尊佛座前墨书题记：

> 唯大代景明三年九月十五日遣上邽镇司/张元伯稽首白常住三宝今在麦积□□□/□□□为菩萨造石室一躯愿三宝兴/□法轮常转众僧□□无所□□身右（佑）愿国/祚永昌万代不绝八方偻负天人庆僟右（佑）愿弟/子所有诸师父母命之者神生兜率□面圣/尊□耳□教悟无生忍右（佑）现先亡者愿使四大/康像六府□寿益二宜命不中夭右（佑）愿/弟子夫妻儿媳现世之中众灾消灭百□吉□/常为国之良辅学者聪明□箧内列/诸典记□年□历代不移及一/切众生普同成佛/愿子孙善大愿是见佛

从发愿文可知，该窟系为菩萨而造，主尊应是演说大乘菩萨道的释迦牟尼佛。造像者希望通过这三尊像，祈愿佛法昌隆、国泰民安，诸师父母死后能升天见弥勒。也希望在世的人能消灭百灾并成为国家的有用之材，最后还祈愿众生均能成佛，基本上表达出了当时人们最朴素、美好的心愿。可见，这也是当时释迦三尊窟比较盛行的一个重要原因。

后一组双窟中，第69窟龛内塑禅定坐佛，第169窟龛内塑交脚弥勒，均配置有胁侍菩萨立像。这种明确以双窟组合出现，但造像内容却不同的样式在国内石窟寺双窟中并不多见。从图像分析，第69窟内三尊式造像表现的仍是同时期麦积山小龛中常见的释迦三尊像。而第169窟主尊无疑表现的是交脚弥勒像，以其为主尊的样式在麦积山北魏早期窟龛中也有发现，如第165窟正壁主尊原作即为交脚弥勒像。实际上，这一时期河西、陇右地区弥勒信仰也十分盛行，这与刘宋·沮渠京声所译《佛说观弥勒上生兜率天经》和鸠摩罗什所译《佛说弥勒大成佛经》等弥勒系经典的盛行与传播有密切关系，它表现出造像者祈盼来世成佛的强烈愿望。

在麦积山石窟，交脚弥勒与释迦坐佛以双窟样式出现，显然为了表达两者衣钵传承方面的密切关系。如后秦·佛陀耶舍、竺佛念译《佛说长阿含经》中称：

> 八万岁时人，女年五百岁始出行嫁。时，人当有九种病，一者寒，二者热，三者饥，四者渴，五者大便，六者小便，七者欲，八者饕要，九者老。时，此大地坦然平整，无有沟坑、丘墟、荆棘。……人民炽盛，五谷平贱，丰乐无极。是时，……有佛出世，名为弥勒如来，至真，等正觉，十号具足，如今如来十号具足。彼于诸天、释、梵、魔、若魔、天、诸沙门、婆罗门、诸天、世

人中，自身作证。亦如我今于诸天、释、梵、魔、若魔、天、沙门、婆罗门、诸天、世人中，自身作证。彼当说法，初言亦善，中下亦善，义味具足，净修梵行。如我今日说法，上中下言，皆悉真正，义味具足，梵行清净。彼众弟子有无数千万，如我今日弟子数百。彼时，人民称其弟子号曰慈子，如我弟子号曰释子①。

从这段表述中可知，当人寿至八万岁时弥勒佛出世，他与释迦佛一样具有十号、说法，以及众弟子。即完全继承释迦衣钵，出世教化众生。因此，从这个意义上讲，这组双窟中出现释迦、弥勒组合亦不难理解。

2. 麦积山石窟北周双窟图像考释

麦积山北周双窟与北魏、西魏时期相比，在构成形式上已发生很大变化，它以一窟双龛样式出现，其所表现的图像内容和佛教思想显然有所不同。根据笔者考察分析，第48窟内原作表现的应是反映西方净土世界的阿弥陀双身像。

南北朝时期，佛教双身像也是常见题材之一。从目前所知材料及文献记载来看，最初的双身像的出现与法华造像思想中释迦、多宝像有着密切关系，具体例证在当时中原北方地区的石窟寺、金铜像，以及各种单体造像中比比皆是，不再赘述。随着佛教在中国社会各阶层的广泛传播，其最初的释迦多宝含义也发生了变化。如李静杰在对河北曲阳白石系造像的调查分析中发现，东魏至隋初，当地共出现双身结跏坐佛像22例，题名包括多宝、双释迦、释迦父母、双阿弥陀、双身像等②，不一而论；值得注意的是，同时期南朝地区也出现有双身坐佛像，如《续高僧传》载："梁高祖崇重释侣，欣尚灵仪，造等身金银像二躯，于重云殿晨夕礼敬，五十年，初无替废……"③ 可能正是在梁武帝影响下，四川成都也出现有双身佛像，如彭州龙兴塔出土的梁中大通年间（529~534年）释迦双身像、四川博物馆藏梁太清三年（549年）释迦双身像等④。麦积山开凿的48窟内双龛样式应该是上述地区直接或间接影响的结果，显然是为了安置二佛，但每龛内的桩眼痕迹表明，其单独组合为一铺五身或一铺七身，那么其主尊身份显然不是释迦佛，而是发生了变化。纵观隋唐时期麦积山现存窟龛内造像情况，原龛内最有可能表现的就是阿弥陀佛。

前述北魏双窟中的第74、78、70、71窟内壁画在北周时期均经过大规模的重绘，特别是第70、71窟。北周、隋代在窟内正壁主尊两侧添绘了二弟子后，窟内图像组合变为一佛二弟子二菩萨，而且背项光中刻意强调莲花宝池。特别是重绘的第71窟壁画中的弟子不仅手持莲花，而且身前身后均绘有莲叶、莲蕾等，以示八宝莲池，由于窟内顶壁画已残毁，是否重绘有飞天尚不清楚。但从整体上看，功德主显然要表达的是阿弥陀净土世界。那么，这一时期窟内主尊佛亦可以解读为阿弥陀，而两窟内手持净瓶的菩萨和手执莲花的菩萨，在当时已非常熟悉西方净土世界里观世音和大势至菩萨神格特征的信徒看来，完全可以理解成这两尊菩萨。

---

① 《佛说长阿含第二分·转轮圣修行经第二》，《大正藏》第1册，第41c页。

② 李静杰、田军：《定州系白石佛像研究》，《故宫博物院院刊》1999年第3期。

③ ［唐］道宣：《续高僧传》卷二十九《释明达传》道宣附记造像因缘条，《大正藏》第50册，第692a页。

④ 雷玉华：《成都地区南朝佛教造像研究》，《成都考古研究》，北京：科学出版社，2009年，第621~648页。

实际上，北魏晚期以来，由于菩提流支、昙鸾、道绰、善导等高僧极力弘扬，以“心中想念”和“称名念佛”为主要方式的往生西方净土法门得到社会各阶层广泛认同和响应。这种修行方法简单易行，口念佛号者无须经过禅定和观想两个复杂、高深的阶段，就可以往生西方净土世界，几乎成为一张没有成本的、廉价的通往天国的门票。因此，也深受社会各阶层喜爱，不仅体现出对人生终极关怀的提倡和强调，也是释迦信仰的升华，成为这一时期佛教庞大信仰体系中最具特色和魅力的部分之一。隋代由于国家的统一，西方净土思想传播有了稳定的社会政治基础。麦积山也不例外，先后出现了第94、67、13等明显带有弥陀净土图像特征的窟龛和摩崖造像①，特别是第67窟和第13窟，主尊佛像已改为倚坐姿，第13窟阿弥陀佛左侧大势至菩萨一手执圆莲，一手执忍冬花。右侧观世音菩萨一手执莲蕾，一手执净瓶，图像特征更加突出。因此，北周以降，阿弥陀信仰逐步代替释迦崇拜，成为当时关陇及其他地区的主流佛教信仰。故第48窟出现的一窟双龛样式应是顺应这种佛教思想的具体表现之一。

三、麦积山双窟开凿的历史背景

双窟是古代石窟寺开凿史上的一种特殊现象，必然有其产生的社会、政治、文化、历史、宗教等方面的原因。对于双窟的概念，学者们都有自己的理解和观点，王恒认为它是指具有同一形制和同样规模、内容相连并紧靠在一起的两个洞窟，最明显的特征是两个洞窟共用一个前庭，前庭有竖立柱式标志②。而王建舜认为双窟是指佛教石窟群中同时开凿的具有相同的设计理念、相同的空间形态、相同的造像题材、相同的艺术风格并且同构互补、相连贯通的两个洞窟③。

麦积山石窟的双窟从空间与时间分布范围内大致也可以看出其中的端倪：从空间上看：北魏双窟主要分布在西崖中下部，其中第68、73，69、169，70、71这三组双窟纵向呈上、中、下三排分布于第74窟右侧，其形制整体上依然摹拟了第74、78窟的平面方形平拱顶样式，由于供奉主尊和体量上的差异，这三组小龛的平面均呈横长方形。从时间上看，这三组小龛内无论是佛像，还是菩萨像，在服饰装束、艺术风格、塑作技法、题材组合等方面均和第74、78窟之间存在明显的相似性和继承性，表明其具体开凿时间相差无几，换句话讲，麦积山北魏时期的这三组双窟是受第74、78窟的建筑样式影响而产生的。此后，这种成组开凿方式在麦积山石窟并未广泛盛行，只是在西魏第28、30窟和北周第48窟的开凿中被部分借鉴。

作为双窟样式出现的麦积山第74、78窟历来是国内外学术界关注重点，很重要一个原因就是开窟时间问题。主要包括后秦说和北魏说④两种看法，笔者在探讨北朝时期水波纹发髻佛像的一篇文章中，

---

① 天水麦积山石窟艺术研究所编：《中国石窟·天水麦积山》，北京：文物出版社、东京：平凡社，1998年，图版259、262、266。

② 王恒：《云冈双窟研究》，《敦煌研究》2003年第4期。

③ 王建舜：《云冈石窟双窟造像的审美文化研究——模式、分解与对称、互补》，云冈石窟研究院编：《2005年云冈国际学术研讨会论文集·研究卷》，第722页。

④ “后秦说”代表性学者有阎文儒、董玉祥、金维诺、张学荣、李西民、步连生等。“北魏说”代表性学者有马世长、张宝玺、东山健吾、八木春生、久野美树、陈悦新、魏文斌等。

认为第 74、78 窟出现的水波纹发髻是毗邻长安地区北魏金铜佛造像发髻样式影响的结果，与云冈昙曜五窟之间没有直接承袭关系①，但仍然存在着一些时代共性。根据魏文斌对麦积山北魏早期窟龛的排年分期，本文所涉及的双窟开凿顺序如下：74、78→70、71，68、73→69、169。开凿时间集中在466~499 年之间②，即北魏献文帝至孝文帝统治时期。

为什么北魏天安至太和年间在麦积山石窟会出现这种双窟样式的组合呢？根据对现存此类窟龛的调查与统计，可以发现，这种窟龛组合形式在当时北魏国都平城附近的云冈石窟也非常普遍，如云冈二期（470~494 年）的第 1、2 窟，3、4 窟，5、6 窟，7、8 窟，9、10 窟等，它们在广义上均属于双窟，其设计严谨、形制复杂、内容丰富，雕刻精美，可以说代表了当时中国石窟艺术的最高水平。显而易见，麦积山北魏双窟与云冈石窟之间必然存在密切关系，应该是同一风尚之下的时代产物。但云冈和麦积山的双窟在规模、形制、内容等方面综合分析，两者之间反差很大，显然不是一种简单意义上的摹拟或继承，而是一种基于相同时代背景，同时又体现出各自地域特色的石窟开凿或营建方式。

笔者认为，这种双窟样式的出现与当时北魏社会政治背景有密切关系。439 年，北魏政权基本统一北方后，其汉化步伐也逐步加快，特别是北魏孝文帝拓跋宏登基后，从政治、经济、文化、社会习俗等方方面面大力推行汉化政策，使鲜卑贵族与汉族世家大族紧密结合起来，大大缓和了尖锐的阶级和民族矛盾，使北魏国家实力显著增强。而拓跋宏所做的这一切，与他的祖母文明太皇太后冯氏有直接关系。冯氏是北魏秦、雍二州刺史冯朗之女，生于长安，是北魏历史上一位承前启后的女政治家。她从献文帝拓跋弘到孝文帝拓跋宏统治的时期内，真正把持着北魏朝政。冯氏一门身世显贵，世代奉佛。她的哥哥冯熙“自出家财，在诸州镇建佛图精舍，合七十二处，写十六部一切经。延致名德沙门，日与讲论，精勤不倦”③。冯太后本人对佛教也十分信仰和推崇，她曾“立思燕浮图于龙城”，孝文帝也曾为她“罢鹰师曹，以其地为报德佛寺”④。正是由于冯氏长期擅政，北魏亲贵多称冯氏与孝文帝为“二圣”，对于“二圣”的称谓，宿白先生举出了定县所出太和五年（481 年）石函铭以及《魏书·高闾传》《魏书·杨播传附弟椿传》《魏书·程骏传》《魏书·李彪传》等记载的实例，同时也认为这一时期作为皇室专属的云冈石窟大量出现双窟，应是当时北魏既有皇帝在位，也有太后临朝的反映⑤。这种风气自然也会对北魏境内其他地区或多或少产生一些影响。

北魏太平真君年间，太武帝拓跋焘始于长安的灭佛行动对当时秦州地区佛教产生了很大影响，直到 452 年，文成帝继位后，佛教才得以重新弘扬。从这段时间到北魏孝文帝太和年间，宗室拓跋崘⑥、

① 孙晓峰：《北朝时期水波纹发髻佛像及相关问题研究》，原载于龙门研究院编：《石窟寺研究》第五辑，北京：文物出版社，2014 年，第 255~275 页。

② 魏文斌：《麦积山石窟初期洞窟调查与研究》，兰州：甘肃教育出版社，2016 年，第 128~135 页。

③ ［北齐］魏收撰：《魏书》卷八三《外戚上·冯熙》，北京：中华书局，1974 年，第 1819 页。

④ ［北齐］魏收撰：《魏书》卷一三《皇后列传一·文成文明皇后冯氏》，北京：中华书局，1974 年，第 328~329 页。

⑤ 宿白：《平城实力的集聚和“云冈模式”的形成与发展》，宿白：《中国石窟寺研究》，北京：文物出版社，1996 年，第 136~137 页。

⑥ ［北齐］魏收撰：《魏书》卷一五《昭成子孙列传第三》，北京：中华书局，1974 年，第 383 页。

外戚李惠①、乙乾归②、穆亮③等先后出任秦州刺史，正是这些出镇秦州的北魏贵族，带来了魏都平城的新风尚。在“帝王即佛”这一思想主导下，麦积山石窟开凿显然也受到影响，第74、78窟内雄伟的佛像、高耸的坛基、狭小的礼佛空间，无形中突出了佛陀形象的高大与威严，这种空间视觉艺术上的处理手法与昙曜五窟如出一辙。因此，虽然云冈造像艺术没有直接被麦积山石窟所吸纳，但间接依然产生了一定影响。故第74、78窟极有可能是这种时代背景下的产物，后续几组双窟的开凿更是这种独特政治生态的真实体现，直到北魏太和十四年（490年）冯太后病故，这种双窟样式在北魏阶段也随之消失。到西魏、北周时期，随着新的佛教思想和造像理念的流行，双窟被作为一种特定窟龛样式再度出现，但其内涵与北魏双窟相比，已发生了根本变化。

四、结语

双窟作为石窟窟龛形制的一种特殊类型，其内在价值和意义远非本文所讨论的这些内容，如这种双窟的形成理念、体现的佛教造像思想、北朝建筑审美习俗、功德主的社会地位、民族属性等等问题，仍然具有很多值得思索和讨论的空间，也是今后研究工作中需要努力的方向。

（原载于《敦煌学辑刊》2016年第2期）

① ［北齐］魏收撰：《魏书》卷八三《外戚上》李惠条，北京：中华书局，1974年，第1824页。

② ［北齐］魏收撰：《魏书》卷四四《乙環传附子乾归传》，北京：中华书局，1974年，第992页。

③ ［北齐］魏收撰：《魏书》卷二七《穆崇附穆亮传》，北京：中华书局，1974年，第667页。

麦积山石窟北朝晚期胡人图像及相关问题研究

孙晓峰

位于甘肃天水的麦积山石窟是陇右地区最重要的佛教遗存之一，比较完整地保存有北魏、西魏、北周、隋、唐、五代、宋、元、明、清等十余个朝代的泥塑、石雕等各类造像3938件10632身，以及壁画、碑碣、经卷文书等各类文物。麦积山石窟的开凿与营建在北周时期已基本完成，这段时间可谓是麦积山石窟历史上最辉煌、灿烂的篇章，它见证了魏晋南北朝时期外来佛教石窟艺术经丝绸之路传入中原内地的历史，也见证了其与中国传统文化碰撞、交流、融合、创新的过程。

古代天水所属的秦州地扼陇右、东摒长安、南通巴蜀、西控诸戎，是丝绸之路南线必经之路和咽喉要道，在当时中原、南朝与西域之间政治、经济、文化、贸易等往来和交流中占有重要地位。而麦积山石窟北朝晚期开凿的窟龛内，保存有一些明显带有胡人特征的图像资料，在以往相关研究中并未被学界所注意。实际上，这些材料不仅是佛教美术图像的组成部分，而且对于研究这些供养者的族属来源、相关历史背景、中外文化交流与发展等问题都具有一定价值和参考意义。笔者谨就此谈点粗浅看法，以期抛砖引玉，不足之处，敬请斧正。

一、麦积山北朝晚期窟龛内的胡人图像

麦积山北朝晚期主要指西魏和北周阶段，窟龛总数在60个左右。根据窟龛形制、造像题材等特征综合分析，下限可延至隋初，即535~600年①。这一阶段也是麦积山窟龛中出现胡人形象最为集中的时期，现摘要如下：

1. 西魏时期

第127窟，正壁彩绘涅槃变左侧下方八王争舍利图中：放置舍利瓶的荼毗台右侧，最前端绘一人身穿白色袍服，其身后环侍十余身人物，均身穿圆领对襟窄袖袍服，双手胸前合十，神态各异。在荼毗台下方争夺佛舍利的各国人马中，右侧上方一组图案中，前方国王骑于马上，身后绘众多步卒，均一手执盾牌，一手持刀剑，均身穿圆领对襟窄袖袍，下穿裤褶，躬身警惕前行，有的已和对面密林中冲出的士卒形成对峙状态。在其下方亦绘一队士卒，均手持盾牌和刀剑，四周张望，神情紧张。值得注意的是，这队人马中多数士卒骨瘦嶙峋，形似赤裸，非常引人注目。荼毗台左侧近右壁边缘依稀可

① 李裕群：《北朝晚期石窟寺研究》，北京：文物出版社，2003年，第131~137页。

辨一峰奔跑中的骆驼，背上搭一饰帐幔的轿舆，隐约可辨安坐一人，身穿窄袖圆领袍，双手笼于袖中，身后置一半圆形靠背。骆驼前侧一人身穿窄袖圆领胡服，骑于马上。骆驼下方依稀可辨两名步卒一前一后，前者裹头巾，身穿窄袖圆领胡服，左手前伸，持一条形盾牌，右手曲于胸前，执刀剑。后者形象较为模糊，大致可辨弓步而立，双手上扬外撇，左手持条形盾牌，右手持刀剑；正壁右侧释迦遗教画面残损严重，其中众生聚集场景中绘有一组世俗人物：正中为国王形象，头戴莲瓣形高冠，面形长圆，五官模糊不清，身穿垂领宽袖袍，下着束腰敞口大裙，前饰蔽膝，脚蹬方头高履。双臂呈八字形展开，左右各一侍者搀扶。周围簇拥6位侍从，其中1人立于队伍最前方，扭身回首，持羽葆。其余5人均环侍在国王身后，或持华盖，或执羽葆，或挟筵席。装扮均为束发小冠，身穿圆领窄袖齐膝袍，下着裤褶，脚蹬尖头靴。

第123窟，窟内左壁维摩诘像龛外侧泥塑童男像及右壁文殊菩萨龛外侧泥塑童女供养人像。其中童男高0.95米，头覆浓密的齐耳短发，脑后垂系一发辫，身穿圆领窄袖裘皮袍，开领位于近左肩处，系带清晰可见，左腋下隐约可辨两缕束袍衣带贴膝下垂。下着裤褶，脚穿尖头靴；童女高0.96米，头顶梳双鬟式发髻，分别贴两侧下垂。上身内穿圆领裘皮袍，领口亦位于近左肩处。外穿垂领式中袖短袍。下穿齐胸长裙，裙带胸前打结，分两缕下垂，脚穿圆头靴。

2. 北周时期

第4窟，前室右侧顶部平棋内彩绘壁画，其中第一方内绘一方形围院，内有歇山式殿堂。殿内立有十余人，或身穿圆领窄袖齐膝袍，或上身袒露，下着短裙，帔巾搭肩，均双手合十，仰首上望，似在祈祷。院内四周立有多个束小髻，上身袒露，下着短裙，身着帔巾，一手持盾牌，一手持长刀的武士，在警惕巡视；另一方平棋内，一汉装贵妇坐在马拉的车舆之内，马左、右各绘一驭夫，头戴幞头，身穿圆领窄袖齐膝袍，腰束带，下穿裤褶，正牵马前行。马车四周，绘数名头戴圆顶帽或束小髻，身穿圆领窄袖对襟袍，下着裤褶，脚蹬尖头靴的武士骑马簇拥左右。

第26窟，窟内顶部正、左、右三披彩绘涅槃经变，其中正披左侧佛说法图右下方，绘数身跪姿供养人，均头戴莲花冠，身穿圆窄袖束腰袍，有的双手持香熏，有的双手置于鼓形物上面，有的正在彼此交谈；窟内左披绘有上、下两排供养人，多数为褒衣博带装束。其中左上方几身武士前侧立有两身侍童，捧盘者头束双丫髻，身穿圆领窄袖对襟束腰齐膝袍，下着裤褶，正扭头与右侧侍童说话；窟内右披上方亦绘两排供养人，其中后排两身均为胡人装束，均穿翻领窄袖束腰齐膝袍，一身束发髻，手托摩尼宝珠，另一身双手笼于胸前而立。

第27窟，窟内顶部正、左、右三披绘法华经变，其中正披内绘释迦、多宝说法，右下方菩萨、弟子、信众最后侧绘有三身胡人形象，因画面模糊仅存大形，其中上至下第1身发辫披肩，似上身袒露，帔巾于胸前打结下垂，手持一枝莲花。第2身头戴圆顶帽，身穿交领窄袖齐膝袍，下着裤褶，双手笼于胸前，持一莲蕾。第3身头戴圆帷形帽，上身袒露，下着齐膝裙，帔巾于胸前打结下垂，手持一莲花，赤腿而立。

二、关于麦积山石窟胡人图像的讨论与分析

麦积山石窟西魏至北周时期出现的胡人图像非常值得关注。笔者认为，主要表现在以下几个方面：

1. 窟龛的开凿与营建问题

不同于云冈或龙门石窟，麦积山石窟的开凿与营建主要是当地佛教信众所为，兼有地方官吏或割据势力参与。可以说，历史上麦积山石窟的功德主具有更典型的多样化特征，而南北朝时外来胡人在其中所发挥的作用却鲜为人知。本文所列举的麦积山石窟西魏至北周阶段出现较多胡人形象的窟龛均具有很强代表性。如西魏初年开凿的第127窟与西魏文帝废后乙弗氏有着密切关系①，同时，它也是麦积山西魏时期规模最大、内容最丰富、艺术价值最高的窟龛之一。稍后开凿的第123窟也是形制最完整、造像技艺精湛的窟龛之一。

北周时期大量出现胡人图像的窟龛也是如此，如第4窟（散花楼）为七间八柱、前廊后室，殿堂式结构，面阔30.5米，进深8米，通高16米，是麦积山规模最大的窟龛和崖阁式建筑。第26、27窟均为平面方形四角攒尖顶窟，窟高3.31~3.68米，宽3.24~3.27米，进深（残）1.73~2.1米，窟内造像为七佛，四壁及顶部转角浮雕仿木帐架结构，装饰精美。其窟龛规模、造像、壁画艺术价值等在麦积山北周窟龛中也不多见。

上述现象表明，西魏、北周时期，在麦积山许多重要窟龛的营建和开凿过程中，外来胡人群体发挥了重要作用。由于阴湿多雨的自然环境，麦积山绝大多数窟龛中都没有保留下开凿者信息，当时胡人在窟龛开凿过程中究竟发挥着怎样的作用？是出资开凿，还是作为窟龛功德主之一？目前尚不得而知。从上述洞窟现存信息看，西魏第127窟系西魏皇室营建，其壁画题材及内容带有鲜明的寺院佛教经变画特征，其内容也融合了当时世俗社会生活中的各种场景。考虑到该窟内胡人形象主要出现在正壁涅槃经变中，这应该是画师依据佛经来表现释迦牟尼涅槃之后前来争舍利的各国人马的区别，但其具体形象应该来源于现实生活；而同时期第123窟的情况则大不相同，窟前壁两侧胡服装束的童男、童女表明他们在窟中的重要地位，也进一步证实该窟功德主为胡人。

第4窟系北周大都督、秦州刺史李充信为亡父开凿的功德窟，并专门聘请北周文学家庾信为之撰写《秦州天水郡麦积崖佛龛铭并序》，对后世影响颇大。虽然散花楼在隋唐时期地震中受损严重，但主体保存尚好。这座规模宏伟的窟龛当时所耗费的人力、物力和财力是惊人的，而顶部残存壁画中诸多胡人形象的出现，恐怕不仅是社会风尚问题，很有可能他们在这座窟龛开凿过程中赞助了大量资金；第26、27窟顶部经变壁画中出现有许多胡人形象，而且绝大多数是以供养人面孔出现，一定程度上表明这两座窟龛的开凿与胡人也有密切关系。

2. 胡人图像出现的时代背景

天水一带自两汉以来就是氐、羌等民族内徙的主要地区之一。魏晋以后，匈奴、鲜卑、羯、休官、屠各等北方民族纷纷南下进入中原及关陇地区。为防止他们与氐、羌等民族联合起来，当时中原统治者析雍、凉之地而置秦州的目的也正是如此。但由于统治政策的失误，客观效果并不明显，关陇地区很快成为多民族聚居地，史载："且关中之人百余万口，率其少多，戎狄居半。"② 当时国都长安尚且如此，陇右地区更是可想而知。麦积山石窟的实际情况也反映出了这一特点，如开窟较早的第78窟右

---

① 郑炳林、沙武田：《麦积山第127窟为乙弗皇后功德窟试论》，《考古与文物》2006年第4期。

② ［唐］房玄龄等撰：《晋书》卷五六《江统传》，北京：中华书局，1974年，第1533页。

壁坛台上彩绘供养人就是典型的胡装供养人，根据研究成果，这些供养人应属于世居天水、陇南一带的氐族①。在北魏统一北方后，秦州境内多民族杂居局面并未得到改变，关于秦州境内其他民族反抗北魏统治的记载，在《魏书》《北史》《资治通鉴》等史书中屡见不鲜，这种现象客观上表明秦州在南北朝时就是多民族聚居之处。同时，秦州历史上半农耕、半畜牧的社会经济形态对于胡汉文明的融合、发展和延续也提供了必要条件。

北魏孝文帝迁都洛阳后，大力推行汉化政策，不仅在中原遇到很大阻力，在秦州地区更是如此。关于这一点，从麦积山石窟六世纪开凿的窟龛内佛装样式即可看出端倪：如开凿于北魏景明三年（502年）的第115窟内，佛与菩萨体形健壮魁梧，佛装依然保持着早期袒右披肩样式，菩萨依然上身袒露，下着贴身长裙，斜披络腋。大致开凿于同时期的第114、23、155等窟内造像服饰也呈现出类似特征。它表明，当地在北魏中期还没有完全接受中原礼仪文化观念，仍然保持着北方游牧民族的审美习俗。

这种局面到北魏晚期才真正得到改变，以龙门石窟宾阳中洞为代表的佛教造像样式才大量出现在麦积山石窟中，其中代表性窟龛如第133、121、122、139、140、142等，其最主要的特征就是中原南朝地区当时所盛行的"秀骨清像"和"褒衣博带"风格，这一点在同时期的供养人形象中也得到印证。

北魏分裂为东、西魏后，秦州成为东摒长安、西控诸戎、南通巴蜀的交通要道和军事重镇，历任刺史多为西魏重臣或皇亲国戚，如李弼、赵贵、独孤信、宇文导等，在他们持续努力下②，饱受北魏末年关陇大起义战乱影响的秦州社会经济迅速得到恢复，境内流民也很快得以安置，其身份也是以胡汉交杂为主，如宇文导因病死于秦州任上时，"华戎会葬有万余人，奠祭于路，悲号满野，皆曰'我君舍我乎'。大小相率，负土成坟，高五十余尺，周回八十余步。为官司所止，然后泣辞而去"③。文中的"华戎"应是指生活于秦州的胡、汉民众，表明北魏以来秦州地区多民族聚居的形态并未改变，但在北魏孝文帝汉化政策影响下，当地胡族在社会习俗、文化等方面也悄然发生着变化。如西魏第160窟彩绘女供养人，一主一仆成组出现，主人头戴方冠，上穿交领大袖宽袍，下着齐胸曳地长裙，脚蹬云头高履。女仆梳双丫髻，装束大致相同。从供养题记可知，该窟为姜氏家族供养窟，姜氏系南北朝时期秦州大姓，属于汉化程度较高的氐族，说明当时其他民族着汉服也十分盛行；具有西魏皇室背景第127窟壁画内容整体上也呈现出类似特征：主要人物服饰装束等均以褒衣博带的中原样式出现，麦积山西魏开凿的窟龛内佛、菩萨装束也同样具有这种时代特质。上述现象表明北魏晚期以来，孝文帝元宏所推行的汉化政策取得了明显成效。

承祚西魏的北周政权在政治、经济、文化等方面依然延续前者方针，统治者在恢复"周礼"、以示华夏正统的旗帜下，提倡崇尚节俭、质朴的社会风气。如太祖宇文泰本人就以身作则，"性好朴素，

---

① 孙晓峰：《麦积山石窟北朝供养人调查》，麦积山石窟艺术研究所编：《麦积山石窟研究》，北京：文物出版社，2010年，第174~198页。

② 相关事迹参见［唐］令狐德棻等撰：《周书》卷一五《李弼传》、卷一六《赵贵传》、卷一六《独孤信传》等，北京：中华书局，1971年。

③［唐］令狐德棻等撰：《周书》卷一〇《邵惠公颢传附子宇文导传》，北京：中华书局，1971年，第155~156页。

不尚虚饰，恒以反风俗，复古始为心”①。武帝宇文邕更是“身衣布袍，寝布被，无金宝之饰，诸宫殿华绮者，皆撤毁之，改为土阶数尺，不施栌栱。其雕文刻镂，锦绣纂组，一皆禁断。后宫嫔御，不过十余人”②。正是在统治者倡导下，北魏晚期以来所形成的褒衣博带、装饰华丽的汉魏衣冠服饰风尚再次发生变化，兼之宇文氏本身推行的恢复鲜卑旧俗措施影响，以瘦身、窄袖、圆领和裤褶为主要标志的胡服又再度盛行起来，某些胡服因素也与统治者本人有很大关系，如史载宇文泰后颈长一肉瘤，故其在谒见皇帝时也不脱帽，这一习惯也被其部属所仿效，并在社会上流行开来，史载：“后周之时，咸著突骑帽，如今胡帽，垂裙覆带，盖索发之遗象也。又文帝项有瘤疾，不欲人见，每常著焉。相魏之时，著而谒帝，故后周一代，将为雅服，小朝公宴，咸许戴之。”③ 根据考古出土的西魏北周时期关中地区陶俑相关研究成果，可以看出这一时期世俗人物服装呈现出汉装、胡装，以及胡汉交融三种风格④。在北周墓葬中，胡化现象更为突出，如固原李贤墓出土的武士俑、伎乐俑、风帽俑、仪仗俑等均带有浓郁的胡化特征⑤，一定程度上代表了当时社会服饰文化风尚。

3. 胡人服饰所反映出的相关问题

如前所述，麦积山石窟北朝晚期出现的胡人形象是有其深刻历史背景的，不仅与汉魏以来秦州就是氐、羌等游牧民族聚居区，以及两晋以来大量北方草原民族内迁有关，而且与西魏、北周政权推行的一系列政治、经济、文化改革措施也关系密切。同时，也或多或少地体现出关陇一带与西域、中亚诸民族之间的交流关系。

首先，胡服样式在特定历史条件下发生了很大变化。麦积山西魏第 127 窟正壁涅槃变中的胡人形象主要包括两种：一种上穿圆领对襟窄袖袍服，下着裤褶。另一种头裹风帽，上穿圆领小口对襟紧身短袍，下身近似赤裸或穿裤褶。第 123 窟泥塑童男像齐耳短发，身穿左侧对襟裘袍。童女上穿圆领对襟裘袍，下着齐胸长裙；北周时期的胡人形象除延续西魏阶段的圆领窄袖对襟齐膝袍外，还开始出现翻领或交领样式的胡服。首服变得更加丰富，有束发髻，戴莲花冠、圆顶帽、尖帷帽等多种样式。同时，还出现一种新的胡服样式，既上身袒露，肩部系帔帛，下穿齐膝裙，头戴圆帷帽。

这一时期具体人物形象由于壁面彩绘残损、风化、褪色、烟熏、色彩剥落等各种因素影响，辨识起来非常困难。但其中部分人物明显带有西域或中亚人种特征，如第 127 窟涅槃变右侧身穿白袍的国王右侧，侍立几位胡装人物，其面部方正，隆眉、深目、阔嘴，颌下绘络肋胡须，与中土人物差异很大。同壁面右下侧一组士卒虽然面部特征不突出，但其形体表现确非常明显，人物腹部被有意突出，且不着袍服，显然画师是在有意表现异域人物；北周时期的壁画中胡人特征则更加明显，主要通过面部及近似袒露的躯体来加以表现。

麦积山北朝晚期出现的胡服样式与麦积山北魏早、中期戴幞头，上穿左衽或右衽窄袖齐膝袍，下

① ［唐］令狐德棻等撰：《周书》卷二《文帝纪下》，北京：中华书局，1971 年，第 37 页。

② ［唐］令狐德棻等撰：《周书》卷六《武帝纪下》，北京：中华书局，1971 年，第 107 页。

③ ［唐］魏徵等撰：《隋书》卷一二《礼仪志七》，北京：中华书局，1979 年，第 266~267 页。

④ 倪润安：《西魏北周墓葬的发现与研究述评》，《考古与文物》2002 年第 5 期；《北周墓葬俑群研究》，《考古学报》2005 年第 1 期。

⑤ 宁夏回族自治区博物馆等：《宁夏固原北周李贤夫妇墓发掘简报》，《文物》1985 年第 11 期。

着裤褶，脚蹬尖头靴的鲜卑、氐、羌系等北方民族的日常服饰有很大差别。根据大量文献及图像资料可知，这种圆领胡服样式更多是受到西域和中亚民族服饰影响的结果，最显著的变化就在于紧身胡服由交领改为圆领，左衽或右衽变为对襟或侧对襟。根据对相关图像和文献资料的考察，圆领或翻领窄袖胡服是西域和中亚胡人最常见的服饰之一，他们多是以商贸为主的民族，常年奔波于连接欧亚的古丝绸之路上，沿途干燥、多风沙、昼夜温差剧烈的自然地理环境形成了其独特的服饰文化。钱伯泉先生通过对南京博物院藏萧梁《职贡图》中人物服饰、属国等信息综合研究后认为，图中所涉及的西域滑国、波斯国、龟兹国、呵跋檀国、白题国、胡密丹国使者均内穿贯头衫、外穿翻领齐膝袍，脚蹬靴。周古柯国使者则身穿圆领窄袖对襟袍，腰束带，脚蹬皮靴。末国使者则戴尖帽，穿圆领长袖衫，披巾长垂于后背。从人物面貌上看，大致可归纳为西域、印度和中亚三种类型①。这些当时通过青海道前往萧梁的西域、中亚各国使臣服饰应该最具有其本民族特色，笔者认为其中出现频率最高的贯头衫实际上就是圆领对襟紧袖袍服的某种演变形式。

魏晋南北朝时期，大量以中亚粟特人为代表的西域胡商纷纷沿着丝绸之路进入中原内陆，许多甚至定居中国并担任中央或地方政府任命的职务，以参与相关商贸人员及事务的管理。20 世纪 90 年代以来，考古工作者在陕西、山西境内发现的诸多北朝末年至隋唐时期的粟特人墓葬也证实了这点②。在这些墓葬石棺床上的彩绘或浮雕胡人图像中，其服饰则以头戴圆帽，身穿圆领对襟窄袖袍者居多。

上述以西域胡装为代表的胡服体系对北魏末期以来关陇及中原地区民众着装产生了重要影响，但这种变化也是一个渐进过程。在毗邻新疆的敦煌，这种胡服在世俗社会中出现的相对要早，如莫高窟西魏第 285 窟南壁上层彩绘五百强盗因缘图中，许多步卒就上穿圆领对襟窄袖齐膝袍，下穿裤褶。北壁男供养人也大致穿戴这种样式的胡服③。而麦积山第 127 窟此类胡服只见于涅槃变壁画中，同窟内绘制的维摩诘变、西方净土变、地狱变、睒子本生、萨埵那太子本生、帝后升仙图等壁画中大量出现的是褒衣博带、头戴高冠的汉装人物形象。甘肃省博物馆藏天水市秦安县出土西魏大统十二年（546 年）权旱良造像碑中浮雕供养人多数依然穿交领中袖齐膝袍，并没有改为圆领对襟的西域胡服。由此可知，第 127 窟涅槃变中的胡人图像主要在于表现佛涅槃后诸国争舍利这一场景，并非当时世俗社会胡服装束的真实反映。但画师所绘西域胡装也非空穴来风，而是当时他们所见西域胡人的真实装束。

麦积山北周时期所绘胡人形象则有了明显变化，除了传统的交领窄袖齐膝袍外，圆领对襟窄袖胡服也出现在世俗供养人身上，表明当时社会上已开始认同和流行这种西域式胡装。黄良莹在对北周天和年间造像碑上浮雕供养人装束研究后认为，大概在北周保定元年（561 年）前后，这种头戴小冠，身着圆领窄袖、对襟及膝紧身袍、腰束革带、脚蹬半筒靴的胡服开始在北方地区盛行，到天和末年、

---

① 钱伯泉：《“职贡图”与南北朝时期的西域》，《新疆社会科学》1988 年第 3 期。

② 天水市博物馆：《天水发现隋唐屏风石棺床墓》，《考古》1992 年第 1 期；尹申平：《西安北郊北周安伽墓发掘简报》，《考古与文物》2000 年第 6 期；张庆捷：《太原隋代虞弘墓清理简报》，《文物》2001 年第 1 期；杨军凯：《西安北周凉州萨保史君墓发掘简报》，《文物》2005 年第 3 期。

③ 敦煌研究院编：《敦煌石窟全集 24 · 服饰画卷》，香港：商务印书馆，2005 年，图版 17。

建德及隋初开皇年间，变得越来越普及①。

其次，胡人族属与佛教信仰之间的关联也日渐模糊。秦陇自魏晋以来就是多民族聚居区，也是外来佛教进入中国内陆最早传播的地区之一。天水毗邻当时重要的政治、文化中心长安，4 世纪末至 5 世纪初就先后受到道安和鸠摩罗什僧团影响，境内的氐、羌等民族很早就接受了佛教。开凿于北魏早期的麦积山第 74、78 窟就与当地氐族贵族有密切关系，另一处开凿于西秦建弘五年（424 年）的炳灵寺第 169 窟则是当时定都枹罕（甘肃临夏）的西秦乞伏鲜卑贵族所为②。由于常年阴湿多雨的自然环境，麦积山现存北朝时期墨书供养题记较少，在北朝晚期窟龛中涉及的姓氏主要有王、姜、陈、贾、夏侯、乔、郑、田、丁、李、龙、谈、仵等。经笔者研究，其中王姓较为复杂，包含汉、氐、屠各、休官等族。姜、权姓为汉化程度较高的氐族，其余则多为汉族姓氏③。在距麦积山不远的武山水帘洞石窟群北周壁画中，亦发现有莫折、梁、权、姚等姓氏供养题记，根据研究，莫折、梁、姚等均为秦陇一带羌族大姓④。在秦安、张家川等地出土北朝晚期造像碑中供养人题名也呈现出这一特点⑤。麦积山西魏第 123 窟童男、童女像根据笔者研究后认为，其家族系汉化程度较高的西域或中亚胡人⑥。通过这些例证，可以看出一直到北朝晚期，氐、羌、鲜卑、休官、屠各等民族是秦州境内石窟寺开凿的主体。

至于麦积山石窟北周第 27 窟内佛说法图下方所绘手持莲花的西域胡人，其位置处于整个听法队伍的最后方，且容貌、装束上西域特征明显，由于壁面色彩剥落、模糊严重，细节已不清楚，可见头戴质地较厚的圆顶帽，另一人帽后有垂带。隐约可见其中一人为剪发，根据朱浒的研究，这种发式主要见于南北朝时期的西域胡商⑦。余太山在其相关研究和论述中认为“西域南北道各国流行的剪发样式是伊朗之风影响的结果”⑧。这两人均系披巾，并于胸前打结下垂。从《职贡图》人物形象分析，当时新疆塔里木盆地南北两侧诸国的胡人很少戴帽，穿着也主要以贯头衫和翻领齐膝袍为主。仅与波斯接壤的末国使者椎髻，戴尖帽，饰披巾。《魏书》亦载波斯国“其俗：丈夫剪发，戴白皮帽，贯头衫，两厢近下开之，亦有巾帔，缘以织成”⑨。两条文献中都提到戴帽和帔巾这种现象，且末国与波斯毗邻，很可能是受到其影响或两国服饰文化基本类似。“帔”，又称为“巾帔”，披戴巾帔是波斯萨珊王朝时期当地居民流行的一种装束，男女通用。其具体穿戴方式为搭肩后前绕下垂。图像例证在美、法、

① 黄良莹：《北朝世俗服饰研究》，苏州大学博士学位论文，2009 年，第 151 页。

② 张宝玺：《炳灵寺的西秦石窟》，甘肃省文物工作队、炳灵寺文物保管所：《中国石窟・永靖炳灵寺》，北京：文物出版社，1989 年，第 182~192 页。

③ 孙晓峰：《麦积山石窟北朝供养人调查》，麦积山石窟艺术研究所：《麦积山石窟研究》，北京：文物出版社，2010 年，第 191~193 页。

④ 甘肃省文物考古研究所等编：《水帘洞石窟群》，北京：科学出版社，2009 年，第 145~148 页。

⑤ 详见甘肃省博物馆藏西魏权旱良造像碑、西魏权氏一族造千佛碑、北周王令猥造像碑，以及西安碑林博物院藏秦安出土宇文建崇造像碑等。

⑥ 曹小玲、孙晓峰：《麦积山石窟第 123 窟造像服饰研究》，《天水师范学院学报》2015 年第 3 期。

⑦ 朱浒：《胡貌异征：魏晋南北朝考古图像中的胡人外貌》，《形象史学研究》2015 年第 1 期。

⑧ 余太山：《两汉魏晋南北朝正史西域传研究》，北京：中华书局，2003 年，第 366~368 页。

⑨ ［北齐］魏收撰：《魏书》卷一〇二《西域传》波斯条，北京：中华书局，1974 年，第 2270~2271 页。

俄等国博物馆收藏的萨珊波斯银瓶表面浮雕人物像上都有表现。在中国北朝时期出土文物中也有发现，如山西大同市博物馆收藏的一件鎏金铜高足杯表面浮雕的女性服饰中披戴巾帔，孙机先生推测这件带有浓郁西亚文化特色的器皿可能来自波斯，并认为帔帛大约产生于西亚，后被中亚佛教艺术所接受，又东传至我国①。它对北朝至隋唐时期中国社会女性世俗服饰产生了深远影响，相关图像在同时期佛教美术作品和墓葬陶俑、壁画中屡见不鲜。麦积山第27窟法华变中所绘这两身系胸前打结帔巾的胡人族属应该与波斯或末国有一定关系，但是否就是这两国民众尚无法肯定。因为波斯文化对居住于中亚一带的粟特等民族也产生了很大影响，粟特人素以商贸著称，他们在连接中原与西域、中亚、南亚、西亚、甚至欧洲的古代丝绸之路贸易中发挥着重要作用，从国内发现的粟特人图像中也有类似装束。故在没有明确题记的情况下难以判定这两身胡人的族属，但综合其面貌及服饰特点，可以肯定他们属于中亚胡人。

与南北朝时期久居关陇的北方游牧民族较早地接受了佛教不同，以粟特为主体的中亚胡人有其自身的宗教信仰，古代波斯也是如此。中国境内发现的北朝至隋唐时期粟特人墓葬出土文物表明，他们依然坚持着本民族的宗教信仰和生活习俗。但随着外部环境的改变，这种情况也在悄然发生变化。如2011年在陕西靖边县红墩界镇白城则村八大梁墓地M1北壁发现有一幅彩绘跪姿胡人图像，头戴虚帽，身穿圆领窄袖对襟袍。发掘者综合分析后认为，其表现的是北朝晚期居住于统万城附近信奉佛教的粟特人形象②。另一则实例见于西安博物院藏张石安造释迦牟尼像座，它的正面左侧阴刻供养人线图中，共计三大三小6身供养人像，除后排第1身为褒衣博带装束外，其余5身供养人均身穿圆领对襟窄袖齐膝袍，下着裤褶、尖头靴，双手合十，手持莲花侍立。佛座左面亦阴刻7身胡装男伎乐形象，正在演奏鼓、筚篥、排箫、横笛等西域乐器③。这些信奉佛教的供养人和歌舞伎与中亚和西域胡人形象也十分接近。因此，我们可以断定，麦积山第27窟正披法华变右下角出现的3身胡人并非本地胡族，而是当时在秦州经商或路过的秦州的中亚胡人。

4. 北朝晚期西域胡人在秦州境内的活动

麦积山北周壁画中出现的西域胡人形象表明，当时秦州境内也曾留下他们活动的痕迹。自汉代丝绸之路开通以来，经由陇右的秦州路和皋兰路是进出长安的必经之地，据《元和郡县图志》载：

> 八到：东南至上都取秦州路二千里，取皋兰路一千六十里④。

其中秦州路是指从凉州出河西走廊后，在永靖炳灵寺一带渡黄河，经临洮、渭源东行，沿渭

① 孙机：《中国古舆服论丛》，北京：文物出版社，2001年，第226页。

② 陕西省考古研究院等：《陕西靖边县统万城周边北朝仿木结构壁画墓发掘简报》，《考古与文物》2013年第3期，第9~18页，图版4。

③ 张全民：《北周张石安造释迦牟尼像座考》，《西北出土文献与中古历史研读班》（第27期），内部资料，第332~339页。

④［唐］李吉甫撰、贺次君点校：《元和郡县图志》卷四十《陇右道下》凉州条，北京：中华书局，1983年，第1019页。

河前行，经武山、甘谷至秦州，再经清水、张家川翻陇坂至千阳、陇县，而后沿渭水直抵长安。皋兰路则是从会州乌兰关渡黄河后，经宁夏固原、彭阳，再沿泾河经泾川、彬县、咸阳，抵达长安。在陇右地区，由于受山川地形影响，一般把秦州路分为南、中、北三道。其中南道指沿秦州西行，经河州凤林关或临津关渡黄河，再从鄯州溯大通河，北越祁连山，出扁都口到达甘州。中道指秦州西行，经陇西到兰州，在金城关渡黄河后，向西北过永登，翻乌鞘岭到达凉州。北道即皋兰路。

由上可知，秦州是秦州路上的重镇，向西控扼丝路中道和南道，向东则直抵长安，向南通经陇南可直达巴蜀。东来西往的西域商人大多要经过此地，有的甚至定居于此。东晋十六国以来，秦州一带长期陷入战乱。北魏统一北方后，由于当地氐、羌、休官、屠各等民族的不断反抗，秦州始终处于一种不稳定状态，北魏末年莫折大提父子发动的秦州起义，甚至严重动摇了北魏政权的统治。在这种历史背景下，南北朝时期丝绸之路秦州段的风险相对于经宁夏至山西大同，再南下邺城、洛阳的线路要大得多。这种局面到北魏统治后期才得到改变，如《洛阳伽蓝记》载当时北魏政府招引西域诸国的效果："自葱岭以西，至于大秦，百国千城，莫不款附。商胡贩客，日奔塞下。所谓尽天下之区已。乐中国土风，因而宅者，不可胜数。"① 从而掀起了中亚和西域胡人来华的高潮。此时，秦州作为陇右首屈一指的丝路重镇与西域的往来也十分频繁，如元琛为秦州刺史：

> 琛在秦州，多无政绩，遣使向西域求名马，远至波斯国。……琛常会宗室，陈诸宝器。金瓶银瓮百余口，瓯檠盘盒称是。自馀酒器，有水晶钵、玛瑙碗、赤玉卮数十枚。作工奇妙，中土所无，皆从西域而来②。

元琛在秦州时，"在州聚敛、求欲无厌"③。上述他搜罗的西域诸国珍宝大多数应是途经秦州的西域胡人贩入的，可见北魏后期秦州境内已有西域胡人活动。

西魏时由于东、西政权对峙，控制青海一带的吐谷浑政权成为连接西域和萧梁、东西魏之间经济商贸、人员往来的关键节点，它们常常袭击或骚扰西魏西北边境地区，甚至盘踞凉州。到西魏大统末年，随着柔然政权的瓦解，情况才有所转变，西魏也开始主动出击，如西魏废帝二年，凉州刺史史宁率兵在州西赤泉附近袭击吐谷浑自东魏归来的商队，"获其仆射乞伏触扳、将军翟潘密，商胡二百四十人，驼骡六百头，杂彩丝绢以万计"④。这里的胡商就是指由吐谷浑当局组织与东魏展开商贸的中亚或西域胡人。关于西魏与西域诸国交往的史料记载相对较少，根据《魏书》《周书》《北史》等正史材料记述，直到北周时，西域诸国与关陇的交流才日渐密切起来，秦州境内各种带有鲜明中亚及西域文化特征的遗存也显著增多。

---

① ［北魏］杨衒之撰，周振甫释译：《洛阳伽蓝记校释今译》卷三，龙华寺条，北京：学苑出版社，2001年，第102页。

② ［北魏］杨衒之撰，周振甫释译：《洛阳伽蓝记校释今译》卷四，开善寺条，北京：学苑出版社，2001年，第132页。

③ ［唐］李延寿撰：《北史》卷一九《文成五王传》，北京：中华书局，1974年，第687页。

④ ［唐］令狐德棻等撰：《周书》卷五〇《异域下》，北京：中华书局，1971年，第913页。

1982年6月，天水市秦州区石马坪文山顶一座墓葬出土了一套带围屏的石棺床，由大小不等的17方画像石和8方素面石条组成，屏风内浮雕反映墓主人狩猎、宴饮、出游、泛舟等生活场景和楼台亭榭等建筑。床座上层壸门并列浮雕6身伎乐图像，墓内亦出土5件石雕坐部伎乐俑，均戴束发冠或幞头，身穿圆领窄袖左直襟胡服①。由于该墓墓志系朱砂书写，出土时已无法辨识，但目前学术界已公认其墓主人系粟特人无疑，其时代也非发掘者判定的隋唐之际，可能早至北朝末期②。这一结论表明墓主家族当时已定居秦州，而墓中石雕戴幞头的伎乐俑装束与麦积山北周4号窟前室平棋内彩绘出行图中的驭夫形象非常接近，也进一步证实了该墓的时代属性。

此外，1983年9月在宁夏固原南郊北周李贤墓发掘中，出土有鎏金银壶、玻璃碗、金戒指等典型的中亚和西方器物，特别是鎏金银壶上的胡人形象：壶把上铸一深目高鼻、剪发、头戴圆帽的胡人头像，壶表面锤鍱有三组男女相对的胡人形象，前两组中男子头束发带，穿短袖衫、短裤，脚穿靴，其中一身披斗篷。第三组中的男子全身赤裸，披斗篷。男子服饰整体上呈现出轻薄贴体的特点。夏鼐、宿白先生认为是波斯萨珊王朝的制品③。这几身胡人形象与麦积山西魏第127窟涅槃变和北周第27窟法华变中的胡人均有一定相似性，故不排除画师在创作过程中综合和参考了这些因素。关于李贤墓中西方器物的来源，发掘者认为或是北周皇室赏赐，或是李贤购自西域胡商，不管是哪种情形，都客观地反映出北周时期西域胡人在关陇地区的活动非常活跃。

隋唐时期，秦州境内反映西域胡人的遗存明显增多，如1972年甘谷县出土的唐代三彩凤首壶，高31厘米，口径4厘米。胎呈白色，直口、细颈，口颈相交处作一凤首，凤冠长伸至腹为柄。椭圆腹，高圈足，器座上浮塑垂莲瓣，器身各部位交错施绘赭红、黄、青等三彩釉。凤首壶在制作上采用了模印、堆贴、刻划等多种技法，线条流畅，色彩丰富，大方庄重，明显受到当时波斯萨珊王朝器形的影响，堪称唐三彩中的瑰宝；此外，1965年秦安叶堡乡杨家沟1号墓出土有许多三彩陶俑，种类包括武士俑、文吏俑、侍俑、牵骆俑、牵马俑、骑马俑等，非常丰富。其中既有胡装汉族男女，也有穿胡服的胡人。后者或戴幞头，或束发髻，身穿翻领右衽或圆领对襟束腰齐膝袍，下穿裤褶，足穿靴，神态各异④。需要指出的是，杨家沟墓地历史上被盗严重，当时共清理了6座墓葬，上述三彩陶俑主要出土于1号墓。这说明该墓群历史上可能是一处家族墓地，虽然墓主人身份不详，但可以肯定他在秦州具有很高社会地位，其墓中大量出现带有西域胡风的随葬品，既是一种社会现象，也表明北朝晚期以来西域胡人在秦州非常活跃。

三、结语

秦州是南北朝时期丝绸之路上的重镇之一，由于特殊的地理位置，使其在当时民族大迁徙、大融

① 天水市博物馆：《天水发现隋唐屏风石棺床墓》，《考古》1992年第1期，图二、三、九。

② 李宁民：《天水出土屏风石棺床再探讨》，《中原文物》2013年第3期。

③ 宁夏回族自治区博物馆、宁夏固原博物馆：《宁夏固原北周李贤夫妇墓发掘简报》，《文物》1985年第11期，图23~26。

④ 林健：《甘肃出土的隋唐胡人俑》，《文物》2009年第1期，图1~4。

合的历史进程中成为胡汉文化交汇与融合的重要地区。而境内麦积山石窟作为中国北朝时期保存最完整的佛教遗存，诸多窟龛内所保存的泥塑或彩绘人物图像不仅在佛教的造像、思想、美术、服饰、音乐、建筑等研究领域蕴含着极高的价值，而且也真实再现了当时直接参与这座佛教艺术宝库开凿、营建与修缮的秦州社会信众和群体的许多历史信息。特别是北朝晚期以来出现的以西域胡人为代表的各类人物形象，为我们认识和了解西魏、北周以来秦州境内中亚和西域胡人活动与生活状况提供了珍贵的图像资料。同时，在一定程度上也证实了北魏末年以来秦州在当时长安与中亚、西域之间经济、文化交流中重新发挥出积极而重要的作用。

（原载于《形象史学研究》2016 年第 1 期）

试论女性对石窟发展变化的影响

——以甘肃麦积山石窟和重庆大足石刻为例

林 梅 甘 霖

引 言

麦积山石窟始于十六国后秦①，而大足石刻始于初唐②。考察佛教史和中国女性史，我们可以发现，女性和石窟的关系非常密切。笔者通过考察麦积山石窟和重庆大足石刻两地女性造像，研究这两处从早期到晚期女性造像的发展过程，从中发现突出的共同点是贯穿始终的“孝道思想”，孝行孝举是石窟开凿建造的重要动力。麦积山石窟早期女性造像反映的是女性获得社会宗教地位，寻找心灵和精神的慰藉，创造了走向家以外，建造佛教石窟、寺庙过程的第一步。后期的大足石窟女性造像，展现了佛教在中国世俗化、本土化的演变进程。作为佛教文化的载体，石窟寺庙展示了佛教文化中女性内在的精神能力和思想才智。女性加速了外来佛教文化思想的中国化，使其尊道、敬儒并渗透融合，让佛教传播世俗化、生活化、功利化。可见女性对石窟艺术发展的贡献。本文以麦积山北魏至宋时期女性造像、重庆大足石刻唐宋女性造像为例，就女性和佛教石窟发展的关系试作探讨。不足之处，祈请斧正。

一、女性接受传播佛教思想对石窟发展的推动作用

从佛教产生初期到石窟的兴建，大量有思想觉悟的女性开始接触佛教思想。受其影响，女性为从佛教领域获得自身生存的社会地位，继而弘扬佛教，皈依佛门，开窟造像，加速佛教中国化、世俗化、功利化进程，使佛教石窟在中国得到充分的发展。在释迦佛陀诞生之前，女性在印度得不到尊重。在古印度，女性是没有社会、政治、宗教等权利的。女性地位和首陀罗地位一样，是最低贱的一类公民，她们无条件地服从男性，违背就是大逆不道。女性被置身于各种无可奈何的生存情势之下被贬低为

---

① 初师宾、初昉：《麦积崖的开创年代与相关问题》，《麦积山石窟研究》，北京：文物出版社，2010年，第44页。

② 刘长久：《由大足石窟研究综论》，《大足石刻研究文集》第3辑，北京：中国文联出版社，2002年，第12~48页。

“照亮通往地球的火炬”。在印度种姓制度制约下，女性没有任何社会地位可言。在婆罗门教的《法典》中，就明确写道：“女人不但能使愚昧的人坠落，误入歧途，也能使博学的人成为贪欲和嗔恨的奴隶。在家庭中，不管是年轻的还是年老的女性，都不能单独从事活动。”由此我们可以看出，当时女性的社会地位十分低下，且完全没有自由。在佛教发展过程中，为追求人格的圆满和男女平等的社会地位，女性对社会及其家庭中男性产生影响、传播弘扬佛教思想的实例众多，这里先介绍几位对佛教思想发展影响巨大的杰出女性。

首先是千古第一比丘尼大爱道夫人。《大爱道比丘尼经》主要记述佛教创始人释迦牟尼的姨母、千古第一比丘尼大爱道夫人从幼年抚养悉达多长大成人事迹，这是一部叙述比丘尼祖师大爱道出家因缘的经典①。大爱道纡尊降贵，接受“八敬法”的要求，身先表率，带领500位释迦族的女子出家，是比丘尼僧团成立功不可没的第一人。她也是影响佛教文化的第一女性。《大爱道比丘尼经》说，女性修行必须严格遵守八敬法，学会自觉、自尊、自重、自爱，并如法地依止僧众，从差别中完善自身，达成人格的圆满，实现最终的平等——修炼成佛。这是八敬对女性修道者最大的意义与作用。比丘尼僧团的建立对女性无疑是一种福音。在这里，王后、公主、贵夫人、寡妇、丧失子女的母亲、孤独的女人、妓女、被遗忘之人，无论种姓和地位怎样，由于皈依了僧团，她们在同一立足之处相遇，享受至高的精神慰藉和安乐，呼吸着生活在边远之乡或皇宫大院之人无法得到的自由空气。许多或许会被遗忘之人，由于皈依了僧团，从而使自己在各方面得以闻名，并且获得了作为人的基本尊严，女性的社会地位也有了根本性的改观。这一切不能低估大爱道这些早期杰出女性冲破男女之间不平等的性别歧视，从差别中完善自身，达成人格的圆满，最终实现的男女平等社会地位的行为。我们知道石窟的开凿是有愿求功利目的性的，石窟是表现佛教思想的载休，先有佛教思想而后有石窟开凿，石窟是用于修禅、观想、礼拜、弘扬佛法的。佛教初期，释迦牟尼在佛教思想形成时，佛陀的姨母大爱道这位杰出的女性纡尊降贵，接受“八敬法”，出家为比丘尼。她对佛教思想戒律制度产生影响。同时，女性自身获得社会宗教地位。比丘尼身份，使她们从家庭走向社会，使自我价值独立存在于社会，摆脱了附庸地位。由于女性生理的特定条件限制，居住、修心需与男性分隔场所，这是导致女性开凿石窟、兴建寺院的重要因素。

在佛教思想产生初期，女性就已经和石窟形影不离，佛教石窟一出现，女性造像随之出现。佛教石窟始创于佛教发源地印度，最早的佛教石窟是开凿于约2世纪初年、位于印度西海岸蒲那城附近的巴雅石窟。其次为开凿于175年左右的贝德萨石窟，大约开凿于1世纪初年的卡尔拉石窟，位于奥兰加巴德城西北、约开凿于公元前1、2世纪至1世纪的阿旃陀石窟，约建于1世纪的纳西克石窟等。在佛教产生造像时期，大约是公元前3世纪孔雀王朝统治时期就已经出现了女性形象。如印度早期佛教艺术，山奇大窣堵波西门一件表现佛陀“返家”浮雕中，浮雕板顶部的“托胎图”是摩耶妇人在迦毗逻卫城横卧榻上的形象②。新疆临近中亚、印度，佛教大乘、小乘向中国本土传播，首先经过新疆，新疆地区的柏孜克里克石窟第27窟壁画中，就有建于南北朝末期麴氏高昌时代的女性供养人造像，身

① 《大爱道比丘尼经》，《大正藏》第24册，东京大正一切经刊行会，第9945页中~9955页上。

② （英）约翰·马歇儿著，王冀青译：《犍陀罗佛教艺术》，兰州：甘肃教育出版社，1989年，第12页。

着长袍，头不戴冠，身后一条长绢及地。

在佛教发展史上，借用佛教影响男性思想的第二位女性是著名的杰出女性佛教学者、鸠摩罗什的母亲耆婆。她出生于4世纪西域的四大佛教文化中心之一龟兹，父亲和哥哥都先后做过龟兹国王。她是一个虔诚的佛教徒，屡次治愈佛弟子之病，曾引导弑父之阿阇世王至佛陀面前忏悔，曾经攻读许多佛教的经论。可是在那个充满偏见的封建社会里，她身为女性，也只能给达官贵族做个显赫夫人。后来嫁给龟兹国师鸠摩炎，在儿子鸠摩罗什7岁时，猛然悟道，并发誓：若不能剃发出家。就不吃不喝。之后，她将儿子培育成举世闻名的佛教学者。罗什母曾对罗什说："方等深教，应大阐真丹。传之东土，唯尔之力。但于自身无利，其可如何?"罗什说："大士之道，利彼忘躯。若必使大化流传，能洗悟蒙俗。虽复身当炉镬，苦而无恨。"① 耆婆不但自己舍弃王宫的荣华富贵，且度子出家，教育儿子成为佛门龙象，为佛教经典的翻译流传做出了巨大的贡献。401年，十六国后秦时期，由于姚兴推崇佛法，于弘始三年（401年）讨伐后凉，将鸠摩罗什迎至长安，待以国师之礼，请鸠摩罗什于逍遥园澄玄堂演说佛经。姚兴亲自参与翻译佛经，"罗什持胡本，兴执旧经，以相考校"，"共相提挈，发明幽致"。在姚兴的扶持和影响下，"事佛者十室而九矣"。消息传开，后秦国就有八百多名颇有素养的僧人也来拜鸠摩罗什为师，其中有著名的高僧道生、僧肇、道融、僧睿，号称四大弟子。鸠摩罗什在这八百多弟子的协助下，经过十多年的辛勤努力，用汉文翻译出《大品般若》《小品般若》《法华》《维摩》等经书，以及《十二门》《大智度》等经论共74部384卷，完整系统地介绍了大乘派空宗的唯心主义学说，在中西文化交流方面做出了杰出的贡献。译经使佛教造像内容有了依据，开窟使佛教教义得到形象化传播，使修行者有修炼的道场。此后，佛教思想在中国得到了广泛传播弘扬。这是耆婆这位女性慈母对家庭男性及社会产生影响，推动了佛教思想的传播。

佛教传入中国后，北魏皇室在云冈和龙门等处兴建佛教石窟，在石窟中反映世俗社会皇室贵族的人物事情，女性造像和题记数量众多。云冈第11窟《北魏太和七年邑义信士女造像记》是北魏王室的皇家女性参与造像的史料。女性开凿的洛阳龙门石窟中，具有代表性的是"皇甫公窟"。该窟是由北魏孝明帝与其母胡灵太后为代表的胡氏家族与皇甫家族经过多年经营而成的洞窟，洞窟中表现的是"君权神授"的政治内涵。皇甫公窟北壁龛下亦刻供养人行列。最显赫的是宾阳洞门内侧两壁下方浮雕大型供养人（现藏美国波士顿和纽约艺术博物馆）。左为孝文帝及群臣礼佛图，右为文昭太后及妃嫔礼佛图。在古阳洞南壁（正光三年，522年）、西山老龙窝（正光五年，524年）、西山莲花洞北壁（孝昌元年，525年）和西山火烧洞（年代不详）中迄今都还可见到与胡灵太后及其家族有关的题记②。北魏正光二年（521年），宣武帝元恪的女儿永泰公主在中岳嵩山"出欲入道为尼"，弘传佛法。南朝梁武帝时，其女儿明练公主等女性信徒出家为尼。西魏时，有乙弗后在麦积山出家为尼。《中国佛教史》中记述了隋文帝受女性比丘尼智仙女尼教化的事例。隋文帝即位后，改变了周武帝毁灭佛法的政策，把佛教作为其巩固政权的工具，佛教在此时期也综合了南北体系，

① ［梁］慧皎：《高僧传》，1987年，第497~554页。

② 该题记拓片载《北京图书馆藏中国历史石刻拓本汇编》北朝卷第4册，郑州：中州古籍出版社，1989年，第186页。

形成了新的特色。这与隋文帝出生在般若尼寺，受到智仙女尼的抚养和教导有着密切的关系。隋文帝下令改变佛教政策，命令每家出钱营造经像，允许人们出家。隋文帝一生都致力于佛教的传播，对当时的佛教发展做出了很大贡献。唐代，佛教石窟更是蓬勃发展，奉先寺石窟是龙门石窟规模最大、艺术最为精湛的一组摩崖型群雕，是武则天捐出了二万贯脂粉钱修建的造像。现存有《武则天为父母写经发愿文》，这些地位崇高的女性行孝弘扬佛法的举措①，自然会形成众多女性上行下效的风气。这也是女性推动佛教石窟寺发展的历史见证。唐代《禅宗大德悟道因缘荟萃》一文讲述了女性无尽藏比丘尼对六祖慧能成佛的影响。慧能是禅宗之六祖，在禅宗历史上的地位举足轻重。慧能经常听比丘尼无尽藏读诵《涅槃经》经文，因悟性极高，由无尽藏比丘尼引导成为佛门大德之人。唐代，著名的敦煌莫高窟492个洞窟中大都有女性造像，其场面宏大，与女性造像相关人物图众多，如张淮深夫妇出行图、榆林窟慕容归盈夫妇出行图等。现保存最完好的西魏第285窟，现存人物画像124身，题记50条，记载了女性供养人造像，其中题名“比丘尼道容供养之像”“信女阿丑供养”“清信女”“史崇姬”等敦煌女性画像，在唐及五代、宋久兴不衰。唐朝文成公主嫁到了西藏，把佛教文化也带到了西藏，为西藏佛教的源流播下了重要的种子。藏传佛教密宗认为，进藏嫁给松赞干布的唐朝文成公主和尼泊尔尺尊公主是度母神的化身，分别尊她们为白度母和绿度母，亦是观音之化身，这种思想在密宗传弘范围内的诸石窟女性造像中很有影响。这也是唐朝前后大乘佛教思想兴盛传播的体现。榆林窟也有西夏时期藏传佛教壁画观世音菩萨的化身绿度母的形象。这些都反映了女性信徒对佛教的热情追求及对石窟发展作用的相关内容。

综上所述，女性对于佛教的影响深远，她们坚定的佛教信仰使得佛教精神得以传播。同时，对社会的男性，包括皇帝、高僧等产生了深远的影响。佛教对女性本身的意义也十分巨大，它使古代中国女性从封建思想束缚中得以解放，让她们从家庭走向社会，实现自我的价值，在一定程度上也推动了石窟艺术的迅猛发展。

二、麦积山女性相关洞窟在石窟发展中的历史价值

北朝是麦积山石窟兴建的一个兴盛时期。北魏时期，尽管太武帝进行了灭佛运动，但文成帝很快恢复佛教地位。《魏书·释老志》记载：沙门统昙曜于武州塞“凿山石壁，开窟五所，镌建佛像各一。高者七十尺，次六十尺，雕饰奇伟，冠于一世”。《魏书·释老志》提到“今之僧寺，无处不有”。受佛教迅猛发展影响，麦积山石窟出现空前繁荣也是很自然的事情。麦积山石窟的兴盛也具有深刻的历史背景。麦积山历经北魏、西魏、北周、隋、唐、五代、宋、元、明、清等朝代的开凿和修缮，现存大小窟龛221个，现存造像3938件10632身，壁画近1000平方米②。现存洞窟有23个窟龛中保存有女性造像资料。其中，第80窟有3身女性供养人造像，第76窟共6身女供养人及比丘尼造像，第21窟共4身女供养人造像，第156窟有1身女性造像，第100窟共4身女供养人造像，第16窟有女供养

① 郑炳林、徐晓丽：《读俄藏敦煌文献12册几件非佛经文献札记》，《敦煌研究》2003年第4期。

② 孙晓峰：《麦积山石窟北朝供养人调查》，《麦积山石窟研究》，北京：文物出版社，2010年，第175页。

人像 10 身和比丘尼 10 身，第 142 窟共 5 身女供养人造像，第 92 窟有 5 身比丘尼及女供养人造像，第 93 窟有比丘尼 3 身，第 131 窟有 2 身女供养人造像，第 163 窟影塑比丘尼 1 身、女供养人造像 3 身，第 159 窟有女供养人造像 8 身、比丘尼 1 身（此窟影塑女性供养人造像可见题记：榜题框内墨书“比丘……”“亡母龙欢□供养……”“亡媳三双……”“……供养”“亡媳阿奴供养佛”等），第 161 窟绘女性供养人造像 2 身，第 126 窟现存 3 身女性供养人造像、比丘尼 1 身，第 165 窟现存女性供养人造像 2 身，第 26 窟现存女性供养人造像 2 身，第 27 窟现存女性供养人造像 2 身，第 110 窟现存女性供养人造像约 10 身（存有题记：残存墨书榜题：“□□□……”“玄宝妻……”“□□妻……”“伏生妻郑旬女供养佛时”“□□□春花供养佛时”“夏侯妻皇□□……”“乔妻远……养佛□”“供养佛时谈妻王胜”“比丘尼……”），第 120 窟共女性供养人造像 4 身、比丘尼 2 身（存题记：残存 2 条墨书榜题：“比丘尼法静供……时”“比丘尼道□供养佛□”）。麦积山石窟中，早期北朝洞窟保存相对较多，由于气候多雨潮湿，大多洞窟文字壁画内容脱落无存。现就壁画内容保存较完整的西魏第 127 窟中女性内容对石窟发展的作用进行解析。

从现存石窟及大量的精美彩塑艺术可知，麦积山石窟保存女性造像内容较多。西魏时期，秦州地区已是佛教中心，有大量僧人活动于此，麦积山石窟的开凿活动十分兴盛。西魏乙弗后在失宠后，以女尼的身份来到秦州，《北史・后妃列传》记载：西魏大统元年（535 年），“文帝文皇后乙弗氏失宠，依子秦州刺史武都王戊在麦积山为尼，召僧设供，令侍婢数十人出家，手为落发，事毕，乃入室，引被自覆而崩，年三十一，凿麦积崖为龛而葬。……后号寂陵”。乙弗氏出家于麦积山，与其子武都王元戊任秦州刺史有一定关系。作为当地父母官的秦州刺史武都王元戊，在朝廷的安排下，把母后安置在有“秦地林泉之冠”的麦积山石窟。从佛教发展历史过程中可以看出，许多古代女性，在生活中自身遭受磨难时，大多依托佛教寺院或石窟作为自身生存的避难所。她们因礼佛，在磨难时身份转变成为比丘尼，从而获得等同于男性而不必依附男性或家庭，并能独立面对社会的生存空间，如寺院或石窟寺等修行场所，从而改变自身附庸可悲的生存命运。早期，女性从佛教思想的庇护中受益匪浅。到后期，在女性现实生活思想的影响下，佛教中国化、世俗化，女性信徒增多，并积极从佛教思想、经典、情感各方面影响男性，从而推动佛教石窟兴盛发展。保存于麦积山的宋代《秦州雄武军陇城县第六保瑞应寺再葬佛舍利记》云：“昔西魏大统元年，再修崖阁，重兴寺宇。”西魏文帝废皇后乙弗氏，令其“出家为尼”，“复徙后居秦州，依子秦州刺史武都王”①。麦积山第 43 窟，据专家考证，为“凿麦积崖为龛而葬”的“寂陵”窟。因西魏文皇后乙弗氏依子秦州刺史武都王，在麦积山出家为尼，并在大统六年由于政治的需要而被赐死于秦州，后奉敕“愿至尊享千万岁，天下康宁，死无恨也”“凿麦积崖为龛而葬”。据这一重要的历史记载和一些专家学者考证，麦积山第 127 窟当是乙弗后功德窟②，而洞窟主要的主持营建者是乙弗后之子、秦州刺史武都王元戊，洞窟内的所有内容有一个明显的主题，就是对乙弗后之死的深切怀念。这与当时的社会历史背景密切相关，其中孝道思想内容贯穿始终。孝道思想中涉及女性的情感、地位、生存生活与现实相关内容，是推进此窟兴建的主要动力因素。由此

① ［唐］李延寿撰：《北史》卷一三《列传一》，北京：中华书局，1974 年，第 506~507 页。

② 郑炳林、沙武田：《麦积山第 127 窟为乙弗皇后功德窟试论》，《考古与文物》2006 年第 4 期。

可见，女性对佛教石窟营建发展的作用。由于西魏文帝文皇后乙弗氏在麦积山的活动，使麦积山北朝石窟艺术突出表现其中的孝道思想内容，并贯穿整个第127窟。

麦积山石窟第127窟正壁是涅槃经变。这应与功德主乙弗后被赐死有关。洞窟壁画是乙弗后死后由武都王元戊发愿主持营建的，武都王把对母后乙弗后的怀念曲折地通过佛教涅槃思想表达出来。壁画中最为精彩的情节是八王争分舍利，是在寓意怀念之情。右壁的西方净土变，是武都王元戊希望母后死后能往生西方净土，永得安乐。壁画中表现天国净土思想的如宫殿、侍从、乐舞、净水池、莲花、树木等各种美好的事物，应有尽有。

第127窟维摩诘经变，在“观众生品”壁画中绘有一形象极为飘逸洒脱的天女，位于主要人物维摩诘与文殊的中间，似有特意表达怀念之情，或许这一天女象征乙弗后，是武都王元戊再次提高母后地位。

第127窟地狱、十恶十善图，是以劝恶行善思想，要求人们的行为规范。乙弗后在生前善良而多行善事。这与大足第16窟孝道“劝恶行善”内容相似。

第127窟顶壁绘帝释天。帝释天是三十三天的最高统治者，是一种权力的象征。壁画中形式是以中国传统的东王公乘龙车来表现，以突出权力的象征意义。但壁画中并不是如莫高窟第249窟等一样，同时也画出帝释天妃形象，而是在帝释天的前面画一飞行的女性天人形象。这种画法很有可能就是绘画者要表达的是当今帝王与王后，即文帝与乙弗后，这与乙弗后早已被废帝后称号有关。

第127窟萨埵太子舍身饲虎本生故事画的绘制，寓意乙弗后的死是一种“舍身饲虎”的精神，也寓意乙弗后将成佛果。

第127窟睒子本生，突出表现的是洞窟的实际出资者武都王元戊个人的功德，即强调一个“孝”字，在这里武都王元戊以儿子的身份，表达了对母后的孝敬与怀念。

联系到乙弗后之死的社会背景，回过头来再考察第127窟壁画内容时，会发现一个很有意思的现象，即综观第127窟洞窟壁画，有以下几个方面的突出特征：在洞窟壁画中有几处突出表现女性的画面，如窟顶帝释天前之天人、维摩诘经变中之天女、七佛中之女尼。这些都是一种以曲折表达的方式，反映对乙弗后本人的怀念，表明了一种强烈的孝道思想。

麦积山第127窟是乙弗后功德窟。主要表现涉及女性内容的孝道思想，此窟的主持营建者是乙弗后之子、秦州刺史武都王元戊，洞窟内的所有内容有一个明显的主题——对乙弗后之死深切怀念，强调“孝道”。孝道内容贯穿洞窟始终。孝道思想中的女性因素影响，推进了石窟的发展。

三、大足石刻唐宋女性造像所反映的石窟发展的重大变化

从目前众多研究中可知，无论是大足宝顶山大佛湾第15~17龛，还是小佛湾第3窟，都是表现佛教融合儒教孝道思想的内容，可以看出佛教同中国传统儒教思想融合及对中国社会生活的影响过程。《孝顺仪》引宗赜颂文说：“佛以孝为宗，岩前古道路。微尘菩萨子，尽入此门中。”密宗“释儒皆宗

之，其唯孝道矣”①。宝顶山石窟是大足名僧赵智凤于南宋淳熙至淳祐年间（1174~1252年）主持建造的、先后经历70余年完成的一座大型佛教密宗道场。其中大佛湾是向外界说教宣传的外道场，小佛湾是密教信徒修行、观想、受戒的内道场。四周围分布有13处结界像，有龙头山、佛祖岩等。在大足石刻造像群中，规模较大是北山佛湾共5处，约450龛，宝顶山15处，摩崖60铺，窟2个。其他地区有的3龛，有的10多龛等。大足唐宋石刻中涉及女性造像内容的窟约有29窟，龛有37个以上。分别是第58、240、52、24、51、243、245、281、32、279、168、149、137、252、136、110、1、40、249、279、253、168、176、15、17、18、20、31、122窟②。其中，宝顶大佛湾第15窟（龛）《报父母恩重经变》中的女性造像最为突出，将父母养育儿女的辛苦不易集中为“十恩图”，其左右刻有怀胎守护、临产、受苦、咽苦吐甘、推干就湿、哺乳不尽、洗涤不尽、为造恶业、生子忘忧、究竟怜悯等“十恩”。集中表现了母亲从怀胎到儿女成长为之付出的“十恩德”，也表现了女性寄托佛祖的庇护以求平安的过程。怀胎守护恩中，孕妇端庄，颂曰“母黄如有病，动转亦身难”，表现生育艰辛。“第二临产受苦恩”，图刻产妇立像，有侍女搀扶，还有接生妇女，右边，男巫师手持“令牌”驱邪。颂曰：“……慈亲苦……人眼泪……慈父闻将产，空惶不自持……生都未报……”从这些言辞和造像中，就能感到对生育的恐慌与不安，同时也有她们对神灵、佛祖的祈求保护依赖心态。“咽苦吐甘恩”生动表现了慈母吃苦育儿的生动情景。“推干就湿恩”颂曰“诸佛亦何偏”。从中可见寻求佛祖的庇护慰藉的心情。此窟虽是依佛教《报父母恩重经变》雕刻表现，但是实际表现的是现实女性的多种苦难，借佛教引导子女用孝道修炼佛性的儒教孝道思想内容。以孝道思想引发开石窟造像的还有儿子为母亲造像刻经的，例如大足宋代多宝塔刑信道镌造善财参礼龛、题记等。编号为第3、5、6、11、13、14、16、17、19、22、24、26、32、34、37、38、40、42、49、56、59、66、67号。题记为“砌塔道人刑信道为母亲王氏二娘自备钱镌五十三位善知识愿母亲超生佛地”。男子无论追思亡妻或为女子求福贵，为母亲造功德，这都体现出女性在当时男性心目中的情感地位和家庭生活中的社会地位的变化。可见孝道思想是女性诱发石窟开凿发展的一个极大动力因素。宝顶大佛湾第17窟龛“吹笛女”，第20窟龛石刻“养鸡女”，北山第122号龛《诃利帝母》左壁龛内乳母造像。其中，女性头饰包髻源于巴蜀女性遗风装扮——丝帕缠头。这些都是本土世俗化、现实社会中的女性造像内容，从中可见佛教文化在中国世俗化演变的进程。

在女性的佛教信仰中，民间是按照自己的愿望来组织经典的，佛教给人们以慰藉，以希望，以精神的指引，人们则赋予佛教以新的内容和形式。在《报父母恩重经变》中所倡导的某些思想，也折射出中国传统儒家思想下的女性生活状况。大足女性造像题记不少是为亡故的亲人所写的，是孝道思想推动石窟发展的实例。还有北山佛湾第137窟，南山第5、4窟，佛耳岩第2窟。另外类似的还有第110、168、51、149、253窟、峰山寺第7窟、佛耳岩第4窟。如北山佛湾第249窟，北山佛湾第52窟“女弟子黎氏奉为亡夫刘□设”等。这些都是包含女性的全家共同开窟信佛的实例。

---

① 侯冲：《宗赜孝行录及其与大足宝顶劝孝石刻的关系》，《大足石刻研究文集》第4辑，北京：中国文联出版社，2002年，第313页。

② 林梅：《由大足唐宋造像内容谈妇女与宗教的关联》，《大足石刻研究文集》第5辑，重庆：重庆出版社，2005年，第115页。

历史上，大足地区观音信仰极为广泛。隋、唐以来，由于大乘佛教思想流行、《观音经》深入流传，大足北山佛湾有观音像窟龛 85 龛，其中观音造像龛 45 龛，确实“是中古代女性造像的大观园”①。《妙法莲华经·观世音菩萨普门品》云：“……一心称名，观世音菩萨即时观其音声，皆得解脱。”观音能以各种形象出现在人们面前，帮助世人解救困难，观音有三十二变化身等。大乘佛教主张女性可以成佛，《法华经》上就有龙女成佛的故事。她们所证的果位和智慧与男人一样。在中国佛教中，影响最大的菩萨是观世音菩萨。他很久以前就已经成佛，号正法明如来，有三十二相。大乘佛教中，他以女性的形象出现。因为他可以根据众生的不同需要而化现各种形象，度化众生。观世音菩萨在大乘佛教中现女身，说明，女性在佛教中的地位的提升。众多女性造像、题记等内容说明，女性信徒是石窟发展的催化剂，是加速佛教中国化、世俗化、功利化进程的主要动力。

大足石刻女性造像，无论是表现孝道内容，或菩萨、世俗人物，都有众多涉及女性现实生活的内容。从中我们看到佛教在中国吸收儒教思想内容后得以在中国发扬光大，外来佛教文化在大足石刻几乎本土化。大足石窟的佛教艺术文化向着世俗化、儒教化转变发展，其中众多体现孝道思想的女性造像内容对石窟发展起到了推进作用。

四、结语

通过对麦积山石窟和大足石刻女性造像、题记内容整理归纳，可以发现，佛教石窟中女性造像比比皆是，佛教拥有众多女性信徒，女性信徒广泛传播佛教思想并影响男性，推动佛教在中国扎根发展，使佛教在中国本土化、世俗化。佛教在吸收儒教思想内容后，得以在中国发扬光大，女性起到了重要作用。麦积山石窟和大足石刻共同的特点是中国儒教“孝道”思想影响下为其母（女性）开功德窟，其中“孝道”思想是石窟开凿的重要动力因素。女性对佛教思想内涵体系的形成、石窟开窟建造及绘画艺术的完善精美产生了深刻久远的影响，是佛教石窟发展强有力的推动者。

（原载于《丝绸之路》2016 年第 24 期）

---

① 刘光霞：《大足北山佛湾观音坐式刍议》，《大足石刻研究文集》第 5 辑，重庆：重庆出版社，2005 年，第 323 页。

麦积山石窟第133窟与西魏乙弗氏寂陵

——麦积山石窟第43窟与隋文帝神尼舍利石室

夏朗云

有关西魏文皇后乙弗氏，及其葬于麦积崖的记载，见于《北史》①：

文帝文皇后乙弗氏，河南洛阳人也。其先世为吐谷浑渠帅，居青海，号青海王。凉州平，后之高祖莫瑰拥部落入附，拜定州刺史，封西平公。自莫瑰后，三世尚公主，女乃多为王妃，甚见贵重。父瑗，仪同三司、兖州刺史。母淮阳长公主，孝文之第四女也。后美容仪，少言笑，年数岁，父母异之，指示诸亲曰："生女何妨也。若此者，实胜男。"年十六，文帝纳为妃。及帝即位，以大统元年册为皇后。后性好节俭，蔬食故衣，珠玉罗绮绝于服玩。又仁恕不为嫉妒之心，帝益重之。生男女十二人，多早夭，唯太子（元钦）及武都王戊存焉。时新都关中，务欲东讨，蠕蠕寇边，未遑北伐，故帝结婚以抚之。于是更纳悼后，命后逊居别宫，出家为尼。悼后犹怀猜忌，复徙后居秦州，依子秦州刺史武都王。帝虽限大计，恩好不忘，后密令养发，有追还之意。然事秘禁，外无知者。（大统）六年（540年）春，蠕蠕举国度河，前驱已过夏，颇有言虏为悼后之故兴比役。帝曰："岂有百万之众为一女子举也？虽然，致此物论，朕亦何颜以见将帅邪！"乃遣中常侍曹宠赍手敕令后自尽。后奉敕，挥泪谓宠曰："愿至尊享千万岁，天下康宁，死无恨也。"因命武都王前，与之决。遗语皇太子，辞皆凄怆，因恸哭久之。侍御咸垂涕失声，莫能仰视。召僧设供，令侍婢数十人出家，手中落发。事毕，乃入室，引被自覆而崩，年三十一。凿麦积崖为龛而葬，神柩将入，有二丛云先入龛中，顷之一灭一出，后号寂陵。及文帝山陵毕，手书云，万岁后欲令后配飨。公卿乃议追谥曰文皇后，祔于太庙。废帝时，合葬于永陵。

文帝悼皇后郁久闾氏，蠕蠕主阿那瑰之长女也。……（大统）四年（538年）正月，至京师，立为皇后，时年十四。（大统）六年（540年），后怀孕将产，居于瑶华殿，闻上有狗吠声，心甚恶之。又见妇人盛饰来至后所，后谓左右："此为何人？"医巫傍侍，悉无见者，时以为文后之灵。产讫而崩，年十六，葬于少陵原。十七年，合葬永陵。

---

① ［唐］李延寿撰：《北史》卷一三《列传一·后妃上·文帝文皇后乙弗氏》，北京：中华书局，1974年，第506页。

一、乙弗氏寂陵认识回顾

洪毅然在 1957 年①，简要推测麦积山石窟第 43 窟，是西魏文皇后乙弗氏寂陵。并说，第 43 窟民间俗称为“魏后墓”。

第 43 窟位于东崖西侧下方的崖阁式洞窟，其基本结构为，1 横长方形前室即前廊（面宽 6. 68 米，深 1. 10 米），前廊后，1 平面马蹄形穹隆顶中室（即主室，高 2. 96 米，宽 3. 40 米，深 1. 90 米），主室后 1 封闭的平面纵长方形覆斗顶后室（高 1. 73 米，宽 2. 50 米，深 3. 20 米），是麦积山石窟中小型洞窟。冯国瑞 1941 年《麦积山石窟志》②、1951 年《天水麦积山石窟介绍》，未提到有俗名“魏后墓”的窟。1953 年中央文化部麦积山勘察团勘察报告及内容总录中，一些窟有俗名（如第 4 窟俗名散花楼等），第 43 窟③无俗名。笔者只闻当地老百姓说麦积山有“魏后墓”，但不能详指为何窟。也听说当地老百姓天旱求雨时，在“晒龙王”的活动中，曾将轿中所抬的龙王暂置于第 43 窟中，因第 43 窟主室正壁上有宋代重修的较大的 2 龙浮塑，意为此处为能得雨的龙宫，这也与魏后墓无涉。

初师宾在 1983 年④，从开窟区域先后（先西崖后东崖）的角度，认为位于东崖的第 43 窟时代偏晚。又据《玉堂闲话》“隋文帝分葬神尼舍利函，于（麦积山东崖的）东閤（阁）⑤ 之下，石室之中”的记载，推测此窟更像是隋文帝分葬的神尼舍利石室。

同时，初师宾试探性地考虑麦积山第 133 佛窟，有可能为西魏文皇后乙弗氏寂陵。

第 133 窟，俗名“万佛堂”“万佛洞”，为前壁中间开口（门）的幽深洞窟。其基本结构为，1 横长方形前室，2 纵长方形向后室。窟室高达 5. 85 米，宽达 12. 2 米，深达 10. 83 米，是麦积山石窟中的大型洞窟。

初师宾首先由洞窟位置因素，认为此窟在麦积山石窟中不早不晚，大约为北魏晚期开凿。又由洞

---

① 洪毅然在 1957 年 4 月 29 日，于麦积山石窟瑞应寺稿。洪毅然：《西魏文皇后乙弗氏寂陵遗址蠡测》，载天水麦积山文物保管所、麦积山艺术研究会：《麦积山石窟资料汇编》初集，1980 年。后收入麦积山石窟艺术研究所编：《麦积山石窟研究论文集》，兰州：甘肃人民出版社，2006 年。

② 冯国瑞：《麦积山石窟志》，天水：陇南丛书编印社，1941 年。冯国瑞著，张克源、冯晨校注：《麦积山石窟志校注》，北京：中国文史出版社，2015 年。冯国瑞：《天水麦积山石窟介绍》，《文物参考资料》1951 年第 10 期。

③ 麦积山勘察团：《麦积山勘察团工作报告》，《文物参考资料》1954 年第 2 期。麦积山勘察团：《麦积山石窟内容总录》，《文物参考资料》1954 年第 4 期。

④ 初师宾：《石窟外貌与石窟研究之关系——以麦积山石窟为例略谈石窟寺艺术断代的一种辅助方法》，《西北师院学报》1983 年第 4 期。

⑤ 《说文》：“閤，门旁户（小门）也。”《康熙字典》：“閤，……一说自汉迄宋、明，凡祕阁、龙图阁、天章阁、宝文阁、东阁、文渊阁，皆非从合，皆不专属小门。唐太宗引刺史入閤，问民疾苦。贞观制，自今中书门下，及三品以下入閤议事，谏官随之。宋太宗藏经、史、子、集、天文、图画分六閤，与阁同。今尊称曰阁下。韩愈上宰相书，皆从閤，由此推之，閤，阁音义通也。”［汉］许慎撰，［清］段玉裁注：《说文解字注》十二篇上，门部，《閤》，上海：上海古籍出版社，1981 年，第 587 页。张玉书、陈廷敬等奉敕纂：《钦定康熙字典》卷三十一《閤》，第 91 页。［清］永瑢、纪昀主编：《钦定四库全书 · 经部十》，文渊阁四库全书原文电子版，武汉：武汉大学出版社，1997 年。

窟地位尊贵，其窟口上下左右的周边，同时代窟莫敢近前，具有不可侵犯的“权威性”角度，谈到，（一块考察的）有的同志主张第133窟为史载西魏废皇后乙弗氏的“寂陵”，但因第133窟较大的工程量，认为不可能在乙弗氏崩之后的年内完成。因史载乙弗氏于西魏大统六年（540年）春去世，随即凿龛为陵，葬于麦积崖，故初师宾认为很可能于年内完成。于是初师宾又谈到如果第133窟系利用原有的窟扩展而成，加之此窟的双后室夫妻合葬形制及寂陵有“二丛云”出入于墓室中的记载，可暗示西魏文皇帝与乙弗氏的亲昵关系，认为第133窟是魏后墓寂陵也不无道理。其文主要记载了一下思路，未作较详细论证。

初师宾及其同志们，应意识到了第133窟似双后室的墓葬①，才考虑此窟为寂陵。

八木春生、张锦秀、董广强亦记第133窟具有古代墓葬因素②。

洪毅然的说法影响较大，在对麦积山石窟的文字介绍和讲解中曾被广泛采用，称第43窟为“魏后墓”。初师宾的说法仅寥寥数语，又不太肯定，故未被采纳。一般性的文字介绍和讲解中，对较为巨大的第133窟只作特窟看待，其时代一般笼统被指为北魏晚期。

上述两种分歧意见，表述皆简略，尚需辨识。

二、寂陵称号

按上文所录《北史》：“（乙弗氏）引被自覆而崩，年三十一。凿麦积崖为龛而葬，神柩将入，有二丛云先入龛中，顷之一灭一出，后号寂陵。”

乙弗氏去世之前的北魏至东、西魏时期，只有少数重要的有美谥皇后的单独墓才被尊称为某“陵”③。西魏拥有皇后谥号的悼皇后，于乙弗氏去世不久后的同年也去世了，被葬于少陵原，其墓未被命名为某“陵”。乙弗氏在西魏文帝时期出家后，在未被恢复皇后称号前，其墓葬即不能被称作陵。故按上文所录《北史》所载“及文帝山陵毕，手书云，万岁后欲令后配飨，公卿乃议追谥曰文皇后，祔于太庙”之后，乙弗氏墓葬才始有资格被称号作“寂陵”，寂陵应是追尊的墓号。乙弗氏墓能被追

---

① 张学荣1990年在讲学中说，参观第133窟的有些专家曾指出，此窟似汉代崖墓的形制。

② （日）八木春生：“133窟……这种令人联想到四川地区崖墓的平面结构……”张锦秀：“是我国现存按照汉代崖墓形式开凿的一个大型佛窟。”董广强：“有学者提出一个大胆的说法，这个洞窟在开凿之初不是作为佛教洞窟使用的，而应该是一个墓葬”，并又举河南南阳石桥汉墓平面图为例作对比。意此窟是利用墓葬而造的佛窟。（日）八木春生：《麦积山石窟北魏后期诸窟考》，《筑波大学艺术学研究报告》第33辑《艺术学研究报》19，筑波大学艺术系，1999年，转载于麦积山石窟艺术研究所编：《麦积山石窟研究论文集》，兰州：甘肃人民出版社，2006年，第578页。张锦秀编撰：《麦积山石窟志》，兰州：甘肃人民出版社，2002年，第22页。董广强：《绝壁上的佛国》，兰州：甘肃人民出版社，2011年，第71、72页。

③ 例如北魏文明冯太后的永固陵、文昭皇太后的终宁陵。《魏书》：“十四年，崩于太和殿，时年四十九。其日，有雄雉集于太华殿。高祖酌饮不入口五日，毁慕过礼。谥曰文明太皇太后，葬于永固陵。”“其后有司奏请加昭仪号，谥曰文昭贵人，高祖从之。世宗践阼，追尊（谥曰文昭皇太后）配飨。后先葬城西长陵东南，陵制卑局。因就起山陵，号终宁陵，置邑户五百家。肃宗诏曰：文昭皇太后，德协坤仪……”［北齐］魏收撰：《魏书》卷一三《列传一・皇后列传・文成文明皇后冯氏》，第10页，《孝文昭皇后高氏》，第17页，［清］永瑢、纪昀主编：《钦定四库全书・史部一》，文渊阁四库全书原文电子版，武汉：武汉大学出版社，1997年。

尊号为陵，得益于文帝的“手书”，得益于其子为太子（元钦），得益于其太子继位为帝（废帝）。

故，当乙弗氏于大统六年（540 年）春葬于麦积崖时，其墓无寂陵称号，我们当称作乙弗氏墓。

三、第 133 窟符合乙弗氏墓

（一）第 133 窟的断代基本符合乙弗氏墓的西魏时代

第 133 窟中未保存开窟时代方面的题记，故对其时代判断，不是绝对的，只是一个基本接近的判断。学术界认为，第 133 窟的时代，在北魏晚期至西魏①，未再有超过此范围的断代。上文所述初师宾推测第 133 窟时，学术界对其断代已存在北魏晚期的说法，北魏晚期接西魏，以此为基础，才有初师宾推测第 133 窟可能为西魏乙弗氏墓（寂陵）。

（二）第 133 窟的位置符合乙弗氏墓的尊贵

按《北史》，乙弗氏生前，虽被废为尼，但其子仍为太子。且她徙居秦州，依子秦州刺史武都王元戊。且文帝恩情眷顾未绝，密令蓄发。并最终于废帝时期，由其墓中被迁出，与文帝合葬于文帝永陵中。这表明了乙弗氏在麦积崖上的墓，至少应当是按太子母亲和武都王母亲的墓葬名义建造的，应当是一处尊贵的所在。

正如初师宾所述，第 133 窟其位置较尊贵。此窟位于较早开窟的区域西崖中部上方，距离窟前地面 44.34 米，窟口附近左右和上方，无同时代洞窟。因此，第 133 窟窟口左右和上方较疏阔，使得第 133 窟较为独立高显，具有威严性，符合乙弗氏墓的外围要求。

（三）第 133 窟的大规模符合乙弗氏墓

第 133 窟的窟室高达 5.85 米，宽达 12.2 米，深达 10.83 米，是麦积山石窟中有前壁的密闭性窟室中，内部空间最大者，因此古人曾描述其为“广若今之大殿”②。在洞府空间规模巨大方面，符合尊贵

---

① 中央勘察团（1953~1954 年）断代为（北）魏晚期。董玉祥（1983 年）断代为北魏第三期（北魏晚期，516~534 年）。（日）东山健吾（2010 年）断代为北魏后期至西魏（504~557 年）。麦积山勘察团：《麦积山石窟内容总录》，《文物参考资料》1954 年第 4 期。董玉祥：《麦积山石窟的分期》，《文物》1983 年第 6 期。（日）东山健吾：《麦积山石窟——云海中微笑的众佛及其系谱》，麦积山石窟艺术研究所编：《麦积山石窟研究》，北京：文物出版社，2010 年。

② 《玉堂闲话》：“麦积山者……由西閤悬梯而上，其间千房万屋，缘空躡虚，登之者不敢回顾。将及绝顶，有万菩萨堂，凿石而成。广若（“若”原作“古”，据明抄本改）今之大殿。其雕梁画栱，绣栋云楣，并就石而成，万躯菩萨，列于一堂。”上文已述，“閤”通“阁”，故麦积山西閤即麦积山西阁，当指麦积山石窟西崖部分。据此可判断，内部空间很大的第 133 窟即此万菩萨堂。万菩萨堂是第 133 窟俗名万佛洞的别称，俗将佛亦称菩萨。［五代］王仁裕：《玉堂闲话》，［北宋］李昉等编：《太平广记》卷第三百九十七《山（溪附）·麦积山》，第 3181 页，北京：中华书局，1995 年。［汉］许慎撰，［清］段玉裁注：《说文解字注》十二篇上，门部，《閤》，第 587 页，上海：上海古籍出版社，1981 年。张玉书、陈廷敬等奉敕纂：《钦定康熙字典》卷三十一《閤》，第 91 页。［清］永瑢、纪昀主编：《钦定四库全书·经部十》，文渊阁四库全书原文电子版，武汉：武汉大学出版社，1997 年。

的太子母亲和武都王母亲的墓。

（四）第133窟的形制符合乙弗氏墓的“二丛云”

笔者赞同初师宾“第133窟双后室是夫妻合葬墓的设计形式，并且史籍中有‘二丛云’出入的记载，可表示西魏文帝夫妻的亲昵关系”。

第133窟1横长方形的前堂，2纵长方形后室的形制，类似于汉代流行的“1横长方形前堂，2并列纵长方形后室”形制的夫妻合葬墓①。也类似四川乐山麻浩汉代崖墓②。麻浩崖墓形制出现1基本横长方形前堂和基本并列的基本纵长方形的后室，后室可为2个以上。四川北部的广元绵阳间，南朝时期也有类似崖墓③，形制也出现1前堂（前槽）和2并列的基本纵长方形的后室。这种1前堂2并列后室形制墓葬中，各后室的主人关系应比较密切，一般应属于共同的家族。汉代并列双后室的主人可为夫妻，南朝崖墓并列双后室的主人也可如此。因此，西魏时代，在地近四川北部的麦积崖上，在墓葬双后室使用方面，继承东汉、南朝以来的夫妻合葬传统，是可能的。

《北史》中有关乙弗氏墓记载中的“二丛云”出入的内容，这除了可表示西魏文帝夫妻的亲昵关系外，从墓葬形制方面来说，“二丛云”，暗示了墓葬的双后室形制，暗示陵墓的夫妇合葬功能。因此提示，在麦积山石窟中，唯一具有双后室的第133窟，而且只能是此窟，是西魏乙弗氏寂陵。

所谓“神柩将入，有二丛云先入龛中，顷之一灭一出”，“二”表示夫妻的“双”，“顷之”表示依依不舍。此墓的感情寄托在“双”，依依不舍的是，乙弗氏孤单的“一”。

当时，在麦积崖上开双后室这样的墓葬，可寓意：不能生聚，愿死同穴，以此表示西魏文帝将来要与乙弗氏合葬于麦积崖，虽然后来又因故另选址造了自己的“山陵（永陵）”，但还是手书旨意，表述自己与乙弗氏合葬的愿望。果然，后来文帝驾崩后，乙弗氏终被自己的儿子，废帝元钦迁出麦积崖寂陵，与文帝合葬于关中永陵，完成了遗愿。虽未合葬于麦积崖，但双后室已表明当时的愿望。这样看来，第133窟，对于乙弗氏与文帝后来的合葬，虽然只是起到暂厝的作用，但这种合葬的愿望，早在麦积崖上就已经定下了。

所谓“神柩将入，有二丛云先入龛中，顷之一灭一出”，就是文帝名义上为自己开凿双后室夫妻合葬陵墓，送乙弗氏先入葬的曲折表达。是借麦积烟雨二云朵的二进一出，象征文帝和乙弗氏的感情相拥入陵，象征文帝依依不舍之情。

（五）第133窟的开凿状态符合乙弗氏墓的赶工

至于初师宾所述，因乙弗氏突然去世，寂陵应赶工开凿，工期短，而不敢肯定规模很大的第133窟为寂陵的问题，本文认为，动用皇家力量，即不成问题。皇家征来的众多民夫加上一些兵士可昼夜开凿。且麦积崖为砂砾石质，较为酥松，非如石灰岩石质之坚硬难凿，并可辅以湿水处理，将更易开凿。又洞

---

① 河北定县北陵头东汉晚期大型墓M43（推测为中山王刘畅墓），即为夫妻合葬墓，其主要部分，即为“1横长方形前堂连接2并列纵长方形后室”。定县博物馆：《河北定县43号汉墓发掘简报》，《文物》1973年第11期。

② 罗二虎（四川大学博物馆）：《四川崖墓的初步研究》，《考古学报》1988年第2期。

③ 四川省博物馆文物工作队（沈仲常）：《四川昭化宝轮镇南北朝时期的崖墓》，《考古学报》1959年第2期。

窟凿入愈深，湿度稍大，难度亦减小。故窟可在数月内凿完形制，再数月赶工塑绘，可在年内完工。

第133窟并不是精雕细凿样，体现了“赶工”迹象。表现在，壁面的雕凿多处粗糙，并不追求平整。顶部也不完全对称布局，其左侧顶部较高且不规则，可能有坍塌现象，就不再顾及左右对称及规整，将错就错，巧妙安排了。故此窟形制的某些部分显得较为写意。

第133窟窟形的写意，也影响到雕塑的写意。窟内泥塑，少量的较为精细，大部分的技术手法较为写意。大多数造像碑的边框、侧面、背面，未来得及修饰平整。这不是艺术风格的原因，而似是“赶工”现象。其中，最精工的第1号造像碑也似未完工就入置了，如其正面下部1横长方形磨光面，正面上部龛楣磨光面，似是准备雕刻的，但空白。

第133窟造像的风格，在大类型一致的情况下，有不同的小类型，表明造像乃集中不同的工匠分头做成，亦体现了皇陵内的造像工作，能够组织多方之力。

（六）第133窟符合乙弗氏墓“凿龛而葬”的描述

现代人们一般认为，“龛”是敞口状，“窟”为收口状①。第133窟的形制为前壁开门的收口状“窟”形，这形制，似与《北史》所描述的，为乙弗氏“凿麦积崖为龛而葬”的“龛”相矛盾。

但在古代，龛的含义可包括收口状的“窟”形。《说文》②：“龛，龙皃（貌）。”“龙，鳞虫之长，能幽能明，能细能巨，能短能长，春分而登天，秋分而潜渊，从肉飞之形。”此谓龙的弯曲而又不完全闭合状，即为龛的轮廓状。又《康熙字典》③：“龛，（梁）《玉篇》：‘受也，盛也。’（西汉）《扬子·方言》：‘龛，受也。齐楚曰鉿，扬越曰龛。受盛也，犹秦晋言容盛也。’（晋）《郭注》：‘今言龛囊，由此名也。’”故在晋代之后，如龛作为名词使用，似囊状者，亦可称为龛。囊有“收口状”，于是，“龛”形应包括“收口状”形，“龛”应包括前壁开门的“收口状”的“窟”形。

又，敦煌莫高窟所藏（武周）“李君莫高窟佛龛碑”上的《李君莫高窟佛龛碑并序》记载：“厥初，秦建元二年。有沙门乐僔，戒行清虚，执心恬静。尝仗锡林野，行止此山，忽见金光，状有千佛，遂架空凿险，造窟一龛。”④ 这里“造窟一龛”，说明“龛”的概念要大一些。“龛”不一定是“窟”，“窟”可称为“龛”。

又，现藏于麦积山石窟瑞应寺中的南宋时期“四川制置使司给田公据碑”上的《四川制置使司给田公据》⑤ 碑文中，有对麦积山石窟的描述云：“群山围绕，中间突起一峰，镌凿千龛，现垂万像。”其中的“镌凿千龛”，涵盖麦积山石窟上所有洞窟，包括有前壁的“窟”。故，南宋时，仍将麦积山石

① 麦积山勘察团：《麦积山勘察团工作报告》载：“关于龛和窟的区别，我们沿用永靖炳灵寺石窟勘察的原则，就是有（收束）洞口的叫‘窟’，敞口的叫‘摩崖龛’，以区别于‘窟’。”麦积山勘察团：《麦积山勘察团工作报告》，《文物参考资料》1954年第2期。

② ［汉］许慎撰，［宋］徐铉增释：《说文解字》卷十一下《龛》《龙》，第14页。［清］永瑢、纪昀主编：《钦定四库全书·经部十》，文渊阁四库全书原文电子版，武汉：武汉大学出版社，1997年。

③ ［清］张玉书、陈廷敬等奉敕纂：《钦定康熙字典》卷三十六《龛》，第73页。［清］永瑢、纪昀主编：《钦定四库全书·经部十》，文渊阁四库全书原文电子版，武汉：武汉大学出版社，1997年。

④ 宿白：《武周圣历李君莫高窟佛龛碑合校》，宿白：《中国石窟寺研究》，北京：文物出版社，1996年。

⑤ 《四川制置使司给田公据》，张锦秀编撰：《麦积山石窟志》，兰州：甘肃人民出版社，2002年，第171页。

窟上所有洞窟（包括有前壁的“窟”）称为“龛”。

因此，第133窟这样的有前壁的“窟”形，至迟在撰写《北史》的唐代时，可称为“龛”。于是，第133窟的有前壁的“窟”形，与西魏乙弗皇后“寂陵”，为“龛”形墓的描述，不矛盾。

“龛”，现在一般所指较小，但在西魏，可指大规模的洞窟。比如，与西魏时代相接的北周，庾信的《秦州天水郡麦积崖佛龛铭并序》，学术界公认描述的是麦积山石窟中，大规模的散花楼（第4窟）或大规模的中七佛阁（第9窟）①，则其“龛”的概念，即指大规模的洞窟。故西魏时，龛应也可指大规模的洞窟。故，第133窟的大规模，也符合寂陵的“凿麦积崖为龛而葬”的描述。

四、第43窟非西魏寂陵而是隋文帝神尼舍利石室

（一）第43窟可以是隋代洞窟

本文赞同初师宾认为，因麦积山石窟大体早期洞窟在西，晚期洞窟在东，第43窟位置偏于崖面东部，故其时代应偏晚，可能不是西魏洞窟，而可能为隋代窟的推断。并补充新的断代证据：

1. 前、后室形制

第43窟前室（主室）为“平面马蹄形穹隆顶”型。这种形制，如果作为西魏洞窟，在麦积山石窟中，在公认为西魏时期的洞窟中未见，在其他石窟中的西魏洞窟中也罕见，故，认为麦积山石窟第43窟为西魏洞窟，难以成立。反观隋代洞窟中，有此种形制。如麦积山石窟公认为隋代②的崖阁式洞

---

① 冯国瑞：《天水麦积山石窟介绍》，《文物参考资料》1951年第10期《西北专号》。郑振铎：《〈麦积山石窟〉序》，《麦积山石窟》，文化部社会文化事业管理局，1954年。傅熹年：《麦积山石窟中所反映出的北朝建筑》，《文物资料丛刊》第4辑，北京：文物出版社，1981年。阎文儒：《麦积山石窟的历史、分期及其题材》，阎文儒主编：《麦积山石窟》，兰州：甘肃人民出版社，1984年。张学荣：《关于麦积山石窟中的北周洞窟造像和壁画》，阎文儒主编：《麦积山石窟》，兰州：甘肃人民出版社，1984年。董玉祥：《麦积山等石窟的壁画艺术》，《中国美术全集·绘画编17·麦积山等石窟壁画》，北京：人民美术出版社，1987年。李西民：《麦积山石窟史略及其雕塑源流》，《中国美术全集·雕塑编8·麦积山石窟雕塑》，北京：人民美术出版社，1988年。马世长：《麦积山北朝石窟》，国家文物局教育处编：《佛教石窟考古概要》，北京：文物出版社，1993年。金维诺：《麦积山石窟的兴建及其艺术成就》，天水麦积山石窟艺术研究所编：《中国石窟·天水麦积山》，北京：文物出版社、东京：平凡社，1987年日文版、1998年中文版，黄文昆：《麦积山的历史与石窟》，《文物》1989年第3期。

② 麦积山勘察团：《麦积山石窟内容总录》，第005窟的建造时代条空缺（其他窟多有此条），壁画内容的记载中有“大龛门壁，栱顶部分，由下仰视可见残存的装饰画……这些壁画都是魏晚期作风的”，故记此窟建造时代可至“魏晚期”。关于年代的划分，见于麦积山勘察团：《麦积山勘察团工作报告》规定，“我们把西魏归入魏晚期的范围（迁洛阳后到西魏灭亡）”。故《总录》中记牛儿堂的建造时代为，北魏迁都洛阳后到西魏灭亡这段时期。傅熹年：《麦积山石窟中所反映出的北朝建筑》，在牛儿堂勘察内容中，标其年代为“隋窟”。麦积山石窟艺术研究所编：《麦积山石窟内容总录》有“第5窟，修建时代：隋、唐（宋、明重修）”，记牛儿堂的始凿时代在隋代。此后学界基本认为牛儿堂始凿于隋。麦积山勘察团：《麦积山石窟内容总录》，《文物参考资料》1954年第2期。麦积山勘察团：《麦积山勘察团工作报告》，《文物参考资料》1954年第2期。傅熹年：《麦积山石窟中所反映出的北朝建筑》，《文物资料丛刊》第4辑，北京：文物出版社，1981年。麦积山石窟艺术研究所编：《麦积山石窟内容总录》，天水麦积山石窟艺术研究所编：《中国石窟·天水麦积山》，北京：文物出版社、东京：平凡社，1987年日文版、1998年中文版。

窟第5窟（牛儿堂），其前廊后主室的形制，即是“平面马蹄形穹隆顶”型。

第43窟后室为“平面长方形盝顶”型。其盝顶上凿出仿木结构框架，与西魏第127窟的顶部形制相似，但第43窟后室在四角中凿出立柱，却在第127窟中无。而麦积山石窟北周第4窟七佛龛内，出现了四角柱。故第43窟后室形制，当是继承西魏、北周洞窟风格的一种新风格，作为隋代新风格，是合理的。

2. 崖阁形制

第43窟崖阁八棱檐柱面上，刻有深凹槽，未见于公认的麦积山石窟西魏洞窟中。麦积山石窟北周第4窟七佛龛内的八棱柱面上，出现了较浅凹槽，呈现向深槽的过渡阶段形态。说明，第43窟这种有深凹槽的八棱檐柱面上深凹槽形式，作为隋代新风格，是合理的。

而且麦积山石窟中，具有这种深凹槽八棱檐柱的崖阁，不止第43窟崖阁。

第28、30窟为崖阁式洞窟，其崖阁八棱檐柱面有深凹槽，且其前廊后的主室为“平面马蹄形穹隆顶”型。因此，第43、28、30窟前廊后的主室，均为“平面马蹄形穹隆顶”型，且其崖阁八棱檐柱面均有凹槽。

第28、30窟曾被判断为隋代①。故第43窟与第28、30窟同属隋代，是合理的。

（二）第43窟规模较小

此窟面积不足20平方米，在麦积山石窟中，属于中小型规模，不符合作为皇陵的寂陵所应有的大规制。

（三）第43窟位置偏低

第43窟接近于麦积崖的根部，距离正下方崖前地面仅21.58米，麦积烟雨中，从崖下望之，因低，其前面的烟云淡若无，为丝状上升状，无空中平飞来丛云状，故不具备窟口“飘入丛云”的显著视觉效果，即不具备《北史》记载中寂陵入葬时的景象。

（四）第43窟符合隋文帝分葬神尼舍利的描述

本文赞同初师宾的，第43窟可能是隋文帝神尼舍利石室的推测。

有关隋文帝分葬神尼舍利于麦积山的文献，主要有如下几则：

1.《隋书》②：“高祖文皇帝，姓杨氏，讳坚……生高祖于冯翊般若寺，紫气充庭。有尼来自河东，谓皇妣曰：‘此兒所从来甚异，不可于俗间处之。’尼将高祖舍于别馆，躬自抚养……”

2.《广弘明集》③：“皇帝昔在潜龙，有婆罗门沙门来诣宅，出舍利一裹，曰：‘檀越好心，故留与供养’……神尼智仙言曰：‘佛法将灭，一切神明今已西去，儿当为普天慈父重兴佛法，一切神明还

---

① 李裕群：《麦积山石窟东崖的崩塌与隋代洞窟判定》，麦积山石窟第28、30窟被判定为隋窟。李裕群：《麦积山石窟东崖的崩塌与隋代洞窟判定》，《考古》2013年第2期。

② ［唐］魏徵等撰：《隋书》卷一《帝纪一·高祖上》，北京：中华书局，1974年。

③ ［唐］释道宣编撰：《广弘明集》卷一七《舍利感应记》，CBETA电子佛典集成，2004年。

来。’其后周氏果灭佛法，隋室受命乃兴复之。皇帝每以神尼为言云：‘我兴由佛，故于天下舍利塔内，各作神尼之像焉。’……皇帝以仁寿元年六月十三日，御仁寿宫之仁寿殿。本降生之日也。岁岁于此日深心永念，修营福善追报父母之恩。故迎诸大德沙门与论至道，将于海内诸州选高爽清静三十处，各起舍利塔。皇帝于是亲以七宝箱，奉三十舍利。自内而出置于御座之案，与诸沙门烧香礼拜，愿弟子常以正法护持三宝，救度一切众生。乃取金瓶琉璃各三十，以琉璃盛金瓶，置舍利于其内，熏陆香为泥，涂其盖而印之。三十州同刻十月十五日正午，入于铜函石函，一时起塔。”

3.《广弘明集》①：“……秦州于静念寺起塔。先是寺僧梦群仙降集，以赤绳量地，铁橛钉记之。及定塔基，正当其所。再有瑞云来覆舍利。是时十月雪下，而近寺草木悉皆开华。舍利将入函，神光远照，空内又有赞叹之声。”

4.《玉堂闲话》②：“隋文帝分葬神尼舍利函，于（麦积山）东阁之下，石室之中。”

5. 麦积山石窟北宋靖康二年碑《秦州雄武军陇城县第六保瑞应寺再葬佛舍利记》③：“至隋文皇仁寿元年，再开龛窟，敕葬舍利，建此宝塔，赐净念寺……（宋）大中二年……寻旧基圣迹……（宋）建中靖国元年，寺主僧智□等再建宝塔……”

6. 麦积山石窟南宋嘉定十五年碑《四川制置使司给田公据》④：“（麦积山）突起一峰……始自东晋起迹，敕赐无忧寺……大隋敕赐净念寺，大唐敕赐应乾寺，圣朝大观元年，于绝顶阿育王塔傍地产芝草三十八本……”

由以上文献可知：

1. 隋文帝藏有佛舍利。“神尼舍利”当指为纪念曾抚养隋文帝的神尼智仙，而分发各地供养的佛舍利。智仙如隋文帝的再生母亲，其神明之状似佛的化身，故为报恩并普利天下，隋文帝下令各地将佛舍利与智仙一起供养，舍利塔内均设神尼享龛或纪念堂。

2. 麦积山最早曾称无忧寺，麦积山绝顶有阿育王塔。因古印度阿育王又称无忧王，传为建佛舍利塔最早最多者，故阿育王塔，应指舍利塔，表明麦积山绝顶之塔应为舍利塔。

3. 所谓“秦州静念寺”乃“秦州净念寺”，寺在麦积山，麦积山绝顶舍利塔，实际应初建于隋代，宋代曾进行重修。由首先占据最显要位置看，隋建舍利塔，选择在麦积山绝顶处，是合理的。

4.《秦州雄武军陇城县第六保瑞应寺再葬佛舍利记》的“至隋文皇仁寿元年，再开龛窟，敕葬舍利，建此宝塔”的此句话，将“再开龛窟”放在首位，有“先开龛窟，再将舍利葬在龛窟中，然后在山顶建宝塔”之意。否则，如果先在山顶葬舍利而建塔，然后再在下方的崖上开龛窟，则应记载为“至隋文皇仁寿元年，敕葬舍利，建此宝塔，再开龛窟”。

5. 由《玉堂闲话》的“隋文帝分葬神尼舍利函，于东阁之下，石室之中”可知，因（上文已述）

---

① ［唐］释道宣编撰：《广弘明集》卷一七《舍利感应记》，CBETA 电子佛典集成，2004 年。

② ［五代］王仁裕：《玉堂闲话》，［北宋］李昉等编：《太平广记》卷第三百九十七《山（溪附）·麦积山》，北京：中华书局，1995 年，第 3181 页。

③《秦州雄武军陇城县第六保瑞应寺再葬佛舍利记》，夏朗云主编：《瑞应寺遗珍》，兰州：甘肃人民出版社，2008 年，第 132 页。

④《四川制置使司给田公据》，张锦秀编撰：《麦积山石窟志》，兰州：甘肃人民出版社，2002 年，第 171 页。

阁指小门或通阁，东阁当指东崖窟群的建筑，表明佛舍利是葬在麦积山石窟偏东部位置稍低的石室中。这印证了《秦州雄武军陇城县第六保瑞应寺再葬佛舍利记》中的“（隋文帝仁寿元年）再开龛窟，敕葬舍利，建此宝塔”的文意，应是在稍低的龛窟（石室）中葬舍利的基础上，而在山顶建宝塔。

6.《广弘明集》所云“先是寺僧梦群仙降集，以赤绳量地，铁橛钉记之。及定塔基，正当其所”中，其“以赤绳量地，铁橛钉记之”或是暗指，在稍低的石室中葬舍利前，为了开凿此石室，在崖前地面的定位、定向的测量行为，麦积山绝顶处的“塔基”，也与这种测量行为相对应，即，这种测量行为，是以麦积山绝顶处的塔基为基准的定位、定向内容。

按，第43窟的开口方向是，面向正南的“子午向”。且从第43窟正面沿子午线向北观看，麦积山绝顶舍利塔的垂直下方，正是第43窟。山顶塔基与第43窟正对应，正是因山下“赤绳量地”的定位、定向测量所造就的。

这说明，第43窟后室（暗墓室），正是隋文帝葬舍利的石室，也是山顶之塔垂直下方的地宫。这不应是巧合，而是古人总体设计的体现。

如此，古人也将麦积山设计为舍利塔的一部分了，即麦积山是舍利塔下部或塔基部分。于是，整个麦积山及其山顶塔便是浑然一体的整个一座舍利塔。

隋文帝敕葬舍利的塔，因被要求“各作神尼之像焉”，故也可称作“神尼舍利塔”，是佛舍利塔与神尼智仙纪念（享）堂的结合。那么，第43窟前室，正相当于享堂。在此享堂中，原是塑或画上神尼的像的。于是，第43窟的性质即是“神尼舍利石室窟”或“神尼舍利地宫窟”①。

秦州地方官在接到仁寿元年六月十三日的葬舍利诏后，将舍利塔基选址在麦积山绝顶处，于是选择绝顶处子午向的正下方造地宫窟。“十月十五日正午，（舍利）入于铜函石函，一时起塔”前的4个月内，地宫应造成，外部窟形及崖阁也应基本造讫，地宫外的神尼塑像或画像，应在将舍利封闭于地宫后最终完工。

第43窟紧挨着的正下方，隋代人还造了第49窟，其中轴线与第43窟相同。第49窟除稍小和无后室外，形制基本同于第43窟，故有可能与第43窟同时或稍后建，应与第43窟有直接的联系。第49窟在下层，塑“正左右三佛组合”，可弥补了第43窟中无主尊佛像的遗憾，表示佛像与舍利俱在，诸佛护持。

第43窟正上方，第49正下方，再无其他窟，则第49、43窟与正上方山绝顶处的舍利塔连为垂直的一线，接地通天。整个麦积山成为一座贯通天地的巍巍舍利宝塔的一部分，本是塔基，因其更巨大高耸，更像塔身，绝顶舍利塔更像塔刹。

五、第133窟作为乙弗氏墓的佐证

（一）洞窟高度与烟雨

与第43窟相反，第133窟距离窟前地坪较高（44.34米），麦积烟雨中，从崖下，有的时候可清

① 地宫中的舍利已被移出。据麦积山石窟藏北宋靖康二年《秦州雄武军陇城县第六保瑞应寺再葬佛舍利记》石碑“（北宋）建中靖国元年，寺主僧智□等再建宝塔”，可能在北宋时移出再葬。《秦州雄武军陇城县第六保瑞应寺再葬佛舍利记》，夏朗云主编：《瑞应寺遗珍》，兰州：甘肃人民出版社，2008年，第132页。

晰地看到其周围崖面上的丛云。有时由空中飞来的云，能在133窟口处分为多股而变幻离合，仿佛丛云在窟口处飘入飘出，忽合忽分，忽灭忽生。这符合《北史》中，对乙弗氏墓口处“二丛云”忽消失，又有一股忽现出的记载。

（二）墓可与佛窟结合

第133窟，其佛教内容与洞窟岩石空间是一体完成的。没有先作为墓室，待灵柩迁出后，再补塑绘佛教内容成佛窟的迹象。故，此洞窟既是一座墓葬，又是一座佛窟，是一体的，可理解为墓室形制的佛窟，或佛教氛围与墓葬结合的洞窟。

这种西魏时期的佛教氛围与墓葬结合现象，不是孤立的。

北魏皇兴三年（469年）的邢合姜墓的房形石椁①，即是佛教氛围与墓葬空间结合的例子。椁内石棺床上人骨架和随葬器物均已不存，房形石椁内的图像全是佛教题材。“石椁内壁彩绘了14尊坐佛及飞天、供养人、护法神兽等形象，是一座模拟佛殿的石椁。椁室以正壁的‘二佛并坐’和前壁的七佛为主题，空间意涵完全不同于传统的墓室，祭祀空间变成了礼佛空间，对死者灵魂的祭祀变成了礼佛，墓室封闭后的空间主旨由传统的升仙场景变成了反映净土信仰的七佛世界……北魏邢合姜墓以复古的房形石椁为葬具，但以佛像壁画模拟了佛殿式的场景，表达了完全不同于中原传统的空间营造主旨。以‘二佛’和‘七佛’题材取代了传统的夫妇并坐和升仙图式，祭祀空间变成了礼佛空间，对死者的来世想象变成了净土世界，从石椁的正壁到侧壁、前壁的画像表现了由过去向未来的过渡。邢合姜墓虽是目前考古发现的孤例，但反映了平城佛教与丧葬的频繁互动，除了平城深厚的净土信仰土壤外，还因平城匠作体制造成的图像粉本互通。”②

佛教氛围与墓葬空间结合方面，邢合姜墓房形石椁，是第133窟之前的例子，两者均在元魏时期，应该说，前者影响了后者的出现。

《资治通鉴》③：“甲申，虚葬齐献武王于漳水之西；潜凿成安鼓山石窟佛顶之旁为穴，纳其柩而塞之，杀其群匠。及齐之亡也，一匠之子知之，发石取金而逃。”

此言与西魏并行的东魏时期，权臣（实际最高统治者），大丞相、渤海王，北齐王朝奠基人高欢（北齐时，追尊谥为齐献武帝后改为齐神武皇帝），于东魏武定五年（547年）正月，病逝于晋阳家中，于当年，其灵柩对外虚葬于漳水之西，而真实的灵柩秘密葬于鼓山（即今响堂山）石窟中，于“佛顶之旁为穴”而葬。

现响堂山石窟中，在北响堂石窟最大的北洞中，有大佛像的中心塔柱上方，存在一穴，为北洞完成后不久所开凿，符合墓葬棺室形态，可为墓穴④，可为参考。这表明，东魏末期，墓葬与佛窟的结合是存在的，也被贵族所采用。而且这种状况也是继续发展的，已形成了某种传统而在后代不断出现。

---

① 李梅田、张志忠：《北魏邢合姜石椁壁画研究》，《美术研究》2020年第2期。

② 李梅田、张志忠：《北魏邢合姜石椁壁画研究》，《美术研究》2020年第2期。

③ ［北宋］司马光编著：《资治通鉴》卷一六〇《梁纪一六》，第12页。［清］永瑢、纪昀主编：《钦定四库全书·史部2》，文渊阁四库全书原文电子版，武汉：武汉大学出版社，1997年。

④ 李裕群：《北朝晚期石窟寺研究》，北京：文物出版社，2003年，第55页。

比如，这种传统，一直延续到清代，乾隆“裕陵”，其墓室内遍布佛像、菩萨像、经文、图案纹饰等佛教内容，且多为石质，使得墓葬形如佛教石窟，以超度陵墓主人乾隆皇帝及其陪葬嫔妃的亡灵。

故在西魏乙弗氏墓的前后时，均有墓葬与佛窟结合的例子，故寂陵既是陵墓，又是佛窟，是合理的。

（三）石造像碑

第133窟中，现存有众多石质佛造像碑，多至18通（故现俗称第133窟为碑洞）。没有证据表明是后来移入的，故更可能是开窟时放置进去的。除了造像碑上的千佛类小造像为通肩袈裟外，其他佛造像多为双领下垂的褒衣博带式，故其时代均可在西魏范围内。这种众多的石质造像碑供奉，是麦积山石窟中其他洞窟中所不具备的，其规模排场，正符合西魏皇家陵墓内的特殊供奉。

其第16号造像碑上的佛像，肉髻稍低平，袈裟稍紧窄，近似于北周风格，而又不完全是更低平紧窄的北周风格，是正向北周过渡的西魏风格，只是露出了北周风格的端倪。这也从一个侧面说明，第133窟艺术风格，处在北周前面的西魏阶段，而非北魏晚期，从而更佐证了第133窟为西魏寂陵。

（四）女性因素

第133窟中3个龛现存影塑供养人，大多为女性。

前室右壁前侧第1龛，龛内外，现存28身影塑供养人，大部分为俗家女性。龛正壁左侧下方1身供养人，为身材娇小的比丘尼。

前室左壁前侧第11龛，龛外左侧壁上，现存3身影塑女供养人。由残损痕迹看，左侧壁原有上下7层共18身女性供养人。龛外右侧壁残迹，亦可能为同类状态，贴着许多影塑女供养人。

左后室右壁上部第15龛，除了龛内左外侧1身为影塑比丘供养人外，龛左侧其余内外4身影塑供养人为比丘尼，龛右侧内外2身影塑供养人也是女性俗家供养人。

第133窟中女性供养人氛围的浓厚可说明，此窟与某一位重要的女性关系很大。即此窟所服务、所祈福的对象，很可能有某一位重要的女性，结合本文其他分析，则某一位重要的女性，最有可能是乙弗氏。

窟中多出现的女供养人，应包含皇家、贵族女眷和众尼。其中，众尼中可包含乙弗氏临死前亲手落发的侍女。对于一位颇有德行的前皇后、当今太子的母亲，众多女性对她供养、为她祈福，是必不可少的。因此，第133窟中浓厚的女性因素的出现不是偶然的，是此窟作为乙弗氏墓的必然附属现象。

（五）极乐堂

第133窟现俗称万佛堂、万佛洞、碑洞，在古代还有其他名称：

1. 明代名称“极乐堂”

此窟门道内上方悬挂着一块明代“万历四十一年”的匾额，额面雕刻篆书阳文3字“极乐堂”，表明了此窟在明代时的正式名称。“极乐”一词，后秦鸠摩罗什译《佛说阿弥陀经》，为西方净土极乐国或极乐国土之意。经中表明，众生一旦往生到了遍布莲池的西方净土极乐国，则决定不退转，最终成佛①。明代人应认为，此窟中的佛教氛围，主要是以西方极乐世界或西方极乐净土为旨归，故曰极乐堂。

2. 宋代名称也可为极乐堂

在窟内前室正中处，面对窟口门道，矗立着1尊立于莲台上的高约3米的宋代立佛泥塑，百姓俗称为“万佛洞门口的接引佛”。在佛教中，接引佛形象，主要指西方极乐世界教主阿弥陀佛接引众生到西方极乐净土的形象，其形象主要为立姿和双手作授手接引状。第133窟面对窟口的宋代大立佛正符合此态，立于莲台，左手仰掌托起，右手覆掌下伸，正符合授手接引状的接引佛。那么，接引佛右手下方侧立的1尊立于莲台上的小立佛，则应是表示众生被阿弥陀佛接引，最终成佛的形象。

此宋代的一大一小立佛，从外貌上看，虽形如父子②，但却不是世俗上父子血缘关系，是宗教上的接引和被接引的关系。因此，第133窟的内容，由接引佛看，宋人亦认为主旨是与往生西方净土有关。接引佛及小佛均立在莲台上，可表示立在西方极乐净土连池氛围中接引成功的状态。故，结合明代称此窟为极乐堂看，早在宋代时就可能称此窟为极乐堂。

3. 五代名称也可能为极乐堂之类

上文已述五代《玉堂闲话》记载第133窟俗名为“万菩萨堂”，已有“堂”之说。但未叙此窟为极乐堂和寂陵。除了作者可能并不知道此窟为寂陵外，至于未记述极乐堂之类的名称，可能因为作者记载了当时更通俗的名称，而未记载其正式的佛教名称极乐堂（或性质相同或相似的其他名称），如同我们现在俗称第133窟为万佛堂、万佛洞、碑洞，而不称此窟的正式佛教名称极乐堂一样。

另外的原因是，《玉堂闲话》这种笔记，一般记载民俗方面的内容并解释，不做宗教教义方面的深层次解释。

一般记载名称，要给予此名以解释。因作者认为极乐堂是纯宗教名词，就不感兴趣，于是记载此窟更通俗的称呼万菩萨堂，并简略解释此俗名的原因为“万躯菩萨列于一堂”。

---

① 《佛说阿弥陀经》：“极乐国土（即西方净土），众生生者，皆是（能达到）阿鞞跋致。”《佛学大辞典》：“阿鞞跋致：（术语）Avaivart，又作阿毗跋致，或作阿惟越致，译曰不退转。不退转成佛进路之义，是菩萨阶位之名。”姚秦龟兹三藏鸠摩罗什译：《佛说阿弥陀经》，CBETA电子佛典集成，2004年。丁福保编纂：《佛学大辞典》，北京：文物出版社，1984年，第734页。

② 张学荣曾在1990年讲座时认为，此一大一小2立佛是释迦佛会见其子罗睺罗的场景，并认为罗睺罗可以是有肉髻的形象，未见详细论证。但此说在麦积山石窟艺术研究所讲解员的解说词中流行，胡承祖、张锦秀、董广强在论文和编著中继承此说，也未详细论证。按《罗睺罗因缘》：（罗睺罗母亲）耶输陀罗“若忆菩萨（释迦），抱罗睺罗，用解愁念。略而言之，满六年已，白（释迦佛父亲）净王，渴仰于佛。（净王）遣往请佛。（释迦）佛怜愍故，还归本国，来到释宫，佛变千二百五十比丘，皆如佛身，光相无异。（罗睺罗母亲）耶输陀罗，语罗睺罗：‘谁是汝父？往到其边。’时罗睺罗，礼佛已讫，正在如来左足边立。如来即以无量劫中所修功德相轮之手。摩罗睺罗顶……此亦当出家，重为我法子。”表明，释迦佛会见其子罗睺罗时，罗睺罗为6岁儿童形象，立在释迦的左足边，且被佛摩顶后，应为小沙弥形象，与第133窟中的此一大一小2立佛，且小佛立在大佛右足边形象不符。胡承祖：《麦积山石窟雕塑艺术论略》，《丝绸之路》1999年《学术专刊》。张锦秀编撰：《麦积山石窟志》，兰州：甘肃人民出版社，2002年，第81页。董广强著：《绝壁上的佛国》，兰州：甘肃人民出版社，2011年，第84、85页。［元魏］西域三藏吉迦夜共昙曜译：《杂宝藏经卷》第十《罗睺罗因缘》（117），CBETA电子佛典集成，2004年。

作者只感兴趣于几乎不需要解释便知其意思的通俗名称，如对第 5 窟和第 4 窟均是记载其“金蹄银角犊儿”和“散花楼”这样的通俗名称，而对其宗教含义的解释均不涉及。

富有宗教气息的正式名称往往会被忽略不记，但不一定没有，故第 133 窟的宗教名称极乐堂（或性质相同或相似的名称）在五代时或也有。

4. 原开窟时的极乐堂性质

第 133 窟前后室顶部，保存有大片的原开窟时的壁画。为天众飞翔的场面，方向是朝向窟口处飞翔。其中有尖穗尾的花苞飞翔的形象，甚至出现了距离相近的 2 花苞上部露出人头相互呼应。此种飞行花苞，（日）吉村怜曾认为是天人诞生于其中的莲花苞，在莲花苞中，天人露出头的称为“化生”，尚未露头的，称为“变化生”①。并认识到，这种花苞飞翔的形象可与“往生净土”有关②，可与西方净土有关③。

据《观经》，莲华（即莲花）为往生西方净土的九品中，自“上品下生”以下 7 品的载具，上品上生的金刚台，与上品中生的紫金台，也有可能被理解为莲花台样式④。故，第 133 窟窟顶上述壁画，可能为“往生西方净土行者与其他伴飞天众的往生飞升图”。

又据《佛说阿弥陀经》，一切诸佛有助于往生西方净土⑤。因此，窟中满壁影塑佛（故俗称万佛堂），均是有助于往生西方极乐净土的。

第 133 窟造像碑上，也更具体地反映出对往生西方极乐国土的祝愿。因为，其上的阿弥陀佛说法图（10 号造像碑上）、莲花化生（10 号造像碑等碑上）、千佛题材（千佛碑上）内容，又均是与往生西方净土有密切关系的内容。

又，第 133 窟窟口西侧紧邻的第 98 窟，以及第 133 窟西侧的第 127 窟，亦与往生西方净土有密切关系。

第 98 窟是后秦时期洞窟，其摩崖大立像是西方三圣像，主尊是阿弥陀接引佛，左观世音菩萨，右

---

① （日）吉村怜著，卞立强、赵琼译：《天人诞生图研究・东亚佛教美术史论文集》，北京：中国文联出版社，2001 年，第 44 页。

② （日）吉村怜著，卞立强、赵琼译：《天人诞生图研究・东亚佛教美术史论文集》，北京：中国文联出版社，2001 年，第 24 页。

③ （日）吉村怜：《天人诞生图研究・东亚佛教美术史论文集》，关于净土题记的讨论，引述常盘大定认为净土题记内容的“安养光接，托育宝华（莲花）”这两句话，与（表现西方净土的）《无量寿经》有关。（日）吉村怜著，卞立强、赵琼译：《天人诞生图研究・东亚佛教美术史论文集》，北京，中国文联出版社，2001 年，第 26 页，注 11。

④ 《观经》：“上品上生者……观世音菩萨，执金刚台……上品中生者……紫金台，如大宝华，经宿则开……上品下生者……即自见身坐金莲华……中品上生者……自见己身，坐莲华台……中品中生者……行者自见坐莲华上，莲华即合，生于西方极乐世界……中品下生者……下品上生者……乘宝莲华，随化佛后，生宝池中……下品中生者……即得往生七宝池中莲华之内……下品下生者……见金莲华，犹如日轮，住其人前。如一念顷，即得往生极乐世界……”［南朝宋］畺良耶舍译：《佛说观无量寿佛经》，CBETA 电子佛典集成，2004 年。

⑤ 《佛说阿弥陀经》：“舍利弗，于汝意云何，何故名为一切诸佛所护念经？舍利弗，若有善男子善女人，闻是经受持者，及闻诸佛名者，是诸善男子善女人，皆为一切诸佛共所护念。”故《佛说阿弥陀经》亦称《一切诸佛所护念经》，故，听闻《佛说阿弥陀经》，并受持向往阿弥陀佛为主尊的西方极乐世界净土，愿往生西方极乐世界净土，以及听闻包括阿弥陀佛名号在内的诸佛名号者，当为一切诸佛共所护念。因此，一切诸佛有助于众生“往生西方极乐世界”。姚秦龟兹三藏鸠摩罗什译：《佛说阿弥陀经》，CBETA 电子佛典集成，2004 年。

大势至菩萨①。第127窟，已有学者（除了少数认为是北魏窟外）认为是西魏窟，甚至为西魏武都王元戊为母乙弗氏建造之功德窟②，其西壁有大型的西方净土壁画。故可认为第133窟顶部壁画中的往生西方的行者，趋于洞口而出，受西侧的第98窟接引佛的接引，然后进入更西侧的第127窟西壁的西方净土中，西魏的第133窟与西魏的第127窟相互呼应配合。

故，综合第133窟窟内外多处的往生西方净土因素，此窟在原开窟时，也可被称为极乐堂。

极乐，是西方净土信仰者命终后的向往。

于是，第133窟包含着世俗的“命终因素”，佐证了此窟与乙弗氏墓联系起来的可能。

对西方净土的信仰，西魏之前早已流行了，尤其是这种信仰是麦积山的传统，在东晋十六国后秦时期的皇家石窟中已开始③，所以出家为尼的乙弗氏及其身边人群应信仰西方净土。且第133窟上方壁画的往生莲苞形象的成对出现，相互呼应者，亦是对夫妻、兄弟、姐妹等成对往生的美好祝愿，也暗合了乙弗氏与文帝一对夫妻故事，是一种强调。因此，第133窟的极乐堂性质，应包括对乙弗氏往生的祝愿。

且“极”与“寂”基本同音，佛教又有“寂灭为乐”之说，故“极乐堂”和“寂陵”，有内在和

---

① 夏朗云：《炳灵寺摩崖大立佛对麦积山西崖摩崖大立佛的启示》，夏朗云：《麦积山石窟考古断代研究——后秦开窟新证》，兰州：甘肃人民出版社，2010年。

② 傅熹年：《麦积山石窟中所反映出的北朝建筑》，断代为西魏。金维诺：《麦积山石窟的兴建及其艺术成就》、傅熹年：《麦积山石窟所见古建筑》、李西民、蒋毅明：《麦积山石窟内容总录》，均断代为西魏。张宝玺：《麦积山石窟壁画叙要》，断代为北魏晚期至西魏。李西民：《麦积山石窟史略及其雕塑源流》，断代为北魏后期。张锦秀编撰：《麦积山石窟志》断代为北魏。（日）东山健吾：《麦积山石窟——云海中微笑的众佛及其系谱》，断代为西魏。八木春生：《天水麦积山石窟编年论》，断代为西魏前期（535~540年）。达微佳：《麦积山石窟北朝洞窟分期研究》，断代为北魏后期的第三期（513~534年）。魏文斌：《文化遗产麦积山石窟》，断代为西魏。金维诺：《麦积山石窟的兴建及其艺术成就》，文中有“所以此窟似是武都王元戊为母乙弗后建造之功德窟”，并认为此窟是在乙弗氏葬于麦积崖前所造。郑炳林、沙武田：《麦积山第127窟为乙弗皇后功德窟试论》，赞同“此窟是武都王元戊为母乙弗后建造之功德窟”，所不同的是，认为此窟是在乙弗氏葬于麦积崖后所造。傅熹年：《麦积山石窟中所反映出的北朝建筑》，《文物资料丛刊》第4辑，北京：文物出版社，1981年。金维诺：《麦积山石窟的兴建及其艺术成就》、傅熹年：《麦积山石窟所见古建筑》、李西民、蒋毅明：《麦积山石窟内容总录》，天水麦积山石窟艺术研究所编：《中国石窟·天水麦积山》，北京：文物出版社、东京：平凡社，1987年日文版、1998年中文版。张宝玺：《麦积山石窟壁画叙要》，天水麦积山石窟艺术研究所编：《中国石窟·天水麦积山》，北京：文物出版社、东京：平凡社，1987年日文版、1998年中文版。李西民：《麦积山石窟史略及其雕塑源流》，《中国美术全集·雕塑编8·麦积山石窟雕塑》，北京：人民美术出版社，1988年。张锦秀编撰：《麦积山石窟志》，兰州：甘肃人民出版社，2002年。（日）东山健吾：《麦积山石窟——云海中微笑的众佛及其系谱》，麦积山石窟艺术研究所编：《麦积山石窟研究》，北京：文物出版社，2010年。八木春生：《天水麦积山石窟编年论》，《石窟寺研究》第二辑，北京：文物出版社，2011年。达微佳：《麦积山石窟北朝洞窟分期研究》，《石窟寺研究》第二辑，北京：文物出版社，2011年。魏文斌：《文化遗产麦积山石窟》，《中国石窟艺术·麦积山》，南京：江苏美术出版社，2013年。金维诺：《麦积山石窟的兴建及其艺术成就》，天水麦积山石窟艺术研究所编：《中国石窟·天水麦积山》，北京：文物出版社、东京：平凡社，1987年日文版、1998年中文版。郑炳林、沙武田：《麦积山第127窟为乙弗皇后功德窟试论》，《考古与文物》2006年第4期。

③ 夏朗云：《炳灵寺摩崖大立佛对麦积山西崖摩崖大立佛的启示》，夏朗云：《麦积山石窟考古断代研究——后秦开窟新证》，兰州：甘肃人民出版社，2010年。

外在双重联系。

官方号乙弗氏墓为寂陵。宗教界依照往生的角度，有可能称之为极乐堂，或迁葬后改称此墓葬形式的佛窟为极乐堂。随着时间和条件的变迁，世俗方面，对第 133 窟又有新的称呼，如万菩萨堂、万佛堂、万佛洞、碑洞。但无疑，“极乐堂”的名称，应是宗教界或住僧、居士、信众们，在历史上，对第 133 窟最正式的称呼。第 133 窟的这种正式名称，与寂陵不矛盾，反而更契合。

（六）西方三圣石造像

第 133 窟如上文所述，作为祝愿乙弗氏往生的寂陵，往生的灵魂是朝向窟口处飞出去的。但作为陵墓，其口是应要被封闭的。

既然墓室的门被封，在世俗感觉上，墓主往生的通道应有所阻挡。虽然灵魂可穿透而出，但为了摆脱这种世俗的感觉，或为了更好地表示往生的通畅，西魏人开凿此窟并运入灵柩后，在封口前，也有可能在接近窟口处放置“西方三圣”像①，做更近距离的接引。这窟口内的西方三圣像，有可能是面向窟外的，寓意西方三圣引导往生者将走出洞窟的状态。对于往生者而言，据《观经》（见上注），如果阿弥陀佛来到往生者面前，往生者就会被引向极乐之路。阿弥陀佛像如果被立在窟内，窟内空间就可被称为“极乐堂”。此窟既然被称为“极乐堂”，因此，更应当设想，窟内近窟口处，原可能立有阿弥陀接引佛为主尊的西方三圣。并且，第 133 窟门口处，原立有面向窟外“西方三圣像”的设想，是有根据的。

在第 133 窟右侧上方的邻窟第 135 窟中，有石立像 3 身，一立佛二立胁侍菩萨。立佛高约 2 米，褒衣博带，菩萨较低，披帛穿环于腹前，皆立于莲台之上，其时代应在北魏晚期至西魏。立佛右手残失，左手向前微仰掌，拇指与中指于掌中间捻一莲子，腕下袖口出一朵半开的莲花，莲瓣具有棱角状的刚性，承托左手 4 指，莲瓣间有透出的空隙。

因石立佛袖口出莲花。上已述，据《观经》，莲华（即莲花）为往生西方净土的九品中，自“上品下生”以下 7 品的载具，上品上生的金刚台，与上品中生的紫金台，也有可能被理解为莲花台样式。故石立佛可令人联想到立姿的阿弥陀接引佛。“莲子”读音同“怜子”，正适合表示弥陀接引佛的慈悲。因此，石雕二胁侍立菩萨可联想到观世音和大势至菩萨，与石雕立接引佛，构成西方三圣组合。

此 3 身石像，在 135 窟中间左侧（偏东部），窟内也无其他与之联系非常紧密的内容，显得很不协调，显然不是此窟原作。而此 3 石像之可能的西方三圣题材，与上文已判断的，第 133 窟顶部涌向窟口的“往生西方净土者伴飞其他天众飞行图”，联系非常紧密，故符合上文的第 133 窟窟口内，原可能立有阿弥陀接引佛的推测。故 3 身石像，判断是从 133 窟中移出的“西方三圣”像。

第 135 窟内现存有 1 根古代长木材，上有锯齿状楼梯卯槽，判断可能为五代《玉堂闲话》中所谓，从第 133 窟倚向第 135 窟（天堂洞）上的“独梯”之主构件。另有 1 根古代的截面方形的粗大长木材。西方三圣石像很可能正是通过此独梯，并利用方形粗大长木材作为垫底衬托物，从第 133 窟拖曳

① （日）东山健吾：《麥積山石窟の草創と仏像の流れ》，亦认为此处很可能原有像，宋代于此处重修像。（日）东山健吾：《麥積山石窟の草創と仏像の流れ》，《中國麥積山石窟展圖錄》，日本经济新闻社，1992 年。

至第135窟中的。此西方三圣石像虽重，但其项光、莲台构件均可拆开运输，且立佛身高只稍高于真人，故石像从第133窟通过栈道之梯，运至第135窟是可能的，时间大约在第133窟宋代时新造泥塑的大小2立佛①之前。

于是，西魏时期的第133窟内，门口内的前室处，可判断原立着（现存于第135窟中的）西魏时期的正面向窟口的西方三圣主尊石造像。这种设置的目的是，祝愿乙弗氏的灵魂往生时，与弥陀接引佛于“最近处”的“室内”即相遇。弥陀于“最近处”接引的状态，可表示对乙弗氏能“上品上生”于西方极乐世界的祝愿或肯定。

因为，《观经》②：“上品上生者。……七宝宫殿。……至行者前。阿弥陀佛放大光明照行者身。与诸菩萨授手迎接。”这表明，来迎阿弥陀佛与行者的会见，是在“七宝宫殿”中进行的。此最高往生品级中，阿弥陀佛的会见行者，在礼遇上，最高最近。《观经》中，其他品级中，均未有来迎阿弥陀佛在“七宝宫殿”中，或其他“室内”会见往生行者的场景，应表示，阿弥陀佛会见其他品级往生行者，在礼遇上依次渐低渐远。

这里，安排乙弗氏的灵柩与阿弥陀佛同在墓室内，表示乙弗氏的灵魂与阿弥陀佛在“室内”相遇，是将整个（第133窟内部空间的）墓室象征“七宝宫殿”。

将整个第133窟内部空间，象征为“七宝宫殿”是有旁证的。《玉堂闲话》③：“将及绝顶，有万菩萨堂，凿石而成，广若今之大殿。其雕梁画栱，绣栋云楣，并就石而成，万躯菩萨，列于一堂。”则明言，将此第133窟视若“大宫殿”。

于是，第135窟的3石立像，佐证了第133窟不但是“寂陵”，而且是“七宝宫殿”样的“极乐堂”，是乙弗氏“上品上生”的“超度窟”。

因为第133窟西侧紧邻的，第98窟摩崖“来迎西方三圣”，顺势应为乙弗氏往生西方的“接力超度窟”，更西侧的有西方净土壁画的第127窟，应为最终超度窟，故第133窟实为乙弗氏的，在灵柩近旁就开始超度的“最初超度窟”。

（七）题记

第135窟石雕立佛，即判断原立于第133窟内的接引佛，其背后左侧，有1字题记，为工匠精细工整地，双勾阴刻而成。此字为反书的“乙”字，字高2厘米，宽5厘米。字的横势开张，带有隶意和北碑意。从包浆现象看，为造像时的原刻。字在接引佛像安置背光处的稍粗的背面（其上原叠加背光构件，现残失），浮现出人工的精雕细刻的艺术效果，当为精心的有意之作。

---

① 宋代于第133窟内门口处，补塑1接引佛及被接引成功的1小佛，应基本位于3身石像所立原地。此接引佛朝外面向窟口，在形态上，更为高大；在思想上，加上了往生西方净土者，不退转，最终“决定成佛”的意旨，于是加塑上被接引的往生者，最后成佛形象的小立佛；在艺术表现上，在接引佛身边不再塑观音、大势至2立胁侍菩萨，从而更突出接引佛。

② ［南朝宋］畺良耶舍译：《佛说观无量寿佛经》，CBETA电子佛典集成，2004年。

③ ［五代］王仁裕：《玉堂闲》，［北宋］李昉等编：《太平广记》卷第三百九十七《山（溪附）·麦积山》，北京：中华书局，1995年，第3181页。

此反书“乙”字，在接引佛背面的左后肘位置，水平对应佛像前面的位置，正在佛左袖中所出的半开莲花上。

《魏书·官氏志》① 载：“乙弗氏后改为乙氏。”

北魏龙门石窟石刻造像记的《太妃侯为亡夫贺兰汗造像记》② 中，王妃有姓无名，仅以一单姓“侯”表示此人。

故在麦积山石窟第135窟此接引佛石立像上，“乙”字，表示乙弗氏此人，是合适的。此接引佛像背后所书“乙”字，可代表乙弗氏本人或其灵魂。之所以在接引佛身后呈反书的状态，当寓意乙弗氏“在（接引）佛身后”，与接引佛共同前进向西方净土的状态，反书的乙字，表示乙弗氏本人或其灵魂的背后。

《观经》：“上品上生者……观世音菩萨，执金刚台，与大势至菩萨，至行者前。阿弥陀佛，放大光明，照行者身……行者见已，欢喜踊跃，自见其身，乘金刚台，随从佛后，如弹指顷，往生彼国。”有上品上生者，沐浴在阿弥陀佛的光明中，随阿弥陀佛身后往生的描述。

故，此“乙”字刻在接引佛身后背光构件下的状态，符合乙弗氏正沐浴在接引佛的光明中，乘上始终半开（未闭合，有空隙外露）的莲花状金刚台，随接引佛身后，“上品上生”的景象。

九品往生中，只有“上品下生者”，还有“随世尊（接引佛）后”的往生景象③，但其载具金莲花，有闭合的描述，故不太符合此接引佛像袖中莲花始终为半开、有空隙外露的状态。结合上文的，此接引佛近距离于七宝宫殿中接引上品上生者的判断，故可排除“‘乙’字刻在此接引佛身后”的状态，还可以是“上品下生”的景象。

当时设计者理解金刚台为“莲花状”，将莲瓣设计得具有棱角的“金刚”性。且将金刚台设计得在佛手下始终呈开放状，并有透出的空隙。这与《观经》所描述的，上品上生者，在金刚台开放状态中，仰仗佛力，弹指倾，即往生于西方极乐世界的状态一致。

《观经》中，此金刚莲台由观世音菩萨携同大势至菩萨，持予上品上生者，但依照佛教法理，归根应是佛给予的，且还要仰仗佛力，带领至西方极乐世界。故古人为加强乙弗氏与接引佛的关系，将金刚台表示为由接引佛袖中出的状态，将“乙”字刻在接引佛背后，并使“乙”字位置与金刚台对应，表示乙弗氏登上了这座始终半开的金刚台，并正在随接引佛身去后上品上生。

如将正书的“乙”字雕刻在接引佛袖口金刚台中，那样体现不了随佛身后。如将金刚台雕造在接引佛身后的佛衣和背光上，均不如雕造在佛袖中，表示“佛力引领”合适。

---

① ［北齐］魏收撰：《魏书》卷一一三《志一九·官氏九》，第47页。［清］永瑢、纪昀主编：《钦定四库全书·史部一》，文渊阁四库全书原文电子版，武汉：武汉大学出版社，1997年。

② 《太妃侯为亡夫贺兰汗造像记》：“景明三年八月十八日，广川王祖母太妃侯，为亡夫，侍中使持节，征北大将军，广川王贺兰汗造弥勒像，愿令永绝苦因，速成正觉。”《中国古代经典碑帖》（二）《龙门二十品》（下），北京：光明日报出版社，2008年，第148~151页。

③ 《观经》：“上品下生者……命欲终时，阿弥陀佛及观世音并大势至，与诸眷属持金莲华，化作五百化佛来迎此人。五百化佛一时授手。赞言：‘法子，汝今清净发无上道心，我来迎汝。’见此事时，即自见身坐金莲花。坐已华合，随世尊后即得往生七宝池中。”［南朝宋］畺良耶舍译：《佛说观无量寿佛经》，CBETA电子佛典集成，2004年。

于是，此反书“乙”字，印证了现存于第135窟中的石雕3身是从第133窟中所出，是接引乙弗氏上品上生的西方三圣，是主要为超度乙弗氏而精心所造，因此，佐证了第133窟原应为乙弗氏的寂陵。

（八）继承

南朝墓室内，早就出现了极乐堂。

推测为南齐萧道生夫妇合葬“修安陵”的丹阳胡桥墓（至迟494年）[①]中，其白虎图、骑马鼓吹图上方亦出现了众多带尖穗尾的莲花苞“变化生”，均共同朝向墓道口处飞动。据前文对此莲花苞性质的推断，“变化生”图应表示“往生西方净土行者飞升图”，以祝愿墓主往生西方。其他南北朝墓中，如邓县画像砖墓等，也出现了同类的“变化生”图景。

佛教中将奉行往生西方极乐世界的修行亦称为“奉安养”或“修安养”，这应正是“修安陵”名称的意义所在，表示这座陵墓是奉修西方极乐净土的所在，是一种“极乐堂”。

修安陵墓中未见接引佛形象，其他南朝墓葬中亦尚未见到接引佛的形象。此种墓室，可以说是尚未见到接引佛的极乐堂性质，应为极乐堂的初级阶段。

因此，麦积山西魏的第133窟，作为往生西方极乐净土的墓葬，是有南朝范本来源或根据的，并且有所发展。

第133窟不但在窟内壁画上吸收了南朝墓葬中的往生极乐世界的图景因素，而且窟内还加上了石雕、泥塑造像及以及造像碑，以助往生。尤其是在门口区域加上了西方三圣的接引佛石雕像，使得墓室洞窟，成为有接引佛的上品上生极乐堂。

这标志了墓葬与佛教内容，墓葬与石窟，墓葬与西方极乐净土的更紧密更高级的结合。麦积山石窟中的第133窟，应是南朝“修安陵极乐堂”继承和发展出的北朝“寂陵极乐堂”。

六、结语

第133窟应为西魏乙弗氏寂陵，第43窟应为隋神尼舍利石室（地宫）窟。第43窟中的舍利地宫，使得麦积山如一座巍巍舍利宝塔。第133窟又称极乐堂，是崖墓与佛窟结合的超度窟，窟中原有西方三圣主尊石像，用于超度乙弗氏上品上生。

（原载于《2014敦煌论坛：敦煌石窟研究国际学术研讨会论文集》，兰州：甘肃教育出版社，2016年，作者有删改）

---

① 南京博物院：《江苏丹阳胡桥南朝大墓及砖刻壁画》，《文物》1974年第2期，第44页墓葬概况、第53页注2。林树中：《江苏丹阳南齐陵墓砖印壁画探讨》，《文物》1977年第1期，第64、65页墓主与年代。

以洞窟开凿及壁画工艺论麦积山120窟开凿年代

——麦积山127窟开凿年代研究系列论文之二

董广强　魏文斌

麦积山第120窟是位于第127窟东侧的一个小型洞窟，和第127窟之间存在着打破关系。第127窟是在学术界有影响的一个大型洞窟，其中保存的大型经变画图西方净土变、睒子经变、舍身饲虎、地狱变、涅槃经变、维摩经变等，在石窟研究中占有重要地位，大家对其年代也都比较关注。而因为第120窟和第127窟相邻并有打破关系，故第120窟的开窟年代也同样被关注。

一、关于第120窟的研究史

较早提出第127窟和第120窟打破关系的是初师宾先生，他在《石窟外貌与石窟研究之关系——以麦积山石窟为例略谈石窟寺艺术断代的一种辅助方法》中认为第127窟的门道较深（2.85米），应该是在第121、120、158等窟的包围之下采取加大进深的方法来躲避这些洞窟，这样第127窟就打破了第120窟的后壁。第120窟壁画后的“泥坯墙”是第127窟在打破第120窟之后采用的封堵措施。对于第120窟造像风格晚于第127窟，初先生认为第120窟的开窟时间较早，但是废弃，后被第127窟打破，再后工匠在内部塑造佛像①。金维诺先生在《麦积山石窟的兴建及其艺术成就》中就这个洞窟的年代提出了自己的看法：“第120窟后壁曾被第127窟（前壁）凿通，经修补才又被隔开……第120窟为北魏晚期窟……第120窟可以作为北魏与西魏间断代标准……因此从打破关系考察，第127窟系后开……第127窟当为西魏初年窟。”② 而在李西民、蒋毅明的《麦积山石窟内容总录》中，也同样将第120窟开凿年代确定在北魏③。而在张锦秀《麦积山石窟志》中将第120窟确定为西魏④。

在第120窟正壁保存的壁画中有众多的题记，“比丘颜集供养佛时”，“比丘才嶷供养佛时”，“比

① 初师宾：《石窟外貌与石窟研究之关系——以麦积山石窟为例略谈石窟寺艺术断代的一种辅助方法》，《西北师大学报（社会科学版）》1983年第4期。

② 金维诺：《麦积山石窟的兴建及其艺术成就》，天水麦积山石窟艺术研究所编：《中国石窟·天水麦积山》，北京：文物出版社、东京：平凡社，1998年，第165~180页。

③ 李西民、蒋毅明：《麦积山石窟内容总录》，天水麦积山石窟艺术研究所编：《中国石窟·天水麦积山》，北京：文物出版社、东京：平凡社，1998年，第285页。

④ 张锦秀：《麦积山石窟洞窟形制一览表》，张锦秀编撰：《麦积山石窟志》，兰州：甘肃人民出版社，2002年，第38页。

丘进度供养佛时”，“亡弟天水郡□□真供养佛时”，“亡□□龙骧将军天水太守王宗供养佛时”，“……武□（兴）镇将王胜□（供）□□□（时）”，“□叔假伏波将军□石县令王□供养佛时”。“比丘尼法静供养佛时”，“亡祖母□供养佛时”。左侧上部红地题榜内墨书“孙三郎同□□□□妆塑生佛”。2009 年，郑怡楠根据题记中的一些地名如“天水”“武兴镇”“□（白）石县”等，对第 120 窟的年代进行了专文考证，其文从历史地理的角度出发，对这些建制的年代进行了细致的分析。文章依据武兴镇的设置推断出：“王胜出任武兴镇将只能是 497~524 年之间……所以我们认为麦积山石窟第 120 窟是北魏时期开凿的洞窟，时间很可能是在北魏后期的 524 年之前。”但是又从白石县的隶属、地望等关系中推断出第 120 窟的开凿“也应当在 525~543 年之间”。而最后的结论将第 120 窟的年代确定在 497~524 年①。

达维佳在《麦积山石窟北朝洞窟分期研究》中，将第 120 窟断定在第三期，而这一期的时代是在 513~534 年，即北魏晚期②。日本学者八木春生在《麦积山石窟编年论》中将第 120 窟定为西魏后期洞窟③，和第 44 窟为同一期洞窟。

综合以上，我们可以看出，第 120 窟的年代是在北魏晚期和西魏之间。其中初师宾先生的第 127 窟打破第 120 窟的观点影响比较大，后来的多位学者都受到了这个观点的影响，从而将这个洞窟确定在了北魏时期。而将这个洞窟确定为西魏时期洞窟的观点中，也没有明确地提出强有力的观点。本文建立在长期对第 120 窟现场考察和思考的基础上，对这个洞窟的年代进行了重新梳理。

二、两个洞窟之间考古层位学及洞窟形制类型学的判断

通过长期的现场观察思考，笔者对第 127 窟打破第 120 窟的观点持不同的意见。我们先来细致地了解一下第 120 窟的洞窟形制以及和第 127 窟之间的关系。

先看第 120 窟的后壁，后壁一佛坐于方形佛台上，其后为壁画，后壁高 152 厘米、宽 205 厘米，在壁画的右上角位置有一残破洞。在第 127 窟的对应位置也有一个不规则的破洞，洞口宽 77 厘米，高 57 厘米，下沿距离地面约 70 厘米，距离第 127 窟口东侧的门边缘为 106 厘米。洞口在 20 世纪 70 年代已经被修复填补。限于当时的条件和保护理念，当时并没有留下一些相关的图像或文字资料，并且修复时也是严密地填补了墙体和壁画地仗（壁画结构术语，在石窟中，一般的壁画由粗泥层、细泥层和颜料层组成，地仗是指粗泥层和细泥层组成的泥层）之间的空间，没有留下可供观察的余地，使今天的考察面临困难。从第 120 窟内测量，破洞补砌处最大的宽度为 106 厘米，最大高度 50 厘米，第 127 窟的对应位置破洞略小一些，因为在破洞边缘还有脱落的地仗泥皮，但这些在 20 世纪 70 年代的修复中都被封堵，所以两个洞窟之间的破洞实际尺寸要小于这些尺寸。

在 20 世纪 50 年代日本学者拍摄并出版的图录中，我们有幸找到一张从第 127 窟的破洞处向 120

① 郑怡楠：《天水麦积山 120 窟开窟时代考》，《天水师范学院学报》2009 年第 1 期。

② 达维佳：《麦积山石窟北朝洞窟分期研究》，《石窟寺研究》第二辑，北京：文物出版社，2011 年，第 65~110 页。

③ （日）八木春生：《麦积山石窟编年论》，《石窟寺研究》第二辑，北京：文物出版社，第 111~137 页。

窟拍摄的照片，从画面的比例关系推测，这个破洞呈不规则形，大约高 50 厘米、宽 60 厘米，两窟之间的崖壁厚度 15~20 厘米（画面模糊，看不清是否有壁画地仗）。

由图片可知，两个洞窟之间有一定距离的崖壁相隔，虽然这个距离很短。两个洞窟之内的壁画等文物并没有真正地出现相互打破和叠压关系，所以我们无法直接采用考古学中的打破与叠压关系来判断两个洞窟开凿时间上的先后关系，我们只有另寻他法。

1. 关于洞窟形制

第 120 窟是一个平顶方形窟，前有门道。门道高 1 米，宽 0.97 米，深 0.75 米；窟内高 1.52 米，宽 2.1 米，深 1.7 米。洞窟内仅后壁保存有泥皮和壁画，其他壁面的壁画全部脱落无存。就洞窟形制而言，这种平顶方形窟是北魏晚期和西魏时期比较普遍的一种洞窟类型，如北魏时期的第 85、89、93、101、110、112、122、126 等窟，西魏时期的第 105、123 等窟，这是一种延续时间比较长的基本窟型。仅从这一点，我们难以区分这个洞窟的开凿年代。但是麦积山石窟的洞窟形制，从北魏早期的第 100、128 窟开始，就奠定了平面方形的基本形制，洞窟的内部空间在多数情况下都是正方形的，这已经形成了北朝时期的传统。一些洞窟由于施工中的误差只是有很小的差别，如我们前面列举的北魏时期的几个洞窟其基本尺寸分别为第 85 窟：高 1.7 米、宽 1.7 米、深 1.7 米；第 89 窟：高 1.5 米、宽 1.5 米、深 1.5 米；第 101 窟：高 2.2 米、宽 2.27 米、深 2.2 米；第 110 窟：高 1.6 米、宽 1.76 米、深 1.56 米；第 112 窟：高 1.5 米、宽 1.72 米、深 1.6 米；第 122 窟：高 2.15 米、宽 2.25 米、深 2.18 米；第 126 窟：高 1.72 米、宽 1.89 米、深 1.75 米。而西魏时期的第 105 窟：高 2.13 米、宽 2.2 米、深 2.14 米；第 123 窟：高 2.47 米、宽 2.45 米、深 2.35 米①，在麦积山这样的洞窟很多。由这些数据我们看出麦积山石窟洞窟形制的基本特点——正方形的基本形制。虽然有一些施工方面的误差，但是在古代工匠的施工计划和理念中，将洞窟开凿为完全的正方形是毫无疑问的。在前列的洞窟中第 110 窟宽度和深度之间有 0.2 米的误差，是比较少见的，由于洞窟尺度相对较大，在目测范围内不容易觉察的。但是我们现在看第 120 窟内部的尺度，宽和深分别是 2.1 米、1.7 米，两者之间有 0.4 米的差别，窟高仅仅是 1.52 米，和窟内高度之间有 0.6 米的差别，目测是很容易发现这样的尺度差别，这就难以用施工误差来解释了，这样横宽明显大于进深的洞窟形制在麦积山洞窟形制完整的方形洞窟中是唯一的一例，而这一例和第 127 窟之间的打破关系结合在一起，就使得我们对这个尺度有更多的思考。

2. 关于第 120 窟后壁的泥层

从第 120 窟内观察，虽然残破处被严密封堵，由于泥层的自然收缩，在边缘位置壁画地仗和洞窟崖壁之间有一定的空隙，我们还可以从这些空隙看到泥层的基本结构，我们从边缘空隙可以看出，这个壁画地仗的厚度比较大，用一些简便的工具进行探查，在左侧边缘位置，我们探查到的厚度是 13.5 厘米，在上边缘我们探查到的厚度是 16.5 厘米，这只是我们用工具可探查到的位置，应该还有一定的厚度，由于泥层的阻挡而难以探查到位。所以我们可以肯定，整个第 120 窟后壁壁画地仗的厚度是在 16 厘米以上。

---

① 张锦秀：《麦积山石窟洞窟形制一览表》，张锦秀编撰：《麦积山石窟志》，兰州：甘肃人民出版社，2002 年，第 35~41 页。

在此，我们先简单地了解一下麦积山石窟壁画地仗的基本制作工艺。麦积山石窟的壁画地仗的制作工艺都是先在开凿好的壁面上敷一层拌合有麦秸、麻丝的粗泥层，粗泥层的功用是将凹凸不平的崖面大致抹平。之后在上面再敷一层制作精细的细泥层，干燥后作画。这些泥层的厚度根据每个洞窟的基本情况都不尽相同，一般是在 1～2 厘米，也有大于和小于这个数值的。最厚的也是在 3 厘米以内。但是第 120 窟我们看到的厚度是 16.5 厘米甚至是更大，几乎是普通壁画地仗的十倍。关于这样厚的地仗层，肯定是对某种特殊洞窟壁面情况的一种处理方式。它具体存在两种可能性，其一是依初师宾先生的观点，是第 127 窟在施工过程中打破了第 120 窟的一角，就在后期制作第 127 窟的壁画时采用了补救的方法，在第 120 窟壁画后面补砌了厚厚的泥层；第二种可能是本身就是第 120 窟壁画一体的泥层结构。

要分清楚，这个很厚的地仗层是第 120 窟壁画本身的地仗层，还是第 127 窟打破 120 窟之后从壁画层之后补砌的地仗泥层，这是一个最为关键的问题，它直接关系到洞窟的开凿先后问题。第一，前面我们讲到，第 120 窟后壁整个壁画的地仗都很厚，而不是某一部分，而如果是第 127 窟在施工过程中打破了第 120 窟，那么实际性打破的位置只是第 120 窟后壁右上角的一小部分，其他的位置没有打破，那么就不可能也没有办法把第 120 窟后壁后面全部都补砌上厚厚的泥层，只需要把打破的位置补砌上即可。其次，从泥层的用力方向上也可以看出是从第 120 窟的方向向后推压泥层的。窟顶崖壁呈现出轻微的凹凸现象，这是由于崖壁岩石比较粗糙和施工不够细致的自然现象，在壁画地仗接近窟顶的位置，原本地仗和窟顶是紧密相接的，现由于自然收缩和重力下垂的原因，在地仗和窟顶崖壁之间出现了数毫米的间隙。从崖壁的凹凸面和泥层的相互关系看，泥层应该是从第 120 窟这个方向向后推压的，因为在窟顶面向下凸起的一些位置，泥层是从第 120 窟的方向和这些凸起紧密相接的。如果是从第 127 窟方向推压泥层，无论是采用软质的泥还是比较硬的泥都是达不到这样的效果的。第三，更为重要的一点是这些泥层和第 120 窟本身壁画的泥层紧密相接，现在的壁画表面也没有产出破坏、裂纹等，如果是第 127 窟打破第 120 窟后从后面补砌，根本不会是这样的现状。可以肯定，第 120 窟现保存壁画和后面厚厚的泥层都是同一年代的。

既然与第 120 窟我们看到的壁画泥层是同一个年代的，是什么原因导致壁画泥层有这样大的厚度？唯一解释就是：第 120 窟在开凿过程中，由于计划的不周详，打破了第 127 窟的前壁，无奈之下，就只好用厚厚的泥层将后壁向前推，但由于在破洞位置泥层缺少崖壁的支撑，时间长久或由于人为的原因，破洞位置的泥层脱落，致使两个洞窟连通。

3. 洞窟开凿的细节

我们从洞窟开凿方面也可以找到第 120 窟打破第 127 窟的证据。第 127 窟的前壁（和第 120 窟相接触的壁面）无论整体和细部都是非常规整，没有发现在打破了第 120 窟之后有意识躲避第 120 窟现象。但是在第 120 窟，我们却发现了诸多的躲避现象。在第 120 窟顶和右壁相接的后角部分（正壁、右壁、窟顶相接位置）是呈不规整的弧形，而洞窟其他位置均呈直角或近于直角，并且这个位置的高度也是明显偏低，没有按照施工计划直边直角地开凿到位。而这个位置恰好就是和第 127 窟的打破位置，这就说明，第 120 窟开凿到这个位置时遇到了特殊情况，没有开凿到位。这个特殊情况就是第 120 窟打破了第 127 窟，如果在这个位置继续按计划开凿，势必会扩大两窟之间的破洞，并且在开凿时的震动等会使第127窟相应位置的壁画产生松动等，第127窟的开凿时间距离第120窟的开凿时间不远，第127窟的功德主或家族成员都是在世，而开凿这样的大型洞窟应该有一定的社会影响力和地位，这些因素都使第120窟的开凿者有很大顾忌，所以在这个位置也就只好因陋就简，不能再向第127窟方向施工开凿。

4. 综合性结论

在这种情况下，我们就了解了这个洞窟为什么是横宽（2.1米）大于深度（1.7米）这样一个反常的现象。因为在开凿过程中打破了第127窟，洞窟的深度并没有开凿到预定的深度，同时为了补砌被打破的洞窟，工匠们只好用比较厚的地仗泥层来将后壁向前推进，就造成了进深小于宽度的局面。

从洞窟关系测绘图上看，在第120窟正壁右角是两个洞窟最接近的位置，两者之间的直线距离为22.7厘米（由于测绘方法、技术等限制，这个距离可能会有偏差，但不会太大），而我们探查到的第120窟地仗厚度为16.5厘米，而22厘米的厚度就应该是壁画地仗的实际厚度。另外，第120窟在开凿时第127窟是存在的，第127窟从窟门口到前壁的尺寸是2.85米，而第120窟的门道深度是0.75米，窟内宽度是2.1米（实测最大宽度为2.05米）。从这些数据分析，当初第120窟的设计窟内深度应该是2米，和门道长度相加应该在2.8米以内。第120窟的开凿者原本是想利用第127窟门道的深度（2.85米）开凿一个小型洞窟，但是却没有考虑到第127窟的方向是有一定的倾斜，更没考虑到石壁在开凿过程中产生的震动等因素会打破第127窟，实际上，第120窟在窟角部分的实际距离为2.67米，比原预计的深度要短0.2米，造成了打破。

另外，将第120窟理解为北魏晚期的一个废弃洞窟，第127窟在开凿时打破了第120窟，之后西魏时期又在这个洞窟内进行造像①，这样的观点仔细分析也是于理不通的。如是这样，第127窟的开凿者必须对这个破洞进行处理，而处理的方法只能是在第120窟破洞位置比较厚的砖坯砌筑起紧贴壁面的一道墙，因为纯粹用泥土难以封堵破洞，我们在第74、78窟等麦积山早期洞窟中就普遍看到了砖坯。而砌筑砖坯必须有很大的厚度才可以支撑稳定性。第120窟的塑做和第127窟的开凿距离时间不长，这些砖坯也该是保存完好。第120窟的塑做者不可能拆掉这些土坯来塑做佛像，另外洞窟内部其他方面的证据（如在第120窟顶和右壁相接的后角部分是呈不规整的弧形）也不支持这个观点。

通过以上的考察和论证，我们完全可以肯定，是第120窟打破了第127窟，其开凿年代要晚于第127窟。以前的一些研究均没有对洞窟壁画的泥层结构、制作工艺、现场实际情况做深入的调查工作，从而得出的结论也就有所误差。

三、对年代的进一步讨论

至此，我们也仅是判断出第120窟晚于第127窟，在此基础上，我们还可以从塑像风格上做进一步的年代分析。

---

① 初师宾：《石窟外貌与石窟研究之关系——以麦积山石窟为例略谈石窟寺艺术断代的一种辅助方法》，《西北师大学报（社会科学版）》1983年第4期。

就第120窟正壁主佛来讲，在面型气质、袈裟等方面和西魏时期的第44窟有诸多的相似之处。这一点，是研究麦积山的学者们所公认的，在蒋毅明、李西民、张宝玺、黄文昆等在《中国石窟·天水麦积山》的图版说明中，也认可这一点，对第120窟的描述是这样的："方形平顶窟，窟内三壁各塑坐佛一身，两侧壁后部各塑菩萨一身，为正壁坐佛的胁侍，前壁门左、右各塑弟子一身。这是与北魏洞窟第127、123等窟邻近的小窟，因其主尊造型与西魏第102、44等窟坐佛造型甚为相似，一般看作是西魏窟。但是，此窟正壁曾被第127窟打破，故可肯定时间较第127窟为早期。第127窟当建于西魏早期，则此窟似可以看作北魏末期窟。①"可以看出对第120窟和西魏时期的第44、102、20等窟在造像风格方面的类似性是得到公认的，这几个洞窟造像的基本特点是造像面部温润饱满，造像躯体也逐渐饱满，并且具有明显的女性化特征。关于第44窟，笔者在《陵墓与佛窟——麦积山第43窟洞窟形制若干问题研究》一文中，认为该窟是当时的工匠依照第43窟内原有的乙弗氏"容像"（墓主人像）而塑造的一个洞窟，具有纪念窟的性质，而第102、20、120窟中的泥塑造像和第135窟中央的石雕造像、库藏的一件西魏石造像等和第44窟的艺术特点极为相似，应该是在第44窟制作完成后，其新的艺术特点以及皇室背景等原因，造成很多的工匠都进行模仿，从而形成一批这样的洞窟和造像，笔者将这类造像称为"乙弗氏样式"②。所以，第120窟的开凿年代应该是西魏，具体时间当为540年。在郑怡南的研究结论中，壁画题记中白石县的建制时间是在446~543年，而540年也在这个范围之内。

这类"乙弗氏样式"的造像，其形象特点和典型的北魏晚期的"秀骨清像"造像有比较大的差异，除去"乙弗氏"这个偶然的因素外，更多的应该是西魏定都长安之后，将洛阳地区的造像艺术风格传播到了西北地区。在第127窟和第120窟这个问题上，如果将第120窟的时代确定在北魏晚期或更早的时间，而将第127窟定在西魏时期，单就塑像艺术风格来讲，麦积山石窟造像的艺术风格的发展序列就会错乱。将造像风格圆润、类同于第44窟的第120窟前提到北魏时期，和"秀骨清像"并列在一起；而将造像相对清秀的第127窟和第44窟等这些风格圆润在造像并列在一个时期，这些诸多的问题从理论方面就难以解释。所以，正确地了解第120窟的开凿时间，对麦积山北朝时期造像艺术发展以及其他相关的问题都会有积极的意义。

（原载于《石窟寺研究》第七辑，北京：文物出版社，2017年）

---

① 蒋毅明、李西民、张宝玺、黄文昆：《图版说明》，天水麦积山石窟艺术研究所编：《中国石窟·天水麦积山》，北京：文物出版社、东京：平凡社，1998年，第237页。

② 董广强、魏文斌：《陵墓与佛窟——麦积山第43窟洞窟形制若干问题研究》，《敦煌学辑刊》2014年第2期。

两宋时期麦积山与南方佛教交流

——从第43窟宋代题记谈起

张 铭

麦积山第43窟，位于麦积山石窟东崖下部，是麦积山现存的9个北朝石雕崖阁建筑之一，关于其开凿年代及功用，历来备受关注，说法不一。1953年，文化部组织的麦积山石窟勘察团所编写的《麦积山石窟内容总录》认为，该窟始建于北魏早期，经西魏、唐、宋重修①。1957年，洪毅然先生通过实地考察后认为，首次提出第43窟开凿于西魏，是西魏文帝文皇后乙弗氏之"寂陵"所在②。这一观点遂为之后的大多数学者所接受③。初师宾先生则从崖面的布局入手，通过对该窟所处崖面位置和形制等的判断，认为该窟的开凿年代为隋，是隋初敕葬神尼舍利的崖阁式石冢④。虽然关于具体的开凿年代仍有争议，但是第43窟作为一座"瘗窟"却是被大家所公认，窟内现存的五代、宋时期的五身造像，表明至少在这一时期，其性质及功能发生了变化，由一座"瘗窟"变为佛窟。该窟留存的一方宋代题记，反映了麦积山与南方佛教的交流，也是对该窟性质和功能变化的说明。

一、宋代题记识读及考证

笔者在麦积山第43窟进行考察时，对该窟前廊后壁左侧壁面上的一方墨书题记作了仔细识读。该题记自左向右竖行书写，共六竖行，楷书。书写时壁面泥皮已经脱落，故直接写于崖体表面，因年代久远，壁面砂石掉落，题记多有漫漶和缺失。项一峰先生曾在《麦积山第43窟研究》一文末对此题记

---

① 麦积山勘察团：《麦积山石窟内容总录》，《文物参考资料》1954年第4期。

② 洪毅然：《西魏文皇后乙弗氏"寂陵"遗址蠡测》，天水麦积山文物保管所、麦积山艺术研究会：《麦积山石窟资料汇编》初集，1980年，第135~137页。

③ 之后认同第43窟为西魏乙弗氏"寂陵"的文章主要有：傅熹年《麦积山石窟中所反映出的北朝建筑》一文，原载《文物资料丛刊》第4辑，北京：文物出版社，1981年。又，《中国石窟·天水麦积山》收录有傅熹年先生《麦积山石窟所见古建筑》一文，两文内容基本相同；项一峰：《麦积山第43窟研究》，《敦煌研究》2003年第6期；董广强、魏文斌：《陵墓与佛窟——麦积山第43窟洞窟形制若干问题研究》，《敦煌学辑刊》2014年第2期，该文从建筑、墓葬、丧礼等新的视角对该洞窟进行了考察，并提出了新的观点，认为外檐建筑可称为"庙"，中间穹庐顶的空间是孝子守孝的"庐室"，后室为"柩室"。

④ 初师宾：《石窟外貌与石窟研究之关系——以麦积山石窟为例略谈石窟寺艺术断代的一种辅助方法》，《西北师大学报（社会科学版）》1983年第4期。

加以附录，但因对题记书写顺序的识别出现偏误以及辨认不甚仔细，没有能够将该题记正确识读，其中的年代、地点及寺院名称等关键信息没有录出①，故而没有引起人们的注意。现重新录文如下：

荆湖□路荆门军□（当?）阳[县]/

景德玉泉禅寺□□/

惠德字明□时淳熙□/

年岁次乙未季秋闰□/

月□[休]日经□观□□/

复回旧隐以记□□

按：《宋史·地理志四》“（荆湖）北路……军二：荆门，汉阳。县五十六。南渡后……军三：汉阳，荆门，寿昌……荆门军，开宝五年，长林、当阳二县自江陵来隶。熙宁六年，废军，县复隶江陵府。元祐三年，复为军。端平三年，移治当阳县。”② 可知荆门军属荆湖北路三军之一，当阳县是荆门军所属两县之一。另据同治五年《当阳县志》可知，当阳县玉泉山有玉泉寺③。因此题记中比较模糊之“北”“当”“县”三字可以确定。淳熙（1174~1189 年）为南宋年号，淳熙“乙未”对应淳熙二年（1175 年），可知该题记书写于南宋淳熙二年，据此可补题记中“淳熙”与“年”之间的一字为“二”。又“淳熙二年闰九月丁巳，太白犯荧惑”④，可知该年闰月为九月，与陈垣先生《二十史朔闰表》一致⑤，可补题记中“闰”与“月”之间一字为“九”。据上，可以将该题记识录为：

荆湖北路荆门军当阳县/

景德玉泉禅寺□□/

惠德字明□时淳熙二/

年岁次乙未季秋闰九/

月□[休]日经□观□□/

复回旧隐以记□□

题记中，“経”乃“经”的异体字。内容清楚明了，南宋淳熙二年（1175 年）秋九月某天，湖北当阳县玉泉禅寺一位叫慧德的僧人，再次回到了曾经隐修的麦积山，并将此事记于第 43 窟的壁面上。“复回旧隐”四字，将八百多年前的湖北当阳玉泉寺和天水麦积山联系在了一起。

---

① 项一峰在文末将该题记识读为：“复是农田悬以□□□公休日経□靓□岁次已未秋闰□惠德字明秘时□然□景德田泉辉寺化□□”。项一峰：《麦积山第 43 窟研究》，《敦煌研究》2003 年第 6 期。

② ［元］脱脱等撰：《宋史》卷八八《地理志四》，北京：中华书局，1985 年，第 2192、2198 页。

③ ［清］沅恩光等修：《湖北省当阳县志》，《中国方志丛书·华北地方·第一二六号》，台北：成文出版社有限公司，1970 年，第 77 页。

④ ［元］脱脱等撰：《宋史》卷五六《天文志九》，北京：中华书局，1985 年，第 1212 页。

⑤ 陈垣：《二十史朔闰表》，北京：古籍出版社，1956 年，第 139 页。

二、当阳玉泉寺

题记中所记载的景德玉泉禅寺，即今湖北省当阳市玉泉寺，该寺位于湖北省当阳市城西南12公里的玉泉山东麓。相传东汉建安时期，玉泉山就有普净禅师结茅于此。玉泉寺的创建则是在隋开皇年间，由天台宗创始人智者禅师所建，并由隋文帝赐“玉泉”寺额，从此成为天台宗的主要道场之一，与浙江天台国清寺、山东长清灵严寺、江苏南京栖霞寺并称为“天下四绝”，鼎盛时“为楼者九，为殿者十八。三千七百僧舍”，“占地左五里，右五里，前后十里”，被誉为“三楚名山”“荆楚丛林之冠”，是一处佛教圣地。北宗禅的创立者、被尊为“两京法主，三帝门师”的神秀大和尚就是在玉泉寺大开禅法，从而声名远播。北宋景德年间，后为明肃皇后的宋真宗德妃刘氏，出资扩建玉泉寺，并改额为“景德禅寺”①。玉泉寺宋代的建筑和造像，早已毁于兵燹无存。第43窟宋代墨书题记所称“景德玉泉禅寺”即该寺在当时的全称。湖北当阳玉泉寺与麦积山瑞应寺之间的联系，这条题记是目前所知唯一的史料记载和信息。

关于惠德，目前尚没有找到其他的资料和信息，因为题记内容比较简单，有关其师承、在麦积山隐修的时间和所信奉的经典等信息无法知晓，离开麦积山前往玉泉寺的具体时间和原因也无从考证。该条题记虽然反映出两地之间存在着僧人的来往和交流，但两所寺院之间具体的关系尚不清楚。惠德重返麦积山之后，选择在第43窟写下墨书题记用来纪念，说明其在麦积山隐修时，该窟可能是其重要的修行场所，也说明第43窟在唐宋之后由本来的“瘗窟”变为僧人修行的佛堂窟，是其性质和功能转变的佐证。

三、两宋时期的麦积山

宋代是麦积山石窟发展史上的最后一个高峰，虽然没有新窟开凿，却对原有窟龛造像进行了大规模的重修，重修的窟龛共计有50多个，占麦积山石窟总洞窟数量的近四分之一。两宋时期见诸相关碑刻及文字资料的重修活动主要有：北宋景祐二年（1035年），麦积山当寺山主惠珍及太原王秀等募捐钱物对麦积山东西两阁佛像进行了重新妆塑和贴金②；北宋建中靖国元年（1101年），麦积山寺主僧智詷等再建宝塔③；南宋绍兴二十七年（1157年），对麦积山东崖大佛（第13窟）进行重修；淳熙十一年（1184年），对麦积山第10窟造像进行妆銮④；南宋宝庆三年至绍定元年（1227~1228年），麦积山瑞应寺主持赐紫明觉大师重遇率领僧俗大众，对麦积山第4窟进行了长达两年的重修⑤。从上面

---

① ［清］李元才：《玉泉寺志》卷一，当阳玉泉寺排印本，2003年，第25页。

② 麦积山第59号摩崖有楷体墨书《施主舍钱记》，凡1200多字，详细记述了本次重修之事，详见张锦秀编撰：《麦积山石窟志》，兰州：甘肃人民出版社，2002年，第136~137页。

③ 见《秦州雄武军陇城县第六保瑞应寺再葬佛舍利记》，张锦秀编撰：《麦积山石窟志》，兰州：甘肃人民出版社，2002年，第168页。

④ 张锦秀编撰：《麦积山石窟志》，兰州：甘肃人民出版社，2002年，第135页。

⑤ 麦积山石窟艺术研究所：《麦积山石窟第4窟庑殿顶上方悬崖建筑遗迹新发现》，《文物》2008年第9期。

这些信息可以看出，在不到两个世纪的历史中，麦积山有明确记载的重修就有5次，特别是自从建中靖国元年之后，重修间隔较短，由此可见麦积山当时佛教活动之繁盛。在对前代窟龛内的壁画和塑像重新绘塑的同时，还制作了一批体量巨大、艺术水平很高的宋代精品造像，诸如第4窟的哼哈二将、第43窟前廊两侧的两身力士、第133窟的释迦会子组合、第165窟的宋代菩萨及供养人像等，都是经典的造像组合。两宋时期，秦州所处的地理位置重要，特别是宋金交战之际，秦州所在乃是交战前线，备受战争侵扰，麦积山石窟就曾经在元符元年（1098年）和绍兴二年（1132年）先后两次遭兵火之灾，石窟和寺院均有损毁①。麦积山石窟同样也保存有许多反映当时宋朝军队驻防情况的题记。战乱和苦难使得佛教信仰进一步深入民间，榷场贸易的发达也为秦州地区佛教的繁荣打下了坚实的经济基础，加之当时地方以及中央朝廷的支持等等，都使得麦积山有宋一代佛教兴盛②。而先后出现的诸如惠珍、法秀、重遇等名僧大德，则提升了麦积山在当时佛教界的地位和影响。此时的麦积山仍然是陇右地区的佛教中心，现存于麦积山石窟的众多宋代题记，正是对麦积山作为“陕西植福之场，陇右投归之地”的真实反映③。

从麦积山现存的历史资料可知，麦积山所在寺院，唐至宋初称为应乾寺，在北宋大观元年（1107年），因进献山顶舍利塔旁所产之灵芝而被朝廷赐名“瑞应寺”④，故第43窟宋代淳熙二年墨书题记中的惠德和尚旧隐之所当为瑞应寺无疑。虽然惠德在麦积山隐修的具体时间尚无法确定，但他离开麦积山，前往当阳玉泉寺，有可能是受当时宋金战争的影响。宋金战争自北宋宣和七年（金天会三年，1125年）至南宋端平元年（金天兴三年，1234年）延续了一百多年，期间双方多次发生战争，靖康之战北宋灭亡，南宋偏安一隅。虽然地处前线，但这期间的大部分时间里，位于秦岭主脊之北的麦积山所在区域一直处于宋朝政府的控制和管辖之下，这从麦积山现存的大量宋代题记中就可以看出。1164年宋金再次议和后，直到1206年的开禧北伐，宋金双方在这30多年的时间里基本上没有发生大规模的战争，秦州所在地区军事环境较为稳定，这给惠德在1175年重返麦积山提供了一个前提条件。

“秦地林泉之冠”的麦积山和“荆楚丛林之冠”的玉泉禅寺，一北一南，都有着中国早期的佛教寺院，也都是所在区域的佛教中心，玉泉寺在隋唐时期甚至是全国的佛教中心。麦积山第43窟现存的这一方宋代墨书题记，首次将这两个佛教圣地联系在了一起，虽然题记内容较为简单，但也是研究宋代麦积山与南方佛教交流的重要资料。

四、麦积山与南方佛教交流

宋代佛教进一步中国化和世俗化，对中国社会的影响空前扩大。禅宗得到极大发展，并最终取代

① 见麦积山第3窟游人题记“绍兴二年岁在壬子兵火毁”及《瑞应寺再葬佛舍利碑》碑文“元符元年讼火毁坏寺宇”。张锦秀编撰：《麦积山石窟志》，兰州：甘肃人民出版社，2002年，第142、168页。

② 关于宋代麦积山石窟的背景说明，可参见董广强先生文章。董广强：《宋代麦积山石窟发展的社会背景》，《敦煌学辑刊》2001年第2期。

③ 张锦秀编撰：《麦积山石窟志》，兰州：甘肃人民出版社，2002年，第136页。

④ 张锦秀编撰：《麦积山石窟志》，兰州：甘肃人民出版社，2002年，第171页。

其他宗派成为中国佛教的主流。这一时期佛教儒学化趋势明显，佛教与儒家的进一步融合，佛教僧人与儒家士大夫阶层关系密切，成为这一时期佛教交流的重要群体，麦积山与南方佛教的交流也是如此。麦积山保存下来的一通南宋碑刻及一方北宋洞窟题记，正是对宋代麦积山与南方佛教交流的反映和记载。

现藏于麦积山瑞应寺中的《四川制置使司给田公据》碑，刊刻于南宋嘉定十五年（1222年），碑文中就记载了麦积山著名高僧圆通禅师事迹，“又奉神宗皇帝宣诏本寺得道高僧秀铁壁入内升座讲演宗乘敕赐圆通禅师照得本寺往给赐田贰百余倾供赡僧众”①。碑文中称之为圆通禅师的秀铁壁，就是宋代禅宗云门宗的法云秀禅师，即法秀。法秀（1027~1090年），秦州陇城人，母辛氏。后在麦积山出家，从应乾寺鲁和尚姓，19岁即通经称为大僧，随后四处求学弘法，所至之地有湖北随州护国寺、安徽无为铁佛寺、浙江越州天衣寺、湖北宜昌四面山、栖贤蒋山长芦寺、河南开封法云寺，是东京法云寺开山之祖。行踪遍及南北六省，宗门属云门宗，是云门宗第十三祖，云门宗在北宋异军突起，影响遍于全国。法秀于元丰八年（1085年），“入内升座，讲演宗乘”，并被神宗赐号“圆通禅师”，名声大振，时号“秀铁面”，声誉极于一时，是赵宋一代麦积山最为显赫的高僧，法秀主讲《华严经》，深得华严精妙，以致“京洛著闻”②，“习圆觉，华严。妙入精义。而颇疑禅宗”③，这也是法秀南下的主要原因，反映出当时南北方佛教发展的差异。麦积山第50窟内的宋代高僧坐像被认为可能是为法秀所塑之像④。在两宋时期，麦积山寺院因为法秀的缘故而声势大振，法秀对麦积山与南方佛教之间的交流起到了重要作用。

蒋之奇则是这一时期醉心于佛教的士大夫代表之一，他与法秀因佛而结缘，从而成就了宋代麦积山与南方佛教的一段佳话。蒋之奇（1031~1104年），“字颖叔，常州宜兴人”，“历江西、河北、陕西副使。之奇在陕西，经赋入以给用度，公私用足”⑤。蒋之奇长于理财，治漕运，以干练称，当官为民，做了不少被人民称颂的好事。他与佛教渊源颇深，“虽究心宗，亦泥于教乘”，曾经为《楞伽阿跋多罗宝经》作序，特别是对《华严经》的理解颇为自得，曾撰写《华严经解》30篇。蒋之奇在前往长芦寺拜访法秀的时候，二人有过一段关于《华严经》的精彩辩论，蒋为之拜服，因此和法秀成为方外师友，《续传灯录》中记载法秀禅师法嗣的五十九个人中，蒋之奇以居士的身份列在末位⑥。法秀示寂之后，蒋之奇撰文祭之⑦。蒋之奇作为一位儒释道兼修的名士，曾经游访过许多佛教名胜。元丰四年（1081年）三月，在其任职陕西转运副使期间，慕名来到法秀出家地——麦积山，并在牛儿堂（即麦积山第5窟）中龛龛口左侧下部留下题刻：“蒋之奇登麦积山，观悬崖置屋之处，知杜诗为不诬矣。

---

① 张锦秀编撰：《麦积山石窟志》，兰州：甘肃人民出版社，2002年，第171页。

② 《佛祖历代通载》卷十九，《大正藏》第49册，第673页。

③ 《御选语录》卷十八，《卍续藏经》第119册，第728页。

④ 屈涛：《麦积山宋僧秀铁壁考》，郑炳林、花平宁主编：《麦积山石窟艺术文化论文集》，兰州：兰州大学出版社，2004年，第291~320页。

⑤ ［元］脱脱等撰：《宋史》卷三四三，北京：中华书局，1977年，第10916页。

⑥ 《续传灯录》卷十一，《大正藏》第51册，第535页。

⑦ ［宋］晓莹集：《罗湖野录》卷二，蓝吉富主编：《禅宗全书》第32册，台北：文殊出版社，1988年，第231页。

元丰四年三月廿六日。”①

目前关于两宋时期麦积山与南方佛教交流的资料中，有关僧人、居士的，法秀、蒋之奇加上本文最新辨识的惠德，总共有三条。惠德所处年代，距离法秀和蒋之奇之世约数十年，惠德南下与法秀当有一定关系，两人都在麦积山和南方佛教的交流中扮演了各自的角色，其流动原因值得关注，但受资料所限，尚无法厘清其中关联。希望随着更多资料的发现与公布，能够对这一问题作出进一步研究和探讨。

（原载于《敦煌学辑刊》2017 年第 1 期）

① 张锦秀编撰：《麦积山石窟志》，兰州：甘肃人民出版社，2002 年，第 146 页。

麦积山瑞应寺藏道场诸圣牌及牌竿小考

李晓红

一、圣牌基本内容

圣牌是寺院或者家庭做道场法事时，案上供奉的诸佛、菩萨、诸天、诸护法像牌。尺寸大小略有不同，一般高440~490毫米，宽270~290毫米。贴金，裱褙多层，厚度2毫米。其中，有16件圣牌像的背面有文字，标明了它在水陆法会中的确切位置。1989年整理这批水陆圣像时，我们和同时整理寺院遗留下来的文书一起编号，“麦”字号是指文书编号。麦积山石窟艺术研究所编《瑞应寺遗珍》一书中，夏朗云第一次介绍了这批圣牌，本文略取34件圣牌图片。根据圣牌背面标注位置、尺寸和画风判断，34件圣牌可分为八组。所有尺寸表示为：高×宽，单位：毫米。

第一组：麦0931释迦佛，0954药师佛，0928阿弥陀佛，0957文殊菩萨，0958普贤菩萨，0932观音菩萨，0939地藏菩萨，0955韦陀，0938护法（表一）。

表一　第一组

右四	右三	右二	右一	中	左一	左二	左三	左四
麦0938 护法	麦0939 地藏	麦0958 普贤	麦0928 弥陀佛	麦0931 释迦佛	麦0954 药师佛	麦0957 文殊	麦0932 观音	麦0955 韦陀

麦0931释迦佛。背题“释迦佛中”。背面第二层裱褙纸反裱，手书内容同麦0930、0939、0955：“乾隆三十八年（朱印）十月壹（朱色）日　焚化/敕高超三界　右给付正亡鬼准此/□案下给付正亡鬼不许别鬼争夺为此须倸给者承仗/造胜会虔备冥货壹封焚化故　收执遵奉/星门下为给付冥财事今逢。”

麦0954药师佛。背题“药师佛左一”。背裱纸有一幅版画，隐约可识为一塔（11层）。

麦0928阿弥陀佛。背题“弥陀佛右一”。背面第二层裱纸为一木刻山水画，有人物、船只、花鸟树木等。

麦0957文殊菩萨。背题“文殊左二”。背面第二层裱纸可见一塔，塔上有一圆形发光物。塔旁有“地藏王菩萨/阿弥陀佛/年　月　日给　右给□/南无西方极乐世界三十六□□□□□□□□□□□”字样。

麦0958普贤菩萨。贴金，裱褙多层（2毫米）。尺寸280毫米×438毫米。背题“普贤右二”。最上一层倷褙纸为一木刻印刷纸张，隐约可见："天下大峨眉山/西方公据西方……/夜受苦生前□不持五戒不修□□□□三途受/此穀□有□期□有善男子善女/子□□□□求解脱一修布施二修持戒三修忍辱/四修精进五修禅定六修智慧七修□□八修□□/开名著僧□□□□□若罪成河沙若能依念佛/者或□□□……/□□……念化成长生不老出/离三界□□有情□诸□□不过□□不逢八□/临终随身　念童王□情□相迎/接□驗实□行十大开王遵□佛敕大赦□□天/佛敕□合通行准此胜力合给文凭原籍住居请受/信善　本命　年/劝念弥陀点佛图千声一点是明珠　西方路上为/公据　地狱门前作赦书右给付/　计开所积善功列故于后/壹。"说明：背面有白蜡泪痕。

麦 0932 观音菩萨。背题"观音左三"。最上一层褙纸有木刻版画一幅，画中有木船一只，船旁站一天王并有发愿文一道："皈依三宝受持五戒不□一不□□二不□□……语五不□………/□九修三昧十修□□……之时集……/□我佛之□………/□成就菩提凡为信佛千声一点尽散圆满百年命终之时□□我府城隍社庙大小关洋□台□隘等□……/往生西方极乐世界受诸快乐十圣三贤同行伴侣依教主　遵　/□□□时□愿□□命终仲识伏右念诸佛位前洗心实□领受西方冥途路引道此为暗明灯□□□。"

麦 0939 地藏菩萨。背题"地藏右三"。最上一层褙纸被反褙，内容与麦 0955 韦陀像褙褙纸内容相同，为乾隆三十八年十月一日。最下一行，可见佛、旹字。

麦 0955 韦陀。背题"韦陀左四"。背面最上一层褙纸（反褙），隐约可见"乾隆三十八年（朱印）十月壹（朱色）日　焚化/敕高超三界右给付正亡鬼准此/□案下给付正亡鬼不许别鬼争夺为此须倷给者承仗/造胜会虔备冥货壹封焚化故　收执遵奉/星门下为给付冥财事今逢"。褙纸内容与麦 0930、麦 0931、麦 0939 相同。

麦 0938 护法。背题"护法右四"。背面第二层褙纸有木刻版画一幅，上题"阿弥陀佛十一月十一日/收口准此"。版画上有一船，船上站立三人，一中年男子，一男童一女童，岸边站一男子。

第二组：麦 0960 释迦文佛，0937 迦叶尊者梵王，0929 迦叶尊者梵王，0935 文殊菩萨，0930 普贤菩萨，0933 密迹金刚，0934 秽迹金刚（表二）。

表二　第二组

右三	右二	右一	中	左一	左二	左三
麦 0934 秽迹金刚	麦 0930 普贤菩萨	麦 0929 阿难尊者帝释	麦 0960 释迦文佛	麦 0937 迦叶尊者梵王	麦 0935 文殊菩萨	麦 0933 密迹金刚

麦 0960 释迦牟尼。背题"释迦文佛中"。背面有墨书题记一幅："乾隆四十四年五月上瀚之吉/麦积山瑞应寺发心承造/诸佛菩萨诸天护法像牌两堂共十八尊/住持释子湛然、徹然；徒达焕、达照（用墨涂）、达成、达贤；孙悟本、悟真、悟修、悟信；/行慧徒修璹/正觉和尚笔画徒□□（用墨涂）。"说明：据冯国瑞《麦积山石窟志》（石印本 1941 年）关于瑞应寺一章，瑞应寺僧供奉牌位，系乾隆五年（1740 年）由西安雁塔移锡住此，其宗派为临济正宗，其中湛然①禅师为临济正宗三十七世。

① 湛然禅师为临济正宗三十七世，见《麦积山石窟研究》，李晓红：《麦积山寺院住持辑录》，北京：文物出版社，2010 年，第 304 页。

麦 0937 迦叶与梵王。背题“迦叶尊者梵王左一”。背面手书“乾隆四十一年四月廿六日宣行”字样。

麦 0929 阿难尊者帝释。背题“阿难尊者帝释右一”。

麦 0935 文殊菩萨。背题“文殊菩萨左二”。

麦 0930 普贤菩萨。背题“普贤菩萨右二”。背面第二层裱纸笔书：宋廷梅、刘法才、李建、张三起、宋法、吴天才、巩珍（香长）、童月、李桷（香长）、高宽、高冕、高修（香长）、阮奠安、阮自珍（香长）、（香长）高夆、雒万库、赵祥安、侫车、王得昌、付成（香长）。中层第一面裱纸（反裱）笔书如下：（第一、二层相同笔书）“星门下为给付冥财事　今逢/□胜会虔备冥货壹封焚化故　收执遵奉/□案下给付正亡鬼不许别鬼争夺为此须倸给者承仗/敕高超三界　　右给付正亡鬼准此/乾隆三十八年（朱印）十月初一（朱色）日　焚化。”中层第二面裱纸（反裱）笔书如下：“疏奉行法事　再祈/佛光缥渺智月常明驾六通之神异早/离西极骈五辇之安降慈东土佑合/会老幼福海□深□山益峻二六时中/吉祥如意上祝。”横向（反裱）三行：“□□□□□□□□……/秀恩沾沙界利济群……/正遇。”

麦 0933 密迹金刚。背题“密迹金刚左三”。裱纸最上层依稀可见“□侄□□□□□吴/香位周奇吴/郭□吴/马□得　杨/孙□梅孙/孙□辉孙”。

麦 0934 秽迹金刚。背题“秽迹金刚右三”。最上一层裱纸下端有“衣□□□/家造此/□陶至/父为母”。

第三组：麦 0941 释迦佛，0950 毗卢遮那佛，0944 卢遮那佛，0945 文殊菩萨，0943 普贤菩萨，0947 韦陀，0948 护法（表三）。

表三　第三组

右三	右二	右一	中	左一	左二	左三
麦 0948 护法	麦 0943 普贤菩萨	麦 0944 卢遮那佛	麦 0941 释迦佛	麦 0950 毗卢遮那佛	麦 0945 文殊菩萨	麦 0947 韦陀

麦 0950 毗卢遮那佛。右下方有白底黑框榜题一幅（20 毫米×95 毫米），内题“信女孟门季氏”。

麦 0945 文殊菩萨。右下方有一处残洞。

第四组：麦 0936 帝释天及供养天像，0952 帝释天后及供养天像，0949 文臣、神像，0956 文臣、武将像。

麦 0936 帝释天及供养天像。左下角有白底墨书榜记一幅，内题“丁门杨氏　高翔”。

麦 0952 帝释天后及供养天像。右下角有白底墨书榜记一幅，内题“傅开基、张继统”。

麦 0949 文臣、神像。左下方有墨书榜题一幅（25 毫米×100 毫米），内题“侯世康、吴绪伯”。右下方有一裱黄纸的墨书榜记一幅（20 毫米×100 毫米），内题“张主义曹氏”。左上方有火烧残洞一处。

麦 0956 文臣、武将像。左下方有亲裱黄纸的墨书榜记（20 毫米×100 毫米）一条，内题“潘门张氏”；右下方有白底墨书榜记一条，内题“侯世公、王门傅氏、丁绍吕、丁绍起”。

第五组：麦 0953 白衣观音像，0946 水月观音像。

第六组：麦 0951 地藏菩萨像，0961 十王之（左五王）像，0959 十王之（右五王）像。

麦 0951 地藏菩萨像。左上部有一蛀洞。

麦 0961 十王之（左五王）像。裱褙纸最上一层为麻纸。

麦 0959 十王之（右五王）像。裱褙纸最上一层为麻纸

第七组：麦 0940 地藏菩萨像。

第八组：麦 0942 地藏菩萨像。

麦 0940 地藏菩萨像。左、右下角稍残。

麦 0942 地藏菩萨像。背面有朱笔题“唵、吽、哑”三字。

二、牌竿的主要内容

牌竿是一种佛事牌位，比圣牌更简易，用纸或麻布制成，上面书写诸佛、菩萨、诸天、护法、诸神、帝等名称，用竹签插进去，供奉在案上并标明在道场中的位置。作用是拜佛如同在寺院。这一批牌竿共计 46 件，每组尺寸大小略同，没有确切年代，牌竿和圣牌一同保存在寺院，时间也略晚于圣牌，在清代晚期至民国年间。这一批牌竿 1989 年整理时没有整理编号，故为首次介绍。

牌竿的正反面都书写诸圣名称。藏青色纸质，用金粉描绘圣位及图案花卉，佛座上、下有注明在法事活动中的排列位置。

第一组，尺寸：113 毫米×486 毫米。

1. 正面：南无本师释迦牟尼文佛（座下有“中”字）。背面：南无离垢地菩萨（座上有“二”字）。

2. 正面：南无文殊师利菩萨（座下有“一”字）。背面：南无焰惠地菩萨（座上有“四”字）。

3. 正面：南无观世音菩萨（座下有“二”字）。背面：南无发光地菩萨（座上有“三”字）。

4. 正面：南无得大势菩萨（座下有“三”字）。背面：南无离胜地菩萨（座上有“五”字）。

5. 正面：南无弥勒菩萨（座下有“八”字）。背面：南无不动地菩萨（座上有“八”字）。

第二组，尺寸：117 毫米×488 毫米。

1. 正面：南无十方三世一切诸佛（座下有“中”字）。背面：南无欢喜地菩萨（座上有“一”字）。

2. 正面：南无无尽意菩萨（座下有“四”字）。背面：南无现前地菩萨（座上有“六”字）。

3. 正面：南无宝檀华菩萨（座下有“五”字）。背面：南无法云地菩萨（座上有“十”字）。

4. 正面：南无药王菩萨（座下有“六”字）。背面：南无善惠地菩萨（座上有“九”字）。

5. 正面：南无药上菩萨（座下有“七”字）。背面：南无远行地菩萨（座上有“七”字）。

根据一、二组正面座下标字的大小顺序，如表四：

表四 第一、二组正面

八	六	四	二	中	一	三	五	七
弥勒菩萨	药王菩萨	无尽意菩萨	观音菩萨	本师释迦牟尼文佛	文殊菩萨	大势至菩萨	宝檀华菩萨	药上菩萨

根据一、二组背面座上标字的顺序，如表五：

表五 第一、二组背面

十	八	六	四	二	中	一	三	五	七	九
法云地菩萨	不动地菩萨	现前地菩萨	焰惠地菩萨	离垢地菩萨	十方三世一切诸佛	欢喜地菩萨	发光地菩萨	离胜地菩萨	远行地菩萨	善惠地菩萨

第三组：麦 1635 金刚。材质为粗布，底部用纸装裱衬托。分为左右两条幅，每条各四身金刚。尺寸：134×925 毫米。

第四组：无编号，黄麻纸，裱褙多层，厚度 2 毫米。尺寸：5. 6 毫米×32. 8 毫米。天头高 5. 5 毫米，红纸。地脚高 5 毫米左右，绿纸。缺失一个圣牌。

根据背面下部标识数字，依大小排列如下：

1. 缺失。
2. 南无大势至菩萨（背面下部有“二”字）。
3. 南无十二圆觉菩萨（背面下部有“三”字）。
4. 南无大智文殊师利菩萨（背面下部有“四”字）。
5. 南无救苦救难观世音菩萨（背面下部有“五”字）。
6. 南无九华山迷冥地藏菩萨（背面下部应为“六”字）。
7. 南无护法韦陀菩萨（背面下部应为“七”字）。
8. 南无十方三世一切菩萨（背面下部应为“八”字）。
9. 南无洪山紧那罗菩萨（背面下部应为“九”字）。
10. 南无二十四位诸天菩萨（背面下部应为“十”字）。

第五组：无编号，神位圣牌。黄麻纸，裱褙多层，厚度 2 毫米。尺寸：5. 3 毫米×32 毫米。天头高 5. 5 毫米，红纸。地脚高 5 毫米左右，绿纸。缺失多个神位圣牌。

根据背面下部标识数字，依大小排列如下：

1. 东岳泰山仁元圣帝（背面下部应为“一”字）。

3. 五方五帝开路等神（背面下部有“三”字）。

5. 直年太岁至德尊神（背面下部有“五”字）。

10. 本州城隍感应尊神（背面下部有“十”字）。

14. 佛光普照合家星辰（背面下部有“十四”字）。

三十六部鬼王面然大神（背面下部无字）。

南无五姓□鬼□□神位（背面下部无字）。

当处土地里预尊神（背面下部无字）。

第六组：无编号，神位圣牌。5. 3 毫米×32 毫米。无装裱，两层纸，上下红色签头。

佛光主照合家星辰神位，尺寸：6. 3 毫米×30 毫米。

九天云厨司命灶君神位，尺寸：5. 2 毫米×32 毫米。

第七组：无编号，黄表纸一层，上下无红头签。尺寸：5. 7 毫米×23. 2 毫米。分别为南无元满报身六卢舍那佛神位、南无清净法身毗卢遮那佛位、南无救苦救难观世音菩萨位、南无普庵祖师菩萨位、五方五帝五土龙神位、北斗解厄星君神位。

三、圣牌的来源及其分类排列

根据以上基本内容介绍分析可知，圣牌来源大致有两种：一是寺院僧人发心承造，二是周边信士捐赠寺院。

最早提到这批圣牌的是冯国瑞先生，他在其《麦积山石窟志》（1953 年石印本）关于瑞应寺一章节“佛菩萨诸王真容图帧”中提到：“寺中存佛菩萨及诸王真容多帧。诸王当为魏文皇后乙弗氏之太子武都王也。张冲翮山记云：‘维钟铭碑记、诸王真容图与子山之铭词，于今可考也。’今此图均存寺中，至可珍重（贵）。”但是，根据现存这一批道场圣像来看，冯先生所说的诸王真容图当为诸天、诸神、护法等像，并不是冯先生所说的乙弗氏之太子武都王真容，冯先生恐有误读。在麦 0960 释迦牟尼像背面有墨书“乾隆四十四年五月上瀚之吉/麦积山瑞应寺发心承造/诸佛菩萨诸天护法像牌两堂共十八尊/……”依上所述，这里所指的两堂 18 尊佛、菩萨、诸天、护法，由于有部分失佚，两堂十八尊现在难以确切定位。据《水陆仪规会本》① 分析，麦积山现存 34 件圣像牌当为上、下两堂。第一、二、三、五、六、七、八组为上堂水陆画，第四组为下堂水陆画，具体排列如下：

第一、三组供奉三世佛，第二组为佛会图，第四、五、六组为水陆画，第七、八组为单独地藏菩萨。

第四组麦 0936 帝释天及供养天，麦 0952 帝释天后及供养天，麦 0949 文臣、神像，麦 0956 文臣、武将，主要以供奉帝王、帝后、文臣武将为主。这反映出水陆画不仅画佛、神、仙，同时也画了现实社会各阶层的不同人物，如上层社会中的帝王、王子、王孙、皇后、嫔妃、才女、文官、武将。

第五组单体供奉观音圣像居多，这与民间流传至今的传说有关，麦积山求子比较灵验，所以多信奉观音。

第六、七、八组以供奉地藏、十王为主，尤以供奉地藏最多。这与超度亡灵所设道场有关，多用于报亲恩，祈父母、兄弟、亲人冥福的法事。

从裱褙的圣牌背面文字内容看，反映出以下几种信息：其一，为超度父母、兄弟、亲人往生西方极乐世界；其二，忏悔；其三，奉行法事祈福、免除灾难、祛病；其四，寒食节“十月一”为亡人送寒衣。

---

① 《水陆仪规会本》，上海：佛学书局，2002 年。

综合分析，第三组圣像年代最早，画风古朴，圣像底色以蓝色为基调，主要突出对毗卢佛的供奉；第一组圣像由于在其裱褙纸上有乾隆三十八年字样，所以推断其年代为乾隆三十八年以后；第二组圣像因在其释迦佛的背面有“乾隆四十四年瑞应寺发心承造佛菩萨……”等字样，当为乾隆四十四年造；第四、五、六组圣像较其前几组时代晚一些；第七、八组时代不详。这一批水陆圣牌是目前国内未曾发现，比较罕见，也较珍贵。与现存明清时期的水陆画相比较，一是体积小，二是画面人物少，三是表现形式独特，具有携带方便的功用，另外还有行像①的用途。

四、寺院、圣牌和水陆道场关系

瑞应寺寺名，历来为朝廷所赐。据宋人石刻《秦州雄武军陇城县第六保瑞应寺再葬佛舍利记》：“阿育王始初兴建，号无忧寺……隋文皇仁寿元年赐净念寺……又崇宁□顶产灵芝三十本……蒙恩改瑞应寺……”瑞应寺自宋一直沿用至今。

最早提到麦积山瑞应寺举行水陆道场是在宋大观元年（1107 年），据嘉定十七年（1224 年）的《四川制置使司给田公据碑》记载：“……圣朝大观元……奉敕改赐名瑞应寺……许本寺开坛，专一建置，祝延圣寿道场。”记载瑞应寺专设为当朝皇帝祈福延龄的道场。明代游人题记记载，第 133 窟前堂正中立佛背面墨书“□□仲王氏，万历三十五年奉水陆会到此”。

水陆法会不但在寺院举行，也可以在洞窟内进行。如第 2 窟，造像为明重修，主尊为地藏，脚下安卧一揭谛，两侧旁立道明和尚和闵公长者。左右壁前塑十殿阎王，左右壁绘地狱变相。地藏菩萨、十王、地狱变相的组合，也是水陆道场。这种组合形式同样见于四川大足宝顶山第 20 窟所塑“地藏、十王、地狱”造像。

麦积山瑞应寺大雄宝殿位于寺院正北，据清乾隆十三年《重修麦积山瑞应寺大雄宝殿并诸殿募缘小引》，得知，乾隆十三年重修了大雄宝殿，乾隆二十六年释圆觉重修瑞应寺。又据大雄宝殿内顶梁墨书题记“重建麦积山瑞应寺大雄宝殿并诸殿……（清嘉庆二十五年）”得知，嘉庆年又重建了大雄宝殿。殿内设坛基，并列泥塑坐佛五尊，于“文化大革命”初期拆除。但主尊像内木骨架有明“万历”题款②。且大殿东西壁绘有五佛八菩萨诸天护法像及两尊金刚。经推断，壁画应与塑像为同一时代，最晚为明万历年间。由此来看，瑞应寺大雄宝殿就是水陆法会的道场所在地。

从碑刻到题记再到洞窟雕塑和壁画乃至这一批清代早期的水陆圣牌，说明自宋到清代，麦积山第 2、133 窟和瑞应寺就是水陆道场所在地。

在水陆道场中奉请某一佛、神画像就如同启请了某一佛、神，经过供奉、礼赞、诵经、忏悔、发愿、斋戒、散食、放焰口等一系列法事活动，祈求佛、菩萨、诸天等，超度亡灵孤鬼早日脱离苦海，

---

① 中国佛教协会编：《中国佛教》第二辑，北京：知识出版社，1982 年，第 375～377 页。“行像”是用宝车或轿子载着佛像巡行城市街衢的一种宗教仪式。天水至今流传行像仪式，如每年正月十六，伏羲庙庙会时期，就有四人抬大轿，轿中供奉佛、菩萨和诸神像，行像入城，众人参迎佛的场面。

② 张锦秀编撰：《麦积山石窟志》，兰州：甘肃人民出版社，2002 年，第 154 页。

早生净土。“又见世间，凡设道场，多为父母。”① 所以有专祈亡父母乃至七世父母早在净界者也。这既是水陆圣牌与水陆道场的关系，也是圣牌在水陆道场中的用途。可以说没有水陆圣牌画就无法举办水陆道场仪式。

五、结语

中国自古提倡孝道，佛教则配合儒家“慎终追远”。为人子者，遇到双亲生日，便邀请亲友，并请和尚诵经消灾，植福延龄；父母若故世，更要举行法事，诵经礼忏。民间如此，国家如遇到天灾人祸，亦迎请高僧诵经、祈祷。宋以后，朝野为了超度战争中的死难者，还会举行大规模的水陆道场，追悼烈士，超度亡灵。这种诵经设斋、追荐亡灵、祈福超生的仪式，使佛教寺院与世俗生活日益接近。并且产生了僧人的商品化，出现了一批专门靠给世俗人家念经来挣钱的“经忏僧”和“应赴僧”。明代，朱元璋颁布的《申明佛家榜册》中，明文规定了经忏的官方价格：“验日验僧，每一日，每一僧钱五百文。主磬，写疏，召请三执事，每僧各一千文，陈设诸佛像、香灯供给，阇黎等项劳役钱一千文。”寺院经济关系到僧众生活、殿宇维修、新宇扩建、佛事活动、资助地方公益事业等方面。

麦积山保存的这一批圣牌和牌竿，极有可能就是寺院“经忏僧”和“应赴僧”做法事念经挣钱来作为寺院经济的来源之一，以寺养僧。

（原载于《丝绸之路》2017 年第 20 期）

① 参见麦积山藏明代写本《报恩道场仪》之“报恩教诫仪文”内容。

麦积山石窟第4窟散花楼外檐下仿木构件再勘察

——附新发现的散花楼中龛北周壁画建筑

敦煌研究院麦积山石窟艺术研究所考古研究室

麦积山石窟第4窟，其主体部分为石质崖阁，崖阁前廊后龛，位于东崖上，又称散花楼。散花楼为仿木结构的七间八柱庑殿形式，方向正南。现状为，中间六柱及其上方的殿顶前部坍塌。散花楼自高16米，前廊面阔30.48米，距离其下方的东崖地坪36.13米。学界多认为其开凿时代为北周。

散花楼外檐下的仿木构件，以前已有复原研究①，本次勘察着重公布新观察到的迹象，补记其结构。

一、勘察概况

2007年5、6月，麦积山石窟艺术研究所考古研究室搭起脚手架，重点考察了散花楼庑殿顶上方建筑遗迹②，顺便也观察了散花楼两侧角柱及其附件。

2012年2~3月，考察中区崖前地面上由散花楼坍塌堆积层中出土而散落的两件石构残块。

2012年5月，搭起脚手架，对散花楼左、右角柱及其附件进行复查。

2013~2015年，结合此前散花楼内北周壁画建筑的新发现及其他北周建筑因素进行综合考察。

二、勘察内容

（一）散花楼左侧

1. 角柱

散花楼左侧崖体上，高浮雕出八棱八面石柱，其前、后、左、右四面较宽，其余四面较窄，左面

① 傅熹年：《麦积山石窟所反映的北朝建筑》，《文物资料丛刊》第4辑，北京：文物出版社，1981年；傅熹年：《麦积山石窟所见古建筑》，天水麦积山石窟艺术研究所编：《中国石窟·天水麦积山》，北京：文物出版社、东京：平凡社，1987年日文版、1998年中文版。

② 麦积山石窟艺术研究所考古研究室：《麦积山石窟第4窟庑殿顶上方建筑遗迹新发现》，《文物》2008年第9期。

全部与崖体相连，其余面露出，基本完整。柱高 7.16 米，上端面宽 1、下端面宽 1.02 米。右面上端宽 0.57、下端宽 0.59 米。柱下为覆莲座，高 0.47 米，直径 2.08 米。

柱上大部分石面原被雕琢和打磨得较为平整，部分位置残存南宋重修①时所覆盖的泥皮。柱头右面自上而下的中间部分，有一片“工”字形石断碴皴面，中间较窄处断碴更凸出，超出同位置的柱面 0.04 米，并覆盖有南宋泥皮残片。皴面边缘（除上缘）凿有小石槽，宽 0.04~0.08 米（下文中其他处的小石槽尺寸基本相同）。槽内壁凿痕粗糙。包含边缘槽的工字形区域，上部面宽 0.44、高 0.34 米，中部面宽 0.4、高 0.46 米，下部面宽 0.44、左边高 0.42、右边高 0.36 米。

2. 栌斗

位于左角柱柱头之上，左侧连接崖体，右、后侧石面可见雕琢打磨平整，顶部平面稍粗，应未凿完。栌斗上部侧面微向上开张。前部残损，前右下部残存南宋重修时的泥皮。欹部内凹，高 0.25 米，平部和耳部共高 0.5 米，通高 0.75 米。正立面从左崖中伸出上端面宽 1.05 米，下端面宽 0.95 米。右侧上端进深 1.36 米，底端进深 1.16 米，此即是整个完整左栌斗四面的上、下端宽度。

栌斗右面纵向中间上部，为栌斗上方现存横向构件嵌入栌斗部分残损所形成的断碴截面，截面为横长方形断碴皴面，宽 0.74 米，高 0.17 米，皴面左上部断碴更凸出，超出于同位置的栌斗面 0.05 米。此截面应与柱、栌斗中轴对称，但其靠近石窟后部一侧存在较多，而不对称，应未凿完，以对称法测算，横向构件断面应宽 0.62 米。

此横长方形皴面中部，连接下面的，位于栌斗右面平部和欹部上的竖向断碴皴面，形成 T 形皴面。竖向断碴皴面微呈上宽下窄倒梯形，上部宽 0.44、下部宽 0.4、高 0.53 米。前竖边基本垂直，距离上方横长方形皴面的前侧 0.1 米。后竖边微向后仰，距离上方横长方形皴面的后侧 0.2 米。竖皴面的两侧边缘亦凿小石槽，石槽稍向上延伸至栌斗上方一点。槽内壁凿痕粗糙。靠近窟前侧的边缘槽内有木条，并被南宋泥皮覆盖。栌斗右侧的竖向断碴皴面，欹部附近更凸出，断碴超出同位置的栌斗右侧面 0.02 米。

包含边缘槽的 T 形区域，向下与柱头上包含边缘槽的“工”字形区域紧密衔接，大体形成从上到下宽—窄—宽—窄—宽的“王”字形轮廓区域。

3. 梁首

位于左角柱栌斗上，石面粗糙未凿完，左侧连崖体。梁首高 0.59 米，从左侧崖体伸出面宽 0.84 米，向前超出栌斗 0.21 米。

4. 横向构件

位于栌斗、梁首之上，横向嵌入栌斗正中间，左端连崖体，右端残损，上部被现代水泥覆盖，露出部分石面粗糙未凿完（加嵌入栌斗部分），残高 0.61 米，正立面残面宽 1.32 米，厚 0.74 米（即断面宽，其后端省略凿或未凿完，按照与栌斗中轴对称的常规测量计算，厚即断面

① 此泥皮为白石灰质，与散花楼庑殿顶上方的南宋重修泥皮泥质一致，当为南宋重修同时所为，参见麦积山石窟艺术研究所考古研究室：《麦积山石窟第 4 窟庑殿顶上方建筑遗迹新发现》，《文物》2008 年第 9 期。

宽 0.62 米)。

栌斗顶部平面前部右侧处，在栌斗、梁首与横向构件交接的转角处，留有未凿完的石碴。

(二) 散花楼右侧

1. 角柱

散花楼右侧崖体上，高浮雕出八棱八面石柱，其前、后、左、右四面较宽，其余四面较窄，右面全部与崖面相连，其余面露出，基本完整。柱高 7.24 米，上端面宽 0.95 米，下端面宽 1.02 米。左面上端宽 0.57 米，下端宽 0.59 米。柱下为覆莲座，高 0.48 米，直径 2 米。

柱上大部分石面雕琢和打磨得较为平整，部分位置残存南宋重修时所覆盖的泥皮。柱头左面的自上而下中间部分，有一片“工”字形石断碴皴面，中间较窄部分断碴凸起更高，超出同位置的柱面 0.03 米，并覆盖着南宋泥皮残片。皴面边缘（除上缘）凿有小石槽，槽上端稍超出柱头。槽内壁凿痕粗糙。下边缘槽及靠近窟内侧边缘槽有残损。包含边缘槽的“工”字形区域，上部面宽 0.44、高 0.35 米，中间部分面宽 0.4、高 0.39 米，下部面宽 0.44、高 0.4 米。

2. 栌斗

位于右角柱柱头之上，右侧连接右侧崖壁，后部石面雕琢打磨稍平整。左侧面稍残损。左前角、左后角上部各被稍粗糙地凿掉 0.2 米见方的角，疑似开凿时或重修时为搭木杆所为。前部表面上，残存南宋重修时的泥皮。欹部内凹，高 0.27 米，平部和耳部共高 0.5 米，通高 0.77 米。正立面从右崖伸出上端面宽 1.03 米，下端面宽 0.93 米。左侧上端进深 1.34 米，下端进深 1.14 米，此即是整个完整右栌斗四面的上、下端宽度。栌斗上部侧面，除栌斗后侧外，其向上的开张不明显。

栌斗左面纵向中间上部，为栌斗上方现存横向构件嵌入栌斗部分残损所形成的石断碴截面，在栌斗左侧残面上稍显轮廓。截面为横长方形，宽 0.75、高 0.17 米，截面中部断碴更凸出，超出同位置的栌斗左侧残面 0.05 米。此截面应与栌斗中轴对称，但其靠近石窟后部一侧较多而不对称，应未凿完，以对称法测算，截面应宽 0.6 米。

此横长方形皴面中部，连接下面的，位于栌斗平部和欹部上的竖向断碴皴面，形成 T 形皴面。竖向断碴皴面微呈上宽下窄的倒梯形，上部宽 0.45 米，下部宽 0.4 米，高 0.53 米。前竖边基本垂直，距离上方的横向皴面的前侧 0.15 米。后竖边微向后仰，距离上方横向皴面的后侧 0.15 米。竖向皴面的两侧边缘亦凿有小石槽，均有所残损，靠近窟前侧槽的上部几乎残失。槽内壁凿痕粗糙。竖向皴面中的断碴，超凸出同位置的栌斗左侧面现象不明显。栌斗左前部从南宋泥皮中裸露出的石面尚显粗糙，尚未打磨完工。

包含边缘槽的 T 形区域，向下与柱头上包含边缘槽的“工”字形区域紧密衔接，大体形成从上到下宽—窄—宽—窄—宽的“王”字形轮廓区域。

3. 梁首

位于右角柱栌斗上，右侧连崖体，其上残存南宋重修的泥皮。梁首高 0.62 米，从右侧崖体伸出面宽 0.86 米，向前超出栌斗 0.21 米。露出石面尚显粗糙，尚未打磨完工。

4. 横向构件及二小斗

横向构件位于右角柱栌斗和梁首之上，承托两个小斗，表面残存南宋重修泥皮。右端连崖体，左端有残损，其顶部大部平整。自高 0.52、残面宽 1.31、厚 0.75 米（表示厚度的断面应与栌斗中轴对称，但其靠近石窟后部的后侧较多，应未凿完，以与栌斗中轴对称法测量计算，应厚 0.6 米）。

小斗欹部内凹，高 0.23 米，平耳部共高 0.3 米。两小斗等高，上部在同一水平面上，共同承托一水平横替木。

左侧小斗，其左侧及左下侧残损，残面宽 0.33 米。其正下面的横向构件部位亦有残损，并被南宋重修泥皮修补。但可见左小斗的底部，稍悬空于其正下方横向构件的水平延伸部分，故表明横向构件，在左小斗的正下方处，原应有向上的凸起，作为承托左小斗的部分，现残失。

右侧小斗，位于栌斗中间上方，其右侧延伸连接至右侧崖体，呈现其右侧向右延伸向栌斗边缘处的面貌，面宽 0.73 米。右侧小斗左侧下面的横向构件部位，位于窟前侧处有向上高 0.02 米的卷杀凸起（南宋泥皮粗略包裹，前侧的卷杀凸起平缓，稍后侧泥皮整体提起，几乎左右横向抹平，不显卷杀），正托住右小斗底部。

左小斗及横向构件裸露石面虽平整，但尚未打磨完工。

5. 替木、垂直立壁、檐额枋、檐椽、方棱构件

两个小斗承托的水平横向替木，仅存两个小斗之间的横向部分，残长 1.34、高 0.18 米。嵌入小斗的耳高亦是 0.18 米，故替木上缘与小斗上缘齐平。

横向构件、两个小斗、替木间，有内凹垂直立壁。

替木之上，为水平横向檐额枋，其右端连崖体，左端残损，横向残长 2.21、高 0.63 米。

檐额枋上有内顶下的檐椽，残存三根，同内顶一致呈 10°坡角向正前方下斜伸出，前部残。

每椽横截面为弧面在下、平面在上的半圆形（或上部未凿的圆形），弧面嵌入下面的檐枋，每根椽的横向直径 0.3 米。左椽下部残损，残高 0.14 米。中椽、右椽完整高 0.2 米。前部均残损，左椽向前露出残长约 0.13 米，中椽向前露出残长约 0.35 米，右椽向前露出残长 0.64、每椽间隔 0.36 米。

与右椽右侧并排紧挨着，在内顶下，有一根从右侧崖体中露出左端部分的，边缘呈方棱的构件，并与檐椽同样以 10°坡角度向正前斜下方伸出，前部残。方棱构件高 0.36、其下缘低于檐椽下缘 0.16 米。

此方棱构件左端方棱部分右前侧的悬岩下，裸露出一片规整平面，显示为某构件底面部分，亦是以 10°坡角向正前斜下方伸出，前部残。此底面低于外檐内顶，正与其左后侧的方棱构件左端部分的底面等高可衔接，可见为一体，表明整个方棱构件，从左端方棱露头处，具有向前、向右延展的平板状一体底面。

各构件原均覆盖南宋泥皮，除垂直立壁外，其他构件均有裸露石面，虽平整，但均未打磨完工。

（三）散花楼下

1. 第 1 坍塌残块

20 世纪 80 年代，麦积山石窟保管所对从散花楼下堆积层西坡上，散落于今麦积崖中区崖前地面

上的一件建筑构件石残块，设围栏保护。

石残块残高 1. 4 米，下部为残立柱头，上部为残栌斗，呈向东稍倾斜的竖立状，柱头和栌斗北侧有残附件。雕凿面虽平整，但未完全打磨完工。

（1）柱

从残存六个转角平面看，其完整形态为规则的八棱八面石柱，东、西、南、北四面较宽，其余四面较窄，柱面宽 1. 03 米。

（2）栌斗

多处残损，栌斗平耳部侧面微向上开张。北侧底端面宽 1. 1、欹高 0. 27、平耳部共高 0. 5 米。

（3）栌斗北侧中间上下一体附件

附件上部向北侧伸出，残长 0. 35 米。附着面为从栌斗上沿垂下的倒梯形，高 0. 17、面宽 0. 6 米。附着面西侧残竖边呈垂直状，东侧竖边外仰。

附件下部向北侧伸出，残长 0. 3 米。附着面亦为倒梯形，高 0. 6、上面宽 0. 5、下面宽 0. 46 米。附着面西侧竖边垂直，比上方的倒梯形附着面西侧残竖边向东内缩 0. 05 米。附着面东侧竖边外仰，与上方倒梯形附着面的东侧竖边方向一致地外仰，且完全衔接，自下而上一直通至栌斗上沿处。

（4）柱头北侧面自上而下中间附件

向北伸出，残长 0. 33 米。附着面上端平，东、西两边垂直，下部残，面宽 0. 58、残高 0. 15 米，比上方的倒梯形附着面的东、西两竖边分别外凸 0. 06 米，形成东、西侧外凸沿，外凸沿上均有一小块未凿完的石碴。

（5）栌斗顶部以上

呈残块状，残高 0. 4 米。在栌斗西侧面的中下部，还可见栌斗所承托附件的残迹。栌斗西侧右上方、左下方，残存未凿完的凸块。

2. 第 2 坍塌残块

2010 年夏季大雨，从散花楼下方坍塌堆积层西侧坡面上，散落下来一件石构件残块，置于第 1 坍塌残块东侧的中区崖前地面上。2012 年 4 月，麦积山石窟艺术研究所移至第 1 坍塌残块东北侧 6 米处，设围栏保护。

残块高 1. 01 米，主体是立柱。柱体为规则的八棱八面柱，其中，东、西、南、北四面较宽，其余四面为窄面，上下残断。柱面宽 1. 03 米。柱东、西面纵向中间下部，各残存一个附件。柱面雕凿平整，基本打磨平整，但附件虽平整，但尚稍显粗糙，未打磨完工。东侧附件向东水平伸出，残长 0. 33 米，上端有完整面，南侧中部有残痕，下部残。西侧附件仅残存断碴痕迹，断碴向西伸出，残长 0. 11 米。

两附件的附着面呈 T 形，处在同一水平高度上，位置对称。T 形上部横长方形宽 0. 58、高 0. 4 米，下部宽 0. 48、残高 0. 3 米。

以上两坍塌残块，其柱体、栌斗局部形状、尺寸，及石面追求雕凿及打磨平整方面，与散花楼上现存者基本一致，麦积山石窟其他洞窟中，均无此类，无疑应来自散花楼。

三、构件分析

以上勘察的内容中，从某些新注意到的现象，可以试分析出如下构件。

（一）双层柱头间阑额

1. 散花楼上

散花楼左、右角柱，其石面基本被琢磨得较为平整细滑，但其柱头侧面存在“工”字形断碴皴面，且石碴高出柱面，反映了此处曾存在“工”字形断面的石质附件。原石质附件表面应琢磨得同柱一样平整细滑，但附着面边缘小石槽的内壁凿痕粗糙，说明边缘槽非在附件外（不凿及附件外侧）所凿，而是在附件附着面内圈处所凿或稍超出附着面边缘外所凿。故附件的断面等于或稍小于左右柱头上的包含边缘槽的“工”字形区域（其综合尺寸：上、下部分同宽 0.44、高 0.34 米；中间部分宽 0.4、高 0.46 米）。

于是，此附件总体形态为，从柱头处横向伸出，上、下部分断面等宽，之间有较薄的构件衬垫。

凡是栌斗下柱头侧的附件，应存在两种身份：一种是角替，一种是阑额。

角替的功能为固定、衬托和装饰周边的大框架，一般不应厚于其所承托的构件。此“工”字形断面的柱头侧附件的进深厚度（考虑到边缘槽的因素约 0.44 米），大于上面所承托（同样应存在的）T 形断面附件下部的厚度（同样考虑到边缘槽的因素约 0.4 米），故不类角替。且目前未见南北朝时期的此类“工”字形断面的角替，因此，柱头侧附件为角替的可能性小，应为阑额。从其“工”字形断面看，附件应为双层柱头间阑额，其中间较薄部分是垫板。

因附着在八棱柱头的左、右面（面宽 0.57~0.59 米）上，故阑额附着面的宽度受到限制而较窄（等于或稍小于 0.44 米），比栌斗上所承载横向构件的断面宽（现存 0.74~0.75 米，按中轴对称法测算应 0.6~0.62 米）要窄。虽然窄，如上所述，仍应判断是柱间阑额。此种阑额，为阑额断面小于栌斗上所承载横向构件（拱或柱头方）断面的例子①。

2. 散花楼下

（1）第 1 坍塌残块上的柱头间阑额因素

柱头侧向附件，附着面上端平，左右侧垂直，似横长方形，且比位于其上方的栌斗侧的附件粗大，所以，此柱头附件作为角替的可能性小，作为柱头间阑额的可能性大。

（2）第 2 坍塌残块上的柱头间阑额因素

坍塌石柱的一端与其石附件的一端共同残损着地，附件断面呈 T 形。由散花楼左、右角柱看，散花楼列柱的中、下部侧面均无石附件。于是坍塌石柱的石附件当在柱头处，表现为附件上端与柱头上

① 傅熹年：《麦积山石窟所反映的北朝建筑》（《文物资料丛刊》第 4 辑，北京：文物出版社，1981 年）写到“石窟中建筑形象所反映出的几个问题”，“关于第 4 窟原状的推测和它所反映出的北周建筑”，认为“汉以来的建筑形式，其楣或阑额的断面都等于或大于拱或柱头方”。

端共同残损朝下的形态。如从附件及柱头朝上的角度看，残存附件的附着面应为倒 T 形，似双层柱头间阑额“工”字形附着面的下半部。

（3）坍塌两残块合成的柱头间双层阑额因素

两残块各自的疑似柱头间阑额的附着面宽均是 0. 58 米；两残块中各自的柱面宽均是 1. 03 米。这种吻合，说明这两个坍塌残块原应是紧密联系的，原应曾为一块，是散花楼中间某檐柱上部残段及其残附件，后来断裂作两块。

两残块的疑似柱头间阑额的附着面，前者似横长方形，后者是倒 T 形，上下结合，可形成柱头侧上下部分等宽的“工”字形附着面，即可合成中间有垫板的双层柱头间阑额的附着面，表明两残块中似含有双层柱头间阑额因素。综合数据，两残块中疑似的双层柱头间阑额附着面尺寸是：上、下部相同，面宽 0. 58、高 0. 4 米，中部面宽 0. 48、残高 0. 3 米。比散花楼上的双层柱头间阑额附着面相应尺寸稍大。考虑其粗坯未修整完工的因素，就不矛盾，在大体上是一致的，故可确认此疑似阑额是散花楼坍塌的，尚未完工的双层柱头间阑额。因此，两坍塌残块，印证了散花楼出现双层柱头间阑额的判断。

又，第 2 坍塌残块石柱上的此种双层柱头间阑额的中间垫板残块，在靠近柱侧处未见特殊变化，无蜀柱痕迹。双层柱头间阑额垫板其他部位或有蜀柱，现未发现此种构件，暂认为无蜀柱状。

（二）横拱

散花楼左、右角柱栌斗上所托横向构件，嵌入栌斗高度（耳高）均为 0. 17 米，此类构件身份有两种可能，一是栌斗上的横枋，一是栌斗上的横拱。

右角柱栌斗上的横向构件，其右部有向上承托右小斗的卷杀凸起拱特征形态。虽然表面卷杀凸起幅度不大，但可能的原因是：原设计即为此种微卷杀凸起风格，石胎坯尚未细加工出更明显的凸凹，表面又被南宋粗泥抹平少许。故这一横向构件可以推测为横拱。再观察左侧上方小斗之下的横向构件残损部分，其残存形态亦符合横拱左端及左端上卷杀凸起的残损状态。故初步判断此横向构件应为横拱，其右侧没入崖体，左侧伸出于栌斗左外，呈一斗二升面貌，与栌斗呈不中轴对称状。

与此相对称的散花楼左角柱栌斗上的横向构件残损难辨，但亦应是横拱。其他中间檐柱栌斗上亦应有此类同比例的横拱，但应与栌斗呈中轴对称。

同时，第 1 坍塌残块上，栌斗北侧上部附件，其断面高度为 0. 17 米的部分，亦为横拱嵌入栌斗中间的部分，只是断面改造为上大下小倒梯形，倒梯形垂直边应为横拱的前侧（外立面垂直），后仰边应为改造的横拱的后侧。

（三）转角处斗拱正面的一斗二升

左、右角柱，其栌斗上的横向斗拱，亦是转角处斗拱。

散花楼右转角处斗拱，现为栌斗上横拱托两个小斗（栌斗上方一个，左上方一个），为非中轴对称的一斗二升，测量其高度为 1. 05 米。且横拱上的右侧小斗，以及栌斗上的梁首，呈现从栌斗中轴处向右侧拉宽其面宽的面貌。左角柱栌斗上方的转角处斗拱及梁首的正向面貌，与散花楼右侧者相同，唯左右相反。

（四）一斗三升

中间六檐柱上，与角柱等大的栌斗上，亦应出现与左、右转角处横拱同比例的横拱。此处应是中轴对称的一斗三升，与转角处一斗二升等高。其齐心斗和左、右两小斗体积相同，也与右转角处一斗二升完整左小斗体积相同。

右角柱一斗二升的右小斗，如果其面宽不向右侧延伸，而是与其左小斗体积一致的常态小斗，按照与栌斗中轴对称的常规来测量，常态小斗面宽是 0. 57 米。于是，可测量出完整的一斗二升从栌斗中轴处到其左侧的宽度，这亦是一斗三升半面宽，得出一斗三升面宽 2. 27 米。

（五）人字拱补间

据前文已有数据综合测算，散花楼每间柱头间阑额横向长度平均 3. 18 米，柱间阑额上沿至上方替木下沿的距离平均 1. 46 米，柱头斗拱之间的间距平均 1. 91 米，故柱间阑额、替木、斗拱三者所围的空间较宽裕，足以容下一个面宽为 0. 57 米的小斗及其人字拱。否则，柱头铺作之间的外檐下便会过于空虚。

（六）通长替木

散花楼右角柱斗拱上的替木为段落，不见替木的完整延伸状态。

上文分析铺作中应存在一斗三升和人字斗拱补间，小斗更密集，故替木应在诸小斗之上逐间连通，为通长的一条方子①。

（七）倒梯形断面附件

1. 拱眼壁

散花楼左、右角柱栌斗“平”和“欹”部侧面自上而下的中间，均有上大下小倒梯形断碴皴面。其中，左栌斗处断碴超出同位置栌斗面稍明显，表明此处存在倒梯形断面的附件。右栌斗处断碴超出同位置栌斗面不明显，但结合左栌斗以及柱头处均存在断碴超出同位置栌斗面和柱面的现象，判断此处原也应存在倒梯形断面的附件。

此倒梯形断面位于窟前侧的竖边垂直，向上连接栌斗所托横拱断面的底部，连接点在横拱断面垂直前侧稍后。此垂直竖边向下，连接阑额上面，连接点在阑额垂直前侧稍后。因此，此倒梯形断面附件位于窟前侧的状态，应是横拱与阑额间的拱眼壁。

散花楼坍塌栌斗北侧面的“平”和“欹”部自上而下的中间，同样有上大下小倒梯形断面的附

---

① 傅熹年：《麦积山石窟所反映的北朝建筑》（《文物资料丛刊》第 4 辑，北京：文物出版社，1981 年）写到“石窟中建筑形象所反映出的几个问题”，“关于第 4 窟原状的推测和它所反映出的北周建筑”，推测“如果柱间有散斗，（替木）也可能逐间连通，成一条方子”。因未能肯定有柱间散斗，在复原图中替木未表现成一条方子。

件。附件西侧面呈垂直状，上接栌斗所承托横拱断面，连接处在横拱垂直前侧面稍后；下接阑额，连接处在阑额垂直前侧面稍后。故附件西侧面，是横拱与阑额间的拱眼壁。

另外，散花楼右转角处斗拱和替木间，有内凹垂直立壁，亦应是拱眼壁。

因此，散花楼各栌斗侧均应存在倒梯形断面附件，其前部垂直面为拱眼壁。各斗拱立面，均应存在拱眼壁。

2. 后仰壁

散花楼左、右栌斗侧倒梯形断面附件的后壁呈后仰状，上接横拱下部，连接处偏前。

散花楼坍塌栌斗北侧，亦存在倒梯形断面的附件，其东侧面向东仰，即是后仰壁。但此后仰壁向上延伸至横拱嵌入栌斗部分的背后一侧上，再向上的状态因残不明。

从坍塌栌斗后仰壁向上至栌斗上沿处看，从统一设计角度看，散花楼此类后仰壁，均会统一设计上凿至栌斗上沿处。

现存散花楼左、右栌斗侧的后仰壁，均在横拱下方，尚未向上凿至栌斗上沿处，应未完工。

（八）半圆椽及角檐处平底方棱构件

右角柱上方外檐内顶下残存向正前下伸的椽三根，截面为上平下圆弧的半圆（或基本半圆，或是上部省略凿的圆椽），此半圆椽应为整个散花楼椽的样式。

在残存三椽右侧，紧贴右椽右侧，有方棱构件，与椽同向，比椽要粗大，自高 0. 36 米，且其底端低于椽底端 0. 16 米，向右前侧延展其平板状底面，并与椽同向前下伸。又，庑殿顶向檐额枋右侧外有长的挑檐。同时，檐额枋右端上方的庑殿顶处，又被艺术性地抬高，使得右角檐会更长，故角檐处可有短椽。故推测下部较低的方棱构件左端，可能与右椽同向朝前下方延伸一段距离，同时向右侧构建其底平板至庑殿顶角梁处，其底板之上缘，支撑庑殿顶角檐处，无檐额枋支撑其前部的，正前下伸的短椽。散花楼左侧亦有左前挑角檐残迹，亦应对称存在同样的平底方棱构件。

如角檐处不设短椽，平底方棱构件或单独补角。但平底较低可上托椽，设短椽的可能性大。

上述分析，已初步凸显和推导出，本次勘察新补充的，散花楼外檐下外立面的主要构件有：（1）有垫板无蜀柱的双层柱间阑额；（2）中间六柱上的一斗三升；（3）转角处斗拱正面一斗二升；（4）人字拱补间；（5）拱眼壁；（6）通长的一条方子替木；（7）正前下伸半圆椽；（8）角檐处正前下伸平底方棱构件。

四、佐证

北周大象元年（579 年）安伽墓围屏宴饮图建筑①列柱上方出现了：一斗三升、人字斗拱补间、

① 陕西省考古研究所：《西安北郊北周安伽墓发掘简报》，《考古与文物》2000 年第 6 期；陕西省考古研究所：《西安发现的北周安伽墓》，《文物》2001 年第 1 期。

角柱上方正面一斗二升、拱眼壁、栌斗下单层柱头间阑额。

大象二年（580年）史君墓石堂建筑①列柱上方出现了：一斗三升上再加三升、人字斗拱补间、角柱正面的一斗二升上再加二升结构、拱眼壁、栌斗下单层柱头间阑额。并且，还有一层插在栌斗上的横枋，横枋与单层阑额上下结合，貌似双层阑额，之间还有蜀柱、垫板。

散花楼前廊右侧顶部平棋中内外两幅北周壁画建筑中均有回廊。以外幅为例，回廊外檐下出现了与无蜀柱有垫板的双层柱头间阑额相似的双层横枋及其垫板。柱间双层横枋与檐枋之间存在人字拱补间、拱眼壁。人字双叉微曲但较挺直，出现双叉脚前端基本垂直、钝脚尖在上的样式。也有一侧叉脚尖如此，另一侧叉脚尖贴于横枋上的形态，若以左右叉脚对称论，此画中叉脚尖贴于横枋上的形态应是未完工样。

2011年6月，麦积山石窟艺术研究所考古研究室搭起脚手架观察散花楼内壁画，新注意到一幅最底层北周壁画中的建筑图。2014年11月，又对此图进行了复查。

建筑图位于散花楼内七佛龛的中龛（第4龛），在其四角攒尖顶右坡前侧，明代重修壁画②下，底层北周壁画中有一座木结构小殿堂轮廓图，高0.45、宽0.55米。建筑顶部大体可辨认出歇山顶，其正脊两端有鸱尾（明代以淡青色彩饰殿脊和鸱尾、悬鱼）。檐角端和前檐中间，悬挂浮塑宝铎，浮塑风格与此龛顶部最底层壁画中其他的浮塑一致。此龛顶浮塑中有坐佛薄肉塑③，与散花楼前廊前壁北周飞天薄肉塑风格一致，故可进一步确认此建筑图时代为北周。小殿堂柱底部分模糊，其他可辨认出的部分如下。

（一）单层檐椽

外檐呈仰视角度，其角檐处悬挂的宝铎位置，标明出檐不长，檐椽应是单层。

（二）回廊

内圈立柱之外，有外立柱围绕形成回廊，立柱上部微收。内圈建筑及回廊面阔均为三间，进深均为两间。

（三）转角斗拱

回廊右角柱柱头上方，模糊可辨栌斗。栌斗上面显示有左右分叉，外部大体圆弧上举状结构，应理解为栌斗上的拱，且其上的左右两小斗可辨。拱上部基本平伸，小斗下似微有卷杀，拱中间部

---

① 西安市文物保护考古所：《西安北周凉州萨保史君墓发掘简报》，《文物》2005年第3期。

② 散花楼七佛龛各龛顶均曾被统一彩饰，其第6龛前壁右上角单粗墨线榜书框中墨书“大明崇祯六年八月十五日开工妆彩，贴金画匠陇州南乡梨林里侯家嘴居住信士侯荣、相弟兄二人侄侯执印三人，十月二十妆贴工完满，吉祥如意”，表明重修时间。麦积山勘察团：《麦积山石窟内容总录·编号：第〇〇四号（散花楼、上七佛阁）》（《文物参考资料》1954年第2期）记散花楼“七个列龛内部壁画，全部为明代重绘”。

③ 麦积山勘察团：《麦积山勘察团工作报告》《麦积山石窟内容总录·编号：第〇〇四号（散花楼、上七佛阁）》（《文物参考资料》1954年第2期）均记散花楼前廊正壁和龛内顶部均存在薄肉塑。

分，及其以上的齐心斗部分有残损。于是，回廊右角柱柱头铺作应为一斗三升结构。其他柱头上，可模糊看到一斗三升结构，虽不清，理论上应有，其中左侧回廊中间外柱上的一斗三升稍清楚些。此建筑图的视角，大体相同于北周安伽墓宴饮图建筑，故其一斗三升，相同于北周安伽墓宴饮建筑上一斗三升的表现形式。其角柱上的转角一斗三升，在右柱头上本应作正面一斗二升面貌，却艺术化地作全面三升表现，但据左角柱上的转角一斗三升看，理论上，左、右角柱上斗拱正面，均应为一斗二升面貌。

（四）双层柱头间阑额

回廊右角柱处，较清晰显示栌斗下方的柱头侧有双层柱头间阑额，其他相应处均可辨认出有此种阑额。此双层柱头间阑额，其上下层之间无蜀柱。阑额后也未透出内圈建筑柱的形象，可推测双层阑额之间有垫板，因此明代在此处也填有淡青色的彩绘。

（五）人字拱补间

在回廊右角柱左侧双层阑额上面，檐枋下面，露出大半个人字补间。其双叉微曲但较伸直，左叉右侧边缘稍清晰，左脚尖处模糊。右叉脚稍明显，脚尖处贴于阑额上，与散花楼前廊平棋壁画建筑人字拱此类叉脚一致，是未修改完工状。故，此建筑原人字拱叉脚的样式应如散花楼前廊平棋壁画建筑的人字拱完整样，双叉脚前端垂直，钝脚尖在上。此人字拱上部有一个模糊色块，应为一个小斗，可形成人字斗拱补间。且结合角柱头铺作的一斗三升结构，此人字拱上方亦应有一个小斗。其他处的双层阑额上方，隐约亦似有人字斗拱补间，理论上也应有。此壁画小殿堂存在人字斗拱补间迹象，佐证了散花楼存在人字斗拱补间的推论，并据此进一步判定散花楼斗拱上的替木应是通长的一条方子，且此小殿堂壁画建筑上虽模糊不可见，但理论上也可有通长的一条方子替木。

（六）拱眼壁

外斗拱的空隙间，明代复饰有淡青色，色彩有透脱现象，故底层有物当能渗透出，但其中并未有透出内圈建筑立柱的迹象，推测北周原作亦应存在不透明的拱眼壁。

如此，可示意出散花楼中龛北周壁画小殿堂外檐下的主要结构。

上述佐证表明，散花楼崖阁自身所显示的外檐下主要构件面貌，在北周不是孤立的。其中，有垫板无蜀柱的双层柱头间阑额、一斗三升、转角处正面一斗二升、人字斗拱补间、拱眼壁在其他北周建筑图像上均出现，故在北周散花楼崖阁上的出现是合理的，并从中确认散花楼替木应是通长的一条方子。加之本次勘察的正前下伸半圆椽和正前下伸平底方棱构件，可重新作散花楼外檐下主要结构复原立面示意图。其中，横拱取微微向上卷杀凸起意；残损的横拱拱边的复原，参考安伽、史君墓建筑图中的拱边，作圆弧状；人字叉脚的形态，参照散花楼前廊壁画人字叉脚的完整形态，叉脚前端基本垂直，钝脚尖在上；檐椽及角檐处的平底方棱构件前部残，不明其前端面貌，均暂取露出椽头状。

五、几点认识

（一）第 4 窟未完工

散花楼上左角柱栌斗顶部粗糙，栌斗顶部与梁首、横拱交接处的石碴，是未凿完的遗留。第 1 坍塌残块上，存在多处未凿完的石碴。散花楼右栌斗前部及其上方斗拱等附件，以及坍塌残块，基本为粗坯状，还有待进一步修削成型及打磨瘦身。左、右栌斗上的横拱后侧，均未凿完。后仰壁亦未统一凿完。总之，崖阁石作工程尚未最终完工。

由散花楼石作未完工，还应注意到散花楼壁画亦未完工。前文已论及，散花楼前廊北周壁画建筑中的人字叉脚，有未完工的不对称状。另外，此壁画建筑周边的人物上，尚欠缺一些定稿线。散花楼前廊正壁上部的七幅飞天壁画中，左侧五幅上均有“薄肉塑”，右侧的两幅相应位置壁面上却无薄肉塑贴附。细察此两幅壁画相应位置壁面均平整，或光洁完整，其上涂有表示裸露身体轮廓的底色（底色上无绘画线条），上无脱落痕迹，故应不存在薄肉塑脱落现象①。非古人设计此两幅不设薄肉塑，应是未来得及在已涂有轮廓底色的相应壁面上贴附薄肉塑。七幅飞天壁画之间壁面的泥皮上，在北周时甚至未及涂底色，更未画。又，前廊左侧梁尚未及画，右侧梁刚开始画出梁下的一部分。

以前尚不能肯定散花楼上方第 4 窟北周雨檐建筑部分的未完工现象②，此次勘察发现上述较多的未完工现象佐证，故可以肯定。

（二）第 4 窟开凿时段在北周灭法之前

1. 未完工因素

第 4 窟学术界较普遍认为是北周洞窟，主要因散花楼内底层塑像、壁画等文物的时代风格，较符合北周的普遍风格，以及散花楼总体的大型规模与北周庾信《秦州天水郡麦积崖佛龛铭》的描述较为符合。

而上述第 4 窟的未完工状态，也与北周背景符合。能使大型如麦积山第 4 窟停工的事件，必然是大事件。北周有武帝灭佛事件，虽无大规模的破坏现象，但也必会使得公开的佛事活动停止，尤其是会使规模较大的佛教洞窟营造停工。因此可理解，有北周风格的、类似北周庾信描写的曾停工的第 4 窟工程应是北周工程，在北周建德三年（574 年）灭法之时，于接近完工时被迫停止。

未完工形态在散花楼及其雨檐石构件上的持续保存，亦证北周复法后也未再衔接完工（其已经基本完工，应是未再衔接完工的原因之一），并表明，后代也未曾对散花楼石质建筑做大的改动。

2. 人字拱因素

北周安伽墓（579 年）的人字拱，双叉更外张，上脚尖呈锐角上翘状，接近于唐代人字拱形态，

---

① 麦积山勘察团：《麦积山石窟内容总录·编号：第〇〇四号（散花楼、上七佛阁）》（《文物参考资料》1954 年第 2 期）记此处薄肉塑脱落。

② 麦积山石窟艺术研究所考古研究室：《麦积山石窟第 4 窟庑殿顶上方建筑遗迹新发现》，《文物》2008 年第 9 期。

比起散花楼人字拱（双叉外张度不强，上脚尖钝），其风格符合在散花楼阶段之后。于是，佐证了上述散花楼开凿较早，在灭法（574 年）前的观点。

3. 一斗三升因素

北周散花楼崖阁和散花楼龛内壁画建筑上仅有微微卷杀凸起的单层一斗三升，北周安伽墓（579 年）、北周史君墓（580 年）一斗三升卷杀凸起渐高，后者还出现了一斗三升上再加三升状，属于花样翻新，建筑风格晚于散花楼阶段。此亦佐证散花楼的开凿早在北周灭法前的推断。

（三）中原北方地区初期重楣

规整的柱头间双层阑额，主要形式是紧接在栌斗下，在柱头侧，上下层紧密对等结合的双重一体结构，在横向结构中较为独立和突出。此结构在唐代长安殿堂建筑中最为成熟和流行，阑额又可称作楣，故称之为“重楣”①。这种重楣在隋唐之前的中原北方地区罕见。此次散花楼崖阁勘察及附带散花楼壁画勘察发现，北周散花楼，不但有重楣的大型石作遗存，楼内还有重楣的壁画建筑，故散花楼应视为隋唐之前中原北方地区在建筑中实行重楣的一个重要实践场所。

重楣在唐代长安的流行，反证了隋唐之前，重楣出现于长安佛教圈内麦积山石窟中的合理性。麦积山北周的重楣，是唐代长安重楣之前期形态。

（四）其他

1. 散花楼柱、栌斗表面多见打磨细整状态，不利于敷泥，亦未发现上有北周泥皮。又，散花楼内壁画下的敷泥石面多为粗糙状，故散花楼外檐下石构件原设计可能大多为打磨细整状，不敷泥。

2. 散花楼呈现出列龛前有前廊形式，同时，散花楼前廊及新发现的龛内北周壁画建筑，均富有廊道。这些因素佐证了麦积山石窟第 168 窟（东门）和第 3 窟（千佛廊）这两廊道式崖阁洞窟，是散花楼所在的北周第 4 窟附属廊道的判断②，此三窟原为一个窟。

3. 散花楼角柱栌斗上方的“（角）梁首”和“（角）小斗”的面宽较大，或尚未来得及将其凿小，或古建筑原型上即如此。

4. 散花楼左、右角柱头及栌斗上断碴皴面边缘小石槽的形态风格基本一致，应为同时所凿。视槽所处的位置，其功能应为，在拱眼壁断碴的前、后部和阑额断碴的前、后、底部嵌入木板，复原或再造拱眼壁和阑额，掩饰其断碴。另，在断碴皴面边缘上，或在边缘内圈凿槽嵌木，能更好地恢复石作原貌和进行装饰。在此过程中，会顺便将拱眼壁、柱头阑额断碴区域中间原先较长的断碴修短，或者基本等高于周边的平整石面。

---

① 《全唐文·高宗三·定明堂规制诏》：“重楣二百一十六，按《周易》：‘乾之策二百一十有六。’故置二百一十六条。所以规模《易》象，拟法乾元，应大衍之深元，叶神策之至数。”北京：中华书局，1983 年。如西安大雁塔西门楣初唐石线刻佛殿等，柱头间双层阑额形式即应为重楣，已流行中间垫板加蜀柱的更成熟形式。

② 傅熹年：《麦积山石窟所反映的北朝建筑》，《文物资料丛刊》第 4 辑，北京：文物出版社，1981 年；傅熹年：《麦积山石窟所见古建筑》，天水麦积山石窟艺术研究所编：《中国石窟·天水麦积山》，北京：文物出版社、东京：平凡社，1987 年日文版、1998 年中文版。

小石槽的形态中，有稍宽且长度基本一致的短促段落，近似长方形卯口状。角柱柱头下方左、右面上，亦存在与石槽中的卯口类似的卯口（工字形皱面下方至柱础上，上下垂直一串，左角柱三个，右角柱四个），可能与上方小石槽同时或其后仿凿，其功能当为安装阑额之下柱间的木件①。

左角柱栌斗上，南宋泥皮覆盖小石槽，说明小石槽要早于南宋重修散花楼时的宝庆三年（1227年）②。凿小石槽或是在北周开凿时，对局部坍塌的柱间构件的修理行为。但因槽内壁粗糙，不太类似北周开凿时的规整状态，故凿小石槽更可能是在隋代地震坍塌之后③至南宋宝庆三年之前对柱间构件的重修行为。如是对柱间构件的重修行为，因中间石柱已塌毁，就必须在重修时新建木柱，同时或其后，在木柱和左、右石柱上凿卯以安木附件，或可能一并以木构为骨架，修补了坍塌的散花楼顶部。

附记：本次工作是继北京大学教授马世长先生2007年来麦积山指导石窟内容总录研究的持续探索部分，我们谨以此文纪念已去世4年多的马老师。参加工作的人员有夏朗云、项一峰、屈涛、林梅、刘莉、张彩繁、白凡、张铭、郑新前、李新焕、李焕成、阮泉泉、阮会军、李吉成、李龙。

（原载于《文物》2017年第11期）

① 傅熹年：《麦积山石窟所反映的北朝建筑》（《文物资料丛刊》第4辑，北京：文物出版社，1981年）写到“石窟中建筑形象所反映出的几个问题”，“关于第4窟原状的推测和它所反映出的北周建筑”，指出“卯口是安木枋装门窗或壁板用的”。

② 傅熹年《麦积山石窟所反映的北朝建筑》（《文物资料丛刊》第4辑，北京：文物出版社，1981年）写到“石窟中建筑形象所反映出的几个问题”，“关于第4窟原状的推测和它所反映出的北周建筑”记载被宋代泥皮覆盖的小石槽及下方的卯口“不能晚于宋”。麦积山石窟艺术研究所考古研究室《麦积山石窟第4窟庑殿顶上方建筑遗迹新发现》（《文物》2008年第9期）记载了南宋重修泥皮的具体时间。

③ 《隋书》卷二《帝纪·纪二·高祖下》：“开皇二十年十一月戊子，天下地震，京师大风雪……（仁寿）二年九月乙未……陇西地震。”《隋书》卷二三《志第十八·五行下·常风》：“开皇二十年十一月，京都大风，发屋拔树，秦、陇压死者千余人。地大震，鼓皆应。净刹寺钟三鸣，佛殿门锁自开，铜像自出户外。”第44~46、655页，北京：中华书局，1973年。除此，隋代麦积山无地震记载。又察，位于散花偻下方的隋代风格第13窟大像，系支撑散花楼的崖壁坍塌后，依其断碴所造，第13窟隋文化层延伸至散花楼下，在巨大坍塌所形成的大凹面里。故知散花楼中间六柱和顶前部塌掉至迟当在隋代，具体时间应在开皇二十年（600年）和仁寿二年（602年）的连续地震中。

麦积山石窟北方少数民族因素之探析

刘晓毅　项一峰

佛教传入中国，为各民族所接受，逐渐融入华夏民族文化之中。佛教文化艺术特别是石窟寺存在大量的多民族文化艺术的特点。麦积山石窟位于甘肃天水（古秦州），地处丝绸之路南线要冲，西行东进的必经之地，地理位置特殊，古来为兵家所重视；又是多民族之杂居地，也曾被众多北方少数民族统治政权管属。石窟开凿，自然受到不同民族文化艺术的影响。对于麦积山石窟的各个方面，已有不少论著，其中已有或多或少涉及本地域少数民族的讨论。但是，未有专文对麦积山石窟中存在少数民族因素进行专题研究，故本文试作概要以探讨，谈了一些个人的看法，有失之处，请方家指正。

一

中国石窟始建于东晋十六国南北朝，早期的几处著名石窟，皆位于北方（或中原），所在地点多为当时少数民族立国统治的地域。现知最早的敦煌莫高窟，据武周圣历元年（698 年）《李君（克让）莫高窟佛龛碑并序》云："莫高窟者，厥初秦建元二年。"① 前秦建元二年（366 年），是汉人（前凉）张氏统治时期，灭国后继为少数民族统治；稍后的凉州石窟，是匈奴人（北凉）沮渠蒙逊在晋安帝隆安元年（397 年）开凿，在其统治时期，"素奉大法，志在弘道"；炳灵寺石窟是西秦（鲜卑人乞伏氏）时期所建造，且与天竺禅师昙摩毗有直接的关系。炳灵寺石窟供养人壁画中有"护国禅师昙摩毗"题记。昙摩毗就是《高僧传》等中昙摩毗或称昙摩懺的异译②。云冈、龙门石窟皆开凿于鲜卑人（北魏）拓跋氏统治时期；麦积山石窟也始于羌人（后秦）姚氏统治时期。这些石窟在始建后，从相关的文献和现存的实物资料来看，有本国皇族以外的少数民族，也有同时期其他国度的少数民族，以及相继国度的少数民族参与开窟造像，或供养功德利益造像。总之，北方（及中原）石窟寺开凿造像绘画，主要得力于众多少数民族对佛教的崇信、奉法、传弘。这也证实了"佛是戎神，正所应奉"，佛教在中国北方传播发展的路径和特色。

---

① 郑炳林：《敦煌碑铭赞辑释》，兰州：甘肃教育出版社，1992 年，第 10 页。

② 参见阎文儒：《炳灵寺石窟名称、历史及其造像题材》，阎文儒、王万青编著：《炳灵寺石窟》，兰州：甘肃人民出版社，1993 年，第 111 页。温玉成：《中国石窟与文化艺术》，上海：上海人民美术出版社，1993 年，第 27 页。

麦积山石窟位于的甘肃天水（古秦州），古主要为羌、氐、胡等少数民族杂居地，东晋南北朝时期的秦州属于氐、羌、汉、鲜卑、屠各、休官等民族共同构成这一带的民族主体，汉化进程相对较为缓慢。石窟据文献记载始于后秦，经北魏至清历代建修，现存洞窟 221 个，各类造像 3938 件，16032 身，壁画约 1000 平方米。《方舆胜览》云，“瑞应院。在麦积山，后秦姚兴凿山而修”①；姚兴《安成侯姚崇表》记述，姚嵩“先承陛下亲营像事，每注心延望迟冀暂一礼敬，不悟圣恩垂及，乃复与臣供养，此像既功宝并重，且于制作之理，拟若神造……然方之于此，信复有间，瞻奉踊跃，实在无量”②。姚兴在麦积山开凿石窟，应该是时任秦州刺史镇西将军的弟弟姚嵩承陛下亲营的像事。后秦姚氏为羌人，说明麦积山创始就得于北方少数民族的供养。现存洞窟中最早的是第 78、74 窟，一般认为是后秦窟（也有认为是北魏窟），应该是姚氏在麦积山所开窟造像③。第 78 窟经考察，原坛台受到破坏，经后代重修，现凹字形佛坛台右面的正面及右侧面保存彩绘供养人像，榜题“仇池镇……经生王……供养十方诸佛时”“仇池镇杨……供养十方诸佛时”“清信士……杨……诸……”供养人榜题出现仇池镇与“杨”姓联系在一起，仇池“杨”氏，无可争议是氐族。仇池镇供养人“王”姓，张宝玺说“这方仇池镇供养人王姓，还有其他姓，都可以认为是氐人”④。

王姓，据文献记载，在天水有称屠各（或称休屠）王某某，如：后秦初年，关中姚苌向占据秦州的屠各王统发起进攻，得到秦州屠各，略阳羌胡众两万余人的响应⑤。太平真君十一年（450 年）秦州上邽休官吕丰，屠各王飞廉等八千户起兵反魏，后被吕罗汉镇压⑥。正始三年（506 年）秦州屠各王法智等推秦州主簿吕苟儿为主起兵反魏⑦。秦州王羌王擢是休屠大姓⑧。如此可见北朝秦州屠各王姓在当时具有较大的影响和号召力。王姓来源据考，较为复杂，其中少数民族改为王姓有北魏孝文帝迁都洛阳下令将鲜卑可频氏改为王姓，匈奴进入中原后，在与汉族交往中改为王姓，也有北朝以后其他少数民族改为王姓，不见氐族改为王姓的记载。但从供养人画像皆相同的少数民族服饰，是否可推测第 78 窟王氏可能是居于仇池氐族化的屠各，原匈奴人。如此，麦积山石窟开窟造像或重修。关陇少数民族羌、氐两大姓及匈奴人皆直接加入。

第 74 窟造像壁画无疑受到外来佛教造像艺术的影响。佛菩萨面形丰腴，宽眉高鼻，壮硕体态，已明显表现出北方少数民族的特征；菩萨长发披肩，《魏略》谓氐族妇女“皆编发”，“编发”即结发为辫。而据《后汉书·西羌传》早期的羌人也是披发的，羌人以“被发覆面”为俗。马长寿先生则谓披

---

① ［宋］祝穆著，祝洙增订，施和金点校：《方舆胜览》，北京：中华书局，2003 年，第 1211 页。李西民：《麦积山石窟史略及其雕塑源流》，中国美术全集编辑委员会编：《中国美术全集·雕塑编 8·麦积山石窟雕塑》，北京：人民美术出版社，2006 年，第 29 页。

② ［唐］道宣：《广弘明集》卷十八，《大正藏》第 52 册，第 229 页。

③ 项一峰：《麦积山石窟“六国共修”与历代赐名小考》，《丝绸之路》1999 年《学术专辑》。

④ 参见张宝玺：《麦积山石窟开凿年代及现存最早洞窟造像壁画》，《中国考古学会第一次年会论文集 1979》，北京：文物出版社，1980 年，第 338~346 页。

⑤ ［唐］房玄龄等撰：《晋书》卷一一六《姚苌载记》，北京：中华书局，1974 年，第 2964~2973 页。

⑥ ［北齐］魏收撰：《魏书》卷五一《吕罗汉传》，北京：中华书局，1974 年，第 1137~1140 页。

⑦ ［北齐］魏收撰：《魏书》卷一九《元丽传》，第 449~450 页。

⑧ 唐长孺：《魏晋南北朝史论》，石家庄：河北教育出版社，2000 年，第 376 页。

发实为拖发，即披发于身后，或垂于肩，或垂于背，而不需覆面①。此窟菩萨束发披肩，或许正是反映氐、羌民族的装饰。亦可说第78窟羌族姚氏开窟造像，后经仇池氐族供养人重修的民族艺术特征的表现。供养人画像，均头包巾帻（或谓小帽），上身着交领窄袖袍，腰束带，下着小口裤，足穿尖头乌皮靴，衣服有青白两色。《梁书·诸夷·武兴国传》记载："其大姓有苻氏、姜氏。言语与中国同。著乌皂突骑帽，长身小袖袍，小口袴，皮靴。"②《南史·夷貊传下》记载："武兴国，本仇池……其大姓有符氏、姜氏、梁氏。言语与中国同。著乌皂突骑帽，长身小袖袍，小口袴，皮靴。"③ 所谓突骑帽之突骑，可能是氐族人对帽的称呼，与第78窟佛坛正面供养人画像完全相符合④。衣服青白色，《三国志·乌丸鲜卑东夷传》裴松之注引鱼豢《魏略》谓氐人，"其衣服尚青绛。俗能织布"。《魏略》还说氐人："或号青氐，或号白氐，或号蚺氐，此盖虫之类而处中国，人即其服色而名之也。"⑤ 第78窟仇池供养人与上述文献记载之氐人服饰基本相同。其供养人长身袍束腰带，《魏书·杨椿传》云："（杨椿）然记清河翁（椿祖真，曾任清河太守）时服饰，恒见翁布衣韦带。"⑥ 有专家认为，"杨真时'韦带'在鲜卑贵族之中，似乎已不流行，不过这显然是拓跋鲜卑的一种传统服饰。鲜卑人的腰带上又配有带钩、带扣，这由鲜卑墓葬的出土物品，也可以得到证明"⑦。杨真魏时官员，华阴人，是否鲜卑人值得推敲，"韦腰带"在仇池供养人氐族服饰中也出现。当时在鲜卑贵族之中，似乎已不流行，或许杨氏是氐人保留了原民族服饰的特点，故在鲜卑人中少见。或鲜卑、氐杂居，受氐影响。不过，着袍束腰带在鲜卑人统治时期，仍然一直得到延续，如：麦积山第90、26、27窟北周供养人的服饰；北魏太和年间的庆阳合水马勺场2号龛男供养人；龙门石窟古阳洞太和十九年（495年）丘穆亮夫人尉迟龛男供养人皆出现似同的服饰特征⑧。

总之，第78窟供养人造像壁画的艺术特征，皆较明显反映了氐、羌等少数民族的特点，从而为麦积山石窟的断代和具有民族服饰等的研究也提供了参考价值。

二

麦积山第76窟，主尊佛方形座前面有一方铭题，较为模糊，释读"南燕王安都侯□□□姬□□□

① 马长寿：《氐与羌》第三章《羌族》，桂林：广西师范大学出版社，2006年。朱大渭等：《魏晋南北朝社会生活史》，北京：中国社会出版社，1998年，第480~490页。

② ［唐］姚思廉撰：《梁书》卷五四《诸夷传·武兴国传》，北京：中华书局，1973年，第816页。

③ ［唐］李延寿撰：《南史》卷七九《夷貊传下·武兴国传》，北京：中华书局，1975年，第1980页。

④ 郑炳林、花平宁：《麦积山石窟第76窟建窟时代考》，郑炳林、花平宁主编：《麦积山石窟艺术文化论文集》（上），兰州：兰州大学出版社，2004年，第62、63页。

⑤ ［西晋］陈寿撰，［南朝宋］裴松之注：《三国志》卷三〇《魏书·乌丸鲜卑东夷传》，北京：中华书局，1982年，第858页。

⑥ ［北齐］魏收撰：《魏书》卷五八《杨椿传》，第1289页。

⑦ 朱大渭等：《魏晋南北朝社会生活史》，北京：中国社会科学出版社，2018年，第492页。

⑧ 孙晓峰：《麦积山石窟北朝供养人调查》，马世长主编：《麦积山石窟研究》，北京：文物出版社，2010年，第174~198页。

后造……”据金维诺先生研究，南燕确曾数度报聘于后秦，遣使称藩，铭记称“南燕主安都侯”，安都侯可能是后秦对慕容超册封。“姬”是流落在后秦的慕容超之妻呼延氏。此造像铭为弘始九年（407年）慕容超遣使迎母妻国，其妻呼延氏在行将东归之际，命人开龛还愿，按当时情况，亦在情理之中①。这是说第76窟是南燕鲜卑族慕容超家族供养窟，这种看法得到多位专家学者的认可②。郑炳林先生释读为“南□主安都侯□右谕□俊敬造”，并说“燕”是无法辨认的字，所以不能肯定就是南燕主。而“南□主”有可能是“南秦主”，这样麦积山石窟第76窟应当是仇池国杨氏所建。按当时的历史背景和仇池国杨氏管辖天水时期的官爵封号，特别是称“南秦王”及带陇右诸军事等情况看，应当是杨玄或杨难当所为③。不论是金先生认为的南燕，还是郑先生认为的南秦，从统治者的氏族来说，即是鲜卑族与氐族的区别，第76窟皆为北方少数民族所开窟造像。

从第76窟供养人造像服饰来看，女供养人头挽高髻，上身着交领长身小袖袍，肩披帔，下身穿裙褶。男供养人头戴冠，内着圆领衫，外穿交领袍。《魏书·吐谷浑传》云：“夸吕椎髻毦珠，以皂为帽，坐金师子床。号其妻为‘恪尊’，衣织成裙，披锦大袍，辫发于后，首戴金花冠。其俗：丈夫衣服略同于华夏，多以罗冪为冠，亦以缯为帽；妇人皆贯珠贝，束发，以多为贵。”④ 吐谷浑原为鲜卑慕容部的一支，其先祖游牧于徒河青山（今辽宁省义县东北），慕容氏先在辽东地区，后于黄河流域建立诸燕。南燕慕容氏原是鲜卑族。即是鲜卑族服饰。女供养人束发符合“以多为贵”及“除拓跋部外，鲜卑女子则蓄发为髻，并且佩带句决及一些金碧头饰”⑤。第76窟供养人服饰，男着长袍略同华夏，女子束发为髻，上披锦（帔），下着裙，与上述吐谷浑服饰基本似同。若将第76、78窟男供养人服饰进行比较，完全不同。又较符合鲜卑族服饰特征，此窟造像或许可认为是南燕所为较为合情理。女供养人服饰在麦积山北魏第163、159窟出现，完全相同。第80、93窟虽然有变化，也大体似同。

麦积山石窟造像，除上述洞窟中菩萨束发披肩。供养人，头包巾帔（或帽），上身交领（或袒露）袍，下穿小口裤，足穿皮靴。女供养人头挽高髻，上身着交领长身小袖袍，肩披帔，下身穿裙褶。男供养人头戴冠，内着圆领衫，外穿交领袍，具有羌或氐或鲜卑族服饰特征外。还有菩萨佩璎珞，如北魏第139、142、122、127窟，北周第26、12、62窟，宋第191窟等；菩萨束发披肩饰圆形物，如：北魏第157、72、172窟，西魏第44⑥、20、60、102、123、105窟，北周第94窟，隋第13窟，库藏北魏第7、9号造像等。如此，众多菩萨不同时代似同类型特征的造像，是否与鲜卑族“妇女皆贯珠贝，束发，以多为贵”的服饰特征有一定的关系。这也反映少数民族的服饰特色，自北魏以下一直影响较大，延续在石窟造像中出现。同时反映天水自古是多民族杂居地，在北魏、西魏、北周为鲜卑氏

① 金维诺：《麦积山石窟的兴建及其艺术成就》，天水麦积山石窟艺术研究所编：《中国石窟·天水麦积山》，北京：文物出版社、东京：平凡社，1998年，第165~180页。

② 蒋毅明、李西民、黄文昆等撰写的《中国石窟·天水麦积山》图版说明。温玉成：《上下求索，成绩不凡》，刘建华：《义县万佛堂石窟》之序文，北京：科学出版社，2001年，第1、2页。

③ 郑炳林、花平宁：《麦积山石窟第76窟建窟时代考》，郑炳林、花平宁主编：《麦积山石窟艺术文化论文集》（上），第61、62页。

④ ［北齐］魏收撰：《魏书》卷一〇一《吐谷浑传》，第2240页。

⑤ 朱大渭：《魏晋南边是社会生活史》，第518页。

⑥ 君冈主编：《佛国麦积山》，上海：上海辞书出版社，2003年，第115页。

统治。虽然有孝文帝实现汉化，当时少数民族还是存在一定的抵阻力，北周又产生文化复古现象，天水应该汉化程度比较缓慢。麦积山石窟造像中出现诸多民族特征的造像，并得到延续，应该是天水特殊的地理位置和较多少数民族长期杂居等因素产生的结果。

麦积山元代第 48 窟塑四臂观音，四臂观音是藏传佛教观音菩萨的重要造型之一，其印代表的是“唵嘛呢吧咪吽”六字大明咒①，信仰广布流传久远，直至今日仍为人们称颂。第 35 窟佛、第 127 窟室内补塑的佛菩萨、第 133 窟门内侧左右重修的菩萨皆为元代作品。元代的佛教艺术有众多特色，特别是由于帕思巴等传西藏地区流行的密教，使元代佛像及雕塑艺术起了一大变化。此几窟造像，从艺术特征来看，明显为藏传佛教造像特点，及有蒙古族服饰特征，应该与元代推行藏传佛教的蒙古族有关。

麦积山石窟北魏第 87 窟迦叶，第 121、154 窟力士；西魏第 123 窟童男童女；北周第 62 窟力士；隋第 14 窟力士②；唐第 5 窟天王；宋第 4、43 窟力士；元第 48 窟力士等，从五官、体魄、服饰等特征看，皆不同程度体现出西域、北方、秦地少数民族人的特点和着装特征。

三

再从麦积山石窟供养人题记来看与北方少数民族的关系，石窟供养人姓氏非常多，除上文提到的杨、王外，还有张、羌、权、陈、赵、刘、戴、吕、郑、李、贾、胡、谈、伏、夏侯等等。现存题记中仅有明确记年的第 115 窟，“唯大代景明三年（502 年）九月十五日遣上邽镇司张元伯稽首白常住三宝今在买家□□□□□□为菩萨造石室一躯”。造像功德主张氏，中国姓氏极其复杂，关于起源往往众说纷纭，除古老的沿袭变化，还有改姓，赐姓，以官得姓，封地为氏等，如前凉张氏当赐姓。前秦张氏为官较多。《晋书·苻坚载记》云：“屠各张罔聚众数千，自称大单于，寇掠郡县。坚以其尚书邓羌为建节将军，率众七千讨平之。”③《魏书·太宗纪》云：“（神瑞元年六月）斗城屠各帅张文兴等，率流民七千余家内属。”④ 如此，张氏有屠各，屠各是南匈奴瓦解后分裂的屠各、独孤、卢水胡等部之一，张氏又是匈奴人。秦州属陇右地区，自汉以来，大量羌人及原居于川北陇南的氐人被迁入陇右及关中一带，还有相当数量的屠各、卢水胡等也被迁入渭水流域，与本地民族杂居⑤。第 115 窟造像铭记中功德主张氏，或许是屠各，即可说匈奴人。

北魏第 120 窟供养人题记有“武□（兴）镇将王□（胜）供养佛时”，“叔督龙骧将军天水太守王宗供养佛时”，“祖□（母）□（权）供养佛时”以及兄弟、比丘、比丘尼等人供养榜题多条。该窟应该的作为王氏的家族窟。王氏在天水已有屠各，也应该是匈奴人。题记中祖母权氏，权姓是北朝至

---

① 吴景欣：《麦积山石窟第 48 窟四臂观音造像初探》，郑炳林、花平宁主编：《麦积山石窟艺术文化论文集》（上），第 67~70 页

② 花平宁、魏文斌主编：《中国石窟艺术·天水麦积山》，南京：江苏凤凰美术出版社，2013 年，第 172 页。

③ ［唐］房玄龄等撰：《晋书》卷一一三《苻坚载记》，北京：中华书局，1974 年，第 2888 页。

④ ［北齐］魏收撰：《魏书》卷三《太宗纪》，第 54 页。

⑤ 周伟洲：《中国中世西北民族关系研究》，桂林：广西师范大学出版社，2007 年，第 15~20 页。

隋唐时期世居秦州一带的氐族大姓①，从此窟榜题名中可知王家具有一定的社会地位，是当时地方一个有影响的家族。家族成员中有二位曾在仇池地区任职，也说明与仇池氐杨政权有密切关系②。

北魏晚期第159窟，现存贴塑供养人及题记，从供养人榜题中比丘，亡父、母、兄、弟、侄、息等称谓来看，该窟也应该是家族供养窟。其中可读认“阿”姓有5条，即亡兄阿含、阿口；亡姪阿也、阿和；亡息阿奴供养佛。阿氏，南北朝时鲜卑始三字姓所改，北魏鲜卑族有阿贺氏、阿伏干氏，入中原后随汉族改为阿氏，《魏书·官氏志》载阿伏于（或阿伏干）氏后改为阿氏③。因此，此窟可能是鲜卑族供养人造像。

北魏晚期第110窟有伏姓供养人榜题，关于伏姓，有源于风姓，出自上古包羲太昊伏羲氏的后代，南北朝时有源于鲜卑族西羌和匈奴的改姓。伏姓供养人，虽然不能确定究竟是何民族，但基本可认定为是当时秦地的少数民族。西魏第160窟也有“姜氏妹小晖持花供养佛时”榜题。一般学界认为，姜姓是西戎羌族的一支。另外，麦积山供养人中其他众多姓氏，如吕姓，刘姓等。从孝文帝将皇族九姓及所统118氏全加以改造，及赐姓等因素考变，无疑存在与少数民族的关联。

综上所述，佛教传弘，尤其是像教的传弘在中国汉地早期与外来及西域多个少数民族僧人来华传播，北方少数民族多方面的需要和推崇有着密切的关系。麦积山石窟乃至丝路其他石窟开凿造像绘画等，也可说皆主要得力于少数民族（包括汉族）佛教徒的弘法，及当地佛教徒善男信女们的供养。其造像艺术具有较强的地方化、民族化的特征。若说佛教艺术中国化，其特色之一，应该是北方少数民族化。麦积山石窟供养人姓氏也明显反映了历史中统治和杂居秦州的氐、羌、鲜卑、屠各等少数民族大姓贵族和普通民众。这为我们研究麦积山石窟佛教文化艺术，乃至与其他石窟之间的关系提供了可贵的实物资料。同时对研究地域佛教艺术，以及北方少数民的历史文化艺术起到重要的参考价值。

（原载于《敦煌学辑刊》2018年第1期）

① 魏文斌：《水帘洞石窟群在学术研究上的地位与价值》，甘肃文物研究所等编：《水帘洞石窟群》，北京：社会科学出版社，2009年，第147~148页。

② 郑怡楠：《天水麦积山120窟开凿时代考》，《天水师范学院学报》2009年第1期。

③［北齐］魏收撰：《魏书》卷一一三《官氏志》，第3008页。

麦积山石窟冯国瑞洞窟编号考对

高 原 卢 娜 李 沁 杨彩兰 汪嘉荣

冯国瑞①（1901~1963年），字仲翔，号牛翁，又号渔翁，晚年号麦积山樵、石莲谷人，甘肃天水人。1924年就读南京东南大学。1926年就读清华国学研究院，师从王国维、梁启超、陈寅恪诸先生，并以优异成绩毕业；1929年被聘为兰州中山大学教授、甘肃省通志馆分纂等职；1930年到西宁，历任西宁县县长、青海省政府秘书长、代理省政府主席；1937年到西安，被邵力子聘为陕西省政府顾问；1941年登麦积山，著《麦积山石窟志》；1949年任兰州大学中文系主任；1963病逝于兰州。

1941年农历四月初八，冯国瑞先生首次前往麦积山考察，对麦积山石窟进行了初步编号（以下简称“冯氏编号”）②，抄写了碑文，著《麦积山石窟志》一书，由陇南丛书编印社印行，但书中并没有对编号进行说明。此后麦积山石窟方为世人所知悉。1944年2月，冯国瑞先生再次前往麦积山考察，作麦积山石窟编号说明并绘一平面草图，撰成《调查麦积山石窟报告书》呈报当时的国民党甘肃省政府③。如今冯先生所作编号说明及所绘平面草图已亡佚，因此冯国瑞先生所编洞窟无从知晓。冯国瑞先生发表于《文物参考资料》1951年第10期的《天水麦积山石窟介绍》一文总共记载麦积山石窟编号121个，受当时客观条件限制，西崖上部部分洞窟未予编号。笔者根据《天水麦积山石窟介绍》（以下简称“冯氏文”）中的记载考对出冯氏编号洞窟所在位置，并与1953年中央勘察团所编窟号（以下简称“现编号”）相对照。本文按照冯氏文中先“崖面正面”再“西旁面”的顺序进行对应式核对④。

一、东崖部分

1. 冯氏编号第1窟

冯氏文：

① 《冯国瑞先生生平简略》，冯国瑞著，张克源、冯晨校注：《麦积山石窟志校注》，北京：中国文史出版社，2015年。

② 参见《天水麦积山石窟介绍》，《文物参考资料》1951年第10期。

③ 冯国瑞著，张克源、冯晨校注：《麦积山石窟志校注》，北京：中国文史出版社，2015年，第169页。

④ 冯氏文中“麦积山崖面正面”为麦积山崖面东部，简称东崖；“西旁面”为麦积山崖面西部，简称西崖。

麦积石窟前岩正面（东崖）：

（a）1 窟—天堂部分，为正面最高处，有横雕的平凹痕迹一道。其西端凹中有字，似梵文，其下有原来栈道插大梁的孔痕，可能是《太平广记》所说的“天堂”。

根据以上叙述，冯氏编号第 1 窟为东崖最高处横凹槽，凹槽西端有字似梵文，其下有栈道孔痕迹。东崖最高处为现编第 4 窟散花楼，散花楼上方有附属建筑遗迹，主要为众多桩孔和其上横凹槽。这道横凹槽是整个麦积山崖面最高的建筑遗迹。麦积山石窟艺术研究所考古研究室 2007 年采集现编第 4 窟上方桩孔数据时，在散花楼上方横凹槽中清理出石刻小坐佛一尊，并在小坐佛西侧发现了冯氏文中所说的疑似梵文痕迹①。以上所述与冯氏文所述相符，依此推断冯氏编号第 1 窟为现编第 4 窟上方的横凹槽。

2. 冯氏编号第 2~8 窟

冯氏文：

（b）自 2 窟至 8 窟为七佛阁各一窟。窟外自最高以下，以及东西两边线中间全部，分别叙述：

1. 在天堂已毁的栈阁下，即属于七佛阁散花楼之部。这部分的最高处，在中线以西，有“太平”二字……七佛阁门前面，有泥塑璎珞帐幔……及各柱上的浅雕嵌壁的威神……七佛阁的东西两侧有石雕六棱方柱……七佛阁前东西两壁上端，各有一石窟，里面有佛像，石窟下边有护法威神立像各一……

根据以上叙述，冯氏编号第 2 至第 8 窟与现编第 4 窟散花楼的俗称相同，洞窟特征相同。散花楼位于东崖上部，平面横长方形，大型庑殿顶崖阁。前开七间八柱窟廊，现只存 2 根六棱角柱，其余都已崩塌无存。窟内正壁并列 7 个佛帐式大龛，各龛之间的壁面有石胎泥塑的天龙八部。窟内左右壁上部各开一六角攒尖顶和穹隆顶的佛帐式耳龛（冯氏编号第 1 窟或为这两个耳龛，但从目前已知的线索来分析，前文观点更符合冯氏的记载），耳龛下方各塑金刚力士。以上特征与冯氏文所述相同，依此推断冯先生是将现编第 4 窟正壁七龛分别编号为第 2、3、4、5、6、7、8 窟，但是冯氏文并没有记载编号第 2~8 窟的排列顺序。笔者认为应该从东往西依次排列，因为散花楼西侧现编第 5 窟牛儿堂内的三龛为冯氏编号第 9、10、11 窟，说明冯氏编号第 2 至第 11 窟是从东往西排列的。依此顺序排列，冯氏编号第 2~8 窟分别对应的是现编第 4 窟的第 1~7 龛。

3. 冯氏编号第 9~11 窟

冯氏文：

（c）9 窟 10 窟 11 窟三窟为牛堂部分，分别叙述：

1. 上七佛阁西隧道下通牛儿堂，仅可容一人走，隧道门顶有刻石曰：“小有洞天”。这隧道有两三丈长，传说从前要由崖边冒险越过，还存留着“鹞子翻身牛儿堂”的农谚……2. 牛儿堂有三石窟，中窟最深……石窟门前左边有卧牛，在牛背上站一尊护法威神……牛儿的角耳都毁了。左

① 麦积山石窟艺术研究所：《麦积山石窟第 4 窟庑殿顶上方悬崖建筑遗迹新发现》，《文物》2008 年第 9 期。

右二窟开凿较浅……石柱毁折，断廊是柱额的顶点。

根据以上叙述，冯氏编号第 9、10、11 窟与现编第 5 窟牛儿堂俗称相同，洞窟特征也相同。现编第 5 窟牛儿堂因窟中的泥塑天王脚下有一金角银蹄的牛犊而得名，与现编第 4 窟平齐，两窟之间凿一隧道，仅容一人躬身通行。此窟为大型平顶崖阁，前开三间四柱窟廊，廊柱已崩塌，仅存东侧角柱。正壁并列三龛，各龛都有莲瓣形和圆拱形双重龛楣，龛楣左右两侧柱头为火焰宝珠及莲花。正壁正中开平面马蹄形穹隆顶大龛，左右两侧各开平面马蹄形圆拱龛。中龛外左侧塑踏牛天王，其脚下牛儿双角已残。以上特征与冯氏文所述相同，依此推断，冯先生是将现编第 5 窟正壁三龛分别编号为第 9、10、11 窟，排列顺序与散花楼相同。冯氏第 9~11 窟分别为现编第 5 窟第 1~3 龛。

4. 冯氏编号第 12~18 窟

冯氏文：

(d) 12 窟—18 窟这七个窟叫中七佛阁，在天桥的下面，前有木建楼阁，窗格作“卍”字形。阁中的雕塑，都经过明人改造了。

根据以上叙述，冯氏编号第 12 至 18 窟被称为“中七佛阁”，与现编第 9 窟俗称相同。现编第 9 窟为大型栈桥式崖阁，前部原有木构栈阁 7 间，后又按照原来的木结构样式，重新建造了 7 间钢筋混凝土栈阁。窟正壁开 7 个平面马蹄形圆拱龛，龛内塑像均为明清重修。以上特征与冯氏文所述相同，依此推断，冯先生是将现编第 9 窟内正壁 7 龛分别编为第 12、13、14、15、16、17、18 窟。又因冯氏编号第 19 窟在其西侧，故排列顺序应与散花楼牛儿堂相同，均从东往西排列。依此顺序，冯氏编号第 12~18 窟分别为现编第 9 窟第 1~7 龛。

5. 冯氏编号第 19~23 窟

冯氏文：

(e) 19 窟石窟已破，仅存一半，里边有雕塑。

(f) 20 窟窟顶已毁，后部尚存，石雕斗柱……中有佛像，与 19 窟原系同一栈道。21 窟的位置在 19 窟之下，与 22 窟为姊妹窟，前部已损毁，仅存后半部。其顶作尖方形，分四部，各为等腰三角形，后部之一全存，左右两部，仅余其半，后部三角形内所绘，色彩尚丽，人物众多，似为佛画极乐世界，旁边会有精舍于院之中部，开有正门，为凸出棚状，由院之左角看去，可见棚下之旁室（室中尚有人住），院墙为青色。又顶之两边所存残余半三角形中，画的色彩更鲜丽，也是佛经故事。其下三面壁上，皆有小窟，各有像一躯，壁上亦有绘画，惟已剥落模糊。

22 窟与 21 窟大致相同，唯 21 窟稍斜向东南，此窟正向南面，其中一切构造俱同 21 窟，也损毁了一半。其中顶上后部三角形中，绘佛经祇园故事，草树丛萃，佛坐其中，众生环坐听经，窟壁的上部，绘有两层不同佛像，色泽也相当好。

23 窟只存残龛及坐佛一尊。

23 窟之西，有小窟群，自 48 窟至 52 窟及最小者十余，其中亦有佛像。

21 窟 22 窟 23 窟平列各窟的下面，自西而东，至大佛脚下面，有已毁长栈道痕一道。

根据以上叙述，这5窟相邻，但没描述具体位置，只能以冯氏文中描述的洞窟特征来考对。现编第14窟位于东崖中部，平面方形，为帐式四角攒尖顶窟，前部已崩塌，窟内塑一佛二菩萨一力士。西侧的现编第15窟为平面横长方形仿木制结构人字披顶窟，窟前部崩塌，仅残留右侧石头柱，正壁塑三佛，左右壁各塑一佛。这两窟的窟形、残损程度、造像情况与冯氏编号第19、20窟的描述相同。这两窟下方为现编第26、27窟，现编第27窟位于东崖中部，四角攒尖顶，前披已塌，其余三披绘法华经变，正壁和左壁绘有建筑、云纹、卷草纹等图案。现编第26窟位于东崖中部，四角攒尖顶，前披已塌，其余三披绘涅槃经变，四壁上部绘满千佛。这两窟的窟形、残损程度、壁画内容与冯氏编号第22、21窟的描述相同。以上4窟均与冯氏文描述相同，依此推断，冯氏编号第19~22窟分别为现编第14、15、27和26窟。

现编第25窟位于现编第26、27窟（冯氏编号第22、21窟）西侧，这3个窟高度相同。其龛内塑一大坐姿菩萨像，与冯氏编号第23窟的描述相同，依此推断，冯氏编号第23窟为现编第25窟。

6. 冯氏编号第24、25窟

冯氏文：

> 24窟25窟有大窟和小窟群。在中七佛阁的西端下，均各有像，迤东有在壁间刻的“麦积山”三大字。又其东有凹形雕线一条，此三窟下有已毁的栈道痕一。

这段话中可以看出冯氏编号第24、25窟其实是由3个洞窟组成的，1个窟较大，2个窟较小。根据冯氏文中所述位置寻找，中七佛阁西端下方是现编第10、11、12窟，这三窟东侧有石刻的“麦积山”三字，与冯氏文描述相符。其中现编第11窟规模较大，现编第10、12窟规模较小，依此推断，冯氏编号第24窟为现编洞窟规模较大的第11窟，冯氏编号第25窟为现编洞窟规模较小的第10、12窟。

7. 冯氏编号第26窟

冯氏文：

> 26窟在中七佛阁东端之东，有二小石窟距天桥的石磴不远，在天桥石磴前的东数步，上为文殊窟，下为卧佛窟。

根据以上叙述，中七佛阁东侧为石磴（现编第168窟），石磴往东几步为冯氏编号第26窟，上方的为文殊窟，下方的为卧佛窟。依此寻找，现编第9窟中七佛阁东侧为现编第168窟“石台阶”，“石台阶”东侧为现编第1、2窟。现编第1窟正壁塑一卧佛，是麦积山唯一一尊卧佛造像。右上方的现编第2窟，窟内塑有乘坐狮子的菩萨造像，当为冯先生所说的文殊窟。依此推断，冯氏编号第26窟是由现编第1、2窟组成的。

8. 冯氏编号第27窟

冯氏文：

> 27窟在大佛脚底，已毁栈道之下，有扁形的石窟，中有上下两层，石雕造像很精。

根据以上所述会误以为此窟有上下两层，窟内为石雕造像。其实此窟为东崖大佛脚下的现编第 31 窟，平面横长方形平顶龛，龛内正壁上下 2 排影塑，每排 5 身，远处看很像石雕。依此推断，冯氏编号第 27 窟为现编第 31 窟。

9. 冯氏编号第 28、29 窟

冯氏文：

> 28 窟，此窟已塌，只余佛像一尊，极庄严。29 窟在 28 窟迤东，有小窟，木门掩闭，惜不能登。

根据以上叙述，冯氏编号第 28 窟已塌，只余佛像 1 尊，东侧为冯氏编号第 29 窟，窟口装有木门。现编第 32 窟窟口处有凿槽一道，宽约 6 厘米，深约 3 厘米，应为嵌置过木门的卡槽，现在木门已残毁了，四周也无其他窟有安装过木门的痕迹。依此推断现编第 32 窟为冯氏编号第 29 窟。此窟西侧的现编第 33 窟应为冯氏第 28 窟，但现编第 33 窟内正壁塑一坐佛，左侧塑一立菩萨与冯氏文记载的“只余佛像一尊”不符。笔者认为造成不符的原因很可能是现编第 33 窟窟口前的栈道损毁无法登行，窟口下方又为悬崖，所以勘察此窟的最佳地点只能在下七佛阁窟口前地坪处。此处勘察现编第 33 窟，窟内左侧的立菩萨会被崖壁遮挡，造成视角盲区，从而导致冯先生只能看到窟中的坐佛。依此推断，冯氏编号第 28、29 窟为现编第 33、32 窟。

10. 冯氏编号第 39、44 窟

冯氏文：

> 自 29 窟下，有已毁栈道痕直至 39 窟，窟的顶上尚延长而西。
>
> 39 窟瓴部石雕建筑形状，与在下之 44 窟相同（七佛阁天花板上有同样的绘画），是建筑研究很好的材料，前有木门掩闭，左右两窗，左窗已塌，露出了窟口的威神像一躯，很雄丽，右窗中亦可由棂隙看见与西相对的威神像，且有竹制仓具，由左破塌处看见其中壁上亦有绘画。距地面有二三丈，将来准备搭架上去了解。

根据以上叙述，冯氏编号第 39 窟有石雕的瓦檐，窟口安装木门，木门左右两窗后可各见一身威神造像。此窟下方的冯氏第 44 窟也有石雕的瓦檐。现编第 43 窟位于东崖下部，庑殿顶崖阁，外凿三间四柱式窟廊，柱间装有木门，窟内前廊两侧各塑一力士。据 1954 年中央勘察团发表的《麦积山石窟内容总录》记载，当时此窟窟口石柱间仍装有木制栅栏①。以上洞窟特征与冯氏文描述相同，依此推断，冯氏编号第 39 窟为现编第 43 窟，此窟垂直向下是现编第 49 窟。现编第 49 窟位于东崖下部，庑殿顶崖阁建筑，前凿三间四柱式浅廊，与冯氏文描述的洞窟特征相同，依此推断，冯氏编号第 44 窟为现编第 49 窟。

11. 冯氏编号第 30~38 窟

冯氏文：

---

① 麦积山勘察团：《麦积山石窟内容总录（三）》，《文物参考资料》1954 年第 4 期。

> 30窟至38窟，此大小各窟，在29窟东，星罗棋布，皆各有佛像。

根据以上叙述，冯氏编号第30~38窟位于冯氏编号第29窟东侧，其内均有造像。但实际冯氏编号第29窟（现编第32窟）东侧为下七佛阁，为冯氏编号第53~58窟。所以我认为冯氏编号第30~38窟应当位于冯氏编号第29窟（现编第32窟）下方，东至冯氏编号第58窟，西至冯氏编号第39窟这片区域。此区域现编有第34、35、36、37、38、39、40、41、42、190窟共10个洞窟，其中现编第190窟中无造像，余下9窟如冯氏文所述，其内均有造像且数目相符。冯氏文未说明排列顺序，因此只能推断，冯氏编号第30~38窟为现编第34、35、36、37、38、39、40、41、42窟。

12. 冯氏编号第40、41窟

冯氏文：

> 41窟、40窟两小窟在39窟下旁似为一组，里外皆各有佛像，柱上楔楣之间，有石雕大花纹櫄斗各式，似与牛儿堂相同，整齐可观，可供建筑学家研究。

根据以上叙述，冯氏编号第40、41窟在冯氏编号第39窟下旁，两窟为一组。冯氏编号第39窟（现编第43窟）下方西侧现编第48窟位于东崖下部，浅廊式双龛崖阁，正壁开小龛2个，均为平面马蹄形穹隆顶龛。左龛有浮塑莲瓣形龛楣。两龛有浮塑龛柱，龛柱莲台上承摩尼宝珠，风格与牛儿堂相似。依此推断，冯氏编号第40、41窟为现编第48窟窟内正壁的双龛。

13. 冯氏编号第42、43窟

冯氏文：

> 40窟42窟43窟下，也有已毁栈道的痕迹。

根据以上叙述，这3窟窟号相连，窟下方有栈道孔痕迹。冯氏编号第40、41窟（现编第48窟）的东侧为现编第50窟、西侧为现编第46窟，3窟相连，基本呈一横排。据《麦积山石窟志》中所附的《天水麦积山石窟测绘图》① 来看，这3窟下方均有桩孔，与冯氏文描述相符。冯氏文未说明排列顺序，故只能推断冯氏第42、43窟为现编第50、46窟。

14. 冯氏编号第48~52窟

冯氏文：

> 23窟之西，有小窟群，自48窟至52窟及最小者十余，其中亦有佛像。

根据以上叙述，冯氏编号第23窟（现编第25窟）西侧为冯氏编号第48~52窟，共十余窟，窟内均有造像。冯氏编号第48~52窟位于东、西崖中间区域，现编有第16、17、18、19、20、21、22、23、24、152、172等共11窟，窟内均有造像。依冯氏文描述，冯氏编号第48~52窟规模较大。在这些窟中，规模较大、保存较完好的5个窟为现编第16、17、21、20、24窟，余下不能排除的6个较小

① 《天水麦积山石窟测绘画》，张锦秀编撰：《麦积山石窟志》，兰州：甘肃人民出版社，2002年。

的窟，应当将其视作附属窟归入冯氏编号第 48~52 窟中。冯氏文未说明排列顺序，故只能推断冯氏编号第 48~52 窟为现编第 16、17、21、20、24 窟，并包括现编第 18、19、22、23、152、172 窟。

15. 冯氏编号第 53~58 窟

冯氏文：

> 自 53 窟至 58 窟称下七佛阁，西端在三大佛像脚底已毁栈道之下，东端上与中七佛阁相齐。中间一室已毁，仅存佛像。东西各有三窟，窟前皆有石柱，共为七部。近处，有石堆很大，将正中最下之处全被掩没，当是上七佛阁上顶塌下石方的积累。

根据以上叙述，冯氏编号第 53~58 窟与现编第 28、29、30 窟组合成的下七佛阁相同，洞窟特征相同。现编第 28 窟位于中七佛阁下方，平面横长方形庑殿顶崖阁，前开三间四柱窟廊，正壁开 3 个佛龛。现编第 29 窟位于中七佛阁下方，平面横长方形平顶龛，龛楣上部木檐塌毁，龛内多处地方塌毁。现编第 30 窟位于东崖大佛脚下，平面横长方形庑殿顶崖阁，前开三间四柱窟廊，正壁开 3 个佛龛。此 3 窟共七龛，故称下七佛阁。冯氏文中，冯先生只编了六个窟号，而现编第 29 窟多处坍塌，窟口被堆积物掩埋，故可将其排除。冯氏文未说明排列顺序，故只能推断，冯氏编号第 53~55 窟分别对应现编第 28 窟第 1~3 龛，冯氏编号第 56~58 窟分别对应现编第 30 窟第 1~3 龛。

16. 冯氏编号第 45、46、47 窟

冯氏文：

> 46 窟 45 窟 38 窟 39 窟迤西上下有二窟，也有佛像，在 34 窟下，有栈道痕一。

至此，东崖部分的冯氏编号洞窟仅余冯氏编号第 45、46、47 窟与现编第 44、45、47 窟可对应。但冯氏文对冯氏编号第 45、46 窟的记载较笼统，而且未曾提及冯氏编号第 47 窟，因此无法得知这 3 窟的排列顺序，只能推断冯氏编号第 45、46、47 窟为现编第 44、45、47 窟。

二、西崖部分

冯氏文：

> 以上是前岩正面的情况，至于与前岩相连的西旁面，石窟大的很少，可以三大佛立像作为中心。大佛的脚下，列有石窟 86 窟至 96 窟十一处，东端之一窟稍大，亦有佛像。59 窟至 84 窟在大佛的西端，有上下排列的石窟四列。

根据以上叙述，冯氏编号洞窟在西崖的划分以现编第 98 窟西崖大佛为中心，分别为西崖大佛西侧和西崖大佛脚下这两大区域。其中冯氏编号第 59~84 窟分布在西崖大佛西侧，上下排列成 4 排。冯氏编号第 86~97 窟在西崖大佛脚下，为一横排。此横排之下为冯氏编号第 102 至 120 窟。

1. 冯氏编号第 59~63 窟

冯氏文：

> 第一列与大佛像头相齐，在长栈道的下面，自 59 窟至 63 窟凡五窟。

根据以上叙述，第 1 排冯氏编号第 59～63 窟与西崖大佛头部平齐，共有 5 个洞窟。而现编号中，这一排有第 123、126、120、127、124、158、153、125、171 共 9 窟。该如何找出冯氏编号洞窟？回顾麦积山石窟的历次编号，1941 年冯国瑞先生前往麦积山考察，首次将麦积山石窟编号。1952 年西北考察团考察麦积山，将麦积山石窟编号，共计 157 个。1953 年中央勘察团考察麦积山，在西北考察团 157 个编号的基础上又清理发现了 37 个洞窟，使窟龛数增至 194 个，后来又增编了王子洞窟区等，最终石窟编号增加至 221 个①。1953 年中央勘察团所清理发现的 37 个窟为 1952 年无法登临的洞窟，那么冯先生 1941 年也是无法勘察这 37 个洞窟的。再者，冯氏文中多次指出所编洞窟均有造像，笔者认为冯先生优先将塑有造像的洞窟进行编号。因此在寻找冯氏编号洞窟时，可将窟内无造像的洞窟与 1953 年清理发现的洞窟（现编第 157 窟之后的洞窟）排除在外，余下洞窟较为接近冯先生当年所看到的洞窟。根据以上两点，排除现编第 158、153、125、171 窟。冯氏文未说明排列顺序，只能推断冯氏编号第 59～63 窟为现编第 123、126、120、127、124 窟。

2. 冯氏编号第 64～68 窟

冯氏文：

> 第二列自 64 窟至 68 窟大小凡五窟。

根据以上叙述，第 2 排为冯氏编号第 64～68 窟，共 5 窟。现编号中，这一排为第 115、114、113、121、122、179、181、182、183、119 窟，共 10 窟。去掉 4 个 1953 年清理出的石窟，即现编第 179、181、182、183 窟，还有 6 窟。这 6 窟中现编第 119 窟为小浅龛，规模最小，很可能因距离太远无法看清而被忽略，所以再将现编第 119 窟排除。因冯氏文未说明排列顺序，只能推断冯氏编号第 64～68 窟为现编第 115、114、113、121、122 窟。

3. 冯氏编号第 69～79 窟

冯氏文：

> 第三列自 69 窟至 79 窟凡十一窟。

根据以上叙述，第 3 排为冯氏编号第 69～79 窟，共 11 窟。现编号中这一排有第 118、117、116、112、111、110、109、108、106、105、104、107 窟，共 12 窟，去掉窟内无造像的现编第 107 窟，其余与冯氏编号数目相同。冯氏文未说明排列顺序，只能推断冯氏编号第 69～79 窟为现编第 118、117、116、112、111、110、109、108、106、105、104 窟。

4. 冯氏编号第 80～84 窟

冯氏文：

> 第四列自 80 窟至 84 窟大小凡五窟。

---

① 魏文斌、白凡：《麦积山石窟历次编号及新编窟龛的说明》，《敦煌研究》2008 年第 5 期。

根据以上叙述，第4排为冯氏编号第80~84窟，共5窟。现编石窟中这一排也是5窟，数量相符。冯氏文未说明排列顺序，只能推断冯氏编号第80~84窟为现编第99、100、101、102、103窟。

5. 冯氏编号第85窟

冯氏文：

> 85窟在大佛像东头，俗名碑洞，有人推测庾信的佛龛铭石刻存放在这里，拿望远镜看，窟口内稍深处，悬有篆文，榜曰“民乐堂”。

根据以上叙述，冯氏编号第85窟被称为碑洞，与现编第133窟俗称相同。现编第133窟位于西崖中部，西崖大佛东侧，为汉代崖墓式佛窟，窟门内侧嵌置木门框，门楣上悬明万历四十一年（1613年）木制匾额一块，题曰“极乐堂”。与冯氏文所记“民乐堂”相差一字，疑是距离较远所致。依此断定冯氏编号第85窟为现编第133窟。

6. 冯氏编号第86~96窟

冯氏文：

> 大佛的脚下，列有石窟86窟至96窟十一处，东端之一窟稍大……86窟至96窟在大佛下面，为一横列，其下有长栈道迹。此长栈道痕西部之下，有栈道所承的三窟（104窟、105窟、106窟）。

根据以上叙述，冯氏编号第86~96窟在西崖大佛脚下，为一横排，共11窟，其下有长栈道痕一道，长栈道痕西端下方有3个窟为冯氏编号第104、105、106窟。在现编号中，西崖大佛脚下一排共25窟，冯氏编号洞窟只为其中11个。根据1952年冯先生所绘的麦积山测绘图①，可知西崖大佛脚下有一排残损栈道痕，与冯氏文记载的西崖大佛脚下的“长栈道痕”相印证。该栈道痕上的石窟则为冯氏编号第86~96窟。图中现编第91、90、138、89、88、87、86、85、84、83、82、81、189、170、186、188、187、167、184、137窟，共20窟，均在“长栈道痕”上。这其中除去1953年清理发现的现编第189、170、186、188、187、167、184窟，而现编第137窟在大佛脚部左侧位置，不在大佛脚下，故可排除。所剩现编第81、82、83、84、85、86、87、88、89、138、90、91窟，共12窟，多出一窟应为冯氏文未提到的冯氏编号第97窟。长栈道痕西端下方的冯氏编号第104、105、106窟为现编第65、64、63窟，冯氏文未说明排列顺序，只能推断冯氏编号第86~97窟为现编第91、90、138、89、88、87、86、85、84、83、82、81窟。

7. 冯氏编号第98~101窟

冯氏文：

> 98窟至101窟各窟散在泉湫的附近，有两窟皆为泉口，远看里面也有竹编物存在。

按冯氏文所述，冯氏编号第98~101窟在湫池附近，其中有两窟为泉口。现编第57、173窟

---

① 冯国瑞著，张克源、冯晨校注：《麦积山石窟志校注》，北京：中国文史出版社，2015年，第101页。

为两处泉眼，其附近现编有第79、80、58、174、175窟，共7窟。其中窟内无造像的为现编第79、174、175窟。冯氏文未说明排列顺序，依此只能推断冯氏编号第98~101窟为现编第80、173、58、57窟。

8. 冯氏编号第102~120窟

冯氏文：

> 102窟至120窟的窟群分布于长栈道痕的下面，大小不一，其中皆有佛像。

上述“长栈道痕”下分布有现编第73、72、65、64、63、71、70、67、69、169、68、66、62、61、60、94、166、56、55、54、53、52、74、75、76、77、78、152窟，共28窟。除去窟中无造像的现编第61、66窟与1953年清理发现的第166、152窟，而现编第169窟为1953年中央考察团补编的①，并非清理时发现的洞窟，所以不应排除。再将这些窟中规模最小的洞窟排除，即现编第62、68、72、73、75窟，因为当时无法登临，远眺难以看清。余下石窟因冯氏文未说明排列顺序，只能推断冯氏编号第102~120窟为现编第77、76、65、64、63、78、74、71、70、67、69、169、60、94、56、55、54、53、52窟。

9. 冯氏编号第121窟

冯氏文：

> 121窟上有长方扁形小窟，中小佛一尊，及左右侍窟，下面壁上，雕有半身作怒目状神像位于莲花中心，又有莲梗抽出二莲蓬于左右，莲蓬上亦各有一像，姿态很生动，左边的龙女，眉目姣好，翘足而立，形式极美，下有四狮，现仅存二。

根据以上叙述，冯氏编号第121窟窟内有怒目状金刚力士位于莲花中心，下有4狮，现仅存2身；现编洞窟中第191窟为摩崖泥塑，上部龛内存一佛一弟子，龛下部浮塑一大鹏金翅鸟，两侧向上伸出的莲蕾上各塑一菩萨，下部两侧各塑一蹲狮。以上特征与冯氏文所述特征相同，依此推断冯氏编号第121窟为现编第191窟。

三、小结

已明确位置的冯氏编号洞窟的排列顺序：先东崖再西崖，东、西崖均从最高处开始编号，同一高度的洞窟从东往西编号。可将冯氏文未说明排列顺序的洞窟依此顺序排列并与现编窟号相对照（表一）。如此排列可见，表中冯氏编号与现编号的排列顺序有多处相同。笔者认为，冯国瑞先生曾与1952年西北考察团②、1953年中央勘察团③一同前往麦积山考察，说明这两次考察的石窟编号很可能

① 麦积山勘察团：《麦积山石窟内容总录（三）》，《文物参考资料》1954年第4期。

② 孙儒僩：《我曾经参加过的几次石窟考察》，《敦煌研究》2000第2期。

③ 麦积山勘察团：《麦积山勘察团工作日记（摘要）》，《文物参考资料》1954年第2期。

表一 冯氏编号与现编号对比表

冯氏编窟号	现编窟号	冯氏编窟号	现编窟号
1	散花楼顶处凹槽	42	46
2、3、4、5、6、7、8	4（第1、2、3、4、5、6、7龛）	43	50
9、10、11	5（第1、2、3龛）	44	49
12、13、14、15、16、17、18	9（第1、2、3、4、5、6、7龛）	45、46、47	44、45、47
19	14	48、49、50、51、52	16、17、21、20、24
20	15	53、54、55	28（第1、2、3龛）
21	27	56、57、58	30（第1、2、3龛）
22	26	59、60、61、62、63	123、126、120、127、124
23	25	64、65、66、67、68	115、114、113、121、122
24	11	69、70、71、72、73、74、75、76、77、78、79	118、117、116、112、111、110、109、108、106、105、104
25	10、12	80、81、82、83、84	99、100、101、102、103
26	1、2	85	133
27	31	86	91
28	33	87、88、89、90、91、92、93、94、95、96、97	90、138、89、88、87、86、85、84、83、82、81
29	32	98、99、100、101	80、173、58、57
30、31、32、33、34、35、36、37、38	34、35、36、37、38、39、40、41、42	102、103、104、105、106、107、108、109、110、111、112、113、114、115、116、117、118、119、120	77、76、65、64、63、78、74、71、70、67、69、169、60、94、56、55、54、53、52
39	43	121	191
40、41	48（正壁双龛）		

借鉴了冯国瑞先生1941年的一些编号。表中冯氏编号与现编号的不同之处说明现编号修改了冯国瑞先生的一些编号。

（原载于《敦煌研究》2018年第2期）

以烘烤工艺论麦积山第78窟的开凿年代

董广强

经长期调查，发现麦积山石窟壁画和塑像工艺中普遍存在着一种烘烤工艺（另文发表）。这种工艺就是在塑像和壁画上彩之前，采用可控制火焰的木炭进行烘烤，使泥质表面强度提高或者是达到半陶质化的程度。麦积山石窟百分之八十的洞窟都存在不同程度的烘烤现象。根据烘烤的程度不同，可划分为烘干、轻度烘烤、中度烘烤、重度烘烤等。在一些洞窟中，还可以根据烘烤泥质的位置，推测出当时放置烘烤设施（炭炉）的位置。

麦积山石窟塑像内部都以木材作为骨架，早期洞窟在佛坛边缘也采用木材作为边框。而对泥层进行烘烤，必然会导致内部的木骨产生炭化现象。这在麦积山石窟非常普遍，涵盖了各个时代，典型的如第78窟、90窟、114窟、4窟、15窟等，我们现在就在烘烤工艺的角度讨论第78窟的年代问题。

一、第78窟后秦开凿论点起源

第74窟和78窟是麦积山石窟开凿最早的一组洞窟，各方面专家意见一致。但是对其具体年代是后秦还是北魏却长期争论。坚持后秦开窟说的主要依据是第78窟佛座前面的壁画。因为在第78窟佛座右侧有20世纪70年代剥离出的供养人壁画，并且有墨书题记“仇池镇经生王□□□供养佛时”等，而据当时参与剥离的张学荣先生讲，这个供养人壁画并不是开窟之初的壁画，而是重修的壁画，这就成为第78、74等窟后秦说的有力证据。我们先将一些关于“早期壁画”的主要观点摘录于后：

(78）窟内其他壁画几乎全部剥落殆尽，唯在佛坛的正面及其右面的表层，尚留有五代人重修时所绘的部分壁画。正面正中画一较大的香炉，其两侧各画头戴软翅幞头纱帽、身穿圆领束腰长袍的供养人若干身。右侧佛坛上的表层壁画（即五代人重修的——原注），虽然已经看不出什么形象，但所涂泥层还相当完整。同时，从边角泥层的断裂处，可以明显看出，泥层下面，还有一层壁画，如前面所说的仇池镇供养人的壁画，正是从这里被剥出来的。

……唯在第78窟佛坛正面，发现有原来被镶嵌在佛坛边缘的木边框，不仅多有被烧毁的痕迹，而且，在被火烧毁的木边框内，还塞有一小块已看不出形象的壁画残块，绝大部分被烧毁的木边框，都被压在绘有仇池镇供养人壁画层的下面，说明在绘制仇池镇供养人壁画前，这些木边框早已经被火烧毁了，而仇池镇供养人也正是因为这一洞窟被火焚烧后，进行重修时才被画在上面的，显然被塞在木边框内的那一小块残画，正是在重修时为了省泥和加强泥巴的硬度，而被随手填塞在里面的……都已充分证明，该窟的开凿，至少应在绘有仇池镇供养人的前面①。

关于壁画的早期情况，当时的纪录不是很详细，所以有比较多的传言。张学荣先生是当时剥离壁画的参与者，所讲的情况是最符合当时情况的。而张先生之所以得出供养人壁画是重修的，依据是供养人壁画和泥层以及焚烧木框之间的叠压关系，因为焚烧的木框被叠压在壁画“仇池镇”泥层下面。根据考古学理论，这个仇池镇供养人壁画的年代，自然是在木框被焚烧以后，属于重修的壁画，而不是最早的壁画作品。另外，还有一块被填塞在焚烧空洞中的壁画残块也可以进一步证明这个问题。

“仇池镇”壁画的年代是需要从历史地理学方面来研究解决的问题，现在的问题是，这层壁画所依附的泥皮（地仗层）是和壁画是同时制作的，还是早期的？我们拟从壁画工艺视角来重新考察这幅壁画。

二、从工艺角度看木枋和泥层之间的层位关系

壁画的制作首先是在崖面上敷一层粗泥，这层泥拌合有麦秸等，制作相对粗糙，厚度根据位置不同，一般在 2 厘米以上；然后是敷涂合有麻丝的细泥层，厚度一般在 5 毫米左右。

麦积山第 78 窟坛基上边缘位置，出于外凸造型的需要，采用了两根上下叠压的木枋，上层的木枋高 16~18 厘米，厚 20 厘米，其左段压在佛像身体下 46 厘米，推测其总长 332 厘米；下层木枋高 16 厘米，厚 10 厘米，长 240 厘米。两根木枋的中段部分，有严重的焚烧现象。其中下层的木枋被焚烧严重，已经断为两段；上层的木枋保存相对完整，仅靠下层的约四分之一部分被焚烧。

“仇池镇”的壁画的右侧佛座前部分保存较完整，正壁佛座前也保存了多处同一层位的泥层，但表面均遭到有意识破坏，仅见一些壁画的色彩，难以辨别其内容，但其相互之间的层位关系却很明显。绘制壁画的表面细泥层厚度约为 0. 5 厘米，下面是比较厚的粗泥层。正壁佛座靠左侧有一处粗泥层和表面细泥层向上延伸，将下层木枋覆于其中。仔细观察木枋和泥层的关系就可以看出，粗泥层呈“凹”形将木枋从左、右、下三个方向围合。据此，可以明确地判断出这层粗泥层和木枋是同一时期的。

现在，我们就可以先得出一个结论，“仇池镇”壁画所依附的底层粗泥和台基边缘的上下两个通长木枋是同一时期、同时制作的。那么，“仇池镇”壁画直接依附的细泥是什么时期，与底层粗泥同时还是重修？

从细泥层和粗泥层的关系看，两者之间在整体上结合紧密，个别之处虽有分离现象，但从制作方法看，只是制作工艺分层，这在其他各个时代的洞窟中也都普遍地存在着。可见，细泥、粗泥和木枋等都是同一时期的。

如果表层细泥可能是重修，是后秦的洞窟在被火烧破坏以后“仇池镇”时期重修时重新覆盖的，

① 张学荣、何静珍：《再论麦积山石窟的创建年代及最初开凿洞窟——兼与张宝玺先生商榷》，《敦煌研究》1997 年第 4 期。

从工艺流程角度有以下两点疑问：

其一，前期的壁画不可能全部破坏。按照后秦开窟的说法这个洞窟只是被火焚烧过，而栈道或门窗着火绝不可能将佛座前的壁画细泥层全部烧脱落，只可能造成一些局部的破坏或脱落。如果要重新敷泥、抹面等，就必须要将原来残存的细泥层全部铲除，而人工的铲除必定要在底层的粗泥层上留下痕迹。我们在佛座正面大面积的粗泥层表面找不到这种人工的痕迹，都是很自然脱落的表面。这说明，现在看到的细泥和粗泥最初就是一体的。

其二，如果是另外一种可能：在意外大火的烘烤下再加上其他因素（如制作时的技术、材料的选择等）的破坏下，表面的细泥层也很有可能大面积或全部自行脱落，这样就没有人工的痕迹遗留在底层粗泥的表面上，重修时重新在上面敷泥、抹面，也会形成现在的效果，这种可能性微乎其微，但不能完全排除，不过有另一问题随之产生。从制作工艺上讲，底层是经过多年的时间完全干燥的粗泥，且还经过火的烘烤，表面坚硬，如果现在在其上面重新敷泥，就会由于材料之间含水量的巨大差异而难以粘结在一起。这是由于两者之间收缩率差别太大而造成的。如果要在破坏之后重修，就借助工具对原来的粗泥层进行处理，这样粗糙的表面才利于敷泥时的操作和长久地保存。第78窟佛座前的一部分泥层就是这种情况（年代相对比较晚）。我们在粗泥层上看不到这样的处理痕迹。

基于以上分析可以推断，木枋壁画的底层粗泥、表层细泥均是同时期制作的，在它们之间是不存在前后重修和叠压关系。

从以上结论、推论中我们可以看出，台基边缘的两层木枋、佛座的粗泥层、细泥层、“仇池镇”壁画等都制作于同一时期，几者之间不存在先后关系，都是“仇池镇”时期所做的。而上层木枋向两侧延伸，压在左右两侧佛的身下。所以，包括这个洞窟，全部都是“仇池镇”时期开凿和塑作的，不存在重修的问题。

那么，现在就需要解释一个核心问题，既然不存在重修的问题，“仇池镇”的壁画为什么会叠压在木枋的炭化燃烧层之上？这是前辈学者持重修观点的根本证据。

三、从燃烧现象分析火源点和燃烧物

高坛基的边缘是上下两个比较厚的通长木枋相叠在石台阶上并轻微出挑，而焚烧的痕迹便处在两个木枋的相叠之处，即上层木枋的下半部分和下层木枋，而且是向深度延伸，上、下层木枋外表的其他部分未有普遍焚烧痕迹。依据对木材燃烧的基本常识，可以判断出，这是在焚烧着木材表面部分后，以很缓慢的速度向木材内部自燃所形成的现象。这至少说明，燃烧原点的火源，只是在木材焚烧空洞的这个位置，而两侧和上层的木枋由于泥层的遮护而没有燃烧。

上层木枋呈外挑状。依照火焰燃烧的规律，外挑部分的木材最容易接触火焰而先行燃烧，而实际情况是最外挑的木枋没有燃烧痕迹。上层木枋在和下侧木枋燃烧空洞相对应的位置，燃烧现场成自下至上的内凹形。这是一个很反常的燃烧现象。如果在坛基下堆放燃烧物绝对不会造成这样的现象，同时在地面位置和木枋下侧的泥层也没有发现有燃烧物堆积所造成的严重烧红的地面痕迹。造成这种燃烧现象的因素有：第一，这个火源比较稳定，没有跳跃燃烧的火苗（燃烧的火苗会首先使外挑的上端木枋产生燃烧）；第二，不是在地面堆积的燃烧物（地面堆积燃烧物会在地面泥层位置产生严重的红烧土痕迹）；第三，其火源中心点高度应该在下层木枋略靠下位置（其他位置没有被燃烧的现象）。而这样只有一个解释，燃烧物是木炭，不会产生跳跃性的火焰，燃烧环境比较稳定，同时是放置在容器内（炭盆）。这样做的目的只有一个，利用高温使壁画或造像表面快速干燥或硬化，利于长期保存。这就是麦积山石窟泥塑造像壁画的烘烤工艺。

基于烘烤工艺，关于第78窟这处严重的木枋炭化痕迹我们就可以得出这样的结论：这是当时在进行烘烤时，在台基边缘放置燃烧的木炭，对泥层烘烤时由于温度过高、时间过长，木枋外表泥皮比较薄，木枋表面首先产生炭化，再继续烘烤就会逐渐产生燃烧现象。当然这种燃烧是在一种基本封闭的环境中以极其缓慢的速度进行的。因为炭炉的位置靠近下层木枋，所以首先产生缓慢燃烧的是下层的木枋。而在燃烧的过程中，引燃了上层木枋的内侧，所以形成了自下至上的内凹形。

木材在低氧环境下缓慢燃烧的现象，古今有许多案例，如地下煤层燃烧、森林火灾后地层下的树根缓慢燃烧等。有一则古代的例证就更能说明问题，这就是洛阳永宁寺火灾。对北魏时期洛阳永宁寺的火灾，杨衒之描述道："火入地寻柱，周年尤有烟气。"① 当时的木柱为了保证稳固性，下埋很深。隋代宇文恺《明堂议表》提到南朝明堂时说道："平陈之后，臣得目观，遂量步数，记其尺丈。犹见基内有焚烧残柱，毁斫之余，入地一丈，俨然如旧。柱下以樟木为跗，长丈余，阔四尺许，两两相并。"② 此处残柱"入地一丈"，可见其深度。所以永宁寺大火之后，在堆积物内部仍然有燃烧的火种向地下的木柱蔓延，说明在一年之后，洛阳地区大量的降水（一年之内的降雨和降雪）并没有将内部的火完全熄灭。这是木材被点燃后，在封闭而低氧的环境中缓慢燃烧所致。

当第78窟的表层泥质被长时间烘烤后（现在"仇池镇"壁画所依附的泥皮也有完全的烘烤现象），高温将内部的木枋炭化，然后产生燃烧现象，由于木枋表层存在炭化现象，所以初期的火很容易在表面蔓延，然后逐步地向内部延伸。外表的泥层被烘烤后，就会自然地产生一些小的裂缝，这样就提供给内部一些保持燃烧所必需的条件——氧气。由于环境密闭，空气进量较少，所以内部的燃烧是极其缓慢的，可能需要数月或更长的时间才可以达到我们目前所看到的效果，而其他的燃烧环境和条件都难有这样的效果。

外部泥层的温度冷却比较快，烘烤后2~3天内就可以恢复到常温状态，这样就可以在塑像和壁画表层进行描绘色彩的工作了，由于木枋在泥层内部的燃烧面积很小且速度很慢，所以产生的温度不足以影响绘画工作。而当木枋被炭化后，就自然地产生了空洞，表面的泥层失去了支撑力，就很容易毁坏，这就是我们目前所看到的现象。

这样，围绕第78窟焚烧痕迹而产生的重修等误解就迎刃而解了。

其实，塑像内部的木骨架存在着焚烧炭化的痕迹在麦积山不是个例，各个时期的洞窟中普遍存在，一些烘烤严重的塑像基本上都存在这种现象，比较明显的如第90、15等窟，而第15窟的情况也同样说明这种现象不是重修的叠压，而是烘烤所造成的自然现象。

---

① ［北魏］杨衒之撰：《洛阳伽蓝记》，上海：上海书店，2000年，第47页。

② ［唐］魏徵等撰：《隋书》，北京：中华书局，1973年，第1593页。

四、关于台阶边缘的重修和早期壁画残块

第78窟还存在着一个后期重修的问题。因为前辈学者都提到一个在炭化的空洞内有一块早期的壁画，这是属于重修的遗留。

虽然在壁面、塑像身上未发现有泥层叠压情况，但在高坛基的边缘部分却明显存在着。佛的袈裟下摆部分被一层厚约4厘米的泥层覆盖（表层为细泥），泥层一直延伸至台基的上边缘，右侧台基的整个边缘都被这一泥层所覆盖。显然，这一泥层要晚于造像的年代，是重修时的遗留。

在坛基正面和仇池镇供养人同一层位的壁画表面，后期重修为了使新泥层更加牢固，用工具将表面打凿的坑坑洼洼，在坛基的下边缘也可以看到重修的泥层。而关于重修的年代不是本文论题，我们暂且依照最初剥离壁画时张学荣先生的意见，表层是五代时期的壁画。

张学荣先生所提到的壁画残块目前还保存在原位置，其年代已经不好判断，大致为北魏时期。这应该是五代时期重修壁画时将这一残块填塞到空洞里的。最初对壁画进行烘烤时木枋被缓慢燃烧而为空洞之后，表面壁画在没有外力干扰的情况下，最多能保持数年，重修时将壁画残块填塞在这个位置也是在情理之中。

这样，有关第78窟重修的问题就可以得出一个最终的结论：这些木枋的炭化痕迹是最初对泥塑进行烘烤时造成的，和壁画中的仇池镇是同一个时期，不存在重修的问题。

五、关于仇池镇的年代

关于仇池镇的年代目前也有两种意见。一种认为是仇池国时期，代表人物是李西民先生：

> 详考78窟的原始层和重修层的层位关系，从西面佛座高坛基前面的壁画窄袖胡服的一组供养人来看，原北魏所重修的表层泥皮已脱落，这层供养人的壁画应属于第二层，供养人旁有“仇池镇经生供养佛时”之标题。经查证“仇池镇”建制，一是《北史·氐传》与《宋书·氐胡传》中所述仇池王扬盛分四山氐羌为二十部护军为镇戍，不是置县时的仇池镇，时间当在前秦与后秦之间，而是《魏书·氐传》中所载北魏早期仇池王扬难当依附北魏时所立之仇池镇。从壁画供养人典型的氐羌服饰看，这个仇池镇二者的可能性最小，当属后秦为妥。那么这层供养人壁画是第一次维修层，它和已脱北魏表层泥皮向上延伸的翘起部分，均叠压在大火烧残的原坛基木沿上。七十年代末这部分叠压层部才自然断落，其断落茬现在还一目了然①，1979年笔者为了配合拍资料片时才亲手将掉落碎片清理在右侧门后，而这烧残坛基木沿与被烧成半陶质的大佛像才应是原始层位，可证此窟的开凿与造像时间比早于北魏，应在后秦之前的可能也是有之，再综合上述的

① 李西民先生在文中对这个问题表述得不是很清楚。2008年4月10日，笔者有幸和退休多年的李先生一起考察了第78窟，现场请教了这个问题。李先生说，在佛座正面（木枋炭化空洞的正前位置）有一块和仇池镇壁画同一层位的泥皮，从下向上延伸连接在木枋上并覆盖着炭化部位。这也是李先生认为重修的重要根据。

历史变革与题记与“有碑碣可考”的石碑载述情况来分析，麦积山第74、78窟等开窟造像的年代最保守的定位不会晚于东晋十六国之后秦时期，或者依据重修所绘壁画供养人的前秦氐族服饰与上述史籍氐胡服饰相同而退到前秦造像也未尝不可，但定到后秦开窟是最为可靠的①。

另一种观点多数学者认为的，这个仇池镇是北魏皮豹子收服仇池后所建之镇，对在太平真君四年（443年）二月。而这一段历史时期，魏武帝一直对佛教采取了压制政策，直至446年宣布废除佛教。麦积山在这一时期不可能有大规模的开窟行动，所以第74、78等窟的开凿年代应该在文成帝复法（452年）以后。

而据郑炳林先生研究，在仇池王扬盛分四山氐羌为二十部护军镇时，其中心地区的仇池自然也是一个护军镇，不过当时的名称并非是仇池镇，而是称为骆谷镇②，这样，李先生所讲的第78窟壁画中仇池镇是仇池王杨盛分四山氐羌为二十部护军镇时的仇池镇的可能性就不存在了，那就只可能是北魏时期的仇池镇。

（原载于《敦煌研究》2018年第5期）

① 李西民：《麦积山十六国时期的佛教造像》，郑炳林、花平宁主编：《麦积山石窟艺术文化论文集》（上），兰州：兰州大学出版社，2004年，第201页。

② 郑炳林：《仇池国二十部护军镇考》，《西北民族研究》1991年第2期。

麦积山石窟第23窟供养人图像年代蠡测

曹小玲　孙晓峰

麦积山第23窟位于崖面中区西侧偏上位置，该窟由于历史上整个南崖表层坍塌而仅存正壁和左、右壁少许，窟残高2.18米，宽2.05米，进深0.60米。推测其原来形制为平面方形、三壁三佛窟，窟内造像现仅存正壁一泥塑坐佛，右壁一泥塑胁侍菩萨。其中佛高1.26米，胸以下部分略有残损，半跏趺坐于方形佛座上，佛座高0.66米，宽0.80米，厚0.58米，表面泥皮大部剥落，木胎外露。菩萨高1.23米，外侧已部分残毁，跣足立于圆形莲台之上。

窟内壁画主要见于正壁及窟顶，其中正壁佛背光为浅浮塑，呈莲瓣形。头光为同心圆形，中心为圆莲，边缘为连续的折枝忍冬纹。背光呈舟形，边缘绘升腾的火焰纹，底端坐佛两侧各绘一身跪坐姿人物形象。背光两侧彩绘千佛，底端两侧各涂一道白粉底，其上绘女性供养人形象。窟顶尚残存彩绘的圆莲、飞天飘带，以及莲花宝珠等图案。窟内壁画表面有明显重层痕迹。

从窟龛形制、造像风格与特点等综合分析，该窟开凿于北魏中期，即孝文帝改制期间，这点毋庸置疑。本文要讨论的是窟内正壁佛座两侧彩绘供养人时代及相关问题，在以往公开发表的资料中均称这组供养人为北魏原作①。2008年麦积山石窟艺术研究所在重新修订窟龛档案时，又将这组供养人认定为隋代。对于上述观点，笔者有不同看法，现略述如下，不当之处，敬请斧正。

一、第23窟彩绘女供养人图像

这组彩绘供养人均为女性，分别绘于窟内正壁佛座两侧下方接近窟内地面的白色粉底层上，画面褪色、风化现象比较严重，人物头部等已模糊不清。其中佛座左侧一幅最前方已风化无存，但从残存彩绘婢女服饰痕迹推测，此处原应绘有一主一仆的女供养人形象。其后现横向并列三组女性供养人，头上方各置一柄方形彩色华盖。其中第一、二组依稀可辨绘一主二仆，最后一组仅存前侧女主人形象。人物面部以上均已模糊不清，装束大致相同：女主人身穿交领束腰宽袖服，下着长裙，帔帛绕肩搭臂下垂，拖曳至地面。双手笼于袖中，置于胸前，面向佛虔恭而立。婢女身穿交领中袖袍服，帔帛绕肩搭臂下垂，侍立于主人身后；右侧一幅横向绘三组女性供养人，头上方亦各置一方形华盖，每组均为

① 天水麦积山石窟艺术研究所编：《中国石窟·天水麦积山》，北京：文物出版社、东京：平凡社，1998年，图版66。

一主二仆，最后绘一人，头上方无华盖。装束基本相同：依稀可辨女主人梳发髻，其上饰簪花或步摇一类饰物，面容清秀，交领平直，双手笼于袖中，虔恭向佛而立。身后二婢女装束同前，一人手执主人裙角，一人双手平置于胸前，似捧一物。

通过上述图像，我们大致可以得到以下信息：

1. 这组女供养人图像基本以主仆形式出现，且配置华盖，表明其有较高的社会地位和身份。

2. 女供养人发髻、服饰装束等特点表明，其具有典型褒衣博带的汉服特征。

3. 这组供养人绘于正壁千佛图案下方的白色粉底层上，两者之间存在轻微叠压现象，显然非开窟原作。

二、关于供养人北魏原作观点的质疑

对于麦积山第23窟的年代，张学荣先生通过对该窟佛、菩萨造像风格、服饰特点等综合研究后，认为开凿时间在北魏太和改制以后，但他在文中并未提及这组供养人是否为原作①。实际上，在麦积山北魏中期开凿的窟龛中有较多可供参考的女性供养人形象，如第76、93、156等窟中均保留有这一时期女性供养人形象。其主要特点均为绾发或束发髻，交领右衽中袖，个别袖口较宽大，下着襦裙，同样呈现出北魏中期胡服改制变革时期特征，与北魏后期流行的褒衣博带式服装有很大差异。显然，这组女性供养人像是此后补绘。那么，它是否补绘于北魏晚期呢？答案是否定的，理由如下：

1. 形象上与麦积山北魏晚期女性供养人明显不同。开凿于麦积山北魏晚期的第110、131、133、142、159等窟内保留有许多这一时期女供养人图像，其中第159窟为李氏家族供养窟，窟内正壁左下方坛台上女性供养人束发髻，上穿长袖齐膝袍，下着长裙，帔帛胸前打结。第142窟女供养人见于窟内正壁右侧及右壁外侧下方，其形象与第131、133窟11号龛外两侧保存的女供养人一致：头戴笼冠，内穿夹襦，外穿交领或垂领大袖袍服，下着曳地长裙，裙带分两缕下垂，体姿婀娜。从相关统计分析结果看，这两类女装为麦积山北魏晚期最常见样式，前者出于李氏家族窟，应该系当时秦州地区世家大族的日常装束。后者从形象上看，与中原地区洛阳龙门石窟汴州洞北壁女供养人②、洛阳永宁寺泥塑侍女③形象高度相似，应是当时高官贵族女眷的标准装束。因此，她们的着装完全可以代表当时秦州地区社会上层女性服饰的主流样式，故第23窟女供养人装束不会属于这一时代。

2. 配置样式和制作技法与麦积山北魏晚期特点完全不同。纵观麦积山北魏晚期供养人，从配置方式上，多见于窟内壁面两侧，呈横向多层式排列，最前方一般为比丘尼，如第110、159窟均是如此，很少有横向单层排列的。另外，供养人在窟内往往是男、女对称出现，如第159窟正壁左侧为女供养人，右侧为男供养人。有的男性在窟内左壁，女性在窟内右壁，如第110窟。而窟内正壁两侧同时为女供养人的窟龛尚未发现；从这一时期供养人制作技法上看，除极少数个采取彩绘技法外，如第16窟正壁下

① 张学荣：《麦积山石窟的新通洞窟》，《文物》1972年第12期。

② 龙门文物保管所、北京大学考古系编：《中国石窟·龙门石窟》（一），北京：文物出版社、东京：平凡社，1991年，图版39。

③ 钱国祥：《北魏洛阳永宁寺塑像的初步研究》，《中原文物》2005年第1期，图14、15、17。

方的女供养人。绝大多数均采用视觉效果醒目、技法十分娴熟的影塑供养人，功德主社会地位较高的窟龛内更是如此。而麦积山北魏晚期供养人上述这两种共性特征是第23窟供养人图像所不具备的。

3. 从考古层位学理论分析，可以看出第23窟正壁彩绘存在明显重层现象。除浮塑背光内的彩绘火焰纹外，头光、身光以及佛像两侧的坐姿弟子，两侧千佛等均为后世重绘。因为上述图案所使用的色彩与背项光底层透出的由石青、石绿、赭红等构成的麦积山北魏彩绘最常见的三种颜色反差很大。背光两侧千佛系采用界尺格方式绘制，即先用朱线等距画好方格，然后每格内再填绘千佛，其色彩也主要以朱红、赭红和白色为主。而千佛题材在麦积山北魏中期窟龛内尚未发现，只在麦积山北魏晚期造像碑中开始流行，到北周时期，才以彩绘形式大量出现在窟内壁面上，如第65、104、109等窟。

如果仔细观察第23窟正壁千佛底端与彩绘女供养人像结合部位，就会发现两者之间衔接整齐，并无叠压痕迹。而画师沿最下排千佛底部涂抹了一层较厚白色粉底，其目的正在于有利于供养人绘制。这种现象只能说明一个问题，正壁底部女供养人是与千佛同时期的重绘作品，而非北魏原绘。

三、关于供养人隋代重绘观点的质疑

此外，还有一种观点认为这组供养人重绘于隋代。可能是考虑到隋初在麦积山有较大开窟和营建活动，同时又赐建了山顶舍利塔。而这组图像中的某些构图方式与着装样式与麦积山隋代女性有相近之处，故得出此结论。实际上，这种看法还是有许多可商榷之处。

首先，无论是从学者们关于中国古代服饰研究的相关成果，还是这一时期墓葬陶俑、石窟寺壁画、传世绘画作品等材料中，均已表明隋唐之际贵族女性装束主要为襦衫，其特点为短襦小袖，紧身长裙，裙腰高系至腋下，并扎束绸带。帔帛、半臂（亦称“半袖”）也是重要搭配衣物①。黄能福等学者在进一步研究中指出：“隋朝贵妇有时也着大袖衣，外披帔风或小袖衣，小袖外衣多翻领式。侍从婢女则穿小袖衫、高腰长裙，腰带下垂，肩披帔帛，头梳双丱髻。”② 可以说隋代女性着装样式是比较清楚的，而麦积山第23窟彩绘女供养人服饰尽管有相似之处，但装束风格上依然反映出浓郁的魏晋汉服因素，两者之间还是有一定差异的。

其次，麦积山现存隋代窟龛中尚未发现保存下来的供养人图像，无法进行直接对比研究。但在毗邻的武山水帘洞石窟群显圣池单元壁画中保存有一组隋代供养人像可供参考：崖面上这组佛说法图中，左下方绘上、下两组女供养人，呈阶梯状排列，均上穿长袖短襦，下着齐胸间色曳地长裙，腰束裙带，肩披帔帛。双手贴膝下垂。莫高窟隋代第305、295窟也保留有诸多隋代女供养人像，前者呈横向依次排列，均头戴发冠，上穿交领大袖袍，帔帛搭肩下垂，下穿曳地长裙，脚穿高履，衣裙高及腋下，裙带分两缕下垂。后者上穿交领大袖袍，下穿齐胸高裙，帔帛搭肩绕臂下垂，脚穿方头高履，其形式为一主人二婢女，形成高矮组合③。从上述实物图像中可以看出，秦州地区接近长安，供养人装束及组

① 李妙龄：《中国历代服饰大观》，台北：百龄出版社，1984年，第88~92页，图154~160。

② 黄能福、陈娟娟、钟漫天：《中国服饰史》，北京：文化艺术出版社，1998年，第50页。

③ 敦煌文物研究所编著：《中国石窟·敦煌莫高窟》（二），北京：文物出版社、东京：平凡社，1984年，图版24、41。

合样式变化要更快一些，人物已脱离北朝时期表现形体的审美观念，造型整体上呈山字形，披风及间色裙较为流行。而敦煌地区沿保存部分北朝遗风，但人物形态亦已转向稳重华贵，即由清秀趋于丰腴。而麦积山第23窟这组女供养人显然仍保持着浓厚的魏晋风韵，丝毫没有隋唐特点。

四、第23窟女供养人时代判定

综上论述，我们认为第23窟这组供养人既非北魏原作，亦非隋代重绘。其绘制时间当在北周初年，理由如下：

1. 窟内正壁千佛绘制时间为北周。千佛是麦积山北周窟龛造像的重要题材之一，许多窟内四壁均出现类似彩绘图像，不再赘述。甚至包括北周重绘的第74、78窟顶部彩绘，也采用的是千佛图案，可见这一时期千佛之盛行。往上追溯，麦积山北魏、西魏窟龛中却未发现有千佛图像痕迹，其顶部多以圆莲穿插绘飞天、流云等内容居多。在第133窟保存的22块造像碑均为北魏晚期或西魏作品，从内容上看，北魏造像碑多为千佛，西魏造像碑则以佛说法图和七佛组合为主。这种现象又非常令人深思，显然这些造像碑来自麦积山当时所属寺院，表明北魏晚期千佛思想非常流行。但西魏时期时已开始发生变化，北周时虽然千佛再度流行，其造像特点、风格与北魏千佛相比，虽然坐姿、服饰等变化不大，但体态特征已显著不同：发髻由圆柱形高髻变为低平发髻，面部由清瘦转为圆润，身材也由清秀转为圆润。装饰特点也不同：坐佛均采用圆形背项光，两侧四角各饰一朵莲蕾。袈裟彩绘每排横向依次为红、白、黑、褚红等四色，纵向则依次错开，视觉上非常醒目，整齐划一。这些技法和特点也大量见于麦积山北周其他窟龛，故第23窟千佛重绘时间当为北周，与其同时完成的正壁底端供养人也应绘制于这一时期。

2. 女供养人形象也表现出北周时代特征。西魏、北周时期，占据关中、陇右一带的宇文泰集团，大力倡导以“恢复周礼”为核心的一系列政治、经济和文化改革措施，最终融合了其所割据的关陇区域内之鲜卑六镇民族，及其他胡汉土著之人、关陇世族豪强等，最终形成一股不可分离之集团，即关陇军事集团，为后来统一全国打下坚实基础①。在这一历史进程中，其主要统治者多崇尚节俭的社会风气，对北周服饰文化也产生了重要影响，如北周李贤墓②、宇文俭墓③出土的大量陶俑装束表明，服饰方面胡制、汉制，以及胡汉交融等三种现象并列存在。而第23窟女供养人装束正是这一时代特征的具体反映。

女供养人发饰是汉代以来中原女性的常见装束，主要用来固定或装饰北朝女性丰富多样的发髻，其类型主要有笄、簪、叉、步摇、华胜、发夹等，材质则以金、银、牙、铜、骨、玉等为主，在考古发掘及壁画人物图像中较为常见，但多为北魏时期遗存，如山西大同出土的北魏银簪④、固原北魏墓

---

① 陈寅恪：《隋唐制度渊源略论稿》，北京：中华书局，1977年，第50页。

② 宁夏回族自治区博物馆：《宁夏固原北周李贤夫妇墓发掘简报》，《文物》1985年第11期。

③ 陕西省考古研究所：《北周宇文俭墓清理发掘简报》，《考古与文物》2001年第3期。

④ 大同市考古研究所：《山西大同迎宾大道北魏墓群》，《文物》2006年第10期。

铜发笄①等。山东临朐北齐崔芬墓中也有类似内容，如该墓出土有“U”形银簪，墓室西壁绘制的墓主夫妇出行图中，女主人头插发钗，装束华贵②。可见，这类发饰在使用方面还是有时代共性的。

女供养人所穿的交领大袖服也很有特点，并非麦积山北魏时期流行的“V”形领，而是衣领高起，近于平直交叉。再仔细观察，女供养人胸前两侧各有一道竖向彩绘纹饰，应该表现的是方心直领衣裙，正是由于这道类似裲裆的平领，使宽袖袍服的交领位置变得高直。宽大的袍袖在胸前略微分开，中间依稀可见裙带系于胸前，分两缕下垂。这一样式应是在麦积山西魏贵族女性装束基础上，又融合了裲裆衫特征而形成的。充分体现出麦积山北周时期女性服饰胡汉融合或并存的特点，如第26窟顶部《涅槃经变》中的侍女，既有褒衣博带装束，也有胡服打扮，交相辉映。《隋书·礼仪志》在谈到这种现象时说“周氏因袭，将为故事，大象承统，咸取用之，舆辇衣冠，甚多迂怪”③。实际上，这种复杂状况的形成正是源于北周政权面临的复杂局势及其实施的治国策略。

3. 女供养人组合形式所透出的时代信息。第23窟这组女供养人排列上采取的是一主二仆形式，主人形象高大，婢女体形矮小，体现出强烈的尊卑思想和南朝士族“出入扶持，望若神仙”的生活方式。此类图像在麦积山石窟最早见于北魏晚期140窟右壁彩绘礼佛图中，交领束腰大袖装束的女供养人依次排开，每人身后一形较小的婢女执主人衣裙。到西魏时，高度汉化的氐族女性供养人也采用类似表现方式，如第160窟右壁彩绘的姜氏④一族女性礼佛图：画面采用一主一仆形式，女主人头戴方冠，身穿交领束腰大袖袍，下着曳地长裙，双手持长茎莲花侍立，每人身后绘一婢女，手执主人衣裙。而第23窟女供养人图像中，婢女增加为两人，虽然画面细节已模糊不辨，但可以推测出一人执女主人衣裙，另一人执华盖，以彰显主人身份高贵。这种排列方式、婢女数量、配置用具的不同一方面传递出窟龛内彩绘礼佛图样式的传承性，另一方面也反映出随着时代变化每个时期的不同风貌。显然，第23窟女供养人这种组合方式是一种新时代风尚的体现，既然它与北周彩绘千佛属同一时期，故也应绘制于北周。

四、结语

麦积山第23窟女供养人重绘时代的确定，对于我们进一步认识和了解北周时期女性服装样式提供了可靠的图像资料。同时，通过这种服装样式上的变化可以充分印证变革中胡汉交融的社会现象及其意义。另外，对于探讨和研究千佛图像在北周重新盛行的问题也很有裨益。

（原载于《敦煌研究》2018年第5期）

① 固原县文物工作站：《宁夏固原北魏墓清理简报》，《文物》1984年第6期。

② 山东省文物考古研究所、临朐县博物馆：《山东临朐北齐崔芬壁画墓》，《文物》2002年第4期。

③ ［唐］魏徵等撰：《隋书》卷一二《礼仪志七》，北京：中华书局，1973年，第254页。

④ 据笔者研究，南北朝时期姜氏是秦州地区汉化程度很高的氐族大姓之一，其可能在汉魏之际由陇南迁入天水。详见孙晓峰：《麦积山石窟北朝供养人调查》，出自《麦积山石窟研究》，北京：文物出版社，2010年，第174~198页。

关于麦积山第127窟宋代造像的几点思考

孙晓峰

麦积山石窟的大规模开凿与营建主要集中于北朝时期，止于唐初。后世的修缮和重建工作持续时间最长、规模最大者当属两宋之际。据统计，这一时期重塑、重绘或改造的窟龛共计54个，其中东崖18个、西崖30个、中区6个①。这种现象不仅与麦积山当时窟龛开凿条件有关，也和当时秦州地区宗教、民族等因素有密切联系。这一特征在第127等窟龛内宋塑造像中表现尤为突出，对于全面认识和理解两宋时期麦积山石窟的功德主群体，以及佛教造像思想方面的变化具有重要价值和意义。

一、第127窟宋塑造像的年代问题

麦积山第127窟开凿于西魏初年，系西魏文帝皇后乙弗氏功德窟。但窟内左、右壁龛内主尊坐佛及正中造像均为宋代重塑，关于这几组造像的年代，学界普遍认为左、右壁龛内改塑造像是宋代作品，但未明确为北宋或南宋。而对正中的一佛二菩萨看法不同，有元明之际重塑②，佛为宋塑、胁侍菩萨为元塑③，金代造像④等多种意见。笔者综合研究后认为：窟内左、右壁龛内坐佛改塑时间为北宋初年，正中一坐佛二菩萨为北宋中后期，功德主系当时世居秦州的吐蕃人。现略论如下：

1. 第127窟历代题记分析

第127窟位于西崖最上层，栈道险峻，在年久失修的情况下，后代香客、游人等不易登临。据统计窟内现存宋代年号题记11条，按书写位置如下：

正壁龛内石雕坐佛右侧背光处阴刻：

> 山西平定州高罕，至正十二年（1352年）四月初八日上香。
>
> 正统四年（1439年）□月初一日。

---

① 屈涛：《麦积山石窟10~13世纪的营造》，敦煌研究院编：《2000年敦煌学国际学术讨论会文集——纪念敦煌藏经洞发现暨敦煌学百年·石窟考古卷》，兰州：甘肃民族出版社，2003年，第407页。

② 阎文儒主编：《麦积山石窟》，兰州：甘肃人民出版社，1984年，第190页。

③ 李西民、蒋毅明：《麦积山石窟内容总录》，天水麦积山石窟艺术研究所编：《中国石窟·天水麦积山》，北京：文物出版社、东京：平凡社，1998年，第286页。

④ 屈涛：《麦积山石窟10~13世纪的营造》，第409页。

正壁龛内左侧石雕菩萨头光处阴刻：

雍熙三年（986年）二月。

凤翔押衙买□木赵仁蕴、雷司马同游圣境，此时开宝四年（971年）五月十三日记之。

李敬能游此，天成四年（926年）。

左壁龛内左侧刻划：

赵□□天复二年（902年）十月三日到此□□。

绍熙八年（1197年）□□□。

左壁龛内右侧刻划：

咸通三年（862年）□□□。

右壁左侧刻划：

嘉定二年（1209年）三月二十日。

前壁右侧刻划：

乾宁元年（894年）二月二十三日凉州山客人□□□

天复□年（901~904年）正月□□□。

从题记落款时间分析，游人登临时间主要集中在唐朝末年至北宋初年。表明这一时期栈道较为稳固通畅，故有较多香客、游人等进入此窟。而此后近两百年时间里，并未发现任何题记。南宋后期、元初和明代中期也偶有香客登临，可知历史上进入这个洞窟的人并不多，相对稳定的时间段当属唐末五代至北宋初年。因此，第127窟内重修和新塑造像极有可能完成于这一时期，其造像风格、艺术特点等也颇具时代共性。

2. 第127窟左、右壁龛内宋塑佛像技法与特点

两宋时期，麦积山石窟整个崖面包括东西崖大佛在内，进行了大规模修缮和重塑。其窟龛内塑像修缮技法和方式很值得重视，对于确定第127窟宋塑造像年代问题非常重要。

综观这一时期宋代造像塑作技法，基本上采取将原塑像整体覆盖方式，仅从裙裾等部位能看到原塑痕迹，如第90、91、93窟内宋塑造像等。小型龛窟中则采用全部重塑或覆盖方式，如第116、117等窟内坐佛。而第127窟内左、右壁龛内主尊重塑方式与麦积山典型宋代造像在处理方法上明显不同，仔细观察，可以发现这两身造像整体上依然保持着西魏造像风韵和服饰特征。造像头及上半身宋塑特征明显，双膝以下服饰依然保持西魏时期厚重的八字形下摆，衣裾作多层垂叠于座前，并不像绝大多数窟龛内宋代重塑造像那样，将原作彻底覆盖。而是充分利用原造像佛装下摆衣纹线，并将其与改塑后的上身佛装自然地融为一体。这与麦积山典型宋代佛像有很大区别，后者多采用块面塑作技法，衣纹线转折简洁而硬朗，完全没有西魏佛装那种繁缛流畅、层层重叠的特点。类似处理技法还见于佛头像的改塑。通过观察发现，第127窟左、右壁龛内西魏佛头肉髻部分被完整保留，原来流行的波折纹样式清晰可见，它与宋代佛像盛行的桃形肉髻或螺纹发髻有本质差别。佛头改塑部分只涉及佛面部以及前额发髻。

综上所述，第127窟左、右壁龛内造像与麦积山典型宋塑造像在技法上差异明显，主要表现在对待原造像处理方式上。改塑过程中，工匠们采取了尽量利用原作造像，使两者之间自然融为一体，而非彻底覆盖后重塑。这表明当时尚未形成真正意义上的宋代塑像风格，反之也证明了这两身佛像改塑时间可能在北宋初期。

3. 第127窟内一佛二菩萨像的时代考证

相比之下，麦积山第127窟内正中一佛二胁菩萨像年代问题争议更大。这组造像中佛像宋塑特点鲜明；而左、右侧胁侍菩萨面部特征及服饰装束较为特殊，以往讨论中更多地将其与佛教密宗造像联系在一起，故而元代之说颇为盛行。

笔者通过对麦积山现存元代造像考察，认为这是一种误解。实际上，麦积山石窟元代造像并不多，仅第35、48窟，以及第133窟内有少量遗存，无论是造像特点、题材内容，还是组合形式、塑作技法，与第127窟这组造像显然并非同一时期作品。金代说更站不住脚，当时麦积山所在的秦岭偏南一线为南宋所控制，从文献记载和民族情感来看，秦州民众仍以南宋为正朔，这与陕北、华北一带为金朝实际控制区的情况有很大差别。如绍兴二十七年（1157年）修缮东崖摩崖大佛功德主为秦州甘谷城高振同等人，当时甘谷城为金人控制，但高氏墨书题记落款仍为南宋年号，仍以南宋臣民自居，这种现象并非个例，表明了当时人们一种普遍性心态。发迹于东北的女真人主要信奉萨满教，入主中国北方后，虽然不排斥佛教，并鼓励儒释合一，但其族群中却鲜有信奉佛教例证。在金政权统治区内信奉佛教者多为原住居民，而非女真人。而这组菩萨是否以女真人为原形本身就很难确定，故不会是金代作品。

那么，这两身明显带有异域装束的菩萨像源于哪里呢？笔者结合天水武山水帘洞石窟群保存的宋代藏传佛教壁画中菩萨形象，并通过对这组造像本身特点的分析，认为其塑作于北宋中期前后，功德主为世居秦州一带的吐蕃贵族。

这两身菩萨发髻于额前后拢，冠巾截面呈三角形突起，表明其发髻为尖椎状或尖桃形。宝缯于耳后垂至双肩，并装饰有卷云状冠饰。菩萨面容上方下圆，五官紧凑，双目下视，眼角细长，直鼻小口，面部原敷一层浓重的朱红色，双手于胸前结法印，颇具一丝神秘味道。在武山水帘洞石窟拉梢寺摩崖彩绘中，有许多宋元时期佛教密宗佛或菩萨形象，其中胁侍菩萨既梳尖椎形发髻，面部、胸、手足等采用重彩平涂方式，双手于胸前做说法状，脸形亦为上方下圆，跣足立于圆莲台上①。神态气韵等与127窟这组菩萨像极为相似，呈现出类似的时代特征。实际上，这种反映佛教密宗思想的造像内容并非个例，麦积山第100窟正壁宋塑主尊坐佛所施智拳印就是密宗大日如来佛手印之一②。东崖第11窟

---

① 甘肃省文物考古所等编著：《水帘洞石窟群》，北京：科学出版社，2009年，彩版一五：4。

② 魏文斌、张铭：《麦积山第100窟调查与年代研究》，《中原文物》2011年第1期。

内宋代重塑的八大菩萨也是依据唐代不空译《八大菩萨曼荼罗经》和宋代法贤译《佛说八大菩萨经》等密宗经典创作而成①。但其属于汉地密教，与藏密佛教并非同一系统。

第127窟正中主尊坐佛表现出成熟的宋代造像艺术特征，与其类似螺纹发髻佛像也见于第91、133等窟内的宋塑佛像。它与麦积山宋代早期佛像头部多采用后拢式或中分式发髻样式有很大差别，塑作技法也更加细腻而成熟。这表明第127窟内宋塑造像并非一次性完成，其中左、右壁龛内宋塑造像改塑时间较早，窟内正中一佛二菩萨像改塑时间略晚，初步判定为北宋中后期。

二、麦积山石窟宋代营建的社会历史背景

两宋时期是麦积山石窟修缮史上的一个高峰，第127窟内相继完成的宋塑造像既是其中的缩影之一，同时也有助于我们认识和审视当时人们从事宗教活动的社会历史背景。

1. 麦积山当时的情况决定了宋代造像主要以重塑为主

首先，始建于北魏的麦积山石窟整个东、西崖在北朝到隋唐之际已是栈道纵横、窟龛密布，甚至隋代开凿东崖大佛时，已经部分破坏了毗邻的北周摩崖千佛造像。因此，宋代时崖面上已基本没有空间进行开窟造像，故营建活动只能利用原有窟龛，而无法另辟蹊径。

其次，麦积山石窟历史上地震频发，其中隋唐时期的地震对麦积山石窟影响巨大，寺院僧侣纷纷逃亡，唐乾元二年（759年）杜甫游览麦积山石窟看到的已是“野寺残僧少”的景象，吐蕃的入侵更加剧了麦积山的沉寂。直到唐朝后期，随着唐宣宗对遭受“会昌法难”重创的佛教扶持政策推行后，麦积山石窟佛事活动才得以陆续恢复。

可以想见，宋代时麦积山窟龛以及造像残损情况非常严重。对这些窟龛、栈道和造像的修复也非常重要，客观上也影响到宋代秦州佛教信徒在麦积山石窟的宗教实践活动。

第三，对历代残损造像、经卷等进行修缮或瘗藏也是佛教信仰的组成部分。

在古代佛教信徒观念中，对残损造像修缮也是一件累积功德的善举，如《地藏菩萨本愿经》称：

> 若未来世中有善男子、善女人，遇佛塔寺大乘经典，新者布施供养瞻礼赞叹恭敬合掌。若遇故者，或毁坏者修补营理，或独发心，或劝多人同共发心。如是等辈三十生中，常为诸小国王檀越之人，常为轮王还以善法教化诸小国王。……于佛法中所种善根。或布施供养，或修补塔寺，或装理经典，乃至一毛一尘一沙一渧。如是善事但能回向法界。是人功德百千生中受上妙乐②。

在具体实践中，范围当然也不仅限于寺塔修缮，也包括各类佛教造像，第127窟左、右壁龛内主尊造像的修补，就是这种行为的具体反映。而且在补塑过程中十分注意与龛内两侧原有菩萨像之间的协调。佛像背后墙皮部分也进行了相应补塑，并重新绘制背光图案，表明功德主主要目的在于对这两尊当时已残损佛像进行修缮。可见，这种修缮活动也是一种重要布施和供养。麦积山宋代诸多类似第

---

① 魏文斌、蒲小珊：《麦积山第11窟造像题材考释》，《考古与文物》2006年第4期。

② 《大正藏》第13册，第787页。

127窟那种修缮方式造像的出现，与当时这种供养观念亦有一定关系。

2. 北宋是麦积山石窟修缮的重要阶段

据统计，麦积山窟龛现存宋代题记50条，其中北宋31条、南宋19条。从分布位置和书写时间分析，北宋题记遍布整个窟区，持续时间相对均匀。而南宋题记集中分布于窟区东、西崖中下部，时间上则主要集中在绍兴十一年（1141年）宋金议和之后的60年时间里，嘉泰元年（1201年）以后的题记仅有7处，表明此后窟龛修缮和佛教活动趋于停止，这一特征与相关史料文献记载高度一致。麦积山石窟修缮活动主要发生在北宋时期，如从第59窟景祐二年（1035年）《麦积山应乾寺重妆东西两阁佛像施主舍钱记》一文可知，当时以麦积山寺赐紫沙门惠珍及会首太原王秀等众多信士捐钱捐物对东、西崖大佛进行了重新修缮，并妆修了佛阁，工程浩大。大观元年（1107年），麦积山顶发现灵芝三十八本，后由秦州经略陶节夫进上，北宋政府谓之祥瑞，敕寺名为瑞应寺，专一置祝延圣寿道场①。

麦积山石窟艺术研究所收藏的《秦州雄武军陇城县第六堡瑞应寺再葬佛舍利记》碑比较详细地记述了麦积山瑞应寺及山顶舍利塔的兴废过程，碑文里涉及北宋年号9处，其中有元符元年（1098年）讼火毁坏麦积山寺宇、建中靖国元年（1101年）寺主僧智詗等再建舍利塔、进献灵芝改称瑞应寺等发生在麦积山的重要事件，也从另一侧反映出北宋时麦积山佛事活动非常活跃，并得到北宋官方认可。

这一时期秦州作为抵御西夏的战略后方，军事地位十分突出。庆历元年（1041年），北宋政府将秦、陇、凤、阶、成州、凤翔府等统一设为秦凤路，并将秦凤路转运使司设置在秦州，它和陇东、陕北所属的泾原、环庆、鄜延等三路共同成为与西夏对峙的前沿地带，这一时期虽然秦州没有成为战争核心区，但也不时受到西夏军队侵扰。据统计，从大中祥符三年（1010年）到熙宁六年（1073年）的60多年里，西夏军队不时侵入秦州北部的秦安、甘谷一带，使当时已归附北宋的吐蕃各部深受其害。但这些部队基本为小股之敌，在宋军打击下，并未对秦州地区造成太大影响。因此，秦州也成为中原地区与西北各政权、部族等从事贸易活动的重要地点。

从社会经济情况看，当时秦州至陇西一带由于战乱，抛荒耕地很多，同时，它又是北宋与西域地区贸易的咽喉要道。有鉴于此，时任秦凤路经略使的王韶在熙宁三年（1070年）上疏朝廷，请求在秦州一带垦荒和开设易市："渭源城下至秦州，沿河五六百里良田不耕者万顷，每顷约用钱三万，岁收不下三百石，以一百石为人、牛粮种外，尚存二百石也。秦凤一路接西夏，诸蕃货物岁百千万尽为商贾之利。欲开本路置易司，借官钱为本，即一岁之入亦不下一二十万缗。"② 后来，朝廷同意了王韶的建议，在秦、岷、洮一带设立了多家互市，并广募兵民开垦荒地，不仅大大增加了北宋政府的财政收入，也促进了秦州地区人口迅速增加和当地经济贸易繁荣。这在很大程度上推动了北宋时期麦积山石窟的修缮。宋仁宗时，麦积山寺院主持惠珍被赐紫衣，这是北宋朝廷对得道高僧的一种重要褒奖，该制度始于开宝二年（969年）："长春节，诏天下沙门上表入殿，庭试经、律、论十条，全通者赐紫衣，号

① 麦积山石窟艺术研究所藏宋《四川制置使司给田公据碑》，张锦秀编撰：《麦积山石窟志》，兰州：甘肃人民出版社，2002年，第169~171页。

② ［宋］陈均：《九朝编年备要》，影印《文渊阁四库全书》第328册，上海：上海古籍出版社，2003年，第492页。

称‘手表僧’。”① 宋神宗时，曾在麦积山出家修行的高僧秀铁壁被召入宫廷，讲演宗乘，赐号圆通禅师。并赐田三百余顷，供瞻僧众。圆通禅师本人与宋神宗弟弟荆王、神宗女儿冀国长公主、宰相司马光等北宋达官显贵都有来往②，可以说为包括麦积山石窟佛教兴盛发展创造了许多有利条件。

此外，榜书题记里涉及的王韶、李师中、蒋之奇、游师雄、仇伯玉等《宋史》中记载的人物游历时间多集中在北宋仁宗至哲宗时期（1023~1098年）。表明这一时期麦积山佛事活动频繁，影响很大，才能吸引到如此众多地方行政大员前来参佛游览。而南宋时却不是这样，建炎二年（1128年），金军由山西渡黄河，经陕西一路西犯，首次攻掠秦陇，迫使宋军向陇南、汉中一带退却。此后，双方在今天宝鸡、陇南、天水一带激战，互有胜负，呈胶着状态，秦州城也反复易手，当地百姓饱受战乱之苦。绍兴十一年（1141年），宋金议和，双方对峙进入一个相对平稳时期，位于秦岭主脊北侧的麦积山一线仍由南宋政权控制，这点从窟龛中的游人题记和馆藏的宋代碑刻中都能得到证实。但由于北宋末年以来的战乱，导致人口流离加剧，秦州地方经济也受到严重破坏，麦积山石窟的营建和修缮在这一时期也势必大受影响，尽管也有类似对东崖摩崖大佛进行修缮这种大的工程，但总体上与北宋时期是无法相比的。

三、宋代秦州地区吐蕃部众与佛教

麦积山第11、100、127等窟造像特点某种程度上也反映出唐代以来密宗在秦州地区的传播与流行情况，关于其具体来源尚需做进一步研究和讨论，除受长安影响外，无疑与宋代世居秦州渭河沿岸的吐蕃诸部有密切关系。

松赞干布统治时期，佛教始从尼泊尔、长安和锡兰等地传入西藏。在与西藏王权结合与分裂的斗争中，佛教逐渐与西藏本地具有自然崇拜特色的苯教相结合，最终形成了具有藏区特色的，以释迦和观音崇拜为核心，以大乘佛教的“中观正见”为建树，以弘扬“大圆满法”思想为中心的藏传佛教体系，即我们常说的喇嘛教③。唐“安史之乱”爆发后，吐蕃军队乘机大举进犯，先后攻占了陇右及河西走廊，吐蕃人也纷纷迁入上述地区。秦凤路是北宋时期吐蕃部族众多的地区之一。据《宋史·兵志五》统计，秦凤十三寨共有部族632，其中大部族123，小部族509。秦州遂成为吐蕃重要聚集区，“吐蕃族帐四路，惟秦号最盛”④。主要聚居于渭河北岸及其支流所在的麦积、清水、秦安、甘谷、武山一线。建隆二年（961年）九月，吐蕃首领尚波于慑于北宋守军威力，并感谢宋廷释放俘虏，遂将渭河以南伏羌地归还于宋。宋朝在伏羌设寨，派军屯守，成为陇右第一块由北宋政权管辖的地方。

此后，北宋利用吐蕃不堪西夏骚扰，纷纷外撤或内附的机会，采用安抚与打压结合政策，又先后设寨建堡，收复和巩固了今天的武山、甘谷、秦安、静宁、庄浪等地，最终使秦州全境归入宋的版图，

---

① 童玮：《北宋佛教史年表（960-1127）》，《佛学研究》，1997年第6期。

② ［北宋］释惠洪：《禅林僧宝传》卷二十六《法云圆通秀禅师条》，《大正藏》第79册，第543页。

③ 李尚全：《吐蕃佛教史论》，《西藏研究》1993年第3期。

④ ［宋］韩琦：《韩魏公集》卷十一《家传》，北京：中华书局，1985年，第573页。

境内吐蕃各部“族种分散，大者数千家，小者百十家，无复统一矣”①。其习俗渐与汉民相近，改牧猎为农耕，开始过起定居生活，史书称之为“熟户”。在熟户聚居区，由宋朝委部落头领为官，加以统治。除采取赐物、封官授爵等方式对蕃部进行笼络外，北宋还从文化心理上对其加以羁縻。针对吐蕃人笃信佛教这一特点，宋朝统治者也用佛事予以怀柔，借助宗教来征服笃信佛教的吐蕃民众，缓和民族矛盾。如天圣三年（1025 年）十月“陕西转运司言：秦州蕃官军主策拉等请于来远寨兴置佛寺，以馆往来市马之人，从之”②。此外，北宋王朝还尽量满足秦州吐蕃僧侣的欲望和要求，多次给佛教僧侣赐予紫衣和师号，以表彰僧侣功德，并借此为皇帝或太后祈福，后来逐渐成为一种为政治、军事目的服务的手段。如天禧三年（1019 年）正月，“赐秦州永宁寨蕃僧策凌班珠尔、伊朗颇斡二人紫衣”③，天禧四年（1020 年）十二月，“赐故秦州蕃僧努卜诺尔弟子莽布玛喇幹紫衣，以‘本州钤辖言其幹事’故也”④。准确抓住了吐蕃民众“敬重佛法”的文化心理，效果显著。可见当时秦州境内吐蕃部落不但数量众多，而且非常笃信佛教。

关于宋代秦州地区吐蕃部落建寺造像的例证主要见于武山县境内，规模最大者当属武山县水帘洞石窟群，其中拉梢寺单元在宋元之际经历过大规模开龛造像和重绘崖面壁画，无论是重绘的佛说法图，还是雕凿的覆钵塔，均带有密宗造像特点；另一处重要佛寺遗址是武山县滩歌乡万花寺，当时是一所著名的藏传佛教寺院，据记载始建于晚唐，北宋时期达到鼎盛。2002 年 2 月，滩歌镇卢坪村出土一合北宋墓志，全文 10 行，116 字：

> 维大宋国巩州下滩哥镇古积梵宫也。哀哉！亲教师德俊掩化于古会慈胜禅院，依法汝徒众楚唱……净将白骨迁葬于此，上石塔为记，政和壬辰（1112 年）四月初二日，行香院小师道义、道能，师孙法启、法净……重孙法颙、法春二百余，不到不书名。

文中的“滩哥”系藏语译音，意为“山下平川”。“滩哥”亦作“滩歌”或“滩阁”，原称威远寨，始建于五代，旧称枭篦寨，汉人贬称为鸱枭寨，为吐蕃族枭波部所筑。该部族信奉佛教，定居威远地区后，受汉文化影响，将唐末以来毁于战火的万花寺（分上下两寺）依山进行了重建。北宋曹玮出任秦州知州时，为彰显赵宋王朝皇权恩威浩荡，将滩哥镇改称威远寨。

上述记载表明，当时这一地区吐蕃人口占有相当比例，藏传佛教也拥有很大势力，宋元时期水帘洞石窟群的兴盛并非偶然现象，其信众主要为当地汉藏民众以及驻屯官兵。那么，在距此不远的麦积山石窟出现带有密宗风格的造像也是情理之中的事情。唯一不同点则在于，作为传统汉地的密宗造像，其受汉文化影响的因素要更多一些。

（原载于《敦煌学辑刊》2018 年第 4 期）

---

① ［元］脱脱等撰：《宋史》卷四九二《吐蕃传》，北京：中华书局，1977 年，第 14151 页。

② ［南宋］李焘撰：《续资治通鉴长编》卷一〇三，仁宗天圣三年十月庚申条，北京：中华书局，1995 年，第 2390 页。

③ ［南宋］李焘撰：《续资治通鉴长编》卷九三，真宗天禧三年己未条，北京：中华书局，1995 年，第 2135 页。

④ ［南宋］李焘撰：《续资治通鉴长编》卷九六，真宗天禧四年己丑条，北京：中华书局，1995 年，第 2229 页。

北朝时期的关陇高僧与麦积山石窟

孙晓峰

甘肃天水麦积山石窟是中国北朝时期最重要的佛教艺术遗存之一。独特的自然与人文景观，雄伟壮丽的崖阁建筑，生动传神的泥塑造像，绚丽丰富的窟龛壁画等是它不同于敦煌、龙门、云冈、大足、克孜尔等国内主要石窟寺的独特之处，因而也成为古代丝绸之路上的一颗璀璨明珠。

在以往有关麦积山石窟的研究工作中，人们更多的是从历史、考古、文献、艺术、建筑、雕塑、服饰等视角下进行探讨，而对于历史上真正开凿和营建了这座佛教宝库的僧侣和佛教信徒关注却很少，相关成果也是寥寥无几。出现这种情况原因是多方面的，其中最重要的就是窟龛内记录信息本身严重缺失，同时见著于记载的史料又很少，使研究工作难以深入或难以为继。但对于一座石窟寺，要了解和认识它的开凿与营建史，这又是一个必须面对和解决的难题。有鉴于此，笔者狗尾续貂，在已有研究成果基础上，仅就魏晋以来至南北朝时期活跃于秦州（天水古称）境内的关陇高僧与麦积山之间的关系略作探讨，谬误之处，敬请指正。

一、西晋末年至十六国时期的关陇高僧

关于麦积山石窟开凿时间一直以来就是学术界争论的焦点。归纳起来，主要有后秦说①和北魏说②

① 张学荣：《麦积山石窟的新通洞窟》，《文物》1972年第12期；董玉祥：《麦积山石窟的分期》，《文物》1983年第6期；阎文儒：《麦积山石窟的历史、分期及其题材》，阎文儒主编：《麦积山石窟》，兰州：甘肃人民出版社，1984年，第36～39页；李西民：《试论麦积山石窟艺术史上的六个高潮》，《石窟艺术》，西安：陕西人民出版社，1990年，第72～82页；张学荣、何静珍：《再论麦积山石窟的创建时代及最初开凿的洞窟——兼与张宝玺先生商榷》，《敦煌研究》1997年第4期；金维诺：《麦积山石窟的兴建及其艺术成就》，天水麦积山石窟艺术研究所编：《中国石窟·天水麦积山》，北京：文物出版社、东京：平凡社，1998年，第165～180页；夏朗云：《麦积山早期大龛下层焚烧痕迹的考察》，《敦煌研究》2004年第6期、《麦积“姚秦五龛”对云冈“昙曜五窟”的启示》，《2005年云冈国际学术研讨会论文集·研究卷》，北京：文物出版社，2006年，第421～431页；杜斗城：《麦积山早期三佛窟与姚兴的〈通三世论〉》，《敦煌学辑刊》2007年第1期。

② 张宝玺：《麦积山石窟开凿年代及现存最早洞窟造像壁画》，《中国考古学会第一次年会论文集1979》，北京：文物出版社，1980年，第338～346页；国家文物局教育处编：《佛教石窟考古概要》，北京：文物出版社，1993年，第79～89页；邓健吾：《麦积山石窟的研究及早期石窟的两三个问题》，天水麦积山石窟艺术研究所编：《中国石窟·天水麦积山》，北京：文物出版社、东京：平凡社，1998年，第219～229页；魏文斌：《麦积山石窟几个问题的思考和认识》，《敦煌研究》2003年第6期；（日）八木春生：《关于麦积山石窟第74及78窟的建造年代》，《敦煌研究》2003年第6期；陈悦新：《甘宁地区北朝石窟寺研究》，北京大学博士学位论文，2004年。

两种观点，前者偏重于文献和史料，后者则基于考古学和图像学分析。之所以产生这种认识上的分歧，很关键一个因素就在于如何认识这一时期活跃于秦州境内僧人在麦积山石窟开凿和营建中的作用问题。

南北朝时期，关陇是连接陇右、中原与巴蜀之间的交汇之地。既是当时以鲜卑、氐、羌等北方游牧民族入主中原的主要区域，也是佛教东渐的必由之路，在这两种因素共同作用下，关陇一带也成为接触佛教较早的地区之一。根据相关史料记载，天水麦积山很早就已出现佛教寺院，唐·道世《法苑珠林》载："秦州麦积崖佛殿下舍利，山神藏之，此寺周穆王所造，名曰灵安寺。"① 《律相感通传》则载：

> 渭州终南山有佛面山、七佛涧者，事同于前。南山库谷大藏，是迦叶佛自手所造之藏也。……又曰："今诸处塔寺多是古佛遗基，阿育王表之，故福地常在，不可轻也。"今有名塔如常所闻，无名藏者，随处亦有。河西甘州郭中寺塔中有古佛舍利。及河州灵岩寺佛殿下亦有舍利。秦州麦积崖殿下亦有舍利，山神藏之。此寺周穆王所造，名曰灵安。经四十年，常有人出②。

这两条唐代文献记载反映的有关麦积山寺院内容相同，均托古于周穆王相关事迹，如法琳《破邪论》引《周书异记》："……穆王继位三十二年，见西方数有光气，先闻苏由所记，知西方有圣人出世。……至穆王五十三年壬申岁二月十五日平旦，暴风忽起，发损人舍，伤折树木，山川大地，悉皆震动。……穆王问太史扈多曰：'是何征也？'扈多对曰：'西方有圣人灭度，衰相现耳。'"③ 佛教徒这类描述目的在于宣扬佛教历史的源远流长。因为西周时期佛教尚未产生，显然这两条记载是不真实的。

比较可靠的记载史见于《释迦方志》，其在记述汉唐之际前往西域取经的16件大事中，第三件内容如下：

> 后汉献帝建元十年，秦州刺史遣成光子，从乌鼠山度铁桥而入，穷于达嚫。旋归之日，还践前途。自出别传④。

根据徐日辉考证，这里所说的秦州刺史是汉末人李康（秉），三国魏江夏平春人，字玄胄，李通之孙，官至秦州刺史⑤。

东汉初年，佛教已传入内地，这一时期的齐楚、江淮、洛阳等地已频见相关佛教活动记述⑥，如楚王英祭祀浮屠、笮融立寺奉佛、汉桓帝并祀老子浮图⑦等。相关实物图像亦有发现，如四川乐山麻

---

① ［唐］释道世著，周叔迦、苏晋仁校注：《法苑珠林校注》，北京：中华书局，2003年，第1226页。

② ［唐］释道宣：《律相感通传》，《大正藏》第45册，第878页。

③ ［唐］释道宣：《广弘明集》卷十一《辨惑篇》，《大正藏》第52册，第478页。

④ ［唐］释道宣：《释迦方志·游履篇五》，《大正藏》第51册，第969页。

⑤ 徐日辉：《秦州史地》，西安：陕西人民美术出版社，1994年，第71~91页。

⑥ 汤用彤：《汉魏两晋南北朝佛教史》，北京：北京大学出版社，1997年，第59页。

⑦ 详见［南朝宋］范晔撰，［唐］李贤等注：《后汉书》卷七《孝桓帝纪》、卷四二《光武十王列传》、卷七三《陶谦传》，北京：中华书局，1973年，第320、1428、2368页。

浩1号墓后室门额上浮雕佛像①、彭山652号东汉墓壁面刻画的多身佛像②、山东腾县东汉画像石上的六牙白象等③。但总的看来，东汉之际的佛教主要在上层社会中传播，传授之人也多为西域高僧，如摄摩腾、竺法兰、安世高、支楼迦谶等人④，地点则为当时政治、经济、文化中心洛阳，而信奉者也多将佛教当成是一种延年益寿、具有护佑法力的域外方神来对待，并没有被看作严格意义上的宗教。这些从西域前往中原及江南的译经者或传道者许多曾途经关陇，在沿途传经布道也是重要任务之一。秦州、长安等丝绸之路上的交通重镇自然首先接触到佛教并受其影响，从这种意义上讲，关陇地区在东汉末年接触到佛教也是有可能的。

关陇地区，特别是秦州佛教真正盛行则始于西晋十六国时期，也主要得益于诸多长年活动于此的大德高僧。从相关记载来看，这些僧侣主要以长安为聚集地和佛事活动中心，并向四周扩散和传播佛教思想，秦州境内的佛教传播也得益于此。这种崇佛气氛的出现和形成，与当时关陇地区的历史地理文化背景有密切关系：

（一）关陇特殊的文化传统

以长安为中心的关陇地区一直处于中原传统文化边缘地带，东靠中原、南接巴蜀、西控诸戎，历史上就是中原王朝与西北诸民族争夺之地。东汉魏晋以来，随着大量氐、羌、匈奴、鲜卑等游牧民族涌入，在经历了渭河文明、三秦文化、长安文化的递进发展后，再次融汇了草原文明和农耕文明的诸多特性。各民族争相在这里建立政权，形成秦川自古帝王州的局面。各民族杂居相处，诸文化兼容吸纳，从而形成了彼此包融、勇于进取和开拓的多元性文化特征。汉通西域后，这里又成为丝绸之路起点和西域进入中原的必经之地。在很长一段时间内，牢牢控制着中原与西域之间的交通。外来的佛作为“胡神”天然对入主长安的西北诸民族政权有难以言表的亲近感，如后赵统治时期：

> 百姓因（佛图）澄故多奉佛，皆营造寺庙，相竞出家，真伪混淆，多生愆过。季龙下书料简，其著作郎王度奏曰：“佛，外国之神，非诸华所应祠奉。汉代初传其道，惟听西域人得立寺都邑，以奉其神，汉人皆不出家。魏承汉制，亦循前轨，今可断赵人悉不听诣寺烧香礼拜，以遵典礼，其百辟卿士下逮众隶，例皆禁之。其有犯者，与淫祀同罪。其赵人为沙门者，还服百姓。”朝士多同度所奏。季龙以澄故，下书曰：“朕出自边戎，忝君诸夏，至于飨祀，应从本俗。佛是戎神，所应兼奉，其夷赵百姓有乐事佛者，特听之。”⑤

西晋末年，帛远在秦州弘传佛法，后被秦州刺史张辅杀害，陇上羌胡闻之群情激愤，起兵与张辅战于陇上，并导致其部下兵变，杀掉张辅。诸胡方罢兵，分帛法祖尸体起塔供养⑥。由此可见，在胡

① 乐山市文化局：《四川乐山麻浩一号崖墓》，《考古》1990年第2期。
② 刘长久：《中国西南石窟艺术》，成都：四川人民出版社，1998年，第2页。
③ 孙机：《汉代物质文化资料图说》，北京：文物出版社，1990年，第449页，图版111：12。
④ ［梁］释慧皎撰，汤用彤校注：《高僧传》卷一《译经上》，北京：中华书局，1992年，第1~10页。
⑤ 《正史佛教资料类编·人物卷》佛图澄条，《大正藏》第1册，第25页。
⑥ ［梁］释慧皎撰，汤用彤校注：《高僧传》卷一《译经上》，北京：中华书局，1992年，第26~28页。

汉杂居的秦陇等北方地区，佛教拥有诸多羌胡信众，这种情形在传统汉族居住区内是很少见的。实际上，汉晋之际，在传统汉族居住区内汉人出家是被严格禁止的，只能做居士。如《冥祥记·抵世常条》云："太康中，禁晋人做沙门。"① 东晋末年桓玄言："曩者，晋人略无奉佛，沙门徒众皆是诸胡。"② 前引《高僧传·佛图澄传》亦有言汉魏禁佛记载。至于这一禁令的废除，根据日本学者研究，南方在东晋太宁年间（323~326 年），北方则在十六国后赵建武元年（335 年）③。相比之下，在胡族占主体的关陇地区，佛教在民间传播似乎更兴盛一些，这也得益于当地开放、包容的文化传统。

（二）关陇统治者的宣扬与推崇

经过西晋末年贾后专政和八王之乱，以长安为中心的关陇一带成为北方各少数民族竞相争夺的主要战场，其统治者多推崇佛教，最具代表性的当属前秦苻坚和后秦姚兴。

苻坚为氐族豪酋，其祖父苻洪乘永嘉之乱进军长安，建立前秦政权。苻坚继位后，重用汉族谋士王猛，使前秦很快强盛起来，并统一了北方。东晋太元四年（379 年），秦军攻陷襄阳，著名高僧道安被掠至长安，他受到苻坚厚待，出游时与苻坚同辇，并被安置于有数千僧人的长安五重寺，专心弘法。也正是在此期间，道安开辟了著名的长安译场，组织西域僧人僧伽跋澄、昙摩难提、僧伽提婆等翻译了大量佛经。同时，由于道安"外涉群书，善为文章"，在当时佛教界、知识界影响甚大，他兼修的禅学与般若学思想对后世影响深远。此外，道安还为佛教寺院制定规制，统一僧尼姓氏等，这些为此后中国佛教发展打下了理论和制度基础。特别是他在译经、注经和讲经方面的贡献，对于关陇地区佛教发展起到了不可估量的作用。

同苻坚一样，羌族出身的后秦姚兴也是一位颇有作为的皇帝，他对佛教崇信更胜前者。姚兴本人就十分通晓佛理，在与其弟、秦州刺史姚嵩的书信往来中多有探讨佛理、佛义之语④。东晋隆安五年（401 年），攻破后凉的姚兴军队将龟兹高僧鸠摩罗什迎请至长安，待以国师之礼。他不但为罗什专门开辟译经场，还选僧略、僧迁等 800 人为其助译，有时本人也亲自参与翻译。

> ……罗什持胡本，（姚）兴执旧经，以相考校，其新文异旧者皆会于理义，续出诸经并诸论并三百余卷，今之新经皆罗什所译。既托意于佛道，公卿以下莫不钦附，沙门至远而至者五千人。起浮图于永贵里，立若般台于中宫，沙门坐禅者恒有千数。乃州郡化之，事佛者十室而九矣⑤。

正是在姚兴全力支持下，鸠摩罗什先后译出大乘中观宗和小乘成实宗的大量经典。罗什译经态度严谨，力求译文典雅而又不失原意，不仅奠定了中国翻译文学基础，而且对于佛教传播也影响深远。史称："四方义学之僧，不远万里。名德秀拔者才、畅二公，乃至道恒、僧标、僧睿、僧敦、僧弼、僧

① 鲁迅：《古小说钩沉》，《鲁迅全集》第八卷，北京：人民出版社，1973 年，第 574 页。

② ［梁］释僧祐：《弘明集》卷十二《桓玄与八座书论道人敬王事》，《大正藏》第 52 册，第 81 页。

③ （日）内山晋乡：《汉人の出家公许について》，转自鎌田茂雄：《中国佛教通史》第一卷，台北：佛光文化出版社，2010 年，第 321、325 页。

④ ［唐］释道宣撰：《广弘明集》卷十八，《大正藏》第 52 册，第 229 页。

⑤ ［唐］房玄龄等撰：《晋书》卷一一七《姚兴上》，北京：中华书局，1974 年，第 2985 页。

肇等三千余僧，禀访精研，务穷幽旨。庐山慧远，道业冲粹，乃遣使修问。龙光道生，慧解洞微，亦入关咨禀。"① 门下也是人才辈出，大多既善佛典，又通《老》《庄》《易》《论》和六经，素有"四杰""八俊""十哲"等美誉，对东晋、南北朝佛教思想理论的形成和发展影响巨大。

正是在这两点因素共同作用下，西晋末年以来，关陇地区的佛教呈现出与南方地区不同的传播模式。在统治者倡导和诸多高僧不懈努力下，形成了一种自下而上的崇佛热情，在行为上更注重禅观、造像等宗教实践活动，这一特点也为北方地区石窟寺的开凿和营建敞开了方便之门。

这一时期内在秦州境内弘法的高僧与道安及鸠摩罗什僧团之间的直接关系尚缺乏证据。但毫无疑问，这两个产生于北方政治、经济、文化中心长安的僧团在译经、弘法、制定佛教仪轨戒律等方面所发挥的作用深刻影响到中国境内佛教事业的发展与传播。

查阅史料及相关研究成果，当时活动于秦州及周边地区的高僧多属于过境性质，但也不乏致力于本地弘法者，他们对于秦州地区佛教思想和造像题材的选择起着至关重要作用。主要如下：

1. 帛远

西晋末年，高僧帛远因长安战乱，随秦州刺史张辅前往陇右弘法，他是一位极具影响的僧人，时称"道化之声，被于关陇。崤函之右，奉之若神"②。帛远博学多闻，对《方等经》很有研究。他在长安建造佛寺，从事讲习。后来在陇西先后译有《菩萨逝经》《菩萨修行经》《佛般泥洹经》《大爱道般泥洹经》《贤者五福德经》等16部③。更值得注意的是，帛远死后，陇上群胡将其尸体分而起塔庙供养。这里面包含有许多信息：（1）当时长安与秦州之间佛教文化之间交流密切，可以说深受前者影响。（2）帛远在陇右翻译的多为反映大乘思想的经典，对这一地区佛教思想传播势必产生一定影响。（3）当时陇右可能已经出现最初的佛教寺塔等建筑。

2. 竺法护

帛远之后，竺法护是另一位在秦州留下足迹的高僧，他于西晋末年由敦煌前往长安途中，也曾驻足秦州翻译佛经。据史料记载，竺法护于永嘉二年（306年）在天水寺译出《普曜经》8卷，沙门康殊白、法巨等笔受④。素有"敦煌菩萨"之称的竺法护在中国佛教译经史上也很有影响，他从河西到长安，先后译经150余部，"经法广流中华者，护之力也"。他在长安青门外立寺，"德化遐布，声盖四远，僧待数千，感所宗事"⑤，形成了一个较大僧团，而且有完整译场结构：

> 太康七年八月十日。敦煌月支菩萨沙门法护，手执胡经，宣出《正法华经》二十七品授优婆塞聂承远，张仕明、张仲政共笔受，竺德成、竺文盛、严威伯续文，承赵叔初、张文龙、陈长玄等共劝助欢喜，九月二日讫。天竺沙门竺力、龟兹居士帛元信共参校。元年二月六日重复。又元

① ［梁］释僧祐：《出三藏记集》卷十四《鸠摩罗什传第一》，北京：中华书局，1995年，第534页。

② ［梁］释慧皎撰，汤用彤校注：《高僧传》卷一《帛远传》，北京：中华书局，1992年，第26页。

③ ［唐］释智昇：《开元释教录》卷二，《大正藏》第55册，第498页；［隋］费长房：《历代三宝纪》，《大正藏》第49册，第66页。

④ ［唐］释智昇：《开元释教录》，《大正藏》第55册，第493页。

⑤ ［梁］释慧皎撰，汤用彤校注：《高僧传》卷一《竺法护传》，北京：中华书局，1992年，第21~22页。

康元年，长安孙伯虎以四月十五日写素解①。

这表明竺法护在长安已得到僧俗各界支持，形成一个完整译场：有译主、证义，笔受和证译，初步具备了此后佛经译场的所有要素，也应该是后来长安译经得到弘扬和光大的社会基础。

关于这一时期高僧化度普通信众的事例也开始见于史料记载，如《法苑珠林》载：

晋罗浮山有单道开，姓孟，敦煌人。少怀栖隐，诵经四十余万言。绝谷饵柏实，……后服细石子，一吞数枚，数日一服。或时多少啖姜椒，如此七年。后不畏寒暑，冬袒夏温，昼夜不卧。开学十人，共契服食。十年之外，或死或退，唯开全志。进陵太守遣马迎开，开辞能步行三百里路。一日早至，山树诸神或现异形试之，初无惧色。以石虎建武十二年，从西平来，一日行七百里。至南安度一童子为沙弥，年十四，禀受教法，行能及开。时太史奏虎云："有仙人星现，当有高士入境。"虎普敕州郡，有异人令启开。其年冬十一月，秦州刺史上表送开。初止邺城西法綝祠中，后徙临漳昭德寺。于房内造重阁坐禅，虎资给甚厚，开皆以慧施②。

从这段记述可知，后赵建武十二年（346年），有敦煌僧人经西平（青海西宁）、南安（天水秦安）、秦州前往内地弘法，在今秦安境内度14岁童子为沙弥，并传之以法。秦州刺史根据石虎旨意，对单道开不敢怠慢，上书将其送至邺城，这位高僧也得到很好优待。这件事说明，当时秦州佛教已有较好基础，且单道开以习禅诵经为主，表明秦州此时已开始习禅诵经之风。

二、北朝时期关陇地区的弘法高僧

5世纪初，由鲜卑族建立的北魏政权迅速强盛起来，开始了统一中国北方的战争。在这一历史进程中，关陇地区此前形成的佛教文化也受到巨大冲击，汤用彤先生总结说："罗什逝世后，关中迭经变乱，加以赫连氏之破佛，长安佛教当渐衰颓。魏虽进至黄河流域，但其于佛法，亦自未特加提倡。当时北方佛法稍盛之地，想为西北之凉与东北之燕。"③ 先生这一见解十分精辟，当时北魏政权忙于和后秦、刘宋争夺中原地区，地隅河西的北凉和辽东的南燕有着相对稳定的社会环境，史载："先是，沮渠蒙逊在凉州，亦好佛法。有罽宾沙门昙摩谶，习诸经论。于姑臧，与沙门智嵩等，译《涅槃》诸经十余部。……凉州自张轨后，世信佛教。敦煌地接西域，道俗交得其旧式，村坞相属，多有塔寺。"④ 作为长安与凉州之间的秦州，亦成为僧侣在三地及巴蜀之间往返必经之道，这一时期有关高僧的记述也有不少，其中还首次出现了关于麦积山佛事活动的记载。

后秦时期长安高僧玄高及其追随者在秦州、河州、凉州的弘传佛法之路最具有代表性：

---

① ［梁］释僧祐：《出三藏记集》卷八《正法华经记第六·出经后记》，北京：中华书局，1995年，第304页。

② ［唐］道世：《法苑珠林》卷四十六《思慎篇》，《大正藏》第53册，第642页。

③ 汤用彤：《汉魏两晋南北朝佛教史》第十四章《佛教之北统》，北京：北京大学出版社，1997年，第348页。

④ ［北齐］魏收撰：《魏书》卷一一四《释老志》，北京：中华书局，1974年，第3032页。

> 释玄高，姓魏，本名灵育，冯翊万年人也。母寇氏本信外道，始适魏氏首孕一女，即高之长姊，生便信佛，乃为母祈愿，愿门无异见得奉大法，母以伪秦弘始三年，梦见梵僧散华满室，觉便怀胎，至四年二月八日生男，家内忽有异香。及光明照壁，迨且乃息，母以儿生瑞兆，因名灵育。时人重之，复称世高，年十二辞亲入山，久之未许。……高初到山便欲出家，山僧未许，云父母不听法不得度。高于是暂还家，启求入道，经涉两旬，方卒先志，既背俗乖世，改名玄高。聪敏生知，学不加思，至年十五，已为山僧说法，受戒已后专精禅律。闻关中有浮驮跋陀禅师在石羊寺弘法。高往师之，旬日之中妙通禅法，跋陀叹曰："善哉佛子，乃能深悟如此！"于是卑颜推逊不受师礼。高乃杖策西秦隐居麦积山，山学百余人。崇其义训，禀其禅道。时有长安沙门释昙弘，秦地高僧，隐在此山。与高相会，以同业友善。时乞佛炽盘跨有陇西，西接凉土。有外国禅师昙无毗来入其国，领徒立众，训以禅道，然三昧正受既深且妙，陇右之僧禀承盖寡。高乃欲以己率众，即从毗受法。旬日之中，毗乃反启其志。……高徒众三百，往居山舍，……高学徒之中，游刃六门者百有余人。有玄绍者。秦州陇西人。学究诸禅神力自在。手指出水供高洗漱。其水香净，倍异于常。每得非世华香，以献三宝，灵异如绍者又十一人，绍后入堂术山蝉蜕而逝。昔长安昙弘法师。迁流岷蜀，道洽成都。河南王藉其高名，遣使迎接。弘既闻高被摈，誓欲申其清白，乃不顾栈道之难，冒险从命，既达河南。……河南化毕，进游凉土。沮渠蒙逊深相敬事，集会英宾发高胜解。……①

从记述中可知，玄高之母魏氏为道教徒，但当时长安佛教亦非常盛行，在他姐姐及周边环境影响下，玄高自幼就接受了佛教，并在禅学方面造诣颇深，深得关中禅师浮驮跋陀敬重，很快就有了大批追随者。大概是受到后秦末期社会动荡影响，玄高一行西行隐居麦积山，与昔日长安高僧释昙弘等一共参禅修行，后又前往西秦境内，从西域高僧昙无毗修禅。在不断的求学问道过程中，玄高的影响也与日俱增，如在凉州出家的慧智，"后遇玄高事为弟子，高每奇之，事必共议，因改名玄畅"②。随庐山慧远出家的释道汪，"后闻河间玄高法师禅慧深广，欲往从之，中路值吐谷浑之难，遂不果行，于是旋于成都"③。这一南一北两位高僧的相关事迹说明玄高在当时佛教界影响很大，也反映出当时南北之间佛教交流渠道比较畅通。

另一点值得注意的是，玄高弟子中"游刃六门者百有余人"，这种现象与后秦姚兴在长安倡导的儒释并重思想有很大关系，其中玄绍"手指出水"的奇异功能显然又融合了道家幻化之术成分，用以吸引信徒，增加佛教的神秘感和凝聚力。此外，玄绍籍贯为秦州陇西，而另一位与玄高友善的高僧昙弘也是秦地人。这种情况表明，到 5 世纪初，秦州一带佛教已经非常流行，出家为僧的信徒显著增加。但这一时期麦积山是否有窟龛开凿尚无明确记载，根据《玄高传》记载，当时在麦积山禅修的僧人多达百人，而在禅修过程中，观像是非常重要的一环。因此，当时麦积山可能已出现供僧人禅修或观像的小型禅窟，只是这些遗迹在历史上毁于兵火或自然灾害，或者在后世重

① ［梁］释慧皎撰，汤用彤校注：《高僧传》卷一一《玄高传》，北京：中华书局，1992 年，第 409~412 页。

② ［梁］释慧皎撰，汤用彤校注：《高僧传》卷八《玄畅传》，北京：中华书局，1992 年，第 314~316 页。

③ ［梁］释慧皎撰，汤用彤校注：《高僧传》卷七《道汪传》，北京：中华书局，1992 年，第 283~284 页。

新修缮中被掩盖掉。

玄高的另一名弟子僧隐的事迹也透出许多信息：

> 释僧隐，姓李，秦州陇西人。家世正信，隐年八岁出家便能长斋。至十二蔬食，及受具戒，执操弥坚。常游心律苑，妙通十诵，诵法华、维摩。闻西凉州有玄高法师禅慧兼举，乃负笈从之，于是学尽禅门，深解律要。高公化后，复西游巴蜀，专任弘通①。

僧隐出身陇西大族李氏，世信佛教，他很小就接受佛教熏陶，精于法华、维摩等大乘经典，后又从玄高，深谙禅法，在玄高被害后前往巴蜀弘法。“家世正信”之语表明佛教当时在秦州大族中已很根深蒂固，僧隐自幼所诵法华、维摩等经与后秦初年鸠摩罗什僧团的译经内容的流布与传播关系密切，客观上反映出5世纪初秦州一带传播的佛教思想，这与后来麦积山石窟开窟造像题材有直接关系。北魏时期麦积山石窟法华造像思想在秦州地区的传承也可以从相关佛教典籍中找到线索，《高僧传》中萧齐僧人释法光焚身图志的记载即透露出部分信息：

> 释法光，秦州陇西人，少而有信，至二十九方出家，苦行头陀。不服绵纩，绝五谷，唯饵松叶。后誓志烧身，乃服松膏及饮油，经于半年。至齐永明五年（487年）十月二十日，于陇西记城寺内，集薪焚身，以满先志。火来至目，诵声犹记。至鼻乃昧，奄然而绝，春秋四十有一②。

《法华经传记》卷十《齐陇西释法光三》则明确记载其临死前“诵法华经声犹记”③。

北魏后期，涉及秦州的僧人主要有释慧初：

> 时净名寺有慧初禅师者，魏天水人，在孕七月而生。才有所识，好习禅念。尝闲居空宇，不觉霆击大震。斯固住心深寂，未可量也。而志高清远，淡然物外。晚游梁国，住兴皇寺。闲房摄静，珪璋外映。白黑谘访，有声皇邑。武帝为立禅房于净名寺以处之，四时资给。禅学道俗，云趣请法。素怀恢廓，守志淳重。贵胜王公，曾不迎候。普通五年（524年）卒，春秋六十八，葬钟山之阴。弟子智颙树碑墓侧，御史中丞吴郡陆倕制文④。

从记述中可知，慧初有很深的禅定功夫，即使外面雷霆大震，对他也没有什么影响。他晚年游历萧梁，早期经历没有记述，或生活于秦州。

西魏、北周时期，根据史料记载，活动于关陇军事集团上层的僧侣亦不在少数，其中比较有代表性的如道臻、僧猛、僧实等。

> 释道臻，姓牛氏，长安城南人。出家清贞，不郡非类，谦虚寡交，顾只读经博闻为业，诸

① ［梁］释慧皎撰，汤用彤校注：《高僧传》卷十一《释僧隐》，北京：中华书局，1992年，第432~433页。

② ［梁］释慧皎撰，汤用彤校注：《高僧传》卷十二《释法光》，北京：中华书局，1992年，第455页。

③ 《大正藏》第51册，第93页。

④ ［唐］释道宣：《续高僧传》卷十六《释慧胜附慧初传》，《大正藏》第50册，第550页。

法师于经义有所迷忘者，皆往问之。西魏文帝闻而敬重尊为师傅，遂于京师立大中兴寺，尊为魏国大统。于时东西初乱，宇文太祖始纂帝图，挟魏西奔，万途草创。僧徒相聚，缀旒而已。既位僧统大立科条，佛法载兴，诚其人矣，尔后大乘陟岵相次而立，并由淘渐德化所流，又于昆池之南置中兴寺，庄池之内外稻田百顷，并以给之，梨枣杂果望若云合。及卒，帝哀之废朝，丧事所资并归天府，送于园南为立高坟，茔封之地一顷，今所谓统师墓是也，近贞观中犹存古树①。

可知西魏立国之初，作为僧统的道臻，在恢复西魏境内佛教、弘扬佛法方面做出了重大贡献。他作为西魏文帝所敬重的高僧，应该是这位傀儡皇帝日常精神生活中的劝解者。推测大统初年，西魏文帝原皇后乙弗氏被废至麦积山出家为尼，最终被迫自尽、凿陵为龛的历史事件中，道臻在超度亡灵、开窟造像过程中可能也发挥了重要作用。

释僧猛，俗姓段氏，京兆泾阳人，姿荫都雅神情俊拔，竟孺出家素知希奉，聪慧利根幽思通远，数十年间躬事讲说，凡有解悟靡不通练。昔魏文西位，敕猛在右寝殿阐扬般若，贵宰咸仰味其道训。周明嗣历，诏下屈住天宫永弘十地，又敕于紫极文昌二殿，更互说法，当时旨延问对酬答无穷。黄巾之徒纷然构聚，猛乃徐摇谈，引敌深涡，方就邪宗一一穷破，故使三生四见之语并屈当时，元始真文之经纷碎，曩日天师徒侣瓦解乖张，道俗肃然更新耳目。……隋文作相，佛日将明，以猛年德俱重，玄儒凑集，追访至京，令崇法宇。于大象二年，敕住大兴善寺，讲扬十地，寺即前陟岵寺也，声望尤着殊悦天心。寻振为隋国大统三藏法师，委以佛法令其弘护，未足以长威权，固亦光辉释种②。

从记载可知，与道臻一样，僧猛也是一位活跃于西魏文帝身边的高僧，而且善于般若学说，在当时高官贵戚中很有威信。但他更重要的贡献在于北周武帝年间释道之争中所发挥出的中流砥柱作用，隋代时依然享有崇高威望。

相比之下，北周时期的昭玄三藏僧实更具传奇性：

僧实，俗姓程氏，咸阳灵武人也。幼怀雅亮，清卓不伦，尝与诸僮共游狡戏，或摘叶献香，或聚砂成塔，乡閭敬焉，知将能信奉之渐也，亲眷爱结不许出家。……年二十六乃得剃落。……周太祖文皇，以魏大统中下诏曰：师目丽重瞳偏同虞舜，背隆伛偻分似周公，德宇纯懿轨量难模，可昭玄三藏。言为世宝笃志任持，故有法相之宜兴，俗务之宜废，发谈奏议事无不行。至保定年，太祖又曰，师才深德大，宜庇道俗以隆礼典，乃躬致祈请为国三藏，实当仁不让默而受之，是使栋梁斯在仪形攸寄。周氏有国重仰玄风，礼异前朝受于归戒。逮太祖平梁荆后，益州大德五十余人，各怀经部，送像至京。以真谛妙宗条以问实，既而慧心潜运南北疏通，即为披决洞出情外，并神而服之，于是陶化京华久而逾盛。……以保定三年七月十八日，卒于大追远寺，春秋八十有

① ［唐］释道宣：《续高僧传》卷二十三《护法篇》释道臻条，《大正藏》第50册，第631页。

② ［唐］释道宣：《续高僧传》卷二十三《护法篇》释僧猛条，《大正藏》第50册，第631页。

八。朝野惊嗟人天变色，帝哀恸泣之，有敕图写形像，仍置大福田寺。即以其日窆于东郊门外滕公郦食綦。塚南，碑石尚存①。

宇文泰是西魏政权的实际掌控者和北周政权的缔造者。因此，深得其宠信的僧实在西魏大统年间出任昭玄三藏也是当局佛教政策的一种具体反映，特别是僧实出任的理由竟是“目丽重瞳偏同虞舜，背隆伛偻分似周公，德宇纯懿轨量难模”。这实际上也是宇文泰政权以“恢复周礼”形式推行新政在佛教文化方面的一种表现，以摒弃魏晋以来崇尚玄学的清谈之风，转而提倡简约务实精神。这种时代特征在佛教造像艺术方面则表现为人物形象质朴清新，体态敦厚挺拔，佛装轻柔贴体，呈现出一种全新时代风貌。当然，其中也蕴含有诸多以萧梁佛像为代表的印度笈多造像艺术因素，《僧实传》中“逮太祖平梁荆后，益州大德五十余人，各怀经部，送像至京”之语真实反映出当时南北佛教文化交流、融合的状况。北周国都长安盛行的这种造像样式也很快影响到毗邻的秦州地区，麦积山北周时期出现的大量窟龛造像则是这种历史原貌的真实再现。

三、窟龛中相关材料所反映的问题

上述所列东晋十六国至北朝时期活跃于关陇，特别是秦州境内高僧与麦积山石窟的直接联系并不是很多，但麦积山石窟的开凿则与他们长期以来在秦州传播与弘扬佛法有密切关系。客观地讲，出现这种状况也是古代秦州本身的自然环境、地理位置等客观条件所决定的。而麦积山石窟在偏隅的秦岭山系小陇山支脉的群山中能绵亘千年不绝，本身就是一个奇迹，其中历代僧侣们所做出的贡献更是难以估量，下面笔者结合窟龛中相关材料略加分析。

关于麦积山石窟开凿时间目前尚无直接证据支持，笔者关于玄高、昙弘在此禅修时可能已建有禅窟也只是一种推测。但随着两位高僧先后离去，麦积山再度陷入沉寂也是不争的事实，出现这种局面与后秦迅速衰败，赫连勃勃对秦州的攻掠，以及西秦政权进逼都有直接关系。相比之下，这一时期西秦境内的炳灵寺石窟却进入了鼎盛阶段，其中又不乏秦州信徒参与。如北魏郦道元引《秦州记》关于炳灵寺的描述中说：

河水又东北会两川，左合二水，参差夹岸，连壤负险相望。河北有层山，山甚灵秀，山峰之上，立石数百丈，亭亭桀竖，竞势争高，远望参参，岩攒图之托霄上。其下层岩峭壁，举岸无阶，悬岩之中，多石室焉。室中若有积卷矣，而世士罕有津逮者，因谓之积书岩。岩堂之内，每时见神人往还矣，盖鸿衣羽裳之士、炼精饵食之夫耳，俗人悟其仙者，乃谓之神鬼。彼羌谓鬼曰唐述，复因名之为唐述山，指其堂密之居谓之唐述窟。其怀道宗玄之士，皮冠净发之徒，亦往栖托焉。故《秦州记》曰：“河峡崖旁有二窟，一曰唐述窟，高四十丈，西二里有时亮窟，高百丈，广二十丈，深三十丈，藏古书五笥。亮，南安人也。”

① ［唐］释道宣、郭绍林点校：《续高僧传》卷十六《周京师大追远寺释僧实传》，北京：中华书局，2014 年，第 591~592 页。

据考，《秦州记》成书于5世纪上半叶①，书中所及的炳灵寺唐述、时亮二窟目前尚无法认定。但时亮为秦州南安人则是明确的，表明当时秦州与河州之间文化交流密切，而且炳灵寺也是重要的佛教中心，周围地域信仰佛教者很多都来此开窟造像。

此外，在开凿于西秦建弘元年（420年）的炳灵寺第169窟6号龛主尊背屏彩绘功德主画像题记中，有外国大禅师昙摩毗、比丘道融、比丘慧普、博士南安姚庆子、侍生广宁邢斐、侍生天水梁伯熙、侍生金城万□、侍生天水杨□及凤兴弟盛兴、清信女妾王等人的墨书题名。除主持的僧侣外，还有数位来自秦州的功德主，这种现象非常令人深思："姚"氏为秦州羌族大姓，"梁"氏亦为陇西羌族大姓。"杨"氏为陇南氐族大姓，东汉时被大量迁徙至天水聚居。这几大姓氏均有信仰佛教的历史渊源，不再赘述。他们在炳灵寺参与开窟造像，极有可能是在西秦与后秦战争中从上邽（天水市秦州区）被掠到枹罕（甘肃临夏市）的秦州世家大族成员②。可知诸割据政权在秦州一带的频繁争夺严重影响到麦积山石窟的佛事活动。

关于麦积山早期窟龛调查学者们已做了许多工作，一致认为西崖第74、78、165、90等窟应是开凿最早的窟龛群。其中第78窟右壁佛坛基表面尚保存有彩绘供养人形象及题记，这些身穿左衽窄袖齐膝袍、下穿裤褶，脚蹬尖头靴的功德主经考证为仇池氐族，相关墨书题记可辨识内容有"仇池镇……经生王……供养十方诸佛时/□（清）信士……/仇池镇杨……见养方……/清信士……/杨……诸……"等。从中可知第78窟功德主为来自仇池镇的杨姓和王姓供养人，其中王姓身份为经生。经生指抄写佛经的写手，说明当时仇池镇已有专门从事此职业的人，表明这一时期秦州佛教已十分发达，否则也不可能开凿出规模如此宏大的双窟③。遗憾的是，由于题记残毁，无法得知是否有僧人参与此窟营建。但从这组双窟所反映的三世十方诸佛造像题材分析，肯定有僧侣参与其中。

北魏中期开凿的第76窟是一个非常值得关注的窟龛。该窟高1.3米，宽1.1米，进深0.9米，平面方面，平顶，敞口。窟内正、左、右三壁上方及两侧均开有小龛。正壁一泥塑坐佛，左右壁各一泥塑菩萨立像，各壁小龛内均各贴一身影塑坐佛，三壁下方造像两侧各贴数身影塑男、女供养人。其中左壁胁侍菩萨外侧泥皮大多剥落无存，近主尊背光处尚存一供养比丘形象：系中年僧侣形象，双目下视，唇上有胡须，面容较为苍老。身穿红色袈裟，左手齐胸，似执一长柄香炉。他的身后立一俗家居士，仅存头部。头戴小冠，面容稚嫩，执一蓝色华盖，虔恭而立。僧人右上侧榜题框内依稀可辨墨书"比丘法能供养"；窟内右壁胁侍菩萨外侧竖向彩绘三排僧人形象，均内穿僧祇支，外穿垂领袈裟，下着长裙，脚蹬皂靴，双手笼于胸前衣袖中，持长茎莲蕾，虔恭而立。上排1身，身旁榜题框内墨书

① 《秦州记》作者为南朝刘宋时期方志学家郭仲产，该书对南北朝时期秦州域内的山川胜迹、历史传说、风土名物、地县沿革等均有详细记载，隋唐以后该书散佚。20世纪30~40年代，天水地方著名学者冯国瑞先生在清华大学求学期间，广泛收集历代古籍中征引的该书原文，并于1943年最终成册，成《秦州记》一书，由陇南丛书编印社石印出版发行。

② 《晋书》卷一二五《乞伏炽磐载记》："永和二年（417年）（炽磐）又遣昙达、王松寿等率骑一万伐姚艾于上邽，……破黄石、大羌二戍，徙五千余户于枹罕"（［唐］房玄龄等撰：《晋书》，北京：中华书局，1974年，第3124页）。

③ 孙晓峰：《麦积山石窟双窟研究》，《敦煌学辑刊》2016年第2期。

“比丘朗嵩供养佛时”。中排2身，右上方榜题框内依次墨书“比丘□□供养佛时/沙弥法□供养佛时”。下排2身间隙较大，每身之间贴1身女性影塑供养人，比丘右上方榜题框内依次墨书“比丘法和供养佛时/比丘□□□□□□□”。

这也是麦积山石窟现存比较完整的有供养人形象及题记的北魏窟龛之一。从规模上分析，该窟较小，窟内造像为一佛二菩萨的一铺三身式组合题材，具有麦积山小型龛形窟的基本特征，由于涉及世俗供养人的题记部分风化无存，其具体身份已无法判定。但就这个窟的规模而言，其供养者极有可能是秦州当地的中下层官吏。窟中最引人注目的是左、右壁彩绘僧侣分形象布于泥塑胁侍菩萨两侧，在分布位置和重要性方面明显高于世俗供养人，特别是左壁僧人法能，其身后还专门有执华盖的侍者，表明他有很高社会地位。该窟造像内容据研究，系表现坐观佛像修禅时，伴随着释迦而出现无数化佛、诸天人等形象，即禅经所言的习禅在石窟中鲜见的化佛现象①。这种体现出鲜明禅观思想的造像内容，以及窟内诸多供养僧人形象都表明寺院僧侣在窟龛开窟中起着主导作用。

故从该窟供养人情况大致可知当时世俗信众开窟造像流程：首先施主必须与管理麦积山的寺院僧侣进行沟通，想捐建一个表达何种意愿的造像窟龛，然后由寺院僧侣来联系工匠、画师和塑匠根据施主需要和资金情况选择适当位置进行开窟造像。在这个过程中，僧侣始终是沟通佛与世俗信徒的中间人，因此，他们享有诸多特权，诸如本窟内僧侣画像数量和位置要明显优于世俗供养人等。当然，本窟内现象也是麦积山仅存的一例，尚无法肯定其是否具有普遍性，故不排除该窟在开凿和营建中僧侣们出资的可能性。

开凿于北魏晚期的第159窟形制、规模与第76窟相差无几，窟高1.13、宽1.35、进深1.14米，平面方形平顶窟，敞口。窟内正壁一泥塑坐佛，两侧各塑三层坛台，上层两侧均贴影塑一佛二菩萨。中层佛左侧贴影塑思惟菩萨及二胁侍菩萨，右侧贴影塑交脚弥勒及二菩萨。下层右侧贴影塑比丘1身，男供养人4身，左侧贴影塑女供养人5身；左、右壁各一泥塑胁侍菩萨，壁面均塑三层坛台。其中左壁菩萨左侧上层贴影塑坐佛2身，中层贴影塑坐佛2身，下层男供养人3身。右侧上层贴影塑坐佛2身，中层贴影塑舒相坐佛2身，下层贴女供养人3身；右壁菩萨左侧上层贴影塑坐佛2身，中层贴影塑舒相坐佛2身，下层贴男供养人4身。右侧上层贴影塑坐佛2身，中层贴影塑坐佛2身，下层贴女供养人1身。

该窟内供养题记与第76窟明显不同，在正壁主尊右侧下层依次墨书“比丘僧果供养佛/亡父李道生供养佛/亡兄阿舍供养佛/亡兄阿□供养佛”，左侧依次墨书“亡母龙欢姬供养佛时/亡嫂王又供养□时/□□……/……/……右壁左侧内至外依次为“亡侄孟虎供养佛/亡侄阿乞供养佛/亡侄阿和供养佛/……/亡侄□女供养佛”，右侧内至外依次为“亡媳阿奴供养佛/亡媳□□□□/……”

从该窟题记可知，这是一个李氏家族供养窟，主要为祈愿李氏家族亡故者早日转生佛国净土。供养者中只有一位僧人，即比丘僧果。那么这种安排说明什么问题呢？是因为李氏家族全资开窟，寺院僧侣仅提供相应便利？还是本窟系为李氏家族亡者开凿，出于某种仪轨需要，寺院管理者仅安排了一位为亡灵引路的僧人？在缺乏相关文献材料的情况下，尚无法确定。

---

① 郑国穆：《麦积山第76窟考察》，《敦煌学辑刊》2005年第3期。

开凿于北魏晚期至西魏初期的120窟系一个中型平面方形窟，造像题材为三壁三佛。其中正壁主尊两侧下方虽然彩绘供养人形象大都模糊不清，但墨书供养题记尚基本清晰：左侧依次墨书“比丘颜集供养佛时/比丘才嶷供养佛时/比丘进度供养佛时/亡弟天水郡□□真供养佛时/亡□□龙骧将军天水太守王宗供养佛时/……武（兴）镇将王胜（供）□□（时）”，“□叔假伏波将军□石县令王□供养佛时”。右侧依次墨书“比丘尼法静供养佛时/亡祖母□供养佛时……/……”① 郑怡楠通过研究认为，第120窟功德主是秦州当地很有影响的王氏家族，其开窟目的一是为王氏家族已经去世者祈冥福，二是为王氏家族现存者修功德②。窟内题记中所涉及的比丘一共有4位，从他们法名上可见辈分较为杂乱，与第76窟内比丘多为“法”字辈的情况明显不同，表明这一时期麦积山石窟所属寺院僧侣管理体系相对还是松散，但依然承袭着传统职能。

西魏、北周时期是麦积山石窟开窟造像史上的高峰阶段。由于西魏文帝皇后乙弗氏被贬至麦积山出家为尼，使这座深山中的石窟寺再次迎来发展机遇。据宋《秦州雄武军陇城县第六保瑞应寺再葬佛舍利记》碑载：“昔西魏大统元年，再修佛阁，重兴寺宇，至我宋乾德二年，计四百年。……”③ 表明北魏末年受关陇秦州莫折大提父子起义影响的麦积山寺院得以重新恢复，崖面窟龛开凿规模也达到了前所未有的水平，特别是各种仿殿堂式或帐龛式崖阁建筑十分流行，如西魏第28、30、43、127、135窟，北周第4、9、12、15、26、27、36、48等窟。据前文所述，这一时期高僧如道臻、僧猛、僧实等均深得西魏、北周上层统治阶级尊崇，十分有利于境内佛教的传播与发展，到北周时已达到滥觞程度，寺院经济规模和寺院佃户已危及封建政权基础，以致引发北周武帝灭佛之举。遗憾的是，无论是文献资料，还是窟龛材料本身，都无法清晰勾勒出西魏、北周时期僧侣在麦积山参与开窟造像的过程。

西魏窟龛中，仅第160窟右壁保留有部分彩绘女供养人，分上下两排，共八组，每组均为主仆式排列，右上方依次墨书“姜氏妹小晖□□供养佛时/妹小□持花供养/妹□晖持花供养佛时/祖母齐供养□□/母□持花供养佛地时/母□□持花供养佛时/卫□晖供养佛时”。从画面分析，供养人前侧并无比丘尼形象，窟内左壁壁画无存，具体内容不详。这种现状似乎表明该窟系姜氏家族供养窟，开窟过程中可能并无寺院僧侣参与；另一个值得注意的是第123窟，系表现维摩诘造像题格的窟龛，保存完整。从窟内情况分析，仅窟内左、右壁外侧各塑一身童男、童女像。此外，似乎也没有给供养人形象留下任何位置。研究表明，第123窟功德主应是汉化程度很高，且非常仰慕南朝士族文化的北方胡族信众④，同样在窟内也没发现相关供养题记。

麦积山保存的西魏造像碑中，主要表现题材有三佛说法、七佛和佛传故事等，画面布局严谨，雕刻技艺精湛，也没有留下任何功德主或供养者题名，与同时期洛阳、长安等造像碑明显不同，后者多在碑阳下方或背面阴刻有僧侣、供养人形象及题记。

---

① 李西民、蒋毅明：《麦积山石窟内容总录》，天水麦积山石窟艺术研究所编：《中国石窟·天水麦积山》，北京：文物出版社、东京：平凡社，1998年，第258页。

② 郑怡楠：《天水麦积山第120窟开凿时代考》，《天水师范学院学报》2009年第1期。

③ 杨爱玲：《关于麦积山石窟文献与刻石的注释》，阎文儒主编：《麦积山石窟》，兰州：甘肃人民出版社，1984年，第152~153页。

④ 曹小玲、孙晓峰：《麦积山第123窟造像服饰研究》，《天水师范学院学报》2015年第3期。

麦积山西魏窟龛及造像碑中呈现的这种情况显然不具备普遍性，因为同时期秦州及毗邻地区发现的西魏窟龛及造像碑中均出现有供养比丘及供养人形象。前者如庆阳北石窟西魏44窟，窟内南、北壁龛下方正中浮雕博山炉，两侧分别浮雕半跪状供养比丘及供养人①。后者如秦安县出土的西魏大统十二年（546年）权早良造千佛碑，在碑额造像龛两侧下方分别雕2~3身供养比丘，碑阳下方雕数排供养人，最前端雕一手持香炉的比丘立像，阴刻题名为“比丘僧斖”②。在平凉市境内出土的禅佛寺造像碑、新开造像碑等③均雕有供养比丘及功德主。

麦积山北周开凿或重修窟龛约50个，规模、数量远胜西魏，这与当时浓厚的佛教社会环境相一致。有趣的是，麦积山北周窟龛内同样鲜见僧侣和功德主信息。窟龛内造像题材多为七佛，一般采用正壁一佛，左、右壁各三佛的组合样式，胁侍造像位于正壁主尊两侧和门壁两侧，造像大约占据窟内三分之二壁面，剩余壁面及窟顶均彩绘千佛，亦无僧侣或功德主位置空间。仅存绘有供养人像的窟龛为西崖第90窟，北魏原作，北周、宋代重修，其中正壁主尊坐佛背光两侧空隙处，从上至下依次有北周时期重新绘制的数组男供养人像，头戴介帻，身穿窄袖圆领胡服，脚蹬尖头靴，腰束带，两人并立，双手笼于袖中，持长茎莲花面佛而立。另一个提及供养人情况的是东崖第4窟（散花楼），北周文学家庾信应功德主，时任秦州大都督李充信之托，撰写了《秦州天水郡麦积崖佛龛铭并序》，亦称《散花楼赋》。该窟是麦积山规模最大的仿殿堂式崖阁，前廊后室结构，通高16、面阔31、进深8米，造像精美，装饰华丽，开凿工程显然经过周密设计。

类似例证也见于距此不远的武山水帘洞拉梢寺摩崖浮雕一佛二菩萨像的营建，这组高38米的摩崖造像完工于北周武成元年（559年），功德主为时任秦渭等十四州诸军事秦州刺史、蜀国公尉迟迥和比丘道藏④，这方题记阴刻于摩崖大像左下角。参与造像的道藏法师虽然不见于僧传，但他能与声名显赫的尉迟迥共同主持龛像开凿，表明其地位很高。同理，以麦积山散花楼功德主李充信身份而言，当地寺院高僧或主持应全面参与了这座窟龛的开凿和营建。实际上，在散花楼完工后，也有类似摩崖题记。据宋·李昉《太平广记》卷三百九十七《麦积山》引《玉堂闲话》：“……虽自人力，疑其鬼功，隋文帝分葬神尼舍利函于东阁之下。石室之中有庾信铭记，刊于岩中。”明嘉靖四十三年（1564年），时任陕西布政使的冯惟讷游览麦积山后，专门再次立《重刻麦积崖佛龛铭序》碑，并请著名书法家甘茹书写碑文，成为一段佳话。

如此看来，麦积山西魏、北周窟龛中不见功德主和主持僧侣等形象和榜题信息的做法并非偶然，应该是一种新风尚的体现。如果仔细观察麦积山这一阶段的窟龛，就会发现其形制、体量、规模等较北魏晚期窟龛有明显增大，且更加规整、相似。说明开窟群体多为具有一定社会地位和经济实力的地方官员或世家大族，实际上，这一时期驻守秦州的许多高级官员均是皇亲显贵或朝廷重臣，其中并不乏佛教的信奉和支持者。他们在通过寺院僧侣开窟造像或捐立佛碑后，并未如其他地方信徒那样在窟

① 甘肃省文物工作队、庆阳北石窟寺文管所：《庆阳北石窟》，北京：文物出版社，1985年，第44页，图版三十五：1、2。

② 甘肃省博物馆编：《甘肃省博物馆文物精品图集》，西安：三秦出版社，2006年，图版189~191。

③ 张宝玺编著：《甘肃佛教石刻造像》，兰州：甘肃人民美术出版社，2001年，图版182、186。

④ 甘肃省文物考古研究所等编著：《水帘洞石窟群》，北京：科学出版社，2009年，第43~44页。

内或碑上留下供养题记，而是采取了某种新的发愿表达方式，至于具体是何种方式，目前尚无法得知，有待于进一步研究和探讨。

四、结语

正是5世纪初活跃于秦州的长安高僧不懈努力，奠定了麦积山石窟开凿与营建的社会佛教信众基础。北魏时期，在当地僧侣及社会各阶层佛教信徒的共同努力下，掀起了麦积山石窟历史上第一次开窟造像高潮。西魏、北周时期，由于秦州特殊的地理位置，使其成为当时皇亲贵戚和朝廷重臣驻守的重镇之一，也相应地带来了国都长安盛行的佛教造像艺术风格与题材，在窟龛开凿和题材选择上寺院僧侣们应该发挥了重要作用，但在供养方式上可能发生了某种变化，但由于窟龛本身及相关史料信息的缺失，目前尚不清楚。

（原载于《石窟寺研究》第九辑，北京：科学出版社，2019年）

麦积山瑞应寺清代小型纸像牌水陆画的用途

夏朗云

麦积山瑞应寺清代小型纸像牌水陆画①，今藏于麦积山石窟艺术研究所，共编 34 个号。2009 年初步整理，分为 6 堂②。根据墨书发愿文③中“乾隆四十四年五月”的纪年及其他相关信息，判断第 1、2 堂水陆画，完成于乾隆四十四年（1779 年）五月；其余墨书题记及第 3、4、5、6 堂水陆画，完成于乾隆四十四年前后不久，并“判断这些乾隆年间纸牌水陆画，是以摆放或插放的形式供奉的。因其小，方便携带，每堂可便宜组成道场。因此，这种水陆画，当多运用于小型的法会，多数情况下，应服务于下层老百姓，在一个相对狭小的空间中作道场。因为如作大道场，这些小像牌画显然不够排场。然而因其小，也更方便各堂配合使用，组成新的堂或坛”④。

现在，新公布的资料⑤，使笔者注意到小像牌水陆画上的一些其他信息⑥，或会加深对其用途的理解。

一、新注意到的信息

（一）三字题记

麦藏 0942（内容为地藏菩萨，第 5 堂主尊），背面中部偏上（大约菩萨背部中心位置）朱砂笔书 3 字，上为“唵”，左下侧为“哑”，右下侧为“吽”，3 字呈等腰三角形，下边稍长。

---

① 高 44~49 厘米，宽 26.5~29 厘米。

② 第 1 堂：主尊释迦佛，左一药师佛，右一弥陀佛，左二文殊菩萨，右二普贤菩萨，左三观音菩萨，右三地藏菩萨，左四韦陀，右四护法。第 2 堂：主尊释迦佛，左一迦叶、梵天，右一阿难、帝释天，左二文殊菩萨，右二普贤菩萨，左三秘迹金刚，右三秽迹金刚，左四韦陀，右四护法。第 3 堂：主尊毗卢遮那佛，左一药师佛，右一弥陀佛，左二文殊菩萨，右二普贤菩萨，左三白衣观音菩萨，右三水月观音菩萨。第 4 堂：主尊地藏菩萨，左一地狱五王，右一地狱五王。第 5 堂：主尊地藏菩萨，左一帝释天、供养天女，右一帝释天妃、供养天女，左二地狱二王，右二地狱二王。第 6 堂：主尊地藏菩萨。

③ “乾隆四十四年五月上澣之吉，麦积山瑞应寺发心承造，诸佛菩萨诸天护法，像牌两堂，共十八尊……正觉和尚笔画……”

④ 夏朗云：《麦积山瑞应寺藏清代纸牌水陆画的初步整理》，《文物》2009 年第 7 期。

⑤ 李晓红：《麦积山瑞应寺藏道场诸圣牌及牌竿小考》，《丝绸之路》2017 年第 20 期。

⑥ 笔者重新对照原物文字有所校补。

（二）关注冥货的文书

1. 麦藏 0931（释迦，第 1 堂主尊）背面第二层裱纸（反裱）文书，雕版墨印："门下，为给付冥财事，今逢造胜会，虔备冥货壹封焚化故，收执遵奉□案下，给付正亡鬼，不许别鬼争夺，为此须儭给者，承仗敕高超三界，右给付正亡鬼，准此。乾隆三十八（"乾隆三十八"为墨笔填书）年（加朱印）十（"十"为墨笔填书）月壹（"壹"字为朱砂笔填书）日焚化。"

2. 麦藏 0955（韦陀，第 1 堂左四）、麦藏 0939（地藏，第 1 堂右三）背面最上一层裱纸（反裱）文书，与麦藏 0931 水陆画背面第二层裱纸（反裱）文书一样。

3. 麦藏 0930（普贤，第 2 堂右二），因硬纸片裱层开裂，中间裱层第一面裱纸（反裱）文书，除了日期为（朱砂笔填书的）"初一"外，与麦藏 0931 水陆画背面第二层裱纸（反裱）文书一样。

（三）关注阿弥陀佛和西方极乐世界的文书

1. 麦藏 0957（文殊，第 1 堂左二）背面第二层裱纸文书，雕版墨印："（横书）……贤愿王菩萨……阿弥陀佛。（竖书有空格）年月□日给。右给□……南无西方极乐世界……"左配塔图，塔上有圆形发光物。塔上自上而下竖书"南无阿弥陀佛"。塔左侧立佛，项光右侧、右肩、右垂臂轮廓残存，推测立佛为阿弥陀佛立姿接引像。

2. 麦藏 0958（普贤，第 1 堂右二）背面最上一层裱纸文书，雕版墨印："（横书）天下大峨眉山西方公据……（竖书）有善男子善女子……若能依念佛者……念化成长生不老，出离三界……临终随身念……十大阎王遵□佛敕大赦……佛敕□合通行准此……劝念弥陀点佛图，千声一点是明珠，西方路上为公据，地狱门前作赦书。右给付……计开所积善功……"左侧配图，残存佛项光左侧、左肩、左上臂。与上述麦藏 0957 背面第二层裱纸文书中，塔左侧立佛的右侧，体量相当，风格一致，可组成一佛。参考文书中"弥陀""西方"文，推测此佛为阿弥陀佛立姿接引像。

3. 麦藏 0932（观音，第 1 堂左三）背面最上一层裱纸文书，雕版墨印"……皈依三宝，受持五戒……成就菩提，凡为信佛，千声一点，尽散圆满，百年命终之时，□□我府城隍社庙大小关洋□台□隘等□……往生西方极乐世界，受诸快乐，十圣三贤同行伴侣……诸佛位前洗心……西方冥途路引……"右侧配图，一只船旁站立一着盔甲和披巾、怀中横抱金刚杵的韦陀。

4. 麦藏 0938（护法，第 1 堂右四）背面第二层裱纸文书，雕版墨印：行船图（残）。船上站立三人，前面一位持幡，后面一男一女。船侧站着佩戴五佛冠和披巾，右手托塔的天王。天王左侧印文竖书"阿弥陀佛十一月十七日降生"，天王右侧印文竖书"收执准此"。

二、三字题记指向瑜伽焰口施食小型道场

2009 年初步整理时，公布了这些小型像牌水陆画及其载体表面全部墨书题记，并判断均系一人笔迹，为制作这些水陆画时或之后不久所书。

现从字体风格上看，朱砂书三字题记与这些水陆画上的墨书题记，也系同一人所书。因此，此朱

砂书三字题记，也很可能为制作这些水陆画时或之后不久所书，故当与水陆画有密切的关系。

因“唵”字放在上头，应当先读。下面二字并列，按古代的读法（面对纸）先右后左，顺序是“哑”“吽”。三字连读“唵哑吽”。“唵哑吽”三朱砂字，并不与水陆画的时间、供养人、造像题材、位置、数量等有关。这三字在汉语中只是读音，故可能与水陆画的制作或使用等有关。朱砂三字所在的像牌，是第5堂的主尊牌，其像为僧装地藏菩萨坐像。这些水陆画像牌中，朱砂“唵哑吽”三字，不在其他像的背后，只在地藏菩萨像的背后，似有特殊意义。

《佛学大辞典》中有与“唵哑吽”发音趋同的“唵阿吽”条。词条曰：“三个种子各别项解，以此三字书于木佛之三处。《安像三昧仪经》曰‘诵此真言已，复想如来如真实身，诸像圆满，然以唵、阿、吽三字，安在像身三处，用唵字安顶上，用阿字安口上，用吽字安心上’。”① 此词条所采内容见于，宋《佛说一切如来安像三昧仪轨经》②：“尔时世尊……说彼塑画雕造庄严一切佛，及诸贤圣之众，安像庆赞仪轨之法……所有佛像面东安置，用黄衣盖覆，阿阇梨作观想……诵此真言已，复想如来如真实身诸相圆满，然以唵阿吽三字安在像身三处，用唵字安顶上，用阿字安口上，用吽字安心上，若诵得本尊根本真言但安心上。”因此，唵、阿（哑）、吽三字，可用于“安”（木质或其他质）佛像身三处，顶、口、心处，呈上、中、下排列。但是，在这些像牌水陆画中，有佛像不安却安菩萨像，故唵、哑、吽三字似不是用于安像的。即使变通，可用于安水陆画菩萨像，并按宋《佛说一切如来安像三昧仪轨经》说“若诵得本尊根本真言但安心上”，此三字是安在水陆画菩萨像身后中部心上，有安像功能。而在小像牌水陆画中，只在地藏菩萨身后中部心上，特殊地呈三角形书写此三字，故重点不是表示安像，可能与小像牌水陆画的用途有特殊关系。

（一）第4、5、6堂的主要用途

宋《佛说瑜伽大教王经》卷第二《三摩地品》第四中有：“今说三摩地法，于本身想出唵字变成大智，以慧开引大智，变成大遍照如来……复次说三摩地法，复想口中阿字，阿字变成无量寿佛……复说三摩地法，时阿阇梨想自本心而为月轮，月轮变成吽字，吽字变成阿閦佛。”③

西夏《密咒圆因往生集》中有：“三字总持咒，唵哑吽。《瑜伽大教主经》云：‘唵字是大遍照如来，哑字是无量寿如来，吽字是阿閦如来’。又《成佛仪轨》云：‘由诵此唵字，加持威力故，纵观想不成，于诸佛海会，诸供养云海，真言具成就，由诸佛诚谛，法尔所成故。由适诵哑字，摧灭诸罪障，获诸悦意乐，等同一切佛，超胜众魔罗，不能为障碍，应受诸世间，广大之供养。由吽字加持，虎狼诸毒虫，恶心人非人，尽无能陵屈，如来初成佛，于菩提树下，以此印密言，摧坏天魔众’。”④

---

① 丁福保编纂：《佛学大辞典》，北京：文物出版社，1984年。

② 宋西天三藏朝散大夫传法大师施护译：《佛说一切如来安像三昧仪轨经》一卷，《乾隆大藏经・宋元入藏诸大小乘经》第一〇四八部，第六六册。

③ 宋西天三藏朝散大夫明教大师法贤译：《佛说瑜伽大教王经》五卷，《乾隆大藏经・宋元入藏诸大小乘经》第一〇一七部，第六四册。

④ 沙门智广、慧真编集，金刚幢译定：《密咒圆因往生集》一卷，《乾隆大藏经・此土著述》第一五九四部，第一四一册。

西夏《密咒圆因往生集》将“唵哑吽”与宋《佛说瑜伽大教王经卷》中的“唵阿吽”表述为一。

可见，麦积山像牌水陆画中书写在第5堂主尊地藏菩萨身后的“唵哑吽”，可表大日如来、无量寿如来、阿閦如来三佛，为具总加持威力的三字总持咒。唵字表法身佛，故可位于三字三角形位置的上头。水陆画使用道场仪式，“唵哑吽”三字总持咒，可能是水陆画仪式念诵中的咒语。“唵哑吽”三字总持咒，只书写在地藏菩萨像后，可能表示水陆道场仪中三字总持咒与地藏菩萨的关系较紧密。

元《佛说大白伞盖总持陀罗尼经》中有：“若疲倦时欲奉施食，则面前置施食，念‘唵哑吽’三字咒摄受，变成甘露。”① 这里，念诵“唵哑吽”三字总持咒，可摄受食物变甘露，用于施食。

唐不空译（近人周叔迦《焰口》② 认为是元人译③）《瑜伽集要焰口施食仪》中有：“……诵变空咒……诵此三遍，想食器皆空，于其空处想大宝器满成甘露。诵‘唵（引④）哑吽’一七遍摄受成智甘露。”⑤ 之后“结奉食印”“入观音定”“结破地狱印”。紧接着“一心奉请，众生度尽方证菩提，地狱未空誓不成佛，大圣地藏王菩萨摩诃萨。唯愿不违本誓，怜愍有情，此夜今时来临法会。大众和香花请。一心奉请，法界六道十类孤魂，面然所统薜荔多众，尘沙种类依草附木，魑魅魍魉，滞魄孤魂，自他先亡家亲眷属等众。唯愿承三宝力仗秘密言，此夜今时来临法会。如是三请。次结召请饿鬼印”。这里，念诵“唵哑吽”三字总持咒，更进一步，可空想摄受甘露变智甘露，用于施食。念诵“唵哑吽”三字总持咒变智甘露这一仪程，与开地狱、请地藏菩萨、请鬼类（就食）仪程紧密衔接。

明《修设瑜伽集要施食坛仪》中有“次结变空印……而诵真言……唵（引）哑吽……唵字变成胜妙饮食……点净念唵哑吽二十一遍，极令广大已……次结奉食印……次入观音禅定……次结破地狱印……奉请地藏王菩萨……次结召请饿鬼印”⑥。

清《瑜伽焰口注集纂要仪轨》中有“次结变空印……诵真言……唵（引）哑吽……唵字变成胜妙饮食……默净念唵哑吽二十一遍，极令广大已……次结奉食印……次入观音禅定……次结破地狱印……奉请地藏菩萨……次结召请饿鬼印”⑦。

清《修习瑜伽集要施食坛仪》中有“次结变空印……诵……唵（引）哑吽……唵字变成胜妙饮

---

① 元天竺啰嗦铭得哩连得啰磨宁及僧真智等译：《佛说大白伞盖总持陀罗尼经》一卷，《乾隆大藏经·宋元入藏诸大小乘经》第一〇一一部，第六三册。

② 周叔迦：《焰口》，中国佛教协会编：《中国佛教·第二辑·十五》，北京：东方出版中心，1996年，第473~475页。

③ 文中，将《瑜伽集要焰口施食仪》放在元代段落。云：“元代由于藏族喇嘛进入汉地，密教也随之复兴。藏经中有《瑜伽集要焰口施食仪》一卷，未注译人。就其中真言译音所用字考之，应是元人所译。”故本文暂认《瑜伽集要焰口施食仪》是唐不空译经时期至元代的发展产物。

④ 引，表示音节拉长。

⑤ 唐三藏沙门大广智不空译、西土圣贤撰集：《瑜伽集要焰口施食仪》一卷，《乾隆大藏经》第一四六〇部，第一一〇册。

⑥ 明古杭云栖寺沙门袾宏重订，万历三十四年岁次丙午仲夏望日云栖楼袾宏识：《瑜伽集要施食仪轨》第一卷《修设瑜伽集要施食坛仪》一卷，《卍续藏》第59册，CBETA电子佛典集成，2016年。

⑦ 清寂暹纂，康熙十四年七月比丘寂暹识：《瑜伽焰口注集纂要仪轨》三卷，《卍续藏》第59册，CBETA电子佛典集成，2016年。

食……点净念唵哑吽二十一遍……次结奉食印……次入观音禅定……次结破地狱印……奉请地藏王菩萨……次结召请饿鬼印"①。

明清时期的其他焰口施食仪，也有通过念诵"唵哑吽"三字总持咒变食及隆重请出地藏菩萨后，再请出鬼类就食这一系列的仪程。因此，第5堂水陆画主尊地藏菩萨身后书写"唵哑吽"，很可能是重点提示瑜伽施食仪中的两个主要节点，即"三字总持咒"和"地藏菩萨"这两个标志性节点，一个是变食环节的重要甚至是必要条件，一个是拯救鬼类的幽冥教主。所以，第5堂小型像牌水陆画以及同以地藏菩萨为主尊的第4、6堂小型像牌水陆画（第4、5堂还有地狱王胁侍），很可能主要用于瑜伽焰口施食的小型道场。

（二）第1、2堂的主要用途

瑜伽施食仪中，除了供奉地藏菩萨外，还要供奉"诸佛菩萨诸天护法"等。

唐—元《瑜伽集要焰口施食仪》说开始阶段："一心奉请十方遍法界微尘刹土中诸佛法僧，金刚密迹，卫法神王，天龙八部，婆罗门仙，一切圣众。唯愿不违本誓，怜愍有情，降临道场。众等和香花请……启告十方一切诸佛，般若菩萨金刚天等，及诸业道无量圣贤。"这里，僧中当包括菩萨僧②，即总体供奉，诸佛菩萨诸天护法等。

明《修设瑜伽集要施食坛仪》在开始阶段，亦有"奉请三宝。表白举香花请。众和毕，首者执炉请云：'南无一心奉请，尽十方，遍法界，微尘刹土中，诸佛法僧，金刚密迹，卫法神王，天龙八部，婆罗门仙，一切圣众。惟愿不违本誓，怜愍有情，此夜今时，光临法会。'"

清《瑜伽焰口注集纂要仪轨》开始阶段亦有"奉请三宝。表白和香花迎，香花请。阿阇黎执垆三请：'南无一心奉请，尽十方，遍法界，微尘刹土中，诸佛法僧，金刚密迹，卫法神王，天龙八部，婆罗门仙，一切圣众。惟愿，不违本誓，怜愍有情，此夜今时，光临法会。'"

清《修习瑜伽集要施食坛仪》开始阶段亦有"奉请三宝。表白举香花迎，香花请。众和毕，首者执炉举云：'南无一心奉请，尽十方，遍法界，微尘刹土中，诸佛法僧，金刚密迹，卫法神王，天龙八部，婆罗门仙，一切圣众。惟愿不违本誓，怜愍有情，此夜今时，光临法会。'"

元、明、清以来，瑜伽焰口施食仪中，均供奉诸佛菩萨诸天护法等。

麦积山小型像牌水陆画的第1、2堂按发愿文墨书题记为同时"发心承造"的"两堂"。两堂为"诸佛菩萨诸天护法"③，两堂合起来使用，适用于瑜伽焰口施食坛小型道场，与以地藏菩萨为主尊的第4、5、6堂小型像牌水陆画的任何一堂可配合使用。

---

① 清法藏著，康熙二十二年岁次癸亥腊月万峰宝书阁识：《修习瑜伽集要施食坛仪》二卷，《卍续藏》第59册，CBETA电子佛典集成，2016年。

② 《大乘本生心地观经》卷二："善男子，世出世间有三种僧：一菩萨僧、二声闻僧、三凡夫僧。文殊师利及弥勒等是菩萨僧。如舍利弗、目犍连等，是声闻僧。若有成就别解脱戒真善凡夫，乃至具足一切正见，能广为他演说开示众圣道法利乐众生，名凡夫僧。"唐罽宾国三藏般若译：《大乘本生心地观经》八卷，《乾隆大藏经·宋元入藏诸大小乘经》第九五〇部，第六一册。

③ 夏朗云：《麦积山瑞应寺藏清代纸牌水陆画的初步整理》，《文物》2009年第7期。

（三）第 3 堂的主要用途

瑜伽焰口施食仪中还渐渐强调供奉为主尊的法身佛毗卢遮那佛。

唐—元《瑜伽集要焰口施食坛仪》“奉请十方遍法界，微尘刹土中，诸佛法僧，金刚密迹，卫法神王，天龙八部，婆罗门仙，一切圣众”中，当包含法身佛毗卢遮那佛。

明《修设瑜伽集要施食坛仪》“众念三十五佛”后有“毗卢遮那佛，愿力周沙界，一切国土中，恒转无上轮。”这里，明示毗卢遮那佛。

清《瑜伽焰口注集纂要仪轨》在“南无大悲观世音菩萨”后有“众和毕行人祝水文。夫此水者，八功德水自天真，先洗众生业垢尘，遍入毗卢华藏界”。在“香云盖……击引磬念三十五佛”后有“……毗卢遮那佛，愿力周沙界，一切国土中，恒转无上轮”。这里，也有毗卢遮那佛。

清《修习瑜伽集要施食坛仪》在“南无大悲观世音菩萨”后有“众和毕行人祝水文。夫此水者，八功德水自天真，先洗众生业垢尘，遍入毗卢华藏界”。在“十二因缘咒”诵咒后有“置铃于案，师举五佛冠，众念准提咒，三遍。五方五佛大威神，结界降魔遍刹尘。今宵毗卢冠上现，一瞻一礼总归真。毗卢如来，慈悲灌顶”。在“众念三十五佛”后有“毗卢遮那佛，愿力周沙界，一切国土中，恒转无上轮”。在“薜荔多文”的结尾处有“处处总成华藏界，从教何处不毗卢”。多次出现主尊毗卢遮那佛成分。

麦积山小型像牌水陆画第 3 堂主尊为毗卢遮那佛，可与以地藏菩萨为主尊的第 4、5、6 堂的任何一堂配合使用，主要适用于小型瑜伽焰口施食道场。

三、佐证

（一）第 1、2 堂

1. 第 1、2 堂水陆画背面裱衬关注冥货的文书，焚化冥货的时间均为乾隆三十八年十月一日。农历十月一日是传统鬼节。此文书是鬼节向鬼布施，是为使所要超度的鬼能收到冥货而出具，内容基本一样，多是寺院批量出具。领家为其家（亲属或其家认领的）正亡（刚亡或久亡）鬼领取文书，寺院当年应有尚未焚完者，后用于裱褙小像牌水陆画。宗教类的道具，在制作上一般比较严肃，两道具能裱在一起，关系可能比较密切。第 1、2 堂小像牌水陆画上裱褙的向鬼布施的文书，旁证第 1、2 堂小像牌水陆画是用于小型瑜伽焰口施食道场。文书中所提到的“今逢造胜会”，即是或有瑜伽焰口施食小型道场。故推测，鬼节上送冥货焚化的同时，可能举行瑜伽焰口施食小型道场。

2. 第 1、2 堂水陆画背面裱衬的关注阿弥陀佛和西方极乐世界的文书中有“阿弥陀佛”“西方极乐世界”字样外，有“西方公据”“路引（通行证）”“临终”“右给”“右给付”“收执准此”字样，有南无阿弥陀佛塔和阿弥陀来迎的接引佛形象，有船表示往生西方彼岸的载具，有天王、韦陀表示护送往生，有船上持幡引路的使者。故此文书，是布施给人们（生者或已亡故者）收执，劝他们皈依阿弥陀佛，帮助他们命终后能顺利往生西方极乐世界。此文书能与第 1、2 堂水陆画裱在一起，关系可能比较密切。瑜伽焰口施食道场，除了施食，还为亡者或鬼类说法令其皈依，以祈其早日脱离苦趣，乘阿弥陀佛所驾慈航船，往生西方极乐世界成就菩提。

故此第1、2堂小像牌水陆画上所裱褙的文书，旁证了第1、2堂小像牌水陆画适用于瑜伽焰口施食小型道场。此文书或与道场互为辅助。

（二）第3、5堂

2009年初步整理时辨认“第5堂画风基本接近于第3堂，尤其在背光方面”。“第3、5堂画风稍接近，背景色偏青，属于Ⅱ型。”① 即第3、5堂与其他堂的画风略不同，应为同时所绘的两堂水陆画，当是为配合使用，佐证了上文所推测的第3、5堂可配合使用于瑜伽焰口施食小型道场。

（三）朱砂书

上述各瑜伽焰口施食坛仪中在即将破地狱施食时，均有“入观音定”一节，其功能是挡煞，避免干扰，专心去实践施食。仅举一例为证。清《修习瑜伽集要施食坛仪》在“次入观音禅定”后，有“……结自在观音印……以此加持，令身坚固，所以一切魔碍皆不能害也。……次结破地狱印”。

朱砂，有杀精魅、邪恶鬼的挡煞功用②。故麦积山小像牌上的朱砂书“唵哑吽”寓意念诵此“唵哑吽”时，朱砂亦起到挡诸魔碍的作用。上述裱衬文书中的朱砂印和朱砂书，亦可认为是用朱砂挡诸魔碍。两处朱砂书，均与瑜伽焰口施食仪中的挡诸魔碍符合。

（四）三角状唵哑吽

唐—元《瑜伽集要焰口施食仪》中有“……诵变空咒……诵此三遍，想食器皆空，于其空处想大宝器满成甘露。诵‘唵哑吽’一七遍摄受成智甘露”。

清《瑜伽焰口注集纂要仪轨》中有“师印咒可知……应想三个喷嚨（二合）字，字皆金色，变成食器。于食器中，想白色唵字，变成胜妙饮食，皆醍醐，奶酪，及麨蜜等味。默净念唵哑吽二十一遍，极令广大”。明《修设瑜伽集要施食坛仪》、清《修习瑜伽集要施食坛仪》中也均有此种观想。

这里，食器中的食物甘露③或具体指醍醐④、奶酪、麨蜜等，其自然状态实为凝脂样的丰满状。在食器中盛满，满尖状露出的侧面形态，以其“智”甘露状、“胜妙”饮食状，应观想为较规则的等腰三角状，且具重量下坠，显现比等边三角形稍低的等腰三角状，下边稍长。

---

① 夏朗云：《麦积山瑞应寺藏清代纸牌水陆画的初步整理》，《文物》2009年第7期。

② 《神农本草经辑注》：“丹砂，性味甘，微寒无毒，主治身体五脏百病，可以养精神，安魂魄，益气明目，杀精魅，邪恶鬼，久服通神明。”马继兴：《神农本草经辑注》，北京：人民卫生出版社，1995年。

③ 《本草纲目》水部甘露条释名引《瑞应图》：“甘露，美露也。神灵之精，仁瑞之泽，其凝如脂，其甘如饴。”［明］李时珍：《本草纲目》校点本上下，北京：人民卫生出版社，2004年。

④ 《大般涅槃经·圣行品》：“譬如从牛出乳，从乳出酪，从酪出生稣，从生稣出熟稣，从熟稣出醍醐。醍醐最上。”故醍醐是从牛乳中提炼出的精髓物，当为凝脂状。北京天竺三藏昙无谶译：《大般涅槃经》四十卷，《乾隆大藏经·大乘涅槃部》第一〇九部，第二九册。

麦积山小像牌上朱砂书“唵哑吽”三字所构成形态，呈下边稍长的等腰三角状，“唵”字在上尖处。这样安排，与瑜伽焰口施食仪中对甘露食（或胜妙饮食）的观想（其中包含念诵唵哑吽）符合。

（五）老人回忆

这种像牌水陆画用于道场法事的情景，至今仍存在于民间记忆中。

麦积山下村中王全海老人①讲述，在他7岁的1949年3月柳树发芽时节，母亲去世。他家延请麦积山瑞应寺僧人在家里举办法事超度。屋内供桌上靠墙靠物摆了一些小型彩绘佛教画像牌。供桌上还有临时用纸作的牌位，用竹木细竿插在斗中粮食上，和尚在前念经数日。其中一天从黄昏到夜间，人们在屋前院子中用方桌叠起蒙上白布为台，和尚升座于台上念经超度亡灵，另有和尚向空中撒食，让游散于野外的众鬼魂来食。这种食品叫“扬鬼食”，用发面炒出来的，如花生粒。老人说，自己当时小，不懂事，还随其他小孩在地上抢捡。

此场景提示，这种小型施食度亡道场的撒食行为，类似瑜伽焰口施食道场的“抛撒花米”。明《修设瑜伽集要施食坛仪》中说在“大众同念尊胜咒”后，有“举往生咒一遍……师资同声诵尊胜咒。想彼成光明种，加持花米已，侍者以小楪取花米出外抛撒，师想鬼神等触此光明者，皆得往生极乐国土上品上生也”。清《瑜伽焰口注集纂要仪轨》中说在“尊胜咒”后，有“……举往生咒三遍……谓侍者当取花米，俵与大众，俵已，师资同声，诵尊胜咒，想彼成光明种。加持花米已，侍者以小楪取花米，出外抛撒，师想鬼神等触此光者，皆得往生极乐国土上品上生也”。清《修习瑜伽集要施食坛仪》中，在“讽诵尊胜咒”后，有“……举往生咒三遍……谓侍者当取花米俵已，师资同声，诵尊胜咒，想彼成光明种。加持花米已，侍者以小楪取花米，出外抛撒，师想鬼神等触此光者，皆得往生极乐世界上品上生也”。这里，花米为光明种，能令鬼神触此可往生西方。回忆中的“扬鬼食”，类似上述瑜伽焰口施食道场中抛撒的“花米”，或是“花米”的变通。

老人回忆中的黄昏到夜间的道场法事时间，也与瑜伽焰口施食坛运作时间一致。清《瑜伽焰口注集纂要仪轨》及清《修习瑜伽集要施食坛仪》开头时均云：“夫欲遍供普济者……准戌亥二时施之，饿鬼得食，施主获福。如过其时，于事无益，斯出本教……”戌亥二时即现代记时的晚7点至11点。老人回忆中的为其亡母做法事并撒食的道场，或是小型瑜伽焰口施食的道场。

老人所说屋内供桌上的小佛像牌，与本文所述麦积山瑞应寺旧藏的这些小像牌同类，后者或当时就摆在上述老人回忆的小型瑜伽焰口施食道场中。

四、组合

根据小像牌水陆画各堂内容，上述小型瑜伽焰口施食道场中有法身毗卢佛的第3堂，应是最主尊部分；主尊为地藏菩萨的第4、5、6堂，应是主事部分；第1、2堂联合，代表诸佛菩萨诸天护法齐

① 王全海，2018年时，76周岁，甘肃省天水市麦积区麦积镇麦积村寨子下组居民（原出生在1942年，办理身份证时，村干部误填为1945年出生，现仍未改回）。

集，应是烘托部分。因此，此小型瑜伽焰口施食道场中，一般都要有第3堂。

据发愿文，第1、2堂是配合使用的，两堂主尊均是释迦佛，是重复的；胁侍菩萨中的文殊菩萨、普贤菩萨亦是重复的；护法中的左侧韦陀和右侧护法亦是重复的。有尊像重复的各堂均可组合在一起使用。第1、2、3、4、5、6各堂，虽然内容有所重复，但作为一个整体，可同时使用。主尊同为地藏菩萨的第4、5、6堂，因各堂像牌的多少不同，可视场地大小等，选择均摆上或某一堂或某两堂摆上，与1、2、3堂配合使用。如遇同时有多场小型瑜伽焰口施食法事，第4、5、6堂，除了留一堂与1、2、3堂配合外，其余两堂可分出各自组合一场法事。其余两堂水陆画所缺毗卢佛主尊、诸佛菩萨诸天护法齐集部分，或可暂缺（仅在仪文的唱诵中出场）；或可用此类内容的其他稍大些水陆画临时充任；或根据上述老人回忆村中度亡施食道场中有纸牌位，可用于书写出尊位名称的牌位临时充任。

这些小型水陆画中以地藏菩萨为主尊的堂，数量多，能分组，是其主要部分。分组而缺乏最主尊和烘托部分，可能不必以绘画的形式出场（仅在仪文的唱诵中出场），故只要有一尊以地藏菩萨为主尊的小型水陆画像牌，就可形成水陆画形式的小型瑜伽焰口施食道场。如此，第6堂水陆画规模最小，只有1尊地藏菩萨像牌，据此堂所形成的水陆画形式的小型瑜伽焰口施食道场规模最小。

五、结语

综上所述，麦积山瑞应寺旧藏的清代小型纸像牌水陆画，除了一般性水陆画普遍用途（如其第1、2堂，可作为诸佛菩萨诸天护法齐集的堂；第3堂，可作为法身毗卢佛为主尊的堂；甚至以地藏为主尊的第4、5、6堂，作为圣众齐集的一部分，原则上均可加入任何水陆道场）外，因其突出显示“唵哑吽”三字总持咒，可能主要用于小型瑜伽焰口施食道场。又参考与小像牌水陆画关系密切的冥货文书、往生西方文书和麦积山下老人回忆，认识到此种小型瑜伽焰口施食道场，可能在特定时间如丧期、鬼节，与冥货、往生西方文书的布施配合举行，用于追荐超度刚过世的、久过世的亲属等亡故者。往生西方文书未见限定时间，故此种小型瑜伽焰口施食道场，也可能在其他时间举行。因其小型，可便于择时、择地（或寺院或家中庭院或其他便宜场所）单独举行，也便于加入到其他相关大道场中。

（原载于《敦煌研究》2020年第2期）

北朝晚期至隋唐之际中亚胡人在秦州活动考述

——以麦积山石窟为中心

孙晓峰

5~8 世纪，随着连接欧亚大陆的古代丝绸之路的开通与兴盛，以经商和贸易见长的中亚胡人群体成为这条古道上不同地区之间文化与宗教交流、传播与发展的媒介。根据相关文献、实物资料及研究成果可知，从十六国到北朝时期，这样的胡人聚落在中国境内的塔里木盆地、河西走廊、中原北方、蒙古高原等地都有存在，散布十分广泛，清晰地勾勒出了他们在华的活动路线①。笔者注意到，荣新江先生绘制的这条以粟特人为代表的中亚胡人在中国北方迁徙和入居线路图中，在涉及甘肃东部地区时，并未标识出从金城（兰州）到长安这一段之间传统意义上丝绸之路南线，而仅仅标识出从兰州经原州（宁夏固原）到长安这段丝绸之路北线。实际上，从北朝末年到隋唐之际，作为丝绸之路南线重镇的秦州（天水）出土或发现的相关实物和史料表明，这里当时也是中亚胡人重要的商贸和聚居地之一。其中以天水麦积山石窟为代表的北周窟龛群，在开凿和营建过程中更是融入了许多源自中亚的宗教和文化因素，这与当时活动在这一地域的胡商有密不可分的关系，本文略加以探讨，敬请指正。

北周是麦积山石窟营建史上的一个高潮。据统计，现存北周窟龛 43 个，主要集中于麦积山东崖及中区一带。同时，重修、重绘窟龛 9 个，共计 52 个，约占麦积山现存窟龛总数的四分之一②。这一时期不仅窟龛数量多，而且在窟龛规模、造像特点、装饰风格等方面都体现出浓厚的异域文化因素。结合相关文献记载，以及武山拉梢寺摩壁造像和隋末以来天水境内发现的粟特人墓葬等遗物和遗存等，都表明这一带自北朝末年以来已经成为中亚胡人的重要聚居区之一，也见证和反映了隋唐时期胡汉文明的全面融合与繁荣景象。

一、秦州地区北周时期窟龛建筑所体现出的中亚艺术因素

关于当时中亚胡人参与秦州地区社会政治、经济、文化活动的直接材料由于各种原因现存较少，且较为零散，缺乏系统性和完整性。而秦州境内以麦积山北周窟龛为代表的石窟遗迹中则保存有较多

---

① 荣新江：《从撒马尔罕到长安——中古时期粟特人的迁徙与入居》，荣新江、张志清主编：《从撒马尔罕到长安——粟特人在中国的文化遗迹》，北京：北京图书馆出版社，2004 年，第 3~7 页。

② 孙晓峰：《谈麦积山石窟的北周窟龛》，郑炳林、花平宁主编：《麦积山石窟艺术文化论文集》（上），兰州：兰州大学出版社，2004 年，第 243 页。

此类材料，集中表现在窟龛建筑样式、造像技法、表现形式、题材内容等方面，充分展现出中亚艺术与中国传统文化融合发展的过程。

与麦积山北魏、西魏时期窟龛相比，北周窟龛样式最大转变在于开始全面摹拟现实生活中的殿堂建筑，不仅出现了气势宏伟壮观的仿殿堂式崖阁，而且许多窟龛内部均采用浮雕或浮塑仿帐式结构，从陇东固原须弥山，到渭水之滨的武山拉梢寺，再到天水麦积山，几乎已成为一种风尚，应该是当时北周国都长安地区佛教造像艺术影响的结果。当然，这种变化并非一蹴而就，以麦积山石窟为例，类似的崖阁和帷帐式建筑在麦积山西魏窟龛和造像碑中已有所体现，如第 28、30、43、127 等窟，以及第 133 窟 16 号西魏造像碑佛龛等。

其中令人关注的是，这些汉式殿堂建筑构件中蕴含诸多源于中亚的建筑艺术因素，现摘要如下：

1. 窟龛立柱

麦积山北周仿殿堂式崖阁均采用前廊后室结构，如第 4、15、48、49 窟等。上述窟龛外观与中国传统木构建筑一脉相承，但值得注意的是其前廊立柱样式及相关装饰技法上透露出全新的外来艺术因素，主要表现在以下三个方面：

一是立柱由常见的圆形转为四方形、六角形或八角形。立柱是中国古代木构建筑中的承重组件，受材料属性所限多加工为圆形，以达到最佳使用效果。但方形及多棱立柱却源于西方，这与其古罗马及古希腊地区大量使用石料做为房屋建筑材料有密切关系。随着连接欧亚大陆之间丝绸之路的开通，这些原本随着亚历山大东征而进入中亚、波斯、印度，以及犍陀罗一带具有西方特点的廊柱也被工匠和佛教信徒融入中国石窟建筑之中。最具代表性者当属开凿于北魏平城时代的云冈石窟第二期窟龛，前廊立柱已呈现出多样化造型，承接了来自印度、犍陀罗与西域的艺术风格，更有云冈本身创造出来的中国式样的柱头和柱身装饰。其中以爱奥尼亚式、科林斯式柱头最具代表性①。如第 9、10 窟前廊的八棱式廊柱，底座为大象，混合了中国、印度、希腊和罗马建筑艺术的风格。第 6 窟东壁佛龛两侧龛柱为六棱形。

第 9 窟前室北壁两侧交脚菩萨龛两侧立柱亦为八棱式，无柱础，顶部为爱奥尼亚式，接盝形龛楣。类似样式也见于第 10 窟前室北壁下层东龛、第 11 窟西壁盝形龛等②。第 6 窟窟前建筑原为两根八棱立柱，柱础一为大象，一为蹲狮，柱头直接承方斗，有学者认为这种仿木构窟檐的设计方式，始于云冈石窟，并影响到之后开凿的响堂、天龙山、麦积山等石窟③。

问题再回到麦积山石窟，西魏开凿的第 28、30、43 等窟均为前廊后室结构，廊柱横剖面均呈八棱形。这一特征也为麦积山北周崖阁建筑所继承，如第 4、49 等窟④。

而这一时期麦积山所属秦州是西魏、北周在西北方向屏护长安的战略要地，其历任刺史或总管均

---

① 吴仁华：《云冈石窟中纹饰之探讨——以莲花纹、火焰纹、龛柱装饰纹为例》，云冈石窟研究院编：《2005 年云冈国际学术研讨会论文集·研究卷》，北京：文物出版社，2006 年，第 686~702 页。

② 张焯主编：《中国石窟艺术·云冈》，南京：江苏美术出版社，2011 年，第 59、82、94、104 页。

③ 彭明浩：《云冈石窟的营建工程》，北京：文物出版社，2017 年，第 241 页。

④ 傅熹年：《麦积山石窟所见古建筑》，天水麦积山石窟艺术研究所编：《中国石窟·天水麦积山》，北京：文物出版社、东京：平凡社，1998 年，第 201~218 页。

为皇亲国戚或朝廷重臣，如西魏时的李弼、赵贵、独孤信、宇文导，北周时的尉迟迥、宇文广、侯莫陈琼、宇文亮等。关于他们是否崇信佛教，现存相关史料记述中并没有多少体现。但这一时期麦积山石窟的开凿与营建却达到了前所未有的高度和规模，且开窟范围不仅限于麦积山，如尉迟迥在武山拉梢寺还开凿有高达38米的摩崖浮雕一佛二菩萨像。这些体量庞大、造像精美的窟龛群应是当地民众和社会各阶层崇佛行为的具体反映，其在窟龛建筑样式上的变化无疑是来自国都长安的风尚。

本文所关注的重点是窟龛建筑中的八棱立柱。它显然是一种外来样式，将其带入中原内地的正是以粟特为代表的中亚胡人，从目前发现的材料看，多棱立柱的最初使用是在具有宗教属性的石窟寺中，与前述的云冈石窟及响堂山石窟均有类似实例，可能与中亚籍入华高僧的宗教建筑观念有密切关系。北魏以来，情况又发生了变化，相关史料表明，北朝、隋唐之际中央政府为了控制这些散布于中国境内的胡人聚落，将其纳入了中国传统官僚体系，正式设置各级萨保，作为流外官，专门授予胡人首领，并设立萨保府，来管理胡人聚落的行政、宗教等事务。这些世居中原的胡人首领死后葬在中国，其墓葬近年来也多有发现，如西安史君墓、安伽墓、太原虞弘墓、固原史氏家族墓等。有趣的是，在其中以石椁为主、具有祆教特色的墓室中，六棱或八棱立柱被大量采用，体现出浓郁的中亚文化因素。如北周安伽墓石椁浮雕的六棱立柱、太原虞弘墓前廊八棱立柱等。此外，类似立柱在大同北魏幽州刺史宋绍墓也有发现，该墓石椁为三间四柱、前廊后室结构，其中前廓立有四根八棱形立柱，高1.03米，直径0.16米。柱础上圆下方，雕饰覆莲盘龙纹。上置一斗三升斗拱等构件①。

根据相关研究成果，宋绍祖卒于北魏太和元年（477年），其家族为敦煌大族，439年，北魏灭北凉后，其家族被徙至平城②。可见，墓主在石棺椁选择上可能是受到域外因素影响的结果，并非中原传统葬具。

这类八棱形立柱在北魏时期中原、关中地区的石窟寺及造像碑中也偶有发现。如龙门石窟古阳洞南壁上层北魏景明四年（503年）比丘法生造像龛两侧龛柱即为六棱形，圆形覆莲柱础③。北魏正始四年（507年）安定王元燮造释迦像龛亦为三间四柱结构，六棱立柱，无柱础，庑殿式顶④；在关中地区发现的北魏造像碑中也有类似现象，如西安碑林博物馆藏北魏景明二年（501年）四面造像碑背面小龛尖拱顶，两侧龛柱上至下等距浮雕五组覆莲，底为圆形覆莲柱础，另一块北魏释迦弥勒造像碑下方小龛两侧龛柱亦为六棱形，覆莲柱础，其下各一怪兽托举，立柱中间亦浮雕一覆莲，每组覆莲两侧各生出一枝莲蕾，其上各浮雕一坐佛。当时洛阳及长安均占有重要的政治、经济和文化地位，石窟寺及造像碑上出现此类八棱龛柱并非偶然，一方面可能是云冈二期此类立柱样式的延续，另一方面表明造像碑中外来艺术因素影响明显加大。

北魏分裂后，石窟寺窟龛中这种八棱立柱样式在中原北方地区依然盛行。如开凿于东魏末至北齐

---

① 张海啸：《北魏宋绍祖石室研究》，《文物世界》2005年第1期。

② 张庆捷、刘俊喜：《北魏宋绍祖墓两处铭记析》，《文物》2001年第7期。

③ 龙门文物保管所、北京大学考古系编：《中国石窟·龙门石窟》（一），北京：文物出版社、东京：平凡社，1991年。

④ 温玉成：《龙门北朝小龛的类型、分期与洞窟排年》，龙门文物保管所、北京大学考古系编：《中国石窟·龙门石窟》（一），北京：文物出版社、东京：平凡社，1991年，第178页。

初年太原龙山姑姑洞中窟，平面呈方形，三窟三龛，每龛两侧均各浮雕一根八棱立柱，无柱础，柱头饰凤鸟①。太原天龙山东魏第3窟平面方形，盝顶，三壁三龛，窟门为尖拱形龛楣，龛两侧各雕一根八棱立柱，窟内正、左、右三壁小龛亦采取类似样式。稍后北齐开凿的第1、10、16窟，均为前廊后室结构，后室方形，三壁三龛。前廊横长方形，面阔三间，中间雕两根八棱立柱，下大上小，覆莲柱础，柱头置方斗，并装饰莲花图案。其中第1窟前廊八棱立柱、第10窟前廊左侧八棱立柱已毁②；在西魏和北周统治境内，窟龛建筑中八棱柱样式的使用也非常普遍，除前述天水麦积山西魏第28、30、43窟和北周第4、9、49窟外，毗邻的宁夏固原须弥山石窟也有类似现象，如北周开凿的第46窟，覆斗顶中心柱窟，中心柱四角各雕一根八棱立柱，覆莲柱础，柱头饰火焰宝珠及斗拱。类似例证也延续至隋代，如第67窟中心柱四角亦为八棱立柱③。

通过前述可知，八棱立柱在窟龛建筑中使用最早见于北魏平城时代云冈第5、6、7、8、9、11、12等窟，其营建年代根据宿白先生研究，大致在北魏文成帝以后至孝文帝太和十八年（494年）迁都洛阳以前，约为465~494年，功德主多为北魏皇亲国戚或统治集团上层人物④。这种立柱样式在云冈大型窟龛建筑构造中出现，显然具有特殊意义，更是域外建筑艺术融入中国传统建筑的一种具体表现。这种现象并未因北魏迁都洛阳而消失，在石窟寺窟龛和造像碑龛饰中依然流行。北魏分裂后，依然盛行于东魏、西魏、北齐和北周的石窟寺或碑刻相关建筑样式中。因此，可以说由北魏皇室营建的云冈石窟首先带入了这种域外建筑风格，并且随着北魏王朝统一北方而在石窟寺及碑刻建筑中流行起来。

二是立柱中间浮雕单组或多组束莲纹。这类样式最早见于北魏中期，如龙门石窟古阳洞南壁上层比丘惠珍造像龛尖拱形龛楣，圆形龛柱，束帛柱头，中间浮雕束莲装束，柱础扁方形，下有夜叉托举⑤；河南荥阳大海寺遗址出土的北魏孝昌元年（525年）比丘道晗造像碑，碑正面凿尖拱形小龛，龛楣部分装饰内容复杂，龛尾龙首反顾，龛楣浮雕七佛、莲花化生、莲花等图案。龛柱圆形，柱头为束帛状，立柱中间有一组束莲，圆形覆莲柱础⑥。

到北朝后期，这种多棱立柱中间装饰束莲的实例则显著增多。开凿于北齐时期的邯郸北响堂山石窟龛柱主要分六角和八角两种，础柱为覆莲圆台、有翼狮子、象等，柱头为火焰宝珠，柱身分一至八节，代表性窟龛如释迦洞洞口两侧的六角束莲柱。同时期的南响堂山第7窟为前廊后室、三间四柱庑殿式建筑，八棱立柱，中间两根柱础为卧狮，立柱中间浮雕一组束莲，柱头为覆莲，上托摩尼宝珠。外侧两立柱中间浮雕两组束莲，柱头为覆莲，上托摩尼宝珠。柱础为圆形覆莲，其下为方形石座。南

---

① 李裕群：《山西北朝小型石窟的考察与研究》，巫鸿主编：《汉唐之间的宗教艺术与考古》，北京：文物出版社，2000年，第43页。

② 李裕群：《天龙山石窟调查报告》，《文物》1991年第7期。

③ 宁夏回族自治区文物管理委员会、北京大学考古系编著：《须弥山石窟内容总录》，北京：文物出版社，1997年，第83、112页。

④ 宿白：《云冈石窟分期试论》，宿白：《中国石窟寺研究》，北京：文物出版社，1996年，第76~88页。

⑤ 龙门文物保管所、北京大学考古系编：《中国石窟·龙门石窟》（一），北京：文物出版社、东京：平凡社，1991年。

⑥ 王景荃主编：《河南佛教石刻造像》，郑州：大象出版社，2009年，第100页。

响堂山第1窟内浮雕佛塔正面小龛两侧亦为六棱立柱，中间有束莲，覆莲柱础及柱头①。

这种装饰技法也见于同时期造像碑，如河南省洛宁县北周保定五年（565年）千佛碑正面上方亦为尖拱形龛，龛楣正中由束莲连接。龛两侧浮雕立柱，饰圆形覆莲柱头。焦作出土的北齐嘉禾屯造像碑上方小龛浮雕龛楣，两侧龙首反顾，龛楣正中上方雕莲花宝珠，两侧浮雕圆形龛柱，覆莲柱头，柱中间饰束莲，圆形覆莲柱础②。麦积山北周第4窟后室七个大龛内仿木帐柱均为八角形，覆莲础柱，半隐于壁面。顶部龛柱亦为八棱形，中间浮雕有束莲装饰。隋代时造像碑上小龛两侧这种六棱或八棱立柱依然在流行，如河南滑县开皇三年（583年）邴法敬造像碑，九脊歇山庑殿顶，四方形碑，其中碑正、左、右、背四面上方小龛龛柱均为六棱柱，柱头饰摩尼宝珠，柱中间浮雕一组束莲图案，无柱础。尖拱形龛楣，内浮雕对称的伎乐飞天图案，正中为坐佛或方形佛塔。开皇四年（584年）滑县朝阳寺四面千佛造像碑的正、左、右小龛两侧龛柱均为中间束莲，柱头莲花宝珠，柱础为仰莲座③。

这种多棱立柱上装饰莲花的做法则与中亚建筑没有直接关系，应该是印度建筑艺术影响的结果。莲花是印度佛教建筑装饰艺术的重要符号之一，如公元前3世纪印度孔雀王朝阿育王统治时期，象征佛教的阿育王石柱柱头底部就是雕刻的钟形覆莲，莲瓣光洁明净、舒展有序。在巴尔胡特塔、桑奇大塔等著名佛教遗存的立柱、栏楯等浮雕植物图案中，均出现有大量以莲花为主题的装饰内容④。

三是八棱柱在建筑形制中的含义。关于前述北朝时期中原北方地区石窟寺窟龛、造像碑，以及石质棺椁中八棱柱的运用，前人专题论述较少。如梁思成先生1933年9月携中国营造社同仁考察大同云冈石窟后发表了相关研究成果，梁先生也注意到云冈二期窟龛中出现的八棱立柱，他认为是受到外国影响的结果，融合了犍陀罗、希腊、印度和波斯等地区建筑的风格⑤。笔者亦认为与中亚和西域有着密切关系。尽管在战国至秦时期墓葬中出土有许多八棱柱状玻璃器，但其多为随葬品，考古学用途不明，显然与建筑没有任何关系。而本文所涉及的八棱柱为建筑构件，其形制则与中亚佛教建筑之间有着某种内在联系，并且中亚胡人对这种八角形建筑或器物似乎有一种天然偏爱。

在公元前4世纪波斯阿契美尼德王朝大流士统治时期的波利斯阿帕达那宫殿北面复原图中，宫殿前并列四根带有希腊风格的爱奥尼亚式多棱立柱。值得注意的是，这一时期的阿契美尼德王朝崖墓前廊建筑也呈现出类似特征，如大流士摩崖陵墓甬门前廊亦并列雕4根多棱立柱，双层方形叠涩柱，爱奥尼亚式柱头⑥。其影响不仅在波斯帝国统治境内，公元前2世纪时，可能也影响到印度境内佛教石窟建筑的风格⑦。此后也传到了犍陀罗地区，如出土于巴基斯坦白沙瓦一带3世纪左右的犍陀罗佛教石雕构件中，其装饰性立柱即为多棱形，头部饰盛开的莲花，圆形柱础。

① 钟晓青：《响堂山石窟建筑略析》，《文物》1992年第5期。

② 王景荃主编：《河南佛教石刻造像》，郑州：大象出版社，2009年，第226、347页。

③ 王景荃主编：《河南佛教石刻造像》，郑州：大象出版社，2009年，第386~393、401~402页。

④ 国家文物局教育处编：《佛教石窟考古概要》，北京：文物出版社，1993年，第178~190页。

⑤ 梁思成、林徽因、刘敦桢：《云冈石窟所表现的北魏建筑》，云冈石窟文物研究所编：《云冈百年论文选集》，北京：文物出版社，2005年，第23页。

⑥ 孙武军：《阿胡拉马兹达象征图像源流辨析》，《西域研究》2015年第2期。

⑦ 李崇峰：《中印佛教石窟比较研究——以塔庙窟为中心》，北京：北京大学出版社，2003年，第2~6页。

位于阿富汗首都喀布尔西北约120公里兴都库什山中的巴米扬石窟是古代中亚地区佛教建筑的代表性遗存之一，石窟位于东西长约1300余米的崖壁上，共开凿有窟龛700多个，主要以东大佛和西大佛为主。关于其开凿时间，学者们争议较大，认为最早者在3世纪，晚者到6~7世纪。其中最具代表性的东大佛和西大佛窟群中保存有一定数量的平面为八角形的窟龛，在能确定平面形制的、较为重要的91个窟龛中，含有八角形的窟龛有23个，仅次于正方形窟，位于第2位。在西大佛根部所附属的8个窟龛中，八角形窟龛则占有5个。由此可见此类窟形的普遍性①。

有学者通过对大约在1世纪晚期起源于犍陀罗南部塔克西拉一带八面体佛塔的综合研究，认为它大概在4世纪初传入了犍陀罗北部的佛教中心——哈达，并被安置于方形支提殿内。同时，还盛行独立的泥塑或石雕的八角形佛塔，其上雕有立佛。这类由方形基座、圆柱形塔身和相轮伞盖各占三分之一的八面形佛塔也流行于2~4世纪的中国新疆塔里木盆地一带。约在5世纪前，这种佛塔样式自楼兰向东传入敦煌、酒泉、武威，向北传入高昌。北魏时又传入陇东，隋唐五代时在内地广泛盛行②。如敦煌、酒泉、吐鲁番发现的10余件5世纪初的北凉石塔，陇东石窟群窟龛中的八面体中心柱，以及唐宋时期的八面体陀罗尼经幢等都应是这一样式影响的结果。

关于这种八棱柱与中亚胡人的直接关系参见太原隋代虞弘墓石棺椁表面彩绘或浮雕的十余组观舞、乐舞、宴饮、奏乐、饮酒、驯马、驯狮、狩猎图等③，每组图像均被安置在尖拱形龛内，龛两侧彩绘或浮雕八棱立柱，柱头饰莲花宝珠，覆莲柱础，形象而直观地反映出以粟特为代表的中亚胡人居室建筑的主要特征；现藏于法国集美博物馆的北齐石棺床上浮雕粟特式建筑上这种特点更加突出：房屋四周立柱中间有束莲，柱头饰莲花宝珠，莲花础柱④。另一个更为直接的例证是现藏于美国宾夕法尼亚大学博物馆的北齐天保二年（551年）造像碑，碑正面开一圆拱龛，龛楣等距浮雕三组束莲，两侧各雕一根八棱立柱，覆莲柱头及柱础。龛楣顶部正中浮雕两身胡人头戴帽，身穿圆领对襟袍，正在欢乐对舞，其身后沿龛楣依次各浮雕3身伎乐天，分别演奏箜篌、琵琶、长笛、筝、箫、鼓等乐器。龛内主尊坐佛两侧各4身胁侍，其中最外2身弟子装束者胡貌特征明显⑤。实际上，直到中亚胡人大量入华定居的唐代，在其日常生活器具中，八棱造型依然深受喜爱。如西安何家村出土的伎乐纹八棱金杯和鎏金八棱银杯就是这种乡土情怀的真实反映，杯圜底、八棱、带把，转折外均装饰联珠纹，每面铸一身头戴尖帽或瓦棱帽，手持各种西域乐器的胡人，异常精美，透出浓郁的异域风情。据研究，上述金杯应系中亚工匠当时在长安铸造或由中亚胡商携带至长安⑥。由此可见这种八棱体是中亚艺术的重要图像符号之一。

2. 窟龛壁面装饰技法与内容

麦积山北周窟龛样式以平面方形、四角攒尖顶、窟内四壁浮雕仿木帐架居多，但最具代表性的窟

① 国家文物局教育处编：《佛教石窟考古概要》，北京：文物出版社，1993年，第263~282页。

② 陈晓露：《从八面体佛塔看犍陀罗艺术之东传》，《西域研究》2006年第4期。

③ 张庆捷：《胡商、胡腾图与入华中亚人——解读虞弘墓》，太原：北岳文艺出版社，2010年，第99~114页。

④ 孙机：《我国早期单层佛塔建筑中的粟特因素》，《宿白先生八秩华诞纪念文集》（下），北京：文物出版社，2002年，第428~429页。

⑤ 金申：《海外及港台藏历代佛像珍品纪年图鉴》，太原：山西人民出版社，2007年，第98页。

⑥ 陕西省历史博物馆等编：《花舞大唐春》，北京：文物出版社，2003年，第75~84页。

龛在开凿过程中融入了许多中亚造型艺术技法，如第 4 窟（散花楼）为七间八柱、前廊后室，殿堂式结构，面阔 30.5 米，进深 8 米，通高 16 米，是麦积山规模最大的窟龛和崖阁式建筑。后室上方“薄肉塑”伎乐飞天、后室诸龛之间浮雕护法神、诸龛内顶部浅浮塑经变与佛传故事画①，以及第 15 窟佛座前部浮塑的伎乐天人等。这些绘塑结合的技法并非中原固有，在形式上与汉代画像石或画像砖制作技法也有明显差异，具有极强视觉冲击力和立体效果，常见于当时中亚地区的建筑墙面或器物表面装饰上。而且，这也并非孤例，在距麦积山不远的武山拉梢寺，就有北周秦州大都督尉迟迥于明帝武成元年（559 年）主持开凿的摩崖浮雕一佛二胁侍菩萨，佛座上浮雕狮、鹿、象等②，根据罗杰伟研究，这组造像明显受到了中亚艺术影响③。

麦积山第 4 窟后室帐形龛外上方的伎乐飞天共计七组，每组 4 身，上下各 2 身，左右对称，手持各组乐器或奉供品，相向而飞。其中东至西第 1~5 组采用“薄肉塑”技法：飞天的面部、手臂、双足等以细泥浅浮塑制作，而帔帛、衣裙、乐器、杯盘、香炉、花卉、流云等用绘画方式表现，两种技法虚实变化之间，色彩艳丽、线条流畅、晕染细致、层次分明，人物质感强烈，立体效果突出，大有脱壁欲出之势，展现出一种完美的艺术境界。同时，该窟龛内顶部的说法图、礼佛图、涅槃经变、西方净土变等也采用了这种绘塑结合的创作技法，虽然经明清时期重绘，但依然掩盖不住其原有的艺术魅力。上述作品与此后唐代于阗画家尉迟乙僧创造的“凹凸画”有异曲同工之妙，充分体现出中亚壁画装饰艺术特点。

此外，第 4 窟后室帐形龛之间浮雕的护法神也非常值得注意，与北魏以来中原北方地区石窟寺中所见金刚力士那种类似门神的配置不同④，其形象在中西杂糅的同时，脚下却无一例外地踩在夜叉、怪兽或狮子身上，这一特点与当时常见护法力士像有很大差别。但类似图像样却见于西安北周史君墓石椁门扉两侧浮雕的护法神，该护法神束高髻，体态魁梧，肩生四臂，上身袒露，下着饰兽面的战裙，弓步跣足而立，脚下一小鬼蹲坐于地，腰系短裙，身体倾斜，凝目闭嘴，双手外撇上扬，正全力托举护法神的双脚，神态十分生动。笔者认为，这种现象并非偶然，可能是西域或中亚神话人物被纳入佛教护法图像体系的一种反映。

麦积山第 4 窟系北周大都督、秦州刺史李充信为亡父开窟的功德窟，著名文学家庾信为之撰写《秦州天水郡麦积崖佛龛铭并序》，对后世影响颇大。虽然该窟在隋唐之际地震时受损严重，但主体保存尚好。这座规模宏伟的窟龛当时所耗费的人力、物力和财力十分惊人。其设计者显然并非普通工匠，而且域外胡人的参与程度很高。除了建筑形制上摹拟中国传统殿堂建筑外，在许多细节装饰和处理技法上却透露出外来文化因素，这种现象一方面反映出北周上层统治者对以胡风、胡韵为代表的外来文

① 项一峰：《麦积山石窟第四窟七佛龛壁画初探》，《石窟寺研究》第一辑，北京：文物出版社，2010 年，第 119~129 页。

② 甘肃省文物考古研究所等著：《水帘洞石窟群》，北京：科学出版社，2009 年，第 32~44 页。

③ 罗杰伟：《北周拉梢寺艺术中的中亚主题》，巫鸿：《汉唐之间的文化艺术互动与交流》，北京：文物出版社，2001 年，第 315~340 页。

④（日）八木春生：《中国北魏时代的金刚力士》，《宿白先生八秩华诞纪念文集》（下），北京：文物出版社，2002 年，第 353~366 页。

化的吸纳和接受。另一方面也反映出当时世居中原的中亚胡人在融入中华文明的同时，某种程度上依然保持着本民族文化特色。

二、北周时期中亚胡人在秦州的活动

1. 北周时见于麦积山石窟的胡人图像

北周时期秦州地区的中亚胡人图像主要见于麦积山石窟，如北周第26、27窟，均为平面方形四角攒尖顶窟，窟高3.31~3.68米，宽3.24~3.27米，进深（残）1.73~2.10米，窟内造像为七佛，四壁及顶部转角浮雕仿木帐架结构，装饰精美，窟龛规模、造像、壁画艺术价值等在麦积山北周窟龛中也不多见。其中第26窟顶部绘《涅槃经变》，左、右披彩绘的供养人像中，多有胡服装束者，均穿翻领窄袖束腰齐膝袍，手捧摩尼宝珠或双手笼于胸前而立。第27窟顶部绘《法华经变》，在正披主尊右下方听法菩萨、弟子和信众的最后排，绘有3身胡人形象：第1身发辫披肩，上身袒露，帔巾于胸前打结下垂，手持一枝莲花。第2身头戴圆顶帽，身穿交领窄袖齐膝袍，下着裤褶，双手笼于胸前，持一莲蕾。第3身头戴圆帷形帽，上身袒露，下着齐膝裙，帔巾于胸前打结下垂，手持一莲花，赤腿而立。根据对相关图像和文献资料的考察，圆领或翻领窄袖胡服是西域和中亚胡人最常见的服饰之一，他们多是以商贸为业的民族，常年奔波于连接欧亚的古丝绸之路上，沿途干燥、多风沙、昼夜温差剧烈的自然地理环境形成了其独特的服饰文化。钱伯泉先生通过对南京博物院藏萧梁《职贡图》中人物服饰、属国等信息综合研究后认为，图中所涉及的西域滑国、波斯国、龟兹国、呵跋檀国、白题国、胡密丹国使者均内穿贯头衫、外穿翻领齐膝袍，脚蹬靴。周古柯国使者则身穿圆领窄袖对襟袍，腰束带，脚蹬皮靴。末国使者则戴尖帽，穿圆领长袖衫，披巾长垂于后背。从人物面貌上看，大致可归纳为西域、印度和中亚三种类型①。这些当时通过青海道前往萧梁的西域、中亚各国使臣服饰应该最具有其本民族特色，笔者认为其中出现频率最高的贯头衫实际上就是圆领对襟紧袖袍服的某种演变形式。

2. 北朝晚期以来中亚胡人在秦州的活动

实际上，到北魏后期，在秦州从事商贸的中亚、西域胡人已经不少。自汉代丝绸之路开通以来，经由陇右的秦州路和皋兰路是进出长安的必经之地，据《元和郡县图志》载：

> 八到：东南至上都取秦州路二千里，取皋兰路一千六十里②。

其中秦州路是指从凉州出河西走廊后，在永靖炳灵寺一带渡黄河，经临洮、渭源东行，沿渭河前行，经武山、甘谷至秦州，再经清水、张家川翻陇坂至千阳、陇县，而后沿渭水直抵长安。皋兰路则是从会州乌兰关渡黄河后，经宁夏固原、彭阳，再沿泾河经泾川、彬县、咸阳，抵达长安。在陇右地区，由于受山川地形影响，一般把秦州路分为南、中、北三道。其中南道指沿秦州西行，经河州凤林

---

① 钱伯泉：《“职贡图”与南北朝时期的西域》，《新疆社会科学》1988年第3期。

② ［唐］李吉甫撰：《元和郡县图志》卷四十《陇右道下》凉州条，北京：中华书局，1983年，第1019页。

关或临津关渡黄河，再从鄯州溯大通河，北越祁连山，出扁都口到达甘州。中道指秦州西行，经陇西到兰州，在金城关渡黄河后，向西北过永登，翻乌鞘岭到达凉州。北道既皋兰路。

由上可知，秦州是秦州路上的重镇，向西控扼丝路中道和南道，向东则直抵长安，向南经陇南可直达巴蜀。东来西往的西域商人大多要经过此地，有的甚至定居于此。东晋十六国以来，秦州一带长期陷入战乱。北魏统一北方后，由于当地氐、羌、休官、屠各等民族的不断反抗，秦州始终处于一种不稳定状态，甚至北魏末年莫折大提父子发动的秦州起义严重动摇了北魏政权的统治。在这种历史背景下，南北朝时期丝绸之路秦州段的风险相对于经宁夏至山西大同，再南下邺城、洛阳的线路要大得多。这种局面到北魏统治后期才得到改变，如《洛阳伽蓝记》载当时北魏政府招引西域诸国的效果：

自葱岭以西，至于大秦，百国千城，莫不款附。商胡贩客，日奔塞下。所谓尽天下之区已。乐中国土风，因而宅者，不可胜数①。

从而掀起了中亚和西域胡人来华高潮。此时，秦州作为陇右首屈一指的丝路重镇与西域的往来也十分频繁，如元琛为秦州刺史时就多与胡商有来往：

琛在秦州，多无政绩，遣使向西域求名马，远至波斯国。……琛常会宗室，陈诸宝器。金瓶银瓮百余口，瓯檠盘盒称是。自馀酒器，有水晶钵、玛瑙碗、赤玉卮数十枚。作工奇妙，中土所无，皆从西域而来②。

史称元琛在秦州时“在州聚敛、求欲无厌”③。上述他搜罗的西域诸国珍宝大多数应是途经秦州的中亚或西域胡商贩入的，可见北魏后期秦州境内已有西域胡人活动。

西魏时，秦州成为东屏长安、西控诸戎、南通巴蜀的交通要道和军事重镇，历任刺史多为西魏重臣或皇亲国戚，如李弼、赵贵、独孤信、宇文导等，在他们持续努力下④，饱受北魏末年关陇大起义战乱影响的秦州社会经济迅速得到恢复，境内流民也很快得到安置，其身份以胡汉交杂为主，如宇文导因病死于秦州任上时，“华戎会葬有万余人，奠祭于路，悲号满野，皆曰‘我君舍我乎’。大小相率，负土成坟，高五十余尺，周回八十余步。为官司所止，然后泣辞而去”⑤。文中的“华戎”应是指生活于秦州的胡、汉民众，表明当时可能已有中亚或西域胡人定居秦州。

已有确凿材料表明，秦州是中亚胡人的重要聚居区之一。1982 年，天水市秦州区石马坪文山顶一

① ［北魏］杨衒之，周振甫释译：《洛阳伽蓝记校释今译》卷三，龙华寺条，北京：学苑出版社，2001 年，第 102 页。

② ［北魏］杨衒之，周振甫释译：《洛阳伽蓝记校释今译》卷四，开善寺条，北京：学苑出版社，2001 年，第 132 页。

③ ［唐］李延寿撰：《北史》卷一九《文成五王传》，北京：中华书局，1974 年，第 687 页。

④ 相关事迹参见［唐］令狐德棻等撰：《周书》卷一五《李弼传》、卷一六《赵贵传》、卷一六《独孤信传》等，北京：中华书局，1971 年。

⑤ ［唐］令狐德棻等撰：《周书》卷一〇《邵惠公颢条附子宇文导传》，北京：中华书局，1971 年，第 155~156 页。

座墓葬出土了一套带围屏的石棺床，由大小不等的 17 方画像石和 8 方素面石条组成，屏风内浮雕反映墓主人狩猎、宴饮、出游、泛舟等生活场景和楼台亭榭等建筑。床座上层壸门并列浮雕 6 身伎乐图像，墓内亦出土 5 件石雕坐部伎乐俑，均戴束发冠或幞头，身穿圆领窄袖左直襟胡服①。由于该墓墓志系朱砂书写，出土时已无法辨识，但目前学术界已公认其墓主人系粟特人无疑，其时代也非发掘者判定的隋唐之际，可能早至北朝末期②。这一结论表明墓主家族当时已定居秦州，而墓中石雕戴幞头的伎乐俑装束与麦积山北周 4 号窟前室平棋内彩绘出行图中的驭夫形象非常接近，也进一步证实了该墓的时代属性。更值得注意的是，2003 年前后，几乎在同一地点又出土一具类似石棺床，可惜被犯罪分子走私贩卖给法国集美博物馆③。这意味着天水石马坪一带是粟特人聚葬区的可能性大大增加，表明当时已经有大量以粟特人为代表的中亚胡人长期生活在秦州。

关于唐代秦州胡人聚居情况在杜甫寓居时所作《秦州杂诗》中亦有描述，如“一县葡萄熟，秋山苜蓿多。……羌女轻烽燧，胡儿掣骆驼。”（《寓目》）“羌妇语还笑，胡儿行且歌。”（《日暮》）“城上胡笳奏，山边汉节归。”（《秦州杂诗》之六）等，1965 年，秦安县叶家堡杨家沟 1 号唐墓出土一批唐三彩俑④，多为胡人形象，其中胡人牵驼俑、胡人牵马俑惟妙惟肖、色彩艳丽，充分展现出唐代高超的三彩制作工艺。而出土于甘谷县的唐代三彩凤首壶也堪称一件典型的中亚胡人用具，这些文献史料和天水境内出土的文物遗存都充分说明当时中亚胡人已完全融入秦州社会生活。

3. 中亚胡人宗教信仰的转变

除窟龛建筑透出诸多中亚艺术因缘外，事实证明，到北朝末期，虽然他们依然坚持着本民族宗教信仰和生活习俗。但随着外部环境的改变，这种情况也在悄然发生变化，当时中国境内盛行的佛教也为他们所信奉。如 2011 年在陕西靖边县红墩界镇白城则村八大梁墓地 M1 北壁发现有一幅彩绘跪姿胡人图像，头戴虚帽，身穿圆领窄袖对襟袍。发掘者综合分析后认为，其表现的是北朝晚期居住于统万城附近信奉佛教的粟特人形象⑤。另一则实例见于西安博物院藏张石安造释迦牟尼像座，它的正面左侧阴刻供养人线图中，共计三大三小 6 身供养人像，除后排第 1 身为褒衣博带装束外，其余 5 身供养人均身穿圆领对襟窄袖齐膝袍，下着裤褶、尖头靴，双手合十，手持莲花侍立。佛座左面亦阴刻 7 身胡装男伎乐形象，正在演奏鼓、筚篥、排箫、横笛等西域乐器⑥。这些信奉佛教的供养人和歌舞伎与中亚和西域胡人形象也十分接近。因此，我们可以断定，麦积山北周第 27 窟《法华变》中出现的胡人图像并非本地氐、羌等胡族，而是当时在秦州经商或路过的中亚胡人，一定程度上也反映出他们的信仰倾向。该图像真实再现了当时直接参与麦积山这座佛教艺术宝库开凿、营建与修缮的秦州社会信众和群体的诸多历史信息。

---

① 天水市博物馆：《天水发现隋唐屏风石棺床墓》，《考古》1992 年第 2 期。

② 李宁民：《天水出土屏风石棺床再探讨》，《中原文物》2013 年第 3 期。

③ 屈涛：《故乡与他乡：天水石马坪新出入华粟特人石榻围屏图像中的“中国元素”》，敦煌研究院：《交融与创新：纪念莫高窟创建 1650 周年国际学术研讨会论文集》（上），内部资料，2016 年，第 498~501 页。

④ 林健：《甘肃出土的隋唐胡人俑》，《文物》2009 年第 1 期。

⑤ 陕西省考古研究院等：《陕西靖边县统万城周边北朝仿木结构壁画墓发掘简报》，《考古与文物》2013 年第 3 期。

⑥ 张全民：《北周张石安造释迦牟尼像座考》，西北出土文献与中古历史研读班第 27 期，2016 年。

三、结语

外来佛教在中国化过程中，不断吸纳着沿途各地区、各民族的文化、宗教和艺术养分，麦积山北周相关窟龛中所展现的中亚艺术因素正是这种多元文明、多元文化交融、创新的例证。对于历史上这些来自阿姆河和锡尔河流域、善于经商，且有着强烈宗教信仰的中亚人而言，从撒马尔罕到长安，他们所要面临和经历的事情，是无法想象和理解的。当我们遐想于古人留下的这些宏伟、壮观的佛教崖阁建筑时，笔者借用华波先生的一段话作为结束：

> 对于那些深目高鼻的粟特人来说，在他们的心里，信仰可以是无比神圣的女神，因为它是心灵的支点；同时信仰也可能只是一个卑微的奴仆，因为经济利益是主宰它的主人。因此，即便是他们的民族宗教——祆教，也无法独占他们所有的信仰空间，摩尼教、景教、佛教，哪个能给予他们美好与富足，哪个就可以赢得他们的心。开放包容的天空之下，高高飘扬起实用主义的旗帜，一个五彩斑斓的信仰万花筒，就这样随着时间的推移而呈现在世人面前①。

（原载于《天水师范学院学报》2020 年第 4 期）

① 荣新江：《从撒马尔罕到长安——中古时期粟特人的迁徙与入居》，荣新江、张志清主编：《从撒马尔罕到长安——粟特人在中国的文化遗迹》，北京：北京图书馆出版社，2004 年，第 54 页。

元代麦积山以及周边石窟的密宗遗留

——兼议元代僧人瘗葬习俗的一些问题

董广强

一、麦积山石窟的元代造像

元代，由于帝王崇信藏传密宗，所以在这个时期密宗在全国各地较为盛行，呈现出与前期不同的特点，在麦积山石窟也不例外。

麦积山石窟的历史发展，从总体上看，南宋时期是最后一个发展高潮，之后，便很少有大规模石窟开凿活动。现在可明确判定是在元代的洞窟是第34、35、48这三个洞窟，但是这三个洞窟都不是重新开凿的洞窟，而是在前代洞窟的基础上重新塑像。另外，在第133和127窟中各有一组菩萨造像，其年代在宋元之间，尚无确切的定论。

第48窟是一个北周时期开凿的洞窟，原形制为双窟，前有廊，后并列双穹隆顶的双龛。龛宽100厘米，高122厘米，进深25厘米。目前看原来的造像已无痕迹，元代利用这个双龛在其中塑造了一佛一四臂观音。

西侧龛室内须弥座上一佛，工艺制作相对粗率，采用的泥质中包含了许多细麦秸，这些纤维均暴露在外，不似其他时期的造像外表有一层更细腻的泥层，而衣纹线条的刻画也是极为随意，表现出与众不同的造像工艺思想。

佛像结跏趺坐、双脚心朝上坐于仰覆莲台上，莲台高13厘米，横宽40厘米，佛像坐高49厘米。佛做高肉髻，头型敦厚，圆而短，上部略宽于下部，细眼微闭，双耳外张，耳垂均残，鼻头残，小嘴，短颈。上身着袒右袈裟，身躯宽厚，特别是胸部浑圆凸起。袈裟上有细密的斜向衣纹，在腹部形成了一个旋涡形。双小臂均残，但是从痕迹看是双手在腹前结禅定印。

在佛身后的背光中有三身兽形浮雕，形象怪异。在背光上端，有一兽面形象，高7厘米，宽13厘米。嘴前凸，眼窝深陷，身下有两足，头两侧有卷曲的毛，类似于蝙蝠面形象。头上方有一仰月，月上有三个半圆相交形象。在背光两侧，各有一身身向外回首而望的走兽形象。但仅见两足，身躯健壮，有卷曲的大尾，嘴部长凸，上唇长于下唇，有锋利的牙齿，颌下有长须，细眼、圆耳。

东侧龛内有一尊四臂观音形象结跏趺坐于仰覆莲台之上，莲台高12厘米，宽44厘米，深25厘米。菩萨高43厘米。菩萨螺发，呈单卷曲状向上屈盘，在最上位置形成尖状。面型敦厚，闭目下视，菩萨体躯厚重，形似袒上身。有帛带，但很短，仅简单地从肩后绕出搭于双上臂，未见继续缠绕。菩萨前两臂屈肘，两手握在胸前相触，但双手残损，不可见手势。后两手各自屈肘向外、向上，手掌向前立于肩外侧，五指均残毁。菩萨下着裙，有密集粗率的衣纹。双腿结跏趺坐，脚心外露并朝上。

第48窟造像从整体风格上看，和其他地区元代造像一致，宽肩、胸部宽厚、细腰，上身和双腿之间基本呈相互垂直状态，而不似早期造像呈圆弧相接状态。另外从造像工艺方面看，第48窟的元代造像表面并没有用细泥抹面，而是采用拌合有较细麦秸草的细泥直接制作，表现出一种随意、粗犷的特点，可以判断，这组造像在最初塑作时就没有进行彩绘，当时的塑造者追求的也就是这样一种与众不同的艺术特点。而在元代重修的第34窟中，造像也是这样的风格，可以判断，这两个洞窟的重塑是在同一个时期。但是第34窟的风格特点则是更为粗狂，泥质仅采用了一层的粗泥，表层粗糙，并没有刻意地抹光，衣纹采用深浅刻画和堆叠的方法来表现。佛着袒右袈裟，在左肩部分并非是如北朝时期袈裟从右侧上绕后搭覆在左肩，而是从后侧向前搭覆一个衣角在左肩前，同时露出一个衣带，故其袈裟的披着方式尚待分析。内着僧祇支并有系带，胸部浑厚、壮实，左臂屈肘向上，左手应是置于左胸前，但左手自手腕处完全残损，从暴露出的内部的木骨看，有严重的炭化现象。在刻画袈裟衣纹时，塑匠手法极为随意甚至是粗糙、不修边幅。

第35窟是北周时期开凿的洞窟，原造像已经难觅痕迹，现正壁龛中有一尊元代坐佛。叠涩须弥坐通高41厘米（含其上的仰覆莲座），最上的仰覆莲座为横椭圆形，宽54厘米，深29厘米。须弥座通高32厘米，通宽72厘米，平面形制为“凸”字形，中央前凸距离龛口为21厘米。坐佛结跏趺坐，高57厘米，袈裟单薄贴体，在腿部几不可见，双足外露，脚心朝上。头顶布满小螺髻，肉髻略凸，但是和头顶之间没有明显的分界线。佛长眉入鬓，双眉之间有深凹的白毫相，双目之间镶嵌有圆形的眼珠，但质地不明，鼻尖处略有破损；耳垂较长，有细长的耳孔，左侧耳垂破损。佛着半披肩袈裟，袈裟披于右肩，然后从上臂后侧绕至右腰位置后上绕至左肩，未见内层的僧祇支，袈裟表面细腻并有阴刻的衣纹。佛短颈、宽肩、细腰、小腹微鼓，双腿平盘，和身体大致垂直。双臂屈肘略向下，双手置于小腹前，但双手均残失无存，无法明确判定手印。

第35窟的这一尊坐佛和第48、34窟元代造像相比，塑作很精工细致，基本工艺和其他早期洞窟一样，也是表面有细泥层，表面光滑细腻，在细节部分如莲瓣、袈裟等都是很细致，刻画入微。

就造像题材来看，四臂观音是元代出现的比较奇特的信仰题材，在宋·天息灾译的《佛说大乘庄严宝王经》卷第四有：“观自在菩萨白世尊言。不见曼拏攞者不能得此法。云何知是莲华印。云何知是持摩尼印。云何知是一切王印。云何知是曼拏攞清净体。今此曼拏攞相。周围四方方各五肘量中心曼拏攞安立无量寿粉布应用因捺啰祢攞宝粖。钵讷么啰誐宝粖。摩啰揭多宝粖。玻胝迦宝粖。苏嚩啰拏噜播宝粖。于无量寿如来右边。安持大摩尼宝菩萨。于佛左边。安六字大明。四臂肉色白如月色种种宝庄严。左手持莲华。于莲华上安摩尼宝。右手持数珠。下二手结一切王印。于六字大明足下安天人。种种庄严。”这是较早提出四臂观音的经典，从经文中可以看出，四臂观音在造像组合中是位于佛的左边，这一点是和第48窟的组合相符的。佛像应该是密宗的无量寿如来，在其右侧应该有大摩尼宝菩萨，但是限于原有洞窟的形制而没有塑出。

四臂观音与文殊菩萨、金刚手菩萨，合称三族姓尊，代表大悲、大智、大力，为密乘行者人人必修的法门。从麦积山这个时期出现的这些密宗造像看，再结合历史背景，我们推出麦积山石窟当时有“蕃僧”，即当时组织寺院活动的或许是来自于藏地的僧人。关于这一点，目前虽然没有直接的证据，但是在附近的仙人崖石窟，在明代有藏族僧人活动的文字资料记载，也为麦积山石窟的“蕃僧”提供了佐证，另外在第四窟东侧壁面上，有藏文题记，也是旁证之一。

二、天水周边地区元代佛教活动及僧人瘗葬的问题

（一）武山地区的元代宗教活动简况

水帘洞石窟位于武山县，最初开凿于北周时期，时秦州总管尉迟迥在这里开凿了大幅线刻一佛二菩萨，高达40余米，宏伟壮观，在这里形成了一个新的石窟群。现今分布在拉梢寺、七佛沟、显圣池、水帘洞等四个单元，均相距不远。从现今的遗迹看，北周时期的造像遗留最多，而之后的隋唐宋等时期的遗留偏少。

元代，在水帘洞石窟大量地出现了舍利塔，表明密宗在这里的活动达到了高潮。这个时期的舍利塔，有多种的表现形式，有采用壁画方法表现的，这在拉梢寺崖面表现比较多；有采用开凿崖面龛雕凿高浮雕形式的，这种在拉梢寺前方的崖壁上有许多；还有采用浅浮雕的方法表现的，在水帘洞的崖面上有并列连续的表现。

木梯寺位于武山县马力乡杨家坪。在榜沙河边依山建造，三面为悬崖绝壁，北端一门入寺，传早年架一数丈木梯于绝壁处以便登梯入寺。寺西有大石佛一尊。寺内现存窟龛18个，有造像78尊、壁画234幅。在这个石窟中，也有一定数量的元代舍利塔。

武山水帘洞和木梯寺石窟元代的舍利塔遗留都说明，元代武山地区的宗教活动是非常兴旺的，这在附近地区是不多见的，是带有明显的区域性，需要从历史背景等多方面进行讨论。

（二）关于僧人瘗葬的问题

古代僧人离世多数是采用火化的方式进行埋葬，也有其他形式的葬俗，在元代，采用舍利塔的形式瘗埋僧人骨灰是比较常用的方式。而在水帘洞、木梯寺以及麦积山附近的仙人崖石窟中，却发现了一些值得引起注意的现象，在此进行讨论。

1. 各种形制的孔洞

（1）悬崖上的“栈道”孔洞

在水帘洞石窟附近的崖面上，还有一种类似于小桩孔的遗留，一般都称为开凿石窟时的栈道桩孔，未能引起学者的注意。这些“小桩孔”多呈方形，一般为20~30厘米，和开凿石窟用的栈道形制是相同的。但是这些“桩孔”存在的位置都是相对孤立并且在高显的位置，附近一方面没有开凿洞窟的痕迹，另一方面这些孔洞完全孤立地分布在崖面上，没有和其相关联的桩孔，和一般情况下栈道的开凿规律是不相符的，而且它们之间的相互间距、高度等也和栈道有所差异，和栈道开凿以及功用是完全不相符的。

这种孔洞在拉梢寺附近的崖面以及更远位置的崖面上都有分布，不是一个单独的或者是孤立的现象。而这些孔洞可以细分为以下几种形制：一、方形孔洞，外侧有“回”字形的外框；二、和第一种相同，只是在略上方位置，还特意开凿了一个“人”字形的分水槽以防止雨水渗入到孔洞内；三、在外侧有圆弧三角形的外框。

通过对这些形制的分析，不能将这些悬崖上的孔洞和栈道桩孔联系在一起，必然有其他用途。

（2）佛像身体位置的孔洞

在水帘洞石窟，在一些较高的位置，相对独立地开凿一些小龛，有石胎泥塑的佛像，但泥塑部分已经脱离，仅存石胎。而在这些石胎佛像的胸腹位置，开凿着一个口径在20厘米的孔洞。

（3）洞窟内部的方形孔洞

在武山木梯寺、庄浪云崖寺等石窟中，在一些洞窟壁面位置，或佛像背后或偏居一侧，可以看到一些桩孔。这些桩孔原本是掩盖在壁画泥层之下，由于泥层脱落而导致暴露在外，这些孔洞的直径约30厘米，深30厘米左右，外侧每边有10余厘米的边框，边框的深度约在3厘米，外观呈“回”字形，由于暴露在外，内部的物品已经无存。这种形制的孔洞出现在洞窟内部，我们就可以完全排除是栈道桩孔的可能性，应该考虑是在孔洞内部安置某种物品的可能性。

（4）壁画背后的孔洞

仙人崖现存的多数是明清时期的殿阁，其中有大量的壁画和塑像。我们在南崖下方，发现了一个属于元代密宗的壁画龛。这个壁画龛呈长方形，较浅，完全是以绘制壁画为主，壁画漫漶严重，但可见色彩主要以青色颜料为主，绘三身坐佛，均安坐于须弥座上。在靠上边缘空间位置，绘制有四身小坐佛。在三身坐佛的胸部位置都存在破损现象，内部露出三个方形的孔洞，口径在30厘米左右，现内部已经是空无一物。根据壁画和孔洞之间的叠压关系等判断，我们可以肯定，这些孔洞都是在开凿洞窟之初就同时规划开凿的，是用于在其中安置某种物品。而外边缘的方框，应该是用木板封堵洞窟用的。

（5）舍利塔中的孔洞

在水帘洞石窟中有众多的舍利塔，都是元代开凿和塑作的。我们以拉梢寺附近的舍利塔作为例证进行分析。这座舍利塔是高浮雕形式，整体可以分为三个部分，即坛基、钵体、相轮等。坛基从下至上逐层收分。其上是长圆形的塔瓶，最上是相轮。这样的形制和其他地区的舍利塔没有太大的不同。但是我们如果仔细观察，就会在相轮和钵体之间发现一个提前开凿的小空间，约15厘米见方，舍利塔其他位置的泥皮完整，仅此处有破损。仔细观察，在孔洞的上方原来有一个封堵的木板，其外侧因后期的烧香破坏等已经不存，但是其后部却是压覆在原有的泥层之下的，可以肯定，这个设置在最初开凿舍利塔时就有。在木梯寺石窟的舍利塔中，我们也发现了这种现象。

2. 孔洞形制、与洞窟（或主体）之间的关系

从以上的调查我们可以看到，这种形制的孔洞在天水地区是普遍存在的，以武山水帘洞、木梯寺为中心，其位置可以分为三种情况，独立于崖面、在洞窟内部壁面上、舍利塔上，形制以方形口、外侧有边框为基本形制，也有简化型和变形，简化型就是没有外侧的边框，而变形就是将外侧的边框转变为弧三角形或者是直接开凿在佛像胸腹位置。

这些方形孔洞和洞窟之间的时代关系，由于有些洞窟内表层壁画已经脱离，无法判定叠压关系、崖面上的孔洞也无从判定相互关系。但是水帘洞石窟几处舍利塔的孔洞，因泥皮保存基本完好，孔洞叠压在泥层之下，无重修痕迹，所以可以肯定这些孔洞和舍利塔是同时期的。而仙人崖石窟的壁画后部的孔洞和壁画之间的关系也很明确，是同时期的遗留。这些舍利塔和壁画都是元代的作品，所以，这些叠压关系明确的孔洞的时代可以确定到元代。而云崖寺第 5、7 窟和木梯寺第 2、5 窟是属于宋代洞窟，壁面孔洞从洞窟壁面之间的关系看，都是偏居于一侧靠上位置，而不是如仙人崖石窟的壁画关系是直接对应佛像的正中位置，所以推测这些孔洞应该是后期的遗留，也可以推定到元代。

3. 关于孔洞功用的讨论

佛塔特别是舍利塔本意就是安葬死者的。佛教发展之初，给予了佛塔很高的宗教内涵，但是随着佛教的发展，一些高僧甚至普通僧人等的安葬也多采用塔的形式。到了元代，这种形式就更加普遍。所以舍利塔的概念是和僧人瘗葬结合在一起的。据此，我们就可以断定，在上述舍利塔上的方形小孔洞原本是安置僧人骨灰的位置。

在我国众多的石窟寺中，有众多的瘗窟，这些瘗窟依据地区、时代等不同有多种样式。在龙门石窟，考古发现中的瘗窟多数是唐代的，“龙门石窟瘗穴数量达 94 座之多，唐代前期瘗穴有两种形制，即瘗穴上刻一石塔的塔形穴和瘗穴上造一圆拱形像龛的龛形穴”①，从这一点我们可以看出，僧人的瘗穴都是安置在佛塔之下的，放置在相对而言是属于地宫的位置，这是和早期的佛塔对于舍利的安置是一致的，或者讲唐代龙门石窟的瘗穴就是佛塔的简化形式。

但是随着时代的发展，瘗穴和佛塔之间的位置关系也产生了变化。我们在马蹄寺石窟中看见众多的舍利塔，在其塔身的正中位置，都开凿有一个比较大的方形开口，就是安置僧人的骨灰之处，骨灰应该是放置在一个容器中然后放置在开凿好的孔洞内，之后用泥层密封。这个位置相对于唐宋时期的和塔结合在一起的瘗穴而言，位置就产生了变化。

引起这种变化的原因目前不得而知，或许有区域佛教习俗的因素，但是笔者推测，或许是受到了宋元时期丧葬习俗中将骨灰装入塔式罐形式的影响。塔式罐的出现时间比较早，在唐代塔式罐是作为明器在墓葬中出现的，有学者认为是“五谷仓”，其中放置五谷等物品，“因而唐代的五谷仓外具塔形内实以五谷，成为唐代新出现的明器，其功用不外乎帮助亡人在冥界的饮食及来世的超生”②。但是到了元代，火化成为最普遍的丧葬方式，塔式罐的功用产生了变化，变成了安置骨灰的丧葬用具。

塔式罐的造型本身就是依照舍利塔的基本形制塑做的，骨灰安置在塔瓶内，形成了一种自然而然的丧葬习俗，而当这种习俗成为普遍性的社会习俗时，就会对僧人的丧葬产生影响。所以，我们在甘肃张掖的元代舍利塔就可以看到，僧人的瘗穴都是在塔的塔瓶位置，可以说这种结果是佛教文化影响世俗，而世俗文化又影响佛教文化的一个例证。而水帘洞石窟中在方形口外缘雕凿一个圆弧三角形，其寓意也是用圆弧三角形象征舍利塔。

但是，在武山地区的多数舍利塔中，我们又看到了不同的现象：安置骨灰的位置是在塔瓶和塔刹

---

① 李随森、焦建辉：《石窟寺佛教瘗葬形式与传统丧葬礼俗关系》，《中原文物》2002 年第 4 期。

② 袁胜文：《塔式罐研究》，《中原文物》2002 年第 2 期。

之间的位置，安置骨灰的位置变小，仅有 15 厘米左右。按照常理，这样的空间是难以完全安置全部骨灰的，只可能是一小部分。

从骨灰瘗葬的位置来看，和河西地区的马蹄寺石窟是不同的，在塔瓶和塔刹之间的这个位置相对于马蹄寺石窟的在塔瓶位置变得更高，这两个石窟在元代僧人瘗葬习俗方面应该能代表河西地区和天水地区各自的区域习俗。前面我们谈到，把骨灰放置在塔瓶内部应该是受到了塔式骨灰罐的影响，而高僧骨灰放置在塔瓶和塔刹之间的位置，应该是另有原因。

汉化的佛教文化中，从五代开始，佛塔中出现了天宫设置：在天宫中放置舍利，而在地宫中放置其他供养物品。这种做法是否依照某种佛教仪轨尚不得知，但是从建筑学角度考虑，随着佛塔的逐渐中国化，寺院中的佛塔供信徒或者其他民众登临、高空眺望等的情况愈加普遍，从一个完全被崇拜的佛塔逐渐被世俗化，被赋予了一定的游览功能。而在各地的石窟中普遍地出现宋代的刻画题记，说明这个时期佛教，甚至佛塔的神圣性、神秘性逐渐淡化，游览功能加强。在这种背景之下，地宫中安置的佛舍利等神圣物品，被逐渐增多的社会民众来往登临佛塔，这对于汉民族的文化心理来讲，是难以接受的。这犹如在坟墓上踩踏，在印度地区的佛塔就根本没有这样的功能。所以，在这种背景之下，如何将佛舍利安置在更适宜的位置是当时佛教徒必须面对的问题，而在佛塔最高位置设置“天宫”便成为一个最佳的选择。同时，这个位置对于世俗人来讲，也对应于世俗文化中的“天宫”，这应该是在佛教与世俗文化之间一个很好的契合点，是一个创制之举。

而在元代武山水帘洞的舍利塔中，僧人的骨灰不是放置在位置更好、更能容纳的塔瓶位置，而是放置在空间更小的塔瓶顶端，其位置以及宗教意向应该是和汉化佛塔中的“天宫”是一致的，明显是受到了汉化佛塔的影响。

这个骨灰放置的空间只有 10~15 厘米见方，有些小型舍利塔则更小，根本不足以容纳一个成人的骨灰，约在 25 厘米见方的空间才可以容纳一个成人骨灰。而根据塔瓶的体量是可以开凿更大的空间的，但是古人并没有这样做，其内在原因值得讨论。

米拉日巴是 11 世纪藏传佛教噶举派大师，在有关他的传记中有一段内容，描写当米拉日巴学法有成之后，拜别师父回到故乡。这时，他的家是一片残败之象，母亲已经去世，唯一的妹妹也远走他乡乞讨。米拉日巴在乱石杂草中发现了母亲的尸骨，他悲痛不已，几乎晕倒。他拾起母亲的遗骨，入光明定，坐了七天，方才出定，并悟到生死轮回的真谛，断了贪恋之心。于是他委托启蒙老师的儿子，将这些遗骨与泥土混合做成诸多小泥塔，作了开光仪轨后，迎入一个大塔之中供养①。这种掺入高僧或信徒骨灰泥质称为“善业泥”，制作成佛塔或佛像就是善业泥佛像或佛塔。据《边藏风土记》卷二《噶经护身佛》记：

> 喇嘛高行者，恒多铸金银铜铁塔佛，高愈寻丈，细不愈指，分以赠人，珍过瑰宝。别有铜泥两种，铸工粗劣，万像一模。又有大喇嘛涅槃焚烧后，以其血肉骨灰，杂合朱砂泥，印成佛塔像者。

① 桑杰坚赞著，刘立千译：《米拉日巴传》，北京：民族出版社，2000 年，第 107~111 页

《夷俗杂志五则》载：

> 夷人习佩护身佛，喇嘛焚化日，多环跪持器求舍利，千百中无一也。一喇嘛焚后，凡骨肉灰烬之余，咸和土泥，模为佛像小塔，以之赠人。

说明这种宗教习俗在元代颇为流行。而我们现在看武山水帘洞的舍利塔，体量比较大的舍利塔瘗葬骨灰的位置非常小，而一些更小的舍利塔则难以在塔瓶位置开凿容纳骨灰的空间。结合元代善业泥佛塔的资料，我们可以推测，这些佛塔都是属于善业泥佛塔。而塔瓶中瘗埋骨灰的位置只是放置高僧舍利，或者是难以焚化的骨质，其余完全焚化的骨灰则掺入泥质中塑做塔身。所以，这种舍利塔可以称为善业泥塔。

另外，其他方形口的孔洞，都应该是安置僧人骨灰之处，是一种最简单的瘗穴形式。在其他石窟中，这种“回”字形开口的瘗穴也比较常见。“四川巴中石窟的南龛群亦有佛教瘗葬形式的瘗窟和瘗穴发现。其168号窟为葬尸之瘗窟，此外还有众多的塔形瘗穴，其时代为唐宋时期，石塔塔身上部刻一龛，龛内有佛教造像一铺，塔身下部凿一方形穴以安置僧俗骨灰，穴口四边凿有‘回’字形框沿，以嵌装石板或木板封堵穴口，这与龙门石窟瘗穴中大量出现的同类现象也是一致的。”① 水帘洞的这些瘗穴多数是独立于造像区之外，甚至是在更远的崖面位置开凿。令人特别注意的是，这些瘗穴的开凿位置都非常高，都是在距离地面20~30米甚至更高的位置，显然当时采取了一些特殊的开凿方式。从这个远离地面的位置看，其意向应该是和舍利塔中的“天宫”意向一致的。这类的瘗葬龛应该是出于经济原因而简单开凿的。

这些独立的瘗葬龛相对于舍利塔中的瘗葬龛，空间要明显大一些，约有30厘米见方，这样的空间是可以容纳僧人的骨灰。因为外表敷泥的位置比较小，所以全部或大部分的骨灰都是可以放置在这个空间中。以此来推断舍利塔中较小的安置空间，从而将其余部分的骨灰掺入泥质中也是可以立足的。

综上，我们通过对麦积山石窟、仙人崖石窟、武山水帘洞石窟、木梯寺石窟等石窟寺中元代遗迹的调查，对元代密宗在天水地区的活动情况大致掌握。同时，在瘗葬习俗方面我们也看到了不同于其他地区的做法，这对于更全面地了解天水地区的元代密宗文化有基础性的作用。

（原载于《吴越佛教》第十四卷，北京：宗教文化出版社，2020年）

---

① 李随森、焦建辉：《石窟寺佛教瘗葬形式与传统丧葬礼俗关系》，《中原文物》2002年第4期。

麦积山石窟宋代佛像着衣类型

陈悦新

麦积山石窟地处秦岭西端北麓，位于天水市东南，距市区 45 公里。山高 142 米，窟龛群就开凿在陡峭壁立的南向崖面上①，因潮湿多雨，又几经地震，崖壁中部崩塌较甚，一般将窟龛分布划为西崖和东崖两个区域，现存窟龛编号共 221 个②。麦积山石窟素以北朝佛教艺术著称，北朝开凿的洞窟占绝大多数；唐代洞窟及造像保存甚少；宋代再度兴盛，进行了大规模重修活动，出现了修建崖阁和在原有窟龛中重修、增塑造像的高峰。经宋代重修的洞窟达 54 个之多③，现存宋代纪年题记 60 多条、碑碣 2 通，涉及北宋太祖、太宗、仁宗、英宗、神宗、哲宗、徽宗、钦宗，南宋高宗、孝宗、光宗、宁宗及理宗 13 代皇帝的年号以及麦积山创建以来的重要历史④。本文选择佛像着衣保存较好的第 3、4、9、11、13、15、26、27、28、30、32、33、36、43、47、51、53、90、91、93、96、98、100、105、106、111、113、116、117、118、119、121、124、127、133、135、136、165、191 窟共 39 个洞窟，对其佛衣、僧衣及菩萨衣的类型变化予以分析，进而对麦积山石窟宋代佛像着衣特点，以及宋代重修和增塑现象的分布情况展开讨论。

引　言

根据东晋南北朝传下来的汉译“四律”，即后秦弗若多罗共罗什译《十诵律》、后秦佛陀耶舍共竺

① ［北宋］李昉等编：《太平广记》卷三九七，麦积山条引五代阙名撰《玉堂闲话》：“麦积山者，北跨清渭，南渐两当，五百里冈峦，麦积处其半，崛起一石块，高百万寻，望之团团，如民间积麦之状，故有此名。其青云之半，峭壁之间，镌石成佛，石龛千室，虽自人力，疑其神功。”北京：人民文学出版社，1959 年，第 3181 页。

② 魏文斌、白凡：《麦积山石窟历次编号及新编窟龛的说明》，《敦煌研究》2008 年第 5 期。

③ 麦积山石窟艺术研究所编：《麦积山石窟内容总录》统计有 52 个洞窟，见天水麦积山石窟艺术研究所编：《中国石窟·天水麦积山》，北京：文物出版社、东京：平凡社，1998 年。屈涛：《麦积山石窟 10 世纪~13 世纪的营造》统计有 54 个洞窟，增加了第 3 窟和第 13 窟，见郑炳林、魏文斌主编：《天水麦积山石窟研究文集》（上），兰州：甘肃文化出版社，2008 年。该文原载《2000 年敦煌学国际学术讨论会文集——纪念敦煌藏经洞发现暨敦煌学百年·石窟考古卷》，兰州：甘肃民族出版社，2003 年。

④ 张锦秀编撰：《麦积山石窟志》，兰州：甘肃人民出版社，2002 年，第 132~158、168~173 页；麦积山石窟艺术研究所：《麦积山石窟第 4 窟庑殿顶上方悬崖建筑遗迹新发现》，《文物》2008 年第 9 期；张铭、冯学斌：《麦积山第 4 窟题记识录》，《石窟艺术研究》第一辑，北京：文物出版社，2016 年。

佛念等译《四分律》、东晋佛驮跋陀罗共法显译《摩诃僧祇律》及刘宋佛陀什共竺道生等译《弥沙塞部和醯五分律》①，以及唐宋时期的汉籍文献，如唐玄奘《大唐西域记》、唐义净《南海寄归内法传》、宋赞宁《大宋僧史略》、宋元照《佛制比丘六物图》等文献中对佛与僧着衣法式的记录，可初步梳理出佛衣与僧衣的概念，同时对照印度与汉地实物造像，进一步分析归纳佛衣与僧衣的分类，并对其称谓予以拟定。

佛衣与僧衣是由内而外披覆三层长方形的三衣组成。里层第一衣称安陀会，意译下衣，其覆下体；中层第二衣称郁多罗僧，意译中衣，其覆全身；外层第三衣称僧伽梨，意译上衣，亦覆全身。据印度和汉地佛教造像中三衣的披覆形式，首先，从层次上将佛衣与僧衣区分为上衣外覆类和中衣外露类。上衣外覆类仅表现上衣的披覆形式，中衣外露类则既表现上衣也表现中衣的披覆形式。其次，上衣外覆类据上衣披覆形式可分出通肩式、袒右式、覆肩袒右式、搭肘式、露胸通肩式等五种类型；中衣外露类据上衣及中衣披覆形式可分出上衣搭肘式、上衣重层式、中衣搭肘式、中衣直裰式等四种类型②。

麦积山石窟宋代佛衣包括中衣搭肘式、通肩式、露胸通肩式、覆肩袒右式四种；僧衣包括中衣搭肘式、中衣直裰式、覆肩袒右式三种；菩萨衣包括下裙式和甲衣式，及与佛衣相同的中衣搭肘式、覆肩袒右式、搭肘式、露胸通肩式六种。

一、麦积山石窟宋代佛像着衣类型

上述39个洞窟中，36个窟保存佛衣；8个窟保存僧衣；14个窟保存菩萨衣。下面分述佛衣、僧衣与菩萨衣的类型及重修和增塑情况。

（一）佛衣类型

1. 中衣搭肘式佛衣

中层的中衣自身后通覆两肩，右衣角垂搭右肘，左侧被外层的上衣遮覆，不得而见；外层的上衣自身后覆左肩或通覆两肩，右衣角自右腋下绕过腹前搭向左肩，使得搭右肘的中衣露出。有的左肩处系带状钩纽。

坐佛根据佛衣底端的形式，可分为二型。

A型　底端呈一、二个圆弧状，或全仿照北魏佛衣底端，如第32、91、96、100、106、111、117、121、124、127、135、136窟这12个窟。其中，第127、136窟圆雕为增塑。

B型　底端两侧垂衣角、中间呈圆弧状，或底端略呈横长方形状，如第3、4、9、11、15、27、28、30、43、51③、90、105、113、118、191窟这15个窟。其中，第43、136窟圆雕为增塑。

---

① ［梁］释僧祐撰，苏晋仁、萧錬子点校本：《出三藏记集》，北京：中华书局，1995年，第116~120页。

② 陈悦新：《5~8世纪汉地佛像着衣法式》，北京：社会科学文献出版社，2014年，第26~36页。

③ 有学者认为第51窟为明代重修，见魏文斌：《麦积山石窟的重修》，《石窟艺术研究》第一辑，北京：文物出版社，2016年。但从佛衣底端情况看，似为宋代重修，明代在此基础上再进行妆塑。

立佛如第 13、98 窟摩崖大佛，第 4 窟 1 号龛及第 133 窟增塑的圆雕。

2. 通肩式佛衣

上衣自身后通覆两肩，右衣角自颈下绕过搭向左肩，如第 3、27、32、36、100 窟。

3. 露胸通肩式佛衣

上衣自身后通覆两肩，右衣角在颈下呈 U 形下垂至胸腹部搭向左肩，如第 3、26、32、36、47 窟。其中，第 47 窟圆雕为增塑。

4. 覆肩袒右式佛衣

上衣自身后通覆两肩，右衣角由右腋下绕过搭左肩。如第 4、133 窟。其中，第 133 窟圆雕为增塑。

据佛衣类型分布的情况看，西崖佛衣类型比较单一，以中衣搭肘式为主；东崖除中衣搭肘式外，还有通肩式、露胸通肩式和覆肩袒右式三种。西崖和东崖均有增塑的圆雕造像（表一）。

表一　麦积山石窟宋代佛衣类型

崖面	窟号	中衣搭肘式	通肩式	露胸通肩式	覆肩袒右式	备注
西崖	51	B				
	53	√				底端残
	90	B				
	91	A				
	93	√				底端残
	96	A				
	98	√				摩崖立佛
	100	A	√			
	105	B				
	106	A				
	111	A				
	113	B				
	117	A				
	118	B				
	121	A				
	124	A				
	127	A				增塑圆雕坐佛
	133	√			√	增塑圆雕立佛、圆雕罗睺罗立像、圆雕坐佛
	135	A				
	136	A				增塑圆雕坐佛，底端铺在莲瓣上
	191	B				

续表

崖面	窟号	中衣搭肘式	通肩式	露胸通肩式	覆肩袒右式	备注
东崖	3	B	√	√		
	4	B			√	增塑1号龛圆雕立佛
	9	B				
	11	B				
	13	√				摩崖立佛
	15	B				
	26			√		
	27	B	√			
	28	B				
	30	B				
	32	A	√	√		
	33	√				底端残
	36		√	√		
	43	B				增塑圆雕坐佛
	47			√		增塑圆雕坐佛

（二）僧衣类型

1. 中衣搭肘式僧衣

与佛衣样式相同，如第4、9、90、93、119、191窟。其中，第90、93窟原胁侍菩萨像被改修为弟子像；第119窟正壁主尊为僧像，很可能也是改修的结果。

2. 中衣直裰式僧衣

中衣为交领、大袖的连体衣；上衣自身后覆左肩、右衣角由右腋下绕过搭左肩；内着交领有袖偏衫。有的左肩处系带状或环状钩纽，如第4、11、90窟。

3. 覆肩袒右式僧衣

与佛衣样式相同，如第4、11、28窟。

据僧衣类型分布的情况看，西崖僧衣类型比较单一，以中衣搭肘式为主，东崖除中衣搭肘式外，还有中衣直裰式和覆肩袒右式。西崖有的将胁侍菩萨改为弟子像，而东崖这种现象鲜见（表二）。

表二　麦积山石窟宋代僧衣类型

崖面	窟号	中衣搭肘式	中衣直裰式	覆肩袒右式	备注
西崖	90	√	√		正壁两侧原为菩萨像，背光上浮塑披巾，宋代改修为弟子像
	93	√			左壁原为菩萨像，背光上浮塑披巾，宋代改修为弟子像，中衣作交领，但无袖

续表

崖面	窟号	中衣搭肘式	中衣直裰式	覆肩袒右式	备注
西崖	119	√			正壁主尊僧像，可能为改塑
	191	√			
东崖	4	√	√	√	
	9	√			
	11		√	√	明代似有装修，但未改变僧衣样式
	28			√	

（三）菩萨衣类型

1. 中衣搭肘式菩萨衣

与佛衣样式相同，如第4、9、11、28、30、33、51、91、116、121、127、136、165窟这13个窟。其中，第136窟圆雕为增塑；第9、30、136、165窟的上衣覆至头部；第121、127窟两侧壁龛内原为主尊佛，第116窟正壁原为主尊佛，宋代改修为菩萨像。

2. 覆肩袒右式菩萨衣

与佛衣样式相同，如第9、28、30窟。

3. 搭肘式菩萨衣

搭肘式佛衣在麦积山石窟中未见。搭肘式菩萨衣上衣自身后通覆两肩，右衣角自右臂下方绕过搭左肘，如第4、9窟。

4. 露胸通肩式菩萨衣

与佛衣样式相同，仅见于第4窟3、5龛内的两例，上衣覆至头部。

5. 下裙式菩萨衣

下身着裙的样式，如第4、9、11、28、30窟。

6. 甲衣式菩萨衣

下身着裙，上身似武士所着铠甲，如第4、30、43窟。其中，第43窟圆雕为增塑。

据菩萨衣类型分布的情况看，西崖菩萨衣类型比较单一，以中衣搭肘式为主；东崖除中衣搭肘式外，还有覆肩袒右式、搭肘式、露胸通肩式、下裙式和甲衣式五种。西崖有的将主尊佛改为菩萨像，而东崖这种现象鲜见；西崖和东崖均有增塑的圆雕造像（表三）。

表三　麦积山石窟宋代菩萨衣类型

崖面	窟号	中衣搭肘式	覆肩袒右式	搭肘式	露胸通肩式	下裙式	甲衣式	备注
西崖	51	√						
	91	√						
	116	√						正壁头光和背光表明原为主尊佛，宋代改修为菩萨像

续表

崖面	窟号	中衣搭肘式	覆肩袒右式	搭肘式	露胸通肩式	下裙式	甲衣式	备注
西崖	121	√						两侧龛佛衣底端形式表明原为主尊佛，宋改修为菩萨像；右侧为中衣搭肘式，左侧为对襟式
	127	√						两侧龛佛衣底端形式表明原为主尊佛，宋改修为菩萨像
	136	√						增塑圆雕坐像
	165	√						
东崖	4	√		√	√	√	√	
	9	√	√	√		√		
	11	√				√		
	28	√	√			√		
	30	√	√			√	√	
	33	√						
	43						√	增塑圆雕立像

二、麦积山石窟宋代佛像着衣南方特点居多

麦积山石窟宋代佛衣与菩萨衣，既有北方辽宋金时期造型特点，又出现了一些南方地区宋代造像的面貌，且以南方两宋时期着衣特点居多①，主要表现在以下两个方面。

（一）中衣搭肘式着衣

宋代中衣搭肘式佛衣，仍是唐代两京地区这一范式影响的延续。同时，菩萨也开始披覆中衣搭肘式的佛衣。北方辽宋金时期，中衣搭肘式佛衣和菩萨衣为普遍的披覆形式，如辽清宁二年（1056 年）山西应县佛宫寺释迦塔内佛衣②、北宋治平四年（1067 年）陕西子长钟山石窟主洞佛衣③，金皇统三年（1143 年）山西朔州崇福寺弥陀殿内观音菩萨衣④。南方两宋时期中衣搭肘式佛衣和菩萨衣亦为流行样式，如大足石门山陈家岩第 1 号圆觉洞正壁佛衣、安岳毗卢洞千佛洞阿弥陀佛、安岳圆觉洞北崖造像区北宋元符二年（1099 年）至大观元年（1107 年）第 22 号莲花手观音菩萨衣。

以上所例举的南方两宋时期与北方辽宋金的中衣搭肘式佛衣及菩萨衣略有差别之处在于：大足、

---

① 陈悦新：《大足石窟佛像着衣类型》，《敦煌学辑刊》2016 年第 1 期；陈悦新：《安岳石窟佛像着衣类型》，《文物》2016 年第 10 期。

② 梁思成：《山西应县佛宫寺辽释迦木塔》，《梁思成全集》第十卷，北京：中国建筑工业出版社，2007 年。

③ 延安地区文物普查队等：《子长县钟山石窟调查记》，《考古与文物》1982 年第 6 期。

④ 柴泽俊：《山西古代彩塑》，北京：文物出版社，2008 年，第 67~69 页，彩版八三。

安岳石窟的中衣搭肘式佛衣及菩萨衣，其外层的上衣一般自身后覆左肩，右衣角自右腋下绕过腹前搭向左肩；北方地区的中衣搭肘式佛衣及菩萨衣，外层的上衣一般自身后通覆两肩，右衣角自右腋下绕过腹前搭向左肩。这两种形式的中衣搭肘式佛衣，在唐代均有表现，但宋以后，北方似以上衣覆两肩的形式多见，中衣右肩处被遮覆一部分，直至明清也较为普遍，而南方的大足、安岳石窟则以上衣仅覆左肩的形式多见，右肩的中衣完全裸露出来。

麦积山的中衣搭肘式佛衣与菩萨衣两种形式都有，但以南方宋代的披覆形式居多。

（二）着衣样式与细部表现

中衣搭肘式佛衣底端的表现形式为南方造像特点。麦积山中衣搭肘式佛衣 B 型，底端两侧垂衣角、中间呈圆弧状。在大足、安岳石窟，不仅上衣搭肘式佛衣如此，其他如露胸通肩式佛衣底端也作同样处理。这种底端形式主要在南方地区流行。

露胸通肩式佛衣和菩萨衣，在大足、安岳石窟两宋时期流行，而北方鲜见。甲衣式菩萨衣，仅见于大足石门山陈家岩，亦为北方所不见的类型。

麦积山石窟宋代的中衣搭肘式和露胸通肩式菩萨衣，出现将外层的上衣覆至头部的表现形式。同样，大足、安岳石窟的露胸通肩式菩萨衣外层的上衣也覆至头部。

麦积山石窟在南北朝时期，即为文化交融之地，北朝文化中心云冈、龙门、响堂山石窟的造像特点均影响了麦积山的造像，同时，南朝长江上游的文化中心蜀地的造像特点也在麦积山有所表现①。宋代麦积山石窟佛像的着衣所表现出的北方与南方造像特点，反映出其在南北文化交流中仍具有重要地位。

麦积山现存南宋宁宗嘉定十五年（1222 年）《四川制置使司给田公据》碑②，详细记述了瑞应寺等寺院常住地被“拘作屯田”，经寺院住持反复申诉，始由四川制置使司判准退还的经过。麦积山石窟所在地秦州属陕西路，南宋时因行在远处东南，对西北统治不易，故授权于四川制置使管理③，说明了麦积山与南方的密切关系。

三、麦积山石窟宋代的重修与增塑

麦积山石窟宋代佛像在重修时，西崖改动的情况较多，如将第 121、127、116 窟原主尊佛改为菩萨像；将第 90、93 窟原胁侍菩萨改为弟子像；第 119 窟正壁主尊为僧像，也很可能是改塑的结果。而东崖这种现象鲜见。这表明宋代的重修似非同时进行，从佛像着衣类型的分布情况，结合留存壁面及器物的纪年铭文④，推测东崖的造像重修时间可能略晚于西崖，东、西两崖增塑的圆雕像与东崖重修

① 陈悦新：《5~8 世纪汉地佛像着衣法式》，北京：社会科学文献出版社，2014 年，第 224~232 页。

② 张锦秀编撰：《麦积山石窟志》，兰州：甘肃人民出版社，2002 年，第 169~173 页。碑现存麦积山石窟艺术研究所。

③ 阎文儒：《麦积山石刻跋识》，郑炳林、魏文斌主编：《天水麦积山石窟研究文集》（下），兰州：甘肃文化出版社，2008 年。该文原载阎文儒主编：《麦积山石窟》，兰州：甘肃人民出版社，1984 年。

④ 题记、碑记未作说明者，均参见张锦秀编撰：《麦积山石窟志》，兰州：甘肃人民出版社，2002 年，第 132~158、168~173 页。

的时间大致相当。

（一）东崖佛像着衣较多南宋特点

在麦积山石窟宋代的四种佛衣、三种僧衣和六种菩萨衣的各类型中，西崖的佛衣、僧衣、菩萨衣比较单一，均以中衣搭肘式为主。东崖佛衣则除中衣搭肘式外，还出现通肩式、露胸通肩式和覆肩袒右式三种；僧衣除中衣搭肘式外，还出现中衣直裰式和覆肩袒右式；菩萨衣除中衣搭肘式外，还出现覆肩袒右式、搭肘式、露胸通肩式、下裙式和甲衣式五种。

其中，露胸通肩式佛衣和菩萨衣、甲衣式菩萨衣，以及菩萨衣将外层的上衣覆至头部的表现形式，多见于南宋时期的大足和安岳石窟。相比西崖佛像着衣类型相对单一的情况，东崖的佛像着衣可能略晚。

（二）东崖现存题记时间晚于西崖

西崖第 59 窟摩崖整壁墨书北宋仁宗景祐二年（1035 年）重妆塑像舍钱记，记述麦积山沙门惠珍及太原王秀募捐钱物重妆塑东西两阁佛像之事以及施主姓名、钱物数量等。

东崖留下的造像重修榜题及出土器物以南宋居多，如第 13 窟主佛白毫内所出宋代定窑芒口白瓷碗墨书南宋高宗“绍兴二十七年（1157 年）”题记；第 10 窟窟顶及左右两壁墨书南宋孝宗淳熙十一年（1184 年）施钱题记；第 4 窟庑殿顶上方横槽内墨书南宋理宗绍定元年（1228 年）题记①。

此外，西崖现存 30 条纪年游人题记中，其中北宋有 20 条，分别为太祖 4 条、太宗 4 条、仁宗 4 条、英宗 1 条、神宗 4 条、哲宗 1 条、徽宗 2 条；南宋 10 条，分别为孝宗 2 条、光宗 1 条、宁宗 7 条。东崖现存 32 条纪年游人题记中，其中北宋 18 条，分别为太宗 1 条、仁宗 3 条②、神宗 5 条、哲宗 3 条、徽宗 6 条；南宋 14 条，分别为高宗 1 条、孝宗 6 条③、宁宗 7 条④。

从东崖重修造像题记的时间出现在南宋，以及游人题记自太宗朝出现，晚于西崖从太祖朝出现⑤，或可表明东崖较西崖重修造像的时间略晚。

---

① 麦积山石窟艺术研究所：《麦积山石窟第 4 窟庑殿顶上方悬崖建筑遗迹新发现》，《文物》2008 年第 9 期。

② 张铭、冯学斌：《麦积山第 4 窟题记识录》新发现“皇祐三年（1051 年）”游人题记，见《石窟艺术研究》第一辑，北京：文物出版社，2016 年。

③ 麦积山石窟艺术研究所：《麦积山石窟内容总录》收录第 4 窟 1 号龛外左侧南宋孝宗“隆兴三年（1165 年）”题记，按：隆兴只有两年，此实为乾道元年；另有淳熙九年（1182 年）、淳熙十五年（1188 年）两条题记。见天水麦积山石窟艺术研究所编：《中国石窟 · 天水麦积山》，北京：文物出版社、东京：平凡社，1998 年。张铭、冯学斌：《麦积山第 4 窟题记识录》新发现“淳熙十年（1183 年）”游人题记。见《石窟艺术研究》第一辑，北京：文物出版社，2016 年。

④ 张铭、冯学斌：《麦积山第 4 窟题记识录》收录第 3 窟天桥第 1 层东起第 5 身千佛旁庆元四年（1198 年）墨书题记 1 则，见《石窟艺术研究》第一辑，北京：文物出版社，2016 年。

⑤ 张铭、冯学斌：《麦积山第 4 窟题记识录》认为有些在《麦积山石窟志》中归入游人题记的当属造像重修时的供养人题记，文中所辑出的数条均为北宋徽宗以后，并不影响本文的推论，见《石窟艺术研究》第一辑，北京：文物出版社，2016 年。

（三）增塑圆雕像与东崖重修造像时间大致相当

西崖第133窟的罗睺罗圆雕像及7号圆雕坐佛所着覆肩袒右式佛衣，与东崖第4窟内3号龛和5号龛的两身主尊像相同；西崖第136窟圆雕菩萨坐像着中衣搭肘式菩萨衣，其外层的上衣覆至头部，与东崖第4、9和30窟的相同。由此，似可推测西崖第127、133、136窟及东崖第4、43、47窟共6个洞窟中增塑的圆雕像时间略晚，大致与东崖的造像重修时间相当。

北宋钦宗靖康元年（1126年）《秦州雄武军陇城县第六保瑞应寺再葬佛舍利记》碑①，记述宋代麦积山寺院兴建始自北宋太祖乾德二年（964年），中经哲宗元符元年（1098年）毁于火灾，至徽宗建中靖国元年（1101年）寺主僧智詗等再建宝塔，徽宗崇宁年间（1102~1106年）因山顶产灵芝38株而赐名“瑞应寺”。

南宋宁宗嘉定十五年（1222年）《四川制置使司给田公据》碑也记述了麦积山宋代寺院的情况：北宋徽宗大观元年（1107年）因山顶阿育王塔旁产灵芝38株而赐名“瑞应寺”；神宗（1068~1085年在位）时瑞应寺高僧秀铁壁被宣入朝讲法②；南宋高宗建炎（1127~1130年）、绍兴（1131~1162年）时期，屡经兵火；宁宗嘉定元年（1208年），又有忠义军纷扰。

西崖和东崖游人题记中南宋宁宗时期各有7条，是出现最多的；瑞应寺追回寺院田产的《四川制置使司给田公据》碑立于南宋宁宗嘉定十五年（1222年）；第4窟在南宋理宗绍定元年（1228年）八月还完成了一项重修工程。以上情况似可说明南宋宁宗（1195~1224年在位）、理宗（1225~1264年在位）时期是麦积山石窟最后的兴盛阶段。

（原载于《文物》2021年第2期）

---

① 张锦秀编撰：《麦积山石窟志》，兰州：甘肃人民出版社，2002年，第168页。碑现存麦积山石窟艺术研究所。

② 屈涛：《麦积山宋僧秀铁壁考》，郑炳林、花平宁主编：《麦积山石窟艺术文化论文集》（上），兰州：兰州大学出版社，2004年。

关于北朝时期“乘象入胎”图像的辨析

——以麦积山第133窟10号造像碑为例

孙晓峰

释迦牟尼乘象入胎故事以其灵异性成为中国北朝时期佛本生图像中最常见的内容之一。但几乎相近的图像特征要素极易使其与佛传中的“乘象还宫”图像之间在辨识过程中产生混淆，本文拟以天水麦积山第133窟10号造像碑中相关内容分析为例，做点探讨和分析，谬误之处，敬请斧正。

一、第133窟10号造像碑概述

该碑现存于麦积山西崖中部第133窟内前室左侧，是国内仅存的一块北魏佛传故事碑，碑高137厘米、宽76厘米、厚11厘米，花岗砂质。制作于北魏晚期，仅正面雕有图像。分为上、中、下三部分，上部正中龛内雕释迦、多宝对坐说法，龛外左、右侧分别雕阿育王施土、树下思惟、佛入涅槃和深山说法；中部正中龛内雕交脚弥勒菩萨，龛外左、右侧分别雕乘象入胎、降伏外道和腋下诞生、九龙浴太子、燃灯授记和布发掩泥；下部正中龛内雕释迦说法，两侧各一胁侍菩萨立于莲台之上，两侧龛柱各雕一托举夜叉。龛外左、右侧上方分别雕维摩、文殊辩法和鹿野苑说法，下方对称雕护法狮子及金刚力士。显然，该碑在彰显法华三世思想前提下，重点突出了具有代表性的某些佛本行故事。关于此碑的造像思想、佛传内容、雕刻技法、艺术风格等问题，自20世纪90年代以来，张学荣、蒋毅明、项一峰、谢生保、尤忠等学者①均已前后做过系统性研究或介绍，但在一些图像细节上并未更多关注。笔者拟通过对该碑佛传故事中“乘象入胎”图像的观察和释读，并结合7世纪前印度、中亚、新疆、敦煌、云冈等地保存的此类图像，对其形成、发展、演变过程，特别是与“乘象入胎”与“乘象还宫”图像之间的甄别等问题略加讨论和分析。

---

① 张学荣、何静珍：《麦积山第133窟内容剖析》，段文杰等编：《1990年敦煌学国际研讨会文集・石窟艺术编》，沈阳：辽宁美术出版社，1995年，第394~431页；蒋毅明：《麦积山石窟10号造像碑的艺术特色》，麦积山石窟艺术研究所编：《石窟艺术》，西安：陕西人民出版社，1990年，第50~56页；项一峰：《麦积山石窟10号造像碑》，《丝绸之路》1998年第1期；谢生保、陈玉英：《麦积山石窟第133窟造像碑研究综述》，《敦煌研究》2003年第6期；尤忠：《麦积山石窟第133窟10号造像碑研究》，《文博》2017年第4期。

二、是“乘象入胎”还是“乘象还宫”

这块造像碑上雕刻的绝大部分图像内容在学者们共同努力下都已做出了令人信服的解释，但笔者对“乘象入胎”这幅图像定名仍有不同看法。近方形框内下方雕刻一头奋力奔跑的大象，象鼻高扬前伸。象背及腹部扎束装饰华丽的鞍具，其上固定着一个带靠背和扶手的象舆，其后插一杆斜向飞舞的旌幡。象颈处骑着一个身穿袍服的童子，身体努力向后倾斜，双手前伸，紧抓鞍具，以保持平衡，他身后一成年人双手抚着儿童，稳坐于象舆之内。大象后侧雕一尊体态魁梧、健壮的力士，胸以上部分残毁，隐约可见臂及腿部缠绕有飘带。象首上方空中，飘浮一朵祥云，其上一身穿袍服的天人骑在飞翔的鸟背上，整幅画面充满一种流动、奔腾的韵律感。以往研究成果中，均认为这是表现“乘象入胎”场景。但笔者通过对所见北朝时期石窟寺、造像碑中同类图像比较分析，以及释读相关佛教经典后感到，这幅图像更有可能是表现“乘象还宫”场景：即净饭王听到宫女报信，得悉摩耶夫人在蓝毗尼园树下产子后，欣喜若狂，亲率象、马、车、徒等四兵及臣民乘七宝象舆，急往蓝毗尼园接迎太子回宫，在宫女、侍从簇拥下，净饭王在礼诸天神后，前抱太子，置于象舆之上，与诸大臣后妃宫女、诸天神等一齐入城。沿途笳箫鼓吹、相和而鸣，梵乐法音、聒天动地，彩幡纷飞，热闹非凡①。

第133窟10号造像碑这幅图像中，关键点在于高大华丽的象舆内雕刻的一大一小两个人物。如释读为“乘象入胎”，小者无疑表现的是即将入摩耶夫人腹中的太子，大者则表现的是释迦前世善慧菩萨。如释读为“乘象还宫”，小者当为刚出生不久的悉达多太子，大者为净饭王或摩耶夫人。综观此前佛教美术中“乘象入胎”图像，其表现形式大致可分为两款样式：一种流行于古代印度和中亚地区，“乘象入胎”图像均采用了平铺直叙的表达方式。如印度巴尔胡特大塔上浮雕乘象入胎图，圆形框内摩耶夫人右肋横卧于席上，前方及头侧有三名宫女跪坐侍立，足下一盏油灯，以示夜晚。上方一头大象蜷起四足，象头部伸向摩耶夫人右胁，以示入胎。位于印度中央邦首府帕博尔附近的桑奇大塔始建于阿育王统治时期，在它的东门右侧立柱内侧第二格浮雕中，也以“图中图”的形式表现出乘象入胎场景：摩耶夫人右卧于殿堂之内，头、足两侧各浮雕一身侍女头像，白象则出现在殿堂屋的当窗处②。塔顶另一块方形浮雕护板上表现的乘象入胎图像也大致相同，但摩耶及宫女、侍卫的形象变得高大，从顶部垂直而下的大象则小了许多，主题思想更为明确。随着佛教传播到中亚地区后，表现形式有所变化。如大英博物馆收藏的一件来自犍陀罗地区的佛座雕刻上，略呈梯形的殿宇内，摩耶夫人侧卧于床上，一头周身饰圆光的大象垂直而降。另一尊上海震旦博物馆收藏的犍陀罗雕刻也表现出类

① 《过去现在因果经》卷一载：“尔时白净王即严四兵眷属围绕，并与一亿释迦种姓，前后导从，入蓝毗尼园，见彼园中天龙八部皆悉充满；到夫人所，见太子身，相好殊异，欢喜踊跃，犹如江海诸大波浪；虑其短寿，又怀悚惕，譬如须弥山王，难可动摇；大地动时，此山乃动。彼白净王素性恬静，常无欢慼，今见太子，一喜一惧，亦复如是。摩耶夫人，为性调和。既生太子，见诸奇瑞，倍增柔软。尔时白净王，叉手合掌，礼诸天神；前抱太子，置于七宝象舆之上，与诸群臣后宫婇女虚空诸天，作诸伎乐，随从入城。”《大正藏》第3册，第0626a页。

② 扬之水：《桑奇三塔——西天佛国的世俗情味》，北京：人民美术出版社，2016年，第19~21页，图2-16。

似内容，大象的鼻尖已略有残损。这两件源于犍陀罗的乘象入胎图像表现形式在继承印度地区此类构图的基础上，已发生明显变化，构图中人物形象变得更加高大，大象所占体量显著缩小，且周身被加饰了圆光，说明创作者对佛经有了更多理解和认识。据宫治昭先生调查，类似图像在犍陀罗地区已发现有30多例，其构图样式融入了较多希腊文化因素，而把象被置于圆圈内则是一种超现实主义的表现手法①。

另一种样式则见于佛教传入中国以后，主要以菩萨骑乘大象入胎形式来加以表现。具体又可分为两种类型，一是菩萨单独骑乘白象入胎，二是一大一小两人骑乘白象入胎。前者如克孜尔石窟保存的两幅相关佛本行故事，一幅图中菩萨束发戴宝珠冠，头略上扬，双臂交错平直前伸，左手作抚摸姿，右手前指。身穿贴体紧身衣裙，帔帛搭左肩后下垂，再绕右臂作飞扬状，菩萨胯下骑一头向前飞奔的大象，象背上饰圆形坐垫。另一图中菱形格内，菩萨束发高髻，戴三珠宝冠，宝缯自两耳侧平直飘舞，头略上扬，上身袒露，下着贴体长裙，帔帛搭肩绕臂飞扬，交脚坐于飞奔的大象上，四周点缀有圆点形花卉②。在关中地区也出现有类似图像，如西安碑林博物馆收藏的北魏皇兴五年（471年）交脚弥勒造像碑背屏后面浮雕的佛本行故事中，上方第二排右侧方框内就浮雕乘象入胎图，画面左侧为装饰华丽的宫殿，内摩耶夫人侧卧于床上。右侧雕一个大圆光，内圈雕一身菩萨骑大象，主题思想简洁明确，表现形式在继承犍陀罗因素的基础上，已创造性融入了中国式宫殿建筑③。同样的题材在敦煌地区也有出现，如莫高窟北魏第431窟中心柱南向面佛龛外胁侍菩萨塑像东侧壁面绘乘象入胎图，菩萨束发高髻，面目清秀，上身袒露，下着长裙。左手执一环状物，微曲于膝前，右手举至胸前，五指作拈花状，跪坐于象背覆盖的圆形座垫上，帔帛搭肩绕臂向后飞舞，体态清秀、飘逸。其下一头白象昂首、卷鼻、收尾，四足交错，向前疾行。菩萨上方悬浮一顶装饰华丽的宝盖，两条青龙体姿扭动，并排伴飞于菩萨头顶，四周点缀莲蕾④，已经融入了许多中国僧人和画师对乘象入胎故事的认识与理解。但最近有学者通过综合研究后认为，莫高窟第431窟中心柱南向面上方小龛两侧彩绘的“乘象入胎”和“夜半逾城”并非佛传故事，而是表现当时在敦煌地区流行的《大方等陀罗尼经》讲述的十二梦王里的“乾基罗”和“茂持罗”，乘象者应为其中之一的梦王“乾基罗”⑤；云冈石窟是中国历史上第一个真正意义上的皇家石窟寺，无论其营建规模、窟龛形制、造像题材、艺术风格、雕刻技艺等堪称典范。值得注意的是，在北魏太和时期前后开凿的窟龛内亦出现有诸多乘象题材佛本行故事图像。如第19-1、5-11、5-38、31、38等窟内明窗或佛龛等均浮雕有菩萨乘象入胎故事，且一般与“逾成出家”对称出现。图像中均为菩萨交脚或游戏坐于大象背上，菩萨多身穿紧身衣裙，身后有一侍从持华盖，个别还执羽葆，以示身份高贵。与其他地区所见大象不同，云冈石窟这类图像中的大象体形厚重，步

① （日）宫治昭著，李萍译：《犍陀罗美术寻踪》，北京：人民美术出版社，2006年，第92~93页。

② 潘丁丁、龚建新等编：《龟兹壁画线描集》，乌鲁木齐：新疆人民出版社，1985年，图13、20。

③ 李静杰：《造像碑佛本生本行故事雕刻》，《故宫博物院院刊》1996年第4期，图二。

④ 段文杰主编：《敦煌石窟鉴赏丛书》第三辑・第一分册（北魏第431窟），兰州：甘肃人民美术出版社，1995年，第18页，图版6。

⑤ 马兆民：《莫高窟第431窟中的“乾基罗”和“茂持罗”——乾基罗与茂持罗与乘象入胎、夜半逾城图像的对比分析研究》，《敦煌研究》2018年第4期。

履稳健，更多地透出一种雍容沉稳的华贵之气。

后者则多见于中原内地石窟寺和造像塔上，具体表现形式上灵活多变，充分展现出创作者的艺术灵感和构思技巧。如云冈第37窟东壁浮雕的乘象入胎图：汉式服饰装束的摩耶夫人侧卧于帷帐内的床榻上，身上覆盖被衾。菩萨束发高髻，身态清秀，身穿交领窄袖袍服，怀抱饰舟形背项光的婴儿，跽坐于方形束腰舆上，其下一头大象四足前蹬后伸，斜下冲向摩耶夫人，极富生活情趣。而山西沁县南涅水北魏造像塔上雕刻的乘象入胎图则是与思惟菩萨龛像巧妙结合在一起，背覆圆形坐垫的大象缓步前行，前伸的大象鼻尖处托举一莲台，其上结跏坐一童子。象尾后面雕一棵粗壮的菩提树，植于覆莲台之上，枝蔓掩映于尖拱龛左侧，龛内一思惟菩萨半跏坐于方形座上。龛外右侧下方一供养菩萨手持长茎莲花，上方一瑞鸟展翅飞翔①。象背上并未见坐姿菩萨，可能是受到空间位置限制，创作者将其与上方龛内思惟菩萨像做了二合一处理；陇东地区甘肃平凉潘原故城禅佛寺遗址出土的西魏四面造像塔上浮雕“乘象入胎”也采用了这种表现方式：龛内一只大象卷鼻站立，鼻尖顶托一莲台，其上坐一童子，双手合十于胸前。象背上置一莲台，其上一菩萨昂首挺胸，帔帛搭肩绕臂，向后飞舞，双膝折成V字形，跪坐于莲台上。由于风化严重，五官等细节已模糊不清。毗邻的华亭县南川北魏造像塔上浮雕的“乘象入胎”更具有世俗生活气息：方拱形浅龛内大象立于底端，菩萨束发高髻，面形长圆，身穿交领大袖袍服，骑坐在象背上，左手抚膝，右手前扬上举，手掌中托一包裹于襁褓中的婴儿，前侧一菩萨侍立。值得注意的是，这种表现方式亦并非佛教传入中国后的发明，如《法显传》卷一在记述这位高僧游历迦维罗卫国时写道：“……城中都无王民甚丘荒，止有众僧民户数十家而已，白净王故宫处，作太子母形像，及太子乘白象入母胎时。”② 可见其仅仅是在遵循佛经本意的基础上做了中国化改造。

三、相关经典依据的讨论

从上述印度、中亚至中国的“乘象入胎”图像样式形成、发展、变化和流传情况可知，其图像制作过程中不断融入佛教传播所在区域内的服饰装束、建筑风格、生活习俗、审美观念、思维方式等方面的因素和特征。但总的看来，仍然是艺术家和制作者根据佛教相关经典记载去描绘和表现信仰者心目中的图像样式。这种现象的出现除了外部客观因素外，与佛教徒对相关经典内容的理解和选择也有关系。隋唐以前，汉译与“乘象入胎”故事相关的佛经章节主要有东汉竺大力与康孟祥译《修行本起经》卷上《菩萨降身品》、三国东吴支谦译《佛说太子瑞应本起经》、西晋竺法护《普曜经》卷二《降神处胎品》、刘宋求那跋陀罗译《过去现在因果经》卷一、刘宋释宝云《佛本行经》卷三《降胎品》等。其中《修行本起经》载：“于是，能仁菩萨，化成象，来就母胎。”③《佛说太子瑞应本起经》载：“菩萨初下，化乘白象，冠日之精。因母昼寝，而示梦焉，从右肋入。”④《普曜经》载：“菩萨便

① 张明远：《山西石刻造像艺术集萃》，太原：山西科学技术出版社，2005年，第18页，图41。
② 《大正藏》第51册，第0858b页。
③ 《大正藏》第3册，第0463b页。
④ 《大正藏》第3册，第0473b页。

从兜术天上，垂降威灵化作白象。”[①] 通过这几部经典可知早期译经对“乘象入胎”故事情节的描述主要倾向于菩萨化为白象入母胎，与这一时期译者多为天竺或中亚高僧，在汉译过程中采用经文直译方式有密切关系，也说明当时佛教尚未完全理解或学会如何融入中国传统文化观念。而此后翻译的《过去现在因果经》则显然注意到这一问题，故经云：

> 尔时（善慧）菩萨观降胎时至，即乘六牙白象，发兜率宫；无量诸天，作诸伎乐，烧众名香，散天妙花；随从菩萨，满虚空中，放大光明，普照十方；以四月八日明星出时，降神母胎。于时摩耶夫人，于眠寤之际，见菩萨乘六牙白象腾虚而来，从右胁入，影现于外如处琉璃[②]。

经里直接将摩耶夫人托胎灵梦中场景改为菩萨自兜率天宫乘坐白象，中土高僧翻译的《修行本起经》中则说得更加直白：“菩萨乘象王，如日照白云；诸天鼓乐舞，普雨杂色花。日精之明珠，光照耀王宫；降神下生时，现瑞甚微妙。”[③] 这种图像表述方法更符合中国古代社会以人为本的儒家思想观念，从而更易被理解和接受，并在此基础上被佛教信徒、工匠和艺术家们演绎得更加丰富多彩。

四、定名“乘象还宫”的理由

问题再回到麦积山第133窟10号佛传故事碑中这幅“乘象入胎”图，如果与前述魏晋以来中国境内发现的两种方式的此类图像相比，这幅图中有几个情节很难解释：

一是象背上一大一小两人表现形式与我们所见的诸多乘象入胎图像完全不同，这两人位置是一前一后，其中小者装束整齐，骑在大象颈部，昂首挺胸，身体努力后倾，表现出的是一种驾驭大象姿态，而后面象舆内长者则淡然许多，更像慈爱的长辈。对此，佛经里记载到摩耶夫人怀孕后，婆罗门曾占卜说：“大王！夫人所怀太子，诸善妙相，不可具说，今当为王略言之耳。大王当知，今此夫人胎中之子，必能光显释迦种族，降胎之时，放大光明，诸天释梵，执侍围绕，此相必是正觉之瑞，若不出家，为转轮圣王，王四天下，七宝自至，千子具足。”[④] 可见释迦太子的高贵与不平凡在未出生时已被预言，第133窟10号造像碑的创作者显然对佛经中这段描述是清楚的。因此，图中充满自信、驾驭大象的童子形象应该是在展现这位未来佛主的神奇与无所不能，这与前述云冈第37窟和华亭南川造像塔中菩萨乘象怀抱襁褓中婴儿入胎图像在内涵上是有本质差别的。在同时期云冈石窟第5、6、9、10、11等由北魏皇室或贵族开凿的大型窟龛中亦出现有多幅表现太子回宫的浮雕图像，表现形式也十分丰富。如第6窟中心柱西向面下层佛龛外右侧浮雕的“乘象还宫”图：装饰华丽的大象缓步前行，褒衣博带装的菩萨游戏坐于象垫上，双手前伸，托举着饰背项光的释迦太子。身后一天人双手合握于胸前，执一华盖。大象前侧两身伎乐天纵向站立，一弹奏琵琶，一吹奏横笛，构成一幅欢乐、祥和的欢迎场景。

---

① 《大正藏》第3册，第0491a页。

② 《大正藏》第3册，第0624a页。

③ ［南朝宋］释宝云：《佛本行经》卷三《降胎品》，《大正藏》第4册。

④ 《大正藏》第3册，第0624a页。

第10窟后室南壁乘象还宫图中，殿堂垂幔之下，佛陀居中。右侧大象缓步而来，释迦太子双手合十，骑坐于象背。其后束腰方形象舆上，菩萨帔帛搭肩绕臂后扬，双手合十于胸前。大象前侧分两排雕数身天人菩萨（部分残毁），向佛恭敬侍立；而第9窟后室南壁明窗雕刻的乘象回宫图中，菩萨装的太子斜坐于象背，他的后侧有天人执华盖，前侧有奏乐飞天导引，象足下起伏的山亦以示虚浮在空中前行。第5窟南壁浮雕的“乘象还宫”表现手法也大致相同，但伎乐数量则多达5身，分前后两排站立，均位于大象内侧，更体现出一种夹道欢迎的气氛。除云冈之外，其他地区此类图像亦有发现。如甘肃省博物馆收藏的庄浪县出土的北魏卜氏造像塔第三层背面龛内浮雕佛本行图：画面分隔为上、下两龛，下龛正中雕一头缓步前行的大象，一菩萨骑坐于象背，左手自然下垂，右手抚胸。象头处一童子单膝跪坐，身体前倾，左手曲至腹前，右臂弯曲前伸，右肘支于右膝之上，手持一条形物。大象后侧立一侍童，束发高髻，穿交领宽袖齐膝袍，下着裤褶，左手抚胸，右手前伸上举，执一长条形物。龛内两侧各雕一胁侍菩萨，均褒衣博带装，立于覆莲台上，一双手合十于胸前，一作说法状。上层龛内并列凿5身人物，前侧3身为天人，均上身袒露，下着长裙，左手自然下垂，右手齐肩，各执一长茎莲蕾。后2身为弟子，略显矮小，身穿袈裟，双手合十于胸前，各执一长茎忍冬花①。以往研究，均将其认定为乘象入胎。但笔者综合其图像内容，通过比较分析认为定为“乘象还宫”更合理一些；另一块收藏于河南偃师商城博物馆的北齐天统三年至五年（567~569年）平等寺崔永仙造像碑上亦发现有“乘象还宫”图像，该碑碑阳圆形碑额上方并列开两龛，其中左龛内雕九龙浴太子。右龛上方雕宝帐垂幔，饰蕉叶及摩尼宝珠。帐下雕一头大象，象鼻前侧立一人物，束发髻，体姿清秀，穿宽袖长襦，下着长裙，左手微曲上扬，似持一莲蕾，右手平置于胸前，侧身面向象首而立。大象背覆圆形象垫，其上安置一方形背屏式宝舆，两侧有扶手。舆内一束发清秀女性人物，怀抱一婴儿，坐于双层圆形覆莲台上。宝舆前侧一飞天导引，后侧及象尾处雕上下错落的两身飞天。其中一身手执莲花。宝盖与左龛之间雕一身飞天，宝盖上方半弧形空隙处横向并列雕三身飞天，体姿各异②。这幅本行图与第133窟10号造像碑似乎有更多相似之处，应该是北朝时期中国北方地区佛本行故事中“乘象还宫”中国化后重要表现形式之一。

二是第133窟10号造像碑“乘象入胎”图中的附属人物，如大象后侧雕一体格魁梧、四肢粗壮、肌肉突出的人物，头部已毁，隐约可辨左臂下垂外撇，右臂曲至膝前，手持一金刚杵，腰腹部缠绕有飘带，故推测其表现的是护法力士或金刚。而画面右上角祥云上方骑乘瑞鸟的人物由于头部风化严重，具体形象不详，推测应表现的是佛国世界诸天形象。《法苑珠林》卷三《仆乘部》在谈及佛国世界色、欲界诸天骑乘问题时说道：“问曰：诸天仆乘云何？答曰：如经说云，如欲界六天有仆乘，仆谓仆从，乘谓骑乘。……乘者以六欲天皆有杂类畜生，诸天欲游随意乘之。或乘象马，或乘孔雀，或乘诸龙。若依婆沙论说。忉利天已下具有象、马、凫雁、鸳鸯、孔雀、龙等。自焰摩天已上悉无象、马四足众生。唯有教放逸鸟、实语鸟、赤水鸟等。”③ 因此，骑鸟仙人系听闻太子降生返宫时前来护持的诸天。

① 张宝玺编著：《甘肃佛教石刻造像》，兰州：甘肃人民美术出版社，2001年，第113~124页，图版146。

② 王景荃主编：《河南佛教石刻造像》，郑州：大象出版社，2009年，第255~256页。

③ 《大正藏》第53册，第0292页。

可见图中这两位人物代表的是《过去现在因果经》关于净饭王前往蓝毗尼园迎接太子返宫前后时故事里出现的虚空诸天等佛国部众。此外，象舆内菩萨背后立有一长杆，顶部残毁无存，从痕迹推断，原来可能雕刻的是一柄华盖。其后两根斜向延展的长杆上搭覆旌旗和飘带，系刻意营造一种释迦太子回宫时庄严、神圣而喜庆的气氛。至于这幅“乘象还宫”图没有像云冈石窟和偃师崔永仙造像碑那样出现伎乐导引，可能与两地之间佛教文化历史地理背景不同有一定关系，如与麦积山毗邻的庄浪县出土的北魏卜氏造像塔上的“乘象还宫”图中也未出现伎乐形象。毕竟前者更接近当时的政治、经济和文化中心平城与洛阳，而后者地处陇右，毗邻长安，魏晋以来又是氐、羌、鲜卑等少数民族的重要聚居地，在接受以洛阳为代表的中原传统文化影响的同时，亦保留有许多地域性特色。因此，在反映和表现相关佛本行故事题材时，或多或少地杂糅入本地佛教文化和审美习俗。

三是在麦积山第133窟10号造像碑“乘象入胎”图像中，大象背上的靠椅式象舆也是判定故事内容的一个重要线索。关于象舆这种佛教图像中常见的乘载用具，扬之水先生已做过仔细研究，并将其划分为加护栏的车床式、幄帐式和亭轩式三种类型，麦积山10号造像碑出现的这具象舆在样式上类似于文章中的车床式，主要见于中亚和犍陀罗地区的佛教雕刻艺术品中①。实际上，乘象出行是古代印度王公贵族身份和地位的重要象征，佛教典籍中亦有诸多记述。如《佛说菩提心经》中佛陀在与婆罗门关于解脱问题讨论中，就曾引用社会上不同阶层群体出行分别乘象舆、马舆和驴舆这一事实来比喻不同层次修行者的悟道问题②。《大般涅槃经》中卷描述善见王出行亦曰：“时，王即便升白象舆，与婆罗门长者居士大臣眷属及以四兵，前后围绕，出往园中，象行骏疾，犹如风驰。”③《大智度论》卷十一《舍利弗因缘》中提到，摩伽陀国王被年仅八岁的舍利弗“答酬旨趣、辞理超绝”的非凡智慧而震撼，“乘象舆，振铃告告宣示一切，十六大国，六大城中无不庆悦”④。而与本图像内容直接相关的《过去现在因果经》在描绘净饭王前去蓝毗尼园迎请太子回宫时，更是“前抱太子，置于七宝象舆之上，与诸群臣后宫婇女虚空诸天，作诸伎乐，随从入城”。这些例证表明，坐象舆者的身份主要是世俗世界里的国王。而佛国世界乘象者主要有菩萨和帝释等诸天，而且大象背上放置的多为须弥座或莲台等庄严饰物，尚没有发现使用装饰华丽的象舆的例证。相反，世俗社会对得道高僧表示礼敬时，则会迎请其乘坐象舆，以示礼敬。如《大慈恩寺三藏法师传》记述玄奘法师在那烂陀寺因颇受礼敬，不但食品专供、专人服侍，而且“免诸僧事，行乘像舆”⑤。因此，笔者认为，麦积山第133窟10号造像碑象舆内一大一小两个人物，大者当为净饭王或摩耶夫人，小者为出生后即表现神异的释迦太子。故这幅图像所表现的内容当然是“乘象还宫”，而非以前学界所认为的“乘象入胎”。

通过上述不同地区、不同时期出现的“乘象入胎”和“乘象还宫”图像的比较分析，可以看出，前者在图像表达上更强调“入胎”这一关键情景的表述，相关衬托或铺垫性情节、人物等并不多，应该是创作者出于突出故事主题和中心思想的一种安排或选择。后者则明显不同，重点在于强调释迦太

① 扬之水：《佛教艺术名物丛考》，《中国典籍与文化》2010年第3期。

② 《大正藏》第17册，第0893c页。

③ 《大正藏》第1册，第0201b页。

④ 《大正藏》第25册，第0316a页。

⑤ ［唐］慧立、彦悰，孙敏棠、谢方点校：《大慈恩寺三藏法师传》，北京：中华书局，2000年，第68页。

子降生世间这一令人兴奋的事实，需要有更多的场景和人物来衬托和印证佛陀的伟大和神圣，因此在图像内容安排上表现得更丰富一些。正如后来宋代高僧志磐在《佛祖统纪》卷二《示降生》中所言："王即严驾四兵（象、马、车、徒）导从，入园见相殊特，喜惧交怀。前抱太子置象舆上，随从入城，将诣天祠。梵释形像皆起礼足而言曰：今此太子天人中尊，云何来此，欲礼于我，群臣欢异，即奉太子入王本宫。时诸释同日生五百男，王家青衣亦生五百苍头，王厩象生白子，马生白驹，牛羊亦生五色羔犊，数各五百。"① 这显然是作者在总结前此佛典关于"乘象还宫"故事的基础上一个总结和归纳，具有一定代表性。

至于在佛教传播和弘扬史上佛教徒们是如何在数量众多的佛本行事迹中舍取包括这两个题材在内的某些题材呢？可以说是一个十分有趣的问题，容另文讨论，不再赘述。

（原载于《丝路文化研究》第六辑，北京：商务印书馆，2021 年）

① 《大正藏》第 49 册，第 0142a 页。

墓窟结合　善恶有报

——麦积山石窟第127窟净土世界的空间营造

张　铭

一、麦积山石窟第127窟

麦积山石窟第127窟，位于麦积山西崖最高处，是麦积山西崖三大窟之一，该窟窟形完整，窟内平面面积近50平方米，窟内四壁及窟顶满绘壁画，现存壁画近100平方米，其中绘有西方净土变等在内的中国现存最早的大型经变画。这些壁画图像构图成熟，内容丰富，绘制技艺高超，超过了同时期以壁画闻名的敦煌莫高窟①，是中国壁画艺术的重要组成。

对该窟的研究始于20世纪50年代初。1953年，麦积山勘察团经过现场勘察研究，认为第127窟开凿于北魏晚期②。经过数十年研究的推进和深入，对洞窟的具体内容和题材、开窟年代，以及功德主身份等研究都有了较大进展，目前学界多数学者认为该窟开凿于西魏时期。

关于第127窟的专门研究，金维诺先生最早对麦积山石窟第127窟的功能和性质进行了判断，他结合相关历史背景中乙弗皇后与麦积山石窟的史料记载，通过对127窟洞窟时代、洞窟规模，以及前壁上部七佛壁画中的一位侍从为落发女尼形象，最先指出第127窟“似是武都王元戊为母乙弗后建造之功德窟”③，但并未展开详细论述。

郑炳林和沙武田先生在2006年发文，进一步论证了麦积山第127窟是乙弗皇后的功德窟，认为金维诺先生的推断是完全可以成立的，金先生有关麦积山第127窟为武都王元戊为其母乙弗后所建功德窟的论断是极有可能的④。

孙晓峰先生的博士论文以第127窟为对象进行了单窟研究，是目前对该窟最系统全面的研究成果，

---

① 沙武田：《北朝时期佛教石窟艺术样式的西传及其流变的区域性特征——以麦积山第127窟与莫高窟第249、285窟的比较研究为中心》，《敦煌学辑刊》2011年第2期。

② 麦积山勘察团：《麦积山石窟内容总录》，《文物参考资料》1954年第2期。

③ 金维诺：《麦积山石窟的兴建及其艺术成就》，天水麦积山石窟艺术研究所编：《中国石窟·天水麦积山》，北京：文物出版社、东京：平凡社，1998年，第165~180页。

④ 郑炳林、沙武田：《麦积山第127窟为乙弗皇后功德窟试论》，《考古与文物》2006年第4期。

也是基于金维诺和郑炳林、沙武田诸先生观点的基础上进行了详细研究①。

关于该窟壁画内容和价值的专题研究，学界多有关注和成果发表②。颜娟英先生在其最新的论文《涅槃图像的发展——从西魏麦积山石窟到初唐敦煌莫高窟》中，对麦积山第127窟正壁的涅槃变壁画进行了分析，认为该涅槃变为石窟壁画中已知最早的例子，"127窟正壁大面积壁画涅槃变气势恢弘、细节繁多，诚可谓前所未见，'异军突起'。127窟画面以中央坐佛三尊像统合左右两大主题画面——临灭说法、涅槃以至八分舍利，弘法人间。不过同样在麦积山，不论是同时期135窟与稍晚的26窟看到的涅槃变，都再也没有表现同样的创作企图心"③，准确地概括出了麦积山127窟涅槃变壁画的特殊和独特价值。

整体来看，学界倾向于将第127窟与西魏文帝的元配皇后乙弗氏以及其儿子武都王元戊等人物进行对应研究，为该窟的营建年代和功德主等关键信息提供了重要的参考，但是对于该窟各幅壁画之间的对应关系及内部逻辑，特别是与乙弗皇后本人的具体对应关系，尚缺乏系统和整体的考虑。本文试图在前人研究的基础上，从乙弗皇后在其短暂一生中所展现的精神品格方面，来探讨第127窟洞窟壁画之间的关联性，以及该窟营建的整体构想等问题，尝试对已有的研究观点进行拓展和补充。

二、乙弗氏其人与麦积山

麦积山现藏北宋靖康元年（1126年）刊立的《秦州雄武军陇城县第六保瑞应寺再葬佛舍利》碑中记载："昔西魏大统元年，再修崖阁，重兴寺宇。"④ 麦积山在西魏时期迎来一个开窟造像的高峰，其背景和主要原因就是因为西魏文帝皇后乙弗氏。

乙弗氏（510~540年），河南洛阳人，先祖武威郡姑臧人也。大统元年（535年），被西魏文帝元宝炬立为皇后。其人生性节俭，为人仁慈，宽宏大量，无嫉妒心，甚得元宝炬的倚重。大统四年（538年），为了稳定北部边境，文帝和柔然联姻，废黜乙弗皇后，纳柔然公主为新后，即悼后。大统六年（540年），迫于压力，将乙弗氏赐死，时年三十一岁，死后葬于麦积山，谥号文皇后。关于西魏文帝皇后乙弗氏，《北史》及《资治通鉴》中皆有正面的记述。

《北史》卷一三："文帝文皇后乙弗氏，河南洛阳人也。……后美容仪，少言笑。……后性好节

① 孙晓峰：《麦积山石窟第127窟研究》，兰州大学博士学位论文，2014年。该研究成果已于2016年由甘肃教育出版社出版。

② 主要有张宝玺：《麦积山石窟壁画叙要》《麦积山石窟北朝壁画》，花平宁、谢生保：《麦积山石窟壁画中的〈睒子变〉》，张锦秀：《麦积山西崖的三大洞窟》，唐冲：《麦积山127窟正壁斜坡壁画略论》，项一峰：《〈维摩诘经〉与维摩诘经变——麦积山127窟维摩诘经变壁画试探》，魏文斌：《麦积山北朝经变画》，刘俊琪：《麦积山西魏"睒子本生"壁画的艺术成就》，王宁宇：《孝子变相·畋猎图·山水平远——麦积山壁画〈睒子本生〉对中国早期山水画史的里程碑意义》，夏朗云：《也谈麦积山壁画〈睒子本生〉——与王宁宇先生商榷》等文章。

③ 颜娟英：《涅槃图像的发展——从西魏麦积山石窟到初唐敦煌莫高窟》，《历史语言研究所集刊》第九十二本第二分，2012年。

④ 张锦秀编撰：《麦积山石窟志》，兰州：甘肃人民出版社，2002年，第168页。

俭，蔬食故衣，珠玉罗绮绝于服玩。又仁恕不为嫉妒之心，帝益重之。生男女十二人，多早夭，唯太子及武都王戊存焉。于是更纳悼后，命后逊居别宫，出家为尼。悼后犹怀猜忌，复徙后居秦州，依子秦州刺史武都王。帝虽限大计，恩好不忘，后密令养发，有追还之意。……乃遣中常侍曹宠赍手敕令后自尽。后奉敕，挥泪谓宠曰：'愿至尊享千万岁，天下康宁，死无恨也。'因命武都王前，与之诀。遣语皇太子，辞皆凄怆，因恸哭久之。侍御咸垂涕失声，莫能仰视。召僧设供，令侍婢数十人出家，手为落发。事毕，乃入室，引被自覆而崩。年三十一。凿麦积崖为龛而葬，神柩将入，有二丛云先入龛中，倾之一灭一出，后号寂陵。"①

《资治通鉴》中也有基本相同的记载："乃遣中常侍曹宠赍手敕赐文后自尽。文后泣谓宠曰：'愿至尊千万岁，天下康宁，死无恨也！'遂自杀；凿麦积崖而葬之，号曰寂陵。"②

从以上记载中可知，乙弗皇后虽是一位悲剧人物，但却具有中国传统女性几乎所有的美德：仁恕、节俭、善良、慈悲、忍让、顾全大局、心怀家国等。为国家计，悄然退让，出家为尼。为社稷想，即使被自己的夫君赐死，最后也是发愿天下太平，国家富强，至死无恨。为免牵连无辜，死前亲自为婢女侍从落发出家。诸多事件映衬下的乙弗皇后，确实是一位伟大的女性，在她的身上，集合了中国人对于传统女性最完美的想象。有学者就认为，麦积山第 44 窟主尊为代表的西魏主佛形象，就是依照乙弗皇后本人而塑造，大家也认同该造像所展示出的具有中年女性特征，以及富有感染力的慈爱和恬淡表情的艺术塑造，就是那位至死都展示出了伟大牺牲和慈悲精神的乙弗皇后。所以，虽然乙弗皇后横遭枉死，但因为她的人格魅力，让她在周围人的心目中成为一种信仰和象征，加之她出家为尼皈依佛门的经历，她的死便成为佛教意义上的涅槃和升华，在这一过程中，她已经涅槃成佛，实现了人格到神格的转变。

乙弗皇后在麦积山石窟的活动，特别是死后在麦积山开龛安葬，对于麦积山石窟千余年的营造史，是一件具有特殊意义的巨大政治事件，麦积山因之迎来了"再修崖阁，重兴寺宇"的一个辉煌和高峰时期，成为一个有着明确史料记载与当时皇室有直接关系的时期。西魏时期麦积山石窟虽然开窟数量并不是很多，但不管是精心营造的诸如第 127、135、43 等大型洞窟，还是精巧的诸如第 44、123 等小型洞窟，都无一例外地显示出了工匠们高超的艺术水平，在麦积山北朝造像和壁画历史中都属于最高级别，这与乙弗皇后葬在麦积山有直接关系。

三、第 127 窟的营建初衷与构想

笔者认同第 127 窟为武都王元戊为其母亲所建的功德窟这一观点，并以此作为本文探讨的基础和前提。鉴于第 127 窟营建背景的特殊性，考虑到此窟的纪念意义以及功德主的特殊身份，在先贤学者们研究的基础上，笔者将该窟视为一个有着系统而严格设计构想以及营建理念的系统工程去思考，试图从该窟壁画内容之间的关联性来分析其内在的逻辑性。

① ［唐］李延寿撰：《北史》卷一三，北京：中华书局，2012 年，第 506~507 页。

② ［北宋］司马光编著：《资治通鉴》卷一五八，北京：中华书局，2012 年，第 4997 页。

颜娟英先生对第127窟正壁涅槃变壁画有着独特“创作企图心”的敏锐判断可谓一针见血。其实，第127窟众多的壁画题材中，不仅仅是正壁涅槃变，该窟所绘众多壁画都有着明确的整体目的性和创作企图，下文将逐一予以分析说明。

第127窟整窟四壁及窟顶全部满绘壁画①，主体为多幅大型经变画和本生画，具体分布情况为：正壁为涅槃变，左壁为维摩诘经变，右壁为西方净土变②，前壁上部为七佛，下部分别为十恶地狱变和十善迎接图。窟顶左、后、右三披绘制萨埵太子舍生饲虎，前披绘睒子本生，窟顶正中绘导引图③，主要表现了涅槃、西方净土、七佛、善恶轮回、慈悲、牺牲、孝道等主题，特别是正壁的涅槃变和前壁的七佛及善恶图，还有窟顶的萨埵太子舍身饲虎图，占据了该窟壁画比重的大半和最关键位置，是该窟壁画的主要内容，蕴含着该窟的主要创作企图。

对照乙弗皇后本人的事迹和品格，就会发现，第127窟壁画所蕴含的主题正是与她本人相契合和呼应：

涅槃是出家为尼的乙弗皇后在自我解脱后达到的最高修行境界；西方净土世界，是乙弗皇后灭度后的归宿所在，画面中刻意增加的诸多女性化弟子及侍从形象，是对西方净土世界内容的人为改变和丰富，与功德主息息相关；十善十恶，则展示出强烈的善恶有报的轮回价值观，是对乙弗皇后和悼后二人截然相反态度的直白表现④，善良的人在天人迎导下往生净土，恶人则在地狱得到审判，考虑到壁画的观看顺序，在出入口的两侧，分呈两侧的地狱变和十善图，对比明显，善恶了然，自然心生惕厉，印象深刻，是元戊等一众功德主们对于乙弗皇后含冤死去的愤怒和不平的最直接感情流露，通过这种无奈而又强烈的感情表达，展现内心的愤懑，并将这种感情转换为一种宗教意义上带有审判意味的图像表达；连通窟顶左、后、右三披的萨埵太子舍身饲虎图，则是对乙弗皇后为了家国利益退让和牺牲精神的最好写照，也从侧面展示出主要功德主与皇室的关系；窟顶前披的睒子本生，则是作为主要功德主的皇子通过角色代入的方式，展现出儿子对母亲深深的思念和不尽的感伤，体现了传统文化中的孝道思想；至于前壁上部七佛侍从中那一身落发的比丘尼，与其说是乙弗氏本人的写照，笔者反倒认为将其认定为乙弗氏亲自为之落发的侍婢代表更为合理，因为参与该窟营建的功德主必然少不了

---

① 笔者根据第127窟甬道现存泥层判断，原来也是存有开窟时期的壁画，惜遭后代烟熏及破坏，不可辨认，表层可见明代墨书题记。

② 曹德启最新研究认为，第127窟右壁壁画并非西方净土变，而是与左壁壁画相关的《维摩诘经·佛国品》（曹德启：《北朝石窟中净土与菩萨道信仰》，台北政治大学宗教研究所博士论文，2018年，第74~80页）。本文认同西方净土变的观点。

③ 第127窟窟顶正中壁画的题材，有学者认为是东王公西王母出行图，也有学者认为是帝释天出行图，也有人认为车辇中坐的是乙弗皇后。因壁画漫漶，车辇中人物形象不可辨认，故无法确切命名，笔者倾向于窟顶出行图壁画与乙弗皇后往生极乐有关联，且画面前方体量最大的一身天人为此幅壁画的核心和引子，有前方导引的作用，综合判断，窟顶正中壁画应属于导引图之类，故暂时以导引图命名。

④ 悼后即西魏文帝第二位皇后，继乙弗氏之后而立，文帝赐死乙弗氏即与其有关系。《北史》卷一三记载：“文帝悼皇后郁久闾氏，蠕蠕主阿那瑰之长女也。容貌端严，夙有成智。四年正月，至京师，立为皇后，时年十四。六年，后怀孕将产，居于瑶华殿，闻上有狗吠声，心甚恶之。又见妇人盛饰来至后所，后谓左右：‘此为何人?’医巫傍侍，悉无见者，时以为文后之灵。产讫而崩，年十六，葬于少陵原。十七年，合葬永陵。”其实乙弗皇后与悼后二人都是政治斗争的牺牲品，均以悲剧收场。但是在乙弗氏这一方看来，悼后却是造成乙弗氏悲惨结局的关键人物，是恶人。

那些因为乙弗皇后手为落发这一行为得以活命的侍女们，她们也是与乙弗氏最亲近的人，手为落发是乙弗皇后慈悲精神的集中表现；维摩诘经变中天女形象的位置的中心，和窟内右壁西方净土变中出现的数量不少的身穿宽袍大袖世俗装的女信众一样，折射出此窟中女性角色的重要和特殊性，是对该窟纪念性质的一种侧重表达。

从以上的分析可以看出，麦积山第 127 窟壁画的内容和题材整体围绕乙弗皇后进行组合叙述，展示了其牺牲、慈悲、大爱、善良等光辉品格，同时引入净土和地狱的轮回观念，让善良的乙弗皇后得以往生净土，让以悼后为代表的恶人在这个认为营造的佛教空间内得到审判，显示出作为儿子和侍从对其无尽的追思以及美好的愿望，是一个系统策划，精心设计的完整空间，这就是该窟的营建初衷和构想。

四、第 127 窟画内涵

麦积山第 127 窟壁画的内容和内在关联的隐喻，可以与乙弗皇后本人相呼应，有着明确的创作企图，思想表达强烈而明确。功德主试图通过佛教的艺术手法，将建筑、壁画和造像进行有机组合，来营造一个可以让乙弗氏得到公正待遇和往生极乐的空间世界，在这个世界里，乙弗氏得以往生净土，涅槃成佛，这也是第 127 窟为什么选择在麦积山西崖最高处开凿的一大原因。该窟通过佛教的经典和叙述方式，完成了功德主的世俗意愿，是世俗社会与佛教经典和思想的有机融合，是中国石窟营建历史中具有纪念碑性质的经典案例。

第 127 窟为平面长方形盝顶窟，这一窟形在麦积山只出现在两个洞窟中，另外一个即第 43 窟后室，第 43 窟经洪毅然先生考证，即为北史中所记载乙弗氏死后所葬“寂陵”①，此说被学界广为接受。也就是说，第 43 窟这一人工开凿的平面长方形盝顶后室，是当时乙弗氏柩室棺椁停放地，该窟为一座墓窟，也即瘗窟，营建年代也当在乙弗氏被赐死之后不久。因而笔者认为，与第 43 窟后室形制相同的第 127 窟，是为乙弗皇后本人量身开凿的功德窟。以上内容的论述，是在以往专家学者研究的基础上，对该窟的空间营造的初衷、目的进行分析和说明。也是从这种对照分析中，来反证此窟确实应属于元戊及相关功德主为了纪念乙弗氏所做的墓窟功能相结合的纪念性功德窟。

西魏时期的墓葬，目前所见数量很少②，尚难成为独立的研究对象，也正是因为如此，以麦积山

① 洪毅然：《西魏文皇后乙弗氏“寂陵”遗址蠡测》，天水麦积山文物保管所、麦积山艺术研究会：《麦积山石窟资料汇编》初集，1980 年，第 135~137 页。

② 目前西魏墓材料较完整者仅侯义墓与谢婆仁墓，分别见咸阳市文管会、咸阳博物馆：《咸阳市胡家沟西魏侯义墓清理简报》，《文物》1987 年第 12 期；刘卫鹏：《咸阳西魏谢婆仁墓清理简报》，《考古与文物》2003 年第 1 期。蓝田发现的西魏纪年墓形制破坏严重，仅有随葬品信息，见阮新正：《陕西蓝田县发现的西魏纪年墓》，《考古与文物》2006 年第 2 期。至于早年发掘的姬买勖墓、邓子询墓，目前只有零星报道，只能略知其概况，分别见陕西省文物保护研究院：《二十世纪五十年代陕西考古发掘资料整理研究》（下），西安：三秦出版社，2015 年，第 62~64 页；陕西省文物保护研究院：《二十世纪五十年代陕西考古发掘资料整理研究》（上），西安：三秦出版社，2015 年，第 137~139 页。近年发现了吐谷浑晖华公主与乞伏孝达合葬墓，晖华公主虽初葬于西魏，但如简报作者所言，此墓面貌最后形成时间为北周初年，详见陕西省考古研究院、陕西历史博物馆、长安区旅游民族宗教文物局：《陕西西安西魏吐谷浑公主与茹茹大将军合葬墓发掘简报》，《考古与文物》2019 年第 4 期。

第 43 窟后室形制与第 127 窟为代表的墓窟功能结合的案例，应是对西魏时期墓葬形制，特别是高等级墓葬形制的另一种保存和反映，是西魏时期墓葬文化的重要遗存，在中国墓葬史中也应该具有重要的参考价值。

与国内其他石窟中的功德窟不同，第 127 窟因为对乙弗皇后本人的形象、身份以及感情的认同，她作为一名废后，以一名尼姑的身份，在其死后得到了涅槃的身份转换，在她的儿子及侍从还有与之相关的僧众心目中，她由人变成了佛，她的形象也以佛的形象得到了最高级别的供养。洞窟内的石雕造像属于皇家私人定制，四壁及窟顶组合有序的壁画，都是对应了乙弗皇后本人的精神品质，这种专属的空间营造，在我国石窟寺中仅此一例，该窟将佛教信仰、墓葬形制、个人事迹、功德供养等诸多信息和思想糅合在一个空间内，既是首创，也是绝唱。

本文主要是将第 127 窟作为一个整体性的营建工程去分析壁画内容之间的关联和内涵，也是基于麦积山石窟在缺少相关史料文献和碑刻资料的情况下，怎样去进行突破性研究的一种尝试，是以图证史的一种尝试性分析，希望能在前人研究的基础上对该窟性质和功能有着进一步的阐发和思考，也是对该窟性质和功能的进一步补充说明。

当然，不能忽视这些经变画本身所代表和反映的佛教思想，以及在北朝大背景下流行的宗教意义，其基本的宗教意义没有发生变化，在该窟的这样一种组合和表现方式，也是功德主借用了这些经变画中所包含的一些思想。

五、余论

虽然已有的研究认为第 127 窟主要的功德主为乙弗氏的儿子武都王元戊，但是考虑到乙弗氏所生的十二个子女当时只剩下太子元钦和元戊两个人，所以乙弗氏后事的安排，其中自然有元钦的参与，结合第 127 窟窟顶所绘萨埵那太子舍身饲虎的壁画，占去了窟顶三披壁面，故事中主角是同为王子的兄弟三人，这也可能是对该窟主要功德主是元钦和元戊兄弟二人这一情况的反映。乙弗氏因为赐死突然，所以临时开凿了第 43 窟，用其后室不大的空间作为乙弗皇后灵柩安放之所。而第 127 窟则是在其后的时间内，由当时太子元钦和武都王元戊一起为其母亲精心营建的专属纪念洞窟，作为儿子对其母亲的追思。该窟经过了系统的设计，由当时都城长安派专人营建，所以不论是窟内壁画，还是正壁龛内定制的石雕，以及左右壁龛内的泥塑，水准都达到了当时西魏的最高水平。

因此，笔者认为，第 127 窟的主要功德主应该是元钦与元戊两人，乙弗皇后亲自剃度出家的诸侍从也参与到了该窟的营建，也是供养人之属。

乙弗皇后死后葬于麦积山，其子武都王为其守灵，从而有了麦积山王子洞窟区的营建。乙弗皇后给麦积山带来了深远的影响：

首先，大体量的为乙弗氏开凿的功德窟出现，如第 43、44、127 窟等，使得麦积山石窟由一个礼佛禅修的场所，升级为一个为纪念当朝皇后而建的祈福场所，传统丧葬习俗与佛教开窟造像二者之间功能实现了结合。

其次，麦积山的规格和级别得到一个明显提升。西魏时期主要的开窟造像都是为了纪念乙弗皇后，这一时期麦积山造像中佛像的女性化特征明显。通过对乙弗氏的神话，以及受主要功德主身份及意愿的表达，有意识地将乙弗氏与佛进行了融合，或者说直接认为乙弗氏所具有的慈悲与牺牲精神，完全可以成就大乘佛教中的佛之果位，使其神格化。

从图像学的角度来看，第127窟与第133、135窟现存壁画之间的关系，以及这三窟营建的背景和功德主等信息之间的关联性，尚需重新仔细考虑。史书记载，乙弗氏的儿子西魏废帝元钦即位后，将乙弗氏与元宝炬合葬于永陵，时在552年，此时距离乙弗皇后逝去已是十二载，在这十数年间，围绕乙弗氏及其寂陵，麦积山石窟的开窟造像以及供养活动的具体内容研究尚需关注。

（原载于《中国美术研究》2022年第1期）

麦积山石窟论文选编

（下）

麦积山石窟艺术研究所 编
李天铭 主　编
白秀玲 副主编

文物出版社

下册目录

佛教图像与艺术研究

文物保护

佛教图像与艺术研究

莼菜条、陁子头、道子脚的历史形态和创新

——从古文献、出土文物、石窟、传世品的有关因素和图像谈起

夏朗云

文献中“莼菜条”始出现于北宋米芾《画史》中，“陁子头”“道子脚”始出现于唐张彦远《历代名画记》中。本文探索上述三词的具体所指，就以前的某种相关误解进行讨论。

一、莼菜条形态的文献依据及其与天王的关系

北宋米芾《画史》：“唐画：……王防，字元规，家二天王，皆是吴之入神画，行笔磊落，挥霍如蓴菜条，圜润折算，方圆凹凸，装色如新……”

按：蓴，乃莼的异体字，蓴菜条即莼菜条。

现实中的莼菜，是一种附有透明胶质物的卷曲的尚未展开的嫩叶，其具体形态是两头尖，中间稍圆厚。此种“嫩叶卷”富有张力，能圆转而俏丽，故显得挺健，整体具有洒脱的流线型，故可被称曰“条”。但这种菜条的具体形象稍短，是否就是“莼菜条”这种绘画线条的具体形象呢？回答是肯定的。画史中著名的“莼菜条”的形态，就是“莼菜嫩叶卷”的条状形态。

首先，它符合上述古文献中，有关莼菜条行笔的“挥霍”一词。挥霍，即用笔有外拓展带笔锋之势，且着重“按”于线条中部，“带入”“提连”于线条两端，形成线条两端的尖头，并较为潇洒随意。因此挥霍用笔，颇合“莼菜嫩叶卷”生动的具体形象。

其次，它符合天王形象。

在上述《画史》记载中，除了吴画天王像提到莼菜条外，凡提到的其他题材的吴画，均未曾认为是莼菜条用笔，可见莼菜条与天王关系的密切，当是天王类绘画所专用或多用的线条。

而事实上，本文上述“莼菜嫩叶卷”所形成的短促线条，颇为符合用于天王像上。

因为天王多为武将的短装扮，富有强烈爆发之健美风格，而本文所述的“莼菜嫩叶卷”之莼菜条形态，各个稍短的菜“条”可形成笔断意连的状态，可表现在天王短促的肌肉块上，表现在天王转折较多的风动披巾上，以及表现在天王其他较细碎而灵动的装束边缘上，如：扎住的衣袖和裤脚的边缘等。

所以，由现实中的“莼菜”和古文献中的“挥霍”和“天王”三位一体的链条，可证明“莼菜条”线描的具体形态，就是现实中“莼菜嫩叶卷”的条状投影形态。

总之，莼菜条应是与天王类形象有密切关系的稍短而灵动的线条，主要可表现短促努张物体的力度感和动感，是形成吴道子“离披点画”[①] 疏体绘画风格的主要因素。其所主要表现的题材，除天王外，类似的可能还包括金刚力士，包括帝释、荧惑、钟馗等佛道类神将形象，甚至魔鬼类形象，也可次要或零星地用于其他题材中。

1978 年发现的苏州瑞光塔第 3 层天宫中藏晚唐五代“四天王木函彩画”上的天王形象，较为接近莼菜条式的天王形象，其服饰和肌肉由众多的莼菜条线描构成。

莫高窟及其附近石窟中，现存盛唐以后的天王力士壁画像和（可作绘画参考的）雕塑像，似没有典型的，从肌肉到服饰，由较多“莼菜条”线条所组成的形象，但其天王金刚力士类壁画中，其面部和赤裸手臂上的少量短线纹理，亦是莼菜条式的线条。如：中唐，榆林窟第 25 窟，北壁初会听法八部众壁画局部。

发现于莫高窟藏经洞，现藏于大英博物馆的一身唐代金刚力士绢画，其裸露的肌肉部分上的线条，有些近似于莼菜条。

石窟中，在其他类形象的壁画中也可以寻到莼菜条的点点滴滴，如某些人物面部的皱纹、动物身体上短促的肌肉隆起。

因为莼菜条主要表现的是某些特定的题材，或某些题材的部分形象，它应该是吴道子所创造绘画线条其中的一种，而非吴道子绘画线条的总括。因吴道子绘画线条中还有兰叶描，铁线描、蚯蚓描等。

二、元汤垕《画鉴》关于莼菜条论述的失误

元代的汤垕在其绘画史论著《画鉴》中有“（吴）早年行笔差细，中年行笔磊落，挥霍如莼菜条”的论断。

其文中并没有强调“莼菜条”是吴道子中年以后描法中的“其中一种”，应指吴中年以后的描法“全是”或“绝大部分是”莼菜条。

从文字上看，汤的“行笔磊落，挥霍如莼菜条”的用词造句，乃引自米芾《画史》中的原文，但所谓吴道子中年以后成熟画风的用笔“全是”或“绝大部分是”莼菜条的论调却无任何其他古文献方面的根据，应属主观臆测。但如此以偏概全的论调，流毒却甚广，以至于现在许多教科书和文章中，在介绍吴道子时均沿用此说。

汤垕的这种吴道子中年以后用笔全是或绝大部分是莼菜条的说法，可以导致混淆“莼菜条”与“兰叶”和“铁线”等描法的区别，把许多描法都认为是莼菜条，从而使得对莼菜条的理解产生诸多争论，如有学者曾认为莼菜条是比铁线描稍粗的铁篆线[②]，有学者曾认为莼菜条是蒲叶状的线[③]，以迎

---

① ［唐］张彦远：《历代名画记》，北京：人民美术出版社，1983 年。

② 袁有根：《吴道子研究》，北京：人民美术出版社，2002 年。赵明荣：《画圣是这样炼成的》，《美术报》2003 年 12 月 27 日。

③ 张冠印：《吴道子的“莼菜条”辩》，《美术观察》2004 年第 9 期。笔者按，蒲不可能成为菜，从这个意义上来说其观点也是错误的。

合吴道子风格作品中较多出现的长线条（如较为雄壮的铁线描和兰叶描）。

但如果我们看到莼菜条与天王力士的密切关系，看到莼菜条与其他类绘画题材的关系较小，从而廓清莼菜条与兰叶描、铁线描的区别，就可以不再受汤垕所造成的“成说”的干扰，则对莼菜条的认识便可能趋于一致了。

三、陁子头、道子脚的形态

张彦远《历代名画记》曰：“王陁子，善山水，幽致，峰峦极佳。世人言山水者，称陁子头、道子脚。”窦云：“山水独运，别是一家。绝迹幽居，古今无比。”

对“陁子头、道子脚”一般的解释是：王陁子的山头、吴道子的山脚。意即在山水画中，从内容方面，王陁子表现山头，吴道子表现山脚。

但我们应当从更具体的内容和更具体的形象等方面来分析。

（一）具体内容

从“幽致”和“绝迹幽居”看，王陁子应主要表现的是“远山”部分，因此相对而言，吴道子应当主要表现的是“近山”部分。前者主题景象因空濛之幽而大多与地面或水面有所隔断，后者的主题景象则大多比较连贯，大多与地面或水面连接紧密。前者景象较为虚旷，后者景象较为显露。

上述具体内容，强调的是主要特征，并非陁子头山水内容中绝对没有山脚部分，亦非道子脚山水内容中绝对没有山头部分。陁子头山水构图中出现稍近处的山脚或水岸，道子脚山水构图中出现远处幽致的峦头峰尖，或者在中近景处画清晰的峦头峰尖，都应是正常的。

（二）具体形象

1. 陁子头山体的具体形象

因是远山，较好理解为“远山无脚”，浮于白雾之上峰峦的山头形象。

而因其远，其色朦胧混合，基本无勾皴，有调和墨色的味道，有水彩甚至水墨的技法成分。总之其山体是较为幽远淡雅一些，棱角较少，即使其中的山脚或水岸也应大致如此。

既然被称作陁子头，则有拟人的意思在内，意思是远山具有人头的圆秀意象，即使是尖利的山峰，亦是如此。

在敦煌壁画中有些画面可为陁子头山水形象的参考：

盛唐，莫高窟第205窟，南壁，有大海边际处远山群峦的形象，由白雾分成层层相叠的境界。

盛唐，莫高窟第323窟，南壁，有远山白云的形象。

盛唐，莫高窟第323窟，北壁，主要有3处山水画面，表现海面上小舟张帆而进，衬托着远山的情景。其中一处的远山内容为层峦叠嶂，浮于白雾之上，渐渐高远，山头直逼画的头部；另一处的远山内容较为平旷，白雾呈水平状，但山头遥指寥廓的天空，更具有空间感和抒情效果；又一处的夹江两岸，有渐渐远、渐渐高、渐渐耸立的远山，耸立峰头如剑插天，但不失秀润。三处画面亦有稍近处的水岸，也显得较为幽致。

2. 道子脚山体的具体形象

对于道子脚具体形象的理解并不是那么简单。

《历代名画记·卷一·论画山水树石》中曾记载吴道子常于壁上“纵以怪石崩滩，若可扪酌”，这是唯一描述吴道子山体具体形象的文字，可以启发我们认识道子脚的具体结构。

但这句话容易引导人们片面认为，道子脚的具体景象就是水际崩滩处有怪石的近景，也与那种片面认为吴道子只画山脚的错误看法相合。这种片面看法强调了崩滩，认为怪石在崩滩处。

而依文意，“怪石”与“崩滩”连接，应当都是“以”的宾语，是平行关系，并非有“怪石于崩滩”之意，它们的关系不是宾语和补语（或状语）的关系，乃“怪石和崩滩”之意。如此看来，怪石，也可处在山脚以外的其他部位，如山腰，甚至峰巅处，也可表现在中景处。况且，一个“纵”字，让我们体会到吴道子山体应有一种纵势，用笔方面纵笔为之，线条刚健挺拔。因其“纵”，除崩滩之纵外，当有崚嶒悬崖，峭立峰头。以吴道子天纵英才，雄笔壮伟之气质，如不表现高山险峻之态是不可能的，一个“纵”字就足以说明这一点了。但一个纵字并不足以说明一切，结合他在人物画中用笔的洒脱豪迈，准确乘除，变化多端的技法，其天赋劲毫，必然除了能使悬崖生动，群峰崔嵬外，而且能使它们的结构出入诡异，玄怪生焉。

因此，所谓“道子脚”的具体形态，不是特指山脚处的形态，而是统指吴道子所表现的山体或山石结构迂回曲折如“人”（以吴道子为代表的人）的“脚”，是脚踏实地之脚，或趾高气扬之脚。这是对包括山脚崩滩在内的，处于上下各个位置的，富有转折平面的多面山体、山石结构的形象概括。

山体、山石结构，到了吴道子这里才真正成熟地达到所谓的“石分三面”。

至于人“脚”，有主体，有分趾，有足背之凸，有足底之凹，有足腕之主要转折，颇合怪石结构。且脚可平放，可下垂，可上跷，亦颇合大小崩滩，颇合悬岩石罅，颇合插天险峰。

“道子脚”可以说是一种民谚式的形象而贴切的表述，可以让当时世人，以及今天的我们，一下子抓住了吴道子山水结构的精髓，让人们眼前浮现出吴派山水画卷的风采，其山石峰崖，就像一只只“人”或“仙佛”的脚出入于天地之间。

《历代名画记·卷一·论画山水树石》中还记吴道子“又于蜀道写貌山水。”《历代名画记·卷九·叙历代能画人名》亦载吴道子：“曾事逍遥公韦嗣立为小吏，因写蜀道山水，始创山水之体，自为一家。”

蜀道以山水险峻著称，往往极峰插天，悬崖临滩，李白《蜀道难》的诗境，颇合本文“道子脚”的那种寓奇险于雄壮的山水形态。因此，结合吴道子山水画与蜀道关系方面的记载，说明“蜀道山水”促进了吴道子创造出“道子脚”的山水形态，或“道子脚”的形成，得益于雄奇的“蜀道山水”。

这是吴道子在山水创作时塑造的艺术之脚、魅力之脚，此脚的印迹在莫高窟、榆林窟壁画中可试举几例以供参考：

中唐，榆林窟第 25 窟，南壁，悬崖上部立有怪石，其下河流崩岸。

中唐，榆林窟第 25 窟，北壁，高崖耸立。

中唐，榆林窟第 25 窟，北壁，悬岩崩岸修行图。

中唐，莫高窟第112窟，南壁，内容有崩坡、怪石、悬崖，其中的山石有中空、垂、仰等状态。

中唐，莫高窟第468窟，西坡，悬崖高耸入云。

中唐，莫高窟第369窟，南壁，崩滩之上，侧岭成峰，白云烘托，悬崖凌虚。

盛唐，莫高窟第320窟，北壁，韦提希夫人席地而坐观日图，山脚处，一悬崖如斜T字上翘，似倒脚或倒靴状。

盛唐，莫高窟第320窟，北壁，佛降临图，有宫墙外的山水，图中表现了崩滩之上的山体，多怪石、悬崖、险峰。

盛唐，莫高窟第172窟，南北壁，韦提希夫人席地而坐观日图，图中流水崩滩，悬崖层叠或壁立插天。

盛唐，莫高窟第103窟，南壁，表现了山路两侧的崩滩和悬崖。

盛唐，莫高窟第148窟，北壁，其某些崩滩或崩坡状山体，整体或局部相似于平放的脚。某些山体则为高崖，多转折，如多种斜姿的脚，上翘于大地之上。

观这些古代“道子脚”式的山体结构，我们对张彦远记载吴道子山体的“若可扪酌”应该有更新颖的理解。

一般过去的解释是：观画者看到山体结构立体状，好像能够亲历其景，能够捕捉到，能够掬取一样。这种说法是观者主体对画作客体的观照，画作自身是被动的。

但观古代道子脚壁画结构，其山崖局部，往往表现得上大下小，或上凸显下凹进，某些局部，往往内含中空向下，若垂若俯，好像能罩住什么，此即“若扪”也。

怪石、峰、崖的局部，也有中空上仰的部分，好像能承束住水流，此即“若酌”也。

于是，“道子脚”之山体局部结构自身好像可以自主“去扪去酌”的解释应当成立。

这是画作自身表现出的能动性的表述，这样更能体现吴道子山水画的生动性。所谓生动，更主要的是自身的生发“能动性”，而非观者被画作引导的“欲动性”。

何况观者如被画作引导得欲动，也不必去扪去酌，面对山体怪石，去抚摩，去探查，即“若可抚探”的用词当更合适些。因此，我们应该理解“若可扪酌”的含义是：“道子脚”的结构，往往局部下垂，生动得如指如掌，局部上仰，空巧得如杯如壶，仿佛山体的悬崖或怪石自主“能扪能酌”。

之所以唐世人对吴道子如此特色山体不用“道子手”或“道子杯”“道子壶”，而用“道子脚”来形容，是因为整体上看更像“脚”，同时为的是强调山体的稳重，照顾到近景、山脚这些“道子脚”山水的主要特点。

（三）其他方面

上文中已经有所提到，“陁子头”和“道子脚”，虽然是两个画师的独特风格，但并不是水火不容的，可在一幅画中均有，即吴道子不一定不画稍虚旷的远山，王陁子也不一定不画稍近处的石岸，只不过有所侧重而已，一个强调的是远处的幽致，一个强调的是近处的明显雄奇。

如果一幅画中同时具有远近两种结构，一般情况下，虚旷结构陁子头的远山在画上部，道子脚的明显结构所表现的近景在画下部。世人对画评头论足，谓画之头部是王陁子的，足部是吴道子的，即：画之（上）头部的远中景是王陁子风格，画之（下）脚部的中近景是吴道子风格。

因此，对“陁子头，道子脚”的解释，除了上述“远山头、近山脚”的内容解释，和“如人头、如人脚”的形象解释外，“在画头、在画脚”的位置解释，可为第三种。

“陁子头、道子脚”这句白话般朴素的赞叹，可谓一语三关。

四、莼菜条、陁子头、道子脚对历史的改变

（一）莼菜条

在汉代人物画和云气纹的某些短促动感的线条中，可看到“莼菜条”的雏形。以后的各代进一步增加了这种短线条的灵活性，以至吴道子最终形成更加“灵动翻转”的莼菜条线条，从而形成“立体感”“动感”和“力度感”很强的天王力士神将类人物画艺术。

以往历史上的短促动感的线条是零散的，并没有较为集中地体现在天王力士神将类的绘画上，此类题材的绘画形象往往是较为单调的。如从西汉轪侯妻墓帛画上的托举力士，直到麦积山石窟第5窟隋末唐初的踏牛天王塑像（与绘画风格一致），其间的天王力士类形象总体较规整拘束一些，缺乏更自由、奔放和张扬的神威。

而吴道子的莼菜条所塑造的天王力士类绘画，则具有更自由、奔放和张扬的个性，相对于以往此类绘画的单调，大大地丰富了，突出了此类形象的神威，有叱咤风云，仿佛其威猛刚烈的震动可涨满大千世界之感。这种艺术效果在历史上应是一个质的变化，在这以后，只有“莼菜条”才能造就的极为愤怒或恐怖的张力，在天王、力士、明王、神将、钟馗乃至魔王妖怪之类形象中普遍存在。

（二）道子脚

“道子脚”在魏晋南北朝绘画中也已有雏形。

东晋顾恺之《女史箴图卷》中的日月山水部分已有悬崖峭壁似道子脚模样。其《洛神赋图卷》中，在洛神云车下的河水边亦出现了崩滩和大石侧立的造型。

北魏《石棺线刻孝子图》中多有怪石巉岩，并且多呈不规则斜T字形，好像一只只倒放的靴子，或拔地上跷的脚。

在麦积山石窟第127窟西魏《睒子本生》环境山水壁画中，也有大石侧立于山坡，并有“倒靴形”的石头插于山坡，或如“脚”上跷出于坡上的造型。在西魏《舍身饲虎图》中，亦有层岩悬崖的图景。

莫高窟第276窟隋代壁画的环境山石，亦曾表现出其形态的峭拔和笔力的雄壮。

上述吴道子之前的绘画中就已经出现的悬崖、怪石、棱角、如脚、如靴的形象因素，对吴道子应有所影响。而吴道子善于运用多变线条的本领，又促使他更多地愿意将山体画得千变万化，神出鬼没。如同他所擅长的人物画衣纹和其他题材一样，他能将山体、怪石表现得可以转折、叠压、穿插、揖让、

伸缩、凸凹，甚至能将山体表现得仿佛具有人物、动物、植物、器物的某种局部形态和功能（如足，如根；能扪，能酌）。

总之，吴道子在画山石方面，在继承传统中着重体现了一个“变”字，并将其他题材的意象融会贯通进来，形成了“道子脚”这一主要意象。

从《历代名画记·卷一·论画山水树石》：“纵以怪石崩滩，若可扪酌，又于蜀道写貌山水。由是山水之变，始于吴，成于二李（李思训、李昭道）。”看，“道子脚”这一山水创新的“变化”，实际上乃“山水之变始于吴”的具体体现和主要因素。因为，道子脚变化多端，在历史上突飞猛进，是一个“质”的变化。

“道子脚”在山水画幅中一般处在主要部分，格局较大，故得到李昭道的吸收和发扬，便确立了吴道子作为山水之变始祖的地位。

而事实上，传世李昭道山水作品，如《明皇幸蜀图》的山峰悬崖怪石，大多很相似于本文所示的“道子脚”，这佐证了本文所提出的“道子脚”形象结论是正确的，同时也佐证了“道子脚”是“山水之变”的主要因素。反之，本文也是对传世品中李昭道山水风格的一个肯定。

（三）陁子头

“陁子头”之所以比不了“道子脚”，不能成为山水之变的主要因素，是因为“陁子头”基本上是继承，变化的成分少。

在“陁子头”以前，尤其是魏晋时期，画家多以缺乏太多细节的形象表现整个山体，因此其山体多具有“远山”的景象。且多数情况下往往人大于山，树亦巨大，于是显得整个山体或山系较小，乃“小山系列”。撇开“人”和“树”看，这种“小山系列”乃“似远山”的景象。因此，表现远山的“陁子头”，其雏形很多，如：

四川德阳汉画像砖采莲图中莲池边的“远山”。

东晋顾恺之《洛神赋图卷》中的远山和在画面中显得较小较秀润且多向上出头的山石。

东晋顾恺之《列女仁智图卷》中卫灵公坐榻屏风内侧所绘的远山。

莫高窟西魏第285窟南壁故事画中的层层小山头。

莫高窟隋第423窟东顶须大那本生故事中的小山系列。

莫高窟初唐第431窟西壁有“十六观”草木蔚然的远山景象。

王陁子对这种传统的“远山”或“小山系列”进行继承和改进，一方面有意识地加强远山的幽致意境，一方面使山和人和树合乎比例，形成主要表现远山的一种特色山水。

“陁子头”虽然在前代“小山系列”或“远山”的基础上更得“幽致峰峦”之趣，但因其较单调，缺乏更多的变化表现，因此格局较小，比如，就一幅内容较丰富的山水画来说，它只是相当于其中显得稍远处的一小部分。故虽在唐代，当时因其着力发展幽致的远山秀润效果，显得有所新意而名重一时，但到了五代和宋代，当山水的各种因素在一幅画中较齐备的情况下，“陁子头”这样的远山只占山水画领域中的一小部分，就显得逊色了。即使到了宋代，以远山为主的米家山水又有所流行，亦不属于主流。且为米芾的文人画名声所掩盖，王陁子及其“陁子头”山水，于后代也较默默无闻，不再受到特别的尊崇和传扬了。

但我们不能抹杀“陁子头”在雅韵幽远方面的探索之功，应该说“陁子头”在山水之变中起到了局部变化的作用。因为其幽致，“陁子头”山水或许还与水墨的运用，是一种相互诱导、相互推进的关系。

五、莼菜条、陁子头、道子脚的横向因素

笔者认同向达先生之唐代长安绘画艺术受到当时印度和西域传来的“凹凸画法”影响的说法①，因而可以更强调，印度和西域传来的“凹凸画法”，对“莼菜条”“陁子头”“道子脚”的产生起到了一定作用。

凹凸画法主要表现在“用色”方面，早在南北朝时期就曾经从西方影响到东方，南朝的张僧繇也因此曾作“凹凸花”②。这种用色方面的凹凸，影响到中国毛笔的用笔方面，也应该间接使张僧繇的用笔产生了少许的起伏变化，并且以后影响到众多的画家，直至吴道子。

到唐代时，这种“凹凸用色法”从西域继续影响中国，配合这种绘画色彩的凹凸，更加对绘画的用笔产生了强烈的冲击或诱导，使之提按强烈，感情饱满地倾注于凹凸，于是通过许多人的努力，最后以吴道子为代表，产生了长线条的洒脱用笔“兰叶描”和短线条的磊落灵动用笔“莼菜条”。

凹凸画法也可影响到山体表现方面。张僧繇也画山水，因此运用“凹凸花”画法的以色彩为主体的“没骨山水”，一般认为始创于张僧繇。到了唐代，王陁子注重了“凹凸的”整体远景表现，吴道子注重了“凹凸的”较具体、显著、雄壮的近景和特写表现，于是较完善地产生了“陁子头、道子脚”的山水艺术创新。“陁子头”山水较接近于“凹凸色法”的“没骨”山水，“道子脚”山水主要用勾勒辅以色彩表现“凹凸”，同时也有“凹凸色法”的“没骨”式“道子脚山水”，如上文中已提到的盛唐莫高窟第320窟北壁韦提希夫人席地而坐观日图和盛唐莫高窟第148窟北壁崩岸和悬崖。

唐代也是中国书法追求磊落的时代，书法和绘画具有很强的相互借鉴性，也会引导莼菜条、陁子头、道子脚的产生。

尤其是吴道子曾从草圣张旭学书法③，其灵动的莼菜条用笔，应当受到唐代盛行的狂草之影响。

莼菜条还会受到当时颇为狂放的武术艺术的间接影响④。

总之，从莼菜条、陁子头、道子脚的艺术创新看，它们将古代绘画艺术更加立体化了，为后代绘画开拓了一个新的立体局面。

---

① 见向达：《唐代长安与西域文明》，北京：生活·读书·新知三联书店，1957年。

② 见［唐］许嵩：《建康实录》，北京：中华书局，1986年。

③ 见［唐］张彦远：《历代名画记》。

④ 见［唐］张彦远：《历代名画记》、［唐］朱景玄：《唐朝明画录》，均记载了开元中，吴道子曾观将军裴旻舞剑。

六、莼菜条、陁子头、道子脚对后世创新的影响

宋代的马和之学吴道子，号称小吴生。他不满足于以莼菜条绘天王力士类，于是尝试以莼菜条笔意入其他种人物画，如长袍大袖的文人形象画。在实践中，客观地使莼菜条变得松软一些了，发展出了柳叶描或蚂蝗描，也发展出了较为松秀的人物形象。而且他还将莼菜条运用到山水画上，将山水表现得较为圆活散淡，尝试出了一种新型的疏朗面貌，发展了文人山水画。

宋代书法家米芾也曾墨戏山水，作“米点”远山，其山一般在云雾中浮现。米芾亦是广鉴古代名画的鉴赏家和画史论家，应当对唐代“幽致”的陁子头山水不陌生，因此，其“米点幽致”山水应有陁子头山水因素的影响，是在陁子头山水传统上的创新。

米芾除了更强调水墨晕章外，还加进了浑点、树法等新因素，创新出沉着痛快、墨气淋漓、云雾缭绕的幽致远山，形成远景文人山水画的经典之作。以后，“米点山水”这种创新的幽致远山形式，基本上取代了“陁子头山水”。

由于“道子脚”是山水之变中的主要角色，可以说，后代求奇求变之山水画的创新，均会受到道子脚不同程度的影响。其中，五代荆浩、关仝不同程度地将道子脚加进水墨的成分而稍柔化之，宋代的郭熙、范宽把道子脚变得更加圆健和浑厚，马远、夏圭使道子脚变得洗练和清刚，后世还继续有对道子脚的种种创新，兹不一一列举了。

现在，我们仍然要将唐代伟大画家吴道子和王陁子，为追求磊落或凹凸，而创新的莼菜条、陁子头、道子脚，放到现代绘画的创新中，利用之，丰富之。如何利用、丰富，并且利用、丰富的程度如何，当继承唐人追求磊落或凹凸的精神，要使得所表现的对象，在现有材料所能适合表现的基础上，斟酌吸收纵向和横向的凹凸因素，于气韵生动的同时更加丰富之，更加追求某种磊落或凹凸。

（原载于《敦煌壁画艺术继承与创新国际学术研讨会论文集》，上海：上海辞书出版社，2008 年）

麦积山第44窟西魏佛的“女相化”

王一潮　张　慧　杨　皓

由于缺少洞窟的年代题记，麦积山西魏石窟分期和断代仍缺少足够的证据和说服力。且天水非文化和政治的重心，因而麦积山石窟寺的造像多应是地方的贵族、官僚主持凿成。研究的重点则倾向于先进地区造像风格对麦积山的影响和自身文化在西魏时期由于地域因素形成的独立面貌。这种面貌体现在对继承以前或同时流行的模式基础上，对造像和形式实行了改良。这与中国儒家礼制化的“经世致用”要求一致，美术追求上，则体现了为社会的功用性。杜威认为审美经验是从“现实”的压力中释放与逃脱出来的思想①，艺术作品“虚拟的真实”就是体现出了更多想象性和表现性，这样就给艺术家在继承前人的基础上，提供了根据自己意愿来进行改造的余地。艺术的发展和交流经验告诉我们，艺术家会借用其他优秀的成果，而不是完全接受。

一

关于西魏的初年建窟有认为来自西魏王朝的直接眷顾②，李裕群先生则认为大统元年（535年）再修崖阁与武都王戊无多大关系③。但西魏文帝为了使新朝有新气象，据《续高僧传·道臻及菩提流支传》记载：“西魏徙都长安，百事草创，僧徒相聚，缀旒而已。然文帝及宇文泰皆信佛法，立大中兴寺，尊道臻为魏国大统，大立科条，又命沙门昙显依大乘经撰《菩萨藏众经要》及《百二十法门》。”④ 客观上支持了佛教的发展。随母来秦州的武都王戊，可能也带来皇室的工匠，才出现了如麦积山第44窟佛精湛造像。北方战乱频仍，寺院经济较为薄弱，佛教在经济上完全依赖统治阶层，石窟寺的造像多为皇家与贵族出资。麦积山虽远离都城长安，但陇地的大族足以支持当地的佛教事业⑤。

---

① （美）杜威：《艺术即经验》，北京：商务印书馆，2005年，第310页。

② 天水麦积山石窟艺术研究所编：《中国石窟·天水麦积山》，北京：文物出版社、东京：平凡社，1998年。

③ 李裕群认为，文帝为了安排乙弗氏去麦积山，特意让武都王戊出任秦州刺史，武都王戊随母赴秦州应在大统四年至六年春间，念贤出任秦州刺史是大统五年至六年，武都王戊任刺史只能是大统四年八月至五年念贤出任之前。这时的武都王戊最多不过十二岁。李裕群：《北朝晚期石窟寺研究》，北京：文物出版社，2003年，第133~134页。

④ 汤用彤：《汉魏两晋南北朝佛教史》，北京：北京大学出版社，1997年，第378页。

⑤ 西魏时期天水大族有赵贵（天水南安人）、李弼（陇西成纪人），虽无史书记载这两人资助佛教，但他们都是左右时局的陇右门阀士族（均八柱国大将军）。其家族应有参与佛教的资助。

禅师玄高（402~444 年）早年赴关中从师佛驮跋陀罗，后西隐麦积山，有山学百余人，崇其义训，禀其禅道，为西北禅学宗师。长安释昙弘也隐居麦积山，高僧们聚徒讲学，某种程度也推动了麦积山的造像。

谈到西魏时期麦积山的石窟，必然会提到乙弗氏。乙弗氏自大统元年册为皇后，四年二月被废。六年春，蠕蠕举国渡河，为悼后故兴此役，帝乃遣中常侍曹宠赍手敕令乙弗氏自尽。凿麦积崖为龛而葬，后号寂陵①。按《北史》卷一三《后妃传上》，文帝悼后郁久闾氏于大统四年正月到达长安，立为皇后，乙弗氏出家应该也是这年，死时在大统六年，乙弗氏在秦州最多有两年。有关乙弗氏被废为尼是否在麦积山居留，史书只记载："命后逊居别宫，出家为尼，复徙后居秦州。"

麦积山为秦州林泉胜地，东汉为隗嚣避暑处，据《大清一统志》引《方舆胜览》云："山在天水县东百余里，状如积麦，为秦地林泉之冠。北为雕窠峪，上有隗嚣避暑宫。对面瀑布，下注苍崖间，亦胜境也。"② 又有梁《高僧传》曾载释昙弘尝于宋永初间（420~422 年）隐居麦积山。后数年，释玄高到了麦积山，和昙弘相会为同业友，常有学徒三百余人。大统四年兼尚书右仆射的惠达曾在麦积山居留过③，可知，麦积山一直处于兴盛的状态，乙弗氏为尼应该会来过麦积山。在其死后，传说其子曾在麦积山东侧、山体相连的山岭上凿窟修禅，为母祈祷，故称王子洞④。因此乙弗氏的因素对麦积山影响当在大统四年至六年以后。

佛教的活动与赞助者的扶持作用是分不开的，同样艺术作品是作为特定的文化赞助出现。文化的赞助推动并形成了文化竞争机制和"控股"的运作模式，"在这个模式的运作中，风格本身艺术价值的高低通常不是决定性的因素，画家本人的魅力亦非最具关键的影响，倒是文化环境中因主流不同而有变化的文化氛围，才是真正最紧要的变数。"⑤ 西魏时期的大族与群众基础，在某种程度上对麦积山造像风格具有了导向作用，上层社会投资奉佛以谋求自身福业。赞助者一方面代表了主流文化的讯息，在艺术品方面则体现时代风尚与个人风格的变化。由于风格的演变有一个过程，并非一蹴而就。艺术的发展既是社会因素多面形成，又是由传统与创新交织而成的。因此从时间的先后顺序来说，麦积山西魏石窟造像不可避免地受到北魏晚期的影响。

二

麦积山第 44 窟为西魏石窟最重要者。理由是乙弗氏在临死前，"召僧设供，令侍婢数十人出家，

---

① ［唐］李延寿撰：《北史》卷五《魏本纪第五·西魏文帝》、卷一三《列传第一·后妃上》，北京：中华书局，1974 年，第 177、507 页。

② 阎文儒主编：《麦积山石窟》，兰州：甘肃人民出版社，1984 年。

③ 贺拔岳为关中大行台，惠达为岳府属，岳为侯莫陈悦所害，惠达遁入汉阳之麦积崖。见［唐］李延寿撰：《北史》卷六三《列传第五一》，北京：中华书局，1974 年，第 2228 页。［唐］令狐德棻等撰：《周书》卷二二《列传第一四》，北京：中华书局，1974 年。

④ 《麦积山王子洞窟区调查简报》，《敦煌研究》2003 年第 6 期。

⑤ 白巍：《从西方几种艺术史研究方法看中国绘画史研究》，《北京大学学报（哲学社会科学版）》2006 年第 5 期。

手为落发。”① 东山健吾认为：这座石窟建造之可能性是，从西安（长安）来的宫女们为乙弗皇后祈求冥福，造像供养②。按照封建皇权的观念，出宫的宫女是不能嫁人的，摆在宫女面前的出路是：一为追随逝去的主人，其次是出家为尼。出家的地方应该是在麦积山。虽然没有直接的证据表明第 44 窟与乙弗氏有关，但第 44 窟位于第 43 窟“寂陵”的西侧，造像技术远胜于其他同类的西魏石窟，应视为同一时期窟。

按照贡布里希（E. H. Gombrich）和波普尔（Karl Popper）认为艺术是与当时社会的赞助影响，导致风格的主流。艺术风格与赞助环境的关系，是从艺术与社会关系的角度来研究艺术作品③。出家的宫女们为乙弗皇后祈求冥福，造像供养，对佛教造像的审美特点及趣好应有所影响，出家的宫女虽不是直接出资造像，但她们有可能参与或主持修造石窟，对佛的造像提出了些修改的建议，第 44 窟佛的女相特点也就不难理解了。这种说法虽有附会之嫌，但其女性般的表情在全国仅存的石窟寺中是罕见的。

另一方面，文帝的悼后也是在大统六年去世，基本是同时合葬永陵④，也就是说乙弗氏葬在麦积山约有十一年之久，乙弗氏“生男女十二人，多早夭，唯太子及武都王戊存焉”。留下的两位皇子为祭奠母亲而营造一些石窟，那么石窟的建造因皇家的眷顾，工匠的水平肯定高于其他同期石窟制作者。李裕群先生认为：西魏、北周文化发达程度远不及南朝梁、陈、东魏、北齐。西魏佛教义学也不发达，与萧梁没有聘使往来，北上之僧侣亦罕闻，石窟造像主要沿袭了北魏旧制⑤。因此工匠制作者在麦积山延续北魏晚期流行的“褒衣博带”式佛装。由于缺少与外界的交往，制作者在继承传统样式的同时，不可避免地借鉴了世俗化或生活化的人物，如麦积山西魏第 123 窟出现的供养童男、童女形象。正如麦积山石窟研究所原所长胡承祖先生认为：“中国佛教造像分为两个主要倾向：一方面是以云冈、龙门石窟为代表的‘帝王即佛’的帝王式，如龙门石窟奉先寺卢舍那大佛，完全按照武则天的形象塑造。另一方面是以麦积山石窟为代表的世俗化、人格化形象的形象。”⑥ 这种世俗化、人格化的形象既是大乘思想世俗化“集体意识”影响的结果，又是制作者依照本地域民族的审美特点创造的结晶。第 44 窟佛清新近人、温婉秀丽的“女相化”风格，则体现了两个倾向共有的特点。

第 44 窟可视为西魏石窟时期造像的精品，窟前部崩塌，颜色大都已脱落，缺少了颜色使雕塑更具有大理石般的纯粹美感，神情更加细腻、沉静，具有女相般的表情。造型趋于流畅和秩序，衣纹繁而不乱，下垂顺势，整体感强。在第 43、44 窟间的上部第 20 窟的两尊佛，也同样具有丰润秀美、和蔼可亲的“女相化”般特点。同样在第 147、127 窟也具有这种风格的特点，只是第 44、20 窟把这种

① ［唐］李延寿撰：《北史》卷一三《列传第一·后妃上》，北京：中华书局，1974 年，第 507 页。

② 《麦积山石窟艺术与人间佛教——2004 年佛学研究论文集》，高雄：佛光书局，2005 年，第 62 页。

③ 白巍：《从西方几种艺术史研究方法看中国绘画史研究》，《北京大学学报（哲学社会科学版）》2006 年第 5 期。

④ ［唐］李延寿撰：《北史》卷一三《列传第一·后妃上》，悼后“葬于少陵原，十七年，合葬于永陵”，文皇后“废帝时，合葬于永陵”，北京：中华书局，1974 年，第 507 页。

⑤ 李裕群：《北朝晚期石窟寺研究》，北京：文物出版社，2003 年，第 196 页。

⑥ 陆海龙：《人间佛教的杰作——编辑〈佛国麦积山〉有感》，《麦积山石窟艺术与人间佛教——2004 年佛学研究论文集》，高雄：佛光书局，2005 年，第 96 页。

“女相化”的风格发展更成熟与精致化了。

三

佛教艺术是教义经、律、论以形象体现，依据佛经中的具体记载来造像，如《造像量度经》（也称《佛说造像量度经》或《舍利弗问造像量度经》），从信仰的角度讲，佛像在佛陀时代就有了，因为造像的尺度是由佛公布的。“鼻孔圆且藏，窍阔有半指，双翅匀真圆”“目间旷八足，长分应四指”“眉如初月牙”① 等规范，因此形制本身要求艺术必须在特定的审美观念下进行取舍，既要合乎量度和仪轨，又要符合当地的审美特点。

工匠以理想化的形象来表现佛对七情六欲的超越，佛的面容庄严、和蔼、肃穆。中原的佛教造像由最初的具有西域风格的面相、服饰形象组合渐渐地中原化，逐渐地由原来的古朴雄健趋于清俊秀丽，以至于形成汉地儒家气息的佛教造像。在逐渐汉化的过程中，艺术创作所具有的规律与宗教造像的量度和仪轨产生了碰撞。佛陀的“三十二相”和“八十种好”本是一个理想化、成熟男子所具有一切优秀品质形象。尽管佛教造像要求表现教义理想乐土的主题，但是世俗流行的美的图像形式不可避免地影响到佛教造像。在受到西凉、北朝的造像延续后，中原和南朝的审美文化也深深影响了麦积山的造像。艺术作品是一个精神的和想象的综合体，是将生活感受的印象融合成一个统一的整体，世俗理想的影子也必然反映在艺术家塑造的形象里。第 44 窟佛的造像某种程度上有可能借鉴了出家宫女的女相特点，从麦积山西魏第 123 窟出现的供养童男、童女的形象里得到印证，童女的双环发髻和简练的长袍，与童男的小发辫从圆顶毡帽顶部垂出，这些特征充满了世俗生活的情趣，生活真实亲切感较为强烈。

面相与手印是佛教造像的两个重点，是表现佛与菩萨神情的窗口。麦积山第 44 窟西魏造像有了很深的汉化影响，手印作施无畏、与愿印，面相趋向于圆润细腻，变清瘦，额部与上眼睑间的转折关系淡化了，概括而细腻。嘴的形态倾向于写实手法，上翘呈现微笑，给人以清新近人、温婉秀丽之美。笑意传达了佛教的“禅悦”的意会的特点。这种从北魏晚期流行的细颈削肩、微笑的造像，到麦积山第 44 窟则变得更加精致、细腻化。

（原载于《装饰》2009 年第 2 期）

---

① 李翎：《佛教造像量度与仪轨》，北京：宗教文化出版社，1998 年，第 18 页。

麦积山石窟《维摩诘经变》壁画艺术风格探析

王 垚

位于甘肃省天水市东南约45公里处、始建于十六国后秦姚兴时期（394~416年）的麦积山石窟存有大量以石胎泥塑为主的佛教造像和数量不菲的佛教壁画。麦积山石窟原都是满绘壁画，在漫长的历史时期中，有很大一部分由于多雨潮湿的气候原因而模糊、剥蚀脱落。现存的1000余平方米壁画对于研究麦积山石窟艺术具有极其珍贵的艺术价值；同时对于研究中国石窟艺术也有着珍贵的参考价值。麦积山石窟第127窟中的《维摩诘经变》壁画保存较为完整，对于研究早期经变画向唐朝大型经变画演变有重要的参考价值。本文对其在经变画演变过程中的重要价值进行分析，从其构图风格、造型风格等方面对其艺术风格试做探析。

一

《维摩诘经变》作为一种重要的经变题材，对研究中国佛教艺术有着重要的价值。麦积山石窟第127窟中的《维摩诘经变》绘于北魏晚期至西魏（5世纪末至6世纪），是现存同类型题材中最早的经变画之一。该壁画绘于第127窟左壁佛龛中上部，纵2.30米，横4.48米；所绘内容十分丰富，以龛为界分上下两层；上层及下层佛龛左侧所绘较完整，右侧已经漫漶不清。细观上层壁画，主要人物形象分别位于画面的左、中、右。壁画右侧绘身着白衣、长者形象的维摩诘，半卧于蕉叶山花装饰的方帐内的床榻之上，一侧有众弟子；壁画左侧描绘文殊菩萨及众佛弟子，文殊菩萨头戴宝冠、手执如意，坐束腰座上，上有法幢顶盖；中部绘有一飞天装、手托钵的天女形象。上层所描绘内容为《维摩诘经》中的《问疾品》《观众生品》。《维摩诘经》中的《问疾品》经文写："尔时佛告文殊师利菩萨，汝行诣维摩诘问疾……八千菩萨，五百声闻，百千千人，皆欲随从，是文殊师利，与诸菩萨大弟子众及诸天人恭敬围绕，入毗耶离大城。"壁画左右两侧的维摩诘与文殊菩萨端坐于山林之中，神情镇静自若，周围众菩萨弟子及天人簇拥围观的场面，充分表现出《问疾品》中描绘的情景①。《维摩诘经》的《观众生品》经文写："时维摩诘室有一天女，见诸大人闻所说法，便观其身。即以天华散诸菩萨大弟子上，华至诸菩萨皆堕落，至大弟子便着不堕。一切弟子神力去华，不能令去。"画中的"天女"形

① 项一峰：《〈维摩诘经〉与维摩诘经变》，麦积山石窟艺术研究所编：《麦积山石窟研究论文集》，兰州：甘肃人民出版社，2006年。

象与左侧的文殊菩萨众佛弟子天人组成《观众生品》中所描写的故事情节。壁画下层左侧描绘有一帝王穿汉式宽衣，衣袖博大，束腰带，头戴冕旒，身旁有侍者掌华盖、翠扇，在众多的随从大臣、侍从簇拥之中昂首阔步。《方便品》中写道："其以方便，现身有疾。是以疾故，国王大臣，长者居士，婆罗门等，及诸王子，并余官属，无数千人，皆往前问疾。其往者，维摩诘因以身疾，广为说法。"从画中的帝王、大臣、侍从形象，不难看出其所绘为《方便品》中的故事情节。

麦积山石窟第127窟《维摩诘经变》壁画开创了"异品同构"的新式构图方式。我们可以从现存的壁画中看到上下层画面以《问疾品》为主线，穿插《观众生品》与《方便品》构成。

左侧的文殊菩萨和右侧的维摩诘构成画面的主要内容。维摩诘是梵文 Vimaiakirti 的音译，又译为维摩罗诘、毗摩罗诘，略称维摩或维摩诘。意译为净名，无垢称诘，意思是以洁净、没有染污而著称的人。"在佛教经典中，《维摩诘经》是比较特殊的一种，因为释迦佛所说的一切经典，其内容均为释迦佛本人，而此经的主角是维摩诘本人，既非大菩萨，也非出家比丘，只是一位居住在印度毗耶离城中的在家居士，但他的成就，均不下于佛陀座下的出家弟子，受崇奉的盛况难以估量。关于他的事迹在《维摩诘经·方便品第二》中有详细的记载：他拥有广大的庄园，资财无量，妻妾成群……他深谙佛法，若与他人论议，雄辩无滞，善以智慧度人。他的行为举止符合佛如来的威仪，但在佛教的戒律等方面有所突破。他提倡不必去国离家，不必剃发修行，不必孤守青灯，却照样能达到成佛涅槃的至高境界。"① 维摩诘所宣扬的大乘佛教思想，在魏晋南北朝时期，不仅符合善男信女的心理也适应普通民众的精神需求，因而极大地推动了佛教的传播。佛教的传播需要用这样通俗易懂的图画形式的故事内容和佛教造像来为其教义服务；麦积山石窟规模最大的第四窟东西耳窟中的维摩诘与文殊菩萨塑像反映的正是《问疾品》的内容，也正是北周时期宣扬这一思想内容的精美泥塑作品。维摩诘宣扬的大乘佛教思想和他的智慧神通，在《问疾品》中体现得淋漓尽致，因此壁画的作者将整幅壁画的主要内容以《问疾品》为描绘对象贯穿始终，且出现在了整幅壁画的主要位置上。

构图中穿插《观众生品》，这正是此幅壁画的精妙所在。南怀瑾在《花雨满天维摩说法》中说，《维摩诘经》代表的是佛法中心的解脱法门，学佛目的在于如何求解脱，怎么样才能解脱生死、解脱烦恼、出离三界、找到自己生命的本源。本经对解脱法门说了很多，但是本经最重要的秘密有几个重点：成佛不在于出家或是在家，没有出入之分别，能解脱者在世间能解脱，出世间也能解脱②。《观众生品》中的"天女散花"恰恰说的是烦恼的问题，同时也揭示出学佛的目的，所以在中间穿插《观众生品》的天女散花就使整部《维摩诘经》的重点放在了显要的位置上。同时一个天女的形象把左右人物互相搭配形成新的故事情节；如果左右对称的文殊菩萨和维摩诘加众佛弟子这样的构图就会使细长的画面显得单调而且单一；加了这一品中的天女形象，不但让上层空间更加紧凑，而且天女的动态使整个平静的画面顿感活跃，让画面产生出一种极强的动感。正是由于维摩诘居士"现身有疾"，下层穿插的《方便品》描绘的正是国王、大臣和侍者的"无数千人，皆往问疾"，又将壁画的情节引往维摩诘，"其往者，维摩诘因以身疾，广为说法"。这样又使得我们的视线转移到维摩诘身上。

---

① 谭淑琴：《试论维摩经变所体现的中国艺术精神的嬗变》，《中原文物》2003年第6期。

② 南怀瑾：《花雨满天维摩说法》（上），台北：台湾老古文化事业股份有限公司，2005年。

整幅壁画由完整的故事情节组成，中间穿插出不同品中的故事情节，人物之间相互的配合利用，使得画面完整而又统一。这在同时期的其他石窟中是看不到的，这种“异品同构”的构图方式最早出现在麦积山石窟壁画中。这也体现出古代劳动人民杰出的智慧和丰富的想象力，既符合经典的内容，又能在艺术形式上创造出新的佛教壁画样式。

存世最早的《维摩诘经变》保存于炳灵寺第169窟，彩绘于西秦建弘元年（420年）的壁画，共3幅；位于说法图下方，均采用佛说法图的形式。在中间佛的左侧，维摩诘着菩萨装斜倚床帐内，嘴唇微启，双手作谈话的姿势，旁有侍者；文殊绘于佛的右侧①，且有榜题标明身份，表现了经文中文殊问疾的情节。从画面的构图来看，它是3幅单独的构图，画面十分简洁，形式单一，只描绘了《维摩诘经》中的《问疾品》。

敦煌莫高窟的《维摩诘经变》壁画从隋开始有了很大的发展，数量十分丰富。其中隋11幅、唐32幅、五代16幅、宋9幅。隋代第420窟，西壁一深龛的龛外两壁上部绘有维摩诘经中的《问疾品》情节，维摩诘挥动麈尾，身穿白衣，凭倚几案辩论的形象与南北朝时期的维摩诘基本没有较大的出入。但在其周围有莲花池和竹林，水禽游戏其中，一派江南园林的情调，呈现出隋代山水画发展初期的特点②。初唐第335窟北壁的《维摩诘经变》场面十分壮观，多品的情节被统一描绘在通壁大墙上，画面不但丰富而且多变。主要人物维摩诘和文殊菩萨相对而坐，西面的文殊菩萨坐在莲花台上，顶悬华盖，神情文静安详，正在倾听维摩诘的演讲。文殊菩萨下方是一个中国衣冠的帝王，头戴冕旒，身着兖衣，在群臣簇拥之下，更显得气宇非凡。维摩诘下方是身着各自民族服装的王子倾听两位圣者的辩论。画面正中一群化菩萨腾云驾雾，穿山过岭，骤然而降，这是维摩诘神力通化出来的香积菩萨，其上部还有化出的五百狮子座。《问疾品》右边是手接大千的故事，上面是天女散花。这样的画面构图就比麦积山石窟的《维摩诘经变》壁画更加复杂和丰富，品的内容也比较多；而且壁画中出现的“莲花池”“竹林”“水禽”等装饰形象，相对于麦积山石窟《维摩诘经变》中的几棵树就显得更加丰富了，形成了唐代大型经变画的面貌。在莫高窟的大型经变画中除《维摩诘经变》以外，还有《净土经变》等其他大型经变画。

因此麦积山石窟第127窟的《维摩诘经变》从构图形式上看，它开创了大型经变画的基础，特别是“异品同构”的构图方式，是现存同类型中最早出现此构图方式的经变画之一，为研究早期经变画向唐代的大型经变画演变提供了重要的参考价值。

二

麦积山石窟的北魏造像中，佛受西域风格影响，健美庄重；菩萨受南朝风格影响，在自由流畅清瘦的形象中，突出人物幽静而秀丽的美。而同时期的壁画以线塑造出“秀骨清像”式的人物形象，画面形神兼备，动静结合，在描绘人物形象的精神和气质上以“韵”为尚。让我们在欣赏这种外形美的

① 中央美术学院中国美术史教研室：《中国美术简史》，北京：中国青年出版社，2002年，第147页。

② 谭淑琴：《试论维摩经变所体现的中国艺术精神的嬗变》，《中原文物》2003年第6期。

同时，更深刻地体会到艺术形象的心灵之美。

中国画讲究以线造型，通过线条的穿插转折塑造出生动的人物形象。这也是麦积山壁画艺术的主要表现手段，用线流畅，奔放挺拔，劲健自如。此幅壁画线条组织严谨，线描更加熟练、圆润，勾勒遒劲有力，细匀挺拔，颇有“行云流水”之妙。常见的有“高古游丝描”“琴弦描”“铁线描”。第127窟《维摩诘经变》壁画的面部虽然模糊，但是以线勾勒出的清秀身躯却是潇洒飘逸。壁画上层，最为精彩的当属佛龛上方也是画面中心的天女形象，身着宽袖衫、下着长裙、腰束长带、肩有披巾、梳有高髻，为中原女子的穿着打扮。姿态优美动人，衣带在身后飘扬，动感十足。把《观众生品》中天女撒花向佛弟子舍利弗发难的轻蔑戏谑的神态表达得淋漓尽致。天女形象以线造型，线条有顾恺之以来的“春蚕吐丝”“春云浮空”“流水行地”般的连绵不断、悠缓自然，有体现出节奏感的“高古游丝描”，天女形象与《洛神赋》中的洛神形象极为相似。《维摩诘经变》中的天女形象使得原本庄重幽静的画面产生一种极强的动感，让整幅壁画上层部分顿感活跃。又如帝王形象，细观其衣领线条，短短的一根线条由细到粗中间转折处有轻重变化，衣袖处线的转折不仅显得体态灵活、风姿绰约，更使得形象富有立体感。

同时在线的运用上体现出“骨法用笔”，人物形象也能看出骨肉的结合，脸部线的转折与人的面部结构完美的结合，塑造出“秀骨清像”式的人物形象。魏晋时期，社会动荡，战事频发，加之士大夫多服丹药，大多面容消瘦，且当时以瘦如病态者为美，欣赏清俊秀美。崇尚并效仿“褒衣博带”，“大冠高履”的清秀身躯和风姿飘逸的神情，追求“傲然独得”“神情俊迈”的飘逸生活。《历代名画记》卷二记：“顾生首创《维摩诘像》有清羸示病之容，隐凡忘言之状。”可见顾恺之所画《维摩诘像》是一种清瘦病态之容。陆探微的“秀骨清像”，就是在顾恺之“清羸示病之容”基础上发展起来的。晋宋时期的佛教绘画和雕塑，差不多都是“秀骨清像”式，这一特色便是顾恺之的变革创造加上陆探微的发展而形成的①。北魏后期孝文帝崇尚南方文化，使得这些传入北方，北朝石窟出现的这一现象，正体现了佛教文化受南朝汉文化影响，出现南北融合的历史现实。麦积山第127窟《维摩诘经变》中的人物形象也受到南朝“秀骨清像”画风影响，体现出融合的风格。虽然人物的五官已经模糊，但是从人物的面部轮廓还是可以看出修长清秀的造型。如文殊菩萨两旁的众佛弟子和天人形象，身躯修长，脸部瘦削，线条的转折较为生硬，加重了人物那种飘逸清秀的造型意趣。下半部分大臣、侍从的脸形长圆，可见“骨节”。在第127窟前壁上方有同时期的壁画《七佛图》，壁画中菩萨与弟子的面容清秀，可以帮我们分析出《维摩诘经变》中人物的面容特征：无论佛与菩萨均身材长、面型消瘦、双眉弯曲、两眼细长、鼻梁高隆、唇薄嘴小，嘴角上带着一丝亲切神秘的微笑，神情高雅恬静②。形象写实，露出典雅的风姿。我们能较清晰地看出这个时期的风格具有强烈的民族传统艺术风味。从服饰上看，有的身穿汉式方领深衣长袍，腰束络带，脚蹬高头履。特别是帝王形象，明显地看出是绘一中原帝王形象；佛的袈裟变得宽大，为魏晋时所崇尚的褒衣博带式；菩萨肩披大长巾，衣带随着人

---

① 陈传席：《西山论道集》，沈阳：辽宁美术出版社，2004年，第213页。

② 董玉祥：《麦积山等石窟的壁画艺术》，麦积山石窟艺术研究所编：《麦积山石窟研究论文集》，兰州：甘肃人民出版社，2006年，第305页。

的姿态弯曲转折，给人一种飘逸轻灵的感觉。

北魏是麦积山石窟的鼎盛期，这个时期的塑像是麦积山石窟艺术的精华。在静止的、无生命的造像中通过人物的面部表情、姿态的扭动变化透出动感，使其动静结合，形神兼备。而壁画作品不但人物形象传神，整幅画面更是透露出“气韵生动”的美学效果。

魏晋以降，无不把“传神”作为绘画表现的最高标准。“传神”自顾以后，一直成为人物画无可动摇的传统①。顾恺之说：“人有长短，今既定远近以瞩其对，则不可改易阔促、错置高下也，凡生人，亡有手揖眼视而前亡所对者。以形写神而空其实对，荃生之用乖，传神之趋失矣。空其实对则大失，对而不正则小失，不可不察也。一像之明昧，不若悟对之通神也。”壁画中人物造型比例准确，通过生动的线条体现出人物固有的神韵。如天女发难间轻蔑戏谑的神态，帝王在众人簇拥下昂首阔步傲然独得的姿态，这都是我们能一眼发现和欣赏到的。宋邓椿《画继》谓：“世徒知人之有神，而不知物之有神……故画法以气韵生动第一。”南齐谢赫就提出了“气韵”说的论画标准，将陆探微评为第一品第一人；评陆的画“穷理尽性，事绝言象”，穷尽了人物的理和性，就是把人物的内在精神气质彻底传达出来，可见当时人重视“精神”。整幅壁画不但形妙而且动静结合，使整个画面的“气韵”更加生动。如文殊菩萨宝盖上的飘带，以一种灵动的线条勾勒而出，微微飘起，彰显出维摩诘与文殊菩萨辩论时的激烈与智慧神通。而更加让人佩服和欣赏的是维摩诘左侧与文殊菩萨左侧的诸菩萨弟子众天人形象中，有3个呈回首状的人物形象，与身边的菩萨弟子或者天人在窃窃私语，不知是在探讨“结习未尽，华着身耳。结习尽者，华不着也”，还是在私语“一切众魔及诸外道，皆吾侍也”。这几个生动的艺术形象使得原本单调呆板的部分产生出“精神”，韵味十足，具有极强的艺术趣味，从而更加深刻地将《维摩诘经》的佛法诠释得形象生动，也更能显出壁画作者极高的技巧和对佛法的虔诚。

第127窟《维摩诘经变》不但构图气势宏伟，造型优美，线条流畅，而且在色彩的运用上也绚丽多彩。麦积山北魏壁画仍沿用前代的程序，先以土红或者淡墨线起稿，采用勾填的画法，敷色一般采用单色平涂，最后构线②。画面颜色以石青、石绿、土红为主，杂以其他颜色，使得画面均衡协调。上层颜色多以石绿、石青，庄重雅致、清淡秀丽，下层帝王的服饰以红色为主，在衣袖处施以石绿，二者的搭配显示出高贵的气质。同时在方盖、翠扇上用黄色以及金线勾勒，更显得富贵华丽，具有强烈的中国民族特色。

三

麦积山石窟《维摩诘经变》壁画浓郁的人格化、世俗化的特征冲淡了宗教本身的神秘色彩和气氛，这也是佛教东传过程中逐步中国化的体现，是融合与发展的过程。如壁画上层的3个回首状的佛

① 陈传席：《六朝画论研究》，天津：天津人民美术出版社，2006年，第39页。

② 张宝玺：《麦积山石窟壁画叙要》，天水麦积山石窟艺术研究所编：《中国石窟·天水麦积山》，北京：文物出版社、东京：平凡社，1998年。

弟子形象，他们身体微微转动，头扭向一边，与身边的天人佛弟子窃窃私语，这个场景描绘将充满神秘的佛的形象人格化，充满了普通人的情感和生活情趣。下层的《问疾品》内容，更是描绘了世俗生活中一帝王出行的盛景。人物形象、穿着打扮、仪仗排场完全为现实中帝王、大臣、侍者的形象和生活画面。在麦积山石窟的造像里也有大量的人格化和世俗化的众生相，如第121窟在佛前窃窃私语的菩萨与弟子，身体微微扭动，眉宇含情。古代艺术家通过世俗化、人格化的大胆手法，把神与人、宗教与世俗完美地融为一体，使我们至今似乎仍能和这些古代艺术形象互吐心曲，互相进行某种思想、感情、心灵上的交流与对话，不能不说这是宗教艺术史上的一个奇迹①。

通过对麦积山石窟第127窟《维摩诘经变》的画面构成、造型风格方面的分析，我们可以看到《维摩诘经变》大胆地将外来的佛教艺术与中原本土文化融合，在艺术趣味和审美追求上都达到了很高的水平。在造型和艺术处理上，注重对“气韵”的理解，结合传统中国画中的以线造型、以形写神，促进了新的民族风格的成长。在构图上以“异品同构”的手法在大型经变画的发展演变中开创了唐代大型经变画的先河。麦积山石窟《维摩诘经变》壁画所体现出的融合与发展，在中国石窟艺术的发展史乃至整个中国绘画史上都占有重要的艺术地位。

（原载于《天水师范学院学报》2009年第6期）

① 胡承祖：《麦积山石窟雕塑艺术论略》，麦积山石窟艺术研究所编：《麦积山石窟研究论文集》，兰州：甘肃人民出版社，2006年。

麦积山石窟《法华经》变相及其弘法思想

项一峰　刘　莉

中国佛教造像，以《法华经》变相，在石窟寺、造像碑塔中众多。过去多偏重于造像背景、图像释读方面的研究，亦有从造像组合分析其思想，重点在“禅观”①。“禅观”与石窟寺部分窟龛造像有关，是无可非议的。众多造像应该是面对广大信众，进行像教弘法，宣传佛教思想，让他们信解、行受，以示佛菩萨大慈大悲的心怀，来普度众生，脱离苦海。基于此，本文就麦积山石窟相关的《法华经》变相作一些剖析，着重在其所弘传的佛教思想。

一、《法华经》在中国的弘传及其变相

从印度佛教发展史来看，大乘佛教的兴起约在1世纪左右。《法华经》是大乘佛教问世较早的经典之一，大约亦产生于此时期。至于其最终定型的时间，学界迄今尚无定论，但不会晚于2世纪，因为在2世纪的后半期，印度龙树大师的《大智度论》中就有引述《法华经》②，它在古印度、尼泊尔等地曾长期广泛流传。此经传入中国亦时间较早，先后有九种译本③：

1. 三国吴甘露元年（265年）外国三藏支疆梁接译《法华三昧经》六卷。
2. 西晋秦始年中（265~274年）竺法护译《萨芸芬陀利经》六卷。
3. 西晋泰康七年（286年）竺法护译《正法华经》十卷。
4. 西晋（265~316年）失译者译《萨芸芬陀利经》一卷。
5. 东晋咸康元年（335年）支道根译《方等法华经》五卷。
6. 后秦弘始八年（406年）鸠摩罗什译《妙法莲华经》八卷。
7. 刘宋时智俨译《佛说法华三昧经》一卷。

---

① （日）久野美树：《中国初期石窟と观佛三昧——麦积山石窟を中心として》，《佛教艺术》第176号，1988年，第69~91页。（日）久野美树著，官秀芳译：《中国初期石窟及观佛三昧——以麦积山石窟为中心》，《敦煌学辑刊》2006年第1期。赖文英：《北传早期的法华三昧禅法与造像》，《敦煌佛教艺术文化论文集》，兰州：兰州大学出版社，2002年，第233页。

② （日）平川彰：《大乘经典的成立》，《东洋学术研究》第23卷第1号，1984年，第120~133页；释印顺：《〈大智度论〉之作者及其翻译》，《东方宗教研究》1990年第2期。

③ 《法华经》的译出一般为8种，但王文颜根据《开元释教录》卷十一和卷十四列出9种。参见王文颜：《佛典重译经研究与考录》，台北：文史哲出版社，1991年，第16~18页。

8. 萧齐时伽陀耶舍译《无量义经》。

9. 隋仁寿元年（601 年）阇那崛多译《添品妙法莲华经》七卷二十七品。

不过现存仅有三种，即西晋竺法护译《正法华经》、后秦鸠摩罗什译《妙法莲华经》和隋阇那崛多译《添品妙法莲华经》。此外据南朝梁僧祐（445~518 年）撰《出三藏记集》卷四记载，当时已有竺法护所译《正法华经》的单品别行经在民间流传，称《光世音经》或《光世音普门品》。罗什所译《妙法莲华经》亦有单品流行，通称《观世音经》。现存三种译本中前二种译本影响至大。同此前所译的《般若经》和稍后所译的《大般泥洹经》，鼎足三立，构成了东晋南北朝时期大乘佛教思想的经典支柱。尤其是自罗什的译本问世，得后秦皇家的推弘，随即于汉地盛传起来。据《高僧传》所列的讲经、诵经中以讲此经的人数最多，仅南北朝时期，注疏此经的就有 70 余家，唐释道宣在《妙法莲华经序》中说："三经重沓，文旨互陈，时所崇尚，皆弘秦本。"① 可知推重的是罗什译本。当时研究《法华经》已成为佛教的一门专门学问，以至隋代的智顗据以创立天台一宗，或称为法华宗。

古代翻译佛经，在译出经文之后，随即演讲经义，《法华经》的讲习较早。据《正法华经记》和《正法华经后记》记载，该经系竺法护译出，随校随讲，在长安和洛阳的僧俗中极受欢迎②。罗什翻译，亦复讲释。慧观《法华宗要序》载："有外国法师鸠摩罗什，……更出斯经，与从详究，什自手执胡经，口译秦言，曲从方言，而趣不乖本，即文之益，亦已过半。虽复霄云披翳，阳景但晖，未足喻也。什犹谓语现而理沈，事近而旨远，又释言表之隐，以应探赜之求。"③ 僧叡《法华经后序》载："遇鸠摩罗法师，为之传写，指其大归。"④ 说明罗什常讲法华经。隋天台宗智顗大师在《法华文句》的《普门品释》一开始说："此品是当途王经，讲者甚众。"⑤ 不论是竺法护、罗什，还是智顗等其他的高僧大德，讲经自然包括僧俗二众。因僧俗二众，尤其是广大普通信众，在学佛领悟上存在一定的差异，故他们在讲经中，就难免有宣讲侧重，达到弘法的最大效果。佛祖说法就是如此，《法华经序品》言："佛世尊演说正法，初善、中善、后善。其意深远，其语巧妙……为求声闻者说应四谛法，度生老病死，究竟涅槃；为求辟支佛者说应十二因缘法；为诸菩萨说应六波罗密，令得阿耨多罗三藐三菩提，成一切种智。"⑥ 高僧大德讲经说法自然亦不例外，至唐代遂出现了专门的"俗讲"。此后，"俗讲"之风，遂盛极一时。像教弘法中可能也存在相同的因素，这对我们今考释石窟寺佛教经变造像，了解其弘传的内容思想会有一定的益处。或许正是基于此，石窟寺经变造像中，往往出现众多某一经变题材的变相，且难以就某一经典来详加考对。

《法华经》的弘传，与其他众多大乘佛教经典一样，随之产生变相。若把穆哈莫德·拉利出土拉合尔博物馆所藏的镶板式造像——左右上方的小龛内造交脚、思惟菩萨组合形式的造像，认为系《法华经》序品的场面，即是"弥勒菩萨""文殊菩萨"。此像作于 3~5 世纪。又罗里延·唐盖出上的造

① 《大正藏》第 9 册，第 1 页。

② 《出三藏记集》卷八，《大正藏》第 55 册，第 56 页。

③ 《法华经传记》卷二《法华宗要序》，《大正藏》第 51 册，第 53 页。

④ 《妙法莲华经》卷七《妙法莲华经后序》，《大正藏》第 9 册，第 62 页。

⑤ 《妙法莲华经文句》卷十，《大正藏》第 34 册，第 144 页。

⑥ 《大正藏》第 9 册，第 1 页。

像，为三叶拱门的龛，下部有禅定印的二佛并坐，两侧有供养人胁侍，是《法华经》见宝塔品所说的二佛并坐像，时间为3~4世纪左右①。据此，则外国很早已有《法华经》变相。

中国的佛教艺术中，根据《法华经》形成的灵鹫山、释迦多宝塔的艺术形象，是北魏天兴元年（398年）道武帝拓跋珪“造耆阇山图一所”②，此为中国较早的《法华经》变相。法华造像最典型的特征是释迦、多宝二佛并坐像出现，主要有：北燕太平二年（410年）李普所造二佛并坐像③，北魏太安元年（455年）张永造石佛台座上的释迦、多宝二佛并坐龛像④，北魏太安三年（457年）宋德兴石雕释迦坐佛台座上的释迦、多宝佛并坐龛⑤。天安元年（466年）平城的曹天度造石塔背中的释迦、多宝二佛像⑥，皇兴五年（471年）仇寄奴造观音像背面殿内的释迦、多宝二佛像⑦，延兴二年（472年）释迦、多宝并坐像等等。这些都是中国佛教《法华经》变相中现知较早的作品。石窟寺中有关《法华经》变相存在的实例主要有：甘肃永靖炳灵寺西秦时期建造的第169窟的塑像和壁画中的释迦、多宝像，云冈石窟一期（460~471年）第17、18、19、20窟诸小龛内造释迦、多宝像，麦积山石窟北魏早期第148等窟小龛内造释迦多宝像，以及后秦第74、78窟小龛内可能以《法华经》序品示教的“弥勒菩萨”“文殊菩萨”造像。

关于《法华经》变相中的交脚、思惟菩萨龛像，最早出现于3~5世纪的外国造像或许可以认为是源，中国最早出现于后秦麦积山第74、78窟是否可认为是流？西秦炳灵寺第169窟、北魏云冈昙曜五窟均未见同样形式的题材造像，从此题材造像来说，似乎与炳灵寺、云冈石窟没有影响的关系。有学者在研究仰月、日月菩萨冠饰时，涉及麦积山第74、78窟中的交脚、思惟二菩萨像，认为“单就宝冠上的仰月装饰这一现象来看，凉州系统的石窟造像中，天梯山石窟、炳灵寺西秦石窟中均未发现这种装饰，显然，这一装饰不是来自炳灵寺或者凉州石窟……而是另有途径”，这种看法应该是正确的。但同时说：“云冈石窟的三期洞窟中，这种装饰非常流行，而且是从第一期就开始出现了，云冈的这种装饰以仰月为主，日月合抱的形式比较少……麦积山石窟初期窟菩萨宝冠上的仰月装饰，无疑也是云冈石窟的西传影响而出现的，这可以从另一角度证明麦积山初期洞窟的年代不会是后秦时期，而是受到云冈石窟影响。”⑧ 此看法不敢苟同，关于麦积山第74、78窟的开窟造像年代，至今学界一直持后秦、北魏两种说法。此先不论谁更为恰当，若云冈石窟影响麦积山，开窟造像应在460年以后，麦积山开窟造像应该去国都平城或就近的炳灵寺石窟取经。试想佛教造像首先应该是题材内容选择，次为形象装饰，若菩萨仰月冠装饰影响到麦积山，题材内容又为何未影响到麦积山造像题材？从开窟造像形式来讲，麦积山交脚、思惟菩萨造像可能受外来影响，菩萨冠样既可能是秦地（长安）一带早已采取的

① （日）久野美树著，官秀芳译：《中国初期石窟及观佛三昧——以麦积山石窟为中心》，第155页。

② 《大正藏》第51册，第13页。

③ 赖文英：《北传早期的法华三昧禅法与造像》，第241页。

④ 日本京都藤井有邻馆藏，图参见金申：《中国历代纪年佛像图典》，北京：文物出版社，1994年，第16页。

⑤ 邓健吾：《麦积山石窟的研究及早期石窟的两三个问题》，《中国石窟·天水麦积山》，北京：文物出版社、东京：平凡社，1998年，第253页。

⑥ 塔身现存台北故宫博物院；塔刹现存山西朔县文物保管所。图参见金申：《中国历代纪年佛像图典》，第22页。

⑦ 英国大英博物馆藏和美国旧金山亚洲艺术馆藏，图参见金申：《中国历代纪年佛像图典》，第29、35页。

⑧ 魏文斌：《也谈仰月日月菩萨冠饰——以麦积山石窟为例展开》，《敦煌学辑刊》2007年第4期。

一种样式。虽不能说麦积山菩萨冠样直接影响云冈，但从北魏灭后秦，将长安工匠二千家掠到平城这一历史事件来看，云冈石窟的开凿除平城当地工匠外，主要应为凉州和长安等地的工匠①。既然凉州石窟系统的天梯山、炳灵寺西秦窟龛中造像未见菩萨头冠的仰月装饰，云冈石窟菩萨头冠的仰月装饰极可能就是受长安系统的造像影响。若此观点成立，长安系统现存最早的麦积山石窟造像中也应出现有此类式样。不过说麦积山石窟造像直接影响云冈石窟亦同样存在疑惑，因为没有题材形式受到影响的证据。这或许是艺术工匠着重艺术传承，宗教者着重教义传弘。即是说云冈石窟造像受长安佛教艺术因素的影响，但难以确定说是直接受麦积山石窟的影响，间接因素或许存在。至于麦积山、云冈石窟之外，其他石窟不见或许就不难理解了。

关于《法华经》变相中的释迦、多宝二佛并坐像，早在3、4世纪左右的犍陀罗佛教艺术中已经出现，中国西域早期佛教艺术中尚未明确发现此类图像，在敦煌以东大乘佛教流行地区，纪年明确的最早实物是北燕太平二年（410年）造像，次为西秦建弘元年（420年）炳灵寺造像，后为北魏太安元年（455年）以后的众多碑塔造像，以及云冈、麦积山石窟造像。

麦积山石窟北魏之前的洞窟中已造有《法华经》变相，但是没有出现释迦、多宝二佛并坐像。中国北魏之前有关释迦、多宝二佛并坐的造像，现可知的仅有北燕、西秦几件。北燕建于407年，都城在龙城（辽宁朝阳），后迁移至邺城（河北临漳西南镇东一带），486年被北魏所灭。西秦始建于385年，都城在苑川（甘肃榆中北），431年被胡夏所灭，439年北魏统一北方。北燕为汉人立国，西秦虽然为鲜卑人立国，其活动区域后来几乎包括汉人张轨所建前凉政权的活动中心②，这似乎告诉我们释迦、多宝二佛并坐像在中国的出现与汉民族有较大的关系③。这是东西文化互相碰撞融合所产生的中国佛教文化结果，正如张宝玺先生所说“西秦石窟本身是东西方文化碰接的荟萃”④，麦积山石窟亦不例外。早期的第74、78窟中出现《法华经》序品交脚弥勒与思惟文殊菩萨造像为后秦始造，从后秦国主姚兴提倡儒学和佛学来看，在罗什到长安前，天水姜龛、东平淳子岐、冯翊郭高等“耆儒硕德”已在长安教授儒学，各有门徒数百人，诸生自远而至者一万数千人。姚兴“每于听政之暇，引龛等于东堂，讲论道艺，错综名理”。凉州的儒者胡辩，在前秦末东徙洛阳，教授弟子千余人，关中慕名前往的学者很多⑤。姚兴特敕关尉对此不要禁止，由此儒学在后秦时期更加盛行⑥。同时佛教盛行，再次佐证了麦积山石窟是“东西方文化碰接的荟萃”。

云冈石窟的开凿，实际上的倡导者是文成帝后、孝文帝祖母文明太皇太后冯氏。史载承明元年

---

① 据《魏书》卷二《太祖道武帝纪》载：“徙山东六州民吏及徒何、高丽杂夷三十六万，百工伎巧十万余口，以充京师。”又卷四《世祖太武帝纪》载：“徙长安城工巧二千家于京师。”北京：中华书局，1974年，第32、100页。

② 张传玺、杨济安：《中国古代史教学参考地图集·五胡十六国示意图》，北京：北京大学出版社，1984年，第26页。

③ 北魏佛教造像中虽有“二佛”有时亦表示“二圣”，实乃以“二佛”影射，亦有“二圣”即佛的寓意。“二圣”亦不脱与汉人、汉文化有关。

④ 张宝玺：《〈法华经〉的翻译与释迦多宝佛造像》，《佛学研究》1994年，第142、143页。

⑤ ［唐］房玄龄等撰：《晋书》卷一一七《姚兴载记》，北京：中华书局，1974年，第2979页。

⑥ 参见任继愈：《中国佛教史》卷二，北京：中国社会科学出版社，1985年，第267、268页。

（476 年）献文帝卒后，冯氏临朝听政，“事无巨细，一禀于太后”①。冯太后是前燕国的皇族。北魏释迦、多宝二佛并坐像的出现，过去众多专家学者论及时说与孝文帝及冯氏“二圣”或“二皇”有关。这点难以否认，供养造像者为“迎合”，在一定程度上起到推波助澜的作用，如北魏僧人法果曾提出“我非拜天子，乃拜佛也”思想②。或许也与西晋以来文士崇尚玄谈的社会风气有关，因其造像颇似两个文士在对谈。也可能与十六国北朝时期《法华经》在社会中盛弘有关，因为二佛并坐的形象显明，不与它经混同，不仅彰显了《法华经》真实不虚，也得到了社会的承认并成为最普及的形象。故而在炳灵寺石窟早期和云冈石窟三期造《法华经》变相多为释迦、多宝二佛并坐像，但麦积山石窟早期造《法华经》序品变相则为弥勒、文殊像，据此，北魏出现释迦、多宝二佛并坐像也就易于理解了。关于《法华经·序品》变相内容为何造弥勒、文殊二大菩萨？佛说此经时“神变”诸相，弥勒诸菩萨、弟子等“疑惑”，弥勒代表大众“求知”。文殊“回答”解疑，是此品的因缘所在，启证佛说此经大法的真实不虚。弥勒、文殊二大菩萨是“问答”的双方，故众菩萨中造弥勒、文殊。又为何以交脚示弥勒、思惟示文殊菩萨的形象？其原因应该是以交脚形象表示弥勒，在中国早期佛教造像中出现众多例证，或说较为流行，此不必赘言。造像者选择造交脚弥勒，既有所依据，也能得到信众的认同，自然首选。文殊菩萨造思惟形象，《序品》中说弥勒等诸菩萨弟子，对佛的“神变”疑惑不知，无所见闻，能思考什么呢？如果说《法华经·序品》变相，弥勒菩萨造思惟形象，似乎不太合理。而在场听法众中唯有文殊是过去曾得见知晓的菩萨，当佛现“神变”时，他会作思惟状，想他过去曾在什么地方，什么时间，什么情况下见到此情景。当弥勒菩萨问疑时，他回答之，说他过去曾见的情景过程。故《序品》中文殊菩萨答弥勒菩萨说：“我于过去诸佛曾见此瑞”与“今佛现光亦复如是”。过去“日月灯明如来演说正法”“妙光菩萨说大乘经”“今见此瑞与本无异”及今如来说大乘经，妙法莲华教菩萨所护念的一段长篇经文。又《序品》中说：在释迦佛说《妙法莲华经》以前，过去妙光菩萨说此经。其八百弟子当中一名叫“求名”的弟子，因贪著利养，复读诵众经而不通利，多所忘失，故号求名。这位妙光菩萨、求名弟子，正是今日在场听佛说法众中的文殊（妙光）、弥勒（求名），特殊的过去、现世的因缘、因果③。以上所说正是我们认为《法华经》变相示教《序品》内容的像教造像，造交脚弥勒菩萨、思惟文殊菩萨的理由。

二、麦积山《法华经》变相

麦积山石窟有关《法华经》变相的洞窟有第 74、78、80、128、148、144、100、132、133、165、110、27 等窟。其经变造像表现形式内容大体可归纳为以下几类：（一）以壁面上方二小龛内塑交脚弥勒、思惟文殊像示现《法华经序品》；（二）以壁面或大龛内壁面开小龛内塑（或壁画）释迦、多宝二佛并坐像示现《见宝塔品》；（三）以壁面或龛顶绘出观世音无尽意菩萨，及城楼示现《法华经》普门

①［北齐］魏收撰：《魏书》卷一三《文成文明皇后冯氏传》，北京：中华书局，1974 年，第 329 页。

②［北齐］魏收撰：《魏书》卷一一四《释老志》，第 3031 页。

③《妙法莲华经》卷一《序品》，《大正藏》第 9 册，第 1~4 页。

品、化城喻品；（四）以壁面小龛内塑交脚菩萨、释迦多宝二佛、小坐佛，或几横竖排列小龛内塑坐佛（或绘千佛）、菩萨等像示现《法华经》多品内所说三世十方诸佛；（五）以龛内主尊佛左右胁侍菩萨像示现《法华经》普门品、劝发品等内容思想。因上列五种类别造像，往往有二种或多种在同一窟出现。从代表性窟的相关窟龛造像题材分布情况来看，后秦至北魏早期第 74、78 窟最初开凿的洞窟①，窟内除三壁前塑三佛，正壁主佛左右各一尊胁侍菩萨外，只是在正壁上方左右各开一小龛塑交脚思惟菩萨及胁侍菩萨。麦积山这种在窟内壁面上方左右开小龛塑交脚思惟菩萨的形式在中国石窟造像中应为最早，其渊源如邓健吾先生所指出的那样，第 74、78、148、128、144、100 窟正壁上方左右的小龛。关于小龛内的造像，在其他众多的犍陀罗中后期造像里，可以看到均呈小祠堂形（小龛）。更为有趣的是，上述麦积山六例都是右龛塑交脚菩萨、左龛塑思惟菩萨像的组成形式，与穆哈莫德·拉利出土并由拉合尔博物馆藏镶板式造像左右上方的小龛内像组合几乎相同。这件犍陀罗后期造像和麦积山早期洞窟造像，可以说有直接关系。并且，宫治昭先生指出，穆哈莫德·拉利出土造像上方小龛内像，并非对本像的直接言及，而是示教《法华经》序品的场面的关系②。至于如第 74 窟三佛，主佛背项光及窟顶绘千佛与《法华经》多品中所说“三世十方诸佛”不无关系。主佛左右胁侍菩萨，一尊持净瓶，一尊披巾角，持净瓶的菩萨一般通常有观音或弥勒两种说法。此窟弥勒已以交脚造像形式出现，一尊应该是观音菩萨，另一尊可能就是普贤菩萨。这应该与《法华经》特出《观音菩萨普门品》《普贤菩萨劝发品》有一定的关系。

若说第 74、78 窟中的菩萨、三佛、千佛还不能肯定特显《法华经》中的内容，北魏早期第 148、128、110、144 窟出现了释迦、多宝二佛并坐像，已明确反映《法华经》中的《见宝塔品》，并且沿袭十六国时期石窟正壁上方左右小龛内交脚思惟造像的形式，其中主尊左右胁侍菩萨手持净瓶或披巾角，完全相同（第 128 窟）。也有主佛项光上绘千佛（第 148 窟）。不同的是左右壁面上方或大龛内左右侧并列开凿多个小龛，内塑千佛（包括释迦、多宝二佛）来表示千佛内容。第 80 窟出现释迦、多宝二佛并坐像，但没有出现交脚弥勒的造像。左右壁塑二尊胁侍菩萨均持净瓶，这不正符合观音、弥勒二菩萨通常持净瓶的说法。而第 100 窟出现了交脚弥勒、思惟文殊菩萨像，主尊二胁侍菩萨无一持净瓶，从《法华经》特尊的四位大菩萨来说，这应该是观音、普贤菩萨。又反映出第 80 窟胁侍菩萨为观音、弥勒的可信性。

北魏中期，正壁上方左右凿小龛塑交脚思惟的形式同样可见到（第 155 窟），第 156 窟只是将上方左右小龛改变成拐角平台③。再有变化是正壁面上方左右小龛在一龛内塑交脚思惟并列像，可说更为形象地表现《法华经·序品》的内容；窟内三壁上方排列塑千佛，将交脚思惟的位置移到主佛左右侧上下排列的三层拐角平台最上层；第 19 窟交脚思惟移到主佛左右侧上下各凿三小中龛内，上龛内塑坐佛，下龛内塑释迦、多宝佛。

---

① 董玉祥：《麦积山石窟的北魏窟龛及其造像》，阎文儒主编：《麦积山石窟》，兰州：甘肃人民出版社，1984 年，第 61 页。文中认为，北魏早期约自文成帝兴安初到孝文帝太和十年前后。第 74、78 窟未列入北魏早期中，应该为早于北魏或后秦窟。此说较为接近现存遗迹所反映状况。

② （日）久野美树著，官秀芳译：《中国初期石窟及观佛三昧——以麦积山石窟为中心》，第 154 页。

③ 第 155 窟右角龛内塑像残损，第 156 龛左角平台上的塑像残失，据残迹推测应该为交脚、思惟菩萨像。

北魏晚期第163窟，虽然众多塑像残失，从现存的造像及残存痕迹分析，可知造交脚、千佛、释迦多宝、胁侍菩萨，已难推测是否造思惟菩萨像。但是，窟内右壁主尊造交脚弥勒菩萨与正左壁主尊二佛形成过去、现在、未来的三世佛主尊造像。并且在正壁主佛左侧释迦多宝小龛外上方浮塑一尊交脚及二胁侍菩萨，这种形式比较特别。又第133窟10号法华禅观造像碑，主尊是释迦多宝二佛、交脚弥勒菩萨，释迦佛说法也表示过去、现在、未来三世佛造像①。麦积山北朝洞窟中有多例主尊以二佛一交脚菩萨表示的三世佛造像形式，如第142窟。因窟内无明显表示释迦多宝二佛造像代表《法华经》变相，若说与《法华经》的弘传有关，只能是间接的关系。应与弥勒上下生成佛经等弘传有直接的关系。

麦积山石窟北魏晚期出现《法华经》变相的另一新形式是用壁画表示。第132窟正壁主佛左侧绘释迦多宝二佛；第110窟前壁门上方绘《法华经》的《观世音菩萨普门品》，主佛左右二胁侍菩萨分别题名“此是观世音菩萨”“此是无尽意菩萨”。至北周时期27窟窟顶出现《法华经》中的《见宝塔品》《化城喻品》等内容经变绘画。麦积山石窟北魏以后洞窟中未见有释迦、多宝二佛造像，是否《法华经》像教弘传不续，我想不然，在此不便展开细述，故留待以后考察研究。

三、麦积山《法华经》变相所弘思想

麦积山石窟现存最早的第74、78窟，以及第128、148等窟首弘《法华经》内容思想，其中交脚、思惟菩萨，教示对《法华经·序品》的场面，即弥勒与文殊菩萨“决疑”问答的经文中描述的像教所现。特别值得一提的是第93窟同龛中并列出现交脚、思惟菩萨像，更显弥勒文殊“决疑”之情景。《法华经·序品》说，佛在王舍城耆阇崛山中，“为诸菩萨说大乘经，名无量义，教菩萨法，佛所护念。佛说此经已，结跏趺坐，入于无量义处三昧，身心不动，是时天雨曼陀罗华、摩诃曼陀罗华、曼殊沙华、摩诃曼殊沙华，而散佛上及诸大众。普佛世界，六种震动……复见诸佛般涅槃后，以佛舍利起七宝塔。尔时弥勒菩萨作是念：‘今者世尊现神变相，以何因缘而有此瑞？今佛世尊入于三昧，是不可思议、现希有事。当以问谁？谁能答者？’复作此念：‘是文殊师利，法王之子，已曾亲近供养过去无量诸佛，必应见此希有之相。我今当问。’……尔时弥勒菩萨，欲自决疑，又观四众比丘、比丘尼、优婆塞、优婆夷，及诸天、龙、鬼神等众会之心，而问文殊师利言：‘以何因缘而有此瑞神通之相，放大光明，照于东方万八千土，悉见彼佛国界庄严？’”“尔时文殊师利语弥勒菩萨摩诃萨及诸大士、善男子等：‘如我惟忖，今佛世尊欲说大法，雨大法雨，吹大法螺，击大法鼓，演大法义。诸善男子！我于过去诸佛，曾见此瑞，放斯光已，即说大法。是故当知，今佛现光，亦复如是，欲令众生，咸得闻知一切世间难信之法，故现斯瑞。……今见此瑞，与本无异，是故惟忖：‘今日如来当说大乘经，名妙法莲华，教菩萨法，佛所护念。’”②

① 项一峰：《麦积山石窟10号造像碑》，《丝绸之路》1998年第1期；关于三世佛造像与法华思想的关系，刘慧达、宿白先生曾有文研究；魏文斌《麦积山石窟初期洞窟三世佛造像考释》也有涉及。

② 《大正藏》第9册，第1、2页。

此交脚弥勒思惟文殊为《法华经》序品之像教，启《法华经》之缘说，意在宣弘《法华经》是佛“演说大乘真经，名无量义……是经乃诸佛如来秘密之藏，神妙叵测，广大难名，所以拔滞溺之沈流，拯昏迷之失性，功德弘远莫可涯涘”①。这种“清净微妙”“第一希有”，过去未曾闻。为使大众深信，佛行方便法，放大光明等神变相，“助发实相义”“充足求道者”，来除断“诸求三乘人”的疑悔，“令尽无有余”。难怪有高僧称此经为佛教大乘“决经”。从经名“无量义”来说包括佛所说的一切经义，故又有称此经是佛教大乘“结经”。

《法华经》的弘传，不仅让信众信此经是“大乘真经”，同时让信众信佛所说一切经真实不虚，皆是方便缘说，三乘教最终归于一佛乘。求三乘人最终成佛，众生皆能成佛。并用神变来互相印证。

上述至此，不外乎让信众从疑到深信、了解，众生如何才能达到最终成佛，下一步也是最重要的是行至证，行是关键。如何去行？序品又说：

如是众多　今当略说　我见彼土　恒沙菩萨　种种因缘　而求佛道　或有行施
金银珊瑚　真珠摩尼　车磲马脑　金刚诸珍　奴婢车乘　宝饰辇舆　欢喜布施
回向佛道　愿得是乘　三界第一　诸佛所叹　或有菩萨　驷马宝车　栏楯华盖
轩饰布施　复见菩萨　身肉手足　及妻子施　求无上道　又见菩萨　头目身体
欣乐施与　求佛智慧　文殊师利　我见诸王　往诣佛所　问无上道　便舍乐土
宫殿臣妾　剃除须发　而被法服　或见菩萨　而作比丘　独处闲静　乐诵经典
或见菩萨　肴膳饮食　百种汤药　施佛及僧　名衣上服　价直千万　或无价衣
施佛及僧　千万亿种　栴檀宝舍　众妙卧具　施佛及僧　清净园林　华果茂盛
流泉浴池　施佛及僧　如是等施　种果微妙　欢喜无厌　求无上道　或有菩萨
说寂灭法　种种教诏　无数众生　或见菩萨　观诸法性　无有二相　犹如虚空
又见佛子　心无所著　以此妙慧　求无上道　文殊师利　又有菩萨　佛灭度后
供养舍利　又见佛子　造诸塔庙

从上文可知，千亿佛事中菩萨种种因缘而求佛道，首为行施，可说是无所不施。施给谁？施佛及僧。佛灭度后，施佛即为供养，供养舍利，造诸塔庙等。总之，“供养诸佛已，随顺行大道，相继得成佛”。像教弘法，供养的佛应该所含佛舍利、佛像，以及《法华经》所说佛的代言人佛僧等等。所供养的菩萨、佛子应该是佛教中所说的各类信众。

《法华经》序品变相的像教弘法，真实意义应该是“信、解、行、证”思想。如此，“佛法僧”的存在，佛教健全。供养（布施），佛教生存。这正是佛教延续的最基本条件。麦积山最初的石窟造像选择《法华经》序品造交脚弥勒思惟文殊菩萨像等，或许存在佛教道场基于初时，考虑健全、生存、发展之因素。

其次，麦积山第74、78、128、100等窟中的三佛、千佛与《法华经·序品》中主张三世诸佛的存在，《方便品》中说“十方无量百千亿佛土中诸佛世尊，多所饶益安乐众生，是诸佛亦以无量无数方

① 《大乘妙法莲华经序》，《大正藏》第9册，第1页。

便种种因缘譬喻言辞，而为众生演说诸法，是法皆为一佛乘故。”“十方世界中尚无二乘，何况有三”，“诸佛以方便力，于一佛乘分别说三”。《安乐品》中说“修习善法，证诸实相，深入禅定，见十方佛”，不无关系。系强调三世十方诸佛所说法皆为一佛乘，其余三乘法皆是佛以方便力而教化，度脱众生。引导学佛者，学法行证不要执着于三乘成见，三乘最终归于一佛乘。三乘人所具有的只是不同程度掌握的“方便智慧”，若要成佛，必须达到一种能究尽“诸法实相”的洞察认识能力——“佛慧”。具备佛慧，即达的境界而成佛见佛。如何获得佛慧，“修习善法”《方便品》中说，除以教理方面获取之外，“更以异方便，助显第一义”。就是通过闻经、赞叹、演讲、抄经、传弘等教理方面，及以虔诚的心为佛建塔，塑像绘画，并加以礼拜唱颂，作各种供养，皆可成佛。如“于旷野中积土成佛庙，乃并童子戏，聚沙为佛塔”可以成佛道。又“若人为佛故，建立诸形像，刻雕成佛塔”，从“七宝装饰”到彩画作佛像，乃至用指甲等画作佛像，“渐渐积功德，具足大悲心，皆已成佛道”，“若人于塔庙，宝像及画像，以香华幡盖，敬心而供养”，“或有人礼拜，或复但合掌，乃至举一手”，“小低头”，“以此供养像，渐见无量佛，自成无上道”。还可以“深入禅定，见十方佛”。这正是佛教中所提倡的“福慧”双修。

《法华经》中大量讲佛为无数人授记，没有一个是当世即可成佛的，原因之一，就在授记之后，还要“以供具”供养诸佛，甚至一人供养几亿以至百千万亿的佛，只有经过这样的供养，方能达到成佛的阶段。难怪自姚秦鸠摩罗什《法华经》译出并盛传后，中国石窟寺兴起，造三佛、千佛，佛教建筑、雕塑、绘画等随之得到发展。

第74、128等窟中的观音、普贤胁侍菩萨。关于观音菩萨信仰造像，过去有众多专家学者有专文研究，此不赘述。观音菩萨信仰造像，在中国佛教中列为佛经中所说众菩萨之首，应该得于《法华经》的译出和观世音菩萨普门品（单行本）的宣弘。

《法华经》中虽然说“会三归一”最终归于一佛乘，人人皆可成佛，同时告知，因众生“善根”不同，而方便随机说三乘法。一佛乘的“诸法实相”不是二乘人所能领悟，就是菩萨乘人亦难如法，弥勒菩萨“决疑”为明证。正因如此，佛“为求声闻乘者说四谛法；为求辟支佛乘者说十二因缘法；为求菩萨乘者说六度法”。佛灭度后众生如何才能随时随需得受佛法，《普门品》中佛说观世音菩萨是佛的代言人，并且极方便给予获得，闻观世音菩萨，一心称名，观世音菩萨即时观其音，方便之力，而为众生说法。其方便之力表现在：

“若有国土众生应以佛身得度者，观世音菩萨，即现佛身而为说法。……应以声闻身得度者，即现声闻身而为说法。应以梵王身得度者，即现梵王身而为说法……应以比丘比丘尼优婆塞优婆夷身得度者，即现比丘比丘尼优婆塞优婆夷身而为说法。应以长者居士宰官婆罗门妇女身得度者，即现妇女身而为说法。”这是观世音菩萨与众菩萨不同所具有特殊的“方便之力”。这种“方便之力”还表现在：“若有无量百千万亿众生受诸苦恼，闻是观世音菩萨，一心称名，观世音菩萨实时观其音声皆得解脱。若有持是观世音菩萨名者，设入大火火不能烧，由是菩萨威神力故。若为大水所漂，称其名号即得浅处。……若有女人设欲求男，礼拜供养观世音菩萨，便生福德智慧之男。设欲求女，便生端正有相之女。……是观世音菩萨，成就如是功德，以种种形游诸国土度脱众生，是故汝等，应当一心供养观世音菩萨。”①

---

① 《妙法莲华经·观世音菩萨普门品》，《大正藏》第9册，第56、57页。

从此品宣说的内容来讲，观世音菩萨不仅代表佛宣讲“三乘法”“一佛乘法”等出世间法，而且宣讲入世间法。佛法神妙，方便救度，体现佛菩萨大慈大悲、普度众生的精神思想。此经比过去任何经都直接明了来适合教导社会中的各类人群，亦起到“欲人欲拘牵”的社会效应，从而使佛教达到迅速传弘发展壮大。

关于普贤菩萨，《法华经》将列为最后一品，即《普贤菩萨劝发品》。此品中佛对普贤菩萨讲的一番话，实质上是为《法华经》内容作了一个简要的概括，“若善男子善女人成就四法，于如来灭后，当得是《法华经》，一者为诸佛护念；二者殖众德本；三者八正定聚；四者发救一切众生之心。”此品说普贤菩萨是一切持《法华经》人的保护神，他可以用咒语佑助任何《法华经》的信仰者。是说凡是信《法华经》，依法所行证的人，不仅得到诸佛所护，普贤菩萨亦特护，强调的是“咒”护。早期佛教弘传中最显著的特点之一，就是“咒术”的灵验和神妙莫测。普贤菩萨这种特殊的“咒”功德，不能不说是信众所渴求的。

此品还说普贤菩萨能助成就四法的人得到安逸。信仰者的信行等如法与否，直接造成现世，乃至来世的善恶果报。正反双面的说教，信众唯恐偏差错误的心态，不也正造就对普贤菩萨的尊信崇拜。因此，普贤菩萨造像随《法华经》盛弘而出现亦是情理之中。另一重要原因是与当时兴“禅”有一定的关系。在禅观经典中《观普贤菩萨行法经》是相关“法华禅观”的一种修法，为修行禅观者所推崇，禅观造像中普贤菩萨造像应该随之出现。

麦积山第110窟壁画中出现“说法图”，正中绘一佛二胁侍菩萨。并存题名“此是观世音菩萨”“此是无尽意菩萨”。不过二尊菩萨皆没有持净瓶，联想上文所述二尊胁侍菩萨，如第100窟造像也皆没有持净瓶。此窟内又有造交脚和释迦、多宝，明显为《法华经》变相，说二尊菩萨是观世音、无尽意菩萨或许成立。造观音、无尽意二尊菩萨是《法华经·观音菩萨普门品》所出示教。说无尽意菩萨向释迦佛发问观世音菩萨以何因缘名观世音引起，佛告无尽意菩萨，观世音现种种身，方便说法，度众生救诸难，凡此种种无限好处。于是无尽意菩萨，解项上宝珠璎珞，供养观世音菩萨。观世音菩萨又转供佛。此窟壁画应在教示此思想。但易看出又突出“供养”思想。

第80窟主佛左右各一尊持瓶的胁侍菩萨，应该是观音、弥勒菩萨，结合此窟主佛龛左右小龛造坐佛或释迦、多宝二佛。没有出现交脚菩萨的造像，但明显为示教《法华经》的内容思想。而其他窟如第74、128等窟造胁侍菩萨不为弥勒，可能考虑窟内已造交脚示现弥勒的原因。此窟内造观音、弥勒二菩萨所示教上文已说，弥勒造像除上文已说外，还包含《劝发品》中所说的弥勒菩萨所居兜率天的种种相好、庄严等来示教信众信《法华经》受持、读诵、解其义趣所得的功德往生之善果，即果报思想。关于弥勒的信仰，同时代传弘的《弥勒大成佛经》及《弥勒上下生经》等经中广为宣讲弥勒的功德，众生往生兜率天的好处。兜率天是后补佛的乐园，弥勒广度诸众生。从更深一层意义来讲，最终还是“人人皆成佛”。弥勒信仰，可言实际是《法华经》系统的另一种说教。故石窟造像中，从最初壁面上层小龛（台上）内造交脚菩萨像；小窟内造交脚，造释迦、多宝（第19窟）；及主佛胁侍菩萨弥勒，逐渐提升造交脚弥勒为主尊的代表三世佛造像（第163、133窟），①

① 项一峰：《麦积山石窟10号造像碑》，《丝绸之路》1998年第1期。

乃至上升为造弥勒佛为主尊的说法像①。如此说来造弥勒像主要示教《法华经》所说思想，而又示教弥勒信仰的思想。

第128、148、100、144等窟小龛内造释迦、多宝二佛并坐像，所示教的内容思想，应该是《法华经·见宝塔品》所说释迦佛说《法华经》，多宝塔从地“踊出”。以何因缘，过去有一多宝佛，“其佛行菩萨道时，作大誓愿，若我成佛，灭度之后，于十方国土，有说法华经处，我之塔庙，为听是经故，踊现其前为作证明。”多宝如来端坐其中，“尔时多宝佛，于宝塔中分半座，与释迦牟尼佛”，“即时释迦牟尼佛，入其塔中坐其半座，结跏趺坐。”这些内容主要示教《法华经》的“真实不虚”而使信众坚信不疑的思想。

第27窟壁画中出现《见宝塔品》所示教的内容思想上文已说。同时出现《化城喻品》所示教的内容思想，此品中说大法，菩萨“皆悉信受，声闻众中亦有信解，其余众生千万亿种皆生疑惑”，“如来方便，深入众生之性，如其志乐小法，深着五欲，为是等故说于涅槃。是人若闻，则便信受。……若众生住于二地，如来尔时即便为说：‘汝等所作未办，汝所住地，近于佛慧，当观察筹量所得涅槃非真实也。但是如来方便之力，于一佛乘分别说三。’如彼导师，为止息故，化作大城。既知息已，而告之言：‘宝处在近，此城非实，我化作耳。’”

从以上经文中可清楚地看出标榜《法华经》是佛所说经中之“大法真经”“诸经最上”，唯菩萨信受，声闻中少有信解，其余众生皆生疑惑。如此“一佛乘”之大法说教，怎么能被广大信众信受遵行。以化城非实来比喻，乃佛方便说法，三乘亦是方便之教，是引导众生至一佛乘的阶梯，非实，唯一佛乘得灭度。教导信众不要执着三乘，也不要不信或生疑，有放弃修学一佛乘的心念，只要坚持不懈渐进，就越来越近佛慧，达一佛乘得灭度，终已成佛。如此思想的传弘，从某种意义来说，调解了十六国北朝时期，佛教信徒中对佛经的理解所产生的种种不同分歧，统一思想，殊途同归。从而巩固了佛教的发展壮大，隋唐佛教的兴盛，多种宗派和谐并传，或许可作为实证。

还有一点值得注意的是佛教众多经典提倡“供养”的功德，《法华经》在此方面尤为突出。《见宝塔品》说：“十方诸佛各告众菩萨言，善男子，我今应往娑婆世界释迦牟尼佛所，并供养多宝如来宝塔。”《普门品》说：“观世音菩萨愍诸四众及于天龙人非人等，受其璎珞，分作二分，一分奉释迦牟尼佛，一分奉多宝佛塔。”此经多品中说，菩萨过去曾供养无量千万数诸佛。释迦佛过去（世）为王子，亦“已曾供养无量千万亿数诸佛于诸佛所常修梵行，受持佛智开示众生令入其中，汝等皆当数数亲近而供养之”。如此说教，无不强调“供养”的重要性。诸佛供养佛，菩萨供养佛，现已成佛的释迦牟尼亦因供养佛而成佛。这是教示信众诸供养中，佛供养为最上，所得功德亦无疑为最上。并说释迦牟尼在供养诸佛时于佛所常修梵行，受持佛智，开示众生。当今娑婆世界教主释迦牟尼佛，自然首先供养释迦佛，在他的场所常修梵行，受持佛智。释迦佛传教的场所有一定的区域限制，诸多信众难以亲临或常于佛所常修梵行，受持开示。如何解决这一问题，于是像教场所应运而生，这也是中国众多石窟创建与“禅观”有关的主要原因之一。同时形成禅与教，即实践与理论相结合的布教场所。“供养”的殊胜功德无疑推动了石窟寺发展兴盛，亦推动了寺院经济兴盛壮大。至于《见宝塔品》中

① 项一峰：《麦积山北魏115窟造像壁画内容考释》，《敦煌学辑刊》2004年第1期。

所说，十方诸佛供养多宝如来宝塔，“诸佛各将一大菩萨以为侍者，至娑婆世界”。麦积山第128、163窟中出现释迦、多宝佛龛，诸小龛内一佛并胁侍菩萨，或许反映此内容，示教相关的思想。与其他窟中众多小龛内单造佛，无胁侍菩萨，表示十方诸佛，所示教的思想应有所区别，即所依据的经典或经品不同。

四、结语

1. 佛教造像中《法华经》变相，最早产生于3、4世纪犍陀罗造像艺术中，传至中国，此经变相现见最早为5世纪初。首先被接受变相可能与汉民族及汉民族文化占主导地位的区域有关，其次得力于《法华经》，尤其是罗什所译《妙法莲华经》的盛弘，再者是佛教“禅观”，以及北魏政治出现“二圣”等亦起到助兴作用。

2. 《法华经》变相，在隋唐以前石窟寺中出现了大量作品，与此经本身宣教的内容思想有重要关系。它是“诸经最上”“大乘决疑经”，与过去在中国译传的诸经典不同，主要调和了“三乘而归一乘”。解决了中国早期佛教僧人修学中产生的诸如“大小乘涅槃”“三世存空”“渐顿悟证”“一切众生皆有佛性”及“南义北禅”等等问题。中国佛教史上的第一宗派——天台宗，就体现宗教上的统一，而此宗的教义正是所依《法华经》。

3. 隋唐以后中国佛教虽然出现多种宗派，但基本上是和平相处，各行其道，相互间的排斥争执几乎无存。从这方面是否可以说，《法华经》已基本解决了佛教传弘中国以来所产生的诸多排斥争执，它“决疑”的历史使命就显得不那么重要。从修学方面来说，各宗都具备完整的理论与实践体系，法华禅观或被吸收融入，或不为所用。相应像教弘法，隋唐以前较为普遍出现选择性的《法华经》单品造像，隋唐以后几乎少见，并出现大量的绘画作品，如敦煌石窟所有的品序几乎都绘制成了壁画，明显淡化以前特出的单品内容思想，而弘传全经的意向。如此，中国石窟寺《法华经》变相在历史中的相教变化，或许就容易理解了。

4. 像教弘法是伴随着佛教传弘而产生，它只是佛教传弘的一个重要方面，在考察探讨像教传弘的经变画时，必须考虑到佛教在中国的整体传弘情况。两晋时期佛教的弘传中心有三处：凉州、长安、庐山，东晋十六国时期北方佛教比较突出的是后赵、前秦、后秦、北凉。最盛的是前秦、后秦，后秦比前秦尤盛。中国石窟寺开凿造像的兴起多始于此时期，敦煌石窟始于前秦，凉州石窟始于北凉，炳灵寺石窟始于西秦，麦积山石窟始于后秦。这正与北方当时佛教兴盛的区域僧人多重禅是相吻合。

5. 若说麦积山现存最早的第74、78等窟造像受云冈石窟的影响，麦积山石窟始于北魏，姚兴在麦积山造像等北魏前记载的始建窟或像是何窟像？建于中区，现已塌毁，可能性不大。如前文所说第74、78窟造像题材内容并非源于云冈石窟，应该是外来因素与秦地自身因素结合的产物。

6. 若仅就麦积山早期造像的艺术特征与云冈一期的造像特征多似同，炳灵寺西秦造像与云冈一期也似同。再说麦积山位于北方佛教鼎盛国域后秦（包括原前秦的活动中心），又是丝绸之路上的重镇，玄高至麦积山前，此地已是众多僧人修弘的佛教场所，为何不受西上的敦煌、凉州、炳灵寺石窟造像影响，直至北魏受云冈影响才开窟造像？至于中国佛教石窟造像的来源，正如温玉成先生所说，十六国时期，佛像的来源更明确了，一方面有外国粉本输入，另一方面中国工匠启造。当然石窟间的互为启发和影响也不可避免，故而石窟中的佛教造像艺术存在共性和异性。在考察某一石窟造像时应多方位、多角度去综合探讨分析，如此所得出的观点或许更为合理。在考察探讨麦积山石窟佛教造像艺术时，长安佛教集团因素不可忽视。

（原载于《敦煌学辑刊》2009 年第 4 期）

云冈石窟早期造像与麦积山石窟造像的渊源及对比

冷建军

南北朝至隋唐时期是中国佛教美术发展的重要时期，也是中国佛教美术史的重要篇章。其中，居于首位的当属石窟寺艺术，而北朝石窟艺术又是最闪光的一页。中国北方的石窟寺尽管由于地域的差异而各具特色，但它们在佛教传播、民族文化的诸因素中，却始终存在着传承关系与历史渊源。本文仅以麦积山第74、78窟及云冈昙曜五窟、第20窟为例，探讨石窟寺艺术在不同地域之间的异同。

一、麦积山第74、78窟造像之特征

麦积山石窟自十六国后秦时期开凿，历经北魏、西魏、北周、隋、唐、五代、宋、元、明、清各代不断营造，现存窟、龛194个，雕塑7000余身。开凿最早的洞窟当属位于西崖、建于十六国后秦的第74、78窟。两窟均为平拱敞口大型窟，洞窟形制及窟内造像布局和风格都基本相同。洞窟正壁、右壁、左壁各有一身着凉州式偏袒右肩袈裟的如来坐佛像，即北魏早期造像中常见的三世佛题材。佛像虽经北魏早期重修，但第78窟正壁和第74窟右壁佛像却保持着原来的风貌，可谓是麦积山早期佛像的典范之作。第74窟正壁主尊的头部是清代补修的，而第78窟的主佛却完好地保存了原形：主佛为高肉髻，用水波状线雕刻头发，猛然看去像是剃过度一般，有规律的波纹极富有装饰性。大眼外突，眼角长，呈杏仁状。鼻梁修直，高不见孔，鼻头下做成整块的面。颧骨不高，薄唇、唇角微微向上并大耳，整个面形长圆而丰满。上身内着僧祇支，外穿右肩半披袈裟，即所谓凉州式偏袒右肩袈裟，边缘从左腕后面露出，左衣边向外折并有阴刻纹，衣褶平直而贴体，但并非紧裹躯体，可见袈裟质地较厚。衣纹采用本土传统塑制方法，其上有排列整齐深浅有别的阴刻线。右脚向上结跏趺坐，右脚腕露在袈裟的下摆之外。佛的双肩宽阔，体格健壮，造型敦实，神态庄严而稳重，其艺术手法极重整体效果。作禅定印的双手虽已残破，但仍表现出庄重、不可动摇之感。麦积山早期造像在“凉州模式”影响下仍表现出犍陀罗艺术的影响痕迹，但已经渗透了汉文化的艺术精神，是犍陀罗艺术与民族传统、民族文化相互融汇的体现。

二、云冈第20窟造像之特征

我国规模最大的石窟寺艺术当属云冈石窟，它与莫高窟、龙门石窟、麦积山石窟并称为中国四大

石窟。据《魏书·释老志》记载，云冈开凿于北魏文成帝和平初年，其依山而凿，东西长约 1 公里余，气势极为恢宏。云冈开窟造像前后达 70 年，为皇室开凿的第一所石窟，现存洞窟 53 个，大小佛龛 252 个，造像 51000 余尊。其中，最著名的昙曜五窟是云冈最早开凿的石窟。该窟布局极尽严谨且统一，平面皆成马蹄形，穹隆顶，窟内主尊仍以三世佛为造像题材。整体雕像量度准确、造型如法、形制挺拔、线形流畅，形体与空间关系表现呈律动之感，使整体形象更显其升腾之势。第 20 窟是第一期前段造像的典型窟，因窟顶坍塌，后壁半结跏趺坐之禅定像暴露于窟外，使其形象更显夺目，主尊佛像因此更显完美，虽不是云冈最大的佛陀，由于凸现于外，因而成为云冈的标志。相传此雕像是依照北魏开国皇帝道武帝的形象雕凿而成，高 13.8 米，面型方圆适度，佛首开相适宜，头顶有磨光高肉髻，头发简洁概括，为使佛像体积与气势一气相贯，头发作了平光之处理，省去了印度佛像的波浪或螺结式卷发。两耳垂肩，进行了最大限度的夸张，鼻梁隆起，从额头一直贯通到鼻尖。颧骨不高，眉眼细长，唇薄并八字须，微微上翘，似笑非笑。佛陀内着刻有整齐而宽窄不一条纹的僧祇支，衣边刻连珠纹，外穿袒右肩式薄衣透体袈裟，衣领边刻珠纹及折带纹。衣纹雕刻线较浅，在凸起的衣纹上刻阴线，浮雕式衣纹之处理手法传承了中国商代晚期的浮雕雕刻技法。佛像肌肤雕刻得平整且光滑圆润。整个佛像双肩宽阔，身材魁梧、强健，神情威严祥和，稳定且庄重而崇高，极富建筑感和装饰性，既承西域风格，又具中国匠师的卓越创造力，为石窟早期雕像的典型代表。

三、麦积山与云冈早期造像之比对

由于麦积山石质疏松，为易被风化水冲的地质砂岩，不宜精雕细凿，因此与敦煌莫高窟同样为泥塑作品。而云冈依崖造像，凿建于中原灵山之中，坎山打造为雕塑作品。尽管二者因地域、材质及开凿时间的不同而各具特色，但仍能看出麦积山与云冈石窟早期造像之间的诸多相似之处。麦积山第 74、78 窟和云冈第 20 窟均以三世佛为题材，其主尊从整体形象看，坐姿极为相似，佛的身形魁梧、体格健壮，双肩宽而厚实，具有西域和北方少数民族的特征，呈异于常人的雄健之姿。由于昙曜五窟是由皇室开凿，以宏伟雄健、华丽富贵而著称，且窟内主尊为五世帝王之象征，所以云冈早期巨大而气势逼人的佛像所呈现的世俗帝王之气是麦积山及其他任何石窟造像所未能迄及的。“云冈早期佛像所具有的广额、短须、宽肩、厚胸等造型特点与葱岭东西乃至甘肃及其以东早期佛像多有接近处，但其雄健之姿尤为突出。”①

“三世佛”是北魏一直倍受重视的题材。然而麦积山和云冈石窟早期造像虽然题材相同但表现方式却多有差异。麦积山第 74、78 窟三壁佛像尺寸，连同台基几乎完全相同。而昙曜五窟“三世佛”中的主尊佛像远远大于两侧的佛像，两侧的佛像与其他造像一样成为主尊佛像的陪衬。尤其是第 20 窟，由于“皇帝比拟佛”的观念，窟中正壁的佛像比两侧的佛像要大得多，同样是三尊佛像，但塑像所表现出的却是以中尊为主佛两侧为胁侍的主从关系，不同于麦积山第 74、78 窟中三尊佛像大小等同的状况。

---

① 云冈石窟文物保管所编：《中国石窟·云冈石窟》（一），北京：文物出版社、东京：平凡社，1991 年。

“麦积山第 78 和第 74 窟中原作佛像的面貌确与云冈第 20 窟坐佛相似、体格的塑造亦相近……但从佛像的整体上观察是有一定的区别的。”① 从佛像的服饰看，麦积山第 74、78 窟和云冈第 20 窟的佛像都内着僧祇支，外穿半袒右肩袈裟。这是因为最初传入的全裸右肩式僧侣服饰与中国古代习俗不符而被改进的一种样式，半披于右肩上的袈裟在衣领上刻有折纹。麦积山第 74、78 窟佛像衣边的装饰条纹很简洁，风格更显古朴。云冈第 20 窟主佛袈裟衣边的反复花纹更富于装饰性。宿白先生在其《平城实力的聚集和“云冈模式”的形成与发展》一文中指出云冈早期佛像的服饰“与新疆、甘肃早期石窟造像和云冈石窟开凿以前北魏雕铸的铜石佛像的衣着特征相一致”②。

上述特征均表明麦积山和云冈石窟造像艺术之间存在着渊源关系。正如王伯敏先生在其《中国美术通史》第四编中所述及的：“云冈石窟第一期窟龛造像所呈现的艺术水平和风格特色，应与凉州地区的佛教雕塑艺术有着密切的关系。现在还有实物作旁证的是麦积山第 78 窟后秦时期（384~417 年）的泥塑佛像，虽有泥塑与石雕之别，但从造像的面貌神采、体态服饰等方面来看，完全可明白云冈‘昙曜五窟’（特别是第 20 窟的露天大佛）造像艺术的渊源所在。”③ 从地理位置看，麦积山石窟邻于河西走廊，距云冈石窟最近，为两地造像艺术之间的联系提供了可能性，同为云冈开凿的重要依据之一。从云冈石窟早期佛像的特征中能够看出与麦积山石窟早期佛陀相类似的犍陀罗艺术、抹菟罗艺术风格的影响。阎文儒先生在《麦积山石窟的历史、分期及题材》中所述也再一次验证了这一观点：“麦积山是十六国时代姚秦小王朝割据的领域范围……因而云冈初期造像的题材与风格，就完全可以追溯到炳灵寺与麦积山造像了。”④

我国的石窟寺艺术在世界艺术史中占有重要地位，其数目多、分布广、内容丰富及形式多样，为中国古代文明之精粹，亦为外来佛教与儒道融通的结晶。虽说麦积山石窟不能像敦煌莫高窟一样被誉为中国石窟的历史长卷，却同样经历多朝代的经营，同样显赫于历史。同时，麦积山石窟无疑对云冈石窟的建造有着不容忽视的影响，以至于云冈石窟不仅为一朝之精华，更为中国石窟的佳篇。由于云冈石窟为 5 世纪皇家主持开凿，从始至终记载着北魏王朝的兴衰，谱写着拓跋王朝的历史，留下了 1500 年来鲜卑部落的记忆与无数谜团。对于今天我们研究北魏的政治、经济、军事、文化和宗教仍具有现实意义。

（原载于《雕塑》2010 年第 2 期）

① 步连生：《麦积山石窟塑像的源流辨析》，郑炳林、魏文斌主编：《天水麦积山石窟研究文集》（下），兰州：甘肃文化出版社，2008 年。

② 云冈石窟文物保管所编：《中国石窟・云冈石窟》（一），北京：文物出版社、东京：平凡社，1991 年。

③ 王伯敏：《中国美术通史・魏晋南北朝美术》，济南：山东教育出版社，1987 年。

④ 阎文儒：《麦积山石窟的历史、分期及题材》，郑炳林、魏文斌主编：《天水麦积山石窟研究文集》（上），兰州：甘肃文化出版社，2008 年。

北朝时期麦积山雕塑造型研究

董书兵

引　言

麦积山石窟雕塑艺术在中国雕塑历史上具有标尺性的地位，与其他石窟雕塑艺术相比，在内容上、时间上、表现形式上和风格特征上都具有自身的特殊性，在中国雕塑史上具有其他石窟雕塑艺术不可替代的作用。

国内学术界和艺术界对麦积山石窟雕塑艺术已有一些研究，主要表现在如下几个方面：①以麦积山雕塑图片为主，辅以简单的说明和检索。有些著作甚至只停留在图片的展示和解说层面，对麦积山的雕塑艺术未能从历史的和理论的层面做出深入系统的分析和考察。②一些研究主要以资料整理、考古发现文献的形式为主，未能从历史叙事的层面对麦积山石窟雕塑艺术进行梳理和描述。③一些著作主要从史学和美学理论上进行研究，虽然从理论和概念角度对麦积山雕塑艺术做了一些可资借鉴的研究，但又缺乏艺术方面的实证研究。不可否认，已有的研究在某种意义上都对麦积山石窟雕塑艺术的历史成就以及相关的艺术特征做出了重要的分析和考察，但是，麦积山石窟雕塑艺术作为中国雕塑艺术的重要历史发展阶段，还有很多重要的方面需要更深入系统地分析和探讨，本文主要研究的内容是北朝时期麦积山石窟雕塑艺术的造型问题。

毫无疑问，对一种艺术形式的研究，必须同时对艺术演变和发展过程进行时间性与空间性的分析和思考。就麦积山石窟雕塑艺术的造型研究而言，不仅要对其发生发展、功能属性、风格类型等等做详尽清晰的分析、梳理，而且，从雕塑作为一种特殊的艺术表现形式而言，更主要的是要对其多彩纷呈的形式表象背后蕴含的中西方不同美学观念、哲学思想及宗教学、社会学等内容进行从宏观到微观的认识和探究，尤其是要从造型的角度进行深入系统的分析和研究，因为雕塑艺术的造型问题正是它承载以上深刻内容和思想的表现方式。因此，对麦积山石窟雕塑艺术的造型研究，更有助于我们对麦积山石窟雕塑艺术的艺术特征、美学风格和表现形式的学习和理解，有助于对麦积山石窟雕塑艺术的主题、内容和文化意义做出深层次的阐释。基于此，本文紧密联系麦积山石窟雕塑艺术的实际，以麦积山石窟雕塑造型艺术为主题，在已有研究的基础上，从艺术造型、美学的角度探讨和论述麦积山石窟雕塑的造型特征和美学风格。

一、北朝时期麦积山石窟雕塑艺术的文化背景分析

北朝时期麦积山石窟雕塑艺术的形成、发展和成熟与麦积山特殊的地缘文化与特定历史阶段有着密切的关系，对麦积山石窟雕塑艺术的地缘文化和历史文化背景进行简要分析，有助于更深入地探讨其雕塑艺术的造型风格。

（一）麦积山石窟雕塑艺术的地缘文化环境

麦积山地处今甘肃天水市东南约40公里的群山之中，比较偏僻。甘肃地处青藏高原、蒙古高原和黄土高原的交会之处，地理环境复杂多变，有茫茫的戈壁沙漠，巍峨的雪山，还有草原绿洲。甘肃位于我国的地理中心，一直被人们称之为西部，它东邻我国古代政治、经济、文化中心陕西，与中原江南相通，西边与多民族文化汇聚的新疆相连，是沟通中原与中亚、西亚、南亚和欧洲的重要桥梁，成为人们东来西往、南去北行的交通要道，成为连接欧亚大陆政治、经济、文化交流的“丝绸之路”的主要通道，这条道路的开通也为东西方的历史发展起到了相互推动的作用。而北朝时期的麦积山正处于该地区的交通干道上。这一地缘文化环境，是麦积山成为佛地的重要原因之一。佛教在甘肃流传时间长达一千六百多年的历史，形成了深厚的佛教文化。天水的麦积山地处甘肃南部，是佛教文化和佛教艺术传播的必经之地。而佛教艺术又是表现和传达佛教教义的重要手段，佛教雕塑艺术在麦积山生根、开花是多种地缘文化交相融合、传承演变的结果，成了中国雕塑艺术的重要里程碑。

（二）麦积山石窟雕塑艺术的历史文化环境

中国秦朝时期，古代雕塑达到了一次前所未有的高峰。但由于秦始皇忙于修建万里长城和他的辉煌陵墓，使得国库空虚，民不聊生，不到20年的光景，这个中国历史上第一个统一的封建王朝就灰飞烟灭了。刘汉政权汲取了秦灭亡的教训，采取了休养生息的政策，特别是在丧葬制度上作了严格的规定。从现今发现汉陵墓的陪葬情况来看，汉兵马俑的雕塑大都体量较小，规模和数量远不及秦朝。从宏观角度上看，汉代的社会、政治、经济和文化取得了长足的发展。但就雕塑艺术而言，无疑在某种程度上阻碍了雕塑艺术的创新和发展。印度佛教艺术的传入，给中国艺术创造了一次难得的发展机遇。随着佛教文化在中国的普及，特别是统治者的推崇，使这个外来的宗教很快得到社会和大众的认可，佛教艺术也随之兴旺，这在很大程度上给已经衰落了的雕塑获得了新的发展契机。佛教文化和艺术的传入和发展融合了外来文化和本土文化，在雕塑艺术发展中转化为一种新的文化创造热情。在某种程度上可以说，这种创造热情改变了中国雕塑的发展面貌。外来样式与本土样式的有机融合推动了中国式佛教造像的产生和形成。此一时期的麦积山石窟雕塑艺术虽源于印度佛教，但并非佛教艺术的简单摹写，而是注入了中国人对佛教文化和佛教艺术的理解，熔铸了中国石窟艺术家的文化情感和艺术手法，融汇了中国本土文化和本土艺术的元素。在传播和弘扬印度佛教艺术的同时，麦积山石窟雕塑也形成了别具一格的艺术风格和美学特色。

二、北朝时期麦积山石窟雕塑造型分析

本节从石窟和佛龛的历史演变、材料与工艺制作、表现内容和形式三个方面，对北朝麦积山石窟雕塑艺术进行分析。

（一）石窟与佛龛艺术的历史演变

佛教石窟源于印度，“窟”主要是指僧侣和信徒从事佛事活动的洞窟，而把专门供奉佛、菩萨像的台柜称之为“龛”即佛龛。印度石窟主要有两种形制：一是为僧侣修行而开凿的僧房和精舍，叫毗诃罗窟；二是供僧人和佛教徒绕塔巡礼供奉的塔庙和舍利殿，名为支提窟。这两种洞窟都是封闭式的，支提窟一般都有塑像和以佛经故事为内容的壁画。

据北宋《太平广记》记载：“麦积山者，北跨清渭，南渐两当，五百里冈峦，麦积处其半。崛起一石块，高百万寻，望之团团，如民间积麦之状，故有此名。其青云之半，峭壁之间，凿石成佛，万龛千室，虽自人力，疑其鬼功。隋文帝分葬神尼舍利函于东阁之下。石室之中，有庾信铭记，刊于岩中。古记云，六国共修，自平地积薪，至于岩巅，从上镌凿其龛室神像，功毕，旋旋拆薪而下，然后梯空架险而上。其上有散花楼、七佛阁、金蹄银角犊儿。由西阁悬梯而上，其间千房万室，缘空蹑虚，登之者不敢回顾。将及绝顶，有万菩萨堂，凿石而成，广古今之大殿，其雕梁画拱，绣栋云楣，并就石而成万躯菩萨，列于一堂。自此室之上，更有一龛，谓之天堂，空中倚一独梯攀缘而上，至此则万中无一人敢登者。于此下顾，其群山皆如蚣蝼，王仁裕时独能登之，乃题诗于天堂西壁上……时前唐末辛未年登此留题，于今三十九载矣。”

甘肃各地石窟寺有一个共同特点，即均位于离城镇较远、风景优美的山谷间。其地偏僻幽静，宜于修行，各地灵异事迹和奇特地形有助于佛教艺术的传播。下面就北魏早期、西魏、北周的石窟和佛龛艺术做出简要的概括。

北魏早期的洞窟形制以两窟相同的双窟为特点，平顶；地面上有凹字形地坛，洞内为长方形，龛口较大，以第78窟和第74窟为代表。北魏中后期洞窟形制为平面方形，平顶，有前壁，以景明三年（502年）第115窟为标准洞窟。后期洞窟变化较大，洞窟形制流行三壁三龛窟形。平面方形或近马蹄形，顶作穹隆形或套斗式藻井，前壁有明窗，如第135窟。

西魏洞窟形制以三壁三龛或三壁二龛为主，延续了北魏晚期的窟形样式，并出现了仿木建筑的形式。西魏较为重要的洞窟有第43、44、20、123窟。

北周历时虽短，却是麦积山遗存窟龛较多的一个时代，尤其是出现了一大批规模宏大的崖阁式大窟。中小型洞窟的形制为三壁三龛，三壁七龛，大多平面为方形，顶为平顶、四面坡式，窟内一般有仿木石柱及窟顶梁枋结构。第4窟为崖阁式大窟的典型代表，俗称七佛阁或散花楼，形制为八柱七间殿堂式崖阁，前廊高大，立八根八角柱，柱头有斗拱，廊顶为平面，并绘有壁画，立面顶端有塑绘结合的飞天（薄肉塑）。后部并列的七窟，均为平面方形，且设有低坛。中七佛阁即第9窟等，规模宏大，为前代少见。

（二）麦积山石窟雕塑艺术的材料及工艺制作分析

1. 材料

麦积山石窟位于不宜雕刻的沙砾岩崖壁上，在材料运用上有石胎泥塑、泥塑、石雕、木雕等，但就麦积山众多的雕塑作品而言，泥塑作品占绝大多数。麦积山泥塑所需的材料皆为当地容易找到的胶泥、细沙、植物纤维和当地河床里一种叫“料浆石”的自然石块等。材料加工的方法为，将 8 ~ 10 厘米长的稻草、麦草或麻筋等分批按比例拌入泥中，用脚踩或用其他工具搅拌均匀。泥浆和稻草的比例适中，泥多不易干，且收缩变形大，泥少则草与草之间粘接不牢，易造成表面粗糙，直接影响上细泥。

细泥的加工方法，用澄板泥（在河床中沉淀过的泥）和经研磨细的“料浆石”石粉七成，细砂三成，米汁、鸡蛋清加水合成稠泥后，将泥均匀平铺在干净木板上，把棉花或其他纤维（麻丝、棕、丝）撕成一定长度，逐层压在泥上，反复搅拌捶打。应把握好泥、沙的比例，沙多则会失去黏性，泥多则易收缩造成开裂、变形。待泥干后磨光，其表面坚硬光滑润泽。

泥塑像的道具如刀、剑等物一般不用泥塑造，可用木、铁材料做成，既坚固，又制作方便。服饰、璎珞等饰件，一般采用泥范预制，在泥塑结束前粘贴上去即可。

2. 工艺制作

麦积山泥塑的制作方法已经形成了一个较为固定的方法，下文详细介绍泥塑制作过程的关键步骤。

首先根据洞窟的大小，确定雕塑的尺寸，制作过程要求以木为骨架，一般按塑像姿势造型的动态特点，选用适当弯曲的圆木，上泥前要用芨芨草或芦苇捆扎成物像的大体结构。目的是在第一遍粗泥干的过程中，为塑像自然收缩留有一定的空间，减少裂纹。同时，这样不但节省泥料，而且可减轻圆木立柱的负重。

粗泥加工好后，将粗泥料上到骨架上，直到塑出大体的造型。上粗泥不宜过急、体积也不宜太大，要考虑到给细泥留有余地。上粗泥时要压紧，使粗泥与草绳之间相互粘牢，否则容易造成松散脱落。若造型动态较大的塑像，随着泥量的逐渐增加，可用木棍支撑，待等泥干到一定硬度后，方可抽去支撑棍。粗泥干燥到约七八成，便可以上细泥，进入到具体的塑造阶段。小型彩塑的制作方法是，用木头削成人物的大体比例和结构，显示出人物的大致造型动态。然后，在表面加塑含有一定比例纤维的细质薄泥，刻划细部，最后上色而成。石胎泥塑，是建造石窟时就预留好雕塑的大致石质形态，用泥塑造表面。大型塑像则要在石胎上凿孔插桩，增强泥在石胎的附着力，然后在表层敷泥塑成。

麦积山石窟塑像主要以捏、塑、贴、压、削、刻等泥塑技法，塑造出简洁概括的形体，在塑像制作过程中，塑与绘同时考虑，两者有机结合并融为一体，并不是在完成后简单地在泥塑上着色。麦积山石窟开凿在砾岩上，不宜雕刻，所以大多采用泥塑妆銮。在此基础上，用点、染、涂、描等绘画技法赋彩，润饰皮肤和衣着纹饰，描画出细节，体现人物造型的质感。因泥塑像干后会有不同程度的干裂现象，因此修补和打磨也是一项很重要的环节。出现裂缝时，可用含沙较多的细泥来填补。修补完成后，泥塑表面要进行打磨处理，使其表面细腻光滑。亦可用胶水裱上一层棉纸，并压磨使塑像细腻坚实。

麦积山石窟雕塑艺术的最后一道工序是彩绘。先在塑像表面刷一层白色作底，起衬托色彩的作用。

传统彩塑使用的白色为白垩土（即风化的白石）。还有一种方法是，泥塑未彻底干透前刷白色（在不贴棉纸的泥塑像），然后敷彩，再刷胶矾水，起到坚实泥塑的作用。

（三）表现内容与表现形式

麦积山石窟佛教造像与其他石窟寺造像内容上基本相似，主要有佛、菩萨、弟子、金刚、供养人、飞天等。

麦积山石窟佛教造像主要有五种艺术表现形式：圆雕、高浮雕、浅浮雕、用模具压制的影塑、塑绘结合的薄肉塑。

三、北朝时期麦积山石窟雕塑风格流变比较

（一）各时期造型比较分析

1. 北魏雕塑造型特征（428~534 年）

麦积山在北魏时期开凿造像保存至今的洞窟有 80 余座，占麦积山全部洞窟近半数以上。北魏早期的塑像主要延续十六国时期的风格，十六国时期的造像受西域风格的影响，圆脸，直鼻，面带笑容、体态健壮，衣纹贴体，比较讲究身体线条，具有动静相宜的美感，与秣菟罗时期造像风格相近，特别是此时的菩萨造像表现得更为明显。这一时期整个造像除头部以外的身躯，都采用了高浮雕的处理手法，直接将塑像塑于洞壁之上。衣纹采用浅浮雕阴刻线和绘画的形式直接在墙体进行表现，简洁流畅，飘逸洒脱。中小型的塑像，其头部塑好后，再插于颈部，然后把颈部和垂下的冠带结合起来，后期塑像一直沿用此方法，主要便于彩绘头部后面的背光。造像身体比例修长，动态稚拙，上身半裸，披大巾长裙，衣冠多为龟兹式、波斯式、印度式或混合式。魏孝文帝于太和十八年（494 年）提出了一系列改革措施，其中的一项重要改革是提倡汉装，禁穿鲜卑服装。大冠高履、褒衣博带的名士形象蔚然成风，南朝士大夫的形象和他们的衣着成为人们效仿的榜样。这种巨大的变化也直接影响到了佛教造像和壁画艺术。北魏中期的佛像艺术特点是“秀骨清像”，这种风格已成主体，逐渐风靡，成为具有汉民族特色的时代风格。而且，这种风格从平城（大同）、洛阳、长安，沿着丝绸之路向西传播。

2. 西魏雕塑造型特征（535~557 年）

北魏 534 年，孝武帝逃至关中，宇文泰于十二月将孝武帝毒杀，另立宗室元宝炬为帝，史称文帝，以长安为都城，建立了西魏政权。文帝崇佛，建国之初便在麦积山开窟造像。现在麦积山存有西魏窟龛 16 个，大型洞窟 2 个，中型洞窟 7 个，小型洞窟 7 个。无论是佛、菩萨、弟子，这一时期的造像均已从墙壁脱出，以圆雕的形式表现。体量以中、小型为主，造型优美，生动传神，形体比例适中，与北魏时期的雕塑相比，造像形体开始向圆润饱满的形式发展，长方瘦削脸型变化为长圆脸型。袈裟自双肩自然下垂，如花朵般覆盖双膝，集聚浓厚的装饰趣味。这一时期造像的一个重要转变就是对世俗生活的关注，雕塑工匠们注重从生活中汲取素材，第 44 窟的主尊造型明显体现了这种变化，尤其是第 123 窟童男童女供养人的形象更能说明这一变化所产生的影响。

3. 北周雕塑造型特征（557~581 年）

麦积山石窟开窟造像有两个重要时期，第一个重要时期是北魏，第二个重要期应当算北周了。从洞窟的数量来看，在麦积山，北周保存至今的窟龛有 44 个，约占麦积山全部洞窟的 1/5。现存造像有 1000 余尊。周武帝建德三年（574 年）发生了周武灭法的历史事件，所幸没有影响到麦积山石窟，以致北周以前的历代造像幸免于难。由于北周政权的大力支持，麦积山石窟的北周塑像，在继承前代艺术的同时，有了大的创新和突破，表现出一种前所未有的全新风格。造型憨厚逼真，形体饱满，手法洗练，表情生动。北周塑像趋于写实的风格和对人物内心世界的表现，上继北魏西魏，下开隋唐先河，在中国石窟雕塑艺术发展中起了承上启下的作用。北周时期写实造型和通肩式服饰的大量出现，表明犍陀罗的造型观念对麦积山北周塑像产生了一定的影响，体现了这一时期本土文化和外来文化并存、融合的时代特征。

（二）头部比对

1. 北魏时期

以孝文帝改革为界限，麦积山北魏时期的雕塑可分为早期和中晚期。早期塑像造型特征受十六国时期的造像及西域风格的影响，明显呈现出外来文化的影响痕迹。第 78 窟本尊为代表，此像通高 3. 25 米、呈结跏趺坐姿。右手抬起施无畏印，左手缺失，服装为右袒式袈裟。此塑像肉髻刻以水波纹，面部圆润而丰满，鼻形硬挺直通额际，眼睛大而前突，嘴角棱角分明，浮现出古朴的微笑，双耳垂肩，构成了大气而单纯的面容。总体而言，这尊塑像头部造型特征与云冈石窟第 20 和第 19 窟本尊造像极为相似。

这一时期菩萨头部的造型处理手法与主佛头部造型处理手法基本一致。如第 80 窟右壁胁侍菩萨，除因体现其身份和地位的头冠、饰物的有所不同外，面部处理并无不同。北魏早期的代表性石窟还有第 148 窟正壁主佛和右下龛释迦、多宝佛，第 156 窟正龛坐佛，第 23、69、100 窟的胁侍菩萨，第 78、74 窟龛内的思惟菩萨和交脚菩萨等。

北魏中晚期塑像造型特征以第 133 窟 3 号龛中的佛像为代表，主佛所穿的袈裟非常厚重，衣纹重叠，复杂多变，这是服饰方面汉化的表现。头部的造型特征表现为面形长方，棱角分明，颈部稍长。鼻梁中线隆起，眼睛多处于眉线与鼻尖的中间位置，内眼角略低，上眼线弧度较大，下眼线较为平直，嘴角位置比早期略有提高，表现出更为亲切的微笑。

如第 127 窟正壁的主佛，第 142 窟右壁佛等便体现了这一特征。菩萨的造型特征与主尊近似，头饰比早期简单，塑像不再是上身赤裸。第 133、127 窟的左右胁侍菩萨明显具有这种特点。北魏晚期的头部造型特征为肉髻高、发髻线平直方正，下颌部位与早期的尖翘开始向饱满圆润发展，眼睛的位置上提，嘴角宽度加大，体现出向西魏过渡的特点。

2. 西魏时期

胡承祖在《麦积山石窟雕塑艺术论略》认为，精美的西魏雕塑反映了该时期佛教艺术的发展和变化。雕塑家在表现宗教题材的同时，把他们对世俗生活的理解，对人间美的追求和强烈的生活愿望，注入令人神往的宗教艺术形象当中，使表面对立的两者巧妙地结合为一体。

这一看法是符合西魏时期石窟雕塑的实际的，例如，第44窟主佛头顶有涡纹发髻，发髻线方正平直，下颌丰满。眼裂细长，微微低垂而视，长眉入鬓。鼻型饱满，嘴角上翘流露出深情自然的微笑，犹如当地妇女的形象。又如第20窟正壁主佛与之非常近似，好像是出于同一匠人之手。更值得一提的是，第123窟童男童女供养人形象的塑造，这也是麦积山迄今所发现最早供养人的塑像，男童头戴毡帽，童女梳着双发髻，双眼细长，眉宇间流露出天真与稚气。虽然其五官主要特征还受这一时期佛像造型风格的影响，但以人为对象进行塑造无疑是一大进步。

3. 北周时期

麦积山北周时期将开窟造像推向了一个新高潮。这一时期的造像不同于北魏、西魏那种高髻、高鼻、深目的异域人的造像特点，而是被塑造成了当地北方的汉子形象。螺旋发和肉髻几乎看不出来了，北周菩萨造像不仅身材提高了，而且也没有北魏菩萨造像那样柔美纤秀。第22窟为北周时期的代表作品，主尊头型圆浑，肉髻平缓，发髻线已不像前代那样平直，而富于变化。鼻形的起位随着从额际至下颌回收的弧形变化而变化，北周时期已出现对鼻孔表现。眼睛外眼角上提，上眼线基本平直，下眼线有一定的下弧，给人以慈祥、爱怜之感。嘴角已不像北魏、西魏那样向上翘起，以往的微笑被安详、庄重所替代。

总之，北周是中国石窟史重要的发展阶段，因世俗的影响（包括犍陀罗造型观念）在佛性中注入了人性，这表明现实生活已对佛教及佛教艺术产生了深刻的影响。因此，北周的造像艺术上承北魏西魏，下启隋唐先河。

（三）衣饰衣纹比对

在佛教造像中，佛、菩萨、弟子、天王力士等的衣着服饰可谓是丰富多彩，体现着不同地区、不同时代的鲜明特色。从印度教造像看，佛、菩萨的服饰来源于当时的贵族和修行者的服饰。印度是佛教的发源地，佛像来自于印度，带有很强的神圣性。在中国早期的佛教雕塑和壁画中，佛、菩萨的形象在很大程度上保持着原有的样式。北魏时期，孝文帝大力提倡学习包括服饰在内的汉文化，由此汉民族文化也开始渗透到了佛教艺术当中。由于以上原因，以平城、洛阳为中心的广大地区形成了中原式的新风格，这种风格的样式的出现实际上标志着佛教艺术本土化的到来。位于丝绸之路上重要交汇处的麦积山石窟艺术，无疑受到了西入东出、中西交融的影响。我们从服装样式和造型手段的变化中可以看出，佛教艺术在中国化过程中所行走的轨迹。

1. 衣饰

在麦积山石窟的北朝佛造像中，人们经常看到三种不同的服装样式，即秣菟罗（又译作摩突罗）的右袒式、犍陀罗的通肩式和本土汉文化的褒衣博带式。前两者源自古印度两个不同的地区，褒衣博带式则是外来文化向本土转变的重要标志。这几种服装样式在麦积山北朝时期并不是完全孤立存在，而是贯通前后代在其发展进程中相互借鉴、融合的体现。

秣菟罗，位于今印度首府新德里的南部，是恒河流域连接东南诸国的要冲。这里商业殷盛，且以宗教闻名于世，特别是2世纪后半期至3世纪前半期，秣菟罗成为贵霜帝国政治、军事上的重要据点，宗教美术也达到了顶点，这一局面一直延续到4~6世纪。

犍陀罗位于今阿富汗的白沙瓦地区，在古代这一区域除了印度人，还曾有波斯人、希腊人、中亚细亚人在此居住。不仅如此，在这一地区历史舞台上，贵霜王朝（1 世纪至 3 世纪中期）建立了横跨中亚、印度的大帝国。犍陀罗位于这一游牧民族建立的大帝国的心脏部分，是贵霜王朝的都城。在历史上，贵霜王朝与希腊、罗马之间都存在着密切关系。大约在其故地巴克特利亚，贵霜王朝就已开始吸收希腊文化，因此犍陀罗美术也是受希腊、罗马美术的双重影响而形成。

4~6 世纪，中国处于混乱的北朝时期。战争和民族大迁徙促使胡汉杂居、南北交流，来自北方游牧民族和西域国家的异质文化与汉族文化的相互碰撞与相互影响，促使中国服饰文化进入了一个发展的新时期。北朝时期的胡、汉服饰文化，是按两种不同的性质和方向互相转移的。统治阶级的封建服饰文化，魏晋时基本遵循秦、汉旧制；北朝一些少数民族首领初建政权之后，鉴于他们本民族习俗穿着不足以显示其身份地位的显贵，于是改穿汉族统治者所制定的华贵服装。尤其是帝王百官，更热衷于高冠博带式的汉族服饰。“褒衣博带”本是华夏民族一种传统儒服的称谓，现成为一种时尚。中国古代服饰发展经历了一个“上衣下裳”到上衣下裤的过程，其中上衣皆有的衣襟和衣袖，“褒衣”可理解为宽襟、大袖之衣，“博带”是用于束腰的大带。这种流行于世俗生活中的样式也影响到了佛教艺术造型。

2. 衣纹

服饰是人类的重要文化现象和人物雕塑重要的组成部分，我们不但能从服饰上判别出对象的身份、地位和不同时代人们对服饰的审美追求，而且还可以通过艺术的处理手法，在衣纹上表现节奏和韵律的美感。同时，也可以把雕塑衣饰看作是包裹内在形体的一层覆盖物。衣纹受制于内部形体的变化，也是表达人物的动态和造型的特征关键，还可以充分表现构图上的变化。

在衣纹的处理上，右袒式源于秣菟罗，通肩式源于犍陀罗，这两种衣饰在此后的发展中相互影响，并行存在，大约在 2 世纪后期开始流行。然而，在具体表现手法上，两者仍有着截然不同的表现。犍陀罗系统表现手法极为详尽，披衣的衣纹皱褶以一个个起伏的石面组成，较富于写实性。秣菟罗造像的衣纹表现出迥然异趣，初期的衣纹好像直接在像上画的线，佛像显得胸脯饱满，精神有力。到 2 世纪末期，通肩坐像虽衣服不像前期那般紧贴肉身，但衣纹仍然以刻画的线条为主要特点。这种衣纹线条形式具有一定的历史延续性，为稍后的笈多艺术所运用和发展。

由于文化背景的差异和对客观世界认知的异同，在造型艺术方面中国人自古就有自己的表达方式，那就是用线表达物象的造型方式。在衣纹的处理和表现上，与西方（泛指希腊、罗马）有着截然不同的方式，艺术效果也大相径庭。秣菟罗以抽象的线条造型样式在早期很快就被中国人广泛接纳，并对此后中国的造像艺术产生了深远影响。

北魏早期塑像受右袒式秣菟罗样式的影响，以模仿的方式在衣纹处理上以线刻为主，线形有粗细深浅变化，并能灵活运用线条，生动流畅。两条粗凹线之间突出的部分为衣褶，衣褶上用细如发丝的铁线描锥刻而成。第 47、78、114 窟主尊的衣纹造型充分体现了这一特征。

北魏中晚期则大有不同，首先，服饰已是中原的褒衣博带式。其次，从雕塑整体的平面分析这一时期雕塑者对于线的运用达到了较高的水平。通过线的疏密、方向、长短、粗细来表现造型节奏和韵律，使之产生飘逸若仙的美感。上身衣纹依附在形体之上，仍以线刻为主，线刻低点的上檐为垂直角度，以便更好地纳阴，使线条清晰可辨。下檐立面给予一定的角度处理，形成坡面以便纳光，从而给人一种雕塑的体量之感。下身袈裟裙摆处以极具对称的装饰手法表现，裙摆衣纹以平面线形和立面阶梯状手法处理。这一部分在晚期时，表现为有厚重感的圆角阶梯样式。

西魏主要延续北魏中晚期的服饰和衣纹的处理手法，在整体造型逐渐脱离秀骨清像的同时，形体开始饱满厚重，这一重要转变主要体现在下身裙摆衣纹的处理上，平面的影像依然是对称式的装饰手法，可线与线之间的衣褶不再是直角阶梯式或圆角阶梯式，取而代之的是接近客观自然的衣纹形态。

虽然我们无法判定犍陀罗样式在北周的影响面有多广多深，但从现有的大量遗存进行分析，似乎还是能找到遗留下来的痕迹。其一，在北周造像当中，除汉服的褒衣博带式外，还大量涌现出代表犍陀罗特征的通肩式服饰（北魏早期也有少量出现，多为小佛龛中影塑）。其二，是造型观念的转变。犍陀罗美术是受希腊、罗马美术的双重影响而形成，而希腊和罗马艺术是建立在写实的基础之上。写实的首要特点是对现实物象的观察和直接表现。这一时期除服饰多用通肩式外，衣纹的处理更加厚重，袈裟裙摆已不再沿用对称的表现方式，衣褶所呈现出的形态更加生动自然。

北周时期由于世俗文化对宗教的影响，无论是佛、菩萨都由北魏时那种超脱一切的“神性”，转向世俗化的“人性”。这与工匠对现实的关注和人们审美需求发生变化有着直接的关联。

四、结语

本文通过对北朝时期麦积山石窟雕塑造型艺术的研究，从北魏、西魏和北周不同的佛龛形制、造像的特点、服装的演变、面部神态的处理等方面进行了梳理和分析，并从材料和工艺制作等方面对麦积山泥塑艺术的形成过程进行了探讨。通过以上论述，较清晰地阐述了北朝时期麦积山雕塑造型艺术的主要特点和不同历史时期相互影响的发展脉络，展示了北朝时期麦积山雕塑艺术所具有的文化价值和艺术价值，为进一步了解、认识和研究麦积山雕塑艺术提供了可资借鉴的参考，对我们今天继承和弘扬优秀民族艺术传统具有积极的启示作用。从佛教文化和佛教艺术的传入，到佛教艺术和佛教造像逐渐融入中国文化之中，并在创造性转化中成了中国化的艺术，这足以证明中国文化的包容度和融合性能在每一个时代都以自己的方式创造具有自身特色的风格样式，体现一个时代的文化精神和艺术创造力。今天，我们正处于全球文化相互交流、相互影响的时代，如何体现民族风格和特征、如何体现时代的精神、如何传承优秀的文化，都将从北朝麦积山石窟雕塑的研究中得到有益的启示。

参考文献

[1] 许海山：《中国历史》，北京：线装书局，2006 年。

[2] 胡同庆、安忠义：《佛教艺术》，兰州：敦煌文艺出版社，2004 年。

[3] 郑炳林、花平宁：《麦积山石窟艺术文化论文集》，兰州：兰州大学出版社，2004 年。

[4] 卢辅圣：《中国南方佛教造像艺术》，上海：上海书画出版社，2004 年。

[5] 中国美术全集编辑委员会：《中国美术全集・雕塑编 8・麦积山石窟雕塑》，北京：人民美术出版社，1988 年。

[6] 君冈：《佛国麦积山》，上海：上海辞书出版社，2003 年。

[7] 麦积山石窟艺术研究所：《麦积山石窟研究论文集》，兰州：甘肃人民美术出版社，2006年。
[8] 财团法人佛光山文教基金会：《麦积山石窟艺术与人间佛教》，2005年。
[9] 季羡林：《季羡林谈佛》，北京：当代中国出版社，2007年。
[10] 费泳：《论"褒衣博带"佛衣》，《敦煌研究》2005年特刊。

（原载于《雕塑》2010年第3期）

麦积山早期洞窟的弥勒造像与信仰

王裕昌　魏文斌

弥勒造像在麦积山早期洞窟中很流行，是一种重要的造像题材，表现了弥勒净土的信仰，这一题材在犍陀罗造像中就很受重视。中国4~6世纪的石窟及造像中，弥勒是最受重视的造像，这与弥勒经典的翻译、对未来世界的憧憬、希冀将来成佛的强烈愿望是密不可分的。下面就麦积山早期洞窟的弥勒造像及其来源和弥勒信仰进行分析。

一、弥勒造像的几种表现形式

麦积山早期洞窟内可以明显地看到弥勒信仰的存在和对其的重视。从第74、78窟开始即有了弥勒的造像，而第165窟和第169龛是以交脚弥勒为主尊的造像窟龛。我们已经考证了麦积山早期洞窟中近20个洞窟有交脚菩萨与半跏思惟菩萨的组合，这种组合的两身不同姿态的菩萨均是弥勒菩萨，是弥勒菩萨在不同场合的表现形式①。另外，又考证了早期洞窟中的三佛造像为三世佛，其中一身为弥勒佛②。因此，麦积山早期洞窟的弥勒表现有以下三种形式（表一）：

表一　麦积山初期洞窟弥勒造像表现形式表

	类型	表现形式图示及窟龛
A	佛装	⊥ ⊥　⊥ 第51、74、78、100、128、155、148、80、114、155等窟三壁三佛或三壁两龛三佛、三壁三龛三佛，其中一身为弥勒
B	交脚菩萨形	†╳† 第165、169窟均为一交脚主尊胁侍二菩萨

① 魏文斌：《麦积山石窟交脚与半跏思惟菩萨对称构图研究》，罗宏才编：《西部美术考古》，上海：上海大学出版社，2008年。

② 魏文斌：《麦积山石窟初期洞窟三佛造像考释》，《敦煌学辑刊》2008年第3期。

续表

	类型	表现形式图示及窟龛
C	思惟组合形交脚与半跏	†X† †ɣ† 第51、74、78、100、128、144、148、86、114、155、156、170、93、93-3等窟。左右对称于正壁两侧，各胁侍二菩萨，地位相等

A以三佛之一的形象出现，作佛的形象，表示弥勒已经下生成佛。有第74、78、128、100、144、148、80、114、155等窟，其中第144、148、80窟仅存正壁佛，两侧龛内的佛已不存。第51、90窟虽然为后期重修的三佛，原来也是三世佛的组合，因此其中也有一身是弥勒佛。第57窟的造像虽已经全毁，但该窟与第51、74、78窟为同一期同形式的洞窟，推测该窟原造像也为三佛的形式，那么其中一身也是弥勒。

B以交脚菩萨的形式出现，作为窟龛内的主尊。有第165窟和第169龛两个窟龛。其中第169龛座下有两只狮子（右侧的已不存），各有两身胁侍菩萨。第165窟的窟顶还凿出象征天宫的长方形顶，配合塑像还在壁面上部画出象征兜率天宫世界的众多伎乐。

C以半跏思惟和交脚菩萨的形式对称出现于洞窟正壁两侧龛内（第一、二期，第三期有部分洞窟保留）和影塑平台上或直接贴于壁面上（第三期洞窟及北魏晚期部分洞窟）。有第51、74、78、128、100、144、148、86、114、155、156、170、93、93-3等窟龛。其中第93-3龛为半跏思惟和交脚菩萨并排塑于龛内正壁。交脚菩萨为弥勒无疑，半跏思惟菩萨与交脚菩萨对等，地位相同，各有二胁侍菩萨。如前所考，半跏思惟菩萨为弥勒半跏思惟像。这种情况在第二期洞窟中，出现了与下面的二佛并坐的组合，是三世佛组合的一种表现形式。

即麦积山早期的弥勒造像除了三佛窟中的一身为佛的形象外，还有交脚和思惟两种造型。第一、二期洞窟中的交脚弥勒全部坐于束帛座上，均双手作转法轮印，右脚在外，左脚在内，脚尖朝外。高发髻，戴三珠宝冠或仰月冠饰（第148窟的交脚和半跏思惟弥勒菩萨），上身袒露，颈戴项圈，臂、腕戴钏、镯，下穿裙，裙裾斜撇，不及脚腕。披巾从脑后向前绕臂肘从两腿外侧下垂，端部分叉，坐于束帛座上。第三期的交脚和半跏思惟弥勒菩萨均穿上了汉民族的交领衣服，披巾交叉于胸前，裙裾覆盖至脚面。

二、弥勒造像的来源

犍陀罗造像十分重视弥勒信仰，这从出土众多的弥勒菩萨造像可以得到证实。犍陀罗弥勒造像的形式既有交脚坐，也有半跏趺思惟形式，较多的是束发的一手持净瓶的立像。在中亚广泛流行禅定、禅观的僧人中，就已经流行对天上的未来佛弥勒的崇拜，也创造了兜率天宫的弥勒菩萨图像，而且是交脚的弥勒形象，这是中国交脚弥勒菩萨的原形。如法国吉美博物馆所藏绍托拉克（犍陀罗迦毕试派的一个地点）出土的浮雕版上，弥勒菩萨在象征天宫的梯形建筑内交脚坐于台座上，双手结转法轮印①，这是犍陀罗交脚弥勒菩萨的另外一个特点。另外还有在三世佛立像中表现的立佛形式的弥勒。

① （日）宫治昭著，李萍译：《犍陀罗美术寻踪》，北京：人民美术出版社，2007年，第199页，图Ⅴ-14；（日）宫治昭：《涅槃と弥勒の図像学——インドから中央アジアへ》，东京：吉川弘文馆，1992年。

即弥勒菩萨有四种造型：A. 作为已经成佛的佛的姿态；B. 交脚而坐、手作转法轮印的姿势；C. 半跏思惟形；D. 站立手持净瓶。其表现了弥勒上生和下生的信仰。这几种形象都传到并影响了中国的弥勒造像，尤其是交脚坐的弥勒菩萨，一直到唐代以后其影响力才消退。而半跏思惟形的弥勒造型，在中国十六国至北朝晚期也有很多像例。中国的交脚菩萨在十六国北朝时期非常流行，基本形成了一种定型的图像，就是弥勒菩萨。

克孜尔石窟有一些交脚坐于兜率天说法的弥勒菩萨壁画①，其形象基本受犍陀罗造像影响，如第38窟主室前壁描绘的交脚菩萨像（下部左右各有一半跏思惟菩萨像），作转法轮印，右脚在外，左脚在内②。这种图像继承了犍陀罗B的做法，又向中国内地传播，影响了内地的交脚弥勒造型。

敦煌及其以东石窟从十六国以来就有较多的交脚弥勒菩萨造像或壁画，可以确定的如北凉石塔上的弥勒③、莫高窟第275窟的主尊和南北壁上部阙形龛内的交脚弥勒菩萨以及炳灵寺第169窟的交脚弥勒菩萨，都是十六国的交脚弥勒的例子。内地石窟中，炳灵寺第169窟西秦壁画中，有两身站立的弥勒菩萨像，其中第3龛北面的壁面上残存的一身为手持净瓶（犍陀罗D），其形象及画法也是效仿西域，有很浓厚的外来因素，另外一身为第6龛的附属内容，虽手持净瓶站立，但画法为中国传统的线描平涂色彩技法。还有一身为交脚的形式，戴宝冠，上身完全袒露，无任何装饰品，双手在胸前作转法轮印，交脚坐于束帛座上，两脚脚尖向内，右脚在外，左脚在内（犍陀罗B）。这种姿势与麦积山早期洞窟的交脚弥勒菩萨基本相同④。炳灵寺的许多图像是现存内地石窟中最早的，因此对于判断某些题材有很重要的参考价值。

前述犍陀罗绍托拉克出土的浮雕版上，弥勒菩萨两侧各有一身对称居于建筑内的半跏思惟菩萨，在中国的石窟里，如克孜尔第38窟入口上方的半圆形壁面上就绘有与这件作品组合很相似的壁画⑤。云冈石窟有很多这样的例子，犍陀罗的造像是云冈石窟此种组合的直接来源。该组合还出现在一些佛教造像碑刻或单体造像中⑥。

进入北魏以后，弥勒造像则更为普及，弥勒信仰十分流行。云冈石窟的弥勒造像，也有结跏趺坐弥勒佛、交脚坐弥勒佛、交脚坐弥勒菩萨等几种，数量非常多，目前还没有精确的统计。

龙门石窟众多的造像记中，从尊像名的记载看，阿弥陀佛222例，观音菩萨197例，释迦佛106例，弥勒佛（菩萨）62例。北魏时期释迦、弥勒占绝对多数。释迦像的纪年题名总数61例，其中北朝有50例，北魏占43例；弥勒题名总数49，北魏占35例。因此，北魏时代的龙门造像，以释迦和弥

---

① 宿白：《新疆拜城克孜尔石窟部分洞窟的类型与年代》，《中国石窟寺研究》，北京：文物出版社，1996年，第23、25页。

② 参见新疆维吾尔自治区文物管理委员会等编：《中国石窟·克孜尔石窟》（一），北京：文物出版社、东京：平凡社，1989年，图版84。

③ 殷光明：《北凉石塔研究》，台北：台湾觉风佛教文化基金会，2000年，图160。

④ 常青：《炳灵寺169窟塑像与壁画题材考释》，《汉唐与边疆考古研究》第1辑，北京：科学出版社，1994年。

⑤ 参见新疆维吾尔自治区文物管理委员会等编：《中国石窟·克孜尔石窟》（一），北京：文物出版社、东京：平凡社，1989年，图版84。

⑥ 如传出于河南地方北魏晚期的佛三尊像背面的线刻中也有这种组合，日本《MIHO MUSEUM 南馆图录》第123件，日本写真印刷株式会社，1997年，第238~243页。

勒占绝大多数①。

关中出土的5世纪及6世纪早期的北魏佛教造像中，如北魏永兴三年（411年）魏阿金造像、始光元年（424年）、始光三年（426年）赵忠信造像、和平二年（461年）造释迦佛像背面、兴平皇兴五年（471年）弥勒佛像、景明三年（502年）刘宝生造石弥勒像、西安西郊北魏佛菩萨像碑正面等，都是弥勒造像的重要像例，其中有交脚的弥勒菩萨和弥勒佛②，这与长安弥勒经典的传译情况相符③。

麦积山早期洞窟的三种弥勒形象，也是十六国北朝时期佛教美术中常见的。云冈三世佛的洞窟中，有一佛是弥勒佛，这与麦积山的第74、78、100、128、114、155等窟是相同的（犍陀罗A）。第74、78、128、148、169等窟中的交脚菩萨形象的弥勒菩萨，更是十六国北朝时期流行的弥勒姿态（犍陀罗B）。莫高窟第275窟的主尊以及窟内壁面上部居于阙形龛内的弥勒菩萨、炳灵寺第169窟西秦壁画中的交脚弥勒菩萨、北凉石塔上的交脚弥勒菩萨、云冈大量的交脚弥勒菩萨以及龙门古阳洞的交脚弥勒菩萨造像等都是这一类型。像第74、78、100、128、144、114、93、156等窟中的半跏思惟弥勒菩萨（犍陀罗C），在中国的造像中目前见到较早的是武威北凉石塔上的造像以及莫高窟第275窟高居于双树形龛内的思惟弥勒菩萨，之后北朝造像中屡见不鲜。麦积山早期洞窟出现众多的弥勒佛和弥勒菩萨，正反映了北魏时期弥勒信仰在这一地区的盛行，这也是与全国的情形基本同步的。

麦积山早期洞窟以弥勒菩萨为主尊的窟龛有第165窟和第169龛，第165窟还描绘出了象征弥勒天宫的伎乐以及在窟顶凿出象征天宫的顶。莫高窟第275窟主尊为弥勒菩萨，云冈第16、13窟、第9和10双窟的主尊都是弥勒（第9窟主尊为倚坐佛，第10窟为交脚弥勒菩萨）。这是以弥勒信仰为主题的表现④。

三、弥勒经典的翻译

汉译弥勒经典或与弥勒有密切关系的经典非常杂，据日本学者松本文三郎的统计，有关弥勒的汉译经典达37种之多⑤，中国台湾学者杨惠南就其做了十分细致的整理和分类⑥。

---

① （日）塚本善隆：《塚本善隆著作集》第2卷，东京：大东出版社，1974年，第257、260页。

② 王长启：《西安出土的北魏佛教造像和风格特征》，《碑林集刊》（六），西安：陕西人民美术出版社，2000年；裴建平：《西安地区出土北魏早期单体佛造像研究》，《碑林集刊》（九），西安：陕西人民美术出版社，2003年。

③ 竺法护于长安译《佛说弥勒下生经》和《弥勒菩萨所问本愿经》，鸠摩罗什于长安译《佛说弥勒下生成佛经》，又重译《弥勒下生经》。二人所译俱为弥勒造像所依据的重要经典，对中国的弥勒造像和信仰至为重要。

④ 关于北朝的弥勒信仰还可参考唐长孺：《北朝的弥勒信仰及其衰落》，《魏晋南北朝史论拾遗》，北京：中华书局，1983年；陈扬炯：《中国净土宗通史》第三章《弥勒信仰的兴衰》，南京：江苏古籍出版社，2000年，第183~204页。

⑤ （日）松本文三郎：《弥勒浄土論》，丙午出版社，1911年，第19页，转引自（日）田村圆澄：《半跏思惟像の诸问题》，东京：吉川弘文馆，1984年，第10页。

⑥ 杨惠南：《汉译佛经中的弥勒信仰——以弥勒上、下经为主的研究》，《文史哲学报》1987年总第35期。

其中有关弥勒上生的经典有一，即刘宋沮渠京声译《佛说观弥勒上生兜率天经》，一卷①。此经描述释迦佛时，有一菩萨，即弥勒菩萨，释迦佛曾预言他“次当作佛”。12 年后，会上升到“兜率陀天”，凡“不厌生死，乐生天者，爱敬无上菩萨心者”，只要“持五戒、八斋、具足戒，身心清净，不求断结，修十善法”，死后也可以往生兜率天，亲近弥勒菩萨。56 亿年后，弥勒将从兜率天下生到人间——“阎浮提”。

有关下生的经典较多，主要有：

1. 西晋竺法护译《佛说弥勒下生经》，一卷②。该经描述弥勒下生成佛，人间成为净土，弥勒于龙华树下成无上道，并于树下三会说法。

2. 姚秦鸠摩罗什译《佛说弥勒下生成佛经》，一卷③。本经内容与前一经大同小异。

3. 姚秦鸠摩罗什译《佛说弥勒大成佛经》，一卷④。本经篇幅较前面数经都多，多出的篇幅，主要描述未来人间净土的情形、国王（转轮圣王）所具“七宝”的美妙、弥勒身体与释迦身体的比较，等等。

4. 失译人名附东晋录《佛说弥勒来时经》，一卷⑤。该经与竺法护译本内容大体相同，但更为简略⑥。

5. 唐义净译《佛说弥勒下生成佛经》，一卷⑦。

上举都是专门的关于弥勒的经典，除唐义净译本外，时间都在两晋时期。而实际上，弥勒也大量出现在其他各种经典中，说明了弥勒信仰的广泛。其他经典中关于弥勒的描述或详或略，其中在阿含系列的经典中非常突出，黄夏年专门对其做了研究⑧。

后秦弘始年间（399~415 年）佛陀耶舍共竺佛念译《佛说长阿含经》卷六“第二分”《转轮圣王修行经》第二：

> 八万岁时人，女年五百岁始出行嫁……当于尔时，有佛出世，名为弥勒如来，至真等正觉，十号具足，如今如来十号具足……彼时，人民称其弟子号曰慈子，如我弟子号曰释子⑨。

该经讲人寿当至八万岁时弥勒佛出世，与释迦牟尼佛一样具有十号、说法并有众弟子。显然是说弥勒佛真正地继承了释迦牟尼佛的衣钵，出世教化众生。

---

① （日）高楠顺次郎、小野玄妙等：《大正藏》第 14 册，台北：新文丰出版公司，1983 年，第 418~420 页。
② （日）高楠顺次郎、小野玄妙等：《大正藏》第 14 册，台北：新文丰出版公司，1983 年，第 421~423 页。
③ （日）高楠顺次郎、小野玄妙等：《大正藏》第 14 册，台北：新文丰出版公司，1983 年，第 423~425 页。
④ （日）高楠顺次郎、小野玄妙等：《大正藏》第 14 册，台北：新文丰出版公司，1983 年，第 428~434 页。
⑤ （日）高楠顺次郎、小野玄妙等：《大正藏》第 14 册，台北：新文丰出版公司，1983 年，第 434、435 页。
⑥ 见《大正藏》第 14 册，第 434a 页。本经译者栏中，写有“失译人名，附东晋录”几字。检阅智升：《开元释教录》卷三，东晋失译部分确实列有此经（参见《大正藏》第 55 册，第 509c 页），可见本经于东晋时译出。
⑦ （日）高楠顺次郎、小野玄妙等：《大正藏》第 14 册，台北：新文丰出版公司，1983 年，第 426~428 页。
⑧ 黄夏年：《〈阿含经〉中的弥勒佛——兼论中国佛教的弥勒崇拜》，《敦煌学与中国史研究论集——纪念孙修身先生逝世一周年》，兰州：甘肃人民出版社，2001 年。
⑨ （日）高楠顺次郎、小野玄妙等：《大正藏》第 1 册，台北：新文丰出版公司，1983 年，第 41 页。

东晋隆安元年十一月至二年六月（397~398年）瞿昙僧伽提婆译、道祖笔受《中阿含经》卷十三之《王相应品说本经》第二：

> 尔时，尊者弥勒在彼众中。于是，尊者弥勒即从座起，偏袒着衣，叉手向佛白曰："世尊，我于未来久远人寿八万岁时，可得成佛，名弥勒如来……"尔时，尊者阿难执拂侍佛。世尊回顾告曰："阿难，汝取金缕织成衣来，我今欲与弥勒比丘。"尔时尊者阿难受世尊教，即取金缕织成衣来，授与世尊。于是世尊从尊者阿难受此金缕织成衣已，告曰："弥勒，汝从如来取此金缕织成之衣，施佛、法、众……"于是。尊者弥勒从如来取金缕织成衣已，施佛、法、众①。

该经讲弥勒为释迦牟尼的弟子，当于将来人寿八万岁时成佛，并接受释迦牟尼佛所赠的金缕衣施佛、法、众，也是继承了释迦牟尼的衣钵。

苻秦瞿昙僧伽提婆译《增壹阿含经》卷四十四《十不善品第三》，较前二经（《长阿含》和《中阿含》）更为详细，可能是前述各《下生经》的衍生。本经和其他《下生经》一样，描述了未来世界的净土景况：

> 弥勒出现，国土丰乐……土地丰熟，人民炽盛，街巷成行……阎浮地极为平整，如镜清明，举阎浮地内，谷食丰贱，人民炽盛，多诸珍宝……尔时，弥勒在家未经几时，便当出家学道。尔时，去鸡头城不远，有道树名曰龙华，高一由旬，广五百步。时，弥勒菩萨坐彼树下，成无上道果。当其夜半，弥勒出家，即其夜成无上道……弥勒已成佛道……尔时，比丘姓号皆名慈氏弟子，如我今日诸声闻皆称释迦弟子。尔时，弥勒与诸弟子说法。汝等比丘，当思惟无常之想、乐有苦想、计我无我想、实有空想、色变之想、青瘀之想、腹胀之想、食不消想、血想、一切世间不可乐想。所以然者，比丘当知，此十想者，皆是过去释迦文佛与汝等说，令得尽有，漏心得解脱②。

该经较详细地讲述弥勒菩萨在去鸡头城不远的龙华树下下生成道的过程，其出生、成道、说法、身相等与释迦牟尼佛无异，尤其是讲到了弥勒令众弟子思惟修无常想等十想，使其得到漏心的解脱。

但影响十六国北朝佛教弥勒造像的应该是专门的上生和下生的弥勒经典。即上生是依据上生经典沮渠京声译《佛说观弥勒菩萨上生兜率天经》而创作，下生是依据下生经典即西晋竺法护译《佛说弥勒下生经》、姚秦鸠摩罗什译《佛说弥勒大成佛经》和《佛说弥勒下生成佛经》等创作。

四、弥勒信仰及禅观需要

关于弥勒菩萨上生和弥勒下生成佛的描述早已出现在阿含系列以及其他各类佛典中，因此弥勒信仰十分受重视，早在佛像的发源地犍陀罗就有了弥勒菩萨和弥勒佛的雕刻，说明了中国的弥勒信仰实际上是继承了犍陀罗的传统。犍陀罗的几种弥勒造型也随佛教而传入了中国，并影响了中国的弥勒造

① （日）高楠顺次郎、小野玄妙等：《大正藏》第1册，台北：新文丰出版公司，1983年，第510、511页。

② （日）高楠顺次郎、小野玄妙等：《大正藏》第2册，台北：新文丰出版公司，1983年，第787~789页。

像。前面已讲到中国的弥勒造像应该是依据专门的弥勒经典而作。

（一）上生信仰

弥勒菩萨上生的信仰，依据的经典即是《佛说观弥勒菩萨上生兜率天经》，经曰：

> 尔时会中有一菩萨名曰弥勒，闻佛所说，应时即得百万亿陀罗尼门，即从座起整衣服……世尊往昔于毗尼中及诸经藏说阿逸多次当作佛。此阿逸多具凡夫身，未断诸漏。此人命终当生何处？其人今者虽复出家，不修禅定不断烦恼，佛记此人成佛无疑。此人命终生何国土？佛告优波离……今于此众说弥勒菩萨摩诃萨阿耨多罗三藐三菩提记。此人从今十二年后命终，必得往生兜率陀天上。尔时兜率陀天上……①

经文非常详细地描述了弥勒兜率天净土的各种庄严奇妙之处，如宝楼阁、七宝庄严、天女伎乐、莲花等等，宣讲观想弥勒即可上生兜率天宫，因此，该经不但是弥勒净土的经典，还可以说是有关弥勒的禅观经典。我们在佛教艺术中常见的交脚弥勒和半跏思惟弥勒，就是根据这一经典而创造的，表现的是弥勒上生以及弥勒净土的信仰思想。上生信仰的弥勒一般为交脚坐姿，早期的交脚弥勒菩萨往往作转法轮印，如麦积山早期洞窟的第74、78、100、148等窟中的交脚弥勒就是作转法轮印，这在弥勒经典里能够找到依据。《佛说观弥勒菩萨上生兜率天经》曰：

> 时兜率陀天……弥勒眉间有白毫相光，流出众光作百宝色，三十二相，一一相中有五百亿宝色，一一好亦有五百亿宝色，一一相好艳出八万四千光明云。与诸天子各坐花座，昼夜六时常说不退转地法轮之行。经一时中成就五百亿天子，令不退转于阿耨多罗三藐三菩提。如是处兜率陀天昼夜恒说此法，度诸天子②。

转法轮印的交脚弥勒菩萨正是表现在兜率天宫昼夜为众天子说不退转法轮法的弥勒。

《妙法莲华经》卷七《普贤菩萨劝发品第二十八》：

> （前略）若但书写，是人命终当生忉利天上……何况受持读诵？正忆念解其义趣如说修行。若有人受持读诵解其义趣，是人命终为千佛授手，令不恐怖不堕恶趣，即往兜率天上弥勒菩萨所。弥勒菩萨有三十二相，大菩萨众所共围绕，有百千万亿天女眷属，而于中生③。

依此经文，凡受持与读诵《法华经》和了解法华要旨者，皆可往生兜率，面谒弥勒。可见，往生兜率乃是修习法华的福报之一。麦积山早期洞窟与《法华经》关系密切，反映了强烈的法华思想，因此，在洞窟的高处造出弥勒菩萨，也正是《法华经》中所讲修持法华者的福报。这段经文也正好可以

---

① （日）高楠顺次郎、小野玄妙等：《大正藏》第14册，台北：新文丰出版公司，1983年，第418页。

② （日）高楠顺次郎、小野玄妙等：《大正藏》第14册，台北：新文丰出版公司，1983年，第419页。

③ 《大正藏》第9册，第61a–c页，类似的经文亦见竺法护译：《正法华经》卷十《乐普贤品》，《大正藏》第9册，第133页。

对麦积山交脚与半跏思惟弥勒两侧的胁侍菩萨做出注解，即胁侍菩萨是经中所讲围绕在弥勒菩萨周围的大菩萨众。

（二）下生信仰

凡造像中所见佛装的弥勒都表现的是下生信仰。鸠摩罗什译《佛说弥勒大成佛经》卷一：

> 弥勒菩萨见此宝台须臾无常，知有为法皆悉磨灭，修无常想，赞过去佛清凉甘露无常之偈……说此偈已，出家学道。坐于金刚庄严道场龙华菩提树下，枝如宝龙吐百宝华，一一花叶作七宝色，色色异果适众生意，天上人间为无有比。树高五十由旬，枝叶四布放大光明。尔时弥勒与八万四千婆罗门俱诣道场。弥勒即自剃发出家学道，早起出家，即于是日初夜降四种魔，成阿耨多罗三藐三菩提①。

弥勒菩萨在兜率天做补处菩萨后，适时下生阎浮提世间成佛。佛装的弥勒，就是依据有关下生经典创作的。前面讲到的思惟弥勒菩萨可能也是经中所讲修无常想的弥勒形象。经中讲佛法将灭，已经有末法、灭法之意，因此弥勒菩萨赞叹过去佛清凉甘露无常，为了继承佛统，使得将来佛法长存，于是修无常之想，并下生于龙华树下成佛。这也正是人们对于将来世界所憧憬和希望的，于是弥勒成佛得到了广大的信仰。因此，中国北朝的造像里也常常造出佛装弥勒，即是表示已经下生成佛的弥勒。麦积山第 74、78 等窟三世佛中的一身就是未来佛的弥勒形象。

其他下生经典也对弥勒下生成佛后的阎浮世界的美妙景象有很多的描绘，再不举例。

（三）弥勒菩萨的主要功能——禅观并往生、思惟而决疑

1. 禅观佛像而往生兜率天宫、未来随弥勒下生

对于弥勒的观想或通过观想佛像而能够往生兜率天宫见到弥勒，出现在许多禅观经典中。佛驮跋陀罗译《佛说观佛三昧海经》卷二《观相品》第三之二在讲到观佛眼睫相时，一心观想，不但可以见到释迦佛，还可以于未来生处见到弥勒：

> 勤观佛眼，慎勿休废。观佛眼者，必获无量微妙功德。发际额广及发蠡文，眼眶眼眉，眼睫眼画，如是等众相光明，若能暂见，除六十劫生死之罪，未来生处必见弥勒，贤劫千佛威光所护，心如莲华而无所著，终不堕于三涂八难。若坐不见当入塔观。入塔观时，亦当作此诸光明想。至心合掌胡跪谛观，一日至三日心不错乱。命终之后生兜率天，面见弥勒菩萨色身端严，应感化导。既得见已，身心欢喜入正法位②。

同上经卷三《观相品第三》讲观佛舌相，将来即可见到弥勒，并于千佛之处闻法受化：

---

① （日）高楠顺次郎、小野玄妙等：《大正藏》第 14 册，台北：新文丰出版公司，1983 年，第 429 页。

② （日）高楠顺次郎、小野玄妙等：《大正藏》第 15 册，台北：新文丰出版公司，1983 年，第 656 页。

佛灭度后，念佛心利观佛舌者，心眼境界如向所说。作是观者，除去百亿八万四千劫生死之罪，舍身他世，值遇八十亿佛……如是等人虽不念佛，以善心故，除却百劫极重恶业，当来生处值遇弥勒，乃至楼至佛。于千佛所闻法受化，常得如是观佛三昧①。

麦积山早期洞窟第一期的第100、128、148、144、80窟以及第二期的第86、89、93、114等窟，弥勒菩萨都与千佛组合，即反映了经中所言“于千佛所闻法受化”的含义。

上经卷七《观四威仪品第六》讲在观佛影如来坐像时曰：

观如来坐者，如见佛身等无有异，除百千劫生死之罪。若不能见，当入塔观一切坐像，见坐像已忏悔障罪。此人观像因缘功德，弥勒出世。见弥勒佛初始坐于龙华树下结跏趺坐。见已欢喜，三种菩提随愿觉了②。

佛驮跋陀罗译《观佛三昧海经》在中国早期佛教中占有重要地位，以观佛之相好及其功德为教，经中多次提到观如来相即可于未来世上生兜率天见到弥勒，这是观如来像的殊胜功德之一，表明兜率天宫中的弥勒具有相当大的吸引力。而且因观坐像的功德，弥勒出世后还可见到成佛的弥勒于龙华树下成道坐像，并且得到三种菩提之愿。

其他一些重要的禅观经典也说观佛相好即可值遇弥勒。如鸠摩罗什译《禅秘要法经》卷上在教大众“诸法空无我观”时说：

佛告阿难：“若比丘比丘尼、优婆塞优婆夷得此观者，名得地大观，当勤系念，慎莫放逸。若修不放逸，行疾于流水，当得顶法。虽复懒惰，已舍三涂恶道之处。舍身他世，生兜率天，值遇弥勒，为说苦空无常等法。豁然意解，成阿那含果。”③

刘宋元嘉元年至十八年（421~441年）昙摩蜜多译《五门禅经要用法》之《白骨观法》曰：

当观白骨，亦可入初禅，行者志求大乘，若命终随意所欲生诸佛前。若不尔者，必生兜率天得见弥勒，定无有疑也④。

诸多禅观经典都一再强调作各种观想时，可以在命终之后上生兜率天，见到弥勒，并随弥勒下生，最先闻法，得到解脱成道。如此，对于弥勒的观想和对未来世界的希冀，成为众多现实佛教实践者践行的方法，于是就有道安（314~385年）、道法（？~474年）等僧人的传奇故事。

《高僧传》卷五《释道安》：

安每与弟子法遇等，于弥勒前，立誓愿生兜率。后至秦建元二十一年正月二十七日，忽有异

① （日）高楠顺次郎、小野玄妙等：《大正藏》第15册，台北：新文丰出版公司，1983年，第658c页。
② （日）高楠顺次郎、小野玄妙等：《大正藏》第15册，台北：新文丰出版公司，1983年，第681c页。
③ （日）高楠顺次郎、小野玄妙等：《大正藏》第15册，台北：新文丰出版公司，1983年，第250a页。
④ （日）高楠顺次郎、小野玄妙等：《大正藏》第15册，台北：新文丰出版公司，1983年，第332c页。

僧，形甚庸陋，来寺寄宿，寺房既窄，处之讲堂。时维那直殿，夜见此僧从窗隙出入，遽以白安。安惊起礼，讯问其来意，答云相为而来。安曰："自惟罪深，讵可度脱?"彼答云："甚可度耳。然须更浴，圣僧情愿必果。"具示浴法。安请问来生所往处，彼乃以手虚拨天之西北，即见云开，备睹兜率妙胜之报。尔夕大众数十人悉皆同见①。

《高僧传》卷十一《习禅》之《释道法》：

释道法，姓曹，敦煌人。弃家入道，专精禅业，亦时行神咒。后游成都，至王休之、费铿之请为兴乐、香积二寺主。训众有法。常行分卫，不受别请及僧食。乞食所得，常减其分，以施虫鸟。每夕辄脱衣露坐，以饲蚊虻，如此者累年。后入定，见弥勒放齐中光，照三途果报。于是深加笃励，常坐不卧。元徽二年于定中灭度，平坐绳床，貌如恒日②。

道安和道法的故事，说明东晋十六国南北朝时，僧人修禅入定常想弥勒，这些现实修行者的实践，必然是一种时尚，必定影响了周围的佛教界，不是极个别的现象，而是普遍存在的。

2. 关于弥勒思惟决疑

弥勒为大众决疑，也出现于众多经典中。

元魏西域三藏吉迦夜共昙曜译《付法藏因缘传》卷六：

尔时罗汉即入三昧，深谛思惟，不能解了。便以神力，分身飞往兜率陀天，至弥勒所，具宣上事，请决所疑③。

《高僧传》卷三《智严传》：

西凉州人。弱冠出家，便以精勤著名……坐禅诵经，励力精学……严昔未出家时，尝受五戒，有所亏犯。后入道受具足，常疑不得戒，每以为惧。积年禅观而不能自了。遂更泛海，重到天竺，咨诸明达。值罗汉比丘，具以事问罗汉，不敢判决，乃为严入定，往兜率宫咨弥勒。弥勒答云得戒……④

作为一个禅僧，在禅观时遇到难疑不得解时，罗汉为之往兜率天宫咨询弥勒。可见弥勒与禅观的关系非常紧密，得到了现实修禅者的实践。

又《高僧传》卷十一《慧览传》：

释慧览，姓成，酒泉人。少与玄高俱以寂观见称。览曾游西域，顶戴佛钵，仍于罽宾从达摩比丘谘受禅要。达摩曾入定往兜率天，从弥勒受菩萨戒，后以戒法授览……⑤

---

① （日）高楠顺次郎、小野玄妙等：《大正藏》第50册，台北：新文丰出版公司，1983年，第353c页。
② （日）高楠顺次郎、小野玄妙等：《大正藏》第50册，台北：新文丰出版公司，1983年，第399b页。
③ （日）高楠顺次郎、小野玄妙等：《大正藏》第50册，台北：新文丰出版公司，1983年，第320a页。
④ 《大正藏》第50册，第339页。《名僧传抄》所记略同，《新纂大日本续藏经》第77册，第358页。
⑤ （日）高楠顺次郎、小野玄妙等：《大正藏》第50册，台北：新文丰出版公司，1983年，第399a页。

慧览从达摩处学习禅要，达摩也是入定中往兜率天受弥勒菩萨戒法，随之又传授给慧览，慧览又将之传授给于阗的诸僧人。

僧人平生可往兜率天宫决疑，也希望死后往生于兜率天宫，后者类似于西方净土信仰，表现了对弥勒净土的向往。昙摩蜜多译《五门禅经要用法》云：

> 行者志求大乘，若命终，随意所欲，生诸佛前。若不尔者，必生兜率天，得见弥勒，定无有疑也①。

《名僧传抄》“僧印传”记：

> 僧印，姓樊氏，金城榆中人，释玄高弟子……修大乘观，所得境界，为禅学之宗……尝在江陵教一比丘受禅……此僧欣然曰：“由来愿生西方。”得应之后，或有劝往兜率者，此僧嗟疑良久，至三更方决云：“定向兜率。”言已就卧，同学起看，命已逝矣②。

僧印的事迹表明向往弥勒净土也成为现实僧人的理想。

《佛说弥勒下生成佛经》卷一：

> 弥勒菩萨观世五欲，致患甚多，众生沉没在大生死，甚可怜愍。自以如是正念观故，不乐在家。时蠰佉王共诸大臣，持此宝台，奉上弥勒。弥勒受已，施诸婆罗门。婆罗门受已，即便毁坏，各共分之。弥勒菩萨见此妙台须臾无常，知一切法皆亦磨灭。修无常想，出家学道，坐于龙华菩提树下。树茎枝叶高五十里。即以出家日得阿耨多罗三藐三菩提③。

弥勒菩萨在下生时，由于见到众生之苦，并知佛法将灭，于是“修无常想”，表现其思惟，于是就有了思惟弥勒菩萨的造像。敦煌早期洞窟中的第275窟等壁面上部的双树形龛内的半跏思惟菩萨就是弥勒菩萨于龙华树下修无常想的姿态。麦积山早期洞窟高处的半跏思惟菩萨虽然没有做出树，但表现的也是思惟形的弥勒菩萨。

早期弥勒信仰与十六国北朝禅观流行关系密切。僧人通过坐禅修行，“往兜率咨弥勒”，求弥勒菩萨决疑。沮渠京声所译的《佛说弥勒菩萨上生兜率天经》为一部禅观经典，敦煌弥勒信仰和禅修必定有十分密切的关系，北凉石塔弥勒菩萨和七佛并出，弥勒信仰和三世佛信仰息息相关④。同样，麦积山众多弥勒菩萨造像也与禅修息息相关。

（原载于《敦煌研究》2010年第3期）

---

① （日）高楠顺次郎、小野玄妙等：《大正藏》第50册，台北：新文丰出版公司，1983年，第332页。

② （日）前田慧云、中野达慧等：《新纂大日本续藏经》第77册，京都：京都藏书院，1912年，第355、356页。

③ （日）高楠顺次郎、小野玄妙等：《大正藏》第14册，台北：新文丰出版公司，1983年，第424页。

④ 李玉珉：《敦煌莫高窟第二五九窟研究》，敦煌研究院：《1994敦煌国际研讨会文集——纪念敦煌研究院成立五十周年·石窟考古卷》，兰州：甘肃民族出版社，2000年，第91页。

麦积山石窟第4窟七佛龛壁画初探

项一峰

麦积山石窟第4窟独有的“薄肉塑”伎乐天壁画，早在20世纪50年代，专家学者考察石窟时就有撰文介绍，现较为人知。但是，该窟不仅有“薄肉塑”伎乐天壁画，还有“经变”画，“薄肉塑”出众多佛、弟子、树木、法物及护法像等，又出现佛教石窟寺壁画艺术中从未见的“沥粉塑”佛像。因位于七佛龛内之顶部，位置较高，壁画经后代重绘，多被烟熏黑，又龛内光线弱暗，仰头观之难以觉察。虽然，过去有人提到“在这七个崖阁七个内龛的顶壁上的壁画，其中的人物和树木，也同样地用这样（薄肉塑）的手法来处理的”①。可是一直未被重视。2009年10月，笔者测绘洞窟搭架，架上近距离考察，观其壁画，“薄肉塑”“沥粉塑”艺术水准很高，题材布局独到，造像者对佛教的领悟至深，令人不得不感叹古代艺术家（和主持僧人）为我们留下如此精美的佛教艺术佳作。

一、功德主及开窟年代

麦积山石窟第4窟，又称“七佛阁”“散花楼”。据北周大文学家庾信《秦州天水郡麦积崖佛龛铭并序》记：“大都督李允信者，籍于宿植，深悟法门，乃于壁之南崖梯云凿道，奉为亡父造七佛阁。”②此庾信铭记原石碑刊于岩中③。可惜今日此碑已不知去向，可能为后代地震塌毁埋入山下堆积层中。经考察七佛阁左外侧靠柱础的地方，现存一个规整竖长方形浅龛，约高2.3米，宽1.5米，四壁素平，既无壁画痕迹，又无造像之迹，后壁深进凿三孔，其下有台，极可能是原来嵌置庾信碑的地方。

七佛阁开凿造像的功德主是李允信已无疑。李允信又作李充信，《周书》记：李充信系赵王广故吏。而《周书》卷四一有《庾信传》。七佛阁为北周时开窟造像亦无异议。

七佛阁北周时何年始凿，何年完工？庾信何时为其作《佛龛铭》？目前专家学者有不同的看法。冯国瑞先生说：“抑考庾信由长安来秦州，或者为当时秦州大都督李允信之宾客，恰逢麦积山为其亡父造七佛龛勒铭崖壁。”④ 阎文儒先生据李充信为大都督时为亡父造七佛龛，认为庾信作七佛龛铭，必在

---

① 麦积山勘察团：《麦积山勘察团工作报告》，《文物参考资料》1954年第2期。

② ［北周］庾信：《庾子山集》卷十二，台北：商务印书馆，2011年。

③ 王仁裕的《玉堂闲话·麦积山》记载石窟之中有庾信铭记，刊于岩中。见［北宋］李昉等编：《太平广记》，北京：中华书局，1961年。

④ 冯国瑞：《麦积山石窟志》，天水：陇南丛书编印社，1941年。

天和三年（568年）以后。当时赵王已死，由李充信继任，因作七佛龛，求庾信作铭，但最迟也不过建德三年（574年），原因是佛教有“三武之劫”，周武帝宇文邕即灭佛道之人。李充信造七佛龛必在灭佛之前，而他造七佛龛的年代也必在天和三年幽国公死之后，庾信作此铭，绝不会在保定五年，也不是在赵王门下时。又说：李充信作七佛阁时，请其撰写铭文，也是自然的事，庾信在其《伤心赋》中虽有“流寓秦州”，则是指关中陇东而言，并非专指秦州一地，可见庾信也未必居于秦州，李充信请其作七佛铭，即便是他居长安，也可代为撰写，或七佛龛当时已修成①。何静珍先生认为：天嘉六年（周保定五年）庚寅周主入秦州，八月丙子还长安，鉴于在565年，即周武帝保定五年七、八月间，当周武帝行幸秦州时，庾信始有可能列文班侍驾来秦州看到麦积山。从他撰写《秦州天水郡麦积崖佛龛铭并序》来看，这时，李充信所开七佛龛已经完全修好。因此，过去所说此龛开凿在保定、天和年间的说法，应予纠正。其具体凿修年代，应在保定五年以前，决不会在天和以后②。

鉴于上说谈点看法：庾信《佛龛铭》中记大都督李允信为亡父造七佛龛，李允信前冠“大都督”，他何时任大都督，《周书》中查无记载。据阎文儒先生考证，李充信继赵公而为秦州刺史，然后方称道为大都督。李充信是否继赵公后而为秦州刺史，《周书》也未记载。《周书》记天和五年夏四月，蔡国公宇文广更除秦州刺史，十一月，追封追章武公宇文导为幽国公，以长子广继之，蔡国并于幽，是月，广病逝，武帝素服亲临，百僚毕集，其故吏仪同李充信等上表以申广之宿志，明年四月，周以广弟大将军杞国公宇文亮继为秦州总管。即使李充信继赵国公后为秦州刺史，称大都督，同样存在问题，因周制在明帝三年春正月初都督诸军事为“总管”，此前的宇文广在保定二年已称秦州总管，李充信继赵公后为秦州刺史，也应该称“总管”，而不是“大都督”。庾信《佛龛铭》中何以称李允信为大都督呢？其原因可能是宇文广天和五年十一月病逝后至宇文亮次年四月任秦州总管四个多月时间内，由其故吏仪同李充信接管秦州诸事，只是暂时代管，没有得到正式任命，故而不长时间就有宇文亮继任秦州总管之事。而庾信为李允信撰写《佛龛铭》，或许正是李允信接管秦州诸事时为其亡父造七佛龛。庾信过去与宇文广又多有往来，如《周帝纪》卷十记庾信与王至洽，集中与赵王广酬和之作，谢赉之启，多至数十首，于其毙也，又为铭其墓。在李允信请庾信为作《佛龛铭》时，因赵王曾为大都督（后改为总管），李允信继他死后接管秦州，不加辨别，作《佛龛铭》时而称之。其实李允信没有真正做过秦州刺史、大都督，虚名而已。若有实名，当时应该称他“刺史”或“总管”，史皆无印证。据此，李允信为亡父造七佛龛，应该是他接管秦州诸事时所为，时间在天和五年或天和六年始建，请庾信撰写《佛龛铭》亦应在此时。之前李允信只是宇文广的故吏仪同，麦积山现存七佛阁规模宏大，需巨大费资，他是否有能力建造存疑。即使有能力，至天和六年完工，再请庾信作铭。又出现一个问题，七佛阁龛外上方壁面现存七幅大型伎乐天壁画，其中有五幅为“薄肉塑”，二幅为绘画。为何没有统一？是“灭法”前草率完工，还是“灭法”时停工后续？两种可能性皆不大，原因是两幅伎乐天壁画，若运用“薄肉塑”的方法，在塑造工程方面所需时间也不过几天就可以完成。“灭法”对天水来说，由于当时地方官僚的保护，及据天水麦积山、拉梢寺（武山）现存的北周造像壁画来看，没有受

① 阎文儒主编：《麦积山石窟》，兰州：甘肃人民出版社，1984年，第4、5页。

② 何静珍：《麦积山石窟大事记》，阎文儒主编：《麦积山石窟》，兰州：甘肃人民出版社，1984年，第207页。

到破坏，几乎可互相验证。“灭法”前能做到，“灭法”后更不会有问题。推测可能是因“灭法”在即，当时塑像的工匠出了问题，不能继续工作，一时又无人可替代，必须尽早完工，由画工续作，而失初衷，没有达到统一，留下今日的疑惑。七佛阁完工应在建德三年五月下令“灭法”后一段时间完工。至于庾信是否来麦积山仍存疑，他看到麦积山七佛阁修成的盛况后撰写《佛龛铭》可能性仍然不大，但他可以听人描述，或看到建造的“图样”后，在任何地方皆可以撰写。

二、“薄肉塑”“沥粉塑”壁画

麦积山石窟七佛阁现存“薄肉塑”壁画是中国石窟寺中独有的艺术珍品，是中国美术史中的创举。“薄肉塑”的命名最早见于1953年吴作人先生执笔的《麦积山勘察团工作报告》中，他说：“七佛龛的上墙壁间，又画着相当完整的七大幅壁画，每幅画着四个伎乐天……最特殊的是大幅壁画上的伎乐天，露在衣衫外面的肌肤部分，都是用浅极的薄肉塑来表现的，是绘画和浮塑的结合，在这七个崖阁的七个内龛的顶壁上的壁画，其中的人物和树木，也同样地用这样的手法来处理的。”① 此后，“薄肉塑”就成为绘画和浮塑相结合壁画的专用代名词，被后来的专家学者一直引用，这也是最早将麦积山石窟第4窟“薄肉塑”壁画介绍给世人。“沥粉塑”佛像是麦积山石窟新发现的又一独特的艺术孤品，将露在衣衫外面的肌肤部分，都是用极浅的浮线勾勒来表现，似工笔画线，应该受工笔画技法的启发而创新，过去不为人知。

关于七佛阁现存五幅“薄肉塑”飞天壁画，过去已有多位专家学者介绍与研究②，本文重点在不为众人所知的七个龛内顶部的“薄肉塑”壁画。每个龛顶为四角攒尖型，前后左右分成几乎相等的四个等腰三角形，前后两个相对的三角形，底长为2.90米，腰长为2.20米；左右两个相对的三角形，底长为3.10米，腰长为2.20米。每个三角形内皆绘制壁画。因烟熏、残烛、重绘等复杂因素，现近距离观察，对每幅壁画前后不同时代所做的详细内容情况难以明辨。但是，就龛顶现存的“薄肉塑”佛和弟子等像的塑绘技法、艺术特征与此窟龛外上方“薄肉塑”飞天的壁画相比较，应该是北周同时代的原作。从七佛阁开窟造像功德主李允信能请当时的大文学家庾信作《佛龛铭》来推想，当时开窟造像的工匠也不会是一般水平，现存艺术水平极高的七佛阁“薄肉塑”等造像壁画应出于大师级工匠之手。

“沥粉塑”佛像，据第六龛内前壁上方左（西）侧角一方墨书题记：“大明崇祯六年八月十五日，开工妆彩贴金画匠陇州南乡梨林里侯家嘴具足信士侯荣、侯相弟兄二人侄侯执印三人，十月二十妆贴工完满，吉祥如意”。可知为明代（1633年）重绘时的作品。其画匠系陇州人，即今陕西省陇县人。

还需一提的是“沥粉塑”与“薄肉塑”相结合的佛像，沥粉塑叠压在薄肉塑之上或边缘，这应该是重修时“薄肉塑”佛像部分残损，画匠不会塑像，采取的修复方法所为。关于七佛阁“薄肉塑”“沥粉塑”的艺术拟另作专文。现就七佛阁七佛龛内龛顶壁画中现存“薄肉塑”飞天、“沥粉塑”佛、

---

① 麦积山勘察团：《麦积山勘察团工作报告》，《文物参考资料》1954年第2期。

② 郑炳林、魏文斌主编：《天水麦积山石窟研究文集》（下），兰州：甘肃文化出版社，2008年。

弟子像及初步可以判断为原作的绘画等题材分布考察的情况作一介绍。七佛龛每个龛内顶部分四方塑绘壁画，分别是：

第一龛，正坡一方右侧“薄肉塑”结跏趺坐佛一身，说法印，中间上方白色表层下（内层）透见绘一座宫城；左坡一方上部应为原绘二身飞天，左侧“薄肉塑”结跏趺坐佛二身，其中有浮塑树；右坡一方正中从残迹观察，原应在华盖下（后代重绘成殿堂内）“薄肉塑”倚坐佛一身，宫殿左、右、后有几棵浅浮塑树，其中后面二棵树上开满花朵；前坡一方正中一身坐佛（残），佛前供案上浅浮塑香炉、净水瓶等供器。

第二龛，正坡一方正中后代绘一座宫殿，后壁有门，不见有佛，下面一排浅浮塑数棵树，其中有树上开满花朵；左坡一方正中塑绘华盖下“薄肉塑”结跏趺坐佛一身，说法印。坛座前有香炉等供器，后面有二棵树上开满花朵，左角有一棵树；右坡一方塑绘华盖下“薄肉塑”立佛一身，左右侧各浅浮塑一棵树，其中一棵树上开满花朵，左角有一棵开满花朵的树；前坡一方塑绘华盖下“薄肉塑”坐佛三身，坛座前有香炉等供器，左、右、后有几棵浅浮塑树，其中后面二棵树上开满花朵。左右角各有“薄肉塑”结跏趺坐佛一身。

第三龛，正坡一方正中“薄肉塑”结跏趺坐佛一身，前有香炉，左右侧及下方一排有浅浮塑数棵树，其中树上不开花或开花，不同的树上开不同的花；左坡一方正中浮绘宫殿中“薄肉塑”倚坐佛一身，左右侧及下方一排有浅浮塑数棵树，其中树上不开花或开花，不同的树上开不同的花，特殊的是有一棵树上开出两种不同的花朵，一种是莲花座上宝珠火焰状，一种是莲花座上塔形火焰状（背光）；右坡一方上部绘二身应为原绘飞天，正中“薄肉塑”立佛一身；前坡一方正中塑绘华盖下“薄肉塑”结跏趺坐佛一身，说法印，前有香炉，左右侧及下方有浅浮塑数棵树，其中树上不开花或开花。

第四龛，正坡一方下部正中塑绘华盖下“薄肉塑”结跏趺坐佛一身，左右侧各前后排列多棵浮塑的树，树下绘侍立众多菩萨、弟子。左右角处各有一棵树，左角树下现存绘二身跪坐吹弹乐器的伎乐天。右角树下现存绘四身跪坐打击乐器的伎乐天；左坡一方上面绘多身飞天。正中绘一个工字形坛座，无存佛像，难以判断是原作还是重绘。前浅浮塑一个圆形几层高台，正中放一个似小塔，左右侧各放一物。圆形高台前有一个长弯柄熏香炉，侧面摆放大小不同多个似盆器。画面左角部分绘较大的长方形高台，上绘方形塔，塔左侧绘棺，棺上浮塑一只小鸟。方台后（上方）为一棵开满花的树。方台左后侧绘多身人物。画面左角部分塑绘，一人赶着两匹马拉车，前方（三角尖处）绘城门楼一角。其中赶车人上方浮塑一个莲台，莲台上绘摩尼宝珠；右坡一方上部绘多身飞天。下部正中塑绘华盖下“薄肉塑”结跏趺坐佛一身，说法印，坛座前有供器。左右侧绘众多人物（应该是菩萨弟子，模糊），及右侧绘一座宫殿；前坡一方正中塑绘华盖下“薄肉塑”一身足踏莲台立佛，侧身向前。佛右侧身菩萨、弟子众侍立云上，上方有数身飞天。佛、菩萨、弟子、飞天在空中皆朝右侧一个方向向下飞行。

第五龛，正坡一方正中浮塑一棵树，左侧塑绘华盖下一身坐佛。右侧略下一身立佛。画面左角塑绘山，山中有浮塑龛楣形洞窟，山前浮塑两棵树等；左坡一方上部两侧绘飞天。正中塑绘华盖下并列“薄肉塑”结跏趺坐佛三身，三身佛之间立两身弟子。佛前有香炉、灯台，佛两侧从壁面透出底层痕迹看，应该绘菩萨弟子众。画面左右角各塑绘一棵树；右坡一方左侧“薄肉塑”结跏趺坐佛一身，右侧现残存部分浮塑华盖，原华盖下应该“薄肉塑”佛，现为后代重绘宫殿中坐佛一身；前坡一方左侧塑绘华盖下“薄肉塑”结跏趺坐佛一身，左侧菩萨弟子众侍立，右侧残缺。画面左右角有浮塑树。

第六龛，正坡一方正中（原浮塑华盖现残存部分）殿内明代“沥粉塑”结跏趺坐佛一身，坛前存“薄肉塑”一只右脚，原应该为“薄肉塑”佛；左坡一方原作残毁，明代“沥粉塑”结跏趺坐佛一身；右坡一方原作残毁，明代“沥粉塑”结跏趺坐佛一身；前坡一方下方正中（原浮塑华盖现残存部分）“薄肉塑”结跏趺坐佛一身，但是，明代在原作脸、耳、左手及肘部分运用“沥粉塑”。这是“薄肉塑”与“沥粉塑”重叠结合的作品。另，正壁主佛背光上端浮塑护法神像。

第七龛，正坡一方宫殿内结跏趺坐佛一身；左坡一方浮塑华盖下三身等大的结跏趺坐佛；右坡一方浮塑华盖下结跏趺坐佛一身；前坡一方浮塑华盖下三身中间大左右两侧小的结跏趺坐佛。另，正壁主佛背光上端浮塑护法神像。

三、“薄肉塑”“沥粉塑”壁画试读

麦积山石窟七佛阁七佛龛顶部北周壁画，经后代重绘，又历年久，表层色彩退化或剥蚀，虽然部分底层壁画暴露出来，但因壁画层次重叠，烟熏等造成模糊，若欲明辨整方原作壁画的题材内容，现在仍难以做到。好在壁画中主题的佛及反映重要信息的器物多采用塑绘的方法，加上壁面透出的部分绘画，综合考察，细加辨别，还是能试读出壁画中众多题材内容及所反映的佛教思想，故下面分别解读。

七佛阁七佛龛顶部各有四方壁画，其中：

第一龛，正坡一方佛结跏趺坐说法，是释迦佛说《法华经》图。所绘一座宫城，应该是《法华经・化城喻品》中的化城。以此化城度取宝人去疑解惑，终得诸宝来示教弟子们要对佛法坚信不疑①。左坡一方二佛并坐，二佛并坐见于《法华经・见宝塔品》中，经中说，释迦佛说《法华经》时，宝塔从地“踊出”，多宝佛坐于塔中，并让释迦佛半座，释迦佛入塔与多宝佛并坐②。以此经变像，证佛所说《法华经》是无上大法，真实不虚等思想。右坡一方树下倚坐佛，倚坐佛在佛教造像中，一般通常读作弥勒造像。《法华经・从地踊出品》云：“有菩萨摩诃萨名弥勒，释迦牟尼佛之所授记，次后作佛。”《普贤菩萨劝发品》云：“若有人读诵解其义趣，是人命终为千佛授手，令不恐怖，不坠恶趣，即往兜率天上弥勒菩萨前，弥勒菩萨有三十二相。”弥勒现虽然为菩萨，具有佛的三十二相、八十种相好③，将来作佛，故此作倚坐佛，应该还是《法华经》变的示教。与《弥勒大成佛经》《弥勒下生经》中所说，未来弥勒成佛，在龙华三会说法度众生的思想有关。前坡一方坐佛，说法印，上绘飞天，应该为说法图。

以上四方壁画分析，一、此龛顶部四面坡壁画，以《法华经》中具有代表性的《序品》佛说法图；《见宝塔品》释迦多宝二佛并坐；《化城喻品》化城；《从地踊出品》未来弥勒佛等几品经文所变

① ［后秦］鸠摩罗什译：《妙法莲华经》，《大正藏》第9册，第262页。

② ［后秦］鸠摩罗什译：《妙法莲华经》，《大正藏》第9册，第262页。

③ ［西晋］竺法护译：《佛说弥勒下生经》亦云：弥勒偶是有三十二相八十种好。《大正藏》第14册，第453页。

相，为《法华经》变的系列图。所教示佛说《法华经》为最上大法，真实可信，不可疑惑，只要授持、供养等命终千佛授手，即往生兜率天宫。众生往生兜率天宫，只是过渡阶段，待弥勒下生，龙华三会说法才是最终得度的思想。即是使受教者听信、解惑、如行、悟证。二、此龛顶部壁画中出现多宝佛代表过去佛；释迦佛代表现在佛；弥勒代表未来佛。反映了三世佛的思想，并特出往生弥勒净土的意愿。《法华经》中讲“十方诸佛”，若结合龛内四壁上方影塑千佛考虑，又引出“十方三世诸佛”思想。

第二龛，正坡原作不详。左坡一方坐佛说法。右坡一方立佛，立佛在佛教造像中通常释读为阿弥陀佛较多，少为释迦牟尼佛。此龛顶立佛位于西方，为阿弥陀佛较妥。前坡三身坐佛，应该是三世佛像。那么，此龛顶壁画有代表十方的阿弥陀佛，代表三世的三身佛，应该示教的是“十方三世佛”思想，若结合龛内四壁上方影塑千佛考虑，同样也引出“十方三世诸佛”思想，并特出往生弥陀净土的意愿。

第三龛，正、前坡二方各一身坐佛。左（东）坡一方倚坐弥勒佛说法。右（西）坡一方立阿弥陀佛，此龛顶壁画四方各有一身佛，形成四方四佛。这种四方佛题材形式组合的造像，在石窟寺中未曾见过，如何来解读，若以经中所云四方佛（见下文四方佛）说，东方为阿閦佛，此东方为弥勒佛，不符经典所出。若以阿弥陀佛与弥勒佛造像相对应的组合题材看，石窟中，北齐河南安阳小南海石窟中（550~555 年）出现阿弥陀立佛（西）、卢舍那坐佛（中）、弥勒立佛（东）及一壁刻《法华经偈赞》。又隋（589 年）大住圣窟中四壁三身坐佛，卢舍那佛（中）、阿弥陀佛（西）、弥勒佛（东）及一壁刻造窟记①。此二例为四方三佛，而麦积山石窟此例为四方四佛。相比三处相同方位的三佛，其佛的势态亦存在同或异。不过相比推测基本可以认为麦积山石窟此例四方佛之中三方三佛为卢舍那佛（中）、阿弥陀佛（西）、弥勒佛（东），多出的一方坐佛可认为是释迦佛。卢舍那佛是代表十方三世法界诸佛的法身，含摄阿弥陀佛（代表过去、十方）、弥勒佛（代表未来、三世）、释迦佛（代表现在），及法界诸佛（此龛壁面影塑千佛）。故是否可认为麦积山石窟此龛内顶部的四方壁画，是以《华严经》思想为主导，含摄涅槃“十方三世”往生净土思想，而出现的反映“十方三世一切诸佛”思想的壁画。如果上说可信，麦积山石窟七佛阁“十方三世一切诸佛”思想题材经变相比小南海石窟更清晰明了。此龛壁画及七佛阁七佛造像，也是禅观者修“十方佛”“三世佛”“西方净土”“弥勒净土”“七佛”“千佛”“观像”“法身观”等禅法单修或穿插结合修皆可观想的场所。不得不说，造像者在题材内容选择上深思熟虑，周密计划安排，达到不可多见的一种像教综合题材壁画。

第四龛，正坡正中坐佛，左右两侧树下众多菩萨弟子侍立，前方两排伎乐天演奏各种乐器，表现歌舞升平的佛国世界。这方壁画构图布局内容与麦积山第 127 窟西方净土变壁画大体似同。敦煌石窟也有多方类似场景的西方净土变壁画，应该为西方净土变。左坡正中模糊难以明辨，工字形坛台前圆形坛台上放舍利塔，前有长柄香炉，侧有多个盆器。读为天、人分佛舍利、供养。左侧角方形高台上起四面方塔。应该是佛舍利分后，剩下的灰土起塔供养。此塔右侧绘一具棺材，盖上浮塑一只鸟。这

① 中国美术全集编辑委员会编：《中国美术全集・雕塑编 13・巩县天龙山响堂山安阳石窟雕刻》，北京：人民美术出版社，1989 年，第 191、192、159、160 页。

种情景的壁画，麦积山石窟初见，示教何义？《大般涅槃经·如来性品》云："我又示现，久住塚间，作大鹫鸟度诸飞鸟，而诸众生皆谓我真实鹫鸟，然我久已离于是业，为欲度诸鸟鹫，故示如是身。"①这应该是如来诸种示现身之一，作大鹫鸟而度诸飞鸟的示教思想。右坡坐佛说法图。前坡立佛及菩萨弟子众在空中向下飞行。《阿弥陀经》中说，若善男子，善女人，闻说阿弥陀佛，执持名号若一日乃至若七日，一心不乱，其人临命终时，阿弥陀佛与诸圣众前来接引往生极乐国土。这应该是此内容的经变相及示教的思想。此四方壁画，虽然一方为涅槃经变，特出佛普度众生，脱离生老病死，究竟涅槃，往生净土。若众生信佛如法，读诵经典，称赞佛号，供养诸佛等做一切善事，修福积德，临命终时佛菩萨前来接引往生庄严极乐的西方净土的教化思想②。

第五龛，正坡一身坐佛，一身立佛；左坡三身（其中一倚坐）坐佛；右坡二身坐佛；前坡一身坐佛，以何经变示教？《佛说观三昧海经·观像品》中说观像，不论顺观逆观，先观一佛相好（前坡），"见一佛了了，复想二佛（右坡），见二像已，次想三佛（左坡），乃至想十皆令了了，见十像已，想一室内满中佛像，间无虚空（结合龛内四壁影塑千佛）。"《观四威仪品》云："尔时世尊于大众中，即便起行足步虚空。"又《观像品》云："若众生观像已，当观像行（正坡），是时行者，入定之时，自见己身，三十六物恶露不净，不净观时，当疾除灭，而作是念，三世诸佛身心清净。"《本行品》亦云："三世诸佛白毫光相，令诸众生得无罪咎（左坡）。"再结合此窟造七佛，《念七佛品》云："若有众生观修心成，次当复观过去七佛像。"③ 此龛壁画（及窟中塑像）是《佛说观三昧海经》所说禅观观像的内容变相示教思想。此龛三世佛像，以倚坐佛为主尊，突出往生未来弥勒净土的教化及修行者的欲愿。

第六龛，四方壁画每方有一身坐佛，虽经明代修绘，从遗迹观察分析，四佛应该为原壁画中的题材。四佛在《金光明经》《观佛三昧海经》中皆有所出，《金光明经·寿量品》云："犹如如来所居净土，有妙香气过诸天香，烟云垂布遍满其室，其室四壁，各有四宝上妙高坐，自然而出，纯以天衣为敷具，是妙作上各有诸佛所受用华众宝合成，于莲华上有四如来，东方名阿閦，南方名宝相，西方名无量寿，北方名微妙声。"④《观佛三昧海经·本行品》云："当文殊菩萨上即变化成四柱宝台，于宝台内有四世尊，于声光明俨然而坐，东方阿閦，南方宝相，西方无量寿，北方微妙声，时世尊以金莲散释迦佛，未至佛上化为华帐，有万亿叶，一一叶间百千化佛。"同品又云："东方善德佛告大众言……于诸佛所净修梵行，得念佛三昧海，既得此已，诸佛现前即与授记，与十方面随意作佛，东方善德佛者则我身是，南方栴檀德佛，西方善益明佛，北方相德佛，东南方无忧德佛，西南方宝施佛，西北方华德佛，东北方三乘行佛，上方广众德佛，下方明德佛，如是等十方世尊，因由礼赞偈故，于十方面得成为佛，岂异人乎。"⑤ 又《念十方佛品》说观十方佛。此龛四方壁画，以上述两种经文来看，可能是以《观佛三昧海经》中所说的经文变相。由四佛引出十方佛，乃至十方诸佛（加上四壁千佛考虑）

---

① ［北凉］昙无谶译：《大般涅槃经》，《大正藏》第12册，第374页。

② ［后秦］鸠摩罗什译：《佛说阿弥陀经》，《大正藏》第12册，第366页。

③ ［东晋］佛驮跋陀罗译：《佛说观佛三昧海经》，《大正藏》第15册，第645页。

④ ［北凉］昙无谶译：《金光明经》，《大正藏》第16册，第335页。

⑤ ［东晋］佛驮跋陀罗译：《佛说观佛三昧海经》，《大正藏》第15册，第645页。

的思想，不排除含摄《金光明经》四方佛的示教。

第七龛，正、右、前坡（现为三佛，其中左右二佛比主佛小，是后代重绘）三方各一身坐佛；左坡三佛，应该解读为三世佛，亦可引出十方佛，与四壁千佛，正好反映出十方三世诸佛的义趣，教示十方三世一切诸佛的思想。

四、结语

佛教石窟开凿的功能，一般有两种：一种是为教化信徒造像绘画；一种是为僧人居住的僧房。第一种教化信徒的功用又可分两种：一种为普通信徒观像得教行法，如礼拜、赞叹、忏悔、供养、求愿等跪或立即可，对窟的大小空间要求不大。一种为僧人观像行法，如礼拜、赞叹、忏悔、禅观等，若行忏法，要有供桌，坐、立、行也要有一定的空间，自然对窟的大小空间要求要大些。七佛阁是麦积山石窟三大窟之一，具备造像绘画窟的所有功能。

七佛龛每个龛壁画，在经变题材内容选择方面，各有侧重，也不免兼备其他经变的题材内容。第一龛以《法华经》为主，涉及弥勒信仰的教化，引出《弥勒大成佛经》《弥勒下生经》，乃至十方三世诸佛的思想，引导往生弥勒净土为最终归宿，特显“信”的正道。第二龛以三世佛为主，涉及弥陀信仰的教化，引出《无量寿经》《阿弥陀经》，引出十方三世诸佛的思想，引导往生西方净土为最终归宿，特显“因果”关系。第三龛以《华严经》卢舍那佛为主，涉及弥陀、弥勒信仰的教化，引出十方三世诸佛，亦含摄涅槃十方三世诸佛的思想，引导往生西方、弥勒两种净土皆可为最终归宿，特显“解”的重要性。第四龛以《阿弥陀经》为主，涉及《涅槃经》的教化，引出念佛往生的简便修行法门，特显“供养”的功德。第五龛以《观佛三昧海经》观相为主，涉及不净观，引出十方三世诸佛的思想，引导学佛修行者，如何如法禅观的行径，特显“行”的方法。第六龛亦是以《观佛三昧海经》观相为主，引出七佛、十方佛观，引导学佛修禅观的更多途径，特显“方便”的法门。第七龛以三世佛为主，涉及多方佛，同样可引出十方三世佛的思想。虽然此龛壁画难能以某经较明晰找到内容，这正反映三世佛、十方诸佛是佛教众多经所宣教的内容思想。从禅观方面说，禅观方法有多种，禅观一佛，不只是观释迦佛一佛，其他佛皆可一一观之，观一佛已可观七佛、十方佛、千佛，乃至一切诸佛。此龛是七佛龛最后一龛，或许是引导修佛禅观者，不可执着一经一法，俗语说“多条大路通罗马”，只要坚定不移，佛说一切法，适合一切人，终久成佛道总结性的教化，特显“证”的结果。

从七佛阁七佛龛内的造像壁画所出的题材内容来看，与北朝盛行的《法华经》《涅槃经》《华严经》，弥陀、弥勒诸经，及北方重视禅观是相吻合的。

从七佛阁七佛龛内顶部四方壁画题材组合来看，有法华与弥勒；三世佛与阿弥陀佛；华严与阿弥陀佛与弥勒佛；涅槃与西方净土，及禅观佛三昧的观像连续图，乃至涉及七佛、千佛、十方诸佛，是麦积山石窟不多见或未见的，为我们研究麦积山石窟乃至中国其他石窟都具有十分重要的价值和意义。

从七佛阁七佛龛内顶部四方壁画题材布局来看，出现了多种新的布局形式，这对我们研究石窟寺中心柱四面造像、单件四面造像塔，亦是难得的参考资料。如麦积山石窟七佛阁七佛龛阿弥陀佛与弥勒佛的对应，释迦佛与卢舍那佛的对应，且结合在一龛顶部四方，这是北方北周最早出现的此类题材布局。相比北齐最早出现的一窟中卢舍那佛居正壁，左右壁阿弥陀佛、弥勒佛对应，及稍晚四面造像碑正面上中下出现的弥勒佛、释迦佛、阿弥陀佛，对我们研究北方石窟，如：敦煌石窟隋唐时期出现同类题材布局造像壁画的探源，或许找到影响的传播途径。

佛教一切经典教化，不外乎教化众生，“信、解、行、证”，信什么？信三世“因果”。解什么？了解“供养”诸功德。如何行？行“方便”法门。证什么？证得涅槃，理论结合实践。在理论结合实践的过程中，因众生根基不同，行径有别。此七佛龛造像壁画题材内容，既重视理论，亦重视实践的不同侧点来教化，从而适合一切学佛者的不同愿望，最终引渡其到佛国世界。

（原载于《石窟寺研究》第一辑，北京：文物出版社，2010 年）

麦积山石窟新发现的北周彩画用具的初步研究

张北平

2007年9月间，我在主持“麦积山石窟历史沿革展”布展过程时，由于展览中有复原古代佛教石窟壁画及雕塑（泥塑）的制作流程一项，涉及复原古代艺术家所使用的各种工作用具，从而有幸零距离接触并复制了新发现的麦积山石窟历史上仅见的古代彩画①颜料碗等重要文物遗存。在复制过程中，经过精心地辨识和研究，进而产生了思索与考证，鉴于这批文物的珍贵和所反映出的多方面问题的重要性，现将查研新得备述于后，以求方家教正。

一、发现经过

这批画具于1987年夏，从麦积山石窟东崖中部第74号窟正壁主佛左侧倒“凹”字形高坛基台面上残破的碎石与沙土堆积层中被意外发现并抢救性发掘出土。出土时10个陶质小碗倒扣，依次重叠扣置于相互对扣的两个木质大碗当中，在现场进行拍照、记录、编号后，随即移入我所文物库房并珍藏至今。1989年夏，我刚毕业分配到麦积山石窟艺术研究所工作时即听说过此事，从此便产生了亲睹该文物之夙愿，但由于种种原因，一直未尝如愿。时隔十三年之后，在我所原保护研究室主任张锦秀先生所编撰的《麦积山石窟志》② 中终于见到著录，但仅有文字记载而未见实物照片。又过了五年之久，终于有机缘见到并且复制了这批画具实物遗存。

二、器物介绍

（一）大木碗

经过几道严格管理手续之后，终于进入文物库房，我怀着激动的心情观看了这批既陌生却又似曾相识的文物。这些大小各异、厚薄不均、形状相近的各种调色用具按照实物大小已被依次编成1至12

① “彩画”一词的概念源自对古今寺观庙宇建筑、雕塑进行妆彩绘画的通用名词。中国传统建筑是由彩色绘画装饰的建筑，壁画属于建筑彩画的一个重要部分。而雕塑也是运用彩色绘画的艺术。因此，广义的“彩画”一词的叫法涵盖面比较确切。

② 张锦秀编撰：《麦积山石窟志》，兰州：甘肃人民出版社，2002年，第208页。

个收藏号，编号被用白色粉笔在每个碗的足底以手写标示。其中 1 号碗最大，2 号碗次之，从两碗外观所呈现细密的年轮可推知，均为用大约在四十多年以上的硬木材质（属何树种现暂无法详知），以手工镟制而成，由木碗内外细密均匀的弦纹可知，当时的制作工匠在加工此碗时用到了简单但实用的手工机械装置，精密程度较高。1、2 号木碗外口径分别为 22.5 厘米及 18 厘米，碗含足高分别为 7.5 厘米与 8 厘米，碗壁厚度均约 5 毫米。1 号木碗口沿残缺，而且碗口沿未被刻意制作平齐，显得高低错落不平，此因最后取平时出现错缝，因而停止加工，碗口显然并不对称，木碗内底部尚残留较厚的古代未用完的白色颜料，碗口及内壁色迹斑斑。碗下有矮实心圆饼状平底足，其中心部位无明显标记痕迹，外壁有白色斑点，其木质较轻，呈略黑的棕黄色。2 号木碗口沿完整，平齐光滑，工艺细致，碗内壁表面因长期使用出现绒状毛刺，碗内底部留有当时扣放陶质调色碗的石青色圆圈形碗口印迹、浸润隐约的红色晕迹，近碗口壁存有发暗的褐色团块痕迹，两木碗对扣时从该碗口沿处流入碗底的白色流痕也清晰可见。外壁近足处保留有大面积被烟熏黑的迹象，对称的另一边有淡褐色透亮的胶液残迹一块以及四散的白色颜料斑点，矮实心圆饼状平底足，足底中心部位有一浅黑褐色烙印“3”① 式方形标记一块，其木质亦较轻，通体呈淡赭棕黄色。两木碗内外均做工精细，由于经久使用，摩挲不断，因此木质纹理明晰可见。

（二）陶制小碗

3~12 号的文物，共 10 个。均为黑色灰陶质调色碗，碗皆敞口斜撇腹微弧，平底粗糙，无圈足②，碗底平面均有制作初期用平齿口工具趁泥胎体湿时刮过的粗糙且不规则的痕迹，中心部位约略有些内陷以使其放置平稳，又伴有火烤烟熏过的黑红色以及浅灰色灰烬附着物。其中 10 号碗底及弧腹周围尚有细沙泥土粘贴过的残留物。这些形状大同小异、容量大小不等的陶制调色碗均系手工轮制，形状差异较大，当属于同一器物组合体，亦可称得上是具有最原始意义的“土器”③。其中最大者 3 号碗口径 11.5 厘米，底径 6.5 厘米，高 4 厘米，碗口厚度为 3 毫米并逐渐向碗底部变厚成圆弧形，有六分之一的残破缺口；最小者 12 号碗口径 9 厘米，底径 4.7 厘米，高度 3.4 厘米，碗口厚度为 3 毫米并逐渐向碗底部变厚成圆弧形。其余口径均在 11.5~9 厘米的范围之内，稍具差异。其中一只碗底边沿有缺口，还有一只自碗口到碗底已断裂成两半。

这十只陶碗中均残留有当年彩画完毕后所剩下的各色颜料，保存良好，色彩如新，这是麦积山石窟乃至中国北方石窟目前仅见的出土古代彩画盛放颜料器具遗存，更是研究古代石窟彩画制作工艺的珍贵实物资料。即使在敦煌，至今虽然保存有约 5.4 万平方米的壁画遗存，但古代艺术家的史料却严重不足，当年使用画具更是未见，由此更凸显出这批画具遗存材料的珍稀程度。

---

① “3” 形印迹，通过明显的入木压痕可以断定此方形的“3” 形标记，是用力将烧红的金属印模打烙上去的。

② 此碗无圈足，是我通过对实物的辨别而知，但张锦秀在《麦积山石窟志》第 208 页中对陶质调色碗描述为“有矮圈足”，实属有误，正确的情况应该是圆饼状平底足。

③ 土器，亦称“瓦器”，一种低级的粗陶器。渗水，无釉。用含铁量较高的黏土作材料，成形后在低温下烧成。常用于制砖、瓦、盆等日常生活用品。

三、有关这批文物遗存的初步研究

（一）时代问题

这批调色用具的时代问题，已有研究者讨论。2002年张锦秀先生在《麦积山石窟志》中将时代判定为“北朝至宋”，显然，这只是个大而笼统的时代判定。之后，麦积山石窟保护室文物库房管理员张蕊霞女士在2005年的《丝绸之路》（文论）第11期上发表的《浅谈麦积山第74窟颜料碗》一文中，将其时代断定为“北朝时期”，使该文物的时代问题向纵深又发展了一步。基于这批文物遗存年代的相对确定对进一步研究麦积山古代石窟彩画用具与石窟艺术之间内在关系的重要性，借助于文献、洞窟内容及前人研究成果等，我的工作是试图将年代断定更接近于原始状况。

察看第74窟该文物出土现场及参阅前贤研究成果可知，该窟开窟造像年代，考古学家们较一致的看法是当在后秦至北魏早期，即麦积山石窟现存第一期最早遗存。经考察得知，起先石匠将洞窟开凿好之后，塑匠却在施工时发现坛基粗胚太低，所以就以凿窟时所留的碎石块将坛基垫底加高约20厘米，其倒凹字形台面前沿又加上木边檐，然后栽像桩①并取净台面地平后开始塑像程序的，待佛像塑好、干透并彩画完工，随后即应举行开光仪式。那么匠师则不会也不可能把已经处理好和已经开过光后的佛像净台面再挖个洞穴出来，将自己的所用工具存放其中，这样做，从佛教信仰角度上讲不但对佛不敬，而且对于匠师自己也是不会有什么益处的。在佛教开窟造像极为兴盛的时代，佛寺中对于参加塑像、彩画的匠师们规定有极其严格的宗教认同及要求规则。如密宗的《陀罗尼集经》及《一字佛顶轮王经》中对佛及明王像制作的规则规范曰：“其画匠人，诸根端好，性善真正，具信五根。若画彩时授八戒斋，一出一浴，着新净衣，断诸谈论。盏笔彩色皆令净好，勿用皮胶调和彩色等等。”② 由此看来，佛寺中有其约定俗成的塑像及彩画原则，匠师是不得越雷池半步的。故而，出土彩画文物与开窟造像同期的可能性是可以首先排除在外的。

北魏太平真君七年（446年），太武帝废佛事件中：“沙门不分老少，全部坑杀，焚毁经像，制佛像、泥人、铜人和作佛事者，都灭族。据说，京城四方沙门很多都从这个法难里逃脱隐匿，把很多金银、佛像、经论都隐藏到深山峡谷里。”③ 麦积山石窟寺也应未曾躲过此次法难，诸多北魏早期及以前的窟龛、塑像、壁画（如第70、71、74、75、78、90、165等窟）毁坏惨重，实为麦积山石窟寺佛教发展有史以来的一次大劫难。前麦积山文物保管所于1978年在第78窟中倒置的左侧菩萨身下清理出壁画残片两方，人物用到了晕染技法。我根据第74窟窟顶重绘的壁画与所出土之画具内颜料色彩存迹和第78窟右壁佛彩画遗迹及第70、71、75等窟补塑彩画遗迹相互综合比较后，知其均是北周所为无疑，两块壁画残片虽存放于第78窟并出土，但从其彩画色相分析而知此两块壁画也应属于北周时期，

---

① 像桩，为古代匠师塑造泥塑佛像时的第一道工序，先立木制骨架的主干部分，一般是将比较粗且直的原木取方而用，功能近似于当今庙宇塑神像工程中的“神骨”部分。

② 刘道广著：《中国佛教百科全书·雕塑卷》，上海：上海古籍出版社，2000年，第154页。

③ （日）久保田量远著，胡恩厚译：《中国儒道佛交涉史》，金城书屋，1986年，第102、103页。

此与该画具调色碗应同期。

北周中期以前，麦积山曾大造佛窟并塑像、彩画。据《中国石窟·天水麦积山》中《大事年表》载北周："故吏仪同三司李充信尝于麦积崖，梯云凿道，奉为亡父造七佛龛（通常认为是今编第4窟）。"当时工程规模宏大，招来众多能工巧匠，塑像彩画盛极一时。那么在工程即将完工或结束时（即北周武帝灭佛之前时段），让部分或个别能工巧匠对诸多残坏窟龛塑像及壁画进行维修彩画应在情理当中。因此才会出现第70、71、74、75、78等窟的大量现存北周重绘遗迹。

北周武帝建德三年（574年），据《中国儒道佛交涉史》云："辩三教先后，儒教为先，道教次之，佛教为后，是年五月，初断佛、道，经像悉毁，罢沙门、道士，令其还俗。"与北魏太武帝所不同的是周武帝采取了和缓政策。在地方官吏的庇护下，麦积山及拉梢寺（今天水市武山县）等石窟的造像多得以幸存。在此情况下，维修工程是根本无法再进行的，工匠在无奈之下便草草将随身用具（即调色碗）埋存现今第74窟佛坛基残破之处，封盖好浅表积土后离去。灭佛一直持续到577年前后，从此再也没有机会继续进行维修彩画工程。此后，隋朝初期及其中期，据《中国石窟·天水麦积山》中《天水麦积山大事年表》载有："诏境内之民听任出家……营造经像……修治故像百五十万八千九百四十许躯……"麦积山石窟现存有一定数量隋朝修补的塑像遗存，然数量稀少。但开国后仅八年，即开皇二十年（600年），又据《天水麦积山大事年表》载曰："秦、陇压死者千余人，地大震，鼓皆应。"于是，在麦积山绝少有开窟造像活动，更未顾及早期大型窟龛的残佛断壁维修。唐开元二十二年（734年）前后虽有对麦积山石窟进行塑像、彩画活动（现第5窟、第4窟等），但此年的大地震对麦积山石窟寺造成更大创伤，东、西两崖自此断开，因此繁荣昌盛的唐代佛教活动在麦积山石窟寺遗迹罕见。自唐开元至宋代的181年间麦积山石窟寺处于战事烦扰中，境况荒芜萧条，开窟造像没有什么发展。而宋代初期灵芝祥瑞的出现，给麦积山寺带来新的起色。宋代信徒大规模在从前原有洞窟残迹中充分展现自我创造，留下许多佳作，但在早期的第70、71、74、75、78等洞窟中并没有宋代整修、重塑或彩画的遗存。所以，此调色碗属于隋、唐、宋等时代也是不可能的。

此外，从现知考古实物通观南北朝时期，陶瓷灯具已取代了以前昂贵的青铜灯具。陶质油灯以其廉价实用在民间广为使用①，那么地处古代长安佛教文化圈中心范围及南朝佛教文化圈外沿的麦积山寺在使用灯具方面应也不例外，匠师们在开窟造像及其彩画时的采光，僧侣们夜间的照明以及石窟与佛殿之中燃长明清油灯②，用于供奉佛事，自然是在情理之中的。那么，这十个被拿来当作调色用具的陶碗可能是由山寺中搜集而来，又被转用为调色用碗的。从出自北朝的九盏陶质油灯的局部组合灯具碗，可见其灯碗的实际使用情况③，灯上的莲花瓣与摩尼宝珠装饰体现了佛教文化内涵纹样浸及日常生活用具的延伸性，也说明了这种形制陶碗在北朝使用的普遍性。

---

① 参见陈履生：《中国油灯》，南昌：江西美术出版社，2007年；在张锦秀编撰《麦积山石窟志》第142页历代游人题记中有："宋庆元五年（1199年）……施灯油于圣寺……"据此可知，在宋代，佛教信徒向寺院施灯，油也是一种供养方式。

② 长明，即灯明（梵名），指灯火之明，又称灯。亦指供奉于佛前的灯火，有油火、蜡烛火等类，与香花等均被广泛用为供养尊像之资具。见《佛教的法器》第三章相关内容。

③ 参见陈履生：《中国油灯》，第34页，图片部分。

木碗极有可能是寺院中所属器具，既可用于盛水，又可用于盛放食物，也可由僧侣随身携带作为外出化缘用钵。从其圆饼状平底足与南方出土的南朝陶瓷碗圆饼状平底足的共性对照分析，可知此木碗当属南朝器具体系范围。由此可以假设，两木碗很有可能是由匠师或僧侣自南朝带入北朝而后至麦积山石窟寺。那么，这两个木碗便可能为南北朝佛教文化广泛交流的实物例证。木碗与陶碗的组合，可以间接证明麦积山石窟艺术是南北文化相互交融的产物。

总之，通过以上五点分析，可以证实此陶质调色碗及两个木质碗确属南北朝时期用品。但更确切地说是北周中期一直还在使用。由此而论，这些调色用碗可以断定为北周中期器物。

（二）敦煌出土木碗和陶碗资料与麦积山石窟出土木碗和陶质调色碗的对比

无独有偶的是，近似于麦积山所藏的这批珍贵的古代画具中的陶、木质调色碗，近年来，在敦煌莫高窟北区洞窟中亦多有发现，材质可分为陶、铁等类型，其器型外部特征多为平底上大下小之收分状，据考古报告所知，这些用具均是被当作油灯来使用。当然，由于未见实物，尚无从判断除考古报告中所称的当作灯来使用外，究竟有无其他用途？由于资料不足难以草断，但统计之后我们知道，在北区洞窟考古出土器物中，共有10个洞窟发现了近似陶灯，另有一个洞窟发现与陶灯造型十分相像的铁灯一盏①。

此外，在敦煌莫高窟北区B168窟中出土的两口木碗②，无论其形制、制作工艺，均与麦积山出土的1、2号木碗十分相似。从出土时与之相配套的木质似雕塑刀、木筷、梳子等器具与麦积山石窟所出土彩画调色器具对比可知，一个是塑匠日常用具或工具，另一个则是彩画专用器具。更有意思的是两地出土器物中木碗均为两个，这又会有何联系呢？

天水与敦煌两地相距千里，在佛教文化传播流行的时代里，除文化共性外，地域因素亦十分明显。从莫高窟北区所出土陶灯、铁灯、木碗与麦积山出土的陶质调色碗与木质调色碗来看，其年代、用途均有殊异，但形制、工艺却十分近似，这其中当然并不能排除一物二用甚至多用，此可不论。而其中最值得玩味的是两地先民日用物质文化中相近的特质在器物上的具体呈现，在一个漫长的历史时间段里，竟多有相似，这种文化物质的同一稳定性，的确是值得我们仔细思考的一个问题。

---

① 彭金章、王建军编：《敦煌莫高窟北区石窟》第一卷，北京：文物出版社，2000年。在该卷图版一九第5图中有B40窟所出陶灯；图版二二中第4图有B43窟所出陶灯；图版六〇第1-4图为B52窟乙洞所出4盏陶灯；图版九四第3图为B59窟所出陶灯；图版一一八第4图为B84窟所出陶灯。由上可知：此卷所载出土陶灯之洞窟共计5个。同氏编：《敦煌莫高窟北区石窟》第二卷，北京：文物出版社，2004年。于该卷图版三四第3图中有莫高窟第462窟所出陶灯；图版六二第3图中有B121窟所出陶灯；图版一二〇第4图中有B138窟所出陶灯二盏；图版一二四第4图中有B140窟所出陶灯；图版中所显示的出土陶灯的洞窟共有4个。同氏编：《敦煌莫高窟北区石窟》第三卷，北京：文物出版社，2004年。见于该卷图版六七图1中有莫高窟第464窟所出陶灯；图版七五图2为出自B162窟的铁灯，其形制与上述陶灯基本一致。本卷列出土陶、铁灯之洞窟共2个。将上列三卷中所出陶灯之北区洞窟统计，可知有10个洞窟，另外，有出土铁灯之洞窟1个，其出现概率如此之多，可知此类陶制灯具在敦煌之普及。

② 彭金章、王建军编：《敦煌莫高窟北区石窟》第三卷，北京：文物出版社，2004年，图版一〇四。

近年来，关于敦煌壁画画稿已有学者专门研究，并出成果①；但关于古代艺术家创作用具的研究成果则至为稀见。在藏经洞所出 P. 3872 号文书中，所列漆器用具即有盘子、叠子、垒子、碗、晟子、团盘等至少六种②，分类之细、用途之专，绝不次于当代人们生活中之物质享受。至于古代石窟或造像、壁画艺术门类用具之繁，分类之细，从文献记载中，即可略窥一二③。有道是："敦煌的文明历史，以缩影的形式显示了一个民族心灵的提升和追寻超越智慧的历程，以一斑而得以窥见一个当时正是处于开花季节的伟大民族的心史。"④ 对于这些遗存的内容我们皓首穷经，用功以极，而对于创造这些古代文明背后的物质支持，我们向来知之甚少，抑或不甚关注，这其中的厚此薄彼，的确值得我们三思。以现存石窟中巨大的艺术品存量来剥丝抽茧，逆推创作艺术品用具的研究工作，确实是很有必要的。

（三）从这批出土调色碗中所残存颜料还原古代石窟彩画施工颜料的使用范围

由对这十二个调色碗残存色彩仔细观察分析可知，当时所使用的彩画颜料总共有七种颜料，分别为：石青、石绿、朱砂、铅丹（橘红色相）、雄黄、石黄、白色等，黑色为墨锭研磨而成。十个陶碗有两碗一色，也有一碗一色，成组且交替使用；1 号木碗中的白色为"锭粉"⑤，用时以清水调之就可使用而不再需要加热，它是由立德粉加滑石粉加胶调制而成，不但可以做调色剂⑥用（10 号陶碗中石青色加有白色，使石青色的色相变化即可证），而且还可以刷底色。白色的另外一种功能是：在绘制过程中，若出现差错，可以用白色来覆盖住画错部分，在白色之上再重新绘制，此法亦为北朝壁画所惯用。

从麦积山石窟第 70、71、74、75、78 窟等此时期洞窟彩画现存遗迹中可以看出，这七种矿物色在佛像及背光、头光彩画、洞窟建筑壁画彩画中均有相似的具体使用。着彩部分基本以平涂法行色，画中局部有晕染的迹象。混合色的运用已初见端倪，为以后隋、唐历代色彩行色的多样化奠定基础。在色调变化上以白色加入纯色的多少决定颜色的色相变化，从而在有限的色种使用范围内，在画面上形成或丰富，或热烈，或庄严，或宁静的视觉效果。

古代艺术家在有限的色彩使用中，追求出多变的视觉语汇，在整体中求变化，在限制中求多样，这也充分显示了我国古代艺术家的丰富经验和卓异智慧。

---

① 此类研究成果较集中地见于沙武田：《敦煌画稿研究》，北京：中央编译出版社，2007 年。

② 马德编著：《敦煌工匠史料》，兰州：甘肃人民出版社，1997 年，第 102 页。

③ 例如关于元代塑做释门像、画之用料的清单，可参考（元）佚名著，秦岭云点校：《元代画塑记》中《佛像》一章。北京：人民美术出版社，2004 年，第 13~36 页，其中对于工程用物规定之详尽，门类之齐用、数量之准确，其性质与当代工程中的用料预算表几近一致。于上述记述中，我们完全可以较为详尽地掌握古代造像及绘画的材料部分内容。

④ 姜伯勤：《敦煌艺术宗教与礼乐文明》，北京：中国社会科学出版社，1996 年，第 1 页。

⑤ "锭粉"的制作工艺，参见马瑞田：《中国古建彩画》，北京：文物出版社，1996 年，第 85、86 页。

⑥ "调色剂"解释，参阅王雄飞、俞旅葵著：《矿物色使用手册》，北京：人民美术出版社，2008 年，第 11 页。

（四）中国古代石窟艺术彩画的绘制方法与该调色用碗的关系小议

在中国古代石窟艺术彩画中，首先要做的是洞窟建筑的彩画，壁画当属建筑彩画的一个重要组成部分，最后才是塑像的彩画。建筑彩画次序一般先从洞窟顶部开始，再逐步到四周窟壁墙面。壁画的作用是用以增加空间的延伸性，增添和渲染佛教教化思想的环境氛围。壁画制作方法一般是先用白色做底色，将调好的立德粉（或加滑石粉色）轻刷在窟壁上，要求细而薄，通刷两遍胶矾水。然后起稿打画谱，并用浅朱砂勾线之后，再将调好的颜色填充到画面具体形象中，干透后用墨线勾勒醒稿线，最后以胶矾水通刷画面，用以保护画面，达到防潮防腐效果。塑像的彩画打粉底与壁画相同，然后按效果要求二到三遍把颜色彩画上去，最后用胶矾水喷刷①以防潮或防腐。尤其对面部、手臂及裸露肌肤部位要做特别处理，敷以蛋清②以拟似肌肤的润泽感。

在洞窟整体彩画过程中，因白色用量较大（俗称白色为百色之母），所以必须用大碗盛放才能满足实际需要，因此白色调色用具1号木碗最大。2号木碗用以盛水，作为笔洗使用，木质碗能保持水质不变，功用如同民间盛水的葫芦瓢③一样。因矿物颜料的极其珍贵，所以用小的调色碗作为调色器具。另外，由于洞窟壁画作业的复杂性及多变性，陶制小调色碗拿在手里工作也方便灵活，使用得心应手。再者，小调色碗由于容积限制可以保证所调配颜色能很快用完，不至于因剩色时间长使胶液变质而造成浪费，从而确保色彩新鲜、饱和并与窟面结合密实。

（五）讨论的延伸——胶料的使用方法

古代彩画匠师在用胶方面要求是极为严格的。从胶的选择、胶液的加热方法、胶液在调色中的使用要求，以及胶矾水④中胶的使用比例上都是非常讲究的。

古人用胶的种类有动物胶和植物胶两种（另外，蛋黄胶有待进一步研究证实）。动物胶是以动物的皮或骨用水熬制而成，如皮胶，因皮胶熬开后有腥臭味，所以在佛教石窟的彩画中限制使用，一般多用骨胶。据实际工作经验可知在春、秋两季气候干燥，入胶量应减小，夏季气候潮湿，入胶量要增大，以防跑胶（亦称走胶，指在彩画中由于胶水比例不当，致使胶液渗出形体之外）。而桃胶多在冬季使用，桃胶为植物性胶，寒冷的气候对它的使用影响不大，由于限制较小且不易凝固（定胶），便于从容绘

---

① 喷刷胶矾水用以防潮或防腐的实例，在麦积山石窟第74窟中，佛像、菩萨像及壁画之表面色彩上有如密集的小米粒般大小，但不显眼的淡白色小点，其密度很大，颜色表面全部布满，不细致观察不易察觉到，但其对颜色色相本身没有任何影响，笔者疑为当时彩画结束后通体用胶水喷刷的遗迹，此现象尚有待进一步研究，现暂以此讨论。若要详知其成分，需等来日运用科技考古手段加以样本分析。

② 蛋清，中国传统雕塑彩画到最后，在处理塑像颜面及手臂等裸露肌肤部位时，多以蛋清敷面，使神像“肌肤润泽”，逼真如真人效果。但此蛋必须是以无公鸡授精情况下母鸡所产的蛋为原材料，民间习称为“素蛋”。

③ 葫芦瓢，为民间将成熟的状如“梨”形的大葫芦自中间锯开取籽，待阴干后，用于舀取水或米、面之用。葫芦用作盛器，在我国民间历史久远，将其置于水或米、面中不会影响水质及口感，且又无色无味，木碗的物理特性与之完全一致。

④ 胶矾水的配兑方法是：胶1份、矾2份、清水8份（1∶2∶8），混合一体，搅拌充分，用胶矾水是为了起托色，使吃色均匀不花，便于渲染的作用。

制壁画或塑像的彩画，桃胶的这种自然特质的优越性，亦成为古人最常采用的一种绘画类用胶。

胶的熬制方法：古人是用陶锅或砂锅盛水加胶放在炭火上熬制，而10个小陶碗可直接放于木炭火之上加水加胶，熬制好再加颜料，这是针对骨胶而言。而据《矿物色使用手册》一书介绍，桃胶是在中国自古就被广泛使用的植物胶，它易溶于水，吸水性较强，这种植物胶无须熬制，用清水或热水泡开，用布滤去不纯的杂质，就可使用。但桃胶干后胶膜发脆易裂（适当加入蜂蜜可以增加牢固性，并防止开裂），它不如动物胶的柔韧度好，故不适合于厚画法的使用。在今天的麦积山及敦煌等处石窟中的现存古代壁画上，有一种色彩起甲龟裂的严重病害，被称为壁画“癌症”，直接影响到壁画的寿命，主要原因即是古人使用胶液不当所留的后遗症。

由于矿物颜料本身是不含任何胶质成分的，因此也没有任何黏结力，若只以纯色作画，则根本无法敷着到画面上。在实际的彩画过程中，胶是颜料与画面最重要的粘连媒介物。不同的矿物色在胶的使用上有不同的方法（如肌肤和服饰用法即有别），有浓、淡、稀、薄的量的微妙变化，在前人现实的壁画绘制实践中，更多是依靠长期的实际工作经验。矿物色调色时，如果最初调入的胶浓度不够，不能裹紧颜色颗粒，便会造成画面色层剥落；如果加完胶后，研磨的方法不对，或研磨不够充分，也会造成剥落。但是，过浓或是过量的胶液，会将色料颗粒与颗粒之间的空隙全部填满，无法产生立体发色效果，直观看上去就会造成画面发色不鲜艳、不纯正，即俗称的所谓画面“发蒙”，严重时会使画面颜色起甲，甚至引起画面龟裂，破坏整个画面效果。而恰当的胶色比例使用，会使完成的画面尽显矿物质颜料本身特性，使画面表层具有一种宝石般晶莹的质感，柔和庄严而又温润华美。这种起源于我国古代的特有绘画形式，如今在日本的和画、朝鲜的宝石画中仍然被广泛使用，近年来我国画界所出现的一种新型的纯用矿物质颜料的岩彩画（又称工笔重彩画），则可视为这种古代传统技艺的复活及延伸，除了色彩用料的加工工艺具有现代性外，其原理一如古代。

古代匠师在石窟彩画工程用胶过程中，都会遇到上述种种问题，但他们会根据自己积累的经验做到最大限度的调和均衡，使彩画工程效果达到尽善尽美的预期呈现。

四、由出土彩画用具还原南北朝时期北方石窟彩画的制作过程中工具的使用方法及反映的问题

（一）陶制颜料碗的使用

1. 古代匠师为何要使用陶制碗调色

俗语云：“三分手艺，七分家伙用具。”就是说古人要想干好行内活计，家当用具是非常讲究的，但这并非是说“用具”重要，而“手艺”不重要，只是强调在行活操作中要想达到理想要求，没有讲究点的用具是不行的，也正是古人所说的：“工欲善其事，必先利其器。”家伙用具讲究了，就能达到事半功倍的效果，反之，则事倍功半。古人是非常看重这一点的，当然也值得今人借鉴。

在石窟彩画工程中，匠师从熬胶（泡胶）、调色、热色等施工当中的实际操作工序的严格要求出发，只有采用陶质调色碗才能达到所有操作工艺要求。陶质碗的特性有：①陶器的温热性，能使温度

不会太高，不至于把胶熬焦，从而失去胶性。②散热缓慢且保温性能好，使胶色在一定时间保持长时间的恒温且不会凝结，有利于节约工时，避免了频繁热色的麻烦，而使工作变得轻松省时。③陶碗内壁表面磨砂的特点，有利于矿物色分子与胶离子的附着，在调胶与颜料搅拌时更利于将粉状矿物颜料与胶液充分和匀，也可将颗粒较粗的矿物颜料进一步研磨得更细，也就是说同时起到研磨器——研钵①所具有的功能。④陶质碗体中残留油脂可阻挡所调色胶中水分渗透散发，保持足够的水分，短期内不至于使胶色因水分快速散发而起皮变稠，尤其在气温较高的季节作业，根据经验，以及古人的普遍说法，气温较高时，如果用瓷碗或瓷碟调色，一天工作结束后，当天即要将其中的胶液与颜料分离，此谓“漂胶”②，以利颜料隔日使用，用以确保颜料的鲜艳度不变。

矿物颜料无论是古、今均为特别珍贵的彩画材料，在彩画施工当中要刻意减少浪费，因此，形制较小的陶碗也能达到节约的要求。一物多用、功能齐全、效果显著、取材便利，应该说是古人使用陶制调色用具以实用为出发点的最直接选择。

2. 陶制调色碗的加热方式

由这 10 个小型陶质碗外壁和底部烟熏痕迹及火烧的迹象可知：古代匠师在熬胶、热色时是直接将陶碗置于火上加热的，用火应该是木炭火或其灰烬的余热。麦积山石窟地处寒湿的小陇山林区，在当地，木炭加工业自古至今一直未曾中断，而今集市亦常有销售，在寺院中，僧人冬季也多采用铸铁火盆燃烧木炭以便取暖。古代匠师在洞窟工作中用火方面当别无他法，亦应用此法。而铸铁火盆的使用一直到当前，麦积山石窟周围居民家中严冬时节仍然还有人在使用它，只是用途多限于取暖或加热食物，如熬茶或烤饼等日常生活需求方面。在现代使用矿物质颜料加热过程中多用电炉（有安全隐患）、电磁炉等更为方便、清洁的加热用具。随着现代化工业技术的高度发达，矿物颜料制作加工方面已相当先进，在颜料的使用方面更加方便快捷，基本上都以光洁的白色陶瓷碟或碗作调色用盛器。与古人相比较而言，存在着许多不足之处或麻烦，如瓷釉的拒热性，使加热时间变长，而散热快又使胶液很快凝结，致使彩画工作费时和产生了不必要的麻烦。

需要说明的一点是，熬胶是针对动物胶（骨胶、皮胶）而言，至于使用桃胶，那就只能是针对调制白色的 1 号大木碗而言了。有一种可能是：古人在骨胶或桃胶加热过程中，是分器专用，针对胶类不同的物理性能，分别使用陶、木两类器皿进行加热。

（二）木制碗的使用方式

1. 1 号木碗的用途

可能有以下几种情况：一是如果古代匠师以制作“锭粉”来使用的话，则不需要加热，用法前文已述，此不冗叙；二则若用动物胶料还可采取隔水加热法，即将木碗放置于盛水锅内，碗浮于水上加

① 研钵，属研磨器具，是由古代研磨器具发展而来。当代均是陶瓷制品，外壁施瓷釉，光滑温润，内壁为瓷土粗质面，有粗糙的磨砂表面，用于研细粉状颗粒，如中药铺中多用此器来研磨朱砂、雄黄、赭石等中药用矿物性药料。本文讨论的 10 个陶质调色碗的内部特征恰巧与之相同，古代匠师用此陶碗调色，推测其实际应用功能也应具有研钵的性能。

② 漂胶制作工艺，参见王雄飞、俞旅葵：《矿物色使用手册》，北京：人民美术出版社，2008 年，第 54 页。

热；再者若用桃胶则不需加热，可于木碗中直接和胶使用（1 号木碗内壁周围有残留微发黄的渗胶痕迹可以证明）。

2. 2 号木碗的用途

首先在使用功能上是作为笔洗，盛水所使用的。古代匠师在收工前，将所用毛笔或刷子等工具在碗中清洗干净，以备异日再用；二来当彩画工程结束时，将使用过的 10 个小陶碗重叠倒置放于该木碗中，然后再把 1 号木碗对扣起来存放，除了便于收纳外，尚可起到防尘及保护作用。由 2 号木碗中底部的石青色圆形印迹可以断定置放方法为倒扣层叠法，当时出土的原始状态也可证明。

3. 全器的组合

这 10 个小陶碗和 2 个大木碗被非常有机地组合在一起，对于古代匠师有条不紊地进行彩画施工起到了助益作用，其中甚至反映出当代大工业化生产中惯用的“模组化”生产的某些特性，从中不但反映出古代匠师选取工具的缜密程度，而且也体现出北周中期前后陶制手工业日用品的发展中多途并举的组合实用状况。对于这组彩画用具的更深层次研究，如器物的物理学分析、色彩化学分析等方面问题余后的深入研究，尚需假以时日，但相信一定会再有所发现。

五、余论

通过以上的探究，毫不起眼的只碗残色竟能使这古代匠师的遗留器物与麦积山石窟的伟大艺术品之间的因缘关系略述一二，给我们的后来研究者提出了更多的思考空间，此文若能抛砖引玉，引发学界对于古代石窟艺术制作材料工具与技法的更多关注与研究，那将使我感到由衷欣慰！

（原载于《庆贺饶宗颐先生 95 华诞：敦煌学国际学术研讨会论文集》，北京：中华书局，2012 年）

麦积山第127窟七佛图像研究

孙晓峰

引　言

开凿于北魏末期至西魏初年的第127窟是麦积山西崖三座大型窟龛之一，该窟平面横长方形，盝顶，窟高4.50米，宽8.60米，进深5.00米。窟门方形、平顶，窟内正、左、右三壁各一圆拱形浅龛。它也是麦积山北朝时期壁画保存相对完整、内容最为丰富、艺术价值最高的一个窟龛。多年来，关于第127窟的研究一直是国内外学术界关注的热点之一，成果颇丰。本文仅就第127窟前壁上方西魏初年彩绘七佛做些探讨和研究，以求证于方家，谬误之处，敬请指正。

一、第127窟七佛图像内容简介

七佛通壁绘于第127窟前壁上方，壁画纵1.50米，横8.30米。壁面并列绘七铺形态、装束、大小等基本相同的佛说法图，佛均面型方圆，低平肉髻，前有圆形肉髻珠。弯眉细目，直鼻小口，双耳平贴后颊。细颈、端肩、挺胸，双手于胸前施说法印，半跏趺坐。上身内着偏衫，有的胸部束带，衣带胸前打后结下垂。外披袈裟，其中六身坐佛袈裟表面绘田相纹。均下着长裙，衣裾做多重折叠，呈八字形悬垂于佛座前。佛座束腰叠涩方形，台座底缘饰覆莲瓣；坐佛均饰背项光，项光圆形，做5~7层同心圆状。背光莲瓣形，做5~6层，最外缘绘升腾的火焰纹。坐佛上方饰装饰华贵的宝盖，呈弧形，顶端等距饰莲花宝珠和蕉叶，其下依次为鱼鳞形和三角形垂饰，并饰有宝珠。宝盖前端等距垂有四条帛带，中间两条帛带上挑后再分别与外侧两条重叠后自然下垂，帛带末端呈菱形，并缀饰珍珠。宝盖上端两侧饰兽首，衔流苏、璎珞、宝珠等垂饰，垂饰物末端各悬挂一个鸾铃。宝盖两侧分别各绘一树。

每身坐佛两侧均绘有数量不等的菩萨和弟子，这些胁侍神态、体姿各异。其中前壁左至右第一身坐佛两侧各绘一身菩萨。左侧胁侍菩萨（以坐佛为方向，下同）束低平发髻，前端饰莲花宝珠。面型长圆清秀，弯眉细目，高鼻小口。背后绘6层同心圆形头光，上身袒露，下着长裙，颈佩宽边项圈，两端各一圆形饰物，其下缀飘带。戴手镯，帔帛于胸前十字穿环后上绕，再搭小臂自然下垂。腰微扭，左手自然下垂，右手举至胸前，做拈花状。脚穿平头履，立于圆形覆莲台上。右侧菩萨体态、装束基本同前，帔帛十字交叉于胸前，左手部分残毁，右手举至胸前，似持一物，两身菩萨均面向佛虔恭而立；第二身坐佛左侧绘一身菩萨，神态同前，面相略显苍老。上身袒露，下着长裙，帔帛胸前十字穿环，再搭臂向后飞扬。菩萨扭头左顾，身体显“C”型，左手举至胸前，五指张开，掌心向外。右手握拳，举至胸前。双足略分，立于圆形覆莲台上。右侧菩萨装束大致相同，面向佛而立。右手上扬至右肩，五指分开，掌心向外。右手自然下垂前伸，持一菱形扇状物。脚穿平头履，立于圆形莲台上。其后立一弟子，身材矮小，内着偏衫，外穿垂领式宽袖长袍，双手合握于腹前，脚穿圆头履，向佛而立；第三身坐佛左侧胁侍菩萨已残毁无存，仅外侧可见一弟子双手合十，面向佛而立。右侧菩萨面容娇美，神态装束同前，左手自然下垂至膝前，右手举至颌下，脚穿平头履立于圆形覆莲台下。其身后绘有三身弟子像，两身较高大，内侧一身手持莲蕾，外侧一身双手合握于袖中，举至胸前。两人相对而视，似在交谈。他们前面绘一面容苍老，上身袒露，骨瘦如柴的弟子，面向两身年轻弟子，双手合十，似在礼敬；第四身坐佛左侧菩萨帔帛腹前十字交叉，左手举至胸前，掌心侧向上扬，右手自然下垂。右侧菩萨左手上举前伸，五指合拢，掌心向下，拟提一物。右手残毁不明。其外侧绘一弟子，面容苍老。双手合十于胸前，拢于袖中，面向外侧，正中聆听其身后的弟子说话；第五身坐佛左侧菩萨束高髻，头略上仰，内穿袒右偏衫，腰部束带，衣带打结后分两缕下垂，外着披右肩袈裟，腹部前挺，双手合十，举至左肩，双脚曳于裙裾之下，立于圆形覆莲台上。其后绘两身弟子，前面一身穿宽袖长袍，双手齐肩，托举一博山炉，回头与后面一身弟子交谈。后者面相娇美稚嫩，似一比丘尼，双手前伸齐肩，俯首垂目，正在用心倾听。右侧菩萨帔帛胸前十字交叉，左手上举至左肩，五指并拢，掌心向内下垂。右手曲至右腋下，掌心向内，持一桃形玉环。双足左右分开，立于圆形莲台之上，面向佛虔恭而立。其身后绘一弟子，面相苍老，身穿袒右偏衫，与菩萨背向而立，右手前伸，正与第四身坐佛的胁侍弟子交谈，形态生动；第六身坐佛左侧胁侍菩萨内着偏衫，外穿宽袖长袍，下着束腰长裙，左手微曲于膝前，持一桃形玉环，右手扬至胸前，做拈花状，脚穿云头履，立于圆形覆莲台上。其身后一弟子，双手平置于腹前，拢于袖中，脚穿云头履，虔恭而立。右侧菩萨挺胸鼓腹，身穿交领束腰长袖大袍，下着长裙。左手前伸，提一净瓶，右手上扬齐肩，五指呈拈花状，脚穿云头履，立于覆莲台上；第七身坐佛左侧绘一弟子，面容清秀，内穿偏衫，下穿长裙，外着袈裟，双手高举齐肩，持一香熏，脚穿云头履，立于圆形覆莲台上。身后一弟子，身材矮小，面相稚嫩，内着偏衫，外穿交领宽袖长袍，双手拢于袖中，置于胸前，脚穿云头履而立。右侧绘弟子，面容苍老，装束同左侧弟子，右手持一莲花盏，左臂曲至左肩，五指并拢向下，做抚盏状。脚穿云头履，立于圆形覆莲台上，面向佛而立。

二、七佛图像的形成与发展

关于七佛信仰的起源、图像组合、所体现的内在佛教思想及其社会意义等等，许多学者都做过探讨和研究①，本文在借鉴这些成果的同时，主要以麦积山第127窟前壁《七佛变》为中心，并综合考察魏晋南北朝时期各种七佛图像和相关材料，对麦积山石窟西魏、北周时期七佛造像的来源及盛行原因略加以探讨和分析。

七佛又称“过去七佛”，根据相关佛经典籍的解释，“七佛”指释迦牟尼（Śākyamui）及其在他出现之前悟得正觉的6位佛，依次为毗婆尸（Vipásin）、尸弃（sikhin）、毗舍（viśvahu）、拘留孙（krakucchandha）、拘那含牟尼（kanākamuni）和迦叶（kāsyápa）②。由于汉译佛经中对梵音汉译理解不同，也导致七佛名称在不同经典中也有所差异。七佛图像最早源于印度，在早期印度原始佛教的阿含类经典中，就有诸多关于七佛信仰的记载，如东晋僧伽提婆译《增壹阿含经·序品》、前秦昙摩难提译《增壹阿含经·十不善品》和姚秦佛驮跋陀罗与竺佛念共译《长阿含经》卷一《大本经》等均对七佛品序做了详细介绍，并对七佛的家族、种姓、说法、成道、胁侍弟子情况及佛本生等都做了具体描绘。东晋佛驮跋陀罗译《观佛三昧海经·念七佛品》更是对观七佛的福报做了美好描述：

> （毗婆尸）若有众生闻我名者礼拜我者。除却五百亿劫生死之罪。汝今见我消除诸障。得无量亿旋陀罗尼。于未来世当得作佛。……（尸弃）复更增益无量百千陀罗尼门。复更增广得见百千无数化佛。于未来世过算数劫。于其中间恒得值遇诸佛世尊生菩萨家。……（毗舍）见此佛已复更增进诸陀罗尼三昧门。于未来世必定不疑生诸佛家。……（拘留孙）见此佛者。常生净国不处胞胎。临命终时。诸佛世尊必来迎接。……（拘那含牟尼）见此佛者。即得百亿诸三昧门无数陀罗尼。若出定时。常得诸佛现前三昧。……（迦叶）见此佛者得寂灭光无言相三昧。于未来世恒住大空三昧海中③。

正是由于佛教徒大力弘扬信奉七佛的福报，使得七佛信仰在还没有佛像的时候，就已成为佛教传播和流行的题材之一。如公元前3世纪印度桑奇大塔第一塔北门的浮雕中，就以并列雕刻的七棵树或七座塔代表过去七佛。随着佛教向外传播，在2~3世纪犍陀罗佛教艺术中，已经出现一些表现七佛及弥勒菩萨的浮雕造像，如印度拉合尔博物馆收藏的舍卫城现大神变浮雕下部，释迦佛居中，过去六佛及弥勒菩萨分列左右。巴基斯坦白沙瓦博物馆收藏的过去七佛与弥勒菩萨浮雕中，七佛并排而立④。日本私人收藏的3世纪佛像基座上，也浮雕有形态基本相同的并排七佛立像，最右侧还浮雕有一身菩

① 贺世哲：《莫高窟第285窟北壁八佛考释》，《1990年敦煌学国际研讨会文集·石窟考古编》，沈阳：辽宁美术出版社，1995年；魏文斌、唐晓军：《关于十六国北朝七佛造像诸问题》，《北朝研究》1993年第3期；魏文斌：《七佛、七佛窟与七佛信仰》，《丝绸之路》1997年第3期；赖鹏举：《丝路佛教的图像与禅法》，中坜：财团法人圆光佛学研究所，2002年；张宝玺：《甘肃佛教石刻造像》，兰州：甘肃人民出版社，2001年；王雁卿：《云冈石窟七佛造像题材浅析》，云冈石窟研究院编：《2005年云冈国际学术研讨会论文集·研究卷》，北京：文物出版社，2006年，第251~256页；贺世哲：《敦煌图像研究——十六国北朝卷》，兰州：甘肃教育出版社，2006年；董华锋、宁宇：《南、北石窟寺七佛造像空间布局之渊源》，《敦煌学辑刊》2010年第1期。

② 《大正藏》第15册，第693页。

③ 《大正藏》第15册，第693页。

④ 张宝玺：《甘肃佛教石刻造像》，兰州：甘肃人民出版社，2001年，第13页。

萨装的弥勒立像①。佛教传入中国后，各种反映七佛造像和绘画的实物或文献记载在魏晋南北朝时期一直没有间断过。如开凿于3~4世纪的新疆克孜尔石窟中，第80窟主室正壁圆拱形龛上方，正中彩绘一交脚坐佛，其上方绘一排七身结跏趺坐的佛②。克孜尔第38窟东、西甬道外壁上各绘有坐于舍利塔中的七佛像，第47窟主室、后室及第77窟后室原均塑有七佛立像③。此外，克孜尔第114、97等窟反映《降伏六师外道》的绘画中，主尊释迦佛的上方多绘有一排略呈弧形排列的七佛形象④；在十六国北凉统治时期的酒泉、敦煌、吐鲁番一带，先后发现有14件高度在15~90厘米之间、残损程度不一的圆锥形石造像塔，其最突出的特征就是在塔的中部浮雕八个小龛，内置七佛一菩萨造像⑤。莫高窟北朝时期反映七佛的造像较少，如西魏第285窟北壁的八佛彩绘，贺世哲先生认为是依据当时敦煌地区非常流行的《大方等陀罗尼经》绘制的无量寿佛与过去七佛的组合形式⑥。永靖炳灵寺早期窟龛中，也保留有七佛图像，如第169窟南壁的七佛一菩萨造像，北壁的彩绘七身立佛（原应为前四后三排列，现仅存第七释迦牟尼佛榜题）⑦。第126窟正壁主尊释迦、多宝佛上方壁面浮雕有七佛禅定坐像。第128窟东壁窟门上方浮雕七佛立佛⑧。此外，在老君洞清理出的北魏晚期壁画中，也发现有三铺七佛图像（门壁两侧各一铺，右壁中层一铺），其中两铺还残存有墨书七佛题名⑨。开凿于北魏永平年间的庆阳北石窟第165窟和泾川南石窟第1窟还出现了以七佛为主尊的殿堂窟。固原须弥山石窟的北周窟龛中，也保留有一些七佛图像，如第46窟中心柱南北壁佛龛的龛楣上浮雕有七身禅定坐佛⑩。云冈石窟也出现有许多以七佛为主尊，或雕刻于龛楣的七佛坐像，如第10窟南壁拱门与明窗之间帷幕龛内的七身坐佛，第11窟西壁中层的七身立佛、南壁东侧的七身坐佛，第36-2窟北壁中层的七身立佛，第5、11、14、17、28等窟内小龛龛楣上多浮雕有七佛坐像⑪。龙门石窟的许多北魏时期的小龛龛楣和窟内主尊造像头光中也浮雕有七佛。如慈香洞正壁主尊的头光中环绕有七佛，莲花洞、普泰洞、天统洞北壁龛群上方均并列刻有七佛，莲花洞宋景妃造释迦像龛、明胜造释迦像龛龛楣均浮雕有七佛坐像。古阳洞壁面许多北魏中晚期小龛龛楣也浮雕有七佛坐像，如齐郡王元祐造弥勒像龛、法光因患造释迦像

① （日）宫治昭著，李萍译：《犍陀罗美术寻踪》，北京：人民美术出版社，2006年，第153页，图版9。

② 姚士宏：《克孜尔石窟部分洞窟主室正壁塑绘题材》，原载于新疆维吾尔自治区文物管理委员会等编：《中国石窟·克孜尔石窟》（三），北京：文物出版社、东京：平凡社，1989年，第178~186页。

③ 魏文斌：《七佛、七佛窟与七佛信仰》，《丝绸之路》1997年第3期。

④ 赵莉：《克孜尔石窟降伏六师外道壁画考析》，《敦煌研究》1995年第1期。

⑤ 张宝玺：《北凉石塔艺术》，上海：上海辞书出版社，2006年，第16~17页。

⑥ 贺世哲：《敦煌图像研究——十六国北朝卷》，兰州：甘肃教育出版社，2006年，第342~347页。

⑦ 董华锋、宁宇：《南、北石窟寺七佛造像空间布局之渊源》，《敦煌学辑刊》2010年第1期。

⑧ 甘肃省文物工作队、炳灵寺文物保管所编：《中国石窟·永靖炳灵寺》，北京：文物出版社、东京：平凡社，1989年，图版86、91。

⑨ 甘肃省博物馆、炳灵寺石窟文物保管所：《炳灵寺石窟老君洞北魏壁画清理简报》，《考古》1986年第8期。

⑩ 宁夏回族自治区文物管理委员会、中央美术学院美术史系编：《须弥山石窟》，北京：文物出版社，1988年，图版69。

⑪ 王雁卿：《云冈石窟七佛造像题材浅析》，云冈石窟研究院编：《2005年云冈国际学术研讨会论文集·研究卷》，北京：文物出版社，2006年，第251~256页。

龛、慧蓉造像释迦像龛、高树等造像龛等[①]；洛阳周边的巩县、渑池等地的石窟寺中也多见类似形式的七佛题材，如巩县第一窟西壁第2、3龛，第二窟中心柱南壁下方的两个小龛、东壁外侧第3龛，第四窟中心柱南面上层的小龛等，其龛楣之上均浮雕有七佛禅定坐像[②]。渑池鸿庆寺石窟诸多的尖拱龛和盝顶龛的龛楣上，也多浮雕有七佛坐像[③]。在众多海内外收藏的北魏时期的金铜及石质造像以及造像碑中，笔者也检索到部分反映七佛图像的例证，如日本书道博物馆藏北魏延兴二年（472年）张□伯造释迦像背面浮雕有禅定七佛，同年款藏于日本书道博物馆的黄□相造坐佛碑正面小龛龛楣上浮雕七身坐佛[④]。大阪市立美术馆藏的石灰岩北魏三尊佛立像，其主尊头光中浮雕有七身呈环形排列的禅定坐佛，均刻有莲瓣形背光[⑤]。现藏于东营市博物馆的北齐张郭造像碑，其圭形碑首也浮雕有略呈弧形排列的七佛禅定像[⑥]。瑞士瑞特保格博物馆藏杨文憘造佛三尊像头光中有线刻七佛坐像，大阪市立美术馆藏太和十六年（492年）郭元庆造太子思惟像的龛楣上浮雕七佛坐像，纽约大都会美术馆太和十九年（495年）赵氏一族造如来立像头光中浮雕七佛坐像，旧金山亚洲艺术博物馆藏的北魏佛三尊像头光中浅浮雕七佛坐像[⑦]。东京根津美术馆藏的北魏四面造像碑背面坐佛龛楣上浮雕七佛坐像，其中正中一身略大[⑧]；在甘肃境内现存的造像碑和造像塔中，也发现有反映七佛图像的例证，如合水县平定川弥勒菩萨造像龛的龛楣及庄浪卜氏造像塔正面底层的佛说法图上方，均浮雕有七佛禅定坐像[⑨]；另外，一些史料中也有关于七佛图像的记述，如唐张彦远《历代名画记》卷五载："（卫）协之迹最妙，又七佛图，人物不敢点眼睛。顾恺之论画云：七佛与大列女，皆协之迹，伟而有情势。"[⑩] 宝唱《比丘尼传》卷一中有关于比丘尼昙罗造"七佛龛堂"的记载[⑪]，道宣《续高僧传》卷九中有释慧远梦到"七佛八菩萨"的故事[⑫]，《洛阳伽蓝记》中也有殿堂中供奉七佛的记载[⑬]。关于七佛信仰，到隋唐宋五代以后，依然可以见到许多相关实物资料，并融入了药师七佛等内容。如唐代善业泥像中释迦

---

① 相关图版详见龙门文物保管所、北京大学考古系编：《中国石窟·龙门石窟》（一），北京：文物出版社、东京：平凡社，1991年，图版42、60、78、64、111、113、146等，以及同书所载温玉成：《龙门北朝小龛的类型、分期与洞窟排年》中相关插图。

② 相关图版详见河南省文物研究所编：《中国石窟·巩县石窟》，北京：文物出版社、东京：平凡社，1989年，图版7、11、45、163。

③ 李文生：《渑池鸿庆寺石窟》，龙门文物保管所、北京大学考古系编：《中国石窟·龙门石窟》（一），北京：文物出版社、东京：平凡社，1991年。

④ 金申：《中国历代纪年佛像图典》，北京：文物出版社，1994年，第33、34页，图版22、23。

⑤ 林保尧：《佛像大观》，台北：艺术家出版社，1997年，第103页。

⑥ 丁明夷主编：《中国石窟雕塑全集·6·北方六省》，重庆：重庆出版社，2001年，图版191。

⑦ 林树中主编：《海外藏历代中国雕塑》，南昌：江西美术出版社，2006年，图版176、190、211、719。

⑧ 孙迪：《中国流失海外佛教造像总合图目》第二卷，北京：外文出版社，2005年，第324~325页。

⑨ 张宝玺：《甘肃佛教石刻造像》，兰州：甘肃人民出版社，2001年，图版88及第25页的庄浪卜氏造像塔线描图。

⑩ ［唐］张彦远：《历代名画记》卷五，北京：人民美术出版社，2004年，第108页。

⑪ 《大正藏》第50册，第936页。

⑫ 《大正藏》第50册，第492页。

⑬ ［北魏］杨衒之撰：《洛阳伽蓝记》卷四，大觉寺条载："永熙年中，平阳王即位，……环所居之堂上置七佛。"上海：上海古籍出版社，1982年。

像头光中就有呈圆形排列的七佛①，浙江瑞安市的宋代七佛塔②，山西稷山县元代兴化寺七佛说法图③等都是其中的代表之作。

三、第127窟七佛图像来源及样式分析

如前所述，第127窟前壁上方的七佛以横排并列方式绘制，各铺说法图之间用树木加以分割，并巧妙运用胁侍弟子的举止和神态彼此又构成一幅完整的七佛说法图，体现出画家高超的绘画技巧和构图能力，使整幅图面在视觉上浑然一体，给人以极强的震撼力。从绘画技法上看，这组七佛图采用了中国传统的线描手法，即在事先处理好的粉底墙面上，用毛笔以淡红色朱线起稿，将佛像、胁侍菩萨与弟子、树木等勾勒出来，形成整体框架。然后填涂底色，再根据画面内容需要，画家分别使用朱砂、石青、石绿、白粉、黑色等对画面进行填涂，特别是对集中体现佛像庄严的宝盖及其饰物，坐佛面部、服饰等采用重叠填涂的方法，对于陪衬佛像的菩萨像服饰尽量使用明快、醒目的矿物颜料进行勾勒和填涂，以区分画面和突出主尊坐佛。

第127窟的七佛布局形式与中亚及巴基斯坦地区2~4世纪流行的七佛一菩萨并列式或八字形布局、新疆克孜尔石窟中七佛一菩萨的对称式布局、河西地区北凉石塔中所见的七佛一菩萨环列式七佛图像组合均有明显差异，而且从麦积山现存北朝早期造像来看，弥勒造像也并不是秦陇一带流行的主要题材，仅第165、169等少量窟龛中保存有明确的交脚菩萨造像，与同时期麦积山窟龛中大量盛行的三世佛造像相比，这种反差显而易见。就麦积山现存的西魏以前七佛图像考察情况来看，从图像学上而言，目前能看到的七佛题材仅见于第100、128、155、163等为数不多的几个窟龛之中。其中开凿于北魏中期的第100、128窟左右壁上方均开凿有六个小龛，与下方大龛内的释迦坐佛共同构成七佛，第128窟前壁上方原并列开有上、下两排小龛，每排七个，每龛内安置一身禅定坐佛，从而形成标准的七佛图像。同样开凿于北魏中期的第155窟，正壁龛内主尊为坐佛，龛外正壁左右各设上、下两层坛台，其中上层坛台左、右各安置三身坐佛，与龛内主尊坐佛构成七佛组合。左壁上方并列开六个小龛，而右壁上方则并列开七个小龛，这样，左壁龛内的坐佛与下方大龛内的坐佛也构成七佛，右壁上方则直接表现为七佛，这种情况的出现可能也是第155窟正处于北魏孝文帝改革时期所致。开凿于北魏晚期的第163窟则左、右壁上方均并列开七个小圆拱龛，用以安置七佛④。放置于第133窟内西魏初年的11、16号造像碑中，则保存有许多七佛图像。11号碑上方三排均为横向并列高浮雕七佛，身后均浮雕莲瓣形背光，背光之间浮雕莲蕾及莲叶，第三排七佛坐像除正中一身为正视外，其余六身均相互侧视，做交谈状，巧妙地将七身坐佛融为一体，也增加了碑刻画面内容的生动性。16号碑以中部帐形龛为中心，其上、下方分别高浮雕两排七佛坐佛，身后均浮雕莲瓣形背光，背光之间浮雕莲蕾及莲叶。其中

---

① 震旦艺术博物馆编：《佛教文物选粹》，财团法人震旦文教基金会，2003年，第133页。

② 叶挺铸：《宋兴福寺七佛塔考略》，《东方博物》第38辑。

③ 孟嗣徽：《兴化寺壁画》，《紫禁城》1998年第3期。

④ 详细材料可参见李西民、蒋毅明：《麦积山石窟内容总录》，天水麦积山石窟艺术研究所编：《中国石窟·天水麦积山》，北京：文物出版社、东京：平凡社，1998年。

上方第一排坐佛均坐于覆莲台上，正中一身被突出处理，可能是表现释迦牟尼佛。第二排的七身坐佛均身穿圆领通肩袈裟，体态、身姿完全相同。帐形龛下方的两排坐佛在神态、体姿上没有变化，唯一区别在于第一排均身穿褒衣博带式佛装，第二排坐佛均身穿圆领通肩式佛装。

从这些例证可以看出，麦积山石窟北魏至西魏阶段出现的七佛图像主要在于表现过去七佛，并未强调未来弥陀菩萨下界成佛的观念和思想。因此，其直接图像来源并非西部地区，也就是说麦积山石窟中的七佛图像并不是受到中国新疆或河西地区七佛形式影响而产生的。

接着，我们考察一下与秦陇地区关系比较密切的陇中、陇东境内的石窟及云冈石窟中北魏时期七佛图像的情况，其中永靖炳灵寺与麦积山石窟之间的关系最为密切，特别是在十六国后秦、西秦统治时期，两地之间在僧侣往来，人口迁徙，政治、经济、文化的交流与传播等方面均十分频繁，相关事迹在《十六国春秋》《晋书》《资治通鉴》《高僧传》《魏书》等史籍和文献中均有记述。炳灵寺第169窟始建于西秦建弘元年（420年），其南壁保存的七佛一菩萨并列式七佛与2~4世纪犍陀罗地区的七佛图像非常接近①，北壁保存的彩绘七佛在形式上为前四后三布局，类似的雕塑实例也见于台北丝绸之路佛教图像整合中心收藏的七佛浮雕造像，这也是1~4世纪中亚地区“目前所知唯一一件单独七佛而没合并菩萨的造像。此件造像其两侧切痕整齐，整件之皮壳一致，故原造像亦只有七尊”②。所以，从某种意义上而言，炳灵寺西秦时期的七佛图像应该是受到中亚影响所致。而开凿于北魏时期的第126、128窟中的七佛图像则与前者有很大不同，第126窟中的七佛位于正壁主尊释迦、多宝上方浮雕的第一排，下排正中为浮雕的思惟菩萨像，两侧仍为姿态不同的七佛组合题材。第128窟的七佛位于前壁窟门上方下排，其两侧各浮雕一身树下思惟菩萨像。在老君洞发现的北魏晚期七佛画像也是如此，其中两组在配置位置上与第127窟的七佛也有相似之处。上述现象表明，炳灵寺北魏时期的七佛图像与法华信仰之间存在着密切关系，七佛题材的出现，旨在强调释迦佛法的久远实成，用以代表过去的无量诸佛③，而与弥勒之间也没有必然联系，已经将七佛单独作为法华禅观的一种题材置于窟内。北魏泾州刺史奚康生开凿的泾川南石窟第1窟和庆阳北石窟第169窟是甘肃境内明确以七佛为主尊的殿堂窟，每身立佛均配有胁侍菩萨立像，弥勒菩萨则被安置在主尊对面的窟门两侧，在形式上与克孜尔第80窟有些类似，但考虑到上述两窟顶部大量浮雕“萨埵那本生”“睒子本生”“阿私陀占相”“太子习艺”“宫中观舞”“逾城出家”“犍陟辞别”等反映释迦本生和佛传故事题材的作品，故开窟者主要目的在于突出释迦地位，关于北石窟第165窟中的七佛所反映的佛教思想，有的学者认为主要是体现借助于修习礼忏等相关法门，以便往生弥勒净土④。

云冈石窟是由北魏皇室营建的大型石窟寺，代表当时最杰出的造像艺术水平和最流行的窟龛建筑形式，同时也反映出当时最盛行的佛教思想。云冈中期窟龛中开始出现各种形式的七佛造像，其布局形式主要包括两种：一种是以七佛为主尊的造像龛，如第36-2窟。或以七佛为主要题材安置于壁面或方形幕龛之内，如第10、11、13窟内的七佛。另一种七佛则主要装饰于尖拱形龛楣或龛楣之上，也有

① 董华锋、宁宇：《南、北石窟寺七佛造像空间布局之渊源》，《敦煌学辑刊》2010年第1期。

② 赖鹏举：《丝路佛教的图像与禅法》，中坜：圆光佛学研究所，2002年，第35页。

③ 张元林：《敦煌北朝时期〈法华经〉艺术及其信仰考察》，《敦煌研究》2006年第5期。

④ 于向东：《南北石窟寺的造像思想初探》，《兰州大学学报（社会科学版）》2007年第2期。

的装饰于方形帷幔之下，以结跏趺坐姿居多。龛内主尊包括弥勒、释迦多宝、释迦等三种形象，其数量不少。如以弥勒为主尊的有第5、11、14、16、17、28、39等窟，以释迦多宝为主尊的有第11、13、14、32-9、26等窟，以释迦为主尊的有第2、5、11、16、38等窟①。由此可见云冈石窟中的七佛不仅吸纳了河西地区七佛一菩萨的组合形式，而且单独的七佛立像或坐像也显著增多。最主要的变化则体现在以七佛做装饰的小龛主尊造像上，除传统的交脚弥勒外，释迦或释迦多宝的数量急剧增多，这反映出当时民间佛教信仰思想的变化情况。其对当时北方地区的影响是显而易见的，陇东地区南、北石窟寺以七佛为主尊的造像布局应源于此。而将七佛直接开凿于窟内壁面或作为龛楣装饰的手法对以龙门石窟为中心的洛阳地区北魏中晚期佛教造像产生了重要影响，类似的例证本文前面已列举不少，不再赘述。

从图像内容上看，第127窟中的七佛画像体态清秀，五官俊美，肉髻低平，前侧明显有一个圆形肉髻珠，佛双手均做说法印。身穿典型的褒衣博带式佛装，胁侍菩萨着装也多为宽袍、大袖、长裙，帔帛以腹前十字穿环或十字交叉后再搭肘下垂居多，脚穿平头或云头履，均带有北魏孝文帝改制以后中原北方地区流行的“秀骨清像”特征。佛座及莲台底部均饰有整齐排列的覆莲瓣，这种装饰方法在龙门石窟北魏浮雕七佛图像中已经应用②。从单铺组合形式上来看，第127窟的七佛胁侍包括菩萨、弟子等形象，与云冈及洛阳地区的石窟寺中的七佛图像相比，内容要丰富得多。云冈石窟中的七佛之间几乎没有什么装饰，而龙门石窟中的七佛之间已有所装饰，除原有的莲瓣形背光和小龛外，还装饰有莲蕾、莲花等，北魏晚期七佛图像中还开始出现胁侍形象。

综上所述，麦积山第127窟七佛图像的出现与早期河西地区盛行的弥勒崇拜中的七佛造像没有直接关系，它与北魏中期以后同处于陇右地区的炳灵寺石窟中出现的七佛一样，基本位于窟内的正、左、右三壁或门壁上方，共同构成释迦系主尊造像的组成部分。这种样式主要是受到了以云冈、龙门为代表的中原北方地区石窟造像中七佛题材的影响，而这一题材的流行与北魏晚期以来释迦崇拜的盛行有密切关系。

此外，第127窟七佛图像中胁侍菩萨和弟子的出现，不仅是形式和内容上的变化，更是当时佛教信徒严格依据佛经弘扬七佛思想的一种表现。后秦佛陀耶舍、竺佛念共译的《长阿含经》中，关于七佛三会说法的描述中称：“毗婆尸如来三会说法，初会弟子有十六万八千人，二会弟子有十万人，三会弟子有八万人，尸弃如来亦三会说法，初会弟子有十万人，二会弟子有八万人，三会弟子有七万人。毗舍婆如来二会说法，初会弟子有七万人，次会弟子有六万人。拘楼孙如来一会说法，弟子四万人。拘那含如来一会说法，弟子三万人。迦叶如来一会说法，弟子二万人。我今一会说法，弟子千二百五十人。”③ 东晋佛驮跋陀罗译《佛说观佛三昧海经·念七佛品》中关于七佛说法的描绘中称：“过去久远有佛世尊名毗婆尸佛。……一一光中无数诸天声闻比丘菩萨大众，以为侍者……尸弃世尊……及诸

① 王雁卿：《云冈石窟七佛造像题材浅析》，云冈石窟研究院编：《2005年云冈国际学术研讨会论文集·研究卷》，北京：文物出版社，2006年，第251~256页。

② 龙门文物保管所、北京大学考古系编：《中国石窟·龙门石窟》（一），北京：文物出版社、东京：平凡社，1991年，图版176、177。图中所表现的古阳洞北壁第2~3层小龛龛楣中，七佛均结跏趺坐于覆莲台上，其两侧的胁侍菩萨、弟子也均立于圆形覆莲台上。

③ 《大正藏》第1册，第2页。

菩萨声闻大众、诸天眷属以为围绕。”① 此外，在《佛说七佛经》《七佛父母姓字经》等经典中均有关于七佛弟子情况的记述，这些当时耳熟能详的经典对画家创作心目中七佛说法图提供了丰富素材和想象空间，麦积山第 127 窟七佛图出现诸多胁侍菩萨和弟子形象也正是源于此。

第 127 窟的七佛图像中，另一组值得关注的题材就是坐佛顶部的宝盖和两侧的圣树。宝盖，又称华盖，本是一种遮风避雨的日常工具。在古代中国，华盖更多的是一种身份象征和社会地位的体现，两汉魏晋南北朝之际，华盖基本成为权贵的专属之物，其样式为圆形，中间有一直柄或曲柄，华盖四周边缘多垂饰有流苏。关于华盖在中国佛教中的运用，最早见于东汉时期，《后汉书》曾载汉桓帝“设华盖，以祠浮图、老子”。十六国南北时期，出现了各种装饰华盖的佛教造像，如甘肃省博物馆藏泾川县出土十六国时期金铜如来坐像②，美国旧金山亚洲艺术馆收藏的北魏延兴二年（472 年）二佛并坐铜造像、日本东京根津美术馆藏太和十三年（489 年）贾法生兄弟造二佛并坐像背面、日本私人收藏北魏太和七年（483 年）追远寺僧造版铸佛三尊像等③。云冈石窟第 6、7、9、10、12、14 等窟的佛像上方，也多刻有华盖装饰④。可见，早在 4~5 世纪中国佛教图像中，华盖已经成为显示佛像庄严的重要器具之一。佛经中关于华盖护持佛、菩萨的记述也不少，如东晋瞿昙僧伽提婆译《增壹阿含经·须陀品》载：“是时，梵天王在如来右，释提桓因在如来左，手执拂。密迹金刚力士在如来后，手执金刚杵。毗沙门天王手执七宝之盖，处虚空中，在如来上，恐有尘土坋如来身。”⑤ 东汉支娄迦谶译《佛说伅真陀罗所问如来三昧经》载：“其佛上便有三十万里珍宝华盖，而覆盖座盖间而有珍宝铃周匝其边，悉皆垂珠。从其垂珠间，其音声悉遍三千大千之刹土……散伅真陀罗上，则时伅真陀罗，以右肩悉受华，其华不堕地，便持是华供养散佛上，其华于佛上。便化作珍宝华盖。覆蔽千佛刹，其华盖者，一一处悬亿百千珠宝……伅真陀罗念诸坐佛，欲持宝华盖遍覆其上，应时坐三昧，其三昧名严盖。则时诸坐佛上皆有华盖，及诸菩萨比丘僧，其会者各各有华盖，以手拥盖抵。诸菩萨比丘僧会者，皆持华盖供养上诸佛。”⑥ 佛经里对华盖的神奇描述也激发起佛教徒在绘画中对这种庄严饰物的描绘，第 127 窟七佛的宝盖正是这种情绪的反映，它不仅装饰有各种山花焦叶、摩尼宝珠，镶嵌着珠玉、鸾铃的垂带等，而且不带盖柄，直接悬浮在佛上方，可谓神奇无比。某种意义上讲，也是外来佛教艺术中国化的一种具体表现，当然在这种改造过程中，也保留有某些外来因素，如宝盖下方的折叠垂幔和三角形垂饰，根据日本学者的研究，应该是受到西方艺术的影响⑦。

与宝盖一样，圣树也是佛像庄严纹饰中常见的题材。释迦牟尼生平许多事迹都与树有密切关系，如诞生、思惟、成道、说法、涅槃等。由此而衍生出的过去七佛事迹中也与树有密切关系，《佛说长阿含经》中称：“毗婆尸佛坐波波罗树下成最正觉。尸弃佛坐分陀利树下成最正觉。毗舍婆佛坐娑罗树

---

① 《大正藏》第 15 册，第 693 页。

② 东京国立博物馆：《中国国宝展》，2004 年，第 106 页。

③ 金申：《中国历代纪年佛像图典》，北京：文物出版社，1994 年，图版 24、50、37。

④ 王雁卿、马志强：《云冈石窟的宝盖龛和宝盖》，《北朝研究》第七辑，北京：科学出版社，2010 年。

⑤ 《大正藏》第 2 册，第 664 页。

⑥ 《大正藏》第 15 册，第 351、355~356 页。

⑦ （日）水野清一、长广敏雄：《云冈石窟的装饰意义》，《云冈石窟》第四卷序章，京都大学人文科学研究所，1952 年。

下成最正觉。拘楼孙佛坐尸利沙树下成最正觉。拘那含佛坐乌暂婆罗门树下成最正觉。迦叶佛坐尼拘律树下成最正觉。我今如来至真坐钵多树下成最正觉。"① 因此，树在佛教绘画艺术中起着重要作用。南北朝时期的中国山水文化十分发达，当时人们将优美的山水之处当作理想的生活空间，不仅产生了以谢灵运、陶潜为代表的山水派文学巨匠，而且达官贵人日常生活中也非常看重山水环境，这种气氛也影响到当时佛教寺院的营建②，当然，作为禅修场所的石窟寺自然也选在山水优美之处。麦积山地处秦岭山区，植被茂密，相比起佛经中名称古怪的圣树，画家在佛画创作中可以参考和借鉴的树木种类很多，来源于生活的灵感远比画从未见过的树要容易得多。第127窟七佛图像中的树木主要分为两种：一种类似柳树，另一种原来可能为阔叶乔木，由于色彩褪变、脱落严重，现仅可见挺拔舒展的树木枝干。与张彦远笔下南北朝时期树木"列植之状，则若伸臂布指"③ 的描绘非常相像。根据学者们的研究成果，上述两种树木均属于"中原式圣树"④，在具体形象上与南京西善桥南朝墓葬中出土的竹林七贤与荣启期画像砖中的柳树也非常接近，两者在树木与人物之间的关系处理上也非常相似。同样，北魏晚期的龙门石窟开凿的窟龛中，也大量使用这种"中原式圣树"来装饰门楣、佛龛或主尊造像，如路洞门楣上方须弥山的两侧及洞内南北壁的主尊和小龛两侧⑤。这与稍后中国北方地区佛教图像中同样盛行的、源于印度和西域地区的"芒果系圣树"⑥ 在形象上有很大差别，表明第127窟七佛图像中圣树的表现方式主要是受到中原和南朝地区影响。

四、与同壁下方地狱变之间关系的探讨

仿殿堂式结构的第127窟规模宏大，内容丰富。窟内正、左、右三壁各开一圆拱形龛，每龛内一佛二菩萨。窟内正壁绘涅槃变，左壁绘维摩诘变，右壁绘西方净土变，前壁上方绘七佛、下方绘地狱变，窟顶正披因画面残毁内容不详，左、右两披绘萨埵那本生，前披绘睒子本生，顶部正中绘帝释天出游。如此众多题材的绘画与雕塑集于此窟，应是当时开窟者统一布局考虑的结果，它们彼此之间一定存在着某种密切关系，国内部分学者已经在这方面做了有益尝试⑦，非常值得借鉴和参考。由于篇幅所限，拟另专文讨论。本文仅就第127窟前壁上部七佛与下部甬门两侧地狱变之间关系略加探讨。

第127窟甬门左侧绘十善迎接、阎王殿军礼，右侧绘十四地狱并附榜题，根据研究，第127窟地狱变内容与西晋法炬、法立译《大楼炭经·泥黎品》和后秦竺佛念等译《佛说长阿含经·地狱品》这两部经典有密切关系，是一铺完整的地狱变⑧。它与上方七佛的关系，张宝玺先生曾做过专门研究，

① 《大正藏》第1册，第2页。

② 关于当时寺院园林化的描述，参见［北魏］杨衒之撰，范祥雍校注：《洛阳伽蓝记》卷四，开善寺条，上海：上海古籍出版社，1982年；［唐］许嵩：《建康实录》卷十七《梁帝纪上高祖武皇帝》，上海：上海古籍出版社，1987年。

③ ［唐］张彦远：《历代名画记》卷一《论画山水树石》，北京：人民美术出版社，2004年，第16页。

④ 赵声良：《敦煌壁画风景研究》，北京：中华书局，2005年，第47~88页。

⑤ 王振国：《龙门路洞调查报告》，《中原文物》2000年第6期，第4~26页。

⑥ 赵声良：《敦煌壁画风景研究》，北京：中华书局，2005年，第47~88页。

⑦ 郑炳林、沙武田：《麦积山第127窟为乙弗皇后功德窟试论》，《考古与文物》2006年第4期。

⑧ 唐冲：《浅议麦积山石窟的地狱变相》，《敦煌研究》2003年第6期。

通过释读东汉《受十善戒经》中相关内容，认为前壁绘画为一铺完整的十善十恶图①。笔者认为尚有商榷之处：首先，从画面上看，七佛图下方被一条宽约 25 厘米的连续的卷草纹装饰带与下部的地狱变分隔开来，两者之间谈不上是一幅完整画面。故第 127 窟前壁上部应是一幅单独反映七佛说法的经变画，下部亦是一铺以宣扬十善业为中心的地狱变。其次，开窟者将两幅经变画刻意安排在一起是有其考虑的，表明两者之间确实有一定关系。

东晋僧伽提婆译《增壹阿含经・十不善品》中释迦牟尼与阿难在关于持戒问题的讨论中，首先阐明了犯杀生、贪逸、妄语、嫉妒等戒律来世将会沦入地狱、恶鬼、畜生等三道。随后，在他与阿难、大目犍连等弟子的对话中，引用过去七佛众生世界中清净无瑕秽的事迹来说明持戒遵律的重要性和必然性，以劝诫众弟子远离十恶道，提高自己的修行，早成正果②；东汉《受十善戒经・十恶业品》中称："尔时应教，优婆塞某甲，优婆夷某甲。汝今应当一心数息系念在前，过去七佛，现在释迦牟尼尊佛，及弥勒等未来诸佛。教念佛已应作是言。七佛僧听，释迦牟尼诸佛僧听……持此受斋功德，不堕地狱不堕饿鬼不堕畜生，不堕阿修罗。常生人中正见出家得涅槃道。若生天上恒生梵天……佛告舍利弗。若有受持此十善戒。破十恶业。上生天上为梵天王，下生世间作转轮王十善教化。永与地狱三恶道别，譬如流水至涅槃海。若有毁犯十善戒者，堕大地狱经无量世受诸苦恼。"③ 南北朝时期，也有关于七佛出世救度堕入地狱众生的经典流传，如刘宋法天译《佛说七佛经》称："有大国王名满度摩。彼王妃后名满度摩帝。尔时毗婆尸佛。从兜率天降下阎浮。入于母腹住胎藏中。放大光明照诸世间无有幽暗。而诸恶趣一切地狱。日月威光亦不能照。佛光所及忽得大明。"④

上述所引几部经典中，均对七佛在引导众生修行十善、远离十恶道，以避免堕入地狱等三道而受诸刑等思想进行了弘扬，将七佛与地狱变紧密结合起来，而第 127 窟前壁这两幅图画被安排在一起，正是开窟者所想追求和表达的愿望，它对于劝导信徒行善弃恶、提高个人品德和修行具有积极而进步的社会意义。

五、结论

综上所述，麦积山第 127 窟的七佛图像是西魏初年陇右地区杰出的佛教绘画作品，在绘画技法和艺术风格上更多地受到当时南朝画风影响。同时，也是对云冈和龙门石窟等中原地区七佛图像样式的继承和发展，在这个过程中，由传统七佛一菩萨的三世佛信仰发展为单纯的七佛信仰，并成为石窟造像中的重要题材，表明北朝末年释迦崇拜再度成为佛教传播的主流思想之一。

（原载于《敦煌学辑刊》2012 年第 4 期）

① 张宝玺：《麦积山石窟壁画叙要》，天水麦积山石窟艺术研究所编：《中国石窟・天水麦积山》，北京：文物出版社、东京：平凡社，1998 年，第 196~198 页。

② 《大正藏》第 2 册，第 786~787 页。

③ 《大正藏》第 24 册，第 1023 页。

④ 《大正藏》第 1 册，第 152 页。

麦积山 127 窟净土图像研究

孙晓峰　曹小玲

第 127 窟位于麦积山石窟西崖最上层，开凿于西魏初年。窟内保存有比较完整的中国北朝时期壁画作品，内容和题材都十分丰富，艺术价值很高，集中反映了当时秦陇一带流行和传播的佛教思想，也体现出开窟者所要表达和追求的愿望。其中窟内右壁上方彩绘的净土变就是很有代表性的一幅作品，与隋唐时期盛行的大幅净土变图像相比，无论内容与形式都过于简略，但净土思想中主要构成元素在这幅作品中都已存在，可以看作是北朝时期较为成熟的净土变之一，具有承上启下的鲜明特点。同时，由于麦积山特殊的地理位置，使其在构图形式、绘画技法、内容选择、主题思想等方面都呈现出许多地域性特色，集中反映出当时南北之间佛教思想和艺术交流的社会和历史背景，是研究中国 5~6 世纪中国净土思想传播、发展和形成的重要图像资料。本文在前人研究成果的基础上，做进一步探讨和分析，以求教于方家，不足之处，敬请指正。

一、第 127 窟净土图像内容及相关研究情况

整幅净土变画面纵 1.63 米，横 4.55 米，保存基本完好。正中绘带围栏的高台基，其上绘一单间式庑殿，殿外前方两侧各绘一单层庑殿顶式阙，相对而立。最前部绘一圈围栏，其下绘八宝莲池。佛殿及阙周围绘七株枝繁叶茂的大树。殿内绘一佛二菩萨，殿两侧台基之上各绘两身弟子，其中前侧一身各托一圆盘，上置一细颈宝瓶。佛殿前绘乐舞娱佛场景，正中置一建鼓，鼓两侧各一乐伎，相对而立，手持鼓槌，做击鼓状，其外侧各绘一舞伎，正在翩翩起舞。两侧各绘一组乐伎，在殿前台基下分左右两组，一组位于左侧，另一组位于右侧。均由 4 人组成，跪坐于条形地毯之上，正在演奏乐器，包括圆形扁鼓、钹、束腰细鼓、胡角、竖琴、箜篌、笙和筚篥。佛殿两侧侍立众多弟子及男女信众，恭立听佛说法。阙周围绘有数排弟子、女眷，阙后侧上方绘数身飞天。整幅画面色彩剥落较为严重，但保存基本完整。

关于这组图像内容，学者们多认定为西方净土变，如金维诺先生称这幅经变内容："广殿净宫，青台紫阁，莲池伎乐，法音梵舞，创西天极乐之净域，实为现存大型经变嚆矢。"① 还引《广弘明集》里东晋高僧支道林撰《阿弥陀佛像赞并序》中关于西方净土的描绘："西方有国，国名安养，……其佛

① 金维诺：《西方净土变的形成与发展》，《佛教文化》1990 年第 2 期。

号阿弥陀，晋言无量寿……男女各化育于莲花之中，无有胎孕之秽也，馆宇宫殿，悉以七宝；……苑囿池沼，蔚有奇荣。飞沉天逸于渊薮，逝寓群兽而率真，阊阖无扇于琼林，玉响天谐于箫管。"① 来加以类比，认为麦积山第127窟的这幅西方净土变与炳灵寺第169窟无量寿造像及相关壁画内容等均受到当时南朝造像绘画艺术影响所致②。此外，张宝玺、董玉祥、王惠民、魏文斌、沙武田③等均持相同或类似观点，认为它是中国现存最早的西方净土变图像。

同时，也有学者认为这幅作品表现的不一定是西方净土，而是娱佛场景，如宁强指出这铺壁画："以音乐表演为中心，既有击鼓弹筝的乐师，也有翩翩起舞的舞者，佛与二菩萨四弟子或坐或站立于正面屋檐下观看。他们头上均有圆光，以示与世俗众人之别。两边是汉式阙楼和大树，树林中有大批男女前来观看表演。因此该画也有可能描绘的是以'音乐供养'来娱佛的场面。"④ 张同标也认为中国北朝时期最早的西方净土变当属南响堂山第1、2窟前室壁面浮雕净土变相，并认为它借用了古印度"舍卫城大神变造像"形式，并结合净土佛典而创制⑤。

二、南北朝时期西方净土图像的传播

早在汉魏、西晋时期，著名高僧安世高、支娄迦谶、康僧铠、竺法护等已经翻译出多种反映弥陀净土思想的中译本⑥，这些经典对两晋南北朝时期弥陀造像和西方净土思想的形成起到重要推动作用。从当时分布情况看，无论是从规模还是时间上，南方地区都要略早于北方地区。而且，后者还呈现出明显地域性特征，主要集中在河南、河北和山东、山西一带，而其他地区相对较少，隋唐以后，这种状况才有所改变。

东晋时期，以建康为中心，关于无量寿和阿弥陀的图像崇拜就频见于文献记载，如支道林撰《阿弥陀佛像赞〈并序〉》⑦ 就生动描绘了当时一幅反映西方净土庄严世界的佛画作品。竺道邻在山阴昌

① 《大正藏》第52册，第196~197页。

② 金维诺：《西方净土变的形成与发展》，《佛教文化》1990年第2期。

③ 张宝玺：《麦积山石窟壁画叙要》，天水麦积山石窟艺术研究所编：《中国石窟·天水麦积山》，北京：文物出版社、东京：平凡社，1998年；张宝玺：《麦积山石窟北朝壁画》，张宝玺编：《甘肃石窟艺术壁画编》，兰州：甘肃人民美术出版社，1997年；董玉祥：《麦积山等石窟的壁画艺术》，中国美术全集编辑委员会编：《中国美术全集·绘画编17·麦积山等石窟壁画》，北京：人民美术出版社，1987年；王惠民：《敦煌净土图像研究》，佛光山文教基金会，2001年；魏文斌、吴荭：《甘肃中东部石窟早期经变及佛教故事题材考察》，《敦煌研究》2002年第3期；郑炳林、沙武田：《麦积山第127窟为乙弗皇后功德窟试论》，《考古与文物》2006年第4期。

④ 宁强：《从偶像崇拜到观想天国——论西方净土变相之形成》，敦煌研究院编：《段文杰敦煌研究五十年纪念文集》，北京：世界图书出版公司，1996年，第145页。

⑤ 张同标：《中国早期净土变相的形制与渊源》，《武陵学刊》2011年第5期。

⑥ 主要有汉桓帝时安世高译《无量寿经》《大乘方等要慧经》，灵帝时支娄迦谶译《佛说无量寿清净平等觉经》《般舟三昧经》，三国时期支谦译《大阿弥陀经》《慧印三昧经》，康僧恺译《无量寿经》《阿弥陀经》，西晋竺法护译《无量寿经》等。

⑦ 《大正藏》第52册，第196页。

原寺铸无量寿像，竺法旷为之立殿①。戴逵、戴颙父子在山阴灵宝寺制作无量寿佛像②，襄阳檀溪寺沙门释道安在郭西精舍铸丈八金铜无量寿佛③。东晋元兴元年（402 年），慧远在庐山东林寺与谢灵运、宗炳、戴逵、刘遗民等名士、高僧 123 人，集于庐山般若云台精舍，于阿弥陀佛像前，结社念佛，立誓往生西方净土，并撰诗赞咏，还编成《念佛三昧诗集》④。由于慧远在当时颇具影响，有力促进了西方净土思想在南方的传播。南北朝时期，关于无量寿佛的文献和实物资料则显著增多：在南方地区，有出土于四川成都万佛寺遗址的刘宋元嘉二年（425 年）的浮雕净土图，具体内容上学者们还存在一定争议⑤，出土于四川茂汶的南齐永明元年（483 年）无量寿佛、弥勒佛造像碑⑥，南齐永明二年（484 年）僧佑主持、法度负责建造的摄山西崖无量寿佛及二胁侍菩萨像及法悦、智靖负责完成的光宅寺丈八无量寿金铜像⑦，成都万佛寺出土的萧梁时期浮雕变相等⑧。在北方地区，有炳灵寺第 169 窟 6 号龛内西秦建弘元年（420 年）泥塑无量寿佛及观世音、大势至二菩萨像，洛阳龙门石窟北魏时期雕造的无量寿像⑨，敦煌西魏大统初年的第 285 窟的西方净土说法图⑩，河北曲阳修德寺出土的北齐年间的阿弥陀和无量寿造像⑪，以及邯郸南响堂山第 1、2 窟内的浮雕西方净土变等。

上述材料表明，南北朝时期以无量寿信仰为主要特征的西方净土思想非常盛行。在南方地区，造无量寿像事迹要多于北方地区，从四川、湖北到江浙都发现有类似实物佐证或文献记载。同时期北方地区要少一些，但从现存实物来看，其范围东起中原，西至陇右、敦煌均有发现。这种现象说明，在佛教传播中，净土与法华、涅槃、维摩、弥勒等佛教信仰一样，均是佛教徒们供奉、观像和礼拜等佛事活动的主要内容之一。由于南方地区义学发达，因此相关文献材料中记载较多，而北方地区注重宗教实践，实物与文献资料的保存相比，又非常困难，因此有关记述也相对少一些。就西方净土思想传播而言，南方地区由于庐山慧远的巨大影响，使这一区域内僧俗各层对西方净土思想的接受和理解要较北方地区早一些。但是，由于慧远的念佛主要依据《般舟三昧经》，侧重于禅观念佛，也就是六时中与大众在法堂中坐禅入定，来观想佛的相好。这种以观想念佛为主的佛三昧并没有突破印度禅法的

① 《大正藏》第 52 册，第 358 页。

② ［唐］张彦远：《历代名画记》，北京：人民美术出版社，2004 年，第 124 页。

③ 《大正藏》第 52 册，第 414 页。

④ 《大正藏》第 52 册，第 351~352 页。

⑤ 长广敏雄认为是本生图（《南朝的佛教刻画》，《六朝时代の美术研究》，东京美术出版社，1969 年），张肖马、雷玉华认为是净土变相（《成都市商业街南朝石刻造像》，《文物》2001 年第 10 期），吉村怜认为是观世音普门品变相（卞立强、赵琼译：《天人诞生图研究》，北京：中国文联出版社，2002 年），李静杰则认为是带有四川地域特色的佛传图（《四川南朝浮雕佛像考察》，龙门石窟研究院编：《石窟寺研究》（第一辑），北京：文物出版社，2010 年）。

⑥ 袁曙光：《四川茂汶南齐永明造像碑及有关问题》，《文物》1992 年第 2 期。

⑦ 《大正藏》第 50 册，第 412 页。

⑧ 赵声良：《成都南朝浮雕弥勒经变与法华经变考论》，《敦煌研究》2001 年第 1 期。

⑨ 刘景龙、李玉昆：《龙门石窟碑刻题记汇录》，北京：中国大百科全书出版社，1998，第 85~96 页。

⑩ 陈明、施萍婷：《中国最早的无量寿经变》，《敦煌研究》2010 年第 1 期。

⑪ 杨伯达：《曲阳修德寺出土纪年造像的艺术风格与特征》，《故宫博物院院刊》1960 年第 6 期。

范围，只能被少数“上根者”所接受，一定程度上也影响到西方净土思想在南方地区的传播①。反观北方地区，北魏昙鸾—道绰—善导系提倡的念佛法门，在注重实相念佛和观想念佛的同时，转向持名念佛，提倡口念之法，很快赢得普通民众认可和接受，也使西方净土思想在北方地区迅速流传起来，特别是昙鸾一系活动过的洛阳、邺城一带表现得更为突出。这样，也就不难理解为什么南响堂山会在北齐时期出现内容非常明确的西方净土变浮雕作品。而长安、陇右、敦煌一带北朝时期西方净土思想传播的脉络尚不是十分清楚，但从现存壁画和造像情况分析，西方净土思想在这一区域内还是有一定影响的。

三、第127窟净土图像内容比较分析

众所周知，西方净土变所依据的净土三经中，以曹魏康僧铠《无量寿经》最早，其次为姚秦鸠摩罗什《阿弥陀经》，最晚为刘宋畺良耶舍《观无量寿经》，加上后来北魏菩提流支《往生论》，构成了净土系的理论基础。可以说，这一系净土经典的翻译和传播前后历时一百多年，到6世纪初才广为民众所熟知和接受。而真正意义上的西方净土变，到隋唐时期才达到成熟和高峰阶段。因此，隋唐以前关于西方净土变图像内容的判定，由于当时信徒对净土三经内容理解的不同，在具体图像表现方面也呈现出差异性，这就对我们释读类似图像内容造成很大困难。基于这样的认识，我们就不难理解，为什么学者们在四川南朝浮雕造像碑相关内容释读上会出现那么大分歧。笔者认为，在麦积山第127窟净土图像释读中也存在类似现象。

这幅净土变中心场面是殿堂之内、台基之上的一佛二菩萨四弟子，佛殿尽管残损严重，但大形依稀可辨，可以说画师对殿堂的描绘非常简单，不仅殿堂屋顶没有精心描绘，而且殿前的两根立柱也仅是装饰性，丝毫不符合建筑规范，表明佛殿并不是画师想表述的主要内容，而殿堂下部的台基、围栏，却是精描细绘，这与《阿弥陀经》中对西方净土世界的描述非常相近，没有过多强调佛殿庄严，却有阐述“七重栏楯”之语。殿前两侧对称的阙楼被描绘的高大壮观，壁面镶嵌琉璃，歇山式庑殿顶屋脊飞翘，阙的中部围栏环绕，正面开门，宛若空中楼阁，极尽奢华。这一景象与《无量寿经》中西方极乐世界关于讲堂、精舍、楼阁等皆以七宝装饰的描绘比较接近。

殿内的一佛二菩萨明显较旁边的弟子形象高大，特别是正中坐佛，面型方圆，头顶肉髻珠，弯眉细目，双手做说法印，身穿垂领式宽博袈裟，衣裾呈八字形悬垂于座前，半跏趺坐于束腰叠涩方座之上，双手做说法印。身后饰华丽的背项光，神态恬静安详。左、右菩萨也是束发高髻，面容姣好，体姿婀娜，身穿宽袖大衫，下着长裙，帔帛胸前十字交叉，脚踩圆形覆莲台。可以看出，画师不仅将这组人物安排在中心位置，而且也最具佛像庄严特征，应是有意突出西方净土世界中的阿弥陀、观世音和大势至形象，但《阿弥陀经》中并没有对观世音和大势至的具体说明，而是统称阿弥陀佛和诸圣

① 温金玉：《昙鸾—道绰—善导系宗派学意义辨析》，《中国哲学史》2006年第3期。

众。《无量寿经》中，却有专门颂扬西方三圣的内容①，《观无量寿经》中也有类似观想描述②，显然，这组佛像的绘制与这两部经典有密切关系，但在具体内容上有所区别，如《观无量寿经》十六观中的莲华观、佛像观、观世音观、大势至观等描绘的内容与本图像仍有一定差异：在这幅图像中，西方三圣均未坐于莲花台上，佛的宝相装饰也相对简单，佛左、右胁侍菩萨神格特征也不十分明确，没有出现经中所述的观世音菩萨头戴化佛冠，大势至菩萨头戴宝瓶冠，表明这幅图中的西方三圣并非依据《观无量寿经》绘制，应是根据《无量寿经》的描述创作而成。

佛殿台基上各绘二身带头光的弟子，其中前侧弟子各托一圆盘，内各置一细颈圆腹净瓶。台基下面簇立数十身弟子，阙楼四周亦绘数量众多听法弟子，其间也掺杂绘有许多世俗女性信众。阙楼上方，画面的两个上角部分原各绘二身飞天上下排列，相向而来，现右侧部分已残损剥落，仅存飘带一角。

北朝佛教图像中，菩萨手持净瓶的形象比较常见，仅麦积山石窟北魏、西魏泥塑造像中就有许多例证，不再赘述。但同时期图像中，弟子手托净瓶的形象却非常少见。净瓶也可以称作宝瓶，是佛教重要法器之一，其本身与古代印度社会的水崇拜现象有密切关系，佛教传入中国后，宝瓶所蕴含的功能和含义也很快被具有相同农耕文明的中国佛教徒所吸纳和接受，并很快成为观音崇拜的重要象征性器物之一③。这幅画中佛两侧手托净瓶弟子像所表现的功能和含义尚有待于进一步考察，但考虑到阿弥陀佛的胁侍菩萨中，观音像具有手持净瓶，大势至像同样也具有头戴宝瓶冠的图像特征。因此，初步认为台基上胁侍弟子的这一图像特征还是与西方净土有一定关系。而壁画上方楼阁两侧飞天完全可以看作是《观无量寿经》里关于诸天形象描述的具体表现。

根据佛经描述，在西方净土世界，阿弥陀佛说法时，四周围绕的只有菩萨和弟子，但在这幅壁画中，却掺杂有数量不少身穿宽袍大袖世俗装的女信众，这一现象也是部分学者否认它是西方净土变的重要原因。但笔者认为，出现这种现象是有其历史原因的：

首先，西方净土变这一绘画创作主要依赖于相关佛教经典，其本身形式的出现、形成和发展应该有一个循序渐进、逐步完善和被信众认可的过程。如前所述，仅净土“三经一论”的翻译和传播就先后经历了一个多世纪，而且在净土思想传播中，南方的江浙、荆楚、巴蜀是重点地带，北方地区则以洛阳、邺城一带为主，麦积山所在的秦州则属于交汇地带，其所接受到净土经典本身就带有多元性特征，并不是始终受到一种净土经典思想影响。因此，难免掺杂有功德主个人理解和地域等因素，正如有些学者所言：“中国民众的信仰具有鲜明特点，对于绝大多数中国民众来说，给予宗教以及他们生活有诸多关系的、各种神明的信仰、供奉，与其说是出于对超凡力量的敬仰以求自我精神解脱，倒不如说是出于一种十分实际的生存欲来得到廉价的现实利益。”④

第二，将净土经典思想转化为佛教造像相对较为简单和容易，而转化为被广大信众普遍接受的净土变相则不是一件容易的事情，4~5 世纪僧俗各界所撰《阿弥陀像赞》等描绘净土变相的文献材料多

---

① 《大正藏》第 12 册，第 273 页。

② 《大正藏》第 12 册，第 343~344 页。

③ 郑筱筠：《试论观音净瓶、杨枝与中印拜水习俗》，《云南师范大学学报》2001 年第 4 期。

④ 侯杰、范丽珠：《世俗与神圣——中国民众宗教意识》，天津：天津人民出版社，2001 年，第 15 页。

是一些溢美华丽、充满梦幻和想象力的文学辞藻，如支道林笔下的净土世界是“……馆宇宫殿。悉以七宝。……冥霄陨华。以阖境神风。拂故而纳新。甘露征化。以醴被蕙风。导德而芳流。圣音应感而雷响。慧泽云垂而霈清”①。南齐永明四年（486 年）沈约为乐林寺主比丘尼释宝愿造无量寿绣像题赞曰：“镂玉图光，雕金写质。亦有淑人，含芳上律。绚发绮情，幽摛宝术。缛文内炳，灵姿外溢。水耀金沙，树罗琼实。现符净果，来应妙帙。毓藻宸闱，胜华梵室。”② 从这些词句中我们并不能看出西方净土变相的图像内容，只能是对其大概图像特征有所了解，换句话说，并不比我们从《阿弥陀经》中感受到的内容丰富多少。因此，对这一时期净土变相中是否绘有世俗人物形象我们并不清楚，也就不能简单地因为这个理由就将其排斥于净土图像之外。

第三，第 127 窟在麦积山西魏窟龛中，无论就其窟龛形制、造像题材、壁画内容，还是窟龛规模、历史背景而言，都有比较特殊的历史地位和意义。对此，有些学者已经做过初步探讨，认为是西魏文帝皇后乙弗氏功德窟③，笔者也持这种观点。因此，第 127 窟这幅净土变中的世俗女性可能与此有一定关系，对这一问题笔者将另文加以论述，这里不再展开。

在画面殿堂前方，两阙之间最引人注目的是由 12 名舞乐伎组成的乐队，正中绘一建鼓，底端为十字交叉的支架，其上立一长杆，穿鼓而过，鼓身彩绘卷云图案，杆的顶端安置双层圆形华盖，边缘等距饰莲花宝珠，下层华盖还垂饰有四缕流苏鸾铃，装饰极其精美。根据文献记载，建鼓又名植鼓、楹鼓，鼓身长而圆，用一木柱直贯鼓身，以为支柱。它最早出现于殷商时期，春秋战国时被设立于战车之上，用来指挥军队打仗。颜师古在《汉书》注中说：“建鼓，一名植鼓。建，立也，谓植木而旁悬鼓也。悬有此鼓者，所以召集号令，为开闭之时。”④《文献通考》载：“陈氏《乐书》曰：《明堂位》曰：‘殷楹鼓。’以《周官》考之，《太仆》：‘建路鼓于大寝之门外。’《仪礼·大射》：‘建鼓在阼阶西南鼓。’则其所建楹也。是楹为一楹而四棱也，贯鼓于端，犹四植之桓圭也。……魏晋以后，复商置而植之，亦谓之建鼓。隋唐又栖翔鹭于其上，国朝因之。其制高六尺六寸，中植以柱，设重斗方盖，蒙以珠网，张以绛紫绣罗，四角有六龙竿，皆衔流苏璧璜，以五彩羽为饰，竿首亦为翔鹭，旁又挟鼙、应二小鼓而左右。”⑤ 这段记载比较清晰地反映了建鼓发展、演变的历史，魏晋时期，建鼓再度流行。关于其上方华盖装饰，按照《文献通考》说法，应该是从隋唐时期才开始流行，但查《隋书》和《旧唐书》相关部分，均言建鼓装饰不知始于何时，从麦积山现存北朝壁画看，至少北魏末期，带有繁缛华盖装饰的建鼓已经出现，样式上与顾恺之《洛神赋图》中建鼓相比，少了鼙、应二只小鼓，但摆放位置和功能发生了变化。在世俗礼仪中，它被安排在大殿台阶西侧，作为祭礼中主要乐器使用。而这方净土变中的建鼓，被摆在乐队中心位置，两侧各一名舞伎翩翩起舞，其他乐器也在鼓点指挥之下，共同构成一组欢快、和谐的天国乐队，建鼓在这里的核心作用不言而喻，显然是外来佛教对中国传统乐器中鼓的功德移植、借鉴的结果。

---

① 《大正藏》第 52 册，第 197 页。

② 《大正藏》第 52 册，第 212 页。

③ 郑炳林、沙武田：《麦积山第 127 窟为乙弗皇后功德窟试论》，《考古与文物》2006 年 4 期。

④ ［东汉］班固：《汉书》卷七七《何并传》，北京：中华书局，1964 年，第 3267 页。

⑤ ［南宋］马端临：《文献通考》卷一百三十六《乐考九》，北京：中华书局，1986 年，第 1205 页。

从宗教意义分析，以建鼓为中心的演奏场面也是西方净土世界的一种表现形式，据《观无量寿经》载："……想于西方，云何作想，凡作想者，一切众生自非生盲，有目之徒皆见日没，当起想念。正坐西向谛观于日，令心坚住，专想不移，见日欲没，状如悬鼓。既见日已，闭目开目，皆令明了，是为日想，名曰初观。……次作水想，想见西方一切皆是大水，见水澄清，亦令明了，无分散意，既风水已当起水想。……悬处虚空成光明台，楼阁千万百宝合成，于台两边各有百亿花幢无量乐器，以为庄严。八种清风从光明出，鼓此乐器，演说苦、空、无常、无我之音，是为水想，名第二观。"①

这段经文中指出，十六观中的日想观要求往生西方净土的信众首先要观想落日，而日落景象与悬鼓的样子很相似。所以，悬鼓与观想落日具有相同意义，悬鼓即建鼓，《隋书》中载："……夏后氏加四足，谓之足鼓。殷人柱实之，谓之楹鼓。周人悬之，谓之悬鼓。近代相承，植而实之，谓之建鼓。"② 可见，虽然建鼓各个时代名称不同，但其最主要特征是悬在空中；十六观中的水想观描述里，内容更加丰富，包括光明台、诸宝装饰的楼阁以及台前的花幢无量乐器，并明确指出鼓此乐器，就能发出苦、空、无常、无我之声。这些空泛、充满想象力的语言，在画师笔下，为让信众易于了解，将其绘制成画面视觉焦点上以鼓为中心的乐队，无疑是一种很好的表现方式。因此，笔者认为，台基之下，装饰华丽的建鼓不仅是乐队的灵魂和中心，还可以看作是《观无量寿经》中观想场景的具体表现。

整幅画面中，祥云缭绕，围绕殿堂和阙楼共绘有七棵大树，在表演场地前方绘一道围栏，其下绘七宝莲池、八功德水。由于画面残损剥落，仅左侧保存较好，水面莲花盛开，莲叶摇曳。这些内容在净土三经中均有不同形式的表述，以示莲花化生。其中七重行树、七宝莲池和八功德水等都占有重要篇幅。对于同时期具有类似特征的壁画内容，前辈学者们已经有明确研究结论，如段文杰先生认为莫高窟西魏第 249 窟说法图就已经具备西方净土变雏形③。史苇湘先生认为莫高窟北魏以来画有莲花、宝池的大型说法图，实际都可看作是早期的"西方净土变"④。贺世哲先生认为莫高窟北魏第 251 窟南北壁东侧带有伎乐歌舞供养、碧波莲池的大型说法图一铺初步显示了佛教西方极乐世界的意境⑤，从敦煌现存北魏至西魏阶段带有西方净土色彩的各种说法图来看，这一时期莫高窟还未形成真正意义上的西方净土变，其表现元素只有莲池、莲花、伎乐歌舞等内容。而麦积山由于地理位置上的优势，对兴起于南方和中原地区的西方净土思想接受速度显然要快，它表现西方净土图像的内容当然也相对丰富一些。

---

① 《大正藏》第 12 册，第 342 页。

② ［唐］魏徵等撰：《隋书》卷一五《音乐志下》，北京：中华书局，1973 年，第 376 页。

③ 段文杰：《早期的莫高窟艺术》，敦煌文物研究所编著：《中国石窟·敦煌莫高窟》（一），北京：文物出版社、东京：平凡社，1982 年，第 177 页。

④ 史苇湘：《关于敦煌莫高窟内容总录》，敦煌文物研究所编：《敦煌莫高窟内容总录》，北京：文物出版社，1982 年，第 239~241 页。

⑤ 贺世哲：《关于敦煌莫高窟的三世佛与三佛造像》，《敦煌研究》1994 年第 2 期。

四、第127窟图像的来源与形成

麦积山所在的天水东邻长安，西接河陇，南通巴蜀，自古以来就是中国西部地区南北交通的要道，也是控扼陇右、西域的战略要地。南北朝时期，这里也是各种佛教思想交流和传播的重要地区之一，具体到佛教造像风格和壁画内容上，不可避免地会呈现出各种外来艺术因素和地域特性，这一点在第127窟的净土变图像中表现得十分突出。

与麦积山毗邻的四川地区是南朝除建康以外另一个重要的佛教艺术中心，由于成都万佛寺遗址佛教造像材料的公布，以及20世纪90年代以来成都市区和川西北地区佛教造像的发现和研究成果的问世，对人们了解南朝佛教造像面貌和艺术价值起到重要作用。其中部分含有净土内容的造像碑在构图形式和安排上与麦积山第127窟西方净土变有一定相似性，表明两者之间存在着紧密联系。现以万佛寺遗址出土的萧梁经变故事浮雕为例加以分析。这块造像碑并无明确纪年，根据学者们研究，其创作时代大致在6世纪末①，碑背面通体浮雕，上部通体浮雕净土变相，佛位于正中偏上位置，身后饰华丽的佛龛及须弥山，两边是等距并列的阔叶大树。佛左右各有4身弟子，前方浮雕有两排席地而坐的弟子，呈八字形排列。中间翩翩起舞的伎乐，以及树木、池塘、庭院等被以多点汇聚透视方法合理地安排在画面之中，在视觉上形成一个等边三角形布局，具有明显的三维空间效果，使得整幅画面井然有序，繁而不乱，三角形底边正中为一座略呈梯形的桥面，桥两侧为七宝莲池。三角形构图两腰空白处则各浮雕一座斜向平行的楼阁，画面中所有带有线条特征的物体，如地毯、场地、台基、围栏、院墙等均以画面中心地带的三角形边缘为基线平行展开。这样，观赏者的视觉焦点无形中就会沿着画面内容被引向三角形两条斜边的交汇点，即正在帐龛内说法的佛身上，巧妙地展现出碑刻中净土图像内涵和中心思想所在。这种构图形式完全突破了东汉以来中国传统浮雕技法常用的平行直交透视作法，有的学者则直接将其誉之为一种透视方法的革命性改变②。如果仔细观察第127窟的构图形式，也存在类似结构特征，即三角形构图，这种多点汇聚透视方法并不见于北方和中原地区同时期的绘画或浮雕作品中。

5~6世纪时虽南北分裂，但秦州与蜀地之间的佛教往来从未中断过，早在西秦时期，与玄高同在麦积山修禅的昙弘就曾游学蜀地，当听说在枹罕弘法的玄高遭谗言陷害时，昙弘在河南王邀请下，“不顾栈道之难，冒险从命。”前往西秦，向乞伏炽磐说明情况，使玄高清白得以恢复③。当时跟玄高学习禅法的陇西人僧隐也是沿着这条路前往巴蜀，后来又沿江东下，来到江陵琵琶寺，名震一时，颇得当地僧俗各界崇敬④。北魏和西魏时期，往来于巴蜀、长安之间的僧侣更加频繁，如法瑗、法琳、僧猛、慧览等。而麦积山毗邻长安，又是西魏控扼巴蜀、陇右的军事重镇和战略后方。因此，第127窟西方净土变的构图样式很可能是通过这一途径受到四川地区净土图像结构影响所致。

---

① 李裕群：《试论成都地区出土的南朝佛教石造像》，《文物》2000年第2期。

② 王静芬：《四件四川佛教石雕和净土图像在中国的起源（续）》，《敦煌研究》2002年第2期。

③ 《大正藏》第50册，第397页。

④ 《大正藏》第50册，第401页。

那么，第 127 窟净土变的图像内容又是受到那里影响呢？从四川地区发现的带有净土内容的南朝浮雕作品看，除构图形式外，两者之间并没有更多共性。成都地区的净土图像一般不单独存在，往往与其他浮雕图像共同构成一个有机整体。同时，它的重要性又不言而喻，常常被安排在碑的最上方，占据着三分之一或者更多的画面。就图像内容而言，无论是人物，还是动植物，都带有浓郁的四川地域特色，并没有摆脱四川地区东汉画像砖的创作技法，人物大小基本一致，形象也相对简单质朴。多采用单元式结构来表现经变或佛传主要情节，佛的神性和至高无上主要通过结构安排，而不是佛本身体量放大来表现。

反观第 127 窟的西方净土变，位于视觉焦点的佛与菩萨不仅宝相庄严，而且较画面中其他弟子和世俗人物明显高大，与同时期北方造像碑浮雕说法图的表现方式有异曲同工之妙，笔者认为画师在创作过程中可能是受到这种形式启发，当然也不排除直接承袭了当时南朝阿弥陀经变图案的粉本，尽管我们今天尚无缘看到类似作品。5~6 世纪也是中国北朝造像碑艺术的高峰时期，广泛分布于中原、西北和华北地区，其中相当一部分造像碑内容表现的是说法、佛传和本生故事，类似题材一直延续到北朝末期，隋唐以后才趋于衰落。其在构图上均以单幅形式出现，以经典中最具代表性内容为题材，具体安排上则突出主要人物和情节，使观者一目了然，以达到宣传和弘扬效果。如北魏晚期的麦积山第 133 窟 11 号造像碑，正中宝相庄严的龛内为坐佛，左、右各一胁侍菩萨，佛座前双狮护法，龛楣浮雕莲花化生童子，龛上缘两侧浮雕弟子头像，龛外左右下方各浮雕一坐佛，上方各浮雕两身飞天，构成一幅主题鲜明、欢乐明快的佛说法图。这种图像表现方式在一定程度上也激发了画师的创作灵感，将其与四川地区传来的多点汇聚透视方法结合起来，在一个更大空间内形成了一种全新的、充满视觉冲击力的画面。

至于第 127 窟净土图像内容无法依据具体经典释读的问题，笔者认为恰恰说明了西方净土变这一壁画题材形成和发展过程。前面已经谈到，西方净土思想的传播地域主要在南方和中原地区，而南方慧远系净土思想是依据《般舟三昧经》所彰显的禅观思想来修行念佛三昧法门，并将般若学、禅学和弥陀信仰糅合在一起，由于义理高深，对修行者要求较高等原因，他所弘扬的西方净土思想始终没有在普通民众中传播开来。而真正使西方净土思想为广大民众所熟知的还是北魏昙鸾，对此汤用彤先生评价：“北方大弘净土之业者，实为北魏之昙鸾，其影响颇大，故常推为初祖。”① 昙鸾在洛阳受菩提流支所授《观无量寿经》感悟，大力提倡“称名念佛，至简至易”的修行方法。他倡导的修行方法非常具有实践性，认为只要信佛因缘，愿生西方，称念阿弥陀佛名号，就可以得到佛力加持，往生西方净土，使净土佛教成为人人都可以修行的宗教。他主张的“九品往生论”显示出极大包容性和信仰权平等性，即使十恶不赦之人也可往生，其社会基础也得以迅速扩大，使西方净土信仰在东魏境内很快风靡起来。由此可知，北魏末年时，洛阳地区净土信仰还不是十分发达，对于这一点，从同时期的佛教造像题记和龙门石窟中发愿文题记内容中都能看出端倪。前者如北魏孝昌年间的周天盖敬造无量寿像题记、黄法僧为亡妣敬造无量寿像题记、丁辟耶为自身夫妻□眷大小法界众生敬造无量寿供养等②。

① 汤用彤：《汉魏两晋南北朝佛教史》，北京：北京大学出版社，1997 年，第 579 页。

② 陆增祥：《八琼室金石补正》卷十三《北魏二》，北京：文物出版社，1985 年，第 75~77 页。

在洛阳龙门石窟古阳洞、魏字洞、莲花洞、火烧洞等也发现有 9 条有关无量寿佛的题记，与观世音信仰同步兴起①。这与此前中原地区弥勒信仰一枝独秀的局面相比，已发生很大变化，表明北魏末年无量寿信仰已逐步被民众所信奉。

北魏分裂后，洛阳地区也因战乱而凋零衰败，许多官吏和僧侣或随孝武帝西入长安投宇文泰，或受高欢胁迫北上邺城。西魏统治初期，与东魏之间战争不断，客观上也阻碍了双方文化交流和人员往来。因此，当时东部地区和南方盛行的净土思想在长安的流传情况并不是很清楚，但佛教在西魏境内还是很受欢迎的，也备受统治阶层重视②。大乘佛学这一时期也得到发展，推测当时应该有来自洛阳地区的僧侣在长安弘扬菩提流支一系的净土思想。客观地讲，当时西魏控制下的长安和关陇地区，在政治、经济、军事、文化等方面都较东魏和萧梁有不小差距，导致主要受长安影响的麦积山石窟在接受西方净土思想方面增加了许多不明确性，所以第 127 窟出现的西方净土图像没有明确经典依据，而是混合了包括《无量寿经》《阿弥陀经》和《观无量寿经》图像特征的净土变相。实际上，这种现象即使在净土变相已经非常成熟的唐代莫高窟中，仍然不时出现③，说明净土变相本身就与功德主的理解和个人喜好有一定关系。但总的看来，麦积山第 127 窟的净土图像已经具备西方三圣、七宝莲池、八功德水、楼阁虚空、七重行树、歌舞伎乐、日想观、水想观等主要内容。其中《观无量寿经》的图像成分要多一些，表明它主要还是受到中原地区影响。

（原载于《十院校美术考古研究文集》，上海：上海大学出版社，2014 年）

① （日）塚本善隆著，施萍婷译，赵声良校：《从释迦、弥勒到阿弥陀，从无量寿到阿弥陀——北魏至唐的变化》《敦煌研究》2004 年第 5 期。

② 据《周书》卷三五《薛善传附慎传》载："太祖（宇文泰）雅好谈论，并简名僧深识玄宗者一百人，于第内讲说。又命（薛）慎等十二人兼学佛义，使内外俱通。由是四方竞为大乘之学。"北京：中华书局，1997 年，第 625 页。

③ 公维章：《莫高窟第 220 窟南壁无量寿经变札记》，《敦煌研究》2002 年第 5 期。

浅析麦积山石窟北朝雕塑的生活情趣化的特点

化　雷

北朝时期的石窟开凿成就了麦积山石窟的雕塑艺术，也形成了独特而具有魅力的造型形式，充满着生活情趣化的特点。

麦积山石窟始建于十六国后秦时期，历经西秦、北魏、西魏、北周、隋、唐、宋、元、明、清等各代，历时一千六百余年，都有不断开凿和修缮。因历代地震的缘故，中部山崖崩塌陷落，遂将山崖自然分为东崖和西崖两个部分。洞窟现有编号 194 个，雕塑 7800 余身，成为我国著名的佛教艺术宝库，其中北朝石窟有：第 1~4、6、7、9、11、12、15~23、26~32、34~36、39~48、52~56、60~73、75~89、91~110、112~149、154~195 窟，共计 174 个洞窟。这些洞窟中，有 61 个洞窟的塑像历经五代、宋、元、明、清重修过，现已无北朝时期的造像风格。在剩余的 113 个洞窟中，现存的北朝造像共有 818 尊，其中佛像 472 尊，供养人 48 个。

一、自由的、充满着生活化的艺术形式

麦积山石窟地处丝绸之路重要节点——甘肃省天水市，距敦煌莫高窟直线距离约 1400 公里，距大同云冈石窟直线距离约 1300 公里。因此它有足够的空间来消化造像中“高鼻深目”的胡化特点，雕塑造型中的胡人特点及犍陀罗造型的特点并不明显。距古代政治文化中心即后秦、西魏、北周、隋、唐的都城长安城直线距离约 300 公里，距北魏、唐东都洛阳约 700 公里。因此，远离政治文化中心的麦积山有着和其他石窟不尽相同的特点，并且，在吸收佛教造像样式的基础上有着非常明显的生活情趣化特点，这种特点在雕塑上比较明显，使整个石窟充满着浓郁的生活气息，充满了祥和气氛！

麦积山石窟的雕塑作品中，特别是北朝时期的雕塑，神韵兼备、栩栩如生。无论是主佛、弟子、菩萨还是沙弥、护法、供养人，都极具人情味。一改神的那种威严神情，变得非常的慈祥，非常的人情化。金维诺先生认为，麦积山由于地处东西南北交通要塞，故“艺汇南北、技融东西”①，造像重其神似，彩塑明亮而去其浮华，具有独特的风格。“只有注意到佛教造像的不同地区特点，才能认识到各时代各族匠师在艺术上的创造。麦积山大量的西魏与北周的造像，更集中显示了艺术

① 金维诺：《麦积山石窟的兴建及其艺术成就》，天水麦积山石窟艺术研究所编：《中国石窟・天水麦积山》，北京：文物出版社、东京：平凡社，1998 年，第 165~180 页。

家在造像上的成就。”①

二、对神进行的拟人化、生活化的人性处理手法

中国南北朝到唐代是从神性向人性转变的一个大时期，人们对人本身开始觉醒，开始自省而变得内敛，不再像汉代那样肆意张扬，麦积山石窟的佛教雕塑恰恰印证了这种转变。人们往往用自己的理解，从人本身的情感出发，去解读和表现对佛的理解。虽然这些佛教雕塑本身受着内容与形式的制约，寄托着人民的情感与愿望，但不能否认佛教艺术里人性化的存在。所有的艺术品都是内心情感的表达和情感的宣泄以及内心信仰的寄托，这一切往往都会自然或不自然地在雕塑里面满满地显露。如第133窟小沙弥的形象，它是北魏时期的塑像。北魏时期受魏晋玄学士大夫风气的影响而产生的以瘦为美的特点，被称为“秀骨清相”②。由于体型消瘦，脖子细长，所以北魏时期塑像的衣服都显得比较宽大、厚重，与他的“秀骨清相”形成鲜明对比。而艺术家正是利用了这一点，夸张了衣服的宽大尺寸，使得小沙弥本来就瘦小的形象与宽大衣服的对比更加强烈，比自己体型宽大好多的衣服穿在身上，就像小孩子穿了大人的衣服一样，更能表现小沙弥的年龄。

第121窟正壁主佛右侧，一比丘、一菩萨，被称为“窃窃私语”的两身塑像，也是北魏塑像。其上身微微前倾，头微低，肘、肩和头部完全靠拢在一起，他们靠得这么近，似交头接耳、窃窃私语。他们眼睛里饱含着丰富的耐人寻味的感情，嘴角挂着甜蜜的微笑，使人看后产生很多的联想：他们是因听到佛陀讲经发出微笑呢，还是一对亲密的挚友在私下交流各自的心得？无论是什么，笔者觉得这是日常生活中人们之间亲切关系的体现。让人不禁感叹道，劳动人民出身的艺术家对生活观察和感受的敏锐，并如此巧妙地运用到了佛教题材中。

三、面部造型生活情趣化的处理形式

第133窟小沙弥的脸部造型在处理上也没有过多刻画，清秀的脸上塑出了一双细长的眼睛，有半眯之状，嘴角深陷下巴微翘，薄薄的嘴唇露出天真的微笑，身体的动作自然，完全是由内而外表现出来的。这组塑像是一佛两弟子，所表现的内容应该是佛陀在讲经说法，左右两弟子在认真听法，但是这个小沙弥的形象所表现出来的好像讲经说法与他无关，心里正想着其他有意思的事情。也难怪，他这个年龄正是和小伙伴一起上树掏鸟、下水捉鱼的年龄，也许真是看到外面的鸟儿而想起和小伙伴一起玩耍的情景，所以开心地笑了。他的笑，现在被称为“东方微笑”。无论对与错，这都是一幅美丽的画面，都是一个充满生活情趣的人情化的场景。

西魏第123窟的童男童女，在造型处理上，作者熟练地掌握泥的湿度，并倾注自己的感情和全部

① 金维诺：《麦积山石窟的兴建及其艺术成就》，天水麦积山石窟艺术研究所编：《中国石窟·天水麦积山》，北京：文物出版社、东京：平凡社，1998年，第165~180页。

② 张锦秀编撰：《麦积山石窟志》，兰州：甘肃人民出版社，2002年。

精力，从事于人物神情的刻画。刻画简练、简单的几根线条适应于童女的天真无邪、纯洁美丽的面貌，面颊与耳朵之间只是轻轻地压了一条线，恰当地显示出少女的丰腴。匠师以这种极其简练概括的雕塑语言，成功刻画出了幼童纯真而稚气的生活状态。动态少而稳重，表达了虔诚与静穆的气氛。没有过多的渲染，主要是对人物的面部进行了细腻的描写。在那清秀的脸庞上塑出了一双细长而美丽动人的眼睛，薄薄的嘴唇露出天真的微笑，揭示了人物内心世界，展现了一个活生生的天真烂漫而又淳朴的儿童形象，一个古代劳动人民子弟的形象，这让人觉得是那么的亲切可爱。

四、主佛造像风格生活情趣化的艺术形式

为了突出石窟中佛陀天国的祥和色彩，主佛造像往往更富有生活化。人们面对主佛的高贵与典雅时，总能从现实中找到与之相似的面容或似曾相识的感觉。

第 44 窟正壁坐佛一改原来佛教造像的特点，以当时当地人们的审美观为基准，被普遍认为是以完美靓丽的女性为原型，创造性地来塑造佛教主尊佛。也有人认为是乙弗氏本人的像。佛像水涡纹高肉髻，内穿僧祇支，于胸前系结，外披通肩袈裟，结跏趺坐。脸部表情庄重典雅，集中体现了西魏造像“珠圆玉润”的特点。从面部特征来看，完全是一个高雅富贵夫人的形象，眉细而长，眼睛微开低视，似看非看，犹如在思考着什么，又或在认真倾听着一个忏悔者的诉说。当你跪伏在她的面前，对你的灵魂是一个洗礼，一切杂念、一切不顺和周折都将会云消雾散。这尊佛的面相上完全体现了中国西北地区人内秀外美的有机结合，每一点都是当时当地人们对美的要求的最高体现。在这些塑像身上，似乎每个美丽女性的亮点都有所表现，每一特点都出自她们的身上，但是又都不是她们每个人所能具备的秀美。最重要的是这尊佛像美而庄重不艳，将中国人那种朴实、慈祥、宽厚、容忍的优点，都从她的表情中体现了出来。这尊佛像的美给人的印象是那样高不可攀，正人君子从内心产生的只有敬仰，邪恶小人可以洗去是非、消除邪念。佛的双手也是一大特点，从人物造型的比例上，这双手要大出好多，这也是艺术家有意安排的，她正体现了劳动人民的一双手，通过这双手给人祛除灾难、病害，施以美好与愿望；也表达了通过双手辛勤的劳动，就能获得美满生活的愿望。一般来说，佛教至尊造像应表现得庄严、肃穆、威严。而这尊主佛造像体现的完全是人间化的佛，可亲、可爱、可敬，既是人间的一员，又是当时人们对审美的每一点要求、对美的最高提炼；这也可能是受大乘佛教的影响，人人都有佛性，但并不是每个人都能成佛，反映在佛像造像上就出现了人情化的佛像。

北朝的政权更迭频繁，而远离嘈杂闹市的石窟，自然是人们心灵放归的场所，石窟的开凿及雕像的制作本身是宣扬佛教。为了折服众生，往往采用最质朴的表现形式，以便善男信女们能够理解和阅读。这种质朴的形式便是对日常生活的理解和传达，用泥塑的真实还原生命存在的真实，用色彩和绘画来表现佛国极乐的幻象！这些北朝造像雕塑，以其秀骨清像的神情姿态、发自内心的微笑、褒衣博带式的衣着等民族化与时代化处理形式，无不努力迎合世人的精神、心理与审美需求。从这个意义上来讲，麦积山石窟雕塑艺术所体现的生活情趣化倾向，也反映着北朝佛教造像雕塑艺术的共同特点。

参考文献

[1] 薄松年：《中国美术史》，西安：陕西人民教育出版社，2001 年。
[2] 麦积山石窟艺术研究所：《麦积山石窟研究论文集》，兰州：甘肃人民出版社，2006 年。
[3] 阎文儒：《中国雕塑艺术纲要》，桂林：广西师范大学出版社，2003 年。
[4] 王子云：《中国雕塑艺术史》，长沙：岳麓书社，2005 年。

（原载于《2013 · 艺术的张力——西安美术学院第三届研究生学术月论文集》，西安：西北大学出版社，2013 年）

佛教石窟造像功用思想研究

——以凉州、敦煌、麦积山、云冈等石窟造像为例

宏 正 界 平

佛教造像乃四众弟子及善男信女们所为，探究其存在的功用思想，不外乎表达造像者的动机和目的。不同的造像题材内容反映了不同造像者的需求，也就是造像者选择所造像具备的功能效用。若造像成就的供养者相对简单，其造像的功用思想，亦会示现得较为明了，若造像成就的供养者是一个群体，且身份多有不同，其造像的功用思想会示现复杂性。石窟造像又因洞窟本身亦具有功用性，就更为复杂；若某一洞窟造像题材众多，内容丰富多样，属于一个研究层次；后代重修破坏了"原创性"作品，改变产生了新的作品，又是另外一个研究层次。此外，某些洞窟存在众多不同题材的造像，如佛、菩萨等，从内容思想分析，他们既具有共性，又具有分别性的功用思想。在始初"原创性"供养者之后的教徒信众亲临洞窟，面对造像时，无疑会有与初创供养者不同的动机和目的，石窟造像的功用思想得到扩展。因此佛教石窟造像功用思想研究，是一项复杂而艰难的工程。过去有不少专家学者对此进行相关的研究，尤其是在敦煌石窟，成就颇丰，本文试以凉州、敦煌、麦积山、云冈石窟中的洞窟个案为例，略陈心得。

一、佛教造像功用思想探源

佛教不主张偶像崇拜，从佛教经典来看，律部所教最基本的"十戒"中第"七不歌舞倡伎"。僧人是不允许从事艺术活动的。佛教为何出现了造像，据《释迦氏谱》记载："帝释请佛在天为母说法。佛念四众懈怠，不将侍者，独在天宫。时优填王等咸思如来，即敕巧工，以栴檀作佛，形高五尺。"又云：波斯匿"王思佛久，遂得病苦，闻优填作佛，便召匠工，以金作之，煌若天金高五尺。尔时阎浮始有二像"①。《根本说一切有部毗奈耶》卷二十八云："时给孤独长者来诣佛所，礼双足已，在一面坐，白佛言，世尊，若佛世尊在众首坐时，众便威肃。若不坐时，众无威德。若佛世尊见听许者，欲造赡部影像，置于众首。世尊告曰，随意当作，置于众首。于时大众在露地坐，遇逢天雨。时诸比丘弃像入寺。时有婆罗门居士等见已讥笑，仁等何故弃抛大师。佛言应令俗人及以求寂移像令入。若此

① ［唐］道宣：《释迦氏谱》，《大正藏》第50册，第97页。

皆无，汝诸比丘作大师想应可举人。”①《根本说一切有部毗奈耶杂事》卷十一，虽然规定僧人不许作画，指的是不得画作众生形象，即俗人俗事画，作者犯戒，若画死尸或作骷髅像者无犯②。

从上述经典可以了解：

其一，佛教虽然规定僧人不许作画，并没有规定在家信徒不可以作画，并且在佛陀时代已开始作佛像，佛教造像应该始于俗家弟子。古印度跋磋国国王优填王和憍萨罗国波斯匿王所造佛陀像的功用思想是因佛陀上忉利天为母说法，人间久久不见佛陀，不能亲临佛前瞻仰，聆听佛陀教诲，非常渴念，解决心中存在的思念之病苦和焦虑烦躁。

其二，室罗伐悉底国给孤独长者造像的功用思想是感到佛陀在僧众中时，弟子们威严整肃，佛陀不在时，弟子们更少威胜。造像以代表佛陀，以佛陀的威德来起到震撼警示弟子们如法戒修持，不可懈怠，达到僧人威德示范的作用。

其三，佛教虽然规定僧人不许作画，但僧人可以在寺院画死尸和骷髅，或在寺门屋下画生死轮回相、地狱相、人天相等，佛教壁画可说始于僧人。功用思想在于警示僧人们，万法因缘生，有因必有果，从缘生的一切现象都是假有的、暂时的，不能长久永恒，众生因贪瞋痴等摆脱不了生死轮回之苦，只有依法修持，方能求得解脱、升天或成佛，达到最终永离生死轮回、究竟解脱的修持信心，以及僧人生死、不净禅观的辅助作用。

从现存佛教实物来看，大约在释迦佛涅槃 200~300 年以后，印度开始出现佛教造像。早期的佛教造像如：巴尔胡特栏楯浮雕中刻出了许多幅“佛本生故事”和“佛本行故事”。功用思想在于宣教因果轮回理论和赞颂佛陀一生的伟大。但浮雕是用“莲花”象征诞生时的佛；用“菩提树”象征成道时的佛；用“宝轮”象征说法时的佛；用“浮图”象征涅槃时的佛等。这与印度部派佛教（小乘）日趋走上了保守的道路，变成了对细枝末节分析的僵化的学问和小乘僧人注重自我解脱修行不无关系。大乘佛教（时期约 2~7 世纪）则立足人间，探求佛陀本怀，以自觉觉他的菩萨行为榜样，扩宽了成佛的路径。大乘佛教兴起后，佛陀由信徒的精神导师，变成了全能的神，他方世界（净土）的追求代替了自我封闭式的修持。佛陀造像经过较为漫长的小乘佛教向大乘佛教过渡的发展期，随着大乘佛教的发展，佛陀、菩萨、天人、千佛以及涅槃图、故事画等众多的佛教题材内容的造像绘画也大量出现。其不同题材内容的造像绘画结合石窟，在其功用思想方面也表示出禅观、礼拜、讲堂等多样性③。

佛教传入汉土，传说纷歧，实难确定。曹魏鱼豢所撰《魏略·西戎传》说：“昔汉哀帝元寿元年（公元前 2 年），博士弟子景卢受大月氏王使伊存口授《浮屠经》。”④ 据汤用彤先生考证为“最初佛教传入中国之记载，其无可疑者”⑤。但我国向所公认汉明帝永平年中，遣使往西域求法，为佛教传入中

① ［唐］义净译：《根本说一切有部毗奈耶》，《大正藏》第 23 册，第 782 页。

② ［唐］义净译：《根本说一切有部毗奈耶杂事》：“不得画作众生形象，作者犯得越法罪，若画死尸或作骷髅像者无犯。”《大正藏》第 24 册，第 252 页。

③ 温玉成：《中国石窟与文化艺术》，上海：上海美术出版社，1993 年，第 35 页。

④ ［西晋］陈寿撰，［宋］裴松之注：《三国志》卷三〇《乌丸鲜卑东夷传》，北京：中华书局，1959 年，第 859 页。

⑤ 汤用彤：《汉魏两晋南北朝佛教史》，北京：中华书局，1983 年，第 34 页。

国之始。

明帝永平八年（65 年）诏命天下，若献缣（绢）则可赎其死罪，刘英献绢 30 匹，明帝下诏书说："楚王诵黄老之微言，尚浮屠之仁祠，洁斋三月，与神为誓，何嫌何疑，当有悔吝，其还赎，以助伊蒲塞（居士）桑门（沙门）之盛馔。"①《后汉书·本纪》论云：恒帝"饰方林而考濯龙之宫，设华盖以祠浮图老子"②。

汉代流行各种鬼神方术，明帝诏书中称"仁祠"言"与神为誓"，是将佛教视为祠祀的一种。楚王英交通方士，造作图谶，亦说明他是将佛教祠祀视为方术的一种。恒帝晚年受炽烈的"成仙"欲望所驱动，在祭祀黄老的同时，也祭祀浮图，这同样是将浮屠视同可以禳灾招福、长生久祀的神灵。汤用彤先生说："在当时国中人士，对于释教无甚深之了解，而羼以神仙道术之言，教旨在精灵不灭，斋忏则法祠祀，浮屠方术，本为一气。"③

佛教史中众多高僧如安世高（约 2 世纪）、三国时北之巨子昙柯迦罗、南之领袖康僧会，乃至后秦国师鸠摩罗什等等④。他们最早在汉土传道弘法，及佛教势力的推广，无不掺杂七曜五行、图谶、神通、法术等某种人们认为的祭祀方术。故可以说汉土早期的佛教，其功用思想，既有佛教，又夹杂道教，乃至中夏各种方术的功用思想。

从考古遗迹遗物来看，东汉桓、灵时代及其后不久的墓葬中，如：内蒙古和林格尔小板申汉墓 M1 前室顶部有"仙人骑白象图"；山东沂南画像石墓一八角擎天柱上南北刻出有圆形头光的"立佛像"；四川乐山城郊麻浩墓一后实门额上有浮雕"坐佛像"；四川彭山东汉墓内出一陶钱树座，座身刻有"一坐佛二菩萨"。特别是江苏连云港市孔望山的摩崖石刻雕像中，既有太平道教图，也有佛教图像（约 150~250 年间的作品）。湖北武昌莲溪寺彭卢墓中出土了一件盾形金铜片饰，其上有佛像立于莲花座上。同墓出土陶俑额上有凸圆点，似仿白毫相。另外，还有湖北鄂城五里墩出土的变异柿蒂纹八凤佛兽镜，镜上有三坐佛一思惟菩萨，约属于六朝前文物，类似的铜镜还有三面，流失日本、美国、法国⑤。这一时期的佛教造像见于铜饰片、青铜镜、谷仓罐等器物上，有力说明当时佛教造像在民间仍被视为一种祈福免灾佑护的神灵。

随着佛教的不断传入发展，至东晋十六国时期，佛教取得巨大的发展，佛教艺术也得到大发展。同时大量佛经已译传于世，尤其是大乘佛教经典的盛传，人们对佛教已不是早期的模糊了解，而是具有较为全面的普遍认识，反映在佛教造像上，虽然不免如佛塔上刻八卦、北斗等道教思想的内容，佛教造像尚未完全排除道教的影响。但是，其他单体和石窟中的造像，实际基本上实现了佛教的独立本体性，其功用思想亦完成归属佛教本位。若从民间最普通的善男信女信众来看，佛教诸佛菩萨、道教的诸神以及中国传统的民间诸神等信仰思想，一直混杂一起，时至今日，仍有人们在寺院或石窟参拜

---

① ［南朝宋］范晔撰：《后汉书》卷四二《光武十王列传》，北京：中华书局，1965 年，第 1428 页。

② 汤用彤：《汉魏两晋南北朝佛教史》，第 40 页。

③ 汤用彤：《汉魏两晋南北朝佛教史》，第 38 页。

④ 汤用彤：《汉魏两晋南北朝佛教史》，第 39 页；项一峰：《丝绸之路佛教大师鸠摩罗什传教小议》，《丝绸之路》2010 年《学术专辑》。

⑤ 温玉成：《中国石窟与文化艺术》，第 110~111 页。

时，还称去拜佛爷、拜神等，佛教石窟寺造像及其功用思想之复杂性就显然可知了。

二、石窟寺造像之功用思想

“石窟寺”指在大山的岩层间开凿出来的寺庙和僧舍，起源于古代印度。最初是释迦牟尼和弟子们坐禅的场所，称“石室”。晋高僧法显（约 337~422 年）去印度求法，历游印度和斯里兰卡（399~412 年），在他所撰的《佛国记》一书中记载了许多“石室”或“石窟”。玄奘（600~664 年）求法漫游中亚和印度，所撰《大唐西域记》亦记载了大量的石室，多为佛和弟子坐禅场所。其中记述摩揭国王舍城附近的“石室”说，城东北有小孤石山，“山头有石室，石室南面，佛坐其中”，“天帝释将天乐般遮弹琴乐佛处，帝释天以四十二事问佛，一一指画石，画迹故在”①。《佛国记》记述迦毕试国的质子伽蓝北岭上“有数石室，质子习定之处也。其中多杂宝，其侧有铭，药叉守卫”②。又“西南行五六里，山阴中有一石室，名车帝（七叶窟），佛涅槃后，五百阿罗汉结集经处”③。若归纳古代印度的石窟寺，一种称作“毗诃罗”，是沙门禅定、止息、睡眠的场所，又为僧房；一种称作“支提”，是沙门集会、诵戒、布萨处，往往设置塔、像，以供礼拜，又为塔庙。集合讲堂、禅堂等设备于一处的僧房，则称作“僧伽蓝”。中国各地的石窟寺可以说基本上是印度石窟类型的继承，但也有了大量的发展，出现了新的窟形类别，且石窟寺内的洞窟题材要比印度多，内容丰富。再加上融会了中国传统的文化思想，窟主群体也较为复杂，中国石窟寺造像功用思想的探讨要比印度复杂得多。

中国石窟寺兴起于东晋十六国时期，至南北朝达到历史顶峰。著名的凉州石窟、敦煌石窟、麦积山石窟、炳灵寺石窟、云冈石窟、龙门石窟等石窟寺先后开凿造像。石窟寺造像是佛教传法的一支，即称像教弘法，无疑以佛教经典为依托，不同时代的造像与当时流行的佛典传弘是分不开的，也与僧人的习禅密切相关。佛教自初传相附于中国故有的神仙等信仰，也逐渐融合儒家的“忠”“孝”等思想，他们在佛教石窟造像中皆或多或少有所反映。若说十六国北朝时期，中国北方佛教界十分流行禅修活动，习禅需要观像，因此众多洞窟的开凿造像是为僧人观像需要而设，同时佛、千佛、故事画等造像也均是观像的内容。各类禅法的传入，及其在洞窟图像中的表现与具体实践活动，显示出这一时期洞窟严密的思想性和功能实践特征④。那么还有众多洞窟存在为四众教徒布道、礼拜、祈福等需要而设的造像，如：三佛、净土经变、涅槃经变等造像壁画。沙武田先生在研究敦煌石窟洞窟功能意义时认为，它涉及洞窟的形制、规模以及造像内容等诸多问题，但是主要的一个方面就是对洞窟所反映的主题思想的把握。或禅窟或礼拜窟或行密法的洞窟，也有的洞窟本身是为报恩祭祀使用，还有的洞窟纯粹是功德窟，作为发心还愿施舍而为，而一些大型的洞窟往往是与大的佛事法会的进行或诸如受

---

① ［唐］玄奘、辩机撰，季羡林等校注：《大唐西域记校注》，北京：中华书局，1985 年，第 770 页。

② ［唐］玄奘、辩机撰，季羡林等校注：《大唐西域记校注》，第 143 页。

③ ［唐］玄奘、辩机撰，季羡林等校注：《大唐西域记校注》，第 738 页。

④ 沙武田：《吐蕃统治时期敦煌石窟研究》，北京：中国社会科学出版社，2013 年，第 83 页；贺世哲：《敦煌莫高窟北朝石窟与禅观》，敦煌文物研究所编：《敦煌研究文集》，兰州：甘肃人民出版社，1982 年，第 122~143 页；赖鹏举：《丝路佛教的图像与禅法》，中坜：圆光佛学研究所，2002 年。

戒类佛教活动有关，又有的洞窟是为了表示当时一个时代的突出信仰①。如此，对石窟寺洞窟造像功用性研究确实为一种较好的思路，对于造像题材内容简单的某一个小窟龛或大型洞窟或许行之有效。但是，对于造像题材内容丰富、信仰思想多样化的洞窟，可能就难以把握并定性了。首先，考虑造像者的身份，有佛教四众弟子及善男信女，俗家信众中有国王、大臣、文人、商贾、贫民百姓等不同的人群，他们开窟造像的目的是有区别的，其功用思想存在差异。即使是单一的个体（或群体），尤其他们是普通的信众，或许对佛教本身并不具备较多或较深的了解和领悟，重在功德。他们在某一道场开窟造像，其道场的僧人应该参与指导，难免带有僧人的习禅、布道等所需的功用思想造像，故而若从洞窟造像所反映的主要思想去探究其洞窟造像的功用，又不免有失功德主的初衷。其次，开窟造像若现存榜题，自然有助于我们对洞窟造像最初的功用思想的了解。若榜题已失，或后代教徒利用原有的洞窟造像或重修，这样就具有双重性或多重性的问题。有的大型洞窟空间较大，后者的利用可能有别于最初的功用。从大乘佛教思想来说，"佛性一如"，诸佛无别，更何况某些经典，一经中虽然主题明确，但同时宣教多个不同的侧重点。不同的境地对某一佛或七佛等又有宣教的内容思想差异，这样从单尊或几尊造像了解其功用思想并以定性，唯恐有失宗旨。下面通过石窟中的几则洞窟造像来分析。

1. 凉州石窟与"丈六石像"

据史岩先生勘查，史料中所记述州南百里的凉州石窟，在现天梯山大佛寺一带，但沮渠蒙逊所建的石窟已无存②。《高僧传》卷二《昙无谶传》记载：承元二年（429年）沮渠蒙逊遣世子兴国攻枹罕（今甘肃临夏）大败，兴国被擒后，又被乱兵所杀，蒙逊大怒，以为佛事不灵，决心斥沙门，而当时"蒙逊为母所造的丈六石像"，涕泪横流，昙无谶又"格言致谏"，蒙逊"乃改心而诲焉"③。又道宣《集神州三宝感通录》卷中记述沮渠蒙逊兴凿凉州南山石窟之事说："凉州石崖塑瑞像者。昔沮渠蒙逊以晋安帝隆安元年，据有凉土三十余载，陇西五凉斯最久盛，专崇福业，以国城寺塔终非云固，古来帝宫终逢煨尽，若依立之，效尤斯及。又用金宝，终被毁盗。乃顾眄山宇可以终天，于州南百里，连崖绵亘，东西不测，就而斩窟，安设尊仪，或石或塑，千变万化。有礼敬者，惊眩心目。中有土圣僧，可如人等，常自经行，初无宁舍，遥见便行，近瞩便止。视其颜面，如行之状。或有罗土坌地。观其行不人，才远之即便蹈地，足迹纳纳，来往不住，如此现相，经今百余年，彼人说之如此。"④

沮渠蒙逊所造石像的功用思想，从上述所言可以看出：

其一，凉土"专崇福业"，佛籍中众多经典讲造像活动无量功德，如《佛说无上依经》"起刹立塔，造像供养，功德福报，不可称量，微尘算数，所不能知"⑤。沮渠蒙逊为母所造的石像，其功用思想应该是为母修功德佛业。

其二，以国城寺塔修非永固，古来帝宫终逢煨尽，若依立之效尤斯及。又用金宝终被毁盗。乃顾眄山宇可以终天，就而开窟造像。其功用思想在于"素奉大法，志在弘道"，使佛法久住世间。这与

① 沙武田：《吐蕃统治时期敦煌石窟研究》，第84页。

② 温玉成：《中国石窟与文化艺术》，第117页。

③ ［梁］释慧皎撰，汤用彤校注：《高僧传》卷二《昙无谶传》，北京：中华书局，1992年，第78页。

④ ［唐］道宣：《集神州三宝感通录》，《大正藏》第52册，第417~418页。

⑤ ［梁］真谛译：《佛说无上依经》，《大正藏》第16册，第469页。

当时北凉昙无谶、道朗等人所倡导的佛教思想有直接关系①。

其三，蒙逊造像为其母作功德祈福的同时，又体现了中国传统文化中的“孝道”思想。

其四，蒙逊所造的“丈六石像”窟是支提窟②，具有忏悔礼拜、学习佛法等功用思想。

其五，从蒙逊世子攻枹罕被杀大怒，以为佛事不灵，决心斥沙门，所造石像，“涕泪横流”的灵现来看，蒙逊信佛造像的功用思想，又在相信佛陀有神的力量，祈佛能护佑保全家平安。

其六，蒙逊作为崇佛者，造像功用目的应该在于修积俗世福德善缘而非求出世解脱。作为一国之君，也应该带有巩固社稷、统治人民的教育思想。

其七，昙无谶是位习禅的高僧，深受蒙逊优待，蒙逊造像时应该受其影响，其石像有含射功能，或许与禅观也有一定关系。

沮渠蒙逊所造石像，今日无存，现难以推定所造何像，形象如何，以上仅据有关文献资料，便探究出如此多种功用思想。若失文献材料，即使造像今存，我们恐怕也难以准确把握其造像的功用思想。因此笔者认为，洞窟造像功用意义的认识，不仅涉及所有表象，还涉及相关的意象。佛法中说“诸法皆假象”，是探寻追求达到真相的方法，或说是一种工具，这样一来，意象的把握是对洞窟造像功用意义认识的一个重要因素。

2. 昙曜五窟

北魏太武帝灭法，文成帝于兴安元年（452 年）下令恢复佛法后，“昙曜白帝，于京城西武州塞，凿山石壁，开窟五所，建佛像各一，高者七十尺，次六十尺，雕饰奇伟，冠于一世”。五窟主尊为：第 16 窟为立佛像；第 17 窟为菩萨装弥勒像；第 18 窟为立佛；第 19 窟为结跏趺坐佛；第 20 窟为结跏趺坐佛。其功用思想：

其一，时任沙门统的昙曜，因毁佛事件给佛教带来毁灭性的打击，深受教训，为佛法久住于世，他一方面译出《付法藏因缘传》证明佛法不是“虚诞”而是源远流长。这还不够，他早年在凉州，以禅业见称，应该知道沮渠蒙逊在凉州开窟造像。也深知“山宇可以终天”的道理，经验和教训使他积极向皇帝献策，开凿永久性的石窟。

其二，据温玉成先生考察研究，昙曜所设计的五窟，其用意“推测这五佛（内有一身未来佛——菩萨装弥勒）似是表示佛法悠久、历劫不灭的大道理，这当然是针对着毁佛是指控佛法‘虚诞’，胡神‘无有’所做的反击。如果此假设合理，则这五佛应当是过去三佛、释迦和弥勒。第 18 号窟三佛袈裟上遍现‘千佛’，似表现‘贤劫千佛’者。鸠摩罗什译《千佛因缘经》各说贤劫千佛的因缘，释迦是贤劫的第四佛。依佛教理论，‘劫’是极长的时间概念，过去有‘庄严劫’现在是‘贤劫’，未来有‘星宿劫’。每劫各有千佛出世，足见佛法‘永存’”③。笔者认为这一论断较为合理，其功用主要表现佛的常在、佛法真实不虚、佛法永存的思想。

---

① 杜斗城：《北凉译经论》，兰州：甘肃文化出版社，1985 年，第 171～281 页；殷光明：《试论末法思想与北凉佛教及其影响》，《敦煌研究》1998 年第 2 期。

② 温玉成：《中国石窟与文化艺术》，第 116 页。

③ 温玉成：《中国石窟与文化艺术》，第 140 页。

其三，昙曜五窟造像是否另有用意，昙曜为何向皇帝建言“凿窟五所，镌建佛像各一”。其因文成帝下令恢复佛教。据《魏书·释老志》载，兴光元年（454年）秋“敕有司于五级大寺内，为太祖以下五帝铸释迦立佛五，各长一丈六尺，都用赤金二万五千金”。供于五级大寺内的佛像，无疑是佛像，而并非是北魏五帝，但由于为五帝所各造一身佛像，诏有司为五帝铸佛像，“令如帝身，既成，颜上足下个有黑石，冥同帝体上下黑子，论者以五帝纯诚所感”。佛像的表象上具有帝王的某些特征，这又不能不说具有帝王崇拜的功用性。北魏沙门统法果（416~423年）曾主张拜天子，并说“我非拜天子，乃拜佛矣”。以将天子视为佛，天子与佛合体。文成帝下令在五级大寺内为五帝所造五佛，应该是受法果的影响，把崇佛与鲜卑族的祖先崇拜结合起来。这是深谋远虑之举。此时五身佛像，其功用思想，已具有双重性，既是弘传佛教中的佛尊像，又是中国民族传统祖先崇拜的偶像。昙曜白帝开窟五所，镌建佛像各一，或许亦迎合了当时佛教界流行的上述思想及帝王的心态。至于有的学者提出，这五大窟是依次为五帝造出的，或许有相连的因素，若将昙曜五窟对号入座，某窟是北魏某位皇帝，可能存在不严谨之处。

其四，昙曜五窟，据温玉成先生从佛教考古学的角度观察，时间有先后，五窟早晚的排列是由西向东，以西为上方，这与《魏书·礼志》所载相合，《礼志》说，太祖即代王位时就“面向设祭，告天成礼”。天赐二年（404年）也是“祀天于西郊”①。佛教讲三十三天，诸佛位于他方国土（俗认为在天上），或许又与中国传统信仰中的“天”祭祀有关，这也反映出早期佛教传入汉土时，人们将黄老与浮屠一同祭祀，佛教与中国传统文化中的诸神信仰思想融合的一种延续。

其五，昙曜五窟各以一身大佛为主尊，每个窟同时造出众多佛、菩萨、护法等像，同题材的造像，其内容亦多有区别。为佛法久住、弘传佛法，续佛慧命是必需的行径。石窟造像无疑会以像教示，或作以信徒供养礼拜，忏悔祈福，或作以僧人禅观等功用。

其六，昙曜开窟造像规模宏大，其功用思想还在于利用此道场，广纳僧人布道、禅修，弘传大乘佛教菩萨道的“利他”精神，利他的同时，本身具有自惠自利的意义。开窟造像对昙曜自身来说是一种修持福德智慧，培养善根，成就未来解脱的资料因缘。

因此昙曜五窟造像，在其功用思想方面，不是单一的，具有多样性。即善巧方便利用中国传统文化中的信仰来弘传佛法，并考虑学佛者的信解行之因，助因获果。

3. 敦煌北凉三窟（第268、272、275窟）

其中第268窟中间一甬道，甬道内端壁面及甬道顶有造像，而甬道两侧对称地开两个小禅窟，窟内原不设像（后代绘千佛）。第272窟内壁面内容丰富，西壁开一石窟，是供信众礼拜的地方。第275窟，长方形盝形顶窟，具有强烈的中国传统木结构建筑特征，空间比其他二窟要大，壁面内容更为丰富，供僧人们讲经说法，是为讲堂窟，由此三窟相比邻构成完整的一组洞窟，讲堂、礼拜、坐禅三位一体②。从三窟内造像题材内容考察表现弥勒净土思想。为僧人禅观而设的第268窟是观像后坐禅，并是第272窟造像正式进入禅窟的前奏。第275窟为弥勒净土禅法的造像，体现出禅法中的“像观”

① 温玉成：《中国石窟与文化艺术》，第139页。

② 马德：《敦煌莫高窟史研究》，兰州：甘肃教育出版社，1996年，第55~60页。

“生身观”与“法身观”的情节，皆与兜率净土混为一体①。将北凉相邻的三窟结合考察，不失为探讨洞窟的一种方法，此三窟作为讲堂、礼拜、坐禅三位一体来说，在时间上皆为北凉无异，但还要弄清此三窟的开窟造像者，是同一人（或主持指导）所为，还是非一人所为，若非一人，其三窟三位一体的说法，还有进一步研究的必要。从第 268 窟为禅窟来看，或许可认为僧人自用所为。第 272、275 窟是否和第 268 窟为同一人，目前不明，即使是一人所为，将第 272 窟认为是礼拜窟，也有再探讨的必要。

其一，从第 268 窟造像题材考察，此窟是观像后坐禅的禅窟，其主尊为弥勒，这与禅定上升兜率天弥勒决疑，或欲往生兜率、未来随弥勒下生闻法得度的思想有明显的关系。

其二，据第 272 窟考察，窟内壁面内容丰富，西壁开一窟，有认为是供信众礼拜的地方，我们认为信众礼拜无需在窟内另开一小窟，再说方位的确定，拜者只能朝东拜，不知理由为何。此大窟内的小窟是否可认为是僧人坐禅、说法、礼拜（加上三宝之一僧宝）的综合之用，也就是第 272 窟的功用思想。

其三，第 275 窟是为讲堂窟，同样可作坐禅、礼拜（多人）之用。此窟是一处融合讲堂、礼拜、坐禅、忏悔等功能的综合性石窟。第 272、275 窟题材内容丰富，至于有关弥勒信仰，学者认为是弥勒净土禅法的造像，或许有点武断或牵强。

4. 西魏第 285 窟

内容十分复杂，窟形现有一般殿堂的意义，也有表示禅窟的形式，壁画内容方面有传统与外来、显教与密教、故事画与尊像画乃至中国传统的神仙道教题材等。在整个洞窟的方方面面均表现出其与前后洞窟的明显区别，一般把第 285 窟理解为禅窟。有专家学者提出质疑或怀疑②，认为第 285 窟北壁内容反映的是《法华经》佛身观造像，进而与“法华三昧观法”相结合③；也有认为第 285 窟是敦煌早期的“比丘戒坛”，整窟造像均与受戒思想有关④；同时还有人认为第 285 窟南壁画面是存在内在联系的，主要是为表达修行者在忏悔之后，思求正法，结合洞窟禅修的主题，今日持戒的阶段⑤。从以上对第 285 窟功用思想的探讨，问题主要集中在洞窟形制、造像壁画题材内容等方面，目前存在几种不同的看法。

洞窟的造像壁画内容题材与画风的复杂性，更多反映的是与窟主——瓜州刺史东阳王元荣的密切关系。因为元荣是从中原来的，必当带来大量新内容与新风格，这样使得本土、西来、东传三者相结合，因此洞窟内容才会如此复杂。同时也必须要联系到元荣本人的信仰与当时敦煌的社会历史状况，

---

① 赖鹏举：《敦煌石窟造像思想研究》，北京：文物出版社，2009 年，第 81~97 页。

② 郑炳林、沙武田：《敦煌石窟艺术概论》，兰州：甘肃文化出版社，2005 年，第 259 页；（日）山部能宜：《再探石窟用途》，新疆吐鲁番学研究院编：《吐鲁番学研究——第三届吐鲁番学暨欧亚游牧民族起源与迁徙国际学术研讨会》，上海：上海古籍出版社，2010 年。

③ 张元林：《〈法华经〉佛身观的形象阐示——莫高窟第 285 窟北壁说法图新解》，敦煌研究院编：《2004 年石窟研究国际学术会议文集》（上），上海：上海古籍出版社，2006 年，第 249~278 页。

④ 赖鹏举：《敦煌石窟造像思想研究》，第 81~97 页。

⑤ 赵晓星：《莫高窟第 285 窟南壁壁画题材的构成》，中共高台县委、敦煌研究院文献所、甘肃敦煌学会等编：《高台魏晋墓与河西历史文化研究》，兰州：甘肃教育出版社，2012 年，第 516~526 页。

元荣的信仰比较复杂，适应了动荡不定的敦煌社会现状①。正因如此，我们对第285窟功用思想还有探讨的必要性。

其一，第285窟正壁塑一身倚坐弥勒佛及二身僧像，左右壁开四个龛，洞窟地面中央有一低方台，壁面、窟顶绘壁画。从造像题材看正壁主尊是全窟造像壁画的主题，主尊为弥勒，无疑与弥勒信仰有关。弥勒信仰主要包括上生、下生两大方面，即弥勒上生兜率天说法、下生人间成道度众生。对信仰者来说最终求得解脱，如何才能得到解脱，佛教讲“信解行证”，若要证得解脱，首先具备信解行。信仰者已具备“信”，佛因众生因缘说经典众多，解脱道多途，第285窟造像壁画题材复杂，既反映窟主元荣信仰比较复杂，也反映了当时社会信仰的现状。“解”就显出其重要性，如何得以正解，“决疑”存真，弥勒菩萨是众菩萨中“决疑”的代表，如《法华经》云“弥勒菩萨欲自决疑”②，《高僧传》记载十六国北朝时期众多高僧禅定上升兜率天与弥勒思决③，第285窟内弥勒及《法华经》题材的造像壁画就不难理解了。尤为重要的是“行”，供养、礼拜、读诵经典、建塔造像等皆为行，其功德是成就未来解脱的资粮，最重要的是禅定，现在释迦和未来弥勒皆因禅定悟道而成佛。第285窟诸多题材内容与禅定有关也就不难理解了。佛教又讲“戒定慧”，戒为法本，禅宗祖师“达摩曾入定，往生兜率天，从弥勒受菩萨戒”④，第285窟造像与受戒思想有关同样便于理解了。

其二，至于主尊弥勒左右各一身僧人造像，《弥勒经》说未来弥勒下生成道皈依弟子有王者、婆罗门、大豪贤者、贤善人、小女人辈等，皆为比丘、比丘尼，“弥勒佛坐为诸比丘僧比丘尼说法。”⑤第285窟这二身僧人造像或许是众比丘僧、比丘尼的代表。再结合窟形左右壁开四个龛，洞窟地面中央有一低方台，是否为高僧们说法论道决疑的道场。主讲位于中，听讲论道决疑者分别位于两侧小窟中，两侧小窟龛楣装饰华丽，正区别于一般的僧人坐禅窟。

其三，第285窟正壁诸天及窟顶禅僧，可能是表示：“弥勒佛坐为诸比丘僧比丘尼说，皆是释迦文佛时，诵经者，慈心者，布施者，不瞋恚者，作佛图寺者，持佛骨著塔中者，烧香者，燃灯者，悬缯者，散花者，读经者。是诸比丘尼，皆释迦文佛时人。持戒者，至诚者，于今会来会是闻。”⑥ 第285窟中的现世求往生弥勒兜率天随弥勒下世听法的诸天天僧众。

其四，当时社会动乱，人们生活极苦，佛教仍流传末法思想，人们欲求最终解脱不易，只待未来弥勒下世说法因缘得度，现在弥勒兜率天及未来降世的人间美好，也为人们最为向往的地方。

因此，对第285窟功用思想的探讨，不能仅就某一点或一面来判说其为禅窟或比丘戒坛，可以认为是说法论道决疑的场所。但窟主为元荣，其功用思想对他个人来说重在于弘传佛法所做的功德。总之，从以上对敦煌北凉三窟及西魏第285窟来考察，每个洞窟皆有关于弥勒信仰的造像，反映了敦煌对弥勒信仰的推崇和盛传。

---

① 沙武田：《吐蕃统治时期敦煌石窟研究》，第86页。

② ［后秦］鸠摩罗什译：《妙法莲华经》，《大正藏》第9册，第2页。

③ 汤用彤：《汉魏两晋南北朝佛教史》，第156页。

④ 汤用彤：《汉魏两晋南北朝佛教史》，第156页。

⑤ 佚名：《佛说弥勒来时经》，《大正藏》第14册，第435页。

⑥ 佚名：《佛说弥勒来时经》，《大正藏》第14册，第435页。

5. 麦积山石窟后秦第 74、78 窟

关于第 74、78 窟时代问题，目前学术界有后秦、北魏两种看法①。一般俗称“双窟”，窟形、窟内造像（经后代重修）相同，皆穹隆顶形敞口，平面近方形窟，三壁筑高坛，台上各塑一身坐佛，正壁主佛左右各一身菩萨，正壁主佛两侧上方各开一小龛，塑交脚、思惟菩萨。壁画因破坏、残毁因素，第 74 窟佛及窟顶存绘千佛；第 78 窟坛台存“仇池镇经生王□□供养十方诸佛时”等题记供养人壁画（后代重绘）。此窟三佛造像，杜斗城先生认为与姚兴《通三世论》有关，是过去、现在、未来佛，结合壁画千佛表示“十方三世诸佛”的思想，并认为其窟应是后秦王朝的“国家工程”②。对于正壁的交脚、思惟菩萨，张学荣先生认为交脚菩萨是释迦成佛前以菩萨身份在兜率天宫为天人说法，思惟菩萨则是表现释迦成佛之前在菩提树下冥思解脱之道③。项一峰基本认同张先生的观点，认为交脚思惟菩萨，教示对《法华经》序品的场面关系，即弥勒与文殊菩萨“决疑”问答的经文中描述的像教所现；正壁主佛左右菩萨为观音、普贤菩萨与《法华经》有关④。同时据《方舆胜览》记载“姚兴时凿山而修，千龛万像转崖为阁”⑤，又姚兴弟秦州刺史镇西将军姚嵩与姚兴多有表诏往来，曾言“先承陛下亲营像事，每注心延望，迟冀占一礼敬，瞻奉踊跃，实在无量”等，认为第 74、78 窟的窟主可能为后秦皇帝姚兴⑥。

从题材来看，麦积山第 74、78 窟造像壁画的功用思想包含：

其一，三世佛造像，主要反映姚兴对佛教三世的理解。“众生历涉三世，其犹循环，过去、未来，虽无眼对，其理常在。”⑦ 即过去世（前生）、现在世（今生）和未来世（来生）三世的真实存在，教人明确佛教的因果报应、三世轮回理论的正确。

其二，“三世实有”“三世恒有”，自然“三世有佛”。针对历来即有的“胡本无佛”等反佛言论，及佛教本身存在“末法”“末世”思想，这种学说消除了有些人对佛教所产生的怀疑，也弘传了大乘

---

① 后秦说有张学荣：《麦积山石窟的创建年代》，《文物》1983 年第 6 期；李西民：《试论麦积山石窟艺术史上的六个高潮》，《石窟艺术》第 1 期，西安：陕西人民出版社，1990 年；金维诺：《麦积山石窟的兴建及其艺术成就》，天水麦积山石窟艺术研究所编：《中国石窟・天水麦积山》，北京：文物出版社、东京：平凡社，1998 年；杜斗城：《麦积山早期三佛窟与姚兴的〈通三世论〉》，《敦煌学辑刊》2007 年第 1 期。北魏说有张宝玺：《麦积山石窟开凿年代及现存最早洞窟造像壁画》，中国考古学会编：《中国考古学会第一次年会论文集 1979》，北京：文物出版社，1980 年；邓健吾：《麦积山石窟的研究及早期石窟的两三个问题》，天水麦积山石窟艺术研究所编：《中国石窟・天水麦积山》，北京：文物出版社、东京：平凡社，1998 年；马世长：《陕甘宁地区石窟概述》，国家文物局教育处编：《佛教石窟考古概要》，北京：文物出版社，1993 年，第 83 页；（日）八木春生：《关于麦积山石窟第 74 及 78 窟的营建年代》，《艺术研究报》18，筑波大学艺术学系，1997 年；魏文斌：《也谈仰月、日月菩萨冠饰》，《敦煌学辑刊》2007 年第 4 期。

② 杜斗城：《麦积山早期三佛窟与姚兴的〈通三世论〉》，《敦煌学辑刊》2007 年第 1 期。

③ 张学荣、何静珍：《论莫高窟和麦积山早期洞窟中的交脚菩萨》，《1987 年敦煌石窟研究国际讨论会文集・石窟考古篇》，沈阳：辽宁美术出版社，1990 年。

④ 项一峰：《麦积山石窟〈法华经〉变像及其弘法思想》，《敦煌学辑刊》2009 年第 4 期。

⑤ ［南宋］祝穆：《方舆胜览》卷六十九《天水郡》，寺院条。

⑥ 项一峰：《麦积山石窟“六国共修”与历代赐名小考》，《丝绸之路》1999 年《学术专辑》。

⑦ ［唐］道宣：《广弘明集》卷十八，《大正藏》第 52 册，第 228 页。

佛教思想①。

其三，姚兴认为“佛道冲邃，其行为善，信为出苦之良津，御师之洪则”②。三世实有、因果报应、三世轮回思想，正好成为统治者巩固江山社稷、统治教导人们的手段。

其四，交脚弥勒、思惟文殊菩萨造像“决疑”，示教《法华经》思想，也含摄姚兴《通三世论》理论思想的正确。

其五，从后代重修者看，仇池镇供养人“供养十方诸佛时”的题记，包含着诚修供养功德。

总之，第74、78窟窟主是姚兴，或为积累功德，或为政治服务，从其造像壁画题材内容思想来考析，应该为讲堂窟，同时也具有礼拜、禅观的功用。

6. 麦积山石窟东崖（第13窟）隋摩崖倚坐佛及二菩萨

大佛像高16米，菩萨高14米。1983年6月修复大佛时，在佛像右颊破损处出土昙无谶译《金光明经》卷第四（麦0968号）及定窑白釉瓷碗一个，有南宋“绍兴二十七年（1157年）八月二五日……”墨书题记。有专家认为此窟一佛二菩萨的题材是“华严三圣”即毗卢遮那佛及文殊、普贤二菩萨③；或释迦牟尼和普贤文殊二菩萨④。因题材决定其内容，我们从图像学的角度考虑，倚坐佛为弥勒，持净瓶菩萨为观音，另一身菩萨待定。此窟造像功用思想包含：

其一，建造大佛像归因于高大佛像的重要性，用于显示王权的强大和明君，只有属于佛教中心地位的王国才会出现这种情况。

麦积山石窟东崖隋代建造的大佛像，正是同全国同时代所建造的多尊大佛一样，显示了杨隋结束了中国长期以来分裂割据的混乱局面，成为具有大一统的强大王朝。皇帝自称“我兴由佛”，并以转轮王自居或为守护佛法的人王，国王承担起转轮王的角色，反映了佛陀将无上正法“付嘱诸王”等，他们“能护我法”⑤ 的佛法传弘途径。当时佛陀将护持正法的希望寄托在诸国王身上。佛教徒将迦腻色迦一世与印度的阿育王相提并论，隋代国王自己将他们与阿育王并论。充分显现了佛教在隋朝的中心地位。在宣传转轮王思想的同时反映了中国佛教徒早已宣传的“不依国主，法事难立”思想。

其二，弥勒地位的突出不论是在印度，还是在中国，都与“法难”有密切关系。每当出现一次法难以后，就会有一次末法思想的出现，这对北周“法难”之后的隋代佛教产生巨大的影响，这也是开窟造像活动的起因。佛教徒们不仅盼望转轮王降临人间，保护佛法永存，在末法之世，还倡导佛法永存思想的继承和发展。弥勒作为释迦继承人的形象出现，从兜率天宫下生于转轮王的国土，在人间成佛，龙华三会说法普度众生，此国人们炽盛，五谷丰登，天下太平⑥。相对过去多国割据，战争频繁的时代，隋朝国家强盛，社会安定，人民生活富有。在这个“转轮王”统治的国家，佛教徒期盼弥勒早日降临人间成佛说法，早日得度。

---

① ［唐］道宣：《广弘明集》卷十八，《大正藏》第52册，第228页。

② ［梁］释慧皎撰，汤用彤校注：《高僧传》卷二《鸠摩罗什传》，北京：中华书局，1992年，第52页。

③ 张锦秀：《麦积山隋代重点石窟述评》，《丝绸之路》2001年《学术专辑》。

④ 李西民：《试论麦积山石窟艺术史上的六个高潮》，《石窟艺术》第1期，西安：陕西人民出版社，1990年。

⑤ ［北凉］昙无谶译：《大般涅槃经》，《大正藏》第12册，第381页。

⑥ ［后秦］鸠摩罗什译：《佛说弥勒下生成佛经》，《大正藏》第14册，第423~424页。

其三，宋代重修装藏《金光明经》卷四包括《流水长者子品》十六、《舍身品》十七、《赞佛品》十八、《嘱累品》十九。经文主要教示释迦本生修功德现成佛，人们赞佛功德获功德，受持、读诵、宣法、令于人间不得绝，得佛护佑，消灭诸罪，令得安稳。《〈金光明经〉忏悔灭罪传》宣传造《金光明经》卷四，能免杀生罪，解怨得解脱。这又反映了重修功德主的功用思想。

三、结语

石窟开窟造像其宗旨在于福田利益；洞窟大小，造像壁画多少，在于窟主财力和窟主（及指导者）对佛教的认知。窟内题材丰富内容广泛，具有礼拜、忏悔、宣讲、续命等功用，禅观只其一。又，一经所教多缘因，随机得应不相同，笔者尽力详察，唯恐有悖窟主初衷，所言或有不妥，敬请方家指正。

（原载于《敦煌学辑刊》2014 年第 1 期）

麦积山127窟《西方净土变》中的“建鼓”考释

孙晓峰

绘制于麦积山第127窟右壁大龛上方的《西方净土变》是中国北朝时期保存最完整的大型经变画之一，画面正中佛说法图下方绘有一组乐舞场景：正中殿内绘一佛二胁侍菩萨。台基之下，两阙之间有一支由12名舞乐伎组成的乐队正在表演。两侧各4名乐伎，呈八字形分别跽坐于地毯上，演奏着各种乐器。这组图像中最引人注目的是乐队正中放置的一架装饰华丽的大鼓，它的底端为十字形支架，其上植一楹杆，穿鼓而过，鼓身彩绘卷云纹，楹杆顶端饰双层圆形华盖，四周饰垂幔，边沿等距饰莲花宝珠，下层华盖还垂有四缕流苏璎珞，装饰精美，在鼓的两侧各绘一舞伎扭腰挥臂，手持木槌，做击打状。其后又各绘一舞伎，正翩翩起舞。乐队正中的这架鼓，即我们通常意义上所谓的建鼓，它在画面中占据着醒目位置。对于其图像来源、性质和功能的分析和讨论，十分有助于第127窟壁画内容的解读，谬误之处，敬请指正。

一、第127窟“建鼓”的图像分析

在南北朝时期的龙门、云冈、敦煌、麦积山等石窟的造像和壁画内容中，手持各种乐器的伎乐或飞天形象并不少见，但这些图像中所表现的乐器主要以西域乐器为主，中原传统乐器并不多见，特别是作为中国上古时期重要乐器的建鼓，出现在佛教经变图像中，据笔者所见，仅此一例。因此，它对于探讨和研究外来佛教思想与中国传统文化相融合的历史过程具有一定参考价值。

建鼓在中国有着悠久的发展和演变历史，关于建鼓起源的具体时间目前已无从可考，但根据古代文献记载，至少在公元前12世纪的殷商时期已经出现。至于当时建鼓的实物形象，我们已不清楚，西周时期的建鼓样式仅从个别图像资料中可窥其端倪，如河南汲县山彪镇出土的水陆攻占纹铜鉴表面就刻划有一架建鼓，楹杆较长，顶部饰两根羽葆，底座上斜插一钲，鼓者立于一侧，双手各持一槌，做击打状①；春秋战国以后，各种传世实物以及反映建鼓的图像资料大量出现，这一时期的青铜器、漆器、帛画等文物上都发现有不少建鼓图像。考古发掘中也发现有建鼓实例，如陕西韩城梁带村两周墓

---

① 郭宝钧：《山彪镇与琉璃阁》，北京：科学出版社，1959年，第21页，图11。

葬群 M27 中的漆木建鼓①，湖北战国时期曾侯乙墓出土的枫杨木质建鼓等②。两汉时期，建鼓广泛见于当时社会的雅、俗音乐之中，在祭祀丧葬、典礼册封、出行卤簿、宴饮娱乐、歌舞百戏等各种社会活动中都能看到建鼓，而且还形成了舞姿优美、内容丰富，颇具“形、神、劲、律”的建鼓舞。分布范围包括河南、山东、陕西、湖北、四川、江苏、内蒙古等众多省区，并形成了各具地域特色的建鼓样式和风格，这一时期建鼓图像资料主要见于画像石。除诸多实物资料外，相关文献记载也十分丰富，如《仪礼注疏·大射第七》载：“建鼓在阼阶西，南鼓。应鼙在其东，南鼓。”郑玄注曰：“建犹树也。以木贯而载之，树之跗也，南鼓，谓所伐面也。应鼙，应朔鼙也，先击朔鼙，应之。鼙，小鼓也。在东，便先击小后击大也。”贾公彦在文中又转引《明堂位》云：“‘殷楹鼓，周县鼓。’注云：‘楹为之柱贯中上出也，县，县之于簨虡也。’此云以木贯而载之，则为之柱贯中上出，一也。周人县鼓，今言建鼓，则殷法也。”③《左传》载：“日旰矣，大事未成，二臣之罪也。建鼓整列，二臣死之，长幼必可知也。”孔颖达注疏中称：“建，立也。立鼓击之与战也。”④《国语·吴语》：“十旌一将军，载常建鼓，挟经秉枹，以万人以为方陈。”韦昭注：“鼓，晋鼓也。《周礼》‘将军执晋鼓’，建，谓为楹而树之。”⑤

通过上述实物、图像及文献记载，我们大致可以对先秦、两汉时期的建鼓样式有一个初步了解，其最主要特征就是“以木贯而载之”，即用木杆使鼓悬在空中，下有底座，顶端有装饰物。从相关图像和实物资料中我们也能看出，汉代以前的建鼓底座多为龙、虎、怪兽等象形图案，顶端装饰也相对简单，以宝盖、枝蔓等加以装饰，有的还垂饰数缕飘带。而建鼓的具体样式，则不一而论，十分复杂，有的相对简单，有的与麦积山第 127 窟中的建鼓没有太大区别。从现存图像资料和考古发掘情况看，汉以前建鼓多数与数量不同的钲配合使用。这种现象可能与建鼓不同的使用功能和性质有密切关系。

魏晋时期社会动荡，中国陷入南北分裂状态。进入一个民族大迁徙、大融合的历史阶段，秦汉以来形成的传统中原礼仪文化受到前所未有的破坏和挑战，建鼓也走向衰落。这一时期见于图像的建鼓或考古材料都很少，可能与战乱频繁有很大关系。但从文献记载看，当时建鼓与编钟、编磬、镈钟等仍是各种祭祀活动中的主要乐器，被安置于殿堂内四角：“设建鼓于四隅，悬内四面，各有柷敔。……每一镈钟，则设编钟磬一虡，合三十六架。植建鼓于四隅，元正大会备用之。”⑥ 北方胡族政权也大致如此：“齐神武霸迹肇创，迁都于邺，犹曰人臣，故咸遵魏典。及文宣初禅，尚未改旧章。宫悬各设十二镈钟，于其辰位，四面并设编钟磬各一簨虡，合二十架，设建鼓于四隅，郊庙朝会同用之。”⑦ 可知建鼓依然是北魏宫廷祭祀雅乐的重要乐器之一。

---

① 陕西省考古研究院、渭南市文物保护考古研究所、韩城市文物旅游局：《陕西韩城梁带村遗址 M27 发掘简报》，《考古与文物》2007 年第 6 期。

② 谭维四：《曾侯乙墓》，北京：文物出版社，2001 年，第 97～98 页。

③ ［汉］郑玄注，［唐］贾公彦疏：《仪礼注疏》，北京：北京大学出版社，1999 年，第 301 页。

④ 李学勤：《春秋左传正义（下）》卷五十九《哀公十三年》，北京：北京大学出版社，1999 年，第 1670～1671 页。

⑤ ［清］高士奇：《左传纪事本末》卷五十一《勾践灭吴》，北京：中华书局，1979 年，第 787 页。

⑥ ［唐］魏徵等撰：《隋书》卷一三《音乐志上》，北京：中华书局，1973 年，第 291～292 页。

⑦ ［唐］魏徵等撰：《隋书》卷一四《音乐志中》，北京：中华书局，1973 年，第 313 页。

东晋画家顾恺之《洛神赋图》中就有这样一幅建鼓图像：画面之中，头戴高冠，身穿袍服的河伯冯夷双手各持一木槌，正奋力击打一面建鼓。鼓底座呈十字形，雕饰卷云纹，上覆一方形木块，正中一圆洞，内插楹柱，其上横置一大鼓，楹柱穿鼓腔而过。鼓腹部略凸，通体髹黑漆，两端饰白色蒙皮。大鼓腹部竖向缚一条带子，两侧各扎束一面小鼓，横向放置，腹部凸起，通体髹红漆，两端饰棕色蒙皮。大鼓上方饰华盖，带有莲瓣装饰的垂幔接近鼓面，华盖顶端红缨之上立一翔鹭，红缨之下四角各对称饰一条流苏飘带。出土于江苏丹阳金山村南朝陵墓的砖画骑马鼓吹图中，乐队最前的一名伎乐手持一只建鼓，系竖形扁鼓，手柄穿鼓而过，顶端饰双重圆形华盖，上方立一小鸟，扁鼓下方可见垂有一面圆形小鼓①，值得注意的是，乐队背后壁面上还浮雕有莲花忍冬、摩尼宝珠等佛教图像符号，两者组合在一起，某种程度上表达出了墓主的丧葬观念。

上述南北朝时期为数不多的建鼓图像和文献资料表明，这一时期建鼓的功能和性质在社会活动中仍具有多样化特征，与汉代并无二致，而且还出现了与外来佛教符号混合的现象，说明当时佛教许多观念已经深深融入人们日常生活之中。这种情况下，开凿于西魏时期的麦积山第127窟出现具有中国传统文化内涵的建鼓图像也就成为一种合理现象。

第127窟西方净土变中的这架建鼓只是单独一架贯木悬空的大鼓，与四川彭县汉代画像砖中的建鼓有些类似，却不同于《洛神赋图》建鼓中大鼓两侧还各缚一只小鼓的做法。但鼓的底座为十字形木构支撑，除装饰上没有《洛神赋图》中建鼓那么精致外，两者之间还是有共性的。丹阳金山村南朝陵墓中类似扁鼓样式建鼓的出现又说明南北朝时期建鼓样式与先秦两汉时期已有很大差别，先秦时期的建鼓主要与钲配合使用。而从《仪礼·大射》记述中可知，汉代的建鼓、应鼙二鼓是一种并列关系，只不过是有大小之分，乐手在击打时有一个先小鼓、后大鼓的演奏顺序。《洛神赋图》中的建鼓却变成了完整的一大二小三只鼓的组合体，这种演变过程从河南、湖北一带出土的带建鼓图像的画像石中大致可知，不再赘述。而麦积山第127窟中出现的这幅建鼓图像绘于西魏，根据《隋书》关于北朝祭祀乐器礼仪的记述，它应是北魏宫廷乐器中建鼓样式的真实反映，与当时南朝盛行的建鼓样式有所差异，与毗邻四川地区的建鼓有一定关系。至于其顶部装饰双重圆形饰莲瓣宝盖的做法则是融合了部分佛教图像符号特征的一种表现。

二、第127窟建鼓的功能和作用

从第127窟这幅壁画内容上看，可以肯定它是一组以建鼓为中心的乐队图像，建鼓位于整个乐队核心位置，配合其演奏的乐器包括扁鼓、钹、腰鼓、胡角、竖琴、箜篌、笙和筚篥。佛国世界中，以伎乐做供养的方式佛经中已有记载，如《莲华经传记》转引鸠摩罗什语："若欲如说供养经卷，须依经说，略备十种供具。一华二香三瓔珞四抹香五涂香六烧香七幡盖八衣服九伎乐十合掌。"② 可见伎乐

① 中国美术全集编辑委员会编：《中国美术全集·绘画编1·原始社会至南北朝绘画》，北京：人民美术出版社，1986年，第131页。

② 《大正藏》第51册，第95页。

也是其中供养之一。唐道世编撰《法苑珠林》称："《百缘经》云：昔佛在世时，舍卫城中有诸人民，各自庄严作唱。伎乐出城游戏至城门中，遇值佛僧入城乞食，诸人见佛欢喜礼拜，即作伎乐供养佛僧，发愿而去。佛即微笑语阿难，言此诸人等，由作伎乐供养佛僧，缘此功德，于未来世一百劫中不堕恶道，天上人中最受快乐；过有百劫后，成辟支皆同一号，名曰妙声。以是因缘，若人作伎乐供养三宝，所得功德无量无边，不可思议。故《法华经》揭云：若使人作乐，击鼓吹角贝，箫笛琴箜篌，琵琶铙铜钹，如是众妙音，尽持以供养，皆已成佛道。"① 正由于伎乐供养能使信徒得到许多福祉，因此，手持各种乐器的天宫伎乐频见各种魏晋南北朝时期的佛教图像中。如新疆克孜尔第 14、23、30、38 窟，库木吐喇第 46、63 等窟龛中都保留有许多类似内容②，敦煌石窟的伎乐图中各种乐器则更为丰富，据统计共有 44 种 4000 多件，但建鼓出现较晚，也不见于乐队的乐器组合之中，仅晚唐时期的《劳度叉斗圣变》中绘有建鼓与钟对置图案③，应该是中原地区影响的结果。云冈石窟保存有乐器图像的窟龛多达 22 个，涉及乐器 600 多件。主要见于分布在天井、明窗、窟龛近顶部和佛教故事画里浮雕的伎乐天手中，种类包括各种鼓、钹、琵琶、阮咸、箜篌、觱篥、笛、箫、埙、笙、法螺、角等④。龙门石窟也保存一定数量的伎乐图像，如弥勒龛主尊背光、古阳洞南北壁上方、宾阳中洞和宾阳北洞窟内顶部等均浮雕有伎乐天，由于残损乐器多已无法辨识，仅孝昌三年（527 年）皇甫公窟门楣及窟内顶部浮雕伎乐天所持乐器保存较好。可辨者有琵琶、排箫、横笛、笙等⑤。开凿于北魏晚期的巩县石窟第 1、3、4 窟内四壁底部浮雕供养伎乐中也保留有不少乐器图像，种类有琵琶、阮咸、箜篌、琴、瑟、竽、排箫、横笛、觱篥、法螺、羯鼓、腰鼓、磬、钹等⑥。上述中原地区石窟寺伎乐图像中均未发现建鼓，表明北魏时期建鼓尚未被吸纳入佛教乐器之中。据《洛阳伽蓝记》载，当时洛阳许多寺院都有乐舞、百戏等演出活动，以此吸引信众。如景乐寺"至于大斋，常设女乐，歌声绕梁，舞袖徐转，丝管嘹亮，谐妙入神。以是尼寺，丈夫不得入。得往观者，以为至天堂"。景明寺"于时金花映日，宝盖浮云，旛幢若林，香烟似雾，梵乐法音，聒动天地"⑦。这些盛行于北魏晚期洛阳地区的佛寺乐队的乐器构成不是十分清楚，但主要以吹奏弹拨类乐器为主，也兼有一些小型打击乐器，以利于巡游观像，说明北魏晚期已出现专门的佛教乐队。

通过南北朝时期石窟壁画中天宫伎乐图像内容，可以看出，随着北方少数民族的内迁和佛教的传播，佛教音乐逐步进入人们日常生活。琵琶，觱篥、箜篌、钹、角、羯鼓、腰鼓、答腊鼓等西域乐器开始融入中国传统乐器组合之中，与琴、瑟、箫、笛、筝、笙、埙、钟、磬、鼓、阮咸、拍板等共同构成丰富多彩的乐器世界。北魏早、中期时，伎乐形象主要出现佛教窟龛的顶部或造像碑背项光处，

---

① ［唐］道世：《法苑珠林》卷三十六《叹赞篇·音乐部》，上海：上海古籍出版社，1991 年，第 287 页。

② 周菁葆：《新疆石窟壁画中的乐器》，《中国音乐》1985 年第 2 期。

③ 郑汝中：《敦煌壁画乐器分类考略》，《敦煌研究》1988 年第 4 期。

④ 林莎：《云冈石窟乐器图像补正与辨识》，云冈石窟研究院编：《2005 年云冈国际学术研讨会论文集·研究卷》，北京：文物出版社，2006 年，第 659~674、673 页，图 21。

⑤ 李文生：《龙门石窟北朝主要洞窟总叙》，龙门文物保管所、北京大学考古系编：《中国石窟·龙门石窟》（一），北京：文物出版社、东京：平凡社，1991 年，第 265~280 页。

⑥ 刘洪淼、傅慧翠：《浅谈巩县石窟寺的伎乐雕刻》，《中原文物》1994 年第 1 期。

⑦ 范祥雍：《洛阳伽蓝记校注》，上海：上海古籍出版社，1978 年，第 52、133 页。

以示美好的佛国天宫世界。北魏晚期，随着佛教世俗化加剧，出于宣讲佛教义理和吸引信众的需要，一些大型寺院开始出现专职乐队，僧侣们在乐器组合和选择方面既要兼顾到佛教内容的需要，又要考虑到世俗信众的喜好和习惯，因此必然受到中国传统音乐形式影响。建鼓作为带有鲜明中原文化特征的乐器，经过先秦、两汉至魏晋时期的发展和演变，已经融入汉民族音乐文化中，无论其本身所具有的宗教礼仪功能，还是它的体量和演奏效果，均能满足指挥整个乐队的需要。所以，开凿于西魏时期的麦积山第127窟《西方净土变》中出现以建鼓为中心的乐队也并非偶然现象，应该是当时佛教世俗化和中土化的具体反映。

麦积山地近当时西魏国都长安，所在的秦州又是西魏政权经营巴蜀、陇右的交通要道和军事重镇。第127窟本身的规模和造像、壁画内容等都表明它非同一般的地位和身份，如正壁龛内石雕坐佛背光上浮雕的12身姿态各异的伎乐飞天，所持乐器包括腰鼓、钹、胡角、排箫、筚篥、长笛、笙、筝、阮咸等，雕刻精美，栩栩如生，体现出高超的工艺水平。这两组分属于壁画和造像的伎乐图像本身就蕴含着一些全新的时代气息，包括这幅《西方净土变》在内的麦积山第127窟四壁及顶部的大幅经变和本生故事画并不见于中国北朝石窟寺，它应该是当时佛教寺院壁画的摹拟和反映，而以建鼓为中心的乐队的出现也可以看作是一种外来佛教文化与中国传统礼器融合的具体表现。

麦积山第127窟西方净土变中建鼓表面彩绘的云气纹也有其特定含义，在中国传统文化研究学者看来，云气这种具有明显中国道家思想的符号不仅是仙人的交通工具，也是天人沟通的媒介，更可以看作是神、人沟通的管道，天神的旨意需通过此管道传达，反之，人的意愿也需通过它表述给上天，故云气具有一种双向交流的管道作用，充分反映出民间思想中将气与天相连的普遍观念①。而鼓作为中国最古老的传统乐器之一，它与古人的自然崇拜和祖先崇拜思想有密切关系，是人们祭祀天地鬼神和祖先的重要乐器，《旧唐书·音乐志》载："鼓，动也，冬至之音，万物皆含阳气而动。雷鼓八面以祀天，灵鼓六面以祀地，路鼓四面以祀鬼神。"② 故通过神奇的建鼓鼓声就可以将人的意愿传达给天。在同时期佛教乐器图像中也仅此一例，所反映内容又是西方净土世界，可见创作者有意将中国传统文化中建鼓的功能和含义运用到佛教图像中去，以期向释尊表达伎乐供养和往生西方净土的信念，也是外来佛教艺术中国化、世俗化的一种表现。结合这幅净土变里还绘有许多僧俗信众形象，似乎也暗示着当时建鼓在民间音乐中可能已经运用。

三、余论

建鼓作为中国传统文化中具有特殊含义的乐器，其性质又与佛教弘法观念具有高度一致性。随着北魏末年以来菩提流支、昙鸾一系净土思想的盛行，相对简易的修行法门使其社会基础迅速扩大。从宗教意涵分析，源于远古时期的建鼓名称繁多，又具有想象力，广泛为中世纪世俗各界所认同和接受。在佛教徒看来，鼓不仅是一种乐器，其形状与落日又非常相近，《观无量寿经》载："……想于西方，

① 刘晓明：《"建"的文化学意义与建鼓的来历》，《中国典籍与文化》2001年第4期。

② ［后晋］刘昫等撰：《旧唐书》卷二九《音乐二》，北京：中华书局，1975年，第1078页。

云何作想，凡作想者，一切众生自非生盲，有目之徒皆见日没，当起想念。正坐西向谛观于日，令心坚住，专想不移，见日欲没，状如悬鼓。既见日已，闭目开目，皆令明了，是为日想，名曰初观。……次作水想，想见西方一切皆是大水，见水澄清，亦令明了，无分散意，既风水已当起水想。……悬处虚空成光明台，楼阁千万百宝合成，于台两边各有百亿花幢无量乐器，以为庄严。八种清风从光明出，鼓此乐器，演说苦、空、无常、无我之音，是为水想，名第二观。"① 从这段经文可知，十六观中的日想观要求往生西方净土的信众首先要观想落日，而日落景象与悬鼓的样子很相似。表明佛教净土绘画中出现悬鼓与观想落日具有相同意义。关于建鼓与悬鼓之间的关系，《册府元龟》载："一曰建鼓，夏后氏加四足，谓之足鼓。殷人柱贯之，谓之楹鼓。周人悬，谓之悬鼓。近代相承，植而贯之，谓之建鼓，盖殷所作也。"② 可见在古人看来，建鼓尽管名称不同，但主要特征就是悬在空中。十六观中的水想观描述里也有诸多无量乐器，并说鼓此乐器，就能发出苦、空、无常、无我之声。这些空泛的、充满想象力的语言，在画师笔下，为让信众易于了解，将其绘制成画面视觉焦点上以鼓为中心的乐队，无疑是一种很好的表现方式。因此，笔者认为麦积山第 127 窟西方净土变中的建鼓不仅是佛教乐队的灵魂和中心，还可以诠释为《观无量寿经》中观想场景的具体表现。

（原载于《考古与文物》2014 年第 3 期）

① 《大正藏》第 12 册，第 342 页。

② ［宋］王钦若等编纂，周勋初等校订：《册府元龟》卷五百六十九《掌礼部 · 作乐第五》，南京：凤凰出版社，2006 年，第 6537 页。

北朝时期麦积山石窟雕像艺术研究

王亦慧　陈　平

引　言

石窟雕像艺术与时代、地域有着密不可分的联系。在研究石窟雕像艺术样式流变的特征中，必然包含对区域性特征的研究，因此对于石窟雕像艺术区域性特征的研究，已经成为一个重要的课题研究方向。北朝时期的石窟雕像艺术，是我国历史中成就显著的一个艺术发展阶段，该时期的各石窟雕像都有着鲜明的区域性特征，其中麦积山石窟的雕刻艺术在我国雕像历史发展过程中，具有重要的学术价值，其艺术样式流变具有鲜明的区域性特征。

一、麦积山石窟雕像艺术的地域环境分析

麦积山石窟位于我国甘肃省天水市东南陇山群峰之中，这里层峦叠翠、景色静幽、山川秀丽、远离尘世，环境极为安静雅致，是古代僧侣进行禅修的上佳之地。麦积山的山形奇特，高峻入云，酷似农家麦垛，故有此名。北朝时期，天水毗邻长安，向东与中原和江南地区相通，向西与少数民族地区青藏、新疆相接，是我国古代丝绸之路南线的必经之地。我国汉唐时期经济繁荣昌盛，国内经济交往以及与国外之间的交往都呈现出繁荣的景象，商旅东西南北的往来使甘肃天水日渐成为交通要道，位于古丝绸之路更让天水地区对历史的发展和东西方之间的经济文化交流起到了重要的作用。麦积山正处于这一交通要道上，也正是处于这样的地理位置环境中，麦积山逐渐发展成为重要的佛教圣地，佛教在此流传了相当长的历史时期，至今甘肃天水的佛教文化都是十分深厚的，甘肃天水的麦积山更是成了佛教文化和艺术的集中地。石窟雕像艺术就是佛教文化艺术的重要表现形式之一，麦积山的石窟雕像艺术是多种地缘文化的相互融合的产物，具有独特的区域性特征。

此外，麦积山石窟雕像艺术样式的流变也受到历史文化的巨大影响。北朝时期，我国的古代雕塑文化逐渐达到巅峰。汉代佛教文化开始传入中国，佛教艺术也开始在中国兴旺发展，佛教文化艺术的传入与本土文化的结合，使得北朝时期的石窟雕像艺术呈现出了繁荣的景象。麦积山石窟雕像艺术包含了中国本土文化对佛教文化的理解和对佛教造像艺术理念的再认识，不仅融入了中国匠师的个人情感和创作手法，也融入了中国本土文化中，受儒家、道家政治思想所影响的诸多人文要素。

二、北朝时期麦积山石窟雕像艺术样式流变类比

考察石窟雕像艺术样式流变的区域性特征，必然要选择在空间有差异性的地区进行比较，才能凸显地域特征。将麦积山石窟与敦煌石窟作类比，具有以下特征：两处石窟地域相差千里，在地理环境和自然环境上都有较大的差别，且石窟的创作处于相同时代，同为来自中原长安、洛阳的皇室成员作为功德主①，在他们的影响下兴建并名扬后世，因此符合进行研究对比的条件。从这两处石窟雕像的样式对比分析，可彰显石窟的区域性特征。

（一）石窟建筑形制的对比

佛教石窟起源于印度，所谓“窟”是指僧侣和信徒从事佛事活动的洞窟，在佛教文化中，把专门供奉佛、菩萨像的台柜称之为“龛”，也叫作佛龛。印度传统的石窟主要有两种形制：一是为僧侣修行而开凿的僧房和精舍，名为毗诃罗窟；二是供僧人和佛教徒绕塔巡礼供奉的塔庙和舍利殿，名为支提窟②。这两种洞窟都是封闭式的，支提窟塑有塑像和以佛经故事为内容的壁画。石窟内的雕像是洞窟建筑形制与洞窟的内容所传递思想的集中表达，石窟与造像之间存在形式与内容的统一关系。

以麦积山石窟第127窟为例，在建筑形制上是长方形的盝顶，作三壁三龛式，同时以雕刻绘画帐形表现窟顶，这样的建筑形制使得整个洞窟散发出庄重辉煌之感，这缘于当时的麦积山具有繁华的区域特征。作为甘肃地区的石窟代表，麦积山石窟具有甘肃各地石窟的共同特点，即：石窟距离城镇较远，地处风光秀丽的山谷中间，位于人迹稀少的地区，选择这种僻静的地区修造石窟寺庙，有利于佛教艺术文化的修行与传播。

以敦煌莫高窟第285窟为例，该洞窟是方形主室覆斗顶窟，南北二壁各开四小龛，表现其作为禅窟的性质，同时主室中间设一方形小坛，又体现该洞窟作为当时莫高窟最早出现的一处戒坛的可能性③，该洞窟在富丽上的表现力与麦积山第127窟比较，存在明显的差距，莫高窟的洞窟体现了禅窟和戒坛的佛学特质，也是敦煌区域特殊的精神特征，或者说，这是敦煌当地受魏晋以来本土民俗文化墓葬传统的建筑模式的影响所致。

（二）雕像艺术的对比

北朝时期麦积山石窟雕像艺术的风格主要体现为“褒衣博带”式的造像艺术样式，麦积山第127窟是此种样式雕像艺术的典型代表窟。在该窟内现存有三壁造像，正壁和两侧塑像均为石刻造像，正壁是一尊佛像和两座菩萨，都是高大精美的石雕，中间的佛像甚至高达1.69米④，以当今的眼光看，

---

① 王霞：《从魏晋南北朝时期石窟壁画题材的演变看佛教美术的本土化过程》，《大众文艺》2010年第19期。

② 沙武田：《北朝时期佛教石窟艺术样式的西传及其流变的区域性特征——以麦积山第127窟与莫高窟第249、285窟的比较研究为中心》，《敦煌学辑刊》2011年第2期。

③ 董书兵：《北朝时期麦积山雕塑造型研究》，《雕塑》2010年第3期。

④ 魏华：《浅析麦积山石窟泥塑造像的时代美》，《新西部（下半月）》2009年第4期。

在北朝时期，这无疑是一项巨大的工程，彰显着建造者的雄伟气魄。与麦积山石窟雕像风格相似的，还有在中原地区发现的与之类似的石窟造像，这些石窟佛像的表情、神态、服饰雕刻的手法都有相似之处。经过历代专家学者研究证明，天水麦积山的石窟雕像艺术，与中原佛教艺术风格有着密切的联系。天水麦积山石窟的雕像应当是出自中原地区的能工巧匠之手，而麦积山第127窟雕像人物绘制精美，服饰富丽，形成了具有麦积山石窟雕像艺术风格的独特艺术样式。具体表现在以下两个方面：

首先是麦积山石窟雕像头部的塑造，在北朝的不同时期有着不同的特征，从北魏到西魏再到北周，雕像的头部造型风格也不断在改变，从早期受到十六国和西域风格的影响，到北周受到民间世俗文化的影响，造像的处理手法受地域文化的影响越来越深。尤其表现在佛像头部造型的特征处理上，其样式的变化，表明了当时麦积山所属的甘肃地区受佛教文化影响的程度，佛教文化艺术区域性的传播，对麦积山石窟雕像的头部造型特征产生了深刻的影响。但也有学者认为，麦积山石窟雕像头部造型特征的流变，从地区性方面分析，其特征相对不太明显，但这种风格的流变恰好更具有时代性特征。

其次是麦积山石窟雕像的服饰特征，在所有的佛教雕像中，佛、菩萨、弟子等的服饰造型十分丰富，同时也体现着不同时代和不同地区佛教造像中服饰的特征。在北朝时期，由于统治阶级推崇汉文化，在石窟雕像的服饰上也有了汉化的特征。总之，在北朝时期，中国已经形成了以洛阳为中心的广大地区石窟雕像的中原式新风格，这种新风格也体现在麦积山石窟佛教造像中。与此同时，麦积山地处丝绸之路的要道，受到中原和西域文化的影响，在雕像的服饰样式上也形成了融合性的特征，在服装样式和造型手段的变化中，能够看到样式流变的较为明显的地域性特征。

（三）麦积山石窟雕像的材料和制作工艺的地域性特征

1. 石窟雕像的材料

由于麦积山石窟位于砂砾岩崖壁之上，不利于雕像的开凿，因此主要是由石胎泥塑、泥塑、石雕、木雕等组成，从麦积山石窟大多数雕像的材质来看，以泥塑雕像居多。麦积山当地盛产胶泥和料浆石，塑像多由这些材料经过加工而制成，加工方法如下：将8~10厘米长的稻草、麦草或麻筋等按照一定的比例，分批混入泥中进行搅拌，也可以用脚踩踏。加工过程中，材料配比十分重要，泥浆和稻草的比例要适中，泥浆多则不容易干，完全干以后则会发生较大的收缩变形；泥浆过少则难以将泥和草进行粘连，过多的稻草也会导致塑像成形后出现表面粗糙的问题。因此，麦积山石窟雕像的材料选用具有明显的区域性特征。

2. 石窟雕像的制作工艺

在工艺制作技法上，主要是以泥塑为主，这是由于麦积山石窟开凿在砾岩上，不易进行雕刻。麦积山地区地处半干旱地区，泥塑像干后会出现不同程度的干裂问题，因此修补和打磨也是一项很重要的环节。麦积山石窟雕像艺术的最后一道工序是彩绘，在泥塑像表面刷白衬底，然后敷彩，再刷胶矾水，从而起到坚实泥塑的作用①。

无论是制作的材料还是制作的方法，都是与麦积山当地的区域条件和特色相符合的，这也充分展

① 魏华：《浅析麦积山石窟泥塑造像的时代美》，《新西部（下半月）》2009年第4期。

示了麦积山石窟雕像艺术样式的地域性特征。

由敦煌当地的匠师所完成的敦煌莫高窟，造像风格也受中原佛教文化影响，同样具有中原文化审美追求中“秀骨清像”的艺术风格与样式，但是与麦积山的第127窟相比，却更显朴素，服饰塑造样式也更加简洁，这也是北魏时期敦煌佛造像独有的艺术特色。

三、结论

麦积山石窟的洞窟和雕像是一体化的，佛教雕像艺术样式的研究必须结合洞窟建筑形制加以分析。麦积山石窟佛教造像风格样式的流变，在我国的佛教文化历史研究上占有重要的学术地位，其中有很多风格个例都可以被称得上是中国古代石窟雕像艺术的原创样式，成为石窟文化雕刻艺术的典型性代表之作。

（原载于《雕塑》2015年第1期）

陇右两处北朝跪姿维摩诘图像考

王一潮　田　浩

藏于甘肃省博物馆的庄浪卜氏石造五级佛塔，高 206 厘米，四面雕刻有二十幅浮雕，与麦积山第 133 窟 10 号造像碑（碑高 155 厘米，宽 76 厘米，厚 9 厘米）所表现的题材基本相同，都塑造了佛陀本生和佛传故事。塔、碑都有文殊问疾维摩诘对坐部分，跪坐姿相同，且冠服极为相近。庄浪卜氏石造五级佛塔，石块之间无榫接关系，应镶嵌屋檐形石材。中国高层楼阁建筑是很传统的，佛教传入之时，融合了这种传统，创造了楼阁式佛塔建筑样式①。麦积山第 133 窟 10 号造像碑为扁体形状，在一面雕刻浮雕。这两处维摩诘符合罗宏才先生所划分的"四面体柱状"造像碑和"扁体碑形"造像碑特点②，"四面柱状"造像碑仅限于相对整体一块石碑，卜氏造像塔称"塔"相对准确些。

维摩诘在帐内坐、卧于床榻，手执麈尾，与对面文殊菩萨辩论，这种组合形象现存许多石窟中，形式题材以壁画、浮雕为多见。从现存石窟的维摩诘造像来看，北朝时期维摩诘造像呈现多样化倾向，顾恺之在 364 年左右首创"清羸示病之容，隐几忘言之状"的维摩诘虽为美谈，然而其他的维摩诘造像各具特色，造像之间图像谱系相互交错，又相互影响，出现跪姿维摩诘为多种因素的结果。加之在研究维摩诘造像时往往有惯性思维，后凡有"卧疾"就必然与顾创造的维摩诘有关联，对此也有人提出质疑③。本文拟从陇右两处跪坐姿维摩诘来解读图像地域意义及民族化进程多样性特点。

一、陇右跪姿维摩诘与其他石窟维摩诘姿态比较

从现存造像来看，维摩诘图像大致分为两大类：坐姿与卧姿。其中以坐姿遗存居多，种类也相对

① 王元林：《北魏中小型造像石塔的形制与内容——以甘肃庄浪出土的卜氏石塔为中心》，云冈石窟研究院编：《2005 年云冈国际学术研讨会论文集·研究卷》，北京：文物出版社，2006 年，第 559~565 页。

② 罗宏才认为："扁体碑形"造像碑为附着中国本土传统碑刻形式并大胆吸收外来佛教文化的产物，一般趋同传统之碑之基本形制，有相对较高的等级；而"四面体柱状"造像碑则是佛教文化在逐渐东渐的过程中，不断吸收本土文化并与道教文化"相激相生"的产物，在碑体顶部、底部凿留石榫，以便与类同庑殿式的顶盖及方座凿卯相结合，雕凿者大多是中下层社会地位的文武官吏、土著乡豪以及相对殷实的自由民。罗宏才：《中国佛道造像碑研究——以关中地区为考察中心》，上海：上海大学出版社，2008 年，第 50~51 页。

③ 邹清泉认为："瓦官寺维摩画像必为前凭隐几的坐姿，是以炳灵寺第 169 窟北壁卧榻与立姿维摩、龙门宾阳中洞东壁背靠隐囊而卧的维摩像迹与瓦官寺维摩画像并无关联。"邹清泉：《虎头金粟影：维摩画像研究献疑》，《故宫博物院院刊》2010 年第 4 期。

繁多些，有踟趺坐、双膝跪坐、单腿跪姿、双腿垂地坐姿等（表一）。

表一　维摩诘姿态比较

坐姿	踟趺坐	云冈石窟第35-1窟西壁下层、龙门古阳洞北壁中层第3龛、麦积山第102和123窟维摩诘、天龙山石窟第3窟东壁南部中央浮雕维摩诘等
	双膝跪坐姿	庄浪卜氏石造五级佛塔、麦积山第133窟10号造像碑、上海博物馆藏石塔节残段、魏文朗造像碑、维摩诘线刻像
	单腿跪姿	龙门石窟慈香洞正壁左侧上部维摩诘像、莲花洞北壁内侧上部维摩诘
	双腿垂地坐姿	云冈第6窟南壁中层中部佛龛维摩诘像、甘肃秦安新化北周保定四年王文超造像碑
卧姿		炳灵寺石窟第169窟第11号龛壁画、龙门石窟宾阳中洞浮雕、禄文造像碑（甘肃省博物馆藏）、泾川水泉寺李阿昌造像碑（甘肃省博物馆藏）、王龙生等造文殊维摩诘石碑（上海博物馆藏）
立姿		炳灵寺石窟第169窟第10号龛壁画

维摩诘与文殊对坐普遍为：文殊在右，维摩诘在左。但是文殊在左，维摩诘在右的情况也较多，如陕西历史博物馆弥勒造像、安徽省博物馆上官僧度等造像碑（北齐）、龙门石窟古阳洞北壁中层第3龛内维摩诘像、六狮洞正壁左上部维摩诘像，云冈石窟也有此类的情况，共有八处①。维摩诘手持麈尾，高举在右则右手执，在左则左手执。冠服方面也体现维摩诘造像的多样性。邹清泉划分北魏坐榻维摩诘为胡服、汉服、头顶华盖、帷帐中的坐榻维摩②。云冈石窟中表现维摩与文殊对坐则以论法为场景，画面却均无雕床榻示疾境况③，麦积山现存北朝维摩诘有第102窟、第123窟，第133窟10号造像碑浮雕，第127窟壁画（图像漫漶，似双腿垂地坐姿）均为与文殊对坐形式，无卧榻示疾图像。龙门石窟中的维摩诘形象则相对多样，凭几④、囊，背略弯曲，或将一条腿支起⑤。云冈、龙门则不见如麦积山第133窟10号造像碑、卜氏石造五级佛塔中的跪姿维摩诘，可视为陇右地域一特色谱系维摩诘造像。

古人席地坐时则两脚脚背朝下，两膝着地，臀部坐在脚踵上，会客也是对别人尊敬。庄浪卜氏石造五级佛塔中的维摩诘与麦积山第133窟10号造像碑维摩诘同为此种跪坐姿，在现存维摩诘造像中为少见，且冠服特点极为相近。另外上海博物馆藏石塔节残段（高39厘米，出土不详）、魏文朗造像碑维摩诘线刻像（原图不清晰），造像塔、碑中有维摩诘与文殊对坐场景浮雕，同为跪姿，服装也有相似之处，可以作为同一谱系维摩诘造像体系。

---

① 张华：《云冈石窟中维摩诘和文殊菩萨造像的探讨》，云冈石窟研究院编：《2005年云冈国际学术研讨会论文集·研究卷》，北京：文物出版社，2006年，第249~250页。

② 邹清泉：《北魏坐榻维摩画像源流考释》，《敦煌研究》2010第4期。

③ 崔晓霞：《云冈维摩诘变相故事内容释读》，《文物世界》2012第2期。

④ 花洞北壁内侧下部维摩诘凭几、西安博物院藏西魏大统三年释迦弥勒四面砂石造像碑，有维摩诘凭几坐。

⑤ 门慈香洞、莲花洞维摩诘，另有庄申先生认为藏于大都会博物馆造像碑维摩诘坐姿为靠隐囊持麈尾箕踞，笔者认为有交脚形特点，此例少见。云冈第45窟南壁维摩诘像也似箕踞，左腿曲躺，左手凭几，右手持麈尾放在曲竖起的右腿上。庄申：《北魏石刻维摩变相图考：下》，《大陆杂志》1985第9期。

麦积山第 133 窟 10 号造像碑维摩诘与庄浪出土卜氏石造五级佛塔维摩诘头冠为同一造型，似为平巾帻类小冠，冠后部高，冠顶中间部位有个疙瘩，形状同于笄簪贯于发髻中，使冠固定，上海博物馆藏石塔节残段维摩诘冠相似于这种冠。这种小冠在麦积山北魏第 159 窟正壁右侧两例供养人头部出现。比较三尊维摩诘造像，上海博物馆藏石塔节残段维摩诘服饰与卜氏石造五级佛塔维摩服饰有相同之处，上衣短，交领，腰间束带，袖口大，似喇叭开张形，衣服纹理均平行纹。麦积山第 133 窟 10 号造像碑维摩诘服饰则为汉服，可见三尊维摩诘有借鉴世俗冠服的特点，更有意味的是这三尊都没有胡须，不像云冈、龙门的维摩诘普遍长髯。《维摩诘所说经方便品》记载维摩诘形象为："尔时毗耶离大城中有长者，名维摩诘，辩才无滞，智慧无碍，游戏神通。资财无量，摄诸贫民。示有妻子，常修梵行。虽服宝饰，而以相好严身。虽复饮食，而以禅悦为味。自念寝疾于床，以身疾广为说法。"这些特点使维摩诘成为一个在家修行的长者居士形象。文殊师利与"诸菩萨大弟子众，及诸天人恭敬围绕，入毗耶离大城"问疾，长者形象说明维摩诘年龄相对大。从现实生活中长者应有胡须推断，现存云冈、龙门、麦积山（第 102 窟维摩诘与第 123 窟维摩诘两腮原有用毛发插栽的胡须在 20 世纪七八十年代尚存数根，现仅留有许多细毛孔，两者下巴部均有相同波浪般的胡须小孔）维摩诘都有留须形象特点。但也有无胡须的情况，如炳灵寺石窟第 169 窟的彩绘于西秦建弘元年（420 年）壁画的两龛一卧、一立菩萨样的维摩诘，其实经中有对维摩诘称谓菩萨①。可能造像过程中注重"长者"特点，才会产生长髯维摩诘形象，注重菩萨者，则出现了"无须"的这几尊维摩诘造像。

二、床座之辨

云冈石窟现存有 30 余处文殊与维摩诘造像雕刻，有隔门对坐、同龛对坐、隔龛对坐、同亭对坐、（两）龛上并列对坐②。龙门石窟现存有 129 铺③，关于文殊与维摩诘辩法对坐座具的叙述，支谦译《维摩诘所说经诸法言品》记载："空室合座位一座。以疾而卧。见其室空除去所有更寝一床。"④ 鸠摩罗什译《维摩诘所说经文殊师利问疾品》："唯置一床以疾而卧。见其室空无诸所有独寝一床。"⑤ 文殊与维摩诘相见为"空室""卧疾""一床"的特点，室内无座。但在经中有坐师子座的情况，《不思议品》"舍利弗作是念：'斯诸菩萨大弟子众，当于何坐？'维摩诘知其意，并问文殊：'游于无量千万亿阿僧祇国，何等佛土，有好上妙功德成就师子座？'文殊师利言：'东方度三十六恒河沙国，有世界名须弥相，其佛号须弥灯王，彼佛身长八万四千由旬，其师子座，高八万四千由旬，严饰第一。'于是维

---

① 支谦译《维摩诘所说经·香积佛品》："于是维摩诘不起于座。居众会前化作菩萨。……维摩诘菩萨稽首世尊足下。敬问无量兴居轻利。……彼有菩萨名维摩诘。说上法语。"《菩萨行品》："佛语贤者舍利弗言。汝已见菩萨大士之所为乎。"另外在鸠摩罗什译本《维摩诘所说经》也有相同称谓，言辞略有出入。《大正新修大藏经·经集部一》，第 532~533 页。

② 张华：《云冈石窟中维摩诘和文殊菩萨造像的探讨》，云冈石窟研究院编：《2005 年云冈国际学术研讨会论文集·研究卷》，北京：文物出版社，2006 年，第 239~243 页。

③ 张乃翥：《龙门石窟维摩变造像及其意义》，《中原文物》1982 年第 3 期。

④ 《大正新修大藏经·经集部一》，第 525 页。

⑤ 《大正新修大藏经·经集部一》，第 544 页。

摩诘现神通力，遣三万二千师子座与文殊师利、诸菩萨上人俱坐。”① 庄浪出土卜氏石造五级佛塔维摩诘与文殊坐相同台面上，且台下部有莲瓣装饰，不合经中的“空室、卧疾、一床”的特点，有似同跪坐师子座。上海博物馆藏石塔节残段维摩诘文殊菩萨对坐同为“跪坐”姿，只是与卜氏造像塔相比左右互换，维摩诘在右方位，两尊同跪坐立体方形座，可视作师子座。

麦积山第133窟10号造像碑维摩诘则符合跪坐榻的特点，不似床，形状较小的“几”形坐具。床同“牀”，《说文解字》：“牀，安身之坐者。”② 又《释名·牀帐》：“人所坐卧曰牀。牀，装也，所以自装载也，长狭而卑曰榻，言其榻然近地也。小者曰独坐，主人无二，独所坐也。”③ 按照以上解释，此碑维摩诘跪坐器具相对小，又因独坐，麦积山第133窟10号造像碑维摩诘所坐符合“榻”的表述。由于经中各品因“场景”不同，因此在造像过程中，理解经义方面会有取舍的倾向特点，造像出现差异性是必然的。

《维摩诘经》有七种译本，现存三国吴支谦译《维摩诘所说不思议法门经》、后秦鸠摩罗什译《维摩诘所说经》和唐玄奘译《说无垢称经》多种译本，可见其在佛经中的地位。造像在本土化过程中不断吸收与适应汉人审美习俗，多种译本并存，译意出入偏差难免发生，造像者往往理解有不同形象的维摩诘，会形成多样化的维摩诘造像。麦积山第4窟有南宋绍兴二十七年（1157年）石刻题记“始建于姚秦，成于元魏，约七百余年”，断定第133窟10号造像碑维摩诘像可能不会早于姚秦时期，影响此碑维摩诘造像应为包括鸠摩罗什本及以前所有维摩诘经译本。张宝玺先生认为甘肃东部地区石刻造像多在北魏太和时期至北周时期，北魏晚期、西魏、北周隋代为成熟期④。庄浪卜氏石造五级佛塔应在这一时期内，有学者把两件定为北魏时期塔、碑，从图像判断两件年代差距不会太远，甚至属同一时期造像。

三、图像分析

维摩诘为“示疾”并非真疾，文殊师利问疾，从图像看卧躺体现有疾可能比较直观，可以理解为“假疾”的维摩诘会见文殊，跪姿是对文殊菩萨的尊敬。因此双腿跪姿维摩诘图像符合汉民族礼仪习惯特点，可视为民族化的一部分。这两尊维摩诘不同于云冈系、龙门系维摩诘，属于陇右或关陇系。因为紧邻关中的陇右，从地缘文化上长期受关中影响，长安又是这一时期的译经中心，造像模式会辐射影响近邻的陇右。石窟造像体现民族世俗生活基础，陈寅恪先生认为：“六朝维摩诘故事之佛典，实皆哲理小说之变相。假使后来作者，复号相仿效，其艺术得以随时代而改进，当更胜于昔人。……维摩诘故事之见于美术作品者，若杨惠之之所塑（凤翔天柱寺），即苏子瞻之所咏，今已不可得见。……

① 《大正新修大藏经·经集部一》，第546页。

② ［东汉］许慎：《说文解字》，北京：中华书局，1963年，第121页。

③ ［东汉］刘熙撰，［清］毕沅疏证，［清］王先谦补：《释名疏证补》，北京：中华书局，2008年，第195页。

④ 张宝玺：《甘肃佛教石刻造像》，兰州：甘肃人民美术出版社，2001年，第18~19页。

当时文化艺术藉以想象推知，故应视为非文字之史料。”① 这种“想象”必然有世俗生活的基础依据。对于传入国内的抽象佛经，义理阐发往往借用本土哲理解释。“以天竺之‘竹林’加于外典《论语》‘作者七人’之上而成‘竹林七贤’，亦格义的影响所致。晋孙绰制《道贤论》，又以天竺七僧比方竹林七贤，以法护匹山涛，白法祖匹嵇康，法乘匹王戎，竺道潜匹刘伶，支遁匹向秀，于法兰匹阮籍，于道隧匹阮咸，乃以内教的七道，拟配外学的七贤。”② 因此造像改造是有社会基础的。

维摩诘为佛教世俗化形象的代表，罗宏才认为：“外来的佛教艺术在早期主要是附着于中土文化的基础上得以繁衍生息，造像碑之所以充分利用传统碑、石图文形式来表解阐释佛教文化，在内容、形式上（如四面柱形式以及佛教图像与本土道教，传统减地雕技法，日、月、双鸟等图案设计等）所显现的部分图、文信息，与三国两晋出现佛陀与黄老并祀或置于陵墓，祈福免灾的现象在本质上是相通的。”③ 陕西耀县博物馆藏北魏始光元年（424 年）魏文朗造像碑融合佛教与道教，造像碑正面主龛两坐像，其一着汉式双领下垂外衣，宽带束腰胸间；另一尊着通肩衣，右面衣袖下部敷搭左臂上，明显为这一时期佛造像。在碑的背面左侧龛有汉服的维摩诘图像，由于残缺，李凇先生对于是否“蓄须”和持扇，尚无太大把握。然而，维摩诘的形象发展到后来，已经普遍脱离印度菩萨的装扮，逐渐演变成一位睿智的、持扇的、长髯的中国文人④。图像尽管不清晰，但跪坐姿尚可辨别，头冠与庄浪卜氏石造五级佛塔中的维摩诘、麦积山第 133 窟 10 号造像碑维摩诘、西安博物院藏西魏大统三年（537 年）释迦弥勒四面砂石造像碑中维摩诘头冠相似，且图像均无长髯胡须，此图像可以看作同一谱系图像。“无须”这个特点和炳灵寺石窟第 169 窟壁画维摩诘［西秦建弘元年（420 年）］相同。从上海博物馆藏石塔节残段维摩诘看，都有“无须”的特点，可以看出这一跪姿谱系共有特点。

四、结语

庄浪卜氏石造五级佛塔中的维摩诘与麦积山第 133 窟 10 号造像碑维摩诘同为汉人跪坐姿，一方面是适应民族化进程中的阶段部分，另一方面可视为图像谱系地域性多样化的其中一支“流风”。出现有蹦趺坐、双膝跪坐、单腿跪姿、双腿垂地坐姿，还有胡服、汉服、头顶华盖、帷帐中的坐榻维摩诘，产生原因是复杂的，体现了多民族共同参与创造。造像过程既有对经文内容耳熟能详的把握，也有对图像谱系的取舍，寺院主持们也有可能会按照经文或图式“意解”所造形象指导造像者，包括在雕凿过程因石材意外破损而改造所塑造的形象，因此谱系多样化是必然的。

（原载于《天水师范学院学报》2015 年第 1 期）

① 陈寅恪：《敦煌本维摩诘经文殊师利问疾品演义跋》，《金明馆丛稿二编》，北京：三联书店，2001 年，第 209~210 页。

② 万绳楠整理：《陈寅恪魏晋南北朝史讲演录》，合肥：黄山书社，1987 年，第 63 页。

③ 罗宏才：《中国佛道造像碑研究——以关中地区为考察中心》，上海：上海大学出版社，2008 年，第 77 页。

④ 李凇：《北魏魏文朗造像碑考补》，《文博》1994 第 1 期。

麦积山石窟第127窟造像壁画思想研究

项一峰

麦积山石窟北魏时期的第127窟①，是麦积山现存大型洞窟之一，也是现存洞窟中壁画最多的洞窟，窟内造像壁画题材众多，内容丰富，且保存较为完好，一直以来得到国内外众多专家学者的关注，有关研究成果颇多，其中不少论文涉及造像壁画题材的内容及思想，也存在不同的看法②。但是，关于此窟造像壁画题材的内容思想，全面综合系统的研究还没有。本文在前有研究的基础上，尝试在这一方面作一探讨。

一、第127窟造像壁画题材布局

第127窟，是一个平面呈横长方形，窟顶覆斗式，覆斗各边沿凿出仿木构建筑的梁架结构。窟内正、左、右三壁各开一圆拱形大龛，长方形门道较深的大窟。其窟内正、左、右三壁龛内各塑一佛二菩萨，均为原作。窟内正中有宋、元时期重塑的一佛二菩萨像。正壁上方绘涅槃经变，下方不详；左

① 关于第127窟的时代问题，过去专家学者相关的研究存在北魏或西魏两种说法，其中北魏说有董玉祥：《麦积山石窟的分期》，《文物》1983年第3期；李西民：《麦积山石窟史略及其雕塑渊源》，中国美术全集编辑委员会编：《中国美术全集·雕塑编8·麦积山石窟雕塑》，北京：人民美术出版社，1988年；（日）东山健吾：《麦积山石窟的创建与佛像的渊源》，《日中邦交正常化20周年纪念·中国麦积山石窟展》，日本经济新闻出版社，1992年，又载《敦煌研究》2003年第6期；国家文物局教育处编：《麦积山北朝石窟》，《佛教石窟考古概要》，北京：文物出版社，1993年；魏文斌：《麦积山石窟几个问题的思考和认识》，《敦煌研究》2003年第6期；项一峰：《麦积山第127窟研究》，郑炳林、花平宁主编：《麦积山石窟艺术文化论文集》（上），兰州：兰州大学出版社，2004年。西魏说有金维诺：《麦积山石窟的兴建及其艺术成就》，天水麦积山石窟艺术研究所编：《中国石窟·天水麦积山》，北京：文物出版社、东京：平凡社，1998年；郑炳林、沙武田：《麦积山与乙弗后有关之洞窟》，郑炳林、花平宁主编：《麦积山石窟艺术文化论文集》（上），兰州：兰州大学出版社，2004年。

② 张锦秀编撰：《麦积山石窟志》，兰州：甘肃人民出版社，2002年，第109~112页；魏文斌：《麦积山北朝经变画》，《丝绸之路》2005年第7期；郑炳林、沙武田：《麦积山与乙弗后有关之洞窟》，郑炳林、花平宁主编：《麦积山石窟艺术文化论文集》（上），兰州：兰州大学出版社，2004年；项一峰：《麦积山第127窟研究》，郑炳林、花平宁主编：《麦积山石窟艺术文化论文集》（上），兰州：兰州大学出版社，2004年；项一峰：《维摩诘经与维摩诘经变》，《敦煌学辑刊》1998年第2期；唐冲：《麦积山127窟正壁斜坡壁画略论》，《丝绸之路》1998年《学术专辑》；唐冲：《浅议麦积山石窟的地狱变相》，《敦煌研究》2003年第6期；花平宁、谢生保：《麦积山石窟壁画中的〈睒子变〉》，《丝绸之路》1998年第3期。

壁上方绘维摩诘经变，下方不详；右壁上方绘西方净土变，下方右侧似绘白马吻别，左侧不详；前(门)壁上方绘七佛图，下方左侧绘十恶图，右侧绘十善图；覆斗式顶正中长方形框内绘天龙八部人非人等赴会图；正、左、右三坡框内分别绘梅檀摩提太子投身饲虎经变系列故事；前坡绘睒子经变故事。

二、第127窟造像壁画题材的内容思想

1. 三佛题材造像内容思想

第127窟造像是三壁三龛，以三佛为主尊，应该为三佛题材。有关三佛题材的造像，因极少见到具有榜题或题记中明确三佛名号的实物资料，过去学界通常仅就三佛中保存的个别佛名、发愿文或图像学等信息来推断，共有三种观点。一、“横三世佛”，即西方极乐世界阿弥陀佛、娑婆世界释迦佛、东方净琉璃世界药师佛。二、“竖三世佛”，即过去迦叶（燃灯或定光）佛、现在释迦佛、未来弥勒佛（或菩萨）。三、“法报化（应）三身佛”，即法身佛毗卢遮那佛、报身佛卢舍那佛、化身佛释迦文佛。除此之外，还有其他说法，比如：敦煌第166窟前壁三佛，有阿弥陀、药师、多宝铭。安阳小南海石窟北齐窟中三壁以三佛为主尊，正壁为卢舍那佛，西壁浅浮雕的内容是阿弥陀净土九品往生图，这证明西壁立佛是阿弥陀佛，东壁浅浮雕弥勒说法图，这证明东壁立佛为弥勒佛。安阳宝山石窟中隋开皇九年的大住圣窟，正左右三壁龛三尊主像，据造像题记“卢舍那世尊一龛、阿弥陀世尊一龛，弥勒世尊一龛，三十五佛世尊三十五龛，七佛世尊七龛传法圣大法师二十四人”①。北齐武平元年四面造像碑，正面三层龛为弥勒、释迦、弥陀三佛。另外，针对南响堂山石窟大佛洞、千佛洞和释迦洞以三佛为主尊造像，专家学者提出不同的看法，有：释迦、弥陀、药师三佛；主尊为转轮王佛。也有弥陀、药师、多宝三佛；毗卢遮那、卢舍那、释迦三身以及竖三世佛②。

佛教造像自然以佛典为依托，像教示现其理论思想。换言之，像为形，而典籍理论思想为神。即佛教所言，假名实相，实相假名，不即不离，色即是空，空即是色，不二法门，第一义谛。

佛教造像中明显以三佛为主题的造像，认为是“横三世佛”“竖三世佛”或“法报化三身”等。查阅佛籍，佛经中除有“过去迦叶，现在释迦，未来弥勒”的记述外，无有其他相关联的某三佛名为横竖三世佛的明确记述。虽然不同的经律论及撰著中出现众多“三世佛”及相关教化，其理论思想也难确定到某三尊佛。说“横三世佛”是从空间而言，说“竖三世佛”是从时间而言。佛教空间说十方：即东、南、西、北、东南、西南、东北、西北、上、下十方。大乘佛教又说十方净土说十方，如此穷出不尽。十方既然有无量无边，十方佛也就无量无边佛，如《大智度》云：“十方无数无量佛”③，《佛说观普贤菩萨行法经》《维摩诘经注》云：“十方无量诸佛”④。

① 温玉成：《中国石窟与文化艺术》，上海：上海人民美术出版社，1993年，第331~333页。

② 赵立春：《响堂山石窟艺术》，北京：中国文史出版社，2010年，第84页。

③ ［后秦］鸠摩罗什译：《大智度论》，《大正藏》第25册，第1509页。

④ ［刘宋］昙摩蜜多译：《佛说观普贤菩萨行法经》，《大正藏》第9册，第277页；［后秦］释僧肇撰：《注维摩诘经》卷六，《大正藏》第38册，第1775页。

佛教时间说三世：即过去、现在、未来，世者迁流之义。《宝积经》云："三世，所谓过去未来现在。云何过去世，若法生已灭，是名过去世。云何未来世，若法未生未起，是名未来世。云何现在世，若法生已未灭，是名现在世。"① 佛籍又有就时就法二种三世说，即若为时之经过之三世，则过去为前，未来为后，其次第为过现未，即十二缘起之次第。若为法之生起之三世，则未来为前，过去为后，是为未现过之次第。即生住异灭之四相。《法华经》中云十种三世，即：一过去世说过去世，二过去世说未来世，三过去世说现在世，四未来世说过去世，五未来世说现在世，六未来世说无尽，七现在世说过去世，八现在世说未来世，九现在世说平等。现在世说三世即一念②。如此三世也是穷出无尽。三世既然无穷无尽，三世佛无疑是无穷无尽。如《华严经》云："一切三世佛"③，又佛籍说"三世十方佛""十方三世佛""十方三世诸佛""十方三世一切诸佛"等相关教化，其理论思想就更为广泛深远，这是通义通说。

"过去迦叶、现在释迦、未来弥勒"，若说过去的过去皆是过去，未来的未来皆是未来。《大智度论》云："过去世有无量佛，未来世亦有无量佛，以是故现在亦应有无量佛。"④ 此迦叶、释迦、弥勒应该是三世诸佛的代表。迦叶、释迦、弥勒三佛各住一世，故俗称"竖三世佛"，这是别说约定理解。若从迦叶、释迦、弥勒三佛皆是贤劫出世相继的三世佛来说，也可理解为具有贤劫千佛之代表义，这也是"三世佛"别说的解读。

有关"燃灯、释迦、弥勒""多宝、释迦、弥勒"三世佛竖化，虽然没有明确的经文相对应依据，但不同佛籍中所说授记、应证等理论思想特出别化及相关经典的盛弘，会直接造成此竖三世佛的别说俗说。如：阿富汗的肖托拉克出土犍陀罗时期的石雕三身立佛造像，中间佛像大，左右佛像略小。其中右侧佛像右足下有一身跪姿头发布地的儒童，可知右侧佛即燃灯佛（定光佛）授记的燃灯佛⑤。遗憾的是左侧的佛像已缺，不知其形态，或许可认为是燃灯、释迦、弥勒三世佛的造像，强调像教释迦佛时间继承关系的大乘佛教思想。

"横三世佛"为何三佛，佛籍同样没有明确所指，十方皆有无量佛，说弥陀、释迦、药师三世佛竖化，也是据佛籍理论思想别说俗说，且以东西方各一佛为代表，这也和弥陀经、药师经盛弘以及相关经籍教化二佛世界美好，救度、实用、易行等理论思想有关。

《观无量寿经义疏》云："合商略无量寿观弥勒二经说：然考于圣心以息患为主，统教意以开道为宗，所以世言千车共辙万马同案，如来出世亦复如是。欲使众生同悟一道，但根性非一，故有教门殊致，所以有此之二经明两种教化也。无量观辨十方佛化，弥勒经明三世佛化。十方佛化即是横化，三世佛化即是竖化。言弥勒经三世竖化者，过去七佛现在释迦未来弥勒明三佛化故是竖化也。言无量寿

---

① 丁福保编纂：《佛学大辞典》三世条，北京：文物出版社，1984年，第145页。

② 丁福保编纂：《佛学大辞典》十种三世条，第145、146页。

③ ［东晋］佛驮跋陀罗译：《大方广佛华严经》卷二，《大正藏》第9册，第278页。

④ ［后秦］鸠摩罗什译：《大智度论》，《大正藏》第25册，第1509页。

⑤ 邓健吾：《麦积山石窟的研究及早期石窟的两三个问题》，天水麦积山石窟艺术研究所编：《中国石窟·天水麦积山》，北京：文物出版社、东京：平凡社，1998年。又载郑炳林、魏文斌主编：《天水麦积山石窟研究文集》，兰州：甘肃文化出版社，2008年，第115页。

观十方横化者，此方秽土释迦化西方净土无量寿化明十方佛化，故是横化也。然此两种具有通别，言通者横化竖化皆是大乘，大乘具明十方佛化及三世佛化，此二种皆是大乘中所明故是通也。别而为论大乘具明二化，小乘不辨十方但明三世佛故唯有一佛也。”① 又云：“应身观中有通有别，如彼观佛三昧经说：泛取佛相而为观察定无彼此名之为通，观察弥勒阿閦佛等说以为别。今此所论是其别观，别观西方无量寿佛。然佛名号有通有别，如来应供正遍知等是其通号，释迦弥勒阿閦佛等是其别号。”② 别中立名乃有多种，或从种姓如迦叶佛释迦佛等。

至于佛“法报化”三身，佛教大、小乘皆说，小乘以戒定慧解脱之功德为法身，释迦相好人身为报身，化猴鹿等为化身。大乘天台宗以理法聚名法身，智法聚名报身，功德法聚名应身。从身体上来说，三身相即无占离时，故一佛具此三身。法身名毗卢遮那佛、报身名卢舍那佛、应（化）身名释迦文。这是理、智、功德方便别说的思想。

至此“横三世佛”“竖三世佛”“法报化三身”，是佛陀针对众生不同根基、因缘善巧方便之教化，其义理有通别之具。正因如此，在石窟寺、造像碑等出现的“三佛”题材造像多样。三佛在没有明确材料或相关信息的资证下难以认定是横三世，还是竖三世或其他。对三世佛的命名也同样困难。这正是佛教造像研究者们对三佛产生异议的根本原因。

三佛为主题的造像出现，往往不是孤立的，一件作品、一窟、一龛等伴随着其他造像。这其中或许正如某一经典中所说而出现的题材佛，也有几种经典中所说而出现的题材佛。换言之，某一窟出现的图像题材简单，或许示教的佛教内容思想较为单一，某一窟出现的图像题材复杂，所示教的佛教内容思想就具有多样化。既有较为单一题材的图像，也存在几种经典中皆说。如此，我们如何来解读石窟图像，像教图像是依佛教经籍为依托而变相，无疑依佛教经籍来解读，若某一题材多部经典中所说，且所教化的内容思想重点不同，这就要详加分析，以达到经变相教的如是内容思想。若研究者仅依某一经一论来解读，难免会产生片面之说。佛教讲“法无定法”，这虽然是正常的，但存在有失像教经变思想的原义，以及造像者、供养者、传教者愿望、教化的初衷（像教的引申义和含摄义）。

第 127 窟以三壁三龛三佛（及胁侍菩萨）为主题的造像，我在以前的文章中提到为横三世佛，未作进一步探讨，现结合窟内壁画题材内容考察。正壁佛上方是涅槃经变，左壁佛上方是维摩诘经变，右壁是阿弥陀经变。这不仅仅是一种巧合，应该有其内在关联，正壁主佛与上方“涅槃经变”图的承接相示，佛可认为是释迦佛。右壁主佛与上方“阿弥陀经变”图的承接相示，佛可认为是弥陀佛。如此释读应该更切原义。

左壁佛与《维摩诘经变》图相承相示，应该是何佛。《维摩诘所说经 · 阿閦佛品》云：“是时佛告舍利弗，有国名妙喜，佛号无动，是维摩诘于彼国没而来生此。舍利弗言：未曾有也。世尊，是人乃能舍清净土，而来乐此多怒害处……夫日何故行阎浮提？答曰：欲虽生不净佛土，为化众生，故不与愚闇而共合也，但灭众生烦恼闇耳。是时大众渴仰，欲见妙喜世界无动如来及其菩萨声闻之众。佛知一切众会所念，告维摩诘言：善男子，为此众会，现妙喜国无动如来及诸菩萨声闻之众，众皆欲见。

① ［隋］释吉藏撰：《观无量寿经义疏》，《大正藏》第 37 册，第 1752 页。

② ［隋］释慧远撰：《观无量寿经义疏》，《大正藏》第 37 册，第 1749 页。

于是，维摩诘心念，吾当不起于座接妙喜国。”① 是说维摩诘与阿閦佛妙喜国的因缘和生娑婆世界化度众生慈悲，同时示教妙喜国的庄严美妙。阿閦佛之东方妙喜世界，又是佛教经典众多净土中被详细描述的世界之一，如此右壁坐佛可认为是阿閦佛。

又《观众生品》云：“此室（方丈室）释迦牟尼佛、阿弥陀佛、阿閦佛、宝德宝炎、宝月宝严、难胜师子响、一切利成。如是等十方无量诸佛，是上人念时，即皆为来广说诸佛秘要法藏，说已还去。”② 这是说十方无量诸佛的思想。经文中说十方诸佛所举例佛之名，前三位是释迦、弥陀、阿閦佛。因此，该窟三佛造像又可认为是释迦、弥陀、阿閦佛，他们作为十方诸佛之代表，突出横化十方教示的理论思想。这也是佛教禅观中的别观思想，以三佛各住一世界来说，亦可俗称为“横三世佛”。

2. “七佛”及“十善十恶”题材壁画思想

第127窟前壁上方绘七佛画像，佛教有关七佛思想的教化除宋法天译《佛说七佛经》，失译附前魏译《佛说七佛父母姓字经》专门详细介绍七佛家族、种姓、说法、成道、弟子及本生等情况外，众多佛籍都有相关七佛的多种思想教化，如早期原始佛教的长、杂、增一阿含经均有对七佛信仰的记载。佛教传入中国，汉译经由于译者的水平不同，梵转汉的音译有别，导致诸多佛籍七佛名号存在差异，但不影响七佛的教化和思想的理解。七佛即毗婆尸佛、尸弃佛、毗舍浮佛、俱留孙佛、俱那含牟尼佛、迦叶波佛、释迦牟尼佛③。佛籍中以七佛教化众生，主要不外乎讲七佛因缘、世界的美好、佛的庄严、授护力量等。众生闻名、礼拜、忏悔、受持、观像、造像等消除恶业，“快得善利”“多所润益”等④。

七佛早在公元前3世纪的印度桑奇大塔中就以七棵树或七塔作为代表⑤。随着佛教的扩展传播，2至3世纪犍陀罗出现了完整的七佛与弥勒造像。印度拉合尔、今巴基斯坦白沙瓦博物馆收藏有七佛与弥勒浮雕⑥。佛教传入中国，石窟寺等出现众多七佛造像，最早如新疆克孜尔石窟2、3世纪的第38、47、77、80窟等⑦，炳灵寺石窟第169窟北壁西秦建弘元年（420年）左右的七佛题材造像壁画以及南壁七佛一菩萨造像。5世纪上半叶，新疆吐鲁番和甘肃敦煌、武威、酒泉等地保存有14件北凉时期七佛石造像塔⑧。南北朝时期七佛造像达到迅速发展和普及，造像数量达到顶峰，得到较多关注的有：甘肃庆阳北石窟寺509年第169窟，泾川南石窟寺510年第1窟⑨，莫高窟西魏第285窟⑩，炳灵寺北

---

① ［后秦］鸠摩罗什译：《维摩诘所说经》，《大正藏》第14册，第475页。

② ［后秦］鸠摩罗什译：《维摩诘所说经》，《大正藏》第14册，第475页。

③ ［宋］法天译：《七佛经》，《大正藏》第1册，第2页。

④ ［东晋］瞿昙僧伽提婆译：《增一阿含经》，《大正藏》第2册，第125页。

⑤ 国家文物局教育处编：《佛教石窟考古概要》，北京：文物出版社，1993年，第190页。

⑥ 张宝玺：《甘肃佛教石刻造像》，兰州：甘肃人民美术出版社，2001年，第13页。

⑦ 新疆维吾尔自治区文物管理委员会等编：《中国石窟·克孜尔石窟》，北京：文物出版社、东京：平凡社，1997年，第178~186页；魏文斌：《七佛、七佛窟与七佛信仰》，《丝绸之路》1997年第3期。

⑧ 张宝玺：《北凉石塔艺术》，上海：上海辞书出版社，2006年，第16、17页。

⑨ 甘肃省文物工作队编：《庆阳北石窟寺》，北京：文物出版社，1985年，第38~40页。

⑩ 敦煌文物研究所编著：《中国石窟·敦煌莫高窟》（一），北京：文物出版社、东京：平凡社，1982年；贺世哲：《敦煌图像研究——十六国北朝卷》，兰州：甘肃教育出版社，2006年，第342~347页。

魏第 124、128、184 窟（老君洞）①，天水麦积山石窟北魏第 127 窟、北周第 4 窟等，宁夏固原须弥山石窟北周第 46 窟②，山西云冈石窟北魏第 10、11、17、36 窟③，河南龙门石窟古阳洞南壁 508 年造像、北壁 511 年黄元德造像龛、510 年比丘尼惠智造像龛、513 年比丘尼法兴造像龛、519 年杜永安造像龛、北壁北海王元祥造像龛、北壁比丘道匠造像龛以及普泰洞、莲花洞、天统洞中造像④，河南巩县石窟北魏第 1 窟、东魏第 2 窟⑤，河南渑池县鸿庆寺北魏第 4 窟⑥以及唐张彦远《历代名画记》所载晋代卫协画七佛图⑦等等。

麦积山石窟第 127 窟以及众多七佛窟皆是单一的七佛题材，不同于北方中原地区，基本上是以七佛一菩萨的组合题材。其一，在北朝时期以前基本上是七佛与一菩萨并列，且处于同等的地位，如敦煌北凉石塔中的七佛一菩萨造像。其二，北朝时期出现的特出七佛地位，弥勒菩萨趋于次位，如庆阳北石窟寺和泾川南石窟寺七佛与菩萨造像；以弥勒为主尊、七佛趋于次位，如云冈石窟，龙门石窟古阳洞 508、511 年造像、北海王元祥造像，河南巩县石窟第 2 窟，渑池县鸿庆寺北魏第 4 窟；以释迦为主尊，七佛趋于次位，如龙门石窟古阳洞 510、513、519 年造像以及巩县石窟第 1 窟；以释迦多宝为主尊，七佛趋于次位，如龙门石窟古阳洞比丘道匠造像；以及七佛与释迦多宝佛上下层的排列形式，如炳灵寺第 184 窟。

第 127 窟七佛是一铺单一的七佛题材，此类题材造像在北方新疆克孜尔石窟第 38、47、77 窟中出现，其中第 38 窟绘于舍利塔中。炳灵寺石窟第 169 窟也有⑧。南方卫协画七佛图，可能也是这种类型。单一的七佛题材、七佛一菩萨或七佛与其他佛组合的题材造像，其教化的内容思想应该是有别，即使是同一题材在不同的佛籍中教化的特出点也不一样，再说有的七佛题材造像位于一个多造像题材窟（塔碑）中，还得综合考虑。如七佛一菩萨题材造像，贺世哲认为是三世佛信仰⑨，有学者说并非表示“三世佛”信仰⑩，从大乘佛教竖化来说、具有三世诸佛义，别说俗说代表说“三世佛”或“竖三世佛”应该是一种合理的解读。此不展开讨论，欲另作文。

第 127 窟七佛题材造像所教化何种佛教思想。七佛在众多经律论及撰著中所说，其教化别说多样，

---

① 甘肃省文物工作队、炳灵寺文物保管所编：《中国石窟·永靖炳灵寺》，北京：文物出版社，1989 年；甘肃省博物馆、炳灵寺文物保管所：《炳灵寺石窟老君洞北魏壁画清理简报》，《考古》1986 年第 8 期。

② 宁夏回族自治区文物管理委员会、中央美术学院美术系编：《须弥山石窟》，北京：文物出版社，1988 年，图版 69。

③ 王雁卿：《云冈石窟七佛造像题材浅析》，云冈石窟研究院编：《2005 年云冈国际学术研讨会论文集·研究卷》，北京：文物出版社，2006 年，第 251~253 页。

④ 龙门文物保管所、北京大学考古系编：《中国石窟·龙门石窟》（一），北京：文物出版社、东京：平凡社，1991 年，图版 42、60、64、78、111、113、146 等。

⑤ 河南省文物研究所编：《河南石窟·巩县石窟》，北京：文物出版社，1989 年，图版 7、11、45。

⑥ 河南省古代建筑保护研究所编：《鸿庆寺石窟》，郑州：中州古籍出版社，2008 年，第 94、96 页。

⑦ ［唐］张彦远著，范祥雍点校：《历代名画记》卷五，北京：人民美术出版社，1964 年，第 108 页。

⑧ 甘肃省文物工作队、炳灵寺文物保管所编：《中国石窟·永靖炳灵寺》；董华锋、宁宇：《南北石窟寺七佛空间布局之探源》，《敦煌学辑刊》2010 年第 1 期。

⑨ 贺世哲：《关于十六国北朝时期的三世佛与三世造像诸问题》，《敦煌研究》1992 年第 4 期。

⑩ 魏文斌、唐晓军：《关于十六国北朝七佛诸问题》，《北朝研究》1993 年第 4 期。

如《增一阿含经》云："唯愿七佛常现于世，天及世人多所润益。"①《佛说观佛三昧海经》云："佛告阿难，若有众生观像心成，次当复观过去七佛像。"②《治禅病秘要法》云："若有乱心为埠惕鬼所惑乱者，或作种种诸幻境界，应当诵持此陀罗尼七佛名字。……此诸恶鬼，各各调伏，终不恼乱行道四众。佛告阿难，汝好持是净身口意调伏威仪摈恶鬼法，为得增长四部弟子，使不起乱念，得入三昧，当好受持，慎莫忘失。"③《佛说七佛经》云："世尊问曰汝诸苾刍，于意云何。苾刍答言，我等思惟，过去世中有何佛出世，族姓寿量皆不能知。佛告诸苾刍，汝等乐闻。苾刍答言，今正是时，愿为宣说。佛言，汝等谛听，我今说之。过去九十一劫，有毗婆尸佛，应正等觉，出现世间。三十一劫，有尸弃佛，毗舍浮佛，应正等觉，出现世间。于贤劫中第六劫，有俱留孙佛，应正等觉，出现世间。第七劫，有俱那含牟尼佛，应正等觉，出现世间。第八劫，有迦叶波佛，应正等觉，出现世间。第九劫，我释迦牟尼佛，出世间，应正等觉。复次过去劫中，毗婆尸佛、尸弃佛、毗舍浮佛，宣说尸罗清净戒律，成就智慧最上之行。复次贤劫中，俱留孙佛、俱那含牟尼佛、迦叶波佛，亦说清净律仪及禅定解脱之法，我所说法，亦复如是。"④

通过经籍可知，七佛信仰崇拜，对众生有，依仗佛力护持，受诸多福德善业，消除免难；信仰者修持观像、降伏魔障，正观悟道；依止戒律、律仪及禅定解脱之法等。有关第127窟七佛造像所教化思想，笔者曾撰文论证与戒律有关⑤，现再详加解读。

七佛说如释迦佛说，佛说一切法皆为慈悲救度众生得解脱，教化众生信解行证。信佛首先要皈依佛法僧三宝，通过三宝了解法义，行在依仗三宝之外力和自身修得业力而证得菩提，最终获得解脱。造像者无疑已信，也多少对佛法有所了解，为修善德求证菩提而造像作资粮。从佛教徒的角度来说，不论是在家还是出家弟子，皈依要受戒。佛陀随缘开示，应机教化，所说法众多，归纳起来不出"戒定慧"，戒能生定，定能生慧。《七佛经》中七佛正是前三佛宣说戒律，后三佛宣说律仪及禅定，释迦所说，一复如是。戒律，"戒"和"律"两个字的含义，在佛教教化中是各有所指，"戒"是禁止佛弟子作恶，若作恶便是犯戒。除禁止不得作恶之外，佛弟子也当作善，不可不作。《菩提道次第》中说："已生恶令灭，未生恶令不生，未生善令生，已生善令增长。"由此，戒是禁止佛弟子停止不应该的行为，不可妄造恶业，同时应该去做的善事，也必须去做，不得不做，若不做者，也是犯戒。所以"戒律"就可以概括为"诸恶莫作，众善奉行"。《增一阿含经》七佛通戒偈云："诸恶莫作，众善奉行，自净其义、是诸佛法。"所以在戒律中有"止持"和"作持"，止持就是"诸恶莫作"，作持就是"众善奉行"，这才是佛教戒律的真正精神。简单地说，戒是不能如此，律是应当如此，戒和律合起来通用，则是"止""作"的——停止和前进。

第127窟七佛图，其七佛两侧有绘弟子像，这在佛教石窟寺中所存的七佛图（或造像）中少见，

---

① ［东晋］僧伽提婆译：《增一阿含经》卷二十八，《大正藏》第2册，第125页。

② ［东晋］佛驮跋陀罗译：《佛说观佛三昧海经》卷十，《大正藏》第15册，第643页。

③ ［刘宋］沮渠京声译：《治禅病秘要法》卷下，《大正藏》第15册，第620页。

④ ［宋］法天译：《佛说七佛经》，《大正藏》第1册，第2页。

⑤ 项一峰：《麦积山第127窟研究》，郑炳林、花平宁主编：《麦积山石窟艺术文化论文集》（上），兰州：兰州大学出版社，2004年。

这与《佛说七佛经》中所说，七佛各有侍者的内容相符。与下方绘十善十恶图，结合起来，所反映教示的思想，正是《七佛经》特宣戒律、律仪及禅定解脱之法的内容思想教化。如此，七佛图与十善十恶图应该是依法天译《七佛经》的变相，教化佛弟子们以戒律修持，行十善得善报而升天受乐，若不守戒而犯戒，得恶报下地狱受苦的思想。有专家学者认为第 127 窟七佛和十善十恶与后秦佛陀耶舍、竺佛念共译《长阿含经》，东汉支娄迦谶译《佛说伅真陀罗所问如来三昧经》，东汉《受十善戒经》，东晋僧伽提婆译《增一阿含经》，西晋法炬、法立译《大楼炭经》等经典有关。若说有关，或许只能是存在相关题材内容思想教化弘传中的推动作用。若说十善十恶是一铺完整的地狱变或一铺完整的十善十恶图①，或许有失原义，因为这是受不同经典的影响而相对应之说。

3. 睒子经变内容思想

窟顶四坡绘画，前坡是睒子经变，主要描述国王射猎，误伤睒子，其父母悲痛，诸天帝释下凡救睒子等。其教化思想主要是“杀”之因果，佛教讲一切众生平等，众生皆有佛性，六道轮回，善道升天，恶道轮转为畜生、恶鬼。人的本位和私欲总是无视动物的生存妄加残害，此以国王射猎，误伤山中修道的睒子，其父母悲痛，“人”作为对象来教化，最能触动人类止恶返善的本性。若杀的是动物，它们的父母也会同样悲痛。虽然以“睒（子）至孝仁慈奉行十善，不杀不盗不淫，不欺诳不饮酒不妄言，不绮语不嫉妒不咒诅，信道不疑，昼夜精进，奉事父母，如人事天”，感动诸天帝释天下凡救睒子而复生，盲父母复明，现世善果来抚慰抹平睒子父母的悲痛，皆是杀的起因，杀之过之恶业。以此来特出“教奉修五戒，修行十善，死得升天，无入三恶道者”及“人有父母，不可不孝，道不可不学”②的佛教教化思想。

4. 栴檀摩提太子投身饲虎变系列内容思想

右坡“栴檀摩提太子投身饲虎”，左坡“回宫报信”（有说东王公拜见西王母）③，右坡“太子父母前往深山探望”。关于右坡壁画，过去研究者认为是“萨埵太子舍身饲虎”，这是据《贤愚经》的解读。但《佛说菩萨投身饲饿虎起塔因缘经》有和《贤愚经》所说似同之文字描述。《贤愚经》说一母虎二子。《佛说菩萨投身饲饿虎起塔因缘经》说一母虎七子。考察第 127 窟太子舍身饲虎图为多子虎，崖上有一人禅定。如此看来认为是以《佛说菩萨投身饲饿虎起塔因缘经》所变更为恰当。经云：“太子慈仁，聪明智慧，贯练群籍，及九十六种道术威仪靡不通达。少小已来，常好布施，于身命财无所遗惜，慈育众生甚于赤子，大悲普覆平等无二。”一日“赍持种种百味饮食，上山供养诸仙道人”。不还留“山修道，其山下有绝崖深谷，底有一虎母新产七子。时天降大雪，虎母抱子已经多日不得求食，惧子冻死守饿护子，雪落不息，母子饥困丧命不久，虎母既为饥火所逼还欲啖子。时山上诸仙道士，见是事已更相劝曰：谁能舍身救济众生，今正是时。太子闻已唱曰：善哉，吾愿果矣。往到崖头下向

① 唐冲：《浅议麦积山石窟的地狱变相》，《敦煌研究》2003 年第 6 期；张宝玺：《麦积山石窟壁画叙要》，天水麦积山石窟艺术研究所编：《中国石窟·天水麦积山》，北京：文物出版社、东京：平凡社，1998 年；孙晓峰：《麦积山第 127 窟七佛图像研究》，《敦煌学辑刊》2012 年第 4 期。

② 佚名：《菩萨睒子经》，《大正藏》第 3 册，第 174 页；［姚秦］释圣坚译：《佛说睒子经》，《大正藏》第 3 册，第 175 页。

③ 张锦秀编撰：《麦积山石窟志》，第 111 页。

望视，见虎母抱子为雪所覆生大悲心，立住山头寂然入定，即得清净无生法忍。观见过去无数劫事，未来亦尔，即还白师及五百同学，吾今舍身愿各随喜。师曰：学道日浅知见未广，何忽自夭舍所爱身。太子答曰：吾昔有愿应舍千身，前已曾舍九百九十九身，今日所舍足满千身，是故舍耳，愿师随喜。师曰：卿志愿高妙无能及者，必先得道勿复见遗。太子辞师而去”。舍身时在“众人前发大誓愿，我今舍身救众生命，所有功德速成菩提，得金刚身常乐我净无为法身。未度者令度，未解者令解，未安者令安。我今此身，无常苦恼，众毒所集。此身不净，九孔盈流，四大毒蛇之所蜇螫，五拔刀贼追逐伤害。如此身者为无反复，甘膳美味及五欲乐，供养此身，命终之后无善报恩，反堕地狱受无量苦。夫人身者，唯应令苦不得与乐……即解鹿皮之衣以缠头目，合手投身虎前，于是虎母得食菩萨肉母子俱活。时崖头诸人下向望视，见太子为虎所啖骨肉狼藉，悲号大叫声动山中，或有捶胸自扑宛转卧地，或有禅思”①。

其壁画教化的思想主要是“布施”，体现了菩萨的慈悲精神、禅定智慧、无生忍、众生平等思想，也教示以身布施的救护善业、舍诸多苦恼人身、成就法身的观念。

5. 天龙八部人非人等赴会图内容思想

针对窟顶壁画，以前专家学者认为是帝释天或东王公。笔者曾撰文认为是兜率天，现在看来皆失欠妥，据图像中的众多天人、龙及人非人等，所教示何义？众多佛经记载佛为天龙八部人非人等说法，或天龙八部人非人等前来赴会听法。《菩萨投身饲饿虎起塔因缘经》云：“如是我闻，一时佛游乾陀越国毗沙门波罗大城，于城北山岩荫下，为国王臣民及天龙八部人非人等，说法教化度人无数。”②《大般涅槃经》云：“尔时一切天龙鬼神乾闼婆阿修罗迦楼罗紧那罗摩睺罗伽罗刹犍陀忧摩陀阿婆魔罗人非人等，悉共同声唱如是言，善哉善哉，无上天尊，多所利益。”③ 此窟顶部壁画与窟内所绘栴檀摩提太子舍身饲虎和涅槃经变等壁画综合考虑，应该与《菩萨投身饲饿虎起塔因缘经》《大般涅槃经》有关，其认为是“天龙八部人非人等赴会图”或许更为恰当。所反映教示是佛法人天等皆可得度以及五戒、十善是人天修持的德目思想。

6. 涅槃经变内容思想

正壁上方绘涅槃经变，主要以释迦佛最后说法、涅槃、八王分舍利等情节内容图像来教示。《涅槃经》是释迦佛涅槃前所说经，即是佛在世间的最后一次亲身教化。据经文所知，是佛即将涅槃，弟子们悲痛欲绝，心中产生诸多疑惑，佛为弟子释疑解惑。其涅槃经变中“佛涅槃”，卧佛旁边弟子悲哀、疑惑的表情神态，以及“佛说法”正反映了此内容。佛说法应该主要教化以下的佛教思想：

其一，在佛涅槃后无师所依，请如来长住于世，利益世间诸天人民，经云：“有为之法皆悉如是，一切合会无不别离。世尊即便而说偈言，一切有为法，皆悉归无常，恩爱和合者，必归于别离，诸行法如是，不应生忧恼……佛灭后以法为师。”④ 以此教导弟子，世间一切法皆是有为法，变化无常，生死亦然，不必生苦恼留念，依持佛法而修出世法（无为法）得解脱。

其二，在佛涅槃后无师所依，认为正法自此永绝。故经云：“尔时如来告阿难言，汝勿见我入般涅

① ［北凉］法盛译：《菩萨投身饲饿虎起塔因缘经》，《大正藏》第3册，第172页

② ［北凉］法盛译：《菩萨投身饲饿虎起塔因缘经》，《大正藏》第3册，第172页。

③ ［北凉］昙无谶译：《大般涅槃经》，《大正藏》第12册，第374页。

④ ［北凉］昙无谶译：《大般涅槃经》，《大正藏》第12册，第374页。

槃，便谓正法于此永绝，何以故？我昔为诸比丘，制戒波罗提木叉，及余所说种种妙法，此即便是汝等大师，如我在世，无有异也。”① 以此教导弟子们他涅槃后正法住世，戒为师，如同他在世一样。

其三，得佛教诲受善业恩供养之事，经云：“世尊又复告阿难言，欲供养我报于恩者，不必以此香花伎乐，净持禁戒，读诵经典，思惟诸法深妙之义，斯则名为供养我也。”② 是说以戒修持，以法思维诸法深妙义，就是供养佛。《善见律毗婆沙》云：“佛在世时语阿难，我涅槃后所说法戒即汝大师。”③ 这也是经中所说“法供养最”，和佛不离法、法不离佛、佛即是法、法即是佛、不二法门的思想。

其四，佛弟子如何尽快断除生死得解脱，经云：“汝等当知，有四种法，一戒二定，三慧四解脱。若不闻知此四法者，斯人长夜在生死海。我于往昔，若不闻知此四法者，不能疾得阿耨多罗三藐三菩提。于是世尊即说偈曰，戒定慧解脱，我若不久闻，不能疾得证，无上正真道，汝等宜精进，修习此四法，能断生死苦，天人上福田。”④ 这是教导佛弟子尽快断除生死得解脱应持修“戒定慧”之法。

涅槃经变中“佛舍利”“八王分舍利”特出佛经中所说佛“法身不灭”，强调供养功德，“佛供养最”的教化思想。

7. 维摩诘经变思想

左壁上方绘维摩诘经变，分别绘出文殊问疾品、方便品、香积品、阿閦佛品。

文殊问疾品以维摩诘居士示病，“从痴有爱，则我病生，以一切众生病是故我病，若一切众生病灭，则我病灭”⑤，反映菩萨普度众生的大慈大悲精神。维摩诘示病，佛陀遣众弟子探望，皆辞而不堪胜任，唯文殊知其义前往，反映文殊菩萨的智能第一，彰显大乘佛教思想。

方便品以识身虚幻、危脆、垢秽、为苦为恼，众病所集，不应心为形役，应常乐佛身，佛身是从无量智慧功德所生，是从慈悲喜合所生，是从四摄六度所生。应一速朽之身，勤修如是胜行，饶益众生，获成佛的清净庄严法身的思想来教化。

香积品中，维摩诘以其不可思议解脱的神通力，将上方过四十二恒河沙世界的众香国景象，普现于大众前，随有化出一菩萨使往上方众香国乞取香饭，化菩萨取回香饭时，众香国随来者有九百万菩萨，述说其国以众香为佛事，教化众生的种种妙用。维摩诘告以此土佛以“刚强之语”，说明因果有报以及菩萨须以十事善法、四摄、八种无疾疢法摄化众生的思想。

阿閦佛品以：“汝欲观如来，为以何等观如来乎？”维摩诘曰：“如自观身实相，观佛亦然。”谓“观如来前际不来，后际不去，今则不住”，以及“非有相，非无相，同真际，等法性”等来言不二法门教化众生得解脱⑥。解脱，即脱离六道轮回之生死，断除一切生死根本烦恼。众生轮回生死，是由无明妄想，虚妄分别而起种种烦恼造诸恶业。不二，是断除虚妄分别，无明妄想而得到解脱的法门。《净名玄论》云：“解脱者，略有二：一登法身之位，舍结业之形，谓果解脱。二者道贯双流，二慧常

---

① ［北凉］昙无谶译：《大般涅槃经》，《大正藏》第 12 册，第 374 页。

② ［北凉］昙无谶译：《大般涅槃经》，《大正藏》第 12 册，第 374 页。

③ ［萧齐］僧伽跋陀罗译：《善见律毗婆沙》，《大正藏》第 24 册，第 1462 页。

④ ［东晋］释法显译：《大般涅槃经》，《大正藏》第 1 册，第 7 页。

⑤ ［姚秦］鸠摩罗什译：《维摩诘所说经》，《大正藏》第 14 册，第 475 页。

⑥ ［姚秦］鸠摩罗什译：《维摩诘所说经》，《大正藏》第 14 册，第 475 页。

并，纵任自在，尘累不拘，谓因解脱也。”① 其道贯双流，二慧常并，纵任自在，尘累不拘，因解脱。正是维摩诘居士的显照，他是佛陀在世毗舍离城五百长者之一，十分富裕，资财无量，虽不出家，行沙门律仪；虽有妻子，行梵行；虽有眷属，行远离；虽处五欲，不贪著。以阐扬佛教大乘菩萨实践之道，说明在家信徒应行佛法之道的思想。

8. 西方净土变思想

右壁上方西方净土变，主要描绘《佛说阿弥陀经》云：“西方过十万亿佛土，有世界名曰极乐。其土有佛号阿弥陀，今现在说法，……其国众生无有众苦，但受诸乐故名极乐。……极乐国土，七重栏楯，七重罗网，七重行树，皆是四宝周匝围绕。……极乐国土，有七宝池、八功德水充满其中，池底纯以金沙布地，四边阶道，金银琉璃颇梨合成。上有楼阁，亦以金银、琉璃、颇梨、车磲、赤珠、马瑙而严饰之。池中莲花大如车轮，青色青光，黄色黄光，赤色赤光，白色白光，微妙香洁。……彼佛国土，常作天乐，黄金为地，昼夜六时，天雨曼陀罗华。……彼佛国土，常作天乐，黄金为地，昼夜六时，天雨曼陀罗华。”极乐世界功德庄严景象。经中还说“若有善男子善女人，闻说阿弥陀佛，执持名号，若一日、若二日、若三日、若四日、若五日、若六日、若七日，一心不乱。其人临命终时，阿弥陀佛与诸圣众，现在其前，是人终时心不颠倒，即得往生阿弥陀佛极乐国土。舍利弗，我见是利故说此言。若有众生闻是说者，应当发愿生彼国土”②，以此来教化众生以简单易行的念佛方便法门修持，发愿往生西方极乐世界。

三、结语

佛教说人天的主要德目是五戒十善，五戒即杀生、偷盗、邪淫、妄语、饮酒。十善即不杀生、不偷盗、不邪淫、不绮语、不两舌、不恶口、不贪欲、不瞋恚、不邪见。五戒为必须的德目。解脱道的主要德目是“戒定慧”三学，菩萨道的诸德目是六度：布施、持戒、忍辱、精进、禅定、智慧。六度包含三学，三学又包含了五戒十善。因此菩萨道才是佛教的根本道。第127窟内容思想正是人天、菩萨道及解脱道思想的教化。七佛及十善十恶变相，特出戒律内容思想，是对所有佛教徒四众弟子皆首先需遵守基本教化。睒子变相，特出佛教小乘（声闻、缘觉）一般被视为主要在自利大于利他、自我解脱及重在修得人天之德。然而五戒十善中，乃不杀为首，可见人天道的实践以守戒杀为重心的教化思想。梼檀摩提太子舍身饲虎变相，是大乘（菩萨）主要是利他大于自利，以普度一切众生为己任，侧重在修得菩萨之德。然而六度之中，乃布施为首，可见菩萨道的实践以布施为重心，杀为次（自杀），含有忍辱、精进、禅定、智慧的教化思想。维摩诘经变相，是以菩萨慈悲、智慧来教化佛教徒，若要舍人身得最终解脱，侧重在修行菩萨道才是佛教的根本道的思想。亦是梼檀摩提太子舍身饲虎变菩萨道教化的进一步演说。二者结合，前者又侧重出家弟子的教化，后者侧重俗家弟子的教化。涅槃经变相，是以舍因解脱达果解脱登法身之位教化人天修证彻底的解脱之道，并说真俗二谛不二法门，正法住世，以法戒为师的修持途径。阿弥陀经变相和释迦、阿弥陀、阿閦佛为代表的十方佛思想教化

① ［隋］吉藏：《净名玄论》，《大正藏》第38册，第1780页。

② ［姚秦］鸠摩罗什译：《佛说阿弥陀经》，《大正藏》第12册，第366页。

指引众生往生西方净土以及十方净土。过去诸佛、现在佛已住十方净土，未来佛得道亦将住十方净土，故可说是教化大乘十方三世一切诸佛思想。

《菩萨投身饲饿虎起塔因缘经》和《睒子经》中云："睒者吾身是也，盲父者阅头檀王是，盲母者今王夫人摩耶是也，迦夷国王者阿难是，天帝释者弥勒佛是。"① "时太子者我身，是时父王者即今我父阅头檀是，时夫人者母摩耶是，尔时后妃者今瞿夷是，时大臣阇耶者阿难是，尔时山上神仙大师者弥勒是也，裴提舍王者难陀是也，时婆罗门者罗云是也，弥勒菩萨从昔已来常是我师，以吾布施不惜身命救众生故，超越师前悬挍九劫，今致得佛济度无极。"② 此内容虽然在经变图中没有像教，在人们欲寻知完整的经变故事时，通过传教者的宣说或经文阅读而知此诸人行修十善、六度法的善得因果，无疑会起到更大的感染效果。尤其是以"弥勒菩萨从昔已来常是我（释迦）师，以吾布施不惜身命救众生故，超越师前悬挍九劫，今致得佛济度无极"，特出菩萨道的布施功德殊胜教化，以及维摩诘的施财、八王舍利的供养等思想教化，对佛教信仰者来说，也无疑会起到更大的功效。可以说，第127窟的建造，就是供养的例证。

维摩诘是佛四众弟子中的一位俗家教徒，因无尽供养佛等修持，具有超越众多出家弟子的智慧德行，最终得度。这种在家菩萨弟子思想的教化，以及窟内阿弥陀经变经中教化，闻说阿弥陀佛，执持名号，若一日乃至七日，一心不乱。其人临命终时，阿弥陀佛与诸圣众来接引，往生极乐国土。涅槃经变中国王大臣的"供养"等修持，也终得超生。经中所说"众生皆有佛性，有佛性者，皆能成佛"的思想，自然对上层统治者和高层知识分子们不愿放弃世俗享受，学修佛法得善果找到依据，或以佛菩萨自居。这也反映出十六国北朝时期"不依国主，则法事难立"、依靠社会上层的力量来弘传佛教的思想，也就是众多佛经中所说国王、大臣、大富长者等护持佛法、续佛慧命的思想。如此思想的教化无疑会受到社会上层人士的青睐。

睒子变对父母的孝敬教化与中国传统文化思想"孝道"教育如出一辙。能得到大众的共鸣，尤其能打动普通民众的心，此佛教思想的教化对佛教的普及发展起到积极的推动作用。

第127窟内造像壁画题材的选择，内容思想以大乘佛教理论思想为主，不仅反映出造像主持者在开窟造像时作了精心的全盘考虑，也反映出其佛教学修具有高深的造诣。天水位于秦地，鸠摩罗什在秦地弘传大乘佛教，所译《阿弥陀经》《维摩诘经》《法华经》及《禅秘要法经》《坐禅三昧经》等宣讲大乘菩萨禅法，东晋慧远倡导往生西方净土至南北朝盛行。此窟十方佛化和菩萨道的大乘佛教思想，与秦地的这种文化背景存在渊源关系。从窟内七佛、八王分舍利、维摩诘经变来看，这些题材都较早出现在南方，如晋卫协绘七佛图。顾恺之绘净名（维摩诘）居士图、八国分舍利图③。这似乎表明，第127窟出现的经变像教又受南方佛教弘传思想的影响。

（原载于《敦煌学辑刊》2015年第1期）

① 佚名：《菩萨睒子经》，《大正藏》第3册，第174页。

② ［北凉］法盛译：《菩萨投身饲饿虎起塔因缘经》，《大正藏》第3册，第172页。

③ ［唐］张彦远著，范祥雍点校：《历代名画记》卷五，北京：人民美术出版社，1964年，第108页。

麦积山石窟北周造像特点及演变脉络

——以第62窟为例

何洪岩

南北朝是中国佛教文化发展的鼎盛时期，同时也是石窟寺开凿的高峰时段。位于古丝绸之路东段的麦积山，由于地处连接西域、中原和成都的交通要道，在这种大历史背景影响下，也成为石窟寺开凿较早的地方之一。众所周知，佛教的发展必须有政府支持和社会民众的信仰，北周时期亦不例外。上至王公贵族，下至平民百姓，均捐资供佛，开窟造像，达到了前所未有的狂热，这在一定程度上对封建国家经济产生了影响，致使周武帝在建德三年（574年）下诏“断佛道二教、经像悉毁、罢沙门、道士，并令还俗，禁诸淫祀”①。但由于佛教信仰根深蒂固，有着广泛社会基础，所以此次灭佛事件在整体上对北周境内佛教影响不大。北周宣帝即位后，很快又下诏复法佛教：“大成元年（579年）冬十月壬戌，……是日，帝幸道会苑大醮，以高祖武皇帝配。醮讫，论议于行殿。是岁，初复佛像及天尊像。至是，帝与二像俱南面而座，大陈杂戏，令京城士民纵观。”②

通过考古调查分析，未发现或看到麦积山北周窟龛或造像有被人为损坏的现象，这可能与当时秦州地区官吏及信众保护有关。同时，这一时期开凿的洞窟数量也非常可观，现存的221个窟龛中，北周洞窟达45个③，约占总洞窟总数的五分之一，为研究麦积山北周造像的历史、艺术等提供了重要资料。麦积山石窟北周佛教风格与北魏、西魏时期有着明显不同，艺术韵味也十分独特，其艺术源流和脉络需要我们深入讨论。

一、麦积山北周时期造像艺术“方中求圆”的特点

在麦积山诸多北周窟龛中，代表性窟龛有第3、4、22、26、27、60、62等窟，其中第3、4窟属崖阁式大型洞窟，是北周时期秦州大都督李充信为祖父做功德而开凿的，气势宏伟、雕凿精美，无论是工程规模还是塑作之细致都是令人惊叹，宋代时曾大规模重修。位于西崖下方的第62窟却完整地保存着北周原作：窟高1.25米，面阔1.70米，进深1.74米。四角攒尖顶仿帐式窟，平面方形，窟地面

① ［唐］李延寿撰：《北史》卷一〇，北京：中华书局，1974年，第360页。

② ［唐］令狐德棻等撰：《周书》卷七，北京：中华书局，1971年，第121页。

③ 张锦秀编撰：《麦积山石窟志》，兰州：甘肃人民出版社，2002年，第35~41页。

微凹，四周作低坛基。窟顶及四角有半圆形仿木帐杆、帐楣、帐柱；正、左、右三壁各开圆拱形浅龛。现存造像有三佛六菩萨二弟子一力士，均为北周原作。

正壁龛内坐佛低平肉髻，方圆面形，鼻梁高直，与眉骨相通。嘴唇半闭，双目微睁俯视，显得慈祥敦厚，外着圆领袈裟，内着僧祇支，衣摆覆盖座前，层层波折，褶纹繁简适度，技法细腻纯熟。衣纹用粗放压线及阴刻线表示，衣裾折褶采用塑刻技法，极富厚重之感。左右壁龛内坐佛也作低平肉髻，方圆面形，微微俯视，身穿圆领通肩袈裟，禅定印，结跏趺坐，衣纹呈阶梯式，左右对称，简洁生动。

胁侍菩萨均躯体修长，面相圆润，束发戴冠，余发披肩，胸佩项圈，腕戴环，下着翻边长裙。菩萨或端庄直立，或体态微扭，姿态各异；有的沉思，有的微笑，神情不同。衣着线条流畅，身姿、面庞、花冠等部位用弧线刻划，充分表现出菩萨的温和亲切之感，衣裙及饰物用垂线刻划，恰如其分地展现出端庄典雅、刚毅静穆的特征。前壁左右弟子也是方圆面形，五官清晰，塑造手法简洁，寓丰富于单纯之中，形态逼真，亲切感人。

第62窟无论是佛、菩萨，还是弟子、力士，其共同之处是方圆面型，体现出北周塑像的基本特征，既不同于西魏的“秀骨清像”，又区别于隋唐以来的丰满圆润。造像脸部呈现一种正圆形的结构，并且温润柔圆，给人一种玉石般的柔美质感，北周时期文学家庾信就用“似刻浮檀，如攻水玉，从容满月，照耀青莲”① 的语句形容这个时期的造像艺术特点。“浮檀”即檀木，将造像比拟为雕刻的檀木作品；“如攻水玉”应该是“如水攻玉”，是指玉雕作品。无论是檀木或是玉雕，都是尽量表现出材料本身细腻、温润的质感，所以在线条等方面都是尽量润和；“从容满月”就更直接地说出了造像面部如满月的特点，饱满润泽但不张扬。

另外，菩萨、飞天等人物肢体部位也表现出这些特点，手臂珠圆玉润，形体丰肌秀骨，这些特征与微微扭动的腰肢巧妙地结合在一起，显现出雍容华贵典雅大方的风采。如第4窟的28身飞天，袒胸，斜披短袖衫，佩项圈臂钏，手镯、璎珞绕身而舞，飘带凌空飞扬，造型生动准确，飞天的脸、手、脚、胳膊凡肌肉露出的部分，全用薄薄的细泥塑成。而流云、香炉、飘带等则用绘画表现，这种绘塑相结合的艺术表现手法，在国内古代壁画中也不多见。无论以任何形式表现飞天，总体的风格都是方中求圆，具有强烈的麦积山北周造像特色②。

二、麦积山北魏至北周时期佛教造像的审美演变脉络

北魏太和十八年（493年），孝文帝迁都洛阳，使北魏政权与和萧梁之间的文化交流变得更为密切和频繁。这种变化在石窟造像艺术方面具体表现为出现了一种全新的模式，与魁梧雄健的云冈一期造像相比，更具备当时中原士族阶层的形象特征。学术界一般将这种风格称为“秀骨清像”，在北魏中晚期阶段，北方地区佛教造像都不同程度地受到这种风格影响。但仔细观察，麦积山石窟的此类造像

① ［北周］庾信：《秦州天水郡麦积崖佛龛铭并序》，冯国瑞：《麦积山石窟》，兰州：甘肃人民出版社，1984年，第134页。

② 刘俊琪：《麦积山第4窟北周飞天壁画浅议》，郑炳林、花平宁主编：《麦积山石窟艺术文化论文集》（上），兰州：兰州大学出版社，2004年，第391~398页。

与龙门石窟相比，还是有很大差异。

麦积山石窟典型的秀骨清像的出现时间相对于龙门石窟晚了很多，大致出现于北魏晚期（520~534年），而龙门石窟在迁都之后（494年）的造像中就出现了这种风格，两者之间的时差大约在二十年左右。造像服饰特点上和龙门石窟没有太大差异，同属“褒衣博带”风格；但造像在面相、躯体等方面差异明显。麦积山北魏晚期的造像面型消瘦，双肩如削，胸腹部平坦无肌肉感，佛与菩萨造像均身姿微向前倾，双眉下视。整体传递出内心沉静、不与世俗相争的造像气质。但是在龙门石窟，我们看到的同期作品是面额方阔、宽肩，造像的体积感明显要强于麦积山石窟造像。龙门石窟造像在受到南方造像特点影响的同时，在很大程度上还保持了云冈石窟造像雄健魁梧的体形特点。麦积山石窟北魏早中期的造像也同样具有这些特征，但在晚期，似乎更多地接受了以成都为代表的南朝文化影响，“秀骨清像”的特征更为突出一些。

逐渐趋向于丰润的造像风格变化产生于北魏末期。位于西崖最上层的第127窟在开凿年代上是有争论的一个洞窟，学者们在北魏与西魏之间各持观点。此窟是一个大型殿堂窟，窟内三壁三龛，每龛内各一佛二菩萨造像。其中左右两侧龛的佛像被宋代修复覆盖，正壁保存完好。从窟内的菩萨造像看，和北魏晚期造像风格完全一致，不存在差别。但是正壁龛主尊造像却明显具有略微方阔的特点，也正是由于这样的特点，有学者将其年代确定在西魏①，但是窟内造像及壁画更多是北魏晚期风格，将其年代定在北魏晚期也有一定理由②。就我们讨论的题目来讲，第127窟的这种造像风格是在北魏晚期从秀骨清像风格向丰润的方向发展是毋庸置疑的。

开凿于西魏初期的第123窟和第158窟造像特点就更明显地告诉我们西魏造像的发展方向。这两个洞窟都位于西崖最上层。其中第158窟是来自于洛阳的僧侣法生开凿的洞窟③；而第123窟则是以窟内童男童女著称于世。这两个洞窟中造像相比于第127窟造像，更明显具有饱满特点：造像面颊温润，下颌圆柔，有较强的肌肉感。而双肩、胸部也有一定体积感和厚度，第123、158等窟中的造像则完全脱离了“秀骨清像”特点。

西魏中期的第44窟主佛像面部肌肉感更进一步加强，整个脸部结构呈鹅蛋形，长中带圆。这种更为丰腴的造像特点与西魏时期文帝前皇后乙弗氏被赐死于麦积山有直接关系。乙弗氏死后，在麦积山凿龛为陵而葬，为她开凿功德窟时，可能有来自长安的艺术工匠参与④，这样就形成了“乙弗氏样式”⑤。这种从秀骨逐渐向丰腴演变的脉络为北周时期的珠圆玉润打下了基础。

北周时期，麦积山佛教造像的基本特点再一次演变，形成了“珠圆玉润”的特点，这种样式的形成应该有多方面原因。一方面，秦州地区在北朝时期是多民族的聚居区，民风粗犷。虽然由于南北文

① 天水麦积山石窟艺术研究所编：《中国石窟·天水麦积山》，北京：文物出版社、东京：平凡社，1998年，第172页。

② 张锦秀编撰：《麦积山石窟志》，兰州：甘肃人民出版社，2002年，第39页。

③ 董广强：《麦积山石窟法生碑及相关问题研究》，麦积山石窟艺术研究所：《麦积山石窟研究》，北京：文物出版社，2010年，第199~219页。

④ 王一潮：《麦积山西魏石窟及其造像风格形成因素分析》，《天水师范学院学报》2013年第4期。

⑤ 董广强、魏文斌：《陵墓与佛窟——麦积山第43窟形制若干问题研究》，《敦煌学辑刊》2014年第2期。

化交流的原因，在北魏晚期阶段出现了“秀骨清像”的造像风格，但是这种代表南方审美习俗的风格从其文化基础上毕竟和秦州本地的传统文化基础相差较大，很难在本土环境中长期持续发展，造像从清瘦羸弱逐步地转向体积感强、有力度的造像风格是一种发展的必然。另外一点，是受到了南方地区新的“面短而艳”画风的影响①。这种画风是张僧繇所创制，“面短”则是相比于此之前“秀骨清像”风格中人物面颊瘦长而言的，这种画风人物面部圆润，体现出较强的肌肉感，这种风格的产生，可能受到海上丝绸之路传播而来的南亚地区的笈多造像样式影响。

三、结语

麦积山石窟被誉为“东方雕塑馆”，历代精美的雕塑作品受到不同的宗教思想、传承路线、地域风格、社会背景、佛教美术等多方面因素的影响，各个时代都是表现出风格各异的特点，理清这些特点的变化因素就可以使我们更全面地理解古代佛教艺术甚至当时的社会背景。

通过前文讨论，北周作为中国佛教鼎盛时期的一个短暂的阶段，在麦积山石窟的造像中，其风格样式的来源是在继承前期风格的基础上，大量地汲取了南朝文化特点，形成了独具特色的艺术特点，对这种风格深入讨论，我们就可以对当时整个佛教文化的发展、南北方艺术交流等有全面的理解，对于开展相关课题研究也有重要的价值和意义。

（原载于《天水师范学院学报》2015 年第 3 期）

① 江梅：《六朝美术中人物审美的演变——从秀骨清像到面短而艳》，《东南文化》1993 年第 5 期。

麦积山与敦煌石窟北魏飞天造像色彩研究

钟国昌

一、麦积山与敦煌石窟飞天造像的特点

据佛教经典记载，飞天①是婆罗门教中的“乾闼婆”和“紧那罗”二神的演变形象。“乾闼婆”是根据梵文音译过来的，因为这位神的全身能够散发出香味，在空中飞行的速度非常快，并且与音乐和舞蹈有极大关系，因此又被称之为“香音神”。“紧那罗”是梵文的音译名称，因为这位神精于歌舞，会弹琴唱歌，因此，被称为“天乐神”。从功能上说，飞天是二者的复合体。

麦积山是进入河西走廊的第一站，河西走廊是历史与文化的走廊。麦积山石窟位于古代丝绸之路陇西段南端，与古代长安接壤，西接敦煌莫高窟以及甘肃的炳灵寺，受到了佛教文化与中原文化的双重影响。在佛教东传及佛教文化与中原文化的相互融合上，麦积山石窟起到了重要的作用。据碑碣题记和史料记载，麦积山石窟创建于后秦姚兴时期（394~416年）②。

麦积山石窟飞天很多绘制在洞窟顶部或者主佛的背光中，北魏早期的飞天受到印度及西域风格的双重影响，上身半裸，姿态比较僵硬，但动态感很强烈。例如：麦积山第128窟佛龛内侧的飞天，双手向前伸展，一条腿向前弯曲，另一条腿向后弯曲，飘带绕臂，呈飞翔态势。麦积山第76窟的壁画受到了中原造像风格的影响，飞天或双手合十，或手托花盘，眉目清秀，身体半裸，呈飞翔态势，飞天之间还绘有流动的云彩及鲜艳的花朵，唇部留有胡髭。飞天唇部出现胡髭的现象与西域的风格应该有直接的传承关系。麦积山飞天的衣着，在北魏中晚期，出现了宽袍大袖式的风格，整体显得潇洒飘逸。麦积山飞天在中晚期既传承了西域风格的某些特点，也受到了中原风格的影响。

敦煌莫高窟壁画驰名中外，敦煌地处古代丝绸之路东段，是佛教美术的宝库。敦煌莫高窟现存492个洞窟，其中的469个洞窟保存有壁画和彩塑。敦煌莫高窟的飞天壁画造型和色彩，给观者留下非常之深刻的印象。

---

① 依汉译佛经，飞天似乎有广、狭义之分。广义上的飞天，包括飞行无碍的诸位天神，侍从护法、散花歌舞、供养礼赞佛和菩萨的天龙八部等等。狭义的飞天，则是乾闼婆、阿布沙罗斯和紧那罗散花歌舞，供养礼赞佛和菩萨，飞翔在空中的天神形象。

② 麦积山第3、4窟道旁崖面上，原有宋绍兴二年题记：“麦积山阁胜迹，始建于姚秦，成于元魏，约七百余年，四郡名显。……阎桂才刻石以记之。”

敦煌莫高窟中的北魏飞天，保留有西域的风格。也受到中原风格的影响，逐步向中原化转变。脸部修长，眉眼秀气，五官匀称，身体逐步脱离了西域式的丰满，变得修长起来。在姿态上，大体呈现飞翔天空的态势，与云彩和鲜花相互映照，故事感以及浪漫色彩非常之强烈。第 254 窟北壁上绘有《佛本生》故事中的两个飞天，上身半裸，腿部修长漂亮，衣带飘摇飞舞，四周围绕着飘飘下落的花朵，不仅增加了故事感，而且线条刻画有力，飞天的动势与姿态优美动人。

二、麦积山与敦煌石窟飞天的造型色彩

在佛教美术中，飞天的形象变化万千，呈现出多种多样的姿态。中国佛教石窟的飞天形象与西域的飞天样式较为接近，这应该是佛教在传播过程中与中国文化融合后的变化。“飞天在印度只是一种风筝型的形象，阿旃陀石窟和其他地方的飞天呈现给人的不过是一种静止感。”① 然而，随着佛教的东传，飞天形象呈现出的不再是印度式的静止感，而呈现出飞动的态势和婀娜多姿的美丽之感。例如：麦积山第 4、5、76、127 等窟的飞天壁画，造型优美，色彩艳丽，具有较高的艺术研究价值。

麦积山保存最完整的第 76 窟的飞天壁画，位于第 76 窟顶部的藻井之上。飞天的色彩艳丽，线条清晰。飞天的轮廓线使用较淡的土红色勾勒出来，在这个基础上涂上白粉，再进行敷彩及焦墨勾勒。飞天面部白皙、清透，双唇用朱砂点染，衣裙及飘带用青绿叠染。第 76 窟的飞天赤裸上身，衣带飘飘，临空飞舞，姿态优美、轻盈，整个姿态舒展、端庄，富有韵味。北魏时期的飞天呈多元化，飞天的形象在多元文化的交融中为唐代的飞天形象的进一步民族化奠定了基础。

敦煌莫高窟北魏壁画形式多样丰富，北魏第 248 窟莲花飞天中的飞天形象，面容秀丽，呈现为中原形象。轮廓用铁线描勾勒。土红色底子与石绿色衣裙互为补色，显得格外鲜明突出。第 257 窟西壁背锅飞天图，背景使用暖红色，锅子使用暖白色，裙子使用暖绿色和土黄色，红、绿、黄、白四色的搭配，显得画面温暖，色彩对比强烈，色调厚重而且丰富。第 257 窟北壁释迦说法图飞天是一组飞天群像，颜色虽然出现比较艳丽的蓝色，但颜色并不突兀杂乱，反而色调协调，变化动感强烈。第 259 窟西壁龛顶听法飞天上身裸露，表情淡定沉静，非常认真地在聆听释迦、多宝的说法。画面运用了赭红色，呈现出古朴厚重之感。第 260 窟北壁的释迦说法图飞天，地呈土红色，飞天的飘带和衣裙的色彩，浓重与淡雅相互和谐搭配，显得色彩轻盈自然，浓淡相宜。

从以上麦积山及敦煌莫高窟的北魏飞天壁画，我们可以得到这样的信息：两个石窟的飞天，无论在造型上，还是在色彩上，均有相似的表现形式。北魏飞天强调动势，飞天身材苗条，裙带飞舞，飞天形象的周围点缀有云彩和花朵。工匠们在创意飞天时采用了衬托法，增强了飞天飞舞的动感。北魏飞天大多上身裸露，颜色多使用石绿、石青、土红、朱砂、白粉等矿物颜色。浓郁之色与淡雅之色色调之间协调搭配，使用叠染、晕染等技法上色。在勾勒线条时，一般采用铁线描进行勾线，飞天在造型上，受魏晋以来“秀骨清像”造型手法以及南朝张僧繇“张家样”的影响较多。飞天形象“秀骨清

---

① 谭中：《印度文化对敦煌以至中国石窟文化的贡献》，《1994 年敦煌学国际研讨会文集 · 石窟考古卷》，兰州：甘肃民族出版社，2000 年，第 412 页。

像，似觉生动，令人懔懔若对神明”①。

三、麦积山与敦煌石窟飞天色彩的审美价值

麦积山与敦煌石窟飞天在艺术表现中，展现了形与色的高度统一，佛教壁画之所以能够感染人，除了具有较强的故事性和独特的形式感外，尤其是色彩，在佛教壁画中占有很重要的位置。北魏飞天的色彩，不仅能够展现中国绘画色彩，从佛教艺术到世俗艺术的发展轨迹，而且能够看到色彩所具有的装饰意味。

1. 色彩的装饰美

石窟艺术中的佛教壁画有多重功能，既具有弘扬佛法的图解功能，也具有装饰作用。壁画在造型和图案的创造上符合装饰美的形式。各种不同的飞天使用不同的装饰审美特点，或线条流畅飞动，或色彩艳丽明媚，或色彩对比强烈。色彩遵循装饰色的色彩配色方式，显得艳而不俗，淡而不弱，视觉效果整体统一。浓郁的装饰效果与鲜艳明快的色彩运用，形成佛教壁画东传中国后的本土特征，感染力非常之强烈。装饰色彩“艳而不俗，浅而不薄”②。麦积山石窟的飞天色调统一协调，敦煌北魏时期的壁画色彩，继承了周秦汉以来形成的浓厚的装饰意味，强烈的色彩基调及用色方法。从麦积山和敦煌北魏时期的石窟飞天壁画中，我们看到了浓烈而又和谐的色彩对比。“中国画多用对比色，工笔画里的石青、石绿，写意画里的花青和赭石，对比十分强烈……使画面从对比中求调和，产生了美感。”③飞天壁画中深沉而又明艳鲜亮的色彩对比和丰富而又统一的装饰色彩效果，具有强烈的感染力。

2. 色彩的神秘美

在麦积山第76窟和敦煌莫高窟第260、257、248窟的飞天壁画色彩中，可以感受到一种浓郁而神秘的色彩气氛。这可能与敦煌早期的用色观念与装饰形式有较大关系，北魏时期的敦煌飞天色彩较多地受到秦汉用色观念的影响。汉代艺术大气粗犷，在表现神仙、升仙的艺术题材中，常常可以感受到一种不食人间烟火的神仙境界，因此，在用色中常常给人营造一种神秘的色彩氛围。北魏时期的飞天壁画色彩体现了汉代色彩观念的影响，这可能与飞天本身的题材也有较大关系。如麦积山第115窟中有一个羽人飞天形象，羽人在中国新石器时期的很多器物中就已经出现了，羽人是道教中引导人升仙和长生的神仙，佛教壁画中的飞天也常常被视为与升仙有关的神仙，具有神秘的美感。

3. 色彩的地域美

人类渴望色彩斑斓的世界是永恒的主题。人们把这种渴望表现到艺术作品的色彩之中，创造出如此丰富多彩的飞天形象。麦积山和敦煌地处西部，在佛教东传的过程中，这些地域不仅是交通枢纽，也是各种文化交织之地域。在这里，各种不同文化相互吸收和借用，表现在佛教壁画中，就会显示出

---

① ［唐］张彦远：《历代名画记》，引自何志明、潘运告编：《唐五代画论》，长沙：湖南美术出版社，1997年，第213页。

② 周积寅：《中国画论辑要》，南京：江苏美术出版社，2005年，第482页。

③ 周积寅：《中国画论辑要》，南京：江苏美术出版社，2005年，第482页。

它的丰富性和独特魅力。麦积山和敦煌不仅受到西域文化的影响，而且受到了道教文化的影响。二者不断融合碰撞，形成了两地石窟壁画色彩的地域性。

4. 色彩的整体美和秩序美

符合形式美的色彩是美的色彩，北魏壁画中的飞天色彩就遵循了形式美中的整体秩序感。飞天壁画在色彩的运用中，讲究色彩的互相呼应、分布的均衡感、色彩的和谐统一、色彩的节奏韵律感、色彩的对比统一。色彩是飞天壁画中的三大要素之一，北魏壁画飞天是严格按照色彩的形式美法则来用色的，使飞天壁画色彩既鲜艳明快，又丰富整体。壁画的绘制必须能够适应石窟建筑的特点，石窟中光线昏暗，飞天所占的面积相对较小，要使飞天壁画在整体空间中具有鲜明的视觉效果，就需要将色彩对比法使用好，加强色彩的鲜明度，提高观者的视觉分辨力。北魏时期的飞天壁画色彩，总体上具有艳而不俗的风格。在飞天壁画中，我们看到了色彩与画面的协调关系、色彩与造像之间的对比关系、色彩与空间的和谐关系。

［原载于《中央民族大学学报（哲学社会科学版）》2015 年第 4 期］

北朝时期水波纹发髻佛像及相关问题研究

孙晓峰

南北朝是中国历史上外来佛教艺术传播和发展的繁荣时期。各种质地和风格的佛教造像精彩纷呈，而这些特点主要通过佛像本身的造型特点、佛装样式、发髻特征、雕塑工艺、装饰技法等体现出来，集中展示和反映了中西文化交流与融合的艺术成就，也是人们认识和了解中国佛教造像艺术史发展变化的重要载体。本文拟以北朝时期盛行的水波纹发髻佛像为代表，通过对同时期北方地区石窟寺、造像碑、单体佛像、青铜佛像等具有类似特征佛像的比较分析，以探讨这种发髻样式佛像的来源、变化、分布、形成，以及它在佛教传播线路、石窟开凿史、造像风格等方面所具有的价值和意义。不足之处，敬请斧正。

一、北朝时期水波纹发髻佛像的样式与分布

现存南北朝佛像发髻样式主要有螺纹髻、磨光高髻和水波纹发髻等三种类型。其中前两种发髻样式在不同历史时期特征变化并不明显，而水波纹发髻不同，不同阶段和时期的样式变化十分丰富，地域分布特征也非常鲜明。

从现存实物看，中国境内水波纹发髻佛像最早见于新疆。如德国不来梅博物馆藏和田市洛甫县热瓦克塔院遗址的泥塑佛头像，面目清秀，弧眉、突目、大眼，发髻呈横向水波状，细密而有序展开，肉髻椭圆形，纹饰基本一致，神态上更接近当地居民特征。5 世纪前后的新疆佛教造像中，也发现有许多水波纹发髻佛像，如柏林亚洲艺术博物馆藏克孜尔第 76 窟木雕坐佛，发髻亦为起伏较大的横向波折纹，装饰意味浓厚，肉髻呈扁圆形，因磨蚀严重，具体纹饰已不是很清晰，推测仍为水波纹。在敦煌莫高窟，水波纹发髻佛像也有发现，主要集中在北朝晚期，如第 248 窟中心柱北壁泥塑坐佛与新疆地区此类佛像发髻相近。

在中国内地，同时期南方地区未见水波纹髻佛像，以南朝造像最为集中的四川地区为例，目前所见绝大多数为螺纹髻和磨光高髻佛像①。而水波纹发髻佛像主要分布在北方地区。其地域特性也比较

---

① 刘志远、刘廷壁：《成都万佛寺石刻艺术》，北京：中国古典艺术出版社，1958 年，图版 1、3、7、8、9、40~43；成都市文物考古研究所：《成都市西安路南朝石刻造像清理简报》，《文物》1998 年第 11 期，图版 4；张肖马、雷玉华：《成都市西安路南朝石刻造像清理简报》，《文物》2001 年第 10 期，图 4、5、7、9。

突出，西部主要集中在以长安为中心的关中地区。陇东南和宁夏一带相对较少，如日本大阪市立美术馆藏陇东出土北魏太和十六年（492 年）郭元庆造太子思惟像。庆阳北石窟第 1 窟也保存有此类佛像，该窟中心柱东、西、北壁下层龛内石雕坐佛均为水波纹发髻，表面横向阴刻稀疏刚劲、略呈连续“V”形的波折纹，肉髻较圆，斜向阴刻 S 状波折纹。这组北魏造像的佛装既有褒衣博带式，也有袒右肩式，呈现出北魏孝文帝服制改革时期特点。另外，2013 年开始的平凉市泾川县大云寺遗址考古发掘中也发现有少量北朝至唐宋时期的水波纹发髻佛像，其中一件大致可到北魏晚期，另一件约为北周时期作品①。而毗邻长安的麦积山石窟则保存有较多这种发髻样式的佛像，如北魏早期最具代表性的第 74 窟右壁，第 78 窟正壁、右壁主尊佛像均为水波纹发髻。与其发髻类似的佛像还见于清水县博物馆藏北魏太和八年（484 年）铜佛坐像②。此后一直到北魏末期，磨光高髻成为麦积山佛像发髻样式的主流，仅北魏景明三年（502 年）开凿的第 115 窟和大致同时期的第 69 龛内主尊坐佛为水波纹发髻③。西魏时水波纹发髻佛像再次流行，与此前不同，这一时期的水波纹发髻有两种样式，一种发髻和肉髻表现刻划连续涡旋纹，如第 20、44、102、105 窟坐佛。另一种发髻表面为 V 形波折纹发髻，正中、左、右侧及肉髻正前方各刻划一个圆形涡旋纹图案，如第 127、135 窟石雕佛像。

以长安为中心的关中地区水波纹发髻佛像几乎贯穿于整个北朝阶段。较早者有西安北郊出土的太平真君六年（445 年）青铜佛坐像、西郊出土的两身北魏青铜佛坐像，以及太和七年（483 年）追远寺众僧造佛三尊像等④。大致同时期石刻造像中也表现出类似特征，如碑林博物馆藏西安王家巷出土北魏和平二年（461 年）如来坐像、兴平出土北魏皇兴五年（471 年）交脚弥勒坐像、北魏太和二十年（496 年）扈氏一族造像塔龛内坐佛等。北魏中期时有碑林博物馆藏景明二年（501 年）四面造像塔龛内坐佛、景明三年（502 年）刘保生造阿弥陀像、刘保生夫妇造弥勒像等。北魏晚期时有陕西历史博物馆藏鎏金铜三尊造像等。西魏时期长安一带水波纹佛像锐减。北周时受南朝造像艺术影响，螺髻佛像大量出现，但部分造像仍然采用水波纹发髻，如碑林博物馆收藏的天和二年（567 年）杨连喜造佛坐像，以及碑林博物馆和西安博物院收藏的石雕佛头像等。

北方中原及东部地区水波纹佛像分布也较为广泛。云冈最早开凿的昙曜五窟中，多为磨光高肉髻，其中仅第 16 窟北壁立佛为连续 V 形波折纹发髻，前端饰一个圆形涡旋纹⑤。此后云冈此类佛像也不多见，且集中表现。如完工于 490 年前后的云冈第 6 窟⑥中心柱四面龛内及窟内四壁佛像发髻绝大多数为

① 考古发掘工作目前正在进行之中，相关水波纹佛像资料蒙甘肃省文物考古研究所吴荭女士见告。

② 甘肃省文物局编：《甘肃文物菁华》，北京：文物出版社，2006 年，图版 276。

③ 天水麦积山石窟艺术研究所编：《中国石窟·天水麦积山》，北京：文物出版社、东京：平凡社，1998 年，图版 56、52。

④ 翟春玲：《西安出土北魏铜佛造像研究》，《文博》2003 年第 5 期，图 1、5、9。

⑤ 云冈石窟文物保管所编：《中国石窟·云冈石窟》（二），北京：文物出版社、东京：平凡社，1994 年，图版 141。

⑥ 宿白：《平城实力的聚集和“云冈模式”的形成与发展》，云冈石窟文物保管所编：《中国石窟·云冈石窟》（一），北京：文物出版社、东京：平凡社，1991 年，第 187 页。

水波纹发髻，前端及肉髻正面各饰一涡旋纹①，充分展现出该窟功德主对这种佛像发髻样式的偏爱，类似样式发髻还有云冈第11窟西壁的七身立佛②。总的看来，北朝时期云冈石窟的水波纹发髻并不十分流行。

在以河南为中心的中原地区水波纹发髻佛像则十分盛行。以龙门石窟为例，开凿于太和末年至正始初年的古阳洞北壁杨大眼造像龛主尊坐佛，从残迹可知其原为水波纹发髻。此后开凿的宾阳中洞正、左、右三壁主尊佛像均为水波纹发髻，发髻及肉髻正面各饰一涡旋纹。开凿于北魏晚期的普泰洞正壁坐佛也采用了类似发髻样式③。同时期河南境内发现的造像碑中也多见此类发髻佛像，如景明四年（503年）张难扬造像、阎勍之造像、熙平年间（516~518年）孔惠超造像、北魏晚期的田延和造像等。以及现藏于日本大原美术馆的新乡百官寺佛三尊像、美国大都会博物馆藏佛三尊像、美国弗利尔美术馆藏北魏永熙三年（534年）佛立像等。东魏、北齐时此类佛像仍有出现，如武定元年（543年）张永洛造像碑龛内主尊、皇建二年（561年）圆觉寺造像、天统三年（567年）比丘宝进造像等④。

河北、内蒙古一带北魏早、中期也发现有一定数量的水波纹髻铜、石造像，如日本九州国立博物馆藏太平真君四年（443年）苑申造金铜弥勒佛立像。类似造像还有河北石家庄发现的北魏太和五年（481年）安某造铜佛坐像⑤，内蒙古托克托旗出土的北魏太和八年（484年）金铜坐佛，台北故宫博物院藏北魏太和十六年（492年）金铜释迦牟尼像，北京文物保护研究所藏北魏太和时期金铜如来坐像等。同时期石雕造像也表现出类似特征，如北魏太平真君五年（444年）朱业微石造像⑥，美国波士顿美术馆藏北魏承明元年（476年）石造像如来坐佛、纳尔逊美术馆藏太和十八年（494年）尹受国造释迦文佛像、克利夫兰美术馆藏太和二十三年（499年）比丘僧欣造弥勒立像、北魏景明元年（500年）牛伯阳造佛三尊像等⑦。显而易见，北魏太和时期北方地区出现了相当数量体态雄健，前端饰1~2个旋涡纹的水波纹发髻，身穿通肩贴体细密纹袈裟样式的佛像，学者金申将其归纳为北魏太和时期北方地区佛教造像的重要特征之一⑧，这种看法是有一定道理的。

辽西五世纪后半期的北朝造像中也发现有此类佛像，装饰技法与云冈第6窟水波纹发髻样式有一定相似性，在佛额头上方及前端各做一个由五缕发丝组成的右旋涡纹，其余部分延展为波折纹发髻。如义县西区第6窟交脚弥勒像、第8窟外西侧小龛内主尊坐佛，东区第5窟外壁东侧小龛内坐佛等⑨。即使在北魏晚期时受南朝印度笈多造像艺术影响强烈山东地区，也发现有一定数量水波纹发髻佛像，

① 云冈石窟文物保管所编：《中国石窟·云冈石窟》（一），北京：文物出版社、东京：平凡社，1991年，图版63、90~95、104、106、115、125、126、130、133。

② 云冈石窟文物保管所编：《中国石窟·云冈石窟》（二），北京：文物出版社、东京：平凡社，1994年，图版88。

③ 龙门文物保管所、北京大学考古系编：《中国石窟·龙门石窟》（一），北京：文物出版社、东京：平凡社，1991年，图版10、17~20、75。

④ 王景荃主编：《河南佛教石刻造像》，郑州：大象出版社，2009年，第31、36、48、119、165、223、238页。

⑤ 裴淑兰、冀艳坤：《河北省征集的部分十六国北朝佛教铜造像》，《文物》1998年第7期，彩页4。

⑥ 蔚县博物馆：《河北蔚县北魏太平真君五年朱业微石造像》，《考古》1989年第9期，图1。

⑦ 金申：《海外及港台藏历代佛像——珍品纪年图鉴》，太原：山西人民出版社，2007年，图版13、18、19、33。

⑧ 金申：《漫谈历代佛像的几种发型》，《文物天地》2007年第5、6期。

⑨ 刘建华：《义县万佛堂石窟》，北京：科学出版社，2001年，第62、69、78页，图66、73、82，图版44、45。

如青州龙兴寺出土的北魏佛像、山东广饶北魏孝昌三年（527年）石造佛立像、美国大都会博物馆藏青州北魏永熙三年（534年）背屏式造像、瑞士瑞特保格美术馆藏东魏天平三年（537年）邑子百人造释迦像、波士顿嘎特那美术馆藏东魏武定元年（543年）骆子宽等七十人造释迦像，宾夕法尼亚大学博物馆藏东魏武定四年（546年）怀州栖贤寺比丘僧道影等造释迦像等都是其中的代表之作，其发髻样式与龙门宾阳中洞造像有很强继承性。

综上所述，北朝时期整个北方地区或多或少都发现有水波纹发髻佛像，其中关中地区、河南、山东、河北、新疆等地均有相当数量此类佛像分布，可见它在北方佛教造像艺术史中具有很高地位。

二、水波纹发髻样式的来源与形成

从现存水波纹发髻佛像可知，这种发髻样式真正形成时间在5世纪中叶左右，它是2~3世纪中亚、巴基斯坦一带犍陀罗造像艺术影响的结果，两者之间存在着明显承袭关系。在犍陀罗造像中，佛发髻绝大多数表现为纵向弯曲状发丝，在头顶处扎一细发带，使发髻分为上下两部分，类似后来佛教造像中发髻与肉髻之间的关系，但其表现形式上并没有区别，如印度拉合尔博物馆藏犍陀罗（莫哈默德·那利）出土的大神变中释迦坐像、加尔各答印度博物馆藏犍陀罗（罗里延·唐盖）出土的涅槃图中释迦卧像，巴基斯坦白沙瓦博物馆藏犍陀罗七佛与弥勒菩萨像中的七佛、白沙瓦博物馆藏犍陀罗（萨利·巴路尔）三尊像等①。总之，这一时期犍陀罗地区发现和出土的佛教造像发髻样式丰富多彩，最常见者以佛额际为中心对称，呈放射波纹状展开，肉髻部分也大致如此。此外，有的发髻呈竖向股状后拢，每股表面横向刻划细密水波纹，肉髻表面刻划细密的横向或纵向发丝。有的以额际中心对称，发丝呈弧形后拢，犹如升腾的火焰，肉髻表面刻划放射状波纹状发丝。有的发髻、肉髻均作波折纹状。有的发髻为细密纵向直发丝，中间束一带。个别佛像为螺纹髻，但一般不单独表现，往往以多身佛像组合样式出现。个别佛像发髻为水波纹，肉髻为螺纹。值得注意的是，这一时期犍陀罗出土的菩萨像、供养人像等发髻也表现为各种样式的水波纹，体现出与古代欧洲雕塑艺术之间的密切关系，上述事例表明犍陀罗地区主要流行以弯曲状发丝表现佛像发髻的雕塑技法。

东汉初年，随着佛教传入中国内地，经过近200多年发展，佛教思想开始为中国信众所接受，佛像也随之出现。据《高僧传》载，道安在襄阳檀溪寺弘扬佛法时，先有凉州刺史杨弘忠赠铜万千，在道安建议下，铸成光相丈六佛像一躯，影响很大。后有前秦苻坚遣使送外国金箔倚像、金坐像、结珠弥勒像、金缕绣像、织成像等，“每讲会法聚，辄罗列尊像，布置幢幡，珠佩迭晖，烟华乱发。使夫升阶履闼者，莫不肃焉敬矣。其中有一外国铜像，形制古异，时众不甚恭重，安曰：‘像形相致佳，但髻形未称。’令弟子炉冶其髻，既而光焰焕炳，耀满一堂。详见髻中，见一舍利，众咸愧服。安曰：‘像既灵异，不烦复冶。’乃至，识者谓安知有舍利，故出以示众。”②

从这段记述可知，十六国时期佛教寺院中供奉的主要是西域佛像，其样式、材质也非常丰富。有

① （日）石松日奈子：《北魏佛教造像史研究》，北京：文物出版社，2012年，图版39、10、26、28。

② ［梁］释慧皎撰，汤用彤校注：《高僧传》卷五《释道安传》，北京：中华书局，1997年，第179~180页。

些样式也曾一度不被接受，如文中所言的肉髻中藏舍利的古佛。随着佛教信众日益社会化，这些外来佛像也成为人们制作佛教造像的范本，当然在制作过程中也融入了中国传统审美观念和雕塑技法。现存东晋十六国铜造像大多是这一时期作品。从发髻样式上看，主要有束发髻和磨光高肉髻两种样式，尚未发现带有印度本土马土腊造像特征的螺纹髻佛像，基本反映了东晋时期佛教造像的主要特征。根据相关研究成果，磨光髻和波纹髻佛像发源地均在中亚和西域地区，而螺纹髻则起源于中印度的马土腊和萨尔那特地区，其影响范围主要在东南亚一带，对西北印度及中亚地区佛教造像影响有限①。因此，沿古丝绸之路东渐的佛教所带来的造像样式更多地带有犍陀罗特征，其中束发髻佛像占有相当比例，它应该是后来水波纹发髻佛像前身，其样式也经历了一个发展和成熟过程。

犍陀罗造像中弯曲式发髻带有鲜明的欧罗巴人种特点，与东亚人种的直发有明显不同（个别佛像发髻也有这种现象，表明当地也存在东亚人种的佛教信奉者）。因此，在早期中国佛教造像中，佛发髻的这一特征进入中原地区后，很快就被信徒们加以改造，以适合中国人的审美观念，现存东晋十六国时期佛教造像也体现出这种特点。如美国哈佛大学美术馆藏铜鎏金焰肩佛坐像，中分式后拢直发髻，肉髻呈覆钵状物，顶有一孔。类似佛像也见于东京国立博物馆藏十六国时期铜鎏金禅定佛坐像、甘肃省博物馆藏泾川出土的十六国时期青铜造像等。其中河北隆化发现的北魏泰常五年（420年）禅定弥勒铜佛像发髻很具有代表性：后拢式直发髻，肉髻高圆，上阴刻斜向右旋发丝②。类似发髻造像还有河北易县征集的鎏金铜佛像③、满城鎏金铜佛像等④。此后430年左右铸造的铜佛像发髻则多为八字形中分发髻，肉髻呈球形，表面阴刻较大的右旋涡纹，如大夏胜光二年（429年）中书舍人施文造铜佛像、美国纳尔逊美术馆藏铜佛像、海外藏铜佛像等，其发髻样式显然是受犍陀罗佛像影响的结果。可以说，这一时期所见直发与覆钵形肉髻或螺纹肉髻相结合方式是不同地域之间文化融合的一个见证。

北魏统一北方后，随着大乘佛教释迦信仰的兴起，加之相关汉译佛典日渐丰富，关于佛陀神性特征的描述也被广大信徒所接受。反映在佛像制作表现为突出佛的“三十二相、八十种好”，其中关于佛肉髻的赞美也是一项重要内容。如《妙法莲华经》卷七《妙音菩萨品》载：“尔时释迦牟尼佛，放大人相，肉髻光明。及放眉间白毫相光。遍照东方百八万亿那由他恒河沙等诸佛世界。”⑤ 更是强调了肉髻的神奇性。而北方地区佛教禅观思想盛行，观像是其中一项重要内容，许多经典中都强调从佛肉髻至佛足这一周而复始的观像过程，如《禅秘要法经》卷中称：“复当作一丈六金像想。令此金像结跏趺坐。坐莲花上见此像已应当谛观顶上肉髻。见顶上肉髻。发绀青色，一一发舒长丈三，还放之时右旋宛转。”⑥《思惟略要法》中《观佛三昧法》称：“当观好像便如真佛。先从肉髻眉间白毫下至于足。从足复至肉髻。”⑦ 这些经典都突出肉髻相的重要性，客观上促进了佛像制作过程中对肉髻相的重

① 金申：《漫谈历代佛像的几种发型》，《文物天地》2007年第5、6期。

② 刘建华：《北魏泰常五年弥勒铜佛像及相关问题的探讨》，《宿白先生八秩华诞纪念文集》（下），北京：文物出版社，2002年，第372~373页，图二。

③ 裴淑兰、冀艳坤：《河北省征集的部分十六国北朝佛教铜造像》，《文物》1998年第7期，第68页，彩页2。

④ 河北省博物馆：《河北省博物馆文物精品集》，北京：文物出版社，1999年，图版56。

⑤ 《大正藏》第9册，第55页。

⑥ 《大正藏》第15册，第255页。

⑦ 《大正藏》第15册，第299页。

视，前文道安所言的“像形相致佳，但髻形未称”某种意义上也是这种观念的具体反映。

东晋十六国时期，长安是外来佛经翻译的重要道场，先后形成了道安和鸠摩罗什两大僧团，特别是后秦鸠摩罗什僧团在姚兴支持下，翻译出许多对后世影响深远的佛教经典。上文所及的《妙法莲华经》《禅秘要法经》《思惟略要法》等均译于这一时期，它对于当时佛教禅观思想和佛像制作起到重要作用。如经中所言的“发绀青色，一一发舒长丈三，还放之时右旋宛转”就是宣称佛发髻的一种奇异现象，工匠们在佛像制作过程中可能直接将其表现为发髻和肉髻前端的圆形右旋涡纹饰，并与中亚和犍陀罗佛像波折纹发髻融为一体，视觉效果上更显庄重和醒目，从而形成了具有中土特色的水波纹发髻造型，它在发展过程中纹样不断丰富，深受欢迎，唐译佛经中以此也有专门描述，如地婆诃罗《大乘百福相经》曰：“七十七者发长好，七十八者发不乱，七十九者发右旋，八十者发青绀。”地婆诃罗再译《大乘百福庄严胜经》称：“如是如来身诸随好，略说其数有八十种，何谓八十。……三者发色青绀，四者发香芬馥，五者发甚柔软，六者发不纷乱，七者发不稀概，八者发常增长，九者发本波委，十者发端螺旋，十一者发状华轮，十二者发如德字。……一者顶有肉髻圆好高胜，二者发绀青色其毛右旋。”① 使水波纹发髻在当时成为与螺纹髻并行的佛像发型之一。

三、水波纹发髻佛像的影响

关于中国不同地区佛教造像样式之间的关系是一个非常复杂的问题。它受不同阶段的历史背景、佛教思想、地域文化、民族属性、审美习俗、地理环境、经济水平等综合因素影响，仅就其中某一点很难得出相对准确、客观的结论。故本文就北朝时期水波纹发髻佛像所展开的讨论更多偏重一种现象，而非事物本质，以期揭示它在北朝佛教造像艺术方面的地位和意义。

经过东汉初年至东晋十六国三百多年的传播，外来佛教文化已深深植根于中国社会各个阶层，拥有了广泛的宗教信仰基础。同时，基于佛教典籍和思想而传入的佛教造像在南北朝时期也达到了高峰，各种样式、风格和材质的佛像十分丰富，令人目不暇接。但佛的发髻样式却无外乎前文所提的磨光高髻、螺纹发髻和水波纹发髻等三种。因此，它在反映佛像风格方面有一定普遍性意义，本文所选取的北朝时期水波纹发髻佛像更具有这方面代表性。

从前述北朝时期水波纹发髻佛像分布范围来看，它几乎遍布整个北方地区，表明当时这种具有犍陀罗艺术风格的佛像在北方地区深受欢迎。同时，从北方各地发现的相关佛像数量上看，它分布的地域性和时间性特征也非常突出。地域上主要表现为以长安、洛阳、平城为中心向四周扩散的特点，如陇右的天水、泾川一带此类造像应是以长安为中心的关中地区影响的结果，山东及河南境内此类造像应是洛阳地区影响的结果，而辽西、河北、内蒙古，以及庆阳北石窟此类造像更多则是受到平城地区影响的结果。其中长安和洛阳水波纹佛像样式受欢迎程度要明显较平城高一些。而当时西北地区另外两个重要的佛教艺术中心敦煌和凉州一带此类发髻佛像却比较少见，在同时期南方地区更是鲜有发现。

从时间性上看，水波纹发髻佛像尽管贯穿于整个北朝阶段，但具体流行时间段上也很有特点。如

① 《大正藏》第16册，第330、332页。

前文所述的北魏太和时期，整个北方中原和华北地区单体石雕和青铜造像中这种发髻样式颇受欢迎，几乎成为断代标志之一。北魏中期前后，主要流行于长安和洛阳一带。北魏晚期时主要见于洛阳和山东地区。北朝末期时，北方东、西部地区此类发髻佛像也呈现出不同特点。在西魏、北周控制下的关中和陇右地区，仅天水麦积山石窟西魏窟龛内出现有大量涡旋水波纹发髻佛像。长安和泾川也发现有少量此类佛像，这一时期螺髻佛像已经成为主要样式。在东魏、北齐控制下的东部地区，也以北魏晚期螺髻佛像居多，但水波纹发髻佛像始终并未消失，特别是在地域上接近河南的青州一带表现得更为突出。

通过上述分析可以看出，北朝水波纹发髻佛像在传播过程中带有跳跃性，它并不是沿着古丝绸之路逐渐东传，而是呈现出从全国性中心区域向四周扩散的特点。讲得具体一点，就是这种犍陀罗风格的造像在3~4世纪进入中国后，首先沿着新疆塔克拉玛干沙漠南北两缘的绿洲地区传播开来，并间接影响到北魏中后期的敦煌。此后，随着佛教在中国内地影响扩大，越来越多的中亚和西域僧侣径直穿过地僻人稀的河西走廊来到中国北方政治、经济和文化中心长安，他们所携带的犍陀罗式造像也开始被中国佛教信徒所认识、接受和改造。因此，当时长安在这种中国式水波纹发髻佛像的制作和传播过程中发挥了重要作用。随着北魏政权兴起，平城的政治、经济、文化地位不断上升，数十万计来自长安、凉州、河北、山东等地的平民、工匠、僧侣等云集于此，极大地推动了当地佛教造像艺术发展，云冈第16窟水波纹发髻立佛及云冈第5窟内大量水波纹发髻佛像的出现，表明这种发髻样式在北魏皇室中得到了认可，并进而影响和推动了内蒙古、辽西、河北等地此类样式佛像的制作。北魏孝文帝迁都洛阳后，龙门宾阳中洞、古阳洞、普泰洞等大型窟龛中水波纹发髻佛像的出现，表明它在南迁的北魏上层社会中已得到广泛认可和接受，同时期河南境内也出现许多这种发髻样式的单体造像，并一直延续到北朝末年，对山东地区北朝晚期水波纹发髻佛像的出现产生了重要影响。

在上述过程中，佛像的水波纹发髻样式也开始变得日益丰富和复杂，有力推动了北方其他地区此类发髻样式佛像的出现、传播和发展。

四、相关问题的讨论与分析

水波纹发髻佛像是南北朝时期北方地区佛教造像样式的表现形式之一，尽管具体到每尊单体造像上，其雕塑技法、服饰、背光装饰、台座、整铺组合等方面可能或多或少地体现出源于印度本土的马吐腊或笈多造像艺术特点。但总的看来，中国佛教造像艺术本身就具有兼容并蓄的特性，出现多种风格集一身的现象十分正常。因此，它并不影响采用某些带有鲜明艺术特征的标准，如本文所述的源于犍陀罗造像艺术的水波纹发髻来分析和讨论一些现象和问题。相反，可能还有助于正确认识和理解当时不同地域之间造像艺术的形成、发展和变化状况。故笔者结合北朝时期水波纹发髻佛像的形成与发展、分布与传播等特点，对麦积山第74、78窟的开凿年代、西魏时期麦积山水波纹发髻佛像来源、水波纹发髻佛像在北方独盛的原因等略加探讨。

1. 关于麦积山第74、78窟的开凿年代

第74、78窟是国内外学术界公认麦积山开凿最早的窟龛之一，但关于开凿时间，尽管学者们从塑

像风格、造像题材、佛教思想、窟龛形制、时代背景等不同角度做了大量分析与论述。但看法却有所不同，归纳起来可以概括为后秦说和北魏说两种观点。前者代表人物主要有阎文儒、金维诺、张学荣、董玉祥、李西民、夏朗云等学者①，后者代表人物主要有马世长、张宝玺、东山健吾、魏文斌、八木春生、陈悦新、久野美树等学者②。在研究过程中有学者已经注意到将第74、78窟主尊水波纹发髻样式与云冈同类造像之间的比较研究，认为这种带有右旋涡纹装饰的水波纹发髻样式应该出现在云冈一期（453~465年），盛行于北魏太和时期，并由此判定麦积山第74、78窟大致开凿于北魏献文帝天安元年至孝文帝太和年间（466~477年）③。笔者仅从佛像发髻着眼，狗尾续貂，谈点自己的看法。

首先，笔者认为第74、78窟后秦或西秦说缺乏相应的实物证据支持。相关史料表明，后秦时期麦积山确实已有规模很大的佛事活动，而且由当时著名禅僧玄高、昙弘等人主持，推测应该有开窟造像之举，但肯定不会是第74、78窟，至于具体开凿的是哪个窟，现已无从可考。根据观察，第74、78窟造像均为原作，并不存在改塑或重塑现象，后世只是做了少量修补和增塑工作。窟内主尊佛像头部所采用的阴刻水波纹发髻以正、左、右三侧各一朵右旋涡纹为中心而展开，发丝呈刚劲流畅的斜S形，技法娴熟，体现出高超的泥塑技巧。而后秦和西秦政权立国在386~420年之间，如前所述，这一时期中国内陆佛教造像仍主要以金铜造像为主，并兼有少量泥塑造像，如永靖炳灵寺西秦第169窟无量寿佛坐像等，发髻样式也主要以磨光高髻和中分或后拢式束发髻为主，肉髻多为覆钵状、圆球状或螺纹状，有的表面刻划粗糙的右旋涡纹，但尚未出现严格意义上的水波纹发髻。因此，麦积山第74、78窟从造像发髻特征分析，不会早到这一时期。

其次，笔者认为麦积山第74、78窟开凿年代被推定在北魏太和初年前后没有太大问题，但其主尊造像所采用的水波纹发髻样式并非来自云冈石窟。纵观云冈最早开凿的昙曜五窟，仅第16窟北壁立佛采用了涡旋水波纹发髻，此后再没发现此类发髻样式的佛像，直到北魏太和二十年（490年）前后开

① 阎文儒：《麦积山石窟的历史、分期及其题材》，阎文儒主编：《麦积山石窟》，兰州：甘肃人民出版社，1984年，第36~39页。金维诺：《麦积山石窟的兴建及其艺术成就》，天水麦积山石窟艺术研究所编：《中国石窟·天水麦积山》，北京：文物出版社、东京：平凡社，1998年。张学荣：《麦积山石窟的新通洞窟》，《文物》1972年第12期。张学荣、何静珍：《再论麦积山石窟的创建年代及最初开凿的洞窟——兼与张宝玺先生商榷》，《敦煌研究》1997年第4期。董玉祥：《麦积山石窟的分期》，《文物》1983年第6期。李西民：《试论麦积山石窟艺术史上的六个高潮》，《石窟艺术》第1期，西安：陕西人民出版社，1990年。夏朗云：《麦积山早期大龛焚烧痕迹的考察》，《敦煌研究》2006年第6期。夏朗云：《麦积"姚秦五龛"对云冈"昙曜五窟"的启示》，云冈石窟研究院编：《2005年云冈国际学术研讨会论文集·研究卷》，北京：文物出版社，2006年。

② 国家文物局教育处编：《佛教石窟考古概要》，北京：文物出版社，1993年；张宝玺：《麦积山石窟开凿年代及现存最早洞窟造像壁画》，中国考古学会编：《中国考古学会第一次年会论文集1979》，北京：文物出版社，1980年；邓健吾：《麦积山石窟的研究及早期石窟的两三个问题》，天水麦积山石窟艺术研究所编：《中国石窟·天水麦积山》，北京：文物出版社、东京：平凡社，1998年；魏文斌：《麦积山石窟几个问题的思考和认识》，《敦煌研究》2003年第6期；（日）八木春生：《关于麦积山石窟第74、78窟的建造年代》，《敦煌研究》2003年第6期；陈悦新：《甘宁地区北朝石窟寺研究》，北京大学博士学位论文，2004年；（日）久野美树：《中国初期石窟の观佛三昧——麦积山石窟を中心として》，《佛教艺术》，第176号。

③ 魏文斌；《麦积山石窟初期洞窟调查与研究》，兰州大学博士学位论文，2009年，第129~130页。

凿、具有鲜明汉化特征的云冈第 6、11 窟中才大量出现涡旋水波纹发髻佛像①。从现存情况看，当时云冈佛像中盛行磨光高肉髻，典型代表如云冈第 20 窟大佛。这种发髻样式的选择与平城当时社会历史背景有很大关系：自 398 年北魏建都平城以来，在近 100 年的时间里，北魏政权通过频繁的民族征服战争，将上百万人口及大量财富掠至平城，所涉及范围包括繁华的关中、河北、山东、河西凉州等地，这为云冈石窟的开凿和平城佛教寺院的兴建打下坚实基础。在云冈石窟开凿过程中，具有凉州佛教背景的昙曜等高僧发挥了重要作用，很可能是他们将河西一带盛行的磨光高髻佛像引入了云冈五窟的营建。但至少在这一时期，平城地区水波纹发髻佛像还没有被广泛认同。根据水野清一、长广敏雄等日本学者研究，云冈昙曜五窟造像同时也融合了犍陀罗和笈多造像艺术风格。而昙曜之前的沙门统师贤即来自犍陀罗地区，故云冈第 16 窟北壁立佛选择涡旋水波纹发髻可能与此也有一定关系。至于云冈第 6、11 窟中出现的水波纹发髻佛像则与这一阶段北方地区“太和样式”铜、石佛造像盛行有密不可分。基于上述事实，可以得出这样的结论，麦积山第 74、78 窟佛像中的水波纹发髻样式并非云冈石窟影响的结果，而是另有来源。

第三，麦积山第 74、78 窟佛像的水波纹发髻样式来自毗邻的长安地区。通过前文对北朝时期长安地区水波纹发髻佛像的梳理，我们可以看出，从北魏太平真君年间一直到北魏景明年间，此类佛像在长安没有间断过，特别是太平真君、和平、皇兴、太和、景明等年间均发现有铜或石雕水波纹发髻佛像，表明这一时间段内此类发髻样式的佛像在长安及关中地区倍受推崇，其雕刻技法也是炉火纯青。而麦积山自后秦以来就与长安地区关系密切，十六国时期建都长安的前秦苻氏、后秦姚氏等均起家于秦州，其统治集团的许多成员也都来源自秦州及陇右一带，正是在他们影响和推动下，才有了麦积山石窟的营建与开凿。当时往返于长安和凉州之间的僧侣也多取道秦州而行，如玄高、昙绍、昙弘等②。这些现象说明，后秦至北魏早期，麦积山与长安之间存在密切关系。因此，麦积山北魏早期造像应更多地受到长安及关中地区影响，第 74、78 窟水波纹发髻佛像的出现就是两地之间造像艺术的具体表现。从其发髻制作和处理技法上看，明显成熟于长安地区发现的北魏太平真君年间青铜佛坐像。但与关中地区发现的北魏和平二年（461 年）如来坐像、皇兴五年（471 年）交脚弥勒坐像的水波纹发髻样式相比，其发丝之间距离还是略显稠密，涡旋纹也更具有写实味道，尚未完全摆脱东晋十六国时期青铜水波纹发髻佛像的装饰特点。其制作技法上仍带有过渡性特征。故至少以上述两窟主尊发髻样式为依据，并结合相关研究成果③，笔者认为麦积山第 74、78 窟的开凿时代应在北魏文成帝复法至和平元年以前，即 452~460 年之间。当然，除发髻样式外，造像风格、服饰特点等也是必不可少的考虑因素。对此，前文列举的学者相关研究成果中多有见解，其结论与本文所推定的时间相差无几，故这里不再赘述。更重要的原因是本文目的在于强调这种当时流行的发髻样式在相关佛教造像年代推定方面所具有的重要性。

---

① 宿白：《云冈石窟分期试论》，《考古学报》1978 年第 1 期。

② ［梁］释慧皎：《高僧传》卷十一《玄高传》，《大正藏》第 50 册，第 397 页。

③ 邓健吾：《麦积山石窟的研究及早期石窟的两三个问题》，天水麦积山石窟艺术研究所编：《中国石窟 · 天水麦积山》，北京：文物出版社、东京：平凡社，1998 年，第 219~229 页。

2. 西魏时期麦积山水波纹发髻佛像样式分析

麦积山西魏佛像发髻样式主要为涡旋水波纹，具体包括两种，第一种发髻正、左、右三面及肉髻正面各饰一圆形右旋涡纹，并由此展开，形成绵延起伏的波折纹。如第127窟正壁龛内坐佛、第135窟内石雕立佛。第二种发髻和肉髻表面阴刻彼此相连的圆形涡旋，其间空隙阴刻重叠的V形线条，每个涡旋均由三组鱼形纹饰旋扭而成，极具动感。如第44、20、102、105窟正壁主尊坐佛。然而，综观当时西魏境内佛教造像，主要以磨光高肉髻为主，兼有螺髻佛像，如西安碑林博物馆藏西魏造像碑龛内坐佛、甘谷县博物馆藏西魏造像碑主尊坐佛，陈哲敬藏西魏大统八年（542年）佛坐像、日本大阪美术馆藏西魏大统八年杨子受造释迦像。只有敦煌莫高窟例外，在第248、355等窟内保存的西魏塑像依然沿用水波纹发髻①。但与麦积山西魏水波纹发髻又明显不同，发丝细密、样式复杂，既有横向展开的，也有纵向展开的，带有新疆及中原地区北魏晚期类似佛像特点，充分体现出其区域性和造像艺术滞后性特征。

麦积山第127、135窟的开凿与西魏皇室有着密切关系。大统初年，文帝元宝炬前皇后乙弗氏被废黜至麦积山出家为尼。不久又被赐自尽，并凿龛为陵而葬②。正是在这一事件影响下，才出现了麦积山石窟的大规模营建。以第127窟为例，无论其窟龛形制、造像风格、壁画内容等都展现出一种全新风貌，完全不同于麦积山北魏晚期窟龛。这一时期出现的水波纹发髻也不见于麦积山北魏晚期佛像，表明它也是一种全新外来样式。但是从前面所举西魏造像例证可知，除敦煌外，在西魏境内、包括毗邻秦州的西魏国都长安，并不盛行水波纹发髻佛像。显然，麦积山西魏窟龛中出现的涡旋水波纹发髻样式另有来源，它是洛阳地区此类发髻佛像直接影响的结果，下面略加论述。

从前述北朝时期水波纹发髻佛像分布状况可知，以洛阳为中心的河南是北魏中期以后此类发髻样式佛像最为集中的地区，一直延续到东魏、北齐时期。麦积山第127、135窟内佛像水波纹发髻与龙门石窟宾阳中洞内佛发髻非常相近，在发丝处理和装饰技法上也基本相同，可谓一脉相承。笔者认为，这两个窟造像风格出现“舍近求远”现象与它的功德主有很大关系。第127窟作为西魏文帝前皇后乙弗氏功德窟③，开凿者当为她的儿子，秦州刺史、武都王元戊或太子元钦。据《北史》记载，乙弗氏为河南洛阳人，父亲乙弗瑗曾任北魏兖州刺史，母亲是孝文帝女儿淮阳公主。北魏正光六年（525年），年仅十六岁的乙弗氏被南阳王元宝炬纳为妃，先后生育多个子女，但仅存活下太子元钦及武都王元戊。元宝炬登基后，乙弗氏被册封为皇后，深得敬重。立国之初的西魏政权为笼络北方强敌柔然，大统四年（538年）正月，文帝迫于形势迎娶柔然首领阿那瓌长女郁久闾氏为皇后，乙弗氏被迫出家为尼，在佛寺修行。后来在郁久闾氏威逼下，又被文帝安置到秦州麦积山，依附儿子武都王元戊，但最终仍未摆脱被迫自杀的命运。通过这段史料可知，乙弗氏高贵的出身使她始终视洛阳为正朔，佛教可能在她幼年时已经产生一定影响，而出家为尼的生活又进一步加强了她与佛教之间的关系，故推测乙弗氏出家后日常参拜敬的佛像很有可能就是携带自洛阳的水波纹发髻佛像。只有这样，她的儿子及

---

① 敦煌文物研究所编著：《中国石窟·敦煌莫高窟》（一），北京：文物出版社、东京：平凡社，1981年，第192页、图33，图版88。

② ［唐］李延寿撰：《北史》卷一三《后妃上》，北京：中华书局，1974年，第506~507页。

③ 郑炳林、沙武田：《麦积山127窟为乙弗氏功德窟试论》，《考古与文物》2006年第3期。

近臣才会在其功德窟开凿中纳入逝者生前最喜爱和信奉的造像题材。而第135窟石雕水波纹发髻立佛则很有可能是乙弗氏生前在麦积山的供养之物，其样式自然也汲取了北魏晚期洛阳地区佛教造像特点。

至于此后麦积山第20、44、102、105等窟出现的涡旋水波纹发髻样式，应是在第127、135窟此类样式佛像影响下演变而成的。出现这种变化与佛像材质也有一定关系，第127、135窟的佛像均为石雕，所用石材也并非产自麦积山一带，系它处制作完工后搬运而来，从造像风格和雕刻技法综合分析，制作者很有可能是来自洛阳一带的石雕工匠。而麦积山造像以泥塑为主，悠久的开窟历史使当地可能已经出现一支熟练的泥塑工匠队伍，由于泥质塑像的特性，使工匠们在摹拟水波纹发髻样式过程中采用了变通手法，更有利于“塑”而不是“雕”，从而出现了这种独具匠心和美感的涡旋纹发髻，成为麦积山石窟西魏佛像的标志之一。

3. 水波纹发髻佛像在北方地区盛行原因初探

作为北朝佛像常见的三种发髻样式之一，水波纹发髻佛像并未如磨光高髻和螺纹高髻佛像那样在当时南、北方均有发现，而仅仅流行于北方地区，并且它的地域性分布和时代性分布特征非常明显，对此，笔者认为主要有两点原因：

第一，这种现象与水波纹发髻佛像形成时间有密切关系。从前文可以看出，源于犍陀罗造像艺术的水波纹发髻佛像在形成过程中经历了一个发展变化过程，其真正形成时间应该在北魏文成帝复法前后。而这一时期，经过东晋十六国时期的动荡，已经形成了南北对峙格局。虽然双方在包括文化方面的交流没有完全中断，但在佛教思想上却已经走上不同道路。南朝政权以中国传统文化继承者自居，居于统治地位的世家大族热衷于老庄玄学和佛教义理的探讨，在北方动乱中纷纷南下的僧侣也加入了这一行列，使整个南方佛教界形成了重视佛教义学研究的局面。佛教造像方面，自东晋以来逐步形成了以无量寿佛和弥勒为主的造像体系。而北魏皇室出于自身统治需要，对于中原旧日向往安养境界和祈愿弥勒出土的信仰主要采取排斥态度，这使得北方僧人更专注于自身解脱的禅观修行，导致与禅观内容密切的释迦、三佛、七佛、决疑之弥勒菩萨等大行其道①。在这种历史背景下，形成于北魏境内的水波纹发髻佛像样式显然不会被以正统自居的南朝统治者所接受。同时，由于北魏佛教重视禅修，出于观像需要，水波纹发髻佛像制作又得到了进一步推动，这可能也是“太和样式”佛像盛行的一个重要原因。

第二，与东晋时期佛教传播线路的变化有关。从目前海内外所见佛教造像看，其在中国东部地区出现的时间最迟应在4世纪中叶前后。实物方面以北方居多，南方较少，仅发现有日本永青文库藏刘宋元嘉十四年（437年）韩谦造金铜坐像。根据文献记载，东晋太和六年（368年），高僧支遁就撰有《阿弥陀像赞序》②。此后不久，竺道邻③、戴逵④等均制作有无量寿像。遗憾的是，我们并不清楚上述佛像的具体形象。但从韩谦文造像风格推测，应该与同时期北方青铜佛造像差异不会很大，说明当时南、北方佛教造像均是受到西域、犍陀罗一带造像艺术的影响。

① 宿白：《南朝龛像遗迹初探》，《中国石窟寺研究》，北京：文物出版社，1996年，第190~192页。

② 《大正藏》第52册，第196页。

③ ［梁］释慧皎：《高僧传》卷五《竺法旷传》，《大正藏》第50册，第358页。

④ ［唐］道世：《法苑珠林》卷十五《感应缘》，《大正藏》第53册，第406页。

随着北魏完成对北方地区的统一，情况发生了变化。南朝政权与西域之间的陆路交通只能借道青海，经川西地区到达益州，再沿长江抵达江陵或建康，如《高僧传》载酒泉僧人释慧览曾游学西域，后经于阗、青海、川西抵达成都，居罗浮天宫寺。后应宋文帝之请前往建康，孝武帝时奉敕移住中兴寺①。南朝僧人法献于宋元徽三年（475 年）由建康出发，经四川走青海道至于阗，欲度葱岭，值栈道断绝折返②。460 年前后，咀哒人灭大月氏，占据了犍陀罗地区，其势力远及康居、安息、于阗等地，由于其国王“不信佛法，多事外神”，大量佛寺及佛塔被焚毁，犍陀罗佛教艺术由此逐渐湮灭，这也使得印度贵霜盛行的笈多式佛教造像向西北的传播受到很大影响③。同时，由于航海技术日益成熟，印度次大陆、斯里兰卡等地与南朝之间的海上交通变得频繁起来，许多中国西行求法僧人和来华天竺僧人都走的是经交趾、广州、青州，最后抵达建康的这条海路。如罽宾僧人昙摩耶舍就是在东晋隆安年间（397~401 年）由海路抵达广州，驻白沙寺，后至长安④。法显从长安西行求法到达印度后，也是于东晋义熙七年（411 年）从师子国（斯里兰卡）乘船回国，并随身携带经像⑤。中天竺高僧求那跋陀罗也是刘宋元嘉十二年（435 年）从海路抵广州，后到达建康的⑥。可见东晋以来，这条海上丝绸之路已经非常畅通，这一时期盛行于印度本土带有笈多造像艺术的螺髻佛像被这些入华僧侣或南次亚大陆各国使节带入建康，并迅速风行起来。这种全新样式佛像溯长江而上，不仅影响到四川地区造像，对当时北魏境内佛教造像也产生了一定影响。如“太安初，有师子国胡沙门邪奢遗多、浮陀难提等五人，奉佛像三，到京都。皆云，备历西域诸国，见佛影迹及肉髻，外国诸王相承，咸遣工匠，摹写其容，莫能及难提所造者，去十余步，视之焕然，转近转微”⑦。史料中所提由师子国僧人带至平城“视之焕然，转近转微”的三尊佛像应该就是螺髻佛像，由于当地工匠对此样式并不熟悉，故仿制的佛像比不上原作。现海外收藏的北魏太安元年（455 年）张永石佛坐像、太安三年（457 年）宋德兴造像石佛坐像、延兴二年（472 年）张伯和造石佛坐像等均出至云冈地区⑧，表明螺髻佛像当时在魏都平城已经被接受。到北魏晚期，随着南北之间文化融合的加快，螺髻佛像迅速在北方地区流行起来。

从上述史实可以看出，南朝政权由于陆路和西域及印度次大陆的联系受制于北方，因而佛教造像方面转而更多地受到由海路传入的中印度笈多造像艺术影响。正是这种外来佛教传播线路的变化、注重佛教义理研修的社会背景，以及以中华正统文化自居心态，使北方地区盛行的水波纹髻佛像没有被纳入南朝佛教造像体系之中。

（原载于《石窟寺研究》第五辑，北京：文物出版社，2014 年）

① ［梁］释慧皎：《高僧传》卷十一《慧览传》，《大正藏》第 50 册，第 399 页。
② ［梁］释慧皎：《高僧传》卷十三《法献传》，《大正藏》第 50 册，第 411~412 页。
③ （巴基斯坦）穆罕默德·瓦利乌拉·汗：《犍陀罗艺术》，北京：商务印书馆，1997 年，第 124 页。
④ ［梁］释慧皎：《高僧传》卷一《昙摩耶舍传》，《大正藏》第 50 册，第 329 页。
⑤ ［梁］释慧皎：《高僧传》卷三《法显传》，《大正藏》第 50 册，第 337~339 页。
⑥ ［梁］释慧皎：《高僧传》卷三《求那跋陀罗传》，《大正藏》第 50 册，第 344 页。
⑦ ［北齐］魏收撰：《魏书》卷一一四《释老志》，北京：中华书局，1974 年，第 3036 页。
⑧ 金申：《海外及港台藏历代佛像——珍品纪年图鉴》，太原：山西人民出版社，2007 年，图版 3、6、10。

从宗教图像向审美符号的转换

——甘肃天水麦积山石窟壁画的应用

高　翾

甘肃天水麦积山石窟壁画是佛教传播过程中为传播佛教教义、教化信众而产生的，是丝绸之路经济发展的见证，是佛教传播、文化融合的见证。今天，麦积山佛教壁画又被运用于服装设计、书籍装帧、招贴画、包装等领域，在使用范围扩展的过程中，这些宗教图像的审美价值得到了开发和运用。麦积山石窟壁画也从宗教图像转化为地方文化的审美符号，为人们的生活带来了美的享受，也推动了地方经济的发展。

一、宗教图像——天水麦积山石窟壁画

天水是中华先民繁衍生息的重要区域之一，处在丝绸之路的交通要道。魏晋南北朝时，丝绸之路沿线的佛教进入了辉煌时期。丝绸之路所经的渭水沿线堪称“石窟走廊”，从魏晋南北朝一直延续到元、明、清时期，历经1600年而不衰。其中山势奇特、规模宏大的麦积山石窟在中国石窟艺术史上占有重要地位。麦积山石窟现存大小窟龛221个，各类造像10632身，壁画约1000平方米，近千件馆藏文物，与敦煌莫高窟、云冈石窟、龙门石窟、大足石窟齐名。

麦积山石窟壁画的内容是依据佛教教义绘制的，主要有佛教诸神、说法图、本生故事、因缘故事、佛传故事、经变画、传统神话、供养人像、装饰图案等，以传播教义、教化信众为目的。

二、从宗教图像到审美符号的转换

麦积山石窟壁画是宗教仪式孕育出的艺术形式，人们通过这些宗教图像获得激励，从而积极自觉地追求向善的责任义务、辩证的思维方式和从容的生活态度。可以说，麦积山石窟壁画是佛教教义的图像符号。这种宗教图像在佛教的传播过程中将教义直观化，便于佛教的传播和普及。在大力发展经济、功能消费转变为文化品位和精神消费的当今时代，麦积山石窟壁画的宗教图像被用于服装、书籍装帧、招贴画、包装等领域，在使用范围的扩展中完成了由宗教图像向审美图像的转换，由传播教义转换为代表地域历史、文化特色、地方特产和消费品位的审美符号。

（一）麦积山壁画的审美特征

1. 宗教图像与文人水墨画、其他壁画形式的区别

麦积山壁画宗教图像的表现内容、画面构成、绘画思路不同于文人画的水墨情趣和精神追求，也不同于其他壁画形式（墓室壁画、宫殿壁画等）。

从表现内容来看，文人画主要有人物、山水、花鸟、树石等题材。墓室壁画主要表现墓主人生前的官舍、宴饮庖厨、出行、重大政治活动、财富、农桑、神灵异兽、日月星辰、历史故事等。宫殿壁画表现山川景物、文武功臣、车马出行等内容。宗教图像则主要表现佛经故事。

从构图来说，文人山水画主要采用平远、深远、高远、全景、边角之景的构图方式。文人花鸟画主要采用折枝花鸟的构图方式。墓室壁画主要采用独幅式、长卷式构图。宫殿壁画的构图与文人画基本相似。而麦积山宗教壁画构图灵活多变，式样丰富，有连环画式构图、独幅构图、环形构图、分段式构图、填空式构图等。

从绘画思路来讲，文人画讲笔墨、尚意趣、抒情怀。墓室壁画主要表现墓主人生前的生活场景，同时也体现了其期望进入冥间后也过上如生前一般荣华富贵的生活。麦积山石窟壁画主要为佛教的传播服务，宣讲佛法，教化信众。画工对画面的再创造能力，对人物形象的概括能力，对画面整体的把握能力，在阐释佛法时得到了淋漓尽致的发挥。画面的美感突破了文人画讲笔墨、尚艺趣、抒情怀的追求，呈现出自由的、生活的、浪漫的美学风格。这种美学风格展现出不同的绘画追求、绘画表达方式和绘画思想。这些都是通过宗教壁画的形式保存至今，虽有宗教特点，但它终究是以绘画的形式存在的，绘画所呈现出的审美价值、艺术造诣都成为我们的文化财富。今天人们回望这些壁画，除去宗教含义，从审美角度出发，天水当地以及甘肃省内的人将这些宗教图像运用于文化创意产品，为产品增值，让人们在消费时获得精神上的满足，向外界展示了当地的文化特色，使麦积山壁画生发出新的意义和价值。麦积山壁画在使用范围的扩展中完成了由宗教图像向审美符号的转换。

2. 残损的宗教图像所具有的美学特征

由于天水气候潮湿，还有鸟、松鼠等动物的破坏，以及香火常年的烟熏火燎，壁画画面出现斑驳、残损的效果，给人以特殊的美感。这种残损斑驳的美感被美术工作者发现并加以运用，其所传达出的视觉审美效果是厚重的历史感、时间的沧桑感、悠久的文化感。这种美感被艺术家纳入艺术语言的范畴，提升了艺术语言的表现力，满足了人们更深层次的审美需要，与文人画追求的意境、墓室壁画对生的记录和对死后生活的祈愿、宫殿壁画树立并宣扬王朝威信的意图截然不同。

这种审美特征所具有的视觉体验扩展了艺术表达的范畴，使壁画作为图像承载了宗教含义之外的意义。新的意义使宗教图像实现了向审美符号的转换，这种转换是我们对于传统继承和发展的体现。当其成为表达新的审美情趣的语言时，又成了新的传统，传递文化和审美的信息。因此，这种审美特征成为我们观照地方文化的体现，这种观照可以实现地方文化与地方经济的接轨，促进地方经济的发展。

将具有残损斑驳感的宗教图像运用到服装、包装设计、书籍装帧设计、招贴画等领域，使它们具有地域文化特征，可以增加商品的文化价值和经济附加值，从而满足人们内心深处对悠久文化的追寻

和对沧桑历史的回顾。

（二）向审美符号的转换

1. 宗教图像在绘画中的应用

一些画家对麦积山壁画这种宗教图像的画面效果进行了借鉴。如，画家唐勇力在自己的画面上借鉴了这种效果，形成了自己独特的绘画面貌。新工笔重彩、油画、版画、漆艺的许多画家也在画中借鉴运用，创作出大量精美的艺术作品。近年来，从事设计的人员也大量借鉴、使用这种效果。在美术工作者借鉴、使用的过程中，图像宗教的含义被迁移、削弱，更多的是传达艺术形象的美感，从而转化为表现历史沧桑感、文化厚重感的审美符号。

2. 宗教图像在招贴画中的应用

第一，随着读图时代的来临，人们认识到图像符号可以突破文字、文化、国界的限制，更顺畅地传递、交流文化信息，使文化交流直接化。第二，图像符号可以承载丰富的信息量。第三，图像符号可以充分显示主题，让人一目了然。第四，图像符号可以启发人的思维，与人的记忆、情感产生共鸣。第五，图像符号更容易让人记忆。因此，麦积山壁画的宗教图像被运用于招贴画，它带给人的视觉冲击、视觉联想就像时空隧道，人们穿越它，来到心灵深处的精神圣地，它安抚着人们的心灵，同时也代表对地方文化的传承、发扬，形象、直观地传达天水地方文化精神和区域文化特点，提升区域文化的品位。这些宗教图像转化为体现地方文化精神、区域文化特色和深厚文化底蕴的审美符号。

3. 宗教图像在服装、室内装饰画、书籍装帧中的应用

服装、室内装饰画、书籍装帧等商品也人量使用麦积山壁画中的宗教图像，此时，这些图像的意义又有了延伸，从传播教义、信徒膜拜的对象转换为审美符号，成为消费者追求文化品位的象征。这些图像从文化资源转化为商业资源，这些商业资源就是文化与商业相结合的桥梁。

把这些审美符号和商品结合起来，也就是将经济与文化紧密结合起来，这样审美符号就参与商品增值的博弈。因为人们对商品的消费，除了普通意义的功能消费，还有精神和心理需要的实现（消费某种商品，展示自己的身份或自己的文化品位）。增加商品的文化价值是提高商品价值的重要方面，所以对这些宗教符号的扩展性使用，使它们脱离原有的意义，成为审美符号，象征着消费者对文化品位的追求。

三、意义

（一）宗教图像转换为审美符号，使地方文化精神直观化、形象化

这些图像符号使人通过感知在头脑中构建起地方文化精神的框架，这是文字无法传达的，是对文字的补充。在对外宣传方面，其可以跨越文字、民族、国界的限制，真正意义上做到沟通无极限。许多省市、地区都非常重视建设地方代表性文化审美符号。其原因为：第一，更好地凸显地方的文化形象。符号是一种快捷的传播工具，可以高效地树立一个省或地区的文化形象、精神面貌。如，长城是

大家公认的文化审美符号，体现中国古代劳动人民的智慧和保家卫国的不屈精神。第二，有利于更深入地挖掘一个省或地区文化的深刻内涵。文化审美符号是文化精神的概括，能更好地体现出文化精神的深邃内涵。麦积山佛教壁画不仅是石窟的重要组成部分，也是有着虔诚、崇善、包容、唯美、自由、浪漫内涵的审美符号，应当成为天水和甘肃的代表性文化审美符号。

美国《时代周刊》曾根据网民投票评选出21世纪以来世界最具影响力的12大文化国家，并评出代表这些国家的20个形象符号。这其中包括中国，代表中国文化的形象符号中汉语列第一位，甘肃莫高窟也位列其中。天水麦积山石窟和莫高窟同为中国四大石窟之一，在中国佛教发展史上占有重要的地位。莫高窟能成为代表国家的文化符号，那么麦积山石窟壁画作为代表天水或甘肃文化的审美符号也是当之无愧的。

（二）准确、快捷地传达信息

生活中，人们往往更愿意通过图片的方式获得信息。有实验表明，人类感知世界的首要方式就是观看，大约80%的信息来自视觉，通过其他方式获取信息的比率占20%。图像是传递信息的一种重要手段，其能够准确、快捷地传达信息。当然，在使用图像传达信息的过程中，传达者与接受者要具有相似的文化认同感，才能顺利实现传达与沟通，才能起到使用这些审美符号的作用。各行各业也应抓住这个特点，在各自领域运用图像符号。在服装上使用麦积山宗教文化审美图像，让崇尚文化的消费者体会到自己所期盼的时尚感觉和追求的文化品位，从而产生购买的欲望。在有关介绍天水文化书籍的封面设计中，采用麦积山宗教文化审美图像，观众可以准确感知天水的地域文化特点，提升书籍的文化品位。

（三）麦积山石窟壁画是天水地方文化的精神——包容、向善的象征

现代化的城市往往相互雷同、缺乏个性，而不同城市采用不同的文化审美符号，可为城市增添个性标签，防止人们产生视觉疲劳，用唯美的、耐人寻味的审美符号诉说城市的历史、民俗、文化精神。文化的发展和传承是城市发展的灵魂，天水对这些宗教审美图像的运用是城市文化发展的象征，是地区文化精神的代表。麦积山石窟壁画宗教审美符号象征了天水包容、向善的地方文化精神。

（四）满足受众、消费者的文化需求

人们的消费方式和消费观念是由社会生产力水平决定的，扩大文化消费是经济社会又好又快发展的客观要求。我国文化产业发展尚不完善，精品不多，借鉴国外文化创意产品模式的情况较多。因此，要加强民族文化产品的开发和供给，关注人们潜在的文化需求，满足人们的精神文化消费需求。宗教审美图像在各个领域的使用是满足消费者文化需求的体现。

（五）促进地方经济的发展

将宗教图像运用于各领域的创意产品，是传统文化产业转向创意产业的结果。创意产业是文化产业发展的高端形态，相比于以旅游为龙头的低端文化产业发展模式，创意产业和创意产品适应了新的

经济发展格局，契合了现代人的审美趣味，是当代人传承与发展传统文化的体现。

宗教审美图像被运用于创意产品，增加了产品的附加值，创造了可观的经济收益，促进了本地区产业结构的调整，提高了美术毕业生的就业率。因此，麦积山石窟壁画宗教图像的运用促进了地方经济的发展，是连接经济与文化的桥梁。

四、结语

天水的地方文化遗存非常丰富，在做好保护与研究的同时，将其拓展性地应用于各类文化创意产品，提升产品的价值，展示地方的文化风貌，促进地方经济的发展，是调整地方产业的途径之一。

参考文献

[1] 张锦秀：《麦积山石窟志》，兰州：甘肃人民出版社，2002 年。
[2] 孙晓峰：《带你走进麦积山》，兰州：甘肃文化出版社，2013 年。

（原载于《美术教育研究》2016 年第 2 期）

麦积山第127窟顶部正中壁画考释

孙晓峰

开凿于西魏初年的第127窟是麦积山北朝晚期保存最完整的窟龛之一，该窟平面长方形，覆斗顶，仿帐式结构。三壁三龛，每龛内均为一佛二菩萨的一铺三身组合，其中正壁龛内造像为石雕，左、右壁龛内造像为泥塑。宋代在窟内正壁增塑一坐佛及胁侍菩萨，并对左、右壁龛内坐佛进行了重塑。第127窟四壁及顶部均保存有西魏时期绘制的壁画，其中正壁上方绘涅槃变，下方绘礼佛图。左壁上方绘维摩诘变，下方绘佛说法图及礼佛图。右壁上方绘西方净土变，下方内容不详，似反映佛传故事情节，底端可辨绘一排供养人形象，均已模糊不清。前壁上方绘七佛，下方绘十善十恶、阎罗殿及地狱变。顶部正、左、右三披绘萨埵太子本生，前披绘睒子本生。关于上述内容，除右壁西方净土变外，其余基本没有争议。而关于顶部正中内容却一直有不同看法，学者们研究结论并不一致，有的认为是帝释天出游①，有的认为是东王公遨游天空②，有的认为是帝释天巡视人世善恶③。笔者在综合第127窟性质和历史背景等材料基础上，并结合这幅壁画具体内容，通过与相关图像及文献资料比较分析，初步认为这是一幅基于佛教帝释天信仰和中国传统丧葬文化思想综合而成的帝后升天图。下面具体阐述，不足之处，敬请斧正。

一、第127窟顶部正中图像内容

第127窟为平面长方形覆斗顶窟，转角处均浮雕仿帷帐式帐杆，表面彩绘束莲及折枝花纹。顶部正中呈长方形，纵1.32米，横4.68米，彩绘内容分前后两部分，前半部正中绘一身形象高大的天人，束发髻，戴三瓣式莲花宝冠，面相清秀方圆，细颈削肩，下着束腰长裙，双手置于胸前，其中左手平置下展，五指并拢，掌心向内，右手掌心侧置于胸前，跣足立于圆形覆莲台上。帔帛搭肩绕臂于胸前十字穿环后再绕双肘向后飞扬。佩宽边项圈，肩两侧各饰一圆形饰物，其下垂饰三缕飘带，随风向后飞扬。天人四周绘流云，其间点缀数朵莲花宝珠，其上饰忍冬纹。围绕着天人前后、上下、左右绘十

---

① 张宝玺：《麦积山石窟壁画叙要》，天水麦积山石窟艺术研究所编：《中国石窟·天水麦积山》，北京：文物出版社、东京：平凡社，1998年，第191页。

② 董玉祥：《麦积山等石窟的壁画艺术》，中国美术全集编辑委员会编：《中国美术全集·绘画编17·麦积山等石窟壁画》，北京：人民美术出版社，1987年，第202页。

③ 贺世哲：《敦煌图像研究——十六国北朝卷》，兰州：甘肃教育出版社，2006年，第292、293页。

余身供养飞天，均梳双丫高发髻，前端饰一莲花宝珠，面容清秀，上身袒露或穿交领宽袖短袍，下着长裙，帔帛搭肩绕臂，穿肘向后飞扬。他们或紧随天人身旁，或两两前后呼应，手持香熏、供养品，双腿折叠呈V字形，翻飞于流云之间。后半部正中绘一乘四龙牵引的车舆，两侧还各装饰一对巨大鸟翅，与车厢两侧护板处斜插的旌旗一齐迎风向后展开。车舆上方罩一柄双重圆形宝盖，上端边缘等距饰莲花宝珠，下层宝盖边缘缀饰飘带。车厢内坐一身穿束胸宽袖对襟袍服的贵妇，束发高髻，头略上仰。车舆左侧，前侧绘一摩羯鱼形怪兽，大嘴张开，尾部上卷，鱼鳍从头一直延伸至尾部，神态凶恶。其后一怪兽，面目狰狞，长发后飘，上身袒露，下着裤褶，赤足疾奔如飞。车舆四周绘有十六身头戴笼冠、身穿交领宽袖袍服、下着裤褶的侍卫，各骑一龙，彼此互应，簇拥在车舆周围。其中最前面外侧两个侍卫各手持三节旌杖，车舆四周外围四角，各有一名侍卫手持长柄垂缨旌杖。车舆、人物、飞龙、怪兽之间穿插绘大量流云、莲花宝珠、忍冬等纹饰，两组画面共同构成一个前呼后应、统一向前奔腾的有机整体。

二、图像意蕴及相关帝释天问题的讨论

如上文所述，这幅图像以平铺式构图表现出一个场面热烈的天界出行场面，前面有天人及诸飞天导引，后面为坐于华丽车舆之内、四周有侍卫、怪兽簇拥的主人。类似构图方式和表现手法在同时期石窟壁画中并不陌生，如开凿于西魏初年的敦煌莫高窟第249窟北壁图画中，同样绘一人端坐于车内，前面有三条龙牵引前行，前后均有飞天或乘瑞鸟的仙人引道或随侍，车厢外侧饰有羽翼，下方绘带翅膀的鲸鱼和浮动的大鲵。传世的南北朝绘作品中也有类似情节，如顾恺之《洛神赋图》中宓妃坐于六龙辂车之上，旁为驭女，辂车上插双重华盖，后侧插有两面旌旗，左、右水波之中，鲸、鲵踊而相随。画卷末端曹植与宓妃并坐于一辆四马牵引的车舆上，其装饰大致同前，车的四周各有一名骑马侍从护卫前行①。根据马世长先生研究，这种图像题材和构图形式应该是受到南朝绘画艺术影响的结果②。那么，第127窟顶部这幅带有鲜明中原地区绘画特征的图像究意表达的是什么含义呢？说法不一，可谓仁者见仁，智者见智。笔者在汲取诸位前辈学者研究成果的基础上，狗尾续貂，谈谈自己的看法。

关于第127窟顶部这幅壁画性质，从图像上分析，远没有同期敦煌第249、285窟丰富，也没有发展为敦煌北周至隋时期第294、296、305、419等窟龛中顶部带有明显传承性的系列图像。因此，在来源和形成时间上应早于莫高窟，可以看作是石窟寺中此类图像的雏形。就其内容而言，还是比较单纯的，应该反映的是与帝释天有关的佛教题材。对此，笔者部分赞同贺世哲、张宝玺两位先生的意见，但认为它更多地体现出一种融合了佛教特色的中国传统丧葬文化图像，这与麦积山第127窟功能和性质有密切关系。换句话说，它是一座专门为纪念西魏文帝前皇后乙弗氏而设计和开凿的一个功德窟，特别是窟内各个壁面的图像设计，比较清晰地体现出这种理念：窟内最重要的正壁绘涅槃变，既是宣

① 中国美术全集编辑委员会编：《中国美术全集・绘画编1・原始社会至魏晋南北朝卷》，北京：人民美术出版社，1986年，图版130、139。

② 马世长：《交汇、融合与变化——以敦煌第249、285窟为中心》，巫鸿主编：《汉唐之间文化艺术的互动与交融》，北京：文物出版社，2001年，第304、305页。

扬“众生皆有佛性”和“常、乐、我、净”的大乘涅槃思想，也有暗示乙弗氏在麦积山被赐自尽，凿龛而葬的意味。左壁维摩诘变在阐释“不思议解脱、成就众生和净佛国土”宗旨的同时，也反映出诸多世俗社会的场景，特别是位于维摩、文殊之间的吉祥天女：面容清秀、服饰华丽、形象高大、举止优雅，俨然一副南北朝时期的贵妇容貌，非常耐人寻味。右壁西方净土变糅合了净土三经的综合特征，特别是歌舞场面中高大华丽的建鼓，在中国传统文化里一直是沟通天与人双向交流的神奇乐器，而画面两下角对峙而立的阙楼也是天界与人间的重要标志之一，围绕阙楼成排侍立的女性信众虽不见于西方净土的经典描述，但可能恰恰反映出与乙弗氏之间的某种联系。前壁上方的七佛变除了强调和表现佛法的久远真实和绵延不绝外，值得注意的是第五身坐佛身旁胁侍弟子体态婀娜俊美，具有明显女性特征，似为比丘尼，其内在含义不言而喻。前壁下方地狱变在宣扬佛教善恶报应、转世轮回观念的过程中，也隐含有开窟者在乙弗氏被逼自尽这一政治事件中，对始作俑者的愤懑、无奈和抗议。顶部四披绘制的萨埵太子舍身饲虎和睒子本生不仅点明了修行者在通往涅槃、净土之路上的布施、奉献和牺牲精神，也表达出乙弗氏身上所具有的忠君、孝道思想。上述图像所要表现和传达的主题思想最终则被归结到窟顶部正中的这幅图像中：开窟者希望乙弗氏能够摆脱生死轮回、永住佛国净土世界。同时，由于乙弗氏身份的特殊性，客观上与当时佛教转世观念上存在着冲突与矛盾，这也是顶部正中壁画以帝释天形象出现的根本原因。按照这一思路出发，根据第 127 窟这幅图像所表现的内容，必须有以下几个问题需要解决：帝释天的形象与性质、帝释天的女性化问题、帝释天转世图像出现的时代背景，以及相关图像内容的解读。

1. 帝释天信仰的形成与发展

帝释天梵文名 Śakra，帝释天为其意译，音译为“因陀罗”，本是南亚次大陆神话中的最高天神，关于他的颂诗和事迹约占古印度史诗《梨俱吠陀》的四分之一。书中，他被尊称为“世界大王”，可以劈山引水，呼风唤雨。也是一位无所不能的战神，常使用的武器包括金刚杵、钩子和网，坐骑为一头白象。佛教产生以后，因陀罗由于在印度社会具有广泛影响力和信仰群体而被很快吸纳到佛教诸神体系之中，居佛教诸天之首，成为佛教最重要的护法神之一。他常用的名字有多种，《大般涅槃经》称：“犹如帝释亦名帝释，亦名憍尸迦，亦名婆蹉婆，亦名富兰陀罗，亦名摩佉婆，亦名因陀罗，亦名千眼，亦名舍支夫，亦名金刚，亦名宝顶，亦名宝幢。”① 但通常佛经中常见的称呼有释提桓因、富兰陀罗、摩伽婆、娑婆婆、憍尸迦、舍脂钵低、千眼、因提利、天帝释等等，中印度僧人求那跋陀罗在《杂阿含经》中对此现象做出了具体解释：

> 何因、何缘释提桓因名释提桓因。佛告比丘：释提桓因本为人时，行于顿施，沙门、婆罗门、贫穷、困苦、求生行路乞。施以饮食、钱财、谷、帛、华香、严具、床卧、灯明，以堪能故，名释提桓因。比丘复白佛言：世尊，何因、何缘故，释提桓因复名富兰陀罗。佛告比丘：彼释提桓因本为人时，数数行施衣被、饮食，乃至灯明，以是因缘，故名富兰陀罗。比丘复白佛言：何因、何缘故，复名摩伽婆。佛告比丘：彼释提桓因本为人时，名摩伽婆故。释提桓因即以本名，名摩

---

① 《大正藏》第 12 册，第 564 页。

伽婆。比丘复白佛言：何因、何缘复名娑婆婆。佛告比丘：彼释提桓因本为人时，数以婆诜私衣布施供养，以是因缘故，释提桓因名娑婆婆。比丘复白佛言：世尊，何因、何缘释提桓因复名憍尸迦，佛告比丘，彼释提桓因本为人时，为憍尸族姓人，以是因缘故，彼释提桓因复名憍尸迦。比丘问佛言：世尊，何因、何缘彼释提桓因名舍脂钵低，佛告比丘：彼阿修罗女名曰舍脂，为天帝释第一天后，是故帝释名舍脂钵低。比丘白佛言：世尊，何因、何缘释提桓因复名千眼，佛告比丘：彼释提桓因本为人时，聪明智慧，于一坐间，思千种义，观察称量，以是因缘，彼天帝释复名千眼。比丘白佛：何因、何缘彼释提桓因复名因提利。佛告比丘：彼天帝释于诸三十三天，为王为主，以是因缘故，彼天帝释名因提利。佛告比丘：然彼释提桓因本为人时，受持七种受，以是因缘，得天帝释。何等为七，释提桓因本为人时，供养父母，乃至等行惠施，是为七种受，以是因缘，为天帝释①。

帝释天复杂多样的称谓可以看出，主要与他所特有的布施，供养信众财物、饮食，以及他的智慧、生平，供养父母等修行举止有密切关系。帝释天居住于忉利天（三十三天）须弥山之顶的善见城，以人间百日为一日，寿长一千岁，是可以转世轮回的。按佛教神话，任何行善积德的人，都有可能转生为帝释天，包括佛陀本人在前生的转世轮回中，也曾三十六次转世为帝释天②。帝释天与梵天一样，在佛教中拥有很高地位，据说释尊下生时，帝释天化现七宝金阶并亲自在佛左前方手持宝盖，与右侧的梵天一起，护侍佛一级一级走下台阶，他也多次请佛到他的宫殿中讲经。不仅在经典中有很多关于帝释天的记载，早期犍陀罗浮雕艺术中也保留有许多关于帝释天图像，如现藏于巴基斯坦白沙瓦博物馆的佛陀初生七步和初生佛陀灌顶沐浴两幅图像中，都有戴头饰、手持金刚杵的帝释天护卫。该馆收藏的降魔变和菩萨苦修像中也有形象宛如少女的帝释天形象。而收藏于印度加尔各答博物馆的帝释天拜访佛陀浮雕中，头戴高冠，帔帛贴体，双手合十，身后一侍者持华盖，虔恭地走向佛陀，造像非常生动、写实③，充分表达出帝释天在印度早期佛教中的特殊历史地位。类似图像也常见于早期犍陀罗浮雕作品中，如分别出土于印度贾玛尔—嘎赫和犍陀罗罗里央·唐盖的太子逾城出家浮雕像中，均刻有帝释天持伞盖罩护的形象④。古代印度和中亚人的这种观念也影响到新疆地区佛教造像思想，4~5世纪龟兹地区信奉小乘佛教说一切有部，不仅当地寺院发布的梵文通告中表明施主广施财物、饮食的愿望，并特意指出这种行为受到了因陀罗和其余最高神灵所呵护。而且在克孜尔石窟壁画中也出现有许多反映帝释天内容的图像，如第76、77窟中后部壁画，分别表现的是护持说法的梵天、帝释天和带有国王特征的帝释天⑤。另外，克孜尔第80窟主室正壁彩绘带头光的菩萨装男女和伎乐图像，有学者认为表现的是帝释天说法，类似内容也见于克孜尔第8、58、63、92、99、126、159、175、178、179、

---

① 《大正藏》第2册，第291页。

② 郭良鋆：《帝释天和因陀罗》，《南亚研究》1991年第1期。

③ （英）约翰·马歇尔著、王冀青译：《犍陀罗佛教艺术》，兰州：甘肃教育出版社，1989年，第44~60页，图版57、58、67、84、118、123。

④ 胡文和：《云冈石窟某些题材内容和造型风格的源流探索》，云冈石窟研究院编：《2005年云冈国际学术研讨会论文集·研究卷》，北京：文物出版社，2006年，第218、219页，图版10、11。

⑤ 任平山：《论克孜尔石窟中的帝释天》，《敦煌研究》2009年第5期。

186、206 等十多个窟龛中，表明帝释天信仰在当地十分盛行①。

南北朝时期，中原内地大乘佛教思想盛行，尽管汉译《长阿含经》《杂阿含经》《增一阿含经》《大楼炭经》《过去现在因果经》《杂宝藏经》《放光般若经》《道行般若经》《大般涅槃经》《大智度论》《帝释所问经》《顶生王故事经》《出曜经》《金光明经》等二十多部经典中均有关于帝释天的记述，但主要集中于对兜率天世界的描绘以及帝释天护持佛法等内容，这与中亚、西域区域流行的小乘佛教所描绘的只为佛陀个人服务有明显不同。在中国内地传播的主要是大乘佛教思想，帝释天护持佛陀的作用被相对弱化，逐渐成为佛教神像系列诸天中的一员，神格地位显著下降，职能转而表现在护持佛法方面。具体图像内容则依然围绕释迦展开，如云冈第 6 窟后室东壁南侧下方浮雕的悉达多太子逾城出家中，太子乘马前行，下面四人各捧马的一足，太子后侧，帝释天手持伞盖做罩护状。北魏中后期，佛教诸天形象作为护法的例子开始出现于北方各石窟寺，表明包括帝释天在内的诸天已经成为佛教护法神系中的重要一员，如云冈第 8 窟甬道两侧浮雕的摩醯首罗天和鸠摩罗天、龙门宾阳中洞门壁的大梵天与帝释天、庆阳北石窟第 165 窟前壁帝释天与阿修罗天等②。这种配置方式从北朝末年到隋唐一直比较流行，恕不再举例说明。但西魏时期麦积山和敦煌出现的帝释天图像表明其功能和意义似乎又不仅仅限于护法，针对这一现象，有学者在研究后认为："外来帝释天形象在演变发展中，他作为向善和伦理道德的内在的象征意义，从一开始就适合中国的国情。佛教初传中国时，中国作为十分注重孝道的封建国家，很自然地就吸收了帝释天这一道德伦理的特征，较其他特征中国化的进程更加迅速。在中国，帝释天也成为与阿修罗恶的、非伦理道德相对应的善的形象出现。成为人间善、恶，伦理、非伦理在天界的体现。"③ 因此，这一时期出现与护法类帝释天形象完全不同的图像并不奇怪，它一方面是帝释天功能和性质的具体表现，另一方面也与外来佛教中国化图像演变有一定关系。

2. 帝释天转世图像出现的时代背景

如前所述，被吸纳入佛教的帝释天不同于佛、菩萨这一神系，是可以转世轮回的，《别译杂阿含经》载："尔时佛告诸比丘，坚持七行，必得帝释。何以故？昔者帝释为人之时，发初履行，孝顺父母，恭敬尊长，所言柔软，断于两舌，好施无悭，恒修实语，终不欺诳，不起嗔恚，设生嫌恨，寻思灭之。"④《杂尼迦耶・天杂品》中，佛陀告诉众比丘，修持赡养父母、尊敬长者、不诽谤、不贪婪、慷慨施舍、说真话、不嗔怒等七种功德，就可转生为帝释天。《佛本生经》就提到一位居住在波罗奈的商主，乐善好施，死后升入天国，最后转生为帝释天。佛教神话中的帝释天也是一位品质高尚的神祇，仁慈、公正而贤明，是天上人间的道德维护者。天神不守正法，他会予以惩罚。人间国王倒行逆施，他也会除暴安良，类似事迹《佛本生经》中多有记载。同时，根据佛教神话传说，他也是虔诚的佛教徒，日常生活中最重要的职责是保护佛陀、佛法和僧伽，曾与六欲天诸神一起去劝请佛陀投胎降生世间。幼年佛陀在父亲陪同下，前去拜谒神庙时，帝释天与梵天等神显现真身，向幼年佛陀行礼。

---

① 李崇峰:《克孜尔中心柱窟主室正壁画塑题材及有关问题》，巫鸿主编:《汉唐之间的宗教艺术与考古》，北京:文物出版社，2000 年，第 209~203 页。

② 张宝玺:《北石窟寺第 165 窟帝释天考》，《敦煌研究》2013 年第 2 期。

③ 张慧敏:《帝释天研究》，四川大学硕士学位论文，2007 年，第 73 页。

④《大正藏》第 2 册，第 384 页。

佛陀成年后，见到生老病死现象，决意出家，佛陀把割下的头发扔向空中，帝释天凭天眼看到后，则将佛陀的头发装入金盒，安放在忉利天的髻宝精舍中。佛陀在菩提树下修道时，魔军向他进攻，以扰乱其心思，是帝释天吹奏贝螺，护佑佛陀。佛陀得道后，帝释天又和梵天等神劝请佛陀为世人说法。佛陀前往毗舍离城解除瘟疫时，帝释天协助他驱逐恶鬼。胜林池塘枯竭时，帝释天用雨水灌满池塘，以保证佛陀沐浴。佛陀生病时，帝释天持钵侍候。佛陀涅槃时，他又显身，悲哀地念诵颂诗。佛陀去世后，帝释天又承担起保护佛陀舍利的重任。甚至在佛教本生故事中，也常常在关键时刻看到他的身影，如睒子误中毒箭死亡后，帝释天化做天女及时施药救治，使睒子得以复活。帝释天身上体现出的种种善行和所具备的品质也是佛教信徒毕生所追求的目标和理想之一。因此，虽然北朝时期中原和陇东地区所见帝释天多以护法神形象出现，但并不能否定帝释天思想中其他内容对信徒举止所起到的作用，实际上，莫高窟第249窟顶部的帝释天和帝释天妃图像已经流露出这种思想倾向。

麦积山第127窟作为西魏前皇后乙弗氏功德窟，它的窟龛形制、造像、壁画等无不围绕这一主题展开。在开窟者看来，佛教中帝释天的身份、地位、寓意等都非常符合这一要求，下面略加分析。

关于当时被西魏文帝元宝炬废黜至麦积山出家为尼的皇后乙弗氏，据史料记载，她是河南洛阳人，先祖为青海吐谷浑部落首领，父亲乙弗瑗曾任北魏兖州刺史，母亲是孝文帝女儿淮阳公主，可谓出身高贵。乙弗氏十六岁时被南阳王元宝炬纳为妃子，先后生育有十二个儿女，但大都幼年夭折，仅存活下太子元钦及武都王元戊。535年，在宇文泰拥立下，元宝炬在长安登基，史称西魏文帝，身为皇后的乙弗氏，依然粗茶淡饭，温贤大度，深得文帝敬重。但此时西魏国弱民贫，为笼络北方强敌柔然，文帝迫于形势迎娶柔然首领阿那瓌长女郁久闾氏为皇后，乙弗氏被迫出家为尼，在佛寺修行。后来又被迫迁到秦州与儿子武都王元戊相依为命，但文帝对她念念不忘，这引起郁久闾氏嫉妒，还差一点引发柔然与西魏之间的战争，最终文帝不得不派人赐死自己心爱的女人。临终前，乙弗氏与儿子元戊绝别后，又亲手为服侍过她的几十个婢女剃发，然后平静地蒙被自尽①。这条史料中给我们透露出以下几条信息：(1) 乙弗氏出身贵族、受过良好的教育，与文帝感情很好。(2) 她本人品行端正、笃信佛教。(3) 她被废迁往秦州是为了依附儿子元戊，死后也由其子料理后事。这几个理由完全可以使我们相信，在宫廷政治斗争中失宠的乙弗氏把佛教看成了她的精神寄托，良好的教育使她比旁人更精通佛理。在她死后，太子元钦和武都王元戊会给他们母亲一个体面葬礼，并在麦积山开凿第127窟这样的大窟以示祈愿追福。同时，也有深刻的政治寓意。乙弗氏是西魏国内政治斗争的牺牲品，她的自杀是当时各种势力彼此妥协的结果，对此最不满意的当然是她的两个儿子。当时情况下，他们所能做的只有体面地安葬自己的母亲，并希望其早日升入天堂。生前善良、质朴的乙弗氏相对于嫉妒成性的郁久闾氏更令人感到同情和惋惜，她身上这种善的力量与佛教中的帝释天颇具相似之处。佛经中，帝释天每与阿修罗争斗，屡能战胜对方靠的就是人间向善力量的增长来身力转增，胜过以前十倍，以此来大破阿修罗军。对此，《正法念处经》载："阎浮提人顺法修行，孝养父母，恭敬沙门婆罗门耆旧长宿，布施修德，增长天众，减损阿修罗军……身力转增，过先十倍。"②《长阿含经》也说："世间乃有孝顺

① 参见［唐］李延寿撰：《北史》卷一三《后妃上》，北京：中华书局，1974年，第506~507页。

② 《大正藏》第17册，第12页。

父母、敬事师长、勤修斋戒、布施贫乏者，增益诸天众，减损阿须伦众。”① 以善抑恶，以期获得心灵的宁静和安慰，也是两个孩子对母亲逝去后最美好的愿望，佛教中所描述的帝释天恰好具有这种秉性。因此，窟内正中顶部最高位置出现的这幅天人与诸飞天在前面导引，后面云层之中主人乘车舆前行，四周簇拥诸多骑龙侍卫的图像应该表现的是乙弗氏去世后，转世为帝释天前往天界的情形。

3. 帝释天形象的女性化问题

根据相关佛教典籍记载，只要具备孝行、愿施舍、不诽谤、不贪婪、不嗔怒等七种功德的信徒都可能转世为帝释天，并未提及或强调修行者本身是男还是女的问题。而我们在现存佛教美术图像中看到的许多帝释天形象在这一特征概念上都比较模糊。如3~4世纪中亚及犍陀罗地区佛教图像中的帝释天多为当地世俗人物装束，其身份也是依据主尊释迦而确定的。值得注意的是，在表现佛诞生、七步生莲、淋浴太子等佛传浮雕场景中，帝释天与梵天的女性化特征往往十分明显，这种情节不由得使人联想到世俗社会里生命诞生过程中女性所具有的重要意义。因此，这可能也是早期帝释天图像中具有女性倾向的重要原因。实际上，这一时期作品中也有表现，如现藏于大英博物馆的浮雕菩萨苦修像中，主尊左侧帝释天身材修长，面容姣好，具有典型女性特征②。在4~5世纪新疆克孜尔石窟前期窟龛壁画中的帝释天与梵天也表现出类似女性特征，如第38窟前壁甬道上方近顶部绘制的天宫伎乐图中，弥勒菩萨居中端坐，左右包括帝释天、梵天在内的伎乐天人身材婀娜、曲线优美、体姿优雅、神态安详③。南北朝时期，中原内地由于大乘佛教盛行，帝释天的地位被相对弱化，其本身的功德也被赋予了新的含义，既与佛教诸天共同成为佛国世界重要的守护者，其相关图像也明显减少。根据北朝至隋唐时期画谱记载，创作于这一时期的帝释天图画很少，仅见萧梁时期张僧繇在建康定水寺西壁绘有帝释像④。而唐以后关于帝释像创作的记载迅速增加，据《历代名画记》，仅初唐至盛唐阶段，就有吴道子、杨庭光、杨仙乔等画家在长安寺院墙壁上绘过多幅帝释图⑤。《宣和画谱》对唐末赵温其在成都大圣慈寺所绘《帝释》称：“大中初，温其于大圣慈寺继父之踪，画《天王、帝释》，笔法臻妙，世称高绝。”他的儿子赵德齐在大圣慈寺崇福禅院和崇真禅院也绘有《帝释图》⑥。对此，《益州名画录》中也有类似记载⑦。另外，《宣和画谱》记载吴道子绘帝释像2轴⑧，释道思在长安坊安国寺木塔院内也绘有释、梵八部图像⑨。宋代时，类似记述依然很多，如赵公祐、范琼绘制的《帝释图》⑩ 以及瓌师

---

① 《大正藏》第1册，第135页。

② （英）约翰·马歇尔著，王冀青译：《犍陀罗佛教艺术》，兰州：甘肃教育出版社，1989年，第60页，图版80。

③ 霍旭初：《龟兹艺术研究》，乌鲁木齐：新疆人民出版社，1994年，第35~39页。

④ ［唐］张彦远，范祥雍点校：《历代名画记》，北京：人民美术出版社，2004年，第60页。

⑤ ［唐］张彦远，范祥雍点校：《历代名画记》，北京：人民美术出版社，2004年，第53~61页。

⑥ ［宋］郭若虚著，俞剑华注释：《图画见闻志》，南京：江苏美术出版社，2007年，第42、43页。

⑦ ［宋］黄休复著：《益州名画录》卷上，北京：人民美术出版社，1964年，第7页。

⑧ 《宣和画谱》，《文渊阁四库全书》，台北：商务印书馆，1986年，第813册，第77页。

⑨ ［唐］段成式著，杜聪点校：《酉阳杂俎》，济南：齐鲁书社，2007年，第182页。

⑩ ［宋］范成大著：《成都古寺名笔记》，［明］杨慎编，刘琳、王晓波点校：《全蜀艺文志》，北京：线装书局，2003年，第1263页。

绘制的《梵王帝释》[①] 等。关于唐宋时期大行其道的帝释图像内容我们已无法得知，其中一部分由于是和天王一起绘制的，故我们大致可以推测其主要表现的仍然是护法形象，侍立在佛的左右。对此，隋唐时期僧人撰写的各种佛教经疏中已有记述，如隋智者大师《摩诃止观》卷五载："复次如来行时，帝释在右、梵王在左，金刚前导，四部后从飞空而行。"[②] 唐窥基法师《大乘法苑义林章》卷二中载："阿难在中如月满明，帝释在右，梵天在左，侍于阿难，如佛在时。"[③] 可见，当时帝释、梵天等已与弟子、金刚等诸部众一起进入护卫佛的行列。这一时期画家为了把帝释天与菩萨加以区别，可能已经将帝释天以帝王相或女相加以表现，并且对元明以后寺观壁画中帝释天的形象产生了重要影响，如山西稷山县青龙寺大殿元、明之际的帝释圣众图，帝释天头戴进贤冠，身穿冕服，左手于胸前持一长柄香熏，右手微曲，作捡取小鬼跪献的盘中果品状。身后一力士持法幢，左侧侍立一天女[④]；明代法海寺壁画中，帝释天作皇后状，双手合十而立，左侧一天女，一手托花篮，一手持莲花。后侧一天女，双手持一宝幢。右侧一天女，双手于胸前捧一圆盘，内置山石盆景，以示须弥盛境[⑤]。对此，白化文先生明确指出："汉化寺院中，帝释天常作少年帝王像，而且男人女相，'面如散华供养天女'；或即径作青年女后像，暗中影响了汉化寺院中的造像意匠。"[⑥] 由引可知，最迟在明代，佛教图像中已经出现了明确的女性形象的帝释天。显然，这一变化并非一蹴而就的，必然有一个形成和发展过程。实际上，从前文所述的早期犍陀罗浮雕和新疆克孜尔石窟壁画中的帝释天都已经或多或少带有这一特征。而北魏中晚期的帝释天多以护法神面目出现，男性尚武、威猛的一面突然得到显现，这可能也与当时动荡不安的社会背景有一定关系。同时，根据贺世哲先生研究，由于南北朝时《佛说四天王经》《妙法莲华经·马鸣菩萨品》《提谓经》《净度三昧经》等疑伪经的流行，使这一时期以弘扬善恶为主旨的帝释天信仰也非常盛行[⑦]。上述现象表明：当时佛教徒们对帝释天的理解已经有两种倾向，一种是将其当作纯粹的诸天护法神之一，另一种则将其当成修行的目标和愿望。麦积山第 127 窟顶部的这幅壁画和莫高窟西魏第 249 窟顶部壁画中的帝释天妃均是这一信仰和思想的具体表现，某种意义上，也可以看作帝释天形象女性化的一种尝试，或者说是外来佛教艺术形象中国化的表现方式之一。

对佛教徒而言，相对于成佛或摆脱转世轮回而言，修行者所需业力显然要大得多，而转世成帝释天则相对简单易行一些。因此，在当时历史背景下，开窟者希望乙弗氏转世为帝释天也是一件合情合理的事情。对于女性能否完成这一愿望，最迟在唐初已有明确相关理论阐述，如湛然《维摩经略疏》卷二《佛国品》中载："若此间帝释是昔迦叶佛灭后，有一女人发心修塔，复有三十二人发心助修，修塔功德为忉利天主，其助修者而作辅臣，君臣合之名三十三天。"[⑧] 明确指出帝释前身为一女人，与

---

① ［宋］郭若虚著，俞剑华注释：《图画见闻志》，南京：江苏美术出版社，2007 年，199 页。

② 《大正藏》第 46 册，第 69 页。

③ 《大正藏》第 45 册，第 271 页。

④ 丁凤萍、李瑞芝编：《稷山青龙寺壁画》，石家庄：河北美术出版社，2001 年，图版 1。

⑤ 中国美术全集编辑委员会编：《中国美术全集·绘画编 13·寺观壁画》，北京：文物出版社，1988 年，图版 133。

⑥ 白化文：《汉化佛教与佛寺》，北京：北京出版社，2003 年，第 185~187 页。

⑦ 贺世哲：《敦煌图像研究——十六国北朝卷》，兰州：甘肃教育出版社，2006 年，第 291~293 页。

⑧ 《大正藏》第 38 册，第 581、582 页。

三十二人发心修迦叶佛塔，而升作忉利天主。尽管这一说法在当时有替武则天制造舆论影响的因素，但其所依据的佛教经典可能在北朝时期就已经出现，间接证明了北朝时期已经存在女性可以转世为帝释天的经典依据。

三、相关图像内容的讨论与分析

前面，我们已经论述了麦积山第127窟这幅壁画描述的是乙弗氏转世为帝释天的升天过程。那么，如何判定车舆周围所绘乘龙人物图像内容与帝释天有关呢?

此前对这一图像解读中，一种认为是帝释天出游，另一种认为是东王公遨游。笔者认为均有商榷之处。根据佛经记载，帝释天是欲界忉利天众神之王，周围常有二千五百万天女陪伴。平时，他在善法堂与众神议事，并向他们颁发号令。当阿修罗进犯时，他会手持金刚杵，率领诸天与阿修罗争斗，直至胜利。相关经典中并未发现关于他巡视天界的描述，而且帝释天出行时，随从人员较为复杂。而这幅图像中，主人公周围是清一色的头戴笼冠、身穿交领大袖袍服的侍卫，或持旌杖，或专心驭龙，或手持乐器，围绕车舆，彼此前后呼应，充分体现出车中主人公的重要性。况且前方还有天人及诸飞天导引，这与帝释天相关描述差异很大，因此，不大可能是帝释天出行图；对于东王公的说法更有不妥之处：根据《元始上真众仙记》记载，东王公系太元圣母所生，又名扶桑大帝或东华帝君，常住碧海之中，东王公信仰与战国时期楚人的太阳神崇拜有着密切关系，是中国古代神话中的男神，后来被道教列为男仙领袖，常住蓬莱仙岛。据《汉尚方镜铭》描述东王公“身长一丈，头发皓白，人形鸟面而虎尾”，而关于他的具体事迹则没有明确记载，更没有任何关于东王公乘龙的记述。自两汉以来，东王公、西王母均已是中国道教中重要的神仙，麦积山第127窟作为西魏皇室开凿的窟龛，并不存在任何佛教以外的图像因素，也没有像敦煌第249、285窟那样，融合了较多中国传统神话图像，故这幅图像中人物不可能是道教之神东王公。

在佛经记载中，帝释天坐骑多为象或象舆，但与龙也有很深渊源，在被纳入佛教神系之前，帝释是吠陀中雷霆之神，相传力大无比，曾杀死恶龙，解放了水，成为恢复宇宙之神。关于他乘龙的记述，汉译佛经中也有提及。西晋法立、法炬译《大楼炭经·忉利天品》：“尔时天帝释整衣服，着冠帻。蹈龙王肩上。坐其顶上。两边各有十六小王侍坐。”① 后秦佛陀耶舍、竺佛念《长阿含经·战斗品》：“时，帝释既自庄严，备诸兵杖，身被宝铠，乘善住龙王顶上，与无数诸天鬼神前后围绕，自出天宫与阿须伦往斗。”② 可见，在中原地区汉译佛经中，已经出现帝释天乘龙的描述。在犍陀罗和克孜尔造像艺术中，帝释天形象则与常人相差不大。而到南北朝时期，随着中国境内佛教诸天护法观念的流行，骑着各种动物或怪兽的诸天形象大量出现，如云冈第8窟骑牛的摩醯首罗天和骑金翅鸟的鸠摩罗天、庆阳北石窟第165窟内前壁右侧乘象的帝释天、敦煌第285窟正壁的乘象帝释天等。隋唐以后，随着佛教中国化的完成，帝释天再度转为以少年帝王或女相大量出现。可知，反映帝释天乘象或乘龙题材

① 《大正藏》第1册，第295~296页。

② 《大正藏》第1册，第144页。

主要出现在南北朝时期，麦积山第127窟顶部出行图画面中主人公乘坐四龙并驭的车舆，车左侧有两只怪兽一前一后紧随飞奔，画面中更是有十多名侍卫骑龙簇拥前行，犹如帝王出行一般，这一情形可能是画师在佛经中关于帝释天乘龙描述的基础上进行了引申、夸张和想象。

龙在中国古代神话中占有重要地位，乘龙、骑龙、乘龙车等在中国古代神话文学作品描绘中比比皆是，以比喻示成仙、升天、时来运转等含义。如《易·乾》曰："时乘六龙以御天。"王弼注："升降无常，随时而用，处则乘潜龙，出则乘飞龙，故曰'时乘六龙'也。"《楚辞·九歌·大司命》曰："乘龙兮辚辚，高驼兮冲天。"《东观汉记·冯异传》："上曰：'我梦乘龙上天，觉寤，心中动悸。'"《史记·封禅书》："黄帝采首山铜，铸鼎于荆山下。鼎既成，有龙垂胡髯下迎黄帝。黄帝上骑，群臣后宫从上龙七十余人，龙乃上去。"可见，到两汉时期，乘龙升天、成仙的观念已经深入人心。南北朝佛经翻译中已经开始部分引入这种说法，北魏时期，随着孝文帝迁都洛阳，汉化政策不断深入，中原传统文化观念对鲜卑贵族的影响也日益深化，如洛阳地区发现的北魏墓葬石棺画中就刻有墓主人乘龙升天的图像。在棺的左帮，年过花甲的男主人头戴冠巾，手持长柄莲花，身躯藏于舟形龙身之内。他的前方绘三身长袍冠巾，身披羽衣的方士，或执龙缰，或手持莲花，在前方导引。他的身后绘一组乘龙的鼓吹乐伎，二人吹笛，三人吹箫，一人执桴击建鼓。棺的右帮，图案结构大致相同：前方导引的两名方士，一执香熏，一执团扇。后侧关载宝冠，颈饰珍珠项圈，长裙曳地的女主人左手执龙缰，右手持团扇，神情雍容雅致。她的身后有五名乘凤随升的侍女，整组画面紧凑协调。石棺近下缘刻有各种神态各异的怪兽①。值得注意的是，石棺前挡阴刻有摩尼宝珠，画面中的人物亦手持莲花，显然是受到佛教影响的结果。在这幅图像中，龙喻义带着墓主人升入天国。而石棺下侧刻划的各种怪兽在北魏墓志中也有发现，如北魏正光三年（522年）《冯邕妻元氏墓志》四缘刻有各种珍禽异兽，并且带有名称，如礔电、乌擭等②。北魏晚期的石窟寺中也发现有类似怪兽，如巩县石窟第1、3窟北壁下侧，第4窟南壁下侧，第1窟南壁天窗左侧等。开凿于北魏晚期的麦积山第133窟顶部残存壁画中也保存有类似的仙人骑龙驭虎及瑞兽图像，由于残损较多，原意已不详，推测它应该还是一种将中国传统神话题材纳入佛教神系世界的表现方式。

北魏晚期洛阳地区墓葬中出现的乘龙升仙图无论在结构，还是形式上，与麦积山第127窟的这幅图像都有很强相似性：以骑乘云龙的主人为核心，前面有导引他们升天的方士，周围有服侍他们的骑龙伎乐及乘凤侍女，下方有护卫的各种神兽，整组画面繁而不乱，动感十足。这种观念显然对后者产生了深远影响。由于身份差异，加之乙弗氏本人又是佛教徒。因此，在具体图像内容选择和表现上，后者完全以佛教图像形式加以表现。类似图像在莫高窟西魏初年开凿的第249、285窟中也非常明确：第249窟为覆斗顶，正中绘莲花藻井，西披画阿修罗，身后须弥山忉利天宫，两侧绘雷公、电神、风神、雨师、乌获、朱雀、羽人等。与之相对的东披绘二力士捧摩尼宝珠，两侧绘飞天、孔雀、胡人、百戏、玄武等。南披绘乘凤车的帝释天妃（西王母），浩荡的巡天队伍下方绘野牛、黄羊和虎。对应的北披绘乘四龙车的帝释天（东王公），下方绘山林、黄羊等。第285窟亦为覆斗顶，莲花井心，四周

① 洛阳市博物馆：《洛阳北魏画象石棺》，《考古》1980年第3期。

② 赵万里：《汉魏南北朝墓志集释》第3册，桂林：广西师范大学版社，2008年，第15页，图版57。

饰以卷草，垂幔铺于四披，藻井四角有兽头衔珠流苏。四披绘飞天、雷神、飞廉、朱雀、乌获、开明、伏羲、女娲等，西壁龛外画供养菩萨、诸天、神将、力士，南侧龛楣之间，绘有五尊护法神依次为毗瑟纽天、梵天、帝释天，以及四大天王中的两位。北侧龛楣之间，亦绘五尊护法神，依次为摩醯首罗天、鸠摩罗伽天、毗那夜迦天，以及四大天王中的两位①。据考证，这两个窟的开凿与当时瓜州刺史、东阳王元荣及其家族有密切关系，作为北魏皇室成员，虔诚的佛教徒，元荣家族能迅速地吸纳到当时中原地区流行的佛教艺术题材，那么第249、285窟内出现诸多带有中原传统文化特色的图像题材就是很正常的事情。但毕竟窟龛主旨是为宣扬佛教思想服务，因此，这些壁画内容从本质上讲，无论如何是不会脱离这一主题的。它和外来佛教一贯奉行的拿来主义做法相一致，即为迎合中国信徒口味，而将某些中国故有神话人物、怪兽等统统纳入佛教图像体系，或进行中国式改造。如果说第285窟西壁彩绘的护法诸天还继承了印度佛教诸天形象的话，那么第249窟顶部的帝释天和帝释天妃巡游则完全变成了中国式想象的产物，将中国古代传说中的东王公和西王母故事及其护卫仪仗等全部借鉴过来，与佛经原意已相去甚远。相比之下，麦积山第127窟地域上更接近当时的政治、经济和文化中心长安，功德主又是西魏皇室，因此，窟内顶部正中保存的这幅壁画中更有理由和条件融合中国传统丧葬文化思想来表达它所需要的佛教题材，以体现对一位逝者的祈祷和祝愿。画师们将这些题材巧妙地植入佛教图像之中，以四龙并驭、装饰了华丽车盖的辂车来体现主人的尊贵，四周骑龙侍卫簇拥而行的壮观场景彰显出逝者异于常人的身份，车旁飞奔的怪兽则暗示主人正在前往天国的路上。

这幅图像的前半部分天人回首顾盼，数身伎乐飞天环绕四周，正在引导整个车队前行方向，共同构成了一个有机整体。就形式和内容而言，与同时期敦煌莫高窟第249窟也非常接近。在第249窟北壁图画中，一人端坐于车内，前面有三条龙牵车前行，前后均有飞天或乘瑞鸟的仙人引道或随侍，车厢外侧饰有羽翼，下方有带翅膀的鲸鱼和浮动的大鲵。南壁图画内容结构基本相似，不过将龙换成了凤。两者总体均为前方有引导者，后方主人公乘舆随行，侍卫簇拥在左右，构成一幅完整出行图。与当时远在西陲的敦煌相比，毗邻长安的麦积山更容易受到中原和南朝绘画艺术影响。因此，这幅升天图的主题更加明确，它只是借鉴了《洛神赋图》中的表现形式，内容则完全按照北魏晚期以来的丧葬观念进行了改造，龙的出现代表主人已经升天，辂车两侧飞奔的怪兽代表中国古代傩文化中驱鬼的方相氏②，以保证主人在出行路上的安全，车舆四周的骑龙侍从则是护卫逝者升天的仪仗队伍，以显示其生前尊贵的地位。前面天人接引与佛教中关于信徒奉佛受戒、施行众善，临终魂魄可以升天的说法也是相一致的，如《弟子死复生经》称："汝曹等辈，皆当从是人得度，以其人寿命自尽时乃当死耳。魂神自追随行往受。若生天上。天神自当来迎之。若生人中。人中自当来迎之。"③ 图中诸天人前来接引的场景佛经中也有描述，如《妙法莲华经》称： "若《法华经》行阎浮提有受持者，应作此念，……若但书写，是人命终当生忉利天上。是时八万四千天女。作众伎乐而来迎之。其人即着七宝

① 段文杰、施萍婷、霍熙亮：《图版说明》，敦煌文物研究所编著：《中国石窟·敦煌莫高窟》（一）北京：文物出版社、东京：平凡社，1981年，第213~217页。

② 孙作云：《敦煌画中的神怪画》，《考古》1960年第6期。

③ 《大正藏》第17册，第869页。

冠。于婇女中娱乐快乐。”[①] 故这幅图画核心内容应是反映西魏前皇后乙弗氏升天图像。类似情节在麦积山第 127 窟前壁下方《地狱变》图像中也有反映：左侧画面后半部分绘上、下两组院落。其中上部为一坞院式建筑，方形院落，墙头覆瓦，单间式硬山顶门楼。院内建筑两进式结构，中间为庭院，前侧为三间式屋宇，后侧为双层式硬山顶楼阁，屋顶正脊之上立有一人，身穿交领中袖长袍，右手抚膝，左臂前伸，手持一件亡者衣衫，正在招魂。此画面前有一竖向榜题，内竖向墨书：“此人行十善/得天道时”。在榜题旁绘有四身天人，呈菱形排列，以示在前方导引亡灵，这组天人右侧一竖向榜题，内竖向墨书：“诸天罗汉/迎去时”。可见，在当时佛教思想已完全渗入中国传统丧葬观念之中。在对于莫高窟第 249 窟天井龙车天人像和凤车天人像的研究中，有学者也持这种观点，认为反映的是集佛教与中国古代神话思想于一体的《上士登仙图》[②]，这种见解也对本文所涉及内容起到很好的启发作用。

四、结语

总之，麦积山第 127 窟顶部正中出现的这幅帝后升天图与该窟所具有的性质存在着密切关系，同时，也是外来佛教思想与中国传统丧葬文化相互融合的产物，佛教的帝释天信仰在传播过程中，被彻底地进行了中国式改造，其形象、神格、甚至性别等都发生了巨大变化，成为人类历史上多元文明、多元文化形成和发展的见证。

（原载于《2014 敦煌论坛：敦煌石窟研究国际学术研讨会论文集》，兰州：甘肃教育出版社，2016 年）

① 《大正藏》第 9 册，第 62 页。

② 宁强：《上士登仙图与维摩诘经变——莫高窟第 249 窟窟顶壁画再探》，《敦煌研究》1990 年第 1 期；刘永增：《莫高窟第 249 窟天井画内容新识》，敦煌研究院编：《2000 年敦煌学国际学术研讨会文集 · 石窟考古卷》，兰州：甘肃民族出版社，2000 年，第 1~24 页。

麦积山石窟弥勒像教思想探析

——兼谈丝绸之路弥勒信仰造像

项一峰

印度佛教经丝绸之路传播，最早传入汉地是经像并传。因僧人修道禅观，末法思想续佛慧命，建寺造像诸多功德，以及更为直观、简洁地教化不同善根的教徒和善男信女等多种因素，像教发展至十六国南北朝达到中国佛教史的顶峰时期，随后久兴未艾。弥勒信仰是中国佛教经典弘传中较早且较为显著的一种，弥勒像教教化在中国佛教的传播、发展、普及中起到重要的作用。有关弥勒造像的研究，过去专家学者研究成果颇丰。本文借鉴于前人的研究成果，从佛教经典、历史文献、图像等方面综合考虑，首先从经典中梳理出有关弥勒教化思想具有的多方面特点。其次从高僧有关弥勒经典的译传、弥勒信仰的倡导等方面分析其对弥勒像教所产生的影响，使弥勒像教教化思想也产生多样性。着重对麦积山现存窟中弥勒造像像教思想以及有关问题进行讨论，求正于方家。

一、弥勒信仰思想之弘传

弥勒信仰思想在中国的弘传，归纳起来主要有以下几个方面：一、佛教经籍的理论思想译传；二、像教图像的弘化；三、高僧弘传和信仰者的愿求；四、末法思想的助推。其中佛教经籍的理论思想是后者所依之根本。

（一）佛教经籍的理论思想弘传

有关弥勒信仰的经典，从《大正藏》看，最早有后汉时安世高《佛说大乘方等要慧经》《佛说佛印三昧经》等，康孟详《佛说兴起行经》，支娄迦谶《杂譬喻经》《阿閦佛国经》等；其后有曹魏时康僧铠《佛说无量寿经》，吴竺律炎《佛说三摩竭经》，康僧会《六度集经》，支谦《佛说义足经》《佛说维摩诘经》等；西晋时有白法祖《佛说般泥洹经》，圣坚《佛说睒子经》，竺法护《正法华经》《生经》等，法炬《前世三转经》；时至东晋十六国，有东晋僧伽提婆《中阿含经》《增一阿含经》，佛驮跋陀罗《佛说观佛三昧海经》，前秦昙摩蜱共竺佛念《摩诃般若钞经》，竺佛念《出曜经》《菩萨从兜率天降神母胎说广普经》《大方广三戒经》，后秦佛陀耶舍共竺佛念《长阿含经》，鸠摩罗什《妙法莲华经》《摩诃般若波罗蜜经》《禅秘要法经》《思惟略要法》等，北凉昙无谶《悲华经》《大般涅槃经》等，法盛《佛说菩萨投身饲饿虎起塔因缘经》，沮渠京声《佛说观弥勒菩萨上升兜率天经》；南北朝至隋唐亦有相关经典的传译，较为重要的是唐义净《弥勒下生成佛经》，菩提流支《大宝积经弥勒菩萨所问经》，玄奘《八名普密陀罗尼经》，善无畏《慈氏菩萨略修愈誐念诵法》等。但竺法护译《佛说弥勒下生经》，罗什译《佛说弥勒下生成佛经》《佛说弥勒大成佛经》，沮渠京声译《佛说观弥勒菩萨上升兜率天经》，失译《佛说弥勒来时经》，义净译《弥勒下生成佛经》，被称为“弥勒六经”。其中《佛说弥勒下生经》《佛说弥勒大成佛经》和《佛说观弥勒菩萨上升兜率天经》，又被称为“弥勒三部经”。

从上述高僧所译的诸多经籍中可以得出有关弥勒信仰思想，主要有以下几个方面：

1. 弥勒是释迦时代智慧甚深之大菩萨①。

2. 弥勒为释迦授记当补处未来作佛②。

3. 弥勒上生兜率天为菩萨，并为天人说法③。

4. 弥勒从兜率天降阎浮提、出家、修道、悟道成佛，龙华三会度众生说法④。

5. 请弥勒咨受、决疑。众生生兜率天，见弥勒咨受法海，弥勒成佛时，一切菩萨及诸会者，皆当逮得奉持思法，共闻受授是深经者，弥勒皆当授与其决⑤。

6. 弥勒与释迦因缘。有：弥勒是释迦时菩萨；释迦又授记弥勒为未来佛；弥勒成佛龙华三会之闻法弟子，皆释迦时受法，如法修行弟子；释迦本行共学道有八十亿万人，皆求佛道，唯有两人得道，一者释迦，二者弥勒⑥。弥勒菩萨从昔以来常是释迦之师⑦。又同修道时皆为国王，或释迦为太子、大

---

① 参见安世高译：《佛说大乘方等要慧经》，《大正藏》第12册，第348页；《佛说佛印三昧经》，《大正藏》第15册，第621页。支娄迦谶译：《道行般若经》，《大正藏》第8册，第224页。康僧铠译：《佛说无量寿经》，《大正藏》第12册，第360页。支谦译：《佛说维摩诘经》，《大正藏》第14册，第474页。鸠摩罗什译：《摩诃般若波罗密经》，《大正藏》第8册，第223页；《维摩诘经》，《大正藏》第14册，第475页。昙摩蜱共竺佛念译：《摩诃般若钞经》，《大正藏》第8册，第226页。

② 参见安世高译：《佛说处处经》，《大正藏》第17册，第730页。支娄迦谶译：《佛说无量清净平等觉经》，《大正藏》第12册，第361页；《佛说阿阇世王经》，《大正藏》第7册，第626页。竺律炎译：《佛说三摩竭经》，《大正藏》第2册，第129页。支谦译：《佛说义足经》，《大正藏》第8册，第225页。昙无谶译：《悲华经》，《大正藏》第3册，第157页；《大般涅槃经》，《大正藏》第12册，第374页。鸠摩罗什译：《摩诃般若波罗密经》，《大正藏》第8册，第223页；《佛说弥勒大成佛经》，《大正藏》第14册，第456页。僧伽提婆译：《中阿含经》，《大正藏》第1册，第26页；《增一阿含经》，《大正藏》第2册，第25页。失译：《古来世时经》第1册，第44页。

③ 参见白法祖译：《佛说般泥洹经》，《大正藏》第1册，第5页。鸠摩罗什译：《小品般若波罗密经》，《大正藏》第8册，第227页。沮渠京声译：《佛说观弥勒菩萨上升兜率天经》，《大正藏》第14册，第452页。

④ 参见支娄迦谶译：《杂譬喻经》，《大正藏》第4册，第204页。鸠摩罗什译：《佛说弥勒下生成佛经》，《大正藏》第14册，第454页；《佛说弥勒大成佛经》，《大正藏》第14册，第456页。失译：《佛说弥勒来时经》，《大正藏》第14册，第457页。佛陀耶舍共竺佛念译：《长阿含经》，《大正藏》卷一，第1页。白法祖译：《佛般泥洹经》，《大正藏》卷一，第5页。竺佛念译：《出曜经》，《大正藏》第4册，第212页。竺法护译：《佛说弥勒下生经》，《大正藏》第14册，第453页。

⑤ 参见竺法护译：《生经》，《大正藏》第3册，第154页；《佛说须真子经》，《大正藏》第15册，第588页。

⑥ 参见安世高译：《佛说处处经》，《大正藏》第17册，第730页。

⑦ 参见法盛译：《菩萨投身饲饿虎起塔因缘经》，《大正藏》第3册，第172页。

理家、清信士、婆罗门等，弥勒为天帝释、国王、德乐正者神仙大师、比丘等①。

7. 弥勒与禅观，“修系念法……生兜率天，值遇弥勒，与弥勒俱下，生阎浮提，龙华初会，最先闻法，悟道解脱”②。修“不净观法”，修此观者，“行者志求大乘者，命终随意生诸佛前，不尔必至兜率天上得见弥勒”③。“若有众生观像心成，次当复观过去七佛……见七佛已，见于弥勒”④。

（二）像教图像的弘化

有关弥勒图像的出现，早有河南浚县城东大伾山“石勒以佛图澄之言，镌崖石为佛像，高寻丈”的弥勒佛⑤。苻坚遣使送道安“外国金箔倚像高七尺，又金坐像，结珠弥勒像，金镂绣像，织成像”。道安每讲会法聚，辄罗列尊像⑥。开凿于3~4世纪的新疆克孜尔石窟第80窟主室正壁圆拱形龛上方，正中彩绘一身交脚坐像，其上方绘一排七身结跏趺坐佛⑦。酒泉、敦煌、吐鲁番一带先后发现十六国北凉时期的14件石刻造像塔，其突出的特征是在塔的中部浮雕七佛一菩萨造像，多数是交脚像，也有个别结跏趺坐像与立像⑧。炳灵寺石窟第169窟南壁的七佛一菩萨像。张掖金塔寺北凉窟中心柱西面与东面上层龛内塑三佛，中间一佛为交脚佛，左右两侧为结跏趺坐佛。敦煌莫高窟北凉三窟有交脚菩萨，交脚、倚坐佛。麦积山石窟后秦第165窟中也有交脚菩萨。云冈、龙门等众多石窟也出现不同形式的南北朝时期弥勒图像。

（三）高僧弘传和教徒信仰愿求

有关弥勒信仰，除上述高僧们相关弥勒经典传译外，另有高僧受弥勒决疑的弘传，道安《僧迦罗刹经序》说，僧迦罗刹死后与弥勒大师高谈。其《婆须经序》亦说，须密集此经已，入三昧定，如弹指顷，神生兜率，与弥勒等集于一堂，对扬权智，圣贤蔼然。洋洋盈耳，不亦乐乎。又《高僧传》载智严以事问天竺罗汉，罗汉不能判，乃为严入定，往兜率宫咨弥勒，智严师觉贤亦曾定中见弥勒⑨。最得力的是东晋道安，在襄阳“每与弟子法遇等于弥勒前立誓，愿生兜率。”⑩《昙戒传》云：“吾与和尚（道安）等八人同愿生兜率，和尚及道愿等皆已往生，吾未得去，是故有愿耳。”⑪

---

① 参见康孟详译：《佛说兴起行经》，《大正藏》第4册，第197页。康僧会译：《六度集经》，《大正藏》第3册，第152页。支谦译：《撰集百缘经》，《大正藏》第4册，第200页。圣坚译：《佛说睒子经》，《大正藏》第3册，第175页。

② ［后秦］鸠摩罗什译：《禅秘要法》，《大正藏》第15册，第613页。

③ ［后秦］鸠摩罗什译：《禅秘要法》，《大正藏》第15册，第617页。

④ ［东晋］佛驮跋陀罗译：《佛说观佛三昧海经》，《大正藏》第15册，第643页。

⑤ ［明］张肯堂：《浚县志》明嘉靖三十八年《重修天宁寺三大殿碑》。

⑥ ［梁］释慧皎：《高僧传》卷五《道安传》，《大正藏》第50册，第2059页。

⑦ 姚士宏：《克孜尔石窟·部分洞窟主室正壁塑绘题材》，新疆维吾尔自治区文物管理委员会等编：《中国石窟·克孜尔石窟》（三），北京：文物出版社、东京：平凡社，1997年，第178~186页。

⑧ 张宝玺：《北凉石塔艺术》，上海：上海辞书出版社，2006年，第16~17页。

⑨ 汤用彤：《汉魏两晋南北朝佛教史》，北京：中华书局，1983年。

⑩ ［梁］释慧皎：《高僧传》卷五《道安传》，《大正藏》第50册，第2059页。

⑪ 同道安一起于弥勒前立誓愿生兜率的8人是道安、竺僧辅、道遇、昙戒、法汰、道愿、昙徽、昙翼。

（四）末法思想的助推

关于佛教已入末法时代之思想，传入中国甚早，竺法护《贤劫经》云："正法存立五百岁，像法存立亦五百岁。"① 失译附秦录《大乘悲分陀利经》云："我涅槃后，正法住世千岁，像法住世复五百岁。"② 鸠摩罗什《中论》云："佛灭度后，后五百岁像法中。"③ 昙无谶《悲华经》云："般涅槃后，所有正法住世千岁，像法住世满五百岁。"④ 又《大方等大集经》云："我今涅槃后，正法五百岁……像法住于时，限满千岁。"北凉道朗《大般若涅槃经序》后有跋亦云："至于千载像教之末，虽有此经，人情薄淡，无心敬信，当知遗法将灭之相。"如此，有关末法的译经地点，不是在北凉，就是在与凉州有着密切关系的地方⑤，这说明北凉时期末法思想极为流行。此也反映在北凉石塔上，北凉塔建造者，通过中国传统的易经八卦和北斗授时，来象征和说明当时释迦佛已涅槃，正处于末法无佛的黑暗时期，北凉佛教已步入末法时代⑥。这在部分石塔发愿文中有明确的记载，如：东晋太元二年（377年）程段儿造像塔发愿文"自惟薄福，生值末世"⑦。北魏延和三年（434年）白双且造像塔发愿文"自惟薄福，生值末法……舍舍受身，值遇弥勒"。末法思想的流行，对相信已进入末法无佛之世的信仰者来说，自然祈盼生弥勒兜率，随弥勒下世，受闻佛法得度，这对于弥勒信仰思想之弘传，无疑具有极大的助推作用。

二、麦积山石窟弥勒造像思想

中国有关弥勒信仰的造像，主要存在于石窟、造像碑塔或金铜像中。从样式上来分别，有立像、跏趺坐像、交脚像、倚坐像、半跏思惟像。其中立像、倚坐像、交脚像又有菩萨或佛的不同，跏趺坐像为佛，半跏思惟像为菩萨。不同样式图像的表现，所示教的内容思想有别，即使相同样式的图像，在所居的某件造像碑、塔，石窟洞窟中与其他不同的题材组合，所示教的内容也有区别。又现存相关弥勒造像，有铭文题记的不多，难以仅从图像样式来判释，或存在诸多问题。如：立姿和结跏趺坐像，在印度佛教造像中常作弥勒表现，有座附有铭文。有些常和七佛组合表现，或出现于佛传场合，在身份上较易辨认。虽然皆为中国初传期的弥勒像，因其尊形同其他佛、菩萨无别，若无铭题，实难辨识。交脚像更为复杂，在印度犍陀罗地区，"作为主尊的交脚菩萨，不论是持水瓶，还是结转法轮印的均可视为弥勒，但是不能把交脚坐都看成是弥勒的独特坐法"⑧。因此除持"弥勒菩萨"说之外，有持"转轮王""一生补处菩萨""观音菩萨"多种说法。倚坐像也有弥勒

① 《大正藏》第4册，第425页。

② 《大正藏》第3册，第158页。

③ 《大正藏》第30册，第1564页。

④ 《大正藏》第3册，第157页。

⑤ 竺法护曾在洛阳、长安、天水、酒泉、敦煌等地译经。

⑥ 殷光明：《北凉石塔十二因缘经及有关问题》，《敦煌学辑刊》1996年第2期。

⑦ 金申：《中国历代纪年佛像图典》，北京：文物出版社，1994年。

⑧ （日）肥冢隆著，邻利明译：《莫高窟第275窟交脚菩萨像与犍陀罗的先例》，《敦煌研究》1990年第1期。

像、释迦像、优填王像和药师佛等的不同。半跏思惟像，在印度尚不是图像学的特定意义。传入中国，相对固定为悉达多太子和弥勒。总的来说，弥勒图像立像、结跏趺坐像在中国现存不多。交脚、倚坐、半跏思惟较多，虽然皆具有多种立名，但研究者一般认为交脚、倚坐以弥勒居多。如倚坐像在唐代似成定式。半跏思惟弥勒或许多于释迦。不过任何一种弥勒现象，皆难以视为弥勒图像的定式。在没有铭题的情况下，单尊或为主尊的多题材组合，如何判释，仍存在诸多问题，要视具体情况详加辨读，这有关图像示教的内容思想，以符合弘法、供养造像者的心愿行修。

麦积山石窟有关弥勒信仰的造像情况：最早见于后秦第 74、78、165 窟，尔后北魏存在多个洞窟，见于第 100、101、115、128、133、142、148、159、163、169 窟；西魏第 49、135 窟；北周第 52、67、134、135 窟；隋唐第 5、8、13、37 窟；宋第 191 窟。

以上列出的诸多洞窟中，唯有第 115 窟造像现存题记，其他只是从图像学意义等方面进行判断，不免仍存在一些问题。依图像学归类分说，有结跏趺坐像、倚坐像、交脚像、半跏思惟像，没有立像（现无考定，或许存在）①。

（一）结跏趺坐弥勒佛

弥勒结跏趺坐，是佛教经典中提及的弥勒坐式，在佛教造像中出现弥勒佛和弥勒菩萨两种样式。现知弥勒菩萨形象源于犍陀罗地区，最早的弥勒像见于 2 世纪贵霜王朝迦腻色迦一世时期的金币上，周围刻希腊文“弥勒佛陀”。汉地所见最早为北凉时期的沙山石塔。弥勒佛形象出现在汉地时有铭文，石窟仅见安阳灵泉寺石窟大住圣窟佛头上部刻“弥勒佛”及敦煌五代时期第 72 窟壁画中，榜题“南天竺国弥勒白佛瑞像记”。造像碑塔金铜像中较早有南朝宋元嘉十四年（437 年）韩谦敬造佛像。此后有北魏和平元年（460 年）比丘法亮造弥勒像；北魏熙平二年（517 年）刘□□造弥勒像②；北魏太和二年（478 年）张贾造弥勒像；东魏武定七年（549 年）比丘尼智颜姐妹弟兄三人造弥勒玉像；北齐天保八年（557 年）黄海伯造白玉弥勒像；唐乾封元年（666 年）李威造弥勒像③等。

麦积山现存跏趺坐佛有第 74、78、115 等窟，及舍利塔出土跏趺坐三世佛（二尊佛、一尊菩萨）。其中第 115 窟以单佛为主尊，第 74、78 窟是以三佛为主尊。以三佛为主尊的造像，在麦积山有 40 多个洞窟。三佛造像中有横三世佛、竖三世佛及其他三佛组合题材之说。其中应该有弥勒像，尤其是第 62、84、112、154、155 等窟三佛，正壁主尊形态似同，左右壁主尊相同，是否也可认为其中一尊是弥勒像，其他单尊像呢？皆值得思考。现仅举例来说。

---

① 麦积山北周第 4 窟，七龛造七佛主尊及胁侍弟子菩萨，现左边一窟地面正中存宋塑一尊立佛，若结合原有造像是八佛，敦煌有七佛与阿弥陀八佛坐像。此尊立佛是弥勒还是阿弥陀佛不可确定，若视为弥勒，后代或许存在在原有示教七佛信仰思想的基础上，又增加了三世佛思想，仅此思考，还待考究。

② 李少南：《山东博兴出土百余件北魏至隋代铜造像》，《文物》1984 年第 5 期。

③ 所列造像碑塔金铜造像，皆引自（日）松原三郎：《中国佛教雕刻史研究》，东京：吉川弘文馆，1966 年。

第74、78窟：关于此两窟的时代问题，目前学术界有后秦、北魏两种看法①。一般俗称“双窟”，窟内造像（经后代重修）形制相同，皆穹隆顶形敞口，平面近方形窟，三壁筑高坛台上各塑一尊坐佛，正壁主佛左右各一尊菩萨（部分造像残毁），正壁主佛两侧上方各开一小龛，塑交脚、思惟菩萨。壁画被破坏、残毁，第74窟佛残存背项光，绘多身小坐佛及飞天，窟顶存绘千佛（或后代重绘）②，第78窟坛台存仇池镇供养人壁画及题记。

第74、78窟造像主题为三佛，是姚兴所造。姚兴是个虔诚的佛教信仰者，不但热衷于佛经的翻译、创建寺院，对佛教义理的探讨也超乎寻常，在同时代的帝王中是独一无二的③。他著《通三世论》中论证过去世、现在世和未来世的真实存在，教人明确佛教因果报应、三世轮回理论的正确性，强调说“众生历涉三世，其犹循环，过去、未来虽无眼对，其理常在”④。他将《通三世论》送问诸法师乃至鸠摩罗什。鸠摩罗什给予回答，从理论上支持了姚兴的观点⑤。姚兴还将《通三世论》送给当时在天水的弟弟姚嵩。姚兴在佛教理论方面特重“三世”思想，因此，第74、78窟佛像应该是过去、现在、未来三世佛造像。其中，弥勒佛是未来佛，含有弥勒菩萨由释迦授记，将来成佛后在龙华树下说法的思想内容。若与主尊佛背光中绘化佛和窟顶绘千佛结合，可说宣示了十方三世一切诸佛的思想内容。

麦积山后秦开造三世佛像，北朝继承并大量造三世佛像，数量是全国石窟中最多的。虽然目前只有一组造像可认定是过去、现在、未来三世佛，其他众多造像尚难以确定，但不可否定竖三世佛之一弥勒的存在，兼弘弥勒教化的信仰思想。

隋文帝造舍利塔（后代重修）出土一尊跏趺坐弥勒菩萨和二尊跏趺坐佛组合的三世佛⑥。麦积山北魏第115窟，正壁塑一尊结跏趺坐佛，左右壁各塑一尊立胁侍菩萨，左右壁上方左右侧各塑二尊小坐佛。正壁左右侧主要绘“鸟”“婆罗门”“僧人坐卢中”“方地栏围”“楼阁中坐一人”“禅僧捧经”

---

① 后秦说有张学荣：《麦积山石窟的创建年代》，《文物》1983年第6期；李西民：《试论麦积山石窟艺术史上的六个高潮》，《石窟艺术》第一期，西安：陕西人民出版社，1990年；金维诺：《麦积山石窟的兴建及其艺术成就》，天水麦积山石窟艺术研究所编：《中国石窟・天水麦积山》，北京：文物出版社、东京：平凡社，1998年；项一峰：《丝绸之路与麦积山石窟》，《丝绸之路》2000年《学术专辑》；杜斗城：《麦积山早期三佛窟与姚兴的〈通三世论〉》，《敦煌学辑刊》2007年第1期等。北魏说有张宝玺：《麦积山石窟开凿年代及现存最早洞窟造像壁画》，中国考古学会编：《中国考古学会第一次年会论文集1979》，北京：文物出版社，1980年；邓健吾：《麦积山石窟的研究及早期石窟的两三个问题》，天水麦积山石窟艺术研究所编：《中国石窟・天水麦积山》；马世长：《陕甘宁地区石窟概述》，国家文物局教育处编：《佛教石窟考古概要》，北京：文物出版社，1993年，第83页；（日）八木春生：《关于麦积山石窟第74、78窟的营建年代》，《艺术研究报》（18），筑波大学艺术学系，1997年等。

② 因窟前部塌毁，前壁是否有造像壁画无考。窟内造像壁面部分残毁难窥原貌，从现存遗迹考察，三佛背项光中可能皆绘有小坐佛等。

③ 杜斗城：《麦积山早期三佛窟与姚兴的〈通三世论〉》，《敦煌学辑刊》2007年第1期。

④ ［唐］道宣：《广弘明集》卷八，《大正藏》第52册，第228页。

⑤ 参见任继愈主编：《中国佛教史》第二卷，北京：中国社会科学出版社，1985年，第267~273页。

⑥ 麦积山山顶隋（经后代重修）舍利塔，因2008年受四川汶川大地震影响，造成严重破坏，麦积山石窟艺术研究所2009年进行抢救性整体落架拆除修复时，在塔基发掘出10多件造像（部分残）。参见项一峰：《麦积山舍利塔发掘造像探析》，《石窟寺研究》第五辑，北京：文物出版社，2014年，第66~74页。

等情节壁画六方；右壁绘飞天，窟顶绘盘龙。

此窟据佛座前壁残存墨书开窟造像发愿文：

唯大代景明三年九月十五日□□遣□镇□/ 张元伯稽首白常住三宝今在此麦积中区/□□为菩萨□造石室一区愿三宝兴/愿法轮常转，众僧□□，无所□身，右愿国/祚永昌，万代不绝，八方偻负，天人庆襄，右愿弟/子所有诸师父母命之者神生兜率面圣/尊，耳餐□□教悟无生忍右现先亡者，愿使四大/康像，六府□烦寿益二宜，命不中夭，右愿/弟子夫妻儿息现世之中众灾消灭，百□吉/常为国之良辅学者，聪明，□箧内列/诸典记，□年□历代不移，及一/切众生普同成佛/愿子孙养大愿是见佛。

其年代是"大代景明三年"，即北魏宣武帝景明三年（502年）开窟造像。从"神生兜率""天人庆襄""一切众生普同成佛，愿子孙养大愿是见佛"，供养造像者祈愿往生兜率，乃至下生见弥勒佛说法得悟，最终达到成佛。可认为是造弥勒佛像，特显弥勒下生思想。若结合六方壁画解读为：布施、持戒、忍辱、精进、禅定、智慧六度，及天人（飞天）、龙王供养。应该是以鸠摩罗什《弥勒大成佛经》所描述的内容造像绘画，教示弥勒信仰，亦可说此窟是弥勒经变相窟①。

有关弥勒造结跏趺坐佛像，有铭文题记为"造弥勒"的，在五代以前石窟造像中几乎未见，可在南北朝时期至唐单石碑塔金铜造像中出现16件，北魏最多有10件②。足见北魏在大量造弥勒像时，也很重视弥勒结跏趺坐佛像。作为佛教造像中占主导地位的石窟，在北魏时应该存在造结跏趺坐弥勒佛像，只是缺少铭文题记佐证而已。麦积山第115窟的结跏趺坐佛，也许是孤例，放在北魏同时间段里来说，应该是合情合理的现象。后代有延续。若麦积山第74、78窟三世佛中，其中一尊是弥勒佛能得到认可，那么造结跏趺坐弥勒佛像的时间可推到后秦，使之成为中国石窟寺中最早的结跏趺坐弥勒佛。

（二）倚坐弥勒佛

倚坐弥勒佛像，最早的文献记录是《高僧传·道安传》："苻坚遣使送外国金箔倚坐像，高七尺。又金坐像、结珠弥勒像、金缕绣像，织成像各一张。每讲会法聚，辄罗尊像，布置幢幡，珠佩叠辉，烟华乱发。使夫升阶履闼者莫不肃焉尽矣"③。有认为这是中国弥勒造像之始④。但文中说外国像，应该不算汉地造弥勒像之始，或许可说是中国所见最早的弥勒造像之一。就倚坐像来说，因释迦、弥勒皆有倚坐像⑤，难以确定是弥勒倚坐像，也只可说是中国最早所见的倚坐弥勒像之一。倚坐弥勒佛像，现知是石勒以佛图澄之言，在河南大伾山造弥勒佛像⑥。继有北凉敦煌莫高窟第272窟倚坐弥勒像。莫高窟从北魏兴起，至唐代有30多个窟，如：北魏第251、西魏第249、北周第290 、隋第304、唐第

① 详见项一峰：《麦积山北魏115窟造像壁画内容考释》，《敦煌学辑刊》2004年第1期。

② 释见证：《南北朝至隋唐时期的弥勒图像与信仰》，四川大学硕士学位论文，2006年。

③ ［梁］释慧皎：《高僧传》卷五《道安传》，《大正藏》第50册，第351页。

④ 释见证：《南北朝至隋唐时期的弥勒图像与信仰》，四川大学硕士学位论文，2006年。

⑤ ［梁］释慧皎：《高僧传》卷一《竺法兰传》记载：蔡愔"于西域得画释迦倚像"。

⑥ ［明］张肯堂：《浚县志》明嘉靖三十八年《重修天宁寺三大殿碑》。

39窟等；云冈石窟集中在北魏有6个窟，如：第3、10、19窟等；龙门石窟集中在唐代有9个窟，如：擂鼓台中洞、火烧洞、宾阳南洞等窟；炳灵寺石窟集中在唐代有17个窟，如：第3、4、27、24窟等；四川广元石窟西魏、北周皇泽寺有2个窟，如：第33、37窟，千佛崖石窟唐代有5个窟，如：第138、365窟等。巴中石窟集中在唐代有16个窟，如：南龛第64窟、北龛第13窟、西龛第10窟、永宁寺第3窟、石门寺第10窟等、三江龙门山第6窟、恩阳佛耳岩第2窟等。大足北山、卧龙山、夹江千佛崖、蒲江飞仙阁皆有倚坐佛像；河北响堂山及河南安阳周围的几个北齐石窟中皆有倚坐佛像；遗存单石碑塔金铜造像有20多件，如：北魏正光四年（523年）邸拔延造弥勒佛；北齐天保三年（552年）赵兰兴等造弥勒像；北周建德二年（573年）王令猥造弥勒像；隋开皇六年（586年）邸龙造玉像；唐永徽元年（650年）周世栖造弥勒像。另云南大理国南诏（738~902年）和大理（937~1253年）时期也有多尊倚坐像。

麦积山北魏至宋，现存倚坐佛像有第5、8、13、37、43、49、67、135、163、191窟及133窟16号造像碑。基本情况如下：

第8窟，北周，平面方形，圆拱顶窟，造一尊倚坐佛，左右各一尊胁侍菩萨。

第37窟，隋，平面马蹄形，穹隆顶窟，正中一尊倚坐佛，左右各一尊菩萨、弟子胁侍。

第43窟（魏后墓），西魏，前廊，中龛，弘墓葬室。龛内中间一尊倚尊佛（宋修），左右各一尊胁侍菩萨（五代修）。

第67窟，北周，平面方形，圆拱形顶龛。正壁一尊倚坐佛，左右各一尊胁侍菩萨；左右壁各一身力士。

第163窟，北魏晚期，平面方形，平顶窟，正壁一尊结跏趺坐佛，左壁一尊交脚菩萨，右壁一尊倚坐佛。

第49窟，隋，前廊后室，后室三壁开三龛，每龛内造一尊倚坐佛，二胁侍菩萨（或弟子）。

第5窟，隋末唐初，崖阁式洞窟，前廊后开三龛，中龛造结跏趺坐佛，左右阿难、迦叶，左右壁共四尊菩萨；左龛为一倚坐佛及二胁侍菩萨；右龛为一结跏趺坐佛及二胁侍菩萨；另廊间造天王等。

第13窟，隋，摩崖造像，石胎泥塑一尊倚坐佛，二尊胁侍菩萨。

第133窟，第16号造像碑中有一龛雕三佛，倚坐佛居中，左右为结跏趺坐佛。

第191窟，西魏（宋修），摩崖造像，壁面上方一龛，内造一尊倚坐佛二胁侍弟子，龛外左右各一尊交脚菩萨，龛外下方化身护法像。

第135窟，正壁龛内有一尊北周倚坐佛。

上述窟中倚坐佛，从题材来说有一窟单尊、三佛之一、三尊皆是倚坐佛。其中第8、13、37、43、67窟单尊倚坐佛应该是弥勒佛，示教弥勒下生信仰。其中第13窟大佛，1983年麦积山石窟修复人员进行修复时，在大佛头面部发现一卷北凉昙无谶译宋本《金光明经》，因此，可说后代在原造像主要弘传弥勒信仰、示教下生思想的意图上，又增加了《金光明经》中所宣教闻说、供养、读诵、受持等，能得见弥勒说法。

第5、133窟造像碑雕三佛，若正壁主尊为弥勒佛，则表明三世佛教化中突出未来弥勒佛与现世众生的关系。即现世（劫）释迦佛后已无佛出世，众生只能等待未来弥勒佛现，而能亲见佛，闻法得道的重要性。第 163 窟有一尊跏趺坐佛、一尊交脚菩萨、一尊倚坐佛，这是佛教造像中难得一见的题材组合造像。如何来释读？一般佛教造像中，示教弥勒上生造交脚菩萨，示教下生造倚坐佛，也有造跏趺坐佛。这种组合造像，说是弘扬弥勒上生与下生信仰，似乎并没有错。可认为正中结跏趺坐佛是释迦佛，左右交脚菩萨与倚坐佛是弥勒佛，若此所示教释迦佛说弥勒上生兜率天、下生阎浮提成佛。既反映出示教弥勒上、下生信仰，又反映出弥勒上生兜率天说法，未来下生人间成佛说法度众，皆是释迦所说（经）真实不虚。或许仍待进一步探讨。第 49 窟三尊倚坐佛，所示教的应该是弥勒成佛，龙华三会三次说法度众的下生信仰。第 191 窟龛内造倚坐佛，现从龛内造像艺术特征来判定是宋代重开龛塑像，应该没有问题。但存在疑问：原未开龛造像以前，此位置造什么像，而龛是否在宋代开凿也值得怀疑。设想存在两种可能，一种是龛为原有，或许原造像是交脚菩萨；二种是龛为宋代所开，原壁面造交脚菩萨。如果推测无误，龛内宋修倚坐弥勒佛示教弥勒下生信仰与龛外交脚菩萨难以理解是不同时代造像，组合题材差异是可以理解的。原龛内（或壁面）造交脚菩萨与龛外双交脚菩萨组合题材，应该是示教弥勒在兜率天说法，示教弥勒上生信仰，其主尊交脚为弥勒菩萨，双尊交脚菩萨是兜率天听法的菩萨。

（三）交脚弥勒菩萨

交脚弥勒像，最早出现于 2~4 世纪的犍陀罗地区，交脚像有 60 例①。“犍陀罗交脚菩萨，不仅和弥勒有着紧密联系，也有与悉达多和观音、装饰菩萨相混淆的另一面”②。中亚地区石窟中有许多交脚像，非皆为弥勒，表现者一般于天井绘交脚像，象征居兜率天宫说法③。阿富汗巴米扬石窟西大佛龛及第 330 窟有绘交脚菩萨。在龟兹石窟，交脚坐为常见的坐式，克孜尔和库木吐喇石窟有较多此坐式，除弥勒外还有交脚国王、罗汉、仙人及世俗供养人等。如克孜尔第 17 窟绘弥勒菩萨说法，第 77 窟交脚菩萨等④。河西地区出现的北凉石塔中，14 座塔中有 12 例交脚弥勒菩萨。莫高窟隋以前洞窟中有交脚像近 30 尊，其中北凉第 268 窟有佛、275 窟有菩萨像，北魏第 251 窟有菩萨像、254 窟有佛像，隋第 283 窟有菩萨像。隋以后仅少见于壁画中，如第 423、433 窟，多伴随半跏思惟像。交脚菩萨像在张掖马蹄寺和金塔寺中皆可见。炳灵寺有北魏第 106、112、126 等窟。云冈共有 160 多例，如第 17、7、9、6、11 等窟，多为菩萨，也有佛，如第 7、9、12 等窟⑤。龙门古阳洞有 18 例交脚像，基本在壁面上部左右开龛分别造像，这与麦积山情况一致。天龙山北齐及辽宁义县万佛堂北魏第 4、6 窟也有交脚像；造像碑塔金铜像中有铭文的交脚像有 10 多件，如南齐永明八年（490 年）比丘释法海造弥勒成佛像；北魏皇兴五年（471 年）造像碑；北魏永平三年（510 年）雷花头造石像；东魏武定元年（543 年）比丘尼明义等造弥勒像；北齐天保九年（558 年）高贵安妻刘白仁造龙树坐像。

---

① （日）肥冢隆著，邻利明译：《莫高窟第 275 窟交脚菩萨像与犍陀罗的先例》，《敦煌研究》1990 年第 1 期。

② （日）宫治昭著，顾虹译：《敦煌美术与犍陀罗印度美术》，《敦煌研究》1995 年第 3 期。

③ 张元林：《莫高窟第 275 窟故事画与主尊造像关系新探》，《敦煌研究》2001 年第 4 期。

④ 参见新疆维吾尔自治区文物管理委员会等编：《中国石窟・克孜尔石窟》，北京：文物出版社、东京：平凡社，1989 年；新疆维吾尔自治区文物管理委员会等编：《中国石窟・库木吐喇石窟》，北京：文物出版社，1992 年。

⑤ 参见（日）石松日奈子：《中国交脚菩萨像考》，《佛教艺术》，每日新闻社，1988 年。

交脚像，除弥勒菩萨说，还有转轮王说①、一生补处菩萨说②，又有日本高田修持观音说。

麦积山后秦北魏，现存交脚弥勒像有第 74、78、165、128、148、100、114、144、142、133、135、155、159、86、93、101、169、16、19、134、191、163 窟。

第 74、78、19、163 窟交脚菩萨，如前述。

第 165 窟，后秦，平面方形，平顶窟，原应该是三壁三佛，正壁主尊交脚佛。

第 86 窟，北魏晚期，平面方形，平顶窟，正壁主尊为一结跏趺坐佛，佛两侧上耳龛内各一坐佛，左、右壁下耳龛内分别贴交脚、思惟及各二胁侍菩萨。

第 101 窟，北魏，平面方形，平顶窟，正右壁主尊结跏趺坐佛与胁侍菩萨（或弟子），左壁主尊交脚菩萨与胁侍菩萨。

第 142 窟，北魏晚期，平面方形，平顶窟，正左壁主尊结跏趺坐佛与胁侍菩萨（或弟子），右壁主尊交脚菩萨与胁侍菩萨。

第 134 窟，北周，平面横长方形，圆拱顶浅龛，原龛内正壁塑一身交脚菩萨，左、右壁各塑一身胁侍菩萨。

第 144 窟，北魏早期，平面方形，平顶窟，正壁左右龛内各塑跏趺坐佛，正壁两侧上方龛内分别塑交脚、思惟及二胁侍菩萨，中下侧龛内均塑释迦、多宝二佛。

第 148 窟，北魏早期，平面方形，平顶窟，正左右三壁龛内各一尊跏趺坐佛，正壁上部、左右两侧龛内分别塑思惟、交脚菩萨及二胁侍菩萨，壁面诸小龛内均塑二佛并坐。

第 159 窟，北魏，平面方形，平顶窟，正壁一尊跏趺坐佛，左右壁各一尊菩萨。佛左右侧各塑三层坛台，上层分别为一尊跏趺坐佛及二胁侍菩萨，中层分别为一尊佛，左侧思惟菩萨及二尊胁侍菩萨，右侧交脚菩萨及二尊胁侍菩萨；左右壁菩萨两侧上层与中层均为二尊跏趺坐佛。

第 93 窟，北魏，此原窟破坏，正壁主龛外右侧上小龛内有交脚、思惟菩萨及胁侍菩萨。

第 155 窟，北魏中期，平面方形，平顶窟，正、左、右三壁龛内各塑一尊跏趺坐佛，正壁上方龛内分别为交脚、思惟菩萨及二尊胁侍菩萨。

第 100 窟，北魏中期，平面方形，平顶窟，正、左、右壁各塑一尊跏趺坐佛；正壁佛上方左右龛内分别塑思惟、交脚菩萨及胁侍菩萨。佛两侧各开二个圆拱形龛，每龛内均塑二尊跏趺坐佛。另右壁也有小龛，内塑跏趺坐二佛。

第 128 窟，北魏早期，平面方形，平顶窟，正、左、右三壁龛内各一尊跏趺坐佛。正壁上方两侧小龛内各塑交脚、思惟菩萨，中、下二小龛内造二佛并坐；左右壁主佛两侧上方小龛内均造一尊跏趺坐佛，下方小龛内均二佛并坐。

第 169 窟，北魏，平面近长方形平拱顶窟，正壁一尊交脚菩萨，左右壁各一尊胁侍菩萨。

第 19 窟，北魏，残窟，现存正壁及右壁一部分，壁面小龛内存有交脚菩萨及胁侍菩萨、二佛并

① 古正美：《再论宿白的凉州模式》，《1987 年敦煌石窟研究国际讨论会文集·石窟考古》，沈阳：辽宁美术出版社，1990 年。

② 张学荣、何静珍：《论莫高窟和麦积山等处早期洞窟中的交脚菩萨》，《敦煌研究》1998 年第 2 期。

坐像。

第 114 窟，北魏，平面方形，平顶窟，正左右三壁各一尊跏趺坐佛。正壁佛上方左右坛台上，上层影塑交脚、思惟菩萨及胁侍菩萨，下层各二佛坐像。

第 16 窟，北魏，其窟旁有两个小龛，原没有编号，应该属第 16 窟，龛内存交脚、思惟菩萨。

第 133 窟，北魏，第 8 号龛造一尊交脚菩萨。第 10 号造像碑中间上下三格，上格龛内雕二佛并坐；中格龛内雕交脚菩萨及二胁侍菩萨；下格龛内雕释迦说法。

另第 135 窟存放一尊石雕交脚菩萨（残）。

上述 22 个窟（龛）中交脚像有以下几种情况：

1. 三佛之一交脚像，第 165 窟①，现窟内造像为宋代重塑一佛二菩萨。原造像已毁，仅存正壁造像束腰高座，左上侧绘有宫殿建筑。三壁造像背光等壁画。从背光中绘众多小坐佛即千佛等来考量，原是三佛造像，正壁是交脚弥勒佛。再结合壁画绘宫殿、伎乐天，即可认为是兜率天。此窟造像应该是过去、现在、未来三世诸佛思想内容的教化，并突出未来弥勒佛下生信仰的重要性，同时示教弥勒上生信仰思想。第 133 窟 10 号造像碑中间上下三格，上格龛内雕二佛并坐；中格龛内雕交脚菩萨二胁侍菩萨；下格龛内雕释迦说法。若将双坐佛视为释迦、多宝，多宝代表过去佛，竖列可为示教竖三世佛思想内容，并出弥勒上生信仰思想。第 101、142 等窟三佛，主尊造像左或右为交脚菩萨，应该是弥勒菩萨，所示教竖三世佛内容，同时也突出弥勒上生信仰思想。

2. 窟内主尊交脚菩萨，第 134、169 窟及第 133 窟 8 号龛，示教弥勒菩萨兜率天说法的上生信仰思相。

3. 窟内正壁主佛上方或左右侧小龛内交脚菩萨与思惟菩萨对应，第 74、78、100、128、144、148、155 窟，示教弥勒菩萨上生、下生信仰。若结合窟内三佛造像，可以认定为竖三世佛造像，既像教过去现在未来三世思想，也像教弥勒上生说法、下生思惟悟道信仰思想。若不可认定，或许是横三世佛，既像教以东中西三方为代表的十方佛思想，也像教弥勒上下生信仰。如果将东西方佛是过去佛，弥勒菩萨下生悟道成佛是未来佛综合起来理解，又含摄十方三世诸佛的思想教化。

4. 窟内单主尊跏趺坐佛，上方或左右龛交脚菩萨与思惟菩萨对应，第 86、159 窟虽然示教弥勒上下生信仰，但结合主佛考量，不可确定是释迦还是弥勒，若释迦佛，或许可认为是释迦佛说弥勒经典，教化弥勒上下生信仰，若弥勒佛，或许认为是直接示教弥勒上下生思想，更强调弥勒成佛后的教化。其他窟内造像是否皆可认为是释迦佛法灭后，未来弥勒佛如释迦佛重宣佛法教化普度众生，所说经典相关的造像。也可称此窟是弥勒信仰造像窟。这是释读佛教造像值得思考的问题。

（四）半跏思惟菩萨

半跏思惟像于印度 1~3 世纪贵霜王朝时期已出现，主要源自印度西北的犍陀罗地区②，多为 3 世

---

① 此窟年代有后秦、北魏两种说法，采用由董玉祥指导，项一峰、孙晓峰、夏朗云、王纪月共同完成的《麦积山石窟“档案”调查》。

② 半跏思惟像的渊源，金申推论其早于犍陀罗，可溯至公元前数世纪的希腊、罗马地区。金申：《简谈半跏思惟菩萨像》，《中国历史文物》2002 年第 2 期。

纪及以后的遗存，秣菟罗遗存极少。3、4 世纪传入汉地，敦煌出土北凉武威石塔上有七禅定坐佛与一身半跏思惟组合。莫高窟北凉第 275、北魏第 257、259、437、隋第 314、初唐第 77、381、盛唐第 319、晚唐第 224 等窟；炳灵寺西秦第 169 窟西壁下、北魏第 126、128、唐第 57 等窟；云冈北魏第 6、12、18、19 等窟；龙门古阳洞、莲花洞、魏字洞、普泰洞等窟。另义县万佛堂第 4、5 窟之间，陕西药王山石窟第 6 窟皆出现。造像碑塔、金铜造像也出现不少，其中有铭文，如北魏太和十六年（492 年）郭元庆等造太子思惟像；东魏元象二年（539 年）比丘惠照造思惟玉像；北齐天保二年（551 年）王□世敬造思惟玉像等。麦积山半跏思惟像除第 133 窟 10 号造像碑上段左侧一格内出现树下思惟与阿育王施土组合外，皆与交脚相对组合，如上述。

思惟菩萨在印度尚不具图像学的特定意义，传入中国至南北朝后，图像意义得到确定，用于代表悉达多太子或弥勒思惟，两种图像相同①。有认为如果一尊半跏思惟菩萨前有一舐足白马或车匿啼泣的场面，可断定此菩萨为悉达多太子，凡树下半跏思惟像必是太子思惟像②。一尊半跏思惟菩萨伴有一舐足白马或车匿啼泣的场面，如北魏太和十六年（492 年）郭元庆造太子思惟像的铭文，应该可以确定。树下思惟，如《历代名画记》记载，洛阳敬爱寺神殿内树下弥勒菩萨像；唐麟德二年（665 年）王玄策取定西域所图菩萨像为样③。北齐天保十年（559 年）比丘惠祖敬造龙树思惟像。有认为只要确定主尊为弥勒佛或弥勒菩萨，则两旁胁侍思惟菩萨可以确定为代表弥勒④。但是佛教经典中记述弥勒在龙华树下成道说法，释迦菩提树下成佛。半跏思惟造像树下思惟像之树，严格来说难以分别，树下思惟菩萨像中既有弥勒，也有释迦。要根据半跏思惟像的所在石窟或造像碑塔金铜造像中组合题材的位置和数量来具体分析判定。三佛中一尊是弥勒佛（菩萨）像，或单尊弥勒佛为主尊的单尊或与交脚菩萨相对应思惟菩萨，应该可认为是弥勒。若单主尊为弥勒菩萨，单尊或与交脚对应的思惟菩萨，应该是兜率天菩萨。若多尊或有交脚菩萨多尊相应的造像，也应该是兜率天菩萨较为合理。麦积山第 133 窟 10 号造像碑中的思惟菩萨是悉达多太子思惟，示教释迦成佛前在菩提树下对世间因缘、人生意义等的思考探究。其他思惟菩萨与交脚同时出现所示教思想如上述。

三、结语

佛教石窟中弥勒造像出现较早，并大量造像。以弥勒相关经典译传为背景，弥勒造像传入汉土较早。以众多高僧译经注疏弘传、道安倡导弥勒信仰、僧人禅观“决疑”为主因，末法思想、信徒中皇家推崇、一般信众求功德福利、消灾免难、早日得度解脱等为助因。麦积山位于天水，天水（古秦州）是丝绸之路上重镇，长安的西大门，属于长安佛教文化圈，“秦地模式”造像，西下的佛教文化艺术影响自然存在，主要得力于道安在长安弘法，尤其是鸠摩罗什在长安译经及弟子门人的助弘，姚

① 李玉珉：《半跏思惟像再探》，《故宫学术季刊》1986 年第 3 期。

② （日）水野清一：《半跏思惟像について》，《东洋史研究》，1940 年；（日）水野清一：《中国の仏教美術》，东京：平凡社，1968 年，第 243~250 页。

③ ［唐］张彦远：《历代名画记》卷三，敬爱寺条，北京：人民美术出版社，1983 年。

④ 李玉珉：《半跏思惟像再探》，《故宫学术季刊》1986 年第 3 期。

兴的推崇造像，使得弥勒造像始行，并得到承续发展。

弥勒像教弘法，以经典为依托，弥勒相关经典教化，思想内容丰富多样。除造弥勒佛或菩萨像，主要宣示弥勒上生、下生相关经典中，说弥勒上生兜率天为天人说法，和兜率净土的殊胜美好，众生往生兜率天听弥勒说法，将来随弥勒下生人间。弥勒下生阎浮提成道，龙华三会说法，先闻法得度，及人间净土妙好乐事。以及弥勒神力护佑，面见决疑，修不净观得见弥勒等内容思想外，还有释迦或弥勒为主的三世佛、七佛及千佛组合，弥勒作为佛陀世系的象征，宣示三世佛或三世诸佛，乃至十方三世诸佛思想内容。也有与释迦多宝组合，虽然不免有宣示三世佛思想，更突出《法华经》中指出的修持、书写、读诵和宣扬《法华经》及上生兜率天奉事弥勒菩萨之要径。如此弥勒组合的造像示教思想内容，在麦积山弥勒像教中皆有表现。

麦积山弥勒像教思想还突出“三世”教化，及以交脚思惟对应造像示教弥勒上下生信仰，且造像时间为汉地最早之一。作为长安佛教文化圈“秦地模式”造像的实物存在印证，可说此类弥勒信仰造像影响到敦煌、云冈等石窟。麦积山一窟内造三尊倚坐弥勒佛示教弥勒下生龙华三会说法的思想内容，也是石窟弥勒造像中难得一见的。

今天我们对石窟等历史中存在的弥勒造像及其造像教化思想内容进行研究，应该是知古，更是古为今用。弥勒造像时至五代后梁，布袋和尚契此被认为是弥勒化身，东林寺住持为其造像供养，尔后在江南寺院竞相仿造奉侍，继而流行全国，延续至今。以前的各种交脚、倚坐等弥勒佛、菩萨造像逐渐被替代。以一个丰颐硕腹、笑口常开的胖和尚形象作为弥勒佛的化身，不仅带来了平民化的气息，也符合中国文化审美意识。因其贴近民众生活及和蔼可亲的艺术感染力，受到广大信徒喜爱，成为佛教寺院中弥勒像的典型，且被制成小型造像随身佩戴。又因与民间信仰的交融，还加入具有纳财招福、益子延年的信仰内涵，经民间工匠的加工而衍生出多种形态，造型滑稽，有手拿元宝的财神像，或身上爬多位小孩的送子像，被普通教徒信众供于商业场所或家中。但少见如台湾埔里中台禅寺弥勒佛像，手拿弥勒三经，示教弥勒上下生等信仰思想，及胸挂 108 念珠，坐布袋等示教日久不息修行，破除诸烦恼，放下物累，自在解脱等佛教思想。

佛神力护佑，礼拜、忏悔、供养、修行等所得功德，仅是求解脱之路上的资粮，若偏于人间世俗之欲求，以满足世俗之欲望，虽不失在佛教末法时代，众生根劣，正信者少的情况下加以引导，乃“世人欲拘牵，令其入佛道”，普济广度。但如何“入佛道”，进入佛门、信仰佛教，学修行证，如何入得佛教之“正道”，应该是当今承担续佛慧命的传播弘法者需深入思考的课题。

（原载于《法音》2017 年第 6 期）

麦积山石窟泥塑造像源流

——从犍陀罗谈起

段一鸣

一、绪论

麦积山石窟与敦煌莫高窟、大同云冈石窟及洛阳龙门石窟并称为中国“四大石窟”，它是在外来佛教文化进入中国的大背景下产生的，其一整套佛教石窟造像体系也是在外来文化与本民族文化体系相互碰撞之后逐渐融合的产物。

麦积山石窟地处甘肃省东南部，秦岭山脉西端的北麓。其山体属于砂砾岩结构，因而其雕塑绝大多数是泥塑或石胎泥塑。现遗存十六国后秦到明清时期的洞窟221个，雕塑10800尊，壁画1333余平方米。被称为东方“雕塑陈列馆”。它为我们研究麦积山雕塑艺术提供了难能可贵的翔实资料。

以往我们对麦积山佛教泥塑造像风格成因都有一种模糊的认知，认为这些造像均是我国古代工匠自身技艺相传所为。然而，石窟造像的形态直接或间接地向我们显现了相当程度的外来因素，其中佛教艺术的发源地——犍陀罗，对中国佛教造像影响尤为明显。

二、犍陀罗呾叉始罗（塔克西拉）的“甘奇”

印度是佛教起源之地，有关佛教内容的艺术诞生在大约公元前3世纪的阿育王时期。“那时的造像并没有佛陀的形象，只是象征物代替。一匹马象征佛逾城出家，菩提树象征觉悟成道，鹿与法论象征着鹿野苑出转法论，以及脚印、宝座来象征佛的存在等。”① 最早有关佛教内容的艺术中没有佛陀形象，佛像造像最先开始时是以石雕、小型的陶制品及青铜等材质出现，在古印度本土佛教造像中没有出现过泥塑。总之，当时的呾叉始罗是最早用灰泥进行塑造佛教艺术的发源地。因此，犍陀罗泥塑艺术的最初类型是灰泥塑像型，于25~60年出现。在此之前，古印度没有发现使用灰泥的事例②。从历史记载及遗迹上看，佛像出现在1、2世纪左右，即古印度的贵霜王朝时期③。大约从1世纪后半叶才

① 李翎：《佛教造像量度与仪轨》，北京：宗教文化出版社，1998年。

② （巴基斯坦）穆罕默德·瓦利乌拉·汗：《犍陀罗——来自巴基斯坦的佛教文明》，北京：五洲传播出版社，2020年。

③ 李翎：《佛教造像量度与仪轨》，北京：宗教文化出版社，1998年。

传入中国。贵霜时代的犍陀罗艺术也随之逐渐传入。边境地区最容易接受外来影响，中国丝绸之路的最西端的新疆是接受佛教及犍陀罗艺术最早的地区，“最先传入中国新疆地区的犍陀罗佛教造像是迦毕试样式，迦毕试样式甚至影响到中国的内地的敦煌、云冈、龙门的造像”①。史学界认为佛教造像最初进入到中国是出现在我国东南部地区，由日本龙谷大学、北京大学、南京博物院和南京艺术学院学者联合组成的“早期佛教造像南传系统中日联合研究组”对中国南方进行调查，已查明汉到西晋间的佛教造像有二百多处。最早的为云南大理出土的七件吹箫胡僧俑（172 年），最晚的为浙江绍兴出土的佛饰魂瓶（313 年）。而此时的北方佛教造像遗物几乎一片空白，最早的敦煌莫高窟（366 年）尚未开凿②。这段时间内中国出现的佛教造像绝大多数都是摩崖佛像、魂瓶、吹箫胡僧俑、佛塔画像砖、佛饰钱树座、佛僧镜、佛饰香薰炉等。

从中国早期的佛陀造像中可以看出其造像特点为：①没有大规模的石窟造像。也没有出现数十米左右高的巨型佛像雕塑。②基本都是一些比较小型的日常陈设摆件及墓葬品。③材质上以陶塑、青铜、青瓷釉下彩、铜片、铜镜及摩崖石刻浮雕等几种类型为主。对于这个时期，国内也没有发现任何仅以泥塑材料制作的佛教造像。由此可以断定，以泥质材料来塑造佛教造像题材是在犍陀罗艺术中晚期才出现。并且是以窣堵波（佛塔）、石窟寺为表现手法。因此，追根溯源其宗始——犍陀罗佛教艺术才是泥塑造像的发源地，而佛教造像“甘奇”灰泥塑造手法是“泥塑鼻祖”。

“甘奇”也称之为灰泥，所谓甘奇（又称迦然）类似于西方的灰泥和熟石膏粉。是中亚一带盛产的一种含有石膏和黏土成分的石状岩，经过烧制，可制成一种建筑材料，被广泛运用在雕塑和建筑的装饰上。

由于“甘奇”具有可塑、捏、贴、压、削、刻等特性，同时具备泥塑上泥时加减容易等特点，比起沉重又耗资费力的石材，要方便和节省很多，也能使雕塑家就地取材、得心应手、随心所欲。但是为了使泥塑材料黏土和甘奇能够更好运用和更加耐久，需要将泥土经过多次的洗涤沉淀并且加入不同的黏合剂。关于泥塑用的黏合剂及复杂的准备工作，在相关书籍中有所记载：收集河边的黏土要在春汛时选择被河水滋润过的河岸或者其他神圣的地方再混合磨碎的石粉末，沙子粉末和铁粉，混合物要等同的比例，同时要加入混合这些添加物的黏合剂——植物胶（书中记载了梵语的清单），有时还要加入一些较神圣的东西，动物的毛及麻类纤维，像肉红色玉髓粉末等等，之后要掺入炼乳、奶、澄清的奶油，最后在保持湿润的地方放置一个月③。由于使用了“甘奇”灰泥塑造法，犍陀罗地区的佛教艺术也被一些学者称之为“犍陀罗艺术”的灰泥阶段。

三、娴熟的技艺

坦叉始罗（今巴基斯坦塔克西拉）一直是犍陀罗艺术的中心，但在坦叉始罗的达摩吉卡佛塔、卡

① （巴基斯坦）穆罕默德·瓦利乌拉·汗：《犍陀罗——来自巴基斯坦的佛教文明》，北京：五洲传播出版社，2020 年。

② 阮荣春：《佛教南传之路》，长沙：湖南美术出版社，2000 年。

③ 齐彬：《中亚希腊化艺术初探——以巴克特里亚“甘奇”雕塑为例》，《第七届全国高等院校美术史年会论文集》，西安美术学院，2013 年。

拉万寺院等地的塔壁或院墙上，仍然保留着装饰有大量的佛陀、菩萨及供养人的灰泥头像，通常施金、红、黑、青等浓烈的颜色。最早的泥塑头像当属帕提亚时代发现的萨提罗斯头像（萨提罗斯是罗马酒神巴克科斯或希腊神祇狄俄尼索斯的同伴，本身则是放纵淫欲之神）这件泥塑出土于西尔卡普的一间庙宇中的窣堵波，从其面部的灰泥表层来看，泥土干净细腻，没有掺杂过多的混合物，面型纯属希腊风格，头发曲卷，人中的胡须连同下须曲卷，这件泥塑与佛教造像没有一点丝毫关系，但从其被作为窣堵波上的装饰这一点来看，这件雕塑是某个希腊工匠所为，而并非当地匠人所为做。因为当地匠人在此阶段无法接触到希腊艺术，因此也就更不可能通过雕塑方式将其表现得如此生动。他是希腊和犍陀罗文明的象征，希腊神祇和佛教神祇开始融合的产物①。还有一件“头戴巾冠男子”灰泥头像和近期在故宫博物院举办的阿富汗展的“罗马青年头像”，这件石膏灰泥头像高33.5厘米，贝格拉姆出土，都是典型的具有希腊风格的1世纪的造像。再如“哈达佛陀头像”，高33.5厘米，这尊几乎接近真人大小的灰泥头像，“比前期希腊化风格的犍陀罗佛像更富于古典主义的高贵、单纯、静穆安详的神态，代表着向希腊古典传统的复归。”② 此作，其头部也呈阿波罗式的希腊美男子的容貌，头顶肉髻是希腊雕刻中常见的波浪式小卷发。波纹流畅而有序。这种希腊化的佛陀头像被称为“东方的阿波罗头像”。

拉合尔中央博物馆的灰泥彩塑“供养人头像”，其泥塑材料犹如新作，乌黑的头发，佩戴着黄金发饰和玫瑰色的花朵，在金色的耳环衬托下，显得格外华丽无比。其浅灰色的面部在细而修长的弯眉和深色的睫毛下，搭配着一双美丽的大眼睛，她的眼窝、耳轮鼻翼和嘴唇边缘均用浅红色勾勒，与现代女性勾画嘴唇并未两样。在白色眼球上用淡青色画出瞳孔，使得整个面部造型准确，端庄秀美，俨然是一位美丽的古典主义少女的形象，可以与当代现实主义佳作相媲美。

在窣堵波寺庙中保留下来的泥塑作品为数不多，塔克西拉博物馆收藏的“灰泥佛陀坐像”“佛陀与供养人像”“二佛并坐像”基本保存完整，只是这些造像未曾修复。还有一件佛像的头部肉髻已缺失。从灰泥坐佛像来看，算是保留较为完整的一件佛像。从这些佛像的出处中可以看出其塑造方法。这些佛像均出土于塔克西拉的焦里安寺佛教寺院遗址中。制作方法是在土砖和石头垒砌的墙面上制作一层薄泥。使用模具把需要制作的佛像及供养人压制在里面，等到模具将泥土中的水分吸收到能取出时，再将之进行细致入微的修整，然后将其一个个摆放在木板之上晾干，等到墙面干到一定程度，就将压制好的佛像粘贴上去。而有些匠师则是将一件雕塑分解制模，然后压制多个躯干部位，根据所需分别组装，再进行合理的添加。这个过程需要有一定的技术含量的人去做。等到墙面及泥塑干透之后在再上面敷彩。从现在阿富汗及巴基斯坦的很多博物馆收藏的灰泥佛像中可以看出，这些造像数目很多，最小者如埋在塔心中镌刻在封泥上的微型小像，最大的如置于殿堂上那高达30多英尺的像。因为这时可以用母模大量灌制佛、菩萨像和建筑物，这样花费的劳动力也就最少。这就充分证明犍陀罗泥塑艺术在其制作过程中，匠师是非常有智慧的。一座窣堵波上面有数以百计雕塑形象，倘若一件件的去做，所需是何等费时费力。窣堵波上有很多造像都是重复之作，这样做是既省时又省力的好方法。

---

① 王镛：《印度美术》，北京：中国人民大学出版社，2004年。

② （巴基斯坦）穆罕默德·瓦利乌拉·汗：《犍陀罗——来自巴基斯坦的佛教文明》，北京：五洲传播出版社，2020年。

它为以后佛教造像进入中国奠定了很好的基础。“这些塑像对后期印度西北部，特别是呾叉始罗——也是当时犍陀罗的首府的艺术和历史地位，具有里程碑的意义。”① 巴基斯坦考古学家穆罕默德·瓦利乌拉·汗推测其为1世纪中叶，约翰·马歇尔将犍陀罗雕塑艺术分为前后两期，前期（约1世纪初叶至3世纪中叶）以石雕为主，后期（约3世纪中叶至5世纪末叶）以泥塑为主。而穆罕默德·瓦力乌拉·汗推测：“犍陀罗佛教雕塑艺术最早产生于坦叉始罗的灰泥塑像，可能稍早于白沙瓦于斯瓦特河谷的片岩石雕。”② 另外，晚期犍陀罗佛教建筑中也运用到大型土坯“帕萨赫”，就是当地产的黏土中揉入麦秸秆后制成的大型土砖坯，使得犍陀罗地区后期佛教造像艺术绝大多数都采用灰泥和“帕萨赫”等材料。如阿富汗出土寺庙遗址，运用大量“帕萨赫”土坯。因此，犍陀罗坦叉始罗的窣堵波（佛塔）和印度马图拉的佛塔区别在于，前者大部分都是以大型土坯“帕萨赫”砌成，而后者则是采用石材。

四、世界首尊巨型大佛——巴米扬大佛

犍陀罗艺术在晚期诞生了石窟寺艺术，其最具代表性的就是巴米扬石窟，以恢宏的手笔在1.4公里长的山体崖面上雕凿了巨大的佛像，用前所未有的艺术表现方式制作出震撼世人的佛像，成为当时众多虔诚的信徒朝圣膜拜的偶像。

巴米扬石窟位于丝绸之路的中心地带，距阿富汗首都喀布尔西北约240公里，坐落在兴都库什山脉西端巨大的崖壁上，放眼望去，巍峨雄壮，气势恢宏，是佛教造像以来第一次以巨大形态塑造的佛造像。其中两尊站立的巨佛，一尊凿于2世纪，高37米，俗称东大佛。另一尊凿于2~5世纪，高55米，俗称西大佛。两佛相距400米。“这两尊大佛先从石窟岩壁上雕糙出毛坯，然后覆盖厚层灰泥，西大佛以铆钉固定藁绳，涂上灰泥凸起衣纹，东大佛则以混合稻草的黏土塑造衣褶，最后佛像全身敷彩涂金。”③ 两佛像侧面均有暗洞，洞高数十米，可拾级而上，直达佛顶。其平台上可容纳站立几十人。我国晋代高僧法显去印度途经此处，在其《佛国记》一书中描述此地盛行佛教。玄奘在《大唐西域记》中形容巴米扬（梵衍那），卷一载：“东北山有立佛石像，高百四五十尺，金色晃耀，宝饰焕烂，东有伽蓝，此国先王之所建也。伽蓝东有鍮石释迦佛立像，高百余尺，分身别铸，总而合成。”从两位高僧的描述中看出当时大佛的真实写照。只是有一处“金光晃耀，分身别铸，总合而成”。并非金佛，而是在石胎泥塑佛像上贴金所致，佛像也不是铸铜而是泥塑。如今两尊大佛风化严重，历史上遭到几次破坏，面部残损，后又被阿富汗塔利班炸毁，现在只能从保留的照片中瞻仰大佛遗容。

巴米扬石窟岩体的地质结构是褐黄色砂砾岩，结构松散，抗风化能力低，沙与砾时常脱落，堆积在崖体根部。贾应逸、祁小山在《佛教东传中国》中提到了巴米扬两大佛的建造，从中可以看出，巴米扬大佛是石胎泥塑，其巨大的佛像依山体开凿，把基本型雕凿出来后再做泥层。此种手法的运用，

---

① （巴基斯坦）穆罕默德·瓦利乌拉·汗：《犍陀罗——来自巴基斯坦的佛教文明》，北京：五洲传播出版社，2020年。

② 王镛：《印度美术》，北京：中国人民大学出版社，2004年。

③ （英）约翰·马歇尔：《犍陀罗佛教艺术》，乌鲁木齐：新疆美术摄影出版社，1999年。

经由邻邦诸国逐渐东传，对我国魏晋南北朝以后的佛教石窟特别是麦积山石窟泥塑具有极其重大的影响。

关于巴米扬大佛的建造时期，学术界没有统一的说法。最早的研究者阿尔弗雷德·富歇尔认为："玄奘所谓'此国先王之所建也'可能是指2世纪贵霜王朝迦腻色加二世。"①

五、犍陀罗泥塑的影响与传播

犍陀罗佛教泥塑造像艺术直接沿着丝绸之路往东传入我国的新疆、敦煌、河西以及天水等地的石窟，在途经这些地方的同时，匠师们因地制宜，就地取材。有的地方的泥土掺杂的石子和杂物比较多，土质松软，塑造起来表面疙里疙瘩，无法紧光、平整，也难以达到艺术家所要表达的效果。因此，在当地寻找材料是进行雕塑的首要任务。这也关系到泥塑造像表面效果、耐久性和对佛陀的虔诚心。

随着佛教文化的传播，佛教灰泥塑造手法也随之在新疆及甘肃河西一带广为传播，其中最为熟知的有影响力的为新疆克孜尔、敦煌莫高窟、永靖炳灵寺及天水的麦积山石窟。这些石窟的泥塑佛像是佛教文化东传时留下的有力见证。

六、泥塑材质的运用及表现方式

麦积山石窟雕塑是以其泥塑著称于世，其山体特点是红色的砂砾岩，岩体松软，易于坍塌，不易于雕刻。始建于北朝时期的西崖西方三圣主尊阿弥陀佛像高13米，与阿富汗巴米扬人佛在制作上并无异样。只是高度上有差别，这是自佛教有巴米扬大佛以来在中国塑造的最早的大佛之一。他不仅继承了巴米扬大佛塑造的很多优点，而且还将中国的多种材质融入其中并使之发扬光大，走出了一条别具一格、独具特色的中国式泥塑塑造方式。

麦积山泥塑由于有着黄土高原得大独厚的泥质资源，其土质黏性比新疆敦煌一带沙漠中的沙滩土要好用许多，几乎得来全不费工夫。在制作过程中仍然需要加入一些麻刀、胡麻毛、洗沙等材质，将其揉合在一起，经过多次摔打、糅合，使之达到不黏手的程度，这样才能在塑造时得心应手，随心所欲。有些还在里面加入料浆石（一种河床中的未形成石头的软石料），有点像"甘奇"的效果。其目的就是为了防止收缩和开裂，其保持经久程度犹如烧陶。

在麦积山泥塑中还出现当地民间建房时的土坯，如第74、78窟。这与阿富汗巴米扬大佛和坦叉始罗窣堵波用的砌塔的大土坯很相似。这种材料在当地自古至今也都是用来砌房子的土坯，而在雕塑中只是运用在较大的造像当中。材料的考究使得麦积山的雕塑在其塑造的技法上达到了极高的程度，真可谓前无古人、后无来者。麦积山泥塑与犍陀罗泥塑的异同在于：

1. 都是泥塑，一边是灰泥而另一边是黄泥，两者性质相同。

2. 在塑造较大型雕塑的同时，都有使用大土坯的情况（第74、78窟）。

---

① 沈爱凤：《从青金石之路到丝绸之路：西亚、中亚与亚欧草原古代艺术溯源》，济南：山东美术出版社，2009年。

3. 在和泥时都往泥土中加入芦苇秆、麦秸秆以及麻、棉花等植物，唯独麦积山泥塑中没有加动物毛，犍陀罗泥塑中也没有搭建架子的范例。

4. 阿富汗巴米扬与麦积山都是相同砂砾岩结构，只是颜色上有所差异，因不具备基本的石雕雕刻条件，所以都采用石胎泥塑的制作方法，外表敷彩贴金。

5. 麦积山泥塑在佛像的某些衣袖中运用麻布塑造法（如第 5、24 窟）。

6. 在制作小型的千佛与飞天及供养人时都采用模制技术（第 133 窟）。

7. 麦积山雕塑中运用到方形铁丝（铁条），这在犍陀罗的泥塑中没有出现过（第 44 窟）。

8. 在塑造佛像时，麦积山泥塑为了使佛陀达到生动的效果，在佛的手部，将 1 厘米多的竹片削成指甲形状并将其嵌入佛手指的顶端，达到写实的效果（第 127 窟左壁佛手）。

9. 麦积山泥塑中有些佛、菩萨金刚力士的眼珠是用琉璃制作，称作“睛目”，用这种方法表现眼睛的神采，使得塑像双目更加炯炯有神，琉璃的使用起到了画龙点睛的作用（第 85、98 窟佛眼）。

10. 在佛像头部前额中央处镶嵌有玉石及青铜材质制作的“白毫”，这也是犍陀罗所没有的（第 67、98 窟）。

七、结语

综上所述，麦积山石窟雕塑泥塑源于犍陀罗，但又区别于犍陀罗，是将犍陀罗艺术发扬光大的典范。它以其独特的泥塑艺术表现形式在中国古代雕塑史上占有一席重要地位。其秘诀在于雕塑家对佛教造像艺术的理解，对材质的运用，和对佛教的虔诚及崇尚之情。中华民族是一个具有海纳百川之胸怀的民族，在学习外来佛教造像的同时，又将本民族优秀的理念融入其中，形成自己的形态。麦积山佛教泥塑在实践过程中逐渐演进和变化。这一套具有完整系统的佛教造像方法又随着佛教文化的传播，在中国大地上与中国艺术家的哲学思想和审美意识相结合，以至此种制作手法沿用至今，源远流长。

（原载于《雕塑》2017 年第 4 期）

跨文化视域下的北魏"褒衣博带式"佛衣设计意涵

——以麦积山147窟主佛造像为例

李　梅

"褒衣博带式"主要是中国学者对佛教艺术中宽大、胸前系带的佛衣的指称。在日本，基于认识的不同，称法较为多样①。学界对"褒衣博带式"佛衣的关注较多，研究者对其出现的时间及造像实物进行了考据，并探究其源流、发展演变等脉络，其研究视角多从中国传统文化对外来艺术样式的影响作阐述，对于佛教艺术自身的发展与演变，以及它得以扎根异域并保持自身义理及艺术样式独特性的演进方式，还需做深入的探讨。从现有历史遗存看，这一佛衣样式普遍盛行于北魏的石窟造像中，其独特的设计形制展现了文化与设计意涵的内在联系。北魏石窟造像中"褒衣博带式"佛衣造型是跨文化设计思想影响下佛像服饰艺术的物化形态，其浅层次是设计理念的呈现形式，更为深层的因素则是文化传统、时代环境、审美意识和艺术形式交融的产物。

跨文化视域下的设计意涵研究，看重不同文化艺术在交流与融合过程中的多方位视角，其特点是主张平等看待不同民族文化艺术的特性在融合中的个性及价值和意义的保存及变化情况。因此，本文以跨文化设计思想为研究视域，结合中国服饰设计观念把握北魏石窟造像中"褒衣博带式"佛衣的设计特征，旨在突破设计史与艺术史分而叙述的方式，融合设计与艺术的视角，从中国古代"造物观念"入手，结合时代文化形态、审美意识、艺术技巧等，多维度把握北魏石窟造像艺术中"褒衣博带式"佛衣蕴含的设计意涵。

一、跨文化设计思想的呈现形态

1. 多民族文化艺术的交汇

北魏时期的佛教造像样式及佛像服饰的演变，是多民族文化艺术碰撞与交融的产物，其独特的造型样式体现了跨文化设计思想的影响，小处如僧侣的立身行事、言谈风姿，皆酷似清谈之流，大处则如佛教伽蓝、石窟造像活动中的义理规制、佛像装束，均体现出佛教跨文化、跨地域的典型特征，甚至如活动于民间传教的僧人，无不以"般若即色义"来贯通禅法，从而为当时的清谈名士与布衣所推崇。北魏"褒衣博带式"佛衣造型正是在这一设计观念影响下形成的典型艺术样式。

---

① 费泳：《佛衣样式中的"褒衣博带式"及其在南北方的演绎》，《故宫博物院院刊》2009年第2期。

“褒衣博带”这一佛教造像艺术样式，把古印度佛教心性论的造像服饰进一步推向中国本土化，并通过佛教造像的手段，融般若实相学与涅槃佛性论于一炉，以“非有非无”的不二之性来阐释佛性、自性，而且进一步把不二之性与北魏时期的现实之人及现实人心结合在一起，以佛道解脱成现实人道，从而形成北魏“褒衣博带”佛衣造型的种种特点。从外在形态上看，“褒衣博带式”佛衣借用了华夏民族的传统衣着服饰，但是它同时也保留了源于古印度的袈裟造型，以凸显佛教独特的服饰风貌和身份特征。佛衣底部层叠出现的莲瓣造型，同样承继了佛教中莲花圣洁美好的寓意，遵循了佛教艺术中对莲花形象的重视。如麦积山石窟第 147 窟北魏佛像内置僧祇支，外披袈裟宽大而飘逸，佛衣的右襟搭着于左袖上，呈现“褒衣博带”式样，袈裟下摆衣纹如莲花般散开。

从地域分布看，北魏“褒衣博带式”佛衣主要集中在云冈石窟中晚期，龙门石窟最为盛行，以及敦煌莫高窟及麦积山石窟北魏时期的造像中。从历史演进上看，至北朝晚期西魏时期佛教造像中，这一佛衣样式仍较为普遍，如麦积山第 135 窟室前立佛身着典型的“褒衣博带式”佛衣，与麦积山第 147 窟主佛相比，其服饰特征更趋于汉族褒衣博带的“儒服”，佛衣的下摆自然下垂，袖口处有明显的阔度设计，佛衣胸前增加了条形的束带，与第 147 窟下摆似莲花状展开的衣纹装饰相比，麦积山石窟西魏造像中“褒衣博带式”佛衣更具世俗服饰特征。

2. 佛衣设计的文化契合

北魏石窟造像中的“褒衣博带式”佛衣样式，既反映了源于古印度的佛衣设计思想及中国传统服饰设计观念的物化形态，又是中国佛衣造型本土化演变的重要体现，着力展现了南北朝时期世人的审美理想和文化诉求，展现了宗教文化与设计理念的契合。印度原始佛教中的佛衣服饰设计有相应的规范性和功能性。依据佛教义理，袈裟由若干碎布补缀成条，并列缝制为衣，共有三衣：僧伽梨（大衣），用布 9~25 条；郁多罗僧（上衣），7 条；安陀会（内衣），5 条。从用料及着色上看，源于印度的传统袈裟以简洁为准，颜色以素色为主，用碎布补缀而成，遵循了佛教尚节俭、素朴的义理。从实用功能上看，“三衣”的设计出于对僧人谨慎虔诚的义理约束，又考虑了僧人出行之便。从精神功能上看，体现了佛教重苦修的精神引导。显然，北魏造像中的“褒衣博带式”佛衣样式兼顾实用和精神功能两方面。在南朝顾恺之和陆探微的佛教绘画中，出现了“褒衣博带式”佛衣造型与“秀骨清像”佛祖形貌的士大夫形象，反映了南北朝时期士大夫积极介入佛教和佛教艺术中，彰显了设计之美与文化的契合，区别于形式上以“通肩式”袈裟与“袒右肩式”袈裟为主、承载佛教教义和义理的古印度佛教中的佛衣设计。

二、北魏“褒衣博带式”佛衣的设计意涵

北魏“褒衣博带式”佛衣的设计玄机独创，意涵深远，可以从设计与人的需求、佛家超脱之美的设计诉求、贤达与德才合一的设计观念、道玄意趣传达的审美追求、视觉艺术的体验美感与象征意义几方面展开阐述。

1. 设计与需求相应

从设计角度看，功能与需求之间具有明确的对应关系，作为人类情感寄托的宗教艺术活动，主要

归入人类精神需求的层面上。北魏石窟造像中的“褒衣博带式”佛衣造型设计的变迁，得益于胡、汉佛文化艺术的交流与融合，北魏早期佛教艺术中的佛衣样式主要受西域及十六国地区佛教艺术的影响，以“通肩式”袈裟与“袒右肩式”袈裟为主，随后在北魏高僧法果倡导的“当今皇帝及如来”“拜天子乃礼佛耳”宗教主张影响下，其佛衣设计具有世俗人物服饰的特征，如著名的“昙曜五窟”中主佛的衣饰。北魏孝文帝推行汉化政策，在朝中厉行官服改制，源于汉文化传统中“褒衣博带”的儒服，便大量出现在北魏石窟造像艺术中。

2. 佛家超脱之美

北魏石窟造像中的“褒衣博带式”佛衣作为佛家意象的载体，集合了佛家对妙、圆融、庄严的审美理想与超脱之境的追求。它将中国传统的“儒服”纳入其中，显其庄严之态，精密延展的纹理传其圆融之貌，衣饰下摆依次舒展的莲瓣极富层次感，整体呈现出规律的节奏感。对称的衣摆与衣褶纹理，烘托出儒家“以和为美”的理想诉求，传达了佛家的妙悟之美。这一佛教艺术中的佛衣造型以和谐的韵律与超脱的理想搭建了一个意象的彼岸，“以意传韵”，极力营造出神秘的幻象之美。

3. 贤达与德才合一

中国传统文化中的服饰设计观念影响了北魏“褒衣博带式”佛衣的设计意涵。在古代中国，《周易·系辞》有云：“黄帝、尧、舜垂衣裳而天下治，盖取诸乾坤。”[①] 服饰最初与礼、德相联，是社会秩序感的象征与体现，于个体则承载着独特的气度、风貌以及运筹帷幄的风范。《汉书·隽不疑传》载：“不疑冠进贤冠，带櫑具剑，佩环玦，褒衣博带，盛服至门上谒。”[②] 由此可见，“褒衣博带”的衣饰是传统士大夫着装的偏好与代表性服饰，是贤达与德才的体现，这一风貌气质在世俗社会中，传达着“智者独善其身，达者兼济天下”的理想。将印度佛像艺术中的袈裟更换为“褒衣博带式”的佛衣，是佛教艺术借鉴了儒家服饰观念，将世俗社会中服饰设计的观念熔铸到佛衣的造型上，在佛教艺术中汇融儒家思想，将宗教的神秘之美作用于世俗社会，因而将佛祖形象塑造为古代中国文化中贤达与德才合一的理想士人形象。

4. 道玄意趣的流露

道家装束以追求飘逸之态为准则，并与表现物像的“神韵”作为最高的审美理想，形成了“以形传神”“虚实结合”的美学范畴。北魏佛教艺术中佛、菩萨、天王与供养人所着飘逸的褒带、宽大的衣袖，加之“清秀俊美”的体态风貌，无不显露着仙风道骨的道玄气度。

与道家不同的是，佛教艺术中，特别是大乘佛教普度众生、“济俗于世”的义理使得佛像的雕塑刻画落入现实，常常受到世俗审美风尚的影响。因此，雕塑家在塑造佛陀超越脱俗之貌的同时，也要凸显其亲切世俗的一面，在这一点上，北魏佛教造像活动中很好地借用了道玄相融的社会风潮，南北朝时期士人崇尚玄学“清谈”之风，南朝士人顾恺之、陆探微都擅绘佛画，其清秀俊逸的绘画风格影响了南方雕塑艺术，并随南北文化艺术交流，影响了北方石窟造像。北魏石窟艺术中“褒衣博带”与“秀骨清像”的佛祖造型传达了儒的贤达、道的飘洒、玄的清雅之态。

---

① ［魏］王弼撰，楼宇烈校释：《周易注》，北京：中华书局，2011 年，第 263 页。

② ［汉］班固撰：《汉书》，北京：中华书局，1962 年，第 3035 页。

5. 体验美感与象征意义

从视觉设计艺术的视角欣赏佛像艺术，视觉形象上的角色转换为观者提供了不同的情感体验。传统袈裟以简洁为主，无多余的配饰，早期造像中出现的“右袒式”和“通肩式”也都以简练为主，除佛像肩部或衣袖有纹饰点缀外，整体以质朴见称。与传统袈裟相比，“褒衣博带式”佛衣增添了更多装饰性因素，以佛像胸前所束的带饰和佛衣下摆重叠的衣褶为表现方式。其宽大的衣袖，飘逸的带饰，配以飞动的莲瓣，在视觉上为观者展现了佛家智慧圣洁的美好形象，经过匠师巧妙地处理，佛祖嘴角上扬的微笑，自然契合了华夏民族的审美心理。

魏晋之后，雕塑受绘画的影响较多，后世描述北魏佛教造像艺术中的“秀骨清像”一词便是来源于南朝陆探微的画风，二者的衔接显露出当时雕塑艺术深受绘画艺术的影响以及南北艺术交流的情况。与“褒衣博带式”服饰风貌相应的是“秀骨清像”的相貌，二者展现了“线”的艺术在雕塑中的运用，其清俊明晰的五官、尖瘦的下颌、修长的项颈、消瘦的双肩展示了线刻的痕迹，而那宽衣博带之服，飘洒流布于方台四周，装饰繁复的衣纹犹如莲花般散开，展现了“画塑艺术”结合的理想效果。

三、结语

北魏佛教造像艺术中“褒衣博带式”佛衣及其设计意涵，既适应了当时民众普遍关注个人的精神需要，又与当时流行的“以佛解玄”及“以玄解佛”的审美风尚相通。它遵循了佛衣设计的实用功能与精神功能，虽在外形上深受中国传统“儒服”的影响，但其内在意蕴与精神理想则蕴含了胡、汉文化与审美理想的互促与交融，展现了佛教艺术中佛主服饰设计的目的性、功能性和审美性统一的特征。

（原载于《装饰》2017 年第 10 期）

试析舍身饲虎本生与睒子本生图像的对应组合关系

——兼论麦积山第127窟功德主

高海燕

在众多本生故事题材当中，“布施”是最为重要的一类主题，“布施”分为“有形施”和“无形施”，前者又包括“内财施”和“外财施”。“内财施”即牺牲奉献自己的身体、头目手足或血肉骨髓等，以得无上正觉，这是最具殊胜的功德，舍身饲虎本生（又称萨埵太子本生）可谓这类内容的代表；表现“外财施”的故事常见的有须达拏太子本生和善事太子入海本生等，布施的内容主要为钱财珍宝、食物用品等，这是较为直接，又能被普通信众接受的施舍方式。李静杰先生指出：“萨埵太子本生与须达拏太子本生，或其中的一种，经常与《法华经》象征释迦多宝佛、《维摩诘经》象征维摩文殊组合表现，它们之间应存在内在联系。就图像分布而言，龙门石窟宾阳中洞前壁窟门两侧的萨埵太子本生、须达拏太子本生和其上方的维摩文殊图像以及莫高窟第428窟窟门两侧的萨埵太子本生、须达拏太子本生与西壁法华经变图像，均呈对称配置。此二经中都叙述了自我自身布施与所有物布施的内容，而萨埵太子本生和须达拏太子本生恰是这两类布施的代表。”① 换言之，上述这些图像呈现出对应组合关系。所谓对应组合，指两类或其以上的图像在同一佛教石窟中具有相对独立性（即再无其他同类图像出现），且位置对称，构图和风格均一致。据此可以发现，舍身饲虎本生与另一类题材的代表——睒子本生亦有对应组合关系存在，最具说服力的例证为麦积山第127窟窟顶壁画，此外还有同属北周时期的莫高窟第299窟和第301窟窟顶壁画。以往学界针对这两种本生故事的单独研究成果颇丰②，但对其组合对应关系则未有关注，笔者试就这一现象做出分析。

① 李静杰：《敦煌莫高窟北朝隋代洞窟图像构成试论》，云冈石窟研究院编：《2005年云冈国际学术研讨会论文集·研究卷》，北京：文物出版社，2006年，第389页。

② 高海燕：《中国汉传佛教艺术中的舍身饲虎本生研究述评》，《敦煌学辑刊》2014年第1期。高海燕：《中国汉传佛教艺术中的睒子本生研究述评》，郝春文主编：《2014敦煌学国际联络委员会通讯》，上海：上海古籍出版社，2014年，第226~235页。

一、两种本生图像组合概况

1. 麦积山第127窟中的本生图像组合

麦积山第127窟建造年代为西魏时期①，绘于窟顶四披的舍身饲虎本生和睒子本生是现存同类题材中规模最大、最具代表性的两铺，气势壮观，场面宏大，运笔自如，生动流畅，人物洒脱，具有明显的南朝风度。此窟的舍身饲虎本生应据《金光明经・舍身品》而绘，故事从左披开始，依次转向正披和右披，采取顺序构图，也有逆向的情节穿插，三披画面基本包含了这一本生故事的全部主要情节；右披右侧部分剥落、漫漶，依经文应绘有起塔供养的场面。窟顶前披的睒子本生以长卷连环画形式从右向左展开，表现了完整的故事情节，其经文依据应为《佛说睒子经》。

2. 莫高窟中的本生图像组合

莫高窟第299窟（建造年代为北周时期），覆斗形顶，睒子本生绘于窟顶西披、东披和北披，情节由两侧向中间推进。西披北侧画迦夷国王骑马出行；北披展现国王引箭拉弓，误射在泉边汲水的睒子；东披北侧绘国王拜见盲父母，情节由南向北发展，表现国王带领盲父母看视睒子。故事的结尾——盲父母伏地哭号、梵天下界灌药、睒子复活则安排在东披和北披的转角位置，较为醒目。舍身饲虎本生位于窟顶西披和南披，残损严重，只能见到西披南侧三王子辞宫情节以及南披西侧三王子骑马出游情节。这两铺图像画面清晰，色彩艳丽，每个故事的画面分布于三个不同的披面上，有的地方有转折，但整体属于连环画式，按照窟顶壁画对称分布的安排，舍身饲虎本生故事情节发展顺序应与睒子本生相同，从南披中部继续向东顺序发展，再折向东披并结束于东披中部。

莫高窟第301窟（建造年代亦为北周时期），覆斗形顶，两铺本生壁画与第299窟十分相似，分别位于窟顶南披、东披和北披，舍身饲虎本生从南披西侧开始，按情节顺序发展向东推进，故事从三王子辞行离宫开始，在骑马游猎、泉边休憩的过程中发现大小共八只老虎，画面转向东披，支走二位兄长的萨埵以竹枝刺颈，跳下悬崖，横卧虎群当中，众虎围绕啖食。紧接着二王兄飞骑回宫报信，下方展现国王夫妇伏在萨埵尸骨旁闷绝悲号，画面最北端绘起塔供养。睒子本生紧接着由窟顶北披展开，不同的是情节安排是由两端向中间发展，画面西侧上部，三座草庐空出一座，旁边的睒子正精心侍奉盲父母，东部则绘国王出游打猎，误射泉边汲水的睒子，此后情节又转到西侧下部，顺次向东发展：国王来到草庐前向盲父母告知噩耗并带领盲父母看视睒子，二位老人伏在睒子身边伸臂哭号，国王站立一侧。上部绘梵天下界送来神药，预示睒子复活。这两铺壁画清晰、完整，情节一目了然，画面风

---

① 关于麦积山第127窟的建造年代，学界基本形成三种观点：1. 北魏晚期，代表学者阎文儒、董玉祥（阎文儒主编：《麦积山石窟》，兰州：甘肃人民出版社，1984年，第189页；董玉祥：《麦积山石窟的分期》，《文物》1983年第6期）；2. 北魏晚期至西魏，代表学者张宝玺（张宝玺：《麦积山石窟壁画叙要》，天水麦积山石窟艺术研究所编：《中国石窟・天水麦积山》，北京：文物出版社、东京：平凡社，1998年，第190、200页）；3. 西魏，代表学者金维诺、傅熹年（金维诺：《麦积山石窟的兴建及其艺术成就》，天水麦积山石窟艺术研究所编：《中国石窟・天水麦积山》，第165~180页；傅熹年：《麦积山石窟所见古建筑》，天水麦积山石窟艺术研究所编：《中国石窟・天水麦积山》，第201~218页）。笔者从西魏说。

格一致，明显呈对称布置。

由上可以看出，这些佛教石窟中的舍身饲虎本生与睒子本生图像，就相对独立性、绘制位置以及构图风格而言，均为对应组合关系。

我们应该注意，这两种本生故事是汉传佛教艺术中的常见题材，它们各自独立表现的情况比作为对应组合配置出现得更多更广（基本集中在北朝至隋代）；除上述3个洞窟外，在中原内地，同时雕绘这两种本生故事的佛教造像和洞窟数量也很可观，参见下表（表一）。

表一　中原地区其他同时雕绘舍身饲虎本生与睒子本生图像情况一览表①

出处	时代	位置		构图形式	
		舍身饲虎本生	睒子本生	舍身饲虎本生	睒子本生
张永造背屏式造像	北魏	背屏背面第4栏	背屏背面第2、3栏	单图多景	单图多景
陈哲敬藏弥勒造像	北魏	背屏背面第3栏	背屏背面第2栏	单图多景	单图多景
莫高窟第302窟	隋	窟顶前部人字披西披上段	窟顶前部人字披东披下段	长卷式连环画	长卷式连环画
莫高窟第417窟	隋	窟顶前部人字披东披	窟顶前部人字披西披下段	长卷式连环画	长卷式连环画
大足石刻宝顶山大佛湾第17龛	南宋	东侧岩壁中层自西向东第2幅	西侧岩壁上层自西向东第1幅	单幅式画面	单幅式画面

以保存本生故事壁画最多的敦煌莫高窟为例，舍身饲虎本生和睒子本生单独入画的数量分别是6幅和8幅，且全部集中在北朝至隋代，同时绘有这两种本生壁画的洞窟达4个，也就是说，在北朝至隋代的莫高窟中，舍身饲虎本生和睒子本生同时被绘出的频率等于或高于它们单独出现的频率。在第417窟窟顶另外绘制了以慈悲救度为主题的流水长者救鱼本生，再无其他佛教故事表现；第302窟故事画内容非常丰富，除睒子本生外，全部展现以舍身饲虎为代表的“内财施”故事。笔者认为，这并不是随意的拼凑和巧合，类似舍身、施头、剜眼、割肉这样的行为，与以儒家文化为根基的中国传统观念格格不入，却频繁与蕴含儒家精神的睒子本生同时表现，这种情况也出现在北魏佛教造像上，其原因值得深思。

表一所列洞窟与造像中，除这两种本生故事外还有其他同类题材一起出现，且在位置、风格和表现形式上，无法简单判断两者之间的关系。但我们并不能因此忽视这两种本生故事因内涵和义理的特点而具备的共性与关联以及由此产生的对于功德主或修造者的特殊意义。如宝顶山大佛湾第17窟（龛）大方便佛报恩经变，以传达佛教尊崇孝道精神、调和儒释为主要意图，在包括“因地为睒子行孝”的12组经变图中，亦出现了“因地修行舍身济虎”。中国的孝文化发展至宋代，可谓已在意识形

① 本表所列图像均为遗存清晰、来源可靠的例证，还有其他存在争议的图像，如云冈第7窟前室东壁雕睒子本生，但后室北壁下层龛楣外两侧的舍身饲虎本生图像残损，难以辨认；另有传出土于西安市雁塔区三爻村的北魏始光三年赵忠信造弥勒造像，背屏背面雕睒子本生和舍身饲虎本生，但该造像来源非常可疑。以上二例未列入本表内。

态和思想文化领域中坚实扎根，被推崇至极，在如此大环境下，这两种本生图像又一次同时出现，它们之间的关系，恐不能仅仅作为个案处理。为了进一步说明问题，笔者以对应组合关系最为明显的麦积山第127窟、莫高窟第299、301窟为例，对这两种本生图像的组合进行讨论。

二、本生图像组合原因探析

在儒家思想的影响下，孝道可谓中国社会最根本的道德基础，自强调出世的佛教传入中国后，为调和其所提倡的修行标准与儒家传统伦理之间的矛盾，采取了各种方法，睒子本生即是为此做出的调整和妥协，这是学界长期以来对睒子本生的定义，该观点并无大谬，更准确地说，中国汉地的睒子本生应是大乘佛教孝亲观与儒家伦理思想相结合的产物。另一方面，以人本主义为根本精神的儒家文化对践行孝道的标准无论如何也不会达到“舍身”的程度，《孝经》即开宗明义地宣扬：“身体发肤，受之父母，不敢毁伤，孝之始也。”① 舍身饲虎本生强调牺牲奉献精神，萨埵不顾父母兄长之留恋亲情，将自己的肉身施于虎口，这与睒子本生所宣扬的“孝亲”精神实有冲突和矛盾。萨埵的行为怎能被遵从“百善孝为先”的中国人所理解和接受，并与睒子本生作为组合同时出现？这或许是佛教义理与儒家孝道相融合的又一力证。

1. 睒子本生与儒家伦理

在佛教与儒家传统伦理观念相调和的过程中，睒子本生发挥了不可小觑的作用。我们来提取汉译佛经中睒子本生突出的五点内涵：（一）睒子下生为本来意欲入山修行的盲父母作子，二老因欢喜便留乐世间，睒子说服父母，将家中财物施尽俱共入山，可谓诚信守诺，无私布施。（二）睒子在山中长年奉养盲父母，尽心尽力，无微不至，可谓大孝。（三）睒子与动物们和睦相处，从未行伤害之举，他身披鹿皮前往河边汲水，是因为不想惊扰饮水的麋鹿，这是仁爱之举。（四）当被国王误射，即将命终之时，睒子对夺取自己生命的人并不怨恨，只要求国王替自己继续照顾无依无靠的盲父母，展现出忠君和孝道精神。（五）国王因误射睒子而懊悔万分，他亲自前往盲父母居所忏悔谢罪，并履行诺言，决心将二位老人供养终身，表达出诚信和仁爱精神。此外，我们注意到很多北朝时期的睒子本生壁画中，国王在向盲父母报告噩耗时，往往呈跪姿。国王下跪是表示忏悔与礼节，但却与君权至上的观念相违背。而在这里，国王以一位强势统治者的恭敬之态，表达了敬老爱民的仁善一面，在另一个层面上是符合中国国情的，同时平衡了君权与孝道的冲突面。儒家思想同样提倡仁爱，“仁”的基本含义就是“爱人”，以仁为本的孝道是儒家文化的核心，《论语·学而》曰“孝弟（悌）也者，其为仁之本与”②，即孝是仁之根本。可以说，整个睒子故事完整体现了儒家所宣扬的一切道德行为标准，尤其于仁爱孝道思想更为突出。这应是睒子本生在各类反映了孝亲观的佛教故事中流布最广、出现最多的主要原因。如须阇提太子割肉济父本生也同样反映了孝道思想，但就故事内容看，它缺少了睒子本生中那些与儒家思想更为贴切的东西。

---

① 胡平生：《孝经译注》，北京：中华书局，1996年，第49页。

② 杨树达：《论语疏证》，上海：上海古籍出版社，2006年，第3页。

睒子本生之成功，是由各方面原因使然。两汉及魏晋是中国历史上明确“以孝治天下”的时代，佛教又恰是此时传入中国并试图立足；中国传统的孝观念势力强劲，不可移易，而佛教教义本身与孝道并无大的悖逆；睒子故事中透射的几种精神均与儒家思想契合。在一个需要树立典范的时代，佛教选择了睒子本生，儒家接受了睒子本生，于是这一佛教故事便广为传布直至走进千家万户。

2. 修行与孝道的融合

比较舍身与孝亲两大类题材的常见本生故事，会发现其中的舍身饲虎本生就内容而言，与睒子本生之间存在着微妙联系：不少载有这两种本生故事的经典在叙述萨埵、睒子死后，都突出描述了父母抱着儿子的尸体哀号闷绝，仰天痛呼，这种情节的相似在其他本生故事中很罕见，可见它们之间的故事内涵有着共同之处，即舍身与孝道之外，父母对孩子的悲悯怜爱与不离不弃，又一次与中国人的传统情感相符。

再进一步分析佛经，睒子故事一开始即强调：“人有父母，不可不孝。道不可不学，济神离苦，后得无为，皆由慈孝、学道所致。”① 与“孝”相比，“学道”以达“济神离苦”才是最终目的，行孝只是一种手段而已。从佛教修行的动机来看，济神离苦不正是舍身所要达到的目的？萨埵为利益众生而艰难修行、悟道，直至舍弃肉身；睒子行孝亦为修道得佛果，二者的终极目标其实是一致的。佛教不但提倡入世的孝道，更提倡出世的大孝，即不仅父母在世时必须尽孝供养，更须重视父母内心的超脱，要劝导他们信奉佛法，行善修道，以资终成正果，解脱生死轮回。换言之，佛教为行孝设定了一个最终目的，就是要使父母修得正果，功德圆满，认为这才是行孝的本质。睒子劝父母舍尽家财，入山修道，便是突出了这一大孝。而在众多表现“内施财”的本生故事中，唯有舍身饲虎本生蕴含此理念——二王子“赞叹其弟功德”②，国王王后及众人为萨埵的遗骨起塔供养，他们理解并尊重了儿子的行为，萨埵用生命换来其父母兄长的悟道。另一记载该故事的《贤愚经·摩诃萨埵以身施虎品》更是直接叙述了这种思想：

> 摩诃萨埵命终之后，生兜率天，即自生念：“我因何行来受此报？”天眼彻视，遍观五趣，见前死尸，故在山间，父母悲悼，缠绵痛毒。怜其愚惑，啼泣过甚，或能于此丧失身命，我今当往谏喻彼意。即从天下，住于空中，种种言辞，解谏父母。父母仰问：“汝是何神？愿见告示。”天寻报曰：“我是王子摩诃萨埵，我由舍身济虎饿乏，生兜率天。大王当知：有法归无，生必有终，恶堕地狱，为善生天，生死常涂。今者何独没于忧愁烦恼之海，不自觉悟勤修众善？”父母报言：“汝行大慈，矜及一切，舍我取终。吾心念汝，荒塞寸绝，我苦难计，汝修大慈，那得如是？”于时天人复以种种妙善偈句报谢父母。父母于是小得惺悟，作七宝函，盛骨着中，葬埋毕讫，于上起塔③。

虽然上文所举舍身饲虎图像的佛经依据为《金光明经·舍身品》，但其所暗含的精神实质是与

① 失译：《佛说菩萨睒子经》，《大正新修大藏经》第3册，台北：新文丰出版公司，1983年，第438页。

② ［北凉］昙无谶：《金光明经》，《大正新修大藏经》第16册，台北：新文丰出版公司，1983年，第355页。

③ ［北魏］慧觉等：《贤愚经》，《大正新修大藏经》第4册，台北：新文丰出版公司，1983年，第352页。

《贤愚经》一致的——用舍身行为引导父母兄长“惺悟”，理解因果报应进而信奉佛法，这是萨埵太子本生在反映牺牲奉献精神之外，同样欲表达的主题。我们在同类题材的其他故事中，是感受不到这种思想内涵的。

综上所述，舍身饲虎本生和睒子本生在各自的内容主线之外，有着共同的精神主旨——修正觉之佛果，行出世之大孝。换而言之，修行和孝悌——佛教与儒家两大伦理基础在这两种本生故事中巧妙地融会贯通，交相辉映。它们之间表面的冲突和矛盾，又恰是其契合共融之处，这两种故事所共同体现的思想内涵，是任何其他题材的本生故事组合所不能比拟的。文中所举石窟的设计者与创造者应是熟读佛经，深有体会，选择这两类故事以组合形式表现出来，用意颇深，值得寻味。

三、本生图像组合与其他塑绘内容的关系

这两种本生故事除了以对应组合关系出现外，与洞窟中其他题材内容也互相关联，从而形成了整体单元的有机布局，反映出一定的佛教内涵。

麦积山第127窟的设计者对窟内壁画题材的选择与安排用意颇深：窟内最显著的正壁绘制涅槃经变，下方为一佛二菩萨说法图，体现出佛陀涅槃的真谛；左壁绘制维摩诘经变，作最常见的维摩、文殊对坐问答图，阐释“不思议解脱法门”的修行之道；右壁绘制的西方净土变则为虔诚的信众展示了一个彻底摆脱生死轮回、美妙至极的佛国世界；前壁上部的七佛照应了涅槃观；下部的地狱变以表达十善十恶为重点，告诫修行者要行善积德，相信因果报应轮回，同时与净土变形成鲜明的对比，教化作用更加深刻；窟顶四披的舍身饲虎和睒子本生表示在通往涅槃和净土之路上，必须具备布施、奉献、忍辱和牺牲精神，同时融入了中国传统儒家文化所倡导的忠君孝亲思想；窟顶正中的帝释天巡视图①再一次强调了行善摈恶思想。综观整体造像内容，第127窟的主导宗旨是宣传大乘佛教，突出“一切无量众生皆有佛性”以及舍身修道与孝亲思想，窟中每铺壁画的题材内涵都与舍身饲虎或睒子本生有着佛教义理上的联系。

涅槃是超脱生死的境界，萨埵慈悲矜愍，施舍肉身，证得佛果；睒子身死命终，无恨无怨，感动帝释而得重生，都与涅槃思想有相通之处。大乘的涅槃不只是追求个人的解脱，还重视众生的解脱。菩萨以“自觉觉他”的行为做出榜样并起到教化作用，随着众生的逐渐觉悟，转污染为清净，最后达到涅槃。不妨推测，萨埵舍身的最终宏愿，便是成就世间众生的涅槃净土。而本生、涅槃和七佛图像的组合，则强调了佛境和佛陀的延续不绝，永不灭度。

《维摩诘所说经·佛道品》中，文殊师利问维摩诘怎样才能通达佛道，维摩诘说：“行于非道，是

---

① 关于第127窟顶部正披的出行图内容为何，学者们意见不同，张宝玺先生认为是帝释天出游（张宝玺：《麦积山石窟壁画叙要》，天水麦积山石窟艺术研究所编：《中国石窟·天水麦积山》，第191页）；董玉祥先生认为是东王公遨游天空（董玉祥：《麦积山等石窟的壁画艺术》，中国美术全集编辑委员会编：《中国美术全集·绘画编17·麦积山等石窟壁画》，北京：人民美术出版社，1987年，第202页）；贺世哲先生的结论是：第127窟顶部天井中图像应该反映的是帝释天巡视人世善恶情景（贺世哲：《敦煌图像研究——十六国北朝卷》，兰州：甘肃教育出版社，2006年，第292、293页）。笔者认同贺先生之说。

为通达佛道。”① 具体而言，菩萨应克服所处境地的各种污秽险恶、恼瞋愚痴、悭贪恚乱，其中包括“舍内外所有，不惜身命”②，要勤修功德，通达智慧，度诸众生，才能达到不生不死的涅槃境界。此外，《维摩诘所说经·不思议品》云：

> 迦叶！十方无量菩萨，或有人从乞手足耳鼻、头目髓脑、血肉皮骨、聚落城邑、妻子奴婢、象马车乘、金银琉璃、车磲马碯、珊瑚琥珀、真珠珂贝、衣服饮食，如此乞者，多是住不可思议解脱菩萨，以方便力，而往试之，令其坚固③。

这里同样强调布施的重要性，包括对血肉皮骨的舍弃。在《维摩诘所说经·佛国品》中，宝积菩萨请释迦牟尼说诸菩萨净土之行，佛祖言六波罗蜜之法（布施、持戒、忍辱、精进、禅定和智慧）即菩萨净土，其中布施的内容包括身体，甚至生命。可见，在维摩诘思想中，舍身是行菩萨行、现于涅槃的重要一环。以上所述，都在舍身饲虎本生中得到了体现和印证。

净土是佛教描绘出的远离污秽和恶道、没有痛苦、妙相庄严的极乐世界，也是佛、菩萨和弟子居住的地方，更是众信徒们仰望和追求的理想目标。十善、十恶讲述因果报应，教化众人行事要有善恶之分，善有善报，恶有恶报。睒子本生强调孝道为善，“上下相教，奉修五戒，修行十善”④；萨埵太子舍弃肉身于虎口，正是行大善之举，从人善至一切众生善。睒子至孝，父母悲痛哀号，触动梵天，重获生命；萨埵舍身，自己因此修成佛道，往生兜率天宫弥勒净土，无论是死而复生还是往生净土，都是睒子和萨埵追求向往的完美世界，与净土变中描述的极乐佛国本质上是相同的。

莫高窟第299窟和第301窟的洞窟形制和主要题材内容非常相似，崖面位置相邻，开凿年代应比较接近，相互之间深受影响，除本生组合外，主要塑绘内容有倚坐佛和千佛。莫高窟北朝时期的倚坐佛像中多数是弥勒佛，但也有释迦佛，这两窟中的主尊倚坐佛像应为释迦牟尼佛，因为窟顶所绘本生故事注重强调佛的过去，其所传递的是佛祖累世修行菩萨道而成正觉的精神，与释迦佛有着内在的传承联系。

千佛作为禅观对象，与本生故事发挥着雷同的作用。北朝佛教在宗教行为上非常重视禅修，观像、造像、礼拜、供养都是禅僧修行的重要实践内容。从广义来看，修禅主要包括两个方面：一为观佛，要求禅僧认真观察佛的三十二相、八十种好，继而灭绝一切尘世的杂念，进入无限美好的佛国世界；二为不净观，与观佛的美妙相反，为了对治众生执人身为净的贪著妄念，认为肉身是粗鄙的、污染的，是执障，进而无限将其丑化。《观佛三昧海经》卷七《观四威仪品》言修禅还须观本生故事：“尔时世尊，还摄神足，从石窟出，与诸比丘游履先世为菩萨时，两儿布施处，投身饿虎处，以头布施处，剜身千灯处，挑目布施处，割肉代鸽处。”⑤ 说明刻画舍身饲虎等本生故事，目的之一即是作为修禅观像

① ［后秦］鸠摩罗什：《维摩诘所说经》，《大正新修大藏经》第14册，台北：新文丰出版公司，1983年，第549页。
② ［后秦］鸠摩罗什：《维摩诘所说经》，《大正新修大藏经》第14册，台北：新文丰出版公司，1983年，第549页。
③ ［后秦］鸠摩罗什：《维摩诘所说经》，《大正新修大藏经》第14册，台北：新文丰出版公司，1983年，第547页。
④ 失译：《佛说菩萨睒子经》，《大正新修大藏经》第3册，台北：新文丰出版公司，1983年，第438页。
⑤ ［东晋］佛驮跋陀罗：《佛说观佛三昧海经》，《大正新修大藏经》第15册，台北：新文丰出版公司，1983年，第681页。

时的对象。同时还应注意到，对应不净观的理论，就舍身饲虎本生而言，肉身是修禅入定的执碍，应当被翦灭、舍弃，将其交付虎口既拯救了苦海众生，又完成了精神上的升华，于是作为一种转识成智的标志，与如千佛等其他禅观对象一同出现。《金光明经·舍身品》在描述萨埵的内心独白时言："若舍此身，即舍无量痈疽瘭疾百千怖畏，是身唯有大小便利，是身不坚，如水上沫，是身不净，多诸虫户，是身可恶，筋缠血涂，皮骨髓脑共相连持。如是观察甚可患厌，是故我今应当舍离，以求寂灭无上涅槃，永离忧患无常变异……"① 此处表露了佛教对于世俗肉身的厌弃，与禅观思想不谋而合。

此外，第 299 窟西壁龛外下南、北两侧分别绘鹿头梵志和婆薮仙，这种情况下，主尊多数应是释迦佛。又据张元林先生的观点，鹿头梵志和婆薮仙形象皆宣扬佛法之伟大、万能和佛教的因果报应之说，并与佛道之争有关②。这与麦积山第 127 窟的十善十恶图像有着异曲同工之妙。而佛道之争更可作为第 299 窟开凿受北周武帝废佛影响的佐证（后文将述）。

四、本生图像组合与相关历史背景

金维诺先生曾指出，麦积山第 127 窟"似是武都王元戊为母乙弗后建造之功德窟"③。郑炳林、沙武田二位先生通过对第 127 窟形制、造像、壁画以及相关历史背景的全面考察，进一步推论其为西魏乙弗后之功德窟，而洞窟的主要主持营建者是乙弗后之子、秦州刺史武都王元戊，洞窟内的所有内容有一个明显的主题，就是对乙弗后之死的深切怀念④。目前并没有确切材料能够证明第 127 窟的功德主身份，笔者从本生故事组合的角度推断，上述结论具有一定客观合理性。

乙弗后是西魏文帝元宝炬的皇后，"性好节俭，蔬食故衣，珠玉罗绮绝于服玩。又仁恕不为嫉妒之心，帝益重之。生男女十二人，多早夭，唯太子及武都王元戊存焉。"⑤ 东、西魏分裂之初，原依附于北魏的柔然阿那瓌的势力开始强大起来，为了增强各自的实力，"东、西魏竞结阿那瓌为婚好"⑥。西魏方面，文帝大统四年（538 年）二月，"以乙弗后为尼，使扶风王孚迎头兵女为后"⑦，头兵女郁久闾氏成为皇后，但仍心存嫉妒，乙弗后被徙居秦州，"依子秦州刺史武都王"⑧。乙弗后的离去令文帝怀念不已，甚至有"追还之意"，柔然公主或许对此有所察觉，于是"（阿那瓌）后遂率众渡河，以废后为言，文帝不得已，遂敕废后自杀"⑨。乙弗后是西魏政权讨好柔然而献出生命的政治牺牲品，窟内

① ［北凉］昙无谶：《金光明经》，《大正新修大藏经》第 16 册，台北：新文丰出版公司，1983 年，第 353 页。

② 张元林：《莫高窟北朝窟中的婆薮仙和鹿头梵志形象再识》，《敦煌研究》2002 年第 2 期。

③ 金维诺：《麦积山石窟的兴建及其艺术成就》，天水麦积山石窟艺术研究所编：《中国石窟·天水麦积山》，北京：文物出版社、东京：平凡社，1998 年，第 173 页。

④ 郑炳林、沙武田：《麦积山与乙弗后有关之洞窟》，郑炳林、花平宁主编：《麦积山石窟艺术文化论文集》（上），兰州：兰州大学出版社，2004 年，第 27~46 页。

⑤ ［唐］李延寿撰：《北史》，北京：中华书局，1974 年，第 506 页。

⑥ ［唐］李延寿撰：《北史》，北京：中华书局，1974 年，第 3264 页。

⑦ ［北宋］司马光编著：《资治通鉴》，北京：中华书局，1956 年，第 4892 页。

⑧ ［唐］李延寿撰：《北史》，北京：中华书局，1974 年，第 506 页。

⑨ ［唐］李延寿撰：《北史》，北京：中华书局，1974 年，第 3264 页。

的舍身饲虎和睒子本生的组合，其功能即为凸显乙弗后的“舍身”精神和表达武都王作为儿子对母后深切的孝亲与怀念之情。

萨埵太子本生壁画的绘制寓意十分明确，乙弗后之死带有浓烈的悲剧色彩，无奈，却又意义重大。中国封建社会的女子大多数情况下都作为男人的依附，罕有所谓的人生价值，皇室女子更要时刻准备为政治、权力、战争等等一系列因素奉献婚姻、幸福乃至生命。敕命乙弗后自杀之前，文帝说：“岂有百万之众为一女子举也？虽然，致此物论，朕亦何颜以见将帅邪！”① 显然，一个女人的生命能够避免一场残酷战争，能够挽回百万性命，岂不值焉？乙弗后奉敕，“挥泪谓宠曰：‘愿至尊享千万岁，天下康宁，死无恨也。’”② 何其悲壮！乙弗后卒时年仅 31 岁，以其之死比喻“舍身”精神，毫不为过。而祈盼母后如萨埵般得成佛果，往生净土，也是作为儿子的武都王虔诚的心愿。睒子本生，突出表现的是洞窟的实际出资者武都王个人的功德，即强调一个“孝”字。乙弗后临死前，“因命武都王前，与之决。遗语皇太子，辞皆凄怆，因恸哭久之。侍御咸垂涕失声，莫能仰视。”③ 生死诀别之际，深厚的母子之情令人恸容，悲伤至极。武都王借这样一铺壁画，表达了对母后的孝敬与怀念。这幅睒子本生空间面积很大，但却没有绘出睒子复活与盲父母复明这样重要的情节，有可能是武都王用另一种方式表达对父皇逼杀母后的愤恨不平。面对母亲之死，武都王在悲恸之余仍怀有虔诚的愿望：希冀母亲通过舍身行为成就功德圆满，“修正觉之佛果，行出世之大孝”在第 127 窟内得到了淋漓尽致的诠释。

将该窟放置大环境之下，西魏时期统治阶级是非常重视孝道思想的，大统年间西魏重臣苏绰草拟并颁布的六条诏书中，首先即强调“先治心，敦教化”，称“教之以孝悌，使民慈爱；教之以仁顺，使民和睦；教之以礼义，使民敬让。慈爱则不遗其亲，和睦则无怨于人，礼让则不竞于物。三者既备，则王道成矣。此之谓教也。先王之以所以移风易俗，还淳反素，垂拱而治天下以至太平者，莫不由此。此之谓要道也。”④ 要求各级官员要亲自实践仁义、孝悌、忠信、礼让等美德。当时六条诏书的主要制定者苏威（苏绰的弟弟）曾上疏隋文帝言：“唯读《孝经》一卷，足可立身治国，何用多为！”⑤ 可见当时西魏的关中世家大族对孝道教育非常重视。这样的风气自然会在当时社会上层王室贵族开凿的石窟中有所反映。

根据《敦煌莫高窟北朝洞窟的分期》，第 299 和第 301 窟都属于第四期洞窟，时代始于西魏大统十一年（545 年），下迄隋初开皇四、五年（585~586 年）之前⑥。李崇峰先生将这两个洞窟的开凿年代比定为北周武帝病死，宣帝宇文赟继位之后，大约为 578~584 年⑦。笔者推测，第 299 窟和第 301 窟

① ［唐］李延寿撰：《北史》，北京：中华书局，1974 年，第 507 页。

② ［唐］李延寿撰：《北史》，北京：中华书局，1974 年，第 507 页。

③ ［唐］李延寿撰：《北史》，北京：中华书局，1974 年，第 507 页。

④ ［唐］令狐德棻等撰：《周书》，北京：中华书局，1971 年，第 384 页。

⑤ ［唐］魏徵等撰：《隋书》，北京：中华书局，1973 年，第 1710 页。

⑥ 樊锦诗、马世长、关友惠：《敦煌莫高窟北朝洞窟的分期》，敦煌文物研究所：《中国石窟・敦煌石窟》（一），北京：文物出版社、东京：平凡社，1981 年，第 194~197 页。

⑦ 李崇峰：《敦煌莫高窟北朝晚期洞窟的分期与研究》，敦煌研究院：《敦煌研究文集・敦煌石窟考古篇》，兰州：甘肃民族出版社，2000 年，第 65 页。

应建于北周武帝废佛之后不久。根据《集神州三宝感通录》的记载，周武帝废佛的诏令也曾推行到瓜沙地区①。这两窟中仅有的两幅本生故事壁画——舍身饲虎和睒子本生，应与废佛带来的影响有关，为说明问题，兹录《佛祖统纪》的相关记载如下：

> （建德）二年（574 年）二月，集百僚僧道论三教先后，以儒为先，道次之，释居后。……帝集僧道宣旨曰："六经儒教于世为宜，真佛无像空崇塔庙，愚人信顺徒竭珍财，凡是经像宜从除毁。父母恩重，沙门不敬，斯为悖逆之甚，国法岂容？并令反俗用崇孝养。"……三年五月，帝欲偏废释教。……明日下诏，并罢释道二教，悉毁经像，沙门道士并令还俗。时国境僧道反服者二百余万。六月诏释道有名德者，别立通道观，置学士百二十员，着衣冠笏履，以彦琮等为学士。沙门道安有宿望，欲官之，安以死拒，号恸不食而终（前曾作《二教论》）。法师静蔼闻诏下，诣阙奉表求见，帝引对，极陈毁教报应之事，帝改容谢遣之，遂遁入终南山，号泣七日，坐磐石，引刀自条其肉，挂肠胃于松枝，捧心而卒，白乳旁流，凝于石上，闻者莫不流涕②。

周武帝废佛，除了经济军事原因之外，重儒尊道也是一个重要方面，佛教的不事君亲、祖先、家庭等，与儒家理念相矛盾，而废佛期间，抨击佛教最主要的一个方面即是佛教徒出家后不侍奉父母。睒子本生作为反映"孝亲"思想的代表故事画，被绘制在这一时期的洞窟中，正是佛教徒利用自己的阵地向儒家传统文化靠拢并取得皇帝支持，以回应对佛教的反对和抨击。宣帝兴佛之后，佛教重新开始隆盛，终隋一代不衰，儒释二教既有冲突亦相融合，佛教徒们始终积极向儒家思想靠拢，睒子本生的流行是符合当时历史现实的。偏废释教的过程中，不乏高僧大德据理抗争，更有如道安、静蔼等采取极端行为者，他们为佛法献身之精神与"舍身"而修成正果如出一辙。舍身饲虎本生中萨埵太子肉身虽然灭度，但法身存在，其内涵除表达佛教信徒对沙汰释教的惋惜，"舍身"僧人的崇敬，亦暗示佛境的轮回不灭。

五、结论

舍身饲虎本生和睒子本生以组合对应的形式出现，反映出佛教"修行"和儒家"孝悌"思想的结合，在与洞窟内其他题材相互照应的同时，也具有更深层次的历史背景和传统文化内涵。在进一步判断麦积山第 127 窟的建造者和功德主时，这两种思想的结合更得到彰显：武都王偕洞窟壁画钦赞母亲的修行舍身之举，在他的眼中，乙弗后已经修成佛果。同时，对于一个信佛者来说，使父母证得佛果是大孝，纵然武都王对母亲的离世悲伤又愤懑，但在内心深处还是无奈接受这样的现实，并用"修正觉之佛果，行出世之大孝"的心理暗示来安慰自己，祭奠母亲在天之灵。

李崇峰先生认为，莫高窟主题故事画移至窟顶，可能是受麦积山的影响才出现的，而有些故事画

---

① ［唐］道宣：《集神州三宝感通录》，《大正新修大藏经》第 52 册，台北：新文丰出版公司，1983 年，第 407 页。

② ［南宋］志磐：《佛祖统纪》，《大正新修大藏经》第 49 册，台北：新文丰出版公司，1983 年，第 358 页。

的题材，可能也与麦积山石窟壁画有某种不可分割之渊源关系，以第127窟睒子本生为例，其与莫高窟北朝晚期的睒子本生有许多相同之处①。麦积山第127窟的修建很可能影响到之后的莫高窟第299和第301窟，虽不能就现有资料推测后者的功德主或供养人身份，但在北周提倡孝道的大环境下，我们完全有理由相信，这些石窟的开凿者有着与武都王相似的初衷。在佛教思想和儒家伦理不断冲突斗争、融合并蓄的过程中，一些佛教信徒领悟到了舍身饲虎本生和睒子本生特有的内涵，将它们以组合的形式展现出来，传达更深层次的"孝行"理念，这可谓是来自异域的佛教"孝"观和中国传统儒家伦理"孝道"相互吸收、融合的典型范例。

（原文载于《敦煌研究》2017年第5期）

① 李崇峰：《敦煌莫高窟北朝晚期洞窟的分期与研究》，敦煌研究院：《敦煌研究文集·敦煌石窟考古篇》，兰州：甘肃民族出版社，2000年，第69页。

窟龛图像样式与内容时空变化现象的考察

——以麦积山第70、71窟为例

孙晓峰

佛教艺术模式与样式研究是佛教美术考古的重要组成部分，这种基于考古类型学基础之上的佛教美术图像研究方法能够更客观、更科学地揭示和探讨研究对象在特定的历史时期和时空范围内所蕴含的价值与意义。相对于单体佛教造像类型研究而言，石窟寺由于其特定的遗存属性，窟龛内造像、壁画等内容在历代供养或修缮过程中往往会产生许多新的含义，体现出不同时期的造像思想和理念。如何解读这些内容，对于我们认识和探索中国古代佛教造像艺术样式的发展与传承有重要价值。麦积山石窟是中国北朝时期丝绸之路上最重要的佛教遗存之一，其营建、开凿与修缮前后持续1600多年，许多窟龛内的造像或壁画都或多或少地保存有不同历史时期的痕迹，而出现于北魏太和时期的双窟样式更具有这方面代表性，如第70、71窟是一组双窟，其窟龛形制、造像题材、绘塑技法、时代风格等方面都具有高度一致性，系同时开凿并完工。这种现象在麦积山北朝时期窟龛营建史上并非个例，而且一直持续到西魏阶段。因此，对于此类窟龛的调查与研究，十分有助于了解5~6世纪麦积山石窟造像史与同时期北方地区佛教艺术之间的关系，以及产生这种现象的社会历史背景等。而上述两窟尽管略有残损和后世重修现象，但基本原始信息保存完好，在麦积山北朝双窟中很有代表性，故笔者以此为例，略加以讨论和分析。

一、窟龛位置和基本情况

麦积山第70、71窟位于西崖中部略偏下位置，系并列开凿，两窟之间相距0.54米，距地面高度约30米。左侧为第74、78窟，右侧毗邻第67窟，上方为第72、73、68窟，下方为第69、169窟，这一带也是麦积山西崖窟龛最为密集的区域之一。两窟现存具体内容如下：

（一）第70窟

1. 窟龛形制

平面长方形，圆拱顶，敞口。窟高1.74米，宽1.80米，进深0.88米。窟前部有轻微残损及风化现象，窟内上半部分泥皮残损、脱落较严重。龛高正壁泥塑一长方形束腰佛座，内置木骨架，上面平搭木板，边缘木条起框，彼此间以榫眼相套，表层再抹泥。佛座通高0.39米、上宽0.93米、下宽1.1

米，束腰部分宽0.86米。

2. 造像内容

窟内塑一坐佛二胁侍菩萨。正中佛高1.16米，发髻和左膝略有残损。头略前倾下俯，磨光高肉髻，面形方圆，下颌略显清秀，弯眉突目，双眼细长微睁，鼻梁高直，口小唇薄，嘴角内敛含笑，两耳紧贴后颊，耳坠及肩。短颈端肩，挺胸收腹，体态雄健魁梧，跏趺坐于佛座上，双足内裹。右手在外，左手在内相叠，二拇指相抵作禅定印；内着僧祇支，外穿袒右半披肩袈裟，衣裾短小，覆于佛座之上，在双股间呈燕尾状分开。服饰质感轻柔贴体，表面阴刻细密流畅的衣纹线，袈裟披右肩边缘部分衣纹呈波折状，整齐而流畅。佛像表面彩绘系后世重绘，以赭红为主，袈裟边缘施石青、石绿色，并绘以墨绿色田相格。在僧祇支外露部分成组绘制白色圆形宝相花，每朵花边缘饰一圈联珠纹，花朵之间空隙处绘忍冬纹。

窟内左、右壁各依壁塑一身胁侍菩萨，其中左侧菩萨高1.17米，发髻、面颊、鼻尖、下颌、手臂等处均有不同程度的轻微残损或剥落现象。菩萨束发高髻，两侧扎束宝缯，纵向折叠垂及肩部，其中左侧一束残毁。头戴三珠式宝冠，正面宝珠上饰一仰月。面形圆润恬静，弯眉突目，高鼻小口，双耳贴后颊，各饰一长条形耳珰。细颈削肩，发辫于双肩打结后分三缕下垂，颈饰一宽边尖桃形项圈。上身袒露，下着贴身羊肠大裙，左臂下垂，紧贴壁面，五指略分，做执帔帛状。右手曲于胸前，持一莲蕾。双臂均饰有臂钏及手环，跣足立于半圆形莲台之上。菩萨身披络腋，由左肩斜下，绕至右膝，帔帛搭肩绕臂后，浮塑于壁面。造像魁梧而不失俊秀，清盈而不失挺拔。从残存痕迹可知，菩萨像以白色为底，上施各种彩绘，其中宝冠施石绿、赭红色，帔帛施石青色，通体朱红色。

右侧菩萨高1.18米，前额、右臂及胸部风化严重，右脚前半部分残损。其发髻、宝冠、服饰、装束、造型特点、施色等与左壁胁侍菩萨基本一致，两者仅体姿略有区别，这身菩萨左手置于胸前，持一莲蕾。右臂略外撇，贴臂下垂，手持一净瓶，臂上缠绕的帔帛多已残损。跣足立于长圆形莲台之上。

3. 壁画内容

窟内壁画多已剥落残损，仅正壁主尊坐佛两侧及胁侍菩萨周围保存相对完整，画面剥蚀、风化、褪色、刻划严重，并有明显重绘现象。主要内容以背项光和彩绘比丘。其中正壁主尊坐佛头部后侧壁面绘背项光，项光为同心圆状，内至外共8层，最内层白底，墨线绘重瓣莲花图案。第2~5层较窄，依次填涂石绿、石青、赭红和乳白色。第6层施浅灰色，内绘赭红色波折纹。第7层较宽，施绿底，并墨绘涡旋状纹饰，以示水波纹。水面上原等距绘化佛数身，化佛四周点缀有数朵赭红色莲蕾。化佛现仅存两身，形态一致：低平肉髻，面形较圆，填涂白色，墨线勾描五官，颈部绘2~3道褶纹。禅定印，结跏趺坐于圆形莲台之上。一身穿赭红色圆领通肩袈裟，另一身内着绿色僧祇支，外穿白色双领下垂式袈裟。第8层赭红色，内绘连续的联珠纹图案，每个宝珠依次涂石绿、石青、赭红等色，在宝珠边缘饰一圈连续白点纹；背光从残存痕迹分析，整体呈舟形，内至外共7层，其中内至外第1~6层依次涂白、石绿、石青、赭红、白、朱红色，第7层较宽，涂绿色，并墨绘涡旋纹，以示水波，其上绘竖向排列的化佛，装束、技法、涂色等与项光中化佛一致。

正壁两侧各有一身后世重绘的比丘，左侧一身保存较好，身体略前倾，头后侧壁面绘一赭红色圆形头光。比丘面形长圆清秀，头顶墨绘发际线，细长眉，双目略下视，悬鼻小口。短颈削肩，身穿赭红色圆领通肩袈裟，下着灰黑色长裙，双脚呈八字形撇开，跣足立于绿色圆莲台上，莲台边缘墨绘覆莲瓣。左手平置于胸前，持一长柄香炉，右手自然下垂，笼于袖中。身材挺拔，神态虔恭向佛而立。右侧一身仅存膝以下部分，残毁严重，仅可辨识裙裾及其上的墨绘衣纹线。有趣的是，这身弟子似穿一双黑色圆头履，双脚呈八字形立于绿底覆莲台上。

左壁彩绘仅存同心圆形的菩萨头光，内至外共6层，其中第1~5层分别涂石绿、石青、赭红、淡黄、浮白色。最外层较宽，涂红底，表面以石青、石绿为主色，绘折枝忍冬纹，叶面短而肥润，中间空隙部分填绘四瓣形宝相花，色彩绚丽醒目。

右壁彩绘基本无存，仅胁侍菩萨双肩部分保存有少许壁画内容，依然为圆形头光图案，其绘制方法与左侧胁侍菩萨头光一致。

（二）第71窟

1. 窟龛形制

平面长方形，圆拱顶，敞口。窟高1.78米，宽1.82米，深0.81米。前部略有残损，窟内顶部及左、右壁外侧泥皮均已脱落。窟内正壁塑一束腰形佛座，高0.42米，上宽0.91米、下宽1.05米，束腰上宽0.44米、下宽0.54米，进深0.53米。其中佛座上缘泥皮已基本全部剥落，木质骨架外露，构成样式与第70窟一致。

2. 造像内容

窟内塑一坐佛二胁侍菩萨。其中佛高1.12米，发髻、双手及双膝部位磨蚀现象较为突出。佛面部有明显后世重修痕迹，使其与第70窟主尊佛头相比，更加圆润一些，在佛的额际、颈部、右耳等处尚能看到重修时所敷的一层薄泥。佛身躯部分没有改动，只是重新进行了妆彩。总的看来，仍然保持着原作风貌：佛端肩挺胸鼓腹，身穿袒右式半披肩袈裟，服饰穿着方法、施色、装饰纹样等与第70窟主尊基本一致，禅定印，结跏趺坐。神态安详，形体魁梧挺拔。

窟内左、右壁仍各依壁塑一身胁侍菩萨，其中左壁菩萨高1.12米，宝冠、发髻、面部、腋、膝等部位略有剥蚀和刻化现象。束发高髻，头戴三珠式宝冠，两侧扎束宝缯，纵向折叠下垂，现多已残毁。面形清秀恬静，神情、装束、服饰、妆彩、手姿等与第70窟左壁菩萨基本一致；右壁菩萨高1.12米，宝冠顶部及右臂缠绕的帔帛部分残毁，面部及胸腹有风化、剥蚀现象，右臂、右手及右足有程度不同的残损。装束、神态、服饰、妆彩等基本同前，左手曲至胸前，持一莲蕾，右手自然下垂，略外撇，持一净瓶。跣足立于半圆形莲台之上。表情恬静含笑，体态修长俊美。

3. 壁画内容

窟内壁画均系后世重新绘制，但在构图形式、技法、色彩运用、壁画内容等方面均参照了第70窟壁画。正壁主尊坐佛背面绘制背项光，背光同心圆形，内至外共计8层。最内层涂湖蓝色。第2层白底，墨线绘单瓣圆形莲花。第3~7层依次涂石绿、石青、赭红、乳白、浅黄色。第8层较宽，湖绿底，以示水面，其上呈环形绘制一圈化佛。上部已残毁，仅残存左、右侧各三身，佛墨线绘制，肉髻较高，面形椭圆，弧眉、细长目，悬鼻小口，细颈削肩，均身穿圆领通肩袈裟，衣裾在膝前呈八字形展开。袈裟均为单色，以湖蓝、赭红两色交替出现。禅定印，结跏趺坐于仰莲台上。身姿略向内扭，面向主尊坐佛。化佛身后绘圆形头光和背光，背项光均分内外两层，以红、白两色交替组合而成。每尊化佛莲台两侧各绘一桃形莲蕾，漂浮于水面之上，代表莲花宝池；背光桃形，内至外共计8层，其中第1~7层依次涂白、赭红、石绿、湖蓝、赭红、白、灰白色，第8层较宽，赭红底，其上彩绘竖向排列，背饰圆形背项光的化佛，其样式、神态、色彩、莲台等基本与头光中的化佛一致。每尊佛的莲台两侧各点缀一白色桃形莲蕾。背光外缘上侧绘制有湖蓝、石绿和乳白三色夹杂组成的火焰纹；主尊佛座两侧，背光下方各绘一身弟子。其中左侧一身保存较好，尽管画面残损、褪色较多，并有较多污渍。但具体内容尚清晰可辨：弟子头部圆润，面容清秀，额前有明显发际线，眉粗且长，双目睁开，略下视。细颈端肩，内着深红色僧祇支，外穿浅红色垂领长袍，下着长裙。左手置于胸前，持一长柄莲花，莲蕾突出，四周绘六片莲瓣。弟子双膝以下部分因壁面破损已残毁，他的前侧绘几株绿色莲茎及莲叶，随风摇曳；主尊坐佛右侧壁面亦绘一比丘，着装、服饰颜色与左侧弟子一致。胸以上部分色彩基本脱落，仅存少许墨线，但轮廓尚存。可辨弟子发际线明显，面容苍老，浓眉大眼，扭头仰视主尊坐佛。双手置于胸前，共同托举一长柄六瓣莲花，花瓣已全部褪色，仅存大形。弟子两侧各绘几枝绿柄莲叶，裙裾以下部分全部褪色无存。整幅画面残损、脱落现象较为突出。

窟内左壁泥皮仅残存胁侍菩萨身后内侧部分，壁画内容主要以菩萨头光为主。头光为同心圆表，内至外共计9层，其中第1~8层依次涂石青、赭红、白、石绿、石青、赭红、白、灰色，第9层较宽，浅灰底，内绘折枝忍冬纹，忍冬叶片粗壮肥润，分别涂石青、石绿、赭红、灰白等色，空隙及花枝转折处夹杂绘有绿底白瓣的十字形花及白色花蕾；右侧胁侍菩萨背项光图案残损、脱落严重，从残存现状可知与右侧菩萨背项光图案内容基本一致，系同时期作品。

二、窟龛形制的讨论与分析

从上述第70、71窟的形制、窟龛大小、窟内布局，甚至主尊佛座制作技法等因素综合分析，毫无疑问，这是一组同时期开凿并完工的双窟。

关于这种平面长方形圆拱顶敞口窟，笔者在以往研究中也做过初步讨论与分析，认为它在形式上更接近麦积山北魏早期的龛形窟，而这种窟形的产生和出现与当时北方地区游牧民族日常起居中经常使用的帐篷有密切关系①。就麦积山石窟现存北魏时期窟形而言，第70、71窟形制应该说在很大程度上受到了其右侧第74、78窟的直接影响（这组窟也是麦积山非常具有代表性的双窟之一，将另文论述）。两者之间的不同点仅仅在于前者体量较小，而后者体量很大。

尽管这两组窟龛在龛内部形制上差异较大：第74、78窟内均设有倒“凹”字形高坛台，正壁两侧上方各开凿有一个平面长方形圆拱顶小龛。而第70、71窟形制上远没有这么复杂，仅窟内正壁设一加装了木质构件的方形须弥座，左右壁各设置一泥塑半圆形莲台。但它们在大的空间结构上表现出高度一致性，即平面方形，圆拱顶。至于其内部形制上的差异，主要是由于窟龛内所选择造像题材不同而产生的。更值得注意的是，在窟龛形制上类似第70、71窟的还有集中分布于这一区域内的第68、69、

---

① 孙晓峰：《麦积山北朝窟龛形制的演变规律》，《敦煌研究》2003年第6期。

73、75、77、169 等窟，它们基本形制均为平面近长方形，圆拱顶或穹隆顶，敞口，体量与第 70、71 窟相近或更小。对于围绕于第 74、78 窟及附近崖面开凿的这些小龛年代问题，虽然在每个窟龛具体开凿年代上有所分歧，但学界较为一致的看法是，它们应该是麦积山石窟开窟造像史上第一次高峰时期的作品，持类似观点的学者主要有张宝玺①、张学荣②、阎文儒③、董玉祥④、初师宾⑤、黄文昆⑥、李西民⑦、马世长⑧、张锦秀⑨、金维诺⑩、温玉成⑪、魏文斌⑫、邓健吾⑬、八木春生⑭等。

可见，麦积山最初开凿的窟龛从形制上看，主要分为两类，一类规模较大而数量较小，如第 74、78 窟。另一类规模较小但数量众多。出现这种现象应该与开窟功德主的社会地位、经济实力等存在密切关系，也比较符合当时石窟开凿的实际情况。总而言之，这组窟龛群的出现在一定程度上反映了当时麦积山石窟的开凿与营建已经具有相当规模，并且在秦州地区拥有众多佛教信众和比较普遍的佛教社会群众基础。

下面，我们需要讨论的是为什么在麦积山会出现诸多与第 70、71 窟近似的龛形窟？或者说为什么这种窟形在当时十分流行？众所周知，外来的佛教石窟艺术在经中亚、阿富汗传入中国新疆地区后，印度本土所盛行的中心柱窟和僧房窟已经有所变化和创新。经敦煌、河西走廊传入中国内地后，其建筑样式则完全融入中国本土建筑元素，以更好地适应中国国情。麦积山石窟的营建当然也离不开这一时代背景：它所处的秦州魏晋以来一直是“华戎杂居”之地，西晋政权瓦解后，以秦、凉为中心的西北一带成为氐、羌、鲜卑等少数民族争夺的主要战场。同时，这里也是佛教传入中国内地后主要传播地区之一，帛远、竺法护、玄高、昙弘等高僧先后在秦州一带弘法，拥有众多佛教信众和较好的佛教

① 张宝玺：《麦积山石窟开凿年代及现存最早洞窟造像壁画》，中国考古学会编：《中国考古学会第一次年会论文集 1979》，北京：文物出版社，1980 年。

② 张学荣、何静珍：《麦积山石窟的创建年代》，《文物》1983 年第 6 期；张学荣、何静珍：《麦积山石窟创凿年代考》，《天水师专学报》1988 年第 1 期；张学荣、何静珍：《再论麦积山石窟的创建年代及最初开凿的洞窟——兼与张宝玺先生商榷》，《敦煌研究》1997 年第 4 期。

③ 阎文儒主编：《麦积山石窟》，兰州：甘肃人民出版社，1984 年。

④ 董玉祥：《麦积山石窟的分期》，《文物》1983 年第 3 期。

⑤ 初师宾：《石窟外貌与石窟研究之关系——以麦积山石窟为例略谈石窟寺艺术断代的一种辅助方法》，《西北师范学院学报》1983 年第 4 期。

⑥ 黄文昆：《麦积山的历史与石窟》，《文物》1989 年第 3 期。

⑦ 李西民：《试论麦积山石窟艺术史上的六个高潮》，《石窟艺术》，西安：陕西人民出版社，1990 年。

⑧ 马世长：《陕甘宁地区石窟概述》，国家文物局教育处编：《佛教石窟考古概要》，北京：文物出版社，1993 年。

⑨ 张锦秀：《早期的两对姊妹龛——麦积山石窟第 74、78 龛和第 70、71 龛简介》，《丝绸之路》1996 年第 4 期。

⑩ 金维诺：《麦积山石窟的兴建及其艺术成就》，天水麦积山石窟艺术研究所编：《中国石窟 · 天水麦积山》，北京：文物出版社、东京：平凡社，1998 年。

⑪ 温玉成：《中国早期石窟寺研究的几点思考》，《敦煌研究》2000 年第 2 期。

⑫ 魏文斌：《麦积山石窟几个问题的思考和认识》，《敦煌研究》2003 年第 6 期；魏文斌：《麦积山石窟初期洞窟调查与研究》，兰州大学博士学位论文，2009 年。

⑬ 邓健吾：《麦积山石窟的研究及早期石窟的两三个问题》，天水麦积山石窟艺术研究所编：《中国石窟 · 天水麦积山》，北京：文物出版社、东京：平凡社，1998 年。

⑭ （日）八木春生著，何红岩、魏文斌译：《关于麦积山石窟第 74、78 窟的建造年代》，《敦煌研究》2003 年第 6 期。

社会基础。如高僧帛远被秦州刺史张辅杀害后，陇上群胡“闻其遇害，悲恨不及，众咸愤激，欲复祖[①]之仇”。后因张辅被部下富整所杀，“群胡既雪怨耻，称善而还，共分祖尸，各起塔庙。”[②] 由这一事件可知，当时秦州一带胡族占据着主体地位，而秦州这种以胡族为主体的民族构成到北魏末年时也没有明显改变，只不过随着北魏孝文帝汉化政策的不断深入，原来畜牧、农耕并重的生活方式逐渐向以农耕为代表的中原传统文化方向转变。而麦积山石窟的开凿，正是在这种历史背景下展开的，外来佛教作为胡神也自然受到当地胡族的敬奉和崇拜。因此，在安置佛陀的窟龛样式上也很自然地采用了类似游牧民族居室的“穹庐”。这样，无论从心理上，还是文化认同上，都更容易被接受和理解，故笔者认为它应该是麦积山早期窟龛广泛采用这种样式的根本原因。

从另一方面讲，这种窟形在建筑视觉上也能更好地烘托出佛陀的伟大和至高无上。可以想见，在高耸陡峭的崖壁上，窟内横长方形的地面设计，缩短了窟龛与岩壁之间的进深，工匠们所采用的圆拱顶斜敞口布局，使窟内造像得以一览无余地展现在观瞻者眼前。在特定宗教环境和气氛下，对佛教徒在心灵中所产生的震撼是难以用语言来表达的。因此，笔者认为，当时僧侣们与窟龛设计者为功德主所选择的这种空间设计理念和窟龛样式也是经过深思熟悉的，它既照顾到了当地佛教信众的审美风俗和生活习性，又巧妙地抬升和突出了佛陀的神性，因而得到普遍认同，对麦积山北魏以来小型窟龛的开凿和营建产生了深远影响，成为判定麦积山早期窟龛的重要特征之一。

三、重修痕迹考察与分析

麦积山第70、71窟图像虽然窟形、造像等基本保持原貌，但是同时，后世又做了较多修缮和改动。特别是两窟内彩绘和壁画在整体布局一致的前提下，又有诸差异之处，显然是不同画匠所为。现根据现场调查结果，可以将第70、71窟内重修内容归纳如下：

（一）佛像重新妆彩

现有迹象表明，除第71窟坐佛头部由于补塑缘故重新涂色外，两窟内主尊坐佛原有色彩并没有太大变化。较明显的重绘内容是主尊僧衹支表面的白色联珠形团花图案，从技法和图案构成方式上分析，当出自同一画师之手。这种纹饰并不见于麦积山北魏早期佛装表面，如第74、78、100、128、143等窟内主尊坐佛僧衹支表面均施石绿底，并没出现类似装饰纹样。即使个别绘有装饰图案的僧衹支，其纹饰也采用带有显著西域特征的网格状圆点纹，如第78窟右壁和第148窟正壁坐佛。

另一处值得注意的彩绘是佛装表面的田相纹，第70窟佛装上的田相纹走向基本沿佛像泥塑衣纹展开，所用颜色也略深一些，比较自然随意。这种现象和做法与麦积山北魏第74、78、128、143、148等窟内佛装表面彩绘田相纹表现出高度的一致性，说明其应该是北魏原绘。而第71窟佛装表面田相纹则不同，基本采取横平竖直方式绘制，与佛像泥塑衣纹之间没有必然关系，似乎有意突出田相格在袈

① 帛远，字法祖，本姓万氏，河内人。故文中简称“祖”。详见《大正藏》第50册，第327页。

② ［梁］释慧皎撰，汤用彤校注：《高僧传》卷一《帛远传》，北京：中华书局，1992年，第26~28页。

裟中的特定含义，其颜色也略浅一些，显然是重新绘制。这种现象说明第 70、71 窟重绘之时，画师在填绘第 71 窟主尊佛装表面田相格时，参考了第 70 窟主尊佛装田相格样式，但又按照自己对袈裟含义的理解进行了适当改动。

（二）重新绘制了第 71 窟背项光

第 70、71 窟空间体量并不大，因此，背项光在窟内壁画图案中所占比例显得非常突出，也构成了这两窟壁画内容的主体。尽管窟内泥皮残毁面积较多，但通过现状分析可知第 70 窟背项光为开窟时原作，第 71 窟背项光则为后世重绘，后者在绘制过程中仍然很大程度上参考了第 70 窟背项光图案样式和构成技法。

第 70 窟主尊坐佛头光残存较少，其最内层墨线绘制的圆莲花瓣较宽，呈三层重叠，每个花瓣大小一致，叶片饱满、均匀，线描流畅有力。最外侧莲花宝池部分描绘精细：绿色水面上隐约可见墨绘涡旋纹，以示水波。水面上的化佛仅饰有头光，且均为正视坐姿，足下莲台较轻盈，似一片莲叶，巧妙地与水面融为一体。袈裟穿着也不同，既有通肩式，也有垂领式。水面上的莲蕾朵朵饱满、挺拔，位置排列上繁而不乱。最外缘装饰有一圈色彩各异的联珠纹，每个宝珠边缘均饰一圈白点纹，使整组头光图案显得疏密有序、繁而不乱；主尊坐佛背光整体呈舟形，因残毁及彩绘叠压，仅存坐佛两侧及须弥座上方两边少许。图案构成样式、内容与头光一致，最外层莲池内化佛排列密度相对疏松，最外缘饰石青色火焰纹。

窟内左、右壁胁侍菩萨造像身后壁面仅装饰绘有同心圆形头光，其中仅左侧菩萨头光有部分保留，其最外层绘折枝忍冬纹装饰，虽然风化褪色严重，但仍可以分辨出对称排列的忍冬纹线条流畅舒展，作为点缀和衬托的各种花卉色彩艳丽，繁而不乱，疏密有序。第 71 窟主尊坐佛背项光除窟顶部分剥落无存外，其余部分基本完整。虽然从图案形式、色彩、构图等方面与第 70 窟背项光内容十分接近，但通过仔细观察，可以发现两者之间的差异还是非常明显。

首先，第 71 窟主尊头光最内层绘制的圆莲花瓣仍为三层重叠，但单个花瓣大小不匀，线条绵软无力，毫无生机。最外层的莲花宝池内未见墨绘涡旋纹，水面上的化佛与第 70 窟相比也明显不同：均为侧坐姿，面向主尊坐佛。化佛身下的莲台呈圆钵形，上有墨绘的仰莲瓣，显得十分厚重。佛面形也略显长圆，肉髻稍高。均身穿圆领通肩袈裟，身后饰由双色构成的同心圆形背项光。化佛纵向彼此之间排列紧密，水面上的莲蕾相对单薄，且呈弧形排列，略显东倒西歪，没有蓬勃向上之势；背光呈舟形，图案构成样式、内容与头光一致，最外层表现莲池的装饰带不用绿色，而采用赭红色，使色彩更为眩目。内绘的化佛形象、神态、着色、装饰等与头光内化佛形一致，排列紧密杂乱。化佛两侧点缀的莲蕾均为乳白色，在赭红底色中分外醒目。背光最外缘饰石绿和乳白色交杂的火焰纹。

窟内左、右壁彩绘的胁侍菩萨头光残损较多，但与第 70 窟胁侍菩萨头光相比，两者之间图案样式、技法等相差无几，应该是对第 70 窟胁侍菩萨头光图案的摹拟。由于是重绘，其在色彩上明显较第 70 窟绚丽一些。从最外层忍冬纹饰带分析，重绘的忍冬纹基本采用重彩平涂手法，不见墨线勾勒的叶脉，忍冬叶则显得过于肥润、笨拙，陪衬、点缀的花卉样式也比较随意，不够规整，在图案视觉感观和构图技法上与第 70 窟相比尚有一定差距。

（三）窟内增绘了弟子形象

如果说第 70、71 窟内壁画最大的改变，就是后世重绘时在窟内主尊两侧各增绘了一身弟子像。但两窟内重绘的弟子在人物形象、神态、着装、体量、色彩运用等方面则存在明显差异，显然并非同时期完成。具体地讲，第 70 窟内正壁两侧的弟子形象高大，甚至超过左、右壁胁侍菩萨像的高度，在整个窟内显得非常突出。特别是保存相对较好的正壁左侧弟子，明显叠压了佛左侧彩绘舟形背光及少许佛的头光，在弟子头光部分隐约可见原绘佛背光的条状装饰纹带及最外层的化佛痕迹。这组图像中最引人注意的是弟子脚踩的圆形莲台，在它四周有墨线绘制的桃形覆莲瓣。弟子服装也运用重彩平涂技法，仅在袍服和衣裙重合处使用粗色条或墨线勾勒几笔，以示区别。

第 71 窟正壁两侧重绘弟子则不同，他们被绘在正壁背光和左、右壁胁侍菩萨之间的空隙处，高度仅仅超过主尊坐佛双膝，尚不及左右壁菩萨像的双肘。在视觉上与窟内壁画融为一体，应该是画师在重绘窟内壁画时统一完成的一组人物作品。这两身弟子着装与第 70 窟中弟子差异也较大，均为垂领式袈裟，手持供养物为长茎莲花，与前者手持香炉的做法明显不同。唯一遗憾的是，由于近地表部分泥皮剥落，这两身弟子足部情况不详。

（四）修补了第 71 窟残损佛头

这组窟龛中造像重修现象不十分突出，仅重新补塑了第 71 窟主尊佛头，这表明当时窟内造像保存状况尚好。从现状看，补塑的佛头尽管在整体风格上与第 70 窟佛头差异不大，但细部特征上区别还是非常突出：佛肉髻由覆钵形改为馒头形，面颊由清秀变得饱满，眉毛由弯刀形变为弧形，眼角更加细长，双唇由小巧变得厚重，唇线也更平直。两耳也不再外撇下垂及肩，而是紧贴后颊。

四、开凿时代与重修时间

（一）开凿时代

目前，从窟形、造像题材、壁画内容等方面综合分析，第 70、71 窟属于同时开凿的双窟应该没有问题，但由于没有发现榜书或题记等文献资料，很难确定其具体开凿时间。以前所做研究工作里，多将上述两窟纳入麦积山早期窟龛综合研究体系之中，几乎没有将其作为个案研究对象来看待，其中对两窟具体内容涉及较多的有张锦秀①、魏文斌②，前者主要侧重于窟龛内容的介绍，后者则比较详细地调查了窟龛现状。关于这组窟龛的大致开凿时间范围，张学荣、阎文儒、董玉祥、李西民认为在后秦

---

① 张锦秀：《早期的两对姊妹龛——麦积山石窟第 74、78 龛和第 70、71 龛简介》，《丝绸之路》1996 年第 4 期。

② 魏文斌：《麦积山石窟初期洞窟调查与研究》，兰州大学博士学位论文，2009 年，第 28~31 页。

至西秦阶段（386~431 年）①，马世长认为在北魏前期（452~486 年）②，陈悦新、魏文斌认为在北魏孝文帝太和年间（477~499 年）③，达微佳认为在北魏孝文帝初年以后至宣武帝正始三年以前（477~506 年）④。两种观点中，前者主要基于相关文献、史籍资料的考证，以及与毗邻的永靖炳灵寺西秦建弘元年（420 年）造像艺术风格综合分析基础之上。而后者在研读相关历史文献基础上，更多地运用石窟考古类型学方法对相关窟龛进行综合分析，并最终得出分期排年结论。

关于这组双窟的开凿时代，笔者在前人研究成果基础之上，主要从以下两点谈谈自己的看法。如前所述，麦积山石窟所在的秦州是外来佛教艺术在内地最早传播的地区之一，佛教在当地有着悠久历史和传统。同时，这一带由于特殊的地理位置，使麦积山石窟造像接受西域、中原、南朝等地佛教艺术样式过程中具有得天独厚的优势。因此，从姚秦时期到整个北朝阶段，无论是塑像，还是绘画，都形成了一系列带有鲜明地域特色的佛教艺术作品，这也是麦积山石窟艺术的独特之处。

首先，从图像特征方面分析，无论是主尊坐佛、胁侍菩萨，还是壁画技法、内容和风格，它与麦积山第 74、78 窟都存在明显承袭关系。

第 70、71 窟内佛装样式与第 74、78 窟内佛装基本一致：半披袒右肩袈裟，在半披肩表面竖向阴刻连续波折纹。袈裟从右腋下前绕搭左肩后衣角贴壁下垂，衣襟在胸前做 1~2 道横向折叠。胸部及左臂衣纹做 2~3 道燕尾状交叉，袈裟下摆紧贴双腿，衣纹做两组燕尾状交叉，衣裾短小紧凑，呈八字形堆叠于佛座之上。这种袈裟样式是麦积山早期佛装最突出的特征之一，它与稍后开凿的麦积山第 128、148、156、143、115 等窟⑤内主尊佛装样式尽管形式上差异不大，但在局部细节、衣纹装饰和处理、塑作技法等方面已存在明显不同，这说明第 70、71 窟在开凿时间上应该更接近与其毗邻的第 74、78 窟。

从佛像发髻上分析，第 70、71 窟主尊均为磨光高肉髻，与第 74、78 窟主尊以水波纹发髻为主的样式有一定区别。实际上，通过实地调查可以发现，在麦积山早期造像中，主要还是以磨光高肉髻佛像为主，水波纹发髻佛像并不是十分盛行，它对同期麦积山佛教造像影响非常有限，目前只在第 75 窟发现类似发髻的佛像。在此后北魏早期佛像中，也只有第 69 窟和第 115 窟中发现有水波纹发髻佛像⑥。

---

① 张学荣：《麦积山石窟的新通洞窟》，《文物》1972 年第 12 期；阎文儒：《麦积山石窟的历史、分期及其题材》，阎文儒主编：《麦积山石窟》，兰州：甘肃人民出版社，1984 年，第 73~75 页；董玉祥：《麦积山石窟的分期》，《文物》1983 年第 6 期；李西民：《试论麦积山石窟艺术史上的六个高潮》，《石窟艺术》，西安：陕西人民出版社，1990 年，第 72~73 页。

② 国家文物局教育处编：《佛教石窟考古概要》，北京：文物出版社，1993 年，第 79~90 页。

③ 陈悦新：《甘宁地区北朝石窟寺分期研究》，北京大学博士学位论文，2004 年，第 85 页；魏文斌：《麦积山石窟初期洞窟调查与研究》，兰州大学博士学位论文，2009 年，第 131 页。

④ 达微佳：《麦积山石窟北朝洞窟分期研究》，龙门石窟研究院编：《石窟寺研究》第二辑，北京：文物出版社，2011 年，第 73 页。

⑤ 天水麦积山石窟艺术研究所编：《中国石窟·天水麦积山》，北京：文物出版社、东京：平凡社，1998 年，图版 30、33、40、41、58。

⑥ 天水麦积山石窟艺术研究所编：《中国石窟·天水麦积山》，北京：文物出版社、东京：平凡社，1998 年，图版 56、52。

对于第74、78窟出现的水波纹发髻样式佛像，笔者经过研究认为它是受到长安和关中地区影响的结果，其塑作时代大致应在北魏文成帝复法至和平元年以前（452~470年）①。值得注意的是，永靖炳灵寺西秦佛像发髻皆为磨光高肉髻。417年，刘裕攻陷长安，后秦灭亡。其上邽守将姚艾向西秦乞伏炽磐称藩，被任命为秦州牧。不久后，姚艾叛逃并投奔北凉沮渠蒙逊，西秦以左丞相昙达为秦州牧，镇南安（天水市秦安县）②。自此，秦州也正式纳入西秦版图。实际上，自东晋以来，后秦与西秦政权之间一直战事不断，彼此之间抢掠人口事件时常发生，客观上也促进了两地经济、文化之间的交流。基于上述事实，我们可以想见，磨光高肉髻佛像应该是这一带佛教造像主流样式。与体现外来新风的第74、78窟佛像不同，麦积山第70、71窟内佛像依然还是坚持秦州当地传统的佛像发髻样式。

从塑像制作技法分析，以从未做过任何改动的第70窟主尊坐佛为例，肉髻高耸，面形长圆，下颌呈椭圆状，弯眉细长目，双唇较薄，嘴角上翘，身材挺拔之中不失清秀，已开始出现中原地区特有的秀骨清像之韵。而第74、78窟中坐佛尽管着装差异不大，但人物体姿、神态上却有很大区别：肉髻略呈覆钵状，面形方圆，修眉大眼，双唇较厚，嘴角平直内敛，身材魁梧，伟岸雄健之气扑面而来，具有典型西域造像特点。故可以看出，前者在一定程度上受到以四川为代表的南朝地区造像艺术影响。这一地区内以褒衣博带为主要特征的佛像在五世纪末的成都平原和川西北一带屡有发现，如南齐永明元年（483年）西凉曹比丘释玄嵩造无量寿及弥勒二尊像③和成都西安路出土的永明八年（490年）法海造弥勒像等④，其肉髻高圆、面容清秀、口小唇薄、恬静含笑等特点也见于麦积山第70窟主尊佛像。至于两地之间的关系，学术界目前比较一致的看法是：5世纪后期，溯江而上传到成都的南朝造像艺术可能直接或间接地影响到麦积山石窟造像⑤。对于当时四川地区佛装中的褒衣博带样式为何没有在麦积山石窟出现，笔者认为这可能与秦州地区居民以胡族为主体有很大关系。甚至到北魏景明三年（502年）麦积山开凿的第115窟里，主尊坐佛依然穿着袒右披肩式袈裟，这距北魏孝文帝南迁洛阳，大力推行汉化政策已过数年时间，可见这种传统习俗力量的顽固。

第70、71窟内胁侍菩萨造像情况也大体一样，总体上与第74、78窟内胁侍菩萨像差异不大，但细部风格上的变化依然十分明显：菩萨形体上已趋于清秀、飘逸，为表现塑像整体稳定感，菩萨双腿略微分开，使造像在视觉上更加舒服。这与第74、78窟内主尊胁侍菩萨像魁伟挺拔、双腿并拢，整体呈倒三角形造型的做法明显不同。在细部装饰方面，70、71窟菩萨头戴的三珠宝冠更加繁缛华丽，最主要的是宝冠前端加饰一仰月图案。臂钏及手环上也不再有莲瓣装饰，束腰羊肠大裙上端右侧外翻下垂的裙缘装饰亦已消失。在总体风格上更接近于第80窟左壁胁侍菩萨，据魏文斌的研究成果，该窟开凿时间当在北魏太和时期（477~499年）⑥。因此，尽管第70、71窟与第74、78窟图像特征关系密

① 孙晓峰：《北朝时期水波纹发髻佛像及相关问题研究》，龙门石窟研究院编：《石窟寺研究》第五辑，北京：文物出版社，2014年，第269~272页。

② ［唐］房玄龄等撰：《晋书》卷一二五《乞伏炽磐载记》，北京：中华书局，1974年，第3124~3125页。

③ 袁曙光：《四川茂汶南齐永明造像碑及有关问题》，《文物》1992年第2期。

④ 成都市文物考古工作队：《成都市西安路南朝石刻造像清理简报》，《文物》1998年第11期。

⑤ 杨泓：《试论南北朝前期佛像服饰的主要变化》，《考古》1963年第6期；费泳：《南朝佛教造像研究》，南京艺术学院硕士学位论文，2001年，第33页。

⑥ 魏文斌：《麦积山石窟初期洞窟调查与研究》，兰州大学博士学位论文，2009年，第131页。

切，但其开凿时代明显还是要晚一些。

综上所述，第 70、71 窟的开凿在窟龛形制、造像风格等方面承袭了第 74、78 窟特征，同时亦有所变化，在保持秦州一带造像传统的同时，又部分吸纳了四川地区造像艺术风格。其功德主应该是世居秦州的地方官吏或豪右，具体开凿时间无法确定，但其大致范围当在北魏太和中期前后。

（二）重修时间

对于第 70、71 窟重修时间判定，主要依据的是两窟内重绘的壁画。第 70 窟内正壁主尊两侧壁面重绘的弟子体量上明显大于左、右壁菩萨造像，显然不是通常意义上的一铺五身组合样式，画师在重绘时仅仅是将其作为主尊坐佛胁侍来看待。从现存状况看，麦积山石窟弟子像作为佛胁侍实例最早出现于北魏中期开凿的第 155 窟①，到北魏晚期至西魏阶段时已大量出现，如第 121、126、133、139、142 等窟内均出现有类似组合题材，但这一阶段弟子形象均为秀骨清像造型，其穿着多为厚重宽大的褒衣博带式袈裟，与第 70 窟内重彩平涂、圆领通肩式袈裟的弟子形象有显著区别。而类似着装、身材敦厚的弟子形象则主要出现于麦积山北周时期开凿的窟龛内，且以彩绘形象居多，如第 12 窟前壁甬门两侧弟子、第 26 窟顶部法华变、第 4 窟顶部平棋内诸天赴会图中的弟子多为此类着装样式；从细部图像特征分析，第 70 窟弟子头形椭圆，后绘圆形头光，手持长柄香炉，脚踩饰一圈莲瓣的圆形莲台等特征与麦积山北周壁画中弟子均十分接近。因此，大致可以判定这组弟子图系北周时期重绘。

第 71 窟内壁画系全部重新绘制，图案形式上全部摹拟自第 70 窟，但细节上区别依然十分明显：主尊背项光装饰中的小化佛不仅全部带有圆形背项光，而且均为圆领通肩式袈裟，这种样式佛像大量见于麦积山北周至隋代窟龛内壁面彩绘的千佛图案中，其主要特征是佛装统一、色彩艳丽、绘画技法一般。类似千佛图案也见于麦积山第 74、78 窟顶部重绘壁画中，化佛在顶部呈环形一圈圈环绕排列，身后均饰同心圆形背项光，身穿圆领通肩袈裟，佛装黑、红两色相间排列，整齐划一。从化佛表面色彩剥落显现出的痕迹可以推定该窟顶部原绘壁画为正中一朵大圆莲，窟顶四角各绘一朵小圆莲，其间绘飞天图案。

1978 年，工作人员在第 78 窟内堆积层中清理出两块壁画残片，一块为火头明王及供养人，另一块为伎乐飞天②。这两幅壁画色彩艳丽、线条流畅、内容丰富、形象生动，根据研究，其创作时间大致在北周至隋。而第 78 窟正壁右侧重塑的胁侍菩萨立像，也具有典型的隋代造像特点。结合上述种种图像特征，可知第 74、78 窟在隋代曾做过重修。

窟内另一组重要图像就是正壁主尊两侧的重绘的弟子。从残留的面部特征可知，功德主所要表达的人物分别是释迦弘法时最重要的弟子阿难与迦叶。他们内着僧祇支，外穿垂领式裹右肩袈裟也是麦

① 张宝玺：《龙门北魏石窟二弟子造像的定型化》，龙门石窟研究所编：《龙门石窟一千五百周年国际学术讨论会论文集》，北京：文物出版社，1996 年，第 28~29 页。

② 天水麦积山石窟艺术研究所编：《中国石窟·天水麦积山》，北京：文物出版社、东京：平凡社，1998 年，图版 14、15。

积山隋代弟子造像中最常见法服样式之一，如第 12、94、24 窟内的胁侍弟子像①。而弟子手中所持带有写实性质的莲花及身躯周围的莲叶等组合图案也鲜见于麦积山北朝时期窟龛的装饰图案之中，应该是隋代窟龛中新出现的题材。

与第 70 窟一样，第 71 窟主尊佛陀僧祇支上重绘的饰联珠纹宝相花图案也是隋代窟龛中比较常见装饰之一。联珠纹图案据薄小莹研究，并非中国本土美术的产物，而是包含有诸多西方艺术成分②。南北朝时期，由于北方地区民族之间的战争、交流与融合等原因，使这种带波斯萨珊王朝风格的图案在隋代佛教图像中已经非常普遍，如敦煌莫高窟隋代窟龛中就发现有许多中心为八瓣形宝相花、周围饰一圈联珠纹的装饰图案③，上述两窟内佛衣图案也是这一时代背景的真实再现。

通过相关图像信息的比较分析，不难看出，第 71 窟的重修时间略晚于它旁边的第 70 窟，应该是在隋代。推测当时该窟残损情况已非常严重，故佛教信徒们不仅修补了残损的佛头，还对窟内壁画全部重新彩绘。因此，画师在安排佛两侧弟子像时，没有采用第 70 窟里北周重绘弟子那种整体覆盖方式，而是很合理地与窟内其他图案组合到了一起，从而也形成了今天我们所看到这组双窟中似是而非的图像样式。

五、窟龛性质及其蕴含的佛教思想

（一）关于窟龛性质的讨论

第 70、71 窟形制、大小基本相同，显然是一组经过精心规划的窟龛，类似现象在麦积山石窟北魏早期窟龛中出现较多，其中最著名的当属规模更大、内容更丰富的第 74、78 窟，此外还有体量更小的第 69、169 窟，第 68、73 等窟。而且这种成组的开窟形式对麦积山北魏以后窟龛开凿样式也产生了一定影响，如西魏时期的第 28、30 窟，北周时期的第 48 窟等。为什么北魏太和时期前后会出现这么多双窟样式的组合呢？根据对现存此类窟龛的调查与统计，可以发现，这种窟龛组合形式在当时北魏国都平城附近的云冈石窟非常普遍，如云冈二期（470~494 年）的第 1、2 窟，第 3 窟，第 5、6 窟，第 7、8 窟，第 9、10 窟在广义上均属于双窟，它们设计严谨、形制复杂、内容丰富、雕刻精美，可以说代表了当时中国石窟艺术的最高水平。显而易见，麦积山北魏早期的双窟与云冈石窟之间必然存在密切关系，应该是同一风尚之下的时代产物。但云冈和麦积山的双窟在规模、形制、内容等方面反差很大，显然不是一种简单意义上的摹拟或继承，而是一种基于相同时代背景，同时又体现出各自地域特色的石窟营建方式。

对于双窟的概念，学者们都有自己的理解和观点，王恒认为它是指具有同一形制和同样规模、内

---

① 天水麦积山石窟艺术研究所编：《中国石窟・天水麦积山》，北京：文物出版社、东京：平凡社，1998 年，图版 261、270、274。

② 薄小莹：《敦煌莫高窟六世纪末至九世纪中叶的装饰图案》，《敦煌吐鲁番文献研究论集》（五），北京：北京大学出版社，1990 年，第 355~436 页。

③ （韩）梁银景：《隋代佛教窟龛研究》，北京：文物出版社，2004 年，第 188 页。

容相连并紧靠在一起的两个洞窟，最明显的特征是两个洞窟共用一个前庭，前庭有竖立柱式标志①。而王建舜认为双窟是指佛教石窟群中同时开凿的具有相同的设计理念、相同的空间形态、相同的造像题材、相同的艺术风格并且同构互补、相连贯通的两个洞窟②。

综合上述看法，麦积山北魏太和年间开凿的第70、71窟毫无疑问是一组标准的双窟结构，从空间形式上看，它主要继承了麦积山第74、78窟的窟形特点。但从实质上分析，这种开窟方式的出现与当时社会背景有密切关系。439年，北魏政权基本统一北方后，其汉化步伐也逐步加快，特别是北魏孝文帝拓跋宏登基后，从政治、经济、文化、社会习俗等方方面面大力推行汉化政策，使鲜卑贵族与汉族世家大族紧密结合起来，大大缓和了尖锐的阶级和民族矛盾，也使北魏国家实力显著增强。而拓跋宏所做的这一切，与他的祖母文明太皇太后冯氏有直接关系。冯氏是北魏秦、雍二州刺史冯朗之女，生于长安，是北魏历史上一位承前启后的女政治家。她从献文帝拓跋弘到孝文帝拓跋宏统治的时期内，真正把持着北魏朝政。冯氏一门身世显贵，世代奉佛。她的哥哥冯熙“自出家财，在诸州镇建佛图精舍，合七十二处，写十六部一切经。延致名德沙门，日与讲论，精勤不倦”③。冯太后本人对佛教也十分信仰和推崇，她曾“立思燕浮图于龙城”，孝文帝也曾为她“罢鹰师曹，以其地为报德佛寺”④。正是由于冯氏长期擅政，北魏亲贵多称冯氏与孝文帝为“二圣”，对于“二圣”的称谓，宿白先生举出了定县所出太和五年（481年）石函铭以及《魏书·高闾传》《魏书·杨播传附弟椿传》《魏书·程骏传》《魏书·李彪传》等记载的实例，同时也认为这一时期作为皇室专属的云冈石窟大量出现双窟，应是当时北魏既有皇帝在位，也有太后临朝的反映⑤。

大致同时期出现的麦积山石窟第70、71窟也应是这种社会政治风气影响的结果。北魏太平真君年间，太武帝拓跋焘始于长安的灭佛行动对当时秦州地区佛教产生了很大影响，直到452年，文成帝继位后，佛教才得以重新弘扬。从这段时间到北魏孝文帝太和年间，宗室拓跋崘⑥、外戚李惠⑦、乙乾归⑧、穆亮⑨等先后出任秦州刺史，正是这些出镇秦州的北魏贵族，带来了魏都平城的新风尚。

（二）蕴含的佛教思想

第70、71窟形制相同，窟内图像基本形式一致，均为一佛二菩萨的佛三尊组合样式，其中正壁主尊佛背项光内绘化佛。北周和隋代重修时，又在正壁主尊两侧各添绘一身弟子，形成一佛二弟子二菩

---

① 王恒：《云冈双窟研究》，《敦煌研究》2003年第4期。

② 王建舜：《云冈石窟双窟造像的审美文化研究——模式、分解与对称、互补》，云冈石窟研究院编：《2005年云冈国际学术研讨会论文集·研究卷》，北京：文物出版社，2006年，第722页。

③ ［北齐］魏收撰：《魏书》卷八三《列传外戚第七十一上·冯熙》，北京：中华书局，1974年，第1819页。

④ ［北齐］魏收撰：《魏书》卷一三《皇后列传第一》，北京：中华书局，1974年，第328~329页。

⑤ 宿白：《平城实力的集聚和“云冈模式”的形成与发展》，《中国石窟寺研究》，北京：文物出版社，1996年，第136~137页。

⑥ ［北齐］魏收撰：《魏书》卷一五《昭成子孙列传第三》，北京：中华书局，1974年，第383页。

⑦ ［北齐］魏收撰：《魏书》卷八三《列传外戚第七十一上·李惠》，北京：中华书局，1974年，第1824页。

⑧ ［北齐］魏收撰：《魏书》卷四四《列传第三十二·乙环》，北京：中华书局，1974年，第992页。

⑨ ［北齐］魏收撰：《魏书》卷二七《列传第十五·穆崇》，北京：中华书局，1974年，第667页。

萨的一铺五身组合。结合上述两窟内重修情况，可知其所蕴含的佛教思想在北魏时期和北周至隋代显然是不一样的，由于没有发现任何榜书或题记，笔者只能结合相关图像资料做些臆测分析。

佛三尊样式最早出现于2~3世纪的犍陀罗石雕造像中，也是最常见的佛教造像组合形式。国内目前所见最早的此类像当属四川彭山县东汉墓出土摇钱树陶制台座上的一佛二菩萨雕刻，而石窟寺中目前所见最早者当属炳灵寺西秦第169窟第6、17、22号龛内佛三尊泥塑造像。此外，在敦煌、云冈、龙门、张掖马蹄寺、武威天梯山、泾川王母宫、合水保全寺及张家沟门等石窟北魏早期窟龛中均发现有此类题材。

在麦积山北魏早期造像中，一佛二菩萨也是一种非常普遍的组合形式。无论是大型窟龛内的三佛组合，还是龛形窟内的单尊佛像，其胁侍造像均为菩萨，到北魏中期以后，主尊佛两侧才开始出现胁侍弟子像。但问题在于这些菩萨像的图像特征并不明显，除手姿外，几乎所有菩萨并没有其他可以确认身份的标志。目前，陇右地区有明确身份题记的只有炳灵寺西秦第169窟6号龛内主尊无量寿佛两侧的菩萨像，一为观世音菩萨，一为大势至菩萨，两身造像均为一手上扬，置于胸前，掌心内握一莲蕾状圆形物。一手贴壁下垂外撇，执帔帛①。与后来常见的这两身菩萨图像特征也有明显差异。值得注意的是，通过对炳灵寺第169窟6号龛建弘元年供养人墨书题记的统计，仅保留清晰的第二排5身供养人画像题记中，涉及秦州的就有“博士南安姚庆子之像、侍生天水梁伯熙之像、侍生天水杨□之像”等3条②，表明当时两地之间往来非常频繁，那么他们所供奉的佛教造像和传播的佛教思想也应该没有太大差异。

根据考察结果，这一时期麦积山石窟佛三尊像中胁侍菩萨像手姿大致相同：均为一手上扬，掌心向内，贴胸拈一莲蕾，一手贴壁下垂，略外撇，手执帔帛或净瓶，如第74、78、80、100、128、148等窟内主尊两侧菩萨像③。但他们所对应主尊造像却不尽相同，有说法印坐佛像（第74、78、115窟），有禅定印坐佛像（第69、70、71、128、148窟）。那么，第70、71窟中以佛三尊为代表的图像究竟表现的是什么内容呢？笔者认为应该是释迦牟尼佛及反映大乘佛教思想的菩萨尊像。

关于麦积山石窟早期佛教造像所反映和体现的佛教思想，学界比较一致的看法是由于秦州毗邻当时北方佛教文化中心长安，深受以鸠摩罗什为代表的长安僧团影响。长期以来，鸠摩罗什所译的《妙法莲华经》《思惟略要法》《禅秘要法经》《坐禅三昧经》等大乘经典对秦陇地区佛法传播产生了重要影响。麦积山、炳灵寺等地北朝时期盛行的三世佛造像正是法华禅观思想的具体体现，正如刘慧达先生所言：“北魏之世，石窟多‘三佛’，与昙曜之倡导有关，昙曜以后北魏佛教徒对三佛之重视并未少歇，所以魏收总结拓跋一代佛教经旨，开始即云过去、当今、未来三世，并列举三世诸佛。因此三佛石窟由云冈而龙门而炳灵寺而麦积山，几乎普遍当时的中国北方。”④ 对此，《魏书·释老志》中也有一段很好的总结：“凡其经旨，大抵言生生之类，皆因行业而起。有过去、当今、未来，历三世，识神

① 杜斗城、王亨通主编：《炳灵寺石窟内容总录》，兰州：兰州大学出版社，2006年，第184页。

② 杜斗城、王亨通主编：《炳灵寺石窟内容总录》，兰州：兰州大学出版社，2006年，第186页。

③ 天水麦积山石窟艺术研究所编：《中国石窟·天水麦积山》，北京：文物出版社、东京：平凡社，1998年，图版8、19、26、30、31、35。

④ 刘慧达：《北魏石窟中的“三佛”》，《考古学报》1958年第4期。

常不灭。释迦前有六佛，释迦继六佛而成道，处今贤劫。文言将来有弥勒佛，方继释迦而降世。”① 在法华三佛造像中，释迦处于非常特殊的地位，不仅在三佛造像居于正中，也常常被佛教徒以单尊像形式加以表达，这一点无论是石窟寺，还是单体造像中均比较常见。前者如云冈第 6 窟南壁中层西侧龛内坐佛、第 7 窟后室西壁第四层龛内坐佛②、第 16 窟南壁明窗上层龛内坐佛、第 17 窟东壁第三层龛内坐佛③。合水张家沟门太和十五年（491 年）3 号造像龛，合水保全寺 1 号龛内坐佛等。根据温玉成先生的研究成果，龙门石窟北魏小龛中明确标识造释迦像龛题记的窟龛数量即达 30 余处，其中多数镌刻于开凿时间最早的古阳洞南、北两壁之上④。后者如日本私人收藏太安三年（457 年）宋德兴造石雕释迦坐像、日本大和文华馆藏延兴二年（472 年）张伯和石雕佛坐像等。这些佛三尊像中，有的明确题造释迦像，有的虽未明确身份，但通过相关信息及横向比较分析，大致可以得出主尊为释迦的结论，不再展开阐述。

在麦积山早期三佛造像窟里，通过相关胁侍菩萨像、小龛内交脚和思惟菩萨像组合等信息，可以确定正壁作说法印或禅定印的坐佛为释迦佛，其身后壁面所绘背项光中的化佛系表现十方诸佛世界。它也影响到了同时期佛三尊像龛内的图像样式，主尊坐佛除个别采用说法印外（第 75、77 窟），绝大多数与第 70、71 窟主尊坐佛相同，采用了禅定印。这种现象可能与关陇一带禅观思想盛行有很大关系，而且该窟空间体量很小，窟内仅能容纳下一人，显然非常适合禅观需要。信徒们只有通过对禅定状态的释迦像，表现大乘菩萨道的胁侍造像，以及十方佛国世界中诸佛形象的观想，才能看到佛陀在修行之路上的坚韧，体会到大乘菩萨道的修行方法，以及联想到佛国世界的种种美妙。

除了禅观功能，释迦崇拜也是信徒祈求国泰民安、众生成佛的重要途径之一。开凿于景明年间的麦积山第 115 窟就是其中的代表，窟内正壁一坐佛，左、右壁各一胁侍菩萨，在主尊佛座正面墨书：

> 唯大代景明三年九月十五日遣上邽镇司/张元伯稽首白常住三宝今在麦积□□□/□□□为菩萨造石室一躯愿三宝兴/□法轮常转众僧□□无所□□身右（佑）愿国/祚永昌万代不绝八方倭负天人庆傢右（佑）愿弟/子所有诸师父母命之者神生兜率□面圣/尊□耳□教悟无生忍右（佑）现先亡者愿使四大/康像六府□寿益二宜命不中夭右（佑）愿/弟子夫妻儿媳现世之中众灾消灭百□吉□/常为国之良辅学者聪明□篋内列/诸典记□年□历代不移及一/切众生普同成佛/愿子孙善大愿是见佛

从发愿文可知，该窟系为菩萨而造，主尊应是演说大乘菩萨道的释迦牟尼佛。造像者希望通过这三尊像，祈愿佛法昌隆、国泰民安，诸师父母死后能升天见弥勒。也希望在世的人能消灭百灾并成为国家的有用之材，最后还祈愿众生均能成佛，基本上表达出了当时人们最朴素、美好的心愿。可见，这也是当时释迦三尊窟比较盛行的一个重要原因。

---

① ［北齐］魏收撰：《魏书》卷一一四《释老志》，北京：中华书局，1974 年，第 3027 页。

② 云冈石窟文物保管所编：《中国石窟・云冈石窟》（一），北京：文物出版社、东京：平凡社，1991 年，图版 114、148。

③ 云冈石窟文物保管所编：《中国石窟・云冈石窟》（二），北京：文物出版社、东京：平凡社，1994 年，图版 144、149。

④ 温玉成：《龙门北朝小龛的类型、分期与洞窟排年》，龙门文物保管所、北京大学考古系编：《中国石窟・龙门石窟》（一），北京：文物出版社、东京：平凡社，1991 年，第 170~224 页。

北周、隋代在窟内添绘了二弟子后，窟内组合变为一佛二弟子二菩萨，而且背项光中刻意强调莲花宝池。特别是重绘的第71窟壁画中的弟子不仅手持莲花，而且身前身后均绘有莲叶、莲蕾等，以示八宝莲池，由于窟内顶壁画已残毁，是否重绘有飞天尚不清楚。但从整体上看，功德主显然要表达的是阿弥陀净土世界。那么，窟内主尊佛就可以解读为阿弥陀，而两窟内手持净瓶的菩萨和手执莲花的菩萨，在当时已非常熟悉西方净土世界里观世音和大势至菩萨神格特征的信徒看来，完全可以理解成这两尊菩萨。

实际上，北魏晚期以来，由于菩提流支、昙鸾、道绰、善导等高僧极力弘扬，以“心中想念”和“称名念佛”为主要方式的往生西方净土法门得到社会各阶层广泛认同和响应。这种修行方法简单易行，口念佛号者勿需经过禅定和观想两个复杂、高深的阶段，就可以往生西方净土世界，几乎成为一张没有成本的、廉价的通往天国的门票。因此，也深受社会各阶层喜爱，不仅体现出对人生终极关怀的提倡和强调，也是释迦信仰的升华，成为这一时期佛教庞大信仰体系中最具特色和魅力的部分之一。目前，麦积山石窟发现最早的此类图像是绘制于西魏第127窟右壁的西方净土变，但并不是十分成熟。北周时期，由于麦积山所在的秦陇一带盛行七佛思想，故反映西方净土的造像并不多见。从这个角度看，麦积山第70窟内西方净土图像的认定在某种程度上也填补了麦积山北周时期此类造像的空白。

隋朝由于国家的统一，西方净土思想传播有了稳定的社会政治文化基础。麦积山也不例外，先后出现了第94、67、13窟等明显带有弥陀净土图像特征的窟龛和摩崖造像①，特别是第67窟和第13窟，主尊佛像已改为倚坐姿，第13窟阿弥陀佛左侧大势至菩萨一手执圆莲，一手执忍冬花。右侧观世音菩萨一手执莲蕾，一手执净瓶，图像特征更加突出。故隋代重修的第71窟系表现这一主题思想无疑。

六、结语

麦积山石窟第70、71窟虽然窟龛形制、造像题材、壁画内容等相对简单，但由于在北周至隋期间的重修和补绘，使我们能够比较完整地看到北朝时期麦积山小型窟龛的形成、发展及演变过程，以及它在特定历史条件下和不同时期所体现和传承的佛教思想及造像理念。也为人们全面认识和了解5~6世纪关陇地区外来佛教艺术与中国传统文化之间相互融合、交流进程提供了珍贵的实物例证。

就佛教造像艺术样式而言，麦积山石窟北周至隋代再次选择第70、71窟重新加以修缮和彩绘也并非偶然现象，应该与当时处于统治阶层的关陇集团阶层人物的审美取向有直接联系：当时“质朴简约”的社会风尚，以及“推崇周礼、恢复古制”的举措显然也影响到造像者的审美意趣。在他们看来，麦积山北魏早期那种魁梧雄健、服饰简洁、袒右披肩式佛装造像更符合其要求，以示与北魏孝文帝南迁洛阳以来形成的以“褒衣博带”为标志的汉式佛装有所区别，而这一佛教造像艺术样式的出现与形成，对此后隋唐佛教造像又产生了积极而深远的影响。

（原载于《佛教艺术模式与样式》，上海：上海大学出版社，2017年）

---

① 天水麦积山石窟艺术研究所编：《中国石窟·天水麦积山》，北京：文物出版社、东京：平凡社，1998年，图版259、262、266。

麦积山石窟西魏时期维摩诘图像研究

孙晓峰

麦积山石窟是南北朝时陇右地区最重要的石窟寺之一，其所处的秦州又是当时连接中原、西域和巴蜀的咽喉要道，这一时期的佛教也得到前所未有的传播与发展。在整个北朝阶段，麦积山石窟也达到了开窟造像的顶峰，各种反映法华、弥勒、维摩等大乘佛教思想的雕塑和壁画精彩纷呈，为我们留下诸多宝贵的佛教文化遗产。其中，兴盛于西魏时期的维摩诘图像就是一个非常值得探讨的题材，本文拟就其所体现的时代背景、佛教思想、艺术风格、图像来源等问题做些粗浅分析和讨论，敬请指正。

一、北魏以来关陇地区维摩诘思想的传播与发展

《维摩诘经》又称《不可思议解脱法门经》，是大乘佛教的一部重要经典，带有较浓厚的净土思想。其最早汉译本可追溯至东汉中平五年（188 年）严佛调在洛阳翻译的两卷本《古维摩诘经》，而后世最流行者当属后秦鸠摩罗什译本。两晋南北朝时，外来佛教已高度融入中国社会，其中《维摩诘经》所宣扬的“空”的思想与中国传统老庄哲学倡导的“无”的思想息息相通，因而广泛受到当时中国知识分子阶层的认可和推崇，这在很大程度上促进了《维摩诘经》的传播，除不断再译外，关于该经义理的注疏、演讲等也非常普遍。当时的著名高僧如僧肇、慧远、竺道生、道辨、法安等都先后为其做过注或义疏，演讲过该经的僧人更是不计其数，这对推动《维摩诘经》从上层社会向普通民众传播起到很好作用。而基于该经形成的维摩诘思想对中国宗教、哲学、文学、艺术等诸多领域都产生了深远影响。经中主角维摩诘的仪度风范、谈吐举止成为两晋南北朝时期贵族、名士、名僧竞相摹仿的对象，这一形象也成为当时画家和佛教寺院、石窟寺中的常见题材。

以长安和秦州为中心的关陇一带也是佛教传入内陆最早的地区之一，由于鸠摩罗什僧团在长安的弘法和译经活动，使得法华、维摩、弥陀、弥勒、涅槃等各类大乘佛教思想十分盛行。其中素有“正法之常轨，大道之通途”之称的《维摩诘经》作为大乘诸经入门的佛教基础理论读物，深受广大佛教信徒喜爱，与之相关的史料及图像材料也屡有发现。但总的看来，相对于文人士族聚集和佛教义学发达的南朝而言，维摩诘思想在关陇地区的传播明显呈现出阶段性特征和地域性特色。

史料方面，陇右一带关于维摩诘思想的记述最早见于《高僧传》：“释僧隐，姓李，秦州陇西人。家世正信，隐年八岁出家便能长斋。至十二蔬食，及受具戒，执操弥坚。常游心律苑，妙通十诵，诵法华、维摩。闻西凉州有玄高法师禅慧兼举，乃负笈从之，于是学尽禅门，深解律要。高公化后，复

西游巴蜀，专任弘通。顷之东下，止江陵琵琶寺，咨业于慧彻。彻名重当时，道扇方外。隐研访少时，备穷经律，禅慧之风，被于荆楚。”①

这条史料中透露出以下几条信息：（1）僧隐出身于陇西望族，其家族有世代信佛的传统，这也说明当地受佛教影响很早。（2）僧隐出家很早，弥志不渝，善于诵《法华经》《维摩诘经》，说明这两部由鸠摩罗什重译的大乘佛教经典当时在陇西一带已十分流行。（3）当时自关中游历秦、凉的禅学高僧玄高在陇右颇具声望，僧隐不畏路途艰险，前往武威投奔玄高门下学禅，表明当时秦州一带佛教传播环境可能并不理想。

大致同时期的另一位陇西籍高僧释僧镜在《维摩诘经》的传播中也做出了重要贡献：“释僧镜，姓焦，本陇西人，迁居吴地，至孝过人。……后入关陇寻师受法，累载方还。……频建法聚，德众云集，著法华、维摩、泥洹义疏并毗昙玄论。”②

从这条记述可知，同样出身于陇西的僧镜很早就去了南方，但后来又前往关陇寻师学法，表明当时活跃于长安的鸠摩罗什僧团影响巨大，僧镜晚年在江南注疏的《维摩诘经》等佛典很可能就是关陇游学的心得。

这两条事迹说明，当时秦陇境内维摩诘思想已经比较流行。

图像材料方面，甘肃永靖炳灵寺石窟西秦营建的第169窟11号龛第三组壁画中绘有国内最早的维摩诘形象：画面中间为无量寿佛，东侧绘一方形扎束式帷帐，内绘二人，维摩诘斜卧于帐内，束发髻，面形圆润，颈饰项圈，身穿袒右式袈裟，扭身侧视，左手举至胸前，坐姿不详，下卧长榻，似在谈论。身后绘圆形头光，头上方绘饰垂幔的圆形华盖。左侧绘一扎束发髻，穿袈裟的侍者，身后绘圆形头光，立于一侧，面向维摩诘。两人之间上方竖条榜题内墨书“维摩诘之像、侍者之像”③。显然，这与张彦远《历代名画记》中描述的顾恺之在建康瓦官寺所绘具有“清羸示病之容，隐几忘言之状”的维摩诘像，或稍后陆探微、袁倩所绘此类作品，无论在形式上，还是内容上都有很大差异。

关于这种类似菩萨装束的维摩诘像，学界已多有论述，认为其与南朝地区传统样式的维摩像并非一个系统，带有明显的西域风格，是大乘菩萨像的一种表现方法，故可以称为单独的维摩像④。邹清泉则根据“隐几”这种起源于汉代，盛行于六朝的家具在维摩诘图像中使用和变化的情况，指出两地维摩像彼此之间并没有直接承袭关系，并非源于同一种粉本脉络⑤。笔者也同意这种看法，但它与中原地区传统文化之间的关系又显而易见：图中无论是维摩诘，还是侍者，都带有浓郁的线描人物特点，类似技法的作品在魏晋时期河西地区墓葬壁画里也十分常见。另外，维摩诘所居帷帐和床榻也是典型的中原家具陈设。这些特征表明，当时这幅壁画的创作者不仅深谙《维摩诘经》义理，并且深受汉文

---

① ［梁］释慧皎撰，汤用彤校注：《高僧传》卷十一《释僧隐》，北京：中华书局，1997年，第432页。

② ［梁］释慧皎撰，汤用彤校注：《高僧传》卷七《释僧镜》，北京：中华书局，1997年，第293页。

③ 杜斗城、王亨通主编：《炳灵寺石窟内容总录》，兰州：兰州大学出版社，2006年，第188~190页；甘肃省文物工作队、炳灵寺文物保管所编：《中国石窟·永靖炳灵寺》，北京：文物出版社，1989年，图版37、41。

④ 常青：《炳灵寺169窟塑像与壁画的年代》，北京大学考古系编：《考古学研究》（一），北京：文物出版社，1992年，第85页；（日）石松日奈子《维摩和文殊造像的研究》，龙门石窟研究所编：《龙门石窟一千五百周年国际学术讨论会论文集》，北京：文物出版社，1996年，第11页。

⑤ 邹清泉：《维摩诘变相研究述评》，《文艺研究》2010年第5期。

化传统熏陶，这种单体形式维摩诘的出现可能与鸠摩罗什僧团的译经与弘法活动有一定关系。

耐人寻味的是，自5世纪初以后，关陇地区有关反映维摩诘思想的图像或文献资料却迅速减少，鲜有所见。笔者认为出现这种情况主要与当时秦陇一带因战乱而引起的人口频繁流动和迁徙有密切关系。与普通民众祈盼平安、摆脱现世苦难、向往净土世界不同，维摩诘思想主要盛行于当时社会士族名流、王公贵族阶层，以最大限度满足其“驻世”又“出世”的现实精神需求。自5世纪中叶北魏政权控制长安以来的很长一段时间内，秦陇地区沦为北方胡族南下聚居的重要区域，原有世族阶层在频繁的民族征服战争中或凋零破落，或四散逃亡。而以北方胡族为主体的新兴统治者尚未完全接受以儒家思想为核心的中原传统文化，直到北魏晚期，随着孝文帝汉化改革的深入和影响，这种局面才得到根本性改变，随之维摩诘造像再次在关陇地区盛行起来。

由于北魏时期佛教界主流思想深受鸠摩罗什僧团影响，其代表性经典《法华经》和《维摩诘经》又充分体现出中观派诸法实相内涵，在教义上有相通性。根据统计，北朝高僧研习法华经者往往亦研习维摩诘经，这种现象在图像中主要表现为将维摩诘图像组织在法华图像中，进而形成以释迦、多宝佛和三佛为主尊的图像体系中，以共同宣扬大乘佛法。相关实例如炳灵寺第128窟造像：正壁为释迦、多宝，其上方小龛内分别雕文殊菩萨和维摩诘像①。而北魏晚期镌刻的麦积山第133窟10号造像碑中，中轴线上至下依次雕刻表示过去、未来和现在的三世佛，左下角一饰帷帐的屋形龛内，维摩、文殊对坐辩法。开凿于北魏晚期的华亭石拱寺第11窟前壁上方并列开三龛，正中龛内主尊为释迦牟尼，左、右各凿一帷幕形龛，左侧龛内雕文殊菩萨，右侧龛内雕维摩诘，龛外及帐前各有数身弟子侍立，系表现《维摩诘经·问疾品》中相关内容②。甘肃省博物馆收藏的庄浪卜氏造像塔中，在B面第二层雕刻有文殊与维摩诘辩经场景③。庄浪县博物馆收藏的一件四面造像塔残件中，其中一面龛内浮雕维摩、文殊图像，由于风化残损严重，大致可辨帷帐之下，维摩、文殊并列坐于条形坛台之上。文殊居左，维摩居右。

上述例证表明，北魏晚期维摩诘思想在秦陇一带再度盛行。西魏政权建立后，关陇地区成为重要的战略后方，统治集团对佛教也是鼎力支持，史载“时西魏文帝大统中，丞相宇文黑泰，兴隆释教，崇重大乘。虽摄总万机，而恒扬三宝。第内常供百法师，寻讨经论，讲摩诃衍。又令沙门昙显等，依大乘经，……使从佛性，终尽融门。每日开讲，即恒宣述以代先旧，五时教迹，迄今流行。香火、梵音、礼拜、唱导，咸承其则，虽山东江表乃称学海，仪表有归，未能逾矣”④。宇文泰还鼓励儒士兼修佛理：“太祖于行台省置学，取丞郎及府佑德行明敏者充生，悉令旦理公务，晚就讲习，先《六经》，后子史，又于众生中简德行淳懿者，侍太祖读书。慎与李璨陇西李伯良、辛韶，武功苏衡，谯郡夏侯裕，安定梁旷、梁礼，河南长孙璋，河东裴举、薛同，荥阳郑朝等十二人，竝应其选。又以慎为学师，以知诸生课业。太祖雅好谈论，并简名僧深识玄宗者一百人，于第内讲说。又命慎等十二人兼学佛义，

---

① 杜斗城、王亨通主编：《炳灵寺石窟内容总录》，兰州：兰州大学出版社，2006年，第123页。

② 魏文斌：《华亭石拱寺石窟调查简报》，《敦煌研究》2007年第3期。

③ 俄玉楠：《甘肃省博物馆藏卜氏石塔图像调查研究》，《敦煌学辑刊》2011年第4期。

④ 《大正藏》第50册，第429页。

使内外俱通，由是四方竞为大乘之学。"① 正是在这种背景下，带有强烈士族文化特征的维摩诘思想得到继承和发展，相关材料也十分丰富。在存世的敦煌文书中，就有不少西魏王公贵族及僧侣关于《维摩诘经》的写本或义疏。前者如瓜州刺史、东阳王元荣自北魏末年起就在敦煌造写有相当数量的《维摩经》，实例如英藏敦煌文献S. 4415、上海博物馆藏8962号等写本。后者如西魏大统三年（537年）正月十九日许瓊瓊写《维摩经义记》（北京存辰032号），大统五年（539年）四月十二日比丘慧能写《维摩诘经注》（S. 2732），大统十四年（548年）十月五日普济寺法鸾写《维摩诘经义记》（P. 2273）等。

图像资料如西安博物院藏的西魏大统三年（537年）造像碑上半部浮雕有一幅维摩变：歇山顶大殿之内，文殊、维摩左右对坐互视。文殊菩萨踞坐于覆莲台上，身后一身菩萨，立于覆莲台上。维摩头戴小冠，身穿交领宽袖袍服，倚坐于隐几之内，左手抚隐几，右手持扇，其下为覆莲台。身后立两身侍女。这组图像下方雕菩萨、弟子、力士、侍童等形象；陈哲敬藏西魏大统八年（542年）佛三尊造像碑，碑阴上部正中开一尖拱形浅龛，内一结跏趺坐佛，两侧分别雕文殊和维摩诘②。美国旧金山亚洲艺术博物馆藏西魏大统十三年（546年）佛碑像，正面上方雕一殿宇，内文殊、维摩相向对坐，两人均结跏趺坐于束腰方形叠涩座上，身后各侍立一弟子③。美国波士顿美术博物馆藏西魏恭帝元年（554年）薛氏造佛像碑，碑上方残损部分从残存内容可知雕刻的是维摩、文殊说法论道④。

故大致可以看出，最迟在5世纪初，由于鸠摩罗什僧团在《维摩诘经》的翻译、注疏和弘扬过程中所发挥的特殊作用，使关陇地区维摩诘信仰具有了一定社会基础。但此后近百年时间里，关陇地区由于战乱等因素，其主要信众群体的衰落与迁徙使维摩诘经的影响趋于式微。这种局面自北魏孝文帝南迁洛阳，并大力推行汉化政策后才得到根本性扭转与改变，孝文帝本人不仅积极推进和重树世族门姓制度，而且也十分推崇和鼓励佛教义理研究。史称他"雅好读书，手不释卷。五经之义，揽之便讲。学不师受，探其精妙。史传百家，无不该涉。善谈《老》《庄》，尤精释义"⑤。据《广弘明集》载，孝文帝也非常提倡教讲说之风⑥。正是在这种大环境下，到北魏晚期，北方地区维摩诘思想再度盛行起来，并且为此后的东、西魏政权所继承和发扬。

二、西魏时期麦积山石窟维摩诘图像综述

麦积山所属的秦州是西魏政权重要战略后方，历任刺史如赵贵、李弼、念贤、元戊、独孤信、宇文导等均为皇亲国戚或朝廷重臣。特别是西魏初年，文帝皇后乙弗氏被废，在麦积山出家为尼，极大

① ［唐］令狐德棻等撰：《周书》卷三五《薛善传附薛慎传》，北京：中华书局，1997年，第624~625页。

② 觉风佛教艺术文化基金会：《中国古佛雕——哲敬堂珍藏选辑》，台北：艺术家杂志社，1989年，图版20、21。

③ 金申编著：《海外及港台藏历代佛像——珍品纪年图鉴》，太原：山西人民出版社，2007年，第96页。

④ 刘兴珍、郑经文：《中国古代雕塑图典》，北京：文物出版社，2006年，图版5~89。

⑤ ［北齐］魏收撰：《魏书》卷七《高祖纪下》，北京：中华书局，1974年，第187页。

⑥ 《广弘明集》卷二十四《帝令诸州众僧安居讲说诏》曰："门下。恁玄归妙，固资真风。餐慧习慈，实钟果智。故三炎检摄道之恒规，九夏温诠法之嘉猷。可敕诸州令此夏安居清众，大州三百人。中州二百人，小州一百人，任其数处讲说。皆僧祇粟供备。若粟尠徒寡不充此数者，可令昭玄量减还闻。其各钦旌贤匠，良推睿德，勿致滥浊惰兹后进。"

促进了麦积山石窟的开凿与营建。同时，也带来了国都长安盛行的造像题材和艺术风尚。

整体上看西魏时期麦积山石窟造像依然继承了北魏以来形成的以法华思想为核心的三世佛题材，尽管北魏晚期出现有少量表现维摩诘的图像，但真正意义上表现《维摩诘经》图像的窟龛却出现在西魏时期，主要有开凿于西上区的第102窟和第123窟，以及第127窟和第135窟内的彩绘壁画，现略加以介绍。

第102窟西上区第二层，窟高2.90米，宽2.88米，进深2.75米。该窟北周时期曾被改造，现为平面方形角攒尖顶窟，窟内正中凿方形凹槽，四周设低坛基，窟内壁面泥皮除正壁略有保留外，其余全部脱落无存。窟内正壁塑释迦坐像，高1.52米。左壁塑维摩诘坐像，高1.2米。右壁为文殊倚坐像，高1.15米。各壁主尊两侧胁侍菩萨、弟子像原位置已不详，现配置情况为正壁佛左侧一菩萨立像，右侧一弟子立像。左壁维摩诘像左侧置一半身菩萨残像。右壁文殊像右侧置一弟子像，头残毁。

第123窟位于西上区顶层，窟高2.50米，宽2.36米，进深2.34米。窟龛形制为平面方形、平顶，窟门方形，窟内四壁凿低坛基，正、左、右三壁各开一个圆拱形浅龛，每龛内各塑一长方形佛座。正壁龛内塑释迦坐像，高1.15米，龛外左、右分别塑一身菩萨立像。左壁龛内塑维摩诘坐像，高0.98米，龛外左侧塑一童男立像，右龛塑弟子阿难。右壁龛内塑文殊坐像，高1米，龛外左侧塑弟子迦叶，右侧塑童女立像；窟内壁画多已剥落无存，仅顶部有少许存留，依稀可辨绘莲花飞天图案。

除泥塑造像外，西魏初年开凿的第127窟左壁上方还绘有一幅大型维摩诘经变。画面纵2.30米，横4.48米，虽有部分残损，但内容基本清晰。画面上方正中绘吉祥天女，体态清秀，动感十足，她身后宝帐内维摩诘靠隐几倚坐，对面文殊菩萨倚坐于圆形华盖之下。画面四周绘有众多菩萨、弟子及听法信众。对于画面内容，张宝玺认为主要表现了问疾品、方便品和观众生品①，项一峰认为包含有问疾品、方便品、香积佛品和见阿閦佛品②。笔者经认真研究释读后，同意张宝玺先生的看法，并认为还包含有弟子品和不可思议品内容，因篇幅原因，容另文论述。

第135窟开凿时间与第127窟应相差无几，窟内壁画残损情况较为严重，但左壁壁画保存相对完整，尚可辨上方并列绘三组佛说法图。下方正中开一圆拱形敞口大龛，龛外左侧壁画基本残毁无存，右侧壁画虽大部分风化脱落严重，但依稀可辨通壁一方形帷帐，其上端四周等距饰莲瓣，下端帐楣饰三角形垂幔、流苏。帷帐底部置一方形床榻，前侧绘两株大树，右前方绘一身飞天，帐内隐约可辨绘一身坐姿人物，根据北魏晚期以来相关图像信息，基本可以认定帐内人物系维摩诘。对面残损画面内容当为文殊菩萨，共同构成北魏晚期以来北方地区常见的维摩、文殊对坐图像样式。

现从麦积山石窟西魏窟龛维摩诘图像资料的创作时间、风格特征、配置形式等方面略加阐述。

西魏在中国历史上是一个短暂王朝，但在麦积山石窟开凿与营建历史上却是一个重要阶段，现藏于麦积山石窟艺术研究所的宋碑《秦州雄武军陇城县第六保瑞应寺再葬舍利记》载："……昔西魏大统元年再修崖阁，重兴寺宇，到我宋乾德二年，计四百年……"表明西魏时麦积山石窟的营建很受重

① 张宝玺：《麦积山石窟壁画叙要》，天水麦积山石窟艺术研究所编：《中国石窟·天水麦积山》，北京：文物出版社、东京：平凡社，1998年，第193页。

② 项一峰：《〈维摩诘经〉与维摩诘经变——麦积山127窟维摩诘经变壁画试探》，《敦煌学辑刊》1998年第2期。

视，这可能与前面提到的西魏文帝皇后乙弗氏在麦积山出家修行有密切关系，她于大统六年（540年）被赐死于麦积山，并凿龛为陵而葬，后迁柩至长安，与文帝合葬于永陵。根据笔者研究，规模宏大、内容丰富的麦积山第127窟应该是她的儿子，时任秦州刺史的武都王元戊为她专门开凿的功德窟，故窟内右壁绘制的维摩诘变应该是当时长安上层社会人物精神生活世界的具体反映之一。而开窟位置较低的第135窟，窟龛规模、洞窟形制、造像题材等方面与第127窟都非常相近，推测其开凿时间略早于第127窟，极有可能系乙弗氏本人主导，故这两个窟开凿时间当在西魏大统初年。

与第127窟同层的第123窟位于栈道东侧边缘地带，结合两窟之间分布的第120、124、126窟的相关信息，以及第123窟本身的造像特征等，可以肯定第123窟开凿时间晚于第127窟，大致应在大统后期。位于西上区第二层的第102窟系利用崖面空隙开凿而成，其窟内造像具有典型的西魏特点，表明其开凿时间相对更晚一些。通过梳理，可以看出麦积山西魏时期表现有维摩诘题材的窟龛基本覆盖了整个西魏阶段，这表明此类信仰在当时非常盛行。

从风格特征方面分析，麦积山西魏时期的维摩诘图像也明显存在着一个发展、变化和成熟的过程。如第123窟左壁维摩诘像体态俊朗挺拔，束覆钵形发髻，面容清秀中透着圆润，斜眉长挑，双目细长，直鼻小口，细颈削肩。左手举至胸前，掌心侧向，右手自然下垂抚膝。内穿圆领长襦，膝部系带，打结后下垂，外穿垂领式长袖大氅，结跏趺坐于长方形须弥座上。第102窟左壁维摩诘头戴卷檐高冠巾，脸形方圆，面颊饱满，弧形眉，双目细长，平视前方，鼻梁高直，双唇紧闭，下颌圆润且明显留有一圈镶嵌胡须的微孔。短颈端肩，身躯颀长挺拔，腹部略鼓。左臂曲至胸前，手已残毁。右臂下垂微曲，右手抚右膝。内穿圆领对襟衫，中衣胸前衣带打结下垂，外罩宽袖大氅，半跏趺坐于长方形须弥座上，衣裾呈八字形覆于座前。虽然麦积山西魏时期的这两尊维摩诘塑像都是以菩萨尊格样式来加以展现，但如果仔细观察，我们可以看出其中的细微变化和不同：第123窟的维摩诘像整体上依然没有摆脱北魏晚期以来盛行的秀骨清像样式，人物形象清秀，细长的双眼略下视，表情恬静含笑，是典型的超凡脱俗、充满睿智的南北朝时期世族名士形象。而第102窟的维摩诘尽管头戴足以彰显其身份的冠巾，但面部宽额方颌，显得十分饱满，双眼由微睁下视改为睁开平视，颌下镶嵌的胡须使其更具有男性阳刚之气，突兀起伏的衣纹线使身躯更显魁梧挺拔，已完全转变为带有北方男性特征的长者形象。同时，这也标志着西魏造像艺术风格的真正形成。

从组合形式上看，麦积山西魏时期的维摩诘图像主要有三种，第一种是龛外两侧对称表现，如第135窟左壁龛外两侧原分别绘维摩与文殊。第二种是大场景表现，如第127窟左壁维摩诘变，以吉祥天女为中轴线，维摩、文殊左右对称配置，诸菩萨、弟子、信众等环侍周围，其包括的品序内容也相对丰富。第三种是同窟表现，全部为塑像，如第102、123窟。其中第102窟胁侍配置由于后世扰动，原貌不详。值得注意的是，第123窟左、右壁外侧出现的童男、童女像充分反映出汉化后北方胡族接受维摩诘信仰的情况。

根据笔者仔细观察，第123窟左壁外侧童男头顶浓密厚重的齐耳短发，后脑垂一细长小辫。这是当时鲜卑等北方游牧民族男性常见发式之一，也被称为“索虏”或“索头”，胡三省在《资治通鉴》曹魏黄初二年条注曰：“索虏者，以北人辫发，谓之索头也。”童男身穿的圆领窄袖裘皮袍也具有北方游特民族特色。北朝时期，圆领窄袖袍主要是来华经商的西域胡人标准装束，如大同雁北师院宋绍祖墓出土的胡人俑，头戴黑色圆形小帽，身穿圆领紧身窄袖对襟长袍，袍服两侧开衩。领、袖、前襟和下摆镶边，腰系带，足蹬靴①。类似装束的胡人形象也见于太原娄叡墓和徐显秀墓壁画，以及河北磁县高润墓壁画等。从材质上看，童男所穿圆领袍为裘皮质地，采用左侧直裾开襟，在肩部和左腋下各扎束衣带，以固定皮袍，这与西域胡传统的对襟或右侧直裾开襟圆领窄袖胡服也有所区别，但仍属胡服一系。童男下穿的裤褶和尖头靴也是北方游牧民族的日常装束，不再赘述。综上可知，第123窟童男应是一位胡族少年；而右壁外侧的童女装束内涵也比较复杂。她梳的双鬟髻是北魏晚期以来北方少女常见的一种发式，如麦积山第127窟发现的北魏影塑女童头像和洛阳永宁寺遗址出土的影塑女童像都表现出类似特征。她内穿的左衽直裾开襟圆领裘皮袍具有明显的北方少数民族特征，但上身外穿垂领式中袖短袍，下着齐胸长裙，又明显受到了汉族服饰影响。脚穿的圆头高履更具有汉文化服饰礼仪特色，履多指用麻、葛、皮、丝等材料做成的鞋子，有的在鞋底加木底，一般前部上翘，对穿履者性别没有限制。据《释名・释衣服》："履，礼也。饰足，所以为礼也。亦曰屦，屦，拘也，所以拘足也。"② 穿履一般都在正式场合，如官员上朝、谒见长辈等，否则会被视为违背礼法或者不敬。履的款式主要体现在鞋头上，南北朝时期的鞋履以圆头、方头和笏头居多，从图像资料及墓葬出土陶俑情况看，穿圆头履多为女性，以示顺从。如《宋书・五行志》载："昔初作履者，妇人圆头，男子方头。圆者，顺从之义，所以别男女也。"③ 但到后来，这种规定也仅流于形式，并没有真正得到执行。总之，童女装束上体现出更多胡汉融合的特征。

同时，第123窟内以供养人身份出现的童男、童女被置于和弟子等同的地位，来聆听佛讲《维摩诘经》，其内涵显而易见。一方面，表明居住在秦州的这一家族具有较高汉文化修养和认可程度。另一方面，也充分体现出内迁北方少数民族在接受和理解维摩诘信仰方面与汉族世家大族并无太大差异。这一情形在当时关陇地区比较普遍，如史料记载，北魏末年有一位取名康维摩的关中羌胡，他曾率部守锯谷，后被北魏大将源子雍生擒④。作为胡人，他取名维摩显然有希望借维摩诘不可思议神力来保佑自己的含义。

三、麦积山西魏时期维摩诘图像来源

如前所述，维摩诘图像在麦积山西魏窟龛中占有重要位置，表明这一时期维摩诘信仰在以秦州为中心的陇右一带十分盛行。那么，对其来源的梳理则非常有助于了解北朝时期中原北方地区维摩诘信仰发展、传播和变化情况，下面略加以分析和阐述。

结合前述关陇地区维摩诘思想的发展变化情况和西魏政权对秦陇地的经营，以及麦积山现存维摩

① 山西省考古研究所、大同市考古研究所：《大同市北魏宋绍祖墓发掘简报》，《文物》2001年第7期。

② 王先谦撰集：《释名疏证补》卷五，上海：上海古籍出版社，1984年，第260页。

③ ［梁］沈约撰：《宋书》卷三〇《五行志》（一），北京：中华书局，1974年，第888页。

④ ［北齐］魏收撰：《魏书》卷四一《源贺传》，北京：中华书局，1974年，第930页。载："时子雍新平黑城，遂率士马并夏州募义之民，携家席卷，鼓行南出。贼帅康维摩拥率羌胡守锯谷，断鹦棠桥。子雍与交战，大破之，生擒维摩。"

诘图像配置和内容分析，毫无疑问，它主要受到了以长安为中心的关中地区影响，其源头则可以追溯到北魏分裂前以洛阳为中心的中原一带。自北魏孝文帝执政以来，特别是南迁洛阳以后，其汉化进程不断加快，洛阳也很快重新成为世家大族聚居之地。如北魏末年，南朝名将陈庆之回到建康后，非常尊重北人，朱异觉得奇怪，便问他，陈庆之回答说："吾始以为大江以北皆戎狄之乡，比至洛阳，乃知衣冠人物尽在中原，非江东所及也，奈何轻之。"① 正是这种背景下，带有浓厚士族文化特征的维摩诘信仰也风行一时。根据统计，从太和中期到景明、正始年间，龙门石窟中维摩、文殊对坐图像共计有129铺，大多位于小龛主尊背光两侧或龛楣上方两侧，始于孝文帝迁洛前后，盛于宣武、孝明二世，东魏、北齐以后衰退②。龙门石窟北魏晚期维摩诘图像的这种配置形式对包括关中、陇右在内的北方地区石窟寺、造像碑相关内容样式均产生了重要影响。

麦积山西魏窟龛内保存的四组有关维摩诘图像中，时间最早者当属第135窟左壁大龛两侧彩绘维摩、文殊对坐像。这组图像从配置方式上分析，其对应的龛内为泥塑一坐佛二胁侍菩萨像，壁面上方又并列彩绘三组一佛二菩萨说法图，显然它处于从属地位。由于该窟系典型的三壁三佛组合，且龛内三佛样式、装束、大小基本一致，具体神格尊位难以确定。而同一时期，弥勒菩萨和维摩、文殊的图像样式在龙门6世纪初龛像中非常普遍，如古阳洞南北壁第二层的八大龛中，有七个龛采用类似题材，即龛内主尊为交脚弥勒菩萨像，胁侍弟子上方分别浮雕有维摩、文殊对坐像，并且已成为一种标准样式③。关于这种对称构图样式出现时间，据石松日奈子研究，在5世纪后半叶到6世纪非常盛行，它首先出现在石窟寺中，如云冈第6窟前壁、第5A窟西壁，龙门古阳洞、宾阳中洞、莲花洞、魏字洞，巩县第1窟西壁，天龙山第3窟等，这种形式也影响到此后造像碑中维摩、文殊的配置样式④。如荥阳大海寺北魏孝昌元年（524年）比丘道晗正面龛内两侧胁侍像上方浮雕有维摩诘经变图，左侧维摩诘倚靠隐几，坐于方形帷帐之内。右侧文殊菩萨倚坐于屋宇之中，身后立有听法菩萨及弟子⑤。类似图像也见于关中地区造像碑中，如西安碑林博物馆藏北魏晚期交脚弥勒造像碑：桥形盝顶天宫内对称浮雕4身伎乐飞天，龛楣扎束帐幔，正中为交脚弥勒菩萨，左、右两侧分别雕维摩、文殊对坐说法，其中维摩身穿交领大袖服，手持团扇，坐方形台。文殊下着长裙，帔帛于胸前十字交叉，倚坐于方形座，雕刻技法上带有浓郁的关中地方特色。西魏定都长安后，这种配置样式依然盛行，但在技法、风格上则逐步形成了自身时代特点。第135窟保存的这组维摩、文殊对坐图无论形式还是壁画相关内容配置上，都与洛阳、长安地区此类图像具有高度相似性，如龛楣两侧画飞天，上方绘说法图等。至于龛内主尊，根据笔者对麦积山北魏以来三佛造像题材研究，基本可以推定其为佛装弥勒像，限于篇幅原因不再赘述。由此可知，它与洛阳、长安地区此类组合图像之间存在着一定关联性。

---

① ［北宋］司马光编著：《资治通鉴》卷一五三《梁纪九》，北京：中华书局，1976年，第4766页。

② 张乃翥：《龙门石窟维摩诘变造像及其意义》，《中原文物》1982年第3期。

③ 温玉成：《古阳洞研究》，龙门石窟研究所编：《龙门石窟研究论文选》，上海：上海人民出版社，1993年，第154~156页。

④ （日）石松日奈子：《维摩和文殊造像的研究》，龙门石窟研究编：《龙门石窟一千五百周年国际学术讨论会论文集》，北京：文物出版社，1996年，第9~22页。

⑤ 王景荃主编：《河南佛教石刻造像》，郑州：大象出版社，2009年，第93~104页。

第127窟左壁绘制的维摩变在形式上与第135窟有一定继承性，但其样式、内容、风格等方面均有了明显变化，堪称西魏壁画艺术的典范之作。样式方面，在保持原有弥勒和维摩、文殊图像样式基础上，采用了大场景表现方式，无论是情景安排，还是品序内容，都重点突出了《维摩诘经》要义：将文殊问疾品这一经典核心摆在显著位置，为平衡画面，维摩、文殊之间的吉祥天女形象被有意突出，以表现天女散花的目的，以及她在与舍利弗对话过程中点化听法信众，令信徒领悟大乘菩萨道的真实所在，同时巧妙地表现出观众生品主题。这幅画面安排处处体现出这一原则，画师通过山石、树木、帷帐样式、人物排列等，将多种品序内容及其所蕴含的大乘佛教思想充分表达出来。类似表现方式早在刘宋时期画家袁倩所绘作品中已有体现，张彦远在评述中写道："又维摩诘变一卷，百有余事。运思高妙，六法备呈，置位无差。若神灵感会，精光指顾，得瞻仰戚容。前使顾、陆知惭，后得张、阎骇叹。"① 但这种创作形式对北方地区的影响似乎要晚许多。

从实物资料看，中原地区北魏晚期造像碑中才出现图文并茂的维摩诘经变作品，如美国大都会博物馆收藏的河南登封或淇县的北魏永熙二年（533年）造像碑阳面就阴刻有维摩诘变相图，其内容涉及文殊师利问疾品、不可思议品、观众生品、佛道品、入不二法门品、香积佛品等品序②。在该图像下方阴刻两层供养人像，并附"维摩主轻车将军平州录事参事军资兰思远/维摩主张充"等共12行题记③。而美国旧金山亚洲艺术博物馆收藏的北魏永熙二年（533年）赵见憘等人造像碑额上部阴刻的维摩诘变相图中各个情节以方格形式对称布局，分上、下两排。上排正中帐内为释迦牟尼，左侧帷帐之内刻维摩诘，像前题记"此是维摩诘托疾方丈室时"。其身后刻国王及侍臣听法，旁题记"此是诸大国王来听法时"。右侧刻上饰圆形华盖的文殊菩萨，像前题记"此是文殊师利问疾维摩诘时"。其后侧刻维摩诘与舍利弗相谈，旁边刻题记"此是维摩诘见舍利弗，我见释迦牟尼佛土清净时"。下排正中格内雕一地神双手举托一博山炉，左侧格内前侧刻一散花天女，她面前膝下一人正双手合十于胸前，执一莲蕾，呈跪拜状，旁刻题记"此是天女以花散菩萨大弟子时"。天女身后并排两身坐姿菩萨，旁刻"此是诸大菩萨坐狮子座时"。右侧格内正中刻一阙形楼阁建筑，前面刻舍利弗及两名弟子，旁刻题记"此是舍利弗请天女□花去时"。后面刻六身弟子，或跪拜，或执长茎莲花，旁刻题记"此是大弟子礼拜二狮子座时"，可谓图文并茂，也间接证明当时北方地区寺院壁画中场面复杂的维摩诘变图像已十分成熟，但其与南朝刘宋时期袁倩所绘维摩变之间没有比较分析的材料基础，故两者之间的关系尚难确定。

在关中地区，西魏时期寺院壁画情况也不清楚，造像碑中尚未发现品序内容比较复杂的维摩诘变作品，但已经出现这种端倪，如前述的西安博物院藏西魏大统三年造像碑，上方屋宇下维摩、文殊对坐于莲台之上，周围浮雕有众多菩萨、弟子及天女，应该包含有问疾品以外的其他品序内容。第127窟这幅维摩变由于政治因素，虽然场面宏大，但表现的品序内容不是十分丰富，这种现象一方面说明它与南朝袁倩所创维摩诘变或者北魏晚期中原一带盛行的维摩诘变相图没有直接承袭关系。另一方面，

---

① ［唐］张彦远，范祥雍点校：《历代名画记》，北京：人民美术出版社，2004年，第135、150页。

② 庄申：《北魏石刻维摩变相图考》，《大陆杂志》第17卷第8、9期。

③ 题记内容参见北京图书馆金石组编：《北京图书馆藏中国历代石刻拓本汇编》第6册，郑州：中州古籍出版社，1989年，第96页。

也表明它似乎更多继承关中地区此类图像的特点。

此外，麦积山西魏第127、135窟维摩诘图像中出现的帷帐也是这一传统的延续和发展，两者均为方形、平顶，帐楣装饰莲瓣、宝珠、蕉叶，四柱缀饰兽首玉佩流苏，显得极为华贵。不同之处在于第127窟维摩诘所居帷帐为重层帐顶，考虑到该窟内诸壁画中均出现有重层样式的宝盖或帷帐，故应是当时同一批画师在创作中的统一风格，这种做法也是受中原地区影响的结果，如龙门石窟莲花洞右壁第40龛龛楣右侧维摩诘所居帷帐既为重层，帐楣亦等距饰莲花、宝珠、蕉叶等，两者之间呈现一定相似性。

以空间形式整窟表现维摩诘变相的麦积山第105、123窟是麦积山西魏时期新出现的造像题材，它与前述第135、127窟内维摩诘图像相比，主题思想更加明确，图像特征也更加突出。以第123窟为例，窟内正壁两侧转角出现有弟子阿难、迦叶，表明正壁龛内主尊身份为释迦佛，左、右壁维摩、文殊以对坐形式出现，其胁侍分别为胡汉杂陈装束的童男、童女，窟顶原绘为多身伎乐飞天。这样整个窟龛就以三维空间形式表现出佛说维摩诘经的场景，而倾心聆听佛法要义者为具有一定社会地位，世居秦州、高度汉化的北方胡族家庭①。

依据第123窟图像表现形式，可知其与释迦信仰有密切关系。类似现象也见于西魏—北周时期秦州周边地区发现的造像碑中，如甘肃省博物馆藏秦安出土的西魏禄文造像碑，下部以浅龛为中心，雕释迦说法图，上部分上下两层隔栏，下层隔栏分四组，分别表现佛说法、礼佛等内容。上层隔栏分左右两组，装饰华丽的帷帐之下，分别以维摩、文殊为中心，以较复杂的场景表现维摩变中的问疾品和不可思议品②。该馆收藏的秦安北周保定四年（564年）王文超石造像碑中：释迦佛与二弟子位于方拱形龛内，龛左侧屋殿之下，维摩诘侧身倚坐，右侧宝盖之下，文殊菩萨亦侧身相对而坐。

上述样式与麦积山第135、127窟内从属于三佛造像体系的维摩诘图像有明显差异，应该是一种当时新出现的事物，或者说是社会上维摩诘信仰独立存在的具体表现。对于这种与释迦佛高度关联的图像组合形式，卢少珊经过研究后认为：它是北魏晚期关中地区造像碑出现的特殊结构的佛说维摩诘经构图，独立表现的倾向显著，而不是作为法华经图像的辅助形式出现，表明没有过多地受到平城图像构成模式的束缚③。这一结论也从某种程度上映证了麦积山西魏第102、123窟新出现的图像样式是受到长安地区影响的结果。而秦州周边一带西魏—北周造像碑上浮雕的佛说维摩诘经图像是受到麦积山的影响，还是直接来源于长安？由于缺乏相关实物材料，尚无法做出结论，有待于进一步探讨和研究。

四、结语

麦积山石窟西魏时期出现的维摩诘图像是当时秦州地区维摩诘信仰流行状况的真实再现，也是关

① 曹小玲、孙晓峰：《麦积山石窟第123窟造像服饰研究》，《天水师范学院学报》2015年第3期。

② 张宝玺：《甘肃佛教石刻造像》，兰州：甘肃人民美术出版社，2001年，图版168。

③ 卢少珊：《北朝隋代维摩诘经图像的表现形式与表述思想分析》，《故宫博物院院刊》2013年第1期。

陇一带十六国后秦以来维摩诘思想传播和发展的必然结果。它在图像样式来源、配置方式、思想内涵等方面较多地继承和吸取了长安甚至洛阳地区此类图像的特征。同时，在造像风格和审美习俗等方面又充分展现出秦陇地区胡、汉交融的地域特色，从而形成了具有浓郁的民族化、世俗化和人性化标志的佛教艺术作品。

（原载于《丝绸之路研究集刊》第二辑，北京：商务印书馆，2018 年）

麦积山石窟北朝浮雕艺术浅析

段一鸣

绪 论

麦积山石窟雕塑艺术在我国石窟艺术中是一颗璀璨的明珠，它以精美绝伦的雕塑享誉海内外，这是世人共睹的。由于麦积山是典型的丹霞地貌，崖体不利于雕刻，因而麦积山众多的雕塑都是以泥塑为主。在材料运用上，有泥塑、石雕、石胎泥塑、浮雕等。在建窟1600年的演变中，开窟造像出现过六次发展高峰时期，和全国其他著名石窟一样，同是综合性的佛教艺术宝库。为研究我国古代雕塑、绘画、工艺、建筑以及佛教等诸多方面的文化艺术及它们的发展史提供了丰富而宝贵的实物资料，也成为研究我国古代雕塑史的最好标本，用不同材质所表现出的精美浮雕更是绚丽夺目。

一、在摩崖雕刻的石胎上敷制泥塑的高浮雕

摩崖高浮雕从制作程序上讲，是先在崖面上进行雕刻，然后在摩崖雕刻上塑泥。由于麦积山石窟山体受地质结构的制约，表面突兀不平，崖体十分松软，不利于精雕细刻。于是古代的艺术家们就因地制宜，先在崖体表面进行雕刻，将佛像的基本形体雕刻出来。再在做好的石胎上雕凿大小不等的方孔（大的约十来厘米，小的约几厘米），在方孔之中打入木方，之后再在上面打入铆钉，用麻绳相互连接。如此在雕像的表面就形成了一张麻绳结成的网，等到这些工作做完之后，进行大泥和细泥的制作。这样做的目的主要是为了使泥粑与崖面粘接得更加结实，防止脱离。在泥塑技法上采用贴、捏、压、塑、削、刻等，等待泥层完全干透后再在上面着色，最终一件完整的作品就呈现在世人面前。

麦积山石窟西崖的第98号窟，俗称“西崖大佛”，是古丝绸之路上国内最早的摩崖泥塑高浮雕大佛之一。主佛高12.2米，左侧菩萨残高7.7米，右侧菩萨高8米。原作于北魏时期，历史上经历过多次修复，佛像面部神情端庄，目视远方，右手屈直下垂，左手屈肘前伸，手掌泥层已脱落，佛跣足站立在祥云之上。左侧菩萨表层泥皮已完全脱落，只剩石胎上的桩洞和残存的木骨架。这组造像是麦积山最早的大型摩崖石胎泥塑造像，具有划时代的意义。除此之外，第3窟千佛廊的297身佛像、第4窟七个佛龛外之间的“八部众”，均采用了石胎泥塑的手法塑造。尤为突出的是第3~4龛之间的天王像，从现在依然裸露在外的石胎底部雕刻来看，它当时已经是一件很完整的石雕作品了，只不过显得

粗犷一些，表面石砾凹凸不平。但从石胎上仍然可以看出他们形体魁梧，面相丰圆，瞋目斜视，手握兵器的神态，动态生动自然，造型比例准确。这种别出心裁的艺术表现形式——摩崖高浮雕，即石胎泥塑。

二、以纯泥塑手法塑造的浮雕

在中国石窟寺中纯粹使用泥塑方法塑造浮雕的比较少见，而在麦积山石窟第26窟却出现了两块泥塑浮雕。在窟龛进门的左右两壁佛坛基座下面有两块，采用纯泥塑的方式塑制伎乐天。飞天为两人一组，左侧为四人一组（其中两身已残）。束花瓣形高发髻，戴宝珠冠，面部饱满，项饰宽大精致。并排半蹲半跪，相向而视拍击腰鼓。左侧飞天面部扭转角度略大，似乎是在对话。飞天身披飘帛，舞动轻盈。尤其是在塑造伸展的五指拍击腰鼓的动态时，将悬在空中的手似打非打的样子，塑造得活灵活现，富有节奏感。虽然泥塑浮雕有些已经脱落，但手的轮廓仍然清晰可见，显示出伎乐天憨态可掬、活泼欢快的样子，极具世俗情趣。这种纯粹使用泥塑的方法在佛座下面表现伎乐天，在麦积山石窟北朝时期为数不多，在以后的洞窟中也再未出现过。

三、使用模具压制而成的泥浮雕（影塑）

用模压制成佛教浮雕泥塑最早是出现在犍陀罗呾叉始罗（今巴基斯坦白沙瓦）的佛教窣堵坡上，它是石窟寺佛教造像使用模具制作浮雕的鼻祖，具有悠久的历史。佛像造像最先开始是在印度本土的马图拉以及犍陀罗造像中出现。而使用灰泥塑造佛教造像的发源地应该是犍陀罗。从历史记载及遗迹上看，大约从1世纪后半叶才传入中国。贵霜时代的犍陀罗艺术也随之逐渐传入。“最先传入中国新疆地区的犍陀罗佛教造像是迦毕试样式，迦毕试样式甚至影响到中国的内地的敦煌、云冈龙门的造像”①。之后，沿着河西走廊传入到天水的麦积山，同时也影响到了麦积山的造像。

麦积山石窟的洞窟四壁除了绘制壁画以外，还有许多用模具压制而成的小千佛、飞天、供养人等形象。在犍陀罗佛塔和洞窟中需要制作大量的小千佛、飞天、供养人等形象，如果按常规工序去做，所需时间长，耗资费力。因此，就发明了采用模具压制的方式，这种方法可以在短期内制作出很多小佛像。一是省工，二是节时。最具代表性的为麦积山第133窟墙壁上的千佛，以及第11龛龛楣上的《灵鹫山说法图》。这也是国内目前最早的以山水人物场面来表现释迦牟尼在灵鹫山讲经说法的影塑浮雕图像之一。场面虽然不是很大，但是应有尽有。在一处环境优美，树木丛生的山谷中，释迦牟尼结跏趺坐，袈裟裹膝，为跪在面前的弟子讲经说法。附近山中有禅窟，内有苦行僧；不远处有一位贵妇人被两位丫鬟搀扶着徐徐走来；人物造型采取“人大于山”的传统表现手法，突出了人物形象，创造了新的意境。

在麦积山石窟造像中还有大量影塑千佛，如第4窟佛龛中的千佛。在当地有句俗话：“有龛皆是

① 段一鸣：《麦积山石窟泥塑造像源流——从犍陀罗谈起》，《雕塑》2017年4期。

佛，无壁不飞天”。一眼望去气势宏伟，蔚为壮观，足以表明此说法是名副其实。

另外还有大量小坐佛，高度在10~20厘米左右，以规模形式出现，这类影塑比例准确、结构严谨、神态端庄。在微妙之中寻求变化，粗观似乎并无差异，细看影塑的发髻、手势、服饰均有变化。可以想象出麦积山石窟在当年辉煌之期是一座多么令人神往的佛教艺术宫殿。

四、采用塑绘结合的方式做浮雕——“薄肉塑”

麦积山第4窟又称“七佛阁”，是个平面长方形崖阁，前廊后室结构。前廊由顶部平綦及八根八棱石柱组成，在后室七个窟龛的上方有七个并列平龛。绘制有特殊的“薄肉塑”壁画，所谓特殊是因为它不仅有大型壁画那样的构图和绘画场面，而且在上面采用以塑绘相结合的形式进行创作：将飞天的头部、手臂、脚部等裸露在衣衫外面的部分，用泥塑方式以极浅的起位来表现肌肉的效果。吴作人先生对这种塑绘结合的手法提出了“薄肉塑”之说。被后来的专家学者一直引用至今，这也是国内最早为麦积山石窟第4窟“薄肉塑”壁画冠名并将其介绍给世人的首位艺术家①。这种浮雕与绘画相结合的表现艺术形式，在麦积山石窟其他朝代的壁画中再也没有出现过，迄今在全国其他石窟中也未曾发现。它在我国佛教美术史中也占有相当重要的地位。自此，在后来的麦积山学术中才有了“薄肉塑”之说。

麦积山石窟第4窟独有的“薄肉塑”伎乐天壁画，前五幅为“薄肉塑”，后两幅是平面绘画，没有制作泥塑。每幅画有四身伎乐天，四身一组相向而对。每幅面积大约高1.54米，宽3米。每个飞天的体形也都在1.5米左右。七幅画面依次排列：一、三、五、七为伎乐飞天，二、四、六为供养飞天。飞天露在衣裙外面的手、脸、脚的肌肉部分，是用一层优质的细泥薄薄地塑上去的。衣裙、飘带、流云、鲜花、乐器等却是画上去的。采用了塑绘结合的手法，因而飞天看上去有一种脱壁欲出的立体感。每幅画面为四身，上下两身相向对飞。或弹奏，或散花，周围饰以飘带，宛如火焰，很有动感。表现声音、香气，不鼓自鸣，香气缭绕。飘带旁边随意勾画的笔道，顺势而走，整个画面像是疾风吹过，迅速旋转。在表现形式上更加自由，不拘泥小节。正如钱绍武先生所说：“这是我在麦积山发现也只有在这里才见得到的杰作。一群欢快美丽的飞天遨游天空，合奏出一种欢喜赞叹，人天共庆的乐章。……整个画面构图饱满疏朗，香花、仙袂漫天飞舞，五彩缤纷，灿若云霞。织出了这片佛国净土上的大欢喜……”②

五、用石质材料雕刻的佛传造像碑浮雕

麦积山石窟的石雕在数量上没有其他石窟多，只有圆雕和造像碑两种。由于不具备先决的石刻条件，所以无法整窟去雕刻。因此，麦积山石窟也就没有大规模的石雕。仅有的石雕绝大多数是上品或

① 吴作人执笔：《麦积山勘察团工作报告》，天水麦积山文物保管会、麦积山艺术研究会：《麦积山石窟资料汇编》初集，1980年，第5~12页。

② 钱绍武：《佛国麦积山》，上海：上海辞书出版社，2003年，第5~6页。

极品，最具代表性的有第47窟的胁侍菩萨、第117窟的佛坐像、第127窟的一组佛与菩萨、第133窟的第1号碑、10号碑、11号碑、16号碑以及第135窟的一佛二菩萨等，都是国内石雕中的精品。

麦积山石窟第133窟的10号造像碑，此碑为北魏作品。高1.38米，宽0.78米，厚0.12米。碑额为圆拱形，以浮雕连环画的表现形式雕刻出大乘思想的佛传故事，又称“佛传造像碑”。全碑分上、中、下三个部分组成：

上部：正中雕一浅龛，有释迦、多宝二佛并坐说法，拱形楣龛上正中雕七佛，两边有雌雄二龙。左上部刻有“阿育王施土”和“树下思惟”。左侧下有“佛陀涅槃”。右侧上雕为“深山剃度”，下刻“腋下诞生”。

中部：分为五块，中间以竖长方形竖构图，雕一亭阁式浅龛，正中坐一交脚菩萨，身披褒衣，足蹬莲台。楣龛外精雕细琢，上角有对称六飞天、宝石、花卉及帷幔作装饰，表现出功成名就的释迦作为“补处菩萨”住兜率天宫为诸天人说“菩萨行”的情景。

下部：凿浅龛内刻释迦牟尼成道后在王舍城说法。左侧刻“文殊问疾”，右侧刻“初转法轮”。两侧各有两身护法天王及卧狮，彪悍威猛。

此碑构图新颖，分割比例因材施图，不拘小节。大到20~30厘米的佛与菩萨，小到1~2厘米的飞天，尤其是在下龛门楣里面的忍冬花，其花蕊雕琢成一莲花童子坐像，面孔不到1厘米大小，面部形象惟妙惟肖，生动可爱。这在石窟雕刻中也算是最早的微雕了。它将高浮雕、薄浮雕、浅浮雕、镂空浮雕以及微雕统一在整幅画面之中。比例准确，神态各异，刻工精美，技艺超群，反映出当时雕刻技术的最高水平，是北魏保存故事情节众多、雕刻技巧最为完美的佛传故事碑之一。

六、综述

综上所述，麦积山石窟北朝时期留下如此宏伟而精美的浮雕艺术，绝非等闲之辈所为。北朝时期佛教兴盛，必然就会大兴寺庙，当时很多有名的寺庙的雕塑和绘画都出自名家之手。如北齐曹仲达、北周田僧亮都是当时的名家。由此可见佛教的盛行影响了很多著名的艺术家从事佛教雕塑、绘画，而麦积山石窟也不例外。他们创造了佛教艺术，佛教艺术同时也弘扬了艺术家的才华。尤其是北周浮雕“薄肉塑”的出现，它使这一时期的艺术作品达到了前所未有的高度。正如宗白华先生所说：“汉末魏晋六朝是中国政治上最混乱、社会上最苦痛的时代，然而却是精神上极自由、极解放，最富于智慧、最浓于热情的一个时代，因此也就是最富有艺术精神的一个时代。”① 麦积山石窟造像手法丰富，思想活跃，在石窟中同时出现泥塑、石胎泥塑、影塑、石雕、木雕等多种塑造形式，它填补了中国石窟寺在使用材料由单一品种走向多种复合材料品种的空白，也是学习传统佛教造像理想的实习基地，实乃名副其实的“东方雕塑陈列馆”。

（原载于《雕塑》2018年第3期）

① 宗白华著：《论〈世说新语〉和晋人的美》，《美学散步》，上海：上海人民出版社，1981年，第208页。

麦积山石窟螺髻像研究

杨文博

麦积山石窟北魏时期造像中出现一种发髻为螺旋形的造像（因其发髻为螺旋形，故将此类造像称为螺髻像）。螺髻像在麦积山石窟现存七身，分别位于第64、84、101、121、122、140、154窟中，均为北魏晚期时制作。七身螺髻像保存较完整，其中第101、121、122、154等窟中的螺髻像做工精细，色彩保存较完好，不失为麦积山石窟造像中的精品。麦积山石窟现存的螺髻像与其他地区造像碑、石窟造像中发现的螺髻像相似，位于佛的胁侍位置，然而与平常造像中所见的胁侍弟子、菩萨形象均不同，是一类特殊的造像，因此，螺髻像的身份受到学术界的广泛关注。笔者在前人研究的基础上，拟对麦积山石窟螺髻造像的身份做进一步的探究。

一、麦积山石窟螺髻像身份诸说献疑

目前，学术界对麦积山石窟螺髻像的身份存在多种解释，主要有菩萨说、比丘尼说、供养人说、螺髻梵王说等四种说法。

1. 菩萨

李晓青、张锦秀、王纪月先生在《中国美术分类全集·中国石窟雕塑全集2》的图版说明中认为第101、121、140窟的螺髻像为菩萨①，李西民、蒋毅明先生整理的《麦积山石窟内容总录》将第84窟的螺髻像解释为菩萨②。张锦秀、王纪月先生在《中国美术全集·雕塑编8·麦积山石窟雕塑》的图版说明中将第121、122窟中的螺髻像解释为胁侍菩萨③。

笔者认为，麦积山石窟的螺髻像并非菩萨或胁侍菩萨。麦积山石窟现存的七身螺髻像都着袈裟，明显为弟子的打扮，而同时期麦积山石窟中的菩萨造像穿天衣，发髻为扇形髻或双丫髻，女性特征比较明显。而且第101、121、122窟正壁右侧塑一身胁侍弟子像，与左侧螺髻像形成对称关系。再者，

① 中国石窟雕塑全集编辑委员会编：《中国美术分类全集·中国石窟雕塑全集2》，重庆：重庆出版社，2000年，第10~32页。

② 李西民、蒋毅明：《麦积山石窟内容总录》，天水麦积山石窟艺术研究所编：《中国石窟·天水麦积山》，北京：文物出版社、东京：平凡社，1998年，第281页。

③ 中国美术全集编辑委员会编：《中国美术全集·雕塑编8·麦积山石窟雕塑》，北京：人民美术出版社，1988年，图版说明第23页。

第 101、121、122 等窟都为三壁造像，如将三壁展开，三壁塑像一字排列，就会发现左右两壁的胁侍菩萨与正壁坐佛的关系更为密切，尤其是第 121 窟，正壁的弟子像、螺髻像与左右两壁的胁侍菩萨头部紧贴，形成“窃窃私语”的画面，所以左壁右侧与右壁左侧的胁侍菩萨是正壁的胁侍菩萨，而非左右两壁的胁侍。但因空间的关系，工匠将正壁的胁侍菩萨放在左右两壁，正是这种巧妙的排列，使三壁的造像组合都非常协调。如果螺髻像为菩萨，与正壁的胁侍像便会形成一弟子三菩萨，而从麦积山石窟最早的第 78 窟造像开始，胁侍菩萨几乎都是对称出现的，很少出现一弟子三菩萨的胁侍造像。所以从螺髻像的服饰以及胁侍造像的对称关系判断，螺髻像不应是菩萨或胁侍菩萨。

2. 比丘尼

蒋毅明、李西民、张宝玺、黄文昆先生在《中国石窟・天水麦积山》的图版说明中认为，第 101、121、122、140、154 窟中的螺髻像为比丘尼①，李西民、蒋毅明先生整理的《麦积山石窟内容总录》中认为第 64、101、121、122、140、154 窟中的螺髻像为比丘尼②，郑炳林、沙武田先生亦同意麦积山石窟的螺髻像的身份为比丘尼，并认为这种用比丘、比丘尼来代替迦叶、阿难的现象，反映了当时天水一带佛教造像发生了很大变化，这一变化实际就是佛教造像的世俗化、民间化过程③。

蒋毅明、李西民等先生虽认为麦积山石窟的螺髻像为比丘尼，但并未提出螺髻像为比丘尼身份的依据。笔者推测蒋、李等先生之所以将螺髻像解释为比丘尼，是因为与螺髻像对称的弟子像，他们将弟子称之为比丘，而且螺髻像发饰的处理上与菩萨部分相似，即有部分女性特征，故此将之解释为比丘尼。但螺髻像为比丘尼并无经典的依据。石窟寺造像按照佛教的仪轨进行，佛教造像中胁侍像的排列顺序其实也是佛教世界等级秩序的表示，螺髻像的位置在菩萨之前，而菩萨像在佛教造像中是仅次于佛像的尊像，比丘尼的尊格不会在菩萨之上。所以螺髻像应不是比丘尼。

3. 供养人

町田甲一先生将麦积山石窟的螺髻像称为供养人④。

供养人像是指出资造窟的功德主，为求福祈愿，在所建窟内彩绘自己和其他家族成员的画像及出行图⑤。麦积山石窟的供养人既有世俗供养人，也有供养比丘，以彩绘或影塑的方式出现在窟内。螺髻像着袈裟，如是供养人，则应是供养比丘。但前文已论，比丘是不会逾过菩萨，出现在佛的胁侍位置。而且第 101、121、122 窟的螺髻像都有背光与头光，这是供养人绝不会出现的，可见螺髻像的身份不会是供养人。

---

① 天水麦积山石窟艺术研究所编：《中国石窟・天水麦积山》，北京：文物出版社、东京：平凡社，1998 年，第 234~236 页。

② 李西民、蒋毅明：《麦积山石窟内容总录》，天水麦积山石窟艺术研究所编：《中国石窟・天水麦积山》，北京：文物出版社、东京：平凡社，1998 年，第 283~289 页。

③ 郑炳林，沙武田：《麦积山石窟北朝雕塑艺术体现的佛教人间化倾向》，郑炳林、魏文斌主编：《天水麦积山石窟研究文集》，兰州：甘肃文化出版社，2008 年，第 269 页。

④ （日）町田甲一：《论麦积山石窟的北魏佛》，郑炳林、魏文斌主编：《天水麦积山石窟研究文集》，兰州：甘肃文化出版社，2008 年，第 633 页。

⑤ 季羡林主编：《敦煌学大辞典》，上海：上海辞书出版社，1998 年，第 176 页。

4. 螺髻梵王

金理那先生研究中国6世纪七尊像造像碑中的螺髻像时，通过分析造像碑铭文以及结合《维摩诘经》判断七尊像造像碑中出现的螺髻像就是梵王，进而认为麦积山石窟中发现的螺髻造像也为螺髻梵王①。李静杰先生同意金理那先生的观点，亦认为麦积山石窟中的螺髻像为螺髻梵王②。花平宁、魏文斌先生主编的《麦积山》将第121窟中的螺髻造像解释为螺髻梵王③。

金理那先生判断6世纪七尊像造像碑中螺髻像为梵王的主要依据是造像碑的铭文和《维摩诘经》，然而麦积山的螺髻像是否也适合《维摩诘经·佛国品》的情节？麦积山石窟相关窟内并未有梵王的榜题或表现《维摩诘经》的场景，所以很难判断麦积山石窟的螺髻像与七尊像造像碑中的螺髻像是同一种身份，即螺髻梵王。而且经典之中，出现螺髻的并不只有梵王，如《佛本行集经》《正法念处经》等有帝释天与其他诸天发髻为螺髻形象的记载。

《佛本行集经》卷八《从园还城品》载：

> 尔时，护世四大天王，各变其身作婆罗门，悉并幼年，端政可喜，头为螺髻，躬担菩萨宝舆而行。是时释天亦隐本形，化作童年婆罗门子，端政如前，头旋螺髻，身着黄衣，用其左手，执金澡瓶。复以右手擎持宝机，在菩萨前，断于人行④。

《佛本行集经》卷十五《净饭王梦品》载：

> 尔时，作瓶天子在于净居宫殿之内，遥见净饭大王如是忧愁不乐，见已忽然从彼天宫，隐身而来，化作一梵婆罗门身，头有螺髻，以鬘为冠，智慧聪明，端正盛少，着黑鹿皮，以为衣服，立在净饭王宫门外⑤。

《佛本行集经》卷四十《教化兵将品》载：

> 尔时，忉利帝释天王作如是念：如来今者在于何处？而自观看，见于如来独自无人，向彼优娄频螺所去。既观见已，是时帝释即自隐身，化作梵志摩那婆形，可憙端正，众人乐见，头上螺髻，用以为冠，身着黄衣，左手执持纯金澡瓶，右手擎持杂宝之杖，在如来前，即从佛取三衣钵盂，于先而行⑥。

《正法念处经》卷五十七《观天品》载：

> 尔时天王牟修楼陀。复现神通。从其口中出化仙人。种种容貌。或有长发。或有螺髻。或有

---

① （韩）金理那著，洪起龙译：《关于6世纪中国七尊像中的螺髻像研究》，《敦煌研究》1998年第2期。

② 李静杰：《炳灵寺第169窟西秦图像反映的犍陀罗文化因素东传情况》，《敦煌研究》2017年第3期。

③ 花平宁、魏文斌主编：《麦积山》，南京：江苏美术出版社，2013年，第88页。

④ ［隋］阇那崛多译：《佛本行集经》，《大正藏》第3册，台北：新文丰出版公司，2005年，第190页。

⑤ ［隋］阇那崛多译：《佛本行集经》，《大正藏》第3册，台北：新文丰出版公司，2005年，第721页。

⑥ ［隋］阇那崛多译：《佛本行集经》，《大正藏》第3册，台北：新文丰出版公司，2005年，第838页。

身着树皮之衣。或有手中执持澡瓶。或着天衣华鬘庄严。或着黑色鹿皮之衣①。

可见并非只有梵天，其他诸天也有发髻为螺髻形象的时候，所以七尊像造像碑中出现的螺髻梵王并不能直接证明麦积山石窟的螺髻像也是梵王。

二、麦积山石窟螺髻像概况

麦积山石窟中现存的七身螺髻造像分别位于第 64、84、101、121、122、140、154 窟中。

第 64 窟位于麦积山石窟西崖中部，窟内正壁、左壁、右壁各塑坐佛一身，螺髻造像位于前壁右侧。螺髻像面部清瘦，双眼微闭，用阴刻线的手法表现螺旋形的发髻，颈部细长，头部微微左倾，双手合掌于胸前，外着厚重通肩袈裟，内着僧祇支，下系长裙，双脚残。这尊螺髻像似乎在表示听法时陷入思考状态的情景。

第 84 窟位于麦积山西崖中部，正壁、左壁、右壁各开一圆券龛，龛内塑坐佛一身，正壁龛外立二身胁侍菩萨，螺髻像位于前壁右侧。据蒋毅明、李西民先生研究，该二身胁侍菩萨以及螺髻像均由别处移到此位置②。螺髻像脸型方圆，面带微笑，绳纹状的发辫层层叠起，形成六层螺旋形发髻，颈部细长，头部微微右倾，双手合掌于胸前，着半袒右肩袈裟，双肩有宝珠，颈部有项圈，双脚掩在袈裟下。虽不知这尊螺髻像从何处移来，但所表现的也是正在听法时的场景。

第 101 窟位于麦积山西崖中部，正壁塑坐佛一身，右侧塑胁侍菩萨一身；右壁塑坐佛一身，左侧塑胁侍菩萨一身；左壁塑交脚菩萨一身。螺髻像位于正壁左侧，处于胁侍位置。螺髻像面部清秀方圆，面带微笑，绳纹状发辫表现层层叠起，形成七层螺旋形发髻，颈部细长，双手残，似做合掌印，外着翻领田相袈裟，内着僧祇支，腰系长裙，右脚残，左脚穿云头方履。背后浮塑背光，绘有头光。本尊塑像面部熏黑，下身色彩保存较好。

第 121 窟位于麦积山石窟西崖上部，正壁开一圆券龛，龛内塑坐佛一身，龛外左侧塑弟子一身；右壁开一龛，龛内塑坐佛一身，左侧塑菩萨一身；左壁开一龛，龛内塑坐佛一身，龛外右侧塑菩萨一身。螺髻像位于正壁龛外右侧，处于胁侍位置。螺髻像面部圆润，眼睛微闭，面带微笑，与左侧菩萨紧紧依靠，似在讨论佛法。绳纹状的发髻层层叠起，形成七层螺旋形发髻，脖颈较短，双手合掌于胸前，外着通肩袈裟，内着僧祇支，腰系长裙，两脚穿云头方履。浮塑舟形背光，绘有圆形头光。除腰部长裙外，整体被熏黑。

第 122 窟位于麦积山石窟西崖上部，正壁塑坐佛一身，正壁右侧塑胁侍弟子一身，左侧塑螺髻像；右壁塑坐佛一身，左侧塑胁侍菩萨一身；左壁塑坐佛一身，右侧塑胁侍菩萨一身。螺髻像面部方圆，双眼微睁，面带微笑，与第 121 窟螺髻像相同，似正在与左侧的菩萨讨论佛法。颈部细长，颈戴项圈，绳纹状的发髻层层叠起，形成九层螺旋形发髻，发丝用阴刻纹表示，做工十分精细，双手交叉于胸前，

---

① ［北魏］瞿昙般若流支译：《正法念处经》，《大正藏》第 17 册，台北：新文丰出版公司，2005 年，第 722 页。

② 天水麦积山石窟艺术研究所编：《中国石窟・天水麦积山》，北京：文物出版社、东京：平凡社，1998 年，第 281 页。

外着通肩袈裟，内着僧祇支，腰系长裙，右脚跣足而立，左腿轻轻上提，动感十足。

第 140 窟位于麦积山石窟西崖上部，正壁塑坐佛一身，右侧塑胁侍菩萨一身，头部残，左侧塑胁侍菩萨一身；右壁塑坐佛一身，左侧塑胁侍菩萨一身，右侧塑胁侍螺髻造像一身；左壁塑坐佛一身，左侧塑胁侍像一身。螺髻像面部方圆，双眼微闭，面带微笑，脖颈细长，发髻虽上部残毁，但底部依然能看出螺旋形的发髻。双手合掌于胸前，外披袈裟，内穿交领内衣，右腿微屈，左腿轻轻上提，似表现听法后活动身躯的状态。从残存的壁画看，身后也应绘有背光。左壁坐佛左侧的胁侍像发髻损毁，无法判断出是否为螺髻，但身形与螺髻像相似，穿厚重袈裟，内着僧祇支，腰系长裙，有可能也是螺髻像。

第 154 窟位于麦积山石窟西崖中部，正壁塑坐佛一身；右壁塑坐佛一身，右侧塑胁侍螺髻像一身；左壁塑坐佛一身，前壁左右各塑力士一身。螺髻像脸形略方，双眼微闭，嘴角微微上翘，似在表示会心听法的场景。脖颈细长，绳纹状的发髻层层叠起，形成螺旋形发髻，但因发髻上部损毁，无法得知是几层螺旋形发髻。双手做合掌印，外着通肩田相袈裟，内着僧祇支，腰系长裙，双脚穿僧鞋，浮塑舟形背光，绘有圆形头光，色彩保存较好。

三、麦积山石窟螺髻像身份

从对麦积山石窟螺髻像的分析中可看出，麦积山石窟的螺髻像基本都着袈裟，双手或合掌或交叉于胸前，都处于胁侍位置，似都在表示听法时的场景。麦积山石窟的七身螺髻像的着装、所处的位置、所表达的情景相同，所以笔者认为麦积山石窟的七身螺髻像表达的应是同一种身份。

麦积山石窟第 16 窟正壁与左壁上方绘有三身供养像，正壁上方绘供养比丘一身，供养比丘身后左壁绘男性供养人一身，供养人头戴高冠，身穿褒衣博带式服装。供养人后侧绘有另外一身供养人像，这尊供养人像虽身体与头部已经漫漶，但依然能够识别出头顶有高耸的三角形螺髻。供养人中包括世俗供养人和供养比丘、比丘尼。这身供养人像的螺髻与麦积山石窟中的螺髻像的螺髻相似，应是同一种形象。前文已判断，螺髻像不会是世俗供养人，此身螺髻供养人像应为供养比丘或比丘尼。螺髻供养像在男性供养人之后，所以也应为男性，由此判断此身螺髻供养人像为供养比丘。而且在经典中也有比丘作螺髻的记载，如《中阿含经》载：

> 一时，佛游摩竭陀国，与大比丘众俱，比丘一千悉无着。至真，本皆编发，往诣王舍城摩竭陀邑。于是，摩竭陀王频鞞娑逻闻世尊游摩竭陀国，与大比丘众俱，比丘一千悉无着. 至真，本皆编发，来此王舍城摩竭陀邑。摩竭陀王频鞞娑逻闻已，即集四种军，象军、马军、车军，步军，集四种军已，与无数众俱，长一由延，往诣佛所。于是，世尊遥见摩竭陀王频鞞娑逻来，则便避道，往至善住尼拘类树王下，敷尼师檀，结跏趺坐，及比丘众①。

① ［东晋］瞿昙僧伽提婆译：《中阿含经》，《大正藏》第 1 册，台北：新文丰出版公司，2005 年，第 497 页。

编发译为螺髻，“编发（三苍古文辫字同蒲典反交织也经中言螺髻者亦是也）”①。从《中阿含经》中关于比丘做螺髻的记载和第16窟的螺髻供养像判断，螺髻像的身份有可能是比丘。那么第64、84、101、121、122、140、154窟中的螺髻像是否可以解释为比丘像？正如前文所说，石窟寺造像按照佛教的仪轨进行，胁侍像的排列顺序其实也是佛教世界等级秩序的表示，七身螺髻像都胁侍于佛的左右两侧，在菩萨之前，而且第101、121、122等窟中的螺髻像有背光与头光，比丘和比丘尼都不可能有如此高的尊格。所以第64、84、101、121、122、140、154窟中的螺髻像不会是比丘。

螺髻像虽非比丘，但在石窟寺造像或佛教艺术中，比丘的形象与弟子形象相同，都是剃发，身着袈裟，区别在于弟子有头光或背光，以显示身份的不同。若螺髻像为弟子，在第101、121、122窟中正好与其右侧的弟子像形成对称关系，也就可以解释螺髻像为何出现在佛的胁侍位置、在胁侍菩萨之前以及背光与头光等问题。虽第64、84窟因损坏只保存了单身螺髻像，但在当时螺髻像应也是有背光以及与其对称的弟子像。所以笔者认为麦积山石窟第64、84、101、121、122、140、154窟中出现的螺髻像身份为弟子。

麦积山石窟的螺髻像出现在第64、84、101、121、122、140、154窟中，这七座洞窟正壁、左壁、右壁三壁分别塑一身坐佛，整个洞窟的主尊构成三佛形式。其中第101窟左壁塑交脚菩萨一身，李玉珉先生指出，北魏时期，双手结转法轮印、交脚而坐的菩萨像常称弥勒②。弥勒代表未来佛。隋代吉藏撰《观无量寿经义疏》载：“无量观辨，十方佛化，弥勒经明，三世佛化。十方佛化即是横化，三世佛化即是竖化。言弥勒经，三世竖化者，过去七佛，现在释迦，未来弥勒，明三佛化，故是竖化也。”③《魏书·释老志》载：“所谓佛者，本号释迎文者，译言能仁，谓德充道备，堪济万物也。释迎前有六佛，释迎继六佛而成道，处今贤劫。文言将来有弥勒佛，方继释迎而降世。”④《妙法莲华经·序品第一》载：“亦行众善业，得见无数佛，供养于诸佛，随顺行大道，具六波罗蜜，今见释师子，其后当作佛，号明曰弥勒，广度诸众生，懈怠者汝是，妙光法师者，今则我身是。”⑤ 所以第101窟左壁的弥勒是三世佛中的未来佛，由此推断，正壁的主尊为现在佛，右壁主尊为过去佛。第101窟的三佛当为三世佛。其他各窟的三佛也应是三世佛。据魏文斌先生研究，麦积山石窟的早期洞窟中的三佛为竖三世佛的一种，只是在各期表现略有不同而已，是从早到晚一脉相承的，甚至影响到了麦积山北魏晚期、西魏、北周直到隋唐时期的三佛造像，并认为麦积山石窟的三世佛造像是根据法华思想创作的⑥。笔者同意魏文斌先生的观点，认为第64、84、101、121、122、140、154窟中三佛都是根据《妙法莲华经》创作的三世佛。

《妙法莲华经》卷一《方便品》载：

① ［唐］慧琳撰：《一切音义》，《大正藏》第54册，台北：新文丰出版公司，2005年，第2128页。

② 李玉珉：《隋唐之弥勒信仰与图像》，《艺术学》1987年第1期。

③ ［隋］吉藏撰：《观无量寿经义疏》，《大正藏》第37册，台北：新文丰出版公司，2005年，第36页。

④ ［北齐］魏收撰：《魏书》卷一一四《释老志》，北京：中华书局，1974年，第3027页。

⑤ ［后秦］鸠摩罗什译：《妙法莲华经》，《大正藏》第9册，台北：新文丰出版公司，2005年，第5页。

⑥ 魏文斌：《麦积山石窟初期洞窟三佛造像考释》，《敦煌学辑刊》2008年第3期。

舍利弗，过去诸佛，以无量无数方便、种种因缘、譬喻言辞、而为众生演说诸法，是法、皆为一佛乘故……舍利弗，未来诸佛、当出于世，亦以无量无数方便、种种因缘、譬喻言辞、而为众生演说诸法，是法、皆为一佛乘故……舍利弗，现在十方无量百千万亿佛土中、诸佛世尊，多所饶益、安乐众生，是诸佛、亦以无量无数方便、种种因缘、譬喻言辞、而为众生演说诸法，是法、皆为一佛乘故……如三世诸佛，说法之仪式，我今亦如是，说无分别法。诸佛兴出世，悬远值遇难，正使出于世，说是法复难，无量无数劫，闻是法亦难，能听是法者，斯人亦复难。譬如优昙花，一切皆爱乐，天人所稀有，时时乃一出。闻法欢喜赞，乃至发一言，则为已供养，一切三世佛，是人甚稀有，过于优昙花。汝等勿有疑，我为诸法王，普告诸大众，但以一乘道、教化诸菩萨，无声闻弟子。汝等舍利弗，声闻及菩萨，当知是妙法，诸佛之秘要①。

麦积山石窟中出现的螺髻像都处于佛的胁侍位置，具有头光与背光，从螺髻像的神情与动作推测，螺髻像正在听佛陀讲授佛法，所以笔者认为螺髻像所表示的正是弟子在听释迦牟尼讲授《妙法莲华经》的场景。

综上所述，笔者通过与第16窟的螺髻供养比丘像对比以及联系经典，认为麦积山石窟第64、84、101、121、122、140、154窟中的螺髻像并非学术界一般认为的菩萨、胁侍菩萨、供养人、比丘尼或螺髻梵王等，而应是弟子，且表示的正是弟子在听释迦牟尼讲授《妙法莲华经》的场景。对麦积山石窟螺髻像的研究可以促进麦积山石窟北魏晚期造像内容的研究工作。在麦积山石窟出现螺髻造像的同时，龙门石窟以及河南、河北等地区造像碑中也有螺髻像的出现，然而这些地区的螺髻像是否也为弟子还需要进一步的研究。

（原载于《西部考古》2019年第1期）

① ［后秦］鸠摩罗什译：《妙法莲华经》，《大正藏》第9册，台北：新文丰出版公司，2005年，第9页。

试析麦积山石窟藏传佛教造像艺术的产生及风格特征

王通玲

麦积山石窟作为中国的四大石窟之一，是 5~18 世纪佛教沿丝绸之路传播和发展的典型佛教石窟寺。古印度佛教艺术经中亚传入中国，后经新疆、敦煌传入中原大地。麦积山石窟因其位于东西南北交通要冲的地理位置，使各种文化因素在这里碰撞、交融，因而形成麦积山石窟造像博大、包容的艺术特征。来自西域、长安、南朝的佛教艺术样式都在这里蓬勃发展，并形成了以世俗化和民间化为主要特征的雕塑和绘画艺术风格，成为陇右地区的佛教艺术中心。尤其以北朝时期的精美雕塑闻名于世，被美誉为“东方雕塑陈列馆”。因此，有关麦积山石窟的研究多侧重于北朝，对于元代及以后的造像提及甚少。

事实上，现存于第 35、48 窟的造像，以及第 133、127 窟部分影塑，均为元代作品，呈现出独特的艺术风格和题材特征。现初步考证其均为藏传佛教题材，具有非常重要的历史考古价值。

一、元代以前麦积山石窟佛教的发展

天水，古称秦州，三国魏因秦邑为名，分陇右置秦州，后并入雍州。地处渭河流域，是陇右地区的重镇，不仅是古代丝绸之路东段连接东西南北交通的咽喉之地，也是古代中原与西北少数民族交往和融合的重要区域之一。自魏晋南北朝十六国时期开始，相继开凿了麦积山石窟、水帘洞石窟群等大型石窟寺以及众多的小型石窟寺，这些石窟中保存下来的佛教造像和壁画精品，呈现出鲜明的时代特征和地域特征，被专家学者称为“秦州模式”。

魏晋南北朝时期，秦州地区是内附和南迁少数民族氐、羌等族的主要居住地，而这些少数民族的最高统治者笃信、推崇佛教，麦积山石窟的开凿与他们的极力倡导和参与密不可分。北周时期秦州地区也深受皇室重视。从现存麦积山的北周窟龛造像和壁画内容来看，有些佛窟具有名门大户家族功德窟的性质①。隋朝时，随着地方郡县制度的形成，陇右地区完全处在中原王朝的统治之下，麦积山仍有洞窟开凿，造像活动从未停止。直至初唐，建立于我国青藏高原的吐蕃政权逐渐强大，吞并了青海一带的吐谷浑政权，开始不断地侵扰唐界。吐蕃军队进犯兰、渭、秦等陇右诸州，使这一带变得动荡

① 张锦秀编撰：《麦积山石窟志》，兰州：甘肃人民出版社，2002 年。

不安。安史之乱爆发后，唐军大量东调平叛，吐蕃趁机占据了陇右地区①。《新唐书》卷二一六上《吐蕃传》载："宝应元年，陷临洮、取秦、成、渭等州。次年，陇右尽失。"直到唐末，唐军才收复陇右地区。

由于吐蕃的入侵以及唐开元二十二年大地震，麦积山石窟晚唐呈现出"野寺残僧少，山圆细路高……乱石通人过，悬崖置屋牢"的没落景象。直至宋朝，其政权的统一使中原地区经济文化得以恢复和发展，麦积山石窟再建崖阁和重修塑像、壁画之风又掀高潮。

从麦积山第59窟《重新妆塑东西两阁佛像施主舍钱记》得知，宋仁宗景祐二年（1035年），由本寺主持沙门惠珍及太原王秀等人募集巨款对东西崖大佛和其他部分洞窟主佛进行维修，这一记载可在麦积山石窟第33、43、90、93、116、118等窟对造像进行重修的痕迹中得到印证②。

北宋淳化四年，秦州知州温仲舒为防止运往京师的木料被吐蕃人劫掠，于渭河北岸设置寨筑镇③。类似的历史事件表明，吐蕃人在秦州地区占有一定的比例，藏传佛教也有可能在此时已经传入秦州地区。宋代第11窟的八大菩萨造像以及第100窟宋代重塑的主佛，呈现出鲜明的密宗特征④，说明此时具有密宗特征的造像在麦积山已经存在，但其主流信仰仍为汉地佛教。

二、元代藏传佛教的发展兴盛

据《释老传》记载，佛教是元代的国教：

> ……（朝廷）乃立宣政院，其为使位居第二者，必以僧为之，出帝所辟举，而总其政于内外者，帅臣以下，亦必僧俗并用，而军民通摄。……百年之间，朝廷所以敬礼而尊信之者，无所不用其至。虽帝后妃主，皆因受戒而为之膜拜。

其中藏传佛教的地位最高，1247年，萨迦首领萨迦班智达及侄子八思巴应蒙古王子阔端的邀请，进行了历史上著名的"凉州会盟"，正式将西藏地区纳入蒙元版图之中。此后，元朝对整个藏区实行政教合一的管理制度。同时对藏传佛教的传播给予极大的支持，使藏传佛教呈现出空前繁盛的局面。正如《元史·释老传》所说"帝师之盛，尤不可与古昔同语"⑤。1253年，忽必烈接受了八思巴的密续灌顶，进一步确立了藏传佛教在蒙古宫廷的地位。1260年，忽必烈称帝，封八思巴为国师，成为全国最高的佛教首领，同时兼管吐蕃事务，藏传佛教的势力可谓达到了顶峰⑥。

---

① 张玉璧：《甘肃武山水帘洞石窟佛教建筑的艺术特征及成因探究》，《敦煌学辑刊》2014年第3期。

② 魏文斌、蒲小珊：《麦积山第11窟造像题材考释》，《考古与文物》2006年第4期。

③ 唐冲：《元代秦州地区佛教艺术的考察与研究》，西北师范大学硕士学位论文，2014年。

④ 麦积山石窟第100窟重塑主佛结"智拳印"，又称"大圆满手印"，此手印是金刚界大日如来特有的手印，即双手放在胸前，紧握的"金刚拳"右手包着左手上翘的食指。

⑤ 孟哲：《论元代藏传佛教造像多种风格的形成和发展》，中央美术学院硕士学位论文，2008年。

⑥ 王雪梅、汪新颖、杨成军：《甘肃武山水帘洞石窟群舍利塔历史探究》，《文化产业》2014年第3期。

三、麦积山石窟受藏传佛教的影响

南宋时期，秦州地区作为一个重要的战略阵地，宋金之间在这里进行了长期的拉锯战。在元朝统一华夏大地的战争中，元朝统治者的战争策略是先灭西夏、金，最后为南宋，关陇地区自然成为蒙古铁骑首当其冲的经略对象①。在征服与被征服的过程中，形成了秦州地区民族成分较为复杂的特点，其中吐蕃、回鹘、党项、蒙古等族都在这一地区生存。

7世纪，佛教及佛教艺术从不同地域传入吐蕃。一种新的艺术样式与本土艺术不断交流、融合，形成了具有鲜明地域特征和民族特征的吐蕃艺术②。此时，藏传佛教也已在青海、河湟等地逐渐形成，并成为河湟地区人们最主要的宗教信仰。其中，藏传佛教在离秦州地区不远的临洮、岷州等地较为兴盛，秦州地区与其接壤，藏传佛教也随之传入。至12世纪左右，随着汉藏民族之间的交往持续加深，汉藏两种风格特点相互影响、相互借鉴，形成了具有鲜明辨识特征的“汉藏佛教艺术风格”。尼泊尔工匠阿尼哥在建筑、雕塑、绘画等方面对元朝的贡献，直接影响到中原地区佛教艺术的发展。人们都将其所制塑像称为“西天梵像”或“梵像”，表现出对其艺术风格的认同③。

在这一历史背景下，麦积山石窟、仙人崖石窟、甘谷元代华盖寺、天水武山水帘洞石窟等相继受到不同程度的影响，部分洞窟中的元代造像就是例证。另外，经过洞窟内的藏文发愿文，寺院所藏藏文文书，武山千佛洞石窟出土的古藏文木版画、墨书藏文经书残片、藏式覆钵塔等系列考古发现，进一步为渭河上游地区深受藏传佛教密宗思想的影响找到佐证。

四、麦积山石窟的藏传佛教造像及艺术特征

1. 第35窟主佛造像及佛座装饰

第35窟位于东崖入口第二层栈道，与第36、37窟毗邻。此窟开凿于北周时期，原作已损毁，元代重塑主尊1身。窟高1.73米，宽1.51米，深1.48米。洞窟形制为平面方形，四角攒尖顶窟，长方形门道，四壁前低坛基。窟形基本完好，正壁开龛，龛内佛座上莲台为平面椭圆形，双层仰覆莲束腰式。龛外塑莲瓣式尖楣，转角处塑一石胎泥塑梁柱，顶部正中及四角各塑出一朵莲花。

重塑造像高平肉髻，小螺发，双耳垂肩，有纵向耳孔，眉间白毫相，双眉细弯，上眼睑凸而宽大，有黑色釉装饰眼珠。面型圆而短，上部较宽，短颈，束腰，身着偏袒右肩袈裟，袈裟紧贴于身，上有阴刻线装饰的田相图案，双手置于腹前。正壁龛内有浮塑贴花式背光，背光呈椭圆形。龛楣及佛座周围有浮塑金轮、火焰、连珠、摩尼宝珠、卷草、莲瓣、金刚杵等装饰图案。从整体造型上看，主佛为典型的藏传佛教造像，其束腰的躯体造型、隆起的塔状螺髻、工字形的莲花须弥座及其繁复的装饰都

---

① 唐冲：《元代秦州地区佛教艺术的考察与研究》，西北师范大学硕士学位论文，2014年。

② 谢继胜、戚明：《藏传佛教艺术东渐与汉藏艺术风格的形成》，《美术》2011年第4期。

③ 李江平：《试析印度雕塑对元代中国雕塑艺术的影响》，湖南师范大学硕士学位论文，2006年。

是藏传佛教艺术明显的特征。但仔细观察，也会发现汉地传统艺术形式依然存在。其中汉化特征较为明显的地方表现在造像的面部特征及衣纹表现手法上，造像面相宽平，国字脸，眉眼平直。藏式脸颊削尖、眉眼上挑的特征基本消失。佛像两腿处和胸腰间也出现了一些写实的立体式衣褶，形成独具特色的汉藏融合式造像艺术风格。

另外，工字型莲花须弥座是西藏化的重要体现，其莲瓣及莲座整体造型皆巧妙精细，其造型与上部造像十分协调，台座呈大梯子形，底边外张。这种莲座形式逐渐发展，成为明代造像中常见的束腰莲花座母体。其特征为莲瓣宽肥，尖端上卷，台座边缘饰双层连珠纹，紧贴底座，即所谓的“落地珠”①。元朝时期，藏式风格特征的莲座下沿，连珠大多为落地式，可以以此作为造像年代的重要参考依据。包括其深束腰及佛后背处的身光和头光，为该历史时期所独有，具有鲜明的时代特征。在莲座上亦明显富有藏式元素的装饰，如金轮、金刚杵等图案。此处的轮圈被画成了一个简单的圆圈，内做朝向8个方向的线条状饰物。除轮圈外，还有金刚杵的装饰图案。金刚杵是4个带有莲花座的金刚杵组成，杵头从中心点向四大方位散射。在对须弥山进行宇宙学的描述中，巨大的十字金刚杵横在下面承托着宇宙，代表着绝对的定力，意为把须弥山四面比作宏观世界宇宙的中心，具有不可摧毁的稳定性，这也是金刚杵会出现在须弥座上的重要原因②。

2. 第48窟佛及四臂观音造像

第48窟位于中区下方，此窟开凿于北周，元代重塑或重修。窟高2.28米，宽3.2米，深1.9米。窟形为长方形浅廊式穹隆顶双龛窟，形制与第69、169窟有点类似，都是在两个独立的龛内供奉主尊，龛外塑有两身力士。每龛外侧塑有龛柱，下有覆莲柱础，上有莲花摩尼宝珠，龛上部塑有尖拱形龛楣。前廊处壁面及龛内壁面泥皮大都脱落，两龛内左右壁各露出原凿的两个方形桩孔。右龛外还留存少数木桩，应为塑做尖拱龛楣所用。窟前部塌毁，廊前所凿建筑形式已无法判断，后部双龛形制基本完整。双龛顶部及右龛门道壁面有重绘壁画痕迹。正壁并列开双穹隆龛为一体的洞窟形制在麦积山较为特别，呈现出独特的洞窟建筑特点。现存圆雕泥塑4身，其中佛1身、四臂观音1身、力士2身。二力士为原作，尚保留有北周风格，局部有重塑痕迹。双龛内佛、四臂观音及浮塑的莲瓣形背光均为元代重塑，内容独特，造型别致，具有浓郁的藏传佛教特点。

右龛内主佛顶做磨光高肉髻，面部呈方圆形，短颈、宽肩、细腰，结跏趺坐于叠涩束腰式仰覆莲花座上，脖颈处有裂痕，肩阔膀圆，袒右肩，斜披袈裟，小臂及双手已损毁，腰际有残损，其余保存基本完好，阴刻衣纹细密，腹部作旋涡纹，质感轻薄贴体，其衣纹表现手法与第35窟主尊如出一辙，佛像两腿处和胸腰间出现了写实的立体式衣褶。其造型、背光、佛座与左龛相同，背光正中上部宝相花中有浮塑狮头，这种装饰形式在西藏大昭寺大殿饰梁边上的百余件木雕狮上可看到其源头，很有可能是古希腊罗马头部式肖像传统的变体③。花饰、兽头下浮塑有仰头长啸的双狮，形象生动，别具一格，独特而富有情趣。

---

① 黄春和:《藏传佛像艺术鉴赏》，北京：华文出版社，2004年。

② （英）罗伯特·比尔著，向红笳译:《藏传佛教象征符号与器物图解》，北京：中国藏学出版社，2007年。

③ 于小冬:《藏传佛教绘画史》，南京：江苏美术出版社，2006年。

左龛内四臂观音，主二臂双手损毁，次二臂手指残损，腋下有裂隙。其他保存基本完好，面部已被烟熏。脸型方正略短，头部上宽下窄，五官较为集中，眼睛位置偏低，眉额部显得较为宽大，如儿童的面部比例，四肢修长，手足较小。头束螺髻，四臂伸出前两臂于胸前，后两臂分开曲举。上身袒露，饰项圈，双肩披巾，下系长裙。

四臂观音在密宗观音信仰体系中是最普遍、最常见的一种观音身形。梵名 Sadaksari Avalokite vara，人们根据其形象通常称为“四臂观音”，心咒为“嗡嘛呢叭咪吽”。《佛说大乘庄严宝王经》是最早提及四臂观音图像和六字大明咒的汉文经典，由中印度惹烂驮国密林寺高僧天息灾（？~1000 年）译①。这部经的梵文版本大约在 6、7 世纪已经出现，至 9 世纪《大乘庄严宝王经》译出并流传之后，这一明咒的守护者——四臂形观音才正式提出，11 世纪以后广为流行，最后成为西藏地区最主要的保护神之一②。

从麦积山石窟现存藏传佛教造型特点来看，整体造型简洁概括，体量饱满，肩宽细腰，造型浑圆。衣质轻薄，随着形体起伏而变化，与整体造型浑然一体。这一时期的中原佛教艺术很大程度上受到了元代“西天梵像”造像风格的影响。麦积山石窟第 35 窟主佛及第 48 窟左右龛主尊及四臂观音造像就是这一造像风格的体现，且表现出区域地理位置上的风格差异性。汉地佛教艺术对藏传佛教艺术的吸收，汉文化与西藏固有审美情趣的融合，更进一步反映出秦州地区元朝汉藏佛教艺术交融的时代特点。

五、结语

自 7 世纪左右，藏传佛教艺术随着藏传佛教的形成而广泛传播，在上千年的发展历程中，通过不断吸收和融合古代印度和中国不同地区的艺术风格和创作手法，形成了具有鲜明藏民族宗教文化特征的佛教艺术体系，并不断向外发展和辐射，影响遍及佛教发展的诸多地区。麦积山石窟现存的藏传佛教题材造像就是例证，但在其创作过程中，在藏传佛教图像学及造像仪轨的基础上，依然吸收了本土佛教艺术的特征。麦积山石窟现存于第 35、48 等窟的元代造像，呈现出明显具有地域特征的造像艺术风格，即在“西天梵像”造像艺术影响下，表现出麦积山石窟特有的地理区域差异性。另外，根据相关史料记载和现存于麦积山石窟部分洞窟中的元代题记，进一步说明元代佛教造像活动在麦积山石窟的延续性。

（原载于《自然与文化遗产研究》2019 年第 9 期）

① 赵雪芬：《炳灵寺石窟四臂观音造像试探》，《西藏研究》2011 年第 2 期。

② 吴景欣：《麦积山石窟第 48 窟四臂观音造像初探》，郑炳林、花平宁主编：《麦积山石窟艺术文化论文集》，兰州：兰州大学出版社，2004 年。

麦积山石窟第 133 窟维摩变考

张　铭

麦积山石窟第 133 窟位于麦积山西崖东上部，处于西崖中心区域，是麦积山石窟西崖三大窟之一。该窟内部构造复杂，分为前堂、后室，顶高 5. 80 米，面阔 12. 20 米，进深 10. 83 米。窟门保存完整，里宽外窄，立面为竖长方形。窟内现存大、小窟龛 16 个，石刻造像碑 18 通，各类泥塑及石雕 4953 身，壁画 23. 50 平方米，四壁壁面原贴满影塑小千佛①。五代王仁裕登临此窟后，将其描述为“将及绝顶，有‘万菩萨堂’，凿石而成，广若今之大殿。其雕梁画栱，绣栋云楣，并就石而成，万躯菩萨，列于一堂”②，可见当时之辉煌壮丽。该窟俗称“万佛洞”，明代又称为“极乐堂”③。关于该窟的开凿年代，大多数学者认为开凿于北魏晚期④，五代、宋、元、明皆有重修。

第 11 龛位于第 133 窟前堂左侧，为平面方形平拱龛，龛高 2. 85 米，宽 1. 45 米，进深 1. 48 米，左壁与前室壁面相连，整龛均遭烟熏。龛内原有造像三身，为一佛二胁侍组合，皆浮塑莲瓣形背光，现只存正壁坐佛一身，身着双领下垂式袈裟，下摆呈三片垂于座前，具有北魏晚期“秀骨清像”的特征。龛内左右两侧塑上下六层坛台，贴佛、菩萨、弟子、供养人等影塑，龛内正、左、右三壁及龛顶皆彩绘壁画。龛外上方浮塑尖拱形龛楣，正中及两端各浮塑一兽头，口衔楣沿，龛楣满绘壁画。龛楣上方有悬塑《说法图》，贴有佛、菩萨、飞天、弟子及供养人等影塑。龛外两侧设上、下八层坛台，贴供养人影塑。

---

① 张锦秀编撰：《麦积山石窟志》，兰州：甘肃人民出版社，2002 年，第 101～130 页。

② ［北宋］李昉等编：《太平广记》卷三百九十七《麦积山》，北京：中华书局，1995 年，第 3181 页。

③ 笔者注：第 133 窟窟口甬道悬挂有明代万历四十一年（1613 年）木制匾额一块，题刻篆书“极乐堂”，为当时秦安信众所供养。

④ 支持第 133 窟开凿于北魏晚期的学者主要有董玉祥、马世长、张锦秀、李西民、项一峰、陈悦新、达微佳等，支持西魏开凿的学者主要有李裕群、八木春生等，笔者倾向于北魏晚期说。详见董玉祥：《麦积山石窟的分期》，《文物》1983 年第 6 期；国家文物局教育处编：《佛教石窟考古概要》，北京：文物出版社，1993 年；张锦秀编撰：《麦积山石窟志》，兰州：甘肃人民出版社，2002 年；天水麦积山石窟艺术研究所编：《中国石窟·天水麦积山》，北京：文物出版社、东京：平凡社，1998 年；陈悦新：《从佛像服饰和题材布局及仿帐、仿木构再论麦积山北朝窟龛分期》，《考古学报》2003 年第 1 期；达微佳：《麦积山石窟北朝洞窟分期研究》，《石窟寺研究》第二辑，北京：文物出版社，2011 年；李裕群：《北朝晚期石窟寺研究》，北京：文物出版社，2003 年；（日）八木春生：《天水麦积山石窟编年论》，《石窟寺研究》第二辑，北京：文物出版社，2011 年。

一、第11龛龛楣壁画内容

第11龛尖拱形浮塑龛楣上，依龛楣走向，绘制有一幅壁画，最宽约2米，最长不到1米，因烟熏严重，画面模糊难以辨认，目前尚无研究成果。经笔者现场辨识，对其内容有了初步解读，壁画整体呈中心对称式分布，左侧画面较为清晰，右侧画面烟熏严重，辨认困难①。现根据壁画内容及构图特点，编号予以说明。

1号，菩萨一身，圆形头光，颈饰项圈，帔帛绕臂，外衣两角自肘部外翘，衣摆于座前呈左右对称状敷搭，向两侧外翘，双手做说法印，结半跏趺坐于方形束腰座上，露出右脚，顶有华盖，华盖两侧有长带垂饰及流苏。该菩萨高居画面正中，是整幅壁画的中心点。

2号，菩萨一身，侧身回首，身姿略呈“S”状，优雅自然。左臂屈肘，手掌向上平伸，右手置于胸前，颈饰项圈，披帛外搭，在肘部外翘，绕臂于胸前呈“X”状交叉，下着长裙，跣足立于莲台之上。顶有华盖，饰宝珠、垂幔。

3号，菩萨一身，顶有高髻，面朝前方，双手置于胸前，帔帛自双臂下垂，衣裾呈水波纹，跣足立于莲台之上。水滴形头光，两侧及身后有桃形花朵。身前有一尖锥长形物体，下方与地面以曲线相接。

4号，一树，满布大小不等的圆形花朵。树下有一人物形象，仅可见部分衣饰。

5号，弟子二身，身穿袈裟，前面一身光头弟子扭头向后，与后面一身螺髻弟子相对而立，双手拢于胸前，衣裾呈水波纹状。弟子头顶及身侧也有莲蕾分布，大小不一。身后两侧有尖锥长形物体，下方与地面以曲线相连。因崖体裂缝导致壁画开裂，此处画面有错位。

6号，中心位置为一立姿菩萨，头顶华盖，饰带下垂，菩萨身高明显，头两侧宝缯卷曲下垂，侧身向前，跣足立于莲台之上。菩萨前方绘飞天一身，形象残缺，可辨部分衣裾及飘带。飞天周围散布花朵，下方有小立像，面向菩萨，似为比丘。菩萨身后，龛楣剩余画面皆绘弟子像，可辨4排，约十来身，朝向不一，多有相对。

7号，立像一身，顶有华盖，侧身立于莲台，面向右侧，身前绘莲花，身后绘一小一大两身立像，双手合十，身穿宽博袈裟。

8号，立像两身，相对而立，左侧一身似光头，右侧一身似螺髻或戴冠，与5号二身弟子像组合相对。左侧菩萨像身侧绘一身小像，双手拢于袖中，面向左侧而立，身穿宽博袈裟。

9号，一树满绘圆形花朵，与4号区域的大树相同，宝树下方有尖锥长形物体。

10号，主体为一屋形建筑，装饰垂幔，屋内绘一坐像，右手似执物前伸，衣带向后扬起，面向左侧，坐于胡床之上，隐约可见胡床边缘。屋顶上方似绘飞天一身，仅衣带部分可见。屋外后方立一女侍者，头梳双丫髻，身着交领衫，左手夹携一长方形物品，面向左侧侍立。龛楣右侧下方剩余画面烟熏不可辨认，似绘人物像，应是与6号画面中众弟子像相对应。

---

① 笔者注：为了便于观者理解，本文中相关造像及壁画左右位置的描述，以观者视角为准，而非石窟寺研究中一般遵循的以主尊造像的左右为基准。

二、第11龛龛楣壁画题材考订

根据上文描述可知，在这幅约0.6平方米的壁画中，绘有菩萨、弟子、飞天、侍者等人物形象，其中可辨认的约有26身，还绘制了佛座、树木、华盖、莲台、莲花、建筑等，构图特点为中心对称，属小型经变画。笔者认为是根据鸠摩罗什所译《维摩诘所说经》中的相关品所绘制的维摩变，现对画面内容及题材进行考订。

壁画中10号区域，是判断此幅经变画内容和题材的关键。屋形建筑及屋内独坐的人物，让人联想到那位赫赫有名的维摩诘居士。根据《维摩诘所说经》中《文殊师利问疾品》记载，维摩诘得知文殊菩萨与众菩萨、弟子众及诸天、人等将前来问疾后，“即以神力空其室内，除去所有及诸侍者，唯置一床，以疾而卧”，文殊到后，“见其室空，无诸所有，独寝一床”。画面中的屋形建筑内，那个独自一人坐于室内床上的人物形象就是以辩才无碍著称的智者维摩诘，其右手所执之物当为麈尾，惜画面模糊不可辨。而侍立于大殿后方的那位侍女，即代表了从维摩诘所居殿内离开的侍者。

按照已知维摩变的构图特点，前往问疾的文殊菩萨一般位于与维摩诘相对的位置，6号区域与10号区域相对应，6号区域中身高明显的那身立菩萨，无疑是这组画面的中心人物，当为文殊菩萨。《维摩诘所说经》中《弟子品》及《菩萨品》记载，佛祖在知晓维摩诘“寝疾于床”，遍问五百大弟子及诸菩萨，却都慑于维摩诘之能，只有文殊菩萨敢于“诣彼问疾”。画面中，文殊菩萨立于华盖之下，脚踩莲台，周围大众环绕侍立，即是对《文殊师利问疾品》中“入毗耶离大城”前往问疾时场景的表现。作为《维摩诘所说经》中的主角之一，绘者对于文殊菩萨有着重点的表现和渲染，华盖、莲台、随从等无不凸显出其身份的特殊及问疾场面的盛大。

画面中多有莲花出现，这种表现方式在壁画及雕刻中常见，是对佛国净土的渲染，但是考虑到此幅壁画乃是依据《维摩诘所说经》绘制，则虚空飘洒的花朵则还可能表现了《观众生品》中的“天女散花”这一场景。维摩诘所居殿室上方所绘的那身飞天，则可能是经中所载天女。

> 时维摩诘室有一天女，见诸大人闻所说法，便现其身，即以天华，散诸菩萨、大弟子上。

天女现身，凌空散花，从而引出了天女与舍利弗的一段问答辩论。

5号画面中相向而立的二身弟子，一光头，一螺髻，则应是《维摩诘所说经》中第一品《佛国品》中的舍利弗与螺髻梵王，二人在听佛说法的过程中，对于佛土严净的不同理解有过对话。8号画面中二身人物形象，也可能是对这一场景的对称表现。

处于画面最中心和最高位置的1号菩萨，无疑是此幅壁画最为核心的人物形象，也是画面中唯一坐于佛座之上的菩萨形象，庄严华丽的华盖、衣饰、头光等等，无不彰显其身份和地位之特殊。根据《维摩诘所说经》内容判断，此菩萨当为弥勒菩萨。弥勒菩萨在此经中共出现过三次，是此经流传的关键人物①。这

---

① 第一次是在《佛国品》中，第二次是在《菩萨品》中，第三次则是在《嘱累品》中。在《嘱累品》中，佛将该经付嘱于弥勒菩萨，以便众生能够闻听此经，发阿耨多罗三藐三菩提心。

身弥勒菩萨居于画面核心位置，是对其身份的展示与强调①。

综上所述，麦积山石窟第133窟第11龛龛楣壁画为维摩变，主要表现了《维摩诘所说经》中《佛国品》《文殊师利问疾品》《观众生品》《嘱累品》等内容。画面左右两侧主要绘制文殊菩萨带领大众前往维摩诘居处问疾，维摩诘虚室以待的场景，画面中间高坐的弥勒菩萨则作为该经未来传播的关键人物居于画面中心，众菩萨、弟子、天人等作为胁侍及听法众，丰富和渲染了画面的内容和场景。

经过现场对该龛壁画与造像层位关系的考察，该幅经变的绘制年代与第11龛的开凿年代相同，应为北魏晚期。壁画中菩萨衣饰及形体特征，与麦积山石窟第133窟中第3、6、8龛内造像均相近，2号画面中的菩萨与麦积山石窟西魏第127窟菩萨造像也极为相近。5号画面中的二身造像组合，在麦积山石窟北魏晚期第121、122等窟龛造像中也有精彩表现，一方面可以作为该龛壁画绘制年代的一个参考，另一方面也说明麦积山石窟在北魏至西魏时期流行这此类造像组合。

三、麦积山石窟维摩变

《维摩诘所说经》在北朝时期广为流传，与之相关的图像也因此产生并流传，维摩诘形象及维摩变图像也为历代画家所青睐，成为中国士大夫阶层代表与佛教身份完美结合的最具代表性人物形象。除了那些载于画史却未能流传下来的画作，各大石窟也产生了数量众多的北朝时期的维摩诘及维摩变图像。炳灵寺石窟第169窟存有迄今为止年代最早的维摩诘壁画，龙门石窟则保存有数量最多的维摩变，据统计，维摩变造像多达129铺②，云冈石窟北朝维摩变大约有30多铺③，其他诸如天龙山石窟④、巩县石窟⑤等，都存在着数量不等的维摩诘及维摩变形象。单体金石造像中，也多有维摩变出现。敦煌莫高窟直到隋朝时期方才出现维摩变⑥。

在这样的背景下，麦积山石窟北朝时期，特别是北魏晚期至北周时期，维摩诘思想也是极为流行，并留下了一些重要的壁画与造像，成为中国石窟寺艺术中关于维摩诘思想流行的重要文物遗存。麦积山石窟现存维摩变壁画共计3铺，分别为第127窟左壁上部维摩变、第135窟左壁龛两侧维摩变，以及最新发现的第133窟第11龛龛楣维摩变（表一）。

第127窟维摩变绘于该窟左壁上方，纵2.38米，横4.48米，内容丰富，是麦积山石窟现存最大

---

① 对于为什么将此经的宣布嘱托给弥勒菩萨，而非其他菩萨和弟子，鸠摩罗什在《注维摩诘经》中，有着明确的解释：“（鸠摩罗）什曰：不付阿难，以其无有神力，不能广宣，故不付也。维摩非此土菩萨，故不嘱也。文殊游无定方，故不嘱。嘱弥勒者，以于此成佛故也。”参见《注维摩诘经》，《大正藏》第38册。

② 张乃翥：《龙门石窟维摩变造像及其意义》，《中原文物》1982年第3期。

③ 张华：《云冈石窟中维摩诘和文殊菩萨造像的探讨》，云冈石窟研究院编：《2005年云冈国际学术研讨会论文集·研究卷》，北京：文物出版社，2006年，第239页。

④ 李裕群：《天龙山石窟调查报告》，《文物》1991年第1期。

⑤ 安金槐、贾峨：《巩县石窟寺总叙》，河南省文物研究所编：《中国石窟·巩县石窟寺》，北京：文物出版社，2012年，第214~215页。

⑥ 贺世哲：《敦煌莫高窟壁画中的维摩诘经变》，《敦煌研究》1982年第2期。

表一 麦积山石窟维摩变对比表

窟号	绘制年代	尺寸大小	所处位置	构图形式	内容	维摩诘	文殊菩萨	备注
127	西魏	大型经变画	左壁上方	横向整铺	《问疾品》 《方便品》 《观众生品》 《弟子品》 《不可思议品》	1. 位于画面左侧 2. 坐于方形宝帐内	1. 位于画面右侧 2. 坐于束腰座上 3. 头顶华盖 4. 手执如意	壁画内容采用孙晓峰观点
135	北魏晚期至西魏	中型经变画	左壁龛两侧	左右对称	《问疾品》	1. 位于画面右侧 2. 坐于方形宝帐内	1. 位于画面左侧 2. 头顶华盖 3. 坐于束腰座上	因画面残缺，文殊菩萨说明采用张宝玺先生论文
133	北魏晚期	小型经变画	第 11 龛位于前室左壁，壁画绘于该龛龛楣	中心对称	《佛国品》 《问疾品》 《观众生品》 《嘱累品》	1. 位于画面右侧 2. 坐于殿式室内 3. 可能手执麈尾	1. 位于画面左侧 2. 头顶华盖 3. 立于莲台之上	

的维摩变，采用“异品同构”的构图方式，为早期经变画向大型经变画演变的研究提供了重要参考①，也是目前现存南北朝时期绘制水平最高、最成熟的大型维摩变。该维摩变绘制于西魏时期②，维摩诘与文殊菩萨分别居于画面的左侧与右侧，其构图形式沿袭了中原地区北魏晚期以来盛行的以《文殊师利问疾品》为核心的图像表现形式，主要表现了《问疾品》《方便品》和《观众生品》等相关内容③。

第 135 窟维摩变绘于左壁下部佛龛两侧，该窟的开凿年代一般被认为是北魏晚期到西魏④，壁画绘制年代相同。画面漫漶多不可辨，张宝玺辨认后，认为画面右侧居于帐内的是维摩诘，左侧头顶华

① 王垚：《麦积山石窟〈维摩诘经变〉壁画艺术风格探析》，《天水师范学院学报》2009 年第 6 期。

② 关于麦积山石窟第 127 窟开凿年代的研究，主要有北魏晚期、北魏至西魏、西魏三种观点，详见孙晓峰：《天水麦积山第 127 窟研究》，兰州：甘肃教育出版社，2016 年，第 64 页注解①。孙晓峰认为开凿于西魏大统七年（541 年）前后。学界目前普遍认为第 127 窟为西魏文帝皇后乙弗氏之功德窟，笔者认同该窟开凿于西魏说。

③ 张宝玺：《麦积山石窟壁画叙要》，天水麦积山石窟艺术研究所编：《中国石窟·天水麦积山》，北京：文物出版社、东京：平凡社，1998 年，第 193 页；项一峰认为该经变主要包含了《问疾品》《方便品》《香积佛品》《见阿閦佛品》，见其《〈维摩诘经〉与维摩诘经变——麦积山 127 窟维摩诘经变壁画试探》，《敦煌学辑刊》1998 年第 2 期；孙晓峰则认为包含了《问疾品》《方便品》《观众生品》《弟子品》和《不可思议品》共计 5 品内容，见孙晓峰：《天水麦积山第 127 窟研究》，兰州：甘肃教育出版社，2016 年，第 187~188 页。

④ 对于该窟的年代判定，学者都认为第 127 窟和第 135 窟开凿于同一时期。董玉祥先生认为开凿于 516~534 年间，马世长先生认为开凿于 502~534 年间，达微佳认为开凿于北魏宣武帝延昌二年至北魏分裂前（513~534 年），李裕群则认为开凿于西魏大统元年至大统末年（535~551 年），陈悦新认为开凿于西魏时期，八木春生认为开凿于西魏前期（535~540 年）。

盖坐于束腰座上的是文殊菩萨①。根据现场近距离观察，右侧方形宝帐装饰华丽，顶饰摩尼宝珠，所存左上一角有龙首衔流苏下垂，四周装饰帷幔。宝帐前方绘有树木，形象与第127窟维摩变中的树木基本相同。树顶上方绘有一身凌空飞天，但是左侧画面现在已经无法辨认出坐于束腰座上的文殊菩萨，仅树木可见。该幅维摩变残损严重，属于中型维摩变。从现有内容判断，其内容主要为《问疾品》，构图方式与第127窟不同，分别绘于龛外两侧壁面，维摩诘与文殊菩萨所在位置正好相反。

四、第11龛维摩变图像来源之思考

从上文的分析说明可以看出，麦积山石窟第133窟第11龛龛楣上的维摩变的构图方式以及内容表现，与第127、135窟的维摩变都有着较为明显的区别。如果说，第127、135窟的维摩变在绘画手法以及人物、华盖、宝帐、树木等形象的处理上有着较为明显的连贯性，那么第133窟的维摩变则表现出了截然不同的特征。现就其图像来源作初步分析。

维摩诘居士坐于殿形屋内这一组合，最早应出现于云冈石窟，并且这种维摩诘、文殊菩萨对坐的组合影响深远。麦积山石窟第133窟第10号造像碑为北魏晚期作品，其中就有维摩诘与文殊菩萨在一殿形建筑内对坐辩论的场景，可以视之为对云冈传统的继承。

在尖拱形龛楣上雕刻维摩变，应以龙门石窟古阳洞北壁上层第1龛为最早，古阳洞北壁下层第2龛与第3龛间的小龛龛楣也雕刻有维摩变，且文殊菩萨与维摩诘所处方位与第133窟维摩变一致，与之相同的元素及处理方式还有下方的兽面。据研究，古阳洞三大像在景明元年（500年）已经完工或者基本完工，其余龛像也是大多在景明年间完成②，麦积山石窟第133窟第11龛的维摩变绘于龛楣这一做法当是受其直接影响，其绘制年代也必然在景明之后。龙门石窟皇甫公窟南壁大龛，龛内主尊菩萨结跏趺坐，曲拱形龛楣两侧分别雕出维摩与文殊像，主尊菩萨右腿叠放在左腿上，露右足，脚背朝外，其坐姿、帔巾穿搭等形象特征与麦积山石窟第133窟维摩变中的弥勒菩萨非常相近，维摩与文殊相对位置相同。可以说，皇甫公窟这一组合样式是麦积山石窟第133窟维摩变图像的最直接来源，麦积山石窟第133窟维摩变是对龙门石窟这一样式的综合与改变。

成都市西安路出土的三佛并坐造像碑，背面浮雕维摩变图像，维摩诘独坐室内，华盖装饰、侍女形象、文殊菩萨衣饰等都与麦积山石窟第133窟维摩变非常相近。根据简报可知，这批造像年代均为南朝，其中4通没有明确纪年的造像碑，"其衣饰风格、雕刻手法、实质等与有纪年的造像大同小异，均是同一时期遗物"③。根据简报发布的图片及线描图比对判断，这通三佛并坐造像碑与有明确纪年的H1：5释迦多宝造像碑年代最为接近。因此，这通三佛造像碑的制作年代应为南朝梁大同十一年（545年）前后。大同年间对应的是北朝的西魏时期，抛去其他因素不论，单从制作时间来看，麦积山第

① 孙晓峰：《天水麦积山第127窟研究》，兰州：甘肃教育出版社，2016年，第194页。

② 温玉成：《龙门北朝小龛的类型、分期与洞窟排年》，龙门文物保管所、北京大学考古系编：《中国石窟·龙门石窟》（一），北京：文物出版社、东京：平凡社，1991年，第212页。

③ 成都市文物考古工作队、成都市文物考古研究所：《成都市西安路南朝石刻造像清理简报》，《文物》1998年第11期。

133窟维摩变还要早于这通南朝萧梁时期的造像碑，二者之间的图像关系值得关注。

总之，麦积山石窟第133窟维摩变，应是麦积山石窟目前现存最早的维摩变，其构图受云冈石窟及龙门石窟之影响，使用了云冈及龙门图像元素，结合《维摩诘所说经》内容进行重新组合和创作，特别是经中《嘱累品》及弥勒菩萨的表现，是对龙门石窟弥勒造像与维摩变组合的创新。在图像对比分析中，还可以看出与南朝佛教造像之间的关联，充分显示出天水作为丝路重镇的区域特征及麦积山石窟兼容并蓄的艺术特点。

五、余论

麦积山石窟现存的这三铺维摩变都能够在云冈石窟和龙门石窟找到源头，说明当时中原地区文化及政治中心对麦积山石窟的直接影响。特别是在西魏时期，作为西魏政权的大后方，加之乙弗氏的缘故，西魏时期的麦积山石窟在一定程度上代表了当时佛教艺术的最高水平，这一时期出现的诸如第127、135窟维摩变，其制作规模和水准自然远高于第133窟的维摩变。但是即便属于小型维摩变，麦积山第133窟维摩变中以弥勒菩萨居中，左右两侧分别对称绘制文殊菩萨与维摩诘的这种构图方式尚属孤例，在其他北朝石窟中尚无发现。麦积山石窟第133窟维摩变中结跏趺坐菩萨是弥勒菩萨这一结论，对一些石窟内出现的造像身份的推定具有启发意义，可以据此反推出诸如麦积山石窟第127、135窟维摩变所在壁面龛内主尊造像以及龙门皇甫公窟内南壁大龛结跏趺坐菩萨的身份，应该都是弥勒佛或者弥勒菩萨，龛内造像与维摩变有着相互对应的直接关系。

将视野转至千里之外的敦煌。关于敦煌莫高窟隋代第433窟窟顶后部的壁画，在《中国敦煌壁画全集·隋代》以及《敦煌莫高窟内容总录》等相关出版物中，对于该窟窟顶后部的经变画描述为中间绘弥勒经变一铺，两侧绘维摩诘经变一铺，段文杰将敦煌莫高窟隋代维摩变根据布局分为四种形式，其中第三种为“三殿联合式。中殿为弥勒上生变，南殿为文殊，北殿为维摩，遥遥相对。虽然人物都在室内，但不画前墙，可以看到中庭及后院活动，这是中国壁画的一种特殊结构”①。除去三殿式的建筑，若是只就主尊组合和麦积山石窟第133窟维摩变进行比较，二者之间的主尊及构图对应关系简直如出一辙。通过分析麦积山石窟第133窟维摩变内容，笔者认为敦煌莫高窟第433窟窟顶的弥勒上生经变实乃维摩变中《嘱累品》之表现，是维摩变的组成部分。敦煌莫高窟第433窟窟顶后部壁画，应整体命名为维摩变为妥。敦煌莫高窟这一类维摩变与麦积山石窟第133窟维摩变之间应该存在自东向西传播的关系。受壁画保存现状及笔者能力的限制，本文相关考订一定存在不准确和不完整的地方，而对麦积山石窟第133窟这一幅维摩变内容及价值的研究仍需深入开展。

（原载于《中国美术》2020年第2期）

① 段文杰：《融合中西成一家——莫高窟隋代壁画研究》，《中国敦煌壁画全集·隋代》，天津：天津人民美术出版社，1991年，第7页。

麦积山石窟第12窟窟顶壁画释读

张　铭

麦积山石窟第12窟，位于东崖第13窟（东崖大佛）东侧，第9窟（中七佛阁）第7龛的正下方，平面方形四角攒尖顶窟，进深1.86米，宽1.87米，高2.10米，窟门深0.92米。该窟开凿于隋代开皇二十年（600年）之后①。窟内现存造像十一身，为七佛二菩萨二弟子，正壁开龛，龛形及造像保存完整，是麦积山北周窟龛及造像特征的延续，对研究麦积山北朝至隋朝窟龛及造像组合的演变有重要的参考意义。明代重新妆彩造像表面，但原作特征仍然保存。现存壁画约7.5平方米，原作壁画被表层的明代重绘壁画覆盖，窟顶四披的壁画保存较为完整和清晰。

一、第12窟窟顶壁画

第12窟窟顶壁画，之前已有学者关注。麦积山勘察团在《麦积山石窟内容总录》中将其描述为“绘鬼神之类及涅槃图（正壁上一面），均明代物”②。李西民和蒋毅明认为“窟顶明画，正披佛涅槃，余三披经变”③。张锦秀认为是涅槃变和地狱变，窟顶左披和后披所绘是释迦说法和释迦涅槃，右披和前披是地狱变，其中右披主要形象为佛装地藏王菩萨，明代所绘④。诸家对第12窟窟顶现存壁画的绘制年代及后披壁画内容没有争议，但对其余三披的内容判断则不甚相同，且语焉不详。现对窟顶四披壁画描述如下：

后披：画面正中，释迦牟尼身穿袒右袈裟，双目闭合，表情安详，头枕右手，平躺而卧。周围绘十一身人物，表情姿态各异。左侧一弟子左手高举，指向空中化现的释迦立像，右手牵拉一位扑倒在地的弟子，表情兴奋激动。右侧身着俗装之人，双手抚摸释迦右脚。画面上方，释迦跣足立于祥云之上，圆形头光。左右两角，各有一只绿毛狮子，脖系铃，相向蹲踞，表情哀伤。壁画施色以红、白、

---

① 李裕群从崖面坍塌与洞窟开凿的先后关系入手，认为麦积山第12窟开凿于隋代，且开凿上限在隋开皇二十年之后。见李裕群：《麦积山石窟东崖的崩塌与隋代洞窟判定》，《考古》2013年第2期。笔者认同其观点，从东崖现有洞窟分布及崖面利用先后之关系综合分析，第12窟开凿于隋代之说更为合理。

② 麦积山勘察团：《麦积山石窟内容总录》，《文物参考资料》1954年第2期。

③ 天水麦积山石窟艺术研究所编：《中国石窟·天水麦积山》，北京：文物出版社、东京：平凡社，1998年，第276页。

④ 张锦秀编撰：《麦积山石窟志》，兰州：甘肃人民出版社，2002年，第122页。

绿三色为主，表现了释迦涅槃及虚空化现的场景。

右披：画面正中上方，一佛着双领下垂袈裟，结禅定印，结跏趺坐于莲台之上，圆形头光及身光，表情悠然淡定。下方正中有黑色半透明的敞口缸形器，口朝下，内有一赤身小孩。缸形器两侧各有一木撬杠，六恶鬼或用绳拉，或攀援踩踏，或双手举物作砸击状，一恶鬼双手紧抓缸口，用力抬举。左右角各有一恶鬼，分别持矛拉弓，朝向坐佛作攻击状，九恶鬼均上身袒露，獠牙外露，顶长双角，面目狰狞。整个画面显得情节激烈，动静结合，云气缭绕。

前披：画面下方绘九身恶鬼，身着短裙，双臂、手腕、脚腕皆戴环，外貌形象与右披画面中的九身恶鬼对应，由之前凶神恶煞、张牙舞爪的状态，转变为并排而跪的惶恐状态，面带惊恐，瞠目结舌，双手合十，相顾失措。前披壁画与右披壁画相比，由纷乱紧张转为整齐安静，众恶鬼前倨后恭，变化明显。

左披：画面中间上方绘一坐佛，形象与右披坐佛基本相同，圆形头光及身光，眉间有红色白毫，头顶黑色肉髻，右手屈肘上举作拈花指，手腕戴环，左手置于左腿，坐于仰覆莲台之上，周围祥云环绕。坐佛前方绘一妇人形象，头挽高髻，身穿白衣，腰间系带，双脚短小，面朝坐佛而跪，从其背部双臂线条判断，应为双手合十置于胸前。妇人前方绘三足石几，上设三足香炉，翻边圆口，短颈圆腹，内有两道烟气飘绕而出。坐佛两侧各有五身弟子呈八字形排列，身穿交领袈裟，足蹬黑色平底履，分前后两排向佛而立，有老有少，面带笑容，手持长茎绿叶莲花，周围祥云环绕。这十身弟子与后披壁画中的十身弟子形象一致，其中八身为青年形象，两身为老者形象。画面最下方绘黑绿山石。

二、第 12 窟窟顶壁画内容考订

从上文描述可知，后披壁画为释迦涅槃图，主要人物为释迦及其十大弟子，其构图方式延续了犍陀罗涅槃图像的基本构图框架，这一题材和构图模式在佛教壁画和造像中最为经典和常见，但是释迦平躺仰卧则与犍陀罗造像右胁而卧不同，是佛教本土化的表现。诸弟子举哀的情节也是涅槃图像的主要构成部分，第 12 窟窟顶后披壁画左侧画面中，扑倒在地的应该是阿难尊者，右手牵扶左手指天的应该是阿那律尊者①。

右、前、左三披壁画中，据左、右披坐佛形象的相同和右、前披所绘九身恶鬼形象一致等判断，画面之间存在着情节和内容的关联，而右披所绘的缸形器和小孩最为关键。一个倒扣的缸形器和一个赤身的小孩，这种组合是自宋元时期广为流传的《鬼子母揭钵图》（简称《揭钵图》）最典型的情节，

① 刘永增在对犍陀罗涅槃图像中出现的人物进行统计时，认同福歇的观点，认为佛床前阿难哀痛之极扑倒在地，阿那律以手牵起，在犍陀罗涅槃图像中，这样的阿难和安那律组合出现次数不少。见刘永增：《敦煌莫高窟隋代涅槃变相图与古代印度、中亚涅槃图像之比较研究》，《敦煌研究》1995 年第 1 期。笔者采用这一观点。

通过对文献和图像的比对，可以确认右披壁画所绘的就是鬼子母寻找丢失小儿子的《鬼子母揭钵图》①，现简要进行解证。

鬼子母又名欢喜母，梵文音译为诃利帝母。原为婆罗门教中的恶神，后皈依佛教，成为护法神，在二十诸天中排第十五位。关于她的故事，在《佛说鬼子母经》《大药叉女欢喜母并爱子成就法》《杂宝藏经》《诃利帝母真言经》《毗奈耶杂事》等佛经中都有记载，唯有《杂宝藏经》中的《鬼子母失子缘》大致记载了鬼子母揭钵救子的故事情节。

> 鬼子母者，是老鬼神王般阇迦妻，有子一万，皆有大力士之力。其最小子，字嫔伽罗，此鬼子母凶妖暴虐，杀人儿子，以自啖食。人民患之，仰告世尊。世尊尔时，即取其子嫔伽罗，盛着钵底。时鬼子母，周遍天下，七日之中，推求不得，愁忧懊恼，传闻他言，云佛世尊，有一切智。即至佛所，问儿所在。时佛答言："汝有万子，唯失一子，何故苦恼愁忧而推觅耶？世间人民，或有一子，或五三子，而汝杀害。"鬼子母白佛言："我今若得嫔伽罗者，终更不杀世人之子。"佛即使鬼子母见嫔伽罗在于钵下，尽其神力，不能得取，还求于佛。佛言："汝今若能受三归五戒，尽寿不杀，当还汝子。"鬼子母即如佛敕，受于三归及以五戒。受持已讫，即还其子。佛言："汝好持戒，汝是迦叶佛时，羯腻王第七小女，大作功德，以不持戒故，受是鬼形。"②

对照经文可知，第12窟右披壁画中的缸形器就是佛钵，钵中小儿即鬼子母小儿子嫔伽罗，佛祖用法力让佛钵变成半透明状，以便鬼子母可以看到嫔伽罗，鬼子母可见又不可得，便率领众恶鬼，试图解救，众恶鬼齐心协力，使出浑身解数，意欲翻转佛钵，救出嫔伽罗，九恶鬼加上被扣于钵内的嫔伽罗，正好凑成十人之数，指代鬼子母一万子及魔众数量之多。《佛说观佛三昧海经》的《观像品》中有鬼子母率领诸子和魔王波旬一起攻击释迦牟尼的记载，从侧面反映出鬼子母诸子之勇猛。将鬼子母的其余儿子绘成恶鬼，则与佛经记述有关，《杂宝藏经》中说鬼子母的丈夫为老鬼神王，则他们所生诸子自然为小鬼王形象，诸子皆天生神力，于是便有了壁画中诸恶鬼之形象特征。右披画面中佛祖的淡定自信与众恶鬼的大张旗鼓形成强烈的对比。转至前披，画面的表现极具戏剧性，九身恶鬼由右披的张牙舞爪，穷凶极恶到前披的弃矛掷弓，恭敬跪拜，表现出经过一番争斗，众恶鬼深感佛法神妙，不可抗拒，从而心生惶恐，诚心跪拜。左披中那身跪在佛祖面前的妇人形象就是鬼子母，她"尽其神力，不能得取，还求于佛"，最终听从佛祖教诲，受三归五戒，皈依佛门。

---

① 关于《鬼子母揭钵图》的研究，可参考王建国：《"鬼子母"崇拜文化及其艺术形象变迁》，《郑州大学学报（哲学社会科学版）》2011年第4期；乐愕玛：《〈揭钵图〉卷研究略述》，《美术研究》1997年第2期；李翎：《鬼子母揭钵故事的流传与图像》，《世界宗教文化》2014年第2期；谢明良：《鬼子母在中国——从考古资料探索其图像的起源与变迁》、霍旭初：《杂宝藏经与龟兹石窟壁画——兼论昙曜的译经》，《龟兹学研究》（第一辑），2006年；李翎：《政治的隐喻：岩山寺金代鬼子母经变》，《吐鲁番学研究》2016年第1期；胡文成：《印度诃利帝母神像在流传过程中的衍变探究》，《大足学刊》（第一辑），2016年；杜阳光：《从鬼子母到送子观音的图像学演变》，《国学》2017年第1期；夏广兴，鲍静怡：《汉传佛教中的鬼子母形象衍变考述》，《兰州大学学报（社会科学版）》2017年第5期等。

② ［北魏］吉迦夜、昙曜：《杂宝藏经》，《大正藏》第4册，第492页。

右披众恶鬼的诸般兵器化为左披诸弟子手中的莲花，佛法止戈之妙备见。关于《揭钵图》中诸恶鬼兵器化为莲花，明代徐应秋在其《玉芝堂谈荟》卷十三“摄鬼子置琉璃钵”中就有鬼子母率领魔众及鬼兵攻击佛祖，所使枪刃矢石皆化为莲花的情景①。明清之际的徐树丕在其《识小录》中也有类似记载：“今骨董家有鬼子母揭钵图……鬼子……八臂三其目，虎爪兼狼齿……强弩变莲花……”②。

第12窟窟顶壁画中，用右、前、左三披来表现鬼子母失子缘，但作为《揭钵图》的主角之一，鬼子母只在最后的场景出现，以背面跪姿示人。

综上所述，麦积山第12窟窟顶壁画的内容基本可以确定。后披为释迦涅槃图，右、前、左披内容并非地狱变和鬼神之类，而是以连环画的绘画方式对《杂宝藏经》中《鬼子母失子缘》主要内容情节的丰富和再现，属于鬼子母因缘故事画，主要情节有揭钵、拜服、皈依等，是对佛经内容的再创作。

三、麦积山第12窟《揭钵图》的特点

据统计，国内外现存的《揭钵图》卷本约有二十多本③，加上历代所载之画本，总数在四十件之上。传世《揭钵图》中，元代朱玉的《揭钵图》其实是临摹北宋大画家李公麟的《揭钵图》，而明代仇英（约1498~1552年）所绘《揭钵图》则又是效仿朱玉本。

美国弗利尔美术馆藏仇英绘《揭钵图》，横卷式构图，情节自右向左展开。画面右侧绘佛祖趺坐于莲花座上，双手结禅定印，神态安然，前方、左右及后方分别绘二力士、十大弟子、众菩萨等各色人物侍立。画卷中央及左侧部分是主体，绘鬼子母带领众多兵将，试图用木架吊起佛钵解救小儿。

四川剑阁觉苑寺佛传壁画是我国古代佛教艺术中“通幅式”佛传图谱的集大成者，内容翔实、规范，保存最完整。据考证，觉苑寺壁画粉本源自于明代永乐年间编纂的《释氏源流》④，一般认为绘制于明天顺年间（1457~1464年）以后，是明代中期作品，其中也有鬼子母揭钵图和释迦涅槃图像。在揭钵图中，释迦双手施无畏与愿印，端坐于莲台之上，左侧一弟子侍立，画面正中支一木架，架下佛钵内有一身着红衣的小孩，鬼子母低首掩面，面色忧伤，鬼子母身后众鬼分作两排，用力拽拉绑在钵周围的两根长绳，意图将佛钵拉起。众鬼的手腕脚踝戴金环，顶长双角，与麦积山第12窟的形象相同。

而麦积山第12窟窟顶的鬼子母壁画，因地制宜，在四角攒尖顶的窟顶上，按照故事发展的时间先后顺序，窟顶不同的披面，绘制了揭钵、众鬼拜服、鬼子母皈依三个主要情节，用三幅画面来展开，内容情节更具特点，与传世《揭钵图》皆不相同，显示出独特的绘制特点和表现方式。观者可以随着画面的转换来了解故事的发展，更具观瞻性和连续性，这一特点是现存诸多《揭钵图》图卷所不具备的。受壁面大小以及绘制者水平所限，人物形象和构图简单，鬼子母只在最后以背面形象出现，角色

① ［明］徐应秋：《玉芝堂谈荟》，《文渊阁四库全书》第883册，台北：商务印书馆，1982年，第322页。

② 邓之诚注：《东京梦华录注》，北京：中华书局，1982年，第101页。

③ （法）乐愕玛：《〈揭钵图〉卷研究略述》，《美术研究》1996年第4期。

④ 阮荣春：《蜀道明珠觉苑寺，佛传图典耀寰宇——剑阁觉苑寺明代佛传壁画艺术探析》，《中国美术研究》第1、2合辑，南京：东南大学出版社，2012年。

的重要性被大大降低，且揭钵场景中，没有众多弟子以及诸天形象，仅有释迦一人安坐莲台，是《揭钵图》的简化版。从画面所表现的人物形象绘制特点以及佩饰来看，麦积山石窟第12窟窟顶揭钵图与剑阁觉苑寺明代壁画相似点更多，二者之间应该有一定的联系。

四、第12窟窟顶壁画绘制年代

第12窟窟顶重绘壁画的具体年代无法确定，但可以根据一些信息判断大概的年代。窟内四壁重绘壁画从云气的表现特征来看，和窟顶壁画属于同期所绘，造像也在明代重新进行了妆彩，基本可以判断第12窟壁画和造像的重绘和妆彩是同时进行。

窟内现存五条有明确纪年的题记，均写于表层壁画之上，可以作为第12窟壁画绘制的年代下限。左壁有崇祯元年（1628年）墨书题记①；前壁上部存一个长方形榜题框，中间写“蓬莱洞”三字，字周围有一条崇祯元年和两条崇祯六年的题记②，是信众在四月初八佛诞日前后来麦积山进香时所留；窟顶前披下边框左侧有“天启二年四月二十六日□□(士）人侯荣”的堆金题记，说明该窟壁画的重绘年代必在天启二年（1622年）之前，还可知该窟尚有“蓬莱洞”之别称。

麦积山明代题记中，有关侯氏兄弟的题记共四处，分别为第4窟第6龛龛顶前披的崇祯六年（1633年）题记、第25窟天启七年（1627年）侯尽兄弟题记、第4窟第7龛壁右上部明天启元年（1621年）的墨书题记③。从题记内容可以看出，这些侯姓工匠都是陇州（今陕西陇县）梨林里的侯氏一支，手艺代传，明代天启及崇祯年间在麦积山专门从事佛像的贴金彩塑等工作，且侯荣、侯相兄弟为佛教信士。虽然侯荣在该窟留下了题记，但其他三条侯氏题记中，凡是重修功德皆明确说明，而侯荣在此窟的题记却只是留名，故此窟壁画重绘的画匠并非侯荣。

基于以上明代题记的信息并结合前文，该窟窟顶及四壁明代壁画的绘制年代下限在天启二年（1622年）之前，并且应晚于剑阁觉苑寺壁画的绘制年代。

五、第12窟窟顶壁画组合分析

释迦涅槃与鬼子母因缘皆属于本生故事画，是流传于世的释迦如来应化事迹中所包含的两个重要内容。麦积山第12窟窟顶四披壁画中，将释迦涅槃与鬼子母因缘一起绘制，有其侧重点和内在

---

① 题记录文为“崇祯元年四月初□日，秦州卫左所赵百户下信士一会人……吉祥如意”。见张锦秀编撰：《麦积山石窟志》，第150页。

② 不再详列，具体内容可见张锦秀编撰：《麦积山石窟志》，第150页。

③ 麦积山第4窟第6龛题记：“大明崇祯六年八月十五日/开工妆彩贴金画匠/陇州梨林里侯家嘴/居住信士侯荣侯相弟兄二人侄侯秋印/三人十月二十贴工完满/吉祥如意”。第4窟第7龛题记：“施主□德□（大）重/新□佛堂善/念感天地造福/自无疆/铁匠王化明/画匠侯□侯相/天启元年四月二十四日书。”第25窟题记：“天启七年四月内妆贴菩萨。匠人陇州梨林里侯尽弟兄二人妆彩贴完。会首僧人惠莲、惠省，木匠僧人本羊。”具体内容可见张锦秀编撰：《麦积山石窟志》，第133、136页；张铭：《麦积山第4窟题记识录》，《石窟艺术研究》第一辑，北京：文物出版社，2016年，第303页。

的考量。

窟顶最重要的后披绘制涅槃图像，展示的不仅仅是佛陀的涅槃，更是佛陀精神的永存以及佛法传承不灭的象征。在《大般涅槃经》中，鬼子母是作为众生信奉的八十神天之一，《法华经要解》言“害人之鬼，无甚于罗刹女鬼子母。亦誓护持，则余神可知”①，连鬼子母这种犯下大恶的夜叉都能皈依佛门，并成为守护佛法的诸天之一，这更能显示出佛教“放下屠刀，立地成佛”的度化功效，使信徒和观者心里产生极强的震撼而获教化效果。

虽然该窟窟顶四幅壁画中的三幅是表现鬼子母的因缘故事，但只现背面跪着的鬼子母，主角仍为佛祖，加上后披涅槃图中的释迦化现，佛祖的形象共出现了四次。通过涅槃和鬼子母皈依两个主要情节，展示出“佛法宽广，济度无涯，至心求道，无不获果”②。鬼子母故事宣扬的是佛法无边、回头是岸、放下屠刀立地成佛的思想，结合释迦涅槃对佛法不灭的强调，这便符合大乘涅槃的三个主要中心思想，即如来常住、涅槃“常乐我净”以及一切众生皆有佛性。后披涅槃图中，戴头巾、双手摸佛左足的男性形象，极有可能就是窟顶壁画重绘的功德主。这一构图模式，在觉苑寺佛传故事壁画中就有同样的表现，也是涅槃造像与壁画较为常见的表现方式，将涅槃图像放在最重要的后披，自然有突出功德主形象的考虑。

鬼子母信仰自从唐代在民间盛行之后，对其形象的绘制便有了明确的规定，唐代僧人不空翻译的《诃利帝母真言经》记：“画诃利帝母，作天女形纯金色，身着天衣头冠璎珞，坐宣台上垂下两足，于垂足两边画二孩子，傍宣台立。于二膝上各坐一孩子，以左手怀中抱一孩子，于右手中持吉祥果。”③这种天女形象无疑更能满足民间信众的想象需求，与鬼子母能够让妇女顺利生产、守护幼儿及祈求子嗣的慈悲女神的形象更加贴切，而这在现存的元代及以后的鬼子母绘画中表现得非常充分。麦积山第12窟所绘鬼子母形象与经文所载差异巨大，这种反差或者说故意为之的形象对比，更加说明了第12窟窟顶壁画的这种组合和表达方式，主要是为了渲染和突出佛教的教化功能，是对大乘佛教涅槃思想的宣扬，特别是对众生皆有佛性的强调。

六、明代的麦积山石窟

经过元朝的寂寥与落寞之后，明代的麦积山石窟得以重新发展。现存的文书、碑刻、题记等遗存显示，这一时期的麦积山仍然是秦州地区重要的佛教中心，是举办水陆法会的场所④，根据麦积山现藏洪武年瑞应寺所使用的木质护戒牒雕版上的内容可知，瑞应寺作为陕西一处“禅庵”，设有戒坛，是僧人受戒之所，成为临济禅宗的道场⑤。悬挂于麦积山瑞应寺的明代成化二十年（1484年）大铁钟

① ［宋］戒环：《法华经要解》，《大正藏》第30册，第356页。

② ［北魏］吉迦夜、昙曜：《杂宝藏经》，《大正藏》第4册，第494页。

③ ［唐］不空：《诃利帝母真言经》，《大正藏》第21册，第289页。

④ 麦积山第133窟内大佛背面有万历三十五年墨书题记：“□□仲王氏，万历三十五年奉水陆会到此。”见张锦秀编撰：《麦积山石窟志》，第156页。

⑤ 麦积山石窟艺术研究所：《瑞应寺遗珍》，兰州：甘肃人民出版社，2008年，第151、206页。

上所刻铭文中各级僧官的出现，也说明瑞应寺在这一时期是秦州官方认可的寺院①。

麦积山石窟在明代没有开凿新的洞窟，但是对前代的窟龛、造像及壁画进行了大量的妆彩修缮。重修工作主要集中在东崖，是麦积山石窟历史上继两宋之后的又一个重修高峰期，从事重修的主要人员是寺院的僧人、周边的家族式工匠团体等。现存的明代重修题记主要集中在明代嘉靖后期至崇祯年间（1560~1633 年）②。据张锦秀《麦积山石窟志》统计，明代在 10 多个洞窟中重新妆塑的造像多达 200 余身③。而明代对壁画的重绘也是麦积山历代重绘壁画之最，有 13 个洞窟及瑞应寺大殿等，面积达 400 多平方米，色彩浓艳，线条工细，风格繁缛④。麦积山现存的题记中，也是以明代重修题记和游人题记最多，众多的游人题记反映出，麦积山兼具佛教文化与山林清幽环境之妙，完美的自然与人文景观受到文人雅士的青睐，成为秦州的旅游胜地。

除去重新妆彩和绘制的造像与壁画，麦积山还保存有数量较多的明代佛教遗存物，比如明嘉靖三十七年（1559 年）的宝鉴大禅师和寂空大禅师石塔，是麦积山明代佛教、寺院和住持传承的重要资料。现存的 8 通明代碑刻也是麦积山历代碑刻数量之最⑤，还有 2 块刻砖、5 块匾额，文物库房内还存有 2 身明代塑像。这些遗存物是研究麦积山石窟发展历史，特别是明代麦积山佛教不可或缺的重要资料。

七、结语

麦积山第 12 窟窟顶明代所绘的鬼子母因缘故事，是麦积山唯一的鬼子母因缘壁画，是对中土自宋元开始流行的《揭钵图》图像粉本的继承与发展，这一特殊类型的连环故事画，是对鬼子母故事画形式的补充，展现了麦积山石窟独特的区域特征。

麦积山所在的秦州地区和川蜀地区历来联系紧密，佛教和石窟艺术互为影响。虽然麦积山第 12 窟窟顶壁画绘制水平较低，但是从壁画所表现的题材和组合来看，在当时《释氏源流》这一粉本普遍流行的大背景下，觉苑寺壁画与麦积山第 12 窟窟顶壁画之间的关系，值得进一步探讨和关注。

鬼子母双手合十跪于佛前的场景，在克孜尔石窟第 34 窟的鬼子母因缘图中也有出现。鬼子母作为印度本土的夜叉和瘟神，经过佛教的吸纳融合后，由恶神变为庇佑小儿、安胎生子的善神，其信仰伴随着佛教的东传进入中土，逐渐为民众所接受，最终与中土本有的九子母相结合，送子观音信仰也是受其影响而产生，这既是中土文化对外来文化吸收的一个例证，也是佛教文化本土化的结果。值得注

① 张萍、孙晓峰：《明代麦积山石窟相关史迹考述》，《天水师范学院学报》2014 年第 3 期。

② 张锦秀编撰：《麦积山石窟志》，第 132~158 页。

③ 张锦秀编撰：《麦积山石窟志》，第 98~102 页。

④ 张锦秀编撰：《麦积山石窟志》，第 104、125~131 页。

⑤ 计有嘉靖八年（1529 年）《石刻残碑》、崇祯四年（1631 年）《贴完佛像碑》、崇祯十五年（1642 年）《麦积山开除常住地粮碑》、嘉靖四十三年（1564 年）《重刻麦积崖佛龛铭并序》、嘉靖三十八年（1559 年）《甄敬诗碑》、嘉靖四十三年（1564 年）《甘茹诗碑》和《胡安诗碑》、隆庆元年（1567 年）《李筳诗碑》、万历七年（1579 年）《君赏诗碑》、万历十八年（1585 年）《马应梦诗碑》。详见张锦秀编撰：《麦积山石窟志》第六章。

意的是，麦积山第 12 窟窟顶左披中鬼子母形象的表现特点，最为明显的是其身穿白衣。中国的“白衣大士”“送子观音”图像有可能源自唐代的“水月观音”，10 世纪以后逐渐演变成白衣观音。麦积山第 12 窟所绘的白衣鬼子母，正是鬼子母形象在中国本土演变过程中的表现。

（原载于《敦煌研究》2020 年第 3 期）

麦积山石窟艺术的展览表达

惠露佳

甘肃天水麦积山石窟与甘肃敦煌莫高窟、山西大同云冈石窟、河南洛阳龙门石窟并称为中国四大石窟。如今，“敦煌学”已成为国际显学，云冈石窟和龙门石窟也因其带有深厚历史和文化底蕴的窟龛石刻造像、丰富的佛教艺术内容以及强大的旅游辐射效应享誉全球，随之也带来了“云冈学”和“龙门学”概念的提出。麦积山石窟则是隐秘在陇山密林中的一处清幽之地，对普通大众而言，虽心之向往，却只知一二。如何重新审视、利用和发挥麦积山石窟艺术的价值变得尤为重要。文旅融合，为石窟艺术走出本源地、走进博物馆、走入公众视野，提供了契机。历经麦积山石窟艺术研究所的专家与常州博物馆策展团队一年的策划，2020 年 9 月 15 日，“东方微笑——麦积山石窟艺术展”在常州博物馆特展厅向公众免费开放。这是麦积山石窟艺术精华在国内的首次异地集中展示。展出的可移动文物包括造像、壁画、文书等共计 60 件（组），不可移动文物则以临摹品的形式出现，共计 59 件（组）。

一、个性化的文化遗产

1961 年，麦积山石窟被公布为第一批全国重点文物保护单位。作为丝绸之路沿线最重要的文化遗产之一，2014 年麦积山石窟以“丝绸之路：长安—天山廊道的路网”遗产点之一的名义，被列入《世界遗产名录》。普遍价值和个性价值是麦积山石窟成为令人瞩目的文化遗产之关键词，特别是“个性化”价值的存在是其从民族瑰宝跻身至世界遗产的重要因素。

麦积山石窟个性化的首要关键词为重要节点。麦积山石窟所在的天水市，古称秦州，西接陇右，东通关中，南通汉中入蜀，是古代的交通孔道。地理优势带来了文化传播的便利。佛教在两汉之际传入中国，在中国的传播线路复杂，其中最重要的一条是北方的陆上丝绸之路，由中亚传入，以新疆一带的佛教遗迹为策源地，串联起敦煌莫高窟、炳灵寺、麦积山、龙门、云冈等众多北方佛教遗迹。麦积山石窟则被各方佛教文化所感染，伴随内化与转型。

其次，麦积山石窟因造像的历史延续性，享有“东方雕塑陈列馆”的美誉。《方舆胜览》载“麦积山，后秦姚兴凿山而修，千崖万像，转崖为阁，乃秦州盛景”。一般认为，麦积山石窟的开凿可以追溯到十六国后秦时期。后经北魏、西魏、北周、隋朝、唐代、宋元明清时期不间断的开窟、造像、修缮，麦积山石窟现存洞窟 221 个，保存了历史上各个时期、不同风格特点的各类雕塑 10000 余尊，壁画约1000平方米。

第三，浓郁的世俗人情味成为麦积山石窟的特有符号。麦积山佛陀造像的尘世化、民间化、生活化倾向相当明显，特别是佛陀嘴角的一抹微笑，既可视作“佛教‘欢喜’概念的具象，亦可理解为从容、超脱、慈悲、怜爱等心境与情绪”①。麦积山石窟的造像形成了与龙门石窟和云冈石窟庄严肃穆、高大魁梧、千古永存的帝王形象以及与莫高窟强烈的宗教色彩完全不同的意象。这是由于龙门与云冈地处国都，石窟的修建动用了大量的国家财力与优秀匠师；而莫高窟则因地处西域和丝绸之路中原文化的末端，由商贾士胄出资修建居多。麦积山石窟却因地制宜，多由民间匠人自发造像，取材于当地的红色砂砾岩，信徒们将自身情感投射到了神明身上，一定程度上突破了程式化的修建仪轨。

二、博物馆展览为石窟艺术赋能

石窟艺术位于其本源地时具有原生态的语境，“不加修饰”的文化遗产本身，伴随自然和人文环境，展现着其最为珍贵的原始面貌。但不可否认的是，石窟文化遗产的不可移动性也带来了若干问题。首先，旅游人潮的涌入，给石窟的保护工作带来了压力甚至威胁。其次，“快餐式”旅游文化下，导览的泛娱乐化输出，降低了石窟艺术内容解读的深度。最后，文物的原状保护特性也带来了文化传播的地域限制，离开本源地的文化输出相对不足。基于此，石窟艺术的展示与宣传应当寻找更为广阔的阐释空间，而文化遗产的保护也应突破“保护”这一理念和行为，力求“把握公众对遗产理解和利用的渴求，建立起历史和时代的关联，提供时空对话的平台。”② 博物馆的助力，让麦积山石窟艺术随着“跨界”的合作，得以弥补石窟本源地展示的缺陷，并将积极发挥其“二次利用”价值。

一方面，博物馆平台推进文化的宣传与认同。麦积山作为“丝绸之路：长安—天山廊道的路网”遗产点之一进入《世界遗产名录》，在更高的平台被世界看见。作为文化遗产，我们所应关注的不能仅局限于众所周知的“头衔”，而应理解文化遗产内涵带来的文化感召和文化认同。近些年，麦积山石窟的管理者认识到，超负荷的承载量，给观众的参观质量以及文物保护和生态环境都带来了负面影响。尽管麦积山石窟价值的体现与传播可以通过智慧旅游平台得以实现，但虚拟的体验终究无法与实体观展相抗衡。博物馆的存在，对不可移动的文化遗产在文化宣传与认同上起着强烈的支撑作用，特别是麦积山石窟艺术在异地博物馆的展出，通过调整临摹品和原件的展示比重，可以对文物原件进行有效保护，并通过展览手段，达到不同的效果。最为重要的是，跳出其本源地，提高展览的区域辐射，让世界性的文化遗产被更多的国人认可，并上升为对国家、民族的认同感，对增加当地居民乃至整个民族的文化自豪感至关重要。

另一方面，展览释读引发个人的关联与思考。就石窟艺术的展览而言，这些年已经突破了纯美学或宗教角度的赏析式展览，逐渐增加了对海外回归文物的背景与伦理、最新考古与学术成果、前沿科技手段和石窟艺术全方位呈现的探讨，博物馆也致力于积极构建文物与当代人、事、物的相关性。更

① 李威：《文化遗产内涵的展览重构》，《中国文物报》2020年9月25日。

② 沈辰：《众妙之门：六谈当代博物馆》，北京：文物出版社，2019年，第146页。

值得一提的是，个别展览中对造像艺术的展示也突破了传统的解读方式，赋予其新的内涵。2016年第34届世界艺术史大会特展“破碎与聚合：青州龙兴寺古代佛教造像”在中央美术学院美术馆展出。青州龙兴寺窖藏出土的佛教造像是“1996年全国十大考古新发现”之一。展览突破了“完美”这一绝对概念，首次展出了残破造像，唤起观众关于“为何佛像虽破碎，但未被遗弃”这一问题的思考。策展人郑岩认为本展是“立足中国文化，对艺术史研究的基本概念做出反思和挑战”①，既从新的视角阐释了古代佛教造像的意义和价值，又突破了佛教造像“雕塑”的概念框架，借由“不完美”的佛教造像揭示“破碎这一状态使佛教造像超越了其宗教价值，进而聚合成全新的对话媒介”② 的文化意义。这样一种由作品本身引发的思考是新时代展览的目标所在。回到麦积山石窟，对专业观众而言，博物馆的展示具有现代美学借鉴和艺术创新的当代价值，对美术教学、现代艺术设计、历史学的研究有石窟艺术的当代复兴之效用。对普通观众而言，麦积山石窟艺术所包含的窟龛、造像、文书、文物之美学和文化意义是难以在短时间内理解的。经济基础决定上层建筑，当今社会经济差距持续存在，文化割裂也会持续存在。在这样一种情况下，展览的切入点、侧重点，展品的选择，展览的诠释是策展人寻找雅俗之间平衡的结果，维系这一切考量的是文物和人们的关联性。正如加拿大皇家安大略博物馆的研究员沈辰举例：“瓷杯和旗袍，传统的博物馆一般会用它们去反映民国时代的生活，但是现在我们就该考虑这两件文物如何会对当代社会中的某个家庭、某位观众带来触动，该通过怎样的展示方式让这些触动也能够带动其他的观众引起情感上的共鸣。”③ 对麦积山石窟艺术而言，能否找到与观众的关联性并触动人心呢?

三、石窟艺术的展览构建

用展览的语言和角度来表现麦积山的石窟艺术，与所观麦积山实景之感受定然不同。肉眼所见之麦积烟云、巍巍摩崖、临空栈道、千佛廊龛、万般造像均是麦积山石窟艺术原状呈现的磅礴美感。当展览将这些艺术重置于全新的空间与语境之中，它们的价值定位和展示方式将会被重塑。“东方微笑——麦积山石窟艺术展”在展览的立意选题上经过多番斟酌，选取了最具有代表性的麦积山石窟的可移动文物及临摹品，突破了时间线索、美学赏析、宗教范畴的绝对化学术壁垒，进行了石窟艺术展览化的再构建，探索其与当下时代、与当代观众的关联性。

1. 主题提炼，构建与世俗生活的关联性

麦积山石窟艺术的价值千万，策展团队希望通过博物馆展示全新的价值审视，一改大众对石窟艺术带有浓郁宗教色彩的刻板印象，让其走下“高坛”，使走进大众视野的麦积山石窟文化散发温度。麦积山石窟造像嘴角的“微笑”是东方含蓄美的真实写照，更是工匠们将人性的光辉带进宗教世界的巧思，而一千多年后欧洲文艺复兴时期，类似的微笑才被达·芬奇描绘到蒙娜丽莎的嘴角之上。这些

① 王思渝、杭侃：《观看之外：13场博物馆展览的反思与对话》，北京：文物出版社，2020年，第101~102页。

② 王思渝、杭侃：《观看之外：13场博物馆展览的反思与对话》，北京：文物出版社，2020年，第101~102页。

③ 沈辰：《众妙之门：六谈当代博物馆》，北京：文物出版社，2019年，第147页。

东方的微笑足以与“世界”的微笑相媲美。将“东方微笑”作为展览主题，摒弃了宏大叙事的基调，从生活细微处入手，成了构建石窟艺术和世俗生活关联的关键词，也是连接过去与当下、信仰与生活的文化密码。

一方面，从“微笑”的具体意象出发，自魏晋时期起，麦积山的造像一笑便是千年。大量的文物支撑，让“微笑”成了展览的价值中枢。第44窟的一佛二菩萨，坐佛双眉细长、丰颊玉颌，脸上浮现着慈悲的微笑。第133窟的小沙弥，满脸稚气、头略下低、表情和悦，泛起甜甜的微笑。第121窟的螺髻梵王和菩萨双肩相互轻靠，似窃窃私语状，露出会心的微笑。第123窟的童男、童女，前者面相浑圆俊美，嘴角翘起，眼含笑意；后者眉毛弯曲，嘴角内敛，微笑含蓄。从高大魁梧的三世佛，到心怀慈悲的菩萨，再到低头沉思的迦叶，甚至到虔诚的女供养人，都可在其嘴角瞥见不同意味的笑容。

另一方面，“微笑”背后所承载的信息也是与世俗生活关联的重要线索。微笑本身只是一种情态，而它的价值却在历史的发展中体现出不同的意义。雕琢“微笑”的工匠们将信仰寄托于佛陀之上，刻画出了外部审美取向与内心审美世界结合的作品。创作源于现实，并随时代发生变化。如今，这些富有生活气息与世俗情感的艺术作品给我们研究彼时文化的时代特征和艺术风格演变提供了重要线索。“微笑”成了映射历史和世俗生活的一面镜子，也成了适当降低观展门槛的入场券。

2. 信息重组，构建与时空中“人”的关联性

如果说时间的刻度使麦积山石窟艺术保值，那么“人”的参与和贡献则是为其增值的关键因素。在变化发展的认知过程中，物的价值实则为其与人关系的体现①，因为“人”的存在，石窟及其衍生艺术从物象到文物的流变属性，得以在历史脉络与社会语境下被创造、保存或发掘不同的价值。“东方微笑——麦积山石窟艺术展”在“微笑”的背后揭示了人的重要性，分三个单元阐释了人与麦积山石窟艺术的关系。

首先，人的创造反映历史进程。“东方微笑——麦积山石窟艺术展”第一单元名为“佛陀的世相”，展现了从北魏时期至宋代最为典型的佛教造像，在流动的“微笑”中，观众可以感受其神韵，无论是北魏时期的秀骨清像、西魏时期的温润慈悲、北周时期的珠圆玉润、隋唐时期的突出个性，还是宋元明清时期的写实作风，都能找到因应时代变迁而产生的变化。麦积山石窟的初创时期，造像多体现中西融合的特点；时至北魏中期，造像审美更符合中原文化的意趣和内涵；北魏晚期，以褒衣博带、秀骨清像为主流，显现出宗教与人性高度融合的艺术境界；西魏时期对造像细腻的神态刻画，既显示出佛陀的慈悲大度，又表现出母性的温柔善良；北周时期佛陀造型质朴圆润、敦厚壮实，真实而自然；唐代时期的麦积山遭遇了一次史无前例的大地震，后唐武宗对佛教进行严厉打击，麦积山佛事渐趋衰微；继宋代大规模重修之后，随着南宋的灭亡和中国石窟艺术的逐渐没落，麦积山也日益黯淡。宏大的历史背景和鲜明的人间情感主导着造像艺术的发展，让我们看到在多重文化影响下，华夏先民对民族文化审美的坚守，以及辩证地接受和阐释异域文化②的主观能动性。人的创造留下了独有的历

① 曹兵武：《生态文明视角下历史文物在现代社会的再脉络化—— 兼论符合国情的文物保护利用之路的有关问题》，《东南文化》2020年第3期。

② 刘颖、董泓：《信仰、审美与现实——试析麦积山石窟造像的美学价值》，《文化创新比较研究》2019年第14期。

史印记，让后辈得以在大历史背景下发现文物的价值，也能从文物本身追溯历史、看见历史。

其次，人的思想推动艺术多样性。展览的第二单元“信仰的造化”，揭示了随着佛教思想的变迁与升华，信仰的艺术形式也变得复杂多样。展览将各种形制的窟龛做了图文展示，并结合两个复原洞窟的陈设，让观众有了直观的理解。同时，佛典中的高深教义和经典故事，通过石刻、石雕、壁画、组像的形式展现于麦积山石窟空间中，以供观仰、修行，展览遴选了其中最有代表性的文物和临摹品，并对它们的内容和艺术价值做详细阐释。因人缘起的佛传故事，激发了艺术形式的多样性，也让多样性的艺术表达有了“依据”，从而促进石窟艺术对历史画卷多方位的记录与展示。多样的石窟艺术形式提高了展览的丰富性与观赏性，也让彼时的正面导向教义有了现世可取的文化意义。

最后，人的守护保障传承接续。第三单元“世人的愿力”，通过供养人影塑头像、供养人壁画、造像碑、雕版、经文、拓片、烛台等文物，借助泥塑过程的展示手法，配以“今人的守护”知识版块，展现着从古至今鲜明的人间感情，无论是古代的工匠、僧侣、供养人，还是今天的雕塑家、修复者、研究者，都满怀激情，用超凡脱俗的信仰和最质朴的情怀，不断创造和延续着麦积山石窟艺术的神话，使那些洋溢着人性光辉的艺术品呈现在世界面前。古今守护，是珍贵的文化遗产得以留存的最重要原因，也是策展人希望借此让广大群众了解的时代使命，特别是坚韧不拔、积极向上、坚持不懈的“麦积精神”在当代的意义。

3. 文化碰撞，构建与当代运用的关联性

如今，展览本身与其“子产品”包括设计体验、教育活动、文创产品、媒体宣传等俨然成了相互依存、不可分割的展示体系。其中，与观众实现“亲密”对话的展示空间和文化参与，是博物馆实现构建历史与当代联系的平台，也是积极为大众提供全新的思维与学习模式的渠道。就“东方微笑——麦积山石窟艺术展”而言，展厅内的设计“由近及远”，通过当代的设计手段，“看见”麦积山的文化本体；展厅外的活动则“由远及近”，依托石窟艺术，诠释文化的当代意义。

一方面，尊重原貌，用色彩讲故事。色彩是陈列展览最直观的辅助诠释。2010 年，加拿大皇家安大略博物馆和陕西省文物交流中心合作的秦汉文明展览的第三部分“和谐的汉代”运用了浅黄色调的背景，这源于策展人对中国文化背景的分析。策展人认为黄土和黄河是汉文化的代表，也是中国文化的基调色，土黄色对中国文化具有非凡的内涵和意义①。麦积山石窟艺术展色彩的运用也注重了地域文化在设计中的重要性，选取了接近麦积山砂砾岩色泽的吸音板为装饰基材。如此，一是贴合麦积山山体的自然色，与麦积山景观本身相呼应；二是摒弃红色、黄色、宝蓝色等具有色彩暗示和指向性的颜色，180 米的砂砾岩色主线，营造着平和的沉浸观感；三是构建色彩与文物的有机统一性，造像的原料源于砂砾岩，相同原色又幻化出万千佛陀的形象，而复制洞窟与展厅相协调的颜色，犹如身临麦积山窟龛一般。用麦积山特有的色彩营造的展厅基调和氛围，创造着古今对话，传递着麦积山千年不变的韵味与色彩背后的故事。

另一方面，乐于改变，用创新聚人气。博物馆吸引观众前来的秘诀之一是“在历史悠久的艺术史

① 沈辰：《众妙之门：六谈当代博物馆》，北京：文物出版社，2019 年，第 65 页。

典范和当代创新之间寻找到微妙的平衡”①。在“东方微笑——麦积山石窟艺术展”展览期间，常州博物馆邀请了一至六年级的学生观展并汲取创作灵感，制作泥塑作品后提交烧制，创作对象除了麦积山石窟的文物外，常州博物馆的其他展示资源也包含其中。2020 年 12 月，依托充满创意的泥塑作品，“泥火之歌——常州博物馆首届泥塑艺术展作品征集活动”在常州博物馆开幕，展览分为“巧手妙思塑万象”和“遇见泥塑‘育’见美”两个单元。其中“巧手妙思塑万象”单元中，可见以麦积山石窟艺术展中的第 135 窟石雕佛立像和其他洞窟中的壁画为灵感，捏塑的莲花底座、远古的琵琶、送给妈妈的礼物——含苞待放的玫瑰等作品，赋予了文物新的活力。借由小创作家们的作品而成的展览，在历史与现代、传统与创新间找到了融合。此外，其他活动也精彩纷呈。常州博物馆特别企划的“‘笑起来真好看’塑像仿妆/自拍活动”，以展厅中的造像为模仿和创作灵感，鼓励年轻人展示高超的画仿妆水平，展现服装搭配创意，晒出传神的模仿表情，旨在通过模仿外在形象以理解造像艺术的意韵。“遇见麦积——‘飞天’翻模体验活动”，通过用石膏和模具等材料，让参与者感受亲手制作一尊具有浮雕效果的“飞天”的乐趣。“聆听麦积——麦积山里的成语故事”，让和佛传故事相关的“天花乱坠”“五体投地”“借花献佛”这些成语都能在展览中得见艺术的具象、得知精彩的寓意。

四、结语

如今，石窟艺术的展览表达，已成为石窟文化传播与交流的重要方式，丰富的历史信息、艺术真谛和人文感召，得以在博物馆语言的构建下熠熠生辉。“东方微笑——麦积山石窟艺术展”策展团队在石窟艺术的表达上做了深入浅出且突破艺术形态本身的多层次展览诠释。在新的语境下，单件文物的原始属性因为横向与纵向的对比与联系，产生了有利于普通观众的多层次、多角度理解。麦积山石窟也因与博物馆的合作而备受瞩目。当然，展览还存在一些不足，在石窟艺术信息的传递上应打破说明标签的学术化程式，积极与观众分享思想与故事，突破“信达雅”的传统标杆，激发博物馆与观众间的双向对话，石窟艺术的价值将被更多的年轻人理解。此外，在与观众的对话中若能实践展览的“智识”② 模式，将博物馆的知识经验灌输转换为交互启迪、探索、发现的开放交流方式，会更具有石窟艺术展览的未来意义③。

（原载于《中国博物馆》2021 年第 2 期）

---

① （美）朱莉·德克尔著，王欣译：《宾至如归：博物馆如何吸引观众》，上海：上海科技教育出版社，2017 年，第 28 页。

② “智识”来源于英文单词“Intellect”，在直译的“知识”“智力”“智能”“智慧”意义外，更指代人们判断实物和解决矛盾的逻辑与能力。

③ 张子康：《用博物馆的“大脑”去思考》，《光明日报》2020 年 12 月 27 日。

麦积山石窟北朝时期乐舞图像初探

曾　杰　徐　雯

麦积山石窟是我国著名的石窟寺之一，现存洞窟221个，壁画1000多平方米，多为南北朝时期的石窟遗存，其中一些壁画和石刻浮雕有大量伎乐飞天礼佛颂赞的乐舞图像内容。这些乐舞图像虽具宗教性质，但其所刻画的音乐舞蹈内容与当时的社会生活有着千丝万缕的联系，它们是北朝时期汉族与西域及北方少数民族音乐文化相互融合发展的见证，也反映了这一时期艺术家对音乐的认知和当时的社会文化特征。

音乐图像蕴含着生动、直观的音乐历史信息，不仅可以弥补文献记载和音响资料的遗缺和不足，而且对音乐图像的研究涉及整个艺术史、社会文化史等其他领域。天水是北朝时期的重要城市，麦积山石窟的乐舞图像遗存为我们了解南北朝时期的社会音乐文化增添了新的史料，有较高的研究价值。国内学界对麦积山石窟文化的关注已久，其中也不乏对壁画和石刻浮雕中乐舞图像内容的研究，但多是从绘画的角度解读其中的文化信息，鲜有研究者从音乐图像学的角度诠释麦积山石窟乐舞图像所蕴含的音乐文化信息。因此，本文运用音乐图像学的研究方法，首先对麦积山石窟北朝时期乐舞壁画和石刻浮雕遗存进行梳理，然后从文化学的角度对一些代表性的乐舞图像的内涵及象征意义进行解读，最后总结麦积山石窟乐舞图像蕴含的文化信息和艺术特征。

一、麦积山石窟北朝时期乐舞图像遗存

麦积山石窟的开凿可追溯到十六国时期，兴盛于南北朝时期，隋唐时较少，宋代对北朝洞窟重修，元明清时期仅对个别洞窟进行重修，之后逐渐衰落。由于石窟开凿年代久远，加之受这一带湿润气候及地震等自然灾害的影响，石窟内的壁画受损较严重，除部分石刻浮雕外，存有乐舞图像的壁画清晰度不高，并且集中于几个窟龛中。即便如此，图像所含丰富的音乐文化信息仍有较高的研究价值。

（一）北朝时期主要乐舞图像遗存

北朝时期的乐舞图像主要集中在第127窟（西魏）、4窟（北周）、154窟（北魏）、78窟（北周）中，这些洞窟乐舞图像中的伎乐飞天手持各类乐器，在不同的场景中奏乐颂赞，翩翩起舞，画境优美。另有第133窟（北魏）、114窟（北魏）、76窟（北魏）、155窟（北魏）壁画中的飞天多为供养飞天，他们手持各种礼器，在空中礼佛、奉献、飞舞，但未出现乐器图像。这些画面美轮美奂，展现着艺术

家们心中的天国极乐世界。在第127、133窟中各有一幅飞天石刻浮雕图像，其中第127窟正壁龛内的佛项背光伎乐飞天石刻雕像较为著名，被收入《中国音乐史图鉴》中。

第127窟是一座西魏时期开凿的贵族洞窟，窟内右壁上方的《西方净土变》是一幅描绘乐舞娱佛场景的壁画，图长1.63米，宽4.55米，是我国石窟中现存时代最早、规模最大、内容最全的经变画①。“西方净土变”是经变画的一种，将佛经中的文字内容转变成图画，展现西方“极乐世界”的情形。图中大殿中央有一个8身飞天组成的小型乐队奏乐图，伎乐飞天手持不同乐器，4身一组分坐两侧。另有4身舞伎在殿堂之上击鼓、跳舞。12位乐伎均着汉族服饰，所持乐器有笙、筝、箜篌、排箫、扁鼓、钹、细腰鼓等。

第127窟内还有一佛像石雕，其佛项背光上刻有12位伎乐飞天奏乐像，左右各6身，演奏乐器有横笛、铜钹、细腰鼓、竖箜篌、筚篥、排箫、贝、角、鼓、阮、筝、笙等，几乎完全是以现实中的音乐生活为依据。第127窟的这些乐舞图像，飞天与香花形流于云中，给人一种仙音缭绕、天音妙乐之感，烘托出宗教的神秘气氛，让人若闻其声。

第4窟是北周时开凿的石窟，由七间八柱的崖阁构成，俗称散花楼。柱内是一长廊，长廊内侧凿有七个洞窟，其外墙正壁上方有七幅壁画，每龛上方一幅，每幅壁画有四飞天，两两相对。从左到右，第一、三、五、七幅为伎乐飞天图，第二、四、六幅为供养飞天图。伎乐飞天手持各种乐器，奏乐颂赞；供养飞天手托花盘、香炉，或持花瓶、花束，作散布状。飞天所持乐器包括：笙、角、横笛、竖箜篌、排箫、琴、腰鼓、埙等。这些伎乐飞天多为男性，部分飞天面部唇上蓄有胡髭，整体面相丰圆，体态短壮，袒胸露膊，披短袖衫，佩项圈臂钏，飘带凌空飞扬，璎珞绕身而舞，造型生动，具有明显的北周时期飞天特征。这种风格来源于西域龟兹壁画，与克孜尔石窟早期壁画的人物造型和晕染方法基本相同②。

第154窟开凿于北魏，在残存的壁画中有俩伎乐飞天，着汉族服饰，一飞天疑似吹胡笳，另一飞天奏阮，长袖飘逸，周围祥云飞鹤环绕，具有明显的汉文化特征。北周时期开凿的第78窟中有一飞天伎乐奏琵琶残图，飞天男性特征明显，面部唇上也蓄有胡须，手持一曲项琵琶，飞天造型也沿用了早期佛教飞天造型的风格。第133、114、76、155窟中的飞天多为供养飞天，并未出现乐器，这里不再详述。

（二）域外乐器考释

在麦积山石窟北朝时期乐舞图像中出现的乐器既有汉族传统乐器，也有来自北方少数民族乃至西域、印度等地的乐器，体现了这一时期多元音乐文化融合的特征。阮、筝、琴、箫、笙、笛、埙、排箫等华夏传统乐器在当时流传已久，而角、铜钹、竖箜篌、曲项琵琶、细腰鼓、筚篥等是从域外传入的乐器。

---

① 金维诺：《麦积山石窟的兴建及其艺术成就》，《中国石窟：天水麦积山》，北京：文物出版社、东京：平凡社，1998年，第121页。

② 段文杰：《略论敦煌壁画的风格特点和艺术成就》，《敦煌研究》1982年第2期。

1. 角

第 4 窟壁画中，有一伎乐飞天双手持角吹奏。角在汉代时流行于北方游牧民族，最初用天然的动物角吹奏，后出现以铜为材料制作的角，常见于军队和仪仗音乐中。《乐府诗集》中记载：“后魏之世，有《簸逻回歌》……盖大角曲也。”① 宋代郭茂倩认为“簸逻回”指的就是角，《簸逻回歌》就是以大角作为伴奏乐器而演唱的歌曲。日本学者林谦三认为“簸逻回”是“角”的鲜卑语。由此，“簸逻回”就是北魏时鲜卑人对角的称谓。北魏时，角不仅用于鼓吹乐，也为统治阶层所青睐。在北魏宫廷乐器使用中，角是除笛、笙、箫之外，出现频率较高的吹管乐器。

2. 竖箜篌

竖箜篌在麦积山石窟乐舞图像中出现频次较高，在第 127 窟右壁的“西方净土变”图和正壁龛内的佛项背光石刻浮雕以及第 4 窟前廊正壁龛上都有出现。竖箜篌是一种多弦弹拨乐器，呈三角形框架，竖立演奏，源自西域，汉代传入中原。杜佑《通典》中载：“竖箜篌，胡乐也，汉灵帝好之，体曲而长，二十二弦，竖抱于怀中，两手齐奏，俗谓之擘箜篌。”② 南北朝壁画、石刻、乐舞陶俑等图像资料中多有出现，仅次于琵琶。麦积山第 4 窟壁画中的竖箜篌形制较小，体现了南北朝时期这一乐器的特点。唐代时，其形制开始变大，并出现了大型彩绘，显华丽壮观。唐宋以后此乐器逐渐消失。

3. 曲项琵琶

第 78、4 窟壁画中出现了曲项琵琶，乐器共鸣箱呈梨形，横抱弹奏。曲项琵琶是从西域传入中原，因其浑厚的音色、特殊的拨弹手法和构造形式，在北魏流传较广，并融入当时的新型乐队及宫廷音乐生活中，成为北魏时期很重要的弹拨乐器。《隋书·音乐志》载：“今曲项琵琶、竖头箜篌之徒，并出自西域，非华夏旧器。”③ 至今，日本正仓院还保存着唐代传入日本的四弦曲项琵琶。云冈石窟第 16 窟南壁西龛伎乐浮雕以及同一时期的莫高窟乐舞壁画中也有类似的曲项琵琶，印证了以上历史现象。现代琵琶是曲项琵琶在历史发展的漫长过程中不断演变形成的，直到明代，其形制才基本上得以完成。

4. 铜钹

第 4、127 窟中都出现了伎乐飞天手持铜钹演奏的图像。铜钹也属域外乐器，源自西域或印度，演奏时两手相击以起到应和音乐的作用。《通典》载：“铜钹，亦谓之铜盘，出西戎及南蛮。其圆数寸，隐起如浮沤，贯之以韦，相击以和乐也。南蛮国大者圆数尺。”④ 自汉代张骞出使西域以来，大量西域乐器经河西走廊进入中原。《隋书·音乐志》载：“天竺者，起自张重华据有凉州，重四译来贡男伎，天竺即其乐焉……乐器有凤首箜篌、琵琶、五弦、笛、铜鼓、毛员鼓、都昙鼓、铜钹、贝等九种，为一部。”⑤ 由此可见，铜钹最晚应是在十六国时期传入我国，到南北朝时已较为流行。

5. 细腰鼓

第 26 窟有一乐伎拍打细腰鼓石刻，其形制中间小两头大。细腰鼓最早发源于古代印度，传入西域

① ［宋］郭茂倩：《乐府诗集》，北京：中华书局，1979 年。
② ［唐］杜佑：《通典》，北京：中华书局，1988 年。
③ ［唐］魏徵等撰：《隋书》，北京：中华书局，1973 年，第 378 页。
④ ［唐］杜佑：《通典》，北京：中华书局，1988 年，第 3673 页。
⑤ ［唐］魏徵等撰：《隋书》，北京：中华书局，1973 年，第 379 页。

后又发展为都昙鼓和毛员鼓，盛行于隋唐时期。隋唐时的西凉乐、高丽乐、高昌乐、龟兹乐、疏勒乐中均有腰鼓。《旧唐书·音乐志》载："腰鼓，大者瓦，小者木，皆广首而纤腹，本胡鼓也。"① 这里腰鼓是对细腰鼓的一个总称，其形"皆广首而纤腹"，而所谓"胡"，应该指的是西域少数民族。宋代陈旸在《乐书》中记载了这种腰鼓是从龟兹而获："昔苻坚破龟兹国，获羯鼓、揩鼓、腰鼓，汉魏用之。大者瓦、小者木，皆广首而纤腹。宋萧思话所谓细腰鼓是也。"② 也就是说，至少在十六国时期，细腰鼓已传入中原。新疆克孜尔石窟的第77、80窟与麦积山第26窟击鼓伎石刻、第4窟飞天壁画中的细腰鼓形制一致，在敦煌石窟北朝时期的壁画中，所绘鼓类也以腰鼓居多，说明南北朝时期这种细腰鼓已流传较广。细腰鼓不仅在宫廷音乐中使用，而且普及到民间，成为当时很受欢迎的乐器。

（三）舞蹈特点

麦积山石窟中的北朝舞伎图像既有典型的中国传统舞蹈造型，也融入了中亚、西域及印度的舞蹈因素，反映了北朝时期汉族传统舞蹈与域外舞蹈的融合与发展，再次印证了这一时期是中华乐舞文化艺术形成的重要阶段。

第154窟壁画中，二飞天分别持阮和胡笳，头梳羊角长髻，长袖起舞，裙带飘飘，被鹤等禽鸟围绕，明显具有汉族传统的"长袖舞"特征。第127窟中的"西方净土变"图中乐伎也着类似服饰，舞姿相近，凸显了北朝时期中原传统舞蹈对鲜卑统治阶层的影响。长袖舞在中国由来已久，其历史可追溯至春秋战国时期，战国时就有"长袖善舞，多钱善贾"的古语流传；楚辞中也有"长袂拂面，善留客只"的诗句；魏晋时期长袖舞更为流行，文人名士"拂长袖弄清影"已成为一种风尚。南梁简文帝萧纲在《咏舞诗》中写"悬钗随舞落，飞袖拂鬟垂"，所指的就是长袖舞③。这些文献记载与历史图像相互印证，"描绘"出一幅幅多姿多彩的中国传统舞蹈画卷。

麦积山石窟伎乐飞天体现出中国传统舞姿特点的同时，也受到来自印度及西域的胡舞文化风格影响，体现出西域及印度舞蹈的特征。从造型上看，一部分壁画中的飞天上身半裸、动态强烈，如第76、4窟中的飞天大多上身半裸，腕部、手臂、颈部均有饰物，下身穿露足的长裙，披巾绕于臂膀，周围漂浮着鲜花、流云。第4窟中部分伎乐飞天为男性，留有胡髭，袒胸露膊，披短袖衫，飘带凌空飞扬，璎珞绕身而舞，造型生动，胡人特征明显。这种风格来源于西域龟兹壁画，与新疆克孜尔石窟早期壁画的人物造型基本相同。但是，在5世纪早期，印度的一些"飞天散花图"中，飞天形象神态安详自然，飘逸感并不强。自东汉以来的数百年间，胡舞从西域逐渐传入中原，并受到中原各个阶层的青睐。麦积山石窟的伎乐飞天巧妙地利用中国传统的衣带、流云、天花等装饰，与早期印度飞天造型相结合，很好地解决了早期佛教仅靠人物本身的舞姿来表现飞动之势的问题，成为中国传统艺术"意象美"的具体体现。

麦积山石窟的舞蹈图像体现了南北朝时期胡俗以其炽盛的异域风格渐入中原，西域的音乐舞蹈成

---

① ［后晋］刘昫等撰：《旧唐书》，北京：中华书局，1975年，第256页。

② ［宋］陈旸：《乐书》，《文渊阁四库全书》，上海：上海古籍出版社，2003年。

③ 贾嫚：《唐代长安乐舞与图像编年与研究》，西安：西安美术学院，2012年，第175页。

为当时鲜明的时代风尚，形成中国传统舞蹈与外来舞蹈结合发展的早期阶段。

二、麦积山石窟北朝乐舞图像艺术特征

南北朝时期由于政局动荡，战乱频繁，形成了北方地区汉族的南迁以及中原人民与北方少数民族、西域各族汉戎杂居的情况。汉人南迁时，将北方汉族的音乐带到了南方，与南方音乐相融合；而中原也受到来自北方少数民族和西域音乐文化的影响，在音乐艺术方面呈现了多元融合的特征。北朝是鲜卑族建立的少数民族政权，他们在统一北方后，渴望获得对其华夏正统地位的认同，因此，统治者在文化建设上崇尚中原传统，继承并发展了汉族文化，这些文化信息也体现在麦积山石窟的乐舞图像之中。

（一）崇尚中原传统

北魏建立之初，鲜卑统治者便效仿儒家礼乐文化，建立礼乐制度。《北史》载："太祖（拓跋珪）初（386 年），正月上日，飨群臣，宣布政教，备列宫悬正乐，兼奏燕、赵、秦、吴之音，五方殊俗之曲。四时飨会亦用焉。"① 之后，礼乐制度在孝文帝（拓跋宏）时得到进一步发展。魏收《魏书·乐志》载："太和初，高祖（拓跋宏）垂心雅古，务正音声。"② 并且专门成立了北魏宫廷音乐机构"太乐署"。太和十六年春（492 年），孝文帝又下诏："礼乐之道，自古所先，故圣王作乐以和中，制礼以防外。然音声之用，其致远矣，所以通感人神，移风易俗。"③ 北魏的统治阶层认为音乐可以起到通感神祇、对民众潜移默化的作用，这是对儒家"治世之音安于乐"思想的继承。在麦积山石窟的乐舞图像中，横笛、笙、琴、阮等传统中原乐器出现频次也较高，如第 127 窟《西方净土变》中的乐队合奏图以及佛项背光石刻浮雕中的伎乐飞天，第 154、4 窟中的飞天壁画中都出现过这些乐器。此外，这些飞天的着装和舞姿也与中原传统风格有很大关系。北朝后期的统治者仍旧延续着鲜卑人对中原传统文化的继承与重视。西魏建立之初，西魏文帝就派大臣收集、整理音乐资料，组建乐队、重建礼乐，重启宫廷音乐。《周书·周惠达列传》中记载："自关右草创，礼乐缺然。惠达与礼官损益旧章，至是仪轨稍备。文帝因朝奏乐，顾谓惠达曰：此卿之功也。"④ 反映了西魏统治者对前朝礼乐观的继承，以彰显统治者追求华夏正统的愿望。

（二）华戎兼采、多元融合

鲜卑族在统一北方，不断扩张疆域的同时，也接纳、吸收了其他被征服民族的音乐文化，其中与西域的交流成果尤为突出，麦积山石窟北朝时期的乐舞图像体现了这一文化现象。首先，壁画和石刻浮雕中出现了不少汉族传统乐器，如阮、古筝、笛、古琴、笙等；其次，来自域外的乐器如竖箜篌、

① ［唐］李延寿撰：《北史》，北京：中华书局，1974 年，第 1762 页。

② ［北齐］魏收撰：《魏书》，北京：中华书局，1974 年。

③ ［北齐］魏收撰：《魏书》，北京：中华书局，1974 年，第 2840 页。

④ ［唐］令狐德棻等撰：《周书》，北京：中华书局，1971 年。

筚篥、曲项琵琶、铜钹、细腰鼓的出现频次也较高；还有，从部分伎乐飞天身着长袖汉族服饰及舞姿也反映出华戎交汇的特点。麦积山石窟乐舞图像之所以体现出这样的艺术特征，有着这一时期深刻的社会背景。

东汉以后的数百年间，自西向东，西风胡俗渐进中原，北魏统治时期，中原更是兴起胡乐热。《洛阳伽蓝记》载："自葱岭已西，至于大秦，百国千城，莫不欢附。商胡贩客，日奔塞下。所谓尽天地之区已。乐中国土风因而宅者，不可胜数。是以附化之民，万有余家。"① "商胡贩客"不仅带来各地的特产，发展了贸易，同时也将各地的音乐文化带到中原，以致"附化之民，万有余家"。西域音乐传入中原后，不仅被民众广为接受，也得到了统治阶层的青睐。早在北魏之初，太武帝拓跋焘平定凉州后，得"西凉乐"，直至北周，"西凉乐"又被称为"国伎"，是龟兹乐传入中原后与汉魏旧乐结合的新乐种。西凉乐一直在北朝鲜卑统治阶层中流传，直至隋唐时期成为宫廷燕乐的重要部分。龟兹乐是西域音乐的代表，凉州在当时是中国北方保存汉文化传统最多且是最先接触西域文化的地区。西域文化在凉州经过初步汉化以后，再向东流，音乐也是这样。《隋书·音乐志》以及陈旸的《乐书》中还记载了西凉乐所使用的主要乐器，包括筝、筑、竖笛、横吹、编钟、编磬、竖箜篌、琵琶、五弦、笙、萧、大小觱篥（筚篥）、腰鼓、旗鼓、担鼓、铜钹、贝等。

北朝后期，胡乐在统治阶层中更为盛行，北齐统治者同样也沉迷于胡乐，《隋书·音乐志》载，北齐主高纬"唯赏胡戎乐，耽爱无已……故曹妙达、安未弱、安马驹之徒，至有封王开府者，遂服簪缨而为伶人之事"②。曹妙达是西域曹国人，出身于琵琶世家，是当时的琵琶演奏家，其家族几代人都在宫廷从事音乐教习工作。曹妙达的祖父曹婆罗门曾跟一商人学习龟兹琵琶，并将这一技艺传于子孙。曹妙达由于琵琶演奏技艺精湛，尤为北齐主高洋、高纬所钟爱，北齐直至隋代一直在宫廷教习音乐，对后世的琵琶演奏影响深远。北周代西魏后，统治者同样热衷于对胡乐的追捧。

除西凉乐外，安国乐、疏勒乐等西域音乐随着北魏与西域及中亚各国交往的增多而传入中原。"疏勒乐、安国乐、高丽乐，并起自后魏平冯氏及通西域因得其伎"③，疏勒乐、安国乐来自西戎，所使用的乐器也多与西凉乐重合，竖箜篌、琵琶、笛、腰鼓、铜钹等都是这些音乐中常用的乐器。在麦积山石窟乐舞图中频繁出现这些乐器，也是这一时期北魏与西域文化交流互融的见证。

三、结语

南北朝是我国历史上民族大融合的时期，各民族间的融合也带来了文化的融合和繁荣。一方面，西域和北方少数民族开始向中原地区大规模迁徙，形成北方多民族杂居的现象，这给北方的音乐文化交流提供了机会；另一方面，北方汉族向南迁移，使南、北音乐文化也得到进一步融合与发展。这种民族大融合现象，给华夏传统音乐增添了许多新的乐器和乐种，使南北朝时期成为我国古代音乐发展

① 周祖谟校释：《洛阳伽蓝记校释》，北京：中华书局，1963年，第139页。
② ［唐］魏徵等撰：《隋书》，北京：中华书局，1973年，第331页。
③ ［唐］魏徵等撰：《隋书》，北京：中华书局，1973年，第380页。

史上前承秦汉、后启隋唐的重要阶段。清商乐、鼓吹乐、胡乐盛行一时，其中使用的大部分乐器都出现于麦积山石窟北朝时期乐舞图像中，反映出北朝在鲜卑人统治下崇尚、继承中原传统音乐文化并且具有“华戎兼采”的多元音乐文化特征。麦积山石窟的乐舞图像承载着这一时期的历史文化信息，是丝绸之路文化交流现象的又一见证。

（原载于《天水师范学院学报》2021 年第 3 期）

麦积山石窟塑像对人物精神、内心的表达

周　军

引　言

天水麦积山石窟是中国“四大石窟”之一，其活泼生动的彩塑不同于敦煌莫高窟丰富精美的壁画、大同云冈石窟庄重古朴的质感、洛阳龙门石窟精致细腻的雕刻。麦积山石窟在“四大石窟”中被人们熟知甚晚，名气算得上最小，一直悄无声息，直到1941年，当时的陇上学者冯国瑞先生对其进行研究并将它展现在世人面前。从此人们对这个艺术宝库开始了探寻，越来越多的塑像被发现，其蕴含的文化背景、时代意义也被发现。随着塑像展示出不同的人物特点，我们有必要对其表达出的精神和内心情感进行分析。

下面我将对麦积山石窟总体情况以及大众熟悉的几个塑像进行简要分析，探讨塑像艺术造型表达的人物精神和内心情感等几方面。

一、麦积山石窟简介

麦积山石窟地处甘肃省天水市东南，秦岭山脉的西端，因山形似农家麦垛而得名。南宋祝穆《方舆胜览》记载：“瑞应院在麦积山，后秦姚兴凿山而修千龛万像，转为崖阁，乃秦州胜景。”（瑞应院即为现在的瑞应寺，在麦积山脚下）。麦积山目前保存着从后秦到明清时期开凿的窟龛221个，各类造像约10000余件，各个朝代均有造像存留，展示了历朝历代造像的不同特点，其中以北朝时期（北魏、西魏、北周）的作品数量较多①。麦积山石窟中的塑像大多是佛像，且材料多用泥质，艺术造型上采用“虚实结合、虚实相生”的方法，采用多线条语言塑造人物特征，刻画了个性鲜明独具特色的众多佛像。

可以将麦积山称作“佛教石窟寺”，当你进入石窟，会如同进入一个美轮美奂的佛国世界，进而觉得这是一块佛教的极乐净土。

---

①　李琼：《麦积山石窟艺术中的“俗世人间”》，《艺术大观》2019年第8期。

二、石窟佛像简析

麦积山石窟目前保留并且有编号的石窟多达221个，每个石窟里的塑像数量和种类不等，各个时代的塑像特点也繁多复杂，所以我将以三个大众熟知的佛像，即第121窟菩萨与弟子像、第133窟弟子像、第112窟力士像为例，简要分析它们的塑像造型特点，进而分析其表达的人物精神和内心情感。

北魏时期是中国历史上佛教较为兴盛的时期之一，其佛教艺术风格可分为早中晚三个时期。早期雕塑风格是汉代与印度、西域特点相结合，有明显的外来风格；中期的佛像造型逐渐向中国式的“秀骨清像”转化，服饰也变成了宽松的汉民族服饰样式，衣纹多为阴刻线条，面部表情不太肃穆，有点和悦，造型在浑厚雄健的基础上，已向比例适中、俊秀洒脱的风格演变，从而显示出了由异域向本土的过渡，融合的风格比较强烈；晚期佛教造像普遍向南朝的“秀骨清像”造型靠拢，“清瘦面相，眉目疏朗，身体扁平，脖颈细长”的形象十分普遍，同时也体现出思辨的特征，这条演变轨迹十分明显①。比如北魏时期的第121窟菩萨与弟子像、第133窟的弟子像，它们展现的塑像造型风格、人物精神各有特色。

1. 第121窟的菩萨与弟子像

第121窟菩萨与弟子这两尊塑像，是广为人知的麦积山“窃窃私语”塑像，应当开凿于北魏孝文帝太和改制后。因为在这组菩萨与弟子塑像中体现了北魏晚期佛教艺术的风格。

这组菩萨与弟子塑像，造型设计方面：菩萨修长身材，细颈削肩，头束扇形高髻，身着褒衣博带，外披宽边大帔巾，足穿云头履，一手置于腹前，一手举起，身体前倾，似斜靠弟子，似悄声细语。弟子身穿敞口大衣，内着僧祇支，头束螺旋高发髻，状如塔形，靠近菩萨，双手合拢于胸前，头微微抬起，双眼细眯，似在恭听，又似在遐想。端庄甜蜜的情态使人感到亲切可爱②。

我国著名思想家荀子曾言：“形具而神开。”这组塑像究其本质，是菩萨与弟子二人在“窃窃私语”，还是在佛法的教导下进入了“忘我、无我”之境界。“形”与“神”是各种物像的两个审美要素，“形神兼备”达到“气韵生动”，是我国传统美学的最高标准。一件成功的雕塑应达到造型、传意、神韵三者的统一。任何造型艺术都离不开具体形象，形象思维是人类自我需要中产生的基本思维方式，比如佛国世界里的佛、菩萨、弟子等是人间信仰者形象思维的产物。在第121窟中，一菩萨一弟子微微依靠在一起，在传统观念意识里，这是不会发生的情形，但此处却冲破了佛门的清规戒律，有些许世俗化的行为。

2. 第133窟的弟子像

第133窟以北魏塑像为主，但也有宋代“罗睺罗受记”塑像。在第133窟内有三座艺术造诣很高的塑像，分别是第9龛内小沙弥像、第10号佛传故事造像碑、“罗睺罗受记”塑像。

其中，小沙弥塑像应是释迦牟尼的弟子阿难，他稚气未脱，看起来十二三岁的年纪，憨态可掬，

① 刘莉：《浅议麦积山石窟北朝造像的审美趋向》，《丝绸之路》2004年第S2期。

② 王纪月：《此时无声胜有声——麦积山石窟〈菩萨与弟子〉塑像》，《文史知识》1995年第2期。

面露微笑。阿难显示出的微笑，仿佛由内而外，浑然天成，从细胞里散发出来，极易感染别人，所以有“东方微笑”之美誉。造型特点为：服饰为宽大飘逸的褒衣博带式，面相清秀，表情生动的形象代替了高鼻深目、表情僵硬的造像。正是符合了北魏晚期塑像特点，佛教造像风格普遍向南朝的“秀骨清像”造型靠拢，这种“清瘦面相，眉目疏朗，身体扁平，脖颈细长”的形象已蔚然成风，佛和菩萨的形象已彻底中国化、世俗化①。佛像趋于人性化，佛性的神圣色彩渐渐淡化，毫无疑问这是南北审美文化交流和融汇的结果。

结合窟中整体塑像，阿难应是正在全神贯注地听佛祖讲法，流露出憨厚稚气的神情，双眼微眯似在认真思考教诲，也似乎参透了佛法奥妙。整个塑像造型简单，没有多余的笔触去刻画，阿难静静地伫立在佛陀身旁，头略微下低，甜甜的笑容从嘴角和细眉间散发开来，脸上的喜悦和羞涩的神情被刻画得惟妙惟肖。简单的线条运用将阿难刻画得淋漓尽致，流畅、虚实相济、完美地将他的内心和精神表达了出来。他浅浅地微笑着，似聆听教诲，似参悟佛法，仿佛在佛祖的引领下到达了佛的彼岸，佛的理想极乐净土之地，这份喜悦之情溢于言表，无法隐藏，这份微笑也由此凝固了千年，感染了许多人，沉淀着历史的魅力和韵味，也向世界展示了东方古老神秘的微笑。

3. 第112窟力士像

该塑像风格继续沿袭北魏后期“秀骨清像”的风格，并有创新和发展。从造像技巧上来说，达到了一个新的高度。造像比例适度，手法写实，形象优美，出现了一些形神兼备、充满世俗情趣的佳作。

力士是佛与佛法的守护神，据佛经记载来源于那多延天（Narayana），意为坚固力士，或谓帝释天之力士，为印度神话中的日比纽大力神。龙门石窟中早期北魏力士塑像，比如宾阳中洞口的北魏时期的力士塑像，身着长袍，怒目蹙眉，左手持金刚杵，右臂屈伸于胸前，五指张开，显示出“护法”的气势。而麦积山石窟中的力士像，人体被逐渐淡化，演变成精神化的、装饰性的、灵动的线条，而且表情刻画入微，双目突出，鼻孔粗大，眉头微皱，似狰狞似愤怒，显示出其威严的气势。

三、结语

佛教艺术的审美是人们从社会生活中派生出来的意识产物，麦积山石窟中的塑像，饱含生活化气息和人类情感，同时也是人们对“神”的认识，流溢出强烈的宗教信仰。这些塑像在一定程度上被人性化、世俗化，仿佛注入了血肉、灵魂，也彰显中华民族文化生生不息的特点。

（原载于《雕塑》2021年第4期）

① 刘莉：《浅议麦积山石窟北朝造像的审美趋向》，《丝绸之路》2004年第S2期。

麦积山与克孜尔石窟相关涅槃图像的比较分析

孙晓峰

佛教传入中国以来，涅槃一直是佛教徒宣扬的重要内容之一，从魏晋南北朝到隋唐时期广为流传。特别是大乘涅槃思想所倡导的“一切众生皆有佛性”“阐提也得成佛”等主张不仅为涅槃信仰奠定了坚实的信众基础，而且也为当时中国佛教的兴盛和繁荣做出重要贡献。纵观这一时期涅槃思想的传播，可以说与涅槃经典的传播有密切关系。但在具体时空环境内，彼此之间既存在许多内在联系，又有着显著差异。本文所探讨的天水麦积山石窟北朝时期涅槃图像与新疆克孜尔石窟普遍表现出来的涅槃信仰之间的内在关系也是如此。这对于深入认识和了解中古时期佛教涅槃思想发展、传播演变，以及它是如何融入中国佛教信众崇拜体系之中具有一定参考性。谬误之处，敬请斧正。

一、麦积山石窟北朝时期的涅槃图像

麦积山石窟的涅槃图像现存最早者是第133窟北魏晚期10号造像碑上佛传故事中的涅槃像。真正意义上的涅槃变出现于西魏初年，并延续到北周，初唐以后因麦积山石窟衰落而消失。明代时则再度流行，主要有重修的第2窟内彩塑涅槃像、重绘的第12窟顶部涅槃图等。

西魏涅槃变见于第127、135窟正壁彩绘，北周涅槃图像较少，仅见于第26窟顶部，第4窟后室第4龛内顶部亦有部分表现涅槃思想的浅浮塑。现略述如下：

第127窟涅槃变绘于窟内正壁上方，纵2.20米，横8.22米，壁画彩绘剥落、褪色较为严重，但内容基本清楚：正中绘一佛二菩萨说法图，佛做说法印，褒衣博带装，结跏趺坐于华丽的宝盖之下。胁侍菩萨均束发髻，面容清秀，体态修长，跣足立于圆莲台上。画面左侧绘荼毗和八王争舍利，台上8只圆腹细颈舍利瓶并列排放，四周有方形帷帐，其间等距插有大纛、宝幢。荼毗台左右及下方绘有多组争夺佛舍利的各国人马，既有胡服，也有甲具骑装，彼此之间以树木、山石加以隔离。形态各异，或行进，或搏击，或护卫装载舍利的轿舆前行。画面右侧绘临终遗教，残损较多。场景从左向右展开，依次为流淌的河流、树木、排列有序的僧俗信众、护法金刚力士、国王及侍从等。再右侧绘金棺示足场景：释迦仰卧于棺内，脚下迦叶探视佛足。四周弟子及信众环侍，姿态各异，悲伤之情，跃然而出。最右侧佛于宝盖下说法，周围绘有菩萨、弟子及信众等。

第135窟涅槃变亦绘于窟内正壁上方，其构图与第127窟相同，正中为一佛二菩萨说法图，左侧画面大部分残毁，仅可辨左下方绘一车舆，旁边二人侍立。右侧画面虽有残损，尚可见坛台上并列放置 8 只圆腹细颈舍利瓶，旁边绘数身信众恭敬而立。其下方绘众多士卒，持刀跃马，做奔跑交战状，以示争夺舍利，四周绘各国国王在众人簇拥下静立观战。再下方绘众人簇拥下车舆行进场景，以示分得舍利而归。

第 26 窟涅槃图变绘于窟内顶部四披（前披已毁），正披左侧释迦仰卧于金棺之内，四周弟子环侍，脚下绘迦叶抚摸佛足，下方绘密迹金刚坠地。右侧绘释迦于双林树下说法，四周众弟子侍立。左、右披内绘听法菩萨、弟子、金刚力士，以及世俗信众等。第 4 窟后室第 4 龛顶部左披内浅浮塑鹫鸟立于棺椁之上、方形佛塔、舍利塔、天人分舍利等场景，系表现含摄涅槃十方三世诸佛思想，以突出《涅槃经》教化功能①。

二、新疆克孜尔石窟的涅槃图像

涅槃图像在克孜尔石窟占有举足轻重的地位，基本贯穿了克孜尔石窟从兴起、繁盛到衰落的整个历史阶段。根据调查，克孜尔现存有壁画的 80 多个洞窟中，53 个绘有涅槃经变，约占全部的 66%，其中 45 个出现于中心柱窟②，这是一个非常值得注意的现象。20 世纪 80 年代，宿白先生带领的北京大学考古系调查组前后耗时近十年时间，系统调查、研究、整理了克孜尔石窟相关资料，并结合前人成果及碳十四同位素测年数据，将克孜尔石窟划分为三个阶段：第一阶段在 4 世纪末前后，第二阶段约在 4~5 世纪末，第三阶段约在 6~7 世纪末，8 世纪初，部分窟龛被荒废。其中第一、二阶段为全盛时期③。由此可知，4~7 世纪是克孜尔石窟开凿与营建的全盛时期。关于涅槃图像研究，长期以来也受到国内外许多专家学者关注，朱英荣④、贾应逸⑤、宫治昭⑥等在相关著述中均有十分深入的研究和见解。贾应逸先生在研究中注意到，克孜尔涅槃图像经历了一个由简到繁的过程，由最初的释迦右胁累足而卧，身后升腾火焰，佛周围绘须跋陀罗灭度，迦叶探足，梵天、帝释、力士、比丘，以及举哀圣众（第 38、97、172 等窟）到开始采用绘塑结合方式表现相关涅槃场景，画面逐渐增多，出现密迹金刚、荼毗、八王争舍利、分舍利等场景；6~7 世纪时，克孜尔石窟进入繁荣期。涅槃图像内容更加丰富和生动，但样式上依然遵循单幅构图原则，由原来的单幅发展为 2~3 幅。主要依据《佛般泥洹经》《根本说一切有部毗奈耶杂事》《佛入涅槃金刚密迹力士哀恋经》等小乘经典绘制，由过去的佛涅

---

① 项一峰：《麦积山石窟第四窟七佛龛壁画初探》，龙门石窟研究院编：《石窟寺研究》第一辑，北京：文物出版社，2010 年，第 119~129 页。

② 贾应逸、祁小山著：《印度到中国新疆的佛教艺术》，兰州：甘肃教育出版社，2002 年，第 291 页。

③ 宿白：《新疆拜城克孜尔石窟部分洞窟的类型与年代》，《中国石窟寺研究》，北京：文物出版社，2009 年，第 21~38 页。

④ 朱英荣：《克孜尔千佛洞涅槃画的几个问题》，朱英荣：《龟兹石窟》，乌鲁木齐：新疆美术摄影出版社，1992 年，第 232~250 页。

⑤ 贾应逸、祁小山：《印度到中国新疆的佛教艺术》，兰州：甘肃教育出版社，2002 年；贾应逸：《克孜尔与莫高窟的涅槃经变比较研究》，《龟兹文化研究》（三），乌鲁木齐：新疆人民出版社，2006 年，第 405~413 页。

⑥ （日）宫治昭著，贾应逸译，邵本润校：《克孜尔石窟涅槃图像的构成》，《新疆文物》1989 年第 2 期；（日）宫治昭著，李萍、张清涛译：《涅槃和弥勒的图像学——从印度到中亚》，北京：文物出版社，2009 年。

槃和举哀圣众发展到出现荼毗、分舍利、第一次结集等组合性内容。分舍利场景开始单独成图，城下各国的象、马、兵众擎旗执武器而来，城上婆罗门双手捧罂坐中间，两侧各四人两手端舍利盒，以示各国分得舍利（第 8、34、58、114、175、179、206 等窟）。稍后涅槃图中又出现有阿阇世王闻佛涅槃闷绝复苏场景，描绘细腻，极具故事性（第 4、98、101、178、193、205、219、224 等窟）①；宫治昭先生则结合克孜尔石窟的窟龛形制，针对涅槃图像相对集中于中心柱窟和大像窟这一现象进行了认真研究，指出涅槃图从最初仅作为佛传的一个组成情节到重点突出大迦叶、四天王礼拜等特征，从而构成具有小乘佛教特色的涅槃图像。特别是以中心柱窟为代表的涅槃思想表现方式，其龛形制完美地体现出释迦一生：主室正壁龛内塑释迦像，其左、右侧并列绘佛说法图，券顶的菱形山岳构图中绘制佛本生和因缘故事，从而表现出释迦从前世到现在的种种伟业和弘扬佛法的事迹。进入甬道右绕而行，后室正壁绘或塑佛涅槃像，方柱背面绘制“荼毗”或“分舍利”，方柱左、右面绘制反映佛涅槃后故事的“阿阇世王故事”和“第一次结集”，从而让人意识到“舍利”和“佛法”的重要性。出了黑暗的甬道后，前壁上方绘有弥勒菩萨兜率天说法图，又与窟顶山岳巧妙结合在一起，为信徒指明了出路。这种释迦与弥勒的结合，反映了释迦灭度后的现在，人们祈愿往生兜率天和弥勒菩萨的降生，表现出具有浓郁救济色彩的中亚佛教美术特征②。

三、麦积山与克孜尔石窟涅槃图像的比较分析

1. 两地涅槃图像出现与分布的环境差异

通过对上述两地石窟中现存相关涅槃图像的梳理与分析，可以看出麦积山石窟涅槃图像最早出现于北魏晚期，西魏、北周时以大幅经变图像样式成为窟龛内的重要题材之一。北朝以后消失，明代时又再度流行。而克孜尔石窟涅槃图像则基本贯通了 3~7 世纪整个石窟寺的开凿与营建史，并形成了主题明确的，以“唯礼释迦”为核心的小乘佛教涅槃观念。笔者认为，出现这种现象的原因主要是两地所处的地理位置和环境不同所致。前者所在的秦州是南北朝时连接关中、西域和巴蜀地区的交通重镇和咽喉要道，历来是兵家必争之地，仅西晋以来就先后有前秦、前凉、后赵、后秦、西秦、仇池、大夏、北魏等多个割据政权长期在此混战和掠夺人口。北魏分裂后，这里又成为西魏、北周与东魏、北齐、萧梁、柔然、吐谷浑等政权对峙的前沿或战略后方③。这种动荡不安的时局和频繁更迭的政权对麦积山石窟的开凿和营建产生了重要影响，特别是在窟龛形制，造像和壁画的题材与内容、样式与风格，体现和反映的佛教思想等方面也不尽相同，时代特色较为突出。

相比之下，彼时克孜尔石窟所属的龟兹是古代西域北道绿洲上的一个大国，物产丰富、农牧兴旺、土地肥沃，为当地社会经济发展提供了有利条件。自东汉和帝永元三年（91 年）班超降服龟兹政权开

① 参见贾应逸、祁小山：《印度到中国新疆的佛教艺术》，兰州：甘肃教育出版社，2002 年，第 291~298 页。

② 参见（日）宫治昭著，李萍、张清涛译：《涅槃和弥勒的图像学——从印度到中亚》，北京：文物出版社，2009 年，第 406~448 页。

③ 详见《三国两晋南北朝时期的天水》，宋进喜主编：《天水通史・秦汉至宋元卷》，北京：中华书局，2014 年，第 139~302 页。

始，虽经西晋时后秦吕光攻杀龟兹王的变故，但一直到唐德宗贞元六年（790 年）吐蕃攻陷此地后，以白氏为核心的龟兹政权才正式宣告结束，时间长达七百年①。宿白先生对此曾有十分深刻的见解，他一针见血地指出："（库车、拜城）的石窟大体上都有这样的共同点：许多石窟群的洞窟数量很多，但重层绘塑的情况却很少，而且从画塑的内容和技法上观察，分期界线又不甚鲜明。这显然和新疆以东石窟……很不相同，后者一个洞窟内重层绘塑的现象比较常见，画塑内容和技法的变化发展迹象清楚，几乎每次重要的政治上和宗教上的变动，都有所反映。库车、拜城石窟之所以不同于新疆以东的石窟，我们想应该和这个地区在一个相当长的时间内政治上、宗教上变动不大联系起来。因此，它是否与龟兹白氏王朝长期延续和小乘佛教长期流行有关吧？"② 可见，正是这种相对稳定、持续的外部环境给克孜尔石窟的开凿与营建提供了有力保障，而窟龛内涅槃图像能够形成一个由初创、发展到成熟的演变过程和体系也正是得益于此。

2. 两地之间涅槃图像样式、技法与内容的比较分析

如前所述，由于依据的佛教思想、涅槃图像出现与形成时间、石窟寺营建外部环境等方面因素，两地之间在涅槃图像样式与内容等方面呈现出不同特色。

从构图样式上看，麦积山北魏晚期第 133 窟 10 号造像碑上涅槃图中的释迦右胁而卧，仅是该碑佛传故事组成部分之一，尚不具备独立表现涅槃思想的图像因素，但佛的卧姿非常值得注意，与中原内地北魏时期卧佛样式明显不同，更多地承袭了中亚和西域一带卧佛"右胁累足而卧"的特点，和它有类似特征的形象还见于同处陇右的永靖炳灵寺北魏晚期第 132 窟东壁上方浅龛内石雕卧佛：释迦身穿贴体通袈裟，右胁而卧，头枕方枕，前侧一弟子跪坐抚枕，身后浅浮雕 8 身弟子并立举哀，体态各异③，更需要指出的是，炳灵寺第 16 窟具有同样特点的泥塑大涅槃像因 1967 年刘家峡水库修建而搬迁。在此过程中，文物工作者发现这尊佛像竟是北魏原塑，唐、明时期又重塑妆彩，现已恢复北魏原貌，安放于石窟对面的卧佛院内④。同样，麦积山东崖第 2 窟从其前廊后室、三间四柱式仿殿堂式窟龛形制分析，应开凿于北魏晚期至西魏阶段，窟内横长方形布局显然为安置卧佛而设计，但现存涅槃像系明代作品，极有可能也是在北魏涅槃像上重塑而成，故麦积山与炳灵寺北魏窟龛内出现的这种涅槃佛样式均应是受到西域地区同类题材样式直接影响的结果。因为大致同时期长安及中原北方地区发现的涅槃图像中释迦佛均为仰卧姿，即佛面部朝上，双手伸直贴膝，仰卧姿躺在床榻之上，系中国传统丧葬中逝者最常见的体姿，实例主要有成都万佛寺梁普通四年（523 年）康胜造释迦立像龛背面浮雕有经变故事，其中右上方刻一方形宝帐，内一人双手平直，仰卧于床榻之上，其前方浮雕有两组人物，分别为侍臣环绕的国王和侍女环绕的王后，正在迎接对面从天而降的飞仙，这可能是一组具有四

① 朱英荣：《龟兹石窟形成的历史条件》，张国领、裴孝曾主编：《龟兹文化研究》（二），乌鲁木齐：新疆人民出版社，2006 年，第 369~385 页。

② 宿白：《调查新疆佛教遗迹应予以注意的几个问题》，《新疆史学》1980 年第 1 期。

③ 甘肃省文物工作队、炳灵寺文物保管所编：《中国石窟·永靖炳灵寺》，北京：文物出版社、东京：平凡社，1989 年，图版 101；王亨通、杜斗城：《炳灵寺石窟内容总录》，兰州：兰州大学出版社，2006 年，第 132 页。

④ 王亨通：《保护炳灵寺第 16 窟始末》，郑炳林、石劲松主编：《永靖炳灵寺石窟研究文集》下册，兰州：甘肃文化出版社，2011 年，第 1096~1099 页。

川地方特色的涅槃图像①。另一块出土于万佛寺的释迦立像龛正面背项光右方则明确浮雕有一组涅槃图像，右侧背光内缘下方斜向浮雕一具棺椁，棺首呈尖形，释迦仰面躺于棺椁之内，内侧一弟子弓身伏腰，一手伸于棺内，抚摸释迦，他旁边有两名弟子身体也略前倾，呈现出关切之情。此外，在棺椁外缘还环立有一圈共计 11 身弟子，均拱手挺胸，默默侍立。这组图像上方略有残损，可见三人呈前、中、后排列，正在演奏乐器，系表现伎乐供养场景。背光外缘上方浮雕一座五层方形楼阁式舍利塔，塔的台基四周可见有数名弟子正在叩首跪拜，系表现起塔供养场景。它的下方画面较模糊，隐约可辨佛陀仰躺于毗荼台上，四周众弟子合手合十环立，棺前似有几身人物，但具体形象已不辨，可能表现先佛灭度的须跋陀罗②。在中原北方地区的石窟寺中也出现有类似图像，如开凿于北魏中期的云冈第 11 窟西壁如来佛龛前沿台基上浮雕的涅槃变。释迦仰身平躺在双树之间的寝台上，头朝右侧，枕前一弟子双手抚佛头，脚下迦叶顶礼佛足。画面两侧各一供养人双手持博山炉虔恭而立，其身侧各两身弟子，身穿窄袖袍服，双手合十而立。最外缘各浮雕一卧狮，形成一幅完整的涅槃供养图像。云冈石窟北魏晚期的第 36 窟东壁浮雕的涅槃图中，佛高发髻，身穿对领束腰齐膝袍，双手贴膝伸直，仰卧于寝台之上。周边浮雕 5 身人物，均披头散发，身着异服，或抚棺，或抚胸，或双手上扬，或低头垂立，表情十分悲伤，应是表现拘尸那城附近末罗族人闻佛涅槃后的情形。第 38 窟后室正壁涅槃图像内容比较丰富，分上、中、下三层，中层为主体，佛双臂贴体垂直伸展，仰卧于舟形寝台上，一比丘蹲跪于地，双手抚佛头。大迦叶稽首佛足。佛身旁浮雕有 5 人手扶金棺，低首垂立，痛不欲生。由于比较模糊，具体形象已十分模糊③。龙门石窟涅槃图像最早见于北魏孝明帝年间（516~528 年）开凿的普泰洞北壁佛龛左侧，画面之中，右侧为一间殿堂，四周垂饰帐幔，殿内释迦头朝右侧，枕一月牙形枕，头略右偏，双手伸直，双足并拢，仰卧于带围屏的床榻之上，四个弟子隔着围屏，远远观看，仅仅露出头部，悲泣之情，溢于言表。因此，从上述四川、山西、河南北魏中晚期发现的涅槃图像中的佛卧姿可知，这一时期中原及南朝涅槃图像体姿在形式上更多借鉴了中国传统丧葬中逝者常见卧姿，这与大致同时期陇右一带麦积山与炳灵寺涅槃图所见释迦右胁而卧的样式并不一样，显然并非直接承袭于中原内地，这种现象可能与当时中原与西域之间涅槃图像之间的交流与互动有一定关系。

西魏时期，麦积山石窟涅槃图像样式与内容发生了重大变化，开始出现以大幅涅槃经变图来表现和弘扬《大般涅槃经》思想。由于两幅涅槃变均出现于麦积山西魏初年开凿的大型仿殿堂式窟龛内，且这两个窟龛的营建背景与当时被迫出家于此的西魏文帝元宝炬前皇后乙弗氏有密切关系④，同类题材或内容的塑像或壁画亦再未见于麦积山西魏时期其他窟龛内。因此，麦积山第 127、135 窟正壁涅槃图应该是当时长安地区佛教寺院内同类题材壁画的真实再现。现以第 127 窟为例，与克孜尔石窟涅槃图像略加比较分析：

与克孜尔石窟中心柱窟或大像窟内采用环绕式，以绘塑结合整窟表现涅槃图像的做法不同，麦积

① 刘知远、刘廷壁编：《成都万佛寺石刻艺术》，北京：中国古典艺术出版社，1958 年，图版 2。

② 刘知远、刘廷壁编：《成都万佛寺石刻艺术》，北京：中国古典艺术出版社，1958 年，图版 3。

③ 云冈石窟三幅涅槃图的相关图版参见赵昆雨：《云冈石窟佛传故事雕刻艺术》，南京：江苏美术出版社，2010 年，图版 26、78、79。

④ 详见拙作：《天水麦积山第 127 窟研究》相关内容，兰州：甘肃教育出版社，2016 年。

山第127、135窟西魏涅槃变与维摩变、西方净土变、地狱变等分别占所窟内四壁，但其重要性又不言而喻，位于窟内最显著的正壁位置，以示强调“常、乐、我、净”的大乘涅槃思想，同时亦有功德主开窟目的和性质的考虑①。

在表现方式上，不同于克孜尔石窟采用单幅或多个单幅方式表现涅槃故事情节，而是将图像以横轴形式通壁展开，正中佛说法场景在胁侍菩萨、宝盖、圣树等装饰下更加高大肃穆，同时也彰显出涅槃经的突出地位和意义。左侧的八王分舍利以荼毗台为中心，画师充分利用树木和丛林作为分割，将分舍利以争舍利的众多信众安排在不同单元内，彼此之间或多或少又有交集，通过矛与盾、刀与剑的搏击使之有机地融为一体，显得繁而不乱、疏密有序；右侧的临终说法以静为主：画面上方整齐排列的树木和蜿蜒流淌的河流无形中给人一种静谧的感觉，穿插其间的各部信众整齐站立，仿佛与树木、河流等步调一致，在聆听释迦佛最后说法。这与画面左侧八王争舍利以“动”为主的场景形成鲜明对比，也使画面变得更加富有生机与活力。而画面最右侧，静谧气氛又再次被打破：仰卧棺中的释迦微微起身，四周弟子、眷属神态各异，金棺外侧的宝盖之下，释迦在做最后说法，宝盖下的各种缀饰也随风摇曳，巧妙地表现出信徒们面对即将涅槃的释尊内心所展现出的不安情绪。

麦积山北周第26窟顶部涅槃图像也表现出类似构图方法，尽管分布于窟顶正、左、右三披，但整体上仍可以视为一幅完整涅槃图：正披内突出表现涅槃和终说法，其间以圣树略加分割以强调主题。同时近顶部画师又安排有一组四散向下飞驰的供养飞天，成功地将两组画面连接在一起，两角处护法金刚力士飞舞的披帛与顶部飞天遥相呼应，有力增加了画面韵律和动感。两侧披内绘制的听法菩萨弟子、四部信众、护法力士等三五成组，或虔恭聆听佛法，或轻声交谈，充满了世俗生活气息。

总之，麦积山石窟这几幅绘制于6世纪中叶前后的涅槃图充分体现出以南朝为代表的中原传统绘画艺术理念，将萧梁画家谢赫在《画品》中提出的“气韵生动、骨法用笔、应物象形、随类赋彩、经营位置、传模移写”等六法生动展现出来。具体地讲，在人物场景处理上，主要表现为左顾右盼、纵横斜正。如第127窟涅槃图中，载负国王的骆驼四蹄翻飞，斜向而下。前侧护卫紧勒马缰，后方士卒，执盾持剑，姿态各异，整幅图像动静结合，彼此呼应，生动地反映出远道而来，势必夺得舍利的气场。第127窟和第26窟临终说法画面中，四周信众和围绕金棺的眷属、弟子等散聚不一，旁边国王及随从队列也略显杂乱，而前来劝请的比丘、比丘尼、天龙八部等排成数列，无形中体现出一种宗教团体力量。这种纵横交错式的安排不仅使画面变得生动、自然，也使宝盖下说法的释迦成为局部视觉中心和焦点；以线描为代表的“骨法”用笔在壁画创作中更是运用自如，画师首先以流畅的线条勾出表达对象的形体和基本形体关系，然后采用平涂或略带晕染的手法，对人物五官、服饰、铠甲，旌旗、山石、树木、动物等施以浓淡不一的色彩。对于画面中起分割作用的树木或采用粗细不等的线描，或采用重彩粗线勾勒，即表现出丰富多彩的树木种类，又使整个画面虚实有度、相得益彰，成功地将外来佛经故事用中国传统绘画技法表达出来，显然更容易为广大中国信众所认可和接受。

---

① 笔者经过一系列研究认为，麦积山第127、135窟在窟龛形制、造像题材、壁画内容等方面的一致性并非偶然，而是与乙弗氏本人在麦积山出家修行，以及其子、时任秦州刺史的武都王元戊为乙弗氏营建功德窟的行为有密切关系。因此，涅槃被格外重视和突出应该具有两方面含义：一是体现出乙弗氏本人对涅槃佛学要义的领悟，二是元戊对母亲逝世后往生佛国世界、永脱轮回之苦的希冀和期盼。

相比之下，克孜尔石窟涅槃图的构图无论是初创期、发展期还是繁盛期，都呈现出鲜明的地域特色。在小乘佛教“唯礼释迦”观念影响下，窟内后室涅槃图均采用整壁表现，画师有意突出佛陀形象，举哀天众及弟子身形较小，并列围绕于佛身手或足下，到后来虽然相关内容与题材有所增加，但画面仍以单幅或连续单幅样式出现，视觉中心和焦点始终围绕佛陀展开。在这种紧凑布局下，佛的高大、安详、寂静与信众的渺小、哀痛、虔恭形成鲜明对比，产生一种庄严感①。就技法而言，晕染、平涂以及多色彩线描成为克孜尔石窟包括涅槃图在内的壁画创作的主要方式。特别是在壁画色彩强调和对比上更注重和突出晕染技法，这与中原内地有很大不同。如人体裸露部分被分解成若干不同的圆柱体或球体，由边缘深色到中间浅色逐渐扩展，晕染方向既有按光线方向展开的，也有按轮廓展开的，从而表成深浅不一的高光效果。对于深色皮肤晕染，画师们专门用白色线条加以强调，使人物皮肤丰满感更强②，画面因而产生了特殊的凹凸效果；同时，研究者发现克孜尔壁画线描技法不同于中原内地，特别善于用土红、黑、白、蓝、绿等不同颜色的线条来表现不同效果，以表达描绘对象之间的结构关系、立体感和起伏变化等，而且往往是多种颜色线条组合出现，使画面人物立体感和服饰质感效果更加突出。这种带有鲜明晕染色彩的绘画技法在敦煌以东的中原地区佛教绘画艺术中并不常见，具有明显的西域、中亚和印度绘画艺术特点。

就两地之间涅槃图像内容而言，由于各自依据的涅槃思想不同而表现出一定差异性。麦积山西魏、北周涅槃图重点突出说法和涅槃两个场景，而且将佛说法场景相对置于更加突出的位置，以强调大乘涅槃思想精髓。与涅槃故事相关的荼毗、争舍利、分舍利等内容变得日益弱化，这种处理方式对唐宋以后中国佛教涅槃图像内容产生了深远影响，也是外来佛教艺术中国化的表现之一。而克孜尔石窟各个时期的涅槃图像虽然后来出现有个别反映大乘思想的题材和内容，但整体上依然严格遵循小乘佛教倡导的“一佛一菩萨”思想，其涅槃图像由简到繁的发展和形成历程始终围绕着“礼敬释迦”这一主题，并主导着相关窟龛内壁画和造像内容的选择和安置。

3. 两地之间涅槃图像理念和来源的比较分析

在讨论这个问题之前，有必要先了解一下有关《涅槃经》大乘和小乘系统在中土的传播情况。根据萧梁释僧祐《出三藏记集》所载，三国以来，先后译过相关涅槃经典的有支娄迦谶、支谦、竺法护、帛远、法显、昙无谶、释智猛、求那跋陀罗等多位高僧。其中小乘系涅槃经主要有法祖译《佛般涅槃经》，佛陀耶舍、竺佛念译《长阿含经》卷二至四《长行经》等③。大乘系涅槃经主要有昙无谶译《大般涅槃经》、法显译《大般泥洹经》、慧严等合编《大般涅槃经》、支娄迦谶译《胡般泥洹经》、支谦译《大般泥洹经》、竺法护译《方等泥洹经》、智猛译《般泥洹经》等。影响最大者当属昙无谶耗时八年在凉州译出的《大般涅槃经》40 卷，俗称北本，该经后 30 卷系这位高僧在于阗境内获得，表明当时在西域亦有大乘系涅槃经流行。刘宋元嘉七年（430 年）这部佛经流入南方，经中宣扬的“一

---

① 参见王征：《克孜尔石窟壁画的制作过程和表现形式》，《敦煌研究》2001 年第 4 期。

② 参见霍旭初：《丹青斑驳千秋壮观——克孜尔石窟壁画艺术及分期概述》，霍旭初：《龟兹石窟艺术研究》，乌鲁木齐：新疆人民出版社，1994 年，第 1~30 页。

③ 小乘涅槃经相关材料详细可参见（日）渡边重朗：《涅槃经研究の基本的资料》，《成田山佛学研究所纪要》第六号，1981 年，第 129~171 页。

切众生皆有佛性”和“常、乐、我、净”思想以度脱生死苦海、度到彼岸为其终极目标，可使信众进入一种摆脱生死轮回、不生不灭、超离生死苦恼而永恒安乐的境界，成功解决了佛教所宣倡的修行善业、获得善报而最终归向何处的问题，也解决了人们对于生死轮回恐惧的精神与心理障碍。因此，宋文帝命慧严等人加治，在参照法显译本基础上，合译为36卷本，俗称南本。并迅速传播开来，讲诵涅槃一时成为佛教界盛事。梁武帝甚至依据经中戒律思想，亲制戒食酒肉文，并一改宗庙荐牲之礼制，以惧“食肉者断大慈种”而不得成佛道。从南北朝至唐代，涅槃信仰广为流布，影响深远，在中国佛教发展史上绝无仅有①。

麦积山石窟的造像题材、壁画风格，以及反映和传承的佛教思想等深受以长安为中心的关中地区影响，同时又兼有西域、巴蜀等地佛教艺术因素。这一点在北朝涅槃图像发展和演变过程中也十分明显，最早出现第133窟10号佛传故事碑涅槃图中的释迦穿通肩袈裟，右胁累足而卧。身边弟子、信众较少，情节简单，显然承袭了犍陀罗和西域地区盛行的图像样式。而稍后的第127、26窟内涅槃像均仰卧姿，前者为褒衣博带，后者为通肩袈裟。类似样式亦见前述云冈石窟北魏中晚期的第11、36、38窟②，龙门石窟北魏晚期开凿的普泰洞和魏字洞等窟龛内的相关图像之中，均带有明显的中国传统丧葬礼仪色彩，亦可视为涅槃图像的中国化表现方式之一。后者内容略丰富，有迦叶探足和临终说法等场景③。类似涅槃图像在河北境内的北朝晚期石窟造像中也有发现，如邯郸南响堂山石窟北齐第5窟，该窟内主尊为三世佛，前壁上方浅龛内雕一涅槃图像：娑罗双树之间，一座长方形宝帐，上饰莲花焦叶，下垂多重帐幔，两侧为莲花础立柱。帐内释迦身穿紧身袈裟，仰卧于床榻之上，头朝左侧，枕一方枕，双手平直，双足并拢。床前一身穿大袖长袍的女子抚榻大哭。床脚迦叶礼敬佛足，床头隐约可见一弟子双手捧佛头。内侧并列坐8身弟子，有的双手合十，有的一手抚膝，一手扬至胸前，表情各异④。这种北朝晚期时中国式涅槃像也常见于关中和陇右地区，如庄浪县水洛城出土的北魏晚期卜氏造像塔C面第二层龛内涅槃图中，释迦褒衣博带，仰面卧姿，头及足部旁边各一比丘，身侧并列六比丘举哀，床榻下方浮雕末罗族人乐舞供养⑤。天水市秦安县出土西魏石塔共三层，顶层D面龛内涅槃佛也是仰卧姿⑥。可见，这种带有浓厚中国丧葬色彩的仰卧式佛像对麦积山涅槃佛样式产生了直接影响。此后的莫高窟涅槃经变最早见于北周第428窟正壁北侧，它不是作为一种单独题材出现，而是与诞生、说法、降魔等共同构成了佛传故事，释迦形体略右倾，双手贴体平直伸展，头枕方形枕，绘有头光和身光。佛头部一弟子举哀，脚下绘迦叶探足。卧佛上方树下绘十余身穿白衣的末罗族人举哀，卧佛下方绘12身穿袈裟的弟子，双手合十而立⑦。是在龙门和麦积山类似题材的基础上，并接受西域

---

① 李静杰：《造像碑的涅槃经变》，《敦煌研究》1997年第1期。

② 赵昆雨：《云冈石窟佛传故事雕刻艺术》，南京：江苏美术出版社，2010年，图版26、78、79。

③ 龙门文物保管所、北京大学考古系编：《中国石窟·龙门石窟》（一），北京：文物出版社、东京：平凡社，1991年，图版79、91。

④ 中国美术全集编辑委员会编：《中国美术全集·雕塑编13·巩县天龙山响堂山安阳石窟雕刻》，北京：文物出版社，1989年，图版151。

⑤ 俄玉楠：《甘肃省博物馆藏卜氏石塔图像调查研究》，《敦煌学辑刊》2011年第4期。

⑥ 俄玉楠、杨富学：《秦安西魏石塔诠索》，《新疆师范大学学报（哲学社会科学版）》2014年第1期。

⑦ 贺世哲：《敦煌莫高窟的涅槃经变》，《敦煌研究》1986年第1期。

影响下而形成的。到隋代时，已由半仰卧变为右胁累足而卧，与犍陀罗、巴米扬图像一致①。

就整个图像内容而言，麦积山石窟第127窟涅槃变系依据昙无谶、法显、慧严等高僧参译的《大般涅槃经》绘制而成，相关内容与经典记述的比对，由于篇幅原因不再赘述②。画面中比较引人注意的是荼毗场所四周等距排列、迎风飞舞的宝幢和幡盖，这类庄严饰物依《大般涅槃经》描述，多为僧俗信众听闻释迦临终说法后，纷纷前来礼敬的供养之物，并不见于分舍利的相关描述中。而唐·若那跋陀罗译《大般涅槃经后分》却对其有详细记述：

> 复有无数宝幢幡盖，微妙庄严。大雉毛纛列城四维，俨然供养，为标示故。……时彼国王诸释种等，悲哭号泣，即共疾来至拘尸城，见诸兵众，无数千人围绕城外；复见宝幢、幡盖列城四维，映蔽国界。……咒师兵众闻是语已，即听入城③。

由此可见，早在南北朝后期《大般涅槃经后分》或类似典籍可能已有汉译本。实际上，大乘涅槃思想在中国内地传播本身就带有跳跃性。虽然《大般涅槃经》率先由昙无谶在凉州译出，但由于战乱等因素影响，它首先在崇尚佛教义理的南朝地区风靡起来。6世纪中叶前后，随着南北对峙局面的形成和稳定，以及佛教思想与文化交流的进一步深入，再次对中原北方地区产生影响。其中或多或少地借鉴或融入了中国传统丧葬观念和礼仪形式，同时也反映出《大般涅槃经》在中原内地流传和形成过程中的复杂性。而麦积山北周第26窟涅槃变在主题内容形式上，无论是场景表现与处理、还是人物数量与安排，较第127、135窟相比已明显简化。并且出现有许多圆领或翻领胡装供养人和乐伎形象，佛座前供养法器也带有明显的中亚或波斯器皿特征，特别是左披礼佛信众后排下方的三身供养人，其装束则完全为中亚胡人，表明这幅涅槃经变在创作过程中融入了较多的中亚文化因素。

相比之下，克孜尔石窟涅槃图像始终在一个相对稳定的外部环境中弘扬与传播，在小乘佛教涅槃思想指导下，认为只有“寂灭”才能“解脱”，只有涅槃才能“断绝惑业、永绝生死”并形成具有地域特点的佛教观念，如第38窟涅槃图中绘制有大量佛塔和幡，就是当地盛行佛塔崇拜和悬幡供养的体现④。对于大乘佛教涅槃思想在当地的影响，学者们通过对克孜尔石窟相关题材及文献记载综合研究后认为，在某些时期或个别窟龛中表现突出一些。金维诺、霍旭初等认为第47窟内造像与壁画中的多佛现象系表现大乘佛教思想，这与鸠摩罗什在龟兹弘扬大乘佛教思想有一定关系⑤。贾应逸认为克孜尔第114窟内壁画重在表现本生故事，反映出复杂的宗教思想，并非早期纯粹的小乘信仰，近似北凉境内的佛教信仰，可能是一个宣扬大乘佛教思想或含有诸多大乘成分的洞窟⑥。但任平山在通过对4~

---

① 贺世哲：《敦煌莫高窟的涅槃经变》，《敦煌研究》1986年第1期。

② 可参见拙著：《天水麦积山第127窟研究》相关章节，兰州：甘肃教育出版社，2016年。

③ 《大正藏》第12册，第0911页。

④ 参见姚律：《克孜尔石窟第38窟涅槃图像谈》，《新疆艺术学院学报》2013年第1期。

⑤ 金维诺：《龟兹艺术的风格与成就》，新疆维吾尔自治区文物管理委员会等编：《中国石窟·克孜尔石窟》（三），北京：文物出版社、东京：平凡社，1997年；霍旭初：《鸠摩罗什大乘思想的发展及其对龟兹石窟的影响》，《敦煌研究》1997年第3期。

⑥ 贾应逸、祁小山：《印度到中国新疆的佛教艺术》，兰州：甘肃教育出版社，2002年，第275页。

7 世纪龟兹地区有关大乘佛教的 9 件史料信息综合析研究后认为，这一时间段内可信度高者仅有 2 件，其他材料则多集中于 7~8 世纪上半叶唐王朝控制龟兹期间①。可知当地整体上小乘涅槃思想仍然占据主导地位。

四、结语

麦积山与克孜尔石窟的涅槃图像由于地域环境、历史背景、佛教典籍等诸多因素影响分别成为佛教大乘和小乘涅槃观念集中反映的真实例证。前者生动见证了南北朝时期大乘涅槃思想在中国内地相关涅槃经变图像的形成、发展和传播过程，以及中国传统绘画技法、丧葬礼仪文化等融入其中的表现形式。后者在充分展现自身地域特色的同时，又融合了中原和印度、中亚、犍陀罗等外来文化和图像因素，成为古代丝绸之路上多元宗教和文明和谐共处的典范。两者之间虽然在涅槃思想的中心主题、图像内容、表现形式等方面有所不同，但都体现出中华民族在不同历史时期和阶段对外来佛教文化的包容、吸纳、改造和创新精神，并最终成为中国佛教文化的重要组成部分之一。

（原载于《大足学刊》第五辑，重庆：重庆出版社，2021 年）

① 任平山：《龟兹佛教大小乘因素的史料分析》，《龟兹学研究》第二辑，乌鲁木齐：新疆大学出版社，2007 年，第 317~352 页。

麦积山北魏中期至西魏窟龛佛像造型分析

黄文智

20世纪初，日本人大村西崖在《中国美术史雕塑篇》（1915年）中提及庾信《秦州天水郡麦积崖佛龛铭并序》，后冯国瑞于1941年考察麦积山并出版《麦积山石窟志》①，麦积山石窟由此引起学界关注。自20世纪70年代至21世纪初，有关麦积山石窟的研究成果大量出现，重要者如学术会议论文集《麦积山石窟艺术文化论文集》②，专业论文集《麦积山石窟研究》③《麦积山石窟研究论文集》④，大型画册如《中国石窟·天水麦积山》⑤，该画册收录了多位学者研究成果，再有《中国石窟艺术·麦积山》出版⑥。近些年，硕博士论文也有多篇完成⑦。这些研究成果，从不同角度探讨了麦积山窟龛的年代、分期、龛像尊格、造像风格及背光等多方面内容，但对于微观的佛像造型分析尚有进一步探讨空间。麦积山位处河西走廊东端，与关中比邻，和南朝的益州（今成都）交通，其兴盛的佛事活动和特殊的地理位置，必然使此地佛像造型特征及其样式来源存在很大的复杂性，厘清和分析这一问题是本稿的重点所在。

本稿以狭义的佛像（佛陀）为主要研究对象，采取考古类型学和艺术样式论相结合的研究方法，先从佛像的衣装造型方面展开阐述，梳理其样式来源和变化规律，然后再论述这些佛像的头部造型特征及人体量感、空间关系，以期对麦积山北朝龛像着衣形式及造型风格变化有进一步的认识。

一、着衣造型

根据佛像衣装造型样式来源的不同，本稿试将麦积山北魏中期至西魏窟龛佛像划分为云冈样式、南朝样式、龙门样式和其他样式四个部分。

---

① 张锦秀编撰：《麦积山石窟志》，兰州：甘肃人民出版社，2002年。

② 郑炳林、花平宁主编：《麦积山石窟艺术文化论文集》，兰州：兰州大学出版社，2004年。

③ 麦积山石窟艺术研究所编：《麦积山石窟研究》，北京：文物出版社，2010年。

④ 麦积山石窟艺术研究所编：《麦积山石窟研究论文集》，兰州：甘肃人民出版社，2006年。

⑤ 天水麦积山石窟艺术研究所编：《中国石窟·天水麦积山》，北京：文物出版社、东京：平凡社，1998年。

⑥ 花平宁、魏文斌主编：《中国石窟艺术·麦积山》，南京：江苏美术出版社，2013年。

⑦ 如魏文斌：《麦积山石窟初期洞窟调查与研究》，兰州大学博士研究生论文，2009年。

1. 云冈样式

麦积山第 74、78 窟是该地最早开凿的窟龛①，两窟主尊佛像造型特征高度相似，与云冈第一期洞窟主尊佛像颇为相近。以麦积山第 78 窟正壁佛像为例，该像结跏趺坐，施禅定印，内穿僧祇支，外着右肩半披式袈裟，袈裟右领襟披搭于左肩后在背部下垂（以物象自身为基准分左右，下同）。佛像躯干及下半身衣褶线密集且平缓，呈微有起伏的条带状，条带间附有线刻，这一雕塑特征与云冈第 19 窟主尊佛坐像衣褶类同②。佛像左上臂部分衣褶作浅浮雕状穿插有序的凸棱附线刻表现，造型与云冈第 20 窟主尊佛坐像衣褶高度一致③。可以看出，麦积山第 74 窟、78 窟主尊佛像在雕塑样式上，应融合了云冈第一期窟龛主尊佛像的两种衣褶雕刻技法。

与上述两尊佛像相似实例，还有麦积山第 148 窟正壁佛像、第 71 窟正壁佛像④、第 128 窟右壁佛像⑤、第 115 窟主尊佛像等⑥，诸像显然拥有共同粉本，差异之处是第 74、78 窟佛像小腿以下处造型尤为厚实，其他实例中，跏趺坐双腿比例协调。麦积山第 115 窟主尊佛像两手不施禅定印，右领襟披搭至左肩时出现了“之”字形衣边，这种着右肩半披式袈裟佛像是典型的云冈造像特征。另外，这些实例中的僧祇支皆贴身表现，但并未雕刻衣褶线，只作彩绘表现，与永靖炳灵寺第 169 窟北壁后部西秦佛像类同，后者为凉州造像特征。

可见，这种带有北魏中期平城造像特征的着右肩半披式袈裟佛像，其袈裟衣褶来自于云冈昙曜五窟主尊佛像，僧祇支同时又带有河西造型因素，完工年代当晚于云冈第一期窟龛。

麦积山较早龛像中着通肩式袈裟佛像，实例如麦积山第 76 窟正壁佛像、第 114 窟左壁佛像、第 155 窟主尊佛像⑦，皆结跏趺坐于台座上，施禅定印，袈裟领襟分别搭向对侧肩部，双足均为衣襟所覆盖，着衣形式与永靖炳灵寺第 169 窟西秦佛像相似⑧，但两者袈裟衣褶表现样式存在差异。三尊佛像袈裟衣褶线皆以胸部为中心作对称的 U 形表现，该特征普遍见于云冈着通肩式袈裟佛像中，炳灵寺西秦着通肩式袈裟佛像，袈裟衣褶线则为右皱式阴线刻表现。三像前两者袈裟衣褶皆作较薄片形叠加的

---

① 两窟的开凿年代有两说，一为后秦时期，另为北魏时期。后秦说初见于史岩：《麦积山石窟北朝雕塑的两大风格体系及其流布情况》，《美术研究》1957 年第 1 期；北魏说初见于（日）町田甲一：《麦積山石窟の北魏仏について》，《佛教艺术》第 35 号，1958 年。另，八木春生认为第 74、78 窟开凿年代与云冈二期洞窟大致同时，但与云冈石窟没有直接关系，而更多受到凉州因素影响。（日）八木春生著，何红岩、魏文斌译：《关于麦积山石窟第 74、78 窟的建造年代》，《敦煌研究》2003 年第 6 期。

② 云冈第 19 窟主尊佛坐像袈裟衣褶表现为片形阶梯状附线刻，这是云冈龛像衣褶表现中占主导地位的雕刻样式，较小佛像中衣褶作阴线刻表现，是这种技法的简化形式。黄文智：《大同云冈北魏中期洞窟人物雕刻模式的形成与传播——以右肩半披式袈裟和通肩式袈裟佛像为中心》，《社会科学战线》2016 年第 1 期。

③ 云冈第 20 窟主尊佛像袈裟衣褶表现为凸棱附线刻，是云冈窟龛中除片形阶梯状附线刻雕刻技法外的另一种重要雕刻样式。前引《大同云冈北魏中期洞窟人物雕刻模式的形成与传播——以右肩半披式袈裟和通肩式袈裟佛像为中心》。

④ 天水麦积山石窟艺术研究所编：《中国石窟·天水麦积山》，图 24。

⑤ 天水麦积山石窟艺术研究所编：《中国石窟·天水麦积山》，图 30。

⑥ 天水麦积山石窟艺术研究所编：《中国石窟·天水麦积山》，图 58。

⑦ 天水麦积山石窟艺术研究所编：《中国石窟·天水麦积山》，图 64。

⑧ 甘肃省文物工作队、炳灵寺文物保管所编：《中国石窟·永靖炳灵寺》，北京：文物出版社，1989 年，图 13。

阶梯状衣褶，衣褶间刻画阴线，这种雕塑技法，与云冈第 19 窟主尊佛像袈裟衣褶样式一致。三像后者衣褶为疏朗的阴线细刻，其一深一浅组合，可视为阶梯状附线刻衣褶的简化形式。如此看来，这三尊佛像着衣形式近于凉州佛像，衣褶造型样式则以云冈窟龛佛像为主。

北魏孝文帝太和十年（486 年）实行服饰改革①，此后的云冈窟龛佛像，也开始穿上了源于南朝的双领下垂式袈裟（又称褒衣博带式袈裟）。这种新式袈裟，在云冈窟龛中逐步演化②，并在北魏王朝迁都洛阳后又有新的发展③。

麦积山窟龛中较早着双领下垂式袈裟佛像，具备云冈龛像特征，但遗存实例不多，如麦积山第 21 窟正壁佛像、第 114 窟正壁佛像。前者头部及手均残，左领襟垂向腹部中间，右领襟下垂至同一方位后左转披搭于左臂肘部，领口交叉成 V 字形，腹部以下袈裟衣襟覆盖跏趺坐双足。胸部有左肩斜向右胁的僧祇支，领襟相交处有束带，束带上部结节后，其两端并置下垂至跏趺坐双腿上（惜覆座悬裳残损严重）。麦积山第 21 窟正壁佛像袈裟衣褶作粗犷的阴线刻表现，线条间不见虚实和穿插变化。这些造型特征，与迁都洛阳前云冈部分着双领下垂式袈裟佛像相似④，尤其是领襟披搭形式和束带表现，是云冈第二期窟龛着双领下垂式袈裟佛像的典型特征之一。麦积山第 114 窟正壁佛像僧祇支为交领式，其与外层袈裟中间还有一层圆领佛装，不见束带。此种着衣形式在中原北方不多见，或为地方匠工造型，不过其微弱的片形阶梯状附线刻衣褶，类同于同窟左壁佛像，皆是源于大同云冈第 19 窟主尊佛像为代表性的雕刻技法。

2. 南朝样式

秦汉以来，自蜀中北上的道路有“金牛道”“阴平道”及“河南道”之说，其中“金牛道”由成都出发，经绵阳、广元至汉中，再西北可达麦积山⑤。此交通路线，可将南朝佛教造像样式西传至麦积山，这种观点，在麦积山较早窟龛佛像具备南朝造像特征中得到证实。目前所见南朝造像多数发现于四川地区，成都则是集中出土地，其样式源于江南地区⑥。

大同云冈窟龛着双领下垂式袈裟佛像，是北魏孝文帝太和十年（486 年）服饰改制后的产物，其造型亦导源于南朝。麦积山北魏晚期至西魏窟龛佛像着双领下垂式袈裟者众多，其中较早实例与四川地区出土石刻佛像相近，或是在后者影响下的再创作。

麦积山第 17 窟正壁佛像跏趺坐于台座上，躯体单薄，秀骨清像特征显著。左手上抬，右手上举施无畏印。佛像左领襟下垂，右领襟披搭于左臂，胸部无束带。两臂外侧衣襟各自覆盖小腿后下垂，形成对称的类长椭圆形，腹部以下袈裟衣襟覆盖跏趺坐双腿后，亦作拉长的椭圆形表现，与两臂外侧下

① ［北齐］魏收撰：《魏书》卷七下《高祖纪》：“（太和）十年春正月癸亥朔，帝始服衮冕，朝飨万国。”北京：中华书局，1974 年，第 161 页。

② 黄文智：《大同云冈北魏中晚期窟龛佛像造型分析——以双领下垂式袈裟佛像为中心》，《故宫博物院院刊》2017 年第 5 期。

③ 黄文智：《河南中南部北魏晚期至东魏石刻佛像造型分析》，《敦煌学辑刊》2015 年第 1 期。

④ 如大同云冈第 11 窟明窗西侧龛二佛并坐像之一，图片参见（日）水野清一、长广敏雄：《云冈石窟》第八卷，京都大学人文科学研究所，1956 年，图版 7。

⑤ 费泳：《汉唐佛教造像艺术史》，武汉：湖北长江出版集团、湖北美术出版社，2009 年，第 244 页。

⑥ 李裕群：《试论成都地区出土的南朝佛教石造像》，《文物》2000 年第 2 期。

垂衣襟组合在一起，形成三条被拉长的弧形覆座悬裳，其衣边皆为宽大的 S 形内外翻转结构。这种衣装造型，或是在成都西安路出土南齐永明八年（490 年）造像粉本基础上演变而来①，后者除胸部表现束带和腹部下垂覆盖右腿的披搭形式存在些许差异外，其他特征均可与之类比。

与麦积山第 17 窟佛像相似实例有第 142 窟左壁佛像，与前者明显不同之处是该像右领襟披搭于左肩，而不是左臂肘部。这种领襟披搭位置发生变化的情况，在中原北方东部地区已经出现②。麦积山第 142 窟左壁佛像的其他特征，与第 17 窟佛像高度相似，尤其是覆座悬裳中有三条长弧形并置的造型，显然是同一审美趣味所致。同窟正壁佛像③，覆座悬裳中有四条长椭圆形造型。这四条拉长椭圆形覆座悬裳，是由两臂外侧袈裟下垂衣襟，及腹部以下衣襟下垂至右小腿处被后者折叠所构成。佛像腹部以下衣襟被右小腿叠成两片椭圆形的造型，是云冈第三期窟龛佛坐像的统一特征④，并在洛阳龙门的北魏窟龛中流行⑤。可以看出，麦积山该时期佛像造型样式的多元复杂性，但本部分所列实例中南朝佛像造型特征显然较为突出。

麦积山第 135 窟正壁佛像，跏趺坐于台座上，人物形象清秀，躯体同样单薄，左手施与愿印，右手施无畏印。领襟的披搭形式与麦积山第 17 窟正壁佛像一致，覆座悬裳形态则发生变化。该像两臂外侧袈裟衣襟延至膝盖并下垂，腹部以下衣襟遮掩跏趺坐双腿，其下端为尖圆状。这种衣装形态可以在成都商业街出土南齐建武二年（495 年）造像主尊佛像上找到原型⑥，只是麦积山实例的覆座悬裳更富于变化和修长。

麦积山第 133 窟第 3 号龛主尊佛像⑦、第 16 窟正壁佛像⑧、第 23 窟正壁佛像⑨、第 127 窟正壁石刻佛像⑩，皆为鲜明的秀骨清像特征，后三者束带表现受到重视，有向上凸起的精美带结，结节后的束带两端并置下垂，这是典型的南朝着双领下垂式袈裟佛像特征之一。四像着衣形式基本一致，覆座悬裳较麦积山第 135 窟正壁佛像简洁，且与南齐建武二年造像主尊佛像更为接近。需要提及的是，麦积山第 127 窟正壁一佛二胁侍菩萨，皆为石刻造像，是洞窟完成后移置于此的。相对泥塑造型而言，石刻造像造型更为硬朗，线条凝练，麦积山北朝时期泥塑造像多是模仿这种风尚。

3. 龙门样式

北魏孝文帝迁都洛阳后，政治文化中心随之南移，龙门石窟成为继云冈石窟以后又一皇家贵族的

① 四川博物馆、成都文物考古研究所、四川大学博物馆编著：《四川南朝造像》（上编），北京：中华书局，2013 年，图 54-1。

② 黄文智：《镌岩造像——中原北方东部北魏中期至东魏石刻佛像造型分析》，北京：文物出版社，2017 年，第 136、162 页。

③ 天水麦积山石窟艺术研究所编：《中国石窟 · 天水麦积山》，图 108。

④ 黄文智：《镌岩造像——中原北方东部北魏中期至东魏石刻佛像造型分析》，第 59 页。

⑤ 黄文智：《镌岩造像——中原北方东部北魏中期至东魏石刻佛像造型分析》，第 91~95 页。

⑥ 四川博物馆、成都文物考古研究所、四川大学博物馆编著：《四川南朝造像》（上编），图 47-1。

⑦ 天水麦积山石窟艺术研究所编：《中国石窟 · 天水麦积山》，图 88。

⑧ 天水麦积山石窟艺术研究所编：《中国石窟 · 天水麦积山》，图 125。

⑨ 天水麦积山石窟艺术研究所编：《中国石窟 · 天水麦积山》，图 65。

⑩ 天水麦积山石窟艺术研究所编：《中国石窟 · 天水麦积山》，图 151。

造像集中地。不过，迁都洛阳前后完成的云冈第二期后段着双领下垂式袈裟佛像，并没有在龙门石窟中得到进一步发展①，而作为龙门窟龛中最高规格的宾阳中洞②，主尊佛像的着衣样式又出现了一些新的特征③。龙门石窟群中出现的北魏佛像造型，共同呈现了新都洛阳的造像面貌，并对周边地区不同程度产生影响，麦积山窟龛佛像，自是受此波及。

麦积山第112窟正壁佛像，人物秀骨清像，跏趺坐于方形台座上，两手相叠置于小腹前。领襟的披搭形式与前述双领下垂式袈裟佛像一致，僧祇支上的束带仅作阴线刻表现。两臂外侧袈裟衣襟覆盖双腿膝盖，腹部下垂衣襟遮掩双足，有多层覆座悬裳。通过比较，该佛像与龙门慈香洞西壁佛像颇为相似④，后者是龙门窟龛群中北魏晚期着双领下垂式袈裟实例，而麦积山第112窟正壁佛像年代在西魏，两者完工有一定时间差。

以宾阳中洞西壁主尊为代表的佛坐像，代表了当时最高规格的皇家造像形式，尤其是双领下垂式和右肩半披式两种袈裟叠加的情形，清晰界定了该种形式佛像流行的范围及相对完工时间⑤。这种高规格造像样式，并未在其他地区流传开来，但其双领下垂式袈裟的披搭形式和覆座悬裳形态，却对中原北方广大地区施加了深远影响。

麦积山第147窟正壁佛像，人物形象清瘦，双手施与愿无畏印，着典型双领下垂式袈裟，有僧祇支，未表现束带。该像双领下垂式袈裟造型与龙门宾阳中洞正壁主尊佛像颇为相似⑥，尤其是覆座悬裳与后者高度类同。佛像左臂外侧下垂衣襟覆盖左腿，右臂下垂衣襟覆盖右小腿时，被折叠成两部分，其一绕过右足后覆盖左腿并下垂，其二在右小腿外侧形成莲瓣状褶皱并下垂覆盖基坛。袈裟下垂衣襟之下，还有四层覆座悬裳，衣褶线均流畅舒展，衣边翻转有致，体现出庄严且华丽的视觉观感。

在麦积山窟龛造像中，与第147窟正壁佛像高度相似实例数量较多，是石窟群中最具代表性的北朝造像样式之一，如麦积山第135窟正壁佛像、第132窟正壁佛像⑦、第172窟正壁佛像等⑧。另外，麦积山第117窟背屏式石刻造像⑨，主尊佛像保存相对完好，其双领下垂的着衣形式更接近龙门宾阳中洞西壁主尊佛像，只是没有外层的右肩半披式袈裟。这些佛像在雕塑细节上或有个体的差异，但基本特征相近，年代集中在西魏。龙门宾阳中洞佛像的这种造型特征在麦积山窟龛中频繁出现，应该与北魏孝武帝西入关中后，元魏皇室及众多洛阳大族、仕人亦随之西迁有关，他们将中原北方政治文化

---

① 黄文智：《镌岩造像——中原北方东部北魏中期至东魏石刻佛像造型分析》，第51页。

② 龙门宾阳洞是北魏景明初（500年）为北魏高祖、文昭皇太后开凿的功德窟，后又有北魏永平年间（509~512年）为北魏世宗再开一窟，形成宾阳三洞格局，但终北魏之世只有宾阳中洞按计划完成，其中主尊佛像出现了包括束带、两层袈裟叠加、覆座悬裳在内的新造型样式。

③ 黄文智：《镌岩造像——中原北方东部北魏中期至东魏石刻佛像造型分析》，第90页。

④ 龙门文物保管所、北京大学考古系编：《龙门石窟》（一），北京：文物出版社，1991年，图42。

⑤ 黄文智：《镌岩造像——中原北方东部北魏中期至东魏石刻佛像造型分析》，第90页。

⑥ 龙门文物保管所、北京大学考古系编：《龙门石窟》（一），图7。

⑦ 天水麦积山石窟艺术研究所编：《中国石窟·天水麦积山》，图189。

⑧ 天水麦积山石窟艺术研究所编：《中国石窟·天水麦积山》，图188。

⑨ 花平宁、魏文斌主编：《中国石窟艺术·麦积山》，图96。

带入西魏，与关中相邻的麦积山自是直接受此影响。麦积山第 43 窟寂陵，是西魏文皇后乙弗氏瘗埋之所①，这从侧面反映了麦积山作为当时佛教重镇的重要性。

在麦积山北朝窟龛中，还有一种数量众多的佛像造型样式，代表性实例如麦积山第 44 窟正壁佛像，其领襟披搭形式同于龙门宾阳中洞正壁主尊佛像，覆座悬裳则有所变化。佛像两臂外侧衣襟分别覆左右膝盖，腹部下垂袈裟衣襟则被右足折叠成两片近长椭圆形造型，并与多层悬裳组合在一起，形成此类佛像的显著特征。这种覆座悬裳造型，在成都南朝造像、大同云冈龛像和洛阳龙门较早造像中都有例证，综合来看，与洛阳龙门窟龛实例更为接近②。其他相似实例还有麦积山第 102 窟正壁佛像③、第 123 窟正壁佛像④、第 139 窟正壁佛像等⑤。这些佛像基本为西魏所创，其社会背景，均与北魏孝武帝西入关中后，中原北方造像样式强有力进入该地有关。

此外，麦积山西魏末北周初还有一些窟龛佛像的着衣形式，可能借鉴了龙门宾阳中洞西壁主尊佛坐像两层袈裟叠加表现的形式，但与后者又有明显区别，实例如麦积山第 18 窟正壁佛像，右肩半披式袈裟内层并不表现双领下垂式袈裟，而是两领襟自然下垂，胸腹部僧祇支上系缚束带。相似实例有零散分布，不过从可辨识的特征看，尊像的覆座悬裳并不一致，可能是本地匠工在尝试一种新佛像样式，但似乎没有形成规模化和统一造型特征。

4. 其他样式

麦积山所处的秦州地区（天水），自十六国以来便成为重要的佛教活动中心，出土的十六国北朝石刻造像也不在少数⑥，部分实例造型特征可与麦积山龛像类比，这为研究麦积山造像的本地特征提供线索。后秦鸠摩罗什在关中译经之时，麦积山就有了佛教活动，并成为坐禅修行的名山。《高僧传》中记载释玄高禅修历程，是先在后秦长安受佛驮跋陀罗禅法，然后才至麦积山。由此可见，麦积山与关中及河西的佛教界往来密切，其造像也必然会带有东部和西部佛像造型因素。

麦积山第 133 窟第 16 号造像碑⑦，可分为上下两段，每段由小造像龛和两行千佛组合而成。上半段中间龛的两尊佛坐像和下半段中间龛二胁侍佛坐像均着双领下垂式袈裟，未表现束带。四佛像的覆座悬裳有局部差异，但整体外观均呈半圆形，犹如张开的扇面，这种造型特征在天水散见的西魏石刻造像中颇为常见，是本地石刻佛像的显著特征，实例如甘肃博物馆藏西魏大统二年（536 年）石造像塔中的第一层第一面和第三面佛像⑧、第二层第二面佛像⑨，又如甘肃省博物馆藏西魏大统十二年

---

① 项一峰：《麦积山第 43 窟研究》，《敦煌研究》2003 年第 6 期。

② 麦积山第 44 窟正壁佛像的悬裳表现样式，在北魏孝文帝迁都洛阳后的大同云冈第三期窟龛中普遍存在，也在北魏永平年间（508~512 年）后的洛阳龙门窟龛中开始流行。参考该像领襟披搭形式及其他特征，可推测其受到龙门龛像影响可能性更大。

③ 花平宁、魏文斌主编：《中国石窟艺术 · 麦积山》，图 83。

④ 天水麦积山石窟艺术研究所编：《中国石窟 · 天水麦积山》，图 135。

⑤ 天水麦积山石窟艺术研究所编：《中国石窟 · 天水麦积山》，图 104。

⑥ 李宁民、王来全主编：《甘肃散见佛教石刻造像调查与研究 · 天水卷》，北京：文物出版社，2018 年。

⑦ 麦积山石窟艺术研究所编：《中国石窟 · 天水麦积山》，图 101。

⑧ 李宁民、王来全主编：《甘肃散见佛教石刻造像调查与研究 · 天水卷》，第 49 页。

⑨ 李宁民、王来全主编：《甘肃散见佛教石刻造像调查与研究 · 天水卷》，第 50 页。

(546年) 权氏造千佛碑造像龛佛像①。该碑第二行右侧小龛佛立像，五官清秀，左右手分别施与愿无畏印，身着敷搭左肩式袈裟②，胸部有自左肩斜向右胁的僧祇支，不见束带，衣装贴体，这一造型与西安博物院藏西安市未央区出土西魏大统三年（537年）造像碑碑阳下段阿育王施土因缘佛传故事中的佛陀高度相似，不同之处是后者右领襟仍披搭于左臂肘部。该造像碑中的千佛造像，着垂领式袈裟和通肩式袈裟，两种佛衣形式在关中造像碑中尤为常见，也在河西石刻造像中大量存在。

麦积山第156窟正壁佛像，人物形象清秀，双手叠加置于跏趺坐的双腿上，外穿右肩半披式袈裟，内着自左肩斜向右胁的僧祇支。比较特殊的是，该像右领襟下垂衣襟绕右臂再披搭于左臂并向外延展，其特征虽与双领下垂式袈裟右领襟的披搭结构相似，但却并不是同一袈裟形式。袈裟衣褶作条带的片形阶梯状表现，条带间还阴刻细线。整体来看，这尊佛坐像与碑林博物馆藏西安市北郊出土北魏景明二年（501年）四面造像碑佛像颇为相似③，尤其两者片形阶梯状附线刻的衣褶雕塑技法，共同源头指向云冈第19窟主尊佛像为代表的衣褶雕刻样式。

麦积山第75窟正壁佛像，双手及下半身残损严重，上半身通肩式袈裟特征保存较好，可以清晰地看到袈裟衣纹样式，以胸部为中心呈U字形对称排列，凸棱状衣纹线上还阴刻细线，这种凸棱附线刻的雕塑技法，最初在十六国时期的金铜佛像上可以看到，实例如博野北魏太平真君四年（443年）金铜佛像④。麦积山第135窟中部石刻佛像⑤，着双领下垂式袈裟，该像并不依附于窟龛壁面而独立存在，且为石质雕刻，应该是在洞窟开凿完成后搬移进来的。佛立像双手施与愿无畏印（右手残），身着双领下垂式袈裟，胸部表现有僧祇支，僧祇支外层有长长的束带，这是中原北方东部地区北魏晚期石刻造像特征。另外值得关注的是，该像两臂及腹部以下袈裟衣褶作锯齿般的凸棱表现，在北魏晚期至东魏石刻造像中颇为常见⑥。

除了上述佛像造型样式外，麦积山窟龛中局部还存在一些河西造像因素，集中体现在佛像背光和主尊两侧胁侍菩萨上，后者如麦积山第76窟正壁右胁侍菩萨⑦、第115窟正壁左胁侍菩萨⑧，两像人物造型特征与着衣形式，与永靖炳灵寺第169窟北壁后部无量寿佛龛右胁侍菩萨类同⑨，不同之处，炳灵寺菩萨人物动态较为僵直，麦积山实例胯部向左或右侧扭曲，人物动态显得优雅惬意。

---

① 李宁民、王来全主编：《甘肃散见佛教石刻造像调查与研究·天水卷》，第191页。

② 敷搭左肩式袈裟是在双领下垂式袈裟基础上演变而来，两者的区别，是袈裟右领襟由后者披搭于右臂肘部上升至肩部，这一变化使胸部袈裟领口变得相对窄小，僧祇支及束带也随之受到影响，弱化并渐趋消失。敷搭左肩式袈裟佛像初见于中原北方东部地区（山东、河北），年代约在北魏末东魏初。

③ 西安碑林博物馆编：《西安碑林佛教造像艺术》，西安：陕西师范大学出版社，2010年，第5页。

④ （日）松原三郎：《中国仏教彫刻史論》，东京：吉川弘文馆，1995年，图23。

⑤ 麦积山石窟艺术研究所编：《中国石窟·天水麦积山》，图137。

⑥ 黄文智：《山东北部北魏晚期至东魏的石刻佛像造型分析》，《敦煌研究》2014年第4期；黄文智：《河北中南部北魏晚期至东魏石刻佛像造型分析》，《敦煌学辑刊》2016年第1期。

⑦ 天水麦积山石窟艺术研究所编：《中国石窟·天水麦积山》，图45。

⑧ 天水麦积山石窟艺术研究所编：《中国石窟·天水麦积山》，图57。

⑨ 甘肃省文物工作队、炳灵寺文物保管所编：《中国石窟·永靖炳灵寺》，北京：文物出版社，1998年，图24。

二、人物造型

麦积山北魏晚期至西魏窟龛佛像的人物造型，可从头部造型、人体量感和空间关系来阐述。

1. 头部造型

麦积山北魏中、晚期佛头像多为磨光发髻，北魏晚期至西魏初才开始出现波形发髻，螺形发髻只是个别存在，或为后世补塑。这些佛头像多数实例脖颈修长、五官清秀，至西魏后段脸型才趋于丰圆。

年代较早的麦积山第78窟正壁佛头像，磨光发髻，脸部圆润，五官俊美，鼻子隆起与额头相连，嘴角含笑，这一特征，在永靖炳灵寺西秦佛像中就已出现①，也在大同云冈窟龛第一期佛像中流行。相对而言，麦积山第78窟正壁佛像头部更接近云冈实例，只是脸型较后者长圆，表情更具亲和力。两像头部造型特征，均导源于犍陀罗佛像。麦积山第76窟正壁佛头像、第17窟正壁佛头像，皆作磨光发髻，清瘦羸弱的特征极为明显。两像前者脸型略显方圆，五官与云冈第二期后段窟龛着双领下垂式袈裟佛像相近②，后者五官也有相似特征，只是额头以上的发髻显得较高，这种差异，或可视作不同匠工之间造型有别所致。麦积山第135窟正壁佛头像、第135窟正壁佛头像、第147窟佛头像，共同特征是高肉髻，脸型长圆，五官清秀，三像前者着衣形式受到南朝佛像影响，其头部造型亦具备南朝佛像神韵，麦积山实例在此基础上更显清秀，舒展的五官和会心的微笑，犹如脱俗的世间美男子。需要注意的是，麦积山第147窟正壁佛头像为残损的螺发，这种发髻在麦积山北魏中期至西魏中甚为罕见，从螺发脱落的痕迹看，与佛像初创时泥质的质感存在微妙差异，或是后世匠工补塑的。

麦积山第127窟正壁佛头像、第44窟正壁佛头像、第102窟正壁佛头像，皆作波形发髻表现，波纹分别以额头上部和肉髻正中为中心作右旋式展开，这一特征与洛阳龙门宾阳中洞佛像类同。三佛像前者脸型与上述麦积山第147窟正壁佛头像高度相似，不过该像着衣形式受到南朝佛像影响，其他两例则主要吸收了洛阳佛像特征。三像后两者面部明显变得丰圆了些，麦积山第44窟正壁佛头像上的这种特征尤其明显。在中原北方，东魏佛像人体造型逐渐变得饱满起来，至北齐形成躯体丰腴的视觉观感，头部亦呈现相同特征。这一变化趋势，也在西部地区的西魏至北周时期体现出来，只是后者变化的节奏略为滞后一些。

2. 人体量感和空间关系

在造像中，人体量感反映胖瘦程度，空间关系则是描述人物着装的内外关系和四肢与躯干的分离关系。

麦积山第78窟正壁佛像，在着衣形式和衣褶雕塑技法吸收了云冈第一期窟龛佛像特征，量感却不如后者那般丰足，而与永靖炳灵寺西秦佛像相仿。佛像袈裟贴身表现，两臂与躯干的空间得以清晰呈现，但双腿跏趺坐，呈现一种板滞的结构形态。可以看出，该像在人体量感和空间关系上，融合了中原北方和河西佛像因素，人体结构同样追求一种毫无肌肉起伏变化的形态，显得含蓄和保守，这与佛

---

①　甘肃省文物工作队、炳灵寺文物保管所编：《中国石窟·永靖炳灵寺》，图11。

②　如云冈第11窟方柱西面上层二佛并立像。前引（日）水野清一、长广敏雄：《云冈石窟》第八、九卷，图版62。

像源头的犍陀罗或马图拉造像风格差异非常明显。麦积山第 78 窟正壁佛像的这种造型特征，在同形式着衣的佛像上得以延续，但跏趺坐双腿形态，其比例关系在此后实例中变得更为合理。

麦积山着通肩式袈裟佛像，在人体量感上同样与河西十六国龛像接近，衣装质感较厚，两臂与躯体的空间关系开始变得含蓄，这种审美取向在着双领下垂式袈裟佛像上得以继续发展。麦积山第 135 窟正壁佛像，是秀骨清像特征的典型代表，人体量感单薄，人体结构几无肌肉的起伏关系，表面的衣装形态则由此得到充分表现，衣褶线舒展流畅，尤其是覆座悬裳，繁琐的叠加和衣边翻转表现，装饰的意味特别浓烈。这种忽视人物躯体量感和结构表现、注重表面衣装装饰意味的造型特征，在很多佛像上得到充分体现。

三、小结

麦积山西连河西走廊，东达关中，南又连接川北，这种独特的地理位置，使得麦积山北魏中期至西魏窟龛佛像在造型上融合了多种样式。麦积山较早实例是在云冈第一期、第二期前段窟龛佛像影响下塑造出来，继而形成规模化创作，年代集中在北魏中晚期。大致同一时间段，自成都而来的南朝造像样式，通过“金牛道”在麦积山窟龛中留有多处遗存。以龙门古阳洞、宾阳中洞佛像为代表的中央造像样式，对中原北方形成深远影响，并波及西部地区，但麦积山窟龛佛像吸收这一造像模式并成为一时之风，则要晚至西魏，滞后中原北方东部地区十多年。这种情形，应该与孝武帝西入关中后，以洛阳为中心的中原北方文化，在西魏获得支持和长足发展有关。麦积山所在的古秦州地区出土有多件十六国北朝时期的石刻造像，这些实例与麦积山龛像造型的形成存在一定关联，其根源却又与河西早期造像及北魏两都的造像样式交叉影响相涉。当然，关中与河西造像样式都会在麦积山石窟中留下痕迹，但数量并不多，这种情形是北魏时新、旧都流行造像样式对地方形成强力辐射的体现。

从人物造型特征看，北魏中晚期佛像绝大多数为磨光发髻，较早实例面部相对饱满，北魏晚期以来趋于清瘦，崇尚秀骨清像之美，嘴角微笑尤具亲和力。除了较早着右肩半披式袈裟佛像外，绝大多数佛像人体量感单薄，人体结构平板、含蓄，外在的服饰表现成为除了头部以外的造型重点，以此彰显佛陀出尘飘逸的超人间气质。需要提及的是，麦积山石窟造像多为泥塑造像，雕塑手法较石质雕刻简便，在衣褶线的装饰化表现上更为灵活多变。另外，这些泥质佛像的造型特征，仍是以刻意模仿中原北方石刻造像风格为主。

麦积山位处丝路线上，此地为东部地区和西部地区文化交汇之所，融合了多种文化特征，但从整体面貌来看，仍以中原北方文化中心为宗，其造像风格，在北魏中晚期与大同、成都实例相邻，西魏以来则以洛阳造像样式为主流。这种情形，反映了麦积山与新旧都的密切关联和作为北朝造像重镇的真实存在。梳理麦积山石窟北魏至西魏时期佛像的造型特征与样式来源，对认清中原北方北朝时期区域化造像的发展规律和补充雕塑史的内容有重要意义。

（原载于《中国美术研究》2021 年第 4 期）

试论麦积山石窟塑像中沥粉堆金审美特征

化　雷　孙常吉

沥粉堆金是中国传统壁画绘制中一种古老的制作工艺，并以其独特的视觉效果，在传统壁画、彩画、雕像及建筑装饰中广泛应用，在其产生之时便披上了浓厚的本土化面纱。在麦积山石窟造像中，古代艺术家们充分吸收和利用这种工艺，制作出许多富贵华丽的塑像，丰富了塑像的表现语言，营造了非常切合的石窟氛围。

一、沥粉堆金的工艺制作

沥粉堆金是由沥粉和堆金两道相对独立的工序组合而成，其中沥粉主要是用粉状物加入动物胶混合而成具有黏性的膏状物，然后使用粉囊进行绘制。粉状物多是瓦灰或者石质细粉，根据实际情况就地取材，前提是粉状物加入胶搅拌凝固后不干裂、不变形即可。制作过程多是沿着起好的画稿，把搅拌均匀的膏状物通过粉囊滴沥在塑像表面，形成圆形立体的线条，这便是沥粉线。早期的沥粉线较为粗扁，不够细致顺畅。随着画家们对这种技法的不断摸索实施，至唐宋时期技艺达到顶峰，明清时已被普遍使用。

贴金工艺则是在沥粉干透后，在需要贴金的地方，涂一层金胶油，待至八九成干时，再贴以金箔。金箔多为真金打制成极薄的金片，因含金量不同，产生不同的金属色泽。因而在古代壁画中，既被当作一种色彩类别，又作为一种装饰手段，大量运用在沥粉线条、平面图案及浮雕上。

二、沥粉堆金在麦积山石窟的分布

麦积山石窟的沥粉堆金工艺主要是沥粉赋彩，贴金工艺占少数，主要用作塑像的衣饰或者图案纹饰中。可见于第2、4、5、9、12、15、25、28、29、30、51、58、127、133、136窟。

在位置上多以塑像衣饰的局部为主，如衣领、衣袖、裙摆的边沿，胸、腰、腹等处或布料衔接处。沥粉处理形成的线与服饰整体的面交相辉映，产生明暗对比、线面结合，营造出了非常华丽的立体视觉效果，使得整个泥塑造像更加生动逼真、富有灵气。

在内容上比较丰富，为了进一步美化塑像而增强神性的庄严，有些是服饰客观存在的图案纹饰，有些是想象的，在日常的服饰或佛衣中根本不可见的。在塑像的衣领、袖口、裙摆等处，沥粉图案以莲花卷叶纹、菊花纹为主。服饰其他部位沥粉图案比较丰富多样，既有植物纹、几何纹，又有海波纹、云头纹及动物纹样。动物图案尤其生动，如云龙、凤凰、狮子、龙马等。

三、麦积山石窟沥粉堆金工艺应用的特点

麦积山石窟雕塑上的沥粉堆金通过断层处和脱落处可以发现几种形式：

1. 沥粉的颜色直接是泥土本色，沥粉完成后和泥塑统一彩绘。这种类型在麦积山沥粉工艺中应用广泛，似于“白描”稿，卷轴形式为常见类型，均是使用线描造型，这种形式在麦积山的壁画中普遍存在。

2. 在沥粉里面加入瓦灰色或香灰色，沥粉彩绘和沥粉造型同时完成。如第 4 窟 2 龛、第 5 窟 2 龛，沥粉线本身就是赋彩的颜色，因此，沥粉线除了有立体视觉之外，还与赋彩的色相一致，色相不一致时可进行二次着色，这种方式相对较为简洁，相比先沥粉后赋彩而言较为粗糙。这种形式在一定程度上减弱了沥粉线性的分量，突出了色彩在塑像中的效果、画面中的地位，是制作者关注的焦点。

3. 雕塑整体彩绘完成后再进行沥粉造型，再在沥粉上贴金或彩绘。这种形式比前二者更加细腻精致，主要用于局部图案线条比较密集的地方，如第 4 窟龙纹图案中鳞片的位置。用沥粉直接绘制鳞片，再在沥粉线上进行晕染，整体效果就会精致细腻。

这些造型样式并非孤立存在，往往会结合使用。而且三种造型特征之间相互转化也非常微妙，因此三种形态的造型是相对存在的，不能将其中的一个方面孤立看待。

麦积山的泥塑、壁画现已失去原有敷彩，其原因，一是地处多雨的山林，气候湿润，导致石窟壁画和塑像颜色脱落；二是在香火或火灾中被熏黑，导致今天多数泥塑和壁画已无敷彩的总体印象。但从敦煌彩塑中可以反映出麦积山千百年前彩塑的风貌，清楚地了解塑与绘之间相辅相成的关系。

四、文化的传承与关联性

沥粉堆金的工艺手法用于塑像，这是中国古代美术史上的一种重要形式，彩绘与雕塑结合“绘塑不分”。在石窟造像中为使佛像逼真生动，使人产生敬畏之心，将雕塑和彩绘二者有机结合、合二为一，这种传统在我国由来已久。在唐代李绰的《尚书故实》中记载：“佛像本朴陋，人不生敬。今之藻绘雕刻，自戴颙始也。”在塑与彩的结合处理上，有“三分塑七分彩”“三分坯子七分画”或“低坯高画”的说法，看似过分地强调了彩，其实这正是体现传统泥塑装饰美的一个重要方面，追求逼真的形神兼备之有效效果，这一技法被世代相传，直到现在都被民间彩塑艺人沿用。“绘塑结合”取长补短，具有很强的互补性，绘使塑的形体感觉更加立体且更富有神韵；塑使绘的线型表达更加逼真且惟妙惟肖。形与神、虚与实的理念落实到具体的艺术作品上，使其达到更高的艺术境界。

塑像中的沥粉堆金不能简单等同于平面空间的壁画，在塑像形体的转折、穿插、组合等复杂的空间中，用“沥粉”的方式来勾勒立体的线，装饰的同时又要照顾空间叠加产生的效果，还要适量把握绘画的特性。沥粉线虽然是实实在在占据空间的，但形成的影像效果却是线性的，具有东方审美的线

性，架构于中国传统绘画下的转折、疏密、虚实等审美趋向，并通过其变化表现出笔墨形式的节奏、韵律和情趣。在这些沥粉的线中还体现了绘画上用笔绘制线的方式，不同的线条用笔方式也不同，落实到塑像上的操作就是提、按、转、折、顿、挫等。这些动作所形成的痕迹，不只是简单完成画面中线条的塑造，更少不了制作者经验与情感的注入。

麦积山石窟中的沥粉堆金不仅从中国传统绘画语言中继承表现技法，还从中国诸多造型艺术中吸收养分。从早期的立体造型或者平面造型中可以印证，沥粉在塑像中主要是形成立体的线，从某种程度上在试图摆脱两维度的束缚中寻找经验，这不同于完全意义上的写实，现实服饰的线多是平面的，而沥粉的线是立体的，在视觉表现上更加强烈。这种立体的线性形式早在原始陶器及商周时期的青铜器中屡见不鲜，只是制作工艺有较大的差别，但在青铜器泥胎制作中往往有些相似的制作工艺来形成表面复杂的纹饰或者线性装饰，不能因为制作方法不同而否定二者之间的审美相同或者审美的关联性。青铜器中多使用凸起的阳线条来装饰器具表面，如西周晚期的散伯车父鼎，口沿外侧下部饰有窃曲纹，窃曲纹上下各有一条平行的阳起线作为造型装饰边线，鼎腹中有一条阳起线，线的厚度与麦积山石窟塑像中沥粉线相差不多，都起到装饰的意境。这反映出二者审美的相通性，也反映出中国传统造型艺术一脉相承的关联性。又如春秋、战国至秦汉封泥中的图案多是以文字为主，文字的内容暂不做探讨，就其线的立体性足可以端倪出这种立体线性的文化特征。战国至西汉的瓦当中，无论是动物纹饰还是植物纹饰，抑或是文字，都是凸起的阳线为主，既有装饰作用，又能表现某种美感，无不是传统造型艺术对立体线性最完美地阐释。

如果说青铜器、封泥及瓦当等的立体线都不够成熟，那么南朝画像砖中凸线条的表现和沥粉堆金中的线在完成后的立体效果及审美取向是相同的。画面以线条及人物造像的样式为重点，有很强的绘画性，凸起的线条多有中国传统绘画线描般的美感，如行云流水般顺畅，场景宏大，视觉冲击力强。这点从线性的角度可以与沥粉线进行相互印证，共同架构于中国传统造型艺术的审美范畴之内。

五、结语

麦积山泥塑中的沥粉堆金，重在沥粉，沥粉是造型的一种方法，目的是让局部造型形成一种立体真实的视觉，也是对服饰中彩色图案进行立体的描绘。

沥粉堆金是绘画和雕塑的有效结合。在以往的理解中，佛教有叙事内容，绘画也呈现出此特征，因此佛教经变画很适合用于佛教宣讲。而雕塑虽然会受到材料、做工、效率等制约，但在立体效果上却有先天的优势。绘画虽然不如雕塑的立体空间来得直接，却也在做着不断的尝试，二者的结合创造出二维空间中立体空间的真实感，这体现在对沥粉堆金的运用。虽然这称不上是一种很高明的造型技巧，但在佛教文化漫长的传播中，已成为了佛教造型艺术风格发展演变的重要符号，一经出现便被烙上深深的本土化印记。

麦积山的沥粉堆金看似是装饰工艺的一种手法，但应用于塑像则是探究空间的立体造型技术，在探索石窟造像艺术领域中，面对佛像这种非同常人的对象，如何在视觉上引起身临其境的感受？多数艺术家以模仿现实生活中的“真”为主，而麦积山石窟中使用沥粉堆金的终极目的是利用这些立体的线来造成一种凹凸视觉效果，夸大现实生活中线的立体效果，这种“立体造型”方法是营造空间最有效的样式之一。

参考文献

[1] 麦积山石窟艺术研究所：《麦积山石窟研究论文集》，兰州：甘肃人民出版社，2006年。
[2] 张锦秀：《麦积山石窟志》，兰州：甘肃人民出版社，2002年。
[3] 宗白华：《美学散步》，上海：上海人民出版社，1981年。
[4] 柳家奎：《惠山泥人》，上海：上海人民美术出版社，1962年。
[5] 郭廉夫、张继华：《色彩美学》，西安：陕西人民出版社，1997年。
[6] 王伯敏：《中国美术通史》，济南：山东教育出版社，1996年。

（原载于《雕塑》2022年第2期）

麦积山石窟第127窟《睒子本生》经变画相关细节的再讨论

张 扬

麦积山石窟第127窟《睒子本生》经变画位于窟顶前披，画面呈梯形，底宽7.35米，顶宽4.61米，高1.30米，场面宏大，人物众多，情节丰富，在同类题材的作品中规模最大，最具代表性。学界关于《睒子本生》的相关研究成果颇丰，从壁画内容、艺术特色到价值意义，各方面均有涉及。

一、对《睒子本生》中相关情节的再认识

在诸多研究中，关于《睒子本生》中的一些细节说法不一，为给其他研究者提供更客观的参照，笔者认为有必要一一梳理并展开讨论。

1. 对"国王误射睒子"相关情节的再认识

画面中有两处紧密连接的情节，一处虽然已模糊不清，但依稀可见正在泉边提着水罐汲水的睒子遭国王误射。紧接着下一处为中箭后的睒子坐在泉边，国王闻讯赶忙上前查看并为其拔箭。关于这两处情节，各家说法不一，几位学者对相关情节的分析如下：

> 国王误射身着鹿皮衣、在湖边躬身汲水的睒子；画面中睒子利箭当胸，摇摇欲坠，天空中黑云密布，大树腰折，山石崩塌①。
>
> 因担心惊扰鹿群而身披鹿皮，正弯腰用瓦罐在河中汲水的睒子被眼前躁动不安的鹿群所困惑，到底发生了什么？当他还没有明白的时候，伽夷国王的利箭已经射中他的胸膛！可惜的是，这一情节由于画面残损而缺失。在这处缺损处的前方，发现误伤睒子的国王懊恼不已，他站在睒子对面，仔细聆听睒子诉说自己与盲父母在深山修道的故事，以及他对他死后，谁来赡养盲父母这一问题的担忧，国王身后站着几个头戴笼冠的侍臣，在睒子身后不远处，瓦罐被抛在一边②。
>
> 四散奔逃的野兽中，几只麋鹿最先窜（蹿）到泉边，此时的睒子正身披鹿皮衣弯腰汲水，追赶而至的国王一箭射中他的胸膛，睒子倒地（按：这一情节因画面剥落而缺失不见），残损画面

① 刘俊琪：《麦积山北魏壁画〈睒子本生〉述评》，《美术研究》2002年第1期。

② 孙晓峰：《麦积山石窟第127窟研究》，兰州大学博士学位论文，2014年。

的前方，国王及侍从站在睒子身边似在关切询问，睒子诉说奉养盲父母之事，国王懊悔万分①。

与正在湖边汲水的睒子不期而遇，睒子左手扶水罐，中箭在胸盘坐于湖边；国王下马和众侍臣于睒子前询问情况②。

国王拜见盲父母的画面右斜上方有一组人和中箭的睒子半坐起的形象，笔者怀疑这部分即是获救的描绘③。

睒子胸膛中箭，水罐放在一旁，国王及侍从站在睒子身边似乎在关切询问，想要拔出毒箭，睒子向国王讲述盲父母情况，将其托付与（予）国王④。

可识别的情节有：（一）迦夷国王进山狩猎；（二）林中狩猎；（三）误中睒子；（四）国王向睒子盲父母报告噩耗；（五）国王领盲父母看睒子尸体；（六）盲父母抱睒子尸体痛哭⑤。

国王射鹿，误中睒子；睒子遗嘱，国王倾听⑥。

笔者围绕以上说法进行了分析论证，认为《睒子本生》中有三点值得进一步推敲。首先，睒子左手边的物体与前一情节中睒子汲水所拿的水罐进行对比，二者轮廓明显不同。睒子左手边的物体轮廓内有弯曲的勾线，类似鞋边，而水罐的轮廓内未见类似勾线。经过与原作核对，笔者不认同王小春将其识读为水罐的结论，认为杨晓东将此处释读为睒子的鞋履⑦的解释更为合理。

其次，在睒子给国王诉说的情节中，国王的手在睒子箭柄处。这符合《佛说睒子经》中的描述："时，王便前以手拔睒胸箭，箭深不可得出。"笔者认为此处应是国王为睒子拔箭的情节，焦响乐的研究中虽提及国王拔箭的情节，但他认为"这个画面将国王误射睒子与国王问询情况两个情节巧妙地合为一个画面来表现"⑧。睒子在泉边汲水的情节虽然已经模糊不清，但仍可辨认箭已穿胸。笔者认为焦响乐的立论有失偏颇，而杨文博将这两处情节混为一谈，也有待商榷。

最后，杜龙琪认为这一情节应是睒子获救后的场面。依据《佛说睒子经》描述，睒子获救后应为"药入睒口，箭拔毒出，更生如故"，而此处毒箭仍在睒子胸口处，明显不是睒子获救后的场面。因此，笔者认为这一观点是对故事情节发展顺序的误读。

2. 对草庐图像的再认识

关于《睒子本生》中的草庐形象，几位学者的评述如下：

---

① 高海燕：《中国汉传佛教本生故事研究——以"舍生饲虎本生"和"睒子本生"为中心》，兰州大学博士学位论文，2015 年。

② 王小春：《中国西北石窟艺术中〈睒子本生图〉的分布及其形式因素比较研究》，西北师范大学硕士学位论文，2017 年。

③ 杜龙琪：《心灵化了的艺术：麦积山 127 窟壁画〈睒子本生〉的艺术价值浅析》，《美术界》2010 年第 3 期。

④ 焦响乐：《敦煌莫高窟睒子本生故事画及相关问题研究》，兰州大学硕士学位论文，2021 年。

⑤ 杨文博：《麦积山石窟〈睒子本生〉故事画初探》，《法音》2018 年第 8 期。

⑥ 谢生保：《从〈睒子经变〉看佛教艺术中的孝道思想》，《敦煌研究》2001 年第 2 期。

⑦ 该观点为杨晓东老师临摹该壁画过程中所发现，特此感谢。

⑧ 焦响乐：《敦煌莫高窟睒子本生故事画及相关问题研究》，兰州大学硕士学位论文，2021 年。

二老居住的不是天竺式茅庐，而与陇山地区旧时农家的土窑洞形制十分仿佛①。

"柴草为屋"的"茅庐"是《佛说睒子经》中所明确规定的，虔诚的绘画者不会在壁画中大作改革，况且此图中二老的居所也是茅屋，为立体的尖锥形象，非窑洞口的平面平拱形象②。

山脚下两个并列开凿的尖拱形山洞前③。

观察壁画上二老居所的轮廓，明显可见洞顶有类似扇形的凸起，根据现存图像，虽未见蒲草编织的细节，但其轮廓与云冈石窟第 9 窟④、西千佛洞第 12 窟⑤、敦煌莫高窟第 299 窟⑥中的草庐轮廓相似。窑洞或山洞顶部不应有扇形凸起。因此，笔者认为这与佛经中的表述一致，盲父母的居所应是草庐。

3. 对"国王背盲母看睒子尸体"情节的再认识

关于此处情节，除刘俊琪认为是国王背盲父母看睒子尸体⑦，其他研究者多认为是国王牵引盲父母去看睒子尸体。如高海燕认为："故事继续向右侧发展，画面中一人牵引一人前行，后方数人搀扶一人，应为国王带领盲父母去看视睒子。"谢生保认为："国王牵引，去见睒子。"⑧ 孙晓峰认为："国王与群臣簇拥睒子父母去看睒子尸体。"⑨ 图中国王为屈膝半蹲状，盲母双臂搭在国王肩上，可以看出国王正准备背负盲母。国王的行为令人出乎意料，盲父与众臣都如受惊一般，腰部后躬。佛经中对此并无表述，笔者认为应是作者依据情节展开的艺术发挥。

二、对《睒子本生》画面识读的反思

通过对《睒子本生》的识读，笔者围绕如何正确识读经变画的内容进行了反思，主要体现在以下三方面。

1. "转译"后的图像

研究者释读作品多依据图册或他人临摹品。因为《睒子本生》年代久远，并且绘于 127 窟窟顶前披，位置较高，光线昏暗，加之麦积山气候潮湿，壁画多有褪色及剥落，所以即使研究者实地考察，也需要借助光源及高梯仔细观摩才有可能了解更多细节。然而现实情况是很多研究者因种种原因无法进行实地考察，所以图册及他人临摹品成了理想的研究对象，它们既方便获取，又可展示更多细节。

---

① 王宁宇：《孝子变相·畋猎图·山水平远——麦积山 127 窟壁画"睒子本生"对中国早期山水画的里程碑意义》，《美术研究》2002 年第 1 期。

② 夏朗云：《也谈麦积山壁画"睒子本生"——与王宁宇先生商榷》，《美术研究》2004 年第 3 期。

③ 孙晓峰：《麦积山石窟第 127 窟研究》，兰州大学博士学位论文，2014 年。

④ 张焯主编：《云冈石窟全集》第七卷，青岛：青岛出版社，2017 年，第 63 页。

⑤ 星云大师总监制，罗世平、如常主编：《世界佛教美术图说大典·石窟 2》，长沙：湖南美术出版社，2017 年，第 672 页。

⑥ 敦煌研究院主编：《敦煌石窟全集 3·本生因缘故事卷》，北京：商务印书馆，2000 年，第 152 页。

⑦ 刘俊琪：《麦积山北魏壁画〈睒子本生〉述评》《美术研究》2002 年第 1 期。

⑧ 谢生保：《从〈睒子经变〉看佛教艺术中的孝道思想》，《敦煌研究》2001 年第 2 期。

⑨ 孙晓峰：《麦积山石窟第 127 窟研究》，兰州大学博士学位论文，2014 年。

因此，研究者对作品的释读往往依据的是摄影或临摹者对原始作品的“转译”。“转译”后图像的质量决定着研究者的立论正误，因而技术在一定程度上影响研究的开展。

随着科技水平的进步，“转译”带来的弊端正在减弱，“转译”后的图像已不局限于画册及他人临摹品，比如数字化技术的应用为图像研究带来更多便利，对图像细节的辨识变得更加直观清晰，利用某些数字技术手段，可以将壁画放置在高度相似的原环境中，再现整窟面貌，让研究者可以便捷地掌握更多研究信息。

2. 避免先入为主

在释读作品时，研究者容易出现先入为主的问题，具体可分两种情况。

一种是不自觉地带入自己的感知经验。有些学者文章中的多种观点是建立在个人主观经验之上的释读，如认为“画中树木多作摇曳状，充分体现着西北多风的气候特点”。依据《佛说睒子经》的描述，睒子死后“当尔之时，山中大风暴起，吹折树木，飞鸟、禽兽、狮子、熊罴、虎狼、毒兽皆号呼动一山中；日无精光，流泉为竭；众华萎死，雷电动地”。盲父母得知睒子已死的消息时，“向者，大风卒起，吹折树木。百鸟悲鸣，皆大号呼动一山中”。我们从壁画中可见，睒子被国王误射后及国王告知盲父母的场景中均有树木被狂风吹打或被折断，这应是依照佛经中设定的故事情节进行描绘的，与西北气候关系不大。

另一种是在释读原作之前受到他人影响，完全根据他人释读结果来看待作品，陷入人云亦云当中。比如，有些学者对国王请盲父母去看睒子尸体这一情节的描述完全一致。还有的学者在文章中对《睒子本生》的释读直接引用其他学者的观点，将草庐误认为窑洞。笔者认为，释读作品时应尽量关注原作，不做过多缺乏实证的臆断。

3. 结合文本相互佐证

佛教壁画大多会依照佛经内容进行创作，工匠一般不会随意改变经典情节，麦积山气候潮湿，壁画画面多有褪色及残损之处，因此佛经的参照对识读壁画内容至关重要。

《睒子本生》可依据的佛经版本较多，如《六度集经》《睒道士本生》《菩萨睒子经》《佛说睒子经》《高僧法显传》《洛阳伽蓝记》《僧伽罗刹所集经·睒施本生》等。与壁画情节相对照，麦积山石窟第127窟《睒子本生》应依据《佛说睒子经》① 而创作。比如，国王误射睒子后，听睒子诉说盲父母情况，国王的手放置在箭柄附近，虽然具体动作已很难分辨，但是结合佛经描述即可印证这是国王为睒子拔箭的情节。再比如，《睒子本生》最后一个情节是盲父母哭尸，《佛说菩萨睒子经》表述为“父抱其两脚，母抱其头着膝上”，《佛说睒子经》则将同一情节表述为“父抱其头，母抱两脚着膝上”。对照壁画可见，盲父位于睒子头部，盲母位于睒子脚部。因此，相较于《佛说菩萨睒子经》，《佛说睒子经》才是《睒子本生》的文献母本。

（原载于《中国美术》2022年第4期）

① 《大正藏》收录了三个同名的《佛说睒子经》，均出自圣坚译，但圣坚名前所冠时代各不同，分别为西秦沙门、乞伏秦三藏法师释、姚秦三藏法师释，其主要情节差别不大，均可以与麦积山《睒子本生》内容相对应。本文选用了姚秦三藏法师释版本。

麦积山4号窟《车马出行图》中“转马”视觉现象解析

杨晓东

麦积山第4窟北周壁画《车马出行图》基本呈正方形，周边部分泥皮剥落残损，面积近1平方米，画面大部分形象及色彩保存较为完好，主体以车马人物为主，共描绘了近20身人物、车、马等，造型概括洗练，生动传神，人物动态富于变化；设色冷暖对比得宜，艳而不媚，节奏感强，整体色调和谐统一，富有韵律感。在笔者对原作进行辨识、研究、临摹的过程中，明确了画中大约有10匹马的形象（包括残缺）。画面左前方绘“四乘马车”缓缓前行，车内坐一贵妇，车左右两侧各斜插旌旗一面，随风招展；马车左右侧各绘一位驭手，跨步而行。随从坐骑护佑贵妇周围，徐步前行，构成了庄严肃穆、浩浩荡荡的出行场面。此壁画绘于窟顶，创制难度可想而知，是古人留下的难得的画马经典之作。

壁画下方绘制的一匹朱红色的马，它的行走方向会因人的视觉方位的转换而随之变化，因此它被形象地称之为“转马”或“转马图”。“转马”这一神奇的视觉现象最早的发现者虽已无法考证。张学荣曾在文章中提及：“特别是画在右侧靠里偏左平棋中的那匹红马和车仗人物，在构图中，由于巧妙地运用了焦点透视和散点透视相结合的构图方式，又适当地考虑到人们仰视中的错觉关系，因此，使人从不同位置和不同角度观看，它便有不同的动态。例如，从左边看它时，它是向外行走的，如从右面观看，它便向里行走了。加上当时的绘制者，对这匹红马的体形、动态和神韵都处理的十分真实生动，因此，更使人感到它蹄声哒哒，气嘶嘘嘘，似乎正在平缓稳健地行走在你的面前。”① 由此可知，第一，“转马”现象是真实存在的；第二，其视觉效果的成因，即“由于仰视的视觉误差或古代作者绘制时应用焦点透视和散点透视相结合的透视法则等”造成的。

关于“仰视视觉误差”的作用问题，笔者对此作了相关实验，将壁画等比例原样临摹的成品挂于墙上，从左、中、右三个方位看这匹红马，视觉感受是该马的行走方向还是随人的视觉方位转换而变化。这就充分说明产生“转马”这一视觉感受的原因与“仰视误差”并无直接关系。而“应用焦点透视和散点透视相结合的透视法则”也许对“转马”现象的形成有间接关系，但这一因素并不是决定性的。绘画者都知道，在绘画艺术中“焦点透视和散点透视相结合的透视法则”主要解决的是“时间和空间”问题，而不是“红马行走方向随视觉方位转换而变化”的问题。那“转马”这一现象形成的决

① 张学荣：《关于麦积山石窟中的北周洞窟、造像和壁画》，阎文儒主编：《麦积山石窟》，兰州：甘肃人民出版社，1984年，第107、108页。

定性和重要因素到底是什么？"转马"现象这一特殊艺术效果是如何实现的？

张彦远在《论画六法》篇中有云："至于经营位置，则画之总要，自顾陆以降，画迹鲜存，难悉详之。唯观吴道玄之迹，可谓六法俱全，万象必尽，神人假手，穷极造化也。所以气韵雄状，几不容于缣素，笔迹磊落，遂恣意于壁墙，其细画又甚稠密，此神异也。"① 由此说明吴道玄画作之所以"神异"，其经营位置起到了至关重要的作用。"转马"现象形成的决定性因素是画面布局的特殊性，根据画面独特的要求，运用"异时同图""异空同构"的手法，将俯视、平视、仰视等多种视角相互依存使用，表现出"咫尺重深"的全景式独特意境。这种多视向、多层次的透视方式，使画面表现灵活自由，这是焦点透视等所无法企及的。以下对《车马出行图》中"转马"视觉现象进行艺术形式层面的分析和解读。

其一，俯视、平视、仰视等多视角透视法则在该壁画中的自由运用。俯视视角能将所要描绘的景物完整地摄入画面，将浩浩荡荡的"车马出行"场面表现得淋漓尽致，使观者一览无余；平视视角也就是宋代郭熙提出的"三远法"中的"深远"，有助于画面纵深感表达的实现与加强，如画面景物形象前后遮挡的层层感受都是运用平视的透视法则渗透所实现的。该画中，前边的"转马"遮挡了画中心贵妇所乘车辆的车轮，车又遮挡了后边红马的马身，红马又遮挡了后边紫灰色的马等。这种感觉便是递进纵深感，为"转马"现象的实现埋下"伏笔"，即为"转马"的"转向朝内走"提供了足够的意向空间。郭熙"三远法"中的"高远法"实际上就是仰视视角，这种图式会使画面视觉形象更高大，更有气势。据观察所知，此壁画中"转马"形象的塑造就是运用了仰视和焦点透视相结合的观察方法进行表现的，这就使"转马"形象在该画面中显得尤为突出。"散点透视"也叫"移动透视"，是画家根据需要，移动式进行观察，以不同视角组织画面。此壁画的整体布局即是运用"散点透视"法的成功典范。

其二，画面布局的基本框架为"一心一圈"式。"一心"即画面中心的贵妇车驾，"一圈"即围绕贵妇的"转马"等护卫坐骑，沿着圆形轨迹，以顺时针方向排列摆布形成的圆环形，是典型的平面"旋转构成"。根据壁画布局的这一基本框架便可以判断："转马"等围绕中心的各坐骑并不是沿直线前行的，而是沿圆形轨迹以顺时针方向旋转行走，坐骑每前进一步，其行走方向都将产生相应的变化。画面虽是静止的，但它建构的方式带给观者感官上的"动势"之感是真实存在的。

其三，画面中马头态势共同朝向中心的贵妇，这种倾向促使各坐骑沿圆形轨迹顺时针旋转前行时，带动了各坐骑的马头欲右转之态势，再加之"转马"所处视觉位置的特殊性，进一步增强了动感。使中心的贵妇和周围的坐骑之间产生了一种"向心力"，在这个"力"的作用下，使各坐骑马首的方向产生了视觉上的改变，为"转马"视觉现象的实现创造了新的条件，从而在感官上有了"似转非转"之感。

其四，"转马"在画面中所处的特殊方位，是这一视觉艺术效果表现得以实现的关键所在。首先，这匹"转马"处于画面下方中间位置，为其顺时针转动前行提供了足够宽敞的空间。其次，在画面所有坐骑中，唯有"转马"的四蹄落点与画面底边不在同一条平行线上，而在一条与水平线形成45度夹

---

① ［唐］张彦远著：《历代名画记》，北京：人民美术出版社，2016年，第14、15页。

角的斜线上。基于此，从画面右边向正前方看这匹“转马”，便发现它是朝左上方前行，有爬坡之感。再次，从画面正中直视此马，会发现马首和马臀已有明显的右转之感，而换一个视点来看，再从画面左侧向右侧直视这匹马，就会发现马首和马臀向右又转了一定的角度，马的行走方向在原基础上再次改变，此时无爬坡之感，自然地朝画里直行了。最后，由于“转马”马首与臀部的方向不一致，又造成了在左侧或右侧看这匹“转马”的视错觉，而马臀部似半箭头状的白色凹面形状的鞦带加速了两种方向的不一致。此外，“转马”前蹄的一张一屈的视错觉，也对左侧看是往里行，右侧看则是往外行产生了影响。以上因素是“转马”现象形成的关键因素，也正是作者倾心经营的妙处所在。

为了证实以上结论，笔者曾做了实验，将“转马”前双蹄下移，与后双蹄置于一条与画底边平行的水平线上，此时“转马”行走方向不会随视角转换而变化，即使有一点转动意向，也是“向心力”的作用造成的。例如：在画面中“转马”右侧紧跟的另一坐骑，其四蹄落点与画面底边不在一条平行线上，而在一条斜线上，与水平线形成30度的夹角。如果从不同视角看这匹马，即可发现它的行走方向并没有发生明显的变化，足以说明这一点。又如麦积山北魏第127窟的《涅槃经变》《睒子本生变》等经变画中出现多例“马图”，在不同角度看皆有不同方向的转动态势。唐代韩幹名作《牧马图》中的黑马，除马的行走方向与“转马”相反外，其态势、位置安排及四蹄落点连与画底边夹角等都与“转马”几乎如出一辙，极为相似。从左、中、右三个角度直视这匹黑马，会发现其行走方向与“转马”一样会随视觉转换而变化，也从侧面反映出二者之间的关联。

麦积山石窟壁画《车马出行图》及韩幹《牧马图》是特色鲜明、艺术水准极高的鞍马题材绘画作品，为中国现存较早的“转马”作品，反映了我国古代画家在较早时期就对画面三维空间有着充分的认知与表现。它们是我国美术史上“马”题材作品中的里程碑，对中国美术史的发展、研究具有重要意义。

（原载于《美术》2022年第12期）

文物保护

麦积山石窟馆藏浮雕画像砖

张　萍

浮雕画像砖，它是古代用于装饰宫殿或墓室的一种表面有图像的建筑用砖。是采用绘画与雕刻相结合的形式，在青灰砖上精致雕镂而成，或以青灰砖为材料，先细磨成坯，在上面勾出画面的部位，凿出物像的深浅，确定画面的构图、层次，然后再根据各个部位的轮廓进行精细雕刻，局部“出细”，使事先设计好的图案凸现出来。见方仅尺的砖面上，跃然出现了造型各异的精美图案来，常用于建筑的装饰，像古民居、古塔、古墓葬，它也是石窟寺院建筑艺术的重要组成部分。

画像砖的出现，最早是在战国晚期。秦汉时期，被用作一种建筑装饰构件，秦至西汉初期，多用于装饰宫殿、衙舍的阶基；西汉中期以后，主要用于装饰墓室壁画；东汉则是画像砖艺术的鼎盛期。画像砖的造像内容，大都以当时社会文化生活为蓝本，真实地记录社会历史的变迁。主要用于墓室、墓前祠堂、石阙等墓葬建筑的装饰，不同时期有不同的表现形式。在目前出土的文物中，一般墓室的建筑装饰上居多，作为墓主人显示生前身份、地位或表示生前的生活场景，也有表现人类对自然界各种神灵崇拜的图腾纹样。画像砖工艺有浅浮雕和阴阳雕刻等不同形式，从汉代的模印砖坯的刻画烧制，到雕凿工艺的精细，使得原来用刀刚劲洗练、雄厚有力、注重整体效果的汉画像砖风味，逐渐向明清细腻、繁缛，注重情节性构图过渡。

现藏于天水麦积山石窟的宋代画像砖，来源于第43窟西魏废后乙弗氏的寂陵中，是墓穴建筑装饰性画像砖，为整体模印实心砖。它是以人物、神兽为表现题材。物像的体积消失在剪影式的平面造型中，以曲线为主的轮廓线强调了形象的形体与动态特征。几乎每一件作品的形象都处在行进、飞腾或即将跳跃的运动瞬间。轮廓之内的线条，加强了动势，也概括地增添了细节，使形象较有个性状态和面貌。画面虽经岁月的磨砺，轮廓线依然清晰，动感强烈，形象生动，颇具汉画像砖风味：

一、浮雕狮子纹砖

狮子画像砖是我国流传较为广泛的一种建筑装饰。狮子是外来物种，生性凶猛，有“兽中之王”美誉，在我国现有文献中有记载是在西汉时期。随着佛教的传入，狮子就作为一种灵兽，也是佛教的吉祥物。《佛说太子瑞应本起经》载：“佛初生时，有五百狮子从雪山来，侍列门侧”，作为护法。文殊菩萨也以狮子为坐骑。所以狮子的造像被大量运用于佛教寺院和石窟中。

麦积山石窟的狮子纹画像砖，为浅浮雕形式，呈灰色陶制长方体实心砖。砖体表面微有红砂堆积和剥蚀的痕迹，剥蚀部露出灰色砖体，长32厘米，高16厘米，厚5.5厘米。砖体表面微有剥蚀痕迹，总体保存较为完整。整个造像，处于画像砖中心一个椭圆内，约占砖体的四分之三位置。浮雕狮子为一雄性狮子，身躯魁伟强健，头大，鬃毛卷曲直披于双肩，双目圆睁、长嘴、高鼻、阔口、露牙。下颌露出卷曲的毛发。

二、浮雕麒麟纹砖

麒麟是中国传统神话传说中著名的四灵兽之一，管辖百兽，是吉祥福瑞的神兽，象征太平、长寿。它由鹿演化而来，头上长着像龙一样的肉质犄角，鹿的身躯，马的腿，牛的尾巴。这个造型独特的神灵瑞兽，不但集中了自然界各种动物的仪态美，而且表现了超出自然本身的理想化形式美，给人以吉祥的祝福和美的享受。

此画像砖为灰色陶制长方体实心砖。砖体表面微有红砂堆积和剥蚀的痕迹，剥蚀部露出灰色砖体，相对保存较为完整。此砖长33厘米，宽17厘米，厚5厘米。画面正中心约占四分之三的椭圆形内有浮雕麒麟造像一身。和中国传统中的麒麟一样龙首、牛角、两只牛心耳朵、鹿身、马腿、牛尾巴。昂首，怒目圆睁，扭头向左，目视前方，牛鼻大而圆，颈部鬃毛密布。前右腿弯曲向前，左腿弯曲压于腹部；后肢收拢压于后腹，尾部反翘上扬。

三、浮雕迦陵频迦鸟纹砖

迦陵频迦鸟是佛教中的乐舞之神，是西方极乐世界叫声最悦耳的神鸟。它是出自于印度神话和佛教传说，半人半鸟的神鸟，被作为佛前的乐舞供养。

此画像砖也是灰色陶制长方体实心砖，砖体表面微有红砂堆积和剥蚀的痕迹，剥蚀部露出灰色砖体，保存完整。长33厘米，宽17厘米，厚5厘米。正面四分之三位置做一伽陵频迦鸟凸起图案，呈椭圆状。人头、人身、鸟尾、鸟翅，高发髻、长圆脸、鼻头大、下巴短而圆、发际线高。上身袒胸露臂、肌体饱满、富于弹性；下系长裙，披帛自双肩绕臂向后飞扬；背生双翅，羽毛疏密有致，线条清晰，张开作飞舞状；尾部弯曲上翘，鸟腿伸展，爪带勾且向后摆动；左手持群裾，右手拿花束。构思奇特，将人鸟非常巧妙地结合在一起，随风飘舞的披帛，展开的双翅，增添了画面的动感。造像比例匀称，体态优美，富于装饰性。

这件作品采用凸于砖面的浮雕形式，以粗线条与阴刻相结合，运用艺术夸张的表现手法，使作品充满了浪漫主义色彩。

这三种不同画面的浮雕画像砖，绘画风格独特，构思巧妙，用笔雄健泼辣，线条简洁明快，粗中见细，凝重古拙，刚劲朴实，注重整体效果，将传统雕塑与绘画有机地结合在一起，丰富了麦积山石窟的内容，为研究麦积山石窟艺术提供了重要的实物资料。

（原载于《收藏界》2007年第1期）

麦积山石窟纸质文物存在的问题及其保养措施

张　萍　马　千

麦积山石窟是我国著名的石窟寺之一，开凿于十六国后秦，历经北魏、西魏、北周、隋、唐、五代、宋、元、明、清各代不断地开凿与修缮，现保存雕塑作品7200余尊，壁画1000多平方米，因其精美的雕塑作品数量之多、延续时间之久，有“东方雕塑陈列馆”之称。由于地处林区，森林覆盖面积大，又多雨潮湿这样特殊的地理环境，非常不利于文物的保护。多年来，经过麦积山几代人的共同努力，使其受损的壁画和雕塑得到了有效的保护。目前，对于库存文物尤其是纸质文物的保护与研究是我们面临急待解决的问题。

麦积山石窟库存的纸质文物有200余件，包括书法、绘画、拓片，还有其他文献。主要为古旧书法、绘画作品和拓片。其中有光绪皇帝的老师翁同龢书法、于右任草书、行书对联及横幅、张大千白描观音图、罗加伦行书立轴、梁漱溟行书立轴、董其昌山水立轴、光绪六年圣旨等等。这些珍贵的库存纸质文物，有着极其重要的历史和收藏价值，对于麦积山石窟艺术及周边的文化渊源有重要的参考价值。

同其他古代纸质文物一样，这些库存纸质文物多有残损、脆裂、酥粉、糜烂、黏结、虫蛀、污渍等现象。而且，大部分是由民间收购或捐赠得来的，虽经过装裱，但历尽岁月磨损，遭受自然和人为因素不同程度的损坏。有些出现了局部皴裂、残缺、破碎；有些是霉蚀、虫蛀；而有些是书画整体纸质老化变脆、破碎，甚至出现了朽烂不堪多种情况。

那么产生这些病害的主要原因是什么？搞清纸质文物的机理，采取科学有效的保养方法，使其危害减小到最低限度，对于继承前人遗留下来的珍贵财产，弘扬我们民族悠久的历史文化，尤其是对于麦积山石窟艺术的研究，都有着十分重要的意义。

一、麦积山石窟的自然环境条件

麦积山地处秦岭西端的北麓，小陇山林区。森林覆盖面积约占山地面积的70%；雨量丰富，年降雨量约700~1000毫米，大部分集中在7、8、9三个月；相对湿度为70%；年日照时间1654小时左右，日照率为40%；年蒸发量约900~1600毫米。总体上呈森林覆盖面积大、降雨年分布不均、干湿温度季节性变化大、气候变化多样的特点，属于一个比较特殊的地理环境，同时加上树木繁多，各种鸟虫燕雀常年栖息于此地，活动非常频繁，潮湿和虫害造成麦积山纸质文物最大的危害，因而不利于纸质文物的保存。

二、书画材质及其装裱工艺

目前麦积山库存书画大多属于纸质品，其装裱的材料，一般用生宣、绢、绫、锦、糨糊、颜料、胶、明矾、轴头、画杆、绳、带、别等。

装裱的工艺：首先，装裱画用纸大都是用生宣纸，它是以檀树皮为原料制成。这种纸皮棉多，纤维柔软且长、拉力大、吸水性好，如棉连纸、净皮纸、单宣等都具有这种特点。虽然宣纸都能渗水，而且都有湿涨干缩的性能，但由于宣纸的品种繁多、厚薄不均、吸水力有差异，有的用生宣，有的用熟宣，纸的结构松吸水力就大，伸缩性也大；有的结构紧吸水力就小，伸缩性也小。正是宣纸具有的这些不同特性，极易在外界作用下产生各种变化。其次，装裱书画镶边的材料主要包括绫、绢。它们都是有机物质，是由蚕丝加工而成，在装裱书画之前，一般都要对其进行再加工，如染色、托纸。使纸张浸水被人为地调整了经纬度，后又被刷上一层糨糊托上一层宣纸，这时候绫、绢的内部结构（物理指数）发生了变化，干了以后必收缩，由于丝织品与宣纸的收缩率不同，加之温湿度的变化，造成书画的平贴、舒展度的变化。再次，粘贴用的糨糊材料，古时大多用谷物之类的淀粉，至今人们还在沿用，现在也有用化学黏合剂作为装裱材料，糨糊的稀稠、温度控制及其刷的薄厚都影响着书画的保存品质。最后像镶料、覆褙、石牙画、装配天地杆等这些人为的因素都对书画的保存有影响。

三、病害分析

纸质文物的病害，一般主要表现在除了本身材质的性能、工艺流程过程外，气候、光照、温湿度、人为因素等方面同样影响着书画的长久性保存。

1. 装裱材料的性能差异

什么样的材料决定什么样的物理性能。纸质文物，不像金属文物或石质文物那样易于保存，它更容易受环境和人为的影响。首先，“纸”是由植物像芦苇、稻草、竹子、木材等经过化学方法的处理，除去杂质，剩下的纤维制成纸浆，再加工成纸，用来写字作画等。其次，将丝织品用于书画装潢镶边的材料。主要包括绫、绢、锦，都是有机物质，是由蚕丝加工而成，在装裱书画之前，一般都要对其进行再加工，如染色、托纸。使纸张浸水被人为地调整了经纬度，后又被刷上一层糨糊托上一层宣纸。由于丝织品与宣纸的收缩率不同，加之环境温湿度的变化，这时候绫、绢的内部结构（物理指数）发生了变化，干了以后必收缩。引发纤维断裂、变脆、变硬、极易受损。再次，对黏合材料（也就是糨糊）的使用，古时大多用谷物之类的淀粉，作为装裱材料。各地制作方法不同，但性能是一致的，一般凭经验调配，由于用浆的稠稀不同，温度控制及其刷的薄厚都影响着书画的保存品质。极易在外界作用下产生各种变化，造成书画的不稳定性，致使其卷曲变脆、变硬，易形成折裂痕。此外，装裱托画心用纸大都是用生宣纸，它是以檀树皮为原料制成。这种纸皮棉多，纤维柔软且长、拉力大、吸水性好。如棉连纸、净皮纸、单宣等都具有这种特点。虽然宣纸都能渗水，而且都有湿涨干缩的性能，宣纸的吸水性能决定它有伸缩性，湿度大时，纤维膨胀，干燥时，纤维收缩，但由于宣纸的品种繁多、厚薄不均、吸水力有差异，有的用生宣，有的用熟宣，纸的结构松，吸水力就大，伸缩性也大；有的结构紧，吸水力就小，伸缩性也小。所有的这些绫、绢、锦和粘贴用的糨糊材料，都为虫类和微生物提供了生活的场所，使书画常常出现虫蛀的现象。书画本身的材质、特性和工艺流程等这些因素，都不同程度地缩短了书画的寿命。像曾任清华大学、中央大学校长的罗家伦先生的行书对联："行径千折水，来看六朝山"，是1944年作者游历麦积山时所撰写，为纸本墨书。此对联字迹清秀劲健，具有很高的历史价值和收藏价值。该对联后经装裱时书画纤维拉伸改变了原有的物理性状，加之自然环境中的干湿和冷热交替及人为的卷折，引发纤维断裂、变脆、变硬，出现下联折痕的现象，导致对联的下轴脱落，破坏了对联的完整性。董其昌的山水四条屏，为纸本水墨山水画。此画面简洁清新，墨色浓淡相得益彰。装裱后通过长期的物理和化学的变化，同样是出现了上述情况，致使其中两联残损严重。诸如此类的现象在麦积山纸质文物中为普遍存在。

2. 装裱工艺

在十几道装裱工艺过程中，首先，装裱画用纸大都是用生宣。这种纸皮棉多，纤维柔软且长、拉力大、吸水性好，宣纸的吸水性能决定它有伸缩性，湿度大时，纤维膨胀；干燥时，纤维收缩。正是宣纸具有的这些不同特性，极易在外界作用下产生各种变化，造成书画的不稳定性。同时降低了书画的平贴性和舒展度，致使其卷曲变脆、变硬，极易形成折裂痕。其次，装裱书画镶边的材料都是有机物质，在装裱书画之前，一般都要对其进行再加工，如染色、托纸等工序。通过加工处理，纸张浸水被人为地调整了经纬度，后又被刷上一层糨糊托上一层宣纸，由于丝织品与宣纸的收缩率不同，加之干湿度的变化，这时候绫、绢的内部结构（物理指数）发生了变化，干了以后必然收缩，引发纤维断裂、变脆、变硬，极易受损，造成书画的平贴、舒展度的变化。如下几幅作品是在装裱的过程中，纸绢结合时改变了其物理性状，再通过人为外力的作用，造成纤维断裂，变脆、变硬，出现褶皱、起甲甚至断裂等现象（见表一）。

表一　因装裱材料性能差异造成书画损坏案例

名称	作者	时代	尺寸	材质	现状	装帧形式
草书对联	吴松崖	清	127-26	纸绢	褶皱、起甲	立轴
草书书谱	张拱辰	清	156-41	纸绢	褶皱、断裂	立轴
行书条屏	孙似蓝	清	114-30	纸绢	褶皱、起甲	立轴
隶书对联	朱可敏	清	171-31	纸绢	起甲、剥块	立轴

3. 鼠虫及微生物

麦积山石窟属林区，是一个比较特殊的地理环境。大量的生物和潮湿的环境，为害虫和微生物提供了适宜生长的环境，因为生物和微生物繁殖的最佳条件是气温25~30℃，相对湿度80%~95%，害虫喜温畏寒、喜湿畏干、喜暗畏光的生活习性，库区环境正好提供了有利的条件。

清代四条屏宋湘、陈希祖、吴淞崖草书、近代王鉴的行书条幅均为当地征集或捐赠品，装裱后经过长期悬挂、潮湿等原因，出现虫蛀状况（见表二）。

表二　因鼠虫及微生物引起书画损坏的案例

名称	作者	时代	尺寸	材质	现状	装帧形式
行书红对联	周务学	清	159–33	纸绢	虫蛀	立轴
草书对联	宋湘	清	144–38	纸绢	虫蛀	立轴
草书对联	陈希祖	清	144–38	纸绢	虫蛀	立轴
行书条幅	王鉴	近代	147–38	纸绢	虫蛀	立轴
临何子贞四扇屏	孙海	清	141–36	纸绢	虫蛀	立轴

4. 温湿度

书画的组成材料都是有机纤维制品，具有细胞样的结构和吸湿能力，对温度的变化特别敏感。宣纸的渗水、湿涨干缩的性能，以及品种繁多、厚薄不均、吸水力有差异，生宣、熟宣，吸水力的不同，伸缩性也不同 。麦积山地处于山区林地，气候变化大，降雨年分布不均、干湿温度季节性变化大，加之秋季降雨量大，湿度大，使书画的吸湿性能增大，长期以往极易产生霉菌，发生霉蚀现象。冬春季干旱少雨，湿度小，并持续时间较长时，书画就会收缩、干裂、变形；同样地，夏季温度高，湿度大，会加速纤维素的分解，损害丝织品，对书画的影响更大，很显然，温度过高或过低都会使其不同程度地收缩、变形、甚至破坏。像清代梁山舟草书条屏，为纸本墨书，经绢装裱而成，经过长期的潮湿与干燥的变化，均已褶皱、干裂，造成画面的损伤。

5. 人为因素

主要指烟熏、空气污染等情况。麦积山石窟库存书画文物，有些在收购或捐赠来之前，就已经受到不同程度的损坏，像一般都是在个人手中，作为家庭悬挂，用来欣赏之用途。由于长期暴露在家居自然环境下，经受烟熏火燎的熏蒸，使得原来韧性与色泽、艺术性俱佳的书画作品，失去了往日的光泽，纸质变得焦脆发黄，再加上大气中的灰尘，一般都能吸附空气中的化学杂质而带有酸碱性，有些灰尘本身就带有酸碱性，因此，当灰尘落在纸质文物上时，会改变纸质表面酸碱度，空气湿度较大时，危害更大。还有在收藏过程中汗渍和油渍的污染影响也较大，汗渍和油渍本身属蛋白质物质，浸透于书画中，在空气、阳光和微生物的作用下，容易产生分解，腐蚀画面，造成危害（见表三）。

表三　空气污染造成书画损坏案例

名称	作者	时代	尺寸	材质	现状	装帧形式
白描观音图	张大千	近代	123–40	纸绢	烟熏姜黄色	立轴
行书单条幅	王鉴	近代	147–38	纸绢	油渍、虫蛀	立轴
行书四条屏	孙似蓝	清	114–30	纸绢	油渍、虫蛀	立轴
草书横幅	于右任	民国	213–47	纸绢	烟熏棕黄色	横轴

还有清代著名书法家，光绪皇帝的老师翁同龢先生的行书立轴是由天水籍著名人士冯国瑞捐赠于麦积山石窟的，在此之前，长期由于悬挂暴露于家居环境下，经过烟熏火燎，纸质泛黄，韧度和艺术性均失去了往日的光泽；轴面边缘出现多处油渍，如果长期滞留，在这种最适合于虫类生长的环境下，

容易发生虫蛀现象，对此珍贵的书法作品的保存非常不利。

四、保养措施

为了减轻或避免以上不利因素，我们在纸质文物的日常保养下，应该注意作好如下几个方面的工作：

1. 防止鼠虫类及各种微生物的影响

一般的书画常常受到生物、微生物的影响，尤其是在阴湿的环境下。若在空调环境下，蛀虫的繁殖速度更快。灰尘中带酸碱性的物质和油脂如果长期滞留，同时在阳光和微生物的作用下，容易产生分解，发生虫蛀，腐蚀画面，防止这类因素的产生，利用控制温度和湿度的方法，就要打破他们的生活环境，采取这样的有效措施是必不可少的。为此所内对于库存书画购置了铁制书画柜、柜内加放了象萘球等杀虫剂，基本上抑制了鼠虫类及各种微生物的影响。但要做到科学的防蛀，选择具有抑杀蛀虫性能的产品，才能减少虫害对纸质文物的影响。

2. 控制调节好库内温湿度

温湿度对于书画的影响不小。因为温湿度的不均衡，一高一低或一低一高，再加上麦积山处于一个阴暗、潮湿、通风不良的环境，夏季气温偏高是霉菌滋生繁殖的适宜环境，而纸张和纺织品等有机质则成为霉菌发育生长的良好培养基地，极易造成画面的破碎、空洞、卷曲、脆化、霉菌、霉蚀现象。所以我们养护好纸质文物，防治霉菌要对于库内的环境加以改善，严格地控制有机质温湿度指标，湿度为46%左右，温度在15~25℃，使书画的湿度保持在正常的范围之内，以防止霉菌的滋生繁殖。

3. 防止有害气体与灰尘的影响

远离污染源对于文物保护具有很大的意义。这样可以减轻有害气体及其带来的灰尘对文物的危害作用。保持库房空气清洁，及书画柜的空气清洁，不滞留灰尘和空气污染物，以防止霉菌的滋生繁殖。在库房内安装空调装置，一是对有害气体和灰尘进行净化和过滤，一般都能起到很好的效果，也可以在通风口采取简单的净化和过滤的措施。首先，解决灰尘问题，可以按通风口的面积大小做一个方形匣体，将不同孔径的金属网多层交错叠置在匣体内，沿空气流动的方向，孔径逐渐缩小，使用前金属网要浸油（10~20号机油），使用后可用浓度为10%，60~70℃的碱水清洗，晾干后，再浸油，反复使用。对于有害气体可用活性炭吸附即可。同时，防止人为灰尘也是十分必要的。

4. 加紧对纸质文物的修复与加固，改善其保存环境

通过修复（清洗去污、揭取画面、修补加固、全色作旧、裱褙装订）等工艺，精心整治，将已损（破损、朽烂甚至有碎片）的书画，还其“庐山真面目”，使它们成为更有价值的珍贵文物，展示出它光辉灿烂的文化艺术价值，并给麦积山石窟艺术研究提供有利的条件。

总之，文物的保养，特别是纸质文物的保养，是一门复杂而又技术含量高的艺术，它包括防潮湿、防干燥、防污染、防灰尘、防光辐射、防虫蛀、防霉变、防腐蚀、防糟朽、防变色、防老化等。由于书画和丝织品及其质地的不同，受损程度不同，要采用不同的方式，运用先进的科学技术手段，重视民间传统收藏经验的总结与继承，探索出一整套完整并行之有效的保养方法来，为麦积山石窟的文物保护提供更好的保护环境。

参考文献

[1] 国家文物局编:《博物馆藏品保管工作手册》，北京：群众出版社，1993年。

（原载于《陇右文博》2007年第2期）

麦积山大佛所嵌宋定窑白瓷碗

张 萍

1985年甘肃天水麦积山石窟加固工程施工期间，在东崖隋代大佛面部镶嵌的白毫相发现了宋代维修时安置的一件定窑白瓷碗，同时还在佛脸部的塑泥中发现了宋代经卷。此碗胎质坚实细腻，釉若凝脂，又有“绍兴二十七年”墨书题记，具有重要的史料价值。

定窑是我国宋、金时代的五大名窑之一，是继唐代邢窑白瓷之后兴起的一大瓷窑体系，主要产地在河北曲阳涧磁村一带。定窑盛行于北宋中后期，由于瓷质精良、色泽淡雅，纹饰秀美，被宋朝政府选为宫廷用瓷，身价大增，产品风靡一时。元朝刘祁《归潜志》记载：“定州花瓷瓯，颜色天下白。”可见定窑器在当时深受人们喜爱，且产量较大。宋代定窑瓷器的主要特征一是胎体轻薄，胎质洁白；二是釉面多为乳白色，白中闪浅米黄色，积釉处常有泪痕状流釉，呈黄绿色；器物外壁釉薄处可见胎上旋坯痕；三是北宋早期定窑产品口沿有釉，到了晚期口沿则多不施釉，俗称“芒口”，芒口处常常镶金、银、铜质边圈以掩饰芒口缺陷，此为定窑一大特色；四是官府所用瓷器底部有“官”“尚食局”等款识；五是定窑器物釉面通常有气泡，一些较大气泡疏散排布于密集小气泡区域的周围，这种现象类似宋影青瓷器特征。金代定窑器的上乘之作与北宋定窑器没有差别，而金代中低档次的定窑器在装饰技法上明显劣于北宋定窑器。部分产品采用砂圈叠烧法，器物内底有一圈露胎。

麦积山石窟出土的这件宋代定窑白瓷碗，造型作敞口斜腹圈足底，通身施白釉。口径为16.4厘米，底径为6.4厘米，通高5.4厘米。内壁有一道旋纹，外壁围绕圈足有“绍兴二十七年”（1157年）墨书题记。微残，碗口沿处有一微小裂口，裂纹一直延伸至底。内外壁釉表面与黄泥浆粘连。碗壁较厚，但薄厚不均。碗口外侈，稍欠规整。底作玉环形，周边做出一圈稍稍突出的边沿，为浅浅的平底碗增添了稳定感。通体施白釉，光素无纹饰，釉色白里泛黄，且厚薄不均，微有油脂光泽。足内亦施白釉。碗底圈足露胎，胎釉相融一体，无明显的界线，露胎圈足细密有致，圈足底无釉露胎。此碗应是一件民间生活用具——茶具或酒具。

墨书题记为：“秦州甘谷城塑题高振，同行□□，是绍兴二十七年八月二十五日□□高振□”。字体为行书楷体，个别文字有待识读。由题款可知，此碗至迟为南宋绍兴二十七年之前的器物，其器形、质地及工艺具有宋代定窑光素无纹白瓷的特征。

此件宋代定窑白瓷碗的出土，为研判麦积山石窟的修造与分期断代，提供了重要的实物例证。

（原载于《收藏》2007年第7期）

法生造像碑初拓本简释

张　萍

法生造像碑初拓本为蝉翼拓，纵1.79米，横0.73米。先由冯国瑞先生个人收藏，于1953年捐赠给麦积山文管所保存。

冯国瑞（1901~1963年），字仲翔，曾任兰州大学中文系主任、兰州图书馆特藏部主任、甘肃省政府文化教育委员会委员等。为陇上文化名人、知名学者。冯先生早年就读于东北大学，后考入北平清华学校国学研究所（清华大学文学院），师承梁启超、王国维、陈寅恪等国学大师。他博学多才，在文学、历史、考古、训诂、书法、诗词等研究领域都有开创性成果。他第一个实地考察、考证、挖掘、研究并推介了有"东方雕塑馆"之称的麦积山石窟，为麦积山石窟艺术的弘扬做出了开拓性贡献。1940年，冯先生自重庆归故里，潜心研究地方文献，发现了许多麦积山石窟研究的相关资料。1941年，他亲赴麦积山实地勘察，写成《麦积山石窟志》，刊印后引起国内外学术界关注。随后又多次上麦积山考察、绘出其平面图和维修保护纲要，写成《调查麦积山石窟报告书》，上报甘肃省政府，要求保护麦积山石窟，修复栈道。1948年，在冯先生倡议下，地方人士联合成立了天水麦积山石窟建修保管委员会。1953年7月，中央文化部社会文化事业管理局组织吴作人、王朝闻、常任侠等一行14人来天水考察麦积山石窟，冯国瑞先生以甘肃省文物管理委员会委员身份陪同，攀崖考察53天。1960年，冯国瑞先生将家中珍藏文物捐赠给麦积山文管所。1961年3月4日，麦积山石窟成为全国重点文物保护单位。对于麦积山石窟的保护与宣传，冯国瑞先生功不可没。

法生造像碑是1953年8月中央勘察团在麦积山石窟考察时，于西崖第12层的龛架之间第126洞窟中发现的。原石为北魏景明年间洛阳沙弥法生刻于麦积山，记述了洛阳刘姓沙弥法生在麦积山开窟造像之事。

此碑为一块残碑，其中右下角残断。单面刻碑，上有一字排开五个莲花瓣浅佛龛，每龛高8厘米，宽5厘米，深1厘米，内凿浮雕坐佛像各一身，其中五佛左端一身残缺；佛像面目已模糊不清。无碑题下刻碑文，已残缺。字迹共12行，满行12字。其中"大魏"依稀可见。残文如下：

大魏（夫）（洪）（愿）□□□□□

复□言四照而□□□□□□□□

□定若水月物感□□□□□□□□

□□（根）□（而）教获利尘□□□□

七息范□罗真容虽替□□□
化又沙弥法生俗姓刘洛阳□（人）
也自慨进不值释迦初晖退□
蒙慈氏三会两宜中闲逢兹季
运黍荷缯未宁报贫闇然出□（苦）
有由非善不济故肆力加功于
麦积崖造龛一所屈请良匠积
□（念）□（始）□（就）□（借）□（此）
□□叩愿帝祚

据冯国瑞考证，此法生与在洛阳龙门古阳洞内为孝文帝并北海王母子造像的法生是同一人（古阳洞有“景明四年十一月一日比丘法生造像”题记）。时间应为景明至熙平年间（500~518年），是麦积山时间最早的碑碣。这块碑碣对麦积山石窟的分期断代具有重要的可考价值。

冯国瑞收藏的拓片，为我们提供了十分珍贵的资料。后经装裱，纵42厘米，横38厘米。在碑拓下部是冯国瑞所录原文及考跋，周围有郭沫若、吴作人、马衡、谢国桢、叶恭绰、丁希农、邓宝珊等名人题跋。

冯国瑞题跋：

此石在一九五三年八月中央勘察团工作时，于西崖12层窟中所访得。第13层平列共有4窟，此石在126窟中。横直均12字，一角残损，上有五佛。首行“大魏”下几字模糊不清，不敢断定年代。考洛阳龙门古阳洞有景明四年《比丘法生造像记》，系法生与孝文帝并北海王母子所造。洞中尚有北海王祥为母子平安造弥勒像记、北海太子妃高为亡孙造像记，俱为太和景明间高太妃母权极盛时所营建。法生系原祥母子所供养之比丘。祥系文帝诸弟子中最荣宠，传载：王美姿容、贪害公、私淫乱，以蒸高丽婢被禁死，累及母妻。此石“沙弥法生俗姓刘，洛阳人也”，正即其人。在祥被诛后，法生西来麦积造龛祈昌帝祚，实为避祸，迥非孝文皇帝专心于三宝，北海母子崇信于二京，妙演之际，屡叨末筵云云之夸张盛况，文中失事彷徨之意，情见乎词。至造此窟时期，迟亦不能过正始、永平之间。传载元祥死后至永平元年十月，有诏复北海王封，法生自可东归矣。文中“肆力加功麦积崖”云云。今于栈道通后见十一、十二两层造像壁画皆北魏作风，未经后代改饰。所谓“屈请良匠”，出于洛阳高手亦有可能。又于文中“真容虽替”一语，可证明法生以前洞窟创始年代尚远，如梁《高僧传》载，西秦高僧玄高、昙弘、玄绍等在麦积山讲译，至有僧徒三百众之说。籍此更有实证《高僧传》“积”字从草；此石“麦积”，字皆从山，于意为胜，其中别构之字，亦与六朝碑版同，审为魏石无疑。

一九五三年国庆节天水冯国瑞跋于北京（钤白文印一方）

郭沫若题跋：

麦积山石窟之发现，为中国美术史增添了宝贵资料。窟为“良将”所造成，惜未着其姓名耳。一九五三年十月题魏石造像记后记。由仲翔发现于麦积山。

郭沫若（钤朱印一方）

郭沫若，1892 年生于四川乐山。中国现代著名学者、文学家、社会活动家。曾赴日本留学，后弃医从文。著有《中国古代社会研究》《甲骨文字研究》等重要学术著作。

吴作人题跋：

北魏法生造龛碑之发见，为此次勘察石窟工作中收获之一。虽不能明确认定何为法生所造，但与在第 115 号窟造像须弥座上所发现墨迹“景明三年”之百余字发愿文、与北周庾信为李允信为亡父造龛铭之重要等齐。

吴作人　一九五三北京（钤白文印一方）

吴作人（1908~1997 年）安徽泾县人。美术教育学家，擅长油画、中国画，1926 年入苏州工业专科学校建筑系。1927~1930 年初，先后就读于上海艺术大学、南国艺术学院美术系及南京中央大学艺术系，师从著名画家徐悲鸿先生，并参加南国革新运动。早年攻素描、油画，功力深厚；晚年专攻国画。曾任中央美术学院教务长、副院长、院长、中国美术家协会副主席。

马衡题跋：

仲翔尊兄，于天水麦积山仿得魏沙门法生造龛记，文 12 行，行 12 字，阙右下角 30 许字，详加考释，魏洛阳龙门，有景明四年比丘法生为孝文帝并北海王母子造像证为一人；并引《梁高僧传》所载西秦高僧玄高、昙弘等在麦积山讲授翻译经之事，证文中“真容虽替”之语，谓麦积山造窟不始于魏。疑北海王元祥被诛后，法生西来造龛，皆精确不易之论。文有“进不值释迦初晖，退不蒙慈氏三会，两宜中间，逢兹季运黍荷，缁末冥报贫闇”之语，虽“两宜中间”不得其解，而玩其大意，盖不胜感慨系之，“绘”疑“缁”之别体。《龙龛手鉴》于“缁”下收“缁”字，此又变“甾”为“亩”，皆六朝别字也。四行第三字似“根”非“缘”，质之仲翔，以为何如？

一九五三年十月　马衡（钤朱白印一方）

马衡，浙江鄞县人，字叔平，金石考古学家、书法篆刻家。他毕生致力于金石学的研究，上承清代乾嘉学派的训诂考据传统，又注重对文物发掘考古的现场考察，主持过燕下都遗址的发掘，对中国考古学由金石考证向田野发掘过渡有促进之功，遂使其学术水平领先于时代，被誉为“中国近代考古学的前驱”。其主要著作有《中国金石学概要》《凡将斋金石丛稿》等。

谢国桢题跋：

甘凉旧垠，当永嘉之乱，内收暴政之朘削，外披各族之入侵，人民流离，南北迁徙，以耕以织，奠定斯邦。自尔以来，迄乎唐宋，或隶祖国之怀抱，或挺崎雄居于陇右，以不屈之精神，历百祀而不磨；文人学士迹于此，揽其清风，绘其芳藻，容纳天竺西域之才气，荟萃汉唐奇伟之菁英，乃蔚为河西之文化。仲翔学长精研邢张之学术，博通斯毛之真理，董理甘凉之旧迹，阐明麦积炳灵之宗风，足与大同、龙门而媲美。发扬祖国文化优良传统。此吾辈后生之责也。仲翔迂道津门，下榻南开，连床共话，快慰平生，出示墨本，爰不黍而为之记。

一九五三年十月二十六日 同学弟谢国桢识（钤白、朱印各一方）

谢国桢（1901~1982年）我国著名的明清史专家及版本、目录学专家。从青少年时代起，就致力研究明末清初的历史。年轻时便写出《清开国史料考》，著录已知和未见清开国史料约230种，后研究清开国史所使用的资料，很少越出该书范围。其后编纂的《北京图书馆善本丛书》第一集，收录明代边防史乘12种，也是颇受研究者重视的目录学著述。影响最大的还是《增订晚明史籍考》，为研究明清史必不可少的参考书。新中国成立后，谢国桢陆续完成了《明清笔记谈丛》《明清笔记稗乘所见录》《江浙访书记》等论著。

叶恭绰题跋：

麦积石窟，沉霾千载，仅于《庾子山文集》中仿佛其形象。今度政府派人实地考察，真相始露于世。此石刻殆为仅存之物。缘此土石质，往往属沙土构成，易遭风化。云冈即仅得二石，亦奇例也。仲翔发见而考订之，为绩甚伟。法生与元祥之关系，诚如仲翔及马叔平所论。余昔有元祥墓志原石，其文及极简，殆有难言之隐。南北朝政治纷乱，记载失实，其不令终者，碑志或且讳之。而纣之不善不如是之甚，元祥之过恶。是否如史之所载，亦正难言也。此刻年代末由考实，但仲翔所考，不中不远。文中“二宜”，余意即“二仪”，六朝人同音通假，例证甚多，不待赘论。仲翔束装待发，匆促题此；他日有暇，当再为详考也。

一九五三年十月二十九日 叶恭绰（钤白、朱印各一方）

叶恭绰（1881~1968年）浙江余姚人，早年致力于交通事业，1951年任中央人民政府政务院文化教育委员会委员，同年7月被聘任为中央文史研究馆副馆长。1952年5月任中国文字改革研究委员会委员。一生对诗文、考古、书画、文物鉴赏无不精通。搜藏历代文物，品类颇广，至为丰富，为保存国宝不遗余力。主要著作有《遐庵诗》《遐庵词》《遐庵谈艺录》《遐庵汇稿》《交通救国论》《历代藏经考略》《梁代陵墓考》《矩园馀墨》《叶恭绰书画选集》《叶恭绰画集》等。

丁希农题跋：

一九五五年元月 丁希农敬睹（钤白文印一方）

丁希农（1891~1978年）山东日照人，近现代书法家。甘肃省文史馆馆员。世家出身，先宗丁伯才是清末著名文字学家，因能承家学艺，乃工钟鼎文与隶书，尤精篆刻，亦擅山水墨戏。

邓宝珊题跋：

拓片及诸家题跋文字，都是珍贵文物资料。

邓宝珊（钤白文印一方）

邓宝珊（1894~1968年），原名邓瑜，甘肃天水人。爱国将领，国民党军陆军上将，辛亥革命时，参加新疆伊犁起义。1917年后，在陕西任靖国军第四路营长、团长、副总司令。1924年，参加冯玉祥领导的国民军，任第二军旅长、师长。1926 年后，任国民联军援陕前敌副总指挥、国民联军驻陕副总司令、国民党陕西绥靖公署驻甘肃行署主任、代理甘肃省主席、杨虎城部新编第一军军长等职。1949 年 1 月起义，和傅作义一起促成了绥远起义。新中国成立后，历任西北军政委员会委员、甘肃省省长、全国政协第一届委员，第一、二、三届全国人大代表，第三、四届民革中央副主席和全国政协常委，中华人民共和国国防委员会委员等职。

法生造像碑初拓本，有极高的考古价值，为麦积山石窟的分期断代提供了可靠的实物例证。尤其周围的题跋，更是不可多得的资料，为麦积山石窟考古研究提供了重要的依据。

参考文献

[1] 张锦秀：《麦积山石窟志》，兰州：甘肃人民出版社，2002 年。
[2] 天水麦积山文物保管会、麦积山艺术研究会：《麦积山石窟资料汇编》（初集），1980 年。
[3] 冯国瑞：《麦积山石窟志》，兰州：甘肃人民出版社，2002 年。

（原载于《丝绸之路》2009 年第 24 期）

我整理的冯国瑞捐赠麦积山库存文物

张　萍

一、瓷器类

冯先生捐赠的瓷器现存的有14件。其中蓝釉瓷盂和绿釉灯盏为二级文物，白瓷角杯和青瓷莲叶杯（内有小人）为三级文物，其余均为一般文物，保存相对较完整。以上文物的鉴定均由故宫博物院专家耿宝昌在1997年8月鉴定。

蓝釉瓷盂为钵盂状，敕口、深腹，底部中央内凹。内壁施白釉，外壁蓝釉，外壁底部白釉泛黄，内壁底有一圈裸胎；口沿有残损，并有一裂纹延伸及腹部。器物白蓝分明、敦厚大气，是日常生活用品。绿釉灯盏器型如豆，口沿突出，器壁较厚，高柄、圈足，灯盏有圆形灯台，外壁施绿釉，线雕莲瓣叠压纹，柄部有一道玄纹，为佛教寺院所用器具。白瓷角杯是一对，呈菱形花口，收腹，椭圆形圈足，通体施白釉；外壁采用堆贴式手法绘出假山、梅花、龙、鹿等形象，造型准确、新颖、生动。青瓷莲叶杯敞口、收腹、三只足，杯底堆塑一长袍人物立像，堆贴式荷叶状杯型，叶脉突出，内壁蓝釉，外壁青绿釉，造型新颖、轻巧别致，色泽温润明快。这些藏品具有较大的实用性和观赏性。其余作为一般的藏品。目前保存状况列表如下（表一）：

表一　麦积山石窟库存冯国瑞捐赠陶瓷文物清单

编号	名称	时代	数量	单位	材质	尺寸（厘米）	现状
1	双耳灰釉香炉	宋	1	件	陶瓷	13.3×0.9	耳微残
2	青釉器物盖	宋	1	件	陶瓷	11.5×0.38	完整
3	绿釉香熏	元	1	件	陶瓷	19.5×0.115	残破两半
4	青瓷器物盖	宋	1	件	陶瓷	15.3×0.4	边残
5	人物三彩酒壶	唐	1	件	陶瓷	11.0×0.9	完整
6	黄釉器物盖	清	1	件	陶瓷	0.9×4.5	完整
7	蓝釉瓷盂	清	1	件	陶瓷	25×13	完整
8	绿釉灯盏	唐	1	件	陶瓷	12×13.2	完整
9	红釉瓷瓶	明	1	件	陶瓷		
10	白色陶俑	唐	2	件	陶瓷	19.5×6.5	完整

续表

编号	名称	时代	数量	单位	材质	尺寸（厘米）	现状
11	紫砂茶壶	清	1	件	陶瓷	10×11	壶把裂
12	白黄瓷熏炉	明	1	件	陶瓷	13×9. 8	完整
13	白瓷角杯	明	2	件	陶瓷	4. 7×8. 5	完整
14	青瓷莲叶杯	明	2	件	陶瓷	11×5. 7	完整

二、书法类

据笔者统计，其书法作品数量较大，共计50件。在2000年6月，甘肃省博物馆秦志明、林健两位专家对麦积山石窟库藏文物进行鉴定（主要是字画）之后，认定冯国瑞先生所捐的书法中于右任楷书对联为一级品；于右任草书横轴、草书立轴为二级品；罗家伦行书立轴、行书对联，梁漱溟行书立轴、翁同龢行书立轴为三级品。

于右任先生的书写行草条幅、横披及对联三幅力作，条幅结构端庄严谨，风格简洁朴实；横披及对联，笔法苍劲有力，书风有清新、简洁，大气之特点。其中楷书对联为纸本，白绫装裱，天地挂木轴。上联："文传庾子山"，下联："艺并莫高窟。"上联右上方有冯国瑞先生关于此对联流传经历的记载。草书横轴"瑞应丰年"保存较完整，轴面左下角落款："民国三十六年"，左下角钤朱文印一方："任。"草书立轴《山寺》，背面有冯国瑞先生墨书："于右任先生书杜工部麦积山诗，麦积山永存，冯国瑞寄赠。"轴背后，右下钤白文印一方，有"任"字。此作品用笔狂放不羁，浓笔酣墨，雄健潇洒，姿态横生，具有浩然之气。教育家，历史学家罗家伦先生的行书立轴是他游历麦积山时的一首诗："午余乘兴策卷马，酿雪寒云据远峰。暮色转深溪水黯，石磨蹄铁火星红。陇山东望土成堆，忽见奇峰迤逦开。松托暮天拂不净，雪光为夺数峰来。"落款："民国三十三年二月薄暮游麦积　罗家伦"。字迹清秀而劲健。并有行书对联："行经千折水，来看六朝山。"上款为："麦积山瑞应寺"，下款为："罗家伦。"字体刚劲优美，流畅自如，堪称书法精品。光绪皇帝师傅翁同龢行书立轴，纸本，纸质微泛黄，轴面边缘多处污渍，行书墨迹书法，"一昨以郭令公父子之军破犬羊之众情欣喜恨不顶而戴之"，上款"懋森观察仁兄大人雅正"，下款"叔平翁同龢"。结构工整、活泼、流畅，气韵内敛不露锋芒，风格醇厚宽博。罗家伦行书立轴的字面有多处污渍，上联画轴已脱裂，装裱一般。行草对联及条幅，均为纸本墨迹，"行经千折水，来看六朝山"，纸面左下角落款"民国三十六年"，左下角钤朱文印一方："任"。"麦积山瑞应寺"字迹清新俊秀而劲健。我国著名爱国民主人士、哲学家、教育家梁漱溟，自撰治学之语作行书立轴赠予冯国瑞与之共勉。曰："吾欲发其杰趣，治其驳、调其健，选汉贾太傅以下迄明椒山先生文章为一集。三千年志士仁人，心声在焉。俾之时时讽诵，引其气于霄汉之上，存其志于青天白日之中也。"落款："仲翔同学兄嘱。丁卯漱溟。"后钤朱文、白文"梁""梁漱溟印"各一方。此书法运笔流畅，潇洒自如，苍劲有力，大有学者之风。翰林院编修刘尔炘的行楷中堂，曰："圣人见微而知明，现端而知末，故见象箸而悕。"落款"乙卯冬月刘尔炘"，即书于民国四年（1915年）。此书法字体舒展，末笔较长，并且大量留白，显现出干练潇洒之特点。明代书画家董其昌，还有清代著名书法家王了望、书画家金农、乾隆二十七年状元，兵部尚书王杰、莱州知府张问陶、同治四年进士任其昌等多名书画家及其名人，其中也不乏天水的著名书法家，他们的这些作品不失为佳品。其余作品，各具特色，但有大部分保存相对较差，由于经常悬挂，造成烟熏、油渍、残缺较严重。具体情况如下（表二）：

表二 麦积山石窟库存冯国瑞捐赠书法文物清单

编号	名称	时代	数量	单位	材质	尺寸（米）	作者	现状
1	行书立轴	清	1	条	纸	1. 36×0. 37	王了望	完整
2	行书中堂	清	1	条	纸	1. 59×0. 82	潘尊贤	破
3	行楷中堂	清	1	条	纸	1. 75×0. 95	刘尔忻	边破
4	行书中堂	清	1	条	纸	1. 24×0. 86	肖国本	破烂
5	草书中堂	清	1	条	纸	1. 85×1. 01	王杰	边破
6	行书中堂	清	1	条	纸	1. 59×0. 82	潘尊贤	破烂
7	草书中堂	清	1	条	纸	1. 20×0. 32	王了望	完整
8	行书对联	民国	2	条	纸	1. 15×0. 304	罗家伦	一条破
9	行书中堂	民国				1. 14×0. 62	罗家伦	上霉
10	草书中堂	清	1	条	纸	1. 35×0. 72	尤莲亭	完整
11	草书中堂	清	1	条	纸	1. 31×0. 55	尤莲亭	发霉
12	楷书对联	近	1	条	纸	1. 99×0. 39	于右任	完整
13	行草中堂	清	1	条	纸	1. 85×1. 01	王杰	边破
14	行书对联	清	2	条	纸	1. 67×0. 30	党维藩	完整
15	草书四扇屏	清	4	条	纸	1. 35×0. 31	刘小渠	2 破 1 霉
16	八条字		8	条	纸	1. 99×0. 50	无名氏	完整
17	永川草书四扇屏	近代	4	条	纸	1. 21×0. 37	无名氏	破烂
18	行草中堂	清	1	轴	纸	1. 06×0. 46	张问陶	完整
19	行书立轴	清	1	轴	纸	1. 63×0. 44	翁同龢	完整
20	四条屏	清	4	条	纸	1. 66×0. 44	朱耀南	完整
21	行书立轴	现代	1	轴	纸	1. 50×0. 40	梁漱溟	完整
22	行书立轴	民国	1	条	纸	1. 32×0. 32	邵元冲	完整
23	行书立轴	清	1	轴	纸	1. 29×0. 37	胡承福	完整
24	楷书横幅	清	1	轴	纸	1. 22×0. 57	任其昌	上角破
25	行书立轴	清	1	轴	纸	0. 32×0. 41	赵永年	完整
26	草书书谱六条屏	清	6	条	纸	1. 57×0. 46	张拱辰	完整
27	临何子珍四扇屏	清	4	条	纸	1. 42×0. 36	孙海	完整
28	草书四扇屏	明	4	条	纸	0. 45×0. 32	董其昌	2 条残破
29	草书四扇屏	近代	4	条	纸	1. 77×0. 47	郑云谷	霉坏
30	行书四扇屏	清	4	条	纸	1. 14×0. 39	孙似兰	边残
31	对联		4	条	纸	1. 73×0. 48		

续表

编号	名称	时代	数量	单位	材质	尺寸（米）	作者	现状
32	草书四扇屏		3	条	纸	1.73×0.48	无名氏	缺一条
33	行书对联	清	2	条	纸	1.75×0.37	董明缘	头扇破
34	篆书七言联	清	1	条	纸	1.66×0.35	吴大澂	完整
35	草书单条	近代	1	条	纸	1.49×0.40	沈鹏年	破
36	草书七言联	清	1	条	纸	1.28×0.27	吴松崖	缺一条
37	行书单条	近代	1	条	纸	1.45×0.35	王鉴	残
38	四扇屏		3	条	纸	1.40×0.35	无名氏	一扇破
39	楷书四扇屏	清	4	条	纸	1.51×0.40	任士言	两条破
40	行书中堂	清	1	条	纸	1.57×0.36	李景豫	全破
41	行草单条	明	1	条	纸	1.99×0.53	张瑞图	残破
42	楷书单条	清	1	条	纸	0.39×0.40	张和	完整
43	草书条幅	清	3	条	纸	1.73×0.38	唐连	完整
44	行书立轴	清	1	条	纸	0.98×0.53	王了望	
45	行书中堂	清	1	条	纸	1.30×0.62	潘宗贤	一条虫蛀
46	隶书立轴	清	1	条	纸	1.70×0.43	金农	缺一条
47	杜工部麦积山诗	民国	1	条	纸	1.75×0.45	于右任	完整
48	对联		2	条	纸	1.33×0.33	张广见	完整
49	草书横幅	近代	1	条	纸	1.66×0.31	于右任	完整
50	草书条幅	清	3	条	纸	1.73×0.48	唐介亭	完整

三、绘画类

相对于书法来说，绘画类数日较少，共计30幅。遗憾的是够得上级别的没有。这些作品受自然和人为的影响，残缺较多，而且破烂不堪的也不少，大部分轴均已脱落，而且有霉蚀、虫蛀、烟熏、水渍等污染，画面整体纸质老化变脆、破碎，甚至有些出现了糟朽等情况。有些画面破坏严重，万幸的是，有些画芯保留了下来。黄公望的《水流云在图》画面中雄伟的山势、苍劲茂密的树木、娴静的村庄浑然一体、清新自然，笔墨温润、皴法有序，画境苍茫悠远，具有元画的清逸意境。图左上方有作者自题三行：“至正三年（1343年）七月十日，大痴人黄公望画于嘉兴舟次。”随后钤白文印两方，“大痴山人”与“黄公望”。裱轴纸背面有民国二十一年冯国瑞题签图名，有称为“精品”的，也有称为“赝品”的。还有唐伯虎的山水立轴，画面构图布局严谨，险峻的山峰与幽静的茅舍和谐地融为一体，相互映衬，笔法运用披麻、解锁、点马、苔藓等多种皴法；人物、树木以写意为主，是写意山水画。而唐伯虎一贯的画风是，山川、人物、树木、场景均以工笔手法为主，兼写意，具有小写意画风；山川的处理以披麻皴法为主；山峰突兀、树干、人物刻画精细，画面清新秀美；落款笔墨明快、字迹工整、端庄、秀丽不失江南才子的儒雅之风。再加上此幅画作的印钤拙劣、落款笔法、韵律均不符合唐伯虎的风格，所以此幅画作疑是唐伯虎之作。李达的《雪庐留客图》是一幅淡墨雪景写意指画。画面远处朦胧的雪山与近处清晰的村庄小景相互映衬，山间流瀑、小桥流水、雪景中几间草庐，两人临窗对饮，屋外有一牵驴侍者等待等多种场景，极富生活情趣。但是在处理右上角山上的树木出现了树叶这样不符合常理的画法，另外还在图中的冰天雪地里出现飞瀑这样的景象，这就是这幅画出现的几处败笔。画面上方有冯国瑞 1955 年 4 月 16 日《题雪庐留客图》七绝三首，并注释将此画捐赠麦积山馆之由；钤朱文印两方，一方为“仲翔”，另一方为“冯国瑞之印”。其中保留下的冯国瑞先生绘制麦积山石窟第一图，第二图记述麦积山在 1964 年中央考察团在没有栈道的情况下如何进入麦积山石窟第 133 窟、135 窟、142 窟以及栈道的沟通和沿途出现碑刻、塑像、人文等情况。第三图中记录麦积山崖面、山顶、周边布局、寺院历代的命名、舍利塔等情况。第四图中记录了西崖第 191 窟现状及第 59 窟的宋人墨书题记（记载麦积山应乾寺再舍施钱记）等。它们分别为全景图、中部图、东崖图、西崖图。这几幅图虽然画面不是太大，却真实地记录了在 20 世纪四五十年代洞窟在麦积山加固工程以前麦积山石窟山体洞窟的原始分布状况，为研究麦积山石窟的洞窟分布、历史状况，以及栈道的加固维修提供了切实可靠的实物资料，在麦积山缺少历史资料的情况下，这些珍贵的原始记录是不可多得的资料（表三）。

表三　麦积山石窟库存冯国瑞捐赠绘画文物清单

编号	名称	时代	数量	单位	材质	尺寸（米）	作者	现状
1	八仙图	光绪	1	条	纸	2. 33×1. 10	吕风仪	破烂
2	西夏古佛	西夏	1	条	纸	1. 78×0. 88	无名氏	完整旧
3	鸳鸯荷花图	清	1	条	纸	1. 52×0. 51	顾堂龙	破烂
4	秋山风雨	清	1	轴	纸	1. 34×0. 69	雪堂	完整
5	好鹤图		1	条	纸	1. 22×0. 61	夏海船	破烂
6	人物指画	清	1	轴	纸	1. 14×0. 55	明富	完整
7	荆花复茂图		1	轴	纸	1. 46×0. 89	李灿	完整
8	青绿山水单条		1	条	纸	1. 43×0. 33	赵光普	完整
9	博古墨画四条屏	清	4	条	纸	1. 65×0. 48	唐彝铭	完整
10	山水四条屏		4	条	纸	1. 61×0. 44	李远峰	霉点
11	墨兰单条	清	1	条	纸	0. 74×0. 47	眠琴氏	完整
12	深山读易图	近代	1	条	纸	0. 74×0. 37	僾王黄鹤	上边破
13	墨牡丹横幅	近代	1	条	纸	1. 25×0. 19	刘超千	完整
14	群山万壑图	清	1	条	纸	3. 57×1. 49	王一亭	完整
15	雪庐留客图	清	1	条	纸	2. 44×1. 17	李达	完整
16	山水中堂	明	1	条	纸	2. 62×1. 31	唐伯虎	上边破
17	花鸟四扇屏	清	4	条	纸	1. 69×0. 45	赵充国	一条虫蛀
18	剑侠图小中堂	清	1	条	纸	1. 03×0. 53	明富	
19	花鸟长轴		1	条	纸	1. 15×0. 33	桂山	完整
20	山水图		1	条	纸	1. 13×0. 32		
21	废书画		6	条	纸			

续表

编号	名称	时代	数量	单位	材质	尺寸（米）	作者	现状
22	冯国瑞绘图	近代	4	条	纸	1.07×0.97	冯国瑞	完整
23	小块山水	近代	1	条	纸	1.69×0.45	天梯山人	残
24	山水图		1	条	纸	1.30×0.62	宋芝田	一条虫蛀
25	小块山水	清	1	条	绢	3.48×0.35	唐介亭	
26	山水图		1	条	纸		马辅臣	三等一条
27	山水单条	清	1	轴	纸	0.86×0.22	王锡恩	完整
28	水流云在图	元	1	轴	纸	0.63×0.41	黄公望	完整
29	山水中堂	清	1	轴	纸	1.27×0.68	张宏	上轴破
30	山水中堂	清	1	条	纸	1.17×0.34	张琳	破烂

四、拓片类

拓片在库房内保存的比较少，共计5件。其中的北魏造像碑拓片是麦积山石窟保留石碑的碑拓，比较难得的是有吴作人、郭沫若、邓宝珊、谢国桢、冯国瑞等著名学者和名人题跋。新莽衡权摹图拓片有冯国瑞题“新莽衡权摹图”“二十一秋初冯国瑞”，图右下角钤朱文印一方“冯国瑞之印”。北周保定四年拓片为近代纸本墨迹，未装裱。大小共4幅。草訣歌拓片：清代碑，手卷（系明代人重刻品）。纸本墨迹，已装裱。冯国瑞所藏。苏轼草书拓片：冯国瑞所藏，纸本墨迹，已装裱（表四）。

表四　麦积山石窟库存冯国瑞捐赠拓片文物清单

编号	名称	时代	数量	单位	材质	尺寸（米）	现状
1	新莽衡权摹图拓片	民国	1	轴	纸	1.43×0.31	完整
2	苏轼草书拓片	宋	1	条	纸	1.46×0.30	完整
5	草訣歌拓片	清	1	条	纸	2.74×0.20	完整
4	北周保定四年拓片	近代	4	条	纸	1.10×0.54	完整
5	北魏造像碑拓片	近代	1	条	纸	1.79×0.73	完整

五、其他类（杂类）

主要包括石器、玉器、琉璃、陶器等杂类为数不多的7件，均属一般文物。琉璃小坐佛、犀角雕刻香炉（墨玉香炉）材质细腻、制作工艺精美、线条刀法娴熟，可见工匠精湛的技艺（表五）。

表五　麦积山石窟库存冯国瑞捐赠杂类文物清单

编号	名称	时代	数量	单位	材质	尺寸（米）	现状
1	古七弦琴（松泉）		1	架	雕漆	1.23×0.19	无弦
2	牛心石		2	个	石	0.85×0.6	完整

续表

编号	名称	时代	数量	单位	材质	尺寸（米）	现状
3	琉璃小坐佛		1	件	琉璃	0. 10×0. 8	完整
4	犀角雕刻香炉	明	1	件	墨玉	0. 95×0. 1	足粘接
5	大圆砚	宋	1	件	石	0. 22×0. 37	补丁裂缝
6	云纹石砚	元	1	件	石	0. 21×0. 26×0. 3	残破
7	木座瓦当砚	汉陶	1	件	陶	0. 16×0. 2	完整

通过这次的整理，发现了冯国瑞先生收集到了不少的名人佳作，有当地名人、文人雅士及官宦墨迹，对于天水文化内涵的丰富、艺术珍品的收藏增了砖添了瓦。捐赠给各地的文物珍品，使它们在“文化大革命”中幸免于难，同时也保护了我国珍贵的文化遗产，为我们天水的文化艺术立下了功绩。另外，冯先生对于麦积山石窟的发掘、考证以及《麦积山石窟志》的编纂，为宣传麦积山石窟，弘扬天水地方文化，保护祖国的文化遗产做出了杰出的贡献。

（原载于《天水文史资料》第十五辑，兰州：兰州大学出版社，2010 年）

麦积山石窟第74窟现状调查及研究

马 千 张 萍

麦积山石窟是全国第一批重点文物保护单位，现有洞窟209个，保存壁画1000余平方米，各类雕塑近8000身，其中的雕塑艺术以其完整的延续性在中国石窟中独树一帜，具有重要的艺术和研究价值，被称为“东方雕塑博物馆”。

麦积山石窟第74窟是麦积山最早开凿的洞窟之一，洞窟形制为平拱敞口大龛，内作“凹”字形高坛基。由于地震等原因导致窟龛前部崩塌，在1976~1984年山体加固工程时期对该窟残状用水泥进行增补并且安装木制门窗。窟内现存泥塑大小共计11身，残损严重。塑像高大、庄严、肃穆，雕塑手法纯熟洗练，造型优美。壁画斑剥，呈不规则形分布于全窟，约8平方米，绘有飞天、千佛、莲花等图案。第74窟与炳灵寺石窟第169窟在艺术风格上属同一类型，是这一时期开窟造像的佳作，有着极高的研究价值。

一、价值评估

（一）历史价值

第74窟位于西崖中下层，为摩崖大龛，开凿于后秦，北魏重修，是麦积山石窟现存开凿最早的洞窟之一。窟内的主要内容为三佛信仰，在正壁主尊两侧有两胁侍菩萨，和第78窟为同一时期开凿的洞窟。目前麦积山早期洞窟仅有这两个洞窟的基本形制、塑像、壁画等都保存得比较完整。这种洞窟形制以及塑像、壁画风格等和云冈石窟比较相似，对研究麦积山石窟开窟初期的发展情况、天水地区的宗教信仰、佛教艺术传承以及和其他石窟之间的文化交流、相互影响等具有重要的研究价值。

（二）艺术价值

第74窟现存泥塑共计11身，其中圆雕主尊佛3身、高浮雕菩萨2身，小龛中有菩萨6身。主尊造像结跏趺坐于高坛基上，均着袒右式袈裟，双手作禅定印或无畏和与愿印；造像高大、庄严、肃穆，佛高鼻、深目，脸上的肌肉棱角分明，整体造型有很强的体量感和稳定感，表现出一种孔武有力、无所畏惧的气概。菩萨长腿细腰，服饰轻纱透体。雕塑手法纯熟洗练，造型优美。从图像学角度看，主要是受西域地区的犍陀罗艺术的影响，另外，还融入了本地区的艺术风格。菩萨采用高浮雕的手法塑造，贴壁而立，花冠上的饕餮纹饰表现出我国原有的民族艺术和佛教艺术的初步结合。而在如雕塑手法、壁画工艺等方面，也可以比较多地看出中原地区艺术风格在佛教艺术中的表现。

第 74 窟壁画斑剥，呈不规则形分布于全窟，约 10 平方米，绘有飞天、千佛、莲花等图案，颜色主要由土红、石青、赭石、靛蓝等组成，色泽鲜艳、清晰。壁画内容虽然比较简单，属于装饰性的壁画，但运笔流畅、设色和谐，具有较高的艺术水平和研究价值。

二、洞窟现状调查

（一）测绘

利用考古测绘技术对洞窟进行测绘，绘制洞窟平面图、正立面图、剖面图、侧立面图等共 7 张，对洞窟的基本尺寸、造像样式等进行图形记录，并对各种病害情况进行详细记录。最后用计算机技术对现状图和病害图进行技术处理。

（二）摄影

为给今后保护工作提供图片资料，为现状调查提供底稿，共计拍摄修复前的照片 174 张，记录泥塑、壁画的全部现状。实际采用雅西卡 7 型照相机，200 度柯达彩色胶卷，索尼 717 型数码相机（拍摄四组并且拼接洞窟全貌）。

（三）文字记录

1. 洞窟形制

洞窟基本形制为平拱敞口大龛，内做“凹”字形坛基。由于地震等原因导致窟龛前部崩塌，其东壁残深 1.45 米，西壁残深 1.8 米，在 1976~1984 年山体加固工程中对该窟残状用水泥进行增补，并且安装有木制门窗。现窟高 4.5 米，宽 4.7 米，东壁深 2.18 米，西壁深 2.42 米，坛基高 0.9 米，正壁左、右上部各开一圆拱小龛，形状大小相同，高 0.6 米，宽 0.78 米，深 0.28 米。

2. 塑像病害调查

正壁主佛高 2.96 米，头部为清代重修，由于艺术水准较低，与窟内原作泥塑风格极不协调。颈部有贯通裂隙，右肩残损后修补，左胸出现一条自上向下不规则裂隙，长 128 厘米，佛右手指残损，左手背部及拇指残（手为清代重修，非原作）。腰部多处呈不规则形小裂隙，最长的为 32 厘米，裂缝宽度为 2 厘米；双膝及袈裟下部有残损现象，病害面积达 0.4 平方米，在不规则的残破处有大量的土蜂窝，高浮雕的菩萨右脚残损，左、右胳膊多处有残孔。

左壁主佛高 2.3 米（不含木桩，含木桩残高 2.7 米），无头，仅留一木质骨架，右肩、手臂残失。由于地震等原因，佛座及泥塑腰部以下塌毁，现存体积大约为原塑像体积的 1/2，下部尤为严重。从残损的佛座可看出其堆砌的土坯、木质骨架等，佛左、右手拇指、食指残损不全。塑像整体脱离加固工程期间增补的水泥壁面约 2~3 厘米。从外露的支撑塑像的木质骨架表面可看见长期被蜂、虫以及自然因素等侵蚀较多，但其结构基本稳固，材质强度未受到大的损害，目前不影响塑像整体的安全。

右壁主佛高 3.1 米。头部基本完好，右耳微残，颈项有宽约 1~5 厘米的不规则裂隙，不知何时后人用橡皮泥做过临时性的修补。右肩及胳膊严重剥蚀。手腕部外露木质骨架。左臂、胸部基本完好。左壁菩萨高 0.43 米，头髻残，双脚残，面部残。

3. 壁画病害调查

第 74 窟壁画病害面积约 10 平方米（含二小龛壁画）。由于岩体风化、支撑和拉牵壁画的木桩日久糟朽、地仗泥层重大等原因，造成窟顶壁画地仗基本脱离壁面，呈空鼓状态，仅凭借自身的强度支撑。另外，还有大面积的脱落。壁画地仗层厚度约 5~7 厘米，从坛基正面焚烧后残存的木质边框和碳化痕迹看，说明该窟在历史上曾被大火焚烧过，造成地仗层结构酥松。地仗层中间夹杂着大量横七竖八的木柴，部分糟朽变形，壁画表面有很多由于各种原因造成的孔洞。由于风化、潮湿等原因，造成岩体结构酥松并呈颗粒状脱落，这些脱落的岩石碎屑和大量小动物粪便等杂物在壁画地仗与岩体之间堆积，挤压着壁画地仗，扩大了空鼓距离和面积。正壁左侧残存的佛背光壁画 2002 年冬掉落了一块，面积约 25 厘米×23 厘米。顶部壁画为北魏重绘，掩盖在下的圆形图案应为更早的后秦或西秦时期的作品。画面颜色层部分变色（主要变成黑色），且有鸟窝几处。

三、塑像、壁画制作材料及病害成因分析

（一）环境监测

调查时采用可以连续记录窟内温、湿度以及日照情况的自动化设备仪器，对窟内的环境情况进行记录，基本周期为一年，然后对数据进行分析，得出科学的分析结果，以便于对窟内文物的病害原因以及修复材料、工艺等有明确的认识。

（二）塑像、壁画制作材料、结构及工艺方法

1. 壁画颜料、地仗及塑像制作材料分析

窟内的塑像、壁画等所采用的基本材料均为黄土，是麦积山附近地区是一种很普遍的材料。在黄土内添加一定量的细沙，经过对其成分的定性、定量分析，其组成成分为黄土、麻、细沙，其中黄土和细沙的质量比为 3∶7。另外，还在内部采用了木质作支撑骨架。通过对其纹理进行辨别，塑像的木质骨架应是松木，壁画中的骨架采用了其他杂木。

2. 塑像结构及工艺方法

窟内的主体造像体量较大，为了稳固，都在体内采用了木骨架技术，从左、右侧佛像的破损处可以看见佛像内部木质骨架，左侧骨架横截面为 18 厘米×19 厘米，和塑像同高，最下部用大量的土坯围砌在坛基上，围砌的高度为 55 厘米，宽度为 61 厘米，深度为 58 厘米，单个土坯的规格为长 35 厘米，高 12 厘米，宽 22 厘米，相互之间用黄泥砌筑，间缝为 2 厘米左右。这样的围砌可以保证木骨架本身的稳固和塑像的稳固，虽然看不见围砌内部的结构，但根据分析，在最下部应该是在凿出的坛基石台

上开凿有合适深度的孔洞来安插木骨架，这样可以使骨架更为稳固。

塑像下部的外边缘（大腿、膝）也同样用单层的土坯错缝砌筑，在外边缘的土坯和围砌骨架的土坯之间是空的，没有其他的填充物。据分析，原来应该有填充物来填补空白，由于可能材料比较松散，如黄土、沙子等，而不是黏土，这样可以加快雕塑时的速度，但在长期的自然破坏下（风力、小动物），这些填充物被逐步地掏空，形成现状。

窟内菩萨整个身体比较修长，从表面观察未采用土坯，而是直接采用了黏土，但是采用了分层设泥的技术，从残破处可以看见的是两层泥，底层的泥质比较粗糙，仅做出塑像的大体形状，表层用细泥，塑得比较精细。在头部的花冠部位可以看见用了比较小的木骨架来作为小部位的支撑。小龛中的小型塑像的制作方法和主尊造像相同。

从残破的部位可以看出，壁画的制作工艺也是采用了骨架技术，首先在壁面上开凿出一些小的孔洞，一般直径在5厘米左右，间距在50~60厘米，在转折部位相对密集一些，然后加入小木桩，木桩外留一部分，再用比较长的、细的木柴（随意从大的木柴中破下，呈不规则形，长度不等）紧贴壁面相互交错，最后敷泥，利用骨架的交错拉结力将壁画地仗固定在壁面上，然后在地仗的表面再敷一层比较细的泥，厚度在数毫米之间，最后绘制壁画。

窟顶未见有木桩的痕迹，壁画地仗是直接敷在壁面上，为了减轻自重，泥层比较薄，5毫米左右，未见有分层现象，和四壁的地仗做法有所区别。可见当时是根据不同的情况和部位采取了不同的敷泥工艺。

（三）塑像、壁画病害原因分析

1. 各历史时期的地震破坏

麦积山石窟所处的天水在历史上曾经发生过多次地震，根据学者的研究，对麦积山石窟破坏比较大的地震是隋开皇二十年（600年）的地震和唐开元二十二年（734年）的地震，众多的早期洞窟在这两次的地震中被破坏，第74窟窟形前部和左右侧塑像比较严重的破坏应该是这两次地震破坏的结果。

2. 小动物的破坏

由于石窟处于林区，有大量的小动物，经常对洞窟文物造成破坏，主要有松鼠、飞鼠、燕子和各种昆虫等。这些动物在洞窟内做窝、排泄粪便等，所以壁画和塑像的许多部位都有粪便腐蚀痕迹、抓痕等，壁画地仗上的许多孔洞，也是动物反复挖抓、打洞的结果。这些小动物在岩体和地仗层之间做窝、排泄粪便、来往活动等，都造成了壁画地仗的脱落、空鼓等病害，并且这些病害相互作用、相互促成。

3. 自然环境对文物也有很大程度的影响

麦积山地处秦岭山脉西端林区的边缘地带，常年阴湿多雨，年降雨量800~1000毫米，年平均湿度90%左右。第74窟为后秦开凿的大型露天敞口大龛。虽然在1976~1984年山体加固工程期间，为保护文物需要加深窟檐，并且安装了木制门窗，但由于经过1000多年的风雨侵蚀、潮湿等原因，洞窟壁画、塑像表面色彩存在褪色、变色现象，木骨架、芦苇秸秆等都由于自然环境的原因而产生糟朽。

同时，由于山体渗水、环境湿度等原因，岩体表面的岩石便产生风化现象，大量的岩石颗粒脱落，虽然第74窟的洞窟形制未受到渗水影响，但脱落的岩石颗粒在岩体与壁画之间大量的堆积，其产生的挤压力使地仗产生空鼓、脱落等严重的病害。

4. 制作工艺以及材料本身的老化

如壁画颜料胶结材料自然老化，再加上温差、日照、潮湿、水的毛细作用等，颜色层便不能牢固地附着在地仗层上，从而产生脱色现象。而壁画的地仗层过厚，产生的自重过大，而木骨架的技术也没有一定的规律，随意性比较强，从而产生受力不均匀，这也是造成壁画地仗破坏的原因之一。

5. 人为破坏

在历史上，由于各种原因，洞窟疏于管理，曾遭到过焚烧，洞窟内有焚烧的痕迹。这就造成塑像或壁画的表面以及内部的结构有一定程度的破坏，从而产生某种病害。

四、修复方案

（一）塑像修复

1. 修复材料

麦积山第74窟的保护工作，原则上采取就地加固、传统与现代科学技术相结合的办法，在修复过程中尽量考虑不改变或少改变文物的历史原貌，一切技术措施应考虑不妨碍再次对原物进行保护处理，“修旧如旧”，对其进行有效的修复保护。

修复材料采用和塑像的原始材料相同的黄土泥、沙、麻刀，按比例调和。首先对黄土进行严格的筛选，选择和塑像的黄土结构相同或相近的黄土，对附近地区的黄土进行普遍性的调查，包括黄土粒度、成分结构等，选定之后，对原料进行必要的技术处理。

在塑像的材料中，有一定量的细沙，这样的配合比可以有效地防止雕塑过程中泥的收缩和裂缝，并可以增强泥的强度，所以，在修复的材料中也同样添加一些细沙，配合比和原来的塑像相同或接近。

另外，结合近年来修复工作的实际和研究结果，还采用部分现代材料，如丙烯酸乳液等。

2. 修复工艺和方法

对正壁主佛残损处，先用化学材料渗固，再用黄麻泥补孔。对特别危险处，如结跏趺坐进行适当的边缘加固，其他部位为今后考古工作需要，在具体修复过程中尽量不改变历史现状，只作渗固处理，为二次修复奠定基础。

为今后便于看清塑像内部结构及残损现状，对左壁主佛虫蛀的木质主骨架用化学药品进行防腐、防虫处理。为防止塑像前倾，选择适当位置在崖体钻孔，灌注环氧树脂浆液，埋设铆杆，选用4毫米×4毫米角钢打眼，用膨胀螺丝固定在窟壁上，在角钢上焊接铁件（选点固定），埋入泥塑左侧残损处拉固。佛座及主骨架用3毫米钢板、4毫米×4毫米角钢焊接后支顶，后用黄麻泥封护铁件，使之不外露。最后，选用适当的化学材料对残损处渗固。

右壁主佛下部佛座残损部分，首先掏除并且清理座内杂物，然后对其进行化学材料渗固。选用土坯向上砌筑“丁”字形支顶墙，支托该塑像的下沉，然后封固残损处。“凹”字形坛基右半部分塌毁悬空处，选用土坯结合三合土砌筑支顶，防止塑像下沉后向右倾斜倒塌。佛项颈裂隙掏除后人为补修的橡皮泥，用黄麻泥修补，使之更加协调美观。并对其他部分进行化学胶液渗固。

正壁左、右侧菩萨该两身塑像虽部分脱离崖面，由于塑像完整，看不清内部结构，经机械探寻，发现主骨架完好，具体修复方法：塑像内部掏除杂物，为防止杂物压迫塑像，只对泥塑周围进行边缘加固，塑像表面用化学材料渗固后修补残孔、划痕等。

掏除和清理左、右耳龛大量鸟鼠粪便，选用适当的化学胶液渗固处理两龛，对龛周围进行边缘加固。对龛内泥塑身躯的残损处不做修补处理，只对龛内破孔进行修补。

（二）壁画修复

1. 修复材料

壁画的材料选择和塑像的材料相同，直接采取上述的实验结果和数据，结合壁画修复的实际情况进行泥浆的填充密度模拟性试验以及地仗和壁面的黏接力实验。

2. 修复工艺和方法

壁画的修复工艺原则上采取和原来壁画制作工艺相同的方法，即采用固定木桩锚固拉接和分层披麻敷泥的技术，利用拉、锚、粘、托的方法修复壁画。

壁画表面采用比较成熟的化学材料进行渗透封护，在一定程度上加强了表面的强度。

窟内壁画表层和地仗层之间分布着多处大小不均的残洞和外露木质结构的拉固物。为不掩盖木质骨架，选用化学胶粘剂渗固木骨架和残洞外缘，在补孔过程中尽量保留几处显露木质骨架的残洞，便于今后的考古及科学研究工作。由于壁画结构疏松，脱离崖面的壁画如机械回贴恐造成画面及地仗层断裂，甚至引起掉落摔成碎片现象的发生，造成无法估量的损失，在修复过程中尽量保持原状，不作回贴处理，只作边缘封护。对于掉落在“凹”字形坛基右角的壁画残片经仔细辨析后复原回贴。对顶部壁画进行边缘加固，最后对所有壁画作渗固处理。

五、加强石窟管理

修复过程中和修复之后，应该加强相关的管理工作：对洞窟实行限量参观，防止在参观过程中游客对文物有意和无意的破坏；对窟内的温、湿度环境进行长期监测，并采用现代仪器对温、湿度进行一定程度的控制；加强进一步的有针对性的保护研究，特别是表面防风化材料和防止壁画褪色以及延缓文物原材料老化程度的研究。

（原载于《丝绸之路》2010 年第 16 期）

论冯国瑞对麦积山石窟的历史贡献

张　萍　马　千

一、冯国瑞与麦积山石窟

冯国瑞（1901~1963年），字仲翔，别号麦积山樵，甘肃天水人。1921年，冯国瑞考入南京东南大学，毕业后考入北平清华大学国学研究院深造，受业于梁启超、王国维等国学大师门下，有着深厚的国学功底。

冯国瑞在文学、历史、考古、训诂、书法、诗词等方面都有开创性的研究成果，他是对甘肃的文明和文化史进行实地考察、考证、研究的第一人，为陇上"石窟走廊"的弘扬做出了开拓性的贡献，开创了麦积山石窟艺术研究的先河。

冯国瑞先生曾六次上麦积山进行实地考察。1940年，他由重庆回故里和朋友整理地方文献，收集到不少关于麦积山的资料，由此产生实地考察之意。1941年，趁农历四月八庙会之际，冯国瑞邀请王鼎三、赵尧丞、胡楚白、张自振、冯国珍等人，第一次登上麦积山进行实地考察。他们采用"对证古本"的方法，寻找古迹，勘察地理环境，并对洞窟做了编号。他们被麦积山遍布山岩的石刻、摩崖造像等艺术珍品所震撼，尤其是第一次发现麦积山散花楼窟顶的壁画和藻井，这在以前的古籍书中从未提及。由于太高不能近观，只得先抄录其他碑刻。受时间的限制，冯国瑞一行不得不匆匆勘察之后，遗憾地离开。但是他从中获得了关于麦积山石窟极为珍贵的第一手资料。这次考察是麦积山石窟自开窟以来第一次由专业人员对石窟文物进行的具有开创意义的科学考察，为麦积山石窟今后的研究工作奠定了基础。

此后，冯国瑞大量翻阅群书，请张自振等人上山拓下许多碑刻拓片。怀着对故乡历史文化和文化遗产的无比热爱及真挚情感，仅用两个月的时间，他便编著成《麦积山石窟志》一书，约2万余字，后由陈柳州先生缮写，陇南丛书编印社石印300册发行。这一消息不胫而走，随即《大公报》《益世报》《燕京学报》等先后做了专题报道，《说文月刊》第3卷第10期全文刊载，以至于个别书目以及外文译本都有介绍麦积山和此书的介绍，在国内引起极大反响，也引起了学术界极大的关注，名流学士纷至沓来，麦积山石窟得到起世人的重视，吸引诸多学者与专家前来考察研究。从此被誉为"雕塑陈列馆"的麦积山石窟享誉海内外。

冯国瑞在书中对"民国九年天水天主教堂意国教士揭取去壁画多帧"一事表明了他无比的愤慨。

同时，为了保护麦积山石窟艺术，他提出修建保存文物的博物馆“供世观览”的建议。后来他又给国民党元老于右任、邵力子、吴稚晖以及当时的教育部长陈立夫等都去信、打报告；觐见国民党西北行辕主任朱绍良、甘肃省政府主席古正伦，提出自己对于保护和维修的意见，多方要求协助。国民党甘肃省政府迫于当时全国文化界抢救麦积山石窟的呼声，于1943年命令天水中学校长范沁勘察石窟、绘图，提出保管办法。

1944年2月，冯国瑞携同刘文炳教授再次赴麦积山石窟考察。这次考察主要完成石窟的编号（编字共122号，每号详注说明）及测绘工作（平面草图）。随后写成《调查麦积山石窟报告书》，提出了具体的研究和保护方案，并呈报国民党甘肃省政府，表现出对麦积山文物无比执着的热爱之情。

为了规划修补栈道围栏工程，冯国瑞还多次游说当时的天水专员胡受谦，为争取保护资金，邀其于1946年10月同往山中，这是他第三次登上麦积山石窟。后由冯国瑞主持，历时两月之久，修补了东崖卧佛洞到牛儿堂的栈道工程，并修筑“麦积山馆”五楹，供考察研究者起居用。同时，请行署专员吴稚晖题写馆名，国民党元老、于右任题写“艺并莫高窟，文传庾子山”对联一副。先生还于此时编辑有《麦积山石窟题记》《麦积山石刻文录》等稿本，可惜现已荡然无存。

1947年2月，冯国瑞先生邀请天水县县长等人同去麦积山考察，得到了当地政府的支持。这是冯国瑞第四次登上麦积山石窟。并通过与僧人本善交谈，请来当地木匠文得权先生，“挟长板，架败栈间，递接而进，至穷处，引索攀援”，于此发现了麦积山北朝最大的洞窟。冯国瑞根据五代王仁裕《玉堂闲话》载“兹山西阁之万菩萨堂”，当时命名为其“碑洞”（现编133洞，俗称万佛洞）。并立即用庾子山《麦积崖铭》原韵作了序文，其文为《万佛洞铭》一篇，计划刻于石山中。同时为文得权先生书写中堂及对联各一副，其对联曰：“洞窟猿升山上下，莲花鱼戏叶西东。”对于文得权不畏艰险，在百仞悬崖上发现北朝洞窟给予了高度的评价。

1948年，在冯国瑞的多方倡议下，国民政府成立了天水麦积山石窟建修保管委员会。拟订对有重要史迹洞窟修补计划，内容涉及多处洞窟，如第3、4、5、28、30等窟（雕塑、壁画等）加固、寺院建筑维修和麦积山周边景观和相关佛教遗迹的治理等方面。结果因各种原因又未能实现。1949年8月，随着天水的解放，麦积山石窟得到了党和政府的高度重视，国家派遣专家团对石窟进行了全面的勘察与研究，先生的愿望才得以实现。

1952年，冯国瑞先生以甘肃省文物管理委员会委员的身份协调下，西北局组织了新中国成立后的第一次全面考察。这是他第五次考察麦积山石窟。西北文化部组织以敦煌文物研究所常书鸿先生为首，联合中央政府文化部组织中央美术学院、西北军政委员会文化部三家，组成考察团，继炳灵寺石窟考察后，又对麦积山石窟进行勘察、考证，冯先生陪同考察了53天。经过一个月的考察、考证、摄影、测绘和重点临摹等工作，于1952年12月1日勘察完工。这次勘察发现的洞窟有157个，多为北魏、北周及隋代所建，其中一部分在宋、明两代所修。法相摩崖石刻题记最早为唐代大中七年（853年），并对发现的第133窟的第十号造像碑，在内容、建筑、装饰、雕刻、艺术等方面给予了高度的评价，称其是“我国中古时期文化艺术的光辉杰作”。勘察工作组的勘察报告为下一步勘察任务提供了丰富的资料。

1953年7月，中央文化部组织以吴作人为首的专家组在中央人民政府文化部社会文化事业管理局郑振铎局长的亲自组织下，对麦积山石窟做进一步的勘查研究。勘察团主要以冯国瑞的《麦积山石窟志》为重要文献依据，对麦积山进行了历时 32 天的考察，冯先生随行。这是冯国瑞先生第六次考察麦积山石窟。勘察团以吴作人为团长，分成三个工作组，即研究组、绘画摄影组和翻模测绘组。研究组成员有王朝闻、常任侠、冯国瑞 3 人。绘画摄影组由罗公柳、李瑞年、孙宗慰、萧淑芳、陆鸿年、戴泽、吴为、邓白 8 人组成，罗公柳为组长；翻模测绘组由张建关、程新民、张鸿宾 3 人组成。此次考察结束后编成《麦积山石窟勘察团工作报告》和《麦积山勘察团工作日记》。这次勘察收获很大，冯国瑞也随团到了北京，继续做资料的整理工作。当时的中央人民政府秘书长林伯渠对冯国瑞发现、保护和勘察麦积山石窟给予做了高度评价。他撰写的《麦积山石窟大事年表》和考察团的报告一起发表于《文物参考资料》1954 年第 2 期。从此，众多专家对麦积山石窟的研究都以冯国瑞先生的考证为依据。冯国瑞先生的《麦积山石窟志》开创了研究麦积山艺术的先河。考察团研究成果的一经公布，麦积山石窟再次被世人所瞩目，也为麦积山石窟的研究创造了良好的研究环境。

1953 年，麦积山石窟文物管理所正式成立。“文革”期间，冯国瑞虽身处逆境，仍然心系麦积山，时常关注着麦积山的保护与维修情况。1960 年，他将天水市家中珍藏文物捐赠麦积山文管所。1961 年 3 月 4 日国家公布麦积山石窟为全国重点文物保护单位，先生功不可没。

二、冯国瑞捐赠始末

冯国瑞先生生于天水，他热爱天水不仅仅表现在对于麦积山石窟艺术的热爱，而且表现在对于天水这块土地的赤诚之心。早在 1937 年，抗日战争爆发，西安时常在敌机的威胁之中。1933 年，邵力子任陕西省政府主席后，聘冯国瑞为省政府顾问，两人“议政论文，颇相契合”。1936 年底，邵力子调离陕西，去南京任国民党中央宣传部长，发函给冯国瑞也到南京，另行安排工作。次年 7 月，抗日战争爆发，形势日趋紧张，冯国瑞提请邵力子将保存在西安的 5 万余册个人藏书，为了使珍贵图书免遭毁灭，往大后方安全地带转运。邵力子的藏书主要以陕志、佛经、道藏为主。邰先生自己想将这 5 万余册珍贵图书捐赠陕甘两省。冯国瑞力劝邵力子将邵氏藏书全部赠天水，认为运到天水收藏，比较稳妥。1937 年，邵力子即委派冯国瑞返回西安负责转运。经邓宝珊、水梓等时在南京的甘肃籍人士婉言敦促，邵力子决定将这批珍贵图书捐赠给天水。由于交通不便，运输工具奇缺，冯国瑞在炮火硝烟的威胁中从西安亲自护送其书安全抵达天水，几经周折，这批图书于 1939 年初才雇用盐商的骆驼队驮到天水。之后他与地方当局协商，在此藏书的基础上，特设在城南水月寺的民众阅览室扩大为天水图书馆，在天水图书馆专辟“邵力子先生纪念室”珍藏。1939 年 7 月，天水县图书馆成立，冯国瑞担任馆长。这批图书经整理登记造册，由冯国瑞编成《力学庐书目》一册，共计 5242 种，16616 册，合计其他及照片等，在 5 万卷以上。图书馆几经搬迁，后迁至汉忠烈纪将军祠——天水城隍庙内。装书的几十口大木箱，堆放在狭窄潮湿的城隍寝宫里，极不安全。冯国瑞对此一直念念不忘，请求邓宝珊日后敦促家乡政府，设法解决。

冯国瑞先生不仅仅想方设法收藏外来的珍贵文物，丰富天水的文化艺术典籍，而且也是一位慷慨无私奉献之义士。1953 年的勘察工作结束后，麦积山文物管理所正式成立，先生十余年来的心愿终于有了结果。为了表示对麦积山石窟保护工作的热忱支持，冯国瑞将相当数量的家藏文物慷慨赠给麦积山石窟文物管理所。1956 年，冯国瑞先生将珍藏多年的一部元代印本佛经捐赠给甘肃省博物馆。

“文革”期间，冯国瑞先生受到牵连，被下放到农村接受劳动改造。当时指派地点在夹边沟，由于身体的原因，冯老没有去夹边沟，只在兰州附近的农场劳动改造。1958 年，冯国瑞在农场收到一封家信，内容涉及宅院改造，冯先生遂将家中文物字画转交麦积山文物保管所请代为保管。20 世纪 60 年代初，当先生身处逆境时，再次向文管所进行了慷慨捐献。家人把他四处收集得来的彩陶青铜、宋瓷汉瓦、明清字画、手抄孤本装入木箱，移交麦积山。此后又将所藏的 13 种珍贵文物捐赠给中国科学院考古研究所。冯国瑞病倒后，由邓宝珊安排住进了医院，他自知来日无多，就托请邓宝珊代他将仅存的文物字画捐赠给国家，目前麦积山的 2000 多件藏品，大多为冯国瑞捐赠。由此，冯国瑞是麦积山石窟馆藏文物第一位捐赠者。

三、冯国瑞捐赠麦积山文物简介

冯国瑞先生捐赠文物分为纸质、瓷器、金属、雕塑等几类。另外，还有绢类和其他不同类别的藏品。其中纸质文物包括书法、绘画及拓片等，书画赠品中，仅名家书法作品就有董其昌条屏、翁同龢行书立轴、刘尔炘中堂、王了望中堂、罗家伦对联等。其中光绪皇帝的师傅翁同龢的书法，于右任草书、行书对联及横幅，罗家伦行书立轴，梁漱溟行书立轴，董其昌《秋日山水图》，黄公望《水流云在图》，赵雪堂《秋山风雨图》，张大千《观音图》等，都是珍贵的库存纸质文物，有着极其重要的收藏价值和历史价值。

书法有于右任先生书写行草条幅、横披及对联三副力作，条幅结构端庄严谨，风格简洁朴实；横披及对联笔法苍劲有力，书风有清新、简洁、大气之特点。其中楷书对联为纸本，白绫装裱，天地挂木轴。上联书“文传庾子山”，下联书“艺并莫高窟”。上联右上方有冯国瑞先生关于此对联流传经历的记载。草书横轴“瑞应丰年”保存较完整，轴面左下角落款“民国三十六年”，左下角钤朱文印一方“任”。草书立轴《山寺》，背面有冯国瑞先生墨书：“于右任先生书杜工部麦积山诗，麦积山永存，冯国瑞寄赠。”轴背后，右下钤白文印一方，有“任”字。此作品用笔狂放不羁，浓笔酣墨，雄健潇洒，姿态横生，具有浩然之气。教育家、历史学家罗家伦先生行书立轴是作者游历麦积山诗一首：“午余乘兴策卷马，酿雪寒云据远峰。暮色转深溪水黯，石磨蹄铁火星红。陇山东望土成堆，忽见奇峰迤逦开。松托暮天拂不净，雪光为夺数峰来。”落款：“民国三十三年二月薄暮游麦积 罗家伦”。字迹清秀而劲健。并有行书对联：“行经千折水，来看六朝山”。上款“麦积山瑞应寺”，下款“罗家伦”。字体刚劲优美，流畅自如，堪称书法精品。光绪皇帝师傅翁同龢行书立轴，纸本，纸质微泛黄，轴面边缘多处污渍，行书墨迹书法，“一昨以郭令公父子之军破犬羊之众情欣喜恨不顶而戴之”，上款“懋森观察仁兄大人雅正”，下款“叔平翁同龢”。结构工整、活泼、流畅，气韵内敛，不露锋芒，风格醇厚宽博。我国著名爱国民主人士、哲学家、教育家梁漱溟，自撰治学之语作行书立轴赠予冯国瑞与之共勉。其文曰：“吾欲发其杰趣，治其驳、调其健，为选汉贾太傅以下讫明椒山先生文衰为一集。三千年志士仁人，心声在焉。俾之时时讽诵，引其气于霄汉之上，存其志于青天白日之中也。”落款“仲翔同学兄嘱。丁卯漱溟”。后钤朱文、白文印各一方“梁”“梁漱溟印”。此书法运笔流畅，潇洒自如，苍劲有力，大有学者之风。翰林院编修刘尔忻的行楷中堂，其文曰：“圣人见微而知明，现端而知末，故见象箸而怖。”落款“乙卯冬月刘尔忻”，即书于民国四年（1915 年）。此书法字体舒展，末笔较长，并且大量留白，显现出干练潇洒之特点。明代书画家董其昌，还有清代著名书法家王了望、书画家金农、乾隆年间兵部尚书王杰、莱州知府张问陶、同治四年（1865 年）进士任其昌等多名书画家及其名人，其中也不乏天水籍的著名书法家，他们的这些作品不失为佳品。

绘画有黄公望的《水流云在图》，画面中雄伟的山势、苍劲茂密的树木、幽静的村庄浑然一体、清新自然，笔墨温润、皴法有序，画境苍茫悠远，具有元画的清逸意境。图左上方有作者自题：“至正三年（1343 年）七月十日，大痴人黄公望画于嘉兴舟次。”随后钤白文印两方，“大痴山人”与“黄公望”。裱轴纸背面有民国二十一年冯国瑞题签图名。李达的《雪庐留客图》是一幅淡墨雪景写意指画。画面远处朦胧的雪山与近处清晰的村庄小景相互映衬，山间流瀑、小桥流水、雪景中几间草庐，两人临窗对饮，屋外有一牵驴侍者等待，场景极富生活情趣。画面上方有冯国瑞 1955 年 4 月 16 日《题雪庐留客图》七绝三首，并注释将此画捐赠麦积山馆之由；钤朱文印两方，一方为“仲翔”，另一方为“冯国瑞之印”。

《白描观音图》线条简洁疏朗、造型清新雅致，是不可多得的佳作。画中菩萨发髻高耸，蛾眉凤眼，樱桃小口，头顶披巾，身披长袍，左手持一柳枝搭于右臂，柳枝自然向后下垂，菩萨侧身而立，披巾下显露出的几绺发丝自然下垂而飘逸，尽显女性之秀丽及柔美之感；全身的轮廓用一气呵成的线条勾出，然后再用细线勾勒全身的细部和衣纹，尤其披巾起笔收笔及其转折处出现了不少方形、方折形笔触，在外形上呈现出长方形结构，寥寥几笔，刚劲有力，全部线条稠叠多皱，衣纹圆转，柔而不乱，衣薄透体，像从水里出来一样，具有“曹衣出水”之风韵。整个人物形象丰硕端庄，秀丽动人，安静中显出轻微的动势，肌体柔和，质感很强，更显示出超凡脱俗的感觉。纵 123 厘米，横 39.5 厘米。落款为“癸未十月写留麦积山中瑞应寺蜀郡清信弟子张大千援”。题跋下有钤白文印一方“张援之印”，及其朱文印一方“大千”。

金属类主要为铜器包括铜币、铜镜、铜佛等，瓷器、陶器、石器、木器等也占有不少数量。以瓷器为主，陶器也不乏精美之作，其中蓝釉瓷盂和绿釉灯盏为二级文物，白瓷角杯和青瓷莲叶杯（内有小人）为三级文物，其余均为一般文物，保存相对较完整。除绿釉香熏残为两半，双耳灰釉香炉双耳微残、青瓷器物盖边残，紫砂茶壶壶把裂而外，其余尚好。此外还有较为珍贵的龟化石等其他类别的珍贵藏品。

还有石器、玉器、琉璃、陶器等。琉璃小坐佛、犀角雕刻香炉（墨玉香炉）材质细腻、制作工艺精美、线条刀法娴熟，可见工匠精湛的技艺。

拓片以石刻为主，收藏了晋至民国时期的作品，在这些捐赠品中，有大量珍品、精品。其中的北魏造像碑拓片是麦积山石窟保留石碑的碑拓，比较难得的是有吴作人、郭沫若、邓宝珊、谢国桢、冯国瑞等著名学者和名人题跋。新莽衡权摹图拓片有冯国瑞题“新莽衡权摹图”“二十一秋初冯国瑞”，图右下角钤朱文印一方“冯国瑞之印”。北周保定四年拓片为近代纸本墨迹，未装裱。大小共4幅。草诀歌拓片为清代碑，手卷（系明代人重刻品）；苏轼草书拓片纸本墨迹，已装裱。部分拓片经故宫博物院碑刻拓片专家鉴定考证，绝大多数为精品甚至孤品，由于所拓时间较早，其质量、品相均优于现在同类拓片。如洛阳“龙门二十品”、成县“西峡颂”、王羲之“圣教序”等均为国内现存最好的拓片。所以故宫专家称这些拓片足可以举办一个中型高品位的石刻拓片专题展览。

综上所述，从冯国瑞先生为麦积山所做的一切，可以看出他对麦积山的热爱对祖国灿烂的文化的深厚感情。特别对于麦积山石窟的贡献，他不仅是一位勘察者、专著编撰者、保护呼吁者，而且是一位馆藏文物捐赠者。这一切表现出一个学者探索与追求的坚定信念。他的功绩将永远载入麦积山石窟艺术与研究的史册。

（原载于《丝绸之路》2011 年第 2 期）

关于麦积山石窟渗水病害的思考

姚 伟 杨 涛 赵建国

一、麦积山石窟概况

麦积山位于甘肃省天水市东南方50公里的北道区麦积山乡南侧，东经106°00′10″，北纬34°21′09″，是西秦岭山脉小陇山中的一座孤峰。

始建于十六国后秦时期（386～417年），历经北魏、西魏、北周、隋、唐、五代、宋、元、明、清等十余个朝代的开凿和重修，现存大小窟龛221个，各类造像7800多身，壁画一千余平方米。因有大量精美的泥塑造像，被称为“东方雕塑陈列馆”，是丝绸之路上一颗璀璨的明珠。1961年3月，被国务院公布为第一批全国重点文物保护单位①。

二、麦积山石窟区主要工程地质条件

（一）地形地貌

麦积山地处秦岭山脉西段北侧，地貌单元系西秦岭构造剥蚀低山丘陵区，高约142米，形如农家之麦垛②。山崖东侧为一宽2～3米的小山梁；西侧为一崩坡积形成的缓坡地带；北侧（后部）为倾角50°左右的斜坡，植被茂盛；南侧为研究所及景区场地；麦积山石窟即开凿于南面裸露基岩崖面之上，受历史地震影响，崖面中部大面积崩塌，依石窟的分布，整个窟区可分为东崖和西崖。

（二）地层结构

1. 砾岩、砂砾岩（E）

麦积山山体主要由下第三系地层组成，其岩性为棕红色砾岩、砂砾岩，夹薄层状砂岩和含砾泥岩，其中砾石多呈棱角状、级配差（2～30厘米）。总的变化规律在纵向上由下向上沉积物颗粒由细变粗，

① 张锦秀编撰：《麦积山石窟志》，兰州：甘肃人民出版社，2009年。

② 马千：《麦积山石窟保护工作中存在的主要问题及其采取的相应措施》，云冈石窟研究院编：《2005年云冈国际学术研讨会论文集·保护卷》，北京：文物出版社，2006年。

横向上由东南向西北沉积物颗粒由粗变细。该层中，小沉积韵律、斜层理、交错层理发育，胶结性差。总体产状：N55°~65E°/NW5°~10°（向山内倾）。

2. 第四系崩坡积物（Q_4^{col+dl}）

主要分布于基岩山麓的斜坡地段，覆盖于第三系砂砾岩的强风化带之上。以砂砾、角砾及黏土所组成，间夹有崩落的巨大砾石孤石。其颜色及物质组成与母岩相似，与风化基岩不同的是它经过了外营力作用及水流搬运而成，成分杂乱，且较为松散。本层厚为5.7~17米。

（三）地质构造

麦积山岩体受地质构造影响的程度轻微，岩体结构类型为整体结构，裂隙发育密度小，但需要认识到对于渗水，再小的裂隙，也可能成为山体内水分的转移通道。

1. Ⅰ类裂隙

张性构造裂隙。共8条，环绕山体四周分布；裂面均为高角度倾向山体中心；推测其延伸长度、深度均超过数十米；裂隙的上部张开较宽，向下则细小并逐步闭合；在陡峭岩壁上出露的裂隙无充填，在坡脚或斜坡上近水平的裂隙均有充填，充填物为松散砂土。Ⅰ类裂隙汇总见表一。

表一 Ⅰ类裂隙汇总

裂隙编号	裂面产状	露头位置	露头高程（米）	露头长度（米）	裂隙宽度（毫米）	充填情况
Ⅰ-1	NS/W∠56°	东崖栈道入口处陡壁上	1651~1663	13	1~5	无充填
Ⅰ-2	N45°W/S∠80°	北侧陡壁上顺上方坡面延伸	1679~1700	110	10~150	坡面裂隙，泥砂充填
Ⅰ-3	N80°E/S∠58°	西侧岩堆顶部陡壁上	1655~1691	30	5~50	无充填
Ⅰ-4	NS/E∠61°	西侧陡坎下	1647~1649	30	1~3	密闭
Ⅰ-5	N30°E/S∠85°	西侧陡壁南段	1653~1678	29	2~10	无充填
Ⅰ-6	N60°W/N∠85°	西崖坎下，被崩积物覆盖	<1610	-100	(<5)	密闭
Ⅰ-7	EW/N∠85°	东崖坎下，被崩积物覆盖	<1610	-100	(< 5)	密闭
Ⅰ-8	N75°E/∠N80°	千佛廊处崖坎下	1651~1656	50	50~100	松散砂土充填

2. Ⅱ类裂隙

剪切构造裂隙（应力松弛裂隙）。数量不多，主要有N40°W/S∠70°~85°及N28°~38°E/S∠81°~85°两组。其裂隙面平坦且光滑，延伸较长，走向与崖面正交或斜交，沿裂隙两侧的砾石被剪断。下雨后裂隙边上较潮湿，尤其是前一组裂隙往往有水渗出。

3. Ⅲ类裂隙

崖边卸荷裂隙。裂隙面基本平行于崖面发育，密集处1~3条裂隙分布，裂隙延伸范围大，有曲折拐弯的变化，靠山外的裂隙多为张开裂隙，靠山里的裂隙多为密闭裂隙。

4. Ⅳ类裂隙

风化裂隙。发育于基岩风化层内，其特点是发育密度较大，发育深度受风化层厚度控制，多数为密闭裂隙。

5. Ⅴ类裂隙

洞周应力裂隙。由于开挖洞窟，围岩岩体内应力重新分布，造成局部应力集中而破裂。开挖断面较大的洞窟（第127、133窟）内均有此类裂隙出现。裂隙为张性，宽度一般小于1毫米，属密闭裂隙，出现的部位，恰好是洞窟拐角（特别是后墙与边墙的拐角）、窟顶对角线位置、洞口上方等应力集中部位。

（四）气候条件与水文地质条件

麦积山地区属湿润山区气候，雨量较多，湿度较大。年平均降水量800毫米，蒸发量980.8毫米，相对湿度74%。

地下水分布于麦积山下部斜坡较低地段的第四系堆积层中，属具有自由水面的潜水。下伏下第三系砂砾岩，为其隔水底板。潜水含水层的厚度，大致为2.0~7.0米。受大气降水、高处松散堆积层中潜流及雨天崖体面流补给，顺侵蚀基准面向下游排泄。

麦积山山体地下水属包气带水，其中分布有零星裂隙型上层滞水、含砾泥岩层面滞水和交错层面滞水。接受大气降水补给，沿裂隙系统和岩体层面向周围运移。上层滞水的排泄，有蒸发、向四周及下部运移等途径，石窟渗水及崖面渗水也是上层滞水的主要排泄途径之一。

三、麦积山石窟渗水病害现状

（一）渗水石窟的分布

麦积山渗水石窟的主要分布在西崖和中区的下层洞窟，而西崖又以中下层洞窟更为严重，据现场详细调查，共有30个左右的洞窟受到渗水的影响。

（二）石窟渗水的表现特征

1. 直接滴水

是指水在洞窟内部的某个位置以水珠直接滴落的形式表现出来，这些洞窟有第57、78、173窟等，尤其以第57窟最为严重。第57窟是一个早期洞窟，窟内右上角长年滴水不断，至今窟形已经完全破坏，难以辨别原貌，其滴水量是随着降水量的变化而变化，每年的总体趋势起伏和降水量一致，在没有降水的时期，窟内仍有滴水表现，应该是山体内部的积存水。窟内滴水现象和降雨之间的时间差约为15~20h，即在降水之后15~20h窟内的滴水量就会有明显的增加，具体的延续时间根据降雨的强弱程度而有所变化。

2. 渗水在局部面积渗洇

这种现象是指渗水并没形成水滴下垂，而是在出水点附近逐渐地向周围（重点是向下）渗透，有这种现象的洞窟是第48、80、52等窟，降雨之后其出现渗水的时间受到降雨强度以及洞窟位置的影响，一般来讲，都是在20h以内这种渗洇现象可以看见明显的水分运动，在窟壁上形成明显的水线。

3. 窟壁潮湿

这种现象是指窟内没有明显的渗水点，也观察到水分的移动，但在降雨之后的一段时间，壁面就会有明显的潮湿现象，这种洞窟有第 127、133、94 窟等。在降雨之后，水对窟内的影响速度比较慢，一般来讲，2~3d 以后，洞窟内部的湿度才会有明显的升高，但是和前两类的渗水现象相比，这一类的渗水现象对窟内影响的时间却比较长，约有一个星期或更长的一段时间，它的表现是以很缓慢的湿度升高和很缓慢的湿度降低为特点。

值得注意的是：

（1）调查发现多数洞窟渗水均沿夹层（砂岩、含砾泥岩）顶板渗出，即沿相对隔水顶板渗出。

（2）洞窟内渗水在雨季才表现为上述 3 种形式，在旱季均表现为不同程度的潮湿。

（3）洞窟裂隙不甚发育，即使有较为宽大贯通的裂隙，洞窟内的渗水也不是沿裂隙处渗出。

（4）渗水相对较严重的洞窟，当水量较小时，常以点（眼）的形式外渗，当水量增大时，常自北西方向向北东方向延伸，形成面状渗流。

四、麦积山石窟渗水来源及运移初析

通过实地考察分析并结合麦积山石窟管理研究人员长期的观察和研究结果，初步判断降水是通过以下几种渠道对窟内产生影响的。

（一）山体后部与西侧缓坡为石窟渗水提供了补给条件

（1）从渗水洞窟的分布情况看，水害严重的洞窟主要集中于崖壁西侧下方（除第 127 窟），上部及东侧洞窟未出现渗水或潮湿状况较轻，从最低的渗水石窟距崖底 30 余米，远远大于毛细水强烈上升高度影响范围。

（2）从地形条件看，山顶及东侧崖壁地形狭窄，汇水面积较小，坡度较陡，地表排水条件相对较好，而西侧缓坡面积较大，坡度较缓（10°~30°），易于汇水。

（3）从相对高程位置看，西侧缓坡高程高于多数渗水石窟（除第 127 窟），为地下水的排泄运移提供了水力坡度。

综上所述，影响崖壁西侧洞窟的地下水由山体顶部、东侧和底部而来的可能性相对较小。

（二）地质构造与演变形成的裂隙为水分储存运移提供通道

根据调查，在麦积山山体中共分布有五类不同性质的裂隙，如构造裂隙、卸荷裂隙、风化裂隙等，部分大气降水可能沿较为贯通的构造或卸荷裂隙垂直下渗，然后在相对隔水岩层界面处通过水平运移对洞窟产生影响。

（三）岩体中软弱夹层的不均匀分布影响地下水分运移与排泄

麦积山石窟地层岩性为砾岩，砾岩中夹薄层的砂岩或含砾泥岩。胶结程度较差，成分以泥质为主，砾岩、砂砾岩呈厚层-中厚层构造，层理复杂，纵向变化较大，有明显的交错层。交错层发育处的砂岩层平均粒径 2 厘米，次棱角状。含砾泥岩往往夹在其中，呈薄层透镜状出现，其黏性小，砂粒多，吸水性小，强度低。由于砾岩及砂砾岩胶结程度不一和差异风化作用影响，在崖壁上形成多处岩腔或凹槽、孔洞。

由于岩体的不均匀性，泥质软弱夹层在岩体中形成若干不连续隔水层，使得地下水的运移路线更为复杂，排泄速度减慢，对石窟造成的不利影响也随之增大。

（四）地震所造成的表层裂隙和松散的表层岩体为地表水入渗提供了通道

麦积山地区降水量较大、空气湿度相对较高，石窟区表层岩体结构疏松，风化也较严重。加之天水地区处在中国南北和东西地震带的交汇地带，历史上曾发生过多次的地震，对石窟所处的山体的破坏是巨大的，在山体表层形成了许多裂隙。疏松的表层岩体和密布的微小裂隙成为地表水下渗的通道。

（五）水泥喷锚加固层为岩体内水分排泄设置了障碍

1975~1984 年，为了加固被地震破坏的山体，进行了为期 8 年的加固工程，采用“喷、锚、粘、托”的方法，在山体表面喷护了约 10 厘米厚的水泥层，此举为保护麦积山石窟的安全功不可没①。

但是，从文物保护的角度看，加固工程也给文物本体的耐久性带来一些弊端，即在局部位置和一定程度上改变了地下水排泄途径。在实施加固以前，山体内部的水分长时间地运移形成了基本固定的补给与排泄通道，其中一部分地下水便是相对稳定地沿崖壁表面的出水点排出，但工程实施后，大面积的喷锚支护水泥层却将出水点封闭，阻断了原有的排水出口。这些部位的水在此情况下大致有 3 个流向：一是水头受阻后抬升回流，至附近某个窟内出水点排出；二是顺水泥层继续外渗，在水泥层外形成出水点；三是顺着山体与水泥层之间的夹层下渗，并在水泥层的边沿处（洞窟口沿）露头并挥发。第一种情况如第 94 窟；第二种情况在第 80 窟左侧有明显的表现；第三种情况在众多的下层洞窟中都有程度不同的表现。

五、麦积山石窟渗水的危害

石窟渗水现象对麦积山石窟的文物造成了严重的影响，总的来讲，有以下几种病害：

（1）洞窟形制被严重破坏，如第 57、173 窟等，其原始的洞窟形制已不可辨识，只有个别的残迹方可判断出一些历史信息。

（2）在出水点附近窟壁潮湿、落沙、崖壁呈片状剥离等，在水分较多的位置，如第 80 窟，水的运动将崖体内较为松散的物质（如黏土类）不断地冲出，从而逐渐形成泥流一类的现象，对塑像造成了严重的危害。另外，第 94 窟是落沙现象最为明显的洞窟，在降水量大的月份，窟内壁面潮湿度急剧增

---

① 张锦秀：《麦积山石窟的保护与研究》，《2002 年麦积山石窟艺术与丝绸之路佛教文化国际学术研讨会论文集》，兰州：兰州大学出版社，2004 年。

大，岩粒之间的胶结物质被分解破坏，导致结构松散，便会自然地呈颗粒状脱落，目前此窟内的塑像无奈已采取了搬迁措施。

（3）窟内湿度增大，诱发多种文物病害，这个实际是前两种现象引发的病害，窟内空气湿度长时间处于比较高的状态，会造成塑像、壁画表面风化、色彩脱落或淡化、壁画地仗空鼓、脱离壁面等。

六、结论及展望

石窟渗水病害的研究是一项难度大、周期长的技术工作。麦积山石窟渗水病害成因较为复杂，渗水来源虽然有了基本的认识，但其渗流机理尚不十分明确，水的运移路径与方式也有待进一步探查（目前初步认为，水主要是从崖体西侧崩坡积缓坡和崖面面流，其次是通过各类裂隙，经不同方式运移至渗水石窟，但仍需勘探验证分析）。目前石窟渗水从出水量上来讲，程度较轻，严重时达到滴水的程度，多表现为洞窟潮湿和渗洇，但其危害是较为严重的，亟须采取工程措施缓解水害病情。因此，建议设立专项科研课题，开展对麦积山岩体渗流场的调查分析与深入研究，为麦积山石窟渗水病害的彻底治理提供科学、准确的依据。

（原载于《甘肃科技》2011 年第 16 期）

麦积山风景名胜区旅游管理体制现状及对策分析

张晓君

麦积山石窟是我国早期著名四大石窟之一，它以奇特的山势造型、优美的自然风光、雄浑的洞窟建筑、精湛的雕塑技艺、精美的壁画艺术而蜚声海内外，被誉为“东方雕塑馆”。以麦积山石窟为核心的天水麦积山风景名胜区不仅是天水旅游的龙头，也是甘肃旅游对外宣传展示的重要窗口之一。特别是20世纪90年代以来，随着麦积山石窟知名度的不断提高、当地交通条件的改善，天水旅游业迎来了前所未有的历史机遇，麦积山也成为海内外游客天水之行中重要的旅游目的地之一。经过近30年的建设，麦积山风景名胜区的旅游服务设施、道路交通状况、餐饮住宿条件、接待展示水平等软硬件设施都有了很大改善，相应的管理能力和水平也有一定提高。但是随着人民生活水平的不断提升、游客维权意识的增强，他们对旅游品质服务的要求也日益提高，这就对景区的旅游管理提出了新的要求。

一、景区管理机制的形成与改革进程

麦积山石窟维修加固工程竣工以前，景区内只有麦积山文物保管所和麦积林场后崖沟工区两家单位。麦积山文物保管所隶属于甘肃省文化厅，主要负责麦积山石窟的保护管理工作。后崖沟工区隶属于甘肃省林业厅下辖的小陇山林业实验局，主要负责区段内次森林的改造和林木的抚育。1992年，甘肃省文物局成立后，麦积山文物保管所即归其管辖。1986年，升格为麦积山石窟艺术研究所，除了继续从事石窟保护管理工作外，更突出了文物研究以及对国内外游客的接待讲解工作。后来后崖沟工区改建成植物园，1998年，升格为国家森林公园，主要职责是进行森林植被培育，建立科研试验基地，满足林业科学考察以及旅游观光的需要。1982年，国务院将麦积山一带公布为国家第一批重点风景名胜区。1984年，成立了麦积山风景名胜区管理局，由天水市人民政府管辖。这样景区便有了三个单位。除此之外，在麦积山石窟保护范围内，还散布着几个自然行政村，村民主要以务农为主，近年来逐渐开始经商。

麦积山石窟自1984年开放至今30年来，也正是我国旅游业从初步发展走向大发展的阶段。旅游业蓬勃兴起，前来参观、游览的国内外游客显著增多，年均20万人次左右，且游客人数一直呈上涨趋势。为加强管理，麦积山风景名胜区管理局对各景区景点实行统一管理，其中包括麦积山、仙人崖、石门景区和街子温泉、曲溪等景点，对区内自然景观进行保护和开发。为配合景区健康有序发展，保障游客权益，麦积区政府下属的工商、税务、公安等分支机构也开始陆续进驻麦积山景区，从而形成了多头管理的格局。最早游客参观时只需购买麦积山石窟门票；景区管理局成立后，开始出售景区门票；植物园建成后也出售门票。游客如果全部参观麦积山景区就需买三次门票。2001 年，随着国家“五一”和“国庆”黄金周假期的实行，短时间内游客剧增，不断地重复购票多有不便，游客意见很大，时有投诉；同时，景区各单位之间也产生了矛盾，严重影响了麦积山和天水市的旅游形象。2005年 6 月，在甘肃省人民政府协调之下，甘肃省发改委、天水市人民政府、甘肃省林业厅、甘肃省文物局等相关主管部门经反复协商讨论，最终成立了由天水市政府分管领导负责的麦积山风景名胜区管理委员会，开始实行麦积山景区内统一售票，三家按比例分成。其中麦积山石窟艺术研究所占门票总收入的 57%，天水市麦积山风景名胜管理局占 28%，麦积国家森林公园占 15%。同时，每年从门票收入中提取 3%~5%作为景区对外宣传展示费用。这样初步消除了游客因多次购票而产生的怨言，缓解了相关单位因收入利益分配而产生的矛盾。

二、新视野下景区管理模式存在的问题

麦积山风景区管委会的成立虽然缓解了景区内各单位之间的利益纷争，但并未打破其原有的管理体制和管理模式，这给麦积山景区的健康有序发展埋下了隐患，具体表现在以下几个方面。

1. 政出多门，违法、违章现象严重

麦积山风景名胜区地处山林地区，由于各种历史的原因，当地管理部门历来执法不严，群众法律意识淡薄。改革开放以来，国家各种法律法规已日趋完善，人们的法律意识也在不断地提高。自文物法规颁布实施后，人们保护文物的意识已大大增强；森林法颁布实施后，群众“靠山吃山”的传统习惯已逐步改变，乱砍滥伐现象得到遏制。但是景区内各单位都有自己的上级主管单位，政出多门，往往出现不顾法律法规、随心所欲的现象。比如 10 年前风景管理局兴师动众凿通香积洞便是一例，为清除洞内行进的障碍，削掉了一些奇形怪状的钟乳石，殊为可惜。更为严重的是近年来对香积山顶的开发，严重破坏了生态环境。香积山顶原有寺院，早年废弃，被林木覆盖。现在林木被砍伐，山顶一片光秃秃，严重影响了景观。此事经《中国文物报》、新华网等国内媒体报道，迫于舆论压力才不得不停止施工，但香积山一带植被的恢复尚需时日。再如甘肃林校在香积山下的大沟门前随意建设实习点亦为一例，经文物部门多次劝阻无效，实属无奈。这些都不利于景区开发建设健康有序发展。《甘肃省麦积山风景名胜区保护管理条例》是依据国家的法律法规制定的景区行为准则，应当坚持贯彻在景区建设的实际行动中。

2. 景区内缺乏统一规划，导致重复建设，资金浪费严重

在总面积约 215 平方公里的麦积山风景名胜区内，文物、旅游、林业、宗教、村镇诸多单位并存，公路、电力、电信、水利等相关介入单位都有本系统制定的管理和发展规划，在有些方面互不衔接，其直接后果就是导致景区内建设项目重复。如风景管理局就在远离麦积山石窟约 2.5 公里处的停车场建立起一个游客导游服务接待中心，但由于功能与设在麦积山广场的接待中心重复，加之地理位置离石窟较远，又缺乏相关管理人员，所以事与愿违，远远没有达到最初的目的，现在只能改为他用，造成了资金浪费。又如，按照文物法规，在重点保护区内任何单位不得私搭乱建，随意改变景区原有自

然风貌，但实际情况却是景区内商业化现象比较严重，乱拆乱建现象普遍存在。许多农家乐建筑、商业建筑、管理建筑、宗教建筑等都带有很大的随意性，不符合文物保护方面的有关法规。由于它们在最初兴建时大多数也都取得了相关行政部门的许可，有的有相关部门的审批手续，文物部门对此也无可奈何。电力、电信等部门在修建景区相关设施时，也是根据自身需要而定，基本上没有考虑对整个景观风貌的影响和破坏问题。当地政府在居民点规划、搬迁、改造、安置过程中，没有充分征求文物、景区管理等相关部门的意见，使新居民点距离核心景区过近，外观设计等方面也存在一定问题，给景区管理、道路交通等都带来许多麻烦。

随着麦积山石窟申报世界文化遗产工作的展开，为了达到联合国教科文组织世界文化遗产委员会的相关要求，地方政府又不得不花大气力和巨额资金对景区内的不和谐建筑进行拆迁、改造。据不完全统计，景区内各单位投入的改造资金已达近亿元，而且后续的居民安置、基础设施建设、植被恢复、环境监测、保护管理等方面所需资金也是一笔不小的开支。所有这些，都直接影响了游客对麦积山的整体观感，给景区开发建设带来了不少困难。

3. 管理和建设方面各自为政，矛盾层出不穷

麦积山景区各单位在保护风景名胜的前提下，追求经济利益是其主要目的。由于各单位或多或少存在本位主义，所以违章违约现象时有发生。统一售票只是减少了游客购票环节，但并未根本解决景区方面存在的问题，从长远上讲，也不利于整个景区健康有序发展。

这些单位除正式工作人员外，都有相当数量的临时工作人员，保障这些人员的工资成为各单位考虑的主要问题之一。因此，除正常门票分成外，各单位都广开门路增加收入，如开设画店、开通观光车、兴建宾馆和餐厅等，既服务于游客，又增加收入，这也是必要的。但是景区管理局在门票统一分成外，又私售 20 元门票，这就违反了一票制的约定。景区售票处设在距离石窟 2. 5 公里处，是进入石窟的必经之道，由于误导，有的游客不了解情况，只购买了 20 元的景区票，没有买游览通票，结果上不了石窟，自然产生怨愤。相比之下，麦积山石窟除省财政拨付的正常经费及门票分成收入外，基本上没有额外收入，这也在一定程度上影响了职工参与景区建设和管理的积极性。

在每年旅游旺季，特别是“五一”“国庆”“中秋”等节假日期间，游客骤增，售票、餐饮、参观、休息、乘车等相关设施常常无法满足需求，经常引发各种矛盾，对麦积山景区形象造成许多不良影响。

4. 宣传教育工作不够，从业人员素质较差

景区人员的整体从业素质、敬业精神还有待提高，服务意识的转换还远没有到位。各种欺客、宰客、倒票等行为时有发生，屡禁不止。由于用人机制、管理方式、单位之间协调沟通等方面存在的问题，使这种现象难以在短时间内从根本上解决。随着乡村城镇化和国家退耕还林政策的实施，景区内居民除外出打工、进城经商消化掉一部分劳动力外，留守景区的村民年老体弱者居多，文化程度不高，没有太多的出路和就业渠道，只能是在景区就地摆摊设点，经营山区特产、地方小吃、旅游工艺品等，既难于管理，又有碍于景区正常的参观游览秩序。在景区对外宣传展示方面，也存在同样问题，由于彼此的上下级隶属关系各异，工作中的侧重点有别，这种现象导致大家既想从景区发展中受益，又不主动出资加大对外宣传力度，始终无法形成合力，导致景区内最核心、最具价值的亮点没有更好地展现出来，为海内外所熟知，自然也不能吸引更多的游客和旅游投资。

三、景区管理对策的探讨与分析

从对麦积山风景名胜区管理模式的分析可以看出，管理机制和体制的多重式、交叉式结构直接引发了上述矛盾。要解决这些问题，应做好以下几方面工作。

1. 各部门充分发挥自身优势，为景区发展做贡献

鉴于风景名胜区的特殊性质，区内部门多，牵涉范围广，每个部门都有其自身的行业特点和发展规律。因此，有效地建设、管理，可以发挥出“一加一大于二”的作用。如此方能促进整个景区的和谐发展，提高旅游服务质量，也可使景区内单位和居民在旅游业发展中受益。那么，如何协调景区内如此众多单位、部门之间的关系，使景区内相关项目的建设管理依法进行？解决的途径在于充分发挥地方政府相关部门的行政职能，管理协调好依法行政，依法建设的问题。

我国的法律体系由国家、省（区）、市（县）三级政府的各级人民代表大会来制定，其中依据《中华人民共和国宪法》制定的国家级的法律具有最高权威性，也是地方各级人民政府制定相应法规条例的基础和依据，更是政府各行政职能部门制定本地区、本行业、本部门各项发展规划和建设蓝图的法律依据和实施保障。有鉴于此，在麦积山风景名胜区的建设和管理过程中，天水市人民代表大会和天水市人民政府法制办公室应该充分发挥其相应的职能和作用，强化日常管理工作的执法督查职能。具体而言，首先，景区内任何地方性法规、条例的出台要广泛咨询景区内各相关单位、部门和居民的意见，认真听取相关利益群体的诉求，要兼顾到方方面面的切身利益，防止由此产生新的矛盾和问题。其次，相应的法规条例正式颁布实施后，不能仅停留在政府相关部门的档案柜和红头文件中，要充分利用网络、电视、广播、报纸等各种新闻媒体向社会广泛宣传，使景区内相关的每个利益群体和个人都了解、掌握相关的法律法规知识，在日常的生产、生活中真正做到依法办事、依法建设。再次，政府相关职能部门要充分发挥法律监督作用，定期或不定期开展法律监督、法律咨询、执法检查，日常工作中真正做到执法必严，违法必究，增强查处力度，使每个公民和法人主体真正产生对法律的敬畏，从根本上减少或避免各种违法、违章现象的发生。最后，在具体单位和部门发展规划实施过程中，政府主管机构要发挥协调和管理职能。任何规划的实施和出台，都不能擅自做主，要依据国家的有关法规，结合实际情况，一定要有可操作性；不能脱离实际，闭门造车，随便出台规划，致使其结果既花费了巨额资金，又无法达到预期效果。在涉及景区相关规划的出台过程中，政府和主管部门要加大调研力度，使规划紧紧扣住景区文物保护和景区环境保护这两条主线，凡是不符合这两条原则的应不予审批和通过。这样，才能有效解决景区建设中的混乱现象。

2. 树立全局观念，改变各取所需、各行其是的做法

在景区建设和管理方面，由于没有全面执行发展规划，而是我行我素，致使工作中往往出现偏差，这是无法回避的客观事实。要解决这一问题，必须从现实情况出发，充分发挥地方政府相关部门在管理方面的职能，凡是涉及景区内的建设项目，在符合相关法律条文的基础之上，充分发挥规划、财政、金融、税务等部门的作用。对设计不合理、建设脱离实际、规模体量过大、设施功能重复等项目，严格依照规划不审批、财政不支持、银行不贷款、税费不减免的要求进行管理，使有限的资金真正用到该用的地方。这样就可以最大限度地避免景区的重复建设。

3. 借鉴外地经验，建立统一的行政管理机构

风景名胜区多头管理的问题，在全国各地普遍存在，特别是在自然与人文景观融合的风景区中表现更为突出。比如江西庐山风景区，涉及三个县，分别隶属于中央、省、市、军队等几十家景区内单位，行政和管理职能错综复杂，迄今为止仍未能很好解决。一些类似情况的景区经过十几年探索，都摸索出了一套相应的管理办法和解决对策，比如云南丽江、安徽黄山、四川九寨沟、浙江千岛湖等许多国内风景名胜区，尤其是洛阳龙门石窟的成功经验，值得借鉴。

龙门石窟景区管理曾经也很混乱，由于发展经济的短视，自20世纪80年代后期至90年代，近百处不协调的建筑把一个好端端的文化遗产搞得满目疮痍。借着申报世界文化遗产的东风，在河南省委、省人大、省政府的领导下，河南省文物局与洛阳市政府以及有关部门提出“破釜沉舟，背水一战，志在必得，一次成功”的口号，为彻底整治龙门石窟文物保护区的环境，洛阳市投入了大量的人力、物力、财力。2000年，龙门石窟顺利列入《世界文化遗产名录》。申遗成功后，河南文物主管部门和洛阳市政府有步骤地把战果进一步地巩固和深化。洛阳市先后理顺了保护区的管理体制，为了避免车辆对石刻造成的污染和震动，投资并调整了保护区内的交通路线，丰富了景区内涵，修缮了附近古迹并形成完整的旅游环线。

在洛阳市政府的运作下，2004年，将景区内的龙门文物管理所、龙门风景管理局、香山公园、伊河管委会、龙门镇政府、东山林业管理局、东山宾馆等龙门石窟保护范围内十余家单位统一整合为具有县级行政职能的龙门研究院，并根据日常行政管理、文物保护研究、旅游接待服务、景区票务管理、对外宣传展示、基础设施维护、河道清淤养护、景区植被绿化、卫生管理、文化产业开发、文物安全执法、景区居民管理等景区内具体职能，设立了15个部门。这一区域也严格按照新的《龙门石窟保护管理规划》实施，对保护区内与龙门石窟自然景观不协调的各种旅游设施全部拆除或异地重建；所有交通、电力、电信、商业、餐饮、住宿、娱乐等景区配套服务设施，严格按照规划建设和改造；花巨资搬迁了水泥厂、学校、居民住房等保护区内的无关建筑，并对原址进行恢复和绿化。通过体制改革，基本做到各司其职、各尽其责，使龙门景区内各单位的矛盾得以化解，多头管理等诸多难题一扫而光。

这种打破原有管理体制的做法整合了原来各个单位之间的利益格局。从整体运行八年来的情况看，效果非常明显，不仅景区门票收入过亿，而且整体景观也有了脱胎换骨的变化。有了充足资金的保障，龙门石窟的保护和研究也迈上了一个新台阶，成立了被世界古遗址理事会和国家文物局认定的唯一的中国石质文物保护基地和国家重点实验室；每年由文物出版社发行的《石窟寺研究》也成为宣传和展示龙门石窟研究成果的重要窗口。而且龙门石窟申遗及改革的成功辐射了河南全省，还极大地提高了各地党政领导对文物工作重要性的认识，带动了洛阳以外地区的申遗工作。

通过对比分析，可以看出，麦积山景区在许多方面与龙门石窟有其相似性。正是由于体制多头管理的问题存在着天水市政府与省直部门在景区具体管理事务上的掣肘，使得当地政府不乐意在景区投入更大的人力、物力和财力，对其进行深度的开发和打造。同时，隶属于不同机构和部门的景区单位之间，存在的矛盾一时难以解决，自然也就无法在现有基础上将麦积山景区的事业做大做强。麦积山石窟这些年来整天被景区头绪繁多的杂事所困扰，影响了文物的保护研究与管理，其他各项工作也受到了一定影响。无论是软、硬件方面，麦积山景区都有许多工作要做，任重而道远。如果有较好的相应对策出台，公平公正透明，有的单位也就不会千方百计在门票收入分成以外做文章，而是将精力放在景区的建设和发展上，景区内单位收入不平衡的情况也将有所改变。景区内自然行政村的居民也会从政府发展旅游经济、做大做强旅游市场的具体项目中得到妥善安置，从而享受到景区旅游业发展带来的实惠。

综上所述，若要彻底解决麦积山景区管理体制问题，就必须打破现存常规和条块的制约，解放思想、拓宽视野、寻找差距、综合治理，平衡各方关系、实行统一管理。这就需要成立一个具有独立行政执法权力的机构，由政府出面，为麦积山景区重新整合出一个全新的、具有政府职能的部门，对麦积山景区统筹规划，全面管理，扎扎实实开展景区工作。麦积山石窟的辉煌必将带动景区事业的繁荣，景区的繁荣也能促进麦积山石窟文物工作的大发展。当下，应想尽一切办法，有效保护并合理利用景区自然景观和人文景观，做大做强麦积山景区的事业，使其真正成为甘肃乃至中国的名副其实的旅游名片，从而为祖国的文化建设和经济建设做出更大的贡献。

（原载于《丝绸之路》2013 年第 20 期）

摄影测量方法制作数字化线描图在麦积山石窟的应用

孙明霞　魏文斌　黄莉萍　肖　婕

随着现代科技的发展，新兴的科技手段介入考古工作，如三维扫描技术的应用，不但可以用于文物考古的数字化存储，还可广泛进行文物保护、展示、考古研究等领域。在石窟寺考古中，也已开始利用近景摄影测量技术或三维扫描技术制作用于石窟考古所需的线描图，如敦煌莫高窟早期三窟的报告以及云冈石窟的三维数字化线描图的制作等①。麦积山石窟近几年也尝试利用近景摄影测量技术制作洞窟的数字化线描图，以应用于洞窟档案的建设、石窟寺考古及文物保护的需要，并取得了很好的效果，本文就其技术在麦积山石窟的应用做简单的介绍。

一、研究背景

麦积山石窟保留了大量的从北朝至明清时期的建筑、雕塑和壁画等遗存，因其年代久远，石窟遭到了自然和人为的破坏，危岩崩塌、洞窟漏水、泥塑作品风化、壁画脱落变色等病害不断加剧，使石窟变得极其脆弱。采用什么样的手段将它的现有信息精确又忠实地永久性记录下来，作为真实文物的副本保存，为文物保护、研究建立完整、准确、永久的数字档案。这对文物的保护、修复以及研究都具有重要的意义，是麦积山石窟保护与档案建设的重要使命和责任。随着石窟自然损坏速度加快，消失的信息越来越多，因此完成石窟考古测绘图迫在眉睫。

长期以来，我国石窟寺考古绘图主要有两种方法：一是传统人工测量绘制石窟线描图；二是使用激光扫描仪和专业软件绘制。它们都有各自的优缺点。传统的人工绘制石窟线描图要求整个线描图绘制过程包括测量、核对都在洞窟现场完成。此种方法需接触文物测量，易使文物受到人为损害，其主要缺点是费时、变形、效率极低，而且绘制时工期长、遗漏信息多、照片不能形成连续画面。

使用激光扫描仪和专业软件绘制石窟线描图，由于激光扫描仪（Laser Scanner）具有快速性，不接触性，穿透性，实时、动态、主动性，高密度、高精度，数字化等显著优势，近年来得到了长足的发展及广泛的应用。与传统的测量方法相比，在测量的速效方面，激光扫描系统有着较大的优越性。

① 敦煌研究院编著：《莫高窟第266~275窟考古报告》，北京：文物出版社，2011年；王恒：《云冈石窟测绘方法的新尝试——三维激光扫描技术在石窟测绘中的应用》，《文物》2011年第1期。

但是激光扫描仪也有其自身的缺陷，如数据量大，需要特殊的专业软件对数据进行处理；点云数据虽然密集，但分布均匀，难以表达物体的复杂细部特征；不能获取对光具有强吸收性和强反射性的目标体的三维信息；价格昂贵，不易普及①；且激光扫描仪设备较大，工作环境要求高，无法进入空间狭小的洞窟。

随着现代摄影测量技术的发展，特别是非量测数码相机的广泛应用，使得线描图、正射影像制作成本大大降低。利用摄影测量方法获取考古要求投影面的数字正射影像，在正射影像的基础上，利用数字制图工具，由具有考古学及绘画基础的操作人员进行绘制，可获取满足考古要求的高精度、可靠的数字线描图。同时，获取的正射影像、等高线图及三维模型，可以做辅助考古资料，为文物的保护及修复提供更全面的技术资料。

近景数字摄影测量对于考古制图的基本要求都能客观而准确地达到：首先，考古绘图必须忠于原状，在这一点上，摄影测量技术以影像为基础，可以真实的反映实物的信息；其次，考古绘图要注意文物保护，摄影测量是一种非接触的测量方法，运用摄影测量技术能够在不接触文物的基础上进行考古绘图，可以很好地保护文物；第三，考古绘图需要正确而熟练地使用各种绘图仪器与工具，特别注意对仪器的保护与维修。同时，考古绘图的理论基础是投影制图，投影制图是以正投影法为基础的，以确切地反映考古实物的位置、形状、大小和保存现状。而正射影像同样是采用正投影的方式生成的。

2011 年开始，武汉朗视软件有限公司和战略合作伙伴武汉华宇世纪科技发展有限公司与麦积山石窟艺术研究所合作，利用摄影测量方法和自主研发的 Lensphoto 软件，先期开展了第 12、43、44 窟等 20 个洞窟的数字化线描图的制作。下面对该技术及成果做介绍。

二、摄影测量方法制作麦积山石窟数字化线描图

（一）麦积山石窟数字线描图制作总体技术路线

图一标示了利用近景摄影测量及专业软件制作洞窟数字化线描图的整体技术路线。

（二）野外数据获取（拍照、测控制点）及投影面的定制

由熟悉洞窟的考古人员建议确定洞窟线描图的图幅、正射影像投影面。每个洞窟确定需要的成果图有平面图、剖面图、立面图、顶部有特殊结构的顶视图以及特殊造像的特写图等。如第 12 窟确定要测绘的图有平面图、横剖面图和纵剖面图（左、右）、正壁和左右及前壁立面图、顶部图。野外数据采集工作主要分为像片拍摄和控制点测量两项工作，可同时进行。

1. 拍摄现场考察

根据被拍摄洞窟周围环境考察，选择拍摄距离和拍摄地点；根据被拍摄洞窟特点和拍摄距离选择合适相机镜头；根据考古专业人士提出的每幅线描图在洞窟中的情况，确定其正射影像投影面。外业工作人员用全站仪在洞窟中量测 3 个控制点的三维坐标，三点确定一个面，导入电脑生成 DAT 文件，

---

① 柯涛：《旋转多基线数字近景摄影测量》，武汉大学博士学位论文，2008 年。

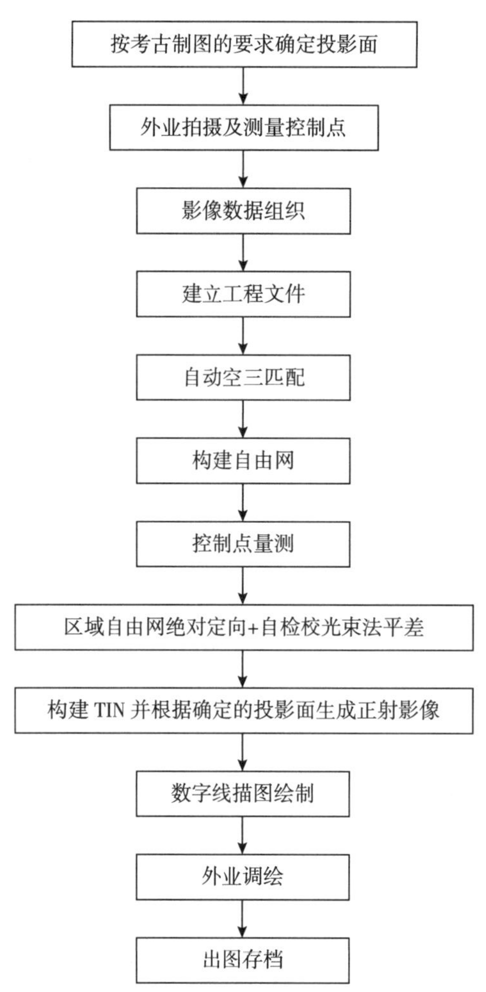

图一 制作洞窟数字化线描图的整体技术路线

得到洞窟线描图所需的正射影像投影面。

像片拍摄前准备：根据对拍摄现场的考察结果制定拍摄计划，确定以下内容；根据被摄物体特点确定摄站个数，并根据视场角和基线长度，确定每个摄站上要拍摄的像片数。并准备合适的相机和镜头、快门线等摄影装置和升降杆、灯光等辅助设备。一般摄站基线不小于摄影距离的 1/10 即可。

图片拍摄：图片拍摄中要求拍摄人员对被摄物进行正面拍摄，像片清晰，被摄物必须占满相幅的三分之二以上。保证每一条航带的影像数相同，相邻影像间保证 80%以上的重叠度，上下两条航带间带保证 60%以上的重叠度。像片拍摄后，对拍摄像片进行检查影像重叠度并保证被摄物全部被拍到，如果有部分被遮挡未拍摄到就进行补拍。

复杂场景下近景影像的获取：采用升降杆支撑相机正对被摄物，使用相机电子快门线进行拍照。升降杆是由支撑杆和云台之间通过螺丝固定连接而成，可以根据实际需要确定长短。

2. 控制点量测

根据对拍摄现场考察结果设计控制点分布图，控制点布设需要满足以下要求：控制点分布均匀；被拍摄物体的四角点布上控制点，从而更加有利于空中三角测量；确保边缘控制点至少出现在三张影像上且控制点每个立面保证至少八个控制点；在无法人工布设控制点时，可在被摄物体上选一些特征点作为控制点，然后测量其三维坐标。

3. 根据控制点分布图布置控制点

用全站仪测量控制点。

4. 影像组织

航带排列界面，导入影像数据和相机参数数据后，输入航带数，对影像进行航带分组。

5. 空中三角测量

应用最新研发的、可靠的多基线立体匹配算法获取大量同名点，然后通过近景空中三角测量完成模型自动连接并获取像片外方位元素和相机参数，最终通过多光线前方交会及区域网平差，自动生成物方区域三维坐标点的点云，从而建立高精度的数字表面模型。

6. 密集点云匹配

密集点云的目的是匹配生成更密集的三维点，再通过生成点云来提取高精度的三维点。

7. 正射影像图制作

正射影像图制作主要有 2 种方法，根据洞窟实际情况进行选择。

（1）投影面的选取

根据客户对正射影像成果要求，在外业时选取三个坐标点获取投影面，制作成 DAT 文件，内业根据投影面生成正射影像图。

（2）正射影像生成方法一

由密集点云生成 DEM，再设置参数，由 DEM 根据选定的投影面生成 DOM。

（3）正射影像生成方法二

由密集点云，生成真纹理，再由真纹理生成正射影像。

8. 数字线描图的绘制

测图方法有 2 种：正射影像测图、立体测图。

（1）正射影像测图

主要应用于文物的平面和立面作图。

（2）立体测图

主要应用于文物的底面和剖面作图。

（3）套图

对整个洞窟的底面、立面、平面、剖面图的尺寸和细节一致性进行检查。

（4）线描图属性编辑

将导出的 .dxf 格式的线描图导入 CAD 软件进行编辑。输出的 DWG 格式图可以进行修改及局部放大、任何部位的尺寸量测。

9. 外业调绘

打印线描图。绘图技术人员和考古专业人员在洞窟现场将纸质线描图与洞窟实际情况进行比对，主要检查是否有尺寸差错，是否出现与洞窟遗存有不相符的情况。当出现这些情况后，当场可以进行线描图电子版的修正做最后确认。

10. 出图存档

将经过熟悉洞窟艺术的文物考古专家确认后的线描图按照图幅要求打印存档。

三、关键技术及解决情况

（一）复杂场景下近景影像的获取

麦积山石窟的洞窟基本都开凿在险峻山崖上，且造像多为泥塑，易受到人为损害，所以必须进行无接触测量。由于洞窟处于险峻山崖上，洞窟旁边即装有人工护栏。相当一部分洞窟较小，依据近景摄影测量原理，获取影像必须正对拍摄。洞窟中可实际拍摄距离短，如果由外业工作人员手持拍摄，必会产生仰角，影像变形。采用升降杆将相机固定在不同高度正对影像拍摄解决这一难题。

（二）大数据量近景影像的全自动摄影测量处理

摄影测量中双像（立体像对）的量测是提取物体三维信息的基础。在数字摄影测量中是以影像匹配代替传统的人工量测，来达到自动确定同名像点的目的。摄影测量基本过程包括摄影和测量两个主要步骤，首先获取被测物体的影像，然后对影像进行解析获取三维空间的位置等几何信息。

它基于物方（空间）点、像点、相机中心三点共线的成像模型，根据两张或两张以上影像上的“同名点”，进行交会得到空间点三维坐标，最终实现三维空间的测量与认知。三点共线的原理可以用下面的公式描述：

公式1①：

$$x-x_0=-f\frac{a_1(X_A-X_S)+b_1(Y_A-Y_S)+c_1(Z_A-Z_S)}{a_3(X_A-X_S)+b_3(Y_A-Y_S)+c_3(Z_A-Z_S)}$$

$$y-y_0=-f\frac{a_2(X_A-X_S)+b_2(Y_A-Y_S)+c_2(Z_A-Z_S)}{a_3(X_A-X_S)+b_3(Y_A-Y_S)+c_3(Z_A-Z_S)}$$

这就是中心投影的构像方程——共线方程，也是视觉测量所基于的基本模型。对麦积山石窟数字线描图制作过程中，运用自主研发的Lensphoto软件，通过影像增强、特征点提取、影像匹配、相对定向、模型连接、自由光束法平差、自检校光束法平差，实现大数量近景影像进行全自动摄影测量处理。

影像增强：Lensphoto软件采用Wallis滤波的方法实现影像增强技术。Wallis滤波可以大大增强影像中不同尺度的影像的纹理信息，提高点特征的数量和精度，而在影像匹配中则提高了匹配结果的可靠性和精度。

特征点提取：特征点主要指影像上的明显点，如角点、圆点等。

空三匹配：摄影测量中双像（立体像对）的量测提取物体三维信息的基础。在数字摄影测量中是以影像匹配代替传统的人工量测，来达到自动确定同名像点的目的。

由于空三匹配需要利用已经提取出的特征点在立体像对间匹配一定数量的、分布均匀的同名点，

---

① 柯涛：《旋转多基线数字近景摄影测量》，武汉大学博士学位论文，2008年。

因而在特征点时，将影像划分为规则格网，每个格网内提取兴趣值最大的局部极值点作为特征点，这样既能保证匹配点在影像上的均匀分布，同时也提高了特征点提取及匹配的效率。

自由网构建（模型连接）：由匹配获得的同名点，进行立体影像相对定向，根据立体影像间的公共点进行模型连接，最后利用光束法平差方法，构建自由网。

相对定向：即恢复或确定立体像对两个光束在摄影瞬间相对位置关系的过程。

光束法平差：是以一幅影像所组成的一束光线作为平差的基本单元，以中心投影的共线方程作为基础方程。通过各个光线束在空间的旋转和平移，使模型之间的公共点的光线实现最佳的交会。自由网光束法平差，以单张影像为平差单元，将影像坐标量测值为观测值，建立平差数学模型，是最佳地顾及和改正影像系统误差的影像。

由于影像的重叠度高，测量对象往往出现在多张影像上，lensphoto 具有多基线立体匹配功能。利用多基线立体匹配方法获得的同名点具有大量的多余观测值，使用选权迭代法获取观测值的权值并利用多片前交进行平差计算，既能较有效地解决随机的误匹配问题，同时又能增加交会角，提高物方坐标解算的精度。

量测控制点：利用 lensphoto 软件中的控制点测量模块，测量控制点在影像中的坐标。

自检校光束法区域网平差：量测控制点的像点坐标后，利用控制点将构建自由网获取的影像及同名点在局部坐标下的坐标，纳入到控制点所在的物方坐标系中。

（三）非量测相机的自标定

近景摄影测量所使用的相机分为量测相机和非量测相机。非量测数码相机与传统量测相机相比，其优点在于：价格低廉；影像获取速度快；操作灵活、方便，可更换不同的焦距，可手持摄影；没有“底片变形问题”，无需框标。并且随着数码相机生产技术的日益成熟，商用数码相机价格越来越便宜，易于购置并投入生产，因此非量测数码相机更易被普通用户接受。但是非量测数码相机也有其自身的缺陷：内方位元素未知、畸变差大；内方位元素不稳定，每次拆卸和重新安装镜头后必须重新进行检校。因此欲利用非量测数码相机进行近景摄影测量（特别是工程测量），就必须利用有效的相机标定方法消除影像的畸变。

相机标定的方法主要有，拍摄前相机标定及拍摄后利用控制点进行在线检校。由于麦积山石窟拍摄现场条件有限，拍摄前进行相机标定所需要的标定场难以满足。实际结果表明，即使引入系统误差的预改正，平着后的结果仍存在一定的系统误差，即使是最严密的平差方法，如光束法平差，也不能获得最精确的结果。同时，在线检校考虑了非量测相机在拆卸和重新安装过程中引起的相机内方位元素的变化。因而本成果采用利用控制点进行在线检校方式，即将相机的畸变差和像主点的初值设为零，焦距初值使用镜头出厂时提供的参数，然后利用自检校光束法平差，在求解影像的外方位元素及目标点的三维坐标的同时，将相机内参数作为附加参数以未知数或带权观测值形式代入光束法平差方程中进行整体的平差，并求解，从而在平差过程中检定和消除影像畸变的影响，可提高非量测相机在近景摄影测量实际应用中的精度。

（四）三维精细点云的快速匹配

基于核线密集匹配方法，匹配时采用一维的搜索策略，同名点的搜索范围大大减少，且匹配计算简单，可快速生成理想的三维点云，有效地提高的匹配效率及匹配精度。同时，本成果可以根据需要，确定匹配后生成的点云的密度。本成果中快速匹配获取的精细点云，为后续正射影像生成提供优质的数据源，以生成高精度的数字线描图产品。

（五）可定制投影面的精细正射影像制作

正射影像是由正射投影得到的，利用数字微分纠正的方法，根据影像的外方位元素、相机参数与数字地面模型，根据构像方程，或按一定的数学模型用控制点解算，从原始非正射投影的数字影像获取正射影像。正射影像具有正确的平面位置，并保存有丰富的影像信息。常用的正射影像制作，正射影像的基础是数字高程模型（DEM），将 DEM 格网点的 X、Y、Z 坐标用共线方程变换到影像上去。摄影测量坐标系中的 XOY 平面与正射影像平面平行。

由于考古制图的中所需的投影面与摄影测量中通常意义上的以 Z 方向平面为正射影像的投影面不同，摄影测量坐标系中 XOY 平面与所需的考古制图投影面存在一定的夹角，如果按照传统的方法将其投影到摄影测量坐标系 XOY 平面上生成正射影像，则采集的正射影像中的用于绘图的地物为严重压缩，而不能用于线描图的生产。为满足考古制图的要求，需要进行正射影像生成。在拍摄前，确定所要求的投影面，拍摄时，尽量相对于投影面进行正直摄影，通过密集匹配生成的三维点云，并构建 TIN 模型。这时，如果仍采用传统意义上的 DEM 格网点（在 XOY 平面上进行格网点划分）为基础的正射影像的生成，由于两个平面存在一定的平角，生成的格网点极可能为对应所需目标对象的另一侧面，使影像生成的正射影像中所需的目标区域压缩严重，不能满足考古制图的要求，因而不再根据 TIN 模型生成数字高程模型 DEM 并以 DEM 为基础生成正射影像，而是直接由 TIN 模型，根据共线方程，利数字微分纠正，生成特定投影面的正射影像，从而获得满足考古制图要求的正射影像，为后续的线描图的制作提供基础。同时，根据实际情况，操作人员选择合适的正射影像的采样间隔，以满足高精度的线描图的生产。

四、创新点

（一）考古线描图绘制工作的内业三维可视化工作环境

与传统考古线描图的方法不同，摄影测量是从双像（立体像对）进行量测并提取物体三维信息。由于摄影测量原理可以知道，摄影测量方法，拍摄影像，量取少数控制点来确定影像的位置姿态后，不需要在外业现场进行线描图绘制工作。

麦积山石窟线描图工作中，利用非量测数码相机 Canon 5D MarkerII，获取数字影像数据。将获取的数字影像直接导入到电脑中，应用自主研发的摄影测量软件，以数字摄影测量理论，应用影像匹配代替传统的人工量测，来达到自动确定同名像点的目的，软件的全自空三测量处理流程，准确地恢复拍摄影像的空间位置姿态，进而利用共线方程，确定影像中同名点对应的物方点的坐标，快速获取物体精细三维点云，使得以点云为基础，生成满足考古要求投影面的正投影影像精确、可靠。以第 12 窟右立面数据处理为例，共拍摄了 77 张影像，从全自动空中三角测量到正射影像生成，共耗时 1 小时，大大提高了测量效率。获取正射影像后，应用以计算机辅助测图技术为基础的机助数字测图软件，使操作人员可以在个人电脑上，以正射影像为底图，进行线描图的绘制工作。将外业现场绘图，转到内业计算机上绘图，绘制完成后，再进行现场调绘，并最终成图。利用摄影测量方法绘制的数字线描图，存入 U 盘或光盘中，方便远距离传输，形成多方共享的数字洞窟数据文件，且以后根据需要可输入各种数据库，易于保存和修改。

因此，应用摄影测量技术进行考古线描图绘制，整个流程耗时少，效率高，实现了考古线描图绘制工作的内业可视化工作环境，不需要大量的外业工作，减少人力、物力、财力。

（二）可靠的高精度数字线描图产品

本成果采用的摄影测量方法以客观、真实的反映物体信息的原始数字影像为基础，进行测量工作。摄影测量处理过程中，采用 Harris 与 Forster 结合的特征点提取算法，提取影像中的特征点，特征点精度达到子像素级。同时，获取影像的重叠度大，并运用以最小二乘匹配精化的多基线匹配方法，获取子像素级的匹配精度。最后，采用自检校光束法平差，根据共线方程，运用严格的平差模型，计算出高精度的影像拍摄时的位置及姿态。并通过快速的匹配算法，生成精细的三维点云，再按照考古所需的投影面以正投影方式生成高精度正射影像。最后以正射影像图为底图，进行线描图的绘制工作。正射影像的分辨率 2 毫米，因而线画图的精度可达到 2 毫米。

同时，本成果基于考古正投影方式生成正射影像，在此基础上获取的数字线描图忠于实物，满足考古制图要求。且高分辨率正射影像中，可以清楚地观察石窟中的塑像及雕塑轮廓，使得线描图绘制方便、精确。另一方面，绘图软件中提供曲线拟合，直线、直角等绘图工具，减少绘图误差，使得绘制的线条更平滑，与实物更切合。软件同时提供目标的测量功能，可方便的测量两点间的距离等。生成的线描图为矢量形式，易于放大、缩小，可按照所需要的比例尺成图。

综上所述，本成果运用摄影测量方法进行考古测量及线描图绘制，成图精度高，效率高，好于常规的测量及绘图方法。

（三）精细的摄影测量三维密集点云

点云图是由精细的摄影测量所生成的。

（原载于《敦煌学辑刊》2014 年第 4 期）

木工文得权与麦积山石窟

薛林荣

一

文得权是麦积山石窟附近文家村的一名木工。

这名木工是元明以降第一位登上麦积山石窟西崖万佛洞（第 133 窟）的人。他还在 20 世纪 40~50 年代，先后帮助冯国瑞和中央文化部勘察团勘察麦积山石窟，维修栈道，居功至伟，是陇右最具文化色彩、最负盛名的一名木工。

文得权之前，一大批无名的工匠修建了“凌空穿云”的麦积山木质云梯栈道，惊险陡峻为世罕见，行走其上，步步惊心。这些栈道就地取材，使用秦岭山脉小陇山林区一带常见的油松、水楸、漆木、山槐、山榆等硬杂木，以秦汉之法建造而成，主要由挑梁、横梁、斜梁、栈道板、踏步板、望柱、栏杆等组成，自下而上，层层突出，最多处达 12 层，称作“十二联架”，蔚为壮观。由于木栈道长期暴露在外，不断遭到风化腐蚀，南宋绍兴二年（1132 年）又遭兵火毁坏，明朝后期更为野火所烧，致使东、西两崖断绝，木栈道櫁椽间存，人迹绝不能至，西崖上部最大的洞窟即万佛洞被自然封闭，数个世纪人迹绝无，鸟粪厚可没胫。

有据可查的资料显示，最后一位登临麦积山西窟的人是五代的王仁裕。王仁裕将麦积山栈道称为“悬崖万仞梯”，他于 911 年曾攀至万佛洞（万菩萨堂），当时的情形是：

> 由西阁悬梯而上，其间千房万室，缘空蹑虚，登之者不敢回顾，将及绝顶，有万菩萨堂，凿石而成。
>
> ——《玉堂闲话·麦积山》

到 1767 年，新任巩秦阶道（即巩昌府、秦州、阶州一府二州的长官）毕沅参观麦积山时，“丁丁不见人，烟树响樵斧。惊起鹤一双，远落夕阳浦”。麦积山石窟已沉寂很久了。

二

处于草堂春睡的麦积山石窟等来了冯国瑞，他于 1941 年对麦积山石窟进行了开窟 1500 余年来的首次科学考察，印行了300部《麦积山石窟志》，麦积山石窟始为外界所知。但因栈道损坏，很多洞窟冯国瑞没能登临，众多佛陀、菩萨依旧沉睡在悬崖窟龛中。不过，一个后来编号为133的洞窟已引起了他的注意。此窟在西崖大佛像东头，俗称藏碑洞或万佛洞，冯国瑞拿望远镜观之，窟口稍深处悬有篆文，两侧有小字，但不能辨识。

1946年，天水专员胡受谦请冯国瑞给宝天铁路民工纪念堂撰写碑文，冯公提出条件，请求胡受谦拨款抢修麦积山石窟栈道，胡受谦答应了。在这次维修考察中，冯公找到了一位重要的帮手——木工文得权。

文得权（1915~1987年）家住麦积镇的文家村，世代务农，初识字，10多岁时即随祖父学木工，技艺精湛，为人实在，村民盖房修院、定制家具都争相去请。他还精通各式庙宇建筑、木工雕刻，有一手修筑凌空栈道和攀援登高的硬功夫。文得权时常往来于麦积山石窟一带，对麦积山的山势、地形都很熟悉，所以冯国瑞综合考虑之后，请他帮助规划修葺东崖栈阁围栏工程。

据文得权之子文有邦保存的民国账本显示，文得权于民国三十五年（1946年）10月21日起开始了这次维修工程，这一天也标志着麦积山石窟近现代维修保护的开始。文得权带领李锡珍、屈茹苍、孙满堂等人，历时两月，完成了东崖从千佛廊至牛儿堂的栈阁围栏工程，并修建了麦积山馆，作为游人下榻之所。

此时，麦积山石窟西崖洞窟仍是一处神秘的未知之所，引起学术界诸多遐想。民国三十年（1941年），光绪举人、曾留学东洋的西北师范学院中文系教员刘文炳就在《麦积山石窟志序》中说："秦州久为中国及西域各民族文化交通之会，而麦积山洞之梯，有自宋明以来不可跻攀者，其中或不无敦煌性之所储。"言下之意，联想敦煌石室藏经洞，对未通洞窟储藏的宝藏寄予很多期望。

1947年，为了探知西崖洞窟的文物情况，国民政府张贴榜文，悬赏200个银圆，招募可上得西崖洞窟的能工勇匠。上西崖需要冒着巨大的生命危险，榜文贴出月余，无人揭榜。这时候，冯国瑞想到了文得权。

> 一九四六年的灯节，我同几位朋友又到山里，追寻一位曾经上过西窟碑洞的工人，住了一宵，终于找到了。他叫文得权，他勇敢地答应了探视碑洞的任务，攀木结绳而上，直入洞内，他下来告诉了许多奇迹，大家都高兴的狂笑起来，文得权也发了痴！
>
> ——冯国瑞《天水麦积石窟介绍》

冯国瑞认为照文得权所谈的材料，这碑洞无疑就是《玉堂闲话》里面所记载的"兹山西阁万菩萨堂甚伟丽……"的实证。大家准备了一块石头，要刻石记事，让冯国瑞撰书，冯即写了一篇《天水麦积山西窟万佛洞铭并序》，里面有这样的一段：

> ……复往游，释本善曰："西窟可穷探矣。昨者木工文得权架插七佛龛椽栋称能。"乃倩挟长板，架败栈间，递接而进。至穷处，引索攀援，卒入西窟大佛左之巨洞中。三十六年二月十日也。洞广阔数丈，环洞二十四佛，十八碑，高有五六尺者，多浮雕千佛，隐壁悬塑无数……
>
> ——冯国瑞《麦积山石窟志》

也就是说，冯国瑞一行是1947年2月5日到的麦积山石窟，在山里住了一夜，第二天找到文得权，准备了几天，1947年2月10日（农历正月二十），文得权得以探险万佛洞。三四个世纪以来，藏碑洞第一次有人进入，文得权的脚下，鸟粪没胫，洞窟中的鸽子、蝙蝠、松鼠四散惊走。文得权看到了一个巨大的崖墓式洞窟，复式叠龛，结构极为复杂，佛陀、菩萨、石碑列于一堂……麦积山石窟的镇山之宝被发现了！

值得一提的是，这次探险万佛洞，由于天气十分寒冷，满头大汗、气喘吁吁的文得权吸入了过量冷空气，一冷一热，使他的呼吸系统受到了致命的侵害，从此埋下了气管炎的病根，此后多年，家中倾资财治病，终未能痊愈（据麦积山博物馆汪明先生文章）。

1948年，在兰州工作的冯国瑞回到天水，专程去麦积山石窟，在瑞应寺中见到了文得权，问给他寄出的200个赏金银圆收到了没有。文得权说国民政府曾派人送来了20个现大洋。冯国瑞听了非常气愤，为表示歉意并弥补文得权的损失，说："我给你写一副中堂，现在肯定能值200个大洋。"

于是，在瑞应寺方丈禅房中，冯国瑞为文得权写了一副宋代秦州知州李师中所作《麦积山》诗。两边对联由于没有合适的内容，当时未写，直至1953年8月，冯氏参加中央文化部勘察团再至麦积山石窟时，才特意配了对联，还附送了五张装裱备用的宣纸。

中堂内容为："路入青松翠霭间，夕阳倒影下溪湾。此中猿鹤休相笑，谢傅东归自有山。"题款为："卅六年上元后二日，与瑞应寺主僧本善，倩得权架板牵絙，登西阁碑洞，发见北朝千佛碑十八，欢喜无量，书此赠之。冯国瑞宿麦积山中之三日。"

对联七言："洞窟援升山上下，莲花鱼戏叶西东。"首联题款："得权同志雅正。"尾联署款："一九五三年八月冯国瑞时同游麦积山。"

文得权及其后人将冯公墨迹当作命根子珍藏。冯公的侄子冯宬先生曾去文家村访文得权，据他回忆，文得权说："我之能登临万佛洞探险，全是冯先生的志诚。我是为报先生知遇之恩，豁出命来探洞的。"冯宬先生当时想看看伯父的中堂墨迹，文得权就"脱去鞋袜上了土炕，从山墙的顶棚内摸了许久，取出了一大卷用牛皮袋包着的宝贝，一层又一层地解开"。冯宬先生请同行的牟天生拍了照片。老人说："看够了没，看够了我要收拾了，这东西是要传代的宝。"（见2012年冯氏自印本《天水冯氏家传》）文得权在世时就如此秘藏冯公墨宝，他去世后，后人肯定更加珍如至宝，秘不示人了。

三

木工文得权还在中央文化部的勘察活动中立了大功。

1953年7月，中央文化部组织了以吴作人为团长的麦积山勘察团对麦积山石窟进行了全面勘察。吴作人执笔起草的《麦积山勘察团工作报告》特别提到了"文得权小组"：

> 架设栈道工程是难以想象的艰险，当地组织的包括木工十六人的文得权小组，在工作中发挥了高度的劳动热情、智慧和勇敢。文得权、王正明、温怀珠等曾经以一根索和一块板，凭着残留的木桩或桩眼，攀登到四五十公尺高的悬崖上，开辟了飞栈的路线。

据董晴野《冯国瑞先生勘察麦积山石窟回忆》一文，当时木工小组16名成员是文得权、王正明、王善德、王永珍、刘永泰、刘满泰、冯自成、温自强、屈成德、何明义、马六十一、袁新进、高桂、王忠义、安世荣、路根喜。文得权为修栈组长。

这份名单中没有吴作人工作报告中提及的温怀珠，故温自强当为温怀珠。

文得权这次除整修东崖栈道外，还在西崖凿眼打桩，新修800多米栈道，使勘察工作得以顺利进行。

当时工作的难度，在敦煌研究院文物保护所所长孙儒僩先生的回忆文章中可见一斑：

> 所有的楼梯栈道，都是下临几十米的深渊，人在上面只能小心翼翼地走。段文杰他们几人比较胆小，每上一次西崖就说："就上这一次，再不敢上了。"但是木工文师傅沉着胆大，跪在洞窟的崖边上，用力把糟朽的梁拔出来，然后把梁安进梁孔，还得用楔子把梁楔得非常牢固，一点都不马虎。新梁是刚伐的湿木料，非常沉重，估计每根不下一百多斤重，在安装过程中，别人又帮不上忙，一个人操作，我们真是提心吊胆，就怕文师傅有个意外。就这样每天前进几米，遇到实在太残破的楼梯，明知不太牢靠，为了赶时间，也就只有依靠它了，临时搭一根椽子当作扶手，多少有一点安全感。就这样，文师傅带着几个工人，修好一段，我们就迫不及待地紧随其后进入洞窟……不管如何我们是多少年来首先登上西崖首先看见这些珍贵文物的人，我们为此深感荣幸。
>
> ——孙儒僩《天水麦积山石窟的首次考察》

20世纪70年代末，麦积山石窟木栈道被整体拆除，换上了钢筋混凝土及钢管结构的新型栈道，走向与历史上的木栈道基本一致，更加安全可靠，但惊险陡峻依旧，故新华网将其与华山长空栈道等栈道列为"八大让人心跳加速的悬空栈道"。

文得权这位普通的木工探险麦积山石窟万佛洞、结缘栈道工程，在麦积山石窟保护史上留下了自己的名字，善莫大焉。

（原载于《丝绸之路》2015年第1期）

麦积山景区旅游“黄金周”现状分析与对策思考

张晓君

麦积山石窟是天水乃至甘肃旅游观光的重要景区之一。自1984年山体加固工程竣工正式开放以来，年旅游接待人数不断上升，从20世纪80年代的年客流量10多万逐年递增，达到2014年的60多万。相应的景区基础设施、交通条件、接待能力等也日臻完善。每年游客主要集中在5~10月，尤以7~8月份为全年高峰阶段。20世纪90年代起，随着改革开放步伐的逐步加快，国民生活水平的显著提高，百姓休闲消费能力也在不断攀升，用于餐饮、购物、旅游、健身、娱乐等方面的消费，与之前相比也大幅度增加。1998年，在东南亚金融危机爆发的背景下，为了拉动国内经济，刺激消费，促进国内旅游业的发展，国务院于1999年9月18日发布《全国年节及纪念日放假办法》，决定增加公众法定休假日。春节、“五一”和“十一”法定休假各3天，再加上调整的前后两个双休日，形成现在每年的三个长假，即后来的旅游“黄金周”，对于推动我国旅游业的发展发挥了巨大作用。我们应该抓住这个有利时机，树立起良好的形象，使麦积山石窟扩大影响力，走向全国、走向世界，在天水市人民政府推行的“旅游富市”战略中真正起到龙头作用。

一、麦积山景区旅游“黄金周”现状分析

经过长期运行和不断调整，“黄金周”制度也日趋完善。春节七天长假，按照中国传统习俗，人们大多在家过年，各景区游客都比较稀少。“五一”长假客流量被清明节和端午节分解，基本趋于平缓。这段时间内各景区游客多为短途游客。国庆七天长假，长途游客增多，客流量最高峰出现爆棚式增长，麦积山石窟旅游接待也出现了一些新的特点，主要表现在以下几个方面：

1. 游客人数骤增

根据2011~2014年9月30日至10月7日景区客流量的统计表明，进入麦积山景区的游客数量和参观石窟的游客数量呈现出基本相同的波峰线，即9月30日和10月7日为最低值；10月1日起，客流量逐渐开始上升；10月2~5日，上升至最高值；10月6日开始回落；10月7日再次降至最低（图一）。从具体时间段上分析，为了适应游客骤增的需求，满足游客的参观需要，“黄金周”期间，麦积山石窟开放时间提前半小时，由早晨8点30分提前至8点整。停票时间由每天16点30分推迟至17点30分，石窟闭馆时间由17点推迟至18点。

即便是如此，仅在9月30日、10月1日、10月7日能基本适应客流量的需要。而10月2~6日，

依然满足不了客流量骤增的需要。9 月 30 日、10 月 1 日、10 月 7 日，这 3 天的游客登窟时间基本集中在早晨 9 点 20 分至 11 点，下午 1 点 40 至 3 点；而 10 月 2~6 日，几乎每天从早晨 8 点 30 分至下午 4 点 50 分，登窟游客持续不断，常常拥挤不堪，全靠间隔检票和人为疏导来控制客流量，缓解洞窟压力。

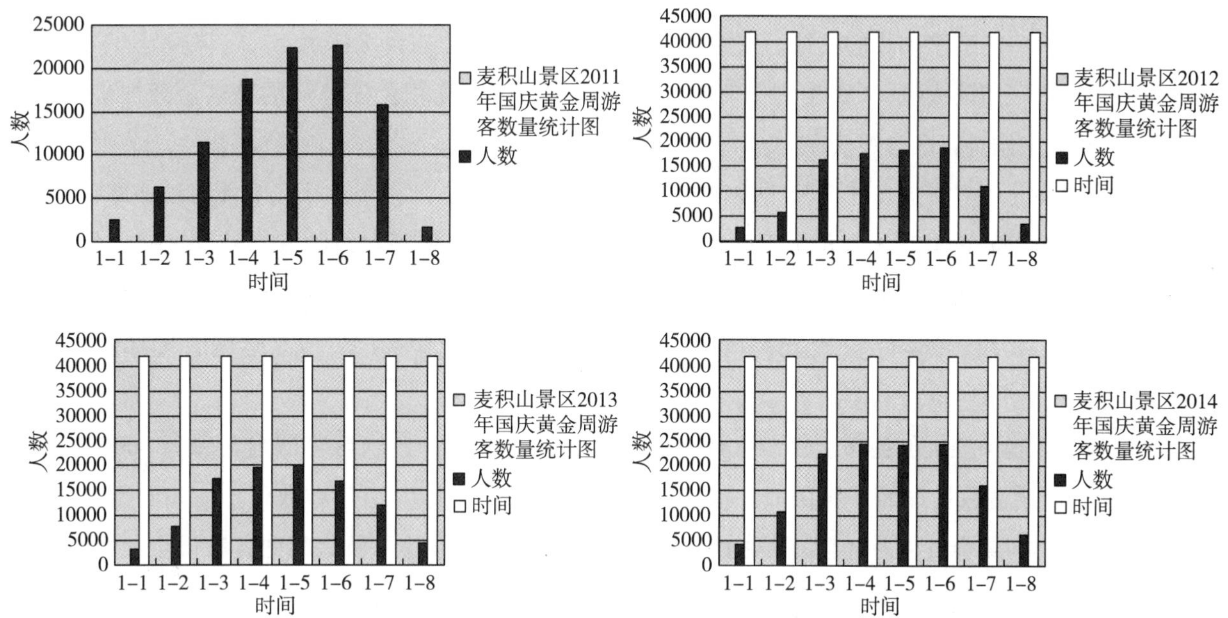

图一　2011~2014 年国庆"黄金周"麦积山景区游客数量统计图

2. 游客来源地逐渐扩大

根据对游客来源地的抽样调查分析表明，前来麦积山景区参观的游客来源地较 10 年前有明显变化。1984~1996 年，游客以天水各县区以及周边的陇南、平凉、定西、兰州、宝鸡、西安等地居多。21 世纪以来，随着麦积山知名度的不断提升，交通设施的不断改善，游客来源地从周边市区逐渐扩展为周边省区，陕西、宁夏、青海、四川等地游客显著增加。2012 年，随着铁路的五次大提速，客运列车的增加，特别是天（水）宝（鸡）、天（水）兰（州）高速公路的通车，麦积山景区的游客来源地再次扩大，形成了以甘肃、陕西、宁夏游客为主，四川、河南、青海、北京为辅，其他各省区游客均有一定数量的格局。2014 年，随着麦积山石窟被列入丝绸之路世界文化遗产，以及国家西北和中原高速公路网的初步形成，加之近年来私家车骤增，黄金周高速公路免费通行，前来参观的游客达到了前所未有的数量。

3. 游客对旅游服务的要求显著提高

20 世纪 80 年代，麦积山开放之初前来参观的游客，仅仅是慕名而来，大多数没有特殊要求。而现在的游客，特别是学生、中老年人带有很强的目的性，与一般游客相比，往往参观前就了解相关佛教知识，有的对特定洞窟内容产生浓厚兴趣，专程参观。如麦积山北魏时期的特级洞窟，第 133 窟万佛洞，第 43 窟魏后墓，第 4 窟散花楼，第 74、78 窟带有西域特征的北魏造像等，他们要求讲解，在导游讲解过程中，提出许多带有专业性和针对性的问题。他们不仅参观前就了解有关资料，参观结束后还会购买相关书籍、介绍材料等。这表明我国游客的整体素质有了显著提升。

遗憾的是，国庆“黄金周”期间，游客的这种要求根本无法得到满足。大量的游客拥挤在窟区栈道上，人潮涌动，甚至达到寸步难行的程度，根本无法进行讲解，使许多游人抱憾而归。

4. 景区基础设施和接待能力面临挑战

整个国庆“黄金周”期间，麦积山景区的窟区栈道、景区道路、售票大厅、游客服务中心、停车场所等处人满为患，甚至周边的宾馆、农家乐、商业摊点等都承受着巨大压力。

为疏导参观洞窟的人流，“黄金周”期间，景区除派出所、麦积公安分局的警察全天加班外，还抽调30名武警来维持窟区参观秩序。

景区道路由于没有形成环线，又比较狭窄，受地形限制，仅有的三个停车场只能容纳400辆小车，即使加上临时开辟的贾家河、香积山下的停车点，也只能容纳700辆左右的车。根据统计，仅10月3~5日期间，每天驶入麦积山景区的车辆就多达3500~4000辆。根据观察，每天11~15点之间，进出景区的车辆基本是缓缓挪动。面对此种情况，景区管理部门、交警部门，以及运输管理部门也无可奈何。

麦积山景区售票处更加拥挤。售票大厅只有六个窗口，其设计容纳游客流量为每天4000人。而“黄金周”期间游客数量每天平均在1.2~1.5万人，远远超出设计容纳标准数倍。在如此人流密集、嘈杂的环境中，时常会发生游客与游客之间，游客与管理人员、售票人员之间的各种误会，有时还会发生肢体冲突，使旅游质量大大下降，对整个景区也会造成不良影响。

二、麦积山景区旅游“黄金周”存在问题的解决对策

随着天水境内高速公路网的不断完善，预计到2016年，天（水）武（都）高速、天（水）平（凉）铁路等陆续通车，2017年宝（鸡）兰（州）高铁将正式通车，麦积山石窟作为世界文化遗产地，将是人们旅游的重点目的地，人流量会保持快速上升态势。针对麦积山景区国庆“黄金周”出现的客流高峰现象，我们在充分调研的基础上，结合景区的实际情况，提出以下解决对策。

1. 由旅游主管部门提前发布相关信息

麦积山风景名胜区由麦积山、仙人崖、石门三个景区组成，各景区又有几个风景点，总面积达225平方公里。各景区之间都有公路相连，彼此间距离8~10公里。其中，麦积山、仙人崖、净土寺三个景区有较大停车场，只要安排合理，指挥得当，各景点完全可以容纳4000辆左右的私家车。这样数万游客就能疏散开来。

“黄金周”期间，由于外地游客居多，麦积山景区管理部门可以考虑将游客车辆集中停放在距麦积山5公里的贾河镇，游客参观可乘景区提供的免费大巴。同时，参照机场、火车站的管理办法，在贾家河停车场等处适时发布麦积山景区内各景点游客流量、停车泊位、景区交通状况、天气预报、餐饮住宿等信息，以供游客选择参考。

2. 景区各部门全力做好游客疏导工作

景区第一道关口，在做好售、检票工作的同时，要时刻保持通往麦积山石窟及曲溪风景区的公路

畅通，以利于游客和车辆的有序流动。特别是要配合好景区内的工商、公安等机构，强化对商业摊点的管理，避免各种纠纷，以防引发群体事件，堵塞道路。

对麦积山石窟而言，继续完善原有售票措施，增加曲行栏的设置，兴建参观等待区，保证有序购票、安全参观。根据天气情况，为游客提供遮阳、避雨、饮水等人性化服务设施，为老、弱、残、孕、幼等特殊群体提供座椅等休息设施。全天开放瑞应寺麦积山石窟陈列展，引导游客前往植物园参观，以缓解窟区压力。在游客拥挤之处，积极进行疏导分流，保证安全。

3. 采取相应措施调节“黄金周”期间客流量

针对国庆“黄金周”期间客流量“两头小中间大”的实际情况，采取灵活机动的办法控制客流。在9月30日、10月1日和10月7日，对持有本地身份证的居民实行窟区参观半价优惠，以吸引他们前往参观，避开客流高峰期。如此，既能减轻高峰期的客流量和车流量的压力，又满足了游客的需求，也能充分利用景区各种设施和资源。

三、与时俱进，完善景区各项设施

1. 完善路网建设，缓解交通压力

根据我们对游客的参观意愿调查分析，90%以上的游客都会将麦积山石窟作为天水之行参观的首选之地。这种情况下，麦积山景区原有的双向两车道公路无法满足要求，其宽度仅为6米，弯度小坡度很大。而且从景区停车场到窟区山脚路段两侧有许多民居，前往曲溪、植物园的各种车辆也在这条路上通行，形成人车混流状况。在黄金周客流高峰阶段，时常拥堵，存在着极大的安全隐患。因此，建议从景区售票大厅停车场对面，顺山脚再修一条公路，至香积山脚的甘肃林学院实习基地，再过桥沿山脚绕至麦积山下的小停车场，与原有公路形成环线。这样，线路延长近2公里，可很好地起到调节客流量作用。游客沿途还可自由观赏香积山景色。

2. 利用网络技术，完善管理工作

现代科技日新月异，智能手机、网络技术已进入千家万户，各种电子支付和预约服务逐渐普及。这种情况下，麦积山景区也需要与时俱进，不仅景区和窟区管理实行网络化和电子化，而且游客服务方面也应效仿敦煌莫高窟、北京故宫等文博单位，在全面做好麦积山景区宣传工作的同时，尽快推行网络售票和网络预约参观制度。这样，景区各单位不但节约大量人力和管理成本，还能更加科学有效地调控和掌握游客流量情况，提高服务质量，使游客在愉快欢悦之中游览麦积山风景名胜。

3. 兴建旅游服务区，规范商业摊点

麦积山石窟作为世界文化遗产，按联合国教科文组织世界遗产委员会的要求，应有极其严格的保护、管理、监测、宣传和展示规定。由于历史原因，麦积山周围一直生活着许多村民，在麦积山申遗窟区整治和国家退耕还林政策的双重作用下，已全部转为城镇户口，原有耕地基本被林地所取代。除部分人员外出务工、经商外，大部分村民仍在景区从事餐饮、出售纪念品、开办农家乐、经营出租车等活动。

而景区现有的商业摊点一直没有固定的经营场所。长期以来，占路为市，许多推销纪念品和香火的村民常常是围着游客兜售，很大程度上影响了景区整体形象。“黄金周”期间，所有摊贩蜂拥而至，使原本狭窄的道路更加拥堵不堪，由此引发的投诉和纠纷时有发生。这种现象也使工商、税务、公安等职能部门束手无策。同时，公务车辆也穿行其间，极易发生意外事故。因此，建议在景区停车场北侧天河桥一带尽快开辟管理规范、功能设施完整的商业服务区，既起到分散客流量的作用，也能统一规范景区商业活动，以此提升整个麦积山景区的文明形象。

4. 弘扬麦积山石窟艺术，发展文化产业

麦积山石窟艺术是麦积山景区的灵魂。游客在参观游览的同时，应受到麦积山文化艺术的熏陶。麦积山虽然名列中国四大石窟之一，但与敦煌、云冈、龙门相比，无论是知名度，还是管理水平、宣传力度、保护能力等都存在着一定差距，远未体现出其相应的价值。这种状况应当尽快得到改变。因此，除麦积山石窟艺术研究所继续加强保护、管理、研究、宣传、展示等工作力度外，地方政府和景区相关部门应顾全大局，加强合作，大力弘扬石窟文化。景区管委会应每年拿出一定比例的门票收入，组织相关单位，通过各种方式推介、宣传麦积山石窟，使更多海内外游客认识麦积山、了解麦积山、参观麦积山。另外，还要适时支持、鼓励相关文化产业项目的推进和发展，使旅游、餐饮、住宿、娱乐、商贸等协调发展，提高当地社会经济发展水平，为做大、做强天水文化旅游业做出更大贡献。

（原载于《丝绸之路》2015 年第 4 期）

麦积山石窟彩塑、壁画颜料研究

胡军舰　岳永强

麦积山石窟是丝绸之路上一处重要的石窟寺遗址，它的彩塑壁画的制作工艺和使用材料不仅是研究我国早期彩塑、壁画制作技术和中国科学技术史的重要物证，而且对于研究我国丝绸之路上其他石窟壁画有重要价值。在彩塑、壁画制作材料中，颜料是最重要的使用材料。查明颜料的成分对于彩塑、壁画的保护和考古研究都具有十分重要的意义。李最雄和周国信对麦积山石窟的颜料作过部分研究工作。本文主要在两位学者研究的基础上，对麦积山石窟彩塑、壁画的颜料作进一步探讨。下文对麦积山石窟不同时期的 18 个洞窟、共 88 个颜料样品进行全面系统的分析，在此基础上，对麦积山石窟彩塑、壁画颜料的使用情况做一总结。

一、颜料分析方法

古代壁画中的颜料来源绝大部分都是易于采集及提纯的天然矿物颜料，这些矿物颜料大部分是结晶物质，使用 X 射线衍射分析法可以准确地鉴定颜料中所含物质的组成成分。

对于任何结晶物质，其内部质点总是在三维空间成周期性地重复排列，而且其重复的周期与 X 射线的波长属于同一数量级，因此当 X 射线通过晶体时，晶体便作为一个三维光栅而产生衍射效应。对于任何一种结晶物质的化学组成及其内部结构，当与其他种类结晶物质比较时，相互间或多或少总存在着一定的差异，因而各种物质的 X 射线衍射效应必然也会有所区别。于是可根据晶体的衍射效应来测定晶体的内部结构，并以此来鉴别晶体的物相，确定被测样品的物质组成。

颜料的取样首先要遵循取样的原则，同时选取了一些重点并有代表性的洞窟，对红、绿、蓝、白、黑五种颜色进行取样分析。所取的颜料，X 射线分析时将粉末状的颜料样品置于单晶硅片上，这种方法可满足样品取量较少的分析要求。

二、分析结果

此次（共）分析颜料样品 88 个，其中红色样品 23 个，蓝色样品 13 个，绿色样品 17 个，黑色及棕黑色样品 16 个，白色样品 17 个，黄色样品 2 个。分析结果见表一：

表一　麦积山颜料取样分析结果

编号	朝代	窟号	颜色	取样位置	分析结果	显色物质
mjy-1	北魏	70	绿色	残块	石绿、石膏、石英	石绿
mjy-2	北魏	70	棕黑色	残块	PbO_2、方解石、石英	PbO_2
mjy-3	北魏	70	蓝色	残块	青金石、石膏、伊利石、石英	青金石
mjy-4	北魏	70	白色	残块	滑石、石膏、方解石、绿泥石、石英	滑石、石膏、方解石
mjy-5	北魏	70	红色	北壁东侧	朱砂、滑石、石膏、硬石膏	朱砂
mjy-6	北魏	70	浅红	北壁东侧	朱砂、滑石、石膏、硬石膏	朱砂
mjy-7	北魏	74	蓝色	北壁东侧，主尊左侧	青金石、云母、石膏、长石	青金石
mjy-8	北魏	74	蓝色	-	青金石、石膏、草酸钙	青金石
mjy-9	北魏	74	绿色	北壁东侧，主尊左侧	石绿、石膏、石英	石绿
mjy-10	北魏	74	绿色	北壁主佛背光	石绿、绿铜矿、石膏、云母	石绿、氯铜矿
mjy-11	北魏	74	红色	北壁东侧，主尊左侧	朱砂、石膏、硬石膏、云母、石英	朱砂
mjy-12	北魏	74	红色	北壁佛西侧背光	土红、石膏、草酸钙、石英	土红
mjy-13	北魏	74	红色	西壁佛背光	土红、石膏、石英、高岭石	土红
mjy-14	北魏	74	黑色	北壁东侧，主尊左侧	朱砂、Fe_3O_4、石膏、石英	Fe_3O_4
mjy-15	北魏	74	白色	北壁东侧，主尊左侧上部	石膏、石英	石膏
mjy-16	北魏	74	白色	北壁东侧菩萨右肘部	石膏、滑石	石膏、滑石
mjy-17	北魏	78	红色	西侧佛衣裙下沿	朱砂、石膏	朱砂
mjy-18	北魏	78	绿色	北壁佛袈裟下沿	石绿、氯铜矿、石膏、云母	石绿、氯铜矿
mjy-19	北魏	133	蓝色	8号塑像	青金石、云母、草酸钙	青金石
mjy-20	北魏	133	红色	-	朱砂、云母、方解石、石英	朱砂
mjy-21	北魏	133	白色	-	高岭土、云母，方解石、石英	高岭土、方解石
mjy-22	北魏	133	黑色	-	二氧化铅	二氧化铅
mjy-23	北魏	133	蓝色	-	青金石、草酸钙、石英	青金石
mjy-24	北魏	135	蓝色	-	青金石、草酸钙	青金石
mjy-25	北魏	135	棕黑色	-	二氧化铅、石膏	二氧化铅
mjy-26	北魏，宋重修	93	黄色	北壁东侧主尊左上部（背光）	石膏、云母、高岭土、长石、石英	-
mjy-27	北魏，宋重修	93	黑色	西壁北侧上部	PbO_2、石膏、硬石膏、石英	PbO_2
mjy-28	北魏，宋重修	93	红色	北壁东侧主尊左上部（背光）	铁红、石膏、高岭土、云母	铁红
mjy-29	北魏，宋重修	93	白色	北壁东侧主尊左上部（背光）	石膏、云母、绿泥石、石英	石膏、云母
mjy-30	北魏	127	白色	残块	方解石、白云石、长石、石英	方解石、白云石
mjy-31	北魏	127	红色	残块	朱砂、石英	朱砂

续表

编号	朝代	窟号	颜色	取样位置	分析结果	显色物质
mjy-32	北魏	127	蓝色	残块	青金石、朱砂、石英	青金石
mjy-33	北魏	127	蓝色	北壁右侧八王争舍利图	青金石、方解石、石英	青金石
mjy-34	北魏	127	黑色	北壁中间中佛	二氧化铅	二氧化铅
mjy-35	北魏	127	绿色	东壁西方净土变	石绿、云母、石英	石绿
mjy-36	北魏	127	红色	南壁七佛	朱砂、石膏	朱砂
mjy-37	北魏	127	白色	东壁西方净土变图	方解石、高岭土、白云石、石英	方解石、高岭土
mjy-38	西魏	123	蓝色	窟顶飞天	青金石、滑石、草酸钙	青金石
mjy-39	西魏	123	黑色	北壁主佛右侧菩萨	二氧化铅、石英	二氧化铅
mjy-40	西魏	123	绿色	东壁菩萨	石绿、石英	石绿
mjy-41	西魏	123	红色	东壁童女胸衣	赭石、云母、白云石、石英	朱砂
mjy-42	西魏	123	红色	东壁菩萨	赭石、云母、滑石、白云石	赭石
mjy-43	西魏	123	白色	东壁弟子	滑石、白云石、方解石、石英	滑石、方解石
mjy-44	西魏	43	白色	窟顶	滑石、方解石、白云石	滑石、方解石
mjy-45	西魏	44	白色	主室佛龛右侧	滑石、石膏、长石	滑石、石膏
mjy-46	西魏	44	绿色	主室佛龛右侧	石绿、石膏、方解石、石英	石绿
mjy-47	西魏	44	红色	主室佛龛右侧	铁红、滑石、石膏、方解石、石英	铁红
mjy-48	西魏	44	黑色	主室东壁北侧中下部（菩萨右侧）	PbO_2、石膏、石英	PbO_2
mjy-49	西魏	44	绿色	主室东壁北侧中下部（菩萨右侧）	石绿、石膏、方解石、石英	石绿
mjy-50	北周	03	红色	-	赭石、石膏、方解石、石英	赭石
mjy-51	北周	03	黑色	-	二氧化铅、石膏、石英、方解石	二氧化铅
mjy-52	北周	03	绿色	-	石绿、石膏、石英	石绿
mjy-53	北周	03	白色	-	石膏、石英	石膏
mjy-54	北周	03	蓝色	-	青金石、石膏、石英	青金石
mjy-55	北周	94	白色	主室东北角	石膏、方解石、长石、石英	石膏、方解石
mjy-56	北周	94	蓝色	主室东北角	石青、石膏	石青
mjy-57	北周	94	绿色	主室东北角	石绿、石膏、石英	石绿
mjy. 58	北周	94	黑色（变色）	主室东北角	PbO_2、方解石、石英	PbO_2
mjy-59	北周	94	红色	主室东北角	铁红、朱砂、石膏、长石、石英	铁红、朱砂
mjy-60	北周	94	黑色	主室东北角	石膏、石英	-

续表

编号	朝代	窟号	颜色	取样位置	分析结果	显色物质
mjy-61	唐代	05	白色	西龛顶部壁画	石膏、石英、草酸钙	石膏
mjy-62	唐代	05	红色	西龛顶部壁画供养人	赭石、石膏	赭石
mjy-63	唐代	05	黑色	东龛顶部壁画	二氧化铅、石膏	二氧化铅
mjy-64	唐代	05	蓝色	-	青金石、石膏、石英	青金石
mjy-65	唐代	05	绿色	-	石绿、石膏	石绿
mjy. 66	隋代	37	白色	主尊左脚左侧衣裙处	石膏、伊利石、石英	石膏
mjy-67	隋代	37	红色	主尊左侧下部衣裙处	铁红、PbO_2、石膏	铁红
mjy-68	隋代	37	粉红	主尊左侧衣袖处	石膏、高岭土、伊利石	-
mjy-69	隋代	37	绿色	主尊左手衣袖口处	石绿、石膏、高岭土、伊利石	石绿
mjy-70	隋代	37	蓝色	主尊右手衣袖外侧	石青、石膏	石青
mjy-71	宋代	191	红色	悬塑菩萨	赭石、白云石、石膏、石英	赭石
mjy-72	宋代	191	黑色	悬塑菩萨	二氧化铅、石英、长石	二氧化铅
mjy-73	宋代	191	绿色	悬塑菩萨	石绿、草酸钙、石英	石绿
mjy-74	元代	127	绿色	主室左侧菩萨衣裙处	氯铜矿、石膏、石英	氯铜矿
mjy-75	元代	127	棕色	主室左侧菩萨衣裙处	PbO_2、石膏、云母	PbO_2
mjy-76	明代	9	红色	主室第三龛残块	铁红、石膏、长石、石英	铁红
mjy-77	明代	9	黑色	主室第三龛残块	长石、石英	-
mjy. 78	明代	9	绿色	主室第三龛残块	氯铜矿、石膏、石英	氯铜矿
mjy. 79	明代	9	黄色	主室第四龛左侧弟了左下侧	石膏、石英	-
mjy-80	明代	9	白色	主室第三龛残块	硬石膏、长石、石英	硬石膏
mjy-81	明代	51	白色	西壁菩萨脸部	石膏、高岭石、石英	石膏、高岭石
mjy-82	明代	51	红色	东壁佛下摆处	赭石、石膏、硬石膏	赭石
mjy-83	明代	51	绿色	东壁佛衣裙处	氯铜矿、石膏、石英	氯铜矿
mjy-84	明代	51	黑色	东壁佛袖口处	二氧化铅、石膏、石英	二氧化铅
mjy-85	明代	04	红色	-	赭石、石膏、石英、高岭石	赭石
mjy-86	明代	04	黑色	-	二氧化铅、石膏、石英	石膏
mjy-87	明代	04	绿色	-	石绿、石膏、云母	石绿
mjy-88	明代	04	白色	-	石膏、云母、高岭石、石英	石膏、云母、高岭石

综合表一的结果，麦积山石窟所使用颜料的组成成分如下：白色颜料主要有石膏、硬石膏、方解石、云母、滑石、高岭石、硫酸铅矿和石英。红色颜料主要有土红、朱砂。蓝色颜料主要有青金石、石青。绿色颜料主要有石绿、氯铜矿。黑（棕黑）色颜料主要有二氧化铅。

三、麦积山石窟颜料的使用特点

从 88 个颜料样品的分析结果来看，麦积山石窟的彩塑、壁画使用的颜料在我国其他石窟中都有发现使用，没有特殊的颜料。

麦积山石窟所使用的红色颜料有朱砂、铅丹、土红三种，其中北魏以朱砂和铅丹的使用最为广泛，北周及以后，土红取代朱砂成为使用最广泛的红色颜料。在北魏洞窟第74窟发现有土红颜料，但第74窟在北周时壁画有过重绘。与莫高窟不同，莫高窟早期朱砂是从印度、阿富汗等国家传入新疆、再传入敦煌，而麦积山位于天水，距离关中较近，而朱砂在距今4000年左右的河南偃师二里头宫殿遗址中就有发现，秦始皇兵马俑身上的彩绘所用红色颜料主要为朱砂，这说明在秦汉时期朱砂在关中地区已大量的使用。所以麦积山石窟早期应用的红色颜料朱砂，可能来自关中。在塑像、壁画中，因朱砂质量优劣不同，而用于彩塑、壁画的不同部位。颜色鲜红的上品朱砂多用于主佛的嘴唇和面部，着色面积很小，质次的朱砂因杂质多，色泽较差，用于打底绘制不重要的地方。

北周以后土红颜料的广泛使用可能是在陇南或者天水周边发现赤铁矿的缘故。此次分析的所有黑色及棕黑色颜料除第74窟的铁黑外，其他全部都为黑色二氧化铅，敦煌研究院的李最雄老师通过大量试验证明，黑色的二氧化铅是红色铅丹的变色产物，高湿度是引起铅丹变色的主要环境因素，光照和微生物是造成铅丹变色的内在因素。

此次分析的蓝色颜料中大部分都是青金石，在我国许多石窟寺壁画中，早期的蓝色颜料大多都使用青金石。青金石是一种宝石，我国近代著名的地质学家章鸿钊在《石雅》一书中写道："青金石色相如天，或复金屑散乱，光辉灿灿，若众星之丽于天也。"但在我国迄今为止从来没有发现含青金石的矿产，在印度、阿富汗等地发现有这种矿产。敦煌研究院的保护专家曾经对敦煌壁画的青金石颜料和阿富汗地区的青金石标本进行研究比较，发现两者之间具有极其相似的粒子形貌及伴生矿物特征。因此我们推测麦积山石窟的青金石颜料也有可能来自印度或阿富汗。石青产于铜矿床氧化带、铁帽及近矿围岩的裂隙中，常与孔雀石共生或伴生，在我国云南有产。

麦积山石窟壁画中的绿色颜料，以石绿为主，其次是氯铜矿和石绿的混合颜料，到了明清，以氯铜矿为主。敦煌莫高窟的石绿颜料可能来之甘肃河西祁连山地区制造石绿的孔雀石。我国的孔雀石产地主要在湖北。麦积山石窟石绿颜料的来源有可能来自中原地区。明清应用的氯铜矿有可能来自从铜锈中制得的廉价的氯铜矿。

麦积山石窟发现的黑色或棕黑色颜料多是铅丹的变色物二氧化铅，但在北魏第74窟发现用铁黑做黑色颜料，用铁黑做黑色颜料在莫高窟第321窟清代窟龛内发现了极少量，在其他石窟寺壁画黑色颜料中还没发现铁黑这种物质。

麦积山石窟的白色颜料以石膏、方解石为主。白色颜料多处地方都有矿物生产，易加工。同时在麦积山石窟白色颜料中还发现有草酸钙，可能是因为麦积山处在林区，湿度较大，以及受其他因素的影响，部分石膏转化为草酸钙。

此次样品中还采有黄色颜料，但并没有足够的手段分析出这些黄色颜料的物质成分。

四、结语

麦积山石窟所使用的颜料种类在其他石窟也被大量运用，并没有什么特殊的颜料。但麦积山石窟靠近中原地区，所使用的颜料受中原地区的影响较大，在不同时期所使用的颜料和敦煌还是有些区别，比如早期麦积山石窟红色颜料是朱砂的使用较多，而在敦煌则是土红较多。

相对于麦积山石窟拥有数量众多，类型多样的壁画和彩塑，此次选取的洞窟和分析的颜料样品存在很大的局限性，需要在以后的工作中进一步研究。

参考文献

[1] 李最雄：《丝绸之路石窟壁画彩塑保护》，北京：科学出版社，2005年。

[2] 李亚东：《秦俑彩绘颜料及秦代颜料史考》，《考古与文物》1983年第3期。

[3] 苏伯民、李最雄、马赞峰、李实、马清林：《克孜尔石窟壁画颜料研究》，《敦煌研究》2000年第1期。

（原载于《丝绸之路》2015年第10期）

麦积山石窟管理体制的思考和探索

李天铭

一、麦积山石窟管理体制现状及存在的问题

麦积山石窟是南北朝以来陇右地区最重要的佛教活动中心之一，长时间主要由所属寺院的僧团组织负责管理。20 世纪 40 年代，在天水地方学者冯国瑞先生等人的不懈努力下，麦积山石窟重新进入世人视野。新中国成立之初，党和政府非常重视这处佛教艺术宝库，20 世纪 50 年代先后两次组织有关专家对麦积山石窟进行全面调查，并于 1953 年 9 月成立“天水麦积山文物保管所”，正式开始了石窟寺的保护和管理工作，并代行当时天水县境内文物的征集和保管职责。1961 年 3 月 4 日，麦积山石窟被国务院公布为第一批全国重点文物保护单位。

20 世纪 60~80 年代，随着麦积山石窟崖体维修加固工程的展开，文保所行政隶属关系不断发生变化。1984 年 10 月，麦积山石窟正式对外开放。1986 年 6 月，文保所正式更名为麦积山石窟艺术研究所，隶属于甘肃省文物局，其职能也逐渐由单纯的保护管理扩展为集保护管理、考古研究、美术临摹、资料整理、旅游接待、宣传展示、安全保卫等诸多职能于一身的综合性研究机构。

在麦积山石窟的保护范围内，除麦积山石窟艺术研究所，还设置有隶属于地方的天水市麦积山风景名胜区管理局和麦积山国家地质公园管理委员会，以及隶属于省林业厅的小陇山林业实验局麦积植物园。以上四家管理机构在景区的管理范围、职责权力、规划建设、土地使用和门票收益等方面存在诸多矛盾。此外，景区内还分布有属于麦积镇政府管理的 3 个自然村落。各种利益交织在一起，又分属于不同政府部门归口管理，客观上加大了景区的管理难度。

在麦积山石窟申遗过程中，甘肃省人民政府根据国家文物局的有关要求，成立了相应的甘肃省丝绸之路申报世界文化遗产领导小组，由主管副省长挂帅，各成员单位通力协助。在领导小组的框架下，对遗产地当地政府和周边单位有了很好统筹。但申遗成功后，各级申遗领导小组自动解散，原有问题再次浮出水面。特别是随着麦积山石窟影响力持续增强，游客量不断攀升，仅 2015 年上半年游客量已突破 40 万，给整个景区的安全、交通、住宿、接待、餐饮、通讯、卫生、环保等方面带来诸多问题，原有的多头管理体制的弊端更加凸显。具体表现为各单位之间存在明显权力交叉和重叠现象，远远无法满足麦积山石窟作为世界文化遗产在资金来源、文物保护、规划编制和执行、建设控制措施、环境容量控制、环境质量保护、日常监测、展示宣传等诸多方面的要求。

二、以保护和管理工作实践，促进麦积山石窟管理体制的调整

1. 从规划角度完善管理体制调整

以现有《麦积山石窟保护规划》《麦积山石窟管理规划》为基础，积极与《天水市城市总体规划》《天水市历史文化名城保护规划》《麦积山风景名胜区总体规划》《小陇山国家森林公园总体规划》《天水市旅游业发展规划》等相关规划进行衔接，最终目标是保障麦积山石窟文化遗产的真实性和完整性，使文化遗产价值得以延续。具体内容则包括划定景观整体和重点保护区划，制订相应保护与管理专项措施、限制旅游发展对遗产的负面影响，确定遗产区内合理的环境容量，控制游览接待规模，严格限定建设规模，合理调整和改善域内交通组织。通过积极实施上述规划，认真落实规划中关于管理体制方面的策略，以规划为载体，为媒介，将相关法律法规精神贯彻到麦积山石窟的保护、管理、利用工作中，以规划实现遗产管理的具体内容，以规划微调管理体制，减少横向之间管理主体的摩擦，进而实现总体发展目标。

2. 深入开展遗产区和缓冲区监测工作

遗产监测是对遗产管理的有效手段和模式，利用遗产监测加强遗产管理对重新架构管理体制具有重要意义。麦积山石窟开展的遗产监测主要包括以下内容：窟龛、壁画、塑像状态及变化情况，周边气象环境，空气质量，游客数量，相关建设活动，森林覆盖率、生物多样性，栈道承载力和崖体落石等具体内容。目前虽然开展了部分监测工作，但与遗产价值全面保护和管理要求仍存在一定差距，主要体现在：一是监测工作系统性还需要加强，目前监测工作仍然属于孤点监测，没形成体系，尚缺少对历史环境、石窟选址环境、景观环境和地质地貌特征等方面的监测。缺少对开发压力、旅游压力等威胁因素的监测。二是监测技术不够科学、完备，设备更新较慢。如目前窟龛监测方面仍在使用普通温度计配合人工记录监测窟内温度变化，完全不能满足大数据评估和处理需要。三是监测数据的公开和共享程度不够，监测合作机制尚未建立。四是监测范围尚未核定，目前只针对遗产载体和文物本体进行监测，还没有扩展到遗产区和缓冲区，如对在遗产区和缓冲区内可能影响到遗产价值的大规模修复或建设工程的反监测等。特别是最后一项工作对于改变管理体制有很大影响。

遗产地的监测是对遗产保护管理的一项重要手段，通过监测加强管理，理顺管理体制。只有随着监测水平的提高、监测范围的全涵盖，才可以掌握遗产地范围内利益相关者的基本情况，及时把相关信息提供给保护管理机构和上级保护管理委员会，从而保证做出的决策具有实时性和针对性，为保护管理提供一个动态管理模式，依据监测成果可以为管理体制的调整提供最基础、最实用的依据，也能保证调整管理体制科学、规范，从而符合国际上关于遗产管理的要求。

3. 建立遗产地遗产区缓冲区内重大建筑工程的审批前置制度

根据有关法律法规规定，麦积山石窟遗产区及缓冲区内不得进行可能影响遗产及其环境安全，以及影响遗产价值特征载体的真实性和完整性的活动，不得建设任何污染麦积山石窟及其环境的设施。遗产区内开展的保护措施必须遵守不改变文物原状和尽可能减少干扰的原则。遗产区及缓冲区内应保护原生地质地貌特征及生物多样性，严禁砍伐树木、开山采石、破坏水源、狩猎等活动，实现全部区

域内退耕还林。遗产区及缓冲区内应保护遗产历史环境的整体景观和石窟栈道外的景观视线，不得进行任何可能影响景观视线的建设活动。

遗产区一类地块内不得新建永久性建筑物、构筑物。对历史环境和选址环境造成不良影响的已有建筑物、构筑物须限期拆除，整治后的土地复绿还林。遗产区二类地块内现有村庄的人口实施只出不进，除必要的管理用房外，房屋实施只拆不建的措施，未来实现此区域内居民全部搬迁，居民安置选择遗产区外用地。对已出现的不协调建筑限期整改。遗产区三类地块内需要控制现有村庄和麦积植物园的建设用地规模，村庄建设发展方向为远离遗产区；居民建房形式要求保持地区传统建筑特色，建筑最高点不得超过地面 4.5 米，建筑色彩宜采用土坯、灰色。麦积植物园的建筑允许原址、原面积翻建，建筑最高点不得超过现有高度。

缓冲区内仅允许少量与麦积山石窟保护、展示及基础设施建设相关的项目。建设工程不得破坏石窟的历史环境、风貌和石窟栈道上的可视域景观。工程设计方案应经国家文物局同意后，报城乡建设规划部门批准。缓冲区内现有的村庄规模不得扩大。缓冲区内的建筑高度不得大于 9 米；建筑形式、高度、体量、色调等应当与麦积山石窟的历史风貌和自然环境相协调，建筑风格宜采用当地民居的形式。根据以上的规定，麦积山石窟遗产区及缓冲区内有大量的住户，在遗产区范围内有教场里 12 户、在上河组有 35 户，在缓冲区内寺沟组有 30 户人家，加上遗产区内分布的多家单位，因此，对遗产区和缓冲区内的工程建设控制，成为一个比较大的难题。根据遗产区和缓冲区的管理规定，麦积山石窟保护管理机构应当认真落实上述区域内的建筑审批前置制度，与麦积区政府、麦积镇政府签订专项协议，结合麦积山石窟保护管理机构的日常监测，实现建设工程前期控制，避免因施工才发现，从而造成监管滞后，造成较大损失。通过建筑审批前置制度，可在一定程度上缓解遗产区和缓冲区内各单位之间的针对某一项事情的对立情绪，也可实现麦积山石窟保护管理机构在建筑控制方面的深入了解和全面控制，也为今后逐渐建立起其他方面的管理机制提供一个既定的模式。

4. 以文化产业整体发展带动管理体制调整

麦积山石窟现有范围内文化产业尚属空白，有很大发展余地，尤其是如何借鉴当前我国关于遗产保护和旅游之间关系的前沿研究，发展麦积山石窟文化产业发展。具体就是如何以世界文化遗产麦积山石窟为核心，以景区内文化旅游设施为载体，在中心景区内建成分布合理、特色突出、功能齐全，以体现北朝历史、佛教文化、根雕艺术、雕漆艺术、民俗文化为特色的文化旅游产业带。一方面拉动石窟周边旅游服务业发展，另一方面带动相关管理主体之间的协调。

具体来讲，一是以麦积山石窟艺术研究所和景区管理委员会为主体成立文化产业发展领导小组，纳入麦积区政府、麦积镇政府、植物园和当地村民，以文化产业发展为目的，开展整体规划。二是分段、分门别类管理，如通过挖掘以麦积山石窟为核心的佛教历史文化，整合开发麦积山文化旅游资源，全面构建麦积山文化旅游产业链，形成“以点带线、以线带面、以面覆盖”的文化旅游发展格局，变文化资源优势为文化产业发展优势。三是挖掘天水地方文化，彰显陇上江南风情。现代旅游业已经不能单靠景观来进行竞争，必须有自己的特色，而特色的形成需要历史文化作为支撑。麦积山石窟不能单独彰显石窟文化，而要将伏羲庙、南郭寺、玉泉观、南北宅子、纪信祠、李广墓、石门、仙人崖、街子古镇等具有地方文化特色的文化景观一并整体纳入，进而突显地域文化特色，使游客置身麦积山旅游区，不仅能够看到麦积山石窟浓郁的佛教文化，更能感受到天水塞上江南的风情和深厚的历史文化积淀。

发展文化旅游产业是大趋势，我们一定要把握这个方向，但同时要处理好遗产保护和经济发展的关系。最重要的是要把握文化产业发展的导向，一方面抓住遗产保护管理的核心，更好地保护世界文化遗产，另一方面要明确我们提出发展文化旅游产业的根本目标是理顺管理体制，从而做到管理和发展并举。

三、麦积山石窟保护管理体制调整思考

目前，麦积山石窟作为世界文化遗产地，由于缺乏统一的管理机构，造成实质上的多头管理、多重规划、条块分割、效率低下，严重影响了日常管理工作的有序开展。因此，有必要借鉴外地成功经验，针对遗产管理探索推行职能统一的大部门体制，对一些职能相近的部门进行整合，实行综合设置，从而完善遗产管理体制。为打破地方壁垒和部门利益纷争，应该成立省级层面的长期协调机构“甘肃省丝绸之路世界遗产管理委员会”，对包括麦积山石窟在内的甘肃境内所有遗产地管理单位的职责范围、执法权力、利益分配、合作机制等进行统一规范。基于以上思路，可以把甘肃省境内世界文化遗产地主管部门的相关职责进行整合，如文化、旅游、林业、国土资源、住建、环保等部门职责进行抽取，成立甘肃省世界遗产管理委员会，设立专门办事机构，加挂到甘肃省文物局，专职负责全省世界遗产的管理、保护、利用和协调，主要职责是和地方政府沟通协调，加强遗产地的管理，力争通过这种整合打破了条块分割，降低协调成本，确保管理工作落到实处。

具体到麦积山石窟的管理上，应当建立起遗产地委员会制度，在这一框架下协调遗产地范围内的相关职责和权益。

在世界各遗产保护较好的国家里，一般都建立有完善的组织管理体系，专门负责遗产的保护工作。这些机构大体上可分为中央政府中的专门机构、地方政府中的专门机构、各级专家咨询机构、民间社团组织以及相关科研单位等五部分①。这些机构从中央一直延伸到地方，在遗产保护方面发挥了重要作用。在麦积山石窟层面，我们基于现实情况可积极运作，借鉴国外的官方和民间相结合的模式建立起麦积山石窟保护管理机构、林业、旅游、国土资源、当地政府、村民自治组织、村民之间的协调机制，而麦积山石窟遗产地管理协调委员会是比较恰当的选择。设立遗产地管理委员会秘书处，加挂到麦积山石窟艺术研究所，定期或不定期召开委员会议，及时发现问题、解决问题，专职负责协调各方利益，实现在遗产保护过程中分享遗产成果。

（原载于《中国文化遗产》2016 年第 1 期）

---

① 顾军、苑利：《文化遗产报告——世界文化遗产保护运动的理论与实践》，北京：社会科学文献出版社，2005 年，第 11 页。

隐藏在麦积山石窟佛像中的珍贵文物

张　萍

一、麦积山石窟佛像中发现的文物

1. 麦积山石窟东崖大佛发现的宋定窑白瓷碗

麦积山东崖大佛（现编第13窟）是一尊石胎泥塑的摩崖大佛，为隋代所造。主佛高15.8米，两侧的菩萨高13米，于隋代开皇二十年（600年）地震之后在坍塌后的崖面上开凿。如今我们看到的是内层的石胎大部分保存下来，外层的塑泥则历经后代不断地重修。1983年6月，麦积山文物保管所（现麦积山石窟艺术研究所）修复技术人员利用加固工程的脚手架对大佛进行了修缮①。大佛头面部的右侧，由于历史悠久，泥层已经大面积的脱落，致使右侧面部缺失，需要对面部进行补缺。在修缮此处的过程中，麦积山修复人员意外地发现了两件珍贵的物品：一件是卷轴经卷，另一件是定窑的瓷碗。

白瓷碗为敞口斜腹圈足底，口径16.4厘米，底径6.4厘米，通高5.4厘米。内壁有一道旋纹，碗外侧围绕圈足有墨书题记记载："秦州甘谷城塑题高振同□□是绍兴二十七年八月二十五日□□高振□"，字体为行书楷体。碗微残，口沿处有一微小裂口，裂纹一直延伸至底部。内外壁釉表面与黄泥浆粘连，碗壁较厚，但薄厚不均。碗口外侈而偏宽，并稍欠规整。底作玉璧形，周边做出一圈稍稍突出的边沿，为浅浅的平底碗增添了稳定感。通体施白釉，釉色白里泛黄，且厚薄不均，光素无纹饰，足内亦施白釉。碗底圈足露胎，胎釉相容一体，无明显的界线，露胎圈足细密有致。此碗工艺是先烧素胎，次施白色化妆土，再施釉烧成，器物圈足底无釉露胎。根据器形质地及工艺，有宋代定窑光素无纹白瓷的特征。此碗白中泛黄，胎质坚实细腻，釉若凝脂，有油脂的光泽。一般作为民间生活用具——茶具或酒具。此件白瓷碗烧造年代不会晚于宋代绍兴二十七年（1157年）。

另外在第3窟千佛廊通第4号散花楼的栈道旁崖石上有南宋绍兴二年（1132年）的刻石题记，内容是"麦积山盛迹，始建于□（姚）秦，成于元魏，经七百年□□名额，绍兴二年岁在壬子兵火毁，历十三年，尽境□宁，国泰□□，二十七年丁丑六月□□游此 □□□□□特刻石以记之。"② 按"绍兴""二岁在壬子兵火毁"，是南宋高宗赵构年号，此时期金兵正大举进攻关陇地区，战火弥漫到地处

---

① 柳太吉：《麦积山石窟历年文物修复概述》，《丝绸之路文论》2004年总第10期。

② 天水麦积山文物保管会、麦积山艺术研究会：《麦积山石窟资料汇编》初集，1980年，第146页。

宋金交界的麦积山①。这两则题记都是绍兴二十七年，可见是对同一历史阶段的记录。藏于13窟大佛内部的瓷碗正是工匠修大佛时所放置，这里主要用于佛眉间的白毫相的安置见证。

“白毫相”为佛身所具足的三十二相之一②，又作眉间毫相、白毛相。此相表示佛以佛智普遍洞知一切。《法华经》卷一序品载，佛眉间白毫相放光，照东方万八千世界，靡不周遍。是知佛眉间之白毫相柔软清净，宛转右旋，发放光明。又《优婆塞戒经》卷一：“为菩萨时，于无量世宣说正法，实法不虚，是故次得白毫光相。”此乃得白毫相之缘由。而古来佛像雕造，多于眉间嵌入白玉、水晶等，以表示此相。因为白毫相呈圆形内凹，工匠便利用了瓷碗的基本形制安置在这个位置，使白毫相更为规整。

2. 护国经卷《金光明经》

与宋定窑白瓷碗同时发现的另一件珍贵文物为《金光明经》第四卷。当时放置经卷时应该是整部佛经，其他的经卷或者是在历史时期塑像破坏时塌落，或者是在佛像的其他位置，目前我们无从可知。此卷轴经卷，为唐末纸本经卷。是麦积山迄今为止现存最早的珍贵卷轴装写本佛经，于2000年由甘肃省文物局组织专家组鉴定为国家一级文物。

《金光明经》卷四首残尾全。全卷长740厘米，卷高25厘米，书眉2.5厘米，地脚21厘米，行15~17字不等，共424行。竹卷轴，高28厘米，竹轴上下两端涂有黑漆，轴的上端有部分火烧痕迹。用药涂色，已裱褙，上下乌丝栏，有黑灰色铅界行，楷书，无题年。此卷为手书的经文，卷首有“金光明经卷第四”字样。此经为北凉昙无谶译，是大乘佛教中有着重要影响力的经典之一。由于经中所说的诵持本经能够带来不可思议的护国利民功德，能使国中饥馑、疾疫、战乱得以平息，国土丰饶，人民欢乐，故历代以来《金光明经》被视为护国之经，在大乘佛教流行的所有地区都受到了广泛重视。加之经中的金鼓忏悔法、流水长者子治病护生以及萨埵那太子舍身饲虎的著名故事，使得这部经成为被广泛持诵的大乘经典。《金光明经》与《法华经》《仁王经》同为镇护国经典之三部经。若诵读此经，国家可获得四天王之守护。

当时的秦州地区正处在南宋和金相互交战的前沿地带，战乱频繁，老百姓颠沛流离，居无定所。《金光明经》中的护国思想迎合了百姓希望借助于佛法的力量来使国土边疆（秦州地区）安稳，远离战乱，过上安定生活的愿望。重修第13窟摩崖大佛的时间正是在宋金长期交战之后，充满了护国护民思想的《金光明经》便成为秦州地区佛教信徒所信奉的重要经典。

3. 麦积山西崖大佛胸部的宋代“铜钱幡”

位于麦积山石窟西崖的摩崖大佛（现编第98窟），为一佛二菩萨，也是石胎泥塑，其开凿年代由于经过后代重修而难以判断，但是通过其周边洞窟的相互年代关系，可以确定这个大型佛像开凿于北魏早期阶段。其外层的塑泥经过北宋时期的重修，后元代也进行了修补。

现存于麦积山石窟艺术研究所文物库房中的“钱币璎珞”是1981年在修复第98窟大佛时从主佛

---

① 李之勤：《天水麦积山石窟的题记、碑刻与宋金利州路、凤翔路间的分界线》，《中国历史地理论丛》1997年第1期。

② 《大藏经·大般若波罗蜜多经》卷三百八十一。

胸部泥层中取出，高 108 厘米，宽 25 厘米，重 1.235 千克。由 287 枚钱币组成，用棉线串成，最上部由 55 枚钱币串成一个等腰三角形，其下部左右两侧各有两串下垂，中间部分自上而下分别是由铜钱币组成的倒三角形、菱形、圆形、方形图案，在方形图案下横排钱币一串，其下部有 4 串钱币下垂，末端有象征莲台的六边形图案相连。钱币有十余种，多为唐宋时期，其中宋代钱币最多，最晚为元代钱币，除少量钱币破损外，其余均保存完整。组成的图形结构复杂多变，具有很强的装饰性。

瓔珞梵文意思是指古代南亚次大陆的贵族用来装饰身体的首饰。在古代印度，这种饰物还往往被用在佛像身上，是古代印度佛像颈间的一种装饰，后来随着佛教一起传入我国。它一般用珠玉串成花环、环状物，作为菩萨、天王等的装饰品。“瓔珞”的制作材料，《维摩诘经讲经文》中有“整百宝之头冠，动八珍之瓔珞”；《妙法莲华经》记载用“金、银、琉璃、砗磲、玛瑙、真珠（即珍珠）、玫瑰七宝（七宝的解释有多种版本）合成众华瓔珞”①，可见瓔珞应由世间众宝所成，象征“无量光明”。《法华经・信解品》曰：“即脱瓔珞细软上服严饰之具，更着粗弊垢腻之衣。”②《南史・夷貊传上・林邑国》：“其王者著法服，加瓔珞，如佛像之饰。”是佛教中诸天圣众尤其是菩萨庄身的重要饰品。在此佛中所藏“钱币瓔珞”的称呼是由于老百姓从大佛胸部取出，其串联编结而成，佩戴于大佛胸部，故取此名。

我们通过资料和麦积山石窟北朝时期菩萨佩戴的瓔珞来看，瓔珞有个基本特点，即虽然各个时代的具体形式不同，但其基本形式是串珠形的。然而第 98 窟出土的这个“瓔珞”，就存在许多问题：其一瓔珞是用于佩戴在身上的，而此种形式的瓔珞无法佩戴；其次，瓔珞是佩戴于菩萨身上的，是早期菩萨的重要标志之一，但这个瓔珞却是从佛造像身上出土的，明显不符合造像的仪轨；其三，从麦积山石窟造像的基本情况看，唐代以前的菩萨佩戴瓔珞是比较普遍的现象，但是宋代以后，我们很少见到佩戴瓔珞的菩萨造像，在元代的造像中，已经没有佩戴瓔珞的菩萨造像，在这种情况下，用瓔珞作为塑像的装饰，就和时代特征不相符。

实际上我们看到的这个装藏物整体犹如幡的形状。在古代，幡是指用竹竿等挑起来直立挂的长条形旗子，为旌旗的总称。音译波哆迦、驮缚若、计都。与“幢”同为供养佛菩萨的庄严具，用以象征佛菩萨之威德。在经典中多用为降魔的象征。《华严经》亦常谓造立此幡，能得福德，避苦难，往生诸佛净土，又说供养幡可得菩提及其功德，故寺院、道场常加使用，因而成为庄严之法具。在《长阿含》卷四形状中描述道，一般是由三角形的幡头、长方形的幡身、置于幡身左右的幡手及幡身下方的幡足构成，有大有小。幡的种类有多种，可依其材质、形状、目的等而分，其中依材质分有金铜幡、板幡、纸幡、玉幡（以宝玉装饰者）、平幡（平绢所制者）、丝幡（束丝所制者）等名称。其所悬挂之场所，有时是堂内柱上，有时立在佛堂之前庭，或附着于天盖之四隅。在敦煌藏经洞中发现有多件幡的实物，已经有学者进行了整理研究工作。如今第 98 窟出土的这个“钱币瓔珞”（暂定名），可明显地看出是一个幡的形状，有幡头、幡手、幡足、幡身等。同时它是由铜钱币相串而成，符合佛教礼仪中的“金铜幡”，因此定名为“铜钱幡”较为可靠。

---

① 《大乘妙法莲华经》，七卷，姚秦僧人鸠摩罗什译，明朝僧人通辨泥金写本。

② 《妙法莲华经》（简称《法华经》）之四《信解品》。

二、关于麦积山石窟的“装藏”问题

以上几件藏品，被放置于佛像胸部或头后，这种形式习俗一般于佛教之中称为“装藏”也称为“装脏”。所谓“装藏”是指佛像、佛塔和经筒等内部都要装藏，才算具有灵异，并可产生神力。古时在塑佛像时，先在佛像背后留一空洞，开光时，由住持高僧把经卷、珠宝、五谷及金属肺肝放入封上，就等于人身体里面有五脏六腑一样，称“装脏”。通过在佛像的身体内部放置一些神圣的物品，使造像更为庄严。明清时期，在造像中进行装藏活动是一种比较普遍的做法。在《造像量度经》中便有装藏内容，对方法、材料、仪式等都做了详细的介绍①。

其制作工艺神秘特殊，地点、时间、僧众亦有特殊选择和要求，在佛像头顶、喉间、心口、上身、腰部、下身、莲座上粘贴秘咒字符，以及各类心咒、舍利粉和各种经咒、符等。腹中装《吉祥祈祷文》《五部陀罗尼》《本尊心咒》和活佛、高僧及僧众之加持圣物以及五谷、金银珠宝、甘露丸、嘛呢丸、数种名贵藏药及药材；七珍八宝、圣地花草、水土等。将这些五谷杂粮、药材土产和金银珠宝碾成颗粒混合后包以黄绢装入佛像，从而使佛像不散不朽，不生虫蛀。佛像内装入最珍贵的加持物，是对诸佛的供养及修行者积聚福慧资粮的殊胜方式。一尊珍贵的佛像不仅要外表庄严，内在的装藏更加重要。

将佛教经典放置在泥塑造像体内，应该就是一种“装藏”行为。就麦积山石窟来讲，在北朝时期的造像中尚未发现有在佛像内部放置物品的做法，而隋唐时期的造像相对较少，故这个时期的情况难以判断。自宋代开始，在佛像头部出现了安置物品的现象，但并不是特别普遍。第127窟是北魏时期开凿的洞窟，其内部空间较大。北宋时期在洞窟的中间位置塑造了一佛二菩萨造像。20世纪80年代，工作人员无意之间在主佛头部的残破孔洞处看见内部有小型的塑像，后利用空洞将造像取出，发现是北魏时期的小型供养人塑像头像，其中女供养人头像高4.3厘米，宽4.1厘米，厚2.2厘米，重23克；男供养人高9.1厘米，宽3.4厘米，厚3.2厘米，重63克。两件头像基本保持完好。同时发现许多件这样大小的头像，大小与其相差不多，可见这些小型塑像是脱落后或者从其他洞窟内收集来藏于此佛像内，以“装藏”的形式存在，也是一种有意无意间的做法。

第13窟摩崖大佛头部安置的《金光明经》，从当时取出的情况看，也没有专门的空间，相对独立，而相较于第127窟的做法而言，第13窟放置佛经的做法显然是有意识而为的，并且应该是有明确的指导思想。当时的工匠或者是主持僧人对这种做法的目的、意义等方面都是很明确的。它应该是在“法供养”观念和佛塔天宫的做法共同影响下产生的。而南宋时期重修第13窟摩崖大佛时，继承了第127窟的做法，并已经形成了“装藏”的概念，但是在具体的安置方法上也还没有形成成熟的做法流程。无论是安置的方法还是放置的内容都相对简单，应该是装藏的早期做法。

通过讨论麦积山石窟这三例在造像中安置佛教物品的现象，使我们对麦积山石窟或者是秦州地区

① 《造像量度经》第一卷，是说明造佛像法度的经典。清乾隆七年（1742年）工布查布在北京从藏文译本重译为汉文，并作《造像量度经引》《经解》和《续补》，编在经文的前后，合为一部。

的宋元时期佛教造像的塑造方式、特别是在泥塑造像内部放置佛教物品的方法有了基本的了解。

麦积山石窟这些在佛像内简单安置造像和佛经的做法可以称为“装藏”，而不能称为“装脏”。到了明清时期，工匠们往往是在佛像的内部安置大量的物品，来象征佛像的脏器，佛经只是其中之一。另外，根据其他地区造像的资料（如张掖大佛寺），可以大致确定，在造像内部设立专门的空间，并且放置的物品除了佛经之外还有更多的其他物品，这种“装藏”的行为应该是在明代愈加盛行。

（原载于《中国文化遗产》2016 年第 1 期）

麦积山石窟文物保护历程回顾与思考

马 千

一、麦积山石窟地理概况

麦积山石窟坐落于秦岭西端，小陇山林区崇山峻岭中。其山形独特，如农家积麦之状，山体呈85度倾斜角，地质构造属侵蚀性低山丘陵区，崖体岩石裸露，为第三纪紫红、砖红色砂砾岩。砂砾岩主要胶结物为泥，且含有铁和钙质，分布极不均匀，质地粗糙，易分化，胶合程度差，难以精刻细雕。主要成分由黑云母花赏岩、闪长岩、墨云母石英片岩，少量石英岩和变质砂岩等古代变质岩组成。

区内地形复杂，山峦起伏，相对高差大，气候垂直和区域性差异显著。由于深居内陆，远离海洋，大陆性气候特征明显。它位于东经106°，北纬34°02′，海拔1742米，属于暖温带、湿润、半湿润气候区域，年平均气温8℃，年平均降雨量800~1000毫米，年蒸发量920毫米，蒸发量略高于降雨量，一般年份降雨量集中于7、8、9三个月，相对湿度在70%左右，森林覆盖面积大，植被丰富，动物种类繁多。

麦积山所处的天水地区，属地震多发带，地震基本烈度为七度。据史料记载，隋开皇二年（582年）和唐开元二十二年（734年），天水地区曾经发生两次大的毁灭性的地震，造成麦积山第4窟（散花楼，为北周开凿）、第5窟（牛儿堂，为隋末初唐开凿）前部柱檐大面积塌毁，中部窟群大部分塌毁，山体崖面裂隙纵横，危岩高耸。至今仍可以看到当初地震对石窟造成的毁坏痕迹，有些窟龛残留在断崖上，在西崖中下部洞窟内有时断时续2~3厘米平行于崖面的贯通裂隙，部分岩体存在崩塌之险。

除地震外，大气降水、光照、渗水、潮湿、风化，鸟雀、虫做窝、鼠患等自然因素，以及题字、刻画、烟熏等人为因素都对麦积山山体及洞窟文物造成极大危害。

二、20世纪麦积山石窟抢救性保护

（一）20世纪四五十年代

早期麦积山石窟的保护和管理主要由附属寺院瑞应寺的僧人负责。民间的善男信女和地方官吏也经常参与石窟寺院的保护与修缮①。1941年，天水籍学者冯国瑞先生第一次来到麦积山，看到遍布山

① 张锦秀编撰：《麦积山石窟志》，兰州：甘肃人民出版社，2002年，第240页。

岩的石刻、摩崖造像，立刻就被这些精美绝伦的艺术珍品所震撼吸引。他仅用两个月的时间，就编著了《麦积山石窟志》一书。麦积山石窟由此进入学术界的视野，吸引诸多学者与专家来此进行考察研究，被誉为“雕塑陈列馆”的麦积山石窟得以享誉海内外。

为了保护麦积山石窟艺术，冯先生提出修建保存文物的博物馆，“供世观览”的建议。1944 年 2 月，冯先生携同刘文炳教授再次赴麦积山石窟考察。这次考察，主要完成对石窟的编号（共编有 121 号，每号详注说明）及测绘工作（平面草图）。随后写成《调查麦积山石窟报告书》，提出保护和维修方案与意见，并呈报国民党甘肃省政府。

为了规划修补栈道围栏工程，冯先生多次游说当时的天水专员胡受谦，争取保护资金。1946 年 10 月终获胡受谦的支持，由冯先生主持，历时两月之久，修补了东崖卧佛洞到牛儿堂的栈道工程，并修筑“麦积山馆”五楹，供考察研究者起居用。

在冯先生的多方倡议下，1947 年 2 月成立了“天水麦积山石窟建修保管委员会”，拟订对有重要史迹洞窟修补计划，内容涉及多处洞窟，如第 3、4、5、28、30 等窟（雕塑、壁画等）加固、寺院建筑维修及麦积山周边景观和相关佛教遗迹的治理等。后因各种原因未能实现。

（二）20 世纪五六十年代

新中国成立后，国家接管了麦积山石窟及寺院，僧徒陆续还俗。1952 年至 1953 年，天水专署组织资金与人力，对山体上糟朽的栈道重新进行了修缮。西北局文化部和中央人民政府文化部先后委派专家对石窟全面勘察，“为了配合栈道修建，勘察工作，成立了临时性的管理修理机构，把东、西两崖窟龛内所有剥落的影塑和残头断臂及一些零星文物，全部清点造册移存山下瑞应寺东配殿后坡上的麦积山馆里，后续工作由修建委员会驻山干部负责继续清点保管，文物移存清册工作之后，上报中央人民政府文化部社会文化事业管理局”①。1953 年 9 月 1 日正式成立麦积山石窟文物管理所。文管所对洞窟上由于地震、潮湿、风化、空鼓、支架糟朽造成的脱落塑像和壁画进行收集、编号、整理，存入作为临时性存放地的瑞应寺、第 44 窟和第 2 窟，后在寺院东北角建立简易文物库房。正式建造文物库房是在 20 世纪 70 年代，所有洞窟中移下的塑像和壁画，以及收集、捐赠、征集的文物才得以存入库房保存。1961 年 3 月 4 日，国务院公布麦积山石窟为第一批全国重点文物保护单位。

（三）20 世纪七八十年代

麦积山石窟内壁画、塑像等所采用的基本材料均为黄土，在黄土内添加了一定量的细沙，还有棉、麻、麦草及其他的成分混合制成特殊的泥质。根据分析取样，壁画地仗层为三层，即粗泥层、细泥层和白粉层，每个洞窟粗泥层厚度不均匀，文物质地比较脆弱。经历了一千多年的岁月洗礼后，窟内出现了多种病害：如壁画及背光空鼓、起甲、褪色、霉变、地仗层酥碱；塑像木制骨架或芦苇秸秆糟朽，

① 天水麦积山文物保管会、麦积山艺术研究会：《麦积山石窟资料汇编》初集，1980 年。

泥塑与窟壁主牵拉桩糟朽，剥蚀严重①。

通过分析研究，造成以上病害的因素如下：（1）自然环境因素：石窟地处秦岭山脉西端小陇山林区的边缘地带，雨水丰沛，常年阴雨潮湿，洞窟内渗水严重，砂砾岩风化，大量碎石和鸟鼠粪便填入壁画，使壁画内聚力减弱，颜色层与地仗层酥碱风化严重，并产生裂隙，造成大面积起甲、空鼓和脱落。（2）外力因素：众多的洞窟在地震中被破坏，空鼓的壁画受震坠落，塑像内部木质骨架与主牵拉桩年久松动，受震后整个塑像发生位移向前倾斜，部分已脱离崖面。（3）动物因素：由于独特的自然环境，大量的燕雀、鸟虫、鼠类长期栖息此地，并经常在洞窟上做窝、排泄粪便。（4）人为因素：历史上的战乱使洞窟成为老百姓的避难所。（5）制作因素：壁画、塑像的制作工艺粗糙，胶合材料老化，造成壁画颜色层与地仗层结构脆弱，塑像开裂现象严重。

1972 年，国家文物局召集专家对石窟提出维修方案。在多次试验论证后，1978 年 5 月，国家文物局批准同意确定为非预应力锚杆配合钢筋挂网喷射混凝土的“喷锚支护”加固方案，即后来的称为“喷、锚、粘、托”加固②方案。工程于 1984 年 4 月结束，完成主要工程量：喷护总面积 9100 平方米，其中打锚杆 2300 根，总进尺 12500 米；架设钢混结构新栈道 1000 米。

麦积山石窟山体维修加固工程是我国首创在石窟寺运用科学技术手段，在不改变岩体原状的原则下，成功地用了“喷、锚、粘、托”等新型的加固技术，排除了隐患，该工程技术获得了国家科技进步三等奖③。

20 世纪 80 年代初，也就是石窟维修加固工程后期，由于东、西崖大佛长期受风雨侵蚀，面临塌毁的危险。第 98 窟摩崖大佛腰部横向断裂，缝隙大约在 10 厘米以上，左臂下垂，服饰脱落缺失；右侧菩萨胸部、腹部断裂严重，裂缝大约有 15 厘米以上，右臂大部分缺失，仅存手部；佛与菩萨发髻残缺不全，双足缺失严重，足下云头残破。针对洞窟残损状况，特邀请敦煌研究院修复专家研究制定第 98 窟（即西崖摩崖大佛）加固维修方案，确定以拉、锚、粘、托为主，并对有根据的部位进行必要的复原④。对濒临倒塌的部位进行前期的捆绑防护，在已脱离崖壁或即将脱离崖壁的残损塑像上钻孔，超越塑像本身直达崖壁深处，然后插入螺纹钢筋，再在孔内注入加膨胀剂的高标号水泥浆使其凝固后与山体紧密托连，再将脱离崖壁的塑像复位，在塑像表面拉锚的位置（取块加“十字”条形固架，再恢复表层泥层），通过黏结修补等一系列重要措施，在锚杆末端处卡上钢板，最后用螺丝旋紧固定，从而达到加固维修目的。其中主佛有 14 处，右侧菩萨 9 处，共计 23 处锚固点。这样使裂隙恢复了稳固性，同时对主佛及右侧菩萨和衣饰进行了复原修复，还有两尊造像的边缘进行了加固。其余部位残损严重，以保持现状为主。

对东西崖石胎泥塑大型造像进行加固维修。首先在修复前对不同土质进行了大量筛选，选择不同配方调和的泥质，找出了适合麦积山石窟独特环境下黏性强、收缩小、对文物无损伤的泥质，即黄土、

① 马千：《麦积山石窟保护工作中存在的问题及采取的相应措施》，云冈石窟研究院编：《2005 年云冈国际学术研讨会论文集·保护卷》，北京：文物出版社，2006 年。

② 文葆：《麦积山石窟喷锚加固的技术介绍》，《文物保护技术》1982 年第 2 期。

③ 张锦秀编撰：《麦积山石窟志》，兰州：甘肃人民出版社，2002 年，第 240 页。

④ 柳太吉：《麦积山石窟理念文物修复概述》，《敦煌研究》2003 年第 6 期。

细砂、麻刀等，按比例合成。其中有粗泥和细泥之分，粗泥用于底层、细泥（棉花泥）用于塑像或壁画的表面处理。化学材料主要以“聚醋酸乙烯乳液”水溶剂为主。这是在历年修复过程中首次于泥中加入化学黏合剂，是传统修复材料与现代科学技术材料的有效结合①。

此后，在总结了第98窟大佛文物修复的成功经验后，对第13窟大佛（东崖大佛）采用同样的修复方法进行了拉锚加固，对主佛原残缺的右脸右臂及右侧菩萨下部大面积残缺部位，在有依据的情况下，用素泥进行了复原修复。

凭借已有的技术力量，并在外请专家的指导下，修复工作者对石窟部分壁画及泥塑造像采取了就地取材、不改变或少改变文物的历史原貌、一切措施考虑不妨碍再次对原文物进行保护处理、修旧如旧的原则，用传统与现代科学技术相结合的方法，初步探索出了在特定潮湿的环境下，针对具体病害，适合麦积山石窟文物保护的修复方法，使洞窟内文物得到了有效的保护。

文管所组织业务人员对第1、4、9窟及中区第14、21、26、43、44窟等十余个洞窟的塑像及壁画进行了加固修复。塑像的主要病害是窟壁主牵拉桩年久松动，塑像前倾严重。采取的具体措施是从在泥塑前胸与主牵拉桩平行处开一个十字形凹槽，延伸至塑像背部，用铁件在岩体原凿孔眼内埋设钢筋螺杆，用混凝土浇筑拉固于原有孔眼内。另一端拉固于泥塑躯干中木质骨架内，然后填泥上色做旧。如第4窟右侧力士、第9窟内胁侍菩萨、弟子及第14窟内左壁力士等。针对大面积脱落后残存的脱离窟壁的壁画，用素泥（不随色）进行边缘加固抢救性的修复，共计修复泥塑15余身，壁画约25平方米。

在此期间，修复工作者还对病害最为严重，濒临塌毁的部分洞窟内的塑像进行了抢救性的修复，主要采取的是对壁画进行边缘加固等保护措施，如第127窟、133窟、135窟、147窟、69窟、169窟、4窟等，共计修复塑像28身，壁画54平方米。

通过近几十年的长期观测，这一时期所修泥塑、壁画至今保护效果良好。

（四）20世纪90年代

20世纪90年代，麦积山石窟艺术研究所在遵循“修旧如旧，保存文物原状”的原则下，总结古人在制作壁画过程中，在洞窟内使用崖壁钉木橛方法的基础上，进行了创新：即用冲击电锤打眼，清洗桩眼后使用环氧树脂，使麻、木桩牢固地粘合于窟壁桩眼内拉固回贴壁画。对塑像内部木质骨架糟朽，塑像与主牵拉桩脱位，防地震时平放于地面的部分塑像进行了归位。更换糟朽的木质骨架，将铁件螺杆于窟壁，在适合部位钻孔，结合化学黏合剂加混凝土填料灌注牵拉锚件，紧固螺母与窟壁桩眼内复位，再修复残缺部位，从而使多年来放置于窟内的10件塑像得以归位，如第59窟、105窟、120窟、108窟、122窟等。

西崖第59窟宋人墨书题记年久失修，于1995年7月坍塌，泥壁总面积6.7（2.55米×2.49米）平方米，坍塌总面积约为1.28平方米，清理出有字迹的残片大小有38块，约90个字，字径3厘米×4

---

① 马千：《麦积山石窟保护工作中存在的问题及采取的相应措施》，云冈石窟研究院编：《2005年云冈国际学术研讨会论文集·保护卷》，北京：文物出版社，2006年。

厘米。泥壁全用麦草泥做底层，地仗层薄厚不均，厚度约 2~6 厘米，表层为石灰纸浆细麻刀和泥制成，较精细，厚度约 1~2 厘米，表面墨书内容为"重妆东西崖佛像施主舍钱记"。修复人员详细记录了残损现状，分析病害，制定了修复方案，对题记进行了抢救性保护①，共计修复壁画 10 平方米。目前除局部渗水严重致使部分题记有开裂、粉化、空鼓现象外，其他部分基本保存现状良好。

三、21 世纪麦积山石窟的全面修缮与保护

进入 21 世纪，麦积山石窟的保护修复工作，进入全面修缮的抢救阶段和开展科学保护研究阶段。通过总结 20 世纪 80 年代以来在石窟、壁画及塑像病害的修复材料和加固工艺的工作实践，通过与日本筑波大学及林学院、气象局、林业局等其他单位不断地进行合作与交流，借鉴其他石窟寺的保护修复工程经验，逐渐形成了一套较为规范、科学的石窟壁画塑像保护加固工艺和方法，科学化、现代化、数字化的管理也全面地展开，四有档案、洞窟监测、传统工艺和化学材料结合修复技术的运用，使麦积山石窟的保护上了一个新的台阶，先后修复了大量壁画和塑像，取得了很好的效果，并形成了自身的保护特色。

（一）麦积山石窟渗水治理工程

麦积山多雨潮湿，山体渗水严重，大气降雨沿山体裂隙渗入洞窟内。为了改善麦积山文物保护环境，尽可能延长石窟的历史寿命，1998 年麦积山石窟艺术研究所与铁道部第一勘测设计院共同进行麦积山渗水治理一期工程。通过现场勘察，提出方案："堵截与疏排相结合，远堵近疏，上截下排的多项试验性工程"，该工程于 2000 年正式施工。

在具体施工过程中，首先对大裂隙进行防渗注浆（注浆材料以超稀水泥为基本材料，掺适当膨润土和附加剂配制的具有缓凝和高流动性的灌浆材料）。其目的是堵塞地表水向山体深层次运移重要通道，减少石窟渗水来源，进一步消除山体不稳定因素。其次完善石窟渗水处引水孔（施工对象是 1984 年石窟喷锚加固工程时预留的渗水孔部位），在渗水层位与受害洞窟相同位置，调整引水孔的数量、孔位、孔深，钻孔引水，降低窟内渗水，缓解湿度。

对山顶微细裂隙进行防渗注浆。其目的是截断地表水通过细微裂隙的运移，减少石窟渗水源。注浆材料以水玻璃为基本材料，掺以适当附加剂配制而成的具有缓凝和高渗透性的灌浆材料。

通过近两年来的观测数据显示，基本缓解了洞窟渗水问题，但要彻底解决还需做大量的工作。

（二）修复保护工作有了长足的进步和发展

2001 年，国家文物局拨付专项资金，对麦积山瑞应寺实施抢救性维修。首先对大雄宝殿左右山墙进行了维修②。该殿现存明代绘十方佛、八大菩萨、十八罗汉壁画，总面积约 54 平方米。经过调查发

① 马千：《麦积山石窟宋代墨书题记的加固修复》，《敦煌研究》2003 年第 6 期。

② 柳太吉、马千：《麦积山瑞应寺大雄宝殿壁画修复》，《敦煌研究》2003 年第 6 期。

现，南北山墙下部分青砖由于潮湿，造成风化，结构酥松。壁画与青砖结合处呈现20厘米左右，形状不同的带状酥碱，山柱骨架下部糟朽，造成墙体结构变化，出现自上而下宽为1~2.5厘米不规则的裂隙，墙体土坯酥松，壁画与地仗层不能牢固地结合在土坯上，壁画脱落严重。壁画表面千疮百孔，部分壁画颜色层破损，呈鱼鳞片状，龟裂起甲。由于潮湿和通风不良，山墙内侧三面六臂天王壁画表层发生霉变，呈黑色斑点或片状。受自然力的影响和颜色层颜料的变化，壁画画面褪色。

通过进行病害分析，并结合修复前有关资料的收集，制定专门的修复方案。以“修旧如旧、保持原貌、就地加固”为宗旨，在材料的选用和修复方法上，以修复的“可逆性”为原则，采用壁画切块修复保护的方法，成功地修复了殿内壁画。

除此以外，2002年至今共完成第17窟、123窟、74窟①、23窟、仙人崖石窟、93窟、133窟、4窟4龛、3窟顶部壁画、148窟、1窟、2窟塑像、壁画的保护修复工作。壁画的保护修复主要采取除尘、注射黏接剂、渗透、回压、加固等工艺，塑像的保护修复主要采取锚杆、挂麻、回位、插注浆管、注浆、补缝（裂缝和注浆孔）等工艺。

另一方面，彻底查清石窟文物的病害，找出病因，使用适合的修复材料，在不损于文物原始面貌的前提下，将病害缩减到最小化程度。

历年麦积山石窟文物的修复材料的使用情况说明了一个问题：文物修复中使用最多的材料是聚乙烯醇和聚醋酸乙烯乳液。实践证明，在石窟保护中这两种材料对壁画渗固是比较理想的应用材料。我们在应用过程中对它们又作了耐光照、耐老化及应用研究。在洞窟内微弱的光线下，这两种材料是很耐老化的壁画修复黏合剂。东西崖大佛用此材料修复后，经过长期的风吹日晒与昼夜温差大且周围环境因素不稳定的情况下，并没有出现明显的变化，充分显示了它们的耐光性和对各种温湿度的适应能力。

（三）建立洞窟文物保护档案

主要包括四个方面：（1）保护方案（历史、艺术价值评估及其保护方案）。（2）洞窟现状调查（测绘、摄影、电脑制图、文字记录、洞窟形制、塑像壁画的残损状况记录）。（3）壁画塑像制作工艺及病害成因分析（环境检测、塑像壁画制作材料、结构及工艺方法、壁画地仗、塑像结构及工艺方法、壁画塑像病害成因分析）。（4）修复方案（修复材料的筛选、修复工艺和方法）。目前已经对80个洞窟建立了档案，制作了病害调查表271份、洞窟测绘图195张、窟壁病害标注图214张，拍摄照片3103张，并对洞窟基本情况、现状、病害、干预史等进行了详细的文字记录。

（四）与其他单位的合作

1. 与敦煌研究院合作开展的保护修复项目

与敦煌研究院合作制定了麦积山石窟部分洞窟雕塑、壁画保护方案，2011年7月21日~10月31日，麦积山石窟艺术研究所与敦煌研究院文物保护技术服务中心合作开展了第15窟、20窟、22窟的

① 马千、张萍：《麦积山石窟第74窟现状调查与研究》，《丝绸之路》2010年第16期。

壁画塑像保护修复工作，对壁画存在的酥碱、起甲、粉化脱落、泥层断裂、脱落等病害进行修复加固。

2. 与日本筑波大学合作调查石窟周边环境

在第101窟、102窟、103窟安装由日本筑波大学提供的驱虫网，进行防虫问题的初步调查与观测。对第133窟等重点洞窟进行微环境的观测。通过光感度仪器，完成洞窟内光环境的调查。与甘肃省林学院、日本筑波大学初步开展《麦积山危害生物调查和防治研究》工作，设立5个洞窟作为观测点，已初步完成调查报告。搜集20世纪50年代前后的照片，对塑像、壁画进行历史变化调查，以及利用数码相机对壁画进行紫外线光拍摄调查。2011年3月由麦积山石窟艺术研究所与日本筑波大学世界遗产专业联合撰写《麦积山石窟环境与保护调查报告书》。

3. 监测体系的建设

麦积山石窟监测体系由敦煌研究院和浙江大学进行设计与施工。首先按照设备要求对工作平台进行了改造，铺设防静电地板、改造线路等。然后是布设网络，在窟区布设网关设置，此项工作初具规模。东崖部分洞窟已经放置了温湿度和二氧化碳的采集设备，这些设备采集的数据通过无线传输的方法传递到服务器，再反映到监测中心的大屏幕上，以做到对洞窟环境的实时监测。目前是设备的调试和试运行阶段，监测体系的建立将推进麦积山石窟科学化保护的进程。

四、文物保存环境监测——麦积山石窟保护工作面临的新问题

迄今为止，自然蜕变依然是麦积山石窟文物基体遭受损坏的主要原因，这与文物所处的自然环境有着最密切的关系。开展预防性保护研究，监测、控制石窟内文物的保存环境，减缓窟内文物因自然蜕变引起的损坏，将是今后麦积山石窟文物保护发展的主要方向。

随着科学技术的不断进步，文物保护理念已经上升到“不仅仅是事后的补救，而且还有提前预防，已由被动变为主动的状态”，所以在文物保护过程中对文物保存环境的监测、控制已经是必不可少的一个环节，也是文物保护工作者进行文物保护方法研究的重要依据。

环境中引发文物及遗址损坏的有害因素较多，作用十分复杂。需要对所处环境的大气温湿度、表面温度、大气二氧化碳浓度、有机化合物含量、粉尘、室内光照度及紫外线辐射强度、室外光照度、室外紫外线辐射强度、室外风速及风向、降雨强度、微风、CO、O_3、苯、甲醛、IAQ综合气体、微生物、声级器、SO_2、H_2S等进行监测和控制，建立长期的环境及气象参数数据库，研究文物及遗址与环境、气象影响因素之间的关系，创造最佳的文物保存环境，实现对文物蜕变损坏的有效控制。文物保存环境监测的主要内容就是采集环境数据，其主要通过以下方式来实现：

（一）文物保护人员人工测量、手工统计计算

不仅工作量庞大而且由于人为因素造成数据失实，无法建立连续的、实时的环境监测数据库，进而严重影响到文物科技保护部门的研究工作，也严重影响相关管理机构做出科学的管理决策。

（二）采用相关设备进行长期离时监测

当系统运行一段时间后取回存储装置进行数据的整理，相比人工方式而言，工作量大大减少，但

造成监测数据无法实时获得，当文物保存环境出现突变时，更不能及时预知文保人员采取保护措施，易造成文物过度“裸露”于恶劣环境中，引起损坏。

（三）采用有线方式实时监测的方法

能够克服人工监测和设备离时监测的缺点，但有线通信方式需要布置大量的线缆以接通每个监测点，这些线缆的维护会占用大量的人力物力，不易广泛使用。

根据文物保护部门的需求，结合现代科技的最新发展成果，需要找到一种能够长期稳定运行、人工维护量大大减少、使用者培训量小、方便易用的文物保护环境监测技术。现代通信技术和信息技术的发展，使得海量的数据采集、数据处理得以轻松完成，同时能够把处理后的数据直观地通过图表等形式显示出来，提供给使用者用以辅助决策。使用者根据这些图表，能够及时判断出文物保护环境的变化、发现各个参数之间的内在联系，进而有效地制定相应的保护措施。

五、麦积山石窟保护工作未来发展方向

麦积山石窟的文物保护工作从20世纪50年代开始，至今已经有60余年的历程，保护理念基本确立，保护材料、方法、工艺等也日渐成熟和进步。在今后的发展中，如何将传统保护与现代科技保护有效结合是未来面临的最大问题，力争用5~10年的时间通过以下几个方面的努力完成转变。

（一）对保护成果进行深入的理论总结，以理论推进实践工作的发展

在麦积山石窟保护工作60年的发展历程中，做出了许多的实际性工作，但是需要同步进行的理论研究总结却是严重滞后。就麦积山石窟的保护工作而言，具体的实践工作和保护理论总结之间是相互促进的关系，必须重视麦积山石窟文物保护的理论整理和研究工作，真正建立起有麦积山石窟特色的文物保护理论体系。

（二）文物保护理念需要进一步深化，努力解决一些保护工作中的难点

虽然在长期的工作中解决了许多保护修复中的实际问题，但目前保护工作中仍有许多的难点亟待解决，如山体渗水环境的治理问题、潮湿环境的修复材料和工艺问题、重层壁画的修复问题，大型洞窟的窟檐问题、露天文物（壁画、塑像）的保护问题、大型洞窟的环境控制问题、生物危害的治理问题等。这些都存在基本理念的瓶颈问题，需要从具体的保护技术乃至更高层面的保护理念等方面进行深入思考。

（三）努力扩展对外的合作，逐步扩展麦积山石窟的保护内涵

随着保护工作的逐步深入，其所涉及的学科越来越宽泛，而麦积山石窟艺术研究所作为一个综合性的小型保护机构，在人员力量、资金、设备等方面都无法满足日益迫切的保护工作需要。需要和相关的部门和院校包括国外的文物保护机构等进行广泛而深入的合作，切实推进和扩展麦积山石窟保护

工作内涵。

（四）加强自身队伍建设

首先是建立稳定的人员队伍，改革人员培养模式，逐步探索和院校文物保护专业之间的横向联合，强化人员有益合作流动，采用新模式、新思想对现有人员业务素质等全面提高，并利用实习基地等契机在院校储备后备人才。其次是建立与麦积山文物保护规模相适应的科研基地，并采用网络数字化等现代技术构建文物保护网络平台。

（五）在世界遗产背景下加强遗产本体监测，强化预防性保护

建立监测预警中心，采用多种技术手段和管理措施对文物本体保存环境进行监测。通过监测分析，以期得出麦积山石窟环境下文物劣化的基本规律，并且从管理和技术层面做好预防性的保护工作。

（原载于《中国文化遗产》2016 年第 1 期）

锚筋固危崖　穿洞引水患

——麦积山石窟维修加固与渗水治理工程

董广强

一、麦积山石窟维修加固工程

天水地区是我国地震活动比较频繁的地带。自366年始，共记载地震57次，其中具有破坏性的地震有11次，对麦积山石窟直接造成影响的有5次。由于麦积山的岩质疏松，在山体表面开凿有大量的洞窟，在地震力的作用下，山体表面的岩石和洞窟很容易发生崩塌。据记载，唐开元二十二年（734年）的地震使山体中部的近百个早期洞窟毁于一旦。除此外，地震还使山体形成许多纵横交错的表层裂缝和深度裂缝。据20世纪70年代的调查，当时现存的194个洞窟中（近几年的洞窟调查中将洞窟号增补为221个），大部分塌毁的有63个洞窟，小部分塌毁的有28个洞窟，另外受纵横裂隙切割破坏的有69个洞窟，只有34个洞窟保存相对完好。

1953年8月，中央人民政府文化部委派吴作人为团长的勘察团，对麦积山石窟进行全面勘察。针对石窟面临的险情及维修保护问题，勘察团建议“政府能考虑以现代工程上应用的科学方法（如横穿崖石裂隙，贯以钢筋和灰浆）来巩固这个危崖，以保存我们民族一千四五百年以前所创造的、在艺术上有惊人造诣的人类文化的奇迹”。

1953年9月，麦积山文物保管所成立之后，广泛邀请地质、建筑及文物等方面的专业技术人员，到现场进行地质地貌等方面的勘察，陆续提出一些地质评价和加固设想。对地质结构总的评价是：石窟所处的山体是稳定的，历史上的坍塌，对整个山体来讲，仅仅是表层剥落而已，山体内部的基岩是稳定的。

1972年，国家文物局的工程技术人员提出三个加固方案：第一方案是东崖加固，措施是粘、锚、顶、罩，西崖文物搬迁；第二方案是东西崖都加固；第三方案是对东西崖裂隙危岩进行临时性抢险加固。虽然这三个方案都不够理想，但基于加固工程的紧迫性，国家文物局于1973年批准采用第一个方案。

考虑到麦积山石窟洞窟内部的文物都是泥塑，个别大型造像是石胎泥塑，很容易在外力作用下产生破坏；另外造像和崖体结合紧密，无法剥离搬迁。当地的文物技术工作者对西崖文物搬迁提出来不同的意见，认为文物就地加固为上策。接受勘察设计任务的甘肃省建筑勘察设计院技术人员在现场认真勘察后，也提出西崖可以加固，并且难度小于东崖。于是便在上述方案的基础上提出了将全部崖壁采用“锚杆挡墙、大柱支顶、化学灌浆黏结”进行加固的方案。

在方案设计中，甘肃省建筑勘察设计院将东西崖划分为10个工段，并且在此后两年的时间里，完成了全部工段的加固方案设计图和大部工段加固施工设计图。测绘队技术人员利用“因势转角投影法”进行测绘，绘制了精确度较高的麦积山石窟总体立面图和栈道分布图。

在前期进行的工程试验中，承担工程科研任务的甘肃省建筑科学研究所，成功地进行了锚杆锚固试验。受此启发，工程技术人员认为广泛应用于隧道等地下工程的“喷锚支护”也可以用到麦积山石窟的加固，因为挡墙的加固方法会改变山体外貌，且工程量巨大，还会对文物的原有环境造成不利影响。后组织各方人员到铁路、矿山等工程地点考察后形成共识：在麦积山加固工程中采用“喷锚支护”技术是完全可行的。

“喷锚支护”加固方案的优点是：第一，利用锚杆将危岩和钢筋网喷射混凝土层紧紧拉在基岩上，从而防止崖面继续风化剥落和危岩坍塌，达到加固崖壁之目的；第二，采用喷锚技术，辅以粘拖等措施，可以保持山体及洞窟外形；第三，喷锚混凝土牛腿、块体和悬梁，是修复栈道、廊柱和檐棚等较好措施，同时利用崖面锚杆可作脚手架的横向连接点简便牢靠；第四，可以节约大量原材料和劳动力，功效高，速度快，会显著降低工程造价。而采用挡墙柱方案进行加固，不但外貌改变太大，不符合文物保护原则，而且钢筋混凝土挡墙柱与砂砾岩山体之间由于物理力学性能及所处部位等差异，在外界温湿度及沉降变化等条件下，将会出现不协调形变，不但难以支承危岩，甚至会起相反作用。

“喷锚支护”方案由于技术及文物保护理念方面的优越性，在很大程度上超越了原有的“锚杆挡墙、大柱支顶”方案，很快得到国家文物局的批准。1977年初，甘肃省建筑五公司施工人员进驻现场，麦积山石窟维修加固工程正式开始施工。

虽然总体技术方案确定了，但是具体的技术措施却是在施工过程中逐步完善的。在施工的前期，技术人员就对预应力锚杆的应用产生了争议。后经反复讨论，逐步统一了认识：预应力锚杆的优点是主动受力，但麦积山岩体疏松，裂隙发达，且属超高空作业，技术条件不成熟，贸然应用风险太大；而非预应力锚杆虽是被动受力，但技术较成熟，施工较有把握，于是提出了取消预应力锚杆的建议。

1978年5月，甘肃省文化局将上述建议报国家文物局审批。在国家文物局组织的会议上，对具体技术的应用分歧依然很大。中国科学院地球物理研究所岩石力学专家陈宗基教授听取汇报后明确指出：加固麦积山唯一正确的办法是锚杆锚固和灌浆黏结；在基岩上开挖大梁洞反而有损于山体结构及其稳定性，因此不宜采取挑梁支托办法，对于危岩应采取打斜锚杆的办法加固。至此，麦积山石窟加固工程以非预应力锚杆为主的“喷锚支护”加固方案最终确定并按步进行施工。

加固工程从西崖开始，至1981年基本完工。之后将工程移至东崖，对所有危岩采取“捆吊、喷连、快锚”的办法进行加固施工。首先是对五工段（牛儿堂东侧）巨型危岩进行加固施工。这块危岩重580吨。加固施工时先按既定办法将危岩捆绑，再以若干长15米的斜锚杆和水平锚杆交错锚固危岩；之后对危岩内部两道裂隙进行灌浆黏结；最后在其下部崖壁凹进处制作大型喷锚混凝土牛腿承托。这块危岩的加固按照悬挂理论进行设计，仅锚杆即可达到巩固危岩之目的，再辅以灌浆黏结和牛腿承托，就更加牢固了。

1984年4月，麦积山石窟维修加固工程全面竣工。主要成果包括：喷护总面积9100平方米，其中打锚杆2300根，总进尺12500米；架设钢混结构新栈道1000米。同年7月，在天水召开了工程鉴定及竣工验收会议。会议通过的《鉴定意见》写道：麦积山石窟维修加固工程“在总结了国内岩体加固经验的基础上，结合麦积山石窟岩体的特点和不改变原状的原则，成功地采用了‘喷、锚、粘、托’综合加固技术，为保护石窟文物开创了一条新的途径。工程造价仅用305万元，经济效益显著。这样的采用先进技术综合治理石窟的成功实例，在国内外都是突出的。”1985年该工程荣获国家科技进步三等奖。

二、维修加固工程后期影响

从维修加固工程结束到现在已经有30余年。麦积山石窟每年接待50万以上的游客量，高峰时期单日曾突破2万人，期间还经历了2008年的汶川地震（麦积山处于7级烈度边缘），山体都安然无恙。工程在安全稳固性等方面是值得肯定的。

但是长期以来也存在着不同的声音，其一是山体的大面积喷护覆盖了一部分崖面遗迹；其二是山体大面积喷护影响了麦积山石窟原有的水环境，对洞窟内的文物造成了严重的影响。

对于山体的大面积喷护覆盖了一部分崖面遗迹，是确实存在的，这些主要是一些崖面分布的桩孔和残龛痕迹，都有重要的考古学价值，当时工程验收时就已经提出了这一点。敦煌莫高窟在20世纪五六十年代采取的是大墙支顶的方法，也完全掩盖并改变了石窟原有的外貌。这都是由当时的保护理念，以及材料、技术等诸多因素影响下所做出的保护方案，有时代的局限性。何况麦积山维修加固工程是在唐山大地震的背景下进行的，采取“先救命，后治病”的保护措施，用现今的理念和工程技术去评价难免有失客观性。

关于山体表面喷护影响了原有的水环境，对麦积山洞窟文物造成很大影响的说法，是建立在对个别点位的观察，缺乏整体的调查、分析、研究基础。

麦积山石窟的渗水问题长期以来就一直存在，其对文物的影响和破坏与石窟的开凿是同步的。在维修加固工程之前的调查中，技术人员就认识到这个问题，但由于当时的首要任务是确保洞窟文物的安全，限于工作条件等因素的制约，并没有对石窟渗水的来源、表现方式、渠道等进行认真的勘察。不过在工程期间，还是采取了一些措施来预防喷护工程对石窟水环境造成负面影响，比如在有渗水的位置放置了一些草绳，目的是使内部的水分能顺着草绳运移，当草绳糟朽后，这个位置就会自然留下一个水分通道。

加固工程之后，我们对当时埋设草绳的位置观察，多数没有水分运移的痕迹，这些位置都很干燥。这一点或许和加固工程有关系，但是更多的应该是水分运移的不规律性造成的。水分在山体内部的运移是复杂的、动态的，在一定情况下会发生改变，所以不能将某些洞窟环境改变的原因简单地归结山体加固工程。

近期，我们对潮湿洞窟逐一进行了调查，重点是调查洞窟潮湿和崖面喷护工程之间的关系，确定这些洞窟是否受到加固工程的影响以及影响程度。通过调查，我们得出了以下结论：

1. 崖面喷护对高层的大型洞窟不会产生任何影响

西崖有三个大型洞窟，分别是第127、133、135窟。这三个洞窟都位于高层，其附近的崖面进行了喷护。第127和133窟是单一的窟门，内部空间大，空气对流不顺畅，内部的湿度环境要明显大于其他洞窟。两窟开凿在山体软弱夹层的下方位置，整个软弱夹层的岩石含泥量高、质地松散、透水性强，是大气降雨的一个重要的运移通道。但由于水分在这个位置是水平运移，速度相当缓慢。从洞窟内部的剖面看，这个软弱层是呈3~5度的下倾斜角向山体内部倾斜，而两窟的潮湿位置都是在洞窟的后角位置，这个位置也是山体软弱层内部水分的出头点。在软弱层的前部位置，未见到潮湿痕迹。水分的下渗点和两窟之间的距离有200米甚至更远的距离，只能是依靠软弱层的倾斜度从高点向低点缓慢地运移，逐步地影响两窟的潮湿度，这完全是一种水分在山体内部运移活动，和山体表面喷护没有关系。即使以后这些洞窟内的水环境发生变化，也要从山体内部水分运移道路寻找原因。另外中层的第78窟、80窟及下层的第52窟以及中区的第43窟都是类似的情况。

2. 崖面喷护对西崖中下层渗水洞窟有一定程度影响

西崖下层的一些潮湿洞窟都是属于浅龛性质，并且是开凿在蜂窝状的软弱层位置或附近。通过调查我们发现，同层位的相邻洞窟并没有潮湿或渗水现象，出现渗水的原因还是和岩石的软弱层紧密相关，当洞窟开凿在这个软弱层位置，就会出现渗水现象。而这种类别的浅龛外沿都是软弱层，在原来的状态下，会有一部分水分在洞窟的外侧露头并自然挥发，从而在一定程度上减弱对洞窟内部的影响；而崖面喷护阻挡了水分挥发，也就加重了水分对洞窟内部的影响。

通过对渗水洞窟的个案调查，我们可以确定，维修加固工程对目前存在的多数渗水洞窟是没有直接影响的，洞窟渗水主要是由于山体本身的岩石裂隙、软弱层等造成的。加固工程真正对窟内相关的水环境造成影响的仅仅有几个洞窟，如第59、191、94、67、45窟等。而对窟内文物造成影响的，只有第59、94、67窟三个洞窟。

三、麦积山石窟渗水治理工程

由于麦积山石窟所处的地区多雨潮湿，再加上山体本身的地质构造等综合原因，大气降水通过各种渠道下渗，对洞窟和窟内文物产生严重的影响。一些洞窟在降雨后湿度急剧增大，造成壁面落沙，壁画大面积脱落或褪色；个别洞窟窟内文物不得不临时搬迁；一些洞窟因内部长期渗水，洞窟形制已经完全破坏。

1996年，《石窟文物保护技术措施综合研究——麦积山石窟渗水成因分析及治理方案》通过国家科学委员会立项。铁道部第一勘察设计院承担了此项课题的研究工作，研究人员通过对大气环境、水文、地质、地貌、植被等多方面综合研究，结合前期的资料，理清了降水的下渗途径和对洞窟的危害方式，在此基础上，提出了"窟外堵源截流，以堵为主，窟内以排为主，排堵结合"的治理方案，并通过了甘肃省文物局和国家文物局组织的专家论证。2001年5月渗水治理工程正式启动。

工程采取"先外后内，先上后下，先易后难，逐步实施"的原则进行施工。首先对围绕山体的6条贯通大裂隙（共探明有8条裂隙，但另外2条对洞窟不构成影响）用超细水泥浆进行注浆封堵，对山顶陡坡分布的微裂隙用水玻璃进行压力渗注。这样可以有效地阻止大气降水的下渗通道。其次是在受渗水影响的洞窟周围布置排水孔，深度直达山体内部的含水层，为水分提供一个顺畅的排泄渠道，最终达到渗水治理的目的。

工程从位于东崖后部的 2 号裂隙开始施工。先沿山体搭起了高达 30 米的工作架，将裂隙表层进行封堵后，从下至上开横穿裂隙的钻孔，再从位于西崖的泵站将水泥和粉煤灰（起缓凝和加快流速作用）的混合浆液加压泵入裂隙，在强大压力的作用下，浆液深入到细微裂隙之中，起到封堵水路的作用。

2 号裂隙封堵完毕之后，又转移到位于东崖的 3、4 、5 号裂隙，用同样的方法进行封堵。在高空作业时，还意外地发现 4、5 号裂隙在一定高度合并后又继续向上发展，同时在此高度上又发现一条水平向的裂隙。甲乙双方对新发现的裂隙进行认定后，决定对其进行封堵。

前期的勘察和通水实验证明，3、4、5 号裂隙是对第 57 窟渗水点有直接影响。但是在 7 月初期封堵工作结束后，发现第 57 窟的渗水现象并没有明显的改善。针对这个情况，封堵完 1、6 号裂隙之后，根据上级的指示，工程暂时停工。

甘肃省文物局邀请各方专家召开了论证会，对当前情况进行了讨论，认为前期制定的“彻底、全面地根治麦积山石窟的渗水现象”的目标在当前的科技、经济、时间、具体地质情况下实现起来有很大困难，也是不现实的。于是将工程目标改变为“在有效范围内有效地缓解渗水对洞窟的影响”，将原来的“以堵为主，窟内以排为主，排堵结合”方案改变为“以排为主，排堵结合”方案，有针对性地调整和加密了排水孔，还在第 127、133 窟上方各打了具有通风性质的小孔洞。

9 月初工程再次开始。先是在洞窟外侧相关位置打排水孔，当 7 号排水孔钻到一定深度后，山体内部的水如泉涌，顺直径 8 厘米的孔洞排了 20 多分钟。由此推测，山体内部的多个位置存储有如此类型的空腔，成为水分存储的空间，对洞窟内部造成缓慢的长期影响。

排水孔全部打完后，我们对排水孔以及渗水洞窟进行了长期的观察，发现第 52、94 窟等内外的渗水点或潮湿现象有一定的改善，渗水量或落沙量减少，第 57 窟渗水点的水量有一定的变化但不明显，说明排水孔对山体内部的水分有一定的疏导作用。但是多数洞窟的潮湿现象并没有得到显著改善。

2015 年，麦积山渗水治理工程二期再次得到了国家文物局的立项。此次工程加强了地貌、地质、水文等方面的前期调查，对崖壁渗水进行详细勘察，采用无损及微损手段，对石窟渗水进行检测和监测；在洞窟顶部布置探孔，采用井下高密度、地球物理测井、建立水文监测系统等技术建立麦积山石窟水文地质模型。同时把对石窟水害的机理研究放在首位，在彻底查清病害成因的基础上，实施治理工程。

麦积山石窟渗水病害成因较为复杂，对渗水来源虽然有了基本的认识，但其渗流机理尚不十分明确，水的运移路径与方式也有待进一步探查（目前初步认为，水主要是从崖体西侧崩坡积缓坡和崖面面流，其次是通过各类裂隙，经不同方式运移至渗水石窟，但仍需勘探验证分析）。因此有必要设立专项科研课题，开展对麦积山岩体渗流场的调查分析与深入研究。

渗水是每个石窟普遍存在的现象，目前尚没有完全成功治理石窟水患的案例。需要文物保护单位和相关科研单位共同配合，长期进行关注研究，在前期调查、工程实施、后期监测等方面都加大科技投入，不断地降低渗水对石窟文物的影响，最终达到彻底治理的目的。

（原载于《中国文化遗产》2016 年第 2 期）

麦积山石窟空鼓壁画的修复

岳永强　王通玲　付文伟

在麦积山石窟现存221个洞窟中，目前保存有壁画的洞窟仅120个。其中较为重要的北朝晚期部分洞窟中，一些经变画和本生故事画保存相对完整，尤其是第26、27、127、135等窟的大型经变画，如西方净土变、维摩变、涅槃变、法华变等是国内石窟现存最早最为完整的大型经变画，对研究中国经变画的发展演变具有十分重要的价值①。但是由于壁画本身的脆弱性及所处环境的特殊性，70%的洞窟存在壁画空鼓病害且病害较为严重，部分壁画有脱落的危险，因此对这些壁画的保护修复刻不容缓。

一、麦积山石窟壁画制作材料、结构及工艺

根据结构分析，麦积山石窟壁画的地仗一般为三层，即粗泥层、细泥层和白粉层。粗泥层的厚度不是很均匀，有的壁画只有0.5厘米，而有的可以达到5厘米，这是因为开凿洞窟的崖面不平整，需要找平而造成的。粗泥是用较粗的粉沙土掺加麦草做成，也有掺加麦衣的。细泥层厚度一般在0.3~0.5厘米，是用较细的粉沙土掺加麻或棉做成。白粉层就是在细泥层上涂刷一层石灰、石膏，便于绘画，一般厚0.01~0.02厘米。也有部分洞窟的壁画没有做粗泥层，如第3窟壁画。地仗含沙量较高，基本上都在70%左右。

在土中加麦草、麻、棉的这种做法叫土中加筋法，主要用于改善土层的性能，广泛流行于中国历史上北方的生土建筑中②。麦积山石窟壁画的制作工艺就是借鉴了这种方法。制作粗泥层时，土中加麦草是为了提高地仗与洞窟岩体之间的黏结力及泥层自身的强度。制作细泥层时，土中加麻、棉是为了改善土体的水理性质，防止泥层成型后快速风干失水而干裂。

麦积山石窟的壁画全部绘制于洞窟崖面之上，其制作工序一般为：先整平已开凿好的洞窟崖面，根据崖面的平整度上粗泥，等粗泥稍干，再在粗泥层之上敷细泥，在细泥层上涂刷一层石灰、石膏等作为白粉层，最后绘制壁画。因壁画制作年代不同，选用材料和制作工艺也有所差异。如第74窟、78窟、127窟的壁画，采用的是崖体表面凿小孔插木橛子挂粗泥的制作方法，更有利于壁画的长久保存。第74窟壁画的制作，首先在洞窟崖面凿出一定数量的小孔，彼此间的距离在20~30厘米之间。小孔口

---

① 花平宁、魏文斌：《中国石窟艺术——麦积山》，南京：江苏美术出版社，2013年，第9页。

② 张明泉、张虎元、曾正中：《莫高窟地仗层物质成分及微结构特征》，《敦煌研究》1995年第3期。

大里小，均斜向下开凿，与壁面成 20～30 度角，小孔口径最大 5 厘米×6 厘米，最小 3 厘米×4 厘米，深约 4～6 厘米，小孔插木橛子。有的木橛子明显是用钝器砸入，因外露的木橛子尾部呈分散状；有的木橛子是方形木块直接插入，然后使用木楔固定。木橛子使用的木质密度大，当地人称为硬杂木。最后上粗泥、细泥制作地仗层，地仗层完全覆盖木橛子，在壁画完好的部位并不能发现这种工艺的痕迹，但在空鼓壁画处此工艺显而易见。第 74 窟壁画地仗中还夹杂有斜 45 度角的竹木片，竹木片的两头各用麻绳绑在木橛子上。木橛子和竹木片都是包裹在壁画地仗中的，木橛子露出崖体的长度不超过 2 厘米。针对空鼓壁画严重的洞窟采用的锚杆挂麻技术就是脱胎于这种制作工艺。

二、麦积山石窟壁画的空鼓

空鼓是指壁画地仗层与支撑体（墙体、岩体或其他）间由于黏结性能丧失或减弱，导致地仗层局部脱离支撑体，但脱离部分的周边仍与支撑体连接的现象①。它通常发生在地仗层与地仗层之间或者地仗层与支撑体之间。空鼓严重时有外力或震动，甚至壁画自身的重量都有可能造成壁画大面积的脱落。传统上仅凭肉眼观察及富有经验的保护修复人员用指背轻敲壁面，通过辨别音质来判断此处壁画是否存在空鼓。

空鼓病害是麦积山石窟壁画最为普遍且最为严重的病害之一。一般地仗层较厚的壁画空鼓都较为严重，壁画离开支撑体最高可达 8 厘米，且表面多有小孔洞，存在脱落的危险。另外，麦积山石窟的洞窟有大规模的重修、重绘现象。据统计，有后代重修痕迹的洞窟高达 61 个。因此，重层壁画空鼓也较为严重，尤以第 4 窟为代表。

三、麦积山石窟壁画空鼓的原因分析

1. 赋存环境的影响

麦积山地区属温润山区气候，年平均相对湿度 66%，且日变化大，尤其在雨季时湿度经常可达 80%以上。在一定温度下，湿度增高，壁画地仗中含水量增大，表现为吸湿；湿度降低，壁画地仗中含水量减少，表现为解吸。如此产生高湿时壁画地仗材料发生膨胀、低湿时发生收缩的反复机械作用。因此，湿度的变化直接引起壁画地仗材料结构的改变并导致其性质发生变化。同时壁画中的可溶性盐随外界湿度变化总是处在溶解—结晶—再溶解—再结晶的不断反复过程中，造成壁画易发生空鼓、酥碱等病害。还有麦积山石窟壁画地仗中含沙量较高，一般都在 70%左右，起胶结作用的土较少，在高湿度的环境条件下，地仗易流失。

2. 崖体易风化

麦积山石窟的崖体由下第三系紫红色砂砾岩组成。岩性为砾岩、砂砾岩夹有薄层含砾泥岩等。含砾泥岩在崖体中以透镜状和夹层出现，穿过石窟部位的有三层，每层厚 0.1～2.1 米，泥岩含砂砾量

① 《中华人民共和国文物保护行业标准：古代壁画病害与图示》，北京：文物出版社，2008 年。

大，黏性小①。麦积山石窟砂砾岩主要以泥质胶结，胶结程度差，尤其泥质胶结物中含有较多的蒙脱石，蒙脱石遇水容易膨胀，膨胀后体积比原来增大 8~10 倍，这是由于蒙脱石和水分以某种特别强的亲和力结合，水分能渗入到蒙脱石的结构和结构层之间，形成层间水，使晶格发生膨胀，因此麦积山石窟崖体易风化。

3. 地震的影响

麦积山石窟位于我国地震活动最频繁的地区之一——天水地震带内。据史书记载，唐开元二十二年（734 年），秦州地区发生 7.0 级地震，麦积山石窟山体受到严重破坏，崖面中部多个洞窟被震毁，使整个窟群被分为东西两个区域。从公元前 780 年以来，麦积山石窟附近先后发生 5 级地震 28 次，6 级地震 8 次，7 级地震 4 次，8 级地震 1 次。7 级以上地震包括 143 年甘谷 7.0 级地震、734 年天水 7.0 级地震和 1654 年天水南 8.0 级地震等②。最近一次对麦积山石窟造成较大影响的地震是 2008 年 5 月 12 日的汶川 8.0 级大地震，此次地震对麦积山石窟山顶舍利塔造成了较大的影响，舍利塔多处出现裂缝，局部有坍塌危险。

4. 有害生物造成的影响

麦积山石窟因为处于秦岭山脉的群山之中，动、植物物种较为丰富。目前，仍旧活动在石窟上的有害生物有松鼠、燕子、木蜂、椿科（俗称臭虫）等。麦积山石窟壁画空鼓的一个重要特征就是空鼓壁画中间有大量的小孔洞存在，这些小孔洞很可能就是生物活动造成的。研究表明，土壤中含有种类繁多、极其丰富的真菌类、放线菌类、原生物群，如细菌类生物及部分藻类等。这些微生物有独特本领，就是可用其分泌出来的生物酶，将动物食物中所含的淀粉、脂肪、蛋白质和维生素，加速水解成易被自身消化吸收的简单化合物。因此，洞窟上活动的某些生物存在喜好吃土或因身体需要而食土的特点。如鼠类动物，因其牙齿持续处于生长状态，其喜用木材类等材料磨牙。此外，土中还含有多种金属盐类，像碳酸钙、氯化镁、碳酸钠、磷酸盐等。这些盐类对动物体的生长发育，疾病防治有好处。新中国成立前的麦积山石窟曾长期处于无人看管的状态，所有洞窟没有门窗保护，有害物种可以在洞窟内自由活动，造成了麦积山石窟壁画的多孔洞性空鼓。

四、麦积山石窟空鼓壁画的修复

结合麦积山石窟壁画空鼓的程度、空鼓的不同表现形式，麦积山石窟空鼓壁画的修复，主要采用灌浆回贴加固，同时辅以锚杆挂麻技术，对空鼓特别严重的壁画还要采用填泥的修复方法。就是选择与壁画制作材料兼容性好的填充材料和主剂（即黏结材料）作为浆液，然后使壁画地仗、浆液和支撑体三者很好地结合，进而提高地仗与支撑体（岩体）之间的黏结力，增强壁画的整体稳定性。

麦积山石窟灌浆材料以麦积山周边黄土为填充料，以丙烯酸乳液和有机硅丙烯酸乳液的混合液为主剂。锚杆挂麻用的木质锚杆使用直径 15 毫米、长约 150 毫米的硬杂木，木质锚杆、锚杆上挂的麻都

---

① 李最雄：《丝绸之路古遗址保护》，北京：科学出版社，2003 年，第 15~25 页。

② 陈永明、石玉成、王旭东：《天水麦积山石窟地震构造环境评价》，《敦煌研究》2005 年第 5 期。

经过化学防虫、防腐处理，确保木质锚杆和麻的耐久性。

为了防止灌浆时压力过大而损坏壁画，一般采用人工常压灌浆的方法。针对一般的空鼓壁画，我们时常采用除尘、钻注浆孔、埋设注浆管、支顶壁板、灌浆、回压支顶、封堵注浆孔等工艺流程①，但是对于空鼓特别严重的壁画，我们时常采用如下工艺流程：

1. 除尘及清理壁画空鼓部位的杂物

使用吸耳球、镊子等工具，清理壁画空鼓部位的杂物，尤其是空鼓壁画地仗层与支撑体连接部位。尽可能借助图像仪器观察壁画空鼓处的详细情况。

2. 确定锚固孔的位置及数量

根据壁画空鼓程度、范围及空鼓壁画上小孔洞的位置确定锚固孔的位置和数量，多借助壁画上的小孔洞、裂缝等位置开设锚固孔及灌浆孔。锚固孔的分布尽量呈三角形。

3. 开设锚固孔

使用小型冲击钻开设锚固孔，锚固孔比锚杆的直径稍大，开设锚固孔之前对壁画先进行支护，防止使用冲击钻的震动造成壁画脱落。锚固孔与壁面要稍有一定的角度，不能垂直于壁面。如立面，斜向上与壁面成30度角。

4. 插入缠绕有长麻的锚杆

把缠绕有长麻的锚杆钉入锚固孔内，锚杆外露部分稍低于壁画地仗层，长麻长度约20~30厘米，然后把长麻均匀分散到空鼓壁画内，长麻最好呈扇形分布。实践证明，锚杆挂麻控制的壁画空鼓面积为锚杆向下半径为20~30厘米的区域。

5. 借助空鼓壁画上小孔洞进行灌浆

灌浆时从下向上进行，根据空鼓壁画的范围借助小孔洞进行灌浆，灌浆前对部分小孔洞、裂缝进行填泥封堵，以防灌浆时小孔洞、裂缝等部位漏浆、流浆，造成壁画画面的污染。同时灌浆时做好空鼓壁画的防护工作，因为空鼓壁画灌浆时会产生较大的向外压力，因此注浆之前必须先用壁板支顶壁画，支顶的范围等同于将要灌浆的空鼓壁画的面积。浆液为已脱盐的细黏土加3%的丙烯酸乳液和有机硅丙烯酸乳液的混合液调制而成，水灰比控制在0.55：1~0.65：1。灌浆时分几次逐渐灌注，其原则是待前次灌注的浆液初凝后，间隔一定时间之后方可进行下次灌浆。浆液凝固时，锚杆上挂的长麻就会凝固在浆液里面，对灌浆部位就会起到很好的拉固作用，且随着灌浆的进行，用支护板对壁画进行轻轻地挤压就可以使地仗层与浆液之间、浆液与支撑体之间更好的结合，使浆液黏结地仗层与支撑体，从而起到加固空鼓壁画的作用②。

6. 脱盐

灌浆完成后，要对灌浆部位进行脱盐。壁画空鼓严重，灌浆量较大，浆液从初凝到最后完全干燥，浆液里面的水分要通过地仗层挥发出来，在浆液里面的水分挥发出来的过程中，壁画地仗层和支撑体

---

① 王旭东、苏伯民、陈港泉、汪万福：《中国古代壁画保护规范研究》，北京：科学出版社，2014年，第190~200页。

② 李最雄、汪万福、王旭东、陈锦、强巴格桑：《西藏布达拉宫壁画保护修复工程报告》，北京：文物出版社，2008年，第170~180页。

中的可溶盐可以随高湿气态水迁移富集在壁画地仗层的表面，因此我们必须对其进行脱盐。我们借助支顶壁板进行脱盐，壁板上先铺垫一层厚约 1 厘米的海绵，海绵上再铺垫 X~60（纯木浆与无纺布交织在一起制作成的高吸水性材料），最后再铺垫棉纸制成脱盐垫，快速并尽可能多的将水和可溶盐吸附到脱盐垫上，脱盐垫要比灌浆区域大出约 30~40 厘米，防止水分向灌浆区域外围扩散。刚开始时，需要每隔 2 个小时更换一次脱盐垫，随着壁画的逐渐干燥，更换脱盐垫的时间间隔拉长，直至壁画完全干燥。

7. 锚固部位、注浆孔、裂隙的修补

使用调制好的泥浆对锚固部位、注浆孔、裂隙进行填补，填补时应分几次填补，每次填补应有一定的间隔时间，间隔时间长短以前一次填补的泥浆基本凝固后再进行下一次填补，最后填补到距离壁画颜料层 1~2 毫米处，并做旧，使填补处与壁画整体统一协调。

需要注意的是，锚杆挂麻工艺使用必须谨慎，因为木质、麻遇水易膨胀，所以需使用锚杆挂麻工艺加固的空鼓壁画所处洞窟必须要干燥。而且根据“最小干预”“不改变文物原状”“可再处理”等原则，有的洞窟并没使用木橛子挂泥的方法制作壁画，必须使用锚杆挂麻技术时要做到用最少的锚杆控制最大面积的空鼓壁画，最大可能减少锚杆数量。

（原载于《中国文化遗产》2015 年第 2 期）

麦积山石窟景区主要观赏树种资源分析与应用

白秀玲

麦积山石窟是中国四大石窟之一，与敦煌莫高窟、河南洛阳龙门石窟、山西大同云冈石窟相比，麦积山石窟所在的森林生态环境最为优美。

麦积山石窟景区天然林资源丰富，自然景观独特秀丽。2015 年被国家林业局、中国林学会批准为西北地区首批“森林氧吧”之一。

风景林是风景名胜区的森林植被景观，由不同类型的森林植物群落组成，在森林的经济分类中属特有林种之一。风景林是风景名胜区发展森林旅游业的基础。一般认为风景林是具有较高美学价值并以满足人们的审美需求为目的的特殊林木，它不仅能发挥森林游乐效益的功能，也有完善环境生态平衡的作用，如果能够充分地利用好麦积山石窟景区内的这种资源，形成优质的生态资源，不仅有完善森林生态环境景观的作用，更是对麦积山石窟深厚的人文内涵的有力补充和完善。如果能充分地利用麦积山石窟周边这片天然林资源，将更有利于麦积山石窟的研究保护与发展①。

一、麦积山石窟景区自然地理及植被概况

麦积山石窟景区地处秦岭山脉西段的小陇山林区边缘，位于东经 105°56′~106°10′，北纬 34°20′~34°28′，景区总面积 1259.28 公顷②。年平均气温 7.0~11.0℃，年平均降水量在 558.0~820.4 毫米之间，无霜期 166~177 天。麦积山石窟景区地质地貌汇集了从远古代至新生代以紫色砾岩、砂砾岩为主体的多种沉积地层，以片岩为主的变质岩地层，以花岗岩为主的岩浆岩为地质构造。麦积山石窟方圆 2~3 公里土壤以山地棕壤为主，属于秦岭山地温带落叶阔叶林与针叶混交林的淋溶土壤。景区植被类型在我国植被区划上属暖温带落叶阔叶林区向亚热带植被过渡区，以暖温带落叶阔叶林为主③。森林覆盖率 87.6%，主要森林景观类型有针叶林的白皮松、油松、华山松、樟子松、侧柏林；落叶阔叶林的栓皮栎林、辽东栎林、锐齿栎林、山杨林、麻柳、柳树、白桦林、杨桦林、红桦林、核桃树、针阔

---

① 周荣伍、安玉涛、冯润国：《风景林概念及其研究现状》，《林业科学》2013 年第 8 期。陈昌笃、王庆田：《甘肃省麦积山景区生态过渡带自然和文化遗产杰出范例》，《生态学报》2007 年第 1 期。

② 中国建筑设计研究院建筑历史研究所：《麦积山石窟管理规划（2012-2018）》，内部资料，2012 年，第 49 页。

③ 中国建筑设计研究院建筑历史研究所：《麦积山石窟管理规划（2012-2018）》，内部资料，2012 年，第 49 页。芦维忠、任继文：《甘肃麦积山风景区植物多样性及保护》，《西北林学院学报》2005 年第 4 期。

混交林及近20年由人工营造的油松、华山松、华北落叶松、日本落叶松、元宝松、红枫、五角枫、云杉、冷杉、紫玉兰树、七叶树、枫杨、五当玉兰、青海云杉、欧洲云杉等森林景观类型。

麦积山石窟景区植物资源具有南北交汇、东西过渡，古今并存的特点。植物资源种类在同一经纬地区最为丰富，区系成分极为复杂多样。全区高等植物计218科962属2371种，其中苔藓植物37科71属101种；蕨类植物21科41属85种；裸子植物8科20属47种；被子植物144科810属2138种①。

二、麦积山石窟景区观赏树种资源

据实地调查及查阅相关文献资料，麦积山石窟景区观赏树种共计213种，其中乔木94种、灌木97种、藤本22种；落叶树木183种，常绿30种。依据树木的观赏特性，分为观叶、观花、观果、观形、和林木类②。

（一）观叶树种

麦积山石窟景区林中的观叶树种约61种，根据观叶树种的形态和叶片颜色的变化将其分为叶形优美、黄色系和红色系。

1. 黄色系观叶树种

麦积山石窟景区黄色系观叶树种约16种。乔木类的有栓皮栎（Quercus variabilis）、榉树（Zelkova serrata）、银杏（Ginkgo biloba）、连香树（Cercidiphyllum japonicum）、三桠乌药（Lindera odtusiloba）、水榆花楸（Sorbus alnifolia）、稠李（Prunus padus var. pubescens）、臭檀（Evodia daniellii）、黄连木（Pistacia chinensis）、地锦槭（Acer mono）、元宝枫（Acer truncatum）、青榨槭（Acer davidii）、栾树（Koelreuteria paniculata）；藤本有南蛇藤（Celastrus orbiculatus）。

2. 红色系观叶树种

麦积山石窟景区红色系观叶树种约22种。由乔木、灌木、藤本组成，秋季落叶。乔木有鸡爪槭（Acer palmatum）、纪氏槭（Acer giradlii）、青麸杨（Rhus potaninii）、盐肤木（Rhus chinensis）、柿（Diospyros kaki）、大果榆（Ulmus macrocarpa）；灌木有黄栌（Cotinus coggygria）、卫矛（Euonymus alatus）、拴翅卫矛（Euonymus phellomanes）；藤本主要是爬山虎（Parthenocissus tricuspidata）。

3. 叶形优美、奇特的树种

叶形优美、奇特的树种约23种，其中叶四季翠绿有红豆杉（Taxus chinensis）、铁橡树（Quercus spinosa）、富贵草（Pachysandra terminalis）、扶芳藤（Euonymus fortunei）、杜鹃类（Rhododendran sp）等；落叶的有七叶树（Aesculus chinensis）、槭类（Acer sp）、刺楸（Kalopanax septemlodus）、合欢

---

① 安定国：《甘肃省小陇山高等植物志》，兰州：甘肃民族出版社，2002年。

② 张天麟：《园林树木1200种》，北京：中国建筑出版社，2004年。张荣、翟明普、阎海平：《国内外风景游憩林抚育研究进展》，《北京林业大学学报》2004年第2期。

(Albizzia julibrissin) 等。

(二) 观花类

麦积山石窟景区观花树种约 114 种，花色主要分为红色系、紫色系、黄色系和白色系。

1. 红色系

红色系树种主要指花色呈现深红、浅红、粉红或者淡红色的树种，约 21 种。乔木有湖北海棠 (Malus hupehensis)、合欢 (Albizzia julibrissin)；灌木有多花木蓝 (Indigofera amblyantha)、黄毛杜鹃 (Rhododendran rufum)、玉玲花 (Styrax obassia)、四川丁香 (Syringa sweginzowii)、臭牡丹 (Clerodendron bungei)、探春 (Viburnum fragrans) 等。

2. 紫色系

紫色系树种主要指花色呈现紫红色、紫色或粉紫色的树种，本区约 24 种。乔木有紫荆 (Cercis chinensis)、毛泡桐 (Paulownia tomentosa)；灌木有美丽胡枝子 (Lespedeza formosa)、甘肃瑞香 (Daphne tangutica)、绝伦杜鹃 (Rhododendran invictum)、秀雅杜鹃 (Rhododendran concinuum)、华北丁香 (Syringa oblata)、大叶醉鱼草 (Buddleja davidii)、密蒙花 (Buddleja officinalis)、海州常山 (Clerodendron trichotomum)、木香薷 (Elsholtzia stauntoni Benth)；藤本有大瓣铁线莲 (Clematis macropetala)。

3. 黄色系

黄色系树种主要指花色呈现金黄色、橙黄、鲜黄或浅黄色的树种，本区约 20 种。乔木有楸树 (Catalpa bungei)、栾树 (Koelreuteria paniculata)；灌木有小檗 (Berberis amurensis)、棣棠花 (Kerria japonica)、黄蔷薇 (Rosa hugonis)、树锦鸡儿 (Cargana arborescens)、连翘 (Forythia sustensa)、迎春花 (Jasminum nudiflorum)、马氏忍冬 (Lonicera maackii)；藤本有细叶铁线莲 (Clematis aethusaefolia)、华中五味子 (Schisandra sphenanthera)、毛猕猴桃 (Actinidia chinensis)、盘叶忍冬 (Lonicera tragophylla)。

4. 白色系

白色系主要指花色呈现白色或乳白色的树种，麦积山石窟景区约 62 种。乔木有武当玉兰 (Magnolia sprengeri)、水榆花楸 (Sorbus alnifolia)、湖北花楸 (Sorbus hupehensis)、唐棣 (Amelanchier sinica)、山荆子 (Malus baccata)、李 (Prunus saliciflora)、山桃 (Prunus davidiana)、暴马丁香 (Syringa reticulata var. mandshurica)、稠李 (Prunus padus var. pubescens)、七叶树 (Aesculus chinensis)、四照花 (Dendrobenthami japonica var. chinensis)、灯台树 (Cornus controversa)、流苏 (Chionanthus retusus) 等；灌木有白檀 (Symplocos paniculata)、双盾木 (Dipelta floribunda)、史氏忍冬 (Lonicera standishii)、紫斑牡丹 (Paeonia papaveracea)、东陵八仙花 (Hydrangea bretschneideri)、山梅花 (Philadelphus incanus)、白溲疏 (Deutzia albida)、红柄白鹃梅 (Exochorda giraldii)、珍珠梅 (Sorbaria arborea)、绣球绣线菊 (Spiraea blumei)、多花旬子 (Cotoneaster multiflorus)、文冠果 (Xanthoceras sorbifolia)、照山白 (Rhododendran micranthum) 等；藤本有绣球藤 (Clematis montana)、银色铁线莲 (Clematis argentilucida)、木天蓼 (Actinidia polygama) 等。

（三）观果类

指果实鲜艳可人或果实或种子形状奇特、有趣的树种。麦积山石窟景区有76种。乔木有红豆杉、白玉兰、武当玉兰、水榆花楸、湖北花楸、山荆子、臭檀、黄连木、元宝枫、四照花、灯台树、大叶椋子、石灰花楸（Sorbus folgneri）、金钱槭（Dipteronia sinensis）、茶条槭（Acer ginnala）、臭椿（Ailanthus altissima）、香椿（Toona sinensis）、毛叶山桐子（Idesia vestita）、柿等；灌木有小檗、多花荀子、卫矛、拴翅卫矛、猫屎瓜（Decaisnea fargesii）、蔓茶镳子（Ribes fasciculatum）、火棘（Pyracantha fortuneana）、匍匐枸子（Cotoneaster adpressus）、丝棉木（Euonymus bungeanus）、紫珠（Callicarpa japonica）、接骨木（Sambucus williamsii）、史氏忍冬（Lonicera standishii）等；藤本有串果藤（Sinofranchetia chinensis）、三叶木通（Akebia trifoliata）、华中五味子（Schisandra sphenanthera）、南蛇藤（Celastrus orbiculatus）、蛇葡萄（Ampelopsis brevipedunculata）、毛猕猴桃等。

（四）观形类

观形类树木指的是树木形态优美，可作为庭阴树或行道树的树木，麦积山石窟景区有80种。主要为乔木树种，如常绿的华山松（Pinus armandii）、白皮松（Pinus bungeana）、油松（Pinus tabulaeformis）、秦岭冷杉（Abies chensiensis）、红豆杉（Taxus chinensis）、云杉（Picea asperata）等；落叶的有水杉（Metasequoia glytostroboides）、旱柳（Salix matsadana）、胡桃（Juglans regia）、枫杨（Peterocarya stenoptera）、板栗（Castanea mollossima）、栓皮栎（Quercus variabilis）、榉树（Zelkova serrata）、连香树（Cercidiphyllum japonicum）、水青树（Tetracentron sinensis）、水楸（Fraxinus platypoda）、武当玉兰、水榆花楸、石灰花楸、合欢、臭椿、香椿、黄连木、七叶树、栾树、四照花、灯台树、毛泡桐、法氏楸和槭类的大部分种等。

（五）林木类

指适应于大型园林绿地成片成林种植以构成森林之美的树木，麦积山石窟景区有53种。主要是乔木类，有银杏、秦岭冷杉、雪松、云杉、华山松、白皮松、油松、水杉、侧柏、山核桃（Juglans cathayensis）、白桦（Betula platyphylla）、红桦（Betula albosinensis）、华榛（Corylus chinensis）、千金榆（Carpinus cardata）、板栗（Castanea mollossima）、栓皮栎（Quercus variabilis）、兴山榆（Ulmus derjmanniana）、连香树（Cercidiphyllum japonicum）、榉树（Zelkova serrata）、武当玉兰（Magnolia sprengeri）、水青树（Tetracentron sinensis）、水榆花楸（Sorbus alnifolia）、臭檀（Evodia daniellii）、黄连木（Pistacia chinensis）、地锦槭（Acer mono）、元宝枫（Acer truncatum）、灯台树（Cornus controversa）、大叶椋子木（Cornus macrophylla）、法氏楸（Catalpa fargesii）等。

三、麦积山石窟景区观赏树种组成分析

在麦积山石窟景区主要观赏树种资源中，以观花树为主，占53.5%，其次是观形、观果、观叶和

林木类，分别占观赏树种的37.5%、35.6%、31.4%和24.8%。观花树种114种，乔木29种、灌木75种，藤本10种，分别占观花树种的25%、66%和9%；观花树木中白色花系的树木较多为62种，占观花树木的54%。从上可见，本区观赏树种以灌木和白色花系的树木为主。观叶树木61种，其中乔木38种、灌木17种、藤本6种，占观叶树木的62%、28%、10%，观叶树木中叶形奇特、常绿的23种，秋叶红色的22种，秋叶黄色的16种，分别占观叶树木的38%、36%、26%。从上可见，本区观叶树木以乔木，常绿叶形奇特、秋叶红色的为主。本区观赏树木中观赏价值较高，叶、花、果、形皆具观赏价值的树木共有5种，白玉兰、水榆花楸、元宝枫、石灰树和灯台树；叶、花、果、形中有三项具有观赏价值的有18种，有红豆杉、稠李、合欢、臭檀、臭椿、香椿、黄连木、丝棉木、茶条槭、马氏槭、七叶树、栾树、大叶椋子木、柿、法氏楸。叶、花、果、形中有二项具有观赏价值的有61种，以上共计84种，占观赏树种的39.4%，从上可见本区观赏树种具有较高的观赏价值。

四、麦积山石窟景区观赏树种的应用

麦积山石窟景区野生观赏植物种类丰富，许多优良的野生观赏树木，至今仍处于野生状态，没有得到合理的开发利用。如何开发保护利用好麦积山石窟景区的植物资源，进一步推动麦积山石窟文物保护和旅游发展，是摆在我们面前的首要问题。现就应用野生观赏树木资源建议如下：

（一）选择“观花”“观果”为主基调的树种，营造风景林

麦积山石窟景区森林面积过大，要进行全区域美化不太现实。为了满足游人从游道上观赏森林景观，可进行林缘的美化。林缘基本上是当地村民的耕地，可在国家退耕还林和生态环境建设政策的指导下有计划选择乡土优良观赏树种，营造以“观花”“观果”为主基调麦积山风景林，林缘美化可结合生产选择生长力强，其花、果、叶、枝等有较高观赏价值的乔木或灌木进行恰当的配置，形成层次丰富、色彩绚丽、四季有景可观的森林彩带。以“观花”“观果”为主基调加强麦积山风景林建设，如园林结合经济或用材可营造板栗、银杏、山核桃、臭檀、黄连木、灯台树、水榆花楸、大叶椋子木、法氏楸等林分。

（二）结合森林抚育，保留观赏树木，提高森林景观质量

风景林抚育将会影响到林分的外貌（景观质量）及内部变化，而这种变化的好坏将影响公众及政府对风景林抚育工作的认可，其结果将进一步影响到森林的经营管理。科学的抚育措施将使风景林朝着价值增大的方向发展。麦积山风景林由于多年来未进行任何作业，部分森林密度大，卫生状况差，景观质量下降，不适宜开展森林旅游；要结合景观改造开展森林抚育，在抚育过程中尽量保留观赏树木，提高森林景观质量。同时，对新抚育的林木要和当地的自然景观相结合，宜栽植有较强观赏性、开花期、挂果期较长的杂树，以丰富游人的观感。

（三）开展科学研究，有计划地建立商品性生产基地

选择优良乡土观赏树种，进行苗木繁育及园林配置技术的试验研究，采用先进的林业科学手段培

育优良新品种，条件成熟时建立观赏树木商品性生产基地，更为重要的是要从树皮、根、果原料中提取相关麦积山石窟泥塑、壁画天然色彩颜料和塑像修复加固等所需要的原始材料。

五、保护营造麦积山石窟景区观赏林时的注意事项

麦积山石窟于2014年被联合国教科文组织公布为“丝绸之路：长安—天山廊道的路网”世界文化遗产。而保持遗产的真实性和完整性，是衡量一个遗产点价值的根本性要求。所以在保护麦积山石窟景区观赏林的应用中，对于如何更好地保持麦积山石窟景区原生态，特别是遗产区域内景观的真实性和完整性，是应当首先要考虑的一个现实问题。同时，还应当结合麦积山石窟独特的景观现状，充分考虑到人们在参观麦积山石窟时居高临下所具有的宽阔的视域，在游客不同的视域范围内选取不同的营造规模和树种，达到天然林和人工造林与石窟人文景观相得益彰的效果，才能使麦积山石窟景区的森林生态建设走上可持续发展的道路，以生态文明建设更好地促进麦积山石窟的保护与发展。

（原载于《天水师范学院学报》2016年第5期）

麦积山石窟文物保护和旅游开发的和谐共进

吴爱民　何洪岩

一、世界遗产与旅游开发

世界遗产地是被联合国教科文组织和世界遗产委员会确认的具有普遍价值、人类罕见、无法替代的文化和自然财富，从文化遗产层面来说，是站在历史、艺术或科学的角度看具有突出、普遍价值的文物、建筑群和遗址等。

麦积山石窟始凿于十六国时期的后秦，拥有1600多年的悠久历史，经过12个朝代的不断开凿和重修，成为中国著名的石窟寺。现有洞窟221个，泥塑造像10632身，壁画约1000平方米。在设计、材料、施工或环境方面的真实性都经得起历史的考察。通过多年的艰辛努力，麦积山石窟列为世界遗产，使之能纳入联合国教科文组织的监督之下，获得更为有效的保护。

我国于1985年加入《世界遗产公约》，至2015年7月，共有48个项目被联合国教科文组织列入《世界遗产名录》，其中世界文化遗产31处，世界自然遗产10处，世界文化和自然遗产4处，世界文化景观遗产3处。世界遗产已成为我国旅游的重中之重，是我国旅游业发展的重要物质基础。旅游业的发展离不开这一批自然和文化遗产。在旅游资源的开发过程中，由于对遗产的开发与利用有不同的观点与做法，给遗产保护带来了不同的结果。在旅游开发中，世界遗产无疑在其中占据重要的地位，但在开发过程中，存在只注重眼前利益，忽视长远利益，以地区经济的增长为主，无视世界遗产的可持续保护的问题。

二、旅游开发对遗产地核心区域的影响

1. 旅游开发对文物的影响

旅游开发，一般就要在旅游区内进行基础设施的配套建设，如道路、宾馆、饭店、商店等。这会影响文物原有的保存环境。麦积山石窟周围被大量小摊商贩所占据、原生态的村庄大量建设现代建筑，这些情况的存在使景区的自然美学价值大为降低，影响了遗产资源高品质、高层次的精神文化功能和社会公益性质。

2. 超负荷运营对文物的影响

我国许多风景区在旅游旺季时，大都人满为患，尤其是知名度较高的世界遗产地，超容量运转现象严重。游客大量涌入，不仅致使遗产地基础设施供应紧张，排污量激增，给生态环境造成了巨大压力。

3. 游客对文物的影响

游客在游览过程中，呼出的气体含有大量的二氧化碳和水分，使洞窟内部文物受到侵蚀，旅游者的践踏、触摸等行为可严重破坏文物。凡游客所到之处，都存在着在文物古迹上乱刻乱画的现象。这些行为，对文物古迹构成严重危害。

三、智慧旅游平台建设对麦积山石窟文物保护和旅游开发的重要价值与作用

在我国，文物保护法规对文物保护发挥了重大作用，人们保护文物古迹的意识开始不断增强，但由于受保护技术、自然因素以及利益驱动等因素的制约和影响，尤其是旅游业的发展给文物保护工作带来了一些负面作用，文物古迹在一定程度上受到了不同程度破坏和影响。

如何科学保护文物，同时又能兼顾游客参观、提高旅游感知以及旅游体验，一直是我们研究探讨的问题。这对于任何一个世界遗产地来讲，都可以用“矛盾”两字概括。“矛”可以解读为因旅游开发、游客进入给文物带来的各种负面影响；而“盾”则是文物保护职能机构部门对于保护文物所采取的一切措施。保护文物的目的是为了更好地利用文物，发挥其作用。在全面保护的前提下合理利用，在利用的过程中不断加强保护，是我们应坚持的原则。在当下“矛”无比锋利的时代，文博人也要运用先进的网络手段让手中的“盾”不断增厚，使其更加坚固，提升对于文物保护力度。麦积山石窟是世界遗产地的核心保护区域，每年吸引万千游客慕名而来。在这个重要主体上搭载智慧旅游，无疑是最正确的结合。

智慧旅游就是利用云计算、物联网等新技术，通过互联网/移动互联网，借助便携的终端上网设备，主动感知旅游资源、旅游经济、旅游活动、旅游者等方面的信息，及时发布，让人们能够及时了解这些信息，及时安排和调整工作与旅游计划，从而达到对各类旅游信息的智能感知、方便利用的效果。智慧旅游的建设与发展最终将会在旅游管理、旅游服务和旅游营销三个层面。智慧旅游能给普通旅游者带来方便和实惠；基于地理信息的各类应用和管理系统，也能为麦积山石窟文物保护及相关部门带来创新和服务水平的提高。例如，游客在景区等车，当进入公交站500米范围内时，会收到短信提示发车时间及石窟高峰时段的疏导建议。这样既避免了大量游客的拥堵聚集，也让游客在等待时间里有更多的游览选择。而景区管理部门则可以实现旅游资源的数字化管理，实时了解重点景区的游客状况，及时调度现场人员处理景区应急事件等。为了帮助旅游管理者进行更科学的判断，帮助游客获取更便捷、人性化的服务，帮助景区创造更有利的保护手段和市场机会，需要将这些海量信息进行提取、归纳，并最终以简单易懂的方式将结果进行分析。总之，智慧旅游会为景区保护管理和游客参观游览带来全新体验。

四、将智慧旅游贯穿于麦积山文物保护和旅游开发

第一，麦积山石窟几乎所有作品均为泥塑，当地多雨潮湿，有燕、鼠、虫等动物危害，故而在洞窟外加设保护网，有些洞窟开凿较深，窟内光线昏暗，实在不利于游客参观欣赏。加之洞窟全部开凿在距离地面二三十米至七八十米的崖壁上，全部依靠凌空栈道通行，洞窟的独特性决定了游客的访问量，狭窄的参观通道，致使游客在参观过程中稍有停滞，就会造成拥堵情况。重大节日假期来临之时，麦积山石窟栈道出现游客爆棚，人满为患，这样的情况对于麦积山的山体承重来说，很有压力，使石窟超负荷运营，文物所处环境岌岌可危。同时，也容易发生踩踏事件，造成人身、财物不安全情况。在游览过程中，存在游客不遵守参观规定，随意触摸文物、乱抛垃圾，肆意开启闪光灯等不文明现象。可建设麦积山石窟的大数据采集与分析平台，利用智慧旅游 APP、微信服务平台、微博平台、景区虚拟旅游、三维实景、位置语音导览、实时视频展播等，实现文物保护和旅游开发的协调发展。

第二，利用微信、微博等公众平台发布有关麦积山石窟的近期资讯、参观须知、开放时间，公布石窟承载限额人数，实行分段游览，即可减轻石窟山体负重，维护文物环境；对游客群进行疏导游览，避免游客爆棚所引起的一系列安全隐患。

第三，为了加强麦积山石窟的保护和修复，可通过建立数字档案和使用 GIS，对立面地理空间数据的分析、描述，为文物的维护、修复提供详尽的科学依据。通过壁画数字化拍摄和洞窟虚拟漫游，建立敦煌石窟文物电子档案，无论对保护还是研究都具有开创意义。若能引用此种科技理念和手段，麦积山石窟的未来将会更加灿烂。

第四，可在智慧旅游 APP、微信中导入洞窟三维实景，使游客通过上网终端（手机、电脑），用电子化虚拟参观方式详细了解麦积山石窟的悠久历史和灿烂文化，如可以在每个洞窟外放置二维码，供游客扫描，游客便可以通过手机看到洞窟内部全景。

五、坚持文物保护与旅游开发的和谐共进

当今社会，旅游者在选择旅游路线时，有着明显的回归自然、回归本真，在大自然中对历史文化追根溯源的趋势。因此，政府及旅游开发部门可在加大自然资源开发力度的同时，开展文化资源开发的相关工作。但在开发过程中，由于某些旅游部门只注重眼前的经济效益，以文物的牺牲为代价换取短期的经济利益，造成文物所处环境岌岌可危。文物是人类在历史发展过程中遗留下来的文明遗迹，是人类宝贵的历史文化遗产，也是帮助人们认识和恢复历史本来面貌的重要依据，特别是对没有文字记载的人类远古历史，它成了人们了解、认识这一历史阶段人类活动和社会发展的主要依据。当今世界，保持民族文化特性，保护人类共同创造的文化遗产，是国际社会各个国家的共同目标。这就要求在旅游开发中，不能仅以利益为目的，而是更注重文物的保护研究和宣传，发挥世界遗产地的文化传播价值，实现其社会公益性，万不可本末倒置。

坚持文物保护与旅游开发的和谐共进，笔者认为，应着重做好以下几个方面的工作：一是要制定

严密的文物保护计划，纳入本地区旅游开发的重点保护工程，确保其严格执行。提高政府部门和旅游相关部门对文物重要作用和意义的认识，在旅游开发中确保文物保护的执行力；二是亟须建立一套制度完善的文物保护体系，将文物保护工作具体规划，把责任落实到政府部门、旅游部门、文物保护机构等相关部门，针对一些级别较高的文物，设立专业保护部门，吸收专业人才，对其定期维护。可在每年的旅游收入中为文物保护部门拨款，作为工作经费使用。确立文物保护体系后，在此基础上发挥其文化传播的社会公益性质。唯有如此，才能实现可持续发展、旅游开发和文物保护和谐共进；三是各部门要密切协作，分工明确，避免形成重叠管理而造成责任真空。文物部门、旅游部门、相关执法部门应当统一目标，树立文物保护第一的原则。既要各司其职，也要密切合作，进行科学化、系统化、专业化的保护管理。

六、结语

文物古迹是无比珍贵的历史遗存，对于后世影响深远，被列入世界遗产地的麦积山石窟更是如此。首先应对文物采取科学严密的保护措施，在保护完好的前提下才能进行合理开发和利用。文物保护和旅游开发这两者之间不可顾此失彼，应当相互促进、统筹兼顾，两者循环发展、保用合一。

（原载于《丝绸之路》2017年第14期）

麦积山石窟栈道对窟内外光环境影响研究

薛芳慧　闫增峰

前　言

天水麦积山石窟是我国著名的四大佛教石窟之一，石窟始凿于十六国后秦时期，距今已有 1600 多年的历史。麦积山石窟不仅开窟历史悠久，而且各代的造像和壁画都制作得非常精美，因此被中外学者誉称为“东方雕塑陈列馆”①。

然而，麦积山石窟历史上由于多次地震和自然与人为因素的破坏，导致窟群塌毁，窟内塑像、壁画产生多种病害②，而光对麦积山石窟壁画色彩也有一定的损害作用。麦积山石窟空间的光环境研究需要考虑诸多因素和问题，而栈道无疑是主要影响因素之一。为了进一步探索栈道对洞窟内外光环境的分布及变化特征，本文特选择第 34、37 窟作为实验对象，对实验洞窟进行现场测试、数据分析与模拟研究。

一、实验测试

1. 测试对象

本次选择对麦积山石窟第 34、37 窟进行内外光环境的测试和研究。其中第 34 和 37 窟位于麦积山石窟东崖，属于平面马蹄形穹隆顶窟，洞窟坐西朝东，唯一的洞窟门朝向东面，其余三面与岩体相连。

通过对第 34 窟和 37 窟的实地测量，以及查阅相关文献记载，两窟的基本数据如表一。

表一　洞窟基本情况表

洞窟编号	开窟年代	洞窟形制	长×宽×高（米）	位置	离楼梯距离（米）
34	隋唐	平面马蹄形穹隆顶	2. 45×2. 53×1. 80	东崖中部	14. 10
37	隋唐	平面马蹄形穹隆顶	2. 45×2. 80×1. 63	东崖中部	3. 50

① 魏海霞：《天水麦积山石窟研究综述》，西北师范大学硕士学位论文，2011 年。

② 马千：《麦积山石窟文物保护历程回顾与思考》，《中国文化遗产》2016 年第 1 期。

2. 测点布置

测点设定方法依据《照明测量方法》（GB5700-2008），对洞窟采光口照度的测量采用四角布点法，在采光口四个角进行照度测量，然后按照公式进行平均照度的计算，在窟内地面的照度测量采用中心布点法。该方法适用于水平照度的测量，因为洞窟尺寸不一样，有些洞窟尺寸较小，进深不足一米，因此对进行照度测量的工作区域选取网格大小一般为 0.8～2 米，网格形状为正方形或近似正方形①。

3. 测试数据及分析

因为从第一个测点到最后一个测点的时间差不可避免，实验中已尽量将其缩至最小，不过天然采光并不是一种精密科学，从测得数据得来的 20%的浮动是可以接受的。测到数据如表二。

表二　第 34、37 窟夏季照度值

实测时间	实测洞窟	平均照度值 E（Lx）			
		栈道	窟外采光口	窟内地面	窟内正佛像
夏季（2017. 6. 24，9：30～11：30，晴天）	34 窟	7482. 85	4207. 33	42. 32	115. 11
	37 窟	>20000	>20000	221. 02	629. 78
冬季（2018. 1. 24，9：30～11：30，阴天）	34 窟	1669. 23	746. 81	6. 80	38. 12
	37 窟	4639. 16	2037. 53	74. 35	116. 33

因为照度计的最大量程为 20000，因此在测量数据时，照度大于 20000 的测点，当作 20000 处理。

由上述冬季的窟内平均照度可以看出窟内外的照度相差非常大，而且窟内各个区域随着进深加大，采光量递减程度较大，这样容易造成前面区域壁画受光辐射影响大，而窟内有些暗角采光照度不能达到要求。因为夏季测量时为晴天，有直射光的干扰，因此夏季洞窟窟内外照度差远大于冬季，有些洞窟室内外照度差达到 20000Lx 左右。对于阴天或者下午来说，因为没有直射阳光，不用考虑直射阳光随时间的改变而引起的室内照度的改变，因此测量结果相对稳定。

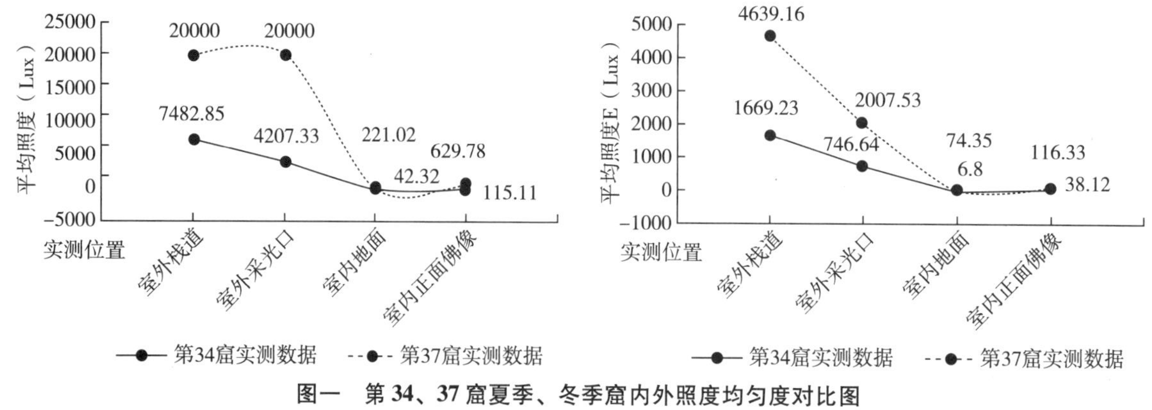

图一　第 34、37 窟夏季、冬季窟内外照度均匀度对比图

① 北京照明学会照明设计专业委员会：《照明设计手册》第 2 版，北京：中国电力出版社，2006 年。

由图一可以看出所测洞窟窟内外照度分布很不均匀，其中栈道照度最高，且与窟内照度偏差较大，尤其是没有受栈道遮挡的第34窟照度分布更不均匀，所测数据中，第34窟采光口与正面佛像照度差夏季为4092.22lx，冬季为2035.41lx，第37窟采光口与正面佛像照度差夏季为29778.98lx，冬季为4564.81lx。

二、模拟分析

本次研究以Ecotect软件为分析平台，输入光气候数据，结合实测数据进行光环境模拟，并且对模拟结果进行验证和分析。考虑到本次分别在冬季和夏季实测的光气候数据，本次麦积山洞窟光环境模拟采用：隶属于麦积山地区光气候数据下的CIE标准全阴天天空模型、CIE全晴天天空模型。

1. 全晴天洞窟采光模拟

在模拟东崖第34、37窟时全晴天设置时间为夏至日（6月22日）上午11：00，方向为东向（+90°）。

经模拟分析得出在全晴天的情况下，第34窟窟内地面的平均照度为33.65Lx，第37窟窟内地面的平均照度为639.37Lx，第37窟窟内平均照度是第34窟窟内平均照度的19倍。第37窟窟内照度模拟图中，中间黄色区域是直射光能照射到的地方，照度骤然增加，这使窟内照度分布极不均匀。

2. 全阴天洞窟采光模拟

全阴天设置时间为冬至日（12月22日）上午11：00，方向为东向（+90°）。

经模拟分析得出在全阴天的情况下，第34窟窟内地面平均照度是7.38Lx，第37窟窟内地面平均照度是40.36Lx，第37窟窟内平均照度是第34窟窟内平均照度的5.5倍。

三、结论

通过对第34、37窟实测数据和模拟结果分析可知：（1）有栈道遮挡的洞窟采光口平均照度均低于无栈道遮挡的洞窟；（2）有栈道遮挡的洞窟从栈道到窟内的照度分布更均匀，从窟外到窟内照度下降得较为缓慢；（3）在全晴天的情况下，栈道遮挡效果更为明显，且无栈道遮挡的洞窟，直射光照到的区域，照度骤然增加，容易造成洞窟内眩光现象，不利于游客对窟内佛像的壁画的观赏。

（原载于《建筑与文化》2018年第6期）

麦积山石窟赋存环境中空气细菌的时空分布特征

段育龙　武发思　汪万福　贺东鹏　马　千　董广强

近年来，文化遗产保护工作已逐渐从抢救性保护向预防性保护过渡，保护对象也从文物本体扩展到其赋存环境，涉及温度、湿度、光照、粉尘和生物因子等各要素，这些因子与文化遗产的劣化、毁坏及长久保存紧密相关。其中，生物因子中的细菌、真菌等微生物，在适宜的温度、湿度和光照条件下，可利用壁画制作材料中的动物胶、植物纤维等有机成分而大量增殖，其或渗入壁画基质，或向胞外分泌色素和有机酸，引起壁画结构特征和美学价值的破坏。在世界范围内，因微生物的过度增殖引起文物生物侵蚀的例子屡见不鲜，典型的如阿尔塔米拉岩穴（Altamira Cave）和拉斯科岩穴（Lascaux Cave）史前岩画、Tito Bustillo 及 La Garma 洞穴等①。大气作为与文物本体直接接触的介质，是许多细菌和真菌孢子的载体，此外，花粉、病毒和动植物机体及其残留物等有机颗粒成分也是空气颗粒物的主要组分②。空气流动作为微生物扩散的主要方式，空气微生物也是壁画表面微生物的重要来源。对文物赋存环境中空气微生物进行监测已成为文化遗产地环境监测的重要内容，相关数据可为文化遗产的预防性保护提供科学依据③。

针对文化遗产地空气微生物的来源、浓度变化、群落组成、分布特征及影响因素，国内外已有大量研究。研究表明，大气中微生物多依附于灰尘等溶胶粒子而以微生物气溶胶的形式存在，其来源十

---

① Bastian F, Jurado V, Nováková A, Alabouvette C, Saiz-jimenez C. The microbiology of Lascaux cave. *Microbiology*, 2010, 156（3）: 644-652. Dupont J, Jacquet C, Dennetière B, Lacoste S, Bousta F, Orial G, Cruaud C, Couloux A, Roquebert MF. Invasion of the French Paleolithic painted cave of Lascaux by members of the *Fusarium solani* species complex. *Mycologia*, 2007, 99（4）: 526-533. Portillo MC, Saiz-Jimenez C, Gonzalez JM. Molecular characterization of total and metabolically active bacterial communities of "white colonizations" in the Altamira Cave, Spain. *Research in Microbiology*, 2009, 160（1）: 41-47. Schabereiter-Gurtner C, Saiz-Jimenez C, Piñar G, Lubitz W, Rölleke S. Phylogenetic 16S rRNA analysis reveals the presence of complex and partly unknown bacterial communities in Tito Bustillo cave, Spain, and on its Palaeolithic paintings. *Environmental Microbiology*, 2002, 4（7）: 392-400. Schabereiter-Gurtner C, Saiz-Jimenez C, Piñar G, Lubitz W, Rölleke S. Phylogenetic diversity of bacteria associated with Paleolithic paintings and surrounding rock walls in two Spanish caves（Llonín and La Garma）. *FEMS Microbiology Ecology*, 2004, 47（2）: 235-247.

② Jones AM, Harrison RM. The effects of meteorological factors on atmospheric bioaerosol concentrations—a review. *Science of the Total Environment*, 2004, 326（1/3）: 151-180.

③ 俄军、武发思、汪万福、陈庚龄、赵林毅、贺东鹏、徐瑞红：《魏晋五号壁画墓保存环境中空气微生物监测研究》，《敦煌研究》2013 年 6 期。

分复杂，主要有自然来源和人工来源，包括植物、土壤、水体、废物处理厂、畜牧业和农业等①。不同研究位点间空气微生物的浓度、群落结构和时空分布特征有很大差异，即便在同一文化遗产地内，空气微生物的日变动和季节变动程度也十分剧烈，这与当地植被类型、气象和季节因子及人类活动，以及规律性排放源等因素有关②。其中，人为活动对微环境及空气微生物的影响尤为深刻，对室内外空气细菌研究表明，汽车尾气带来的局部湍流会促进周边空气微生物的气溶胶化③，车辆运输时还会将地表微生物孢子、菌丝体悬浮至空气中。近年来，大量游客涌入文化遗产地参观，对于洞窟内微生态平衡造成严重扰动，在敦煌莫高窟、阿尔塔米拉洞穴等重要文化遗产地的研究发现，游客扰动会导致洞窟微环境 CO_2 浓度、温度、相对湿度等显著增加④；游客还会将外源性颗粒物带入文物原生环境或将地表沉积粉尘重悬至空气，造成大气颗粒物和空气微生物浓度激增⑤；部分空气微生物既是壁画病害菌，又是某些人类疾病的致病菌⑥，如铜绿假单胞菌（*Pseudomonas aeruginosa*）、鼻疽假单胞菌（*P. mallei*）和类鼻疽假单胞菌（*P. pseudomallei*）等；亦有研究指出游客扰动是导致文化遗产地微生境

① Bonazza A, de Nuntiis P, Mandrioli P, Sabbioni C. Aerosol impact on cultural heritage: deterioration processes and strategies for preventive conservation//Tomasi C, Fuzzi S, Kokhanovsky A. Atmospheric Aerosols: Life Cycles and Effects on Air Quality and Climate. Weinheim: Wiley, 2017: 645–670.

② Jones AM, Harrison RM. The effects of meteorological factors on atmospheric bioaerosol concentrations—a review. *Science of the Total Environment*, 2004, 326 (1/3): 151–180. Huang CY, Lee CC, Li FC, Ma YP, Su HJJ. The seasonal distribution of bioaerosols in municipal landfill sites: a 3-yr study. *Atmospheric Environment*, 2002, 36 (27): 4385–4395. Maron PA, Mougel C, Lejon DPH, Carvalho E, Bizet K, Marck G, Cubito N, Lemanceau P, Ranjard L. Temporal variability of airborne bacterial community structure in an urban area. *Atmospheric Environment*, 2006, 40 (40): 8074–8080.

③ Giorgio CD, Krempff A, Guiraud H, Binder P, Tiret C, Dumenil G. Atmospheric pollution by airborne microorganisms in the city of Marseilles. *Atmospheric Environment*, 1996, 30 (1): 155–160. Liu LJS, Krahmer M, Fox A, Feigley CE, Featherstone A, Saraf A, Larsson L. Investigation of the concentration of bacteria and their cell envelope components in indoor air in two elementary schools. *Journal of the Air & Waste Management Association*, 2000, 50 (11): 1957–1967. Lugauskas A, Sveistyte L, Ulevicius V. Concentration and species diversity of airborne fungi near busy streets in Lithuanian urban areas. *Annals of Agricultural and Environmental Medicine*, 2003, 10 (2): 233–239.

④ 张国彬、薛平、侯文芳、郭青林：《游客流量对莫高窟洞窟内小环境的影响研究》，《敦煌研究》2005 年第 4 期。
Saiz-jimenez C, Cuezva S, Jurado V, Fernandez-Cortes A, Porca E, Benavente D, Cañaveras JC, Sanchez-Moral S. Paleolithic art in peril: policy and science collide at Altamira Cave. *Science*, 2011, 334 (6052): 42–43.

⑤ Wang WF, Ma YT, Ma X, Wu FS, Ma XJ, An LZ, Feng HY. Seasonal variations of airborne bacteria in the Mogao Grottoes, Dunhuang, China. *International Biodeterioration & Biodegradation*, 2010, 64 (4): 309–315. Wang WF, Ma X, Ma YT, Mao L, Wu FS, Ma XJ, An LZ, Feng HY. Seasonal dynamics of airborne fungi in different caves of the Mogao Grottoes, Dunhuang, China. *International Biodeterioration & Biodegradation*, 2010, 64 (6): 461–466.

⑥ Bastian F, Alabouvette C, Jurado V, Saiz-Jimenez C. Impact of biocide treatments on the bacterial communities of the Lascaux Cave. *Naturwissenschaften*, 2009, 96 (7): 863–868. 颜菲、葛琴雅、李强、于淼、朱旭东、潘皎：《云冈石窟石质文物表面及周边岩石样品中微生物群落分析》，《微生物学报》2012 年第 5 期。

改变的主要因素①。以上研究为文化遗产地环境质量评价和文物及游客安全评估提供了重要支撑。

麦积山石窟于2014年入选《世界文化遗产名录》，其石窟艺术具有很高的知名度和国际影响力。受当地潮湿温润气候和游客人数逐年剧增的影响，麦积山石窟文物正面临着诸多病害的威胁，其中微生物活动对石窟彩塑壁画的退化具有较大影响②。截至目前，对于该遗址的赋存环境中空气微生物浓度、群落结构及分布特征尚未有相关报道。针对麦积山石窟多数洞窟开凿于山体之上、位于不同层位的分布特点，本研究首次以不同海拔高度层位典型性洞窟（第4窟、9窟和29窟）及瑞应寺前广场为研究位点，探究不同各层位高度空气细菌浓度、群落组成变化规律，明确优势细菌类群，揭示影响该地空气细菌群落结构及分布特征的关键环境因子；相关研究对于石窟环境微生物监测预警和文物预防性保护具有重要意义。

一、材料和方法

（一）材料

1. 样点简介

麦积山石窟位于甘肃省天水市东南30千米的秦岭小陇山区，海拔1740米，年降水量680毫米，无霜期200d，年平均气温10.4℃，相对湿度69.2%。气候区域属于湿润区和半湿润区，气候温和、降水充沛。麦积山石窟始建于5世纪，上迄北魏下至清代等10多个朝代1600多年的营建，现存大小洞窟221个，各类造像3938件10632身，壁画约1000平方米，以及大量经卷文书、碑碣，是著名的佛教艺术圣地，被誉为“东方雕塑馆”，与敦煌莫高窟、洛阳龙门石窟和大同云冈石窟并称“四大石窟”。1961年，麦积山石窟被国务院公布为第一批全国重点文物保护单位。2014年，联合国教科文组织第38届世界遗产委员会会议上，麦积山石窟作为中、哈、吉三国联合申遗的“丝绸之路：长安—天山廊道路网”的重要遗址点，被联合国教科文组织世界遗产委员会正式认定为世界文化遗产。

2. 样品采集

选取麦积山石窟第4窟（上七佛阁）、第9窟（中七佛阁）和第29窟（下七佛阁）及瑞应寺前广场（入口处对照）作为采样位点，分别命名为MJ4、MJ9、MJ29和MJO，其海拔高度分别为1610、1595、1579和1547米。2016年4月（春季）、6月（夏季）、10月（秋季）和12月（冬季）中旬，采用美国A.P.Buck公司的生物气溶胶采样器Bio-Culture Pump™采集空气样品，采样器距离地面1.5米，将直径9厘米的含R_2A培养基平皿置于采样器内，每次3个重复。空气流量设置为90L/min，采

① Sanchez-Moral S, Luque L, Cuezva S, Soler V, Benavente D, Laiz L, Gonzalez JM, Saiz-Jimenez C. Deterioration of building materials in Roman catacombs: the influence of visitors. *Science of the Total Environment*, 2005, 349 (1/3): 260-276. Godoi RHM, Potgieter-Vermaak S, Godoi AFL, Stranger M, van Grieken R. Assessment of aerosol particles within the Rubens' House Museum in Antwerp, Belgium. *X-Ray Spectrometry*, 2010, 37 (4): 298-303.

② Duan YL, Wu FS, Wang WF, He DP, Gu JD, Feng HY, Chen T, Liu GX, An LZ. The microbial community characteristics of ancient painted sculptures in Maijishan Grottoes, China. *PLoS One*, 2017, 12 (7): e0179718.

样时间为2min。R_2A 固体培养基：酵母提取物0.5g，蛋白胨0.5g，酪蛋白氨基酸0.5g，葡萄糖0.5g，可溶性淀粉0.5g，K_2HPO_4 0.3g，$MgSO_4 \cdot 7H_2O$ 0.05g，丙酮酸钠0.3g，琼脂15g溶于1L去离子水中，调pH至7.2。

（二）菌落计数

采用寡营养的 R_2A 培养基，与PCA、m-SPC等常用富营养培养基相比，其具有敏锐度高、菌落生长较慢、菌落不易融合等特点，配合较低的生长温度（20～28℃）和较长的培养时间（>7d）可以获得较多数量的单菌落①。将 R_2A 平板置于室温培养7～15 d后，用菌落形成单位（colony forming units，CFU）计数菌落，并将其换算为单位体积空气细菌浓度，按公式（1）计算。

$$C\ (\mathrm{CFU/m^3}) = \frac{T \times 1000}{t\ (\mathrm{min}) \times F\ (L/\mathrm{min})} \qquad \text{公式（1）}$$

在公式（1）中，C 为空气细菌浓度，T 为培养基上的细菌单菌落个数，t 为采样时间，F 为空气流通速率。

（三）基因组DNA提取

在对生长于 R_2A 培养平板上的菌落进行计数时，对其进行简单的形态学分类，包括菌落的形状、大小、色泽、折光性等指标。经形态分类、计数、划线分离和纯化后的所有单菌落，直接使用DNA提取试剂盒（Tiangen Co.，Beijing，China）提取细菌基因组DNA，操作步骤按照试剂盒附带说明书，将DNA置于-70℃保存待用。

（四）目标片段扩增

合成细菌通用引物27F（5′-AGAGTTTGATCC TGGCTCAG-3′）和1492R（5′-TACGGCTACCTTG TTACGACTT-3′），完成细菌16S rRNA基因序列的扩增。反应体系（25 μL）：2.5 μL10×缓冲液，1单位 *Taq* DNA聚合酶（Tiangen Co.，Beijing，China），0.2 mmol/L dNTPs，2.5 mmol/L $MgCl_2$，0.2 μmol/L引物，2.5 μL DNA模板（约10 ng）。扩增程序为：94°C 3min；94°C 1min，58°C 1min，72°C 1.5min，共30个循环；72°C 延伸10 min。1.0%琼脂糖凝胶电泳检测扩增片段大小和特异性。

（五）扩增片段酶切、纯化及克隆

所有单菌落的PCR产物均经过限制性酶切片段多态性分析（RFLP），在此采用基于 *Bsu*R Ⅰ和 *Csp*6 Ⅰ两种限制性内切酶的双酶切体系，初筛出不同酶切谱型的PCR产物。筛选获得的各酶切谱型PCR产物经过琼脂糖凝胶纯化试剂盒（Tiangen）纯化后，与pGEM-T载体（Tiangen）于16℃过夜连

---

① 李晓丹、屈建航、周佳、张璐洁、李海峰、田海龙：《泥浸汁对太湖沉积物中的好氧可培养细菌多样性的影响》，《微生物学通报》2017年第3期。白晓慧、吴汉靓、王海亮、朱斌：《饮用水中异养菌平板计数检测方法的比较》，《净水技术》2007年第5期。

接，连接产物克隆至 *E. coli* DH 5α 感受态细胞中。

（六）测序与嵌合体检测

每一菌株挑取 3~5 个阳性菌斑（白色菌斑），利用通用引物 T7/SP6 扩增验证阳性克隆子中插入片段的大小。验证后的菌斑挑至装有 LB 液体培养基的离心管中（含 Amp 100 mg/L），37℃、150 r/min 过夜摇培后送交测序公司完成序列测定（Shanghai Majorbio Bio-technology Co., Ltd.）。所有有效序列提交至 NCBI 数据库 GenBank。

（七）序列比对及系统发育树构建

所得序列与 GenBank 数据库中已知序列进行比对，获得与其相似性最高的序列。通过 MEGA 7.0 软件用邻接法（Neighbor-Joining method）分析构建克隆文库所得典型序列与相似序列间系统发育树。

（八）群落结构分析

统计系统发育树中相同种属的相关序列总量，计算对应菌株在各培养平板上的数目，并将其换算为 CFU 占比，完成群落组成与结构分析。群落结构图用 Origin Pro 2016 软件输出。

（九）环境数据获取与数据分析

在 4 处位点安装 Onset HOBO 温湿度记录仪，用于监测环境温度和相对湿度变化，记录仪数据采集频次：每 30min 采集 1 次。自 2016 年 4 月起至 2017 年 4 月进行监测，同时收集降雨量数据（由麦积山石窟艺术研究所提供）。以上环境数据用 SPSS 16.0 软件分析，细菌浓度与各环境因子相关性应用皮尔森相关系数分析（Pearson correlation analysis）进行计算；空气细菌群落结构与各环境因子间关系分析基于 CANOCO 4.5 Software 进行典型对应分析（canonical correlation analysis，CCA）。

二、结果和分析

（一）空气中细菌浓度变化

在选取的 4 个位点中，空气中可培养细菌的总浓度为 281.20–1409.20 CFU/m^3，平均为 754.65±63.77（表一）。MJO、MJ29、MJ9 和 MJ4 样点间差异不显著（$P>0.05$）。

各位点空气细菌浓度呈现出明显的季节性变动特征（图一）。监测期内，空气细菌最高浓度为 MJ4 位点的夏季，（1409.20±187.93）CFU/m^3，最低浓度出现在 MJO 监测点的春季，（281.20±63.12）CFU/m^3；然而，在秋、冬两季，MJO 处浓度高于其他各点。总体来看，各位点夏、秋两季空气细菌总浓度普遍高于冬、春两季，浓度在 4 个季节均呈现出正态分布。

在相同季节，不同高度层位的监测点空气可培养细菌浓度也有较大差异。春季，各位点间细菌浓度接近，差异不显著；夏季，高层位 MJ4 细菌浓度显著高于最低位点 MJO 处（$P<0.05$），同时高于其

表一　不同位点间空气中细菌浓度（CFU/m^3）变化

Sampling sites	Mean	Median	Minimum	Maximum
MJO	816. 59±122. 69	857. 40	281. 20	1270. 40
MJ29	882. 02±106. 28	927. 02	507. 43	1166. 60
MJ9	608. 99±118. 80	488. 79	352. 85	1105. 50
MJ4	711. 01±158. 52	534. 25	366. 30	1409. 20
Sum	754. 65±63. 77	705. 55	281. 20	1409. 20

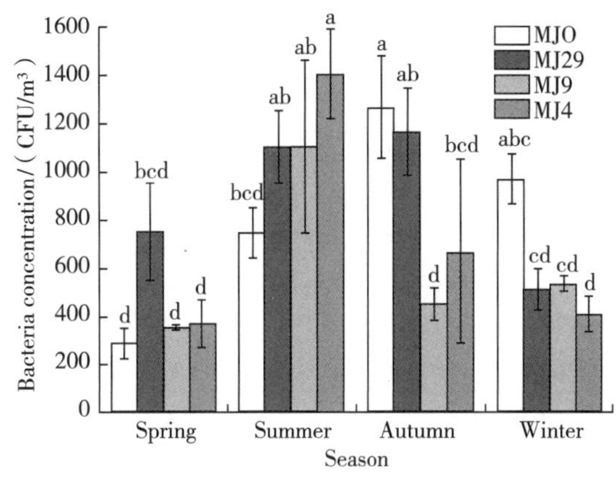

图一　不同季节（4 月、6 月、10 月和 12 月）中各位点空气细菌浓度（CFU/m^3）

他中层位点，但差异不显著。相反，在秋季 MJO 处细菌浓度显著高于 MJ9 和 MJ4 位点（$P< 0.05$）；冬季 MJO 处细菌浓度最高，MJ4 处浓度最低，二者差异显著（$P<0.05$），但与 MJ9 和 MJ29 两位点无显著差异。

各监测位点空气细菌浓度与相应温度、相对湿度和降雨量等自然环境因子间的相关性关系如表二所示。各位点空气细菌浓度与温度成正相关，但只有 29 窟呈显著相关（$P<0.05$）；各位点中除 MJO 与相对湿度呈负相关外，其余各位点均与相对湿度呈正相关；MJO 处细菌空气浓度与季节性降雨量呈正相关，但不显著。

表二　空气细菌 CFU 与环境因子间的相关性分析

Factors	T/°C	RH/%	Rainfall/mm
MJO	0. 334	-0. 279	0. 558
MJ29	0. 956*	0. 871	-
MJ9	0. 666	0. 111	-
MJ4	0. 948	0. 318	-

* Correlation is significant at the 0. 05 level (2-tailed).

（二）分离细菌的系统发育地位鉴定

对麦积山石窟各位点可培养细菌 16S rRNA 测序，共得到片段大小合适的序列 23 条，提交至

NCBI 数据库，序列号为 MG694473-MG694499。通过 BLAST 序列比对，确定了 NCBI 数据库中与本研究所得序列相似度最高的序列所属科属、物种及分离源等信息（表三）。通过对比 NCBI 数据库中相似序列的分离源信息发现，这些序列来源十分复杂，土壤、壁画、岩石、水体、植物根系和生物制品均有。

表三　麦积山石窟窟区空气中细菌 16S rDNA 典型序列比对分析

Typical clones (Accession No.)	Family	Species	Source	Identity/%
A1 (MG694473)	Bacillaceae	*Bacillussubtilis*	Fermented soybeans	99
A6 (MG694478)	Micrococcaceae	*Paenarthrobacter* sp.	Hydrocarbon	99
A3 (MG694475)	Micrococcaceae	*Arthrobacter oxydans*	Siltstone	99
A2 (MG694474)	Hymenobacteraceae	*Hymenobacter* sp.	Water	99
A5 (MG694477)	Micrococcaceae	*Kocuria* sp.	Water	100
C8 (MG694490)	Microbacteriaceae	*Mycetocola* sp.	Murals	100
A11 (MG694483)	Staphylococcaceae	*Staphylococcussaprophyticus*	Infectious disease	99
F12 (MG694496)	Sphingomonadaceae	*Sphingomonasroseiflava*	Root	99
C3 (MG694486)	Oxalobacteraceae	*Massilia* sp.	Soil	98
C7 (MG694489)	Streptomycetaceae	*Streptomyces* sp.	Murals	100
C18 (MG694495)	Micrococcaceae	*Micrococcusluteus*	Murals	100

（三）分离细菌物种组成

本研究共得到 11 个细菌属，属放线菌门（Actinobacteria，54.55%）、变形菌门（Proteobacteria，18.18%）、厚壁菌门（Firmicutes，18.18%）和拟杆菌门（Bacteroidetes，9.09%）。麦积山石窟窟区空气中分离细菌组成详见图二。

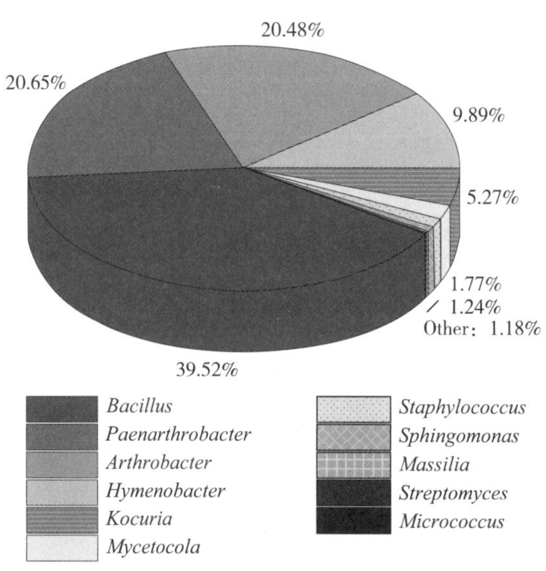

图二　麦积山石窟空气细菌组成（属）

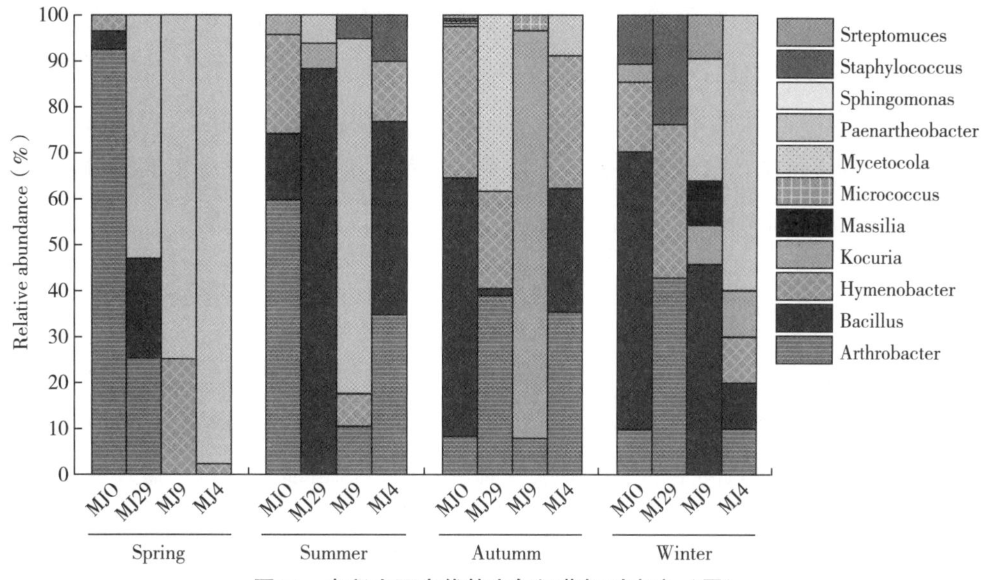

图三　麦积山石窟优势空气细菌相对丰度（属）

麦积山石窟空气中可培养细菌群落结构因季节和位点不同而有所差异（图三）。

春季，MJO 处最优势菌属为节杆菌属（92.7%），其他位点均为 *Paenarthrobacter*，依次为 MJ4（97.56%）、MJ9（75%）和 MJ29（53.16%）。夏季，MJO 处节杆菌属占比下降 59.58%，薄层菌属和芽孢杆菌属分别从 3.64%升至 21.91%和 14.38%；MJ29 处，*Paenarthrobacter* 降至 5.53%，芽孢杆菌属占比升至 88.37%；MJ9 处，最优菌属为 *Paenarthrobacter*，其占比有一定升高，占 77.44%；MJ4 处，*Paenarthrobacter* 的优势地位被芽孢杆菌属（41.57%）、节杆菌属（34.83%）和薄层菌属（13.48%）取代。秋季，MJO 处芽孢杆菌属（56.28%）和薄层菌属（32.93%）占比上升，节杆菌属减少；MJ29 处，节杆菌属、栖霉菌属和薄层菌属分占 39.08%、37.93%和 21.83%；MJ9 处，*Paenarthrobacter* 被考克氏菌属替代，占 88.71%；MJ4 处，优势菌属为芽孢杆菌属、薄层菌属和节杆菌属，分占 26.67%、28.88%和 35.36%。冬季，MJO 处芽孢杆菌属占比 60.57%，其次为薄层菌属（15.38%）；MJ29 处由节杆菌属（42.46%）、薄层菌属（33.33%）和鞘氨醇单胞菌属（23.81%）组成；MJ9 处，芽孢杆菌

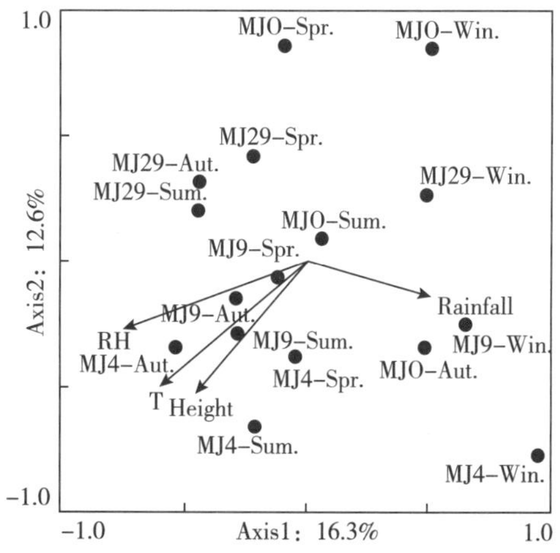

图四　不同监测点四个季节空气细菌群落组成与环境因子间的典型相关性分析

属和 *Paenarthrobacter* 分占 45.45%和 27.27%；MJ4 处 *Paenarthrobacter* 占比 60%。

通过 CCA 分析，麦积山石窟各位点在不同季节间的空气细菌群落结构差异较大（图四），各环境因子对其差异的贡献率由高到低依次为相对湿度>温度>海拔高度>降雨量，对应值分别为 0.526、0.454、0.386 和 0.318。细菌群落结构在春季、夏季、秋季更为相似，但与冬季间差别较大；各位点间也具有一定差异，MJ29 和 MJO 及 MJ4 间有较大不同，与 MJ9 间更为接近。

三、结论和讨论

麦积山石窟各监测点空气细菌浓度具有明显的季节性变动规律，总体呈现夏秋两季高、冬春两季低的特点。在同一季节，各位点间空气中细菌浓度有所不同，这可能与各位点微环境条件、采样时差及天气状况有关①。皮尔森相关性分析显示，各位点空气细菌浓度与温度呈正相关性，第 29 窟呈显著性正相关；除 MJO 外，石窟上其他各位点空气细菌浓度均与相对湿度呈正相关；降雨量对外环境 MJO 处的空气细菌浓度有影响，二者呈正相关。在麦积山石窟，降水主要集中在夏、秋季，降水在一定程度上会减少空气颗粒物的浓度，降低空气中微生物数量；但夏、秋季因气温较高，降雨又能增高湿度，促进微生物萌发和增殖。监测期内，空气细菌总浓度在（281.20-1409.20）CFU/m^3 内，平均浓度（754.65±63.77）CFU/m^3，与城市大气空气微生物浓度相比②，该地空气中细菌浓度保持在较低水平；与其他文化遗产地相比，如敦煌莫高窟在国庆期间最高空气细菌浓度达 3800 CFU/$m^3$③，该地空气细菌浓度水平仍较低，这与麦积山石窟地处小陇山林区，高密度森林植被对空气微生物的抑制作用有很大关系④。参照我国室内空气质量标准（GB/T18883-2002），室内空气微生物的总浓度应小于 2500 CFU/m^3，麦积山石窟洞窟内空气细菌浓度尚在国标范围内，但因该地近年来游客激增及随之而来的人为扰动加剧，仍需加强在人流密集等特殊情况下空气微生物浓度的实时监测。针对文化遗产地的特殊环境，有研究认为可将空气微生物 CFU 作为洞窟等受微生物侵染的指示子，当 CFU 在 500~1000 之间时，表明洞窟已经遭受到大量游客活动的影响；当 CFU 大于 1000 时，洞窟已经面临不可逆的生态失衡⑤。

目前，针对文化遗产地空气微生物群落结构的研究仍以传统培养基分离法结合基于 16S/18S rDNA

① Tanaka D, Terada Y, Nakashima T, Sakatoku A, Nakamura S. Seasonal variations in airborne bacterial community structures at a suburban site of central Japan over a 1-year time period using PCR-DGGE method. *Aerobiologia*, 2015, 31 (2): 143-157.

② 薛林贵、姜金融、Famous E:《城市空气微生物的监测及研究进展》,《环境工程》2017 年第 3 期。

③ Wang WF, Ma YT, Ma X, Wu FS, Ma XJ, An LZ, Feng HY. Seasonal variations of airborne bacteria in the Mogao Grottoes, Dunhuang, China. *International Biodeterioration & Biodegradation*, 2010, 64 (4): 309-315.

④ 韩明臣:《城市森林保健功能指数评价研究——以北宫国家森林公园为例》，中国林业科学研究院博士学位论文，2011 年。

⑤ Porca E, Jurado V, Martin-Sanchez PM, Hermosin B, Bastian F, Alabouvette C, Saiz-Jimenez C. Aerobiology: an ecological indicator for early detection and control of fungal outbreaks in caves. *Ecological Indicators*, 2011, 11 (6): 1594-1598.

的基因序列扩增为主，因位点特异性及培养方法的差异，各文化遗产地间空气细菌组成有所不同，如莫高窟主要为变形菌门（54.24%）和放线菌门（23.67%）①，阿尔塔米拉洞穴则为放线菌门和厚壁菌门，二者约占70%②，而拉斯科洞穴优势细菌门为放线菌门（44.1%）、变形菌门（26.5%）和厚壁菌门（23.5%）③，本研究鉴定得到的11个细菌属则分属放线菌门、厚壁菌门、拟杆菌门和变形菌门。然而，通过培养能鉴定的微生物种类仅占自然环境中微生物类群的1%，绝大部分微生物目前难以在实验室中培养，加之不同微生物的营养偏好性，仅通过单一培养基培养的模式很难全面反映空气中微生物群落信息。现代分子生物学技术的发展可解决这一难题，如Gaüzère等借助454-焦磷酸测序技术对法国卢浮宫内空气微生物群落组成稳定性进行调查，连续6个月监测数据显示，卢浮宫内空气中细菌组成随时间延长趋于稳定，而真菌群落稳定性较低④。未来可借鉴类似方法对麦积山石窟等文化遗产地空气微生物群落结构进行深入揭示。

麦积山石窟各位点空气细菌群落结构有明显的季节性差异，这应与空气温度、相对湿度、太阳辐射、风向、降雨等自然因素和人为扰动有关⑤。通过CCA分析，相对湿度、温度、海拔高度及降雨量等环境因子均会对各样点空气细菌群落产生影响。其中，在春、夏、秋三季，相对湿度、温度及海拔高度对位于高层的4窟和9窟影响最大，对低层29窟影响次之，对最低处瑞应寺广场影响最小；降雨对夏、秋两季广场空气细菌群落结构影响较大，而对冬、春两季影响较小，这可能与当地季节性降水有关，即夏、秋季降雨量较多，而冬、春季较少。此前，研究人员主要针对城市医院和学校等公共环境中空气微生物浓度及群落组成与环境因子间的耦合关系进行研究⑥，但对文化遗产地的研究较少⑦。一般来说，除温度、湿度和降雨等因素外，太阳辐射、气压、大气运动、空气污染物等也会影响空气

① Wang WF, Ma YT, Ma X, Wu FS, Ma XJ, An LZ, Feng HY. Diversity and seasonal dynamics of airborne bacteria in the Mogao Grottoes, Dunhuang, China. *Aerobiologia*, 2012, 28 (1): 27-38.

② Laiz L, Gonzalez JM, Saiz-Jimenez C. Microbial communities in caves: ecology, physiology, and effects on Paleolithic paintings//Koestler RJ. Art, Biology, and Conservation: Biodeterioration of Works of Art. New York: The Metropolitan Museum of Art, 2003: 210-215.

③ Martin-Sanchez PM, Jurado V, Porca E, Bastian F, Lacanette D, Alabouvette C, Saiz-Jimenez C. Airborne microorganisms in Lascaux Cave (France). *International Journal of Speleology*, 2014, 43 (3): 295-303.

④ Gaüzère C, Moletta-Denat M, Blanquart H, Ferreira S, Moularat S, Godon JJ, Robine E. Stability of airborne microbes in the Louvre Museum over time. *Indoor Air*, 2014, 24 (1): 29-40.

⑤ Tanaka D, Terada Y, Nakashima T, Sakatoku A, Nakamura S. Seasonal variations in airborne bacterial community structures at a suburban site of central Japan over a 1-year time period using PCR-DGGE method. *Aerobiologia*, 2015, 31 (2): 143-157. Wang WF, Ma YT, Ma X, Wu FS, Ma XJ, An LZ, Feng HY. Diversity and seasonal dynamics of airborne bacteria in the Mogao Grottoes, Dunhuang, China. *Aerobiologia*, 2012, 28 (1): 27-38.

⑥ 薛林贵、姜金融、Famous E:《城市空气微生物的监测及研究进展》,《环境工程》2017年第3期。

⑦ Wang WF, Ma YT, Ma X, Wu FS, Ma XJ, An LZ, Feng HY. Seasonal variations of airborne bacteria in the Mogao Grottoes, Dunhuang, China. *International Biodeterioration & Biodegradation*, 2010, 64 (4): 309-315. Wang WF, Ma X, Ma YT, Mao L, Wu FS, Ma XJ, An LZ, Feng HY. Seasonal dynamics of airborne fungi in different caves of the Mogao Grottoes, Dunhuang, China. *International Biodeterioration & Biodegradation*, 2010, 64 (6): 461-466. Wang WF, Ma YT, Ma X, Wu FS, Ma XJ, An LZ, Feng HY. Diversity and seasonal dynamics of airborne bacteria in the Mogao Grottoes, Dunhuang, China. *Aerobiologia*, 2012, 28 (1): 27-38.

微生物群落结构，需今后进一步研究。

本研究鉴定的部分种属，如芽孢杆菌属、节杆菌属和考克氏菌属等是文化遗产地常见细菌类群，如芽孢杆菌属，在拉斯科洞穴①、阿尔塔米拉洞窟②和莫高窟③等地均有报道。研究表明，洞穴和墓室壁画表面附生芽孢杆菌属、节杆菌属、考克氏菌属、链霉菌属和鞘氨醇单胞菌属等④，它们在壁画劣化中起着非常重要的作用⑤，如早在 1999 年，Gonzalez 等在对西班牙南部一处岩画表面微生物进行调查时发现芽孢杆菌属为最优势细菌属，其中以巨大芽孢杆菌（*Bacillus megaterium*）分布最为广泛，该菌属与壁画常用红色颜料铁红［Fe_2O_3，Fe（Ⅲ）-（hydr）oxides］在 TSB 培养液中摇培一段时间后，会将 Fe（Ⅲ）转变为 Fe（Ⅱ），导致铁红褪色⑥；本研究中较少鉴定到的微球菌属（*Micrococcus*）也可向外分泌红色色素，污染壁画⑦。可以说，麦积山石窟赋存环境中空气细菌种属具备引起壁画微生物病害的潜势，但这些分离菌株对古代壁画颜料及其胶结材料的腐蚀退化能力，还有待今后进一步测试评估。

针对麦积山石窟空气细菌浓度、群落结构和分布特征，结合当地常年高湿的气候特点，以及近年

---

① Orial G, Bousta F, François A, Pallot-Frossard I, Warscheid T. Managing biological activities in Lascaux: identification of microorganisms, monitoring and treatments//Coye N. Lascaux and preservation Issues in Subterranean Environments. Proceedings of the International Symposium. Paris: Éditions de la Maison des sciences de l'homme, 2011: 219-251.

② Laiz L, Groth I, Gonzalez I, Saiz-Jimenez C. Microbiological study of the dripping waters in Altamira cave (Santillana del Mar, Spain). *Journal of Microbiological Methods*, 1999, 36 (1/2): 129-138.

③ Wang WF, Ma YT, Ma X, Wu FS, Ma XJ, An LZ, Feng HY. Diversity and seasonal dynamics of airborne bacteria in the Mogao Grottoes, Dunhuang, China. *Aerobiologia*, 2012, 28 (1): 27-38.

④ Pangallo D, Krakovâ L, Chovanovâ K, Simonovičová A, de Leo F, Urzì C. Analysis and comparison of the microflora isolated from fresco surface and from surrounding air environment through molecular and biodegradative assays. *World Journal of Microbiology and Biotechnology*, 2012, 28 (5): 2015-2027. Bassi M, Ferrari A, Realini M, Sorlini C. Red stains on the Certosa of Pavia: a case of biodeterioration. *International Biodeterioration & Biodegradation*, 1986, 22 (3): 201-205. Ciferri O. Microbial degradation of paintings. *Applied and Environmental Microbiology*, 1999, 65 (3): 879-885. Heyrman J, Mergaert J, Denys R, Swings J. The use of fatty acid methyl ester analysis (FAME) for the identification of heterotrophic bacteria present on three mural paintings showing severe damage by microorganisms. *FEMS Microbiology Letters*, 1999, 181 (1): 55-62. de Leo F, Iero A, Zammit G, Urzì CE. Chemoorganotrophic bacteria isolated from biodeteriorated surfaces in cave and catacombs. *International Journal of Speleology*, 2012, 41 (2): 125-136.

⑤ Capodicasa S, Fedi S, Porcelli AM, Zannoni D. The microbial community dwelling on a biodeteriorated 16th century painting. *International Biodeterioration & Biodegradation*, 2010, 64 (8): 727-733. Jroundi F, Fernândez-Vivas A, Rodriguez-Navarro C, Bedmar EJ, Gonzúlez-Muñoz MT. Bioconservation of deteriorated monumental calcarenite stone and identification of bacteria with carbonatogenic activity. *Microbial Ecology*, 2010, 60 (1): 39-54. Piñar G, Jimenez-Lopez C, Sterflinger K, Ettenauer J, Jroundi F, Fernandez-Vivas A, Gonzalez-Muñoz MT. Bacterial community dynamics during the application of a*Myxococcus xanthus*-inoculated culture medium used for consolidation of ornamental limestone. *Microbial Ecology*, 2010, 60 (1): 15-28.

⑥ Gonzalez I, Laiz L, Hermosin B, Caballero B, Incerti C, Saiz-Jimenez C. Bacteria isolated from rock art paintings: the case of Atlanterra shelter (South Spain). *Journal of Microbiological Methods*, 1999, 36 (1/2): 123-127.

⑦ Laiz L, Groth I, Gonzalez I, Saiz-Jimenez C. Microbiological study of the dripping waters in Altamira cave (Santillana del Mar, Spain). *Journal of Microbiological Methods*, 1999, 36 (1/2): 129-138.

来游客数量较大、人为扰动程度高等新时期的特点，本研究认为麦积山石窟壁画、彩塑等文物面临微生物侵蚀的风险性较大。有必要对石窟赋存环境中空气微生物进行长期监测，并将其纳入整体的监测预警体系，以期为该遗产地旅游开放和预防性保护提供科学依据。

（原载于《微生物学报》2019 年第 1 期）

麦积山石窟127窟夏季窟内热湿环境测试分析

郎嘉琛　闫增峰　张正模　马　千　徐博凯　姚姗姗

一、概述

石窟寺属于遗址类的文化遗产，而遗址的特点是不可移动的，因此，石窟寺所处的原生环境就决定了必须重视环境对其的影响，一定要做好环境监测等预防性保护，减少环境因素对文物的损害①。

麦积山位于甘肃省天水市麦积区，是小陇山中的一座孤峰，高142米，因山形酷似麦垛而得名。麦积山石窟窟龛凿于高20~80米、宽200米的垂直崖面上，是中国四大石窟之一。现存有221座石窟，10632身泥塑石雕，1300余平方米壁画，以其精美的泥塑艺术闻名世界。

麦积山石窟窟内文物存在的寿命，取决于文物所处的环境对它们产生的作用。文物的破坏并非某一种因素单独在起作用，而常常是多种因素相互关联。而在保存文物的环境因素中，最基本的、经常起作用的因素是空气中的温度和湿度，它们是直接影响甚至决定一切物理、化学、生物作用的两个基本条件。目前麦积山石窟保护面临着严峻的形势。麦积山石窟由于地震、气候潮湿、渗水等各种自然因素和其他因素的影响，洞窟内塑像和壁画产生了多种病害：石窟岩体出现风化与侵蚀；壁画出现起甲、空鼓、酥碱；彩塑出现颜料起甲脱落、空鼓脱落、断裂②。麦积山石窟艺术研究所成立后，对麦积山的地质灾害、各种病害做了调查和研究，现已明确麦积山多雨潮湿的气候及洞窟渗水等原因会使文物窟内微环境的不断变化而造成严重的病害。

因此，麦积山石窟窟内热湿环境的研究能为后人对石窟的保护研究提供一些理论基础，具有一定的实用性。本文以第127窟为例，对该窟窟内的热湿环境进行现场测试和分析，得到窟内空气温度、相对湿度的变化规律，为麦积山石窟的保护研究提供必要的参考。

二、测试方案

1. 测试对象概况

第127窟：平面横长方形，于前壁开门，窟内三壁中间各一浅龛。此窟位于西上区最高一层洞窟，

---

① 李雪：《石窟类遗址的预防性保护》，《黑龙江史志》2015年第5期。

② 卢秀文：《麦积山石窟国内研究概述》，《敦煌研究》1992年第2期。

窟内宽 8. 6 米，高 4. 5 米，深 5. 0 米，是一个较深的洞窟，装有窟门，窟门高 2. 06 米，深 2. 92 米，宽 2. 07 米，装有纱窗，面积为 0. 44 平方米。此窟是北魏时修建，龛内均供一佛二菩萨，其中两侧壁为泥塑，正壁内为石雕，窟内中央有一组宋代塑作的一佛二菩萨，窟内各壁满绘壁画。该窟的窟门大部分时间是关闭的，其通风情况特别不好，属于较大较深的洞窟。

2. 测试参数与仪器

现场测试的主要内容为窟内空气温度、相对湿度，壁面温度及窟外空气温度、相对湿度。使用仪器有 Testo175-H2 型、HOBO U23-001 型和 HOBO UX100-011 型电子温湿度记录仪。详情见表一。

表一　温湿度记录仪的型号信息

型号	图片	仪器精度	测试范围
Testo 175-H2		±0. 6℃/±5%RH	-20℃~70℃/0~100%
HOBO U23-001		±0. 21℃（0~50℃时）/±2. 5%RH	-40℃~70℃/0~100%
HOBO UX100-011		±0. 21℃（0~50℃时）/±2. 5%RH	-20℃~70℃/0~100%

测试壁面温度的仪器为 HOBO UX120-014M，如图一。测量范围为-20℃~70℃，仪器精度为±0. 21℃（0~50℃时）。

3. 测点时间和测点布置

由于麦积山石窟管理制度和现场客观条件的制约，对麦积山石窟的热湿环境实测很难实现全年逐月测量，所以本文选取夏季（8 月）对所选洞窟的热湿环境进行针对性的温度、湿度实测。这些数据具有一定的代表性，但是不能代表全部季节的窟内温湿度情况。测试时间和测点布置如下。

第 127 窟窟内外温湿度的测试时间为 2018 年 8 月 16 日 12：00~8 月 20 日 9：00，每隔 15 分钟记录一次；窟内壁面温度的测试时间为 2018 年 8 月 23 日 11：18~8 月 26 日 13：18，每隔 30 分钟记录一次。第 127 窟一共选择了 6 个测点，窟外 1 个温湿度测点，窟内 4 个温湿度测点（测点 1~测点 4），1 个壁面温度测点（测点 5）。窟内测点距离地面 1. 1 米。第 127 窟测点布置平面图如图二。

三、测试结果与分析

1. 测试结果整理

通过对测试结果的分析整理，得到了夏季第 127 窟窟内热湿环境测试的相关数据。

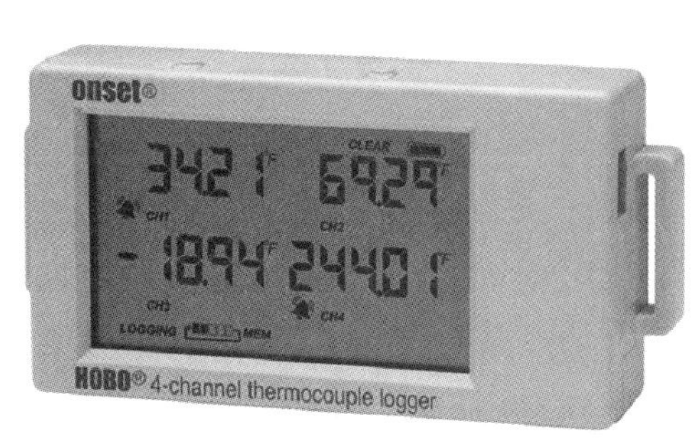

图一　HOBO UX120-014M

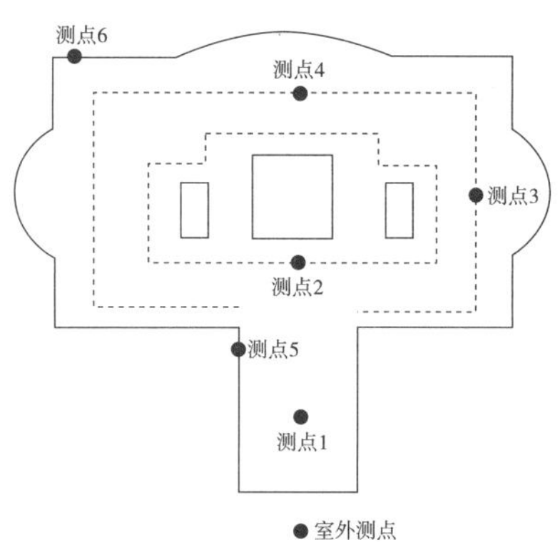

图二　第127窟测点布置平面图

从图三可以看出，第127窟窟外的大气温度在一天内呈三角函数变化，大气温度平均值为21.4℃，最低温度为17.7℃，出现在早晨7时30分左右，最高温度为28.7℃，出现在下午4时左右，波动振幅为11℃。甬道温度（测点1）的波动规律与大气温度相似，但是温度波峰极大衰减，温度的平均值为19.2℃，最高温度19.8℃，最低温度18.9℃，波动振幅只有0.9℃。窟内温度几乎不受窟外大气温度的影响，3个测点的温度都处于比较稳定的状态，且沿进深方向温度呈递减的趋势，窟内温度波动振幅约为0.2℃。

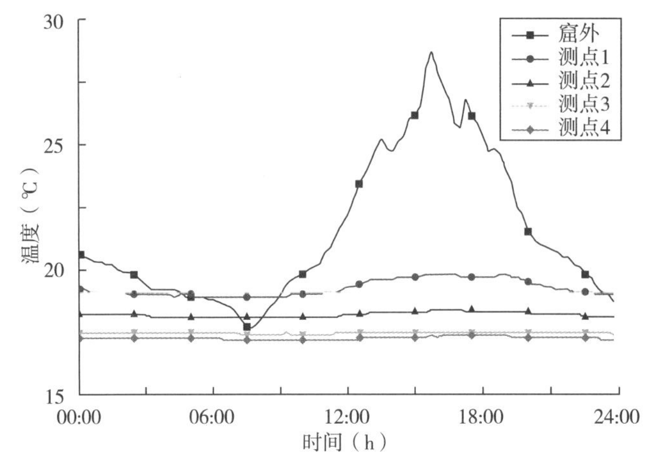

图三　第127窟夏季窟内外温度实测值

从图四中可以看出，第127窟窟外大气相对湿度波动幅度较大，最高值出现在上午8时左右，为77.8%，最低值出现在下午4时，为53.1%，日湿度差为24.7%。恰好与温度波动规律相反，即在一天内空气温度越低，在该温度下相对湿度越大。窟内甬道和主室的相对湿度普遍比窟外高，各个测点的相对湿度值沿进深方向递增，且都处于相对稳定的状态，没有明显的波动，基本不受窟外环境的影响。测试时间内，窟内主室的相对湿度的最高值可达到100%，各测点的波动振幅最高仅为1%。

从图五中可以看出，第127窟甬道地面壁面温度的最高值为19.4℃，出现在下午18时左右，最低值为18.4℃，出现在上午7时左右，日温度振幅为1℃。甬道墙面的壁面温度最高值出现在下午4时左右，为19.3℃，最低值出现在上午7时为19℃，日温度振幅仅为0.3℃。窟门温度最高值为25.8℃，

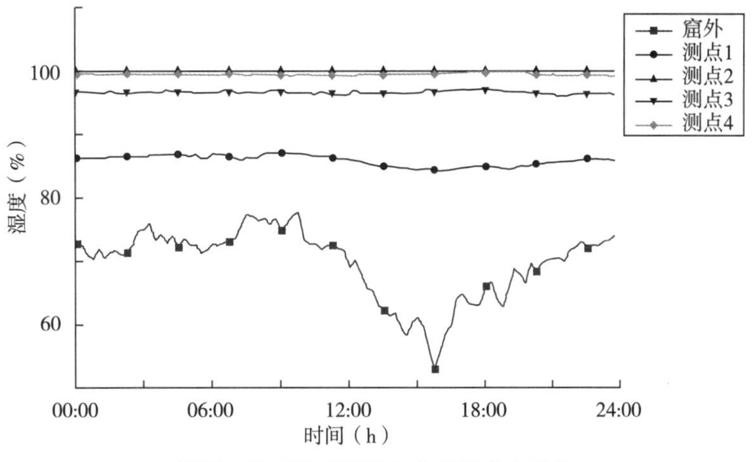

图四　第127窟夏季窟内外湿度实测值

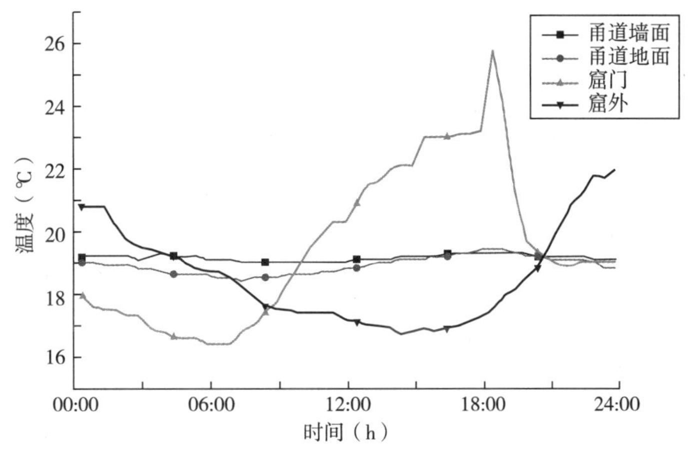

图五　第127窟夏季窟内壁面温度实测值

最低值为16.4℃，日温度振幅为9.4℃。127窟甬道墙面和地面的壁面温度处于较稳定的状态，受窟外环境的影响极小，窟门的温度随室外环境变化而变化，波动较大。

2. 测试数据分析

第127窟位于西崖西上部，是一个较深的洞窟，其通风情况十分不好，窟门在大多数时间处于关闭状态。从测试数据中可以证实窟内深处的温湿度几乎不受窟外环境的影响，每昼夜的温差为1℃左右，长期处在一个稳定的环境之中，这是由于洞窟较深，内部空间较大，内部空气很难产生对流，并且第127窟上方有一道防雨水的披檐，这个披檐使阳光很少能直射到第127窟的洞口部分，这在很大程度上减少了洞窟内外的空气对流。因此，在实际测试时，窟内的风速几乎都为0。这样一个恒温的环境导致窟内的潮湿空气难以及时排出，雨季之后窟内的相对湿度超过90%，有时达到100%，这样的高湿度在洞窟内维持很长时间，不利于壁画和塑像的保护。

四、结语

热湿环境是一个非常关键的问题，重视热湿环境可以创造有利的文物保护环境。本文通过对麦积山石窟第127窟夏季窟内空气热湿环境的测试分析，基本掌握了洞窟内空气的温、湿度和壁面温度的特点及变化规律。

夏季第127窟窟内温度和湿度均处于较稳定的状态，几乎不受窟外大气环境的影响，窟门关闭的情况下窟内的风速几乎为0，窟内温度波动振幅只有0.9℃，沿进深方向呈递减趋势；窟内相对湿度沿进深方向呈递增的趋势，相对湿度最高达到100%。这是由于在雨季时期，石窟岩体内渗水导致窟内湿度剧增，达到饱和状态。

目前麦积山石窟的保护工作面临着严峻的形势，以往的研究主要是从崖体内部水迁移的角度去研究麦积山的渗水病害的问题，忽略了窟内壁体的水分迁移、吸放湿带来的窟内微环境的变化。同时，我国针对麦积山石窟窟内热湿环境的研究非常少，国内有关麦积山石窟热湿环境的文献几乎没有。因此，如何综合解决渗水及潮湿带来的窟内温湿度变化成为当前亟待解决的问题。

参考文献

[1] 李松璘：《封闭式土遗址博物馆热湿环境CFD模拟研究》，西安建筑科技大学硕士学位论文，2013年。

[2] 麦积山石窟艺术研究所：《麦积山石窟环境与保护调查报告书》，北京：文物出版社，2011年。

[3] 董广强：《麦积山石窟气象初步观测》，《敦煌学辑刊》2000年第1期。

（原载于《建筑与文化》2019年第7期）

浅析遗产型景区详细规划的策略与方法

——以麦积山景区详细规划为例

杨芊芊　梁　庄

前　言

截至2018年，我国已拥有世界文化遗产53项，依托遗产资源建设成为游览景区，为公众提供游览服务，是当前遗产利用的主要方式。目前，我国遗产型景区建设存在功能单一、建设粗放、游览单调、资源展示不充分等普遍问题，影响游览体验与景区形象。本文以我国四大石窟之一天水麦积山景区作为研究对象，尝试从空间规划建设角度探索如何合理布局景区功能、有效组织游览，从而促进景区资源持续利用的策略与方法。

一、遗产型景区详细规划研究概述

遗产型景区是指以遗产资源为核心，以旅游及其相关活动为主要功能的空间或地域①。当前，遗产型景区的研究成果多集中于景区的管理运营问题，如门票价格、解说系统和体制改革等方面②，对于遗产型景区应该如何建设的研究与总结相对较少。

风景区详细规划是对详细规划区内各空间要素进行多种功能的具体安排和详细布置的活动，用以落实上位规划要求，满足风景区保护、利用、建设等需要③。因此，如何通过详细规划合理使用空间，同时使文化遗产资源得到更好的展示与利用，是本文讨论的主要内容。

二、麦积山景区现状

（一）景区基本概况

甘肃天水市麦积山石窟是我国四大石窟之一，2014年作为“丝绸之路：长安—天山廊道的路网”

---

① 刘意、岳凤霞、周晓鹏：《遗产型景区旅游资源的开发与保护——以张家界为例》，《旅游纵览（下半月）》2015年第9期。

② 宋飞宇：《遗产型景区门票价格的实质、运行特征及问题探究》，《价格月刊》2015年第3期。

③ 《风景名胜区详细规划标准》（GB/T51294-2018），北京：中国建筑工业出版社，2018年。

中的一处文化遗存被列为世界遗产。早在20世纪80年代，麦积山就作为第一批国家级风景名胜区开展风景旅游活动。经过30余年的建设，景区占地面积达到17平方公里，拥有麦积山石窟、瑞应寺、植物园等游览景点，影响力不断扩大。2016年景区年游客量已达300余万人次。

（二）景区资源利用存在的问题

1. 游览环境影响遗产价值呈现

作为世界文化遗产，麦积山石窟的美学及社会价值极为突出。石窟开凿于百米高的绝壁之上，221处洞窟密如蜂房地排布，景象蔚为壮观。窟内人物塑像的衣着、体态、表情等刻画得十分生动，诠释着东方美学的典型特征。这些人物平静与满足的神情给朝拜者带来积极的心理暗示，使人们的心灵得以净化。然而，当前景区的建设环境与游览组织却与这种意向的传达有所偏离，不利于遗产价值的呈现。比如，游客参观石窟前需要排很长时间的队伍，而参观石窟的过程却十分短暂，往往匆匆而过，难以尽兴。比如，石窟脚下聚集了大量商贩沿途叫卖，从中穿过会遇到村民强行拉客的干扰，也使游赏的兴致大打折扣。再加上景区里会看到城市园林化的景观、有机动车穿行，作为带着朝圣之心前来的游客，很难想象正在走近一处承载着千年文明的宗教遗产地。

2. 游览组织方式简单直白

从游览组织方式上看，目前，游客在景区入口游客中心购票后，一般会选择乘坐景区安排的摆渡车直达石窟脚下，直奔主题。若想徒步游览，则要面临与机动车混行，且中途无一景点可看的尴尬局面。然而，乘坐摆渡车进行两点一线式的游览又大大降低了游览的趣味，且这快速输送游客的方式似乎也在加剧石窟的拥堵，造成石窟保护压力增大、游客体验不佳的双重问题。

3. 开发建设不均衡，难以充分展示资源

在景区17平方公里的范围内，当前建设主要围绕石窟以及入口游客中心展开，建设了商店、餐厅、公厕等基本服务设施，其他区域如罗汉崖、植物园等景点，由于缺少适当的游览策划和设施建设，很难吸引游客参观，资源相对闲置。不可否认，这些景点的资源价值与麦积山石窟存在差距，但是它们仍然是构成麦积山地区自然与文化环境的重要组成部分。能否通过合理的规划建设，使其与石窟取得良性互动，是一个值得思考的问题。

三、规划总体思路

（一）净化核心，恢复自然；疏解功能，外围求解

规划认为，导致上述问题的主要原因在于景区建设发展的注意力过度集中于石窟单点。类似于大城市病问题的产生，单点功能高度集聚，由此引发的游人多、秩序乱、资源消耗大等问题难以避免。与此同时，与石窟在地理及人文环境等方面相关联的外围区域却因为得到较少的关注难以发展。因此，本次规划以净化和疏解为主要思路，通过净化石窟游览核心区环境、疏解不适宜功能、建设外围景点的方式，促进景区的平衡发展和持续利用。

（二）空间布局

在空间上，规划形成“一心、一带、三片”的空间布局。

一心：为麦积山石窟遗产核心区。规划以净化环境为目标，结合世界遗产地管理的要求，外迁过度发展的摊点、小吃点等商业功能，逐步修复遗产环境，还石窟清幽之地。

一带：为上河溪景观带。规划以充实游览序列为目标，结合石窟脚下溪流景观资源，开辟临溪游览路，通过景观、景点的建设，使其成为可游的通道，引导游客摆脱对摆渡车的依赖，步行接近石窟，感知遗产环境。

三片：为麦积山周边罗汉崖、三扇崖、香积山—天子坪三个游览片区。规划以疏解游客、丰富体验为目的，进一步挖掘外围景点特色，使游人更加完整地认识麦积山遗产环境。

四、景点建设规划

在总体布局基础上，本次规划进一步明确重点建设片区，形成建设指引。不同于一般类型的景区，文化遗产型景区的建设应更加注重文化内涵的表达，通过设施建设建立人与环境、人与风景交流的媒介。在此，规划总结出以下几种方法：

（一）建设自然式游览路

规划建设上河溪景观带，补充步行进入石窟的交通选择。不同于现状景区内以水泥板、混凝土路为主要形式的步行路，规划上河溪滨水步道保留更多的天然成分，采用以素土、碎石为主的材料简单铺设，辅以本地原生植被进行装点，形成自然野径。线路上可结合两岸僧帽山、夕照壁等文化景点，通过图文并茂的解说展板、辅以休息设施的方式，引导游客驻足、观望。相比较现状乘坐观光车直达石窟的游览方式，自然游览路线的选择或许可以提供游客更多沉浸式的游览体验。

（二）构建传统空间序列

我国山水画中记录了古人游览风景名胜的景象，其中有不少可以看到由山脚到山顶寺庙的游线上布置了几道山门建筑。在古代，山门作为寺院空间界定的标志被广泛使用，目的是提示来访者即将跨入佛门清净之地。从建筑学意义上看，山门牌坊是建筑轴线序列的开端，酝酿空间高潮，预示着后面建筑序列的丰富多彩①。或许是因为遭到损毁，今天的风景名胜区中已很少见到此类设置。为延续文化传统，本次规划在设计有关石窟、寺庙等的景点片区时，结合场地环境，有意识地构建山门—殿宇—景点的空间序列，强化传统特色，丰富景观与游览的层次。

（三）历史脉络空间化

在麦积山西北的罗汉崖片区，据当地人口述有“先有罗汉崖、后有麦积山”之说，即古人在选址

① 施竹芳、李嘉华：《佛寺山门牌坊探究》，《华中建筑》2016年第6期。

修建石窟时，从秦州（天水市）一路南下，首先相中罗汉崖开凿石窟，期间又发现不远处的麦积山更为独特，故罗汉崖一度废弃。随着佛教影响力不断扩大，信徒们继麦积山之后又陆续在周边罗汉崖、仙人崖等处开凿石窟，虽然其投入的人力及最终呈现的艺术水准不及麦积山，但在今天看来，它们依然具有美学、历史、研究等诸多价值。依据这条线索，规划确立了串联入口、罗汉崖、麦积山的游览环线，将历史发展脉络转换为空间路径，为景区拓展出一条文化游览的专线。

（四）积极寻找观景点

麦积山具有“群山环绕、一峰凸起”的环境特征，如《玉堂闲话》所描述：“麦积山者，北跨清渭，南渐两当，五百里岗峦，麦积处其半，崛起一石块，高百万寻，望之团团，如麦垛状。”然而，书中所描述场景在现行两点一线式的商业旅游模式中是难以体会到的。因此，规划结合景区中景点、线路的建设，通过现场实地探勘和计算机辅助分析，确定了景区内多处不同距离、不同高度的石窟感知点，建立了多角度、立体的石窟感知体系。

（五）灵活疏解核心区村庄

遗产核心区范围内存在几处村庄居民点，虽然这些聚落的形成与石窟建设历史不无关联，但经过多年的自然发展，村庄人口不断增加，建设规模不断扩大，村民生活给遗产环境带来的干扰不可避免。规划建议采用搬迁居民、保留实物的方式，即与景区外麦积镇协调，预留搬迁安置地，给予居民改善居住条件的选择权利，同时保留村内有地域特色的建筑与景观实物，通过合理的建设改造，引入茶室、工作坊等文化业态，拓展服务类型，同时解决部分搬迁居民的就业问题，形成良性循环。

五、结语

自然与文化的高度融合是我国文化遗产区别于其他国家的特色所在。本次麦积山景区详细规划着眼于遗产及其所处的山水环境，通过对环境更为完整的解读，将看待麦积山石窟的视野从石窟单点放大至与之关联的群山、河流、森林中去，为疏解景区游客、缓解保护压力找到合理的出路，同时也起到丰富游览内容、充实游览体验等的多重作用。在景点建设指导中，本次规划通过阅读历史资料，寻找古人的游览踪迹和游览习惯，尝试营造出一种与现代社会相脱离的古代环境。希望这些思路启发更多同类型景区建设，使我国遗产地的保护与利用水平迈向新的高度。

（原载于《建筑与文化》2019 年第 7 期）

浅谈麦积山石窟古籍现状以及未来古籍修复保护管理设想

漆　荟

一、关于古籍修复和保护

古籍的主要载体是纸张，而纸张的物理属性又决定了古籍在长久的保存中必然会受到一些自然因素和人为因素的影响，从而给古籍的保存带来很大的威胁。为此，必须做好古籍修复和保护工作①。古籍的修复和保护是两个不同的概念：所谓古籍修复，主要是指对存在破损和霉变的古籍文献，通过一定的物理方法或者化学方法，来使其能够尽可能地还原古籍文献原来的面貌，包括古籍文献上面所记载的内容；而古籍保护则是针对现有的古籍文献，通过加强管理，来使古籍文献能够被存放于更加安全的环境中，并且辅以一些技术手段，来增强古籍文献的抗腐蚀和抗侵害能力，从而实现古籍文献存放安全性和存放寿命的双重提升。古籍修复和保护工作从古至今就一直存在，尤其到了唐朝，在古籍修复方面形成了包括配纸、染纸、洗、揭、补、拓等一系列方法，这基本能够应对不同破损情况下的古籍修复工作。到了当下，随着古籍修复理论的不断发展，人们对于古籍修复工作已经基本形成了“少干预、多辅助、保原样”的修复原则。这一修复原则是指在保持古籍文献内容完整的前提下，更加侧重于强调对古籍文献原汁原味的保留。这一原则的形成更加有利于人们对一些历史材料的研究和还原，也是目前在古籍修复理论领域内的一大进步。

二、古籍保护工作的提出

《国务院办公厅关于进一步加强古籍保护工作的意见》（国办发〔2007〕6号文）明确了古籍保护工作的方针即“保护为主、抢救第一、合理利用、加强管理”。2017年，中国共产党的十九大报告中也提到了要增强“文化自信”，其中一个重要环节就是要做好对中华文化和中华历史的传承和认识。古籍文献是今天人们能够认识中华文化和解读中华历史的最要依据。中国有着五千多年的文明史，在历史发展的进程中，中国的经济、政治以及文化等方面处于不断变迁和进步的轨迹中，而古籍文献则

---

① 刘家真、廖茹：《我国古籍、纸质文物与档案保护比较研究》，《中国图书馆学报》2012年第4期。

是对这些悠久历史的最好见证，因此，对于保护和修复古籍，我们负有义不容辞的责任。但是反观当下，古籍修复和保护管理方面依然存在一些比较突出的问题，这些问题不仅影响了古籍修复保护的效果，还影响了无声的“历史见证者”的延续。为此，必须针对当前在古籍修复和保护管理中存在的问题，寻找方式来进行解决。

三、麦积山古籍介绍

中国古代书籍，简称“古籍”，主要是指书写或印刷于1911年（含1911年）年以前，反映中国古代文化，具有古典装订形式的书籍。

麦积山现存古籍1500（目前编号1500个）多册①。这些古籍囊括了唐、五代、元、明、清等各个历史时期的刻、写本类古籍文献，其中明代刻本最多，这批文书中既有以佛经和论述为主的珍本，也有一部分道书、经史子集和杂类文书（如社会、医药、占卜、音乐、教育、美术作品等），是研究宗教、艺术、历史及版本学等方面的重要的实物资料。

麦积山古籍的主要来源为接收麦积山瑞应寺及周边寺院历代僧众所遗留文书，其中包含1955年冯国瑞先生捐赠的《妙法莲华经》卷一至卷七，《大佛顶首楞严经》卷一至卷十。麦0158《妙法莲华经》卷一封面题记中提到周边寺院仙人崖灵应寺。题识录文“大清国甘肃省直隶秦州仙人崖灵应寺修补法华经释子了玥徒双德/皇清乾隆四十四年八月望八日成造”。麦积山石窟艺术研究所在1955年接收瑞应寺文献，后期又少量接收附近出土的相关文献（以陕西长安县和凤县的居多）。文书自1955年接收后一直保存于麦积山石窟研究艺术所资料室。

四、麦积山古籍现状以及前期做的保护举措

在资料室未接收之前，这些古籍文献一直存放在瑞应寺僧房，保管条件极差，潮湿、发霉、鼠类危害等现象严重。直到20世纪50年代初期，麦积山石窟艺术研究所正式接收这批古籍文书后，初步改善了保管条件。后来，政府相关部门虽然组织了工作人员对麦积山石窟进行一定保护，如加固山体和增加安全设施等，但是对麦积山石窟内的古籍文献的保护力度却较之明显偏弱，仅仅是对古籍做了一些基本的抢救性保护工作如通风、晾晒、整理等，以及对保存环境进行了基本改善。这些措施与石窟中文献古籍修复和保护工作的实际需求相比，仍存在很大差距。这其中既有客观原因如技术、资金、场地等，也有一些主观因素如重视程度不够等。2013年，信息资料室又面临了一次拆迁工作，古籍临时存放于麦积区博物馆。工作人员在打包装箱前对所装古籍木箱进行了防虫除虫措施，在箱内隔层处放置樟脑丸等防虫药物。2018年3月初，工作人员将这些古籍接回信息资料室收藏管理。目前这些古籍存放在普通书架上，古籍也用牛皮纸进行包裹、没有系统的分类编号数据，书画及拓片被捆绑存放于空间狭小的木箱中。同年3月，甘肃省古籍修复保护中心的相关专家受邀对古籍进行了查看，发现

---

① 李晓红：《麦积山文书概述及几件重要文书介绍》，《敦煌研究》2003年第6期。

古籍在过去破损的基础上又出现了新的不同程度的霉变、絮化、虫蛀、破损、脆化等问题，而这和之前存放、管理存在的问题密不可分。

五、麦积山古籍保护面临的问题

1. 保存工作的完善性存在缺失

和麦积山石窟古籍之前的保存工作一样，中国大多数古籍的保存情况都不容乐观①：一是没有单独的古籍保护专区，无法根据古籍的物理属性和保存要求来设置相应的物理环境和硬件设备，使得古籍保存在光照、室温和安全防范等方面都存在一定的缺失；二是古籍文献的日常看管工作不够规范，未曾设置专人对古籍文献进行监督，一方面使一些外部人员对古籍文献造成损害，另一方面内部人员在工作中也存在一些对古籍的不恰当操作；三是频繁地调阅和查看古籍文献，会使原本就较为脆弱的古籍文献更加容易破损、脱落，给古籍文献的保护带来了一定不利影响。

2. 古籍修复方法存在困难

目前人们在古籍修复过程中，一般遵循的都是“少干预、多辅助、保原样”的原则，这就要求在古籍的修复过程中，必须要在保持古籍文献内容完整的前提下，对古籍原有的面貌做到最大可能的还原。由此可见，实际修复过程中对古籍上面的文字与图片等的修整和还原要求更高，这就给古籍修复工作增加了很大难度。如麦积山石窟古籍，由于长期以来未能得到有效的保护，再加上古籍之前的存放环境不容乐观，使得古籍整体破损情况仍然比较严重。麦积山 1500 多册古籍中，100 件已定级为一级破损，急需修复；500 件定级为二级破损，需要尽早修复；600 件定为三级破损，应该修复等。其中名人字画和拓片同样也出现不同程度的破损，比如起皮、破损、折痕、霉变等。如果采取“少干预”的原则进行修复，那么将给相关修复工作带来较大压力。

3. 古籍修复和保护管理人才的缺失

众所周知，中国有着幅员辽阔和历史悠久的特点，这就使得现存古籍也因为时代和来源地不同而存在不同的物理属性或者修复保护要求。因此，要做好对不同特性的古籍修复和保护管理工作，就需要有专业相对“对口”的专门型人才②。但是，目前很多古籍存放地点的修复和管理人员相对于现实要求尚存在一定差距，主要表现为很多古籍修复人员基本都是掌握一些大而化之的古籍修复和保护方法，对于不同特性下古籍的修复和保护管理技能的掌握缺乏深度，这就给古籍修复和保护工作的质量带来了一定的压力。

4. 古籍文献的调阅效率不高

古籍文献因其记载的内容对于研究历史具有非常大的价值，并且也是很多历史研究工作中的重要依据，常常因为历史研究或者是宣传需要而被调阅。但是从实际情况来看，古籍的藏大于用，将古籍都尘封在柜子中，只有在需要用时才拿出来，这样也就失去了它作为传统文化传承的意义。古籍是一

---

① 刘家真、程万高：《中国古籍保护的问题分析与战略研究》，《中国图书馆学报》2008 年第 4 期。

② 曹千里、葛怀东：《古籍修复人才培养的探索与实践》，《金陵科技学院学报（社会科学版）》2006 年第 2 期。

种不可再生文物，而且在没有实行数据化的时候，重复翻阅对其也是一种破坏。

六、如何做好古籍保护工作对策

古籍保护工作应遵循“以防为主，防治结合”的基本原则。这就是说，首先要做好预防工作，在做好预防工作的基础上，再对损坏的古籍进行修复，使古籍恢复原貌。防是最大限度阻止和减少外部条件对古籍的破坏，治就是对已经损坏的古籍进行修复①。

1. 加强对保护环境的改进和完善

一是成立专门的研究部门，加强古籍场所的投入，一方面必须建立起符合现代标准的存放场所，引进相关除湿、避光设备，提高环境的物理安全性，另一方面必须加强对存放场所的定期检查维护工作，着重做好对一些昆虫的清除工作；二是必须明确制度与责任，加大对文献存放区域的日常监督力度，既要对外来人员接触文献进行严格监视和必要防范，也要对内部人员的不正确操作方法积极进行纠正；三是为了防止古籍文献被频繁调阅，可以考虑通过现代化手段，在不伤害古籍文献的前提下，将古籍文献扫描成电子档，以实现对古籍文献内容的无纸化调阅。

2. 改进古籍的修复方法

在古籍修复过程中，一是应当抓住主流矛盾，集中精力去修复一些损失情况较为严重，同时濒临消失的古籍；二是要在遵循“少干预、多辅助、保原样”原则的前提下，对古籍修复采取“简而精”的修复方法，一方面必须减少修复材料的种类，以防止过多的修复材料可能给古籍特性造成的破坏，另一方面在古籍修复的过程中，所选用的修复材料应当具备容易清理的特征，尤其是在修复一些残破古籍中所使用的粘贴剂，一定要选取容易消解的品种，以防止古籍本体上残留过多的化学物质。

3. 加强对古籍修复和保护人才队伍的建设

现今，拥有现代化与专业化技术的古籍修复和保护人才是古籍修复和保护工作未来发展的基础，因此古籍保护机构应该充分利用国内开设相关专业院校的高水平人才，并注重人才的培养和逐步提高，将“产学研”合为一体的培养模式不断推进。比如，加强和当地或者周边高校的文物考古、古籍修复、档案管理等专业的合作，建立实习和实践基地，实现“产教融合”，筛选和培养专业理论与实务操作均符合古籍保护机构自身实际需要的高端人才。近年来，为了促进古籍修复技艺传承的发展，提高古籍修复水平，甘肃省文化和旅游厅鼓励和支持省级古籍保护中心在本地区建立古籍修复技艺传习单位，鼓励图书馆和博物馆等古籍收藏单位机构合作开展古籍修复工作。基于此，麦积山石窟艺术研究所信息资料室于2019年5月31日确定设立甘肃省古籍修复技艺传习点，这样就可以通过传—帮—带和现场教学等方式尽快对麦积山急需修复的古籍展开修复工作。

4. 加快古籍文书数字化工作

古籍活化首先要借助数字化手段，提高古籍资源的利用率，目前中国古籍多是重藏轻用，开发力

---

① 陈立：《中华古籍保护计划下的古籍服务研究》，《图书馆杂志》2014年第10期；张志清：《试述图书馆古籍保护的历史机遇》，《图书馆工作与研究》2007年第3期；李永、向辉：《法国古籍保护工作概况》，《国家图书馆学刊》2009年第2期。

度欠缺。近年来，国内也已经有多家开展文献数字化工作的公司，由文献保存单位提供文献底本，由信息公司负责技术，利用扫描仪器获得古籍的图像形式，或用计算机录入程序把古书文字录入成古籍的文本形式。通过上述方式将古籍加工、处理、编辑成古籍数据库，这对古籍在收藏和利用等方面都更加便利。除此以外，古籍数字化也可以使人们通过计算机快速检索书中的字词文句，浏览古籍目录或者详细资料，满足使用者的各种要求。由此可见，古籍数字化以后，无论阅读还是整理出版，都可以大大减少人力和物力的耗费。更重要的是，计算机处理数据迅速准确，用于古籍的研究、整理和出版，有人力所不能企及的巨大优越性。这将成为未来古籍保护的工作趋势，因此，相关工作者要尽快将这些纸质文物“活”起来。

七、结语

综上所述，在文化遗产保护中，“保护是基础，研究是核心，弘扬是目的”①，应当积极做好文献古籍的保护管理和修复工作，这不仅是对“源”的保护，也是增强我们民族自信、文化自信的重要环节。

（原载于《图书馆与文化研究》2019 年第 1 期）

① 陈红彦、刘家真：《我国古籍保护事业可持续发展思考》，《中国图书馆学报》2012 年第 2 期。

硫酸盐对麦积山砂砾岩风化影响的试验研究

王逢睿　焦大丁　刘　平　孙　博　王家杰　杨鸿锐

引　言

麦积山石窟崖体岩性为砂砾岩，胶结程度较差，其整体强度较低①。崖体周围发育有多条大的裂隙，勘察表明一是由于地震作用②，另外一个原因就是渗水的影响。虽已进行大面积的锚固加固③，但部分窟龛还是持续有水渗出，并且逐渐在裂隙渗水处发生盐分沉积。现场调查发现，在盐分沉积区，石窟岩体剥落、粉化等现象显著，岩体的风化破坏进程明显加快。

国外于20世纪六七十年代开始了关于盐分对岩石风化影响的研究。Winkler等④指出，岩石中盐分的结晶压力是导致其破坏的主要原因之一，并且利用 Van't Hoff-type 方程测定了常见的一些材料孔隙中的盐分结晶压力，发现其中岩盐的结晶压力最大可以达到554个大气压（约等于55.4MPa），在这种结晶压力下足以使岩石产生破坏。Espinosa等⑤通过将岩石浸泡于盐溶液中来观察其质量变化以及结晶现象，发现最终盐分在岩石样品内部大量结晶，并且岩石表面出现破坏。盐分结晶对于许多脆性多孔材料（诸如岩石、混凝土⑥等）来说破坏程度很大，而且影响因素较多。Benavente等⑦通过试验研究发现，盐分对岩石的破坏作用与岩石的物性特征有很大的关联性，比如孔隙的连续度、比表面积以及

---

① 李最雄：《丝绸之路古遗址保护》，北京：科学出版社，2003年。

② 陈永明、石玉成、王旭东：《天水麦积山石窟地震构造环境评价》，《敦煌研究》2005年第5期。

③ 张锦秀：《麦积山石窟维修加固回顾》，《丝绸之路》2003年第7期。董广强：《锚筋固危崖　穿洞引水患——麦积山石窟维修加固与渗水治理工程》，《中国文化遗产》2016年第2期。

④ WINKLER E M, SINGER P C. Crystallization pressure of salts in stone and concrete. Geological Society of America Bulletin, 1972, 83 (11): 3509-3514.

⑤ ESPINOSA R M, FRANKE L, DECKELMANN G. Phase changes of salts in porous materials: crystallization, hydration and deliquescence. Construction and Building Materials, 2008, 22 (8): 1758-1773.

⑥ 姜磊、牛荻涛：《硫酸盐与冻融复合作用下混凝土劣化规律》，《中南大学学报（自然科学版）》2016年第9期。

⑦ BENAVENTE D, GARCÍA M A, FORT R, et al. Durability estimation of porous building stones from pore structure and strength. Engineering Geology, 2004, 74 (1-2): 113-127.

饱和度等。以此为基础，Ruiz-Agudo 等①在研究硫酸盐作用下灰岩的微观破坏特征中发现，盐分在灰岩中的运移主要是在表部 3 毫米范围内较大的孔隙中。而且随后的研究发现②，盐溶液的运移与分布还与离子交换有关，阳离子交换量越高，溶液在岩石中越容易结晶。

国内王明康等③通过研究发现，石质文物表面存在一层变质物，并从地球化学的角度研究了其变质特征。李最雄等④通过冻融循环、环境扫描电镜以及 XRD 衍射试验开始研究砂岩及砂砾岩的强度与矿物特征。曲永新等⑤对云冈石窟石质雕刻表面的粉化物的成分进行了研究，发现其主要成分为棉絮状的泻利盐。在此基础上，郭芳等⑥通过同位素追踪等手段进一步确定云冈石窟岩体中盐分的来源，并且发现石窟岩体表面的某些元素是由于大气干湿沉降作用所累积的。不过这些研究均未涉及盐分对于岩石风化破坏机制方面的研究。李黎等⑦通过运用饱和硫酸钠与氯化钠溶液全浸泡—干燥—冷却循环，对砂岩进行破坏试验，得到了表征砂岩风化速度的参数，提出了岩石风化规律与盐分结晶破坏之间的关系，但并未对其机制做进一步分析。盐分对岩石造成各种形式破坏的根源，是通过在一定范围孔隙中产生结晶压力从而造成岩石破坏而表观出来。因此研究盐分对岩石风化破坏的影响，盐分的迁移及结晶规律、岩石孔隙特征等是关键突破点。当前，国内对岩石盐风化方面的研究通常集中在气候环境变化领域，而文物保护领域内虽也有相关报道，也考虑到盐分在岩体风化过程中发挥作用，但多数研究仅将其作为一个影响因素，对其风化造成的破坏机制研究方面很少论及。多数研究学者更倾向于对纯砂岩盐风化展开研究⑧，对于砂砾岩风化研究较少。然而国内多数大型石窟，尤其是西北丝绸之路沿线，均开凿在以砂砾岩为主的崖体上。砂砾岩盐风化研究有两大难点，其一是取样、制样困难，另一难点是试验参数的获取。而这些数据往往对石窟岩体抗风化加固工程至关重要。

本文为了模拟盐分在实际岩体内部迁移以及外部表面结晶破坏，在室内分别对其进行硫酸盐毛细迁移和循环劣化试验。在此基础上通过测试试验过程中岩样质量、弹性波速以及强度变化来研究硫酸盐在砂砾岩中的运移分布、结晶特征以及破坏模式，为麦积山石窟崖体加固工程提供相应的技术参数和一定的理论参考。

---

① RUIZ-AGUDO E, MEES F, JACOBS P, et al. The role of saline solution properties on porous limestone salt weathering by magnesium and sodium sulfates. Environmental Geology, 2007, 52 (2): 269-281.

② PANDEY S C, POLLARD A M, VILES H A, et al. Influence of ion exchange processes on salt transport and distribution in historic sandstone buildings. Applied Geochemistry, 2014, 48: 176-183.

③ 王明康、莫天麟、陈图华：《石质文物表面变质层的环境地球化学特征》，《地球化学》1986 年第 4 期。

④ 李最雄：《炳灵寺、麦积山和庆阳北石窟寺石窟风化研究》，《文博》1985 年第 3 期。

⑤ 曲永新、黄克忠、徐晓岚等：《大同云冈石窟石雕表面和表层的粉状物及其在石雕风化中的作用研究》，全国工程地质大会，1988 年。

⑥ 郭芳、姜光辉：《大同云冈石窟可溶盐的分布及硫同位素特征》，《水文地质工程地质》2013 年第 3 期。

⑦ 李黎、王思敬、谷本亲伯：《龙游石窟砂岩风化特征研究》，《岩石力学与工程学报》2008 年第 6 期。

⑧ 翁履谦、杨海峰、王逢睿等：《云冈石窟砂岩微观风化特征研究》，《材料导报》2011 年增刊 2。张卫中、陈从新、余明远：《风化砂岩的力学特性及本构关系研究》，《岩土力学》2009 年增刊 1。严绍军、方云、刘俊红等：《可溶盐对云冈石窟砂岩劣化试验及模型建立》，《岩土力学》2013 年第 12 期。

一、室内试验研究

1. 试验材料以及制备

本次砂砾岩试验样品取自麦积山石窟试验区的钻孔岩芯样，其主要为泥质胶结，且含有铁和钙质，分布不均匀，质地粗糙，易风化，胶合程度较差。岩芯样直径为5.5厘米，对其进行切割，将岩样制成高度与直径分别为1∶1和1∶2的圆柱样两组，每组编号分别为P、M。依据《工程岩体试验方法标准》（GB/T 50266-2013）①，设置1∶2试样是为了测试抗压强度和监测盐分迁移，1∶1试样则是为了测试抗拉强度。

实地采取麦积山石窟风化结晶集中区岩样，依据《土工试验方法标准》（GB/T50123-1999）②，利用离子色谱仪（型号为ICS-2500）测定样品中各种离子的含量，结果表明浓度最高的离子为硫酸根离子和钠离子，浓度分别为927.62mg/L和237.31mg/L。具体测试结果见图一。因此本次试验所用盐分选为硫酸钠。由于麦积山地区常年平均温度为11.5℃，平均湿度为70.8%，所以在本次试验中控制的试验条件为：温度为11.5℃，湿度为70%±1%（通过TPG-1260-TH型Thermoline L+M植物生长室控制温湿度条件实现）。

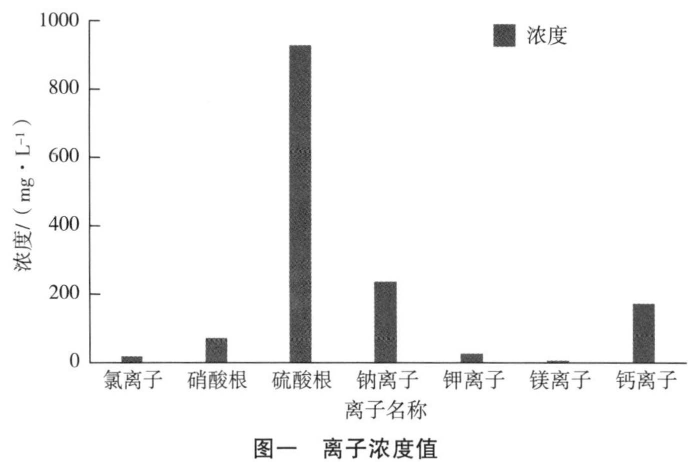

图一　离子浓度值

2. 毛细迁移及循环劣化试验

毛细迁移试验是将岩样置于5%硫酸钠溶液中，液面以下岩样高度为1厘米，试验环境条件设置为敞开式和密闭式两种。敞开式毛细迁移试验是模拟麦积山石窟岩体在天然环境下表部随水分蒸发而造成的盐分迁移与累积过程，密闭式毛细迁移试验则是模拟石窟岩体无水分蒸发影响下自内部向表部的盐分迁移过程。在密闭式毛细迁移试验完成后，再对试样进行循环劣化试验。具体试验设计如下：

敞开式毛细迁移试验，是在试验控制环境下将准备好的高度与直径比为1∶2，编号为M0的圆柱形岩

① 中华人民共和国住房和城乡建设部、国家质量监督检查检疫总局：《工程岩体试验方法标准（GB/T 50266-2013）》，北京：中国计划出版社，2013年。

② 中华人民共和国建设部：《土工试验方法标准（GB/T50123-1999）》，北京：中国计划出版社，1999年。

芯样放入盛有 5%硫酸钠溶液的敞开式容器中进行半浸泡试验，浸泡高度为 1.0 厘米，如图二：1 所示。

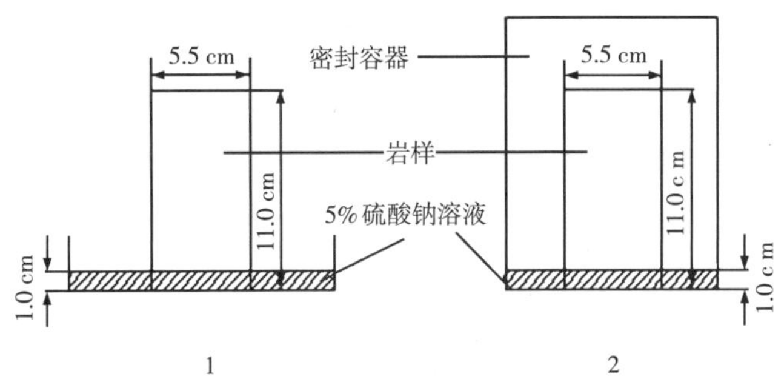

图二　试验示意图

1. 敞开式毛细迁移试验示意图　2. 密闭式毛细迁移试验示意图

密闭式毛细迁移试验是将试样取高度与直径比为 1：2 和 1：1 圆柱形岩芯样各两组（每组 2 个试样），每组编号分别为 M11、M12，M21、M22，P11、P12，P21、P22。将 4 组试样以组为单位放入封闭式容器中进行半浸泡试验（见图二：2），液面以下试样高度为 1.0 厘米。每间隔 1h 测试上述两种容器中所有岩芯试样不同位置盐溶液毛细前锋的上升高度、岩样质量、岩样波速变化以及观察岩样表面特征。

测试步骤如下：①硫酸钠溶液毛细前锋上升高度的测试，是将两容器内部岩样轻轻取出，利用精度为 0.01 毫米、型号为 ARZ-1331 的游标卡尺沿岩样圆周方向每隔 60°量取毛细前锋距溶液面的垂直高度，取 6 次测量值的平均值；②毛细迁移试验岩样质量的称量，是将岩样从两种容器中缓慢取出，用吸水纸轻轻擦除底部表面的悬液（各试样擦拭条件保持一致），然后至于精度为 0.01g 的数显式电子天平中心，等待 5s 左右至读数稳定，记录数值（如图三：1 所示）；③岩样弹性波速值测试，利用频率为 50Hz、型号为 RSM-SYSN 的声波仪，根据所测试样规格调整程序中参数 *L*1 的值，然后将两触头连接线分别插入“发射”与“接收”位置。将岩样缓慢取出，擦除底部表面悬液，放置于两触头之间，用双手稍用力挤压两侧触头，使试样与触头充分接触；点击“采样”按钮，开始波速测试，待屏幕上波形稳定后，点击第 1 个完整波起点位置，读取屏幕上 V_p（V_p 为纵波波速）值，连续测试 3 次，取三者平均值并记录（如图三：2 所示）。当盐溶液上升到岩样顶部时，所有参数测试相应结束，即毛细迁移试验结束。

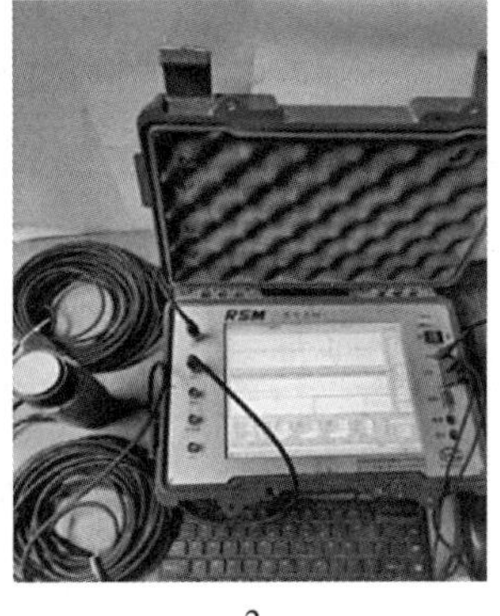

1　　2

图三　试样质量与弹性波速测试装置图

1. 电子天平　2. RSM-SYSN 型声波仪

密闭式毛细迁移试验完成后，立即进行循环劣化试验。将各岩样取出放入温度为105℃的烘箱烘干24h，置于干燥箱内自然冷却后测试各岩样质量以及波速变化（测试方法如前所述）。循环劣化试验是将密闭式毛细迁移试验和试样烘干冷却并测量各试验参数过程，作为一次完整的循环。也就是说，在循环劣化试验的每次循环过程中，都包含一次完整的密闭式迁移试验。需要说明的是，文中后面出现的密闭式迁移试验或密闭环境下的迁移试验，均特指第1次循环中的迁移试验。

上述试样中M11、M12与P11、P12两组试样进行6次循环劣化试验，M21、M22与P21、P22两组试样进行3次循环劣化试验。循环劣化试验结束后采用电液伺服万能试验机（型号为CSS-WAW1000DL）依据工程岩体试验方法标准①，测试高度与直径比为1：2的试样的抗压强度以及高度与直径比为1：1的试样的抗拉强度（取平均值），同时计算每次循环过程中硫酸钠溶液结晶所产生的结晶压力值（取平均值）。

二、结果分析

1. 毛细迁移试验结果及分析

硫酸钠溶液可以通过孔隙毛细作用力进入岩样。图四是试样中盐溶液迁移高度随时间变化的观测结果。

试验结果表明，密闭条件下各试样的盐溶液迁移高度随时间大体呈线性变化，但各试样迁移高度与时间之间的规律变化仍略有差别，究其原因是砂砾岩试样本身的不均匀性所造成的。试验数据显示，密闭环境下毛细前锋上升高度与时间呈现明显的线性关系，随着时间变化，高度呈线性增长。并且毛细迁移速率在$5.24\times10^{-5}\sim8.84\times10^{-5}$cm/s之间。而敞开式条件下试样中盐溶液迁移高度与时间关系与密闭条件下相比有明显的不同。受试验过程水分蒸发的影响，敞开式毛细迁移呈现为非线性增长。随着

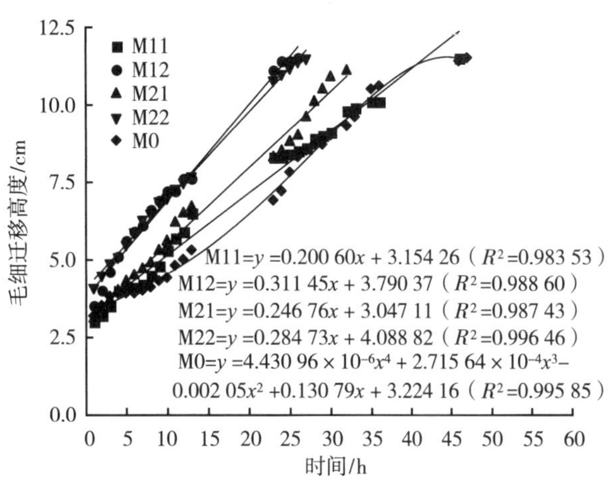

图四　5%硫酸钠溶液毛细迁移高度变化及拟合曲线

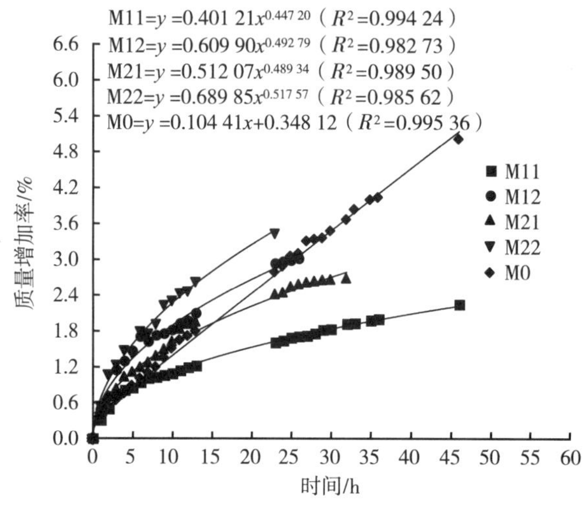

图五　5%硫酸钠溶液毛细迁移中岩样质量增加率

① 中华人民共和国住房和城乡建设部、国家质量监督检查检疫总局：《工程岩体试验方法标准》（GB/T 50266-2013），北京：中国计划出版社，2013年。

时间的变化，毛细迁移速率先逐渐增大，而后逐渐减小。两种试验条件下造成盐溶液迁移规律产生明显差异，主要原因在于无水分蒸发条件下，迁移中盐溶液浓度保持不变，因此不会发生结晶现象，只会在孔隙中运移①。在无结晶情况下，溶液进入岩样“补给”的速率基本保持不变。而敞开式条件下，随着盐溶液迁移高度不断增大，蒸发面也随之增大，水分蒸发速率加快，进而在一定程度上减缓了毛细迁移速率。另一方面，溶液上升过程中会发生部分结晶，晶体会阻塞部分孔隙，降低了岩样孔隙的连通率，进而也减缓了溶液上升的速率。而且两种环境下岩样的质量增加的快慢也有所不同（见图五）。

试验前期，两种环境下的岩样质量增加率变化相差并不大。而到后期，在敞开式环境下，岩样质量的增速要相比封闭环境下高出很多。这主要是由于敞开式环境下盐溶液在前期开始运移时结晶不多，而随着迁移高度增加，水分蒸发加快，盐分结晶随之增多，试样质量也随之增加。而封闭环境下，试样质量的增加仅是由盐溶液质量增加所引发。

图六为毛细迁移过程中各试样波速变化曲线。由图可知，毛细迁移试验的前期，各试样波速迅速增加，而后随着时间的推移，中期波速又不同程度的下降。而在试验后期，密封环境下岩样波速又有所上升，而敞开式环境下的岩样波速持续下降。

在前期溶液运移的过程中，盐溶液迅速进入砂砾岩孔隙中。在靠近溶液液面1~3厘米处，岩样孔隙被盐溶液迅速充填，即相当于减小了岩样孔隙率，所以波速在此阶段增加。而后随着盐溶液量的不断增加，盐溶液对岩样固体胶结物产生一定的影响，使其部分黏土矿物发生水解，降低了岩样整体强度，使得密封环境中的岩样波速有少许的下降②。不过这种破坏在岩石内部相对于盐溶液充填孔隙的速度要小很多，所以后期波速又有所上升。反观敞开式环境下岩样波速在中后期一直减小，主要是由于这一阶段盐溶液在蒸发作用下达到过饱和状态，盐分在岩样表部的孔隙中开始积累，进而结晶并对

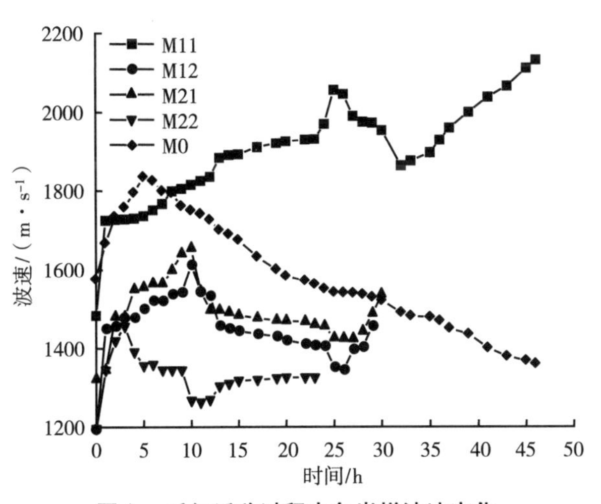

图六　毛细迁移过程中各岩样波速变化

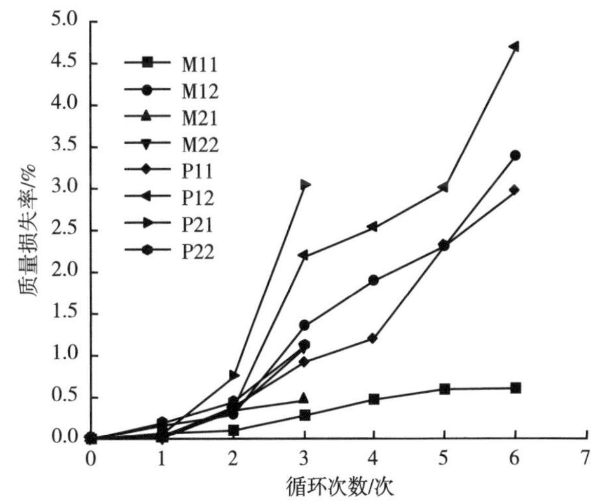

图七　经3次与6次循环劣化各岩样质量损失率变化曲线

① 姜啸、张虎元、严耿升等：《盐溶液在壁画地仗中的毛细迁移模拟研究》，《岩土力学》2014年第2期。

② 李黎、（日）谷本亲伯：《龙游石窟砂岩的泥质胶结物研究》，《工程地质学报》2005年第2期。

岩样造成破坏。随着结晶继续发生，岩样表部逐渐被硫酸钠晶体包裹，并发生粉化甚至剥落等现象，尤其在岩样的顶部，这种现象特别明显。

2. 循环劣化试验结果及分析

经过3次和6次循环劣化试验以后，岩样开始发生破坏，质量损失率（单位：%，为质量减少量与试验前岩样质量的比值）明显增加（见图七）。

由图七可以看出在进行第3循环以后，各岩样质量损失率开始明显加大，由此可以判断，试验条件下盐分结晶造成的岩石破坏，第2次循环与第3次循环之间开始明显起作用。另外，随着循环次数的不断增加，表面开始出现起皮甚至剥离、剥落现象（如图八所示）。岩样表面盐分增多，粉化现象逐渐加剧，部分岩样表面已经产生裂隙，并且有进一步扩展趋势。循环劣化试验过程中各岩样波速特征如图九所示。由图可知，随着循环次数的增加，岩样波速整体呈现下降趋势。并且可以看出从第2至第3次循环之间下降幅度开始显著增加。试验数据再次说明在该阶段，岩样内部开始发生破坏。

图八　岩样 M11 毛细迁移循环试验外观图

1. 第1次　2. 第3次　3. 第6次

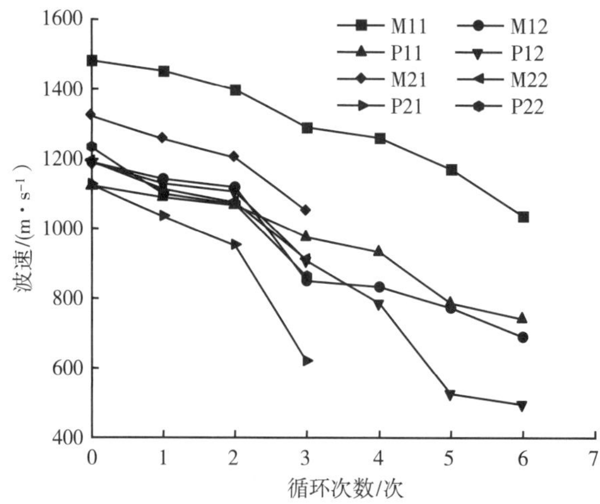

图九　各岩样波速随循环劣化试验次数变化曲线

三、强度变化特征及结晶压力计算

随着循环劣化次数的增加，岩样的抗压、抗拉强度在逐渐降低（见图十）。由于受试样数量限制，第 1、2、4、5 次循环后的抗压、抗拉强度未进行测量，但从已有强度试验数据可以看出，随着循环次数的增加，岩样的抗压与抗拉强度下降明显。第 3 次循环劣化试验结束后，测得试样抗拉与抗压强度分别损失 42.50%和 68.75%，说明在第 3 次循环劣化试验过程中试样强度开始大幅度下降。而由前述循环劣化试验中试样质量与波速变化规律可知，在第 2 次至第 3 次循环劣化试验过程中，试样最大质量损失率由 0.19%增加至 0.76%，最大弹性波速损失率由 15.47%增加至 44.98%，两者增幅均较为明显，这也与强度试验结果相吻合。由此可知，由盐分所导致的试样内部较大范围的破坏应开始于第 2 次至第 3 次循环劣化试验的过程中，并且随着循环次数的增加，破坏程度进一步增大。至第 6 次循环劣化试验结束时，试样的抗压、抗拉强度均损失过半，分别下降 64.35%和 88.75%。而试样质量与弹性波速的最大损失率分别达到 4.67%和 58.37%。

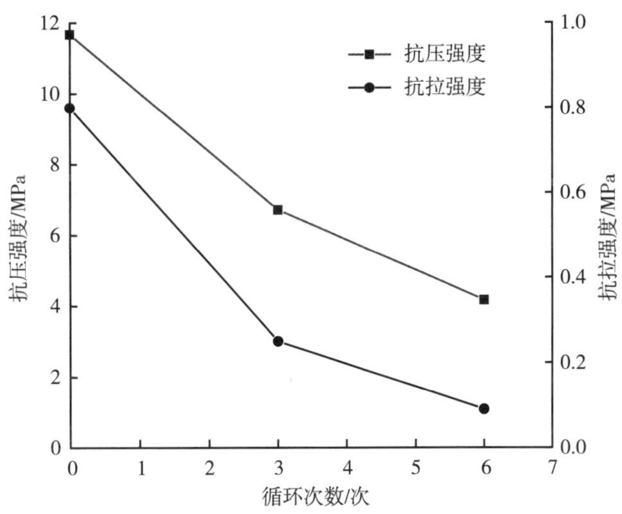

图十　随循环劣化次数变化岩样抗压强度与抗拉强度曲线

在整个循环劣化试验过程中，盐溶液进入孔隙之后，伴随水分蒸发，其浓度开始增大。而当其溶度与当前温度下硫酸钠溶液的饱和浓度的比值即过饱和浓度大于 1 时，就会开始在孔隙中结晶，并产生结晶压力①。当进入岩样孔隙中的盐溶液达到饱和时，结晶体开始出现。当结晶体周围充满饱和溶液时，晶体继续生长，晶体表面开始产生表面自由能。自由能在不断增大的过程中，会逐渐限制晶体的生长，相当于对结晶体施加了机械力。在这种力的作用下，就会提高晶体的溶解度，进而提高晶体周围溶液的浓度。在循环劣化试验中，每一次循环后，岩样质量都在增加，岩样中盐溶液的浓度也在逐渐变化，所以可以通过盐溶液浓度的改变进而计算出循环过程中的结晶压力，以此来确定岩样在盐溶液作用下开始破坏的临界点以及浓度值。

① 琚晓冬、冯文娟、张玉军等：《脆性孔隙介质内的结晶应力》，《岩土工程学报》2016 年第 7 期。

当盐溶液第 1 次到达岩样顶部时，溶液在岩样中的质量分数为 5%，浓度也没有变化。取出岩样，烘干冷却后，岩样内部只有盐分，水分已经完全蒸发。此时再把岩样放入封闭式环境中进行半浸泡。当溶液再一次到达岩样顶部时，岩样内部溶液中溶质的质量开始增大，进而使得此时溶液的质量分数变大，即浓度加大。而随着循环次数的增多，溶液浓度达到过饱和时就会产生结晶压力。通过计算，可以得出循环过程中盐溶液达到过饱和的时间点以及所产生的压力值。

首先根据下式可以计算出每次循环后岩样中溶液的质量分数：

$$w= \left(\sum_{i=1}^{N} m_N\right) / m_{RN} \tag{1}$$

式中：w 为每次溶液到达岩样顶部时溶液质量分数（%）；m_N 为第 N 次循环岩样中硫酸钠的质量（g）；N 为循环次数；m_{RN} 为第 N 次循环岩样中溶液的质量（g）。

已知质量分数可以通过下式计算出溶液中溶质的物质的量 n_N，即为

$$n_N = (m_{RN} w) / M \tag{2}$$

式中：n_N 为第 N 次循环过程中溶液的物质的量（mol）；M 为硫酸钠的相对分子质量（142g/mol）。可由下式计算出当前溶液的物质的量浓度：

$$C_N = n_N / V_N \tag{3}$$

式中：C_N 为第 N 次循环过程中岩样内部盐溶液的浓度（mol/L）；V_N 为第 N 次循环过程中岩样中溶液的体积（岩样中大孔隙的体积）（厘米^3）。

将式（2）代入式（3），即可得出溶液在当前循环下的浓度：

$$C_N = 1000 m_N / M \tag{4}$$

求出当前溶液的浓度后，依据下式可计算出溶液的过饱和度：

$$\sigma_N = (C_N - C_0) / C_0 \tag{5}$$

式中：σ_N 为第 N 次循环过程中溶液的过饱和度；C_0 为溶液当前温度下的饱和浓度（mol/L）。

但是由于作用在晶体上的机械力提高了晶体的溶解度，所以此时溶液的过饱和度就不适用于式（5），而应用下式来计算：

$$\sigma_N = C_N / C_0 \tag{6}$$

将式（6）代入式（7）就可以得出当前循环过程中盐溶液结晶所产生的结晶压力：

$$P_N = R_g T \ln \sigma_N / v \tag{7}$$

式中：P_N 为结晶压力（MPa）；R_g 为气体常数，取 8.314J/（mol · K）；T 为绝对温度（K）；v 为晶体的摩尔体积（L/mol）。

计算出的结晶压力值如图十一所示。

从图中可以看出，在经历第 1 次、第 2 次循环的过程中，所产生的结晶压力值为 0。说明前两次循环过程中，溶液还没有达到过饱和状态。而到第 3 次循环时，结晶压力开始产生，并且之后随着循环次数的增加而逐渐增大。另外，从数值上可以看出，在经过 3 次循环后的结晶压力值分别可以达到 5.90MPa 和 1.31MPa，都高于本次试验中所测得原岩岩样的抗拉强度。试验结束后，盐分的结晶压力最大可达到 33.00MPa，岩样在如此大的结晶压力下，必会发生破坏。而且经过计算可知，在当前温度下，硫酸钠溶液的浓度处于 0.95~1.13mol/L（由于砂砾岩岩样的不均匀性大，所以各岩样开始破坏时

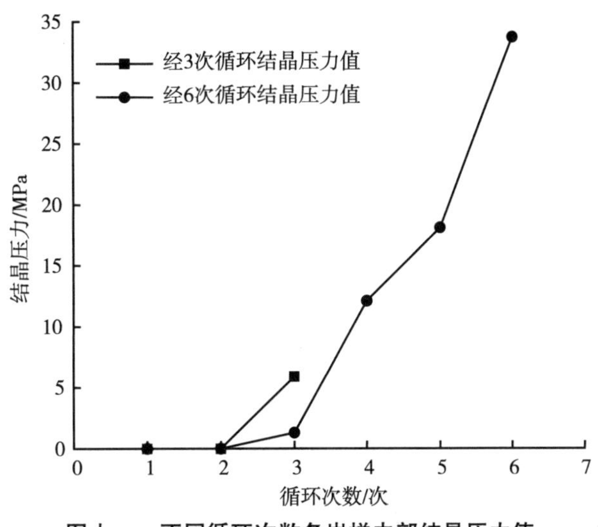

图十一　不同循环次数各岩样内部结晶压力值

盐溶液浓度存在一定差异）范围内时，岩样开始破坏。此次计算出的结晶压力为理论计算值，实际上在试验过程中，由于水分不断蒸发，盐溶液浓度随之升高，结晶压力伴随晶体产生并不断增大，当其达到并超过岩石抗拉强度时，岩样随之破坏。因此结晶压力实际值比理论计算值要低。但是理论计算为判断岩体结晶破坏提供了定量的判据参考，尤其是可以作为判断实际工程中砂砾岩由盐分结晶所造成破坏的界限与标准参考值。

四、结论

（1）硫酸盐通过在砂砾岩孔隙中结晶，产生结晶压力，降低砂砾岩强度，在其参与下大大加速砂砾岩的风化破坏。

（2）敞开式条件下硫酸盐毛细迁移呈现非线性曲线特征，毛细迁移速率先逐渐增大，而后又逐渐减小；密闭条件下硫酸盐毛细迁移呈现明显的线性特征，平均毛细迁移速率在 $5.24\times10^{-5}\sim8.84\times10^{-5}$ cm/s 之间。

（3）硫酸盐对砂砾岩岩样的破坏与进入岩样盐溶液浓度有很大关系。随着循环劣化次数的增加，当从第 2 次循环到第 3 次循环过程中，开始产生结晶压力，此时溶液浓度在 0.95~1.13mol/L 区间，其产生结晶压力的理论最大值可以达到 33.00MPa，足以造成砂砾岩的破坏。

（4）岩样的抗压与抗拉强度随着循环次数劣化次数增加均逐渐减小，经过 6 次循环后各自减小比率分别为 42.42%和 90.71%。

（原载于《岩土力学》2020 年第 7 期）

基于算子的麦积山石窟文物图像锐化研究

杨筱平 张睿祥 王 鑫 李志锋 刘 勍 刘芸芳 张利军

通过对目标图像边界的提取及分割，图像锐化在实现计算机对目标区域识别的基础上，基于对图像的轮廓线、纹理和边缘增强作用，使得图像的质量发生改变，最终实现模糊图像的清晰化，产生更适合人观察和识别的图像。作为四大石窟之一的麦积山石窟文物壁画纹理模糊，掉色严重，要采用近年来兴起的计算机图像修复算法对麦积山石窟壁画数字图像进行修复，首先要将其图像锐化，使其纹理和轮廓变得清晰，颜色变得明亮，这样才能保证准确地识别图像的有效信息，以便进一步修复。

非线性锐化滤波和线性锐化滤波是数字图像锐化常用的两种方法。非线性锐化滤波又包含 roberts 梯度算子、sobel 梯度算子、prewitt 梯度算子和 laplacian 算子四种①。本文用这四种算子对麦积山文物图像进行锐化处理，并对锐化结果进行分析，探讨它们的异同和优缺点。

一、线性锐化滤波

线性锐化滤波方法采用 $3*3$ 模板组建像素块，其特点是中心像素系数值为正数，其他像素系数值为负数，9 个像素系数值总和为 0。典型系数模板如表一所示②。

表一　线性锐化滤波器模板

-1	-1	-1
-1	8	-1
-1	-1	-1

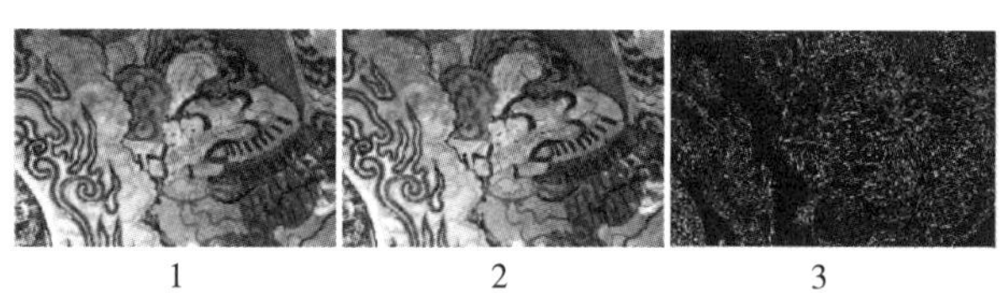

1　　2　　3

图一　麦积山文物图像线性高通滤波锐化

1. 原图像　2. 灰度图　3. 滤波后图像

① 张汗灵：《Matlab 在图像处理中的应用》，北京：清华大学出版社，2008 年，第 114～117 页。

② 张汗灵：《Matlab 在图像处理中的应用》，北京：清华大学出版社，2008 年，第 114～117 页。杨帆：《数字图像处理与分析》，北京：北京航空航天大学出版社，2015 年，第 83～118 页。

图一：2 是对图一：1 进行灰度处理后的结果图，其灰度图像纹理轮廓仍然清晰。图一：3 是图一：2 经线性高通滤波锐化后的图像，已变得模糊不清，原来白色像素变成黑色像素，原黑色轮廓线变成了白色不连续的，整个文物图像纹理边缘变得模糊杂乱，没有达到锐化效果。

二、非线性锐化滤波

非线性锐化滤波最常用的微分就是图像沿某个方向上的灰度变化率，即函数的梯度增强图像的轮廓线和细节。其定义为①：

$$grad\ [f\ (x,\ y)\ ] = [G_x,\ G_y]^T = [\frac{\partial_f}{\partial_x},\ \frac{\partial_f}{\partial_y}] \equiv \nabla f \qquad (1)$$

梯度是一个矢量，就是用两个模板分别沿和方向计算最大变化率方向，分别表示在某个像素点沿和方向的灰度变化率。

1. Roberts 算子

Roberts 算子是把灰度图像沿对角线方向相邻两像素进行卷积运算，从而检测出图像边缘。

Roberts 算子适合处理噪音比较低、边缘纹理梯度比较大的图像，其缺点是锐化后的图像边缘变得粗糙，从而使原有的图像信息失真②。

2. Sobel 梯度算子

该算子包含两组 3＊3 的矩阵，矩阵中的 9 个值和为 0。两个矩阵分别为横向方向算子和纵向方向算子。用 Sobel 梯度算子对麦积山文物图像进行锐化，如图二所示。

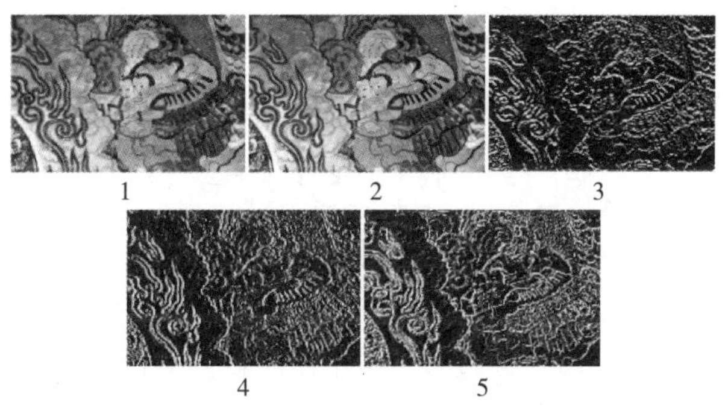

图二　麦积山文物图像 sobel 算子锐化灰度图

1. 原图像　2. 灰度图　3. 水平 sobel　4. 竖直 sobel　5. sobel

通过比较发现，sobel 算子检测的边缘点较宽，边缘轮廓较为清晰、连续，边缘方向信息较强。此算子也能进一步抑制噪声对于像素位置的影响，同时对噪声具有平滑作用。因此，此算子对麦积山文物锐化效果比图一：3 更好。但是美中不足的是，sobel 算子并没有将图像的目标区域与背景严格区分

① 张汗灵：《Matlab 在图像处理中的应用》，北京：清华大学出版社，2008 年，第 114～117 页。杨帆：《数字图像处理与分析》，北京：北京航空航天大学出版社，2015 年，第 83～118 页。

② 关雪梅：《基于 Matlab 的几种图像锐化处理算法研究》，《商丘师范学院学报》2018 年第 12 期。

出来。经实验发现，Sobel 算子的优点，即具有平滑作用，能滤除一些噪声，去掉部分伪边缘；其缺点是可能平滑了真正的边缘，边缘定位精度不高。

3. Prewitt 梯度算子

prewitt 梯度算子法也称为平均差分法，求其矩阵像素平均值能减少或消除噪声。因此，先求平均，再求差分梯度。prewitt 梯度算子 3＊3 水平模板和垂直梯度模板如图三所示①。

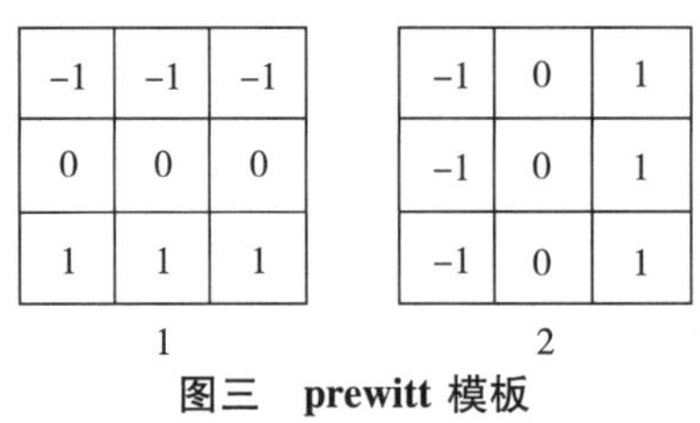

−1	−1	−1
0	0	0
1	1	1

1

−1	0	1
−1	0	1
−1	0	1

2

图三　prewitt 模板

1. 水平模板　2. 垂直模板

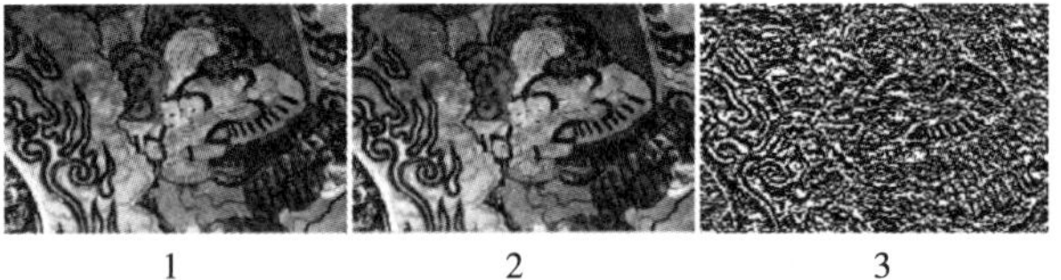

1　2　3

图四　麦积山文物图像 prewitt 算子锐化灰度图

1. 原图像　2. 灰度图　3. prewitt 算子锐化图

从图四实验得知，prewitt 算子锐化和 Sobel 算子都能抑制噪声，并对噪声有一定的平滑作用。但是，其通过八个方向模板对图像进行卷积运算，运算量较大。

4. Laplacian 算子

Laplacian 算子是一个具有一定线性和旋转不变特性的标量，它能检测图像边缘细节，但是容易产生虚假信息。其离散的二阶偏微分行式为②：

$$\frac{\partial^2 f}{\partial x^2}=f\ (x+1,y)+f\ (x-1,y)-2f\ (x,y) \tag{2}$$

$$\frac{\partial^2 f}{\partial x^2}=f\ (x,y+1)+f\ (x,y-1)-2f\ (x,y) \tag{3}$$

将公式（2）和（3）相加后，用于麦积山文物图像锐化修复得到图五：3。从上述两幅图比较可知，图五：3 比图五：2 图边缘清晰，细节明显，亮度增强。同时也很好地保留了文物图像的背景色调。图五：4 是用滤波后的三个分量对图五：3 重建成彩色图，它与图五：1 差别较大，失真严重，但其纹理清晰，画面人物表情更加逼真、细腻。

---

① 苏婕、于莲芝：《基于 Matlab 的图像处理空间域滤波研究》，《软件导刊》2017 年第 8 期。齐立磊、肖飞：《基于位图图像锐化处理算法的设计与实现》，《计算机与数字工程》2013 年第 9 期。曾嘉亮：《基于边缘检测的图像锐化算法》，《现代电子技术》2006 年第 12 期。刘永勤、刘月月：《基于 Verilog 的数字图像锐化研究和实现》，《科学技术与工程》2009 年第 9 期。

② 张汗灵：《Matlab 在图像处理中的应用》，北京：清华大学出版社，2008 年，第 114～117 页。杨帆：《数字图像处理与分析》，北京：北京航空航天大学出版社，2015 年，第 83～118 页。

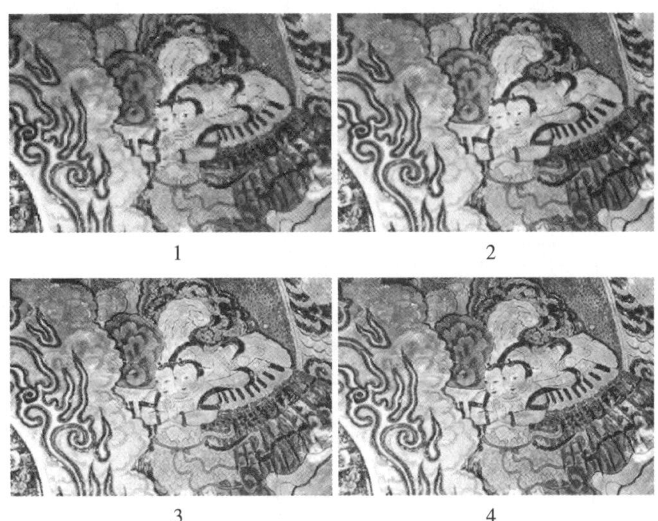

1　2　3　4

图五　麦积山文物图像 Laplacian 算子锐化灰度及伪彩色处理图

1. 原图像　2. 灰度图　3. 锐化相加灰度图　4. 图 3 的伪彩色处理图

图六：2 及六：4 是利用 Laplacian 算子的二阶微分性质的突变特性对麦积山文物彩色图像进行处理达到锐化效果图。可以看出，图六：2 边缘细节清楚，轮廓更加明显，画面亮度增强，并保留了文物图像的背景色调。图六：4 整个画面变得明亮、清晰，轮廓线更为清楚，破损区域和人为划痕更为明显。图六：2 及六：4 有利于进一步修复处理和保存。

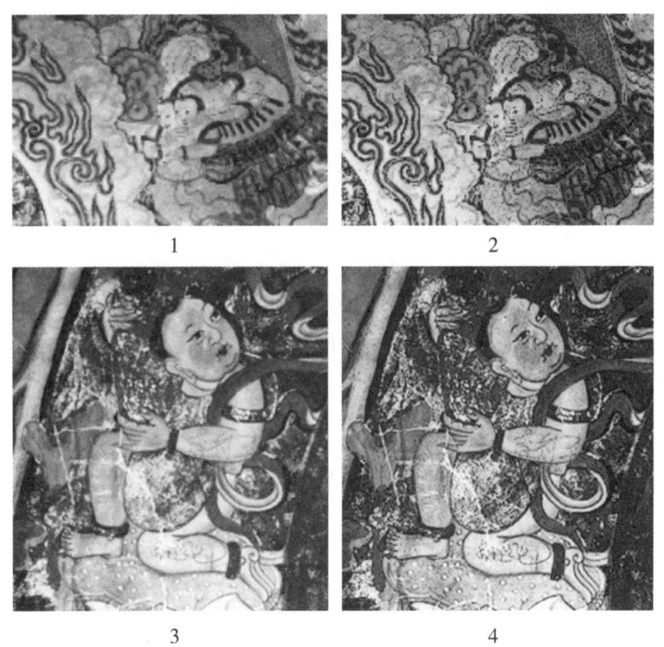

1　2　3　4

图六　麦积山文物图像的 Laplacian 算子锐化图

1. 原图像　2. Laplacian 算子锐化　3. 原图像　4. Laplacian 算子锐化

5. 实验分析

从麦积山文物图像锐化实验中，总结出四种算子的优劣势，便于进一步研究文物图像锐化修复。

如表二所示①。

表二　四种算子优缺点对比

算子名称	优势	劣势
Roberts 算子	适合处理低噪音陡峭的图像	图像失真严重
Prewitt 算子	能有效地抑制噪声和准确地检测图像边缘	锐化后的图像边缘不连续且较为模糊
Sobel 算子	真正检测图像弱边缘进行增强	更加细微的变化体现不出来
Laplacian 算子	图像边缘轮廓更加平滑、清晰，画面亮度有所增强，图像信息趋于完整	产生较少的虚假信息

三、结语

图像锐化处理包含 Roberts 梯度算子、Sobel 梯度算子、Prewitt 梯度算子和 laplacian 算子四种。用这四种算子对麦积山文物图像进行锐化处理，并对锐化结果进行分析，探讨了其异同和优缺点。与其他算子相比，laplacian 算子锐化效果较好，能使麦积山文物图像的轮廓、纹理和边缘线细节更加清晰，图像画面对比度更高，更适合人观察和识别，也便于麦积山文物图像后续的破损修复。

（原载于《陇东学院学报》2020 年第 5 期）

① 张玉娟、李城林、钟浩等：《基于信息熵和细节方差均值与背景方差均值比的无参考图像锐化结果评价》，《哈尔滨师范大学自然科学学报》2019 年第 1 期。王凡、倪晋平、董涛等：《结合视觉注意力机制和图像锐度的无参图像质量评价方法》，《应用光学》2018 年第 1 期。

冻融循环对麦积山石窟砂砾岩微观结构损伤机制研究

杨鸿锐　刘　平　孙　博　仪志毅　王家杰　岳永强

引　言

麦积山石窟崖体岩性为砂砾岩，黏结程度较差，整体强度较低①。该区地处秦岭山脉西延部分北侧的小陇山，属湿润山区气候，雨量较多，湿度较大。据气象统计资料，石窟区年平均气温为8.0℃，极端最高气温为38.3℃，极端最低气温为-19.2℃，温差较大。现场调查发现，麦积山石窟阳坡崖体部分区域渗水，渗水处岩石冻融、干湿、盐结晶等作用加强，石窟岩石有明显的剥落、粉化现象，风化速度明显加快②。

乔榛等③通过对张掖马蹄寺石窟岩石进行冻融、温湿、耐酸、耐碱和耐盐5种循环试验，研究表明冻融循环对岩石影响程度最大，造成岩石胶结程度下降、孔隙裂隙增多甚至贯通形成横向微裂隙，因此冻融循环对石窟岩石风化的影响不容忽视。方云等④研究了云冈石窟岩石在冻融作用下物理力学特性变化规律，利用扫描电镜观察发现冻融损伤起始于岩石原始缺陷，并随冻融循环次数的增加而沿缺陷部位发展。王来贵等⑤利用激光共聚显微镜对云冈石窟含结核砂岩在冻融作用下的变化情况进行了观测，建立了云冈石窟含核砂岩冻融破坏模型，揭示了裂隙一般发育于结核与砂岩基质交界面的特点。丁梧秀等⑥对洛阳龙门石窟岩石进行水化学溶液及冻融耦合作用侵蚀试验，指出pH值以及溶液中凝结核的丰度是影响岩石损伤的重要因素，并建立了水化学溶液以及冻融耦合作用下龙门石窟灰岩的侵蚀损伤方程。岩石冻融损伤的本质是孔隙（裂隙）水结晶导致孔隙（裂隙）应力增加，从而破坏岩

---

① 李最雄：《丝绸之路古遗址保护》，北京：科学出版社，2003年，第1~428页。

② 李最雄：《丝绸之路古遗址保护》，北京：科学出版社，2003年，第1~428页。王逢睿、焦大丁、刘平等：《硫酸盐对麦积山砂砾岩风化影响的试验研究》，《岩土力学》2020年第7期。

③ 乔榛、王逢睿、王捷等：《循环作用对马蹄寺石窟群岩石性能的影响》，《科学技术与工程》2019年第28期。

④ 方云、乔梁、陈星等：《云冈石窟砂岩循环冻融试验研究》，《岩土力学》2014年第9期。

⑤ 王来贵、丁盛鹏、何慧娟等：《冻融循环作用下含结核砂岩风化特征实验研究》，《工程地质学报》2018年第3期。

⑥ 丁梧秀、徐桃、王鸿毅等：《水化学溶液及冻融耦合作用下灰岩力学特性试验研究》，《岩石力学与工程学报》2015年第5期。

石微观结构，引起岩石强度下降，这是一个不可逆的过程①。在这个过程中主要有 2 个环境影响因素，水和温度。A. Al-Omari 等②引入临界饱和度的概念，认为当岩石饱和度超过临界饱和度时，岩石由冻融循环引起的劣化速度加快，程度加深，并认为不同类型的岩石具有其特定的临界饱和度。O. Coussy③ 从热力学角度建立了孔隙介质与水分在冻结过程中的能量守恒方程，提出孔隙（裂隙）水结晶的最小半径由冻融的最低温度决定，结晶过程中孔隙（裂隙）应力的改变以及未冻结水的排出决定了岩石孔径的变化及分布。刘海康等④通过对不同初始含水率砂岩进行冻融试验，分析其物理力学特性变化规律，定义了云冈石窟冻融损伤饱和度阈值。訾凡等⑤进行不同饱和度砂岩冻融条件下的核磁共振试验，分析岩石孔隙中冻结水含量与未冻结水含量对岩石冻结强度的影响。闻磊等⑥通过分析饱水花岗岩在不同温度区间冻融作用下质量损失率、单轴抗压强度、泊松比等物理参数变化，指出温度下降到-30℃以下后，花岗岩抗冻性能降低，提出温度区间是影响岩石冻融循环物理特性的重要因素。综上，目前的研究表明，冻融循环对石窟岩石劣化具有重要影响，各学者研究和分析了冻融条件下岩石的物理力学特性的变化，但多数集中于从宏观角度分析，并且试验条件大多设定为冻融过程中水分无散失，这与石窟岩石实际所处的开放冻融条件有所差异，而且缺少从微观孔隙变化角度，定量分析岩石劣化机制的相关研究。针对麦积山石窟砂岩冻融劣化的相关研究，目前也缺少相关报道。

在岩石微细观探测方面，压汞法作为最常用的测孔手段，测孔范围大，并且可以获得多种孔隙数据，但该法只能测试体积较小的岩样，并且测试后岩样不能重复利用，对于体积较大且不均匀的岩样（如砂砾岩岩样），压汞法难以发挥作用。CT 无损检测手段的引入，极大地提高了岩样微细观探测的范围，降低了对岩样均匀性及体积大小的要求。基于岩石微观图像的孔隙尺度建模被众多学者认可为该领域的突破口，然而传统有限元建模网格质量不易控制，收敛性及求解精度较差⑦，而基于 CT 数据建立的三维模型在真实性和精度方面表现出一定的优势。通过对 CT 值以及岩石强度的研究，可以分析岩石冻融损伤的演化过程，建立更能反映岩石损伤的本构模型⑧。

目前岩石冻融损伤的相关研究虽然已经较为全面，但由于岩石孔隙结构特征极其复杂，又受到理论分析、试验手段等因素的限制，在冻融损伤过程中岩石的微观结构特征定量描述和研究方面进展缓

---

① HORI M，MORIHIRO H. Micromechanical analysis on deterioration due to freezing and thawing in porous brittle materials. International Journal of Engineering Science，1998，36（4）：511-522.

② AL-OMARI A，BECK K，BRUNETAUD X，et al Critical degree of saturation：A control factor of freeze-thaw damage of porous limestones at Castle of Chambord，France. Engineering Geology，2015，185：71-80.

③ COUSSY O. Poromechanics of freezing materials. Journal of the Mechanics and Physics of Solids，2005，53（8）：1689-1718.

④ 刘海康、张思渊、张鑫鑫：《不同初始含水率下砂岩冻融劣化特性试验研究》，《科学技术与工程》2017 年第 26 期。

⑤ 訾凡、杨更社、贾海梁：《饱和度对泥质粉砂岩冻结力学性质的影响》，《冰川冻土》2018 年第 4 期。

⑥ 闻磊、李夕兵、唐海燕：《变温度区间冻融作用下岩石物理力学性质研究及工程应用》，《工程力学》2017 年第 5 期。

⑦ 宋睿、刘建军、李光：《基于 CT 图像及孔隙网格的岩芯孔渗参数研究》，《西南石油大学学报（自然科学版）》2015 年第 3 期。

⑧ 杨更社、张全胜、蒲毅彬：《冻结温度对岩石细观损伤扩展特性影响研究初探》，《岩土力学》2004 年第 9 期。

慢。本文以模拟开放条件下不同温度区间冻融作用对麦积山石窟岩石微观结构的影响为切入点，基于CT和数字图像处理技术，引入分析维数的概念，定量分析在冻融作用下岩石的孔隙结构特征变化规律，探讨冻融作用下岩石劣化的微观损伤机制及演化过程，结合均化应力计算，对岩石冻融损伤破坏进行定量描述，为石质文物冻融风化机制以及相关保护技术的研发提供理论依据。

一、试验方法和设备

本次选用紧靠麦积山石窟区并具有相同地层岩性的钻孔岩芯样共计54个，每个岩芯样均加工成直径50毫米，高度50毫米的标准岩样。将岩样分为3组并编号，罗马数字代表组号（温度区间分别为-5℃~20℃，-10℃~20℃，-15℃~20℃；该温度区间设置综合考虑了麦积山石窟当地气象统计资料，并参阅了相关学者冻融循环试验设置条件①），阿拉伯数字代表循环次数，大写字母表示平行样，如Ⅱ-15-A表示第二组（温度区间组为-10℃~20℃）循环15次的岩样（设置3个平行样，分别用A，B，C表示，最后取平均值）。将岩样置于105℃的烘箱中烘干至恒重，取出放入干燥器内冷却至室温后称重，在冻融循环开始前先把岩样进行抽真空强制饱和，取出饱和岩样用毛巾擦去表面多余水分待用。用精度为0.01g的电子天平以及RSM-SY5N型波速仪分别测量岩样质量及纵波波速（每个岩样测量3次纵波波速，取平均值为其波速），冻融试验采用TDRF-2型自动冻融循环试验机。

将第Ⅰ组18个岩样放入自动冻融循环试验机，设定温度区间为（-5℃，20℃），一次冻融循环周期为4h，其中冻结时间为2h，融化时间为2h，第5次冻融循环结束后对该组18个岩样进行质量及波速的测量，测量结束后只将Ⅰ-5（其后不标注大写字母代表3个平行样，以下表述类推）3个平行样取出待用，其余15个岩样放回继续冻融循环试验；第10次冻融循环结束后对该组剩余15个岩样进行质量及波速的测量，测量结束后只取出Ⅰ-10待用，将剩余12个岩样放回继续冻融循环试验；重复操作，直至所有岩样全部取出，即第Ⅰ组的18个岩样在（-5℃，20℃）的温度区间下分别经历了5、10、15、20、25、30次冻融循环。对第Ⅱ组设定温度区间为（-10℃，20℃）重复上述试验；第Ⅲ组设定温度区间为（-15℃，20℃）重复上述试验。在不对试样表部采用薄膜密封的条件下进行以上冻融循环试验，使得岩样中的水分在冻融循环过程中自然损耗，用于模拟冬季麦积山石窟表层岩石降水（降雪）后经历的冻融过程。

3组循环试验结束后将所有岩样烘干，然后进行CT试验。使用的CT扫描机为Philips Brilliance 16螺旋CT，密度分辨率0.3%，噪声0.27%，间隔1.5毫米，图像显示矩阵1024×1024。每个岩样可以得

① 李最雄：《丝绸之路古遗址保护》，北京：科学出版社，2003年，第1~428页。王逢睿、焦大丁、刘平等：《硫酸盐对麦积山砂砾岩风化影响的试验研究》，《岩土力学》2020年第7期。乔榛、王逢睿、王捷等：《循环作用对马蹄寺石窟群岩石性能的影响》，《科学技术与工程》2019年第28期。方云、乔梁、陈星等：《云冈石窟砂岩循环冻融试验研究》，《岩土力学》2014年第9期。王来贵、丁盛鹏、何慧娟等：《冻融循环作用下含结核砂岩风化特征实验研究》，《工程地质学报》2018年第3期。丁梧秀、徐桃、王鸿毅等：《水化学溶液及冻融耦合作用下灰岩力学特性试验研究》，《岩石力学与工程学报》2015年第5期。

到35张CT图像，共计1890张CT图像。

CT试验结束后采用电液伺服万能试验机（型号为CSS-WAW1000DL）对全部岩样进行巴西劈裂试验，计算并记录岩样抗拉强度，得到不同温度区间不同冻融循环次数的岩石抗拉强度。

劈裂试验竖向荷载加载速度为0.02MPa/s，岩样抗拉强度计算公式如下：

$$\partial=\frac{2P_{max}}{\pi DH} \tag{1}$$

式中：P_{max}为最大竖向荷载，D为岩样直径，H为岩样高度。

二、岩样宏观试验结果分析

（一）岩样波速及质量变化分析

当温度降低至冰点以下，岩样孔隙水结晶体积膨胀约9%，受到孔隙壁的刚性约束而产生结晶膨胀力，当该力达到或超过孔隙壁基质抗拉强度时，岩样微观结构破坏。岩样纵波波速随冻融循环次数的增加而减小，岩样表现出随着循环次数的增加而逐渐劣化的趋势，这与吴刚等①的研究相似，且前期减小幅度较大，而10次冻融循环后纵波波速减小幅度减小，波速趋于稳定。为进一步分析波速变化以及减小岩样初始波速不同所造成的影响，计算岩样各阶段波速变化率ROC：

$$ROC=\frac{P_n-P_0}{P_0} \tag{2}$$

式中：ROC为波速变化率，P_n为不同循环次数岩样的纵波波速，P_0为岩样初始波速。

从图一可以看出，经历相同冻融循环次数的不同组岩样，冻融最低温度越低，其下降幅度越大，即其冻融损伤速度越快。在冻融循环试验结束后，Ⅰ-30，Ⅱ-30，Ⅲ-30纵波波速分别降低了24.27%，28.05%，41.85%，随着冻融循环最低温度的降低，岩样冻融损伤程度加深。

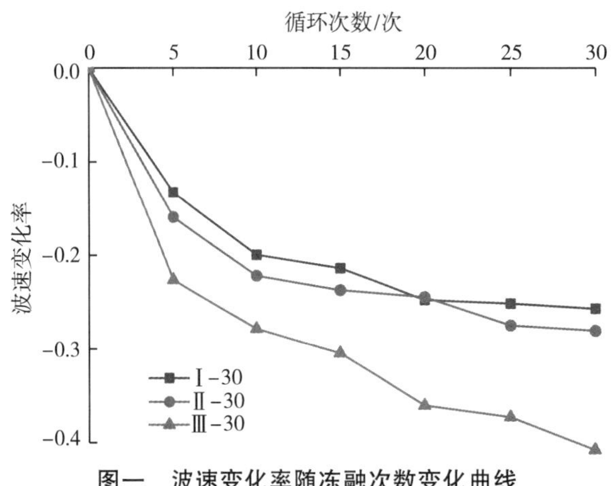

图一　波速变化率随冻融次数变化曲线

① 吴刚、何国梁、张磊等：《大理岩循环冻融试验研究》，《岩石力学与工程学报》2006年增1。

综上所述，岩样在冻融循环过程中表现出随冻融循环的增加而逐渐劣化。同温度区间下，劣化速度随冻融循环次数的增加而减小。不同温度区间冻融作用下，冻融最低温度越低，岩样劣化速度越快，最终劣化程度越深。

试验过程中出现岩样表面颗粒剥落，在循环后期出现较大砾石的剥落，并且水分在循环过程中逐渐散失，为进一步分析岩样质量损失原因，将试验中各岩样初始质量、烘干后质量等数据进行归纳，计算岩样固体损失率 R_s，水分损失率 R_w，计算公式如下：

$$R_s=\frac{m_1-m_4}{m_1} \tag{3}$$

$$R_w=\frac{(m_2-m_1)-(m_3-m_4)}{m_2-m_1} \tag{4}$$

式中：m_1 为初始干重，m_2 为冻融试验前岩样饱和质量，m_3 为冻融试验后含水岩样质量，m_4 为冻融试验后岩样干重。具体数据如表一所示。

表一　部分岩样试验前后质量

编号	初始干重 m_1/g	饱和质量 m_2/g	试验后质量 m_3/g	试验后干重 m_4/g	固体损失率 R_s/%	水分损失率 R_w/%
Ⅰ-30	340.71	349.40	341.83	339.30	0.41	70.88
Ⅱ-30	342.21	347.83	343.70	340.73	0.43	47.15
Ⅲ-30	331.73	338.69	333.16	328.11	1.09	27.44

从图二、三可以看出，冻融过程中，岩样固体颗粒及水分随冻融循环试验的进行而不断损失，固体质量损失率随冻融最低温度降低而增大，而水分质量损失率则随冻融最低温度降低而减小。在不同温度区间经历了 30 次冻融循环后，Ⅰ-30，Ⅱ-30，Ⅲ-30 固体颗粒的最终损失率从 0.41%增长到 1.09%，固体颗粒损失加剧，而水分最终损失率从 70.88%减少到 27.44%。

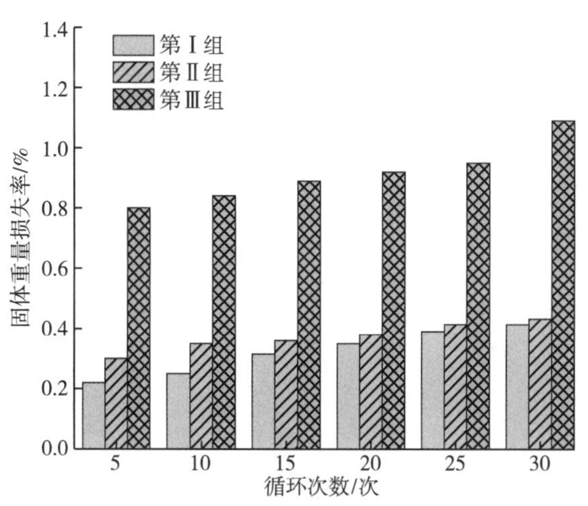

图二　岩样固体质量损失率随冻融循环次数变化图

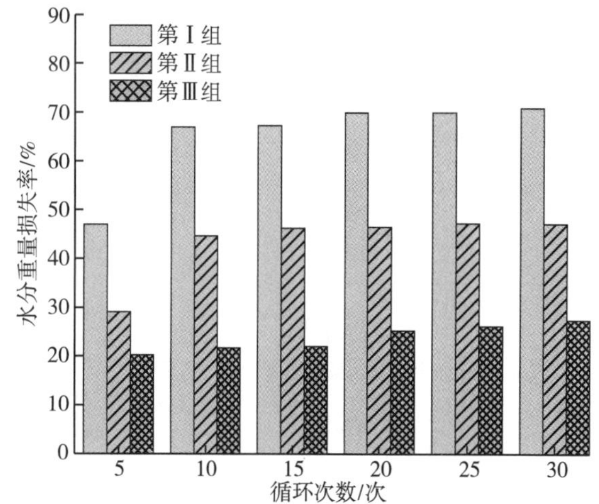

图三　岩样水分质量损失率随循环次数变化图

分凝冰理论认为，孔隙介质中未冻水会沿着冰晶体与固体颗粒之间的未冻水膜向冰晶体迁移①。以该理论为基础，对上述试验结果进行分析。冻融试验过程分为冻结阶段和融化阶段，水分损失主要集中在岩样的融化阶段。冻结阶段，岩样表部区域冻结速度较大，因此岩样表部水分首先结晶，岩样内部未冻水向表面区域的冰晶迁移并冻结。而在融化阶段，岩样表部温度上升速度较快，表部冻结水首先融化而岩样内部水分仍处于结晶状态，因此岩样外部融化的液态水一部分向岩样内部迁移，另一部分不断蒸发，在此过程中由蒸发导致的水分损耗是岩样水分损失的主要原因。冻融循环试验过程中，冻融温度越低，岩样中冻结锋向内部迁移速度越快，内部未冻水向表部迁移量相对减小；在融化阶段，岩样内部温度越低，表部融化的液态水向内部迁移量相对增多，从而冻融温度越低，融化阶段停留在表部的液态水含量越小，其蒸发量也相对较少。因此随冻结温度的降低，造成岩样水分损失率减小。

冻结过程中水分向岩样表部冰晶体迁移，冰晶体得到水分补充后体积扩大，当岩样表部孔隙中冰晶的冻胀力达到或超过孔隙壁基质抗拉强度后，孔隙壁破坏，孔隙发育至联通，造成岩样表部颗粒剥落，导致岩样固体质量损失。冻融循环中冻结温度越低，其冻结速度相对较高，表部水分首先冻结，冻结锋向岩样内部迁移深度及速度均增大，同时造成迁移路径上孔隙的破坏。同时，在温度下降的过程中，岩样内部产生的温度梯度以及颗粒之间的变形不协调均会产生热应力。试验中冻结温度越低，岩样（尤其在冻结开始的一定时段内）自表向里范围内的温度梯度越大，颗粒之间的变形不协调也越大，由此所引发的热应力也越大，对岩样内部微观结构以及层间胶结结构的破坏作用越大。

因此，冻结温度越低，对岩样造成的破坏深度越大，破坏程度也越大，反映为岩样波速的下降幅度越大。

（二）岩石抗拉强度与循环次数的关系

随着冻融循环次数的增加和冻融温度的降低，冻融过程中岩样表面颗粒剥落，如表二中Ⅰ-30-A，甚至出现宏观裂隙如表二中Ⅱ-30-A，线圈内均为冻融循环结束后产生的宏观裂隙。

表二　冻融劈裂试验前后岩样表观对比

岩样编号	冻融前顶部	冻融后顶部	冻融前侧面	冻融后侧面	劈裂试验后
Ⅰ-30-A					
Ⅱ-30-A					

① 刘泉声、黄诗冰、康永水等：《裂隙岩石冻融损伤研究进展与思考》，《岩石力学与工程学报》2015年第3期。

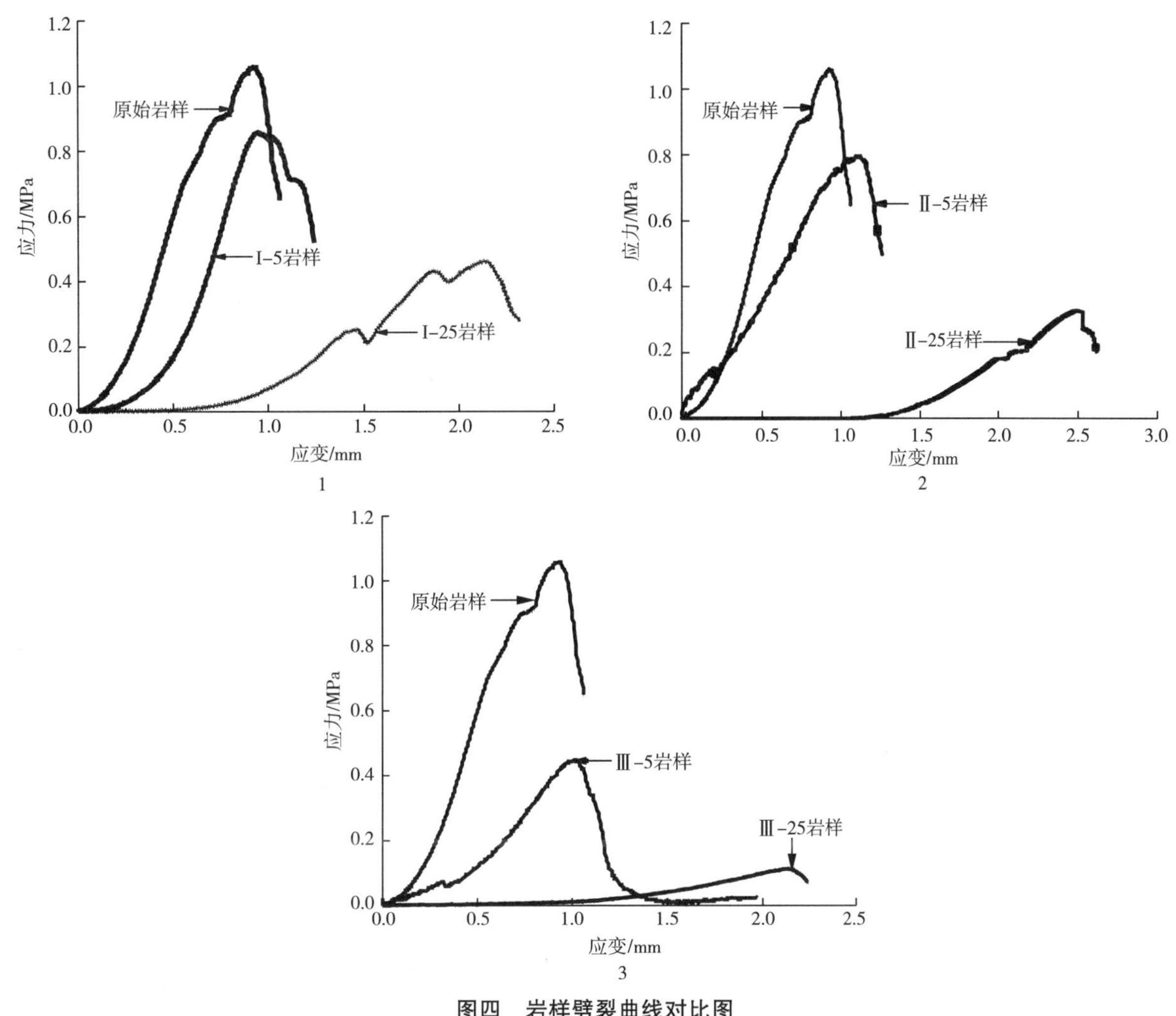

图四　岩样劈裂曲线对比图

1. 第Ⅰ组　2. 第Ⅱ组　3. 第Ⅲ组

从图四可以看出，随冻融循环次数的增加，巴西劈裂曲线峰值下降，岩样抗拉强度降低，岩样破坏前的应变增大。在冻融循环过程中，岩样受到分凝冰及热应力等效应作用，其微观结构破坏，岩样内孔隙体积增大，导致岩样强度降低，劈裂过程中的压密阶段延长。

将试验获得的岩样抗拉强度值与冻融循环次数进行拟合，如图五所示。图五表明，岩样冻融循环次数与岩样抗拉强度之间具有较好的规律性，且两者间关系呈收敛趋势，曲线拟合优度均在 0.96 以上。岩样抗拉强度随冻融循环次数的增加而降低，冻融最低温度的降低则加剧了冻融劣化的进程。从图五分析可以看出，岩样物理力学强度在冻融循环作用下呈现衰减特性。

基于以上抗拉强度试验数据建立冻融循环条件下岩样抗拉强度衰减模型曲线，如图六所示。该衰减模型可以用于预测麦积山石窟岩石抗拉强度随冻融循环次数变化的过程。从模型可以看到岩石抗拉强度随冻融循环次数的增加而减小，当达到约 40 次后，第Ⅰ和Ⅱ组岩样抗拉强度下降趋于平缓。通常认为，随着冻融循环次数的增加，岩样最终会发生破坏，即抗拉强度归零，而本研究成果与此有所差异。为了验证本试验得出的冻融损伤衰减模型是否成立，本次试验又分别取 4 个岩样，分成 2 组重复Ⅰ，Ⅱ类冻融循环试验，循环次数增至 40 和 50 次，Ⅰ-40，Ⅰ-50，Ⅱ-40，Ⅱ-50 的抗拉强度分别是

0.38，0.42，0.31，0.27MPa，抗拉强度几乎不再降低。而第Ⅲ组岩样在经历约40次冻融循环后破坏。试验结果表明最低温度越低，抗拉强度下降的越快，最终下降程度越大，40次循环后第Ⅰ组抗拉强度下降61.47%，第Ⅱ组下降71.47%，而第Ⅲ组最终破坏。可见冻融最低温度的降低会加快岩石冻融损伤的速度，并加剧岩石冻融损伤的最终程度。冻结最低温度一定程度上决定了冻融损伤速度与程度。由于第Ⅰ和Ⅱ组岩样水分的大量流失，以及岩样孔隙度的增大，导致岩样饱和度降低，分凝冰现象减缓甚至停止，岩石冻融劣化过程逐渐停止。而第Ⅲ组岩样水分流失缓慢，岩样饱和度下降较慢，分凝冰现象持续发生直至岩样最终破坏。

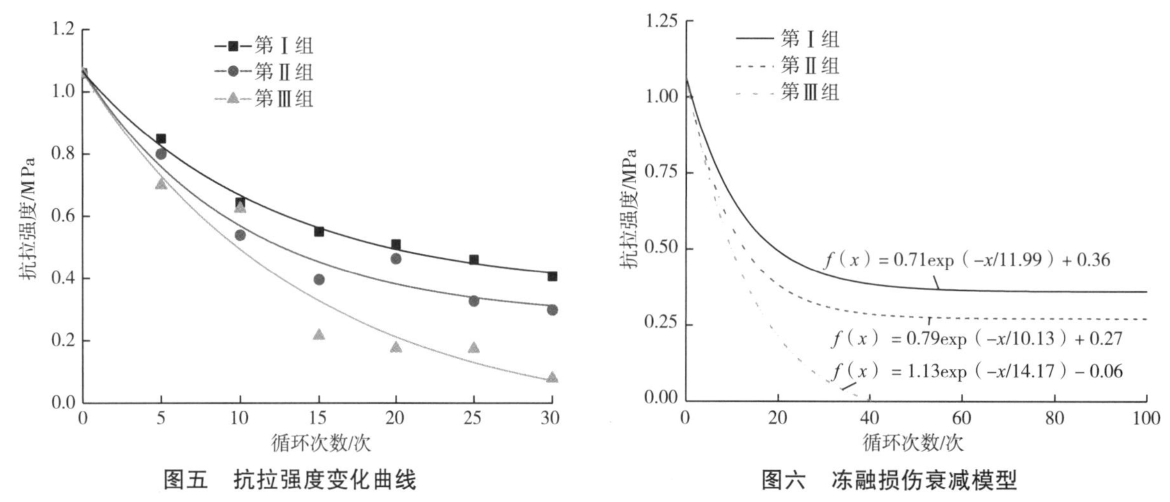

图五　抗拉强度变化曲线　　图六　冻融损伤衰减模型

三、岩样微观试验结果分析

（一）冻融循环作用下岩样二维孔隙结构研究

1. 岩样二维数字图像处理

岩石孔隙特征包括孔隙尺寸、孔隙分布特征等。根据孔隙的尺寸，将孔径小于0.1μm的孔归为微孔；将孔径介于0.1~1000μm的孔归于介孔，介孔中的水一般认为以毛细水为主；将大于1000μm的孔归于大孔①。在自然条件下，毛细水容易长期赋存于岩石当中，且温度变化对毛细水影响明显。本文针对麦积山石窟区岩样进行CT扫描，扫描所得1024Pixel×1024Pixel的CT图像，分辨率为78.125μm/Pixel，能够测得约92%介孔范围。

在CT机的运行过程中，由于电子噪声、显示系统噪声、图像重建过程等引入的噪声等②，图像的灰度值会因为噪声的发生而改变，对后续进一步的图像处理不利。比如椒盐噪声会使图中出现大量孤立的像素点，在后续的处理中会将这些像素点作为孔隙进行统计产生较大误差。本研究采用中值滤波

① 贾海梁、项伟、谭龙等：《砂岩冻融损伤机制的理论分析和试验验证》，《岩石力学与工程学报》2016年第5期。

② 谌恬：《基于显微CT图像的岩芯孔隙结构表征和验证》，成都电子科技大学硕士学位论文，2014年。

的方法，该方法将数字图像或数字序列中一点的值用该点的一个邻域中各点值的中值代替，让周围的像素值接近真实值，从而很好地消除孤立的噪声点，同时又保护图像尖锐的边缘。

为方便数据处理及程序运行效率，先将图像进行均一化处理，将图像灰度值范围限制在 0~1 范围。然后进行阈值分割，见图七。

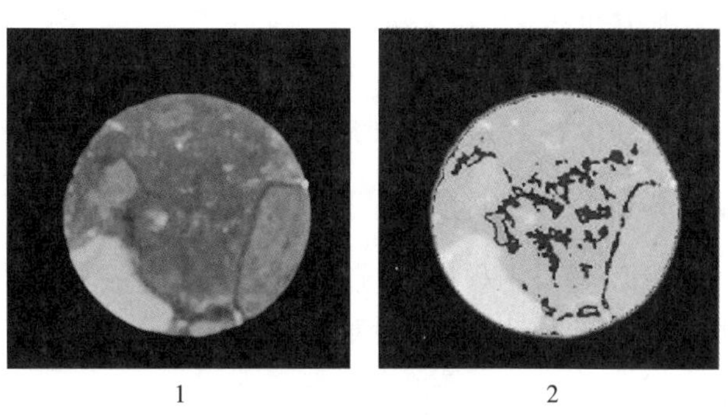

图七 CT 原图阈值分割

1. CT 原图 2. 阈值分割后的 CT 图

二值化后的 CT 图实质上就是一个由 N 个 0，1 数字组成的矩阵，利用 MATLAB 中的 bwlabel 命令，识别图中的连通区域（孔隙），使用图像处理中的 4 联通原则，即一个非 0 像素，如果和其他非 0 像素在上、下、左、右连接着，则认为他们是联通的，然后返回一个与原矩阵相同大小的矩阵。例如输入一个图八：1 所示矩阵，经 MATLAB 识别后会得到一个图八：2 所示的矩阵。

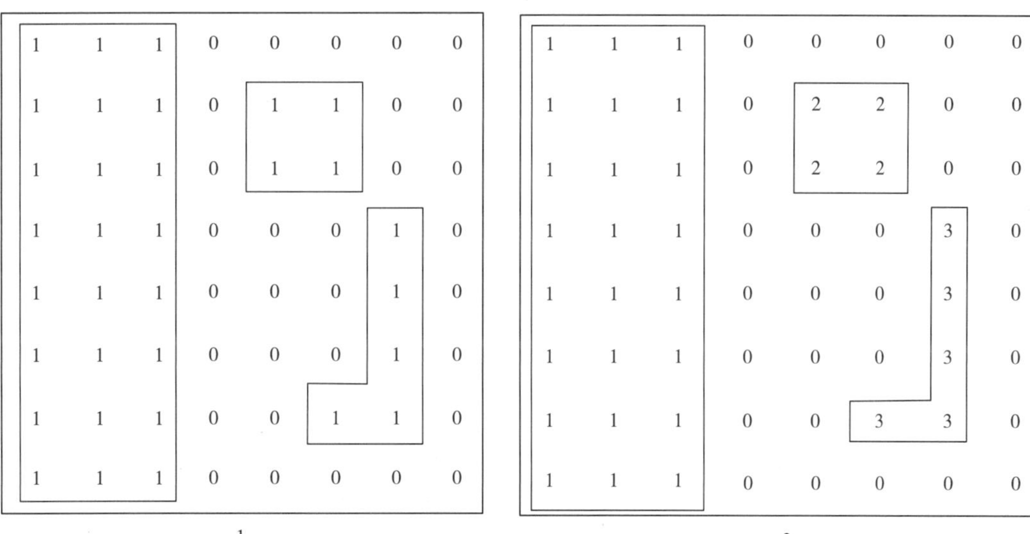

图八 数字图像处理

1. 输入矩阵 2. 输出矩阵

再对图八：2 矩阵中不同数字进行计数，就可以得到组成各个孔隙的像素个数 L。为方便计算，将所有孔隙等效为圆形孔隙，根据等面积原理：

$$\pi r^2 = \frac{L}{K^2} \tag{5}$$

$$r=\frac{\sqrt{L}}{K\sqrt{\pi}} \tag{6}$$

式中：r 为等效圆孔隙半径，L 为该孔隙的像素个数，K 为图像分辨率。将同一个岩样的所有 CT 图像进行以上处理，对算出的孔隙半径（$0<r\leqslant0.5$，$0.5<r\leqslant1.0$，…，$r>6$）进行分组对每组 r 求均值并计数，可以得到各岩样的孔径分布。

2. 岩样细观孔隙分形维数研究

岩样中孔隙通常是不规则的，无序分布的，不像假设中那样光滑、平直，其材料的孔形、面积、体积等在各个尺度上均表现出分形特征，以此采用分形维数表征其孔径分布特征。本研究采用盒维数法，构造一个体积分形模型来模拟材料的分形结构，针对岩样中的孔隙，选用不同尺寸的盒子去覆盖孔隙，完全覆盖的盒子个数为 Ni，采用双对数坐标对盒子个数和尺寸进行线性回归，所得斜率为盒维数，公式如下：

$$\mathrm{Lg}N=-D\lg r+C \tag{7}$$

分形维数 D 表征了孔隙结构的复杂程度，分形维数越大，岩样内众多不同孔径孔隙共存，反之，孔隙结构单一表明小孔径孔隙联通，大孔径孔隙数目增多①。

将各岩样孔隙个数与孔隙半径代入式（7），可得到各岩样孔隙的分形维数，如图九所示。从图九可以看出，虽然 3 组岩样的初始分形维数不同，但随着冻融循环试验的进行，分形维数均表现出减小的趋势，且在前 10 次冻融循环周期中分形维数减小程度明显，表明冻融作用下岩样内部大孔径孔隙比例增大，且在前期增大速度较快，而大孔隙比例增大主要是由于分凝冰作用过程中小孔隙联通和原有孔隙扩展破裂造成。为减小各岩样初始分形维数不同对后续分析的影响，对分形维数进行归一化处理，如图十所示。

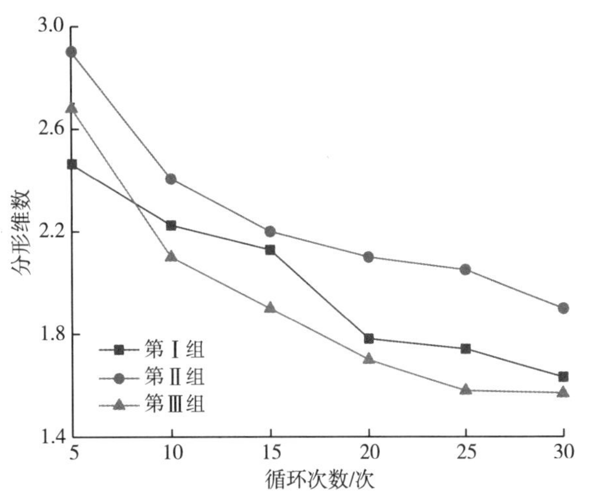

图九　分形维数随冻融次数变化曲线

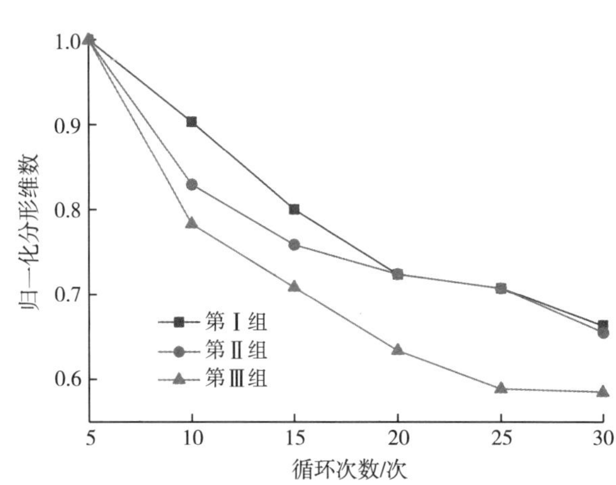

图十　归一化分形维数随冻融次数变化曲线

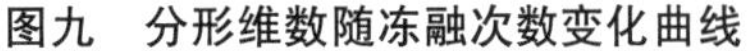

① 田威、韩女、张鹏坤：《基于 CT 技术的混凝土孔隙结构冻融损伤试验》，《中南大学学报（自然科学版）》2017 年第 11 期。

从图十可以看出，第Ⅰ，Ⅱ，Ⅲ组最终分形维数分别下降了33.71%，34.48%，41.47%，表明冻融温度越低，岩样分形维数下降越多，岩样大孔隙比例越大。该现象与岩样波速变化趋势相符，即同一温度区间冻融循环作用下，岩样孔隙联通造成岩样逐渐劣化，而前期孔隙联通速度较快也表现为岩样劣化速度较快。不同温度区间冻融循环作用下，最低温度越低，岩样孔隙联通速度越快，最终大孔径孔隙比例越大，表现为冻融最低温度越小，岩样劣化程度越深。

（二）冻融循环作用下岩样三维孔隙结构研究

1. 岩样三维数字图像处理

将CT原图导入三维数字图像处理软件avizo，再对图像进行中值滤波（median filter），放射硬化滤波（beam harding correction），基于顶帽变换的阈值分割（interactive top-hat），再通过软件的体渲染模块（volume rendening）得到原岩样的三维立体图像，通过分割命令（separate objects）将体积较大的不规则孔隙和看似连接在一起的孔隙群进行分割，以此得到岩样孔隙结构相关信息。图十一：1为CT扫描岩样重建图像，图十一：2为CT扫描孔隙重建模型。

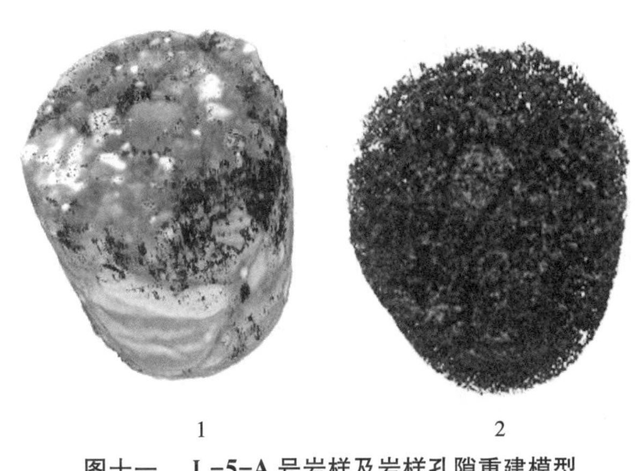

1　　　2

图十一　Ⅰ-5-A号岩样及岩样孔隙重建模型

1. 岩样重建模型　2. 孔隙重建模型

2. 岩样三维孔隙结构定量计算

通过对各孔隙进行单独分析，统计孔隙体素及孔隙边界像素的方法表征孔隙的体积和表面积，统计岩样中孔隙个数（见图十二）以及孔隙平均半径（见图十三）。

统计结果表明，岩样在冻融循环过程中，孔隙数目随冻融循环次数的增大而减小，平均半径随冻融循环次数的增大而增大。这主要是由于小孔径孔隙的扩张破坏和相互联通造成的，这与冻融循环作用下岩样二维孔隙结构研究中分析维数的相关分析吻合。第Ⅰ组和第Ⅱ组岩样孔隙数目和平均孔隙半径在25次冻融循环后趋于稳定，岩样劣化损伤减缓，其纵波波速及抗拉强度的下降趋势也在此阶段出现平稳趋势，证明了本方法及分析结果的有效性。第Ⅲ组岩样孔隙数目及平均孔隙半径在25次冻融循环后出现突变，主要是由于岩样中孔隙相互联通速度突然增大，岩样出现宏观裂隙，而岩样纵波波速及抗拉强度也在25次冻融循环后出现突变，岩样加速破坏，与前述试验结果相一致。

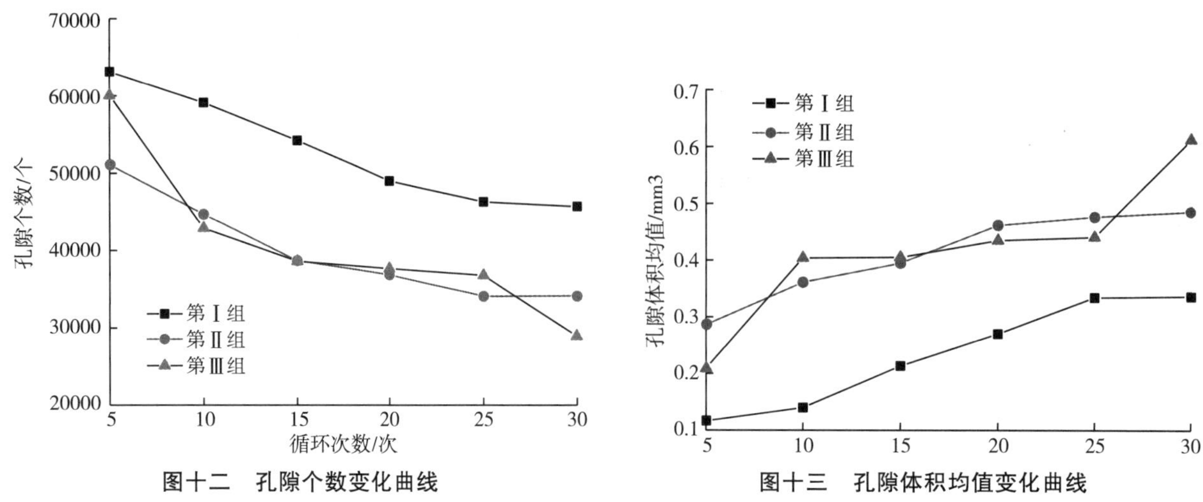

图十二　孔隙个数变化曲线　　图十三　孔隙体积均值变化曲线

3. 冻融均化应力计算

由于岩样中孔隙形状极其复杂，为方便计算与统计，本文将所有孔隙简化为球形。孔隙介质中水分结晶温度会受到孔径大小的影响，孔隙尺寸越小，结晶温度越低。温度下降 ΔT 时，最小结晶孔径为 r，其计算公式①如下：

$$r-\delta=\frac{2\gamma_{cl}}{\Delta T\Delta\varphi} \tag{8}$$

式中：γ_{cl} 为冰水界面能，标准情况下，取 $\gamma_{cl}=0.0409$J/平方米；$\Delta\varphi$ 冰水转化熵变②，取 $\Delta\varphi=1.2$MPa/K；r 为该温度下水结晶的最小半径；δ 为冰晶体与矿物颗粒之间的未冻水膜的厚度，厚度为 2nm。

W. S. George③ 根据孔隙材料热力学平衡，提出半径为 R 大孔隙冰晶所承受压力为

$$p_i=2\gamma_{cl}\left(\frac{1}{r-\delta}-\frac{1}{R-\delta}\right) \tag{9}$$

结合式（8），（9），则单个半径为 R 的孔隙在温度下降 ΔT 时，其结晶压力为

$$p_i=\Delta T\Delta\varphi-\frac{2\gamma_{cl}}{R-\delta} \tag{10}$$

上述压力为单孔结晶压力，对于本次试验而言，第Ⅰ，Ⅱ，Ⅲ组单孔最大结晶压力分别为 6，12，18MPa。但是单孔结晶压力只适用于微观结构，无法应用至岩样整体，若要使用单孔结晶压力判断岩样是否破坏，还需要获得岩样基质的相关力学参数，这在现实中很难实现。为了便于岩石孔隙水结晶压力的宏观分析判断，考虑将岩石内孔隙结晶压力转化为整体均化应力。由于岩样孔隙数目极多，可

① 琚晓冬：《岩石类脆性孔隙材料结晶破坏机制研究》，中国科学院大学博士学位论文，2014 年。

② COUSSY O. Poromechanics of freezing materials. Journal of the Mechanics and Physics of Solids，2005，53（8）：1689-1718.

③ GEORGE W S. Crystallization in pores. Cement and Concrete Research，1999，29（8）：1347-1358.

以近似认为其在整个体积内均匀分布，使用数学统计、平均手段将单个孔隙结晶力均化至整个岩样。假设岩样处于饱和状态，如下式①：

$$p_s = \sum_{r}^{R_{\max}} \left(\frac{V_i N_i}{V} p_i \right) \tag{11}$$

式中：V_i 为半径为 R_i 的孔隙体积，N_i 为半径为 R_i 的孔隙个数，V 为岩样总体积。

对于饱和度为 S_r 的岩样，假设所有水分集中于岩样某部位形成区域饱和，则有 $S_r N_i$ 个半径为 R_i 的孔隙充满水分，所以有

$$p = p_s S_r = \sum_{r}^{R_{\max}} \left(\frac{V_i N_i}{V} p_i \right) S_r \tag{12}$$

而自然条件下，饱和度为 S_r 的岩样内部，只会有部分孔隙饱和，所以实际均化应力应为

$$p = p_s S_r \chi = \sum_{r}^{R_{\max}} \left(\frac{V_i N_i}{V} p_i \right) S_r \chi \tag{13}$$

式中：χ 为折减系数，取值 0~1，由岩样孔隙水分散程度决定。根据 A. Al-Omari 等②的研究，訾凡等③对岩石临界含水率的相关研究，本文令

$$\chi = \begin{cases} 0 & (S_r < 20\%) \\ \dfrac{S_r - 20\%}{60\%} & (20\% \leqslant S_r \leqslant 80\%) \\ 1 & (S_r > 80\%) \end{cases} \tag{14}$$

整理可得

$$p = \left[\Delta T \Delta \varphi \sum_{r}^{R_{\max}} \frac{V_i N_i}{V} - 2\gamma_{\mathrm{cl}} \sum_{r}^{R_{\max}} \frac{V_i N_i}{V(R - \delta)} \right] S_r \chi \tag{15}$$

式中：δ 值远小于孔径，计算时可以忽略。故有

$$\sum_{r}^{R_{\max}} \frac{V_i N_i}{V(R - \delta)} = \frac{1}{3V} \sum_{r}^{R_{\max}} 4\pi R_i^2 N_i \tag{16}$$

则

$$p = \left(\Delta T \Delta \varphi n - \frac{2\gamma_{\mathrm{cl}} S}{3V} \right) S_r \chi \tag{17}$$

式中：n 为岩样孔隙率，S 为岩样孔隙表面积之和。

从式（17）中可以看出，影响岩石孔隙水结晶均化应力的主要因素包括：（1）岩石的孔隙结构特征，包括其孔隙率（n）以及岩石孔隙的表面积（S），对于具有相同孔隙率的岩石而言，岩石内孔隙越小，其表面积越大，孔隙水结晶对具有小孔隙结构的岩石造成较小的均化应力，因此通常小孔隙岩

① 琚晓冬、冯文娟、张玉军：《脆性孔隙介质内的结晶应力》，《岩土工程学报》2016 年第 7 期。

② AL-OMARI A，BECK K，BRUNETAUD X，et al Critical degree of saturation：A control factor of freeze-thaw damage of porous limestones at Castle of Chambord，France. Engineering Geology，2015，185：71-80.

③ 訾凡、杨更社、贾海梁：《饱和度对泥质粉砂岩冻结力学性质的影响》，《冰川冻土》2018 年第 4 期。

石具有较好抗冻性。（2）岩石的饱和度。岩石中处于饱和状态的孔隙比例与岩石饱和度有关。饱和度越高，处于饱和态的孔隙数目越多，在温度差不变的情况下，饱和度增大，产生孔隙水结晶压力的孔隙数目增多，宏观表现为岩石均化应力增大。（3）环境温度。温度差与单个孔隙水结晶产生的结晶压力有关，温度差越大，单个孔隙结晶压力越大。在饱和度不变的情况下，温度差增大，单个孔隙结晶产生的结晶压力增大，宏观表现为岩石均化应力增大。

本次试验岩样均化应力计算结果如图十四所示。从图中可以看出，岩样不同温度区间岩样所受水结晶造成的均化应力大小不同，温度越低，均化应力越大。处于开放条件下岩石的饱和度呈下降趋势，从微观角度看，岩石中处于饱和态的孔隙比例在不断减小，即能够产生结晶压力的孔隙数目减少，从而岩石劣化速度减缓。从宏观角度看，岩石处于冻融循环作用下疲劳损伤的过程中，当岩石受到的结晶均化应力大于其屈服强度时，整体冻融损伤就会产生，并以残余变形的形式体现，具体物理力学参数表现在其纵波波速下降、抗拉强度降低等方面。麦积山石窟岩样平均屈服应力为 0.4MPa，第Ⅰ组岩样前期均化应力大于屈服强度，岩样膨胀变形并存在残余应变，岩样整体受到冻融循环作用而劣化，纵波波速以及抗拉强度急剧降低，之后均化应力小于岩样屈服强度，认为冻融过程中没有残余应变产生，但由于实际岩样的不均一性，局部仍会出现冻融损伤，因此整体强度及波速在冻融循环初期仍有所下降。第Ⅱ组岩样在 15 次循环前，其结晶均化应力大于岩样屈服强度，抗拉强度及纵波波速急剧下降，而在 15 次循环后所承受均化应力已经小于该岩样屈服强度，宏观上已经难以对岩样造成破坏。从波速在 15 次循环时的拐点可以看出，岩样的物理力学性质劣化趋势已经趋于平缓，而第Ⅲ组岩样所受到均化应力始终大于该组岩样屈服强度，岩样受到持续的冻融损伤且发生宏观破裂，直至破坏。

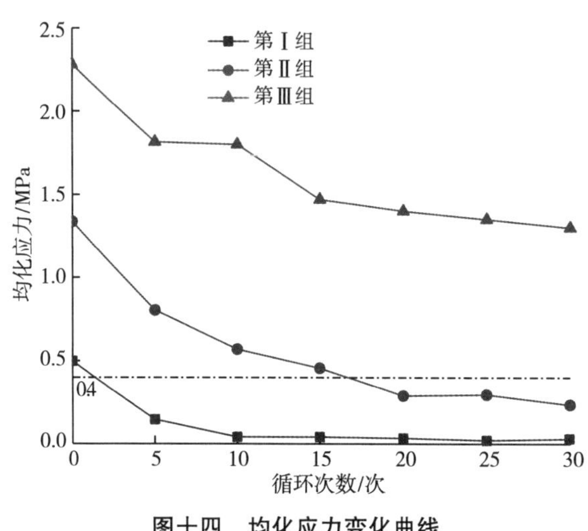

图十四　均化应力变化曲线

均化应力理论的提出和应用，将微观单孔结晶应力计算转化为宏观均化应力的计算，便于将其与材料宏观物理力学性能做出对比，判断材料受力情况以及是否发生破坏，能够为实际岩石冻融损伤破坏提供理论参考，研究结果可以作为麦积山石窟岩石冻融损伤的界限以及参考依据。

四、结论

通过以上试验及结果分析可得如下结论：

（1）试验及分析结果表明，冻结阶段岩石表面水分先结晶，内部未冻水外迁，加剧岩石冷冻锋处的损伤，造成颗粒剥落；融化阶段表层冰晶先融化，未冻水一部分蒸发散失，一部分向内迁移，减缓了岩样水分流失速度。

（2）岩石在冻融破坏的过程中，受到水分迁移、累聚和结晶膨胀等作用影响，岩石中小孔隙不断扩展联通，形成大孔径孔隙，造成岩石波速、抗拉强度等物理力学指标的下降，小孔隙比例的降低又进一步弱化岩石的抗冻性能。

（3）将岩石孔隙中液态水结晶所产生的膨胀力等效为岩石受到的宏观三向拉力，建立了岩石冻胀均化应力模型，其中岩石冻胀均化应力不仅与外界环境因素（温度、湿度）有关，还受其自身微观结构特性（孔隙率、孔径分布）的影响。

（4）以屈服应力作为临界点，当均化应力超过该临界点时，岩石产生残余变形，出现岩石结构损伤。避免了单孔结晶压力计算后孔壁基质力学性质等参数难以获得的问题。

（5）温度越低、湿度越大，岩石承受的均化应力越大，岩石冻融损伤越剧烈。

（原载于《岩石力学与工程学报》2021 年第 3 期）

利用BIM技术对麦积山第44窟虚拟复原初探

陈月莹　魏文斌

BIM技术自21世纪初传入中国，于2012年开始转型，其技术发展质量及应用数量现均得到大幅度提升，并逐渐与其他软件相结合，达到更广阔的研究领域。BIM技术在文化遗产方面的研究即在此背景下开始发展，从而为考古工作提供了重要的技术路线。本文以麦积山第44窟为例，利用BIM技术尝试对其进行数字化虚拟复原，希望对麦积山石窟的考古研究、遗产保护和展示利用提供一种新的方法。

一、研究背景

文化遗产的数字化复原分两种方式：一是在遗产原位置，复原其在已知的较早时间的状态；二是利用数字化手段进行虚拟复原。《中国文物古迹保护准则（2015）》不提倡考古遗址在原址重建，但鼓励根据考古和文献资料通过图片、模型、虚拟展示等科技手段和方法对遗址进行展示，这对数字化遗产保护提出了更具体的要求。本文所涉及的即是第二种方式。

数字化技术中，BIM①技术集获取数据、建模、全方位周期管理等多种功能为一体。相比其他三维建模软件具有明显优势。2012年，联合国教科文组织举办关于HBIM发展的会议，强调BIM应用到文化遗产保护的重要性，开启遗产业对BIM的应用。目前，BIM在文化遗产复原的应用主要集中两个方面：遗产的虚拟展示，与非物质遗产结合：如杰登（Jeddah）古城②；利用VR和AR技术将BIM模型进行虚拟真实展示或漫游，如埃及的亚历山大（Alexandria）城③；结合游戏软件，提高BIM视觉化水平，并与四维技术结合，实现对复原过程的全方位控制，同时结合当地非物质文化，共同作用于最

① BIM是一个共享的知识资源，分享有关这个设施的信息，为该设施从概念到拆除的全生命周期中的所有决策提供可靠依据的过程。在项目的不同阶段，不同利益相关方通过BIM中插入、提取、更新和修改信息，以支持和反映其各自职责的协同作业。而HBIM则是在BIM快速发展的背景下，基于文化遗产保护产生，即“Historical BIM”，是根据历史信息和数据，构建参数化模型，再根据参数化模型创建相关数据库和独立体系。

② Bike, A., J. Boehm and S. Robson. Documentation of the Nasif House Using the Terrestrial Laser Scanning and Image Survey Methods in Historical Jeddah-Saudi Arabia. The Eighth Saudi Students Conference in the UK. Birmingham, 13-14 Feburary, 2016.

③ Elsorady, D. A. Assessment of the compatibility of new uses for heritage buildings— the example of Alexandria National Museum, Alexandria, Egypt. Journal of cultural heritage, 2013, (15): 511-521.

后的展示中①。

中国对于 BIM 在文化遗产复原上的研究才刚兴起。目前主要集中在通过扫描数据，将建立局部构件信息模型②，如武汉老斋舍的活化；实现 BIM 与 GIS 数据转换、共享；对遗产修复、保护过程全生命周期进行管理，如上海嘉定西门历史街区改造等方面③。

但因为中国的遗产种类众多，目前 BIM 对于遗产保护、修复及其研究多数集中在建筑遗产方面。而石窟寺作为遗产的重要组成部分，却鲜少涉及。数字化方面基本都是利用三维扫描和摄影测量等技术，对洞窟内部空间、造像等进行扫描、数据存储、洞窟复原展示④等；也有将扫描技术用于壁画临摹和复原⑤等，利用 BIM 技术对洞窟复原基本没有开展。

麦积山石窟于 2014 年入选世界文化遗产，作为佛教石窟寺类文化遗产，具有丰富的文化内涵和多重保护价值。其中，西魏时期作为麦积山石窟历史上重要的阶段，在整个石窟发展中具有重要的作用，而第 44 窟作为西魏时期最具代表性的石窟，造像风格体现出西魏时期出现的新面貌，并由于乙弗氏的因缘，该窟与其相邻的第 43 窟具有历史性的纪念意义。虽然窟的前部坍塌严重，却可以根据残存洞窟和造像进行虚拟复原。故本文利用 BIM 技术，对麦积山第 44 窟进行虚拟复原，并探讨 BIM 技术在复原文化遗产和考古研究中的重要作用和意义。

二、麦积山第 44 窟的复原

1. 麦积山第 44 窟现状

天水古称秦州，为地震多发区，公元前 780 年以来，先后发生 5 级以上地震 40 余次⑥。地震使得麦积山崖面至少三个区域崩塌，现存洞窟也大多残缺不全。洞窟前部多已崩塌，窟门无存，有些墙壁泥皮脱落，塑像或被震塌后已不存，或因地震损毁而被后代历次修复，原作不详。这些问题使得窟内布局不全、造像题材缺失、重修叠压层位较多，增加了推断洞窟原貌的难度。

麦积山第 44 窟现存正壁及四身造像。窟内造像均比例匀称，佛像饱满丰润，旋涡纹高肉髻，椭圆形脸，五官清秀，双眉细长。内穿绿底蓝边僧祇支，腰间系带，外穿双领下垂褒衣博带袈裟，身体微微前倾，低首下视，半结跏趺坐，垂于膝下的悬裳裙裾较为写实，衣褶分明，质感厚重。两身菩萨身材修长，头戴宝冠，长发披肩，面相五官与佛相似，头微微向佛靠拢，双眼含笑微眯，右侧菩萨上身袒露，下着长裙，一手持莲花，一手提净瓶；左侧菩萨身着长裙，披帛于腹部穿环交叉，右手置于胸

---

① Fai, S. and et al. Building information modelling and heritage documentation. XXIII CIPA International Symposium, Pragus, 12-16 September, 2011.

② 王茹、孙卫新、张祥：《基于 BIM 的明清古建筑建模系统实现方法》，《东华大学学报（自然科学版）》2013 年第 4 期。

③ 王茹、朱旭、黄鑫：《基于 Revit 的古建筑构建信息模型研究》，《图学学报》2016 年第 6 期。

④ 傅熹年：《中国古代建筑十论》，上海：复旦大学出版社，2004 年。

⑤ 张荣、李玉敏、李贞娥：《天梯山石窟塑像壁画虚拟复原保护研究》，《建筑史》2015 年第 2 期。

⑥ 陈永明、石玉成、王旭东：《天水麦积山石窟地震构造环境评价》，《敦煌研究》2005 年第 5 期。

前，左手提环形装饰；左壁弟子头略偏，身体偏向左侧，表明属于侧壁的胁侍，细颈削肩，双手合十置于胸前，下着长裙，身穿垂领袈裟，足穿履。

2. 复原设想

《中国石窟·天水麦积山》等著作对麦积山西魏时期开凿的洞窟进行划分，为本文的案例研究提供了较为清晰的范围。《天水麦积山石窟编年论》和《北朝时期麦积山雕塑造型研究》等文章，分析了麦积山石窟中西魏时期的造像风格。董玉祥、李裕群、达微佳、陈悦新等学者基于考古学、历史学等对西魏时期的洞窟进行了研究，为本文的复原工作提供了重要的学术基础。因此本文借鉴考古类型学方法，梳理以上相关文献可知，不同学者对麦积山西魏洞窟的分期意见主要分为十四种，整理如下（表一）。再根据洞窟残损情况和实际调查，筛选出西魏时期的 10 个窟龛与第 44 窟进行分析和对比，以此探究第 44 窟的原貌（表二）。由表一可知，部分学者根据窟内造像风格将麦积山西魏时期洞窟分为早晚两期，但从其洞窟形制、空间分布上看，变化不明显，故本文只区分出西魏时期的相关洞窟进行对比，而未对其进行进一步分期。

表一 麦积山石窟西魏时期洞窟分期表

麦积山勘查团①	早期：108、121；晚期：1、8、83、85、87、88、97、101、109、110、113、115、127、132、133、135、136、137、138、141
董玉祥②	43、44、20、120、123、119、60
李月伯③	43、60、102、120、123
马世长④	43、44、30、123
麦积山石窟艺术研究所⑤	20、43、44、49、54、60、87、88、102、104、105、109、110、123、127、132、135、172、191
麦积山石窟考察团⑥	20、43、44、54、60、102、120、123、124、129、191
项一峰⑦	20、22、43、44、54、60、66、102、120、123、126、141、179、191
张锦秀⑧	20、41、43、44、54、60、102、105、120、123、146、172、191、195、200
陈悦新⑨	102、120、20、103、123、135、127、28、30、43、44、146、147、49、113、105、72、172、14
魏文斌⑩	20、43、44、102、105、120、123、127、135、146、147、172

① 麦积山勘察团：《麦积山石窟内容总录（一~五）》，《文物参考资料》1954 年第 2~6 期。

② 董玉祥：《麦积山石窟的分期》，《文物》1983 年第 6 期。

③ 李月伯：《麦积山石窟的主要窟龛内容总录》，阎文儒主编：《麦积山石窟》，兰州：甘肃人民出版社，1983 年。

④ 国家文物局教育处编：《佛教石窟考古概要》，北京：文物出版社，2009 年。

⑤ 天水麦积山石窟艺术研究所编：《中国石窟·天水麦积山》，北京：文物出版社、东京：平凡社，1998 年。

⑥ 麦积山考察团：《麦积山石窟洞窟档案》。

⑦ 项一峰：《麦积山西崖西上区石窟内容总录》，《敦煌研究》1988 年第 2 期。

⑧ 张锦秀编撰：《麦积山石窟志》，兰州：甘肃人民出版社，2002 年。

⑨ 陈悦新：《甘宁地区北朝石窟寺分期研究》，北京大学硕士学位论文，2004 年。陈悦新：《从佛像服饰和题材布局及仿帐、仿木结构再论麦积山北朝窟龛分期》，《考古学报》2013 年第 1 期。

⑩ 魏文斌：《麦积山石窟初期调查与研究》，兰州：甘肃教育出版社，2007 年

续表

八木春生[1]	早期：64、72、83、87，92，112、127、132、135、146、147、162、172；晚期：20、43、44、102、105、120、123；
达微佳[2]	126、19、92、87、83、44、102、43、49、88、55
李裕群[3]	早期：43、49、28、30、127、135、84、72、83、103、87、81、123、113、44、20、102；晚期：109、3、4、7、11、12、26、27、32、35、36、39、65、72、136、62、141

表二　西魏时期洞窟形制统计表

编号	形制	内部龛数	造像组合	位置
127	平面横长方形，盝形顶四面坡	三壁三龛，圆拱形浅龛	三壁各一佛二菩萨组合	西上区，第120窟右上方，第158窟左下方
87	方形覆斗顶窟	三壁三龛，圆拱形浅龛	正壁：一佛二菩萨 左壁：一佛左弟子右菩萨 右壁：一佛右弟子左菩萨	西崖中部
146	方形平顶窟	残窟，现正壁有一龛，圆拱形浅龛	正壁：一佛二菩萨 左右壁没有保存	西区第147窟左侧，第145窟下方
147	方形平顶窟	残窟，现正壁有一龛，圆拱形浅龛	现存正壁龛内佛及龛外右侧菩萨	西区中部第145窟下方，第146窟右侧
172	方形平顶窟	三壁三龛，圆拱形浅龛	正壁：一佛二菩萨 左右壁：一佛二弟子	中窟第16窟下方
20	方形平顶窟	无龛窟	正壁：一佛二弟子 左右壁：各一佛	东崖中区第19窟左方
102	平面方形攒尖顶	无龛窟	正壁：一佛 左右壁：维摩、文殊	第103窟左侧
105	方形平顶窟	三壁三龛，圆拱形浅龛	正壁：一佛二弟子 左右壁：一佛二菩萨	西区上方，第104窟左侧
123	方形平顶窟	三壁三龛，圆拱形浅龛	正壁：一佛二菩萨 左壁：维摩、左童男供养人、右弟子 右壁：文殊、左迦叶，右童女	第124窟右侧，西上区
43	带前廊，前室平面马蹄形穹隆顶，后部纵长方形盝顶			第44窟右侧
44	方形四角攒尖顶窟	现正壁一圆拱形浅龛		

① （日）八木春生著、李梅译：《天水麦积山石窟编年论》，《石窟寺研究》第二辑，北京：文物出版社，2011年，第111~129页。

② 达微佳：《麦积山石窟北朝洞窟分期研究》，《石窟寺研究》第二辑，北京：文物出版社，2011年，第65~110页。

③ 李裕群：《北朝晚期石窟寺研究》，北京：文物出版社，2003年。

由表二可知，西魏洞窟以方形窟为主，为三壁三龛或三壁无龛窟。第 43 窟是仿地面陵墓建筑的形制；第 127 窟为大型横长方形盝顶窟。这两窟不能列入复原的可参考洞窟。排除以上两窟，可对比参考的洞窟有第 146、147、87、172、20、102、105、123 窟，共 8 个。

在窟形方面，第 87、172、105、123 窟为三壁三龛窟，第 20、102 为无龛窟。第 44、146、147 窟等窟因坍塌严重，现存正壁有一龛。因此，从窟形考虑，第 44 窟应为三壁三龛窟。

根据表二，将筛选出的西魏洞窟进行分类之后，再根据洞窟内保存的造像特色，继续进行分类筛选。经对比，第 20、102 窟的造像与第 44 窟造像风格相近，可进行复原参考。

根据窟顶和平面形制，分为方形覆斗顶和方形平顶两类。一类窟造像组合正壁为一佛二菩萨，左右两壁为一佛一弟子一菩萨组合。二类造像组合可继续划分为三型。A 型为正壁一佛二菩萨，两壁为一佛二菩萨或二弟子组合。B 型为正壁一佛二弟子，侧壁为一佛二菩萨或一佛二弟子组合。C 型只在第 123 窟出现，为正壁一佛二菩萨，左右两壁为维摩、弟子、童男和文殊、弟子、童女组合（表三）。

表三　西魏时期洞窟分类

编号	分类
127	一类 A 型
87	一类 B 型
146	二类 A 型
147	二类 A 型
172	二类 A 型
105	二类 B 型
123	二类 C 型

至于洞窟大小，根据第 20、102、146、172 窟等，尤其是较为完整的第 20、102 窟，可得出第 44 窟的进深面阔应基本与面阔相等（表四）。

表四　西魏时期洞窟数据统计表　（单位：米）

编号	开龛情况	通高	面阔	进深
20	无	1. 66	1. 59	1. 53（残）
146	3	2. 43	2. 8	0. 75（残）
172	3	1. 05	1. 33	0. 63（残）
102	无	2. 90	2. 88	2. 75
105	3	2. 13	2. 20	2. 14
44（现存尺寸）		2. 68（残）	3. 02	0. 88（残）

造像方面，主尊佛像与正壁主尊风格相近，而第 44 窟正壁主尊佛像与菩萨像风格接近第 20 和 102 窟的造像风格，所以对比三者，可发现，对于佛像的复原大致分为以下三类：第一类与第 44 窟主尊造像风格一致，躯体饱满丰润，垂于膝下的悬裳裙裾较为写实，衣褶分明，质感厚重，下部微微内收，呈现倒“V”形状，且距台座底端有些距离。第二类佛像面部、手势与第一类无异，也呈半结跏趺坐，

但腰间所系带垂于袈裟之外，悬裳裙裾不如第一类质感厚重，下垂部分较外散，无“V”形状，且距离台座底部较近。第三类佛像面部、衣饰、坐姿与第一类无异，但头部无旋涡纹，双手交叉搭于胸前。

综上所述，可得出第 44 窟复原结果：第 44 窟为方形四角攒尖顶的三壁三龛窟。其中，窟高约 3.10 米，面阔 3.02 米，进深约 3 米。虽不知窟门的具体数据，但对比同时期较完整的如第 102 窟，大致可推测出其高 1.20 米左右，宽约 0.77 米，深约 0.64 米。造像组合为正壁一佛二菩萨，左右两壁各开一龛，龛的大小与正壁一致，龛内起台座，座上塑坐佛，风格为前文所述的三种情况之一，左右各一弟子，龛外不排除有力士的可能。

3. BIM 对麦积山第 44 窟的复原

本次实验中，两侧壁主尊采用第一类复原形式，应用 BIM 对麦积山第 44 窟进行复原。

利用 BIM 对文化遗产复原主要分为四步：数据收集，建立参数化数据库，绘制调查数据，完成 BIM 模型。因为本篇文章主要侧重于探讨 BIM 对文化遗产数字化复原的意义以及如何与文献、实地调查相结合，将历史资料、同类型遗产融入 BIM 模型中去，因此只完成 Level 0 和 level 1 阶段的模型。

首先，利用三维激光扫描仪和照片进行数据收集，对比其他相关洞窟，分析其内部结构，以及造像细节，进行记录、拍摄。由于石窟寺本身就是一种建筑形式，洞窟内部也是一个建筑的三维空间。因此导入扫描数据后，对洞窟内部空间进行校正、补充，再进行建模等一系列工作。

建模时，将建好的石窟形制、修复所需的材质、预算等信息输入到 Revit 中，为模型赋予建筑信息。然后将其导入到 3DsMax 中，进行佛教造像的建模。在导入外部构造模型之前，首先在 ReCap 中对原先的点云集文件进行整理，将扫描的四个造像分割开来，划成四个不同的文件，分别导入到 3DsMax 中，根据点云集进行人物建模。再对比其他洞窟的造像，在 AI 中对要复原的侧壁主尊像和弟子像进行矢量线描图的绘制，完成后导入到 3DsMax 中作为底图进行人物建模。之后，将石窟外部模型以及所有造像模型导入，进行拆分，重组。再导入到 Lumion 中进行渲染和场景漫游制作。

三、讨论

对于石窟寺的复原，本实验利用 BIM 技术实现洞窟的三维复原，在将洞窟完整呈现给观众的同时，实现对存储数据与控制工期，将复原及后续保护工作推向实践化。通过第 44 窟的虚拟复原，进而可以对麦积山其他残损洞窟进行虚拟复原，进而虚拟复原崖面原貌，将麦积山石窟虚拟复原到某一更早时间点，如唐代大地震破坏前的状态或情境，全面展示麦积山石窟发展脉络与内涵，从而更好地作用于日后的保护、发展以及考古研究中。

其次，本次实验解决了利用 BIM 技术对石窟寺复原的三个技术性问题。第一，数据与文献的结合。通过文献、实地调查、与其他相关洞窟的对比，将第 44 窟内外部构造和造像进行复原设想，然后结合三维扫描数据，利用 BIM 技术对其进行建模，促使复原设想的实现。第二，不同格式数据的转换。由于该次调查得到的点云集数据形式为 .asc 文件，与 BIM 相关软件不相容，使得点云集数据无法导入到相关软件 ReCap 中进行格式转换，也无法直接导入 Revit 进行建模，且因为扫描数据太大，无法进行整体格式转换。因此，将扫描数据分解压缩成三个文件，每个文件不超过 1048976 个点。再将三个文件进行坐标转换，导入 ReCap，进行整理、除噪，转化成相关文件形式，导入 Revit，进行建模。第三，BIM 软件与其他软件的互相配合。将点云数据导入到相关软件进行建模时发现，BIM 软件适用于建筑相关模型，而非人像，对于该次复原的佛教造像很难在软件中实现。而文件的格式不能在 ReCap 中直接进行 mesh 渲染，因此需要与其他建模软件结合，进行佛像建模。所以，在导入点云数据后，先在立面图中构建洞窟立面，再转入平面视图，根据前文所得出的复原设想进行石窟外部形制以及窟顶的绘制。然后在 3Ds Max 中进行佛像建模，最后在 Lumion 中进行场景渲染，实现三维漫游。

所以，这次实验充分证明 BIM 技术相较于其他三维建模软件，具有独特性与优势：一是整合模型数据。将点云集、二维平面数据、三维立体数据及文献数据进行整合，存储到同一平台中，使模型不仅包括二维的平、立、剖面图，三维效果图，还包括洞窟的信息，如洞窟和造像的材质、破损状况，以及修复所需的材质等。二是三维效果展示。本实验最终以三维漫游向观众展示麦积山第 44 窟复原结果，推动麦积山文化内涵的传播，扩大麦积山石窟作为文化遗产的影响。三是多方位信息交流。平台中的数据实现了多方实时查询，随时补充、更新，从而促进复原行动的推行。四是考古研究方面。考古工作的主要目的就是尽可能复原历史情境，利用 BIM 技术虚拟复原可以达到这种目的，从而为考古研究服务。

当然本实验只是处于初始阶段，仍有许多地方需要继续深入：第一，洞窟数据继续细节化。如增添 BIM 数据，保护信息，并随着其他洞窟的复原，构建整体的麦积山与数据库，实现统一管理，永久存储。第二，实时监控保护。洞窟的 BIM 模型可结合 5D、6D 技术，在软件中对洞窟后期实施的实地保护、修复方案进行实时监控，预算管理，随时调整，避免二次伤害。第三，多方位数字化展示。洞窟的模型可利用 BIM 技术，重现其当时开凿过程。并结合麦积山石窟的非物质文化，利用 VR 技术，在展示时增加声音特效，讲述洞窟的发展背景与历史，从而增强公众参与了解和传承遗产内涵。第四，与 GIS 技术的结合。宏观上，可结合 GIS 技术对麦积山进行管理。该次实验只是复原了麦积山石窟的一个洞窟，以此为基础，逐渐将麦积山的其他洞窟纳入复原研究和数字化展示中，结合 GIS 技术对麦积山石窟整体空间进行规划和保护，实现高效可持续管理。

四、结论

本次实验结合同时期麦积山石窟的其他洞窟，经过横向、纵向比较，总结出麦积山第 44 窟的洞窟形制及内部佛教造像的特点，从而构建复原设想。并经实地调查后，对洞窟进行点云集扫描，结合 BIM 技术，对麦积山石窟第 44 窟进行数字化复原。在复原过程中，解决了三个问题：在复原文化遗产中，文献、数据、实地调查与技术的结合；不同格式的文件如何进行转换；不同软件间的结合，促进数据整理、建模、渲染的实现。最后探讨了复原的意义及未来发展方向等。随着技术的不断成熟与应用，石窟寺的复原研究成为一种可能，并将有助于石窟寺的考古研究与保护、虚拟展示等领域。

（原载于《华夏考古》2021 年第 2 期）

麦积山石窟第 32 窟内外温湿度比较研究

胡军舰　贺东鹏　武发思　岳永强　徐博凯

环境因素是古代壁画起甲、酥碱、脱落等病害形成的主要诱因①。随着近年文物保护从抢救性向预防性过渡，对文物赋存环境中温度、相对湿度、光照、二氧化碳和降水量等因子的关注日益增加②。研究表明，壁画与空气接触，其热量逐渐向壁面内部均匀扩散，引起温度梯度升高，壁画在温度场中出现膨胀起甲、脱落现象③。由于洞窟形制、开放状态和当地大气环境等因素，洞窟内环境受热压及湿度差影响明显，开放洞窟温湿度的波动大于不开放洞窟④。而相对封闭的洞窟温湿度波动较小，可减缓壁画酥碱、起甲等病害。但环境过于封闭不利于窟内外空气交换，形成的高湿度微环境可为微生物侵蚀提供有利条件⑤。

长期以来，受限于文物保护中对监测设备的无损或微损要求，常规技术难以对文物本体内的温湿度进行监测，以往监测手段多通过监测空气温湿度来反映壁画所处环境状况⑥。石窟寺壁画大多制作于石质岩体表面，其同时受到大气环境及岩体内环境的影响⑦，单一的外环境数据通常无法完全解释驱动壁画病害发生及发展机制，影响保护对策的制定。

麦积山石窟位于甘肃省天水市东南 30 公里秦岭山脉西段北麓的小陇山丛林之中，1961 年被国务院公布为第一批全国重点文物保护单位，2014 年入选世界文化遗产名录。麦积山由砂砾岩构成，现存

---

① 陈海玲、陈港泉、薛平等：《敦煌莫高窟第 465 窟温湿度时空分布特征》，《干旱区资源与环境》2018 年第 2 期。中国文化遗产学院：《中国文物保护修复技术》，北京：科学出版社，2009 年，第 273~292 页。

② 段育龙、武发思、汪万福等：《麦积山石窟赋存环境中空气细菌的时空分布特征》，《微生物学报》2019 年第 1 期。

③ 倪勇、葛承滨、汪万福等：《敦煌莫高窟壁画起甲机理研究》，《现代电子技术》2016 年第 3 期。

④ 陈海玲、陈港泉、NEVILLE A 等：《开放参观对莫高窟洞窟微环境的影响》，《文物保护与考古科学》2017 年第 6 期。

⑤ 武发思、武光文、刘岩等：《太原北齐徐显秀墓壁画真菌群落组成与病害成因》，《微生物学通报》2016 年第 3 期。

⑥ 陈海玲、陈港泉、薛平等：《敦煌莫高窟第 465 窟温湿度时空分布特征》，《干旱区资源与环境》2018 年第 2 期。陈海玲、陈港泉、NEVILLE A 等：《开放参观对莫高窟洞窟微环境的影响》，《文物保护与考古科学》2017 年第 6 期。

⑦ 余荣光：《麦积山石窟渗水病害的机理研究》，兰州大学硕士学位论文，2020 年。李燕：《麦积山石窟水汽凝结机理及防治措施研究》，兰州大学硕士学位论文，2020 年。

窟龛221个，造像10632身，壁画1000余平方米，具有极高的历史、艺术和科学价值①。但受自然和人为因素影响，起甲、空鼓、脱落及微生物侵蚀等病害严重威胁着石窟文物的保存②。

本研究以麦积山石窟第32窟为研究对象，同步监测壁画地仗层内及外环境温湿度，结合气象站数据比较分析，建立石窟赋存大环境、窟内微环境及壁画本体内环境中温湿度间相互关系。

一、试验设计与研究方法

（一）位点介绍

麦积山石窟具有半湿润区气候特征，四季分明，年均气温10.4℃，年均相对湿度69.2%，年降雨量680毫米，无霜期200天③。第32窟为北周（557～581年）开凿，位于东崖中部（图一），由甬道和主室组成，甬道深0.9米，高1.44米，宽1.04米，木质窟门上金刚网可通风透光；主室平面呈边长为2.66米的正方形，四壁高约2.64米，四角攒尖顶。主室北壁中部开龛，北、东、西壁下部为长条形坛基，其上塑像共8身。南、北壁地仗层大面积脱落，东、西壁空鼓、微生物病害严重。

图一　第32窟位置

（二）研究方法

1. 外部大环境温湿度监测

气象站位于麦积山中区南侧前开阔处，可监测石窟外环境温湿度、降雨量等。

2. 洞窟内微环境温湿度监测

在第32窟南壁、西壁地仗层内各布设一枚纽扣式温湿度记录仪（iButton，美国Dalass公司），壁画外侧各布设一个空气温湿度记录仪（HOBO® U23-1，美国Onset公司），每1小时记录1次壁画地仗层及洞窟内空气温湿度数据。

3. 数据分析

温湿度数据比较分析和作图通过Spss16.0和Origin2019完成。

---

① 花平宁、魏文斌：《中国石窟艺术：麦积山》，南京：江苏美术出版社，2013年。

② 岳永强：《麦积山石窟壁画病害现状调查及研究》，《遗产与保护研究》2019年第2期。

③ 段育龙、武发思、汪万福等：《麦积山石窟赋存环境中空气细菌的时空分布特征》，《微生物学报》2019年第1期。

二、结果与分析

（一）石窟外环境温湿度特征

外环境温度日均值在-5.9~23.7℃波动，随季节变化明显。全年日均温度12月底最低，8月初最高；相对湿度日均值在26.0%~100%波动，随季节变化不明显。2019年4~11月为雨季，累积降雨772毫米，占年降雨量92.1%。雨季石窟外相对湿度较高，随降雨波动较大。相对湿度与温度日变化趋势呈一定负相关性，相对湿度越高当日温度越低（图二）。石窟外环境全年相对湿度日极大值高于90%的天数为211天，其中有73天达100%。高湿度多出现在4~11月，降雨对窟外相对湿度影响明显，石窟长期处于高湿环境中。

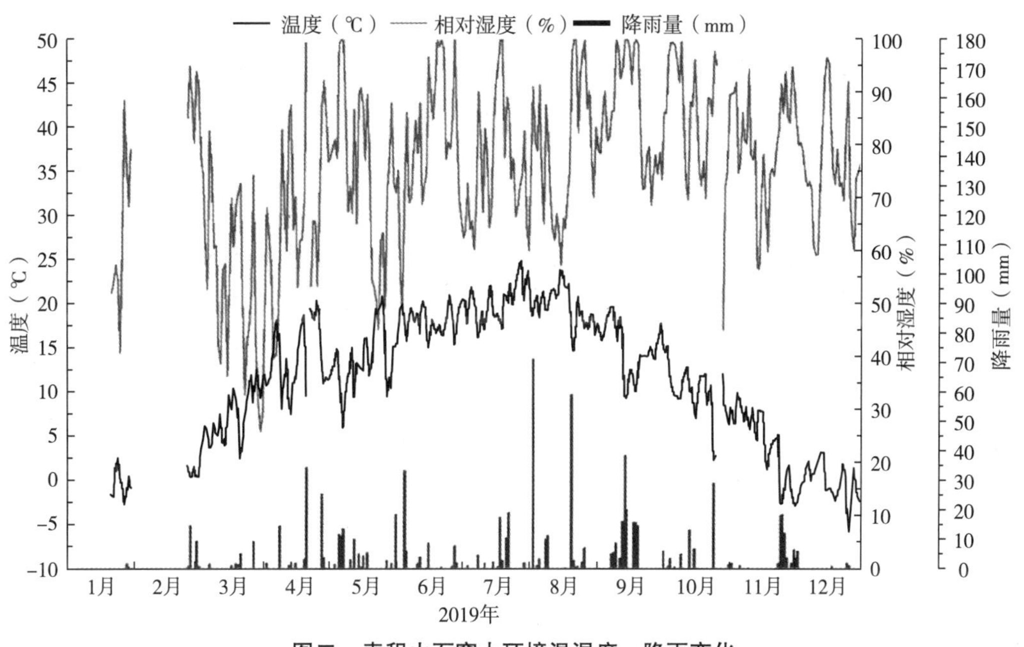

图二　麦积山石窟大环境温湿度、降雨变化

（二）第32窟及壁画本体内微环境特征

1. 温湿度变化

洞窟内温度具有明显的季节性变化特征（图三）。窟内各监测点环境温度1月底最低，8月中下旬最高。温度最低值1.4℃和最高值21℃分别出现在近窟门的南壁空气及其地仗层中。冬季温度南壁低于西壁，夏季反之。3月及9月底为窟内温度交替变化的临界点。处于洞窟更深处的西壁地仗层内温度变化较平稳，其余监测点波动幅度较大。洞窟相对湿度4~10月长期维持在60%以上，6月底和7月底西壁地仗层内相对湿度出现了2个峰值，分别为96.6%、97.8%。冬季西壁相对湿度低于南壁，夏季反之。冬春交替（3~4月）与秋冬交替（10~11月）季节洞窟相对湿度出现大幅波动。

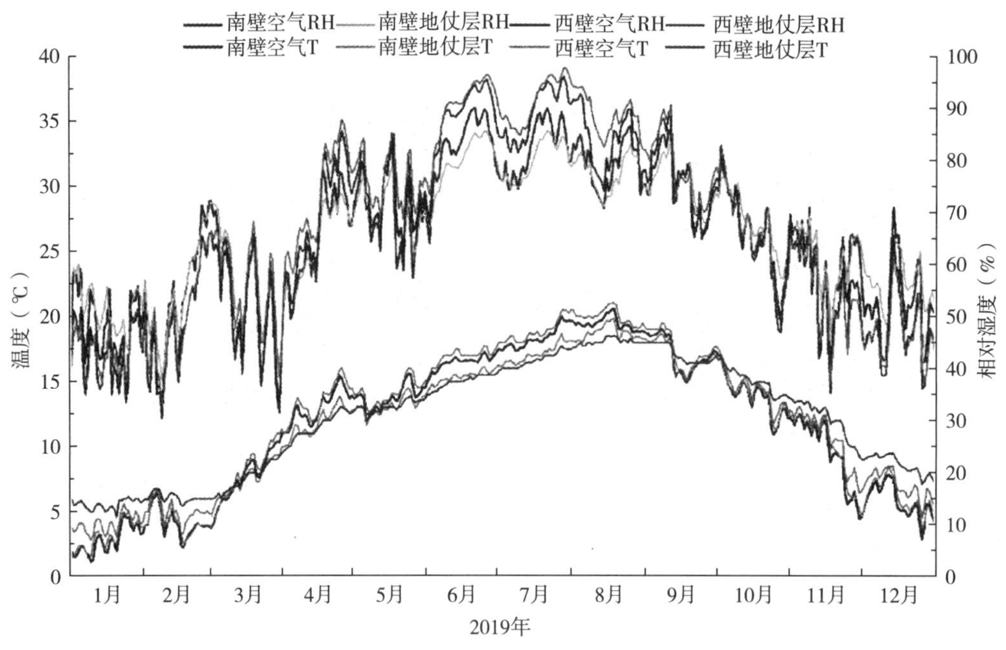

图三　第 32 窟各监测点位 2019 年温湿度逐日变化

2. 温度月极大值变化特征

第 32 窟各监测点位温度月极大值与外环境变化趋势一致，季节性变化明显（图四）。3～9 月（春、夏、秋季）南壁空气及地仗层温度月极大值高于西壁，1 月、11 月、12 月（冬季）反之。2 月、10 月各监测点间温度月极大值相近。当外环境温度高于窟内温度时，窟内温度月极大值从窟门向窟内方向梯度降低；当外环境温度低于窟内温度时，窟内温度月极大值从窟门向窟内梯度升高。2019 年 2 月、10 月为南壁、西壁温度月极大值变化交替的过渡期，整窟温度月极大值处于相对平衡状态。温度月极大值变化幅度地仗层内均大于对应位置空气中，其中南壁地仗层变化幅度最大（5～21.5℃）。

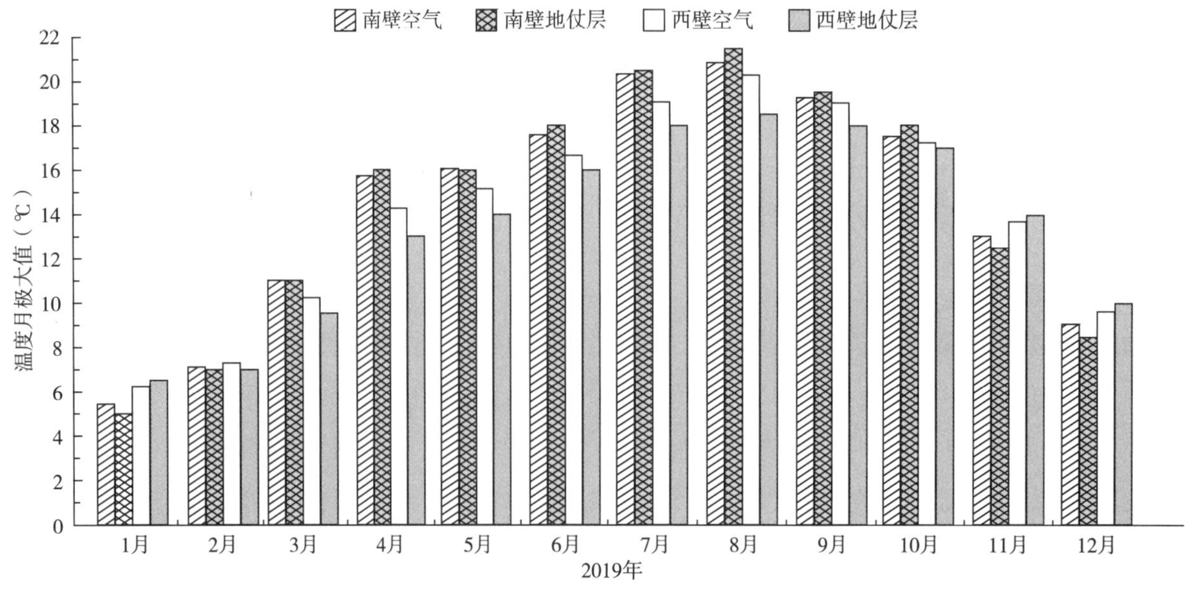

图四　第 32 窟温度月极大值

3. 温度日较差月均值变化特征

第32窟温度日较差呈季节性变化，温度日波动幅度夏季小，冬季大。全年波动幅度为0.18～2.40℃（图五）。各监测点温度日较差月均值最小和最大值均出现在6月、12月，冬季窟内温度日较差大于夏季。外环境虽能同时影响窟内空气和地仗层温度变化，但对窟内空气温度影响大于地仗层。对敦煌莫高窟环境监测表明，受窟外大环境波动影响，距窟门越近温度日较差越大，反之越小①。通过对第32窟距窟门较近监测点南壁与较远监测点西壁空气温度日较差对比发现，2019年内有9个月西壁空气温度日较差大于南壁空气日较差。调查发现，阳光可通过窟门纱窗照到窟内西壁、东壁及北壁部分区域，而南壁常年背光。受光照影响，西壁空气温度波动幅度较大。

5月、11月、12月南壁空气温度日较差大于西壁。5月并非全年降雨量最高月，但降雨达14天，为全年最多。11月、12月降雨相对较少，但长时间阴天，在此期间洞窟受光照的影响小于其他月份，窟内温度日较差变化符合已有研究结果②。全年除6月外，南壁地仗层内温度日较差大于西壁。南壁地仗层温度更易受窟外环境影响，同时受山体温度波动影响较大。

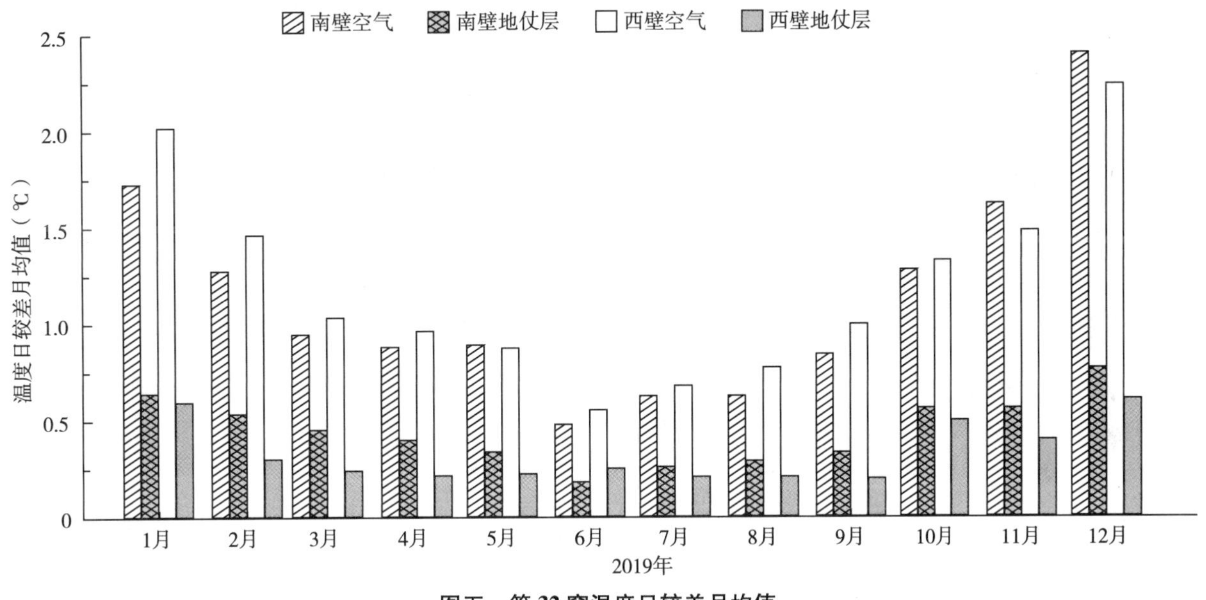

图五　第32窟温度日较差月均值

4. 相对湿度月极大值变化特征

通过统计2019年相对湿度月极大值，雨季（4～10月）各监测点相对湿度月极大值高于其他月，西壁相对湿度月极大值雨季明显升高，6月至7月西壁地仗层相对湿度月极大值接近100%（图六）。2019年4月至10月西壁空气、地仗层相对湿度月极大值均高于83.8%，在7月达最高峰，分别为96.7%和98.1%，比南壁分别高5.9%和11.2%。1月相对湿度月极大值最低，南壁空气、地仗层相对

① 陈海玲、陈港泉、NEVILLE A等：《开放参观对莫高窟洞窟微环境的影响》，《文物保护与考古科学》2017年第6期。

② 陈海玲、陈港泉、NEVILLE A等：《开放参观对莫高窟洞窟微环境的影响》，《文物保护与考古科学》2017年第6期。

湿度月极大值分别为63.5%和61%，比西壁高5.7%和8.3%。夏季窟内相对湿度月极大值由窟门向窟内水平方向逐渐增大，受崖体渗水影响，窟内地仗层相对湿度高于空气相对湿度，冬季反之。

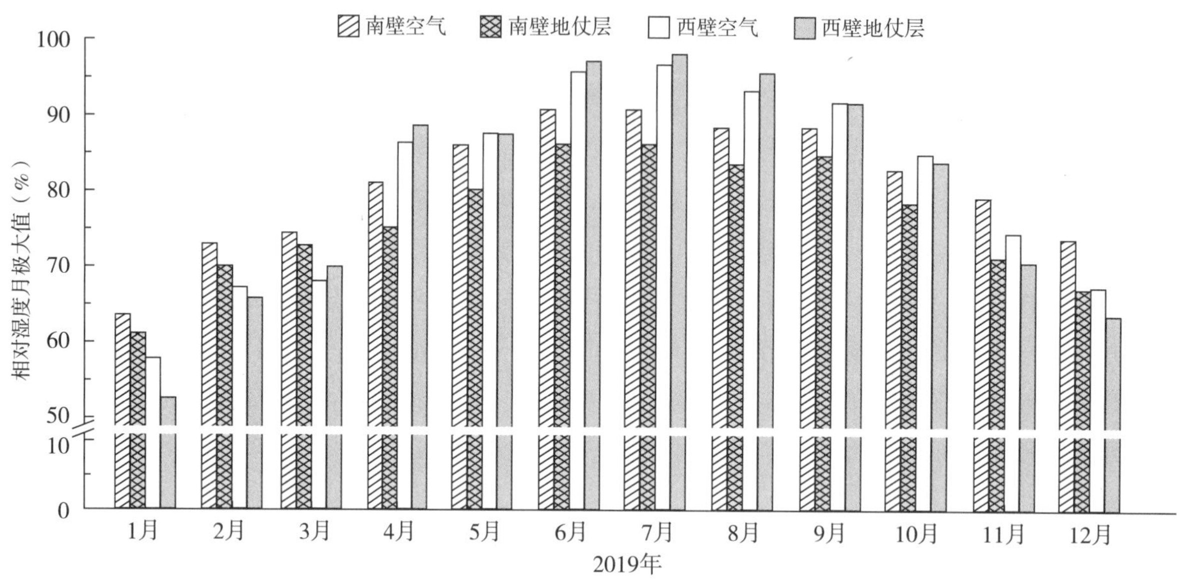

图六　第32窟相对湿度月极大值

5. 相对湿度日较差月均值变化特征

相对湿度日较差月均值随季节变化。夏季（6~8月）均值较小，春、秋、冬季日较差较大。南壁、西壁空气相对湿度日较差月均值波动分别在3.7%~10.8%和2.6%~9.6%之间，南壁、西壁地仗层相对湿度日较差月均值波动分别在1.8%~3.9%和1.6%~5.6%之间，空气相对湿度日较差月均值波动幅度大于地仗层内（图七）。8~10月，西壁空气相对湿度日较差月均值大于南壁，其他月份反之；除7月外，西壁地仗层相对湿度日较差月均值均大于南壁。

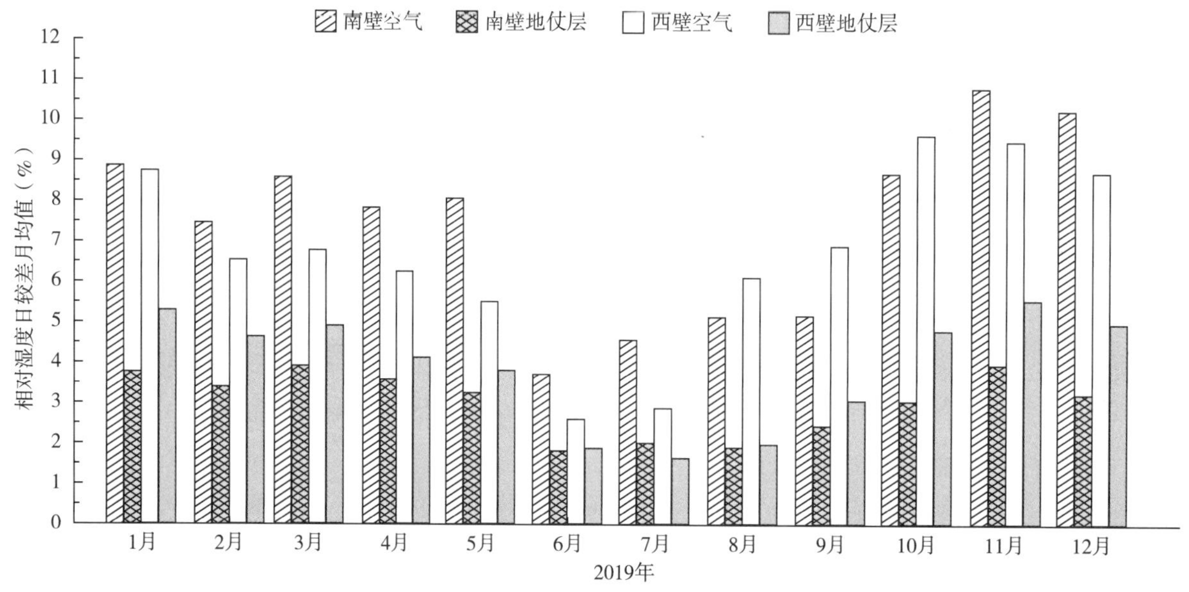

图七　第32窟相对湿度日较差月均值

夏季降雨频繁，外环境湿气可通过窟门纱窗进入窟内，影响窟内空气相对湿度。西壁地仗层相对湿度日较差月均值高于南壁地仗层，表明崖体渗水是导致地仗层相对湿度持续过高的重要因素①。

（三）降雨量与石窟内外相对湿度相关性分析

降雨量与窟内外空气及地仗层相对湿度均呈极显著正相关（$P<0.01$）。南壁、西壁地仗相对湿度与南壁、西壁空气相对湿度相关系数均大于0.95。降雨导致窟外环境中相对湿度升高，空气中水分通过窟门进入窟内。降雨是影响第32窟内空气、地仗相对湿度变化的主要因素。

三、讨论

温湿度变化是导致石窟壁画酥碱、脱落的关键因素之一②。我国石窟寺自1949年以来开展了大量保护工作③，麦积山石窟已有多次抢救性保护，但壁画病害治理依然严峻④。第32窟地仗层脱落、空鼓及微生物病害严重并有一定规律性。研究表明，麦积山石窟岩体胶结泥质中蒙脱石相对含量达29%，当环境湿度增大时蒙脱石吸水膨胀会加速岩石风化⑤。第32窟病害可能受渗水及湿度变化的影响更大⑥。

多数石窟围岩和覆盖层受渗水及包气带影响，如炳灵寺石窟崖壁渗水对石窟文物有很大危害⑦；云冈石窟围岩埋深1米以下空气相对湿度接近饱和，包气带随季节变化促进了湿气的运移⑧。洞窟北壁正对窟门，阳光可经窟门纱窗照到北壁，使壁画附近空气及本体温度升高，并引起湿度改变。因壁画与岩体膨胀系数存在差异，温湿度的频繁波动造成壁画及岩体反复形变，最终导致空鼓、脱落。研究发现湿润气候和地质结构变化是导致诸葛亮庙壁画大面积空鼓和脱落的主要原因⑨。而温湿度变化会导致辽宁奉国寺壁画地仗层收缩、膨胀，发生变形、开裂⑩。在相对湿度波动过程中壁画及岩体中可溶性盐频繁发生吸湿、潮解、结晶等过程也会加速病害发展⑪。

第32窟壁画表面微生物病害有明显的季节性活动和消长，这可能与当地空气温度、相对湿度、降

---

① 余荣光：《麦积山石窟渗水病害的机理研究》，兰州大学硕士学位论文，2020年。

② 徐方圆、吴来明、谢玉林等：《文物保存环境中温湿度评估方法研究》，《文物保护与考古科学》，2012年增刊。

③ 王金华、陈嘉琦：《我国石窟寺保护现状及发展探析》，《东南文化》2018年第1期。

④ 马千：《麦积山石窟文物保护历程回顾与思考》，《中国文化遗产》2016年第1期。

⑤ 李最雄：《炳灵寺、麦积山和庆阳北石窟寺石窟风化研究》，《文博》1985年第3期。

⑥ 余荣光：《麦积山石窟渗水病害的机理研究》，兰州大学硕士学位论文，2020年。

⑦ 张明泉、王亨通：《炳灵寺石窟保护面临的主要环境地质问题》，《干旱区资源与环境》1996年第1期。

⑧ 董佩、王旭升、孙颖等：《云冈石窟包气带湿热环境的监测分析》，《南水北调与水利科技》2015年第13期。

⑨ 王艺文、刘成、陈志凡等：《五丈原诸葛亮庙壁画病害调查与成因分析》，《文物鉴定与鉴赏》2020年第16期。

⑩ 李倩：《奉国寺元代壁画裂隙病害成因分析》，西北大学硕士学位论文，2019年。

⑪ 中国文化遗产学院：《中国文物保护修复技术》，北京：科学出版社，2009年，第273~292页。

雨等自然因素有关①。微生物病害是威胁壁画保存的常见问题②，莫高窟洞窟中微生物浓度及群落组成与环境因子间存在耦合关系，游客数量突增、短时间强降雨等导致洞窟内微环境失衡，水汽含量剧增可为壁画微生物提供有利条件③。麦积山石窟第32窟西壁壁画地仗层中2019年6月至8月相对湿度长时间在80%以上，峰值接近100%，高湿度促进了微生物侵蚀活动，导致微生物病害。同时壁画表面的水汽凝结也能为微生物活动提供必要条件，对石窟产生危害④。

在洞窟较浅位置的南壁，相对湿度较低，没有可见微生物病害。但此处易受山体热导效应影响，表现为夏季温度高，冬季温度低；南壁靠近窟门，与外界空气交换频繁，温度波动幅度大。这与浙江龙游石窟的温度变化基本吻合，洞口温度变化幅度大，洞室里端变化幅度小⑤。因壁画制作材料、岩石物理性能（膨胀系数）不同，频繁的温度变化可引起其反复物理形变，导致起甲、空鼓、脱落病害，尤其在靠近窟门位置尤为严重。

降雨、相对湿度和表面温度对文化遗产劣化的模型预测指出，受气候变化影响，巴拿马世界文化遗产未来面临的表面劣化及盐分破坏问题将更严重⑥。气候变化已成为文物保护面临的新挑战⑦。

四、结论

通过对麦积山石窟第32窟内外环境温湿度的对比分析，主要得出以下结论：

（1）外环境温度整体呈正弦半波曲线变化，夏季温度最高，冬季温度最低，相对湿度季节性变化不明显，受降雨影响显著，在降雨前后波动幅度较大。相对湿度与温度的变化呈现一定的负相关性。

（2）第32窟温湿度变化受外环境和石窟所在山体的共同影响，表现出夏季温湿度高、日较差小，冬季温湿度低、日较差大的特征。窟内壁画地仗层内温度受到山体热导效应的影响，而空气温度变化和距离窟门远近有直接关系，洞窟相对湿度受降雨影响显著。雨水渗入洞窟所在山体后，影响到壁画

---

① Tanaka D, Terada Y, Nakashima T, et al. Seasonal variations in airborne bacterial community structures at a suburban site of central Japan over a 1-year time period using PCR-DGGE method. Aerobiologia, 2015, 31 (2): 143-157. Wang WF, Ma YT, Ma X, et al. Diversity and seasonal dynamics of airborne bacteria in the Mogao Grottoes, Dunhuang, China. Aerobiologia, 2012, 28 (1): 27-38.

② 武发思、汪万福、马燕天等：《敦煌莫高窟第98窟壁画表面菌斑的群落结构分析》，《微生物学报》2013年第9期。

③ 马燕天、汪万福、马旭等：《敦煌莫高窟洞窟内外空气中微生物的对比研究》，《文物保护与考古科学》2011年第1期。Wang WF, Ma YT, Ma X, et al. Seasonal variations of airborne bacteria in the Mogao Grottoes, Dunhuang, China. International Biodeterioration &Biodegradation, 2010, 64 (4): 309-315.

④ 朱华、杨刚亮、方云等：《云冈石窟潜溪寺凝结水病害形成机理及防治对策研究》，《中原文物》2008年第4期。

⑤ 傅燕、林宇轩：《龙游石窟环境温度的监测数据分析》，《工程地质学报》2017第S1期。

⑥ Ciantelli C, Palazzi E, Von Hardenberg J, et al. How can climate change affect the UNESCO Cultural Heritage Sites in Panama? Geosciences, 2018 (8): 296.

⑦ Sesana E, Gagnon AS, Bonazza A, et al. An integrated approach for assessing the vulnerability of world heritage sites to climate change impacts. Journal of Cultural Heritage, 2019, 41: 211-224.

地仗层内及空气相对湿度，且越往洞窟内部影响越大。

（3）第32窟壁画主要病害位置为洞窟深处和窟门附近，长时间高湿度是引起洞窟深处壁画微生物病害的根本原因；窟门附近受外环境太阳辐射效应引起的温度变化频繁，导致壁画起甲病害严重。

（原载于《干旱区资源与环境》2021年第6期）

麦积山石窟申遗成功前后管理对比研究

李 亮 薛 林 杨楚譞 刘宇星

麦积山石窟是中国四大石窟之一，是见证丝绸之路东西方文化交融的重要遗存，位于天水市麦积区麦积镇麦积村，距城区约25公里。始建于十六国后秦时期（384~417年），经北魏、西魏、北周、隋、唐、宋、元、明、清等十多个朝代的不断兴建和修缮，现存窟龛221个，各类雕塑总计12182身，壁画共计1065.2平方米，其中泥塑最为著名，素有“东方雕塑陈列馆”的美誉。1961年麦积山石窟被国务院公布为第一批全国重点文物保护单位，1982年被国务院公布为首批国家级风景名胜区，2010年被国家旅游局批准为国家5A级旅游景区，2014年6月22日，被联合国教科文组织列入《世界遗产名录》。迄今为止，申遗成功已经过去了8个年头，在这7年时间里麦积山石窟的管理方面发生了什么样的变化，本文将予以梳理，并和申遗前的管理进行对比，在对比分析的基础上发现存在的问题并提出解决策略。

一、麦积山石窟申遗成功前的管理

1. 管理理念

《中华人民共和国文物保护法》明确规定，通过文物保护单位制度构建起对不可移动文物的保护、管理机制。麦积山石窟作为全国重点文物保护单位，是文物保护单位所构成级别体系里最高的级别。其贯彻的理念是我国自主形成的具有中国特色的文物保护单位的理念。我们可以从这个理念的形成、内容和实施进行观察。文物保护理念是一个发展的过程，因此我们对其认识应该结合不同的历史背景进行认识，比如战争年代，把文物保护住就是成就；经济建设年代，不干预文物也是成就；社会经济发展到一定程度，怎么保护好的标准进一步提升，也是理所当然的。如果从动态的角度观察文物保护理念，有很多问题就可以很好地回答了。麦积山石窟申遗前是基于全国文物重点文物保护单位的要求而进行管理的，其秉承的理念是在保护范围内对文物载体及本体保护好研究好，对社会发挥作用相对来说涉及的比较少。概括来说主要是围绕着“四有”开展工作，存在一定的局限性和被动性，比如和环境的关系，和原住民的关系，尤其价值部分没有进行充分挖掘。

2. 管理制度和效果

从法律层面，文物保护单位制度是依据文物保护法建立起来的一个相对独立的文物保护体系，明确具体，相对刚性。从行政管理层面来说，我们可以从两个方面认知：宏观方面，采取的是文物保护管理机构履行管理职责，上级文物行政部门采取监管措施。这样形成一个相对单一和封闭的管理制度，其特点更多是一种偏行政化的管理制度。微观方面，保护管理机构内部采取的是保护、研究部门为主体的偏向资料积累和学术研究过程。在这种管理框架下，对文物的保护管理比较集中，和周边和民众交集比较少，容易造成自我封闭的现象，以至于民众对文物、文物保护单位充满神秘感，一方面确实是有利于文物保护，但是不利于民众对文物价值的认知，也不利于发动社会力量对文物进行保护。

3. 管理中存在的问题

基于上述分析，我们可以知道在申遗前，麦积山石窟保护管理中还存在一些问题。一是对文物的认知不够深入，就文物认知文物，容易导致文物研究的目标产生偏移；二是对文物的保护产生一个绝对保护的概念，以至于产生为了保护好文物，可以不让公众观看了解文物的潜在意识；三是对文物的全民所有属性降低，基于第二个问题，导致我们专业机构在保护文物时和民众毫无关系的假象。

二、麦积山石窟申遗成功后的管理

1. 管理理念

2014 年，“丝绸之路：长安—天山走廊的路网”成功列入《世界遗产名录》，麦积山石窟作为路网重要节点组成，成为世界文化遗产。在这里直接探讨对麦积山石窟管理理念不能独立强调申遗之后的管理理念，而是要从准备申遗和申遗成功一个时期内结合起来去认知其管理理念。这个管理理念突出强调的是一个认知变化过程，最重要的核心点应该是与人类认识由注重物质向注重文化、注重精神领域的进步密切相关①。在此基础上，我们还要注意一个理念的变化，就是保护对象的问题，这就是著名的“两个转变”，即《国家文物事业发展“十三五”规划》（2017 年公布）提出由注重抢救性保护向抢救性与预防性保护并重转变；由注重文物本体保护向文物本体与周边环境、文化生态的整体保护转变，确保文物安全。由此可以得出，环境和周边正式纳入到文物保护的范畴。基于此，我们可以判断，文物保护单位制度和世界文化遗产的管理理念是有一定不同的，这是一个认知的过程，是一个由浅入深，由点到面的过程。成为世界文化遗产后，按照《公约》和《操作指南》，应当保护文物本体和周边环境，还包括利益相关者和民众。也就是说视角不单纯放在文物保护上面，而是综合考量，还要考虑文物的价值以及文物和周边物、人、环境的一个互动过程。这是世界文化遗产管理和文物保护单位管理的一个理论上的区别。两种管理理念作用到一个文物点的时候，就会有一些交叉。

2. 管理制度及效果

世界文化遗产的管理制度是有别于文物保护单位制度的，其最重要的一个区别之处就是所依据的上位法构成不同。世界文化遗产是在《公约》《操作指南》为总的框架，还包括国际上一些条约和相关标准。具体到我国就是通过文物保护法以及相关办法来实施这些国际法的内容②。在这一点上，世

---

① 单霁翔：《文化遗产保护与城市文化建设》，北京：中国建筑工业出版社，2009 年，第 222 页。

② 这里的国际法是一个代称，根据当前资料汇编和国际法概念，有些可称为国际法，有些尚不是，比如《奈良宣言》《西安宣言》等宣言类国际文献。

界文化遗产的管理所包含的内容是比较多的，比如：世界文化遗产的申报、价值评估、管理、监测以及相应的措施等。具体到麦积山石窟，则是按照《操作指南》制定申遗文本，并根据申遗要求编制《管理规划》和《管理办法》，这样在一定程度上形成世界文化遗产管理的相对独立的运行体系。据此，麦积山石窟成为世界文化遗产后的管理形成了以《管理办法》和《管理规划》为基础管理模式，这和申遗前以《文物保护法》《麦积山石窟保护规划》为基础的管理模式在一些范围是不相同的。

3. 管理中存在的问题

相比较文物保护管理制度，世界文化遗产管理理念更为先进。比如，世界文化遗产强调的是遗产的真实性和完整性，但是对真实性和完整性更多的是一种评价标准，而非一种硬性要求，或者说不像文物保护单位那样提出具体的“四有”工作要求。以至于会产生对不同的世界文化遗产有不同的要求。比如《麦积山石窟管理规划》中对真实性和完整性的要求是有别于其他石窟的，这样就在全国范围内产生不同的要求。另外，这种真实性和完整性一方面是根据麦积山石窟的实际情况确定的；另一方面，更多的是一种理念上的要求，而非实际上的落地，从而对保护人员来说还比较局限于直观上的理解，需要进一步深化。

三、麦积山石窟申遗前后管理的对比

1. 称呼的变化

麦积山石窟在申遗前称呼为全国重点文物保护单位，申遗后称为世界文化遗产。在当前还没有统一标准的前提下，经常采取在什么场合下使用什么称呼。比如：在申报文物保护专项资金的时候，以文物单位称呼，在进行相关宣传的时候，以世界文化遗产称呼，或者两者并行。因为名称的变化，在申遗前后需要对名称的使用和场合进一步规范，避免产生不必要的误会。尤其是当前学界对文物和文化遗产的关系的表述尚未有定论，比如文物和物质文化遗产概念、定义、内涵是否完全一致有不同表述。有学者认为文物就是物质文化遗产，也有学者认为文物是文化遗产的核心和精华①。在《文物保护法》没有修订以前，笔者认为在不同场合适用不同称呼比较契合实际情况。

2. 管理理念上的变化

前文提及理念变化，总体上可以这样概括一个变化：文物保护单位重在强调对文物本体以及载体的保护，近些年扩展到对周边环境的保护，比如两个重要转变的提出，把文物本体保护和周边环境保护并重就是重要体现。而世界文化遗产在强调本体、载体和环境的基础上还强调了价值和社会关系的互动。随着人们价值观的调整，遗产涵盖的范围日益丰富，其性质也从单纯受保护的对象逐渐转变为与社会现实有互动的复杂实体②。从这一点上可以看出，随着麦积山石窟成为世界文化遗产，对麦积山石窟价值的发掘以及关注的视角和维度有了很大的变化，总体来说是从理念上有了一个较大的变化。

3. 管理遵循的法律法规方面的变化

在申遗成功之前，麦积山石窟遵循以《文物保护法》为上位法的法律法规体系，包含《文物保护

---

① 阮家新：《文物是文化遗产的精华——兼论文物的“门槛”和价值》，《中国文物科学研究》2010年第2期。

② 黄明玉：《文化遗产概念与价值的表述——兼论我国文物保护法的相关问题》，《敦煌研究》2015年第3期。

法实施条例》《甘肃省文物保护条例》等法律法规，相对来说形成一个完整的纵向的法律保护体系。而申遗成功后，麦积山石窟作为世界文化遗产，在遵循我国文物保护法律体系的框架下，还需要按照《保护世界文化和自然遗产公约》为总指导，依照《操作指南》以及多年来形成的多个条约、宣言、宪章、共识，还包括国内为世界文化遗产制定的《世界文化遗产管理办法》《世界文化遗产检测巡视管理办法》等规章制度。由此我们可以看出，在法律法规变化上面是比较大的，文物保护单位是相对单纯的国内法，而世界文化遗产有较多的国际法内容，当然，我国对国际法的内容选择了审慎的态度。根据我国现有的立法和司法实践，条约在我国的适用方式大体上采用了混合式的做法，既包括并入式也包括转化式①。当前，我国在《文物保护法》的规定中对世界文化遗产的管理没有采取并入式，而是由《世界文化遗产管理办法》来实现，说明采取的是转化式。则可以推断一方面理念上可以借鉴，另一方面实际落实国际法的内容必须以国内法的形式来实现，国际法不可以直接在国内适用。这给我们研究、保护世界文化遗产带来一定的压力，需要有国内相应的文化遗产法或者继续修订文物保护法。

4. 管理制度上的变化

在厘清法律法规的前提下，管理制度相应就明确了。麦积山石窟的管理制度，从大的方面来说从规划可以看出。在申遗成功前，制定并实施了《麦积山石窟保护规划》，申遗过程中制定了《麦积山石窟管理规划》《麦积山石窟保护管理办法》，这两个规划就是申遗前后管理的显著变化。当前，两个规划和办法都在发生作用，这就要求我们注意这些有效力的文件之间是否契合，有无冲突。笔者对两部规划作了初步梳理，从宏观上看，两者在保护文物上是一致的，文物是规划的核心，这一点不容置疑。但是在保护的方向上略有差异，保护规划偏于技术性规划，而管理规划偏向于管理性规划。从微观上，两者规划范围、规划对象、规划理念以及规划依据存在诸多不同之处。由此，申遗前后基本形成两套管理体系，从具体管理上体现得不是很明显，但是保护、研究、弘扬过程中会产生一定的不确定性，源于管理制度有了很大的变化。

5. 管理范围方面的变化

文物保护单位保护的边界为保护范围和建设控制地带，而世界文化遗产的保护边界为遗产区和缓冲区。这两个范围的性质和管理区划内容要求不尽相同，但是有学者指出：对应《中华人民共和国文物保护法》等国内法律法规的要求，遗产区和缓冲区分别对应为文物保护单位的保护范围和建设控制地带②。基于上述麦积山石窟的两个规划，实际情况是，麦积山石窟的这两个边界是不完全一致的，这就要求我们在今后的修规和保护条例指定中注意协调，让这两个边界逐步靠拢，并达到一致程度，以减少这种管理范围变化带来的影响。另外，也可根据刘保山先生提出的设置背景环境思路③，进而形成对保护边界进行有效保护，使得更远的文化景观能和麦积山石窟进行全面的融合。在管理范围上，更为明显的是范围的确定和实际范围的落地，从实践中来看，文物保护单位实行的是界碑、界桩落地模式，对内部不再进一步区分。而世界文化遗产则在遗产区范围内进一步细分管理分区，更为细致。

---

① 江虹：《国际法与国内法关系的思考》，《辽宁行政学院学报》2014 年第 3 期。

② 刘保山：《走向新遗产》，北京：中国建材工业出版社，2020 年，第 138 页。

③ 刘保山：《世界文化遗产视角下的“三个文化带”意义、价值界定及其管理工作的思考》，《北京文博文丛》2017 年第 2 期。

四、两种管理模式分析

通过以上对麦积山石窟申遗成功前后管理的分析，我们可以看出文物保护单位管理和世界文化遗产管理是有一定的区别的。我们可以从国内国外两个维度进行观察，两者区别的根本原因在于全国重点文物保护单位的管理模式更多的是行政主导模式，而世界文化遗产管理在国外多为行政与社会共同参与模式，且社会参与比重比较高；我国的文物保护单位更多为国有或者说全民所有，而国外文化遗产多为私有，国家予以登记；我国的文物具有更多的公益属性，而国外文化遗产多具有社会属性；从保护资金来源，我国对文物保护的经费主要以财政保障为主，而国外文化遗产保护经费多为社会基金保障。从以上国内国外角度分析，两个制度有不同的社会背景和实践。概而言之，两者之间的关系基本可以归纳为两种理念、两种方法、两种体系、两种举措、两种范围、两种内核、两种保护、两种利用作用于同一个客体（文物/文化遗产）上的关系。麦积山石窟申遗前实行的是全国重点文物保护单位制度，申遗成功后实行文物保护单位制度和世界文化遗产管理制度，目前是两种规划反映着两种制度，并在实践中交叉发展。文物保护单位规划主要是以文物保护法为基础，结合麦积山石窟的实际，按照《全国重点文物保护单位保护规划编制（修订稿草案）》要求：必须坚持“保护为主、抢救第一、合理利用、加强管理”的文物工作方针，正确处理文物保护与经济建设的关系，文物保护与合理利用的关系，促进文物事业的可持续发展，使全国重点文物保护单位的文物本体及其环境得到有效保护。世界文化遗产管理规划的核心内容是针对不断变化的影响因素而做出相应保护决策的协调管理机制①。从两个规划的基本要求，两者有较大的不同，木文主要是针对实际观察麦积山石窟申遗前后的变化，此部分主要说明对两者管理模式亟须进行融合。

五、总结

通过对麦积山石窟申遗前后的变化，结合对相关理论的初步梳理和分析，笔者认为，麦积山石窟申遗前后的管理模式发生了很大的变化，亟须采取措施进行管理方面的调整。从宏观方面，麦积山石窟需要尽快制定《麦积山石窟保护条例》，重点对麦积山石窟作为全国重点文物保护单位和世界文化遗产的法律地位和关系进行明确规定。基于上述分析，国家层面也要考虑将《世界文化遗产管理办法》上升到条例层面，并持续完善，最终和文物保护法形成良好的衔接。从微观层面，麦积山石窟亦要对保护规划和管理规划进行合并修编，当前这项工作已经开展，建议在规划调整过程中对文物保护单位和世界文化遗产管理两种管理体系进行一次充分融合。

（原载于《东方收藏》2021年第21期）

① 王喆：《世界文化遗产地管理规划的主要特征——相比于文物保护规划的区别与对策》，《中国文物科学研究》2016年第4期。

麦积山石窟游客承载量问题的探索

李天铭　祁姿妤　陈孟轩

一、麦积山游客承载量问题的产生

2014 年麦积山石窟作为“丝绸之路：长安—天山廊道的路网”文化遗产项目的组成部分，成为世界文化遗产。麦积山石窟始建于十六国后秦时期，历经北魏、西魏、北周、隋、唐、五代、宋、元、明、清等十余个朝代的开凿和重修，遂成为一个大型石窟群。

在中国诸多石窟中，麦积山的高空观展环境最具代表性。在高达 80 米的东、西崖面崖壁之上，大小窟龛密如蜂房、形制各异，窟龛之间以栈道相连，上下多达 14 层，总长度为 1305. 2 米，蔚为壮观。石窟均开凿在距地面 20～80 米的悬崖上，其中西崖栈道层数多至 12 层。由于悬崖栈道较为陡峭，游客只能在栈道上单方向游览石窟。因其拥有众多窟龛、泥塑造像，麦积山石窟被誉为“东方雕塑陈列馆”。

近年来随着国民经济的发展，国内的旅游业态势平稳发展，交通出行也变得更为方便。在一年之中，绝大多数的游客倾向于选择“十一”“五一”游览麦积山，麦积山游客数量呈现叠加效应成倍增长。根据对麦积山石窟寺门票信息的统计，游客数量的变化存在季节性、朝暮性波动，参观时间段过于集中的情况（集中于每年的 6～10 月以及每日的 10：00～13：00）。2016 年“十一”期间达到 63573 人，日均客流量可达 9081 人次。正是如此巨大的客流量在相对较短的时间内涌入石窟寺景区，引发了核定制定游客承载量的必要性与急迫性。2002～2013 年，莫高窟每年定期进行 3 次游客调查，经过 10 年的连续游客调查活动，积累了一定的经验，并编辑了《莫高窟游客调查规范手册》①。

2020 年以来，为贯彻习近平总书记关于石窟寺保护利用工作的重要指示批示精神，落实国务院办公厅《关于加强石窟寺保护利用工作的指导意见》，国家文物局、文化和旅游部发布《关于加强石窟寺等文物开放管理和实行游客承载量公告制度有关工作的通知》。在推进石窟寺考古工作的同时，更需要注重旅游开发与文物保护之间平衡，这一现实需要再次引发了关于游客数量管理的讨论。

因此，为了使游客在高空栈道上安全地、全面地欣赏石窟艺术，获得良好的观赏体验，麦积山石窟艺术研究所与多单位联合开展了调研与研究。2017 年 10～12 月，全球文化遗产基金会与麦积山石窟艺术研究所管理层针对旅游管理调查开展初步的承载量调研，此次调研主要关注与栈道空间密切相关

---

① 李萍：《世界文化遗产莫高窟游客管理的探索与实践：游客调查规范程序》，《敦煌研究》2013 年第 6 期。

的游客承载量问题①。之后，麦积山石窟艺术研究所在此次调研的基础上，对栈道上客流实行量化管控、限时预约、高峰分流等举措，并完善了部分游客服务与安全方面的问题。2020 年 7~8 月，麦积山石窟研究所与复旦大学开展了麦积山文化价值的研究，关注视野从石窟本体拓展到石窟与周边景观、村落的整体关系研究。对麦积山游客承载量的研究，也从核定最大游客承载量转向深入阐释利用石窟艺术的发展新阶段。

二、游客体验与资源保护的理论发展与实地调研

关于旅游开发与文物保护之间的平衡问题，与游客承载量定性阐释和定量分析的研究进展有着密切的联系。在近年来国内的文献中，分别用旅游环境容量、旅游容量、旅游承载力来表达“旅游环境容量”的概念。最初这一概念来自美国学者。1982 年，美国学者 Mathieson 和 Wall 最先对旅游环境容量进行了经典的定义概括。旅游环境容量（tourism environmental carrying capacity，TECC）是指：在自然环境没有出现不可接受的变化和游客体验质量没有出现不可接受的降低的情况下，使用一个景点的游客人数最大值②。在欧洲，TECC 理论被广泛地应用到岛屿、海滨、历史地带、乡村、山地度假区、自然保护区等案例研究之中③。

从 20 世纪 80 年代初期开始，针对 TECC 理论的批评和反思一直延续至今。研究者普遍认识到：对同一环境而言，不同旅游活动的容量各不相同，而该环境的总容量也并非部分容量之和，而是一个波动阈值，随着外界条件的改变而调整。虽然“容量”一词似乎暗示着“游客数量”仍是核心，但是它也可以表达其他状况，例如景区使用类型、游客的时空分布特征、游客行为等。美国国家公园管理局在 20 世纪 90 年代建立了一个有效的承载量体系，被称为游客体验与资源保护（the visitor experienceand resource protection，VERP）。VERP 体系有 3 个基本组成部分：（1）制定管理目标及相关指标和质量标准；（2）监测指标；（3）实施旨在保持质量标准的管理措施。

2017 年，全球文化遗产基金会与麦积山石窟艺术研究所管理层针对旅游管理调查开展初步的承载量调研，就依照了游客体验与资源保护（VERP）的评价标准。该调查的目的是要记录和分析有关游客体验 3 个方面的信息：（1）基本的访客信息以及其与景区的关系；（2）游客对于景区的印象和游览体验；（3）为更好的或者个性化的体验支付费用的意愿程度。

基于 2015 年和 2016 年在景区进行的调查问卷，是同工作人员一起重新设计的。在 2 天的调研中，石窟的参观人数总计为 13102 人次和 12802 人次。这些数字是以前确立的 5000 人/日接待能力的 2 倍以上。10 月 5 日和 6 日进行的为期 2 天的调查共收到关于石窟寺游客管理现状与问题的问卷 240 份。

调研指出游客人数过多带来的各种潜在隐患。作为古代少数人礼佛、游玩的文化遗产地，游客人

① 2017 年的《全球文化遗产基金会调查报告》为麦积山内部资料 。写作分工为：Carrying Capacity Study，Jonathan Bell；Visitor Management Plan，Rand Eppich.

② MATHIESON A，WALL G. Tourism：economic，physical and social impacts. London and New York：Longman，1982.

③ 张骁鸣：《旅游环境容量研究：从理论框架到管理工具》，《资源科学》2004 年第 4 期。

数过多会引发一系列的问题。首先，麦积山石窟寺本身以及附属文物具有精细脆弱的特点，经历代修筑而成的众多窟龛、泥塑造像可能会因为客流过多，引发“窟内小气候”的改变而受损，甚至直接受到游客不文明行为而造成损坏。其次，由于麦积山石窟的栈道修筑在陡峭的崖壁上，且栈道本身空间的局限性，使容纳游客人数受限，因此采取单向的游览路线。客流量过大，可能会引发一系列的安全事故，也较难处理应急突发事件。最后，客流量过大可能会造成游客体验降低。冗长的游客队伍以及较长的排队时间，且大部分游客不愿意购买付费讲解服务，选择自主游览，使游客对麦积山石窟很难有全面的认识与了解①。

总的来说，游客人数过多，一方面会对文物本身及其附属环境造成危害；另一方面也会影响游客的参观质量安全。就麦积山石窟而言，为其所核定的最大游客承载量是“以不会有对雕像、壁画以及岩壁造成损坏的风险，不会对景区和自然环境产生不可接受的变化，同时又以能确保游客的安全和体验为前提”。因此麦积山各方在此项调研的基础上，针对游客管理的诸多问题，提出了优化的措施与方案，特别是针对游客客流问题、体验问题以及安全问题。

三、游客客流问题的改进

1. 游客承载研究，设立日承载量限制

根据2017年麦积山石窟游客问卷调研报告统计，游客客流主要集中于每年的6~10月；每日游客量人数峰值集中于10：00~13：00。节假日旺季游客主要来源于甘肃、陕西2省（分别为33%以及22%），且超过2/3（66.7%）的游客为自驾出行。另外，暑假期间石窟还需要面对大量学生家庭群体。

为了对每日游客量人数进行精细控制与引导，麦积山景区于2020年年底前公布了石窟寺景区游客日承载量和最大瞬时容量。石窟游客最大承载量为9600人，最佳承载量为6400人。出于栈道安全性与游客参观体验的考虑，另设定了石窟瞬时最大承载量为1200人，瞬时最佳承载量为800人。石窟客流由检票口值班人员、广场值班人员控制，根据客流量统计显示人数，对石窟栈道的游客数量进行调控。另外，特别针对重点地段实施分段控制：东门值班人员须按照人流量统计系统显示人数，将第168窟至第135窟段的游客数量控制在300人以内。

根据门票预售情况、发展态势和窟区游客情况，当预售门票数量超过最佳承载量人数时，同时启动2条应急参观线路，并确保应急1号线瞬时游客数量小于或等于800人、第168窟至第135窟段的游客数量小于或等于300人、应急2号线瞬时游客数量小于或等于400人。

2. 线上预约购票，合理安排游客数量

通过线上预约购票的方式，可对淡旺季游客进行精细分流，控制每日游客总数。麦积山石窟自2017年2月开始试推行“预约制”以来，线上预约的游客占比不断增加，游客对其接受度越来越高。

① 调研文件为麦积山内部档案资料，分为：初步的游客承载量研究与设计、游客管理规划概要、游客问卷调查报告、游客调查问卷、游客问卷测试调研结果、最终田野讲课内容。

线上预约的比例由 2017 年的 12%提高到了 2021 年的 60%。其中，由于新冠肺炎疫情的影响，2020 年线上预约比例甚至达到了 70%。

设定每日最大承载量限制，鼓励游客非节假日淡季出行。预约制度可以较很好地精细控制游客人数，分流人群，保护文物及其环境，培养观众的预约意识。虽然麦积山石窟尚未完全普及“全民预约”制度，但可以预见，线上预约将成为未来石窟寺景区常态化的购票方式。

疫情期间采取防疫措施，可适当减少节假日旺季的每日入园游客数量，在执行防疫要求的同时，达到了提高游客参观体验的效果。2020 年“五一”节假期间游客人数控制在最佳游客承载量的 30%，即 1920 人次；“十一”期间控制在最佳游客承载量的 50%，即 3200 人次。

3. 实行游客分流，提升游客参观体验

景区、石窟开放时间会随淡旺季改变，旺季的开放时间是 08：00～16：30，淡季的开放时间 08：30～16：30。麦积山石窟通过增加景区的开放时长，可对游客进行适当分流。

另外，在节假日期间，麦积山石窟根据当日预接待游客量调整参观线路，增设了应急出口。当参观游客数大于最佳游客承载量时（大于 6400 人次且小于 9600 人次），会开放 2 条应急参观线路，游客只能选择 1 条线路进行参观游览。根据栈道攀爬难度制定应急 1、2 号线，增设了不通过最高处散花楼的低层应急 2 号路线。

这些举措一方面考虑了游客的参观体验；另一方面也保障了游客的安全。此外，在线上所推出的优惠套票中，包含麦积山石窟、麦积山温泉、仙人崖景区（2020 年开始），游客进入景区后自由选择景点进行参观，合理调节大景区各景点中人数配比，将集中于石窟立面的人群分散到周边景区。

四、游客体验问题的改进

根据 2017 年的调研报告，我们可以了解游客对于景区的印象和游览体验及支付费用的意愿程度。绝大多数受访者为初次参观石窟（占 90%），且 2/3 的游客表示提前了解过麦积山石窟的背景。对于景区的印象而言，超过 2/3（66.7%）的游客表示对景区有良好的印象，只有 3%的游客表示对景区印象不好。除了由于游客人数过多所带来的体验不佳外，大多数游客表示对景区游览体验的满意度超过失望。另外，对于支付费用的意愿程度，有一半以上（60%）表示愿意为导游讲解服务付费，同时一半以上（63%）表示愿意为参观特窟付费。

对比敦煌莫高窟游客洞窟全员都需要有讲解员带领参观的现状，麦积山讲解服务依然属于自愿选择的付费购买的项目。这种状况的产生，与近些年莫高窟加强游客管理有关，麦积山近年来也在吸取莫高窟的成功经验，试图解决自身游客管理问题。

付费讲解的作用不仅在于帮助游客理解洞窟内容，更在于为游客做出了经典洞窟的游览线路选择，意在提高游客体验以及管控疏导。而麦积山的观展游览路线只有一个方向，由于付费讲解并非强制，仍有大部分游客为了减少费用而选择自主游览。麦积山自主游览的游客在栈道崖壁上所见到的洞窟并非完全是最经典的洞窟，而是诸多半裸露或安装有铁网的窟龛。洞窟使用铁网护栏，是出于防虫通风的保护需求，再加上文物展示标牌及相关配套设施的不完善，宣传设备老化且更新周期慢，这些无疑会影响游客的游览体验效果。因此，在导览方面还需要持续系统设计与逐步完善。

麦积山石窟现有讲解员 22 人，每位讲解员接待的游客团体，一般以 10 人为 1 组，原则上不超过 15 人（但在淡季期间，讲解员服务并不设置人数下限，往往 2、3 人也会配备 1 名讲解员）。近期，受新冠肺炎疫情影响，每日总接待次数为 15~20 次，每日总人数为 200 人左右。为提升石窟寺讲解服务质量，麦积山石窟有专门的讲解员培训课程以及相应的学习资料，包括石窟寺的相关知识、佛教背景文化以及讲解员基本职业素质。同时也制定了细致的讲解员考核评定办法，通过考核评为一、二、三级以及见习讲解员。据统计，2020 年购买讲解服务的游客人数占总游客量的 5.36%，而从 2021 年 1~9 月，购买讲解服务的游客人数下降到总游客量的 2.86%。可以看到：游客对于讲解服务的热情仍然较低，通常采取自行参观的游览方式。麦积山石窟近年来增设存包处，一方面减轻游客游览观看负担；另一方面有助于减少在狭窄栈道上背包转身可能造成的意外事件，还可以保护外崖面的裸露文物。

为了提高游客对石窟的参观体验、知识获取程度，麦积山石窟正在推动建立“全民讲解”模式：所有入园游客都由讲解员引导、讲解，形成讲解员负责制，并以参观小队的方式进行游览。这种模式的优点在于：讲解员向游客宣讲石窟寺历史发展脉络，对各时期代表性洞窟以及造像的看点进行有效选择，普及基础佛教知识，相对自主参观更能提高参观体验，节约游客体力精力，及时处理突发情况（讲解员可通过数据传输设备及时与景区调度中心保持联系），劝阻不文明行为（触摸文物及用硬币投掷文物现象）。

在“让文物活起来”的方针下，麦积山石窟近年来通过微信公众号“麦积山旅游”、麦积山石窟官网等多种数字媒体平台，提供麦积山石窟的基础知识与参观信息，让观众在参观前就具备一定的知识背景。在参观结束后，公众号、数字平台还可定期提供一系列的讲座等学习平台，培养忠实游客。

五、游客安全问题的改进

由于石窟寺的地理特殊性（其通常开凿在悬崖岩壁上），往往需要借助栈道等崖壁建筑，建筑老化也可能会产生建筑安全问题；同时也存在着强降雨引发的落石等自然灾害问题和游客拥挤、打斗、突发疾病等人为安全问题，因此游客在游览过程中存在一定的安全风险。麦积山的高空栈道所面对的游客安全问题最为复杂严峻。

1972 年国家文物局将麦积山加固工程作为重点文物保护工程立项，后经 10 多年修建，逐步由木栈道替换为钢筋混凝土栈道。麦积山石窟艺术研究所注重设施安全，通过加固、补形等措施，防止望柱混凝土的劣化和钢筋锈蚀，对栈道进行日常化保养维护。2006 年，委托甘肃土木工程科学研究院对栈道病害进行了调查检测，其悬臂梁在正常静力设计荷载作用下，满足《混凝土结构设计规范》的规定，现状良好。2013 年，通过加厚原有栈道板，对 1 号线区域的栈道板劣化、混凝土碳化、钢筋锈蚀等进行了进一步的维护和预防性保护。2016 年，通过加装棂条，排除了因护栏棂条间距过宽导致孩童发生危险的风险因素。2017 年 8 月，申请国家文物局“麦积山石窟栈道安全稳定性前期勘察”项目，后获批复同意。2019 年与甘肃莫高文化遗产保护设计咨询有限公司合作，联合兰州理工大学、甘肃省地震局开展了前期调查、现场试验、栈道检测分析、监测等工作。通过近 2 年的工作，基本确定栈道不存在大的结构性病害，各项指标满足现行的规范要求。

麦积山景区积极开展日常安全巡查工作，重点做好节假日等旅游高峰期的安全防控工作。景区共配备安保人员 50 名，根据安保管控需要，主要可分为洞窟管理中队、广场巡逻中队、检票中队、监控中队等。针对石窟区域进行重点安保，成立洞窟管理中队，共配备 17 人，同时定期培训考核安保人员，提升其专业水平与素质。

根据崖壁栈道的安全情况以及大客流应对的实际情况，麦积山石窟划分窟区和崖下 2 部分，调研确定了 13 处重点区域，日常配备安保人员，引导游客参观路线，劝阻不文明行为，保障游客安全。

麦积山景区注重应急能力建设，制订全面的应急预案，充分考虑可能发生的自然灾害和人为损害，做好人员保障和物资准备。现共有应急预案 10 项，其中备案预案 4 项。针对旺季大客流制定了详细应对措施，通过增加执勤点位密度、应急参观路线、参观缓冲区以及关键节点限入管控等举措进行游客大客流管理。

另外，针对暴雨天气落石也制定了具体应对措施，通过第一时间设立警戒范围、引导游客疏散避险、组织现场勘查以及调整参观路线等举措，灾害严重时做好临时闭馆准备工作，以保障游客安全。同时，景区积极开展应急演练，增强预警反应能力，全面提升景区应急处置能力。特别是 2021 年“十一”期间暴雨引发山体落石，麦积山石窟根据相关应急预案做出快速反应，第一时间现场勘查后决定闭馆，后经多次勘查，调整参观线路后对外开放。

六、结语

历经 5 年探索，麦积山石窟针对 2017 年调研报告所发现的问题，通过核定落实游客最大承载量限制，采取各种措施控制客流量，在保障游客的安全、提升游客的参观体验、增长游客的知识方面积攒了宝贵的管理实践经验。值得注意的是，在 2017 年麦积山游客承载量调研中，使用的 VERP 体系始于对自然环境的评估。该评估体系只能反映物质实体层面游客与文物古迹的关系，并不能反映游客对石窟文化内涵的理解程度。随着我国对石窟保护利用认识的深入，这一标准已经不能满足游客当下的切实需求。

2021 年，复旦大学国土与文化资源研究中心对麦积山石窟周边文化景观进行了调研，预计日后将开展申遗 10 年以来保护规划的修订工作，助力麦积山未来研究与管理、保护相结合的中长期规划。此次调研的初步意向可概括为：在文化景观的视野下对麦积山的价值进行重新阐释，缓解以往相对割裂的文化遗产分类所产生的人地矛盾。从“只关心生态环境”扩展到“关心社会文化环境即当地居民”，对于深处山区中的麦积山石窟更具意义①。

1992 年，文化景观概念被世界遗产正式采纳设立，它的意义在于弥合了以往双遗产、混合遗产等概念下人地相对分离的保护政策导向。《保护世界文化和自然遗产公约》（以下简称《公约》）成为认

① 崔凤军、刘家明：《旅游环境承载力理论及其实践意义》，《地理科学进展》1998 年第 1 期。

知和保护文化景观的第一个国际法律文书①。《公约》第一条所表述的“自然与人类的共同作品”，展示人类社会与聚落在自然环境的物质性制约或机会下以及在社会、经济、文化等因素的内在和外在持续作用下的演进，突出强调人和自然之间长期而深刻的相互作用关系。景观所具有的地域多样性反映了人类社会丰富而特殊的、确保生物多样性的土地使用技能，景观与社会信仰、艺术和文化的关联性体现了人类和自然之间独特的精神联系。世界遗产文化景观类别的设立，标志着世界遗产的重要转向，是文化的转向，也是价值观的转向。它立足反省西方传统文化中对立分离的人和自然的关系，赋予自然以文化的意义，为重新审视文化和自然的关系及其多样性打开了大门②。

伴随着国际遗产认识理念更新以及最新国家政策的引导，未来麦积山石窟寺的研究与展览阐释将发展为深入拓展麦积山与周边文化景观关系，讲述麦积山与附近村落之间的“中国故事”。麦积山不是一日修成的，也不是一人修成的。历史上各个时期都有周边村民参与麦积山的栈道修建、辅助施工；现今依然有他们的儿孙辈村民参与讲解售票、修复泥塑壁画、后勤安保、住宿宣传等工作。古代与现代麦积山与村民休戚与共的关系，正是麦积山在新时代独特的人文景观。人是文化遗产的灵魂，未来规划中也应更加关注麦积山中的游客、村民等各类人群的需求③。

未来，在完善麦积山游客承载量的问题上，一方面要延续线上预约、限时分流的措施，把栈道上的游客合理分布到相对均衡的参观时段、合适的参观路线中；另一方面，要设计更多合理的游览路线，甚至深入周围山丘村落，使游客在游览石窟寺之外，也可以从不同视角观赏、了解麦积山。延长一日游为多日游，从而带动相关产业发展，并可让游客更加自主地、系统地了解麦积山的自然景观与人文景观价值。

（原载于《自然与文化遗产研究》2021年第6期）

① 联合国教科文组织：《保护世界文化和自然遗产公约》，1975年12月17日。

② 韩锋：《文化景观：填补自然和文化之间的空白》，《中国园林》2010年第9期。

③ 杜晓帆：《文化遗产价值论探微：人是文化遗产的灵魂》，北京：知识产权出版社，2020年。

麦积山石窟第127窟赋存环境特征及对壁画病害的影响

贺东鹏　武发思　胡军舰　岳永强　马　千　汪万福　李师翁

文物承载灿烂文明，传承历史文化，维系民族感情，是宝贵的历史文化遗产。然而经历漫长岁月，保存至今的文物大都存在多种类型的病害①。赋存环境对文物的保存具有重要影响②。因此，当今文物保护已转向文物本体保护与赋存环境保护并重。对于石窟类文物，其所处地域的气候、地质构造、自然环境，以及窟内微环境等，都与窟内文物，特别是壁画的保存密切相关，不利环境因素是导致文物病害发生的直接原因③。例如，对莫高窟开放和非开放洞窟内相对湿度变化的比较研究表明，降雨后开放洞窟的相对湿度增幅明显，而非开放洞窟相对湿度变化较小④，窟内的湿度和温度变化导致壁画膨胀起甲和脱落⑤。全球气候变化加剧，极端天气频发，包括环境污染等，都会引起文物赋存环境的变化，文物保护工作面临新的挑战。因此，开展文物赋存环境的检测与研究，对更好地做好文物保护工作尤为重要。

麦积山石窟位于甘肃省天水市东南45公里的秦岭山脉中，自后秦以来延续开窟1600多年，现存窟龛221个，窟内存有大量精美塑像和壁画⑥（图一：1），于2014年被联合国教科文组织列入世界文化遗产名录。由于环境变化及人类活动等因素影响，麦积山石窟壁画空鼓、起甲、酥碱及微生物病害

---

① 王旭东、苏伯民、陈港泉等：《中国古代壁画保护规范研究》，北京：科学出版社，2013年。

② LIU X B, MENG H, WANG Y L, et al. Water is a critical factor in evaluating and assessing microbial colonization and destruction of Angkor sandstone monuments. International Biodeterioration & Biodegradation, 2018, 133: 9-16. RAVANKHAH M, WIT R D, ARGYRIOU A V, et al. Integrated assessment of natural hazards, including climate change's influences, for cultural heritage sites: the case of the Historic Centre of Rethymno in Greece. International Journal of Disaster Risk Science, 2019, 10 (3): 343-361. GUERRIER B, DOUMENC F, ROUX A, et al. Climatology in shallow caves with negligible ventilation: Heat and mass transfer. International Journal of Thermal Sciences, 2019, 146: 106066. 孙满利、刘璇清、曹张喆等：《甘肃砂岩石窟浅表层风化区域特征研究》，《西北大学学报》2021年第3期。

③ 李最雄：《敦煌石窟保护工作六十年》，《敦煌研究》2004年第3期。

④ 陈海玲、陈港泉、NEVILLE A等：《开放参观对莫高窟洞窟微环境的影响》，《文物保护与考古科学》2017年第6期。

⑤ 倪勇、葛承滨、汪万福等：《敦煌莫高窟壁画起甲机理研究》：《现代电子技术》2016年第3期。

⑥ 孙晓峰：《麦积山石窟的历史与艺术》，《中国文化遗产》2016年第1期。

较为严重①，对塑像和壁画的保存造成严重影响。例如，2018 年 6~8 月，第 127 窟等窟内壁画发生了大面积的微生物病害。为此，开展麦积山石窟各窟的赋存环境变化及其与壁画病害发生关系的研究，是石窟预防性保护的关键。然而，当前石窟环境监测方法主要是通过布设空气温湿度探头获取窟内和窟外环境参数。由于文物的特殊性决定了该类设备只能通过支架放置在地面或悬挂于监测对象附近，所测数据还无法体现文物本体真实的温湿度变化。红外热成像仪可获取壁画表面温度②，但存在无法进行多位点同步监测和缺乏连续数据。本研究首次使用微型嵌入式温湿度记录仪，并结合传统监测手段，对麦积山石窟第 127 窟内外环境和文物本体内环境进行了同步实时检测和分析，旨在为麦积山石窟赋存环境特征及其与石窟文物病害发生之间的关系进行解析，为麦积山石窟预防性保护提供科学依据。

一、材料与方法

（一）第 127 窟概况

第 127 窟位于麦积山西崖上层，于西魏时期（535~556 年）开凿营建，洞窟由甬道和主室组成。甬道截面为边长约 2.0 米的正方形，进深约 3.0 米，南端为木制窟门，上部透气纱窗面积约 0.44 平方米。主室平面呈长方形，覆斗形顶，东西长约 8.6 米，南北宽约 5.0 米，四壁高约 4.0 米，窟顶至地面约 4.5 米（图一：2）。主室中央塑有一佛二菩萨像，四壁及窟顶绘有《涅槃经变》《西方净土变》等大型佛传故事画，是麦积山石窟保留壁画最多的洞窟，具有极高的学术研究价值③。洞窟病害类型包括地仗层脱落、空鼓、微生物病害（图一：3）等，其中空鼓脱落及微生物病害最为严重，主要集中于主室北壁、东壁北侧、西壁北侧、顶部北侧。

（二）实验设计

1. 洞窟壁画病害现状调查

根据《古代壁画病害与图示》（GB/T 30237-2013）④ 开展第 127 窟主要病害调查，标识病害分布范围，并利用 CAD2014 统计各类病害面积。

2. 麦积山石窟大环境监测

在麦积山石窟中区地面开阔处设置气象站（图一：4），在中部栈道外侧设置 HOBO® U23-001 型温湿度监测仪（图一：5），监测麦积山石窟栈道环境温度（T）和相对湿度（RH）。

---

① 柴长宏、汤春梅：《麦积山石窟及周边环境有害生物调查及防治对策》，《林业科技通讯》2015 年第 4 期。岳永强：《麦积山石窟壁画病害现状调查及研究》，《遗产与保护研究》2019 年第 2 期。

② 李燕：《麦积山石窟水汽凝结机理及防治措施研究》，兰州大学硕士学位论文，2020 年。

③ 杨晓东：《麦积山石窟 127 窟壁画〈西方净土变〉构图图式特点探析》，《中国民族博览》2017 年第 2 期。

④ 国家质量监督检验检疫总局：《古代壁画病害与图示》（GB/T 30237-2013），北京：中国标准出版社，2014 年。

3. 第 127 窟窟内及文物本体微环境监测

环境监测于 2019 年 1 月 1 日至 12 月 31 日间进行。在第 127 窟甬道西壁地面（AC）、主室南壁东侧地面（AS）、主室北壁东侧地面（AN）及主室西壁佛台（AW）布设 4 台 HOBO® U23-001 型温湿度监测仪，分别监测 4 处壁画附近空气温度、相对湿度和露点温度，探头距地面或佛台平面约 10 厘米（图一：6）；在主室南壁东侧（PS）、北壁东侧（PN）距地面约 120 厘米原有壁画颜料层已破损脱落处地仗层内置入 iButton® DS1923 微型（17 毫米×5 毫米）温湿度监测仪，然后用地仗层修复用泥土封护破损处，封护层干燥后所测温湿度即为该处壁画本体内微环境数据（图一：6）。所有监测仪均设定为每 2 小时采集一次数据，同时记录石窟外环境和第 127 窟空气及壁画地仗层内的温度、相对湿度和空气露点温度。

▬ 空气温湿度监测仪　Monitors for air T and RH

● 地仗内温湿度监测仪　Monitors for Plaster layer T and RH

图一　本研究布置的环境监测点及微生物病害示意图

1. 麦积山石窟　2. 第 127 窟示意图　3. 第 127 窟微生物菌斑　4. 气象站　5. 栈道监测点　6. 第 127 窟平面图（左）、侧视图（右）及温湿度监测仪位置（单位：厘米）

（三）数据收集与分析

本研究以地面气象站和石窟栈道上温湿度监测数据作为石窟外环境因子，第 127 窟空气及壁画地仗层内温湿度监测数据作为窟内环境和文物本体微环境因子，比较分析外环境、窟内及文物本体温度、温度和空气露点温度日极大值、月极大值、日较差及壁画表面温露差。使用软件 Origin2019 和 Spss16. 0 完成数据统计和数据相关性分析。

二、结果与分析

（一）第 127 窟壁病害现状

麦积山石窟第 127 窟主室南壁、西壁、东壁和北壁地仗脱落面积分别为 2. 24 平方米，1. 89 平方米、1. 92 平方米和 7. 40 平方米，分别占其所在壁面的 8. 14%、9. 74%、10. 36%和 23. 00%。第 127 窟甬道、主室南壁均无可见微生物病害，而主室西壁、东壁及北壁微生物病害面积分别为 1. 10 平方米、1. 63 平方米和 5. 84 平方米，分别占其所在壁总面积的 5. 67%、8. 80%和 18. 15%（图二）。表明地仗脱落和微生物病害由南向北逐渐严重。

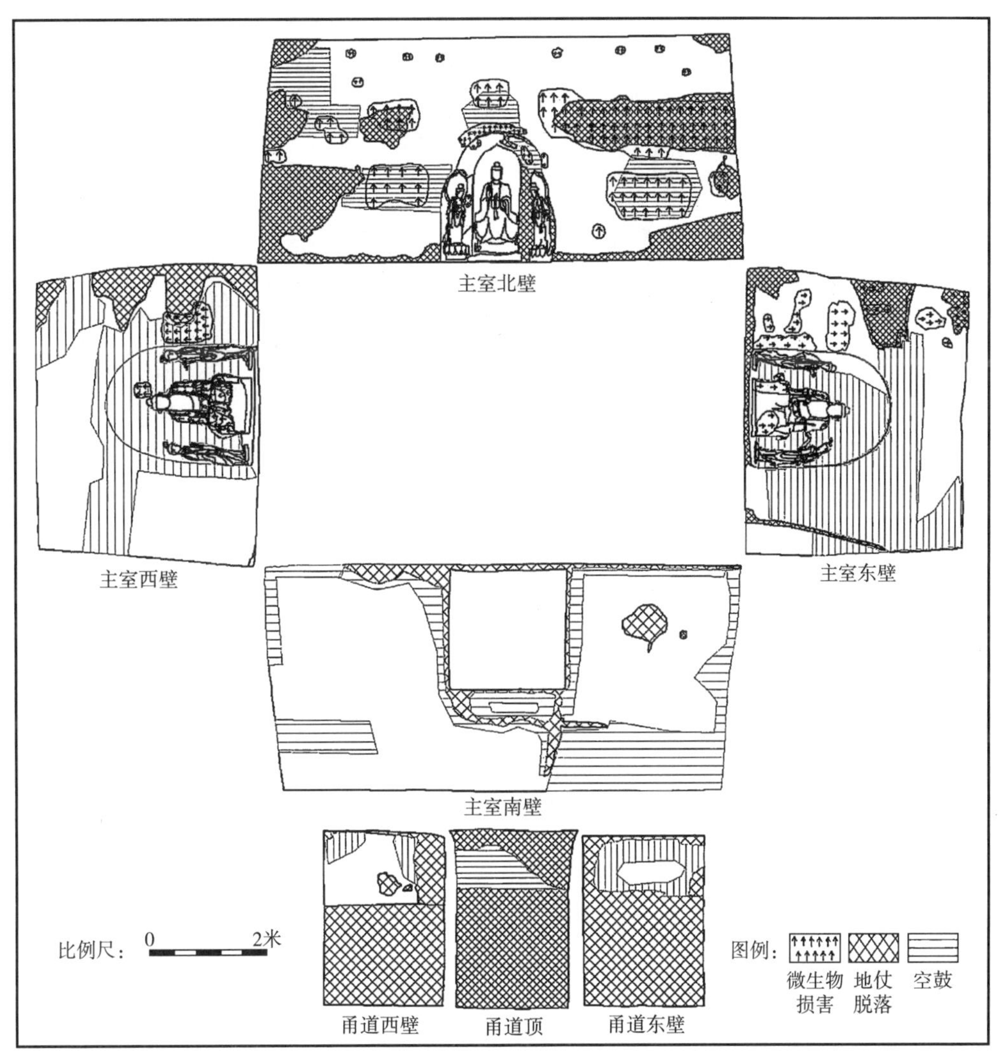

图二　第 127 窟病害分布

（二）麦积山石窟外环境年度变化特征

以石窟气象站和石窟栈道 2 处监测数据比较分析石窟赋存外环境特征。图三为气象站和栈道监测点 2019 年的温度、湿度及降雨量变化图。2019 年累积降雨约 839 毫米，其中 8 月降雨量最大（173 毫米），9 月次之（146 毫米），4~10 月累积降雨量占全年降雨量的 83.9%。两个监测点温度季节变化明显，变化趋势相似。气象站全年日均温度波动范围为 5.87~24.72℃，年均温 11.54℃；栈道监测点全年日均温度波动范围为 5.13~26.10℃，年均温 11.26℃。栈道位点年均温高于气象站监测点，日均温 12 月最低，7 月底最高。与温度波动趋势不同，气象站和栈道监测点 *RH* 季节性变化不明显，气象站位点全年 *RH* 波动范围为 25.98%~100%，年均 *RH*76.0%；栈道位点全年 *RH* 波动范围为 25.71%~93.54%，年均 *RH* 为 69.15%。栈道点年均 *RH* 低于气象站点，全年 *RH* 3 月最低，4~10 月较大。

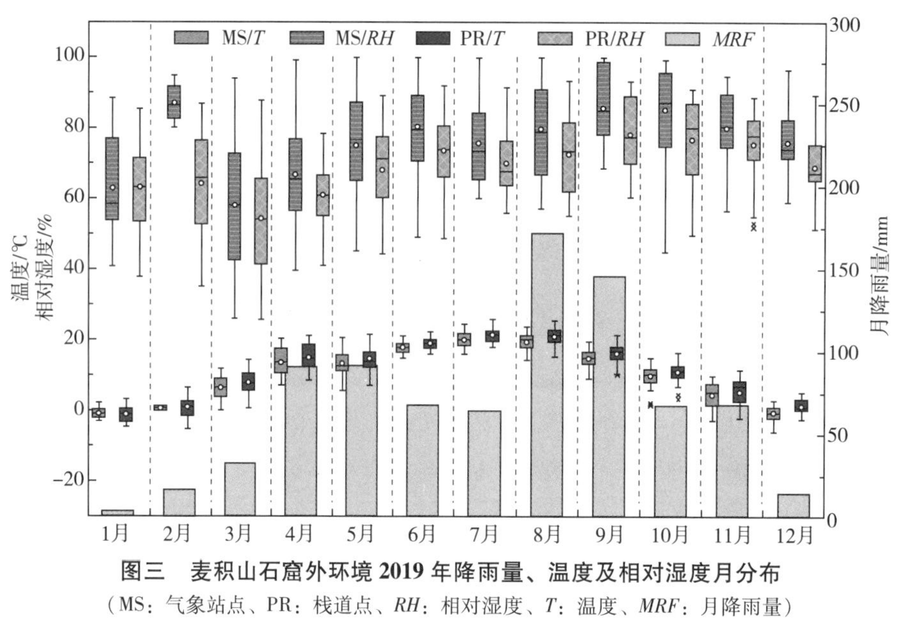

图三　麦积山石窟外环境 2019 年降雨量、温度及相对湿度月分布

（MS：气象站点、PR：栈道点、*RH*：相对湿度、*T*：温度、*MRF*：月降雨量）

（三）第 127 窟内环境及窟壁本体微环境的年度变化

如图四所示，第 127 窟窟内各监测点空气和地仗层温度季节变化较为平缓，波动幅度由南向北逐渐减小，甬道空气温度波动范围最大（1.67~20.56℃），北壁地仗层温度波动范围最小（8.50~16.50℃）。各监测点空气和地仗层 *RH* 季节变化明显，波动幅度由南向北逐渐增大，北壁空气 *RH* 波动幅度最大（30.53%~9.56%），南壁地仗层 *RH* 波动幅度最小（41.10%~88.80%）。4~9 月，沿窟门向内由南至北温度逐渐降低，而 *RH* 变化趋势相反。7~8 月窟内 *RH* 持续高于 70%，其中西壁、北壁、北壁地仗层 *RH* 持续高于 90%。

如图五：1 所示，第 127 窟南壁空气及地仗层 4~10 月温度月极大值均高于北壁，其余 5 个月则相反。1~3 月及 12 月北壁地仗层温度月极大值最大，而南壁地仗层温度月极大值 4~9 月最大。夏季窟外温度高于窟内，南壁地仗层温度最高；冬季则相反，窟内温度高于窟外，北壁地仗层温度最高。除 10 月（南壁），4 月、8 月和 11 月（北壁）外，其余月份地仗层温度月极大值均大于空气温度月极大值。冬季南壁地仗层温度月极大值最低，夏季南壁空气温度月极大值最高。第 127 窟窟门上半部分是可透气的纱窗，而下半部分为实木板，夏季窟外温度较高，窟外热空气可通过窟门及上部的纱窗进入

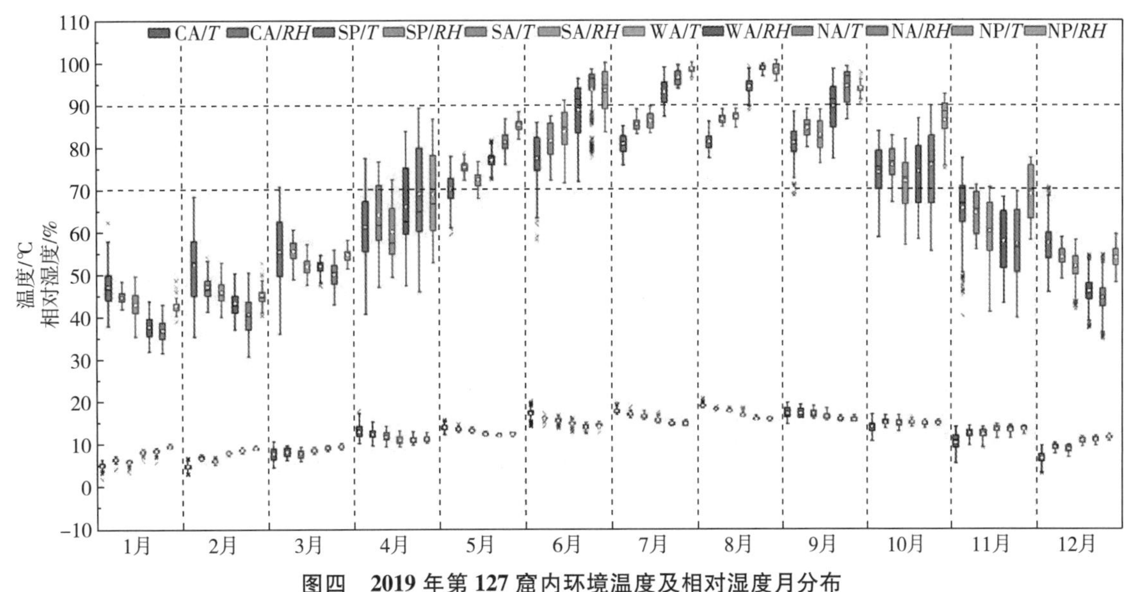

图四 2019 年第 127 窟内环境温度及相对湿度月分布

（CA：甬道、SP：南壁地仗层、SA：南壁、WA：西壁、NA：北壁空气、NP：北壁地仗层，*RH*：相对湿度、*T*：温度）

窟内，进而影响窟壁内部温度。冬季则相反，窟外冷空气被窟门阻挡，且南壁外崖体成为热量传导的主要介质，南壁地仗层温度月极大值低于空气。

由图五：2 可知，第 127 窟南壁地仗层、南壁空气、北壁空气和北壁地仗层温度日较差月均值波动范围分别为 0.19~0.58℃、0.16~0.63℃、0.01~0.77℃和 0.11~0.38℃，南北两壁温度日波动幅度不超过 0.8℃。除 1 月和 12 月外，南壁空气温度日较差月均值均大于北壁；除 7 月和 8 月外，南壁地仗层温度日较差月均值大于北壁。第 127 窟甬道进深约 3 米，即外崖面与窟内南壁间的崖体厚约 3 米。窟门长期关闭时，窟内温度较为稳定，说明窟门及崖体起阻隔窟外冷空气、缓冲窟内外热量交换的作用，这与陈海玲等人的研究结果相符①。

如图六：1 所示，4~10 月北壁空气和地仗层 *RH* 月极大值高于南壁，北壁空气和地仗层 *RH* 月极大值分别在 86.5%~99.6%和 86.5%~100.0%间波动。6、7、8、9 月北壁空气和地仗层 *RH* 月极大值分别为 98.4%、99.3%、99.6%、99.0%和 99.9%、99.9%、100.0%、97.7%。而南壁除空气 *RH* 在 6 月达到 91.1%外，其余月份空气及地仗层 *RH* 均低于 90%。

南壁和北壁空气 *RH* 日较差月均值年波动幅度较大（图六：2），分别为 0.83%~4.52%和 0.33%~4.64%，而地仗层 *RH* 日较差月均值年波动幅度较小，南北壁分布范围分别为 1.20%~2.02%和 1.51%~1.96%。空气 *RH* 日较差月均值 8 月最低，11 月最大。7 月和 8 月北壁空气 *RH* 日较差月均值低于 0.5%，表明北壁附近空气 *RH* 日波动幅度极小，长期维持在高湿度水平。

麦积山年降雨主要集中在 7~9 月，此期间，第 127 窟内空气 *RH* 日波动幅度明显减小，表明洞窟内湿度上升后短时间内难以降低。由于窟壁和地仗层的隔离作用，地仗层 *RH* 全年日变化较为平稳，雨季持续保持在高湿（南壁）或饱和（北壁）状态。地仗层内部长期维持在高湿环境成为诱发壁画发

① 陈海玲、陈港泉、薛平等：《敦煌莫高窟第 465 窟温湿度时空分布特征》，《干旱区资源与环境》2018 年第 2 期。

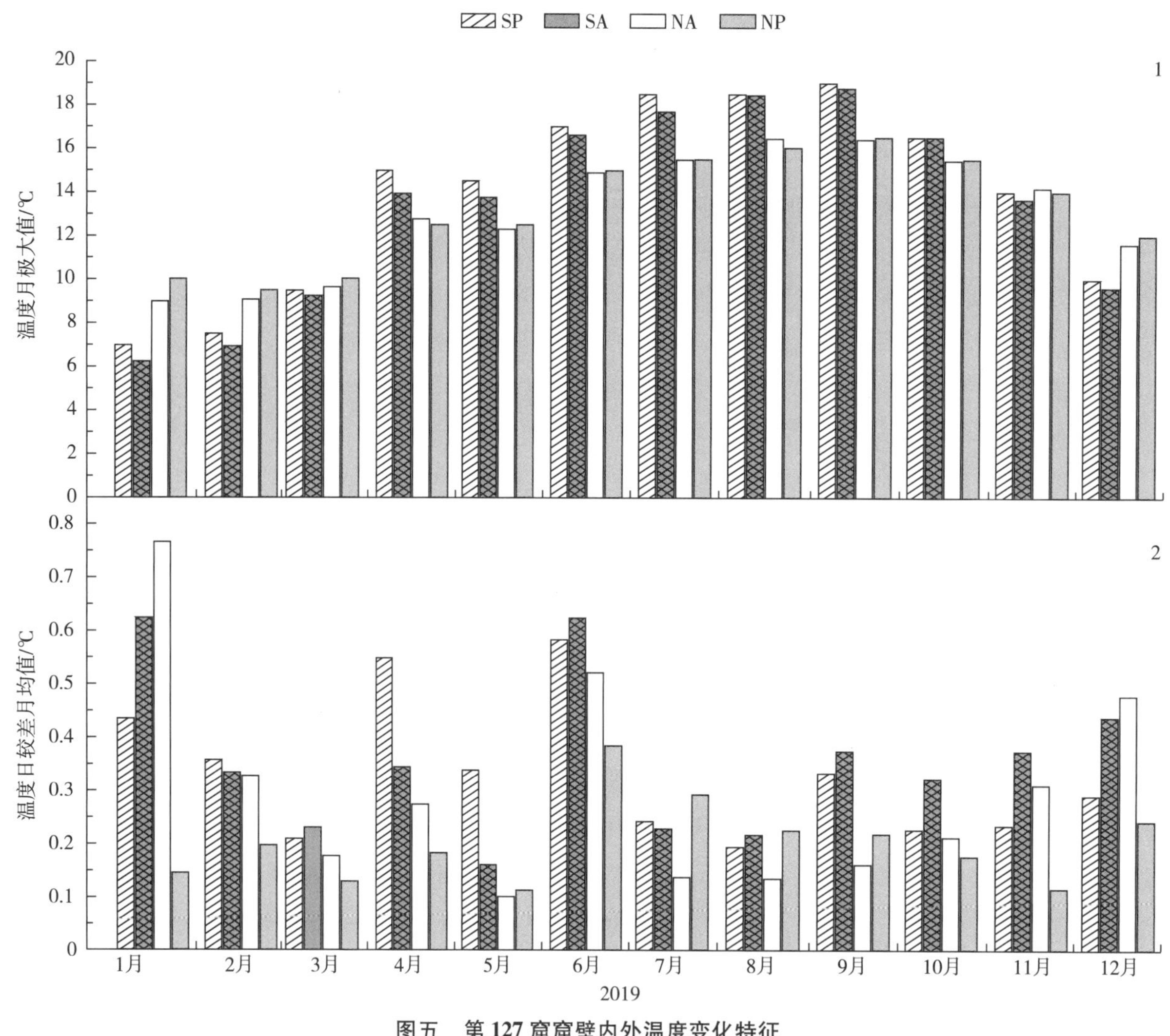

图五　第127窟窟壁内外温度变化特征

1. 温度月极大值　2. 温度日较差月均值

生酥碱和空鼓，甚至脱落等病害的主要影响因素。

窟内6个监测点的*RH*日极大值表明，不同位置的南北壁空气和地仗层*RH*日极大值出现频次差异明显（表一），由南至北的6个监测点*RH*超过90%的频次依次为0、0、3、100、112和127，北壁地仗层出现在6～10月，而南壁空气、西壁佛台和北壁空气均出现在6～9月。各监测点*RH*超过90%的时长为：西壁佛台和北壁空气超过3个月，北壁地仗层超过4个月，南壁仅为3天。甬道空气和南壁地仗层*RH*始终低于90%，表明窟内*RH*升高并非窟外环境中湿气通过窟门和甬道向内扩散。由于第127窟为非开放洞窟，长期关闭的窟门阻止了外环境湿气对洞窟内环境的影响，这与莫高窟研究结果类似①。余荣光等人的研究表明，降雨对麦积山石窟渗水影响显著，受渗水路径及降雨量影响，渗水体系复杂，并存在延迟滞后现象②，因此，北壁内、外持续的高相对湿度与降雨导致的崖体内部渗水有关。

① 国家质量监督检验检疫总局：《古代壁画病害与图示》（GB/T 30237-2013），北京：中国标准出版社，2014年。

② 余荣光：《麦积山石窟渗水病害的机理研究》，兰州大学硕士学位论文，2020年。

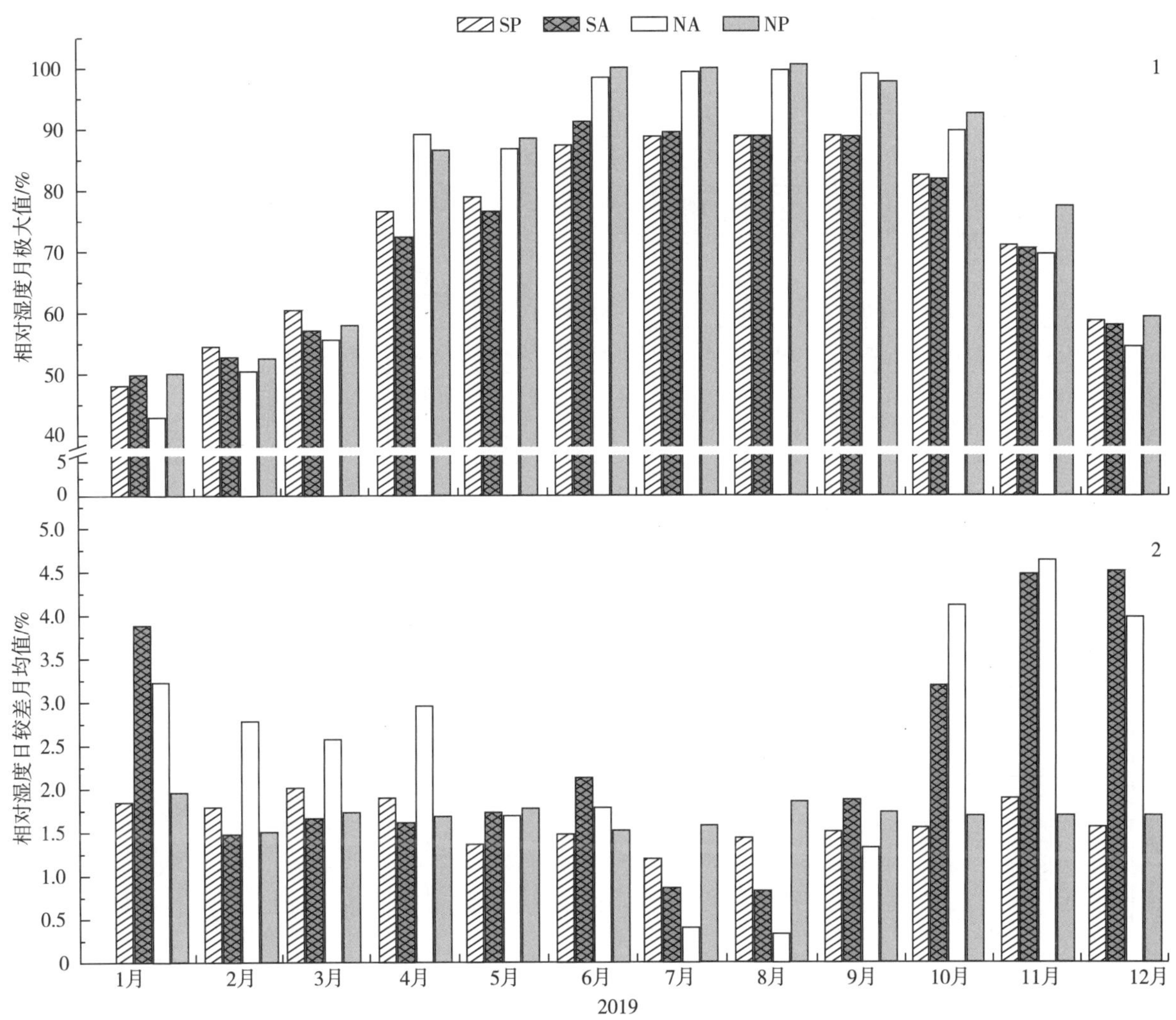

图六　第 127 窟窟壁内外相对湿度变化特征

1. 相对湿度月极大值　2. 相对湿度日较差月均值

表一　2019 年第 127 窟相对湿度日极大值月频次分布

RH/%	甬道							南壁地仗层						
	30～40	40～50	50～60	60～70	70～80	80～90	90～100	30～40	40～50	50～60	60～70	70～80	80～90	90～100
1 月		17	13	1					31					
2 月		7	13	8					23	5				
3 月		5	10	15	1					30	1			
4 月		1	6	14	9				1	8	9	12		
5 月				7	24						31			
6 月				2	15	13						8	22	
7 月					9	22							31	
8 月					6	25							31	
9 月					6	24							30	

续表

RH/%	甬道							南壁地仗层						
	30~40	40~50	50~60	60~70	70~80	80~90	90~100	30~40	40~50	50~60	60~70	70~80	80~90	90~100
10月				5	17	9					5	19	7	
11月			2	16	12					8	12	10		
12月			17	13	1					31				
RH/%	南壁空气							西壁						
	30~40	40~50	50~60	60~70	70~80	80~90	90~100	30~40	40~50	50~60	60~70	70~80	80~90	90~100
1月		31						22	9					
2月	24	4						2	24	2				
3月		2	29							31				
4月			17	9	4					6	11	10	3	
5月				1	30							26	5	
6月					5	22	3					3	8	19
7月						31								31
8月						31								31
9月					5	25							11	19
10月				7	19	5					7	14	10	
11月			12	17	1				2	13	15			
12月		1	30						26	5				
RH/%	北壁空气							北壁地仗层						
	30~40	40~50	50~60	60~70	70~80	80~90	90~100	30~40	40~50	50~60	60~70	70~80	80~90	90~100
1月	21	10							31					
2月	10	17	1						26	2				
3月		12	19							31				
4月			6	11	3	10				7	12	6	6	
5月					7	24							31	
6月					1	3	26						7	23
7月							31							31
8月							31							31
9月						6	24							30
10月				7	10	14						5	14	12
11月		4	11	15							15	15		
12月		28	3						3	28				

（四）窟壁表面水汽凝结条件分析

研究表明，当石窟内窟壁画或岩壁表面温度低于空气露点温度时，空气中的水汽会以窟壁表面的粉尘等颗粒物为凝结核由气态水转化为液态水①。因此，壁画表面温度低于空气露点温度是水汽在壁画表面凝结的必要条件。以南壁、北壁地仗层温度作为其附近壁画表面温度，与对应壁面空气露点温度做差值得到该处壁画的温露差。壁画表面温露差小于0℃，壁画表面即可能发生水汽凝结现象。如图七：1所示，第127窟南壁和北壁监测点温露差年波动范围分别为2.07～15.26℃和0.05～18.06℃。与南壁相比，北壁温露差年波动范围更大，4月初至10月末北壁温露差小于南壁。图七：2显示，南壁温露差始终高于2.00℃，而北壁温露差在0～1.00℃和1.00～2.00℃区间内的频率分别为21.3%和9.8%，即全年31.1%的时间内北壁温露差低于2℃。结合图七：1分析，该时间段为6月初至10月初，这与李燕模拟麦积山第133窟水汽凝结持续期相同②。

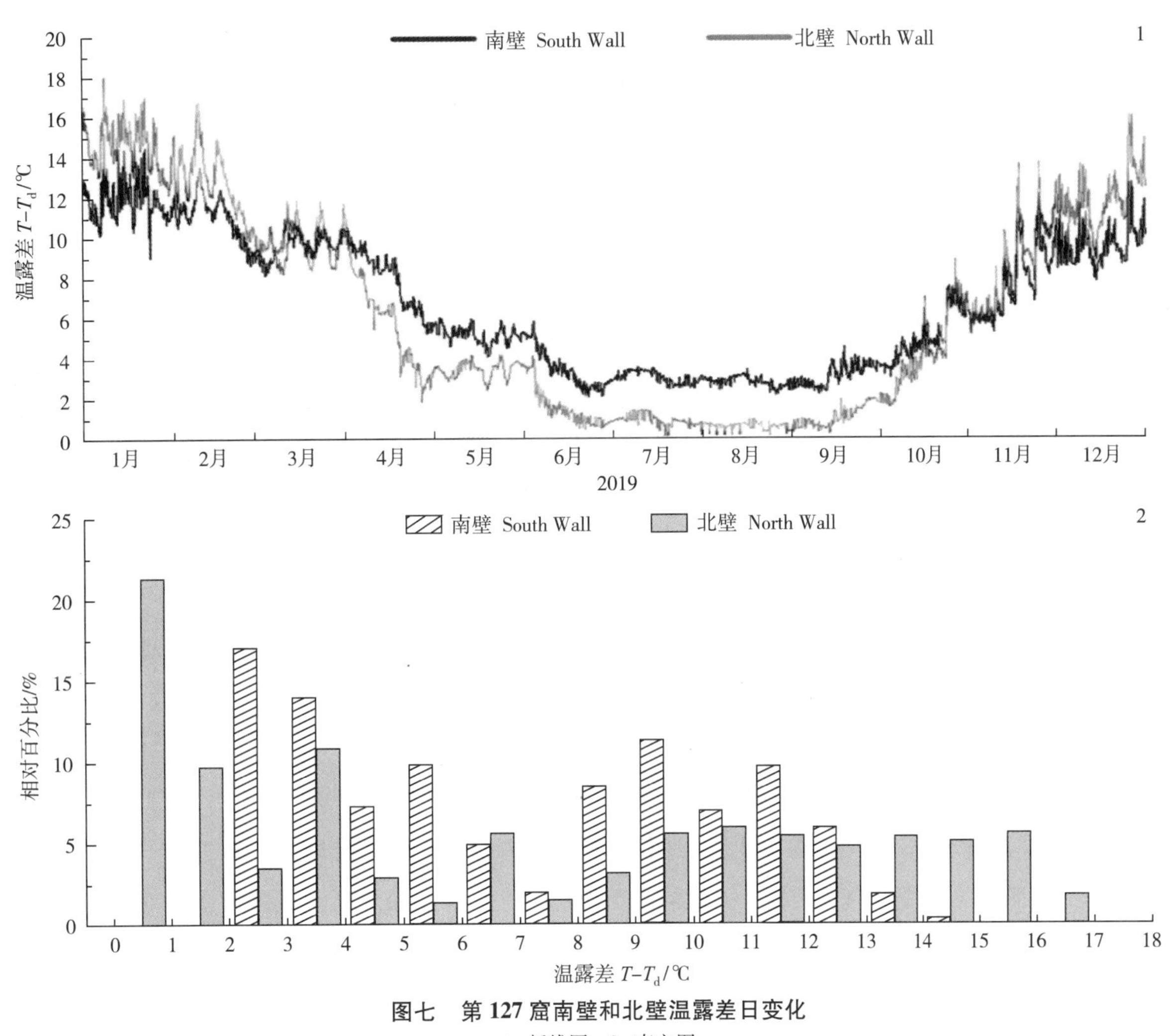

图七　第127窟南壁和北壁温露差日变化

1. 折线图　2. 直方图

① 李燕：《麦积山石窟水汽凝结机理及防治措施研究》，兰州大学硕士学位论文，2020年。万力、曹文炳、王旭升等：《云冈石窟水汽转化特征的初步研究》，《工程勘察》2012年第11期。

② 李燕：《麦积山石窟水汽凝结机理及防治措施研究》，兰州大学硕士学位论文，2020年。

已有研究表明，洞窟内空气温度随高度升高而增大，相对湿度随高度升高而减小①。此次地仗层温湿度监测仪距地面高度为 100 厘米，而空气温湿度监测仪距地面约为 10 厘米，而距地面 10 厘米处窟壁地仗层实际温度小于 100 厘米处所测地仗层温度。考虑到监测仪可能存在着 0.5℃左右的误差波动，由此推断，4～10 月期间，第 127 窟北壁下部实际温露差部分时间段内低于 0℃且能发生水汽凝结现象。

三、讨论

（一）麦积山石窟外环境特征

麦积山石窟处于甘肃省东部小陇山森林中，周围植被茂密。有研究表明，植物的蒸腾作用可使森林冠层上部空气相对湿度增加②。在降雨和植物蒸腾作用共同影响下，石窟外环境相对湿度季节性变化较小。与气象站监测点相比，栈道监测点温度略高，而相对湿度较低。这与栈道监测点高于石窟地面底部气象站位点有关，而崖体热辐射及栈道本体遮挡降雨等因素也可能加大这一差异③。

（二）第 127 窟窟内环境特征对壁画病害的影响

由空鼓导致的壁画地仗脱落是麦积山石窟最为普遍和严重的壁画病害④。第 127 窟主室四壁地仗脱落面积占整壁的 51.24%，且由南向北逐渐递增。本研究表明，窟内环境和壁画本体 *RH* 自甬道向北壁方向亦呈梯度升高趋势。4～10 月间，北壁地仗层 *RH* 月极大值均高于南壁地仗层，*RH* 高于 90%的天数达 127 天，而监测期间南壁地仗层 *RH* 均低于 90%。与南壁相比，北壁长期维持在高湿度状态。麦积山石窟壁画支撑体中丰富的蒙脱石在环境湿度增大时会吸水膨胀至其原体积的 8～10 倍，壁画地仗层与支撑体之间的差异性膨胀和收缩是引发壁画空鼓病害，并最终导致壁画脱落的主要影响因素⑤。壁画制作过程中楔入崖体内的木桩在湿度不断变化的过程中会反复吸水膨胀，脱水收缩，这一过程也可能加速石窟壁画的空鼓及脱落。

与地仗脱落病害类似，第 127 窟内的微生物病害也集中分布于主室偏北一侧。本研究表明，2019 年北壁空气 *RH* 高于 90%的天数达 112 天，而南壁空气 *RH* 仅 3 天超过 90%，甬道空气 *RH* 未超过 90%，4～10 月期间，北壁空气 *RH* 月极大值均高于南壁空气。长期处于高空气湿度下的北壁较南壁更

---

① 陈海玲、陈港泉、薛平等：《敦煌莫高窟第 465 窟温湿度时空分布特征》，《干旱区资源与环境》2018 年第 2 期。

② 邵永昌、庄家尧、李二焕等：《城市森林冠层对小气候调节作用》，《生态学杂志》2015 年第 6 期。黄麟：《造林气候调节效应及其影响机理研究进展》，《生态学报》2021 年第 2 期。

③ 吴楚雄：《麦积山石窟佛像风化机理研究与被动式调控技术》，西安：西安建筑科技大学，2019 年。

④ 岳永强、王通玲、付文伟：《麦积山石窟空鼓壁画的修复》，《中国文化遗产》2016 年第 2 期。

⑤ 陈海玲、陈港泉、NEVILLE A 等：《开放参观对莫高窟洞窟微环境的影响》，《文物保护与考古科学》2017 年第 6 期。黄继忠、郑伊、张悦等：《云冈石窟砂岩水汽扩散特性研究》，《西北大学学报（自然科学版）》2021 年第 3 期。

易出现水汽凝结。赋存环境高湿度，壁画表面产生的凝结水，是引发细菌和真菌等微生物病害的重要因素①。

微生物病害是影响石窟文物长久保存的常见病害②，文物微生态学已成为当前文物保护领域关注的热点③。在适宜的温湿度条件下，环境中的微生物可以壁画制作材料中的胶粘剂和麻丝等有机物为营养源，在壁画表面大量增殖，其代谢产生的色素和有机酸则会导致壁画美学价值甚至结构破坏。不同年代的壁画表面微生物群落结构也不同，因此，病害微生物的防治是文物保护的难题之一④。对莫高窟空气微生物研究表明，气象因子波动是引发石窟文物微生物病害的诱因之一⑤。本课题组近年研究发现，麦积山石窟壁画赋存环境中的细菌丰度与温度、相对湿度和降雨量呈正相关，其中假诺卡氏菌属（*Pseudonocardia*）、芽孢杆菌属（*Arthrobacter*）、节杆菌属（*Arthrobacter*）和考克氏菌属（*Kocuria*）为优势菌，导致壁画生物性退化⑥。有研究指出，水分是影响文物生物性退化的关键环境因素⑦，也是导致古代壁画酥碱和疱疹等盐害的重要诱因⑧。当环境 *RH* 高于 62%，壁画中可溶盐即开始

① LAIZ L, GONZALEZ J M, SAIZ-JIMENEZ C. Microbial communities in caves: Ecology, physiology, and effects on paleolithic paintings. Art, Biology, and Conservation: Biodeterioration of Works of Art, 2003: 210-225. 武发思、武光文、刘岩等:《太原北齐徐显秀墓壁画真菌群落组成与菌害成因》,《微生物学通报》2016 年第 3 期。

② 武发思、武光文、刘岩等:《太原北齐徐显秀墓壁画真菌群落组成与菌害成因》,《微生物学通报》2016 年第 3 期。

③ 武发思、汪万福、马燕天等:《敦煌莫高窟第 98 窟壁画表面菌斑的群落结构分析》,《微生物学报》2013 年第 9 期。VILES H A, CUTLER N A. Global environmental change and the biology of heritage structures. Global Change Biology, 2012, 18 (8): 2406-2418.

④ MA W X, WU F S, TIAN T, et al. Fungal diversity and its contribution to the biodeterioration of mural paintings in two 1700-year-old tombs of China. International Biodeterioration & Biodegradation, 2020, 152: 104972. KAKAKHEL M A, WU F S, GU J D, et al. Controlling biodeterioration of cultural heritage objects with biocides: A review. International Biodeterioration & Biodegradation, 2019, 143: 104721.

⑤ WANG W F, MA X, MA Y T, et al. Seasonal dynamics of airborne fungi in different caves of the Mogao Grottoes, Dunhuang, China. International Biodeterioration & Biodegradation, 2010a, 64 (6): 461-466. WANG W F, MA Y T, MA X, et al. Seasonal variations of airborne bacteria in the Mogao Grottoes, Dunhuang, China. International Biodeterioration & Biodegradation, 2010b, 64 (4): 309-315. MA Y T, ZHANG H, DU Y, et al. The community distribution of bacteria and fungi on ancient wall paintings of the Mogao Grottoes. Scientific reports, 2015, 5: 7752.

⑥ HE D, WU F S, MA W X, et al. Insights into the bacterial and fungal communities and microbiome that causes a microbe outbreak on ancient wall paintings in the Maijishan Grottoes. International Biodeterioration & Biodegradation, 2021, 163 (15): 105250. 段育龙、武发思、汪万福等:《麦积山石窟赋存环境中空气细菌的时空分布特征》,《微生物学报》2019 年第 1 期。DUAN Y L, WU F S, WANG W F, et al. The microbial community characteristics of ancient painted sculptures in Maijishan Grottoes, China. PLoS One, 2017, 12 (7): e0179718.

⑦ LIU X, MENG H, WANG Y, etal. Water is a critical factor in evaluating and assessing microbial colonization and destruction of Angkor sandstone monuments. International Biodeterioration & Biodegradation, 2018, 133: 9-16. 黄继忠、郑伊、张悦等:《云冈石窟砂岩水汽扩散特性研究》,《西北大学学报（自然科学版）》2021 年第 3 期。

⑧ 郭青林:《敦煌莫高窟壁画病害水盐来源研究》，兰州大学硕士学位论文，2009 年。杨善龙、王旭东、郭青林等:《敦煌莫高窟崖体中盐分分布特征研究》,《敦煌研究》2017 年第 4 期。

活动①。

《中国气候变化蓝皮书（2019）》资料表明，近年来我国极端强降水量事件呈增多趋势，2018 年中国降水量较常年偏多 7.0%，北方大部分地区降水偏多 20%～100%②。2018 年麦积山石窟暴发了阶段性微生物病害，一方面与其所在半湿润气候区降雨与温湿度季节性变化有关，另一方面也与 2018 年中国甘肃东部区域降雨量激增，以及连续降雨持续时间较长密切相关。

（三）麦积山石窟文物与环境、微生物间关系

麦积山石窟外环境、窟内环境和文物本体微环境三者间存在强关联性。与外环境相比，洞窟内环境因子，如光强度、温度、相对湿度和空气交换速率等具有可控调节的可能。有研究指出，湿度是导致历史建筑结构内材料生物降解和生物劣化最为关键的影响因素③。当相对湿度在 73%以上，微生物极易在吸湿性材料上生长④。当环境温度为 25℃、*RH* 为 100%时，霉菌繁殖速率最快，并随着 *RH* 的降低而逐渐减小⑤。但受种属、环境温湿度、养分来源等多因素影响，微生物病害防控还没有确定的相对湿度阈值⑥。文物、生物活动与环境因子三者间密切关联，对于文物生物病害的防控需要综合考虑文物赋存生态环境各要素及其相互关系（图八）。

图八　文物生态环境因子间相互关系概念图

① NEVILLE A, WONG L. The conservation of cave 85 at the Mogao Grottoes, Dunhuang: A collaborative project of the Getty Conservation Institute and the Dunhuang Academy. Los Angeles: Getty Publications, 2014.

② 中国气象局气候变化中心：《中国气候变化蓝皮书（2019）》，北京，2019 年。

③ GADD G M., DYER T D. Bioprotection of the built environment and cultural heritage. Microbial Biotechnology, 2017, 10: 1152-1156.

④ BRUNDRETT G W. Criteria for moisture control. Canada: Butterworths Ltd, 1990: 7.

⑤ BONNER R D, Fergus C L. The influence of temperature and relative humidity of silage fungi. Mycologia, 1960, 52: 642-647.

⑥ DEDESKO S, SIEGEL J A. Moisture parameters and fungal communities associated with gypsum drywall in buildings. Microbiome, 2015, 3: 71.

麦积山景区生态环境特征、壁画制作材料、昆虫活动、游客参观等多因子间耦合作用可能会加剧洞窟微生物病害发展。在全球气候变化、环境污染、人类活动等因素影响下，微生物参与的生物地化循环过程加速了文化遗产的侵蚀退化，环境因子控制、污染管理、原位干预及纳米抗菌剂运用等，是当前文化遗产可持续保护的新对策①。维持洞窟内环境平衡稳定，如加强空气自然流通、避免长期高湿、减小温度波动、阻止昆虫进入及减少人为扰动等措施，是麦积山石窟文物保存和保护的关键。

四、结论

麦积山石窟外环境温度随季节变化明显，受降雨及周边森林植被蒸腾作用影响，外环境相对湿度季节性变化不明显。第 127 窟内环境温度随季节波动平缓，变化幅度自甬道口由南至北逐渐减小。受崖体及窟门影响，窟内环境温度日波动幅度极小；相对湿度随季节波动明显，变化幅度由南至北逐渐增大。4~10 月北壁空气及地仗层温度月极大值均低于南壁，而相对湿度月极大值均高于南壁。北壁空气及地仗层相对湿度一年中高于 90%的时间超过了 3 个月。极端和持续降雨导致的崖体渗水是窟内环境空气及文物本体内部相对湿度升高的主要影响因素。

第 127 窟主室北壁空气及地仗层相对湿度长期过高及潜在的水汽凝结是引发壁画空鼓、脱落及微生物等病害的重要环境诱因。维持洞窟内部生态环境平衡稳定，加强空气自然流通、避免长期高湿、阻止昆虫进入，以及减少人为扰动等措施，是石窟文物长久保存的关键。

［原载于《西北大学学报（自然科学版）》2022 年第 4 期］

① VILES H A, CUTLER N A. Global environmental change and the biology of heritage structures. Global Change Biology, 2012, 18 (8): 2406-2418. 陈昌笃、王庆田：《甘肃省麦积山景区：生态过渡带自然和文化遗产杰出范例》，《生态学报》2007 第 1 期。CHEN C D, WANG Q T. Scenic area of Majishan, Gansu Province: Outstanding example of natural andcultural heritages in ecological transitional zone. Acta Ecologica Sinica, 2007, 27 (1): 1-15. LIU X B, KOESTLER R J, WARSCHEID T, et al. Microbial deterioration and sustainable conservation of stone monuments and-buildings. Nature Sustainability, 2020, 3: 991-1004.

基于扎根理论分析游客对麦积山石窟文化的感知评价

陈慧英　陶丽萍　张国超

一、文献回顾

通过搜集与梳理"麦积山石窟"相关文献，发现目前对其的研究主要集中在四个方面：一是对石窟的考古、石窟的艺术和保护研究，其中考古研究主要包括石窟建造年代、石窟的分期和断代、石窟类型、石窟的碑文和石刻以及石窟建筑等①；二是对石窟艺术的研究，主要包括石窟造像风格及雕塑艺术、壁画、石窟中的音乐和舞蹈、石窟中的服饰文化、石窟与佛学思想等研究②；三是对石窟保护方面的研究，主要包括对以往各个阶段的保护历程、保护手段和对策，以及新时期下石窟保护的方向等③；四是对麦积山植物资源的研究，主要是针对不同的植物资源进行整理与研究④。国内外学者对游

① 袁莉：《丝路石窟壁画飞天之舞蹈形态考——以麦积山石窟为例》，《四川戏剧》2021 年第 9 期。杨文博：《麦积山石窟第 142 窟"猴头""象头"造像研究》，《敦煌学辑刊》2020 年第 4 期。周宝发：《强降雨天气下麦积山石窟第 126 窟自然通风规律研究》，《干旱区资源与环境》2021 年第 10 期。董广强：《宋代麦积山石窟发展的社会背景》，《敦煌学辑刊》2001 年第 2 期。张铭：《麦积山石窟第 12 窟窟顶壁画释读》，《敦煌研究》2020 年第 3 期。

② 孙晓峰：《麦积山石窟的历史与艺术》，《聚焦——麦积山石窟专题》2016 年第 6 期。张萍：《隐藏在麦积山石窟佛像中的珍贵文物》，《中国文化遗产》2016 年第 1 期。袁莉：《论麦积山石窟壁画飞天舞蹈造型的艺术特征》，《青春岁月》2021 年第 4 期。王通玲：《麦积山石窟北朝造像艺术的风格流变》，《文物鉴定与鉴赏》2020 年第 12 期。王亦慧、陈平：《北朝时期麦积山石窟雕像艺术研究》，《雕塑研究——理论纵横》2015 年第 1 期。

③ 陈慧英、陶丽萍、张国超：《麦积山石窟文化资源开发与保护对策》，《武汉轻工大学学报》2019 年第 2 期。马千：《麦积山石窟文物保护历程回顾与思考》，《聚焦——麦积山石窟专题》2016 年第 1 期。翟卫豪：《麦积山石窟景区品牌视觉形象的设计与应用研究》，兰州大学硕士学位论文，2019 年。董广强：《70 年麦积山石窟文物保护探析》，《遗产与保护研究》2018 年第 3 期。吴爱民、何洪岩：《麦积山石窟文物保护和旅游开发的和谐共进》，《丝绸之路》2017 年第 14 期。

④ 白秀玲：《麦积山石窟景区主要观赏树种资源分析与应用》，《天水师范学院学报》2016 年第 5 期。陈利云、王弋博：《麦积山草地植物群落物种多样性及结构相似性特征》，《干旱区资源与环境》2014 年第 1 期。刘刚：《麦积山林区野生百合药用植物资源》，《中国野生资源》1998 年第 4 期。陈西仓、张海渊、裴娟芳：《甘肃麦积山林区野生经济树种资源及开发利用》，《经济林研究》1996 年第 14 期。蒲莉玲：《麦积山林区淀粉植物资源调查》，《甘肃科技纵横》2008 年第 6 期。

客感知评价的评价指标的确定方式比较多，包括访谈、网络数据收集、文献分析或综合借鉴其他相关评价体系的评价指标等①。数据收集多采用问卷调查的方式进行，也有学者采用搜集网络评价得到的方式②，总的来说数据收集方法比较确定。

综上所述，目前基本没有出现有关麦积山某方面评价体系的构建或麦积山石窟文化遗产旅游资源评价的内容。尤其是从游客视角切入研究麦积山石窟的文献较匮乏。因此，通过分析游客对麦积山石窟文化遗产旅游资源的感知与评价，不仅可以探索旅游者对麦积山石窟文化遗产旅游资源开发与保护的态度，而且可以从中发现麦积山石窟经营与管理存在的问题，从而为麦积山石窟文化遗产旅游资源开发提供引领性的方向。

二、游客对麦积山石窟文化遗产旅游资源感知评价体系的构建

（一）研究方法

1. 扎根理论

扎根理论最早是由 Glaser 与 Strauss 提出，其核心理念是围绕着某一现象，运用系统化的程序来归纳分析，从而引导出理论的研究方法③。扎根理论将量化研究的方法引入质性研究中，是一种在经验资料的基础上构建理论的方法，其研究结果具有可追溯性、研究过程具有可复制性的特点，广泛应用于人文社科领域，多用于构建理论④。这种方法特别适合微观的、以行动体验、心理感知为导向的社会互动研究，已经被广泛运用到不同领域与不同学科。扎根理论的宗旨是建构理论，特别强调要从现实资料中来提炼理论，认为只有不断地对资料进行深入分析，不断地对资料从下往上进行提炼和归纳，才能逐步形成理论框架⑤。本研究采用扎根理论，对采集到的数据进行开放性、主轴性和选择性三级编码与分析，最终得到麦积山石窟文化遗产旅游资源游客感知评价的理论模型。

2. 数据收集

为探讨游客对麦积山石窟文化遗产旅游资源的感知评价，本文从国内点击率较高的携程旅游网、去哪儿网及大众点评、飞猪旅行网四大平台收集“麦积山石窟”的游客在线评论，数据筛选时间为 2018 年 2 月至 2022 年 2 月，通过筛选广告、宣传、重复、无用等评论，收集有效在线评论 302 条，从这些评论中摘出其中与麦积山有实际关联的语句，对其进行归纳整理。

---

① 张宏梅：《旅游目的地游客感知评价的层次关系模型》，《人文地理》2012 年第 4 期。焦世泰：《基于因子分析的民族文化旅游演艺产品游客感知评价体系研究——以“印象刘三姐”实景演出为例》，《人文地理》2013 第 1 期。由亚男：《基于网络评论的火焰山景区游客感知研究》，《新疆财经》2018 年第 2 期。

② 蒋玉华：《基于游客感知的呼伦贝尔旅游形象营销》，《干旱区资源与环境》2016 年第 1 期。何小芊、龙虎山：《世界地质公园科普教育的游客感知特征研究》，《干旱区资源与环境》2018 年第 8 期。

③ 李志刚：《扎根理论方法在科学研究中的运用分析》，《东方论坛》2007 年第 4 期。

④ 陈向明：《扎根理论的思路和方法》，《教育研究与实验》1999 年第 4 期。

⑤ 李志飞、夏磊、邓胜梁：《旅游者社会行为变化及其影响因素研究》，《旅游学刊》2018 年第 1 期。

（二）指标设计

1. 开放性编码

在开放性编码的过程中，研究者应保持“放空”状态，不带任何主观倾向地对资料进行搜集和整理，将所有资料按照其本身所呈现的状态进行登录（表一）。

表一　麦积山石窟文化遗产旅游资源游客感知要素一级编码表

序号	原始语句/关键词	频度	序号	原始语句/关键词	频度
1	惊险	19	21	麦积山的烟雨很好看	16
2	对恐高的人不友好	22	22	民间修筑的石窟	2
3	塑像保存完整	12	23	麦积山之旅使我长见识了	2
4	塑像保存不完整	12	24	节假日人太多了，影响观看	5
5	麦积山山清水秀，风景秀丽	35	25	雕塑不精美	1
6	彩绘保存完整，色彩鲜艳	10	26	服务很好	1
7	铁丝网遮挡视线，影响观看	4	27	管理急需提高	6
8	铁丝网对石窟起到了保护作用	1	28	开放的石窟少	1
9	古代人民的工艺和智慧真是令人赞叹	19	29	喜欢“东方微笑”	1
10	佛像的表情十分丰富，体态优美	12	30	生物资源丰富	1
11	造像雄伟壮观	16	31	“到此一游”很多	3
12	麦积山石窟是珍贵的艺术瑰宝	9	32	丹霞地貌很独特，很好看	4
13	建筑和雕塑十分接地气	7	33	每个石窟讲述了不同的故事	2
14	风化严重	5	34	天气凉爽，是避暑胜地	5
15	美食很赞	1	35	形象不丰富	1
16	栈道曲折、奇妙	17	36	色彩保存不好	1
17	空气清新	7	37	基础设施不完善	2
18	石窟规模小	6	38	宣传到位	3
19	历史悠久	9	39	造像优美	5
20	石窟造像精美	18			

2. 主轴性编码与选择性编码

在开放性编码的基础上，建立概念与概念之间的从属关系。也可以理解为发现各个分散的概念和要素之间的联系，将这些有关联的概念和要素归为一类，即主轴性编码，将 39 条原始关键词句重新抽象、提升和综合，剔除没有明显关联的语句/关键词，建立麦积山石窟文化遗产旅游资源感知 6 大对应范畴。以 6 个重要概念围绕麦积山石窟文化遗产旅游资源感知评价这条线索进行分析和比较，最终构成 3 个主范畴。梳理核心范畴与次要范畴之间的逻辑关系，实现选择性编码，以建立麦积山石窟文化遗产旅游资源感知评价的联系。经分析显示，3 个主范畴之间存在不可替代的内部相关性，3 个主范畴可以归纳为 3 个感知评价维度，包括人文景观旅游、自然景观资源、资源损毁与保护，如表二所示。

表二　麦积山石窟文化遗产旅游资源游客感知要素主轴编码和选择性编码的结果

主范畴	对应范畴	原始语句/关键词	频次
麦积山石窟人文景观资源	表现对石窟建造工艺的惊叹，对山势险绝的惊叹	惊险	19
		对恐高的人不友好	22
		古代人民的工艺和智慧令人赞叹	19
		栈道曲折、奇妙	17
	佛像的艺术特征	造像生动、表情丰富	12
		表情呆板、僵硬	1
		造像优美	5
		造像雄伟壮观	16
		是珍贵的艺术瑰宝	9
		建筑和雕塑十分接地气	7
		历史悠久	9
		石窟造像精美	18
		造像不精美	1
		规模小	6
		喜欢“东方微笑”	1
麦积山石窟自然景观资源	林业资源	麦积山山清水秀，风景秀丽	35
		生物资源丰富	1
	地质资源	丹霞地貌很独特，很好看	4
		风化严重	5
	气候资源	空气清新	7
		麦积山的烟雨很好看	16
		天气凉爽，是避暑胜地	5
麦积山石窟文化遗产旅游资源的保存与保护	石窟中塑像、彩绘等的保存	彩绘保存完整，色彩鲜艳	10
		彩绘保存不好	1
		塑像保存完整	12
		塑像保存不完整	12
		铁丝网遮挡视线，影响观看	4
		铁丝网对石窟起到了保护作用	1
		“到此一游”很多	3

3. 确定指标体系结构框架

主轴性编码与选择性编码后得到的数据表格进行类属的归纳和频度的统计，剔除与研究主题关系不密切的要素和语句后，得到总要素/语句 278 条，对这些要素/语句进行归纳，可以构建游客对麦积山石窟文化遗产旅游资源感知评价结构图，如图一所示。麦积山石窟文化遗产旅游资源游客感知评价指标体系包括 3 个一级指标，分别是麦积山石窟的人文资源、自然资源和资源的损毁和保护。在一级指标下设置 7 个二级指标，分别是建造工艺、雕塑形象、植物资源、地质资源、气候资源、历史破坏和保护以及现代破坏与保护。

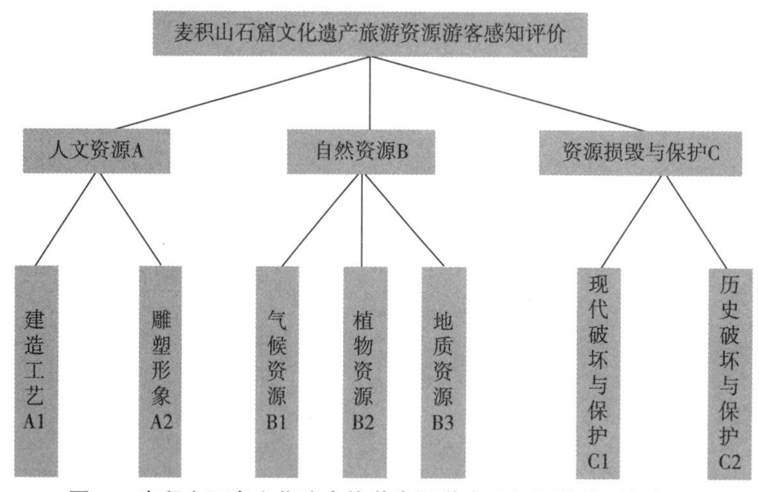

图一　麦积山石窟文化遗产旅游资源游客感知评价体系框架图

（三）权重确定

对于一个文化遗产地来说，要对其进行开发，首先要找出其中最珍贵的文化遗产旅游资源，以此为基础吸引各界的注意，以其次重要的文化遗产旅游资源开展周边项目，但其最核心的文化项目一定是建立在最核心的文化遗产旅游资源之上的。因此，我们可以将它的文化遗产旅游资源的重要程度等同于受众的关注程度，受关注越多，资源越重要。在搜集麦积山石窟的资料时，对同一个要素，不同的人提出了不同的看法，如有人认为麦积山石窟的雕塑保存较好，而有的人则持相反态度，而无论他们持怎样的观点，都改变不了他们对这一因素的关注，我们用“雕塑保存情况”这一指标的出现频度与所有指标总频度之比，作为“雕塑保存情况”这一指标的权重，其他指标以此类推。

权重计算方法为：权重=分频度/总频度。

在建造工艺指标下，有 4 个辅助指标，其中“对恐高的人不友好”是负面评价，其余均为正面评价；在雕塑形象指标下，有 11 个辅助指标，其中“表情呆板、僵硬”“造像不精美”“规模小”是负面评价，其余均为正面评价；在植物资源指标下，包括 2 个辅助指标，2 个指标都是正面评价；气候资源指标情况相同；地质资源指标下有 2 个辅助指标：一个是正面评价，一个是负面评价；历史破坏与保护指标下有 4 个辅助指标，其中：2 个是正面评价，2 个是负面评价；现代破坏与保护指标包括 3 个辅助指标，只有一个表达了正面的评价。全部辅助指标加起来共有 278 个，将各个二级指标的正面辅助指标分别相加，与总辅助指标数之比即为权重。权重计算结果如表三：

表三　游客对麦积山石窟文化遗产旅游资源感知评价权重

感知评价	一级指标	二级指标	权重
麦积山石窟文化遗产旅游资源游客感知评价体系	人文资源（0.59）	建造工艺	77/278＝0.28
		雕塑形象	85/278＝0.31
	自然资源（0.24）	气候资源	28/278＝0.10
		植物资源	36/278＝0.13
		地质资源	9/278＝0.03
	资源损毁与保护（0.17）	现代破坏与保护	8/278＝0.03
		历史破坏与保护	35/278＝0.12

三、麦积山石窟文化遗产旅游资源游客感知评价

（一）评分

麦积山石窟文化遗产旅游资源游客感知的评价指标，都是由好的评价要素和不好的评价要素共同构成，人们在评价中给出了对这一要素的判断。我们可以通过这些正负判断对游客视角下麦积山石窟文化遗产旅游资源进行评价和打分。算法如下："建造工艺"指标下包括4个辅助指标，分别是"惊险""对恐高的人不友好""古代人民的工艺和智慧真是令人赞叹"和"栈道曲折、奇妙"这几个辅助指标。"对恐高的人不友好"是负面判断，其余均为正面判断。其中正面判断的总频次为55，负面判断的总频次为22，因此，计算方法为：55/22＝X/100，算出X即为分数。因此得到公式：正面总频次/正负面总频次＝X/100，X即为所求评分。按这种方法计算结果如表四：

表四　游客对麦积山石窟文化遗产旅游资源感知评价表

	一级指标	二级指标	辅助指标	频次	评分
麦积山石窟文化遗产旅游资源游客感知评价	人文资源（0.59）	建造工艺（0.28）	惊险	19（G）	71.4
			对恐高的人不友好	22（B）	
			古代人民的工艺和智慧令人赞叹	19（G）	
			栈道曲折、奇妙	17（G）	
		雕塑形象（0.31）	造像生动、表情丰富	12（G）	90.6
			表情呆板、僵硬	1（B）	
			造像优美	5（G）	
			造像雄伟壮观	16（G）	
			是珍贵的艺术瑰宝	9（G）	
			建筑和雕塑十分接地气	7（G）	
			历史悠久	9（G）	
			石窟造像精美	18（G）	
			造像不精美	1（B）	
			规模小	6（B）	
			喜欢"东方微笑"	1（G）	

续表

<table>
<tr><th></th><th>一级指标</th><th>二级指标</th><th>辅助指标</th><th>频次</th><th>评分</th></tr>
<tr><td rowspan="14">麦积山石窟文化遗产旅游资源游客感知评价</td><td rowspan="7">自然资源
（0.24）</td><td rowspan="2">植物资源
（0.13）</td><td>麦积山山清水秀，风景秀丽</td><td>35（G）</td><td rowspan="2">100</td></tr>
<tr><td>生物资源丰富</td><td>1（G）</td></tr>
<tr><td rowspan="2">地质资源
（0.03）</td><td>丹霞地貌很独特，很好看</td><td>4（G）</td><td rowspan="2">44.4</td></tr>
<tr><td>风化严重</td><td>5（B）</td></tr>
<tr><td rowspan="3">气候资源
（0.10）</td><td>空气清新</td><td>7（G）</td><td rowspan="3">100</td></tr>
<tr><td>麦积山的烟雨很好看</td><td>16（G）</td></tr>
<tr><td>天气凉爽，是避暑胜地</td><td>5（G）</td></tr>
<tr><td rowspan="7">资源损毁与保护
（0.17）</td><td rowspan="4">历史破坏与保护
（0.12）</td><td>彩绘保存完整，色彩鲜艳</td><td>10（G）</td><td rowspan="4">62.9</td></tr>
<tr><td>彩绘保存不好</td><td>1（B）</td></tr>
<tr><td>塑像保存完整</td><td>12（G）</td></tr>
<tr><td>塑像保存不完整</td><td>12（B）</td></tr>
<tr><td rowspan="3">现代破坏与保护
（0.03）</td><td>铁丝网遮挡视线，影响观看</td><td>4（B）</td><td rowspan="3">12.5</td></tr>
<tr><td>铁丝网对石窟起到了保护作用，很不错</td><td>1（G）</td></tr>
<tr><td>“到此一游”很多</td><td>3（G）</td></tr>
</table>

注：G 表示正面因素，B 表示负面因素。

由表四计算得到：游客视角下麦积山石窟文化遗产旅游资源感知的评价总分数为：

71.4×0.28+90.6×0.31+100×0.13+44.4×0.03+100×0.10+62.9×0.12+12.5×0.03=80.3

（二）评价

1. 建造工艺惊人与山势险峻

麦积山石窟文化遗产旅游资源在建造工艺指标上的得分是71.4分。其得分点在开凿难度大和栈道的奇妙、曲折，其失分点主要在山势过于陡峭而带来的惊险感受。

2. 雕塑资源丰富，形象精美、生动

麦积山石窟文化遗产旅游资源在雕塑形象指标上的得分是90.6，得分较高，大多数人都认为麦积山石窟中的雕塑造像精美、色彩艳丽，对表情、衣摆等细节处的描绘也十分精致，只有少数人认为麦积山石窟雕刻不够精美。

3. 自然环境优美，但雕塑和壁画的保存有风险

麦积山石窟文化遗产旅游资源在植物资源、地质资源、气候资源上得分分别为100、44.4、100。麦积山附近的风景优美，夏天天气凉爽，是非常适合夏天消暑的地方。无论是远眺麦积山，还是在麦积山石窟上远眺四周，都是一种美的享受。再加上雨天的麦积山会出现“麦积烟雨”，更是给人一种仙雾缭绕的感觉，但麦积山石窟因其地质方面的原因，不利于雕塑和壁画的保存。

4. 历史破坏与保护正负评价参半

在这项指标评判中，得分为62.9，刚过及格线。麦积山石窟具有丰富的文化遗产旅游资源，如今

已发现221个洞窟，其中包括7800尊不同类型的雕塑和1300余平方米的壁画，是我国珍贵的文化遗产。而因为多种原因，麦积山石窟的损毁也很严重，在已发现的221个洞窟中，其中63个洞窟大部分塌毁，28个发生了小部分的塌毁，只有34个保存相对完整，可以看出麦积山石窟的损毁较为严重。自新中国成立以来，麦积山石窟只进行了一次大型的修复，至今已有30多年，这一次修复规模较大，修复效果显著，直至今日也没有出现较大的安全隐患。

5. 现代的保护措施有很大缺陷

在现代对麦积山石窟的保护措施中，分数仅为12.5分，非常低，存在较大的问题。景区存在很多“到此一游”的乱写乱画现象，对文物及石壁造成了严重的损伤。景区的铁丝网也是景区对文物的一种保护方式，但很多人都不理解，且对观看造成了很大的影响。

（三）总体评价

麦积山石窟文化遗产旅游资源的总体得分为80.3分，算是一个较高的得分。前文论述过笔者认为文化遗产旅游资源的发展有两个要点：一是文化遗产旅游资源本身具有较高的价值；二是文化遗产旅游资源的保护要到位。本次建立的指标体系也是以此为依托。从指标评价中可以看出，麦积山石窟自身的文化遗产旅游资源价值较高，无论是人文资源还是自然资源都具有很高的价值，但在资源保护方面得分则较低，可以看出麦积山石窟在历史上的损毁就比较严重，很多文物都受到严重的损坏，而现代对麦积山石窟的保护只经历了一次大型的保护，且石窟内很多保护行为并没有得到较好的实践。

四、麦积山石窟文化遗产旅游资源开发与保护对策

（一）对旅游资源进行规划整理和深度挖掘

1. 对文化遗产旅游资源进行整理规划

麦积山石窟内所蕴含的文化遗产旅游资源非常丰富，具有极高的文化艺术价值。想要对这些资源进行开发和利用，首先要对文化遗产旅游资源进行规划和整理，有助于认识麦积山石窟的文化遗产旅游资源类型，为进一步的开发做准备。

2. 在继承的基础上进行超越

在对麦积山石窟文化遗产旅游资源进行开发的过程中，要坚持在传承传统文化的过程中创新的原则。对于文化遗产旅游资源，我们应该先继承、学习它最根本、最重要的内涵，这是文化遗产旅游资源的核心和灵魂所在；其次在把握核心的基础上进行创新，融合具有时代特色的先进理念，赋予传统文化遗产旅游资源新的活力和动能，如：传统泥塑艺术与现代影视、动漫相结合，用传统艺术手法创造新的艺术形象；传统文物与现代科技相结合，打造数字景区，用科技的形式再现珍贵文物，既保护了文物，又带给人们新奇体验，让这些古老文物重见天日，发扬光大。

（二）建立麦积山石窟宣传与管理体系

1. 多渠道宣传

建立多渠道的大众宣传，有助于麦积山石窟的形象推广，也有助于传播麦积山石窟的文化艺术内

涵。21世纪以来，除了电视、报纸、广播等传统媒体，自媒体也越来越成为信息传播的主要途径，甚至因其独特的便利性、快捷性，比传统媒体更易进行信息的传播。麦积山石窟的宣传也应紧跟时代潮流，在热门的网站，如微博、微信等进行宣传，及时更新官网以及各旅游网站、文化交流网站的信息。

2. 景区宣传人性化

在景区内部也应建立完善的宣传机制，对麦积山石窟的文化遗产旅游资源、历史渊源等进行宣传，帮助大家进一步了解麦积山石窟文化艺术。在未进入景区时，设立宣传牌介绍麦积山石窟的概况及基本注意事项，对于很多人反映的“恐高”问题应首先对游客进行科普，让大家了解景区的安全性，帮助游客克服心理上的不安全感，其次也对游客做出温馨提醒，以防出现安全事故。景区应设立特区介绍牌，为大家介绍这些珍贵的文物。

3. 规范景区管理制度

麦积山石窟应建立规范的景区管理制度，对景区服务人员、商业人员等进行规范管理，建立健全赏罚机制，营造良好的景区服务环境，有助于提升景区的形象，及吸纳更多人才。

（三）以保护为基础进行开发

1. 风险评估

麦积山曾对发现的221个洞窟进行风险评定，发现其中有32个洞窟属于一级风险，存在整体或部分坍塌的风险。麦积山石窟由于其自身的地质和温湿度因素，容易产生风化和壁画脱落的情况。麦积山有关部门应定期对存在风险的洞窟进行风险排查，科学监控洞窟内雕塑和壁画的风化情况，并及时排除安全隐患。风险排查的结果应及时进行信息公布，对风险级别较高的洞窟，进行更严密的监控与保护，在洞窟窟口也应该有所提示。

2. 保护与开发并重

对于文化遗产旅游资源，我们应树立以保护为主的观念，在保护的基础上进行开发。同时保护也不是僵硬的保护，要为文化遗产旅游资源的开发留有余地。麦积山石窟的“特窟”是一级保护，但基本起到的保护作用有限，对那些非常珍贵且脆弱的文物，与其设立特窟，不如直接封闭保存，只对一定级别的研究者开放，或者每年限定时间开放。对于那些珍贵但损毁程度较轻的特窟，可以采取提高价格的方式，让特窟更“特”一点。麦积山石窟的“铁丝网”也是一种保护措施，确实起到了一定的保护作用，但过于注重保护文物而忽视了石窟的观赏价值，对游客的观赏过程及观感造成了很大影响。麦积山石窟需要一些更科学、更智能的保护手段。在现代科技的帮助下，可以制定新的保护策略，既安全保护文物，又可以提升游客对文物的观赏度及观感体验。

（原载于《武汉轻工大学学报》2022年第4期）

灵山、祥瑞与诗迹入画：三种文化传统对麦积山文化景观的塑造

李天铭　祁姿妤　聂　然

麦积山石窟位于甘肃省天水市境内，秦岭山脉西段北侧。作为“四大石窟”之一，以往对麦积山石窟寺的保护、管理和研究更多专注的是崖体内部石窟、泥塑、壁画的艺术价值和历史价值，而对麦积山石窟开凿的原有宗教语境、石窟与自然环境关系，以及石窟及周边文化景观的发展过程等空间、景观方面的研究还不够重视①。

由于麦积山属于地面遗迹，各类人群持续地把所属人群和不同文化传统、时代观念体现在麦积山环境与物质实体层面，形成了麦积山当地独特的文化景观。因此，在文化景观的视角下，深入梳理麦积山石窟及周边景观所反映出“人与自然持续互动的关系”，对麦积山石窟今后进行整体、深层次的保护，管理规划与展览展示具有基础性和长期的意义。

一、现有麦积山文化景观研究的视角与问题

什么是文化景观？根据《保护世界文化和自然遗产公约》第一条的内容，文化景观遗产代表着“自然与人类联合工程”，兼具文化遗产与自然遗产保护的要求与特性。“人与环境的互动关系”是历史随机性的、动态的和不断变化的，这种关系受制于文化观念和过去人类的行为。基于文化景观的概念，有学者提出“文化地域综合体”以深化研究具体个案。文化地域综合体由作为基础的自然地理、受自然地理因素强烈制约的物质文化和民俗文化以及弥漫于整个地域的文化气象和精神心态构成。第3个层面则穿插并渗透于前2个层面，把3个层面紧紧联结为一个有机整体②。也就是说，文化景观涉及自然环境、观念行为和物质实体3个要素。

已有对麦积山景观的研究，基本是基于这3个要素的静态展开，未能体现出观念行为如何作用于自然环境与物质实体，因此在分析麦积山的文化内涵时，容易出现附会和误判。

---

① 杜晓帆：《文化遗产价值论探微：人是文化遗产的灵魂》，北京：知识产权出版社，2020年，第189~192页。

② 单霁翔：《从“文化景观”到“文化景观遗产”（上）》，《东南文化》2010年第2期。

1. 麦积山的自然景观研究

在唐以前，孤峰突起的麦积山被称为“麦积崖”，与包含周边较广阔范围的“麦积山”相区别①。早期的访客、研究者已经注意到了麦积山自然环境的特殊性。五代时王仁裕的《玉堂闲话》中就对麦积山独特的山体造型进行了描述：“五百里冈峦，麦积处其半。崛起一石块，高百万寻，望之团团，如民间积麦之状。”②

当代学者对麦积山的崖体进行了科学描述：麦积山本身山体造型特殊，海拔 1671.4 米，山高 142 米，山顶呈棱锥形，林木覆盖；其南面至西南面中腰突出，山根凹进呈 85°倒倾角。从西面看过去，山头略呈圆锥形，上端比底部大。石质为容易风化的砾岩，雨水冲渗，容易造成山崖的纵断裂缝而崩坠。

从地理位置和自然环境上看，麦积山位于中原文化的西部边缘，秦岭、贺兰山、岷山 3 大山系交汇处，是典型的生态、文化过渡带。秦岭是中国南北气候的分界线、长江水系和黄河水系的分界线③。这里全年气候温和，日照充足，降水适中。空气平均湿度 69%，气候颇似西南地区，因此林木秀美、湿润。由于山势较周围山丘高，且雨水较多，每逢阴雨连绵，麦积山便隐于云雾之中。麦积山崖体四面都是郁郁葱葱的青山，山巅云雾缭绕，山峦上密布各种植物，森林里藏有许多野生动物④。

2. “三要素”静态研究范式的局限

近年来，在麦积山崖体之外，张锦秀注意到了麦积山周边包括香积山、豆积山等风景名胜⑤。陈昌笃等人将麦积山作为自然和文化遗产进行分析，但并没有将自然环境和人的行为联系到一起，而是孤立地研究麦积山自然环境与文化遗产各自的价值⑥。

首先在文化景观视野下，将自然环境和观念联系起来的是傅晶等人对麦积山做出的“环境景观价值”分析。他们提出：麦积山是中国目前体现曼荼罗图式的古迹遗存中年代较早的一例，以精心择取的自然山水格局，完美附会了神秘的佛教宇宙空间图式——曼荼罗⑦。这一观点源自王世仁。王世仁认为：曼荼罗意译为坛、道场，本是印度《吠陀经》中的抽象场所概念，包含四极与中央。佛教兴起后，吸收了密宗曼荼罗图式，并结合了印度古代关于宇宙构造的理论“须弥山说”。这一图式的核心要素在于环绕中心层层布置，并由中心向外渐次减弱⑧。王世仁将曼荼罗的理念模型运用在解释泰国文化遗产中，傅晶又将其运用在麦积山的景观阐释中。由于麦积山保护规划文本的编制参考了这一景观价值的研究，所以这种认识影响甚远。如，刘勇在其硕士论文中基于曼荼罗图式，将麦积山风景区中距离较远的仙人崖、石门山也纳入了整体景观分析的范围。

---

① 限于篇幅，本文仅就整个麦积山区域核心的“麦积崖”文化景观做出阐释，麦积山与周边山丘、寺院构成的整体文化景观分析有待后续论文再展开。

② ［明］冯梦龙，孙大鹏校：《太平广记钞》第 4 册，武汉：崇文书局，2019 年，第 971~972 页。

③ 陈昌笃、王庆田：《甘肃省麦积山景区：生态过渡带自然和文化遗产杰出范例》，《生态学报》2007 年第 1 期。

④ 内容出自天水麦积山文物保管所、麦积山艺术研究会编写的内部资料《麦积山石窟资料汇编初集》（1980 年）第 150~151 页。

⑤ 张锦秀：《麦积山周边风景名胜概述》，《丝绸之路》2004 年第 S2 期。

⑥ 陈昌笃、王庆田：《甘肃省麦积山景区：生态过渡带自然和文化遗产杰出范例》，《生态学报》2007 年第 1 期。

⑦ 傅晶、永昕群：《麦积山石窟寺环境景观价值及保护策略》，《天津大学学报（社会科学版）》2003 年第 1 期。

⑧ 王世仁：《佛国宇宙的空间模式》，《古建园林技术》1991 年第 1 期。

然而，以曼荼罗图式的观念阐释麦积山，存在一定的适用局限。曼荼罗与佛塔空间直接相关，但与山体布局关联并不紧密。吠陀文献、密教、曼陀罗空间、麦积山之间并不存在连续、直接逻辑的关系。“吠陀经”并非一部经典，而是公元前20~前8世纪发展出来的一系列经典，包含赞歌、神话、史诗类。吠陀、曼陀罗都与麦积山的时空距离遥远，不能直接把曼荼罗这一观念、模式套用在麦积山崖体的空间阐释上。虽然刘勇对景观所反映的山水审美、宗教崇拜精神观念和僧侣、游客人群进行了分析，提出了修建寺观、开凿石窟、造像壁画、修建栈道4类建设行为，避暑、参禅修行、隐逸、登山游赏和膜拜供奉5类利用行为，但都并未真正展示出三要素如何互动。麦积山石窟本体及周边空间的价值，也不能静态地套用某一种时空流行的概念阐释，而应当考虑多人群、陆续的作用。

每一个历史时期，人类都按照其文化标准对自然环境施加影响，并把它们加工成文化景观①。对麦积山石窟本体及周边空间的价值认识，应当从石窟本体、相关实物铭文展开生成史研究。

3. 新的视角

本文基于前人的游记、题诗、题刻等文献资料，对麦积山崖文化景观形成的历史过程进行分类，回到原本的历史语境中，考虑麦积山景观所承载的人群需求、文化传统，展开层垒的人地关系研究。“以一种负责任的、可持续的方式来识别，了解和管理形成这些文化景观的动态演变过程”②。对麦积山文化景观进行塑造的主要有三种文化传统；佛教文化传统、与祥瑞有关的政治文化传统以及文人传统。

第一，北朝诸多西北政权依靠佛教文化立国或主导文化生活，僧人、王室、官员等各层人群开窟塑像，将密布佛窟的麦积崖塑造为佛陀说法的灵鹫山（灵山，耆阇崛山）。

第二，崖体开凿充分之后，以舍利塔、灵芝、佛寺等实体呈现出佛教与政治文化传统观念的双向互动。隋代在麦积山建立佛塔，体现出佛教在加强大一统方面的贡献；宋代佛教衰落，当地佛教徒上供舍利塔旁灵芝，是利用中国本土祥瑞传统制造了统治者重新关注麦积山的契机，从而修葺佛寺。

第三，文人对麦积山名人与名胜的持续书写，将麦积与杜甫关联起来，以纳入文人文化体系，将“麦积烟雨”这一自然景观赋予文人审美价值，并作为“秦州十景”之一，抬高当地文化自信力。以下将分别展开论述。

二、佛教“灵山”传统

至少在北朝时期，就开始有僧人、王室、贵族等人群对天水麦积山进行开凿。随着木栈道层层加高，形成整面崖体布满石窟的奇观。如对应文化景观三要素，自然环境为麦积山崖体，物质实体为洞窟与佛像、壁画、碑刻，开凿佛教石窟的行为所包含的观念多样，有的洞窟用于禅观、有的用于展示功德，最终在北周被喻为佛教圣迹灵鹫山，统合了与佛教相关的多种观念。麦积山成为具有佛教灵山性质的文化景观，影响一直持续到近现代。

① 单霁翔：《从“文化景观”到“文化景观遗产”（上）》，《东南文化》2010年第2期。

② 单霁翔：《从“文化景观”到“文化景观遗产”（下）》，《东南文化》2010年第3期。

1. 选址麦积山

为何选择麦积山孤耸的崖体开凿？目前关于开窟的记载，与玄高（东晋末年僧人，时代由北凉入北魏）有关。梁《高僧传》中记载玄高依然因袭禅修的传统，曾带领僧众在麦积山修行隐居。“后杖策西秦，隐居麦积山。山学百余人，崇其义训，禀其禅道”①。尽管文献记载较少，尚不能说明玄高对麦积山的自然景观进行了哪些改造。值得注意的是，麦积山的自然景观符合禅观经典中所提到的禅观境界，至少可以辅助说明当时为何选择麦积山。

东晋时期，佛教禅修经典传入中国，道教的洞天营建也开始萌发。佛教道教纷纷开始在山里间营造宗教空间，传习经典，展开对形神、魂魄、生死等问题的探讨。在这种背景下，在石窟中禅修的风气盛行，尤其是来自印度的禅师更是备受关注，他们的译经及观念对各地禅师的实践都可能具有引领作用。佛驮跋陀罗曾在罽宾追随大禅师佛大先修行，后进入中国在长安与鸠摩罗什相互切磋，并谨守上座部修行禅修的传统。411 年他离开长安前往庐山传法。从义熙十二年到十四年（416~418 年），他先后翻译了法显携归的梵本经律，其中包括《修行方便论》（达摩多罗禅经）②。它也被称为“庐山禅经”，其中对禅观修行的心理做出了详细阐释，被视为修行者的指导用书。经中卷二《修行观阴第十五》主要讲述了如何在修行的过程中观想周围环境，由修行观己，持己，到观想“极知境界”，明见无量色种：

> 修行如是观已，其身安隐，柔软快乐。复观流所起处，无垢相现，如水净泡，渐渐增长，充满其身。修行心不放逸，专念受持；持已，净相增广，周遍覆身，如明净泡，离诸过恶。更胜妙智生，乃坏是相：是相既坏，彼流流下，远注无量，如净颇梨，极知境界；极知境界已，从彼摄还，成曼荼罗。更有异相，充满本处，然后流至十方无量世界，至十方已，各住自相。尔时修行明见无量色种，犹如山水漂积聚沫；一切受相，如大雨渧泡；种种诸想，如春时焰；行如芭蕉，无有坚实③。

由于麦积崖异峰突起，周边小范围气候特殊，在雨后山林间烟云四起，符合《修行方便论》禅观经典中的“尔时修行明见无量色种，犹如山水漂积聚沫”的意象效果，能够引发禅观效果的显化。这些自然环境因素很可能是吸引像玄高一样的诸多僧人主动选择此地禅修的一大原因。

2. 比赋灵山

到了北朝后期，人们从追求个人身心秩序的小乘禅法在麦积山石窟禅修，转向开凿洞窟造像来积攒功德，表达心愿。开窟人群也从僧人扩展到王室、贵族等多种人群，从西魏王室瘗窟，再到北周贵族李允信修建七佛阁，政权顶层和贵族的影响越来越重，投入的人力、物力也越来越多，因此造像、开窟数量大增。麦积山从禅修之地发展为佛教圣迹灵鹫山。历经梁、陈、隋代的庾信（513~581 年）书《秦州天水郡麦积崖佛龛铭并序》，最早提出了麦积山是河西灵岳，是一种佛教灵山。“麦积崖者，

---

① ［梁］释慧皎撰，汤用彤校注：《高僧传》，北京：中华书局，1992 年，第 409 页。

② ［梁］释慧皎撰，汤用彤校注：《高僧传》，北京：中华书局，1992 年，第 69~73 页。

③ （日）高楠顺次郎、渡边海旭，小野玄妙校：《大正新修大藏经》第 15 册，台北：新文丰出版公司，1996 年，第 320~321 页。

乃陇底之名山。河西之灵岳。高峰寻去，深谷无量。方之鹫岛，迹循三禅；譬彼鹤鸣，虚飞六甲。鸟道乍穷，羊肠或断。云如鹏翼，忽已垂天；树若桂华，翻能拂日。是以飞锡遥来，度杯远至，疏山凿洞，郁为净土。拜灯王于石室，乃假驭风；礼花首于山龛，方资控鹤。大都督李允信者，籍于宿植，深悟法门。乃于壁之南崖，梯云凿道，奉为亡父造七佛龛”①。

庾信论及麦积山“龛重佛影”“拜灯王于石室”与“方之鹫岛”，反映了北周时期对印度佛教圣地佛影窟、灵鹫山等观念的普遍性模仿。佛陀生前从未离开印度，在印度以外的地区，通过佛经、碑刻记载的观念，可以将当地山体实体营造为佛影窟、灵鹫山。这样就可以将佛陀的故事从印度移植到当地，更好地通过本地化达到更好的传播效果，以现身说法传播佛教。

佛影窟位于西北印度喀布尔河流域，今阿富汗贾拉拉巴德地区。在法显、玄奘等人的游记中，都记录了这一佛教圣迹传说。它是最早记录石窟内显现金色的佛影形象的重要依据，是其他国家模仿绘制佛影的概念原型。成书于416年的《法显传》记载：“那竭城南半由延，有石室，搏山西南向，佛留影此中。去十余步观之，如佛真形，金色相好，光明炳着，转近转微，髣髴如有。诸方国王遣工画师摹写，莫能及。彼国人传云，千佛尽当于此留影”②。

灵鹫峰在古印度语中又称“耆阇崛山”或“姞栗陀罗矩吒山”，是古印度十六大国之一——摩揭陀国的都城王舍城所在地，也是释迦牟尼说法的地方，现位于印度北部的比哈尔邦③。鸠摩罗什早在402~405年，将龙树在《大智度论》翻译成文汉译本。其中称耆阇崛山“是山顶似鹫，王舍城人见其似鹫故，共传言鹫头山，因名之为鹫头山”。《法显传》记载“王舍新城蓱沙王旧城”：“……到耆阇崛山。未至头三里，有石窟南向，佛本于此坐禅。西北三十步，复有一石窟，阿难于中坐禅，天魔波旬化为雕鹫，住窟前恐阿难，佛以神足力隔石舒手摩阿难肩，怖即得止。鸟迹、手孔今悉存，故曰雕鹫窟山……”④ 而他记载下的故事不仅仅是描述山形，更是暗喻比丘在禅修之时，佛陀会以神迹提示禅修之人不应该有所恐惧。北魏道武帝建“五级浮图，耆阇崛山及须弥山殿”⑤，可见东晋至北朝时期，灵鹫山已成为重要的佛教圣迹观念。就今天来讲，与当下对文化景观的定义较为一致。

以往研究通常关注不同历史时期修造石窟的过程，而缺乏对整个崖体性质的提炼。在最高处北周石窟开成之后，麦积崖形成了层累的洞窟绝壁面貌，形成了中国最高且较为密集的“佛影窟”；当时已经形成了对崖体整体的认知，整个山体的性质通过石窟而被定性为灵鹫山，也形成了佛陀在河西的说法之地。在北魏其他与灵鹫山比喻相近的概念相比，譬如五台山的大孚灵鹫寺等，麦积山并没有更多特别之处。而随着后续对麦积崖的整体观念书写、当地僧众对石窟造像的维护、栈道残损等原因，原本脆弱的泥塑材质却难得地较为完好地保存下来，以艺术品的面貌而被后世再度关注，于20世纪形成了“雕塑馆”的认识。

---

① 刘雁翔：《天水金石文献辑录校注》，西安：三秦出版社，2017年，第245页。

② ［东晋］法显，章巽校注：《法显传校注》，上海：上海古籍出版社，1985年，第38页。

③ 灵鹫峰所在的群山耸立于一马平川的恒河平原上。群山由延绵的山体组成，山高200多米，平行排布成2条山脉，之间形成了恒河山谷。

④ ［东晋］法显，章巽校注：《法显传校注》，上海：上海古籍出版社，2008年，第96页。

⑤ ［北齐］魏收撰：《魏书》卷一一四《释老志》，北京：中华书局，1974年，第3030页。

宋代以后，麦积崖的洞窟已经开满壁面，后续对崖体的开发仅限于在观念层面作以少许附会。宋代文献中记录了麦积山“上下万仞，中有三泉：文殊、普贤、观音圣水”①。现在，麦积崖体上仍有3处出水点，形成持续水流。在雕塑佛龛方面，从宋代到清代的周边僧众一直持续地对佛像进行修复、重妆。尽管水平不一，但都是为了保证佛像、宗教空间的完整性，因此信仰礼拜的人群络绎不绝。麦积山作为宗教圣迹一直持续到20世纪40年代，直到1961年成为全国文物保护单位，其性质才有了根本性的转变。

三、佛教与政治文化传统的互动

麦积崖顶部有一舍利塔，自隋朝始建以来，曾于宋、清、现代有过重修，是麦积山的重要遗迹。麦积山山顶舍利塔1983年因塔身缝隙进行修补，2008年受汶川大地震波及，塔身出现缝隙，塔基下沉，因此进行抢救性拆除维修。在塔之天宫出土了清代瓷罐、钱币等，于塔身发现了宋代铭文砖，塔基出土宋代藏入的北朝石雕造像10余件。2009年，舍利塔按原状重修完毕，目前保护状态良好。

从佛塔发挥的功能和历次修缮的经历上看，隋代和宋代，至少分别有2次对麦积山舍利塔在物质实体层面的修缮和观念层面的营建。第一次在隋代，仁寿元年敕奉秦州麦积山净念寺舍利塔。文帝通过模仿阿育王奉佛建塔功德，在全国多处敕奉舍利塔，延续了南北朝以来的普遍佛教共识。第二次在宋代，僧人将麦积山佛教背景纳入中国传统的政治文化观念体系中，自下而上地主动延续着与舍利塔相关的祥瑞传说，以赢取朝廷的持续重视与资助。与修塔相对应的，还有修建了地面寺院，于是开始有“瑞应寺”之名。从遗产三要素来讲，在麦积山崖体周围修造的佛塔（包含地宫）、寺院，都是物质实体，而修建它们的背后的观念主要有2种：一种是五胡入华依赖佛教统一多民族文化进程的政治理念；另一种是自汉代以来的谶纬祥瑞政治文化传统。这2种观念在麦积山的发展此消彼长，又相互促进。

1. 敕奉阿育王塔

舍利塔在隋朝佛教中是极为重要的，汤用彤先生认为隋代佛教史之大事件有二：“一关中兴佛法；一舍利塔之建立”。隋文帝曾经3次分送舍利，前2次与麦积山相关。仁寿元年（601年）六月十三日是隋文帝的生辰，他与高僧大德于仁寿宫谈佛论道后，决定于全国30州分舍利建塔，奉送30枚舍利到30州建舍利塔。此后又于仁寿二年（602年）敕送舍利到51州建立灵塔。这一举动系统地推动了佛教的传播和渗透，是国家主导的一项事业，带有鲜明的政治色彩②，模仿了阿育王兴建84000塔传说。《阿育王传》记载：阿育王朝时期佛教昌盛，阿育王还取出王舍城大宝塔阿阇世王分得的佛陀舍利分成84000份，“尊者耶舍舒指放光，八万四千道。令羽飞鬼，各随一光尽处，安立一塔”③。后世佛教徒为缅怀阿育王功德，多将瘗埋舍利的佛塔称作阿育王塔。

---

① （日）气贺泽保规，石晓军译：《绚烂的世界帝国：隋唐时代》，桂林：广西师范大学出版社，2014年，第237页。

② （日）气贺泽保规，石晓军译：《绚烂的世界帝国：隋唐时代》，桂林：广西师范大学出版社，2014年，第47页。

③ （日）高楠顺次郎、渡边海旭，小野玄妙校：《大正新修大藏经》第49册，台北：新文丰出版公司，1996年，第318页。

学界一般认为，第一次对秦州分送舍利时分送到了麦积山净念寺。《宋靖康秦州雄武军陇城县第六保瑞应寺再葬佛舍利塔记》记载，隋文帝于仁寿元年（601 年）亲自降诏，在麦积山建宝塔“敕葬神尼舍利”，并敕赐麦积山寺院为“净念寺”①。同时代的《四川制置使司给田公据碑》也同样使用了这一说法。隋王劭《舍利感应记》记载：“秦州于静念寺起塔。先是，寺僧梦群仙降集，以赤绳量地，铁橛钉记之，及定塔基，正当其所。再有瑞云来覆舍利。是时，十月雪下，而近寺草木悉皆开花。舍利将入函，神光远照，空内又有赞歌之声”②。张铭认为：依据当时下雪的祥瑞，佛塔应当是建立在麦积山的山区之中。“静念寺”对应麦积山顶的“净念寺”舍利塔③。

目前在山顶还没有发现隋代舍利塔的遗址痕迹，可以推断隋代的舍利塔有可能建立在山前寺院周边。《舍利感应记》中“瑞云来覆舍利”建立起了作为第一等祥瑞的五色云与佛教舍利之间的关联，体现出佛教与中国传统政治文化中的谶纬之学开始融合。政治谶纬说中最注重天人感应，瑞相之显现颇有天赋皇权的意味。根据《舍利感应记》，神迹大致可分为 3 类：一是显现抽象瑞相，如“观州表云，舍利塔上有五色云如车盖。其日午时现至暮”；二是显现具体事项，如“舍利石函盖四月五日磨治讫，遂变出仙人二，僧四人，居士一人，麒麟一，师子一，鱼二，自余并似山水之状”；三是现实中的人与事发生奇迹，如“时有一僧先患目盲。亦得见舍利。复有一人患腰脚挛躄十五年。自舍利到州所，是患人礼拜发愿。即得行动”④。

这些灵验事件，一方面表现出此次颁布舍利活动的宗教显灵作用；另一方面显示了隋文帝利用佛教融合汉地谶纬，进行政治文化调和，确立隋代政权的正统地位。

2. “祥瑞”与舍利塔

自东晋南北朝迄隋唐，阿育王信仰传承不绝，并在唐宋之际促成新的信仰高潮，一直持续到清代⑤。麦积山文物库房藏宋代《普同塔》铭文中有：“后僧师上圆下慧和尚驻锡于此，数年之间，百废俱兴。重修舍利塔于万仞峰头之上”⑥。《宋靖康秦州雄武军陇城县第六保瑞应寺再葬佛舍利塔记》中记述：宋代靖康年间再葬佛舍利，是因为在麦积山顶产 38 株灵芝，通过供奉灵芝，换取了寺庙敕号“瑞应寺”。由此，麦积山开始与地面寺院产生联系，这在宋代《四川制置使司给田公据碑》中也有记载。

根据《舍利塔记》碑文记载，山顶的灵芝是唐代炯觉大师所赐的 11 只灵芝种植而成，在舍利塔旁种下之后当年就满地鲜花盛开。唐代人在菌类中最为重视灵芝，传说食用灵芝可以“轻身不老，延年神仙”，而唐人推崇道教，使灵芝身价倍增。更重要的是，唐代流行灵芝的传说。唐人很注重生长地点

---

① （日）高楠顺次郎、渡边海旭，小野玄妙校：《大正新修大藏经》第 49 册，台北：新文丰出版公司，1996 年，第 234 页。

② （日）高楠顺次郎、渡边海旭，小野玄妙校：《大正新修大藏经》第 49 册，台北：新文丰出版公司，1996 年，第 235 页。

③ 张铭：《麦积山舍利塔及其发掘》，《中国文化遗产》2016 年第 1 期。

④ 河北省佛教协会：《大正新修大藏经》第 52 册，北京：宗教文化出版社，2005 年，第 213~218 页。

⑤ 廖苾雅：《长清灵岩寺塔北宋阿育王浮雕图像考释》，《故宫博物院院刊》2006 年第 5 期。

⑥ 高翾：《乾隆时期麦积山僧人圆慧和尚考》，《美与时代（下）》2011 年第 12 期。

特殊、颜色和形状奇特的灵芝，见到后要占卜、算卦或当作瑞兆上报，甚至可以写到正史中①。

宋代对芝草祥瑞的记录，无论是频次还是数量，较前代均有显著增长，但由于这一时期尚无证据证明人工栽培灵芝的技术已经成熟，且无连续记录，这一故事的书写目的应是用以附会祥瑞之说。以灵芝祥瑞烘托炯觉大师神迹，以博得国家对麦积山周边寺院的关注和资助。围绕着麦积山本体形成的佛塔与寺院实体，以及相关祥瑞观念的运作共同造就了麦积山崖体以外的佛教文化景观，展现出寺院与政治传统的深度互动。

因此，麦积山可谓是一个典型的文化景观案例，以麦积山顶的舍利塔为物质载体，体现出 2 种政治文化观念的相互借用。隋代麦积山兴建舍利塔，体现出了北朝统治者借用佛教中“阿育王广建佛塔”文化观念，与既有的祥瑞传统进行文化上的统一。宋代僧人以麦积山顶阿育王塔下的灵芝祥瑞获得了“瑞应寺”敕号，体现出了发展相对弱势的佛教对传统政治文化的借势。这些行为都能体现出中国不断吸纳外来文化，进行文明交流互鉴；佛教与政治文化相互借势，以谋求文化上的正统与合法性、获取最广大的民心和共识的意涵。

四、文人传统

唐宋以来，随着中国文人群体逐渐形成，文人“游历”“壮游”行为逐渐增多，更多文人士大夫将目光持续投向麦积山崖体，对其进行题记、创作，促成了对麦积山本体文化景观的后续塑造。宋、元、明、清各代，多有文人到此游览访胜，留下多方题刻。而真正把麦积山的景观纳入文人文化传统的重大事件，主要是“诗圣杜甫与麦积山关系”的持续构建和“秦州十景”的生成。从文化遗产三要素来说，文人陆续在麦积山崖体、栈道、麦积山烟雨环境的自然基础上，以绘画诗词为载体的创作反映出地方文化的自豪感。

1.“诗圣”杜甫的诗迹与麦积山“山寺”

唐代以来，文人到麦积山地区探胜的现象络绎不绝，麦积山逐渐在这一群体中变得越发知名。开始陆续有文人将诗圣杜甫《山寺》一诗和麦积山有意绑定在一起，使其成为陇右名胜并流传下去。

唐肃宗乾元二年（759 年），杜甫流寓秦州，游览麦积山后写下《山寺》一诗：“野寺残僧少，山园细路高。麝香眠石竹，鹦鹉啄金桃。乱石通人过，悬崖置屋牢。上方重阁晚，百里见秋毫。”但是，杜甫本人并未点明“山寺”是否就是麦积山。宋代的《杜诗赵次公先后解》和南宋注释大家蔡梦弼的《杜工部草堂诗笺》均称引用了同一本方志文献《天水图经》来证明《山寺》所指就是麦积山②。尽管《天水图经》已佚，但这一观点一直被历朝历代的文人所认可和发扬。宋代《方舆胜览》记载“瑞应寺”一条：“在麦积山。后秦姚兴凿山而修，千崖万象，转崖为阁，乃秦川胜境。又有隋时塔。杜甫诗：‘乱石通人过，悬崖置屋牢。’”牛儿堂有一宋代石刻：“蒋之奇登麦积山，观悬崖置屋之处，知杜诗为不诬矣。”都将杜甫笔下的山寺认定为麦积山。

① 魏露苓：《唐人对菌类的认识与利用》，《华南农业大学学报（社会科学版）》2003 年第 1 期。

② 平晓涛：《杜甫秦州诗〈山寺〉与麦积山石窟关系辨考》，《大众文艺》2010 年第 5 期。

明成化十九年（1483年），秦州知州傅鼐主持重刻《老杜秦州杂诗》碑。碑面题额《老杜秦杂诗》，刻杜甫陇右诗36首；碑阴题额《古今题咏》，刻杜甫陇右诗13首，另刻秦州知州傅鼐所题“秦州十景”诗10首。碑以汉白玉制成，保存完好，高大壮观①。其中就有《山寺》这首诗。明代《老杜秦州杂诗》碑为重刻，说明在此之前已有刊刻杜甫诗碑的情况。宋人对杜甫推崇备至，学杜研杜盛况空前，建杜祠、刻杜诗者亦大有人在，各地都兴起了纪念瞻仰杜甫诗迹的浪潮。制作杜诗碑，不但可以供人揣摩学习，也标榜主事者对诗圣的崇仰，以致“杜诗刻石遍天下”②。如，北宋元祐五年，胡宗愈在成都杜甫草堂刊刻杜甫诗碑。再者，杜甫的陇右诗共100多首，而在秦州境内就所作有90余首③。这一时期，在秦州刊刻杜甫诗碑是很有可能的。通过各类杜注及刊刻杜甫诗碑，秦州地区将自己与“诗圣”联系在了一起，将麦积山纳入了文人文化体系。

2. 秦州十景“麦积烟雨”与文人画

在中国著名的石窟中，以麦积山石窟周围风景最为秀丽。晚明开始，便有“麦积烟雨”一说。

明清时期，随着各地地域文化意识和地方自豪感的觉醒，又兴起了营造地方“八景”“十景”。上述晚明重刻的杜甫诗碑，就加入了新的“秦州十景”要素，其中包括“麦积烟雨”。顺治时期的《秦州志》、乾隆《直隶秦州新志》、光绪《秦州直隶州新志》中的“秦州十景”略有不同，但麦积烟雨稳占一景④。

八景比十景出现的早，追溯“八景”的文化脉络，一般认为源于北宋宋迪的“潇湘八景”组画。包括“平沙雁落”“远浦归帆”“山市晴岚”“江天暮雪”“洞庭秋月”“潇湘夜雨”“烟寺晚钟”“渔村落照”。可以看到，其中多以山水不同气候下的表现为主。明清时期，十景开始增多，其中又加入了儒释道及地方信仰的建筑遗迹，以及相关理念和传说⑤。麦积山每逢雨天，在烟雨的笼罩下若隐若现，既符合文人群体自文人画中培养出的山水审美，又与麦积山典型的佛教禅修胜地的意象相符。

总体而言，在士人书写方面，宋代以后的文人群体利用“诗圣”杜甫行游陇右的史实，将麦积山纳入文人的文化地图中，又利用文人山水画的审美塑造“麦积烟雨”，将麦积山打造为士人必游之地，形成了明确的文化主题与丰富的文化资本，进而提升了地方文化自豪感。对于文人群体而言，杜甫与麦积山的关系、秦州十景中具有文人画审美意蕴的“麦积烟雨”，才是麦积山的价值所在。“麦积烟雨”已经持续、稳定地发展为国家文化层面、地方文化层面的文化景观。

五、余论：麦积山本体文化景观的再阐释与保护利用建议

麦积山处于山林之中，属于地面遗迹。区别于地下发掘出的考古遗址，地面遗迹与人群的互动远大于考古出土类的遗物遗迹。回到文化景观所关注的持续发展的人地关系，以及三要素：自然环境、

① 陈冠英、刘雁翔：《〈老杜秦州杂诗〉碑考析》，《天水行政学院学报》2003年第4期。

② 祁和晖：《唐宋杜诗刻石考述》，《杜甫研究学刊》1994年第3期。

③ 陈冠英、刘雁翔：《〈老杜秦州杂诗〉碑考析》，《天水行政学院学报》2003年第4期。

④ 祁和晖：《唐宋杜诗刻石考述》，《杜甫研究学刊》1994年第3期。

⑤ 赵夏：《我国的“八景”传统及其文化意义》，《规划师》2006年第12期。

物质实体和观念行为在麦积山的辨识和应用的研究角度。

本文提出，存在3方面的文化传统对麦积山崖体、崖体上的佛塔、特定天气下的崖体等自然环境、物质实体进行观念上的重塑，形成了佛教灵山、舍利塔祥瑞、麦积山寺烟雨等文化景观。目前3类文化传统的互动关系，并未被放入麦积山石窟的价值阐释体系与展览陈设、保护利用中。

增加这3种传统的讨论，主要是在观念层面丰富对麦积山时间和空间关系的认识、对历史价值与文化价值的认识。随着价值深度和广度的拓展，以价值认知为核心的展示、管理与保护，也应该被放置在更广阔的时空的视角来制定新的阐释、展示策略。

这一结论补充丰富了麦积山的历史价值与文化价值。历史上，麦积山的主体人群多样，历史价值也多样。“麦积烟雨”这一地方景观，比西魏乙弗氏瘗窟的故事流传得更为广泛，影响力也更大。被公认为乙弗氏瘗窟的43窟内的宋代题记中，也没有任何关于乙弗氏的内容。在唐宋以后的题记和游记中，关于乙弗氏的记载较为少见。人们对乙弗氏故事和物质遗存的态度并不明朗，乙弗氏并未进入古代主流价值观而被传播下来。现代对西魏乙弗氏瘗窟历史价值的认知，是基于当代考古观念而被重新重视起来的。在文化方面，麦积山突出的山势、营造在崖壁上的石窟、山顶的舍利塔，不仅与佛教中国化的历程紧密相关，还反映出佛教与中国传统主流文化之间的互动关系，是中国中古时期各民族文化多次融合的见证，也成为文人山水审美文化中的重要组成部分，形成了杜甫与麦积烟雨文化主题，进而提升了地方文化自豪感。

这一结论也丰富了目前空间角度对麦积山的认识。麦积山坐落于群山之中，呈现出“四周环绕中央”的空间布局。麦积山的文化景观的价值不仅仅体现在空间层面，更重要的是在于：历代不同人群如何利用这种空间布局中的实物来体现人地关系、地方文化传统、国家观念。

综上所述，在保护利用工作中，也应该从以上文化景观的角度，进行麦积崖整体的统一规划保护和利用，有针对性地加强以往较为薄弱的环节，使其丰富的文化价值得到充分的阐发。现存麦积山文化遗存中，作为文化景观物质载体的主要有反映出灵山传统的洞窟和造像，承载了佛教文化与政治文化互动和“祥瑞”传统的山顶舍利塔、山下瑞应寺及相关文献、版刻集；文人遗迹则包括碑刻、题刻及散见于各文献中的麦积烟雨景观图像。上述部分的自然环境、物质实体已纳入保护规划的范围内。对崖体上洞窟、造像及栈道的保护利用是目前工作的重点，已取得了较好的成效。由于文物保护的需要，也展开相关水体的整治等工程。碑刻整体保存状况相对良好，部分碑刻收藏于室内，其余则露天放置于瑞应寺，或位于崖体上的原位，但其中少数碑刻字迹已经模糊。相关文献资料已进行了初步整理，等待进一步的公开。

对照现有的保护利用措施，接下来的整体保护利用中，应在进一步科学整治崖体、水体的同时，兼顾水体被赋予的文化含义；系统地完善舍利塔及相关文物的展览展示；重视麦积山文人碑刻和题刻的价值，加强相关资料的整理发布，设置醒目的说明牌和介绍，并在相应的位置设置观景点，引导游览者从前人的角度体验麦积烟雨等具有文人审美价值的景观。

（原载于《自然与文化遗产研究》2022年第5期）

后　记

麦积山石窟艺术研究所成立于1953年10月，初名“麦积山文物保管所”，自此麦积山石窟进入有效管理的阶段。长期以来，麦积山石窟由于地理位置幽僻、文献记载寥寥而略显萧条，相关学术研究起步较晚。幸而，历经几代麦积山工作者的守望，学界对麦积山石窟的研究水平达到了全新的高度。

2023年正值麦积山石窟艺术研究所成立70周年，自《天水麦积山石窟研究文集》于2008年出版之后，多年未有针对麦积山石窟研究的总结性论文集面世。适逢庆贺建所70周年之良机，我所收集了2007~2022年的相关学术论文，并从中精心择选了135篇，由文物出版社出版。

本书的编校工作始于2022年中，于各类刊物及数据库中搜集了1012篇论文、报道、散文、诗歌等，其中学术论文450篇。在所内学术委员会的统筹之下，经过多次研讨，最终精简到现有篇目。尽管，碍于时间仓促、篇幅有限，无法尽数刊登全部论文，但我们尽可能将具有代表性的研究成果展示于人前。不同作者的学术见解略有出入，研究深度亦有参差，但都体现出作者关注麦积山石窟的殷殷心意，同样值得尊重和学习。

在所领导和学术委员会的关怀下，我们与文物出版社进行了充分的对接沟通。在编校过程中，学术委员会的各位委员老师负责论文的正式选定，朱庭苇负责征集、整理、校对稿件，毛明霞、邵春花、漆荟以及席文博、王国栋参与校对。更需感谢各位作者的积极配合，使我们的工作进度大大提前。可以说，本书是所内外多方人员共同努力的成果，凝聚着每一个参与者的心血。

谨以本书的出版作为建所70周年大庆的献礼，更以此致敬诸位关注和坚守麦积山石窟的前辈学者，旨在以“坚守深山，责任担当，恪守使命，勇于挑战”的“麦积精神”激励青年后学，期冀着在未来有更多人认识到麦积山石窟的学术价值，踊跃投身到保护、研究、弘扬麦积山石窟的队伍中来。

白秀玲

2023年6月30日于麦积山科研基地